Handbuch der europäischen Verfassungsgeschichte
im 19. Jahrhundert. Institutionen und Rechtspraxis
im gesellschaftlichen Wandel.
Bd. 2: 1815–1847

Herausgegeben im Auftrag des
Archivs der sozialen Demokratie der Friedrich-Ebert-Stiftung
und des Dimitris-Tsatsos-Instituts
für Europäische Verfassungswissenschaften
der FernUniversität in Hagen

Handbuch der europäischen
Verfassungsgeschichte im
19. Jahrhundert.
Institutionen und Rechtspraxis
im gesellschaftlichen Wandel.
Bd. 2: 1815–1847

Herausgegeben von
Werner Daum
unter Mitwirkung von
Peter Brandt, Martin Kirsch
und Arthur Schlegelmilch

Bibliografische Information der Deutschen Bibliothek

Die Deutsche Bibliothek verzeichnet diese Publikation in der Deutschen Nationalbibliografie;
detaillierte bibliografische Daten sind im Internet über *http://dnb.ddb.de* abrufbar.

ISBN: 978-3-8012-4141-4

Copyright © 2012 by
Verlag J. H. W. Dietz Nachf. GmbH
Dreizehnmorgenweg 24, 53175 Bonn
Umschlagfoto: Jules Garnier: Thiers proclamé »Liberateur du Territoire«
lors de la séance de l'Assemblée Nationale tenue à Versailles le 16 juin 1877
[Musée Fabre, Montpellier]
Umschlaggestaltung: Jens Vogelsang, Aachen
Satz & Layout: Kempken DTP-Service, Marburg
Tabellen, Grafiken, Schaubilder und Karten: Kempken DTP-Service, Marburg
Karten: Kartenserver IEG Mainz · Karten/Schaubilder: Kerstin Mummert, Detmold
[Detaillierte Zuordnungen siehe Abbildungsverzeichnis, S. 1481 ff.]
Druck und Verarbeitung: Westermann Druck Zwickau GmbH, Zwickau
Alle Rechte vorbehalten
Printed in Germany 2012

Besuchen Sie uns im Internet: *http://www.dietz-verlag.de*

Inhaltsverzeichnis

Einleitung 9
    Editorische Vorbemerkung (von *Werner Daum*) 9
    Gesellschaft und Konstitutionalismus in Amerika 1815–1847
    (von *Peter Brandt*) 11
    Grundlinien der sozialökonomischen, sozialkulturellen und
    gesellschaftspolitischen Entwicklung in Europa 1815–1847
    (von *Peter Brandt*) 31
    Europäische Verfassungsgeschichte 1815–1847 –
    Eine vergleichende Synthese (von *Werner Daum*) 53
    1   Internationale Beziehungen (von *Bardo Fassbender*) 53
        1.1   Die europäische politische und
              völkerrechtliche Ordnung nach 1815 53
        1.2   Die Verfassungsordnung der auswärtigen Beziehungen 57
    2   Verfassungsstruktur der zentralen staatlichen Ebene
        (von *Werner Daum*) 66
        2.1   Überstaatliche Herrschaftsstrukturen und
              einzelstaatliche Ausdifferenzierung 68
        2.2   Staaten ohne moderne Konstitution:
              autokratische, absolutistische, ständische und
              oligarchisch-patrizische Herrschaftssysteme 74
        2.3   Konstitutionelle Staaten mit dualer oder
              mit parlamentarischer Machtstruktur 83
        2.4   Fazit 89
    3   Wahlrecht und Wahlen (von *Werner Daum*) 94
    4   Grundrechte (von *Werner Daum*) 99
    5   Verwaltung (von *Werner Daum*) 112
    6   Justiz (von *Werner Daum*) 120
    7   Militär (von *Werner Daum*) 126
    8   Verfassungskultur (von *Werner Daum*) 134
    9   Kirche (von *Werner Daum*) 142
    10   Bildungswesen (von *Werner Daum*) 148
    11   Finanzen (von *Werner Daum*) 153
    12   Wirtschafts- und Sozialgesetzgebung / Öffentliche Wohlfahrt
        (von *Werner Daum*) 157

1   Europäisches Verfassungsdenken 1815–1847 –
     Die Zentralität der Legislativgewalt zwischen
     monarchischem Prinzip und Legitimität (von *Pierangelo Schiera*) 165

2   Großbritannien (von *Hans-Christof Kraus*) 209

3   Frankreich (von *Martin Kirsch* und *Daniela Kneißl*) 265

4   Italien 341
     4.1   Die Königreiche Sardinien und beider Sizilien
           (von *Werner Daum*) 352
     4.2   Die mittelitalienischen Fürstentümer und der Kirchenstaat
           (von *Francesca Sofia*) 395

5   Die Niederlande (von *Jeroen van Zanten*) 433

6   Belgien (von *Johannes Koll*) 485

7   Luxemburg (von *Norbert Franz*) 543

8   Schweiz (von *Ulrich Zelger*) 575

9   Polen (von *Martina Thomsen*) 663

10   Spanien (von *Walther L. Bernecker* und *Jens Späth*) 719

11   Deutschland und das Habsburgerreich 781
     11.1 Der Deutsche Bund (von *Edgar Liebmann*) 783
     11.2 Die deutschen Staaten der ersten Konstitutionalisierungswelle
           (von *Hartwig Brandt*) 823
     11.3 Die deutschen Staaten der zweiten Konstitutionalisierungswelle
           (von *Ewald Grothe*) 879
     11.4 Deutsche Staaten zwischen ständisch-vormoderner und
           moderner Konstitution (von *Axel Kellmann*) 927
     11.5 Preußen (von *Monika Wienfort*) 959
     11.6 Österreich (von *Markus J. Prutsch* und *Arthur Schlegelmilch*) 993
     11.7 Ungarn (von *András Gergely*) 1041
     11.8 Liechtenstein (von *Herbert Wille*) 1077

12	Schweden (von *Otfried Czaika*)	1113
13	Dänemark (von *Jens E. Olesen*)	1145
14	Norwegen (von *Peter Brandt*)	1173
15	Russland (von *Dietmar Wulff* und *Michail Dmitrievič Karpačev*)	1221
16	Finnland (von *Frank Nesemann*)	1263
17	Das Osmanische Reich (von *Tobias Heinzelmann*)	1297
18	Die Rumänischen Fürstentümer (von *Dietmar Müller*, *Ioan Stanomir* und *Bogdan Murgescu*)	1337
19	Serbien (von *Holm Sundhaussen* und *Nenad Stefanov*)	1367
20	Griechenland (von *Ioannis Zelepos*)	1399
21	Portugal (von *António Manuel Hespanha*)	1433

Anhang
Abbildungsverzeichnis ... 1481
Auswahlbibliografie zu Band 2 ... 1485
Sachregister ... 1497

Einleitung

Von Werner Daum (Hagen)[1]

Editorische Vorbemerkung

Gegenstand des vorliegenden zweiten Handbuchbandes ist die europäische Verfassungsentwicklung im Zeitraum von 1815 bis 1847, wobei das gesamte Europa mit Russland und dem Osmanischen Reich behandelt wird. In den meisten Staaten war die Periode der Restauration und des Vormärz durch den konfliktreichen Dualismus von Krone und Kammern geprägt. Kennzeichnend für die nachnapoleonische Ordnung Europas bis zum Vorabend der Revolutionen von 1848/49 war der monarchische Konstitutionalismus, wenngleich – neben wenigen Republiken – auch ständische, absolutistische und autokratische Monarchien fortbestanden. Mehrere Verfassungswellen dokumentieren überdies die sich in der Epoche verdichtenden innereuropäischen Transferprozesse.

In den 29 Länderkapiteln dieses Bandes stellen die Autoren nach dem einheitlichen Gliederungsschema von zwölf Verfassungsbereichen die verfassungsrelevanten Teilbereiche des politischen und gesellschaftlichen Lebens unter der Perspektive staatlichen Handelns dar. Die vorliegende Einleitung ergänzt die Länderbeiträge zunächst um einen Exkurs zur verfassungsgeschichtlichen Entwicklung beider Amerika und einen Überblick über die gesamtgesellschaftliche Entwicklung Europas. Sie führt dann die Beiträge zu einer systematisch-vergleichenden, nach den zwölf Verfassungsbereichen gegliederten Synthese zusammen, die eine erste Grundlage für künftige komparatistische Forschungen bieten mag.

Als erste Orientierung für künftige Forschungen soll auch der in die Länderbeiträge des vorliegenden Handbuchbands eingearbeitete Stand der Forschungsliteratur dienen, der keinen Anspruch auf Vollständigkeit erheben kann. Die Einzelbeiträge wurden im Zeitraum 2008–2011 abgeschlossen, weshalb sie – wie bei größeren Publikationsprojekten unvermeidbar – jeweils auf dem Forschungsstand beruhen, der zu den unterschiedlichen Zeitpunkten ihrer Fertigstellung gegeben war.

Dieser Band knüpft an Inhalt, Konzeption und Gliederung des ersten Handbuchbandes (»Um 1800«) an. Allen Bänden liegt ein erweiterter Arbeitsbegriff von »Verfassung« zugrunde. Er soll dazu dienen, die angestrebte komparatistische Benutz-

---

1 Falls nicht anders vermerkt, stammen die einzelnen Abschnitte dieser Einleitung, insbesondere der einleitenden Synthese, von Werner Daum (siehe auch die genauere Aufschlüsselung im Inhaltsverzeichnis).

barkeit des Werkes zu gewährleisten, und erlaubt die gleichgewichtige Bearbeitung aller Länder nach zwölf Verfassungsbereichen, die die Länderbeiträge aller Handbuchbände einheitlich gliedern.[2] Somit ist es möglich, die Entwicklung der einzelnen Teilbereiche sowohl geografisch als auch diachron querzulesen und miteinander zu vergleichen. Die zwölf Verfassungsbereiche geben nicht nur die einheitliche Gliederung der Länderkapitel jedes Handbuchbandes vor, sondern strukturieren auch die jedem Handbuchband beigegebene CD-ROM-Edition.

Die »Quellen zur europäischen Verfassungsgeschichte im 19. Jahrhundert«, Teil 2: 1815–1847 (CD-ROM)[3], sind integraler Bestandteil dieses Handbuchbands. Die Edition dokumentiert Land für Land die im vorliegenden Band dargestellte Verfassungsgeschichte, wobei neben den zentralstaatlichen Verfassungstexten der Epoche auch andere verfassungsgeschichtlich relevante Textarten (Ausführungsgesetze, Verordnungen, Verwaltungsinstruktionen etc.) und Bilder aufgenommen wurden. Der vorliegende Handbuchband nimmt in seiner Darstellung direkten Bezug auf die Dokumente in der CD-ROM-Edition (Kurzzitierform: CD-ROM-2), auf die daher für die genaueren bibliografischen Angaben und archivalischen Fundorte verwiesen sei. Darüber hinaus stellt die Edition mit ihrer komplexen elektronischen Suchmaschine auch ein eigenständiges Arbeitsinstrument für weiterführende komparatistische Recherchen zur europäischen Verfassungsgeschichte im 19. Jahrhundert bereit.

Die Herausgeber der Gesamtreihe danken dem Archiv der sozialen Demokratie der Friedrich-Ebert-Stiftung und dem Verlag J. H. W. Dietz Nachf., Bonn, ohne deren nachhaltige Unterstützung und Förderung auch dieser Band und die CD-ROM-Edition nicht hätten entstehen können.

---

2 Vgl. Arthur Schlegelmilch, Verfassungsbegriff und Verfassungsvergleich, in: P. Brandt u. a. (Hg.), Handbuch der europäischen Verfassungsgeschichte im 19. Jahrhundert. Institutionen und Rechtspraxis im gesellschaftlichen Wandel, Bd. 1: Um 1800, Bonn 2006 (im Folgenden zitiert: HB-1), S. 7-18.

3 W. Daum (Hg.), Quellen zur europäischen Verfassungsgeschichte im 19. Jahrhundert. Institutionen und Rechtspraxis im gesellschaftlichen Wandel, Teil 2: 1815–1847 (im Folgenden zitiert: CD-ROM-2), Bonn 2010.

Gesellschaft und Konstitutionalismus in Amerika 1815–1847

Von Peter Brandt (Hagen)

Nach der endgültigen Niederlage Napoleons und mit der Ausschaltung der liberalen und nationalen Strömungen im antinapoleonischen Lager blieben die USA als das spektakulärste Beispiel eines Verfassungsstaats übrig, der sich auf die Souveränität des Volkes gründete. Die offenkundig besonderen Bedingungen, unter denen das nordamerikanische Experiment stattfand, setzten hinter seine Übertragbarkeit von vorneherein ein großes Fragezeichen. Für die in Europa teilweise unter Zensurbedingungen publizierenden Liberalen und Demokraten schuf der Hinweis auf die Spezifika der USA aber auch einen erweiterten Spielraum für die Beschäftigung mit ihrem Modell.

In etlichen Ländern, so in Italien, blieben die Kenntnisse über die USA oberflächlich und voller Missverständnisse, eher mythologischer Art, auch bei Sympathisanten der transatlantischen Republik. Italienische Linksliberale bzw. Radikale stießen sich – bei aller Sympathie für die Unabhängigkeitsrevolution und die Tatsache der Verfassungsgebung aus der Souveränität des Volkes – just an denjenigen Elementen, die die Volkssouveränität einschränkten. In den ersten anderthalb Jahrzehnten nach 1815 schien der nordamerikanische Bundesstaat für manche Autoren das Beispiel eines republikanischen Föderalismus zu sein, wie er auch für das staatlich zersplitterte Italien von Interesse sein konnte. Danach überwogen auf der Linken unitarische Konzepte eines künftigen italienischen Nationalstaats, so auch bei Giuseppe Mazzini und dem »Jungen Italien«. Weder die präsidentielle Regierungsform noch die juristische Überprüfung der Legislative waren willkommen, weil sie die Macht des Volkes einschränkten. Und auch die liberalen und reformkonservativen Verteidiger der Monarchie und des eingeschränkten Wahlrechts, die Moderati, teilten, von Ausnahmen abgesehen, die Skepsis der Radikalen gegenüber dem Föderalismus und der Begrenzung der legislativen Kompetenzen des Parlaments.[4]

Im englischen, französischen und namentlich auch deutschen Sprachraum war die Öffentlichkeit von Anfang an über die Zustände in der Neuen Welt einschließlich der politischen Ordnungssysteme einigermaßen zutreffend und teilweise sogar recht detailliert unterrichtet, wobei die Anteilnahme wie die Informiertheit nach 1830 deutlich zunahmen, als auch in Europa die Verhältnisse wieder stärker in Bewegung gerieten. Die zentralen, verfassungsrelevanten Texte, die Verfassungen der Union mit ihren Zusätzen und jene der Einzelstaaten, die Federalist Papers und die

---

[4] Vgl. Giovanni Bognetti, The American Constitution and Italian Constitutionalism. An Essay in Comparative Constitutional History, Bologna 2008.

Kommentare von James Kent und Joseph Story[5], waren oder wurden bekannt und rezipiert. Neben diversen zeitgeschichtlichen bzw. länderkundlichen Büchern erschienen Reiseberichte und Berichte von USA-Emigranten. Dabei kamen im deutschen Fall besonders die politischen Flüchtlinge der 1820er- und 1830er-Jahre in Betracht, unter denen der frühere radikale Burschenschafter Karl Follen und Friedrich List am bekanntesten geworden sind.[6] Diese frühen Emigranten suchten in Amerika das Land der Freiheit und hatten vielfach die Vorstellung, dort ein neues, ideales Deutschland, eventuell sogar einen eigenen deutsch-amerikanischen Gliedstaat errichten zu wollen. Schon mit der Restauration des Königtums diente speziell in Frankreich das Beispiel der USA Oppositionellen als »Fackel in der Finsternis« und als Legitimation

---

5   Vgl. H. Dippel (Hg.), Constitutional Documents of the United States of America 1776–1860, 8 Teile mit Supplement, München 2006–2011, hier Bd. 1; Alexander Hamilton/John Jay/James Madison, The Federalist. A Commentary on the Constitution of the United States. Being a Collection of Essays written in Support of the Constitution agreed upon September 17, 1787, by the Federal Convention. With an Introduction by E. Mead Earle, New York o. J.; B. Bailyn (Hg.), The Debate on the Constitution. Federalist and Antifederalist Speeches, Articles, and Letters during the Struggle over Ratification, 2 Bde., New York 1993; Joseph Story, Commentaries on the Constitution of the United States, 2 Bde., Boston 3. Aufl. 1858; James Kent, Commentaries on American Law, 4 Bde., Boston 11. Aufl. 1866. – Als frühe deutschsprachige Dokumentensammlung vgl. K. H. L. Pölitz (Hg.), Die europäischen Verfassungen bis auf die neueste Zeit. Mit geschichtlichen Erläuterungen und Einleitungen, Ndr. der 2. Aufl., Hildesheim 1999; sowie: Die Verfassungen der Vereinigten Staaten Nordamerikas. Aus dem Englischen übersetzt von Georg Heinrich Engelhard, 2 Teile, Frankfurt a. M. 1834.

6   Vgl. Edith Lenel, Das Amerikabild von vier Deutschen im frühen 19. Jahrhundert, in: Geschichte in Wissenschaft und Unterricht 20 (1969), S. 409-422; Eike Wolgast, Demokratische Gegeneliten in der amerikanischen Emigration: Politisch motivierte Auswanderung aus Deutschland nach 1819, 1832/33, 1849 und 1878, in: M. Berg/P. Gassert (Hg.), Deutschland und die USA in der internationalen Geschichte des 20. Jahrhunderts. Festschrift für Detlef Junker, Stuttgart 2004, S. 195-217; Jörg Nagler, Politisches Exil in den USA zur Zeit des Vormärz und der Revolution von 1848/49, in: J. Elvert/M. Salewski (Hg.), Deutschland und der Westen im 19. und 20. Jahrhundert, Teil 1: Transatlantische Beziehungen, Stuttgart 1993, S. 267-293. – Gottfried Duden, Bericht über eine Reise nach den westlichen Staaten Nordamerika's und einen mehrjährigen Aufenthalt in Missouri, Elberfeld 1829 u. ö.; Francis P. Grund, Die Amerikaner in ihren moralischen, politischen und gesellschaftlichen Verhältnissen, Stuttgart 1837; Alexander H. Everett, Amerika, oder: allgemeiner Überblick der politischen Lage der verschiedenen Staaten des westlichen Festlandes nebst Vermutung über deren künftiges Schicksal übersetzt und mit erläuternden Anmerkungen versehen, 2 Teile, Hamburg 1828; Thomas Hamilton, Leben und Sitten in Nordamerika. Aus dem Englischen von Franz Bauer, 2 Bde., Quedlinburg 1834; Harriet Martineau, Die Gesellschaft und das soziale Leben in Amerika. Nach dem Englischen von Dr. Eduard Brinkmeier, 2 Teile, Kassel 1838; Frederick Marryat, Ein Tagebuch in Amerika. Übersetzt von Georg Nicolaus Bärmann, Braunschweig 1839/40; Charles Dickens, Reisenotizen über Amerika. Neu aus dem Englischen von Dr. Carl Kolb, Stuttgart 1845 (zuerst 1842). – Darstellungen: Thomas K. Murphy, A Land without Castles. The Changing Image of America in Europe, 1780–1830, Lanham u. a. 2001; Max Berger, The British Traveller in America, 1836–1860, Gloucester/Mass. 1964.

eigener freiheitlicher und insbesondere republikanischer Ideen.[7] Zu den Debatten im Umfeld der Installation neuer Verfassungen um 1815, überwiegend nach dem französischen Charte-Modell, konnte die nordamerikanische Erfahrung indes nicht viel beitragen, da man dabei bzw. bei der Verfassungsgebung von einem grundlegenden Unterschied zwischen monarchistisch-konstitutionellen und repräsentativ-demokratischen Staatsordnungen ausging. Dabei schöpfte das konstitutionelle Gedankengut beiderseits des Atlantiks weiterhin aus den gleichen Quellen der antiken und frühneuzeitlichen Gewährsleute.

In Deutschland traten seit den frühen 1820er-Jahre Autoren in Erscheinung, die die Verfassung der USA im Hinblick auf ihren demokratischen Charakter prinzipiell verdammten[8], während etwa der vernunftrechtlich argumentierende Friedrich Murhard ein Jahrzehnt später die Vereinigten Staaten dafür lobte, das Grundproblem des Konstitutionalismus, das Spannungsverhältnis zwischen dem Absolutheitsanspruch der Volkssouveränität und dem der Verfassung, »glänzend« gelöst zu haben. Murhard verfasste später die einschlägigen Beiträge zu Nordamerika im Rotteck-Welcker'schen »Staatslexikon«. Carl von Rotteck selbst rühmte an der amerikanischen

---

7   Vgl. René-Rémond, Les Etats-Unis devant l'opinion française 1815–1852, 2 Bde., Paris 1962; Donald McKay, The United States and France, Cambridge, Mass. 1951; Antonello Gerbi, La disputa del Nuovo Mondo: Storia di una polemica, 1750–1900, Mailand/Neapel 1955; John M. Evans, America. The View from Europe, New York/London 1976; Comer V. Woodward, The Old World's New World, New York/Oxford 1991. – Hierzu und für das Folgende vgl. Jean Nurdin, Les opinions de quelques auteurs français et allemands sur les Etats-Unis d'Amerique aux 19ème et 20ème siècles, in: C. Metzger/H. Kaelble (Hg.), Deutschland – Frankreich – Nordamerika: Transfers, Immigrationen, Beziehungen, Bonn 2006, S. 51-65; Volker Depkat, Amerikabilder in politischen Diskursen. Deutsche Zeitschriften von 1789–1830, Stuttgart 1998; Eckart G. Franz, Das Amerikabild der deutschen Revolution von 1848/49. Zum Problem der Übertragung gewachsener Verfassungsformen, Heidelberg 1958; Hermann Wellenreuther, Die USA. Ein politisches Vorbild der bürgerlich-liberalen Kräfte des Vormärz?, in: Elvert/Salewski (Hg.), Deutschland (wie Fn. 6), S. 23-42; H. Wellenreuther/C. Schnurmann (Hg.), Die Amerikanische Verfassung und Deutsch-Amerikanisches Verfassungsdenken. Ein Rückblick über 200 Jahre, New York/Oxford 1991; Erich Angermann, Der deutsche Frühkonstitutionalismus und das amerikanische Vorbild, in: Historische Zeitschrift 219 (1974), S. 1-32; Steven Rowan, Nordamerikanische Verfassungstradition und mitteleuropäische Tendenzen: Bemerkungen und Vorschläge, in: W. Brauneder (Hg.), Grundlagen transatlantischer Rechtsbeziehungen im 18. und 19. Jahrhundert, Frankfurt a. M. u. a. 1991, S. 149-164; Thomas Fröschl, Rezeption und Einfluss der American Constitution in den deutschen Verfassungsdebatten 1789–1849, in: Journal of Modern European History/Zeitschrift für moderne europäische Geschichte 6 (2008), S. 38-57; Klaus von Beyme, Vorbild Amerika? Der Einfluss der amerikanischen Demokratie in der Welt, München/Zürich 1986.
8   Vgl. Johann G. Hülsemann, Geschichte der Demokratie in den Vereinigten Staaten von Nord-Amerika, Göttingen 1823; Conrad F. von Schmidt-Phiseldeck, Europa und Amerika, oder: die künftigen Verhältnisse der civilisierten Welt, Kopenhagen 1820; Friedrich Schmidt, Versuch über den politischen Zustand der Vereinigten Staaten von Nordamerika, 2 Bde., Stuttgart/Tübingen 1822. – Dazu und zum Folgenden vgl. Horst Dippel, Die amerikanische Verfassung in Deutschland im 19. Jahrhundert. Das Dilemma von Politik und Staatsrecht, Goldbach 1994.

Verfassung vor allem, dass sie die »Hauptforderungen einer reinen Theorie« erfüllt hätte, welchen in Europa das historische Recht entgegenstünde.[9]

Am intensivsten unter den deutschen Staatsrechtlern der Zeit setzte sich der junge Robert von Mohl in einer unvollendet gebliebenen, schon 1824 veröffentlichten Arbeit mit den USA auseinander.[10] Dabei stellte er einseitig das aus seiner und vieler anderer Sicht wichtigste Spezifikum der US-amerikanischen Verfassung heraus: die Bundesstaatlichkeit, ohne – wie von Mohl später selbst eingestand – die rechtliche und funktionelle Trennung Union/Einzelstaaten präzise erfasst zu haben. Vor allem das Prinzip der Gleichberechtigung großer und kleiner Teilstaaten war in Mitteleuropa angesichts der Realität des Deutschen Bundes schwer nachvollziehbar. Allerdings trug die Perzeption der amerikanischen »Föderativrepublik« zweifellos dazu bei, in den 1840er-Jahren die Debatte über eine bundesstaatliche Lösung der »deutschen Frage« zu intensivieren. Noch deutlicher war das während der 1830er-Jahre in der Schweiz, wo Heinrich Zschokke und andere die USA unzweideutig als Vorbild für einen Ausbau des eidgenössischen Staatenbunds zum Bundesstaat herausstellten.[11]

Großen Einfluss auf die Gebildeten ganz Europas übten die beiden 1835 und 1840 – zunächst auf Französisch, in kurzer Zeit auch auf Englisch und Deutsch – erschienenen Bücher des eigenwilligen Liberalkonservativen Alexis de Tocqueville »Über die Demokratie in Amerika«[12] aus, Ergebnis intensiver Studien und eines ein-

---

9 Vgl. Friedrich Murhard, Artikel »Nordamerikanische Revolution« und »Nordamerikanische Verfassung«, in: Staats-Lexikon, oder: Encyklopädie der sämmtlichen Staatswissenschaften für alle Stände, Bd. IX, Altona 1848, S. 614-728; vgl. auch ders., Die Volkssouveränität im Gegensatz der sogenannten Legitimität, Kassel 1832. Zum Zitat Rottecks: Carl von Rotteck, Allgemeine Geschichte von Anfang der historischen Kenntnis bis auf unsere Zeiten, Bd. VIII., Freiburg 13. Aufl. 1839, S. 323.

10 Vgl. Robert von Mohl, Das Bundes-Staatsrecht der Vereinigten Staaten von Nordamerika, Bd. 1, Stuttgart/Tübingen 1824; vgl. dazu auch ders., Kritische Zeitschrift für Rechtswissenschaft und Gesetzgebung des Auslandes 7 (1835), S. 5 f. – Zu von Mohl vgl. Erich Angermann, Robert von Mohl 1799–1875. Leben und Werk eines altliberalen Staatsgelehrten, Neuwied 1962, hier S. 26 f.; Volker Hartmann, Repräsentation in der politischen Theorie und Staatslehre in Deutschland. Untersuchung zur Bedeutung und theoretischen Bestimmung der Repräsentation in der liberalen Staatslehre des Vormärz, die Theorie des Rechtspositivismus und der Weimarer Staatslehre, Berlin 1979, hier S. 102 ff.; Dippel, Verfassung (wie Fn. 8), S. 24 ff.

11 Vgl. Franz, Amerikabild (wie Fn. 7), S. 93 f.; vgl. auch Eduard His, Amerikanische Einflüsse im Schweizerischen Verfassungsrecht, in: Festgabe der Basler Juristenfakultät und des Basler Juristenvereins zum Schweizerischen Juristentag, Basel 1920, S. 81-110.

12 Vgl. für das Folgende Alexis de Tocqueville, De la démocratie en Amérique, 2 Teile in jeweils 2 Bänden, Paris 1835–1840; ders., Über die Demokratie in Nordamerika. Aus dem Französischen von Friedrich August Rüder, Teil I, Leipzig 1836 (Teil II nicht auf Deutsch erschienen). – Zu Tocqueville vgl. André Jardin, Alexis de Tocqueville. Leben und Werk, Frankfurt a. M. u. a. 1991; Otto Vossler, Alexis de Tocqueville. Freiheit und Gleichheit, Frankfurt a. M. 1973; Hugh Brogan, Alexis de Tocqueville, Prophet of Democracy in the Age of Revolution, London 2006. Zu Tocqueville siehe auch den Beitrag über das Europäische Verfassungsdenken im vorliegenden Handbuchband (dortiges Unterkapitel 6).

jährigen Aufenthalts in den USA. Tocquevilles Urteil war ambivalent und in manchen Aspekten sehr kritisch. Es sah die Entwicklung zur Demokratie grundsätzlich und global als unumgänglich an, zeigte sich jedoch beunruhigt im Hinblick auf den Verlust geistiger Unabhängigkeit und den von ihm wahrgenommenen Konformitätsdruck der jeweiligen Mehrheit. Während er eine hinreichend wirksame Gewaltteilung von Exekutive und Legislative vermisste, sah Tocqueville in der Dezentralisierung, namentlich der kommunalen Selbstverwaltung, die die Amerikaner aus England übernommen hätten, und in der starken Position der Judikative kontrollierende und mäßigende Kräfte.

Neben der Gunst der natürlichen Bedingungen erkannte Tocqueville die grundlegende Bedeutung, die der jenseits der europäischen, feudal-ständischen Gesellschaftsmodelle schon von den frühesten Siedlern eingeschlagene Entwicklungspfad für den stetigen wirtschaftlichen Aufschwung hatte. Republik und Demokratie seien fest im amerikanischen Volk verankert, und die relevanten Parteien und Meinungsströmungen blieben, ungeachtet allen Streits, diesbezüglich einem »consensus universalis« verpflichtet. Eine Wurzel des Grundkonsenses schien ihm in dem relativ hohen wirtschaftlich-sozialen Status der meisten Einwohner der USA zu bestehen, der die persönlichen Interessen und Erwartungen mit Gemeinwohl und Gesetzestreue verbinde. Einen zweiten wesentlichen Faktor sah Tocqueville in der breiten und tiefen Religiosität der US-Amerikaner, die die Notwendigkeit begriffen, den nachlassenden obrigkeitlichen Zwang durch moralische Bindung auszugleichen. Bemerkenswerterweise fand der Autor gerade in der – für das damalige Europa schwer vorstellbaren – kompletten Trennung von Staat und Kirche(n) die Begründung für die »ruhige Herrschaft der Religion in diesem Lande«.[13] Auch wenn die amerikanische Demokratie wegen der tief greifenden Gegensätze parteipolitischer und sozialer Art in Europa – namentlich der Existenz der großen Gruppe der »Proletarier« – kaum übertragen werden könne, unterstrich Tocqueville, die USA hätten gezeigt, dass es möglich sei, die Demokratie durch Gesetze und Sitten einzudämmen.

Man konnte die Analyse Tocquevilles unterschiedlich lesen. Die Furcht vor der sozialen Revolution als Konsequenz der Demokratie, der Herrschaft des Volkes auch im quantitativen Sinn, teilten die gemäßigten Liberalen weitgehend mit den Konservativen Europas. Und im Amerika der 1830er- und 1840er-Jahre meinte man, die nivellierenden, die freie Persönlichkeit tyrannisierenden Eigenschaften der Demokratie beobachten zu können.

Von Ausnahmen wie dem Republikaner Achille Murat[14], dem als Advokat in den USA lebenden Sohn des von Napoleon in Neapel eingesetzten und nach dessen Sturz exekutierten Königs, abgesehen, hielt man eine komplette Übernahme der US-Verfas-

---

13 Tocqueville, Demokratie (wie Fn. 12), Teil I.1, S. 169.
14 Vgl. Achille Murat, Briefe über den moralischen und politischen Zustand der Vereinigten Staaten. Aus dem Französischen, Braunschweig 1833.

sung in Europa für undurchführbar und überwiegend für unerwünscht. Zudem blieb auch die aggressive Ablehnung der USA aus ultrakonservativem Geist[15], vor allem nach 1830, eher vereinzelt. Der unterschiedliche Verlauf der Amerikanischen gegenüber der Französischen Revolution, worauf Friedrich von Gentz schon 1800 hingewiesen hatte[16], ebnete vor dem Hintergrund der ganz anderen geografischen, historischen und sozialen Voraussetzungen auch Konservativen den Weg zu einer Anerkennung der spezifischen Angemessenheit der Verfassungsordnung der USA, was Kritik an den gesellschaftlichen und politischen Verhältnissen nicht ausschloss.

Als das Amerikabild der Europäer in den 1830er-Jahren dichter und differenzierter wurde, zeigte sich sogar, dass manche Einwände bzw. kritische Anmerkungen, wenn auch mit unterschiedlicher Akzentuierung, gleichermaßen auf der Linken wie auf der Rechten anzutreffen waren. Das galt, neben der Sklaverei und der Rassenproblematik überhaupt, für die utilitaristische Grundierung des nordamerikanischen politischen und sozialen Denkens ebenso wie für die Geschäfts- und Profitorientierung des ganzen Daseins der US-Amerikaner als Kehrseite ihres durchweg bemerkten, emsigen Unternehmungsgeistes, raschen wirtschaftlichen Fortschritts und relativen Wohlstands. Auch wem die egalitäre Demokratie nicht ohnehin als zwangsläufig vulgär und unkultiviert galt, stieß sich an den Formen der Parteienkonkurrenz, an der Pressepolemik und der zunehmend verbreiteten Patronage.

Ähnlich wie für Europa begann für die USA um den Jahreswechsel 1814/15 eine neue Epoche. Mit der Beendigung des amerikanisch-britischen Krieges von 1812–1814 durch den Frieden von Gent auf der Grundlage des Status quo war die Unabhängigkeit, Einheit und territoriale Integrität der Vereinigten Staaten definitiv gesichert, auch wenn die diversen Streitpunkte mit Großbritannien, vor allem um wirtschaftliche Fragen, erst in den Folgejahren bereinigt werden konnten. Zudem blieben die USA noch eine ganze Zeit ein eher peripherer Teil des um London zentrierten atlantischen Handelssystems und die US-amerikanische Elite geistig-kulturell auf Europa, namentlich auf das frühere Mutterland, ausgerichtet. Und doch handelte es sich beim Frieden von Gent um einen Wendepunkt in der bislang stark von den europäischen Geschehnissen abhängigen hin zu einer vorwiegend eigenständigen Entwicklung der USA, die den Subkontinent, namentlich im Hinblick auf die politische Ordnung, weit von Europa entfernte. Die Monroe-Doktrin vom 2. Dezember 1823[17] hatte zwar vor

---

15 Vgl. Jacques Maximilian Benjamin Bins de Saint-Victor, Briefe über die Vereinigten Staaten von Amerika. Geschrieben in den Jahren 1832 und 1833. Aus dem Französischen des Herrn von ***, 2 Bde., Berlin 1835.
16 Vgl. Friedrich von Gentz, Der Ursprung und die Grundsätze der Amerikanischen Revolution, verglichen mit dem Ursprung und den Grundsätzen der Französischen, in: Historisches Journal 2 (1800); gekürzt in: E. Fraenkel (Hg.), Amerika im Spiegel des deutschen politischen Denkens, Köln/Opladen 1959, S. 79-81.
17 Ediert in: H. Steel Commager (Hg.), Documents of American History, Bd. 2, New York 8. Aufl. 1968, S. 235-237 (Dok.-Nr. 127).

allem deklamatorischen Charakter, doch war die Jahresbotschaft des US-Präsidenten James Monroe an den Kongress von erheblicher symbolischer Bedeutung: Unter der Voraussetzung, dass in Amerika grundlegend andere politische Systeme entstanden seien, als sie in der Alten Welt existierten, verzichteten die USA auf die Einmischung in europäische Angelegenheiten, verwahrten sich zugleich aber gegen alle kolonialen oder anders motivierten Interventionen der Mächte Europas auf dem gesamtamerikanischen Kontinent.

Nachdem die US-Verfassung von 1787/89 in ihrer Erweiterung um die Menschenrechtserklärung und die diversen Amendments auch von ihren anfänglichen Widersachern, den »Anti-Federalists«, als Basis des politischen Zusammenlebens akzeptiert worden war und als sich das neue Regierungssystem als funktionsfähig erwies, blieben dennoch zentrale Fragen der Gestaltung der Verfassungswirklichkeit in der Schwebe.[18] Das betraf die Balance zwischen Union und Einzelstaaten, in erster Linie die konkrete Rolle der Bundesbehörden, sowie den sich in der Sklavereifrage verdichtenden und tendenziell größer werdenden Nord-Süd-Gegensatz, der durch die dramatische Westexpansion immer wieder aktualisiert und zusätzlich angeheizt wurde. Auch war nicht von vornherein klar, wie das System den in der Unabhängigkeitsrevolution und im Werk der Verfassungsväter angelegten, wenn auch nicht unbedingten intendierten Demokratisierungsschub seit den 1820er-Jahren verkraften würde. Diese Konflikte waren wiederum untrennbar mit der wirtschaftlich-sozialen Dynamik verbunden und beruhten auf dieser.

Deren Kern war die sog. »Marktrevolution«, angetrieben von der, bis in die 1840er-Jahre noch hauptsächlich natürlichen, Bevölkerungszunahme (Vervierfachung seit 1790 auf 17 Mio.) und flankiert von der Umwälzung der Verkehrs- und Kommunikationsverbindungen (Kanal- und Straßenbau, frühe Eisenbahnlinien, Modernisierung des Postwesens, Entstehung einer Massenpresse in den 1840er-Jahren, dann

---

18 Vgl. für das Folgende Andrew C. McLaughlin, A Constitutional History of the United States, New York 1935; Alfred H. Kelly/Winfried A. Harbison/Hermann Belz, The American Constitution. Its Origins and Development, New York/London 6. Aufl. 1991; Hans Fenske, Der moderne Verfassungsstaat. Eine vergleichende Geschichte von der Entstehung bis zum 20. Jahrhundert, Paderborn u. a. 2001, S. 389–412; Johan J. Dinan, The American State Constitutional Tradition, Kansas 2006; G. E. Connor/C. W. Hammons (Hg.), The Constitutionalism of American States, Columbia 2008; Joel H. Silbey, The Partisan Imperative: The Dynamics of American Politics before the Civil War, New York 1985; Sean Wilentz, The Rise of American Democracy: From Jefferson to Lincoln, New York u. a. 2005; Peter Zavodnyik, The Age of Strict Construction. A History of the Growth of Federal Power, 1789–1861, Washington/D. C. 2007; Paul Finkelman, An Imperfect Union: Slavery, Federalism, and Comity, Chapel Hill/N. C. 1981; E. Cobbs Hoffmann/J. Gjerde (Hg.), Major Problems in American History, Bd. 1: To 1877. Documents and Essays, Boston/New York 2007. Vgl. auch die deutschsprachigen Überblickswerke von Horst Dippel, Geschichte der USA, München 1996; Hellmuth Günther Dahms, Grundzüge der Geschichte der Vereinigten Staaten, Darmstadt 3. Aufl. 1991; Udo Sautter, Geschichte der Vereinigten Staaten von Amerika, Stuttgart 7. Aufl. 2006; Jürgen Heideking/Christof Mauch, Geschichte der USA, Tübingen/Basel 6. Aufl. 2008 (mit Quellen-CD-ROM, hg. v. M. Wala).

auch der Telegrafie). Ein weiterer Faktor war der unbeirrte Drang nach Westen, bei dem offenkundige merkantile Interessen – hauptsächlich ging es um die Anbindung weiterer Räume an die US-Wirtschaft und um die Erschließung neuer Märkte – sich mit zivilisations-missionarischen Ideen verbanden, wie sie John L. O'Sullivan 1845 in der Parole des »Manifest Destiny« formulierte, Gedanken, die aber schon Jahrzehnte früher inhaltlich ausgeformt worden waren.[19]

Unterstützt und ratifiziert wurde die Herausbildung einer zunehmend marktorientierten Gesellschaft einschließlich der entsprechenden wirtschaftlichen Machtstrukturen durch die Transformation des zur Revolutionszeit noch in hohem Maße regulierenden und patriarchalischen Rechts, vor allem auf den Feldern des Handelsrechts, des Eigentumsrechts und des Vertragsrechts. Die Professionalisierung des Juristenberufs und die Verwissenschaftlichung der Rechtslehre begünstigten eine Sichtweise auf den Markt als eine objektive und unpolitische Instanz, die gegen Eingriffe von außen abgeschirmt werden musste.[20]

Im Nordosten der USA, wo die Gesellschaft stark vom, namentlich atlantischen, Handel geprägt war, beschleunigte sich die gewerbliche Entwicklung, wobei die Unternehmenskonzentration zunahm und mit der Textilbranche und der Lederbranche seit den 1820er- und 1830er-Jahren die eigentliche Industrialisierung Fahrt aufnahm, 1819 und 1837 unterbrochen von mehrjährigen Wirtschaftskrisen. Spätestens seit den 1840er-Jahren wurde das im Finanz- und Handelssektor angehäufte Kapital vermehrt in die Industrie umgeleitet, die den Schutz hoher Einfuhrzölle genoss. Während das von Vertretern der liberalkonservativen Elite favorisierte Modell einer bundesstaatlich gezielt geförderten Industrialisierung (»American System«) nicht zum Tragen kam, spielten die Einzelstaaten in der ersten Hälfte des 19. Jahrhunderts wirtschaftlich eine beträchtliche Rolle, sodass von einem dezentralen Entwicklungsmodell gesprochen werden kann, bei dem staatlich lizenzierte Monopolunternehmen, privat- oder gemischtwirtschaftlich organisiert, infrastrukturelle Schlüsselprojekte durchführten; diese hatten aus der Sicht des Staates auch eine gesamtgesellschaftlich instrumentelle Funktion.

Die Mehrzahl der US-Amerikaner arbeitete, trotz beschleunigter Industrialisierung, auch um 1850 noch in der Landwirtschaft: in der typisch nordamerikanischen Unternehmensform des selbstständigen Farmbetriebs mittlerer Größenordnung. In den landwirtschaftlichen Überschussgebieten, vor allem des Mittleren Westens, bildete sich die US-amerikanische Variante des Agrarkapitalismus heraus, bei der der Man-

---

19 Vgl. Charles Sellers, The Market Revolution, Jacksonian America, 1815–1846, New York 1991; Robert V. Remini, The Jacksonian Era, Arlington Heights 1989; Daniel W. Howe, What Hath God Wrought. The Transformation of America, 1815–1848, Oxford 2007; S. W. Hayes/C. Morris (Hg.), Manifest Destiny and Empire. American Antebellum Expansionism, Collage Station/Texas 1997; und die Werke in der vorangegangenen Fußnote.
20 Vgl. Morton J. Horwitz, The Transformation of American Law, 1780–1860, Cambridge/Mass./London 1977; Winfried Brugger, Einführung in das öffentliche Recht der USA, München 2001.

gel an besitzlosen Landarbeitern durch Rationalisierung, Intensivierung und später dann auch Mechanisierung kompensiert wurde. In Provinzstädten entstanden zwecks Senkung der Transportkosten neue Produktionsstätten zur schnelleren Verarbeitung der Agrarerzeugnisse.

Auch die Südstaaten der USA nahmen an dem allgemeinen Kommerzialisierungsprozess teil; dies geschah jedoch in einer Weise, die die Sklaverei, die »peculiar institution« des Südens, nicht auflöste, sondern vielmehr festigte, seitdem – gegenüber dem weiter betriebenen Tabak-, Zuckerrohr- und Reisanbau – die Baumwolle an die erste Stelle der Exportgüter trat (die Ausfuhr von Baumwolle verzehnfachte sich zwischen 1820 und 1860), begünstigt durch Neuzüchtungen und den Einsatz einer neuen Entkernungsmaschine. Die Plantagenproduktion der Baumwolle, hauptsächlich für den Export, band den US-amerikanischen Süden eng in den Weltmarkt ein, ohne dass aus dieser Verflechtung wesentliche modernisierende Impulse erwachsen wären. Die Gesellschaft blieb ganz überwiegend großagrarisch geprägt; der Binnenhandel und die Küstenschifffahrt wurden von nordstaatlichen Geschäftsleuten kontrolliert. Rund ein Viertel der Weißen unter den (1819) ca. 4,5 Mio. Einwohnern der Südstaaten, davon knapp 40 Prozent Sklaven, (Einwohnerzahl der Nordstaaten: ca. 5,2 Mio.) gehörte zu den Sklavenhaltern, doch beschäftigte nur etwa ein Prozent der Weißen mehr als 100 Sklaven. So wie die Großkaufleute, die Bankiers und das städtische Establishment die politische Kultur des Nordens prägten, an deren Seite dann die mit der Industrialisierung neu aufstrebenden Schicht trat, bestimmte im Süden die Pflanzeroligarchie mit pseudoaristokratischem Habitus das Normensystem. Da die Demokratisierungswelle am Süden nicht einfach vorbei lief, entstand vielfach eine eigenartige Gemengelage.[21]

Die Verfassung der USA überließ es den Einzelstaaten, die Sklavenfrage zu entscheiden. Im Norden, wo die Sklaverei zahlenmäßig und ökonomisch von geringerer Bedeutung war, wurde das Institut während und nach der Revolution, wenn auch nicht schlagartig, abgeschafft. Die Northwest Ordinance von 1787 hatte daneben gewissermaßen ein Präjudiz geschaffen, indem die späteren Staaten Ohio, Indiana, Illinois, Michigan und Wisconsin durch Bundesgesetz auf eine Unterbindung der Sklavenhaltung festgelegt wurden. 1808 trat nach 20-jähriger Frist ein allgemeines Verbot des Sklavenhandels in Kraft, das ein Schritt zur längerfristigen Abschaffung der Sklaverei hätte sein sollen. De facto war das Verbot nicht durchzusetzen. Auch wenn sich die Kräfteverhältnisse zwischen den beiden Sektoren der USA wirtschaftlich wie politisch stetig verschoben: Durch das nicht nur absolute, sondern gegenüber den Südstaaten (obwohl die Sklaven des Südens zu drei Fünfteln als Einwohner mitgezählt wurden) auch relativ zunehmende Bevölkerungswachstum (und damit der

---

21 John Ashworth, Slavery, Capitalism, and the Politics in the Antebellum Republic, 2 Bde., Cambridge/New York 1995–2007; Edmund S. Morgan, American Slavery – American Freedom. The Ordeal of Colonial Virginia, New York 1975; Finkelman, Union (wie Fn. 18); und wie Fn. 18 und 19.

Bestimmungsgröße für die Wahl des Repräsentantenhauses) gewann der Norden an Gewicht.

Einen Ausgleich schuf nur die für jeden Einzelstaat gleiche Entsendung von zwei Personen in den Senat und die wiederholte Praxis, bei Neuaufnahmen in die Union das Gleichgewicht zwischen Sklaven haltenden und sklavenfreien Staaten zu bewahren, indem gleichzeitig oder in kurzer Folge je ein Kandidat der einen wie der anderen Kategorie aufgenommen wurde, so bei dem rund zwei Jahrzehnte haltenden Kompromiss von 1820/21, als neben den neuen Sklavenhalterstaat Louisiana das nun als eigener Staat verselbstständigte Maine, vorher ein Teil von Massachusetts, gestellt wurde und man gleichzeitig eine Demarkationslinie durch den Kontinent zog, die auch für die Zukunft die Geltung der unterschiedlichen Ordnungen festlegte. Als die USA 1845 das neun Jahre zuvor von Mexiko abgespaltene Texas als Sklavenstaat inkorporierten, 1846 das Oregongebiet mit Großbritannien teilten und in dem etwa gleichzeitig provozierten Krieg mit Mexiko den gesamten Südwesten des heutigen Unionsterritoriums einschließlich Kaliforniens, das die Sklaverei später per Verfassung verbot, in Besitz brachten (in Vervollständigung der friedlichen Erwerbung durch Kauf von Französisch-Louisiana 1803 und Spanisch-Florida 1819), konnte noch einmal ein neuer, aufschiebender Kompromiss gefunden werden. Doch deuteten Wahlerfolge von abolitionistischen Gruppierungen, namentlich der »Free Soil Party«, und zunehmende Spannungen zwischen den jeweiligen Nord- und Südflügeln beider großer Parteien darauf hin, dass für das gesellschafts- wie verfassungspolitisch zentrale, ungelöste Problem der Sklaverei eine Entscheidung näher rückte.[22]

Unumstritten war auch die Indianerpolitik nicht, die in den 1820er- und dann vor allem in den 1830er-Jahren verschärft wurde, nachdem die Unionsgründer noch davon ausgegangen waren, die Ureinwohner nach und nach christianisieren und assimilieren zu können. Die Scharfmacher kamen weniger aus der traditionellen Elite des Nordostens, sondern eher aus den Reihen der von den einfachen Siedlern und kleinen Leuten gestützten Politiker wie dem legendären Kriegshelden aus dem zweiten Waffengang mit England und Kämpfer gegen den Seminolenaufstand in Florida, Andrew Jackson, der von 1829 bis 1837 als Präsident amtierte. Jackson schlug dem Kongress als eine seiner ersten politischen Aktionen den »Indian Removal Act« vor, der sich just gegen die »fünf zivilisierten Stämme« (Cherokee, Creek, Chickasaw, Choctaw und Seminolen) richtete, die sich bereits stark an die Kultur und die Wirtschaftsweise der USA angepasst hatten. Obwohl das Repräsentantenhaus nur mit äußerst knapper Mehrheit zustimmte und die Cherokee mit ihrer Klage vor dem Supreme Court eine in wesentlichen Punkten indirekte Anerkennung ihrer Position erfuhren, begann, rechtlich legitimiert durch Dutzende erzwungener oder betrügerisch zustande gekommener Verträge, Mitte der 1830er-Jahre die gewaltsame und verlustreiche,

---

22 Johannes Eue, Die Oregon-Frage – Amerikanische Expansionspolitik und der Pazifische Nordwesten, 1814–1848, Münster u. a. 1995; und wie Fn. 18 und 19.

von Massakern begleitete Vertreibung der »einheimischen abhängigen Nationen« (um 1820 östlich des Mississippi noch 120.000 Menschen umfassend) in weit entfernt liegende Gebiete.[23]

Die »Fundamentaldemokratisierung« (Karl Mannheim) der USA erreichte – ein halbes Jahrhundert und länger vor Europa – ihren ersten Höhepunkt zur Zeit der Präsidentschaft des Demokraten Jackson, des ersten Präsidenten, der nicht aus der Elite der Gründerstaaten, namentlich Virginias, stammte. Ausgehend von den jungen Frontierstaaten und -territorien im (damaligen) Westen der USA, setzte sich zunehmend das allgemeine, gleiche Männerwahlrecht für Weiße durch. Als aktives Wahlrecht galt es bereits 1824 in den meisten Einzelstaaten, und Mitte des 19. Jahrhunderts aktiv und passiv auf allen Ebenen der Selbstverwaltungshierarchie (vielfach mit Ausnahme kommunaler Sachabstimmungen über finanzielle Fragen). Frauen durften um 1850 bereits in einem Teil der Gemeinden wählen, freie Schwarze in einigen der Nordstaaten; Indianern war die Teilnahme an den Wahlen wegen ihres Sonderstatus generell verwehrt.[24] Die Demokratisierung des Wahlrechts und der Wahlpraxis zeigte sich ebenso in der allmählichen Angleichung der Stimmbezirksgrößen, in dem Übergang (1842) zu Einmannwahlkreisen an Stelle von Mehrmannwahlkreisen und gesamt(einzel)staatlichen Großwahlkreisen sowie in der Formalisierung des Wahlvorgangs durch Einführung von Stimmzetteln. Mehr und mehr setzte sich zudem die Volkswahl von Beamten und Richtern durch. Auch erhielt um 1830 die Wahl des Präsidenten dadurch einen quasi plebiszitären Charakter, dass die Elektoren jetzt direkt vom Volk gewählt wurden und mit einem faktischen imperativen Mandat ausgestattet waren. Die Wahlbeteiligung, die 1820 nicht mehr als ca. neun Prozent betragen hatte, stieg bis 1828 auf ca. 58 Prozent und erreichte 1840 sogar ca. 80 Prozent.[25]

Die spezifische demokratische Ausformung des amerikanischen Verfassungsstaats hing eng zusammen mit der frühzeitigen Konstituierung politischer Parteien.[26] Zwar galt das Parteienwesen den Gründungsvätern, der zeitgenössischen Auffassung gemäß, als verderblich und eines republikanischen Gemeinwesens unwürdig, doch erforderte gerade die ausgeklügelte horizontale und vertikale Gewaltenteilung der

---

23 Vgl. Howard Zinn, Eine Geschichte des amerikanischen Volkes, Bd. 3: Die »Umsiedlung« der Indianer und der Krieg gegen Mexiko, Berlin 2006.
24 Vgl., auch für das Folgende, Morris B. Schnapper/Allan Bogue/William H. Flanigan, The History of American Electoral Behavior, Princeton/New York 1978; Chilton Williamson, American Suffrage: From Property to Democracy, 1760–1860, Princeton/New York 1960.
25 Zahlenangaben nach Helmut Klumpjan, Die amerikanischen Parteien. Von ihren Anfängen bis zur Gegenwart, Opladen 1998, S. 132.
26 Vgl. zum Folgenden Klumpjan, Parteien (wie Fn. 25); Morton Borden, Parties an Politics in the Early Republic, 1789–1815, New York 1967; W. N. Chambers (Hg.), The First Party System: Federalists and Republicans, New York 1972; Richard P. Cormick, The Second American Party System: Party Formation in the Jacksonian Era, Chapel Hill/N. C. 1966; Richard Hofstadter, The Idea of a Party System. The Rise of Legitimate Opposition in the United States, 1780–1840, Berkeley/Cal. 1969.

USA – mit der Tendenz wechselseitiger Blockierung – übergreifende Klammern, um funktionieren zu können. Als Parteien wurden teilweise schon die »Federalists« und die »Anti-Federalists« bzw. »Democratic Republicans« am Ende des 18. Jahrhunderts verstanden, wenngleich die Parteienbildung sich anfangs auf die beiden Kammern des Kongresses und auf die Regierung beschränkte. Bereits Thomas Jefferson (1801–1809) hatte seine Demokratisch-Republikanische Partei als ein politisches Machtinstrument genutzt. Umgekehrt erfuhr die Position des Speakers des Repräsentantenhauses unter dem 1811 gewählten Henry Clay, einem der späteren oppositionellen Rivalen Andrew Jacksons, eine offensive und quasi parteipolitische Funktionalisierung. Nachdem die Federalists in den Jahren vor 1816 zerfallen waren, woran sich die etwa zehnjährige Periode eines Quasi-Einparteiensystems anschloss, bildete sich, ausgehend von der inneren Fraktionierung der Democratic Republicans, neben der nunmehr als »Demokraten« firmierenden Formation in mehreren Stufen und aus mehreren Bestandteilen eine neue, gleichgewichtige Alternativpartei, die 1833 als »Whigs« formell gegründet wurde.

Die Polarität von Demokraten und Whigs blieb für das politische Leben bis zur Jahrhundertmitte und darüber hinaus bestimmend. Es war die Zeit der bundesweiten Festigung und Institutionalisierung von Parteiapparaten. Präsidentschaftskandidaten wurden nicht mehr von den »caucuses« der Parteiführungsschichten nominiert, sondern von breit beschickten Nationalkonventen. Zugleich nahmen nach außen Wahlkämpfe und Parteipropaganda moderne spektakuläre Formen an. Auf allen Ebenen politischer Gremien trat ein parteiliches Abstimmungsverhalten mehr und mehr an die Stelle personenbezogener bzw. klientelistischer Loyalitäten. Die Parteien galten in der Öffentlichkeit nicht mehr als Fremdkörper, sondern zunehmend als legitime und unverzichtbare Instrumente politischer Willensbildung durch Wettbewerb. – Die Kehrseite der amerikanischen Parteiendemokratie bildeten die Ämterpatronage und die als »spoil system« bezeichnete Auswechselung aller regierungsbezogenen Posten bei einem politischen Wechsel auch auf Unionsebene.

Beide Parteien waren bundesweit präsent und in unterschiedlichen sozialen Segmenten verankert, wenn auch sehr ungleichgewichtig: Zu den alten und neuen Wirtschaftseliten des Nordens sowie teilweise auch des Südens traten im Rahmen der Whigs Anhänger protestantischer Reformbewegungen aus den Mittelschichten sowie Farmer und städtische Arbeiter oder Kleinproduzenten, die in die kapitalistische Industrialisierung Hoffnungen setzten, sowie die Sprecher angelsächsisch-nativistischer Strömungen. Eine entschiedene Fortschrittsorientierung, vor allem, aber nicht ausschließlich, in wirtschaftlicher Hinsicht, ergänzte die Vorstellung, die Bundesregierung solle dabei eine aktive Rolle spielen. Mit dieser Ausrichtung war zudem – wie bei der gegnerischen Partei, doch anders als dort konnotiert – eine moralische, stark religiös gespeiste Sicht auf Politik und Gesellschaft verbunden.

Bei den Demokraten versammelte sich eine Koalition, die von den Radikaldemokraten New Yorks über die Verfechter einer offensiven Westexpansion bis zu den sozial konservativen Großpflanzern Virginias reichte. Der Schwerpunkt lag, neben und vor den industrialisierungsskeptischen Teilen der städtischen Mittel- und Unterschichtenbevölkerung, bei den kleinen und mittleren Farmern im Westen und im Innern der USA. Unter den politischen Aktivisten der Partei waren Angehörige der Elite allerdings deutlich überproportional vertreten. Die Demokraten beanspruchten, dem »common man«, dem »real people« eine politische Stimme zu geben und seine Interessen gegen das Establishment mit seiner Bürokratie und seinem militärischen Apparat, gegen das große Geld und zentralstaatliche Bestrebungen zu vertreten. Mit ihrem agrarisch geprägten Egalitarismus, verstanden als Einforderung rechtlich-politischer Gleichheit und sozialer Ebenbürtigkeit aller, knüpften die Demokraten der Jackson-Ära an die Ideologie Jeffersons an, während die Whigs eher in der Traditionslinie der Federalists um Alexander Hamilton standen. Der politische Ansatz der Demokraten entsprach um 1830 durchaus noch der gesellschaftlichen Realität in weiten Teilen Nordamerikas und widerspiegelte das Weltbild seiner Bewohner, das weiterhin in hohem Maß von unmittelbaren Produzenten-Konsumenten-Beziehungen auf lokaler Ebene geprägt war. In der Frontstellung gegen das Großkapital, insbesondere gegen das Finanzkapital, wurden, abweichend von Europa, nicht etwa staatliche Eingriffe, sondern ein striktes Laissez-faire zum Credo gemacht.

Beide parteipolitische Richtungen verbanden in unterschiedlicher Weise altrepublikanische Ideen von einer tugendhaften Ordnung mit Versatzstücken einer »modernen« liberalen Programmatik. Beide stellten sich uneingeschränkt auf den Boden des US-amerikanischen Konstitutionalismus, und beide sahen im freien Markt den Begegnungsraum unabhängiger Wirtschaftssubjekte und einen dem Gemeinwohl dienenden Steuerungsmechanismus: Die eine orientierte auf Industriekapitalismus, die andere bewahrte das Leitbild einer Marktwirtschaft mittlerer Existenzen auf kleingewerblich-agrarischem Fundament. Die durch die beiden Parteien verkörperte politisch-ideologische Breite der konstitutionellen Demokratie wie des in den USA damit konnotierten Wirtschaftsliberalismus trug dazu bei, die übergreifenden Wertvorstellungen auf Dauer fest in der politischen Kultur der USA zu verankern.[27] Der Streit um die Konzessionierung der Second Bank, einer privatwirtschaftlich organisierten nationalen Bank, in dessen Verlauf Präsident Jackson die positive Entscheidung des Kongresses mit seinem Veto beantwortete, weil er die darin verkörperte Finanzmacht der Union für schädlich hielt – die Verschuldung vieler Farmer und städtischer Kleinbürger bildete den materiellen Hintergrund – demonstrierte 1832 handgreiflich den Gegensatz beider Linien. Im Gesamteffekt war die meist pragmatische Politik der Demokraten indessen nicht weniger dem Kapitalismus förderlich als die der Whigs.

---

27 Vgl. Hans Vorländer, Hegemonialer Liberalismus: Politisches Denken und politische Kultur in den USA 1776–1920, Frankfurt a. M./New York 1997; vgl. auch J. Heideking/J. A. Henretta (Hg.), Republicanism and Liberalism in America and the German States, 1750–1850, Cambridge/Mass. 2002.

Andrew Jackson und die Demokraten sahen sich als Wächter der einzelstaatlichen Kompetenzen. Die Unionsverfassung sollte buchstabengetreu ausgelegt (»strict construction«) und nicht zulasten der Einzelstaaten gedehnt werden. Unter den demokratischen Parteigängern befanden sich auch Anhänger der, hauptsächlich im Süden verbreiteten, Doktrin der »states' rights«, die den Vorrang der Bundesgesetzgebung mehr oder weniger entschieden bestritt, wenn diese mit essenziellen Interessen des jeweiligen Einzelstaats, wie deren berufene Vertreter sie definierten, kollidierte. Jackson focht diesbezüglich jedoch einen exemplarischen Konflikt durch, als South Carolina die Zollgesetze von 1828 und 1832 für null und nichtig erklärte und mit Sezession drohte (damit allerdings unter den Südstaaten isoliert blieb). Der Präsident ließ sich vom Kongress die Vollmacht geben, die Bundesautorität im Bedarfsfall gewaltsam durchzusetzen. Eine Novellierung der Zollsätze erleichterte South Carolina den Rückzug.[28] Ohnehin wurde der längerfristige Trend zur Stärkung der Union während der »Jacksonian Democracy« nicht gebrochen. Nicht nur das Präsidentenamt gewann weiterhin faktisch an Machtpotenzial, auch der Kongress, der selbstbewusst Zuständigkeiten beanspruchte und bei wichtigen Weichenstellungen, so bei der Regelung der Oregonproblematik 1846, zu konkreten Entscheidungsfindungen wesentlich beitrug. Nicht zuletzt dehnten die Gerichte, allen voran der Supreme Court, ihren bundesweiten Aktionsraum aus, seit den 1840er-Jahren sogar mit einer antilegislativen Stoßrichtung.

Im Vergleich zur Wahrnehmung der nordamerikanischen Entwicklung wurde die nationale Verselbstständigung und Konstitutionalisierung Mittel- und Südamerikas in Europa zwar registriert und teilweise aufmerksam verfolgt, aber, wenn man etwa die Verfassungssammlungen von Karl Heinrich Ludwig Pölitz zugrunde legt, offenbar im Hinblick auf die Alte Welt für weniger relevant gehalten. Die Ankündigung von 1825, » die sämmtlichen Verfassungen des amerikanischen Staatensystems […] in teutschen Übersetzungen aufzustellen«[29], wurde nicht realisiert. Die Lateinamerika betreffenden Artikel im »Staatslexikon« von Rotteck/Welcker thematisierten vor allem

---

28 Vgl. hierzu William W. Frechling, Prelude to Civil War. The Nullification Crisis in South Carolina, 1816–1836, New York 1965; John Nive, John C. Calhoun and the Price of Union, London u. a. 1988; Richard E. Ellis, The Union at Risk: Jacksonian Democracy, State's Rights, and the Nullification Crisis, New York u. a. 1987.

29 K. H. L. Pölitz (Hg.), Die Constitutionen der europäischen Staaten seit den letzten 25 Jahren, 4. Theil, Leipzig 1825, S. IV (Vorrede). – Vgl. hingegen P. A. Dufau u. a. (Hg.), Collections des constitutions, chartes et lois fondamentales des peuples de l'Europe et des deux Amériques, avec des précis offrant l'histoire des libertés et des institutions politiques chez les nations modernes, 7 Bde., Paris 1821–1830. Hinweise nach Heinz Mohnhaupt, Europäische Blicke von Europa über Europa hinaus und zurück. Zur Wahrnehmung südamerikanischer Verfassungen im 18./19. Jahrhundert, in: Rechtsgeschichte. Zeitschrift des Max-Planck-Instituts für europäische Rechtsgeschichte 16 (2010), S. 126-130, hier S. 129.

die Problematik von Zentralstaat und »Föderativsystem«, die namentlich Brasilien und Mexiko beschäftigte.[30]

Für nicht wenige war Lateinamerika das negative Gegenbeispiel zu den USA, ließ sich doch auch ohne Spezialkenntnisse beobachten, dass der natürliche Reichtum, den der Süden des amerikanischen Gesamtkontinents ja mindestens so sehr in sich barg wie der Norden, keine hinreichende Begründung liefern konnte für die krass abweichenden Unterschiede im Ausmaß politischer und sozialer Stabilität sowie wirtschaftlicher Prosperität. Um einen mangelnden republikanischen Reifegrad vor allem der indigenen Bevölkerung Lateinamerikas zu konstatieren, musste man nicht besonders tief in die Strukturen der neu entstehenden Staaten und ihrer politisch-rechtlichen Ordnung eindringen.[31] Offenkundig fehlten wesentliche Voraussetzungen des modernen Verfassungsstaats, auch wenn sich das Faktum nicht übersehen ließ, dass, jedenfalls formal, gut eine Generation später die republikanische Staatsform der USA in einer weiteren Weltregion installiert wurde.

Als die ersten hispanoamerikanischen Provinzen sich erhoben, ausgehend von der Bildung lokaler Juntas, folgten sie dem praktischen Vorbild der nordamerikanischen Siedlerkolonien Großbritanniens, die dann die Vereinigten Staaten bildeten. Ähnlich wie dort hatten sich in Hispanoamerika die Spannungen zwischen dem sozial bestimmenden Segment der Bevölkerung, den europäischstämmigen Kreolen, einerseits und den Spaniern im engeren Sinn sowie der von ihnen getragenen Kolonialherrschaft andererseits schon im späten 18. Jahrhundert verschärft, als die reformabsolutistische Bourbonenmonarchie versuchte, den Zugriff auf das amerikanische Imperium zu effektiveren, ohne die Machtstrukturen partizipatorisch zu verändern. Insofern spielte wie in Nordamerika auch in Lateinamerika die Idee des Widerstands gegen eine »tyrannische« Obrigkeit eine Rolle, welche die durch die Landnahme des 16. Jahrhunderts begründeten und im Sinne des traditionellen Herrschaftsvertrags abgesicherten Ansprüche der Kreolen missachtete. Doch anders als im britisch-nordamerikanischen Fall waren die Erlangung der staatlichen Eigenständigkeit und die formale Konstitutionalisierung Lateinamerikas Bestandteil einer die iberischen Reiche insgesamt erfassenden krisenhaften Umwälzung, deren Epizentrum auf der europäischen Seite des Atlantiks lag.

Der Prozess revolutionärer Emanzipation von den spanischen und portugiesischen Kolonialmächten mündete im Verlauf des ersten Drittels des 19. Jahrhunderts, mit dem zeitlichen Schwerpunkt um 1820, sukzessive in der Unabhängigkeit. Wenn

---

30 Vgl. C. von Rotteck/C. T. Welcker (Hg.), Staats-Lexikon oder Encyclopädie der Staatswissenschaften, Altona, Bd. II (1835), S. 710 ff.; Bd. X (1840), S. 562; nach Mohnhaupt, Blicke (wie Fn. 29), S. 128.

31 Vgl. die Hinweise bei Mohnhaupt, Blicke (wie Fn. 29), S. 128 (Bluntschli/Brater, Staats-Wörterbuch); Franz, Amerikabild (wie Fn. 7), S. 66, 73 f. (Grund, von Raumer, List). Siehe hingegen die relativ ausführliche Behandlung der lateinamerikanischen Verfassungsentwicklungen bei Karl Adolf Menzel, Die Jahre 1815–1828. Eine historische Skizze, Berlin 1829.

man von dem bereits 1789 beginnenden Vorspiel im französischen Haiti und von der dortigen Sklavenbefreiung absieht, setzte die lateinamerikanische Aufstandsbewegung im Wesentlichen nach 1807/08 in Reaktion auf die Absetzung des spanischen Königs durch Napoleon und die antinapoleonische Erhebung des Mutterlandes (sowie die parallelen Vorgänge in Portugal) ein; die Kämpfe zogen sich in einigen Regionen bis in die zweite Hälfte der 1820er-Jahre hin. Die Ereignisse von 1808 warfen für die spanischen Kolonien die Frage der Legitimität der Herrschaft auf. Das war der gemeinsame Bezugspunkt der verschiedenen aufständischen Gruppierungen. Die alte Idee des Rückfalls der Souveränität an das Volk bei Nichtvorhandensein des Monarchen lag nahe, auch wenn anfangs meist noch nicht an die Auflösung jeglicher Bindungen an Spanien gedacht wurde.

Am wenigsten problematisch und weniger blutig als in großen Teilen Hispanoamerikas verlief der Übergang zur Eigen- und Verfassungsstaatlichkeit in Brasilien, wo der mit seinem Hof vor den französischen Truppen geflohene Regent João (seit 1816 João VI.) und seine Thronfolger Don Pedro (seit 1822 Pedro I.) sowie Pedro II. (seit 1831 bzw. 1840) in mehreren Stufen den Übergang zu einem von Portugal unabhängigen konstitutionellen Kaiserreich begleiteten. Die Konstitutionalisierung ging von liberalen Juntas aus, die sich 1820/21 in einigen brasilianischen Provinzen nach dem liberalen Umsturz in Portugal (und Spanien) gebildet hatten. Doch wollte sich auch nach der Zustimmung der Cortes zum progressiven Verfassungsgesetz von 1824 kein staatspolitischer Grundkonsens einstellen. Republikanische Insurrektionen, soziale Unruhen und Sklavenaufstände erschütterten die junge Monarchie, seit 1824 Bundesstaat, bevor in den 1840er-Jahren eine gewisse Stabilisierung eintrat.[32]

In Hispanoamerika nahm die Befreiungsbewegung seit 1808 einen äußerst vielgestaltigen und durchaus widersprüchlichen Charakter an, in dessen Verlauf Spanien zeitweise den größten Teil seines Kolonialreichs zurückerobern konnte, wobei das royalistische bzw. loyalistische Lager keineswegs nur aus Europa-Spaniern bestand. Generell erlebte der Subkontinent im Rahmen der wechselhaft verlaufenden Unabhängigkeitskriege eine ganze Reihe von internen Bürgerkriegen, Guerillakämpfen sowie mehrere, stets gewaltsam unterdrückte, sozialrevolutionär geprägte Aufstände aus dem Spektrum der Mittel- und Unterschichten, deren Ambitionen sich teilweise in besonders radikalen Verfassungsgebungsversuchen niederschlugen, so im Oktober 1814 im mexikanischen Apatzingán.[33] Die revolutionäre Periode mit ihren

---

32 Vgl. Walther L. Bernecker/Horst Pietschmann/Rüdiger Zoller, Eine kleine Geschichte Brasiliens, Frankfurt a. M. 2000; und die Werke in der nachfolgenden Fußnote.
33 Vgl., auch für das Folgende, Stefan Rinke, Revolution in Lateinamerika. Wege in die Unabhängigkeit 1760–1830, München 2010; G. Paquette (Hg.), Enlightened Reform in Southern Europe and its Atlantic Colonies, c. 1750–1830, Farnham/Burlington 2009; J. W. Esherick u. a. (Hg.), Empire to Nation. Historical Perspectives on an Making of the Modern World, Lanham u. a. 2006; Rechtsgeschichte. Zeitschrift des Max-Planck-Instituts für europäische Rechtsgeschichte 16 (2010), diverse Beiträge; John Lynch, Latin American Revolutions, 1808–1826, London 1973;

neuen Ideen und politischen Praktiken gab Raum für Artikulationen und eine zumindest zeitweilige Partizipation auch außerhalb der kreolische Eliten. Die Ansätze einer öffentlichen Meinung, einer Meinungspresse und einer Kultur diskursiver Auseinandersetzung sowie eines Assoziationswesens, die auch in Lateinamerika in den größeren Städten entstanden waren, wurden durch die allgemeine Politisierung naturgemäß gefördert. Während die Freiheits- und Gleichheitsrhetorik der kreolischen Patrioten dazu beitrug, breitere Bevölkerungsgruppen zu mobilisieren, ließ sich nicht vermeiden, dass diese ihre eigenen sozialemanzipatorischen Schlüsse zogen oder individuelle Erwartungen an eine weniger subalterne soziale Stellung daran knüpften. Den Indios, die mancherorts die Bevölkerungsmehrheit stellten, mit dem spezifischen Rechtsstatus der indianischen Gemeinschaften, sowie den schwarzen Sklaven musste das Konzept einer Verfassungsnation zunächst einmal fremd bleiben, und die Kreolen taten alles, um eine Einbeziehung der ethnisch-kulturell, rechtlich und sozial gleichermaßen Unterprivilegierten als eigene Faktoren (und nicht als Objekte einer Instrumentalisierung) zu unterbinden.

Auch in Nordamerika hatte die Revolution die bestehende Sozialordnung nicht umgestürzt, sondern ihrer Sicherung gedient, doch handelte es sich dort um ein nicht ständisches Gesellschaftssystem, das für die Herausbildung eines modernen Kapitalismus und eines modernen konstitutionellen Nationalstaats offen und günstig war, jedenfalls in den Nordstaaten der USA. In Lateinamerika repräsentierten die kreolischen Patrioten sozial und gesellschaftspolitisch konservative Schichten, die in ihrem Kern auf dem Großgrundbesitz, meist in der Form wirtschaftlich rückständig betriebener Haciendas – gutsähnlicher Einheiten mit auch sozialen und politischen Funktionen –, beruhten. Die Kontinuität der aus der Kolonialzeit übernommenen und im Zuge der Unabhängigkeitskriege eher noch befestigten großagrarischen Sozialstrukturen blieb gewahrt – einige besonders exportorientierte Bereiche der Landwirtschaft wie die Viehhaltung sowie die Plantagenproduktion von Kaffee und Kakao prosperierten –, während sich der Edelmetallbergbau nur langsam von den Kriegseinwirkungen erholte. Der Anschluss an den internationalen Freihandel ersetzte die iberische Kolonialwirtschaft durch die außenwirtschaftliche Abhängigkeit von Großbritannien, das mit seiner Flotte auch politisch zum informellen Hegemon Lateinamerikas wurde. Es unterstützte die werdenden Staaten schon frühzeitig mit Waffen sowie Söldnern und leistete ihnen diplomatische Hilfe. Diese ökonomisch halbkoloniale Konstellation, verschärft durch die Abschaffung des früheren Steuersystems und eine allgemeine Überschuldung der neuen Staaten (bis hin zur Zahlungsunfähigkeit ab 1828), verhinderte eine autozentrierte Entwicklung und damit die Entstehung eines autochthonen Gewerbe- und Industriebürgertums.

---

ders., Caudillos in Spanish America, 1800–1850, Oxford 1992; Robert Harvey, Liberators: Latin America's Struggle for Independence, 1810–1830, London 2000; Jeremy Adelman, Sovereignty and Revolution in the Iberian Atlantic, Princeton/N. J. 2006.

Das auf britischen Druck hin seit den 1820 Jahren erfolgende Verbot des Sklavenhandels ließ sich ebenso wenig vollständig durchsetzen wie in den Südstaaten der USA. Auch die Abschaffung des Instituts der Sklaverei als eines solchen zog sich, abgesehen von Ländern wie Chile und Mexiko, wo die Sklaverei quantitativ nicht sehr bedeutend war, bis in die 1850er-Jahre und länger, im brasilianischen Fall bis 1889 hin. In der Regel geschah die Ablösung über Gesetze, die neugeborenen Kindern von Sklaven die Freiheit zubilligten oder diese für den Zeitpunkt der Volljährigkeit in Aussicht stellten. Insgesamt änderten sich die Arbeitsbeziehungen faktisch kaum, weil der frühere Arbeitszwangsdienst der Indios durch Schuldknechtschaft ersetzt oder auf Umwegen in anderer Form wieder eingeführt wurde.

Neben dieser sozialstrukturellen Erbschaft brachte der lang andauernde Krieg weitere Belastungen mit sich oder aktualisierte in der Eigenentwicklung der Gesellschaften Lateinamerikas angelegte Trends, wovon die Militarisierung und Brutalisierung des öffentlichen Lebens am folgenreichsten war. Oft in Verbindung mit der Verfügung über Militär und nicht selten aus der Gruppe der großen Grundbesitzer stammend, kristallisierte sich auf verschiedenen territorialen Ebenen der Typus des selbstherrlichen Caudillos heraus, dessen oberste und gewissermaßen »edelste« Spitze die charismatischen Führer des Unabhängigkeitskampfes im La-Plata-Gebiet José de San Martin, in Chile Bernardo O'Higgins und im Nordteil Südamerikas Simon Bolivár bildeten.

Zu den Belastungen der Konstitutionalisierung des südlichen Amerika gehörte auch, dass zunächst völlig unklar war, auf welcher territorialen Basis sich die Nationalstaatsbildung vollziehen sollte. Zwar war vage die Rede von der »amerikanischen Nation«, doch zeichnete sich schon lange vor der Konferenz von Panama (1826) ab, dass Bolivárs Vorschlag eines übergreifenden lateinamerikanischen Staatenbundes im günstigsten Fall eine unverbindliche Zustimmung finden würde. Vielmehr waren die Patrioten während der Kriege mit explosiv aufbrechenden Regionalismen konfrontiert. Der Gegensatz von Unitarismus und Partikularismus blieb für lange Zeit ein Grundkonflikt der neuen Staatsgebilde. Die größeren Einheiten und Verbünde, die sich mancherorts zusammenfanden oder durch Eroberung hergestellt wurden, so Bolivárs Großkolumbien und die Zentralamerikanische Föderation, zerfielen binnen weniger Jahre teilweise konvulsiv in einzelne Bestandteile, und es kam dann schnell zu einer gegenseitigen Anerkennung der staatlichen Existenz; kriegerische Auseinandersetzungen wurden höchstens noch um unerschlossene Grenzregionen oder kleinere Pufferstaaten geführt.

Es liegt auf der Hand, dass die überaus rege verfassungsgebende Aktivität, die seit 1811 auf dem Subkontinent von jeweils »repräsentativen« Versammlungen verschiedener regionaler Reichweite unternommen wurde (mehr als ein Dutzend Verfassungen allein bis 1819), unter den hier skizzierten Umständen keinen stabilen Konstitutionalismus zustande bringen konnte. Am ehesten gelang das in Chile, wo die relativ konservative Verfassung von 1833 mit dem eindeutigen Übergewicht der Exekutive wenig Risiken für die Elite enthielt. Ansonsten sticht die Kurzfristigkeit der Geltungsdauer der unterschiedlichen Verfassungen ins Auge, sofern diese überhaupt in Kraft traten. Ihre Bedeutung lag eher darin, dass ihre Diskussion und Einführung einen neuen juristischen Diskurs symbolisierten, der sich daneben auch in den in den 1820er-Jahren einsetzenden Kodifizierungsbewegungen bezüglich des Strafrechts, des Zivilrechts und des Handelsrechts niederschlug. Bei alledem handelte es sich um den Übergang zu einem neuen, modernen Rechtsverständnis, das die Trennung der öffentlichen von der privaten Sphäre beinhaltete. Erst die Übernahme einer neuen rechtlichen und politischen Begrifflichkeit erlaubte es, ein Gemeinwesen, das nicht in erster Linie auf traditionelle Herrschaft und Konventionen gegründet war, zu imaginieren.[34]

Letztlich ähnelten sich die frühen lateinamerikanischen Verfassungen mehr, als dass sie sich unterschieden: Fast alle kannten Menschenrechts- oder Grundrechtsbestimmungen, ähnlich denen des revolutionären Frankreich und der USA. Ihre Legitimation leiteten sie durchweg aus der Souveränität des »Volkes« oder der »Nation« ab. Nach anfänglichen Experimenten mit monarchischen (so Mexiko 1814), quasibonapartistischen (so Bolivien 1826) oder kollegialen Führungsmodellen (so Venezuela 1811) sowie mit der Konzentration der Macht im Parlament (Peru 1823) setzten sich nach dem Vorbild der USA ab 1819 in Hispanoamerika das Präsidialsystem und ein Zweikammerparlamentarismus durch, ergänzt um eine rechtsprechende Gewalt mit Überprüfungskompetenz. Das Präsidialsystem mit in der Regel drakonischen Notstandsrechten der Exekutive bot gewissermaßen Ersatz für die auch aus Gründen der Selbstlegitimierung verworfene »gemäßigte Monarchie« nach dem Vorbild der Verfassung von Cádiz.[35]

Der schließliche »Sieg des nordamerikanischen Modells«[36] bedeutete aber nicht, dass der zweite große Transferstrang, der spanische bzw. spanisch-französische, unbedeutend gewesen wäre. Neben dem Aufklärungsdenken wirkten auch neoscholastisch-naturrechtliche Doktrinen weiter, die in Spanien und Portugal fest verankert waren und in stärkerem Maß hierarchische und korporative Gesellschaftsbilder transportierten.

---

34 Die Verfassungen sind ediert in der von Horst Dippel betreuten Reihe: Constitutions of the World from the late 18th Century to the Middle of the 19th Century/Verfassungen der Welt vom späten 18. Jahrhundert bis zur Mitte des 19. Jahrhunderts, Reihe: The Americans/Amerika, bisher erschienen: Bd. 2 (Chile), 3 (Kolumbien und Panama), 9.1 (Mexiko). – Vgl. auch die nützliche Übersicht bei Hermann Eichler, Verfassungsbewegungen in Amerika und Europa, Frankfurt a. M. u. a. 1985.
35 Vgl. für das Folgende Andreas Timmermann, Die »gemäßigte Monarchie« in der Verfassung von Cádiz (1812) und das frühe liberale Verfassungsdenken in Spanien, Münster 2007; Manuel C. Calero, Die Verfassung von 1812 und der iberoamerikanische Konstitutionalismus. Ein Vergleich, in: Rechtsgeschichte. Zeitschrift des Max-Planck-Instituts für europäische Rechtsgeschichte 16 (2010), S. 69-77.
36 Timmermann, »Monarchie« (wie Fn. 35), S. 337.

In einem ganz unmittelbaren Sinn beeinflusste die Verfassungsarbeit von Cádiz die lateinamerikanische Entwicklung: In Cádiz wurde ab 1810 eine Verfassung nicht allein für das spanische Mutterland, sondern für das ganze Reich beraten – unter Beteiligung gewählter Abgeordneter aus den überseeischen Kolonien. Und erst durch die Verfassung, die ab Herbst 1812 und dann wieder ab Herbst 1820 in weiten Teilen Hispanoamerikas für einige Zeit auch faktisch galt, wurden die Einwohner der vorher zum königlichen Eigenvermögen gehörenden Kolonien als Staatsbürger in die – jetzt konstitutionelle – Monarchie Spanien integriert. Die Verfassung von Cádiz bildete das Muster kommunaler und provinzialer Selbstverwaltung. In ihr wurden die neuen politischen Verfahren erprobt, die die dann unabhängigen Staaten übernahmen; sie spielten namentlich beim Übergang eine wichtige Rolle. Neben der Frage eines republikanischen oder monarchischen Staatsoberhaupts wichen die Verfassungsgeber Lateinamerikas in einem entscheidenden Punkt von der Versammlung in Cádiz ab: Sie differenzierten nicht allein zwischen Aktiv- und Passivbürgern, sondern beharrten für die mehrstufig indirekten Wahlen auf einem Zensus, der Grundbesitz, höhere berufliche Positionen und Bildung als üblichste Kriterien enthielt. Der lateinamerikanische Republikanismus beinhaltete die offene Ablehnung von Demokratie.

In der Praxis wurden die Parlamente überdies von den überall das politische System dominierenden Präsidenten durch Wahlmanipulation und Korruption gefügig gemacht. Langjährige autoritäre, manchmal sogar terroristische Machtausübung einzelner Staatslenker, so 1828–1852 in Argentinien durch Don Juan Manuel de Rosas, stellte keine Ausnahme dar. Von einer Respektierung der Verfassungen in Buchstaben und Geist durch die jeweils bestimmenden Kräfte, namentlich durch die Staatsspitzen, konnte in der Periode bis zur Mitte des 19. Jahrhunderts in ganz Lateinamerika nicht die Rede sein.

Grundlinien der sozialökonomischen, sozialkulturellen und gesellschaftspolitischen Entwicklung in Europa 1815–1847

Von Peter Brandt (Hagen)

Die diesem Band zugrunde liegende, für die Verfassungsgeschichte gewählte Periodisierung – vom Wiener Kongress bis zum Vorabend der Revolution von 1848 – lässt sich mit ähnlich großer Plausibilität wirtschafts- und gesellschaftsgeschichtlich begründen.[37] Es war die Epoche, in der die in England schon weit fortgeschrittene Industrialisierung mehr als punktuell auf den europäischen Kontinent übergriff, wenngleich selbst die sozioökonomisch avancierten Staaten bzw. Regionen in quantitativer Hinsicht stark agrarisch geprägt blieben. Während in Großbritannien bereits um 1815 nur noch eine Minderheit von gut einem Drittel der Erwerbsbevölkerung in der Landwirtschaft tätig war, indessen der Rest noch überwiegend im Handel und im Handwerk und erst zu rund einem Fünftel in der Fabrikindustrie arbeitete, betrug der Anteil der landwirtschaftlich Beschäftigten im übrigen Europa mit langsam abnehmender Tendenz zwischen 50 und 90 Prozent. Der größere Teil der europäischen Landmasse und Bevölkerung war von der Industrialisierung im engeren Sinn bis in die 1840er-Jahre weitgehend unberührt – sie begann in Nord-, Süd- und Osteuropa, im östlichen Mitteleuropa sowie in den nördlichen Niederlanden nicht vor dem letzten Viertel des 19. Jahrhunderts, wenn nicht noch später –, doch überall

---

37 Die Skizze beruht auf der einschlägigen Überblicks- und Forschungsliteratur. Vgl. allgemein zur Epoche 1815–1847 insbesondere Dieter Langewiesche, Europa zwischen Restauration und Revolution 1815–1849, München 5. Aufl. 2007; Eric J. Hobsbawm, Europäische Revolutionen, 1789–1848, Köln 2004 (zuerst 1962); Jürgen Osterhammel, Die Verwandlung der Welt. Eine Geschichte des 19. Jahrhunderts, München 2008; Christopher A. Bayly, Die Geburt der modernen Welt. Eine Globalgeschichte 1780–1914, Frankfurt a. M./New York 2006; Hartwig Brandt, Europa 1815–1850. Reaktion – Konstitution – Revolution, Stuttgart 2002; Lothar Gall, Von der ständischen zur bürgerlichen Gesellschaft, München 1993. Zur Wirtschafts- und Sozialgeschichte vgl. außerdem C. M. Cipolla/K. Borchardt (Hg), Europäische Wirtschaftsgeschichte in 4 Bänden, Bde. 3-4, Stuttgart/New York 1976–1977; David S. Landes, Der entfesselte Prometheus. Technologischer Wandel und industrielle Entwicklung in Westeuropa von 1750 bis zur Gegenwart, München 1973; Sidney Pollard, Peaceful Conquest. The Industrialization of Europa, 1760–1970, Oxford 1981; Felix Buschek, Europa und die Industrielle Revolution, Wien u. a. 2002; D. H. Alderoft/A. Sutchiffe (Hg.) Europe in the International Economy 1500 to 2000, Cheltenham/Northhampton 1999; I. Mieck (Hg.), Europäische Wirtschafts- und Sozialgeschichte von der Mitte des 17. Jahrhunderts bis zur Mitte des 19. Jahrhunderts, Stuttgart 1993; Hans-Ulrich Wehler, Deutsche Gesellschaftsgeschichte, Bd. 2: Von der Reformära bis zur industriellen und politischen »Deutschen Doppelrevolution« 1815–1845/49, München 1987; Bert Altena/Dick van Lente, Gesellschaftsgeschichte der Neuzeit 1750–1989, Göttingen 2009. Vgl. ferner die jeweiligen Kapitel 0, 1 und 12 der Länderbeiträge im vorliegenden Handbuchband und die dort angegebene Literatur.

machte sich die auch außerhalb der Industrie fortschreitend wirksame Kommerzialisierung der Austauschbeziehungen und Kapitalisierung der Arbeitsverhältnisse mehr oder weniger zügig geltend.

Mit der sukzessiven Durchsetzung der kapitalistischen Produktionsweise begannen sich die zugehörigen sozialen Klassen der Unternehmerbourgeoisie und der industriellen Lohnarbeiterschaft zu konstituieren, während jedoch selbst in den entwickeltsten Ländern tradierte feudal-ständische Kategorien residual weiter relevant waren, ergänzt oder abgelöst von spezifischen Sozialformen des Übergangs zur ausgebildeten industriekapitalistischen Klassengesellschaft.

Der Übergangscharakter der Epoche zeigte sich nicht zuletzt in der Wirtschaftskonjunktur. Sie begann mit der auf die lange Kriegsperiode folgenden und zunächst durch die Umstellung auf Friedenswirtschaft ausgelösten Depression. Die Absatzprobleme, die durch die bis auf Weiteres nicht einzuholende britische Gewerbekonkurrenz und die hohen Agrarzölle Großbritanniens entstanden, wirkten sich ebenso aus wie die Notwendigkeit, nach Beseitigung des napoleonischen Kontinentalsystems zu einer erneuerten internationalen Arbeitsteilung zu gelangen. Dazu kam in Teilen Europas 1816/17 eine Missernte. Beim ökonomischen Einbruch von 1846/47 wurde die letzte Hungerkrise des alten, vorindustriellen Typs, verursacht durch eine Kartoffelkrankheit – 800.000 Tote in Irland – von einer Handels- und Industriekrise überlagert, die Merkmale einer ersten, vom Kapitalverhältnis bestimmten, internationalen Konjunkturkrise trug.

Die Bevölkerung Europas, die sich schon in der zweiten Hälfte des 18. Jahrhunderts um rund ein Drittel vermehrt hatte, wuchs von der Wende zum 19. Jahrhundert bis 1850 – sie betrug jetzt etwa 266 Mio. – um weitere 42 Prozent, und damit war die schnelle demografische Expansion nicht beendet. Dieses Bevölkerungswachstum war Ausdruck einer in Bewegung geratenen gesellschaftlichen Entwicklung sowie eines (zunächst noch überwiegend vorindustriellen) wirtschaftlichen Wachstums, und speiste zugleich seinerseits die sozioökonomische Dynamik. Am schnellsten wuchs die Einwohnerzahl in Großbritannien: Sie verdoppelte sich zwischen 1800 und 1850 und verdreifachte sich beinahe zwischen 1750 und 1850. Gegenüber dem erheblich größeren, um 1850 noch dichter besiedelten Frankreich, dessen demografische Zuwachsrate – ein Ausnahmefall – schon in den 1820er-Jahren abflachte, blieb die britische Bevölkerung aber relativ klein (1850: 35,8 zu 16,5 Mio.). Die Besiedlungsdichte variierte, selbst wenn man das riesige Russland beiseitelässt, außerordentlich nach Regionen und Staaten: von den südlichen Niederlanden (Belgien) mit um 1815/20 mehr als 250 Einwohnern pro Quadratkilometer über das Königreich Preußen mit 37 Einwohnern bis zu Dänemark samt Island mit nicht viel mehr als sieben Einwohnern pro Quadratkilometer.[38] Was sich um 1800 und danach demografisch veränderte, war weniger die Geburten-

---

38 Größenangaben nach Hubert Kiesewetter, Region und Industrie in Europa 1815–1995, Stuttgart 2000, S. 38. Vgl. allgemein Massimo Livi Bacci, Europa und seine Menschen. Eine Bevölkerungs-

rate als die Mortalitätsrate; genauer: Die Säuglings- und Kindersterblichkeit nahm ab, und fast ausschließlich dadurch stieg die durchschnittliche Lebenserwartung bis 1840 auf allenfalls bescheidene 40 Jahre. Die Gründe lagen neben einer bewussteren Hygiene und effektiveren Seuchenbekämpfung, nicht zuletzt durch die Erfindung der Pockenimpfung – die in größeren Abständen auftretenden Choleraepidemien, so in den 1830er-Jahren, blieben allerdings eine Bedrohung –, in reichhaltigerer Ernährung durch verbesserte landwirtschaftliche Produktivität und durch den schon seit dem 18. Jahrhundert sukzessive verbreiteten Kartoffel- und in geringerem Maße Maisanbau. Die Kartoffel ersetzte namentlich für die ärmere Bevölkerung weiter Teile Europas in Stadt und Land bis zur Mitte des 19. Jahrhunderts Korn und Hülsenfrüchte als Grund- und Hauptnahrungsmittel. Außer dem demografischen Wandel, und eng damit verbunden, gehörten Veränderungen in der Landwirtschaft zu den Voraussetzungen der Industrialisierung. Sie ermöglichten, noch im Rahmen der traditionellen Technologie und des entsprechenden Kenntnisstandes, eine solche Erhöhung der Erzeugung, dass eine zumindest relativ kleinere Agrarbevölkerung eine absolut und relativ größere Anzahl von Stadtbewohnern bzw. Menschen im sekundären und tertiären Sektor ernähren konnte. Die zuerst in den Niederlanden, dann in England angewandten Neuerungen betrafen den effizienteren Fruchtwechsel, namentlich die Nutzung der Brache, und die bessere Qualität der Arbeitsgeräte für den Ackerbau sowie eine systematische Tierzucht.

Obwohl die Verstädterung, auf Europa insgesamt und auf die meisten Länder bezogen, erst nach der Mitte des 19. Jahrhunderts ein rapides Tempo annehmen sollte, setzte sich das bereits für die Frühe Neuzeit unübersehbare Wachstum insbesondere der größeren Städte schon in der ersten Hälfte des 19. Jahrhunderts beschleunigt fort, hauptsächlich durch Binnenwanderung. Während alte Handelsstädte wie Amsterdam, Genua, Hamburg und Stockholm nur relativ gering bzw. kaum dazu gewannen, gerieten solche Städte regelrecht aus den Fugen, die direkt von der Industrialisierung und ihren Folgewirkungen erfasst wurden, am deutlichsten in England, wo Orte wie Birmingham (von 71.000 auf 233.000), Glasgow (von 77.000 auf 345.000), Manchester (von 75.000 auf 303.000) und Sheffield (von 31.000 auf 135.000) geradezu explodierten. London, das schon 1800 über eine Mio. Einwohner zählte, erreichte bis 1850 2,7 Mio., Paris verdoppelte sich auf eine Mio.; Neapel, Petersburg, Wien und Berlin näherten sich in ähnlichem Tempo der halben Mio. Es liegt auf der Hand, dass das gesellschaftliche Gewicht solcher städtischer Agglomerationen, insbesondere wenn sie auch Hauptstadtfunktionen ausübten, ihren zahlenmäßigen Anteil an der Gesamtbevölkerung und ihre anteilmäßige Wirtschaftsleistung weit übertraf.[39]

---

geschichte, München 1999; J.-P. Bordet (Hg.), Histoire des populations de l'Europe, insbes. Bd. 2, Paris 1988.

39 Die Zahlen nach Cipolla/Borchardt, Wirtschaftsgeschichte (wie Fn. 37), Bd. 4, S. 490 f. Zur Urbanisierung vgl. ansonsten Andrew Lees/Lynn Hollen Lees, Cities and the Making of Modern Europe, 1750–1914, Cambridge u. a. 2007.

Der Bevölkerungszuwachs bedeutete während der Proto- und Frühindustrialisierung vor allem eine teilweise sprunghafte Erhöhung des Anteils prekärer Existenzen. Der »Pauperismus«, das zeitgenössisch viel diskutierte Massenelend, war in den meisten Ländern Europas eine noch überwiegend agrarische bzw., wenn man das Heimgewerbe hinzunimmt, ländliche Erscheinung. Ein in den 1820er-Jahren noch kleiner – ca. 150.000 –, dann in den 1830er-Jahren auf 530.000, in den 1840er-Jahren auf über 1,5 Mio. anschwellender Strom von Auswanderern aus den übersetzten, verarmten Agrar- und Gewerbelandschaften Europas ergoss sich nach Übersee, vor allem nach Nordamerika, und berührte anfangs auch Russland. Die Zunahme der verschiedenen unterbäuerlichen Gruppen auf dem Lande betraf – in unterschiedlicher Verteilung zwischen Halbbauern, Häuslern, Tagelöhnern und Gesinde – nicht nur die Gebiete mit vorherrschendem Großgrundbesitz, sondern auch diejenigen, wo sich eine unabhängige Bauernschaft hatte etablieren können wie in Nordeuropa.[40] In Norwegen und Schweden hatte sich die Leibeigenschaft nie durchgesetzt. Das galt auch für Großbritannien, wo die adeligen Grundeigentümer mit den Gemeinheitsteilungen schon in der Frühen Neuzeit die Weichen für eine moderne, kapitalistische Landwirtschaft, auf verpachtetem Land von freien Lohnarbeitern betrieben, gestellt hatten. In diesem um 1815 fast abgeschlossenen Prozess konnten, abgesehen von geografisch schwer zugänglichen Landschaften in Schottland und Wales, nur wenige Bauern ihre ökonomische Selbstständigkeit behaupten. Anders in Frankreich, den nördlichen und südlichen Niederlanden, der Schweiz, dem westelbischen Deutschland und den westlichen Teilen Österreichs. Dort herrschten vor den im späten 18. Jahrhundert einsetzenden Agrarreformen unterschiedliche Varianten der Grundherrschaft mit Natural- oder Geldabgaben als vorwiegende Form der Feudalrente und außerdem vielfach zersplitterten rechtlichen Abhängigkeiten vor. Die teilweise schon im Aufgeklärten Absolutismus eingeleiteten, dann vor allem durch die Französische Revolution und die napoleonischen Kodifikationen betriebenen bzw. angetriebenen, mehr oder weniger bauernfreundlichen Reformen wurden nach 1814/15 meist nicht rückgängig gemacht. Doch gab es zwischenzeitlich auch regelrechte Rückschritte, so in einigen deutschen Mittelstaaten. Zudem zog sich der Regelungs- und Ablösungsprozess außerhalb des früheren unmittelbaren napoleonischen Machtbereichs teilweise bis in die Mitte des 19. Jahrhunderts und länger hin. Selbst in Frankreich, wo die breite klein- und mittelbäuerliche Schicht einen Anteil von nahezu der Hälfte des bebauten Landes erlangt hatte, spielte der adelige Großgrundbesitz weiterhin eine wichtige Rolle. Eliminiert war hier wie in den anderen Ländern Westeuropas und des westlichen Mitteleuropa jedoch der im Ancien Régime erhebliche Grundbesitz der katholischen Kirche.

---

40 Zum Phänomen des Pauperismus vgl. Wilhelm Abel, Massenarmut und Hungerkrisen im vorindustriellen Europa, Hamburg/Berlin 1974; S. Schmidt (Hg.), Arme und ihre Lebensperspektiven in der Frühen Neuzeit, Frankfurt a. M. u. a. 2008; Jürgen Kocka, Weder Stand noch Klasse. Unterschichten um 1800, Berlin/Bonn 1990.

Östlich der Elbe und der österreichischen Alpen dominierte in der Frühen Neuzeit die Gutsherrschaft, deren Überwindung sich wegen des vorherrschenden Gewichts der Arbeitsdienste und der Konzentration der feudalen Funktionen, namentlich der Grund- und Gerichtsherrschaft, beim Gutsherrn in ökonomischer, rechtlicher und machtpolitischer Hinsicht als komplizierter darstellte. In Russland blieb das alte Agrarsystem einschließlich der dort besonders drückenden Leibeigenschaft der Adelsbauern (weniger der Staatsbauern) und der Dorfgemeinschaft des »Mir« bestehen. Die Leibeigenschaft dauerte dort bis 1861. In Österreich-Ungarn war die Ablösung der Dienste und Abgaben mit dem nachjosephinischen Rückschlag weitgehend blockiert, bis die Revolution von 1848/49 die Angelegenheit voran brachte. Preußen hatte zwar, nach der rechtlichen Befreiung der Bauern 1807 schon im Jahr 1811 ein Ablösungsgesetz verabschiedet, das 1816 jedoch wesentlich eingeschränkt wurde, indem man die Masse der hand- und einen Teil der spanndienstpflichtigen Bauern ausschloss. Auch in Preußen erhielt die Ablösung 1848/49, als die Patrimonialgerichtsbarkeit fiel, den letzten Schub, zog sich jedoch in der Abwicklung bis weit in die zweite Hälfte des 19. Jahrhunderts hin. Insgesamt erfolgten die preußischen Agrarreformen in einer vor allem die (jetzt nicht mehr nur adeligen) »Rittergutsbesitzer« begünstigenden Art und Weise, auch wenn sich daneben eine zahlenmäßig nicht irrelevante selbstständige Bauernschaft behaupten konnte. Neben England bildete das ostelbische Preußen eine zweite, durch das Überdauern feudaler Relikte (Fideikommiss, Gesindeordnung u. a.) gekennzeichnete Variante des Agrarkapitalismus aus. An der südlichen Peripherie Europas, namentlich auf der Iberischen und auf der Apenninhalbinsel, erwies sich die Aufhebung der feudalen Bindungen, die stets auch den (am meisten die Ärmeren treffenden) Verlust alter gemeinschaftlicher Nutzungsrechte beinhaltete, für die Landbevölkerung als noch problematischer. Weder eine breite klein- und mittelbäuerliche Schicht wie in Frankreich noch eine wirtschaftlich modernisierende, agrarkapitalistische Großeigentümer- bzw. Pächterschicht wie in England und Preußen bildeten sich heraus. Lohnarbeit, Kleinpacht oder andere ökonomische Abhängigkeitsbeziehungen gebaren einen spezifischen Typ von Landarmut. Die Säkularisierung der Kirchengüter, die sich, nach Verzögerungen und Rückgängigmachung früher erfolgter Einziehungen in den ersten beiden Jahrzehnten nach 1815, seit den mittleren 1830er-Jahren auch in Portugal und Spanien vollzog, beförderte noch die Besitzkonzentration auf dem Land, von der neben dem Adel auch die neue Gruppe bürgerlicher Großgrundbesitzer profitierte.

Die grobe Gliederung der landwirtschaftlichen Zonen Europas in rechtlich-sozialer wie ökonomischer Hinsicht – eine nordwesteuropäische Fortschrittszone, um die sich in konzentrischen Halbkreisen abgestufte, relativ zurückgebliebene Zonen anschlossen – galt auch für die nicht agrarischen Bereiche von Wirtschaft und Gesellschaft. Die stets gleiche Abfolge bestimmter Entwicklungsstadien, wie sie unterschiedliche Industrialisierungsmodelle postulieren, ist mit empirisch begründetem Hinweis auf manche Länder, nicht zuletzt auf Frankreich, bestritten worden, wo man zwar um die Wende zum 19. Jahrhundert eine Beschleunigung des gesamtgesellschaftlichen Wachstums und um 1830 speziell einen industriellen Aufschwung konstatiert hat, aber keine Take-off-Phase ausmachen konnte. England ist für die ersten Jahrzehnte der Industrialisierung eine – gemessen an späteren Phasen – durchschnittlich relativ niedrige Wachstumsrate nachgewiesen worden. Zudem pflegt man heute der Vorbereitungs- und der folgenden Durchbruchsphase der Industrialisierung in der Historiografie eine längere Phase der »Protoindustrialisierung« voranzustellen.[41] In unserem Zusammenhang gilt es zu beachten, dass die jeweils charakteristischen Prozesse auch in der nächsten Periode weiter wirkten, sodass die die Protoindustrialisierung bestimmende gewerbliche Heimarbeit, der Verlag und die Manufaktur auch nach Einsetzen einer mechanisierten und räumlich zentralisierten Fabrikation nicht endeten, sich im Zuge der immer dichteren Marktbeziehungen vielmehr zunächst noch jahrzehntelang weiter ausbreiteten. Früh, im ersten Drittel des 19. Jahrhunderts, startete die eigentliche Industrialisierung, hinter dem Pionier Großbritannien und noch vor Frankreich, in den südlichen Niederlanden (seit 1830 Belgien) und in der Schweiz. Der 1834 gegründete Deutsche Zollverein, namentlich sein führender Staat Preußen sowie Sachsen, folgten im zweiten Drittel des 19. Jahrhunderts.

In Großbritannien, das aus den napoleonischen Kriegen als einzige Weltmacht hervorging, setzte sich nach Überwindung der mehrjährigen ökonomischen Depression die Entwicklung zur industriellen und urbanisierten Gesellschaft beschleunigt fort. Mehr als für alle anderen Staaten Europas, für die das europäische Ausland der größte Export- und Importmarkt blieb, spielte für das Vereinigte Königreich der Überseehandel nach Asien und Amerika eine große und wachsende Rolle. Gut die Hälfte der Weltfrachtkapazitäten im Schiffbau, die sich in der ersten Hälfte des 19. Jahrhunderts mehr als verdoppelt hatten, war um 1850 britisch. Der Export von Baumwolle – den Rohstoff bezog man vorwiegend aus den Südstaaten der USA – bzw. Baumwollprodukten sowie von Eisen- und Eisenwaren, billig geworden durch das Puddelverfahren, jeweils ein Drittel der gesamtbritischen Produktion dieser Güter, verdoppelte sich in dem halben Jahrhundert nach 1805. Noch deutlich schneller stieg die Einfuhr von überseeischen Rohmaterialien. 86 Prozent der bald 2.000 britischen Baumwollfabriken arbeiteten 1850 mit Dampfmaschinen.

Die durchgreifende Industrialisierung der britischen Wirtschaft, ihre Verallgemeinerung in der Fläche und hinsichtlich der Branchen, vollzog sich nicht vor dem zweiten Drittel des 19. Jahrhunderts und erfolgte mit der durch technische Neuerungen ermöglichten erweiterten Nutzung von Kohle und Stahl, gespeist von der stetigen Ausweitung der Eisenbahnnetze in aller Welt, zunächst im Vereinigten Königreich selbst. Auch

---

41 Peter Kriedte/Hans Medick/Jürgen Schlumbohm, Industrialisierung vor der Industrialisierung. Gewerbliche Warenproduktion auf dem Land in der Formationsperiode des Kapitalismus, Göttingen 1977; D. Eveling/W. Mager (Hg.), Protoindustrie in der Region. Europäische Gewerbelandschaften vom 16. Jahrhundert bis zum 18. Jahrhundert, Bielefeld 1997.

außerhalb Britanniens fungierte der Eisenbahnbau als Schwungrad der Industrialisierung: neben der Ankurbelung des Kohlen- und Eisenverbrauchs und der dramatischen Ausweitung und Beschleunigung des Personenverkehrs durch Verknüpfung der entwickelteren Regionen und der damit verbundenen einfacheren und schnelleren Vermarktung auch leicht verderblicher Güter. Hinter Großbritannien, das Ende 1847 schon ca. 6.350 km (1840: 3.410 km) Eisenbahnnetz aufzuweisen hatte, setzten sich der Deutsche Zollverein, Frankreich, Österreich-Ungarn und vor allem das kleine Belgien mit ca. 4.300, 1.500, 1.200 und 800 km (1840: 470, 410, 140 und 330 km).[42] Der Ausbildung nationaler und übernationaler Märkte dienten auch die Erweiterung und Verbesserung des Straßennetzes und der Schifffahrtswege, die Vereinheitlichung des Postwesens, der Ausbau und die beginnende Elektrifizierung der Telegrafie.

Für die wirtschaftliche, speziell industrielle Entwicklung der unterschiedlichen Staaten und Regionen waren außer politischen und gesellschaftlichen Faktoren maßgeblich naturgeografische Bedingungen bestimmend, besonders die Kohle- und Eisenvorkommen in Ausdehnung und Lage. Sie spielten namentlich für die zweite Phase der britischen Industrialisierung ebenso eine entscheidende Rolle wie für ihre Durchbruchsphase in den fortgeschrittenen Regionen des europäischen Festlands, die vor allem im (Nord-)Westen des Kontinents, etwa zwischen Paris, Hamburg und Mailand, dann auch in einer mitteleuropäischen Großregion mit Sachsen, Oberschlesien und Böhmen, lagen. Nur in Ausnahmefällen, so in der Schweiz, vermochte das Vorhandensein natürlicher Wasserkraft die Kohle als »tägliche Nahrung« der Wirtschaft zu substituieren. Während manche der alten Handels- und Gewerbelandschaften ihre frühere Bedeutung einbüßten, so die nördlichen Niederlande und Gebiete am Mittelmeer, schafften andere den Übergang in das frühindustrielle Stadium, so Teile des Rheinlands und Westfalens. Weitere industrielle Schwerpunkte bildeten sich um Großstädte wie Paris und Lyon, Berlin und Wien, St. Petersburg und Moskau. Obwohl die Herstellung von Textilien für die Industrialisierung auf dem Kontinent nicht den gleichen Stellenwert besaß wie für Großbritannien, blieb diese noch jahrzehntelang die bedeutendste gewerbliche Branche und wurde mit einem gewissen Zeitabstand auch in Kontinentaleuropa mehr und mehr mechanisiert, wobei der mechanische Webstuhl der Spinnmaschine mit deutlicher Verzögerung nachfolgte und die heimwerkliche Produktion bis weit über die Hälfte des 19. Jahrhunderts mit der Fabrikindustrie koexistierte. Frankreichs traditionell hohes quantitatives und namentlich qualitatives gewerbliches Niveau verschaffte dem Land bis in die zweite Jahrhunderthälfte hinein eine wirtschaftlich starke Position, doch konzentrierte sich der französische Export auf Luxus- und hochwertige Handwerks- und Agrarerzeugnisse. Es dominierten Woll- und Seidenprodukte, während die

---

42 Vgl. Ralf Roth, Das Jahrhundert der Eisenbahn. Die Herrschaft über Raum und Zeit, Ostfildern 2005; Simon P. Ville, Transport and the Development of the European Economy, 1750–1918, Basingstoke 1990. – Die Zahlen nach Cipolla/Borchardt, Wirtschaftsgeschichte (wie Fn. 37), Bd. 4, S. 514.

Expansion der Schwerindustrie durch die geografische Distanz von Kohle- und Eisenvorkommen gebremst wurde. Frankreichs relatives Zurückbleiben zeichnete sich am Ende der Periode schon ab, obwohl es beim Ausbau der Verkehrsinfrastruktur und bei der staatlichen Gewerbebeförderung, auch durch ein technisches Bildungswesen (École polytechnique, gegründet 1794), viel unternahm, um die Vorteile Englands zu kompensieren. Auch andere Staaten, so Preußen, setzten beim wirtschaftlichen Aufholprozess auf die Rolle des Staates als Förderer der industriellen Entwicklung oder sogar als Unternehmer (Preußische Seehandlung). Für die Eisenbahngesellschaften wurden auf dem Kontinent, im Unterschied zu Großbritannien, staatliche oder gemischte staatlich-private Eigentumsformen gewählt.

Der Durchsetzung der Gewerbefreiheit – ein Vorgang, der sich allerdings bis in die zweite Hälfte des 19. Jahrhunderts hinziehen konnte, so in den süddeutschen Staaten, und sogar vollkommen blockiert sein konnte wie im Fall Russlands, wo sich der Zwangscharakter des Zunftwesens mit strikter obrigkeitlicher Regulierung verband – und der Beseitigung innerstaatlicher, teilweise auch zwischenstaatlicher Handelsbarrieren stand in der Wirtschaftspolitik meist das Operieren mit mehr oder weniger hohen Schutzzöllen gegenüber, die hauptsächlich gegen die überlegene britische Konkurrenz gerichtet waren. Um die erforderlichen technischen Kenntnisse zu erlangen, schreckte man auch vor Industriespionage nicht zurück. Außerdem überquerten britische Fach- bzw. Spezialarbeiter und sogar Unternehmer (wie die Cockerills, die nach Lüttich gingen) die Grenzen und wirkten als Wirtschaftspioniere, so im Maschinenbau. Den Anfang eigener Dampfmaschinenproduktion (nach der Britanniens) machten nach 1815 die südlichen Niederlande (Belgien), wo 1822 mit königlicher Unterstützung auch die erste große Investitionsbank gegründet wurde. Die mangelnde Mobilisierung und Bündelung des zerstreuten privaten Kapitals für die Industriefinanzierung war eines der Industrialisierungshindernisse, das durch die Zulassung von Aktiengesellschaften (so 1843 in Preußen, wo sie namentlich für den Eisenbahnbau von Bedeutung waren) und deren Agieren beseitigt werden konnte. Namentlich die Banken auf dem europäischen Festland waren bis in die 1850er-Jahre noch fast ausschließlich Privatbanken, die sich kaum der Kreditvergabe für die produktiven Bereiche der Wirtschaft, hingegen mit Vorliebe dem Geschäft mit Staatsanleihen widmeten. Das Bankhaus Rothschild, das hier in erster Linie zu nennen ist, trug auf diese Weise erheblich zur Festigung der gegebenen politischen Regime bei.

Schon am Anfang des 19. Jahrhunderts zählte in den meisten Ländern Europas die Mehrheit der Bevölkerung zu den unterbürgerlichen bzw. unterbäuerlichen Schichten. Doch waren die Klassengrenzen auch in den folgenden Jahrzehnten nicht oder noch nicht klar gezogen, selbst in den ökonomisch fortgeschrittenen Regionen. Während sich die Verteilung zwischen den Beschäftigungssektoren stetig zugunsten des Gewerbes und der Dienstleistungen verschob, vollzog sich zugleich innerhalb des gewerblich-industriellen Sektors eine Konzentration von Kapital und Arbeitskräften. Doch waren Riesenbetriebe wie Le Creuzot in den 1840er-Jahren mit 1.200 Beschäftigten eine große Ausnahme. Zusammenballungen von großen Arbeitermassen waren in der Frühindustrialisierung – neben dem Bergbau – zuerst beim Eisenbahnbau zu verzeichnen, weswegen in etlichen Staaten ganze Heere von Bauarbeitern durch die Gegend zogen. Gelegenheitsarbeiter, Dienstboten und Ungelernte bildeten innerhalb der Arbeiterschaft mit ihrer anfangs hochgradig hierarchisierten Lohnstruktur das untere Segment, vielfach rekrutiert aus der Gruppe der auf dem Lande Freigesetzten, welche jedoch von der Industrie insgesamt noch gar nicht aufgenommen werden konnten.

Die städtische bzw. gewerbliche Entsprechung der bäuerlichen Eigentümer waren die Handwerker und Kleinhändler. Hier fand eine gewisse Polarisierung statt: sowohl zwischen Meistern und Gesellen – das Verhältnis änderte sich tendenziell im Sinne einer Zunahme der Unselbstständigen gegenüber den Selbstständigen – als auch zwischen den verschiedenen Branchen. Während etliche der traditionellen Handwerke schrumpften, expandierten vor allem solche Gewerbe, die Waren und Dienstleistungen für die wohlhabender werdenden bürgerlichen Schichten lieferten. Anders als die Nahrungsmittelhandwerke waren die Bauhandwerke schon früh kapitalistisch organisiert. Gerade in der Handwerkskultur lebten, nicht nur in Deutschland, Reste der ständischen Welt lange fort. Neben einer Minderheit ökonomisch unabhängiger, wohlhabender Meister, die teilweise stabile berufliche Oligarchien im Übergang zur bürgerlichen Lebensweise etablieren konnten, gab es eine große Zahl nur formell selbstständiger Existenzen, die über Kreditvergabe und Auftragserteilung in weitgehender Abhängigkeit vom Handels- und Finanzkapital standen.[43]

In der Industrie, die sogar in den fortgeschrittenen Ländern erst eine Minderheit der gewerblich Tätigen beschäftigte, herrschte der Kleinbetrieb vor, mit fließendem Übergang zur Manufaktur, zum Verlagswesen und zum Handwerk. Die Facharbeiter kamen meist aus dem Kreis der Handwerksgesellen oder einstmals selbstständigen Handwerker, deren Zahl vor allem dort überproportional zum demografischen Wachstum anstieg, wo Gewerbefreiheit herrschte bzw. eingeführt wurde. Die materielle Lage der größer werdenden Schar der Alleinmeister war nicht unbedingt besser als die der Lohnabhängigen, zumal die Lohnarbeit nicht selten nur für einen Teil des Jahreseinkommens sorgte und die Bewirtschaftung eines kleinen Stück Landes oder eines saisonal geführten winzigen Kleinhandels den Lebensunterhalt zusätzlich sichern musste. Zudem war es in unserer Periode, der Hochzeit der Kinderarbeit, nicht unüblich, ganze Familien oder mehrere Familienmitglieder zusammen einzustellen. Stellt man zudem in Rechnung, dass für Teile der abhängig Beschäftigten, die wie vordem im Haus des Arbeitgebers wohnten, Lehrlinge und Gesellen, Dienstboten und Gesinde, Einschränkungen der persönlichen Freiheit noch bis über die Mitte des 19. Jahrhunderts galten und die Familie als Produktionseinheit vor allem auf dem Lande auch sozial immer noch eine große Bedeutung besaß, dann wird deutlich, dass

---

43 Vgl. grundlegend Heinz Gerhard Haupt/Geoffrey Crossick, Die Kleinbürger. Eine europäische Sozialgeschichte des 19. Jahrhunderts, München 1998.

der Klassenbildungsprozess, der in der zweiten Jahrhunderthälfte zur Formierung einer – relativ – einheitlichen Handarbeiterschaft, gekennzeichnet durch Nichtbesitz an Produktionsmitteln und durch Verkauf der eigenen Arbeitskraft als ausschließliche oder ganz überwiegende Einkommensquelle gegen leistungs- und marktabhängigen Lohn sowie durch »Vererbung« des Lohnarbeiterstatus, führen sollte, abgesehen von England, noch in den Anfängen steckte.[44]

Auf dem Lande, namentlich in der Agrarwirtschaft, wo die lokal-partikulare Orientierung der sozialen Gruppen gegenüber der nationalen stärker verwurzelt blieb als in den größeren Städten, erhielt sich eine noch größere Vielfalt von halbproletarischen Existenzformen: von den Mägden und Knechten alten Typs über die Landarbeiter, wie sie in England vorherrschten sowie in einigen Regionen auf dem Kontinent verbreitet waren und vielfach durch Überlassung eines kleinen Hauses mit Grundstück zur Selbstversorgung entlohnt wurden, über die fast ungesicherten Kleinpächter Süditaliens bis zu den zahlreichen Halbbauern und Parzellenbesitzern, die auf agrarischen oder gewerblichen Zuverdienst angewiesen waren. Trotz einer Tendenz zur sozialen Polarisierung blieb die Dorfgemeinschaft auch für die Unterschichten wirksam und prägend. Vor allem sie waren es, die von der Aufteilung der Allmende und der Abschaffung gemeinsamer Nutzungsrechte betroffen waren.

Umso weniger kann es verwundern, dass der (teils gewaltsame) Protest sich noch in archaischen Formen abspielte – von den »Katzenmusiken« bis zu den, gelegentlich durchaus gut organisierten, Maschinenstürmereien – und meist einen traditionellen, präindustriellen Wertebezug erkennen ließ, der am »guten alten Recht« und an der »moral economy« orientiert war.[45] Wo der Protest aufstandsähnliche Formen annahm, wie bei den britischen Ludditen 1811–1813, den Lyoner Seidenwebern 1831 und 1834 sowie den schlesischen Spinnern und Webern 1844, reagierte die Obrigkeit in der Regel mit harter gesetzlicher, bisweilen brutaler Repression. Hunger- und Teuerungsunruhen, auch Streiks, begleiteten die ganze Epoche und wurden in der zweiten Hälfte der 1840er-Jahre epidemisch. Auch friedliche Aktionen, so bei der Versammlung von 60.000 unter der Forderung einer Parlamentsreform auf dem St. Peter's Field bei Manchester zusammengeströmten Demonstranten, die von britischen Truppen unter dem Befehl Lord Wellingtons, des Siegers von Waterloo, in der »Schlacht von Peter-

---

44 Jürgen Kocka, Arbeitsverhältnisse und Arbeiterexistenzen. Grundlagen der Klassenbildung im 19. Jahrhundert, Berlin/Bonn 1990; Hartmut Zwahr, Zur Konstituierung des Proletariats als Klasse. Strukturuntersuchungen über das Leipziger Proletariat während der industriellen Revolution, Berlin 1978; John Belchem, Industrialization and the Working Class. The English Experience, 1750–1900, Aldershot 1990; Edward P. Thompson, Die Entstehung der englischen Arbeiterklasse, 2 Bde., Frankfurt a. M. 1984; H.-G. Haupt (Hg.), Geschichte der französischen Arbeiterbewegung, Frankfurt a. M. 1981; ders., Sozialgeschichte Frankreichs seit 1789, Frankfurt a. M. 1989, Kap. I.1.
45 Vgl., auch für das Folgende, H. Volkmann/J. Bergmann (Hg.), Sozialer Protest, Opladen 1984; Edward P. Thompson, Wahrnehmungsformen und Protestverhalten. Studien zur Lage der Unterschichten im 18. und 19. Jahrhundert, Frankfurt a. M. 1979; Eric H. Hobsbawn, Sozialrebellen. Anarchische Sozialbewegungen im 19. und 20. Jahrhundert, Gießen 1997.

loo« blutig auseinander gejagt wurden, waren vor dem Eingreifen der Staatsgewalt nicht gefeit. Eine gewerkschaftliche Interessenvertretung wurde allerdings zuerst in Großbritannien (1824) legalisiert; die übrigen Staaten Europas erkannten das Koalitionsrecht von Arbeitern nicht vor dem letzten Drittel des 19. Jahrhunderts an. Die Furcht vor der »roten Revolution« von unten, vor der Bedrohung des Eigentums, leitete nicht nur die Konservativen.

Die Industrialisierung Englands zeigte dem Rest Europas seine Zukunft. Man war sich dessen in hohem Maß bewusst, erkannte die wirtschaftliche wie die machtpolitische Herausforderung, die sich daraus ergab (ohne dass in jedem Fall die erforderlichen gesellschaftspolitischen Konsequenzen unbedingt gezogen worden wären). England erschien aber nicht nur als Vorbild, sondern auch als Schreckbild. In den proletarischen Wohnquartieren namentlich der Industriestädte wohnten die Menschen in einer Enge, unter baulichen und hygienischen Verhältnissen, die Alexis de Tocqueville 1835 am Beispiel Manchesters von einer »schmutzigen Kloake« schreiben ließ, einem Ort, wo der Mensch mit dem Höhepunkt seiner ökonomischen Entwicklung zugleich den »Tiefpunkt seiner Brutalität« erreiche.[46] Tatsachenberichte und Romane wie Charles Dickens' »Oliver Twist«, zuerst Ende der 1830er-Jahre in der Zeitschrift »Bentley's Miscellany« erschienen, und Honoré de Balzacs »Comédie Humaine« (ab 1842) sensibilisierten die Öffentlichkeit für die soziale Frage. 1845 veröffentliche der junge westdeutsche Fabrikantensohn Friedrich Engels seine Schrift »Die Lage der arbeitenden Klasse in England«. Schon bald nach 1815 setzten die Erstellung von Sozialstatistiken und die ersten gesetzlichen Regelungsversuche ein, nachdem sich die Kosten für die Armenfürsorge seit den ersten Jahren des Jahrhunderts namentlich in Großbritannien beträchtlich erhöht hatten. Das neue britische Armengesetz von 1834 atmete zwar wirtschaftsliberalen Geist, doch wiesen nach einem ersten Gesetz zur Kinderarbeit (1819) die Schaffung einer staatlichen Fabrikinspektion für Kinder und Jugendliche (1833), das erste Bergwerksgesetz für Frauen und Mädchen (1842) und dann vor allem das Fabrikgesetz von 1847 mit der gesetzlichen Einführung des Zehnstundentages in die Richtung sozialstaatlicher Regulierung. In Preußen suchte 1839 ein »Regulativ« die Kinderarbeit einzudämmen, in Frankreich folgte 1841 ein entsprechendes Gesetz. Insgesamt blieb also die Arbeitszeit mindestens bis Mitte des 19. Jahrhunderts, außer – mit eingeschränkter Wirksamkeit – für Kinder, unbegrenzt und betrug im wöchentlichen Normalfall sechs mal zwölf Stunden und häufig mehr.

Die Klassenkonstituierung der Bourgeoisie – es handelte sich um lediglich einige Prozent der Erwerbsbevölkerung, selbst wenn man Angehörige freier Berufe und akademisch gebildete Beamte hinzurechnet – stand naturgemäß in einem untrennbaren Zusammenhang mit der des Proletariats. Die zeitgenössischen Termini waren unterschiedlich und diffus; verschiedentlich wurde der aus Frankreich stammende

---

46 Alexis de Tocqueville, Voyages en Angleterre et en Irlande (1835), hier zit. nach Dieter Langewiesche, Europa zwischen Restauration und Revolution, München 1. Aufl. 1985, S. 35.

Ausdruck »Bourgeoisie« auch anderweitig übernommen. In Großbritannien kam die »middle class« der kontinentaleuropäischen »Bourgeoisie« relativ nahe. Die »middle class« bestand nach allgemeinem Verständnis hauptsächlich aus den (bürgerlichen) Kapitalbesitzern bzw. Unternehmern unterschiedlicher Kategorien sowie aus gut situierten Freiberuflern. Während die Identität und die Werte der »middle class« in der ersten Hälfte des 19. Jahrhunderts vorwiegend gegen den Adel ausgebildet wurden, trat – wie überall in Europa – später die Abgrenzung nach unten in den Vordergrund. Die frühen Unternehmer stammten entweder aus dem Handwerk – das scheint vor allem beim Maschinenbau der Fall gewesen zu sein; vorwiegend waren sie Kaufleute, eher aus dem Großhandel als aus dem Detailhandel. Nur zögernd gingen Bankiersfamilien in die Fabrikation oder verbanden sich mit ihr durch Finanzierung. Insgesamt überwog das kaufmännische Element. Im Lauf der Zeit nahm die Selbstrekrutierung zu: In der englischen Eisen- und Stahlindustrie stammten 1865 etwa 60 Prozent der Unternehmer aus Unternehmerfamilien. Insgesamt blieb die Gruppe der Industriellen jedoch mindestens bis zur Mitte des Jahrhunderts sozial und kulturell relativ offen. Newcomer waren keine Seltenheit.[47] Aus dem jeweils herrschenden Machtkartell blieben die Industriekapitalisten, sofern sie nicht Magnaten mit dann auch zusätzlichen Einkommens- und Statusquellen waren, noch weitgehend ausgeschlossen. Das galt auch für Großbritannien, wo die rund 360 großen Adelsfamilien im frühen 19. Jahrhundert auf dem Höhepunkt ihres Einflusses standen. Adeligen und bürgerlichen Großgrundbesitzern gehörten Mitte des Jahrhunderts über drei Viertel des Bodens. Dabei profitierten sie an der Industrialisierung und Urbanisierung durch Verpachtung von Land zur Ausbeutung von Bodenschätzen, durch die Beteiligung an Infrastrukturprojekten und den Verkauf von Bauland für die expandierenden Städte. Eine nachgeordnete Position der britischen Industriellen innerhalb der Großgruppe der Besitzenden lässt sich für die gesamte erste Jahrhunderthälfte und darüber hinaus konstatieren, wenngleich sich die Gewichte mit der Wahlreform von 1832 und namentlich mit dem Erfolg der Anti-Corn-Law-Bewegung 1846 verschoben.[48]

Auch im Frankreich der restaurierten Bourbonenmonarchie und des Bürgerkönigtums war es, deutlich vor der Industrie, das Handels- und Finanzkapital, vor allem aber der Grundbesitz, der Reichtum, Ansehen und Einfluss verbürgte. Da auch nach der revolutionären und napoleonischen Epoche der Adel einen beträchtlichen Anteil besaß und speziell die größten Landeigentümer aus seinen Reihen kamen, bedeutete das automatisch eine Verlängerung bzw. Wiederherstellung von Adelsmacht. Aller-

---

47   J. Kocka (Hg.), Bürgertum im 19. Jahrhundert, 3 Bde., Göttingen 1995; Peer Lundgreen, Sozial- und Kulturgeschichte des Bürgertums. Eine Bilanz des Bielefelder Sonderforschungsbereichs (1986–1997), Göttingen 2000; Hartmut Zwahr, Proletariat und Bourgeoisie in Deutschland. Studien zur Klassendialektik, Köln 1980; Pamela M. Pilbeam, The Middle Classes in Europe, 1789–1914. France, Germany, Italy and Russia, Basingstoke 1990.
48   Peter Wende, Großbritannien 1500–2000, München 2001, insbes. S 14 ff.; Gottfried Niedhart, Geschichte Englands im 19. und 20. Jahrhundert, München 2. Aufl. 1996.

dings gründete diese in Frankreich wie auch überwiegend sonst in Europa nicht mehr auf ständisch-feudalen Privilegien – diese wurden, mit der wichtigen Ausnahme Russlands, bis 1850 größtenteils abgeschafft –, sondern auf dem prinzipiell auch für andere erwerbbaren Eigentum. Nur rund die Hälfte der erwachsenen Adeligen Frankreichs erfüllte nach 1814 die Anforderungen für die Erlangung des Wahlrechts. Tendenziell stieg die Zahl bürgerlicher Grundeigner wie deren Anteil am Landeigentum, wie im späten 18. Jahrhundert auch, in der ersten Hälfte des 19. Jahrhunderts.[49] Die adelig-bürgerliche, vor allem in der Provinz maßgebliche Mischgruppe der Notabeln hatte sich in Frankreich unter Napoleon I. etabliert und erfuhr in den Jahren danach eher eine Verstärkung. Ähnlich in Italien, wo die adeligen Großgrundbesitzer in der napoleonischen Zeit Verluste erlitten hatten und mit wohlhabenden Bürgerlichen zu einer Schicht verschmolzen, während in Frankreich wie in Deutschland der Adel vom Bürgertum sozial eher separiert blieb. Auch für die bürgerlichen Notabeln blieb der Grundbesitz konstitutiv, ungeachtet weiterer wirtschaftlicher Aktivitäten. Statt in Industriebeteiligungen wurden landwirtschaftliche Gewinne lange vorwiegend in Land- und Schlosskäufen oder in Staatspapieren angelegt. Industrielle Unternehmungen von Großgrundbesitzern bezogen sich hauptsächlich auf Zuckerfabriken, Schnapsbrennereien und Ziegeleien.

Insgesamt war die Beharrungskraft des Adels im Süden, wo zudem der Klientelismus bestimmend blieb, und im Osten Europas größer als im Westen, in der Mitte und im Norden. In Spanien, Ungarn und Polen waren fünf und mehr Prozent der Bevölkerung adelig; das bedeutete, dass dort ein breiter Klein- und Kleinstadel existierte und etliche, ansonsten bürgerliche bzw. bäuerliche Berufe von Personen mit Adelstitel ausgeübt wurden.[50] In Ländern mit schwacher Adelstradition wie den Niederlanden und der Schweiz waren im Ancien Régime patrizisch-großbürgerliche Oligarchien an die Spitze gelangt. In Norwegen wie in Griechenland existierte um 1820 praktisch weder ein Adel noch ein relevantes Großbürgertum, sodass der Beamtenschaft eine mehr oder weniger erfolgreich ausgeübte Substitutionsfunktion zukam. Im Staatsapparat und in den Verfassungsinstitutionen blieb die Rolle des europäischen Adels beträchtlich, namentlich in den Spitzenpositionen von Regierung und Verwaltung, der Kirche sowie des Heeres (weniger in der Marine). Am ausgeprägtesten war das im diplomatischen Dienst. Auch in der bürgerlich-kapitalistischen Gesellschaft konnte sich der niedere Adel als eine Art Dienst- und Schwertadel verstehen, wenn der Staat eine monarchische Spitze und ein entsprechendes kulturelles Gepräge besaß wie in Großbritannien, Deutschland und überwiegend sonst. In Russland waren es einige, durch gute Beziehungen privilegierte

---

49 Vgl. Haupt, Sozialgeschichte (wie Fn. 44), Kap. I.2; Christophe Charle, Histoire sociale de la France au XIXème siècle, Paris 1991.

50 Dominic Lieven, Abschied von Macht und Würden. Der europäische Adel 1815–1914, Frankfurt a. M. 1995; Heinz Reif, Adel im 19. und 20. Jahrhundert, München 1999.

Adelsfamilien, die das ganze 19. Jahrhundert hindurch die wichtigen öffentlichen Ämter in der Hand behielten, während nicht wenige ihrer Standesgenossen in die Verschuldung gerieten. Die Ersten Kammern oder Oberhäuser der Parlamente, die vielerorts existierten, waren zumindest teilweise dem Adel vorbehalten; ihr Gewicht ging jedoch tendenziell zurück. Doch selbst in den Unterhäusern oder Zweiten Kammern waren Adelige zunächst zu einem erheblichen Prozentsatz vertreten; in Frankreich betrug ihr Anteil – mit der Ausnahme von 1819 – zwischen einem Viertel und der Hälfte.[51] Generell lässt sich auch im politischen Bereich ein steter, aber nicht dramatischer Rückgang des Adelsanteils beobachten, von den Monarchen teilweise konterkariert durch eine rege Nobilitierungsaktivität.

Obwohl seit dem späten 18. Jahrhundert zunehmend durch die staatliche Bürokratie und das aufgeklärt-liberale Bürgertum in ihrer Autorität infrage gestellt, beeinflussten die konfessionell gespaltene christliche Religion und die Kirche als Institution bis weit ins 19., sogar bis ins 20. Jahrhundert hinein basal das alltägliche Leben der Menschen in ihrer überwältigenden Mehrzahl, stärker auf dem Lande und in den Kleinstädten als in den großen Städten. Das betraf den Jahres- und Wochenrhythmus mit der Orientierung an den kirchlichen Feier- und Sonntagen, die kirchlichen Riten, ferner die Rolle der Kirche als Erziehungsinstitution, vor allem im Elementarschulbereich, und als Sozialfürsorgeeinrichtung, nicht zuletzt als Instanz der Sittenzucht und sozialen Kontrolle. Die protestantischen und orthodoxen Landeskirchen waren, zumal wenn sie Staatskirchen waren, ein Teil des Staatsapparats. Die katholische Kirche in Südeuropa und die orthodoxe Kirche in Griechenland blieben bedeutende Landeigentümer, während die deutsche katholische Reichskirche durch die Säkularisierung nach 1803 ihres politischen und ökonomischen Fundaments beraubt war. Die Revitalisierung mehr oder weniger aller christlichen Konfessionen erfolgte nach 1815 im Zuge ihrer Ideologisierung im konservativ-gegenrevolutionären Sinn. Die Priesterweihen hatten im Mutterland der radikalen Aufklärung und der Revolution schon unter Napoleon sprunghaft zugenommen. Der Kirchenbesuch in ganz Europa ging nicht zurück, sondern verstärkte sich eher, wobei unter den Teilnehmern am Gottesdienst jetzt der weibliche und kindliche Anteil dominierte. Es traten neue Formen einer intensiven Volksfrömmigkeit in Erscheinung, wie sie sich im populären Marienkult und in sensationellen Ereignissen wie der Ausstellung des »Heiligen Rocks« in Trier im Jahr 1844, zu dem über eine Million Menschen pilgerten, niederschlugen.[52]

Aus der zahlenmäßig kleinen, aber wie schon im 18. und auch im 19. Jahrhundert im Hinblick auf die vermehrten Staatsaufgaben wachsenden Gruppe der aka-

---

51 Vgl. Haupt, Sozialgeschichte (wie Fn. 44), S. 130.
52 Vgl. Leif Grane, Die Kirche im 19. Jahrhundert. Europäische Perspektiven, Göttingen 1987; Hugh McLeod, Religion and the People of Western Europa, 1789–1889, Oxford 2. Aufl. 1997; Martin Friedrich, Kirche im gesellschaftlichen Umbruch: das 19. Jahrhundert, Göttingen 2006.

demisch gebildeten, durch reguläre Ausbildungs- und Prüfungsgänge zunehmend professionalisierten Beamtenschaft mit leistungsorientierten Aufstiegsmustern und abgesichertem Status ging das hervor, was dann als Bildungsbürgertum bezeichnet worden ist. Nirgendwo, außer vielleicht in der Finanzwirtschaft, näherten sich wie in der Beamtenschaft Bürgerliche und Adelige so weit aneinander an, dass sie funktional eine einzige, durch Arbeitsweise und Normengefüge relativ vereinheitlichte Führungsschicht bildeten. Auch die Anzahl und das soziale Gewicht der Angehörigen freier, auf einem Studium beruhender Berufe, namentlich der Notare, Anwälte und Ärzte, nahm mit der Kommerzialisierung der Gesellschaft und der Modernisierung des Staates zu. Längerfristig näherte sich das Bildungsbürgertum sozial dem unternehmerischen Wirtschaftsbürgertum an und umgekehrt. In der Historiografie außerhalb Deutschlands spricht man von der Akademikerschicht oder der »Intelligenz«. In Großbritannien hieß diese die »professionals«.[53] Ungeachtet der noch sehr bescheidenen Gymnasiasten- und Studentenzahlen[54] fürchtete man in der Mitte der Periode in einigen Ländern, in Mitteleuropa mehr als in Westeuropa, eine Überproduktion der akademischen Bildung. Hintergrund war die Begrenztheit der zur Verfügung stehenden Stellen bei Staat und Kirche, während der Bedarf nach freien bzw. unternehmerischen Berufen erst langsam stieg. Neben dem etablierten Bürgertum wuchs somit eine Schicht von mittellosen, nicht gesicherten intellektuellen Existenzen heran, die nicht selten den Resonanzboden für politisch radikale Bestrebungen boten. Vielfach bildete diese Situation nur ein biografisches Durchgangsstadium, mitunter blieb aber der Bodensatz eines »akademischen Proletariats« als ein sozialer Sprengsatz zurück, während in den fortgeschritteneren Staaten bzw. Regionen – neben den gesellschaftlich unmittelbar benötigten Freiberuflern – eine erste Generation freischaffender Künstler und Schriftsteller mit klarer Marktorientierung die Bühne betrat.

---

53 Vgl. immer noch Otto Hintze, Beamtentum und Bürokratie, Göttingen 1981; Bernd Wunder, Geschichte der Bürokratie in Deutschland, Frankfurt a. M. 1986; sowie, auch für das Folgende, W. Conze/J. Kocka (Hg.), Bildungsbürgertum im 19. Jahrhundert, 4 Bde., Stuttgart 1985–1992; Ulrich Engelhardt, »Bildungsbürgertum«. Begriffs- und Dogmengeschichte eines Etiketts, Stuttgart 1986; H. Siegrist (Hg.), Bürgerliche Berufe. Zur Sozialgeschichte der freien und akademischen Berufe im internationalen Vergleich, Göttingen 1988; Christophe Charle, Vordenker der Moderne. Die Intellektuellen im 19. Jahrhundert, Frankfurt a. M. 1997; Denis Sdvižkov, Das Zeitalter der Intelligenz. Zur vergleichenden Geschichte der Gebildeten in Europa bis zum Ersten Weltkrieg, Göttingen 2006.
54 Um 1830 studierten in Deutschland ca. 15.000, in Spanien 14.000, in Frankreich gut 7.000, in Großbritannien 6.500 (davon nur 2.000 in England an den anglikanischen Traditionsuniversitäten Oxford und Cambridge) sowie in Italien rund 5.000 junge Männer an Hochschulen. Vgl. Charle, Vordenker (wie Fn. 53), S. 28 ff. – Zum europäischen Universitätswesen des frühen und mittleren 19. Jahrhunderts vgl. Hartmut Titze, Der Akademikerzyklus: historische Untersuchungen über die Wiederkehr von Überfüllung und Mangel in akademischen Karrieren, Göttingen 1990; W. Rüegg (Hg.), Geschichte der Universität in Europa, Bd. 3: Vom 19. Jahrhundert zum Zweiten Weltkrieg (1800–1945), München 2004.

Die Lösung des bürgerlichen Individuums aus ständischen und korporativen Denktraditionen erweiterte wesentlich den Spielraum subjektiver Erfahrung und autonomen Handelns. Die religiöse Vergewisserung bedurfte einer Ergänzung durch die »Moral«. Folgerichtig zielte die Kindererziehung, die seit dem Ende des 18. Jahrhunderts mit einem bisher unbekannten Eifer betrieben wurde, in den Familien der neuen bürgerlichen Schichten zunehmend auf die Internalisierung der vorgegebenen Normen, die Ausbildung eines »Gewissens«. Wenn sich das neue Modell der bürgerlichen Kleinfamilie, gekennzeichnet durch die männlich-weibliche Tätigkeitsdifferenzierung und die Entstehung eines affektiv aufgeladenen und zugleich autoritär-hierarchisch strukturierten familialen Raums, auch erst ganz allmählich durchsetzte, so waren es doch wiederum die Gebildeten des Bürgertums, die sich zuerst von der Sozialform des »Ganzen Hauses«, wie sie für große Teile Europas bestimmend gewesen war, zu lösen begannen, während für die meisten Menschen auf dem Lande und für beträchtliche Teile der städtischen Bevölkerung das traditionelle Familienmodell, gekennzeichnet durch die Mitarbeit der Frau, die Einheit von Wohn- und Arbeitsstätte sowie den Mehrgenerationenhaushalt, seine Geltung noch behielt und in den Unterschichten, wo weibliche und kindliche Erwerbsarbeit mit materieller Knappheit zusammenfiel, unter der Not die Familienstruktur überhaupt zur Auflösung tendierte. Die generelle Rechtsungleichheit der Geschlechter prägte den Charakter der neuen bürgerlichen Ehe und Familie. Das Erbrecht bevorzugte den Mann, auf den bei der Verheiratung auch das in die Ehe eingebrachte Eigentum der Frau überging. Dazu kamen weitere rechtliche Einschränkungen der Frau im Alltagsleben.[55] Dem neuen Familienideal gemäß war die Familie ein geschützter, privater Raum, der an Stelle von Zweckhaftigkeit und Konkurrenz des Erwerbslebens durch emotionale Beziehungen konstituiert wurde. Mit der Ausdehnung der Anzahl und der Einkommen bürgerlicher Statusgruppen zunehmend, sicherten bis ins Kleinbürgertum hinein in großer Menge verfügbare, in kümmerlichen materiellen Verhältnissen lebende Dienstboten die bürgerliche Lebensführung. Während der Frau über die Erziehung der kleineren Kinder und die eheliche Haushaltsführung eine Schlüsselrolle für die Sozialisation des Bürgertums zukam, wurde ihr die berufliche Tätigkeit und Teilnahme an der Öffentlichkeit meist verwehrt. Die bürgerliche Familie setzte die Inferiorität der Frau voraus und befestigte sie stets von Neuem.

Eigene Ambitionen und Identitätsvorstellungen bürgerlicher Kreise konnten – das gilt im besonderen Maß für Deutschland – vor allem in der Kultur einen gemeinsamen Ausdruck finden. Es ging um die Ähnlichkeit von Empfindungen und um die Fähigkeit, diese auszudrücken. Man darf die diesbezüglichen Anstrengungen zur Aneig-

---

55 Vgl., auch für das Folgende, Gunilla Budde, Blütezeit des Bürgertums. Bürgerlichkeit im 19. Jahrhundert, Darmstadt 2009; Ulrike Döcker, Die Ordnung der bürgerlichen Welt. Verhaltensideale und soziale Praktiken im 19. Jahrhundert, Frankfurt a. M. 1994; Andreas Gestrich, Geschichte der Familie im 19. und 20. Jahrhundert, München 1999; Rachel G. Fuchs/Victoria E. Thompson, Women in Nineteenth-Century Europe, Basingstoke 2004.

nung und Handhabung bildender Kunst, von Musik, Literatur und Geschichte und ebenso die in ihrer alltäglich festen Etablierung neuartiger Freizeitgestaltung (»Gesellung«) mit Kindergeburtstagen, Ausflügen, Hausmusikabenden, Bildungsvorträgen, Bällen, Caféhaus- und Theaterbesuchen nicht als reine Kompensation für zunächst mangelnde politische Artikulationsmöglichkeiten missverstehen. Die Entwicklung der bürgerlichen Kultur wirkte als solche gesellschaftsverändernd und war selbst Teil der sozialen Umgestaltung.[56] Die wohl stärkste geistig-kulturelle Grundströmung der Epoche, die seit der vorangegangenen Jahrhundertwende entstandene Romantik, sämtliche politische Richtungen berührend, war insofern eine Gegenströmung zur (weiter wirkenden) Aufklärung, als sie den einseitigen Rationalismus ablehnte und die kulturelle Differenz schätzte. Die Entdeckung des Irrationalen, die Faszination für die Seele des Individuums, für das Intuitive und Phantastische, fügte indessen dem aufklärerischen Menschenbild zweifellos eine neue Dimension hinzu; dabei blieb die Aufklärung unhintergehbar.[57]

Die vielleicht wichtigsten Medien der Verbürgerlichung der Gesellschaft sowie ihrer Politisierung waren das Pressewesen und die Vereinsbildung. Für den Aufschwung der Pressetitel und -auflagen schon deutlich vor 1848 waren im Wesentlichen drei Faktoren entscheidend: erstens – über die Verbreitung des Volksschulwesens – die Alphabetisierung, die in Deutschland, der Schweiz und den Niederlanden sowie in Skandinavien um die Mitte des 19. Jahrhunderts mehr als drei Viertel (in Preußen über neun Zehntel) der Bevölkerung erreichte, während das in England, Frankreich, Belgien und Österreich immerhin auf mehr als die Hälfte zutraf (in Italien und Spanien hingegen allenfalls ein Viertel, in Russland weniger als ein Zehntel).[58] Zweitens erleichterten neue Drucktechniken die kostengünstige und schnelle Herstellung von Publikationen in größerer Menge. Drittens entwickelte eine kritische Öffentlichkeit ein konstantes Bedürfnis nach Information und Diskurs. Die Leserzahl lag durchweg deutlich höher als die Auflagenziffer, weil Lesegesellschaften – bis hinunter auf die Ebene der Kleinstädte und sogar Dörfer – Zeitungen im Gruppenabonnement bezogen. In kleinbürgerlichen, bäuerlichen und unterbürgerlichen Milieus lebte die Tradition des Vorlesens weiter.[59]

---

56 Vgl. Peter Rietbergen, Europe. A Cultural History, Abingdon 2. Aufl. 2006; George L. Mosse, The Culture of Western Europe. The Nineteenth and Twentieth Centuries, Boulder 3. Aufl. 1988; D. Hein/A. Schulz (Hg.), Bürgerkultur im 19. Jahrhundert. Bildung, Kunst und Lebenswelt, München 1996; M. Hettling/S. L. Hoffmann (Hg.), Der bürgerliche Wertehimmel. Innenansichten des 19. Jahrhunderts, Göttingen 2000.
57 Vgl. Roy Porter, Kleine Geschichte der Aufklärung, Berlin 1995; Lothar Pikulik, Romantik als Ungenügen an der Normalität, Frankfurt a. M. 1979; Theodor Ziolkowski, Das Amt des Poeten. Die deutsche Romantik und ihre Institutionen, München 1994; Gerhard Hoffmeister, Deutsche und europäische Romantik, Stuttgart 1978.
58 Die Größenangaben nach Cipolla/Borchardt, Wirtschaftsgeschichte (wie Fn. 37), Bd. 4, S. 521.
59 Vgl. Jürgen Wilke, Grundzüge der Medien- und Kommunikationsgeschichte. Von den Anfängen bis ins 20. Jahrhundert, Köln 2000; O. Dann (Hg.), Lesegesellschaften und bürgerliche Emanzi-

Vereine, »freie Assoziationen«, hatten sich schon im 18. Jahrhundert, namentlich in dessen letztem Drittel, in großen Teilen Europas ausgebreitet. Die bisherigen Formen, hauptsächlich Lesegesellschaften, »patriotische« (auf das Gemeinwohl orientierte) Gesellschaften und Freimaurerlogen, expandierten nach 1815 weiter, während eine Fülle neuer Vereinstypen entstand, sodass neben solchen zur sozialmoralischen Reform der Gesellschaft, die seit den 1820er-Jahren vor allem in Großbritannien Zulauf erhielten, und politisch motivierten Vereinigungen, wie dem deutschen Press- und Vaterlandsverein von 1832, auch beruflich und wissenschaftlich ausgerichtete Zusammenschlüsse aufkamen. Bei den in mehreren Ländern gegründeten Griechen- und Polenvereinen flossen in unterschiedlichem Verhältnis humanitäre und politische Motive zusammen. Auch das bürgerliche Engagement zwecks Gründung bestimmter öffentlicher Kulturinstitutionen, wie Theater, Bildergalerien und Bibliotheken, drückte sich in der Vereinsform aus.[60] Wenn die Vereinsbewegung auch vorwiegend eine Angelegenheit des Besitz- und Bildungsbürgertums sowie aufgeschlossener Teile des Adels war, wurden zunehmend weitere (eher etablierte) soziale Segmente, so selbstständige Handwerksmeister und sogar Handwerksgesellen, davon erfasst. Dabei war die Grenze zwischen öffentlicher und privater Sphäre fließend, wobei etwa an die elitären Salons zu denken ist. In den Vereinen bzw. lokalen geselligen Netzen traten sich die Mitglieder ihrem Selbstverständnis nach nicht als egoistische Interessenten gegenüber, sondern in bewusster Absetzung davon als gleichberechtigte Teilnehmer des wechselseitigen gesellschaftlichen Austauschs, der »Quelle aller höheren Menschlichkeit und Cultur«[61], zwecks Aneignung bürgerlicher Tugenden und Fähigkeiten. Es ging letztlich um die Verwirklichung des Ideals der »klassenlosen Bürgergesellschaft« (Lothar Gall). In der Organisationsform des Vereins übte die Bürgergesellschaft quasi automatisch politische Mitbestimmung ein. Obwohl der Dichtegrad des Vereinswesens selbstverständlich nicht zuletzt von einem Mindestmaß an politischer Liberalität sowie von dem ökonomischen und kulturellen Entwicklungsniveau abhing, haben sich auch in relativ rückständigen Territorien und unter den Bedingungen politischer Repression Vereinsstrukturen gebildet, so im Habsburgerreich, speziell in Ungarn, seit den 1830er-Jahren, wo liberale Adelige die Initiatoren waren. Den Behörden des

---

pation. Ein europäischer Vergleich, München 1981; Jörg Requate, Journalismus als Beruf. Entstehung und Entwicklung des Journalistenberufs im 19. Jahrhundert, Göttingen 1995.

60 Stefan-Ludwig Hoffmann, Geselligkeit und Demokratie. Vereine und zivile Gesellschaft im transnationalen Vergleich 1750–1914, Göttingen 2003; N. Berneo/P. Nord (Hg.), Cicil Society before Democracy. Lessons from Nineteeth-Century Europe, Boston 2000. Zur Griechenland- bzw. Polensolidarität vgl. Natalie Klein, L'humanité, le christianisme, et la liberté. Die internationale philhellenistische Vereinsbewegung der 1820er-Jahre, Mainz 2000; Niklas Gustke, Die liberale deutsche Polenfreundschaft 1830–1848. Ein Überblick, München 2007; P. Ehlen (Hg.), Der Polnische Freiheitskampf 1830/31 und die liberale deutsche Polenfreundschaft, München 1982.

61 Carl Theodor Welcker, »Association, Verein, Gesellschaft, Volksversammlung«, in: ders./C. von Rotteck (Hg.), Das Staatslexikon. Encyklopädie der sämmtlichen Staatswissenschaften für alle Stände, Bd. 2, Altona 1835, S. 21.

Russischen Reiches, wo die Autokratie und die Adelsmacht ungebrochen andauerten, gelang es demgegenüber besser, das Vereinswesen unter Kontrolle zu halten.

Vor dem Hintergrund aller dieser sozialen und kulturellen Entwicklungen wurde die Nation zur »größten vereinigenden Kraft der nachständischen Gesellschaft«.[62] Mit dem Begriff der Nationsbildung wird das Zusammenwirken objektiver Prozesse der Kommunikationsverdichtung innerhalb eines bestimmten Territoriums mit der Entfaltung einer nationalen Ideologie und Bewegung erfasst, die im frühen und mittleren 19. Jahrhundert Kontinuität und Massenwirksamkeit erlangten. Zwar reichte die Vorgeschichte der Nation weit in die Frühe Neuzeit und sogar ins Mittelalter zurück, insbesondere in denjenigen protonationalen Monarchien, in denen die Nationsbildung an eine – territorial weitgehend identische – ältere Staatsbildung anschließen konnte (wobei den Institutionen des Militärs und der Volksschule, mit der Durchsetzung der einheitlichen Sprache, für die Nationalisierung der Massen eine wichtige Funktion zukommen sollte); doch erst die gesellschaftlichen und mentalen Veränderungen seit dem 18. Jahrhundert bahnten der modernen Nation den Weg, als die spezifisch vormoderne Adelsnation der »Nation der Bürger« und dem bürgerlichen Nationalstaat wich.

Das nationale Denken trat um 1800, grob gesagt, in zwei Varianten auf: Der politischen Idee der Nation als Ergebnis selbstbestimmten Handelns des Volkes, beispielhaft verkörpert in der Französischen Revolution, stand die ethnisch-kulturelle Definition des Nationalen gegenüber, wobei der Muttersprache und dem durch sie vermeintlich vermittelten »Volksgeist« seit Johann Gottfried Herder eine zentrale Bedeutung zugesprochen wurde. Während das Konzept der Staatsbürger- oder Verfassungsnation gut zu den etablierten Staaten Westeuropas passte, entsprach das Konzept der Volks- oder Kulturnation der Situation der sich als Nation ohne Staat oder in staatlicher Teilung befindlich verstehenden Völker bzw. der in ihrem Namen Sprechenden in Mittel-, Ostmittel-, Südost-, Nord- und Südeuropa. In der historischen Realität mischten sich praktisch immer beide Ansätze in unterschiedlichem Verhältnis. Zudem stellten beide eine prinzipielle Herausforderung des bestehenden territorialen und politisch-gesellschaftlichen Status quo Europas dar, wie er auf dem Wiener Kongress festgeschrieben worden war.

---

62 Hagen Schulze, Staat und Nation in der europäischen Geschichte, München 2. Aufl. 1995, S. 117. – Zum Folgenden vgl. außerdem Benedict Anderson, Imagened Communities. Reflections on the Origin and Spread of Nationalism, London 1983; Karl W. Deutsch, Nationalism and Social Communication. An Enquiry into the Foundations of Nationality, Cambridge/Mass. 1953; Eric J. Hobsbawm, Nations and Nationalism since 1780, Cambridge 1990; Eugen Lemberg, Nationalismus, 2 Bde., Reinbek 1964; John Breuilly, Nationalism and the State, Manchester 1982; C. Tilly (Hg.), The Formation of National States in Western Europe, Princeton 1975; Miroslav Hroch, Das Europa der Nationen. Die moderne Nationsbildung im europäischen Vergleich, Göttingen 2005; T. Schieder/O. Dann (Hg.), Nationale Bewegung und soziale Organisation. Vergleichende Studien zur nationalen Vereinsbewegung des 19. Jahrhunderts in Europa, München 1978; Dieter Langewiesche, Nation, Nationalismus, Nationalstaat in Deutschland und Europa, München 2000.

Noch keineswegs war 1815 klar, welche nationalen Gemeinschaften und Nationalstaaten sich auf welchem Gebiet mit welchen Bevölkerungen kristallisieren würden. Aus der Perspektive von 1820 schien es etwa nicht zwingend, dass das Königreich Neapel 40 Jahre später zum Bestandteil des italienischen Nationalstaats werden würde. Und dass die deutschen Einzelstaaten, namentlich die süddeutschen Verfassungsstaaten, keine separate Nationsbildung zustande brachten, lässt sich nicht eindimensional auf die ethnisch-kulturelle Nähe zu den anderen deutschen Fürstentümern zurückführen, sondern resultierte maßgeblich auch aus der Unfähigkeit, den politisch-gesellschaftlichen Reformbestrebungen der Zeit innerhalb ihrer Grenzen gerecht zu werden. Deshalb richteten sich die Hoffnungen mehr und mehr auf die gemeindeutsche Ebene und vermischten sich untrennbar mit der nationalpatriotischen Zielsetzung. Wie immer im Einzelnen verfassungspolitisch ausgerichtet, hatte das volksnationale wie das staatsbürgernationale Projekt, letztlich unentrinnbar, gleichermaßen eine egalitär-partizipatorische Konsequenz und zielte auf die politische Neuordnung Europas. Die überall kreierten nationalen Geschichtsbilder sowie die Besinnung auf die populare Kultur (Volkslieder, Märchen, Sagen) dienten der Selbstvergewisserung und legitimierten Programme, die in der Regel zukunfts- und auf den Fortschritt gerichtet waren. Weil der nationale Gedanke mit einer gewissen Folgerichtigkeit die politischen Vorstellungen der »Bewegungspartei«, also des Liberalismus und des demokratischen Radikalismus, durchdrang und transportierte, kann man dieselben politischen Artikulationen mit der jeweils entsprechenden Akzentuierung mit der gleichen Berechtigung unter der einen wie unter der anderen Rubrik einordnen.[63]

Die nach außen abgrenzende Dimension des Nationalismus, die in den antinapoleonischen Befreiungskriegen 1808–1815 deutlich sichtbar geworden war, geriet in der gemeinsamen Frontstellung der National- und Freiheitsbewegungen gegen das System der Solidarität der Mächte und der monarchischen Legitimität für einige Zeit aus dem Blick. Der Unabhängigkeitskrieg Griechenlands 1821–1829, der gescheiterte polnische Aufstand 1830/31 und der Abfall Belgiens von den Niederlanden als neuer nationaler progressiver Verfassungsstaat fanden in ganz Europa breite Sympathie. Die französisch-deutsche »Rheinkrise« von 1840 kündigte dann aber schon die Konstellation von 1848 an, als an mehreren Stellen Nationalbewegungen mit identischen oder

---

63 Vgl. zu den genannten politischen Denkrichtungen I. Fetscher/H. Münkler (Hg.), Pipers Handbuch der politischen Ideen, Bd. 4: Von der Französischen Revolution bis zum europäischen Nationalismus, München 1986; B. Heidenreich (Hg.), Politische Theorien des 19. Jahrhunderts. Konservativismus, Liberalismus, Sozialismus, Berlin 2. Aufl. 2002; L. Gall (Hg.), Bürgertum und bürgerlich-liberale Bewegung in Mitteleuropa seit dem 18. Jahrhundert, München 1997; ders./R. Koch (Hg.), Der europäische Liberalismus im 19. Jahrhundert, 4 Bde., Frankfurt a. M. u. a. 1981; H. Reinalter (Hg.), Lexikon zu Demokratie und Liberalismus 1750–1848/49, Frankfurt a. M. 1993; D. Langewiesche (Hg.), Liberalismus im 19. Jahrhundert. Deutschland im europäischen Vergleich, Göttingen 1988; Michael Broers, Europe after Napoleon. Revolution, Reaction and Romanticism, 1814–1848, Manchester/New York 1996.

ähnlichen verfassungspolitischen Zielen gegeneinanderstanden, so in Schleswig, in Posen, in Böhmen und in Tirol.

Die Künder des nationalen Gedankens wie auch die Träger der ersten Zirkel und Vereinigungen waren Angehörige der bürgerlichen (ggf. auch adeligen) Intelligenz, auch Armeeoffiziere und Studenten. Im Verlauf der ersten Hälfte des 19. Jahrhunderts traten im erheblichen Umfang besitz- und kleinbürgerliche sowie vorproletarische Schichten (Handwerksgesellen) hinzu. Soweit das möglich war, organisierten sie sich, so im germanischen Mittel- und Nordeuropa, etwa in Turn-, Gesang- und Schützenvereinen. Wo noch keine legalen Assoziationen zugelassen waren, traten Geheimbünde an ihre Stelle, so die ungewöhnlich mitgliederstarke Carboneria in Italien, die Comuneros in Spanien und die Dekabristen in Russland. Sie umfassten Angehörige unterschiedlicher liberaler und bürgerlich-radikaler Positionen; die Scheidelinie zwischen gemäßigten Liberalen und Radikalen bzw. Demokraten bildete weniger die Forderung nach der Republik als die nach dem allgemeinen, gleichen (Männer-)Wahlrecht und nach der uneingeschränkten Geltung des Prinzips der Volkssouveränität. Daneben machten sich, namentlich nach 1830 und meist im Grenzbereich zum demokratischen Radikalismus, auch schon frühsozialistische Bünde geltend. In Paris und Brüssel konzentrierten sich Vereine und klandestine Zirkel meist jüngerer ausländischer Intellektueller und Handwerksgesellen, die sich dort im Anschluss an die Repressionswellen in ihren Heimatländern in beträchtlicher Zahl aufhielten, hauptsächlich Polen, Deutsche und Italiener. In diesen drei Ländern war die Nationalbewegung, jedenfalls in ihrer entschiedenen politischen Ausprägung, am engsten mit der liberaldemokratischen Opposition gegen den innen- und gesellschaftspolitischen Status quo verbunden. Giuseppe Mazzini, der das staatsbürgerliche und das ethnisch-kulturelle Nationsverständnis in seiner Person vereinte, gründete 1831 das »Junge Italien«, dem sich 1834 ein »Junges Deutschland« und ein »Junges Polen« im »Jungen Europa« anschlossen, einer Art kleiner Internationale der Nationalpatrioten; Verbrüderungsabkommen mit dem »Jungen Frankreich«, der »Jungen Schweiz« und dem »Jungen Spanien« kamen hinzu.

Auch auf der Ebene der etablierten Politik lässt sich nach 1830 eine gewisse ideologische Blockbildung der liberalen Regierungen Großbritanniens, Frankreichs und Portugals gegen die Offensive einer reaktionären Strömung in den spanischen Karlistenkriegen konstatieren, der sie mit Geld- und Waffenlieferungen begegneten. Die Schwerpunktverlagerung der europäischen Politik, zumindest im Westen, Süden und Norden, zum Liberalismus war auch dem zeitweisen Zusammengehen von Liberalen und Radikalen geschuldet, während auf der Rechten Gemäßigte und Ultras eher auseinander drifteten, so in Großbritannien, wo die harten Tories ihren Führungsfiguren Wellington und Peel bei der Dissenter- und Katholikenemanzipation 1828/29 die Gefolgschaft versagten und damit de facto den Weg frei machten für die »Great Reform«. Auch in seinen Grundsätzen schied sich ein weiterhin den Einfluss von Krone und Erster Kammer betonender, doch selbst in den noch nicht konstitutionalisierten Staaten sich einem eigenen Konzept des Verfassungsstaats annähernder Konservatismus (Burke, in anderer Weise auch Stahl) von den gegenrevolutionären Doktrinären der Restauration (Haller, de Bonald, de Maistre) einerseits und einer engstirnigen Adels- und Agrarlobby andererseits. Der Zusammenhalt von Konservativen und Radikalreaktionären war also mindestens so fragil wie der von Liberalen und Radikalen.[64]

Die Tendenz zur Annäherung von gemäßigtem Liberalismus und gemäßigtem Konservatismus im Verlauf der 1830er- und 1840er-Jahre fand Rückhalt in dem strukturellen Kompromiss, den die liberalen Regierungen mit den lokalen Notabelngruppen eingehen mussten. Die nachrevolutionäre Wendung der neuen Machthaber nach 1830 zur Ordnungspartei, wenn auch nicht so drastisch wie um 1819/20, bedeutete eine schärfere Konfrontation mit Demokraten und Sozialisten. Allein in Großbritannien war der Radikalismus gewissermaßen schon »Teil des konstitutionellen Systems«[65], doch auch hier scheiterte die hauptsächlich von der frühen Arbeiterbewegung 1838–1848 in machtvollen Agitations-, Demonstrations- und Petitionskampagnen mit bis zu 3,3 Mio. Unterschriften propagierte »People's Charter«, in der sich die Enttäuschung der in den Vorjahren politisierten unteren Volksschichten über die Eingrenzung der Wahlreform ausdrückte.

Kann der Chartismus als die erste politische Arbeiterbewegung gelten, so die ungefähr parallel agierende Anti-Corn-Law-League als Versuch einer Fraktion der Industrie- und Handelsbourgeoisie, die städtisch-industrielle Bevölkerung – Besitzende und Arbeiter – gegen die »landed interests«, deren Einfluss auf den Staat und namentlich auf die Zollpolitik, unter ihrer Führung zu sammeln. Anders als die Chartisten kamen die Gegner der Großagrarier und der protektionistischen Gesetzgebung 1846 zum Erfolg. Damit begann der langsame gesellschaftlich-politische Abstieg des britischen Großgrundbesitzes, namentlich des Adels. – Nimmt man die Anfänge des politischen Katholizismus bzw. Vereinskatholizismus in mehreren Ländern hinzu, dann waren gegen Ende der Epoche sämtliche Ideologien der Moderne im Diskurs vertreten und zeigten sich sämtliche zugehörigen politischen Strömungen vielfach auch organisatorisch präsent.[66]

---

64 Vgl. Broers, Europe (wie Fn. 63), Kap. 2 und 4. – Vgl. zum Konservatismus außerdem Panajotis Kondylis, Konservatismus. Geschichtlicher Gehalt und Untergang, Stuttgart 1986; Axel Schildt, Konservatismus in Deutschland. Von den Anfängen im 18. Jahrhundert bis zur Gegenwart, München 1998.
65 Brandt, Europa 1815–1850 (wie Fn. 37), S. 88. – Vgl. John Belchem, Popular Radicalism in Nineteenth-Century Britain, Basinstoke 1996; Andreas Wirsching, Parlament und Volkes Stimme. Unterhaus und Öffentlichkeit in England im frühen 19. Jahrhundert, Göttingen/Zürich 1990.
66 Vgl. U. Altermatt/F. Metzger (Hg.), Religion und Nation. Katholizismen im Europa des 19. und 20. Jahrhundert, Stuttgart 2007; H.-G. Haupt/D. Langewiesche (Hg.), Nation und Religion in Europa. Mehrkonfessionelle Gesellschaften im 19. und 20. Jahrhundert, Frankfurt a. M. 2004; Karl-Egon Lönne, Politischer Katholizismus im 19. und 20. Jahrhundert, Frankfurt a. M. 1986.

Europäische Verfassungsgeschichte 1815–1847 – Eine vergleichende Synthese

1 Internationale Beziehungen

Von Bardo Fassbender (München)

1.1 Die europäische politische und völkerrechtliche Ordnung nach 1815

Der Wiener Kongress (Oktober 1814 – Juni 1815) »bildete die Grundlage für die internationale Ordnung im langen 19. Jahrhundert« (Wolf D. Gruner).[67] Diese Feststellung trifft jedenfalls auf die politisch-territoriale Ordnung Europas zwischen 1815 und dem Ersten Weltkrieg zu. Mit den Regelungen der Wiener Kongressakte vom 9. Juni 1815[68] entwickelte Europa im Rahmen des (Ersten) Pariser Friedens von 1814[69] »neue Formen für das Zusammenleben seiner Völker, Konzepte jenseits von Krieg, Machtpolitik und Gewalt«.[70] Zur Bewahrung des Gleichgewichts zwischen den Mächten und zur Verhinderung einer neuen Hegemonie einer einzigen Macht reichten Gebietsverschiebungen nicht mehr aus, auch wenn der größte Teil der Kongressakte noch Territorialfragen gewidmet war. Matthias Schulz spricht von einer »europäischen Friedenskultur« nach 1815 und der Vorstellung eines gemeinsamen europäischen Rechtsraumes.[71]

Die innovativen Elemente der Arbeit des Kongresses treten besonders in der (einen Bestandteil der Kongressakte bildenden) Deutschen Bundesakte hervor, mit der der Deutsche Bund als »feste und dauerhafte Verbindung für die Sicherheit und

---

67 Wolf D. Gruner, Der Wiener Kongress 1814/15. Schnittstelle im Transformationsprozess vom alten Europa zum Europa der Moderne, in: W. Eberhard/C. Lübke (Hg.), Die Vielfalt Europas: Identitäten und Räume, Leipzig 2009, S. 655-679, hier S. 656.
68 Der Text in Daum (Hg.), Quellen (wie Fn. 3), Teil 2 (im Folgenden zitiert: CD-ROM-2), Dok.-Nr. 1.1.4.
69 Erster Pariser Frieden v. 30.5.1814, in: CD-ROM-2, Dok. 1.1.1.
70 Gruner, Wiener Kongress (wie Fn. 67), S. 664. Grundlegend für die Vorstellung, die Jahre 1813–1815 markierten den entscheidenden Höhepunkt in einem Wandel der europäischen internationalen Beziehungen im Hinblick auf »the governing rules, norms, and practices of international politics«: Paul W. Schroeder, The Transformation of European Politics 1763–1848, Oxford 1994 (Zitat S. vii). Über die nachfolgende »Schroeder-Kontroverse«: Matthias Schulz, Normen und Praxis. Das Europäische Konzert der Großmächte als Sicherheitsrat, 1815–1860, München 2009, S. 21 ff.; Wolfram Pyta, Kulturgeschichtliche Annäherungen an das europäische Mächtekonzert, in: ders. (Hg.), Das europäische Mächtekonzert. Friedens- und Sicherheitspolitik vom Wiener Kongreß 1815 bis zum Krimkrieg 1853, Köln u. a. 2009, S. 1-24, hier S. 7 ff., 13 ff.
71 Schulz, Normen (wie Fn. 70), S. 4.

Unabhängigkeit Deutschlands, und die Ruhe und das Gleichgewicht Europas« begründet wurde.[72] Die Mitglieder des Bundes verpflichteten sich, »einander unter keinerlei Vorwand zu bekriegen, noch ihre Streitigkeiten mit Gewalt zu verfolgen, sondern sie bei der Bundesversammlung anzubringen«, die sodann eine Vermittlung durch einen Ausschuss oder eine »richterliche Entscheidung [...] durch eine wohlgeordnete Austrägal-Instanz« veranlassen sollte.[73] Im Vierbund (Quadrupelallianz) vom 20. November 1815 vereinbarten Österreich, Großbritannien, Preußen und Russland, in regelmäßigen Abständen zu Konferenzen zusammenzukommen, um über Maßnahmen zu beraten, die sie »für die Ruhe und die Wohlfahrt der Völker und für die Aufrechterhaltung des europäischen Friedens« als am heilsamsten ansahen.[74] Die Konferenzpolitik des »Europäischen Konzerts« (seit 1818 unter Beteiligung Frankreichs) diente in der Folgezeit dem diplomatischen Ausgleich der Interessen.[75] Im Rahmen der Pentarchie der Großen Mächte, so Walter Bußmann, wurde der auf Autorität und Vertragstreue beruhende europäische Gemeinschaftsgedanke höher geschätzt als nationale Egoismen oder nationales Streben.[76]

Diese zukunftsweisenden Aspekte der Ordnung von 1815 wurden in der älteren, nationalgeschichtlich orientierten historischen Forschung vernachlässigt.[77] Besonders in Deutschland und in Italien machte man das Werk des Wiener Kongresses für die Verzögerung der bürgerlich-nationalstaatlichen Einigung verantwortlich. Es gab aber auch andere Stimmen. So schrieb der Schweizer Historiker Werner Näf: »Der Wiener Kongreß stand zwischen alter und neuer Zeit, ja er begründete tatsächlich, wie es nicht anders sein konnte, einen veränderten politischen Zustand. [...] Am Wiener Kongreß und durch die Verträge von 1815 ist europäische Solidaritätspolitik inauguriert worden. [...] Gegen die französische Republik, gegen den französischen Kaiser hatte sich Europa verbündet; die Koalition hatte die revolutionäre Hegemonie gebrochen und lenkte nun zu einem Gleichgewichtszustand zurück. Aber es konnte nicht mehr das labile Gleichgewicht des 18. Jahrhunderts sein, das keine europäische Ordnung schuf und keine europäische Führung duldete, vielmehr jedem Staat und seiner Staatsraison

---

72　CD-ROM-2, Dok.-Nr. 11.1.2.1 (Deutsche Bundesakte v. 8.6.1815), Präambel.
73　Ebd., Art. 11. Vgl. auch die auf der Grundlage des Art. 11 der Bundesakte von der Bundesversammlung am 16. Juni 1817 beschlossene »Bundes-Vermittelungs- und Austrägal-Ordnung in Streitigkeiten von Bundesgliedern unter sich«, in: CD-ROM-2, Dok.-Nr. 11.1.6.1.
74　CD-ROM-2, Dok.-Nr. 1.2.7 (Vertrag über die Quadrupelallianz v. 20.11.1815), Art. VI.
75　Als Untersuchung der Funktionsweise des Europäischen Konzerts und seiner Rolle in einer entstehenden internationalen normativen Ordnung siehe Schulz, Normen (wie Fn. 70). Vgl. auch Wolfram Pyta, Konzert der Mächte und kollektives Sicherheitssystem: Neue Wege zwischenstaatlicher Friedenswahrung in Europa nach dem Wiener Kongreß 1815, in: Jahrbuch des Historischen Kollegs 2 (1996), S. 133-173.
76　Walter Bußmann, Internationale Beziehungen vom Wiener Kongreß bis zur Einigung Deutschlands, in: T. Schieder (Hg.), Handbuch der europäischen Geschichte, Bd. 5, Stuttgart 1981, S. 38-66, hier S. 43.
77　Ebd., S. 39; Gruner, Wiener Kongress (wie Fn. 67), S. 655 f., 670.

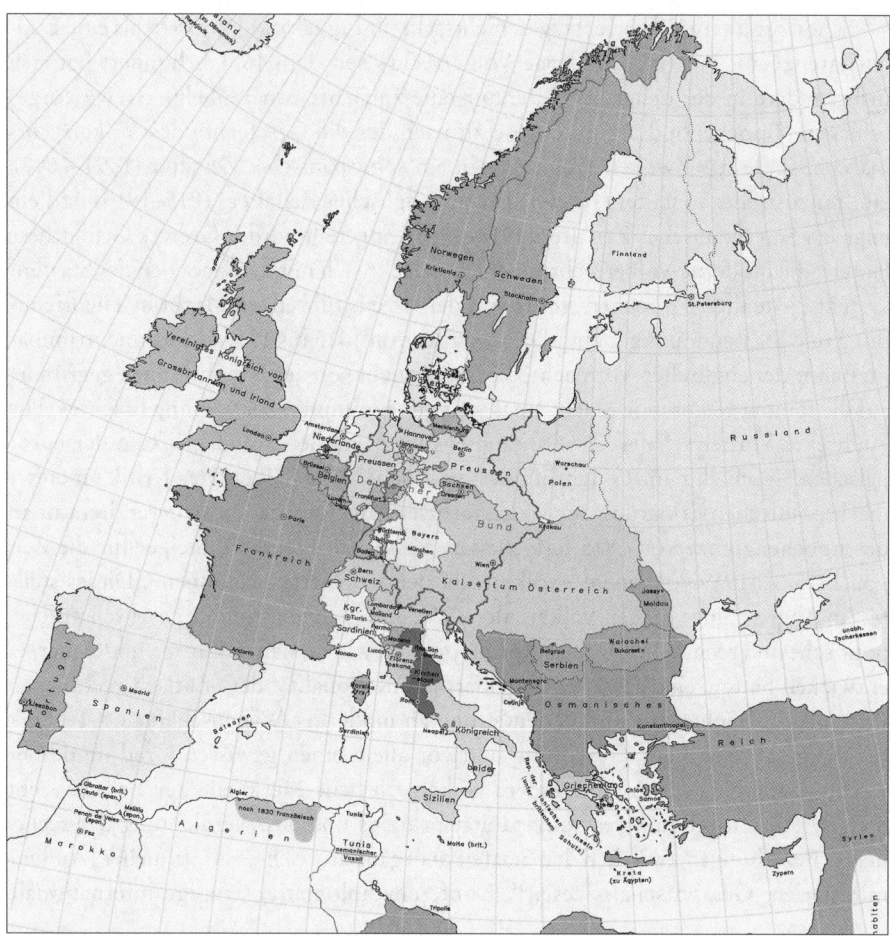

Abb. 1.1 Europa um 1839

die Bahn freigab und immer nur Macht gegen Macht setzte. Das neue Gleichgewicht sollte stabilisiert werden. Das Machtstreben [...] war für die Zukunft einzudämmen durch Verträge.«[78] Das allgemein geteilte Bewusstsein der gemeinsamen Bindung an eine vertraglich geschaffene europäische völkerrechtliche Ordnung erlaubt es, von den europäischen Staaten der nachnapoleonischen Zeit als »Völkerrechtsstaaten«[79] zu sprechen.

---

78 Werner Näf, Die Epochen der neueren Geschichte. Staat und Staatengemeinschaft vom Ausgang des Mittelalters bis zur Gegenwart, Bd. 2, Aarau 2. Aufl. 1960, S. 124 f.
79 Vgl. Hans Hattenhauer, Europäische Rechtsgeschichte, Heidelberg 4. Aufl. 2004, S. 741. Hattenhauer benutzt den Begriff allerdings erst für die zweite Hälfte des 19. Jahrhunderts.

Schon die ältere Völkerrechtsgeschichtsschreibung sah das Jahr 1815 als eine Epochengrenze an. Für das »moderne Völkerrecht« seit dem 16. Jahrhundert hat sich insbesondere in der deutschen Literatur eine zunächst von Wilhelm Grewe vorgeschlagene Epochenbildung durchgesetzt, nach der die Geschichte des Völkerrechts bis zum Ende des Zweiten Weltkriegs in ein sog. spanisches Zeitalter (1494–1648), ein französisches Zeitalter (1648–1815), ein englisches Zeitalter (1815–1919) und ein englisch-amerikanisches Zeitalter (1919–1945) eingeteilt wird.[80] Grewes Grundthese lautete, die moderne Völkerrechtsgeschichte decke sich mit den Epochen des Staatensystems; jede dieser Epochen werde von der jeweils führenden Macht in Theoriebildung und Staatenpraxis geprägt. Das Zeitalter von 1815 bis 1919 stehe »unentrinnbar im Banne der englischen Vormacht, die ihr Gewicht von der Peripherie her, gegründet auf die ständig wachsende Macht eines weltweiten Empire, zur Geltung brachte«. Die »indirekte Vorherrschaft« Großbritanniens trete an allen Wendepunkten der europäischen Geschichte im 19. Jahrhundert in Erscheinung.[81] Trotz der Kritik an dieser machtpolitischen Erklärung der Völkerrechtsentwicklung hat die neuere Literatur an der Epochengrenze von 1815 festgehalten. So spricht Heinhard Steiger für die Zeit von 1815 bis 1919 von einem »Völkerrecht der zivilisierten Nationen«. Dieses stellte – in Abgrenzung von den Völkern der »Wilden« – »auf bestimmte gesellschaftliche, politische und rechtliche Ordnungsprinzipien ab, wie sie sich in Europa und Amerika entwickelt hatten, eine gewisse Aufgeklärtheit, Rationalität der politisch-rechtlichen Ordnung, Offenheit für und Orientierung an moderner Wissenschaft und Technik für die gesellschaftliche Gestaltung und vor allem einen gewissen Grad moderner Rechtsstaatlichkeit«.[82] Als besondere völkerrechtliche Merkmale der Epoche sieht Steiger[83] die Zuspitzung des Souveränitätsprinzips und eine Verdichtung der rechtlichen Beziehungen zwischen den Staaten in organisatorisch-institutioneller (Außenministerien, Gesandtschaftswesen[84], Konferenzdiplomatie, ständige internationale

---

80 Wilhelm G. Grewe, Die Epochen der modernen Völkerrechtsgeschichte, in: Zeitschrift für die gesamte Staatswissenschaft 103 (1943), S. 38-66, 260-294; ders., Epochen der Völkerrechtsgeschichte, Baden-Baden 1984. Zur Entstehung und Wirkung dieser Epochenbildung: Bardo Fassbender, Stories of War and Peace: On Writing the History of International Law in the »Third Reich« and After, in: European Journal of International Law 13 (2002), S. 479-512.
81 Grewe, Epochen (wie Fn. 80), 1984, S. 501, 518.
82 Heinhard Steiger, Vom Völkerrecht der Christenheit zum Weltbürgerrecht. Überlegungen zur Epochenbildung in der Völkerrechtsgeschichte, in: P.-J. Heinig u. a. (Hg.), Reich, Regionen und Europa in Mittelalter und Neuzeit. Festschrift für Peter Moraw, Berlin 2000, S. 171-187, hier S. 179; Nachdruck in: Heinhard Steiger, Von der Staatengesellschaft zur Weltrepublik? Aufsätze zur Geschichte des Völkerrechts aus vierzig Jahren, Baden-Baden 2009, S. 51-66, hier S. 59.
83 Steiger, Völkerrecht (wie Fn. 82), S. 180 f.; ders., Staatengesellschaft (wie Fn. 82), S. 59 ff. Ähnlich bereits Arthur Nussbaum, A Concise History of the Law of Nations, Revised Edition, New York 1954, S. 186 ff. (»From the Congress of Vienna to World War I«); dt. Übersetzung unter dem Titel: Geschichte des Völkerrechts in gedrängter Darstellung, München/Berlin 1960, S. 206 ff.
84 Vgl. zum Auf- und Ausbau der Außenministerien und der diplomatischen Dienste Michael Erbe, Revolutionäre Erschütterung und erneuertes Gleichgewicht. Internationale Beziehungen 1785–

Kommissionen, Schiedsgerichtsbarkeit) und normativer Hinsicht (Anwachsen des Vertragsrechts, Kodifizierung des Völkergewohnheitsrechts – darunter, bereits auf dem Wiener Kongress, des Gesandtschaftsrechts[85]).

Seit der Französischen Revolution von 1789 lässt sich in der historischen Analyse das Zusammenspiel innen- und außenpolitischer Einflussgrößen nicht mehr trennen. »Die innenpolitischen Konstellationen wirken sich auf die Außenpolitik und die internationale Ordnung aus und Krisen und Konflikte in der Staatenordnung haben ihre Rückwirkungen auf die jeweiligen Innenpolitiken« (Gruner).[86] Diese Wechselwirkungen lassen sich auch zwischen der internationalen (politischen und völkerrechtlichen) Ordnung, wie sie jedenfalls für die erste Hälfte des 19. Jahrhunderts der Wiener Kongress bestimmte, und den Staatsverfassungen des nachnapoleonischen Europa feststellen.

1.2 Die Verfassungsordnung der auswärtigen Beziehungen

Über den »Verfassungstyp der deutschen konstitutionellen Monarchie im 19. Jahrhundert« schrieb der Freiburger Verfassungsjurist und -historiker Ernst-Wolfgang Böckenförde, die extrakonstitutionelle militärische Befehlsgewalt habe die königliche Prärogative im Bereich der Exekutive zu der »Dreiheit von innerer Exekutivgewalt (monarchischer Verwaltung), auswärtiger Gewalt und Kommandogewalt als einem monarchischen Reservat« vervollständigt. Damit sei das »spezifisch Staatliche und die eigentliche, d. h. die hohe Politik« nach wie vor monarchisch bestimmt und gelenkt gewesen.[87]

Ungeachtet der hier nicht zu beantwortenden Frage, ob von einem solchen deutschen »Verfassungstyp«, dessen wichtigster Repräsentant in der preußischen Verfassung von 1850 gesehen wird, für die Epoche zwischen dem Ende der Herrschaft Napoleons und der Revolution von 1918 gesprochen werden kann[88], zeigt ein Vergleich

---

1830, Paderborn u. a. 2004, S. 44-62; Winfried Baumgart, Europäisches Konzert und nationale Bewegung. Internationale Beziehungen 1830–1878, Paderborn u. a. 1999, S. 113-145.
85 Règlement über den Rang der diplomatischen Vertreter vom 19. März 1815 (Anhang Nr. 17 zur Wiener Kongressakte vom 9. Juni 1815), in: W. G. Grewe (Hg.), Fontes Historiae Iuris Gentium – Quellen zur Geschichte des Völkerrechts, Bd. 3.1, Berlin/New York 1992, S. 546 f. (frz./dt./engl.); Zusatzprotokoll von Aachen vom 21. November 1818, ebd., S. 548 (frz./dt./engl.).
86 Gruner, Wiener Kongress (wie Fn. 67), S. 664.
87 Ernst-Wolfgang Böckenförde, Der Verfassungstyp der deutschen konstitutionellen Monarchie im 19. Jahrhundert, in: ders. (Hg.), Moderne deutsche Verfassungsgeschichte (1815–1918), Köln 1972, S. 146-170, hier S. 153. Vgl. auch den Beitrag über Europäisches Verfassungsdenken im vorliegenden Handbuchband (dortiges Unterkapitel 3, Monarchischer Konstitutionalismus vs. konstitutionelle Monarchie).
88 Kritische Auseinandersetzung: Rainer Wahl, Der Konstitutionalismus als Bewegungsgeschichte, in: U. Müßig (Hg.), Konstitutionalismus und Verfassungskonflikt, Tübingen 2006, S. 197-225.

der im Berichtszeitraum dieses Bandes des Handbuchs, d. h. im nachnapoleonischen Europa bis zur Jahrhundertmitte geltenden Staatsverfassungen, dass in der Tat neben der inneren Verwaltung und dem Militär auch die auswärtigen Angelegenheiten und der zu ihrer Wahrnehmung nötige diplomatische Apparat rechtlich der Kompetenzsphäre des Monarchen unterfielen. Darin liegt ein grundsätzlicher Unterschied zur französischen Verfassung von 1791, welche Kriegserklärung, Friedensschluss und die Ratifikation der Friedens-, Bündnis- und Handelsverträge der Nationalversammlung vorbehalten hatte.[89] Nimmt man die berühmte Formel des Art. 57 der Wiener Schlussakte von 1820 über das »monarchische Prinzip« zum Ausgangspunkt, wonach der Souverän »durch eine landständische Verfassung nur in der Ausübung bestimmter Rechte an die Mitwirkung der Stände gebunden werden« könne[90], so ergibt sich für die genannte Epoche europaweit, dass zu diesen bestimmten Rechten die später mit einem Sammelbegriff als »auswärtige Hoheitsrechte« oder »auswärtige Gewalt« bezeichneten Kompetenzen im Wesentlichen nicht gehörten. Den Kern dieser Gewalt bildeten das Recht, völkerrechtliche Verträge (insbesondere Bündnisse und Friedensverträge) abzuschließen, und das aktive und passive Gesandtschaftsrecht. Dabei ist der Zusammenhang zwischen der monarchischen Zuständigkeit für die auswärtige Politik, dem Recht der Kriegserklärung und des Friedensschlusses sowie der Verfügung über das Militär (Oberbefehl) wichtig und charakteristisch.[91] Er kommt in Art. 14 der französischen Charte constitutionnelle vom 4. Juni 1814[92] eindrucksvoll zum Ausdruck: »Le roi est le chef suprême de l'état, il commande les forces de terre et de mer, déclare la guerre, fait les traités de paix, d'alliance et de commerce […]«.[93] Im

---

89 Siehe P. Brandt u. a. (Hg.), Quellen zur europäischen Verfassungsgeschichte im 19. Jahrhundert. Institutionen und Rechtspraxis im gesellschaftlichen Wandel, Teil 1: Um 1800 (im Folgenden zitiert: CD-ROM-1), Bonn 2004, Dok.-Nr. 3.2.5 (frz.)/3.2.6 (dt.) (Französische Verfassung v. 3.9.1791), Titel III, Kap. III, Sektion I, Art. 2-3. Vgl. dagegen für die Kompetenzen des Königs Titel III, Kap. IV, Sektion III der Verfassung. Zur Verfassungspraxis: Martin Kirsch, Monarch und Parlament im 19. Jahrhundert, Göttingen 1999, S. 190 f.; ders., Frankreich, in: HB-1 (wie Fn. 2), S. 214-335, hier S. 219-229.
90 CD-ROM-2, Dok.-Nr. 11.1.2.2 (Wiener Schlussakte v. 15.5.1820), Art. 57. Vgl. zum »monarchischen Prinzip« auch den Beitrag über Europäisches Verfassungsdenken im vorliegenden Handbuchband (dortiges Unterkapitel 4).
91 Vgl. zum verfassungsgeschichtlichen Zusammenhang von Bündnisrecht (aus dem das allgemeine völkerrechtliche Vertragschließungsrecht hervorging), dem ius pacis ac belli sowie der Militärhoheit: Bardo Fassbender, Auswärtige Hoheitsrechte der deutschen Territorien und Einzelstaaten vor der Reichsgründung, in: Der Staat 42 (2003), S. 409-436, hier S. 415-417.
92 Vgl. den Beitrag über Frankreich im vorliegenden Handbuchband (dortiges Kapitel 2).
93 CD-ROM-2, Dok.-Nr. 3.2.1 (frz.)/3.2.2 (dt.). Die zitierte Bestimmung wurde, von einer stilistischen Änderung abgesehen, in die Charte constitutionnelle vom 14. August 1830 übernommen: CD-ROM-2, Dok.-Nr. 3.2.6 (frz.)/3.2.7 (dt.). Näheres zur Charte von 1830 im Beitrag über Frankreich im vorliegenden Handbuchband (dortiges Kapitel 2), mit Betonung einer Verschiebung des Schwerpunkts der politischen Macht vom Monarchen zum Parlament in der Verfassungswirklichkeit trotz weitgehender Textidentität der Konstitutionen von 1814 und 1830.

Verständnis der Zeit konnte nur eine machtgestützte Außenpolitik ernst genommen werden; diese Macht aber war in erster Linie militärische Macht.

Die Herrschaft des Monarchen über die auswärtigen Beziehungen gilt zunächst für die Staaten ohne konstitutionelle Verfassung[94] bzw. ohne Vertretung des Volkes oder der Stände. Zu diesen zählten alle drei Staaten, die sich 1815 in der Heiligen Allianz verbunden hatten[95], nämlich Österreich, Russland und Preußen, aber auch das Osmanische Reich[96] und die italienischen Staaten. In Österreich galt »das uneingeschränkte monarchische Prinzip [...] als einzige denk- und gangbare Legitimationsgrundlage des österreichischen Kaiserstaates«.[97] Mit dem Vertrauen des Kaisers führte Fürst Metternich mit seiner Staatskanzlei die Außenpolitik ohne jede ständische Beteiligung.[98] Dem entsprach im militärischen Bereich, dass der Hofkriegsrat als Militärzentralstelle seine Befehle unmittelbar vom Kaiser als oberstem Kriegsherrn erhielt, diese an die unteren Stellen weitergab und ihre Ausführung kontrollierte.[99] In Russland stand der Kaiser und Zar als autokratischer Monarch an der Spitze des Staates und vereinigte in sich die legislative, exekutive und judikative Macht. Er führte die Außenpolitik durch seine Kanzlei und das Ministerium für Äußeres.[100] Nach der Verfassung des mit Russland »auf ewig« verbundenen Königreichs Polen vom 27. November 1815 lag die Exekutive ausschließlich in den Händen des Königs (d. h. des russischen Zaren). Die Außenpolitik des Königreichs lag vollständig in seiner Entscheidungsgewalt. Er allein besaß das Recht, die polnische Armee zu befehligen. Im Jahr 1832 wurde das polnische Heer mit dem russischen vereinigt.[101] In Preußen blieb es nach 1815 formal bei der Regierungsform des bürokratischen Absolutismus, in dem die Herrschaftsgewalt – auch und gerade für die auswärtigen Beziehungen und das Militärwesen – beim König lag; der 1817 einberufene Staatsrat hatte nur eine

---

Allerdings nahm Louis-Philippe auf die Außenpolitik starken Einfluss; vgl. hierzu auch Kirsch, Monarch (wie Fn. 89), S. 192 f.
94 Vgl. aber die Ausführungen zu Großbritannien weiter unten.
95 CD-ROM-2, Dok.-Nr. 1.1.5 (Vertrag zwischen den Kaisern von Russland und Österreich und dem König von Preußen v. 26.9.1815).
96 Vgl. den Beitrag über das Osmanische Reich im vorliegenden Handbuchband (dortiges Kapitel 2): uneingeschränkte Herrschaft des Sultans; wichtige Rolle der Bürokratie unter der Leitung des Großwesirs; »patrimonial-bürokratische Monarchie«.
97 So Prutsch/Schlegelmilch im Beitrag über Österreich im vorliegenden Handbuchband (dortiges Kapitel 3).
98 Ebd., Kapitel 2.
99 Vgl. ebd., Kapitel 7.
100 Vgl. den Beitrag über Russland im vorliegenden Handbuchband (dortiges Kapitel 2).
101 Vgl. den Beitrag über Polen im vorliegenden Handbuchband (dortige Kapitel 2.2 und 7); CD-ROM-2, Dok.-Nr. 9.2.3 (poln.)/9.2.4 (dt.) (Verfassung des Königreichs Polen v. 27.11.1815), Art. 35; Dok.-Nr. 9.2.6 (poln., Auszug)/9.2.7 (dt.) (Organisches Statut für das Königreich Polen v. 26.2.1832), Art. 20.

beratende Funktion.[102] Im Königreich Sardinien war die Regierung dem König gegenüber verantwortlich und hing völlig von ihm ab. Aus dem Kompetenzbereich des im Jahre 1831 wiedereingeführten Staatsrates blieben bezeichnenderweise die Angelegenheiten des Militärs, der Außenpolitik und der Verwaltung des Königshauses ausgeschlossen.[103]

Doch auch in den Verfassungsstaaten blieben die auswärtigen Beziehungen wie das Militärwesen ein »monarchisches Reservat«, auf das die Volksvertretungen allenfalls indirekt mit ihrem Budgetrecht Einfluss nehmen konnten. In den Niederlanden etwa erklärte nach den Verfassungen von 1814[104] und 1815[105] der Prinz bzw. König den Krieg und schloss Frieden sowie die völkerrechtlichen Verträge, hatte den Oberbefehl über das Heer und die Marine. Die Offiziere wurden vom König ernannt und leisteten der Krone ihren Eid. Regierung und Parlament (die Generalstaaten) hatten in militärischen Angelegenheiten sehr wenig zu sagen. Die Zweite Kammer verfügte jedoch über ein wichtiges Machtmittel, das Budgetrecht (Art. 123 und 126 der Verfassung von 1815). In den Jahren 1817, 1819 und 1820 verweigerte die Kammer die Zustimmung zum Militärbudget.[106] Die spanische Verfassung von 1837 beruhte – trotz der durch sie eingeleiteten institutionellen Stärkung des Parlaments – auf dem Prinzip der monarchischen Prärogative. Der König ernannte und entließ die Minister »nach freier Wahl«, erklärte Krieg und schloss Frieden, er befehligte die Streitkräfte und leitete die diplomatischen und kommerziellen Beziehungen mit dem Ausland.[107] Während es in einzelnen Staaten (so in Bayern und in Baden) schon in der ersten Hälfte des 19. Jahrhunderts liberale Bemühungen um eine »Konstitutionalisierung« des Militärs gab[108], blieben solche für die auswärtigen Beziehungen aus.

Entsprechend schweigen die Verfassungstexte der hier behandelten Zeit über die internationalen Beziehungen weitgehend, auch wenn diese oft die Grundlage und die

---

102 Vgl. den Beitrag über Preußen im vorliegenden Handbuchband (dortiges Kapitel 2); siehe auch Jürgen Angelow, Geräuschlosigkeit als Prinzip. Preußens Außenpolitik im europäischen Mächtekonzert zwischen 1815 und 1848, in: Pyta, Mächtekonzert (wie Fn. 70), S. 155-173, hier S. 158 f.: »vorherrschende[r] Einfluß der Monarchen und der hinter ihnen stehenden einflußreichen Höflinge«.
103 Vgl. CD-ROM-2, Dok.-Nr. 4.1.2.2 (Edikt zur Einrichtung des Staatsrats v. 18.8.1831), Art. 26; siehe auch den Beitrag über Italien im vorliegenden Handbuchband (dortiges Kapitel 4.1, Unterkapitel 2).
104 CD-ROM-2, Dok.-Nr. 5.2.1 (Grundgesetz der Vereinigten Provinzen v. 29.3.1814), Art. 37-39.
105 CD-ROM-2, Dok.-Nr. 5.2.2 (Verfassung der Niederlande v. 24.8.1815), Art. 56-59.
106 Vgl. den Beitrag über die Niederlande im vorliegenden Handbuchband (dortiges Kapitel 7).
107 Vgl. den Beitrag über Spanien im vorliegenden Handbuchband (dortiges Kapitel 2); CD-ROM-2, Dok.-Nr. 10.2.6 (span.)/10.2.7 (dt.) (Verfassung Spaniens v. 18.6.1837), Art. 47.
108 Vgl. den Beitrag über die deutschen Staaten der ersten Konstitutionalisierungswelle im vorliegenden Handbuchband (dortige Kapitel 2 und 7). Siehe auch Abschnitt 7, Militär, in dieser einleitenden Synthese.

Rahmenbedingungen der jeweiligen Verfassungsgebung und Staatlichkeit bildeten.[109] So werden völkerrechtliche Verträge, die einen bestimmten Staat ermöglicht oder international konsolidiert haben, nicht erwähnt (wird insofern die Autonomie der Staatsbildung und Verfassungsgebung herausgestellt oder fingiert).[110] Eine Ausnahme stellen die französische Charte constitutionnelle von 1814[111] und die bayerische Verfassung von 1818[112] dar, die in ihrer Präambel an den soeben geschlossenen Frieden bzw. an die jüngsten »Weltbegebenheiten, von welchen kein deutscher Staat unberührt geblieben ist«, erinnern. Auch stellten einzelne deutsche Verfassungen explizit fest, der betreffende Staat bilde einen »Bestandteil des deutschen Bundes«.[113]

Wenn überhaupt, werden in den Verfassungstexten in knapper Form die auf die auswärtigen Beziehungen bezogenen Rechte des Monarchen bzw. der Krone festgestellt. Zitiert wurde bereits Art. 14 der Charte constitutionnelle von 1814. Interessant ist diesbezüglich ein Vergleich mit den ihr zeitlich unmittelbar folgenden süddeutschen frühkonstitutionellen Verfassungen.[114] Während sich die bayerische Verfassung darauf beschränkte zu erklären, der König sei das Oberhaupt des Staats, vereinige in sich alle Rechte der Staatsgewalt und übe sie unter den von ihm gegebenen, in der Verfassungsurkunde festgesetzten Bestimmungen aus (§ 1 der Verfassung von 1818), über die auswärtigen und militärischen Kompetenzen des Königs aber schwieg[115], hieß es in § 85 Satz 1 der Verfassungsurkunde für das Königreich Württemberg vom 25. September 1819: »Der König vertritt den Staat in allen seinen Verhältnissen gegen

---

109 Dies gilt z. B. für die Wiedererrichtung der italienischen Staaten durch den Wiener Kongress (vgl. den Beitrag über Italien im vorliegenden Handbuchband, dortiges Kapitel 1) oder die Gründung des Königreichs Belgien 1830/31 (vgl. den Beitrag über Belgien im vorliegenden Handbuchband, dortiges Kapitel 1).

110 Vgl. beispielsweise die belgische Verfassung von 1831 einerseits und den Londoner Vertrag vom 15. November 1831 sowie den Londoner Vertrag (»Endvertrag«) vom 19. April 1839 andererseits; CD-ROM-2, Dok.-Nr. 6.2.2 (frz.)/6.2.3 (dt.) (Verfassung Belgiens v. 7.2.1831); Dok.-Nr. 1.1.13 (Londoner Vertrag v. 15.11.1831); Dok.-Nr. 1.2.14 (Londoner Vertrag v. 19.4.1839).

111 CD-ROM-2, Dok.-Nr. 3.2.1 (frz.)/3.2.2 (dt.) (Charte constitutionnelle v. 4.6.1814).

112 CD-ROM-2, Dok.-Nr. 11.2.2.1 (Verfassung Bayerns v. 26.5.1818).

113 CD-ROM-2, Dok.-Nr. 11.2.2.3 (Verfassung Badens v. 22.8.1818), § 1; Dok.-Nr. 11.2.2.6 (Verfassung Hessen-Darmstadts v. 17.12.1820), Art. 1.

114 Vgl. zu diesen den Beitrag über die deutschen Staaten der ersten Konstitutionalisierungswelle im vorliegenden Handbuchband. Einen Vergleich der französischen Charte von 1814 mit den süddeutschen Verfassungen bietet Martin Kirsch, Die Entwicklung des Konstitutionalismus im Vergleich. Französische Vorbilder und europäische Strukturen in der ersten Hälfte des 19. Jahrhunderts, in: ders./P. Schiera (Hg.), Denken und Umsetzung des Konstitutionalismus in Deutschland und anderen europäischen Ländern in der ersten Hälfte des 19. Jahrhunderts, Berlin 1999, S. 147-173, hier S. 166 ff.

115 Ebenso die badische, kurhessische und sächsische Verfassung: CD-ROM-2, Dok.-Nr. 11.2.2.3 (Verfassung Badens v. 22.8.1818); Dok.-Nr. 11.3.2.3 (Verfassung Kurhessens v. 5.1.1831); Dok.-Nr. 11.3.2.4 (Verfassung des Königreichs Sachsen v. 4.9.1831). Vgl. für Kurhessen und Sachsen den Beitrag über die deutschen Staaten der zweiten Konstitutionalisierungswelle im vorliegenden Handbuchband (dortige Kapitel 1, 2 und 7).

auswärtige Staaten.«[116] Dabei wurde das monarchische Recht zum Abschluss völkerrechtlicher Verträge vorausgesetzt.[117] Gelegentlich finden sich Verfassungsvorschriften über einen Minister oder ein Ministerium der auswärtigen Angelegenheiten[118] sowie über das ministerielle Gegenzeichnungsrecht.[119] Fortschrittlich und in der frühkonstitutionellen Epoche nur ausnahmsweise vorkommend waren monarchische Verpflichtungen, die Volksvertretung über den Abschluss von Verträgen nachträglich zu informieren[120] oder sogar für bestimmte Verträge (z. B. Verträge zur Veräußerung von Staatsgebiet oder -eigentum oder Subsidienverträge) ihre Einwilligung herbeizuführen.[121] Solche Einwilligungsrechte dienten dazu, die legislativen und fiskalischen Kompetenzen der Volksvertretungen gegen ihre Umgehung oder Aushöhlung durch völkerrechtliche Vereinbarungen zu schützen. Sie wurden in der folgenden Verfassungsepoche auf einen größeren Kreis von Verträgen ausgedehnt.[122]

In der verfassungsgeschichtlichen Literatur ist der besondere Charakter der belgischen Verfassung von 1831[123] betont worden. Böckenförde stellte sie dem vom mo-

---

116 CD-ROM-2, Dok.-Nr. 11.2.2.4 (Verfassung Württembergs v. 25.9.1819), § 85.
117 Vgl. ebd., z. B. § 86: »Der König wird von den Traktaten und Bündnissen, welche von ihm mit auswärtigen Mächten angeknüpft werden, die Stände in Kenntniß setzen, sobald es die Umstände erlauben.«
118 Vgl. z. B. ebd., § 56; CD-ROM-2, Dok.-Nr. 11.3.2.4 (Verfassung des Königreichs Sachsen v. 4.9.1831), § 41. In Bayern hatte Montgelas schon um die Jahrhundertwende das moderne Ressortprinzip eingeführt. Seit 1817 bestand ein Gesamtstaatsministerium, das die fünf Ressorts (Inneres, Äußeres, Finanzen, Justiz und Krieg) integrierte. Vgl. den Beitrag über die deutschen Staaten der ersten Konstitutionalisierungswelle im vorliegenden Handbuchband (dortiges Kapitel 5).
119 Vgl. z. B. CD-ROM-2, Dok.-Nr. 11.2.2.4 (Verfassung Württembergs v. 25.9.1819), § 51.
120 CD-ROM-2, Dok.-Nr. 11.2.2.4 (Verfassung Württembergs v. 25.9.1819), § 86 (wie oben zitiert).
121 Vgl. z. B. ebd., § 85 Satz 2: »Es kann jedoch ohne Einwilligung der Stände durch Verträge mit Auswärtigen kein Theil des Staats-Gebietes oder Staats-Eigenthums veräußert, keine neue Last auf das Königreich und dessen Angehörige übernommen, und kein Landesgesetz abgeändert oder aufgehoben, keine Verpflichtung, welche den Rechten der Staatsbürger Eintrag thun würde, eingegangen, namentlich auch kein Handels-Vertrag, welcher eine neue gesetzliche Einrichtung zur Folge hätte, und kein Subsidien-Vertrag zu Verwendung der Königlichen Truppen in einem Deutschland nicht betreffenden Kriege geschlossen werden.« Siehe auch CD-ROM-2, Dok.-Nr. 11.3.2.3 (Verfassung Kurhessens v. 5.1.1831), § 1 Abs. 2; Dok.-Nr. 11.3.2.8 (Grundgesetz des Königreichs Hannover v. 26.9.1833), § 92.
122 So musste nach der belgischen Verfassung von 1831 und der spanischen Verfassung von 1837 der König für den Abschluss von Offensivbündnissen, Handelsverträgen und vertraglichen Zusagen von Subsidien an eine fremde Macht eine Autorisierung durch das Parlament erwirken: CD-ROM-2, Dok.-Nr. 6.2.2 (frz.)/6.2.3 (dt.) (Verfassung Belgiens v. 7.2.1831), Art. 68; Dok.-Nr. 10.2.6 (span.)/10.2.7 (dt.) (Verfassung Spaniens v. 18.6.1837), Art. 48. Vgl. auch § 102 der Verfassung des Deutschen Reichs vom 28. März 1849 (»Paulskirchenverfassung«), in: E. R. Huber (Hg.), Dokumente zur deutschen Verfassungsgeschichte, Bd. 1, Stuttgart u. a. 3. Aufl. 1978, S. 375 ff., hier S. 386: »Ein Reichstagsbeschluß ist in folgenden Fällen erforderlich: [...] 5. Wenn Handels-, Schifffahrts- und Auslieferungsverträge mit dem Auslande geschlossen werden, so wie überhaupt völkerrechtliche Verträge, insofern sie das Reich belasten.«
123 CD-ROM-2, Dok.-Nr. 6.2.2 (frz.)/6.2.3 (dt.) (Verfassung Belgiens v. 7.2.1831).

narchischen Prinzip bestimmten deutschen Konstitutionalismus gegenüber. An die Stelle der monarchischen sei die demokratisch-nationale Legitimität getreten: »Der König ist König nicht vor der Verfassung, sondern nur auf dem Boden der Verfassung, er ist nicht pouvoir constituant, sondern pouvoir constitué. Er hat nur diejenigen Befugnisse, wie es Art. 78 der belgischen Verfassung sagt, die ihm durch die Constitution und die ihr entsprechenden Gesetze ausdrücklich übertragen sind. Er ist nicht Souverän, sondern Staatsorgan, König der Belgier, nicht König von Belgien.«[124] Auch Johannes Koll betont in diesem Handbuch, der Träger der staatlichen Souveränität sei nicht der König, sondern das Volk gewesen. Belgien sei als eine repräsentative Monarchie gestaltet worden, in der das Parlament als institutionalisierte Vertretung der »Nation« fungierte.[125]

Doch schlug sich das Leitprinzip der Volkssouveränität auf die verfassungsrechtliche Regelung der auswärtigen Kompetenzen kaum nieder. Art. 68 der belgischen Verfassung entsprach vielmehr ungefähr den dargelegten Bestimmungen der württembergischen Verfassung von 1819: Der König erklärt den Krieg, schließt die Friedens-, Bündnis- und Handelsverträge. Er unterrichtet die Kammern, sobald es das Interesse und die Sicherheit des Staates erlauben. Handelsverträge und Verträge, die den Staat belasten oder die Bürger als Einzelne verpflichten könnten, bedürfen der Zustimmung der Kammern, ebenso (durch Gesetz) die Abtretung oder der Tausch eines Teils des Staatsgebietes. Auch in der Verfassungswirklichkeit blieb die Außenpolitik in der Zeit Leopolds I. weitgehend eine Domäne des Königs. Auch sein Nachfolger Leopold II. verfügte außenpolitisch über einen weiten Entscheidungsspielraum; die Kolonialpolitik (Erwerb des Kongo) betrieb er eigenständig.[126] »Der Bereich des Militärischen und der Außenpolitik blieb in Belgien dualistisch bestimmt, die Grundstrukturen des monarchischen Konstitutionalismus existierten hier noch« (Martin Kirsch).[127]

Eine Sonderstellung im europäischen Zusammenhang nahm auch in der ersten Hälfte des 19. Jahrhunderts Großbritannien mit seinem ungeschriebenen Verfassungsrecht ein. Hier markierte die große Parlaments- und Wahlreform von 1832 »die historische Wasserscheide zwischen der ›alten‹ und der ›neuen‹ Zeit«, den allmählichen Übergang von der seit der Glorious Revolution von 1688/89 konstitutionellen zur modernen parlamentarischen Monarchie.[128] Bis zur Reform von 1832 verfügte der Monarch auch auf dem Gebiet der auswärtigen Beziehungen über erhebliche Kompetenzen. Er bestimmte die Grundlinien der auswärtigen Politik mit, schloss die Verträge mit fremden Staaten und ernannte die Botschafter und Gesandten. Dem Verfassungsrecht der kontinentalen konstitutionellen Monarchien entsprach, dass

---

124 Böckenförde, Verfassungstyp (wie Fn. 87), S. 148 f.
125 Vgl. den Beitrag über Belgien im vorliegenden Handbuchband (dortiges Kapitel 2).
126 Vgl. ebd. Siehe auch Kirsch, Monarch (wie Fn. 89), S. 193-196.
127 Kirsch, Monarch (wie Fn. 89), S. 198.
128 Vgl., auch für das Folgende, den Beitrag über Großbritannien im vorliegenden Handbuchband (dortige Einführung und Kapitel 2).

die Krone den Oberbefehl über Armee und Navy besaß, das Parlament mit seiner Budgethoheit aber für die Finanzierung der Streitkräfte zuständig war.[129] Blieben der Krone diese Rechte auch nach 1832 formell erhalten, so schränkte sich ihr politischer Gestaltungsraum zunehmend ein. Doch kann erst für die Zeit ab dem Ende des 19. Jahrhunderts von einer nur mehr »symbolischen Macht« der Krone und dem Verlust direkten Einflusses auf die Regierungspolitik gesprochen werden.

Außerhalb des hier thematisierten konstitutionellen Spannungsverhältnisses zwischen Monarch und Volksvertretung stand wegen ihrer republikanischen Verfassung die Schweiz. Hier dominierte vielmehr das Problem der föderativen Verteilung der auswärtigen Kompetenzen zwischen Bund und Kantonen. Fast gleichzeitig mit der Errichtung der Deutschen Bundesakte (8. Juni 1815) kam es auch in der Schweiz mit dem Bundesvertrag vom 7. August 1815[130] zu einer neuen föderativen Ordnung, die den Bund zum bestimmenden Akteur in den Außenbeziehungen der Schweiz machte. Gemäß § VIII des Bundesvertrags war das Recht, Krieg zu erklären und Frieden zu schließen, der aus den Gesandten der Kantone bestehenden Tagsatzung zugewiesen; »sie allein errichtet Bündnisse mit auswärtigen Staaten«. Auch Handelsverträge mit auswärtigen Staaten durften nur von der Tagsatzung, nicht den einzelnen Kantonen, geschlossen werden. Dagegen blieb es den Kantonen erlaubt, mit auswärtigen Staaten sog. Militärkapitulationen[131] und »Verträge über ökonomische und Polizey-Gegenstände« zu schließen.[132] Auch das aus Kontingenten der Kantone gebildete Bundesheer unterstand allein der Verfügung durch die Tagsatzung; daneben bestanden kantonale Truppen fort.[133] Nachdem ein erster Versuch der Erweiterung auch der auswärtigen Bundeskompetenzen 1833 am Widerspruch der katholischen Kantone gescheitert war[134], kam es im Jahre 1848 nach dem Sonderbundskrieg zur Gründung des schweizerischen Bundesstaates, der die staatenbündische Vereinigung von 1815 ablöste.

Den am Anfang des 19. Jahrhunderts rechtsdogmatisch und -technisch erreichten Grad möglicher Verrechtlichung der auswärtigen Beziehungen veranschaulichen die Grundgesetze des Deutschen Bundes – die Deutsche Bundesakte vom 8. Juni 1815

---

129 Ebd., Kapitel 7.
130 CD-ROM-2, Dok.-Nr. 8.2.2 (Bundes-Vertrag zwischen den XXII Cantonen der Schweiz v. 7.8.1815); W. Näf (Hg.), Die deutsche Bundesakte und der schweizerische Bundesvertrag von 1815, Bern/Frankfurt a. M. 1974, S. 78 ff.
131 Im schweizerischen Sprachgebrauch handelte es sich dabei um Verträge, die es einem auswärtigen Staat erlaubten, Schweizer in Folge freier Werbung in seinen Sold zu nehmen.
132 CD-ROM-2, Dok.-Nr. 8.2.2 (Bundes-Vertrag zwischen den XXII Cantonen der Schweiz v. 7.8.1815), § VIII (Zitate). Vgl. auch den Beitrag über die Schweiz im vorliegenden Handbuchband (dortige Kapitel 2.1.1, 2.1.2, 2.2.1); Bardo Fassbender, Der offene Bundesstaat. Studien zur auswärtigen Gewalt und zur Völkerrechtssubjektivität bundesstaatlicher Teilstaaten in Europa, Tübingen 2007, S. 43 f.
133 Vgl. den Beitrag über die Schweiz im vorliegenden Handbuchband (dortige Kapitel 2.1.2 und 7).
134 Vgl. ebd. (dortiges Kapitel 2.1.3).

und die Wiener Schlussakte vom 15. Mai 1820.[135] Was dort über die »Einrichtung [des Bundes] in Rücksicht auf seine auswärtigen [und] militärischen [...] Verhältnisse« (Art. 10 der Bundesakte) bestimmt wurde[136], hätte sich als verfahrensmäßige und materielle Bindungen der monarchischen Gewalt auch auf die Ebene der Bundesstaaten übertragen und in ihren Verfassungen festlegen lassen. Doch stand dem das monarchische Prinzip – der »Grundbegriff« der Fürstensouveränität (Art. 57 der Schlussakte) – entgegen. Zumindest die Außenpolitik und das Militär sollten dem Einfluss der Volksvertretungen möglichst entzogen bleiben.

Mit dem Ende des Alten Reiches war 1806 eine Besonderheit der europäischen völkerrechtlichen Ordnung weggefallen, nämlich die seit dem Westfälischen Frieden von 1648 allgemein anerkannte Völkerrechtspersönlichkeit der Reichsstände.[137] Diese hatten trotz ihrer Zugehörigkeit zum Reich, ihrer reichsverfassungsrechtlichen Unterordnung unter »Kaiser und Reich« und ihrer daher fehlenden Souveränität im Rechtssinne eine eigene Stellung im europäischen Völkerrecht einnehmen und wahren können. Mit dem Untergang des Reiches war auch rechtlich die Souveränität erreicht, standen den vormaligen Reichsständen in ihren auswärtigen Beziehungen alle völkerrechtlich anerkannten Hoheitsrechte zu, insbesondere das Recht, Krieg zu führen und Frieden zu schließen, das uneingeschränkte Bündnis- und Vertragsrecht und das aktive und passive Gesandtschaftsrecht. In all dem standen sie den anderen europäischen Mächten nicht mehr nach. Die Beschränkungen, die sie sich als Mitglieder des Deutschen Bundes auferlegten, übernahmen sie in Ausübung ihrer völkerrechtlichen Souveränität. Mit dem Ende des Alten Reiches war völkerrechtlich der Prozess der Verengung auswärtiger Hoheitsrechte auf souveräne Mächte, der im 16. und 17. Jahrhundert eingesetzt hatte, abgeschlossen. Es fiel nun weg, was zunehmend zu einer Anomalie geworden war: die Zugehörigkeit nicht souveräner Staaten zur europäischen Völkerrechtsgemeinschaft.[138] Diese lebte erst in der zweiten Hälfte des 19. Jahrhunderts in einer neuen Form wieder auf, als den Gliedstaaten des 1870 neu errichteten Deutschen Reiches durch die Reichsverfassung eine begrenzte Völkerrechtsfähigkeit zugestanden wurde.[139]

---

135 CD-ROM-2, Dok.-Nr. 11.1.2.1; Dok.-Nr. 11.1.2.2. Vgl. die Beiträge über den Deutschen Bund (dortiges Kapitel 2) und das Europäische Verfassungsdenken (dortiges Kapitel 6) im vorliegenden Handbuchband.
136 Vgl. insbesondere Art. 11 der Bundesakte und Art. 35 und 50 der Schlussakte.
137 Vgl. zu dieser Fassbender, Hoheitsrechte (wie Fn. 91), S. 413-417.
138 Eine Ausnahme bilden allerdings die Kantone der Schweiz, denen nach dem Bundesvertrag von 1815 eine begrenzte Völkerrechtsfähigkeit erhalten blieb; CD-ROM-2, Dok.-Nr. 8.2.2 (Bundes-Vertrag zwischen den XXII Cantonen der Schweiz v. 7.8.1815), § IV, VIII.
139 Vgl. ausführlich Fassbender, Bundesstaat (wie Fn. 132), S. 91-159, 201-232.

2 Verfassungsstruktur der zentralen staatlichen Ebene[140]

Von Werner Daum (Hagen)

Die europäische Verfassungsgeschichte hat im Zuge der europäischen Integration und jüngsten Globalisierungswelle eine deutliche Belebung[141], zum Teil auch in interdisziplinären Forschungszusammenhängen[142], erfahren. Zwar orientiert sich die jüngste globalgeschichtliche Debatte über die Ursachen des »europäischen Sonderwegs« in erster Linie an einem wirtschaftsgeschichtlichen Erkenntnisinteresse[143], dennoch geht es inzwischen um die globalgeschichtliche Erweiterung der Europahistoriografie insgesamt.[144] Diese Umorientierung beginnt sich allmählich auch in der Politik- und

---

140 Vgl. die Synthese zur vorangegangenen Epoche, an die dieser Beitrag auch in seiner Begrifflichkeit und Typisierung – insbesondere hinsichtlich der Differenzierung zwischen Autokratie, Absolutismus, monarchischem und parlamentarischen Konstitutionalismus – anknüpft: Martin Kirsch, Verfassungsstruktur der zentralen staatlichen Ebene, in: HB-1 (wie Fn. 2), S. 39-51, bes. S. 41 f. Grundlage sind außerdem die vertiefenden begrifflichen Überlegungen von dems., Monarch (wie Fn. 89), S. 40-57, 412 f.

141 Siehe die ausführlichen Forschungsbilanzen und -perspektiven in H. Neuhaus (Hg.), Verfassungsgeschichte in Europa. Tagung der Vereinigung für Verfassungsgeschichte in Hofgeismar vom 27. bis 29. März 2006, Berlin 2010 (insbesondere S. 123-144 und 175-216, respektive die Beiträge von Ewald Grothe und Ulrike Müßig u. a. zur kulturalistischen und komparatistischen Neuausrichtung der Verfassungsgeschichte). Vgl. auch Ewald Grothe, Zwischen Norm und Symbol. Tradition und Innovation in der deutschen Verfassungsgeschichtsschreibung nach 1945, in: Zeitschrift für Neuere Rechtsgeschichte 32 (2010), H. 1, S. 19-36.

142 Siehe exemplarisch die einschlägigen Schriftenreihen des Dimitris-Tsatsos-Instituts für Europäische Verfassungswissenschaften (DTIEV), Hagen (<http://www.fernuni-hagen.de/dtiev/> [29.7.2011]) und des Zentrums für Verfassungs- und Demokratieforschung, Dresden (<http://tu-dresden.de/die_tu_dresden/fakultaeten/philosophische_fakultaet/ifpw/poltheo/zvd> [29.7.2011]).

143 So z. B. – mit besonderem Augenmerk für die politische Verfasstheit der europäischen Stadt – Peter Kramper, Warum Europa? Konturen einer globalgeschichtlichen Forschungskontroverse, in: Neue Politische Literatur 54 (2009), S. 9-46, hier bes. S. 15, 28-32, 38-45.

144 Vgl. Laurence Cole/Philipp Ther, Introduction: Current Challenges of Writing European History, in: European History Quarterly 40 (2010), S. 581-592; Patricia Clavin, Time, Manner, Place: Writing Modern European History in Global, Transnational and International Contexts, in: ebd., S. 624-640. Die globalgeschichtliche Erweiterung war bereits und ist immer noch das Anliegen der Postcolonial bzw. Subaltern Studies, wie es von einem ihrer Mitbegründer durch die programmatische Losung »Provincializing Europe« – allerdings bisher ohne erkennbaren Gewinn für die eher staatsbezogene Verfassungsgeschichte – auf den Punkt gebracht wurde: Dipesh Chakrabarty, Provincializing Europe. Postcolonial Thought and Historical Difference, Princeton/N.J. 2000; ders., Europa als Provinz. Perspektiven postkolonialer Geschichtsschreibung, übers. v. R. Cackett, Frankfurt a. M./New York 2010, bes. S. 60-65 (mit wenigen Hinweisen auf mögliche politik- und verfassungsgeschichtliche Ansätze). Vgl. in diesem Zusammenhang auch S. Conrad/S. Randeria (Hg.), Jenseits des Eurozentrismus. Postkoloniale Perspektiven in den Geschichts- und Kulturwissenschaften, Frankfurt a. M./New York 2002; Maria do Mar Castro Varela/Nikita Dhawan, Postkoloniale Theorie. Eine kritische Einführung, Bielefeld 2005.

Verfassungsgeschichtsforschung niederzuschlagen.¹⁴⁵ Zugleich bieten Überblicksdarstellungen und Editionen eine neue Arbeitsgrundlage für die Beschäftigung mit der europäischen Verfassungsgeschichte im engeren Sinne.¹⁴⁶ Auf methodischer Ebene tragen die Ansätze des Vergleichs und Transfers sowie ihre Erweiterung um neue sozial-, kultur- und politikgeschichtliche Perspektiven zur Bereicherung der Verfassungsgeschichtsforschung bei.¹⁴⁷

---

145 So wird die (früh-)neuzeitliche Staatsbildung nun als ein auf europäisch-asiatischem Kulturtransfer beruhender Entwicklungsprozess erforscht, wozu erste theoretisch-konzeptionelle und empirische Ergebnisse vorgelegt wurden von A. Flüchter/S. Richter (Hg.), Structures on the Move. Technologies of Governance in Transcultural Encounters between Asia and Europe (16th–20th century), Berlin 2011. Die vermeintlich europäischen Ursprünge des modernen Staates bzw. den diesbezüglichen relativ kurzwährenden europäischen Sonderweg hinterfragt außerdem im Rahmen eines universal- und globalhistorisch orientierten vierstufigen Entwicklungsmodells (von der vorstaatlichen Gesellschaft über den dynastischen und den Friedensstaat bis hin zum Staat der aufgeklärt-industriellen Doppelrevolution) Bernd Marquardt, Universalgeschichte des Staates. Von der vorstaatlichen Gesellschaft zum Staat der Industriegesellschaft, Wien u. a. 2009, bes. S. 1-8, 657-659. Zur globalen Ausbildung unterschiedlicher Typen von Staatlichkeit und politischer Ordnung mit der weltweit größten Variationsbreite politischer Herrschaftsformen um die Mitte des 19. Jahrhunderts und der anschließenden allmählichen Durchsetzung des westeuropäischen Vorbilds siehe Jürgen Osterhammel, Die Verwandlung der Welt. Eine Geschichte des 19. Jahrhunderts, München Neuaufl. 2011 (Erstaufl. 2009), S. 818-906.
146 Siehe den Literaturbericht von Heinhard Steiger, Verfassungsgeschichte im Spiegel verfassungsgeschichtlicher Studienbücher und Überblicke, in: Zeitschrift für Neuere Rechtsgeschichte 29 (2007), H. 3-4, S. 287-299. Als exemplarischen, zeitlich zum Teil ins Mittelalter zurückgreifenden Überblick siehe Andreas Kley/u. Mitarb. v. Christian Kissling, Verfassungsgeschichte der Neuzeit. Großbritannien, die USA, Frankreich, Deutschland und die Schweiz, Bern 2. Aufl. 2008. Für verfassungsgeschichtliche Synthesen im Kontext neuerer Editionsprojekte siehe Ewald Grothe, Die große Lehre der Geschichte. Über neuere Editionen zur Verfassungsgeschichte, in: Rechtsgeschichte. Zeitschrift des Max-Planck-Instituts für europäische Rechtsgeschichte 9 (2006), S. 148-166, hier bes. S. 159-161; Dieter Gosewinkel/Johannes Masing, Einführung, in: dies. (Hg.), Die Verfassungen in Europa 1789–1949, München 2006, S. 9-70. Vgl. auch die ausführlichen Einführungen zur deutschen Verfassungsgeschichte in den Editionsbänden von Michael Kotulla, Deutsches Verfassungsrecht 1806–1918. Eine Dokumentensammlung nebst Einführungen, bisher 3 Bde., Berlin/Heidelberg 2006–2010. Mit globalgeschichtlichem Zugriff: H. Dippel (Hg.), Verfassungen der Welt vom späten 18. Jahrhundert bis zur Mitte des 19. Jahrhunderts. Quellen zur Herausbildung des modernen Konstitutionalismus/Constitutions of the World from the late 18th Century to the Middle of the 19th Century. Sources on the Rise of Modern Constitutionalism, Reihe Europa: bisher Bde. 1-13, Reihe Amerika: bisher Bde. 1-3, 9, München 2005–2010 (wird fortgesetzt).
147 Vgl. das Themenheft von J. Harris u. a. (Hg.), Constitutions, Civility and Violence in European History: Mid-Eighteenth Century to the Present, in: Journal of Modern European History 6 (2008), H. 1, S. 30-154, hier bes. S. 30-37 (Einleitung der Hg.). Siehe auch den Ansatz zur Erforschung der modernen Staatsbildung als einem auf kommunikativer Interaktion zwischen Zentrum und Peripherien beruhenden »statebuilding from below«, bei dem die Forderungen und Ansprüche lokaler Gruppen an den Zentralstaat zu dessen Legitimierung und Ermächtigung beitrugen: W. Blockmans u. a. (Hg.), Empowering Interactions. Political Cultures and the Emergence of the State in Europe, 1300–1900, Aldershot 2009. Speziell zu kulturalistischen Ansätzen

2.1 Überstaatliche Herrschaftsstrukturen und einzelstaatliche Ausdifferenzierung

Die politischen Verfassungen und Ordnungen Europas bieten im Zeitraum 1815–1847 ein so vielfältiges Bild, dass kaum von einer einheitlichen Epoche im Sinne der »Restauration« alt hergebrachter Ordnungsmodelle gesprochen werden kann.[148] Die zuvor begonnene Konstitutionalisierung des Kontinents in monarchischer Gestalt – im Sinne einer durch (meist geschriebenes) Verfassungsrecht hergestellten Einschränkung der monarchischen Macht – setzte sich unter Ausbildung der konstitutionellen Monarchie zum eigenständigen Verfassungstyp fort.[149] Noch längerfristig wirksamen imperialen Ordnungsmodellen[150] und staatenbündischen Organisationsansätzen

---

in der Verfassungsgeschichte siehe auch Abschnitt 8, Verfassungskultur, in dieser einleitenden Synthese.

148 Der Begriff der »Restauration« meint sowohl die Rückkehr der angestammten Herrscherdynastien auf ihren Thron, wie sie sich in vielen Staaten infolge des Zusammenbruchs des napoleonischen Machtsystems 1814/15 vollzog, als auch die sich daran anschließende Phase des von Staat zu Staat unterschiedlichen Umgangs mit den napoleonischen Errungenschaften, die bekanntlich keineswegs als »Wiederherstellung« alter Verhältnisse gekennzeichnet werden kann. Vgl. zum irreführenden Charakter des Epochenbegriffs für die internationale Geschichte Schroeder, Transformation (wie Fn. 70), S. VII-IX, 580; Broers, Europe (wie Fn. 63), bes. S. 1–8. Zur Anknüpfung der Restauration an den Zielen der Revolution und deren Weiterentwicklung durch sie siehe Volker Sellin, Gewalt und Legitimität. Die europäische Monarchie im Zeitalter der Revolutionen, München 2011, S. 6 f. Zum Umgang der europäischen Restauration mit dem Erbe der napoleonischen Epoche in verfassungs-, erfahrungs- und erinnerungsgeschichtlicher Perspektive siehe u. a. D. Laven/L. Riall (Hg.), Napoleon's Legacy. Problems of Government in Restoration Europe, Oxford/New York 2000; Martyn Lyons, Post-Revolutionary Europe, 1815–1856, Basingstoke 2006. Für die deutsche Geschichte betonen die transformatorische Komponente der Restauration im Kontext einer Epochenperiodisierung 1806–1848: Hans-Werner Hahn/Helmut Berding, Reformen, Restauration und Revolution 1806–1848/49, Stuttgart 10. Aufl. 2010, hier bes. S. 35–37, 41 f., 158–163.

149 Zum Königtum als europäischer Herrschaftsform in Epochen übergreifender Perspektive siehe B. Jussen (Hg.), Die Macht des Königs: Herrschaft in Europa vom Frühmittelalter bis in die Neuzeit, München 2005; Sellin, Gewalt (wie Fn. 148). Für das lange 19. Jahrhundert siehe die Bewertung der konstitutionellen Monarchie als eigenständiger Verfassungstyp durch Kirsch, Monarch (wie Fn. 89), sowie die Identifikation dieser Staatsform als dauerhafte Alternative zu Absolutismus und Parlamentarismus durch Arthur Schlegelmilch, Die Alternative des monarchischen Konstitutionalismus. Eine Neuinterpretation der deutschen und österreichischen Verfassungsgeschichte des 19. Jahrhunderts, Bonn 2010. Zur noch deutlicheren Kontinuität zwischen napoleonischer Epoche und Restauration im Verwaltungs- und Rechtsbereich siehe Abschnitt 5, Verwaltung, in dieser einleitenden Synthese.

150 Zum jüngeren Forschungszusammenhang der »new imperial history«, »imperial studies« bzw. des »imperial turn« siehe A. G. Hopkins, Viewpoint. Back to the Future: from National History to Imperial History, in: Past and Present 164 (1999), S. 199–243; Dominic Lieven, Empire: The Russian Empire and its Rivals, London 2000; L. Colley, What is Imperial History Now?, in: D. Cannadine (Hg.), What is History Now?, New York 2002, S. 132–147; K. Wilson (Hg.), A New Imperial History. Culture, Identity and Modernity in Britain and the Empire 1660–1840,

(Schweizer Eidgenossenschaft, Deutscher Bund) stand eine Vielzahl von – nun zunehmend, aber nicht zwingend dem nationalen Prinzip verpflichteten – Einzelstaaten gegenüber, wobei diese Staatsformen in wechselseitige Rezeptions- und Transferbeziehungen zueinander traten.

Begleitet von der bürokratischen Verdichtung der Kolonialherrschaften in Übersee[151] bildete sich ein paradoxer Zusammenhang zwischen moderner Staatsbildung auf konstitutioneller Grundlage und nicht nur äußerem, sondern auch innerem Kolonialismus heraus, der gerade auch die europäische Staatenwelt im Rahmen des ersten französischen Empire getroffen hatte.[152] Im nachnapoleonischen Europa setzten die kontinentalen, d. h. nicht auf einer Überseeherrschaft begründeten Rei-

---

Cambridge 2004; Herfried Münkler, Imperien. Die Logik der Weltherrschaft vom Alten Rom bis zu den Vereinigten Staaten, Berlin 2005; Ricarda Vulpius, Das Imperium als Thema der Russischen Geschichte. Tendenzen und Perspektiven der jüngeren Forschung, in: zeitenblicke 6 (2007), Nr. 2 (<http://www.zeitenblicke.de/2007/2/vulpius/index_html> [29.7.2011]); John H. Elliott, Empires of the Atlantic World. Britain and Spain in America 1492–1830. New Haven 2007; A. L. Stoler u. a. (Hg.), Imperial Formations, Santa Fe/N.Mex. 2007; Hans-Heinrich Nolte, Imperien, Schwalbach 2008; Ilya Gerasimov u. a., New Imperial History and the Challenges of Empire, in: dies. (Hg.), Empire Speaks Out. Languages of Rationalization and Self-Description in the Russian Empire, Leiden 2009, S. 3-32 (insbes. zur sprachlich-diskursiven Konstruktion einer »imperialen Situation«); John Darwin, Der imperiale Traum. Die Globalgeschichte großer Reiche 1400–2000, Frankfurt a. M. 2010 (Orig.: After Tamerlane. The Global History of Empire since 1405, London u. a. 2007); Jane Burbank/Frederick Cooper, Empires in World History. Power and the Politics of Difference, Princeton 2010; Jörn Leonhard/Ulrike von Hirschhausen, Empires und Nationalstaaten im 19. Jahrhundert, Göttingen 2. Aufl. 2011, bes. S. 9-15, 107-110; dies. (Hg.), Comparing Empires. Encounters and Transfers in the Long Nineteenth Century, Göttingen 2011 (bes. die Einleitung der Hg., S. 9-34, mit weiteren Literaturhinweisen).

151 Exemplarisch für das britische Kolonialreich: Peter Wende, Das britische Empire. Geschichte eines Weltreichs, München 2008. Vgl. auch Zoë Laidlaw, Colonial Connections, 1815–45: Patronage, the Information Revolution and Colonial Government. Studies in Imperialism, Manchester/New York 2005.

152 Zur mehr oder weniger plausiblen Analogie zwischen dem sich im imperialen Sinne verschärfenden britischen Kolonialregime in Indien, gegen das Edmund Burke die universale Verfassungstradition zunächst des südasiatischen Subkontinents, dann auch des von der Revolution erschütterten Frankreichs so vehement verteidigte, und dem innereuropäischen Modell eines kulturellen Imperialismus, das sich zeitgleich etwa in den von Frankreich annektierten italienischen Territorien verbreitete, wie überhaupt zum Zusammenhang zwischen der Ausbildung moderner Staatlichkeit und (innerem wie äußerem) Kolonialismus siehe die differenzierten Ausführungen zugunsten einer historiografischen »Orientalisierung« Europas von Marco Meriggi, Costituzioni antiche e narrazioni orientaliste. Dal Sette all'Ottocento, in: Storica. Rivista quadrimestrale 2009, Nr. 43-45, S. 209-255; zur Analyse von Burkes Auseinandersetzung mit Indien siehe ebd. Zur These eines innereuropäischen Imperialismus in napoleonischer Epoche vgl. Michael Broers, The Napoleonic Empire in Italy, 1796–1814. Cultural Imperialism in a European Context?, Basingstoke/New York 2005 (und vorangegangene Studien von dems.). Zu dessen Auswirkungen speziell auf Italien siehe Marco Meriggi, Prima e dopo l'Unità: il problema dello Stato, in: M. L. Betri (Hg.), Rileggere l'Ottocento. Risorgimento e Nazione, Torino 2010, S. 41-48. Vgl. zum Phänomen wechselseitig auftretender imperialer und kolonialer, zentraler und peripherer Identitäten insgesamt im langen 19. Jahrhundert auch Jörn Leonhard/Ulrike von Hirschhausen, Beyond

che der Hohenzollern, Habsburger und Zaren sowie der über die europäischen Grenzen hinausgreifende »Überschichtungsstaat« der Hohen Pforte[153] – in Krakau, Galizien und Lodomerien, Ungarn, den ober- und mittelitalienischen Territorien, Finnland, Serbien, den Rumänischen Fürstentümern – dem nationalstaatlichen und konstitutionellen Erbe des napoleonischen Imperiums[154] noch für lange Zeit ihren rechtlichen Pluralismus, ihre kompositorische[155] und nicht konstitutionelle[156] Ordnungsstruktur und zum Teil auch regional begrenzte staatenbündische Organisationsansätze entgegen. Das föderale Element lebte – unter Verzicht auf eine modern-konstitutionelle, repräsentative Ausgestaltung der übergeordneten Ebene – am deutlichsten nur noch im Schweizer Staatenbund (und dort gelegentlich, nämlich in Graubünden und im Wallis, auch auf innerkantonaler Ebene), mit Ansätzen auch im Deutschen Bund fort, während es in den Niederlanden trotz bundesstaatlicher Residuen (zweite Kammer der Generalstaaten, Provinzialversammlungen) abstarb.

Rise, Decline and Fall. Comparing Multi-Ethnic Empires in the Long Nineteenth Century, in: dies. (Hg.), Comparing Empires (wie Fn. 150), S. 9-34, hier S. 32.

153 Einen Einstieg in die Verfassungsgeschichte des Nahen und Mittleren Ostens in spät- und postosmanischer Epoche bietet Louise Fawcett, Neither Traditional Nor Modern: Constitutionalism in the Ottoman Empire and its Successor States, in: Harris u. a. (Hg.), Constitutions (wie Fn. 147), S. 116-136.

154 Zum dialektischen Verhältnis zwischen nationalstaatlichem und imperialem Prinzip: Alexei Miller, The Romanov Empire and Nationalism. Essays in the Methodology of Historical Research, Budapest 2008 (russ. Moskau 2006); Raffaele Romanelli, Gli imperi nell'età degli stati, in: M. Bellabarba u. a. (Hg.), Gli imperi dopo l'Impero nell'Europa del XIX secolo, Bologna 2008, S. 35-72; Leonhard/von Hirschhausen, Rise (wie Fn. 152), passim (mit vergleichendem Blick auf das kompetitive, interaktive Verhältnis zwischen beiden Prinzipien im britischen, russischen, Osmanischen und Habsburgerreich); dies., Empires und Nationalstaaten (wie Fn. 150), bes. S. 12 f. (zum Phänomen der sich imperialisierenden Nationalstaaten und der sich nationalisierenden Imperien in der zweiten Hälfte des 19. Jahrhunderts); Pinella Di Gregorio, Una storiografia oltre l'orientalismo, in: Storica. Rivista quadrimestrale 16 (2010), H. 48, S. 9-55 (zur Geschichtsschreibung über den arabischen Nationalismus innerhalb des Osmanischen Reichs); Osterhammel, Verwandlung (wie Fn. 145), S. 565-672 (u. a. zur Beharrungskraft der Reiche gegenüber den Nationalstaaten).

155 Zum Fortwirken des frühneuzeitlichen Modells des »composite state« im 19. Jahrhundert siehe Dieter Langewiesche, Zum Überleben des Alten Reiches im 19. Jahrhundert. Die Tradition des *zusammengesetzten Staates*, in: A. Klinger u. a. (Hg.), Das Jahr 1806 im europäischen Kontext. Balance, Hegemonie und politische Kulturen, Köln u. a. 2008, S. 123-133; Wilhelm Brauneder, Die Habsburgermonarchie als zusammengesetzter Staat, in: H.-J. Becker (Hg.), Zusammengesetzte Staatlichkeit in der europäischen Verfassungsgeschichte. Tagung der Vereinigung für Verfassungsgeschichte in Hofgeismar vom 19.3.–21.3.2001, Berlin 2006, S. 197-236. Zur »komplementären Staatlichkeit« als Stabilitätsfaktor internationaler Politik aus habsburgischer Sicht siehe Wolfram Siemann, Metternich. Staatsmann zwischen Restauration und Moderne, München 2010, bes. S. 116.

156 Siehe dagegen zum Verhältnis zwischen islamischer Theologie und modernem Konstitutionalismus im 19. und 20. Jahrhundert Lukas Wick, Islam und Verfassungsstaat. Theologische Versöhnung mit der politischen Moderne?, Würzburg 2009 (zugl. Diss. phil. Bern 2008), bes. S. 55-67 (zur partiellen Rezeption und Umsetzung des »abendländischen« Verfassungsstaats in den nordafrikanischen Staaten des 19. Jahrhunderts).

In der Schweiz erteilten die politischen Träger und gesellschaftlichen Kräfte der Kantone dem unitarischen Ideal der Helvetik eine deutliche Absage, um sich unter Mitsprache der europäischen Großmächte auf einen Staatenbund mit schwacher Bundesgewalt zu einigen, wenngleich die Bundeskompetenzen der Tagsatzung (insbesondere hinsichtlich der Eingriffe des Gesandtenkongresses in kantonale Verfassungskonflikte, aber auch der Verfügungsmacht über Bundesheer und Außenpolitik) deutlich über die Befugnisse der Frankfurter Bundesversammlung hinausgingen. Aufgrund des eher statischen Charakters des Schweizer Bundesvertrags von 1815 führte das Scheitern der Bundesreform während der »Regeneration« zu einer unversöhnlichen Konfrontation zwischen liberalen und konservativen Kantonen (Sonderbundkrieg 1847), die einhergehend mit tiefen konfessionellen Gegensätzen schließlich den Staatenbund sprengte, damit aber auch dem Übergang zum Bundesstaat den Weg ebnete.

Demgegenüber barg die auf dem Wiener Kongress verabschiedete Deutsche Bundesakte durchaus Entwicklungspotenziale im modern-konstitutionellen Sinne.[157] Allerdings bildete auch der deutsche Staatenbund trotz einiger bundesstaatlicher Elemente nur einen halbherzigen Föderalismus aus, da es ihm völlig an geeigneten Organen fehlte, um überhaupt eine eigene Staatlichkeit zu entwickeln. An der Entstehung eines repräsentativen Föderalismus waren die Großmächte spätestens seit der restaurativen, im Namen des »monarchischen Prinzips« vollzogenen Wende von 1819/20 nicht interessiert, durch die der Deutsche Bund zudem ab 1830 auf außenpolitischen Konfrontationskurs gegenüber der Schweizer »Regeneration« geriet.[158] Eine Fortentwicklung der Bundesverfassung – sieht man einmal von der fortschreitenden Akzentuierung der Konfliktschlichtungs-, Repressions- und Interventionsmöglichkeiten des Bundes gegenüber den Einzelstaaten und seinen außenpolitischen Initiativen zur eigenen Existenzsicherung ab – wurde somit verhindert. Das Fehlen einer staatlichen Eigenständigkeit des Schweizer und des Deutschen Bundes bis

---

157 Zu dieser Einschätzung der jüngeren Forschung siehe den Beitrag über den Deutschen Bund im vorliegenden Handbuchband. Zum verfassungsgeschichtlichen Forschungsstand der deutschen Bundesstaaten vgl. ebenfalls die entsprechenden Länderkapitel sowie Elisabeth Fehrenbach, Verfassungsstaat und Nationsbildung 1815–1871, München 1992; nützliche Literaturhinweise auch bei Ewald Grothe, Konstitutionalismus in Hessen vor 1848. Drei Wege zum Verfassungsstaat im Vormärz. Eine vergleichende Betrachtung, in: Zeitschrift des Vereins für hessische Geschichte 107 (2002), S. 245-262. Siehe auch die weit gefassten, detaillierten Überblicksdarstellungen von Michael Kotulla, Deutsche Verfassungsgeschichte. Vom Alten Reich bis Weimar (1495–1934), Berlin u. a. 2008; ders., Verfassungsrecht (wie Fn. 146), Bd. 1: Gesamtdeutschland, Anhaltische Staaten und Baden, Berlin/Heidelberg 2006, S. 30-150.
158 Dies beschreibt anhand der Außenpolitik der süddeutschen Staaten Josef Inauen, Brennpunkt Schweiz. Die süddeutschen Staaten Baden, Württemberg und Bayern und die Eidgenossenschaft 1815–1840, Fribourg 2009. Zum ideellen Einfluss der USA auf die deutsche Föderalismusdebatte vor allem in den 1840er-Jahren siehe den Beitrag über Gesellschaft und Konstitutionalismus in Amerika innerhalb dieser Einleitung.

1847 lässt ihre Mitgliedsstaaten in das Zentrum der vorliegenden Betrachtung rücken. Es ermöglichte diesen nämlich eine gewisse verfassungspolitische Flexibilisierung in dem Sinne, dass sich in der deutschen Staatenwelt aus dem Verfassungsgebot von Artikel 13 der Bundesakte drei Wege einzelstaatlicher Verfassungsentwicklung ergaben: Staaten ohne Verfassungsgebung und mit ständischer Verfassung[159] sowie Staaten mit repräsentativem System.[160] In den Schweizer Kantonen lassen sich quer zu Verfassungsgebungen und direktdemokratischen Elementen oligarchisch-patrizische und repräsentative Systeme unterschiedlicher Schattierung feststellen.

Reiche und Einzelstaaten waren weitgehend auf das monarchische Prinzip der Wiener Ordnung verpflichtet, gegenüber dem allerdings – neben dem traditionellen dynastischen und modern-konstitutionellen Legitimitätsprinzip – die Nationalidee als neuer Faktor inner- und außerstaatlicher Legitimität[161] im Untersuchungszeitraum – insbesondere unter dem Eindruck des griechischen Unabhängigkeitskampfes und der belgischen Nationalstaatsgründung – immer größeren Einfluss auf das Verfassungsdenken erlangte. Die Nation forderte zwar den Etatismus als Ordnungsprinzip und die multiethnischen Imperien kompetitiv heraus, gefährdete aber deren Persistenz im langen 19. Jahrhundert nicht.[162] In langfristiger Perspektive erscheint der Wandel der europäischen Monarchie in der Tat als permanenter Prozess der strategischen Anpassung an ständig neue Legitimitätsherausforderungen; diesen versuchten die Monarchien zu begegnen, indem sie ihre traditionellen Legitimitätsquellen (dynastische Verwurzelung, religiöse Begründung, militärische Absicherung) im Sinne der Aufklärung durch Konstitutionalisierung, Nationalisierung und soziale Reformen weiterentwickelten.[163] Die Begründung von Souveräni-

---

159 Diese beiden Kategorien werden im Beitrag über die deutschen Staaten zwischen ständisch-vormoderner und moderner Konstitution im vorliegenden Handbuchband behandelt, sofern es sich nicht um größere territoriale Einheiten wie Preußen, Österreich und Ungarn handelt, die jeweils in gesonderten Länderbeiträgen bearbeitet werden. Liechtenstein, das als ständische Monarchie ebenfalls unter die ersten beiden Kategorien fällt, erfährt ebenfalls eine gesonderte Betrachtung, um an seinem Beispiel die verfassungsgeschichtliche Entwicklung eines mitteleuropäischen Kleinstaats aufzuzeigen, der in Hinblick auf seine weitere Entwicklung im 19. und 20. Jahrhundert eine eigenstaatliche Bedeutung aufweist. Siehe insgesamt zur verfassungsgeschichtlichen Kategorisierung der deutschen Einzelstaaten im Rahmen der Kapitelgliederung des vorliegenden Handbuchbands die Vorbemerkung zu Beginn von Länderkapitel 11.
160 Hierbei handelt es sich um die deutschen Territorien, in denen die politischen Träger und gesellschaftlichen Kräfte in einer ersten und zweiten Konstitutionalisierungswelle den Übergang zum modernen Konstitutionalismus herbeiführten (siehe die beiden diesbezüglichen Beiträge im vorliegenden Handbuchband).
161 Vgl. zur völkerrechtlichen Dimension: Jörg Fisch, Das Selbstbestimmungsrecht der Völker. Die Domestizierung einer Illusion, München 2010.
162 Leonhard/von Hirschhausen, Rise (wie Fn. 152).
163 Sellin, Gewalt (wie Fn. 148). Zum Wandel der Legitimitätsgrundlagen und der politischen Funktionen der europäischen Monarchien im Europa des langen 19. Jahrhunderts siehe auch den Tagungsband von G. Guazzaloca (Hg.), Sovrani a metà. Monarchia e legittimazione in Europa tra Otto e Novecento, Soveria Mannelli 2009. Mit Fokus auf dem Selbstverständnis der mon-

tät durch nationalstaatliche Territorialisierung verallgemeinerte sich in einem transnationalen Prozess[164], der sich häufig mit der konfessionellen Frage verband.[165] Im Osmanischen Reich sollte das nationale Element im Laufe des 19. und beginnenden 20. Jahrhunderts zur allmählichen, stückweisen nationalstaatlichen Sezession der balkanischen Territorien vom Reich beitragen, das sich am Ende seinerseits zur modernen Türkei nationalisierte.[166] Neben dem Schweizer Staatenbund bzw. dessen Kantonen entzogen sich nur wenige Einzelstaaten der monarchischen Ordnungsvorgabe durch ein republikanisches System, das in Europa noch unsicher zwischen oligarchischer Tradition (San Marino, die Mehrheit der Schweizer Kantone bis 1830, Krakau ab 1833) und konstitutioneller Erneuerung (Krakau 1815–1833, Ionische Inseln ab 1818, griechische Revolutionsverfassungen von 1822/23 und 1827, die Schweizer Kantone der »Regeneration« ab 1830) oszillierte. Viele der Einzelstaaten konstitutionalisierten sich unter dem Druck der gesellschaftlichen Kräfte oder infolge des Integrationswillens ihrer politischen Träger im Untersuchungszeitraum

---

archischen Eliten Europas im »langen 19. Jahrhundert« beschreibt denselben strategischen, ab der Jahrhundertmitte von zunehmender Konstitutionalisierung und Nationalisierung gekennzeichneten Anpassungsprozess Frank-Lothar Kroll, Zwischen europäischem Bewußtsein und nationaler Identität. Legitimationsstrategien monarchischer Eliten im Europa des 19. und frühen 20. Jahrhunderts, in: H. - C. Kraus/T. Nicklas (Hg.), Geschichte der Politik. Alte und neue Wege, München 2007, S. 353-374.

164 Zum dialektischen Verhältnis zwischen Nationalisierung und Globalisierung als gleichzeitig verlaufendes Krisenszenario in Europa vom späten 18. bis ins 20. Jahrhundert siehe Michel Espagne/Michael Geyer/Matthias Middell, European History in an Interconnected World. An Introduction to Transnational History, Basingstoke 2012 (in Vorber.); Michael Geyer/Matthias Middell/Dominic Sachsenmaier, Transnationalisierung in der europäischen Geschichte und Kultur (Tagungssektion), in: W. Eberhard/C. Lübke (Hg.), Die Vielfalt Europas: Identitäten und Räume, Leipzig 2009, S. 527-571, hier bes. S. 532 (Einführung von M. Middell), 542 (Beitrag von M. Middell), 545-557 (Beitrag von M. Geyer); Matthias Middell, Der Spatial Turn und das Interesse an der Globalisierung in der Geschichtswissenschaft, in: J. Döring u. a. (Hg.), Spatial Turn. Das Raumparadigma in den Kultur- und Sozialwissenschaften, Bielefeld 2. Aufl. 2009, S. 103-123, bes. S. 118-120 (zum jeweiligen Raumbezug und wechselseitigen Verhältnis von Nationsbildungsprozessen, Regionalisierungen und Transnationalisierungen).

165 Stephan Wendehorst, Verso l'integrazione nazionale: l'emancipazione dei Cattolici, dei Protestanti e degli Ebrei nell'Europa dell'Ottocento, in: G. P. Romagnani (Hg.), La Bibbia, la coccarda e il tricolore. I valdesi fra due emancipazioni (1798–1848). Atti del XXXVII e del XXXVIII Convegno di studi sulla Riforma e sui movimenti religiosi in Italia, Torino 2001, S. 305-319.

166 Als vergleichende Synthese der balkanischen Nationalstaatsbildungen (Griechenland, Serbien, Rumänien, Bulgarien, Montenegro, Albanien) siehe Marco Dogo, Genesi e primi sviluppi degli stati post-ottomani nei Balcani: fattori, repliche e variazioni, in: ders. (Hg), Schegge d'impero, pezzi d'Europa. Balcani e Turchia fra continuità e mutamento 1804–1823, Gorizia 2006, S. 11-55; zur türkischen Nationalstaatsbildung unter Rezeption des europäischen Staatsmodells: Fabio L. Grassi, Turchia: perdere un impero, sopravvivere come stato, ebd., S. 215-241; Dietrich Jung, Staatsbildung und Staatszerfall. Die osmanische Moderne und der europäische Staatenbildungsprozess, in: G. Clemens (Hg.), Die Türkei und Europa, Münster u. a. 2007, S. 57-78; zur kolonialen Sezession Algeriens durch Frankreich ab 1830 siehe den Beitrag über Frankreich im vorliegenden Handbuchband (dortiges Kap. 1).

endgültig, mehrere bewegten sich zwischen vorkonstitutionellen und konstitutionellen Ordnungen und einige Staaten sowie insbesondere die oben angesprochenen europäischen Reiche blieben – mitunter trotz formaler Verfassungsgebung (Serbien 1838) – vom Konstitutionalismus weitgehend unberührt. Für die nachfolgende Typisierung bildet daher die Verfassungswirklichkeit und weniger die formale Existenz oder Nichtexistenz eines Verfassungstexts das ausschlaggebende Kriterium. Auch steht nicht so sehr der Aspekt der gesellschaftlichen Partizipation am Verfassungsleben, sondern die Machtstruktur und Gewaltenteilung auf der zentralen staatlichen Ebene im Vordergrund. (☞ Abb. 1.2, S. 76-79)

2.2 Staaten ohne moderne Konstitution: autokratische, absolutistische, ständische und oligarchisch-patrizische Herrschaftssysteme

Die Territorien, die im Untersuchungszeitraum keine konstitutionelle Ordnung im modernen Sinne entwickelten, wurden in seltenen Fällen als Selbstherrschaft oder Oligarchie ([Stadt-]Republik), häufiger jedoch als absolutistische oder ständische Monarchie verwaltet. Als Unterscheidungskriterium zwischen Autokratie und Absolutismus dient die bei Letzterem im Rahmen prinzipieller Regelstaatlichkeit gegebene Selbstverpflichtung des Monarchen auf Herrschaftsverträge und Fundamentalgesetze (Verrechtlichung) bzw. die daraus resultierende partielle Einschränkung seiner Entscheidungsmacht durch punktuelle, auf Einzelfragen des Verfassungslebens (etwa die Steuererhebung) bezogene Mitwirkungsrechte von Ständen oder Notabeln[167]; demgegenüber ist für die Autokratie (Russland, inklusive seiner finnischen Territorien im Zeitraum 1809–1863, in dem dort die Ständeversammlung nicht mehr einberufen wurde, sowie Griechenland 1828–1831 unter dem Regime Kapodistrias') von der alleinigen Entscheidungsmacht des Herrschers im gesamten Verfassungsleben auszugehen. In Finnland bildete sich durch die fachliche Mitwirkung eines finnischen Verwaltungskomitees am Zarenhof die besondere Form einer »administrativen Autokratie« heraus.

---

167 Zur Problematisierung des Absolutismusbegriffs durch die jüngere Frühneuzeitforschung siehe Nicholas Henshall, The Myth of Absolutism. Change and Continuity in Early Modern European Monarchy, London 1992; R. Asch/H. Duchhardt (Hg.), Der Absolutismus – ein Mythos? Strukturwandel monarchischer Herrschaft in West- und Mitteleuropa (ca. 1550–1700), Köln 1996; L. Schilling (Hg.), Absolutismus, ein unersetzliches Forschungskonzept? Eine deutsch-französische Bilanz, München 2008; Dagmar Freist, Absolutismus, Darmstadt 2008, bes. S. 17-23 (Bilanz und Kontroversen der Historiografie), 24-35 (Forschungskontroversen zur Hinterfragung des Absolutismus als Mythos), 35-45 (Forschungskontroversen zum Verhältnis zwischen absoluter Monarchie und Ständestaat). Vgl. auch Ulrike Seif, Art. Absolutismus, in: A. Cordes u. a. (Hg.), Handwörterbuch zur deutschen Rechtsgeschichte, Bd. 1, Berlin 2. Aufl. 2008, Sp. 30-38; Reinhard Blänkner, Absolutismus. Eine begriffsgeschichtliche Studie zur politischen Theorie und zur Geschichtswissenschaft in Deutschland, 1830–1870, Frankfurt/Main u. a. 2011.

Die absolutistischen Monarchien unterschieden sich nochmals durch einen gänzlich autoritären Regierungsstil (Hohenzollern-Hechingen, reußische Fürstentümer, Hessen-Homburg, Oldenburg, Modena-Reggio, Dänemark bis 1834, Griechenland 1833–1844, Piemont-Sardinien 1814–1831, Spanien 1814–1820 und 1823–1833, Portugal 1815–1822 und 1823–1834, Polen ab 1832) oder zwei im staatsbürokratischen Sinne modernisierte Varianten, die sich durch die Konzession administrativer oder konsultativer Mitwirkungsrechte auszeichneten (Verwaltungsmonarchie). Letztere wiesen einen unterschiedlichen Grad der Beteiligung peripherer und zentralstaatlicher Beratungsorgane an staatlichen Verwaltungsaufgaben (lokale Verteilung der Steuerquote, Infrastrukturmaßnahmen etc.) auf: Während die administrative Monarchie (Neapel-Sizilien, Österreich, anhaltische Herzogtümer, süddeutsche Staaten bis 1818/19/20, Kurhessen bis 1831) lediglich die fachliche Mitwirkung spezialisierter Notabeln an den peripheren Verwaltungsaufgaben vorsah, beruhte die konsultative Monarchie (Preußen, Dänemark ab 1834, Lombardo-Venetien) auf einer pyramidal angeordneten Struktur von zum Teil wählbaren Konsultativorganen auf der kommunalen, provinzialen und zentralen Ebene der Zivilverwaltung (mit einem Staatsrat an der Spitze). All diese Gremien verfügten lediglich über eine beratende Funktion (vor allem bezüglich der Aufteilung der Steuerlast, Genehmigung der kommunalen Haushalte u. a.) und über keinerlei bindende Entscheidungsgewalt (auch kein Recht zur Steuererhebung).[168] Dennoch verwies die konsultative Monarchie Lombardo-Venetiens bereits auf konstitutionelle Repräsentationsformen, denn die dortigen Kongregationen vertraten auf hoher Zensusbasis den adeligen Grundbesitz und das großbürgerliche Unternehmertum, tagten permanent und hingen nicht mehr von der monarchischen Einberufung ab, erlangten also in institutioneller Hinsicht ein größeres Gewicht als die Ständeversammlungen im deutschsprachigen Raum, auch wenn ihre reale politische Macht eher zu vernachlässigen ist.[169] Preußen

---

168 In der administrativen Monarchie besaßen die peripheren Ratsorgane (z. B. die Provinzial-, Distrikt- und Gemeinderäte im Königreich beider Sizilien) lediglich eine unterstützende Funktion gegenüber den ihnen zugeordneten Verwaltungsbehörden, wobei zwischen ihnen kaum Kommunikationsbeziehungen zugelassen waren. Die Beratungsorgane der konsultativen Monarchie zeichneten sich hingegen durch eine größere Eigenständigkeit, die zwischen ihnen bis hinauf zum Staatsrat hergestellte Kommunikation und durch eine gewisse Repräsentativität, d. h. gesellschaftliche Mitwirkung bei ihrer Bestellung (z. B. Vorschlag von Kandidatenlisten und Wahl der Zentral- und Provinzialkongregationen im Königreich Lombardo-Venetien oder nach Zensus wählbare Provinzialstände in Dänemark), aus.

169 Daher übte die in Lombardo-Venetien verwirklichte habsburgische Rechts- und Verwaltungsordnung insgesamt eine große Ausstrahlung auf den inneritalienischen Diskurs aus. Bekanntlich führte dies unter dem Eindruck der italienischen Revolutionen von 1820/21 und 1831, sogar infolge Metternich'scher Empfehlung, zur versuchsweisen, sukzessive aber gescheiterten Einführung der lombardo-venetianischen konsultativen Monarchie auch in Süditalien und im Kirchenstaat. Größeren Erfolg hatte das seit 1818 in Lombardo-Venetien geltende kostenlose Grundschulsystem, das Parma 1831 übernahm; auch in Massa-Carrara orientierte man sich für eine Kataster-Reform ebenfalls am lombardo-venetianischen Modell.

Absolutismus			Ständische Monarchie (* = mit modern-konstitutionellen Elementen)	Oligarchisch-patrizische Systeme ([Stadt-]Republik)	Konstitutionalismus			Art der Verfassungsgebung
Autokratie	autoritär	»administrative Monarchie«	»konsultative Monarchie«			duale Machtstruktur (Staatsoberhaupt/Regierung vs. Repräsentativversammlung)		
						mit Vorrang des Staatsoberhauptes/ der Regierung	mit Vorrang des Parlaments	parlamentarisch
• Russland bis 1906 • Griechenland 1828–1831 • Serbien bis 1835/38 **Sonderform der »administrativen Autokratie«:** • Finnland 1809–1863	• Hohenzollern-Hechingen • Reuß-Greiz • Reuß-Lobenstein • Reuß-Ebersdorf • Reuß-Schleiz • Hessen-Homburg • Oldenburg • Modena-Reggio • Dänemark bis 1834 • Piemont-Sardinien 1814–1831 • Spanien 1814–1820/ 1823–1833 • Portugal 1815–1822/ 1823–1834 • Polen ab 1832 • Griechenland 1833–1844	• Anhalt-Dessau • Anhalt-Köthen • Anhalt-Bernburg • Österreich (gesamtstaatliche Ebene) • Ungarn bis 1825 • Neapel-Sizilien 1816–1820/ ab 1821	**Zwischenform:** • Preußen bis 1848/50					
				• Lombardo-Venetien • Dänemark ab 1834	• Mecklenburg-Strelitz • Mecklenburg-Schwerin • Galizien-Lodomerien • Neuenburg ab 1814 • Nassau ab 1814* • Schaumburg-Lippe ab 1816 • Waldeck ab 1816 • Sachsen-Weimar-Eisenach (bes. ab 1816)* • Schwarzburg-Rudolstadt (bes. ab 1816)* • Tirol (bes. ab 1816) • Sachsen-Hildburghausen (bes. ab 1818)* • Liechtenstein (bes. ab 1818) • Krain (bes. ab 1818) • Hannover (bes. von 1819) bis 1833, 1837–1840* • Braunschweig (bes. von 1820)	• Lübeck • Hamburg • Bremen • Frankfurt a. M. • Mehrheit der Schweizer Kantone bis 1830 • San Marino • Krakau 1833–1846 **Monarchische Sonderform:** • Serbien 1842–1858 **Schweizer Sonderformen mit direkt-demokratischen Elementen (bis 1830):** • Zürich • Genf • Basel • Schaffhausen • St. Gallen • Aargau • Thurgau • Tessin • Waadt				Ohne moderne Verfassung, ggf. mit ständischer oder patrizischer »Verfassung«

		Ohne moderne Verfassung, ggf. mit ständischer oder patrizischer »Verfassung«		Oktroi
			• Frankreich 1814–1830 • Nassau ab 1814/16 • Polen 1815–1832 • Bayern ab 1818 • Baden ab 1818 • Spanien 1834–1837 • Portugal ab 1834 • Luxemburg ab 1841 **Republikanische Formen:** • Krakau 1815–1833 • Ionische Inseln ab 1818	
• Sachsen-Meiningen(-Hildburghausen) (bes. ab 1821/29)* • Großherzogtum Posen ab 1824 • Ungarn ab 1825/30* • Sachsen-Altenburg (bes. ab 1831) • Sachsen (Kgr.) bis 1831 • Rumänische Fürstentümer ab 1831/32* • Holstein ab 1831/34 • Schleswig ab 1831/34 • Schwarzburg-Sondershausen (1841)*				
	Zwischenform: • Piemont-Sardinien ab 1831			
		Zwischenformen: • Massa-Carrara • Parma-Piacenza • Toskana • Kirchenstaat		
		Zwischenform: • Osmanisches Reich		

			Art der Verfassungsgebung →	Zwischenform (oktroyiert/vereinbart)	Vereinbarung	Zwischenform (ständisch/vereinbart)	Ständische Initiative	Nationale Initiative
Konstitutionalismus			parlamentarisch				• Großbritannien ab 1835/41	
	duale Machtstruktur (Staatsoberhaupt/Regierung vs. Repräsentativversammlung)		mit Vorrang des Parlaments					• Norwegen ab 1814 • Neapel 1820/21 • Piemont 1821 • Spanien 1820–1823/ab 1837 • Portugal 1822/23 ab 1830 • Frankreich • Belgien ab 1831
			mit Vorrang des Staatsoberhauptes/der Regierung	• Hessen-Darmstadt ab 1820	• Württemberg ab 1819 • Kurhessen ab 1831 • Sachsen ab 1831 • Braunschweig ab 1832 • Hohenzollern-Sigmaringen ab 1833 • Hannover 1833–1837, ab 1840 • Lippe ab 1836	• Niederlande ab 1814/15	• Schweden ab 1809	
Oligarchisch-patrizische Systeme ([Stadt-]Republik)								
Ständische Monarchie (* = mit modern-konstitutionellen Elementen)								
Absolutismus	»konsultative Monarchie«							
	»administrative Monarchie«							
	autoritär							
Autokratie								

Nationale Initiative

rialer Komponente:
• Griechenland 1822/23

Republikanische Form, mit präsidialer Komponente:
• Griechenland 1827

Republikanische Formen, mit direktorialen, direktdemokratischen und parlamentarischen Komponenten:
• Schweizer Kantone der »Regeneration« ab 1830

Abb. 1.2 Formen der politischen Machtausübung in Europa 1815–1847 im Vergleich (S. 68-71)

bildete die Zwischenform einer konsultativen Monarchie auf zentraler staatlicher Ebene aus, deren periphere Mitwirkungsorgane (Provinziallandtage) im Gegensatz zum zentralstaatlichen Staatsrat eine ständische Repräsentationsbasis aufwiesen, in den 1840er-Jahren durch die Öffentlichkeit ihrer Verhandlungen aber dennoch zur Ausbildung breiterer regionaler politischer Kulturen beitrugen.[170] Zwischen autoritärem und reformiertem Absolutismus oszillierten dagegen die meisten mittelitalienischen Fürstentümer mit ihren zum Teil an das Ancien Régime erinnernden Lokalverwaltungen (bspw. der Magistrat in Massa-Carrara), gegenüber denen sich der Zentralstaat im Interesse einer besseren fiskalischen Durchdringung der Territorien allmählich als Kontrollinstanz durchsetzte (Staatsrat in Parma-Piacenza, Gemeindeaufsichtsbehörde in der Toskana). Dies trifft auch auf den Kirchenstaat zu, da dort die Ansätze zur Stärkung der Lokalverwaltung und zur Einführung eines Konsultativsystems nach 1831 schnell wieder verpufften, das System also noch nicht den dauerhaften Übergang zum reformierten Absolutismus der Verwaltungsmonarchie vollzog. Diesen Schritt unternahm zur selben Zeit Piemont-Sardinien mit der Einführung des Staatsrats; aufgrund dessen in der Verfassungswirklichkeit durchgesetzten Kompetenzbeschränkungen rückte das nordwestitalienische Königreich aber in eine Zwischenposition zwischen administrativer und konsultativer Monarchie ein. Demgegenüber tendierte der österreichische Gesamtstaat auf-

170 Zu den preußischen Provinzialständen vgl. die Pilotstudie von Roland Gehrke, Landtag und Öffentlichkeit. Provinzialständischer Parlamentarismus in Schlesien 1825–1845, Köln u. a. 2009 (zugl. Habil. Stuttgart 2009).

grund der schwachen Position seines Staatsrats in entschiedener Weise zur Variante der administrativen Monarchie, die durch den Fortbestand oder die Wiederbelebung ständischer Repräsentationen auf untergeordneter territorialer Ebene (Tirol, Galizien-Lodomerien, Krain) nicht beeinträchtigt wurde, da diese durch die administrative Durchdringung des Reichs im Rahmen der »Gubernien« weitgehend entmachtet waren. Schließlich bildete das Osmanische Reich eine Sonderform zwischen Autokratie und administrativer bzw. konsultativer Monarchie, da es dort durch die starke Bürokratisierung der Herrschaft zu einer Machtverschiebung vom Sultan zur »Hohen Pforte« als Regierungsspitze, zur Ausbildung starker bürokratischer Machtinstanzen und besonders ab 1839 auch von Konsultativorganen kam. Diese blieben im neu gegründeten griechischen Nationalstaat aufgrund der Alleinherrschaft Ottos I. so schwach, in Neapel-Sizilien aber zumindest zeitweise so stark ausgebildet, dass für diese beiden Länder eine differenzierte Zuordnung respektive zur Autokratie und zur Verwaltungsmonarchie gerechtfertigt erscheint. (☛ Abb. 1.2, S. 76-79)

Eine Ständeverfassung bestand in mehreren, meist kleineren Staaten fort oder sie wurde dort während des Untersuchungszeitraumes wiederhergestellt (beispielsweise in Mecklenburg-Strelitz, Mecklenburg-Schwerin, Sachsen bis 1831, Großherzogtum Posen ab 1824 als Provinz des Königreichs Preußen, Ungarn ab 1825/30). Im Gegensatz zur modernisierten Form des Absolutismus (d. h. zur administrativen oder konsultativen Monarchie) war hier die – mitunter minimale: Liechtenstein ab 1818, und auf untergeordneter Ebene innerhalb des Habsburgerreichs auch Tirol ab 1816, Galizien-Lodomerien ab 1817, Krain ab 1818 – Beschränkung der monarchischen Macht vertraglich umfassender sanktioniert. Ein weiterer, aber nicht nur formaler Unterschied zwischen diesen ständischen Systemen und Verwaltungsmonarchien war das Kriterium der ständischen Zugehörigkeit und Interessenvertretung, das für die Zusammensetzung und Arbeitsweise der Ständeversammlungen allein ausschlaggebend war, während die Beratungsorgane im Absolutismus vorwiegend auf die fachliche Qualifikation ihrer Mitglieder und deren Verpflichtung auf das Gemeinwohl und nur ausnahmsweise, nämlich im Rahmen der preußischen Provinzialständeordnung, auf deren Herkunft setzten.[171] Einige deutsche Kleinstaaten erhielten im Untersuchungszeitraum neue Ständeverfassungen (Nassau 1814, Schwarzburg-Rudolstadt 1816, Schaumburg-Lippe 1816, Waldeck 1816, Sachsen-Weimar-Eisenach 1816, Sachsen-Hildburghausen 1818, Hannover 1819, Braunschweig 1820, Sachsen-Coburg 1821, Sachsen-Meiningen 1821, dann auch Sachsen-Meiningen-Hildburghausen 1829, Sachsen-Altenburg 1831, Holstein 1831/34, Schleswig 1831/34, Schwarzburg-Sonders-

---

171 So waren z. B. die Mitglieder der Zentral- und Provinzialkongregationen im Königreich Lombardo-Venetien ausdrücklich dem Gemeinwohl und keinen ständischen Interessen mehr verpflichtet; ausnahmsweise erhielt diese konsultative Monarchie sogar eine vertragliche Sanktion (Patent vom 24. April 1815).

hausen 1841). Dabei vollzogen sie in Hinblick auf ihr ständisches Wahl- und Abstimmungsprinzip oder ihre legislativen Mitwirkungsrechte zwar nicht oder noch nicht sofort den Übergang zum Konstitutionalismus, können aber mitunter als Zwischenglied in der Entwicklung von der Stände- zur konstitutionellen Monarchie betrachtet werden. So nahmen diese neuen Ständeversammlungen beispielsweise mit dem den Ständevertretern in Sachsen-Hildburghausen eingeräumten Recht, die Einberufung der Ständeversammlung zu außerordentlichen Anlässen verlangen zu dürfen, mit ihrem am Gemeinwohl orientierten supraständischen Mandatsverständnis, mit dem vor allem in Sachsen-Weimar-Eisenach eingeführten, nicht mehr nach Kurien organisierten Abstimmungsverfahren und mit ihrem Vorschlags- (freilich nicht Initiativ-) recht im Gesetzgebungsprozess bereits Komponenten des modernen Konstitutionalismus in sich auf.[172] Auch die ständischen Ordnungen Hannovers und Braunschweigs verwiesen respektive im Zeitraum 1819–1833/1837–1840 und 1820–1827 mit einzelnen Aspekten bereits auf den modernen Konstitutionalismus, zu dem sie aber erst durch die Verfassungsgebungen von 1832/33 übergingen (bzw. im Falle Hannovers 1840 zurückkehrten).[173] Ähnliches gilt für Ungarn während der ab 1825/30 einsetzenden »Reform-Ära«, in der die Gesetzgebung zwischen König (dem Chef des Hauses Habsburg) und der in zwei Kammern organisierten Ständeversammlung (Obere und Untere Tafel des Reichstags) geteilt war. Selbst in den Rumänischen Fürstentümern war ab den Organischen Reglements von 1831/32 die Gesetzgebung jeweils zwischen dem Fürsten und der aus Vertretern des Adels und Geistlichkeit bestehenden, aber nur zum Teil wählbaren Landesversammlung geteilt, die bereits ein Budgetrecht und ein modernes Abstimmungsprinzip kannte und 1842 in der Walachei sogar von ihrem Recht zur Absetzung des Fürsten Gebrauch machte. In den beiden Herzogtümern Holstein und Schleswig, die für sich betrachtet ebenfalls als ständisch-monarchische Systeme gelten können, entwickelten die Provinzialstände im sich verschärfenden Nationalkonflikt mit dem dänischen Gesamtstaat ein über ihr preußisches Vorbild hinausweisendes politisches Selbst- und Eigenbewusstsein.

Nur in Ausnahmefällen und im kleinen, meist städtischen Rahmen kam es – mit oder ohne Erlass einer »Verfassung« – zur Fortführung bzw. Wiederherstellung traditionell-oligarchischer Republiken (Lübeck, Hamburg, Bremen, Frankfurt am Main,

---

172 Siehe den Beitrag über die deutschen Staaten zwischen ständisch-vormoderner und moderner Konstitution im vorliegenden Handbuchband. Zu weiteren Fallbeispielen für die Kontinuität bzw. Vermischung von alt- und neuständischen sowie modern-konstitutionellen Repräsentationsprinzipien siehe die Beiträge bei R. Gehrke (Hg.), Aufbrüche in die Moderne. Frühparlamentarismus zwischen altständischer Ordnung und monarchischem Konstitutionalismus 1750–1850. Schlesien – Deutschland – Mitteleuropa, Köln u. a. 2005; ders., Landtag (wie Fn. 170). Zum gesamteuropäischen Prozess des Elitenwandels im Rahmen einer ständischen Modernisierung während der »Sattelzeit« siehe die Fallstudie von Mathias Mesenhöller, Ständische Modernisierung. Der kurländische Ritterschaftsadel 1760–1830, Berlin 2009.
173 Siehe den Beitrag über die deutschen Staaten der zweiten Konstitutionalisierungswelle im vorliegenden Handbuchband.

San Marino, die Mehrheit der Schweizer Kantone 1814–1830 mit Ausnahme des monarchischen Neuenburgs). In deren Verfassungswirklichkeit vereinte eine – mitunter auch in direktdemokratischen Landsgemeindekantonen – vom Adel bzw. Patriziat dominierte Machtinstanz (»Großer Rat« in San Marino und in Schweizer Kantonen) meist alle Gewalten auf sich, wenngleich es in den Hansestädten und einigen Schweizer Kantonen (insbesondere Zürich, Genf, Basel, Schaffhausen) durchaus zu liberalen Zugeständnissen an die städtische Bürgerschaft kam und vor allem die sog. »neuen Kantone« (St. Gallen, Aargau, Thurgau, Tessin, Waadt) zum Teil an den Errungenschaften der Mediationszeit festhielten. In Lübeck, Hamburg und Bremen begrenzte die republikanische Ordnung die Mitsprache der Bürgerschaft auf die Steuererhebung und Finanzverwaltung, während die Veröffentlichung eines Staatsbudgets zwar in Lübeck erstmals 1835 erfolgte[174], sich als dauerhafte Institution aber noch nicht abzeichnete. Traditionellerweise wurde die direkte Demokratie in den Schweizer Kantonen vor allem auf kommunaler Ebene und mit korporativem Zuschnitt verwirklicht, wobei sowohl vor als auch während und nach der Regeneration Versuche nicht ausblieben, diese altdemokratischen Muster auf die staatliche bzw. kantonale Ebene zu transformieren und somit zu modernisieren.[175] Einen »monarchischen Sonderfall« unter den Oligarchien stellte zweifellos Serbien dar, das sich trotz der Verfassungsgebung von 1838 aufgrund der Beschränkung der Mitwirkungsmacht der Volksversammlung in zeitlicher Hinsicht und in konsultativem Sinne sowie infolge der eigentlichen Machtkonzentration im Staatsrat (Regime der »Verfassungsverteidiger«, 1842–1858) eigentlich zu einer Oligarchie wandelte, also den Übergang zu einer auf wirklicher Gewaltenteilung und Repräsentation beruhenden konstitutionellen Monarchie nicht vollzog. Auf ähnliche Weise wies das in der republikanischen Schweiz eine monarchische Ausnahme bildende Neuenburg auch oligarchische Elemente auf, indem das preußische Fürstentum gemäß der ihm 1814 vom preußischen König gewährten »Charte constitutionnelle« von der lokalen Aristokratie als einzigem Stand beherrscht wurde.

---

174 Im Oktober 1835 wurde das Lübecker Staatsbudget erstmals in den »Neuen Lübeckischen Blättern« veröffentlicht; Gerhard Ahrens, Von der Franzosenzeit bis zum Ersten Weltkrieg 1806–1914: Anpassung an Forderungen der neuen Zeit, in: A. Graßmann (Hg.), Lübeckische Geschichte, Lübeck 4. Aufl. 2008, S. 539-686, hier S. 582.
175 Am Beispiel Zürichs hat dies Barbara Weinmann, Eine andere Bürgergesellschaft. Klassischer Republikanismus und Kommunalismus im Kanton Zürich im späten 18. und 19. Jahrhundert, Göttingen 2002, nachgewiesen.

2.3 Konstitutionelle Staaten mit dualer oder mit parlamentarischer Machtstruktur

Der Übergang zum modernen Konstitutionalismus gilt bekanntlich mit der vom Staatsoberhaupt bzw. seiner Regierung und der Ständeversammlung bzw. dem Parlament gemeinschaftlich ausgeübten Legislativgewalt als vollzogen. Eine solche duale Machtstruktur liegt erst dann vor, wenn das Staatsoberhaupt bzw. die Regierung die Zustimmung der Versammlung nicht nur für die Steuererhebung, sondern eben auch in der Gesetzgebung benötigt. Als weiteres Kriterium ist das Repräsentationsprinzip von Ständeversammlung oder Parlament heranzuziehen, die im modernen Konstitutionalismus das frühere imperative Mandat dauerhaft mit der Verpflichtung gegenüber der Gesamtnation und die ständische Entsendung mit dem an Besitz und Qualifikation gebundenen Wahlrechtsprinzip ersetzt haben. Schließlich ist der Träger der Souveränität im Konstitutionalismus selbst Teil des Rechtssystems, also Staatsorgan, geworden, dessen Austauschbarkeit die häufig mit Verfassungsgebungen einhergehenden dynastischen Wechsel dokumentieren (Schweden 1809, Norwegen 1814, Frankreich 1814 und 1830, Belgien 1831), auch wenn häufig das Prinzip des Gottesgnadentums weiterhin beschworen wird. Neben dem dualen Machtsystem ist als weiterer konstitutioneller Typ schließlich noch das parlamentarische System anzusprechen, in dem die Parlamentsmehrheit dauerhaft allein über Gesetzgebung und Legitimität der Regierung entscheidet, wodurch sich eine monistische, ganz im Parlament verankerte Machtstruktur ausbildet.

Ein Großteil der europäischen Verfassungsstaaten mit dualer Machtstruktur verwirklichte in Anlehnung an das vom Wiener Kongress vorgegebene Prinzip der monarchischen Legitimität eine Form des monarchischen Konstitutionalismus, in der die Verfassung politische Herrschaft eher nur begrenzte[176], als sie – wie noch im revolutionären Konstitutionalismus – in toto erst zu begründen. Je nach Auslegung, die dieses Prinzip bei der Gestaltung der Staatsorgane – im Sinne von Machtverschiebungen innerhalb der Exekutive (vom Monarchen auf die Regierung bzw. Verwaltung) und innerhalb des Gesamtsystems (vom Monarchen bzw. seiner Regierung auf die Ständeversammlung bzw. das Parlament) – erfuhr, generierte es einen monarchischen Konstitutionalismus mit Vorrang des Königs oder mit Vorrang des Parlaments. Der monarchische Konstitutionalismus bonapartistischer Prägung trat im Zeitraum 1815–1847 nur noch vorübergehend während der napoleonischen »Herrschaft der Hundert Tage« (1815) auf, obwohl er wirkungsgeschichtlich dem Fortbestand des monarchi-

---

176 Die unterstützende Rolle vieler Monarchien bei der Konstitutionalisierung betont Pierangelo Schiera, Monarchia costituzionale o costituzionalismo monarchico? L'Europa del pre-1848, in: Guazzaloca (Hg.), Sovrani (wie Fn. 163), S. 41-55.

schen Verfassungsstaats nach 1815 vielerorts (besonders deutlich in Bayern 1808/18) erst den Weg bereitet hatte.[177]

Die konstitutionelle Monarchie mit Vorrang des Monarchen entsprach dem Muster der europäischen Restaurationsepoche, wie es – basierend auf dem monarchischen Prinzip – mit der französischen Charte constitutionnelle von 1814 vorgegeben wurde. Der König behielt darin die Kontrolle über die Exekutive, besaß die alleinige Gesetzesinitiative und ein (Not-)Verordnungsrecht sowie weitreichende Befugnisse gegenüber dem Zweikammerparlament (Eröffnung, Auflösung), dem er in der gemeinschaftlich ausgeübten Legislative mit dem absoluten Vetorecht begegnen konnte, während seine Minister formell ihm und dem Parlament nur in juristischer Hinsicht (Ministeranklage) verantwortlich waren. Am deutlichsten imitierten dieses Restaurationsmodell die Verfassungen des deutschen (Früh-)Konstitutionalismus im Wirkungskreis von Artikel 13 der Deutschen Bundesakte (Bayern und Baden ab 1818, Württemberg ab 1819, Hessen-Darmstadt ab 1820, Kurhessen und Sachsen ab 1831, Braunschweig ab 1832, Hohenzollern-Sigmaringen ab 1833, Hannover ab 1833/40 und Lippe ab 1836). Auch wenn im deutschen Vormärz die juristische Verantwortlichkeit der Minister von den Parlamenten zumindest in den süddeutschen Staaten nie im Sinne eines formellen Anklageverfahrens in Anspruch genommen wurde, entwickelten sich die Zweiten Kammern, die in der Regel das Steuerbewilligungsrecht, aber mit Ausnahme Württembergs kein explizites Budgetrecht besaßen, zu Zentren eines öffentlichen Verfassungslebens, das in keinen anderen Medien zugelassen war. Im Rahmen dieser Öffentlichkeit gelang es bspw. der bayerischen Ständeversammlung 1831, infolge einer verfassungswidrigen Zensurverordnung den Rücktritt des Innenministers zu erwirken. Im Spanien des Königlichen Statuts (1834–1837), unter dem die alleinige Gesetzesinitiative bei der Krone, das Budgetrecht beim Zweikammerparlament lag, sah allerdings bereits die Verfassung vor, dass die Regierung über das Vertrauen der Cortes verfügen musste. Diese zunächst nur formale Vorgabe kam gelegentlich – wie beispielsweise 1836 beim parlamentarischen Sturz Mendizábals – durchaus zur Anwendung; allerdings verbietet es die ebenfalls noch übliche Praxis der außerkonstitutionellen Regierungsbildung (*Pronunciamiento*), für diesen und den nachfolgenden Zeitraum unter der Verfassung von 1837 bereits von einem Übergang Spaniens zur parlamentarischen Monarchie zu sprechen.

In Kurhessen entwickelte unter der Verfassung von 1831 das Parlament, das hier ausnahmsweise in einer Kammer vereint war, durch das ihm zugewiesene Recht zur Gesetzesinitiative und seine Verpflichtung zur Ministeranklage im Falle eines Verfassungsbruchs (der durchaus nachgekommen wurde) ein für diesen Verfassungstyp ganz außergewöhnliches Gewicht. Zu einer abgeschwächten Form des monarchischen Konstitutionalismus mit Vorrang des Königs entwickelte sich auch Schweden unter der 1809 vom Reichstag selbst erlassenen Ständeverfassung: Unter formaler Ge-

---

177 Vgl. hierzu Kirsch, Verfassungsstruktur (wie Fn. 140), S. 47 f.

waltenteilung waren Legislative und Gesetzesinitiative auf den König und den aus vier Ständen (Adel, Klerus, Bürgertum, Bauernschaft) bestehenden Reichstag übertragen, der außerdem die alleinige Kontrolle über Staatsfinanzen und Steuerwesen (inkl. Budgetrecht) besaß und nach Ständen abstimmte. Dem König oblag zusammen mit dem »Staatsrat« die Exekutive und er saß dem Höchsten Gericht vor, das die Judikative kontrollierte. Eine Verfassungsrevision konnte nur durch übereinstimmenden Beschluss von Reichstag und König herbeigeführt werden. Demgegenüber setzte sich ein besonders ausgeprägter Vorrang des Königs in den konstitutionellen Monarchien der Niederlande, Luxemburgs und Polens durch. Nach einer ursprünglich ständischen Verfassungsgebung (1814) geriet ab 1815 das Zweikammerparlament in den Niederlanden und Luxemburg aufgrund des Zehnjahresbudgets und einer mehr auf dem Verordnungs- als auf dem Gesetzesweg beruhenden Regierungspraxis deutlich ins Hintertreffen. Dies änderte sich in Luxemburg mit dem eigenständigen Verfassungsoktroi von 1841 nicht wesentlich, das der national ausgerichteten und auf Zensusbasis wählbaren »Landstände-Versammlung« stark eingeschränkte Mitwirkungsrechte (insbesondere ein nur partielles Budgetrecht) konzedierte. Auch im Königreich Polen wussten die Zaren Alexander I. und Nikolaus I. als polnische Könige unter der 1815–1832 geltenden, am napoleonischen Vorläufermodell orientierten Verfassung durch Zwischenschaltung mehrerer, zum Teil außerkonstitutioneller Machtinstanzen, durch das Unterlaufen des Budgetrechts des Sejm und durch die Gesetzgebungspraxis auf dem Verordnungsweg die Entwicklung eines allzu eigenständigen Parlamentslebens zu verhindern. Darüber hinaus versuchte sich Karl X. in Frankreich weitgehend erfolglos in manipulativer parlamentarischer Mehrheitsbeschaffung (Pairsschübe, vorzeitige Kammerauflösungen und Neuwahlen) und dem exzessiven Erlass von Ordonnanzen. Schließlich führten im ab 1834 wirksamen portugiesischen Chartakonstitutionalismus die Rezeption der Constant'schen Lehre vom König als neutraler Gewalt, die Einführung der Figur des Premierministers und die allmähliche Abhängigkeit der Regierung von der Parlamentsmehrheit zur Ausbildung einer einzigartigen konstitutionellen Monarchie mit Vorrang der Regierung, in der Letztere ihre Mehrheiten zu organisieren und ihre Gesetzgebung am Parlament vorbei durchzusetzen verstand.

Der Typ der konstitutionellen Monarchie mit Vorrang des Parlaments setzte sich im Untersuchungszeitraum dauerhaft immerhin in Norwegen (ab 1814), Frankreich (ab 1830), Belgien (ab 1831) und Spanien (ab 1837) durch. In Norwegen beispielsweise bewies das Storting in Auseinandersetzung mit dem König einen äußerst kämpferischen Geist, der den prinzipiellen Selbstständigkeitsbestrebungen Norwegens gegenüber Schweden geschuldet war und sich u. a. in mehreren Ministeranklagen äußerte. Allerdings behielt der König mit dem Verordnungsrecht zwischen den parlamentarischen Sitzungsperioden ein entscheidendes Machtinstrument. Überdies deutet die Seltenheit der dritten parlamentarischen Überstimmung eines suspensiven königlichen Vetos auf eine ausgeprägte Kompromissfähigkeit der Verfassungsorgane hin, die auch die Langlebigkeit dieses Verfassungstyps in Norwegen erklärt. Eine ähnliche Stärke des Parlaments scheint demgegenüber nur für einen Augenblick in den südeuropäischen Verfassungsrevolutionen um 1820 auf (Spanien 1820–1823, Neapel 1820/21, Piemont 1821, Portugal 1822/23), wo sie nicht der direkten Anknüpfung an die französische Verfassung von 1791 (wie in Norwegen), sondern der Übernahme des Cádizer Modells (Volkssouveränität, allgemeines Männerwahlrecht im ersten Wahlgang, Einkammerparlament, nur suspensives Veto des Königs, Ministerverantwortlichkeit) geschuldet war. Dies verwies durch die gelegentliche Anwendung der parlamentarischen Ministerverantwortlichkeit (etwa beim Sturz der Regierung in Neapel im Dezember 1820) bereits auf die Möglichkeit zu seiner Parlamentarisierung. Während bereits für die französische Restauration von einer durch die Ultraroyalisten vorübergehend hergestellten Pseudoparlamentarisierung mit antiliberaler Stoßrichtung gesprochen werden kann[178], beruhte die Julimonarchie 1830–1848 wesentlich auf einer veränderten Handhabung der Charte constitutionnelle: Die nun ebenfalls mit der Gesetzesinitiative ausgestatteten Kammern avancierten infolge der monarchischen Zurückhaltung (Verzicht auf absolutes Vetorecht) zum Zentrum des politischen Lebens, auch wenn die Regierungen nach wie vor vom doppelten Vertrauen (des Parlaments und des Königs) abhängig blieben, wobei sie sich zeitweise ihre parlamentarischen Mehrheiten mittels der »Beamtenabgeordneten« zu sichern wussten. Demgegenüber etablierte sich der monarchische Konstitutionalismus mit Vorrang des Parlaments in Belgien auf verfassungsrechtlichem Weg: Gegen die Tradition des Gottesgnadentums und gemäß dem Prinzip der Volkssouveränität errichtete die belgische Verfassung von 1831 eine zensitär regulierte repräsentative Monarchie mit formaler Gewaltenteilung (zwischen König und wählbarem Zweikammerparlament geteilte Legislative und Gesetzesinitiative, Inkompatibilität zwischen Regierungsamt und nicht imperativem Parlamentsmandat, jährliches Budgetrecht des Parlaments, Immunität der Parlamentsabgeordneten, Exekutive beim König, Unverletzlichkeit des Königs und Ministerverantwortlichkeit, unabhängige Judikative mit Verfassungsgericht). Die regelmäßigen Machtanmaßungen des Königs verhinderten jedoch die vollständige Fortentwicklung Belgiens zum parlamentarischen System.

Neben seiner überwiegenden monarchischen Form fand der Konstitutionalismus mit dualer Machtstruktur nur in wenigen Fällen eine republikanische Ausprägung, wobei die Variante mit Vorrang des Staatsoberhauptes bzw. der Regierung im Vergleich zu den monarchischen Systemen eher unterrepräsentiert war (Krakau 1815–1833, Ionische Inseln ab 1818). Die Verfassungen Krakaus und der Ionischen Inseln wurden von Fremdmächten gewährt. Die Versammlung der Freien Stadt Krakau, die

---

178 Klaus von Beyme, Die parlamentarischen Regierungssysteme in Europa, München 1970, S. 93-99, 101-105. Zum vorübergehenden Charakter einer solchen parlamentarischen Ausrichtung der Regierungspolitik vgl. den Beitrag über Frankreich im vorliegenden Handbuchband (dortiges Kap. 2).

auf einer städtischen Repräsentation mit korporativen Komponenten (Kirche, Universität, Friedensrichter) beruhte und sich die Legislative mit dem Regierungsorgan (Senat) teilte, sah sich häufig durch verfassungswidrige Eingriffe der Teilungsmächte in ihren Rechten beschnitten. Daher kann hier bis 1833 von einem konstitutionell-republikanischen System mit deutlichem Machtvorbehalt des Regierungslagers (ab 1827 sogar mit einem gegen die Verfassung eingesetzten Präsidenten) gesprochen werden. Nach dem polnischen Aufstand wandelte es sich durch die Verfassungsrevision von 1833 unter der Übermacht der »Konferenz der Residenten« zu einem oligarchischen System, bis Krakau schließlich 1846 durch seine Inkorporierung in das österreichische Galizien den republikanischen Sonderverwaltungsstatus ganz einbüßte. In ähnlicher Weise besaß in den »Vereinigten Staaten der Ionischen Inseln« gemäß der zum Jahresbeginn 1818 in Kraft gesetzten Verfassung von 1817 der Lord Oberkommissar der britischen Schutzmacht bzw. der englische Monarch selbst – neben dem militärischen Oberbefehl – die entscheidende Verfügungsgewalt im Gesetzgebungsprozess (Veto) und hinsichtlich der Einberufung, Vertagung oder Auflösung des Parlaments sowie der Besetzung der höheren Staatsämter (inkl. des Senatspräsidenten). Legislative und Gesetzesinitiative waren zwischen der Regierung (einem sechsköpfigen Senat mit einem Präsidenten an der Spitze) und Parlament (einer partiell wählbaren Gesetzgebenden Versammlung mit Budgetrecht) geteilt. Der ionische Senatspräsident überragte in Funktion und Bedeutung die übrigen Regierungsmitglieder, indem ihm z. B. bei Stimmengleichheit die ausschlaggebende Stimme zufiel, weshalb hier ein wesentliches Kriterium des direktorialen Konstitutionalismus (die Gleichberechtigung der Direktoren untereinander) nicht gegeben war.

Eine auf dualer Machtstruktur beruhende Republik mit Vorrang des Parlaments bildete sich zunächst in der Zeit des griechischen Unabhängigkeitskriegs heraus, wobei die Verfassungen von 1822/23 eine direktoriale, die Verfassung von 1827 eine präsidiale Komponente aufwiesen. Auch wenn die griechischen Territorien aufgrund der Kriegs- und Bürgerkriegswirren bis Anfang der 1830er-Jahre noch keine ausgeprägte (Verfassungs-)Staatlichkeit entwickelten, beruhte die Ordnung von 1822/23 auf voller nationaler Souveränität (d. h. keine innere Gewaltbefugnis für eine äußere Schutzmacht) und einer schrittweise gestärkten Stellung des Parlaments im Gesetzgebungsprozess (nur suspensives Veto der Regierung), das 1827 zudem indirekten Zugriff auf die Regierung (juristische Verantwortlichkeit der Minister, Unverletzlichkeit des Präsidenten) gewann. Nach der kurzwährenden präsidialen Republik von 1827/28, deren Typ im Untersuchungszeitraum sonst nur noch in den USA und in Südamerika nachweisbar ist, fand die republikanische Option aufgrund der anschließenden Autokratie Kapodistrias' und durch die internationalen Implikationen bei der definitiven Nationalstaatsgründung aber keine Berücksichtigung mehr. Der neugriechische Staat entstand 1832/33 – trotz konsultativer Komponenten, die sich aber aufgrund des autoritären Herrschaftsstils Ottos I. nicht im Sinne einer administrativen Reformmonarchie auswirkten – als absolutistische Erbmonarchie, die erst mit der Verfassungsgebung von 1844 durch ein monarchisch-konstitutionelles System mit in der Verfassungswirklichkeit deutlich ausgeprägtem Vorrang des Königs ersetzt wurde. Neben der direktorialen Komponente zeichneten sich die ebenfalls auf der Volkssouveränität beruhenden Verfassungen der Schweizer »Regeneration« (Tessin, Thurgau, Zürich, Bern, Luzern, Freiburg, Solothurn, Schaffhausen, St. Gallen, Waadt, Aargau, Basel-Landschaft, Basel-Stadt, Glarus, Schwyz) durch direktdemokratische und sogar parlamentarische Komponenten aus: In mehreren Kantonen brachte die Erweiterung der politischen Partizipation ab 1830 die Umwandlung des »Großen Rates« in eine Repräsentativversammlung mit sich, die nun eine herausragende, ja souveräne Macht ausbildete (letzte Entscheidungsinstanz in der Gesetzgebung, Wahl des ihr verantwortlichen Exekutivorgans des »Kleinen Rates« oder »Regierungsrates«). Der vollständige Übergang zum parlamentarischen System wurde jedoch zum Teil durch den Fortbestand direktdemokratischer Muster (Veto, Referendum) gestört und durch die direktorialen Komponenten des Systems verhindert, die eine reguläre Ablösung der Regierungsräte vor Ablauf ihrer Amtszeit nur durch Rückgriff auf extrakonstitutionelle Maßnahmen ermöglichten (z. B. Tessiner Regierungssturz und »Züri-Putsch« um 1839). Im mehrköpfigen Regierungsorgan der griechischen Revolutionsverfassungen von 1822/23 und in den kollegial organisierten »Kleinen Räten« oder »Regierungsräten« der Schweizer Regeneration lässt sich die einzige Nachwirkung der direktorialen Sonderform der Republik erkennen, in der der moderne Konstitutionalismus ab 1795 von Frankreich aus erst europäische Verbreitung gefunden hatte.[179]

Ein wirklicher Übergang zum Parlamentarismus stellte sich während des Zeitraums 1815–1847 dauerhaft nur in Großbritannien ein, wo bereits seit 1689 eine konstitutionelle Monarchie mit Vorrang des Parlaments bestand und nun – nach einer durch die Französische Revolution und die napoleonische Bedrohung ausgelösten verfassungsgeschichtlichen Stagnation – die Parlaments- und Wahlrechtsreform von 1832 einen neuen Meilenstein in der verfassungsgeschichtlichen Entwicklung bildete. Aufgrund der erneuerten Repräsentation und der verbesserten (auch öffentlichen) Arbeitsweise des Unterhauses bewirkte die Reform einen solchen Legitimitätszuwachs für die Kammer, dass der König, der im Vorfeld kontinuierlich an Ansehen verloren hatte, seine bisher noch verteidigten Prärogative nun dauerhaft an die von einem Premierminister geleitete Kabinettsregierung und das Unterhaus abtreten musste. Auch wenn die manipulativen und auf Korruption beruhenden Wahlpraktiken noch lange fortbestanden, setzte sich bei der Regierungsbildung von 1835 erstmals das dann im Zuge der sog. »Bedchamber crisis« (1839–1841) bestätigte Prinzip

---

[179] Die Rezeption der französischen Verfassungen von 1793 und 1795 durch die nationalrevolutionären griechischen Geheimbünde ist belegt; vgl. Nikolaus Wenturis, Das politische System Griechenlands. Eine soziopolitische Analyse, Stuttgart u. a. 1984, S. 38 f.

durch, dass selbst eine von der Krone gestützte Regierung ohne parlamentarisches Vertrauen nicht mehr bestehen konnte.

2.4 Fazit

Für eine abschließende Typisierung (☞ Abb. 1.2, S. 76-79) gilt es die unterschiedlichen Regierungsformen unter drei Gesichtspunkten zu betrachten. Zunächst geht es um die inneren Motive, die die Verfassungsentwicklung in weiterem Sinne (d. h. mit oder ohne Verfassungstext) bestimmten. Sodann gilt es die Rezeption wechselnder Verfassungsmodelle zu berücksichtigen, die Einfluss auf die Ausbildung dieser Systeme nahmen und denen im übergreifenden Transfer die Bedeutung epochaler Leitbildverfassungen zufiel. Schließlich ist für die europäischen Verfassungsstaaten im engeren Sinne der Grad der gesellschaftlichen Mitwirkung am Verfassungsgebungsprozess mit der daraus entstandenen konstitutionellen Regierungsform in Beziehung zu setzen.

1. Der aus den napoleonischen Kriegen, den daraus resultierenden territorialen Veränderungen und innergesellschaftlichen Kompromissanforderungen gegenüber den neuen politischen Eliten gewachsene Bedarf nach Staats- und Nationsbildung generierte ein monarchisches Machtdefizit, das sich besonders deutlich für das Königreich der Vereinigten Niederlande (verstärkt ab 1830/31 durch die belgische Separation), für Luxemburg ab 1839 und für die deutschen Mittelstaaten (verstärkt im badischen Fall durch die Erbfolgefrage) als Motiv für eine Verfassungsgebung nachweisen lässt. In Frankreich sollte das monarchische Oktroi nicht nur dem liberaleren Verfassungsentwurf des napoleonischen Senats zuvorkommen, sondern vor allem die vorkonstitutionelle Quelle der königlichen Macht als einzig legitime *pouvoir constituant* bekräftigen. Auch bei der erfolgreichen Implementierung einer konstitutionellen Monarchie in Spanien ab 1834 war das Machtdefizit der Krone infolge eines Thronfolgestreits (Karlistenkrieg) das ausschlaggebende Motiv. Während auf der einen Seite somit der Konstitutionalismus in mehreren Ländern sein gesellschaftliches Integrationspotenzial unter Beweis stellte, wobei die Nationsidee gegenüber dem monarchischen Legitimitätsprinzip als Verfassungsmotiv an Bedeutung gewann (mit direkter Wirkung in Norwegen 1814, Griechenland 1822/23 und 1827 sowie Belgien 1831; als in die Zukunft verweisende programmatische Losung z. B. in Irland, Piemont-Sardinien und den deutschen Staaten), ist auf der anderen Seite festzuhalten, dass ein monarchisches Macht- oder Staatsbildungsdefizit nicht zwingend zur Verfassungsgebung (meist in der Form eines Oktroi) führen musste, wie die Betrachtung der nicht konstitutionalisierten Staaten aufzeigt. So setzte man in mehreren deutschen Kleinstaaten sowie der Mehrheit der Schweizer Kantone ab 1814/15 auf die Wiederherstellung der alten ständischen oder oligarchischen Ordnungen, die teilweise auch durch neue »Verfas-

sungen« bekräftigt wurden. Andernorts trug der Staatsbildungsbedarf, wie er sich etwa in den Königreichen Sardinien (Zugewinn Genuas und Liguriens) und beider Sizilien (Vereinigung der Königreiche Neapel und Sizilien) ergab, nicht zum Erlass grundlegender Rechtstexte und schon gar nicht zu konstitutionellen Zugeständnissen bei. Vielmehr stützten die Monarchien ihre Zentralisierungsbemühungen durch administrative und konsultative Mitwirkungsmöglichkeiten ab, ergänzt durch die vorübergehende Gewährung eines rechtlichen Sonderstatus für die hinzugewonnenen oder wiedervereinigten Territorien (ligurische Territorien und Insel Sardinien im Königreich Sardinien, Insel Sizilien im Königreich beider Sizilien). Die konsultative Monarchie wurde im italienischen Verfassungsdiskurs zwar zeitweise als einheimische Alternative zum modernen europäischen Konstitutionalismus gehandelt[180], fand sich aber in der Verfassungswirklichkeit höchstens im habsburgischen Lombardo-Venetien voll ausgebildet, in Piemont-Sardinien nur in Ansätzen verwirklicht. Selbst im Falle des neu gebildeten griechischen Nationalstaats meinte die Wittelsbacher Dynastie zunächst zur effektiveren Machtdurchsetzung auf eine Verfassung verzichten zu müssen. Sieht man einmal von der rein formalen Verfassungsgebung für Serbien (1838) ab, dann ist die abwehrende Haltung der in den kontinentaleuropäischen Imperien bestimmenden bzw. sich – wie in Preußen – sukzessive nach 1814/15 wieder durchsetzenden Kräfte gegenüber der Beschränkung und Regulierung monarchischer Herrschaft mittels einer Verfassungsurkunde offenkundig. Das etwa für die süddeutschen Staaten so bedeutende Integrationspotenzial einer Konstitution galt im Hinblick auf den multiethnischen, jedenfalls übernationalen Charakter der Großmonarchien als ungeeignet und sogar bedrohlich.

2. Der direktoriale Konstitutionalismus hatte zwar den ersten modernen Verfassungstransfer in Europa ausgelöst (Republiken in den Niederlanden, der Schweiz und Italien), er bildete jedoch ab der Jahrhundertwende – abgesehen von Komponenten der griechischen Revolutionsverfassungen, die zum Teil auf den Einfluss der internationalen Bewegung des Philhellenismus zurückgingen, sowie der Schweizer Regenerationsverfassungen – kein Transfermodell mehr. Dies gilt prinzipiell auch für den monarchischen Konstitutionalismus bonapartistischer Prägung – mit Ausnahme allerdings seiner vorübergehenden Neuauflage während der napoleonischen »Herrschaft der Hundert Tage« (1815) und seiner längeren Wiederbelebung im Seconde Empire (1852–1870). Abgesehen von der ideellen Ausstrahlungskraft der nordamerikanischen Verfassung(en) in der Verfassungskultur der Schweiz und zum Teil auch Griechenlands setzten sich im neuen Europa der Restauration drei hauptsächliche Transfermodelle in drei Verfassungswellen (um 1814, um 1820 und um 1830) durch. Zunächst behauptete sich in Form der französischen Charte von 1814 der monarchische Konstitutionalismus mit Vorrang

---

180 Kerstin Singer, Konstitutionalismus auf Italienisch. Italiens politische und soziale Führungsschichten und die oktroyierten Verfassungen von 1848, Tübingen 2008, bes. S. 72-142.

des Monarchen als neues Leitbild der europäischen Restaurationsstaaten, das seinerseits auf eine Fehlperzeption des britischen Verfassungssystems zurückging, welche die Macht des dortigen Staatsoberhaupts überschätzte. Einen Gegenstrang zu diesem Restaurationsmuster boten die norwegische Verfassung von 1814 und die spanische Verfassung von 1812 bzw. deren vorübergehende Wiederinkraftsetzung in den durch Pronunciamientos ausgelösten südeuropäischen Revolutionen von 1820–1823. Dieser monarchische Konstitutionalismus mit Vorrang des Parlaments ging auf die französische Konstitution von 1791 zurück und konnte sich aufgrund seines demokratischen Charakters über die südeuropäischen Revolutionen hinaus in der gesamteuropäischen Verfassungsentwicklung nicht länger behaupten, auch wenn er in Norwegen fortbestand.[181] Die beiden ab 1814/15 wirksamen Transfermodelle – der monarchische Konstitutionalismus mit Vorrang des Monarchen und mit Vorrang des Parlaments – wurden 1830/31 durch die neuen Leitbildverfassungen der französischen Charte von 1830 und der belgischen Konstitution von 1831 abgelöst[182], die künftig den europäischen Verfassungstransfer weitgehend beherrschten. Sie setzten ein entschärftes Modell der konstitutionellen Monarchie mit Vorrang des Parlaments durch dessen Umwandlung zum Zweikammersystem und die Einführung eines strengeren Wahlrechts durch[183], ohne Ansätze zur Parlamentarisierung ganz auszuschließen. Insbesondere die belgische

---

181 Paradoxerweise hat jedoch gerade die fortdauernde norwegische Variante gegenüber dem kurzlebigen Cádizer Verfassungsmythos eine deutlich geringere Ausstrahlung auf den europäischen Verfassungsdiskurs gehabt. Sie wurde lediglich in Schweden, Dänemark und Großbritannien intensiver zur Kenntnis genommen. Ob die französische Konstitution von 1791 gar indirekt über die zeitlich näherliegende Verfassung von Cádiz auf die norwegische Verfassung Einfluss genommen habe, diskutiert – allerdings ohne sicheres Ergebnis – Ditlev Tamm, Cádiz 1812 y Eidsvoll 1814, in: Historia Constitucional (revista electrónica), n. 7, 2006, S. 313-320, <http://www.historiaconstitucional.com/index.php/historiaconstitucional/issue/view/8/showToc> [29.7.2011]. Zur Rezeption und Anwendung des Cádizer Modells siehe hingegen Maria Sofia Corciulo, La circolazione del modello spagnolo in Italia (1820–1821), in: F. Mazzanti Pepe (Hg.), Culture costituzionali a confronto. Europa e Stati Uniti dall'età delle rivoluzioni all'età contemporanea. Atti del convegno internazionale (Genova, 29–30 aprile 2004), Genova 2005, S. 129-147; Jens Späth, Revolution in Europa 1820–1823. Verfassung und Verfassungskultur in den Königreichen Spanien, beider Sizilien und Sardinien-Piemont, Köln 2012. Speziell zur Rezeption der neapolitanischen Revolution von 1820/21 und der dort umgesetzten Cádizer Verfassungsordnung im deutschsprachigen, vor allem preußischen Raum siehe die ausführliche Analyse von Maria Pia Paternò, La Prussia e la rivoluzione napoletana del 1820. Affinità storico-politiche e progettualità istituzionali a confronto, Camerino 2000.

182 Von der französischen Julirevolution ging 1830 eine Vielfalt an Transferprozessen aus, die zur Entstehung europäischer Öffentlichkeiten und zur Ausbildung von Europaerfahrungen führten. Julia A. Schmidt-Funke, Revolution als europäisches Ereignis. Revolutionsrezeption und Europakonzeptionen im Gefolge der Julirevolution von 1830, in: Jahrbuch für Europäische Geschichte 10 (2009), S. 149-194.

183 Hierbei handelte es sich um zwei Elemente, die bereits in der fortbestehenden norwegischen Verfassung von 1814 tendenziell angelegt waren. Gegenüber dem suspensiven Veto des Königs im norwegischen Fall und dem formalen Fortbestand des absoluten Vetos in Frankreich verzichtete die belgische Verfassung jedoch gänzlich auf ein Vetorecht.

Konstitution beeinflusste zumindest partiell mehrere nachfolgende europäische Verfassungen (Serbien 1835, Spanien 1834 und 1837, Portugal 1838, Griechenland 1844) und war – nach dem Scheitern der französischen Charte von 1830 – auch 1848 für zahlreiche Verfassungsgebungen (Luxemburg, Niederlande, Piemont-Sardinien u. a. italienische Staaten) bestimmend.[184] Selbst auf nachrevolutionäre Verfassungsgebungen sollte die belgische Konstitution noch ihren Einfluss geltend machen (Preußen 1850, Griechenland 1864, Rumänien 1866).

Eine indirekte außereuropäische Wirkung entfaltete der europäische Verfassungswandel bereits seit der napoleonischen Epoche vor allem auf die iberoamerikanische Region, wo sich der Befreiungs- und Unabhängigkeitskampf im Zuge des Zusammenbruchs des spanischen Imperiums und der südeuropäischen Revolutionen um 1820 beschleunigte[185], was wiederum in Europa interessiert beobachtet wurde.[186] Auch

---

184 Für den italienischen Konstitutionalismus von 1848 lassen sich beispielsweise neben der größeren Bedeutung der französischen Charte von 1814/30 und der belgischen Verfassung von 1831 noch weitere Einflüsse nachweisen: So hatten auch die portugiesische Verfassung von 1826 und die griechische Konstitution von 1844 Anteil an der Ausarbeitung des piemontesischen Statuto Albertino, der ab 1861 die Verfassung des geeinten Italien abgeben wird. Auch erlangten 1848 die schwedische Verfassung von 1809 und die norwegische Konstitution von 1814 in der Verfassungsdiskussion Neapel-Siziliens, in der aber auch die eigene Verfassung von 1821 nochmals eine Rolle spielte, eine gewisse Bedeutung, als man sich infolge der separatistischen Verfassungsbewegung auf Sizilien für die Personalunion des Monarchen über zwei unterschiedlich verfasste Länder interessierte. Singer, Konstitutionalismus (wie Fn. 180), S. 37, 312 f., 324 f., 440 f.

185 Zur Unabhängigkeit der lateinamerikanischen Kolonien siehe Jeremy Adelman, Sovereignty and Revolution in the Iberian Atlantic, Princeton/Oxford 2006; Rinke, Revolution (wie Fn. 33); vgl. auch den verfassungsgeschichtlichen Themenschwerpunkt zum 200. Jahrestag der lateinamerikanischen Unabhängigkeit in: Rechtsgeschichte. Zeitschrift des Max-Planck-Instituts für europäische Rechtsgeschichte 16 (2010), bes. S. 66-68 (Andreas Timmermanns Analyse des lateinamerikanischen Präsidentialismus, der seit 200 Jahren das Verhältnis zwischen Exekutive und Legislative kennzeichnet), 69-77 (Manuel Chust Caleros vergleichende Analyse über die Rezeption und Fortentwicklung der Verfassung von Cádiz in iberoamerikanischen Ländern, durch deren ebenfalls in Cádiz anwesende Repräsentanten diese »spanische« Konstitution mitgeformt wurde). Als vertiefende Untersuchung zur Umsetzung der spanischen Verfassung von Cádiz in Mexiko vgl. Silke Hensel, Zur Bedeutung von Ritualen für die politische Ordnung. Die Proklamation der Verfassung von Cádiz in Oaxaca, Mexiko, 1814 und 1820, in: Zeitschrift für Historische Forschung 36 (2009), H. 4, S. 597-627; Sebastian Dorsch, Die Verfassung von Michoacán (Mexiko). Ringen um Ordnung und Souveränität im Zeitalter der Atlantischen Revolutionen, Köln 2010. Weitere Transfervorgänge auf kommunikativer und ideengeschichtlicher Ebene finden sich bei E. Roldán Vera/M. Caruso (Hg.), Imported Modernity in Post-Colonial State Formation. The Appropriation of Political, Educational, and Cultural Models in Nineteenth-Century Latin America, Frankfurt a. M. u. a. 2007. Den auch nach Erlangung der Unabhängigkeit fortbestehenden Verflechtungen geht der Themenschwerpunkt nach von M. Brown/G. Paquette (Hg.), Europe and Latin America in the 1820s, in: European History Quarterly 41 (2011), H. 3, S. 387-488. Siehe schließlich auch den Beitrag über Gesellschaft und Konstitutionalismus in Amerika innerhalb dieser Einleitung.

186 Bisher gibt es noch keine Erkenntnisse darüber, inwieweit diese Beobachtung des außereuropäischen Konstitutionalismus zu aktiver Rezeption und Transfervorgängen in Europa selbst Anlass gab; vgl. Mohnhaupt, Blicke (wie Fn. 29).

bereitete sich im Untersuchungszeitraum die Rezeption westlicher Staats- und Verfassungsmodelle in Ostasien vor, wie sie sich dann ab der Mitte des 19. Jahrhunderts in stärkerem Maß in Japan, nach der Wende zum 20. Jahrhundert zum Teil aber auch in China vollziehen sollte.[187]

3. Auf das Verhältnis zwischen gesellschaftlicher Mitwirkung an der Verfassungsgebung und der daraus entstehenden Regierungsform bzw. auf die Auseinandersetzung um die verfassungsgebende Gewalt wirkten entweder die ständische Initiative oder gar die Nation als Souverän, das monarchische Prinzip oder – über eine entsprechende vertragliche Vereinbarung – eine Mischung aller Seiten ein. Das Spektrum reichte somit von der ständisch oder vom ganzen Volk bzw. der gesamten Nation initiierten, möglicherweise sogar revolutionär (ganz zu Beginn des Untersuchungszeitraums auch in antinapoleonischer Absicht) zustande gekommenen Verfassungsgebung über die vereinbarte bis hin zur oktroyierten Verfassung. Im Allgemeinen lässt sich feststellen, dass sich der Grad der gesellschaftlichen Mitwirkung auch im Charakter des Verfassungssystems niederschlug: Vom Fürsten konzedierte Verfassungen (monarchische Legitimität) generierten ein System mit Vorrang des Monarchen, während die konstitutionelle Monarchie mit Vorrang des Parlaments in allen Fällen eine gesellschaftliche Beteiligung an der Verfassungsgebung oder gar eine national verankerte pouvoir constituant (Volkssouveränität) voraussetzte. Dies gilt selbstredend auch für die Parlamentarisierung des britischen Verfassungssystems, die von der durch die Reform Bill von 1832 gestärkten Nationalrepräsentation in Verbindung mit einer vom Premier geleiteten Kabinettsregierung durchgesetzt wurde. Auch in republikanischen Systemen führte eine von den Eliten herbeigeführte Verfassungsgebung zur Ausbildung von oligarchisch-patrizischen Systemen (Mehrheit der Schweizer Kantone bis 1830) oder bei äußerer pouvoir constituant zumindest zur entscheidenden Kontrolle des republikanisch-konstitutionellen Systems durch die Außenmächte (Krakau, Ionische Inseln), während nationale Verfassungsinitiativen Ordnungen mit deutlichem Vorrang des Parlaments generierten (Norwegen 1814, Schweizer Regenerationsverfassungen ab 1830, griechische Revolutionsverfassungen von 1822/23 und 1827). Lediglich in Schweden und anfangs auch in den Niederlanden war es eine ständische und keine monarchische Verfassungsinitiative, die ab 1809/14 zur Ausbildung eines monarchisch-konstitutionellen Systems mit – allerdings abgeschwächtem – Vorrang des Monarchen Anlass gab.

---

187 Nachdem längerfristig eher die umgekehrte Rezeption (z. B. der chinesischen Beamtenausbildung im Westen) vorausgegangen war, begann mit dem Ersten Opiumkrieg 1839–1842 der lange Prozess der zunächst gewaltsamen Öffnung Chinas gegenüber dem Westen. Zu den sich daran anschließenden, auf die eigenen traditionellen Staatsphilosophien aufbauenden Rezeptionsleistungen in China vgl. Guido Mühlemann, Chinas Experimente mit westlichen Staatsideen. Eine rechtshistorische und zeitgeschichtliche Untersuchung zur chinesischen Rezeption europäischer Staatsideen, Zürich u. a. 2006 (zugl. Diss. iur. Zürich).

Schließlich bestätigt sich auch weitgehend der bisherige Befund[188], dass eine zwischen Monarchen und Parlament vereinbarte Verfassungsgebung (Württemberg 1819, französische Charte von 1830, zweite deutsche Konstitutionalisierungswelle ab 1831) in ihrem Ergebnis – sieht man einmal vom besonderen Gewicht des Parlaments im Ausnahmefall Kurhessens ab – nicht vom Oktroi abwich. Dies galt erst recht bei nachträglicher parlamentarischer Bestätigung eines Oktroi (Hessen-Darmstadt 1820)[189], aber auch für den umgekehrten Fall einer ursprünglich durch eine verfassungsgebende Versammlung initiierten, dann aber Züge einer Vereinbarung annehmenden Verfassungsgebung (Niederlande 1814/15, Griechenland 1843/44).[190] Während somit Oktroi und Vereinbarung in der Regel ein System schufen, in dem der Monarch langfristig seinen Vorrang zu behaupten wusste, war eine revolutionäre, auf der Volkssouveränität beruhende Verfassungsgebung langfristig nur erfolgreich, wenn sie auf internationale Anerkennung und innere Einigkeit setzen konnte, die den südeuropäischen Verfassungsrevolutionen der 1820er-Jahre (Spanien, Neapel-Sizilien, Piemont-Sardinien, Portugal, Griechenland) fehlten, in Norwegen 1814, Frankreich 1830 und Belgien 1830/31 sowie einigen Schweizer Kantonen ab 1830 aber vorhanden waren.

3 Wahlrecht und Wahlen

Für eine europäische Geschichte des Wahlrechts im Zeitraum 1815–1847 fehlt es noch an Gesamtdarstellungen in systematisch vergleichender und Transferperspektive.[191] Die jüngere Forschung erschöpft sich – wenn auch zum Teil unter Nutzbarmachung von Ansätzen der Politischen Kulturgeschichte – in vertiefenden Einzelfallstudien zum Wahlrecht und zur Wahlkultur einzelner Länder[192] oder zu bestimmten Aspek-

---

188 Nach Kirsch, Monarch (wie Fn. 89), S. 313, beweist die württembergische Verfassungsvereinbarung, dass die Frage des Oktroi oder der Vereinbarung keinen entscheidenden Einfluss auf die weitere Verfassungsentwicklung gehabt habe.
189 Auf ähnliche Weise bewegte sich die französische Verfassungsgebung von 1814 zwischen Oktroi und Vereinbarung, da hier das Oktroi durch den anschließenden Verfassungseid Ludwigs XVIII. eine vertragliche Färbung gewann.
190 In den Niederlanden erhielt die 1814 von einer nach ständischen Kriterien gebildeten Notabelnversammlung initiierte Verfassung 1815 durch die entscheidende Intervention Wilhelms I. bei der Promulgation ihrer revidierten Version den Charakter einer Vereinbarung. Auch in Griechenland führte die 1843 durch einen Aufstand ausgelöste Verfassungsinitiative 1844 zu einer vom Monarchen und von der Nationalversammlung getragenen Verfassungsgebung.
191 Hierbei ist anzuknüpfen an die Anmerkungen zum Forschungsstand von Martin Kirsch, Wahlrecht und Wahlen, in: HB-1 (wie Fn. 2), S. 51-56. Siehe ergänzend die fachwissenschaftliche Bilanz zu den methodologischen Bedingungen und zentralen Fragestellungen der Historischen Wahlforschung von Jürgen R. Winkler, Historische Wahlforschung, in: J. W. Falter/H. Schoen (Hg.), Handbuch Wahlforschung, Wiesbaden 2005, S. 543-572.
192 Vgl. exemplarisch zur langfristigen Durchsetzung und Entwicklung des allgemeinen Wahlrechts in Frankreich Pierre Rosanvallon, Le sacre du citoyen. Histoire du suffrage universel en France,

ten der Wahlrechtsgeschichte.[193] Für Gesamteuropa liegen wenige Sammelbände und Vergleichsstudien vor, die die Wahlrechtsgeschichte in den Kontext längerfristiger nationaler und demokratischer Integrationsprozesse stellen[194] oder sie im Zusammenhang mit empirischen Datensammlungen[195] und Handbuchprojekten[196] abhandeln.

Paris 1992; allgemein zur Entwicklung des Wahlverfahrens in Frankreich 1750–1914: Philippe Tanchoux, Les procédures électorales en France de la fin de l'Ancien Régime à la Première Guerre mondiale, Paris 2004. Zum Modernisierungseffekt der britischen Wahlrechtsreform von 1832 anhand deren Umsetzung im Rahmen der von den Parteien vorangetriebenen Wählerregistrierung siehe Philip Salmon, Electoral Reform at Work. Local Politics and National Parties, 1832–1841, Woodbridge (Suffolk) u. a. 2002. Im deutschen Fall steht, neben dem süddeutschen Parlamentarismus im Vormärz, vor allem das Kaiserreich im Zentrum des Interesses: Harm-Hinrich Brandt, Neoständische Repräsentationstheorie und das frühkonstitutionelle Wahlrecht, in: W. Brauneder (Hg.), Wahlen und Wahlrecht. Tagung der Vereinigung für Verfassungsgeschichte in Hofgeismar vom 10.3.–12.3.1997, Berlin 2001, S. 133-162; Volker Stalmann, Die Partei Bismarcks: die Deutsche Reichs- und Freikonservative Partei 1866–1890, Düsseldorf 2000 (mit ausführlicher Berücksichtigung von Wahlrecht und Wahlkultur); Robert Arsenschek, Der Kampf um die Wahlfreiheit im Kaiserreich. Zur parlamentarischen Wahlprüfung und politischen Realität der Reichstagswahlen 1871–1914, Düsseldorf 2003 (mit Untersuchung der Wahlpraxis und der Wahlbeeinflussungen von unterschiedlicher Seite). Zur Wahlgesetzgebung und Wahlkultur im späteren italienischen Nationalstaat vgl. Pier Luigi Ballini, La questione elettorale nella storia d'Italia, Bd. 1.1-1.2: Da Depretis a Giolitti (1876–1892), Bd. 2: Da Crispi a Giolitti (1893–1913), Roma 2003–2007.

193 Zur Verbreitung des öffentlichen und des geheimen Wahlrechts in Epochen übergreifender und globaler Perspektive siehe Hubertus Buchstein, Öffentliche und geheime Stimmabgabe. Eine wahlhistorische und ideengeschichtliche Studie, Baden-Baden 2000 (zugl. Habil. Berlin 1997), bes. S. 305-395 (zur Durchsetzung der geheimen Stimmabgabe in Australien und Europa im 19. Jahrhundert), 531-678 (ideengeschichtliche Begründung beider Wahlverfahren).

194 Vgl. S. Noiret (Hg.), Political Strategies and Electoral Reforms. Origins of Voting Systems in Europe in the 19th and 20th Centuries, Baden-Baden 1990; R. Romanelli (Hg.), How Did They Become Voters? The History of Franchise in Modern European Representation, Den Haag 1998; H. Best/M. Cotta (Hg.), Parliamentary Representatives in Europe 1848–2000. Legislative Recruitment and Careers in Eleven European Countries, Oxford 2000; Alan S. Kahan, Liberalism in Nineteenth-Century Europe: the Political Culture of Limited Suffrage, Basingstoke 2003; Birgitta Bader-Zaar, Einführung in das Frauenwahlrecht. Vergleichende Aspekte seiner Geschichte in Großbritannien, den Vereinigten Staaten von Amerika, Österreich, Deutschland und Belgien, 1860–1920, Köln u. a. 2011. Zu der mit der Herausbildung und Erweiterung der politischen Wählerschaft verbundenen Nationalisierung der Politik und ihren Auswirkungen auf die Beziehungsebenen Staat–Kirche, Zentrum–Peripherie und Stadt–Land sowie auf die innergesellschaftlichen Klassenverhältnisse in 17 europäischen Ländern des 19. und 20. Jahrhunderts siehe Daniele Caramani, The Nationalization of Politics. The Formation of National Electorates and Party Systems in Western Europe, Cambridge u. a. 2004, bes. S. 1-12 (Erläuterung der Rahmenbedingungen und Ergebnisse des Vergleichs).

195 Daniele Caramani, Elections in Western Europe since 1815: Electoral Results by Constituencies, London/New York 2000. Vgl. auch jeweils die historischen Überblicke und Daten in den Länderartikeln in: D. Nohlen/P. Stöver (Hg.), Elections in Europe. A Data Handbook, Baden-Baden 2010.

196 Vgl. bereits D. Sternberger/B. Vogel (Hg.), Die Wahl der Parlamente und anderer Staatsorgane. Ein Handbuch, Bd. 1: Europa, Berlin 1969. Siehe auch Thorsten Lange, Zur Wahlgeschichte, in:

In den Staaten, die im Untersuchungszeitraum keinen Übergang zum modernen Konstitutionalismus vollzogen, sind bei der Regelung der politischen Partizipation auf zentraler staatlicher Ebene[197] und ihrer Umsetzung in die Verfassungswirklichkeit drei Varianten vorherrschend. Bei der ersten Variante waren Wahlen auf der zentralen staatlichen Ebene völlig ausgeschlossen; dies traf in erster Linie auf die autoritär-monarchische Ordnung Russlands einschließlich Finnlands zu, wo die Ständeversammlung erst 1863 wieder einberufen werden sollte. Auch Serbien zählt zu dieser Variante, da seine sporadischen, meist anlassbezogen (Fürstenwahl, Verfassungsgebung) und auf dorfgemeinschaftlicher Entsendung beruhenden Volksversammlungen keinesfalls zu einer dauerhaften, auf individuellem Wahlrecht begründeten politischen Mitwirkung Anlass gaben. In Griechenland setzte sich Otto I. ab 1838 autoritär über die Beratungsorgane hinweg. Die zweite Variante beschränkte die politische Teilhabe auf die beratende Mitwirkung, wobei die betreffenden lokalen Beratungsorgane entweder durch eine Kombination aus Wahl- und Nominierungsverfahren (z. B. in Lombardo-Venetien, Dänemark und Preußen)[198] oder nur durch obrigkeitliche Nominierung (in administrativen Monarchien wie z. B. Neapel-Sizilien und im zwischen Autokratie und konsultativer Monarchie anzusiedelnden Osmanischen Reich) bestellt wurden. Eine dritte Variante, die noch am ehesten auf das Repräsentationsprinzip des modernen Konstitutionalismus verweist, ermöglichte eine politische Mitwirkung auf der Grundlage ständischer (z. B. in den ständischen Monarchien der deutschen Klein- und Mittelstaaten, aber auch in den Rumänischen Fürstentümern ab 1831/32) oder oligarchischer Zugehörigkeit (z. B. in den patrizisch-oligarchischen Stadtrepubliken und mehrheitlich in den Schweizer Kantonen vor 1830), die zum Teil mit zensitären Kriterien kombiniert wurde (vor allem in Posen, Galizien-Lodomerien, Lombardo-Venetien, Schweizer Kantonen). Lediglich die Liechtensteiner Verfassung von 1818 sah ihrem Wortlaut nach für einen Teil der Mitglieder der Ständeversammlung (nämlich für den unteren Stand der Landmannschaft) nicht zwingend eine ständische Zugehörigkeit, sondern nur einen Zensus vor, dessen Höhe aber die Anwendung dieser Bestimmung verhinderte. In städtischen und kantonalen Republiken konnte der Anteil der wahlberechtigten Bürgerschaft allerdings den der Wählerschaft in den meisten Verfassungsstaaten deutlich übersteigen. Überdies reichte das Wahlrecht der ständischen Monarchien mitunter (d. h. namentlich in Sachsen-Hildburghausen) an den Partizipationsgrad der konstitutionellen Ordnungen heran; allerdings setzte es sich mit seinem ausschließlich ständischen Prinzip deutlich von der auf Besitz und Ein-

---

Falter/Schoen (Hg.), Handbuch (wie Fn. 191), S. 31-61, bes. S. 32-34 (mit Diskussion von mehrstufigen Entwicklungsmodellen zur Beschreibung der Wahlrechtsausweitung).

197 Zum Wahlrecht auf lokaler Ebene vgl. innerhalb dieser einleitenden Synthese nachfolgenden Abschnitt 5, Verwaltung.

198 Zum Wahlrecht für die Provinzialversammlungen Preußens und Dänemarks sowie die provinzialen Zentralkongregationen Lombardo-Venetiens vgl. innerhalb dieser einleitenden Synthese nachfolgenden Abschnitt 5, Verwaltung.

kommen gegründeten und der Gesamtnation verpflichteten Repräsentation im modernen Verfassungsstaat ab. Eine repräsentative Partizipation blieb auch denjenigen Schweizer Kantonen vor 1830 vorenthalten, in denen direktdemokratische Komponenten (Mitwirkung an der Gesetzgebung im Rahmen der Aktivbürgerversammlung der »Landsgemeinde« oder durch Referendum und Veto) fortbestanden.[199]

Für die Verfassungsstaaten lässt sich die unterschiedliche Ausgestaltung der politischen Partizipation nach den Aspekten des Kammersystems und der Wahlrechtsbeschränkung strukturieren, die insgesamt die Repräsentativität der verschiedenen Verfassungssysteme prägen. Die Mehrheit der monarchischen Verfassungsstaaten folgte dem französischen Restaurationsmodell von 1814, nach dem im Zweikammersystem das Oberhaus in der Regel vollständig vom König zu nominieren war, während das Unterhaus meist nach eingeschränktem Wahlrecht bestellt wurde. Innerhalb dieses Typs, der sich durch den Vorrang des Staatsoberhaupts auszeichnete, bildete das im traditionellen Ständeparlamentarismus Schwedens (dort allerdings mit nach vier Ständen gruppierten Abgeordneten) und ab 1831 in Kurhessen verwirklichte Einkammerparlament die einzige Ausnahme. Beseitigt wurde das Oberhaus sonst allenfalls in dualen monarchischen Machtsystemen mit Vorrang des Parlaments, nämlich vorübergehend in den südeuropäischen Revolutionen um 1820 (einschließlich Griechenlands 1827) und dauerhaft in Norwegen ab 1814. Spätere Varianten dieses Typs begnügten sich auch mit einem Bedeutungsverlust des Oberhauses, indem sie dessen Wählbarkeit einführten (in Belgien ab 1831, ansatzweise in Spanien ab 1837 und vorübergehend in Portugal 1838–1842).

In den dualen, d. h. nicht parlamentarisierten Ordnungen bestimmte die Machtgewichtung der Verfassungsorgane in der Regel den Grad der Wahlrechtsbeschränkungen: So herrschte in den konstitutionellen Monarchien mit Vorrang des Königs (z. B. süddeutsche Verfassungsstaaten, Spanien 1834–1837, Portugal ab 1834) ein meist indirektes, zum Teil öffentliches und stark beschränktes Wahlrecht vor (als Ausnahme gilt Luxemburg mit milder Beschränkung ab 1841), dessen Zensus ggf. im Untersuchungszeitraum sogar noch weiter verschärft wurde. In Frankreich bevorzugte das Wahlrecht im gesamten hier relevanten Zeitraum prinzipiell die reichsten Steuerbürger, die vorübergehend sogar in beiden Wahlversammlungen des Arrondissements und des Departements zugelassen und somit mit doppeltem Stimmrecht ausgestattet waren. Zusätzlich zum Zensus konnten auch ständische Wahlrechtskriterien (Klassenwahlrecht) zum Zuge kommen, was neben dem Sonderfall des schwedischen Ständeparlaments zum Teil für die deutschen Verfassungsstaaten (vor allem für Bayern, weniger stark für Württemberg, Hessen-Darmstadt und Kurhessen, überhaupt nicht

---

199 Manche Anwendung dieser direktdemokratischen Komponenten, wie sie in einigen Schweizer Kantonen in Reaktion gegen die Verfassungsreformen der Regeneration erfolgten, erinnert allerdings an die illiberal-demokratische Funktion des napoleonischen Plebiszits; siehe zu diesem Kirsch, Wahlrecht und Wahlen (wie Fn. 191), S. 55 f.

für Baden) gilt, sich aber besonders deutlich in den Monarchien nachweisen lässt, die einen stark ausgeprägten Vorrang des Königs aufwiesen (Niederlande, Luxemburg und Polen).[200] Folgerichtig zeichneten sich die konstitutionellen Monarchien mit Vorrang des Parlaments durch einen gemäßigten Zensus (Norwegen, Schweizer Kantone der Regeneration, Belgien, Spanien ab 1837) oder gar den völligen Verzicht darauf aus (südeuropäische Revolutionen um 1820, inkl. Griechenlands 1827, mit allgemeinem Männerwahlrecht im Urwahlgang, Spanien 1836 mit allgemeinem Männerwahlrecht, Belgien ohne Zensusbeschränkung des passiven Wahlrechts für die Abgeordnetenkammer). Baden und Hessen-Darmstadt bildeten als vom Vorrang des Fürsten bestimmte Systeme mit ihrem allgemeinen und geheimen Männerwahlrecht im Urwahlgang einen besonderen Fall; ebenso Württemberg mit seinem nach unten hin offenen Steuerzensus. Das allgemeine Männerwahlrecht kam überdies vorübergehend in Frankreich 1815 während der »Herrschaft der Hundert Tage« zur Anwendung. Umgekehrt bedeutete die Durchsetzung des Parlamentarismus nicht notwendigerweise einen demokratisierenden Entwicklungsschub, wie der immer noch relativ hohe Zensus in Großbritannien nach 1832 zeigt. Insgesamt muss in den europäischen Verfassungsstaaten 1815–1847 der Anteil der aktiven Wahlberechtigung an der Gesamtbevölkerung mehrheitlich mit wenigen Promille- oder Prozentpunkten veranschlagt werden[201], wobei das Spektrum in einigen wenigen Ländern auch bis zu einem Achtel[202] oder sogar bis zu einem Viertel[203] der Gesamtbevölkerung ausschlagen konnte.

Hinsichtlich der Repräsentativität der verschiedenen Verfassungssysteme lässt sich abschließend das Grundmerkmal feststellen, dass unabhängig von der – dualen oder monistischen – Machtstruktur des Verfassungssystems überall ein in regionaler und/oder sozialer Hinsicht ungleiches Wahlrecht vorherrschte: z. B. Bevorzugung der nördlichen Provinzen und des Adels in den Vereinigten Niederlanden, des Adels in Polen 1815–1832, der Beamten und der Städte in Norwegen, der Stadtbürger in Krakau 1818–1833, des Landadels in Bayern ab 1818. Infolge der Bevorzugung der

---

200 Vgl. obiges Unterkap. 2.3, Konstitutionelle Staaten mit dualer oder mit parlamentarischer Machtstruktur.

201 Es handelt sich hier und im Folgenden um rein approximative Angaben. So belief sich der Anteil der aktiv Wahlberechtigten in Frankreich gemäß der Charte von 1814 auf 1,25 Prozent der erwachsenen männlichen Bevölkerung, für die davon ausgegangen werden kann, dass sie maximal ein Viertel der Gesamtbevölkerung stellte. Demnach waren um 1814 0,31 Prozent der französischen Gesamtbevölkerung aktiv wahlberechtigt; 1830 stieg dieser Anteil nur geringfügig auf 0,57 Prozent. In Bayern betrug er beispielsweise 1,8 Prozent, in den südlichen Vereinigten Niederlanden 1,71 Prozent, im dortigen nördlichen Landesteil aber vier Prozent, in Belgien schließlich 1,31 Prozent.

202 In Norwegen belief sich der Anteil der aktiv Wahlberechtigten auf ca. acht bis zwölf Prozent der Gesamtbevölkerung.

203 Dies traf vor allem auf Baden (17 Prozent), Hessen-Darmstadt und die südeuropäischen Revolutionen um 1820 zu, wo im Urwahlgang das allgemeine Männerwahlrecht vorgesehen war.

reichsten Steuerbürger lag in Frankreich ein regional stark differierendes Verhältnis zwischen Wahlberechtigten und männlicher Bevölkerung im wahlrechtsfähigen Alter vor. Unter der Julimonarchie verschärfte sich noch die Ungleichheit des Wahlrechts bei der Bestellung der zentralen Repräsentativversammlung durch die im kommunalen Rahmen und innerhalb der Nationalgarde gegebenen breiteren Partizipationserfahrungen.[204] In Großbritannien bestand auch nach 1832 die überproportionale parlamentarische Vertretung des Landes bzw. des Adels fort. Zwar deuten die im Zusammenhang mit den Wahlen zu beobachtende primäre Parteienbildung beispielsweise in Frankreich (z. B. Guizots Wahlkampforganisation 1827) und einigen süddeutschen Staaten (vor allem in Baden und Württemberg ab 1830) sowie die Konsolidierung des Zweiparteiensystems in Großbritannien nach 1832 auf eine zunehmende bürgerliche Mitwirkung hin; zugleich unterstreichen sie aber auch auf organisatorischer Ebene den Ausschluss unterbürgerlicher Schichten von der politischen Partizipation. Überdies war die Ungleichheit in der politischen Partizipation auch dem Fortwirken ständischer Strukturen geschuldet, das auf eine Kontinuität zwischen vormodernen und modernen Verfassungssystemen verweist. Schließlich bestand auch das Phänomen der Wahlmanipulationen (Korruption, Lenkung und Eingriffe durch König bzw. Regierung) fort. Der im Europa um 1800 begonnene Demokratisierungsschub fand also in der ersten Hälfte des 19. Jahrhunderts keine Fortsetzung; vielmehr wurde das demokratische oder egalitäre Wahlrecht – abgesehen von seinem kurzzeitigen Wiederaufleben in den südeuropäischen Verfassungsrevolutionen um 1820 – bis zur Jahrhundertmitte vom liberalen Wahlrecht verdrängt, wobei auch das korporative, ständisch orientierte Wahlrechtsmodell wirksam blieb.

4 Grundrechte

Die europäische Grundrechtsgeschichte hat erstens im Zusammenhang mit der jüngeren Zivilgesellschafts- und Staatsbürgerrechtsforschung neue Impulse erhalten, die eine Korrektur der progressiven Entwicklungstypologie Thomas Humphrey Marshalls unterstützen.[205] Demnach sind die persönlichen, politischen und wirtschaftlichsozialen Grundrechte nicht mehr als chronologisch aufeinanderfolgende, sondern als häufig unabhängig voneinander auftretende Komponenten eines Staatsbürgerrechts zu betrachten, dem keinesfalls eine geradlinige Entwicklung zu unterstellen ist.[206]

---

204 Vgl. die Abschnitte 5, Verwaltung, und 7, Militär, in dieser einleitenden Synthese.
205 Siehe hierzu den Forschungsüberblick von Werner Daum/Martin Kirsch, Grundrechte, in: HB-1 (wie Fn. 2), S. 56-63, hier bes. S. 56 f., an den diese Synthese anknüpft und dessen Literaturverweise zum Teil auch für den Untersuchungszeitraum des vorliegenden Handbuchbandes heranzuziehen sind.
206 Vgl. mit kritischer Anknüpfung an T. H. Marshall und unter Einführung der neuen Dimension der ökonomischen Staatsbürgerschaft: Andreas Fahrmeir, Citizenship. The Rise and Fall of a

Auch ist zwischen der einheitlichen, direkt auf den Zentralstaat bezogenen Staatsbürgerschaft napoleonischer Prägung und dem multiplen, auf die Gemeinde und den Staat bezogenen Bürgerrechtsmodell zu unterscheiden, die beide im 19. Jahrhundert fortwirkten.[207] Diese entwicklungstypologische Frage steht selbstverständlich im Zusammenhang zum zweiten Problemkreis der Forschung, der das Verhältnis der Grundrechtsgeschichte zum breiteren Kontext des Menschenrechtskonzepts betrifft[208] und eine Kontroverse über die langfristige Kontinuität oder Diskontinuität des Gehalts und Geltungsanspruchs der Menschenrechte vom 18. zum 20. Jahrhundert aufgeworfen hat.[209] Komplementär hierzu stellt sich schließlich drittens im Zusammenhang mit neueren Ansätzen der Globalgeschichte bzw. Postcolonial Studies die Frage nach dem genuin europäischen Charakter der Grund- und Menschenrechte.[210] Die drei Forschungsprobleme verweisen auf den Bedarf nach einer europäischen

---

Modern Concept, New Haven/London 2007; ders., Citizens and Aliens: Foreigners and the Law in Britain and the German States, 1789–1870, New York/Oxford 2000.

207 Andreas Fahrmeier, Defining the Citizen, in: P. G. Dwyer/A. Forrest (Hg.), Napoleon and his Empire. Europe, 1804–1814, Basingstoke 2007, S. 185-201. Zum Wandel des ursprünglich im lokalen Rahmen definierten Zugehörigkeitskonzepts durch Konstitutionalisierung im Übergang vom 18. zum 19. Jahrhundert siehe Helga Schnabel-Schüle, Zugehörigkeit im Verfassungsstaat, in: L. Raphael/H. Uerlings (Hg.), Zwischen Ausschluss und Solidarität. Modi der Inklusion/Exklusion von Fremden und Armen in Europa seit der Spätantike, Frankfurt a. M. u. a. 2008, S. 293-309.

208 Siehe die Forschungsbilanz zu den – im Gegensatz zu den an die nationale Zugehörigkeit gebundenen Bürgerrechten – als universal, für alle Menschen geltenden Menschenrechten bei Stefan-Ludwig Hoffmann, Introduction, in: ders. (Hg.), Moralpolitik. Geschichte der Menschenrechte im 20. Jahrhundert, Göttingen 2010, S. 7-37, hier bes. S. 8-14. Auf der Grundlage eines grund- und völkerrechtliche Bestimmungen komplementär umfassenden Menschenrechtsbegriffs skizziert dagegen deren Entwicklung von der Antike bis zur Gegenwart: Andreas Haratsch, Die Geschichte der Menschenrechte, Potsdam 4. Aufl. 2010.

209 Den Wandel des Gehalts und Geltungsanspruchs der Menschenrechte im Kontext politisch-sozialer Konflikte untersuchen die Beiträge in: S. - L. Hoffmann (Hg.), Human Rights in the Twentieth Century. A Critical History, Cambridge 2010; ders. (Hg.), Moralpolitik (wie Fn. 208). Für eine emotionsgeschichtlich begründete Kontinuität des Menschenrechtskonzepts vom 18. zum 20. Jahrhundert plädiert Lynn Hunt, Inventing Human Rights. A History, London 2007, bes. S. 15-34 (Einleitung mit begriffsgeschichtlicher Begründung des Konzepts der Menschenrechte); ebenfalls im Sinne einer Kontinuität: Hans Joas, Strafe und Respekt. Die Sakralisierung der Person und ihre Gefährdung, in: A. Rödder (Hg.), Alte Werte – Neue Werte. Schlaglichter des Wertewandels, Göttingen 2008, S. 158-174. Gegen die Annahme einer progressiven Entwicklung des Menschenrechtskonzepts datiert hingegen Samuel Moyn, The Last Utopia. Human Rights in History, Cambridge/Mass./London 2010, die Durchsetzung universaler Menschenrechte – hier als überstaatliche Normen gegen die an den Nationalstaat gebundenen Grundrechte gewendet – erst in die 1970er-Jahre. Hinsichtlich ihrer Funktion als transnationale Rechtsnorm der Weltinnenpolitik seit den späten 1940er-Jahren scheint dem Hoffmann, Introduction (wie Fn. 208), hier bes. S. 7 f., 23-36, zuzustimmen.

210 Vgl. exemplarisch John M. Headley, The Europeanization of the World. On the Origins of Human Rights and Democracy, Princeton/Oxford 2008, der die Frage trotz Verzicht auf einen Vergleich zur außereuropäischen Entwicklung bejaht.

Grundrechtsgeschichte insbesondere auch in ihrem Verhältnis zur Menschenrechtsgeschichte, die trotz einiger epochal und räumlich breit angelegter Überblicksdarstellungen[211] und Spezialstudien[212] noch nicht in Sicht ist.[213]

Grundrechte wurden in Europa 1815–1847 in der Regel im einzelstaatlichen Rahmen geregelt; einige wenige internationale Vereinbarungen mit globaler oder regionaler Reichweite wie z. B. die Erklärung der Wiener Kongressmächte zur Abschaffung

---

211 Vgl. z. B. zur globalen Geschichte der Menschen- und Bürgerrechte vom 18. bis zum 20. Jahrhundert Eike Wolgast, Geschichte der Menschen und Bürgerrechte, Stuttgart 2009; Marcello Flores, Storia dei diritti umani, Bologna 2008.

212 Im Bereich der persönlichen Grundrechte hat neben oder zusammen mit dem Aufschwung der Staatsbürgerrechtsforschung auch der Genderaspekt an Bedeutung gewonnen: Vgl. stellvertretend für viele andere Studien Jennifer Ngaire Heuer, The Family and the Nation. Gender and Citizenship in Revolutionary France, 1789–1830, Ithaca 2007. Darüber hinaus findet nun auch die Geschichte der Sklaverei unter dem Impuls der Globalgeschichte größere Aufmerksamkeit: Jürgen Osterhammel, Sklaverei und die Zivilisation des Westens, München 2000; Andreas Gestrich, Die Antisklavereibewegung im ausgehenden 18. und 19. Jahrhundert. Forschungsstand und Forschungsperspektiven, in: E. Herrmann-Otto (Hg.), Unfreie Arbeits- und Lebensverhältnisse von der Antike bis in die Gegenwart. Eine Einführung, Hildesheim 2005, S. 237-257; J. Black (Hg.), The Atlantic Slave Trade, Bd. 4: Nineteenth Century, Aldershot et al. 2006; Jim Powell, Greatest Emancipations. How the West Abolished Slavery, Hampshire 2008; Joachim Meißner u. a., Schwarzes Amerika. Eine Geschichte der Sklaverei, München 2008 (zum transnationalen, somit auch europäischen Charakter von Sklaverei und Sklavenhandel im atlantischen Raum); Seymour Drescher, Abolition. A History of Slavery and Antislavery, Cambridge 2009 (mit Berücksichtigung auch der islamischen Welt); Egon Flaig, Weltgeschichte der Sklaverei, München 2009 (bes. S. 206-214 über den Abolitionismus des 19. Jahrhunderts); Andreas Eckert, Europa, Sklavenhandel und koloniale Zwangsarbeit: Einleitende Bemerkungen, in: Journal of Modern European History 7 (2009), H. 1, S. 26-36; Joel Quirk/David Richardson, Anti-Slavery, European Identity and International Society: a Macro-Historical Perspective, ebd., S. 68-92 (zum Zusammenhang zwischen Abolitionismus und kolonialer Expansion in der zweiten Hälfte des 19. Jahrhunderts). – Für eine Synthese im Bereich der politischen Grundrechte siehe exemplarisch Robert Justin Goldstein, Political Censorship of the Arts and the Press in Nineteenth-Century Europe, New York 1989 (Zensur als staatliche Kontrolle über die Medien der Presse, Karikatur, Oper sowie des Theaters und Films). Im Rahmen der Zensurgeschichte hat neuerdings vor allem die Theaterkultur in ihrer Funktion als Ort der politischen Sensibilisierung und emotionalen Ausbildung von Öffentlichkeiten, auch mit Blick auf die Rezeptionsleistungen des Publikums, größere Aufmerksamkeit gefunden; vgl. für den französischen und italienischen Fall Carlotta Sorba, *Audience* teatrale, costruzione della sfera pubblica ed emozionalità in Francia e in Italia tra XVIII e XIX secolo, in: M. L. Betri (Hg.), Rileggere l'Ottocento. Risorgimento e Nazione, Torino 2010, S. 183-202.

213 Demgegenüber dominieren neben einigen wenigen bilateralen Vergleichsstudien Untersuchungen zu einzelnen Ländern die Forschung. So stammt ein langfristiger Vergleich der Herausbildung eines Staatsbürgerrechts in Deutschland und Italien von Vito Francesco Gironda, Die Politik der Staatsbürgerschaft. Italien und Deutschland im Vergleich 1800–1914, Göttingen 2010; dort (bes. S. 17-23) finden sich auch nützliche Hinweise zu diesem Forschungskontext. Exemplarisch zur deutschen Grundrechtsgeschichte: Peter Blickle, Von der Leibeigenschaft zu den Menschenrechten. Eine Geschichte der Freiheit in Deutschland, München 2003; Judith Hilker, Grundrechte im deutschen Frühkonstitutionalismus, Berlin 2005 (zugl. Diss. iur. Osnabrück 2004).

des Sklavenhandels[214], die Regelungen des Schweizer Bundesvertrags (Rechtsgleichheit, Niederlassungsfreiheit, Handels- und Gewerbefreiheit, Religionsfreiheit) und der Deutschen Bundesakte (Rechtsgleichheit, Freizügigkeit, Glaubens- und Gewissensfreiheit, aber auch ständische Vorrechte) von 1815 sowie die nachfolgende Einschränkung der politischen Grundrechte durch den Deutschen Bund (Karlsbader Beschlüsse 1819, Maßregelngesetze 1824 und 1830, Sechs und Zehn Artikel 1832, Sechzig Artikel 1834) bildeten die Ausnahme. Im Hinblick auf die einzelstaatliche Gewährleistung von Grundrechten lassen sich in Europa 1815–1847 drei Staatengruppen unterscheiden, deren Zuordnung zum Teil quer zu den Kategorien von Verfassungsstaat oder vormoderner Ordnung verläuft. Zum Ersten handelt es sich um Staaten, in denen eine vorstaatliche, naturrechtlich vorgegebene und nun verfassungsrechtliche Garantie von Grundrechten bestand, was – ungeachtet der vorübergehenden Aussetzung von Grundrechten – seit Längerem für England und – bekräftigt durch die Chartes von 1814 und 1830 – für Frankreich galt, nun aber vorübergehend – zum Teil in typisch Cádizer Kombination mit den Bürgerpflichten – auch in den südeuropäischen Verfassungsrevolutionen um 1820 (z. B. in Portugal 1822, aber auch in Griechenland bis 1827) zur Anwendung gelangte, längerfristig aber vor allem noch auf den neuen belgischen Nationalstaat zutraf, dessen Verfassung von 1831 einem umfassenden Grundrechtekatalog den Vorrang gegenüber den eigentlichen Verfassungsgewalten einräumte, was nicht ohne Einfluss auf die Grundrechtsdebatte in anderen Ländern blieb (z. B. spanische Grundrechtepetition von 1834). Hierzu zählen auch die Schweizer Regenerationsverfassungen ab 1830, die mit einem aus der postulierten Volkssouveränität abgeleiteten Katalog von Grundrechten eröffnet werden (z. B. Tessin 1830, Zürich 1831). Die meisten Verfassungsstaaten sind allerdings der zweiten Gruppe zuzuordnen, in der staatsbezogene, an die Staatsbürgerschaft gebundene Grundrechte an nachrangiger Stelle im Verfassungstext entweder durch einen umfassenden Grundrechtekatalog (Polen 1815 und 1832, deutsche Staaten der zweiten Konstitutionalisierungswelle, Verfassung Sachsen-Coburg-Saalfelds 1821, Portugal 1826 und 1838) oder nur in Form einzelner Rechte (Schweden 1809, Norwegen 1814, Niederlande ab 1814/15, Krakau 1815/18, die Mehrheit der Schweizer Kantone bis 1830, Spanien ab 1837), jedoch immer noch mit universaler Verbindlichkeit für alle politischen Gewalten gewährt wurden. Die prinzipiell hier einzuordnenden süd- und mitteldeutschen Grundrechtekataloge nahmen eine Sonderposition ein, da ihre – aus

---

214 Erklärung von acht europäischen Höfen über die Abschaffung des Sklavenhandels (8.2.1815), in: Grewe (Hg.), Fontes (wie Fn. 85), Bd. 3.1, Berlin 1992, S. 376-378. Diese in Anknüpfung an die Pariser Friedensverhandlungen und als Anlage 15 der Wiener Kongressakte (siehe CD-ROM-2, Dok.-Nr. 1.1.4, Art. 118) getroffene Absichtserklärung fand eine spätere Umsetzung durch den Quintupelvertrag gegen den Sklavenhandel (20.12.1841), in: Grewe (Hg.), Fontes (wie Fn. 85), Bd. 3.1, Berlin 1992, S. 379-385, mit dem Österreich, Preußen und Russland (mit zugehörigen Territorien) den Sklavenhandel unter Zulassung gegenseitiger Kontrollmöglichkeiten für verboten und zum Tatbestand der Seeräuberei erklärten.

den standesherrlichen Garantien der Deutschen Bundesakte folgenden – ständischen Vorrechte im Eigentumsrecht, in der Rechtsprechung, im Polizei-, Kirchen- und Schulwesen den ebenfalls in ihnen festgeschriebenen Anspruch auf Rechtsgleichheit konterkarierten und auf die nur noch partielle Grundrechtekonzession der nächsten Gruppe verweisen. In dieser dritten Gruppe schließlich, die von einigen Verfassungsstaaten (z. B. Spanien unter dem Königlichen Statut 1834–1837) und dem Großteil der nicht konstitutionalisierten Länder (z. B. Preußen, Liechtenstein, Rumänische Fürstentümer ab 1831/32, Krakau 1833–1846, Serbien ab 1838) gebildet wurde, war der staatliche und/oder korporative Bezug der Grundrechtegewährleistung so stark ausgeprägt, dass diese nicht mehr in Form unumkehrbarer Rechte, sondern lediglich in gesetzlicher, zum Teil auch nur partieller, in jedem Fall aber veränderlicher Form gegeben war. Daher ist innerhalb dieser Gruppe zwischen der Stärkung individueller Rechte etwa durch die Kodifikationsbemühungen eines reformorientierten Absolutismus (z. B. das in Preußen weiterhin fortbestehende Allgemeine Landrecht von 1794[215], das ebenfalls fortbestehende, u. a. auch in Lombardo-Venetien und Serbien rezipierte österreichische ABGB von 1811, das Gesetzbuch Neapel-Siziliens von 1819, die Kodifikation Piemonts von 1837–1842, das Gesetzbuch Serbiens von 1844) einerseits und dem Fortbestand geburts- und/oder religionsspezifischer bzw. korporativer Rechtsansprüche und -beschränkungen in ständischen (z. B. Ungarn, Liechtenstein) und oligarchisch-patrizischen Systemen andererseits zu unterscheiden. Unter Letzteren bildete die Schweiz aufgrund der partiellen, auf die Einzelkantone beschränkten Geltungskraft der Grundrechte einen besonderen Fall, wobei hier außerdem bis 1830 die mitunter formal-verfassungsrechtlich gegebenen Rechte in der oligarchisch-patrizischen Verfassungswirklichkeit gar keine Umsetzung erfuhren. Als extreme Sonderform innerhalb dieser Gruppe muss die weitgehende Verweigerung von Grundrechten in der russischen Autokratie und damit auch in Finnland gelten.

Diese erste Ebene der Typisierung lässt sich anhand einer Betrachtung der drei Grundrechtsbereiche zu einem differenzierteren Gesamtbild erweitern. Die *persönlichen Grundrechte* bildeten – abgesehen von den umfassenderen Grundrechtskatalogen im süddeutschen und belgischen Konstitutionalismus – in den meisten Verfassungsstaaten die einzige, zum Teil auf einige wenige Rechte beschränkte verfassungsrechtliche Gewährleistung von Grundrechten überhaupt, die sich in dieser Hinsicht daher den Ländern ohne moderne Konstitution prinzipiell annäherten. Dennoch bestanden – neben der noch näher zu besprechenden eigentlichen Sklaverei – vielfältige und vielschichtige persönliche Bindungen und Abhängigkeitsverhältnisse weiter.[216]

---

215 Die auf dem Gegensatz zwischen individuellem und ständischem Anspruch gründende Ambivalenz der Freiheitsrechte des ALR konnte durch die Preußischen Reformen zugunsten einer Stärkung der individuellen Rechte aufgelöst werden; vgl. Hilker, Grundrechte (wie Fn. 213), S. 107-142.
216 Vgl. hierzu mit Epochen übergreifender Perspektive: Blickle, Leibeigenschaft (wie Fn. 213); P. Freedman/M. Bourin (Hg.), Forms of Servitude in Northern and Central Europe. Decline, Re-

Die Aufhebung feudaler Bindungen setzte sich in vielen Ländern fort (z. B. Norwegen), auch wenn dies zunächst zögerlich geschah. So wurde die durch wirtschaftliche Belastungen erschwerte Ablösung etwa in der Schweiz erst in der Regeneration erleichtert. In Österreich verzögerten sich hingegen die Aufhebung des Feudalsystems und die Bauernbefreiung weiter. Die persönliche Freiheit im strafrechtlichen Bereich erhielt durch die fortbestehende bzw. wieder eingeführte napoleonische Strafprozessordnung, d. h. vor allem die Einführung des staatlich bzw. staatsanwaltlich veranlassten und durch neutrale Richter entschiedenen Anklageprozesses, in vielen Ländern eine deutliche Stärkung.[217] Sie war neben der umfassenden, wenn auch zeitweise (1817/18) wieder rückgängig gemachten Erneuerung der Habeas-Corpus-Garantien in Großbritannien (1816) auch in Frankreich, den Schweizer Kantonen, im Königreich Polen, in den deutschen Verfassungsstaaten, aber auch in Sachsen-Coburg-Saalfeld, durch die Verfassungen in den südeuropäischen Revolutionen um 1820, die spanische Verfassung von 1837, die niederländischen Verfassungen von 1814/15 sowie die luxemburgische Verfassung von 1841 gewährleistet. Letztere schrieb zusätzlich – hierin vergleichbar mit der belgischen Verfassung von 1831, aber auch mit der französischen Strafrechtsreform von 1832 und den den rumänischen Bojaren eingeräumten Garantien – die Unverletzlichkeit der Wohnung fest. In Belgien und Frankreich war zudem das einzigartige Grundrecht des Briefgeheimnisses gegeben. Annähernde Rechtsgleichheit garantierten nicht nur die nach dem fortschrittlichen Vorbild der Cádizer Verfassung von 1812 in den südeuropäischen Revolutionen kurzzeitig erlassenen Konstitutionen, sondern auch die französischen Chartes von 1814 und 1830, die polnischen Verfassungen von 1815 und 1832, die Verfassung Sachsen-Coburg-Saalfelds von 1821, die spanische Verfassung von 1837, die niederländische Verfassung von 1814/15, die Luxemburger Verfassung von 1841 und – auf der Grundlage eines »Gesetzmonopols« des Staates – das Preußische Allgemeine Landrecht. In Schweden und Norwegen waren durch die traditionelle Ordnung, die in Schweden gänzlich ohne Leibeigenschaft ausgekommen war, seit Längerem persönliche Freiheitsrechte wie die Unversehrtheit der Person und Rechtsstaatlichkeit gegeben. Das Recht auf Eigentum und seinen Schutz war in Frankreich, den Niederlanden (ab 1815) und im Königreich Polen, in den deutschen Verfassungsstaaten, in Luxemburg (ab 1841), Belgien, den Schweizer Regenerationsverfassungen, Spanien (ab 1837) und Schweden verankert, galt aber partiell auch in Nichtverfassungsstaaten (z. B. im Wirkungsbereich des österreichischen ABGB von 1811, in Sachsen-Coburg-Saalfeld, für die rumänischen Bojaren, in Serbien ab 1838), unter denen Piemont-Sardinien ab 1838 sogar das geistigen Eigentumsrecht zivilrechtlich schützte. In Frankreich berührte die

---

sistance, and Expansion, Turnhout 2005; Herrmann-Otto (Hg.), Arbeits- und Lebensverhältnisse (wie Fn. 212).
217 Uwe Wesel, Geschichte des Rechts in Europa. Von den Griechen bis zum Vertrag von Lissabon, München 2010, S. 464-468. Zur Entwicklung des Gefängniswesens siehe ebd., S. 468-475.

verfassungsrechtliche Garantie des Eigentumsrechts neben dem ehemaligen Kirchenbesitz vor allem die Frage der Entschädigung enteigneter Emigranten, deren gesetzliche Regulierung den adeligen Grundbesitz begünstigte.

Die Gewährleistung persönlicher Grundrechte unterlag nahezu in allen Fällen einigen, meist durch das Staatsbürgerrecht hergestellten Einschränkungen, die – neben der allgemein verbreiteten Diskriminierung des weiblichen Bevölkerungsteils und dem globalen Phänomen der Sklaverei – vor allem auf der Grundlage ethnischer und sozialer Herkunft sowie der Religionszugehörigkeit definiert wurden. Auf einer Kombination ethnischer, sozialer und religiöser Kriterien beruhte die in Ungarn vorherrschende unterschiedliche Rechtssituation für Adelige, christliche Bewohner sowie Juden und Zigeuner, die durch die Reformgesetze von 1836 (persönliche Freiheitsrechte für Nichtadelige), 1840 (weitgehende Niederlassungsfreiheit für Juden; Gewährung des gleichen Erbanteils für Töchter und Söhne; Einführung der freiwilligen, zwischen Grundherrn und Bauern vereinbarten Erbablösung) und 1844 (Erlaubnis für Nichtadelige zum Bodenerwerb und zur Ausübung öffentlicher Ämter) allmählich im Sinne rechtsgleicher Verhältnisse entschärft wurde. Eine vorwiegend sozial und ethnisch definierte Ungleichheit bestand in den Rumänischen Fürstentümern durch die Privilegierung der Bojaren gegenüber den in ihrer Freizügigkeit stark eingeschränkten Fronbauern und Zigeunern. Das ethnische Ausschlusskriterium war oft verknüpft mit einer entsprechenden Sprachenpolitik, die z. B. in Posen und Galizien-Lodomerien (hier allerdings neben dem Polnischen) die deutsche Amtssprache durchsetzte. Selbst im liberalen Belgien, das verfassungsmäßig Sprachenfreiheit garantierte, bedeutete die reale Privilegierung des Französischen in der Verwaltungs-, Unterrichts- und Rechtsprechungspraxis des neuen Nationalstaats eine deutliche Benachteiligung des niederländischsprachigen Bevölkerungsteils beim Ämterzugang, bei den Berufs- und Karrierechancen sowie hinsichtlich des Prinzips der Rechtsgleichheit. Auf ähnliche Weise setzte sich parallel zur für Ungarn festgestellten Liberalisierung auf Druck der Komitate und des Reichstags das Ungarische allmählich als Amtssprache durch, was bei anderssprachigen Ethnien die Furcht vor einer »Magyarisierung« weckte. Nach dem Vorbild der Cádizer Verfassung gewährte die portugiesische Kolonialmacht 1822 zwar prinzipiell allen im Mutterland und in Brasilien geborenen oder dauerhaft ansässigen Bürgern die Staatsbürgerschaft, solange sie von einem portugiesischen Vater abstammten, und nach der »Carta« von 1826 galt dies sogar für die in Portugal und allen seinen Kolonien geborenen Bürgern; davon waren jedoch nicht befreite Sklaven in den Kolonien ebenso ausgeschlossen wie faktisch auch die dortige indigene Bevölkerung, da diese bis weit ins 19. Jahrhundert hinein den heimischen Rechtstraditionen unterworfen blieb.

Eine Kombination von sozialem und religiösem Moment spielte im Schweizer Staatsbürgerrecht und in der italienischen Staatenwelt zunächst noch eine bedeutende Rolle: In der vom kommunalen Bürgerrecht hergeleiteten Schweizer Zugehörigkeit konnte man innerhalb ein und desselben Kantons aufgrund der Herkunft aus einer Fremdgemeinde wie auch der Zugehörigkeit zur jeweils anderen Konfession oder fremden Religion (Juden) vom Status des »Vollbürgers« partiell ausgeschlossen werden; in Italien wurde der Adel insbesondere in Piemont-Sardinien, im Kirchenstaat und in Modena-Reggio beim Zugang zu öffentlichen, vor allem militärischen Ämtern weitgehend bevorzugt und waren religiöse Minderheiten wie Juden und Waldenser beim Ämterzugang, bei der Eheschließung mit Katholiken und beim Besitzerwerb stark benachteiligt. Die Gleichstellung bürgerlicher Schichten beim Ämterzugang erfolgte in Neapel-Sizilien aufgrund des Fortbestehens des napoleonischen Verwaltungsapparates deutlich früher als in anderen Territorien, während die Toskana durch eine an die Privilegienpraxis des Ancien Régime anknüpfende Toleranzpolitik und Parma-Piacenza durch eine gewisse Liberalität gegenüber den Juden herausragten. Soziale und religiöse Ausschlusskriterien beeinträchtigten die Rechtsgleichheit auch in den deutschen Staaten der ersten und zweiten Konstitutionalisierungswelle durch den Fortbestand überkommener standesherrlicher Privilegien und von Vorrechten für Angehörige des Militärs und der Staatsverwaltung sowie die Bevorzugung der drei anerkannten christlichen Religionen. Die mitunter verfassungsrechtlich angestrebte Emanzipation der Juden (zweite Konstitutionalisierungswelle) wurde nicht im Sinne einer vollständigen Gleichstellung umgesetzt.

Dies geschah dagegen in Frankreich, wo die in der Restauration eingeleitete Normalisierung der Lage der Juden 1831 in der Einführung der staatlichen Besoldung für Rabbiner und somit der faktischen Gleichstellung mit den christlichen Konfessionen gipfelte. Schließlich bildete das Glaubensbekenntnis in Preußen, trotz der im ALR verankerten Rechtsgleichheit, ein anhaltendes Kriterium für rechtliche Ungleichheit, da Juden ohne Konversion zum Christentum von Staatsämtern ausgeschlossen blieben und sie nach dem neuen, der Gemeindeangehörigkeit vorausgehenden Prinzip der Staatsangehörigkeit (Untertanengesetz von 1842) auch nur unter Zustimmung des Innenministers eingebürgert werden konnten. Ausgeschlossen von den Grundrechten blieben auch die Juden in den polnischen Teilungsgebieten, wo in Krakau, Galizien-Lodomerien und im Königreich Polen alle Assimilierungsinitiativen scheiterten und in Posen das preußische Emanzipationsedikt von 1812 ausgesetzt wurde, während nur ein geringer Anteil naturalisierter Juden an den Bürgerrechten partizipierte. Auch in Liechtenstein bildete allein die Religionszugehörigkeit eine bedeutende Voraussetzung für die Erlangung persönlicher Grundrechte wie der Niederlassungsfreiheit und dem Recht zur Eheschließung. In Dänemark erstreckte sich der gegen Katholiken und Jesuiten ausgesprochene Bann nicht auf die Juden, die rechtlich mit anderen Bürgern gleichgestellt waren. Norwegen, das von der evangelisch-lutherischen Staatsreligion als Zugangskriterium zu öffentlichen Ämtern ausging, verbot Juden die Einreise und Niederlassung. Ebenso war im Osmanischen Reich das religiöse Bekenntnis nach vorherrschendem islamisch-sunnitischen Recht ausschlaggebend für den Genuss der allgemein gewährten persönlichen Garantien (Edikt von Gülhane, 1839), sodass Andersgläubige stark benachteiligt waren. Umgekehrt schloss auch das serbische Gesetzbuch von 1844 den muslimischen Bevölkerungsteil vom eigentlich als universal definierten Staatsbürgerrecht und den prinzipiell in der Verfassung von 1838 gewährten persönlichen Grundrechten (Freiheit der Person, Rechtsstaatlichkeit u. a.) aus. Auch die griechischen Revolutionsverfassungen beschränkten die Staatsangehörigkeit auf Christen.

Zentrale Bedeutung hatte allein das soziale Kriterium für die Grundrechtesituation in Russland, wo trotz nun eingeräumter Möglichkeit zur Ablösung mehr als die Hälfte der bäuerlichen Bevölkerung erbuntertänig blieb, sodass hier persönliche Grundrechte durch ihre Beschränkung auf den Adel (Zugang zu höheren Bildungseinrichtungen und zum Staatsdienst, generelle Steuerbefreiung) den Charakter von Privilegien besaßen und nicht der Rechtsgleichheit verpflichtet waren. Allein das religiöse Moment (christliche Glaubenszugehörigkeit) war ausschlaggebend für den Genuss der Bürgerrechte im Königreich Polen.

Das starke Gewicht der Religionszugehörigkeit für den Zugang zum Recht führte in all diesen Ländern faktisch auch zur Einschränkung der Religionsfreiheit. So wurde deren formale Geltung in Schweden und Dänemark durch die Bevorzugung des lutherisch-protestantischen Bekenntnisses gegenüber anderen christlichen Richtungen und durch die schwedischen Freizügigkeitsbeschränkungen für Juden faktisch bis in die 1830er-Jahre hinein beeinträchtigt. In einigen Schweizer Kantonen, den südeuropäischen Revolutionen um 1820 wie auch in Piemont-Sardinien ab 1838 verzichtete man ausdrücklich zugunsten einer bestimmten, meist der katholischen Staatsreligion auf die Gewährung von Religionsfreiheit. Umfassende Glaubens- und Gewissensfreiheit waren nur in den Niederlanden, in Belgien und Luxemburg verwirklicht, wo es um die Integration gemischtkonfessioneller Territorien ging. Demgegenüber wies die gemischtkonfessionelle Schweiz nur fragmentarische Regelungen zur Religionsfreiheit auf bundesrechtlicher Ebene auf, da die Ausgestaltung dieses Grundrechts der kantonalen Gesetzgebung und interkantonalen Einzelabkommen (Konkordaten, etwa zur Handhabung gemischtkonfessioneller Ehen und zur Niederlassungsfreiheit) vorbehalten blieb. Dies gab mit Ausnahme der späten Gewährung umfassender Religionsfreiheit in Bern (1846) und Genf (1847) Anlass zu einer starken Beschränkung der Religionsfreiheit in den Schweizer Kantonen.

Das Ehe- und Familienrecht reproduzierte und verschärfte die in napoleonischer Zeit zum Teil wieder eingeführte Diskriminierung der Frau. Lediglich in Schweden erfolgte in den 1840er-Jahren die Gleichstellung der Geschlechter im Erbrecht und wurden die Frauen auch im Gewerberecht berücksichtigt. In Preußen bestand immerhin ein relativ freizügiges Ehescheidungsrecht. Mit Ausnahme Lombardo-Venetiens, wo das österreichische ABGB zur Anwendung kam, erfuhr in der italienischen Staatenwelt die zum Teil (auch in nun erlassenen »eigenen« Gesetzbüchern) fortwirkende napoleonische Kodifikation durch eine partielle Korrektur des französischen Personen-, Familien- und Erbrechts sogar noch eine Verschärfung im patriarchalischen und katholisch-kanonischen Sinne. Auch in Frankreich selbst hob man 1816 die Ehescheidung wieder auf und war zeitweise auch das Majorat wieder zugelassen. In Serbien schützte das Gesetzbuch von 1844 mit der traditionellen südslawischen Großfamilie (*zadruga*) auch die innergesellschaftlichen patriarchalischen Machtverhältnisse, es untersagte weiterhin den Frauen und Töchtern die Erbfolge und schloss sie vom Eigentumsrecht aus. Da zudem die Eheschließungen ausschließlich der Kirche und dem kanonischen Recht unterstanden, war serbischen Frauen die Auflösung einer Ehe nahezu unmöglich.

Der Widerspruch zwischen dem Anspruch auf Menschen- und Bürgerrechte einerseits und dem anhaltenden Sklavenhandel andererseits veranlasste mehrere Verfassungsstaaten im Untersuchungszeitraum zu Gegenmaßnahmen. Die Entstehung einer abolitionistischen, von Großbritannien (Aufhebung des Sklavenhandels 1807, Abschaffung der Sklaverei im Empire 1833) ausgehenden Bewegung verdankte sich daher weniger ökonomischen als vielmehr politisch-ideologischen Motiven. Neben den bereits angesprochenen internationalen Erklärungen und Vereinbarungen zur Abschaffung des Sklavenhandels im Gefolge der Wiener Kongressakte kam es auch im einzelstaatlichen Rahmen zu entsprechenden Initiativen. Nachdem der Sklavenhandel 1813 auf schwedischem Territorium, 1824 auch in Norwegen, verboten worden war, durften ab 1825 auch schwedische Schiffe keine Sklaven mehr transportieren und wurde schließlich 1847 die Sklaverei auch in der schwedischen Kolonie Saint-Barthélemy abgeschafft. Selbst in den Rumänischen Fürstentümern führte man in den 1840er-Jahren für einige Gruppen der Zigeuner, deren Lebenssituation der Sklaverei glich, die Möglichkeit des Freikaufes ein. Im Osmanischen Reich fand eine Minderheit unter den Sklaven zumindest vorübergehend Zugang zu höchsten politischen Ämtern und zum Wirtschaftsleben (sog. Elitesklaven). Vor dem Hintergrund der insgesamt noch unbefriedigenden Situation fand ein explizites Sklavereiverbot Eingang in die griechische Verfassung von 1823.

Umfassende *politische Rechte* (Meinungs-, Presse-, Vereinigungs-, Versammlungsfreiheit) wurden allenfalls im englischen Verfassungssystem und in der belgischen Verfassung garantiert. Die unruhige innere Situation führte allerdings in Großbritannien vor allem im Zuge der »Six Acts« (1819) zunächst zu einer rigiden Anwendung der Nachzensur und zu einer Verschärfung des Versammlungsrechts, bis sich um die Mitte der 1820er-Jahre eine Liberalisierung einstellte, die nun auch Vereinigungsfreiheit und Koalitionsrecht für Arbeiter mit sich brachte. Umgekehrt verstand es die liberale Opposition in Ungarn, wo eigentlich gar keine expliziten politischen Grundrechte gewährt wurden, die überkommenen Freiheiten der Ständeordnung, insbesondere die in den Komitaten gepflegte Rede- und Meinungsfreiheit, aber auch handgeschriebene Briefberichte über die Reichstagsverhandlungen, zur Herstellung einer politischen Öffentlichkeit zu gebrauchen, die daher mit geringeren Zensurbeschränkungen zu kämpfen hatte, als sie in den habsburgischen Erbprovinzen bestanden. Auch konnten die ungarischen Liberalen faktisch die Versammlungs- und Vereinigungsfreiheit durchsetzen, indem sie vor allem in den 1840er-Jahren zahlreiche Vereine zum Teil ohne Genehmigungen ins Leben riefen.

Außer Belgien und zeitweise Großbritannien zeichneten sich die europäischen Verfassungsstaaten durch eine mehr oder weniger rigide gesetzliche Reglementierung der mitunter formal gewährten politischen Rechte aus, die zum Teil auch ausländischer Einfluss- bzw. außenpolitischer Rücksichtnahme geschuldet war. Politische Grundrechte, allen voran natürlich die Pressefreiheit, aber etwa auch das Recht zur Bildung internationaler Vereine, erwiesen sich wegen ihres überstaatlichen öffentlichen Wirkungspotenzials auch als Gegenstand internationaler, europäischer Reglementierung. So hatte man sich in den Vereinigten Niederlanden zwar erst im Zuge der Verfassungsrevision von 1815 und unter dem Eindruck der strengen Zensurpraxis des französischen Nachbarn zur verfassungsrechtlichen Garantie prinzipieller Pressefreiheit entschlossen; in der Folge wurde diese jedoch, bezeichnenderweise unter französischem Druck, auf gesetzlichem und strafrechtlichem Wege stark eingeschränkt. Denn in Frankreich herrschte bis zur Julimonarchie und noch darüber hinaus eine restriktive, zeitweise auf Vorzensur gestützte Pressepolitik vor. Die Intervention europäischer Großmächte zwang auch die Schweizer Tagsatzung zur vorübergehenden Beschränkung der publizistischen Tätigkeit politischer Flüchtlinge, wobei die Pressefreiheit vor der Regeneration – auch trotz ihrer expliziten formalen Gewährleistung in Genf und Waadt – überall im Rahmen der kantonalen Gesetzgebung stark beschnitten wurde und sich erst ab 1830 – meist verfassungsrechtlich verankert – durchsetzen konnte. Umgekehrt bestand in Frankreich ein faktisches, über Verordnungen und Gesetze geregeltes, allerdings zunehmend restriktiver gefasstes, dennoch einzigartiges Asylrecht für liberale Flüchtlinge. Hingegen war die Versammlungs- und Vereinigungsfreiheit unter beiden französischen Verfassungen nicht garantiert, politische Assoziationen sahen sich besonders in der Julimonarchie strafrechtlicher Verfolgung ausgesetzt. Auch in den Schweizer Kantonen gab es vor und nach der Regeneration zum Teil eine starke Reglementierung politischer Versammlungen und Vereinigungen auf dem Gesetzes- und Verordnungswege. Die Mehrheit der deutschen Verfassungsstaaten vollzog die durch den Deutschen Bund bzw. das Metternich'sche Österreich ab 1819 vorgegebene Einschränkung der politischen Grundrechte (Meinungs- und Pressefreiheit, Vereinigungs- und Versammlungsfreiheit) weitgehend – mitunter auch erst unter Zwang (Baden 1831/32, Württemberg 1833) – nach. Vor allem in den süddeutschen Verfassungsstaaten avancierten die Presse- und die konstitutionell gar nicht vorgesehene Vereinigungsfreiheit zu den umkämpftesten Forderungen sowohl zwischen Deutschem Bund und Einzelstaaten als auch zwischen einzelstaatlichen Regierungen und deren liberaler Kammeropposition. Dabei verstanden es die Kammern, die verfassungsmäßig garantierten Rechte im Rahmen einer emsigen Antragspraxis als Mittel zur Einflussnahme auf die Regierungen zu nutzen. Für die Beanspruchung des Rechts zur Bildung politischer Vereinigungen knüpfte man an die organisatorischen Verfassungsvorgaben zur Durchführung der Wahlen und Parlamentssitzungen an.[218] Demgegenüber wurde in den mitteldeutschen Staaten der zweiten Konstitutionalisierungswelle die verfassungsmäßig garantierte Pressefreiheit mit oder ohne Ausführungsgesetz durch eine scharfe Zensurpraxis aus-

---

218 Hilker, Grundrechte (wie Fn. 213), S. 351.

gehöhlt, die Meinungsfreiheit insgesamt erstickt. Nichtsdestotrotz findet sich auch in einigen deutschen Staaten ohne moderne Konstitution das Prinzip der Pressefreiheit, wenn auch nur in eingeschränktem Rahmen, rechtlich verankert (z. B. Verfassungen von Sachsen-Altenburg 1831 und von Schwarzburg-Sondershausen 1841). Im Bereich des Vereinswesens verhinderten die repressiven Bundesvorgaben, zusammen mit einer strengen Reglementierung des Koalitionsrechts, auch die Ausbildung gewerkschaftlicher Organisationen vor 1848. Ebenso waren für die rigide Reglementierung (Präventivzensur) der ab 1815 verfassungsrechtlich verankerten Pressefreiheit im Königreich Polen äußere Einflüsse ausschlaggebend. Demgegenüber wurde die Pressefreiheit aber auch in Schweden (unter Lockerung der Zensur ab Mitte der 1840er-Jahre) und in Dänemark eingeschränkt. In Serbien regelte ein Zensurgesetz von 1841 die Pressefreiheit.

Dass die Kontrolle über die entstehenden Öffentlichkeiten stets zwei Seiten hatte, also neben der repressiven (Zensur) auch eine aktive offizielle Pressepolitik umfasste, veranschaulicht der italienische Fall. In Italien schwankte die Presse- und Zensurpolitik der Regierungen, abgesehen von der vorübergehenden Liberalisierung während der Verfassungsrevolutionen von 1820/21, zwischen einer aktiven staatlichen Öffentlichkeitspolitik und rigiden (Piemont-Sardinien bis 1830er-Jahre), jetzt auch bürokratisch effektivierten Präventivzensur (Kirchenstaat und Modena ab 1820er-Jahre) bzw. der Kombination beider Instrumentarien in Neapel-Sizilien, wo deren Anwendung im Zuge der nachrevolutionären Repression ab 1821 in Kombination mit einer Einschränkung der Vereinigungsfreiheit und des Grundrechts auf Rechtsstaatlichkeit und Rechtsgleichheit (Sondergerichte) noch verschärft wurde.

Neben den bisher genannten politischen Grundrechten findet sich ein Petitionsrecht explizit nur in der niederländischen Verfassung von 1815 (nach dem Vorbild der holländischen Verfassung von 1806), der belgischen Konstitution, den Verfassungen der Schweizer Regeneration ab 1830 und in der spanischen Verfassung von 1837 verankert; ein indirektes kollektives Petitionsrecht gegenüber der Obrigkeit sahen überdies die Verfassungen Graubündens von 1814/20 (wahrnehmbar über Gerichte und Gemeinden) und Luxemburgs von 1841 (wahrnehmbar über die Ständeversammlung) vor.

Die russische Autokratie entsagte allen politischen Grundrechten und verschärfte insbesondere nach dem Dekabristenaufstand von 1825 ihre Kontrolle über das öffentliche Leben. Auch im Osmanischen Reich wurden keine politischen Grundrechte gewährt. Von den politischen Mitbestimmungsrechten blieben in den Rumänischen Fürstentümern, sieht man einmal von der kommunalen Ebene ab, etwa 90 Prozent der Bevölkerung ausgeschlossen.

Im Bereich der *wirtschaftlichen und sozialen Grundrechte* ist insgesamt eine allmähliche Verbreitung der Gewerbefreiheit festzustellen, auch wenn diese zunächst durch die Wiedereinführung des Zunftzwangs (z. B. Schweizer Kantone, Piemont-Sardinien), ihre Bindung an das Bürgerrecht bzw. die Niederlassungsfreiheit (z. B. Schweizer Kantone), den Erlass von Handwerksordnungen (z. B. Schweizer Kantone) und die behördliche Disziplinierung der Arbeiter (z. B. Piemont-Sardinien) verzögert und behindert wurde. So setzte sich weitgehende Gewerbefreiheit frühzeitig in Teilen der Schweiz (Genf, »neue Kantone«, dann in der Regeneration) durch und herrschte in Österreich nach dem ABGB von 1811 immerhin Erwerbsfreiheit sowie in Serbien nach der Verfassung von 1838 Handelsfreiheit. In Ungarn kam es 1840 zur Einführung der Gewerbe- und Berufsfreiheit für Juden, die nun, zusammen mit den Frauen, auch das Recht zur Gründung einer Fabrik oder eines Unternehmens ohne königliche Genehmigung erhielten. Demgegenüber sahen die deutschen Verfassungen der ersten und zweiten Konstitutionalisierungswelle keine Wirtschafts- oder Gewerbefreiheit vor. Lediglich die belgische Konstitution (Freiheit des Unterrichts), die portugiesischen Verfassungen von 1826 und 1838 (Garantie einer freien Grundschulausbildung, staatlicher Schutz von Ausbildungen im Wissenschafts- und Kunstbereich) und die nicht dauerhaft umgesetzte griechische Verfassung von 1827 (Postulat der Gewerbe- und Bildungsfreiheit) stellten die (Aus-)Bildung als Voraussetzung für die Wahrnehmung der Berufs- und Gewerbefreiheit unter verfassungsrechtlichen Schutz. Auch die Arbeit entbehrte im Untersuchungszeitraum sowohl hinsichtlich des Anspruchs auf eine solche als auch bezüglich der Rechte des selbstständigen oder unselbstständigen Arbeitnehmers einer grundrechtlichen Absicherung, da sie nicht als gesellschaftliches Anliegen, sondern lediglich zivilrechtlich als reines Vertrags-, ja Mietverhältnis, behandelt wurde.[219] Ein prinzipielles Recht auf öffentliche Fürsorge bestand in Portugal (1826, 1838) und – gebunden an die Voraussetzung der Wohnsitz- und Arbeitsaufnahme – seit 1842 auch in Preußen. In Russland, Finnland, dem Osmanischen Reich und den Rumänischen Fürstentümern wurden keine sozialen Grundrechte gewährt.

Abschließend lässt sich feststellen, dass gegenüber der Grundrechtesituation der vorausgegangenen Epoche[220] in Europa 1815–1847 die persönlichen Grundrechte dominierten, die nun häufig trotz in geschlechtsspezifischer, ethnischer, sozialer und religiös-konfessioneller Hinsicht fortbestehender Einschränkungen als einzige explizite Rechte garantiert wurden. Weiterhin setzte sich die in napoleonischer Epoche begonnene Tendenz zur Einschränkung und Reglementierung politischer Grundrechte fort, auch oder gerade wenn diese verfassungsmäßig garantiert wurden. Diese Entwicklung gab jedoch auch Anlass zu kritischer Auseinandersetzung in Parlament und Publizistik, die im Rahmen einer sich ausweitenden Öffentlichkeit paradoxerweise der Anwendung konkreter politischer Rechte faktisch zur Durchsetzung verhalf. Demgegenüber büßten die wirtschaftlichen und sozialen Grundrechte ihre in der Revolutionsepoche gewonnene Bedeutung nun deutlich ein, ohne allerdings – vor allem was die Gewerbefreiheit betrifft – völlig zu verschwinden. Vielmehr deutet sich im Zeichen der Industrialisierung und des Pauperismus gegen Jahrhundertmitte ihr künf-

---

219 Zu dieser materialistischen Abwertung der Arbeit im Gefolge des Code civil, aber auch des Preußischen Allgemeinen Landrechts, siehe Paolo Grossi, Das Recht in der europäischen Geschichte, übers. v. G. Kuck, München 2010, S. 192 f.
220 Vgl. Daum/Kirsch, Grundrechte (wie Fn. 205), bes. das Fazit auf S. 63.

tiger Bedeutungszuwachs an. Die Regelung persönlicher, politischer und wirtschaftlich-sozialer Grundrechte geriet überdies insofern zum Gegenstand internationaler Vereinbarungen, wie die Abschaffung von Sklaverei und Sklavenhandel, die Entstehung übergreifender Öffentlichkeiten und die zwischenstaatlichen Wirtschafts- und Handelsbeziehungen als staatenübergreifende Herausforderungen erkannt wurden. Schließlich ist gegen Thomas Humphrey Marshalls progressive Entwicklungstypologie auch für die erste Hälfte des 19. Jahrhunderts von einem – freilich unterschiedlich gewichtetem – Überlappen der drei Grundrechtsbereiche auszugehen.

5 Verwaltung

Unter Anknüpfung an den bisherigen Forschungsstand[221] kann inzwischen auf einige Ansätze für eine europäische Verwaltungsgeschichte verwiesen werden, die die Umsetzung staatlicher Verwaltung im lokalen Rahmen[222] und auf rechtlicher Ebene untersuchen.[223] Ungeachtet der Persistenz der anderen Modelle des europäischen Verwaltungsstaats (deutsch-österreichischer Beamtenstaat, russischer Verwaltungsstaat, britisches System und das nordeuropäische gemischte Modell) unterstreichen sowohl regionale Betrachtungen als auch die europäische Perspektive die Bedeutung der napoleonischen Epoche im Sinne einer Kontinuität des durch sie hervorgebrachten Ordnungsmodells

---

221 Siehe den Forschungsüberblick von Arthur Schlegelmilch, Verwaltung, in: HB-1 (wie Fn. 2), S. 64-73, hier S. 64, an den diese Synthese anknüpft und dessen Literaturverweise zum Teil auch für den Untersuchungszeitraum des vorliegenden Handbuchbandes heranzuziehen sind. Vgl. ergänzend Thomas Simon, Aktuelle Forschungsfelder in der Verwaltungsrechtsgeschichte im Spiegel der ZNR, in: Zeitschrift für Neuere Rechtsgeschichte 32 (2010), H. 1, S. 37-51.

222 Zur Umsetzung staatlichen Verwaltungshandelns im dörflichen Rahmen siehe ausführlich Norbert Franz, Durchstaatlichung und Ausweitung der Kommunalaufgaben im 19. Jahrhundert. Tätigkeitsfelder und Handlungsspielräume ausgewählter französischer und luxemburgischer Landgemeinden im mikrohistorischen Vergleich (1805–1890), Trier 2006 (zugl. Habil. 2005). Vgl. auch Lutz Raphael, L'État dans les villages: Administration et politique dans les sociétés rurales allemandes, françaises et italiennes de l'époque napoléonienne à la Seconde Guerre Mondiale, in: ders./J. - L. Mayaud (Hg.), Histoire de l'Europe rurale contemporaine, Paris 2006, S. 249-281.

223 Für eine europäische Verwaltungsrechtsgeschichte siehe das Handbuchprojekt von A. von Bogdandy u. a. (Hg.), Handbuch Ius Publicum Europaeum, Bd. 3: Verwaltungsrecht in Europa: Grundlagen, Heidelberg 2010, vor allem S. 1-29 (Einführung von Sabino Cassese mit einer Synthese der Verwaltungsrechtsgeschichte einiger europäischer Staaten), die historischen Überblicke in den nachfolgenden Länderartikeln, 551-576 (Michel Fromont zur Genese und Entwicklung dreier grundlegender europäischer Verwaltungsrechtstypen), 579-587 (Jean-Bernard Auby mit einem historischen Überblick zur Entstehung moderner Verwaltungen und Verwaltungsrechtsordnungen in einigen europäischen Staaten); Bd. 4: Verwaltungsrecht in Europa. Wissenschaft, Heidelberg 2011, bes. S. 399-424 (Pierangelo Schiera mit einer verfassungshistorischen Begründung einer gemeinsamen Kultur des Verwaltungsrechts und der Verwaltungsrechtswissenschaft im Europa des 19. und 20. Jahrhunderts).

in die Restaurationsepoche hinein und sogar weit über sie hinaus.[224] Die prinzipielle Neuerung der napoleonischen Ordnung wird dabei mit dem Umstand identifiziert, dass die französischen Verwaltungs- und Rechtsreformen eine fundamentale Neubestimmung der Beziehungen zwischen Staat und Gesellschaft begründeten[225], die sich auch in der nachfolgenden Verwaltungsgeschichte des 19. Jahrhunderts maßgeblich im Spannungsverhältnis zwischen Zentrum und Peripherie niederschlug.[226] Über die bisher vorliegenden europäischen Vergleichs- und Transferstudien hinaus[227] verweist die aktuelle Konjunktur der Globalgeschichte auf eine noch zu erwartende Erweiterung des Kenntnisstandes zur europäischen Verwaltungsgeschichte.[228]

Die europäische Verwaltung verfestigte sich im Zeitraum 1815–1847 mehrheitlich zum jeweils unterschiedlich rezipierten spätabsolutistischen und/oder napoleonischen Modell des Zentralstaats, gegenüber dem föderale Ordnungsmuster deutlich an Gewicht einbüßten. Begleitet und unterstützt wurde dieser Prozess vom Aufbau des modernen Staatsdienstes, der durch seine Karriere- und Partizipationschancen, durch

---

224 Zu den respektive vier oder fünf europäischen Verwaltungsstaatsmodellen siehe Lutz Raphael, Recht und Ordnung. Herrschaft durch Verwaltung im 19. Jahrhundert, Frankfurt a. M. 2000, S. 41-75; Caspar F. van den Berg/Frits M. van der Meer/Jos C. N. Raadschelders, Representative Government and Top Administrative Officers. A Comparative Historical Approach to Political-Adminstrative Relations, in: A. G. Manca/F. Rugge (Hg.), Governo rappresentativo e dirigenze amministrative (secoli XIX e XX), Bologna 2007, S. 207-236, hier S. 209 ff. (mit zusätzlicher Nennung des gemischten Modells in Nordeuropa). Vgl. auch den Beitrag über Frankreich im vorliegenden Handbuchband (dortiges Kapitel 5, Verwaltung). Zur Bedeutung des napoleonischen Verwaltungsstaats über die Zäsur von 1814/15 hinaus siehe bereits Helmut Berding, Napoleonische Herrschafts- und Gesellschaftspolitik im Königreich Westfalen 1807–1813, Göttingen 1973. Unter der neueren Forschung sei exemplarisch verwiesen auf Simon Schama, Patriots and Liberators: Revolution in the Netherlands 1780–1813, New York 1992; Broers, Europe (wie Fn. 63); ders., Napoleonic Imperialism and the Savoyard Monarchie 1773–1821. State Building in Piedmont, New York/Queenston 1997; Michael Rowe, Between Empire and Home Town. Napoleonic Rule on the Rhine, 1799–1814, in: The Historical Journal 42 (1999), H. 3, S. 643-674; Laven/Riall (Hg.), Napoleon's Legacy (wie Fn. 148) (mit weiteren Literaturhinweisen in der Einleitung der Hg., S. 23 Anm. 34); Michael Rowe, From Reich to State: The Rhineland in the Revolutionary Age, 1780–1830, New York/Cambridge 2003.
225 David Laven/Lucy Riall, Restoration Government and the Legacy of Napoleon, in: dies. (Hg.), Napoleon's Legacy (wie Fn. 148), S. 1-26, hier S. 4.
226 Für kommunal und demokratisch begründete Gegenentwürfe zum bürokratischen Zentralstaat siehe bereits Paul Nolte, Gemeindebürgertum und Liberalismus in Baden 1800–1850. Tradition, Radikalismus, Republik, Göttingen 1994 (gescheiterter badischer Versuch); Weinmann, Bürgergesellschaft (wie Fn. 175) (am Beispiel Zürichs).
227 Neben den bereits genannten europäischen Studien siehe exemplarisch die Themenschwerpunkte von E. V. Heyen u. a. (Hg.), Formation und Transformation des Verwaltungswissens in Frankreich und Deutschland (18./19. Jh.), in: Jahrbuch für europäische Verwaltungsgeschichte 1 (1989); ders. u. a. (Hg.), Konfrontation und Assimilation nationalen Verwaltungsrechts in Europa (19./20. Jh.), ebd. 2 (1990); ders. u. a. (Hg.), Verwaltung und Verwaltungsrecht in Frankreich und England (18./19. Jh.), ebd. 8 (1996).
228 Zum Transfer europäischer Verwaltung im Rahmen des Kolonialismus siehe Raphael, Recht (wie Fn. 224), S. 61-67, sowie die Hinweise in Abschnitt 2, insbes. 2.1, dieser einleitenden Synthese.

seine wachsende Unabhängigkeit, Verantwortlichkeit und Rationalität, mitunter auch durch seine nationale Verwurzelung oder Aufladung[229], dem Bedeutungsgewinn der Administration gegenüber der Konstitution in Politik und Gesellschaft den Weg ebnete. Neben den beiden Haupttypen der zentralstaatlichen Verwaltungs- oder konstitutionellen Monarchie und der föderalen Republik bewiesen freilich die – nun zum Teil erneuerten – lokalen Selbstverwaltungstraditionen[230] eine beachtliche Beharrungskraft.

Auf *zentralstaatlicher Ebene* tendierten die europaweit vorherrschenden Ordnungstypen der Verwaltungs- und konstitutionellen Monarchie mit ihrer von Fachministerien und Staatsrat gekrönten Behördenhierarchie zur Herstellung einer effektiven bürokratischen Kommunikation zwischen Zentrum und Peripherie unter Absonderung der Verwaltung von der Regierung. Signifikant für das Erbe der napoleonischen Epoche war dabei, dass die Regierungen zu diesem Zweck entweder auf den, nun allerdings zu reformierenden, absolutistischen Verwaltungsapparat zurückgriffen (z. B. Norwegen, Galizien-Lodomerien) oder sich des napoleonischen Modells bedienten, indem sie dieses fast übergangslos beibehielten (Frankreich, Neapel, deutsche Verfassungsstaaten) oder allmählich (wieder) einführten (Spanien ab 1833, Sizilien ab 1817, Piemont-Sardinien ab 1842/43). Im Umgang mit dem Ancien Régime ist vielerorts ein Vorbehalt der restaurierten Monarchien gegenüber den überkommenen Lokalautonomien feststellbar, der einer prinzipiellen Abwehrhaltung der zentralstaatlichen Eliten gegen neue, liberale Führungsschichten an der Peripherie entsprang. Daher hatten die Rezeption des napoleonischen Verwaltungsmodells oder die Durchführung auf Zentralisierung und Rationalisierung abzielender Verwaltungsreformen neben vordergründigen finanzpolitischen Erwägungen (z. B. Massa-Carrara, Sachsen-Coburg-Saalfeld, Sachsen-Hildburghausen) natürlich die absolutistische Machtdurchdringung des Territoriums insgesamt zum Motiv (z. B. Piemont-Sardinien, Modena-Reggio), zumal wenn es um die Integration neuer Territorien und Staatsgebilde ging (z. B. in den deutschen Verfassungsstaaten), deren Notwendigkeit etwa in den Königreichen Piemont-Sardinien und Neapel-Sizilien zumindest zu wechselseitigen Perzeptions-, wenn nicht Transferleistungen im Umgang mit den jeweiligen Regionalkonflikten veranlasste. Diesem Zweck diente auch die Wiederherstellung der alten zentralistischen Verwaltungsstrukturen in den habsburgischen Territorien bei weitgehender Entmachtung der Länder. Selbst im Osmanischen Reich zeichnete sich eine deutliche Tendenz zur Zentralisierung und Rationalisierung der in der Hohen Pforte und ihren Fachministerien gipfelnden sowie von islamischer Gelehrtenhierarchie und Ratsgremien flankierten Verwaltungsstruktur ab. Im Übrigen wirkten die osmanischen Verwaltungstraditionen in Algerien fort, wo sie

---

229 Raphael, Recht (wie Fn. 224), S. 215 f.
230 Diese implizierten mitunter auch ein unterschiedlich ausgestaltetes Wahlrecht zu den lokalen Gremien, das daher in diesem Abschnitt zu behandeln ist, während das Wahlrecht für die zentralen Repräsentationsorgane (Ständeversammlungen, Parlamente) im Abschnitt 3, Wahlen und Wahlrecht, dieser einleitenden Synthese abgehandelt wird.

sich mit dem französischen Modell vermischten. Im neuen griechischen Nationalstaat setzte sich nach den Erfahrungen der Bürgerkriegswirren ein zentralistisches Verwaltungsmodell französischer Prägung durch.

In einigen Fällen standen der administrativen Durchdringung des Territoriums ein unstrukturierter, durch Kompetenzüberschneidungen geprägter Behördenpluralismus (z. B. Großbritannien, Piemont-Sardinien bis 1831, Russland) sowie nur langsam zu beseitigende regionale Sonderrechte (Navarra und Baskenland innerhalb Spaniens) entgegen. Ebenfalls hinderlich für den zentralstaatlichen Verwaltungszugriff waren im Habsburgerreich die internen Blockaden der Zentraladministration (insbesondere im Zusammenhang mit der Staatskonferenz) und der Fortbestand grundherrlicher und munizipaler Gewalten. In Ungarn eskalierte der Antagonismus zwischen königlichem Zentralstaat und adeligen Komitaten in mehreren Krisen. Eine Schwächung der Staatsverwaltung resultierte mancherorts auch aus dem persönlichen Herrschaftsstil des Staatsoberhauptes: Der österreichische Kaiser umging die Verwaltungsspitzen mittels außerordentlicher Berater, und auch in anderen Ländern sicherte sich der Monarch auf zentralstaatlicher Ebene über zum Teil verfassungsrechtlich sanktionierte (Niederlande), zum Teil eigens parallel zur regulären Verwaltungsstruktur geschaffene zentrale Kabinette (Kurhessen, Neapel-Sizilien, Russland) die direkte Steuerung der Regierungsgeschäfte. Die in Finnland ansässige und formal autonome Verwaltungsspitze wurde zeitweise durch die Intervention einer am Zarenhof tätigen gesonderten Zentralinstanz übergangen.

Während das *föderale Element* im übrigen Europa ausklang (Niederlande) oder im Interesse der zentralstaatlichen Machtdurchsetzung verhindert wurde (Habsburgerreich), schien es ansatzweise in der Organisation des Deutschen Bundes auf und bestimmte es die interkantonalen Beziehungen in der Schweiz. Beide Staatenbünde verzichteten allerdings, abgesehen von den zentralen Leitungs- und Beratungsorganen, auf den Aufbau einer eigenen Verwaltungshierarchie, um sich in der Ausführung von Bundesbeschlüssen und der Wahrnehmung der Bundeszwecke auf die einzelstaatliche bzw. kantonale Verwaltung zu stützen. Vor allem beim Deutschen Bund hatte dies eine starke Abhängigkeit von den Mitgliedsstaaten bzw. den beiden Führungsmächten zur Folge. Unterhalb der Bundesebene bestand eine föderale Binnenstruktur nur in den Schweizer Kantonen Wallis und Graubünden im Sinne legislativer Mitwirkungsrechte der Einzelgemeinden (föderales Referendum, föderale Gesetzesinitiative). Eine außergewöhnliche demokratische Note zeichnete gleichwohl die Verwaltungsspitzen in den Schweizer Landsgemeindekantonen und den regenerierten Kantonen aus, wo die Standesoberhäupter und Kleinen Räte aus den Repräsentativversammlungen hervorgingen bzw. mit der Regeneration ihren Charakter als oligarchische Machtzentren einbüßten.

Auf *mittlerer und unterer Verwaltungsebene* ist ein breites, sich vom zentralstaatlichen Kontrollanspruch bis hin zu demokratischen Mitwirkungsmöglichkeiten erstreckendes Spektrum feststellbar, das sich zum Teil innerhalb ein und desselben

Landes nochmals von einer Verwaltungsebene zur nächsten unterschied. Eher eingeschränkte lokale Mitbestimmungsrechte bestanden im Osmanischen Reich, in Russland, Finnland, Kongresspolen, Posen, Österreich, Liechtenstein, Frankreich sowie auf der italienischen und Iberischen Halbinsel. Für das Osmanische Reich sind allerdings die nicht nur territorial, sondern vor allem auch nach religiöser und/oder tribaler Zugehörigkeit definierten Autonomien hervorzuheben. Während innerhalb dieser *millet*-Sonderverwaltung die nicht wählbaren Ratsversammlungen zwar die Interessen der nicht muslimischen Bevölkerungsgruppen wahrnehmen konnten, öffneten sich die regulären Provinzräte aber nur zögernd andersgläubigen Vertretern. Andere zusammengesetzte Herrschaftsgebilde favorisierten deutlicher die imperiale Durchdringung ihrer Territorien. So war in Kongresspolen die allmähliche Verschlankung der napoleonischen Verwaltungsstruktur Ausdruck der nach dem Aufstand von 1830 zunehmenden Russifizierung. Auch der zentralistische Umbau der Posener Verwaltung zielte auf eine Entmachtung des polnischen Adels, der nun seinen Einfluss auf die Besetzung lokaler Ämter zugunsten des preußischen Beamtentums verlor. In Österreich ließ die feudalständische Interpretation von Artikel 13 der Deutschen Bundesakte lediglich die Landstände als einzige, bereits im 18. Jahrhundert weitgehend entmachtete Repräsentation der Länder zu, gegenüber denen die territoriale Staatsverwaltung nach Gubernien völlig unabhängig strukturiert wurde. In der Zweiten französischen Restauration hob man die während Napoleons »Herrschaft der Hundert Tage« wieder eingeführte Wählbarkeit der Bürgermeister erneut auf, bei deren Bestellung der König oder die Präfekten allerdings ab 1831 auf die Mitglieder der Gemeinderäte festgelegt wurden. Hier und in den vom napoleonischen Verwaltungsmodell stark geprägten italienischen Staaten wurden somit die vormals zum Teil noch wählbaren lokalen Ämter in von höherer oder höchster Instanz zu nominierende Beamtenstellen (Neapel-Sizilien, Piemont-Sardinien, Modena-Reggio, Massa-Carrara, Lucca, Kirchenstaat) umgewandelt, wobei mitunter über ein gemischtes Verfahren der Auslosung und Nominierung noch minimale Partizipationsmöglichkeiten zugestanden wurden (Toskana, Parma-Piacenza, Lombardo-Venetien). In der französischen Julimonarchie nahm überdies eine große Wählerzahl das für die Bestellung der Gemeinderäte konzedierte relativ milde Zensuswahlrecht in Anspruch.

Das Adelsprivileg dominierte, meist in Kombination mit dem Besitz- und/oder Religionskriterium, die lokale Selbstverwaltung in Russland, den Rumänischen Fürstentümern, Preußen (Provinz- und Kreisebene), Kongresspolen, Ungarn und den Niederlanden. Innerhalb der mit der Selbstverwaltung des Adels verknüpften russischen Kreisverwaltung hatten auch die Staatsbauern begrenzte Mitwirkungsrechte bei der Ämterbestellung, auf Ebene der Dorfgemeinschaften bestand sogar bäuerliche Selbstverwaltung. Parallel zur Selbstverwaltung der rumänischen Freibauern unterstanden die Fronbauerndörfer der Moldau und Wallachei den Bojaren. Für die Mitwirkung an den Wahlen zu den preußischen Provinzialständen kam faktisch eine Kombination aus ständischer und religiöser Zugehörigkeit sowie hohem Besitzzensus zur Anwendung, die vor allem den Land- und Grundbesitz begünstigte, damit den Einfluss von alteingesessenem Adel und Rittergutsbesitzern sicherte (auf den unteren Verwaltungsebenen mancherorts auch unter Mitwirkung der Frauen) und die Juden von der Repräsentation ausschloss. Adel und Besitz bestimmten auch in Kongresspolen die Partizipationsmöglichkeiten auf Provinz- und Gemeindeebene. Im Rahmen seiner Selbstverwaltung war selbstredend der Adel in Ungarn bevorzugt, während Land-, aber nicht königliche Städte, und die Dörfer eine gewisse Selbstverwaltung entfalten konnten. In den Niederlanden herrschte ein Adel und Besitz begünstigendes Dreiklassenwahlrecht vor, das für Bauern und Städte ein mehrstufiges, indirektes, durch hohen Zensus reguliertes Wahlverfahren bedeutete. Für die Autonomie der Landgemeinde gilt insgesamt der Vorbehalt, dass sie – gerade auch in Großbritannien – noch lange zur Stärkung der adeligen Machtinstanzen beitrug, wenn dies nicht ausdrücklich ausgeschlossen (sächsische Landgemeindeordnung von 1838) oder faktisch (rheinische Gemeindeordnung von 1845) verhindert wurde.

Weitreichende lokale Selbstverwaltungsbefugnisse können immerhin für mehrere Staaten festgestellt werden. Im Gegensatz zu den bisher behandelten Fällen sind darunter solche Rechte zu verstehen, die in der Regel im Rahmen der Bürgergemeinde höchstens durch einen Besitzzensus, nicht aber ständische Privilegien, sowie eventuell ein zwischen obrigkeitlicher Bestellung und Wahlrecht geteiltes Nominierungsverfahren beschränkt waren. Allen voran erfuhr die in Großbritannien traditionell im Rahmen eines die zentralstaatliche und lokale, d. h. hier ausschließlich kommunale Verwaltungsebene einschließenden »selfgovernment«[231] gegebene städtische Selbstverwaltung nun eine Erneuerung durch Demokratisierung (Municipal Corporations Act von 1835). Eine demokratische kommunale Mitbestimmung bestand außerdem in Krakau und kurzzeitig in den südeuropäischen Revolutionen von 1820–1823. Wenig später legte man für die Kommunal- und Provinzialräte in Belgien einen gemäßigten Zensus (mit der Besonderheit des Witwenwahlrechts auf kommunaler Ebene) und weitreichende Autonomien fest. Dies galt ebenfalls für den neuen griechischen Nationalstaat, wo die Gemeindeautonomie als Surrogat für die unter dem Absolutismus Ottos I. nicht zugelassene politische Partizipation wirkte. Auch für die skandinavischen Länder kann vom Fortbestand lokaler Autonomien – traditionellerweise in stärkerem Maße für die Städte (Schweden, Norwegen, Finnland) – gesprochen werden, sodass dort den aus der Frühen Neuzeit fortwirkenden lokalen Selbstverwaltungstraditionen sukzessive ein bedeutender Anteil an der Entstehung demokratischer Gesellschaften zukommen wird. In Norwegen kam es im Zuge der vor allem ab 1837 modernisierten und gesetzlich durchgesetzten lokalen Selbstverwaltung auch zum Ausbau

---

231 Hans-Christof Kraus, »Selfgovernment« – Die englische lokale Selbstverwaltung im 18. und 19. Jahrhundert und ihre deutsche Rezeption, in: H. Neuhaus (Hg.), Selbstverwaltung in der Geschichte Europas in Mittelalter und Neuzeit. Tagung der Vereinigung für Verfassungsgeschichte in Hofgeismar vom 10. bis 12. März 2008, Berlin 2010, S. 213-246.

repräsentativer bäuerlicher Mitwirkung an der Dorfverwaltung. Für die deutsche Staatenwelt sind neben der bemerkenswerten und verfassungsrechtlich verankerten badischen Gemeindeautonomie die städtischen Freiheiten in Preußen (Städteordnungen von 1808 und 1831) herauszustreichen. Allerdings blieb diese kommunale Mitbestimmung noch lange an die Bürgergemeinde gebunden bzw. auch nach dem Übergang zur Einwohnergemeinde zum Teil durch Klassenwahlrecht weiterhin stark beschränkt. Auch in den Schweizer Kantonen erhielten Einwohner ohne Bürgerrecht nur allmählich im Rahmen des parallelen Aufbaus der Einwohnergemeinde einen Zugang zum Wahlrecht und zur kommunalen Gesetzgebungsbefugnis. In Südosteuropa lässt sich hinsichtlich der nach Zensus wählbaren Stadträte in Rumänien und der egalitären Selbstverwaltungstradition der serbischen Gemeinden eine verstärkte zentralstaatliche Kontrolle beobachten, die sich auch in Griechenland gegen die traditionelle Gemeindeautonomie der osmanischen Herrschaftsepoche durchsetzte. Nur eine geteilte kommunale Partizipation herrschte in Luxemburg vor, wo Gemeinderäte und Bürgermeister gemäß eines gemischten Verfahrens (indirekte Zensuswahl und anschließende Nominierung durch Regierung bzw. Großherzog) bestellt wurden. Auch die Zentralkongregationen in Lombardo-Venetien wurden nach Besitzzensus gewählt und dann vom österreichischen Kaiser bestätigt. Bei der Bestellung der vier dänischen Ständeversammlungen nominierte der König einige Mitglieder nach ständischer (jedoch nicht adeliger) Zugehörigkeit und Besitzzensus, während die Mehrheit der Repräsentanten aber durch eine ausschließlich auf Grund(pacht)besitz gegründete Zensuswahl bestimmt wurde. Auf der Iberischen Halbinsel sah das zentralistische Verwaltungsmodell auf den verschiedenen Ebenen wählbare Ratsversammlungen vor (z. B. Portugal ab 1832/33), die in Spanien zeitweise eine stärkere Anbindung an die Exekutive erfuhren. Über lediglich ein Vorschlagsrecht für die Besetzung der kommunalen Ämter verfügten schließlich die Gemeindebürger in Liechtenstein.

 Die *Beamtenschaft*, die vielfach in napoleonischer Zeit geschult worden war, setzte insbesondere in den Verwaltungs- und konstitutionellen Monarchien die Professionalisierung vom Fürstendiener zum öffentlichen Funktionsträger in einer modernen Staatsbürokratie fort. Vielfach geschah dies unter Führung und Herausbildung einer Juristenelite (z. B. Norwegen, Neapel-Sizilien). Eine moderne Staatsbürokratie bildete sich in geringerem Maße im Osmanischen, im Zaren- und Habsburgerreich heraus. In der Tat verharrten die osmanischen Staatsdiener noch längere Zeit im Sklavenstatus. Die zarische Selbstherrschaft stützte sich nicht nur auf einen deutlichen Ausbau der Bürokratie, sondern auch auf deren direkte Anbindung an den Willen des Herrschers. Der Zugang zum rumänischen Staatsdienst blieb mit der Adelszugehörigkeit verknüpft. In Finnland geriet die Amtsenthebung unter die alleinige Entscheidungsgewalt des Generalgouverneurs. Auch fiel man in Österreich mit der strengen, nur auf Gehorsam abstellenden Disziplinierung der Beamtenschaft (Konduitelisten) hinter die josephinischen Reformen zurück. Doch auch in Schweden konnte der seit dem 17. Jahrhundert geltende Kündigungsschutz für Beamte auf der zentralen und mittleren Verwaltungsebene durch direkte königliche Absetzung umgangen werden. Selbst in Großbritannien setzte sich erst in den 1840er-Jahren, also mit dem Übergang zum Parlamentarismus, eine nach rationalen Qualifikationskriterien geregelte Beamtenlaufbahn durch. In ganz Europa blieb die Beamtenbestechlichkeit ein verbreitetes Phänomen, wenn auch mit unterschiedlicher Ausprägung, das insbesondere in Russland, Piemont-Sardinien, Serbien und den Rumänischen Fürstentümern nachweisbar, aber auch in verfassungsmäßig weiter entwickelten Systemen wie Norwegen nicht unbekannt war. Insgesamt trug aber die – tendenziell sogar im Osmanischen Reich vollzogene – Einführung besoldeter Beamtenstellen zu dessen Verminderung bei.

Die personelle Rationalisierung und Professionalisierung generierte auf höchster Ebene, d. h. im Rahmen der Gegenzeichnungspflicht der Minister, auch die persönliche *Verantwortlichkeit des Staatsdieners*, mitunter in doppelter Hinsicht gegenüber Staatsoberhaupt und Parlament. Dabei überwog die juristische (z. B. in Frankreich während der »Hundert Tage«, in Kurhessen) gegenüber der politischen Wirkung (nur gegeben in Großbritannien ab 1835/42, fallweise auch in Neapel 1820 und in Portugal ab 1834). Auf unterer Verwaltungsebene setzte sich das mancherorts formal eingeführte Verantwortlichkeitsprinzip (z. B. in der Schweizer Regeneration) jedoch aufgrund der schleppenden Entwicklung einer unabhängigen Verwaltungsgerichtsbarkeit nur zögerlich durch. Während in Großbritannien schon seit Längerem und nun auch in Norwegen die Verwaltungsgerichtsbarkeit den ordentlichen Gerichten übertragen war, hatte das französische Modell seit 1791 im Namen der Gewaltenteilung die Verwaltungskontrolle der Verwaltung selbst übertragen. Beide Systeme traten in anderen Ländern zum Teil in Kombination (Belgien) auf. So schloss in den Niederlanden der Monarch einen unerwünschten Zugriff der Justiz auf die Verwaltung sogar völlig aus (Konfliktentscheid von 1822). Dem in Frankreich entwickelten Trennungsmodell zwischen ordentlicher Rechtsprechung und Verwaltungsgerichtsbarkeit entsprach in manchen Staaten die Übertragung der Verwaltungsgerichtsbarkeit auf einen eigenen, zum Teil Verwaltungsräten überlassenen Instanzenzug auf lokaler Ebene (z. B. in Neapel-Sizilien, Sachsen, Kurhessen, Braunschweig). Auf der höheren Ebene, für die ein eigenständiger Verwaltungsgerichtshof vorübergehend lediglich im Kanton Waadt (1814–1832) nachweisbar ist, waren Anklagen gegen höhere Beamte u. a. verwaltungsrechtliche Sachen meist Obersten Gerichtshöfen übertragen, die zugleich ordentliche Berufungsfunktionen wahrnahmen (z. B. in Belgien, Spanien, den Schweizer Kantonen, in einigen mitteldeutschen Kleinstaaten in Gestalt des übergreifend zuständigen Jenaer Oberappellationsgerichts), aber personell und prozedural auch mit Legislative und Exekutive verflochten sein konnten (z. B. in Krakau). Wo die Verwaltungsgerichtsbarkeit nach dem französischen Modell einem jeweils unterschiedlichen Ebenen der Zivilverwaltung, mitunter bis hinauf zum Staatsrat, beigeordneten Konsultativorgan übertragen wurde (z. B. in Frankreich, Neapel-Sizilien, Piemont-Sardinien, Parma-Piacenza, Bayern, Hannover, Schweden, Portugal, Griechenland), war sie noch direkter mit der Exekutive bzw. dem Verwaltungsapparat verbunden. Besonders deutlich stellte sich die fortbestehende Eigenverstrickung in Parma-Piacenza dar, wo die Kompetenzkonflikte zwischen Justiz- und Zivilverwaltungsbehörden nicht der Staatsratssektion für Verwaltungsgerichtsbarkeit, sondern derjenigen für die Verwaltung übertragen wurden. Dies galt auch in Portugal, wo außerdem die Entscheidungen der betreffenden Staatsratssektion dem Vorbehalt der Ratifizierung seitens der Regierung unterlagen. In Russland und Finnland war die Verwaltungsgerichtsbarkeit mit den Spitzen der Zivil- und Justizverwaltung vereint; die serbischen Beamten waren in Fällen des Amtsmissbrauchs aufgrund ihres prinzipiellen Schutzstatus nur schwer zur Verantwortung zu ziehen.

6 Justiz

Aufgrund der Persistenz des französisch-napoleonischen Rechtsmodells knüpft die Geschichte des europäischen Justizwesens 1815–1847 stark an die Entwicklung der vorangegangenen Epoche an.[232] In diesem Zusammenhang interessiert sich die Forschung zunehmend für transnationale Zusammenhänge.[233] Neben den zahlenmäßig immer noch überwiegenden nationalen Einzelfallstudien[234] liegen für eine gesamt-

---

232 Siehe den Forschungsüberblick von Arthur Schlegelmilch, Justiz, in: HB-1 (wie Fn. 2), S. 73-82, hier S. 73 f., an den diese Synthese anknüpft und dessen Literaturverweise zum Teil auch für den Untersuchungszeitraum des vorliegenden Handbuchbandes heranzuziehen sind. Als Ergänzung siehe Reiner Schulze, Die europäische Rechts- und Verfassungsgeschichte – zu den gemeinsamen Grundlagen europäischer Rechtskultur, Budapest Ndr. 2005 (Erstaufl. 1995). Vgl. außerdem die Forschungsbilanzen in: Die neuere Rechtsgeschichte in der Historiographie nach 1945. Dreißig Jahre ZNR, in: Zeitschrift für Neuere Rechtsgeschichte 32 (2010), H. 1.
233 Vgl. W. Schubert (Hg.), 200 Jahre Code civil. Die napoleonische Kodifikation in Deutschland und Europa, Köln u. a. 2005; B. Dölemeyer u. a. (Hg.), Richterliche Anwendung des Code civil in seinen europäischen Geltungsbereichen außerhalb Frankreichs, Frankfurt a. M. 2006 (zur Anwendung des französischen Zivilrechts in der Rechtsprechungspraxis mehrerer europäischer Länder im 19. und 20. Jahrhundert); T. Giaro (Hg.), Modernisierung durch Transfer im 19. und frühen 20. Jahrhundert, Frankfurt a. M. 2006 (zur Modernisierung osteuropäischer Rechtssysteme durch die Rezeption westlicher Verfassungs- und Kodifikationsmodelle im »langen 19. Jahrhundert«); D. Klippel/R. Schulze (Hg.), Common Law und europäische Rechtsgeschichte, in: Zeitschrift für Neuere Rechtsgeschichte 28 (2006), H. 1-2 (Themenheft zur Bedeutung des englischen Common Law für die europäische Rechtsgeschichte); Stefan Geyer, Den Code civil »richtiger« auslegen. Der zweite Zivilsenat des Reichsgerichts und das französische Zivilrecht, Frankfurt a. M. 2009 (zur Fortwirkung des französischen Rechts speziell im deutschen Fall bis hinein in die Rechtsprechung des deutschen Kaiserreichs); P. Caroni (Hg.), L'ABGB e la codificazione asburgica in Italia e in Europa, Padova 2006 (zur Ausstrahlung des österreichischen ABGB auf Italien, Ungarn, Liechtenstein und die Schweiz). Für weitere Themen in transnationaler Perspektive siehe exemplarisch: Karl Härter, Die Formierung transnationaler Strafrechtsregime. Auslieferung, Asyl und grenzüberschreitende Kriminalität im Übergang von gemeinem Recht zum nationalstaatlichen Strafrecht, in: Rechtsgeschichte. Zeitschrift des Max-Planck-Instituts für europäische Rechtsgeschichte 18 (2011), S. 36-65.
234 Vgl. z. B.: Ulrich Eisenhardt, Deutsche Rechtsgeschichte, München 4. Aufl. 2004; René Pahud de Mortanges, Schweizerische Rechtsgeschichte. Ein Grundriss, Zürich 2007; Sylvia Kesper-Bier-

europäische Rechtsgeschichte einige jüngere Synthesen[235] und Spezialstudien zu deren Teilaspekten vor.[236] Explizit globalgeschichtliche Öffnungen sind noch rar.[237]

---

mann, Einheit und Recht. Strafgesetzgebung und Kriminalrechtsexperten in Deutschland vom Beginn des 19. Jahrhunderts bis zum Reichsstrafgesetzbuch 1871, Frankfurt a. M. 2009; J. Baker (Ltr.), The Oxford History of the Laws of England, Bd. 11-13, Oxford u. a. 2010.

235 Die Entfaltung mehrerer europäischer Rechtsräume von der Antike bis zur Gegenwart macht Wesel, Geschichte (wie Fn. 217), verständlich. Für weitere Synthesen siehe: Hattenhauer, Rechtsgeschichte (wie Fn. 79); Jean-Louis Halpérin, Histoire des droits en Europe de 1750 à nos jours, Paris 2004; Mathias Schmoeckel, Auf der Suche nach der verlorenen Ordnung. 2000 Jahre Recht in Europa, Köln u. a. 2005; Antonio Padoa Schioppa, Storia del diritto in Europa dal Medioevo all'età contemporanea, Bologna 2007. Vgl. zu Teilräumen: Herbert Küpper, Einführung in die Rechtsgeschichte Osteuropas, Frankfurt a. M. u. a. 2005.

236 Zu Praktiken der gesellschaftlichen Selbstregulierung im Rahmen staatlicher Rechtsvorgaben im Europa des 19. Jahrhunderts siehe P. Collin u. a. (Hg.), Selbstregulierung im 19. Jahrhundert – zwischen Autonomie und staatlichen Steuerungsansprüchen, Frankfurt a. M. 2011. Zur Entwicklung des Notariats in mehreren europäischen Ländern unter wechselseitigem Transfer siehe M. Schmoeckel/W. Schubert (Hg.), Handbuch zur Geschichte des Notariats der europäischen Traditionen, Baden-Baden 2009. Eine europäische Kodifikationsgeschichte am Beispiel der Rechtsvereinheitlichungen in Frankreich, Preußen, Österreich und den Niederlanden bietet Peter A. J. van der Berg, The Politics of European Codification. A History of the Unification of Law in France, Prussia, the Austrian Monarchy and the Netherlands, Groningen 2007 (zugl. Diss. 2006). Die historische Beziehung zwischen moderner Verfassung und Kodifikation vor allem in Italien, aber auch mit Blick auf andere europäische Länder, untersuchen ohne Anspruch auf eine systematische Darstellung Paolo Alvazzi Del Frate u. a., Costituzioni e codici moderni. Saggi e lezioni, Torino 2007. Für eine Geschichte des europäischen Privatrechts siehe Filippo Ranieri, Das europäische Privatrecht des 19. und 20. Jahrhunderts, Berlin 2007; Helmut Coing, Europäisches Privatrecht, Bd. 2, München 1989; ders. (Hg.), Handbuch der Quellen und Literatur der neueren europäischen Privatrechtsgeschichte, Bd. 3, Teilbde. 1-5, München 1982–1988; zur Privatrechtsentwicklung in Mittel-, Südost- und Osteuropa vgl. Gábor Hamza, Wege der Entwicklung des Privatrechts in Europa. Römischrechtliche Grundlagen der Privatrechtsentwicklung in den deutschsprachigen Ländern und ihre Ausstrahlung auf Mittel- und Osteuropa, Passau 2007. Zum Zusammenhang zwischen Staatsrecht und Industrialisierung am Beispiel des Königreichs Sachsen 1815–1848 siehe Louis Pahlow, Industrialisierung als Staatsaufgabe. Zum Verhältnis von Wirtschaft und Staat im Staatsrecht des Vormärz, in: Rechtsgeschichte. Zeitschrift des Max-Planck-Instituts für europäische Rechtsgeschichte 15 (2009), S. 109-125. Zur Begnadigung im 19. Jahrhundert als Übergangspraxis zwischen frühneuzeitlichem und modernem Strafrecht am Beispiel Finnlands siehe Toomas Kotkas, Pardoning in Nineteenth-Century Finland. At the Interface of Early Modern and Modern Criminal Law, ebd. 10 (2007), S. 152-168. Zu vielfältigen anderen Aspekten vgl. die Sammelbände von: J. Wolff (Hg.), Kultur- und rechtshistorische Wurzeln Europas. Arbeitsbuch, Mönchengladbach 2005; A. Bauer/K. H. L. Welker (Hg.), Europa und seine Regionen. 2000 Jahre Rechtsgeschichte, Köln u. a. 2007. Für die rechtshistorischen Kontexte der Grund- und Menschenrechte sowie des Verhältnisses zwischen Staat und Kirchen siehe respektive die Abschnitte 4, Grundrechte, und 9, Kirche, in dieser einleitenden Synthese.

237 Vgl. mit europäischen Bezügen z. B. Mathias Rohe, Das islamische Recht. Geschichte und Gegenwart, München 2009; Dominique-Aimé Mignon, Histoire d'outre-mer. Études d'histoire du droit et des institutions, Aix-en-Provence 2006; J. C. Garavaglia/J. - F. Schaub (Hg.), Lois, justice, coutume. Amérique et Europe latines (16ᵉ–19ᵉ siècle), Paris 2005; Antony Anghie, Imperialism, Sovereignty and the Making of International Law, Cambridge u. a. 2005.

Unter Anknüpfung an die Reformen des aufgeklärten Absolutismus und die napoleonischen Neuerungen setzte sich in vielen Staaten der Umbau der Rechtsordnung auf den bereits eröffneten Reformfeldern der systematischen Kodifikation, der einheitlichen Gerichtsorganisation, der Sicherstellung der Gewaltenteilung zwischen Judikative und Exekutive sowie dem Aufbau einer Verwaltungs-[238] und Verfassungsgerichtsbarkeit fort. Daneben gab es aber weiterhin mehrere Länder, die von diesem Umbau nicht oder nicht in allen vier genannten Feldern berührt wurden, wobei der Übergang zu oder der Fortbestand von modernisierten Rechtssystemen nach wie vor nicht unbedingt von der politischen Verfasstheit oder gar Konstitutionalisierung abhängig war.

Anstrengungen zur *Systematisierung des geltenden Rechts* standen mehrheitlich unter dem Eindruck der drei großen Kodifikationswerke der Vorepoche, die mit dem Allgemeinen Landrecht (ALR, 1794) und dem Allgemeinen Bürgerlichen Gesetzbuch (ABGB, 1811) respektive in den preußischen (inkl. Großherzogtum Posen) und habsburgischen Ländern (inkl. Galizien-Lodomerien und Lombardo-Venetien, aber auch einigen Schweizer Kantonen) fortbestanden sowie mit dem Code civil (ab 1804) im ehemaligen napoleonischen Herrschaftsbereich (vor allem in Frankreich, Italien, Spanien, Polen, Belgien und den Niederlanden, den linksrheinischen deutschen Territorien, Baden sowie einigen West- und Südschweizer Kantonen) nachwirkten. So war der deutsche Rechtsraum infolge einer fehlenden Rechtsvereinheitlichung seitens des Deutschen Bundes und auch der Einzelländer selbst durch alle drei Kodifikationsmodelle und den Fortbestand überkommener, heterogener Rechtssysteme fragmentiert; zum Teil war sogar die Rechtseinheit innerhalb der Einzelstaaten durch den Antagonismus zwischen überkommenem und französischem Recht beeinträchtigt (vor allem in Bayern, Hessen-Darmstadt, Preußen). Im Bereich des Strafrechts trug neben dem in Frankreich fortbestehenden Code pénal (Rezeption seiner reformierten Variante von 1832 in Spanien, Norwegen und Preußen) vor allem auch das bayerische Strafgesetzbuch von 1813 (Rezeption in Württemberg, Baden, St. Gallen, Basel, Luzern, Griechenland, Norwegen) zur Rechtsvereinheitlichung bei. In Liechtenstein krankte die Umsetzung der prinzipiellen Rechtseinheit mit Österreich am Verzicht auf eine systematische Publikation der entsprechenden Gesetze; in Ungarn scheiterte eine Modernisierung des Strafrechts im Sinne persönlicher Gleichheits- und politischer Freiheitsrechte. Demgegenüber lassen sich in der italienischen Staatenwelt umfassende und systematische Kodifikationsbemühungen beobachten. Dabei blieb die Halbinsel langfristig vom französischen Rechtsmonopol bestimmt und damit dem Prinzip der Rechtseinheit und -gleichheit verpflichtet, auch wenn hier anfangs die französischen Gesetzbücher aufgehoben (z. B. in Piemont-Sardinien) oder durch eigene Gesetzbücher (erstmals in Neapel-Sizilien 1819) ersetzt und in jedem Fall das französische Zivilrecht im patriarchalischen und kanonischen Sinne verschärft wurde (insbes. im Personen-, Familien- und Erbrecht). Auch in den Niederlanden und in

---

238 Zur Verwaltungsgerichtsbarkeit siehe Abschnitt 5, Verwaltung, in dieser einleitenden Synthese.

Belgien blieben die anfangs provisorisch beibehaltenen französischen Gesetzbücher trotz ihrer schrittweisen Anpassung an vermeintlich nationales Recht ihrer ursprünglichen Version verpflichtet. Nur vorübergehenden Fortbestand hatte das französische Recht in den polnischen Territorien, da es im dortigen Königreich langfristig durch Russifizierung ausgehöhlt wurde und in Krakau um die Jahrhundertmitte mit dem habsburgischen Rechtssystem gemäß ABGB ersetzt werden wird.

Außerhalb der genannten drei Kodifikationswerke waren der skandinavische, der russische, der osmanische und der britische Rechtsraum von Bedeutung. Die skandinavischen Rechtssysteme wirkten fort, ohne dass sie durch eine umfassende und einheitliche Kodifikation modernisiert worden wären. Während in Schweden und in Finnland alle Versuche scheiterten, das seit 1736 geltende »Sveriges Rikes lag« zu reformieren, konnten die überkommenen dänischen (1683) und norwegischen (1687) Gesetzbücher immerhin in Teilen – etwa durch die am preußischen ALR, aber auch am Code pénal und bayerischen Strafgesetzbuch angelehnte Strafrechtsreform in Norwegen (1842) – erneuert werden. In Russland gelang die Kompilation der ersten systematischen Gesetzessammlung seit 1649, die der künftigen Vereinheitlichung und Sicherheit des Rechts den Boden bereitete und das Verwaltungshandeln an verbindliche Grundsätze band (*Svod zakonov*, 1832). Trotz aller Reformen bestand ein ständisch ungleiches, äußerst hartes Strafrecht fort. Das Osmanische Reich kannte unterschiedliche Rechtssysteme, die in einem komplexen, je nach religiöser, sozialer und tribaler Zugehörigkeit hierarchisch geordneten Verhältnis zueinander standen und in der Scharia und im säkularen Sultansrecht gipfelten. Zu Letzterem gab es im Untersuchungszeitraum strafrechtliche Kodifikationsbemühungen, die auch das islamische Recht berührten, ohne dass damit dessen Säkularisierung intendiert war. In Serbien galt je nach Rechtssache islamisches oder das von den serbischen Verwaltungsorganen wahrgenommene weltliche Recht. Im Zuge der griechischen Nationalstaatsbildung entschied man sich – trotz Ansätzen zur Einführung des napoleonischen Rechts – für den Rückgriff auf das byzantinische, 1345 von Konstantinos Armenopoulos systematisierte Rechtssystem (»Hexabiblos«), das mit Einflüssen aus der deutschen Rechtsprechung versetzt bis weit ins 20. Jahrhundert bestimmend bleiben sollte. Schließlich war der britische Rechtsraum weiterhin durch ein relativ heterogenes, auf geschriebenen und ungeschriebenen Grundsätzen beruhendes Recht gekennzeichnet, auch wenn es ab den 1830er-Jahren an punktuellen Reformen des Strafrechts (insbes. bezüglich der Anwendung der Todesstrafe) nicht mangelte.

Das französisch-napoleonische Erbe blieb auch in der *Gerichtsorganisation* der meisten Staaten in Form eines einheitlichen, dreigliedrigen, von wenigen Sondergerichten (meist Militär-, Handels- und Gewerbegerichte) flankierten Instanzenzuges präsent. Dies galt vor allem für Frankreich, Belgien, Luxemburg und das Königreich Polen sowie die Iberische Halbinsel (hier auch als Erbe des Cádizer Konstitutionalismus), aber auch für die Rumänischen Fürstentümer unter den Organischen Reglements von 1831/32, für Serbien unter der Verfassung von 1838 und für Griechenland von den Revolutionsverfassungen bis zum absolutistischen Nationalstaat. Die italienischen Restaurationsregierungen kehrten, zum Teil erst schrittweise, zum Teil nur partiell, unter Fortbestand einiger – vorwiegend politischer (vor allem in Modena-Reggio) und kirchlicher (besonders im Kirchenstaat) – Sondergerichte zum napoleonischen Justizsystem zurück, sodass das allmählich vereinheitlichte piemontesische Gerichtswesen die Grundlage für die künftige nationale Rechtseinheit Italiens schuf. Eine ähnlich vorbereitende Nationalisierung wurde im Deutschen Bund durch den Verzicht auf die Ausbildung übergreifender, föderaler Gerichtsinstanzen beeinträchtigt, die über das Austrägalverfahren zur Lösung zwischenstaatlicher Streitsachen hinausgegangen wären. Auch im Schweizer Bund bestand bis 1848 keine eigentliche Bundesgerichtsbarkeit, sondern war für interkantonale Streitfälle ein als »eidgenössisches Recht« kanonisiertes Schiedsverfahren vorgesehen. Sondergerichtsbarkeiten bestanden meist auf unterer Ebene fort (z. B. grund-, gutsherrschaftliche und andere Vorrechte in Hannover, Sachsen, Kurhessen, Preußen, Ungarn und anderen habsburgischen Territorien sowie in den Schweizer Kantonen oder kirchliche Gerichtsbarkeiten in Finnland und Schweden). Daneben waren in Teilen Russlands (Kaukasus) und naturgemäß im Osmanischen Reich (inkl. Serbiens) für die muslimische Bevölkerung Schariagerichte zuständig. Das unter ungenauer Zuständigkeit leidende britische Gerichtswesen erfuhr abgesehen von der Errichtung neuer »Country Courts« in der ersten Jahrhunderthälfte noch keine grundlegende Reform.

Die *Unabhängigkeit der Judikative* als dritter Gewalt wurde verfassungsrechtlich explizit in Belgien, in der polnischen Konstitution von 1815, in den griechischen Revolutionsverfassungen von 1822–1827 sowie in Spanien unter der 1820–1823 wiederbelebten Cádizer und der 1837 gewährten Verfassung festgeschrieben. Die diesbezüglichen Motive waren zum Teil entgegengesetzt: Während sich die Träger des neuen belgischen Nationalstaats entsprechend ihres persönlichen Erfahrungshorizonts in besonderem Maße dem französisch-napoleonischen Erbe verpflichtet zeigten, dürfte in Spanien die Ausstrahlung des antinapoleonischen Freiheitsmythos für die Übernahme des strengen Cádizer Gewaltenteilungsprinzips verantwortlich gewesen sein. In Frankreich kam es trotz verfassungsrechtlich festgelegter Unabsetzbarkeit der Richter vor allem zu Beginn der Restauration zur politischen Säuberung der Richterschaft, die in der weiteren Entwicklung durch die ihr konzedierte Selbstrekrutierung die familiäre Bindung über das Kriterium der fachlichen Eignung und Leistung stellte und ihre Professionalisierung verzögerte. Auch die süddeutschen Verfassungen postulierten die Unabhängigkeit des Richteramtes, was wegen deren mangelnder Umsetzung regelmäßig Anlass zu langwierigen Auseinandersetzungen über eine entsprechende Reform der Strafprozessordnung (Öffentlichkeit und Mündlichkeit der Verhandlungen, Geschworenengerichte) gab. Schließlich stachen noch einige thüringische Kleinstaaten durch die verfassungsrechtliche Garantie der Unabhängigkeit von Gerichtsverfahren und Urteilen hervor (Sachsen-Coburg, 1821; Sachsen-Altenburg, 1831). Prinzipiell wirkte in den Ländern, in denen zuvor das napoleonische Verwaltungs- und Rechtsmodell eingeführt worden war, zumindest eine formale Trennung zwischen Zivil- und Justizverwaltung fort (z. B. in Spanien, Neapel-Sizilien, Parma-Piacenza, den Niederlanden, Luxemburg, Württemberg, im Königreich Polen bis zu den 1830er-Jahren) oder sie wurde allmählich wieder eingeführt (z. B. in Piemont-Sardinien, Kurhessen, Sachsen-Weimar-Eisenach, den meisten Schweizer Kantonen der Regeneration). Auch die dort zum Teil fortbestehende oder sukzessive wieder eingeführte napoleonische Zivilprozessordnung stärkte durch die Prinzipien der Mündlichkeit und Öffentlichkeit der Verhandlungen sowie der Unabhängigkeit der Richter den gegenüber der Verwaltung eigenständigen, neutralen Charakter des Gerichtswesens.

Davon ausgenommen waren häufig noch die mittleren und unteren Verwaltungs- und Justizebenen (z. B. in Bayern, Baden, Sachsen-Altenburg, aber auch in Norwegen). So waren in Liechtenstein Zivil- und Justizverwaltung nur auf der höchsten Ebene formal getrennt, indem die Appellationsinstanz auf ein entsprechendes Innsbrucker Gericht ausgelagert wurde. In der Lokalverwaltung des Kirchenstaats fiel das Amt des Verwaltungschefs mit dem des Richters zusammen. Und auch im lokalen Gerichtswesen Großbritanniens konnten die Notabeln ihren Einfluss auf das Nominierungsverfahren der ehrenamtlichen Friedensrichter aufrechterhalten, das lediglich in den Boroughs durch Mitwirkung der Stadträte demokratisiert wurde. Doch auch auf zentraler Staatsebene gab es vielerorts Eingriffe der Exekutive in das Justizsystem. So blieb die Unabhängigkeit der österreichischen Judikative vorzugsweise auf die Zivilgerichtsbarkeit beschränkt. In den Niederlanden stärkte die zögerliche Reform der französischen Gerichtsordnung letztendlich die Einflussnahme des Königs auf die Rechtsprechung. Fürst und Exekutive griffen in starkem Maß in das rumänische Justizwesen ein, obwohl die Organischen Reglements die Gewaltenteilung zwischen Exekutive und Judikative betonten. In Russland und Finnland waren Zivil- und Justizverwaltung vereint, indem deren Spitzen jeweils in einem zentralen Organ zusammenliefen. Auch im Osmanischen Reich fielen Zivilverwaltung und Justiz an höchster Stelle, d. h. ab 1826 in der Behörde der muslimischen Gelehrten und ab 1838 im Hohen Rat, zusammen.

Mit der größeren Eigenständigkeit der Judikative war in der Regel die Beseitigung des Sportelsystems zugunsten eines festen Gehalts und eine Schwächung der Wählbarkeit der Richter oder sogar der Verzicht darauf verbunden. Denn die alte Einheit von Justiz- und Zivilverwaltung hatte es mit sich gebracht, dass die wählbaren Richter natürlich von den lokalen Eliten bestimmt wurden, weshalb man sie als Symbol des Absolutismus nun zunehmend beseitigt wissen wollte (z. B. in Portugal 1835). Eine Kombination von behördlicher Nominierung auf Lebenszeit und regelmäßiger Wahl bestimmte jeweils einen Teil der Richterschaft im Königreich Polen und in der Freien Stadt Krakau. In Belgien waren sogar alle drei Gewalten mit Vorschlagsrecht bei der Ernennung von Richtern beteiligt. Die in zahlreichen Ländern (z. B. in Belgien, im Königreich Polen, in den süd- und mitteldeutschen Staaten) feststellbare Tendenz zur Ernennung der Beamten auf Lebenszeit, zu deren Unabsetzbarkeit und Nichtversetzbarkeit trieb die Professionalisierung des Richteramtes weiter voran. Dieser stand in

Preußen die disziplinarrechtliche Zulassung der Amtsenthebung, Degradierung oder Strafversetzung (1844) entgegen.

Analog zum Bereich der Verwaltungsgerichtsbarkeit[239] kam es auch nicht zur Ausbildung einer wirklich unabhängigen, den Verfassungsgewalten übergeordneten *Verfassungsgerichtsbarkeit*. Soweit eine solche überhaupt vorgesehen war, verband sie sich in den meisten Fällen nicht nur mit der ordentlichen Rechtsprechung, indem sie in der Regel (Ausnahme: württembergischer Verfassungsgerichtshof) von den als Berufungsinstanz fungierenden Obersten Gerichtshöfen (z. B. dem Kassationshof in Belgien) oder sogar – wie vorübergehend in Spanien (1822/23) – vom regulären Strafrecht wahrgenommen wurde. Vielmehr blieb die Verfassungskontrolle, da sie sich in den meisten Ländern (z. B. im Königreich Polen, in der Freien Stadt Krakau, in Bayern, Kurhessen und Norwegen) in der Anwendung des Instruments der Ministeranklage erschöpfte, auch eng mit dem Geschäftsgang von Legislative und Exekutive verwoben. Eine davon losgelöste Verfassungsgerichtsbarkeit bestand allerdings ab 1831 in Sachsen-Altenburg, wo auch bei Verfassungskonflikten zwischen Regierung und Parlament das Oberappellationsgericht in Jena angerufen werden konnte. Schließlich bestand im Deutschen Bund und der Schweizer Eidgenossenschaft eine formal von den einzelstaatlichen Gewalten unabhängige Verfassungsgarantie. Vor allem der Deutsche Bund tat sich – in Ermangelung eines Bundesgerichts auf informell-diplomatischem, polizeilichem und militärischem Wege – durch eine mal auf alle, mal auf einzelne Mitgliedsstaaten bezogene Verfassungskorrektur im antiliberalen Sinn hervor. In der Schweiz wurde die Anwendung der Verfassungsgarantie bzw. -kontrolle, die auch sehr hartnäckig wahrgenommen werden konnte (z. B. im Tessin 1814/15), über die Tagsatzung ausgehandelt und legitimiert, wobei zum Teil auch die europäischen Großmächte ihren Einfluss geltend machten.

7 Militär

Die Disziplin der Neuen Militärgeschichte[240] beschäftigt sich mit Blick auf die »Sattelzeit« nach wie vor mit der Frage nach einem fundamentalen Wandel des Verhältnisses

---

239 Zur Verwaltungsgerichtsbarkeit siehe Abschnitt 5, Verwaltung, in dieser einleitenden Synthese.
240 Siehe den Forschungsüberblick von Werner Daum, Militär, in: HB-1 (wie Fn. 2), S. 82-88, an den diese Synthese anknüpft und dessen Literaturverweise zum Teil auch für den Untersuchungszeitraum des vorliegenden Handbuchbandes heranzuziehen sind. Vgl. überdies für eine Geschichte des Faches Militärgeschichte seit dem 19. Jahrhundert und dessen Forschungsbilanz: Ralf Pröve, Militär, Staat und Gesellschaft im 19. Jahrhundert, München 2006, S. 47-96; J. Echternkamp u. a. (Hg.), Perspektiven der Militärgeschichte. Raum, Gewalt und Repräsentation in historischer Forschung und Bildung, München 2010, insbes. S. 1-100. Forschungsbilanz und Forschungsperspektiven speziell für die Militärgeschichte des langen 19. Jahrhunderts in ihrem Zusammenhang zur (internationalen) Politikgeschichte bietet Günther Kronenbitter, Militär und Politik – Anmerkungen zur Militärgeschichte zwischen Französischer Revolution und Erstem Weltkrieg,

zwischen Militär, Staat und Gesellschaft. Im globalen Vergleich gelten der militärische Wettstreit in Europa und die damit verbundenen fiskalischen Interessen inzwischen als spezifisch europäisches Motiv für Staatsbildung.[241] In innereuropäischer Perspektive wird der Wandel anhand der nationalen Aufladung des Militärsektors und des damit verbundenen Rekrutierungssystems sowie generell einer Totalisierung der Kriegsführung konkretisiert, aber zugleich weniger revolutionär als vielmehr evolutionär interpretiert.[242] Dennoch kann zumindest auf ideen- und erfahrungsgeschichtlicher Ebene immer noch die Feststellung Gültigkeit beanspruchen, dass im Rahmen der seit 1789/92 begonnenen Umwertung des Krieges dessen Ideologisierung gegenüber der traditionellen Form des Kabinettkrieges immer mehr zunahm.[243] Demnach ging der Krieg aus den antinapoleonischen Befreiungskriegen in Spanien und Deutschland

---

in: Kraus/Nicklas (Hg.), Geschichte (wie Fn. 163), S. 271-285. Zum Stand der angelsächsischen populärwissenschaftlichen und akademischen Militärgeschichte siehe Jeremy Black, Rethinking Military History, London/New York 2004, S. 26-65, der diesbezüglich für eine Überwindung der westlich bzw. europäisch zentrierten Forschungsperspektive zugunsten globaler Analysen und im Interesse gemeinsamer, vor allem kulturgeschichtlich interessierter Fragestellungen auch für komparative Untersuchungen plädiert (ebd., bes. S. 1-25, 66-103, 232-244). Auf das Zeitalter der Weltkriege beschränkt sich der Literaturbericht von Michael Epkenhans, Ein fruchtbares Feld: Neuerscheinungen zur Militärgeschichte, in: Neue Politische Literatur 54 (2009), S. 47-59.

241 Siehe den Beitrag von Peer Vries, in: Flüchter/Richter (Hg.), Structures (wie Fn. 145). Für eine globalgeschichtlich orientierte Militärgeschichte des 19. Jahrhunderts siehe exemplarisch Jeremy Black, Introduction to Global Military History. 1775 to the Present Day, London/New York 2005 (mit Schwerpunkt auf Kriegsverläufen im 20. Jahrhundert); ders., War in the Nineteenth Century 1800–1914, Cambridge 2009, bes. S. 27-59, 96-106 (zur Entwicklung von zwischenstaatlicher Kriegsführung, kolonialer Expansion und innerstaatlichen Konflikten als grundlegenden Aspekten einer globalen Militärgeschichte des 19. Jahrhunderts).

242 Ute Planert, Die Kriege der Französischen Revolution und Napoleons. Beginn einer neuen Ära der europäischen Kriegsgeschichte oder Weiterwirken der Vergangenheit, in: D. Beyrau u. a. (Hg.), Formen des Krieges. Von der Antike bis zur Gegenwart, Paderborn u. a. 2007, S. 149-162; Kronenbitter, Militär (wie Fn. 240), S. 278 f.; Frederick C. Schneid, Introduction, in: D. Stoker u. a. (Hg.), Conscription in the Napoleonic Era. A Revolution in Military Affairs?, London/New York 2009, S. 1-5 (sowie die weiteren Aufsätze in diesem Band); Roger Chickering, Introduction, in: ders. (Hg.), War in an Age of Revolution, 1775–1815, Cambridge/New York 2010, S. 1-17 (mit ausführlicher Diskussion der These über das Aufkommen der totalen Kriegsführung im Zuge der Französischen Revolution, die zugunsten einer Kontinuität zur frühneuzeitlichen Militärgeschichte relativiert wird).

243 Zur Deutung der Revolutions- und napoleonischen Kriege als Ursprung moderner totaler Kriegsführung siehe Wolfgang Kruse, Die Erfindung des modernen Militarismus. Krieg, Militär und bürgerliche Gesellschaft im politischen Diskurs der Französischen Revolution 1789–1799, München 2003 (zu den Ursprüngen des modernen Militarismus im politischen Diskurs über Krieg, Militär und bürgerliche Gesellschaft im französischen Revolutionsjahrzehnt 1789–1799); Jean-Yves Guiomar, L'invention de la guerre totale XVIIIe–XXe siècle, Paris 2004 (unter Einbeziehung der nachfolgenden Entwicklung im 19. und 20. Jahrhundert); David A. Bell, The First Total War: Napoleon's Europe and the Birth of Modern War As We Know It, Boston u. a. 2007.

als nationaler Volkskrieg hervor[244], der im griechischen Befreiungskampf, aber zum Teil auch in den Kolonien, manche Charakterzüge eines ethnischen Vernichtungskrieges annahm[245] und in den Revolutionen von 1848/49 seinen Höhepunkt finden sollte.[246] Dementsprechend rückt nicht nur der prinzipielle Zusammenhang von Militär, Nation(alstaat) sowie Konstitution in den Mittelpunkt[247], sondern werden auch dessen diskursive und gedächtnispolitisch-konstruktivistische Hintergründe – auch im Rahmen des Militarismusdiskurses – hinterfragt.[248] Weitere kulturgeschichtliche

---

244 Für den deutschen Fall vgl. Jörg Echternkamp, »Teutschland, des Soldaten Vaterland.« Die Nationalisierung des Krieges im frühen 19. Jahrhundert, in: W. Rösener (Hg.), Staat und Krieg vom Mittelalter bis zur Moderne, Göttingen 2000, S. 181-203, hier bes. S. 201.

245 Zu den wechselseitigen Massakern zwischen muslimischen und christlichen Bevölkerungsgruppen im griechischen Unabhängigkeitskrieg siehe Davide Rodogno, Le grandi potenze e gli »interventi umanitari« nell'Impero ottomano: una riconsiderazione del caso greco, 1821–1829, in: Dogo (Hg.), Schegge (wie Fn. 166), S. 57-99. Zu den frühen kolonialen Vernichtungsfeldzügen vgl. Georg Schild, »Burn their Houses and Cut Down their Corn«. Englische Kolonisierungskriege in Virginia und Neu-England, 1607–1646, in: Beyrau u. a. (Hg.), Formen (wie Fn. 242), S. 243-268; Michael Hochgeschwender, Kolonialkriege als Experimentierstätten des Vernichtungskrieges?, ebd., S. 269-290 (mit deutlicher Differenzierung zwischen Kolonial- und Vernichtungskrieg).

246 Wolfram Siemann, Heere, Freischaren, Barrikaden. Die bewaffnete Macht als Instrument der Innenpolitik in Europa 1815–1847, in: D. Langewiesche (Hg.), Revolution und Krieg. Zur Dynamik historischen Wandels seit dem 18. Jahrhundert, Paderborn 1989, S. 87-102, hier S. 92. Vgl. hierzu relativierend: Nikolaus Buschmann/Dieter Langewiesche, »Dem Vertilgungskriege Grenzen setzen«. Kriegstypen des 19. Jahrhunderts und der deutsch-französische Krieg 1870/71. Gehegter Krieg – Volks- und Nationalkrieg – Revolutionskrieg – Dschihad, in: Beyrau u. a. (Hg.), Formen (wie Fn. 242), S. 163-196, hier bes. S. 163 f., 166-173, 193-195 (im Sinne einer Kontinuität von »gehegten Staatenkriegen«, also von Kabinettskriegen, im nachnapoleonischen Europa, die nun allerdings als »nationale Volkskriege« wahrgenommen und erfahren wurden); Chickering, Introduction (wie Fn. 242) (mit Relativierung aus globalgeschichtlicher Perspektive).

247 Vgl. z. B. Hans-Ulrich Wehler, Nationalstaat und Krieg, in: W. Rösener (Hg.), Staat (wie Fn. 244), S. 225-240. Zum Verhältnis zwischen königlichem Oberbefehlshaber und Armee sowie seiner konstitutionellen Regelung vgl. W. Heinemann (Hg.), Monarchen und ihr Militär, Potsdam 2010. Zur konstitutionellen Verpflichtung des Militärs am Beispiel Kurhessens siehe Marco Arndt, Militär und Staat in Kurhessen 1813–1866. Das Offizierskorps im Spannungsfeld zwischen Monarchischem Prinzip und liberaler Bürgerwelt, Marburg 1996; Ewald Grothe, Verfassungsgebung und Verfassungskonflikt. Das Kurfürstentum Hessen in der ersten Ära Hassenpflug 1830–1837, Berlin 1996. Zum preußischen Fall vgl. P. Baumgart (Hg.), Die Preußische Armee zwischen Ancien Régime und Reichsgründung, Paderborn 2008.

248 Speziell zum diskursiven Verhältnis zwischen Militär und Nation unter Einbeziehung der erfahrungsgeschichtlichen Deutungen und der Feststellung wesentlicher Umbruchphasen (1750–1815 und um die Mitte des 19. Jahrhunderts) siehe Jörn Leonhard, Bellizismus und Nation. Kriegsdeutung und Nationsbestimmung in Europa und den Vereinigten Staaten 1750–1914, München 2008; zum Militarismusparadigma siehe die Bilanz von Pröve, Militär (wie Fn. 240), S. 91-94. Eine differenzierte, den Mythos der deutschen »Befreiungskriege« vor dem Hintergrund populärer Kriegserfahrung relativierende Bewertung des Verhältnisses zwischen napoleonischen Kriegen und deutscher Nation bietet Ute Planert, Der Mythos vom Befreiungskrieg. Frankreichs Kriege und der deutsche Süden: Alltag – Wahrnehmung – Deutung 1792–1841, Paderborn u. a. 2007, hier

Fragestellungen betreffen die Dimensionen von Raum, Gewalt und Geschlecht.[249] Da sich das Verhältnis zwischen Militär und Nation vor allem im Rekrutierungssystem konkretisierte[250], untersucht die Forschung inzwischen die Geschichte der Militärrekrutierung vor allem auch in sozialgeschichtlicher Perspektive.[251] Auch in diesem Kontext hat sich eine Relativierung des vermeintlichen Bruchs zwischen der Kriegsführung im Ancien Régime und der Entstehung eines modernen Militärwesens um 1800 zugunsten einer evolutionistischen Deutung ergeben: Zwar leitete die Einführung der Wehrpflicht im revolutionären Frankreich den Übergang vom stehenden (Söldner-)Heer zur modernen Bürgerarmee ein, weshalb die allmähliche Verbreitung der Wehrpflicht im Europa des 19. Jahrhunderts als Ausdruck eines fundamentalen politisch-ideologischen Wandels gelten kann.[252] Zugleich ist aber auch deutlich geworden, dass die letztendliche Durchsetzung der Wehrpflicht in Europa eine Folge aus der Industrialisierung der Kriegsführung war und überdies Anknüpfungspunkte gegenüber frühneuzeitlichen Rekrutierungstraditionen aufwies.[253]

---

bes. S. 655-659. Weitere Studien zur Repräsentation und Traditionsbildung des Militärs bietet der Tagungsband von Echternkamp u. a. (Hg.), Perspektiven (wie Fn. 240), S. 211-320.

249 Siehe die Beiträge in Echternkamp u. a. (Hg.), Perspektiven (wie Fn. 240), S. 101-209; zur Genderperspektive vgl. die Bilanz bei Pröve, Militär (wie Fn. 240), S. 78-82. Für eine kulturgeschichtlich erweiterte Weltmilitärgeschichte siehe Jeremy Black, Introduction, in: ders. (Hg.), War in the Modern World since 1815, London/New York 2003, S. 1-19 (sowie die dort nachfolgenden Beiträge).

250 Vgl. bereits Manfred Messerschmidt, Die politische Geschichte der preußisch-deutschen Armee, in: Handbuch zur deutschen Militärgeschichte 1648–1939, Bd. 2, Abschnitt IV: Militärgeschichte im 19. Jahrhundert 1814–1890, München 1979, S. 9-380, hier S. 59-65. Auch die europäischen Imperien machten sich vornehmlich in der zweiten Hälfte des 19. Jahrhunderts für ihre Militärrekrutierung das nationalstaatliche Wehrpflichtkonzept zunutze; Leonhard/von Hirschhausen, Empires und Nationalstaaten (wie Fn. 150), S. 79-105.

251 Vgl. den internationalen Forschungsüberblick von Nicola Labanca, Come e perché studiare la leva, in: ders. (Hg.), Fare il soldato. Storie del reclutamento militare in Italia, Milano 2007, S. 7-20. Siehe auch Ute Frevert, Die Kasernierte Nation. Militärdienst und Zivilgesellschaft in Deutschland, München 2001; D. Moran/A. Waldron (Hg.), The People in Arms. Military Myth and National Mobilization since the French Revolution, Cambridge 2003; L. De Vos (Hg.), Military Recruitment in Modern Times (XIXth–XXth Centuries), in: Revue internationale d'histoire militaire, 2006, H. 86 (Themenheft); Thomas Hippler, Citizens, Soldiers and National Armies: Military Service in France and Germany, 1789–1830, Abingdon 2007.

252 Dieser Wandel schloss die Idee der Volksbewaffnung anfangs nicht aus; zur diesbezüglichen deutschen Debatte siehe Ralf Pröve, Alternativen zum Militär- und Obrigkeitsstaat? Die gesellschaftliche und politische Dimension civiler Ordnungsformationen in Vormärz und Revolution, in: W. Rösener (Hg.), Staat (wie Fn. 244), S. 204-224; ders., Stadtgemeindlicher Republikanismus und die »Macht des Volkes«. Civile Ordnungsformationen und kommunale Leitbilder politischer Partizipation in den deutschen Staaten vom Ende des 18. Jahrhunderts bis zur Mitte des 19. Jahrhunderts, Göttingen 2001. Insgesamt zum Phänomen der militärischen Mobilisierung von Zivilisten in der Neuzeit vgl. R. Bergien/R. Pröve (Hg.), Spießer, Patrioten, Revolutionäre. Militärische Mobilisierung und gesellschaftliche Ordnung in der Neuzeit, Göttingen 2010.

253 Schneid, Introduction (wie Fn. 242); Planert, Kriege (wie Fn. 242), S. 151 f., 154-158, 162; Kronenbitter, Militär (wie Fn. 240), S. 279; Peter H. Wilson, European Warfare 1815–2000, in: Black (Hg.), War (wie Fn. 249), S. 192-216, hier bes. S. 209.

Die Ausgestaltung des hier interessierenden engeren Verhältnisses zwischen Staats- und Militärverfassung in Europa 1815–1847 lässt sich anhand der Militärstruktur, der Zuweisung von Oberbefehl und Kontrollbefugnissen sowie der Regelung von Zugang und Rekrutierung aufzeigen. Allgemein kann vom bereits in vorangegangener Epoche begonnenen Auf- und Ausbau stehender Heere ausgegangen werden. Auch der Grad der damit verbundenen gesellschaftlichen Teilhabe und Kontrolle war weiterhin prinzipiell unabhängig von der politischen Verfasstheit geregelt und gab nirgendwo Anlass zur Entstehung eines Parlaments- oder Bürgerheeres. Zumindest in einigen Staaten erfuhr das Militärwesen nun aber eine deutliche Professionalisierung mittels zentralstaatlich gesteuerter und verwalteter Karrierewege und Rekrutierungssysteme. So stand dem vielerorts gegebenen Fortbestand oder der Wiedereinführung ständischer Zugangsschranken für die höheren Militärränge die allmähliche Durchsetzung der allgemeinen, obgleich Exemtionen erlaubenden Wehrpflicht als Bedingung des modernen Staatsbürgerrechts gegenüber. Zwar erwies sich die in der Revolutionszeit aufscheinende Perspektive einer demokratischen Staatsbürgerarmee nun überall als vorläufig abgebrochene Entwicklung; zugleich stärkte vielerorts die in der ersten Hälfte des 19. Jahrhunderts zum Zweck der innerstaatlichen Integration forcierte administrative Vereinnahmung des Militärwesens aber auch dessen nationale Funktion.

In vielen Staaten bestand die *Militärstruktur* aus der regulären Armee und der aus der Revolutions- und napoleonischen Zeit übernommenen, nun aber nur noch mit eingeschränkten, meist ordnungspolitischen Funktionen versehenen Bürgermiliz oder -garde. So stellte man in den Niederlanden der zunächst als Nationalgarde organisierten Reserve eine Berufsarmee zur Seite. Die mit französischer Expertise aufgebaute reguläre Armee des neuen belgischen Nationalstaats wurde von einer zum Teil demokratisch strukturierten Bürgergarde flankiert. Auch in Portugal bestand neben der regulären Armee mit Unterbrechungen eine demokratisch organisierte und der Verfassung verpflichtete Nationalgarde. Dagegen scheiterten in Baden ähnliche Anstrengungen, dem Heer eine bürgerliche Nationalmiliz oder Landwehr zur Seite zu stellen. Anderswo bestanden Miliz oder Landwehr mit nun eingeschränkter Eigenständigkeit gegenüber dem Linienheer (Preußen, Liechtenstein) bzw. dezidiert ordnungspolitischem Charakter (Kirchenstaat, Modena, Toscana, Lucca, Sachsen besonders 1830, Kurhessen besonders 1830, Sachsen-Altenburg ab 1831, Osmanisches Reich ab 1834). In Frankreich schlug sich der politische und dynastische Systemwechsel 1814 im Aufbau einer königlichen Garde nieder, die dem royalistisch gesinnten alten Adel vorbehalten blieb. Demgegenüber nahm dort die bürgerliche Nationalgarde – auch in Hinblick auf die künftigen Ereignisse von 1848 – eine ambivalente, zwischen revolutionärer Tradition und innerer Sicherheit schwankende Rolle wahr. So ging beispielsweise von der den Gardisten in der Julimonarchie eingeräumten Wahl eines Teils der Offiziere eine konkrete politische Wirkung aus, da diese Partizipationserfahrung nun auch die Bestrebungen nach einer Erweiterung des politischen Wahlrechts stärkte.

Im Funktionszusammenhang zur inneren Ordnung und Sicherheit sind mancherorts aber auch völlig irreguläre Militärverbände zu beobachten: Während im Osmanischen Reich traditionelle Sonderverbände (z. B. die Janitscharen) weitgehend beseitigt wurden, blieben Unabhängigkeitskrieg und Nationalstaatsbildung in Griechenland von autonomen Freischärlerverbänden geprägt, die dann im Rahmen des Brigantentums das reguläre Militär noch für Jahrzehnte beschäftigen sollten. Doch auch der spanischen Armee standen paramilitärische Verbände wie die 1812–1874 (mit Unterbrechungen) bestehende Nationalmiliz, die als »Bürgerwehr« liberaldemokratischen Charakters fungierte, und die Zivilgarde zur Seite. Während der Karlistenkriege der 1830er-Jahre traten noch die außerhalb der regulären Armee organisierten königlichen Freiwilligenverbände hinzu. Nach dem Vorbild der französischen Gendarmerie erfüllte in Piemont-Sardinien ein Königliches Carabinieri-Korps die Funktion einer militärischen Staatspolizei. Irreguläre Verbände, allen voran die Kosaken mit innerer Ordnungsfunktion, aber auch die bis zur Jahrhundertmitte forcierten Militärsiedlungen, prägten auch das russische Militärwesen.

Im Reichs- oder staatenbündischen Zusammenhang kam es zur Ausbildung von weiteren Sonderformen. So bildeten Territorien, die unter der militärischen Hegemonie imperialer Herrschaftssysteme standen, entweder nur Milizen für innere Ordnungsaufgaben (Rumänische Fürstentümer, Freie Stadt Krakau bis 1846) oder gar keine eigenständigen Armeeorganisationen aus, da sie in die jeweiligen Hegemonialstreitkräfte integriert wurden (Polen ab 1832) bzw. Truppenteile dorthin entsandten (z. B. Galizien-Lodomerien). Das Militärwesen Luxemburgs wurde wesentlich von dessen Zugehörigkeit zum Deutschen Bund bestimmt, für den Luxemburg als Bundesfestung fungierte und für dessen Streitkräfte das Land ein entsprechendes Kontingent stellte, das insbesondere nach der Teilung von 1839 den Kern der nationalen Streitkräfte Luxemburgs bildete. Die zunehmend schrumpfenden britischen Berufsstreitkräfte, Armee und Marine, setzten sich zum großen Teil aus Überseeverbänden zusammen.

In den meisten Staaten waren, gemäß ihrer dualistischen Verfassungsstruktur, *Oberbefehl und Kontrollbefugnisse* zwischen Staatsoberhaupt, Regierung und Parlament bzw. ständischer Versammlung mit sehr ungleicher Gewichtung geteilt. Während der militärische Oberbefehl ausnahmslos beim Staatsoberhaupt bzw. dessen Regierung lag, die nun auch bei der Offiziersernennung mitwirkte, nahm die Versammlung meist im Rahmen des Budget- bzw. Steuerbewilligungsrechts (z. B. in Großbritannien, den deutschen Verfassungsstaaten, Niederlanden, Belgien, Ungarn) und in manchen Fällen auch durch direkte Mitsprache bei der Rekrutenaushebung (insbesondere in Ungarn und in der französischen Julimonarchie) eine partielle Kontrolle auch über den Militärbereich wahr. In den südeuropäischen Verfassungsrevolutionen um 1820 verwehrte das Prinzip der Volkssouveränität die persönliche Übertragung des militärischen Oberbefehls auf den König. Dieser entzog sich zwar prinzipiell der ständischen oder parlamentarischen Mitbestimmung und in den Staaten mit moderner Verfassung auch einer konstitutionellen Verpflichtung; jedoch verschaffte gerade die diesbezügliche Anwendung des Budget- und Steuerbewilligungsrechts im Sinne eines Druckmittels gegenüber der Exekutive den Versammlungen eine gewisse Handlungsfreiheit auch in anderen Bereichen. Die britische Durchlässigkeit der Karrierewege brachte in Form des »politischen Offiziers« eine enge Verbindung zwischen Parlament und Armee hervor. Weiterhin wurde die Militärverwaltung fast ausnahmslos von entsprechenden Instanzen der regulären Zentraladministration ausgeübt (meist vom Kriegsministerium), der aber in der Regel die eigenständige Militärgerichtsbarkeit entzogen blieb. Das Verhältnis zwischen Staatsverwaltung und Militär war dort weniger von administrativer Aufsicht als von personeller Symbiose geprägt, wo die Offizierslaufbahn einen Zugang zum höheren Staatsdienst eröffnete (z. B. in Russland, Finnland) bzw. hohe Militär- und Verwaltungsränge zusammenfielen (z. B. im preußischen Staatsrat). Während in Großbritannien häufige Wechsel zwischen Staatsdienst und Armee gebräuchlich waren, litt dort die Verwaltung der Landstreitkräfte unter der unklaren Kompetenztrennung sowohl innerhalb der zivilen (Kriegs-, Armeeminister u. a. Behörden) und militärischen Leitung (Oberbefehlshaber des Heeres) als auch zwischen beiden Sphären. Eine deutliche Vermischung von zivilen, polizeilichen und militärischen Aufgaben generierte die Verwaltungsstruktur im Königreich Piemont-Sardinien.

In einigen Ländern entzog sich der Militärapparat zum Teil den politischen Gewalten, was entweder mit dem autokratischen (Russland) oder oligarchischen Charakter (Serbien) des Systems, der politischen Unabhängigkeit des Militärwesens innerhalb des Verfassungssystems (Spanien, Portugal) oder aber mit außenpolitischen Implikationen oder Abhängigkeiten (z. B. Luxemburgs, Liechtensteins u. a. Kleinstaaten gegenüber dem Deutschen Bund bzw. dessen Führungsmächten; Ungarns gegenüber dem Habsburgerreich; Finnlands, Polens und der Rumänischen Fürstentümer gegenüber Russland) zu tun hatte. Im Zarenreich unterstand das Militär einem mit exekutiven und legislativen Befugnissen ausgestatteten Kriegsministerium, das außerdem jederzeit vom Kaiser übergangen werden konnte. Das spanische und portugiesische Militär beanspruchte im Rahmen seiner »Pronunciamientos« eine beispiellose Handlungsfreiheit gegenüber den Verfassungsgewalten, auch wenn es formal vom königlichen Staatsoberhaupt abhing. Die deutschen Bundesstaaten waren über die Organisation ihres nationalen Militärwesens hinaus der Kriegsverfassung des Bundes verpflichtet.

Die *Zugangs- und Rekrutierungsregelungen* waren meist in sich gegensätzlich, da der Zugang zu den Offiziersstellen vielerorts weiterhin oder erneut ständischen Schranken unterlag (Adelsprivileg), während für die einfachen Soldaten zunehmend die allgemeine Wehrpflicht – allerdings meist entschärft um die sog. Stellvertretung und andere Ausnahmeregelungen (in den meisten deutschen Staaten, Frankreich, Belgien, den Territorien der Habsburgermonarchie und Preußens, Liechtenstein, Piemont-Sardinien, Neapel-Sizilien, Portugal, Polen) – um sich griff. Dabei lässt sich eine allmähliche Verbürgerlichung des Offizierkorps im Militärwesen Frankreichs,

Österreichs und mehrerer deutscher Staaten feststellen, wo der Offizier zunehmend als Beamter wahrgenommen wurde. Selbst im Osmanischen Reich führte man – vermutlich unter dem Eindruck der europäischen Entwicklung – eine allgemeine (freilich in erster Linie religiös und erst in zweiter Linie säkular legitimierte) Wehrpflicht für muslimische Untertanen ein, wobei die Rekrutierung nach Losverfahren ebenfalls durch Stellvertretung sowie regional, konfessionell und sozial begründete Exemtionen umgangen werden konnte (1846). Geringe Umsetzung erfuhr die formal bestehende Wehrpflicht in einigen Staaten (Toskana, Kirchenstaat) und Regionen (Sizilien, Sardinien) Italiens. In Serbien, Großbritannien und entgegen ihrer historischen Tradition auch in den Niederlanden war nur für den Verteidigungs- respektive Kriegsfall eine allgemeine Wehrpflicht vorgesehen.

Ein ausgeprägt ständischer Charakter kennzeichnete trotz Modernisierung der Rekrutenaushebung das russische Militär, indem dort soziale (Freikauf) und regionale Dienstexemtionen (konfessionelle und ethnische Freistellungen), der besondere Militärstand der Kosaken und Militärsiedlungen bestanden. Finnland sah sich aufgrund der russischen Militärhoheit von einer militärischen Dienstpflicht befreit. Eine soziale Beschränkung der Wehrpflicht auf die Bauern kennzeichnete das dänische Militär, bis 1849 die allgemeine Wehrpflicht eingeführt wurde. Auch in Spanien herrschte – abgesehen von der vorübergehenden Einführung der Wehrpflicht im konstitutionellen Triennium (1820–1823) – keine allgemeine Wehrpflicht, sondern ein komplexeres Rekrutierungssystem. In Schweden bestand das sog. »Einteilungswerk« von 1680 – ergänzt durch die (noch nicht allgemeine) Wehrpflicht von 1812 – fort.

Eine *nationale Aufladung* des Militärs fand entweder in Nachwirkung der antinapoleonischen Befreiungskämpfe (vor allem in Spanien und Preußen) oder aber im Rahmen neuer nationalrevolutionärer Bewegungen (südeuropäische Revolutionen um 1820–1823, Polen 1830) und Nationalstaatsgründungen (Belgien und Griechenland 1830/31) statt. In Ungarn verstand die Ständeversammlung die gesetzlichen Regelungen zur Rekrutenaushebung (1830, 1840) für die Bildung eines rudimentären ungarischen Heeresverbandes zu nutzen. In Piemont-Sardinien stifteten, über die kurzwährende Revolution von 1821 hinaus, die – Polizei- und Militäraufgaben auf sich vereinigenden – Carabinieri ein auf dynastische Loyalität gegründetes Eigenbewusstsein. Während die Kontingentverpflichtung gegenüber dem Deutschen Bund im luxemburgischen Fall wesentlich zur nationalen Eigenständigkeit des Landes ab 1839 beitrug, generierte sie in Liechtenstein – über den Landsturm hinaus – keinen eigenständigen, sondern einen im Zusammengehen mit Hohenzollern-Hechingen und Hohenzollern-Sigmaringen gebildeten überstaatlichen Verband. Im Falle des Bundesheeres erschwerte dessen Organisation als Kontingentsheer sowie seine ordnungspolitische bis repressive Funktion gegenüber den Mitgliedsstaaten eine nationaldeutsche Identifikation. Analog verhinderten imperiale Machtkonstellationen naturgemäß die Ausbildung eines eigenständigen Militärwesens (vor allem in Finnland und Polen ab 1832, in den Rumänischen Fürstentümern, in Krakau und Galizien-Lodomerien).

8 Verfassungskultur

Die Rede von der »Verfassungskultur« birgt eine doppelte Problematik in sich: Zunächst bezeichnet der Begriff in theoretisch-konzeptioneller Hinsicht über das engere Feld der materiellen Kultur hinaus vor allem auch eine analytische Perspektive, wie sie im Rahmen der »Neuen Kulturgeschichte« entwickelt wurde.[254] Sodann wirft er in epochal-chronologischer Hinsicht die Frage nach der Kontinuität oder dem Bruch zwischen alter und moderner Ordnung auf, für die die Forschung einen Antagonismus zwischen der Verfassung als Kultur- und der Verfassung als Rechtsphänomen konstatierte.[255] Wenn also im Rahmen des Aufschwungs der »Neuen Kulturgeschichte des Politischen«[256] seit mehr als einem Jahrzehnt auch die Verfassungskultur eine größere Aufmerksamkeit in der verfassungsgeschichtlichen Forschung erfährt[257], so

---

254 Siehe u. a. die Forschungsbilanz von Silvia Serena Tschopp, Die Neue Kulturgeschichte – eine (Zwischen-)Bilanz, in: HZ 289 (2009), S. 573-605.

255 Wolfgang Reinhard, Verfassungsgeschichte als Kulturgeschichte. Historische Grundlagen europäischer politischer Kultur, in: Jahrbuch für Europäische Geschichte 1 (2000), S. 115-131, hier bes. S. 116; Barbara Stollberg-Rilinger, Verfassung und Fest. Überlegungen zur festlichen Inszenierung vormoderner und moderner Verfassungen, in: H.-J. Becker (Hg.), Interdependenzen zwischen Verfassung und Kultur. Tagung der Vereinigung für Verfassungsgeschichte in Hofgeismar vom 22.3.–24.3.1999, Berlin 2003, S. 7-49, hier bes. S. 37.

256 Vgl. exemplarisch Susan Pedersen, What is Political History Now?, in: D. Cannadine (Hg.), What is History Now?, New York 2002, S. 36-56; Thomas Mergel, Überlegungen zu einer Kulturgeschichte der Politik, in: Geschichte und Gesellschaft 28 (2002), H. 4, S. 574-606; Achim Landwehr, Diskurs – Macht – Wissen. Perspektiven einer Kulturgeschichte des Politischen, in: Archiv für Kulturgeschichte 85 (2003), S. 71-117; Thomas Nicklas, Macht – Politik – Diskurs. Möglichkeiten und Grenzen einer Politischen Kulturgeschichte, in: Archiv für Kulturgeschichte 86 (2004), S. 1-25, bes. S. 20-25 (über neue kulturgeschichtliche Perspektiven in der Politik- und Verfassungsgeschichte); B. Stollberg-Rilinger (Hg.), Was heißt Kulturgeschichte des Politischen?, Berlin 2005, bes. S. 9-24 (Einleitung der Hg.); U. Frevert/H.-G. Haupt (Hg.), Neue Politikgeschichte. Perspektiven einer historischen Politikforschung, Frankfurt a. M. u. a. 2005; Andreas Rödder, Klios neue Kleider: Theoriedebatten um eine Kulturgeschichte der Politik in der Moderne, in: Historische Zeitschrift 283 (2006), S. 657-688; Luise Schorn-Schütte, Historische Politikforschung. Eine Einführung, München 2006; W. Hardtwig (Hg.), Ordnungen in der Krise. Zur politischen Kulturgeschichte Deutschlands 1900–1933, München 2007; Kraus/Nicklas (Hg.), Geschichte (wie Fn. 163), bes. S. 1-12 (Einleitung der Hg.); Klaus Ries, Kultur als Politik, in: Historische Zeitschrift 285 (2007), H. 2, S. 303-354; Frank Bösch/Norman Domeier, Cultural History of Politics: Concepts and Debates, in: European Review of History. Revue europeenne d'histoire 15 (2008), H. 6, S. 577-586; Karl-Joachim Hölkeskamp, Mythos und Politik – (nicht nur) in der Antike. Anregungen und Angebote der neuen »historischen Politikforschung«, in: Historische Zeitschrift 288 (2009), H. 1, S. 1-50.

257 Vgl. Reinhard, Verfassungsgeschichte (wie Fn. 255); H. Vorländer (Hg.), Integration durch Verfassung, Wiesbaden 2002; Stollberg-Rilinger, Verfassung und Fest (wie Fn. 255), bes. S. 8-11 (mit konzeptionellen Überlegungen zum Zusammenhang von Verfassung und [Fest-]Kultur); P. Brandt u. a. (Hg.), Symbolische Macht und inszenierte Staatlichkeit. »Verfassungskultur« als Element der Verfassungsgeschichte, Bonn 2005; R. G. Asch/D. Freist (Hg.), Staatsbildung als kultureller Prozeß. Strukturwandel und Legitimation von Herrschaft in der Frühen Neuzeit,

geschieht dies nach wie vor mit unterschiedlichem konzeptionellen Zugriff und meist unter scharfer epochal-disziplinärer Abgrenzung zwischen Vormoderne und Moderne. Im Sinne einer kulturalistischen Schärfung der Untersuchungsperspektive ist dabei allerdings durchaus ein gemeinsamer, Epochen übergreifender Gegenstand auszumachen, der sich auf die symbolische Repräsentation von Herrschaft und politischer Ordnung in der Öffentlichkeit, insbesondere mittels des politischen Zeremoniells, wechselseitiger kommunikativer Aushandlung und zivilreligiöser Komponenten[258],

---

Köln u. a. 2005; Arthur Schlegelmilch, Verfassungskultur, in: HB-1 (wie Fn. 2), S. 88-94; Barbara Stollberg-Rilinger, Des Kaisers alte Kleider. Verfassungsgeschichte und Symbolsprache des Alten Reiches, München 2008; Daniel Hildebrand, Die Geschichtlichkeit des Ahistorischen. Der moderne Staat als evolutionärer kultureller Zusammenhang, in: Archiv für Kulturgeschichte 90 (2008), H. 1, S. 51-78; Blockmans u. a. (Hg.), Interactions (wie Fn. 147); Peter Häberle, »Verfassungskultur« als Kategorie und Forschungsfeld der Verfassungswissenschaften, in: P. Brandt (Hg.), »Verfassungskultur« in Europas Geschichte und Gegenwart. Erträge des Symposions des Instituts für Europäische Verfassungswissenschaften an der FernUniversität in Hagen am 27. Mai 2005, Berlin 2011, S. 9-29; Reinhard Blänkner, Verfassungskultur. Überlegungen aus historisch-kulturwissenschaftlicher Sicht, in: Brandt (Hg.), »Verfassungskultur« (wie oben), bes. Kap. III (mit Fokus auf der politisch-sozialen Integrationskraft von Verfassungen und der Historizität ihrer institutionellen Figurationen); F. - J. Arlinghaus u. a. (Hg.), Verfassungsgeschichte aus internationaler und diachroner Perspektive, München 2010 (zur symbolisch-rituellen Repräsentation politisch-sozialer Ordnungen von der Antike bis in die Moderne); M. J. Prutsch (Hg.), La »nuova« storia costituzionale. Studi sul XIX secolo europeo, in: Memoria e Ricerca 17 (2010), Nr. 35, S. 5-104 (darin bes. ders., Introduzione. Prospettive e limiti di una »Nuova Storia Costituzionale«, S. 5-12; Reinhard Blänkner, La storia costituzionale come storia culturale, S. 13-30); Werner Daum/Kathrin S. Hartmann/Simon Palaoro/Bärbel Sunderbrink, Verfassungskulturen in der Geschichte. Perspektiven und Ergebnisse der Forschung, in: dies. (Hg.), Kommunikation und Konfliktaustragung. Verfassungskultur als Faktor politischer und gesellschaftlicher Machtverhältnisse, Berlin 2010, S. 9-21 (mit weiteren Literaturhinweisen).

258 Exemplarisch zum repräsentativen Element von Herrschaft: W. Wiese/K. Rössler (Hg.), Repräsentation im Wandel. Nutzung südwestdeutscher Schlösser im 19. Jahrhundert, Ostfildern 2008. Zur politischen Kommunikation: R. Reichhardt u. a. (Hg.), Symbolische Politik und politische Zeichensysteme im Zeitalter der Französischen Revolutionen 1789–1848, Münster 2005; W. Sperling (Hg.), Jenseits der Zarenmacht. Dimensionen des Politischen im Russischen Reich 1800–1917, Frankfurt a. M. 2008 (zur politischen Kommunikation im Zarenreich mit der und über die Autokratie); Luise Schorn-Schütte, Politische Kommunikation als Forschungsfeld. Einleitende Bemerkungen, in: Angela De Benedictis u. a. (Hg.), Die Sprache des Politischen in actu. Zum Verhältnis von politischem Handeln und politischer Sprache von der Antike bis ins 20. Jahrhundert, Göttingen 2009, S. 7-18; Brigitte Mazohl, Comunicazione politica e nuova storia costituzionale: l'esempio della Monarchia asburgica nel XIX secolo, in: Prutsch (Hg.), Storia (wie Fn. 257), S. 63-82; R. Schmidt/H. - U. Thamer (Hg.), Die Konstruktion von Tradition: Inszenierung und Propaganda napoleonischer Herrschaft (1799–1815), Münster 2010. Ein breites Spektrum symbolpolitischer Phänomene veranschaulicht der Tagungsband von Natalie Scholz/Christina Schröer (Hg.), Représentation et pouvoir. La politique symbolique en France (1789–1830), Rennes 2007. Zum Zeremoniell vgl. Matthias Schwengelbeck, Die Politik des Zeremoniells. Huldigungsfeiern im langen 19. Jahrhundert, Frankfurt a. M. 2007; A. Biefang u. a. (Hg.), Das politische Zeremoniell im Deutschen Kaiserreich 1871–1918, Düsseldorf 2008. Die wachsende Bedeutung von Monarchiejubiläen für die Herausbildung eines monarchischen Kultes untersucht im Kontext der bür-

sowie in allgemeinerem Sinn auf das politische Selbstverständnis und die politische Selbstbeschreibung einer Gesellschaft bezieht, wie sie neuerdings beispielsweise die Korruptionsforschung zu erfassen versucht.[259]

Da die (mehrheitlich monarchischen) Herrschaftssysteme, ob konstitutioneller oder nicht konstitutioneller Art, nach den revolutionären und napoleonischen Umbrüchen neue Legitimitätsmuster entwickeln mussten, bildeten das Verhältnis zwischen politischer Ordnung und Öffentlichkeit(en) sowie in engerem Sinn die Kommunikationspraxis von Staatsoberhäuptern, Regierungen, Ständeversammlungen und Parlamenten eine zentrale Komponente der europäischen Verfassungskulturen 1815–1847. Dabei wurde die obrigkeitliche Legitimitätsstiftung durch politische Vereine und weltanschauliche Strömungen infrage gestellt, die unter zunehmendem organisatorischen Aufwand und immer größerer programmatischer Präzision die Öffentlichkeit nach politischen Richtungen zu strukturieren begannen. Beide miteinander kommunizierende Pole, politische Herrschaftsträger und gesellschaftliche Öffentlichkeiten, förderten und beeinflussten die Entwicklung von territorialen, landespatriotischen oder nationalen Identitätsangeboten.

Überständische *Öffentlichkeiten* bestanden zum Teil seit Längerem in Großbritannien und in den direktdemokratisch verfassten Schweizer Landsgemeindekantonen, griffen mit den Verfassungswellen um 1820 und 1830 aber auch auf viele andere Länder über. Während der südeuropäischen Verfassungsrevolutionen um 1820 konstituierte sich infolge politischer Emigration sogar eine »mediterrane Öffentlichkeit«.[260] Ab 1830 gerieten dann die Parlamente im Unterschied zu ihren vormodernen

---

gerlichen Festkultur in einem Ländervergleich Simone Mergen, Monarchiejubiläen im 19. Jahrhundert. Die Entdeckung des historischen Jubiläums für den monarchischen Kult in Sachsen und Bayern, Leipzig 2005. Grundlegend für die Erforschung des monarchischen Kultes ist auch Johannes Paulmann, Pomp und Politik. Monarchenbegegnungen in Europa zwischen Ancien Régime und Erstem Weltkrieg, Paderborn 2000. Zur symbolisch-rituellen Verwendung der Cádizer Verfassungsordnung in den mexikanischen Umwälzungen um 1814/20 siehe Hensel, Bedeutung (wie Fn. 185). Zum Zusammenhang zwischen der Sakralisierung der Verfassungsordnung und der Erfindung der Nation sowie der diesbezüglichen Rolle des traditionellen Symbolreservoirs von Kirche und Religion siehe für das Beispiel der osteuropäischen Staatenwelt Martin Schulze Wessel, Nationalisierung der Religion und Sakralisierung der Nation im östlichen Europa, Stuttgart 2006. Für die Rolle von Nation und Religion in den südeuropäischen Verfassungsrevolutionen um 1820 vgl. Späth, Revolution (wie Fn. 181).

259 Zur sog. »Korruptionskommunikation«, d. h. der diskursiven Verständigung über Korruption, siehe J. I. Engels u. a. (Hg.), Geld – Geschenke – Politik. Korruption im neuzeitlichen Europa, München 2009; N. Grüne/S. Slanicka (Hg.), Korruption in historischer Perspektive. Zugänge zu einer Grundfigur politischer Kommunikation, Göttingen 2010; R. G. Asch u. a. (Hg.), Integration – Legitimation – Korruption. Politische Patronage in Früher Neuzeit und Moderne, Frankfurt/Main u. a. 2011. Vgl. auch die Literaturbesprechung von Pieter Wagenaar, Recent Corruption Studies: a Review, in: Neue Politische Literatur 56 (2011), H. 1, S. 61-70.

260 Späth, Revolution (wie Fn. 181); speziell zu Neapel-Sizilien 1820/21 siehe Werner Daum, Oszillationen des Gemeingeistes. Öffentlichkeit, Buchhandel und Kommunikation in der Revolution des Königreichs beider Sizilien 1820/21, Köln 2005. Zum Phänomen internationaler Freiwilligen-

Vorläufern zunehmend in den Bann einer sich politisierenden Öffentlichkeit, die zunächst in ihrem Umfeld entstand, sich aber schnell davon emanzipierte, um kritisch darauf zurückzuwirken. Dies galt vor allem für die Ausbildung einer kritischen Öffentlichkeit in der französischen Julimonarchie. Auch die politische Öffentlichkeit in Großbritannien erfuhr in den 1830er-Jahren infolge der Wahlrechtsreform von 1832 vor allem im Umfeld des Parlaments eine deutliche Belebung. Die Volksvertretung, die Öffentlichkeit und Veröffentlichung ihrer Verhandlungen förderte auch im deutschen Konstitutionalismus – trotz der Repressionspolitik des Deutschen Bundes – die Ausbildung einer kritischen Öffentlichkeit, die sich mit der zweiten Konstitutionalisierungswelle ab 1830 weiter belebte. Ebenfalls infolge der Julirevolution kam es in Schweden zu einer Erweiterung der seit der Freiheitszeit bestehenden politischen Öffentlichkeit; auch in Norwegen setzte nun ein diesbezüglicher Aufschwung ein. Der portugiesische Chartakonstitutionalismus begrenzte indessen die parlamentarische Öffentlichkeit, indem er die inhaltliche politische Arbeit Fachkommissionen von Juristen vorbehielt, die als vermeintlich alleinige Exegeten der materiellen Verfassung deren formale Umsetzung zu evaluieren hatten und ihre Ergebnisse vom Plenum nur noch ratifizieren ließen.

In den Staaten, die nicht den Übergang zum modernen Verfassungsstaat vollzogen, verhinderte das patriarchalische Herrschaftsverständnis meist die dauerhafte Ausbildung politischer Öffentlichkeiten (vor allem in Österreich, Liechtenstein, Preußen, Russland, Piemont-Sardinien, Modena-Reggio, Neapel-Sizilien, im Kirchenstaat und Osmanischen Reich). Dennoch bildeten sich in Preußen infolge des nicht umgesetzten Verfassungsversprechens, in Österreich infolge des nicht erhörten Verlangens nach einer graduellen Reform der regionalen Ständeversammlungen kritische, wenn auch marginale Öffentlichkeiten heraus. Auch in Russland (einschließlich Finnlands) förderte die polnische Verfassungsgebung und die anfänglich unklare verfassungspolitische Haltung Alexanders I. eine öffentliche Verfassungsdebatte. In Dänemark schuf die Arbeit der regionalen Ständeversammlungen insbesondere im Rahmen der politischen Briefkultur eine begrenzte Teilöffentlichkeit. Über die Nationalfrage entwickelte sich in Ungarn eine überständische Öffentlichkeit. In einigen mitteldeutschen Kleinstaaten entstand im Umfeld der Ständeversammlungen, insbesondere um die Streitfrage über deren Öffentlichkeit, ein kritisches, gemäßigt-liberales Publikum. In den Rumänischen Fürstentümern bildete sich vor allem im Rahmen der Landesversammlungen eine politische Öffentlichkeit mit alternativer verfassungspolitischer Programmatik aus.

---

verbände in südeuropäischen Umwälzungen siehe Grégoire Bron, The Exiles of the Risorgimento: Italian Volunteers in the Portuguese Civil War (1832–34), in: Journal of Modern Italian Studies 2009, H. 4, S. 427–444; Ferdinand N. Göhde, German Volunteers in the Armed Conflicts of the Italian Risorgimento 1834–70, ebd., S. 461–475; Anne-Claire Ignace, French Volunteers in Italy 1848–49, ebd., S. 445-460.

Die Entstehung von Öffentlichkeit bzw. deren Belebung förderte die Ausbildung *politischer Richtungen*, deren Spektrum von konservativ-legitimistischen über gemäßigt-liberale bis hin zu radikaldemokratischen Orientierungen reichte, die jeweils unterschiedliche Positionen zur Verfassungs- und/oder Nationalfrage implizierten. Während die vom Kirchenstaat ausgehende päpstlich-kuriale Intransigenz der Entstehung eines staatenübergreifenden weltlichen reaktionären Lagers den Weg bereitete, bildete sich ausgehend von den südeuropäischen Revolutionen um 1820 eine zum Teil ebenfalls europaweit vernetzte liberale Bewegung heraus, deren verfassungs- und nationalpolitische Ausdifferenzierung noch in den kurzwährenden Revolutionen selbst einsetzte. So saßen sich in den spanischen Cortes von 1820–1823 bald »Exaltados« (radikale Liberale, später als Progressisten firmierend) und »Moderados« (gemäßigte Liberale) gegenüber. Nach der Niederschlagung der südeuropäischen Revolutionen verdichtete sich der Liberalismus im Zuge des griechischen Befreiungskampfes, an dem nicht wenige ehemalige Revolutionsträger beispielsweise aus Neapel-Sizilien und Piemont-Sardinien teilnahmen, zur philhellenischen Bewegung, die wenig später unter dem Eindruck des polnischen Novemberaufstandes (1831) durch die ebenfalls eine europäische Öffentlichkeit mobilisierenden Polenvereine abgelöst wurde.[261] Die italienische Nationalbewegung (Risorgimento) differenzierte sich insbesondere ab 1830/31 ebenfalls nach den beiden Hauptlagern des gemäßigten und demokratischen Liberalismus aus. Während sich in Italien nur infolge des Pontifikatswechsels von 1846 kurzzeitig eine ideologische Überwindung des Antagonismus zwischen katholischer Religion und nationaler Revolution andeutete (gemäßigt-liberale Strömung des Neoguelfismo 1846–1849), beruhte der Erfolg der belgischen Nationalbewegung gerade auf dem längerfristigen Zusammengehen liberaler und katholischer Kräfte bis Mitte der 1840er-Jahre (Unionismus). In Frankreich kam es bereits während der Restauration zur Ausbildung dreier politischer Hauptrichtungen (Ultraroyalisten, gemäßigte Mitte, Liberale), die sich in der Julimonarchie zum Spektrum der Legitimisten, der einen liberalkonservativen und einen liberalprogressiven Flügel umfassenden Orléanisten und der Republikaner bzw. Radikalen wandelten, wobei deren Organisationsgrad aufgrund der starken Beschränkung von Wahlrecht und Vereinigungs-

---

[261] Regine Quack-Eustathiades, Der deutsche Philhellenismus während des griechischen Freiheitskampfes 1821–1827, München 1984; Christoph Hauser, Anfänge bürgerlicher Organisation. Philhellenismus und Frühliberalismus in Südwestdeutschland, Göttingen 1990; Klein, »Humanité« (wie Fn. 60); Claude D. Conter, Jenseits der Nation. Das vergessene Europa des 19. Jahrhunderts, Bielefeld 2004, S. 426-461; Gilles Pécout, Philhellenism in Italy: Political Friendship and the Italian Volunteers in the Mediterranean in the Nineteenth Century, in: Journal of Modern Italian Studies 9 (2004), S. 405-427; ders./M. Espagne (Hg.), Philhellénisme et transferts culturels dans l'Europe du XIXe siècle, Paris 2005; E. Konstantinou (Hg.), Ausdrucksformen des europäischen und internationalen Philhellenismus vom 17.–19. Jahrhundert. Forms of European and International Philhellenism from the 17th to the 19th Centuries, Frankfurt a. M. u. a. 2007; Maurizio Isabella, Risorgimento in Exile. Italian Émigrés and the Liberal International in the Post-Napoleonic Era, Oxford/New York 2009, S. 65-91.

freiheit im gesamten Zeitraum 1815–1847 relativ schwach blieb. In den deutschen Verfassungsstaaten gab das lebhafte Parlamentsleben Anlass zur Entstehung eines volkstümlichen Liberalismus, der sich ausgehend von den Wahlvereinen zunehmend in einer gemäßigten und radikaleren Richtung verfestigte. In Schweden entstand vor allem ab 1830 eine überständische, Bürger und Bauern umfassende liberale Bewegung; eine überständische Verfassungsbewegung bestand auch in Dänemark, wo sie sich in den 1840er-Jahren in einen gemäßigten und einen radikalen nationalistischen Flügel ausdifferenzierte. In Norwegen standen sich ab den 1830er-Jahren radikale nationaldemokratische »Patrioten« und elitäre »Intelligenzler« gegenüber, die zunehmend die Positionen einer bäuerlichen Partei mit zu berücksichtigen hatten. In den Schweizer Kantonen trug ein reges und politisch differenziertes Vereinsleben zur Ausbildung eines helvetischen Nationalbewusstseins bei.

Auch in einigen nicht konstitutionellen Staaten boten politische und gesellschaftliche Institutionen Gelegenheit zur Formierung politischer Richtungen. So entwickelte sich in Preußen – vor allem im Rheinland – eine liberale Oppositions- und Verfassungsbewegung, die anlässlich des Thronwechsels von 1840 ein traditionelles Mittel der monarchischen Herrschaftsrepräsentation, die Huldigung, für ihre Zwecke nutzte. Die reichspatriotische Reformbewegung Österreichs sah sich, sofern sie nicht emigriert war, in der Epoche des Biedermeiers auf den heimlichen Austausch in Klubs und Lesezirkeln zurückgeworfen und zunehmend mit nationalistischen Forderungen der liberalen Bewegungen in den einzelnen Ländern des Habsburgerreiches (insbesondere Böhmen, Ungarn) konfrontiert. Im Zarenreich konnte sich eine liberale Opposition nur in Geheimbünden formieren, bis auch diese infolge der Niederschlagung des Dezemberaufstandes (1825) zerfielen. In der Wallachei opponierte eine »Nationale Partei« mit liberalen Verfassungsbestrebungen gegen die bestehende Ordnung. Der modernisierend wirkenden Partei der serbischen »Verfassungsverteidiger« gelang unter Aushöhlung der Verfassungsordnung die oligarchische Machtübernahme. Insgesamt lässt sich feststellen, dass sich die politischen Richtungen gegen Mitte des Jahrhunderts zu modernen Parteiorganisationen verfestigten, die sich nach ihren Anfängen in Ungarn (1846/47) vor allem in den europäischen Revolutionen von 1848/49 herausbildeten.

Identitätsstiftende Maßnahmen entwickelten insbesondere die Staaten, die sich infolge territorialer Neuordnung oder gar Nationalstaatsbildung – ob in konstitutionellem oder vorkonstitutionellem Rahmen – einem inneren Integrationsbedarf gegenübersahen. Der dabei gepflegte Umgang mit der älteren Herrschaftssymbolik und religiösen Tradition sowie die Erfindung von Traditionen – d. h. meist eine gezielte Geschichts- und Sprachpolitik sowie die Schaffung nationaler Symbole (Farben, Wappen, Flaggen, Hymnen, Uniformen, Feste, Denkmäler und Hauptstadtausbau etc.) – konnten einen weiterhin ständisch oder monarchisch-patriarchalisch begründeten Landes- (z. B. erneut im Frankreich der bourbonischen Restauration, in Neapel-Sizilien, Modena-Reggio, Preußen, im Kirchenstaat) oder Reichspatriotismus

(Habsburgerreich, Osmanisches Reich)[262], einen liberalen Verfassungs- (besonders ausgeprägt in Großbritannien) und/oder Nationalpatriotismus (z. B. Piemont-Sardinien, Ungarn, Schweden, Norwegen, Griechenland) generieren. So galt die britische Verfassungsordnung aufgrund ihres schriftlich nicht fixierten Charakters als gelungene, gewachsene Synthese zwischen freiheitlicher Tradition und moderner Verfassungsstaatlichkeit. In Frankreich konkurrierte sowohl in der Restauration als auch in der Julimonarchie das Königtum mit der revolutionär-republikanischen Tradition und dem napoleonischen Kaiserkult um die nationale Trägerschaft. Die in der französischen Restauration in Distanzierung zum Revolutionserbe und im Zeichen einer Royalisierung der Nation betriebene Resakralisierung des Königtums wurde in der Julimonarchie von der Positionierung des Throns im »juste milieu« abgelöst. Die im Zuge des Gallikanismus national aufgeladene Kultstätte des Pariser Invalidendoms zeigte internationale Ausstrahlung, indem sie beispielsweise das spanische Projekt eines Nationalpantheons in Madrid (Basílica de San Francisco el Grande) inspirierte. Im deutschen Konstitutionalismus, insbesondere in Baden, entwickelte sich ein popularer, mit Entlehnungen aus dem religiösen Umfeld und dem monarchischen Herrschaftskult versetzter Verfassungspatriotismus, der eine parallele gesamtdeutsche Identität ausbildete. Eine besonders enge Verbindung zwischen Verfassungs- und Nationsverständnis sowie lutherischem Religionsbekenntnis bestand in Schweden und Norwegen. Auch die osmanische Reichsidentität fußte auf der Religion, was in der engen Verzahnung von politischer Elite und muslimischen Religionsführern zum Ausdruck kam. In der Schweiz bildete die einer bestimmten Konfession zugeordnete Bürgergemeinschaft – neben der durch Tagsatzung, Militär und Feste institutionalisierten Nationalidentität – den hauptsächlichen, durch Bürgereid und vor allem ab der »Regeneration« durch Volksversammlungen zum Ausdruck gebrachten identifikatorischen Bezug. In Norwegen, in den südeuropäischen Revolutionen um 1820 und im neuen belgischen Nationalstaat gewann überdies das Nationale – ebenfalls in Verbindung mit der evangelischen bzw. katholischen Religion – explizite konstitutionelle Relevanz, indem dort patriotische und nationale Identitätsangebote nicht nur historisch, sondern auch wahl- (Zensus) und grundrechtlich (Rechtsgleichheit, Volkssouveränität, Staatsbürgernation) fundiert wurden. Dies war in Verbindung mit der gegen die osmanische Fremdherrschaft gewendeten christlich-orthodoxen Glaubensrichtung auch in Griechenland der Fall, wo überdies die Revolutionsverfassungen von 1822–1827 und die aus der Antike entliehene nationale Symbolik als Ausweis für die Zugehörigkeit zum abendländischen Europa galten.

Während Norwegen durch eine eigenständige Verfassungsgebung und deren sukzessive Verteidigung seine Nationalität in der schwedischen Union bewahren

---

262 Zur Monarchie als ein gegen das nationalstaatliche Konkurrenzangebot entwickeltes Instrument der imperialen Repräsentation und Identitätsstiftung siehe Leonhard/von Hirschhausen, Rise (wie Fn. 152), S. 22-24; dies., Empires und Nationalstaaten (wie Fn. 150), S. 19-50.

und weiter ausbilden konnte, scheiterte dort, wo Verfassung und Nation in einem Spannungsverhältnis standen, die obrigkeitlich intendierte Stiftung einer nationalen Identität: In den Vereinigten Niederlanden resultierte der Misserfolg auch und vor allem aus der Indifferenz und der Feindseligkeit, die respektive der nördliche und der südliche Landesteil dem Grundgesetz entgegenbrachten. Auch Luxemburg entwickelte im niederländischen Herrschaftsverband ein deutliches Eigenbewusstsein. Im Königreich Polen und in Krakau vermochten die neu oktroyierten Verfassungen die nationale Symbolkraft der Maiverfassung (1791) nicht zu schmälern, die insbesondere nach dem Novemberaufstand von 1830/31 zum eindeutigen Bezugspunkt der nationalen Verfassungskultur erhoben wurde. Auch in den Rumänischen Fürstentümern provozierten die mit der lokalen Oligarchie und der russischen Suzeränitätsmacht konnotierten Organischen Reglements alternative liberale Verfassungsbestrebungen. Unter den multiethnischen und föderalen Staatsverbänden gelang dem Osmanischen Reich aufgrund der weitgehenden Autonomiezugeständnisse noch am ehesten die Entwicklung einer auf Herrscherfigur und Islam ausgerichteten Reichsidentität. Im Zarenreich ergab sich bereits ein anderes Bild, da beispielsweise die politische Elite Finnlands gegenüber dem russischen Machthaber nach Bewahrung der schwedischen Rechtstradition strebte. Ähnliches gilt für das Habsburgerreich, wo die unterbliebene Ausbildung institutioneller Strukturen zur Integration der unterschiedlichen Nationalitäten die nationalistische Radikalisierung landespatriotischer Bewegungen (Böhmen, Ungarn) förderte. Ein konkurrierender dänischer und deutscher Nationalismus prägte ab den 1840er-Jahren auch den dänischen Gesamtstaat. Aufgrund seines ambivalenten Verhältnisses zur deutschen Nationalfrage verzichtete der Deutsche Bund bis 1848 gänzlich auf die Entwicklung symbolischer Identifikationsangebote.

Die hier unternommene Synthese europäischer Verfassungskulturen deutet darauf hin, dass die Monarchie auch in ihrer verfassungsstaatlichen Gestalt in Restauration und Vormärz weiterhin auf die symbolische Vermittlung der rechtlich konstituierten politischen Ordnung angewiesen war. Ein »Kulturphänomen« bildete die politische Ordnung erst recht in nicht konstitutionellen Herrschaftssystemen, auch wenn diese mitunter ihren größeren Legitimations- und Vermittlungsbedarf nur unzureichend erfüllten. In nahezu allen Verfassungskulturen fällt überdies die Aneignung medialer und ideeller Ressourcen der alten weltlichen und kirchlichen Herrschaften ins Auge, die vielerorts die öffentliche Vermittlung und Popularisierung der Konstitutionen oder generell der politischen Ordnung begleitete. Weiterhin bildeten die politischen Öffentlichkeiten im Rahmen ihrer zunehmenden Eigendynamik sowie mittels Emigration und Ideentransfer über ihre regionalen oder nationalen Fragmentierungen hinweg gesamteuropäische Bezüge aus. Schließlich erweist sich die – um die National- und Verfassungsfrage zentrierte – organisatorische und programmatische Verfestigung politischer Lager und Richtungen als substanzielle verfassungskulturelle Neuerung der Epoche.

9 Kirche

Die kirchen- und religionsgeschichtliche Forschung[263] verzeichnet in den letzten Jahrzehnten eine Erweiterung der traditionellen, auf die Kirche als Institution ausgerichteten Kirchengeschichte um sozial-, kultur-, geistes-, kunst-, literatur- und geschlechtergeschichtlich informierte »Religionsgeschichten«, wobei zunehmend auch die transnationale und die globale Perspektive Berücksichtigung erfahren. In Hinblick auf das hier interessierende engere Verhältnis zwischen Kirche und Staat[264] wird inzwischen nicht nur die modernisierungstheoretische Säkularisierungsthese im Sinne eines Funktionswandels, aber nicht unbedingt prinzipiellen Bedeutungsverlusts von Kirche und Religion relativiert[265]; auch die Konfessionalisierungsthese wird für diese Epoche in dem Sinne hinterfragt, inwieweit die konfessionelle zunehmend von der (partei-)politischen Identität überlagert wurde.[266] Im Forschungskontext

---

263 Diese Synthese knüpft an den von Werner Daum, Kirche, in: HB-1 (wie Fn. 2), S. 94-100, hier S. 94 f., bilanzierten Forschungsstand an.

264 Zur konfliktträchtigen Ausgestaltung dieses Verhältnisses im langen 19. Jahrhundert siehe exemplarisch Christoph Link, Staat und Kirche in der neueren deutschen Geschichte, Frankfurt a. M. u. a. 2000, S. 31-38, 54-95; Martin Friedrich, Kirche im gesellschaftlichen Umbruch. Das 19. Jahrhundert, Göttingen 2006, S. 31-138; Martin Heckel, Vom alten Reich zum neuen Staat. Entwicklungslinien des deutschen Staatskirchenrechts in der Neuzeit, in: Zeitschrift für Neuere Rechtsgeschichte 28 (2006), H. 3-4, S. 235-278; P. Dinzelbacher (Hg.), Handbuch der Religionsgeschichte im deutschsprachigen Raum in sechs Bänden, Bd. 5: 1750–1900, hg. v. M. Pammer, Paderborn u. a. 2007, S. 411-461.

265 Eine differenzierte Rückbindung des Säkularisierungskonzepts auf die Entwicklung von Kirche, Religion und Gesellschaft unternehmen beispielsweise Hugh McLeod, Secularisation in Western Europe 1848–1914, Basingstoke 2000; ders./W. Ustorf (Hg.), The Decline of Christendom in Western Europe, 1750–2000, Cambridge 2003. Einen weitgehenden praktischen Misserfolg der Säkularisierung als dennoch (insbes. im Rahmen der europäischen »Kulturkämpfe«) einflussreiche narrative Theorie der westlichen Moderne konstatiert Manuel Borutta, Genealogie der Säkularisierungstheorie. Zur Historisierung einer großen Erzählung der Moderne, in: Geschichte und Gesellschaft 36 (2010), H. 3, S. 347-376 (mit weiterführenden Literaturverweisen zur Säkularisierungsdebatte). Siehe insgesamt zur neueren empirischen Verifizierung und Relativierung der Säkularisierung den Literaturbericht von Benjamin Ziemann, Säkularisierung, Konfessionalisierung, Organisationsbildung. Dimensionen der Sozialgeschichte der Religion im langen 19. Jahrhundert, in: Archiv für Sozialgeschichte 47 (2007), S. 485-508, hier S. 490-497. Zur bis ins 20. Jahrhundert hinein anhaltenden Bedeutung der Kirchen im Bildungswesen und in der Armenfürsorge siehe die Abschnitte 10, Bildungswesen, sowie 12, Wirtschafts- und Sozialgesetzgebung/Öffentliche Wohlfahrt in dieser einleitenden Synthese.

266 Zum jüngst auf das 19. Jahrhundert projizierten Konfessionalisierungsparadigma siehe Olaf Blaschke, Das 19. Jahrhundert – ein zweites konfessionelles Zeitalter?, in: Geschichte und Gesellschaft 26 (2000), S. 38-75; ders. (Hg.), Konfessionen im Konflikt. Deutschland zwischen 1800 und 1970. Ein zweites konfessionelles Zeitalter, Göttingen 2002. Als empirisch dagegen argumentierende Studien siehe Tobias Dietrich, Konfession im Dorf. Westeuropäische Erfahrungen im 19. Jahrhundert, Köln u. a. 2004; Rebekka Habermas, Piety, Power and Powerlessness: Religion and Religious Groups in Germany, 1870–1945, in: H. W. Smith (Hg.), Oxford Handbook of Modern German History, Oxford 2011 (im Druck).

der Fundamentalpolitisierung rücken Religion und Kirchen in den Zusammenhang zum Nationalen.[267] Ungeachtet der gerade für das 19. Jahrhundert festzustellenden national(staatlich)en Vereinnahmung von Kirche und Religion erkennt die europäische Rechtsgeschichte aber gerade in deren – auch institutionellen[268] – Absonderung vom Staat und vom Recht das Spezifikum gegenüber außereuropäischen Rechtsgeschichten.[269] Möglicherweise sind diese für den ehemals lateinischen Kirchenraum West- und Mitteleuropas gewonnenen Ergebnisse aber bereits durch die Bedeutung der konfessionellen Zugehörigkeit für den Zugang zum (Staats-)Bürgerrecht zu relativieren; inwieweit sie darüber hinaus auch für das orthodoxe Ost- und das von islamischen Einflüssen mitgeprägte Südosteuropa Relevanz haben, bleibt zukünftigen gesamteuropäischen Untersuchungen vorbehalten, für die die nachfolgende Synthese erste Anknüpfungspunkte bieten mag.[270]

Unzweifelhaft kennzeichnete das Verhältnis zwischen Staat und Kirche seit Aufklärung und Französischer Revolution ein zunehmender staatlicher Kontrollanspruch, der sich auch in der ersten Hälfte des 19. Jahrhunderts zu behaupten wusste. Hatte sich der Staat des aufgeklärten Absolutismus, aber auch der späteren napoleonischen Herrschaft, seiner Hegemonie noch bevorzugt durch die Herstellung eines Staatskirchentums versichert, das auf der staatlichen Vereinnahmung einer bestimmten Kirche

---

267 Vgl. zum europäischen Kontext: Michael Burleigh, Earthly Powers. Religion and Politics in Europe from the Enlightenment to the Great War, London 2005 (bes. Kap. 5); Urs Altermatt, Katholizismus und Nation. Vier Modelle in europäisch-vergleichender Perspektive, in: ders./Metzger (Hg.), Religion (wie Fn. 66), S. 15-33 (mit einer Typologie zur Erfassung des Verhältnisses zwischen [National-]Staat und Katholizismus); M. Schulze Wessel (Hg.), Nationalisierung der Religion und Sakralisierung der Nation im östlichen Europa, Stuttgart 2006. Zum deutschen Zusammenhang siehe z. B. H.-G. Haupt/D. Langewiesche (Hg.), Nation und Religion in der deutschen Geschichte, Frankfurt a. M./New York 2001.
268 Zum 19. Jahrhundert als »Epoche der Kirchwerdung« vgl. Martin Friedrich, Die preußische Landeskirche im Vormärz. Kirchenpolitik und Verfassungsfrage, in: B. Holtz/H. Spenkuch (Hg.), Preußens Weg in die politische Moderne. Verfassung – Verwaltung – politische Kultur zwischen Reform und Reformblockade, Berlin 2001, S. 141-167, hier bes. S. 145-155.
269 Wesel, Geschichte (wie Fn. 217), hier bes. S. 7, 9 f., 697-699. Zur kirchenrechtlichen Ausgestaltung dieser Absonderung siehe Christoph Link, Kirchliche Rechtsgeschichte. Kirche, Staat und Recht in der europäischen Geschichte von den Anfängen bis ins 21. Jahrhundert, München 2. Aufl. 2010, bes. S. 125-147 (zur Entwicklung im hier zugrunde liegenden Zeitraum); C. Langenfeld/I. Schneider (Hg.), Recht und Religion in Europa – zeitgenössische Konflikte und historische Perspektiven, Göttingen 2008.
270 Zur Bedeutung, die die Religionszugehörigkeit trotz aller Trennung der Kirche und Religion vom Staat und vom Recht bei der Regelung von Bürgerrechten und Staatsbürgerrechten weiterhin besaß, siehe Abschnitt 4, Grundrechte, in dieser einleitenden Synthese. Für eine Berücksichtigung Ost- und Südosteuropas siehe z. B. die Tagungsergebnisse bei: B. Basdevant-Gaudemet/F. Jankowiak (Hg.), Le droit ecclésiastique en Europe et à ses marges (XVIIIe–XXe siècles). Actes du colloque du Centre Droit et Sociétés Religieuses (Université de Paris-Sud, Sceaux, 12–13 octobre 2007), Leuven u. a. 2009, bes. S. 23-175 (mit Beiträgen zu den o. g. Räumen); M. Krzoska (Hg.), Zwischen Glaube und Nation? Beiträge zur Religionsgeschichte Ostmitteleuropas im langen 19. Jahrhundert, München 2011.

beruhte, so setzte sich seit der Revolution mit dem Prinzip der Religionsfreiheit eine so zwar bezeichnete, aber ebenfalls staatlicher Regulierung unterworfene Trennung der beiden Sphären durch. Gegenüber der traditionellen politisch-rechtlichen Symbiose von Staat und Kirche wurde aber nun die seit Längerem eingeleitete Trennung beider Machtsphären keinesfalls im Sinne einer Privatisierung von Kirche und Religion eindeutig besiegelt: In der Tat beanspruchte der Staat den Vorrang über die von ihm administrativ eingebundene und rechtlich vereinnahmte Kirche[271], ohne aber umgekehrt unbedingt religiöse Neutralität an den Tag zu legen. Beide Wege, Staatskirchentum und Trennung zwischen Staat und Kirche, konnten also in Kombination auftreten. Überdies führten sie durch ihre Berührung mit dem Thema der modernen Nation in einigen Ländern zu einer Nationalisierung von Kirche und Religion und zu einer Sakralisierung des Politischen und der Nation. Schließlich ergab sich der Grad der jeweils ausgeprägten Religionsfreiheit aus der Regelung des Verhältnisses zwischen Staatskirche oder staatlich bevorzugter Glaubensgemeinschaft und alternativen Bekenntnissen. In der Gesamtschau wird deutlich, dass sich die Kirche trotz zunehmender staatlicher Kontrolle, trotz erneuerter Allianz von Thron und Altar, eine beachtliche Autonomie und öffentliche Präsenz bewahren konnte, nicht ohne dabei mancherorts, im Zuge innergesellschaftlicher Dynamiken, bereits ihr politisches Mobilisierungspotenzial zu entdecken und dieses in erste organisierte Formen zu überführen.

Der *staatliche Kontrollanspruch* kam im Staatskirchentum (seit Längerem die lutherische Kirche z. B. in Schweden, Finnland, Dänemark und Norwegen; die protestantische bzw. evangelische Kirche z. B. in den reformierten Kantonen der Schweiz sowie in deutschen Kleinstaaten wie Sachsen-Altenburg oder Schwarzburg-Sondershausen; die katholische Kirche z. B. in Frankreich bis 1830, Österreich, Portugal, Spanien, den italienischen Staaten und mehreren Schweizer Kantonen; die anglikanische Kirche in Großbritannien; die orthodoxe Kirche z. B. in Russland, Serbien und dann auch im neuen griechischen Nationalstaat) und/oder in der Trennung beider Sphären (z. B. in den Niederlanden, Belgien, tendenziell auch den deutschen Mittelstaaten) zum Ausdruck. Beide Varianten stellten in ihrer unterschiedlichen Ausprägung in den jeweiligen Ländern, abgesehen von der besonderen Verschmelzung weltlicher und kirchlicher Herrschaft im Kirchenstaat, keinesfalls scharf unterscheidbare Optionen dar. So stärkte der aus dem liberalkatholischen Unionismus hervorgehende belgische Nationalstaat trotz formaler Trennung von der Kirche in deutlicher Weise die katholische Seite. Auch führte in Österreich die gegen die liberaldemokratische Bewegung in Stellung gebrachte Allianz zwischen Thron und Altar bzw. die Wiederannäherung an den Heiligen Stuhl eine allmähliche Lockerung des strengen josephinischen Staatskirchentums herbei. In Preußen sah sich der König durch die Herbeiführung der

---

271 Zum »gendering« dieses Verhältnisses zwischen männlich gedachtem Staat und weiblich konnotierter Kirche bereits in den Kulturkämpfen des Vormärz siehe Borutta, Genealogie (wie Fn. 265), bes. S. 360-368, 374 f.

evangelischen Union einem Konflikt mit der lutherischen Glaubensrichtung gegenüber. Eine starke Machtposition wusste sich die katholische Kirche in Luxemburg zu bewahren, wo sie um 1840 zunächst den Staat maßgeblich für den Aufbau einer nationalen Kirchenverwaltung instrumentalisieren konnte, um dann auf politischen Konfrontationskurs zu ihm zu gehen. Andere Staaten konnten demgegenüber ihre Aufsicht über den kirchlichen Sektor stärken, indem sie diesen administrativ vereinnahmten und zumindest partiell dem Zugriff der römischen Kurie entzogen (z. B. die süddeutschen Verfassungsstaaten), ihn durch Aufhebung des Zehnten in ihre Finanzabhängigkeit brachten (Spanien, Portugal), die Verwaltung bzw. den Verkauf des Kirchenbesitzes an sich rissen (z. B. Liechtenstein, einige Schweizer Kantone, Massa-Carrara, bis 1841 auch Modena-Reggio) oder generell eine Säkularisierungspolitik entfalteten (z. B. Königreich Polen, Rumänische Fürstentümer ab 1831/32 und Griechenland ab 1833/34).

Entsprechend der spätabsolutistischen Umwidmung des Kirchenpersonals zu Staatsdienern (z. B. in Österreich, Liechtenstein, Russland, den reformierten Schweizer Kantonen), die auch die staatliche Mitsprache bei der Priesterausbildung implizieren konnte (z. B. in Schweden, den Niederlanden, Rumänischen Fürstentümern, einigen Schweizer Kantonen), kooperierten Staat und Kirche – zwar prinzipiell unter staatlicher Regie, aber gelegentlich unter erfolgreichem kirchlichen Widerstand (z. B. im Mischehenstreit von 1837/38 im preußischen Rheinland und Posen oder durch faktische Nichtbeachtung des bürgerlichen Eherechts des ABGB in Liechtenstein) – auf den gemeinsamen Aufgabenfeldern des Personenstands- und Eherechts, des Bildungswesens und der Pressezensur sowie der Sozialpolitik. In Schweden und Dänemark wurde die lokale Geistlichkeit in die öffentliche Gesundheitsaufsicht und -vorsorge eingebunden; im Osmanischen Reich arbeiteten beide Sphären auch im Justizbereich zusammen. Dabei fiel der Umgang mit dem Erbe der spätabsolutistischen oder napoleonischen Rechtsreformen recht unterschiedliche aus. Im Ehe- und Familienrecht beispielsweise erstreckte er sich vom eindeutigen Vorrang der standesamtlichen Trauung gegenüber der kirchlichen Eheschließung (z. B. in Frankreich, Niederlande, Belgien, Preußen, Liechtenstein) über die Anerkennung kirchlicher Trauungen bei prinzipieller Geltung zivilen Eherechts (in vielen Schweizer Kantonen) bis hin zum Fortbestand bzw. zur Wiedereinführung der kanonischen Trauung und des katholischen Familienrechts (vor allem in Italien, Spanien und Kongresspolen). Auch außerhalb des Einflussbereichs der römisch-katholischen Kirche galt vielerorts kirchliches, patriarchalisches Familienrecht fort (in den skandinavischen Ländern, Ungarn, Russland, Großbritannien bis 1857), und in vielen deutschen – ob katholisch oder protestantisch bestimmten Staaten – wurde die Zivilehe erst nach der Reichsgründung eingeführt. Gemäß seinen vielfältigen öffentlichen Aufgaben erhielt der Klerus in mehreren Ländern – nunmehr in Überwindung des Pfründensystems – staatliche Gehalts- und Pensionszahlungen (z. B. in Belgien, den Schweizer Kantonen, den Rumänischen Fürstentümern, zum Teil bzw. zeitweise auch in Serbien, Polen, Spanien,

Portugal). In Frankreich schloss die staatliche Besoldung zunächst auch die protestantische Geistlichkeit, dann auch die jüdischen Rabbiner ein.

Eine *Nationalisierung von Kirche und Religion* sowie zugleich eine *Sakralisierung des Politischen und der Nation* lassen sich für die skandinavischen Länder (insbesondere Schweden und Norwegen) im Rahmen des in der Tradition der »Confessio Augustana« begründeten lutherischen Staatskirchentums feststellen. Ähnliches gilt für den iberischen Katholizismus, dessen nationale Sprengkraft eben noch den antinapoleonischen Befreiungskampf (1808–1815) mitgetragen hatte. Vor allem die um 1820 von Spanien ausgehenden südeuropäischen Verfassungsrevolutionen brachten dann im Zeichen der katholischen Staatsreligion eine sakral aufgeladene Verfassungskultur hervor. In territorial und politisch heterogen strukturierten Staatsverbänden förderte ein inneres Legitimitätsdefizit häufig die nationale Aufladung des kirchlichen Sektors und damit religiöse Spannungen. Dies deutete sich bereits in Ungarn an, wo die christlichen Konfessionen zwar zu einem nationalen Konsens zusammenfanden, die orthodoxe Kirche sich aber als serbische Nationalinstitution u. a. gegen ihre rumänischsprachigen Anhänger positionierte. In Serbien selbst konnte die griechisch-orthodoxe Kirche allerdings wegen der fehlenden völkerrechtlichen Souveränität des Fürstentums lediglich einen autonomen Status gegenüber dem Patriarchat von Konstantinopel behaupten. Anders avancierte sie in Griechenland – ungeachtet der zeitweisen Exkommunikation des stark an der Nationalbewegung partizipierenden Klerus und der sich dann gegen die Autokephalie formierenden »Philorthodoxen Bewegung« – zum Ausweis der nationalen Eigenständigkeit und abendländischen Verwurzelung Griechenlands. Auch sah sich die lutherische Staatskirche Finnlands nun durch ein Oberhaupt orthodoxen Glaubens, den russischen Zaren, infrage gestellt. In den polnischen Territorien entwickelte der Katholizismus eine nationale Sprengkraft, die sich erstmals in dem von katholischen Geistlichen unterstützten Novemberaufstand (1831) entlud, worauf ihr die Teilungsmächte durch Stärkung des orthodoxen (Königreich Polen) bzw. protestantischen Elements (Posen) zu begegnen suchten. Vor allem zeugen aber die politischen Spannungen in der Schweiz, sowohl innerhalb der gemischtkonfessionellen Kantone als auch zwischen protestantischen und katholischen Kantonen, die sich schließlich 1847 im Sonderbundkrieg entluden und den Übergang zur bundesstaatlichen Lösung vorbereiteten, von der Nationalisierung der Kirchen und Bekenntnisse. Schließlich führten die ethnischen und religiösen Gegensätze in den Vereinigten Niederlanden über ein Bündnis zwischen liberaler Nationalbewegung und Katholizismus zur Separation und nationalen Eigenständigkeit des südlichen Landesteils. Selbst aus der Auflösung der Union Mitte der 1840er-Jahre ging der Katholizismus in Belgien infolge staatlicher Begünstigung noch als gegenüber dem Liberalismus gestärkte soziale und politische Bewegung hervor. Ein politischer Katholizismus entstand – befördert etwa durch den kirchlichen Sieg im preußischen Mischehenstreit – auch in der deutschen Staatenwelt, während er in Italien zunächst nur vorübergehend, in der Episode des Neoguelfismo (1846–1849), aufflackerte.

Explizite *Religionsfreiheit* gewährten zwar mehrere Verfassungen (z. B. die der Niederlande, Belgiens, Luxemburgs, Schwedens, des Königreichs Polen und des deutschen Frühkonstitutionalismus) und zum Teil auch die Reformgesetzgebung in nicht konstitutionellen Staaten (Allgemeines Landrecht und Judenemanzipation in Preußen, weitgehende Emanzipation von Reformierten und Juden in Dänemark, Gleichberechtigung von Luthertum und orthodoxer Kirche in Finnland). Die Religionsfreiheit wurde aber meist durch verfassungs- oder bürgerrechtliche (Staatsreligion) bzw. nur faktische Privilegierung eines bestimmten oder mehrerer Bekenntnisse unterlaufen: z. B. in Großbritannien die anglikanische Glaubensrichtung bis 1829; in den Niederlanden das protestantische Bekenntnis; in Schweden, Norwegen und Dänemark die lutherische Richtung; in Frankreich, Österreich, Krakau, Galizien-Lodomerien, Liechtenstein, Spanien, Portugal, Belgien und den italienischen Staaten das katholische Lager; in den deutschen Bundesstaaten und in der Schweiz generell die anerkannten christlichen Konfessionen; in Polen zunächst das römisch-katholische, nach dem Novemberaufstand dann zunehmend das russisch-orthodoxe Bekenntnis; sowie in Serbien und Griechenland ebenfalls die griechisch-orthodoxe Kirche. Eine solche Privilegierung resultierte mitunter auch aus der Marginalität anderer Glaubensrichtungen (z. B. in Luxemburg, Finnland). In der Schweiz bestanden auch innerhalb der zugelassenen Religionen Beschränkungen (Verbot oder Erschwernis des Konfessionswechsels und der Niederlassung wie auch der Erlangung des Bürgerrechts für jeweils Andersgläubige). Demgegenüber äußerte sich die staatliche Religionspolitik in Preußen gegenüber den christlichen Konfessionen – abgesehen von der machtpolitisch motivierten Stärkung des protestantischen Elements in Posen – weniger im Sinne einer Bevorzugung der katholischen oder protestantischen Richtung, sondern in der Verfolgung unionsabtrünniger oder dissidenter Gruppen innerhalb des protestantischen Spektrums. Russland bot die Besonderheit, dass unter Nikolaus I. zwar weiterhin muslimische Autonomien gewährt, zugleich aber andere nicht orthodoxe Glaubensrichtungen verfolgt wurden. Schließlich bildeten innerhalb des Osmanischen Reichs die christlichen und jüdischen Gemeinschaften aufgrund der ihnen zugestandenen Verwaltungs- und Rechtsautonomien (*millet*-System), die wiederum den nicht sunnitischen Richtungen des Islam versagt blieben, einen bedeutenden Faktor der Administration.

Vielerorts wurde die in napoleonischer Zeit erreichte Gleichberechtigung der Juden durch eine halbherzige Emanzipations- (z. B. durch Ausschluss der preußischen Juden von den Staatsämtern wie überhaupt durch Verzicht auf vollständige Umsetzung der von der Deutschen Bundesakte u. a. deutschen Konstitutionen verfügten staatsbürgerlichen Gleichstellung der Juden) und wirkungslose Assimilierungspolitik (z. B. die geringe Naturalisationsrate der mehrheitlich bürgerrechtlich und politisch entmündigten Juden in Krakau und Posen) erheblich relativiert. Dies bedeutete allerdings in der Toskana die Wiederherstellung der alten, weitreichenden Privilegien für die Juden Livornos. Die jüdische Gemeinschaft Frankreichs erlebte vor allem unter der Julimonarchie eine annähernde Gleichstellung mit anderen Glaubensrichtungen.

In Ungarn mussten die Juden trotz Abschaffung der Toleranzsteuer und Gewährung von Freizügigkeit sich mit dem Status als tolerierte Glaubensgemeinschaft begnügen. Einige Staaten führten durch erneute Ghettoisierung (der Kirchenstaat, Modena-Reggio) und/oder über ihr Staatsbürgerrecht (z. B. die Rumänischen Fürstentümer, Piemont-Sardinien, abermals der Kirchenstaat) eine scharfe Ausgrenzung der Juden herbei. In Schweden lockerten sich die Juden auferlegten strikten Freizügigkeits- und Niederlassungsbeschränkungen nur allmählich. Die norwegische Verfassung enthielt bis 1851 ein Aufenthaltsverbot für Juden.

10 Bildungswesen

Die jüngere Forschung zur europäischen Bildungsgeschichte erweitert das ökonomistische Paradigma[272], das bei der Industriellen Revolution und beim Wandel von der feudalen zur bürgerlichen Gesellschaft ansetzte, um neue Aspekte. So werden Ansätze zur Erforschung der Staats- und Nationsbildung[273] oder gesellschaftlicher Wirkkräfte[274] im Zusammenhang mit dem Bildungswesen nun zum Teil unter neuem kulturgeschichtlichen Zugriff wieder aufgegriffen. Obwohl im Rahmen eines erneuerten Kulturstaatsparadigmas die Wirkkraft des bildungs- und kulturpolitischen Verantwortungsbewusstseins des preußischen Staates jüngst wieder betont wird[275], hat

---

272 Vgl. die Forschungsbilanz von Werner Daum, Bildungswesen, in: HB-1 (wie Fn. 2), S. 100-106, hier S. 100-102, an die hier angeknüpft wird. Für die deutsche Entwicklung siehe außerdem den ausführlichen Literaturbericht bei Hans-Christof Kraus, Kultur, Bildung und Wissenschaft im 19. Jahrhundert, München 2008, bes. S. 68-73 (zur Geschichte staatlicher Bildungs- und Wissenschaftspolitik).

273 Für eine diesbezügliche stärkere Berücksichtigung des politischen und kulturellen Kontextes neben den wirtschaftsgeschichtlichen Faktoren staatlicher Bildungspolitik plädierte bereits Peter Flora, Die Bildungsentwicklung im Prozess der Staaten- und Nationenbildung. Eine vergleichende Analyse, in: U. Herrmann (Hg.), Schule und Gesellschaft im 19. Jahrhundert. Sozialgeschichte der Schule im Übergang zur Industriegesellschaft, Weinheim/Basel 1977, S. 422-447. Vgl. auch G. Schubring (Hg.), »Einsamkeit und Freiheit« neu besichtigt. Universitätsreformen und Disziplinenbildung in Preußen als Modell für Wissenschaftspolitik im Europa des 19. Jahrhunderts, Stuttgart 1991.

274 Wolfgang Schmale, Allgemeine Einleitung: Revolution des Wissens? Versuch eines Problemaufrisses über Europa und seine Schulen im Zeitalter der Aufklärung, in: ders./N. L. Dodde (Hg.), Revolution des Wissens? Europa und seine Schulen im Zeitalter der Aufklärung (1750–1825). Ein Handbuch zur europäischen Schulgeschichte, Bochum 1991, S. 1-46, bes. S. 5-38 (zur typologischen Beschreibung des europäischen Schulwesens in Abhängigkeit zum Vorrang bzw. Zusammenspiel der gesellschaftlichen, staatlichen und kirchlichen Wirkkräfte).

275 Vgl. die bisherigen Ergebnisse des Forschungsvorhabens der Berlin-Brandenburgischen Akademie der Wissenschaften über »Preußen als Kulturstaat«: W. Neugebauer/Berlin-Brandenburgische Akademie der Wissenschaften (Hg.), Das preußische Kultusministerium als Staatsbehörde und gesellschaftliche Agentur (1817–1934). Die Behörde und ihr höheres Personal, mit Beiträgen von Bärbel Holtz, Berlin 2010.

die These von der spezifisch deutschen Bildungsrevolution »von oben« wie auch des spezifisch preußisch-deutschen Universitätsmodells eine Relativierung erfahren.[276] Insbesondere für die untere Bildungsebene betont die Forschung gegenüber dem preußischen Modell des »Schulstaates«[277] nun die Eigenentwicklungen in den deutschen Einzelstaaten[278], die zum Teil auch auf die Wirksamkeit gemeinsamer europäischer Bildungskonzepte verweisen.[279] Für eine systematische Bewertung regionaler Bildungspolitik auf der Grundlage ihres transregionalen bzw. transnationalen Entstehungshintergrunds mangelt es allerdings bisher noch an einer verfassungsgeschichtlich orientierten vergleichenden europäischen Bildungsgeschichte.[280]

Die europäische Bildungsentwicklung in nachnapoleonischer Zeit differierte wie in der Vorepoche weiterhin in Abhängigkeit zum Grad der Verstaatlichung und Zentralisierung in den einzelnen Ländern: Er hatte wesentlichen Einfluss auf die Frage, ob und in welchem Ausmaß die staatliche Initiative für die Modernisierung des Bildungs-

---

276 Vgl. Christophe Charle, Grundlagen, in: Rüegg (Hg.), Geschichte (wie Fn. 54), Bd. 3, S. 43-80, hier S. 58 (noch im Sinne einer Perpetuierung des »deutschen Reformmodells«); Matthias Asche/Stefan Gerber, Neuzeitliche Universitätsgeschichte in Deutschland. Entwicklungslinien und Forschungsfelder, in: Archiv für Kulturgeschichte 90 (2008), H. 1, S. 159-201, hier S. 163-167, 170, 183 (mit relativierender Forschungsbilanz zum Humboldt'schen Mythos). Als Beispiel für eine gegenüber dem preußischen Modell eigenständige Universitätsgeschichte siehe auch G. Müller u. a. (Hg.), Die Universität Jena. Tradition und Innovation um 1800 (Tagung des Sonderforschungsbereichs 482 »Ereignis Weimar–Jena. Kultur um 1800« vom Juni 2000), Stuttgart 2001.

277 Zum Ausbau des Schulstaates in den deutschen Staaten der ersten Hälfte des 19. Jahrhunderts siehe Karl-Ernst Jeismann, Einleitung. Zur Bedeutung der »Bildung« im 19. Jahrhundert, in: ders./P. Lundgreen (Hg.), Handbuch der deutschen Bildungsgeschichte, Bd. 3: 1800–1870, München 1987, S. 1-21, hier S. 4-9 (zur Bildungspolitik zwischen staatlichem Integrationsanspruch und gesellschaftlicher Partizipationsforderung in Restauration und Vormärz); ders., Schulpolitik, Schulverwaltung, Schulgesetzgebung, ebd., S. 105-122 (zur Entwicklung der staatlichen Schulverwaltung in den deutschen Staaten); Gert Geißler, Schulgeschichte in Deutschland. Von den Anfängen bis in die Gegenwart, Frankfurt a. M. 2011, bes. S. 105-158 (zum deutschen Schulwesen 1815–1848 unter ausführlicher Berücksichtigung auch der außerpreußischen Entwicklung).

278 Zur regionalen und lokalen Pluralität des einzelstaatlichen deutschen Bildungswesens gegenüber den (national-)staatlichen Vorgaben des preußischen Modells sowie zu seiner transregionalen und transnationalen Verflechtung siehe den Tagungsband von E. Fuchs u. a. (Hg.), Regionen in der deutschen Staatenwelt. Bildungsräume und Transferprozesse im 19. Jahrhundert, Bad Heilbrunn 2011, bes. S. 9-27 (Einleitung der Herausgeber mit knapper Forschungsbilanz und konzeptioneller Begründung einer neuen, dem Konzept der »Bildungsräume« verpflichteten Forschungsperspektive zur Erforschung von Bildungspolitik in Funktion zu Regionalisierungsprozessen).

279 Dies betrifft beispielsweise die Rezeption der Methode des wechselseitigen Unterrichts in mehreren europäischen Staaten; vgl. Marcelo Caruso, Geist oder Mechanik. Unterrichtsordnungen als kulturelle Konstruktionen in Preußen, Dänemark (Schleswig-Holstein) und Spanien 1800–1870, Frankfurt a. M. 2010.

280 Zum Forschungsdesiderat einer europäisch vergleichenden Bildungsforschung siehe Kraus, Kultur (wie Fn. 272), S. 65; speziell für die deutsche Universitätsgeschichte stellen solche Mängel fest: Asche/Gerber, Universitätsgeschichte (wie Fn. 276), S. 189 f. Doch gerade bezüglich der Universitätsgeschichte liegt eine europäische Gesamtschau vor: W. Rüegg (Hg.), Geschichte der Universität in Europa, bisher 3 Bde., München 1993–2004.

wesens sorgte oder dieses lokalen, privaten bzw. kirchlichen Trägern überlassen blieb. Dabei oszillierte die europäische Bildungsentwicklung zwischen den beiden Polen des staatlichen Integrations- und des gesellschaftlichen Emanzipationsanspruchs, ohne dass diese sich gegenseitig ausschlossen. Die dem Bildungswesen zugedachte sozialintegrative Funktion beruhte auf der fortbestehenden oder erneuerten Einbindung der Kirche, zunehmend aber auch auf der gesellschaftlichen Anziehungskraft diese ergänzender, mitunter auch mit ihr konkurrierender neuer Ideologeme, nämlich den Bindekräften von Verfassung und Nation. Umgekehrt hing der von gesellschaftlichen, durchaus auch staatstragenden Kräften – verfassungsrechtlich oder auch nur gesetzlich – vertretene egalitäre Bildungsanspruch in seiner Umsetzung maßgeblich von den staatlichen Instrumentarien der Schulpflicht und des kostenlosen Grundschulunterrichts ab. Für das Bildungswesen in Restauration und Vormärz lässt sich in der Gesamtschau feststellen, dass gegenüber den bürgerrechtlichen und emanzipatorischen Entwicklungsansätzen der Vorepoche die Funktionalisierung des Bildungswesens für die staatlich-administrative Integration und die wirtschaftliche Entwicklung weiter an Gewicht gewann. So wurde im Zuge des Übergangs von der Herkunfts- zur Leistungsgesellschaft der egalitäre Bildungsanspruch vielerorts und dauerhaft durch den elitären Charakter des mittleren und höheren Schulwesens konterkariert.

Die *zentralstaatliche Kontrolle* des Bildungssektors setzte sich 1815–1847 von Land zu Land und von Bildungsebene zu Bildungsebene in unterschiedlichem Maß durch, wobei dieser Prozess zum Teil von einem heftigen Konflikt mit den Kirchen und zum Teil auch mit den Parlamenten begleitet war und sich meist in einer Beschränkung der Unterrichtsfreiheit zugunsten des »Schulstaates« niederschlug. In der Regel beanspruchte die staatliche Zentralverwaltung – häufig durch eigens dafür geschaffene Ressorts – die oberste Schulaufsicht, wobei sie die Aufsichtsfunktion über die verschiedenen Bildungsebenen in die ihr nachgeordnete Verwaltungshierarchie eingliederte. Die Universitäten wechselten – mit wenigen Ausnahmen (z. B. in Großbritannien, Belgien) – unter zentralstaatliche Aufsicht, angesichts der bald vielerorts vorherrschenden polizeilichen Kontrolle des politisch sensiblen Hochschulbereichs bedeutete dies aber nur in den seltensten Fällen (so in Preußen, Baden, Finnland) die Erlangung akademischer Handlungsfreiheit im Sinne der Humboldt'schen Einheit von Forschung und Lehre. Der Lokalverwaltung wurde mal weniger (vor allem in den Niederlanden, Bayern, Frankreich), mal mehr Gestaltungsspielraum (so z. B. in Luxemburg, Belgien, Preußen, Liechtenstein, Ungarn, Norwegen) für die mittlere und/oder untere Bildungsebene eingeräumt. Nur in besonderen Fällen konnten finanzschwache Gemeinden für die Deckung der Grundschulkosten mit Zuschüssen der Regierung rechnen (in Frankreich ab 1833, weiterhin in Luxemburg, Belgien und Schweden). Die Lehrerausbildung übernahmen in vielen Ländern, zum Teil seit Längerem, staatliche Normalschulen (z. B. in den Niederlanden, Luxemburg, Belgien, den deutschen Staaten, Österreich, Frankreich, Piemont-Sardinien), wobei der Kirche meist Einfluss auf das Religionsfach bzw. die Theologielehre und Priesterausbildung eingeräumt wurde. Generell teilte sich der Staat vielerorts die Aufsicht über Teile des Bildungswesens mit dem Klerus (z. B. in Belgien, einigen deutschen Staaten, Österreich, Liechtenstein, den italienischen Staaten, den Schweizer Kantonen, den skandinavischen Ländern, im Osmanischen Reich, in den Rumänischen Fürstentümern, zeitweise auch in Frankreich). Einen Sonderfall stellte Belgien dar, wo – nach der Erfahrung der rigiden Bildungshoheit des niederländischen Zentralstaats – private und kirchliche Institute nicht nur im dezentralisierten Grundschulwesen dominieren konnten, sondern neben den königlichen Universitäten auch im Hochschulbereich geduldet wurden und sich überdies die Lehrerausbildung teilten. Auch in Großbritannien überließ der Zentralstaat noch bis mindestens 1839 neben den Schulen einen Großteil der Universitäten den privaten, kirchlichen oder kommunalen Trägern. In Frankreich waren die Grundschulen vorübergehend (1824–1828) der Kirche unterstellt. In einigen Ausnahmefällen blieb das Schulwesen im gesamten Untersuchungszeitraum sogar noch fast völlig religiösen bzw. kirchlichen Trägern überlassen (im Osmanischen Reich bis zur Jahrhundertmitte, in Finnland bis 1866). Ebenso selten fiel aber auch den Parlamenten eine exklusive Aufsichtsfunktion über das Bildungswesen zu (z. B. in Norwegen hinsichtlich der Universität, in den griechischen Revolutionsverfassungen von 1823 und 1827 im Sinne einer prinzipiellen Bildungsaufsicht). Neben Staat, Kirche und Parlamenten behauptete mancherorts auch das adelige Element einen gewissen Einfluss vor allem auf die Organisation des Grundschulwesens (speziell in der russischen und preußischen Gutsherrschaft).

Das *sozialintegrative Potenzial* des Bildungswesens kam je nach dessen nationaler Ausrichtung und/oder kirchlicher Verwurzelung zu unterschiedlicher Entfaltung. In einigen Ländern stärkte die Staats- bzw. Nationsbildung – mitunter auch im Rahmen einer nationalen Sprachpolitik (z. B. in den Vereinigten Niederlanden, Frankreich, Ungarn, Finnland, in den Rumänischen Fürstentümern, Griechenland) – das säkulare Element im Bildungswesen (prinzipiell z. B. in Belgien, Bayern). Häufig bewirkte aber die Übertragung der Schulverwaltung auf finanzschwache Gemeinden bereits die Heranziehung lokaler privater Träger, die in der Regel kirchlicher Herkunft waren. Ein solcher Kompromiss zwischen staatlicher bzw. kommunaler Trägerschaft und kirchlicher Mitwirkung fand in Frankreich in der Loi Guizot (1833) seine gesetzliche, zum Teil auch andernorts imitierte Sanktion (z. B. in Spanien 1836). Dies entsprach dem von Thron und Altar geteilten Erziehungsziel gottesfürchtiger und loyaler Untertanen. Auch im höheren Bildungswesen stellte sich im Zuge der ab 1819/20 um sich greifenden antiliberalen Repressionspolitik eine ideologische Annäherung zwischen Staat und Kirche ein (vor allem im Deutschen Bund, in den italienischen Staaten, in den polnischen Teilungsgebieten). Selbst dort, wo der Staat die formale Bildungsaufsicht an sich gerissen hatte, blieb die Kirche in Ergänzung und/oder in Konkurrenz zu ihm ein bestimmendes Element (vor allem die katholische Kirche in den Südlichen Niederlanden bzw. dann Belgien, den iberischen und italienischen Staaten, den betreffenden Schweizer Kantonen, Ungarn).

Ein *egalitärer staatlicher Bildungsanspruch* setzte sich im Allgemeinen auf der unteren Bildungsebene nur allmählich durch. Er hätte eine geeignete Infrastruktur kostenloser staatlicher Grundschulen und das Instrumentarium der Schulpflicht vorausgesetzt. Eine solche effektive Kombination war ausnahmsweise und vorübergehend nur im liberalen Triennium Spaniens 1820–1823 gegeben. Denn das hier und in den anderen südeuropäischen Revolutionen um 1820 auf der Grundlage der Verfassung von Cádiz postulierte indirekte Grundrecht auf Bildung, das nach einer entsprechenden Übergangszeit die Erlangung der Bürgerrechte von der Lese- und Schreibfähigkeit abhängig gemacht wissen wollte, blieb Episode. In der Folge führte man selbst in Spanien ein Schulgeld ein (1836), von dem nur bedürftige Kinder ausgenommen waren. Dieselbe Regelung von Schulpflicht und Schulgeldbefreiung für Bedürftige bestand noch in Luxemburg und ab 1833 in Frankreich. In den Schweizer Kantonen war der Schulbesuch in der Regel ebenfalls obligatorisch und kostenpflichtig. Neben der finanziellen Hürde eines Schulgeldes, das meist infolge der Finanzschwäche der lokalen Schulträger zur Teilfinanzierung der Grundschulen erhoben wurde, krankte eine formal vorgeschriebene Schulpflicht häufig – eine Ausnahme bildete vor allem Preußen – nicht nur an der zögerlichen Akzeptanz des Volksschulmodells durch ärmere Bevölkerungsschichten, die auf den Mitverdienst der Kinder angewiesen waren, sondern auch an der mangelnden Infrastruktur auf lokaler Ebene (z. B. in einigen deutschen Staaten, Österreich, Liechtenstein, Griechenland ab 1834, Portugal ab 1836). In anderen Ländern bildete hingegen der Verzicht auf die Schulpflicht das Problem, da er das gleichzeitig allgemein intendierte (Neapel-Sizilien ab 1819, Piemont-Sardinien ab 1822, Serbien ab 1844) oder nur für bedürftige Familien bestimmte kostenlose Grundschulangebot (Belgien) verpuffen ließ. Bereits auf der Ebene der staatlichen Grundschulausbildung förderte die mangelnde Durchsetzung eines regelmäßigen Schulbesuchs somit die Entstehung schichtenspezifischer staatlicher und privater Schulstränge mit strenger sozialer Abschottung (vor allem in Russland, im Königreich Polen), was mancherorts durch die Reduzierung der Schulpflicht auf eine bloße Unterrichtspflicht gefördert wurde (z. B. im Großherzogtum Posen, Dänemark ab 1814, Schweden ab 1841). Auf der mittleren und höheren Bildungsebene bewirkten die in der Regel anfallenden höheren Kosten bereits die soziale Abschließung der betreffenden Institute (vor allem in Spanien, im Königreich Polen). Frauen blieben von den mittleren und höheren Bildungsangeboten häufig – mit Ausnahme aber beispielsweise von Adelstöchtern (z. B. im Königreich Polen) – stillschweigend ausgeschlossen; nur Grundschulen (z. B. in Luxemburg, Spanien, den italienischen Staaten, Serbien und den Rumänischen Fürstentümern) und/oder kirchliche Institute (z. B. in Luxemburg, den italienischen Staaten) standen ihnen offen. Immerhin Ansätze zur staatlichen Regulierung der höheren Mädchenschulen gab es in Frankreich. Im Osmanischen Reich galt die religiöse Pflicht zum Besuch der Koranschule nur für Jungen, doch auch die griechisch-orthodoxe Synode widersprach der dortigen Initiative zur Eröffnung einer Mädchenschule.

11 Finanzen

Die Geschichte des europäischen Finanzwesens 1815–1847 konzentriert sich auf den weiteren Ausbau des modernen Fiskalstaats, wie er sich mit der zentralstaatlichen Steuerhoheit, Ausgaben- und Schuldenverwaltung sowie dem damit verbundenen Finanzmarktwesen seit dem 18. Jahrhundert durchzusetzen begonnen hatte.[281] In der jüngeren Forschung stehen gesamteuropäischen Betrachtungen[282] sowohl nationalstaatliche Einzelfallstudien[283] wie global orientierte Untersuchungen[284] gegenüber. Ein besonderes Interesse kommt dabei im Rahmen historischer Globalisierungsprozesse auch der Vergleichs- und Transferperspektive zu.[285]

Die Finanz- und Steuerpolitik entwickelte sich in Europa 1815–1847 im Spannungsfeld von staatlicher Kontrolle, demokratischem Anspruch und egalitärer Ausrichtung, wobei sich alle drei Aspekte unter dem durch die napoleonischen Kriege und territorialen Neuordnungen entstandenen Finanzbedarf der Staaten wechsel-

---

281 Vgl. zum Entwicklungsmodell vom Domänen- über den Finanz- zum Steuer- und schließlich Fiskalstaat die Forschungsbilanz von Werner Daum, Finanzen, in: HB-1 (wie Fn. 2), S. 107-112, die sich zum Teil auch auf die Epoche 1815–1847 bezieht, weshalb die dortigen Literaturhinweise ergänzend zum hier folgenden Überblick heranzuziehen sind.

282 Orhan Kayaalp, The National Element in the Development of Fiscal Theory, Basingstoke u. a. 2004, bes. S. 138-147 (mit einer Synopse der in den vorausgegangenen Länderkapiteln dargelegten Geschichte der nationalen Fiskaltheorien Großbritanniens, Deutschlands, Österreichs, Italiens und Schwedens); S. Cavaciochi (Hg.), Fiscal Systems in the European Economy from the 13th to the 18th Centuries, Florence 2008; J. L. Cardoso/P. Lains (Hg.), Paying for the Liberal State. The Rise of Public Finance in Nineteenth Century Europe, Cambridge u. a. 2010, bes. S. 1-26 (Einführung der Herausgeber mit Zusammenfassung der Ergebnisse der nachfolgenden neun Länderstudien), 279-301 (europäische Synthese von Larry Neal).

283 Vgl. mit Bezug auf die deutsche Staatenwelt exemplarisch: U. Schultz (Hg.), Mit dem Zehnten fing es an. Eine Kulturgeschichte der Steuer, München 1986; Erika Müller, Theorie und Praxis des Staatshaushaltsplans im 19. Jahrhundert am Beispiel von Preußen, Bayern, Sachsen und Württemberg, Opladen 1989. Zu anderen Ländern: Anders Ögren, The Swedish Financial Revolution, Basingstoke u. a. 2010; Ljudmila P. Marnej, D. A. Gur'ev i finansovaja politika Rossii v načale XIX v., Moskva 2009. Siehe auch die entsprechenden Teilkapitel zur Finanzpolitik in den Werken, auf die im nachfolgenden Abschnitt 12, Wirtschafts- und Sozialgesetzgebung/Öffentliche Wohlfahrt, dieser einleitenden Synthese verwiesen wird.

284 Vgl. z. B.: David F. Burg, A World History of Tax Rebellions. An Encyclopedia of Tax Rebels, Revolts, and Riots from Antiquity to the Present, New York/London 2004; M. Daunton/F. Trentmann (Hg.), Worlds of Political Economy. Knowledge and Power in the Nineteenth and Twentieth Centuries, Basingstoke 2004; J. Andreau (Hg.), La dette publique dans l'histoire, Paris 2006.

285 H. Nehring/F. Schui (Hg.), Global Debates about Taxation, Basingstoke u. a. 2007 (zum Transfer von Steuersystemen in Europa und den USA vom 18. bis ins 21. Jahrhundert); P. L. Cottrell (Hg.), East meets West. Banking, Commerce and Investment in the Ottoman Empire, Aldershot u. a. 2008 (zu den europäisch-osmanischen Finanzbeziehungen im 19. Jahrhundert); Richard Sylla, Comparing the UK and US Financial Systems, 1790–1830, in: J. Atack/L. Neal (Hg.), The Origins and Development of Financial Markets and Institutions. From the Seventeenth Century to the Present, Cambridge u. a. 2009, S. 209-240 (britisch-amerikanischer Vergleich).

seitig bedingten. In der Vorepoche hatte sich die staatliche Finanz- und Steueraufsicht soweit durchgesetzt, dass der reine Domänenstaat durch den Übergang zum modernen Steuer- bzw. dann zum Fiskalstaat mit dem Eintritt ins 19. Jahrhundert als überwunden gelten kann.[286] Weiterhin entwickelte sich in den Verfassungsstaaten in Konkurrenz zur gouvernementalen Finanzverwaltung aus der Mitwirkung bei der Steuergesetzgebung und dem sich daraus allmählich ergebenden Budgetrecht die parlamentarische Finanzaufsicht. So bildete sich für die Verwaltung sowohl der Staatseinnahmen und -ausgaben als auch der öffentlichen Verschuldung allmählich eine ganzheitliche parlamentarische Partizipation heraus. Schließlich kam in enger Abhängigkeit zum Grad der Durchsetzung der staatlichen Finanz- und Steuerverwaltung das egalitäre Kriterium zur Entfaltung. So konnten die Stände nirgendwo ihre alte Steuerautonomie wiedererlangen, wenngleich ihnen mitunter eine Mitwirkung an der Steuererhebung erhalten blieb. Insgesamt krankte die Steuergerechtigkeit häufig noch an der tragenden Rolle indirekter Steuern, da sich die Neuausrichtung der Systeme auf die direkte Grund- bzw. Einkommenssteuer vielerorts verzögerte.

Die *staatliche Finanz- und Steuerverwaltung* verfestigte sich nahezu in allen Staaten. Meist wurden die öffentlichen Finanzen nun endgültig – wenn mancherorts auch verspätet (in den Rumänischen Fürstentümern 1831/32, in Luxemburg 1841, in Modena-Reggio 1845) und nach heftiger Auseinandersetzung über die Domänenfrage (z. B. in Sachsen-Meiningen und Sachsen-Coburg)[287] – vom überdies häufig über eine Zivilliste geregelten Vermögen des Fürsten getrennt. Sie wurden in die staatliche Verwaltungshierarchie mit eigenem Ressort im Zentrum eingegliedert (so z. B. in Belgien, Baden, Spanien, Preußen, Dänemark, Norwegen, in den Rumänischen Fürstentümern, überwiegend auch in Piemont-Sardinien und sogar im Osmanischen Reich) und einem mehr (Belgien) oder weniger (Vereinigte Niederlande) unabhängigen Rechnungshof unterstellt. In Russland gab es Ansätze zur Schaffung einer regierungsunabhängigen Aufsicht über das staatliche Banken- und Schuldenwesen. In Norwegen war darüber hinaus ein gesondertes Ministerium nur für die Finanzrevision zuständig. Dieser Rationalisierungsprozess vollzog sich aber in Großbritannien, trotz der sonst eher fortschrittlichen Aspekte des dortigen Finanzsystems, teilweise erst in den 1830er-Jahren. Auch blieb er manchen politisch abhängigen Territorien generell vorenthalten (Ungarn, Liechtenstein, Großherzogtum Posen, Galizien-Lodomerien). Im Deutschen Bund bildeten sich eher rudimentäre Finanzstrukturen zur Verwaltung der Matrikularbeiträge der Mitgliedsstaaten aus, während die Schweizer Eidgenossenschaft über eine tendenziell differenziertere Finanzverwaltung verfügte.

---

286 Zur Typologie vgl. Daum, Finanzen (wie Fn. 281), S. 108.
287 Vgl. hierzu Winfried Klein, Die Domänenfrage im deutschen Verfassungsrecht des 19. Jahrhunderts, Berlin 2007.

Der *partizipatorische Organisationsgrad* der Finanzverwaltung hing naturgemäß von der Ermöglichung ständischer oder parlamentarischer Mitwirkung und deren Gewicht im jeweiligen System ab. In autokratischen, absolutistischen Systemen und/oder in abhängigen Territorien war die gesellschaftliche Mitwirkung am Finanz- und Steuerwesen naturgemäß verschwindend gering (z. B. in Russland, Finnland, Ungarn sowie im Osmanischen Reich). So hatten die Stände in Liechtenstein nach der Verfassung von 1818 nur das Recht, die vom Fürsten vorgeschlagenen Steuern anzunehmen, und konzentrierte sich die Haushalts- und Steuerkompetenz in Serbien auf die Oligarchie der »Verfassungsverteidiger« und den Fürsten. In den föderalen Zusammenschlüssen des Deutschen Bundes und der Schweiz besaß jeweils der Gesandtenkongress die Entscheidungsmacht über die eher begrenzten Bundesfinanzen, die nur in der Eidgenossenschaft demokratisch legitimiert war. Prinzipiell begründete aber die in ständischen und konstitutionellen Systemen bestehende Steuerbewilligungskompetenz erst die politische Macht der Versammlungen gegenüber der Exekutive. Diese hatten in ständischen Systemen über die Mitsprache bei der Steuererhebung hinaus in der Regel – mit Ausnahme Sachsen-Coburgs sowie der Rumänischen Fürstentümer ab 1831/32 – noch kein direktes Mitwirkungsrecht beim Haushalt. Erst in den Verfassungsstaaten gesellte sich zu der meist zwischen König und Parlament geteilten Steuergesetzgebung das – bereits 1809 in der schwedischen, dann 1812 in der spanischen und 1814 in der norwegischen Verfassung verankerte – Budgetrecht. Dieses erfuhr im Frankreich der Restauration im Rahmen der Reform der Staatsschuldenverwaltung eine deutliche Stärkung, die sich in der Julimonarchie noch erhöhte. Woanders konnte das parlamentarische Budgetrecht allerdings zum Teil durch längere Budgetfristen (wie z. B. das Zehnjahresbudget in den Niederlanden 1815–1840) bzw. das Haushalten ohne parlamentarische Zustimmung (z. B. in Portugal und Sachsen-Coburg) unterlaufen werden. Umgekehrt diente den Kammern in manchen monarchisch-konstitutionellen Systemen mit Übergewicht des Königs ihr bloßes Recht zur Steuerbewilligung als Hebel zur Beanspruchung des Budgetrechts, das dort verfassungsrechtlich nicht explizit (jedoch z. B. in Württemberg implizit) anerkannt wurde und dessen Vorenthaltung zunächst im Sinne des Vorrangs des monarchischen Prinzips seitens des Deutschen Bundes legitimiert schien (z. B. im süddeutschen Frühkonstitutionalismus). In monarchischen Systemen mit Übergewicht des Parlaments handelte es sich in der Regel um das auf ein bis drei Jahre befristete Budgetrecht und eine allein der Volksvertretung verliehene Steuerhoheit (so z. B. in Norwegen, den südeuropäischen Verfassungsrevolutionen um 1820, im Griechenland der Revolutionsverfassungen 1822–1827, in den deutschen Staaten der zweiten Konstitutionalisierungswelle ab 1830, Spanien ab 1837). Eine föderal gegliederte Steuerhoheit der betreffenden Repräsentativversammlungen bestand in Belgien und in einigen Schweizer Kantonen. In Serbien wurden die Steuern nicht nach Einwohnern, sondern nach Gemeinden erhoben, die für ihre Verteilung zuständig waren. Die konstitutionellen Monarchien bzw.

Republiken mit Übergewicht des Parlaments kannten bereits Ansätze zur parlamentarischen Kontrolle auch der öffentlichen Verschuldung und Kreditaufnahme (z. B. die Schweizer Kantone der Regeneration). Der schwedische Konstitutionalismus gestand trotz des monarchischen Übergewichts im Verfassungssystem dem Reichstag aufgrund dessen ständeparlamentarischer Tradition die alleinige Aufsicht über die Staatsverschuldung zu. Doch allein in Großbritannien, dem einzigen parlamentarisierten System der Epoche, war das Parlament im Rahmen des Fiskalstaats umfassend am komplexen System öffentlichen Haushalts-, Schulden- und Kreditmanagements beteiligt.

Ein *egalitärer Anspruch* der staatlichen Finanzverwaltung betrifft naturgemäß in erster Linie das Steuersystem, dessen Charakter von Exemtionen und der Art der Besteuerung abhängt. Steuerprivilegien waren in vielen monarchischen Systemen sowohl absolutistischen (z. B. in Spanien 1814–1820 mit antiklerikaler Ausrichtung) oder ständischen Charakters (z. B. in Liechtenstein; in Sachsen-Weimar-Eisenach allerdings unter Fortschreibung ständisch motivierter Ausnahmen) als auch in Verfassungsstaaten mit Übergewicht des Königs (z. B. in den Niederlanden, Baden, Bayern) oder des Parlaments (z. B. in den südeuropäischen Verfassungsrevolutionen um 1820, Belgien) durchaus untersagt. Dennoch bestanden in mehreren Territorien Steuerbefreiungen meist für den Adel (vor allem in Preußen, Ungarn, den Rumänischen Fürstentümern), aber auch für bestimmte Berufsgruppen (z. B. in Österreich), fort. In Frankreich schlug sich die Entschädigung ehemaliger Emigranten für ihren in der Vorepoche enteigneten Grundbesitz in einer Übervorteilung des vermögenden Adels nieder. Umgekehrt erwies sich im Osmanischen Reich der Rekurs auf Steuerpacht und Konfiskationen als äußerst langlebig. Hinsichtlich der Besteuerungsart verursachten indirekte Steuern, da sie meist den Konsum und damit die unteren, namentlich städtischen Bevölkerungsschichten besonders hart trafen, als tragende Säule der Staatseinkünfte in vielen Staaten eine sozial ungleiche Besteuerung (z. B. in Großbritannien, Portugal, den italienischen Staaten, Preußen, Österreich, Liechtenstein, Dänemark). Dies galt vor allem für Norwegen, wo man direkte Steuern bis 1836 sogar gänzlich beseitigte. Andernorts milderten parallele Reforminitiativen zur Einführung direkter Einkommens- (z. B. in Großbritannien 1841) oder Vermögens- (in den Schweizer Kantonen der Regeneration) und/oder Grundsteuern trotz Fortschritten bei deren Erhebung (z. B. infolge des Abschlusses der Katastrierung in Teilen Österreichs sowie den mittelitalienischen Staaten, Bayern) die sozial ungleiche Ausrichtung der vorherrschenden Steuersysteme kaum. Denn das direkte Steueraufkommen stand – allen physiokratischen Überzeugungen zum Trotz – noch hinter den übrigen Steuereinnahmen zurück (z. B. im Kirchenstaat, aber auch in manchen Schweizer Kantonen); oder die Einführung direkter Steuern als Haupteinnahmequelle verschärfte – durch Verzicht auf eine Grund- zugunsten einer Kopfsteuer – sogar noch den sozial ungleichen Charakter des Steuersystems (Rumänische Fürstentümer).

12 Wirtschafts- und Sozialgesetzgebung/Öffentliche Wohlfahrt

Die wirtschaftsgeschichtliche Forschung[288] bezieht sich hinsichtlich der hier interessierenden staatlichen und interstaatlichen Eingriffs- und Lenkungspotenziale verstärkt auf die Politik-, Verfassungs- und Rechtsgeschichte, indem sie Wirtschaftspolitik sowohl im Zusammenhang zur modernen Staats- und Nationsbildung[289] als auch im Hinblick auf die völkerrechtliche Dimension der wirtschaftlichen Globalisierung untersucht.[290] Hierbei bildet der Einfluss, den die staatliche Intervention im Vergleich zur wachsenden Selbstregulierungskraft der Märkte auf die europäischen Wirtschaftssysteme ausübte, eine zentrale Fragestellung.[291] Vor allem die wirtschaftliche Entwicklung peripherer Regionen rückt ins Zentrum des Interesses, da deren gegenüber den »Zentren« untergeordnete Wirtschaft meist zur Entfaltung einer besonders intensiven staatlichen Wirtschaftspolitik veranlasste.[292] In der Entwicklung der Armenfürsorge und Wohlfahrtspflege von den europäischen Staaten des Mittel-

---

288 Vgl. die Forschungsbilanz von Werner Daum, Wirtschafts- und Sozialgesetzgebung/Öffentliche Wohlfahrt, in: HB-1 (wie Fn. 2), S. 112-118, an die hier angeknüpft wird. Einen nützlichen Überblick bietet auch Christoph Conrad, Wohlfahrtsstaaten im Vergleich: Historische und sozialwissenschaftliche Ansätze, in: H.-G. Haupt/J. Kocka (Hg.), Geschichte und Vergleich. Ansätze und Ergebnisse international vergleichender Geschichtsschreibung, Frankfurt a. M./New York 1996, S. 155-180.

289 Vgl. exemplarisch die Deutung der Industriellen Revolution als Ausdruck staatlicher und militärischer Interessen im politisch-institutionellen Kontext der modernen Staats- und Nationsbildung durch Lars Magnusson, Nation, State and the Industrial Revolution. The Visible Hand, London 2009. Allgemein zur Wirtschaftspolitik einzelner europäischer Staaten im Untersuchungszeitraum siehe bereits: Cipolla/Borchardt (Hg.), Wirtschaftsgeschichte (wie Fn. 37), Bde. 3-4; P. Mathias/S. Pollard (Hg.), The Cambridge Economic History of Europe, Bd. 8: The Industrial Economies: The Development of Economic and Social Policies, Cambridge u. a. 1989. Als dezidiert europäische Synthesen sind hingegen heranzuziehen: S. Broadberry/K. H. O'Rourke (Hg.), The Cambridge Economic History of Modern Europe, Bd. 1: 1700–1870, Cambridge u. a. 2010; Gunnar Persson, An Economic History of Europe, Cambridge 2010.

290 R. Klump/M. Vec (Hg.), Völkerrecht und Weltwirtschaft im 19. Jahrhundert, Baden-Baden 2011 (in Vorber.). Zur Bewertung staatlicher Wirtschaftspolitik im globalgeschichtlichen Zusammenhang siehe den Forschungsüberblick von Kramper, Warum Europa? (wie Fn. 143), bes. S. 28-32, 44.

291 Beide Einflussnahmen werden – im Spannungsverhältnis zwischen kameralistisch-merkantilistischer Staatsintervention bzw. einer gelenkten Marktökonomie und dem freien Markt der *Laissez-faire*- oder liberalen Wirtschaftsordnung – austariert von Ivan T. Berend, Markt und Wirtschaft. Ökonomische Ordnungen und wirtschaftliche Entwicklung in Europa seit dem 18. Jahrhundert, Göttingen 2007, bes. S. 11-15 (zu den ideengeschichtlichen Hintergründen beider Konzepte im 19. Jahrhundert), 31-44 (zur Durchsetzung des *Laissez-faire*-Systems zunächst in Großbritannien in der ersten Hälfte, dann in ganz Europa in der zweiten Hälfte des 19. Jahrhunderts).

292 Zur im Spannungsverhältnis zwischen ethnisch-nationalen Bestrebungen und imperialen Ansprüchen stehenden Wirtschaftsgeschichte Ostmitteleuropas siehe David Turnock, The Economy of East Central Europe, 1815–1989. Stages of Transformation in a Peripheral Region, London/New York 2006, bes. S. 30 f., 163-165, 458 f. (als rare Synthesen zur disparaten Wirtschaftsentwicklung der unterschiedlichen ostmitteleuropäischen Regionen im 19. Jahrhundert).

alters zum europäischen Sozialstaat des 20. Jahrhunderts[293] hat die Forschung mit dem nordisch-sozialdemokratischen, dem angelsächsisch- oder westeuropäisch-liberalen und dem mitteleuropäisch-konservativen Weg drei historische Entwicklungsmodelle zum europäischen Sozialstaat herausgearbeitet, die sich respektive in ihrer umverteilenden, grundsichernden und einkommensbezogenen Orientierung unterscheiden.[294] Während diese Typologie vor allem vom Ergebnis der wohlfahrtsstaatlichen Entwicklung Europas im 20. Jahrhundert ausgeht, erhöht die Krise des Sozialstaats seit den 1970er-Jahren das Interesse an dessen Ursprüngen.[295] Auch steht im Hinblick auf die Anfänge der sozialstaatlichen Solidargemeinschaft im 19. Jahrhundert deren nationale Konstituierung im Mittelpunkt des Interesses.[296] In diesem Zusammenhang bildet neben der Sozialdisziplinierung die Frage nach Inklusion und Exklusion die jüngste

---

293 Neben Daum, Wirtschafts- und Sozialgesetzgebung/Öffentliche Wohlfahrt (wie Fn. 288), und den nachfolgend genannten Literaturhinweisen siehe die Forschungsbilanz und -ergebnisse von Christoph Sachße/Florian Tennstedt, Geschichte der Armenfürsorge in Deutschland, Bd. 1: Vom Spätmittelalter bis zum Ersten Weltkrieg, Stuttgart u. a. 2. Aufl. 1998, S. 368-384 (Nachbemerkungen zur 2. Auflage).

294 Die Typologie geht zurück auf Gøsta Esping-Andersen, The Three Worlds of Welfare-Capitalism, Cambridge 1990; sie wird übernommen von Eberhard Eichenhofer, Geschichte des Sozialstaats in Europa. Von der »sozialen Frage« bis zur Globalisierung, München 2007, bes. S. 26-67 (zur Entwicklung der europäischen Sozialstaatlichkeit von der Aufklärung bis in die zweite Nachkriegszeit), 37-67 (speziell zu den drei Modellen). Für »Peripherien« als Ordnungsprinzip bei der Analyse europäischer Wohlfahrtsstaatsmodelle entscheiden sich hingegen S. King/J. Stewart (Hg.), Welfare Peripheries. The Development of Welfare States in Nineteenth and Twentieth Century Europe, Oxford u. a. 2007, bes. S. 9-38 (Einleitung der Herausgeber mit Erläuterung des »peripheren« Charakters der hier versammelten Fallstudien über Irland, Wales, Schottland, Finnland, Dänemark, Norwegen und den Niederlanden). Demgegenüber stellt eine vergleichende Analyse der Entstehungsgeschichte mehrerer europäischer und außereuropäischer Sozialstaaten lediglich »Mischformen« und keinesfalls nationale »Modelle« fest: Detlev Brunner, Sozialstaaten in international vergleichender Perspektive. Entstehung und Entwicklung im 19. und frühen 20. Jahrhundert, in: Comparativ. Zeitschrift für Globalgeschichte und vergleichende Gesellschaftsforschung 17 (2007), H. 3, S. 105-122, hier bes. S. 111, 118-121 (mit Betonung des zwischenstaatlichen Transfers sozialstaatlicher Prinzipien und Ideen).

295 So rückt etwa die Reaktion des (vornehmlich angelsächsischen) Liberalismus auf die sozialpolitische Herausforderung des Pauperismus im 19. Jahrhundert ins Zentrum der Aufmerksamkeit: Matthias Bohlender, Metamorphosen des liberalen Regierungsdenkens. Politische Ökonomie, Polizei und Pauperismus, Weilerswist 2007. Für einen systematischen deutsch-britischen Vergleich der Geschichte der Wohlfahrtspolitik siehe E. P. Hennock, The Origin of the Welfare State in England and Germany, 1850–1914. Social Policies Compared, Cambridge/New York 2007, bes. S. 331-337 (Vergleichsergebnisse). In längerer, Epochen übergreifender Perspektive vgl. Karl H. Metz, Die Geschichte der sozialen Sicherheit, Stuttgart 2008, bes. S. 239-241 (zum substanziellen Wandel in der Geschichte der sozialen Sicherheit, der um 1800 durch den Übergang von der Hunger- zur Konsumära stattgefunden habe).

296 Peter Wagner/Bénédicte Zimmermann, Nation: Die Konstitution einer politischen Ordnung als Verantwortungsgemeinschaft, in: S. Lessenich (Hg.), Wohlfahrtsstaatliche Grundbegriffe. Historische und aktuelle Diskurse, Frankfurt a. M. 2003, S. 243-266; Gerhard A. Ritter, Soziale Frage und Sozialpolitik in Deutschland seit Beginn des 19. Jahrhunderts, Opladen 1998.

analytische Kategorie der Armutsforschung[297], die diesbezüglich eine mit dem Ausbau staatlicher Armenfürsorge verbundene Egalisierung der in der Frühen Neuzeit noch bestehenden unterschiedlichen behördlichen Behandlung der Armenpopulation herausgearbeitet hat[298], auch wenn sie die anhaltende Bedeutung privater Wohltätigkeit und kirchlicher Fürsorge bis ins 20. Jahrhundert hinein unterstreicht.[299]

Die staatliche Wirtschafts- und Sozialpolitik entwickelte sich in Europa 1815–1847 im Zeichen eines ungebremsten demografischen Anstiegs und der beginnenden Industriellen Revolution. Die wirtschaftspolitische Haltung der europäischen Staaten blieb zum Teil noch von merkantilistischen und physiokratischen Grundüberzeugungen geprägt, der anfängliche Protektionismus wurde in einigen Staaten aber zunehmend durch eine liberale Handels- und Gewerbepolitik abgelöst, die zur Förderung der Manufakturen und Industrien nicht nur auf die Bildung von Binnenmärkten, sondern auch auf die Aufnahme internationaler, ja globaler Marktbeziehungen setzte. Die damit verbundene tief greifende Umstrukturierung des agrarischen und gewerblichen Sektors setzte wesentliche Rahmenbedingungen für das sozialpolitische Handeln des

---

297 Vgl. die Ergebnisse des an der Universität Trier 2002–2012 bestehenden DFG-Sonderforschungsbereichs 600 »Fremdheit und Armut. Wandel von Inklusions- und Exklusionsformen von der Antike bis zur Gegenwart«, insbes. die Einführungen der Herausgeber in: A. Gestrich/L. Raphael (Hg.), Inklusion/Exklusion. Studien zu Fremdheit und Armut von der Antike bis zur Gegenwart, Frankfurt a. M. u. a. 2. Aufl. 2008; Lutz Raphael, Figurationen von Armut und Fremdheit. Eine Zwischenbilanz interdisziplinärer Forschung, in: ders./Uerlings (Hg.), Ausschluss (wie Fn. 207), S. 13-36; A. Gestrich u. a. (Hg.), Strangers and Poor People. Changing Patterns of Inclusion and Exclusion in Europe and the Mediterranean World from Classical Antiquity to the Present Day, Frankfurt a. M. u. a. 2009.

298 Vgl. Beate Althammer, Einleitung, in: dies. (Hg.), Bettler in der europäischen Stadt der Moderne. Zwischen Barmherzigkeit, Repression und Sozialreform, Frankfurt a. M. u. a. 2007, S. 3-22, hier S. 18 (zum Wandel im Umgang mit der Bettelei); Helmut Bräuer, Bettler in frühneuzeitlichen Städten Mitteleuropas, ebd., S. 23-57 (zur Differenzierung zwischen der Unterstützung würdigen arbeitsunfähigen einheimischen und ihrer unwürdigen, arbeitsunwilligen fremden Armen).

299 Zur größeren Bedeutung der privaten, insbesondere adeligen, und der kirchlichen Wohltätigkeit auf dem Land, wo die kommunale Armenfürsorge nur im Notfall und äußerst restriktiv zur Anwendung kam und die sozialstaatliche Intervention erst verspätet griff: Inga Brandes/Katrin Marx-Jaskulski, Armut und ländliche Gesellschaften im europäischen Vergleich – eine Einführung, in: dies. (Hg.), Armenfürsorge und Wohltätigkeit. Ländliche Gesellschaften in Europa, 1850–1930, Frankfurt a. M. u. a. 2008, S. 9-45 (mit ausführlicher Forschungsbilanz und europäischer Synthese), sowie die nachfolgenden Beiträge des Tagungsbands; Beate Althammer/Inga Brandes/Katrin Marx, Religiös motivierte Armenfürsorge in der Moderne – Katholische Kongregationen im Rheinland und in Irland 1840–1930, in: Gestrich/Raphael (Hg.), Inklusion/Exklusion (wie Fn. 297), S. 537-579 (zur Rekonfessionalisierung der Armenfürsorge ab Mitte des 19. Jahrhunderts); Bernhard Schneider, Armut und Konfession – Ergebnisse und Perspektiven (kirchen-)historischer Forschungen zum Armutsproblem unter besonderer Berücksichtigung des 19. Jahrhunderts und des deutschen Katholizismus, in: ders. (Hg.), Konfessionelle Armutsdiskurse und Armenfürsorgepraktiken im langen 19. Jahrhundert, Frankfurt a. M. u. a. 2009, S. 9-57 (mit Forschungsbilanz und ersten Ergebnissen zur Rekonfessionalisierung der Armenfürsorge im Rahmen kirchlicherseits geführter Armutsdiskurse).

Staates. Angesichts der wachsenden Herausforderung von Pauperismus und sozialer Frage wurden Armenfürsorge, Wohlfahrts- und Gesundheitspolitik tendenziell als zentralstaatliche Aufgabe organisiert, die gleichwohl nur unter lokaler, kirchlicher und privater Mitwirkung einzulösen war. Der staatliche Umgang mit Arbeitslosen, Armen und Kranken war überwiegend von der aus der »polizeylichen« Ordnungspolitik gespeisten repressiven Sozialdisziplinierung gekennzeichnet, während die auf Aufklärung und Revolution zurückgehende emanzipatorische und bürgerrechtliche Sozialpolitik – wie überhaupt die Gewährleistung sozialer Grundrechte – gegenüber der Vorepoche deutlich an Gewicht verlor.

In ihrer *Wirtschaftspolitik* setzten die meisten Staaten bei der Förderung von Landwirtschaft und Gewerbe zunächst auf Protektionismus, an dem in Frankreich sogar im gesamten Zeitraum von der Restauration bis zur Julimonarchie festgehalten wurde. Mit der Industrialisierung voranschreitende Länder gingen zur gezielten Förderung der nationalen Produktion über. Diesem Zweck dienten eine protektionistische Zollpolitik, die Einrichtung halbstaatlicher Industrieförderungsgesellschaften und Kreditinstitute, die Investition in den Maschinenbau (Dampfmaschinen) und der Ausbau der Infrastruktur, insbesondere der – im Kirchenstaat kategorisch als subversive Neuerung abgelehnten – Eisenbahnen (vor allem in den Niederlanden, Belgien, Großbritannien, in Teilen Preußens, Österreichs u. a. deutscher Staaten, dann ab 1842 beginnend auch in Frankreich). Im Innern galt es durch die Aufhebung interner Zollschranken, feudaler Residuen und von Zunftzwängen zur Entstehung nationaler Märkte beizutragen. Nach außen zogen die meisten Staaten der Freihandelspolitik, die zunächst nur wenige Länder befürworteten (von Anfang an die Toskana, ab den 1830er-Jahren z. B. Norwegen, Piemont-Sardinien, das Osmanische Reich im Rahmen des osmanisch-britischen Freihandelsabkommens sowie Großbritannien im Zuge der Anti-Corn-Law-Bewegung), die Bildung bi- oder multilateraler Zolleinheiten vor, die den eigenen Binnenmarkt erweiterten und nach außen abschotteten. Internationale Handelsabsprachen, die die Gesamtheit der europäischen Staaten betroffen hätten, bildeten eher die Ausnahme. So erklärte eine Zusatzvereinbarung zur Wiener Kongressakte die Schifffahrt zu Handelszwecken unter einheitlichen internationalen Bedingungen (Gebühren) für frei.[300] Auch kam es 1842 zur Reduzierung des internationalen Öresundzolls. In der deutschen Staatenwelt schuf nach dem kurzlebigen Mitteldeutschen Handelsverein der Deutsche Zollverein einen ersten deutschen Binnenmarkt, während der Deutsche Bund wirtschaftspolitisch noch handlungsunfähiger blieb als die Schweizer Eidgenossenschaft, in der immerhin Bundesvertrag und

---

300 Règlements pour la libre navigation des rivières (Annexe XVI de l'Acte finale), in: G. F. de Martens (Hg.), Nouveau recueil de traités d'alliance, de paix, de trêve, de neutralité, de commerce, de limites, d'échange etc. et de plusieurs autres actes servant à la connoissance des relations étrangères des puissances et Etats de l'Europe ... depuis 1808 jusqu'à présent, Bd. 2, Göttingen 1818, S. 434-449.

Tagsatzung für bestimmte Waren die Handelsfreiheit verfügten. Die bi- oder multilateralen innereuropäischen Wirtschaftsbeziehungen konnten sich darüber hinaus zu globalen Handelsräumen, aber natürlich auch Abhängigkeitsverhältnissen, erweitern. Dies geschah z. B. durch die Gründung von Gesellschaften zur Förderung des Überseehandels mit den Kolonien (Niederlande), die Herstellung einer Zolleinheit zwischen Mutterland und Kolonien (Spanien) oder die Bildung imperialer Zollverbünde (respektive die Territorien z. B. des Habsburgerreichs inkl. Galizien-Lodomeriens, Russlands inkl. Finnlands und Kongresspolens sowie des Osmanischen Reichs inkl. der Rumänischen Fürstentümer umfassend).

Die wirtschaftspolitischen Maßnahmen schufen bereits mehr oder weniger intendierte *sozialpolitische Rahmenbedingungen*. So konnten die Privatisierung der ehemaligen Feudal-, Kirchen- und Gemeindegüter sowie die Bauernbefreiung – mit Ausnahme Norwegens und Serbiens – nur zeitversetzt und in einem langwierigen Prozess durchgeführt werden (vor allem in Russland und im Königreich Polen, aber z. B. auch in Piemont-Sardinien, Österreich, Ungarn, Galizien-Lodomerien, im Großherzogtum Posen, in den deutschen Verfassungsstaaten unter Vorsprung Badens und Rheinhessens). In Großbritannien hingegen kam die dort frühzeitig eingesetzte enclosure-Bewegung im Untersuchungszeitraum weitgehend zum Abschluss. Dieser Vorgang begünstigte in den meisten Fällen (z. B. in Großbritannien, Preußen, den italienischen Staaten und Spanien sowie in Griechenland bezüglich des osmanischen Grundbesitzes) die ländliche Mittel- und Oberschicht. Daher bot er zwar keine Lösung für die soziale Frage, veränderte jedoch zugleich den sozialen Charakter der Mittel- und Oberschichten, die nun agrarbourgeoise Züge annehmen konnten. Demgegenüber waren die Rumänischen Fürstentümer von geringerer Dynamik geprägt, da dort die Bojaren ihre wirtschaftliche und soziale Herrenstellung gegenüber den mit hoher Fron belasteten Bauern aufrechterhalten konnten. Eine Ausnahme bildete die traditionelle Freiheit der norwegischen Bauern. In Serbien ging mit der Aufhebung der osmanischen Agrarverfassung immerhin das von den Bauern bearbeitete Land in ihren Besitz über.

Eine sozialpolitische Ambivalenz kennzeichnete auch die Aufhebung der Zünfte bzw. Handwerkerkorporationen (z. B. in den Niederlanden und Portugal, in Piemont-Sardinien erst ab 1844 und in Schweden ab 1846). Einerseits war sie mit dem Postulat der – meist für die Heil- (z. B. in Luxemburg, Preußen, Liechtenstein und der Schweiz), Bau- (Preußen) und Rechtsberufe (z. B. in Sachsen-Coburg und der Schweiz) eingeschränkten – Gewerbe- und Berufsfreiheit verbunden. So kam es selbst im Osmanischen Reich infolge der Auflösung der Janitscharen zu einer Liberalisierung des Gewerbes. Bereits in den Schweizer Kantonen erstreckten sich jedoch die Regelungen von der vollen Gewerbefreiheit über deren partielle Einschränkung durch Handwerkerordnungen bis hin zur Wiedereinführung des Zunftzwangs. In der Tat schritt man in mehreren Staaten gar nicht zur vollständigen Auflösung der Zünfte, sondern wählte einen Kompromiss: Die Zünfte blieben für manche Gewerbe bestehen und man beschnitt mittels Gewerbeordnungen nur deren Autonomien, um den staatlichen Zugriff auf die gewerbliche Wirtschaft zu stärken (z. B. in den deutschen Staaten inkl. Preußens und Österreichs). Ein solcher Verzicht auf eine volle Liberalisierung des Gewerbes lag vielfach auch im Interesse der Stände- und Repräsentativversammlungen. Eine nur allmähliche Auflösung der Zünfte stellte sich trotz verfassungsrechtlich verankerter Gewerbefreiheit in Norwegen ein, und auch in Dänemark zog sie sich noch bis zur Jahrhundertmitte hin. In Serbien konnten die Zünfte einen starken Einfluss bewahren, sodass nur nicht zünftige Gewerbe frei waren.

Die Kehrseite der Liberalisierung von Handwerk und Gewerbe bestand darin, dass sie von einer strengen Reglementierung der Arbeitswelt (Verpflichtung zur Führung von Arbeitsbüchern bzw. Leumundszeugnissen, behördliche Genehmigungspflicht für die Arbeitsaufnahme) und einem Koalitionsverbot für Arbeiter begleitet war. Damit verbunden war eine materialistische, lediglich zivilrechtlich und ohne gesellschaftliche Bindung intendierte Auffassung der Arbeit.[301] Eine Koalitionsfreiheit für Arbeiter (in Großbritannien, der Schweiz) war in Europa 1815–1847 in der Tat eher die Ausnahme. Die daraus hervorgehende britische Arbeiterbewegung der »Chartisten« hatte maßgeblichen Einfluss auf die Anfänge staatlicher Sozialpolitik auf der Insel. In Piemont-Sardinien wirkte die Zulassung religiöser und karitativer Vereinigungen bzw. Versammlungen trotz prinzipiellen Koalitionsverbots vorbereitend für die Entstehung eines intensiven Arbeitervereinslebens.

Eine *staatliche Sozial- und Gesundheitsverwaltung* setzte sich tendenziell – mit Ausnahme des Osmanischen Reichs – in allen Ländern durch. Dies geschah unter zunehmender institutioneller Differenzierung zwischen Armut und Krankheit sowie unter zentralstaatlicher – für die Seuchenbekämpfung mitunter auch föderaler (Schweiz) oder imperialer (Russland inkl. Kongresspolens und Rumänischer Fürstentümer) – Aufsicht. Die Kosten und den Vollzug der öffentlichen Armenfürsorge überließ der die Aufsicht führende Zentralstaat häufig nicht nur ihrem traditionellen Träger, den Gemeinden (z. B. in Luxemburg, Liechtenstein, den Schweizer Kantonen, Schweden, Norwegen, Dänemark, Finnland, in Preußen zusätzlich auch den Gutsbezirken), dem er mitunter finanzielle Unterstützung (so in Spanien, einigen Schweizer Kantonen, den Rumänischen Fürstentümern) bzw. die Möglichkeit zur Erhebung einer Armensteuer (z. B. in Schweden, in Finnland erst nach der Jahrhundertmitte) einräumte. Vielmehr delegierten die Staaten die Armenfürsorge komplementär auch weiterhin an kirchliche und private Initiativen (z. B. in den Niederlanden, Belgien, Dänemark, Österreich, Ungarn, Finnland, im Königreich Polen, in den italienischen und deutschen Staaten). In Schweden und Dänemark wurde die lokale Geistlichkeit sogar in die öffentliche Gesundheitsaufsicht und -vorsorge eingebunden. Lediglich in den Territorien des osmanischen Einflussbereichs blieb die Armenfürsorge gänzlich

---

301 Zum fehlenden Arbeitsrecht siehe auch Abschnitt 4, Grundrechte, in dieser einleitenden Synthese.

privaten Stiftern und religiösen Institutionen überlassen, wobei aber das osmanische Herrscherhaus selbst und die Verwaltungselite als Finanzgeber hervorragten. In Serbien übernahm vor allem der als Rechtsinstitut einer Hauskommunion anerkannte südslawische Großfamilienverband der *Zadruga* elementare soziale Sicherungsaufgaben. In einigen Ländern wie z. B. Preußen setzte sich durch den Übergang vom Prinzip der Heimatgemeinde zu dem des Unterstützungswohnsitzes als Voraussetzung für den Genuss armenfürsorglicher Leistungen ein stärkerer zentralstaatlicher Lenkungsanspruch im Sinne der für die Industrialisierung nötigen Freizügigkeit und Mobilität von Arbeitskräften durch.

Trotz dieser Ansätze zur Institutionalisierung der Sozialpolitik beruhte das *sozialpolitische Selbstverständnis* der europäischen Staaten mehrheitlich auf dem durch Familie und Gemeinde zu tragenden Subsidiaritätsprinzip. Soweit die Länder konkrete sozialpolitische Maßnahmen entwickelten, die über die Versorgung von Beamten und Militärangehörigen bzw. deren Familien hinausgingen, verknüpften sie sich – ungeachtet der jeweils vorliegenden vormodernen oder bereits konstitutionellen Ordnung – stark mit dem Ziel der Sozialdisziplinierung. Dieses repressive Konzept von Sozialpolitik schlug sich in der vorherrschenden Kasernierung von Armen, Arbeitslosen und Bettlern in Armenhäusern (vor allem in Großbritannien, aber z. B. auch in Norwegen, Belgien, Neapel-Sizilien, Modena-Reggio, den süddeutschen Verfassungsstaaten), der generellen Verquickung von Armenpflege und Verbrechensbekämpfung (z. B. in Luxemburg und Piemont-Sardinien) oder der zunehmenden Differenzierung zwischen Arbeitslosen und unterstützungswürdigen Armen (z. B. in Norwegen und Spanien) nieder. Die Anerkennung von Sozialpolitik als verfassungsrechtlich vorgeschriebene staatliche Aufgabe war die Ausnahme; diesbezügliche Ansätze finden sich in der niederländischen Verfassung von 1815 (Verpflichtung der Regierung zu einem jährlichen Armutsbericht), in den Verfassungen der südeuropäischen Revolutionen um 1820 (Glück und Wohlstand der Nation als Staatsziel), in den griechischen Revolutionsverfassungen 1822–1827 (staatliche Fürsorgemaßnahmen für die Helden der Unabhängigkeitskriege bzw. ihre Hinterbliebenen) und in der spanischen Verfassung von 1834 (Wohlstand und Ruhm der Nation als Staatsziel). Lediglich im Bereich der Arbeitsschutzgesetzgebung erkannten die europäischen Staaten zögernd einen Handlungsbedarf. Nachdem Großbritannien bereits ab 1817/18 mit umfassenden öffentlichen Arbeitsbeschaffungsmaßnahmen, 1819 und 1831 mit den ersten, sukzessive erweiterten Fabrikschutzgesetzen vorangegangen war, kam es erst um 1840 auch in vielen anderen Staaten zur Regulierung bzw. Einschränkung der Arbeit und Arbeitszeiten für Kinder, Jugendliche und Frauen (z. B. in Frankreich, Preußen, Österreich, Ungarn, Russland, Baden, Piemont-Sardinien, einigen Schweizer Kantonen, darunter aber in Zürich bereits 1815). Mancherorts wurde mit der Gewerbeordnung eine erste, indirekte Kassengesetzgebung für die Versorgung der Arbeiter in Risikosituationen begründet und sukzessive weiter ausgebaut (Preußen 1845). In der französischen Julimonarchie setzte der staatlich vorangetriebene Ausbau des Sparkassenwesens auf die freiwillige Vorsorge der Arbeiter und Handwerker. In den weiterhin agrarisch geprägten italienischen Staaten wirkten auf lokaler Ebene die traditionellen karitativen Fürsorgeinstitute der Leihhäuser (als Protoform des Agrarkredits) und der Vorratshaltung von Grundnahrungsmitteln fort. Analog sicherte im Osmanischen Reich das traditionelle System des »Provisionismus« die Versorgung der Hauptstadt und des Militärs mit Grundnahrungsmitteln. Bezeichnenderweise reagierte selbst der neue belgische Nationalstaat auf den durch Hungersnöte und beginnende Industrialisierung ausgelösten Pauperismus nicht etwa mit einer konkreten Sozialgesetzgebung, sondern mit der Förderung der Emigration. Ein sozialpolitisches Verantwortungsbewusstsein des Staats sollte sich in Europa erst in der zweiten Jahrhunderthälfte entwickeln.

Europäisches Verfassungsdenken 1815–1847 – Die Zentralität der Legislativgewalt zwischen monarchischem Prinzip und Legitimität

1

Von Pierangelo Schiera (Trento)[1]

0 Einführung

Das politische Denken im Allgemeinen ist, auch im Zusammenhang mit der Entwicklung einer »Neuen Ideengeschichte«[2], in epochal und europäisch übergreifender Perspektive gut erforscht[3], wobei auch die transatlantischen Wechselbe-

---

1 Übersetzung aus dem Italienischen, Einführung sowie Überarbeitung und Ergänzung der Literaturhinweise von Werner Daum.
2 Zur Konzeption der »neuen Ideengeschichte« oder »intellectual history« siehe: L. Raphael/H.-E. Tenorth (Hg.), Ideen als gesellschaftliche Gestaltungskraft im Europa der Neuzeit. Beiträge für eine erneuerte Geistesgeschichte, München 2006; H. Bluhm/J. Gebhardt (Hg.), Politische Ideengeschichte im 20. Jahrhundert. Konzepte und Kritik, Baden-Baden 2006. – Als diesbezügliche Untersuchung vgl. exemplarisch Marcus Llanque, Politische Ideengeschichte – ein Gewebe politischer Diskurse, München u. a. 2008. – Zur neuen »Kulturgeschichte des Politischen«, für die Formen und Inhalte der politischen Kommunikation, damit auch die Ideengeschichte, im Zentrum stehen, siehe Werner Daum u. a., Verfassungskulturen in der Geschichte. Perspektiven und Ergebnisse der Forschung, in: ders. u. a. (Hg.), Kommunikation und Konfliktaustragung. Verfassungskultur als Faktor politischer und gesellschaftlicher Machtverhältnisse, Berlin 2010, S. 9-21, hier bes. S. 9-11.
3 Siehe exemplarisch: John Morrow, A history of political thought. A thematic introduction, New York 1998; Henning Ottmann, Geschichte des politischen Denkens. Von den Anfängen bei den Griechen bis auf unsere Zeit, bisher Bde. 1-3, Stuttgart/Weimar 2001–2008; Jürgen Hartmann, Geschichte der politischen Ideen, Wiesbaden 2002; Hans Fenske, Geschichte der politischen Ideen von der Antike bis zur Gegenwart, Neuausg. Frankfurt a. M. 2003 (insbes. Teil IV, S. 379 ff.); Bruce Haddock, A history of political thought, Cambridge u. a. 2005; D. Klippel (Hg.), Naturrecht und Staat. Politische Funktionen des europäischen Naturrechts (17.–19. Jahrhundert), München 2006; M. Brocker (Hg.), Geschichte des politischen Denkens. Ein Handbuch, Frankfurt a. M. 2007; Walter Reese-Schäfer, Klassiker der politischen Ideengeschichte von Platon bis Marx, München u. a. 2007; Richard Saage, Elemente einer politischen Ideengeschichte der Demokratie. Historisch-politische Studien, hg. v. A. Rüdiger, Berlin 2007; M. Llanque/H. Münkler (Hg.), Politische Theorie und Ideengeschichte. Lehr- und Textbuch, Berlin 2007. Vgl. in diesem Zusammenhang auch die jüngste, am Europäischen Hochschulinstitut Florenz angesiedelte Initiative zur Entwicklung einer vergleichenden, transnationalen und beziehungsgeschichtlichen Perspektive auf die Geschichte des politischen Denkens in Europa: European Society for the History of Political Thought, in: {http://europoliticalthought.wordpress.com/} [14.11.2009].

ziehungen nicht ausgeklammert bleiben.[4] Die jüngere Geschichtsschreibung zum Verfassungsdenken im engeren Sinne kann zwar bereits mit ersten Ergebnissen vom kulturgeschichtlichen Ansatz[5], europäischen Bezug[6] und/oder dem Interesse für transatlantische Transfer- und Rezeptionsvorgänge[7] profitieren. Ein Großteil der

---

4   B.-P. Frost/J. Sikkenga (Hg.), History of American political thought, Lanham/MD u. a. 2003; Gerald Stourzh, From Vienna to Chicago and Back. Essays on Intellectual History and Political Thought in Europe and America, Chicago 2007. Zu Spezialthemen siehe auch Jörn Leonhard, Bellizismus und Nation. Kriegsdeutung und Nationsbestimmung in Europa und den Vereinigten Staaten 1750–1914, München 2008 (für eine vergleichende Geschichte der Kriegsdiskurse); John M. Headley, The Europeanization of the World: On the Origins of Human Rights and Democracy, Princeton/NJ 2008 (für die globalen ideengeschichtlichen Grundlagen der Grundrechte). Zur Bedeutung der Übersetzungskultur in der Rezeptions- und Transferforschung siehe Geoffrey P. Baldwin, The translation of political theory in early modern Europe, in: P. Burke/R. Po-chia Hsia (Hg.), Cultural Translation in Early Modern Europe, Cambridge 2007, S. 101-124.

5   Zur diskursiven Ausbildung und Entwicklung der konstitutionellen Verfassungsidee im Fokus der politischen Kultur der deutschen Staatenwelt: Reinhard Blänkner, Die Idee der Verfassung in der politischen Kultur des 19. Jahrhunderts in Deutschland, in: H. Münkler (Hg.), Bürgerreligion und Bürgertugend. Debatten über die vorpolitischen Grundlagen politischer Ordnung, Baden-Baden 1996, S. 309-341. – Zur Entstehung und Entwicklung eines europäischen Liberalismus-Begriffs: Jörn Leonhard, Liberalismus. Zur historischen Semantik eines Deutungsmusters, München 2001. – Mit literaturgeschichtlichem Fokus: Ethel Matala de Mazza, Der verfaßte Körper. Zum Projekt einer organischen Gemeinschaft in der politischen Romantik, Freiburg 1999.

6   Vgl. zur Genese der Verfassungsrechtswissenschaft in mehreren europäischen Staaten von der Frühen Neuzeit bzw. der Französischen Revolution bis zur Gegenwart die Beiträge in A. von Bogdandy (Hg.), Handbuch Ius Publicum Europaeum, Bd. 2: Offene Staatlichkeit – Wissenschaft vom Verfassungsrecht, Heidelberg 2008. – Für eine Geschichte des Öffentlichen Rechts sowie der Staats- und Verfassungstheorien: Maurizio Fioravanti, La scienza del diritto pubblico. Dottrine dello Stato e della costituzione tra Otto e Novecento, 2 Bde., Milano 2001; ders., Stato e costituzione. Materiali per una storia delle dottrine costituzionali, Torino 1993; ders., Appunti di storia delle costituzioni moderne. Le libertà fondamentali, Torino 2. Aufl. 1995; Albrecht Koschorke u. a., Der fiktive Staat. Konstruktionen des politischen Körpers in der Geschichte Europas, Frankfurt a. M. 2007. – Zur ideen- und verfassungsgeschichtlichen Fundierung des Modells der Mischverfassung von der europäischen Antike bis zur Gegenwart: Alois Riklin, Machtteilung. Geschichte der Mischverfassung, Darmstadt 2006. – Für eine Untersuchung des politisch-rechtlichen Umgangs mit dem Individuum und seiner Zugehörigkeit zu einem politischen Gemeinwesen unter ausführlicher Einbeziehung der ideengeschichtlichen Hintergründe: Pietro Costa, Civitas. Storia della cittadinanza in Europa, 4 Bde., Roma/Bari 1999–2001.

7   Zum nordamerikanisch-deutschen Transfer: H. Wellenreuther u. a. (Hg.), Die Amerikanische Verfassung und Deutsch-Amerikanisches Verfassungsdenken, New York u. a. 1990; ders. u. a. (Hg.), Zweites Symposium »Die Amerikanische Verfassung und Deutsch-Amerikanisches Verfassungsdenken«. Ein Rückblick über 200 Jahre, New York u. a. 1991. – Zur Ausdifferenzierung der republikanischen und liberalen Verfassungslehre in der Geschichte des europäischen und nordamerikanischen Verfassungsdenkens: Dietmar Herz, Die wohlerwogene Republik. Das konstitutionelle Denken des politisch-philosophischen Liberalismus, Paderborn u. a. 1999. – Zum Prinzip der »gemäßigten Monarchie« als originellem Kern des frühen liberalen Verfassungsdenkens in Spanien, das neben seiner kurzzeitigen Mythisierung in Europa (Revolutionen von 1820–1823) vor allem auf Lateinamerika Ausstrahlungskraft bewies, siehe Andreas Timmermann, Die »gemäßigte Monarchie« in der Verfassung von Cádiz (1812) und das frühe liberale Verfas-

o Einführung

Untersuchungen widmet sich jedoch der Betrachtung einzelner Staaten[8] oder Denker.[9] Für das Verfassungsdenken 1815–1847 mangelt es daher noch an einer befriedigenden europäischen Synthese, für die die nachfolgenden Ausführungen eine Grundlage liefern mögen.

---

sungsdenken in Spanien, Münster 2007 (bes. S. 7-10). – Zur transatlantischen Ausbildung des konservativen Denkens in der iberischen Welt: Ulrich Mücke, Gegen Aufklärung und Revolution. Die Entstehung konservativen Denkens in der iberischen Welt (1770–1840), Köln u. a. 2008.

8   Zu den nationalen Besonderheiten in der Geschichtsschreibung des politischen Denkens siehe D. Castiglione/I. Hampsher-Monk (Hg.), The history of political thought in national context, Cambridge u. a. 2001. Vgl. exemplarisch außerdem folgende Länderstudien, zur deutschen Staatenwelt: Hartwig Brandt, Landständische Repräsentation im deutschen Vormärz. Politisches Denken im Einfluß des monarchischen Prinzips, Neuwied/Berlin 1968; Jürgen Gebhardt, Die Revolution des Geistes. Politisches Denken in Deutschland 1770–1830. Goethe, Kant, Fichte, Hegel, Humboldt, München 1968; Hans Rosenberg, Politische Denkströmungen im deutschen Vormärz, Göttingen 1972; Peter Wende, Radikalismus im Vormärz. Untersuchungen zur politischen Theorie der frühen deutschen Demokratie, Wiesbaden 1975; Volker Hartmann, Repräsentation in der politischen Theorie und Staatslehre in Deutschland. Untersuchung zur Bedeutung und theoretischen Bestimmung der Repräsentation in der liberalen Staatslehre des Vormärz, der Theorie des Rechtspositivismus und der Weimarer Staatslehre, Berlin 1979; H. Brandt (Hg.), Restauration und Frühliberalismus: 1814–1840, Darmstadt 1979; Rainer Schöttle, Politische Theorien des süddeutschen Liberalismus im Vormärz. Studien zu Rotteck, Welcker, Pfizer, Murhard, Baden-Baden 1994; W. Adam (Hg.), Théologies politiques du Vormärz: de la doctrine à l'action (1817–1850), Paris 2008. – Zu Großbritannien: Alois Riklin, Englisches Verfassungsdenken im 17. Jahrhundert, St. Gallen 1997. – Zum Frankreich der Restauration: Aurelian Crăiuţu, Liberalism under siege. The political thought of the French doctrinaires, Lanham/MD u. a. 2003; und mit Schwerpunkt auf dem nachrevolutionären »aristokratischen Liberalismus« Annelien De Dijn, French political thought from Montesquieu to Tocqueville. Liberty in a levelled society?, Cambridge u. a. 2008. – Zu Russland: Konstantin N. Kostjuk, Der Begriff des Politischen in der russisch-orthodoxen Tradition. Zum Verhältnis von Kirche, Staat und Gesellschaft in Rußland, Paderborn u. a. 2005. Zu den Niederlanden: Wyger R. E. Velema, Republicans. Essays on Eighteenth-Century Dutch Political Thought, Leiden u. a. 2007.

9   Vgl. hier nur, da mit Relevanz für die weiteren Ausführungen, folgende Studien, zu Karl Ludwig von Haller: Charles Philippe Dijon de Monteton, Die »Entzauberung« des Gesellschaftsvertrags. Ein Vergleich der Anti-Sozial-Kontrakts-Theorien von Carl Ludwig von Haller und Joseph Graf de Maistre im Kontext der politischen Ideengeschichte, Frankfurt a. M. 2007. – Zu Jeremy Bentham: Frederick Rosen, Bentham, Byron, and Greece. Constitutionalism, Nationalism, and Early Liberal Political Thought, Oxford u. a. 1992; Philip Schofield, Utility and democracy. The political thought of Jeremy Bentham, Oxford u. a. 2006; Cyprian Blamires, The French Revolution and the creation of Benthamism, Basingstoke u. a. 2008; Emmanuelle de Champs, »La déontologie politique« ou la pensée constitutionnelle de Jeremy Bentham, Genève 2008. – Zu Benjamin Constant: Peter Geiss, Der Schatten des Volkes. Benjamin Constant und die Anfänge liberaler Repräsentationskultur im Frankreich der Restaurationszeit 1814–1830, München 2010. – Zu Gian Domenico Romagnosi: Carla De Pascale, Filosofia e politica nel pensiero italiano fra sette e ottocento: Francesco Mario Pagano e Gian Domenico Romagnosi, Napoli 2007. – Zu Giuseppe Mazzini: C. A. Bayly/E. F. Biagini (Hg.), Giuseppe Mazzini and the globalisation of democratic nationalism, 1830–1920, Oxford u. a. 2008.

1 Europäische Kennzeichen des Konstitutionalismus: einige methodische Probleme

Die historische Periode von 1815 bis 1847, die es nun unter dem Gesichtspunkt des europäischen Verfassungsdenkens zu untersuchen gilt, ist von einem doppelten Charakter gekennzeichnet: einerseits durch die endgültige Loslösung vom Ancien Régime, andererseits aber auch durch die Errichtung eines »neuen« Europa, auf der Grundlage von Prinzipien, die aus zwingenden Gründen im Gegensatz zu denen der »langen« Vorperiode standen. Es ist nicht falsch, in der Konstitution als solcher nicht nur das symbolische, sondern auch das stark instrumentelle und praktische Ereignis dieses Übergangs auszumachen – vorausgesetzt dass man diese neue Begebenheit nicht nur hinsichtlich seines gewöhnlichen politischen Inhalts und Sinns betrachtet, der direkt mit dem epochalen Phänomen der Revolution verbunden ist. Vielmehr gilt es seine Bedeutung auf den inzwischen eingetretenen und zu jener Zeit noch anhaltenden tiefen Wandel auf sozialer, ökonomischer und kultureller Ebene zu beziehen, der in Verbindung mit der Durchsetzung neuer politischer Subjekte (und auch neuer wirtschaftlicher und kultureller Produktionsweisen) stand, die dann ihren Kampf um Vorherrschaft im Verlauf des 19. Jahrhunderts gewinnen werden.

Somit sind auch die methodischen Linien festgelegt, denen es zu folgen gilt, um das Verfassungsdenken in der ersten Hälfte des 19. Jahrhunderts zu erfassen, im Anschluss an die Ausführungen über die vorangegangene Periode im ersten Band dieses Handbuchs.[10] Nach dem großen revolutionären und napoleonischen Sturm wird weiterhin eher von Europa als von einzelnen Staaten die Rede sein, um zu versuchen, eine »europäische« Geschichte des Verfassungsdenkens vorzulegen, anstatt einfach nur eine vergleichende (oder typisierende Transfer-)Geschichte des unterschiedlichen nationalen Verfassungsdenkens.[11] Insbesondere wird aufzuzeigen sein, dass das verbindende Element des gesamten Prozesses der Restauration der europäischen Ordnung, das die Grundlage für die Verhandlungen und Beschlüsse des Wiener Kongresses bildete, das Prinzip der Legitimität war, verstanden als gemeinsamer Nenner der unterschiedlichen nationalen Gegebenheiten. Dies ist nicht im Sinne einer Wiederherstellung der vorrevolutionären Verhältnisse – was fast einstimmig für eine unmögliche und nutzlose Sache gehalten wurde –, sondern im Sinne der Errichtung einer neuen internationalen Ordnung zu verstehen, die gerade auf der Grundlage des Legitimitätsprinzips die Oberhand über die einzelnen nationalen Ordnungen haben sollte. Daraus folgt eine zweite methodologische Linie, nämlich die Notwendigkeit,

---

10 Vgl. Pierangelo Schiera, Das europäische Verfassungsdenken um 1800: Komponenten und Zielrichtung eines europäischen Konstitutionalismus, in: P. Brandt u. a. (Hg.), Handbuch der europäischen Verfassungsgeschichte im 19. Jahrhundert, Bd. 1: Um 1800, Bonn 2006, S. 127-164.
11 In diesem Sinne versteht sich dieser Beitrag noch als konstitutiver, ideengeschichtlicher Bestandteil der gesamteuropäischen Synthese, die in der vorangegangenen Einleitung in Hinsicht auf eine systematische Verfassungsgeschichte Europas unternommen wird.

1 Europäische Kennzeichen des Konstitutionalismus: einige methodische Probleme

als Verfassungsdenken nicht jede in jener Zeit geäußerte Theorie oder Lehre, die sich auf die Reorganisation des politischen Lebens nach dem revolutionären Durcheinander bezieht, sondern nur die Überlegungen zu betrachten, die die Neuerung der Zeit, den Zeitgeist, zu erfassen in der Lage sind. Letzterer wird neben der europäischen Perspektive der zweite Maßstab unserer Rekonstruktion sein, in dem Sinne, dass sich das hier betrachtete »Verfassungsdenken« in konkrete praxisbezogene Beurteilungen umsetzen lassen musste. Dies bedeutet, dass diese Beurteilungen auf die Bedürfnisse anwendbar waren, die die Rekonstruktion Europas auf ökonomischer, sozialer, kultureller und schließlich politischer Ebene in den verschiedenen neu zu gründenden Staaten und insbesondere in Hinsicht auf das neue Produkt aufwarf, das in jedem Fall aus der Revolution hervorgegangen war: die Konstitution.

In Band 1 wurde für die vorangegangene Periode um 1800 das mächtige Aufkommen eines »Verfassungsbedarfs« thematisiert, der im gesamten Europa des Ancien Régime verbreitet war und sich dann mit größerer oder geringerer Schnelligkeit und Virulenz ganz wesentlich durch die Revolution – wenn auch nicht nur unter Zustimmung, sondern auch in Reaktion auf sie – realisierte. Nun geht es darum zu untersuchen, auf welche Weise die verschiedenen Pfade, auf denen sich dieser verbreitete Bedarf manifestiert hatte (Tradition, Pragmatismus, Revolution, Reformismus), noch in dem neuen Weg erkennbar sind, den der Konstitutionalismus in der neuen, unter dem Zeichen des Wiener Kongresses stehenden Zeit einschlug.

Damit werden die bereits am Ende unseres vorangegangenen Beitrags formulierten Überlegungen bezüglich des Degenerationsprozesses des »(modernen) Staates«[12] wieder aufgenommen. Der zunehmende Grad an Überschneidung zwischen den beiden normativen Feldern der Konstitution und der Verwaltung führte – auch dank der zeitgleichen, daher auch tatsächlich notwendigen Entwicklung der »Sozial- und Staatswissenschaften« – zu der Suche nach neuen Organisationsmodellen für das Gesellschaftsleben. Diese neigten dazu, sich von der traditionellen Staatsform zu entfernen. Deren zentrale »Räson« hatte in der Festigung (*status*) des technischen Apparats gelegen, dessen sich der Souverän bediente, um den verschiedenen »Ordnungen« von Bürgern oder »Ständen«, die auf dem gemeinschaftlichen Territorium anzutreffen waren, eine einheitliche Regierung voranzustellen. Nun bewegte man sich dagegen in Richtung eines populäreren oder demokratischeren Regimes. Dieses war von dem Bedürfnis nach Regierung gekennzeichnet, das eine selbstbewusste, aber unterschiedslose »Masse« von Bürgern zum Ausdruck brachte, welche mit unverletzlichen Rechten ausgestattet und daher zur Selbstregierung entschlossen und bereit waren. Leicht lässt sich der starke Bedeutungswechsel erahnen, dem bei diesem Ablauf die beiden klassischen politischen Indikatoren der Legalität und Legitimität ausgesetzt waren, auch

---

12 Gianfranco Miglio, Genesi e trasformazioni del termine-concetto »Stato«, hg. v. P. Schiera, Brescia 2007.

kraft der Rolle, die über die öffentliche Meinung hinaus vor allem die Ideologie im angesprochenen Prozess spielte.

Das Motiv der Bezwinger Napoleons, die sich zusammen mit den Vertretern der anderen europäischen Völker in Wien versammelten, lag in der Wiederherstellung der kulturellen Einheit Europas, die durch die Revolution zerbrochen worden war.[13] Die explizit konservativen Beweggründe der Großmächte und der jeweiligen Dynastien vermischten sich mit Beweggründen rationalerer und fortschrittlicherer Art, veranlasst von einem objektiven sozialen Druck, der eine Neuregulierung des Spannungsverhältnisses zwischen den Interessen der Gesellschaft und der Staatsintervention erzwang, und zwar im Namen von immer materielleren Lebensqualitäten, kurz: des Fortschritts.[14] Wenn auch die direkteren Antworten in der wirtschaftlichen Produktion und der zugehörigen »Wissenschaft« der politischen Ökonomie gefunden wurden, war die gleichzeitige Ausrichtung der philosophisch-politischen Reflexion auf die individuelle Freiheit und Verantwortung, wie sie infolge der Durchsetzung der »fundamentalen Rechte« des Menschen sanktioniert worden war, nicht weniger relevant. Diese bildete auch eine der Hauptquellen des Verfassungsdenkens und des zugehörigen Konstitutionalismus, die also in einem weiteren und nicht nur im üblicherweise angesprochenen juristisch-dogmatischen Sinne zu verstehen sind. So ist es unabdingbar, dem doppelten, wertbezogenen und technischen Aspekt der Lehren und Institutionen Aufmerksamkeit zu schenken, die diese Phase der europäischen Verfassungsgeschichte kennzeichnen: Dies bedeutet, genau die beiden grundlegenden Kriterien der Legitimität und Legalität zu berücksichtigen, jedoch mit der Vorsicht, die die Untersuchung von Phänomenen stets gebietet, die auf halbem Wege zwischen Wissenschaft und Ideologie angesiedelt sind (die zahlreichen -ismen, die einem in der Geschichte des politischen Denkens häufig begegnen).[15]

Um diesen Weg des europäischen Konstitutionalismus im Verlauf des 19. Jahrhunderts nachzuvollziehen, sollte man sich vergegenwärtigen, dass die vier angesproche-

---

13 Comte de Angeberg [eigentl. L. J. B. Chodzko] (Hg.), Le congrès de Vienne et les traités de 1815, précédé et suivi des actes diplomatiques qui s'y rattachent, 2 Bde., Paris 1963; Werner Sombart, Unità di cultura e costituzione in Europa. Tre esempi storici/Verfassung und kulturelle Einheit Europas. Drei historische Beispiele, übers., mit einer Einl. versehen u. hg. v. P. Schiera, Napoli 2005.
14 Vgl. exemplarisch CD-ROM-2, Dok.-Nr. 1.2.2 (Saint-Simon über die Neuorganisation der europäischen Gesellschaft, Oktober 1814).
15 Otto Brunner, Bemerkungen zu den Begriffen »Herrschaft« und »Legitimität«, in: Plures. Festschrift für Hans Sedlmayr, München 1962, S. 116-133. Dieselbe methodologische Problematik kennzeichnet die »Geschichtlichen Grundbegriffe«, in die Otto Brunner, Werner Conze und Reinhard Koselleck bekanntlich die Ergebnisse einer gemeinschaftlichen Untersuchung über einige zentrale politische Begriffe einfließen ließen. Diese machten einen tiefgehenden Bedeutungswandel in jenem Zeitalter durch, das Koselleck mit großer Wirkung als »Sattelzeit« bezeichnet hat und das den Untersuchungszeitraum der ersten beiden Bände des vorliegenden Handbuchs bildet.

1 Europäische Kennzeichen des Konstitutionalismus: einige methodische Probleme

nen Kriterien zur Ermittlung des Verfassungs»bedarfs« nach der französischen Revolutionserfahrung, der napoleonischen Expansion und deren endgültigem Scheitern zu einer einzigen, in ganz Europa wirksamen Mischung verschmolzen sind. Es ist nötig, diesen gemeineuropäischen Charakter zu betonen und sich nicht auf die Betrachtung von einzelnen Fällen des Ideentransfers oder des Modellvergleichs zu beschränken, ohne die besonderen Konjugationen zu vernachlässigen, denen der Prozess in den verschiedenen Ländern folgte. Dieser Ansatz erlaubt es, den amerikanischen Fall und damit die unter dem Gesichtspunkt der Regierungs*form* vielleicht bedeutendste Neuerung, nämlich die Alternative *Republik oder Monarchie*[16], aus unserem Panorama herauszuhalten, während der föderalistische Aspekt nach der »longue durée« des Heiligen Römischen Reiches (und angesichts des sowohl in Deutschland als auch in der Schweiz dann verwirklichten Bundesstaatsmodells) eigentlich keine Neuheit darstellte. Faktisch ausgeschlossen aus dieser Untersuchung des europäischen Verfassungsdenkens bleibt auch der russische Fall. Nach dem ruhmreichen Sieg von 1812 und dem ebenfalls bedeutenden Beitrag Zar Alexanders I. auf dem Wiener Kongress wurde Russland zwar von der durch Europa im konstitutionellen Sinne initiierten Reformanstrengung berührt[17], auf der Ebene der Weltanschauung wie in der Realität des politischen Systems überwog jedoch die Neigung, den Verfassungsreformen die mys-

---

16 Karl Heinrich Ludwig Pölitz, Die Staatensysteme Europa's und Amerika's seit dem Jahre 1783, geschichtlich-politisch dargestellt …, Dritter Theil: Zeitraum von 1814–1825, Leipzig 1826, S. 32 f., bezeichnet 1815 als das Eintrittsjahr des amerikanischen Staatensystems in die Weltgeschichte (vom Bundesstaat USA bis zum Inselstaat Haiti, »von Negern und Mulatten gestiftet, und auf schriftliche Verfassungsurkunden gestützt […]«). Von 1814 bis 1825 kam es zu einer enormen Vermehrung »der neuen Freistaaten Amerika's«. Doch in Europa entstand unter so vielen Monarchien nur eine einzige Republik (die Schweiz), während es in Amerika unter so vielen Republiken nur eine Monarchie (Brasilien) gab. Woraus Pölitz, ebd., S. 160, schloss: »Das königliche Europa des neunzehnten Jahrhunderts stützt sich daher auf das monarchische Prinzip und auf die Legitimität; und der Bund der Könige muß jedem Versuche gelten, der eine Monarchie in eine Republik verwandeln, oder einen Usurpator und Emporkömmling an die Stelle eines, nach dem Erbrechte zum Throne berufenen, Fürsten bringen wollte.« Siehe auch die Auszüge in: CD-ROM-2, Dok.-Nr. 1.2.24 (Karl Heinrich Ludwig Pölitz, Die Staatensysteme Europa's und Amerika's seit dem Jahre 1783 v. 1826).
17 Vgl. den Beitrag über Russland im vorliegenden Handbuchband, der dem Zarenreich im Zeitraum 1815–1847 aufgrund des Fehlens einer Verfassung und vor dem Hintergrund der Selbstherrschaft eine gewisse Distanz zum europäischen Konstitutionalismus bescheinigt, der im russischen politischen Denken gleichwohl eine Rolle spielte, wie mehrere, zum Teil auf Alexander I. selbst, zum Teil auf die adelige Opposition zurückgehende Verfassungsentwürfe beweisen. Zur im finnischen Verfassungsdenken versuchten Abgrenzung gegenüber dem Zarenreich siehe hingegen exemplarisch CD-ROM-2, Dok.-Nr. 1.2.23 (Denkschrift Carl Johan Walleens an Nikolaus I. v. Dezember 1825). Als weiteres Beispiel für einen ideengeschichtlichen Transfer, der ebenfalls die »Ränder« Europas erfasste, vgl. den Einfluss der italienischen Aufklärung auf das Verfassungsdenken der liberalen Bewegungen in den Rumänischen Fürstentümern: Stefan Delureanu, L'Italia della Restaurazione e i Principati Romeni, in: La Restaurazione in Italia. Strutture e ideologie. Atti del XLVII Congresso di storia del Risorgimento italiano (Cosenza, 15-19 settembre 1974), Roma 1976, S. 475-491, hier S. 476-478. Für ideengeschichtliche Transfer- und Rezeptionsvorgänge sie-

tische Exzentrizität Russlands in historischer, religiöser, kultureller und moralischer Hinsicht vorzuziehen. In diesem Sinne, scheint mir, ist die außergewöhnliche, auch politische Tragweite des russischen Romans zu verstehen, dem überzeugende Überlegungen vor allem hinsichtlich der Betrachtung des Okzidents entnommen werden können. Dieser wurde wegen seiner ausschließlich materialistischen Werte und Ziele lange als wahrer Feind des russischen Volkes gesehen.[18]

Dem europäischen Charakter des Konstitutionalismus entsprach die internationale Dimension, die der Prozess von Beginn an besaß, dank des ihm durch den Wiener Kongress aufgedrückten Stempels und der anhaltenden internationalen Einflussnahme der Siegermächte (insbesondere Österreichs) zur Aufrechterhaltung der dort beschlossenen und festgelegten Bedingungen.[19] Der Konstitutionalismus erhielt somit einen Anstrich internationalen Rechts. Dieser Aspekt verband und überlagerte sich mit dem schon erwähnten monarchischen Prinzip, um in der Summe beider Faktoren und mittels des Legitimitätsgedankens die (Übergangs-)Form des Restau-

---

he im Übrigen auch die jeweiligen Ausführungen zur Verfassungskultur in den Länderbeiträgen und insgesamt die Synthesen in der vorausgegangenen Einleitung des vorliegenden Handbuchbandes.

18 Vgl. Alain Besançon, La falsification du Bien. Soloviev et Orwell, Paris 1985, und die Einleitung von V. Strada zur italienischen Ausgabe (Bologna 1987).

19 Die Vollendung des Wiener Kongresses auf internationaler Ebene wurde über die nachfolgenden Etappen von Aachen (Oktober 1818, zur Wiederaufnahme Frankreichs in den Kreis der Großmächte), Karlsbad (August 1819, zur Einbindung der deutschen Fürsten in das österreichisch-preußische Projekt des Deutschen Bundes), Troppau-Laibach (1820/21, zur Niederschlagung der Aufstände in Neapel-Sizilien und Piemont) und Verona (1822, zur Beratung der griechischen, spanischen und portugiesischen Frage) vollzogen. Auf diese Weise entstand ein neues »europäisches Staatensystem«, zu dessen Konsolidierung auch die »Heilige Allianz« beitrug, indem sie eine gewisse Rolle in der europäischen öffentlichen Meinung spielte und eine geringere, aber nicht irrelevante Bedeutung für die Herausbildung einer *communis opinio* unter den Regierungen der Mächte besaß, die Napoleon besiegt hatten. Zur Heiligen Allianz vgl. den diesbezüglichen Artikel Karl von Rottecks (1834), in: CD-ROM-2, Dok.-Nr. 1.2.36. Siehe aber auch die Bemerkung von Pölitz, Staatensysteme (wie Fn. 16), S. 144, über den zentralen Gehalt des Bündnisses: »[...] in der Verwaltung ihrer Staaten, und in ihren wechselseitigen politischen Verhältnissen mit jeder anderen Regierung, nur die Vorschriften der Gerechtigkeit, der christlichen Liebe und des Friedens zur Regel zu nehmen«. Nach diesem Verständnis definierte Metternich die Kongressakte sogar als »das heutige Grundgesetz des europäischen Staatskörpers [...] sanktioniert durch den Beitritt der ihn bildenden Staaten, und daher auch, rücksichtlich der darin ausgesprochenen Normen und Grundsätze, letztere mögen einen europäischen Staat unmittelbar oder beziehungsweise betreffen, allgemein verbindlich«; Brief Metternichs an den Gesandten in der Schweiz, 7. Februar 1818, zit. nach Pölitz, Staatensysteme (wie Fn. 16), S. 96. Zur Debatte über das europäische System nach dem Aachener Kongress siehe auch CD-ROM-2, Dok.-Nr. 1.2.17 (Rezension über Dominique Dufour De Pradts Europa-Betrachtung v. 1819). Zum systematischen Rahmen der neuen europäischen, auch diplomatischen Politik vgl. Paul W. Schroeder, Metternich's Diplomacy at Its Zenith 1820–1823, Austin 1962; ders., The Transformation of European Politics 1763–1848, New York 1994; sowie Bardo Fassbenders Synthese bezüglich der internationalen Beziehungen in der vorangegangenen Einleitung zu diesem Handbuch.

rationsstaates hervorzubringen.[20] Als nicht mehr »absolutistischer« und noch nicht »demokratischer« Staat übernahm dieser sukzessive Funktionen in den Sphären des Rechts und des Sozialen. Mittels der inzwischen durchgesetzten Vorherrschaft der Ordnung konnten Legalität und Legitimität durch ein besonderes Mischverhältnis von Revolution und Restauration eine neue Konfiguration bilden, die zum Teil schon während des Vormärz, aber vor allem ab der Jahrhundertmitte den »Rechtsstaat« hervorbrachte. Letzterer wird sich jedoch als unfähig erweisen, mit einfachem *laisser faire – laisser passer* auf die aus der Industrialisierung hervorgehenden sozialen Belastungen zu reagieren, und sich tendenziell in eine »Demokratie« verwandeln, nicht ohne Kontorsion des konstitutionellen Ursprungs des Gesamtprozesses. Aber für die Periode bis 1848, die unserem Untersuchungszeitraum entspricht, war das neue Gemisch aus Legalität und Legitimität mit seiner monarchischen Grundlage völlig auf der Höhe der Zeit; es war nämlich Ausdruck eines besonders lebhaften »Geistes«, der auf der präzisen und unausweichlichen Umsicht gründete, die Ansprüche oder Bedürfnisse *dieser* Zeit berücksichtigen zu müssen, indem an ihr das eigene Wirken zu messen war, das in vielen Bereichen den Charakter von »Leistungen« annahm und subtil auf die Existenz jenes neuen Individuums verwies, an das sich auch dieser Konstitutionalismus im Wesentlichen wandte.[21]

Hieraus ergibt sich der politische Charakter des Verfassungsdenkens. Dieses vermittelt einen stark pragmatischen Gehalt, wie aus der Definition von Karl Heinrich Ludwig Pölitz (1772–1838), des Hektografen aus Tübingen, hervorgeht, der trotz

---

20 Volker Sellin, Die geraubte Revolution. Der Sturz Napoleons und die Restauration in Europa, Tübingen 2001, S. 282: »In Talleyrands Argumentation wurde somit die Legitimität zum Gegenbegriff der Revolution […]. Legitimität war nur noch als monarchische Legitimität, als Gottesgnadentum, vorstellbar.« Auf Argumente dieser Art stützten sich die Siegermächte, um Europa eine dauerhafte Ordnung zu geben, auch wenn es dabei zahlreiche Zweideutigkeiten gab, wie Pölitz, Staatensysteme (wie Fn. 16), S. 19 und CD-ROM-2, Dok.-Nr. 1.2.24 (wie Fn. 16) betont: »Noch herrscht keine Uebereinstimmung unter den Diplomaten über diesen, erst seit 12 Jahren als politischen Grundsatz aufgestellten, Begriff der Legitimität, weil er bald im weitern, bald im engern, bald im dogmatischen, bald im historischen Sinne gebraucht wird. […] *Geschichtlich* genommen, kann Legitimität nur die rechtliche Erbfolge in der *Regierung* bezeichnen, und dies blos von Erbmonarchien, nicht aber von Wahlthronen und Priesterstaaten, und noch weniger von Republiken gelten.« Die stark international ausgerichtete Lesart Pölitzens wird auch in seiner Dissertation bekräftigt, die er unter dem Titel »De mutationibus, quas systema iuris naturae ac gentium a Grotii temporibus hucusque expertum fuerit, commentatio literaria« 1805 in Wittenberg verteidigte.
21 Karl Heinrich Ludwig Pölitz, Das constitutionelle Leben, nach seinen Formen und Bedingungen, Leipzig 1831, S. V, spricht über »[…] diesen Zeitpunct der schriftlichen Verfassungsurkunden […]« und definiert ihn ausdrücklich als ein Bedürfnis: Dieses beweisen die vielen geschriebenen Verfassungen, aber auch »[…] der kräftige Aufschwung aller innern Lebenskräfte und die über das ganze innere Staatsleben verbreitete Ordnung, Gleichmäßigkeit und Festigkeit der staatsbürgerlichen Formen in der Mitte aller der Reiche und Staaten, welchen eine Verfassung gegeben ward, die dem Bedürfnisse des Volkes und der Zeit völlig entsprach«.

seiner Verankerung im traditionellen Bezugsrahmen der deutschen Staaten die Neuerungen des im Zeitalter der Konstitutionen eingetretenen Wandels zu erfassen wusste:

»Unter Verfassungen, im neuern Sinne des Wortes, verstehen wir die schriftlichen Urkunden, welche die Gesammtheit der rechtlichen Bedingungen enthalten, auf denen das innere Leben eines gegebenen (d. h. eines in der Wirklichkeit vorhandenen) Staates, nach dem nothwendigen Zusammenhange der einzelnen Theile dieses Lebens, beruht.«

Und an anderer Stelle:

»So entstand aus der Mischung des Alten und Neuen dasjenige politische System, welches die Diplomaten als Ersatz theils für das frühere System des politischen Gleichgewichts, theils für die aus der Zeit des französischen Uebergewichts für mehrere Staaten und Reiche hervorgegangenen neuen Rechtverhältnisse, aufstellten. Denn dieses neue politische System konnte nur dann den Forderungen und Bedürfnissen des jüngern Zeitalters genügen, wenn es gleichmässig das innere und äußere Staatsleben umschloß.«[22]

Erahnt hatte dies bereits Madame de Staël (1766–1817), die sich in ihren posthum veröffentlichten »Considérations« fragte, ob Frankreich vor der Revolution eine »constitution« gehabt hätte. Sie weiß es nicht zu sagen, erläutert aber, dass auch diejenigen, in deren Sichtweise es eine Konstitution schon zu Zeiten des Ancien Régime gab, der Auffassung seien, dass die Situation gegen Ende des 18. Jahrhunderts dennoch unhaltbar geworden war. In diesem Sinne kommt sie zu dem Schluss, dass, selbst wenn es eine Konstitution gegeben hätte, man trotzdem die Revolution brauchte, um eine neue Verfassung zu begründen und dann Vorkehrungen für deren Aufrechterhaltung zu treffen.[23] Bei jener neuen Verfassung konnte es sich nur um die von ihrem Freund

---

22 Ebd., S. 1 und CD-ROM-2, Dok.-Nr. 1.2.29 (K. H. L. Pölitz über das konstitutionelle Leben, 1831). Diese Definition kann mit der unmittelbar darauf folgenden Bemerkung über die jüngste Verfassung der Vereinigten Staaten von Amerika ergänzt und noch besser verstanden werden, wonach »[...] die neue amerikanische Verfassung vom 17. Sept. 1787 das erste Grundgesetz war, welches in einer schriftlichen Urkunde die wesentlichen Bedingungen des gesammten innern Staatsleben nach ihrem nothwendigen Zusammenhange aussprach und durchführte.«; ebd., S. 5 und CD-ROM-2, Dok.-Nr. 1.2.29 (wie oben). Das zweite Zitat entstammt Pölitzens Schrift von 1826, in: CD-ROM-2, Dok.-Nr. 1.2.24 (wie Fn. 16).
23 CD-ROM-2, Dok.-Nr. 1.2.11 (Madame de Staël über die Französische Revolution, 1818); siehe hierzu die Stellungnahme Francis Jeffreys: Dok.-Nr. 1.2.12 (Francis Jeffrey über Madame de Staëls Betrachtungen der Französischen Revolution, September 1818). Siehe auch die verfassungspolitischen Überlegungen derselben Autorin in einer vorausgegangenen, ebenfalls unveröffentlicht gebliebenen Schrift: Dok.-Nr. 1.2.1 (Madame de Staël über die Beendigung der Revolution und die Grundlagen der Republik, um 1799).

Simonde de Sismondi (1773–1842) vorweggenommene und in den entstehenden Sozialwissenschaften begründete Verfassung handeln. Diese neuen Wissenschaften waren laut Sismondi in der Lage, die Existenzbedingungen der Zeit zu erkennen und die notwendigen Anstöße zur Erneuerung zu geben.[24]

2 Neue politische Subjekte und alte konstitutionelle Kriterien

Trotz der starken Intensität und europäischen Einheitlichkeit, den das Verfassungsdenken im frühen 19. Jahrhundert annahm, sollen einige der im Beitrag zum ersten Band dieses Handbuchs gebrauchten Kriterien für die Anfänge des Konstitutionalismus um 1800 hier erneut aufgegriffen werden, um sowohl die Kontinuitäten zur vorangegangenen Situation als auch die hauptsächlichen Veränderungen zu beschreiben. Die erste Neuerung betrifft die »Tradition«. Bei postnapoleonischer Neugestaltung erhält dieser Faktor auch auf dem Kontinent seine volle Bedeutung, wenngleich in unterschiedlicher Richtung und aus unterschiedlichen Beweggründen. In Frankreich dient er im Wesentlichen zur Untermauerung des Diskurses über die »Legitimität«, dem Pfeiler der postnapoleonischen Staatsrekonstruktion.[25] In Deutschland trägt die Berufung auf die Tradition dagegen eher zur Stärkung des Diskurses über die »Legalität« bei: In diesem Sinne wird nämlich der Bezug auf das monarchische Prinzip – und innerhalb dessen auf die landständische Verfassung – im Bereich des Deutschen Bundes verstanden.[26]

---

24 Zu den historisch fundierten verfassungspolitischen Überlegungen Sismondis vgl. die Auszüge in CD-ROM-2, Dok.-Nr. 1.2.33 (Sismondi über Italiens Freiheit, 1832); außerdem Schiera, Verfassungsdenken (wie Fn. 10), S. 162, aber auch die dortigen Anmerkungen auf S. 161.
25 Guglielmo Ferrero, Reconstruction. Talleyrand a Vienne (1814–1815), Paris 1940, S. 53 (ital.: Il Congresso di Vienna 1814–1815. Talleyrand e la ricostruzione d'Europa, Milano 1999, S. 59), vertritt die Auffassung, dass »les principes d'où découlent les règles pour l'attribution et la transmission du pouvoir – l'hérédité et l'élection dans le monde occidental – sont les principes de légitimité qui établissent le droit de commander et le devoir d'obéir.«
26 Noch 1845 wird Friedrich Julius Stahl in seiner klassischen Schrift über »Das Monarchische Prinzip. Eine staatsrechtlich-politische Untersuchung« die konservativen Töne seines Volksvertretungskonzepts betonen: CD-ROM-2, Dok.-Nr. 1.2.57. »In allen Bundesstaaten wird eine landständische Verfassung stattfinden« lautet bekanntlich Art. 13 der Bundesakte von 1815; CD-Rom-2, Dok.-Nr. 11.1.2.1 (Deutsche Bundesakte v. 8.6.1815). Vgl. hierzu die Überlegungen Wilhelm von Humboldts, den Kommentar Freiherr vom Steins (siehe zu dessen Verfassungsverständnis auch Fn. 40) und auch die strikt restaurative und antiliberal-repräsentative Position Friedrich von Gentz', der sich zur gleichen Zeit die liberale Position Rottecks entgegenstellt: ebd., Dok.-Nr. 1.2.15 (Wilhelm von Humboldt über landständische Verfassungen in Preußen v. 14.2.1819); Dok.-Nr. 1.2.16 (Freiherr vom Steins Replik auf Humboldts Verfassungsüberlegungen v. 25.2.1819); Dok.-Nr. 1.2.14 (Friedrich von Gentz: Über den Unterschied zwischen den landständischen und Repräsentativ-Verfassungen v. 1819); Karl von Rotteck, Ideen über die Landstände, Karlsruhe 1819. Zum Thema siehe auch Wolfgang Mager, Das Problem der landständischen Verfassungen auf dem Wiener Kongreß 1814/15, in: HZ 217 (1973), S. 296-346; und

In England scheint der Diskurs der Tradition hingegen bereits in den letzten Herrschaftsjahren Georgs III., angesichts der offenkundigen Korruption, an Boden verloren zu haben. Die Unzufriedenheit mit dem herrschenden Regime äußerte sich nicht nur auf der theoretischen Ebene der ethisch-politischen Debatte, sondern auch in der Praxis, bei der Entwicklung der öffentlichen Meinung. Die Rückwirkungen der Amerikanischen Revolution beeinflussten in England auf besondere Weise die Verbindung Tradition – Konstitution, wie sie auch zu einer Neubetrachtung der zuvor so sehr bekämpften Französischen Revolution führten. Auf der Verfassungsebene ergab sich eine doppelte Notwendigkeit: die Wählerbasis zu erweitern und den Parteiendiskurs auszubilden.[27] Auf diese Weise führte die Berücksichtigung der Tradition zur Erneuerung – in einer spiralförmigen Durchmischung der vier Faktoren (Tradition, Pragmatismus, Revolution, Reformismus): Der Prozess ist in seiner Dynamik schwer zu beschreiben, doch ist das Bild zweckdienlich, um die Zirkulation der Verfassungsmodelle in dieser speziellen Phase der äußerst beschleunigten politischen Entwicklung zu erklären. Ihr zugrunde lag das schon erwähnte Phänomen der »neuen«, in erster Linie ökonomischen und sozialen Subjekte: Gerade die Verfassung verlieh diesen eine politische Würde, und zwar auf sehr viel konkretere und pragmatischere Weise als über die Revolution. Mit dem Aufkommen einer stark politisierten öffentlichen Meinung erlangte dieses Verfassungsdenken in England seine erste Sichtbarkeit. Das Bewusstsein des städtischen *middle rank* bezog sich nicht nur auf die Vorherrschaft des Landadels, sondern setzte sich mit den Problematiken, Erwartungen und Protesten des Industrieproletariats auseinander, die auch im sog. Chartismus zum Ausdruck kommen sollten.[28]

Das Problem der neuen Subjekte bestand auch auf dem Kontinent, wenn auch in unterschiedlichen Abwandlungen. In Frankreich sprach man zum Beispiel von der *classe moyenne*, hauptsächlich als Form von Bürgertum, mit großem Gewicht der bürokratisch-staatlichen Dimension, d. h. mit einer stark monarchisch-traditionalen Konnotation. Ihr stellte sich eine andauernde revolutionäre – in mancher Hinsicht republikanisch-napoleonisch-cäsaristische – Neigung der populäreren Komponente entgegen, die nach 1789 zur ständigen konstitutionellen Kraft geworden war. In

---

vor allem Kersten Krüger, Die landständische Verfassung, München 2003. Zum Deutschen Bund: E. Treichel (Hg.), Quellen zur Geschichte des Deutschen Bundes, Abt. I: Quellen zur Entstehung und Frühgeschichte des Deutschen Bundes, 1813–1830, Bd. 1: Die Entstehung des Deutschen Bundes 1813–1815, München 2000, und weiter unten Fn. 99-101.

27 Vgl. CD-ROM-2, Dok.-Nr. 1.2.7 (Thomas Hinton Burley Oldfield über die Missstände im Verfassungssystem, 1816); Dok.-Nr. 1.2.6 (Thomas Hinton Burley Oldfield über das Wahlrecht, 1816); Dok.-Nr. 1.2.9 (Henry Hallam über die Vorteile des Verfassungssystems, 1818); Dok.-Nr. 1.2.10 (James Mackintosh über die Repräsentativregierung, 1818); Dok.-Nr. 1.2.19 (James Mills Aufsatz über die Regierung v. September 1820); Dok.-Nr. 1.2.27 (William Cobett über die Wahlrechtsreform, 1.4.1831).

28 CD-ROM-2, Dok.-Nr. 1.2.28 (Thomas B. Macaulay über das Reformpotential der Mittelklasse, 1831); Dok.-Nr. 1.2.45 (Forderungen der Chartisten v. 1837).

Deutschland überwog eher die Notwendigkeit, auf die ständische Tradition zu verweisen, die schon im Verlauf des 18. Jahrhunderts recht weit (bis zum »Allgemeinen Landrecht für die Preußischen Staaten«) konstitutionalisiert worden war und eine immer größere Verbreitung durch die Anerkennung des Bürgertums fand, bis hin zu dessen »technisch« versiertester, instruiertester und gebildetster Komponente, die im Berufsstand der Gelehrten versammelt war.[29]

Das Thema der neuen politischen Subjekte war institutionell mit zwei Hauptkonsequenzen verbunden: einerseits mit einer völlig neuen Sicht auf das entscheidende Problem der Repräsentation, was vor allem die »legislative« Funktion[30] des Parlaments und die daraus folgende Beziehung oder Proportion zwischen traditioneller Erster und wählbarer Zweiter Kammer betraf; andererseits mit der konstanten Anstrengung zur Lösung der Probleme der Selbstregierung, wie sie sich in ihren Varianten des englischen *self-government*, des französischen Departements- und Präfektursystems und der deutschen *Selbstverwaltung* jeweils stellten. In allen Fällen dienten die Reformen als Mittel zur Entwicklung einer geeigneten Lösung, was einer Sichtweise entsprach, die sich nicht nur an den unterschiedlichen ideologischen Optionen – die in den partizipatorischen und wettbewerbsorientierten Impulsen des 19. Jahrhunderts zwangsläufig an Bedeutung gewannen –, sondern auch an Entscheidungen pragmatischer Art orientierte, die in ganz Europa die liberale Bewegung inspirierten.[31]

Trägerin der Reformtätigkeit war in unserer Untersuchungsperiode lange Zeit die Monarchie. Als John Austin (1790–1859) seinen analytischen Kanon auf das Thema der pulsierenden englischen Verfassungsdebatte des 18. Jahrhunderts anwandte und sich dabei auf die Beschränkung der monarchischen Macht bezog, konnte er nur zu dem Schluss kommen: »As meaning monarchical power limited, the name limited monarchy involves a contradiction in terms«.[32] Austin war nämlich gerade damit beschäftigt, eine dem »Fragment« Jeremy Benthams (1748–1832) entnommene Definition der *political society* zu berichten, und präzisierte, dass »die Souveränität keine

---

29 Klaus-Peter Tieck, Staatsräson und Eigennutz. Drei Studien zur Geschichte des 18. Jahrhunderts, Berlin 1998.
30 Ernst-Wolfgang Böckenförde, Gesetz und gesetzgebende Gewalt. Von den Anfängen der deutschen Staatsrechtslehre bis zur Höhe des staatsrechtlichen Positivismus, Berlin 1981 (Erstausg.: 1958).
31 Monica Cioli, Pragmatismus und Ideologie. Organisationsformen des deutschen Liberalismus zur Zeit der zweiten Reichsgründung (1878–1884), Berlin 2003.
32 John Austin, The Province or Jurisprudence Determined (1832), New York 1970, S. 241; hier zit. nach Mario Piccinini, Corpo politico, opinione pubblica, società politica. Per una storia dell'idea inglese di costituzione, Torino 2007, der kommentiert: »Die öffentliche Meinung ist, angesiedelt zwischen Furcht und Nützlichkeit, das andere Gesicht der Souveränität geworden. Unter dieser Perspektive ist die Verfassungsgeschichte des bürgerlichen Jahrhunderts zu beurteilen« (übers. v. Werner Daum). Siehe auch die auszugsweise Wiedergabe von Austins Text in CD-ROM-2, Dok.-Nr. 1.2.32 (John Austin, The Province of Jurisprudence Determined, London 1832).

Beschränkungen erträgt«, es sei denn, es handele sich um die *public opinion*.[33] Der sozioökonomische Hintergrund dieser Verfassungsentwicklung wurde von Walter Bagehot (1826–1877) als die »[...] increasingly democratic structure of English commerce [...]« beschrieben, in dem Sinne, dass sie den Vormarsch einer neuen Klasse von Unternehmern bedeutete und zugleich einen entscheidenden Punkt der Veränderung für das politische System Englands markierte.[34]

Nach Meinung eines anderen, in seinem Land als konservativ-liberal geltenden politischen Protagonisten, des Historikers François Guizot (1787–1874), festigte sich auch in Frankreich mit der Julimonarchie und der neuen *Charte Louis Philippes* allmählich ein Regime zur Verteidigung und Konservierung der bürgerlichen Interessen, im Namen genau jener *classe moyenne*, die nun – beinahe exklusiv – den stärksten Partner der Monarchie abgab.[35] Es handelt sich hierbei um Betrachtungen, die man in prahlerischer (was die Mittelklasse betrifft) und zugleich vorsichtigerer Form (bezüglich der konstitutionellen Monarchie) auch in einer Schrift von Duvergier de Hauranne (1798–1881) aus dem Jahr 1838 liest.[36] Demgegenüber besteht für Benjamin Constant (1767–1830) der ausschließliche Zweck der menschlichen Vereinigungen in der »liberté politique et surtout individuelle«, auf deren Grundlage er in Auseinandersetzung mit dem Werk Gaetano Filangieris (1752–1788) »les progrès de l'espèce humaine en législation et en politique depuis près d'un demi siècle« misst. Zum Triumph der Freiheit gesellt sich der des Handels, doch beide brauchen die *constitution*, um zu funktionieren: »Sans constitution, les peuples ne sauraient avoir nulle certitude que les lois soient observées«. Nur in der Konstitution gibt es den notwendigen starken Zwang, um die Macht zur Befolgung der Gesetze zu zwingen, und dies erfolgt in bester Weise in der *monarchie constitutionnelle*, dank des *pouvoir neutre*, den in ihr der König besitzt. Ebenso bedeutsam ist jedoch der indirekte Bezug zum

---

33 In deren Zusammenhang verdient die folgende Bemerkung Robert Peels aus einem Brief vom 23. März 1820 an Wilson Crocker eine Wiedergabe: »Do not you think that the tone of England – of that great compound of folly, weakness, prejudice, wrong feeling, right feeling, obstinacy, and newspaper paragraphs, which is called public opinion – is more liberal – to use an odious but intellegible phrase, than the policy of the Government? Do not you think that there is a feeling, becoming daily more general and more confirmed – that is, independent of the pressure of taxation, or any immediate cause – in favour of some undefined change in the mode of governing the country?« Zit. nach Bianca Fontana, Whigs and Liberals: the *Edinburgh Review* and the »liberal movement« in Nineteenth-Century Britain, in: R. P. Bellamy (Hg.), Victorian Liberalism. Nineteenth Century Political Thought and Practice, London 1990, S. 42-57, hier S. 52.
34 Walter Bagehot, The History of the Unreformed Parliament, and Its Lessons. An Essay, London 1860, S. 21 f.
35 François Guizot, L'histoire de la France depuis 1789 jusqu'en 1848 racontée à mes petits-enfants. Leçons recueillies par Madame De Witt, née Guizot, Bd. 2, Paris 1878, S. 728. Vgl. auch die Auszüge in: CD-ROM-2, Dok.-Nr. 1.2.3 (François Guizot, Geschichte Frankreichs, Paris 1814–1842).
36 Prosper Léon Duvergier de Hauranne, De la Chambre des Députés dans le gouvernement représentatif, Paris 1838, S. 51, 71.

Repräsentativsystem, den Constant in diesem Kontext herstellt: »Le gouvernement représentatif n'est autre chose que l'admission du peuple à la participation des affaires publiques«. Der Abschluss der Argumentation bringt dann den ganzen Unterschied zwischen dem neuen postrevolutionären und gewissermaßen restaurativ angepassten Verfassungsdenken Constants und der womöglich aufgeklärten, aber noch der Sichtweise des absolutistischen Staates verhafteten Denkweise Gaetano Filangieris zum Ausdruck:

> »Ce que Filangieri veut obtenir du pouvoir en faveur de la liberté, je veux qu'une constitution l'impose au pouvoir. [...] Là où Filangieri voit une grâce, j'aperçois un droit; et partout où il implore la protection, c'est la liberté que je réclame.«[37]

Der Meinung Pölitzens zufolge ersetzte die bourbonische *Charte* – in deutlichem Gegensatz zur revolutionären Verfassungsentwicklung – das Urprinzip der Volkssouveränität durch das monarchische Prinzip. Alle staatliche Gewalt ging erneut vom Monarchen aus, angefangen bei der Konstitution selbst, die ja vom König gewährt worden war. Das Volk partizipierte allenfalls an der Macht, begründete sie aber nicht. Da es sich aber nur um Teilhabe (und nicht mehr um die von allen im Namen des Freiheits- und Gleichheitsprinzips getragene Grundlage) handelte, partizipierten nur diejenigen, die faktisch dazu imstande waren, also – ganz in Übereinstimmung mit dem entstehenden Wirtschaftsliberalismus[38] – die »Wenigen und Reichen«, eben die Mitglieder der schon erwähnten »Mittelklasse«. Trotz ihres restaurativen Anspruchs markiert die *Charte* jedoch zugleich einen Schritt hin zur Verwirklichung der Prinzipien der Revolution mit anderer Begründung: im Wesentlichen aus dem Prinzip

---

37 CD-ROM-2, Dok.-Nr. 1.2.21 (Benjamin Constant, Commentaire sur l'ouvrage de Filangieri, Paris 1822). Zur Rezeption und Weiterentwicklung von Benjamin Constants Verfassungsdenken in Portugal bzw. Lateinamerika durch Silvestre Pinheiro Ferreira (1769–1846) siehe Lúcio Craveiro da Silva, Silvestre Pinheiro Ferreira – Significado da sua obra filosófica, in: Ensaios de Filosofia e Cultura Portuguesa, Braga 1994, S. 191-198; Antonio Paim, Silvestre Pinheiro Ferreira e a evolução do pensamento brasileiro no século XIX, in: Revista Brasileira de Filosofia 76 (Okt.–Dez. 1969); Maria Beatriz Nizza da Silva, A Filosofia de Silvestre Pinheiro Ferreira, in: Revista Brasileira de Filosofia 76 (Okt.–Dez. 1969); José Esteves Pereira, Silvestre Pinheiro Ferreira – O seu pensamento político, Coimbra 1974; Armando Marques da Silva, A filosofia política de Silvestre Pinheiro Ferreira, Rio de Janeiro 1977; Ricardo Vélez Rodríguez, Um Precursor do pensamento estratégico Luso-Brasileiro: Silvestre Pinheiro Ferreira (1769–1846), in: {http://www.ecsbdefesa.com.br/fts/RVSPF.pdf} [15.12.2009].
38 Nebenbei sei bemerkt, dass Constant selbst am Ende seines Kommentars zum Œuvre Filangieris zusammenfassend schrieb: »Pour la pensée, pour l'éducation, pour l'industrie, la devise des gouvernements doit être: Laisser faire et laisser passer«. Benjamin Constant, Commentaire sur l'ouvrage de Filangieri, in: Gaetano Filangieri, Œuvres, traduites de l'Italien, T. 3, Neuausg. Paris 1840, S. 187-410, hier S. 410. Zur Volkssouveränität aus Sicht des spanischen Konservativismus vgl. CD-ROM-2, Dok.-Nr. 1.2.50 (Vorlesung von Juan Donoso Cortés über die Volkssouveränität v. 29.11.1839).

der Legitimität, in dessen verschiedenen und sogar gegensätzlichen Schattierungen. Bezüglich des deutschen Falls beziehen sich die Erwägungen von Pölitz zusätzlich auf die Stände, von deren Vielfalt hinsichtlich ihres rechtlich-konstitutionellen Charakters die Differenzierungen der verschiedenen Repräsentativsysteme abhängen. Die neue Monarchie muss in der Tat auf jeden Fall die Repräsentation zulassen, wobei Letztere – mangels Volkssouveränität – nach den verschiedensten Formeln organisiert wird, die von der Wiederaufwertung der alten Stände bis zur Anerkennung der neuen sozialen Aggregationen reichen, wie sie der »rechtlich gestalteten bürgerlichen Gesellschaft« eigen sind. Es entsteht daher neben dem eigentlichen Repräsentativ- und dem Ständesystem ein regelrechtes »System der politischen Interessen«; dieses

> »[...] beruht vielmehr darauf, daß nicht einzelne Stände, sondern die verschiedenen Hauptinteressen des Staates vertreten werden, und blos nach dieser Grundbestimmung kann es rechtlich, zweckmäßig und nöthig seyn, daß, für die Vertretung der Hauptinteressen des Staatslebens, Mitglieder aus den genannten verschiedenen Berufsarten wählbar sind.«[39]

Dieses neue System bringt die »verschiedenen Hauptinteressen im bürgerlichen Leben« zum Ausdruck, denen die einzelnen »Berufsverhältnisse innerhalb des Staates [...]« zwanglos entsprechen sollen.

Von hier führt – bei leichter Vereinfachung – ein gedanklicher Weg zur »sozialen Monarchie« Lorenz von Steins (1815–1890). Damit ist eine andere, nach wie vor konstitutionelle Entwicklung in der Zeit nach 1848 angesprochen, durch die sich der Rechtsstaat im Sozialstaat begründen sollte. Pölitz ermittelt drei hauptsächliche Klassen von Interessen: den Grundbesitz, das städtische Unternehmertum (Manufakturen, Fabriken und Handel) und die Intelligenz (Gelehrte, Staatsangestellte und Künstler); dazu zitiert er den Freiherrn vom Stein, der im »Circular vom 24. November 1808 an alle obere Staatsbehörden« geschrieben hatte:

> »Mein Plan war, jeder aktive Staatsbürger, er besitze hundert Hufen oder eine, er treibe Landwirtschaft, Fabrikation oder Handel; er habe ein bürgerliches Gewerbe, oder sey durch geistige Bande an den Staat geknüpft, habe ein Recht zur Repräsentation.«[40]

---

39 Pölitz, Leben (wie Fn. 21), S. 81.
40 Ebd., S. 90 (vorangegangene Einzelzitate S. 84 f.). Zu den Verfassungsvorstellungen Freiherr vom Steins siehe auch CD-ROM-2, Dok.-Nr. 1.2.8 (Überlegungen Freiherr vom Steins über eine preußische Verfassung v. 20.8.1816). Zu einer gegensätzlichen Deutung des Stein'schen Verfassungsverständnisses siehe Michael Hundt, Stein und die preußische Verfassungsfrage in den Jahren 1815 bis 1824 (vormodern-ständisches Verständnis) und Wolfram Siemann, Stein und der

Es tritt somit auf europäischer Ebene – wenn auch in der Unterschiedlichkeit der ökonomischen und sozialen Bedingungen, die in ihrer jeweiligen Spezifik berücksichtigt werden müssen, um sie zu den jeweiligen konstitutionellen Entwicklungskurven in den verschiedenen Ländern in Beziehung zu setzen – der Zusammenhang von Repräsentation, Interessen, Gesellschaft und Wirtschaft klar hervor; ein Zusammenhang, der überall über die monarchische Institution vermittelt ist, ob es, wie im postnapoleonischen Frankreich, um deren »Restauration« oder, wie im englischen Modellbeispiel, um deren einschränkende Reform oder schließlich, wie in Deutschland, um deren Hypostasierung zu einem »Prinzip« geht.

3 Monarchischer Konstitutionalismus vs. konstitutionelle Monarchie

Den Ausgangspunkt bildete wiederum England gegen Ende des 18. Jahrhunderts, als die Doktrin von der »gemischten und ausgeglichenen Monarchie« schon allmählich zugunsten eines Systems am Erlöschen war, das die vornehmlich gegenüber dem Unterhaus verantwortliche Kabinettsregierung zum Mittelpunkt hatte. Man ging sukzessive dazu über, das Blackstone'sche, unter wesentlicher Kontrolle der Monarchie hergestellte Gleichgewicht zwischen Monarchie, Aristokratie und Demokratie durch die relative Vormachtstellung des Unterhauses gemäß einer Deutungslinie der Whig-Partei zu ersetzen, die seit Beginn des 19. Jahrhunderts besonders treffend von der »Edinburgh Review« zum Ausdruck gebracht wurde.[41] Bagehot wird später feststellen, dass das Geheimnis der Effizienz der englischen Verfassung in der engen Vereinigung oder beinahe völligen Verschmelzung von Legislativ- und Exekutivgewalt, mit dem *Cabinet* als *link*, begründet lag.[42] Die englische Verfassung erhielt in Frankreich alle ihr gebührende Aufmerksamkeit, angefangen bei Constant. Doch nicht bei diesem, sondern eher im Umfeld eines konservativeren Liberalismus zeigte sich die Bedeutung, die die Monarchie in Frankreich auch nach der Revolution und nach Napoleon weiterhin besaß. Die tiefen Spuren, die die Monarchie in der französischen

---

süddeutsche Konstitutionalismus (frühkonstitutionelles Verständnis), beide in: H. Duchhardt (Hg.), Stein. Die späten Jahre des preußischen Reformers 1815–1831, Göttingen 2007, respektive S. 59-82, 83-98.

41 Llewellyn Woodward, The Age of Reforms, 1815–1870, Oxford 1938, S. 30: »The Edinburgh was a whig journal, conservative in literary standards, but not afraid of innovations in politics.« Die Auflage der Zeitschrift lag bei etwa 10.000 Exemplaren. Zu ihrer politisch-konstitutionellen Bedeutung vgl. Fontana, Whigs and Liberals (wie Fn. 33), S. 42 ff.

42 Walter Bagehot, The English Constitution, London 1867, S. 11 f. Siehe für die konkrete Auseinandersetzung über die Verantwortlichkeit der Regierung auch CD-ROM-2, Dok.-Nr. 1.2.38 (Sir Robert Peels Rücktrittempfehlung für das Minderheitskabinett v. 25.3.1835), Dok.-Nr. 1.2.39 (William IV. über das erforderliche königliche Vertrauen der Regierung v. 1835) und Dok.-Nr. 1.2.52 (John Wilson Croker über die Wahl des Premierministers v. 1841).

Geschichte hinterlassen hatte, erklären die Leichtigkeit – und zugleich die Erleichterung, wenn das Wortspiel erlaubt ist –, mit der 1814 die Rückkehr der Bourbonen erfolgte.

Am Schluss seines Werkes über die Vorgeschichte des Repräsentativsystems betont François Guizot die politische Zentralität der beiden Motive Ordnung und Freiheit, wobei er der legitimen und konstitutionellen Monarchie die Verteidigung des Rechts und folglich die festeste Stütze für den Staat zuschreibt. Die Legalität ergänzt somit den monarchischen Bezugsrahmen, und in der *Loi de la régence*, die Guizot selbst 1842 nach dem Tod des Dauphin eilig verabschieden lässt, werden die wesentlichen Prinzipien der *royauté constitutionnelle* bekräftigt, also »l'hérédité, la loi salique, l'unité du pouvoir royal, l'inviolabilité [...]«.[43] Trotz ihrer unterschiedlichen Logik und Akzente ist die Position Constants nicht sehr viel anders:

> »La monarchie constitutionnelle a ce grand avantage, qu'elle crée ce pouvoir neutre dans la personne d'un roi, déjà entouré de traditions et de souvenirs, et revêtu d'une puissance d'opinion qui sert de base à sa puissance politique. L'intérêt véritable de ce roi n'est aucunement que l'un des pouvoirs renverse l'autre, mais que tous s'appuient, s'entendent et agissent de concert. [...] Le roi est au milieu de ces trois pouvoirs, autorité neutre et intermédiaire, sans aucun intérêt bien entendu à déranger l'équilibre, et ayant, au contraire, tout intérêt à le maintenir.«[44]

Das Geheimnis einer Verfassung liegt demnach darin, nicht nur »aktive« Gewalten, sondern auch eine »neutrale« Gewalt vorzusehen; denn immer wenn alle Autorität bei der Legislative konzentriert wurde (wie in den italienischen Republiken der Renaissance, während des *Long Parliament* in England oder unter der revolutionären *Convention* in Frankreich), verwandelte sich diese – einem solchen Gedankengang gemäß – in willkürliche Gewalt und grenzenlose Tyrannei; wenn sie sich dagegen allein in der Exekutive verkörperte (wie im Alten Rom der Kaiserzeit), tendierte sie zum Despotismus.

In der postnapoleonischen deutschen Staatenwelt jedoch stattete sich die Monarchie mit einem »Prinzip« aus, das ausdrücklich auf dem und durch den Wiener Kongress formuliert worden war.[45] Durch ihre Verankerung im Legitimitätsprinzip

---

43 François Guizot, Histoire des origines du gouvernement représentatif en Europe, Bd. 2, Paris 1851, S. 412, 429-431; siehe auch die Auszüge in CD-ROM-2, Dok.-Nr. 1.2.18. Vgl. auch die Bezüge zum genannten Gesetz in Dok.-Nr. 1.2.53 (Rede des Herzog von Broglie in der Pairs-Kammer v. 27.8.1842).
44 Benjamin Constant, Cours de politique constitutionnelle, Bruxelles 3. Aufl. 1837, S. 2; siehe auch die Auszüge in: CD-ROM-2, Dok.-Nr. 1.2.44.
45 Pölitz, Staatensysteme (wie Fn. 16), S. 158: »So erhielt auch das practische europäische Völkerrecht seit dem Jahre 1814 eine Erweiterung durch die drei neuen politischen Grundsätze: des monarchischen Prinzips, der Legitimität, und des Rechts der Einmischung in die innern Angele-

hatte die Restaurationspolitik der Siegermächte in Deutschland wenig zu restaurieren, da die meisten Fürsten (auch die durch die große »Flurbereinigung« von 1803/06 begünstigten) auf ihrem Platz blieben und die Sorge Österreichs wie Preußens nicht unbedingt einem vereinten Deutschland galt. Es gab insofern nicht viel zu beseitigen, ausgenommen die Folgen der napoleonischen Besatzung und des zugehörigen Ideen- und Institutionenschatzes, der zum Teil von der Französischen Revolution herrührte. Doch kehrte man nicht einfach zur vorherigen Situation zurück, denn das Ende des Heiligen Römischen Reiches erwies sich als definitiv und hatte insbesondere die verfassungsmäßige Position des Adels bzw. der Stände tief greifend verändert, die eine neue rechtliche Regulierung ihres Status finden mussten, nachdem nun einmal mit dem Reich auch der alte Ständestaat untergegangen war. Pölitz stellt fest, dass noch zu seiner Zeit (1826) keine Übereinstimmung unter den Diplomaten über das Konzept der Legitimität bestand, das doch zwölf Jahre zuvor zum grundlegenden politischen Prinzip des Wiener Kongresses bestimmt worden war. Es wurde nämlich manchmal im engeren, manchmal im weiteren, manchmal im eher dogmatischen und manchmal im eher historischen Sinne angewandt. Somit ist in diesen vier zeitgenössischen Adjektiven die Bedeutungsbreite jenes grundlegenden Konzepts entfaltet, das Pölitz dann als Historiker betrachtet. Danach soll Legitimität nur »die rechtliche Erbfolge in der Regierung« anzeigen, was für die Erbmonarchien gilt (nicht also für die Wahlmonarchien oder die geistlichen Fürstentümer und noch weniger für die Republiken).[46] Auf diese Weise geht er ohne größere Komplikationen von der Legitimität zur Monarchie über, mit der indessen nur deren erbliche Form gemeint ist, und das monarchische Prinzip ist installiert.

Eine neuere Verfassungssammlung, die auf der Grundlage der durch Pölitz 1817 veröffentlichten ersten Edition zusammengestellt worden ist, beschreibt das monarchische Prinzip als »Beginn eines neuen Anlaufs« und als »Grundlage der Verfassungen nach der Restauration«.[47] Im deutschen Vormärz geschah wenig in konstitutioneller Hinsicht besonders Bedeutendes. Der Deutsche Bund, für dessen Zwecke in Wien das »monarchische Prinzip« geprägt worden war, spielte eine vorwiegend

---

genheiten eines andern Staates, namentlich bei der Begründung neuer schriftlicher Verfassungsurkunden. Unverkennbar sind jene Grundsätze in den Kreis der Wirklichkeit eingetreten [...], mithin auch in die Wissenschaft des practischen Völkerrechts übergangen.« Es sei nochmals daran erinnert, dass (Carolus Henricus Ludovicus) Pölitz 1805 selbst eine »commentatio literaria« genau zum Thema »De mutationibus, quas systema iuris naturae ac gentium a Grotii temporibus hucusque expertum fuerit« verfasst hatte.

46 CD-ROM-2, Dok.-Nr. 1.2.24 (wie Fn. 16), Anm. 1. Vgl. auch Fn. 20.
47 Dieter Gosewinkel/Johannes Masing, Einführung in die Texte: Grundlinien der europäischen Verfassungsentwicklung, in: dies. (Hg.), Die Verfassungen in Europa 1789–1949, München 2006, S. 9-70, hier S. 25: Es lässt sich nicht leugnen, dass trotz des Endes der napoleonischen Konstitutionen mit der Restauration auch ein Neustart einsetzte. Er brachte eine Art von »Grundstruktur« hervor, »die den Frühkonstitutionalismus längerhin prägen und auch darüber hinaus – ungeachtet vielfältiger Weiterentwicklung – das ganze Jahrhundert über wirkmächtig bleiben sollte«.

konservative, wenn nicht reaktionäre Rolle, auch kraft der darin von Österreich eingenommenen Stellung. Offener und innovativer – auch mit Blick auf die »deutsche Frage«, die in der öffentlichen Meinung und in der deutschen Politik spätestens ab 1848 zum beherrschenden Thema werden sollte – war die Rolle des Zollvereins, der über seine unzweifelhafte Bedeutung auf der Zoll- und Wirtschaftsebene hinaus eine aktualisierte Deutung in konstitutioneller Hinsicht nötig hätte.[48] Sehr intensiv war dagegen die doktrinäre Reflexion. Es sei hier nur an die Versuche erinnert, jene Themen in die Entwicklung der deutschen Rechtswissenschaft mit ihren verschiedenen Verzweigungen einzuordnen.[49] Aus politologischer Sicht ist leicht eine Linie zu erkennen, die von Friedrich Christoph Dahlmann (1785–1860) zum »Staatslexikon« Karl von Rottecks (1775–1840) und Karl Welckers (1790–1869) führt[50] und um die Themen der Konstitution und der Monarchie kreist. Auch ist nicht der Beitrag zu unterschätzen, den die Historische Schule der Ökonomie zu diesen Themen beisteuerte, da in

---

48 Vgl. H. Böhme (Hg.), Vor 1866. Aktenstücke zur Wirtschaftspolitik der deutschen Mittelstaaten, Hamburg 1966; Jürgen Müller, Der Deutsche Bund 1815–1866, München 2006, S. 21, drückt sich folgendermaßen aus: »Der Deutsche Bund überließ das Feld der wirtschaftlichen Harmonisierung, das für die innere Nationsbildung eine große Bedeutung gewinnen sollte, dem unter preußischer Vorherrschaft stehenden Deutschen Zollverein, der am 1. Januar 1834 in Kraft getreten war. Die von den Liberalen begrüßte Zollunion eines großen Teils von Deutschland erfolgte ohne die Mitwirkung des Bundes gerade zu jenem Zeitpunkt, als sich der Bund auf die verschärfte antiliberale und antinationale Repression verständigte.« Eine erste Deutung verwaltungs- und verfassungsgeschichtlicher Art findet sich bei Frauke Schönert-Röhlk, Aufgaben des Zollvereins, in: K. G. A. Jeserich/H. Pohl/G.-C. Unruh (Hg.), Deutsche Verwaltungsgeschichte, Bd. 2: Vom Reichsdeputationshauptschluß bis zur Auflösung des Deutschen Bundes, Stuttgart 1983, S. 285-300. Zu diesbezüglichen neueren Forschungstendenzen siehe Marko Kreutzmann, Bürokratische Funktionseliten und politische Integration im Deutschen Zollverein (1834–1871), in: Historische Zeitschrift 288 (2009), S. 613-645; vgl. auch den Beitrag über den Deutschen Bund im vorliegenden Handbuchband.
49 Siehe Brandt (Hg.), Restauration (wie Fn. 8), der auch verweist auf W. Real (Hg.), Karl Friedrich von Savigny 1814–1875. Briefe, Akten, Aufzeichnungen aus dem Nachlaß eines preußischen Diplomaten der Reichsgründungszeit, 2 Bde., Boppard 1981.
50 Für Welcker sei auf dessen sich aus der Pariser Julirevolution und der Wende in der badischen Kammer vom 15. Oktober 1831 ergebende Initiative zugunsten einer »Vervollkommung der organischen Entwicklung des Deutschen Bundes zur bestmöglichen Förderung deutscher Nationaleinheit und deutscher staatsbürgerlicher Freiheit« mittels eines »Nationalraths« hingewiesen. Für Rotteck vgl. sein Vorwort zum »Staatsrecht« und seine Artikel im »Staats-Lexikon«, in: CD-ROM-2, Dok.-Nr. 1.2.47 (Karl von Rottecks Vorwort zum »Staatsrecht« v. 1838), Dok.-Nr. 1.2.43 (Karl von Rotteck über die »Constitution« v. 1836) und Dok.-Nr. 1.2.48 (Karl von Rotteck über die »Freiheit« v. 1838). Siehe auch den Artikel Pfizers über den Liberalismus, ebd., Dok.-Nr. 1.2.51 (Paul Achatius Pfizer über »Liberalismus« v. 1840). Müller, Deutscher Bund 1815–1866 (wie Fn. 48), S. 12 ff., betont die 1832 von der Bundesversammlung eingeschlagene härtere Gangart, die mit einer Verschärfung der bereits durch die Karlsbader Beschlüsse von 1819 eingeleiteten repressiven Maßnahmen einhergehen, welche außer zur Pressezensur und einer rigideren Kontrolle über die Universitäten auch zum Verbot politischer Vereine führte. Vgl. auch Martin M. Arnold, Pressefreiheit und Zensur im Baden des Vormärz. Im Spannungsfeld zwischen Bundestreue und Liberalismus, Berlin 2003.

ihrem Umfeld auf konkrete Weise Aspekte und Bedingungen der notwendigen Reorganisation der traditionellen Staatsstruktur aufgeworfen und diskutiert wurden.[51]

Darin besteht die Bedeutung der konstitutionellen Monarchie in der ersten Hälfte des 19. Jahrhunderts. Die konstitutionelle Rolle der Monarchie (also die der Schöpfung sowie der Garantie und Verteidigung der Verfassung seitens der Monarchie) überwiegt gegenüber der die Monarchie einschränkenden Funktion der Verfassung. Deshalb empfiehlt es sich, vom monarchischen Konstitutionalismus statt von der konstitutionellen Monarchie zu sprechen.[52] Die Restauration der Monarchie auf dem Wiener Kongress könnte einfach als Ausdruck der Kontinuität der Tradition erscheinen, wenn nicht gar als reaktionäre, im Namen alter Standesinteressen und alter Welt- und Politikanschauungen vollzogene Operation. Aber die historische Evidenz der großen Neuerung, die durch das politisch-rechtliche Instrument der Verfassungsurkunde eingeführt wurde, ist nicht zu leugnen; ebenso wenig lässt sich abstreiten, dass dieses Instrument historisch zuerst von der Monarchie eingesetzt werden konnte. Schließlich kann auch nicht bestritten werden, dass beide Tatbestände in einem unumkehrbaren Prozess verbunden waren, der sowohl von der Konstitution als auch von der Monarchie unabhängig war. Er beruhte auf der gigantischen Dynamik, die die Produktionsfaktoren in Wirtschaft und Gesellschaft mit dem Aufkommen neuer Subjekte und neuer Ziele erhalten hatten.

4 Konstitution und Recht – Die Legislativgewalt und das Bürgertum

Von den drei durch die Revolution festgesetzten und verbreiteten Prinzipien wurde das der Freiheit auch in den schwierigen Jahren der Restauration am meisten rezipiert. Es wurde als großer Faktor des Wandels und Fortschritts vor allem auf der Ebene der individuellen Entwicklung, daher auch im Sinne der Übernahme von Verantwortung und des Anspruchs auf Handlungsfähigkeit im Sozialen angenommen. Schwieriger und langsamer verlief hingegen seine Rezeption auf der Ebene der politischen Anwendung, insbesondere hinsichtlich der Ausübung einer Souveränität, die dem Monarchen noch mehr entzogen und – nach ganz verschiedenen Formeln – bestimmten Repräsentationsverfahren anvertraut worden wäre: d. h. nicht nur in einem auf die Gesellschaft, sondern auch auf die »innere« Dimension des Staates bezogenen Sinne.

---

51 Schon Hans Zehnter, Das Staatslexikon von Rotteck und Welcker. Eine Studie zur Geschichte des deutschen Frühliberalismus, Jena 1929, hat betont, dass 1832 List als Erster die Idee zur Veröffentlichung einer Enzyklopädie der Staatswissenschaften für die politische Erziehung des Bürgertums und der Beamtenschaft hatte, womit er die neue Rolle der Konstitutionen betonte.

52 Martin Kirsch, Monarch und Parlament im 19. Jahrhundert. Der monarchische Konstitutionalismus als europäischer Verfassungstyp – Frankreich im Vergleich, Göttingen 1999, bes. S. 40-57, 386-411.

Noch schwieriger war die Anwendung jenes Prinzips in der »äußeren«, d. h. internationalen Dimension, die in gewissen Fällen die Aufgabe besetzter Gebiete seitens der Großmächte und auf jeden Fall ihren Verzicht auf jede Form der Einmischung in die Entwicklung der inneren Angelegenheiten der anderen Staaten mit sich gebracht hätte.[53]

Vom verfassungsgeschichtlichen Standpunkt aus stellte die Beteiligung der Bürger am Prozess der Festlegung jener Maßnahmen, die in konstanter und geregelter Weise einer den Ansprüchen und Bedürfnissen der Gesellschaft entsprechenden Gesetzgebung dienen sollten, die Ebene der direktesten Wirksamkeit der individuellen Freiheit dar. In der bürgerlichen Zwischenschicht, die hinsichtlich der Kriterien der alten Ständegesellschaft völlig neu war, brachte man zwischen dem 18. und 19. Jahrhundert als Begleiterscheinung der industriellen und Handelsrevolution den großen Wandel hervor. Dieser vollzog sich über die drei Säulen des sich schnell entwickelnden liberalen Individualismus, der tiefgründigen und raschen Fortentwicklung der sog. Zivilgesellschaft in bürgerlichem Sinne und der zunehmenden Reformaufgaben, die der Staat folglich auf sich nehmen musste. Zwei Gesichtspunkte des Verfassungsdenkens traten dabei in den Vordergrund: Der erste Aspekt berührt das Verhältnis zwischen monarchischer Gewalt und Volksrepräsentation; der zweite beruht innerhalb Letzterer auf der Beziehung zwischen dem Freiheits- und Gleichheitsprinzip.

Das nicht zu beseitigende Ergebnis der amerikanischen und französischen Revolutionsereignisse der zweiten Hälfte des 18. Jahrhunderts war die definitive Infragestellung des monarchischen Absolutismus und der anhaltenden, aber am Ende als unerträglich empfundenen Vorherrschaft der Exekutiv- über die Legislativfunktion gewesen. Ermöglicht wurde solch ein Ergebnis durch den Anspruch der gesellschaftlichen Kräfte auf Machtbeteiligung und auf Teilhabe am Gesetzgebungsprozess, im mehr oder weniger abgesprochenen Verhältnis zum Monarchen. Einerseits bildete die Französische Revolution, andererseits die englische Verfassungserfahrung die Voraussetzung für die Entwicklung nach 1815; doch auch der Bezug auf die im legitimistischen Sinne rigiden restaurativen Kriterien des Wiener Kongresses war unvermeidlich. Insbesondere das Talleyrandsche Legitimitätsprinzip kollidierte mit dem parlamentarischen Anspruch auf selbstständige Gesetzgebung.[54] Der französische Fall war insofern emblematisch, als dass er die Heimkehr der Bourbonen (eben das Legitimi-

---

53 Volker Sellin, Restauration et légitimité en 1814, in: Francia 26 (1999), H. 2, S. 115-129; ein bedeutender weiterer Schritt wird dadurch vollzogen, dass die Legitimität der Regierungen auf dem Volksinteresse beruht, da nur die legitimen Regierungen stabil sein können (ebd., S. 118). Es ist klar, dass Argumente dieser Art der Hauptsorge der Sieger entsprangen, Europa eine dauerhafte Ordnung zu verleihen: Auf diese Weise konnte die Legitimität zum Leitbegriff der Heiligen Allianz aufsteigen.

54 Nach Talleyrand sollte die Rückkehr der Bourbonen nach Frankreich den Präzedenzfall für die Rückkehr anderer legitimer Souveräne in andere Teile Europas (insbesondere Sachsen, Polen und Neapel) schaffen. Vgl. Sellin, Revolution (wie Fn. 20), S. 289: »Die Errichtung des neuen Regimes

tätsprinzip) mit der Annahme einer Verfassung verknüpfte (die unvermeidlicherweise mit den revolutionären Prinzipien verbunden war und daher auch im Zusammenhang mit der modernen Vorstellung über die Legislativgewalt stand). Dem Senat, der einen eigenen Verfassungsentwurf vorgelegt hatte, setzte Ludwig XVIII. prompt seinen Willen zur selbstständigen Übernahme der verfassungsgebenden Funktion entgegen, indem er eine *Charte* ausarbeiten ließ, die sich zwar kaum vom parlamentarischen Verfassungsvorschlag unterschied, aber dennoch auf feierliche Weise bekräftigte, dass die verfassungsgebende Gewalt nur beim König liegen konnte.[55] Somit entstand in kurzer Zeit ein relativ liberaler Verfassungstext, der den Weg zum Frieden öffnete, indem er den Versuch des Senats, die Zurückberufung des Königs auf den Thron auf revolutionäre Weise zu legitimieren, mit dem Anspruch des Letzteren kombinierte, seine Rückkehr durch eigenes und traditionelles Recht zu legitimieren.[56] Knapp zusammenfassend lässt sich feststellen, dass es sich dabei um eine Art Vorwirkung des Wiener Kongresses insgesamt handelte, gemäß einer Rezeptur, die nach dessen Ende auf alle Fragen der Restauration angewandt wurde, die sich in den verschiedenen betroffenen Teilen Europas stellten.

Wenn das Grundproblem in der Legislativgewalt bestand, musste seine Lösung nach Auffassung Talleyrands weiterhin der wiederkehrenden Eskamotage des »Geistes der Zeiten« überlassen werden:

»Mais quelque légitime que soit un pouvoir, son exercice doit varier selon les objets auxquels il s'applique, selon les temps et selon les lieux. Or, l'esprit des temps où nous vivons exige que, dans les grands États civilisés, le pouvoir suprême ne s'exerce qu'avec le concours de corps tirés du sein de la société qu'il gouverne.«[57]

---

in Frankreich ermöglichte den Abschluß des Friedens mit der Kriegskoalition gegen Napoleon und schuf damit zugleich die Voraussetzung für die Neuordnung Europas auf dem Wiener Kongreß.«

55 Sellin unterstreicht die zentrale Bedeutung des Problems der »verfassungsgebenden Gewalt« ebd., S. 228: »Mit der Erklärung von Saint-Ouen bekannte sich Ludwig also zur konstitutionellen Monarchie. Er wollte die Verfassung des Senats vom 6. April zwar nicht einfach übernehmen, aber wesentliche Bestimmungen dieser Verfassung wollte er aufrechterhalten. Damit war die Aufgabe einer Verfassungsrevision oder einer Verfassungsneuschöpfung gestellt.« Die angesprochene Erklärung von Saint-Ouen findet sich in CD-ROM-2, Dok.-Nr. 3.8.1 (frz.)/3.8.2 (dt.) (Erklärung Ludwigs XVIII. v. 2.5.1814).

56 Pierre Simon, L'élaboration de la Charte constitutionnelle de 1814 (1er Avril – 4 juin 1814), Paris 1906; Sellin, Revolution (wie Fn. 20), S. 268, vertritt unter Verweis auf Beugnots *Rapport au Roi sur la forme de la promulgation de la Charte constitutionnelle* vom 2.6.1814 die Auffassung, dass die auf diese Weise verkündete Charte bedeutete, »die Revolution in der Monarchie aufgehen zu lassen«.

57 Talleyrand (Rapport au Roi pendant son voyage de Gand à Paris, Juni 1815) zit. nach Ferrero, Reconstruction (wie Fn. 25), S. 60; siehe zu dieser Auffassung auch Sellin, Revolution (wie Fn. 20), S. 284. Vgl. weiterhin Pölitz, Staatensysteme (wie Fn. 16), S. 5 und CD-ROM-2, Dok.-Nr. 1.2.24 (wie Fn. 16): »Deshalb mußte im innern Staatsleben der gebildeten und gesitteten Völker, an die

Dies spiegelte auch die Tatsache wider, dass mit der Revolution und noch mehr mit Napoleon die alten ständischen Gewalten großenteils überwunden worden waren. Sie wurden durch neue gesellschaftliche Kräfte ersetzt, welche eine verfassungsmäßige Regelung just über die Frage der Repräsentation einforderten und diese unvermeidbarerweise auch bald erhalten sollten. In den drei auf den Sturz Napoleons folgenden Jahrzehnten, die unseren Betrachtungszeitraum bilden, vollzog sich in ganz Europa eine kräftige Bewegung in diese Richtung, und zwar nach zwei Modellen. Das erste war das amerikanische Modell und das von Emmanuel Joseph Sieyès (1748–1836), wonach die verfassungsgebende Gewalt in der Nation ruhte; das zweite war das Modell von Charles-Maurice de Talleyrand-Périgord (1754–1838) und des Wiener Kongresses, das jene Gewalt von oben herabsteigen ließ, da sie nur in den Händen des legitimen Souveräns liegen konnte, dessen Pflichten aber die Anpassung der Institutionen an die Bedürfnisse der Zeit einschlossen. In beiden Fällen bildete der Rückgriff auf den Verfassungstext ein so häufig eingesetztes Mittel, dass diesbezüglich oft von zwei unterschiedlichen Wegen zum Konstitutionalismus gesprochen worden ist: eines revolutionären und eines restaurativen Typs. Letztlich gab es nur einen Weg, wenn auch mit verschiedenen Varianten. Die Einzigartigkeit des Verlaufs hängt mit dem vorwiegend monarchischen Charakter des postnapoleonischen europäischen Konstitutionalismus zusammen. Damit ist nicht allein der Tatbestand angesprochen, dass die in Europa vorherrschende Staatsform die Monarchie war, sondern es soll vor allem der Umstand betont werden, dass in dieser ersten Phase die Hauptsorge darauf gerichtet war, dem monarchischen Institut seinen Raum zurückzugeben, nachdem es von der doppelten (amerikanischen und französischen) Revolution schwer bedroht und von Talleyrand dank des Legitimitätsprinzips auf geniale Weise zurückgewonnen worden war. Damit sind wir bei der Untersuchung des Gegenmittels, das auf konstitutioneller Ebene die monarchische Restauration abmilderte, indem es sie in die Richtung des authentischen Konstitutionalismus zwang, die dem Zeitgeist gemäß in der Begleitung und Unterstützung der neuen gesellschaftlichen Kräfte bestand.[58]

Nach Frankreich bildete Deutschland den Ort, an dem das Thema der Repräsentation seine beinahe schulmäßige konstitutionelle Anwendung fand. Das geschah

---

Stelle der Willkühr, die feierlich ausgesprochen und durch Verfassungsurkunden festbegründete Herrschaft des Rechts […] eintreten«; und Pölitz kommt zu dem Schluss: »Allein die europäische Menschheit des neunzehnten Jahrhunderts lebt, nach ihren Individuen und nach ihren Völkern, schneller, als die Vorzeit […].«

58 Sellin, Revolution (wie Fn. 20), S. 288. In der Präambel der Charte hatte Beugnot vermerken lassen: »[…] Wir waren, dem Beispiel Unserer Vorgänger gemäß, verpflichtet, die Auswirkungen der ständig wachsenden Fortschritte der Aufklärung, die neuen Verhältnisse, die jene Fortschritte in die Gesellschaft eingebracht, die Richtungen, die sich dem Geistesleben seit einem halben Jahrhundert eingeprägt haben, und die schwerwiegenden Veränderungen, die daraus erwachsen sind, abzuschätzen: Wir haben erkannt, daß der Wunsch Unserer Untertanen nach einer Verfassungsurkunde der Ausdruck eines echten Bedürfnisses war; […]«. CD-ROM-2, Dok.-Nr. 3.2.2 (Charte constitutionnelle v. 4.6.1814).

4 Konstitution und Recht – Die Legislativgewalt und das Bürgertum

gemäß der in den Sitzungsräumen des Wiener Kongresses ausgearbeiteten und auf die neue und ziemlich abstrakte politische Figur des Deutschen Bundes angewandten Lösung. In Artikel 57 der ihn betreffenden Wiener Schlussakte vom 15. Mai 1820 (die ihn als »einen völkerrechtlichen Verein der deutschen souveränen Fürsten und freien Städte« definiert) wird das »monarchische Prinzip« kodifiziert, von dem bereits mehrfach die Rede war.[59] Es hatte seine Vorläufer sowohl in der bayerischen Verfassung vom 26. Mai 1818 als auch bereits in der Präambel der *Charte* Ludwigs XVIII. von 1814.[60] Infolge der Karlsbader Beschlüsse der deutschen Fürsten vom August 1819 und der Wiener Ministerialkonferenzen von 1819/20 wurde die am 15. Mai 1820 angenommene Schlussvereinbarung nach ihrer Bekanntgabe in Frankfurt »allgemeines Gesetz des teutschen Staatenbundes«. Letzterer wurde dabei als europäische Einrichtung verstanden: d. h. in gänzlich internationalem Sinne als Gesamtheit autonomer und souveräner Staaten, die an der inneren und äußeren Sicherheit Deutschlands interessiert waren.[61]

Im Innern war das Übungsfeld des monarchischen Prinzips hingegen die gesetzgebende Gewalt, die wir bereits direkt in die Verwirklichung jenes ursprünglich revolutionären Freiheitsprinzips eingebunden sahen, das sich dann als so wirkungsmächtig erwies.[62] Das Thema, das bis heute Gegenstand verfassungsgeschichtlicher Studien ist, war bereits direkt von einem der wichtigsten Theoretiker der Zeit, Robert von Mohl (1799–1875), behandelt worden. Er legte 1841 eine »Geschichte der Rechtsgesetzgebung während der ersten 25 Regierungsjahre König Wilhelms« vor. 1821 hatte er unter der Leitung Eduard Schraders sogar mit einer Dissertation über »Discrimen ordinum provincialium et constitutionis repraesentativae« promoviert, die mit folgenden Worten beginnt:

»Sex jam abhinc annis constitutum est in articulo XIII instrumenti foederis Germanici, ut omnes civitates foederatae ad constitutionis normam regantur. Quare nunc non erit nimia festinatio circumspicere in Germania et videre, quomodo obtemperatum sit huic legi [...].«[63]

---

59 CD-ROM-2, Dok.-Nr. 11.1.2.2 (Wiener Schlussakte v. 15.5.1820), Art. 1, 57.
60 CD-ROM-2, Dok.-Nr. 11.2.2.1 (Verfassung Bayerns v. 26.5.1818), Tit. II, § 1; Dok.-Nr. 3.2.1 (frz.)/3.2.2 (dt.) (Charte constitutionnelle v. 4.6.1814).
61 Vgl. Johann Christian Freiherr von Aretin, Staatsrecht der constitutionellen Monarchie, hg. v. Karl von Rotteck, Leipzig 2. Aufl. 1838 (Erstaufl. Altenburg 1824); siehe auch die Auszüge in CD-ROM-2, Dok.-Nr. 1.2.22.
62 Für den allgemeinen Begriff der Revolution sei auf Maurizio Ricciardi, Rivoluzione, Bologna 2001, verwiesen.
63 Robert von Mohl, Discrimen ordinum provincialium et constitutionis repraesentativae, Tübingen 1821; ders., Geschichte der Rechtsgesetzgebung während der ersten 25 Regierungsjahre König Wilhelms, in: Festschrift zu der Jubelfeier der 25jährigen Regierung Seiner Majestät des Königs Wilhelm von Württemberg. Ausgegeben auf den 30. Oktober 1841 (= Monatsschrift für die Justizpflege in Württemberg, Außerordentliches Beilagenheft), Ludwigsburg 1841, S. 5-83. Zu Ro-

Auch der bereits mehrfach zitierte Pölitz schreibt dem Triumph des Rechts auf Erden nach dem Untergang des napoleonischen Reiches das Hauptverdienst für den grenzenlosen Fortschritt des Menschengeschlechts und auch des Staates zu, »weil jeder Staat einen in sich abgeschlossenen und zum Bürgerthume vereinigten Theil des menschlichen Geschlechts in sich enthält«. Das Problem der souveränen Gewalt umreißt er folgendermaßen:

> »Dies ist kein Staatsvertrag nach Hobbes Werk *De cive*, oder nach Rousseaus *Contrat social*, oder nach Hallers *Restauration der Staatswissenschaft*; wohl aber ein Staatsvertrag, für welchen die aufgeklärte Vernunft und das reine Gewissen der edlen Fürsten selbst spricht. Bei solchem Vertrage stehen die Throne fest, und das Recht herrscht in der Mitte eines freien, fortschreitenden Volkes«.[64]

Es handelt sich um das »constitutionelle Leben, nach seinen Formen und Bedingungen«, das auf einer geschriebenen Verfassung gründet, in der die »politische Reife und Mündigkeit der Völker« kodifiziert wird.[65] Letztere findet in der »Art und Weise der

---

bert von Mohls Verfassungsdenken siehe auch CD-ROM-2, Dok.-Nr. 1.2.58 (Robert von Mohl über die Repräsentativsysteme in England, Frankreich und Deutschland v. 1846) und die Angaben in Fn. 71.

64 Es handelt sich um das »System der Reformen«, das viel besser als die beiden anderen Systeme (respektive »der Revolution« und »der Reaction«) sei; vgl. Karl Heinrich Ludwig Pölitz, Die drei politischen Systeme der neuern Zeit nach ihrer Verschiedenheit in den wichtigsten Dogmen des Staatsrechts und der Staatskunst, Leipzig 1829, wo er auf S. 7 die Werke zweier zeitgenössischer Theoretiker zitiert: Friedrich Ancillon, Zur Vermittlung der Extreme in den Meinungen, und Sylvester Jordan, Versuche über allgemeines Staatsrecht in systematischer Ordnung und mit Bezugnahme auf Politik, die beide 1828 erschienen. Vgl. mit kritischerer, durchaus reaktionärerer Ausrichtung, jedoch immer noch im Rahmen der zeitgenössischen Erörterung der Staatswissenschaften, das Werk von Adam Müller, Von der Nothwendigkeit einer theologischen Grundlage der gesammten Staatswissenschaften und der Staatswirthschaft insbesondere, Leipzig 1819, das mit einem interessanten etymologischen und inhaltlichen Überblick des Begriffes Staat (status, état) beginnt (S. 1-4). Nützlich wäre ein Vergleich (der allerdings eher der politischen Philosophie als der Geschichte des Verfassungsdenkens zusteht) mit den Überlegungen zum Staat, die zwei Jahre später von Hegel in den »Grundlinien der Philosophie des Rechts«, §§ 257-258, angestellt werden: »Der Staat ist die Wirklichkeit der sittlichen Idee [...]. Der Staat ist als die Wirklichkeit des substantiellen Willens [...] das an und für sich Vernünftige.« Zu Hegel – der nicht Teil dieser Vorstellung des Verfassungsdenkens des frühen 19. Jahrhunderts ist – vgl. im hier angesprochenen Sinne Emanuele Cafagna, La libertà nel mondo. Etica e scienza dello Stato nei »Lineamenti di filosofia del diritto« di Hegel, Bologna 1998.

65 Pölitz, Leben (wie Fn. 21), S. IV (Vorwort); zur nachfolgenden »Geschichtlichen Einleitung« (S. 1-10) siehe CD-ROM-2, Dok.-Nr. 1.2.29. Der vollständige Titel des durch Pölitz zitierten Werkes Karl Ludwig von Hallers lautet: Restauration der Staatswissenschaft oder Theorie des natürlich-geselligen Zustands, der Chimäre des künstlich-bürgerlichen entgegengesetzt, Winterthur 2. Aufl. 1832; es enthält eine Lobeshymne auf den natürlichen Ursprung aller menschlichen und politischen Vereinigungen und folglich auch des Staates, für die demnach die Suche nach anderen rechtlichen Grundlagen (wie eben zum Beispiel die moderne Konstitution) unnütz ist.

Vertretung« ihren Ausdruck, je nachdem ob diese »nach dem repräsentativen System oder nach dem ständischen oder nach dem – die Mitte zwischen beiden haltenden – Systeme der anerkannten staatsbürgerlichen Hauptinteressen« erfolgt. Bei Letzterem handelt es sich um das relativ beste System, da es mit Reformen und einem Zweikammerparlament verbunden ist. Auf diese Weise findet das Verhältnis zwischen Monarch und Volk bezüglich der gesetzgebenden Gewalt seine Lösung.

5 Verfassung und Politik – Die Staatswissenschaft

Wie bereits der Titel seines Buches sagt, bildet die Modernität der »Politik« auch das zentrale Thema für Friedrich Christoph Dahlmann (1785–1860). Diese Modernität knüpfte er ganz entschieden an die Neuerung der Konstitution. Die Einigkeit des »neueren Europa« stelle sich her auf der Grundlage des englischen Modells, nach dem »alle neueuropäischen Staaten streben«. Dahlmann bewunderte die englische Verfassungsgeschichte, wie es bereits in seiner deutschen Übersetzung von De Lolmes *Constitutional History* zum Ausdruck gekommen war.[66] In Übereinstimmung mit seiner politisch-institutionellen Orientierung war Dahlmann 1837 auch in die Episode der »Göttinger Sieben« verwickelt, einen der politisch zugespitzten Momente des Vormärz, ein klares Symptom für den Anstieg der Spannungen zwischen den liberalen Kräften und dem eher repressiven Deutschen Bund. Dahlmann selbst schrieb aus diesem Anlass:

»Kann eine Landesverfassung vor den Augen des Bundes wie ein Spielzeug zerbrochen werden, eine Verfassung, von der es unmöglich ist zu leugnen, dass sie in anerkannter Wirksamkeit bestanden hat, dann ist über Deutschlands nächste Zukunft entschieden, aber auch über die Zukunft, die dieser folgen wird.«[67]

---

66 Die Zitate stammen aus: Friedrich Christoph Dahlmann, Ein Wort über Verfassung (1815), in: CD-ROM-2, Dok.-Nr. 1.2.4. Das größere Werk Dahlmanns ist: ders., Die Politik, auf den Grund und das Maaß der ergegebenen Zustände zurückgeführt, Bd. 1: Staatsverfassung, Volksbildung, Göttingen 1835; Auszüge in: CD-ROM-2, Dok.-Nr. 1.2.40. Bei der angesprochenen Übersetzung handelt es sich um: J. L. de Lolme, Die Verfassung von England dargestellt und mit der republikanischen Form und mit andern europäischen Monarchien verglichen. Nach der Ausgabe letzter Hand zum ersten Mahle ins Deutsche übersetzt, Altona 1819; vgl. hierzu Dahlmanns Vorrede, in: CD-ROM-2, Dok.-Nr. 1.2.13. Für seine kleineren Texte siehe ders., Kleine Schriften und Reden, hg. v. C. Varrentrapp, Stuttgart 1886.
67 Vertheidigung des Staatsgrundgesetzes für das Königreich Hannover, hg. von F. C. Dahlmann, Jena 1838. Siehe auch das Vorw. Dahlmanns zu: Eduard Albrecht, Die Protestation und Entlassung der sieben Göttinger Professoren, Leipzig 1838, in: CD-ROM-2, Dok.-Nr. 1.2.46. Zum durch die sieben Professoren der Göttinger Universität ausgelösten Vorfall vgl. Klaus von See, Die Göttinger Sieben. Kritik einer Legende, Heidelberg 2. Aufl. 1977; Gerhard Dilcher, Der Protest der Göttinger Sieben. Zur Rolle von Recht und Ethik, Politik und Geschichte im Hannoverschen Verfassungskonflikt, Hannover 1988.

Als Vertreter des deutschen Frühliberalismus weist Dahlmann bereits die Grundzüge dessen auf, was dann im späteren 19. Jahrhundert die große Schule des Liberalismus ausmachen wird: die Fähigkeit zur theoretischen Ausarbeitung der Ideale der neuen Zeiten und der neuen Subjekte; das pragmatische Geschick bei der Umsetzung konkreter Ziele, die das Zusammenleben betreffen; das Engagement für die Reform der Institutionen unter ausführlichem Rückgriff auf die immer artikulierteren und vollkommeneren Instrumentarien, welche die sich in Entwicklung befindlichen Staatswissenschaften (Recht, Ökonomie, Soziologie) anbieten[68]: die Politik als kulturelle und wissenschaftliche Projektion des institutionellen Raums, in dem die in Gemeinschaft verbundenen Individuen ihrer freien Tätigkeit nachgehen; folglich die Politik als reflektiertes und bewusstes Ergebnis des historischen Zusammenspiels zwischen Staat und Konstitution; schließlich die Politik als Reich des Möglichen, als Reich dessen, was die Menschen tun können, um sich Regeln zu geben und das Zusammenleben zu fördern – mittels der Konstitution und mittels einer dauerhaften und dialektischen Beziehung zwischen der Konstitution und dem Staat. »Was dem Staate seinen Werth und seine Eigenthümlichkeit giebt, soll in der Verfassung vollständig zu Worte kommen. Dieß ist die Aufgabe.«[69] Und an anderer Stelle: »Dem Staate geht kein Naturzustand voran, der von blinden Trieben und vernunftlosen Menschen handelt. Der Naturzustand des Menschen ist, Vernunft zu besitzen, ein Über und ein Unter sich zu unterscheiden.«[70]

Den Staat gibt es von Anfang an, doch die historische Aufgabe der Menschheit besteht darin, die Staatlichkeit im Bewusstsein von Volk und Individuum wachsen zu lassen. Dies erfolgt historisch auf den beiden Ebenen der Konstitution (die die Einheit im Staat bildet und sich daher leichter darstellen lässt) und der Verwaltung (die sich dagegen auf verschiedenen Feldern entfaltet und daher mit der allmählichen Zunahme der Staatsaufgaben eine komplexere Beschreibung erfordert). Dieser bedeutende Beitrag Dahlmanns zur Geschichte des deutschen Verfassungsdenkens steht am Anfang einer Denkrichtung, die sich später im Konzept des Rechtsstaates verfestigen wird, das – weit über seine ursprünglichen Inhalte in der deutschen Rechtslehre des 19. Jahrhunderts hinaus[71] – zum Leitinstrument für den Widerstand gegen den Tota-

---

68 W. P. Bürklin/W. Kaltefleiter (Hg.), Freiheit verpflichtet. Gedanken zum 200. Geburtstag von Friedrich Christoph Dahlmann (13.5.1985), Kiel 1985.
69 CD-ROM-2, Dok.-Nr. 1.2.4 (wie Fn. 66).
70 Dahlmann, Politik (wie Fn. 66), S. 3.
71 Vgl. als exemplarische zeitgenössische Stimme: Robert von Mohl, Die Polizei-Wissenschaft nach den Grundsätzen des Rechtsstaates, Tübingen 1832; Auszüge in: CD-ROM-2, Dok.-Nr. 1.2.31. Unter der gegenwärtigen Literatur siehe: Roman Herzog, Die Grundlagen der Lehre vom Rechtsstaat, in T. Maunz/G. Dürig (Hg.), Grundgesetz, Art. 20, München 1980, S. 257-266; Philip Kunig, Das Rechtsstaatsprinzip. Überlegungen zu seiner Bedeutung für das Verfassungsrecht der Bundesrepublik Deutschland, Tübingen 1986; Michael Stolleis, Art. Rechtsstaat, in HRG 4 (1990), S. 367-375; Ernst-Wolfgang Böckenförde, Entstehung und Wandel des Rechtsstaatsbegriffs, in: ders., Recht, Staat, Freiheit. Studien zur Staatstheorie und zum Verfassungsrecht, Frank-

litarismus und für die Neubegründung des Konstitutionalismus im 20. Jahrhundert und bis in unsere Gegenwart hinein werden wird.

Von ähnlich großer Bedeutung war Karl von Rotteck, der dem Rechtsstaat beinahe das gesamte Vorwort zum »Staats-Lexikon« widmete, das er gemeinsam mit Karl Welcker ab 1834 herausgab.[72] Auch Rotteck ging von der neuen Staatswissenschaft aus, die er als »umfassende Lehre der dem Rechts- oder Vernunftstaat gesetzten Aufgaben« verstand. Ihr Zweck bestünde darin, den

> »Inhabern der Staatsgewalt einen Weg vor[zu]zeichnen, und Mittel dar[zu]bieten zur wirksamsten und heilbringendsten *Beförderung* aller vernünftigen, humanen und bürgerlichen Zwecke; [...] d. h. also, sie [»die *Neuzeit*«, die »solche ächte Staatswissenschaft« hervorbringt; Anm. d. Verf.] hat den Beruf in sich, für die *Verfassung* und für die Verwaltung der Staaten diejenigen Grundsätze aufzustellen und geltend zu machen, welche der *Vernunftidee* vom Staat, d. i. vom *Rechtsstaat* wahrhaft entsprechend sind.«[73]

Die Legislativgewalt stellte sich also als die Synthese recht unterschiedlicher Entwicklungslinien des europäischen Konstitutionalismus in der ersten Hälfte des 19. Jahrhunderts dar: zuerst als Damm gegen die restaurierte Monarchie, indem sie Ausdruck der Volkssouveränität war; dann als Organ, das beauftragt war, jenes Recht hervorzubringen, ohne das auch der Konstitutionalismus nicht in die Praxis umzusetzen war; schließlich als Zentrum eines Repräsentativsystems, das den Interessen derjenigen sozialen Kraft – des Bürgertums – entsprach, welche sich gerade dank des Konstitutio-

---

furt a. M. 1991, S. 65-92; ders., Art. Rechtsstaat, in: Historisches Wörterbuch der Philosophie, Bd. 8 (1992), Sp. 332-342; Maurizio Fioravanti, Lo Stato di diritto come forma di Stato. Notazioni preliminari sulla tradizione europeo-continentale, in: ders., Scienza (wie Fn. 6), Bd. 2, S. 855-869.

72 C. Rotteck/C. Welcker (Hg.), Staats-Lexikon oder Encyklopädie der Staatswissenschaften in Verbindung mit vielen der angesehnsten Publicisten Deutschlands, 15 Bde., Altona 1834–1843. Eine für unsere Zwecke sehr nützliche Anthologie stammt von H. Klenner (Hg.), Rechtsphilosophie bei Rotteck/Welcker. Texte aus dem Staats-Lexikon 1834–1847, Freiburg/Berlin 1994.

73 CD-ROM-2, Dok.-Nr. 1.2.35 (Karl von Rotteck, Vorwort zum Staats-Lexikon v. 1834). Es ist nicht schwierig, den Zusammenhang zwischen Überlegungen dieser Art und denen zu erkennen, die uns bereits bei Pölitz begegneten. Dies wird indirekt bestätigt durch Friedrich Bülaus Meinung über die Staatswissenschaft, der die »Jahrbücher« von Pölitz fortsetzte und darin u. a. schrieb, dass die Staatswissenschaft »[...] ein Suchen, ein Untersuchen, ein Prüfen und Forschen; ein Befragen der Geschichte und des Lebens; ein Eindringen in Verhältnisse, Darstellen und Hervorheben derselben« sei, und hinzufügte: »Die Staatswissenschaft hat sehr darunter gelitten, daß sie, besonders in Teutschland, bald von der Philosophie, bald von der Jurisprudenz beherrscht ward. Sie hat ihr eigenes Fundament: den Staat und sein Wesen.« Friedrich Bülau, Aphorismen über Staatswissenschaft, in: Neue Jahrbücher der Geschichte und Politik 2.2 (1839), S. 268-272, hier S. 271 f. Vgl. allgemein zum Verfassungsdenken Bülaus auch CD-ROM-2, Dok.-Nr. 1.2.54 (Friedrich Bülau über den englischen, französischen und deutschen Verfassungsstaat v. 1843) und Dok.-Nr. 1.2.55 (Friedrich Bülau über die Konstitution v. 1843).

nalismus anschickte, die Hegemonie zu erlangen. Aus der Gesamtheit der bisher angesprochenen Themen ergibt sich die Konkretheit des hier behandelten Verfassungsdenkens; es zeigt sich, dass Letzteres nicht auf eine reine Aufzählung theoretischer oder doktrinärer Beiträge zu den klassischen Themen des Liberalismus (Individuum, Freiheit, Rechte, Gewaltenteilung usw.) reduziert werden darf.

Die Konstitution – ein wahrhaft epochaler Einschnitt in der europäischen Verfassungsgeschichte: ein Wendepunkt, der nur vergleichbar ist mit der Schöpfung des »(modernen) Staates« zu Beginn der Neuzeit und noch davor mit der Erfindung (oder Entdeckung bzw. Wiederentdeckung) der Politik im Hochmittelalter – war das synthetische Ergebnis einer Reihe von Bedürfnissen, Zielen und Notwendigkeiten, die in ihrer Widersprüchlichkeit die Zeit zwischen der Mitte des 18. und der Mitte des 19. Jahrhunderts kennzeichneten (die auch den Beginn der »Zeit-Geschichte« bildet).[74] Nachdem es durch den amerikanischen Unabhängigkeitskrieg und die Französische Revolution in Umlauf gebracht worden war, rettete sich das Instrument der Verfassung vor der postrevolutionären Reaktion, indem es sich als flexibles und unverzichtbares Werkzeug geschickt behauptete zwischen der Notwendigkeit eines Schlussstrichs gegenüber dem Ancien Régime bzw. Alteuropa einerseits und dem Bedürfnis nach Bewahrung gefestigter politischer und sozialer Positionen andererseits, auch wenn diese unter der Perspektive einer wirtschaftlichen und gesellschaftlichen Entwicklung und Veränderung standen. Bei der Rückgewinnung der Monarchie gab man indessen zugleich der neuen Dimension der Menschen- und Bürgerrechte Raum. Die Operation wäre erfolglos geblieben, wenn sie sich nicht auf feste und gut etablierte gesellschaftliche Formationen gestützt hätte. Neben Adel und Monarchie (der – wie wiederholt gesehen – eigentlichen Stütze des auf dem Wiener Kongress entwickelten Legitimationsprogramms) stiegen neue bürgerliche Schichten auf, die mit zusätzlicher legitimatorischer Macht ausgestattet waren, welche nicht der Tradition, sondern dem Zeitgeist entsprang. Dieser wehte nunmehr in Richtung *Performance*, nicht nur im ökonomischen, sondern auch im sozialen und kulturellen Sinne.[75]

Am Zusammenfluss dieser beiden großen Strömungen befand sich die Mühle der Legislative als eigentliche Vermittlungsinstanz der konstitutionellen und bürgerli-

---

74 Im Sinne der Periodisierung der französischen und italienischen Geschichtswissenschaft, in der sich das neue Zeitalter der »storia contemporanea« eben durch die Entdeckung der Zeit auszeichnet, nach welcher der Mensch fortan seine Leistung und Produktivität auszurichten hat. In der deutschen Geschichtswissenschaft klingt dieser Sachverhalt im Koselleckschen Begriff der »Sattelzeit« an.

75 Ich möchte in diesem Zusammenhang die Rolle des *Code civil* in Frankreich in Erinnerung rufen, der nicht nur die Restauration und die revolutionären Bewegungen von 1830 und 1848 ohne Schwierigkeiten überstand (vgl. Gianfranco Liberati, Introduzione, in: Franz Wieacker, Diritto privato e società industriale, Napoli 1974, S. XVI), sondern beinahe zur Bibel der Julimonarchie avancierte und das Ergebnis der gesamten Entwicklung der französischen Gesellschaft darstellte, insofern diese das Bürgertum erzeugt und an die Macht gebracht hatte (vgl. Georges Lefebvre, Napoleone, Bari 1971, S. 162-164).

chen Epoche; dies betrifft sowohl die staatliche Eingriffsfähigkeit gegenüber der sich wandelnden Gesellschaft als auch die Flexibilität dieser Gesellschaft sowie den Grad und die Art der Partizipation an ihrer Dynamik seitens der neuen, direkt betroffenen Subjekte.

Aus diesem Prozess war seit dem Ende des 17. Jahrhunderts der englische Konstitutionalismus entstanden, um dann für das ganze nachfolgende Jahrhundert das europäische Bezugsmodell darzustellen; und ebenfalls in England vollzog man den Übergang zur reifen Phase des Konstitutionalismus (also zunächst in Europa selbst, zudem auf dem großen amerikanischen Kontinent, wie der Erfolg Jeremy Benthams beweisen sollte) während der ersten Hälfte des 19. Jahrhunderts.[76] Walter Bagehot ist in der Beschreibung der sozialen Ursachen für den während unserer Periode in England eingetretenen Wandel immer noch unübertroffen. Als besonders einprägsam erweist sich der von ihm gezeichnete Kontrast zwischen dem Vorher und dem Danach, zwischen dem Alten und dem Neuen, den er als einen Klassenunterschied und -konflikt deutet, der nicht nur ökonomische Inhalte hatte, sondern sich auch auf die Kommunikation und die gemeinsame Gesinnung bezog:

»Between the two classes there was a contrast which made the higher unintelligible to the lower, and the lower disagreable to the higher. Education, moreover, was diffusing itself. The political intelligence of the aristocratic classes was no longer so superior to that of other classes as it had formerly been.«

Die Schlussfolgerung ist lapidar und enthält noch heute eine basale verfassungsgeschichtliche Aussage:

»A constitution which was adapted to the England of 1700 must necessarily be unadapted to the England of 1832. Changes so momentous as there had been between those years in our society required and enforced an equivalent alteration in our polity.«[77]

Diese Worte finden ihre Bestätigung in der theoretischen Debatte, die sich in jenen entscheidenden Jahren in England abspielte, angefangen mit dem von Jeremy Bentham insbesondere in seinem »Constitutional Code« dargebotenen Beitrag.[78] Zwischen

---

76 Für eine Gesamtübersicht über die betreffenden Quellen vgl. Henry J. Hanham, The Nineteenth Century Constitution, 1815–1914. Documents and Commentary, Cambridge 1969 (insbes. Kap. 1, 4, 7).
77 Bagehot, History (wie Fn. 34), S. 21.
78 Ein letztes Spätwerk, das 1822 begonnen worden war und erst posthum veröffentlicht wurde: Jeremy Bentham, Constitutional Code. For the Use of All Nations and All Governments Professing Liberal Opinions, 3 Bde., London 1830–1841; ediert in: F. Rosen/J. H. Burns (Hg.), The Collected Works of Jeremy Bentham, Bd. 1: Constitutional Code, Oxford 1983. Vgl. auch das

dem traditionellen empirischen Ansatz der englischen Aufklärung und der aufkommenden Tendenz zu einem Positivismus Comte'scher Prägung hin- und herschwingend bot das Werk die Synthese der beiden Schlüsselthemen des individuellen (aber für die größtmögliche Personenzahl zu verwirklichenden) Glücks und der (mittels der »constitutional authority« auszuübenden) Volkssouveränität. Dieses Begriffspaar erlaubte eine unendliche Kombination von Anwendungen »for the use of All Nations and All Governments professing Liberal Opinions«, wie der Titel des ersten Bandes verhieß, der noch zu Lebzeiten Benthams erschien.[79] Auch wenn es nicht ganz den konkreten Problemen der Verfassungsreform in England entsprach, hatte das Werk Benthams dennoch einen sehr großen Einfluss auf den gesamten Konstitutionalismus des 19. Jahrhunderts, indem es die als »Benthamism« bezeichnete kulturelle Bewegung hervorrief, der eine enorme Aufmerksamkeit auf dem amerikanischen Kontinent und besonders in Südamerika zufiel.[80]

Bei der Einschätzung der Zentralität der Legislativgewalt im Verfassungsdenken des frühen 19. Jahrhunderts ist der durch Bentham zwischen den Hauptelementen seiner Politik hergestellte Zusammenhang zu betonen: Die »constitutive authority« ist Ausdruck des Volkswillens und ruht im Volk, in dialektischem Verhältnis zur »legislature«, die die allzuständige (aber nicht allmächtige) Gewalt des Parlaments (als des zentralen Staatsorgans, das auch über der Exekutive steht und als solches keinen Beschränkungen, jedoch Kontrollen unterworfen ist) darstellt.[81]

Die Bedeutung des »Konstitutionalisten« Bentham liegt nicht so sehr in der »liberalen« Tragweite seiner Vorschläge (in der er sicherlich von anderen Exponenten übertroffen wurde, die sich noch stärker an der neuen Tendenz orientierten), sondern in der Modernität der von ihm dargebotenen Methode zur Analyse und Diskussion des sozialen und politischen Systems (kurz: seines »Verfassungsdenkens«) begründet.

Vorwort Benthams, in: CD-ROM-2, Dok.-Nr. 1.2.26 (Jeremy Bentham, Vorwort zum »Constitutional Code« v. 1830). Für unsere Zwecke dienlich sind außerdem Frederick Rosen, Jeremy Bentham and Representative Democracy. A Study of the Constitutional Code, Oxford 1983; Benigno Pendas Garcia, J. Bentham: Politica y Derecho en los origines del Estado Constitucional, Madrid 1988.

79 Joaquin Varela Suanzes-Carpegna, Governo e partiti nel pensiero britannico (1690–1832), Milano 2007, S. 115.

80 Vgl. unter der älteren Literatur die klassischen Werke von Albert Venn Dicey, Lectures on the Relation Between Law & Public Opinion in England During the Nineteenth Century, London 2. Aufl. 1926 (der das Jahrhundert in drei Phasen unterteilt: »old Toryism or legislative quiescence, 1800–1830; benthamism or Individualism, 1825–1870; collectivism, 1865–1900«) und Leslie Stephen, The English Utilitarians, London 1900, bes. Kap. VI, S. 235 ff.: »Bentham's Doctrine: 1. First principles, 2. Springs of Action, 3. The Sanctions, 4. Criminal Law, 5. English Law, 6. Radicalism, 7. Individualism«. Zur komplexen und umstrittenen amerikanischen Rezeption siehe die Dissertation von Paola Rudan, Dalla costituzione al governo. Jeremy Bentham e le Americhe, Diss. phil. Universität Bologna 2007.

81 Rosen/Burns (Hg.), Collected Works (wie Fn. 78), Bd. 1, Kap. VI, S. 41 f. (Bentham, Constitutional Code).

5 Verfassung und Politik – Die Staatswissenschaft

In deren Zentrum steht kein formaler, sondern ein substanzieller Freiheitsbegriff, der sich konkret in der Presse- und Koalitionsfreiheit, im Freihandel und in länderübergreifender Freizügigkeit sowie in den Prinzipien des liberalen Rechtsstaates und der öffentlichen Meinung artikuliert und auf der Ablehnung jeder willkürlichen, despotischen und volksfeindlichen Regierung beruht. Daraus erklärt sich der Einfluss Benthams und des *Benthamism* auf die nachfolgende Entwicklung des Verfassungsdenkens, auch auf dessen »soziale« Richtung in der zweiten Hälfte des 19. Jahrhunderts. Dann treten die strukturellen Themen der Verfassung (Regierung und Parlament) in den Hintergrund, und es stellt sich das äußerst konfliktbeladene Problem der Verfassungsinhalte, bei denen es sich eigentlich um die Inhalte handelt, mit denen der neue Staat auszustatten ist: Und das Spannungsverhältnis zwischen diesen beiden grundlegenden Komponenten wird einen Ansatzpunkt für die Entstehung des Totalitarismus im 20. Jahrhundert liefern. Es geht um eine Vorstellung von Demokratie, die an den schrittweisen Charakter der Reform gebunden ist und nicht nur aus der Volksbeteiligung mittels Wahlrechtserweiterung, sondern auch aus dem Anspruch auf Freiheit und Sicherheit motiviert ist[82]; zugleich um eine Demokratie, die auf legislative Aktivierung abzielt, sodass man die *Benthamite Ideas* geradezu als »the Reform of Law« definieren konnte. Diese Definition entspricht einer Anschauung, die sich zusammenfassen lässt mit den Worten »Benthamism fell with the spirit of the time«, wenn auch in der vorherrschenden Aura des üblichen, mit Pragmatismus, Utilitarismus und gesundem Menschenverstand angereicherten englischen Konservativismus.[83]

In einer kulturellen Atmosphäre dieser Art wird das Zusammenwirken von Jeremy Benthams Ideen, dem *Benthamism* im eigentlichen Sinne, und den theoretischen, doktrinären, aber auch organisatorischen und praktischen Bestrebungen verständlich, die seit Beginn des Jahrhunderts das große Erwachen des politisch-institutionellen Systems Englands bis zur *Reform Bill* von 1832 und in gewissem Sinne noch bis zur Thronbesteigung Königin Viktorias begleiteten. Ich beziehe mich insbesondere auf

---

82 Frederick Rosen, The Origin of Liberal Utilitarianism: Jeremy Bentham and Liberty, in: R. Bellamy (Hg.), Victorian Liberalism. Nineteenth Century Political Thought and Practice, London 1990, S. 58-70, hier S. 64 ff. Für ein institutionelleres Bild der Reformepoche unter besonderer Berücksichtigung der Anfänge der Viktorianischen Zeit vgl. Woodward, Age (wie Fn. 41), auf den auch Stephen Conway, Bentham and the nineteenth century revolution in government, in: Bellamy (Hg.), Victorian Liberalism (wie oben), S. 71-90, hier S. 71 verweist, der das enorme Ausmaß der bereits zu Benthams Zeiten entstandenen sozialen Probleme zwischen den beiden Jahrhunderten betont, auf die dieser beständig mit kritischer Analyse der bestehenden Institutionen geantwortet habe.
83 Die Zitate entstammen Dicey, Lectures (wie Fn. 80), S. 133, 167. Auf S. 124 hatte er bereits geschrieben: »Utilitarian individualism, which for many years under the name of liberalism determined the trend of English legislation, was nothing but Benthamism modified by the experience, the prudence, or the timidity of practical politicians. The creation of this liberalism was the deathblow to old toryism, and closed the era of legislative stagnation.«

die »Edinburgh Review«[84] und die Chartistenbewegung[85]: beispielhafte Phänomene für eine politische Modernisierung des Staates. Deren Verlauf sollte um die Mitte des 19. Jahrhunderts zu einem neuen Verständnis des Konservativismus führen, das sich parallel zur utilitär-reformistischen Anschauung des Bentham'schen Lagers ausbildete. Unter diesem Aspekt sei auf die Einschätzung verwiesen, die John James Park (1795–1833) bei der Inkraftsetzung der *Reform Bill* abgab. Er erwartete sich davon eine wahre Revolution des englischen Systems, eine Krise des politischen Radikalismus und der *Whig*-Mentalität und eine kraftvolle Reprise der *Tories* als einer konservativen Kraft.[86]

6 Sozialer Wandel und politische Umgestaltung

Ein weiterer Konstitutionalist bewies in der ersten Hälfte des 19. Jahrhunderts einen Scharfsinn, dessen analytische Fruchtbarkeit sich dann in all ihrer Tragweite um die Jahrhundertmitte und danach zeigen sollte. Die Rede ist von Alexis de Tocqueville (1805–1859), der zusammen mit Bentham als einer der größten politischen Denker der liberalen Epoche anzusehen ist. Während er erst später, in seiner Schrift »L'Ancien Régime et la Révolution« (1856) die Momente des Bruchs und der Kontinuität in der historischen Entwicklung Europas zwischen dem 18. und 19. Jahrhundert zu

---

84 Fontana, Whigs and Liberals (wie Fn. 33); Francis Jeffrey, Contributions to the Edinburgh Review, 3 Bde., London 2. Aufl. 1846. Francis war im Zeitraum 1803–1829 der einzige Herausgeber der 1802 gegründeten Zeitschrift.

85 Dicey, Lectures (wie Fn. 80), S. 210: Unter vielem anderen ist die Chartistenbewegung, die auf die zweite Hälfte der 1830er- und die 1840er-Jahre zu datieren ist, der beste Beweis für den Gegensatz zwischen radikaler Anschauung und traditionellem Geist. Der Verfasser der *People's Charter* war William Lovett, außerdem Autor einer Schrift über »Chartism: a new Organization of the People«, der »das Volk«, hauptsächlich Arbeiter und Handwerker, gegen die Elite zu einigen versuchte. Die oppositionelle Bourgeoisie arbeitete mit der Volksbewegung teilweise und zeitweise zusammen. Ihr wichtigster Vertreter, Richard Cobden, führte die Agitation gegen das *Corn Law* an, die die Ärmsten in ihrem Kampf gegen das Elend mit Vertretern des reichen Bürgertums im Kampf gegen den (gerade vom *Corn Law* begünstigten) Landadel zu einer fragilen Allianz vereinigt sah.

86 John James Park, Four Lectures, being the first, tenth, eleventh, & thirteenth, of a course on the Theory & Practice of the Constitution, London 1832 (insbesondere die Abschnitte: A Conservative Reform; The Dogmas of the Constitution). Park hatte in Göttingen studiert, wo er das Interesse für den Vergleich zwischen theoretischen und praktischen Aspekten der Verfassung rezipiert hatte. Zugleich zählte er zu den vielen englischen Bewunderern von Auguste Comte, aus dessen »Système de politique positive« er im Frontispiz einen Leitspruch zitiert: »Les savants doivent aujourd'hui élever la politique au rang des sciences d'observation.« Vgl. zur zeitgleichen englischen Debatte über das Verhältnis von Kirche und Staat auch CD-ROM-2, Dok.-Nr. 1.2.25 (Peel über die katholische Emanzipation v. 8.2.1829), Dok.-Nr. 1.2.42 (William Ewart Gladstone über Kirche und Staat v. 1836) und Dok.-Nr. 1.2.49 (Thomas B. Macaulay über Kirche und Staat v. 1839).

erklären versuchen wird[87], erfasste er bereits im Intervall zwischen 1830 und 1848, das insbesondere für die französische Verfassungsgeschichte so bedeutend war, die große Umgestaltung, die sich damals – zunächst außerhalb des europäischen Kontinents – gerade vollzog: das Aufkommen der Demokratie. Man kann von seiner Anschauung der »revolutionären« Lage Englands ausgehen, die er in der 1833 unternommenen und vorgelegten »Voyage en Angleterre« wiedergab.[88] Die Vollendung des Diskurses erfolgte erst aufgrund einer anderen und viel anspruchsvolleren Reise, die ihn nach Nordamerika führte, um im Auftrag der französischen Regierung das dort geltende Strafvollzugssystem zu untersuchen. Unter dem uns hier interessierenden verfassungsgeschichtlichen Gesichtspunkt ist zu bemerken, dass das, was Tocqueville am meisten beschäftigte, weder die föderale Struktur war, die sich die Vereinigten Staaten gegeben hatten, noch die republikanische Form, die ihre Regierung trug. Vielmehr war er von der Art und Weise beeindruckt, in der die Grundsätze der Gleichheit und Freiheit, die so typisch für die europäische und insbesondere französische Erfahrung waren, in der US-amerikanischen Gesellschaft verwirklicht worden waren, um letztlich ein ganz neues politisches System hervorzubringen, das auch das Modell für die künftige Umgestaltung des Staates in Europa abgeben könnte.

Aber es könnte auch das Modell für dessen mögliche Degeneration bilden, wie Tocqueville sofort (und dann immer beharrlicher) meint, und zwar unter dem doppelten Gesichtspunkt sowohl des politischen Systems (für das er eine Entwicklung in tyrannischer Richtung voraussieht) als auch der menschlichen Verhältnisse (die sich in exzessiv individualistischem Sinne verschlechtern könnten).[89] Das zentrale Moment der Argumentation liegt in dem Widerspruch zwischen der Anerkennung der Überlegenheit, die der Mehrheit in der Demokratie zukommt, und der Notwendigkeit ihrer kontinuierlichen Beschränkung. Gewissermaßen handelt es sich um dasselbe Problem, über das das Ancien Régime in die Krise geraten war: einerseits die Legitimität der absoluten Gewalt des Königs, andererseits die Notwendigkeit ihrer weitest möglichen Begrenzung. Die monarchische Souveränität war nun – auf der Grundlage des Gleichheitsprinzips – durch jene des Volkes ersetzt worden, die sich durch den Willen der Mehrheit Ausdruck verschaffte. Es galt zu verstehen, wie dies geschehen war und wie man schließlich die Freiheit innerhalb einer egalitären Gesellschaft ga-

---

87 Vgl. zur Bedeutung und Anwendung dieser Schrift Tocquevilles in der neueren europäischen Verfassungsgeschichte Gerald Stourzh, From Vienna to Chicago and back. Essays on intellectual history and political thought in Europe and America, Chicago 2007, Teil 3: The Tocquevillian Moment. From hierarchical status to equal rights.
88 CD-ROM-2, Dok.-Nr. 1.2.34 (Bericht Alexis de Tocquevilles über seine Reise nach England v. 1833).
89 Für diesen letzten Gesichtspunkt ist vor allem relevant: Alexis de Tocqueville, De la Démocratie en Amérique, Teil 2, Paris 1840; siehe die Auszüge in CD-ROM-2, Dok.-Nr. 1.2.41. Vgl. auch Anton Marino Revedin, Tocqueville e Rousseau. Malinconia e utopia, Trieste 1992.

rantieren konnte.[90] Doch noch davor stellte sich das Problem, die Tragweite der Revolution nicht nur in der persönlichen Dimension (bekanntlich entgingen die Eltern Tocquevilles nur knapp der Guillotine), sondern gerade auch in der Mechanik ihrer Wiederkehr zu verstehen: nach 1789, 1830, dann 1848–1851.

In Teil 1 seiner »Démocratie« hatte Tocqueville ein Kapitel über die »Tyrannie de la majorité« aufgenommen, in dem er jene gewisse »Degeneration« des Staates andeutete, die zum Totalitarismus führen konnte:

> »Lors donc que je vois accorder le droit et la faculté de tout faire à une puissance quelconque, qu'on l'appelle peuple ou roi, démocratie ou aristocratie, qu'on l'exerce dans une monarchie ou dans une république, je dis: là est le germe de la tyrannie, et je cherche à aller vivre sous d'autres lois.«[91]

In Teil 2 der »Démocratie« ist das Bild allgemeiner und abstrakter, und es enthält bereits die melancholische Vision einer Utopie, die sich nicht zu verwirklichen weiß. 1848 wird sich bei Tocqueville die klare Überzeugung von der Relativität politischer Regierungssysteme zeigen. Dann wird er seine große geschichtliche Abhandlung »De l'Ancien Régime à la Révolution« vorlegen. Entlang dieses Entwicklungsweges lässt sich Tocqueville gut als einer der hauptsächlichen publizistischen Brückenbauer (im analytischen Sinne) zwischen Demokratie und Totalitarismus in der Geschichte des Verfassungsdenkens der neueren Zeit kennzeichnen. Ihm wird sich auf ebenbürtige Weise zwei oder drei Generationen später Max Weber (1864–1920) – und auf halber Strecke zwischen beiden Karl Marx (1818–1883) – zugesellen.

Der Hinweis auf die Vereinigten Staaten erlaubt schließlich die kurze Erwähnung zweier Streitfragen von großer Intensität, die jedoch hier bisher vernachlässigt wurden. Gemeint sind die Republik und die Föderation. Was Erstere betrifft, so versteht sich von selbst, dass bereits die Möglichkeit ihrer Existenz einen klaren Widerspruch zur Voraussetzung der Legitimität bedeutete, auf der die postrevolutionäre Restauration seit Wien beruhte. Nach diesem Prinzip konnte nur die Monarchie als diejenige Regierungsform in Betracht gezogen werden, die fähig war, die Gegenwart – und in noch stärkerem Maß die Zukunft – mit der vorrevolutionären Vergangenheit zusammenzufügen. Umso mehr, als nach dem durch das napoleonische Reich herbeigeführ-

---

90 François Furet/Françoise Mélonio, Introduction, in: Alexis de Tocqueville, Œuvres, Bd. 3, Paris 2004, S. IX: »Comment comprendre la forme révolutionnaire prise par la transition démocratique en France?« Dies ist das wiederkehrende Thema des Artikels von François Furet, Tocqueville – De la Démocratie en Amérique, 1835–40, in: F. Châtelet/O. Duhamel/E. Pisier (Ltr.), Dictionnaire des œuvres politiques, Paris 3. Aufl. 1995, S. 1223-1235. Zum Thema der Gleichheit siehe Maurizio Fioravanti, Il principio di eguaglianza nella storia del costituzionalismo moderno, in: ders., Scienza (wie Fn. 6), Bd. 2, S. 797-819.

91 Alexis de Tocqueville, De la Démocratie en Amérique, Teil 1, Paris 1835, S. 263; zitiert nach Revedin, Tocqueville (wie Fn. 89), S. 43.

ten Export des egalitären Gedankens nach ganz Europa bereits ein Prinzip monarchisch-konstitutionellen Typs wiederhergestellt worden war. Darüber hinaus gab es sachliche Gründe, die der Zweckmäßigkeit des republikanischen Systems entgegenwirkten: Dieses konnte, so meinte man, höchstens für kleine, dritt- oder viertrangige Staaten geeignet sein, in denen darüber hinaus auch auf dem Ein-Kammer-Parlament basierende Repräsentativsysteme oder gar eine direkte Demokratie funktionsfähig waren.[92]

Es gab natürlich die Ausnahme der Schweiz, die auf dem Wiener Kongress eine besondere Behandlung erfuhr. Der Schweizer Bundesvertrag von 1815 basierte jedoch im Wesentlichen auf der Vielfalt der kantonalen Verfassungen. Diese Verfassungen wiesen wenigstens bis 1830 einen stark traditionellen Zug auf[93], als die französischen Ereignisse jüngere Kräfte auch bei der Schweizer Oberschicht freisetzten und man zu demokratischeren Konstitutionen gelangte, die letztendlich ihrerseits auch eine Umwandlung der Konföderation in einen Bundesstaat herbeiführten.[94] Noch außergewöhnlicher für die Periode vor 1848 war der Ansatz Giuseppe Mazzinis (1805–1872), des bekannten politischen Denkers und Aktivisten Italiens, dessen Wirken in ganz Europa Widerhall fand. Die 1831 von ihm gegründete »Giovine Italia« inspirierte eine Reihe von Aufständen, die – gegen die monarchische Option des gemäßigten Flügels der Nationalbewegung[95] – sämtlich unitarische und republikanische Zielset-

---

92 Diese Auffassung vertritt Pölitz, Leben (wie Fn. 21), S. 10.
93 Zur Entwicklungsfähigkeit traditioneller Ordnungsvorstellungen auch in der modernen Bürgergesellschaft vgl. am Beispiel Zürichs Barbara Weinmann, Eine andere Bürgergesellschaft. Klassischer Republikanismus und Kommunalismus im Kanton Zürich im späten 18. und 19. Jahrhundert, Göttingen 2002.
94 Heinrich Ulmann, Europa im Zeitalter der Reaktion, in: J. von Pflugk-Harttung (Hg.), Weltgeschichte. Die Entwicklung der Menschheit in Staat und Gesellschaft, in Kultur und Geistesleben, Bd. 6: Geschichte der Neuzeit: das nationale und soziale Zeitalter seit 1815, Berlin 1908, S. 131-239, hier S. 184; Gosewinkel/Masing, Einführung (wie Fn. 47), S. 30; Alfred Kölz, Neuere Schweizerische Verfassungsgeschichte. Ihre Grundlinien vom Ende der Alten Eidgenossenschaft bis 1848, Bern 1992, S. 181 ff. Der Schweizer Bundesvertrag (7.8.1815) sah einen Bund von 22 souveränen Kantonen mit jeweils eigener Verfassung vor; CD-ROM-2, Dok.-Nr. 8.2.2, insbes. § 1. Vgl. auch den Beitrag über die Schweiz im vorliegenden Handbuchband.
95 Vgl. exemplarisch CD-ROM-2, Dok.-Nr. 1.2.5 (Giandomenico Romagnosis Überlegungen zur repräsentativen Nationalmonarchie v. 1815). Zur Entwicklung der italienischen Nationalidee in der Restauration siehe Alberto M. Banti, La nazione del Risorgimento. Parentela, santità e onore alle origini dell'Italia unita, Torino 2000; Paolo Bagnoli, L'idea dell'Italia 1815–1861, Reggio Emilia 2007; Maurizio Isabella, Risorgimento in Exile. Italian Émigrés and the Liberal International in the Post-Napoleonic Era, Oxford/New York 2009. – Allgemein zum Verfassungsdenken im Italien der ersten Hälfte des 19. Jahrhunderts siehe Kerstin Singer, Konstitutionalismus auf Italienisch. Italiens politische und soziale Führungsschichten und die oktroyierten Verfassungen von 1848, Tübingen 2008, S. 22-34 (Entwicklung des Verfassungsbegriffs), 61-72 (publizistische Verfassungsdebatte unter besonderer Berücksichtigung Romagnosis). – Zu den Ursprüngen des italienischen Verfassungsdenkens in der Aufklärungsbewegung eines »langen 18. Jahrhunderts« vgl. hingegen Antonio Trampus, Storia del costituzionalismo nell'età dei Lumi, Roma/Bari 2009. – Siehe außerdem die Beiträge über Italien im vorliegenden Handbuchband.

zungen verfolgten, jedoch erfolglos blieben und sogar den entgegengesetzten Effekt produzierten, die gemäßigteren Strömungen des Risorgimento und insbesondere den Neoguelfismo zu fördern.[96]

Komplexerer Art ist das Thema der Föderation. Auch hierfür stellt die Schweiz das nächstliegende Beispiel dar, wenn auch in einer Version, bei der die Kantone lange gegenüber der Konföderation dominierten. Was Deutschland betrifft[97], so wahrte auch die Deutsche Bundesakte – mitsamt der mit ihr verbundenen Debatte – angesichts der historischen Unmöglichkeit, das alte, 1806 in Stücke gefallene Heilige Römische Reich deutscher Nation wiederherzustellen[98], einen föderalen, genauer: staatenbündischen Charakter.[99] Dies war auch der – auf die Säkularisationen und Me-

---

96 CD-ROM-2, Dok.-Nr. 1.2.37 (Giuseppe Mazzini über die revolutionäre Initiative in Europa, 1834).
97 Michael Dreyer, Föderalismus als ordnungspolitisches und normatives Prinzip. Das föderative Denken der Deutschen im 19. Jahrhundert, Frankfurt a. M. 1987. Vgl. auch Helmut Rumpler, Föderalismus als Problem der deutschen Verfassungsgeschichte des 19. Jahrhunderts (1815–1871), in: Der Staat 16 (1977), S. 215-228; Thomas Nipperdey, Der deutsche Föderalismus zwischen 1815 und 1866 im Rückblick, in: A. Kraus (Hg.), Land und Reich, Stamm und Nation. Probleme und Perspektiven bayerischer Geschichte. Festgabe für Max Spindler zum 90. Geburtstrag, Bd. 3: Vom Vormärz zur Gegenwart, München 1984, S. 1-18; sowie der klassische Artikel von Reinhard Koselleck, Bund, Bündnis, Föderalismus, Bundesstaat, in: ders./O. Brunner/W. Conze (Hg.), Geschichtliche Grundbegriffe, Bd. 1, Stuttgart 1972, S. 582-671.
98 Neben der klassischen Untersuchung von Karl Otmar Freiherr von Aretin, Heiliges Römisches Reich 1776–1806. Reichsverfassung und Staatssouveränität, 2 Teile, Wiesbaden 1967 (siehe aber auch ders., Das Alte Reich 1648–1806, 4 Bde., Stuttgart 1993–2000) vgl. vor allem Volker Press, Altes Reich und Deutscher Bund. Kontinuität in der Diskontinuität, München 1995; Brigitte Mazohl-Wallnig, Zeitenwende 1806. Das Heilige Römische Reich und die Geburt des modernen Europa, Wien u. a. 2005; Wolfgang Burgdorf, Ein Weltbild verliert seine Welt. Der Untergang des Alten Reiches und die Generation 1806, München 2006. Zum übergreifenden, die Geschichte des Alten Reichs mit dem modernen deutschen Nationalstaat verbindenden Konzept des »föderativen Nationalismus« siehe D. Langewiesche/G. Schmidt (Hg.), Föderative Nation. Deutschlandkonzepte von der Reformation bis zum Ersten Weltkrieg, München 2000 (insbes. die Einleitung der Hg., S. 9-30).
99 »Les Etats de l'Allemagne seront indépendants et unis par un lien fédératif«, heißt es bereits im Ersten Pariser Frieden (30.5.1814), Art. VI, in: CD-ROM-2, Dok.-Nr. 1.1.1. Auf dem Wiener Kongress debattierte man monatelang über die anzuwendende technische Lösung, bis sich die sowohl von den Mittelstaaten als auch von den größten deutschen Mächten Österreich und Preußen gewollte Lösung einer »politischen Föderation« in Gestalt des Deutschen Bundes ergab, die dann rasch mit der am 8. Juni 1815 verabschiedeten Deutschen Bundesakte formalisiert wurde (siehe ebd., Dok.-Nr. 11.1.2.1). Die eigentliche restaurative Wende vollzog sich bekanntlich zuerst mit den Karlsbader Beschlüssen von 1819 und dann mit der Wiener Schlussakte vom 15. Mai 1820, die die ausdrückliche Festschreibung des sog. monarchischen Prinzips enthielt, wonach die »gesammte Staats-Gewalt« bei den souveränen Fürsten verbleiben musste: siehe ebd., Dok.-Nr. 11.1.2.2 (Art. 57). Vgl. Lothar Gall, Der Deutsche Bund als Institution und Epoche der deutschen Geschichte, in D. Albrecht/K. O. Freiherr von Aretin/W. Schulze (Hg.), Europa im Umbruch 1750–1850, München 1995, S. 257-266; Rolf Darmstadt, Der Deutsche Bund in der zeitgenössischen Publizistik. Zur staatlichen und politischen Neugestaltung Deutschlands vom Wiener Kongreß zu den Karlsbader Beschlüssen, Bern/Frankfurt a. M. 1971.

6 Sozialer Wandel und politische Umgestaltung

diatisierungen der ersten Jahre des 19. Jahrhunderts gefolgten – Stärkung bedeutender Mittelstaaten wie der Königreiche Hannover, Bayern und Württemberg geschuldet. Im Unterschied zu den kleineren Staaten und den mediatisierten Standesherren bevorzugten diese eine Bundeslösung – einen Staatenverein oder Bund, in jedem Fall eine Ausgestaltung Deutschlands als politischer Föderativkörper – gegenüber der Wiederherstellung des Reiches in welcher Form auch immer. Auf diesen Grundlagen findet momentan eine fundierte historiografische Revision der effektiven verfassungsgeschichtlichen Rolle des Deutschen Bundes statt.[100] Der Bund wird dabei einerseits als nicht imperiale, auch nicht nationalstaatliche Struktur, die vielmehr nur an der Aufrechterhaltung und Sicherheit der einzelnen Mitgliedsstaaten interessiert war, und andererseits als ein Gebilde verstanden, das dem Deutschen Reich von 1871 – in Kombination mit dem Zollverein oder ohne ihn – vorausging.[101]

Auch in den Niederlanden entstand ab 1815 eine föderale Form des Zusammenlebens zwischen dem im engeren Sinne niederländischen und dem flämisch-wallonischen Teil der Bevölkerung, bis sich Belgien 1830 der Union entzog und sich eine eigene Verfassung gab.[102] Doch wurde die föderale Frage wenigstens auf der theoretischen Ebene des Verfassungsdenkens auch in Italien thematisiert, da sich der größte Teil der politischen Denker die Lösung des entscheidenden Problems der Halbinsel

---

100 Jürgen Müller, Deutscher Bund und Deutsche Nation, 1848–1866, Göttingen 2005; ders., Deutscher Bund 1815–1866 (wie Fn. 48) (mit Bibliografie auch bzgl. der Quellen). Aus der vorangegangenen umfangreichen Literatur vgl. Eberhard Weis, Der Durchbruch des Bürgertums 1776–1847, Frankfurt a. M. u. a. 1975; Thomas Nipperdey, Deutsche Geschichte 1800–1866. Bürgerwelt und starker Staat, München 1983; Reinhard Rürup, Deutschland im 19. Jahrhundert 1815–1871, Göttingen 1984; Wolfgang Hardtwig, Vormärz. Der monarchische Staat und das Bürgertum, München 1985; Heinrich Lutz, Zwischen Habsburg und Preußen. Deutschland 1815–1866, Berlin 1985; Hans-Ulrich Wehler, Deutsche Gesellschaftsgeschichte, Bd. 2: Von der Reformära bis zur industriellen und politischen »Deutschen Doppelrevolution« 1815–1845/49, München 1987; Elisabeth Fehrenbach, Verfassungsstaat und Nationsbildung 1815–1871, München 1992; Wolfram Siemann, Vom Staatenbund zum Nationalstaat. Deutschland 1806–1871, München 1995; Dieter Langewiesche, Europa zwischen Restauration und Revolution 1815–1849, München 4. Aufl. 2004. Hinsichtlich der Bundesakte fällt das Urteil Müllers drastisch aus: Sie »war kein Gründungsdokument eines nationalen (Verfassungs-)Staates, sondern lediglich ein dürres Organisationsstatut für eine Allianz von heterogenen Einzelstaaten. Gleichwohl bedeutete die Bundesakte keine generelle Absage an die weitere politische, ökonomische und soziale Integration Deutschlands.« Müller, Deutscher Bund 1815–1866 (wie Fn. 48), S. 6. Zur neueren Forschungslage vgl. auch den Beitrag über den Deutschen Bund im vorliegenden Handbuchband.
101 W. Hardtwig/H. Hinze (Hg.), Vom Deutschen Bund zum Kaiserreich 1815–1870, Stuttgart 1997. Das preußische Unvermögen in nationaler Hinsicht wird relativiert durch den großen Erfolg des Zollsystems, das dank des preußischen Ministers von Motz schrittweise die Mitgliedsstaaten des Deutschen Bundes, unter Ausschluss Österreichs, erfasste. Die nördlichen Territorien kamen allerdings erst in der zweiten Jahrhunderthälfte hinzu. Speziell zum Zollverein: Hans-Werner Hahn, Geschichte des Deutschen Zollvereins, Göttingen 1984.
102 Die belgische Verfassung – das Ergebnis einer Summe verschiedenartiger Elemente, die im Aufstand für die Unabhängigkeit mündeten, welcher in Brüssel infolge der Nachricht der Pariser Revolution vom Juli 1830 losbrach – wird zusammen mit der Konstitution von Cádiz aus dem

nur so vorstellen konnte: die nationale Einigung und die Befreiung von der Fremdherrschaft.[103] Ausgehend von unterschiedlichen historischen Situationen und auch unter abweichenden politischen Zielsetzungen verfochten Schriftsteller wie Vincenzo Gioberti (1801–1852), Cesare Balbo (1789–1853)[104], Gino Capponi (1792–1876), Bettino Ricasoli (1809–1880) und Massimo d'Azeglio (1798–1866) die Unabhängigkeit sowie politische und administrative Reformen, die auf legalem Weg und unter der Oberhoheit des Papstes erreicht werden sollten. Vielen unter ihnen erschien die föderale Lösung für die Einigung des Landes als einzige historisch realisierbare Lösung angesichts der starken Interessen, die die Siegermächte, an erster Stelle Österreich, in Italien geltend machten und die vom Wiener Kongress bekräftigt worden waren.[105] Der vielleicht relevanteste Vorschlag war die von Gioberti vorgebrachte Idee einer italienischen Konföderation unter Führung des Papstes als Souverän des Kirchenstaates und Pontifex von Rom (Neoguelfismo), auch aufgrund der Hoffnungen, die 1846 die Wahl Pius' IX. ausgelöst hatte, der anfangs liberalen Positionen zuzuneigen schien. Das föderale Thema war jedenfalls so weit verbreitet, dass es auch in politischen Theorien von hohem Niveau seinen Einfluss hinterließ, wie in denen von Carlo Cattaneo (1801–1869) und Giuseppe Ferrari (1811–1876), die für den Föderalismus eintraten, begründet mit den spezifischen sozio-ökonomischen Interessen aller Regionen.[106] Um so überraschender war auf der Ebene der tatsächlichen historischen Ereignisse dann die zentralistische Lösung, die die Einheit Italiens dank Giuseppe Garibaldis (1807–1882) und des »Zuges der Tausend« kennzeichnete, als 1861 das der piemontesischen Dynastie von Savoyen übertragene Königreich Italien entstand.

Jahr 1812 einhellig als avanciertes Modell der europäischen Verfassungsentwicklung in der ersten Hälfte des 19. Jahrhunderts betrachtet. Vgl. den Beitrag über Belgien im vorliegenden Handbuchband.

103 Pierangelo Schiera, Presentazione, in: Jean-Charles-Léonard Simonde de Sismondi, Storia delle Repubbliche italiane, Torino 1996, S. IX-XCVI. Zur Bedeutung, die das föderale Element in der Rezeption des nordamerikanischen Konstitutionalismus durch die italienischen Liberalen bis zur Mitte des 19. Jahrhunderts hatte, siehe Giovanni Bognetti, The American Constitution ansd Italian Constitutionalism. An Essay in Comparative Constitutional History, Bologna 2008, S. 17-19, 26; auch online unter {http://digital.casalini.it/9788849130898} [14.11.2009].

104 CD-ROM-2, Dok.-Nr. 1.2.20 (Cesare Balbos Erinnerungen an die piemontesische Revolution v. 1821).

105 Italien war tatsächlich ein Land, in dem hinsichtlich Fremdherrschaft und europäischer Interessenpolitik vieles so blieb, wie es vor der napoleonischen Herrschaft gewesen war, und dies war faktisch die eigentliche Kompensation, die Österreich für seinen Beitrag zum Sieg über Napoleon erhielt. Zu den dem Konzept des Deutschen Bundes vergleichbaren österreichischen Überlegungen für eine föderative Neuordnung Italiens vgl. aber Karl Großmann, Metternichs Plan eines italienischen Bundes, in: Historische Blätter Nr. 4, 1931, S. 37-76; zu den Kontinuitäten, die überdies in verfassungsgeschichtlicher Hinsicht zwischen napoleonischer Epoche und Restauration in Italien zu beobachten waren, siehe die Beiträge über Italien im vorliegenden Handbuchband.

106 CD-ROM-2, Dok.-Nr. 1.2.56 (Carlo Cattaneo über die Nationalökonomie Friedrich Lists v. 1843); Dok.-Nr. 1.2.59 (Giuseppe Ferraris föderalistische Revolutionstheorie v. 1848).

7 Schluss und Ausblick

Als Schlussfolgerung sei festgehalten, dass langsam, aber fortschreitend im Verlauf des Vormärz eine stärker inhaltliche Bedeutung von Verfassung und von Konstitutionalismus Fuß fasste, die mit der Entwicklung der Ideologie von Staat und Gesellschaft wie auch mit dem »Streben nach Vervollkommnung« und dem wachsenden Interesse für »Staatsverfassungen und Regierungsweisen« verbunden war.[107] Auf diese Weise bereitete sich die Wende zum Nachmärz vor, als der Konstitutionalismus vermehrt unter den Einfluss der sich verfestigenden oder neu aufkommenden Ideologien geriet und sich zugleich den Eigengesetzlichkeiten des immer stärker verdichteten Verwaltungsstaats unterwerfen musste. Beide Dimensionen, die ideologische und die bürokratische, enthielten eine autoritäre und – losgelöst von ihren faktischen Begrenzungen und Gegentendenzen – sogar totalitäre, ins 20. Jahrhundert weisende Tendenz. Die Konstitution wurde insofern nach 1848/49 nicht nur zu einem Ausfluss von Werten und Grundsätzen, von Ideologien und Theorien, sondern auch zu einem administrativen Projekt. So löste sie sich allmählich von der eigentlichen Ordnung, vor allem nachdem die Frage der Legislativgewalt dank der mehr oder weniger verspäteten Ergebnisse der Revolutionen von 1848 ihre zwischen Volk und Monarch ausgeglichenen parlamentarisch-institutionellen Lösungen gefunden hatte. Das Verfassungsrecht wird dann im späteren 19. Jahrhundert immer mehr den Platz der Sozial- und Staatswissenschaften einnehmen und sich zusammen mit der anderen neuen Errungenschaft des Verwaltungsrechts das Interesse nicht nur der Juristen, sondern all derjenigen teilen, die sich mit den Problemen des Staates und seiner Anpassung an die wachsenden Bedürfnisse und Erwartungen einer Gesellschaft befassen, die nun schrittweise ihren exklusiv bürgerlichen Charakter verlieren wird, um die Züge einer Massengesellschaft anzunehmen.

Im Jahr 1848, das unter dem Gesichtspunkt der Geschichte des Verfassungsdenkens einen bedeutenden, in gewisser Weise mit 1789 vergleichbaren Wendepunkt darstellte, erschienen zwei Werke, die die Umrisse des neu entstehenden sozialen und kulturellen Panoramas nicht besser hätten zeichnen können: das »Manifest der Kommunistischen Partei« von Karl Marx und Friedrich Engels (1820–1895) sowie die »Principles of Political Economy« von John Stuart Mill (1806–1873). Die gegensätzlichen Lager waren nun deutlich markiert und die dazugehörigen Ideologien wurden immer präziser. Der Konstitutionalismus sollte nicht mehr der Monarchie dienen, sondern sich Ziele aufbürden und Fahnen hochhalten, die den sich diversifizierenden Erwartungen einer Gesellschaft entsprangen, welche sich in rascher Entwicklung befand und vor

---

107 Vgl. Karl von Rotteck, Allgemeine Geschichte vom Anfang der historischen Kenntniß bis auf unsere Zeit, Braunschweig 1844, respektive Bd. I: Allgemeine Betrachtungen über die erste Periode, Kap. 1: Bürgerlicher Zustand, 1. Kultur überhaupt, § 1, S. 208; und Bd. II: Staatsverfassung und Regierungsform, § 2, S. 210.

allem in immer stärkerem Maß die Intervention des Staates erwartete. Der Staat wird sich vom Rechts- zum Sozialstaat wandeln und dank der Entwicklung der Verwaltung das Niveau des Engagements und die Leistungsfähigkeit des Polizeistaates des 18. Jahrhunderts zurückgewinnen und sogar noch übertreffen. Die Exekutive, gegen die die Revolution lanciert worden war, sollte ihr Selbstbewusstsein zurückgewinnen: nun allerdings mit dem Chrisma einer hoch entwickelten und gelehrten Wissenschaft des Öffentlichen Rechts, die augenscheinlich in der Lage war, Erwartungen und Leistungen aus der Gesellschaft die formale Deckung zuzusichern.[108]

All dies schließt nicht aus, dass der Prozess der Verwirklichung des Konstitutionalismus, der im 18. Jahrhundert begann, auch in der zweiten Hälfte des 19. Jahrhunderts seinen Weg fortsetzte, allerdings mit neuen Zielsetzungen und Inhalten. Es konsolidierte sich somit ein Phänomen, das man als typisch europäisch und eng verbunden mit den politischen Problemstellungen einer Gesellschaft bezeichnen kann, die – wie die europäische – produktiv und bürgerlich war und noch das ganze lange 19. Jahrhundert im Instrument der Verfassung den Weg zur Erfüllung seiner Selbstbehauptungs- und Hegemoniebedürfnisse erblickte. Den besten Beweis dafür liefert ein besonderer Kanal des Verfassungstransfers, der – angefangen mit Pölitz – dank der Verbreitung von Werken zustande kam, welche in den verschiedenen Ländern und in den verschiedenen Sprachen die nach und nach in Kraft getretenen Konstitutionen sammelten. Diese Sammlungen veranschaulichten die Vorzüge und Mängel der Verfassungen und boten häufig in erhellenden Einführungen Kommentare dar, die sich wiederum sowohl auf die verschiedenen Verfassungstexte als auch auf die politische Bedeutung des gerade stattfindenden Prozesses bezogen.[109] Die Prüfung

---

108 Raffaella Gherardi/Pierangelo Schiera, Von der Verfassung zur Verwaltung: bürgerliche Staatswissenschaft in Deutschland und Italien nach der nationalen Einigung, in: E. V. Heyen (Hg.), Wissenschaft und Recht der Verwaltung seit dem Ancien Regime. Europäische Ansichten, Frankfurt a. M. 1984, S. 129-146.

109 Der diesbezügliche Bogen lässt sich von den Verfassungssammlungen Pölitzens bis hin zu den jüngsten Editionen Dippels sowie Gosewinkels und Masings spannen: Karl Heinrich Ludwig Pölitz, Die europäischen Verfassungen seit dem Jahre 1789 bis auf die neueste Zeit: mit geschichtlichen Erläuterungen und Einleitungen, 4 Bde., Leipzig 2. Aufl. 1832–1847 (voraus ging die anonym zwischen 1817 und 1825 herausgegebene Erstauflage: Die Constitutionen der europäischen Staaten seit den letzten 25 Jahren, 2 Teile); siehe das Vorwort des Herausgebers in: CD-ROM-2, Dok.-Nr. 1.2.30 (K. H. L. Pölitzens Vorwort zur Verfassungsedition v. 1.12.1832). Vgl. aber auch die bereits in der neapolitanischen Revolution von 1820/21 erschienene Verfassungssammlung mit Texten aus Italien, Frankreich, Spanien, Norwegen und den USA: A. Lanzellotti (Hg.), Costituzioni politiche delle principali nazioni raccolte da …, 3 Bde., Napoli 1820–1821. Aus jüngster Zeit siehe D. Willoweit/U. Seif (Hg.), Europäische Verfassungsgeschichte, München 2003; H. Dippel (Hg.), Constitutions of the World 1850 to the Present. Verfassungen der Welt 1850 bis zur Gegenwart, Mikrofiche-Edition, München 2004 ff.; ders. (Hg.), Constitutions of the World from the late 18th Century to the Middle of the 19th Century. Sources on the Rise of Modern Constitutionalism. Verfassungen der Welt vom späten 18. Jahrhundert bis Mitte des 19. Jahrhunderts. Quellen zur Herausbildung des modernen Konstitutionalismus, München 2005 ff.; Gosewinkel/Masing (Hg.), Verfassungen (wie Fn. 47). Vgl. auch den nützlichen Überblick zu

dieser Sammlungen zeigte, dass – ohne das liberale Wesen des Konstitutionalismus in seinen verschiedenen historischen Ausprägungen in Europa anzutasten – dennoch die Notwendigkeit bestand, der pragmatischen Komponente größeren Raum zu gewähren. Von dieser Komponente war der Konstitutionalismus selbst von Anfang an insofern durchdrungen, als das Instrument Verfassung nach der Französischen Revolution, aber auch nach dem Wiener Kongress und der Restauration, zum unentbehrlichen Mittel wurde, um die Legitimation für die sich formierenden politischen Gemeinschaften, ob diese nun alt waren oder neu, zurückzugewinnen. Dies galt fast unter Absehung von den Inhalten der verschiedenen Verfassungstexte, ausgenommen das Grundprinzip der persönlichen Freiheit, das seither die Grundlage jeder Rechteerklärung bildet.

Die angesprochenen Verfassungssammlungen sind mit unterschiedlichen Motiven und Zielen zu Hunderten zusammengestellt worden. Sie wurden erstellt und publiziert aufgrund der technischen Unterstützung der Gesetzgeber, die jeweils mit der Ausarbeitung von Verfassungen beschäftigt waren, zwecks Ausbildung von Experten in den Fakultäten für Rechts- und Politische Wissenschaften (folglich auch künftiger Praktiker) und – insbesondere ab der Zäsur von 1830[110] zur Bildung einer für die Politik geschulten bürgerlichen öffentlichen Meinung bis hin zum Gebrauch in regelrechten ideologischen Schlachten zugunsten der Option für dieses oder jenes Verfassungsmodell. Daran lässt sich erkennen, wie tief ausgeprägt die Fähigkeit des Konstitutionalismus zur Anpassung an die gesellschaftliche und ideologische Dynamik war, die sowohl vom Bürgertum als auch von den neuen, während des 19. Jahrhunderts aufstrebenden Volksschichten ausgelöst wurde.

---

den jüngeren Verfassungseditionen und die diesbezüglich vor dem Hintergrund der deutschen Historiographiegeschichte gezogene kritische Bilanz von Ewald Grothe, Die große Lehre der Geschichte. Über neuere Editionen zur Verfassungsgeschichte, in: Rechtsgeschichte 9 (2006), S. 148-166.

110 Vgl. Julia A. Schmidt-Funke, Revolution als europäisches Ereignis. Revolutionsrezeption und Europakonzeptionen im Gefolge der Julirevolution von 1830, in: Jahrbuch für Europäische Geschichte 10 (2009), S. 149-194, die die von der Julirevolution ausgehende Vielfalt an Transferprozessen betont, welche die Ausbildung von europäischen Öffentlichkeiten und Europa-Erfahrungen stimulierten.

Großbritannien 2

Von Hans-Christof Kraus (Passau)

0 Einführung

Die gut drei Jahrzehnte zwischen 1815 und 1847/48 stellen für fast alle kontinentaleuropäischen Staaten eine einheitliche Epoche dar, klar begrenzt durch den Wiener Kongress einerseits, die Revolution andererseits. Auf Großbritannien trifft dies allerdings gerade nicht zu; hier markiert die große Wahlreform von 1832 (die im Grunde nichts weniger als eine veritable Verfassungsreform gewesen ist) die historische Wasserscheide zwischen der »alten« und der »neuen« Zeit. Die Frage allerdings, ob im England der Zeit vor der großen Reform von 1832 »an Old or New Regime?«[1] bestanden habe, d. h. ob die mit der beginnenden Industrialisierung und der kontinentalen Revolution um 1790 anbrechende Zeit als eine grundstürzend neue Ära – oder doch nur als Ausläufer eines überlangen britischen »ancien régime« anzusehen sei[2], ist von der englischen historischen Forschung seit den späten 1980er-Jahren intensiv diskutiert worden.[3] Die »Ancien Régime«-These – diametral entgegengesetzt sowohl der älteren liberalen Interpretation wie auch der marxistisch inspirierten Forschungsrichtungen – hat sich als solche zwar nicht allgemein durchsetzen können, aber sie hat doch überaus anregend gewirkt und den Blick auf bis dahin vollständig vernachlässigte Aspekte und Phänomene der historisch-politischen und nicht zuletzt auch religiös-kirchlichen Entwicklung im Großbritannien vor 1832 gelenkt. Jedenfalls hat sich gezeigt, dass die Parlaments- und Wahlreform vor allem in mentalitätsgeschichtlicher Hinsicht einen größeren Bruch in der englischen Entwicklung darstellt als bisher angenommen.[4]

---

1   Boyd Hilton, A Mad, Bad and Dangerous People? England 1783–1846, Oxford 2006, S. 24; vgl. zum Folgenden auch ebenda, S. 24 ff.
2   So der seinerzeit provozierend wirkende Grundtenor der Darstellung und Deutung des »langen 18. Jahrhunderts« der englischen Geschichte von Jonathan C. D. Clark, English Society 1688–1832. Ideology, Social Structure and Political Practice during the Ancien Regime, Cambridge 1985.
3   Vgl. dazu u. a. Linda Colley, The Politics of Eighteenth-Century British History, in: Journal of British Studies 25 (1986), S. 359-379; Peter Wende, Revisionismus als neue Orthodoxie? Parlament und Revolution in der modernen englischen Historiographie, in: Historische Zeitschrift 246 (1988), S. 89-106; Roy Porter, Georgian Britain: an ancien régime?, in: British Journal for Eighteenth-Century Studies 15 (1992), S. 141-144; William A. Speck, The eighteenth century: England's ancien régime?, in: British Journal of Eighteenth-Century Studies 15 (1992), S. 131-133.
4   Andere Autoren betonen dagegen eher die Kontinuitätslinien; vgl. etwa den instruktiven Sammelband von A. Burns/J. Innes (Hg.), Rethinking the Age of Reform. Britain 1780–1850, Cambridge 2003.

1 Großbritannien 1815–1847

In der Folge des Wiener Kongresses, mit dem die 1789 eröffnete Revolutions- und Kriegsepoche endete, hatte sich das unter der Herrschaft der britischen Krone stehende Territorium innerhalb Europas nur wenig erweitert. Das Vereinigte Königreich von Großbritannien und Irland bestand in seinen Kerngebieten im Jahr 1815 nach wie vor aus den britischen Inseln, umfassend die Hauptinsel mit England, Schottland und Wales, die westliche Nebeninsel Irland sowie weitere kleinere Inselgruppen: die Shetland- und die Orkney-Inseln im Norden, die Hebriden im Nordosten, die Isle of Man in der Irischen See, die Isle of Wight im Süden und die vor der französisch-bretonischen Küste gelegenen Kanalinseln. Die in den Wiener Verträgen von 1815 sanktionierten britischen Gebietsgewinne[5] waren zwar nur vergleichsweise klein, dennoch besaßen sie eine nicht zu unterschätzende geostrategische Bedeutung: die Inseln Helgoland vor der deutschen Bucht und Malta südlich von Sizilien, an der Pforte zur östlichen Hälfte des Mittelmeers gelegen. Hinzu kam noch das ebenfalls geostrategisch bedeutende Protektorat über die Ionischen Inseln, die den griechischen Archipelagus im Westen abschließen.

In Übersee waren die Gewinne wesentlich reichhaltiger ausgefallen. In der Karibik – mit traditionellem Namen noch immer als »Westindien« bezeichnet – kamen eine Reihe strategisch und auch wirtschaftlich wichtiger Inseln hinzu, darunter Trinidad und Tobago, doch der Löwenanteil bestand aus ehemals niederländisch beherrschten Gebieten, die sich die Engländer in den Jahren der französisch-napoleonischen Besetzung Hollands angeeignet hatten: zuerst und vor allem die Kapkolonie an der Südspitze Afrikas, sodann Ceylon und Malakka in Hinterindien. Damit besaß Großbritannien nun endgültig eine Fülle von wirtschaftlich ebenso wie militärisch nutzbaren Stützpunkten, die über den gesamten Globus verstreut waren, – und das wiederum bedeutete: Die britische Vorherrschaft zur See, das maritime Monopol des Inselreichs war fortan während des gesamten 19. Jahrhunderts von keiner anderen Macht mehr infrage zu stellen.[6]

In den weiträumigen überseeischen Siedlungskolonien des britischen Empires, allen voran in Kanada und Australien, begann sich seit dem frühen 19. Jahrhundert ein eigenes politisches Leben zu entwickeln.[7] In den beiden Teilen Kanadas (»Lower«

---

5 Vgl. Karl Griewank, Der Wiener Kongress und die europäische Restauration 1814/15, Leipzig 2. Aufl. 1954, S. 294 ff.; Henry Kissinger, Großmacht Diplomatie. Von der Staatskunst Castlereaghs und Metternichs, Düsseldorf/Wien 1962, S. 165 f.; zum Zusammenhang siehe auch die grundlegende Darstellung von Llewellyn Woodward, The Age of Reform 1815–1870, Oxford 6. Aufl. 1985, S. 1-51 (»England in 1815«); ebenfalls George Macaulay Trevelyan, British History in the Nineteenth Century and after (1782–1919), Harmondsworth 1965, S. 146 ff.
6 Vgl. hierzu neuerdings auch Hilton, Mad People (wie Fn. 1), S. 239 ff.
7 Hierzu und zum Folgenden David Lindsay Keir, The Constitutional History of Modern Britain since 1485, London/New York 9. Aufl. 1969, S. 442 ff.

und »Upper Canada« seit 1791) schwelten nicht nur die traditionellen Konflikte zwischen den französischsprachigen und den Englisch sprechenden Bevölkerungsteilen, sondern zog auch die von London aus gelenkte Verwaltung der beiden Kolonien, gekennzeichnet von Korruption und Misswirtschaft, in den 1820er- und 1830er-Jahren die massive Kritik der Einwohner auf sich; die von ihnen gewählten regionalen parlamentarischen Versammlungen waren in dieser Zeit noch weitgehend einflusslos.[8] Erst mehrere Revolten und Aufstände in den Jahren 1837/38 führten zu spürbaren Verbesserungen in der Verwaltungsorganisation; zu einer grundlegenden Neuregelung der Regierung in Kanada und der parlamentarischen Mitwirkung der Einheimischen sollte es freilich erst im »British North America Act« von 1867 kommen. In der Form ähnlich, nur zeitlich etwas versetzt, verlief auch die entsprechende Entwicklung in Australien und Neuseeland, wo man sich in mancher Hinsicht bereits am kanadischen Beispiel orientieren konnte.[9] Der Konflikt um die Mitwirkung der Bevölkerung an der politischen Entscheidungsfindung vollzog sich auch hier als Kampf um die sukzessive Erweiterung der Kompetenzen bereits vorhandener legislativer Versammlungen.[10] Indien stellte dagegen einen Sonderfall dar, denn die riesige Bevölkerung des indischen Subkontinents wurde lediglich von einer Handvoll englischer Verwaltungsbeamter regiert, unter geschickter Ausnutzung der Gegensätze unter den einheimischen Regionalfürsten. Die zuerst private, später bestenfalls halbstaatliche britische Ostindische Kompanie (East India Company) behielt nicht nur ihre Befugnisse zur wirtschaftlichen Erschließung und Ausbeutung des Landes, sondern auch ihre politischen Rechte bis 1833. Erst anschließend ging der Subkontinent wenigstens de jure vollständig in die Verfügungsgewalt des britischen Staates über.[11]

Zu einem wirklich gravierenden Problem, ja zu einer offenen Wunde am Körper des stolzen Britischen Empire, sollte sich das Verhältnis zu Irland entwickeln.[12] Die seit 1800 bestehende Union hatte den Iren auch die letzten Reste einer regionalen Eigenständigkeit geraubt: Es gab fortan nur noch *ein* Parlament (in London), nur

---

8 Vgl. dazu die zusammenfassende Darstellung von Udo Sautter, Geschichte Kanadas. Von der europäischen Entdeckung bis zur Gegenwart, München 1992, S. 105-118, bes. 111 ff.; Ged Martin, Canada from 1815, in: The Oxford History of the British Empire, Bd. 3: The Nineteenth Century, hg. v. Andrew Porter, Oxford u. a. 1999, S. 522-545.
9 Vgl. Keir, Constitutional History (wie Fn. 7), S. 446 ff.
10 Vgl. auch zum Zusammenhang die Darstellungen bei Donald Deenon/Philippa Mein-Smith/Marivic Wyndham, A History of Australia, New Zealand and the Pacific, Oxford 2000, S. 185 ff.; Donald Denoon/Marivic Wyndham, Australia and the Western Pacific, in: The Oxford History of the British Empire, Bd. 3: The Nineteenth Century, hg. v. Andrew Porter, Oxford u. a. 1999, S. 546-572.
11 Vgl. Keir, Constitutional History (wie Fn. 7), S. 449 f.; Woodward, Age of Reform (wie Fn. 5), S. 403-443.
12 Vgl. K. Theodore Hoppen, Ireland since 1800. Conflict and Conformity, London u. a. 1989, S. 9-80; Alvin Jackson, Ireland 1798-1998. Politics and War, Oxford 1990, S. 23-68; Jürgen Elvert, Geschichte Irlands, München 2. Aufl. 1996, S. 314-378; Christine Kinealy, Geschichte Irlands, Essen 2004, S. 139-195.

noch *eine* vereinigte »Church of England and Ireland«, nur noch *eine* von London aus gelenkte Verwaltung und ebenfalls nur noch *ein* oberstes Appellationsgericht: nämlich das House of Lords in London. Zusätzlich benachteiligten die antikatholischen Gesetze Großbritanniens das überwiegend katholische Land.[13] Diese Vereinigung bedeutete also in jeder Hinsicht die fast bedingungslose Unterwerfung der Iren durch die Engländer und in der Konsequenz eine vollständige innere und äußere Fremdbestimmung des Landes durch die in London ansässige Regierung und oberste Administration, denn faktisch sah es so aus, »daß Irland einerseits in eine konstitutionelle Verknüpfung mit Großbritannien gebracht war, andererseits aber wie eine unterworfene britische Provinz behandelt wurde«.[14]

Doch schon ein halbes Jahrhundert später musste die Union von 1800 als vollkommen gescheitert gelten[15], was sich auch darin ausdrückte, dass sich schon bald in Irland selbst die Opposition gegen die hierdurch bewirkten Zustände mit Macht zu Wort meldete. Die von dem Anwalt Daniel O'Connell 1823 gegründete »Catholic Association« (sie wurde schon 1825 verboten) sowie deren Nachfolgeorganisationen bildeten den Kern einer neuen politischen Partei der Iren, die schon nach wenigen Jahren auch im Parlament von Westminster vertreten war und konsequent für die Emanzipation der Katholiken und für eine stärkere Eigenständigkeit – freilich noch nicht für eine vollständige Unabhängigkeit – Irlands von Großbritannien kämpfte.[16] Nach der Katholikenemanzipation von 1829 stritt O'Connell im Unterhaus für die Rechte seiner Landsleute, und als erster, auch später nie vergessener Höhepunkt dieses Kampfes gilt bis heute seine berühmte Rede an das Volk von Irland vor mehr als einer halben Million Menschen auf dem Hügel von Tara am 15. August 1843, in der er als oberster Repräsentant dieses Volkes die Union von 1800 für null und nichtig erklärte: »I am here the representative of the Irish nation, and in the name of that moral, temperate, virtous, and religious people, I proclaim the Union a nullity«.[17]

Ein zentrales Kennzeichen der inneren Entwicklung Großbritanniens in der ersten Hälfte des 19. Jahrhunderts stellt – wie in weiten Teilen des übrigen Europa – das

---

13 Vgl. hierzu auch Kurt Kluxen, Geschichte Englands. Von den Anfängen bis zur Gegenwart, Stuttgart 2. Aufl. 1976, S. 531-540.
14 Kluxen, Geschichte (wie Fn. 13), S. 532.
15 So urteilt zutreffend Keir, Constitutional History (wie Fn. 7), S. 434.
16 Vgl. Jackson, Ireland 1798–1998 (wie Fn. 12), S. 29 ff. u. passim; Elvert, Geschichte Irlands (wie Fn. 12), S. 323-340; Woodward, Age of Reform (wie Fn. 5), S. 340-350.
17 CD-ROM-2, Dok.-Nr. 2.1.1 (Protest gegen irische Vereinigung v. 15.8.1843). Ergänzend zur hier zugrunde gelegten CD-ROM-Edition ist als nützliche verfassungsgeschichtliche Edition für unseren Untersuchungszeitraum ebenfalls heranzuziehen: H. T. Dickinson (Hg.), Verfassungsdokumente des Vereinigten Königreichs 1782–1835/Constitutional Documents of the United Kingdom 1782–1835 (= H. Dippel [Hg.], Verfassungen der Welt vom späten 18. Jahrhundert bis zur Mitte des 19. Jahrhunderts. Quellen zur Herausbildung des modernen Konstitutionalismus/Constitutions of the World from the late 18th Century to the Middle of the 19th Century. Sources on the Rise of Modern Constitutionalism, Europa/Europe, Bd. 1), München 2005.

enorme Anwachsen der Bevölkerung dar.[18] Von etwa 12 Mio. Menschen im Jahr 1811 stieg die Bevölkerungszahl auf über 14 Mio. im Jahr 1821 an, und 1831 war sie bereits auf 16,5 Mio. gewachsen, um dann in der Mitte des Jahrhunderts die Zahl von 21 Mio. zu erreichen, und das bedeutete: Innerhalb eines halben Jahrhunderts hatte sich die britische Bevölkerung nahezu verdoppelt. Noch stärker aber wuchsen, proportional gesehen, die Städte, denn hier wirkte sich noch zusätzlich die fortdauernde Landflucht[19] aus: Die Zahl der Einwohner Londons – seinerzeit die größte Metropole der Welt – vermehrte sich im genannten Zeitraum von 960.000 auf 2.400.000 (was einer Steigerungsrate von 146 Prozent entspricht). Besonders stark wirkte sich das Bevölkerungswachstum naturgemäß in den rasch anwachsenden frühen Industriezentren aus: In den drei Jahrzehnten zwischen 1801 und 1831 stieg die Einwohnerschaft Liverpools von 82.000 auf 202.000, diejenige von Leeds wiederum von 53.000 auf 123.000; auch Sheffield und Birmingham verdoppelten ihre Einwohnerzahl.[20] Diese demografische Entwicklung, die in jener Zeit eine bis dahin völlig unbekannte Dynamik entwickelte, hat einen wesentlichen Einfluss auch auf die Verfassungsentwicklung des Landes ausgeübt, besonders im Hinblick auf die Wahlreform von 1832. Und mit den hieraus resultierenden gravierenden sozialen Problemen hat das Land fortan nicht weniger als mindestens ein Jahrhundert lang zu kämpfen gehabt.

In engstem Zusammenhang mit dieser Entwicklung steht die enorme wirtschaftliche und technische Entwicklung, die industrielle Revolution, die in Großbritannien früher als auf dem Kontinent einsetzte und in den Jahren nach 1815 einen ersten Höhepunkt erreichte, weil seit 1814 – nach der Aufhebung der von Napoleon verhängten Kontinentalsperre – ein zuerst fast unbehinderter Export britischer Waren nach Kontinentaleuropa wieder möglich wurde und zu einem entsprechenden Anstieg der Warenproduktion führte. Dies gilt ebenfalls für die Kohle- und Erzförderung sowie für die Eisen- und Stahlproduktion und den Maschinenbau, ein Bereich, in dem Großbritannien bis zur zweiten Hälfte des Jahrhunderts seine konkurrenzlose Überlegenheit mit großem Erfolg auszuspielen vermochte.[21] Als ebenfalls noch europaweit

---

18 Grundlegend hierzu: E. A. Wrigley/R. S. Schofield, The Population History of England 1541–1871. A Reconstruction, Cambridge u. a. 1989, bes. 157 ff. u. passim.
19 Vgl. Colin J. Polley/Jean Turnbull, Migration and Mobility in Britain since the Eighteenth Century, London 1998.
20 Diese Zahlen nach Woodward, Age of Reform (wie Fn. 5), S. 1 f.; vgl. auch Keir, Constitutional History (wie Fn. 7), S. 366, sowie Gottfried Niedhart, Geschichte Englands im 19. und 20. Jahrhundert, München 1987, S. 18 ff.; George M. Trevelyan, Kultur- und Sozialgeschichte Englands, Hamburg 1948, S. 451 f.
21 Vgl. dazu umfassend Woodward, Age of Reform (wie Fn. 5), S. 4 ff.; Hilton, Mad People (wie Fn. 1), S. 251 ff., 264 ff. u. a.; Niedhart, Geschichte (wie Fn. 20), S. 15–39 u. a.; aus der älteren Forschung siehe die immer noch konkurrenzlos material- und detailreiche Darstellung von J. H. Clapham, An Economic History of Modern Britain. The Early Railway Age 1820–1850, Cambridge 1939; zum Zusammenhang auch Peter Mathias, The First Industrial Nation. An Economic History of Britain 1700–1914, London u. a. 1983, bes. S. 31 ff. u. passim; E. S. Wrigley, Continui-

konkurrenzlos erwies sich bis zur Jahrhundertmitte der Ausbau der Infrastruktur auf der Insel, besonders des Verkehrswesens, d. h. nicht nur des Straßenbaus, sondern auch des Kanalsystems (die ersten Dampfboote waren schon vor 1800 gebaut worden) und nicht zuletzt des in dieser Zeit entstehenden und sich seit 1825 (dem Jahr des Baus der »Stockton and Darlington line«) langsam, aber stetig über die Insel ausbreitenden Eisenbahnnetzes.[22] Jedenfalls wurde die Eisenbahn, die man einmal als »Englands Vermächtnis an die Welt«[23] bezeichnet hat, in den 1830er- und 1840er-Jahren mehr als nur ein Transportmittel für Rohstoffe und Waren; sie entwickelte sich nach und nach zu einem öffentlichen Verkehrsmittel von zukunftsweisender – und gerade auch für Kontinentaleuropa vorbildlicher – Bedeutung.[24]

Im englischen Geistesleben dieser Zeit standen sich Tradition und Moderne angesichts der vielfachen epochalen Widersprüche und Gegensätzlichkeiten fast unversöhnlich gegenüber.[25] Der Romantiker Samuel Taylor Coleridge verkörperte die Ideen des alten, vorindustriellen, patriarchalisch gebundenen und dennoch freiheitlichen England; er verteidigte mit großem inneren Engagement Wert und Würde der anglikanischen Kirche, der er »die soziale Erziehung der Bürger«[26] anzuvertrauen gedachte, sowie die historische Größe der englischen Verfassungstradition im antirevolutionären Geist Edmund Burkes. Das romantische Geschichtsbild, mit dem die Traditionen eines imaginären vorindustriellen »Old England« beschworen wurden, lebte in Kunst, Kultur und Literatur als Gegenbild der industriellen Moderne weiter fort und darf in seinen Wirkungen auf die Zeitgenossen nicht unterschätzt werden.[27] Den intellektuellen Gegenpol verkörperte – in seinen Wirkungen höchst erfolgreich – der ebenfalls bereits im höheren Alter stehende Jurist und Philosoph Jeremy Bentham, der bereits vor der Französischen Revolution für umfassende Rechts- und Verfassungsreformen in dem Inselreich eingetreten war. Sein utilitaristisches Credo (jede vernünftig organisierte Gesellschaft erstrebe »the greatest happyness of the greatest number«) zielte auf eine nach streng rationalen Prinzipien gestaltete politische Ordnung, die den Grundsätzen einer aufgeklärten Vernunft entsprach und die Potenziale des Fortschritts für die Vervollkommnung der sozialen Existenz des Menschen und damit der allgemeinen Freiheit

---

ty, Chance and Change. The Character of the Industrial Revolution in England, Cambridge u. a. 1988, passim.
22 Vgl. Woodward, Age of Reform (wie Fn. 5), S. 41 ff.; Keir, Constitutional History (wie Fn. 7), S. 367.
23 Trevelyan, Kultur- und Sozialgeschichte (wie Fn. 20), S. 509.
24 Dazu besonders Clapham, Economic History (wie Fn. 21), S. 383-449.
25 Vgl. auch zum Folgenden Woodward, Age of Reform (wie Fn. 5), S. 35 ff.
26 Alois Brandl, Samuel Taylor Coleridge und die englische Romantik, Straßburg 1886, S. 418; zum Zusammenhang der konservativen politischen Romantik in Großbritannien siehe auch: Philip Connell, Romanticism, Economics and the Question of »Culture«, Oxford 2001.
27 Vgl. Peter Mandler, »In the Olden Time«: Romantic History and the English National Identity, 1820–50, in: L. Brockliss/D. Eastwood (Hg.), A Union of Multiple Identities. The British Isles, c. 1750–c. 1850, Manchester u. a. 1997, S. 78-92.

nutzbar machen sollte. Benthams Ideen übten einen kaum zu überschätzenden Einfluss auf die soziale Ideenwelt und Reformpraxis gerade auch im Bereich des Rechtswesens der ersten Hälfte des 19. Jahrhunderts aus.[28] Die von ihm formierte Richtung der philosophischen (d. h. utilitaristischen) »Radikalen«, wie sie genannt wurden, propagierte ihre Ideen seit 1824 in der »Westminster Review«, die als eine der drei großen politischen Monatszeitschriften der liberalen »Edinburgh Review« (seit 1802) und der konservativen »Quarterly Review« (begründet 1809) Konkurrenz machte.[29]

2 Verfassungsstruktur der zentralen staatlichen Ebene

In den Jahrzehnten zwischen dem Ende des Wiener Kongresses 1815 und dem Beginn der gesamteuropäischen politischen Erschütterung um die Jahreswende 1847/48 vollzogen sich, wenn auch sukzessive, grundlegende Veränderungen innerhalb des britischen Verfassungssystems. Am Beginn der europäischen Revolution verfügte Großbritannien daher über einen nicht zu unterschätzenden verfassungspolitischen Entwicklungsvorsprung, der vermutlich wesentlich mit dazu beigetragen hat, dass die – auch in Großbritannien vorhandene und sich gelegentlich heftig artikulierende – weit verbreitete Unzufriedenheit mit den politisch-sozialen Verhältnissen am Ende eben nicht in einen revolutionären Umsturz mündete wie in den meisten Ländern Kontinentaleuropas. Um es zusammenfassend zu formulieren: Den Briten gelang mit der großen Parlaments- und Wahlreform von 1832 und mit dem Übergang der Krone auf eine junge und bald im Lande höchst populäre Regentin im Jahr 1837 der evolutionäre, wenn auch nicht in jeder Hinsicht bruchlose Übergang von der seit 1688/89 konstitutionellen zur modernen parlamentarischen Monarchie.

Blickt man auf die Veränderungen im Machtgefüge der Staatsspitze, so wird man sagen können, dass jener evolutionäre Wandlungsprozess, der im Kern eine schleichende Machtminderung des Monarchen darstellte, ungefähr im Jahr 1782 begonnen hat – jenem Jahr, in dem der seit dem Thronwechsel von 1760 unternommene Versuch der »Selbstregierung« König Georgs III. endgültig als gescheitert gelten musste[30] und in dem erstmals nachdrücklich eine Parlamentsreform angemahnt wurde.

---

28 Vgl. dazu u. a. Charles Milner Atkinson, Jeremy Bentham – His Life and Work, New York 1969; David Lyons, In the Interest of the Governed. A Study in Bentham's Philosophy of Utility and Law, Oxford 2. Aufl. 1991; wichtig noch immer: William Holdsworth, A History of English Law, Bde. 1-17, London 1966–1972, hier Bd. 13, S. 41-134; Albert Venn Dicey, Lectures on the Relation Between Law & Public Opinion in England During the Nineteenth Century, London 2. Aufl. 1926, S. 126-210; John Roach, Social Reform in England 1780–1880, London 1978, S. 59 ff.

29 Vgl. Woodward, Age of Reform (wie Fn. 5), S. 31 f. Siehe auch den Beitrag über Europäisches Verfassungsdenken 1815–1847 im vorliegenden Handbuchband.

30 Vgl. Keir, Constitutional History (wie Fn. 7), S. 373; zur Biografie und Regierung dieses Monarchen allgemein Hans-Christoph Schröder, Georg III. 1760–1820, in: P. Wende (Hg.), Englische

Für etwa zwei Jahrzehnte unterbrochen wurde dieser Prozess allerdings durch die Fernwirkungen der Französischen Revolution, die in Großbritannien eine massive Behinderung und Eindämmung, zeitweilig sogar eine offene Unterdrückung der Reformbewegung im Land zur Folge hatten.[31] Wenngleich die von vielen einflussreichen Persönlichkeiten des Landes als notwendig angesehenen Reformen unter dem Druck der außenpolitischen Lage – vor allem des Abwehrkampfes gegen die Bedrohung des Inselreichs durch Napoleon – stagnierten und nicht ausgeführt wurden, vermochte der britische Monarch seine traditionelle Machtstellung jedoch nicht zu bewahren[32], und zwar vorrangig aus zwei verschiedenen Gründen.

Erstens waren persönliche Aspekte ausschlaggebend: Denn König Georg III. befand sich seit 1788 periodisch immer wieder in einem Gesundheitszustand, der ihn unfähig zur Regierung machte.[33] Diese Erkrankung erforderte eine Stellvertretung des Königs, zuerst nur vorübergehend, ab 1811 jedoch in dauerhafter Form, die durch den Prinzen von Wales wahrgenommen wurde, den späteren König Georg IV. (1820–1830).[34] Der Regent erwies sich jedoch als erstrangige – wenngleich nun einmal angesichts der feststehenden Erbfolge kaum vermeidbare – Fehlbesetzung; sein ungehobelt-arrogantes Auftreten, vor allem sein außergewöhnlich skandalträchtiges Privatleben, sorgten immer wieder für Schlagzeilen und machten ihn zum wohl unbeliebtesten Monarchen Europas in seiner Epoche. Während des Jahres 1820, kurz nachdem er endlich den Königsthron bestiegen hatte, erregte der mehrmonatige Skandalprozess um die von ihm verlangte Scheidung von seiner Gemahlin, Königin Karoline, von der er seit Jahren getrennt lebte, das Aufsehen ganz Europas – und als die Scheidung schließlich nicht zustande kam, war der Ruf des neuen englischen Königs vollends ruiniert.[35] Das Ansehen des Monarchen, der königlichen Familie und damit auch der Monarchie als Institution befand sich auf einem Tiefpunkt; daran änderte

---

Könige und Königinnen. Von Heinrich VII. bis Elisabeth II., München 1998, S. 220-241, 381 (Literatur); John Brooke, King George III, London 1972.
31 Vgl. dazu im Überblick J. Steven Watson, The Reign of George III 1760–1815, Oxford 6. Aufl. 1985, S. 243 ff., 356 ff. u. passim.
32 Grundlegend zum Wandel der verfassungsmäßigen Rolle und Funktion der britischen Monarchie seit dem beginnenden 19. Jahrhundert ist Vernon Bogdanor, The Monarchy and the Constitution, Oxford 1995, S. 1-41 u. passim.
33 Heute ist bekannt, dass es sich wohl um eine seltene Stoffwechselkrankheit handelte, die zu starken Veränderungen im Persönlichkeitsbild und Verhalten des Erkrankten führt, damals jedoch pauschal als Geisteskrankheit (»mental incapacity«) aufgefasst wurde; vgl. dazu Schröder, Georg III. (wie Fn. 30), S. 237.
34 Rudolf Muhs, Georg IV. 1820–1830, in: Wende (Hg.), Könige (wie Fn. 30), S. 242-259, 381 f.; vgl. auch Christopher Hibbert, George IV, Regent and King 1811–1830, London 1973; Steven Parissien, George IV. The Great Entertainment, London 2001.
35 Vgl. Woodward, Age of Reform (wie Fn. 5), S. 66-69; Muhs, Georg IV. (wie Fn. 34), S. 253 f.; Trevelyan, British History (wie Fn. 5), S. 195-197; Holdsworth, History (wie Fn. 28), Bd. 13, S. 219 f.; Bogdanor, Monarchy (wie Fn. 32), S. 36 f.; Charles Tilly, Popular Contention in Great Britain 1758–1834, Cambridge/Mass. u. a. 1995, S. 255-257.

auch die Nachfolge durch Georgs charakterlich ähnlich veranlagten Bruder kaum etwas, der von 1830 bis 1837 als Wilhelm IV. Großbritannien regierte.[36]

Und *zweitens* bewirkten Veränderungen im Finanzierungssystem hoher staatlicher Positionen eine langsame, wenn auch schließlich sehr nachhaltige Verminderung royaler Machtbefugnisse. Hatte Georg III. in der ersten Phase seiner Regierung, in den beiden Jahrzehnten nach 1760, gerade dadurch an politischem Einfluss gewinnen können, dass er über die Vergabe einträglicher Staats- und Kronämter verfügte, mit deren Hilfe er einflussreiche Parlamentarier auf seine Seite ziehen konnte, – so ging im Laufe der Zeit gerade diese Möglichkeit eines monarchischen »influence« nach und nach verloren. Denn zum einen wurde der Umfang der vom Parlament dem Staatsoberhaupt zugebilligten »Zivilliste« zunehmend herabgesetzt, und zum anderen verminderte man auch die Zahl der von der Krone zu vergebenden finanziell einträglichen Ämter und Pfründen. Als Georg IV. im Jahr 1820 auf den Thron kam, verringerte man die Jahreszahlung an die königliche Familie auf £ 850.000, und zehn Jahre später, beim Regierungsantritt Wilhelms IV., setzte man die Zivilliste noch einmal deutlich herab: auf £ 510.000 – nun allerdings mit der Verfügung, dass von dieser Summe fortan gar nichts mehr zur Bezahlung bestimmter Inhaber öffentlicher Ämter aufgewendet werden sollte. Ein neues Parlamentsgesetz verfügte: »the Civil List should be applied only to such expenses as affect the dignity and state of the Crown, and the personal comfort of their Majesties«.[37]

Gleichwohl blieb bis zur Wahl- und Parlamentsreform von 1832 der politische Einfluss des Monarchen – misst man ihn nicht gerade an kontinentaleuropäischen Maßstäben – keineswegs unbedeutend.[38] Der Monarch verfügte, gemäß dem seit der Glorious Revolution gültigen Staatsrecht und entsprechend den »conventions« der gängigen Verfassungspraxis, nach wie vor über das Recht, Verträge mit anderen Staaten zu schließen und die Grundlinien der auswärtigen Politik mit zu bestimmen, er berief die Regierung, er ernannte und entließ die Minister sowie alle wichtigen Staatsbeamten, und er besaß zudem weiterhin einen maßgeblichen Anteil an der Gesetzgebung – auch wenn er das ihm eigentlich verfassungsgemäß zustehende Vetorecht seit längerem nicht mehr ausübte. Noch Georg IV. hat sein Recht, Einfluss auf die Politik seiner jeweiligen Regierungen zu nehmen, immer wieder geltend gemacht.[39] Seit der

---

36 Vgl. Benedikt Stuchtey, Wilhelm IV. 1830–1837, in: Wende (Hg.), Könige (wie Fn. 30), S. 260-267, 382; Tom Pocock, Sailor King. The Life of King William IV., London 1991.
37 Zitiert nach Keir, Constitutional History (wie Fn. 7), S. 389; hier auch die Zahlen (S. 388 f.); Vgl. zum Zusammenhang ebenfalls Bogdanor, Monarchy (wie Fn. 32), S. 183 ff.
38 Vgl. die Feststellung von Keir, Constitutional History (wie Fn. 7), S. 378: »So long as the unreformed parliamentary system, the extensive of Crown patronage, and the conventions which justifies that use still persisted, so long must the King remain in the same degree the real head of the government carried on in his name«.
39 CD-ROM-2, Dok.-Nr. 2.2.1 (Memorandum Georgs IV. über die königliche Prärogative v. 8.8.1827); Dok.-Nr. 2.2.2 (Briefe Georgs IV. über die königliche Prärogative v. 11. u. 17.2.1828).

großen Reform von 1832 freilich schränkte sich der politische Gestaltungsraum der Krone zunehmend ein. Durch die Umgliederung der Wahlkreise und die Ausweitung des Wahlrechts erhielt das Parlament einen derart nachhaltigen Legitimitätsschub, dass die Krone ihre bis dahin noch verbliebenen Machtpotenziale nach und nach an die Regierung bzw. an das Unterhaus abgeben musste.

Das zeigte sich erstmals deutlich nach dem Tod Wilhelms IV., dem im Jahr 1837 seine erst achtzehnjährige Nichte Viktoria auf den Thron folgte.[40] Während ihrer Regierungszeit ist tatsächlich, wie treffend gesagt wurde, »die moderne englische Monarchie entstand[en], sowohl in politischer Hinsicht als auch in ihrer vielleicht noch wichtigeren symbolischen Funktion«.[41] Trotz ihrer Jugend versuchte die neue Regentin zuerst, so viel wie nur möglich von den alten monarchischen Vorrechten zu bewahren, vor allem das Recht zur alleinigen Bestimmung des Premierministers und der Regierung. Der Liberale Lord Melbourne regierte im Jahr der Thronbesteigung, und die junge Königin, die ihm vertraute, tat in den folgenden Jahren alles, um ihn im Amt zu halten.[42] Als der Premier im Mai 1839, nachdem seine Mehrheit im Unterhaus stark geschrumpft war, seinen Rücktritt erklären musste, konnte Viktoria zuerst nicht umhin, den konservativen Gegenpart Robert Peel zu berufen. Als dieser jedoch auf der Entfernung einiger liberal gesinnter Kammerfrauen der Königin beharrte und von ihr verlangte, einige Damen aus den Kreisen der Tories in den Kreis ihrer »Ladies of the Bedchamber« aufzunehmen, lehnte Viktoria entschieden ab. Peel gab daraufhin seinen Auftrag zur Regierungsbildung zurück, Melbourne wurde durch das Vertrauen der Monarchin noch einmal zum Premierminister berufen, musste aber 1841 endgültig resignieren.[43] Diese »Bedchamber crisis« hatte gezeigt, dass ein Premierminister fortan nicht mehr gegen das Unterhaus regieren konnte – selbst dann nicht, wenn er über das uneingeschränkte Vertrauen des Trägers der Krone verfügte.[44]

---

40 Vgl. Edgar Feuchtwanger, Viktoria 1837–1901, in: Wende (Hg.), Könige (wie Fn. 30), S. 268-286, 382-384; über Viktoria existiert eine Fülle von Literatur; als biografisches Standardwerk gilt allgemein: Elizabeth Pakenham, Countess of Longford, Victoria R. I., London 2000.
41 Feuchtwanger, Viktoria (wie Fn. 40), S. 268.
42 Vgl. Leslie George Mitchell, Lord Melbourne 1779–1848, Oxford 1997, S. 189-208.
43 Siehe die entsprechende Rede Robert Peels in der Unterhausdebatte zur sog. »Bedchamber Crisis« vom 13.5.1839, in: CD-ROM-2, Dok.-Nr. 2.8.3. Vgl. auch Woodward, Age of Reform (wie Fn. 5), S. 103 ff.; Bogdanor, Monarchy and the Constitution (wie Fn. 32), S. 20 f.; zur verfassungsrechtlichen Bedeutung der Vorgänge von 1841 siehe vor allem Roland Kleinhenz, Königtum und parlamentarische Vertrauensfrage in England 1689–1841, Berlin 1991, S. 112 ff.
44 Vgl. Holdsworth, History (wie Fn. 28), Bd. 14, S. 7 f.; siehe dazu auch die aufschlussreichen Debattenbeiträge von Sir Robert Peel, Thomas Babington Macaulay und Lord John Russell in den betreffenden Unterhaus-Verhandlungen, in: CD-ROM-2, Dok.-Nr. 2.2.3 (Unterhausdebatte über Ministerverantwortlichkeit v. 27.5.–4.6.1841).

Seit dem 10. Februar 1840 war Königin Viktoria verheiratet mit Prinz Albert von Sachsen-Coburg-Gotha.[45] Der Prinzgemahl – ohne Zweifel ein Mann von großer persönlicher Integrität und eminenten politischen Fähigkeiten – gelangte recht bald (nicht zuletzt angesichts der häufigen Schwangerschaften der Regentin, die deren Regierungsfähigkeit immer wieder einschränkten) zu einem nicht unbedeutenden, wenn auch rechtlich unklaren politischen Einfluss.[46] Bereits vor der Geburt des ersten Kindes war Albert zum potenziellen Regenten und Vormund des Thronfolgers berufen worden und bereits früh wurde er in den immer noch einflussreichen Kronrat (Privy Council) aufgenommen; auch an Beratungen der Königin mit ihren Ministern nahm er seit den frühen 1840er-Jahren regelmäßig teil. Als er jedoch 1846 einmal demonstrativ im Unterhaus erschien, um auf diese Weise das Vertrauen der Krone in die bestehende Regierung auch öffentlich unter Beweis zu stellen, wurde er von der Presse scharf angegriffen – diesen Fehler hat er nicht wiederholt. Auch in späteren Jahren wurden seine Stellung und sein Einfluss als mehr oder weniger inoffizieller, aber höchst einflussreicher »private secretary« seiner königlichen Gemahlin immer wieder als verfassungsrechtlich bedenklich kritisiert, doch erst im Jahr 1857, vier Jahre vor seinem Tod, verlieh ihm Viktoria nun auch den offiziellen Titel eines königlichen Prinzgemahls (»Prince Consort«).[47]

Wenngleich – in langfristiger Perspektive betrachtet – gesagt werden kann, dass gegen Ende des 19. Jahrhunderts die britische Monarchie nur noch als »symbolische Macht« präsent war und die jeweiligen Träger der Krone einen dementsprechend geringen *direkten* Einfluss auf die Politik der jeweiligen Londoner Regierungen ausüben konnten[48], ist doch festzuhalten, dass dies für die 1840er- und 1850er-Jahre noch nicht galt. Denn die Spaltung der Konservativen Partei im Jahr 1846 führte zu jahrelangen Problemen bei der Mehrheitsbildung im Unterhaus, und gerade bei der in diesen und den folgenden Jahren häufigen Bildung von Minderheitsregierungen vermochte die Königin in aller Regel ein entscheidendes Wort mitzusprechen: Denn fehlten nach den Wahlen eindeutige Mehrheiten im Parlament, dann konnte auch nicht von einem

---

45 Ausführliche neuere Biografien sind: Robert Rhodes James, Albert, Prince Consort. A Biography, London 1983; Hans-Joachim Netzer, Ein deutscher Prinz in England. Albert von Sachsen-Coburg und Gotha, Gemahl der Königin Victoria, München 2. Aufl. 1997; wichtige Einzelbeiträge enthält der Sammelband von F. Bosbach/J. R. Davis (Hg.), Prinz Albert – Ein Wettiner in Großbritannien, München 2004.
46 Vgl. hierzu und zum Folgenden Hans-Christof Kraus, Prince Consort und Verfassung – Zum Problem der verfassungsrechtlichen Stellung Prinz Alberts, in: Bosbach/Davis (Hg.), Prinz Albert (wie Fn. 45), S. 111-135; Bogdanor, Monarchy (wie Fn. 32), S. 23-27.
47 Vgl. Bogdanor, Monarchy (wie Fn. 32), S. 51 f.
48 Vgl. Philip Harling, The Modern British State. An Historical Introduction, Cambridge 2001, S. 82: »By the end of her [Queen Victoria; H.-C. K.] reign, the prestige of the British monarchy rested on its symbolic power: as an emblem of imperial grandeur, and of the very parliamentary liberalism that prevented her from being the politically powerful sovereign that she often wished to be«.

klaren Wählerauftrag zur Regierungsbildung gesprochen werden. Trat eine derartige Situation ein, dann konnte die Krone bei den Verhandlungen über Kabinettsbildung oder Ministerernennung ihren politischen Einfluss nachhaltig geltend machen.[49] Die Zersplitterung des Parteiwesens seit Mitte der 1840er-Jahre machte auf diese Weise die Krone noch einmal – allerdings, wie deutlich gesagt werden muss, zum letzten Mal in der englischen Geschichte – zu einem politisch unmittelbar bedeutsamen Machtfaktor im komplexen Verfassungsgefüge.

Das britische Parlament bot vor seiner Reform[50] tatsächlich den merkwürdigen Anblick einer vom Prinzip her modernen, in seiner aktuellen Gestalt aber vollkommen überalterten Institution, und »Parlamentsreformer aller Couleur« fanden in den Jahren vor 1832 denn auch »ihr Lieblingsthema in den monströsen Anachronismen des englischen Repräsentativsystems«.[51] Im südwestenglischen Cornwall wurden beispielsweise etwa eineinhalbtausend Einwohner von nicht weniger als 42 Abgeordneten im Unterhaus vertreten, während die aufstrebenden, ständig anwachsenden Industriestädte wie Manchester, Birmingham, Sheffield und Leeds überhaupt keine Repräsentanten nach Westminster entsenden durften. Freilich fand dieses System innerhalb und sogar außerhalb des Landes selbst nach 1815 noch seine Verteidiger; so vertrat etwa der an Edmund Burke anknüpfende konservative deutsche Spätromantiker Adam Müller die Auffassung, jene »rotten boroughs«, die alten ländlichen Wahlkreise mit nur noch geringster Wählerzahl, repräsentierten niemanden anderes als die früher lebenden Generationen aller inzwischen verstorbenen Engländer.[52] (Abb. 2.1)

Indessen gehörte das alte System, das nach langjährigem Widerstand mit den Reformgesetzten des Jahres 1832 beseitigt wurde[53], in den frühen Jahren der Königin Viktoria bereits der Vergangenheit an. Denn die Wahlreform erweiterte nicht nur die Legitimitätsgrundlage der parlamentarischen Verfassung Großbritanniens, sondern sie hatte auch eine innere, genauer gesagt: eine institutionelle Erneuerung des House of Commons zur Folge, eine Wandlung seiner Funktion und seiner Arbeitsweise.[54]

---

49 Vgl. Keir, Constitutional History (wie Fn. 7), S. 407 f.; Kluxen, Geschichte (wie Fn. 13), S. 563.
50 Einen vorzüglichen Überblick liefert Andreas Wirsching, Parlament und Volkes Stimme. Unterhaus und Öffentlichkeit im England des frühen 19. Jahrhunderts, Göttingen u. a. 1990, S. 23-76; umfassend und grundlegend nach wie vor Edward Porritt/Annie Porritt, The Unreformed House of Commons. Parliamentary Representation before 1832, Bde. 1-2, London 2. Aufl. 1909 (Ndr. 1963).
51 Wirsching, Parlament (wie Fn. 50), S. 33.
52 Adam Müller, Handschriftliche Zusätze zu den »Elementen der Staatskunst«, hg. v. Jakob Baxa, Jena 1926, S. 24 f.: »[...] die Nationalrepresentation [sic] wird gerade durch diese thätige, allen Generationen gegenwärtige Rücksicht auf jene alten rotten boroughs zu einer wahren Volksrepräsentation, d. h. zu einer Repraesentation der gesamten Rechtsverhältnisse aller Jahrhunderte, welches etwas mehr sagen will als eine Repraesentation der gegenwärtigen Köpfe«.
53 Dazu siehe Kapitel 3, Wahlrecht und Wahlen.
54 Vgl. hierzu und zum Folgenden Keir, Constitutional History (wie Fn. 7), S. 423 ff.; Kenneth Mackenzie, The English Parliament. A study of its nature and historic development, Harmondsworth 1950, S. 130 ff.

2 Verfassungsstruktur der zentralen staatlichen Ebene

Abb. 2.1 Die Repräsentation der Counties und Boroughs von England und Wales vor 1832

Die machte sich vor allem bei der Gesetzgebung bemerkbar, die sich fortan im Rahmen eines strenger als vorher geregelten und formalisierten Prozesses vollzog.[55] Das System der mehrfachen »Lesungen« und Beratungen einer Gesetzesvorlage wurde ausgebaut und verbessert, die in früherer Zeit meistens ad hoc gebildeten Ausschüsse (committees) tagten fortan regelmäßig und gewannen an Einfluss auf die Arbeit des Parlaments, und mit der 1840 verabschiedeten »Parliamentary Papers Publication Act« wurde jetzt auch die Veröffentlichung nicht nur der Parlamentsverhandlungen (über die bereits seit 1803 berichtet werden durfte), sondern auch wichtiger Vorlagen und Dokumente, auf eine feste rechtliche Grundlage gestellt.[56] Dies wiederum hatte zur Folge, dass die öffentliche Meinung noch stärker als zuvor zu einem Faktor wurde, mit dem die Politik jederzeit zu rechnen hatte.[57] Freilich darf in diesem Zusammenhang die Tatsache ebenfalls nicht vergessen werden, dass im Unterhaus auch weiterhin der niedere Adel und überhaupt das ländliche England stark überproportional vertreten war; nach neueren Berechnungen stammten noch 1841 mehr als ein Viertel aller Parlamentsabgeordneten aus Adelsfamilien, deren Oberhäupter als Peers im House of Lords saßen.[58] Das bedeutete: Die traditionell im Lande regierende Elite behielt weitgehend ihren Einfluss.[59] Auch bestimmte traditionelle Arten von Wahlpatronage und Korruption konnten das Jahr 1832 überleben, wenn auch z. T. in veränderter Form.[60]

Dem kaum aufhaltbaren Aufstieg des House of Commons entsprach ein zwar zuerst kaum merklicher, dennoch mit der Zeit immer deutlicher sichtbar werdender Macht- und Bedeutungsverlust des House of Lords.[61] Vor 1832 hatten nicht wenige der Lords ihre z. T. extraordinäre Machtstellung darauf stützen können, dass sie über

---

55 Vorzüglicher und detaillierter Überblick bei Julius Hatschek, Englisches Staatsrecht mit Berücksichtigung der für Schottland und Irland geltenden Sonderheiten, Bde. 1-2, Tübingen 1905–1906, hier Bd. 1, S. 363-426, bes. S. 370 ff. (»§ 68. Geschichte des parlamentarischen Verfahrens im 19. Jahrhundert«); zum historisch-politischen Zusammenhang siehe auch Asa Briggs, The Age of Improvement 1783–1867, Burnt Mill 1979, S. 268 ff.
56 Vgl. Keir, Constitutional History (wie Fn. 7), S. 424 f.
57 Vgl. Briggs, Age of Improvement (wie Fn. 55), S. 427 ff.; Kluxen, Geschichte (wie Fn. 13), S. 587 ff. Siehe dazu auch Kapitel 8, Verfassungskultur.
58 Vgl. Harling, British State (wie Fn. 48), S. 82 f.; J. V. Beckett, The Aristocracy in England, Oxford 1986, S. 456 ff.; zu den politischen Überlebensstrategien der alten parlamentarischen Eliten nach der Wahlreform siehe besonders Norman Gash, Reaction and Reconstruction in English Politics 1832–1852, Oxford 1965.
59 Zur Charakterisierung dieser Elite vgl. besonders Ellis Wasson, Born to Rule. British Political Elites, Phoenix Mill 2000.
60 Dazu vor allem Norman Gash, Politics in the Age of Peel. A Study in the Technique of Parliamentary Representation 1830–1850, London 1953; zum Zusammenhang siehe vor allem John M. Bourne, Patronage and Society in Nineteenth-Century England, London 1986.
61 Vgl. Keir, Constitutional History (wie Fn. 7), S. 413 f.; H. J. Hanham (Hg.), The Nineteenth-Century Constitution. Documents and Commentary, Cambridge 1969, S. 169 f.; ausführlicher: Hatschek, Staatsrecht (wie Fn. 55), Bd. 1, S. 306-332; A. Lawrence Lowell, Die englische Verfassung, Bde. 1-2, Leipzig 1913, hier Bd. 1, S. 372-382.

die Besetzung eines oder mehrerer Unterhaussitze in bestimmten »rotten boroughs« verfügten, aber mit diesem Privileg war es nach der Wahlreform für immer vorbei. Der Reform selbst hatte das Oberhaus nur mit äußerst knapper Mehrheit und unter stärksten Pressionen von außen zugestimmt; König Wilhelm IV. hatte sogar, unter dem Druck der Proteste im ganzen Land, dem House of Lords mit einem Peersschub drohen müssen. Ein solcher war letztendlich nur dadurch vermieden worden, dass die Mehrheit der hochadligen Reformgegner der entscheidenden Abstimmung einfach ferngeblieben war.[62] Anschließend jedoch war auch in der Adelskammer des Parlaments nichts mehr so, wie es vor 1832 gewesen war. Deren stets unerschütterlich große konservative Mehrheit stützte zwar weiterhin alle Tory-Regierungen und bekämpfte im Gegenzug die liberalen Kabinette, doch einen wirklich *entscheidenden* Einfluss auf die Regierungsgeschäfte und die Gesetzgebung übte das Oberhaus letztlich nicht mehr aus. Die Whig-Regierungen gewöhnten sich fortan daran, nach der Ablehnung einer wichtigen Vorlage durch die Lords Neuwahlen auszuschreiben, um auf diesem Wege »an das Land zu appellieren«, – und nach einem sich in aller Regel anschließenden erneuten Wahlsieg blieb den Lords meist kaum noch etwas anderes übrig als kleinlaut beizugeben. Obwohl das House of Lords noch bis 1911 formal dem House of Commons gleichgeordnet war und über ein Vetorecht in der Gesetzgebung verfügte, setzte sich doch langsam eine »neue Anschauung von der konstitutionellen Rolle der Lords« durch, »nach welcher das Oberhaus nur mehr eine Revisions- und Suspensionskammer war«.[63]

Seit Robert Walpole, dem ersten wirklich mächtigen Minister des Landes, hatte sich bereits im Verlauf des 18. Jahrhunderts die Konvention herausgebildet, dass jeweils ein führender Minister (anfangs war es in der Regel der Sekretär des Schatzamtes) die Regierung leitete. Als erster moderner Premierminister Großbritanniens gilt William Pitt d. J., seit dessen Amtszeit (1783–1801, 1804–1806) der Regierungschef neben dem Träger der Krone die entscheidende politische Figur im Land darstellte.[64] Drei zentrale Kompetenzen bestimmten fortan seine Amtsführung: die Leitung der Regierung und der Regierungspartei sowie die Organisation der parlamentarischen Mehrheit, sodann die Führung der auswärtigen Politik und drittens schließlich die Lenkung der inneren Angelegenheiten[65], wobei es vor allem darum ging, die Grundrichtung und die großen Linien des jeweiligen politischen Handelns zu bestimmen und verbindlich vorzugeben. Gerade die Tatsache, dass es ein Amt des Premierministers als »Regierungschef« eigentlich formalrechtlich gar nicht gab (es wurde erst 1905 eingerichtet), machte diese Aufgabe – knapp als »managing the government« um-

---

62 Vgl. Keir, Constitutional History (wie Fn. 7), S. 413.
63 Kluxen, Geschichte (wie Fn. 13), S. 559.
64 Vgl. Watson, Reign of George III (wie Fn. 31), S. 95 ff., 123 ff., 300, 439 u. a.; grundlegend: John Ehrman, The Younger Pitt, Bde. 1-3, London 1969–1996.
65 Vgl. die Bemerkungen bei Hanham, Nineteenth-Century Constitution (wie Fn. 61), S. 61.

schrieben – zu einem äußerst schwierigen Geschäft, an dessen Anforderungen nicht wenige, selbst erfahrene Politiker, gescheitert sind.[66]

Die Regierungen standen als »Kabinette« spätestens seit dem jüngeren Pitt unter der letztlich nicht mehr anzufechtenden und auch nicht mehr angefochtenen Leitung des Premierministers.[67] Den wichtigsten unter den Ministern[68], die ihre altertümlichen Bezeichnungen beibehielten – Chancellor of the Exchequer (Finanzminister), Secretary of State for the Home Office (Innenminister), Secretary of State for the Foreign Office (Außenminister), Secretary of State for the Colonial Office (Kolonialminister), Secretary of State for the India Office (Minister für Indien), Secretary of State for the War Office (Kriegsminister), First Lord of the Admiralty (Marineminister) –, blieb freilich immer noch ein bedeutender politischer Spielraum zur Verfügung, den nicht wenige von ihnen zu nutzen versuchten, um sich zu einem der nachfolgenden Regierungschefs zu qualifizieren. Nach 1815 bildete sich sukzessive das Prinzip der kollektiven Verantwortlichkeit der Gesamtregierung für die von ihr betriebene Politik heraus, und dies konnte u. U. bedeuten, dass die Regierung auch in ihrer Gesamtheit zurücktrat, wenn sie nicht mehr über die Mehrheit im Unterhaus verfügte. Seit dieser Zeit galt ebenfalls die Konvention, dass ein Regierungsmitglied, das nicht mehr das uneingeschränkte Vertrauen des Premierministers und der Kabinettskollegen genoss, freiwillig aus dem Amt auszuscheiden hatte.[69]

3 Wahlrecht und Wahlen

Wahlen und Wahlrecht befanden sich vor der großen Reform von 1832 gewissermaßen noch auf dem Stand der beginnenden frühen Neuzeit; bis ins 17. Jahrhundert hinein hatte es tatsächlich zu den Vorrechten des Monarchen gehört, nach eigenem Belieben an Städte oder Marktflecken das Recht auf einen eigenen Vertreter im Unterhaus verleihen zu können.[70] Nicht nur dieses Recht, sondern die allgemeine Praxis und das gleichzeitige langjährige Versäumnis einer rechtzeitigen Neueinteilung der bestehenden Wahlkreise hatten mit der Zeit dazu geführt, dass es zu extremen Un-

---

66 Vgl. Holdsworth, History (wie Fn. 28), Bd. 14, S. 175 ff.
67 Vgl. hierzu – auch mit Blick auf die weitere Entwicklung – gut zusammenfassend: Keir, Constitutional History (wie Fn. 7), S. 496 ff.; Hatschek, Staatsrecht (wie Fn. 55), Bd. 2, S. 24-35; Lowell, Verfassung (wie Fn. 61), Bd. 1, S. 27-50.
68 Vgl. dazu ausführlich: Holdsworth, History (wie Fn. 28), Bd. 14, S. 107 ff.; Henry Parris, Constitutional Bureaucracy. The Development of British Central Administration since the Eighteenth Century, London 1969, S. 80-133; Norman Chester, The English Administrative System 1780-1870, Oxford 1981, S. 70-321.
69 Vgl. Hanham, Nineteenth-Century Constitution (wie Fn. 61), S. 75 f.
70 Vgl. hierzu u. a. die Darstellung von Gottfried Niedhart, Großbritannien, in: P. Brandt u. a. (Hg.), Handbuch der europäischen Verfassungsgeschichte im 19. Jahrhundert, Bd. 1: Um 1800, Bonn 2006, S. 165-213, hier S. 182-186.

gleichheiten bei der parlamentarischen Repräsentation kam; die beiden vielleicht stärksten Gebrechen des alten Systems bestanden zum einen im Fehlen einer Vertretung vieler neu aufstrebender Industriestädte in Nordengland, und zum zweiten in der übermäßig starken Vertretung bestimmter counties und boroughs in Süd- und Südwestengland.[71](☞ Abb. 2.1, S. 221) Ein ausgeprägtes Klientelwesen und eine hiermit engstens verbundene Korruption bei den Parlamentswahlen charakterisierten jenes System in besonderer Weise, und eben diese, in der Regel als wildes Spektakel ablaufenden »Wahlen« waren es, die während des 18. Jahrhunderts auch immer wieder die Aufmerksamkeit ausländischer, gerade auch deutscher Besucher erregt hatten – erinnert sei etwa an Karl Philipp Moritz.[72]

Die Reformbedürftigkeit dieses Systems stand für alle politisch Urteilsfähigen inner- und außerhalb Großbritanniens bereits seit den 1780er-Jahren außer Frage. Schon in dieser Zeit begannen die Bestrebungen für eine Wahlreform erstmals Gestalt anzunehmen: Es bildeten sich Organisationen der Reformanhänger, und selbst im Unterhaus begann es zu gären.[73] So bemühte sich der jüngere Pitt, seit 1782 Angehöriger eines »committee of inquiry into the state of parliamentary representation«[74], erstmals um eine Reform Bill, die allerdings noch keine generelle Reform des Wahlsystems anstrebte, sondern lediglich darauf abzielte, fünfzig »rotten boroughs« das Wahlrecht zu entziehen und die dadurch frei gewordenen einhundert Parlamentsmandate auf das ganze Land – vorzugsweise an bisher nicht repräsentierte Städte im Norden – zu verteilen; außerdem sollte das Wahlrecht auf die wohlhabenden »Copyholders« (Besitzer von Lehngütern) ausgedehnt werden. Doch alle Bestrebungen dieser und ähnlicher Art scheiterten: am Widerwillen des Königs, an der Uneinigkeit der Regierungen und letztendlich auch am Widerstand derjenigen, die vom alten System massiv profitierten – und das waren nicht wenige, übrigens in beiden Häusern des Parlaments.[75]

Hinzu kamen nach 1790 die Unterdrückungsmaßnahmen der Regierung gegen die britischen Anhänger der Französischen Revolution. Die zeitweilige Außerkraftsetzung einzelner Grundrechte wirkte sich umgehend ebenfalls auf die Entfaltungsmöglichkeiten und das Tätigkeitsfeld derjenigen »political societies« aus, die für eine Reform kämpften: der »Society of Supporters of the Bill of Rights«, der »Yorkshire Association« oder auch der »Society for Promoting Constitutional Information«. Erst seit 1812, als sich das Ende der napoleonischen Herrschaft in Europa anzubahnen schien, kam

---

71 Allgemein hierzu siehe u. a. Woodward, Age of Reform (wie Fn. 5), S. 25 ff; Keir, Constitutional History (wie Fn. 7), S. 394 ff.; siehe auch oben, Fn. 50.
72 Vgl. Hans-Christof Kraus, Englische Verfassung und politisches Denken im Ancien Régime 1689 bis 1789, München 2006, S. 663.
73 Zusammenfassend hierzu vor allem John Cannon, Parliamentary Reform 1640–1832, Cambridge 1980, S. 72 ff. u. passim; Michael J. Turner, The Age of Unease. Government and Reform in Britain, 1782–1832, Phoenix Mill 2000, S. 29 ff. u. passim.
74 Keir, Constitutional History (wie Fn. 7), S. 396.
75 Zum Ganzen siehe Keir, Constitutional History (wie Fn. 7), S. 398 ff.

die Agitation für eine Parlaments- und Wahlreform erneut in Gang, um fortan, getragen auch von einer sich immer selbstbewusster artikulierenden öffentlichen Meinung, nicht noch einmal zu verstummen.[76] Es bildeten sich neue politische Vereinigungen und Agitationsverbände, die vehement eine Wahlreform einforderten; ihr wichtigster Stichwortgeber war nun Jeremy Bentham, dessen bereits im vergangenen Jahrhundert formulierten Ideen jetzt auf breiteste Resonanz stießen. In der Frage der Wahlreform begannen öffentliche Meinung und der Mehrheitswille beider Häuser des Parlaments von Westminster seit 1815 immer weiter auseinanderzuklaffen; während die Angehörigen beider Parlamentskammern ihre traditionellen, scheinbar wohlerworbenen Rechte in Gefahr wähnten, hielten die Reformanhänger an ihrem zentralen Ziel fest: »bringing Parliament into closer relation with public opinion and the popular will«.[77]

Die radikalen Anhänger Benthams und Teile der Whigs nahmen sich seit Ende des Krieges immer entschiedener der Angelegenheit an, und in den Jahren 1818, 1819, 1820, 1821, 1822, 1823 und 1826 wurden entsprechende Wahlreformanträge im Unterhaus eingebracht, jedoch dort stets mit großer Mehrheit auch verworfen.[78] Trotzdem geriet die Regierung – auch nach Aufdeckung immer neuer, mit dem geltenden Wahlsystem zusammenhängender Korruptionsskandale – in zunehmendem Maße unter Zugzwang: Bereits in den 1820er-Jahren wurde einzelnen »rotten boroughs« das Wahlrecht entzogen, doch es blieb auch hier lediglich bei kosmetischen Reparaturen eines im Ganzen maroden Systems.[79] Erst als sich um 1829/30 – teilweise auch unter dem Eindruck der erfolgreichen Julirevolution in Frankreich – innerhalb Großbritanniens die Situation gefährlich zuzuspitzen begann, wurden die traditionellen Führungsschichten des Landes, die sich jetzt dem immer massiveren Druck der Forderungen der zahlreichen Reformgesellschaften ausgesetzt sahen, zum Handeln veranlasst. Auch der Tod des in der Wahlfrage intransigenten Königs Georg IV. am 26. Juni 1830 sollte sich auf die folgende Entwicklung letztendlich günstig auswirken.

Jedenfalls kam es nach längerem politischen Hin und Her unter dem Eindruck einer drohenden Verfassungskrise im Herbst 1830 zum Sturz der streng konservativen und dementsprechend reformfeindlichen Regierung des Herzogs von Wellington[80]; im November 1830 folgte ihm Lord Grey im Amt des Premierministers nach.[81]

---

76 Vgl. Briggs, Age of Improvement (wie Fn. 55), S. 184 ff.; wichtig auch Wirsching, Parlament (wie Fn. 50), bes. S. 243 ff. u. passim; Norman Gash, Aristocracy and People. Britain 1815–1860, London 1981, S. 102 ff.; W. D. Rubinstein, Britain's Century. A Political and Social History 1815–1905, London 1998, S. 3 ff., 16 ff.
77 So treffend Keir, Constitutional History (wie Fn. 7), S. 399.
78 Für die Einzelheiten siehe die detaillierte Darstellung bei Michael Brock, The Great Reform Act, London 1973, S. 15-118.
79 Vgl. Keir, Constitutional History (wie Fn. 7), S. 400.
80 Vgl. Peter Jupp, British Politics on the Eve of Reform. The Duke of Wellington's Administration 1828–30, Basingstoke 1998, S. 417 ff.
81 Vgl. hierzu und zum Folgenden E. A. Smith, Lord Grey 1764–1845, Oxford 1990, S. 254-307; Brock, Great Reform Act (wie Fn. 78), S. 119 ff.; Woodward, Age of Reform (wie Fn. 5), S. 77 ff.;

Unter dem Druck der aufgeheizten Stimmung im Land blieb der neuen liberalen Regierung (die mehrheitlich eigentlich nicht reformfreundlich gesinnt war) gar nichts anderes übrig, als am 1. März 1831 eine Wahlreformbill im Unterhaus einzubringen, die einige Wochen später mit der denkbar knappsten Mehrheit von 302 gegen 301 Stimmen angenommen wurde. Kurz darauf kam es zu Neuwahlen, die den Whigs nunmehr eine komfortable Mehrheit einbrachten; eine zweite Reformbill wurde dem Parlament vorgelegt, die im September 1831 vom Unterhaus auch angenommen, jedoch im Oktober bereits vom Oberhaus zu Fall gebracht wurde. Kurz nach Beginn der neuen Session, im Dezember 1831 wurde eine dritte Bill auf den Weg gebracht, die vom Unterhaus im März 1832 angenommen, jedoch einen Monat später vom Oberhaus in zweiter Lesung erneut verworfen wurde. Daraufhin folgte im Mai eine Regierungskrise: Die Regierung demissionierte, als der König einen Peersschub verweigerte, um das renitente Oberhaus zur Raison zu bringen, doch der anschließende Versuch einer neuen konservativen Regierungsbildung unter Wellington scheiterte. Das Land befand sich nun am Rand einer Revolution – überall begann es zu gären; es kam zu Ausschreitungen, Massendemonstrationen und ersten Aufständen. Die »reform crisis« erreichte damit ihren Höhepunkt.[82]

Doch es gelang, den drohenden allgemeinen Umsturz gerade noch einmal zu vermeiden[83]: Grey kehrte in die Regierung zurück, und König Wilhelm IV. blieb angesichts der jetzt extrem gefährlich gewordenen Lage nichts anderes mehr übrig, als den Lords mit einem Peersschub zu drohen, sollten sie sich der von der Regierung und vom Land geforderten Reform auch weiterhin widersetzen. Dem Oberhaus blieb keine andere Wahl mehr als sich zu fügen. Um einen höchst unerwünschten Peersschub zu vermeiden, blieb die Mehrheit der reformgegnerischen Lords (es waren fast zwei Drittel aller Mitglieder) der entscheidenden Abstimmung in dritter Lesung fern, deshalb konnte das Gesetz endlich am 4. Juni 1832 mit 106 gegen 22 Stimmen vom House of Lords angenommen werden. Die konservativen Eliten des Landes hatten sich dem Ansturm der veränderungswilligen Massen gefügt – oder besser gesagt: fügen müssen. In der Tat: »The act of 1832 was a turning point in modern English history«[84]; und auch wenn man diesen säkularen Vorgang heute sicher nicht mehr im Stil der selbstbewussten älteren Whig-Historiografie als Ausdruck eines »genius of the

---

Briggs, Age of Improvement (wie Fn. 55), S. 236 ff.; Peter Mandler, Aristocratic Government in the Age of Reform. Whigs and Liberals, 1830–1852, Oxford 1990, bes. S. 123 ff. u. passim; Nancy D. LoPatin, Political Unions, Popular Politics and the Great Reform Act of 1832, Basingstoke 1999, S. 38 ff. u. passim; Tilly, Popular Contention (wie Fn. 35), S. 308 ff.

82 Vgl. zur »reform crisis« vor allem Hilton, Mad People (wie Fn. 1), S. 420 ff., sowie Brock, Great Reform Act (wie Fn. 78), S. 268 ff.

83 Vgl. hierzu neben Woodward, Age of Reform (wie Fn. 5), S. 80 ff. auch Briggs, Age of Improvement (wie Fn. 55), S. 252 ff.; Gash, Aristocracy (wie Fn. 76), S. 146 ff.; Rubinstein, Britain's Century (wie Fn. 76), S. 37 ff.

84 Woodward, Age of Reform (wie Fn. 5), S. 87.

English people for politics« (G. M. Trevelyan)[85] verstehen wird, so ist doch zu Recht gesagt worden, dass die Reform »die mächtigste und fortschrittlichste Nation der Epoche in einer friedlichen Entwicklung« hielt und nicht zuletzt aus diesem Grund »eines der größten Ereignisse des 19. Jahrhunderts«[86] darstellt.

Wie nun sah die Wahlreform im Detail aus?[87] Es handelte sich dabei, um dies gleich vorwegzunehmen, nicht etwa um eine fundamentale, an die Wurzel gehende Erneuerung, d. h. nicht um eine Reform zur Herstellung gleich großer Wahlkreise und eines wenigstens annähernd gleichen oder gar allgemeinen Wahlrechts, sondern lediglich um eine – wenngleich in bestimmten Teilaspekten durchaus tief greifende – Korrektur des bisherigen Systems. Grundlegend verändert wurden die bisherigen regional verschiedenen Wahlberechtigungen, die früher in den Städten an gewisse Korporations- und Kommunitätsrechte gebunden gewesen waren. Seit 1832 galt hier ein einheitliches Prinzip: Wahlberechtigt waren fortan alle städtischen Hausbesitzer mit einem Mindestertrag von wenigstens zehn Pfund pro Jahr; für alle städtischen Wähler galt zudem fortan die Residenzpflicht. Das alte korporativ gebundene städtische Recht war damit von einem individualistischen, freilich an Eigentumsqualifikation gebundenen Stimmrecht abgelöst worden; dieses neue Wahlrecht kam vorrangig den städtischen Mittelklassen zugute, während das Handwerk an Einfluss verlor. Und den Arbeitern blieb unter diesen Umständen das Wahlrecht auch weiterhin vorenthalten.[88]

In den ländlichen Wahlkreisen der Grafschaften sah es dagegen anders aus, denn der traditionelle Unterschied zwischen Stadt und Land wurde auch nach 1832 beibehalten. Auch hier gab es eine Erweiterung des Wahlrechts, indem fortan sämtliche Erbpächter, Lebenszeitpächter und Zeitpächter (Freeholders, Copyholders, Lease-Holders, Tenants-at-will usw.), die eine gewisse, in der Höhe jeweils unterschiedlich gestaffelte Pachtsumme entrichten konnten, das Wahlrecht zum Unterhaus erhielten. Dies bedeutete aber ebenfalls eine gewisse Stärkung der Stellung der ohnehin bereits einflussreichen adligen Landlords, denn die neuen Wähler waren in der Regel zwar wohlhabende, aber eben auch kündbare Pächter – und in diesem Sinne waren sie vom Grundherrn immer noch wenigstens mittelbar abhängig. Die Zahl der Wahlberechtigten in Stadt und Land erhöhte sich allerdings insgesamt deutlich: Sie stieg von vorher 220.000 auf etwa eine halbe Million Wähler (davon allerdings ca. 435.000 in

---

85 Trevelyan, British History (wie Fn. 5), S. 225.
86 So Kluxen, Geschichte (wie Fn. 13), S. 555.
87 Vgl. zum Folgenden vor allem Keir, Constitutional History (wie Fn. 7), S. 400-415; Woodward, Age of Reform (wie Fn. 5), S. 88-94; Kluxen, Geschichte (wie Fn. 13), S. 555-560; Philip Salmon, Electoral Reform at Work. Local Politics and National Parties, 1832–1841, Woodbridge u. a. 2002, S. 19 ff. u. passim; Eric J. Evans, The Great Reform Act of 1832, London u. a. 1983; als grundlegende, ausführliche Gesamtdarstellung: Brock, Great Reform Act (wie Fn. 78), passim.
88 Die insgesamt drei z. T. recht detaillierten Gesetze »to amend the representation of the people« für England und Wales (7.6.1832), für Schottland (17.7.1832) und für Irland (7.8.1832) finden sich in CD-ROM-2, Dok.-Nr. 2.3.1-2.3.3.

England und Wales)⁸⁹, und mit ansteigendem Wohlstand erhöhte sich deren Zahl im Jahr 1833 bereits auf 652.000⁹⁰, auch später stieg sie laufend an.⁹¹ Damit hatte sich die Zahl der Wahlberechtigten zwar deutlich erhöht, aber noch immer blieb ein Großteil der erwachsenen Bevölkerung von der aktiven Teilnahme am politischen Leben ausgeschlossen. Und immer noch herrschte, dank der besonderen Ausweitung des ländlichen Wahlrechts, ein Übergewicht der ländlichen und kleinstädtischen Gegenden gegenüber den mittleren und größeren Städten.⁹²

Bei der Reform der Wahlkreiseinteilung war man zwar entschiedener vorgegangen, doch das alte System war in der Grundstruktur durchaus nicht zerstört worden; die Zahl der gewählten Mandatsträger im Unterhaus war nicht erhöht worden, und auch die alten Unterschiede zwischen boroughs und counties hatte man beibehalten.⁹³ Immerhin waren die alten »rotten boroughs«, die so lange den Stein des Anstoßes gebildet hatten, mit der Reform verschwunden. Insgesamt 57 boroughs (darunter so berüchtigte wie Old Sarum, Bossiney, Tregony, Wendovere, Midhurst, Castle Rising) verloren ihre jeweils zwei Parlamentssitze, 30 weitere wiederum (in der Regel Kleinstädte) verloren einen ihrer beiden Sitze. Von den auf diese Weise »frei gewordenen« Sitzen wurden 65 wiederum auf insgesamt 43 bisher nicht vertretene boroughs verteilt (unter ihnen fünf Großstädte: Manchester, Birmingham, Leeds, Sheffield, Wolverhampton), von denen 22 nunmehr über zwei Sitze im Unterhaus verfügten, die restlichen 21 über jeweils einen Sitz. Weitere 65 Sitze wurden auf die englischen counties verteilt, die übrig bleibenden auf Schottland und Irland. Damit hatten 1832 etwas mehr als 140 Sitze ihren Standort gewechselt.

Die erste Folge dieses neuen Wahlsystems bestand in einem spektakulären Wahlsieg derjenigen, die diese Reform vorbereitet und schließlich gegen alle Widerstände durchgesetzt hatten. Die noch im Jahr der Reform, im Dezember 1832, stattfindenden Unterhauswahlen führten zu einem überwältigenden Wahlsieg der Whigs (ca. 400 Sitze), während die Tories (ca. 150) nicht einmal die Hälfte der liberalen Stimmen erreichten; abgeschlagen blieben die Radikalen mit knapp 30 Mandaten, die damit etwa so viele Sitze erlangten wie die katholischen Iren.⁹⁴ In Bezug auf die soziale Zu-

---

89 Vgl. Woodward, Age of Reform (wie Fn. 5), S. 88; etwas andere Zahlen (ohne Nachweise) später bei Rubinstein, Britain's Century (wie Fn. 76), S. 43.
90 Die Zahlen nach Kluxen, Geschichte (wie Fn. 13), S. 557.
91 Bis zur nächsten großen Reform von 1866 vergrößerte sich (mit anwachsendem Wohlstand) die britische Wählerschaft um insgesamt etwa 62 Prozent; vgl. Harling, British State (wie Fn. 48), S. 79.
92 Nach den Berechnungen von Woodward, Age of Reform (wie Fn. 5), S. 89, fiel nach Inkrafttreten der Reformbill im Unterhaus die Zahl der »borough members« von 465 auf 399, während die Zahl der »county members« dagegen von 188 auf 253 anstieg!
93 Vgl. hierzu und zum Folgenden Keir, Constitutional History (wie Fn. 7), S. 403 ff.; Woodward, Age of Reform (wie Fn. 5), S. 88 ff.
94 Vgl. Kluxen, Geschichte (wie Fn. 13), S. 557 f.

sammensetzung des Hauses[95] hatte sich allerdings kaum etwas geändert, denn noch immer dominierte hier der Adel; auch im ersten nach dem neuen Wahlrecht gewählten Unterhaus saßen nicht weniger als 217 Söhne von Peers (also Angehörigen des Oberhauses) oder Baronets, die größtenteils in den ländlichen Wahlkreisen gewählt worden waren, wo das Patronagesystem – auf dem Wege über die immer noch vorhandenen Formen starker ökonomischer Abhängigkeit – auch weiterhin funktionierte.[96] Was das »landed interest« anbetraf, so hatte es 1832 nach einer treffenden Formulierung des Verfassungshistorikers David Lindsay Keir vor dem aufstrebenden Bürgertum nicht kapituliert, dafür aber – erfolgreich – das Angebot einer künftigen »partnership in power«[97] unterbreitet.

Es versteht sich, dass viele der Kämpfer für eine Wahlreform aus dem linksliberalen und radikalen Lager mit den Ergebnissen der Reformbill keineswegs zufrieden waren und hierin bestenfalls den allerersten Schritt in Richtung einer künftigen weiteren Veränderung sahen. Dennoch muss darauf hingewiesen werden, dass in der Folge der Wahlreform von 1832 gleichwohl Veränderungen erreicht wurden, die durchaus einen fast revolutionären Charakter besaßen und die das Land – in langfristiger Perspektive gesehen – tatsächlich grundlegend verändert haben.[98] Dazu gehört zuerst (wie bereits an anderer Stelle ausgeführt) das vollständige Abklingen jeglichen Einflusses der Krone auf die Zusammensetzung des Unterhauses; das alte, noch im 18. Jahrhundert so erfolgreiche System der Kronpatronage war damit für immer zu Ende gegangen. Und im Weiteren entwickelte sich das House of Commons fortan zum unangefochtenen Schwerpunkt des politischen Lebens in Großbritannien: »the House« und »the Cabinet« bildeten von nun an die Zentren der politischen Entscheidungsfindung. An Bedeutung hatten auch die beiden großen Parteien gewonnen, die jetzt unter den modernen Bezeichnungen als »Liberals« (Whigs) und »Conservatives« (Tories) auftraten.[99] Mit allen diesen Veränderungen war wiederum die seit 1689 wenigstens in der Verfassungstheorie bestehende berühmte Balance der drei tragenden

---

95 Dazu neben Woodward, Age of Reform (wie Fn. 5), S. 92 ff. vor allem auch Gash, Aristocracy (wie Fn. 76), S. 156 ff.; Rubinstein, Britain's Century (wie Fn. 76), S. 44 ff.
96 Grundlegend hierzu vor allem Norman Gash, Politics in the Age of Peel. A Study in the Technique of Parliamentary Representation 1830–1850, London u. a. 1953, bes. S. 105 ff. u. passim; vgl. ebenfalls Beckett, Aristocracy (wie Fn. 58), S. 451 ff. u. passim.
97 Keir, Constitutional History (wie Fn. 7), S. 404.
98 Norman Gash sprach bekanntlich von einer »constitutional revolution«, vgl. Gash, Aristocracy (wie Fn. 76), S. 129; auch David L. Keir hat aus verfassungshistorischer Perspektive die »revolutionary effects« der Wahlreform stark betont, vgl. Keir, Constitutional History (wie Fn. 7), S. 405.
99 Vgl. dazu u. a. Frank O'Gorman, The Emergence of the British Two-Party System 1760–1832, London 1982, S. 81 ff. (ab 1812); Gary W. Cox, The Efficient Secret. The Cabinet and the Development of Political Parties in Victorian England, Cambridge u. a. 1987. Zu Liberalen und Konservativen im Einzelnen: Jonathan Parry, The Rise and Fall of Liberal Government in Victorian Britain, New Haven u. a. 1993, bes. S. 95 ff. u. passim; Robert Stewart, The Foundations of the Conservative Party 1830–1867, London u. a. 1978; Bruce Coleman, Conservatism and the Conservative Party in Nineteenth-Century Britain, London u. a. 1988, bes. S. 55 ff.

Verfassungselemente – King, Lords and Commons – zerstört.[100] Die Dominanz des Unterhauses über die beiden anderen Verfassungsfaktoren war nunmehr offenkundig geworden, und damit wurde ein Entwicklungsprozess eingeleitet, der die weitere englische Geschichte des 19. und des 20. Jahrhunderts prägen sollte und der in seinen Ausläufern bis in die unmittelbare Gegenwart führt.

4 Grundrechte

Im Gegensatz zu den meisten anderen Ländern Europas besaßen die Grundrechte in Großbritannien eine herausragende Bedeutung, auch und vor allem im Bewusstsein der Bürger, die in der Regel stolz darauf waren, zu den »freeborn Englishmen« zu gehören.[101] Als ein Kernstück der Rechte eben jenes freien Engländers galt die Habeas Corpus-Akte von 1679, die vor ungerechtfertigter Inhaftierung schützte. Während des Kampfes gegen die Französische Revolution und deren Sympathisanten auf der Insel war die Akte allerdings zwischen 1794 und 1801 suspendiert worden; daneben hatte es noch andere Gesetze zur Knebelung der öffentlichen Meinung und Maßnahmen zur Unterdrückung der wirklichen oder auch nur vermeintlichen Gegner der englischen Verfassungsordnung gegeben.[102] Freilich ging es im »Georgian state« um 1800 letztlich immer noch toleranter und freiheitlicher zu als in den meisten Staaten des Kontinents[103], und nach dem Ende der napoleonischen Kriege war man zuerst bestrebt, die alten Rechte nach und nach wiederherzustellen, und so kam es bereits 1816 zu einer offiziellen Erneuerung des Habeas Corpus und zu dessen inhaltlicher Präzisierung – mit Blick auf die Anwendung dieser Akte seitens der Richter. Der Habeas Corpus wurde nun offiziell definiert als »an Act for more effectually securing the Liberty of the Subject«.[104]

Doch im Verlauf der ersten, ökonomisch und politisch eher trüben Nachkriegsjahre kam es nicht nur auf dem Kontinent, sondern auch in Großbritannien in der Folge der schwierigen Umstellung von der Kriegs- auf Friedenswirtschaft und der Demobilisierung der Truppen immer wieder zu öffentlichen Unruhen, Massenaufläufen und Protestdemonstrationen, die sich in gleicher Weise sowohl gegen ökonomische und soziale Missstände wie auch gegen den mangelnden Reformwillen der da-

---

100 Vgl. Keir, Constitutional History (wie Fn. 7), S. 405 f.
101 Vgl. dazu auch die Ausführungen von Niedhart, Großbritannien (wie Fn. 70), S. 187 f. Die nachfolgend erwähnte Habeas Corpus-Akte von 1679 findet sich in CD-ROM-1, Dok.-Nr. 2.4.1 (engl.)/2.4.2 (dt., Auszug).
102 Vgl. Keir, Constitutional History (wie Fn. 7), S. 398; zum Zusammenhang ebenfalls Watson, Reign of George III (wie Fn. 31), S. 356 ff.; Hilton, Mad People (wie Fn. 1), S. 65 ff.
103 Das bemerkt zutreffend Harling, British State (wie Fn. 48), S. 57; vgl. auch Woodward, Age of Reform (wie Fn. 5), S. 29.
104 CD-ROM-2, Dok.-Nr. 2.4.1 (Habeas Corpus-Gesetz v. 1.7.1816).

maligen konservativen Regierung richteten.[105] Als diese Kundgebungen zunehmend bedrohliche Formen annahmen, griff die Regierung – natürlich auch in Erinnerung an die Französische Revolution von 1789 – ungewöhnlich hart durch: Bereits zum 1. Juli 1817 wurde der im Vorjahr erst erneuerte Habeas Corpus erneut suspendiert. Dies war allerdings eine in der öffentlichen Meinung und auch im Parlament, vor allem bei der liberalen Opposition, äußerst umstrittene Maßregel, denn die erneute Aufhebung »berührte einen als sakrosankt erachteten Bestandteil der Verfassung«.[106] Schon im Text der »Habeas Corpus Suspension Act« von 1817[107] drückt sich anschaulich die Beunruhigung der Regierung und der herrschenden Schichten angesichts der gegenwärtigen Lage aus, denn diese Maßnahme richtete sich offiziell gegen »a traitorous conspiracy […] for the purpose of overthrowing by means of a general insurrection the established Government, laws and Constitution of this Kingdom«.[108]

Ebenfalls als eine Maßnahme des Staatsnotstandes, der Verteidigung der Fundamente der gültigen Verfassungsordnung gegen deren erklärte Feinde wurden die im aufgeheizten innenpolitischen Klima dieser Jahre getroffenen Maßregeln zur Einschränkung der Presse- und Meinungsfreiheit angesehen. Bekanntlich gab es seit dem ausgehenden 17. Jahrhundert keine Vorzensur mehr, doch die Möglichkeit zur Nachzensur war stets vorhanden; es lag im Ermessen der Regierung, ob eingeschritten wurde oder nicht. Das bedeutete, dass jeder Journalist und Publizist, auch jeder Verleger und Buchhändler, der staatskritische, politisch bedenkliche Texte und Schriften verfasste, druckte oder vertrieb, ein hohes Risiko zu tragen hatte.[109] In den ersten Jahren seit 1817 griff die Regierung des Earl of Liverpool auch in dieser Hinsicht hart durch: Man hat berechnet, dass von den insgesamt 183 Urteilen, die zwischen 1817 und 1834 gegen Schriftsteller und Verleger wegen »seditious or blashemous libel« oder »defamation of the king and his ministers« in Großbritannien ausgesprochen worden sind, nicht weniger als 131 in die Jahre bis 1821 fallen.[110]

Die wohl bedenklichste – in jedem Fall aber folgenreichste – Maßnahme der damaligen Regierung gegen legitime Protestbewegungen ist mit dem Begriff des »battle of Peterloo« oder des »Manchester massacre«[111] verbunden. Am 16. August 1819 kam es auf dem St. Petersfield in der Nähe von Manchester zu einem Massenauflauf von

---

105 Vgl. Woodward, Age of Reform (wie Fn. 5), S. 61 ff.; Hilton, Mad People (wie Fn. 1), S. 251 ff.; Briggs, Age of Improvement (wie Fn. 55), S. 201 ff.
106 So treffend Wirsching, Parlament (wie Fn. 50), S. 303.
107 CD-ROM-2, Dok.-Nr. 2.4.2 (Aufhebung der Habeas Corpus-Garantien v. 4.3.1817).
108 A. Aspinall/E. A. Smith (Hg.), English Historical Documents, Bd. 11: 1782–1832, London 1969, S. 329.
109 Das Standardwerk hierzu hat William H. Wickwar, The Struggle for the Freedom of the Press, 1819–1832, London 1928, vorgelegt; vgl. auch Woodward, Age of Reform (wie Fn. 5), S. 30 ff.; Keir, Constitutional History (wie Fn. 7), S. 399.
110 Diese Zahlen nach Woodward, Age of Reform (wie Fn. 5), S. 31; vgl. zum Zusammenhang ebenfalls Wirsching, Parlament (wie Fn. 50), S. 288 ff.
111 Hilton, Mad People (wie Fn. 1), S. 252.

etwa 60.000 Menschen, die sich dort zu einer Protestkundgebung gegen das geltende parlamentarische Wahlrecht versammelt hatten. Die darüber beunruhigte Stadtregierung von Manchester setzte Truppen ein, die am Ende gewaltsam gegen die unbewaffnete Menge vorgingen, um sie auseinander zu treiben. Dabei gab es nicht nur elf Tote, darunter mehrere Frauen, sondern auch etwa vierhundert Verletzte. In Anlehnung an die von Wellington und Blücher gegen Napoleon gemeinsam gewonnene Schlacht von Waterloo vier Jahre zuvor sprach man jetzt von der säkularen Niederlage von »Peterloo« für die (nach wie vor von Wellington befehligte) englische Armee – unter diesem Namen ist das Massaker in die englische Geschichte eingegangen.[112]

Die konservative Regierung verweigerte nicht nur eine amtliche Untersuchung des Vorfalls, sondern sie bemühte sich, im Gegenteil, noch um weitere Einschränkungen des Versammlungsrechts, nachdem es bereits 1817 durch die erste »Seditious Meetings Act« deutlich eingegrenzt worden war.[113] Liverpool und seine Regierung konnten in der Folgezeit jene freiheitsbegrenzenden, auch die Grundrechte – wenn auch nur vorübergehend – klar einschränkenden »Six Acts« gegen starke Widerstände in beiden Häusern des Parlaments durchbringen. Diese neuen Bestimmungen schränkten die Rechte der Angeklagten in bestimmten Gerichtsverfahren ein, sie verschärften die Zensurmaßnahmen gegen die Verfasser, Drucker und Verleger aufrührerischer Druckerzeugnisse[114], sie beschränkten das Recht zum privaten Gebrauch von Schusswaffen, und vor allem wurden große öffentliche Massenversammlungen fortan verboten. Die erneuerte »Seditious Meetings Act« von 1819[115] erklärte alle öffentlichen Zusammenkünfte von mehr als fünfzig Personen künftig für genehmigungspflichtig; außerdem erhielten die Friedensrichter fortan die offizielle Befugnis, auch von ihnen genehmigte Versammlungen im gegebenen Fall sofort aufheben und die Teilnehmer verhaften zu können. Die meisten Bestimmungen jener »Six Acts« wurden allerdings um die Mitte der 1820er-Jahre wieder gelockert oder vollständig aufgehoben.

Auch auf einem anderen Gebiet konnte in dieser Zeit ein gewisser Fortschritt verzeichnet werden. In den Jahren 1799 und 1800 war durch die »combination laws« jede Bildung von Arbeiterassoziationen, damit jede organisierte Interessenvertretung der arbeitenden Klassen strikt untersagt worden. Diese Bestimmungen, die sich vor allem im Kampf gegen Streikbewegungen einsetzen ließen, erwiesen sich unter den sehr veränderten ökonomischen Bedingungen nach 1820 als nicht mehr zeitgemäß; sie wurden 1824 offiziell aufgehoben. Auch viele derjenigen, die für eine freie Wirtschaft eintraten, hielten es für angebracht, den Arbeitern die Bildung eigener Interessenorganisa-

---

112 Vgl. dazu neben Woodward, Age of Reform (wie Fn. 5), S. 65 f., auch Gash, Aristocracy (wie Fn. 76), S. 93 ff.; Briggs, Age of Improvement (wie Fn. 55), S. 210 ff.
113 Vgl. Aspinall/Smith (Hg.), Documents (wie Fn. 108), S. 330-332.
114 So in der »Blasphemous and Seditous Libels Act« vom 30.12.1819, ediert in: CD-ROM-2, Dok.-Nr. 2.8.1; wie auch in der »Stamp Duty on Newspapers Act«, ebenfalls von 1819, ediert in: D. Oswald Dykes, Source Book of Constitutional History from 1660, London u. a. 1930, S. 456-460.
115 CD-ROM-2, Dok.-Nr. 2.4.3 (Gesetz gegen aufrührerische Versammlungen v. 1819).

tionen auch in rechtlich-verbindlicher Form zu ermöglichen: »A Trade Unions Act« von 1825[116] regelte erstmals die – freilich insgesamt noch sehr beschränkten – Rechte der frühen britischen Gewerkschaften.[117] In der Folgezeit akzeptierten auch führende Vertreter der Konservativen, vor allem Angehörige der jüngeren Generation, das Koalitionsrecht, damit auch das Recht auf Zusammenschlüsse mit dem Ziel umfassender Staats- und Gesellschaftsreformen; Benjamin Disraeli, damals der kommende Mann des rechten Parteiflügels, konnte am 12. Juli 1839 in einem bemerkenswerten Debattenbeitrag über die Rechte der radikalen Reformbewegung der »Chartisten«[118] im House of Commons die Feststellung wagen: »I am not ashamed to say, however much I disapprove of the Charter, I sympathise with the Chartists«.[119]

5 Verwaltung

Mit der Französischen Revolution begann auf dem Kontinent eine Ära umfassender Staats- und Verwaltungsreformen, und was im Frankreich der Revolutionszeit begonnen und unter Napoleon fortgesetzt wurde, fand auch in anderen Ländern, vor allem in Deutschland ab 1806, starke Resonanz. Eine eigentliche »Reformzeit«, die in Deutschland mit den Namen etwa von Stein, Hardenberg und Montgelas verbunden ist, hat es in Großbritannien allerdings nicht gegeben – und das ist nicht nur auf das Fehlen einer im eigentlichen Sinne »etatistischen« Verwaltungstradition im Inselreich zurückzuführen. Obwohl die englischen Verwaltungsinstitutionen dieser Zeit wohl doch etwas stärker ausgeprägt gewesen sind, als Teile der älteren liberalen Geschichtsschreibung wahrhaben wollten, da auch der »fiscal-military state« des späten 18. Jahrhunderts auf eine gut funktionierende Verwaltung angewiesen war[120], wird man doch davon sprechen müssen, dass – zieht man den Vergleich zu den Staaten des Kontinents – im frühen 19. Jahrhundert auf der Insel letztlich immer noch der »Laissez-faire«-Staat[121] als anzustrebendes Ideal galt: »minimal state« und »cheap government« wurden tatsächlich von beiden großen Parteien als Leitmodelle verfochten[122] – wenn

---

116 Abgedruckt in: William Conrad Costin/John Steven Watson, The Law and Working of the Constitution: Documents 1660–1914, Bd. 2, London 2. Aufl. 1964, S. 40 f.
117 Vgl. Harling, British State (wie Fn. 48), S. 98; Woodward, Age of Reform (wie Fn. 5), S. 72 ff.; Briggs, Age of Improvement (wie Fn. 55), S. 212; Keir, Constitutional History (wie Fn. 7), S. 371 f.; zum Zusammenhang siehe auch die einschlägigen Beiträge in: J. Rule (Hg.), British Trade Unionism 1750–1850. The Formative Years, London 1988.
118 Vgl. dazu Kapitel 12, Wirtschafts- und Sozialgesetzgebung/Öffentliche Wohlfahrt.
119 CD-ROM-2, Dok.-Nr. 2.4.4 (Unterhausdebatte über Bürgerrechte v. 12.7.1839).
120 Dazu grundlegend: John Brewer, The Sinews of Power. War, Money and the English State 1688–1783, London u. a. 1989.
121 Vgl. Keir, Constitutional History (wie Fn. 7), S. 368 ff.; Harling, British State (wie Fn. 48), S. 71 ff.
122 Vgl. Harling, British State (wie Fn. 48), S. 78 f.

auch aus sehr unterschiedlichen Motiven, denn während die Konservativen an den vermeintlich preiswerten und guten, weil alten und bewährten Einrichtungen besonders der ländlichen, adlig dominierten Lokalverwaltung festzuhalten trachteten, erstrebten die Liberalen den möglichst nicht in die Wirtschaft eingreifenden, letztlich den ökonomischen Interessen dienenden Freihandelsstaat.

Es war vor allem der radikale Utilitarismus, der die fehlende Effektivität und Rationalität der an überalterten Formen und Prozeduren festhaltenden Verwaltung kritisierte. Der rechtliche Dualismus zwischen Common Law und Equity (Billigkeitsprinzip im Recht) auf der einen Seite, den klaren Bestimmungen der Rechtsbücher und des Statute Law auf der anderen Seite, führte auch und gerade innerhalb der Verwaltung ebenfalls zu Reibungsverlusten[123], die sich das Land nach 1815, zumal angesichts der massiv ansteigenden sozialen und gesellschaftlichen Probleme, gar nicht mehr leisten konnte. Der erfolgreiche Abschluss des langwierigen Kampfes um die Wahlreform führte allgemein zu einer gewissen Veränderungsdynamik, die sich bald auch auf die Staatsverwaltung übertrug. Die Veränderungen in diesem Bereich glichen im Prinzip denen der Wahlreform, denn auch hier wurde das bisherige System eben nicht einfach beseitigt und durch ein neues ersetzt, sondern die alten Formen wurden teils unverändert beibehalten, teils verbessert und korrigiert, teils erweitert und ergänzt – und auch dann, wenn sie eigentlich funktionslos geworden waren, nur selten abgeschafft.[124] Das bedeutete konkret: Wurde ein von der bisherigen Verwaltung nicht gelöstes oder zu lösendes Problem derart akut, dass drängender Handlungsbedarf entstand, dann schuf man nicht selten lieber eine neue, gewissermaßen ergänzende Einrichtung – in der Regel als »Board« oder »Commission«, deren Aufgaben genau vorgegeben war –, anstatt die bereits bestehenden umzugliedern oder ihnen neue Aufgaben gewissermaßen per Dekret zuzuweisen.

Seit den frühen 1830er-Jahren sind auf diese Weise bis zur Mitte des Jahrhunderts nicht wenige solcher neuer Institutionen entstanden: Neben der Poor Law Commission waren dies u. a. die Tithe Commission, die Ecclesiastical Commission, die Lunacy Commission, die Inclosure Commission, die Railway Commission und der General Board of Health.[125] Mit diesen Gründungen folgten bald neue Probleme, denn es war nicht immer klar, welche Zentralbehörde für die Beaufsichtigung (und für

---

123 Vgl. Keir, Constitutional History (wie Fn. 7), S. 369 f.
124 Vgl. dazu im Allgemeinen Keir, Constitutional History (wie Fn. 7), S. 417 ff.; die Gründe hierfür nennt Keir ebenfalls, S. 420: »Antipathy to the principle of public control in general, and to central control over hitherto autonomous administrative units, led to the situation being dealt with in a short-sighted and grudging fashion which produced results strangely in contrast with the traditions of urban civilisation in Western Europe and still harmfully affecting national life to the present day«.
125 Vgl. Hanham, Nineteenth-Century Constitution (wie Fn. 61), S. 340; zum Zusammenhang siehe auch die entsprechenden Abschnitte bei Woodward, Age of Reform (wie Fn. 5), S. 444–473; Hilton, Mad People (wie Fn. 1), S. 573–638, bes. S. 603 (Tabelle der »major legislative commissions«, 1831–1845).

die Finanzierung) jener neuen Unterbehörden zuständig war, darüber hinaus entstanden auch immer wieder Kompetenzstreitigkeiten, nicht zuletzt wegen des z. T. recht selbstherrlichen Agierens der Leiter dieser neuen Behörden (als wohl bekanntestes Beispiel kann der Bentham-Schüler und strenge Utilitarist Edwin Chadwick[126] gelten, der sehr fähige und fleißige, aber auch höchst umstrittene Gründer und langjährige Leiter der Poor Law Commission).[127]

Besonders schlimm sah es um 1815 mit dem Staatsdienst, dem civil service aus; es existierten darin eine Fülle von Pfründen, mit deren Hilfe die Krone während des 18. Jahrhunderts noch einen bedeutenden Einfluss auf Entscheidungen in Staat, Verwaltung und Parlament hatte nehmen können, doch seit 1817 wurden derartige Stellen von der konservativen Regierung Liverpool – nicht selten gegen Widerstände aus den eigenen Reihen – rigoros abgebaut. Eine eigentliche Staatsbeamtenlaufbahn mit strikter Auswahl eines befähigten und qualifizierten Personals, geregelten Gehältern, Diensträngen und Aufstiegsmöglichkeiten (»career civil service«) gab es um 1815 ebenfalls noch nicht; erst in den 1840er-Jahren wurde der Grundstein hierfür gelegt – weitgehend auf Initiative und unter der Leitung eines hohen Beamten im Schatzamt, Sir Charles Trevelyan.[128]

Die traditionsreiche englische städtische wie ländliche Lokalverwaltung, das althergebrachte – gerade auch von den liberal-konservativen Reformern auf dem Kontinent sehr bewunderte – System des »local self-government«[129] geriet in den Jahren nach 1815 ebenfalls in eine tiefe Krise; auch hier meldete sich Handlungsbedarf an.[130] Die Gründe für den Niedergang des alten Systems, das früher von vielen seiner Bewunderer als Ausdruck eines vermeintlich genuin »germanischen« freiheitlichen Systems angesehen worden ist, hingen mit den großen demografischen, sozialen und ökonomischen Veränderungen zusammen, die sich seit dem Beginn des Jahrhunderts vollzogen.[131] Die Veränderungen im Wirtschaftssystem, auch in den Formen und Techniken der agrarischen Produktion, weiterhin das immense Bevölkerungswachs-

---

126 Vgl. Woodward, Age of Reform (wie Fn. 5), S. 452, 463 f.; Briggs, Age of Improvement (wie Fn. 55), S. 334 f.; Hilton, Mad People (wie Fn. 1), S. 578 ff.; Harling, British State (wie Fn. 48), S. 99 f., 104 ff.
127 Siehe dazu Kap, 12, Wirtschafts- und Sozialgesetzgebung/Öffentliche Wohlfahrt.
128 Vgl. Oliver MacDonagh, Early Victorian Government 1830–1870, London 1977, S. 197 ff.; Hanham, Nineteenth-Century Constitution (wie Fn. 61), S. 314 ff.; Hilton, Mad People (wie Fn. 1), S. 599 ff.; grundlegende zusammenfassende Darstellung: Parris, Constitutional Bureaucracy (wie Fn. 68), passim.
129 Als ein typisches deutsches Beispiel für diese – das britische System im Grunde missverstehende – Bewunderung kann immer noch die zweimal aufgelegte Schrift des späteren Oberpräsidenten der preußischen Provinz Westfalen gelten: Ludwig Freiherr von Vincke, Darstellung der innern Verwaltung Großbritanniens, hg. v. Barthold Georg Niebuhr, Berlin 1815 (2. Aufl. 1848).
130 Vgl. Brian Keith-Lucas, The Unreformed Local Government System, London 1980.
131 Dazu gut zusammenfassend: Keir, Constitutional History (wie Fn. 7), S. 391 ff.; Woodward, Age of Reform (wie Fn. 5), S. 456 ff.

5 Verwaltung

tum, in dessen Folge außerdem die »Landflucht«, also die großen Wanderungsbewegungen von den Dörfern und kleineren Orten in die rapide anwachsenden Industriestädte[132], sodann die nicht mehr aufhaltbare Entstehung einer neuen sozialen Klasse der »poor labourers«, – dies alles machte eine Erneuerung des alten Systems der lokalen Verwaltung auf dem Lande wie in den Städten unabweisbar notwendig. Dazu waren zuerst und vor allem neue Prinzipien notwendig: »paid instead of unpaid service, expert instead of amateur direction, democratic instead of oligarchical control, a legal basis in statute instead of Common Law and local custom, and centralization instead of local autonomy«.[133]

In den Städten griff man die notwendigen Reformen besonders beherzt und entschieden an. Die neue Städteordnung, festgelegt in der »Municipal Corporations Act« vom 9. September 1835[134], regelte die bis dahin oligarchisch und korporativ organisierte Verwaltung der englischen Städte auf demokratischem Wege völlig neu: Im Mittelpunkt der Stadtregierung stand fortan das Stadtparlament (town council), das von allen Steuerzahlern für drei Jahre gewählt wurde; lediglich ein Drittel seiner Mitglieder, die bereits in den früheren Stadtregierungen vorhandenen »Aldermen«, wurde vom Rat auf dem Wege der Kooptation für jeweils sechs Jahre berufen – ein Zugeständnis an das Oberhaus. Außerdem wählte der Stadtrat den Bürgermeister (mayor) mit nur einjähriger Amtszeit, der sich vor allem repräsentativen Aufgaben zu widmen hatte. Die eigentliche Verwaltungsarbeit wurde indessen von den Ausschüssen des Stadtrats (committees of the town council) geleitet; als mächtiger Verwaltungschef und Leiter der kommunalen Verwaltung fungierte jeweils der town clerk.[135] Bereits seit 1829 hatte man auch mit der Neuordnung des städtischen Polizeiwesens begonnen, zuerst in London, wo die stark ansteigende Kriminalität eine solche Maßnahme unausweichlich gemacht hatte, etwas später auch in den übrigen Städten und auf dem Lande.[136] Mit der »Parish Constables Act« von 1842[137] fand diese Neuordnung einen ersten Abschluss.

Weniger entschieden ging man auf dem Lande vor, wo der Adel an seiner nach wie vor sehr starken Stellung mit Zähigkeit festhielt.[138] Im Mittelpunkt stand hier von

---

132 Vgl. Arthur Redford, Labour Migration in England 1800–1850, hg. v. W. H. Chaloner, Manchester 3. Aufl. 1976.
133 Keir, Constitutional History (wie Fn. 7), S. 392.
134 CD-ROM-2, Dok.-Nr. 2.5.1 (Reform der Stadtverwaltung v. 9.9.1835); vgl. dazu auch Holdsworth, History (wie Fn. 28), Bd. 14, S. 230 ff.
135 Vgl. hierzu neben Keir, Constitutional History (wie Fn. 7), S. 422 f., auch Woodward, Age of Reform (wie Fn. 5), S. 459 ff.; Briggs, Age of Improvement (wie Fn. 55), S. 275 f.; Harling, British State (wie Fn. 48), S. 109 f.
136 Vgl. Keir, Constitutional History (wie Fn. 7), S. 389 f.; auch Woodward, Age of Reform (wie Fn. 5), S. 465 ff.; Harling, Modern British State (wie Fn. 48), S. 94 f.
137 CD-ROM-2, Dok.-Nr. 2.5.2 (Gesetz über Stadtpolizei v. 1842).
138 Vgl. hierzu Watson, Reign of George III (wie Fn. 31), S. 43 ff.; Woodward, Age of Reform (wie Fn. 5), S. 457 ff.; Keith-Lucas, Local Government System (wie Fn. 130), S. 40 ff.; David East-

alters her der ehrenamtliche Friedensrichter (»Justice of the Peace«), dessen Aufgaben, wenn man von der Wahlorganisation einmal absieht, ausschließlich lokaler Natur waren: Die Rechtspflege, die Polizeiaufsicht und die – meistens eher knapp bemessenen – allgemeinen Verwaltungsgeschäfte standen dabei im Vordergrund.[139] Er führte außerdem die Aufsicht über die wenigen kommunalen Ämter der Grafschaft, die in der Regel ebenfalls Ehrenämter waren: über die Konstabler, ehrenamtliche Polizeibeamte, sodann die sog. Wegeaufseher (»surveyors«) und die Armenaufseher (»overseers of the poor«). Diese Struktur der ländlichen Lokalverwaltung, deren Defizite sich nach 1815 immer deutlicher zeigten, wurde jedoch in den folgenden Jahrzehnten nur zögerlich reformiert.[140] Erst im weiteren Verlauf des 19. Jahrhunderts wurden auch die Grafschaftsversammlungen (»county councils«) geschaffen, von denen die Verwaltungsorgane der Grafschaften fortan zu kontrollieren waren. Daneben begann man verstärkt mit dem Auf- und Ausbau eines staatlich besoldeten Beamtentums auf allen Verwaltungsebenen, und hinter diesen neuen Fachbeamten traten die Friedensrichter – auch angesichts der zunehmenden Komplexität der modernen Verwaltungsaufgaben – sehr bald schon zurück. Als immer noch hoch angesehenes und von den »country gentlemen«[141] gerne ausgeübtes lokales Ehrenamt blieb der Justice of the peace freilich auch weiterhin bestehen.[142]

6 Justiz

Die Eigenarten des englischen Rechts, das die altgermanische Rechtstradition stärker bewahrt hat als etwa das deutsche Recht und überhaupt die kontinentaleuropäische Rechtsfamilie, sind im Allgemeinen bekannt[143]: starke Bedeutung des ungeschriebenen Gewohnheitsrechts, rechtsschöpferische Tätigkeit der oft nach Billigkeitsgesichtspunkten (»equity«) urteilenden Richter, deren schriftliche und in wichtigen Fällen auch publizierte Urteile Präzedenzcharakter erhalten konnten, Fortleben sehr vieler jahrhundertealter, oftmals auf das Mittelalter zurückgehender Rechtsgrundsätze, Nebeneinander von geschriebenem und ungeschriebenem Recht (Statute Law und Common Law), relative Unübersichtlichkeit und ungenaue Zuständigkeitsbereiche

---

wood, Government and Community in the English Provinces, 1700–1870, Basingstoke 1997, S. 26 ff. u. passim; MacDonagh, Victorian Government (wie Fn. 128), S. 121 ff.
139 Grundlegend und erschöpfend hierzu: Thomas Skyrme, History of the Justices of the Peace, Chichester 1994, bes. Kap. XI-XV.
140 Vgl. Eastwood, Government (wie Fn. 138), S. 102 ff. u. passim; Holdsworth, History (wie Fn. 28), Bd. 14, S. 208 ff.
141 Woodward, Age of Reform (wie Fn. 5), S. 457.
142 Vgl. Skyrme, History (wie Fn. 139), S. 608 ff. u. passim.
143 Vgl. dazu auch die Bemerkungen von Niedhart, Großbritannien (wie Fn. 70), S. 195 f.

des Gerichtswesens.[144] Um 1800 jedenfalls artikulierte sich – angestoßen nicht nur durch Autoren wie Bentham, sondern auch infolge der Erfahrung einer zunehmend schleppend agierenden, ineffektiven Rechtspraxis – eine immer deutlichere Kritik am bestehenden Rechts- und Justizwesen. Umfassende Reformen, wie sie zur gleichen Zeit auf dem Kontinent stattfanden, wurden auch in Großbritannien immer nachdrücklicher angemahnt.[145]

Eine grundlegende Reform der drei alten, in London ansässigen Common Law Courts (Court of Kings Bench, Court of Common Pleas, Court of Exchequer) sowie der »Court of Chancery«, die für alle Rechtsstreitigkeiten im Bereich des Zivilrechts zuständig waren[146], wurde nach 1818 zwar mehrfach angedacht, jedoch noch nicht durchgeführt (sie erfolgte erst 1873).[147] Die Notwendigkeit einer solchen institutionellen Erneuerung ergab sich ebenfalls aus dem inzwischen stark angestiegenen Bedarf an rechtlichen Regelungen, hervorgerufen durch die sich immer rascher vollziehenden ökonomisch-sozialen Wandlungsprozesse. Die Mittel und Möglichkeiten des traditionellen Common Law reichten hierfür in der Regel längst nicht mehr aus. Immerhin haben die Vertreter liberaler Reformideen bereits in den Jahren vor der großen Wahlreform eine umfassende Erneuerung des Gerichtswesens und der Rechtsprechung immer wieder mit Nachdruck angemahnt, so etwa Henry Brougham in einer großen Rede im House of Commons am 7. Februar 1828[148], doch »the opposition of vested interests and the timid conservatism of the lawyers«[149] verhinderten vor der zweiten Jahrhunderthälfte jede wirkliche Erneuerung.

Zu einer stärker durchgreifenden Reform kam es nur im Bereich der außerhalb der Hauptstadt wirkenden Gerichtsbarkeit: 1846 wurden neue »Country Courts« errichtet[150], nachdem das ältere System der ehrenamtlich amtierenden Friedensrichter und der reisenden Richter, die in regelmäßigen Abständen ihre Gerichtstage abhielten, sich als nicht mehr ausreichend erwiesen hatte. In der schwierigen und periodisch

---

144 Als knapper, prägnanter Überblick zur älteren englischen Rechtsgeschichte ist noch immer sehr brauchbar: Frederic W. Maitland/Francis C. Montague, A Sketch of English Legal History, New York u. a. 1915, bes. S. 161–189 (zum 19. Jahrhundert); grundlegend und erschöpfend: Holdsworth, History (wie Fn. 28).
145 Vgl. Keir, Constitutional History (wie Fn. 7), S. 369 ff.; aus der älteren Literatur bleibt wichtig: Dicey, Lectures (wie Fn. 28), S. 126 ff. u. a.
146 Wobei die Hauptaufgabe der »Court of Chancery« darin bestand, »to correct the rigidity of the common law, and to provide remedies where the common law did not ally; but the ›equity‹ of the court had almost disappeared under a mass of cumbersome rules and practices«, so Woodward, Age of Reform (wie Fn. 5), S. 471.
147 Das komplizierte System des britischen Gerichtswesens ist ausführlich dargestellt in: Holdsworth, History (wie Fn. 28), Bd. 1.
148 CD-ROM-2, Dok.-Nr. 2.6.1 (Broughams Parlamentsrede über das Common Law v. 7.2.1828); vgl. Woodward, Age of Reform (wie Fn. 5), S. 472.
149 So Woodward, Age of Reform (wie Fn. 5), S. 471.
150 Vgl. Hanham, Nineteenth-Century Constitution (wie Fn. 61), S. 402; Woodward, Age of Reform (wie Fn. 5), S. 472; Maitland/Montague, Sketch (wie Fn. 144), S. 171 ff.

immer wieder umstrittenen Frage der Berufung und Ernennung der ehrenamtlichen Friedensrichter kam es ebenfalls bis zur Mitte des Jahrhunderts zu keiner neuen Regelung. Die Vergabe dieser angesehenen und daher bei den ländlichen Magnaten sehr begehrten Position wurde lange Zeit unter den »country gentlemen« und den »local political leaders« ausgehandelt; die Ernennung der lokalen Richter durch den Lordkanzler war dann meist nur noch eine Formalität. Nur in den Boroughs hatten seit der Städtereform von 1835 auch die town councils bei der Bestallung der Justices of the Peace mitzureden.[151]

In anderen Teilen des bestehenden Rechtssystems fanden Reformen und Erneuerung (ähnlich wie im Bereich der Verwaltung) dadurch statt, dass man einfach neue Institutionen mit einem jeweils sehr speziellen Aufgabenbereich errichtete. Nachdem der wichtigste Befürworter einer Justizreform, Lord Henry Brougham, im Jahr 1830 Lordkanzler geworden war, errichtete er das »Judicial Committee of the Privy Council« als ein neues Appellationsgericht für alle Kolonial- und Kirchenangelegenheiten, das sich bald zu einem neuen Gerichtshof mit eigenem Zuständigkeitsbereich entwickelte.[152] Als oberstes Appellationsgericht des Landes fungierte übrigens weiterhin das House of Lords, das allerdings erst später, nach der Gerichtsreform von 1876, eigene Richter (die sog. »Law Lords«) erhielt. Bis dahin wurden wichtige Rechtsentscheidungen überwiegend von den juristisch vorgebildeten »rechtskundigen Lords«[153] getroffen; es ist bekannt, dass an einem politischen Verfahren im Jahr 1845 auch einige der nicht rechtskundigen Pairs teilzunehmen versuchten, wozu sie an sich auch berechtigt gewesen wären, doch sie unterließen dies schließlich auf den Rat des damaligen Lordkanzlers Lord Lyndhurst hin.[154] Diese und andere Mängel – so kam es »nicht selten vor [...], dass ein Richter über seinem Urteil selbst als Appellrichter sass«[155] – ließen auch hier eine Reform schon vor der Jahrhundertmitte als besonders dringlich erscheinen.

Die Reform des um 1800 noch gültigen, vollkommen überalterten englischen Strafrechts gehörte zu den weiteren Notwendigkeiten dieser Epoche.[156] Auch hier kam es bereits in den Jahren nach 1815 zu ersten Reformversuchen, von denen die meisten zuerst noch vom Oberhaus abgelehnt wurden; angesichts der politisch-sozialen Unruhen im Lande schien es nach Auffassung vieler Lords angebracht, auf

---

151 Vgl. Hanham, Nineteenth-Century Constitution (wie Fn. 61), S. 403.
152 Vgl. Maitland/Montague, Sketch (wie Fn. 144), S. 170 f.; Hanham, Nineteenth-Century Constitution (wie Fn. 61), S. 401 f.; siehe auch die entsprechende »Judicial Committee Act« v. 14. 8. 1833, in: CD-ROM-2, Dok.-Nr. 2.6.2.
153 Dieser Begriff nach Lowell, Verfassung (wie Fn. 61), Bd. 2, S. 438.
154 Vgl. ebd.
155 Hatschek, Staatsrecht (wie Fn. 55), Bd. 1, S. 537.
156 Zusammenfassend: V. A. C. Gatrell, Crime, Authority and the Policeman-State, in: F. M. L. Thompson (Hg.), The Cambridge Social History of Britain 1750–1950, Bd. 3: Social Agencies and Institutions, Cambridge u. a. 1990, S. 243-310.

diesem Gebiet möglichst keine Schwäche zu zeigen. Tatsächlich wurden nach neueren Berechnungen zwischen 1770 und 1830 in England und Wales etwa 7.000 Menschen hingerichtet – überwiegend nicht wegen »crimes against persons«, sondern wegen Eigentumsdelikten.[157] Erst Peel gelang es seit Ende der 1820er-Jahre, in der Frage einer Einschränkung der mit der Todesstrafe bedrohten Delikte eine langsame Mentalitätsänderung herbeizuführen: Tatsächlich wurden ab 1832 bestimmte Delikte wie Einbruch, das Stehlen von Pferden und Schafen sowie Falschmünzerei nicht mehr mit dem Galgen bestraft, und nach weiteren Reformen wurde die Todesstrafe ab 1838 fast nur noch nach Verurteilung wegen Mordes oder versuchten Mordes vollstreckt.[158]

Auch die langjährige Praxis der Deportation von verurteilten Kriminellen in bestimmte Kolonien (auch als »secondary punishment« bezeichnet)[159] wurde seit den frühen 1840er-Jahren immer stärker infrage gestellt – nicht nur wegen der mittlerweile recht hohen Kosten dieser Maßnahme, sondern auch wegen anwachsender Widerstände in den Kolonien selbst.[160] Das bekanntermaßen (auch von ausländischen Besuchern immer wieder gerügte) sehr üble englische Gefängniswesen wurde ebenfalls mit Beginn von Peels Tätigkeit im Home Office seit etwa Mitte der 1820er-Jahre nach und nach, wenn auch langsam, reformiert[161]; erst 1835 wurden die Gefängnisse einer besonderen Aufsichtsbehörde unterstellt. Nicht nur die z. T. verheerenden Zustände in den überalterten Strafanstalten, sondern auch ein deutlich erhöhter Bedarf an Verfügungsraum infolge des Bevölkerungswachstums und der Abschaffung der Deportationsstrafe führte dazu, dass seit den 1830er-Jahren überall im Lande eine Reihe neuer, nach modernen Gesichtspunkten geplanter Gefängnisse errichtet wurden.[162]

7 Militär

Es ist der Tatsache seiner geografisch sicheren Insellage geschuldet, dass Großbritannien fast niemals in seiner Geschichte darauf angewiesen war, sich durch eine starke und kostspielige Armee gegen eine potenzielle militärische Bedrohung durch

---

157 Vgl. Harling, British State (wie Fn. 48), S. 57; zum Thema grundlegend und ausführlich: V. A. C. Gatrell, The Hanging Tree. Execution and the English People 1770–1868, Oxford 1994.
158 Vgl. umfassend hierzu Martin J. Wiener, Reconstructing the Criminal. Culture, Law, and Policy in England, 1830–1914, Cambridge u. a. 1990, S. 46-156; siehe auch die Hinweise bei Woodward, Age of Reform (wie Fn. 5), S. 470; Briggs, Age of Improvement (wie Fn. 55), S. 217 f.; Dicey, Lectures (wie Fn. 28), S. 188.
159 Vgl. Harling, British State (wie Fn. 48), S. 57 f.
160 Vgl. Woodward, Age of Reform (wie Fn. 5), S. 471.
161 Vgl. Roach, Reform (wie Fn. 28), S. 80 ff., 124 ff.; Michael Ignatieff, A Just measure of Pain. The Penitentiary in the Industrial Revolution, 1750–1850, London 1989, S. 143 ff., 174 ff.
162 Vgl. William James Forsythe, The Reform of Prisoners 1830–1900, London u. a. 1987, bes. S. 71 ff. u. passim; Woodward, Age of Reform (wie Fn. 5), S. 468 f.; Hanham, Nineteenth-Century Constitution (wie Fn. 61), S. 401.

mächtige Nachbarn sichern zu müssen. Das hat nicht nur dazu geführt, dass sich die englische Staatsbildung in der Frühen Neuzeit in mehr als einer Hinsicht wesentlich anders als auf dem Kontinent vollzogen hat, sondern auch die Konsequenz gehabt, dass die Armee nur selten ein wirklich bedeutender Wirtschafts- und Finanzfaktor im Lande gewesen ist; auch in politischer Hinsicht hat sie – sieht man von der großen Ausnahme der Cromwell-Ära des 17. Jahrhunderts einmal ab – keine herausragende Rolle gespielt. Das von Wellington einst in den Tagen des säkularen Kampfes gegen den Erzfeind Napoleon aufgebaute stattliche Heer wurde in den Jahren nach Waterloo rasch wieder abgebaut. Die Briten der nachrevolutionären Zeit verloren recht bald schon das Interesse an militärischen Dingen und waren der Auffassung, künftige Kriege würden in erster Linie als Kolonialkriege ausgetragen, und hierfür erachtete man die »Indian army« und die in der übrigen Welt verstreut stationierten, im Ganzen eher bescheidenen Kolonialstreitkräfte für ausreichend.[163]

In seinem 1829 verfassten Memorandum über den Zustand der britischen Armee war Wellington denn auch gezwungen, ein reichlich düsteres Fazit zu ziehen:

»Let us now consider what the British army is. It is an exotic in England, unknown to the old Constitution of the country; required, or supposed to be required, only for the defence of its foreign possessions; disliked by the inhabitants, particularly by the higher orders, some of whom never allow one of their family to serve in it«.[164]

Hauptverantwortlich für diesen Niedergang waren, wie ein Kenner es formulierte, »the forty years of parliamentary cheese-paring after Waterloo«.[165] Die Knauserigkeit von Bevölkerung und Parlament sowie das dieser Haltung entsprechende Konzept des »dismantling of the fiscal-military state«[166] waren also in der Hauptsache dafür verantwortlich, dass die Schlagkraft des Heeres in den Jahren nach dem letzten Sieg über Napoleon konstant zurückging. Die Friedensstärke von 147.000 Mann, die nach dem Kriegsende von 1815 für die englische Armee eigentlich festgesetzt worden war, konnte mangels ausreichender Finanzierung nicht aufrechterhalten werden; im Jahr 1821 war die Truppenstärke schon auf 110.000 Mann gesunken, und Mitte der 1830er-Jahre sollte sie gar nur etwa 100.000 Mann betragen. Und von diesen befand sich nur etwa jeweils ein

---

163 Vgl. Hanham, Nineteenth-Century Constitution (wie Fn. 61), S. 356 f.; Woodward, Age of Reform (wie Fn. 5), S. 265 ff.; Gash, Aristocracy (wie Fn. 76), S. 302 ff; Siehe auch Hew Strahan, Wellington's Legacy: The Reform of the British Army 1830–1854, Manchester 1984, S. 268, der den Sachverhalt folgendermaßen formuliert: »After 1815 the empire became the Army's *raison d'etre*«.
164 CD-ROM-2, Dok.-Nr. 2.7.2 (Memorandum Wellingtons über die Armee v. 22.4.1829).
165 Gash, Aristocracy (wie Fn. 76), S. 302.
166 Dieser Begriff findet sich bei Harling, British State (wie Fn. 48), S. 71, und bei Hilton, Mad People (wie Fn. 1), S. 558.

7 Militär

Viertel auf der Insel, noch etwas weniger in Irland, der größere Rest hingegen in Übersee, davon ca. 30.000 Mann in Indien[167]; in Übersee waren die Sterberaten der Soldaten zudem besonders hoch – und der Dienst galt als entsprechend unbeliebt.[168] Zwischen den napoleonischen Kriegen und dem Ersten Weltkrieg war das englische Heer in der Form einer Berufsarmee organisiert; eine allgemeine Wehrpflicht (durch Aushebung über die örtlichen Milizen umgesetzt) gab es nur in Kriegszeiten.

Die desolate Lage der Armee zwischen den napoleonischen Kriegen und dem Krimkrieg war nicht zuletzt ebenfalls auf eine veritable Konfusion innerhalb der militärischen und zivilen Leitung zurückzuführen.[169] Für die Gesamtleitung in Friedenszeiten war der Kriegsminister zuständig, also der Secretary for War and the Colonies. Die Finanzierung der Armee unterstand jedoch dem Armeeminister, dem Secretary at War, der zudem bestrebt war, noch weitere Kompetenzen an sich zu ziehen. Beide wiederum befanden sich in permanenter Konkurrenz zum Oberbefehlshaber des Heeres, dem Commander-in-Chief – diesen Posten hatte bis 1827 der Herzog von York inne, anschließend der Herzog von Wellington. Daneben existierten noch weitere leitende Posten und obere Behörden, der Master-General, eine Art Feldzeugmeister, zuständig für Uniformierung und Ausrüstung der Soldaten sowie für die Bewaffnung der Armee (hinzu kamen u. a. noch ein »Army medical department«, ein »Paymaster-general's department« und ein »Board of general officers for the inspection of clothing«). Bereits seit Mitte der 1830er-Jahre wurden Konzepte und Pläne für eine Reform dieser heterogenen und ineffizienten Organisationsstruktur entworfen, die vor allem auf eine klare Trennung und Arbeitsteilung zwischen militärischer und ziviler Leitung hinauslaufen sollten, aber alle Anläufe scheiterten – im Wesentlichen an der Haltung des Herzogs von Wellington, der seine eigenen Reformpläne verfolgte, und der, wie man aus der neueren Forschung weiß, seit den 1830er-Jahren die innere Erneuerung der Armee tatsächlich erfolgreich vorantrieb, aber bis zu seinem Tod (1852) nicht mehr abschließen konnte.[170]

Das Verhältnis von Armee und Politik war noch in einem anderen Sinne recht kompliziert. Zwar hatten die meisten Briten das alte, aus dem 17. Jahrhundert stammende Misstrauen gegen ein stehendes Heer im eigenen Land – das während des 18. Jahrhunderts noch sehr lebendig gewesen war – weitgehend überwunden, dennoch fürchtete man eine politisch ausgerichtete und damit instrumentalisierbare Armee. Der britische Durchschnittsbürger wünschte hingegen eine politisch strikt neutrale Armee – und diese Neutralität sollte gewissermaßen durch eine spezifische Zuständigkeitsbegrenzung gewährleistet werden: Das Parlament war zuständig für

---

167 Diese Zahlen nach Gash, Aristocracy (wie Fn. 76), S. 302.
168 Vgl. Woodward, Age of Reform (wie Fn. 5), S. 267.
169 Zum Folgenden vgl. Woodward, Age of Reform (wie Fn. 5), S. 269; Gash, Aristocracy (wie Fn. 76), S. 303; Keir, Constitutional History (wie Fn. 7), S. 419.
170 Dazu grundlegend: Strahan, Wellington's Legacy (wie Fn. 163), passim.

die Finanzierung, die Krone hingegen für den Oberbefehl.[171] Diese »politics of dual control«, wie man sie genannt hat[172], prägte nach 1815 das Verhältnis zwischen zivilen und militärischen Kräften innerhalb und außerhalb der Armee, und man weiß heute [s. o.] durch die Forschungen von Hew Strahan ebenfalls, dass in dieser Zeit auch die sonstigen Verbindungen zwischen der zivilen und der militärischen Sphäre im Allgemeinen sehr viel enger gewesen sind, als es später bestimmte Auffassungen vom vermeintlich »unmilitärischen« und besonders »zivilen« Charakter der britischen Führungsschichten der Nachwelt suggeriert haben. Denn bei näherem Hinsehen zeigt sich, dass etwa viele der führenden Parlamentarier im Unterhaus über beste Kontakte zum Heer verfügten; sogar den Typus des »politischen Offiziers«, der zwischen militärischer Profession, Abgeordnetenmandat und politischer Position (bis hin zum Ministerrang) hin- und herwechselte, hat es im damaligen Großbritannien gegeben.[173]

Die traditionsreiche britische Navy hatte nach 1815, was ihre Finanzierung und Leitung anbetraf, mit ähnlichen Problemen zu kämpfen wie die Army.[174] Die Demobilisierung nach den napoleonischen Kriegen traf die Marinesoldaten noch härter als die Heeressoldaten; man schätzt, dass bereits bis 1817 nicht weniger als 120.000 Matrosen ausgemustert worden sind, von denen nur eine Minderheit bei der zivilen Seefahrt ein weiteres Auskommen finden konnte.[175] In den anschließenden Jahrzehnten bis 1850 umfasste die Marine niemals mehr als 45.000 Mann; zu bestimmten Zeiten soll ihre Zahl sogar bis auf 23.000 Mann herabgesunken sein.[176] Hinzu kam die unleugbare Tatsache, dass der Dienst in der Marine wegen der hier ebenfalls recht schlechten Lebens- und Arbeitsbedingungen denkbar unpopulär war; hierzu hat wohl nicht wenig die dort übliche drakonische Bestrafung beigetragen, die im Juni 1825 im Rahmen einer Unterhausdebatte über »Flogging in the Navy« zwar ausführlich zur Sprache kam – ohne dass sich diese Zustände jedoch wesentlich änderten; die Prügelstrafe blieb weiterhin unverändert bestehen.[177]

Nur die Organisation der obersten militärischen und zivilen Leitung der Navy war seit 1832 besser geregelt als die der Armee; verantwortlich hierfür war Sir James Graham, zwischen 1830 und 1834 Erster Lord der Admiralität in der liberalen Regierung Grey. Das auch in der Marine vorhandene Nebeneinander verschiedener militärischer und ziviler Oberbehörden und Boards wurde von ihm konsequent beseitigt.

---

171 Vgl. Hew Strahan, The Politics of the British Army, Oxford 1997, S. 30.
172 Grundlegend hierzu ebd., S. 44-73.
173 Vgl. hierzu ebenfalls die sehr aufschlussreichen Forschungsresultate Hew Strahans – mit vielen Einzelbeispielen und Nachweisen, ebd., S. 29 ff., 57 ff. u. passim.
174 Vgl. hierzu neben Woodward, Age of Reform (wie Fn. 5), S. 271 ff.; Gash, Aristocracy (wie Fn. 76), S. 300 ff., auch Christopher John Bartlett, Great Britain and Sea Power 1815–1853, Oxford 1963.
175 Vgl. Woodward, Age of Reform (wie Fn. 5), S. 271.
176 Diese Zahlen nach Gash, Aristocracy (wie Fn. 76), S. 301.
177 Vgl. die Auszüge dieser »Debate in the House of Commons on Flogging in the Navy« vom 9.6.1825, in: CD-ROM-2, Dok.-Nr. 2.7.1.

Er etablierte eine neue Struktur von fünf Departments, die alle jeweils einem einzigen Leiter unterstanden (diese waren: Accountant-General, Storekeeper-General, Comptroller of the Victualling, Physician of the Navy, Surveyor of the Navy) – und diese wiederum wurden jeweils von einem der Lords der Admiralität beaufsichtigt.[178] Alle Departments zusammen bildeten fortan den Board of Admiralty.[179] Dieses Leitungssystem – obwohl seinerzeit und auch später umstritten[180] – blieb im Großen und Ganzen bis ins frühe 20. Jahrhundert hinein bestehen.[181]

8 Verfassungskultur

Spätestens seit dem ausgehenden 17. Jahrhundert galt die Verfassung von Großbritannien, deren im europäischen Vergleich unzweifelhaft bedeutende Freiheitspotenziale in der Verschränkung und gegenseitigen Begrenzung von Königs- und Parlamentsmacht sichtbar geworden waren, nicht nur den meisten Briten, sondern auch vielen anderen Europäern als vorbildliche politische Ordnung – als eine Ordnung, die, wie es jedenfalls schien, Freiheit, Sicherheit und begrenzte Mitwirkung des Volkes an der Politik in vorbildlicher Weise miteinander zu verbinden vermochte.[182] Diese englische Verfassungsideologie geriet zwar während der beiden Revolutionen in Nordamerika und etwas später in Frankreich in den Fokus einer oft polemischen, manchmal auch scharfsinnigen Kritik – als kennzeichnendes Beispiel seien hier nur die bekannten Schriften des gebürtigen Engländers und späteren Wahlamerikaners Thomas Paine genannt[183] –, doch andererseits blieb Großbritannien jetzt von einer neuen Revolution verschont. Im Volk, gerade auch in den unteren und untersten Schichten, war in dieser Zeit das Bewusstsein lebendig, zu den »freeborn Englishmen« zu gehören, denen das Recht zukam, im Rahmen der bestehenden, im Kern freiheitlichen Verfassung für die eigenen Rechte einzutreten.[184] Das bedeutete: Die Verfassung galt nicht als schlecht, nicht als reif zur Abschaffung durch Umsturz, sondern sie wurde im Prinzip als gut angesehen – sie musste nach dieser Interpretation in ihren Grundprinzipien nur auf ihren »wahren Kern« zurückgeführt, nur »richtig angewendet« werden.

---

178 Vgl. Bartlett, Great Britain (wie Fn. 174), S. 10.
179 Vgl. Gash, Aristocracy (wie Fn. 76), S. 300; siehe auch Woodward, Age of Reform (wie Fn. 5), S. 272 f.
180 Zu dieser Debatte siehe (mit weiteren Literaturangaben) Bartlett, Great Britain (wie Fn. 174), S. 10, Anm. 2.
181 Vgl. Gash, Aristocracy (wie Fn. 76), S. 301.
182 Allgemein dazu mit vielen Nachweisen: Kraus, Englische Verfassung (wie Fn. 72), passim.
183 Vgl. hierzu ebd., S. 297-299. Siehe auch die Quellenauszüge in CD-ROM-1, Dok.-Nr. 1.2.12 (Thomas Paine, Common Sense, 1776); 1.2.19 (engl)/1.2.20 (dt.) (Thomas Paine, Rights of Man, 1791/92).
184 Anschaulich hierzu Edward P. Thompson, Die Entstehung der englischen Arbeiterklasse, Bde. 1-2, Frankfurt/Main 1987, hier Bd. 1, S. 84-110.

Diese Idee von der genuinen Vortrefflichkeit und – im Vergleich mit allen anderen bestehenden Ordnungen – prinzipiellen Überlegenheit der ungeschriebenen »Constitution of Britain« hat das englische Verfassungsdenken und das politische Bewusstsein der Briten auch im weiteren Verlauf des 19. Jahrhunderts tief geprägt – und auf diese Weise auch die englische Verfassungskultur bestimmt. Das gilt im Übrigen ebenso für konservative wie für liberale Stellungnahmen; in der Frage der Einschätzung der eigenen politischen Ordnung war man sich in allen Lagern, trotz aller sonstigen Differenzen, grundsätzlich einig. Der liberale Verfassungshistoriker Henry Hallam sprach ohne Frage für die große Mehrheit seiner Landsleute, wenn er im Jahr 1818 feststellte:

»The Constitution […] of England must be to inquisitive men of all countries, far more to ourselves, an object of superior interest; distinguished, especially, as it is from all free governments of powerful nations which history has recorded, by its manifesting, after the lapse of several centuries, not merely no symptom of irretrievable decay, but a more expansive energy«.[185]

Nicht nur in den Freiheitspotenzialen des »freeborn Englishman« sahen die britischen Zeitgenossen den zentralen Vorzug ihrer Verfassung, sondern ebenfalls in der in einer besonderen Weise »freien« Form, die gerade *nicht* im Rahmen einer »gemachten« Urkunde, eines Verfassungsgesetzes fixiert, daher eben auch nicht starr und im Prinzip unabänderlich, sondern als historisch gewachsen erschien. Es waren nicht zuletzt vor allem konservative Autoren und Politiker wie etwa der Unterhausabgeordnete Sir Robert Inglis, die diesen Aspekt der »Naturwüchsigkeit« der eigenen politischen Ordnung besonders positiv herausstrichen: »Our Constitution is not the work of a code-maker; it is the growth of time and events beyond the design or the calculation of man: it is not a building, but a tree […].«[186] Argumente dieser Art konnten freilich auch zur Kritik an grundlegenden Verfassungsreformen, etwa an der Wahlreform von 1832, verwendet werden. Gleichwohl hielten auch die Liberalen an den Vorzügen einer alten, sich in erster Linie auf überkommene Rechtsbräuche und, wie es schien, bewährte Konventionen stützenden Verfassungsordnung fest, die nach einem späteren treffenden Wort des bedeutenden Verfassungsjuristen Sir Ivor Jennings »nicht ein[en] Rahmen von Gesetzen, sondern ein Gewebe dynamischer Beziehungen«[187] darstellte – und eben daher auch immer für Veränderungen offen und in der Sache äußerst flexibel war.

---

185 Henry Hallam, View of the State of Europe during the Middle Ages (1818), hier zit. nach: Hanham, Nineteenth-Century Constitution (wie Fn. 61), S. 6.
186 Sir Robert Inglis' Debattenbeitrag im House of Commons, 1.3.1831, in: Hanham, Nineteenth-Century Constitution (wie Fn. 61), S. 140 f. (Auszug), hier S. 141.
187 Sir Ivor Jennings, Die britische Verfassung, Paderborn u. a. 1946, S. 56.

Als ein zentraler Aspekt der englischen Verfassungskultur galt schon im 18. Jahrhundert »the public spirit«, die allgemeine öffentliche Anteilnahme jedes freien und politisch interessierten Bürgers an der Politik des Landes[188]; und hierzu hatten natürlich die im Vergleich zum Kontinent relativ freien Presse- und Zensurgesetze nicht wenig beigetragen. Man darf hierbei ebenfalls nicht vergessen, dass an den Wahlen – und zwar vor und nach der Reform von 1832 – auch viele der *nicht* wahlberechtigten Bürger indirekt teilnahmen: als lärmende Demonstranten, Verteiler von Flugblättern, Redner und Agitatoren, unbezahlte oder bezahlte Beifallspender, auch als Teilnehmer an politischen Versammlungen aller Art.[189] Nach 1832 begann sich der Brauch einzubürgern, dass führende Politiker sich nicht nur im Parlament öffentlich äußerten, sondern auch außerhalb des Hauses; das bekannteste Beispiel einer an eine größere Öffentlichkeit gerichteten politischen Grundsatzrede zum Auftakt einer Wahlkampagne stellt Robert Peels berühmtes »Tamworth Manifesto« von 1835 dar, das zwar noch nicht als Parteiprogramm angesehen werden kann, jedoch die erste Kundgebung dieser Art außerhalb des Unterhauses gewesen[190] und deshalb seinerzeit durchaus als Sensation empfunden worden ist.[191] (☞ Abb. 2.2, S. 248)

Der bedeutende Stellenwert von »Öffentlichkeit« als einem entscheidenden Bestandteil moderner englischer Verfassungskultur zeigte sich auch darin, dass der nach dem Brand von 1834 notwendig gewordene große Parlamentsneubau am Ufer der Themse fortan eine eigene Pressetribüne enthielt, und es ist nicht zu bestreiten, dass »die Parlamentsdebatten […] durch die Presseberichte an Fernwirkung«[192] gewannen. Seit 1836 durften die Abstimmungslisten veröffentlicht werden und ab 1853 war es üblich, die Anwesenheit von Fremden bei Abstimmungen zuzulassen. Auf diese Weise wurde mit der Zeit eine immer engere Verbindung von Parlament, Regierung und Öffentlichkeit hergestellt; den im »Haus« gehaltenen Debatten über die zentralen Fragen der Politik war die höchste Aufmerksamkeit der britischen Öffentlichkeit sicher. Und auch im umgekehrten Sinn gehörte es zu den besonderen Anliegen nicht nur der liberalen Abgeordneten des Unterhauses, im Parlament immer wieder für das Recht der freien Meinungsäußerung – und damit für die unbehinderte Freiheit der Presse – einzutreten.[193]

---

188 Gerade die deutschen Besucher, die das Inselreich in der zweiten Hälfte des 18. Jahrhunderts aufsuchten, äußerten sich immer wieder frappiert über die Anteilnahme gerade auch Angehöriger der unteren Schichten an der Politik; vgl. Kraus, Englische Verfassung (wie Fn. 72), S. 629 f., 696 u. a.
189 Darauf hat mit Recht hingewiesen: Kluxen, Geschichte (wie Fn. 13), S. 587.
190 Im Auszug abgedruckt in: Hanham, Nineteenth-Century Constitution (wie Fn. 61), S. 212-215; vgl. dazu auch Woodward, Age of Reform (wie Fn. 5), S. 95; Gash, Aristocracy (wie Fn. 76), S. 182 f.; Kluxen, Geschichte (wie Fn. 13), S. 588; Keir, Constitutional History (wie Fn. 7), S. 463.
191 Vgl. Mackenzie, English Parliament (wie Fn. 54), S. 113.
192 Kluxen, Geschichte (wie Fn. 13), S. 588, auch für das Folgende.
193 Siehe dazu pars pro toto die Rede von Edward Lytton Bulwer in der Unterhausdebatte zur Pressefreiheit vom 21.8.1835, in: CD-ROM-2, Dok.-Nr. 2.8.2.

Abb. 2.2 Die große öffentliche Reformfrage 1832

9 Kirche

»Victorian England was religious«.[194] Diese Feststellung eines der besten Kenner der neueren englischen Kirchengeschichte gilt es ernst zu nehmen, wenn nach dem Stellenwert des kirchlich-religiösen Lebens in der Epoche nach 1815 gefragt wird. In Bezug auf die religiöse und konfessionelle Zuordnung der Briten während des 19. Jahrhunderts können insgesamt vier große Gruppen unterschieden werden: *Zuerst* die anglikanische Staatskirche (Church of England), die ihren Schwerpunkt in England besaß und dort den weitaus größten Bevölkerungsteil umfasste. Bis Ende der 1820 Jahre genossen ausschließlich deren Angehörige die vollen Bürgerrechte des Landes. An *zweiter* Stelle sind die protestantischen Dissenter zu nennen, also die Anhänger evangelischer Freikirchen, die sich z. T. auf die Puritaner des 17. Jahrhunderts zurückführten. Noch geringere Rechte als die Dissenter genossen – *drittens* – die englischen und irischen Katholiken, die bis zur Katholikenemanzipation allenfalls eine geduldete, wenngleich nicht unterdrückte Minderheit darstellten. Als *vierte* größere Gruppe sind schließlich die Angehörigen der protestantischen Church of Scotland zu nennen (der sog. »Kirk«), die sich von der englischen High Church weniger in den Glaubensinhalten als durch die Formen der bei ihnen streng presbyterianisch verfassten Kirchenorganisation unterschieden.[195]

Die führende Stellung, die der anglikanischen Kirche zukam, resultierte zweifellos aus ihrer Privilegierung als offizielle britische Staatskirche, an deren Spitze zugleich der regierende Monarch stand. Nur den Angehörigen dieser Kirche, der Mehrheitskirche des Landes, standen alle hohen Staatsämter offen, nur sie waren z. B. berechtigt, in Oxford und Cambridge ein Studium zu absolvieren. Ihr gehörten fast ausnahmslos die führenden und wohlhabenden Schichten der englischen Gesellschaft an, der ländliche Adel in der Regel ebenso wie die großbürgerlichen Schichten in den Städten. Zudem verfügte die Church of England über immense Reichtümer, und ihre überwiegend sehr konservativ orientierten Kirchenoberen – an der Spitze die Erzbischöfe von Canterbury und York – übten nicht zuletzt aus diesem Grunde einen kaum zu überschätzenden Einfluss in Staat und Gesellschaft aus, insbesondere in den Bereichen von Bildung und Erziehung. In den Jahren nach 1815 wurde die anglikanische Kirche in ihrer Eigenschaft als strikt gegenrevolutionär orientierte und konservativ-bewahrende gesellschaftliche Kraft vom Staat stark gefördert; so bewilligte das Parlament der 1818 gegründeten Church Building Society, die es sich zur Aufgabe gemacht hatte, Kirchen in den rasch anwachsenden Industriestädten zu errichten,

---

194 Owen Chadwick, The Victorian Church, Bd. 1: 1829–1859, London 1971, S. 1.
195 Allgemein zur englischen Kirchengeschichte der ersten Hälfte des 19. Jahrhunderts siehe neben Chadwick, Victorian Church (wie Fn. 194), Bd. 1, auch den Überblick bei Alec R. Vidler, The Church in the Age of Revolution, Harmondsworth 1965, S. 33 ff. u. passim; Woodward, Age of Reform (wie Fn. 5), S. 502-528; Trevelyan, British History (wie Fn. 5), S. 276 ff.; Gash, Aristocracy (wie Fn. 76), S. 59 ff., 176 ff.; Rubinstein, Britain's Century (wie Fn. 76), S. 298-317.

enorme Geldsummen: 1 Mio. Pfund im Jahr 1818 und sechs Jahre später noch einmal eine halbe Million.[196]

Seit Ende der 1820er-Jahre machten sich allerdings entschiedene Gegenbewegungen bemerkbar, die auf eine Einschränkung der privilegierten Stellung der Church of England gerichtet waren. Zuerst wurden im Jahr 1828 die noch aus dem 17. Jahrhundert stammenden »Test and Corporation Acts« offiziell aufgehoben[197], und das bedeutete: Fortan waren die führenden Stellen in Staat und Gesellschaft nicht mehr nur den Angehörigen der anglikanischen Kirche (oder denjenigen, die einen Eid auf deren offizielles Glaubensbekenntnis abgelegt hatten) vorbehalten. Diese eigentlich längst überfällige Maßnahme wurde im ganzen Land allgemein begrüßt.[198] Auch das äußerst üppige und kostspielige Privilegien- und Pfründenwesen, das sich innerhalb der Staatskirche im Lauf von drei Jahrhunderten herausgebildet hatte[199], sah sich nach 1830 einer deutlichen Kritik ausgesetzt; allenthalben – darunter sogar innerhalb der Führung der Konservativen Partei – wurden Rufe nach einer durchgreifenden Kirchenreform laut.[200] Nach der Wahlreform nahmen die Whig-Regierungen der 1830er-Jahre diese Reform entschieden in Angriff: Gegen z. T. heftige Widerstände innerhalb des Klerus und auch des Oberhauses wurden das Pfründenwesen und die nicht selten übliche, äußerst einträgliche Ämterhäufung in der anglikanischen Staatskirche beschnitten oder ganz abgeschafft; die enormen Gehälter mancher Bischöfe (Jahresgehälter zwischen 15.000 und 20.000 Pfund waren keine Seltenheit) wurden entschieden gekürzt; das kirchliche Finanzwesen wurde unter die staatliche Aufsicht eines Board of ecclesiastical commissioners gestellt.[201]

Die Dissenter oder »nonconformists« hatten sich bewusst außerhalb der anglikanischen Staatskirche gestellt – teils weil sie deren theologische Positionen ablehnten, teils weil sie bestrebt waren, innerhalb einer eigenen, unabhängigen und selbstbestimmten religiösen Gemeinschaft zu leben.[202] Freilich waren sie in viele kleine-

---

196 Vgl. Chadwick, Victorian Church (wie Fn. 194), Bd. 1, S. 84 f.; Woodward, Age of Reform (wie Fn. 5), S. 506; diese Maßnahmen eines extensiven »church building« waren freilich auch innerhalb der anglikanischen Kirche nicht unumstritten, denn »few churchmen suggested that a better distribution of ecclesiastical property would have gone far to meet the need« (ebd.).
197 CD-ROM-2, Dok.-Nr. 2.9.1 (Aufhebung des Test- und Korporationsgesetzes v. 1828).
198 Vgl. dazu besonders Hilton, Mad People (wie Fn. 1), S. 379 ff.
199 Vgl. dazu u. a. die aufschlussreichen Angaben (mit entsprechendem Zahlenmaterial) bei Woodward, Age of Reform (wie Fn. 5), S. 508.
200 Vgl. als interessantes Dokument hierzu den Brief Robert Peels an den Bischof von Durham vom 23.2.1835, in CD-ROM-2, Dok.-Nr. 2.9.3; zum Zusammenhang siehe Olive J. Brose, Church and Parliament. The Reshaping of the Church of England 1828–1860, Standford u. a. 1959, S. 7-40.
201 Vgl. Woodward, Age of Reform (wie Fn. 5), S. 510; Vidler, Church (wie Fn. 195), S. 45 ff.; grundlegend zum Gesamtvorgang vor allem Chadwick, Victorian Church (wie Fn. 194), Bd. 1, S. 101-166; zum Zusammenhang siehe Brose, Church (wie Fn. 200), S. 101-177, und George Ian Thom Machin, Politics and the Churches in Great Britain 1832 to 1868, Oxford 1977, S. 28-74.
202 Für den Dissent nach 1815 wichtig: Timothy Larsen, Friends of Religious Equality. Nonconformist Politics in Mid-Victorian England, Woodbridge 1999; vgl. auch die guten Überblicke bei

re und größere Sekten und autonome Einzelkirchen zersplittert – im Allgemeinen unterscheidet man den »alten Dissent« (Baptisten, Quäker, Kongregationalisten, Unitarier) und den »neuen Dissent« (Methodisten, Irvingianer u. a.)[203] –, und deshalb konnten sie ihr an und für sich bedeutendes Gewicht innerhalb der englischen Gesellschaft nicht in dem Maße politisch zur Geltung bringen wie die Anhänger der Staatskirche. Immerhin wurde ihre Stellung durch die Aufhebung der Test-Akte, die den Dissenters jetzt weitgehende politische und gesellschaftliche Gleichberichtigung brachte, bedeutend gestärkt. Nur ihre organisatorische Zersplitterung konnten sie trotz mancher Bemühungen nicht wirklich überwinden; auch einige überregionale Zusammenschlüsse – etwa die »Congregational Union of England and Wales« (1832) oder die spätere Union der Methodistischen Freikirchen (1849) – umfassten immer nur einzelne Gruppen, niemals aber die Gesamtheit des protestantischen Dissent.[204]

Der britische Katholizismus konnte im frühen 19. Jahrhundert ebenfalls einen bescheidenen Aufschwung erleben.[205] Der früher sehr ausgeprägt vorhandene britische Antikatholizismus[206] befand sich insgesamt auf dem Rückzug, und die kleine katholische Gemeinschaft auf der Insel erfuhr in dieser Zeit einen stetigen Zuwachs durch Einwanderer aus Irland. Doch immer noch bestanden bedeutende Nachteile: Kein Angehöriger des katholischen Adels saß im Oberhaus, kein Katholik durfte ins Parlament von Westminster einziehen. Seit der Jahrhundertwende hatten die Katholiken für ihre Gleichberechtigung gekämpft, doch die enge Verquickung der Katholikenfrage mit dem Irenproblem zögerte eine rasche Lösung jahrelang hinaus. Erst 1829 gelang es der konservativen Regierung unter Wellington und Peel, dem widerstrebenden König Georg IV. unter dem Eindruck der sich zuspitzenden innenpolitischen Lage die Zustimmung zur »Roman Catholic Relief Act« abzuringen.[207] Damit wurde die Emanzipation der britischen Katholiken Wirklichkeit; die rechtlichen Benachteiligungen gehörten der Vergangenheit an. Auch Katholiken konnten fortan – nach einer vorherigen Loyalitätserklärung gegenüber der Krone – in hohe

---

Woodward, Age of Reform (wie Fn. 5), S. 522-525; Rubinstein, Britain's Century (wie Fn. 76), S. 312-315; Hilton, Mad People (wie Fn. 1), S. 524-538; Chadwick, Victorian Church (wie Fn. 194), Bd. 1, S. 60 ff., 370 ff.

203 Vgl. Rubinstein, Britain's Century (wie Fn. 76), S. 313 f.; Woodward, Age of Reform (wie Fn. 5), S. 523 ff.; siehe auch die Auflistung bei Hilton, Mad People (wie Fn. 1), S. 531.

204 Vgl. Woodward, Age of Reform (wie Fn. 5), S. 323 f.; zum Zusammenhang auch Larsen, Friends (wie Fn. 202), S. 79-167.

205 Vgl. zum Folgenden u. a. Hilton, Mad People (wie Fn. 1), S. 384-391; Woodward, Age of Reform (wie Fn. 5), S. 521 f.; Keir, Constitutional History (wie Fn. 7), S. 431 ff.; Gash, Aristocracy (wie Fn. 76), S. 125 ff.; Chadwick, Victorian Church (wie Fn. 194), Bd. 1, S. 7 ff.; ausführlich: G. I. T. Machin, The Catholic Question in English Politics 1820 to 1830, Oxford 1964.

206 Vgl. dazu die verfassungshistorischen Anmerkungen bei Keir, Constitutional History (wie Fn. 7), S. 429 ff.

207 CD-ROM-2, Dok.-Nr. 2.9.2 (Gesetz über die Religionsfreiheit für Katholiken v. 1829).

(und fast alle der höchsten) Staatsämter berufen werden.[208] Freilich dauerte es einige Zeit, bis diese neuen Bestimmungen dem katholischen Bevölkerungsteil zu wirklicher Gleichberechtigung im gesellschaftlichen und politischen Leben verholfen hatten.[209]

Während die englische katholische Kirche bestrebt war, nach 1815 ihren Frieden mit dem Staat zu machen, suchte die Church of Scotland (Kirk) ihre Unabhängigkeit zu bewahren, und sie scheute dabei den Konflikt mit dem Staat nicht. Das Ziel einer »free church in a free state« vermochte sich aber so lange nicht durchzusetzen, als die adligen Kirchenpatrone auf ihrem überkommenen Recht zur Besetzung der von ihnen abhängigen Pfarrstellen beharrten. Es kam in dieser Frage immer wieder zu Konflikten zwischen den gewählten Kirchenversammlungen, den Presbyterien oder Kongregationen, und den adligen Patronen. Die »General Assembly of the Church of Scotland« appellierte 1838 sogar an das Oberhaus in London, doch dort entschied man, dass die Gemeindevertretungen einen vom Patron ernannten Geistlichen nur wegen Häresie, Unfähigkeit oder unmoralischem Lebenswandel zurückweisen könnten. Der Konflikt endete 1843 schließlich mit dem Austritt von nicht weniger als 474 Geistlichen aus der »Kirk«; sie gründeten anschließend eine neue unabhängige »Free Church of Scotland«.[210]

10 Bildungswesen

Das britische Schulwesen befand sich während der ersten Hälfte des 19. Jahrhunderts in einem erbärmlichen Zustand. Im Großbritannien dieser Zeit galt Bildung noch immer als eine private Angelegenheit, an welcher der Staat kaum Anteil nahm. Die Schulen – sowohl die niederen Elementarschulen wie auch die höheren Schulen – befanden sich in aller Regel in privater, in kirchlicher oder halböffentlicher (kommunaler und städtischer) Trägerschaft; eine staatlich verordnete Schulpflicht bestand nicht, und noch um 1840 mussten ein Drittel aller erwachsenen Männer sowie die Hälfte aller Frauen als Analphabeten gelten.[211] Gleichwohl bestand im Land immer noch ein (aus kontinentaleuropäischer Perspektive nur schwer verständliches) tief verwurzeltes

---

208 Vgl. Keir, Constitutional History (wie Fn. 7), S. 431 f.; Rubinstein, Britain's Century (wie Fn. 76), S. 23 ff.; Briggs, Age of Improvement (wie Fn. 55), S. 196 ff.
209 Auf die Permanenz massiv antikatholischer Gesinnungen und Aktivitäten in Großbritannien auch nach 1829/30 weist hin: John Wolffe, The Protestant Crusade in Great Britain 1829–1860, Oxford 1991, bes. S. 107 ff., 145 ff.
210 Vgl. Machin, Politics (wie Fn. 201), S. 140 ff.; Woodward, Age of Reform (wie Fn. 5), S. 525-528; die 1843 dissentierenden schottischen Geistlichen hatten in den Jahren zuvor nicht weniger als 1.254.000 Pfund sammeln können und bauten hiermit nach der Separation von der alten »Kirk« insgesamt 654 neue Kirchen; vgl. ebd., S. 528. Siehe zur »Scottish church disruption« ebenfalls die Bemerkungen bei Trevelyan, British History (wie Fn. 5), S. 281 f.
211 Vgl. Woodward, Age of Reform (wie Fn. 5), S. 14.

Misstrauen gegen eine staatliche Regulierung des Bildungswesens.[212] Neue Initiativen gingen zuerst von den Kirchen aus; viele Kinder der Unterschichten erlernten, sofern sie nicht in der Industrie arbeiteten und dort eine Fabrikschule besuchten, überhaupt erst in den Sonntagsschulen das Lesen (das in diesem Fall natürlich zuerst der Bibellektüre gewidmet sein sollte).[213] Jedenfalls fehlte es bis zum Beginn der 1830er-Jahre nicht nur vielfach an Schulgebäuden und an ausgebildeten Lehrern, sondern lange Zeit auch an einem Problembewusstsein der öffentlichen Meinung, um die desolate Lage der »elementary education« überhaupt als solche erkennen und nach Abhilfe suchen zu können.[214]

Auch die »secondary education« befand sich um 1830 in einem durchaus erneuerungsbedürftigen Zustand. Die drei Schultypen (Grammar Schools, Private Schools, Public Schools) unterschieden sich darin, dass die eher kostspieligen, in der Regel in privater Trägerschaft bestehenden Grammar schools und Public Schools in starkem Maße die »classics« (also Latein und Altgriechisch) als Unterrichtsgegenstand pflegten, während die zumeist halböffentlichen, in der Regel kommunal getragenen Private schools den moderneren, »realistischen« Bildungsinhalten aufgeschlossener gegenüberstanden; sie wurden zudem vor allem von Angehörigen der bürgerlichen Mittelschichten frequentiert. Und das bedeutete: Der Unterschied zwischen Ober- und Mittelklasse der Gesellschaft drückte sich bereits in diesem Schulsystem aus.[215] Die vornehmlich in den Public Schools vorgenommenen z. T. beachtlichen Unterrichtsreformen der 1820er- und 1830er-Jahre gingen ausschließlich auf private, nicht staatliche Initiativen zurück.[216]

Einzelne Schulreformer hatten bereits in den ersten Jahren nach der Jahrhundertwende – letztendlich vergeblich – eine Erneuerung des Schulwesens unter staatlicher Aufsicht gefordert. Doch erst 1833 gelang es endlich, dem Unterhaus eine Bewilligung von 20.000 Pfund zur Finanzierung neuer Schulbauten abzuringen – nicht eben eine üppige Summe. Dennoch hatte die Politik jetzt die wirkliche Brisanz des (nicht zuletzt durch das starke Bevölkerungswachstum ausgelösten) allgemeinen Bildungsnotstands erkannt. Da sich die liberale Regierung im Klaren darüber war, dass jeder Versuch des Unterhauses zur Errichtung einer neuen staatlichen Schulbehörde (eines Board of Education) sofort vom Oberhaus unter dem Einfluss der Kirchen

---

212 Vgl. dazu u. a. Mandler, Government (wie Fn. 81), S. 182.
213 Ein guter Überblick über das Bildungswesen nach 1815 findet sich bei Woodward, Age of Reform (wie Fn. 5), S. 474–501; vgl. auch Gillian Sutherland, Education, in: Thompson (Hg.), Cambridge Social History (wie Fn. 156), Bd. 3, S. 119–169, sowie Robert David Anderson, Universities and Elites in Britain since 1800, Cambridge 1995. Zu den Sonntagsschulen: Thomas Walter Laqueur, Religion and Respectability: Sunday Schools and Working Class Culture, 1780–1850, New Haven 1976.
214 Vgl. vor allem Woodward, Age of Reform (wie Fn. 5), S. 475 ff.
215 Vgl. ebd., S. 488.
216 Vgl. ebd., S. 486.

torpediert werden würde, gelangte man endlich zu einer anderen Lösung: Auf Anregung John Russells schuf man 1839 eine für die Angelegenheiten der schulischen Bildung zuständige Abteilung des Kronrats (Privy Council)[217], und dieses spezielle »Committee of council for education« unter der Leitung seines tatkräftigen Sekretärs John Kay-Shuttleworth setzte sich in den folgenden Jahren entschieden für eine Bildungsreform, vor allem auch für eine Erneuerung der Lehrerausbildung ein, wobei es indessen nur nach und nach gelang, den Widerstand besonders der Kirche gegen eine staatliche Schulaufsicht zu überwinden. Ein eigenständiges, für alle Schulfragen zuständiges Education Department entstand erst 1856.[218]

Ausschließlich privat organisiert war um und auch nach 1800 ebenfalls noch das britische Universitätswesen[219]; zudem verharrte es in seinen vormodernen, teilweise noch spätmittelalterlichen Strukturen. In England selbst gab es nur die beiden Traditionsuniversitäten Oxford und Cambridge, in Wales existierte gar keine Hochschule, in Irland gab es immerhin das Trinity College in Dublin. Im Lehrprogramm deutlich zeitgemäßer, wenngleich in ihren Institutionen ebenfalls veraltet, zeigten sich die vier schottischen Universitäten Aberdeen, Glasgow, Edinburgh und St. Andrews, die allerdings von alters her – im Unterschied zu den reichen und wirtschaftlich unabhängigen beiden englischen Universitäten – vom Staat finanziert wurden.[220] Besonders Oxford und Cambridge wurden von der anglikanischen Hochkirche noch immer in starkem Maße dominiert; der Zugang zu diesen beiden Hochschulen stand auch noch nach 1829 nur denjenigen offen, die sich zur Staatskirche bekannten; protestantische Dissenter wurden lediglich in Cambridge geduldet, Katholiken waren hier vom Studium ausgeschlossen. Das Lehr- und Prüfungswesen befand sich auf einem Tiefstand.

Nach 1815 wurde vornehmlich in der liberalen Öffentlichkeit die Kritik an den Zuständen in den alten Universitäten immer vernehmbarer, doch die Tory-Regierungen jener Jahre konnten sich nicht zum Eingreifen in die traditionelle korporative Autonomie der auch ökonomisch selbstständigen Hochschulen entschließen. Zudem wehrten sich Oxford und Cambridge mit aller Entschiedenheit gegen jede Reformforderung; allenfalls wurden einige kleinere, bestenfalls kosmetische Veränderungen vorgenommen. So blieb den an Einfluss langsam zunehmenden Anhängern einer Bildungsreform im Lande nichts anderes übrig als eben neue Universitäten zu gründen:

---

217 Siehe hierzu den Brief Russells an Lord Lansdowne vom 4.2.1839, in dem die Bildung eines »committee of council for education« vorgeschlagen wird, in: CD-ROM-2, Dok.-Nr. 2.10.2; zu den Aktivitäten Russells vgl. ebenfalls John Prest, Lord John Russell, London u. a. 1972, S. 256 ff.
218 Vgl. Keir, Constitutional History (wie Fn. 7), S. 421; Holdsworth, History (wie Fn. 28), Bd. 14, S. 125 f.; Roach, Reform (wie Fn. 28), S. 120 ff.; zur späteren Bildungspolitik vgl. auch Rubinstein, Britain's Century (wie Fn. 76), S. 155 ff.
219 Vgl. hierzu und zum Folgenden Christophe Charle, Grundlagen, in: W. Rüegg (Hg.), Geschichte der Universität in Europa, Bd. 3: Vom 19. Jahrhundert zum Zweiten Weltkrieg, München 2004, S. 43-80, hier S. 45, 59-61, 65-68; Woodward, Age of Reform (wie Fn. 5), S. 489 ff.; Rubinstein, Britain's Century (wie Fn. 76), S. 63 f.; Anderson, Universities (wie Fn. 213), S. 4 ff.
220 Vgl. Robert David Anderson, Education and Opportunity in Victorian Scotland, Oxford 1983.

1828 in London[221], 1832 in Durham, 1851 in Manchester; weitere sollten bis Ende des Jahrhunderts noch folgen.[222] Freilich verdankten sich diese Neugründungen fast ausschließlich privater, kirchlicher oder städtisch-kommunaler Initiative; der englische Staat selbst ist erst sehr viel später als Universitätsgründer aufgetreten. Auch die Entwicklung des – zuerst der Erwachsenenbildung und -weiterbildung dienenden – technischen Schulwesens ist seit dem frühen 19. Jahrhundert ausschließlich von privater Seite angeregt und gefördert worden; der führende Liberale Henry Brougham begründete 1827 eine »Society for the Diffusion of Useful Knowledge«, die sich um die Verbreitung technischen Wissens erfolgreich bemühte. Auch an der Gründung des im Jahr 1824 in der Hauptstadt eröffneten »London Institute«, der ersten bedeutenden technischen Schule, war Brougham beteiligt. Seit den 1820er-Jahren entstanden auch mehrere medizinische Fachhochschulen.[223] Ob es nun die Tendenz zum »cheap government« des »Laissez-faire State« in jenen Jahrzehnten[224] oder auch nur das Fehlen einer »Reformzeit« wie auf dem Kontinent gewesen ist, das den Staat als Akteur im Bildungsbereich so ungewöhnlich stark zurücktreten ließ, – fest steht, dass in Großbritannien eine anspruchsvolle staatliche Bildungspolitik erst nach der Jahrhundertmitte begonnen hat.

11 Finanzen

Während des 18. Jahrhunderts hatten die britischen Staatsfinanzen ein – gerade im europäischen Vergleich – enormes Ausmaß erreicht, im Hinblick sowohl auf Staatseinnahmen, Staatsausgaben, Steuerlasten als auch in besonderem Maße auf Staatsverschuldung.[225] Und die gegen das napoleonische Frankreich geführten Kriege hatten bis 1815 noch einmal enorme Summen verschlungen. Großbritannien befand sich im Jahr der Neuordnung Europas durch den Wiener Kongress zwar machtpolitisch in einer bis dahin nie gekannten vorherrschenden Position, doch finanziell stand das

---

221 Die 1828 gegründete »University of London« entstand aus privater Initiative; zu den Gründern zählten der Kreis um Bentham sowie führende liberale Intellektuelle; als anglikanische Konkurrenzgründung wurde wenige Jahre später ebenfalls in der Hauptstadt das »Kings College« (1831) eröffnet. 1836 wurden beide zur »University of London« zusammengeschlossen; die erste Gründung von 1828 trug fortan den Namen »University College«; Vgl. Woodward, Age of Reform (wie Fn. 5), S. 491 f. Die wichtige Gründungsdenkschrift der liberalen »University« aus dem Jahr 1827, »Statement by the council of the University of London, explanatory of the nature and objects of the Institution«, findet sich auszugsweise ediert in CD-ROM-2, Dok.-Nr. 2.10.1.
222 Vgl. Charle, Grundlagen (wie Fn. 219), S. 60 f., 66. f.
223 Vgl. Woodward, Age of Reform (wie Fn. 5), S. 493 ff.
224 Vgl. dazu Harling, British State (wie Fn. 48), S. 71 ff.
225 Dazu siehe Niedhart, Großbritannien (wie Fn. 70), S. 208 ff.; vgl. auch derselbe, Geschichte (wie Fn. 20), S. 38; Briggs, Age of Improvement (wie Fn. 55), S. 121 f.

Land vor einem ungeheuren Schuldenberg.[226] Daher bestand zur Politik einer entschiedenen Konsolidierung und Neuordnung der Staatsfinanzen keine Alternative, und die restriktiven, allgemein auf Sparsamkeit bedachten finanzpolitischen Maßnahmen in der Ära des »Laissez-faire State« seit 1815 sind zuerst und vor allem dieser einfachen Tatsache geschuldet – und weniger der vermeintlich einseitigen Vorherrschaft wirtschaftsliberaler Finanzdoktrinen.

Daneben sind, neueren Erkenntnissen zufolge, vor allem drei weitere wichtige Aspekte zu berücksichtigen, wenn es darum geht, die vergleichsweise zurückhaltende Einnahmen- und Ausgabenpolitik des englischen Staates in der Zeit zwischen Wiener Kongress und Jahrhundertmitte zu erklären.[227] *Erstens* fallen die nach 1815 sofort steil absinkenden Militärausgaben in den Blick, die den Staatshaushalt fortan für Jahrzehnte bis zum Beginn des Krimkrieges kräftig entlasteten. *Zweitens* ist zu berücksichtigen, dass die britischen Staatsausgaben in bestimmten Bereichen der inneren Politik (Bildung, Soziales, Gesundheit usw.) zwar anstiegen – aber eben nur sehr langsam und mit Verzögerungen, also niemals abrupt. Um 1840 besaßen die Pro-Kopf-Ausgaben des Staates in diesen Bereichen ungefähr denselben Umfang wie ein halbes Jahrhundert zuvor.[228] Und *drittens* schließlich ist in diesem Zusammenhang ebenfalls auf die einfache Tatsache hinzuweisen, dass der allgemeine Wohlstand in Großbritannien aufgrund dessen ökonomisch-technischer Vormachtstellung bis zur Jahrhundertmitte eine bis dahin ungekannte Höhe erreichte und schon aus diesem Grunde eine besonders stark ausgeprägte finanzielle Staatstätigkeit als unnötig angesehen wurde.

Das britische Steuersystem war in der Periode um und nach 1815 noch kompliziert genug, denn traditionell war die Abneigung gegen Vermögensdeklaration und Einkommenssteuer im Lande stark ausgeprägt.[229] Deshalb hatte man sich weitgehend mit dem Mittel der indirekten Steuern, also der »excise«, der eigentlichen Verbrauchssteuern, begnügen müssen, die dementsprechend drückend waren und das allgemeine Leben gerade der unteren Schichten deutlich belasteten. Die 1803 eingeführte Property tax war ausgesprochen unpopulär und wurde 1816 nach dem Sieg über Napoleon denn auch rasch wieder abgeschafft. Spätere Premierminister, die sie gerne wieder eingeführt hätten, scheiterten regelmäßig am Widerwillen des Parlaments. Erst Robert Peel gelang im Jahr 1842 die Einführung einer neuen direkten Steuer, der Income tax, mit deren Hilfe die Einkommen in Handel und Gewerbe besteuert wurden, unter Mithilfe neuer Methoden: Besondere Einschätzungskommissare mit weitreichenden

---

226 Siehe den Überblick bei Hilton, Mad People (wie Fn. 1), S. 114 ff.
227 Zum Folgenden siehe besonders Harling, British State (wie Fn. 48), S. 75 f.
228 So Harling, ebd., S. 75.
229 Vgl. zusammenfassend Hilton, Mad People (wie Fn. 1), S. 251 ff.; Martin Daunton, Trusting Leviathan. The Politics of Taxation in Britain, 1799–1914, Cambridge 2001, S. 1-57 u. passim.

Befugnissen durften jetzt tätig werden, hatten aber – dies war das Zugeständnis an das Parlament – das Steuergeheimnis besonders strikt zu wahren.[230]

Bereits seit dem ausgehenden 18. Jahrhundert hatte das Unterhaus alle entscheidenden Kompetenzen für sämtliche Fragen der Staatseinnahmen und -ausgaben in seiner Hand versammelt, darunter bekanntlich auch die Zuständigkeit für die Zivilliste des Monarchen und der königlichen Familie.[231] Das bedeutete aber noch nicht, dass hiermit bereits eine effektive Übersicht und vor allem eine wirksame Kontrolle der Einnahmen und Ausgaben verbunden war. Bereits 1787 war per Gesetz die Einrichtung eines sog. »Consolidated Fund«, in den alle Staatseinnahmen fließen sollten, beschlossen worden, damit verbunden war ebenfalls die Aufstellung jährlicher Gesamtübersichten aller Einnahmen und Ausgaben. Doch die Umsetzung dieser Maßregeln zog sich über Jahre hin[232], denn eine solche Aufstellung wurde erstmals 1802 dem Parlament vorgelegt, und erst ab 1822 wurden die Ausnahmen den Einnahmen gegenübergestellt. Allerdings fehlte immer noch eine systematische, nach einzelnen Verwaltungszweigen gegliederte Anordnung, und genau diese Tatsache erschwerte eine präzise und gut funktionierende Finanzkontrolle.

Dem Einfluss der Utilitaristen aus der Bentham-Schule, insbesondere den Anregungen von John Bowring, war es zuzuschreiben, dass man Anfang der 1830er-Jahre, als eine grundlegende Neuordnung des immer komplexer werdenden gesamtstaatlichen Finanzwesens unabweisbar wurde, auf das Vorbild der damals besonders fortgeschrittenen modernen französischen Finanzverwaltung zurückgriff: Deren Vorteil bestand nicht nur in einer viel übersichtlicheren und vor allem einheitlichen Systematik, sondern auch in ihrer leichteren Kontrollierbarkeit, und eben dieser letzte Aspekt war es, der überzeugend wirkte. Zur ersten durchgreifenden institutionellen Reform kam es im Jahr 1834, als das alte Exchequer Office, das vorher mittels eines langwierigen Verfahrens bestimmte Einnahmen und Ausgaben zu kontrollieren und zu tätigen hatte, einfach abgeschafft wurde. Staatseinnahmen wurden jetzt einheitlich im Consolidated Fund gesammelt und der Bank of England überwiesen, und Staatsausgaben wurden fortan vom Finanzminister, der dem Parlament verantwortlich war, bzw. vom Schatzamt (Treasury) angewiesen; die Finanzkontrolle übernahm künftig der politisch unabhängige »comptroller of the exchequer«.[233] Das Schatzamt (Treasury), eigentlich die oberste Finanzbehörde des Landes, hatte sich in den ersten beiden Jahrzehnten des Jahrhunderts in einer Art von Dornröschenschlaf befunden,

---

230 Vgl. Julius Hatschek, Englische Verfassungsgeschichte bis zum Regierungsantritt der Königin Viktoria, München/Berlin 1913, S. 732; Gash, Aristocracy (wie Fn. 76), S. 75, 220 ff.; Hilton, Mad People (wie Fn. 1), S. 295 ff., 547 f.
231 Siehe dazu Kapitel 2, Verfassungsstruktur der zentralen staatlichen Ebene.
232 Vgl. Hatschek, Englische Verfassungsgeschichte (wie Fn. 230), S. 716 ff.
233 Vgl. Keir, Constitutional History (wie Fn. 7), S. 417; Hatschek, Englische Verfassungsgeschichte (wie Fn. 230), S. 720 f.

die dem damaligen »Laissez-faire State« vielleicht anstehen mochte.[234] Seit Mitte der 1830er-Jahre jedoch wurde es zu einer effektiven Behörde umgestaltet, doch erst der Tätigkeit von Sir Charles Trevelyan in den Jahren ab 1840 ist es wohl hauptsächlich zuzuschreiben, dass es sich zu einem funktionierenden Ministerium im modernen Sinne entwickeln konnte.[235]

Eine der wichtigsten Voraussetzungen für die Finanzreformen ab Mitte der 1830er-Jahre war eine Reform des veralteten Bankensystems. Großbritannien krankte im Grunde genommen an einem unsoliden, weil regional zersplitterten System von etwa acht- bis neunhundert mittleren und kleineren Banken (country banks), Geldinstituten also, deren Reserven und Sicherungen in der Regel zu gering waren, um größeren Spekulationsverlusten standhalten zu können. Eben diese Tatsache führte Mitte der 1820er-Jahre zu einer Reihe von Pleiten und damit zu einer erheblichen Unruhe im Wirtschaftsleben. Die Politik förderte deshalb einerseits den Konzentrationsprozess, d. h. die Vernetzung der kleineren Banken untereinander, stärkte andererseits aber ebenfalls, etwa mit der »Bank Charter Act« von 1844[236], die Position der Bank of England, deren Noten innerhalb der Metropole, also des damaligen Finanzzentrums der Welt, keine Konkurrenz durch kleinere Privatbanken mehr zu befürchten hatten.[237]

12 Wirtschafts- und Sozialgesetzgebung/Öffentliche Wohlfahrt

Blickt man auf die ersten beiden Jahrzehnte nach 1815, dann wird man im Allgemeinen nur von einer weitgehenden sozialpolitischen Abstinenz des »Laissez-faire State« sprechen können, einer Grundhaltung, die darin bestand, dem Einzelnen möglichst gute Bedingungen für die Entfaltung der eigenen beruflichen und wirtschaftlichen Existenz zu verschaffen, während auf der anderen Seite die sozialen Verpflichtungen auf ein unerlässliches Minimum reduziert wurden.[238] Mit einer treffenden Formulierung ist diese Vorgehensweise als Ausdruck einer neuen »negative social fairness« bezeichnet worden[239], die zwar jedem einzelnen Bürger möglichst faire, unverstellte soziale Aufstiegsbedingungen sichern sollte, in der bestehenden Wirklichkeit extremer sozialer Ungleichheit von Anfang an jedoch eher das Gegenteil von dem erreichte, was sie beabsichtigte: Indem sie bestimmte überkommene sozialpatriarchalische

---

234 Siehe dazu (mit z. T. ergötzlichen Einzelheiten): Henry Roseveare, The Treasury. The Evolution of a British Institution, New York 1969, S. 152 ff.
235 Vgl. ebd., S. 165 ff.
236 Vgl. dazu Briggs, Age of Improvement (wie Fn. 55), S. 338 f.; Hilton, Mad People (wie Fn. 1), S. 547 ff.
237 Vgl. hierzu das Memorandum des Earl of Liverpool und F. J. Robinsons über das Banksystem vom 13.1.1826, in: CD-ROM-2, Dok.-Nr. 2.11.1.
238 Vgl. Keir, Constitutional History (wie Fn. 7), S. 369 ff.
239 So Harling, British State (wie Fn. 48), S. 83.

Unterstützungssysteme zerstörte, ohne sie durch neue zu ersetzen, vermehrte sie das soziale Elend der untersten Schichten. Sozialfürsorge wurde dadurch vor Mitte der 1830er-Jahre[240] teilweise abgedrängt in den Bereich privater Philanthropie – in doppelter Gestalt: sei es als Äußerung christlicher Verantwortlichkeit gegenüber dem Nächsten, sei es in der Form privaten bürgerlichen Engagements mit dem sehr erwünschten Nebeneffekt, die ohnehin strikt abgelehnten Eingriffe des Staates in das soziale Leben auch weiterhin unnötig zu machen.[241]

Gleichwohl verschärften sich die sozialen Probleme des Landes seit 1815 in zunehmendem Maße. Verantwortlich hierfür waren nicht nur der Fortgang der Industrialisierung, die jetzt, nach dem Ende der den Außenhandel bisher behindernden napoleonischen Wirtschaftsblockade, einen erneuten Aufschwung erlebte, sondern ebenfalls die sich zunehmend verschlechternden Lebensbedingungen der Unterschichten. Denn während man die bei den Wohlhabenden unpopuläre Property tax 1816 wieder abgeschafft hatte, waren 1815 auf Betreiben der Agrarier die protektionistischen Getreidegesetze (»corn laws«) erlassen worden, die jeden Import billigen Getreides unmöglich machten.[242] Das bedeutete: Brot wurde noch teurer, und den Angehörigen der Arbeiterschaft blieb nichts anderes übrig, als den größten Teil ihres Lohnes zur Bezahlung von Grundnahrungsmitteln zu verwenden. Diese »Art und Weise, wie die grundbesitzende Klasse ihr Machtmonopol für ihre Sonderinteressen ausnutzte«[243], steigerte nicht nur die *wirtschaftliche* Unzufriedenheit, sondern verschärfte auch die Kritik am bestehenden *politischen* System – eine Kritik, die sich auch noch nach der Wahlreform von 1832 überaus deutlich zu artikulieren verstand. Die Anführer der 1836 gegründeten »London Working Men's Association« entwarfen ein radikales politisch-soziales Reformprogramm, das 1838 in namentlicher Anknüpfung an die alte »Magna Charta« unter dem Namen einer »Charta des Volkes« (»People's Charter«) verkündet wurde. In den folgenden zehn Jahren bildeten die »Chartisten« tatsächlich die mächtigste außerparlamentarische Oppositionsbewegung in Großbritannien[244]; ihrem Einfluss und ihren Forderungen ist es wesentlich zuzuschreiben, dass es in den 1840er-Jahren zu den ersten entschieden eingreifenden Sozial- und Fabrikschutzmaßnahmen im Lande kam.

---

240 Hilton, Mad People (wie Fn. 1), S. 588 verortet »the origins of social policy« in die Zeit ab etwa 1833/34.
241 Harling, British State (wie Fn. 48), S. 93.
242 Vgl. Gash, Aristocracy (wie Fn. 242), S. 110 ff.; Briggs, Age of Improvement (wie Fn. 55), S. 201 ff.; Hilton, Mad People (wie Fn. 1), S. 264 ff.
243 Kluxen, Geschichte (wie Fn. 13), S. 542.
244 Vgl. die grundlegende Darstellung: Dorothy Thompson, Chartism, London 1984; neuester, gut zusammenfassender Überblick bei Hilton, Mad People (wie Fn. 1), S. 612-621; siehe auch Edward Royle, Revolutionary Britannia? Reflections on the Threat of Revolution in Britain 1789–1848, Manchester u. a. 2000, S. 92-138; Roach, Reform (wie Fn. 28), S. 129 ff.

Gleichwohl hatte sich auch der »Laissez-faire«-Staat bereits seit den ersten Jahren nach 1815 zu ersten, wenn auch wohl eher widerwillig vorgenommenen, durchaus kostspieligen Eingriffen in das wirtschaftliche und soziale Leben aufraffen müssen.[245] Das begann schon mit der »Poor Employment Act« von 1817, deren Ziel es war, den Massen von Arbeitslosen, die bis vor Kurzem noch in der Waffenindustrie tätig gewesen waren, ein neues Auskommen zu verschaffen, indem jetzt der Ausbau und die Verbesserung von Straßen, Kanälen, Brücken und Dockanlagen staatlich gefördert wurden.[246] Und diesem Ziel dienten ebenfalls die beiden »Church Building Acts« von 1818 und 1824[247], die insgesamt 1,5 Mio. Pfund staatlicher Gelder für die Erbauung neuer Kirchen zur Verfügung stellten.[248] In diese Jahre fällt schließlich ebenfalls das erste englische Fabrikschutzgesetz, das allerdings nur auf die allerärgsten sozialen Missstände der Zeit, die weit verbreitete Kinderarbeit, reagierte – und trotzdem erst nach mehrjährigen Auseinandersetzungen durchgesetzt werden konnte: Hauptergebnis der ersten »Factory Act« vom Juli 1819 war das Verbot der Arbeit von Kindern unter neun Jahren, freilich nur in Spinnereibetrieben.[249]

Natürlich war hiermit nur ein ausgesprochen bescheidener Anfang gemacht worden, doch weitere gesetzliche Maßnahmen folgten in den anschließenden Jahren nur sehr zögerlich. Erst nachdem die liberale Regierung Grey neue Untersuchungen über die allgemeinen Zustände in den Fabriken und Arbeitsstätten angeregt hatte, trat das volle Ausmaß der inzwischen eingetretenen Verarmung und Verelendung der Unterschichten in den Blick der politisch Verantwortlichen.[250] Die nächste »Factory Act« von 1831 führte weitere Beschränkungen der Arbeit von Kindern und Jugendlichen ein, die fortan nicht länger als zwölf Stunden beschäftigt sein durften; Nachtarbeit wurde für alle Personen unter 21 Jahren – und zwar nicht nur aus gesundheitlichen, sondern auch aus moralischen Gründen – verboten.[251] In den 1830er-Jahren kamen eine Reihe weiterer Verordnungen und Gesetze hinzu, die z. B. eine staatliche Fabrikinspektion zur Kontrolle der dort herrschenden Arbeitsverhältnisse einführten (Factory Act von 1833) und endlich 1847 den Zehnstundentag bzw. die Achtundvierzigstundenwoche für Frauen und alle arbeitenden Kinder zwischen 13 und 18 Jahren

---

245 Vgl. Philip Harling, The Waning of »Old Corruption«. The Politics of Economical Reform in Britain, 1779–1846, Oxford 1996, S. 136 ff.
246 Vgl. W. M. Flinn, The Poor Employment Act of 1817, in: Economic History Review, 2. ser. 14 (1961), S. 82-92.
247 Siehe auch Kapitel 9, Kirche.
248 Vgl. Hilton, Mad People (wie Fn. 1), S. 253 f.
249 CD-ROM-2, Dok.-Nr. 2.12.1 (Fabrikgesetz v. 3.7.1819), Art. I: »[...] that from and after 1 January 1820, no child shall be employed in any description of work for the spinning of cotton wool into yarn, or in any previous preparation of such wool, until he or she shall have attained the full age of 9 years.«
250 Vgl. Woodward, Age of Reform (wie Fn. 5), S. 450 ff.; Harling, Waning (wie Fn. 245), S. 198 ff.
251 CD-ROM-2, Dok.-Nr. 2.12.2 (Fabrikgesetz v. 15.10.1831).

(Factory Act von 1847)²⁵² festlegten. Bereits 1842 hatte die »Mines Act« die Arbeit von Frauen und Mädchen unter Tage verboten.²⁵³

Was die englische Armenfürsorge anbetraf, so galt im Prinzip bis Anfang der 1830er-Jahre noch immer das alte, aus elisabethanischer Zeit stammende, dezentralisierte und uneinheitliche »Old poor law«, das sich den Problemen der Frühindustrialisierung bereits seit Längerem kaum noch gewachsen zeigte.²⁵⁴ Die schon 1834 verabschiedete Poor Law Amendment Act kam nachgerade einer kleinen inneren Revolution gleich, denn sie schuf zur Bewältigung der immensen sozialen Probleme eine neue zentralisierte und umfangreiche Behörde mit umfassender Bürokratie – die größte ihrer Art im viktorianischen Zeitalter.²⁵⁵ Mehrere Poor Law Commissioners mit einschneidenden Befugnissen überwachten nun die lokale und regionale Poor Law Administration; und 1847 wurden die Befugnisse dieser Commissioners auf einen neu begründeten Poor Law Board, eine neue gesamtstaatliche Sozialbehörde, übertragen, die einem Minister unterstand. Deren Zuständigkeit erstreckte sich freilich auch jetzt noch nicht auf das gesamte soziale Leben, sondern lediglich auf dessen besondere Brennpunkte, etwa die Lebensverhältnisse verarmter und kranker älterer Menschen und nicht zuletzt die der arbeitenden Kinder.²⁵⁶

Eine vergleichbare Maßnahme, die Förderung der Volksgesundheit betreffend, stellte die erste Public Health Act (1848) dar. Hiermit wurde zugleich (im Gefolge des Poor Law Board) ein General Board of Health errichtet und die Neueinrichtung weiterer local Boards of Health wenigstens möglich gemacht.²⁵⁷ Damit war allerdings noch keine besonders tief in das Leben der Menschen eingreifende Sozial- und Gesundheitspolitik im modernen Sinne eingeleitet, sondern nur ein allererster Anfang gemacht.²⁵⁸ Es galt für diese neuen Behörden zuerst einmal, die bestehenden Miss-

---

252 Vgl. MacDonagh, Victorian Government (wie Fn. 128), S. 42 ff., 55 ff.; Harling, British State (wie Fn. 48), S. 102 f.; Mandler, Government (wie Fn. 81), S. 147 ff.
253 Vgl. Woodward, Age of Reform (wie Fn. 5), S. 153; zum Zusammenhang siehe auch den Überblick bei Hilton, Mad People (wie Fn. 1), S. 588 ff.
254 Vgl. Keir, Constitutional History (wie Fn. 7), S. 421; Woodward, Age of Reform (wie Fn. 5), S. 448 ff.; ausführlich George R. Boyer, An Economic History of the English Poor Law 1750–1850, Cambridge u. a. 1990, S. 9-50; Lynn Hollen Lees, The Solidarity of Strangers. The English Poor Laws and the People, 1700–1948, Cambridge 1998, S. 82-111.
255 So Harling, British State (wie Fn. 48), S. 72; zum Zusammenhang siehe auch Lees, Solidarity (wie Fn. 254), S. 115-229; Karl Heinz Metz, Industrialisierung und Sozialpolitik. Das Problem der sozialen Sicherheit in Großbritannien 1795–1911, Göttingen u. a. 1988, S. 73 ff.; Eric J. Evans, The Forging of the Modern State. Early Industrial Britain 1783–1870, London u. a. 2. Aufl. 1996, S. 230 ff.; Roach, Reform (wie Fn. 28), S. 114 ff.; Mandler, Government (wie Fn. 81), S. 135 ff.
256 Vgl. Woodward, Age of Reform (wie Fn. 5), S. 455.
257 Vgl. MacDonagh, Victorian Government (wie Fn. 128), S. 162 ff.; Keir, Constitutional History (wie Fn. 7), S. 421; Woodward, Age of Reform (wie Fn. 5), S. 464; Gash, Aristocracy (wie Fn. 76), S. 341 ff.
258 Vgl. hierzu neben Roach, Reform (wie Fn. 28), S. 142 ff., auch Virginia Berridge, Health and Medicine, in: Thompson (Hg.), Cambridge Social History (wie Fn. 156), Bd. 3, S. 171-242, bes. S. 191 ff.

stände überhaupt zu erkennen und nach Lösungen zu suchen: Das betraf etwa die höchst mangelhafte Wasserversorgung vor allem in den neuen Industriestädten, die unzureichenden sanitären Verhältnisse, die Verunreinigung von Nahrungsmitteln und anderes mehr.[259] Die Arbeit der Boards war zuerst also noch nicht vorrangig auf eine medizinische Versorgung der Bevölkerung gerichtet, sondern auf die Beseitigung oder wenigstens Eindämmung der wichtigsten Krankheitsursachen: durch Verlegung neuer Wasserleitungen, Bau von modernen Abwasserkanalsystemen, Einrichtung einer funktionierenden Lebensmittelkontrolle und weiteres mehr.

Eine im europäischen Vergleich einmalige Besonderheit der britischen Armenfürsorge aber waren die sog. Arbeitshäuser (workhouses), die mit der »Poor Law Amendment Act« seit Mitte der 1830er-Jahre eingerichtet wurden. Entworfen hatte dieses Konzept der bereits erwähnte Bentham-Schüler Edwin Chadwick, also der sehr tatkräftige, aber auch ausgesprochen selbstherrliche und eigensinnige, daher bald äußerst unbeliebte Sekretär der Poor Law Commission zwischen 1834 und 1854.[260] Entsprechend dem Grundgedanken Benthams, Armut basiere zuallererst auf Faulheit, setzte Chadwick ein neues soziales Konzept um, das alle Arbeitsfähigen, Kinder und Erwachsene, zur Arbeit erziehen sollte. Statt Armenunterstützung zu zahlen, sollten diese Mittel lieber zum Bau von öffentlichen Arbeitshäusern verwendet werden, den sog. neuen »Pauper Bastilles«[261], wie man sie auch nannte, in denen die Menschen streng nach Geschlechtern getrennt leben (um die Bevölkerungsvermehrung einzudämmen) und nach Anleitung hart arbeiten mussten[262], als Gegenleistung übernahm der Staat ihren Unterhalt. Hier trat der frühviktorianische Staat in der Tat als »social disciplinarian«[263] auf, und dies nicht unbedingt zum Nutzen der betroffenen Menschen. Denn durch das strikte System der Trennung in den Arbeitshäusern wurden nicht nur Familien auseinandergerissen, sondern auch die übrigen Lebensbedingungen waren z. T. erbärmlich, etwa bezüglich der Versorgung mit Lebensmitteln, oder wegen der nicht selten ökonomisch sinnlosen Arbeit (die z. B. im Zerklopfen von Steinen bestand), schließlich auch wegen des äußerst brutalen Strafsystems. Die Arbeitshäuser entwickelten sich schon recht bald zu einem allgemein verhassten »Symbol sozialer Deklassierung«[264], und die Kritik an ihnen sowie an den in ihnen vorherrschenden Zuständen artikulierte sich bald derart vernehmlich – etwa

---

259 Vgl. Woodward, Age of Reform (wie Fn. 5), S. 464 f.; Hilton, Mad People (wie Fn. 1), S. 578 ff.
260 Siehe die Charakteristiken bei Woodward, Age of Reform (wie Fn. 5), S. 452; Hilton, Mad People (wie Fn. 1), S. 578; Roach, Reform (wie Fn. 28), S. 110 ff.
261 Metz, Industrialisierung (wie Fn. 255), S. 85.
262 Siehe das Reglement für ein Arbeitshaus von 1841, in: CD-ROM-2, Dok.-Nr. 2.12.3. Vgl. auch Woodward, Age of Reform (wie Fn. 5), S. 432 ff.; Harling, British State (wie Fn. 48), S. 88 ff.; Evans, Forging (wie Fn. 255), S. 234 ff.; Lees, Solidarity (wie Fn. 254), S. 107 ff. u. a.
263 So Harling, British State (wie Fn. 48), S. 88; vgl. auch Trevelyan, British History (wie Fn. 5), S. 248 f.
264 So treffend Niedhart, Geschichte (wie Fn. 20), S. 52.

12 Wirtschafts- und Sozialgesetzgebung/Öffentliche Wohlfahrt

in Charles Dickens' frühem Erfolgsroman »Oliver Twist« von 1838 –, dass Chadwicks Konzept schon spätestens Anfang der 1850er-Jahre als gescheitert gelten musste; die Kritik an den Workhouses trug im Übrigen wesentlich mit bei zur Entstehung und zum Aufstieg des Chartismus.[265]

Die wichtigste und folgenreichste Entscheidung im Bereich der wirtschaftspolitischen Gesetzgebung war die Aufhebung der sog. Kornzölle (corn laws), die im Jahr 1815 von den seinerzeit noch in beiden Häusern des Parlaments vorherrschenden ländlichen Magnaten durchgesetzt worden waren.[266] Seinerzeit hatte diese protektionistische Maßnahme zu einer deutlichen Verteuerung der Grundnahrungsmittel geführt, wovon wiederum zuerst die untersten Schichten betroffen gewesen waren. Nach der Parlamentsreform und unter dem Eindruck einer katastrophalen Missernte bildete sich 1836 in London eine Anti-corn-law association, und damit begann ein jahrelanger Streit um die Abschaffung der Kornzölle, für deren Erhalt sich vor allem die Tories einsetzten.[267] Auf der Gegenseite stand ein im Grunde ausgesprochen heterogenes Bündnis von Vertretern der unteren Schichten und überzeugten »manchesterliberalen« Freihändlern wie etwa Cobden und Bright. Doch erst dem konservativen Premierminister Sir Robert Peel gelang im Jahr 1846 endlich die Abschaffung der umstrittenen und ebenso hart verteidigten wie bekämpften corn laws, freilich nur mithilfe der Opposition und um den Preis der Zersprengung seiner eigenen Partei.[268] Immerhin gelang ihm damit ein Werk, das angelegt war als Zurückweisung jeder Art von Protektionismus und gedacht war – um es mit den Worten Prinz Alberts auszudrücken –, »not in favour of one class and as a triumph over another, but to the benefit of the nation«.[269]

---

265 Zum »anti-Poor Law movement« vgl. auch F. M. L. Thompson, The Rise of respectable Society. A Social History of Victorian Britain 1830–1900, Cambridge, Mass. 1988, S. 344 ff.; Metz, Industrialisierung (wie Fn. 255), S. 87 ff.
266 Vgl. Jonathan D. Chambers/Gordon E. Mingay, The Agricultural Revolution 1750–1880, London 1966, S. 108 ff.
267 Vgl. Woodward, Age of Reform (wie Fn. 5), S. 118 ff.; Briggs, Age of Improvement (wie Fn. 55), S. 312 ff., 321 ff.; Evans, Forging (wie Fn. 255), S. 277 ff.; Hilton, Mad People (wie Fn. 1), S. 507 ff., 543 ff., 551 ff. u. a.; Wendy Hinde, Richard Cobden. A Victorian Outsider, New Haven u. a. 1987, S. 144 ff.; Chambers/Mingay, Agricultural Revolution (wie Fn. 266), S. 148 ff.
268 Vgl. Donald Read, Peel and the Victorians, Oxford 1987, S. 158-241.
269 Memorandum Prinz Alberts vom 25.12.1845, in: CD-ROM-2, Dok.-Nr. 2.12.4.

Frankreich   3

Von Martin Kirsch (Berlin) und Daniela Kneißl (Bonn)[1]

0   Einführung

In zeitlicher Hinsicht fügt sich die französische Geschichte in den Rhythmus der europäischen Geschichte der Epoche 1815–1848 ein, mit den Revolutionen von 1830 und 1848 entfaltete sie zudem Signalwirkung für andere europäische Länder und prägte insofern den europäischen Epochenablauf in Teilgruppen der europäischen Staaten mit. Dies gilt sicherlich vornehmlich für die zentrale Ebene der Verfassungsstruktur und das Wahlrecht, während in anderen Verfassungsbereichen wie z. B. bei der Entwicklung der Justiz oder bei der Zollpolitik deutlich Kontinuitäten aus der napoleonischen Zeit bis über die Revolution von 1848 hinaus zu erkennen sind. Im Vergleich zur vorherigen Epoche von 1789 bis 1814 war das politische Verfassungsleben nicht mehr ganz so schnelllebig, doch weist die hier behandelte Phase zwar nicht mehr sechs, aber doch noch immerhin drei verschiedene Konstitutionen und politische Systeme auf, womit sie innerhalb Europas am meisten Spanien mit dessen vielen Verfassungsexperimenten ähnelt. Mit der Charte von 1814 und ihrer abgewandelten Form von 1830 behielt Frankreich zudem gegenüber anderen europäischen konstitutionellen Monarchien – je nach politischer Ausrichtung der dortigen Verfassungsgeber – seine führende Rolle als Experimentierfeld für Verfassungsvorbilder bei.[2]

Im Vergleich zu der im vorhergehenden Band des Handbuches behandelten Epoche[3] gibt es zu diesem Abschnitt der französischen Verfassungsgeschichte deut-

---

1   Als Verfasser für die einzelnen Kapitel zeichnen verantwortlich: Martin Kirsch (Einführung, Frankreich 1815–1847, Verfassungsstruktur der zentralen staatlichen Ebene, Wahlrecht und Wahlen, Verwaltung, Justiz, Finanzen, Wirtschafts- und Sozialgesetzgebung/Öffentliche Wohlfahrt), Daniela Kneißl (Grundrechte, Militär, Verfassungskultur, Kirche, Bildungswesen).
2   Zur Bedeutung der unterschiedlichen französischen Verfassungen für die europäische Verfassungsentwicklung: Martin Kirsch, Monarch und Parlament im 19. Jahrhundert. Der monarchische Konstitutionalismus als europäischer Verfassungstyp – Frankreich im Vergleich, Göttingen 1999; ders./P. Schiera (Hg.), Denken und Umsetzung des Konstitutionalismus in Deutschland und anderen europäischen Ländern in der ersten Hälfte des 19. Jahrhunderts, Berlin 1999. Vgl. auch demnächst Volker Sellin, Gewalt und Legitimität. Die europäische Monarchie im Zeitalter der Revolutionen, München 2011 sowie die Synthese zur europäischen Entwicklung von Werner Daum im vorliegenden Handbuchband (Einleitung).
3   Martin Kirsch u. a., Frankreich, in: P. Brandt u. a. (Hg.), Handbuch der europäischen Verfassungsgeschichte im 19. Jahrhundert. Institutionen und Rechtspraxis im gesellschaftlichen Wandel, Bd. 1: Um 1800 (im Folgenden: HB-1), Bonn 2006, S. 214-335.

lich weniger Forschungen. Prägend für die Charakterisierung der gesamten Epoche durch die französische Forschung ist die Einschätzung Pierre Rosanvallons geworden, dass es sich bei den beiden Chartes – wie die beiden Konstitutionen von 1814 und 1830 genannt wurden – um eine »monarchie impossible« gehandelt habe, denn die strikte Trennung des politischen Denkens in ein Lager der (republikanischen) Revolution und in eines der (monarchischen) Konterrevolution hätte die Entwicklung eines für die dualistisch aufgebaute konstitutionelle Monarchie notwendigen »juste milieu«-Denkens verhindert, worin der Hauptgrund für die Unmöglichkeit eines dauerhaften konstitutionellen Königtums (1791, 1814, 1830) in Frankreich zu sehen sei.[4] Bereits zuvor hatte Maurice Agulhon darauf verwiesen, dass es zudem an einem Willen dreier Monarchen, tatsächlich auch als konstitutioneller Monarch zu regieren (Louis XVI., Charles X., Napoléon I.), gefehlt habe. Von den drei »willigen« Königen hätte Louis XVIII. am Ende seines Lebens nicht mehr genügend Tatkraft besessen, um ein stabiles »juste milieu« zu begründen, Louis-Philippe mit Guizot, aber auch Napoleon III. hätten statt der politischen Mitte die konservative Seite bevorzugt.[5]

In der deutschen und englischen Literatur finden sich aber auch andere Stimmen: Pamela Pilbeam setzt hinter ihre bei Rosanvallon entlehnte Frage »An impossible monarchy?« bewusst ein Fragezeichen und argumentiert auch unter Einbeziehung der republikanischen Regime des 19. Jahrhunderts, dass es weniger die fehlende Kompromissbereitschaft innerhalb der politischen Elite als deren über die »Parteigrenzen« hinwegreichende Angst vor den »popular classes« (die zudem im Rückblick mit der jakobinischen Zeit 1792–1794 verknüpft wurde) gewesen sei, die zu einer Abwehrhaltung gegenüber einer erweiterten politischen und sozialen Partizipation führte, was im Konfliktfall deshalb rascher Revolutionen hervorrief. Sellin betont stark die europäische Strahlkraft der Charte und bewertet deshalb die Konstitution im Blick auf das gesamte 19. Jahrhundert positiver, indem er generell die Restauration als eine Revolution von oben interpretiert. Schließlich plädiert der Autor dieses Beitrags dafür, dass die konstitutionelle Monarchie in Frankreich zwischen 1789 und 1870 der Normalfall war und allenfalls erklärungsbedürftig ist, warum sich die drei Erschei-

---

4 Pierre Rosanvallon, La monarchie impossible. Les Chartes de 1814 et de 1830, Paris 1994, S. 149 ff., 170 ff., 178 ff. Zur Infragestellung der daraus abgeleiteten These Rosanvallons, dass es sich hierbei um eine »singularité française« handele: Martin Kirsch, Die Funktionalisierung des Monarchen im 19. Jahrhundert im europäischen Vergleich, in: S. Fisch u. a. (Hg.), Machtstrukturen im Staat: Organisationen und Personen/Les structures de pouvoir en France et en Allemagne: les institutions et les hommes, Stuttgart 2007, S. 81-97, hier S. 86 f.

5 Maurice Agulhon, La République française: vision d'un historien, in: P. Isoart u. a. (Hg.), Des Républiques françaises, Paris 1988, S. 50-61, hier S. 52 ff.; ähnlich auch Antonetti, der den fehlenden Pragmatismus der Könige betont: Guy Antonetti, La monarchie constitutionnelle, Paris 1998, S. 147-151. Die jüngste Veröffentlichung, die die beiden Monarchien gemeinsam behandelt, nimmt dazu keine Stellung: Klaus Malettke, Die Bourbonen, Bd. 3: Von Ludwig XVIII. bis zu Louis Philippe 1814–1848, Stuttgart 2009.

nungsformen des monarchischen Konstitutionalismus so häufig abwechselten und sich die Republik erst nach mehr als 80 Jahren durchsetzen konnte.⁶

1 Frankreich 1815–1847

In der vorhergehenden Epoche war das französische Territorium aufgrund der Revolutionskriege und dann insbesondere wegen der militärischen Expansion Napoleons massiv vergrößert worden, sodass sich die Anzahl der Departements von 83 auf 130 erhöhte und ein Gebiet umfasste, das 1812 von Hamburg bis Rom und von Quimper in der Bretagne bis Dubrovnik an der Adriaküste reichte.⁷ Noch Ende des Jahres 1813 gab es innerhalb der antinapoleonischen Koalition der europäischen Mächte insbesondere bei Österreich die Bereitschaft, mit Napoleon rasch einen Friedensvertrag abzuschließen, was eine Beibehaltung zumindest von Teilen der Rheingrenze als »natürliche« Grenze Frankreichs zur Folge gehabt hätte. Zwar strebten auf dem Kongress von Châtillon im Februar/März 1814 die Vertreter Österreichs, Großbritanniens und Preußens einen Friedensvertrag mit Napoleon mit einem Frankreich »nur noch« in den Grenzen von 1792 an, doch hätte diese Variante den Erhalt des Hauses Bonaparte und einen Ausschluss der Bourbonen als Träger einer Monarchie bedeutet. Grundsätzlich gingen die Alliierten davon aus, dass nicht sie einen Dynastiewechsel allein veranlassen dürften, sondern dass eine Beteiligung französischer Politiker dafür nötig war. Die Vorstellung zwar nicht eines Selbstbestimmungs-, so doch eines Mitbestimmungsrechts der Nation bei der Gestaltung seiner inneren Verhältnisse trat damit deutlich zu Tage, gerade auch um sich von der von Napoleon praktizierten Politik des massiven Eingriffs in die Verfassung anderer Staaten abzugrenzen.⁸ Nach dem Einmarsch der alliierten Truppen in Paris veranlasste der Zar

---

6   Pamela Pilbeam, The Constitutional Monarchy in France, 1814–48, London 2000, S. 15 ff., 86 f.; Volker Sellin, Die geraubte Revolution. Der Sturz Napoleons und die Restauration in Europa, Göttingen 2001, S. 18, 322 ff.; Kirsch, Funktionalisierung (wie Fn. 4), S. 86 ff.; ders., Monarch (wie Fn. 2), S. 387-393. H. Brandt ist trotz der Betonung der europäischen Wirkung skeptischer, er spricht für Frankreich am Vorabend der Revolution von 1848 von der »Sklerose seiner Institutionen«: Hartwig Brandt, Europa 1815–1850. Reaktion – Konstitution – Revolution, Stuttgart 2002, S. 139 ff., 164 (Zitat).
7   Martin Kirsch u. a., Frankreich (wie Fn. 3), S. 218, 279.
8   Sellin, Revolution (wie Fn. 6), S. 88-94, 99-120, 276 f.; zum Selbstbestimmungsrecht der Völker nunmehr: Jörg Fisch, Das Selbstbestimmungsrecht der Völker. Die Domestizierung einer Illusion, München 2010; ders. (Hg.), Die Verteilung der Welt. Selbstbestimmung und das Selbstbestimmungsrecht der Völker, München 2011. Fisch kommt aufgrund seiner engen Verknüpfung des Selbstbestimmungsrechts mit Volksabstimmungen über Gebietsveränderungen, wie sie zwischen 1791 und 1798 im französischen Machtbereich erfolgten, zu einer deutlich negativeren Einschätzung der Restauration und der Epoche bis 1914. Fisch ist entgegenzuhalten, dass bis ca. 1870 die Frage der Selbstbestimmung der inneren politischen Verhältnisse durch ein Volk ohne Einfluss von außen das wichtigere und umstrittenere Problem in Europa war (z. B. Intervention in Nea-

im Zusammenspiel mit dem von Napoleon abgefallenen ehemaligen Außenminister Talleyrand den napoleonischen Senat, im April 1814 wieder zum politischen Handeln zurückzukehren, indem der Senat Napoleon per Dekret absetzte, um sich damit für die nachfolgende Zeit in eine bessere Ausgangsbasis für den politischen Wechsel zu bringen.[9] In der machtpolitischen Konstellation jener Tage ließ sich die Vorstellung des Zaren, den schwedischen Kronprinzen und ehemaligen Revolutionsgeneral Bernadotte zum neuen französischen Monarchen zu erheben, ebenso wenig verwirklichen wie die Vorstellung einer Abdankung Napoleons zugunsten seines dreijährigen Sohnes, was eine Regentschaft seiner Mutter und österreichischen Kaisertochter Marie-Louise nach sich gezogen hätte, denn Frankreich sollte weder unter zu starken Einfluss Russlands noch denjenigen Österreichs gelangen. Damit wurde der Weg für die Rückkehr der Bourbonen auf den französischen Thron frei, die im Gegensatz zu Napoleon bereit waren, Frankreich in seiner territorialen Ausdehnung von 1792 bzw. 1789 zu akzeptieren. Damit setzte sich in diesem Fall die konstitutionelle Idee einer Mitbestimmung der Nation (im Sinne des wahlberechtigten Teils des Volkes) auch bei der völkerrechtlichen Gestaltung eines Regimewechsels durch. Die Akzeptanz des Erbes von 1789 zeigte sich auch in den Schutzvorschriften des Ersten Pariser Vertrages für Individuen, die nicht wegen ihrer vor 1814 geäußerten politischen Meinungen verfolgt werden sollten und die in den Ländern, wo ein Herrscherwechsel erfolgte, über ihr vor 1814 erworbenes Eigentum auch dann verfügen konnten, wenn sie sich entschlossen, nicht in diesem Land zu bleiben.[10]

Mit dem Ersten Pariser Frieden vom 30. Mai 1814 wurde die territoriale Ausdehnung Frankreichs auf die Grenzen festgelegt, wie sie am 1. Januar 1792 bestanden hatten, wobei im nachfolgenden Artikel 3 des Vertrages detailliert die Abweichungen von dieser Grundregel aufgelistet wurden, sodass etwa Teile der Südpfalz oder Savoyens bei Frankreich verblieben und das Fürstentum Monaco unter dem Schutz Frankreichs wiederhergestellt wurde. Die Stellung Andorras erfuhr keine gesonderte Regelung, denn Ludwig XVIII. übernahm die Funktion des Ko-Prinzen, die Napoleon 1806 nach der zwischenzeitlichen Abschaffung während der Revolutionszeit

---

    pel-Sizilien und Spanien zu Beginn der 1820er-Jahre, Regelung der belgischen und griechischen Frage, Revolution und Reaktion von 1848/50), sodass m. E. das Kriterium »Plebiszit zu Gebietsveränderungen« von S. Fisch zur Einschätzung des Selbstbestimmungsrechts für große Teile des 19. Jahrhunderts nur bedingt aussagekräftig ist; Fisch, Selbstbestimmungsrecht (wie oben), S. 98-103, 119, 124-133; Fisch, Verteilung (wie oben), war bei Abschluss des Manuskriptes noch nicht erschienen.

9 Zur Endphase der napoleonischen Herrschaft vgl. Kirsch u. a., Frankreich (wie Fn. 3), S. 246 ff. Der Text der Absetzungserklärung v. 03.04.1814 findet sich in P. Brandt u. a. (Hg.), Quellen zur europäischen Verfassungsgeschichte im 19. Jahrhundert. Institutionen und Rechtspraxis im gesellschaftlichen Wandel, T. 1: Um 1800, T. 2: 1815–1847, Bonn 2004–2010 (im Folgenden: CD-ROM-1/-2), hier CD-ROM-1, Dok.-Nr. 3.2.40. Ausführlich zu dieser Übergangsphase: Sellin, Revolution (wie Fn. 6), S. 121 ff., 143 ff.

10 Erster Pariser Vertrag v. 30.05.1814, in: CD-ROM-2, Dok.-Nr. 1.1.1, Art. 16-17.

wiederhergestellt hatte, sodass die 1812 erfolgte Annexion durch Frankreich rückgängig gemacht wurde.[11] Aufgrund der kurzzeitigen Rückkehr Napoleons während der Herrschaft der Hundert Tage und der daraufhin folgenden Wiederaufnahme des Krieges gegen Frankreich kam es mit dem Zweiten Pariser Frieden vom 20. November 1815 nochmals zu kleineren Gebietsveränderungen, da nunmehr Frankreich in seinen Grenzen von 1790 zugrunde gelegt wurde, um im Detail dann davon abzuweichen (Art. 1, Nr. 1-5).[12] Dies betraf kleinere Grenzverschiebungen zuungunsten Frankreichs an der Nordgrenze zum Königreich der Vereinigten Niederlande, Saarbrücken und Saarlouis fielen an Preußen, die Südgrenze der nunmehr zum Königreich Bayern gehörenden Pfalz wurde von der Queich in Landau an die Lauter bei Wissembourg verschoben und insbesondere kam es zur vollständigen Rückgabe der nach 1814 bei Frankreich verbliebenen Teile Savoyens an das sardisch-piemontesische Königshaus. Das Fürstentum Monaco wechselte unter das Protektorat der sardisch-piemontesischen Könige. Das in der napoleonischen Epoche vermehrt durchgesetzte Prinzip von in sich geschlossenen Staatsterritorien blieb aber erhalten, sodass alle Enklaven im Elsass und die bis 1791 päpstliche Grafschaft Venaissin mit Avignon bei Frankreich verblieben.[13] Dieser Grenzverlauf blieb trotz militärischer Interventionen Frankreichs in Spanien 1823 und Belgien 1831 bis zu den italienischen Einigungskriegen 1859/60 erhalten. Der Wiener Kongress bekräftigte damit auch für den Verlierer von 1814/15 die mithilfe des Völkerrechts durchgesetzte Vorstellung, dass zur Wahrung der Stabilität in Europa die territorialen Veränderungen nicht an frühere dynastische Ansprüche, sondern vielmehr an die machtpolitische »Legitimität« eines Staates anknüpften. Das bedeutete für Frankreich ausdrücklich keine Rückkehr zum Absolutismus der Bourbonen, sondern der Zweite Pariser Vertrag formulierte zu Beginn das Ziel der Alliierten, die verfassungsmäßige Dualität von monarchischer Herrschaft und Konstitution wiederherzustellen.[14]

---

11   Ebd., Art. 3 Nr. 8 Abs. 2 (allerdings ohne direkte Erwähnung Andorras, sondern nur mit Verweis auf den Grenzverlauf zwischen Spanien und Frankreich von 1792, wobei die Details einer noch einzusetzenden französisch-spanischen Kommission vorbehalten blieben) und dortiger Abs. 3 (zu Monaco).
12   Zweiter Pariser Vertrag v. 20.11.1815, in: CD-ROM-2, Dok.-Nr. 1.1.6.
13   Ein Vergleich der Situationen 1790/91 und 1814/15 bieten die beiden Karten bei Michael Erbe, Revolutionäre Erschütterung und erneuertes Gleichgewicht. Internationale Beziehungen 1785–1830 (= Handbuch der internationalen Beziehungen, Bd. 5), Paderborn u. a. 2004, S. 105 u. 356 f.; die Karte auf S. 356 f. berücksichtigt leider nicht die Veränderungen in Savoyen.
14   So heißt es im Text: »[Die Alliierten] Partageant aujourd'hui avec S. M. T.-C. [Sa Majesté Très-Chrétienne = Titel des französischen Königs] consolider, par le maintien inviolable de l'autorité royale et la remise en vigueur de la Charte constitutionnelle, l'ordre de choses heureusement rétabli en France, ainsi que celui de ramener, entre la France et ses voisins, ces rapports de confiance et de bienveillance réciproque que les funestes effets de la révolution et du système de conquête avaient troublés pendant si longtemps; […]«. Zweiter Pariser Vertrag v. 20.11.1815, in: CD-ROM-2, Dok.-Nr. 1.1.6, dritter Absatz der Eingangsformel. Zur Frage der völkerrechtlich verstandenen Legitimität, die erst im Nachhinein mit dem Begriff der Restauration belegt wurde: Volker Sellin,

Schwerwiegender waren für Frankreich die finanziellen Folgen, die aus den napoleonischen Kriegen bis 1814/15 folgten, denn bereits der Erste Pariser Friedensvertrag hatte die aus den Kriegsfeldzügen und zwischenzeitlichen Eingliederungen in das französische Staatsgebiet erwachsenen finanziellen Ansprüche gegenüber dem französischen Staat auch nach 1814 dem Grunde nach bestätigt, ohne jedoch eine konkrete Summe festzulegen (Art. 18-30). Aufgrund der Rückkehr Napoleons 1815 und dem nachfolgenden Feldzug entschlossen sich die Alliierten jedoch Teile Frankreichs für maximal fünf Jahre zu besetzen und die Kosten für den Unterhalt dieser maximal 500.000 Personen umfassenden Armee dem französischen Staat aufzuerlegen (Art. 5 des Vertrages von 1815). Mit dem Zweiten Pariser Friedensvertrag wurde zudem eine Entschädigungssumme von 700 Mio. Francs gegenüber den Alliierten festgelegt (Art. 4). Neben der ohnehin sehr hohen Verschuldung aus der napoleonischen Zeit traten nunmehr weitere sehr hohe finanzielle Verpflichtungen, welche die französische Politik in den nächsten Jahren intensiv prägen sollten.[15] Mit dem Abzug der alliierten Truppen im November 1818 erlangte Frankreich wieder die volle Souveränität über sein Territorium.

In territorialer Hinsicht regelte der Erste Pariser Friedensvertrag auch die Frage der bei Frankreich verbleibenden Kolonien, wobei maßgeblich das diplomatische Geschick Talleyrands als französischer Außenminister dazu beitrug, dass nach der Niederlage Napoleons überhaupt noch einige koloniale Stützpunkte Frankreichs erhalten blieben.[16] Es handelte sich um fünf Handelsniederlassungen in Indien, die Insel Réunion (nunmehr wieder unter dem Namen Île de Bourbon) im Indischen Ozean, die beiden Handelsstützpunkte St. Louis und Gorée in Westafrika, Guayana und die Inseln Martinique und Guadeloupe in der Karibik sowie die Inseln St.-Pierre-et-Miquelon vor der kanadischen Küste. Innerhalb der Forschungen zur Kolonialgeschichte Frankreichs gilt die Zeit der Restauration als Übergangsepoche und das Julikönigtum aufgrund der Expansion nach Algerien als Beginn der zweiten Phase der Kolonialgeschichte, an deren Ende das Zeitalter des Imperialismus stand. Während die vorherige Epoche durch eine Konkurrenz mit England um den Einfluss in der Welt gekennzeichnet war, hatte sich die Situation nach 1814 insofern deutlich geändert, als dass Großbritannien seit der Zerstörung der französischen Flotte vor dem Kap von Trafalgar an der spanischen Südküste die unangefochtene Seemacht war und

---

»Heute ist die Revolution monarchisch«. Legitimität und Legitimierungspolitik im Zeitalter des Wiener Kongresses, in: Quellen und Forschungen aus italienischen Archiven und Bibliotheken 76 (1996), S. 335-361, hier S. 350 ff.; ders., Revolution (wie Fn. 6), S. 281 ff. Zum Völkerrecht um 1815: Erbe, Erschütterung (wie Fn. 13), S. 26-35, sowie die Synthese zu den Internationalen Beziehungen von Bardo Fassbender in der Einleitung zum vorliegenden Handbuchband.

15 Zur Finanzpolitik im Rahmen der Verfassung vgl. Kapitel 11, Finanzen.
16 Erster Pariser Vertrag v. 30.05.1814, in: CD-ROM-2, Dok.-Nr. 1.1.1, Art. 8-14; Udo Scholze u. a., Unter Lilienbanner und Trikolore. Zur Geschichte des französischen Kolonialreiches. Darstellung und Dokumente, Leipzig 2001, S. 100, 125.

seinen weltweiten Ausbau des Kolonialreiches in den nächsten Jahrzehnten ungestört als Weltmacht vorantreiben konnte. Frankreich hingegen sah sich auf den europäischen Kontinent zurückgeworfen und musste in den ersten Jahren nach 1814/15 erst darum kämpfen, in den Kreis der europäischen Großmächte wieder aufgenommen zu werden, was überraschend schnell bereits seit 1818 gelang.[17] Die Außen- und damit auch die Kolonialpolitik waren deshalb bis 1848 darauf ausgerichtet, starke Konflikte mit den anderen vier Mächten zu meiden, gleichzeitig aber die eigenen Interessen zu verfolgen – diese zeigten sich in der belgisch-luxemburgischen Frage ab 1830/31 und der zeitweiligen Entente cordiale ab 1834 mit Großbritannien. In der Orientkrise 1839/40 isolierte sich Frankreich zwischenzeitlich, denn es wandte sich trotz der traditionell guten Beziehung zu Konstantinopel vom osmanischen Sultan ab und unterstützte stattdessen aufgrund handelspolitischer Interessen im Gegensatz zu allen anderen europäischen Mächten die machtpolitischen Ambitionen des ägyptischen Gouverneurs. Als die Regierung Thiers als »Kompensation« für die diplomatische Niederlage die Rheingrenze forderte und damit das nationalistische innenpolitische Fieber noch schürte, intervenierte der König und entließ die Regierung, damit sich nicht etwa kriegerische Entwicklungen ergeben konnten.[18]

Die militärische Besetzung Algiers wenige Wochen vor der Julirevolution 1830 hatte zwei Ursachen: Zu Beginn sollte erstens eine finanzielle Erblast der revolutionären bzw. napoleonischen Epoche beseitigt werden – Frankreich pflegte bereits vor 1789 gute Handelsbeziehungen mit den Deys in Algerien, was insbesondere für den Import von Weizen wichtig war. Die Koalitionskriege seit 1792 mit ihren großen Heeren trieben den Bedarf an Weizen in die Höhe, der zwar geliefert, jedoch von den französischen Regierungen unterschiedlicher Couleur nicht bezahlt wurde. Der schwelende Konflikt um die persönliche Auseinandersetzung zwischen dem Dey Hussein und dem französischen Konsul in Algier 1827 anlässlich der nach wie vor ausstehenden Schuldenbegleichung wurde drei Jahre später von der französischen Re-

---

17 Die Forschungen zur Kolonialgeschichte in Frankreich sind mittlerweile so umfangreich, dass in jüngerer Zeit gleich mehrere Lexika erschienen sind, die synthetisch Einzelfragen zusammenfassen: C. Liauzu (Hg.), Dictionnaire de la colonisation française, Paris 2007 (siehe auch die dortige Auswahlbibliografie, S. 637 ff.); J.-P. Rioux (Hg.), Dictionnaire de la France coloniale, Paris 2007; J. Verdès-Leroux (Hg.), L'Algérie et la France. Dictionnaire, Paris 2009. Unverzichtbar sind nach wie vor die beiden früheren monografischen Überblicke: Denise Bouche, Histoire de la colonisation française, Bd. 2: Flux et reflux (1815–1962), Paris 1991; J. Meyer u. a. (Hg.), Histoire de la France coloniale, Bd. 1: Des origines à 1914, Paris 1991. Stärker aus dem Blickwinkel der Personen, die vor Ort die konkrete Politik ausgestalteten: Barnett Singer/John Langdon, Cultured Force, Makers and Defenders of the French Colonial Empire, Wisconsin/London 2004. Als Darstellung mit Abdruck von wichtigen Dokumenten: Scholze u. a., Lilienbanner (wie Fn. 16). Zum Zusammenhang mit den internationalen Beziehungen: Winfried Baumgart, Europäisches Konzert und nationale Bewegung. Internationale Beziehungen 1830–1870 (= Handbuch der Geschichte der Internationalen Beziehungen, Bd. 6), Paderborn u. a. 1999, S. 202 f., 485 ff.
18 Baumgart, Konzert (wie Fn. 17), S. 202 ff., 276 f., 292 f., 298 f., 486 ff.

gierung dazu genutzt, um zweitens von der innenpolitischen Krise abzulenken. Der erhoffte Effekt auf die französische Öffentlichkeit blieb aber nach der erfolgreichen militärischen Eroberung Algiers am 5. Juli 1830 aus, denn bereits am Ende desselben Monats stürzte im Gefolge der Julirevolution Karl X. Der neue König Louis Philippe war aber auf diplomatischen Ausgleich mit den anderen europäischen Mächten bedacht, sodass die neue Regierung sehr zögerlich blieb, was mit diesem bourbonischen Erbe anzufangen sei.[19]

Diese Unentschlossenheit hatte in den ersten Jahren nach der Einnahme Algiers zur Folge, dass die rechtliche Form und die territoriale Ausdehnung der Herrschaft unklar blieben. Der expansive französische Machtanspruch traf hierbei auf das Rechts- und Herrschaftsgefüge einer osmanischen Provinz. Der osmanische Zentralstaat bemühte sich in dieser Epoche seinen Herrschaftsanspruch wieder stärker durchzusetzen, doch standen ihm mit den nationalen Unabhängigkeitsbewegungen auf dem Balkan, insbesondere in Griechenland und Serbien, und dem ägyptischen Gouverneur Mehmet Ali zwei Gegner gegenüber, die erhebliche Ressourcen absorbierten, sodass es im Unterschied zur Entwicklung in den kurdischen Gebieten und im Jemen nicht zu einer militärischen Reaktion auf das französische Vorgehen kam.[20] Das nordafrikanische Küstengebiet des heutigen Algerien wurde bis 1830 von Deys beherrscht, die zwar Vasallen des türkischen Sultans waren, jedoch eine in weiten Teilen unabhängige Politik betreiben konnten – die französische Regierung trug diesem Umstand seit langer Zeit Rechnung, indem ein französischer Generalkonsul direkt beim Dey in Algier eingesetzt war. Das Territorium des Dey war in drei Verwaltungseinheiten, die Beylicks eingeteilt, die zum Ziel hatten, die Steuern einzutreiben, die nötig waren, um die Kosten für das vor Ort stationierte türkische Heer zu decken (ca. 4.000 Personen im Jahre 1829). Dementsprechend wurden die zentralen Schaltstellen mit Personen aus osmanischen Führungszirkeln besetzt. Die Entmachtung der osmanischen Herrschaft in Algier führte 1830 gleichzeitig dazu, dass sich der Widerstand der arabischen einheimischen Bevölkerung verstärkte – diese unterschiedlichen einheimischen Gruppen versuchte Abd el-Kader zu einer gemeinsamen Bewegung zu verbinden, die das Ziel hatte, einen eigenständigen arabischen Staat mit einem erneuerten Islam zu begründen.[21]

Die machtpolitische und immer wieder kriegerische Auseinandersetzung um die Herrschaft im algerischen Raum erfolgte in den nächsten Jahren somit zwischen dem

---

19 Bouche, Histoire (wie Fn. 17), S. 22 f.; Scholze u. a., Lilienbanner (wie Fn. 16), S. 113 ff.; Wolfgang Reinhard, Geschichte der europäischen Expansion, Bd. 4: Dritte Welt Afrika, Stuttgart u. a. 1990, S. 22.

20 Zur Entwicklung des Osmanischen Reiches in dieser Zeit siehe den diesbezüglichen Beitrag im vorliegenden Handbuchband (insbes. dortiges Kapitel 1).

21 Claude Collot, Les Institutions de l'Algérie durant la période coloniale (1830–1962), Paris/Alger 1987, S. 24 ff.; C. Liauzu, [Art.] Algérie française, in: ders. (Hg.), Dictionnaire (wie Fn. 17), S. 95 f.; François Pouillon, Abd el-Kader, in: Verdès-Leroux (Hg.), L'Algérie (wie Fn. 17), S. 6 f.

französischen Militär und der einheimischen Bevölkerung. Erst vier Jahre nach der Julirevolution kam es mit der Ordonnanz vom 22. Juli 1834 zur Annexion der – wie es im Verordnungstext hieß – »possessions françaises dans le nord de l'Afrique« in das französische Staatsgebiet.[22] Die algerischen Gebiete erhielten aber einen rechtlichen Sonderstatus, indem der nunmehr offiziell eingesetzte Generalgouverneur direkt dem Kriegsministerium und nicht wie die anderen Kolonien dem Kolonialministerium unterstand. Zwischenzeitlich kam es zu einem Ausgleich mit Abd el-Kader, als dieser mit dem Vertrag von Tafna 1837 die Souveränität Frankreichs über den Küstenstreifen zwischen Oran und Algier anerkannte, während Frankreich ihm seine Herrschaft über die inneren Landesteile bestätigte. Bis 1844/45 wurde im französischen Gebiet nur mithilfe von Verordnungen regiert, erst danach kam es zu einer Verstärkung der zivilen Seite der Verwaltung. Eine vollständige Einordnung ins französische Rechtssystem, indem alle in Paris verabschiedeten Gesetze in den neu geschaffenen Departements in Algerien Geltung erlangten, erfolgte erst und dann auch nur kurzzeitig nach der Februarrevolution von 1848 während der Zweiten Republik. Dieses »regime militaire«, wie Collot es nennt, bedeutete aber nicht das Regieren im permanenten Ausnahmezustand, sondern ab 1834 wurden mithilfe der Verordnungen rechtliche Strukturen z. B. im Bereich der Justiz oder Verwaltung aufgebaut, wie in den nachfolgenden Kapiteln noch ausführlicher gezeigt werden soll. Die parallel erfolgende, auf beiden Seiten sehr brutal geführte militärische Auseinandersetzung um die Macht dauerte bis zur endgültigen Brechung des algerischen Widerstandes 1847/48, sodass erst am Ende des hier untersuchten Zeitabschnitts von einem größeren Territorium französischer Herrschaft in Algerien gesprochen werden kann.[23]

2   Verfassungsstruktur der zentralen staatlichen Ebene

Die Zeit zwischen 1814 und 1848 war im Bereich der Konstitution im engeren Sinne durch den Wechsel von insgesamt drei verschiedenen politisch-rechtlichen Systemen gekennzeichnet, die auf jeweils drei unterschiedlichen Verfassungstexten beruhten: Die Restauration der Bourbonen als konstitutionelles Königtum fand ihre Grundlage in der Charte von 1814, die kurze Phase der (nochmaligen) »Herrschaft der Hundert Tage« Napoleons verzichtete keineswegs auf eine revidierte bonapartistische Verfassung und auch die Zeit des Bürgerkönigtums Louis Philippes seit dem Sommer 1830 griff unter leichten Textveränderungen auf die Verfassung von 1814 zurück. Alle drei politischen Systeme lassen sich dem monarchischen Konstitutionalismus zuordnen, stellten aber jedes für sich eine eigene Erscheinungsform dar: Während in der Res-

---

22   Ordonnance du roi relative au commandement et à la haute administration des possessions françaises dans le nord de l'Afrique v. 22.07.1834, Art. 1 Satz 2, in: CD-ROM-2, Dok.-Nr. 3.1.1.
23   Collot, Institutions (wie Fn. 21), S. 5, 7 f., 25 f.; Scholze u. a., Lilienbanner (wie Fn. 16), S. 114 ff.

taurationszeit ab 1814/15 das politische Gewicht des Königs überwog, verschob sich der Einfluss in der Zeit des Bürgerkönigtums ab 1830 zur Seite des Parlaments und die kurze Episode der nochmaligen Herrschaft Napoleons I. im Jahre 1815 trug trotz deutlicher liberaler Zugeständnisse im Verfassungstext aufgrund der Volksabstimmung bonapartistische Züge.

Wie im vorherigen Abschnitt ausgeführt, ergab sich die Möglichkeit für die Bourbonen nach 21 Jahren Unterbrechung auf den Thron zurückzukehren, vornehmlich aus der fehlenden Bereitschaft Napoleons trotz seiner vermehrten militärischen Niederlagen rechtzeitig einen Friedensvertrag zu schließen. Nach einer derartig langen Unterbrechung ihrer Herrschaft und vor allem angesichts der massiven politischen Umwälzungen seit 1789 war an eine Rückkehr zu den Zuständen des Ancien Régime nicht zu denken und wurde eine solche von Ludwig XVIII. auch nicht angestrebt. Seit 25 Jahren beruhte die politische Herrschaft auf einer Konstitution, die zwar in den letzten Jahren der kaiserlichen Regierung zunehmend missachtet, jedoch nicht aufgehoben wurde. Auch die mithilfe der großen Zivil- und Strafrechtskodifikationen durchgesetzte Rechtsgleichheit in der gesamten Gesellschaft ließ eine Wiedereinführung von Privilegien auf Rechtsbasis wie in der Zeit vor 1789 nicht zu. Sollte es zu einem stabilen politischen System unter den Bourbonen kommen, so war ein Herrschaftskompromiss zwischen dem alten Frankreich des königstreuen Adels und der Emigranten und dem nachrevolutionären Frankreich nötig.

Dies war bereits an der Art und Weise der Entstehung der neuen Konstitution ablesbar: Der Text der Charte von 1814, die sich noch stärker als die französischen Verfassungen von 1795 und 1799 zu einem Modell für etliche europäische Konstitutionen im 19. Jahrhundert entwickeln sollte, entstand in einem Wechselspiel von napoleonischem Senat, Mitarbeitern des künftigen Königs und dem Monarchen selbst. Der Verfassungsentwurf des Senats, der bereits am 6. April 1814 und damit nur wenige Tage nach der militärischen Einnahme von Paris durch die Alliierten veröffentlicht wurde, sah eine liberale konstitutionelle Monarchie vor.[24] Mit seiner Erklärung von Saint-Ouen vom 2. Mai 1814 reagierte Ludwig XVIII. auf diese Vorgabe[25] – in einer geschickten Mischung aus Betonung des Gottesgnadentums in der Eingangsformel und Vereinnahmung des Entwurfs mithilfe der Annahme seiner wichtigsten libera-

---

24 Der Text des Verfassungsentwurfs des Senats bei M. Erbe (Hg.), Vom Konsulat zum Empire libéral. Ausgewählte Texte zur französischen Verfassungsgeschichte, 1799 – 1870, Darmstadt 1985, S. 131 ff. (französische und deutsche Übersetzung); der französische Originaltext auch bei Rosanvallon, Monarchie (wie Fn. 4), S. 193-196; S. Caporal u. a. (Hg.), Documents constitutionnels de la France, de la Corse et de Monaco 1789–1848 (= H. Dippel [Hg.], Verfassungen der Welt vom späten 18. Jahrhundert bis zur Mitte des 19. Jahrhunderts. Quellen zur Herausbildung des modernen Konstitutionalismus/Constitutions of the World from the late 18th Century to the Middle of the 19th Century. Sources on the Rise of Modern Constitutionalism, Europa/Europe, Bd. 11), Berlin – New York 2010, S. 173-175.
25 Vgl. CD-ROM-2, Dok.-Nr. 3.8.1 (frz.)/3.8.2 (dt.) (Erklärung Ludwigs XVIII. von Saint-Ouen v. 02.05.1814).

len Grundprinzipien bei gleichzeitiger Ablehnung desselben als Grundlage für die künftige Verfassung verknüpfte der König seinen rechtlichen Anspruch auf souveräne Entscheidung über den Verfassungstext mit wichtigen Zugeständnissen für die Verfassungsstruktur selbst (Zweikammersystem, Ministeranklage, Unabhängigkeit der Justiz, Gleichheit bei der Besteuerung und beim Ämterzugang, Schutz wichtiger individueller Freiheitsrechte, aber auch des Eigentums an den Nationalgütern). Das galt auch für den hochbrisanten Begriff des »peuple«, das nach dem Entwurf des Senats den neuen König aus freien Stücken auf den Thron berufen würde (Art. 2), während Ludwig XVIII. in seiner Erklärung davon sprach, dass er bereits durch die Liebe seines Volkes auf den Thron seiner Väter zurückgerufen worden sei.[26] Der Kampf um die symbolische Ausdeutung der Verfassungskultur der Restauration zugunsten des Monarchen nahm in den folgenden Jahren einen wichtigen Teil der politischen Bemühungen des Königshauses ein.[27] Das galt auch für die Art und Weise der Verfassungsgebung, die von Ludwig XVIII. einseitig erfolgte und durch die Bezeichnung der Verfassung als Charte in die lange Tradition königlicher Fundamentalgesetze gestellt werden sollte.

Die Charte constitutionnelle vom 4. Juni 1814, an deren Ausarbeitung Ludwig XVIII. auch persönlich bedeutenden Anteil hatte, wie Volker Sellin hat überzeugend nachweisen können, schuf eine konstitutionelle Monarchie, die eine politisch und rechtlich dominante Position des Königs vorsah.[28] Hinsichtlich der Rechte des Königs diente ihm die englische Verfassung, die er während seines Exils näher kennengelernt hatte, als Vorbild, wobei er den tatsächlichen Einfluss des englischen Monarchen sicherlich überschätzte – hiermit stand er in der französischen Verfassungsentwicklung indes nicht allein, war doch die Debatte um das absolute Veto in der Nationalversammlung 1789 auch mit dem Verweis auf das englische Beispiel geführt worden, ohne dass dabei den Zeitgenossen bewusst war, dass es seit mehr als 80 Jahren nicht mehr ausgeübt worden war.[29] Der französische Monarch verfügte auf der Basis des Verfassungstextes über eine Fülle von Machtinstrumenten, die sich sowohl auf die Legislative als auch die Exekutive bezogen: Er ernannte und entließ die Minister, verfügte über den Oberbefehl, schloss alle völkerrechtlichen Verträge, erklärte den Krieg und erließ die als Ordonnanzen bezeichneten Verordnungen und

---

26 Art. 2 des Senatsverfassungsentwurfs: »Le peuple français appelle librement au trône de France Louis-Stanislas-Xavier de France, frère du dernier Roi […]«; Erklärung v. Saint-Ouen: »Rappelé par l'amour de notre peuple au trône de nos pères, […]«.
27 Siehe Kapitel 8, Verfassungskultur.
28 Sellin, Revolution (wie Fn. 6), S. 230-243, und im Anschluss daran Markus Josef Prutsch, Die Charte constitutionnelle Ludwigs XVIII. in der Krise von 1830. Verfassungsentwicklung und Verfassungsrevision in Frankreich 1814 bis 1830, Marburg 2006, S. 40 f. Die von mir 1999 geäußerte Einschätzung eines geringeren Einflusses des Königs ist insoweit zu korrigieren; vgl. Kirsch, Monarch (wie Fn. 2), S. 302 f.
29 Zu Ludwig XVIII.: Sellin, Revolution (wie Fn. 6), S. 241; zur Debatte von 1789: Kirsch, Monarch (wie Fn. 2), S. 120.

Notverordnungen (Art. 14).[30] Auch der Einfluss auf den legislativen Bereich war gewichtig, denn dem König allein oblag die Gesetzesinitiative (die Kammern konnten ihm nur ein Gesetzesprojekt vorschlagen, ohne dass sie selbst das Verfahren in Gang setzen konnten), er besaß ein absolutes Veto bei der Verabschiedung der Gesetze und verfügte zudem über ein Auflösungsrecht für die Deputiertenkammer und ein unbeschränktes Ernennungsrecht für die Pairskammer. Auf der anderen Seite der konstitutionellen Waagschale konnte kein Gesetz und keine Steuer ohne die Zustimmung beider Kammern erlassen werden – die gemeinschaftliche Ausübung der Legislativgewalt bildete die typische dualistische Scharnierfunktion, ohne die der monarchische Konstitutionalismus nicht lebendig werden konnte.

Gleichzeitig versuchte die Konstitution auch die Angst vor einer umfassenden Restauration des Ancien Régime auszuräumen, indem sie spezifische Ergebnisse der revolutionären und napoleonischen Epoche beibehielt und deren Erhalt zusicherte: Das galt für die im Artikel 9, der den Schutz des Eigentums zusicherte, ausdrücklich genannten Nationalgüter, sodass es nicht zu einer Rückgabe dieser ehemaligen Güter der Kirche und Emigranten, sondern stattdessen zu einer Entschädigung der seit 1790 Enteigneten kommen sollte. Wichtig in den Augen der Öffentlichkeit waren aber auch die in Artikel 69-72 genannten Rechte, die den Militärs und ihren Angehörigen ihre finanzielle Versorgung zusicherte; die von Vorgängerregimen verursachten Schulden der öffentlichen Hand wurden garantiert, der alte Adel erhielt seine Titel zurück, zugleich behielt der neue aber die seinigen, ohne dass daran rechtliche Privilegien geknüpft werden sollten, und schließlich wurde die Ehrenlegion aufrechterhalten. (☛ Abb. 3.1)

Trotz dieser Zusicherungen entstand im Verlaufe des ersten Regierungsjahres Ludwigs XVIII. eine erhebliche Verunsicherung innerhalb der französischen Bevölkerung, da die Nachkriegssituation wirtschaftlich schwierig war: Die Massenaufträge aus der Armee fehlten, der Schuldenstand des Staates war hoch und gleichzeitig kam durch den Wegfall der Kontinentalsperre massenhaft billige englische Ware auf den französischen Markt, was zur Arbeitslosigkeit unter den Fabrikarbeitern führte. Gleichzeitig waren Massenentlassungen aus dem Heer nötig und zudem wurde der Erste Pariser Friedensvertrag mit seinen umfangreichen territorialen Veränderungen als negativ empfunden. Aufgrund der Rückkehr der ultraroyalistischen Emigranten entstand zudem in Teilen der ländlichen Bevölkerung die Sorge, dass der Verkauf der Nationalgüter doch nicht endgültig sei. Napoleon ließ sich auf der Insel Elba, die ihm als Herrschaftsgebiet im Vertrag von Fontainebleau vom April 1814 zugestanden worden war, über die Entwicklungen in Frankreich, aber auch über die Überlegungen der Alliierten auf dem Wiener Kongress unterrichten, ihn auf eine andere Insel im Atlantik zu deportieren. Ende Februar 1815 entschloss sich Napoleon nach Frankreich zurückzukehren. Am 1. März landete er an der südfranzösischen Küste und am 20. März zog er in Paris ein, nachdem im Verlaufe seines Zuges durch Frankreich

---

30 Vgl. CD-ROM-2, Dok.-Nr. 3.2.1 (frz.)/3.2.2 (dt.) (Charte constitutionnelle v. 04.06.1814).

2 Verfassungsstruktur der zentralen staatlichen Ebene

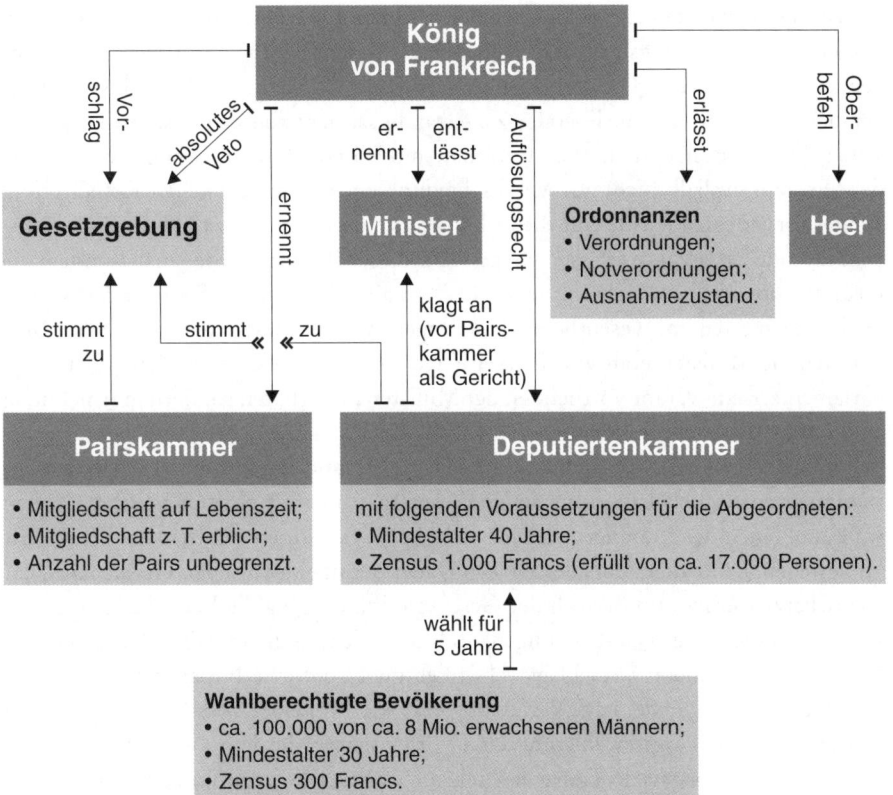

Abb. 3.1 Die Charte constitutionnelle von 1814

immer mehr Truppen zu ihm übergelaufen waren und vielerorts Bauern und Arbeiter ihn begeistert empfingen.[31]

Die erneuerte Herrschaft der »Hundert Tage« war nur von kurzer Dauer, auch wenn sich Napoleon bemühte, sie mit dem Erlass einer die Verfassungen des Kai-

---

31 Einen ausführlichen Überblick auf dem neuesten Stand der Forschung vermittelt Thierry Lentz, Les Cents-Jours 1815, Paris 2010. Pointierte und knappe Synthesen finden sich bei: Jean Tulard, Napoleon oder der Mythos des Retters. Eine Biographie, Frankfurt a. M. u. a. 1982, S. 481 ff.; Michael Erbe, Geschichte Frankreichs von der Großen Revolution bis zur Dritten Republik 1789–1884, Stuttgart u. a. 1982, S. 118 f.

serreichs ergänzenden Zusatzakte wieder sofort in feste konstitutionelle Bahnen zu lenken. Der Verfassungstext, der maßgeblich von dem bis 1814 erklärten Napoleongegner und führenden liberalen Denker Benjamin Constant mit beeinflusst wurde, versuchte einerseits auf die liberalen Zugeständnisse der Charte zu reagieren, andererseits sollte das bonapartistische Herrschaftsmodell wieder zum Leben erweckt werden. Es kam deshalb nicht zur Verabschiedung einer komplett neuen Konstitution, sondern stattdessen wurde eine die bisherigen Verfassungen von 1799, 1802 und 1804 verändernde Zusatzakte erlassen. Gegenüber diesen Texten wurden insbesondere die Grundrechte im liberalen Sinne verstärkt (Art. 59-66), die starke Stellung des Kaisers blieb jedoch erhalten. Wesentliche Neuerungen auch gegenüber der Charte von 1814 betrafen die Ministerverantwortlichkeit (Art. 38-46), die aber nicht deutlich als eine parlamentarische Verantwortlichkeit der Minister ausgestaltet, sondern in Anlehnung an die französischen Verfassungen von 1791, 1795 und 1814 vornehmlich strafrechtlich aufgefasst wurde. Ob sich wie im März 1792 und im Sommer 1799 daraus Situationen entwickelt hätten, in denen dieses Instrument politisch genutzt worden wäre, um einen der Kammermehrheit nicht mehr genehmen Minister zum Rücktritt zu bewegen, kann angesichts der kurzen Dauer der napoleonischen Herrschaft nicht abgeschätzt werden. Im Bereich der Gesetzesinitiative ging die Verfassung von 1815 weder über die bisherigen Regelungen des Kaiserreichs noch über die Charte hinaus – trotz unverbindlichem Vorschlagsrecht blieb die eigentliche Initiative beim Monarchen (Art. 23). Indem der neue Verfassungstext wie 1799 einer Volksabstimmung nach dem allgemeinen Männerwahlrecht unterworfen wurde, die dem Zweck dienen sollte, mithilfe eines Plebiszits dem zurückgekehrten Kaiser neue Legitimität zu verschaffen, zeigte sich deutlich seine bonapartistische Ausformung innerhalb des monarchischen Konstitutionalismus. Das Ergebnis des im Mai abgehaltenen Plebiszits war ernüchternd: Nur ca. 1,3 Mio. von den ca. sieben Mio. wahlberechtigten Männern beteiligten sich an der Abstimmung und stimmten mit ja – selbst bei dem Referendum über die jakobinische Verfassung vom Juni 1793 hatten sich mehr Personen beteiligt, die nach 1799 mindestens erreichten 3,5 Mio. waren in weiter Ferne. Traf Napoleon schon im Inneren nur auf mäßige Zustimmung, so löste sein Wiederauftauchen in Frankreich bei den in Wien zum Kongress versammelten Alliierten umgehend den Entschluss aus, ihn endgültig mit militärischen Mitteln zu vertreiben. Am 18. Juni 1815 erlitt Napoleon in der Schlacht von Waterloo die entscheidende Niederlage, die schließlich zur erneuten Besetzung von Paris und seiner Gefangennahme führte. Napoleon kam nun als englischer Kriegsgefangener auf die vollkommen isoliert im Südatlantik liegende Insel St. Helena, wo er im Jahre 1821 verstarb.[32]

---

32 Der Text des Acte additionnel v. 22.04.1815 in: CD-ROM-2, Dok.-Nr. 3.2.3 (frz.)/3.2.4 (dt.); zur Verfassung und deren Entstehung: Lentz, Cents-Jours (wie Fn. 31), S. 375 ff. Zu den französischen Vorläuferregelungen für die Ministeranklage und das unverbindliche Gesetzesvorschlagsrecht: Kirsch u. a., Frankreich (wie Fn. 3), S. 226 f., 240, 244 f. Zum Einfluss Constants auf den

Mit der Rückkehr Ludwig XVIII. aus seinem dreimonatigen belgischen Exil setzte die Zweite Restauration ein, die der ursprünglich angestrebten Versöhnungspolitik des Königs zuwiderlief: Die Beamten und Offiziere, die Napoleon unterstützt hatten, wurden entlassen und teilweise strafrechtlich verfolgt, 24 Pairs wurden aus der Kammer ausgeschlossen und in insbesondere im Westen und Süden Frankreichs kam es zeitweilig zum »weißen Terror«, indem unter der Führung von Ultraroyalisten Jagd auf Anhänger Bonapartes gemacht wurde und sich diese aufgrund der erzkatholischen Ausrichtung der Ultras teilweise auch gegen die protestantische Minderheit richtete. Da sich die Opposition in dieser Situation an den ersten Wahlen auf der Basis eines strikten Zensuswahlrechtes im Sommer 1815 nicht beteiligte, kam es zu einem erdrutschartigen Sieg der Ultraroyalisten, die 350 der 402 Sitze für sich gewinnen konnten. Ludwig XVIII. sah sich damit einer Kammermehrheit gegenüber, die royalistischer war, als er selbst. Diese »Chambre introuvable« konnte zwar durchsetzen, dass Talleyrand als leitender Minister bereits im Herbst 1815 abgelöst und durch den Ultraroyalisten Richelieu ersetzt wurde. Eine solche Tendenz zur parlamentarischen Bestimmung der Politik auf der Basis der Mehrheitsrichtung der Kammer konnte sich aber nicht verstetigen: Die Verschärfung der Ausnahmegesetze zur Verfolgung der politischen Gegner gelang nur in Teilen, die Änderung des Wahlrechts scheiterte am Widerspruch der liberaleren Pairskammer und die Zuspitzung des Konflikts in der Frage um einen Staatsbankrott, der die bürgerlichen Gläubiger ruiniert, die ländlichen und zumeist adligen Großgrundbesitzer jedoch geschont hätte, führte bereits 1816 zur Auflösung der Kammer durch den König. Die Regierung Ludwigs XVIII. betrieb massiven Wahlkampf gegen die Ultraroyalisten und erhielt schließlich aufgrund der Wahlen die angestrebte moderat-konservative Mehrheit im Parlament.[33]

Für das politische Leben innerhalb der Verfassung von 1814 waren zwei restriktive rechtliche Rahmenbedingungen von wichtiger Bedeutung: 1) Das Wahlrecht beschränkte sich aufgrund seines sehr hohen Steuerzensus auf eine relativ übersichtliche Gruppe von wohlhabenden Männern, da nur ca. 100.000 Personen das aktive Wahlrecht besaßen und nur 17.000 den finanziellen Erfordernissen der Wählbarkeit entsprachen, was dazu führte, dass in drei Vierteln aller Departements jeweils weniger als 100 Personen überhaupt wählbar waren.[34] 2) Die Vereinigungsfreiheit war aufgrund der nach wie vor geltenden, in napoleonischer Zeit erlassenen Bestimmungen

---

Text: Peter Geiss, Der Schatten des Volkes. Benjamin Constant und die Anfänge der liberalen Repräsentationskultur im Frankreich der Restaurationszeit 1814–1830, München 2011, S. 86 f. Geiss verweist darauf, dass die Ministerverantwortlichkeit bei Constant deutlich allgemeiner gehalten war und die Beschränkung auf den strafrechtlichen Charakter von den anderen Staatsräten und Napoleon durchgesetzt wurde. Zur politischen Karriere Constants aus Sicht des Zeitgenossen und Kammerdeputierten Jean-Pierre Pagès vgl. CD-ROM-2, Dok.-Nr. 1.2.44 (Benjamin Constants Cours de politique constitutionnelle v. 1837, hier: Introduction).

33 Erbe, Geschichte (wie Fn. 31), S. 119 ff.; Kirsch, Monarch (wie Fn. 2), S. 340 f.
34 Siehe Kapitel 3, Wahlrecht und Wahlen.

des Code pénal stark eingeschränkt, da einer Vereinigung nicht mehr als 20 Personen angehören durften.[35] Politische Gruppenbildung beruhte damit anfangs stark auf persönlichen und informellen Netzwerken, die sich teils auf Paris, teils aber auch auf den regionalen Raum im Departement bezogen. Innerhalb des Parlaments bildeten sich während der Restaurationszeit drei politische Gruppen heraus: die Ultraroyalisten, die gemäßigte Mitte und die Liberalen, die das linke politische Spektrum abdeckten. Da es nur lockere organisatorische Verbindungen gab, waren die Grenzen zwischen diesen drei politischen Gruppen fließend – Benjamin Constant gehörte während seiner Abgeordnetenzeit ab 1819 der liberalen Opposition an, Royer-Collard wechselte hingegen aus dem oppositionellen Lager auf die Seite der Regierung, um in der Krise von 1830 als nunmehriger Parlamentspräsident Karl X. die oppositionelle Protestadresse der 221 Abgeordneten zu übergeben. Republikanische, frühsozialistische oder explizit bonapartistisch ausgerichtete Politiker waren in der Restaurationszeit nicht im Parlament vertreten, sondern fanden sich am ehesten in Geheimbünden wieder. Erste organisatorische Strukturen bildeten die Liberalen für den Zweck von Wahlbündnissen und -kämpfen aus: auf regionaler Ebene bereits in der Frühzeit der Restauration, auf nationaler Ebene erstmals mit der von François Guizot anlässlich der Wahlen von 1827 ins Leben gerufenen Wahlkampagne »Aide-toi le ciel t'aidera«. Ein wichtiges Element der politischen Kultur der Liberalen war die intensive Korrespondenz zwischen dem Abgeordneten in Paris und den Personen in seinem Wahlkreis, es gehörten aber auch politische Feste und Bankette dazu, die im Verlaufe der auf 1830 folgenden Jahre ein wichtiger Teil der Verfassungskultur werden sollten.[36]

---

35 Die einschlägigen Passagen des Code pénal v. 02.03.1810, Art. 291-294, in: CD-ROM-1, Dok.-Nr. 3.4.19 (frz.)/3.4.20 (dt.). Zum Assoziationswesen in Frankreich: Carol E. Harrison, The Bourgeois Citizen in Nineteenth-Century France. Gender, Sociability, and the Uses of Emulation, Oxford 1999, S. 28 ff.; Stefan-Ludwig Hoffmann, Geselligkeit und Demokratie. Vereine und zivile Gesellschaft im transnationalen Vergleich 1750–1914, Göttingen 2003, S. 42 f. Zur Vereinigungsfreiheit siehe auch Kapitel 4, Grundrechte.
36 Zu den Liberalen: Louis Girard, Les libéraux français, 1814–1875, Paris 1984, S. 39 ff., 69 ff. (mit einem sehr weiten Begriff des Liberalismus); Geiss, Schatten (wie Fn. 32), S. 271 ff., 294 ff.; Robert Alexander, Re-Writing the French Revolutionary Tradition, Cambridge 2003, S. 335 ff. Beiträge zu Einzelaspekten finden sich bei P. Nemo/J. Petitot (Hg.), Histoire du libéralisme en Europe, Paris 2006, S. 323-427. Zum gerade in Frankreich sehr changierenden Begriff »liberal«: Philippe Alexandre, Liberalismus und liberale Erinnerungskultur in Frankreich – Überlegungen zu einer paradoxen Situation, in: Jahrbuch zur Liberalismus-Forschung 21 (2009), S. 223-248, hier S. 225 ff., 229 ff. Begriffsgeschichtlich im europäischen Vergleich: Jörn Leonhard, Liberalismus. Zur historischen Semantik eines europäischen Deutungsmusters, München 2001, S. 140 ff., 258 ff. (zu Frankreich nach 1814), 349 ff. (zu Frankreich ab 1830). Zur Rechten: Michel Winock, La Droite, Paris 2008, S. 35 ff.; Jean Vavasseur-Desperriers, Les Droites en France (= Que-sais-je?), Paris 2006; Olivier Tort, L'impossible unité. La droite française sous la Restauration, Lille 2009 (zugl. Diss. phil. Paris 4, 2007, Microfiche); aus promonarchischer Perspektive: Jean-François Chiappe, Histoire des droites françaises. De 1789 au Centenaire de la Révolution, Bd. 1, Monaco 2001. Unter dem Aspekt der politischen Theoriebildung: Klaus von Beyme, Politische Theorien im Zeitalter der Ideologien. 1789–1945, Wiesbaden 2002, S. 73 ff. (zu den Liberalen), 343 ff. (zum Konservatismus). Zum

Die Anwendung der Charte von 1814 wurde aufgrund der verfassungsrechtlich verankerten Machtfülle des Monarchen stark von der Person des Herrschers und insbesondere der von seinem Vertrauen abhängigen Regierung bestimmt. Die politischen Konflikte, die im Parlament und in Auseinandersetzung mit der Regierung geführt wurden, betrafen insbesondere die Bereiche des Wahlrechts und der Pressefreiheit. Da das Wahlrecht auf einem strikten Zensus beruhte, besaß der Streit um seine Ausdehnung eine soziopolitische Dimension, denn eine Veränderung zugunsten der Bewertung des Grundbesitzes übervorteilte den vornehmlich royalistisch gesonnenen alten Adel, während die Betonung von reinen Steuerkriterien stärker dem häufig eher liberal ausgerichteten reichen Bürgertum zugutekam. Der Kampf um die Ausdehnung der Pressefreiheit betraf ein zentrales Element des konstitutionellen Systems, denn die Kontrollmöglichkeiten der Öffentlichkeit und damit die Möglichkeiten der politischen Opposition, sich außerhalb des Parlaments artikulieren zu dürfen, waren von der Verwirklichung dieses Grundrechts stark abhängig.[37]

Nach einer eher gemäßigten Phase bis 1820, die von dem Willen Ludwigs XVIII. bestimmt war, einen Mittelweg zwischen dem revolutionären Erbe und den ultraroyalistischen Ansprüchen zu finden, kam es zu einem grundlegenden politischen Richtungswechsel des Königs infolge der Ermordung des Thronfolgers der nächsten Generation. Nach dem Attentat auf den Duc von Berry wurde die Pressezensur wieder eingeführt und zudem das doppelte Stimmrecht für reiche Großgrundbesitzer, die zur Stammwählerschaft der Ultras gehörten, mithilfe eines neuen Wahlgesetzes etabliert.[38]

Nach dem Tode Ludwigs XVIII. 1824 übernahm der jüngste Bruder des 1793 hingerichteten Ludwig XVI. als Karl X. im Alter von 67 Jahren den Thron. Der Graf von Artois hatte bereits in der Exilzeit einen radikaleren Kurs als sein älterer Bruder vertreten und so verstärkte sich erwartungsgemäß der bereits zuvor eingeschlagene reaktionäre Kurs.[39] Wichtige politische Anliegen des alten Adels suchte er zu verwirklichen: Es gelang seiner Regierung 1825 mithilfe eines Gesetzes (die sog. »Emigrantenmilliarde«), die Entschädigung der während der Revolutionszeit enteigneten Adligen und anderen Emigranten zu regeln, da ja die Charte eine Rückgabe der Nationalgüter ausgeschlossen hatte.[40] Auch kam es zum vermehrten Einfluss der katholischen Kirche im Bildungswesen und in der Politik, wobei die Einführung drako-

---

Republikanismus: Pamela M. Pilbeam, Republicanism in Nineteenth-Century France, 1814–1871, Houndsmills u. a. 1995, S. 60 ff. Allgemein zu den Frühformen der politischen Parteien in Frankreich: Raymond Huard, La naissance du parti politique en France, Paris 1996.
37 Zu den Details der Entwicklung der Pressefreiheit siehe Kapitel 4, Grundrechte; zu den Veränderungen des Wahlrechts vgl. Kapitel 3, Wahlrecht und Wahlen.
38 Zum Wandel Ludwigs XVIII.: Malettke, Bourbonen (wie Fn. 5), Bd. 3, S. 56 ff.; Philip Mansel, Louis XVIII, Paris 4. Aufl. 2004, S. 361 ff., 393 ff.
39 Zur Entwicklung von Karl X.: Malettke, Bourbonen (wie Fn. 5), Bd. 3, S. 81-94.
40 Vgl. Kapitel 4, Grundrechte, und Kapitel 11, Finanzen.

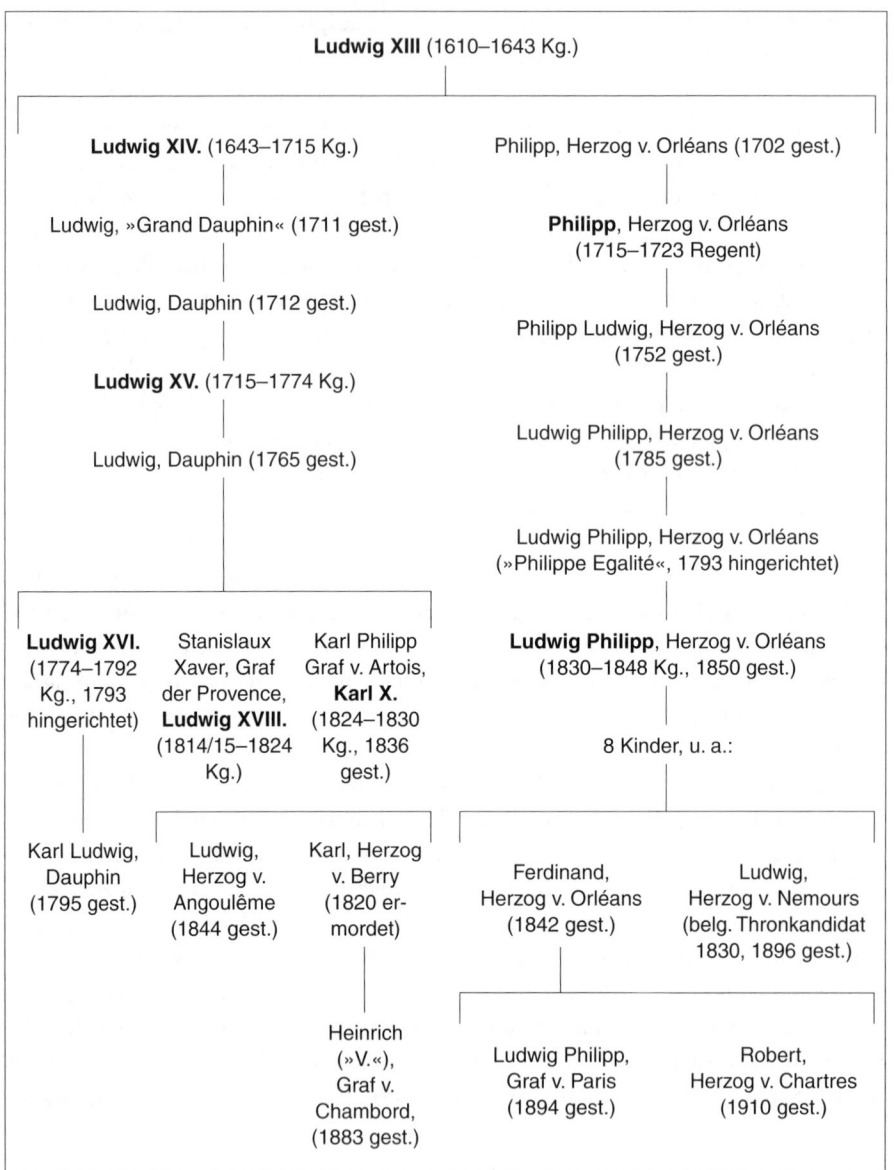

Abb. 3.2 Die Häuser Bourbon und Orléans 1610–1910

nischer Strafen bei der Entweihung von kirchlichen Symbolen in der Öffentlichkeit heftig diskutiert wurde. Die Versuche der Regierung Villèle, das auch im Erbrecht verankerte Gleichheitsprinzip des Code civils zugunsten des Adels abzuschaffen, und die abermalige Verschärfung des Presserechts 1827 scheiterten beide an der im Vergleich zur Deputiertenkammer liberaleren Pairskammer. Der verärgerte König ließ daraufhin die Deputiertenkammer auflösen und suchte mit einem Pairsschub von 76 neuen Mitgliedern die Mehrheitsverhältnisse zu seinen Gunsten zu ändern. Aufgrund der guten Wahlkampforganisation der Liberalen siegte aber die Opposition, sodass nunmehr den 180 Regierungsanhängern in der Deputiertenkammer 180 Liberale und 70 Rechtsoppositionelle gegenüberstanden. Damit entstand die Gefahr einer Blockadesituation zwischen monarchischer Regierung und Parlament, da das notwendige dualistische Zusammenspiel im Verfassungsgefüge der konstitutionellen Monarchie bedroht war. Deutlich zeigte sich dies, als nach einem Zwischenspiel des gemäßigten Martignac im Jahre 1829 der enge Vertraute des Königs Polignac mit einer Kampfregierung gegen die Kammermehrheit betraut wurde.[41]

Der sich anbahnende Verfassungskonflikt kulminierte vornehmlich deshalb in einer umfassenden politischen Systemkrise, weil seit 1825 eine wirtschaftliche Krise mit sozialen Verelendungserscheinungen hinzutrat, die durch den umfassenden sozialen Protest auf dem Land und in den Städten den Nährboden für die Revolution von 1830 bereitete. Die innenpolitische Konfrontation hoffte die Regierung mit einem außenpolitischen Erfolg für sich entscheiden zu können, sodass nach der im Mai erfolgten Auflösung der Kammer im Juni die militärische Expedition nach Algerien begonnen wurde, die trotz erfolgreicher Einnahme Algiers Anfang Juli keinen Einfluss auf die Wahlen entfaltete, denn die Liberalen gingen deutlich als Sieger aus diesen hervor. Statt aber nun einen Ausgleich mit dem politischen Gegner zu suchen, meinte Karl X. in seinem Entschluss hart bleiben zu müssen und unterzeichnete am 25. Juli 1830 vier Ordonnanzen, welche massiv in das Verfassungsgefüge eingriffen und damit die Situation politisch eskalieren ließen: Auf der Basis seines Notverordnungsrechts nach Artikel 14 der Charte schaffte er die Pressefreiheit ab, löste die noch gar nicht einberufene Kammer umgehend wieder auf, nahm in der dritten Verordnung eine Wahlrechtsänderung zugunsten der konservativen Großgrundbesitzer unter Ausschluss des wohlhabenden Bürgertums vor, um schließlich auf der Basis des neuen Wahlrechts sofort Neuwahlen auszuschreiben.[42]

An die Spitze des Protestes setzen sich am 27. Juli einige liberale Zeitungen, die unter Missachtung der gerade verfügten Pressezensur ein Protestschreiben veröffentlichten und allgemein zum Widerstand aufrufen. Beim polizeilichen Vorgehen gegen die Redaktionen und Druckereien kam es zu Zwischenfällen, aus denen sich Unruhen mit Barrikadenbau in Paris entwickelten. Der nun einsetzende bewaffnete Aufstand in Paris wurde maßgeblich durch die 1827 in den Ruhestand versetzte, aber nicht entwaffnete Nationalgarde unterstützt. Aufgrund der sozialen Krisenlage stammten die Revolutionäre aus den mittleren und unteren Schichten, die teils republikanische Forderungen aufstellten. In nur drei Tagen, den sog. Trois Glorieuses, war die Re-

---

41 Kirsch, Monarch (wie Fn. 2), S. 342 f.
42 Die vier Ordonnanzen v. 25.07.1830 in: CD-ROM-2, Dok.-Nr. 3.2.5; zur Haltung Karls X.: Malettke, Bourbonen (wie Fn. 5), Bd. 3, S. 112 f.

gierung gestürzt und Karl X. nach Rambouillet geflüchtet. Der Forderung der Revolutionäre nach der Republik brachen einige führende liberale Politiker die Spitze, indem sie die Liberalisierung der bisherigen konstitutionellen Monarchie vorbereiteten, deren neuer König aus einer der Seitenlinien der Bourbonen, dem Haus Orléans, stammen sollte – geschickt wussten sie dabei an die Zustimmung zur Revolution von 1789 durch das Haus Orléans zu erinnern, womit der künftige König in den Kontext der verfassungskulturellen Tradition der Republik gestellt wurde, ohne dass dafür die Republik etabliert werden musste. Diese Verbindung wurde auch bewusst in der Übergangsphase zum neuen Regime zelebriert, sodass der neue König Louis-Philippe in Anknüpfung an die Tradition von 1791 als »König der Franzosen« seinen Eid bereits am 9. August auf die nur leicht revidierte Charte ablegte. Dass der Bürgerkönig anfangs bereit war, sich in diese Linie der republikanischen nationalen Erinnerungskultur zu stellen, zeigte auch der Erwerb des Gemäldes von Delacroix auf dem Pariser Salon 1831 für die Galerie im Palais Luxembourg, denn hier führte die französische Marianne als Freiheit mit wehender Trikolore das Volk zum Sieg auf den Barrikaden – die weitere Geschichte des Bildes veranschaulichte die zunehmende Distanzierung von diesem revolutionären Erbe, da es Mitte der 1830er-Jahre im Depot verschwand und 1844 an den Künstler zurückgegeben wurde.[43]

Was für ein politisches System wurde mithilfe der Charte von 1830 etabliert? Blicken wir auf den Verfassungstext, so ergaben sich nur wenige Änderungen: Das von Karl X. so aggressiv genutzte Ordonnanzrecht wurde nunmehr dem Gesetzesvorrang unterworfen und beide Kammern erhielten neben dem König jetzt auch die Gesetzesinitiative. Diese gemeinschaftliche Ausübung der Legislativgewalt zeigte sich auch in dem beibehaltenen absoluten Veto des Königs, der zudem nach wie vor die Deputiertenkammer auflösen konnte. Hinsichtlich der Exekutive blieb es bei dem alleinigen Ernennungsrecht des Monarchen für die Regierung, die nach wie vor nur einer allgemeinen Verantwortlichkeit unterworfen war, die zudem vornehmlich im Verfassungstext strafrechtlich mit der Möglichkeit zur Ministeranklage ausgeformt

---

43 Neuere Literatur zur Revolution von 1830: Michel Bernard Cartron, La deuxième Révolution française: juillet 1830, Paris 2005; Nathalie Jakobowicz, 1830: le Peuple de Paris. Révolution et représentations sociales, Rennes 2009 (wichtige Studie zum Bild und Selbstverständnis des [Pariser] »peuple«). Zum Zusammenhang der Revision der Charte: Luigi Lacché, La libertà che guida il popolo. Le tre gloriose giornate del luglio 1830 e le »Chartes« nel costituzionalismo francese, Bologna 2002. Zum europäischen Kontext und zur europäischen Wirkung der Revolution: Wolfgang J. Mommsen, 1848. Die ungewollte Revolution. Die revolutionären Bewegungen in Europa 1830–1849, Frankfurt a. M. 1998, S. 42 ff. Zu Louis-Philippe: Guy Antonetti, Louis-Philippe, Paris 1994; Munro Price, The Perilous Crown. France between Revolutions 1814–1848, London 2008; Arnaud Teyssier, Louis-Philippe. Le dernier roi des français, Paris 2010. Zum Verfassungseid und Ablauf der Zeremonie vor dem Parlament: CD-ROM-2, Dok.-Nr. 3.8.3 (frz.)/3.8.4 (engl.: nur Eidesformel) (Verfassungseid am 09.08.1830). Das Bild von Delacroix ebd., Dok.-Nr. 3.8.5; eine verfassungsgeschichtliche Interpretation des Bildes bei Lacché, Libertà (wie oben), S. 14-19. Ausführlicher zur Verfassungskultur des Julikönigtums siehe Kapitel 8, Verfassungskultur.

war. Die Konstitution regelte damit noch kein parlamentarisches Misstrauensvotum und verblieb damit in dem für Europa des 19. Jahrhunderts typischen Rahmen des monarchischen Konstitutionalismus.[44]

Im Hinblick auf die Bedeutung des Rechtstextes für die politische Wirklichkeit ist es aber wichtig zu betonen, dass sich die machtpolitischen Vorzeichen innerhalb des Verfassungsgefüges im Vergleich zu 1814 vom Monarchen zum Parlament hin verschoben, was beinahe ausschließlich auf die nun abweichende Handhabung der weitgehend textidentischen Konstitutionen zurückzuführen war. In den Mittelpunkt rückte nunmehr die Arbeit des Parlaments, während der König seine Rechte deutlich zurückhaltender ausübte. Hintergrund für diesen Wandel war das Legitimitätsdefizit Louis-Philippes, der seine Macht ja der Revolution und insbesondere der parlamentarischen Elite verdankte, sodass er im Gegenzug bereit war, die politischen Ansprüche des Parlaments stärker gelten zu lassen. (☞ Abb. 3.3, S. 286)

Dementsprechend verzichtete Louis-Philippe auch auf den Einsatz seines absoluten Vetos. Das politische Engagement des Königs im Bereich der Exekutive betraf zwei Bereiche: die Regierung (Ernennung und Abberufung) und die Außenpolitik. Insbesondere bei der Regierungsbildung schlüpfte der König in die Rolle eines Vermittlers, denn in der Zeit der Julimonarchie gab es im alltäglichen Parlamentsbetrieb noch keine festen Fraktionen oder Parteien, die diese Funktion hätten übernehmen können. Diese Chance zum Ausgleich nutzte der konstitutionelle Monarch dann aber auch zur persönlichen Einflussnahme, er zog sich also hierbei gerade nicht auf die ihm von Benjamin Constant zugedachte »neutrale« Rolle zurück, sondern nutzte die Uneinigkeit der Kammermitglieder für eine eigenständige Politik, wie dies auch zur gleichen Zeit Leopold I. in Belgien und in späteren Jahren Viktor Emanuel II. in Sardinien-Piemont bzw. Italien taten.[45] Bei der Ernennung und Abberufung bedurfte die Regierung eines »doppelten Vertrauens« von Parlament und Monarch – auf Dauer wurde während der Julimonarchie nicht gegen die Mehrheit im Parlament regiert, auf der anderen Seite berief der König aber auch Regierungen ab, die über eine solide Mehrheit in der Kammer verfügten, jedoch nicht mehr sein Vertrauen besaßen. Das bekannteste Beispiel ist hierbei sicherlich die Entlassung von Thiers im Jahre 1840, als der König dessen aggressive Außenpolitik für falsch hielt und die gesamte Regierung daraufhin entließ, um einen gemäßigten diplomatischen Kurs gegenüber den europäischen Mächten durchzusetzen. Eine alleinige Bestimmung der Politik auf Basis der Mehrheitsverhältnisse – also das parlamentarische System –, wie es sich in Großbritannien 1835/41 schließlich durchsetzte, entstand in Frankreich zwischen

---

44　Vgl. CD-ROM-2, Dok.-Nr. 3.2.6 (frz.)/3.2.7 (dt.) (Charte constitutionnelle v. 14.08.1830). Einen detaillierten Textvergleich mit der vielfach sehr ähnlichen belgischen Konstitution von 1831 und der piemontesisch-italienischen von 1848 bietet Kirsch, Monarch (wie Fn. 2), S. 143 ff.

45　Colombo spricht für die italienischen Könige von einer »impossibilità di essere neutrali«; Paolo Colombo, Il re d'Italia. Prerogative costituzionali e potere politico della Corona (1848–1922), Milano 1999, S. 390 ff.; für die weiteren Nachweise vgl. Kirsch, Monarch (wie Fn. 2), S. 160-190.

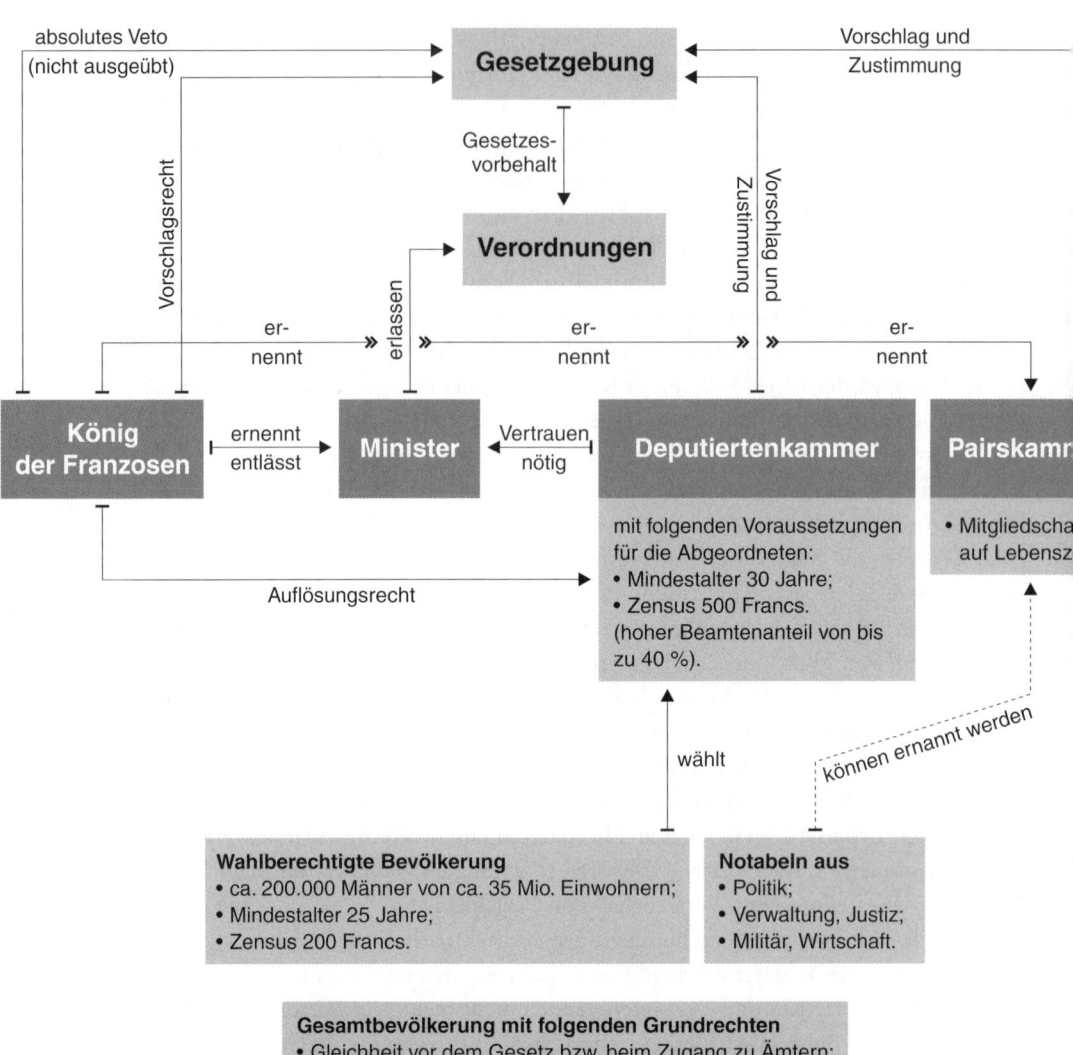

Abb. 3.3 Die Charte constitutionnelle von 1830

1830 und 1848 noch nicht dauerhaft.[46] Die bedeutende Rolle des Königs innerhalb des ansonsten vom Parlament dominierten politischen Systems erkannte auch ein Zeitgenosse wie François Guizot, der als führender Politiker spätestens ab 1840 das politische Geschehen in Frankreich als Minister maßgeblich prägte; für ihn war der »Thron kein leerer Sessel«, sondern der König war eine freie Person mit einer spezifischen Rolle innerhalb des von der Verfassung vorgegebenen Gleichgewichts der öffentlichen Gewalten.[47]

Innerhalb des Parlaments, aber auch außerhalb, lassen sich für den Zeitraum der Julimonarchie zwischen 1830 und 1848 noch keine festen Parteien, sondern ähnlich wie in der Restaurationszeit nur politische Strömungen erkennen, die noch nicht über feste Organisationsformen verfügten. Innerhalb des Parlaments werden dabei drei bis vier Gruppen unterschieden: Auf der äußersten Rechten befanden sich seit 1830 nunmehr die Legitimisten, die die Tradition der Ultras aus der Restauration fortsetzen, sich aber nunmehr geschlossen hinter die alte Bourbonenlinie stellten; die politische Mitte bevölkerten jetzt die Orléanisten, mit einer Teilgruppe der rechten Mitte, welche die Regierung (die »Résistance«) gegenüber den zu weit gehenden Forderungen der Opposition unterstützte und mit ihren liberal-konservativen Hauptfiguren Casimir Perier, Guizot, Victor de Broglie auch wichtige Regierungspolitiker stellte. Auf der linken Mitte (der »Mouvement«) fanden sich die Liberalen Thiers, Odilon Barrot, während ein Mann wie Alexis de Tocqueville mehr am Rande verblieb. Zwischen diesen beiden Gruppen gab es zudem eine große Anzahl von Abgeordneten, die zwischen den beiden Polen je nach parlamentarischer Entschließung wechselten. Schließlich sammelten sich auf der äußersten Linken die Republikaner, die sich aufgrund der Septembergesetze ab 1835 nach dem Attentat auf den König als »Demokraten« oder »Radikale« bezeichnen mussten. Obgleich die Republika-

---

46 Dazu jetzt grundlegend: Alain Laquièze, Les origines du régime parlementaire en France (1814–1848), Paris 2002. Laquièze spricht von Tendenzen zur Parlamentarisierung, wobei sich das parlamentarische System dauerhaft erst in der Dritten Republik ab 1877 durchsetzen konnte. Zur Entlassung Thiers vgl. CD-ROM-2, Dok.-Nr. 3.2.8 (Abberufung der Regierung Thiers durch den König am 29.10.1840). Die Einordnung der Julimonarchie als parlamentarisches System war sehr umstritten – hierbei reichten die Einschätzungen von klarer Bejahung des parlamentarischen Systems bis zu der auch in diesem Beitrag vertretenen Verneinung eines derartigen Verfassungszustandes; einen Überblick über die verschiedenen Meinungen bis 1999 bei Kirsch, Monarch (wie Fn. 2), S. 179 f. In den jüngeren Veröffentlichungen äußert sich zunehmend Skepsis gegenüber einer tatsächlich dauerhaften Etablierung eines parlamentarischen Systems, wenngleich die Epoche noch als »monarchie parlementaire« bezeichnet wird: Siehe neben Laquièze, Origines (wie oben), S. 337 ff., 365 f., 391 ff., z. B. auch Isabelle Backouche, La monarchie parlementaire 1815–1848. De Louis XVIII à Louis-Philippe, Paris 2000, S. 246 f.; Dominique Chagnollaud, Histoire constitutionnelle et politique de la France (1789–1958), Paris 2002, S. 96 ff.; J. Garrigues (Hg.), Histoire du Parlement. De 1789 à nos jours, Paris 2007, S. 171 ff.
47 Zur Sichtweise Guizots vgl. CD-ROM-2, Dok.-Nr. 3.8.6 (Erinnerungen Guizots v. 1831/32), hier besonders der siebte und achte Absatz des dort wiedergegebenen Textauszuges; Laurent Theis, François Guizot, Paris 2008, S. 64 f.

ner einen maßgeblichen Anteil an der Revolution gehabt hatten, blieben sie (auch aufgrund der unterschiedlichen Ausprägungen von linksliberal bis sozialistisch) im Parlament schwach vertreten – eine weitere Schwächung trat zwischenzeitlich ein, da sie in der Hoffnung an die Tradition von 1789/93 anknüpfen zu können, mehrfach Aufstände und Unruhen (1831, 1832, 1834) unterstützten und sich nach deren gewaltsamer Niederschlagung einer massiven Verfolgung ausgesetzt sahen, sodass ihre Organisationen wie die »L'Association libre pour l'instruction de peuple« oder die »Société des droits de l'homme« mit zeitweilig je etwa 3.000 Mitgliedern und das linke Pressewesen zerschlagen wurden. Ein spezifisches Phänomen insbesondere in der Regierungsphase Guizots war die Organisation von politischen Mehrheiten mithilfe der »députés fonctionnaires«, den Beamtenabgeordneten, die aufgrund ihrer Abhängigkeit von den Ministerien auf Anweisung der Regierung stimmten und zeitweilig 40 Prozent der Deputierten ausmachten – dies war keine Besonderheit Frankreichs, sondern findet sich in vielen europäischen Ländern in dieser Zeit.[48]

Warum scheiterte das Verfassungssystem der konstitutionellen Monarchie abermals? Bereits 1830 hatte die Beibehaltung der monarchischen Staatsform unter Führung von Louis-Philippe dazu gedient, weitergehende Partizipationsansprüche der Revolutionäre abzuwehren. Die nur geringfügige Erweiterung des strikten Zensuswahlrechtes selbst noch in den 1840er-Jahren zeugte von der fehlenden Reformbereitschaft der herrschenden politischen Klasse, die im Gegensatz zu den Geschehnissen in Großbritannien (Wahlrechtsreform von 1832) sich nicht dazu durchringen konnte, die demokratische Basis der Herrschaft zu erweitern. Verschärfend trat dabei die repressive Einschränkung der Versammlungs- und Vereinigungsfreiheit nach zahlreichen republikanischen Arbeiterrevolten ab 1835 hinzu, sodass dann zum dritten Mal (1789, 1830) der Ruf nach gerechterer politischer Partizipation im Zusammenspiel mit einer sozioökonomischen Krisenlage (seit 1846/47) die Voraussetzung für eine Revolution bot. Das Verbot eines quasi-öffentlichen Banketts, das die Opposition in Ermangelung der Versammlungsfreiheit als neue Form der politischen Kultur nutzte, führte im Februar 1848 zum Ausbruch der Revolution und zum Sturz des letzten bourbonischen Königs in Frankreich.

---

48 Zu den Gruppen im Parlament: Garrigues (Hg.), Histoire (wie Fn. 46), S. 175 ff.; Chagnollaud, Histoire (wie Fn. 46), S. 112 f. Zu den Republikanern: Klaus Deinet, Die mimetische Revolution. Oder die Französische Linke und die Re-Inszenierung der Französischen Revolution im neunzehnten Jahrhundert (1830–1871), Stuttgart 2001, S. 11 ff., 445 ff. (mit überzeugender Argumentation, wie die nicht verwirklichte Utopie der revolutionären Republik die Republikaner zu Fehleinschätzungen und erneutem Ausmalen und Anstreben einer besseren Revolution mit einer besseren Republik verleitete); Pilbeam, Republicanism (wie Fn. 36), S. 99 ff., 129 ff.; Jean El Gammal, La mémoire de la Révolution au XIXe siècle, in: J.-J. Becker/G. Candar (Hg.), Histoire des gauches, Bd. 1: L'Heritage du XIXe siècle, Paris 2004, S. 135-159, S. 139 ff.; Marianne Cayatte/Philippe Oulmont, Un demi-siècle d'insurrections et de barricades, ebd., 169-181; Nicolas Bourginat, Les »partis« de gauche pendant la monarchie censitaire, ebd., S. 61-68, hier S. 65 ff.

3 Wahlrecht und Wahlen

In der Epoche zwischen 1814 und 1848 kam der Frage nach der angemessenen politischen Partizipation der Bevölkerung eine zentrale Bedeutung zu. Diese Auseinandersetzungen drückten sich an dem häufig wechselnden Wahlrecht, aber auch in der unterschiedlichen Breite seiner Gewährung aus. Allein in der Restaurationszeit änderten sich insgesamt sechs Mal die in der Charte von 1814 festgesetzten Wahlregeln. Die Breite der Partizipation reichte vom allgemeinen Männerwahlrecht in der kurzen Herrschaft Napoleons 1815 über einen relativ großen Wahlkörper auf Kommunalebene im Julikönigtum ab 1831 bis zum strikten, sehr hohen Wahlzensus zu den nationalen Vertretungskörperschaften ab 1814 bis 1830, der aber auch in der Zeit danach nicht wesentlich erweitert wurde.[49]

Die Charte von 1814 etablierte mit den Artikeln 38-40 ein exklusives Wahlrecht für die reichsten Männer in Frankreich, nach dem das aktive Wahlrecht nur denjenigen zustand, die über ein jährliches Aufkommen von 300 Francs direkter Steuern verfügten und mindestens 30 Jahre alt waren – dies entsprach etwa 100.000 Personen aus einer Gruppe von ca. acht Mio. Männern im wahlrechtsfähigen Alter. Bei der Wählbarkeit zum Deputierten lag der Zensus noch höher, da hier 1.000 Francs und zudem ein Alter von 40 Jahren vorgesehen waren, mit der Folge, dass nur ca. 17.000 Personen überhaupt über das passive Wahlrecht verfügten. Diese Konzentration auf die reichsten Steuerbürger führte auch innerhalb Frankreichs zu deutlichen Unterschieden, da z. B. die Normandie zwölf Prozent und die Bretagne hingegen nur fünf Prozent der Wähler stellte, obgleich beide ca. acht Prozent der Bevölkerung umfassten. Schließlich zog diese Steuergewichtung nach sich, dass in drei Vierteln aller Departements weniger als 100 Personen wählbar waren. Gerade in den ärmeren Departements war nämlich damit zu rechnen, dass die Grenze von 1.000 frs. für die Wählbarkeit nicht von mindestens 50 Personen erreicht werden würde, sodass die fehlende Zahl aus dem Kreis der Höchstbesteuerten ergänzt werden konnte. Im Extremfall von Korsika hatte dies zur Folge, dass es zwar die vorgeschriebenen 50 potenziell wählbaren Bür-

---

49 Marcel Morabito/Daniel Bourmaud, Histoire constitutionnelle et politique de la France (1789–1958), Paris 3. Aufl. 1993, S. 188 ff., 205 f., 210 ff.; Chagnollaud, Histoire (wie Fn. 46), S. 101 ff.; Garrigues (Hg.), Histoire (wie Fn. 46), S. 153 ff., 175 ff. Die Westeuropa seit 1815 vergleichend untersuchende Studie von Daniele Caramani, The Nationalization of Politics. The Formation of National Electorates and Party Systems in Western Europe, Cambridge 2004, S. 90 f., 198 ff., 223 (Tab. 6.1.), 307, bezieht Frankreich nur partiell ein, da ein durchgehender Datensatz für Frankreich erst ab 1910 benutzt wird. Dementsprechend fehlt Frankreich in der Gruppe der »frühen Demokratien«, welche aus Belgien, Großbritannien, Schweiz und Dänemark besteht, obgleich diese Länder über sehr unterschiedlich breite Wahlkörper verfügten. Gleichwohl wird Frankreich mit irrtümlichen Angaben in den generalisierenden Überblick mit einbezogen (z. B. fehlender Verweis auf das allgemeine Männerwahlrecht 1792/93 sowie in den napoleonischen Phasen bis einschließlich 1815, doppeltes Stimmrecht 1820 und nicht 1817, endgültige Durchsetzung des allgemeinen und gleichen Männerwahlrechts 1848, nicht erst 1871).

ger gab, von denen aber elf so wenig verdienten, dass sie selbst nicht wählen durften, da ihr Steuereinkommen unter 300 frs. lag. Schließlich stand dem König das Recht zu, den Präsidenten der Wahlkollegien, in denen sich die zugelassenen Wähler für die Wahlen zusammenfanden, zu bestimmen. Mit diesem Ernennungsrecht und der kleinen Zahl von Personen mit passivem Wahlrecht wurden zwei Instrumente etabliert, die dem Wunsch des Königs nach Beeinflussung des Wahlausgangs entsprach, obgleich er sich aufgrund seiner im englischen Exil gemachten Beobachtungen noch mehr Einfluss gewünscht hatte, denn jenseits des Kanals machte der König mit seiner Regierung die Wahlen. Um in der schwierigen Situation des Regimewechsels nicht sofort einen Wahlkampf betreiben zu müssen, sah die Charte in Artikel 75 vor, dass die bisherigen Abgeordneten der gesetzgebenden Körperschaft ihren Sitz behielten und bis spätestens 1816 Neuwahlen anzusetzen seien – Ludwig XVIII. kam der napoleonischen politischen Elite aus Gründen der Systemstabilisierung weit entgegen.[50]

Bevor das strikte Zensusrecht überhaupt zur Anwendung gelangen konnte, kam es während Napoleons Herrschaft der Hundert Tage zur Rückkehr zum allgemeinen Männerwahlrecht, wenngleich es aufgrund des indirekten Wahlverfahrens zensitär abgeschwächt wurde, da die Wählbarkeit daran geknüpft war, dass die Person zu den 600 reichsten Steuerbürgern des Departements gehörte (Art. 25 der napoleonischen Verfassung von 1802). Die im Mai abgehaltenen Wahlen entfalteten keine größere Wirkung mehr, da Napoleon am 22. Juni zum zweiten Mal abdankte. Das ebenfalls im Mai abgehaltene Plebiszit über die der erneuerten Herrschaft des Kaisers zugrunde liegende Verfassung führte zwar ca. 1,3 Mio. Männer an die Urnen, der erwünschte Legitimitätseffekt blieb aber aufgrund des sehr großen Anteils von ca. 80 Prozent an Nichtwählern aus (nur in 19 von 87 Departements lag er unter 70 Prozent) – das allgemeine Männerwahlrecht war im Nachhinein zudem als bonapartistisches Manipulationsinstrument ein weiteres Mal diskreditiert.[51]

Nach der Rückkehr Ludwigs XVIII. auf den Thron wurden rasch Wahlen angesetzt, wobei mithilfe einer Ordonnanz (Verordnung) die Anzahl der Deputierten erhöht wurde. Die siegreichen Ultraroyalisten gingen umgehend daran, das Wahlrecht zu ändern, denn sie hofften mit der drastischen Absenkung des Zensus auf 50 frs. dauerhaft breite Zustimmung unter den konservativen Schichten auf dem Lande zu erreichen. Das von der Deputiertenkammer bereits angenommene Gesetz scheiterte dann aber an der liberaleren Pairskammer – die dort vertretenen, vielfach aus dem na-

---

50 Vgl. CD-ROM-2, Dok.-Nr. 3.2.1 (frz.)/3.2.2 (dt.) (Charte constitutionnelle v. 04.06.1814); Morabito/Bourmaud, Histoire (wie Fn. 49), S. 188 f.; Chagnollaud, Histoire (wie Fn. 46), S. 102 f. Zur Kritik Ludwigs XVIII. mit Verweis auf die Möglichkeiten des britischen Königs: Sellin, Revolution (wie Fn. 6), S. 239; zur Wahlpraxis in Großbritannien während seiner Exilzeit: Gottfried Niedhart, Großbritannien, in: HB-1 (wie Fn. 3), S. 165-213, hier S. 182 ff.

51 Geiss, Schatten (wie Fn. 32), S. 90 ff.; Morabito/Bourmaud, Histoire (wie Fn. 49), S. 182 f. Der Text der Verfassung v. 04.08.1802, auf den die Verfassung von 1815 im Art. 27 verweist, in: CD-ROM-1, Dok.-Nr. 3.2.35 (frz.)/3.2.36 (dt.).

poleonischen Senat übernommenen Notabeln waren gegen einen Gesetzentwurf, der den Einfluss des reicheren Bürgertums zu beschneiden drohte. Nachdem der König infolge der Auflösung der »Chambre introuvable« bei den Neuwahlen von 1816 eine gemäßigtere Mehrheit erhalten hatte, wurde nun endlich im Februar 1817 das in der Charte angekündigte Ausführungsgesetz für die Wahlen erlassen. Das »Loi Lainé« sah nunmehr die direkte Wahl durch ein im Hauptort versammeltes Wahlkollegium vor, was den politischen Zweck erfüllen sollte, die grundbesitzenden, ultraroyalistisch ausgerichteten Adligen möglicherweise besser majorisieren zu können. Der liberale Grundgedanke der Zeit, dass nur finanzielle Unabhängigkeit auch politisch unabhängige Urteilskraft erlaube, drückte sich auch in Artikel 19 des Gesetzes aus, der vorsah, dass die Abgeordneten weder ein Gehalt noch eine Entschädigung für ihre Tätigkeit erhalten sollten. Die partiellen Fünftelerneuerungen von 1817, 1818 und 1819 führten indes nicht zu einer Stärkung der gemäßigten Mitte, sondern in diesen Wahlen setzten sich vermehrt Linksliberale durch.[52]

Mit dem Attentat auf den Duc de Berry 1820 wurde diese Entwicklung unterbrochen und es kam zu einem Rückschwung zugunsten der Ultraroyalisten. Vier Monate später erließ die Kammer ein auf den ersten Blick allein Verfahrensfragen für Wahlkollegien regelndes Gesetz, das aber den intendierten Effekt hatte, dass mit der Etablierung eines weiteren Wahlkollegiums auf der Ebene der Arrondissements die Teilnahme auf Departementsebene auf das reichste Viertel der Wähler beschränkt werden konnte. Da diese Wähler aber auch Mitglieder des Wahlkollegiums des Arrondissements waren, konnte das reichste Viertel der Steuerzahler zwei Mal abstimmen, dementsprechend spricht die französische Forschung auch treffend vom »Loi du double vote«. Auch die Intention des ultraroyalistischen Gesetzgebers, insbesondere seine Klientel des großgrundbesitzenden Adels zu stärken, ließ sich erkennen, denn das Gesetz sah eine gesonderte Einbeziehung der Grundsteuer vor, indem für diese Steuerart auch das Vermögen von verwitweten Frauen berücksichtigt wurde, welches zugunsten ihrer männlichen Nachkommen angerechnet werden konnte (Art. 5); im Wahlgesetz von 1817 war (wie auch in anderen Wahlzensusberechnungen seit 1789) noch das gesamte Vermögen der Ehefrau zugunsten des Ehemannes berücksichtigt worden – eine eigenständige partizipatorische Beteiligung der Frauen, wie es bei den Wahlen zu den Generalständen 1789 im Bereich des Adels und Klerus teilweise möglich gewesen war, stand in keiner Weise mehr zur Debatte.[53]

---

52 Morabito/Bourmaud, Histoire (wie Fn. 49), S. 189 f.; Kirsch, Monarch (wie Fn. 2), S. 340 f.; Chagnollaud, Histoire (wie Fn. 46), S. 103 f. Das Wahlgesetz v. 05.02.1817 in: CD-ROM-2, Dok.-Nr. 3.3.1.
53 Morabito/Bourmaud, Histoire (wie Fn. 49), S. 190 f.; Chagnollaud, Histoire (wie Fn. 46), S. 104 f. Das Wahlgesetz v. 29.06.1820 in: CD-ROM-2, Dok.-Nr. 3.3.2. Zum Frauenwahlrecht in Frankreich 1789–1795: Kirsch u. a., Frankreich (wie Fn. 3), S. 250, 252; Anne Verjus, Le cens de la famille: les femmes et le vote, 1789–1848, Paris 2002.

In den nachfolgenden Wahlen im November 1820 stand nicht nur das jährlich zu erneuernde Fünftel der Abgeordneten an, sondern aufgrund des neuen Gesetzes erstmals auch die zusätzlich von den neu eingerichteten Wahlkollegien der Departements zu wählenden Deputierten, sodass 220 Sitze von 430 zur Disposition standen. Der seit dem Attentat auf den Duc de Berry erkennbare konservative Rückschwung setzte sich auch bei den Wahlen fort – im Wahlkampf behinderten die Präfekten die liberale Kampagne vor Ort und manipulierten bewusst die Wählerlisten, indem missliebige Personen von der Steuerliste gestrichen wurden, ohne dass sie rechtzeitig vor den Wahlen dagegen Widerspruch einlegen konnten. Teilweise zählte der vom König eingesetzte Präsident des Wahlkollegiums die Stimmen auch allein aus, sodass eine Kontrolle der an sich in geheimer Abstimmung erzielten Ergebnisse durch die Wahlhelfer umgangen wurde.[54] Derartigen Wahlbeeinflussungen versuchten die Liberalen bei den Wahlen von 1827 mit einer gezielten Wahlkampforganisation entgegenzuwirken. Die maßgeblich von Guizot organisierte landesweite Kampagne (ab 1824 wurde das Parlament nicht mehr jährlich um ein Fünftel erneuert, sondern es fand nach Ende der Legislatur eine Gesamtwahl für alle Deputiertensitze statt), die unter dem Motto »Aide-toi le ciel t'aidera« durchgeführt wurde, verfolgte deshalb auch zwei Anliegen: Das Hauptziel bestand darin, die rechtzeitige Einschreibung möglichst vieler oppositioneller Wähler in die Wahllisten zu erreichen und gleichzeitig eingeschriebene Anhänger der Regierung hinsichtlich ihrer Zensusqualifikation zu überprüfen. Im zweiten Schritt wurden Kandidatenlisten zusammengestellt, um das oppositionelle Stimmenpotenzial vor einer Zersplitterung zu bewahren. Diese Wahlkampftaktik war sehr erfolgreich, denn die Liberalen gingen als klarer Sieger aus den Wahlen hervor, während die Regierung in die Minderheit geriet.[55]

Die Strategie der Kampfregierung Polignac, mithilfe des Auflösungs- und Verordnungsrechts des Monarchen den politisch nicht genehmen erneuten Wahlsieg der Liberalen 1830 zu umgehen, scheiterte komplett: Der Versuch, das Wahlrecht im Rahmen der Juliordonnanzen drastisch zugunsten des Großgrundbesitzes zu ändern, führte mit der Revolution von 1830 zum Ende der Herrschaft Karls X. Die Frage nach der angemessenen politischen Partizipation der Bevölkerung durch das Wahlrecht behielt damit ihre politisch hoch dynamische Funktion.[56]

---

54 Geiss, Schatten (wie Fn. 32), S. 207 ff.; Backouche, Monarchie (wie Fn. 46), S. 74 f.; Emmanuel de Waresquiel/Benoît Yvert, Histoire de la Restauration 1814–1830. Naissance de la France moderne, Paris 2. Aufl. 2002, S. 314 f.; Hubertus Buchstein, Öffentliche und geheime Stimmabgabe: eine wahlrechtshistorische und ideengeschichtliche Studie, Baden-Baden 2000, S. 312 ff., 387 ff. (zum europäischen Vergleich).
55 Geiss, Schatten (wie Fn. 32), S. 271 ff.
56 Zur Julirevolution siehe Kapitel 2, Verfassungsstruktur der zentralen staatlichen Ebene. Die Ordonnanz zur Abänderung des Wahlrechts vom 25.07.1830, insbesondere Art. 2 und 13, in: CD-ROM-2, Dok.-Nr. 3.2.5 (Ordonnanz C).

Die Hoffnung der Revolutionäre nach einer deutlichen Ausweitung des Wahlrechts erfüllte sich allerdings nicht. Zwar hatte die Charte von 1830 die entsprechende Passage des alten Verfassungstextes dahingehend geändert, dass die Höhe des Zensus nicht mehr in der Konstitution aufgeführt wurde, stattdessen wurde auf das entsprechende (noch zu erlassende) Gesetz verwiesen. Das im April 1831 verabschiedete Wahlgesetz für die Deputiertenkammer sah dann jedoch nur eine Absenkung von 300 auf 200 frs. beim aktiven Wahlrecht und von 1.000 auf 500 frs. bei der Wählbarkeit vor, zudem wurde das Wahlalter von 30 auf 25 Jahre abgesenkt. Der Kreis der Wahlberechtigten wurde damit lediglich verdoppelt, sodass jetzt ca. 200.000 Personen von ca. neun Mio. Männern im wahlrechtsfähigen Alter über das Wahlrecht verfügten. Der exklusive Anspruch, dass allein reiche Männer die nötige Unabhängigkeit besäßen, im nationalen Parlament Politik mitgestalten zu können, blieb trotz der starken Politisierung breiter sozialer Schichten in der Julirevolution erhalten. Ausnahmen vom steuerlichen Zensus sah das Gesetz allein für die sehr kleine Bildungselite der Mitglieder des »Institut« und für pensionierte Militärangehörige vor, die über eine Pension von 1.200 frs. im Jahr verfügten. Die unterschiedliche Verteilung der Einkommen und damit auch des für den Wahlzensus wichtigen Steueraufkommens je nach Departement führte zudem zu einem starken regionalen Ungleichgewicht hinsichtlich des jeweiligen Anteils der Wahlberechtigten an der männlichen Bevölkerung im wahlrechtsfähigen Alter – während in Paris der Anteil relativ hoch lag, war in der Bretagne der Kreis der Wähler auf sehr wenige Personen beschränkt.[57] (☞ Abb. 3.4, S. 294)

Die sehr geringe Öffnung des Wahlrechts gegenüber der breiten Masse der Bevölkerung spiegelte sich auch in der sozialen Zusammensetzung der Kammern zwischen 1814 und 1848 wider. In der 1815 gewählten »Chambre introuvable« saßen zu 35,2 Prozent Angehörige des alten Adels des Ancien Régime (bei einem gesamten Adelsanteil von 60 Prozent), während man ca. 40 Prozent dem Bürgertum zuordnen konnte. Innerhalb der Abgeordneten waren 22,5 Prozent in der Emigration gewesen und ein ähnlicher hoher Anteil hatte bereits Erfahrungen in den parlamentarischen Versammlungen in der Zeit zwischen 1789 und 1814 gesammelt. Aufgrund des hohen Zensus gehörten sie alle zur Gruppe der Notabeln, wobei der Anteil der Deputierten in Staatsdiensten im weiteren Sinne mit 75 Prozent sehr hoch lag (unter den 402 Abgeordneten zählte man 91 Bürgermeister, 78 Mitglieder in einem Conseil général, 166 Militärs, 89 hohe Beamte und Richter). Im Verlaufe der Restauration veränderte sich die Zusammensetzung, denn der Anteil der Aristokratie sank in der 1827 gewählten Kammer auf 40 Prozent, wobei ca. ein Viertel von ihren Einkünften aus dem Grundbesitz lebte, 27 Prozent in Staatsdiensten standen und 32 Prozent dem Militär zugerechnet werden konnten. Innerhalb der 235 Parlamentarier mit bürgerlicher Herkunft stellten die Mitglieder des Wirtschaftsbürgertums mit 30 Prozent den größten Anteil,

---

57 Erbe, Geschichte (wie Fn. 31), S. 225. Der Text des Wahlgesetzes zur Deputiertenkammer v. 19.04.1831 in: CD-ROM-2, Dok.-Nr. 3.3.3.

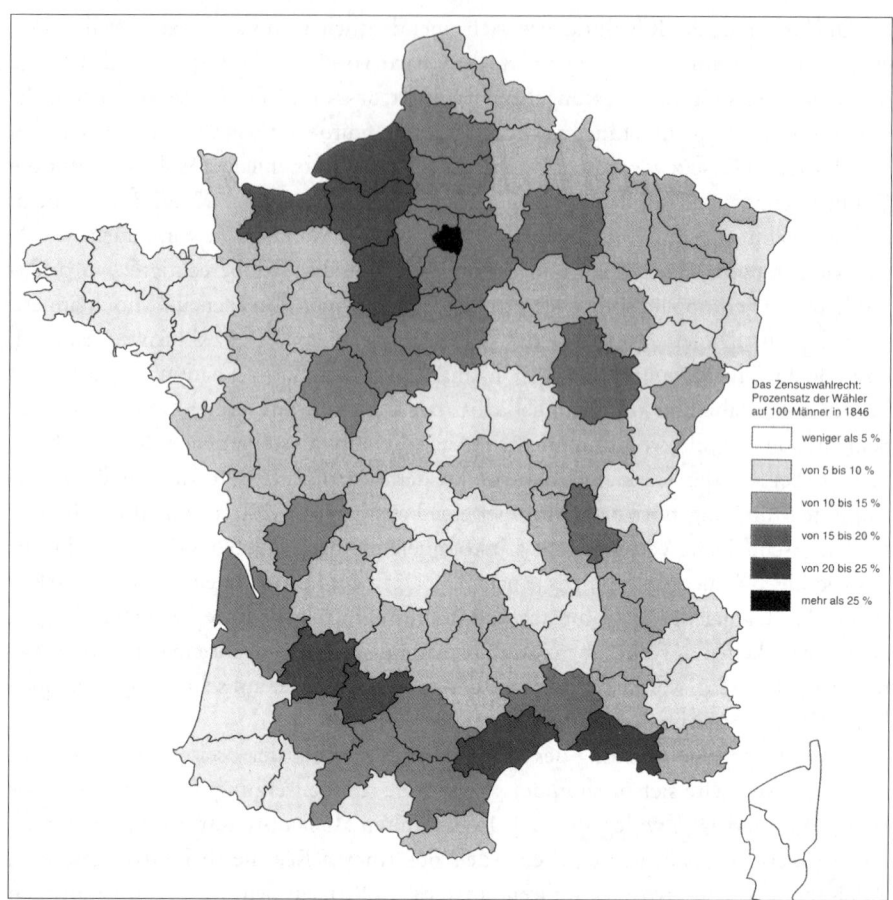

Abb. 3.4 Verteilung der Wählerschaft nach dem Zensuswahlrecht um 1846

auch die Beamten und Rentiers waren mit 52 bzw. 48 Deputierten gut vertreten. Die soziale Zusammensetzung korrespondierte zu gewichtigen Teilen auch mit der politischen Disposition, die sich zudem auch regional zuordnen ließ: Der Schwerpunkt der linken Opposition lag in der Normandie, im Osten und im Pariser Raum, während die Rechte traditionell im Westen, im Midi und im Südwesten gewählt wurde. Blickt man auf die soziopolitische Verteilung bei der Abstimmung über die Missbilligung der königlichen Kammereröffnungsrede im Frühjahr 1830, so können von den 221 liberalen Stimmen 79 Prozent bürgerlichen Abgeordneten zugeordnet werden, während unter den Anhängern der Regierung sich zu 63 Prozent Adlige fanden.

Diese relativ klare Zuordnung von sozialer Herkunft und politischer Ausrichtung verlor sich in der Zeit des Julikönigtums, was sich bereits bei den bis 1834 neu gewählten 269 Abgeordneten ablesen lässt, während 262 bereits über eine längere parlamentarische Karriere verfügten: Unter den »Neulingen« befanden sich nur noch acht Prozent Adlige, aber auch das Wirtschaftsbürgertum stellte nur 17 Prozent – Profiteure des leicht gesenkten Zensus waren vornehmlich die Anwälte, die 33 Prozent der Neugewählten stellten. Einen gewichtigen Teil verkörperten nach wie vor die Beamten, die ca. 40 Prozent aller Abgeordneten ausmachten. Dies machte sich insbesondere Guizot ab 1840 zu Nutze, denn die »députés fonctionnaires« wurden massiv unter Druck gesetzt oder mithilfe von Gefälligkeiten stark beeinflusst, damit sie im Sinne der Regierung abstimmten. Diese Vermischung von persönlichen und staatlichen Interessen, die Einflussnahme bei der Vergabe von Konzessionen und anderen staatlichen Unterstützungen für den eigenen Wahlkreis einer elitären Notabelnschicht gehörten nicht nur in Frankreich zur typischen Wahlrechtskultur, sondern derartige Praktiken fanden sich auch in anderen europäischen Ländern.[58]

Die Bestellung der Pairskammern erfolgte zwischen 1814 und 1830 allein durch den König, der die Mitgliedschaft auf Lebenszeit oder aber auch als vererbbaren Sitz erteilen konnte. Da Ludwig XVIII. aus Gründen der Herrschaftsstabilisierung zu Beginn einen gewichtigen Teil der napoleonischen Senatoren zu Pairs ernannte (84 von 154) blieb die Kammer trotz mehrfacher Pairsschübe – der König konnte unbegrenzt neue Mitglieder ernennen – für lange Zeit politisch gemäßigter als die Deputiertenkammer. Erst ab 1827 existierte eine stabile konservative Mehrheit. Nach der Julirevolution wurde das Ernennungsrecht des Königs mit einem Gesetz vom Dezember 1831 hinsichtlich seiner Wahlmöglichkeiten eingeschränkt: Louis-Philippe durfte fortan nur aus spezifischen Berufsgruppen auswählen – das Gesetz gab damit eine »Definition« vor, wer denn zu den verdienten Notabeln des Königreichs zu zählen sei: Es waren vornehmlich politische Funktionsträger, verdiente Beamte, aber auch Unternehmer und Teile der akademischen Elite. Im politischen Leben des Julikönigtums spielte die Erste Kammer nur noch eine geringe Rolle, indem sie meist den Kurs der Regierung unterstützte.[59]

Auf der nationalen Ebene war damit im Bereich der politischen Partizipation der größte Teil der Bevölkerung ausgeschlossen. Der Widerspruch zwischen dem von der politischen Mitbestimmung ausgeschlossenen »pays réel« und dem zugelassenen »pays légal«, zu dem ab 1830 nur der reiche Teil der bürgerlichen Mittelschichten aufschloss, verschärfte sich zunehmend, da dem Wunsch nach einem breiteren Wahlrecht nicht gefolgt wurde. Hierbei spielte die Erfahrung, an der Bestellung von Repräsenta-

---

58 Garrigues (Hg.), Histoire (wie Fn. 46), S. 155 ff., 175 ff.; André Jardin/André-Jean Tudesq, La France des notables, Bd. 1: L'évolution générales 1815–1848, Paris 1973, S. 156 ff.; Thomas D. Beck, French Legislators, 1800–1834. A Study in Quantitative History, Berkeley u. a. 1974, S. 148, 184; Chagnollaud, Histoire (wie Fn. 46), S. 106 ff. Zu anderen europäischen Ländern vgl. die Beiträge in diesem Handbuch sowie die Artikel in: A. G. Manca/F. Rugge (Hg.), Governo rappresentativo e dirigenze amministrative (secoli XIX–XX)/Repräsentative Regierung und führende Beamte (19.–20. Jahrhundert), Bologna/Berlin 2007.
59 Garrigues (Hg.), Histoire (wie Fn. 46), S. 158 f., 178 f. Das Gesetz über die Pairs v. 29.12.1831 in: CD-ROM-2, Dok.-Nr. 3.3.4.

tionsorganen unterhalb der nationalen Ebene teilhaben zu können, eine nicht unwichtige Rolle. Schon Napoleon hatte die Wahl der Bürgermeister im Gegensatz zu seiner eigenen zentralistischen Tradition 1815 zwischenzeitlich wieder eingeführt. In der Zeit des Julikönigtums wurde 1831 für die Wahl zu den Gemeinderäten ein deutlich milderer Steuer- bzw. Bildungszensus eingeführt und das Gesetz über die Nationalgarde aus demselben Jahr sah vor, dass ein Teil der Offiziere direkt von den Mitgliedern der Nationalgarde gewählt wurden. Bei den Wahlen auf Kommunalebene waren damit nicht nur ca. 200.000 wie bei den Parlamentswahlen, sondern ca. drei Mio. Männer zugelassen, bei der Wahl der Offiziere der Nationalgarde sogar fünf Mio.[60] Diese Wahlrechte wurden auch wahrgenommen, denn bei den Kommunalwahlen von 1834 nahmen immerhin ca. 54 Prozent der Wahlberechtigten an den Abstimmungen teil, in den kleineren Gemeinden lag der Anteil oftmals noch höher. Es war dementsprechend nicht dauerhaft vermittelbar, dass für die nationale Ebene diese breiten Kreise des mittleren Bürgertums und Kleinbürgertums ausgeschlossen blieben.

Da seit 1835 das Versammlungs- und Vereinigungsrecht drastisch eingeschränkt worden war, entwickelten diese sozialen Gruppen neue Formen der politischen Partizipation und Kritik: politische Karikaturen, Petitionen mit tausenden von Unterstützern, Lieder, massenhafte Beteiligung an Begräbnissen von verstorbenen oppositionellen Politikern und schließlich halböffentliche Festessen, auf denen man ohne Weiteres einen Trinkspruch für die Einführung des allgemeinen Wahlrechts einbauen konnte. Vereinzelt hatte es derartige Bankette bereits in der Restaurationszeit und verstärkt in der Frühzeit des Julikönigtums gegeben, eine regelrechte Kampagne setzte jedoch im Sommer 1847 ein, die bis zum Ende des Jahres 70 Veranstaltungen mit 17.000 Personen umfasste. Das Verbot eines großen, für den 22. Februar 1848 in Paris anberaumten Reformbanketts war der Zündfunken für die Revolution, die in kurzer Zeit das reformverweigernde Julikönigtum beseitigte und stattdessen zum zweiten Mal die Republik auf der Grundlage des allgemeinen Männerwahlrechts einführte. Zum dritten Mal nach 1789 und 1830 führte auch 1848 der Ruf nach einem gerechteren Wahlsystem in Verbindung mit einer wirtschaftlich-sozialen Notsituation zu einer das Verfassungsgefüge komplett wandelnden Revolution.[61]

---

60 Der Gesetzestext zur Kommunalverwaltung v. 21.03.1831 und zur Nationalgarde v. 22.03.1831 in CD-ROM-2, Dok.-Nr. 3.5.3 (Art. 10, 11) bzw. 3.7.2 (Art. 157).
61 Chagnollaud, Histoire (wie Fn. 46), S. 119 ff.; Pierre Rosanvallon, Le sacre du citoyen. Histoire du suffrage universel en France, Paris 1992, S. 269 ff., 272 ff.; Vincent Robert, Le temps des banquets: Politique et symbolique d'une génération (1818–1848), Paris 2010.

4 Grundrechte

Die verfassungsmäßige Verankerung grundlegender Rechte und persönlicher Freiheiten bildete ein Erbe der Französischen Revolution, das nach 1814 nie zur Disposition stand.[62] Die Charte schuf ein solides Fundament von Mindestanforderungen, hinter das auch der napoleonische Acte additionnel während der Hundert Tage nicht zurücktreten konnte. Wo immer aber persönliche Freiheiten politisch wirksam werden konnten, antwortete der Staat mit restriktiven Gesetzen. Die unablässigen Versuche, eine kritische Öffentlichkeit zum Schweigen zu bringen und revolutionäre Aktionen im Keim zu ersticken, führten letztlich geradewegs in die Revolutionen von 1830 und 1848. Der Wille, politische Energien so weit als möglich zu kontrollieren, spiegelt sich auch im Zuschnitt einzelner Rechte wie dem Petitionsrecht wider. Der 1830 wörtlich übernommene Artikel der Fassung von 1814 (Art. 53 bzw. 45) untersagte es, Petitionen mündlich vorzubringen, was als der Versuch gewertet wurde, die Kammern vor »verführten oder verirrten Massen« zu schützen.[63]

Die Fassungen der Charte von 1814 und 1830 bestätigten jeweils die Gleichheit aller Franzosen vor dem Gesetz (Art. 1), das Zugangsrecht zu zivilen und militärischen Posten (Art. 3), die Glaubensfreiheit (Art. 5) und die persönliche Freiheit (Art. 4).[64] Letztere erfuhr durch die Abschaffung der Ehescheidung im Jahr 1816 zweifellos eine Einschränkung.[65] Das Recht auf die Unversehrtheit des Eigentums wurde in Artikel 9 der Charte (bzw. Art. 8 der Fassung von 1830) in unmittelbaren Zusammenhang mit der Frage der Nationalgüter gebracht. Für die Bewahrung des inneren Friedens war die Versicherung der Unumkehrbarkeit ihres Verkaufs unabdingbar. Doch gleichzeitig untersagte die Charte explizit die Konfiskation des Besitzes als Strafmaßnahme (Art. 66)[66] und verurteilte somit rückwirkend auch die Enteignung der Emigranten. Im Falle einer Enteignung im Sinne des Gemeinwohls schrieb die Charte den An-

---

62 Die historischen Forschungen zu den Grundrechten konzentrieren sich stark auf Pressefreiheit und Zensur. Überblicke wurden eher von Rechtswissenschaftlern geleistet. Vgl. hierzu: Georges Burdeau, Les Libertés publiques, Paris 4. Aufl. 1972, S. 176-348; Félix Ponteil, Les Institutions de la France de 1814 à 1870, Paris 1966; Arlette Heymann-Doât, Libertés publiques et droits de l'homme, Paris 4. Aufl. 1997.
63 Vgl. Gustave Leblastier, Du Droit de Pétition, tel qu'il est établi par la Charte, Paris 1820, S. 6.
64 Das Recht auf persönliche Freiheit blieb auf französische Bürger beschränkt. Die Abschaffung der Sklaverei wurde trotz vielfältiger parlamentarischer Debatten über die Situation der Sklaven auch unter der Julimonarchie nie ernsthaft in Erwägung gezogen. Vgl. dazu: Lawrence C. Jennings, Le second mouvement pour l'abolition de l'esclavage colonial français, in: Outre-Mers. Revue d'Histoire 336-337 (2002), S. 177-191; Frédéric Régent, Le France et ses esclaves. De la colonisation aux abolitions (1620–1848), Paris 2007, S. 283 ff.
65 Vgl. CD-ROM-2, Dok.-Nr. 3.12.1 (Abschaffung der Ehescheidung am 08.05.1816).
66 Vgl. den gleichlautenden Art. 57 der Charte von 1830, in: CD-ROM-2, Dok.-Nr. 3.2.6 (frz.)/3.2.7 (dt.).

spruch auf eine vorausgehende Entschädigung fest (Art. 10).[67] Beide Artikel trugen dem Bedürfnis nach Sicherung des Eigentums im aufstrebenden liberalen Bürgertum Rechnung, lesen sich jedoch auch wie Argumente für eine Entschädigung der enteigneten Emigranten. Schon im Dezember 1814 regelte ein Gesetz, dessen Präambel explizit von einem »ersten Akt der Gerechtigkeit« sprach, die Rückgabe der nicht verkauften Nationalgüter.[68] Die allgemeine Entschädigung wurde schließlich nach langer Debatte[69] per Gesetz am 27. April 1825 beschlossen.[70] Der zu ersetzende Kapitalwert wurde auf eine Milliarde Francs festgesetzt. Rückerstattet werden sollten lediglich die Zinsen, und zwar durch Ausgabe von Rentenpapieren zu drei Prozent.[71] Der Staat hatte ein durchaus eigennütziges Interesse daran, den Anteil von adeligen Grundbesitzern zu steigern und diesen in der Mehrzahl überzeugten Royalisten so eine aktive Teilnahme am politischen Leben zu ermöglichen. Zwar wurden die 1819 und 1827 ernannten Pairs von der Verpflichtung, ein Majorat zu besitzen, entbunden. Für die Vererbung der Pairswürde oder auch nur eines Adelstitels blieb dies jedoch unerlässlich.[72] Politische Erwägungen lagen auch der angestrebten Reform des Erbrechts im Jahre 1826 zugrunde, das die Einsetzung des Erstgeborenen als Universalerben für Grundstückswerte, deren Besteuerung über 300 Francs lag, zur Pflicht machen sollte. Schon der Code civil hatte die Option des Erstgeburtsrechts offen gelassen, das aber praktisch wenig Anwendung fand, was wiederum einer Zerstückelung der Besitze Vorschub leistete. Vor allem die Formulierung in der Präambel des Gesetzentwurfs von 1826, wonach die gesetzliche Erbfolgeregel in den Republiken die Gleichheit sei, aber in den Monarchien die Ungleichheit sein müsse, löste einen Sturm der Entrüstung aus und führte zur Ablehnung des Hauptartikels. Das schließlich am 17. Mai 1826 verabschiedete Gesetz räumte nichtsdestoweniger explizit die Möglichkeit ein, den Erstgeborenen zu bevorzugen und den Erhalt des so entstandenen Besitzes über

---

67 Ebd. (gleichlautend als Art. 9 in der Charte von 1830). Im Zuge des Baus von Straßen und Eisenbahnlinien unter der Julimonarchie wurde am 7. Juli 1833 ein Gesetz erlassen, dass die Enteignung im öffentlichen Interesse beschleunigte; vgl. Antonetti, Monarchie (wie Fn. 5), S. 121.
68 Vgl. CD-ROM-2, Dok.-Nr. 3.4.1 (Restitutionsgesetz v. 05.12.1814).
69 Winfried Schulze, Revolutionserinnerung und Revolutionsopfer. Die Debatte um die Entschädigung der Emigranten der französischen Revolution 1824–1825, in: Historische Zeitschrift 257 (1993), H. 1, S. 29-61.
70 Loi concernant l'indemnité à accorder aux anciens propriétaires de bien-fonds confisqués et vendus au profit de l'Etat en vertu des lois sur les émigrés, les condamnés et les déportés v. 01.05.1825, in: CD-ROM-2, Dok.-Nr. 3.11.3.
71 Vgl. hierzu Almut Franke-Postberg, Le milliard des émigrés. Die Entschädigung der Emigranten im Frankreich der Restauration (1814–1830), Bochum 1999, S. 212 f. Unter der Julimonarchie wurde der Entschädigungsfonds bereits am 5. Januar 1831 per Gesetz annulliert; durch die so dem Staat zufallenden Restmittel wurde die ursprünglich vorgesehene Entschädigung um zehn Prozent gekürzt (ebd., S. 271). Für die nähere Umsetzung des Gesetzes zur »Emigrantenmilliarde« von 1825 siehe auch Kap. 11, Finanzen.
72 Vgl. Ponteil, Institutions (wie Fn. 62), S. 96 f.

zwei Generationen festzuschreiben. Unter der Julimonarchie wurde dieses Gesetz aufgehoben.[73]

Das Flüchtlingsschicksal der Emigranten beeinflusste möglicherweise die recht liberale Haltung der restaurierten Bourbonenmonarchie beim Asyl. Dieses war erstmals in der Verfassung von 1793 für Ausländer vorgesehen, die wegen ihres Engagements für die Freiheit aus ihrer Heimat verbannt worden seien (Art. 120). In der sich auch durch äußere Bedrohungen zunehmend radikalisierenden Revolution obsiegte freilich bald die Angst vor feindlichen Spionen über das humane Ideal.[74] Praktisch stand die Restauration diesem näher: Zwar wurde die Asylfrage weder in der Charte erwähnt noch gesetzlich festgelegt, doch einer geregelten Bürokratie überantwortet. Aufnahme und finanzielle Hilfe wurden auch liberalen Spaniern zuteil, die gegen die Wiederherstellung der absoluten Monarchie durch Ferdinand VII. gekämpft hatten.[75] Die Julimonarchie sah sich nach den gescheiterten Revolutionen von 1830 mit nicht abreißenden Flüchtlingsströmen aus Spanien, Italien und Polen konfrontiert, zu deren Aufnahme schon der eigene revolutionäre Ursprung verpflichtete. Das Gesetz vom 21. April 1832[76], das 1834 weiter verschärft wurde, schuf nichtsdestoweniger ein engmaschiges Kontrollsystem.[77]

Die persönliche Freiheit der Bürger erlitt in der von Repressionen geprägten Atmosphäre nach den Hundert Tagen empfindliche Einschränkungen. Zwischen Oktober 1815 und Januar 1816 beschloss die »unvergleichliche Kammer« vier restriktive Gesetze: zunächst das Gesetz über die allgemeine Sicherheit, das bei Vergehen gegen die Person des Königs oder seine Familie bzw. gegen die Sicherheit des Staates auch ohne Verurteilung eine unbeschränkte Haft erlaubte[78], ein Gesetz zur Einschränkung der Pressefreiheit, das Gesetz über die Einrichtung von Sondergerichten für politische Vergehen[79] sowie am 12. Januar das sog. Amnestiegesetz, das die Verbannung der noch lebenden »Königsmörder« verfügte. Nach dem Mord am Herzog von Berry im Februar 1820, der als »Kriegsmaschine«[80] gegen die Liberalen missbraucht wurde,

---

73 Allgemein zum Erbrecht vgl. Jean Hilaire, Vivre sous l'empire du code civil. Les partages successoraux inégalitaires au XIXe siècle, in: Bibliothèque de l'école des chartes 156 (1998), S. 117-141. Zum Gesetz von 1826 siehe ebd., S. 130. Vgl. auch Ponteil, Institutions (wie Fn. 62), S. 96 f.
74 Vgl. Gérard Noiriel, La tyrannie du national: Le droit d'asile en Europe, 1793 à 1993, Paris 1991, S. 38 (wieder veröffentlicht u. d. T.: Réfugiés et sans-papiers: la République face au droit d'asile, XIXe–XXe siècle, Paris 1999); Greg Burgess, Refuge in the land of liberty: France and its refugees, from the Revolution to the end of asylum, 1787–1939, Basingstoke 2008, S. 24-29.
75 Burgess, Refuge (wie Fn. 74), S. 39-46.
76 Loi relative aux réfugiés étrangers qui résideront en France (21.4.1832), in: Bulletin des Lois du Royaume de France, 9° Série, 1re Partie, Bd. 4, Paris 1833, H. 75, Nr. 165, S. 192 f.
77 Vgl. Burgess, Refuge (wie Fn. 74), S. 57 f.
78 Vgl. CD-ROM-2, Dok.-Nr. 3.4.2 (Gesetz über die Maßnahmen zur allgemeinen Sicherheit v. 29.10.1815).
79 Vgl. CD-ROM-2, Dok.-Nr. 3.6.1 (Gesetz über die außerordentliche Strafgerichtsbarkeit v. 20.12.1815).
80 Waresquiel/Yvert, Histoire (wie Fn. 54), S. 297.

folgten die neuen Ausnahmegesetze. Das Gesetz über die persönliche Freiheit[81] verschärfte die Regelungen des Gesetzes von 1815. Das zweite Gesetz betraf die Presse und damit das wichtigste und gleichzeitig symbolträchtigste Element der politischen Freiheit.[82] Schon in dem Dekret über die Absetzung von Napoleon erschien der Vorwurf einer fortgesetzten Missachtung der Pressefreiheit an prominenter Stelle. Die Charte von 1814 (ebenso wie die Fassung von 1830) sprach nicht von Pressefreiheit, sondern von dem Recht, Meinungen zu veröffentlichen. Die Notwendigkeit von Maßnahmen gegen den Missbrauch der Presse und Pressefreiheit findet sich im Übrigen auch in den Verfassungsentwürfen vom 6. April 1814 und vom Juli 1815 sowie im Acte additionnel.[83] Eine völlig »freie« Presse war weder vorgesehen noch vorstellbar.

Die Vielzahl der zwischen 1814 und 1830 verabschiedeten Pressegesetze verbargen auch hinter scheinbaren Lockerungen oft neue Instrumente der Repression. Schon unter der Ersten Restauration wurde die Zensur für Schriften unter 20 Bögen wieder eingeführt (21. Oktober 1814). Diese wurde zwar unter der Zweiten Restauration im Juli 1815 zunächst wieder aufgehoben[84], doch es folgte eine Serie von Ausnahmegesetzen, die oppositionelle Meinungen im Keim ersticken sollten. Im August 1815 wurden alle bis dato erteilten Genehmigungen für Zeitungen widerrufen und mussten erneut beantragt werden. Gleichzeitig wurde die Zensur für periodische Schriften definitiv wieder eingeführt. Bei jeder Zeitung hatte der Chefredakteur die persönliche Verantwortung für den Inhalt zu übernehmen und die Artikel vor der Veröffentlichung der Zensurkommission vorzulegen. Das Gesetz vom 9. November 1815 betraf vor allem »Presseverbrechen und -vergehen«, welche die Person des Königs oder seiner Familie bzw. die Stabilität der Regierung bedrohten. Zwei weitere Ausnahmegesetze (28. Februar und 30. Dezember 1817) verlängerten die Genehmigungspflicht für Zeitungen und periodische Schriften bis zum Ende der Sitzungsperiode 1818. Eine vorübergehende Entspannung brachte die Verabschiedung der Gesetze Serre im Frühjahr 1819. Das erste Gesetz vom 17. Mai schaffte die spezifischen Pressevergehen ab, stellte aber klar, dass die Presse als »Instrument« für Vergehen oder Verbrechen dienen konnte.

---

81 Vgl. CD-ROM-2, Dok.-Nr. 3.4.4 (Gesetz zur Freiheit der Person v. 26.03.1820).
82 Zur Pressegesetzgebung unter Restauration und Julimonarchie vgl. C. Bellanger (Hg.), Histoire générale de la presse française, Paris 1969, Bd. 2: 1815–1871, S. 53-114; Lucien Jaume, Heurs et malheurs de la liberté de presse, in: J.-P. Clément u. a. (Hg.), Liberté, Libéraux et Constitutions, Aix/Marseille 1997, S. 43-59.
83 Am 24. März 1815 wurde die Zensur durch ein kaiserliches Dekret offiziell abgeschafft. Die Angriffe der liberalen Presse auf die Regierung zogen nichtsdestoweniger auch Konfiskationen von Zeitungen nach sich wie im Falle des *Censeur* von Charles Comte. Vgl. hierzu Bellanger (Hg.), Histoire (wie Fn. 82), S. 44-47.
84 Die Buchzensur wurde im Gegensatz zur Zensur der Zeitungen und Zeitschriften nicht wieder eingeführt. Vgl. dazu Isabelle De Conihout, La Restauration: contrôle et liberté, in: H.-J. Martin u.a (Hg.), Histoire de l'édition française, Bd. 2: Le livre triomphant 1660–1839, Paris 1984, S. 536.

Das zweite Gesetz über die strafrechtliche Verfolgung vom 26. Mai[85] präsierte u. a., dass Beleidigungen etwa der Person des Königs nur dann vorlägen, wenn der Souverän selbst dies anzeigte. Das dritte, Zeitungen und periodische Schriften betreffende Gesetz (9. Juni 1819) schaffte einerseits die Vorzensur ab, erhöhte andererseits die Hürden für Zeitungsgründungen durch die Einführung der Kautionspflicht. Die Vorzensur wurde bereits Ende März 1820 als Reaktion auf die Ermordung des Herzogs von Berry wieder eingeführt und auf Zeichnungen ausgedehnt.[86] Die Zensur einzelner Artikel konnte das Verbot ganzer Zeitungen nach sich ziehen. Bis zum Ende der Restaurationsepoche wurde die gesetzliche Repression der Presse stetig vorangetrieben, so etwa durch die Wiedereinführung der »Pressevergehen« im März 1822. Die bereits engmaschige Zensur wurde unter Karl X. ein erstes Mal von Juni bis November 1827 auch offiziell wieder eingeführt, ein weiteres Mal mit der Verordnung vom 25. Juli 1830[87], nachdem das Gesetz Portalis im Jahr 1828 eine vorübergehende Liberalisierung (u. a. durch Aufhebung der Genehmigungspflicht für Zeitungen) gebracht hatte.

Der letzte massive Eingriff in die Pressefreiheit war ein entscheidender Mitauslöser der Julirevolution; die Abschaffung der Zensur war folglich eine vordringliche Forderung an die neue Monarchie. Artikel 7 der Charte von 1830 gab dieser Forderung nach und bekräftigte, dass die Zensur abgeschafft sei und niemals wieder eingeführt werden könne. Die Gesetze vom 8. Oktober und 18. Dezember 1830 setzten dies um und lösten eine Welle von auch oppositionellen Neugründungen publizistischer Organe aus. In dieser Zeit kamen auch erstmals satirische Magazine wie *La Caricature* auf den Markt, die der kritischen Grafik, die bislang als Einblattdruck oder Beilage verbreitet worden war, ein völlig neues Gewicht verliehen. Vor allem das Motiv der Birne, ursprünglich die zeichnerische Verwandlung des Gesichts Louis-Philippes durch Charles Philipon, wurde zur Chiffre für das Regime schlechthin.[88] (☞ Abb. 3.6, S. 322) Dieses versuchte sich zunächst mit Prozessen zu wehren, ehe die sog. Septembergesetze von 1835 die Zensur in besonders scharfer Form wieder einführten.[89] Zeichnungen gleich welcher Art mussten vor der Vervielfältigung genehmigt werden, die Kautionspflicht für Zeitungen konnte bis zu 100.000 Fr betragen. Jedwede Äußerung gegen das Regime konnte nunmehr als Aufruf zum Umsturz aufgefasst und mit Gefängnis und hohen

---

85 Vgl. CD-ROM-2, Dok.-Nr. 3.4.3 (Gesetz über die strafrechtliche Verfolgung der Presse v. 26.05.1819).
86 Vgl. CD-ROM-2, Dok.-Nr. 3.4.5 (Gesetz zur Einführung der Vorzensur für die Presse v. 21.03.1820).
87 Vgl. CD-ROM-2, Dok.-Nr. 3.2.5 (Juli-Ordonnanzen v. 25.07.1830).
88 Vgl. z. B. David S. Kerr, Caricature and French Political Culture, 1830–1848: Charles Philipon and the Illustrated Press, Oxford 2000. Allgemein zur Zensur der Pressekarikatur unter der Julimonarchie vgl. Robert J. Goldstein, Censorship of Political Caricature in Nineteenth-Century France, Kent u. a. 1989, S. 119-168.
89 Vgl. CD-ROM-2, Dok.-Nr. 3.4.7 (Gesetz über Pressedelikte v. 09.09.1835). Bereits am 16. Februar 1834 waren Zeitungsverkäufer per Gesetz zur Einholung einer jederzeit widerrufbaren Genehmigung verpflichtet worden.

Geldstrafen verfolgt werden. Wiederholte Verstöße konnten zur Einstellung einer Zeitung führen. Tatsächlich stellten die Septembergesetze, die der Schriftsteller Lamartine im Parlament als Ausdruck des Despotismus geißelte, einen weitgehenden Sieg über die oppositionelle Öffentlichkeit dar.

Das Strafrecht wurde durch das Gesetz vom 28. April 1832 reformiert. Die Zurschaustellung Verurteilter am Pranger (carcan) wurde abgeschafft.[90] Mehrere Vergehen wie etwa schwerer Diebstahl wurden nicht mehr mit der Todesstrafe geahndet, zudem mussten mildernde Umstände in jeder Strafsache Berücksichtigung finden. Strafen für unter 16-Jährige durften generell nur noch das halbe Strafmaß dessen betragen, was erwachsene Täter für entsprechende Vergehen verbüßen mussten. Das Gesetz sah zudem Geld- und Gefängnisstrafen für die Verletzung der Privatsphäre vor: Garantiert wurden das Briefgeheimnis sowie, erstmals seit der Verfassung von 1792, der Schutz der Wohnung. Auch die Strafen für das unbefugte Eindringen von Staatsbeamten wurden erhöht.

Die Versammlungs- und die Vereinigungsfreiheit wurden in der Charte weder 1814 noch 1830 erwähnt. Während unter der Restauration eine insgesamt liberale Haltung vorherrschte, ging die Julimonarchie gegen unerwünschte Vereinigungen und politische Clubs zunächst gemäß Artikel 291 des Strafgesetzbuches vor, der regelmäßige stattfindende Vereinigungen von mehr als 20 Personen ohne vorherige Genehmigung verbot. Durch das Gesetz vom 10. April 1834 wurde dieses Verbot auch auf Assoziationen mit weniger als 20 Mitgliedern angewendet.[91] Getroffen werden sollte so vor allem die in kleine Sektionen unterteilte »Société des droits de l'homme«, die nach dem gescheiterten Aufstand im Juni 1832 ein republikanisches Sammelbecken bildete.[92] Doch auch zahlreiche unpolitische Assoziationen, wie vor allem Wohlfahrtsvereine wurden so in ihrer Arbeit behindert. Praktisch wurden jedoch nicht alle Möglichkeiten des Gesetzes ausgeschöpft, was letztlich die Bankettkampagne der Opposition ermöglichte, die entscheidend zum Sturz der Julimonarchie beitrug.

5 Verwaltung

Die Geschichte der Verwaltung zwischen 1814 und der Februarrevolution von 1848 zeichnete sich im Unterschied zu der vorherigen Epoche nicht durch grundlegende Reformen aus, vielmehr stellte sich die Frage, wie mit dem revolutionär-napoleoni-

---

90 Loi contenant des modifications au Code pénal et au Code d'instruction criminelle (28.4.1832), in: Bulletin (wie Fn. 76), H. 78, Nr. 178, S. 267-304. Straftäter, die zu Zwangsarbeit oder Zuchthaus verurteilt worden waren, wurden gleichwohl weiterhin für die Dauer einer Stunde auf einem öffentlichen Platz zur Schau gestellt. Für Ersttäter konnte die Jury von dieser Maßnahme absehen (Artikel 20, Abs. 22).
91 Vg. CD-ROM-2, Dok.-Nr. 3.4.6 (Vereinigungsgesetz v. 10.04.1834).
92 Vgl. Antonetti, Monarchie (wie Fn. 5), S. 122 f.; Burdeau, Libertés (wie Fn. 62), S. 189.

schen Erbe umzugehen war. Ähnlich wie bei den konstitutionellen Rahmenbedingungen erschien eine Rückkehr zu den Provinzen des Ancien Régime nach 25-jähriger Verwaltungspraxis auf der Basis von Departements nicht möglich. Insofern bewegte sich die Debatte über eine etwaige Reform immer innerhalb des Rahmens der zuletzt durch Napoleon maßgeblich geprägten Institutionen. Frankreich blieb insoweit dem napoleonischen Modell treu und passte sich nicht einem der anderen vier Varianten des Verwaltungsstaates in Europa an.[93]

Der grundlegende Unterschied zur Epoche von 1789 bis 1814 bestand in der vollständigen Umkehrung des Verhältnisses von Perioden des Krieges und des Friedens, denn abgesehen vom Krimkrieg und dem deutsch-französischen Krieg begann nun eine über die hier betrachtete Epoche hinausgehende, beinahe hundertjährige Friedenszeit, die es ermöglichte, dass die Staatsaktivitäten nicht wie seit der Frühen Neuzeit an die beständige Kriegsführung gebunden waren, sondern sich der Bereich des Militärischen zu einer Staatsfunktion unter mehreren entwickelte (auch wenn der Kolonialkrieg in Algerien erhebliche finanzielle Mittel und Ressourcen band). Die Durchdringung der französischen Gesellschaft mit dauerhaften Verwaltungsstrukturen bis in den lokalen Raum hinein erfolgte nicht sofort mit der um 1800 eingeführten Zentralisierung und Hierarchisierung, sondern zeitversetzt vornehmlich nach 1814, was sich auch an der Zunahme der Bürokratie ablesen lässt, denn bis in die Zeit der Julimonarchie hatte sich z. B. die Zahl der Gendarmen auf 15.000 und die der Steueragenten auf 60.000 erhöht. Der Umfang der Posten der zentralen Verwaltung dagegen pendelte sich auf ca. 2.500 Personen ein. Die Aufblähung des Verwaltungsapparates war auch Folge des politischen Systems der beiden Regime, welche maßgeblich auf klientelistischer Stellenvergabe beruhten, um der Wahlmache für beide Seiten Attraktivität zu verleihen. Bis 1845 war die Zahl der Verwaltungsangestellten auf ca. 250.000 angestiegen, was in etwa auch der Anzahl der Wahlberechtigen entsprach, worauf die Kritiker der mangelnden Wahlrechtserweiterung gerne verwiesen, auch wenn es keine Entsprechung zwischen den beiden Ziffern gab.[94]

---

93 Neben dem napoleonischen Modell unterscheidet Lutz Raphael noch dasjenige des deutsch-österreichischen Beamtenstaates, den britischen Sonderweg und den zaristischen Verwaltungsstaat. Ergänzend führen van den Berg, van den Meer und Raadschelders noch das nordeuropäische gemischte Konsensmodell an. Vgl. Lutz Raphael, Recht und Ordnung. Herrschaft durch Verwaltung im 19. Jahrhundert, Frankfurt a. M. 2000, S. 41 ff.; Caspar F. van den Berg/Frits M. van den Meer/Jos C. N. Raadschelders, Representative Government and Top Administrative Officers. A Comparative Historical Approach to Political-adminstrative Relations, in: Manca/Rugge (Hg.), Governo (wie Fn. 58), S. 207-236, hier S. 209 ff.

94 Pierre Rosanvallon, Der Staat in Frankreich von 1789 bis zur Gegenwart, Münster 2000, S. 20, 40 ff. Die Geschichte der Bürokratie und damit die Geschichte der Verwaltung in ihrer historischen Wirklichkeit ist nach wie vor ein vernachlässigtes Feld der Forschung; vgl. Francois Monnier/Guy Thuillier, Histoire de la Bureaucratie. Vérités et Fictions, Paris 2010, S. 31 ff., 37 ff. In jüngster Zeit sind aber sowohl regional bezogene Studien wie auch Untersuchungen zu den bislang vernachlässigten mittleren und unteren Ebenen der Verwaltung erschienen: Jean Le Bihan,

Trotz verschiedener Bemühungen, in Form von Gesetzesentwürfen dezentrale Elemente in das Verwaltungssystem einzuführen, kam es in der Restaurationszeit weder auf departementaler noch auf kommunaler Ebene zu einer Stärkung der beratenden Organe. Vielmehr setzten sich innerhalb der Royalisten diejenigen durch, die das napoleonische Erbe gerne dazu nutzten, den königlichen Machtanspruch bis auf die unterste Ebene durchzusetzen. Ablesbar war dies einerseits an der Rücknahme der von Napoleon Bonaparte während der Herrschaft der Hundert Tage wieder eingeführten Wahl der Bürgermeister, womit er den an 1789 anknüpfenden liberalen Geist seines erneuerten Regimes unter Beweis stellen wollte. Andererseits zeigte sich der Machtwille der Zentrale auch an den umfassenden Säuberungen, die nicht nur die Präfekten und das Militär betrafen, sondern es ergingen Direktiven, dass auch auf der Gemeindeebene die Bürgermeister und die Beigeordneten ausgetauscht werden sollten. Auf der kommunalen Ebene stieß dieses Ansinnen aber an seine Grenzen, denn angesichts der bereits von Napoleon angeordneten Säuberung von 1815 stellte sich ganz konkret die Frage, woher gerade in Dörfern und kleineren Städten genügend qualifizierte Personen für derartige Ämter kommen sollten. Trotz dieser Schwierigkeiten zog der Innenminister die reguläre Neubesetzung aller Bürgermeister und deren Beigeordneten sowie der Mitglieder der Munizipalräte mithilfe einer königlichen Ordonnanz jeweils um zwei Jahre vor, um sich auf diese Weise den politischen Einfluss auf die Stellenbesetzungen möglichst rasch zu sichern. Auch der »Conseil d'État« blieb – trotz seiner zentralen Stellung im bonapartistischen System – auch nach 1814 erhalten. Angesichts dieses Machtstrebens der zurückgekehrten Bourbonen verwundert es kaum, dass ein Zeitgenosse wie Alexis de Tocqueville (1805–1859) im Rückblick auf die Revolution von 1789 besonders stark die verwaltungsmäßigen Kontinuitäten vom französischen Absolutismus zu Napoleon betonte.[95]

Die revidierte Charte von 1830 hatte in ihrem Artikel 69 ein Programm entworfen, welche Gesetzesvorhaben im liberalen Sinne in kürzest möglicher Frist auf den Weg zu bringen seien – dazu gehörte unter der Ziffer 7 auch eine Reform der Institutionen

---

Au service de l'État. Les fonctionnaires intermédiaires au XIXe siècle, Rennes 2008, S. 11-17, 329-338 (zur Forschungslage); Marie-Cécile Thoral, L'émergence du pouvoir local. Le département de l'Isère face à la centralisation (1800–1837), Rennes 2010; Arnaud-Dominique Houte, Le métier de gendarme au XIXe siècle, Rennes 2010. Einen Überblick aus der Perspektive der Institutionengeschichte bieten: Gérard Sautel, Histoire des institutions publiques depuis la Révolution française, Paris 8. Aufl. 1990, S. 391 ff., 410 ff., 435 ff., 473 ff., 490-525; Ponteil, Institutions (wie Fn. 62), S. 30 ff., 156 ff.

95 Rudolf von Thadden, Restauration und napoleonisches Erbe. Der Verwaltungszentralismus als politisches Problem in Frankreich (1814–1830), Wiesbaden 1972, S. 95 ff.; Rosanvallon, Staat (wie Fn. 94), S. 53 ff. Das Gesetz v. 30.04.1815 zur Wahl der Bürgermeister bzw. das Gesetz v. 13.01.1816 zur vorzeitigen Erneuerung der Bürgermeisterstellen in: CD-ROM-2, Dok.-Nr. 3.5.1 bzw. 3.5.2. Zum Conseil d'État: Sautel, Histoire (wie Fn. 94), S. 436 ff. Zur weiteren Entwicklung nach 1830: Marc Bouvet, Le Conseil d'État sous la Monarchie de Juillet, Paris 2001.

der Departements und Gemeinden mit einem entsprechenden Wahlrecht.[96] Als Erstes wurde das Gesetz über die »Organisation municipale« bereits im März 1831 verabschiedet, das von der bisherigen strikten Ernennungspraxis des Bürgermeisters und seiner Beigeordneten durch den Präfekten bzw. König nur insofern leicht abrückte, als dass der potenzielle Kandidat nicht mehr frei bestimmt, sondern aus dem Kreis der Mitglieder des »Conseil municipal« auszuwählen war. Über diese Frage hatte es intensive parlamentarische Debatten gegeben, denn es stand auch die Möglichkeit einer Wahl des Bürgermeisters durch die Mitglieder des Gemeinderates zur Disposition. Wichtig war zudem insbesondere die Verringerung der Zensusbestimmungen für die Wahl zum Gemeinderat, da nicht mehr ein strikter Steuerbetrag, sondern nur noch das relative Maß der reichsten Steuerbürger (in den kleinsten Kommunen die reichsten zehn Prozent der Steuerzahlenden, in Gemeinden mit mehr als 15.000 Einwohnern nur drei Prozent) zugrunde gelegt wurde. Daneben konnten zusätzlich auch diejenigen wählen, die aufgrund ihres Bildungs- oder Berufsweges für fähig befunden wurden, eine derartige Funktion auszuüben – damit ergab sich (ähnlich wie bei der Ernennung der Pairs) ein soziopolitisches Spiegelbild, wer zu den lokalen Notabeln gehören sollte: Von Richtern über die Mitglieder der Handels- und Gewerbekammern, der Verwaltungsgremien der Einrichtungen der öffentlichen Wohlfahrt und der »sociétés savantes«, die an einer Universität Promovierten, Universitätsdozenten, Rechtsanwälte und Notare, Absolventen der »École polytechnique«, Offiziere der Nationalgarde bis hin zu den ehemaligen Offizieren, Beamten und Angestellten der Verwaltung (bei einer entsprechenden Höhe ihrer Ruhestandsbezüge) zeigte sich hier ein weites Spektrum des Bürgertums, wobei ein deutlicher Schwerpunkt auf Staatsbediensteten lag. Die Öffnung des Kreises der Wahlberechtigten hatte zur Folge, dass im Vergleich zwischen den Stichjahren 1824, 1832 und 1841 die Bürgermeister in kleineren Gemeinden zunehmend aus dem Bereich des Handwerks und der Unternehmerschaft stammten.[97] Die Regelung der Kompetenzen der Gemeinderäte erfolgte erst mit dem Gesetz vom 18. Juli 1837, womit ein dreistufiges System der Mitbestimmung geschaffen wurde. Ein tatsächliches Mitentscheidungsrecht wurde nur bei Fragen der Gemeindegüter eingeräumt, während für die wichtigen Bereiche wie das Budget der Gemeinde nur ein Beratungsrecht vorgesehen war, das erst mit Zustimmung des Präfekten oder Ministers wirksam wurde. Schließlich gab es noch die Materien, bei denen der Gemeinderat nur seine Meinung äußerte. Immerhin war die Gemeinde aufgrund der beiden Gesetz eine Rechtsperson geworden, die in einem

---

96 Vgl. CD-ROM-2, Dok.-Nr. 3.2.6 (frz.)/3.2.7 (dt.) (Charte constitutionnelle v. 14.08.1830).
97 Der Text des Gesetzes über die städtische Gemeindeverwaltung v. 21.03.1831 in: CD-ROM-2, Dok.-Nr. 3.5.3. Zur parlamentarischen Debatte: Guillaume Bacot, Sur les conceptions respectives des municipalités et des départements dans les débats parlementaires de la Monarchie de Juillet, in: G. Bigot (Hg.), Études à la mémoire du professeur François Burdeau, Paris 2008, S. 21-44; zum sozialen Profil der Bürgermeister: M[aurice] Agulhon u. a., Les maires en France du Consulat à nos jours, Paris 1986, S. 65 f.

engen Teilbereich selbstständig handeln konnte – wie Sautel von einer »décentralisation modérée« zu sprechen, scheint angesichts der in anderen europäischen Staaten in derselben Zeit praktizierten staatenbündischen bis föderalen Lösungen nur bedingt verständlich und erklärt sich nur aus der französischen Perspektive auf die strikte Hierarchisierung der napoleonischen Zeit.[98]

Bei den Reformen auf der Departementsebene war der französische Gesetzgeber noch zurückhaltender – zwar erging auch hier im Juni 1833 ein Gesetz zur Organisation der Departements, das eine Wahl der Mitglieder des Generalrates (Conseil général) ermöglichte, doch verblieb das Wahlrecht auf demselben hohen zensitären Niveau wie bei den Wahlen zur nationalen Deputiertenkammer. In Sorge vor etwaigen föderalen Zusammenschlüssen war zudem der Kontakt zwischen den Generalräten unterschiedlicher Departements strikt untersagt. Das die Kompetenzen regelnde Gesetz vom Mai 1838 änderte nichts am Status und an der Bestellung des Präfekten und sah eine ähnliche Dreiteilung bei der Machtbeteiligung des gewählten Rates vor wie auf der kommunalen Ebene. Tatsächliche Mitbestimmung besaß der Generalrat nur bei der Verteilung der Steuerlast auf die unterschiedlichen Arrondissements. Bei den eigentlichen Fragen des Departements stand ihm nur ein Beratungsrecht zu.[99]

Mit der Eroberung Algiers und der weiteren Ausdehnung der französischen Herrschaft in Algerien stellte sich die Frage, wie die neuen Gebiete verwaltet werden sollten. Die zwischen 1830 und 1847/48 erst allmählich erfolgende militärische Eroberung der algerischen Gebiete und die innerhalb des französischen Militärs umstrittene Vorstellung über die Intensität der Besetzung (beschränkt oder vollständig) hatten für die Verwaltung zwei maßgebliche Folgen: 1) Im Unterschied zu allen anderen Kolonien unterstand Algerien nicht dem Kolonial-, sondern dem Kriegsministerium; 2) der unterschiedliche Zeitpunkt der Eroberung der einzelnen Gebiete führte zur Einführung von sehr unterschiedlichen Formen der Herrschaft durch Verwaltung.[100] Die Ordonnanz zur Annexion Algeriens von 1834 führte damit bis 1845 ein – wie Collot es nennt – »régime purement militaire« ein, denn der vom Kriegsminister eingesetzte Generalgouverneur, dem sowohl die Funktion des Generalkommandanten der dortigen Armee als auch diejenige des obersten Leiters der Verwaltung übertragen wurde (Art. 1), bestimmte die Politik vor Ort. Ihm wurden ein »officier général« für

---

98 Sautel, Histoire (wie Fn. 94), S. 522 ff.; Reinhard Sparwasser, Zentralismus, Dezentralisation und Föderalismus in Frankreich. Eine institutionen-, theorien- und ideengeschichtliche Darstellung, Berlin 1986, S. 68 (sehr summarische Darstellung, der Schwerpunkt für die Zeit von 1814–1848 liegt bei der Wiedergabe der Ideen Tocquevilles und Proudhons).
99 Sautel, Histoire (wie Fn. 94), S. 524 f. Der Text des Gesetzes über die Partizipation in den Departements und Arrondissements v. 22.06.1833 in: CD-ROM-2, Dok.-Nr. 3.5.4.
100 Zu den ereignisgeschichtlichen Einzelheiten siehe Kapitel 1, Frankreich 1815–1847; zu den hinsichtlich der Intensität der Herrschaft gespaltenen Militärs: Benjamin Stora, Histoire de l'Algérie coloniale (1830–1954), Paris 1991, S. 18 f.; zur Debatte darüber innerhalb der französischen Politik in den 1840er-Jahren: Singer/Langdon, Cultured Force (wie Fn. 17), S. 74 ff.

5 Verwaltung

die Landstreitkräfte und ein weiterer für die Marine, ein Zivilintendant, ein Generalstaatsanwalt, ein Militärintendant und ein Finanzdirektor an die Seite gestellt, die der Generalgouverneur je nach zu behandelnder Sachfrage in einem Rat zusammenrief, wobei sie nur ein Beratungsrecht hatten. Der Generalgouverneur bereitete im Zusammenspiel mit dem Rat die königlichen Ordonnanzen vor, die dem Kriegsminister vorzulegen waren – in außergewöhnlichen und eiligen Fällen konnte er dieselben jedoch vorläufig in der Form eines »arrêté« auch sofort erlassen (Art. 2-5).[101]

Da die neuen französischen Machthaber weder mit den Sitten noch den Traditionen und Sprachen des algerischen Raumes vertraut waren, griffen sie bei der Verwaltung der Territorien auf die bisherige Verwaltungspraxis der Türken zurück, in den ab 1840 eroberten Gebieten machten sie sich aber auch die zuvor von ihrem algerischen Gegner Abd el-Kader gemachten Reformen zunutze. Da aber auch die osmanische Herrschaft nicht einheitlich war, übernahmen die Franzosen auch diese Unterschiede, denn die Regionen in Küstennähe unterstanden einem Militärtributsystem, das für bestimmte Personengruppen Steuerprivilegien vorsah. In den anderen Landesteilen überwog eine feudale Organisation, da bestimmte Großfamilien mithilfe eines Treueeids und Tributzahlungen an die neuen Machthaber gebunden wurden, sie aber im Gegenzug die Steuern einzogen und die lokale und regionale Ordnung aufrechterhielten. Die Vereinheitlichung der verschiedenen türkischen Traditionen, die Abd el-Kader in seinem Herrschaftsgebiet (zwei Drittel des späteren algerischen Territoriums) nach dem mit den Franzosen abgeschlossenen Vertrag von Tafna (1837) einführte, behielt der Generalgouverneur Bugeaud bei, denn auf den vier verschiedenen Stufen der Verwaltung (Khalifa, Bachaga, Agha und auf der untersten Ebene die Scheichs) wurden die Chefs nunmehr von den Franzosen ernannt, erhielten sie das Kommando über die militärischen Hilfstruppen und zogen sie die Steuern ein, von denen ihnen ein Zehntel zustand. Schließlich kam es ab 1845 zu einer Vereinheitlichung des Gebietes, in dem drei Provinzen eingerichtet wurden, aus denen ab 1848 die drei Departements hervorgehen sollten – auch hier orientierte man sich an den ursprünglichen territorialen Einteilungen der osmanischen Herrschaft. Anfangs nur in Algier, später auch in anderen Städten, kam es ab 1834 zu einer zivilen Verwaltung, an deren Spitze der Zivilintendant mit umfassenden Befugnissen stand, die denjenigen des Präfekten in Frankreich glichen, ohne dass er jedoch über dessen Kompetenzen in Fragen der Polizei, der Presse und des Kultus verfügte. Für Probleme, die aus der Rechtskonkurrenz im Bereich des Zivil- und Strafrechts mit dem islamischen Recht erwuchsen, aber auch für Steuerangelegenheiten, wurden seit 1844 unter dem Generalgouverneur Bugeaud »bureaux arabes« eingerichtet, die auch Elemente der lokalen Selbstverwaltung

---

101 Der Text der Ordonnanz zur Inbesitznahme Algeriens v. 22.07.1834 in: CD-ROM-2, Dok.-Nr. 3.1.1.

enthielten, gleichzeitig aber der Informationsbeschaffung für das Militär dienten.[102] Das Verwaltungssystem in Algerien war damit bis 1848 durch seine hybride Struktur gekennzeichnet, die versuchte die einheimischen Herrschaftstraditionen für die französische Machtausübung nutzbar zu machen – es handelte sich damit um einen wechselseitigen Transfer von Rechtsformen und Herrschaftspraktiken zwischen Frankreich und dem moslemisch, arabisch-türkisch geprägten Raum Algeriens.

6 Justiz

Ähnlich wie im Bereich der Verwaltung kehrten die Bourbonenkönige nach 1814 nicht zum Gerichtssystem des Ancien Régime zurück (was sie angesichts ihrer Erfahrungen mit den königsfeindlichen »parlements« vor 1789 sicherlich auch nicht anstrebten), sondern übernahmen den in der Revolutionszeit entstandenen und durch Napoleon fest etablierten Aufbau der Justiz. In einem der in jüngerer Zeit erschienenen Überblickswerke zur Geschichte des Gerichtswesens wird deshalb die Epochenzäsur auch nicht 1814 mit dem politischen Regimewechsel, sondern auf das Jahr 1810 gelegt, da mit dem Erlass des Strafgesetzbuches im Jahre 1810 und der Strafprozessordnung ein Jahr später die Phase der wichtigen grundlegenden Kodifikationen abgeschlossen war und nachfolgend keine bedeutenden organisationsrechtlichen Veränderungen mehr erfolgten. Insgesamt zeichnet sich die Justizgeschichte des 19. Jahrhunderts dadurch aus, dass die Forschungen zur Strafjustiz die stärksten und auch diejenigen zur Zivilgerichtsbarkeit zumindest deutliche Fortschritte gemacht haben, während die Fragen der Verwaltungsgerichtsbarkeit nicht im Mittelpunkt stehen. Ablesbar ist diese Tendenz auch an den jüngsten Überblickswerken zur Justizgeschichte selbst, die den Bereich der Verwaltungsgerichtsbarkeit gar nicht behandeln, was sicherlich auch damit im Zusammenhang steht, dass dieser Zweig der Dritten Gewalt sich erst im 19. Jahrhundert als eigenständiger Bereich herauszubilden begann und organisatorisch in dieser Epoche eng mit der Verwaltung verbunden blieb.[103]

---

102 Collot, Institutions (wie Fn. 21), S. 25 f., 31-36; zu den »bureaux arabes«: Reinhard, Geschichte (wie Fn. 19), Bd. 4, S. 22 f.; Singer/Langdom, Cultured Force (wie Fn. 17), S. 70 ff., die darauf verweisen, dass diese bereits 1833 erstmals eingeführt, zwischenzeitlich aber wieder abgeschafft wurden (S. 72 mit Anm. 51).

103 Frédéric Chauvaud/Jacques-Guy Petit/Jean-Jacques Yvorel, Histoire de la Justice de la Révolution à nos jours, Rennes 2007 (das Kapitel 2 trägt den Titel: »Le système des tribunaux de 1810 à nos jours«, S. 71 ff.; zum aktuellen Forschungsstand, S. 7-18, mit weiteren Literaturhinweisen); Benoît Garnot, Histoire de la justice. France, XVIe–XXIe siècle, Paris 2009 (betont stark die Kontinuitäten aus der Frühen Neuzeit bis ins 19. Jahrhundert) – beide zuvor genannten Werke ohne Verwaltungsgerichtsbarkeit; zu dieser Problematik: G. Bigot/M. Bouvet (Hg.), Regards sur l'histoire de la justice administrative, Paris 2006; alle Zweige der Justiz, teils im Bereich der Gerichtsbarkeit, teils im Bereich der Verwaltung behandelt: Sautel, Histoire (wie Fn. 94), S. 444 ff., 557 ff.

Im Artikel 63 der Charte von 1814 war ausdrücklich die Einrichtung von Sondergerichten und Sonderkommissionen verboten worden, jedoch mit der folgenschweren Ausnahme, dass die »Cours prévôtales« davon ausgenommen seien. Nach der Zweiten Restauration wurde im Dezember 1815 das Gesetz für die Etablierung dieser außerordentlichen Strafgerichtsbarkeit geschaffen, die den Zweck haben sollte, zur Aufrechterhaltung der öffentlichen Sicherheit und Ordnung sehr rasch zu Aburteilungen ohne die Möglichkeit einer Überprüfung des Urteils durch eine weitere Instanz zu kommen. In jedem Departement wurde ein derartiger Sondergerichtshof etabliert, der sich einerseits aus Berufsrichtern zusammensetze, andererseits um einen »prévôt« ergänzt wurde, der aus den Reihen der Offiziere der Armee vom König ernannt wurde (Art. 4 und 5). In die Zuständigkeit dieser Gerichte fielen einerseits Delikte, die auch im bisherigen Strafrecht vorgesehen waren, wie wiederholte Landstreicherei, bewaffneter Schmuggel oder Überfall auf den großen Handelswegen, andererseits wurden auch dezidiert Delikte mit politischem Hintergrund etabliert, um die politischen Gegner der Bourbonen besser verfolgen zu können, sodass kritische Veröffentlichungen in der Presse und selbst das Hissen der Trikolore anstelle des Lilienbanners strafrechtlich sanktioniert werden konnten (Art. 10, 11). In Anwendung des Gesetzes verhandelten die Gerichtshöfe 2.280 Fälle, von denen ca. zehn Prozent politische Delikte betrafen. Die größte Deliktsgruppe nahm die Landstreicherei mit 457 Fällen ein, die aber auch in der allgemeinen Strafgerichtsbarkeit nach dem Diebstahl ohnehin die größten Fallzahlen aufwies (für die Zeit ab 1830 nennt Garnot die Ziffer von 20.000 Personen, die jährlich wegen Landstreicherei bzw. Bettelei verurteilt wurden). In Artikel 55 des Gesetzes war eine vorläufige Dauer der Institution vorgesehen – da die gemäßigte Regierung 1817 nicht Gebrauch von der Verlängerungsoption machte, verschwand diese außerordentliche Strafgerichtsbarkeit mit dem Jahre 1818 wieder.[104]

In der Erklärung von Saint-Ouen vom 2. Mai 1814 hatte Ludwig XVIII. noch allgemein angekündigt, dass die Richter unabsetzbar seien, während die ein Monat später erlassene Charte in ihrem Artikel 58 juristisch bedeutungsvoller formulierte: »Die vom König ernannten Richter sind unabsetzbar.« Alle bisherigen Richter waren entweder bereits zur Zeit der Republik und insbesondere dann vom Ersten Konsul bzw. Kaiser ernannt worden und nicht vom König. Dementsprechend kam es zu Absetzungen von Richtern, die kurzfristig von Napoleon zwar wiederum rückgängig gemacht wurden, was die Bourbonen in der Zweiten Restauration nicht daran hinderte, die Gerichte mit Männern ihres Vertrauens zu besetzen – allein im Bereich der Appellationsgerichtshöfe kam es 1815/16 zur Absetzung von 294 Richtern, wobei der Anteil in Paris, Lyon und Rouen am höchsten war. Auch außerhalb der politischen Umbruchzeiten war die Rekrutierungspraxis der Richter nur bedingt dem Leistungs-

---

104 Sautel, Histoire (wie Fn. 94), S. 570 f.; Ponteil, Institutions (wie Fn. 62), S. 38 ff.; Garnot, Histoire (wie Fn. 103), S. 118 f. Der Text des Gesetzes über die außerordentliche Strafgerichtsbarkeit v 20.12.1815 in: CD-ROM-2, Dok.-Nr. 3.6.1.

prinzip und der Professionalisierung unterworfen: Zwar musste jeder Richter über ein juristisches Examen verfügen, aber in der Zeit zwischen 1815 und 1848 erlaubte die Kanzlei des Justizministeriums, dass der Richter nicht nur seinen Nachfolger vorschlug, sondern dass es sich hierbei auch durchaus um einen Verwandten wie den eigenen Sohn handeln konnte, zu dessen Gunsten er dann zurücktrat. Die Selbstrekrutierungsrate der Richterschaft und damit die Entstehung von einflussreichen Richterfamilien über mehrere Generationen hinweg war in dieser Zeit noch hoch – eine allgemeine Zusatzprüfung nach Leistungskriterien sollte erst 1876 erstmals eingeführt werden.[105]

Innerhalb der Entwicklung der Verwaltungsgerichtsbarkeit kam es insbesondere ab 1830 mit der Ordonnanz vom März 1831 zu einer Verstärkung der richterlichen Funktion innerhalb des Staatsrates. Zwar hatte der Staatsrat auch in der Restaurationszeit Urteile etwa zu Fragen der Entschädigung von enteigneten Gütern gefällt und war damit mit explizit hochpolitischen Problemen konfrontiert worden, aber mit dem Julikönigtum wurde diese Funktion auch prozessrechtlich gestärkt, indem nun für die Verfahren vor dem Conseil d'État der Posten eines »commissaire du gouvernement« eingeführt wurde, damit dieser die Interessen des Staates vor der Kammer nach Lage des Gesetzes besser vertreten konnte – dass der Staat also genötigt war, eine besondere Funktionsstelle einzurichten, zeugte von der gewachsenen Bedeutung und Unabhängigkeit der Verwaltungsgerichtsbarkeit.[106]

Die Einführung der Gerichtsbarkeit im neu besetzten Algerien erfolgte ähnlich wie im Bereich der Verwaltung in allmählichen Schritten; dabei wurde versucht, die gewachsenen Strukturen in den rechtlichen Rahmen der französischen Herrschaft einzupassen. Ähnlich wie im Osmanischen Reich wurde das Recht personal mit dem Religionsstatus des Einzelnen verbunden, sodass das islamische Recht für die Moslems genauso wie das jüdische Recht für die Juden weiterhin galt. Nur für die Franzosen und andere christliche Europäer wurde der organisatorische Aufbau in den Bereichen des Zivil-, Straf- und Handelsrechts eingeführt. Allein im Bereich der Appellation gegen ein vorheriges Urteil kam es durch die Etablierung eines einheitlichen Gerichtshofs zu einer Vereinheitlichung, wobei von dieser Möglichkeit selten Gebrauch gemacht wurde. Einen gewissen Einfluss auf die relativ autonome moslemische Gerichtsbarkeit sicherte sich das französische Militär, indem die moslemischen Kadis vom Generalgouverneur ernannt wurden. Im Rahmen der Kolonialpolitik verfolgten die Franzosen zumindest in der Zeit ab 1830 in Algerien das Konzept der Assoziation und nicht dasjenige der Assimilation.[107]

---

105 Ponteil, Institutions (wie Fn. 62), S. 41 ff.; Garnot, Histoire (wie Fn. 103), S. 262 f., 265 f.
106 Sautel, Histoire (wie Fn. 94), S. 448 ff.; Marc Bouvet, Les commissaires du gouvernement du Conseil d'État statuant au contentieux (1831–1872), in: ders./G. Bigot (Hg.), Regards sur l'histoire de la justice administrative, Paris 2006, S. 129-181.
107 Collot, Institutions (wie Fn. 21), S. 165 ff., 170 ff.; Jacques Frémeaux, Justice civile, justice pénale et pouvoirs répressifs en territoire militaire (1830–1870), in: Association française pour l'histoire

7 Militär

Mit dem Untergang des Kaiserreichs erlosch auch die dominierende Stellung des Militärs in der französischen Gesellschaft: Militärdiktatur und bonapartistischer Despotismus waren für Liberale und Royalisten gleichermaßen identisch. Mehr und mehr verlor das Militär auch seine Bedeutung für den sozialen Aufstieg: Bescheidene Verdienstmöglichkeiten und sinkendes gesellschaftliches Ansehen der Offiziere prägten Restauration und Julimonarchie. Wie für Julien Sorel in Stendhals epochalem Roman »Rot und Schwarz« war eine Karriere durch militärischen Ruhm nur noch ein ferner Mythos, aber kaum mehr eine realistische Perspektive.

Zu Beginn der Restauration war das Verhältnis zwischen Souverän und Soldaten stark getrübt: Die restaurierte Monarchie war von tiefem Misstrauen gegenüber einer Armee erfüllt, die aus »Jakobinern in Stiefeln« zu bestehen schien.[108] Bei der Auflösung der großen Armee war die Royalisierung daher das vordringliche Anliegen.[109] Im Rahmen der Neuorganisierung büßte die Armee etwa ein Drittel ihrer Einheiten und die Hälfte ihres Personals ein und schrumpfte auf ca. 225.000 Mann. 20.000 Offiziere wurden infolgedessen entlassen oder pensioniert, wovon die meisten, nämlich zwischen 12.000 und 14.000 Offiziere, bei halbem Sold zur Disposition gestellt wurden. Zumindest einige hundert unliebsame Getreue Napoleons wurden auf diese Weise gleichsam entsorgt. Zwar garantierte Artikel 69 der Charte die Dienstgrade, Auszeichnungen und Pensionen von aktiven und pensionierten Soldaten und Offizieren bzw. deren Witwen. Nichtsdestoweniger wurden die Budgets der Ehrenlegion und der Versorgung von Kriegsinvaliden erheblich gekürzt. Gleichzeitig galt es, die Getreuen des Ancien Régime standesgemäß zu versorgen, wobei die oft völlig fehlende militärische Erfahrung kein Hindernis darstellte. Hierzu wurden 280 Posten für Divisionsgeneräle und Feldmarschälle geschaffen und dazu über 2.000 weitere Offiziersstellen. Auch bei der Rekrutierung für die königliche Garde zählte die Herkunft. Nahezu alle der zunächst geplanten 5.000 Gardisten[110] sollten sofort den Offiziersrang erhalten und hatten nicht nur Anspruch auf erhebliche Zuschläge zum Sold, sondern auch auf automatische Beförderung. Verdienst und Dienstalter als Garanten des Aufstiegs innerhalb der militärischen Hierarchie schienen somit außer Kraft ge-

---

de la justice (Hg.), La justice en Algérie 1830–1962, Paris 2005, S. 31-44 (vgl. auch die anderen Beiträge von Farid Lekéal und Bernard Durand in diesem Band); zu den Problemen der konkurrierenden Rechtskreise in den französischen Kolonien: B. Durand (Hg.), Le juge et l'Outre-Mer, Bd. 3: Médée ou les impératifs du choix, Lille 2007.
108 Raoul Girardet, La société militaire de 1815 à nos jours, Paris 1998 (Erstaufl. 1953), S. 16 f.
109 Zur Militärpolitik der Restauration vgl. die Überblicke bei William Serman/Jean-Paul Bertaud, Nouvelle histoire militaire de la France, Bd. 1: 1789–1919, Paris 1998, S. 199-226; Jean Delmas/Philippe Masson, La remise en ordre du royaume et le redressement maritime, in: J. Delmas (Hg.), Histoire militaire de la France, Bd. 2: De 1715 à 1871, Paris 1992, S. 391-407.
110 Unter der Zweiten Restauration wurde ihre Zahl auf 2.000 gesenkt.

setzt zu sein. Ein eindeutiges Signal war zudem, dass der König und Oberbefehlshaber den Schutz seiner Person den Nachkommen des alten Adels anvertraute. Mit der Gründung der Militärseelsorge (Grande Aumônerie des Armées) erhielt zudem der Klerus großen Einfluss.

Die Hundert Tage zeigten, dass die Royalisierung der ehemals kaiserlichen – und in großen Teilen kaisertreuen – Armee fehlgeschlagen war. Als das bonapartistische Intermezzo bei Waterloo sein Ende gefunden hatte, konnten die Offiziere und Soldaten, die es ermöglicht hatten, endgültig nicht mehr auf Schonung hoffen. Am 16. Juli 1815 verfügte Ludwig XVIII. die Auflösung der Armee und die umfassende militärische Neuorganisierung des Landes. Alle Angehörigen der Streitkräfte wurden in ihren Heimatdepartements einer Prüfung unterzogen. Soldaten, die mindestens acht Jahre gedient hatten, wurden entlassen, alle anderen zu Reservisten erklärt. Bei den Offizieren war die Zweite Restauration von erheblichen Säuberungsmaßnahmen geprägt. 57 hohe Offiziere wurden wegen Verrats angeklagt. Hinrichtungen wie die des Generals Ney am 7. Dezember 1815 blieben gleichwohl die Ausnahme, doch Verbannungen und Deportationen beendeten zunächst die Karrieren der wichtigsten Würdenträger des kaiserlichen Heers, darunter die Marschälle Soult und Grouchy. Auch Generäle wie Gérard, der sich bereits am 13. Juli dem König ergeben hatte, blieben nicht verschont.[111] Hunderte Offiziere niederer Ränge mussten Gefängnisstrafen verbüßen. Am 12. Oktober 1815 wurde darüber hinaus eine Überprüfungskommission gegründet, die über das Verhalten der Offiziere während der Hundert Tage zu befinden hatte. Weitere 20.000 Offiziere wurden so bei halbem Sold in den Ruhestand versetzt, darunter 313 Generäle. Diese Offiziere bildeten ein nicht zu unterschätzendes Gefahrenpotenzial, dem die Regierung durch die Zuweisung von aufrührerischen Akten auch inaktiver Militärangehöriger an die Sondergerichte zu begegnen versuchte.[112]

Bei der Neuorganisation der Marine wurde unter dem Ministerium Du Bouchage in ähnlich rigoroser Weise verfahren wie in der Armee, doch schon unter seinem Nachfolger Molé gewann ab 1817 die Einsicht Oberhand, dass Eignung und Erfahrung über Herkunft und Vergangenheit zu stellen seien – dies nicht zuletzt unter dem verheerenden Eindruck des Untergangs der »Medusa« im Jahr 1816, deren aus der Emigration zurückgekehrter Kapitän Duray de Chaumarais seit 25 Jahren kein Schiffskommando mehr ausgeübt hatte.

Auch bei der Armee siegte bald das Effizienzdenken: Schon 1820 wurden unter dem zweiten Ministerium Gouvion-Saint-Cyr die erst 1815 geschaffenen Departementslegionen, deren Zusammensetzung aufgrund des freiwilligen Engagements sehr verschieden sein konnte, wieder durch gleich starke Regimenter ersetzt. Ab

---

111 Waresquiel/Yvert, Histoire (wie Fn. 54), S. 149.
112 Vgl. CD-ROM-2, Dok.-Nr. 3.6.1 (Gesetz über die außerordentliche Strafgerichtsbarkeit v. 20.12.1815).

1820 wuchs auch das Budget des Kriegsministeriums kontinuierlich und stabilisierte sich bei 30 Prozent des Staatshaushaltes.[113] Das Rekrutierungsgesetz von 1818[114] vermied das Reizwort Wehrpflicht (conscription)[115], stellte diese aber faktisch wieder her, um dem eklatanten Mangel an Freiwilligen abzuhelfen: Statt der anvisierten 240.000 Soldaten im Friedenszustand standen 1817 nur 117.000 Mann zur Verfügung. Der Militärdienst wurde für 40.000 Vertreter eines Jahrgangs auf sechs Jahre festgelegt, mit dem Gesetz vom 8. Juni 1824 wurde die Zahl der Rekruten pro Jahrgang auf 60.000 erhöht. Dieses System blieb auch unter der Julimonarchie erhalten. Lediglich die Zahl der Rekruten wurde seit dem Gesetz Soult vom 14. April 1832 jährlich von den Kammern neu festgelegt. Für die per Losverfahren ausgewählten Anwärter bestand die Möglichkeit, sich ersetzen zu lassen bzw. einen Ersatzmann zu bezahlen. Diese von Anfang an als Menschenhandel gegeißelte Praxis[116] blieb auch unter der Julimonarchie bestehen. Eine 1837 entstandene Karikatur von Honoré Daumier zeigt einen entsprechenden »Kauf«, vermittelt durch Robert Macaire, den Prototyp eines Kapitalisten der Julimonarchie. Infrage gestellt wird dabei nicht zuletzt die Effizienz einer Armee, in der verbrauchte Männer der Unterschicht als preisgünstige Ware die wohlhabenden Abkömmlinge der besseren Kreise ersetzten.[117]

Der lange Militärdienst leistete der Entstehung einer Berufsarmee Vorschub, da nicht wenige Soldaten sich nach Ablauf ihrer sechs Jahre freiwillig neu verpflichteten. Das Gesetz von 1818 schrieb auch fest, dass sich der Eintritt in den Offiziersstand nach Dienstjahren und Verdiensten zu richten hatte (Titre VI).[118] Dies führte mittelfristig dazu, dass der Anteil des alten Adels am Offizierskorps erheblich sank; viele ehemalige Emigranten zogen sich bereits Mitte der 1820er-Jahre in großer Zahl aus

---

113 Vgl. Jean Delmas, L'organisation militaire en France. Les ministères – l'Armée 1815–1870, in: ders. (Hg.) Histoire (wie Fn. 109), Bd. 2, S. 425-445, hier S. 428.
114 Vgl. CD-ROM-2, Dok.-Nr. 3.7.1 (Rekrutierungsgesetz v. 10.03.1818).
115 Die Bezeichnung der Rekrutierung, welche die Absetzung vom Kaiserreich unterstreichen sollte, sorgte für langwierige Debatten. Vorgeschlagen wurden Ausdrücke wie »recrutement constitutionnel« oder »appel d'obligés«. Siehe hierzu Annie Crépin, Défendre la France. Les Français, la guerre et le service militaire, de la guerre de Sept Ans à Verdun, Rennes 2005, S. 173. Allgemein zur Debatte vgl. Thomas Hippler, Conscription in the French Restoration: The 1818 Debate on Military Service, in: War in History 13 (2006), S. 281-298.
116 Vgl. Serman/Bertaud, Histoire (wie Fn. 109), Bd. 1, S. 208.
117 Vgl. CD-ROM-2, Dok.-Nr. 3.7.3 (Honoré Daumiers Karikatur auf die Praxis in den »Bureau de remplacements militaires« v. 20.02.1837).
118 Die Ernennung zum Unteroffizier wurde an ein Mindestalter von 20 Jahren und zwei Jahre Dienstzeit geknüpft. Erst nach zwei Jahren Dienst als Unteroffizier und dem Erwerb des Abschlusses einer Militärschule durfte die Ernennung zum Offizier erfolgen. Bis zum Rang eines Oberstleutnants (lieutenant-colonel) erfolgten Beförderungen nach Dienstjahren. Erst die höheren Ränge unterlagen der Ernennungsfreiheit des Königs. Dennoch blieb genügend Spielraum, um das Fortkommen politisch unliebsamer Offiziere zu behindern oder sich ihrer ganz zu entledigen. Unter dem Ministerium Latour-Maubourg wurden mit der offiziellen Begründung von Budgetschwierigkeiten ab 1820 wiederum 1.500 Offiziere bei halbem Sold zur Disposition abgestellt. Vgl. Serman/Bertaud, Histoire (wie Fn. 109), Bd. 1, S. 212.

dem Militär zurück.[119] Zunehmend kristallisierte sich unter der Restauration und der Julimonarchie die Stellung des Offiziers als Beamter (militaire fonctionnaire) heraus.[120]

Die Organisation der dem Innenministerium unterstellten Nationalgarde wurde durch den Erlass vom 30. September 1818 geregelt.[121] Theoretisch eine Verpflichtung für alle Franzosen zwischen 20 und 60 Jahren, beschränkte sich die Einberufung auf wohlhabende Bürger, die sich die Ausrüstung leisten konnten. Alle Offiziere wurden vom König ernannt. Obwohl die Nationalgarde infolgedessen ein leicht zu kontrollierendes Instrument blieb, machten die Präfekten und Bürgermeister nur ungern von ihr Gebrauch. Per Erlass wurde die Stärke der Pariser Garde am 27. März 1827 auf 12.000 Mann gesenkt. Kurze Zeit später, am 29. April, führte der feindselige Empfang, den die Pariser Nationalgardisten Karl X. auf dem Marsfeld mit ihren antiklerikalen Beschimpfungen bereiteten, ihre Auflösung herbei. Während der Julirevolution von 1830 trug ein Teil dieser ehemaligen Nationalgardisten mit zum Sturz der restaurierten Bourbonenmonarchie bei. Die Rolle der Nationalgarde während der Trois Glorieuses und danach führte zunächst zu einer Aufwertung. In der revidierten Charte wurde den Gardisten das Recht gewährt, ihre Offiziere selbst zu wählen. Die Kontrollierbarkeit der Garden blieb jedoch das wichtigste Anliegen: General La Fayette, der am 16. August per Dekret zum Generalkommandanten der Nationalgarden des Königreiches ernannt worden war, trat Ende Dezember zurück, als sich während der Debatten über das Gesetz zur Organisation der Nationalgarde abzeichnete, dass vonseiten des Innenministeriums keine über der kantonalen Ebene angesiedelte Befehlsgewalt akzeptiert werden würde. Vor allem wurde deutlich, dass die revolutionäre Nationalgarde von 1789 kein akzeptables Vorbild darstellte, sondern vielmehr das Schreckensbild von den bewaffneten Unterschichten nährte.[122] Das Gesetz von 1831[123] behielt folglich die Beschränkung der Verpflichtung auf Bürger bei, die für ihre Ausstattung aufkommen konnten.[124] Doch gerade bei der Verrichtung ihrer im Gesetz formulierten Hauptaufgabe, der Wiederherstellung der öffentlichen Ordnung[125], erwies sich die Nationalgarde oft als unberechenbare Kraft. Bei den seit den 1830er-Jahren stark zunehmenden sozialen Unruhen wie etwa dem Aufstand der Seidenweber in Lyon im Dezember 1831 schlugen sich nicht wenige Nationalgardisten auf die

---

119 Guillaume de Bertier de Sauvigny, La Restauration, Paris 1999 (Erstaufl. 1955), S. 285.
120 Girardet, Société (wie Fn. 108), S. 47.
121 Allgemein zur Nationalgarde unter Restauration und Julimonarchie vgl. Jean Delmas, Armée, Garde nationale et maintien de l'ordre, in: ders. (Hg.), Histoire (wie Fn. 109), Bd. 2, S. 535-547.
122 Zu den Debatten vgl. Annie Crépin, La Garde nationale, les gauches et l'idéal de la nation armée sous la monarchie de Juillet, in: S. Bianchi u. a. (Hg.), La Garde nationale entre nation et peuple en armes: mythes et réalités, 1780–1871, Rennes 2006, S. 451-462, hier S. 452-455.
123 Vgl. CD-ROM-2, Dok.-Nr. 3.7.2 (Gesetz über die Nationalgarde v. 22.03.1831).
124 Ungeachtet dessen besaßen nur wenige Nationalgardisten das Wahlrecht; vgl. Antonetti, Monarchie (wie Fn. 5), S. 114.
125 Das Banner der Nationalgarde trug die Inschrift »Liberté – Egalité – Ordre public«.

Seite der Arbeiter.[126] Bei der Niederschlagung der Juniunruhen 1832 in Paris wurden folglich Nationalgardisten und Armee gemeinsam eingesetzt.[127] So entwickelte sich unter der Julimonarchie die Armee zunehmend zu einer Garantin für den Erhalt der inneren Ordnung.

Die Armee erfuhr nach Absetzung der Bourbonen einige Reformen, wie die Auflösung der königlichen Garde und der Grande Aumônerie de l'Armée.[128] Ferner wurden verstärkt Veteranen des Empire reintegriert, darunter auch Marshall Soult, der dreimal das Kriegsministerium leitete. Auch »Julihelden« wurden mit Offiziers- und Unteroffiziersposten belohnt. Insgesamt aber führte man, wie auch im Falle der Nationalgarde, die Militärpolitik der Restauration im Wesentlichen weiter.

8 Verfassungskultur

Die symbolische Positionierung gegenüber der Französischen Revolution und der aus ihr hervorgegangenen Republik bzw. dem Kaiserreich war eine allen französischen Regierungssystemen des 19. Jahrhunderts gemeinsame Herausforderung, auf welche die beiden konstitutionellen Monarchien zwischen 1814 und 1847 nichtsdestoweniger mit entgegengesetzten Maßnahmen reagierten: Wo die Restauration mit der Schaffung von Gegenmythen scheiterte, versuchte die selbst aus einer Revolution hervorgegangene Julimonarchie mit der Ingangsetzung einer gigantischen Integrationsmaschinerie zu antworten. Die Strategien der Traditionsstiftung implizierten dabei in beiden Fällen auch den Anspruch, sich von der seit 1789 andauernden raschen Aufeinanderfolge unterschiedlicher Herrschaftssysteme durch die Verwurzelung in Geschichte und öffentlichem Bewusstsein gleichermaßen abzusetzen und die eigene Dauerhaftigkeit zu postulieren.

Die restaurierte Bourbonenmonarchie verwies von Anfang an auf die legitime Fortdauer der Königsherrschaft auch nach der Ausrufung der Republik im Jahre 1792. Den Verfassungsentwurf des Senats vom 6. April 1814, demzufolge »das französische Volk Louis-Stanislav-Xavier de France, den Bruder des letzten Königs, auf den Thron berufe«, beantwortete der Adressat unmissverständlich mit der Erklärung von Saint-Ouen (2. Mai 1814), in der er sich als »Louis, von Gottes Gnaden König von Frankreich und Navarra«, an die Franzosen wandte.[129] Mit dem Versprechen

---

126 Vgl. dazu Serman/Bertaud, Histoire (wie Fn. 109), Bd. 1, S. 232; Delmas (Hg.), Histoire (wie Fn. 109), Bd. 2, S. 537 f.
127 Jean Tulard, Frankreich im Zeitalter der Revolutionen 1789–1851, Stuttgart 1989, S. 361.
128 Zur Armee unter der Julimonarchie vgl. Serman/Bertaud, Histoire (wie Fn. 109), Bd. 1, S. 227-239.
129 Vgl. CD-ROM-2, Dok.-Nr. 3.8.1 (frz.)/3.8.2 (dt.) (Erklärung Ludwigs XVIII. von Saint-Ouen v. 02.05.1814). Bereits am Morgen des 3. Mai wurde die Erklärung in ganz Paris ausgehängt; vgl. De Bertier de Sauvigny, Restauration (wie Fn. 119), S. 58.

einer liberalen Verfassung delegitimierte Ludwig XVIII. die Initiative des Senats, gleichzeitig restaurierte er, indem er sich König von Gottes Gnaden nannte, die ursprüngliche Definition des Königtums, die Ludwig XVI. am 10. Oktober 1789 mit der Änderung seines Titels in »König von Gnaden Gottes und der Staatsverfassung« eingebüßt hatte. Im Jahr 1814 dagegen war es der König, welcher kraft seiner Autorität eine Verfassungsurkunde (Charte constitutionnelle) gewährte und sich selbst zur Treue gegenüber dieser verpflichtete. Einen Eid auf die Charte, der in der Präambel nur im Rahmen einer Krönung vorgesehen war, hat Ludwig XVIII. nie geleistet.

Die Charte war ein richtungsweisender Schritt bei der angestrebten Royalisierung der Nation[130], deren augenfälliges Symbol die Ersetzung der Trikolore durch die weiße Fahne war.[131] Vor allem aber das in Artikel 11 der Charte institutionalisierte »Vergessen« (oubli) der Vergangenheit mündete in eine veritable Verdrängungspolitik, mithilfe derer die Spaltung des Landes überwunden werden sollte.[132] Die rituellen Manifestationen des »oubli« bezweckten nichts weniger als eine symbolische Wiederherstellung des Königtums und die faktische Unrechtmäßigkeitserklärung und erinnerungspolitische Tilgung nicht nur des »usurpatorischen« Regimes Napoleons, sondern der gesamten Entwicklung, die der französische Staat seit 1789 genommen hatte.[133] Essenzieller Bestandteil dieser Strategie war der unmittelbar nach der Inthronisation Ludwigs XVIII. aufblühende Gedenk- und Totenkult. Neben der königlichen Familie wurden in den zwischen 1814 und 1816 in großer Zahl abgehaltenen Totenmessen[134] vor allem Opfer aus Adel und Klerus in den Mittelpunkt gerückt. Die Exhumierung der mutmaßlichen Überreste des 1793 guillotinierten Herrscherpaars und ihre feierliche Überführung nach Saint-Denis am 21. Januar 1815[135] bildeten den Auftakt für eine staatliche Trauerkultur, deren Entwicklung nach den Hundert Tagen zunehmend die Botschaft vermittelte, dass eine durch den Königsmord entstandene Kollektivschuld auf nationaler Ebene zu sühnen sei. Das Gesetz vom 9. Januar 1816 erklärte den 21. Januar, Tag der Hinrichtung Ludwigs XVI., zum nationalen

---

130 Vgl. hierzu Waresquiel/Yvert, Histoire (wie Fn. 54), S. 204.
131 Das Zeigen einer anderen Fahne als der weißen auf öffentlichen Plätzen oder bei Versammlungen gehörte zu den politischen Vergehen, die ab Dezember 1815 vor Sondergerichten verhandelt wurden. Vgl. CD-ROM-2, Dok.-Nr. 3.6.1 (Gesetz über die außerordentliche Strafgerichtsbarkeit v. 20.12.1815), Art. 11.
132 Vgl. dazu Sheryl Kroen, Politics and Theater. The Crisis of Legitimacy in Restoration France 1815–1830, Berkeley u. a. 2000, S. 63-75.
133 Vgl. Bettina Frederking, »Il ne faut pas être le roi de deux peuples«: strategies of national reconciliation in Restoration France, in: French History 2008, 22, S. 446-468; Natalie Scholz, Die imaginierte Restauration. Repräsentation der Monarchie im Frankreich Ludwigs XVIII., Darmstadt 2006.
134 Emanuel Fureix, Le Deuil de la Révolution dans le Paris de la Restauration (1814–1816), in: J.-Y. Mollier u. a. (Hg.), Repenser la Restauration, Paris 2005, S. 17-29.
135 Gudrun Gersmann, Saint-Denis und der Totenkult der Restauration: Von der Rückeroberung eines königlichen Erinnerungsortes, in: E. Dewes u. a. (Hg.), So nah – so fern. Kulturelles Gedächtnis und interkulturelle Rezeption im europäischen Kontext, Berlin 2007, S. 139-158.

Trauertag. Zudem sollten auf Kosten der Nation Denkmäler für die königlichen Opfer der Revolution errichtet werden, zusätzlich zu der erst 1834 vollendeten, von Ludwig XVIII. persönlich finanzierten Sühnekappelle (Chapelle expiatoire) nahe des Friedhofs der Madeleine.[136] Parallel wurden während der Revolution zerstörte royale Erinnerungsorte wiederhergestellt, wie die Statue von Ludwig XIII. auf der place des Vosges oder die Reiterstatue Ludwigs XIV. auf der place des Victoires. Die weitaus wichtigste historische Identifikationsfigur bildete für die Restauration gleichwohl Heinrich IV., der als erster Bourbone auf dem französischen Thron, Überwinder des Bürgerkriegs und populärer Herrscher alle positiven Konnotationen einer Retterfigur auf sich vereinte. Als Opfer eines Attentats fügte er sich überdies nahtlos in die Leidensmythologie der königlichen Familie ein[137], die 1820 durch die Ermordung des Herzogs von Berry noch weiter aufgeladen wurde.[138] Bereits der Einzug Ludwigs XVIII. nach Paris am 3. Mai 1814 wurde auf den Geburtstag Heinrichs IV. gelegt.[139] Eine provisorische Gipsstatue an der Stelle des 1792 zerstörten und 1818 wieder errichteten bronzenen Reiterstandbilds[140] unterstrich diese Bezugnahme mit der Inschrift »Ludovico reduce, Henricus redivivus« (durch die Rückkehr Ludwigs erwacht Heinrich zum Leben). Das bei diesem Anlass gespielte Lied »Vive Henri IV« wurde zur offiziellen Hymne erklärt. Auch offizielle Symbole wie das Kreuz der Ehrenlegion zierte fürderhin das Konterfei Heinrichs IV.

Die Krönung Karls X. sollte die Resakralisierung des Königtums besiegeln, nachdem Ludwig XVIII. auf diese ursprünglich in Saint-Denis vorgesehene Zeremonie noch verzichtet hatte. Karl X. begab sich dagegen in die traditionelle Krönungskathedrale nach Reims, wo das Salbungsritual in enger Anlehnung an die Krönung Lud-

---

136 Vgl. Michael Hesse, Revolutionsopfer als Glaubensmärtyrer. Die Chapelle expiatoire und die Sühnemonumente der Restauration in Paris, in: G. Gersmann u. a. (Hg.), Frankreich 1815–1830. Trauma oder Utopie? Die Gesellschaft der Restauration und das Erbe der Revolution, Stuttgart 1993, S. 197-216.
137 Vgl. Martin Wrede, Le portrait du roi restauré, ou la fabrication de Louis XVIII, in: Revue d'Histoire moderne et contemporaine 53 (2006), H. 2, S. 131 f. Zur Konjunktur Heinrichs IV. in den Künsten zwischen 1814 und 1830 vgl. Odile Krakovich, Les Mythes du bon et du mauvais roi: Henri IV et François Ier dans le théâtre de la première partie du XIXe siècle, in: La Légende d'Henri IV, hg. v. d. Société Henri IV, Paris 1995, S. 215-242; Lucie Abadia, Le thème henricéen dans les peintures de Salon de 1750 à 1880, ebd., S. 323-351.
138 Vgl. hierzu: Natalie Scholz, Quel spectacle – Der Tod des Herzogs von Berry und seine melodramatische Bewältigung, in: zeitenblicke 3 (2004), Nr. 1: Themenschwerpunkt von G. Gersmann/E. Wolfrum (Hg.), Totenkult und Erinnerungskultur in der west- und osteuropäischen Geschichte im 19. und 20. Jahrhundert, in: <http://www.zeitenblicke.de/2004/01/scholz/index.html> [13.07.2011].
139 Analog fand die Totenmesse für die königliche Familie am 14. Mai, dem Todestag Heinrichs IV., statt.
140 Vgl. Marie-Claude Chaudonneret, L'Etat et les artistes. De la Restauration à la monarchie de Juillet (1815–1833), Paris 1999, S. 161.

wigs XVI. vollzogen wurde.¹⁴¹ Die Bindung zur vorrevolutionären Tradition und die Unversehrtheit des Königtums schienen so gewährleistet und durch die Miteinbeziehung des Schwurs auf die Charte mit der konstitutionellen Monarchie in Einklang gebracht zu sein. Tatsächlich aber symbolisierte die Krönung das Herrschaftsverständnis Karls X., dessen Wille, nach eigenem Gutdünken zu regieren, bald zum Fall der älteren Linie der Bourbonen führte.

Die nur drei Tage währende Julirevolution (Trois Glorieuses) aber richtete sich nicht nur gegen die Restauration, sondern entfesselte generell antimonarchistische Kräfte, denen Eugène Delacroix' Gemälde »Die Freiheit führt das Volk an«, das im Pariser Salon von 1831 ausgestellt wurde, ein Gesicht gab.¹⁴² Die mit einem Bajonett bewaffnete Personifikation der Freiheit mit der phrygischen Mütze und der Trikolore geht unmittelbar auf ikonografische Vorbilder aus der Französischen Revolution zurück¹⁴³ und wirkt wie eine ins Jahr 1830 geholte Republik von 1793. Diese Botschaft wurde verstanden: Schon Mitte der 1830er-Jahre ließ man das von Louis-Philippe für die königliche Sammlung erworbene großformatige Werk diskret im Depot verschwinden, ehe man es seinem Schöpfer schließlich zurückgab.¹⁴⁴ Die Rezeptionsgeschichte von Delacroix' Bild zeigt beispielhaft, wie zum einen die in erster Linie von Republikanern getragenen Trois Glorieuses von der Julimonarchie konfisziert und monopolisiert wurden und wie zum anderen die Allegorie der Freiheit durch die gezielte mediale Inszenierung des Königs ersetzt wurde. Der monumentale Ausdruck dieser Geschichts-, Kultur- und Festpolitik¹⁴⁵ war die Errichtung der Julisäule mit dem Freiheitsgenius auf dem Bastilleplatz im Jahr 1840. Als Denkmal und Grablege für die Helden der Julirevolution besetzte die Säule gleichzeitig unübersehbar den Mythos von 1789 und verlieh der Julimonarchie eine »retroaktive Legitimität« (Corbin), die durch die Wiedererhebung der Trikolore zur Nationalflagge¹⁴⁶ unterstrichen wurde. Die Grenzen dieser Symbolrestitution waren gleichwohl klar gezogen: Die Marseillaise war zwar nicht länger – wie unter Restauration und Empire – verboten, als Nationalhymne zog man ihr aber die »Parisienne« von Casimir Delavigne und François Auber vor, deren weniger verfänglicher Text direkten Bezug auf die Julitage von 1830 nahm.

---

141 Annie Duprat, Le sacre de Charles X: justifications et critiques, in: Mollier u. a. (Hg.), Repenser (wie Fn. 134), S. 69-84.
142 Vgl. CD-ROM-2, Dok.-Nr. 3.8.5 (Eugène Delacroix' Gemälde »Die Freiheit führt das Volk« bzgl. der Ereignisse v. 27.–29.7.1830).
143 Vgl. zur Bildgeschichte v. a. Maurice Agulhon, Marianne au combat. L'imagerie et la symbolique républicaines de 1789 à 1880, Paris 1979.
144 Zur Rezeptionsgeschichte vgl. Arlette Sérullaz/Vincent Pomarède, Eugène Delacroix. La Liberté guidant le peuple, Paris 2004, S. 56 f.
145 Zur politischen Festkultur der Julimonarchie vgl. Alain Corbin, L'impossible présence du roi. Fête politiques et mises en scène du pouvoir sous la Monarchie de Juillet, in: ders. u. a. (Hg.), Les usages politiques des fêtes aux XIXᵉ–XXᵉ siècles, Paris 1994, S. 77-116.
146 Vgl. CD-ROM-2, Dok.-Nr. 3.2.6 (frz.)/3.2.7 (dt.) (Charte constitutionnelle v. 14.08.1830), Art. 67.

Durch die offizielle Vereinnahmung des während der Restauration im Verborgenen blühenden Napoleonkults erklärte sich die Julimonarchie auch zur Erbin des Kaiserreichs.¹⁴⁷ Nach der Wiedererrichtung der Statue des Kaisers auf der Vendômesäule 1831 und der feierlichen Einweihung des Arc de Triomphe 1836 bildete die Überführung der sterblichen Überreste Napoleons in den Invalidendom am 15. Dezember 1840 den Höhepunkt des Kaiserkultes.

Abb. 3.5 Eugène Delacroix, La liberté guidant le peuple, um 1830

Der 21. Januar als offizieller Gedenktag der Hinrichtung Ludwigs XVI. wurde dagegen 1833 abgeschafft, womit man auch der in der Bevölkerung weit verbreiteten Gleichgültigkeit gegenüber diesem Tag Rechnung trug.¹⁴⁸ Die rund um die Französische Revolution, das Kaiserreich und die Julitage von 1830 konstruierte Erinnerungs-

---

147 Vgl. hierzu Nathalie Petiteau, La monarchie de Juillet face aux héritages napoléoniens, in: P. Harismendy (Hg.), La France des années 1830 et l'esprit de réforme, Rennes 2006, S. 55-62. Bereits unter der Restauration hatte sich das Haus Orléans finanziell bei der Unterstützung von verarmten Veteranen der kaiserlichen Armee engagiert und so auch die praktischen Grundlagen für die spätere Absorption des napoleonischen Mythos geschaffen. Vgl. Nathalie Petiteau, La Restauration face aux vétérans de l'Empire, in: Mollier u. a. (Hg.), Repenser (wie Fn. 134), S. 32-43.
148 Vgl. Fureix, Deuil (wie Fn. 134), S. 25.

kultur diente gleichermaßen der moralischen Überhöhung der Julimonarchie, die sich im »juste milieu« und damit von den »Exzessen der Volksherrschaft« ebenso weit entfernt wie vom »Missbrauch der königlichen Macht« angesiedelt sehen wollte.[149] Die Verkörperung dieses »juste milieu« durch die Person des Königs wurde sorgsam inszeniert. Dies begann mit seiner Erhebung zum Gesicht der Revolution am 31. Juli 1830, als der in die Trikolore gehüllte General Lafayette, ein quasi lebender Revolutionsmythos, den bereits zum Generalstatthalter des Königreichs ernannten und in die Uniform eines Offiziers der Nationalgarde gekleideten Herzog von Orléans auf dem Balkon des Hôtel de Ville umarmte.[150] Das Jubeln der Menge wurde von den Orléanisten als Volksabstimmung interpretiert[151] und begründete den Beinamen des »Königs der Barrikaden«. Am 9. August leistete Louis-Philippe den Eid auf die neue Fassung der Charte.[152] Nicht mehr der König gewährte nunmehr die Charte, sondern die Charte gewährte dem »König der Franzosen« seine Würde. Die Vereidigung Louis-Philippes wurde häufig mit Begriffen wie »protestantische Krönung« oder »laizistische Salbung« umschrieben. Doch verzichtete man, abgesehen von einer kurzen Bezugnahme auf die »Gegenwart Gottes« in der Schwurformel, auf religiöse Riten und Symbole. Selbst eine Krönung fand im eigentlichen Sinne nicht statt, da die Krone auf ihrem Kissen liegen blieb und auch die übrigen Zeichen königlicher Macht (Zepter, Schwert, main de justice) dem König lediglich durch verdiente napoleonische Generäle präsentiert wurden. Damit kam zum Ausdruck, dass die Macht nicht im eigentlichen Sinn von der Abgeordnetenkammer auf den König überging, sondern ihm im Rahmen des »Bündnispaktes«, auf den Louis-Philippe sich in seiner Antrittsrede bezog, anvertraut wurde.

Und dennoch: Zum Nationalfeiertag erhob man ab 1831 den 1. Mai, den Tag des Heiligen Philipp, Namenspatron des Königs. Auch Louis-Philippes Porträtbüste wurde systematisch in den Departements verbreitet, wie es zuletzt in der Zeit des Kaiserreichs, aber nicht während der Restauration geschehen war. Tatsächlich verbarg sich hinter dem Bild eines eher behäbigen »Bürgerkönigs«, der in der Anfangsphase seiner Regierung gern mit dem charakteristischen Regenschirm in Paris spazieren ging und Passanten die Hand schüttelte, das ausgeprägte Machtbedürfnis eines Mannes, der für 40 lange Jahre auf seine Stunde gewartet hatte. Wie sehr König und Regime als deckungsgleich empfunden wurden, kam vor allem in der oppositionellen politischen Bildsatire zum Ausdruck, ehe diese durch die Septembergesetze von 1835 zum Schweigen gebracht wurde.[153] Eine im März 1835 in der Satirezeitschrift »Le

---

149 Diese Definition des Begriffs »juste milieu« findet sich in der Antwort Louis-Philippes an eine Abordnung aus Gaillac (31. Januar 1831); vgl. hierzu Antonetti, Monarchie (wie Fn. 5), S. 113.
150 Vgl. Tulard, Frankreich (wie Fn. 127), S. 351.
151 Vgl. Antonetti, Monarchie (wie Fn. 5), S. 101.
152 Vgl. CD-ROM-2, Dok.-Nr. 3.8.3 (frz.)/3.8.4 (engl.: nur Eidesformel) (Verfassungseid am 09.08.1830).
153 Vgl. hierzu Kapitel 4, Grundrechte.

Charivari« erschienene Karikatur[154] von Honoré Daumier interpretiert den König als Schmierenkomödianten, der seine harmlose Maske fallen lässt. Der mit der Kokarde geschmückte Zylinder fällt herunter und bringt die Krone zum Vorschein; der Straßenmantel gibt den Hermelinumhang frei und auch der Regenschirm war nur Tarnung für das Zepter. Was also ans Licht kommt, ist ein traditionelles Monarchieverständnis, in dem der König alle Macht auf sich vereint sehen will. Gleichzeitig bringt das Bild klar zum Ausdruck, dass die erneut vereinten »beiden Körper des Königs« (Kantorowicz), nämlich bürgerliche Gestalt und monarchischer Ehrgeiz, einander von vorneherein ausschließen. (☞ Abb. 3.6, S. 322)

Der Wille Louis-Philippes, aktiv an der Regierung mitzuwirken, stand im Widerspruch zur Überzeugung der Männer, die ihn auf den Thron gehoben hatten, allen voran Adolphe Thiers, der im Februar 1830 in seiner Zeitung »Le National« die Maxime der konstitutionellen Monarchie vorgegeben hatte: »Der König herrscht, aber regiert nicht« (»Le roi règne et ne gouverne pas«). Louis-Philippes Monarchieverständnis deckte sich vielmehr mit einem Ausspruch François Guizots von 1846: »Der Thron ist kein leerer Sessel«[155], in dem zum Ausdruck kommt, dass die Prägung der Politik durch die Persönlichkeit des Königs eine Selbstverständlichkeit sei. Es war letztlich das Bestreben Karls X. und Louis-Philippes, als »richtige Könige« (Guy Antonetti) zu regieren, das beide scheitern ließ. Für Louis-Philippe, der die Missachtung der Charte durch den letzten Bourbonenkönig zur Rechtfertigung seines eigenen Griffs nach der Krone erhoben hatte und der sich in direkter Weise aus dem Willen des Volkes heraus inthronisiert sah, waren dieses Selbstverständnis und der Unwille, sich der Charte unterzuordnen, jedoch ungleich fataler. Die daraus erwachsende moralische Deklassierung der Institution des Königtums führte dazu, dass die Revolution von 1848 die Monarchie hinwegfegen konnte wie einen »Baum ohne Wurzeln«.[156]

9 Kirche

Der Verweis auf die »göttliche Vorsehung«, welche die Bourbonen auf den französischen Thron zurückgerufen habe, eröffnete die Präambel der Charte und wurde damit als die wichtigste Legitimation für die Restauration hervorgehoben.[157] Die Wieder-

---

154 Vgl. CD-ROM-2, Dok.-Nr. 3.8.7 (Honoré Daumiers Karikatur auf den »Bürgerkönig« Louis-Philippe v. 29.03.1835).
155 Vgl. CD-ROM-2, Dok.-Nr. 3.8.6 (Erinnerungen Guizots v. 1831/32).
156 Rosanvallon, Monarchie (wie Fn. 4), S. 178.
157 Zum Verhältnis von Staat und Kirche unter der Restauration vgl. Jacques-Olivier Boudon, Religion et politique en France depuis 1789, Paris 2007, S. 43-52; Jean-Louis Ormières, Politique et religion en France, Brüssel 2002, S. 47-93.

Abb. 3.6 Honoré Daumier, Principal acteur d'un Imbroglio-tragi-comique (1835)

herstellung des Bündnisses zwischen dem Thron des »allerchristlichsten Königs«[158] und der katholischen Kirche führte zur Erhebung des Katholizismus zur Staatsreligion (Art. 6). Die logische Folge war die Beibehaltung der staatlichen Besoldung von Priestern, in deren Genuss weiterhin auch protestantische Würdenträger kamen[159], nicht jedoch die Rabbiner (Art. 7). Unangetastet blieb die persönliche Glaubensfreiheit (Art. 5). Die Erste Restauration erließ gleichwohl eine Serie von Verordnungen zur Stärkung der katholischen Kirche, welche u. a. Spenden an kirchliche Einrichtungen erleichterten (10. Juni 1814) oder Sonntags- und Feiertagsarbeit unter Strafe stellten (18. Dezember 1814). Anders als die Scheidung[160] wurde dagegen die Zivilehe trotz des Widerstands der Ultraroyalisten nicht abgeschafft und hatte weiterhin der kirchlichen Trauung voranzugehen.[161] So gingen politische und religiöse Restauration zwar theoretisch und ideologisch Hand in Hand, und dies umso mehr in der Phase ultraroyalistisch dominierter Regierungen zwischen 1820 und 1827, doch erhielt die katholische Kirche nach 1815 auf keinem Gebiet ihre alte Stellung zurück.

Dass sich das Rad der Zeit nicht einfach zurückdrehen ließ, zeigte sich vor allem bei den Streitigkeiten um ein neues Konkordat, über das mit Papst Pius VII. verhandelt wurde. Der Konkordatsentwurf von 1817 stellte im Kern das Konkordat von Bologna aus dem Jahr 1516 wieder her.[162] Die gleichfalls beschlossene Aufhebung der organischen Artikel von 1802, und damit die Aufgabe entscheidender Einflussmöglichkeiten des Staates gegenüber der Kirche[163], sorgte für entschiedenen Widerstand in der Regierung. Per Gesetz wurden im Herbst 1817 die organischen Artikel folglich de facto wiederhergestellt, was wiederum für den Papst inakzeptabel war. Die Verhandlungen wurden daher abgebrochen und das Konkordat von 1801 blieb in Kraft: Gallikanische Prinzipien hatten über restaurative Bestrebungen gesiegt. Eine Folge des Konfliktes um das Konkordat war, dass die vom König bereits ernannten Bischöfe für 13 vakante und 42 durch das Konzil von 1817 neu geschaffene Diözesen vorerst nicht geweiht wurden. Erst zwei Jahre später ermöglichte eine Einigung mit dem Papst die Besetzung der Vakanzen. Die durch den Papst geschaffenen Diözesen[164] wurden auf der Basis des Konkordats von 1801 dagegen nicht mehr anerkannt. Stattdessen wur-

---

158 So wurde Ludwig XVIII. unter anderem im zweiten Vertrag von Paris und im Konkordatsentwurf von 1817 betitelt.
159 Die organischen Artikel des protestantischen Kultes aus dem Jahr 1801 blieben in Kraft. Ab 1817 beteiligte sich der Staat zudem finanziell am Bau protestantischer Kirchen. Vgl. hierzu Rémi Fabre, Les protestants en France depuis 1789, Paris 1999, S. 41 f.; Didier Poton/Patrick Cabanel, Les Protestants Français du XVIe au XXe siècle, Paris 1994, S. 70.
160 Vgl. CD-ROM-2, Dok.-Nr. 3.12.1 (Abschaffung der Ehescheidung am 08.05.1816).
161 Ponteil, Institutions (wie Fn. 62), S. 94.
162 Vgl. CD-ROM-2, Dok.-Nr. 3.9.1 (Konkordatsentwurf v. 11.06.1817).
163 Vgl. CD-ROM-1, Dok.-Nr. 3.9.18 (Organische Artikel zum Konkordat v. 08.04.1802).
164 Vgl. CD-ROM-2, Dok.-Nr. 3.9.2 (Päpstliche Bulle zur neuen Kirchengliederung v. 08.08.1817).

den im Staatshaushalt von 1821 die Mittel für insgesamt 30 Diözesen bereitgestellt, zu deren Besetzung der Papst ein Jahr später schließlich seine Zustimmung gab.[165]

Eine großflächige Reform der episkopalen Landkarte blieb damit aus. Die staatliche Verwaltung religiöser Angelegenheiten erfuhr dagegen zahlreiche Reformen[166]: Nach Auflösung des Ministeriums der Kulte im April 1814 wurde im Innenministerium eine Generalverwaltung geschaffen, in der nach napoleonischem Vorbild katholischer Kult und nicht katholische Kulte von unterschiedlichen Abteilungen zu verwalten waren. Doch schon im September 1814 wurden zentrale Funktionen, darunter die Bestellungskompetenz, dem Großkaplan (Grand Aumônier) übertragen.[167] Unter der Zweiten Restauration erfuhr diese Aufgabenteilung verschiedene Änderungen. Die Kompetenzstreitigkeiten zwischen Generalverwaltung und Grand Aumônier spiegelten gleichzeitig die Uneinigkeit darüber, inwieweit die Kirche durch Laien verwaltet werden dürfe. Unter der ultraroyalistisch dominierten Regierung Villèle entschied man zugunsten des Klerus, als 1824 ein Ministerium für kirchliche Angelegenheiten und Erziehung geschaffen wurde, das Mgr. Frayssinous, der Bischof von Hermopolis, leitete. Nur die nicht katholischen Kulte verblieben in der Verantwortung des Innenministeriums. Vor allem war somit der seit 1815 schwelende Streit um eine kirchlich oder staatlich dominierte Erziehungspolitik vorerst entschieden. 1814 war die Gründung weiterführender Schulen in kirchlicher Trägerschaft per Gesetz genehmigt worden.[168] 1822 war das kirchliche Universitätsmonopol wiederhergestellt worden.[169] 1824 wurde nun auch die Grundschulerziehung allein der Kirche unterstellt. Dies führte zur Verstärkung einer latenten antiklerikalen Stimmung vor allem im gebildeten Bürgertum, die sich zunächst an der seit 1816 aufblühenden katholischen Missionierungsbewegung entzündet hatte.[170] Eine bereits 1819 in der liberalen Zeitung »La Minerve« erschienene Karikatur mit dem Titel »Les Diables Missionaires« deutet die Missionen als Kreuzzug gegen Fortschritt und Bildung: Gezeigt wird eine Gruppe von Jesuiten bei der Auslöschung der wichtigsten Denker des 18. Jahrhunderts – darunter Voltaire, d'Alembert oder Franklin –, während zwei andere Geistliche das Feu-

---

165 Zu den Ernennungen von 1817 und 1823 vgl. Jacques-Olivier Boudon, L'épiscopat français à l'époque concordataire 1802–1905, Paris 1996, S. 308-320.
166 Vgl. hierzu Jean-Michel Leniaud, L'organisation de l'administration des cultes (1801–1911), in: J. Gaudemet u. a. (Hg.), Administration et Église: du Concordat à la séparation de l'Église et de l'État, Genf u. a. 1987, S. 17-46; zur Restauration ebd., S. 24-28.
167 Der erste Großkaplan war Alexandre-Angélique de Talleyrand-Périgord, der ehemalige Bischof von Reims und Onkel des französischen Politikers und Diplomaten Charles-Maurice de Talleyrand-Périgord.
168 Vgl. CD-ROM-2, Dok.-Nr. 3.10.1 (Ordonnanz zur Einführung kirchlicher Schulen v. 05.10.1814).
169 Christian Nique, Comment l'École devint une affaire d'État, 1815–1840, Paris 1990, S. 49. Vgl. hierzu ausführlich Kapitel 10, Bildungswesen.
170 Vgl. hierzu Waresquiel/Yvert, Histoire (wie Fn. 54), S. 225 f.; De Bertier de Sauvigny, Restauration (wie Fn. 119), S. 320-322.

er schüren, dem die Werke der Verfemten übergeben werden: neben philosophischen und staatstheoretischen auch naturwissenschaftliche Bücher.[171]

Tatsächlich entzündete sich der Unmut vor allem an den Jesuiten, deren immense Bedeutung als Symbol der Reaktion im öffentlichen Diskurs[172] allerdings in keinem Verhältnis zu ihrer verschwindend geringen Zahl stand: 1828 zählte man in Frankreich nicht mehr als 297 Jesuiten in acht Gemeinschaften.[173] Gleichwohl befanden sich die Jesuiten in einer rechtlichen Grauzone: Die Restauration hatte nur die Gründung von Frauenorden wesentlich erleichtert, da die Bedeutung der Schwestern etwa auf dem Gebiet der Armenfürsorge enorm war. Bei den Männerorden blieb es dagegen beim Verbot von 1790; lediglich die fünf unter Napoleon genehmigten Gemeinschaften wurden offiziell bestätigt, andere, wie auch die Jesuiten, lediglich geduldet. Dies ermöglichte die endgültige Verdrängung der Jesuiten aus den Schulen nach dem erdrutschartigen Sieg der Liberalen bei den Wahlen im November 1827. Die entsprechende Verordnung vom Juni 1828 erlaubte die Erteilung von Unterricht nur noch religiösen Gemeinschaften, die in Frankreich offiziell zugelassen waren. 1842 wurden schließlich die verbliebenen Gemeinschaften der Gesellschaft Jesu vollends aufgelöst.

Die ab März 1828 in zwei getrennten Ministerien untergebrachten Bereiche Kirche und Erziehung wurden unter der Regierung Polignac 1829 erneut vereint. Die Julimonarchie knüpfte daran mit der Schaffung eines Ministeriums für Kulte und Erziehungswesen an, das jedoch nur bis 1832 bestand.[174] Generell verlor die Kirche im Schul- und Universitätswesen unter der Julimonarchie zunehmend an Einfluss.[175] Ab Oktober 1832 wurde die Verwaltung der Kulte in das Justizministerium eingegliedert, wo sie, abgesehen von einer kurzen Zugehörigkeit zum Innenministerium zwischen Dezember 1833 und April 1834, bis 1848 verblieb.[176] Die Julimonarchie kannte keine Staatsreligion mehr und hob, wie schon das Kaiserreich, den Katholizismus lediglich als die Religion der Mehrheit der Franzosen hervor (Art. 6 der Charte von 1830). Doch die enge Bindung der katholischen Kirche an die Bourbonen schuf ein Klima des Misstrauens. Um legitimistische Umtriebe zu verhindern, drohte die Regierung unbotmäßigen Bischöfen mit einer Einstellung staatlicher Zuwendungen.[177] Insge-

---

171 Vgl. CD-ROM-2, Dok.-Nr. 3.9.3 (Antiklerikale Karikatur »Les Diables Missionaires« v. 1819). Zu ausführlichen Interpretationen des Blattes siehe Rolf Reichardt, *Lumières* versus *Ténèbres*. Politisierung und Visualisierung aufklärerischer Schlüsselwörter in Frankreich vom XVII. zum XIX. Jahrhundert, in: ders. (Hg.), Aufklärung und historische Semantik. Interdisziplinäre Beiträge zur westeuropäischen Kulturgeschichte, Berlin 1998, S. 153-155; Hubertus Fischer, Wer löscht das Licht? Europäische Karikatur und Alltagswelt 1790–1990, Stuttgart 1994, S. 86-92.
172 Vgl. hierzu Geoffrey Cubitt, The Jesuit Myth. Conspiracy Theory and Politics in Nineteenth-Century France, New York 1993.
173 Boudon, Religion (wie Fn. 157), S. 47.
174 Zur Kirchenpolitik der Julimonarchie vgl. Boudon, Religion (wie Fn. 157), S. 53-64.
175 Vgl. dazu ausführlich Kapitel 10, Bildungswesen.
176 Leniaud, Organisation (wie Fn. 166), S. 28.
177 Boudon, Religion (wie Fn. 157), S. 54.

samt kehrte die Julimonarchie zu einer strengen Auslegung des Gesetzes vom 18. Germinal des Jahres 10 zurück, und damit zur Anwendung der organischen Artikel.[178] Auch bei der Besetzung von Bischofsstühlen setzte die orléanistische Monarchie ihre Kandidaten durch und provozierte Konflikte mit dem Heiligen Stuhl. Dagegen sah man von einer Verringerung der Zahl der Diözesen infolge einer Petitionsbewegung der Gläubigen gegen einen entsprechenden Gesetzesentwurf ab. 1838 wurde ein zusätzlicher Bischofssitz in Algier geschaffen.

Die Situation der Franzosen jüdischen Glaubens erfuhr seit der Restauration eine stetige Normalisierung. Das kaiserliche Dekret vom 17. März 1808, das die Juden zahlreichen diskriminierenden Sonderregelungen unterworfen hatte, lief 1818 aus und wurde trotz entsprechender Anträge nicht erneuert.[179] Bestehen blieb dagegen bis 1845 die Verpflichtung für Juden, den Eid vor Gericht »more judaico« zu leisten: Hierbei hatte der Schwur auf die Bibel in der dem Gerichtsgebäude am nächsten gelegenen Synagoge zu erfolgen, wobei der Schwörende sein Gesicht mit dem rituellen Gebetsschal verhüllen musste. Mit der Einführung der staatlichen Besoldung für Rabbiner im Jahr 1831 wurde nichtsdestoweniger die Gleichheit der Religionen vor dem Staat besiegelt.[180] Die Kodifikation des jüdischen Glaubens wurde durch die Verordnung vom 25. Mai 1844 vollzogen: Die 1808 geschaffenen Konsistorien auf departementaler und zentraler Ebene, die eine staatliche Kontrolle der vormals unabhängigen Rabbinate ermöglichen, behielt man hiermit zwar bei, doch erhielten die Rabbiner nunmehr den Beamtenstatus. Auch die jüdischen Seminare erhielten den Status öffentlicher Einrichtungen.[181]

---

178 Vgl. CD-ROM-1, Dok.-Nr. 3.9.18 (Organische Artikel zum Konkordat v. 08.04.1802).
179 So mussten jüdische Händler jährlich ihre Genehmigung durch die Präfekturen erneuern lassen. Die Präfekten hatten sogar die Möglichkeit, die Neuansiedlung von Juden voll und ganz zu untersagen. Dies geschah in den Departements Haut-Rhin und Bas-Rhin. Schon 1807 hatte das sog. Wuchergesetz den Schuldnern jüdischer Geldverleiher die Möglichkeit eingeräumt, ihre Verpflichtungen prüfen und evtl. für nichtig erklären zu lassen. Vgl. hierzu Philippe Bourdrel, Histoire de Juifs en France, Bd. 1: Des origines à la Shoah, Paris 1974, S. 189-199. Überdies waren alle Juden zum Militärdienst verpflichtet und hatten nicht das Recht, einen nicht jüdischen Ersatzmann zu stellen. Vgl. Ponteil, Institutions (wie Fn. 62), S. 114.
180 Vgl. CD-ROM-2, Dok.-Nr. 3.9.4 (Gesetz über die Bezahlung der jüdischen Rabbiner v. 10.02.1831).
181 Gilbert Roos, Les Juifs de France sous la monarchie de Juillet, Paris 2007, S. 375 f. Vgl. auch Ponteil, Institutions (wie Fn. 62), S. 114, 241.

10 Bildungswesen

Zwischen 1814 und 1848 wurden Bildung und Erziehung in stärkerem Maße als je zuvor zum Zankapfel zwischen Staat, Kirche und privaten Trägern. Dennoch stellten diese Jahre eine fruchtbare Phase für längst fällige Reformen dar, die das französische Bildungssystem völlig veränderten.

Die konstitutionellen Monarchien zeichneten sich durch ein stetig wachsendes Interesse am Primarschulwesen aus, das unter dem Kaiserreich stark vernachlässigt worden war.[182] Die am 29. Februar 1816 erlassene Verordnung kann als Gründungsdokument des französischen Elementarschulwesens unter staatlicher Federführung gelten[183], das als wichtiges Mittel für die Kontrolle revolutionärer Energien angesehen wurde. Alle Gemeinden wurden verpflichtet, Schulen einzurichten und über die Teilnahme der Kinder am Unterricht zu wachen. Für Lehrer schrieb die Verordnung den Erwerb eines Zertifikats (»brevet de capacité«) vor, dessen Mindestanforderungen im Juni 1816 geregelt wurden. Davon in gewisser Weise ausgenommen wurde das Personal der kirchlichen Grundschulen, der »écoles des frères«: Den Brüdern wurde die Lehrererlaubnis nach Vorlage einer Gehorsamkeitsbescheinigung durch den Vorgesetzten erteilt. Ein Grund für dieses Entgegenkommen war der eklatante Mangel an Grundschullehrern. Um diesem abzuhelfen, sah das Rekrutierungsgesetz von 1818 bei 10-jähriger Verpflichtung im Schuldienst die Freistellung vom Militärdienst vor.[184] Der schwindende Einfluss der Kirche war den Ultraroyalisten jedoch ein Dorn im Auge und wurde nach der Ermordung des Herzogs von Berry als Wurzel des Übels angeprangert. Unter der Regierung Villèle wurde daher am 8. April 1824 das Primarschulwesen der Kirche überantwortet. Dies bedeutete, dass die Rektoren nur noch für die Abnahme der Lehrerexamina zuständig waren, allen Einfluss auf die Erziehung aber an den zuständigen Bischof verloren. Nach dem Wahlsieg der Liberalen wurden kirchliche Angelegenheiten und Erziehung von getrennten Ministerien geleitet. Am 21. April 1828 stellte man die Verordnung zum Primarschulwesen von 1816 wieder her und verdoppelte man das dafür vorgesehene Budget auf 100.000 Francs. Gleichzeitig verloren die Jesuiten die Lehrerlaubnis. Bis zum Ende der Restauration wurde die staatliche Organisation der Primarschulen gezielt weiterverfolgt.

---

182 Zur Primarschulpolitik vgl. Christian Nique, Comment l'École devint une affaire d'État, 1815–1840, Paris 1990. Zur Gesetzgebung vgl. O. Gréard, La législation de l'instruction primaire en France depuis 1789 jusqu'à nos jours. Recueil de lois, décrets, ordonnances, arrêtés, règlements, décisions, avis, projets de lois, Bd. 1: 1789–1833, Paris 2. Aufl. 1890.
183 Ordonnance du Roi portant qu'il sera formé, dans chaque canton, un Comité gratuit et de charité pour surveiller et encourager l'Instruction primaire (29.2.1816), in: Bulletin des Lois du Royaume de France, 7° Série, Bd. 12, Paris 1816, H. 73, Nr. 495, S. 297-304.
184 Vgl. CD-ROM-2, Dok.-Nr. 3.7.1 (Rekrutierungsgesetz v. 10.03.1818).

Die Julimonarchie war zunächst von einer Laizisierungswelle im Primarschulwesen geprägt. So verloren die Bischöfe die Leitung der Kontrollgremien an die Bürgermeister, und das Zertifikat für religiöse Unterweisung wurde abgeschafft. Zudem verlor die Kirche jeden Einfluss bei der Einstellung neuer Lehrer. Ab 1831 mussten auch die in kirchlichen Primarschulen tätigen Brüder ein Zertifikat erwerben, wogegen die alte Regelung (die Vorlage einer Gehorsamsbescheinigung) nur noch für Schwestern galt. Die erste Phase der orléanistischen Schulpolitik zeichnete sich nicht zuletzt durch eine Erhöhung des Budgets auf eine Mio. Francs im Jahr 1832 aus, mit dem die Verteilung einheitlicher Schulbücher im ganzen Land und die sonstige Ausstattung der Schulen systematisch vorangetrieben wurde. Nichtsdestoweniger blieb die Frage des Einflusses von Staat und Kirche ebenso wie die Stellung privater Initiativen strittig. François Guizot, als Erziehungsminister Nachfolger des Comte de Broglie, trat 1832 auch mit dem Anspruch an, diese Konflikte zu überwinden. Als Angehöriger der Gruppe der Doktrinäre und gläubiger Protestant vertrat er konservativere Positionen als die Liberalen, dies besonders im Hinblick auf die Rolle der Kirche, deren Bedeutung für die moralische Entwicklung er überaus hoch hielt. Dennoch war er ein entschiedener Gegner einer Rückkehr zum von der Kirche dominierten vorrevolutionären System, das schließlich auch die Männer von 1789 hervorgebracht habe.

Das im Juli 1833 verabschiedete Gesetz über die Primarschulen[185] legte diese zwar endgültig in staatliche Hand, reintegrierte aber gleichzeitig die katholische Kirche und schuf legale Grundlagen für private Träger. Die Gemeinden wurden zur Unterhaltung öffentlicher Elementarschulen verpflichtet, über die lokale Komitees wachten, denen neben dem Bürgermeister auch der Pfarrer angehörte. Für Arme entfiel das Schulgeld. Auch für die Ausstattung der Schulen und die Bezahlung der Lehrer hatte die Gemeinde aufzukommen, staatliche Zuschüsse wurden nur bei unzureichendem Steueraufkommen gezahlt. Zugleich wurden verbindliche Lerninhalte formuliert. Für die Grundstufe waren dies Lesen, Schreiben, Rechnen, Maße und Gewichte und die Kenntnis der französischen Sprache, deren Stellung als verbindendes Element der Nation damit erstmals seit der Französischen Revolution wieder bewusst hervorgehoben wurde.[186] Tägliche Gebete gehörten ebenso zum Schulalltag wie der Besuch der Messe an Sonn- und Feiertagen. In der Hauptstadt jedes Departements und in Gemeinden mit mehr als 6.000 Einwohnern musste zudem eine höhere Primarschule (école primaire supérieure) eingerichtet werden, in der die Kenntnisse durch Geometrie, Physik, Naturgeschichte, Musik, Geografie, Geschichte und eventuell eine moderne Fremdsprache entscheidend erweitert wurden. Ein Teil der Plätze war für Stipendiaten reserviert. Schließlich sollte in jedem Departement eine Ausbildungs-

---

185 Vgl. CD-ROM-2, Dok.-Nr. 3.10.2 (Gesetz zum Grundschulunterricht v. 28.06.1833).
186 Vgl. Christian Schmitt, Nation und Sprache: das Französische, in: A. Gardt (Hg.), Nation und Sprache. Die Diskussion ihres Verhältnisses in Geschichte und Gegenwart, Berlin u. a. 2000, S. 673-745, hier S. 703.

stätte für Grundschullehrer (école normale primaire) eingerichtet werden. Tatsächlich erhöhte sich ihre Zahl im Laufe des Jahres 1833 von 47 auf 57.[187] Weitere Maßnahmen wie die Einführung verpflichtender neuer Schulbücher, Regelungen über die Zusammensetzung der für die Vergabe der Lehrerlaubnis zuständigen Kommissionen oder die Schaffung eines Systems von Schulinspektoren ab 1836 gaben dem französischen Schulwesen ein im Grunde bis heute erhalten gebliebenes Gesicht. Erste Früchte der Guizotschen Schulpolitik zeigten sich an einer unter der Julimonarchie von 50 Prozent auf unter 40 Prozent sinkenden Analphabetenquote.[188]

Das napoleonische Universitätssystem war für die Royalisten das Symbol schlechthin für Militarismus, Zentralisierung und Gottlosigkeit.[189] Die Erste Restauration erhielt zwar die Strukturen, gestand der religiösen Unterweisung jedoch breiten Raum zu. Einen Sieg für das klerikale Lager stellte vor allem die am 5. Oktober 1814 erlassene Verordnung über die Einrichtung weiterführender kirchlicher Schulen dar.[190] Pro Departement durfte eine dieser Schulen ohne Genehmigung gegründet werden. An Standorten ohne lycée oder collège communal konnten die kirchlichen Schulen als Ersatz dienen; dort, wo es bereits andere weiterführenden Schulen gab, hatten die Schüler der kirchlichen Schule dagegen nach zwei Jahren den Habit anzulegen. Eine Ersetzung des höheren staatlichen Schulwesens durch ein kirchliches war also nicht vorgesehen, doch schossen gerade unter den anarchischen Zuständen nach den Hundert Tagen kirchliche Schulen aus dem Boden, deren Personal oft wenig qualifiziert war. Der absehbare Niveauverlust führte unter dem neuen Innenminister Lainé ab Oktober 1816 zu einer Stärkung des staatlichen Systems: Pensionsschüler wurden zum Besuch der weiterführenden staatlichen Schulen (collèges royaux bzw. communaux) verpflichtet, und die »kleinen Seminare« durften keine externen Schüler mehr aufnehmen. Vor allem sollten Kirche und Universität versöhnt werden, dies u. a. durch die Einrichtung gemeinsam verwalteter »collèges mixtes«.

Insgesamt ging die Universität auch aus der von den Ultraroyalisten dominierten Phase zwischen 1820 und 1827 gestärkt hervor, in der sie zeitweise der Kirche unterstellt war. So wurde am 1. Juni 1822 unter Mgr. Frayssinous, dem Bischof von Hermopolis, das 1815 abgeschaffte Amt des Großmeisters (grand-maître) der Universität wiederhergestellt. Anfang April 1824 übernahm Frayssinous das neue Ministerium für kirchliche Angelegenheiten und Erziehungswesen. Ohne strukturelle Änderungen vorzunehmen, zielten alle Maßnahmen der Ultras auf eine Stärkung des klerikalen

---

187 Zur Entwicklung der écoles normales primaires seit dem Empire vgl. René Grevet, L'avènement de l'école contemporaine en France, 1789–1835: laïcisation et confessionnalisation de la culture scolaire, Villeneuve-d'Ascq 2001, S. 227-233; M. Gontard, L'enseignement primaire en France de la Révolution à la loi Guizot (1789–1833), Lyon 1959, S. 285-292.
188 Zahlen nach Grevet, Avènement (wie Fn. 187), S. 266.
189 Zur Universität seit 1814 vgl. Maurice Gontard, L'enseignement secondaire en France de l'Ancien régime à la loi Falloux, 1750–1850, Paris 1984, S. 101 ff.
190 Vgl. CD-ROM-2, Dok.-Nr. 3.10.1 (Ordonnanz zur Einführung kirchlicher Schulen v. 05.10.1814).

Einflusses in den weiterführenden Schulen. Auch die »kleinen Seminare« konnten sich in diesem wohlwollenden Klima wieder ausbreiten. Ein prominentes Opfer dieser Politik war die École normale, die als napoleonisches Relikt und mutmaßliche Brutstätte des Widerstandes im Jahr 1822 geschlossen, aber schon vier Jahre später als »Ecole préparatoire« wieder eröffnet wurde. Diese Kehrtwende war eine Reaktion auf die mangelhafte Elitenausbildung. Gerade die völlige Inkompatibilität der theologisch dominierten Ausbildung mit den Erfordernissen der Industrialisierung führte zu einem Umdenken. Dies zog u. a. ab 1826 ein Verbot weiterer Gründungen von collèges mixtes nach sich. Nach dem Sieg der Liberalen bei den Wahlen von 1827 und der Einrichtung eines separaten Erziehungsministeriums wurde am 26. Mai 1829 per Verordnung die Neuorganisation des weiterführenden Schulwesens angeordnet. Schon zuvor waren auf Anregung einer Kommission unter Leitung des Pariser Erzbischofs neue Verordnungen für die kirchlichen Schulen erlassen worden (16. Juni 1828): Dies bedeutete auch das Ende der acht von Jesuiten geleiteten Schulen, die wieder der Universität unterstellt wurden. Gleichzeitig begrenzte man die Zahl der Zöglinge in kirchlichen Schulen auf 20.000.

Unter der Julimonarchie kam die Weiterführung der Reform des Sekundarschulwesens nur stockend voran, da das Hauptinteresse zunächst dem Grundschulwesens galt. Als Hemmnis erwies sich jedoch auch das Kompetenzreglement. Der 1815 aus der »Commission de l'instruction publique« hervorgegangene »Conseil royal«, der bis 1822 die Funktionen des Großmeisters der Universität wahrgenommen hatte, behielt auch nach Einrichtung eines Erziehungsministeriums ab 1824 unter Frayssinous weitgehende Kompetenzen. Seine Mitglieder waren Befürworter einer klassischen Bildung und sperrten sich gegen Reformen. Erst Guizots Nachfolger Salvandy brachte den König dazu, die Macht des Conseil royal zu brechen und die Kompetenzen des Ministeriums zu erweitern. Auf dieser Basis konnte mit dem Erlass vom 5. März 1847 die Einrichtung eines neuen dreijährigen Zweiges in allen collèges beschlossen werden, dessen Lehrplan sich an den Bedürfnissen von Handel und Industrie orientierte und den Schwerpunkt auf Natur- und Ingenieurswissenschaften sowie lebende Sprachen legte. Ein am 12. April 1847 vorgelegter Entwurf über die in der Charte versprochene und mit Vehemenz eingeforderte Lehrfreiheit[191], das auch den kleinen Seminaren unter bestimmten Umständen die Vergabe von qualifizierenden Abschlüssen erlaubte, konnte vor der Revolution von 1848 jedoch nicht mehr verwirklicht werden.

Die gesetzliche Reglementierung der Mädchenschulen machte unter Restauration und Julimonarchie eher bescheidene Fortschritte.[192] 1820 wurde die Primarschulver-

---

191 Vgl. CD-ROM-2, Dok.-Nr. 3.2.6 (frz.)/3.2.7 (dt.) (Charte constitutionnelle v. 14.08.1830), Art. 69, Abs. 8; siehe auch Olivier Passeleq, La Liberté de l'Enseignement, in: J.-P. Clément u. a. (Hg.), Liberté, Libéraux et Constitutions, Aix/Marseille 1997, S. 61-76.
192 Zu den Mädchenschulen vgl. Rebecca Rogers, From the Salon to the Schoolroom. Educating Bourgeois Girls in Nineteenth Century, Pennsylvania 2005.

ordnung vom 29. Februar 1816 auf reine Mädchenschulen übertragen, ebenso wie dies im Jahre 1836 mit den meisten Vorschriften aus dem Guizotschen Primarschulgesetz geschah (loi Pelet), ausgenommen jedoch die Bestimmung über die Eröffnung von »écoles normales primaires« für die Ausbildung von Lehrerinnen.[193] Behoben wurde dieser Mangel durch verschiedene Schulschwesterorden. Da bei der Mädchenerziehung das Hauptaugenmerk nach wie vor auf moralischen Kriterien lag, war Kritik am kirchlichen Einfluss hier wesentlich seltener. Das relative Desinteresse an der Ausbildung des weiblichen Teils der Bevölkerung spiegelte sich auch in der mangelnden Vereinheitlichung des höheren Mädchenschulwesens wider. Lediglich im Departement Seine unterlagen weiterführende Mädchenschulen nach einem seit 1801 kontinuierlich weiter entwickelten System einer regelrechten Kontrolle, was auch die Auswahl geeigneter Lehrerinnen durch paritätisch besetzte Komitees umfasste. Erst 1844 wurden diese Anregungen vom Erziehungsministerium aufgenommen und flossen in eine Direktive für die übrigen Departements ein, die ermuntert wurden sich dem Pariser System anzuschließen, ohne daraus jedoch eine verbindliche gesetzliche Regelung abzuleiten.

11 Finanzen

Die Rückkehr der Bourbonen begann 1814/15 unter denkbar schlechten finanziellen Ausgangsbedingungen. Der seit 1792 beinahe durchgehend geführte Krieg hatte eine gewaltige Staatsschuld mit Verbindlichkeiten in Höhe von 759 Mio. Francs entstehen lassen. Um das Vertrauen in das neue Regime in wirtschaftlicher Hinsicht nicht zu gefährden, entschloss sich die neue Regierung keine Rückgabe, sondern vielmehr eine Entschädigung für die durch Enteignung von Adligen und Emigranten entstandenen Nationalgütern zu betreiben und außerdem auch die Staatsschuld im Rahmen der Verfassung zu garantieren (Art. 70 der Charte von 1814). Aufgrund der Rückkehr Napoleons und des neuerlichen Kriegszugs 1815 verschärfte sich nochmals die Lage, denn der Zweite Pariser Friedensvertrag mit seinen die näheren Details regelnden einzelnen Konventionen legte dem Land eine Entschädigung von 700 Mio. Francs, zahlbar in fünf Jahren, sowie eine Besetzung der östlichen Landesteile mit Truppen der Alliierten in einer Stärke von 150.000 Personen auf, welche zudem finanziell mit einem Aufwand von ca. 50 Mio. pro Jahr zu unterhalten waren, insoweit sich die Armee nicht wie beim Futter für die Tiere direkt aus der Natur bediente. Schließlich sah sich Frankreich zudem verpflichtet, die Verbindlichkeiten gegenüber Privaten, insbesondere in den während des Kaiserreichs annektierten Gebieten, aber auch z. B.

---

193 Erst 1842 wurden zwei derartige Einrichtungen in den Departements Jura und Orne gegründet, bis 1850 stieg ihre Zahl auf sieben. Vgl. dazu Sharif Gemie, Women and Schooling in France, 1815–1914: gender, identity and authority in the female schooling sector, Keele 1995, S. 84.

gegenüber britischen Kaufleuten und Bankiers, anzuerkennen und zurückzuzahlen. Dass derartige finanzielle Ansprüche aus der Zeit vor 1814, die teilweise bis in die frühe Revolutionszeit zurückreichten, nicht immer anerkannt wurden, musste z. B. der Dey von Algier erfahren, der vergeblich nicht bezahlte Weizenlieferungen geltend machte, was schließlich – sicherlich auch aus anderen Gründen – zur Annexion Algeriens durch Frankreich führte. Auf der anderen Seite wussten insbesondere auch die deutschen Kleinstaaten erhöhte Ansprüche geltend zu machen, sodass das Gesamtvolumen der Forderungen 1,6 Milliarden betrug, während man beim Abschluss des Zweiten Pariser Vertrages 1815 von einem geschätzten Wert von 200 Mio. ausgegangen war – unter britischer Vermittlung wurden letztlich aber nur 240 Mio. anerkannt.[194]

Obgleich in Kreisen der Ultraroyalisten teilweise ein partieller Staatsbankrott befürwortet wurde, griff die Regierung zu anderen finanzpolitischen Maßnahmen, um die Schuldenkrise in den Griff zu bekommen. Mit dem Instrument der Amortisationskasse sollten die öffentlichen Schulden langfristig abgebaut werden. Die mit dem Finanzgesetz von 1816 neu eingerichtete »Caisse d'amortissement« erhielt die Einnahmen aus dem Postwesen und einen kleineren Teilbetrag aus dem jährlichen Budget und hatte die Aufgabe die bisherigen Staatsrentenpapiere aufzukaufen, um sie damit dauerhaft aus dem Verkehr zu ziehen. Ein Wiederverkauf oder andere Formen der Kapitalisierung waren ausdrücklich untersagt (Art. 107-109). Die finanziellen Rückstellungen für die Altersversorgung der Beamten des französischen Staates und andere Einlagen für die Ehrenlegion und die Kanalgesellschaft, die von der napoleonischen Amortisationskasse verwaltet worden waren, übertrug das Gesetz einer neu geschaffenen »Caisse des dépôts et consignations« (Art. 110). Damit diese beiden Institutionen nicht zu sehr in Abhängigkeit des Staates gerieten und deshalb ähnlich schlecht wie bereits im 18. Jahrhundert oder unter Napoleon funktionierten, erhielten sie eine größere Unabhängigkeit als ihre Vorgänger, indem sie der Kontrolle der Legislative unterworfen wurden. Die Kontrollkommission, der alle drei Monate die Rechnungen vorzulegen waren, setzte sich aus einem Pair, zwei Deputierten, drei Präsidenten des Rechnungshofes, dem Gouverneur der Bank von Frankreich und dem Handelskam-

---

194 Ponteil, Institutions (wie Fn. 62), S. 48 f.; Erbe, Geschichte (wie Fn. 31), S. 37; Jardin/Tudesq, France (wie Fn. 58), S. 55 ff. Der Text des Zweiten Pariser Friedensvertrages v. 20.11.1815 und der daraus abgeleiteten Konventionen in: CD-ROM-2, Dok.-Nr. 1.1.6; dem eigentlichen Vertragstext folgen diverse Konventionen der Vertragsparteien z. B. über die Höhe und den Zahlungsmodus der Kriegsentschädigung in Geld (Art. 1: 700 Mio. Fr.), über die Bedingungen des Besatzungsregimes (der dortige Art. 2: 50 Mio. Fr. für die direkte Versorgung), aber auch über die genau festgelegten Anteile an Nahrungsmitteln, die den Soldaten und Offizieren zustanden, sowie mehrere Verträge zur Begleichung der Verbindlichkeiten Frankreichs gegenüber dem Ausland und seinen Staatsbürgern. Zu den genaueren Gründen für die französische Expansion nach Algerien siehe Kapitel 1, Frankreich 1815–1847.

merpräsidenten von Paris zusammen; sie musste einmal jährlich dem Parlament einen Bericht erstatten.

Zusätzlich beseitigte man allmählich die hohen finanziellen Altlasten mithilfe von Anleihen und der Umwandlung von Schulden in Staatsrenten: Zu Beginn der Zweiten Restauration wurde den reicheren Steuerbürgern eine außerordentliche Anleihe von 100 Mio. Francs auferlegt, gleichzeitig wurde der Verkauf der insgesamt 300.000 ha des Staatswaldes fortgeführt. Die indirekten Steuern wurden wie etwa diejenigen auf Getränke ausführlich in 146 Artikeln mit dem Finanzgesetz 1816 neu geregelt oder aber wie die unbeliebte Salzsteuer oder die moralisch umstrittene Lotterie- und Spielsteuer beibehalten. Die Einrichtung der Amortisationskasse zeugte vom Willen der Regierung die Staatsschuld dauerhaft zu garantieren, sodass der Finanzminister Corvetto es 1817 wagen konnte, eine größere Summe an Staatspapieren auszugeben. Diese wurden mithilfe von holländischen und englischen Bankiers platziert, und erst an der dritten Tranche waren auch zwei französische Bankhäuser beteiligt. Die gute Aufnahme der Anleihe machte es möglich, dass man 1818 eine weitere Ausgabe von Staatsrentenpapieren auch auf dem französischen Markt wagte, die sich zu einem vollen Erfolg entwickelte – das Vertrauen in die Kreditfähigkeit des französischen Staates war wiederhergestellt. Mit dieser raschen finanziellen Konsolidierung, die eine regelmäßige Zahlung der Kriegsentschädigung und der Unterhaltskosten für die Besatzungsarmee erlaubte, gelangte Frankreich auch schneller wieder zur außenpolitischen Handlungsfreiheit, denn die Anzahl der fremden Truppen wurde bereits zum April 1817 von 150.000 auf 120.000 verkleinert. Bereits drei Jahre nach dem Ende des Krieges, und nicht wie 1815 vorgesehen erst nach fünf Jahren, konnte Frankreich auf dem Kongress von Aachen im September 1818 mit der Wiederaufnahme in den Kreis der europäischen Großmächte gleichzeitig das Besatzungsregime vorzeitig beenden; die noch ausstehenden Zahlungen für die Entschädigungen wurden im Verlaufe des Jahres 1819 mithilfe eines englischen Bankhauses abgewickelt.[195]

Nach der massiven Schuldenanhäufung bei mangelnder Kontrolle der Regierung in der Zeit Napoleons konnte es nach 1814 nur folgerichtig sein, dass das Parlament die Verfügung über die Finanzen des Staates stärker an sich ziehen würde. Das zeigte sich bereits bei der Einrichtung der Amortisationskasse 1816 und mit dem Finanzgesetz von 1817 wurde zudem das Budgetrecht des Parlaments deutlich verbessert. Im Jahre 1814 war nach der Diskussion des Haushalts nur über die Kredite der sieben Ministerien abgestimmt worden, nun wurde mit dem neuen Gesetz festgelegt, dass die Minister ihre jeweiligen Ausgaben nach einzelnen Kapiteln aufführen mussten, damit

---

195 Ponteil, Institutions (wie Fn. 62), S. 48 ff.; Erbe, Geschichte (wie Fn. 31), S. 37; Sautel, Histoire (wie Fn. 94), S. 616 f., 624 ff.; Jardin/Tudesq, France (wie Fn. 58), S. 56 ff. Der Text des Finanzgesetzes vom 28.04.1816 in: CD-ROM-2, Dok.-Nr. 3.11.1; dieses Gesetz enthält drei unterschiedliche Teile, die jeweils eigene Zählungen der Paragrafen haben: das Finanzgesetz im engeren Sinne, das Gesetz über die indirekten Steuern und dasjenige über die Zölle. Der Text des Aachener Kongressakte vom 15.11.1818 in: CD-ROM-2, Dok.-Nr. 1.1.9.

erkennbar würde, wie die einzelnen Gelder tatsächlich verwendet wurden bzw. werden sollten, wobei der Grundsatz einzuhalten war, dass die vorgesehenen Ausgaben den Kredit nicht übersteigen durften. Auch die Möglichkeit, sich wie in der Revolutionszeit und insbesondere unter Napoleon nicht transparente Einnahmemöglichkeiten zu verschaffen, wurde beseitigt – nur in außergewöhnlichen und eiligen Fällen konnten auf der Basis einer königlichen Ordonnanz nicht im Budget vorgesehene Ausgaben getätigt werden, die jedoch dann umgehend dem Parlament in Gesetzesform vorzulegen waren. Die Liberalen der Restaurationszeit schrieben es sich auf ihre Fahnen, die parlamentarische Kontrolle der Finanzen stetig zu verbessern, was ihnen auch zunehmend gelang, indem etwa im Jahre 1827 eine Ordonnanz erlassen wurde, die vorsah, dass die ministeriellen Fachabteilungen den Haushalt so aufstellen mussten, dass die Personal- von den Sachkosten gut zu unterscheiden waren. Im Julikönigtum kam es ab 1831 zu einer systematischen Abstimmung des Haushalts nach Einzelposten. Der zunehmende Erfolg der parlamentarischen Kontrolle der Staatsfinanzen zeigte sich an der fortschreitenden Differenzierung des Haushalts bei den Abstimmungen: 1814 stimmte das Parlament noch pauschal über die sieben Haushalte der jeweiligen Ministerien ab, 1827 über die Aufstellungen von 52 Abteilungen und 1831 über 116 einzelne Haushaltsposten. Das Finanzgesetz wurde damit zunehmend zum Spiegel der Aktivitäten des Staates.[196]

Bereits kurz nach der Rückkehr der Bourbonen auf den Thron wurde die Idee einer Entschädigung für die aufgrund ihrer Emigration, Verurteilung oder Deportation in der Revolutionszeit enteigneten Grundbesitzer verfolgt. Da die Rückgabe des als Nationalgüter verkauften Grund und Bodens durch die Charte von 1814 ausdrücklich ausgeschlossen worden war, kam es zu einer Rückgabe von Nationalgütern nur in den Fällen, in denen die Güter noch im Besitz des Staates waren. Dabei handelte es sich vornehmlich um Waldbesitz, den Napoleon von der schon bei ihm praktizierten Rückgabe der nicht verkauften Güter ausgenommen hatte. Mit dem Gesetz vom Dezember 1814 kam es zur Rückabwicklung dieses Waldbestandes von ca. 350.000 ha, von denen knapp die Hälfte dem Duc d'Orléans und dem Prince de Condé gehörten. Insgesamt erhielten ca. 1.000 ehemalige Besitzer Güter im Wert von ca. neun Mio. Francs zurück.[197]

Erst nachdem in den ersten Jahren der Restaurationszeit die Finanzsituation des Staates stabilisiert worden war, konnte der Plan für die Entschädigung der Emigran-

---

196 Ponteil, Institutions (wie Fn. 62), S. 60 f.; Rosanvallon, Staat (wie Fn. 94), S. 26 ff.; Sautel, Histoire (wie Fn. 94), S. 591 ff., 597 ff.; Sébastien Kott, Le contrôle des dépenses engagées. Évolution d'une fonction, Paris 2004, S. 38 ff., 48 ff. Das Finanzgesetz v. 25.03.1817 in: CD-ROM-2, Dok.-Nr. 3.11.2, hier insbesondere die Art. 148-153.
197 Franke-Postberg, Milliard (wie Fn. 71), S. 69 ff.; Waresquiel/Yvert, Histoire (wie Fn. 54), S. 90 ff. Der Text des Gesetzes v. 05.12.1814 in: CD-ROM-2, Dok.-Nr. 3.4.1 (Restitutionsgesetz v. 05.12.1814). Zur eigentumsrechtlichen Relevanz der Restitution bzw. Entschädigung siehe Kapitel 4, Grundrechte.

ten umgesetzt werden, sodass es nach heftiger Debatte im Parlament, das hierbei auch grundsätzlich über die Revolution und die Emigration diskutierte, zur Verabschiedung des Gesetzes im Mai 1825 kam. Das »Gesetz zur Entschädigung der alten Besitzer derjenigen Grundbesitze, die infolge der Gesetze über die Emigranten, Verurteilten und Deportierten konfisziert und zugunsten des Staates verkauft wurden«, regelte als Grundsatz, dass die Entschädigungen darüber finanziert werden sollten, dass 30 Mio. Francs in Staatsanleihen zu einem Kapital von einer Milliarde Francs auszugeben waren. Daraus entwickelte sich rasch das politische Schlagwort von der »milliard des émigrés«. Die Entschädigung richtete sich zwar an dem geschätzten Kapitalwert der enteigneten Güter von knapp einer Milliarde aus, aber es wurde keineswegs dieser Wert zurückerstattet, sondern allein die Zinsen mittels Rentenpapieren zu drei Prozent (Art. 1 und 2 des Gesetzes). Blickt man auf die Umsetzung des Gesetzes, so kam es nach der letzten Aufstellung im Jahre 1842 zu einer Entschädigung von einem Kapitalwert in Höhe von 866 Mio. – also deutlich unter einer Milliarde – und einer tatsächlich gezahlten Entschädigung von ca. 26 Mio. Francs auf der Basis von 25.000 erfolgreichen Anträgen, die 70.000 Personen betrafen. Ein Fünftel der Emigranten kam in den Genuss einer Entschädigung, denn nur der kleinere Teil von ihnen waren Grundbesitzer gewesen. Dementsprechend kamen die Zahlungen am stärksten den reichen adligen Großgrundbesitzern zugute, von denen etliche Parlamentarier waren (320 von 430 Deputierten), während die vielen eidverweigernden Priester, die in der Revolutionszeit geflüchtet waren, allenfalls ein kleines Haus besessen hatten, sodass die an sie ausgezahlte Entschädigung z. B. im Departement Bordeaux zwischen 51 und 620 Francs schwankte. Wirtschaftspolitisch betrachtet war eine indirekte Folge des Gesetzes wichtiger: Mit der endgültigen Entschädigung war sichergestellt, dass die Nationalgüter nun nicht mehr rechtlich angefochten werden konnten, was eine deutliche Wertsteigerung dieser Immobilien auf dem Markt nach sich zog, die zuvor im Vergleich zu den Patrimonialgütern teilweise nur für ca. 30 Prozent des vergleichbaren Wertes verkauft worden waren. Dieser Wandel des Wertes der Nationalgüter ließ sich auch den Verfassungstexten ablesen, denn während die Charte von 1830 noch den Begriff aufführte, war er 1848 aus dem Text der Konstitution verschwunden. Nach der Revolution von 1830 wurde relativ bald die Möglichkeit beendet, noch Entschädigungsforderungen durchzusetzen, denn mit dem Gesetz vom April 1832 legte der Gesetzgeber fest, dass die Liquidationskommission zum Ende desselben Jahres ihre Arbeit einzustellen hatte. Es erfolgten bis Ende des Jahres 1841 noch vereinzelt Auszahlungen.[198]

---

198 Der Text des Gesetzes zur »Emigrantenmilliarde« v. 01.05.1825 in: CD-ROM-2, Dok.-Nr. 3.11.3; siehe zum Ende der Entschädigungsleistungen: Loi portant fixation du Budget des Dépenses de l'exercice 1832 (21.4.1832), in: Bulletin (wie Fn. 76), H. 76, Nr. 168, S. 203-217, hier S. 206, Art. 16. Vgl. auch Franke-Postberg, Milliard (wie Fn. 71), S. 236 ff., 243 ff., 253 ff., 348 ff.; Jardin/Tudesq, France (wie Fn. 58), S. 74 f.

12 Wirtschafts- und Sozialgesetzgebung/Öffentliche Wohlfahrt

Die Zeit zwischen 1814 und 1848 war maßgeblich durch die beginnende Industrialisierung in Frankreich geprägt. Im Unterschied zu Großbritannien oder auch Deutschland war die französische Entwicklung nicht durch eine Phase des sehr schnellen Wachstums gekennzeichnet, sondern es handelte sich vielmehr um einen allmählichen Prozess des vermehrten Wachstums. Im Unterschied zu den meisten anderen Ländern Europas kannte Frankreich zudem nur ein mäßiges Wachstum der Bevölkerung und wies deshalb auch nicht die massive Binnenwanderung oder gar Auswanderung aus, die uns im 19. Jahrhundert in anderen Ländern begegnet. Der Einfluss der Landwirtschaft innerhalb der gesamten Wirtschaft blieb groß (zwischen 1810 und 1840 ca. 66,5 Prozent der Gesamtproduktion) und zeigte selbst ein stetiges Wachstum. Vorherrschend für die französische Wirtschaft blieb das starke Gewicht der Verbrauchs- und Investitionsgüterindustrie, die 65 Prozent der Industrieproduktion ausmachte, wobei die Textilindustrie mit 21 Prozent den größten Teil einnahm. Auch der Klein- und Mittelbetrieb blieb die überwiegende Produktionsform und allein im Kleinbetrieb waren 70 bis 75 Prozent der gewerblichen Arbeitskräfte beschäftigt. Die Kleinbetriebe wussten sich vielfach dem Markt anzupassen und wurden nicht durch die Großbetriebe verdrängt. Dementsprechend kam es auch nur zu einem allmählichen Wandel der französischen Gesellschaft, wobei die Zunahme der Arbeiterschaft, die in sich sehr heterogen war, auch in den vermehrten Forderungen nach politischer Partizipation und den Aufständen der 1830er-Jahre zum Ausdruck kam. Das Eigentum blieb der entscheidende Zugang zu politischer und gesellschaftlicher Einflussnahme, wobei sich innerhalb der Notabeln ab 1830 die Gewichte vom Adel hin zum reichen Bürgertum verschoben, ohne dass Ersterer vollkommen verdrängt worden wäre. Wichtig innerhalb des hier betrachteten Zeitabschnitts war auch die Entwicklung der Wirtschaftskonjunktur: Die britische Wirtschaftskrise in der Mitte der 1820er-Jahre wirkte sich auch erheblich in Frankreich aus, sodass es in Verbindung mit Ernteausfällen ab 1828 zu Hungersnöten und sozialen Verelendungen kam, die den Nährboden für die Revolution von 1830 bildeten. Mitte der 1840er-Jahre wiederholte sich diese Situation, sodass die Wirtschafts- und Teuerungskrise 1846/47 wiederum die Voraussetzungen für die Revolution von 1848 schuf.[199]

---

199 Guy Lemarchand, L'économie en France de 1770 à 1830. De la crise de l'ancien Régime à la révolution industrielle, Paris 2008, S. 249 ff., 253 ff. (mit Verweis auf die divergierenden Berechnungen des industriellen Wachstums wegen der schlechten Datenlage), 293 ff.; Heinz-Gerhard Haupt, Sozialgeschichte Frankreichs seit 1789, Frankfurt a. M. 1989, S. 80 ff., 116 ff.; Christophe Charle, Histoire sociale de la France au XIXe siècle, Paris 1991, S. 16 ff., 25 ff., 55 ff.; Werner Giesselmann, »Die Manie der Revolte«. Protest unter der Französischen Julimonarchie (1830–1848), München 1993, S. 96 ff.; Erbe, Geschichte (wie Fn. 31), S. 27 f.; Helge Berger/Mark Spoerer, Nicht Ideen, sondern Hunger? Wirtschaftliche Entwicklung in Vormärz und Revolution 1848 in Deutschland und Europa, in: D. Langewiesche (Hg.), Demokratiebewegung und Revolution 1847 bis

Die Wirtschafts- und Sozialgesetzgebung zwischen 1814 und 1848 stand zumeist nicht im Mittelpunkt der politischen Auseinandersetzungen in dieser Epoche.[200] Zur Sozialpolitik des französischen Staates in einem weiteren Sinne gehörten in dieser Zeit auch die Versuche in das Wertesystem des Einzelnen direkt einzugreifen. Das betraf z. B. die Abschaffung der Ehescheidung mit einem Gesetz im Jahre 1816, um auf diese Weise die katholische Moralvorstellung über die Notwendigkeit einer lebenslangen Ehe wieder einzuführen und die mit dem Code civil festgelegte Säkularisierung der Heirat wieder rückgängig zu machen – es sollte bis 1884 dauern, bis eine Scheidung in Frankreich erneut möglich sein würde. Kamen im soeben dargestellten Fall jahrhundertealte Traditionsvorstellungen zum Tragen, so lag im Bereich der Sozialhygiene das rationalisierte Menschenbild der Aufklärung zugrunde, indem man nunmehr die Resozialisierung von Menschen, die sich nicht gesellschaftskonform verhielten, als ein wichtiges Ziel staatlichen Handelns ansah. Das betraf einerseits die Verrückten, die mithilfe von Anstalten medizinisch behandelt werden sollten, was aber zuerst zu einer so drastischen Zunahme der Anstaltsbevölkerung führte (zwischen 1800 und 1840 um das 20-fache), dass mit einem Gesetz vom Juni 1838 über die Geisteskranken grundlegende Bestimmungen eingeführt wurden. Auf der anderen Seite kam auch den Gefängnissen eine wichtige Rolle zu, indem sie nun als »Mittel der sozialen Umerziehung« angesehen wurde, was sich u. a. in der mit dem Gesetz vom April 1832 umgesetzten Humanisierung der Haftbedingungen und Strafen zeigte.[201]

Im Bereich der Sozialpolitik im engeren Sinne setzte die Regierung der Restaurationszeit die seit 1795/96 betriebene Praxis fort, dass die Hospitäler und Hospize, welche die armen Kranken, Alten, Behinderten und Waisen aufnahmen, sich weitgehend aus dem Ertrag ihrer eigenen Besitzungen finanzieren mussten und nur geringere staatliche Unterstützung erhielten: Im Jahre 1847 stammten 60 Prozent der Einkünfte von Hospitälern aus privaten Schenkungen oder Eigenerträgen, 15 Prozent aus kommunalen Subventionen und 25 Prozent aus staatlichen Kassen. In der Julimonarchie trat der liberale Gedanke hinzu, dass freiwillige Vorsorge zum Schutz vor Krankheit und Altersarmut mit rechtlichen Rahmenbedingungen unterstützt werden

---

1849. Internationale Aspekte und europäische Verbindungen, Karlsruhe 1998, S. 140-184, insbes. S. 163 ff.

200 Über die Wirtschafts- und Sozialgesetzgebung dieser Zeit informiert man sich am besten mithilfe allgemeinerer Überblickswerke: Rosanvallon, Staat (wie Fn. 94); Ponteil, Institutions (wie Fn. 62); Giovanna Procacci, Gouverner la misère. La question sociale en France 1789–1848, Paris 1993 (rein ideengeschichtliche Studie ohne Bezug auf die tatsächliche Staatstätigkeit); Andrea Barbieri, Lo stato sociale in Francia. Dalle origini alla seconda guerra mondiale, Roma 1999 (beginnt zwar im Ancien Régime und behandelt die Revolution bis 1794, überspringt aber die nachfolgende Zeit und setzt erst mit 1880 wieder ein).

201 Ponteil, Institutions (wie Fn. 62), S. 93 ff. (zur Ehescheidung). Das Gesetz vom 08.05.1816 zur Abschaffung der Ehescheidung in: CD-ROM-2, Dok.-Nr. 3.12.1. Zu Anstalten und Gefängnissen siehe Rosanvallon, Staat (wie Fn. 94), S. 88 ff. (Zitat auf S. 89, Auseinandersetzung mit Foucault auf S. 90).

sollte. In diesem Zusammenhang stand der Erlass des Gesetzes über die Sparkassen, das es ab 1836 landesweit ermöglichte, kleinere Sparbeträge zur Risikoabsicherung anzulegen, denn das Maximum wurde auf 300 Francs pro Woche bzw. 3.000 Francs pro Depot festgelegt (Art. 4 und 5). Gleichzeitig wurde auch den von Handwerkern gegründeten Hilfsvereinen auf Gegenseitigkeit (caisses de secours mutuel) ermöglicht, ihre Ersparnisse bei einer Sparkasse mit einer Verzinsung von vier Prozent anzulegen, wobei hier der Höchstbetrag auf 6.000 Francs beschränkt wurde. In der Anwendung des Gesetzes kam es zu einer raschen Verbreitung von Sparkassen in ganz Frankreich, sodass im Jahre 1847 364 Sparkassen existierten, die über Depots von ca. 730.000 Personen in einem Gesamtumfang von ca. 358 Mio. Francs verfügten. Von den 600.000 Einlegern, die man noch im Jahre 1844 gezählt hatte, stellten die Arbeiter und Hausangestellten mit 250.000 Sparern beinahe die Hälfte.[202]

Auf der anderen Seite wurden aber soziale Proteste der Arbeiter oder der Unterschichten zwischen 1831 und 1835 äußerst repressiv verfolgt und gerade nicht zur Verbesserung ihrer Lebens- und Arbeitsbedingungen Gesetze oder Verordnungen erlassen. Eine Ausnahme bildete das Gesetz über die Kinderarbeit, das nach langen und heftigen parlamentarischen Auseinandersetzungen im März 1841 verabschiedet wurde. Es sah eine Beschränkung der Kinderarbeit vor, indem die Arbeit von Kindern unter acht Jahren verboten, derjenigen im Alter von acht bis zwölf Jahren auf acht Stunden und derjenigen von zwölf bis 16 Jahren auf zwölf Stunden beschränkt wurde. Dahinter stand insbesondere auch der liberale Bildungsgedanke, denn das Gesetz verwies ausdrücklich auf die Notwendigkeit, dass die Kinder bis zum zwölften Lebensjahr eine Schule besuchen sollten (Art. 5). Das Gesetz galt nur für Unternehmen mit mindestens 20 Arbeitern, sodass kleinere Familienbetriebe von diesen Einschränkungen ausgenommen wurden. Dieses erste Gesetz zum Schutz der Arbeiter gelangte aber kaum zur Anwendung, denn die im Normentext vorgesehene Einsetzung von Inspektoren zur Kontrolle der Zustände wurde nicht realisiert.[203]

Im Bereich der Binnenwirtschaft bemühten sich die Regierungen der Restaurationszeit und des Julikönigtums die wirtschaftlichen Kommunikationswege zu verbessern. Die Straßenbauten in der napoleonischen Zeit hatten vornehmlich strategischen Zwecken gedient, sodass nur der Osten und Norden des Landes gut mit Paris verbunden waren, während der Westen und Süden einen großen Nachholbedarf aufwiesen. Insbesondere galt es zuerst den schlechten Zustand der vorhandenen Stra-

---

202 Rosanvallon, Staat (wie Fn. 94), S. 117; Ponteil, Institutions (wie Fn. 62), S. 209 ff.; Harrison, Citizen (wie Fn. 35), S. 125 ff. Das Sparkassengesetz vom 09.06.1835 in: CD-ROM-2, Dok.-Nr. 3.12.2.

203 Ponteil, Institutions (wie Fn. 62), S. 205 ff.; Jean-Claude Caron, La nation, l'État et la démocratie en France de 1789 à 1914, Paris 1995, S. 176; Pierre Rosanvallon, Le modèle politique français. La société civile contre le jacobinisme de 1789 à nos jours, Paris 2004, S. 172 ff., 184 ff. (zu den Arbeiter-Assoziationen); Giesselmann, »Manie« (wie Fn. 199), S. 95-194. Das Kinderarbeitsschutzgesetz vom 22.03.1841 in: CD-ROM-2, Dok.-Nr. 3.12.3.

ßen zu verbessern, denn von den ca. 33.500 km »routes royales« waren 1824 nur ca. 42 Prozent nutzbar. Das Budget für das Straßenbauprogramm stieg dementsprechend von 14 Mio. Francs im Jahre 1814 auf durchschnittlich 45 Mio. jährlich während des Julikönigtums. Auch beim Ausbau des Kanalsystems bemühte sich der französische Staat um deutliche Verbesserungen der wichtigen Verkehrswege. Ab 1814 wurden dabei Projekte aus der Zeit des Ancien Régime und der Revolutionszeit (Rhein-Rhone-Kanal, Canal de Bourgogne) und neue Bauten wie z. B. der Canal des Ardennes oder der Canal du Berry abgeschlossen. Zwischen 1816 und 1850 entstanden damit 2.500 km neue Wasserstraßen, wofür 541 Mio. Francs aufgewendet wurden. Um diese umfangreichen Mittel verwalten zu können, entstand 1831 das Ministerium für öffentliche Arbeiten. Der Eisenbahnbau blieb anfangs der Privatinitiative überlassen, sodass aufgrund des Kapitalmangels nur wenige kurze Strecken entstanden. Mit dem Gesetz vom Juni 1842 – der »Charta des Eisenbahnbaus« – änderte sich diese Situation. Hierbei legte der Staat die wichtigsten Strecken fest und übernahm die Kosten für deren Erschließung, während die privaten Gesellschaften mit der Konzession die Möglichkeit erhielten, auf eigene Rechnung die Schienen zu verlegen und dann die Züge verkehren zu lassen. Das Streckennetz durch Frankreich war auf Paris zentriert und nur zwei Linien – vom Rhein ans Mittelmeer und von Bordeaux am Atlantik nach Marseille – machten davon eine Ausnahme (Art. 1 Nr. 1 und 2). Hierfür wurde ein Betrag von 294,5 Mio. Francs in Aussicht genommen, wobei die Kosten anteilig von der Zentrale in Paris und den Departements und den Kommunen getragen werden sollten. Auf diese Weise konnte der Eisenbahnbau in den nächsten Jahrzehnten zu einem wichtigen Motor der Industrialisierung in Frankreich werden, auch wenn im Jahre 1848 erst 1.800 km Eisenbahnstrecken fertiggestellt und 3.000 km im Bau waren, während England und die deutschen Staaten zu diesem Zeitpunkt über deutlich größere Streckennetze verfügten.[204]

Im Bereich des Außenhandels setzten sich nicht die liberalen Vorstellungen vom Freihandel durch, sondern es blieb in der gesamten Epoche beim Grundsatz des Protektionismus. Bei der Gestaltung des Zollhandelsgesetzes galt es die unterschiedlichsten Interessen der verschiedenen Branchen und Regionen in Frankreich zu berücksichtigen. Trotz vermehrter Forderungen nach Einführung des Freihandels während des Julikönigtums blieben auch die führenden liberalen Politiker wie Thiers und Guizot bei ihrer Auffassung, dass zum Schutz der im Vergleich zu England noch schwach entwickelten Industrie Schutzzölle nötig seien – auch die ersten sich in dieser Zeit gründenden industriellen Interessenverbände setzten sich zum Ziel, dass in Paris zum Schutze ihrer Produktion entsprechende Zolltarife verabschiedet würden. Dementsprechend entstand auch in der Zollverwaltung eine Kontinuität, denn der 1831 zum

---

[204] Ponteil, Institutions (wie Fn. 62), S. 66 ff., 196 ff.; Rosanvallon, Staat (wie Fn. 94), S. 152 ff.; Erbe, Geschichte (wie Fn. 31), S. 37 ff., 66 ff. Das Eisenbahngesetz vom 11.06.1842 in: CD-ROM-2, Dok.-Nr. 3.12.4.

Generaldirektor des Zolls ernannte Greterin blieb bis 1860 im Amt.[205] Die allmähliche Industrialisierung und die erst seit Mitte der 1840er-Jahre gefestigte Herrschaft in Algerien führte dazu, dass die wirtschaftliche Bedeutung dieser neuen Kolonie noch gering blieb; trotz ihrer Versuche bereits in der Restaurationszeit gelang es den kleinen kolonialen Interessengruppen noch nicht, größeren Einfluss zu gewinnen.[206]

---

[205] Erbe, Geschichte (wie Fn. 31), S. 41 f.; Rosanvallon, Staat (wie Fn. 94), S. 146 ff.; Ponteil, Institutions (wie Fn. 62), S. 70 ff.; Jean Bordas, Les directeurs généraux des douanes. L'Administration et la politique douanière 1801–1839, Paris 2004, S. 89 ff., 135 ff., 546 ff. Als Beispiel für die detaillierten Zolltarife vgl. die entsprechende Gesetzespassage des Finanzgesetzes vom 28.04.1816 in: CD-ROM-2, Dok.-Nr. 3.11.1 (»Douanes« überschriebener dritter Teil des Gesetzes mit eigener Artikelzählung).

[206] Zur Frage der ökonomischen Bedeutung der Kolonien: Francis Démier, »L'esprit impérial« français confronté à première industrialisation, in: H. Bonin u. a. (Hg.), L'esprit économique impérial (1830–1970). Groupes de pression et réseaux du patronat colonial en France et dans l'empire, Paris 2008, S. 37-48, hier S. 37 ff., 48; Jean-François Klein, Une culture impériale consulaire? L'exemple de la Chambre de commerce de Lyon (1830–1920), ebd., S. 346-378, hier S. 353 ff.

Italien 4

Von Werner Daum (Hagen) und Francesca Sofia (Bologna)

0 Einführung

Der Beitrag über die italienische Staatenwelt beginnt mit der diesem Handbuchband zugrunde gelegten Zäsur von 1814/15, die sich weitgehend mit der verfassungsgeschichtlichen Entwicklung Italiens deckt. Er endet jedoch noch vor den in mehreren italienischen Staaten vollzogenen Reformen von 1846/47, da diese entweder durch die Dynamik der gesamtitalienischen Revolutionserfahrung von 1848/49 keine dauerhafte Umsetzung mehr erfuhren oder direkt zu Letzterer überleiteten[1], sodass das »lange 1848« Italiens im nachfolgenden Band 3 dieses Handbuchs ausführlicher zu behandeln ist.

Nach den beiden ersten vorangestellten Hauptkapiteln gliedert sich der Beitrag in zwei geografisch unterschiedene Unterkapitel. Diese behandeln zum einen die beiden größeren Territorialblöcke der Königreiche Sardinien und beider Sizilien (Kap. 4.1 von Werner Daum) und zum anderen die übrigen, mittelitalienischen Staaten – also die vier Herzogtümer Modena-Reggio, Massa-Carrara, Parma-Piacenza und Lucca, das Großherzogtum Toscana sowie den Kirchenstaat (Kap. 4.2 von Francesca Sofia). Eine solche Aufteilung beruht neben pragmatischen Zwängen auch auf der Überlegung, dass das piemontesisch-sardinische und das neapolitanisch-sizilianische Königreich – lässt man den Sonderfall des Kirchenstaats einmal unberücksichtigt – in der durch den Wiener Kongress vorgenommenen Neuordnung Italiens die beiden Staatsverbände darstellten, die eine größere Eigenständigkeit und Unabhängigkeit gegenüber der habsburgischen Vormacht zu behaupten wussten, weshalb ihrer verfassungsgeschichtlichen Entwicklung eine besondere Bedeutung zukommt. Bei der gemeinsamen Behandlung beider Staatsverbände in einem Unterkapitel (4.1) wird vorwiegend vom piemontesisch-sardinischen Fall ausgegangen, um das süditalienische Königreich vor allem hinsichtlich seiner besonderen Abweichungen vergleichend mit heranzuziehen. Eine ähnliche Kontrastierung nach besonders herausragenden Fällen erfolgt auch im Unterkapitel 4.2 für die dort behandelten sechs mittelitalienischen Staaten. Das Königreich Lombardo-Venetien wird in diesem Beitrag hingegen nur insofern Erwähnung finden, wie es Bedeutung für die innere Entwicklung der italienischen

---

1 Vgl. für den sardinischen Fall Romano Ferrari Zumbini, Tra idealità e ideologia. Il rinnovamento costituzionale nel Regno di Sardegna fra la primavera 1847 e l'inverno 1848, Torino 2008, bes. S. 14-44.

Staaten erlangte, da seine enge territoriale und politische Einbindung in das Habsburgerreich die systematische Behandlung dieses Territoriums im Österreich-Beitrag (Kap. 11.6 im vorliegenden Handbuch) rechtfertigt.

Die angesprochenen geografischen Schwerpunktsetzungen bedeuten jedoch nicht, dass hiermit einer teleologischen Engführung der Untersuchungsperspektive im Sinne der später unter piemontesischer Initiative verwirklichten nationalen Einigung Italiens Vorschub geleistet werden soll. Im Gegenteil gilt ein Hauptaugenmerk dieses Beitrags gerade auch verfassungsgeschichtlichen Entwicklungen in den italienischen Einzelstaaten, die hinsichtlich der späteren Verfassungsgeschichte des geeinten Italien auf den ersten Blick eher als »Sonderweg« oder »Sackgasse« erscheinen. Diese Vorgehensweise soll einerseits Kontinuitätslinien aufdecken, die üblicherweise durch die Konzentration auf die »Piemontisierungsthese« übersehen werden, und andererseits eine Einordnung der konstitutionellen Vielfalt der italienischen Staatenwelt in den europäischen Konstitutionalismus der Epoche ermöglichen.

Diese Neubewertung der einzelstaatlichen Verfassungsgeschichte(n) trägt im Übrigen auch den neueren Forschungstendenzen zur (Verfassungs-)Geschichte des italienischen Risorgimento Rechnung, die sich außerdem gegenüber kulturgeschichtlichen Fragestellungen geöffnet hat.[2] So stehen zum einen der Staatsbildungsprozess in den italienischen Einzelstaaten und insbesondere das dabei zutage tretende dialektische Verhältnis zwischen staatlicher Zentralisierung und dem lokalen, auf den munizipalen Eliten basierenden Verwaltungspluralismus im Zentrum der neueren Forschung[3], wobei interdisziplinär und europäisch vergleichend angelegte Unter-

---

[2] Für einen ausführlicheren Literaturbericht siehe Werner Daum/Francesca Sofia, Neue verfassungsgeschichtliche Perspektiven der Risorgimento-Forschung (Erstanlage 29.12.2009), in: {http://www.risorgimento.info/besprechungen2b.pdf} [29.12.2009].

[3] Raffaele Romanelli, Le radici storiche del localismo italiano, in: Il Mulino. Rivista bimestrale di cultura e di politica 40 (1991), Nr. 336, H. 4, S. 711-720; Marco Meriggi, Gli stati italiani prima dell'Unità. Una storia istituzionale, Bologna 2. Aufl. 2011, bes. S. 176 f.; ders., Gli antichi stati crollano, in: A. M. Banti/P. Ginsborg (Hg.), Il Risorgimento, Torino 2007, S. 541-566, hier bes. S. 551 f., 554-557; Luca Mannori, L'amministrazione del territorio nella Toscana granducale. Teoria e prassi di governo fra antico regime e riforme, Firenze 1988; ders./Bernardo Sordi, Storia del diritto amministrativo, Roma/Bari 4. Aufl. 2006 (Erstausg. 2001); ders. (Hg.), Stato e amministrazione nel Granducato preunitario (Themenheft), in: Rassegna storica toscana 49 (2003); ders., L'età di Pietro Leopoldo. Ceti dirigenti e processi di modernizzazione nell'età della Restaurazione, in: Il territorio pistoiese nel Granducato di Toscana, Pistoia 2006, S. 49-98; ders., Effetto domino. Il profilo istituzionale dello Stato territoriale toscano nella storiografia degli ultimi trent'anni, in: M. Ascheri/A. Contini (Hg.), La Toscana in età moderna (secoli XVI–XVIII). Politica, istituzioni, società: studi recenti e prospettive di ricerca, Firenze 2006, S. 59-90; ders., Un' »istessa legge« per un' »istessa sovranità«. La costruzione di una identità giuridica regionale nella Toscana asburgo-lorenese, in: I. Birocchi/A. Mattone (Hg.), Il diritto patrio tra diritto comune e codificazione (secoli XVI–XIX), Roma 2006, S. 355-386; Thomas Kroll, Die Revolte des Patriziats. Der toskanische Adelsliberalismus im Risorgimento, Tübingen 1999 (ital.: La rivolta del patriziato. Il liberalismo della nobiltà nella Toscana del Risorgimento, Firenze 2005); Antonio

suchungen an übergreifende Forschungszusammenhänge anzuknüpfen versuchen.[4] Zum anderen lässt sich in der italienischen Verfassungsgeschichtsforschung nun auch ein deutliches Interesse für das Phänomen der Verfassungskultur konstatieren, wobei insbesondere die Ausbildung einer öffentlichen Meinung und die Formierung eines kritischen Publikums im Mittelpunkt stehen.[5] Berührungen zwischen beiden Forschungsperspektiven sind natürlich nicht ausgeschlossen.[6] Aufbauend auf dem in der älteren Literatur entwickelten dreistufigen Entwicklungsmodell von der »monarchia amministrativa« über die »monarchia consultiva« bis hin zur »monarchia rappresentativa«[7] betont auch die jüngere Verfassungsgeschichtsforschung zur italienischen Restaurationsepoche die modernisierend wirkenden Kontinuitäten zur französisch-napoleonischen Herrschaft[8], als deren abschließende Manifestation nun auch die bisher vernachlässigten südeuropäischen Revolutionen von 1820–1823 ins Zentrum der

---

Chiavistelli, Dallo Stato alla nazione. Costituzione e sfera pubblica in Toscana dal 1814 al 1848, Roma 2006.

4 Zur deutsch-italienischen Parallelität in der regionalen Orientierung der modernen Staatsbildung siehe Rudolf Lill, Alcune considerazioni su federalismo e regionalismo come elementi di continuità nella storia tedesca. Qualche confronto con l'Italia, in: E. Capuzzo/E. Maserati (Hg.), Per Carlo Ghisalberti. Miscellanea di studi, Napoli 2003, S. 709-716, hier insbes. S. 709 f. Vgl. auch die Bilanz aus rechtsgeschichtlicher Perspektive von Bernardo Sordi, Recent Studies of Public Law History in Italy (1992–2005), in: Zeitschrift für Neue Rechtsgeschichte 29 (2007), H. 3-4, S. 260-276.

5 F. Mazzanti Pepe (Hg.), Culture costituzionali a confronto. Europa e Stati Uniti dall'età delle rivoluzioni all'età contemporanea. Atti del convegno internazionale (Genova, 29–30 aprile 2004), Genova 2005; Opinione pubblica. Storia, politica, costituzione dal XVII al XX secolo, in: Giornale di storia costituzionale 6 (2003), H. 2 (Themenheft).

6 Dies gilt bspw. für Chiavistelli, Stato (wie Fn. 3); ders., Modelli istituzionali e discorso pubblico nel Risorgimento italiano: la »Monarchia popolare« di Francesco Domenico Guerrazzi, in: Le Carte e la Storia. Rivista di storia delle istituzioni 13 (2007), H. 1, S. 113-128.

7 Zum Begriff der »monarchia amministrativa« siehe Carlo Ghisalberti, Dalla monarchia amministrativa alla monarchia consultiva, in: ders., Contributi alla storia delle amministrazioni preunitarie, Milano 1963, S. 147 ff.; ders., Dall'antico regime al 1848. Le origini costituzionali dell'Italia moderna, Roma-Bari 7. Aufl. 2001 (Erstausg. 1974), bes. S. 124 ff.; ders., Storia costituzionale d'Italia. 1848–1994, Roma-Bari 6. Aufl. 2007 (Erstausg. 1974), S. 8-11. Vgl. auch Werner Daum, Italien, in: P. Brandt u. a. (Hg.), Handbuch der europäischen Verfassungsgeschichte im 19. Jahrhundert, Bd. 1: Um 1800, Bonn 2006, S. 336-424, hier: S. 390. Zur Einführung der »monarchia consultiva« (oder auch »monarchia consultativa«) als Reaktion Metternichs auf die italienischen Erhebungen von 1820/21 und 1831 siehe Ghisalberti, Storia (wie oben), S. 14 f.; ders., Le strutture politiche e amministrative della Restaurazione in Italia, in: La Restaurazione in Italia. Strutture e ideologie, Roma 1976, S. 65-93, hier S. 80 f.; und zuletzt Kerstin Singer, Konstitutionalismus auf Italienisch. Italiens politische und soziale Führungsschichten und die oktroyierten Verfassungen von 1848, Tübingen 2008, bes. S. 72-142.

8 Angelantonio Spagnoletti, Storia del Regno delle Due Sicilie, Bologna 1997, bes. S. 7, 123-133; Michael Broers, Napoleonic Imperialism and the Savoyard Monarchy, 1773–1821. State-Building in Piedmont, Lewiston-Queenston 1997, bes. S. 37-49; Marco Meriggi, State and Society in Post-Napoleonic Italy, in: D. Laven/L. Riall (Hg.), Napoleon's Legacy. Problems of Government in Restoration Europe, Oxford-New York 2000, S. 49-63; John A. Davis, Naples and Napoleon. Southern Italy and the European Revolutions 1780–1860, Oxford-New York 2006; Emilio Gin,

Aufmerksamkeit rücken.[9] Das dabei zu beobachtende Interesse für die im Übergang vom 18. zum 19. Jahrhundert entstehende politische Kommunikation und Öffentlichkeit gibt schließlich Anlass zu einer explizit verfassungsgeschichtlichen Deutung des Risorgimento, in der die italienische Nationalstaatsbildung als vor dem Hintergrund des internationalen, Habsburgs Interessen untergeordneten Mächtesystems einzig möglicher Weg zur Konstitutionalisierung verständlich wird, einer Konstitutionalisierung wohlgemerkt, die die regionalen Eliten Italiens ursprünglich und zum Teil noch während des Einigungsprozesses selbst eigentlich nur für ihre jeweiligen Einzelstaaten anstrebten.[10]

1 Italien 1815–1847

Die territoriale Neuordnung Italiens durch den Wiener Kongress orientierte sich in erster Linie am gesamteuropäischen System des Mächtegleichgewichts, innerhalb dessen Österreich eine Vormachtstellung auf der italienischen Halbinsel mit ihren ca. 18 Millionen Einwohnern zugedacht war.[11] Auch wenn die Pläne des österreichischen Staatskanzlers Metternich zur Errichtung eines italienischen Staatenbundes als Pen-

---

L'aquila, il giglio e il compasso. Profili di lotta politica ed associazionismo settario nelle Due Sicilie (1806–1821), Mercato S. Severino 2007, bes. S. 155-167.

9 Antonino De Francesco, Rivoluzione e costituzioni. Saggi sul democratismo politico nell'Italia napoleonica 1796–1821, Napoli 1996; A. Romano (Hg.), Il modello costituzionale inglese e la sua recezione nell'area mediterranea tra la fine del 700 e la prima metà dell'800, Milano 1998; Maria Sofia Corciulo, La circolazione del modello spagnolo in Italia (1820–1821), in: Mazzanti Pepe (Hg.), Culture (wie Fn. 5), S. 129-147; Werner Daum, Oszillationen des Gemeingeistes. Öffentlichkeit, Buchhandel und Kommunikation in der Revolution des Königreichs beider Sizilien 1820/21, Köln 2005, bes. S. 55-63, 16-19, 44-48; Giuseppe Galasso, Il Regno di Napoli. Il Mezzogiorno borbonico e risorgimentale (1815–1860), Torino 2007, S. 229-235; Andreas Timmermann, Die »gemäßigte Monarchie« in der Verfassung von Cádiz (1812) und das frühe liberale Verfassungsdenken in Spanien, Münster 2007, bes. S. 25-41, 336 f.; Jens Späth, Revolution in Europa 1820–1823. Verfassung und Verfassungskultur in den Königreichen Spanien, beider Sizilien und Sardinien-Piemont, Köln 2012. Demgegenüber bleibt das zweite verfassungsgeschichtlich relevante Ereignis der Epoche, die liberalen mittelitalienischen Aufstände von 1830/31, bisher eher unterbelichtet. Vgl. jedoch Michael Strauß, »Bologna Nazione!« Der ceto dirigente und die Revolution von 1831 in Bologna, Magisterarbeit Universität Freiburg 2005; siehe auch den Beitrag über die mittelitalienischen Territorien und den Kirchenstaat im vorliegenden Handbuchband. In europäischer Perspektive: Julia A. Schmidt-Funke, Revolution als europäisches Ereignis. Revolutionsrezeption und Europakonzeptionen im Gefolge der Julirevolution von 1830, in: Jahrbuch für Europäische Geschichte 10 (2009), S. 149-194.

10 Luca Mannori, Il Risorgimento tra »nuova« e »vecchia« storia: note in margine ad un libro recente, in: Società e storia 2008, Nr. 120, S. 367-379; ders., Alla periferia dell'Impero. Egemonia austriaca e immagini dello spazio nazionale nell'Italia del primo Risorgimento (1814–1835), in: M. Bellabarba u. a. (Hg.), Gli imperi dopo l'Impero nell'Europa del XIX secolo, Bologna 2008, S. 309-346.

11 Die Einwohnerzahl bezieht sich auf den Beginn des 19. Jahrhunderts; Filippo Ambrosini, L'ombra della Restaurazione. Cospiratori, riformisti e reazionari in Piemonte e Liguria (1814–1831),

dant zum Deutschen Bund scheiterten[12], kam dem Habsburgerreich in der Tat nicht nur die Funktion einer Garantiemacht für die gesamte italienische Staatenwelt zu, es besaß durch politisch-dynastische Verbindungen auch die direkte oder indirekte Kontrolle über einen Großteil der Territorien.

Dies galt vor allem für die oberitalienischen Territorien, die direkt dem habsburgischen Herrschaftsbereich einverleibt wurden (Königreich Lombardo-Venetien, Trentino, Triest, Istrien).[13] Auch die formal unabhängigen Staaten wie die kleinen Herzogtümer, das Großherzogtum Toskana und das Königreich beider Sizilien standen zumindest in dynastischer Interessenverbindung zum habsburgischen Hof. So wurde Parma-Piacenza zunächst von der ehemaligen Kaiserin Marie Luise (1791–1847) von Habsburg-Lothringen regiert, bei deren Tod das Herzogtum an die Bourbonen von Parma fallen sollte. Letztere herrschten in der Zwischenzeit vorübergehend über das Herzogtum Lucca, das bei ihrem Wechsel nach Parma-Piacenza (der 1847 eintrat) der Toskana angegliedert wurde.[14] Das Herzogtum Modena-Reggio unterstand

---

Torino 2002, S. 277. Siehe zu den internationalen Implikationen der italienischen Restauration: Il sistema metternichiano, in: Restaurazione in Italia (wie Fn. 7), S. 95-172.

12 Karl Großmann, Metternichs Plan eines italienischen Bundes, in: Historische Blätter Nr. 4 (1931), S. 37-76.

13 Neben dem Beitrag über Österreich im vorliegenden Handbuchband vgl. zum habsburgischen Oberitalien: Kent Robert Greenfield, Economics and Liberalism in the Risorgimento. A Study of Nationalism in Lombardy, 1814–1848, Baltimore 1934; F. Valsecchi/A. Wandruszka (Hg.), Austria e province italiane 1815–1918. Potere centrale e amministrazioni locali, Bologna 1981; Marco Meriggi, Amministrazione e classi sociali nel Lombardo-Veneto (1814–1848), Bologna 1983; ders., Il Regno Lombardo-Veneto, Torino 1987; Edith Saurer, Straße, Schmuggel, Lottospiel. Materielle Kultur und Staat in Niederösterreich, Böhmen und Lombardo-Venetien im frühen 19. Jahrhundert, Göttingen 1989; David Laven, Studies in the Habsburg Administration of Venetia, 1814–1835, Diss. phil. Cambridge 1991; ders., Venice and Venetia under the Habsburgs 1815–1835, Oxford – New York 2002; Brigitte Mazohl-Wallnig, Österreichischer Verwaltungsstaat und administrative Eliten im Königreich Lombardo-Venetien 1815–1859, Mainz 1993; Eurigio Tonetti, Governo austriaco e notabili sudditi. Congregazioni e municipi nel Veneto della restaurazione (1816–1848), Venezia 1997; Ugo Cova, Venezia e Trieste: rapporti istituzionali sotto sovranità austriaca, in: E. Capuzzo/E. Maserati (Hg.), Per Carlo Ghisalberti. Miscellanea di studi, Napoli/Roma 2003, S. 175-200.

14 Vgl. CD-ROM-2, Dok. Nr. 4.2.1.2 (Vertrag über künftige Übergabe der Herzogtümer Parma, Piacenza und Guastalla sowie des Fürstentums Lucca v. 10.6.1817). Die Abtretung Luccas an die Toskana wurde präzisiert durch einen Zusatzvertrag, der den wechselseitigen Gebietstausch und die Grenzbegradigung zwischen Sardinien, Parma-Piacenza, Modena und Toskana regelte: CD-ROM-2, Dok.-Nr. 4.2.1.3 (Gebietstausch zwischen Sardinien, Toskana und den Herzogtümern Modena, Lucca bzw. Parma v. 28.11.1844). Ergänzend zur hier zugrunde gelegten CD-ROM-Edition ist als nützliche verfassungsgeschichtliche Edition für unseren Untersuchungszeitraum ebenfalls heranzuziehen: J. Luther (Hg.), Documenti costituzionali di Italia e Malta 1787–1850/ Constitutional Documents of Italy and Malta 1787–1850, Teile/Parti I-II (= H. Dippel [Hg.], Verfassungen der Welt vom späten 18. Jahrhundert bis zur Mitte des 19. Jahrhunderts. Quellen zur Herausbildung des modernen Konstitutionalismus/Constitutions of the World from the late 18th Century to the Middle of the 19th Century. Sources on the Rise of Modern Constitutionalism, Europa/Europe, Bd. 10), Berlin – New York 2010.

Franz IV. (1779–1846) von Österreich-Este. Ihm wurde 1829 auch das Herzogtum Massa-Carrara eingegliedert, das bis dahin unter der Herrschaft von Maria Beatrice d'Este (1750–1829) gestanden hatte. Das 1815 um den »Stato dei Presidi«, Piombino und Elba sowie 1847 noch um Lucca vergrößerte Großherzogtum Toskana wurde zunächst von Ferdinand III. (1769–1824) von Lothringen, einem jüngeren Bruder des österreichischen Kaisers, regiert, dem schließlich 1824 Leopold II. (1797–1870) von Lothringen in dieser Funktion nachfolgte. Durch seine dynastischen Verbindungen herrschte Österreich indirekt über rund 6,1 Mio. Einwohner in den nord- bzw. mittelitalienischen Territorien (ohne Lombardo-Venetien).[15]

Habsburg war in Süditalien mit Ferdinand I., dem Herrscher über das neu gebildete Königreich beider Sizilien, bereits durch dessen Gemahlin, Maria Karolina (1752–1814), Tochter von Maria Theresia von Habsburg, verbunden gewesen; außerdem war Franz II. von Habsburg (dann Franz I. von Österreich) in zweiter Ehe mit der Tochter des süditalienischen Bourbonenherrschers, Maria Theresa (1772–1807), verheiratet gewesen. Metternich knüpfte nun die Restitution des Throns von Neapel an die bourbonische Dynastie zusätzlich an die Verpflichtung zu einer Aussöhnungs- und Kompromisspolitik gegenüber den Trägern der vormaligen napoleonischen Satellitenmonarchie[16] sowie an präzise konstitutionelle Vorgaben im Sinne des im habsburgischen Oberitalien verwirklichten monarchischen Staatsmodells.[17] Dies sollte den bourbonischen Herrscher dann jedoch nicht davon abhalten, sich gerade von dieser habsburgischen Ordnung durch die weitgehende Übernahme des napoleonischen Rechts- und Verwaltungssystems deutlich abzusetzen. Die bedeutendste Neuerung der bourbonischen Restauration bestand in der administrativ-rechtlichen Vereinigung der beiden Königreiche Neapel und Sizilien, die zuvor vom bourbonischen Königshaus in Personalunion regiert worden waren, zum neuen Staatsverband des Königreichs beider Sizilien.[18] Der neue Staatsverband zählte Ende der 1820er-

---

15 Vgl. G. Sabbatucci/V. Vidotto (Hg.), Storia d'Italia, Bd. 1: Le premesse dell'Unità, Roma-Bari 1994, S. 476 f.
16 CD-ROM-2, Dok.-Nr. 4.1.1.1 (Präliminarkonvention zwischen Österreich und beiden Sizilien v. 29.4.1815).
17 CD-ROM-2, Dok.-Nr. 4.1.1.2 (Defensivbündnis zwischen Österreich und beiden Sizilien v. 12.6.1815), Geheimart. II. Zur Bedeutung dieses Allianzvertrags für den Plan eines gesamtitalienischen Bundes siehe Großmann, Metternichs Plan (wie Fn. 12), S. 52 f. u. passim.
18 Diese durch die Wiener Kongressakte (9.6.1815), Art. 104, in: CD-ROM-2, Dok.-Nr. 1.1.4, verfügte Vereinigung beider Königreiche wurde umgesetzt durch das »Grundgesetz des Königreichs beider Sizilien« (8.12.1816), in: CD-ROM-2, Dok.-Nr. 4.1.2.3. Vgl. dazu auch Guido Landi, Istituzioni di diritto pubblico del Regno delle Due Sicilie (1815–1861), 2 Bde., Milano 1977, hier: Bd. 1, S. 36 Anm. 65; Enrico Pispisa, Regnum Siciliae. La polemica sulla intitolazione, Palermo 1988; Werner Daum, »Beide Sizilien« – Doppelmonarchie oder Reichseinheit? Kontinuität und Wandel dynastischer Herrschaft in Neapel-Sizilien 1806–1821, in: H. Schnabel-Schüle/A. Gestrich (Hg.), Fremde Herrscher – fremdes Volk. Inklusions- und Exklusionsfiguren bei Herrschaftswechseln in Europa, Frankfurt a. M. u. a. 2006, S. 191-215.

1 Italien 1815–1847

Jahre rund 7,5 Millionen Einwohner, von denen mehr als 5,7 auf dem Festland und 1,7 Millionen auf Sizilien lebten.[19]

Mit seinem fast flächendeckenden Einflussbereich in Italien wollte Österreich den zukünftigen Expansionsbestrebungen Frankreichs genau an jener Stelle entgegentreten, an der Napoleon 20 Jahre zuvor seinen zunächst militärischen, bald auch politischen Aufstieg begonnen hatte. Die habsburgische Italienpolitik zielte denn auch bis 1848 in erster Linie und mit Erfolg auf die Aufrechterhaltung der österreichischen Hegemonie gegenüber neuerlichen französischen Expansionsbestrebungen; sie richtete sich erst in zweiter Linie in dem Maße gegen revolutionäre Erscheinungen bzw. die liberal-nationalen Bewegungen, wie diese Gelegenheit für französische Einmischungen boten und daher durch polizeiliche Maßnahmen und gemäßigte Reformen, notfalls aber auch durch direkte Militärinterventionen, verhindert werden mussten. [20]

Lediglich zwei italienische Territorien nahmen im Verhältnis zu Österreich eine Sonderstellung ein: So erstreckte sich zwischen dem habsburgischen Machtbereich in Nord- und Mittelitalien und dem habsburgisch kontrollierten bourbonischen Süden der Kirchenstaat zwar als eine Art unabhängige Pufferzone, in der aber das Habsburgerreich dennoch seinen Einfluss durch das Recht zur Stationierung von Truppen in den kirchenstaatlichen Festungen von Ferrara und Comacchio sicherte. Der Kirchenstaat beruhte auf der wiederhergestellten weltlichen Macht der Kirche, die nun aber auf ihre italienischen Territorien (Latium, Umbrien, Marken, Emilia und Romagna sowie die Enklaven Pontecorvo und Benevento) mit etwa 2,6 Mio. Einwohnern um 1831 beschränkt wurde[21], während Avignon und das Comtat Venaissin bei Frankreich verblieben.[22] Das einzige wirklich unabhängige Territorium aber bildete im äußersten Nordwesten Italiens das Königreich Sardinien unter savoyischer Krone[23], dem der Wiener Kongress die Funktion eines Bollwerks gegen künftige französische Expansionsbestrebungen in Richtung Süden zuschrieb. Mit diesen strategischen Überlegungen vertrug sich kaum die Wiederbegründung der Republik Genua, die daher unter bestimmten Zugeständnissen dem Königreich Sardinien einverleibt wurde.[24]

---

19 Benedetto Marzolla, Atlante corografico, storico e statistico del Regno delle Due Sicilie, eseguito litograficamente, compilato, e dedicato a S. M. il Re Ferdinando II. dal suo umilissimo e fedelissimo suddito ..., Napoli, Reale Litografia Militare, 1832, Nr. 2.
20 Vgl. David Laven, Austria's Italian Policy Reconsidered: Revolution and Reform in Restoration Italy, in: Modern Italy 2 (1997), H. 1, S. 3-33.
21 Vgl. Sabbatucci/Vidotto (Hg.), Storia d'Italia, Bd. 1 (wie Fn. 15), S. 476 f.
22 Vgl. diesbezüglich CD-ROM-2, Dok.-Nr. 4.2.1.1 (Protestnote Kardinal Consalvis gegen die Wiener Beschlüsse v. 12.6.1815).
23 Francesco Cognasso, I Savoia nella politica europea, Milano 1941; ders., I Savoia, Milano 1999 (Erstausg. 1971); W. Barberis (Hg.), I Savoia. I secoli d'oro di una dinastia europea, Torino 2007; Denis Mack Smith, I Savoia, Milano 2. Aufl. 2002.
24 CD-ROM-2, Dok.-Nr. 1.1.4. (Wiener Kongressakte v. 9.6.1815), Art. 86-89, 118. Zu den Bedingungen dieser Annexion, die vor allem die Einrichtung von Provinzräten in den genuesisch-ligurischen Territorien beinhalteten, siehe bereits: Actes relatifs à la cession de Gênes au Roi de

Auch der Teil Savoyens, der nach den Bestimmungen des Ersten Pariser Friedens vom 30. Mai 1814 zunächst bei Frankreich verblieben war[25], fiel anderthalb Jahre später im Zweiten Pariser Frieden wieder dem Königreich Sardinien zu.[26] Schließlich erhielt das Königreich außerdem das Protektorat über das Fürstentum Monaco. Infolge der territorialen Neuordnungen von 1814/15 umfasste das Königreich Sardinien nun eine Festlandmasse von 51.402 Quadratkilometern mit 3.426.000 Einwohnern.[27] (☞ Abb. 4.1)

Die Gesellschaften der italienischen Einzelstaaten bargen trotz des konservativen Geistes, den die Restaurationsordnung ihnen überstülpte, eine latente Dynamik.[28] Der soziale Entwicklungsprozess entsprang zwar einem unmerklichen Wandel der ländlichen Lebenswelt, er erfasste jedoch fast ausschließlich die urbanen Zentren und darunter vor allem die bedeutendsten Städte. Zusammen mit dem allgemeinen Anstieg der Marktpreise für Agrarprodukte brachte das demografische Wachstum überall eine Erhöhung der Produktivität mit sich, auch wenn diese hinsichtlich der jeweiligen Anbaukulturen und der Verbesserung der Produktionstechniken sehr unterschiedlich ausfiel. In den drei großen Systemen, die die Wirtschafts- und Sozialgeschichte der Halbinsel im Wesentlichen bestimmten – das kapitalistische Pachtsystem der bewässerten lombardisch-piemontesischen Ebenen, die in Mittelitalien verbreitete Halbpacht (»mezzadria«) und der Großgrundbesitz im Süden –, lässt sich im Untersuchungszeitraum überall ein Bruch mit den überkommenen Verhältnis-

---

Sardaigne (12.12.1814), in: Adriana Petracchi, Le origini dell'ordinamento comunale e provinciale italiano. Storia della legislazione piemontese sugli enti locali dalla fine dell'antico regime al chiudersi dell'età cavouriana (1770–1861), Bd. 2.1: Documenti, Venezia 1962, S. 87 f. Diese Verfügung des Wiener Kongresses vom 12. Dezember 1814 fand im Pariser Vertrag vom 20. Mai 1815 ihre Bestätigung und gelangte im Königreich Sardinien durch Königliches Patent vom 30. Dezember 1814 in den neu hinzugewonnenen ligurischen Provinzen zur Ausführung. Vgl. ebd., Bd. 1, S. 61-64, 70 f.; Maria Rosa Di Simone, Istituzioni e fonti normative in Italia dall'antico regime all'Unità, Torino 1999, S. 151 (2. Aufl. 2007); Alberto Aquarone, La politica legislativa della restaurazione nel Regno di Sardegna, in: Bollettino storico-bibliografico subalpino 57 (1959), S. 21-50, 322-359, hier S. 37-39 u. Anm. 37-43 (mit dem genaueren Inhalt und Wortlaut der Verordnung vom 30. Dezember 1814). Vgl. insgesamt zur ligurischen Sonderverwaltung auch Kapitel 5, Verwaltung.

25 CD-ROM-2, Dok.-Nr. 1.1.1 (Erster Pariser Frieden v. 30.5.1814), Art. III.
26 CD-ROM-2, Dok.-Nr. 1.1.6 (Zweiter Pariser Frieden v. 20.11.1815), Art. 1; vorab vereinbart im französisch-sardinischen Vertrag vom 19.9.1815, in: [Leonard Chodźko], Comte de Angeberg (Hg.), Le Congrès de Vienne et les traités de 1815, Bd. 4, Paris 1864, S. 1518 f.
27 Diese Zahlenangaben nach Narciso Nada, Il Piemonte sabaudo dal 1814 al 1861, in: ders./Paola Notario, Il Piemonte sabaudo. Dal periodo napoleonico al Risorgimento, Torino 1993, S. 93-476, hier: S. 112; leicht abweichende Angaben bei Ambrosini, Ombra (wie Fn. 11), S. 277.
28 Als Überblick über die sozioökonomischen Rahmenbedingungen in den italienischen Restaurationsstaaten siehe Franco Della Peruta, Aspetti sociali dell'età della Restaurazione, in: Restaurazione in Italia (wie Fn. 7), S. 421-471; Lucy Riall, Risorgimento. The History of Italy from Napoleon to Nation State, Basingstoke 2009, S. 53-116.

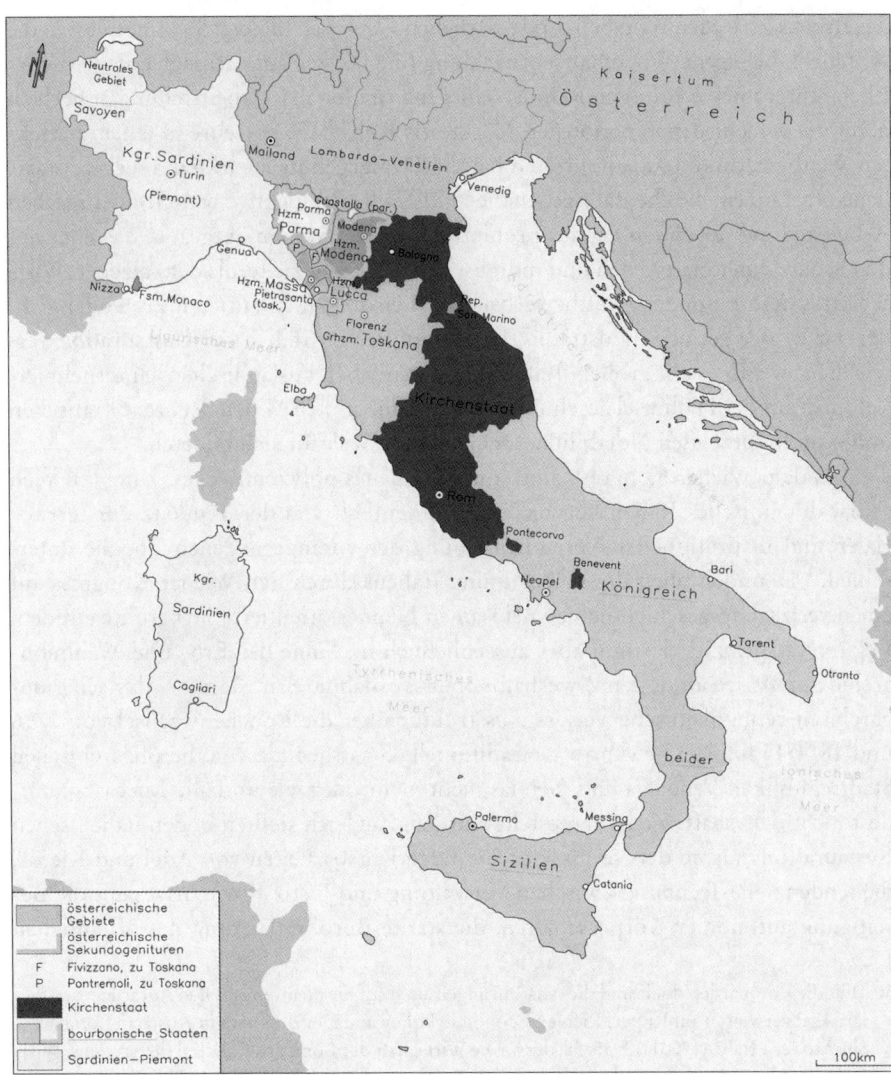

Abb. 4.1 Italien um 1815

sen feststellen.²⁹ Angesichts der Dynamik dieser Agrarentwicklung machten sich die aufgeklärten Eliten eine antiindustrielle Haltung zu eigen, die ein weiteres Moment

---

29 Vgl. zum Wandel in den drei Systemen vor allem Mario Romani, L'agricoltura in Lombardia dal periodo delle riforme al 1859: strutture, organizzazione sociale e tecnica, Milano 1957; Z. Ciuffoletti (Hg.), Il sistema di fattoria in Toscana, Firenze 1986; Salvatore Lupo, Il giardino degli aranci. Il mondo degli agrumi nella storia del Mezzogiorno, Venezia 1990. Als Synthese hinsichtlich dieses Aspekts siehe Guido Pescosolido, L'economia e la vita materiale, in: Sabbatucci/Vidotto (Hg.), Storia d'Italia, Bd. 1 (wie Fn. 15), S. 49-64.

des Bruchs zwischen Notabeln und staatlichen Gewalten bildete: So konzipierten die Notabeln die eigene Wirtschaftsentwicklung (die fast nie auf nationaler, italienischer Ebene aufgespielt wurde) im Rahmen einer internationalen Arbeitsteilung, innerhalb derer die verschiedenen regionalen Märkte als Rohstoffexporteure in einem perfekten Wettbewerbssystem aufzutreten hatten. Demgegenüber wirkten die einzelstaatlichen Instanzen, die ebenfalls gegen die industrielle Perspektive waren, einer solchen Arbeitsteilung durch ein rigides protektionistisches System entgegen, das eher auf den Schutz einer materiellen und moralischen Ordnung zielte, als dem eigenen Wirtschaftssystem besonders wettbewerbsfähige Leistungen garantieren zu wollen.[30] In der Tat ist der geringe industrielle Fortschritt, der im Italien der Restauration verwirklicht wurde, zum großen Teil den beträchtlichen ausländischen Unternehmerkolonien auf der Halbinsel geschuldet, die gegenüber dem Milieu der aristokratischen und grundbesitzenden Notabilität nochmals eine Welt für sich bildeten.

Aus dem Wiener Kongress ging somit ein neues polyzentrisches, zum Teil auch sozial dynamisches Italien hervor, das sich deutlich von der Tendenz zur territorialen und institutionellen Vereinheitlichung der vorangegangenen Epoche unterschied.[31] Dennoch blieb die Neuordnung Italiens durch den Wiener Kongress auf einen verfassungsgeschichtlich gemeinsamen Nenner orientiert: Sie beruhte auf dem Legitimitätsprinzip, das nun aber ausschließlich im Sinne der Erb- und Wahlmonarchie zur Anwendung kam, weshalb – mit Ausnahme San Marinos, das seine oligarchisch-republikanische Verfassungsstruktur über die Epochenwechsel von 1796 und 1814/15 hinweg bewahrte[32] – traditionelle Staatsgebilde wie die oligarchischen Stadtrepubliken Venedigs und Genuas nicht mehr oder wie im Falle Luccas zumindest nicht dauerhaft wiederhergestellt wurden. Zugleich stellten in den italienischen Restaurationsstaaten der Verlust der Sondergerichtsbarkeiten von Adel und Klerus, die tendenzielle Trennung zwischen Verwaltung und Justiz sowie insgesamt die Beseitigung autonomer Körperschaften, die starke Bürokratisierung des öffentlichen

---

30 Für die Lombardei (doch sind die Ausführungen auch auf die piemontesischen Agrarier übertragbar) sei verwiesen auf Rupert Pichler, Economic Policy and Development in Austrian Lombardy, in: Modern Italy 6 (2001), S. 35-58; ders., Die Wirtschaft der Lombardei als Teil Österreichs. Wirtschaftspolitik, Außenhandel und industrielle Interessen 1815–1859, Berlin 1999 (ital.: L'economia lombarda e l'Austria. Politica commerciale e sviluppo industriale 1815–1859, Milano 2002).
31 Vgl. zur nachfolgenden verfassungsgeschichtlichen Synthese Meriggi, Stati italiani (wie Fn. 3), S. 115-180 (insbes. S. 155-180 zu einem sich um das lombardo-venezianische Modell der Lokalverwaltung rankenden »munizipalen Konstitutionalismus«, dem das durch Metternich favorisierte Modell der »konsultativen Monarchie« entsprach); ders., State and society (wie Fn. 8), S. 54-58; Di Simone, Istituzioni (wie Fn. 24), S. 145-148.
32 Zur Geschichte der Republik San Marino siehe Guido Astuti, Sul diritto di San Marino, in: Rivista di storia del diritto italiano 63 (1990), S. 361-371; Pina Rossini, San Marino dopo la restaurazione (1815–1821), in: Libertas Perpetua (Museum). Bollettino della biblioteca-museo ed archivio governativi e dello »Studio Sammarinese«. Rassegna artistico-letteraria e politica della Repubblica di San Marino 4 (1935/36), H. 1-2 (Oktober 1935–April 1936, April–Oktober 1936), S. 180-187, 97-106; Di Simone, Istituzioni (wie Fn. 24), S. 49-52, 245 f.

Lebens, die Zentralisierung der Verwaltung unter Aufhebung der jahrhundertealten Eigenständigkeit der Gemeinden und die Errichtung eines effektiven Steuersystems entscheidende Elemente der Kontinuität zur napoleonischen Herrschaftsepoche dar. Ein zweideutiger, antirevolutionärer *und* antireaktionärer Charakter kennzeichnete deshalb die restaurierten Dynastien, die in der Tat auf eine Übereinkunft mit der Gesellschaft angewiesen waren, um die Funktionsfähigkeit des komplexen Staatsapparats zu gewährleisten. Den institutionellen Rahmen für diese Übereinkunft stellte zunächst die »administrative Monarchie« dar, in der unter Verzicht auf jegliche konstitutionellen Zugeständnisse die notwendige Funktionalität und Effizienz des Staatslebens durch die fachliche Mitwirkung der ehemaligen napoleonischen, bürgerlich-adeligen Verwaltungseliten garantiert wurde – wenn auch in den einzelnen Staaten in ganz unterschiedlichem Maß bzw. in zeitversetzter Folge. Nach der diplomatisch durch die Kongresse in Troppau[33] und Laibach[34] abgesicherten österreichischen Niederschlagung der Verfassungserhebungen von 1820/21 (Neapel-Sizilien, Piemont) und infolge der Aufstände von 1831 (Kirchenstaat, Parma, Modena) wurde das lombardo-venezianische Modell einer »konsultativen Monarchie«[35] auf Betreiben Metternichs schrittweise auch in den übrigen italienischen Staaten mit unterschiedlicher Ausprägung eingeführt. Es beruhte auf einer pyramidal angeordneten Struktur von Konsultativorganen auf der kommunalen, provinzialen und zentralen Ebene der Zivilverwaltung und hatte an seiner Spitze jeweils einen Staatsrat, wobei all diese Gremien lediglich über eine beratende Funktion und keinerlei bindende Entscheidungsgewalt verfügten. Unter mehr oder weniger ausdrücklichem Rückgriff auf die französisch-napoleonischen Verwaltungs- und Rechtsreformen, aber in jedem Fall unter entschiedener Zurückweisung der Prinzipien der Volkssouveränität und der Bürgerrechte, versuchten also die monarchischen Staaten Italiens im Zeitraum 1815–1847 ihren ausschließlichen Machtanspruch gegen die ständischen Gewalten durchzusetzen.

33 CD-ROM-2, Dok.-Nr. 1.1.10 (Troppauer Präliminarprotokoll v. 19.11.1820).
34 CD-ROM-2, Dok.-Nr. 1.1.11 (Laibacher Erklärung v. 12.5.1821).
35 Im Königreich Lombardo-Venetien bestand jeweils in Mailand und Venedig eine Zentralkongregation mit konsultativer Funktion insbesondere bei der Steuererhebung. Somit wurde den grundbesitzenden Schichten auf regionaler Ebene eine gewisse Repräsentativität eingeräumt, während man die alten Gemeindeautonomien nicht wiederherstellte, die bereits in napoleonischer Epoche dem Verwaltungszentralismus gewichen waren. Vgl. Marco Meriggi, Introduzione, in: ders./B. Mazohl-Wallnig (Hg.), Österreichisches Italien – Italienisches Österreich? Interkulturelle Gemeinsamkeiten und nationale Differenzen vom 18. Jahrhundert bis zum Ende des Ersten Weltkrieges, Wien 1999, S. 13-16; Maria Rosa Di Simone, Il codice civile austriaco nel dibattito per l'unificazione legislativa italiana, ebd., S. 395-409; Tonetti, Governo (wie Fn. 13); ders., Dall'età napoleonica alla seconda dominazione asburgica nel Veneto. L'amministrazione delle città, in: F. Agostini (Hg.), Le amministrazioni comunali in Italia. Problematiche nazionali e caso veneto in età contemporanea, Milano 2009, S. 321-331, hier bes. S. 321-323; Ghisalberti, Strutture (wie Fn. 7), S. 74 f. Zu den österreichischen Verfassungsverhältnissen insgesamt siehe den Österreich-Beitrag im vorliegenden Handbuchband.

4.1 Die Königreiche Sardinien und beider Sizilien

Von Werner Daum (Hagen)

2 Verfassungsstruktur der zentralen staatlichen Ebene

Für die Königreiche Sardinien und beider Sizilien zog der Zusammenbruch des napoleonischen Herrschaftssystems die Rückkehr Viktor Emanuels I. (1759–1824, König seit 1802) und Ferdinands IV. (1751–1825, König von Neapel seit 1759, ab 1816 als Ferdinand I. König des Königreichs beider Sizilien) in ihre festländischen Kernländer nach sich. Beide Dynastien, die im Zeitraum 1815–1847 noch jeweils zwei Thronwechsel erlebten, sahen sich infolge der mit der Restauration verbundenen territorialen Veränderungen einem beträchtlichen Staatsbildungsbedarf gegenüber. Während in Süditalien[36] vor dem Hintergrund einer beispiellosen bourbonischen Kompromisspolitik die französischen Reformen mit einer Konsequenz wie nirgendwo sonst auf der Halbinsel aufrechterhalten wurden und im Zuge der administrativen Vereinigung Neapel-Siziliens nun unter stillschweigender Aufhebung der sizilianischen Verfassung von 1812 auch erstmals die Insel erfassten[37], gestaltete sich der Umgang mit dem napoleonischen Erbe im Nordwesten Italiens aufgrund der vorangegangenen französischen Annexion ungleich schwieriger. Dort verfügte Viktor Emanuel I. per Restaurationsedikt vom 21. Mai 1814 neben einer allgemeinen Amnestie und einer Ausnahmeregelung für Ligurien[38] die Wiederinkraftsetzung der vornapoleonischen Rechtsordnung.[39]

Somit orientierte sich das politisch-administrative System des Königreichs Sardinien[40] zu Beginn der Restauration in weitaus stärkerem Maß, als dies für Neapel-

---

36 Als Überblicke zur Geschichte der Restauration in Neapel-Sizilien vgl. Gaetano Cingari, Mezzogiorno e Risorgimento. La Restaurazione a Napoli dal 1821 al 1830, Roma-Bari 2. Aufl. 1976; Landi, Istituzioni (wie Fn. 18); Filippo Ranieri, Art. Italien, in: H. Coing (Hg.), Handbuch der Quellen und Literatur der neueren europäischen Privatrechtsgeschichte, Bd. 3.1, München 1982, S. 177-396; Alfonso Scirocco, Governo assoluto ed opinione pubblica a Napoli nei primi anni della Restaurazione, in: Clio. Rivista Trimestrale di Studi Storici 22 (1986), H. 2, S. 203-224; W. Palmieri (Hg.), Il Mezzogiorno agli inizi della Restaurazione, Bari-Roma 1993; Alfonso Scirocco, L'Italia del Risorgimento 1800–1871, Neuaufl. Bologna 1999, S. 32-55; Galasso, Regno di Napoli. Mezzogiorno borbonico e risorgimentale (wie Fn. 9).
37 Zur administrativen Vereinigung der Königreiche Neapel und Sizilien vgl. Kapitel 1, Italien 1815–1847.
38 Zur partiellen Aufrechterhaltung der französischen Rechtsordnung in den Territorien der ehemaligen Stadtrepublik Genua vgl. Kapitel 6, Justiz.
39 CD-ROM-2, Dok.-Nr. 4.1.2.1 (Restaurationsedikt Viktor Emanuels I. v. 21.5.1814), Art. 1, 4. Vgl. hierzu Aquarone, Politica (wie Fn. 24), S. 25 Anm. 13.
40 Vgl. zum Folgenden Nada, Piemonte (wie Fn. 27), S. 121 f. und auch Abbildung 4.1.1.

Sizilien und andere italienische Territorien gilt, erneut am Regierungsmodell des Ancien Régime. Die amtierenden Minister der anfänglich drei Ministerien (Auswärtiges, Krieg und Marine, Inneres)[41] und andere Funktionsträger versammelten sich unter dem Vorsitz des Königs oder meist seines Stellvertreters im »Consiglio di Conferenza«, einer Art Kronrat, der zumindest unter Viktor Emanuel I. ab 1815/17 regelmäßig ein- bis zweimal wöchentlich einberufen wurde, um die Regierungsgeschäfte zu beraten.[42] In der politischen Praxis erwies es sich über alle graduellen Verfassungsentwicklungen hinweg als Konstante, dass die Regierung dem König gegenüber verantwortlich war und völlig von ihm abhing, da dieser die Minister nominierte und absetzte. Noch 1847 griff Karl Albert zum Mittel der Ministerabsetzung, um die in konservative und liberale Minister gespaltene Regierung durch eine politisch neutrale Regierung zu ersetzen.[43] Im Gegensatz zur süditalienischen Organisation nach Fachministerien war die sardinische Staatsverwaltung, in der das Innenministerium die zentrale Rolle einnahm, durch zahlreiche Berührungen und Kompetenzvermischungen zwischen den Ministerien gekennzeichnet. (☞ Abb. 4.1.1, S. 354 f.) In der sardinischen Verwaltungspraxis war die durch unklare Zuständigkeiten und Korruption gekennzeichnete Zentralverwaltung daher nur eingeschränkt funktionsfähig. Der »Consiglio di Conferenza« verharrte infolge permanenter Kompetenzstreitigkeiten in einer Art Selbstblockade. Auch bei der Kontrolle der Lokalverwaltung und der sie beeinflussenden Notabeln erschien die Zentralregierung der ersten Restaurationsphase aufgrund mangelnder Kommunikation zwischen Zentrum und Peripherie als schwach[44], was auch daran lag, dass lokale Mitbestimmungsgremien mit konsultativen Funktionen zunächst entsprechend der diplomatischen Auflagen lediglich in den ligurischen Territorien konzediert wurden. (☞ Abb. 4.1.1, S. 354 f.)

Hinsichtlich konsultativ-administrativer oder gar politisch-repräsentativer Mitwirkungsrechte bietet der süditalienische Fall, trotz der 1815 im Königreich beider Sizilien erfolgten Auflösung des einst so bedeutenden napoleonischen Staatsrats[45],

---

41   Diese Zahl erhöhte sich – mit den Ministerien der Finanzen (1816–1841 und erneut ab 1844), der Justiz und Kirchenangelegenheiten (ab 1831), des Öffentlichen Unterrichts (ab 1847) und der Öffentlichen Arbeiten (ab 1847) – bis zum Vorabend der Revolution auf sieben; ein gesondertes Polizeiministerium bestand nur vorübergehend (1816–1821), denn die Polizeiangelegenheiten gingen 1821 erneut auf das Innenministerium, 1841 auf das Kriegsministerium über, um 1847 wieder dem Innenministerium unterstellt zu werden. Außerdem galt, ähnlich wie im Fall Siziliens, für die Insel Sardinien eine Sonderverwaltung, die 1814–1819 und 1833–1847 einem gesonderten »Ministero per gli affari di Sardegna« in Turin und 1819–1833 einer besonderen Abteilung im Innenministerium (»Supremo Consiglio di Sardegna«) übertragen war.
42   Rosa Maria Borsarelli, Nuovi documenti intorno alla rinascita del Consiglio di Stato nel 1831, in: Rassegna storica del Risorgimento 23 (1936), S. 1369-1392, hier S. 1373 Anm. 2.
43   Nada, Piemonte (wie Fn. 27), S. 284 f.
44   Dies ist der Befund vertiefender Lokalstudien durch Broers, Napoleonic Imperialism (wie Fn. 8), bes. S. 491-500.
45   Durch Königliches Dekret vom 17. Juli 1815 wurde der vormalige Staatsrat aufgelöst, worauf durch Dekret vom 6. Januar 1817 ein neuer »Staatsrat« eingerichtet wurde, der allerdings von

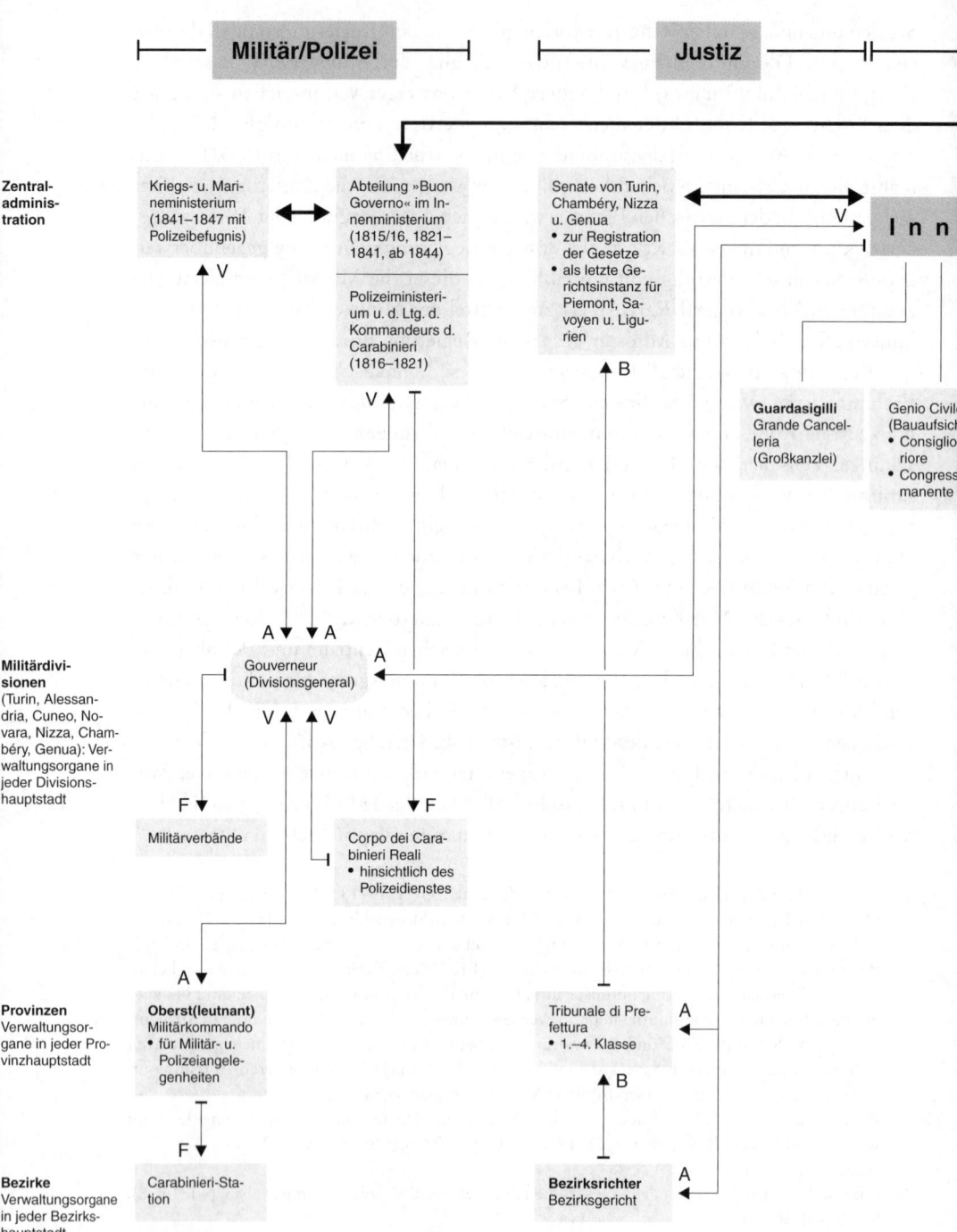

2 Verfassungsstruktur der zentralen staatlichen Ebene

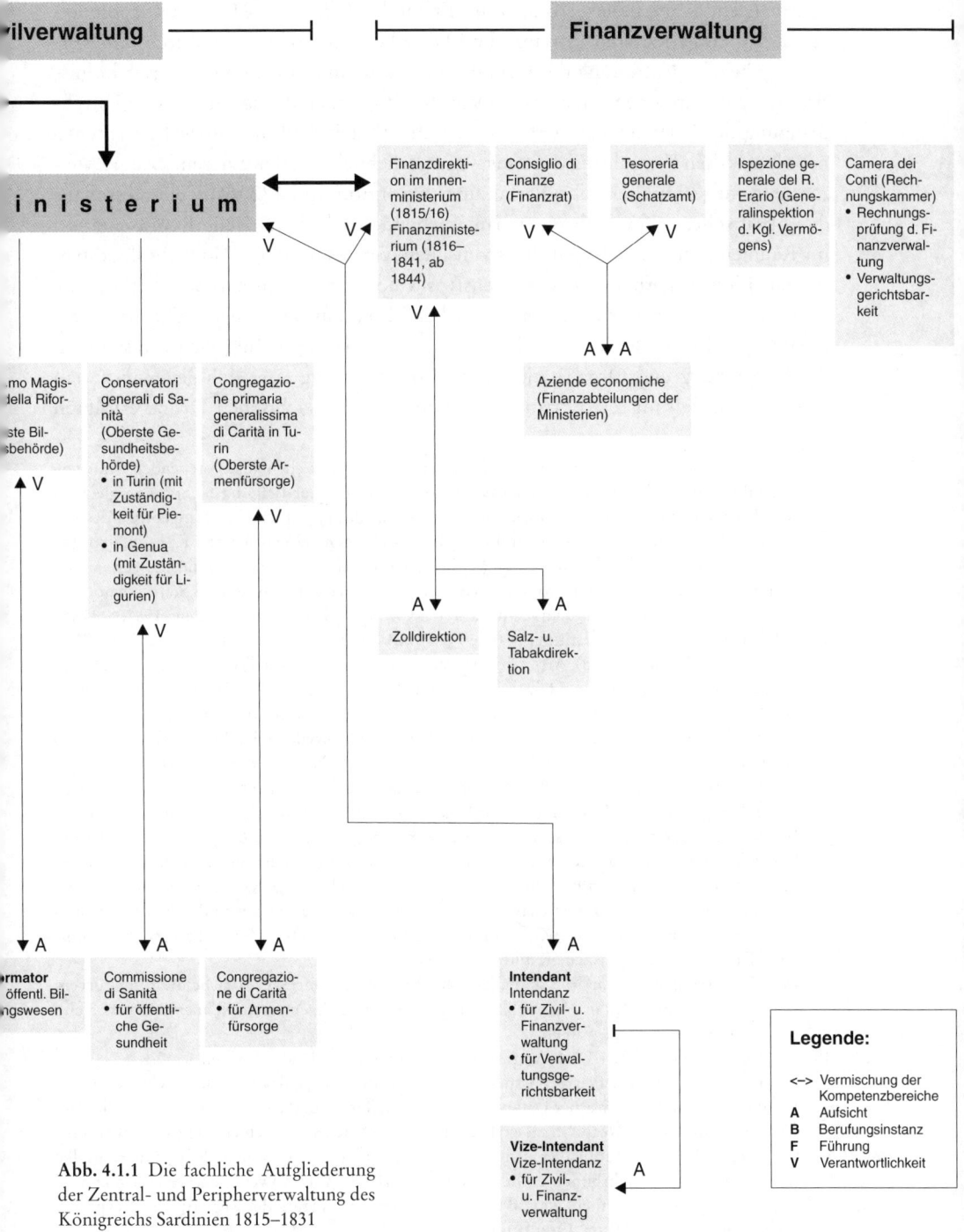

Abb. 4.1.1 Die fachliche Aufgliederung der Zentral- und Peripherverwaltung des Königreichs Sardinien 1815–1831

abermals ein differenziertes Bild. Zum Ersten blieben dort 1815 die in napoleonischer Zeit eingerichteten Provinz- und Distrikträte bestehen, um durch ihre Mitsprache bei der Aufteilung der Grundsteuerquote und ihre an die Zentraladministration zu erstattenden Lageberichte aus den Provinzen die administrative Durchdringung des Staatsterritoriums – nicht zuletzt auch dank des aufrechterhaltenen napoleonischen Verwaltungssystems – ganz erheblich zu effektivieren.[46] Zum Zweiten hatte die süditalienische Verfassungsrevolution von 1820/21[47] eine durchaus demokratische, wenn auch nur vorübergehende parlamentarische Repräsentation im Rahmen einer am Modell der spanischen Verfassung von Cádiz (Volkssouveränität, Einkammerparlament, suspensives Vetorecht des Monarchen, katholische Staatsreligion) orientierten konstitutionellen Monarchie zur Folge.[48] Die dritte verfassungsgeschichtliche Besonderheit des süditalienischen Königreichs hinsichtlich der Gewährung und Organisation von Mitbestimmung lässt sich gegenüber dem sardinischen Fall im relativ frühen, freilich auf österreichischen Druck erfolgten

---

seiner Funktionsweise her nur eine einfache Erweiterung des ebenfalls bestehenden Ministerrats bildete und mit dem vormaligen Gremium napoleonischer Prägung nicht zu vergleichen war. Dasselbe gilt, wenn auch in geringerem Maß, für das eigentliche Nachfolgeorgan des napoleonischen Staatsrats, nämlich das 1816–1821 vorübergehend existierende Konsultativorgan des »Supremo consiglio di cancelleria« (»Oberster Kanzleirat«). Aldo Pezzano, Le derivazioni italiane del Consiglio di Stato napoleonico e loro influenze sul Consiglio di Stato piemontese del 1831, in: Studi per il centocinquantenario del Consiglio di Stato, Bd. 3, Roma 1981, S. 1245-1266, hier: S. 1261; Landi, Istituzioni (wie Fn. 18), Bd. 1, S. 92, 151-173, 439-448; CD-ROM-2, Dok.-Nr. 4.1.2.3 (wie Fn. 18), Art. 9 (Einrichtung des »Supremo consiglio di cancelleria«); Dekret vom 29.3.1821, in: Collezione delle leggi e decreti reali del Regno delle Due Sicilie (im Folgenden: Collezione), 1821/I, Napoli 1821, H. 1, Nr. 6, S. 10 f. (Auflösung des »Supremo consiglio di cancelleria«); Antonio Saladino, Il Supremo Consiglio di Cancelleria del Regno delle Due Sicilie (1816–1821), in: Studi in onore di Riccardo Filangieri, Bd. 3, Napoli 1959, S. 377 ff.

46 Davis, Naples (wie Fn. 8), S. 188, 276. Aufgrund ihrer deutlichen Kontinuität zwischen napoleonischer Epoche und Restauration wird die süditalienische Ausprägung der administrativen Monarchie in der neueren Forschung auch als einzigartiges Reformmodell interpretiert, das die Überwindung des Ancien Régime ermöglichte, indem es jeweils den gemäßigten Kräften der gegensätzlichen politischen Richtungen (Legitimisten und ehemalige Murat-Elite) ein langfristiges Kompromissbündnis bot und davon die unversöhnlichen Legitimisten und radikaleren Konstitutionalisten ausschloss; siehe Gin, Aquila (wie Fn. 8), S. 155-167. Zur Lokalverwaltung und ihren Konsultativorganen siehe Kapitel 5, Verwaltung.

47 Zum Forschungsstand über die süditalienische Revolution von 1820/21 siehe die Literaturverweise in Fn. 9; zum 1820 in Neapel-Sizilien verwirklichten allgemeinen Männerwahlrecht siehe Kapitel 3, Wahlrecht und Wahlen.

48 CD-ROM-2, Dok.-Nr. 4.1.2.4 (Verfassung des Königreichs beider Sizilien v. 30.1.1821); zur Modifikation der spanischen Verfassungsvorlage von 1812 durch das neapolitanische Nationalparlament von 1820 vgl. Werner Daum, Historische Reflexion und europäische Bezüge. Die Verfassungsdiskussion in Neapel-Sizilien 1820–1821, in: M. Kirsch/P. Schiera (Hg.), Denken und Umsetzung des Konstitutionalismus in Deutschland und anderen europäischen Ländern in der ersten Hälfte des 19. Jahrhunderts, Berlin 1999, S. 251-254. Zur Anwendung der parlamentarischen Ministerverantwortlichkeit und zum parlamentarischen Sturz der Regierung in Neapel im Dezember 1820 siehe Daum, Oszillationen (wie Fn. 9), S. 395-402.

Experimentieren mit Konsultativorganen auf zentraler staatlicher Ebene feststellen. Per Dekret vom 26. Mai 1821[49] wurde die Einrichtung eines »Consiglio ordinario di Stato« (»Ordentlicher Staatsrat«) in Neapel (Art. 1-2) und eines entsprechenden »Consiglio di Sicilia« (»Ratsversammlung Siziliens«) in Palermo (Art. 3) sowie die Bildung jeweils einer repräsentativ aus Provinzvertretern zusammengesetzten »Consulta di Stato« (Konsultativorgan) in Neapel und in Palermo (Art. 4-13) angekündigt. Beim Ordentlichen Staatsrat handelte es sich allerdings um einen reinen, weitgehend vom König beherrschten Kronrat.[50] Auch wurde das doppelte Konsultativorgan (»Consulta di Stato«) infolge beharrlichen bourbonischen Widerstands nicht im vorgesehenen repräsentativen und dezentralen Sinne verwirklicht, sondern durch eine zentrale »Consulta Generale« in Neapel ersetzt[51], die trotz einiger Kompetenzen im Bereich der Verwaltungsgerichtsbarkeit nicht an die Konsultativfunktionen des späteren sardinischen Staatsrats heranreichte.[52] Daran änderte auch die kurze Herrschaft Franz' I. (1777–1830, König ab 1825) und die anschließende Thronfolge Ferdinands II. (1810–1859, König ab 1830) bis zur Verfassungsrevolution von 1848/49 nichts mehr[53], zumal sich der im Innern kompromisslos als »Re bomba« (»Bombenkönig«) gerierende Ferdinand durch die Einrichtung eines »Besonderen Königlichen Sekretariats« unter Umgehung der regulären Institutionen der Zentral- und Lokalverwaltung neue, weitreichende und persönliche Eingriffs-

---

49 CD-ROM-2, Dok.-Nr. 4.1.2.5 (it.)/4.1.2.6 (dt.) (Dekret über die Neuordnung beider Sizilien v. 26.5.1821); das Dekret ging direkt auf entsprechende Vorgaben zurück, die auf Betreiben Metternichs auf dem Laibacher Kongress beschlossen worden waren: Journal des conférences, N. 12 (Laibach, 20.2.1821), in: A. Alberti/E. Gentile (Hg.), Atti del Parlamento delle Due Sicilie 1820–1821, 6 Bde., Ndr. Bologna 1969 (Erstaufl. 1924–1941), hier Bd. 4, S. 436 f. Neben den oben wiedergegebenen Bestimmungen bestätigte das Dekret vom Mai 1821 außerdem den Fortbestand der vormaligen Provinzräte (Art. 14), die während der Revolution von 1820/21 durch »Deputazioni provinciali« ersetzt worden waren; vgl. zu Letzteren CD-ROM-2, Dok.-Nr. 4.1.2.4 (wie Fn. 48), Art. 311-324. Der Staatsrat in Neapel sollte sich gemäß Reglement vom 4. Juni 1822 aus den Ministern und weiteren, durch den König zu bestimmenden Mitgliedern zusammensetzen. Siehe hierzu und zur nachfolgenden Entwicklung auch Scirocco, Italia (wie Fn. 36), S. 115-117.
50 Zu dieser Kennzeichnung siehe Paola Casana Testore, Riforme istituzionali della restaurazione sabauda: il Consiglio di Stato, in: Rivista di storia del diritto italiano 65 (1992), S. 337-419, hier: S. 337-343; Di Simone, Istituzioni (wie Fn. 24), S. 256. Carlo Schupfer, I precedenti storici del diritto amministrativo vigente in Italia. Organizzazione amministrativa degli stati italiani avanti l'unificazione legislativa, in: V. E. Orlando (Hg.), Primo trattato completo di diritto amministrativo italiano, Bd. 1, Milano 1900, S. 1087-1284, hier S. 1132, betont jedoch die ministeriellen Mitwirkungsbefugnisse.
51 Organisches Gesetz über die Consulta generale (14.6.1824), in: Collezione (wie Fn. 45), 1824/I, H. 96, Nr. 1102, S. 305-316.
52 So die Einschätzung von Di Simone, Istituzioni (wie Fn. 24), S. 257.
53 In der Tat erfolgte die Einrichtung jeweils einer gesonderten »Consulta di Stato« in Neapel und in Palermo erst durch Dekret vom 27. September 1849.

möglichkeiten in die Staatsverwaltung sicherte.[54] Insgesamt lässt sich somit feststellen, dass die Einrichtung von Staatsrat und Konsultativorgan keinesfalls den Übergang von der administrativen zur konsultativen Monarchie im süditalienischen Königreich einleitete, zumal der persönliche Herrschaftsstil des letzten Bourbonenkönigs sogar den Grundsätzen der administrativen Monarchie auf eklatante Weise widersprach.

Im Königreich Sardinien, wo der kurzwährende Aufstand vom Frühjahr 1821 wegen der raschen österreichischen Intervention keine wirkliche Umsetzung der spanischen Verfassung von Cádiz, wohl aber die Ablösung Viktor Emanuels I. durch Karl Felix (1765–1831) zur Folge hatte[55], stellte sich eine nachhaltige Veränderung in der Staatsorganisation erst durch den Herrschaftsantritt Karl Alberts (1798–1849, König ab 1831) auf dem Reformweg ein. Der Thronfolger war zwar ebenfalls ein Anhänger der absoluten Monarchie[56], allerdings wollte er diese im Gegensatz zu seinem Vorgänger im Rahmen einer administrativen Monarchie napoleonischer Prägung verwirklicht sehen. Dabei zeigte er sich in mancher Hinsicht im Interesse der Stabilisierung seiner Herrschaft auch gegenüber den Anforderungen der konsultativen Monarchie aufgeschlossen. Er öffnete sich insgesamt aber weniger dem Liberalismus, als vielmehr an die savoyische Politiktradition wieder anzuknüpfen, von der sich sein Vorgänger deutlich entfernt hatte.[57]

Die substanziellste Neuerung der albertinischen Reformen stellte 1831 die unter Zustimmung der europäischen Großmächte vollzogene Wiedereinführung des Staats-

---

54 Die »Real Segretaria Particolare alla immediazione di Sua Maestà« wurde als parallele Struktur zu den offiziellen Staatsorganen durch Dekret vom 11. Januar 1831 errichtet; ihr Leiter wohnte den Sitzungen des Staatsrats bei und stand in engem Kontakt mit den Ministern. Vgl. Alfonso Scirocco, Ferdinando II Re delle Due Sicilie: la gestione del potere, in: Rassegna storica del Risorgimento 86 (1999), H. 4, S. 483-518, hier bes. S. 487-496. Zur Biografie des »Bombenkönigs« siehe Giuseppe Campolieti, Il Re bomba. Ferdinando II, il Borbone di Napoli che per primo lottò contro l'unità d'Italia, Milano 2003.

55 Maria Ada Benedetto, Aspetti del movimento per le costituzioni in Piemonte durante il Risorgimento, Torino 1951, S. 21-37, 44-62; Aquarone, Politica (wie Fn. 24), S. 330-334; Späth, Revolution (wie Fn. 9).

56 Die ältere Forschung hat – wie bspw. Narciso Nada, Dallo stato assoluto allo stato costituzionale. Storia del regno di Carlo Alberto dal 1831 al 1848, Torino 1980 – mit Blick auf die spätere piemontesische Einigung Italiens den Reformcharakter der albertinischen Herrschaftsepoche und somit den Anteil dieses Königs am liberalen Wandel der 1850er-Jahre, der wiederum die Ausgestaltung des vereinten Italiens beeinflusste, betont. Demgegenüber streicht die jüngere Forschung die absolutistische und legitimistische Haltung des Königs (Verteidigung der Allianz von Thron und Altar, Förderung der Jesuiten, harte Verfolgung der Carbonari und Mazzini-Anhänger, Defensivbündnis mit dem Habsburgerreich und Unterstützung des Schweizer Sonderbunds) heraus: Marziano Brignoli, Carlo Alberto ultimo re di Sardegna 1798–1849, Milano 2007. Einen nützlichen Einblick in die Reformpolitik Karl Alberts bietet Filippo Ambrosini, Carlo Alberto Re, Torino 2004.

57 Michael Broers, The Restoration in Piedmont-Sardinia, 1814–1848: Variations on Reaction, in: Laven/Riall (Hg.), Napoleon's Legacy (wie Fn. 8), S. 151-164, hier S. 158-160.

2 Verfassungsstruktur der zentralen staatlichen Ebene

rats dar, der in Piemont und Ligurien bereits aus französischer Herrschaft bekannt war.[58] Der albertinische Staatsrat unterschied sich vom napoleonischen Modell durch das geringe Gewicht, das er im Bereich der Verwaltungsgerichtsbarkeit hatte, da diese in Piemont traditionellerweise der »Camera dei Conti« (»Rechnungskammer«) oblag; durch seine größeren Beratungskompetenzen im Bereich der Gesetzgebung und Zentralverwaltung setzte er sich aber auch deutlich von den süditalienischen »Consulte di Stato« ab.[59]

Dem Staatsratt schien zwar nach dem Wortlaut des Einführungsedikts vor allem durch seine Aufsichtsfunktion hinsichtlich des Budgets (und damit gegenüber den einzelnen Ministerien), durch seine Konfliktschlichtungsaufgaben (bei Kompetenzkonflikten zwischen den Ministerien und bei Rechtsprechungskonflikten zwischen ordentlichen Gerichten und in der Verwaltungsgerichtsbarkeit) und durch den repräsentativen Charakter seiner (freilich nicht wählbaren) Vollversammlung, der nämlich auch Vertreter der Militärdivisionen beiwohnen sollten, anfänglich ein durchaus politischer Charakterzug anzuhaften. Dennoch erlangte er in der Verfassungswirklichkeit kein solches Gewicht, das nämlich Karl Albert von Anfang an nicht zulassen wollte.[60] Die Ausführungsbestimmungen zum betreffenden Edikt vertagten daher die Festlegung des Zeitpunktes für die einmal jährlich vorgesehene Einberufung der Vollversammlung auf einen »nachfolgenden Beschluss«, der allerdings nie zu Stande kam, sodass auch die Ratsvollversammlung nie zusammentrat.[61] Ein weiterer Grund für die in der Verwaltungspraxis erfolgte Reduzierung des Staatsrats auf ein bloß administratives Beratungsorgan war das Konkurrenzverhältnis und Konfliktpotenzial, das sich zwischen dem neuen Organ und der bisherigen Zentraladministration (Ministerien,

---

58 Vgl. CD-ROM-2, Dok.-Nr. 4.1.2.2 (Edikt zur Einrichtung des Staatsrats v. 18.8.1831); das Proömium gilt als programmatisches Manifest des Albertinismus. Zur langwierigen vorbereitenden Debatte über den Staatsrat und den damit verbundenen Entwürfen siehe Paola Casana Testore, Riforme istituzionali della restaurazione sabauda: il Consiglio di Stato, in: Rivista di storia del diritto italiano 65 (1992), S. 337-419; Borsarelli, Documenti (wie Fn. 42). Inhalt und Bedeutung des Edikts werden diskutiert bei Petracchi, Origini (wie Fn. 24), Bd. 1, S. 94 f.; Nada, Piemonte (wie Fn. 27), S. 213; Gian Savino Pene Vidari, L'istituzione del Consiglio di Stato (18 agosto 1831), in: Studi piemontesi 10 (1981), S. 337-345, hier: S. 339-341.

59 Zur Bedeutung des Staatsrats für die Verwaltungsgerichtsbarkeit siehe CD-ROM-2, Dok.-Nr. 4.1.2.2 (wie Fn. 58), Art. 23, 29-32. Hinsichtlich der Frage, ob der piemontesische Staatsrat eher auf das napoleonische Vorbild oder auf den »consilium regis« des Ancien Régime zurückginge, optiert Petracchi, Origini (wie Fn. 24), Bd. 1, S. 99 Fn. 25, für letztere Auffassung.

60 Vgl. z. B. Karl Albert an Graf Alessandro Saluzzo, Vorsitzender der Sektion des Innern des Staatsrats, Turin 6.9.1831, in: Borsarelli, Documenti (wie Fn. 42), S. 1392.

61 Die betreffende Verordnung vom 13. September 1831, die u. a. die Nominierung der außerordentlichen Mitglieder des Staatsrats regelte, findet sich in: Raccolta degli atti del Governo di S. M. il Re di Sardegna dall'anno 1814 a tutto il 1832, Bd. 21, Torino 1847, S. 281-286; Petracchi, Origini (wie Fn. 24), Bd. 2.1: Documenti, Nr. 17, S. 154-157.

»Consiglio di Conferenza«) auftat, wobei die Minister aber rasch und erfolgreich ihre Entscheidungsmacht, zuletzt auch im Finanzbereich[62], zu behaupten wussten.

Während also das monarchische Verfassungssystem der süditalienischen Bourbonen im Zeitraum 1815–1847 eher zwischen absolutistischer Selbstbehauptung und administrativer Monarchie oszillierte, generierte der sardinische Staatsrat, obgleich seine ursprüngliche Anlage auf die Realisierung einer »konsultativen Monarchie« hinzudeuten schien, in seiner praktischen Anwendung und Funktionsweise ein Verfassungsgefüge, das auf eindeutigere Weise noch der »administrativen Monarchie« zuzurechnen war. Trotz der Einbuße seiner politisch-konsultativen Funktion besaß dieses Organ für die weitere Verfassungsentwicklung Piemont-Sardiniens wie auch Italiens eine große Bedeutung, da sich die einheitliche Regelung und institutionelle Zusammenführung der beratenden Kompetenzen, die zuvor noch auf zahlreiche Beratungsgremien in den einzelnen Verwaltungssektoren verteilt waren (☞ Abb. 4.1.1, S. 354 f.), als unumkehrbare Entwicklung erweisen sollte. In der Tat kann nämlich gerade in der bloß technisch-administrativen Funktionsweise des Staatsrats die Ursache für seinen langfristigen Fortbestand gesehen werden, da ein explizit politisches Organ der administrativen Monarchie sicherlich den 1848 in Piemont-Sardinien vollzogenen dauerhaften Übergang zum Konstitutionalismus nicht überlebt hätte.[63]

3 Wahlrecht und Wahlen

Die Restauration brachte in beiden Königreichen, abgesehen von der kurzwährenden süditalienischen Revolution von 1820/21, keine Rückkehr weder zu den partiellen Lokalautonomien des Ancien Régime[64] noch zu den ersten Erfahrungen politischer Repräsentation der französisch-napoleonischen Herrschaft. Bürgerliche Mitwirkung am Staatswesen war 1815–1847 auf die beratende Begleitung des Verwaltungslebens

---

62 Während die meisten Sektionen des Staatsrats lediglich die Verwaltungsarbeit der Ministerien begleiteten und unterstützten, tat sich die Finanzsektion anfangs mit einer kritischen Beratungstätigkeit hinsichtlich der Haushaltsführung der Ministerien hervor, die dann aber sukzessive eingedämmt wurde; Gian Savino Pene Vidari, Note sul primo anno d'attività del Consiglio di Stato albertino, in: Rivista di storia del diritto italiano 62 (1989), S. 55-73.

63 Nada, Piemonte (wie Fn. 27), S. 217 f.; Di Simone, Istituzioni (wie Fn. 24), S. 153; Pene Vidari, Istituzione (wie Fn. 58), S. 339, 341-343, 345; ders., Il Consiglio di Stato albertino: istituzione e realizzazione, in: Atti del convegno celebrativo del 150° anniversario della istituzione del Consiglio di Stato, Milano 1983, S. 21-61. Für eine positivere Beurteilung des sardinischen Staatsrats im Sinne einer »konstitutionellen« Funktion, die innerhalb des Verfassungssystems der Restauration vorbereitend für die Einführung der Verfassungsordnung von 1848 gewirkt habe, siehe dagegen Giorgio Lombardi, Il Consiglio di Stato nel quadro istituzionale della Restaurazione, in: Atti del convegno celebrativo del 150° anniversario della istituzione del Consiglio di Stato, Milano 1983, S. 63-84.

64 Zur Lokalverwaltung vgl. Kapitel 5, Verwaltung.

in einem zwischen absoluter, administrativer und konsultativer Monarchie oszillierenden Rahmen beschränkt.[65]

Die Ausnahme bildeten lediglich die einzigen Parlamentswahlen, die 1815–1847 in Italien überhaupt stattfanden und bei denen vom September bis Dezember 1820 die Deputierten des Nationalparlaments beider Sizilien nach einem gleichen und indirekten, vierstufigen Wahlverfahren nominiert wurden, das eine vom allgemeinen bis zum eingeschränkten Wahlrecht abgestufte aktive und passive Partizipationsmöglichkeit in den verschiedenen Wahlgängen vorsah.[66] Das Wahlverfahren führte, ausgehend von der Urwahl sog. »Compromessarj« (»Schiedsmänner«) in der Parochie, zur Wahl der Parochialwahlmänner, die als Wahlversammlung des Distrikts wiederum dessen Wahlmänner bestimmten; Letztere vereinten sich schließlich zur Wahlversammlung der Provinz, die einen Abgeordneten auf 70.000 Staatsbürger wählte, der keinem imperativen Mandat verpflichtet war, sondern die Gesamtnation beider Sizilien repräsentierte. Im Urwahlgang galt das allgemeine Männerwahlrecht für alle in der Pfarrei ansässigen (stillschweigend: männlichen) »Bürger« ab 21 Jahren, inklusive der Säkularkleriker, und in den folgenden beiden Wahlgängen waren ebenfalls lediglich Alter (mind. 25 Jahre) und Ansässigkeit als passive Wahlrechtsbeschränkungen für die Wahlmänner der Parochie und des Distrikts vorgesehen. Für die Wahl zum Abgeordneten erhob man jedoch zusätzlich einen nicht näher definierten Besitzzensus und verfügte man eine prinzipielle Inkompatibilität mit hohen Staatsämtern (Minister, Staatsräte, Funktionäre des Königshauses) sowie mit untergeordneten Funktionen, soweit diese in derselben Provinz ausgeübt wurden, in der das Parlamentsmandat errungen wurde.[67] Obwohl es während der gesamten Dauer des Verfassungsregimes nicht mehr zu einer eindeutigen Definition des durch die spanische Verfassung vorgeschriebenen Besitzzensus für die Parlamentsabgeordneten gekommen ist, scheinen sich bereits die ersten Parlamentswahlen von 1820 an einem allgemeinen Besitz- bzw. Kapazitätskriterium orientiert zu haben, denn die Abgeordneten galten allesamt als »Eigentümer« oder als »Titulare«.[68]

---

65 Vgl. hierzu ausführlich Kapitel 2, Verfassungsstruktur der zentralen staatlichen Ebene.
66 CD-ROM-2, Dok.-Nr. 4.1.3.1 (Dekret über Eröffnung und Wahl des Parlaments beider Sizilien v. 22.7.1820). Dieses Wahlverfahren wich zum Teil von der späteren, modifizierten Konstitution ab, die ein Repräsentationsverhältnis von 1:50.000 festlegte: Dok.-Nr. 4.1.2.4 (wie Fn. 48), Tit. III (Del Parlamento), Cap. I (Della formazione del Parlamento), Art. 29.
67 CD-ROM-2, Dok.-Nr. 4.1.2.4 (wie Fn. 48), Tit. III (Del Parlamento), Cap. III (Delle assemblee elettive di parrocchia), Art. 33, 44, 50; Cap. IV (Delle assemblee di circondario elettorale), Art. 70; Cap. V (Delle assemblee attive di provincia), Art. 84-90; Dok.-Nr. 4.1.3.1 (wie Fn. 66), § II, Art. 18; § III. Die Stimmabgabe für die »Compromessarj«, für die keine Aussagen zum passiven Wahlrecht vorliegen, sollte offen erfolgen.
68 So das Verzeichnis der »novantotto deputati *proprietari* (*titolari*) e trentadue supplenti, eletti dalle rispettive provincie«, in: Alberti/Gentile (Hg.), Atti (wie Fn. 49), Bd. 1, S. 104-107 (Hervorh. d. Verf.). Die Anordnungen zur Durchführung der Parlamentswahlen vermeiden einen expliziten Hinweis auf eine Zensusbeschränkung, sie verweisen jedoch auf die entsprechenden Verfassungs-

4 Grundrechte

Die Restauration der savoyischen Dynastie verband sich anfänglich mit einer Akzentuierung ständischer Ungleichheit, von der im Königreich Sardinien durch seinen exklusiven Zugang zur Militärakademie und die Entschädigungsleistungen für die unter französischer Herrschaft erlittenen Enteignungen sowie infolge der Säuberungsmaßnahmen auf höherer und mittlerer Verwaltungs- und Justizebene[69] vor allem der Adel profitierte. Ab Mitte der 1830er-Jahre begünstigte die wirtschaftliche Expansion allerdings den Aufstieg bürgerlicher Schichten bzw. die Verbürgerlichung des unternehmerisch auftretenden Adels, was sich dann auch durch den im Zivilgesetzbuch (1837) aufgenommenen Schutz des Eigentumsrechts und im Bereich wirtschaftlicher Grundrechte durch die erneute Auflösung (1844) der anfangs wiederhergestellten Handwerkerkorporationen im Zeichen beruflicher und gewerblicher Liberalisierung verstetigte.[70] Persönliche Grundrechte wie gleiche Zugangschancen zu öffentlichen Ämtern waren im neu gegründeten süditalienischen Königreich von Anfang an in stärkerem Maß verwirklicht, wo man infolge der Übernahme des napoleonischen Verwaltungs- und Justizsystems auf die sich neu formierende qualifizierte Verwaltungselite angewiesen blieb, die daher beim Herrschaftswechsel von 1814/15 besonderen Schutz erhielt.[71] Auf der Grundlage dieser Amnestiegarantien stand der Zugang zu allen öffentlichen Ämtern in Neapel-Sizilien – freilich 1816–1837 zunächst unter gegenseitiger Abschottung der Karrierewege auf dem Festland und auf Sizilien[72] – prinzipiell allen Untertanen offen. Insgesamt setzte sich zumindest in den

---

bestimmungen, die einen generischen Besitzzensus erheben: CD-ROM-2, Dok.-Nr. 4.1.3.1 (wie Fn. 66), Art. 2.
69 Meriggi, Stati italiani (wie Fn. 3), S. 139 f.; Broers, Napoleonic Imperialism (wie Fn. 8), S. 484. Siehe auch die umfassende Studie zur (Dis-)Kontinuität des Verwaltungspersonals zwischen napoleonischer Herrschaft und savoyischer Restauration von Marco Violardo, Il Notabilato Piemontese da Napoleone a Carlo Alberto, Torino 1995.
70 Di Simone, Istituzioni (wie Fn. 24), S. 150; zur Wirtschaftspolitik siehe auch Kapitel 12, Wirtschafts- und Sozialgesetzgebung/Öffentliche Wohlfahrt.
71 CD-ROM-2, Dok.-Nr. 4.1.1.1 (wie Fn. 16), Art. II; CD-ROM-2, Dok.-Nr. 4.1.4.3 (Militärkonvention von Casalanza zwischen der neapolitanischen und der österreichischen Armee v. 20.5.1815), Zusatzartikel 1-6. Diese diplomatischen Verpflichtungen bestätigte der Monarch gegenüber seinen Untertanen: Proklamation Ferdinands IV., Palermo 1.5.1815, in: Archivio di Stato di Napoli, Archivio Borbone: F. 267; Proklamation Ferdinands IV., Messina 20.5.1815, in: L. Neumann (Hg.), Recueil des traités et conventions conclus par l'Autriche avec les puissances étrangères, depuis 1763 jusqu'à nos jours. Par …, Serie 1, 6 Bde., Leipzig 1855–1859, hier: Bd. 2, Leipzig 1856, S. 563; Landi, Istituzioni (wie Fn. 18), Bd. 1, S. 79 f. Zur nachfolgenden Umdeutung der Proklamation vom 1. Mai 1815 in ein Verfassungsversprechen des Königs siehe Kapitel 8, Verfassungskultur. Von der bourbonischen Versöhnungspolitik der ersten Restaurationsjahre blieben die französischen Immigranten meist ausgenommen; vgl. Marco Rovinello, Cittadini senza nazione. Migranti francesi a Napoli (1793–1860), Milano 2009, S. 226-249.
72 Legge che conferma i privilegj de' Siciliani (Napoli, 11.12.1816), in: Collezione (wie Fn. 45), 1816/ II, H. 76, Nr. 567, S. 470-474; dt. Übers. bei K. H. L. Pölitz (Hg.), Die europäischen Verfassungen

4 Grundrechte

festländischen Provinzen des Königreichs in der ersten Hälfte des 19. Jahrhunderts ein spezifisches Karrieremodell in der Zivil- und Justizverwaltung durch, das – zusammen mit der weiter vorangetriebenen bzw. nun auch für Sizilien bestätigten Aufhebung des Feudalsystems – den Aufstieg bürgerlicher Schichten ermöglichte.[73]

Die persönliche Freiheit im strafrechtlichen Sinne wie überhaupt die allgemeine Rechtsgleichheit wurden in Piemont-Sardinien – sieht man einmal von punktuellen Reforminitiativen zur Aufhebung der Folter und zur Reduzierung anderer Strafmaße ab[74] – aufgrund der verspäteten Gesetzeskodifikation, die in Neapel-Sizilien immerhin schon 1819 mit Vorbildcharakter für alle italienischen Staaten erfolgte, nur zögerlich gewährt. Erst die im Zeitraum 1837–1842 erlassenen neuen albertinischen Gesetzbücher[75] schufen eine umfassende Rechtssicherheit, die allerdings die rechtliche Ungleichheit der Frauen, die Geltung des Majorats und die persönliche Immunität der Geistlichen[76] fortschrieben und eine einheitliche Strafprozessordnung noch ausklammerten.

Ungeachtet der neuen Rechtssicherheit setzte sich mit den Gesetzbüchern im Königreich Sardinien jedoch keine rechtliche Gleichstellung religiöser Minderheiten wie der Waldenser und Juden, mithin der Grundsatz der Religionsfreiheit, durch.[77] Folgerichtig büßten die religiösen Minderheiten viele ihrer unter der französischen Ordnung erlangten Rechte (Ämterzugang, Eheschließung mit Katholiken, Besitzerwerb) zum Teil wieder ein, während die Liberalisierung der Berufswahl weitgehend bestehen blieb. Daher kann der im piemontesisch-sardinischen Staatsbürgerrecht verankerte Ausschluss der Juden, das gemäß Zivilgesetzbuch von 1837 dem Abstam-

---

       seit dem Jahre 1789 bis auf die neueste Zeit, Bd. 2, Neuaufl. Leipzig 1833, S. 447 f. Durch Gesetz vom 31.10.1837 wurde dann die Vergabe der Staatsämter in beiden Teilen des Königreichs von der Bindung an die Herkunft wieder gelöst. Vgl. Antonio Marongiu, Il »General Parlamento« del 1848–1849 nella storia del Parlamento siciliano, in: S. M. Ganci/R. Guccione Scaglione (Hg.), La Sicilia e l'unità d'Italia. Atti del convegno internazionale di studi storici sul Risorgimento italiano, Milano 1962, S. 533-544, hier S. 539.

73 Carolina Castellano, Il mestiere di giudice: magistrati e sistema giuridico tra i francesi e i Borbone 1799–1848, Bologna 2004, S. 7. Zur Kontinuität der Verwaltungsbeamten zwischen napoleonischer Epoche und der Restauration am Beispiel der Finanzbeamten Neapels vgl. Maria Rosaria Rescigno, La costruzione di un'identità burocratica. Gli impiegati delle imposte indirette di Napoli nel primo Ottocento, in: Le Carte e la Storia 2006, Nr. 1, S. 179-188; dies., All'origine di una burocrazia moderna. Il personale del Ministero delle Finanze nel Mezzogiorno di primo Ottocento, Napoli 2007. Zur sizilianischen Elite siehe Alfio Signorelli, Dall'Antico Regime alla monarchia amministrativa. L'apprendistato politico delle élites siciliane, in: Rassegna storica del Risorgimento 93 (2006), H. 3, S. 323-359.

74 Vgl. zu den einzelnen Verordnungen Pasquale Del Giudice, Storia del diritto italiano, Bd. 2: Fonti, legislazione e scienza giuridica dal secolo XVI ai giorni nostri, Frankfurt a. M.-Firenze 1969, S. 208; Nada, Piemonte (wie Fn. 27), S. 209.

75 Zur Kodifikation vgl. Kapitel 6, Justiz.

76 CD-ROM-2, Dok.-Nr. 4.1.9.2 (Konkordat mit Piemont-Sardinien über die persönliche Immunität v. 27.3.1841).

77 Nada, Piemonte (wie Fn. 27), S. 238 f.

mungsprinzip (ius sanguinis) folgte, als Abkehr von der napoleonischen Säkularisierung und als Ausdruck einer stark konfessionellen Prägung des Staatsbildungsprozesses interpretiert werden.[78] Insgesamt reichte die rechtliche Benachteiligung der Juden in Piemont-Sardinien nicht an die kompromisslose Segregationspolitik im Kirchenstaat, allerdings auch nicht an die toleranten Verhältnisse in der Toskana heran.[79] Im Übrigen bestand neben den konfessionellen bzw. geschlechtsspezifischen[80] gesellschaftlichen Ungleichheiten auch in geografischer Hinsicht keine Rechtsgleichheit, blieben doch die alten Gesetze auf der Insel Sardinien bestehen, die dort erst 1838–1840 mit der allmählichen Aufhebung des Feudalsystems eingeschränkt und 1848 mit der Einführung der albertinischen Gesetzbücher aufgehoben wurden. Im gesamten Untersuchungszeitraum bestanden außerdem immer wieder Sondergerichte zur politischen Verfolgung.[81]

Im Bereich der politischen Grundrechte knüpfte die mit der Restauration einsetzende repressive Gesetzgebung zum Teil an die Regelungen des Ancien Régime, zum Teil an die autoritären Tendenzen der spätnapoleonischen Epoche an.[82] Im Königreich Piemont-Sardinien wurde die Rückkehr zur vornapoleonischen Rechtsordnung von einer Rationalisierung der Zensurorganisation und einer Effektivierung ihrer präventiven Anwendung begleitet, deren repressiver Charakter sich erst im Zuge der Kultur- und Reformpolitik Karl Alberts in den 1830er-Jahren lockerte. Dagegen dokumentierte im Königreich beider Sizilien bereits ab 1815/16 die Fortsetzung der unter napoleonischer Herrschaft entwickelten aktiven Pressepolitik (staatliche Privilegierung und Protektion von königlichen Druckereien und Staatsgazetten) den

---

78 CD-ROM-2, Dok.-Nr. 4.1.4.1 (Königliche Patente über die Waldenser v. 27.2.1816); Königliche Patente vom 1. März 1816 bezüglich der Juden, in: G. Favale (Hg.), Indici delle leggi e provvedimenti emanati dal 14 maggio 1814 a tutto il 1839 ed anteriormente contenuti nella Collezione Celerifera, Torino 1840, S. 12 (Regest); Manifesto del R. Senato di Nizza vom 21. Januar 1828 und Manifesto del R. Senato di Genova vom 19. Februar 1828 zur Ablehnung von Zwangstaufen für Juden, in: Favale (Hg.), Indici (wie oben), S. 13 (Regesten). Vgl. auch Nada, Piemonte (wie Fn. 27), S. 118; Aquarone, Politica (wie Fn. 24), S. 27; Michele Rosboch, Le minoranze religiose e le riforme di Carlo Alberto, in: Studi piemontesi 35 (2006), H. 1, S. 123-128. Zu der angesprochenen Interpretation gelangt Vito Francesco Gironda, Die Politik der Staatsbürgerschaft. Deutschland und Italien im Vergleich 1800–1914, Göttingen 2010, S. 71 f., 312 f.
79 Luciano Tas, Storia deglie ebrei italiani, Roma 1987, S. 89-94; siehe hierzu den Beitrag über die mittelitalienischen Territorien und den Kirchenstaat im vorliegenden Handbuchband.
80 Vgl. hierzu die Ausführungen zur Gesetzeskodifikation in Kapitel 6, Justiz.
81 Aquarone, Politica (wie Fn. 24), S. 338 f.
82 Zur Pressepolitik im napoleonischen Italien vgl. Daum, Oszillationen (wie Fn. 9), S. 112-114; ders., Italien (wie Fn. 7), S. 379, 382 f., 386. Zur Kontinuität zwischen napoleonischer und Restaurationsepoche bei der Regelung der Pressefreiheit siehe John A. Davis, Politics of Censorship in Italy from Napoleon to Restoration, in: Laven/Riall (Hg.), Napoleon's Legacy (wie Fn. 8), S. 237-256. Speziell zur Zensurpolitik in der Restauration: Maria Iolanda Palazzolo, I libri, il trono, l'altare. La censura nell'Italia della Restaurazione, Milano 2003; D. M. Bruni (Hg.), Potere e circolazione delle idee. Stampa, accademie e censura nel Risorgimento italiano, Milano 2007.

umfassenden Anspruch des monarchischen Staats auf Kontrolle und Besetzung des öffentlichen Raums.[83]

Die den Erhebungen von 1820/21 und 1831 folgende Beschränkung politischer Grundrechte äußerte sich nicht nur in einer Verschärfung der Zensurmaßnahmen, sondern auch einer weiteren Beeinträchtigung der Vereinigungsfreiheit, die ohnehin seit Beginn der Restauration unter der behördlichen Reglementierung des Vereinswesens und einem kategorischen Verbot geheimer Verbindungen gelitten hatte.[84] Das sardinische Strafgesetzbuch von 1839 verbot Arbeitern, die seit 1829 durch das obligatorische Arbeitsbuch der Kontrolle von Arbeitgebern und Polizei unterstellt waren, jede Art von organisiertem oder spontanem Widerstand sowie Absprachen (Art. 399).[85] Die Aufhebung der Handwerkerzünfte führte 1844 sogar noch zu einer Verschärfung der behördlichen Disziplinierung, da die Aufnahme von Arbeitsverhältnissen in Handwerksbetrieben fortan von der Genehmigung durch die Bürgermeisterämter abhängig gemacht wurde. Allerdings bereitete die betreffende Verordnung indirekt den Boden für die in den 1850er-Jahren entstehenden organisierten Interessenvertretungen (Arbeiterhilfsvereine), indem sie nämlich auch weiterhin den Zusammenschluss der Handwerker zum Zwecke religiöser Zusammenkünfte sowie der Wohltätigkeit und Fürsorge ausdrücklich erlaubte.[86] Insgesamt wirkten aber bis 1847 Zensur- und Vereinigungsverbot in verzögerndem Sinne auf die Entstehung eines politischen Vereins- und Parteiwesens, das bis 1821 im Geheimbund der Carboneria und nach 1830/31 in Giuseppe Mazzinis »Jungem Italien« seine ersten, rudimentären Formen ausbildete.[87]

---

83 Zur piemontesischen Zensurgesetzgebung und -praxis siehe jetzt Nicola Gabriele, Modelli comunicativi e ragion di Stato. La politica culturale sabauda tra censura e libertà di stampa (1720–1852), Firenze 2009 (bes. S. 203-233 zum Zeitraum 1815–1847); zu Karl Alberts nationalitalienisch orientierter Kulturpolitik vgl. Kapitel 8, Verfassungskultur. Zur Presse- und Zensurpolitik der bourbonischen Restauration siehe ausführlich Daum, Oszillationen (wie Fn. 9), S. 114-119, 131-135, 207-213, 222-238, 255 f.; Vincenzo Trombetta, L'editoria napoletana dell'Ottocento, Milano 2008, S. 13-26, 33-37. Zu den Amtsblättern der Provinzen, die im Königreich beider Sizilien von der napoleonischen Herrschaft übernommen wurden, siehe CD-ROM-2, Dok.-Nr. 4.1.5.3 (Dekret über die Zivilverwaltung Siziliens v. 11.10.1817), Art. 20.
84 Zum Verbot aller nicht genehmigten oder geheimen Versammlungen und Vereinigungen sowie der Mitgliedschaft in ausländischen Geheimgesellschaften im Königreich Sardinien (Verordnungen vom 10. Juni u. 30. September 1821) siehe Aquarone, Politica (wie Fn. 24), S. 342 f. u. Anm. 89-93; zum Verbot geheimer Verbindungen und zur Vereinsreglementierung im Königreich beider Sizilien siehe Collezione (wie Fn. 45), 1816/II, H. 57, Nr. 440, S. 124-126 (Gesetz vom 8. August 1816); Codice per lo regno delle Due Sicilie, Napoli 1819, Bd. 2 (Leggi penali), Libro II, Titolo VI, Capitolo II, Art. 305-311, S. 76 f.
85 Ambrosini, Carlo Alberto (wie Fn. 56), S. 178-180.
86 CD-ROM-2, Dok.-Nr. 4.1.4.2 (Verordnung zur Auflösung der Handwerkerzünfte v. 14.8.1844), Art. 3-10 (zur behördlichen Genehmigung der Aufnahme von Arbeitsverhältnissen), Art. 12 (zur Zulassung religiöser und karitativer Vereinigungen bzw. Versammlungen).
87 Vgl. auch Kapitel 8, Verfassungskultur.

5 Verwaltung

In allen italienischen Restaurationsstaaten lässt sich 1815–1847, mit jeweils unterschiedlicher Ausprägung und als graduell fortschreitende Entwicklung, eine vor allem finanzpolitisch motivierte administrative Durchdringung des Territoriums feststellen, die ein deutliches Wachstum des Verwaltungssektors, die Bürokratisierung des Regierungsapparats sowie den sozialen Aufstieg, die Professionalisierung und die territoriale Mobilität bürgerlicher Funktionäre zur Folge hatte.[88] Eine direkte Übernahme des zentralistischen napoleonischen Verwaltungsmodells ist, zumindest von Restaurationsbeginn an, nur im Königreich beider Sizilien zu beobachten, wo das französische System nun allmählich auch auf die Insel Sizilien ausgedehnt wurde.[89] Im Gegensatz zum sardinischen Fall behielt somit die süditalienische administrative Monarchie die strikte Trennung zwischen Justiz- und Zivilverwaltung, zwischen regulärer Verwaltungstätigkeit und Verwaltungsgerichtsbarkeit bei. Allerdings funktionierte die erneuerte Verwaltungsordnung auf Sizilien nie reibungslos, da beispielsweise die »Consigli di intendenza« (»Intendanturräte«), d. h. die unter dem Vorsitz der Intendanten arbeitenden Provinzialverwaltungsbehörden, von den lokalen Notabeln sabotiert wurden und daher faktisch nie zusammentraten.[90] Auch fanden im festländischen Landesteil erlassene Verwaltungsgesetze erst mit erheblicher zeitlicher Verzögerung Anwendung auf der Insel.[91]

---

[88] Für eine konzise Synthese der Verwaltungsgeschichte der italienischen Restauration siehe Giuseppe Astuto, L'amministrazione italiana. Dal centralismo napoleonico al federalismo amministrativo, Roma 2009, S. 33-44. Vgl. auch, mit Differenzierung gegenüber dem napoleonischen Verwaltungssystem, den Beitrag über die mittelitalienischen Territorien und den Kirchenstaat im vorliegenden Handbuchband (dortiges Unterkapitel 5, Verwaltung).

[89] Vgl. zu dem 1806–1808 im napoleonischen Königreich Neapel eingeführten Verwaltungssystem Daum, Italien (wie Fn. 7), S. 388-390. Zur kontinentalen Provinzialgliederung nach der Restauration siehe das Gesetz vom 1. Mai 1816 und das Organische Gesetz zur Zivilverwaltung vom 12. Dezember 1816, in: Collezione (wie Fn. 45), 1816/I, H. 45, Nr. 360, S. 339-344; ebd., 1816/II, H. 77, Nr. 570, S. 485-573. Zur neuen Provinzialgliederung Siziliens siehe Dekret über die Zivilverwaltung Siziliens v. 11. Oktober 1817, in: CD-ROM-2, Dok.-Nr. 4.1.5.3, Art. 4-5; Dekrete vom 26. Dezember 1824 und 8. März 1825, in: Collezione (wie Fn. 45), 1824/II, H. 116, Nr. 1385, S. 518-523; ebd., 1825/I, H. 5, Nr. 114, S. 129-131. Den moderneren und einheitlicheren Charakter der Verwaltungsstruktur des Königreichs beider Sizilien im Vergleich zu derjenigen der übrigen italienischen Restaurationsstaaten betont Di Simone, Istituzioni (wie Fn. 24), S. 249 f.

[90] Meriggi, Stati italiani (wie Fn. 3), S. 136 f.

[91] Nach längerer Verzögerung wurde die festländische Zivilverwaltungsordnung durch Gesetz vom 7. Mai 1838 endgültig auf die Insel ausgedehnt; Collezione (wie Fn. 45), 1838/I, H. 179, Nr. 4599, S. 152-154.

Im Königreich Sardinien kehrte man 1814[92] zur – vor allem auf kommunaler Ebene modifizierten – Verwaltungsordnung des Ancien Régime zurück.[93] Hierbei versuchte man, das adelige Element in der Kommunalverwaltung zu stärken, indem man den zu außerordentlichen Anlässen einzuberufenden »Consiglio raddoppiato« (»doppelter Gemeinderat«) auch für adelige Grundbesitzer öffnete, die nicht mehr in der Gemeinde wohnten, solange sie noch Besitz dort hatten.[94] Schließlich wurden die Gemeinden im Rahmen der nachrevolutionären Repression unter Karl Felix ab 1821 auch im Haushaltsbereich nun strikt dem Innenministerium unterstellt.[95] Die Ablehnung der noch im Ancien Régime gewährten lokalen Autonomien motivierte sich auch aus dem Gegensatz zwischen der mit der Zentraladministration verbündeten politischen Elite und der neuen wirtschaftlich-politischen Schicht des Bürgertums, das den alten Landadel aus den lokalen Körperschaften verdrängt hatte, um von dort seinen Machtaufstieg in die Wege zu leiten. Dieser institutionelle Dualismus zwischen Zentral- und Lokalverwaltung wurde ab Beginn der Restauration unter Viktor Emanuel I. spürbar und verschärfte sich unter dessen Nachfolger Karl Felix sogar noch, um dann mit der Reformgesetzgebung Karl Alberts abzuklingen.[96] Insbesondere dessen Instruktion für die Kommunalverwaltung vom 1. April 1838[97] bedeutete eine

---

92 CD-ROM-2, Dok.-Nr. 4.1.2.1 (wie Fn. 39), Art. 1, 4; vgl. auch Kapitel 2, Verfassungsstruktur der zentralen staatlichen Ebene.

93 Nach der Wiedereinführung der kommunalen Verwaltungsordnung des Ancien Régime (Edikt vom 21. Mai 1814), die erst 1775 vereinheitlicht worden war, beauftragte eine darauf folgende Instruktion vom 26. Mai die Provinzintendanten mit der Bildung der zuvor noch wählbaren Gemeinderäte und der Nominierung der Gemeindesekretäre: Raccolta (wie Fn. 61), Bd. 1, Torino 1842, S. 18-23; Petracchi, Origini (wie Fn. 24), Bd. 2.1: Documenti, Nr. 4, S. 83-86. Die Bürgermeister, die weitreichende Verwaltungs-, Wirtschafts- und Polizeikompetenzen besaßen und nicht nur dem besonderen Interesse der Gemeinde, sondern dem Staatsinteresse verpflichtet waren (Königliches Billet vom 23. April 1816), wurden nun direkt vom König und nur in Gemeinden mit weniger als 3.000 Einwohnern von den Intendanten ernannt: Königliche Patente vom 31. Dezember 1815, in: Raccolta (wie Fn. 61), Bd. 2, Torino 1842, S. 925-928; Petracchi, Origini (wie Fn. 24), Bd. 2.1: Documenti, Nr. 6, S. 89-91. Vgl. hierzu Petracchi, Origini (wie Fn. 24), Bd. 1, S. 64, 66-68; Nada, Piemonte (wie Fn. 27), S. 225; Di Simone, Istituzioni (wie Fn. 24), S. 149 f.

94 Königliches Billet vom 3. Dezember 1818, in: Raccolta (wie Fn. 61), Bd. 8.2, Torino 1844, S. 319-431; Petracchi, Origini (wie Fn. 24), Bd. 2.1: Documenti, Nr. 11, S. 108-135 (in Auszügen). Der »Consiglio raddoppiato« hatte u. a. die Aufgabe, dreifache Kandidatenlisten zu erstellen, auf deren Grundlage nun König und Intendanten die ordentlichen und außerordentlichen Gemeinderäte ernannten: Königliche Patente vom 27. Januar 1826, in: Raccolta (wie Fn. 61), Bd. 16, Torino 1846, S. 39 f.; Petracchi, Origini (wie Fn. 24), Bd. 2.1: Documenti, Nr. 14, S. 142 f.

95 Nada, Piemonte (wie Fn. 27), S. 226; Di Simone, Istituzioni (wie Fn. 24), S. 151.

96 Petracchi, Origini (wie Fn. 24), Bd. 1, S. 58, 66, 76, 81 f.

97 CD-ROM-2, Dok.-Nr. 4.1.5.1 (insbes. Art. 4 über die Bestellung der Gemeinderäte). Die Instruktion gilt der Forschung als organische Vereinheitlichung und Zusammenfassung aller vorangegangenen Einzelverordnungen des Ancien Régime und der napoleonischen Herrschaft: Petracchi, Origini (wie Fn. 24), Bd. 1, S. 83-87 (mit ausführlicher inhaltlicher Darlegung der Instruktion). Vgl. auch Nada, Piemonte (wie Fn. 27), S. 226 f.; Di Simone, Istituzioni (wie Fn. 24), S. 153.

Wende der bisherigen Ordnung: Sie öffnete die Gemeinderäte nicht nur für die alten Feudalherren, sondern auch für die Kreditgeber der Gemeinden und für die Unternehmer, die öffentliche Arbeiten in den Gemeinden übernommen hatten, sowie für Verwandte von strafrechtlich verfolgten Personen, also etwa auch von kriminalisierten Liberalen. Dies stärkte die Vorherrschaft des Bürgertums und der Unternehmerschicht in der Kommunalverwaltung auf entscheidende Weise.

Um aber die konservativen Eliten der Provinzzentren gegenüber den kleinbürgerlichen Notabeln in den Gemeinden zu begünstigen, setzte der sardinische Zentralstaat sukzessive auf einen Ausbau der Provinzialverwaltung.[98] Auf mittlerer Verwaltungsebene hatte das Edikt zur Verwaltungsgliederung vom 10. November 1818 die vormalige Einteilung des Staatsterritoriums nach Militärdivisionen (Turin, Alessandria, Cuneo, Novara, Nizza, Chambéry und nun auch Genua) als höchster Verwaltungsebene wieder in Kraft gerufen.[99] An der Spitze jeder Militärdivision stand ein meist adeliger Divisionsgeneral mit dem Titel eines Gouverneurs, dem vor allem die Führung der in seinem Territorium stationierten Militärverbände oblag. Außerdem waren ihm die Carabinieri hinsichtlich des Polizeidienstes verantwortlich. Entsprechend ihres doppelten Auftrags im Militär- und Polizeibereich unterstanden die Gouverneure sowohl dem Kriegsministerium als auch zunächst der Abteilung »Buon Governo« (Polizei) im Innenministerium; 1816–1821 waren sie nicht nur dem Kriegs- und Innen-, sondern auch dem in diesem Zeitraum bestehenden Polizeiministerium verantwortlich. Die wiedererrichteten Militärdivisionen, die eigentlich einer Reaktivierung der französischen Departements gleichkamen[100], wurden in zahlreiche »provincie« unterteilt, die in etwa den napoleonischen Arrondissements entsprachen und ihrerseits mehrere »mandamenti« (Bezirke) umfassten. (☞ Abb. 4.1.1, S. 354 f.)

Aufgrund des Widerspruchs zwischen formalen Reminiszenzen an die traditionelle Verwaltungsordnung und faktischer Orientierung am napoleonischen Modell stockte jedoch die Umsetzung der neuen sardinischen Zivilverwaltung. Zumal die Vermischung und Überschneidung der Aufgabenbereiche, aber auch die unterschiedlichen Dienst- und Berufsmentalitäten der alt gedienten, legitimistisch gesinnten Militärgouverneure und der in napoleonischer Zeit geschulten mittleren und unteren Funktionäre zu zahlreichen Kompetenzkonflikten und Spannungen zwischen dem militärischen und zivilen Verwaltungssektor beitrugen. Als oberste Verwaltungsorgane fungierten in den Provinzen zunächst ein Militärkommandeur, der für die Garnison, die Carabinieri und die Polizei zuständig war, sowie ein Intendant für die Finanz- und Zivilverwaltung, der dem Innen- und Finanzministerium unterstand und

---

98 Petracchi, Origini (wie Fn. 24), Bd. 1, S. 97 f.
99 CD-ROM-2, Dok.-Nr. 4.1.7.1 (Edikt zur Verwaltungsgliederung Piemont-Sardiniens v. 10.11.1818).
100 Petracchi, Origini (wie Fn. 24), Bd. 1, S. 72.

dem in den Bezirken ein Vize-Intendant untergeordnet war.[101] Somit wurde das in napoleonischer Zeit in Piemont eingeführte System der Präfekturen (auf Ebene der Departements) im Zuge der savoyischen Restauration durch die vormaligen Intendanturen (auf Ebene der »Provinzen«, eigentlich Arrondissements) ersetzt, die nun die Kontrolle der Polizeigewalt an die Kommandanten der Militärdivisionen zurückgeben mussten. Die entscheidende, auch finanzpolitische Effektivitätssteigerung im Verwaltungssystem führte aber erst Karl Albert durch die umfassende Reform der Provinzialverwaltung von 1842/43 herbei. Diese setzte – flankiert von einer vorübergehenden Vereinigung des Innen- und Finanzministeriums (1841–1844) – nicht nur auf die hierarchische Aufwertung der Provinzen durch ihre Zusammenfassung zu Generalintendanturen[102], sondern auch auf ihre qualitative Erweiterung um Konsultativorgane (Provinzräte in den Provinzen, Provinztage auf der Ebene der Generalintendanturen).[103] Dadurch näherte sich das sardinische Verwaltungssystem erneut an das napoleonische Modell an.[104]

Im Vergleich zum Königreich beider Sizilien handelte es sich allerdings um eine verspätete Rückkehr, denn in Süditalien bestanden die in napoleonischer Epoche erprobten Verwaltungsräte auf Provinz- und Distriktebene auch nach 1815 fort[105], de-

---

101 CD-ROM-2, Dok.-Nr. 4.1.7.1 (wie Fn. 99), Art. 4. Die Kompetenzen der Intendanten und Vize-Intendanten wurden zusammenfassend geregelt durch die Königlichen Patente vom 14. Dezember 1818.
102 Die Generalintendanturen, die ab 1847 als »Verwaltungsdivisionen«, ab 1859 als »Provinzen« titulierten und verwaltungsgeschichtlich als unmittelbare Vorläufer des später auf ganz Italien ausgedehnten Präfektursystems gelten, wurden geregelt durch die Königlichen Patentbriefe vom 25. August 1842, in: Raccolta degli atti del Governo di Sua Maestà il Re di Sardegna, Bd. 10 (1842), S. 269-280; außerdem in: Petracchi, Origini (wie Fn. 24), Bd. 2.1: Documenti, Nr. 20, S. 254-259. Die Bedeutung der Patentbriefe erörtern außerdem Petracchi, Origini (wie Fn. 24), Bd. 1, S. 90 f.; Angelo Porro, Il prefetto e l'amministrazione periferica in Italia. Dall'Intendente subalpino al prefetto italiano (1842–1871), Milano 1972 (bes. S. 3-20 zur Entwicklung der Generalintendanturen im Königreich Sardinien 1842–1847). In Ausführung der Königlichen Patentbriefe vom 25. August wurden die Kompetenzen der Generalintendanten durch die nachfolgenden Königlichen Patentbriefe vom 31. Dezember 1842, ediert bei Porro, Prefetto (wie oben), S. 201-216, detailliert geregelt.
103 CD-ROM-2, Dok.-Nr. 4.1.5.2 (Verordnung zur Einrichtung von Provinztagen und Provinzräten v. 31.8.1843). Diese Patentbriefe finden sich inhaltlich dargestellt bei Petracchi, Origini (wie Fn. 24), Bd. 1, S. 91-93.
104 In der Tat entsprach der neue Provinzrat dem Rat des Kreises oder Arrondissements aus napoleonischer Zeit, während der Provinztag an den Departementrat erinnerte und außerdem auf die künftige »Giunta provinciale« (»Provinzversammlung«) des italienischen Nationalstaats verwies. Vgl. Nada, Piemonte (wie Fn. 27), S. 228 f.; Di Simone, Istituzioni (wie Fn. 24), S. 154.
105 In Süditalien waren seit 1806 den Intendanten entsprechende »Consigli d'Intendenza« (»Intendanturräte«) zur Seite gestellt, während die aus Notabeln gebildeten »Consigli provinciali« (Provinzräte) und »Consigli distrettuali« (»Distrikträte«) konsultative Funktionen wahrnahmen. In der Verfassungsrevolution von 1820/21 wurden die Provinz- und Distrikträte sogar durch wählbare »Deputazioni provinciali« (»Provinzabordnungen«) ersetzt; Daum, Reflexion (wie Fn. 48), S. 253 Anm. 40.

ren Kompetenzen freilich auf die fakultativen Ausgaben der Provinzen und Distrikte sowie deren Steuerfinanzierung beschränkt blieben (Beaufsichtigung der öffentlichen Arbeiten, Aufteilung der Grundsteuerquoten auf Gemeinden und Distrikte, Vorbereitung des Haushaltsentwurfs der Provinz). In Piemont-Sardinien waren konsultative Verwaltungsorgane vor ihrer systematischen und flächendeckenden Einführung durch die Verwaltungsreform von 1843 lediglich vorübergehend[106] bzw. mit regionaler Beschränkung auf die annektierten ligurischen Provinzen vorgesehen.[107] Eine besondere Verwaltungsregion im Zivil- und Justizbereich bildete im Übrigen auch die Insel Sardinien, die man erst im Herbst 1847 mit dem festländischen Verwaltungssystem zu vereinheitlichen suchte.

Abgesehen von Karl Alberts unverwirklichtem Reformentwurf vom November 1847, der mit seinen wählbaren lokalen Verwaltungsorganen durchaus eine potenzielle Alternative gegenüber dem letztlich die Oberhand behaltenden Verwaltungszentralismus aufzeigte[108], brachte der anhaltende Antagonismus zwischen Zentral- und Lokalverwaltung zwei Prinzipien hervor, die die piemontesische und dann auch die italienische Lokalverwaltung langfristig kennzeichnen sollten: die Nominierung der lokalen Verwaltungsfunktionäre von oben[109] und die klare Trennung der lokalen öffentlichen Ausgaben in »ordentliche« und »außerordentliche« Aufwendungen.[110]

6 Justiz

Im Bereich der Rechtskodifikation sahen sich die restaurierten italienischen Dynastien nicht nur in Kontinuität zur napoleonischen Epoche, sondern geradezu zum aufgeklärten Absolutismus des 18. Jahrhunderts, an dessen Kodifikationsbemühungen sie nun durch die partielle Beibehaltung bzw. Übernahme der französischen Gesetzbücher anknüpfen wollten.[111] Auch wenn sie damit die Idee des Rechtsstaats und der

---

106 So hatte Viktor Emanuel I. 1817/18 Notabelnversammlungen auf Provinzebene einberufen, die über die notwendigen öffentlichen Arbeiten beraten sollten; auch forderte Karl Albert 1841, im Zuge der vorübergehenden Vereinigung von Innen- und Finanzministerium, die Notabeln vor Ort zur Beratung der Provinzhaushalte auf.
107 Neben der Einführung von Provinzräten in den Territorien der ehemaligen Stadtrepublik Genua hatte der Wiener Kongress außerdem der Stadt Genua als Freihafen einige Sonderprivilegien eingeräumt. Vgl. Kapitel 1, Italien 1815–1847; siehe auch Meriggi, Stati italiani (wie Fn. 3), S. 118.
108 Regio Editto per l'Amministrazione dei Comuni e delle Provincie (27.11.1847), in: Raccolta (wie Fn. 102), Bd. 15 (1847), S. 617-695; Petracchi, Origini (wie Fn. 24), Bd. 2.1: Documenti, Nr. 24, S. 270-304. Vgl. auch Di Simone, Istituzioni (wie Fn. 24), S. 154.
109 Vgl. neben den bereits angesprochenen Verordnungen zur Kommunalverwaltung vom 26.5.1814, 31.12.1815 und 23.4.1816 auch Petracchi, Origini (wie Fn. 24), Bd. 1, S. 64, 66-68.
110 Vgl. zu dieser Differenzierung Kapitel 11, Finanzen.
111 Ein Überblick zu den Kodifikationen in den italienischen Restaurationsstaaten findet sich bei Sandro Notari, L'Italia e l'eredità francese. Codici e costituzioni dalla Restaurazione all'Unità, in: Paolo Alvazzi Del Frate u. a., Costituzioni e codici moderni. Saggi e lezioni, Torino 2007, S. 135-

Rechtsgleichheit sowie die Praxis der mündlichen, öffentlichen Gerichtsverhandlung und der obligatorischen Urteilsbegründung in die Restauration hinüberretteten, verbanden die Herrscher mit dem Kodifikationsanspruch naturgemäß nicht unbedingt konstitutionelle Zugeständnisse. In jedem Fall sahen sich die Regierungen auch dort, wo die französischen Gesetzbücher zu Beginn der Restauration aufgehoben wurden, sukzessive (im Falle Modenas allerdings erst um die Mitte des 19. Jahrhunderts) zu eigenen Kodifikationsinitiativen veranlasst, bei denen auch weiterhin das napoleonische Modell die maßgebliche Orientierung bot.[112] Dabei wurden lediglich die französischen Bestimmungen zum Personen-, Familien- und Erbrecht im Sinne einer Erweiterung der väterlichen Gewalt, der alleinigen Gültigkeit der kanonischen, also unauflösbaren Ehe, einer Verschärfung der persönlichen und wirtschaftlichen Inferiorität der Frau und einer Abschwächung des Prinzips der Intestaterbfolge zugunsten der testamentarischen Erbfolge zurückgenommen. Einzige Ausnahme von dieser allgemeinen Entwicklung war das Königreich Lombardo-Venetien, wo seit 1816 das auf römischem Recht gründende österreichische ABGB von 1811 galt, was zu einer Polarisierung beider Modelle im öffentlichen Diskurs Anlass gab.[113]

Wie auch in anderen Verfassungsbereichen bildete die restaurierte bourbonische Monarchie in Süditalien bei der Aneignung der französischen Ordnung die Vorhut.[114] Die neapolitanische Kodifikation von 1819[115] orientierte sich – abgesehen von den

---

225, hier S. 157-175. Eine nützliche Synthese der Zivilgesetzgebung in den italienischen Restaurationsstaaten und ihrer Beeinflussung durch das napoleonische Modell bieten Ranieri, Italien (wie Fn. 36), S. 183-189, 192 (Quellen- und Literaturlage), 226-297 (Synthese nach Einzelstaaten); Guido Astuti, Il Code Napoléon in Italia e la sua influenza sui codici degli stati italiani successivi, in: Napoleone e l'Italia, Bd. 1, Roma 1973, S. 175-239, hier: S. 202-216; Carlo Ghisalberti, Unità nazionale e unificazione giuridica in Italia. La codificazione del diritto nel Risorgimento, Roma-Bari 1979, S. 202-204, 214 f., 223 f. Siehe auch den Beitrag über die mittelitalienischen Territorien und den Kirchenstaat im vorliegenden Handbuchband (dortige Unterkapitel 4, Grundrechte, und 6, Justiz).

112 Ghisalberti, Unità (wie Fn. 111), S. 226 f., 277-281; Paolo Ungari, Storia del diritto di famiglia in Italia 1796–1975, Neuausg. hg. v. F. Sofia, Bologna 2002, hier bes. S. 125-139.

113 Zu den ideologischen, d. h. antihabsburgischen Konnotationen dieser Debatte vgl. Luisa Levi d'Ancona, Padri e figli nel Risorgimento, in: A. M. Banti/P. Ginsborg (Hg.), Il Risorgimento, Torino 2007, S. 153-179, hier: S. 158 f. Siehe weiterhin zur Strafrechtspraxis in Lombardo-Venetien G. Chiodi/C. Povolo (Hg.), Amministrazione della giustizia penale e controllo sociale nel Regno Lombardo-Veneto, Sommacampagna 2007. Zur Bedeutung, die die österreichische Zivilrechtskodifikation neben dem napoleonischen Modell im nationalen Einigungsprozess Italiens spielte vgl. Di Simone, Codice (wie Fn. 35). Allgemein zur Ausstrahlungskraft des ABGB auf die italienischen und andere europäische Staaten siehe P. Caroni/E. Dezza (Hg.), L'ABGB e la codificazione asburgica in Italia e in Europa, Padua 2006.

114 Del Giudice, Storia (wie Fn. 74), S. 186, 189-199; Astuti, Code Napoléon (wie Fn. 111), S. 192-194; Ghisalberti, Unità (wie Fn. 111), S. 230-234; Landi, Istituzioni (wie Fn. 18), Bd. 1, S. 80-92.

115 Codice per lo regno delle Due Sicilie, 5 Bde., Napoli 1819. Der neue Kodex wurde mit seinen 5 Teilen (Zivil- und Strafgesetzbuch, Zivil- und Strafprozessordnung sowie Handelsgesetzbuch) durch Gesetz vom 26. März zum 1. September 1819 in Kraft gesetzt; vgl. CD-ROM-2, Dok.-Nr. 4.1.4.4. Siehe auch Francesco Masciari, La codificazione civile napoletana. Elaborazione e re-

üblichen Abweichungen im Familien-, Ehe- und Erbrecht[116] – stark am französischen Vorbild. Sie führte erstmals eine für beide süditalienische Landesteile einheitliche Rechtssituation – freilich mit Ausnahmen für Militär und Klerus[117] – herbei. Sie bildete weiterhin die erste eigenständige Kodifikation im Italien der Restauration und sollte zudem bis zur nationalen Einigung Italiens 1861 Bestand haben. Von der süditalienischen Kodifikation ging daher eine große Ausstrahlungskraft auf die anderen italienischen Staaten aus und sie beeinflusste insbesondere die späteren Kodifikationsbemühungen in Piemont-Sardinien. Dort[118] bestand bis 1837 ein fragmentierter Rechtsraum, da durch das Restaurationsedikt vom 21. Mai 1814 zwar insgesamt die alten Rechtsverhältnisse wiederhergestellt wurden, in Ligurien jedoch das napoleonische Zivilrecht weitergalt[119] und auch auf der Insel Sardinien besondere Rechtsverhältnisse fortbestanden, die allerdings 1827 erstmals in einem einzigen Kodex, dem sog. »Codice Feliciano«, zusammengefasst wurden.[120] Erst infolge des Herrschaftsantritts Karl Alberts kam es zu einer umfassenden Gesetzesreform, die neben der Aufhebung der Feudalgerichtsbarkeit auf Sardinien (1836)[121] die Ausarbeitung der

---

visione delle leggi civili borboniche (1815–1850), Napoli-Roma 2006; Armando De Martino, Die Gerichtsverfassung im Königreich Neapel zwischen Ancien régime und neuer Ordnung, übers. v. G. Kuck, in: C. Dipper u. a. (Hg.), Napoleonische Herrschaft in Deutschland und Italien – Verwaltung und Justiz, Berlin 1995, S. 269-295, hier: S. 290.

116 Vgl. CD-ROM-2, Dok.-Nr. 4.1.4.5 (Eherecht im Zivilgesetzbuch beider Sizilien v. 1.9.1819), bes. Art. 202, 204, 206, 210, 226, 227 (zur rechtlichen und wirtschaftlichen Unterordnung der Ehefrau); Codice per lo Regno delle Due Sicilie, Parte Prima: Leggi civili, Napoli 1819, Tit. II, Cap. III, Art. 67 und Tit. V, Cap. IV, Art. 189 (zur kanonischen Eheschließung); Tit. V, Cap. 1, Art. 163-167 (zur väterlichen Gewalt). Weitere Abweichungen betrafen das zum Teil verschärfte Strafgesetzbuch und die Strafprozessordnung, die sich an der heimischen Vorlage von 1808 orientierte und daher auf das Institut des Geschworenengerichts verzichtete; vgl. hierzu Daum, Italien (wie Fn. 7), S. 395 f. Zur sardinischen Strafprozessordnung von 1847, die ebenfalls kein Geschworenengericht vorsah, siehe Isidoro Soffietti, Sulla storia dei principi dell'oralità, del contraddittorio e della pubblicità nel procedimento penale. Il periodo della Restaurazione nel Regno di Sardegna, in: Rivista di storia del diritto italiano 44-45 (1971/72), S. 125-241.

117 Durch Gesetze vom 30. Januar und 30. Juni 1819 wurden entsprechende Militärstrafgesetzbücher erlassen; zum Klerus siehe Kapitel 9, Kirche.

118 Zur Kodifikation im Königreich Sardinien der Restauration siehe Del Giudice, Storia (wie Fn. 74), Bd. 2, S. 207-222; Astuti, Code Napoléon (wie Fn. 111), S. 195-197; Ghisalberti, Unità (wie Fn. 111), S. 235-245; Nada, Piemonte (wie Fn. 27), S. 220-223; Gian Savino Pene Vidari, L'attesa dei codici nello stato sabaudo della restaurazione, in: Rivista di storia del diritto italiano 68 (1995), S. 107-152.

119 Vgl. Del Giudice, Storia (wie Fn. 74), Bd. 2, S. 210; Aquarone, Politica (wie Fn. 24), S. 39 f.

120 Die »Leggi civili e criminali pel regno di Sardegna« wurden am 16. Januar verkündet und am 1. September 1827 auf Sardinien veröffentlicht, wo sie zum 1. Januar 1828 in Kraft traten; Del Giudice, Storia (wie Fn. 74), Bd. 2, S. 213; Aquarone, Politica (wie Fn. 24), S. 353 f.; Pene Vidari, Attesa (wie Fn. 118), S. 124.

121 CD-ROM-2, Dok.-Nr. 4.1.6.2 (Edikt zur Aufhebung der Feudalgerichtsbarkeit auf Sardinien v. 1.6.1836).

neuen albertinischen Gesetzbücher betraf[122], die sich wieder auf das französisch-napoleonische Modell zurückorientierten und im Zeitraum 1837–1847 fertig gestellt und verkündet wurden.[123] Aufgrund seiner Abweichungen vom napoleonischen Modell (Katholizismus als exklusive Staatsreligion, Vorrang kirchlicher Normen im Eherecht, Rechtsprivilegien des Klerus, letzte Rechtsentscheidungsbefugnis beim König, Stärkung der väterlichen Gewalt, Aufrechterhaltung von Majorat, Primogenitur und Fideikommiss)[124] bedeutete die Inkraftsetzung des ersten sardinischen Zivilgesetzbuchs 1838 für die ligurischen Territorien einen Rückschritt. Zugleich hob es sich durch die ausführliche Regelung und Garantie des (auch geistigen)[125] Eigentumsrechts und vor allem die für die Epoche einzigartige Reglementierung der Nutzung und Bewirtschaftung von Gewässern durch Landwirtschaft und Industrie[126] positiv von seinem französischen Vorläufer ab. Insgesamt betrachtet führte die neue Kodifikation zu einer deutlichen Rationalisierung und Garantie des Rechts, wovon lediglich die Insel Sardinien ausgenommen blieb, auf der noch bis 1848 der »Codice Feliciano« bestand.

Die Justizverwaltung der italienischen Restaurationsstaaten blieb ebenfalls auf das napoleonische Modell verpflichtet, auch wenn dessen Übernahme fast nirgendwo sofort und vollständig erfolgte.[127] Die allmählichen Reformen der Justizverwaltung in

---

122 Für eine ausführliche Rekonstruktion der 1831 einsetzenden Beratungen über das Zivilgesetzbuch siehe Gian Savino Pene Vidari, Un centocinquantenario: il codice civile albertino, in: Studi Piemontesi 16 (1987), S. 315-324, hier: S. 318-321; ders., Attesa (wie Fn. 118).

123 Die neuen albertinischen Gesetzbücher umfassten das Zivilgesetzbuch vom 20. Juni 1837 (ergänzt durch die Königlichen Patentbriefe vom 6. April 1839 und das Edikt vom 30. Juni 1840, die respektive die Durchführung von Enteignungsmaßnahmen im öffentlichen Interesse und die Eigentumsregelung für Höhlen und Minen betrafen), das zum 1. Januar 1838 auf dem Festland in Kraft trat; das Strafgesetzbuch vom 26. Oktober 1839, das zum 15. Januar 1840 auf dem Festland in Kraft trat; das Militärstrafgesetzbuch vom 28. Juli 1840, das zum 1. Januar 1841 auf dem Festland in Kraft trat; das Handelsgesetzbuch vom 30. Dezember 1842, das zum 1. Juli 1843 auf dem Festland in Kraft trat; die Strafprozessordnung vom 30. Oktober 1847, die zum 1. Mai 1848 auf dem Festland in Kraft trat. Demgegenüber wurde die Zivilprozessordnung, für die durch Reglement vom 11. Januar 1840 zunächst nur einige Teilbestimmungen erlassen wurden, ganzheitlich erst 1854 unter Viktor Emanuel II. (1820–1878, König ab 1849) fertiggestellt.

124 Zur Bedeutung des kirchlichen Rechts: Ghisalberti, Unità (wie Fn. 111), S. 239, 276; D'Ancona, Padri (wie Fn. 113), S. 161; siehe auch Kapitel 9, Kirche. Zur Intervention des Königs in die Rechtsprechungspraxis vgl. Aquarone, Politica (wie Fn. 24), S. 31 f. u. Anm. 28 f. Zur Wiedereinführung von Primogenitur und Fideikommiss 1817 sowie von Majoraten (Regelung durch Edikt vom 14. Oktober 1837, Reglement vom 9. Oktober 1838), die allerdings in der Praxis kaum in Anspruch genommen wurden, siehe Del Giudice, Storia (wie Fn. 74), Bd. 2, S. 218; Astuti, Code Napoléon (wie Fn. 111), S. 207; Nada, Piemonte (wie Fn. 27), S. 118-120.

125 Del Giudice, Storia (wie Fn. 74), Bd. 2, S. 218.

126 Die neue Wasserordnung, die sukzessive auch in Frankreich rezipiert wurde, orientierte sich direkt an Gian Domenico Romagnosi, Della condotta delle acque, Milano 1823–1825; ders., Della ragion civile delle acque, Milano 1829–1835.

127 Vgl. den Beitrag über die mittelitalienischen Territorien und den Kirchenstaat im vorliegenden Handbuchband (dortiges Unterkapitel 6, Justiz).

Piemont-Sardinien wirkten vorbereitend für die spätere nationale Einigung Italiens[128], obwohl dort viele Sondergerichte zunächst oder sogar dauerhaft fortbestanden.[129] Den 1814 wiedererrichteten Senaten von Turin, Chambéry, Nizza und Genua, die als letztinstanzliche Gerichte für Piemont, Savoyen und Ligurien die französischen Appellationsgerichte ersetzten, wurden durch die Justizreform Karl Felix' (Edikt vom 27. September 1822) sog. »Tribunali di Prefettura« in jeder Provinzhauptstadt untergeordnet. Diese Gerichte waren in erster Instanz für die größeren Rechtsfälle zuständig und dienten ihrerseits als Berufungsinstanz gegenüber den in den Bezirkshauptstädten der Provinz eingesetzten »giudici mandamentali« (Bezirksrichter) – den weitgehend im Amt belassenen Friedensrichtern des französischen Justizsystems.[130] Die Reform von 1822 bedeutete auch eine Annäherung an den Grundsatz der Rechtsgleichheit, da sie den Richtern unter Verbot des Sportelnsystems und Einführung staatlich verwalteter Gerichtsgebühren erstmals nach der Restauration wieder ein Festgehalt zuerkannte.[131] Die Verwaltungsgerichtsbarkeit ging infolge der Aufhebung der napoleonischen Präfekturverwaltung zunächst je nach Rechtsmaterie auf mehrere Einrichtungen der Exekutive (u. a. Intendanten und Rechnungskammer) über, um dann mit den Verwaltungsreformen von 1842/43 zumindest in erster Instanz erneut einem Konsultativorgan, nämlich dem »Consiglio d'intendenza« (»Intendanturrat«) auf der Ebene der Generalintendanturen, anvertraut zu werden, gegenüber dessen Rechtsprechung die »Camera dei Conti« (»Rechnungskammer«) die Berufungsinstanz zu bilden hatte.[132] (☞ Abb. 4.1.1, S. 354 f.)

Im Königreich beider Sizilien[133] wies die Neuordnung der Justizverwaltung – vollzogen durch Organisches Gesetz vom 29. Mai 1817[134] für das Festland und Gesetze

---

128 Pietro Saraceno, Storia della magistratura italiana. Le origini: La magistratura nel Regno di Sardegna, Roma 1993.
129 Vgl. Nada, Piemonte (wie Fn. 27), S. 123; Aquarone, Politica (wie Fn. 24), S. 30 f.; Ambrosini, Ombra (wie Fn. 11), S. 266; ders., Carlo Alberto (wie Fn. 56), S. 183; Del Giudice, Storia (wie Fn. 74), Bd. 2, S. 216; Di Simone, Istituzioni (wie Fn. 24), S. 155. Unterschiedliche Gerichtsbarkeiten, wie der politischen Repression dienende Militärkommissionen und eine autonome Justizverwaltung auf Sizilien, gab es auch im Königreich beider Sizilien: Landi, Istituzioni (wie Fn. 18), Bd. 1, S. 76; Legge che conferma i privilegj de' Siciliani (Napoli, 11.12.1816), in: Collezione (wie Fn. 45), 1816/II, H. 76, Nr. 567, S. 470-474, hier: Art. 8, S. 472 f.
130 Aquarone, Politica (wie Fn. 24), S. 346 f.; Di Simone, Istituzioni (wie Fn. 24), S. 152.
131 Siehe den betreffenden Auszug in: CD-ROM-2, Dok.-Nr. 4.1.6.1 (Edikt über die Aufhebung der Regalien für Richter v. 27.9.1822).
132 Petracchi, Origini (wie Fn. 24), Bd. 1, S. 65; vgl. die Analogie zur Berufungshierarchie der süditalienischen Verwaltungsgerichtsbarkeit in den nachfolgenden Ausführungen. Zu den Verwaltungsreformen von 1842/43 siehe Kapitel 5, Verwaltung.
133 Vgl. für die in der süditalienischen Restauration beibehaltene napoleonische Justizverwaltung auch die Ausführungen in Daum, Italien (wie Fn. 7), S. 391-397. Die Revolution von 1820/21 erbrachte, trotz prinzipieller Übernahme der spanischen Verfassungsordnung, keine Änderung der Murat'schen Justizverwaltung, die das Parlament gegenüber dem als »rückständiger« empfundenen spanischen System bevorzugte; vgl. Daum, Reflexion (wie Fn. 48), S. 253 f.
134 CD-ROM-2, Dok.-Nr. 4.1.6.3 (Organisches Gesetz zur Justizverwaltung v. 29.5.1817).

vom 22. Dezember 1818 und 7. Juni 1819 für Sizilien – von Beginn an eine größere Homogenität als in Piemont-Sardinien auf, da sie sich substanziell am napoleonischen Modell orientierte, gegenüber dem lediglich die Figur des Friedensrichters durch die zwei neuen Instanzen des Schiedsrichters und des Bezirksrichters ersetzt wurde, die sich in der Folge als bedeutendes Forum zur Wahrung bürgerlicher und antifeudaler Interessen bewährten.[135] Eine weitere Besonderheit der süditalienischen Justizverwaltung gegenüber dem sardinischen Rechtssystem bestand in dem von Beginn an verwirklichten Prinzip der Trennung zwischen ordentlicher Rechtsprechung und Verwaltungsgerichtsbarkeit, da für beide Bereiche eigene Organe eingerichtet und gesonderte Verfahren festgelegt wurden.[136]

7 Militär

Nach der Restauration der savoyischen Monarchie knüpfte man im Königreich Sardinien erneut an die savoyische Militärtradition an, die sich im Laufe der zahlreichen Kriege der frühen Neuzeit und der napoleonischen Epoche nicht nur im Adel, sondern auch in den unteren Schichten verankert hatte.[137] 1818 kehrte man zum System der

---

135 Ebd., Tit. I, Art. 1 u. Tit. II, Art. 2-13 (zum Schiedsrichter); Tit. III, Art. 14-46 (zum Bezirksrichter). Vgl. auch Di Simone, Istituzioni (wie Fn. 24), S. 250. Allgemein zur Durchsetzung des Richteramtes als Beruf in Süditalien vgl. Castellano, Mestiere (wie Fn. 72).

136 Die Verwaltungsgerichtsbarkeit des 1815 aufgelösten napoleonischen Staatsrats wurde zunächst von dem durch Grundgesetz vom 8. Dezember 1816 eingerichteten »Supremo consiglio di cancelleria« (»Oberster Kanzleirat«) wahrgenommen, um per Gesetze vom 21. März und 25. März 1817 in aufsteigender Berufungshierarchie von den Gemeindebehörden über die »Consigli d'intendenza« (»Intendanturräte«), d. h. die von den Intendanten geleiteten Provinzialverwaltungsorgane, bis hinauf zum »Gran corte dei conti« (»Großen Rechnungshof«) als letzter Instanz neu geordnet zu werden, was durch Gesetz vom 7. Mai 1838 auch auf Sizilien übertragen wurde. Vgl. CD-ROM-2, Dok.-Nr. 4.1.2.3 (wie Fn. 18), Art. 9 (Einrichtung des »Supremo consiglio di cancelleria«); Gesetz über die Verwaltungsgerichtsbarkeit (21.3.1817), in: Collezione (wie Fn. 45), 1817/I, H. 92, Nr. 664, S. 386-397 (bes. Tit. II, Art. 18-26); Gesetz über die Prozessordnung für die Verwaltungsgerichtsbarkeit (25.3.1817), ebd., 1817/I, H. 92, Nr. 663, S. 398-447; Organisches Gesetz über den Großen Rechnungshof in Neapel (29.5.1817), ebd., 1817/I, H. 102, Nr. 728, S. 697-711 (zur Verwaltungsgerichtsbarkeit siehe insbes. Tit. II, Art. 6, Abs. 1, 3; Art. 7; Tit. III, Art. 10-17); Gesetz zur Einrichtung des Großen Rechnungshofs in Palermo (7.1.1818), ebd., 1818/I, H. 136, Nr. 1056, S. 12-23 (bes. Tit. II, Art. 7, Abs. 2; Art. 11-13; Tit. V, Art. 43-44); Gesetz über die Ausdehnung der festländischen Zivilverwaltung und Verwaltungsgerichtsbarkeit auf Sizilien (7.5.1838), ebd., 1838/I, H. 179, Nr. 4599, S. 152-154 (Art. 1). Siehe auch Schupfer, Precedenti (wie Fn. 50), S. 1147-1151; Del Giudice, Storia (wie Fn. 74), Bd. 2, S. 187; Landi, Istituzioni (wie Fn. 18), Bd. 1, S. 439-448; Di Simone, Istituzioni (wie Fn. 24), S. 251; Orazio Abbamonte, Amministrare e giudicare: il contenzioso amministrativo negli equilibri istituzionali delle Sicilie, Napoli 1997. Zu den übrigen Kompetenzen des Großen Rechnungshofs im Bereich der Finanzverwaltung siehe Kapitel 11, Finanzen.

137 Die ältere und jüngere italienische Militärgeschichtsschreibung konzentriert sich auf die Zeit nach der nationalen Einigung: Piero Pieri, Storia militare del Risorgimento, Torino 1962; Gianni Oliva,

Militärdivisionen als Grundlage auch der Zivilverwaltung zurück[138], mit seinen starken Kompetenzüberschneidungen zwischen den Bereichen der Militär- und Polizeiverwaltung, die sich vor allem in der Figur des Gouverneurs manifestierten: Ihm oblag nicht nur die Führung der in seinem Territorium stationierten Militärverbände, sondern auch die bereits am 13. Juli 1814 als militärische Staatspolizei gegründeten Carabinieri waren ihm hinsichtlich ihrer Polizeiaufgaben verantwortlich. Daher unterstand der Gouverneur sowohl dem Kriegs- und Marineministerium als auch der Abteilung »Buon Governo« im Innen- bzw. 1816–1821 direkt dem dann bestehenden Polizeiministerium, das im Übrigen der Leitung des Kommandeurs der Carabinieri unterstellt war.[139] Unterhalb der Ebene der Militärdivisionen befand sich in jeder Provinzhauptstadt ein für Militär- und Polizeiangelegenheiten zuständiges Militärkommando unter der Führung eines Obersten oder Oberstleutnants, der dem Gouverneur der zuständigen Militärdivision verantwortlich war. In den Bezirkshauptstädten wurde jeweils eine Carabinieri-Station eingerichtet. Der »Real Corpo dei Carabinieri« (»Königliches Carabinieri-Korps«) war im Übrigen Ausdruck einer im Militärwesen eher seltenen Kontinuität zwischen savoyischer Restauration und napoleonischer Herrschaft: Das französische Modell der Gendarmerie behielt man im restaurierten Piemont-Sardinien, wie im Übrigen auch im Kirchenstaat, nicht nur deshalb bei, weil es sich als Instrument der inneren Sicherheit bewährt hatte, sondern weil die »Carabinieri reali« sich auch als Mittel zur Herstellung einer neuen Staatsloyalität in der Bevölkerung eigneten.[140] (☛ Abb. 4.1.1, S. 354 f.)

Soldati e ufficiali. L'esercito italiano dal Risorgimento a oggi, Milano 2009 (mit knappem Überblick zum Militärwesen der italienischen Einzelstaaten, S. 17-23). Speziell zur Restaurationsepoche: Walter Barberis, Le armi del Principe. La tradizione militare sabauda, Torino 1988; Stefano Ales, L'armata sarda nella Restaurazione, 1814–1831, Roma 1987; Broers, Napoleonic Imperialism (wie Fn. 8), S. 33. Lediglich unter Karl Felix (1821–1831) büßte das Militär infolge des von ihm mitgetragenen Aufstands von 1821 seine gesellschaftliche und staatstragende Bedeutung ein. Auch im Königreich beider Sizilien reagierte Ferdinand I. auf die liberale Verfassungsrevolution, indem er 1821 die Auflösung des Heeres verfügte und ab 1823 dessen komplette Neuorganisation einleitete, während sich zugleich die zahlreichen militärischen Revolutionsträger einer rigorosen Säuberungspolitik ausgesetzt sahen. Vgl. Landi, Istituzioni (wie Fn. 18), Bd. 1, S. 503 f., 542 f.; Alfonso Scirocco, La reazione a Napoli nel 1821 e la riabilitazione dei compromessi, in: A. Mango (Hg.), L'età della Restaurazione e i moti del 1821. Atti del convegno nazionale di studi (Bra, 12–15 novembre 1991) per le celebrazioni del bicentenario della nascita di Guglielmo Moffa di Liso (1791–1991), o. O. 1995, S. 225-235.
138 CD-ROM-2, Dok.-Nr. 4.1.7.1 (wie Fn. 99); vgl. auch Kapitel 5, Verwaltung.
139 Siehe zur wechselhaften Verwaltungsorganisation der Polizei Kapitel 2, Verfassungsstruktur der zentralen staatlichen Ebene.
140 Zur Bedeutung des »Corpo dei Reali Carabinieri« für die innere Sicherheit und im Sinne einer Kontinuität zur napoleonischen Herrschaft vgl. Boers, Napoleonic Imperialism (wie Fn. 8), S. 513-520; Clive Emsley, »The Best Way to Keep the Peace in a Country«. Napoleon's Gendarmes and Their Legacy, in: Laven/Riall (Hg.), Napoleon's Legacy (wie Fn. 8), S. 257-274. Zu ihrem Mythos siehe Emanuele Faccenda, I carabinieri tra storia e mito (1814–1861), Torino 2009.

7 Militär

Nach anfänglicher Abschaffung der Konskription wurde die Wehrpflicht bereits 1816 als sog. Aushebung (»leva«) wieder eingeführt[141], die allerdings für die unter Sonderverwaltung stehende Insel Sardinien nicht galt. Eine ähnliche, allerdings nicht explizite Ausnahmeregelung bestand im Königreich beider Sizilien, wo der anhaltende Widerstand der sizilianischen Bevölkerung faktisch die Anwendung der am 6. März 1818 im festländischen Landesteil eingeführten Wehrpflicht auf der Insel verhinderte.[142] Der sardinische Militärdienst wurde unter Karl Albert neu geregelt, indem man nun die Wehrpflicht einheitlich für alle männlichen Untertanen zwischen 18 und 24 Jahren in den festländischen Territorien einführte, wobei sich an die eigentliche zweijährige Dienstzeit eine achtjährige Verfügbarkeit für den Kriegsfall und danach noch eine sechsjährige Zugehörigkeit zur Reservearmee anschlossen.[143] Der Stellenwert, den der Wiederaufbau einer schlagkräftigen Armee für die restaurierte savoyische Monarchie besaß, wird aus den Militärausgaben ersichtlich, die sich bereits im Zeitraum 1815–1830 durchschnittlich auf 35–40 % des Staatshaushalts beliefen.[144]

Die Kompetenzen der Carabinieri wurden unter Karl Felix durch Königliche Patentbriefe vom 12. Oktober 1822 präzisiert.
141 Zur Geschichte der italienischen Militärrekrutierung insgesamt siehe die neuere Forschungsbilanz von Nicola Labanca, Come e perché studiare la leva, in: ders. (Hg.), Fare il soldato. Storie del reclutamento militare in Italia, Milano 2007, S. 7-20, hier S. 17-19; Piero del Negro, Un confronto tra le leve in età napoleonica e nell'Italia liberale, in: Labanca (Hg.), Fare il soldato (wie oben), S. 21-30, hier S. 23 f. Die gesamte Neuzeit nimmt in den Blick: Virgilio Ilari, Storia del servizio militare in Italia (1506–1870). Dall' »ordinanza fiorentina« di Machiavelli alla costituzione dell'esercito italiano, Roma 1989. Im Königreich Sardinien wurde die Wehrpflicht durch Edikt vom 16. Februar 1816 wieder eingeführt, das die Möglichkeit vorsah, gegen Bezahlung einen Stellvertreter zu benennen.
142 CD-ROM-2, Dok.-Nr. 4.1.7.3 (Gesetz über die Rekrutierung der Armee v. 6.3.1818). Nach ihrer Einführung wurde die Wehrpflicht im Königreich beider Sizilien durch Dekret vom 26. Mai 1821 vorübergehend aufgehoben, durch Dekret vom 28. Februar 1823 erneut eingeführt und durch die Dekrete vom 28. Februar 1825, 19. März 1834 und 20. Januar 1840 präzisiert; diese Bestimmungen galten jedoch nie in Sizilien. Landi, Istituzioni (wie Fn. 18), Bd. 1, S. 96; Schupfer, Precedenti (wie Fn. 50), S. 1162 f. Aufgrund der zahlreichen Ausnahmemöglichkeiten betrachtet Oliva, Soldati (wie Fn. 137), S. 20, die süditalienische Wehrpflicht als in der Praxis nicht realisiertes Prinzip.
143 Zuvor hatte ein duales Dienstsystem mit acht ununterbrochenen Dienstjahren für einen Teil der Soldaten und einem zwölfjährigen Wechseldienst mit insgesamt 24 Dienstmonaten für den anderen Teil bestanden. Zur Neuregelung, die noch durch das Reglement vom 4. Mai 1839 ergänzt wurde, siehe CD-ROM-2, Dok.-Nr. 4.1.7.2 (Edikt zur Neuordnung des Militärdienstsystems v. 16.12.1837); zu den Ausnahmen aus familiären Gründen siehe Art. 31-32. Zur sich wandelnden Wehrpflichtregelung im Königreich Sardinien der Restauration siehe insgesamt Filippo Cappellano, Cenni sull'evoluzione del reclutamento obbligatorio nell'esercito italiano, in: Labanca (Hg.), Fare il soldato (wie Fn. 141), S. 31-45, hier S. 32 f.
144 Zahlenangaben nach Nada, Piemonte (wie Fn. 27), S. 126.

Jahr	Gesamtstaats-ausgaben	Militärausgaben	Anteil der Militärausgaben am Gesamtstaatshaushalt
1832	78.025.000	34.105.000	43,71 %
1841	78.981.000	31.630.000	40,05 %
1846	97.431.000	33.694.000	34,60 %

Abb. 4.1.2 Anteil der Militärausgaben am Staatshaushalt im Königreich Sardinien 1832–1846 (in Lire)[145]

Die hohen Militärausgaben trugen jedoch nicht unbedingt zur Verbesserung der Militärorganisation bei, da sie zu einem bedeutenden Teil für die Bezahlung der überhöhten Gehälter der höheren Offiziere bestimmt waren, also der finanziellen und sozialen Prestigeförderung des Adels dienten. Im Übrigen zählte die Fortentwicklung der Armee hinsichtlich ihrer Effizienz und Schnelligkeit nicht zu den Zielen der sardinischen Militärpolitik, die vorwiegend auf die Landesverteidigung gerichtet war. Diese Organisationsmängel der sardinischen Armee sollten 1848/49 zu den Niederlagen im Feldzug gegen Österreich beitragen.

8 Verfassungskultur

In der italienischen Staatenwelt von 1815–1847 bildete sich eine dauerhafte Symbiose von Verfassungs- und Nationalidee heraus[146], wobei Letztere vor allem das Modell der zensitären konstitutionellen Monarchie favorisierte[147] und sich bis 1848 auch mit

---

145 Zusammengestellt nach: Giuseppe Felloni, Le spese effettive e il bilancio degli Stati sabaudi dal 1825 al 1860, in: Archivio economico dell'unificazione italiana 9 (1959), H. 5, S. 1-78, hier S. 32 u. Anhang Tabelle 1; Nada, Piemonte (wie Fn. 27), S. 247 f.
146 Zur Entwicklung des italienischen Nationalgedankens 1815–1847 siehe die nützliche Synthese von Paolo Bagnoli, L'Idea dell'Italia 1815–1861, Reggio Emilia 2007, S. 42-111; zum Risorgimento als einflussreiche und weit verbreitete Nationalbewegung im Italien der ersten Hälfte des 19. Jahrhunderts vgl. Riall, Risorgimento. The History (wie Fn. 28), S. 117-146; den risorgimentalen Diskurs untersucht Alberto M. Banti, La nazione del Risorgimento. Parentela, santità e onore alle origini dell'Italia unita, Torino 2000. Zum Exil italienischer Emigranten im Zeitraum 1815–1835 als Faktor der nationalen Identitätsbildung, wobei dieser »diasporic nationalism« (S. 1) im Rahmen von Transferprozessen und Reisebeziehungen als Teil einer liberalen Internationale verständlich wird, siehe Maurizio Isabella, Risorgimento in Exile. Italian Émigrés and the Liberal International in the Post-Napoleonic Era, Oxford – New York 2009. Zum Transferpotenzial des italienischen Risorgimento auf andere liberale Bewegungen etwa in Rumänien vgl. außerdem Ştefan Delurean, Risorgimento italiano e Risorgimento romeno, Napoli 2005.
147 Francesca Sofia, Regionales, Nationales und Universales in den Verfassungen von 1848: Neapel und Sizilien, Toskana und der Kirchenstaat im Vergleich, in: M. Kirsch/P. Schiera (Hg.), Verfassungswandel um 1848 im europäischen Vergleich, Berlin 2001, S. 337-354, hier S. 353 f.

dem Katholizismus verbinden konnte.¹⁴⁸ So waren die Ausprägungen von Verfassungskultur auch immer mit der Absicht zur nationalen Identitätsstiftung verknüpft, wie beispielsweise ein Verfassungsentwurf von 1814 bezeugt, der der Idee eines konstitutionell und rechtlich vereinigten »Römischen Imperiums« in Form einer konstitutionellen Monarchie unter Napoleon Bonaparte entsprang.¹⁴⁹ Dies bedeutete aber nicht, dass sich der jeweilige Nationalgedanke immer auf Gesamtitalien als ideelle oder gar staatliche Einheit bezogen hätte, da er auch auf partikularstaatlichen oder dynastischen Loyalitäten sowie regionalen Identitäten beruhen konnte.

Dennoch trug bspw. die süditalienische Revolution von 1820/21, ungeachtet ihrer lokalen Ursachen und ihrer partikularstaatlichen bzw. regionalistischen Identitätsgrundlage, durch die Annahme der Verfassung von Cádiz zu einer übergreifenden Verfassungsdebatte nicht nur in der italienischen Staatenwelt, sondern sogar in weiten Teilen Europas bei.¹⁵⁰ Die überregionale Ausstrahlung der im Nationalparlament Neapels und in der süditalienischen Publizistik intensiv geführten Auseinandersetzung über die Angleichung der spanischen Verfassung an die politischen Verhältnisse im Königreich beider Sizilien bildete jedoch einen seltsamen Widerspruch zum konstitutionellen Selbstverständnis der Revolutionsträger. Dieses fußte auf der Auffassung, mit der modifizierten spanischen Konstitution eine genuin neapolitanische Verfassungsordnung geschaffen zu haben, die Nation und König in einer moralisch erneuerten, sakral aufgeladenen politischen Schicksalsgemeinschaft auf patriotisch-harmonische Weise vereine.¹⁵¹ Das Parlamentssiegel veranschaulichte in den Figuren des Königs und der Nation als partnerschaftlichen Trägern der Verfassungsordnung diese Auffassung.¹⁵² (☞ Abb. 4.1.3, S. 380) Das dabei unterlegte fiktive Königsbild, mit

---

148 Zum Zusammenhang von Katholizismus und italienischem Nationalgedanken, insbesondere im Rahmen des zu Beginn des Pontifikats Pius' IX. aufkommenden Neuguelfismo, siehe Francesco Traniello, Religione cattolica e Stato nazionale. Dal Risorgimento al secondo dopoguerra, Bologna 2007.

149 Basi fondamentali della futura costituzione del rinascente impero romano (1814), in: Aquarone u. a. (Hg.), Le costituzioni italiane, Milano 1958, S. 770-773. In der ersten Hälfte der 1830er-Jahre propagierte dagegen eine Gruppe von Mazzini-Anhängern im Exil mit ihrem Verfassungsentwurf das Ziel einer demokratischen und unitarischen Republik Italien: Progetto di costituzione per l'Italia fatta libera ed indipendente all'anno 1835, o. O./o. J.; ediert in: Maria Grazia Melchionni, Uno statuto per l'Italia nella strategia rivoluzionaria degli esuli (1831–1833), Pisa 1991, S. 95-132; ebenfalls in: Aquarone u. a. (Hg.), Costituzioni (wie oben), S. 774-802.

150 Zur positiven und negativen Rezeption der Cádizer Konstitution vgl. Daum, Oszillationen (wie Fn. 9), S. 376-380, 395-402, und ausführlicher Späth, Revolution (wie Fn. 9).

151 CD-ROM-2, Dok.-Nr. 4.1.8.1 (ital.)/4.1.8.2 (dt.) (Parlamentsdebatte über Verfassungsverständnis im Nationalparlament Neapels v. 8.12.1820); zum sakral und patriotisch aufgeladenen Verfassungsbegriff und dem entsprechenden Königsbild siehe Daum, Oszillationen (wie Fn. 9), S. 290-295.

152 Die Abbildung zeigt auf der rechten Seite den König, linker Hand die als Matrone personifizierte Nation; beide Figuren stützen ein geöffnetes Buch, das heißt die Verfassung, auf einen in der Bildmitte platzierten Altar, auf dessen Vorderseite ein Landschaftsbild mit einem feuerspeienden und einem rauchenden Vulkan, das heißt dem Ätna und Vesuv, zu sehen ist; über dem Altar und

dem man dem eigentlich absolutistisch gesinnten Ferdinand I. unter Verweis auf sein angeblich vorausgegangenes Verfassungsversprechen eine prinzipiell konstitutionelle Orientierung zuschrieb[153], besaß eine so große konstitutive Bedeutung für die neue Ordnung, dass es zu deren inneren und äußeren Verteidigung selbst nach dem Verfassungsverrat des Königs auf dem Laibacher Kongress eisern aufrechterhalten wurde.

Im Italien der Restaurationsepoche bildeten die Träger und Verbreiter von Verfassungs- und Nationalideen aufgrund ihrer unterschiedlichen verfassungspolitischen Konzepte einen fragmentierten gesellschaftlichen Kontext, der im Licht der aufkommenden politischen Kommunikation und Öffentlichkeit in sich allmählich organisatorisch verfestigende, um überregionale Zeitungen gruppierte[154] parteiähnliche Richtungen zerfiel: die gemäßigten Kräfte der »Moderati« und die sich in Geheimbünden wie der Carboneria, dann in Giuseppe Mazzinis »Jungem Italien«[155] sammelnde demokratische Richtung.

Abb. 4.1.3 Das Siegel des Nationalparlaments zu Neapel 1820/21

---

dem Buch schwebt zuoberst die Königskrone, darunter das bourbonische Lilienzeichen. Vgl. die Beschreibung des Parlamentssiegels in: Alberti/Gentile (Hg.), Atti (wie Fn. 49), Bd. 1, S. 337 (9. Sitzung vom 14.10.1820); S. 474 (16. Sitzung vom 27.10.1820). Das Siegel findet sich als illustratives Gestaltungselement im Titel einer Tageszeitung: L'Amico della Costituzione (Napoli), Tageszeitung Serie II, Nr. 1 (6.3.1821) – Nr. 11 (17.3.1821).

153 Es handelte sich um eine gefälschte und seit den ersten Restaurationsjahren immer wieder kursierende Proklamation Ferdinands, mit der dieser am 1. Mai 1815 von Palermo aus die Gewährung einer Verfassung versprochen haben sollte, was während der Revolution von 1820/21 als Beweis dafür galt, dass die Verfassungsgebung im Einklang mit dem Willen des Monarchen gestanden hätte. Die fiktive Proklamation findet sich in: CD-ROM-2, Dok.-Nr. 4.1.8.1 (ital.)/4.1.8.2 (dt.) (wie Fn. 151), Anm. 1. Vgl. zur Entstehungsgeschichte des fingierten Verfassungsversprechens Enzo Di Grazia, Un generale ed un sovrano. Relazione di Guglielmo Pepe a Ferdinando IV sui fatti del 1820–21, Ndr. Napoli 1970, S. 91-94; Daum, Oszillationen (wie Fn. 9), S. 405-408.

154 Zur Funktion dieser Blätter als Surrogat für politisches Engagement siehe Angelica Gernert, Liberalismus als Handlungskonzept: Studien zur Rolle der politischen Presse im italienischen Risorgimento vor 1848, Stuttgart 1990, bes. S. 9, 257, 259-261; zum politischen Vereinsspektrum im Umfeld Turiner Zeitungen um 1847/48 vgl. Nada, Piemonte (wie Fn. 27), S. 289.

155 Diese neue »Partei« konnte im Gegensatz zu den vorangegangenen Geheimgesellschaften erstmals mit einem präzisen, öffentlich dargelegten Programm aufwarten: Giuseppe Mazzini, Istruzione generale della Giovine Italia (1831), in: F. Della Peruta (Hg.), Scrittori politici dell'Ottocento, Bd. 1: Giuseppe Mazzini e i democratici, Milano-Napoli 1969, S. 331-338.

Neben den geschilderten gesellschaftlichen Initiativen wurden nationale Vorstellungen im Sinne Gesamtitaliens von obrigkeitlicher Seite lediglich im Königreich Sardinien entwickelt.[156] Durch die hier direkt vom Hof gesteuerte »invention of tradition« wollte man der savoyischen Monarchie eine nationalitalienische historische Legitimität verleihen, indem man die savoyische Tradition mit der Geschichte Italiens aufs Engste verknüpfte und das savoyische Königshaus als Hüter und Förderer italienischer Kultur und Nationalität schlechthin feierte.[157] Zwar zielte die Stiftung des »Ordine Civile di Savoia« (»Zivilorden Savoyens«) 1831 noch ganz auf die partikularstaatliche Identifikation mit dem savoyischen Königshaus, da hierdurch nationale Persönlichkeiten ausgezeichnet werden sollten, die sich in der Literatur, in den Künsten, in den Wissenschaften und im Bildungswesen sowie in der öffentlichen Verwaltung Verdienste erworben hatten.[158] In übergreifender italienischer Perspektive stieg dann aber die im Oktober 1832 in Turin eröffnete »Reale Galleria« (»Königliche Gemäldegalerie«) unter der Leitung des Liberalen Roberto d'Azeglio zur Förderinstanz und zentralen Repräsentanz italienischer Nationalkunst auf.[159] Der nationalitalienischen Ausrichtung der Geschichtsschreibung diente auch eine neue, institutionalisierte Geschichtspolitik, die am 20. April 1833 durch die Gründung der »Reale Deputazione Subalpina di Storia Patria«, eines Königlichen Heimatgeschichtsvereins, eröffnet wurde.[160] Während die rund ein Jahrzehnt später lediglich auf private Initiative in Neapel entstandene »Società storica napoletana« infolge polizeilicher Überwachung bald wieder einschlief[161], stiftete der vom Turiner Hof protegierte piemontesische Geschichtsverein mit der Herausgabe einer eigenen Quellenedition[162] und der Geschichtsschreibung Cesare Balbos[163] nationalitalienische Identität. Demselben Zweck

---

156 Demgegenüber besaß die bourbonische Kultur- und Wissenschaftspolitik im Königreich beider Sizilien einen partikularstaatlichen Bezugsrahmen. Sie kam etwa 1822 in ersten Maßnahmen zum Schutz nationaler Altertümer zum Ausdruck; Del Giudice, Storia (wie Fn. 74), Bd. 2, S. 188.
157 Zur damit verbundenen Kulturpolitik Karl Alberts siehe Gabriele, Modelli (wie Fn. 83), S. 268-285; vgl. auch Nada, Piemonte (wie Fn. 27), S. 249-252, 254 f.
158 CD-ROM-2, Dok.-Nr. 4.1.8.3 (Edikt zur Einrichtung des Zivilordens Savoyens v. 29.10.1831). Der Auszeichnung der Militärangehörigen diente hingegen der bereits 1815 gegründete »Ordine Militare di Savoia«.
159 CD-ROM-2, Dok.-Nr. 4.1.8.4 (Roberto d'Azeglios Widmung an Karl Albert als Hüter der italienischen Nationalkultur v. 18.1.1836). Der Katalog war vom König persönlich finanziert worden.
160 Zum Turiner Geschichtsverein, dem ersten Italiens überhaupt, siehe Gian Paolo Romagnani, Storiografia e politica culturale nel Piemonte di Carlo Alberto, Torino 1985, S. 89-119; Gabriele B. Clemens, Sanctus amor patriae. Eine vergleichende Studie zu deutschen und italienischen Geschichtsvereinen im 19. Jahrhundert, Tübingen 2004, insbes. S. 21, 27, 307-309.
161 Vgl. Daniela Luigia Caglioti, Associazionismo e sociabilità d'èlite a Napoli nel XIX secolo, Napoli 1996; Clemens, Amor (wie Fn. 160), S. 21.
162 Die Turiner »Monumenta Historiae Patriae« waren nach dem Vorbild der deutschen »Monumenta Germaniae Historica« konzipiert.
163 Einen aktuellen Überblick zum Werk und Denken Cesare Balbos sowie die darüber seit den 1850er-Jahren entstandene Forschungsliteratur bietet Mauro Ceretti, Per una rivisitazione critica di Cesare Balbo. Costituzione, amministrazione e opinione pubblica nel discorso di un aristocra-

einer Begründung und Förderung der nationalitalienischen Führungsrolle Piemonts diente auch das direkt von der savoyischen Monarchie geförderte politische Schrifttum[164], das entscheidend zur Bildung einer nationalen öffentlichen Meinung in der italienischen Staatenwelt und zu deren zunehmenden Hegemonisierung durch die gemäßigt-liberale und propiemontesische Richtung der Nationalbewegung beitrug.[165]

9 Kirche

Das Verhältnis zwischen Staat und Kirche war im Königreich Sardinien 1815–1847 der außenpolitischen Interessenlage der savoyischen Krone untergeordnet. Die Verteidigung ihres legitimen monarchischen Herrschaftsanspruchs und der Kampf gegen die habsburgische Vorherrschaft in Italien, deren Einfluss sich nicht zuletzt auch im Kirchenstaat zunehmend bemerkbar machte, ließen die savoyischen Könige die diplomatische Nähe zum Papst suchen. Dies geschah zu einem Zeitpunkt, als der Papst gerade im Begriff stand, seinen Machtanspruch gegenüber den lokalen Kirchen auf der Grundlage des durch den piemontesischen Philosophen Joseph de Maistre u. a. Vordenker entwickelten Ultramontanismus definitiv durchzusetzen.[166] In der Folge wurden der noch im Ancien Régime aufgelöste Jesuitenorden wie auch zahlreiche andere, in der französischen Herrschaftsepoche beseitigte religiöse Orden wieder im Königreich Sardinien zugelassen und ihre Besitztümer zum Teil zurückerstattet. Die restaurierte savoyische Monarchie hielt auch am Katholizismus als Staatsreligion fest, und im Zivilgesetzbuch von 1837 erklärte sich der Monarch zum »Protektor« der katholischen Kirche.[167] Die diplomatische Annäherung Sardiniens an den Kirchenstaat konkretisierte sich in den Jahren 1837–1839 in bilateralen Verhandlungen, die schließlich in der Wiedererrichtung der päpstlichen Nuntiatur zu Turin mündeten.

Zugleich verhinderte die außenpolitische Rücksichtnahme auf das Papsttum aber manche Kirchenreform im Innern. So kam es im Zuge der Restauration zwar zu einer Neugliederung der Kirchenverwaltung, indem eine am 23. Juli 1814 eigens dafür eingesetzte Kommission und parallele Verhandlungen mit dem Heiligen Stuhl zur

---

tico liberale del Risorgimento, in: Rassegna storica del Risorgimento 94 (2007), H. 4, S. 483-522; zur Geschichtsschreibung Balbos siehe ebd., S. 484 f., 487.

164 Silvio Pellico, Le Mie Prigioni, Torino 1832; Cesare Balbo, Delle speranze d'Italia, Paris 1844; Massimo d'Azeglio, Degli ultimi casi di Romagna, Firenze 1846, in: CD-ROM-2, Dok.-Nr. 4.2.8.2.

165 Neben der bereits genannten Publizistik trug zu deren programmatischen Fundierung im Sinne einer verfassungspolitischen Option für die konsultative Monarchie vor allem Vincenzo Gioberti, Del Primato morale e civile degli Italiani, Bruxelles 1843 bei.

166 Siehe allgemein Rudolf Lill, Die Macht der Päpste, Kevelaer 2006. Für einen kirchengeschichtlichen Einblick in die gesamtitalienische Restaurationsepoche ist immer noch nützlich: Guido Verucci, Chiesa e società nell'Italia della Restaurazione (1814–1830), in: Restaurazione in Italia (wie Fn. 7), S. 173-211.

167 Codice civile per gli Stati di S. M. il Re di Sardegna, Torino 1837, Art. 1-2.

Wiedererrichtung der in napoleonischer Zeit aufgehobenen Diözesen führten.[168] Zu Beginn der albertinischen Herrschaftsepoche gliederte man außerdem die Kirchenangelegenheiten aus dem Kompetenzbereich des Justizministeriums aus, um sie erstmals einem eigenen Ministerium zu übertragen. Weitergehende Reforminitiativen, die Karl Albert dann in der Tradition des Jurisdiktionalismus entwickelte, waren aber weniger erfolgreich. So kam Gregor XVI. dem Drängen des savoyischen Monarchen nach einer grundlegenden Reform des Säkularklerus und der Ordensgeistlichkeit nur halbherzig durch die Bildung zweier Bischofskommissionen im Königreich Sardinien nach (Breve vom 25. September 1832), die kaum Ergebnisse erzielten.[169] Auch mit seinem Versuch einer Reform der Ausbildung von Geistlichen scheiterte Karl Albert am päpstlichen Widerstand.[170] Im Bereich gemeinsamer administrativer Aufgaben wie der Führung des Zivilstandsregisters stimmte die Kurie allerdings der staatlichen Regelung zur einheitlichen und doppelten Registerführung durch die Pfarrer vor Ort nach langwierigen Verhandlungen 1837 unter der Bedingung zu, dass die entsprechende Instruktion der Bischöfe und Pfarrer durch den Papst zu erfolgen habe.[171] Ebenso wurden die Vorsteher nicht katholischer Religionsgemeinschaften (Waldenser, Juden) ebenfalls zur doppelten Führung der Zivilstandsregister verpflichtet.[172] Auch der in Vorbereitung einer neuen Strafprozessordnung beschlossenen weitgehenden Aufrechterhaltung der persönlichen Immunität der Geistlichen stimmte der Heilige Stuhl in der Konvention vom 27. März 1841 zu.[173]

Im Gegensatz dazu brachte in Süditalien das Konkordat von 1818[174] trotz weitreichender Zugeständnisse gegenüber der katholischen Kirche ein infolge der napoleonischen Kirchen- und Reformpolitik gewachsenes Selbstbewusstsein des monar-

---

168 Nuova circoscrizione delle diocesi di Piemonte (17.7.1817), in: A. Mercati (Hg.), Raccolta di Concordati su materie ecclesiastiche tra la Santa Sede e le autorità civili, Bd. 1 (1098–1914), Neuaufl. Roma 1954, S. 601-619.
169 Vgl. hierzu Nada, Piemonte (wie Fn. 27), S. 231-233.
170 Das Reformvorhaben sah vor, das Theologiestudium aus der Universität auszulagern und auf der Grundlage einheitlicher Studientexte nur noch an den Seminaren durchführen zu lassen; Nada, Piemonte (wie Fn. 27), S. 233.
171 CD-ROM-2, Dok.-Nr. 4.1.9.1 (Päpstliche Instruktion an die Bischöfe des Königreichs Sardinien v. 24.8.1836). Vgl. hierzu auch Nada, Piemonte (wie Fn. 27), S. 233 f.
172 Königliche Patente vom 20. Juni 1837, in: Favale (Hg.), Indici (wie Fn. 78), S. 14 (Regest).
173 CD-ROM-2, Dok.-Nr. 4.1.9.2 (wie Fn. 76). Das Konkordat implizierte die Aufrechterhaltung kirchlicher, den Diözesen zugeordneter Sondergerichte. Vgl. zu den vorausgehenden Verhandlungen Del Giudice, Storia (wie Fn. 74), Bd. 2, S. 219 f.; Nada, Piemonte (wie Fn. 27), S. 237.
174 CD-ROM-2, Dok.-Nr. 4.1.9.3 (Konkordat mit beiden Sizilien v. 16.2.1818). Das Konkordat wurde im süditalienischen Königreich durch Gesetz vom 21. März 1818 zur Ausführung gebracht. Vgl. Walter Maturi, Il Concordato del 1818 tra la Santa Sede e le Due Sicilie, Firenze 1929; Del Giudice, Storia (wie Fn. 74), Bd. 2, S. 188 f.; Vincenzo De Vitiis, Chiese, ricettizie ed organizzazione ecclesiastica nel Regno delle Due Sicilie dal Concordato del 1818 all'Unità, in: G. Galasso/C. Russo (Hg.), Per la storia sociale e religiosa del Mezzogiorno d'Italia, Bd. 2, Napoli 1982, S. 349-481; Alfonso Scirocco, Il Concordato del 1818 nel giudizio dell'opinione pubblica napoletana, in: Clio. Rivista Trimestrale di Studi Storici 25 (1989), H. 3, S. 457-474.

chischen Staats gegenüber dem traditionellen päpstlichen Investituranspruch zum Ausdruck.[175] Zwar räumte eine nachfolgende, zwischen Ferdinand II. und Papst Gregor XVI. im April 1834 getroffene Vereinbarung über die Strafverfolgung von Geistlichen den Bischöfen entsprechende Einspruchs- und Revisionsmöglichkeiten ein.[176] Dennoch setzte sich in der Praxis die staatliche Aufsicht über das öffentliche Bildungswesen sowie die Zensur durch und blieb die durch das Konkordat von 1818 gestärkte Position des Königs prinzipiell erhalten, der außerdem auf Sizilien das besondere Vorrecht der *Legatia Apostolica* behielt.[177]

10 Bildungswesen

Trotz der jüngeren Belebung der diesbezüglichen Forschung[178] fehlt es noch an systematischen Gesamtdarstellungen zur Schul- und Bildungspolitik in den italienischen Staaten der Restauration. Unbestritten ist, dass im Königreich Sardinien die Restauration mit einem deutlichen Bruch gegenüber der Bildungspolitik der französischen Herrschaftsepoche verbunden war. Die Verwaltung des öffentlichen Bildungswesens oblag fast im gesamten Untersuchungszeitraum einem dem Innenministerium zugeordneten »Supremo Magistrato della Riforma« (Oberste Bildungsbehörde), der zusätzlich Rechtsprechungskompetenz für die Angestellten des Sektors wie auch für Studenten besaß und für den auf mittlerer Verwaltungsebene in jeder Provinz-

---

175 Vgl. hierzu Spagnoletti, Storia (wie Fn. 8), S. 178.
176 CD-ROM-2, Dok.-Nr. 4.1.9.4 (Konkordat mit beiden Sizilien über die persönliche Immunität v. 16.4.1834). Die Vereinbarung erlangte erst durch Gesetz vom 30. September 1839 im Königreich beider Sizilien Rechtskraft; vgl. Del Giudice, Storia (wie Fn. 74), Bd. 2, S. 201.
177 Die auf das Jahr 1098 zurückgehende Legatia Apostolica sollte von päpstlicher Seite erst durch die Bulle »Suprema universi dominici gregis cura« vom 28. Januar 1864 aufgehoben werden, die 1867 veröffentlicht und 1871 vom italienischen Nationalstaat im Garantiegesetz für den Vatikan anerkannt wurde. Vgl. Mercati (Hg.), Raccolta (wie Fn. 168), S. 1; Enrica Delle Donne Robertazzi, Un secolo di trasformazioni nel Regno di Napoli. Da Bernardo Tanucci a Francesco Ricciardi, Napoli 2004, S. 24.
178 S. Soldani (Hg.), L'educazione delle donne. Scuole e modelli di vita femminile nell'Italia dell'Ottocento, Milano 1989; G. Chiosso (Hg.), Scuola e stampa nel Risorgimento. Giornali e riviste per l'educazione prima dell'Unità, Milano 1989; L. Pazzaglia (Hg.), Chiesa e prospettive educative in Italia tra Restaurazione e Unificazione, Brescia 1994; Maria Pia Casalena, Una scienza utile e patriottica. I congressi risorgimentali degli scienziati (1839–1847), in: Passato e Presente. Rivista di storia contemporanea 2006, Nr. 68, S. 35-60; dies., Per lo Stato, per la Nazione. I congressi degli scienziati in Francia e in Italia (1830–1914), Roma 2007; dies., The Congress of Italian Scientists between Europe and Risorgimento (1839–1875), in: Journal of Modern Italian Studies 2007, H. 2, S. 153-188. Vgl. auch den älteren Überblick zur Schulpolitik in den italienischen Restaurationsstaaten bei Della Peruta, Aspetti (wie Fn. 28), S. 459-464. Speziell zur Entwicklung des pädagogischen Gedankens und seiner institutionellen Umsetzung in Piemont-Sardinien siehe Paolo Bianchini, Educare all'obbedienza. Pedagogia e politica in Piemonte tra Antico Regime e Restaurazione, Torino 2008.

hauptstadt ein sog. »Riformatore« arbeitete, dem wiederum auf Bezirksebene entsprechende geistliche Delegierte unterstellt waren.[179] Ab 1818 unter der Leitung von Prospero Balbo stehend unternahm die Oberste Bildungsbehörde zwar vorsichtige Reformen, die auf eine Förderung des Grundschulwesens durch die Verbreitung der Lancasterschule mit Monitorialsystem[180] und eine Förderung der mittleren Bildungsebene durch die Verbreitung der technischen Ausbildung zielten, wobei der traditionelle Einfluss des Klerus auf das Schulwesen zurückgedrängt werden sollte.[181] Die öffentlichen Grundschulen, die gemäß Schulreglement von 1822 in jeder Gemeinde kostenlosen Unterricht anbieten sollten[182], verblieben jedoch noch lange unter kirchlicher Kontrolle, da sie vor allem in den Landgemeinden vom Pfarrer beaufsichtigt wurden.[183]

Der in der Staatsverwaltung so reformfreudige Karl Albert setzte trotz mancher Initiativen zur Förderung höherer Kultureinrichtungen[184] erst in den 1840er-Jahren auch Reformen im Universitätsbereich (bspw. 1846 die Einrichtung von Lehrstühlen für Öffentliches Recht, Politische Ökonomie und Italienische Militärgeschichte, ab 1847 für Moderne Geschichte) und Initiativen zur Säkularisierung der Grundschulausbildung durch. Ein Manifest des »Magistrato della Riforma« vom 10. Juli 1844 verfügte in diesem Zusammenhang die Einrichtung einer laizistischen Normalschule (»Scuola normale di metodo«) in der Hauptstadt Turin, die alle künftigen Grundschullehrer der umliegenden Provinzen absolvieren mussten.[185] Insgesamt blieb aber eine große Zahl von Gemeinden noch bis in die 1840er-Jahre hinein ganz ohne Grund-

---

179 Erst im Zuge der vorrevolutionären Reformgesetzgebung vom Herbst 1847 schuf man für den öffentlichen Bildungssektor ein eigenes Ministerium; vgl. Anna Gianna Manca, Struktur und Entwicklung der Verwaltung des öffentlichen Bildungswesens in der konstitutionellen Monarchie Italiens (1861–1922), in: B. Holtz/W. Neugebauer (Hg.), Kulturstaat und Bürgergesellschaft. Preußen, Deutschland und Europa im 19. und frühen 20. Jahrhundert, Berlin 2009, S. 153-185. Auch in Süditalien schritt die bourbonische Monarchie erst 1847 zur Errichtung eines eigenständigen Bildungsministeriums.
180 Es handelte sich um eine durch Joseph Lancaster (1778–1838) und Andrew Bell (1753–1832) in England entwickelte wechselseitige Unterrichtsmethode, die zu Beginn des 19. Jahrhunderts rasche Verbreitung in Europa fand. Sie beruhte auf einer Art gegenseitigen Lehre durch die Schüler selbst, die den Durchlauf durch die Klassenstufen der Grundschule für eine große Schülerzahl innerhalb kürzester Zeit und unter geringem Aufwand an Geld und Lehrpersonal erlaubte.
181 Aquarone, Politica (wie Fn. 24), S. 46-48.
182 CD-ROM-2, Dok.-Nr. 4.1.10.1 (Reglement zum Schulwesen v. 23.7.1822), Art. 7-8, 20-21. Die Einrichtung der Grundschulen scheiterte häufig an der kommunalen Finanznot, am Lehrermangel und am Widerstand der Eltern.
183 Die dem Reglement von 1822 vorangestellten Königlichen Patente beschworen die »eine unteilbare Wahrheit der Wissenschaften, des Throns und des Altars« (»un solo indivisibile Vero le Scienze, il Trono, e Dio«); ebd. Siehe auch Aquarone, Politica (wie Fn. 24), S. 349-352; Nada, Piemonte (wie Fn. 27), S. 167; Della Peruta, Aspetti (wie Fn. 28), S. 463.
184 Vgl. hierzu und zum Folgenden Nada, Piemonte (wie Fn. 27), S. 255 f., 281 f.
185 CD-ROM-2, Dok.-Nr. 4.1.10.2 (Manifest über die Einrichtung der Normalschule in Turin v. 10.7.1844).

schule. Um 1848 besaßen im Königreich Sardinien noch zwei Drittel der Bevölkerung keine Grundschulausbildung.[186]

Demgegenüber gelang es im Königreich beider Sizilien, den Einfluss der Kirche zumindest auf das Grundschulwesen zugunsten der staatlichen Kontrolle durch die effektive Förderung und Verbreitung der Lancaster-Methode in stärkerem Maße zurückzudrängen.[187] Der »Codice della pubblica istruzione« (»Gesetzbuch der öffentlichen Bildung«) von 1816 regelte das gesamte öffentliche Bildungswesen von den immerhin drei Universitäten in Neapel, Catania und Palermo (ab 1838 zusätzlich auch wieder in Messina) bis hinab zu den Grundschulen, deren Lehrpläne, die Anforderungen an Lehrpersonal, Schüler und Studenten sowie die Aufgaben der Inspektoren.[188] Die 1819 verfügte flächendeckende Einrichtung von kostenlosen Grundschulen für Jungen und Mädchen[189] scheiterte, ähnlich wie in anderen Staaten, oftmals an der Finanznot der damit belasteten Gemeinden. Eine wirklich organische Bildungsreform wurde 1837 ausgearbeitet, kam jedoch über den Entwurf nicht hinaus.

In beiden Königreichen bedeutete der Verzicht auf die in französisch-napoleonischer Zeit eingeführte allgemeine Grundschulpflicht[190] eine weitere Verschärfung des Analphabetismus, der durch die kurzzeitige Wiedereinführung der Schulpflicht in der süditalienischen Revolution von 1820/21 nicht abgemildert werden konnte. In der bourbonischen wie in der savoyischen Restauration blieb das Konzept der Volksbildung – abgesehen von seiner vorübergehenden Konstitutionalisierung 1820/21[191] – der normativen Koppelung zwischen staatlich-kirchlicher Schul- und Wohlfahrtspolitik verpflichtet und als Teil der öffentlichen Wohlfahrt vornehmlich ordnungspolitischen Motiven untergeordnet.

---

186 Aquarone, Politica (wie Fn. 24), S. 352.
187 CD-ROM-2, Dok.-Nr. 4.1.10.3 (Reglement für Jungenschulen v. 21.12.1819), Art. 1, 6, 15, 17, 19. Neben der Verbreitung der Lancaster-Methode in den Jungenschulen blieb die Kirche und insbesondere der Orden der Skolopianer (Piaristen) jedoch in den Mädchenschulen und im mittleren Schulbereich der Lyzeen einflussreich. Auch bestätigte das Konkordat von 1818 nicht nur den Katholizismus als exklusive Staatsreligion, sondern es verfügte auch explizit die Ausrichtung sämtlicher staatlicher und privater Bildungseinrichtungen auf die katholische Lehre: CD-ROM-2, Dok.-Nr. 4.1.9.3 (wie Fn. 174), Art. 1-2. Vgl. zum Folgenden auch Di Simone, Istituzioni (wie Fn. 24), S. 252.
188 Codice della Pubblica Istruzione nel regno di Napoli, Napoli, Porcelli, 1816.
189 CD-ROM-2, Dok.-Nr. 4.1.10.3 (wie Fn. 187); Dok.-Nr. 4.1.10.4 (Reglement für Mädchenschulen v. 21.12.1819).
190 Freilich verhängte das süditalienische Schulreglement von 1819 eine partielle Grundschulpflicht, indem es künftig für Männer den Zugang zu Handwerksberufen und für unverheiratete Frauen den Erhalt von Fürsorgeleistungen vom Besuch einer Grundschule abhängig machte; CD-ROM-2, Dok.-Nr. 4.1.10.3 (wie Fn. 187), Art. 21 f.; Dok.-Nr. 4.1.10.4 (wie Fn. 189), Art. 19.
191 Die süditalienische Verfassung sah ab 1830 die für beide Geschlechter gleichberechtigte, obligatorische und kostenlose Grundschulausbildung als Voraussetzung für die Erlangung der Bürgerrechte vor: CD-ROM-2, Dok.-Nr. 4.1.2.4 (wie Fn. 48), Tit. II (Del territorio delle Due Sicilie, della sua religione, del suo governo e de' suoi cittadini), Cap. IV (De' cittadini delle Due Sicilie), Art. 24, Abs. 6; Tit. IX (Della pubblica istruzione), Art. 353.

11 Finanzen

Die Staatsfinanzen waren im Königreich Sardinien im Zeitraum 1816–1841 und wieder ab 1844 einem eigenständigen Ministerium überantwortet, während sie in der übrigen Zeit einer besonderen Direktion im Innenministerium unterstanden. 1817 wurde die Finanzverwaltung dergestalt ergänzt, dass dem Finanzministerium nun ein erneuerter »Consiglio di Finanze« (»Finanzrat«) zur Seite gestellt wurde, dem sechs »Aziende economiche« (Wirtschaftsagenturen) unterstellt waren, die wiederum den jeweiligen Ministerien zugeordnet und für deren Rechnungsführung und Bilanzen zuständig waren.[192] Der »Consiglio di Finanze«, dessen Kompetenzen 1826 nochmals eine Erweiterung erfuhren und der seine Beschlüsse mitunter auch gegen die Auffassung des Finanzministeriums fasste, bestand bis zur Einführung des Staatsrats, auf den 1831 seine Funktionen übergingen.[193] Alle »Aziende economiche« unterstanden außerdem der »Tesoreria generale dei Regi Stati di Terraferma« als zentralem Schatzamt der festländischen Provinzen, der in Süditalien die »Tesoreria generale« (»Generalschatzkammer«)[194] entsprach. Daneben bestand in Piemont-Sardinien außerdem die durch Königliche Patente vom 31. März 1817 geschaffene »Ispezione generale del R. Erario« (»Generalinspektion des Königlichen Vermögens«). Ähnlich wie der »Gran corte dei Conti« (»Großer Rechnungshof«) im Königreich beider Sizilien[195] war die in Piemont-Sardinien wiedererrichtete »Camera dei Conti« (»Rechnungskammer«) für die Rechnungsprüfung der Finanzverwaltung auf zentralstaatlicher und lokaler Ebene zuständig und besaß außerdem einige besondere, auf die Verwaltungsgerichtsbarkeit bezogene Rechtsprechungsfunktionen.[196]

Auf lokaler Ebene stattete Karl Alberts Reform der Provinzialverwaltung von 1842/43 die zum Zweck einer effizienteren wirtschafts- und finanzpolitischen Durch-

---

192 Zu den betreffenden Königlichen Patenten vom 31. März 1817 siehe Carla Narducci, Il Consiglio di Finanze del Regno di Sardegna nell'età della restaurazione, in: Bollettino storico-bibliografico subalpino 105 (2007), H. 1, S. 97-179, hier: S. 99-101. Der »Consiglio di Finanze« hatte bereits im Ancien Régime (seit 1717) bestanden und war nach seiner Auflösung unter französischer Herrschaft 1814 wiederhergestellt worden.
193 Narducci, Consiglio di Finanze (wie Fn. 192), S. 102. Zum Staatsrat siehe Kapitel 2, Verfassungsstruktur der zentralen staatlichen Ebene.
194 CD-ROM-2, Dok.-Nr. 4.1.11.2 (Dekret zur Einrichtung der Generalschatzkammer in Neapel v. 27.12.1815); die Generalschatzkammer stand unter Leitung des Finanzministers. Durch Dekret vom 10.1.1825 wurde ein Reglement für die gesonderte Schatzkammer Siziliens erlassen; Collezione (wie Fn. 45), 1825/I, H. 1, Nr. 8, S. 21-26.
195 Die Funktionen des süditalienischen Großen Rechnungshofes wurden geregelt durch das Organische Gesetz vom 29. Mai 1817, in: Collezione (wie Fn. 45), 1817/I, H. 102, Nr. 728, S. 697-711; zur Revision der Rechnungsbücher siehe insbes. Tit. II, Art. 6, Abs. 2.; Tit. IV, Art. 18-20. Ihm wurde durch Organisches Gesetz vom 7. Januar 1818, ebd., 1818/I, H. 136, Nr. 1056, S. 12-23, ein gesonderter Großer Rechnungshof für Sizilien beiseitegestellt; Näheres bei Schupfer, Precedenti (wie Fn. 50), S. 1133-1135.
196 Zur Rechtsprechungsfunktion siehe Kapitel 6, Justiz.

dringung der Peripherie neu geschaffenen Generalintendanturen mit eigenständigen Haushaltskompetenzen aus, die sie unter Mitwirkung eines »Congresso provinciale« (»Provinztag«) wahrzunehmen hatten. Auf kommunaler Ebene war seit 1826 das Innenministerium für die Festlegung der ordentlichen Gemeindebilanzen und für die Entscheidung über außerordentliche Ausgaben zuständig, die ihm von den Gemeinderäten zur Genehmigung vorzulegen waren.[197] (☞ Abb. 4.1.1, S. 354 f.)

Während man im Königreich beider Sizilien die napoleonischen Reformen ab 1815 insgesamt übernahm und weiter ausbaute, bildete im Königreich Sardinien die Steuer- und Handelspolitik den einzigen Verwaltungssektor, in dem der restaurierte Herrscher sich an der napoleonischen Ordnung orientierte.[198] Bis zum Herrschaftsantritt Karl Alberts 1831 verstärkte sich das Gewicht der indirekten gegenüber den direkten Steuern bei den Staatseinnahmen zusehends, was als deutliches Indiz für die Zunahme des Konsums und der wirtschaftlichen Tätigkeiten zu werten ist.

Jahr	Art der Staatseinnahmen		Aufteilung der Staatsausgaben		
	direkte Steuern	indirekte Steuern	Kriegsministerium	Finanzministerium	Justiz- u. Innenministerium
1815–1821	46,46	51,10	48,77	34,02	10,20
1822–1831	36,67	59,19	41,27[199]	35,10	13,41

Abb. 4.1.4 Einnahmen- und Ausgabenstruktur im Königreich Sardinien 1815–1831 (in Prozent)[200]

Infolge der durch Karl Albert zu Beginn seiner Herrschaft vollzogenen handelspolitischen Wende und des ab 1835 einsetzenden Wirtschaftsaufschwungs konnte die Staatsverschuldung, die erstmals 1815 systematisch erfasst und verwaltet worden

---

197 Vgl. CD-ROM-2, Dok.-Nr. 4.1.11.1 (Königliche Patente zur Finanzaufsicht über die Gemeinden v. 20.3.1826). Die Differenzierung zwischen ordentlichen und außerordentlichen Gemeinde- und Provinzialausgaben war eine Folge des Antagonismus, der sich seit Beginn der Restauration zwischen Zentral- und Lokalverwaltung ergeben hatte; sie findet sich beispielsweise niedergelegt in der Instruktion für die Kommunalverwaltung vom 1. April 1838 sowie in der Verordnung zur Einrichtung der Provinztage und Provinzräte vom 31. August 1843, in: CD-ROM-2, respektive Dok.-Nr. 4.1.5.1 (wie Fn. 97), Kap. IV, Art. 216-239 und 4.1.5.2 (wie Fn. 103), Art. 16. Vgl. auch Petracchi, Origini (wie Fn. 24), Bd. 1, S. 58 f., 78 f.
198 CD-ROM-2, Dok.-Nr. 4.1.2.1 (wie Fn. 39), Art. 3. Zur protektionistischen Zollpolitik siehe Kapitel 12, Wirtschafts- und Sozialgesetzgebung/Öffentliche Wohlfahrt.
199 Dieser Wert versteht sich inklusive der Kosten für die österreichische Besatzung, die nach Niederschlagung der Erhebung vom Frühjahr 1821 bis 1823 zu tragen waren.
200 Nada, Piemonte (wie Fn. 27), S. 172 f. Es handelt sich um Durchschnittswerte, die für den betreffenden Zeitraum ermittelt wurden, weshalb die angegebenen Prozentanteile nur einen approximativen Wert wiedergeben. Siehe auch die Angaben zu den Militärausgaben in Kapitel 7, Militär.

war[201], vorübergehend, d. h. bis sich ab 1846/47 die Auswirkungen der allgemeinen europäischen Wirtschaftskrise bemerkbar machten, abgebaut werden.

Jahr	Staatseinnahmen	Staatsausgaben	Bilanz
1815/17	55.499.645	56.197.881	–
1830	73.031.025	78.166.758	- 5.135.733
1832	69.882.000	75.838.000	- 5.956.000
1836	77.136.000	71.257.000	+ 5.879.000
1838	76.971.000	72.345.000	+ 4.626.000
1843	81.206.000	74.423.000	+ 6.783.000
1844	83.590.000	78.485.000	+ 5.105.000
1845	84.519.000	80.503.000	+ 4.011.000
1846	84.099.000	93.984.000	- 9.885.000
1847	81.785.000	110.072.000	- 28.287.000

Abb. 4.1.5 Entwicklung des Staatshaushaltes im Königreich Sardinien 1815–1843 (in Lire)[202]

12 Wirtschafts- und Sozialgesetzgebung/Öffentliche Wohlfahrt

Im Königreich Sardinien hielt man zu Beginn der Restauration, wie auch im Königreich beider Sizilien[203], zwar an der durch die französische Gesetzgebung vollzogenen Beseitigung des Feudalsystems fest; dieses wurde allerdings auf der unter Sonderverwaltung stehenden Insel Sardinien, wo es in napoleonischer Zeit nie aufgehoben worden war, bis 1836/38 beibehalten.[204] Auch bedeuteten die drastischen Maßnahmen

---

201 Schupfer, Precedenti (wie Fn. 50), S. 1124 f.
202 Felloni, Spese (wie Fn. 145), Anhang Tabellen IV-V; Nada, Piemonte (wie Fn. 27), S. 172 f., 242, 280. In der ersten Zeile beziehen sich die Staatseinnahmen auf 1815, die -ausgaben aber auf 1817, weshalb eine eindeutige Bilanz nicht zu errechnen war. Die hier wiedergegebenen effektiven Staatsausgaben lassen die Ausgaben durch Kapitalbewegungen unberücksichtigt; siehe für die eigentlich höheren Gesamtstaatsausgaben die Angaben in Kapitel 7, Militär.
203 Im ehemaligen Königreich Neapel war die Aufhebung des Feudalsystems bereits durch Gesetz vom 2. August 1806 eingeleitet worden, in: CD-ROM-1, Dok.-Nr. 4.12.3; vgl. auch Daum, Italien (wie Fn. 7), S. 418. Für Sizilien bestätigte das Gesetz vom 11. Dezember 1816 die bereits durch die Verfassung von 1812 verfügte Aufhebung des Feudalsystems; Collezione (wie Fn. 45), 1816/II, H. 76, Nr. 567, S. 470-474, hier S. 473, Art. 9.
204 Erst im Rahmen der Gesetzesreformen Karl Alberts kam es im Zeitraum 1832–1840 zu einer schrittweisen Aufhebung der feudalen Privilegien auf Sardinien. Vgl. Del Giudice, Storia (wie Fn. 74), Bd. 2, S. 216; Ambrosini, Carlo Alberto (wie Fn. 56), S. 183. Zur Aufhebung der Feudal-

gegen die neuen kapitalistischen Grundbesitzer aus dem großbürgerlichen Milieu, die unter französischer Herrschaft infolge der Landreformen zu Besitz und Erfolg gelangt waren[205], und die protektionistische Zollpolitik, die im Übrigen ihre Entsprechung im süditalienischen Königreich fand[206], zunächst eine erhebliche Behinderung der wirtschaftlichen Entwicklung.

Erst mit dem Herrschaftsantritt Karl Alberts stellte sich im Rahmen der allgemeinen Reformpolitik auch eine handelspolitische Liberalisierung ein[207], die bereits in den Jahren 1835–1840 einen Entwicklungsschub in Industrie und Landwirtschaft auslöste, der sich während der 1840er-Jahre weiter beschleunigte und von einer allgemeinen Zunahme der Handelsaktivitäten begleitet wurde. Dieser Aufschwung, der bis zur europäischen Finanz- und Wirtschaftskrise von 1846/47 anhalten sollte, schlug sich – trotz reduzierter Zolltarife – in einer deutlichen Erhöhung der Zolleinnahmen nieder, die von 14.472.000 Lire im Jahr 1835 auf 19.532.000 Lire im Jahr 1843 stiegen.[208]

Neben der Zollpolitik und intensivierten Infrastrukturmaßnahmen[209] entwickelte der Staat seit Beginn der Restauration weitere Instrumentarien zur Förderung von Gewerbe und Handel wie die Einführung einer neuen Hypothekenordnung (Edikt vom 16. Juli 1822)[210], die verbesserte Verwaltung der Bergwerke (Königliche Patentbriefe vom 18. Oktober 1822, Organisches Edikt vom 30. Juni 1840) und den Schutz des Waldbestands (Königliche Patentbriefe vom 15. Oktober 1822). Den Maßnahmen zur Förderung des Kredit- und Sparkassenwesens schloss sich die Gründung der Bank von Genua (Königliche Patente vom 16. März 1844) und der Bank von Turin (Königliche Patente vom 16. Oktober 1847) an.[211] Das am napoleonischen Modell

---

gerichtsbarkeit auf Sardinien siehe CD-ROM-2, Dok.-Nr. 4.1.6.2 (wie Fn. 121); zur Wiedereinführung von Fideikommiss und Primogenitur siehe Kapitel 6, Justiz.
205 Pachtverträge, die eine bestimmte Ertragshöhe überschritten, wurden per Edikt vom 17. September 1816 kurzerhand aufgelöst. Nada, Piemonte (wie Fn. 27), S. 120.
206 Dort liberalisierte man jedoch zugleich den Binnenhandel, der außerdem durch einheitliche Import- und Exporttarife gefördert wurde: CD-ROM-2, Dok.-Nr. 4.1.12.3 (Dekret zur Einführung eines protektionistischen Zolltarifs v. 30.11.1824), Art. 2 (weitgehend einheitlicher Import- und Exportzolltarif für den festländischen Landesteil und die Insel Sizilien), 12-20 (Liberalisierung der Küstenschifffahrt), 21 (Aufhebung der alten lokalen Zollrechte).
207 CD-ROM-2, Dok.-Nr. 4.1.12.1 (Manifest zur Reduktion des Zolltarifs v. 7.4.1835). Diese handelspolitische Wende wurde durch weitere Verordnungen vom 14. Mai 1838, 15. Dezember 1840, 24. September 1842 sowie vom 13. Februar, 2. Mai und 30. Oktober 1846 im Sinne einer weiteren Reduktion der Import- und Exportzölle fortgesetzt. Vgl. Nada, Piemonte (wie Fn. 27), S. 210, 242.
208 Nada, Piemonte (wie Fn. 27), S. 242, 280.
209 Ebd., S. 278. Die erste italienische Eisenbahnlinie wurde bereits 1835 im Königreich beider Sizilien, zwischen Neapel und Portici, eröffnet. Dort förderte man außerdem das von den Napoleoniden übernommene Kommunikationssystem der optischen Telegrafie; vgl. Daum, Oszillationen (wie Fn. 9), S. 200-206.
210 Aquarone, Politica (wie Fn. 24), S. 345.
211 Nada, Piemonte (wie Fn. 27), S. 279.

orientierte Handelsgesetzbuch von 1842 unterstützte die Durchsetzung des Prinzips der Gewerbefreiheit, trug aber der inzwischen eingetretenen wirtschaftlichen Entwicklung und vor allem der Ausdifferenzierung zwischen den landwirtschaftlichen Regionen (Savoyen, Sardinien) und dem vorwiegend vom Handel geprägten Ligurien kaum noch Rechnung.[212] Auch galt in Piemont-Sardinien erst zum Jahresende 1845 ein einheitliches, auf dem Dezimalsystem basierendes Gewichts- und Maßsystem (Verordnung vom 11. Dezember 1845).[213] Ebenso verzögerte sich die Erstellung eines neuen Gesamtkatasters, das erst in der Regierungsepoche Cavours in den 1850er-Jahren realisiert werden sollte.[214] Immerhin sorgte man aber noch in vorrevolutionärer Zeit für die erneute Auflösung der 1814 wieder eingeführten Handwerkerzünfte, was die Arbeitskraft zu einer frei verfügbaren, allerdings behördlich streng disziplinierten Ware auf dem Markt machte.[215] Eine gezielte Förderung des wirtschaftlichen Vereinswesens unternahm Karl Albert stattdessen mit der Gründung des Landwirtschaftsvereins »Associazione agraria subalpina« (Königliches Brevet vom 25. August 1842).[216] Schließlich gehörten auch Wirtschaftsausstellungen, die sich in ganz Restaurationsitalien allmählich verbreiteten[217], seit der ersten Turiner Handwerks- und Industriemesse 1829 zu den Maßnahmen staatlicher Wirtschaftspolitik im Königreich Sardinien. Die institutionelle Bündelung der staatlichen Wirtschaftspolitik in Gestalt eines gesonderten »Ministero dei Lavori Pubblici« (»Ministerium für Öffentliche Arbeiten«) sollte in Piemont-Sardinien allerdings erst im Rahmen der vorrevolutionären Reformgesetzgebung vom Herbst 1847 vollzogen werden.

Im sozialpolitischen Bereich[218] kam es im Königreich Sardinien über die mit der Beibehaltung des Arbeitsbuchs verbundene Disziplinierung hinaus noch nicht zu Maßnahmen für die Sicherung des Arbeitsschutzes oder der Altersversorgung.[219] Das Gesundheitswesen wurde auf der Ebene der Zentraladministration von den »Conservatori generali di Sanità« in Turin (mit Zuständigkeit für Piemont) und dem »Ma-

---

212 Ghisalberti, Unità (wie Fn. 111), S. 243.
213 Im Königreich beider Sizilien erfolgte die Vereinheitlichung durch Gesetz vom 6. April 1840.
214 Nada, Piemonte (wie Fn. 27), S. 279.
215 CD-ROM-2, Dok.-Nr. 4.1.4.2 (wie Fn. 86); zur behördlichen Disziplinierung der Arbeiter und Handwerker sowie zur Vereinigungsfreiheit siehe Kapitel 4, Grundrechte.
216 In analoger Weise bemühte sich der bourbonische Hof in Süditalien um aktive Förderung der Wirtschaftsvereine, die dort bereits seit napoleonischer Zeit unter der zentralen Leitung des »Istituto d'incoraggiamento« gediehen; speziell zu Sizilien siehe Sebastiano Angelo Granata, Le reali società economiche siciliane. Un tentativo di modernizzazione borbonica (1831–1861), Acireale-Roma 2009.
217 G. Bigatti/S. Onger (Hg.), Arti, tecnologia, progetto. Le esposizioni d'industria in Italia prima dell'Unità, Milano 2007.
218 Einen noch immer nützlichen Überblick zur Sozialpolitik in den italienischen Restaurationsstaaten bietet Della Peruta, Aspetti (wie Fn. 28), S. 453-459, 464-469.
219 Zum Pensionsanspruch im sardinischen Staatsdienst (Königliches Billet vom 21. Februar 1835) siehe jedoch Schupfer, Precedenti (wie Fn. 50), S. 1096.

gistrato di Sanità« in Genua (mit Zuständigkeit für Ligurien)[220] geleitet, die ihrerseits dem Innenministerium zugeordnet waren. Den beiden Spitzengremien unterstanden auf mittlerer Verwaltungsebene jeweils Gesundheitskommissionen in den Provinzhauptstädten.[221] Eine parallele Hierarchie bildete die Armenfürsorge aus: Der dem Innenministerium unterstellten »Congregazione primaria generalissima di Carità« in Turin arbeitete in jeder Provinzhauptstadt eine »Congregazione di Carità« zu. (☛ Abb. 4.1.1, S. 354 f.) Die Armenfürsorge blieb jedoch bis zur Reformpolitik Karl Alberts insgesamt auf punktuelle Initiativen zur Abmilderung von Hungersnöten (insbesondere anlässlich der internationalen Agrarkrise von 1816/17) beschränkt, da der monarchische Staat noch nicht die systematische Bekämpfung der strukturellen Grundlagen von Armut als seine Aufgabe betrachtete.[222] Die neue staatliche Armenpolitik Karl Alberts[223] bestand mit doppelter Zielsetzung zum einen in der Unterstützung der wirklich Bedürftigen und zum anderen in der Kriminalisierung des Vagabundenwesens.[224] Neben einer Reform des Gefängniswesens (Königliche Patente vom 9. Februar 1839)[225] erneuerte Karl Albert bereits 1836 die innere Verwaltung der Fürsorgeinstitute, deren Haushaltsführung nun in allen Landesteilen des Königreichs nach den Kriterien der staatlichen Finanzverwaltung einheitlich geregelt

---

220 Im Zuge der Abschaffung der Sondergerichte, die im Rahmen der vorrevolutionären Reformgesetzgebung vom 29. Oktober 1847 vollzogen wurde, kam es auch zu einer Auflösung des »Magistrato di Sanità«, dessen Gesetzgebungs- und Verwaltungskompetenzen nun auf einen neu eingerichteten »Consiglio superiore della Sanità« (»Obergesundheitsrat«) überging, dem entsprechende Gesundheitsräte in den einzelnen Provinzen unterstanden.

221 Analog waren im Königreich beider Sizilien, gemäß einer entsprechenden Reform des öffentlichen Gesundheitswesens (Gesetz vom 20. Oktober 1819), die lokalen Verwaltungsfunktionäre hinsichtlich der öffentlichen Gesundheit den obersten Gesundheitsbehörden in Neapel und Palermo verantwortlich; vgl. Del Giudice, Storia (wie Fn. 74), Bd. 2, S. 188; Di Simone, Istituzioni (wie Fn. 24), S. 252.

222 So brachte auch im Königreich beider Sizilien das neue Zivilgesetzbuch von 1819 durch Anordnung einer wechselseitigen Unterhaltsverpflichtung zwischen Eltern, Kindern und Geschwistern das familienbezogene sozialpolitische Verständnis der administrativen Monarchie zum Ausdruck: Codice per lo Regno delle Due Sicilie, Parte Prima: Leggi civili, Napoli 1819, Tit. V, Cap. V, Art. 193-200.

223 Zur öffentlichen Wohlfahrtspolitik in der Herrschaftsepoche Karl Alberts siehe Maura Piccialuti Caprioli, Opere pie e beneficenza pubblica: aspetti della legislazione piemontese da Carlo Alberto all'unificazione amministrativa, in: Rivista trimestrale di diritto pubblico 30 (1980), H. 3, S. 963-1051, hier: S. 963-996; Nada, Piemonte (wie Fn. 27), S. 257-262. Eine Auflistung der unter Karl Albert entstandenen Fürsorgeeinrichtungen findet sich bei Niccolò Rodolico, Un elenco di opere pie nel Piemonte albertino, in: Annali dell'Ospedale Maria Vittoria 51 (1958), S. 475-496.

224 Vgl. zu den betreffenden Verordnungen vom 3. November und 22. November 1831 Piccialuti Caprioli, Opere (wie Fn. 223), S. 968.

225 Paola Casana Testore, Le riforme carcerarie in Piemonte all'epoca di Carlo Alberto, in: Annali della Fondazione Luigi Einaudi 14 (1980), S. 281 ff.; Vincenzo Fannini, Il contributo di Giovenale Vegezzi-Ruscalla alla riforma carceraria in Piemonte (1835–1857), in: Rassegna storica del Risorgimento 76 (1989), S. 21-36.

und der Aufsicht der Innenbehörden unterstellt wurde.[226] Obwohl somit – analog zur Verwaltung der Armenhäuser im Königreich beider Sizilien[227] – religiöse und königliche Wohlfahrtsinstitute der somit errichteten Aufsicht entzogen blieben (Art. 1, 7), bewirkte die Reform in den folgenden Jahren eine deutliche Zunahme der Fürsorgeeinrichtungen.[228]

Im Königreich beider Sizilien bemächtigte sich die staatliche Wohlfahrtsverwaltung nun auch der in napoleonischer Zeit vorübergehend aufgelösten karitativen Leihhäuser, die als sog. »Monti di pietà« in den urbanen Zentren bzw. »Monti frumentari« und »Monti pecuniari« auf dem Land[229] den mittellosen Unterschichten bzw. Kleinbauern zu zinsgünstigen oder gar kostenlosen Krediten bzw. Saatgut verhalfen. Wie bedeutend diese Protoform des Agrarkredits immer noch für die öffentliche Wohlfahrt war, dokumentieren die ab 1819 für jede einzelne Provinz verabschiedeten Verwaltungsreglements der lokalen »Monti frumentari«[230] und die alle diese Einrichtungen betreffende einheitliche Verwaltungsverordnung vom 29. Dezember 1826.

---

226 CD-ROM-2, Dok.-Nr. 4.1.12.2 (Edikt zur Reform des Armenwesens v. 24.12.1836).
227 In Süditalien beaufsichtigte gemäß Gesetz vom 20. Mai 1820 in jeder Provinz ein »Consiglio degli ospizi« (»Verwaltungsrat der Armenhäuser«) die weltlichen Fürsorgeeinrichtungen. Vgl. Di Simone, Istituzioni (wie Fn. 24), S. 252; Landi, Istituzioni (wie Fn. 18), Bd. 2, S. 813-819. Diese 1820 geschaffene Struktur sollte bis 1860 fast unverändert bestehen bleiben.
228 Eine solche Zunahme bezeugte der Innenminister in einem entsprechenden Bericht: Carlo di Pralormo, Relazione a S. M. sulla situazione degli istituti di carità e di beneficienza dopo l'editto del 24 dicembre 1836, Torino, Stamperia Reale, 1841. Um 1835 zählte man in Turin bei einer Gesamtzahl von 121.000 Einwohnern etwa 6.000 bedürftige Personen, die in den Wohltätigkeitseinrichtungen der Stadt versorgt wurden. Bei der nationalen Einigung Italiens bestanden im Königreich Sardinien über 2.300 Wohltätigkeitseinrichtungen unterschiedlichster Art: 1.825 »opere pie« zählte man in Piemont, 316 in Ligurien und 185 auf Sardinien. Alle Angaben nach Piccialuti Caprioli, Opere (wie Fn. 223), S. 964, 975.
229 Vgl. zur bis ins 15. Jahrhundert zurückreichenden Geschichte dieser Einrichtungen Paola Avallone, Il denaro e il grano. I Monti frumentari nel Regno di Napoli (secc. XVI–XVIII), in: E. De Simone/V. Ferrandino (Hg.), Assistenza, previdenza e mutualità nel Mezzogiorno moderno e contemporaneo. Atti del convegno di studi in onore di Domenico Demarco (Benevento, 1–2 ottobre 2004), Milano 2006, S. 129-156.
230 Vgl. exemplarisch das Reglement v. 8. März 1825 für die »Monti frumentari« in der Provinz Basilicata, in: CD-ROM-2, Dok.-Nr. 4.1.12.4.

4.2 Die mittelitalienischen Fürstentümer und der Kirchenstaat

Von Francesca Sofia (Bologna)[1]

2 Verfassungsstruktur der zentralen staatlichen Ebene

2.1 Die Verfassungsverhältnisse in den absolutistischen Staaten

So sehr sie auch alle auf dem Prinzip der monarchischen Legitimität und auf der Ablehnung jeglicher Form von Teilhabe der Untertanen am politischen Leben gründeten, unterschieden sich die sechs Staaten, die sich nach der Restauration das mittelitalienische Territorium teilten, in ihrem Innern erheblich hinsichtlich der Bedingungen, unter denen sie der monokratischen Gewalt des Souveräns Legitimität verliehen. Das Vermächtnis der vorrevolutionären Tradition des 18. Jahrhunderts, in der das Prinzip der dynastischen Kontinuität wirksam war, und das Bewusstsein, mit der durch die napoleonische Zeit herbeigeführten institutionellen Modernisierung einen Kompromiss zu schließen, sowie die einzelne Persönlichkeit der Herrscher wie auch ihrer Vertrauensleute verliehen dem verfassungsmäßigen Rahmen dieser Staaten nicht nur einen äußerst abwechslungsreichen, sondern im Entwicklungsverlauf häufig auch äußerst bewegten Charakter.

Nehmen wir als Beispiel die Herzogtümer Modena-Reggio und Massa-Carrara, die in territorialer Hinsicht benachbart und derselben dynastischen Familie anvertraut waren (Maria Beatrice d'Este Cybo, Herzogin von Massa-Carrara und Gemahlin des Erzherzogs Ferdinand von Lothringen, war die Mutter des Herzogs von Modena-Reggio, Franz IV. von Österreich-Este). Im Kleinstaat Massa-Carrara war die herzogliche Regierung zwischen einem Gouverneur (der mit all dem beauftragt war, was wir aus österreichischer Sicht als Wohlfahrtspolizei bezeichnen könnten) und einer Kameralbehörde mit Finanzkompetenzen aufgeteilt: Einzig die Herzogin behielt sich vor, die Höhe der direkten und indirekten Steuern zu bewilligen.[2]

---

1 Übersetzung aus dem Italienischen von Werner Daum.
2 Vgl. CD-ROM-2, Dok.-Nr. 4.2.2.2 (Regierung, Straf- und Zivilgesetzgebung in Massa-Carrara v. 7.12.1815). Vgl. hierzu Cesare Piccioli, L'ordinamento giuridico degli Stati di Massa e Carrara dopo la Restaurazione (1815–1829), in: Massa e Carrara nella Restaurazione. Il governo di Maria Beatrice Cybo d'Este, Massa/Modena 1980, S. 305-316, hier S. 313. Ergänzend zur hier zugrunde gelegten CD-ROM-Edition ist als nützliche verfassungsgeschichtliche Edition für unseren Untersuchungszeitraum ebenfalls heranzuziehen: J. Luther (Hg.), Documenti costituzionali di Italia e Malta 1787–1850/Constitutional Documents of Italy and Malta 1787–1850, Teile/Parti I-II (= H. Dippel [Hg.], Verfassungen der Welt vom späten 18. Jahrhundert bis zur Mitte des

Dagegen war in Modena, wie es das Dekret vom 28. August 1814 andeutet und die Forschung bestätigt, der Herzog wenigstens bis 1831 die direkte Bezugsperson der Provinzgouverneure, sodass er diese häufig ihrer Entscheidungsautonomie beraubte[3]; seine alle Bereiche der Staatslenkung durchdringende Präsenz bildete im Übrigen den Ursprung für den Ruf vom unterdrückerischen Paternalismus seiner Regierung, das die risorgimentale Propaganda verbreitete.

In anderen Fällen – wie etwa im Kirchenstaat – ergibt sich aus der Sedimentation des napoleonischen Erbes in einigen bestimmten Territorien eine zersplitterte Legitimität und unsichere Führung des neuen Staats. Obgleich nämlich in den Provinzen der sog. »Ersten Rückgewinnung« (also die Regionen Latium und Umbrien, die ab 1809 formell zum Empire gehört hatten und im März 1814 noch durch Napoleon selbst an Papst Pius VII. zurückgegeben worden waren) die von Kardinallegat Rivarola vollbrachte Restauration der päpstlichen Gewalt im ersten Moment die Züge einer gänzlichen Aufhebung der vergangenen Ordnungen angenommen hatte, richtete sich dann mit der vom Wiener Kongress entschiedenen definitiven Abtretung einiger Gebiete der Legationen und Marken (die bereits in das Königreich Italien aufgenommen worden waren) die Staatsorganisation nach gemäßigteren Richtlinien. Den Ursprung des umstrittenen Motuproprio vom 6. Juli 1816, das auf eine allgemeine, auf rechtlicher und administrativer Vereinigung basierende Vereinfachung der Staatsstrukturen zielte, bildeten einerseits der Druck, den Metternich in Wien auf den Staatssekretär Ercole Consalvi zugunsten einer rationelleren und einheitlicheren Organisation der Staatsregierung ausübte, und andererseits die Überzeugung Consalvis selbst, dass die nördlichen Territorien des Kirchenstaates eine solche zivile Reife erreicht hatten, dass ihre bloße Rückkehr zum Ancien Régime nicht mehr angemessen war. Auch wenn das Motuproprio nicht die scharfe Unterscheidung zwischen Verwaltungs- und Rechtssphäre rezipierte, die die napoleonische Ordnung und ein erster Entwurf des Erlasses[4] vorgesehen hatten, hatte es dennoch eine bemerkenswerte Rationalisierung der päpstlichen Regierung im Blick. Neben den in den Bereichen der Lokalverwaltung und Rechtsordnung eingebrachten Neuerungen, die in den nachfolgenden Kapiteln zur Sprache kommen werden, verdienen die totale Beseitigung der

---

19. Jahrhunderts. Quellen zur Herausbildung des modernen Konstitutionalismus/Constitutions of the World from the late 18th Century to the Middle of the 19th Century. Sources on the Rise of Modern Constitutionalism, Europa/Europe, Bd. 10), Berlin – New York 2010.

3   Vgl. CD-ROM-2, Dok.-Nr. 4.2.2.1 (Erlass zur Ernennung der Minister in Modena v. 28.8.1814). 1831 wurde der »Ministero del Buon Governo« eingerichtet, dessen Amt weiterhin mit der Funktion des Gouverneurs von Modena zusammenfiel; vgl. Giordano Bertuzzi, La struttura amministrativa del Ducato austro-estense. Lineamenti, Modena 1977, S. 81. Zur Regierung Franz' IV. siehe Giorgio Boccolari, Francesco IV d'Austria d'Este al governo del Ducato Estense (1814–1846), in: Francesco IV e Francesco V Duchi di Modena, Modena 1993, S. 20-30.

4   Zum Erstentwurf vgl. Gabriella Santoncini, Sovranità e giustizia nella Restaurazione pontificia. La riforma dell'amministrazione della giustizia criminale nei lavori preparatori del Motu Proprio del 1816, Torino 1996, S. 81-85.

munizipalen Gesetze und Statuten wie auch die Normen zugunsten der Aufhebung der baronalen Gerichtsbarkeiten in Latium und Umbrien (in den anderen Territorien war das Feudalsystem bereits aufgehoben) sowie die Vorschriften zum Verbot der Erblichkeit von Gemeindeämtern Erwähnung.[5]

Dennoch wurde die von Consalvi gewollte Ordnung, die im Übrigen in ihren bedeutsamsten Aspekten – wie der Abfassung des Zivil- und Strafgesetzbuchs – unverwirklicht blieb, weniger als zehn Jahre später vom Nachfolger Pius' VII., Leo XII., gänzlich verleugnet. Das Motuproprio vom 5. Oktober 1824[6] führte unter Anknüpfung an den Erlass von 1816, aber mit völlig entgegengesetzter Ausrichtung, eine Reihe von Reformen ein, die die Staatsverwaltung, das Justizsystem und verschiedene Aspekte der Zivilgesetzgebung betrafen. Das kennzeichnende Merkmal der neuen Ordnung bestand in der entschiedenen Rehabilitation des adeligen und kurialen Elements, fast als ob sich die tragende Säule des Staats nunmehr völlig zugunsten der südlichen Territorien verschoben hätte, um die Provinzen der »Zweiten Rückgewinnung« einer untergründigen Unzufriedenheit auszuliefern: Die einzige »Verfassungsrevolution« Mittelitaliens setzte sich nicht umsonst genau dort durch.

In Hinblick auf das Herzogtum Parma-Piacenza erscheint es hingegen schwierig, die tatsächliche verfassungsmäßige Staatsorganisation für den ganzen Untersuchungszeitraum zu definieren. Die zentrale Figur innerhalb der Regierung war nämlich bis 1816 ein monokratisches Organ, der »ministro di Stato« (»Staatsminister«); im darauffolgenden Jahr wurde dessen Präsenz jedoch durch den für die Außenpolitik verantwortlichen Minister neutralisiert, der zugleich den Streitkräften und ab 1818 auch der Polizei vorstand; 1821 konzentrierte sich die Regierung dagegen in der »Segreteria di Stato e di gabinetto« (»Staats- und Kabinettssekretariat«), das als Vermittler zwischen Souverän und Ministerien diente; dieselbe Unbeständigkeit finden wir in der Zusammensetzung des Staatsrats vor, der aus der napoleonischen Erfahrung hervorging und für einen beträchtlichen Abschnitt der Entwicklung zwischen dem ursprünglichen Modell eines aus Fachleuten gebildeten Konsultativorgans und dem

---

5   Vgl. CD-ROM-2, Dok.-Nr. 4.2.2.3 (Motuproprio über die öffentliche Verwaltung im Kirchenstaat v. 6.7.1816), respektive Art. 102, 19, 157.

6   Motu proprio della Santità di Nostro Signore Papa Leone XII in data dei 5 ottobre 1824 sulla riforma dell'amministrazione pubblica, della procedura civile e delle tasse sui giudizi, Roma 1824. Für die Geschichte der päpstlichen Restauration sind immer noch grundlegend: Maria Moscarini, La Restaurazione pontificia nelle province di »prima recupera« (maggio 1814–marzo 1815), Roma 1933; Gellio Cassi, Il Cardinale Consalvi ed i primi anni della Restaurazione pontificia (1815–1819), Milano 1931; Massimo Petrocchi, La Restaurazione, il cardinale Consalvi e la riforma del 6 luglio 1816, Firenze 1941; Alberto Aquarone, La Restaurazione pontificia e i suoi indirizzi legislativi, in: Archivio della Società romana di storia patria 78 (1955), S. 119-188; Dante Cecchi, L'amministrazione pontificia nella seconda Restaurazione (1814–1823), Macerata 1978; Mario Caravale/Alberto Caracciolo, Lo Stato Pontificio da Martino V a Pio IX, Torino 1978, S. 589-596; Pio VII e il Cardinale Consalvi: un tentativo di riforma nello Stato Pontificio. Atti del del Convegno interregionale di storia del Risorgimento, Viterbo 1981.

Modell einer privaten Versammlung des Fürsten oszillierte, das einer in geringerem Maße formalisierten Ordnung entsprang.[7]

In formaler Hinsicht sollte das Herzogtum Lucca auf der Grundlage des Art. 101 der Wiener Kongressakte[8] eine Verfassungsorganisation nach dem napoleonischen Statut von 1805 bekommen. Im Lucca der Restauration fehlte dann jedoch nicht nur jedwede Institution, die der Bürgerschaft Repräsentativität verleihen konnte – wozu zuvor der Senat aufgerufen war –, sondern gab sogar der Staatsrat, der in der kleinräumigen Verfassungswirklichkeit des Herzogtums diese Funktion hätte ersetzen können, offenbar seinen Charakter als öffentliche Instanz auf, um sich in eine private Versammlung des Fürsten zu verwandeln. Diese Ordnung wurde unmittelbar nach der Inbesitznahme des Herzogtums durch Herzogin Maria Luisa im Januar 1818 eingeführt und sollte fast unverändert bis zur definitiven institutionellen Krise fortbestehen, die 1847 zum Heimfall des Herzogtums an die Toskana führte.[9]

Die bewusste Aufgabe des Modells der administrativen Monarchie napoleonischer Prägung kennzeichnete hingegen zu Beginn die restaurierte Herrschaft der Lothringer in der Toskana. Auf der Ebene der Legitimität konnten die Lothringer die napoleonische Epoche in der Tat als regelrechte Ausnahmeerscheinung gegenüber der vollständigen Reorganisation des Staats betrachten, die Ende des 18. Jahrhunderts von Großherzog Peter Leopold vollendet worden war. Während nämlich die napoleonische Zeit danach strebte, die Rolle der Staatsverwaltung zu betonen, zielte das »leopoldinische Modell« im Gegenteil gänzlich auf die explizite Anerkennung des Wertes lokaler Selbstverwaltung, wobei es dem Zentrum reine Aufsichtsfunktionen übertrug. Der Wille zur Wiederanknüpfung an die Vergangenheit kam in der Organisation zum Ausdruck, die man unmittelbar nach der Restauration der Zentralregierung verlieh, mit der im September 1814 erfolgten Wiederherstellung des (1789 durch Peter Leopold errichteten) »Consiglio di Stato, Finanze e Guerra« (»Staats-, Finanz- und Kriegsrat«) als höchstem Regierungsorgan unterhalb des Fürsten und der Reaktivierung der (ebenfalls schon seit 1784 wirksamen) »Presidenza del Buon Governo« (»Präsidium der guten Regierung«), die mit der Leitung der allgemeinen Staatspolizei beauftragt war.[10] Genauso jedoch wie sich Letztere im Laufe der Jahre eine Zensur-

---

7 Vgl. Franco Della Peruta, Il ducato di Parma e Piacenza nell'età di Maria Luigia, in: Il Risorgimento 44 (1992), S. 465-471.
8 Vgl. CD-ROM-2, Dok.-Nr. 1.1.4 (Wiener Kongressakte v. 9.6.1815).
9 Dekret vom 13. Januar 1818, in: Bollettino delle leggi del Ducato lucchese, Bd. 1, S. 80-82. Vgl. hierzu auch Salvatore Bongi, Inventario del R. Archivio di Stato di Lucca, Bd. 3, Lucca 1880, S. 97 f.; Francesca Sofia, L'ordinamento dello Stato e il retaggio napoleonico, in: Fine di uno Stato: il ducato di Lucca (1817–1847). Lo stato e la società (= Actum luce. Rivista di studi lucchesi 16 [1997]), S. 37-52. Zum napoleonischen Senat in Lucca siehe Werner Daum, Italien, in: P. Brandt u. a. (Hg.), Handbuch der europäischen Verfassungsgeschichte im 19. Jahrhundert, Bd. 1: Um 1800, Bonn 2006, S. 336-424, hier S. 377.
10 Zum Auftakt der Restauration in der Toskana vgl. Alberto Aquarone, Aspetti legislativi della Restaurazione in Toscana, in: Rassegna storica del Risorgimento 43 (1956), S. 3-34; Alessandro

gerichtsbarkeit aneignete, die ihrer Vorläuferin im 18. Jahrhundert noch unbekannt gewesen war und die nun die Kontrolle über jede vermeintlich kritische Äußerung der Bürgerschaft verdichtete, wurde auch das leopoldinische Regierungsmodell allmählich durch massivere Eingriffe des Zentrums gegenüber der Peripherie verändert. Insbesondere nach der Thronübernahme Großherzog Leopolds II. im Jahr 1824 nahm der ostentative Paternalismus des Fürsten[11] einen aufdringlichen Charakter auf der Ebene der Gemeinderegierungen und des Alltagslebens der Untertanen an, indem er eine administrative Dichte hervorbrachte, die mit dem Erbe des 18. Jahrhunderts sehr wenig zu tun hatte.[12]

2.2 Die provisorische Verfassung der Vereinigten Provinzen von 1831

Am 4. März 1831 – nur zwei Tage vor der Intervention der österreichischen Armee, die im Laufe eines Monats das alte Machtsystem wiederherstellen sollte – beschloss die Repräsentantenversammlung der Kirchenstaatsprovinzen, die an der Revolution teilgenommen hatten, eine provisorische Verfassung, um der Regierung Stabilität zu verleihen und das Wahlgesetz vorzubereiten, auf dessen Grundlage die künftige verfassungsgebende Versammlung gewählt werden sollte.[13] Die Verfassung bestand nur aus 27 Artikeln, enthielt keine Erklärung der Bürger- oder Menschenrechte und begnügte sich damit, die Organe der »Regierung« aufzuführen, die mit dem Präsidenten, dem Ministerrat und einer »Consulta legislativa« (»Legislativrat«) präzisiert wurden. Während der Präsident und Ministerrat, die vom Legislativrat zu nominieren waren, zugleich das Staatsoberhaupt und die Inhaber der Exekutivgewalt bildeten, besaß der von der Repräsentantenversammlung selbst auf Vorschlag der Provinzen kooptierte Legislativrat das Monopol der Legislativgewalt.

Zwischen den Zeilen dieses dürftigen Textes sind wenigstens drei Ideeneinflüsse feststellbar, die sich wechselseitig kreuzen und dadurch den provisorischen Charakter der Verfassung noch verstärken: 1) das napoleonische Erbe, das in den Artikeln

---

Carraresi, La politica interna di Vittorio Fossombroni nella Restaurazione, in: Archivio storico italiano 129 (1971), S. 267-355; Zeffiro Ciuffoletti, Vittorio Fossombroni e la continuità della tradizione leopoldina in Toscana (1754–1844), in: Rassegna storica toscana 21 (1975), S. 191-211.

11 Zur Figur Leopolds II. vgl. F. Pesendorfer (Hg.), Il governo di famiglia in Toscana. Le memorie del Granduca Leopoldo II di Lorena (1824–1859), Firenze 1987; ders., Zwischen Trikolore und Doppeladler: Leopold II. Grossherzog von Toskana, 1824–1859, Wien 1987.

12 Zur Staatswerdung in der toskanischen Restauration vgl. Thomas Kroll, Die Revolte des Patriziats. Der toskanische Adelsliberalismus im Risorgimento, Tübingen 1999 (ital.: La rivolta del patriziato. Il liberalismo della nobiltà nella Toscana del Risorgimento, Firenze 2005); Antonio Chiavistelli, Dallo Stato alla nazione. Costituzione e sfera pubblica in Toscana dal 1814 al 1849, Roma 2006.

13 CD-ROM-2, Dok.-Nr. 4.2.2.4 (Verfassung der Vereinigten Italienischen Provinzen v. 4.3.1831), insbes. Art. 25 (zum Wahlgesetz).

zur Regelung der lokalen Gewalten offensichtlich wird, wo auf Provinzebene die Einrichtung eines Präfekten, der »der Provinz fremd« und von der Exekutivgewalt abhängig ist, und die eventuelle Existenz von Vizepräfekten auf Distriktebene sowie die Unterwerfung der Gemeinden unter die Schutzaufsicht der Präfekten vorgesehen ist[14]; 2) insgesamt aber auch ein plurales Verständnis der Nation als Aneinanderreihung all ihrer historisch-territorialen Komponenten (die »Provinzen«), die sich von den jeweiligen Herrschern emanzipiert haben, aber innerhalb des neuen Nationssubjekts nicht miteinander verschmelzen[15]; 3) schließlich eine mehr dem klassischen liberalen Konstitutionalismus entsprechende Perspektive, die in der Schlussbestimmung enthalten ist, die die Einberufung einer verfassungsgebenden Versammlung mit dem Auftrag der Begründung einer neuen Ordnung vorsieht.

Auf welche Weise diese unterschiedlichen Komponenten hätten zusammenwirken können, lässt sich nicht beurteilen, da die Repräsentantenversammlung nach der Verabschiedung der Verfassung nur noch einmal, am 10. März, zusammentreten sollte und der Regierung die Verantwortung für die militärische Leitung überließ.

3 Wahlrecht und Wahlen

Während das ephemere Experiment eines Staates der Vereinigten Provinzen nicht lange genug währte, um die Ausarbeitung des von der Verfassung vorgesehenen Wahlgesetzes zu erlauben, verweigerten die Monarchien, die sich die Herrschaft über Mittelitalien teilten, der Bürgerschaft jegliche Form der Selbstrepräsentation. Und sie taten dies unter dem Einfluss des napoleonischen Präzedenzfalles auch bezüglich der lokalen Ebene, die das ganze 18. Jahrhundert hindurch die einzige Instanz gewesen war, in der die Bevölkerung Formen der Selbstorganisation hatte wahrnehmen können.

Ausgehend von der Toskana stellte das Gesetz vom 16. September 1816 scheinbar die 1774 durch Peter Leopold gewährte Gemeindeordnung wieder her, brachte ihr jedoch unter dem Gesichtspunkt der Wahlbestimmungen eine Reihe bedeutender Veränderungen bei. Während man zuvor zum Amt des Gonfaloniere (Exekutivorgan) und zum Priorat (Gemeinderat) durch Auslosung auf Zensusgrundlage bestimmt

---

14 Ebd., Art. 16-19. Es sei daran erinnert, dass viele Exponenten der Revolution, wie etwa der Staatspräsident und Advokat Giovanni Vicini, aktive Funktionäre der napoleonischen Administration gewesen waren. Zur Verfassung von 1831 vgl. vor allem Emilia Morelli, L'Assemblea delle Provincie Unite italiane (1831), Firenze 1946; Lajos Pásztor-Pietro Pirri, L'Archivio dei Governi provvisori di Bologna e della Provincie unite del 1831, Città del Vaticano 1956.

15 In Bologna rechtfertigte man beispielsweise die Aufhebung der weltlichen Macht der Päpste als rechtlich zulässige Auflösung des Vertrags, der die Provinz an den Herrscher band und historisch mit dem Vertrag der Ergebenheit identifiziert wurde, den die Stadt 1447 mit Papst Nikolaus V. geschlossen hatte. Vgl. Angela De Benedictis, Contrattualismo e repubblicanesimo in una città d'antico regime: Bologna nello Stato della Chiesa, in: Materiali per una storia della cultura giuridica 22 (1992), S. 269-299, hier S. 269-271.

worden war, wurde 1816 der Gonfaloniere in einen vom Großherzog zu nominierenden Beamten umgewandelt, während die Gemeinderatssitze nun über ein gemischtes Verfahren der Nominierung und Auslosung zugeteilt wurden: Bei jeder Erneuerung sollte eine Liste mit der gegenüber der Zahl der zu besetzenden Sitze doppelten Anzahl von Namen ausgelost werden, wobei die Endauswahl der Zentraladministration zustand.[16]

Ähnlich war die Situation in Parma-Piacenza: Das Dekret vom 30. April 1821 führte für die Bildung des Repräsentativorgans (Ältestenrat) ein dem toskanischen Fall vergleichbares gemischtes System ein, während das Exekutivorgan (Podestà bzw. Bürgermeister) von der Herzogin auf der Grundlage einer durch den Ältestenrat vorgelegten Dreinamensliste nominiert wurde.[17] Ein noch zentralisierteres System finden wir dagegen in den anderen mittelitalienischen Staaten vor. Im Herzogtum Modena-Reggio waren auf der Grundlage des Dekrets vom 12. Januar 1815 die Gemeinderäte, »Konservatoren« (Exekutivausschuss) und Podestà allesamt durch die Regierung zu nominieren (mehr noch: die Konservatoren und Podestà der Gemeinden ersten und zweiten Ranges wurden sogar direkt vom Herzog ernannt)[18]; in Massa-Carrara galten vom 15. Dezember 1815 an die statutarischen Rechtsvorschriften des 16. Jahrhunderts als aufgehoben, die für den Zugang zu den Gemeindeämtern die Auslosung und Wahl vorgesehen hatten, und man führte auch hier die Nominierung seitens der Regierung ein[19]; in Lucca waren im 1823 festgelegten endgültigen System der Lokalverwaltung die Kommunalämter alle durch den Fürsten zu nominieren.[20]

Auch im Kirchenstaat verlor die Lokalregierung mit der Restauration die Befugnis zu ihrer eigenständigen Bildung: Aufgrund des Motuproprio von 1816 wurden die Mitglieder der Gemeinderäte zum ersten Mal vom Vertreter der Zentralregierung nominiert und Letzterem stand dann auch die Genehmigung der nachfolgenden Teilerneuerungen zu, die durch Kooptation durchzuführen waren; von der Regierung war auch die Exekutivgewalt (Gonfaloniere) zu ernennen, die auf der Grundlage einer vom Gemeinderat vorgelegten Dreinamensliste durch das Staatssekretariat in Rom bestimmt wurde. (☞ Abb. 4.2.1, S. 413) Doch in diesem System verschärften sich die Schwierig-

---

16 Vgl. Art. 6 und 10 des Gesetzes vom 16. September 1816 über die Gemeindereform im Großherzogtum, in: Leggi del Granducato della Toscana pubblicate dal 1° luglio a tutto dicembre, 1816, Teil 2, S. 67 f. Im Allgemeinen siehe Stefano Vitali, Amministrazione comunicativa e controlli in Toscana nell'età della Restaurazione, in: Storia costituzione amministrazione 4 (1996), S. 153-155; Alessandro Macrì, La costituzione del territorio. La dimensione comunitativa nel Granducato di Toscana durante la Restaurazione, in: Rassegna storica toscana 49 (2003), S. 301-348.
17 Vgl. den »Decreto risguardante l'amministrazione dei comuni«, in: Raccolta generale delle leggi per gli Stati di Parma, Piacenza e Guastalla, 1821, Bd. 2, S. 130-132, Art. 12-13, 17-21.
18 Vgl. Bertuzzi, Struttura (wie Fn. 3), S. 69.
19 CD-ROM-2, Dok.-Nr. 4.2.5.1 (Verwaltungsgesetz für Massa-Carrara v. 15.12.1815), Art. 6; Piccioli, Ordinamento (wie Fn. 2), S. 314.
20 Vgl. das Dekret vom 24. September 1823, in: Bollettino (wie Fn. 9), S. 295-301, Art. 5; für die vorangegangene Ordnung siehe auch Kapitel 5, Verwaltung.

keiten, da den 17 Delegationen, in die der Staat eingeteilt war, ein Prälat vorstand, wodurch die Kurie in den höheren Verwaltungsämtern gegenüber dem weltlichen Personal die Oberhand gewann.[21] Überdies war ab 1827 die Repräsentation des Klerus in den Gemeinderäten nicht mehr fakultativ, sondern obligatorisch.[22] Nach der Revolution, die 1831 den nördlichen Teil des Staats betraf, setzten ausgerechnet die fünf europäischen Garantiemächte des Status quo und allen voran Metternich[23] die Reform der Lokalverwaltung im Kirchenstaat im Sinne einer Erweiterung der Partizipation als unaufschiebbar auf die Tagesordnung. Zum Beweis dafür, dass das von Österreich in Italien befürwortete absolutistische Staatsmodell nicht das Wahlprinzip verleugnete, sondern es auf eine subpolitische Ebene zu verbannen suchte, um die Partizipationsforderungen in lokale Dimensionen zu kanalisieren, forderte das am 21. Mai 1831 dem Papst vorgelegte Memorandum der fünf europäischen Regierungen neben einer Neuordnung der Justiz- und Finanzverwaltung die Einführung verschiedener Partizipationsinstanzen: auf kommunaler Ebene die vollständige Wählbarkeit der Ämter, auf provinzialer Ebene die Bildung eines Rates, der in gewisser Weise als Vertretung der betreffenden Gemeinden fungierte und die Aufgabe der Steuerverteilung und Beratungsfunktionen gegenüber der Zentralregierung wahrnahm. Das Memorandum ging noch darüber hinaus, indem es darauf hoffte, dass der Papst für die Diskussion der Finanzprobleme einen zentralen Rat einführte, der aus den im Staat einflussreichsten weltlichen Notabeln gebildet werden solle.[24] Das vorgeschlagene Modell ahmte also in groben Zügen das in Lombardo-Venetien geltende System nach, wo sich zwar die größeren Gemeinden mittels durch die Regierung genehmigter Kooptation erneuerten, jedoch das Bestehen der Provinzial- und Zentralkongregationen, die sich von den Munizipalkörperschaften aufwärts formierten, den absolutistischen Aufbau des Regierungssystems abmilderte und einer konsultativen Monarchie Gestalt verlieh.

Die Wiederherstellung der päpstlichen Macht im nördlichen Territorium des Kirchenstaats wurde tatsächlich von der Einführung neuer Bestimmungen zur Lokalverwaltung begleitet. Das Edikt des Pro-Staatssekretärs Tommaso Bernetti vom 5. Juli 1831 schrieb die Wählbarkeit des Gonfaloniere und des Ältesten- bzw. Gemeinderats

---

21 Vgl. CD-ROM-2, Dok.-Nr. 4.2.2.3 (wie Fn. 5), Art. 2, 150, 159-161.
22 Motu proprio della Santità di Nostro Signore Leone XIII sulla amministrazione pubblica, esibito il giorno 21 dicembre 1827, Roma 1827. Zuvor hatte das Motuproprio vom 5. Oktober 1824 (wie Fn. 6), Art. 155-158, 165 die Repräsentanz der Gemeinderäte in die beiden Klassen des Adels und der einfachen Bürger geteilt und bestimmt, dass der Gonfaloniere der Adelsklasse angehören sollte; es hatte außerdem die 1816 aufgehobene Erblichkeit der Gemeinderatsfunktion wieder eingeführt. Zur Lokalverwaltung im Kirchenstaat siehe Angelo Ara, Il governo locale nello Stato Pontificio da Consalvi a Antonelli, in: Il rapporto centro-periferia negli Stati preunitari e nell'Italia unificata. Atti del LIX Congresso di storia del Risorgimento italiano, Roma 2000, S. 171-202.
23 Vgl. Alan J. Reinerman, Austria and the Papacy in the Age of Metternich, Bd. 2: Revolution and Reaction, 1830–1838, Washington 1989.
24 CD-ROM-2, Dok.-Nr. 4.2.3.1 (Memorandum über politische Reformen im Kirchenstaat v. 21.5.1831).

vor, jedoch sollte Ersterer immer dem Adel entstammen und sich Letzterer obligatorisch aus Besitzenden zusammensetzen. Die bedeutendste Neuerung betraf jedoch die Einführung der Provinzräte als Repräsentativorgan der Delegationen. Das Edikt sah für jede Delegation die Einrichtung eines Rats vor, der vom Papst auf der Grundlage von Dreinamenslisten nominiert wurde, die von den Distriktabordnungen der Gemeinderäte vorzuschlagen waren. Jede Namensliste musste aus zwei Besitzenden, die aus den Höchstbesteuerten des Distrikts auszuwählen waren, und einem Vertreter des nicht besitzenden Bürgertums (Kaufleute, Industrielle, Freiberufler) gebildet werden. Den Provinzräten, die in nicht öffentlicher Sitzung tagten und ihre Beschlüsse in geheimer Abstimmung fassten, stand die Beurteilung des Haushaltsplans und der Schlussbilanz sowie die Aufteilung der Steuern auf die Gemeinden zu.[25]

Jedoch waren ihre verspätete Einberufung, die fast völlige Nichtberücksichtigung ihrer Vorschläge wie auch seit 1838 – nach dem gemeinsamen Abzug der französischen und österreichischen Truppen aus Bologna und Ancona – das Nachlassen des österreichischen Drucks auf den Papst nicht dazu angetan, die Reform Papst Gregors XVI. zum erhofften Allheilmittel für das soziale Unbehagen im nördlichen Teil des Kirchenstaats zu machen.[26]

4 Grundrechte

Auch wenn sich die Staaten Mittelitaliens in ihrem Innern in der Anwendung des gemeinsamen Prinzips der dynastischen Legitimität voneinander unterschieden, vertraten sie alle eine patriarchalische Vorstellung über die ihnen unterstellte Bürgerschaft. Die Folgen daraus trug in erster Linie das Familienrecht, wie es vom napoleonischen Zivilgesetzbuch geregelt worden war, das für ein Jahrzehnt in allen betroffenen Territorien in Kraft gewesen war. Auch wo das Erbe der napoleonischen Kodifikation zum Teil übernommen wurde oder man deren Neuauflage versuchte, wurde die Eigentums- und Handelsordnung in weit größerem Maße als das Familienrecht und die mit ihm eng verbundenen Erbschaftsbestimmungen rezipiert. Die Bedeutung der agnatischen Familie, die durch alle Zeiten aufrechterhaltene Kontinuität ihres Vermögens mit der daraus folgenden Privilegierung der Männer gegenüber den Frauen stellten wohl überlegte Instrumentarien dar, um den Aufbau der Gesellschaft spiegelbildlich zum auf politischer Ebene durchgesetzten Prinzip der Legitimität gegen die zersetzenden Gärstoffe der neuen »liberalen« Lehre festzuzurren.[27]

---

25 CD-ROM-2, Dok.-Nr. 4.2.3.2 (Edikt zur Bildung von Verwaltungsräten der Provinzen und Kommunen im Kirchenstaat v. 5.7.1831), Tit. II, Art. 13-16; Tit. III, Art. 2-3, 8-10, 12.
26 Vgl. Narciso Nada, Metternich e le riforme dello Stato Pontificio. La missione Sebregondi a Roma (1832–1835), Torino 1957; Reinerman, Austria (wie Fn. 23), S. 181-200.
27 Zum Familienrecht in den italienischen Staaten der Restauration vgl. Paolo Ungari, Storia del diritto di famiglia in Italia (1796–1975), Neuausg. hg. v. F. Sofia, Bologna 2002, S. 125-150. All-

Nachdem ihm ein Gesetz vom 18. August 1814 vorausgegangen war, das die vom Code civil bestimmte erbrechtliche Gleichstellung von Männern und Frauen aufgehoben und das agnatische System wieder eingeführt hatte, wurde im Großherzogtum Toskana das Grundgerüst der Disziplin des Familienrechts durch Gesetz vom 15. November 1814 festgelegt: Obwohl es nur als vorläufige Lösung bis zum Erhalt einer neuen Kodifikation gedacht war, blieb es wegen der Verzögerung eines neuen Zivilgesetzbuchs fast unverändert die ganze Restaurationsepoche hindurch bestehen.[28] Die bedeutsamsten Aspekte betrafen die väterliche Gewalt, die rechtliche Lage der ehelichen Kinder und der Frauen. Die väterliche Gewalt, die nur dem Vater oder einem anderen agnatischen männlichen Nachkommen zukommen konnte, wurde gegenüber den Söhnen bis zum 30. und gegenüber den Töchtern bis zum 40. Lebensjahr ausgeübt. Dem Inhaber der väterlichen Gewalt gewährte man natürlich die Nutznießung der Güter des Kindes, mit der aus dem römischen Recht stammenden Ausnahme des Verfügungsrechts über das durch eigenes Gewerbe oder eigene Arbeit erworbene Vermögen des Kindes (*bona castrensia*). Der Familiensohn konnte im Übrigen, auch wenn er volljährig war, ohne die Erlaubnis des Inhabers der väterlichen Gewalt weder Verträge schließen noch vor Gericht gehen oder die eigenen Güter in irgendeiner Weise veräußern. Die Frauen konnten, falls sie ledig, verwitwet und noch der väterlichen Gewalt unterstellt waren, ohne einen Beschluss des für den Wohnort zuständigen Richters der ersten Instanz und natürlich die väterliche Erlaubnis weder eine vertragliche Verpflichtung eingehen noch irgendein Gut veräußern oder vor Gericht gehen; im Falle der Abwesenheit des Inhabers der väterlichen Gewalt war hingegen die Zustimmung eines besonderen, vom Richter ernannten Kurators notwendig. Für verheiratete Frauen wurde neben der Zustimmung des Vaters oder des Kurators natürlich noch die Einwilligung des Ehemanns verlangt. Die eindeutige Unterlegenheitslage der Frau wurde einzig durch die dem Richter eingeräumte Möglichkeit kompensiert, ihr die Ausführung der betreffenden Handlung bei unbegründetem Dissens ihrer Tutoren dennoch zu genehmigen.[29]

---

gemein zum Privatrecht in den Staaten Mittelitaliens im Anschluss an den Zusammenbruch der napoleonischen Herrschaft und zum Versuch neuer Kodifikationen siehe Filippo Ranieri, Art. Italien, in: H. Coing (Hg.), Handbuch der Quellen und Literatur der neueren europäischen Privatrechtsgeschichte, Bd. 3.1, München 1982, S. 245-264; 283-295.

28 Vgl. Floriana Colao, Progetti di codificazione civile nella Toscana della Restaurazione, Bologna 1999.

29 CD-ROM-2, Dok.-Nr. 4.2.4.1 (Vorläufiges Gesetzbuch für die Toskana v. 15.11.1814), insbes. die Titel »Delle disposizioni, obbligazioni e contratti dei figli di famiglia« (Art. 18-30) und »Delle obbligazioni delle donne« (Art. 1-10). Vgl. hierzu Aquarone, Aspetti (wie Fn. 10), S. 8-10; Colao, Progetti (wie Fn. 28), S. 18-19. In der Folge erbrachte das Motuproprio vom 28. November 1818 eine leichte Verbesserung der Lage der Frauen, indem es deren Emanzipation von der Heirat oder von der Erlangung des 30. Lebensjahres abhängig machte.

In Modena, wo die väterliche Gewalt zur grundlegenden Metapher der Bürgergesellschaft und des zivilen Lebens aufstieg[30], wurde die Rückkehr zur agnatischen Konzeption der Familie, wie sie bereits in der 1771 durch die Este-Dynastie fertig gestellten Rechtskompilation geregelt worden war, am 28. August 1814 beschlossen, woraus sich überdies eine rückwirkende Geltungskraft zum Nachteil der Vermögensfähigkeit derjenigen entwickelte, die nach dem napoleonischen Gesetzbuch infolge der Erlangung ihrer Volljährigkeit bereits emanzipiert worden waren.[31] Die Wiedereinführung der agnatischen Ordnung von 1771 verfolgte das Ziel, der Macht des Vaters innerhalb der häuslichen Wände ein gefestigtes Ansehen zu verleihen, doch im Klima der Restauration entzog ihm die Verknüpfung mit der öffentlichen Ideologie die absolute Autonomie. Da nun der Herzog als der »Vater der Väter« galt, wurde den Töchtern von staatlicher Seite das Recht zuerkannt, einen Pflichtteil zu verlangen, außer bei einer hinsichtlich der Mitgift vereinbarten Ausgleichung oder bei eventuellen Verzichtserklärungen anlässlich der Vereinbarung der Mitgift[32]; dann wurde zum Schutz der väterlichen Heiratserlaubnis das polizeiliche Eingreifen durch das Polizeigesetz von 1835 geregelt, das – solange keine innerfamiliäre Vermittlung erreicht war – die Pflicht zur Inhaftierung für die jungen Leute vorsah, die eine von den Eltern abgelehnte Verbindung einzugehen versucht hatten.[33] Die Rückkehr zur hierarchisch auf dem Vater gründenden Familie musste sich weiterhin dem unauflöslichen Bündnis von Thron und Altar anpassen, dessen Herold der Herzog sein wollte: Das Dekret vom 8. Mai 1814 brachte die kanonischen Vorschriften bezüglich der Ehehindernisse und der kirchlichen Trauungsformen auf den Höhepunkt ihrer Geltung zurück und ihm folgte das Dekret vom 28. August nach, mit dem die Pfarrbücher erneut öffentliche Rechtskraft erlangten und die Gemeindebeamten sich darauf zu beschränken hatten, das Nichtbestehen ziviler Ehehindernisse in einer dem Pfarrer zu übersendenden Bestätigung zu versichern.[34]

Auch im Kirchenstaat bildete die vollständige Aufhebung des napoleonischen Zivilgesetzbuchs den Vorposten der Restauration. Das Motuproprio vom 6. Juli 1816, das man unter anderen Aspekten für die fortschrittlichste Regelung des gesamten

---

30 Vgl. Marco Cavina, Il potere del padre, Bd. 2: La scuola giuridica estense e la promozione della patria potestà nel Ducato di Modena (1814–1859), Milano 1995; ders., Il padre spodestato. L'autorità paterna dall'antichità ad oggi, Roma/Bari 2007, S. 149-170.
31 CD-ROM-2, Dok.-Nr. 4.2.4.2 (Dekret zur Inkraftsetzung des Gesetzbuchs für Modena v. 28.8.1814), Art. 3.
32 Ebd., Art. 7.
33 Istruzioni e norme compilate dal Ministero del Buon Governo per regola dei signori Podestà e Sindaci nel disimpegno del servizio di polizia, Modena 1835, § 52-53; vgl. auch Cavina, Padre (wie Fn. 30), S. 156.
34 Vgl. zur Reform vom 8. Mai 1814 Giuseppe Bedoni, Il diritto civile negli Stati Estensi: dal codice del 1771 al codice del 1851, in: A. Spaggiari/G. Trenti (Hg.), Lo Stato di Modena. Una capitale, una dinastia, una civiltà nella storia d'Europa, Roma 2001, S. 919-931, hier S. 924; siehe auch CD-ROM-2, Dok.-Nr. 4.2.4.2 (wie Fn. 31), Art. 1.

Untersuchungszeitraums halten kann, stellte ein streng agnatisches Erbrecht wieder her, indem es die Mitgift dem Pflichtteil gleichstellte und sie in allen Fällen für angemessen erklärte, ungeachtet ihrer Höhe, die nach Ermessen des Agnaten ohne jede Berücksichtigung der sozialen Stellung der Frau und des den Männern vorbehaltenen Pflichtanteils festgesetzt wurde; es setzte weiterhin die Bestimmung wieder in Kraft, die die Frauen hinsichtlich der Verfügungsmacht über ihre Güter den Minderjährigen gleichstellte.[35] Auch der 1818 abgefasste Zivilgesetzbuchentwurf, der nie in Kraft gesetzt wurde, sah unter diesem Gesichtspunkt keine bedeutsamen Abänderungen vor.[36] Im Gegenteil brachte die aristokratische und kuriale Abschottung, die dann das Pontifikat Leos XII. kennzeichnete, eine weitere Rückkehr zum alten System mit sich, da nun die Möglichkeit zur Einrichtung von Fideikommissen und Primogenituren ohne Berücksichtigung des Werts der Grundstücke gewährt wurde.[37]

Trotz der territorialen Nähe zu Modena wurde im kleinen Herzogtum Massa-Carrara die Rückkehr zur agnatischen Familie durch einige Verfügungen abgemildert, die wahrscheinlich unter dem Einfluss des österreichischen Zivilrechts getroffen wurden: So brachte das den Kindern auferlegte Verbot, ohne die Zustimmung des Inhabers der väterlichen Gewalt zu heiraten, bei seiner Missachtung nicht den Verlust jedes Vermögensrechts, sondern einzig den Abzug der Hälfte des Pflichtteils mit sich; ebenso wurde die Heirat desjenigen als rechtskräftig betrachtet, der ein kommerzielles Unternehmen betrieb; die Frauen schließlich konnten den Pflichtteil anstreben, es sei denn, dieser war mit einer etwaigen Mitgift ausgeglichen worden, aber Letztere konnte auch von der Mutter und ohne Erlaubnis des Ehemanns vergeben werden.[38]

Den fast gleichen Weg beschritt man in den Staaten, in denen das napoleonische Zivilgesetzbuch gültig blieb (dies war in Lucca der Fall) oder man zu einer neuen Kodifikation gelangte (wie 1820 in Parma). Im ersten Fall wurden zwar die 1805 eingeführten Erbrechtsbestimmungen aufgehoben, um die Integrität des agnatischen Vermögens zu fördern, doch die Töchter waren unmittelbar nach den Söhnen zur

---

35 CD-ROM-2, Dok.-Nr. 4.2.2.3 (wie Fn. 5), Art. 104-112 u. 128.
36 Vgl. Mirella Mombelli Castracane, La codificazione civile nello Stato Pontificio, Bd. 1: Il progetto Bartolucci del 1818, Napoli 1987, S. XLVIII-XLIX.
37 Vgl. das Motuproprio vom 5. Oktober 1824 (wie Fn. 6), Art. 114. Zuvor hatte das Motuproprio von 1816 die Einrichtung von Fideikommissen nur bei Immobilien erlaubt, deren Wert 15.000 Scudi gleichkam oder überstieg: CD-ROM-2, Dok.-Nr. 4.2.2.3 (wie Fn. 5), Art. 139. Auch die nachfolgende Reform, die durch den »Regolamento legislativo e giudiziario per gli affari civili« vom 17. November 1834 eingeführt wurde, brachte keine Neuerung in der Materie, sondern beschränkte sich auf die Bestimmung des Begriffs der »angemessenen« Mitgift; vgl. Mirella Mombelli Castracane, Per una storia dei tentativi di codificazione civile nello Stato Pontificio nel secolo XIX. Da Leone XII a Pio IX. Parte III, in: Annali della Scuola speciale per archivisti e bibliotecari dell'Università di Roma 23 (1983), S. 118-215, hier S. 134-139.
38 CD-ROM-2, Dok.-Nr. 4.2.2.2 (wie Fn. 2), Art. 30, 60; siehe dazu auch Giuseppe Bedoni, Il Ducato di Massa e Carrara dal 1815 al 1829: Stato patrimoniale o Stato di Polizia?, in: Massa (wie Fn. 2), S. 257-303, hier S. 289 f.

Erbfolge aufgerufen, auch wenn es agnatische Verwandte in aufsteigender Linie oder einer Seitenlinie gab, wie auch den Frauen die Ausgleichung zwischen Pflichtteil und Mitgift, sofern sie nicht ausdrücklich darauf verzichteten, erlaubt war.[39] In Parma, wo zwar auch die väterliche Gewalt unter umfangreicheren Bedingungen als im napoleonischen Gesetzbuch wiederhergestellt wurde, waren die Kinder ohne Rücksicht auf ihr Geschlecht zur Erbfolge aufgerufen und hatten die Töchter außerdem immer die Möglichkeit, die Mitgift an ihren Pflichtteil angleichen zu lassen.[40]

Als einmütig erwiesen sich die Staaten auch in der Unterdrückung des Ideen- und Meinungsaustausches und somit in der Begrenzung der Pressefreiheit, womit sie den Zweck verfolgten, das Aufkommen eines »räsonierenden Publikums« zu verhindern, das als Alternative zum Prinzip der dynastischen Legitimität begriffen wurde. Häufig sah man sich einer Wiederinkraftsetzung der Gesetzgebung des 18. Jahrhunderts gegenüber (wie sie in der Toskana und im Kirchenstaat erfolgte), aber überall hatte man es mit einer radikalen Neuorganisation der die Buchrevision und -kontrolle leitenden Institutionen zu tun, deren Besonderheit in einer größeren Bürokratisierung und in ihrer Verankerung und Vernetzung mit den Polizeiämtern bestand. Während man somit ab den 1820er-Jahren in Rom eine Herabsetzung der traditionellen, mit der Kontrolle beauftragten Figur des »Maestro del Sacro Palazzo«, eines dem Dominikanerorden angehörenden Theologen, zugunsten des mit der öffentlichen Ordnung beauftragten Staatssekretariats beobachtete, wurde auch in der leblosen Gesellschaft Modenas 1828 das Zensurbüro, das bis dahin dem Außenministerium unterstellt war, in die Zentralabteilung der Hohen Polizei verlegt (»Dipartimento centrale d'Alta Polizia«).[41]

Das Ausmaß an Konfessionalismus, das jeder Staat bereit war sich anzueignen, bedingte die Rechtsfähigkeit der einzigen in Mittelitalien anzutreffenden religiösen Minderheit: der Juden. In der Toskana gelangte die jüdische Gemeinschaft Livornos ab dem 17. Dezember 1814, auch wenn sie nun die rechtliche Gleichstellung mit den übrigen Bürgern einbüßte, die ihr die napoleonischen Armeen gebracht hatten, wieder in den Besitz ihrer alten und sehr umfassenden, zwischen 1591 und 1593 gewährten Privilegien, die sie zu einem Unikum unter dem im Mittelmeerraum anzutreffenden »port

---

39 CD-ROM-2, Dok.-Nr. 4.2.4.3 (Dekret zur Intestaterbfolge in Lucca v. 22.11.1818), Art. 14, 55-69. In der Folge sollte ein Dekret Herzog Karl Ludwigs vom 17. September 1824, in: Bollettino (wie Fn. 9), Bd. 9, S. 122 ff., auch den Schwestern die Erbfolge erlauben, falls keine Nachkommen, ob Agnaten oder Nachkommen der Mutter, vorhanden waren.

40 CD-ROM-2, Dok.-Nr. 4.2.4.4 (Normen zum Staatsbürger-, Ehe- und Erbrecht in Parma-Piacenza v. 1.7.1820), Art. 837, 1017-1022. Bezüglich der Vorschriften zum Familienrecht im Zivilgesetzbuch Parmas vgl. vor allem Francesco Ercole, Il diritto delle persone e il diritto di famiglia nel codice civile parmense studiato nei lavori preparatori (con appendice di documenti inediti), in: Rivista di diritto civile 4 (1912), S. 581-642, 721-807; Gigliola Di Renzo Villata, La codificazione civile parmense. Studi, Milano 1979.

41 Vgl. Maria Iolanda Palazzolo, I libri, il trono, l'altare. La censura nell'Italia della Restaurazione, Milano 2003; CD-ROM-2, Dok.-Nr. 4.2.4.6 (Erlass zur Präventivzensur in Modena v. 29.4.1828).

Jewry« machten.⁴² Die Juden Livornos hatten zwar die eigene Rechtsautonomie (doch auf Wunsch der Betroffenen selbst, die die Ausgabenbelastung für die Gemeindekasse und die Überlegenheit der Gemeinrechtsbestimmungen gegenüber dem jüdischen Recht beklagt hatten) und ab 1836 auch den Schutzbrief verloren, der den durch Losverfahren bestimmten Gemeindevertretern Straffreiheit garantiert hatte, sie mussten jedoch beim Übergang von der ersten Emanzipation zur Restauration keine tiefen Traumata erleiden. Überdies bildeten sie die einzige Gemeinde der Halbinsel, die gemäß der Reform von 1780 einen eigenen Abgeordneten in die Bürgerversammlung schickte.⁴³

Auch in Parma, wo die Juden dagegen kein öffentliches Amt antreten und auch ihre Religion nicht öffentlich ausüben konnten, war ihre Lage von gutmütiger Toleranz bestimmt: Sie lebten in der Stadt in angrenzenden Häusern, aber sie waren nicht verpflichtet, im Ghetto zu wohnen; von Fall zu Fall hatten sie Zugang zur höheren Bildung; ihr Untertanenstatus wurde durch das Zivilgesetzbuch geregelt, auch wenn dieses für sie eine getrennte Heiratsordnung und das Verbot gemischter Ehen vorsah.⁴⁴

Völlig anders war die Lage der Juden im Kirchenstaat und im Herzogtum Modena-Reggio. In Ersterem waren die Juden ab 1815 erneut gezwungen, im Ghetto zu leben, ihnen war der Zugang zur Universität und zu den öffentlichen Ämtern verwehrt und wesentliche Bürgerrechte blieben ihnen vorenthalten.⁴⁵ Mit dem Wechsel Leos XII. auf den Heiligen Stuhl schürten dann die Verfolgung einer »intransigenten« politischen Linie gegen die Moderne und die Säkularisation die antijüdische Polemik, als ob die Juden die größten Nutznießer der jüngsten revolutionären Vergangenheit gewesen wären. Im Kirchenstaat brachte dies nicht nur eine Verschärfung der antijüdischen Publizistik⁴⁶ – die besonders akut in den Jahren um das Jubiläum von 1824

---

42 Zur sog. »Costituzione livornina« vgl. Renzo Toaff, La Nazione ebrea a Livorno e a Pisa (1591–1799), Firenze 1999. Zur Lage der Juden, die sich in den bedeutendsten Hafenstädten des Mittelmeers niedergelassen hatten, siehe David Sorkin, The Port Jew: Notes Towards a Social Type, in: Journal of Jewish Studies 50 (1999), S. 87-97; D. Cesarani (Hg.), Port Jews. Jewish Communities in Cosmopolitan Maritime Trading Centre, 1550–1950, London/Portland 2002.

43 Vgl. Carlotta Ferrara degli Uberti, La »nazione ebrea« di Livorno dai privilegi all'emancipazione (1814–1860), Firenze 2007, S. 27-33. Zum Teil ähnlich stellt sich auch die Lage der anderen jüdischen Gemeinden in der Toskana dar; vgl. Roberto G. Salvadori, Gli ebrei toscani nell'età della Restaurazione (1814–1848), Firenze 1993, S. 4-8. Siehe auch den systematischen Vergleich mit Preußen von Ulrich Wyrwa, Juden in der Toskana und in Preußen im Vergleich. Aufklärung und Emanzipation in Florenz, Livorno, Berlin und Königsberg i. Pr., Tübingen 2003 (bes. S. 205-297 zur Restaurationsepoche).

44 CD-ROM-2, Dok.-Nr. 4.2.4.4 (wie Fn. 40), Art. 34; Lucia Masotti, Dopo l'emancipazione. Visibilità e invisibilità degli ebrei nella vita cittadina, in: dies. (Hg.), Ebrei a Parma, Parma 2005, S. 51-57.

45 Vgl. Ermanno Loevinson, Gli ebrei nello Stato della Chiesa nel periodo del Risorgimento politico d'Italia, in: Rassegna mensile d'Israel 8 (1933/34), S. 524-533; 9 (1934/35), S. 263-267, 422-439, 542-563.

46 Vgl. Marina Caffiero, Tra repressione e conversioni: la »restaurazione degli ebrei«, in: A. L. Bonella u. a. (Hg.), Roma fra la Restaurazione e l'elezione di Pio IX: amministrazione, economia, società e cultura, Roma u. a. 1997, S. 373-395.

auftrat –, sondern bezüglich der Juden Roms auch die Wiedereinführung der durch die revolutionären Ereignisse aufgehobenen Zwangspredigt, die Verpflichtung zur Begrenzung all ihrer wirtschaftlichen Tätigkeit auf den Umkreis des Ghettos sowie die durch Edikt vom 20. November 1826 verfügte und am 5. Juli 1827 auf alle Juden des Kirchenstaats ausgedehnte Auflage mit sich, all ihre Immobilien unter der Strafandrohung ihrer Beschlagnahme zugunsten der Apostolischen Kammer bis zum 1. Januar 1828 zu veräußern.[47]

In ähnlicher Weise fiel im Herzogtum Modena-Reggio die Restauration der Herrschaft der Este mit einer Einschränkung der Rechte der Juden zusammen. Ihnen blieben öffentliche Ämter vorenthalten, sie wurden gezwungen, im Ghetto oder zumindest getrennt von der christlichen Gemeinschaft zu leben, und ihnen war der Besuch der öffentlichen Schulen wie auch die Eröffnung eigener Bildungsstätten verboten.[48] Und wie in Rom trat der Einfluss der extremistischen katholischen Richtung offen zutage, nach deren Auffassung die gegen die Juden gerichtete Politik der Verfolgung die Hauptkomponente der Reaktion auf die revolutionären Neuheiten bilden sollte. Unmittelbar im Anschluss an die gescheiterte Aufstandsbewegung von 1831 waren die Juden die ersten Opfer der Repression, indem sie gemeinschaftlich zur Zahlung einer beträchtlichen Buße und zur Veräußerung ihres Immobilienbesitzes gezwungen wurden.[49]

5 Verwaltung

Trotz der Einmischung der Herrscher in die Nominierung der Kommunalverwaltungen waren die ersten Restaurationsjahre in ganz Mittelitalien dadurch gekennzeichnet, dass man die durch die napoleonische Herrschaft importierte vollständige Verstaatlichung der öffentlichen Verwaltung wieder aufgab. Der Staat legte zwar von oben die Bezirke und Hierarchien neu fest und hob die statutarischen Autonomien und Gerichtsprivilegien, die noch am Ende des 18. Jahrhunderts seine Territorien übersät hatten, auf; doch er lehnte prinzipiell das Selbstverständnis eines unteilbaren Subjekts ab, um sich dagegen als Gesamtheit sich theoretisch selbst genügender Gruppen zu begreifen. Demnach gedachte der Staat über die Fiskalbeziehungen, wie es bereits in den fortgeschrittensten Erfahrungen des vorangegangenen Jahrhunderts der Fall gewesen war, die Peripherien zu regieren.

Als exemplarisch in diesem Zusammenhang kann das Gesetz »sull'amministrazione dei pubblici« (über die Verwaltung der Gemeinden) gelten, das am 15. Dezember 1815 in Massa-Carrara erlassen wurde. Bemerkenswert ist vor allem der Umstand,

---

47 Loevinson, Ebrei (wie Fn. 45), S. 533.
48 CD-ROM-2, Dok.-Nr. 4.2.4.2 (wie Fn. 31), Art. 16. Vgl. auch Boccolari, Francesco IV (wie Fn. 3), S. 27.
49 CD-ROM-2, Dok.-Nr. 4.2.4.7 (Judengesetzgebung in Modena v. 22.3.1831).

dass der Gesetzgeber unter den »pubblici« nicht so sehr jede Gemeinde, in die das Staatsterritorium eingeteilt war, sondern einzig die beiden Stadtgemeinden Massa und Carrara verstand, in deren Gemeinderäten die Vertreter des Umlands saßen; erwähnenswert ist auch die Verfügung, die jede Stadt für die Zahlung der herzoglichen Steuer in Solidarhaftung nahm.[50] Die brisanteste Neuerung gegenüber der im Ancien Régime gebräuchlichen Praxis – mit Ausnahme der Kriterien für die Nominierung der Gemeindeämter[51] – war das engmaschige Netz aus Rechnungs- und Finanzvorschriften, die als Gewähr für den guten Verlauf der Kommunalverwaltung aufgestellt wurden (und im Übrigen den Kern des Gesetzes bildeten). Demnach musste nicht nur jede veranschlagte Ausgabe in der Jahresbilanz enthalten sein, sondern Letztere – neben ihrer im Gemeinderat unter Anwesenheit des Richters der ersten Instanz zu erfolgenden Verabschiedung – auch die Genehmigung der Zentralregierung erhalten; ebenso musste die Schlussbilanz immer von der Regierung genehmigt werden. Minutiös wurden auch die Befugnisse des Magistrats, des kollegialen Exekutivorgans, geregelt: Gerade aus der detaillierten Auflistung seiner Vorrechte wird ersichtlich, dass seine Funktionen absolut nicht das Modell der napoleonischen Exekutivverwaltung nachahmten. Statt den Endpunkt in der Umsetzung eines subjektiven Staatsinteresses zu bilden, stellte sich der Magistrat als Garant für die Beachtung der regulären Vorschriften dar, die innerhalb seiner Gerichtsbarkeit (einschließlich der Verteilung der kommunalen Lasten) verbindlich waren. Sodass die Vorschriften ihm erlaubten, sowohl *ex officio* als auch auf Verlangen betroffener Parteien vorzugehen.[52] Trotz der Verdichtung der zentralstaatlichen Kontrollen war er somit seinem Vorfahren im 18. Jahrhundert ähnlicher als dem ihm unmittelbar vorausgehenden *maire*.

Während die dem Umland vorenthaltene Autonomie eine Besonderheit des Herzogtums Massa-Carrara darstellte, war die in ihm verwirklichte Beziehung zwischen Zentrum und Peripherie anfänglich in fast ganz Mittelitalien auf ähnliche Weise ausgebildet. Einzige Ausnahme war das Herzogtum Modena-Reggio, wo die Neigung, die Verwaltung des Territoriums als »häusliche Regierung« wahrzunehmen, eher die wachsame polizeiliche Kontrolle gegenüber jedem Kriterium der Wirtschaftlichkeit der Staatsfinanzen überhöhte: Probleme der öffentlichen Ordnung und nicht finanzielle Erfordernisse bedingten die Abschaffung des Gemeinderats der Hauptstadt unmittelbar nach den Unruhen von 1831.[53] In den anderen Staaten verstand man hingegen die Verwaltung des Territoriums meist in Funktion zur Verteilung der staatlichen Steuern. Mit dieser Überlegung lässt sich die große Instabilität erklären,

---

50 CD-ROM-2, Dok.-Nr. 4.2.5.1 (wie Fn. 19), Art. 1-2, 45. Vgl. in allgemeinem Sinne auch Piccioli, Ordinamento (wie Fn. 2), S. 314.
51 Vgl. Kapitel 3, Wahlrecht.
52 CD-ROM-2, Dok.-Nr. 4.2.5.1 (wie Fn. 19), Art. 49.
53 Vgl. Marco Meriggi, Gli Stati italiani prima dell'Unità. Una storia istituzionale, Bologna 2. Aufl. 2011, S. 132; Cesare Malagoli, Comunità, nobiltà, e borghesia nel periodo austroestense, in: Spaggiari/Trenti (Hg.), Stato di Modena (wie Fn. 34), S. 867-883, hier S. 877.

die die Territorialverwaltung in einigen Staaten kennzeichnete. Im Herzogtum Parma-Piacenza zum Beispiel folgte auf eine 1814 beschlossene erste Organisation, die den Staat auf zwei, den jeweils zugehörigen Gemeinden übergeordnete Regierungen in Parma und Piacenza teilte, eine andere Lösung, aufgrund derer nun zwischen den Regierungen und Gemeinden administrative Großeinheiten eingerichtet wurden: 1821 zunächst 13 Distrikte, die man dann 1831 in drei Kommissariate umwandelte.[54] Während in Lucca die provisorische österreichische Verwaltung 1815 das Territorium in 18 Gemeinden einteilte, die ihrerseits auf 10 Kanzleien aufgeteilt wurden, erhielt das Staatsterritorium infolge der Inbesitznahme des Herzogtums durch Maria Luisa von Bourbon eine andere Organisation: 1818 wurde das Herzogtum in 14, seine verschiedenen Pfarreien vereinigende Vikariate eingeteilt und im Jahr darauf finden wir dagegen nur drei funktionierende Gemeinschaften vor, die ihrerseits jeweils in fünf Departements unterteilt waren; 1823 wurden die Departements (die nun die Bezeichnung »comunità« erhielten) auf vier in jedem der drei Bezirke reduziert, aus denen sich das Staatsterritorium zusammensetzte.[55]

Sicherlich erneuerten sich die traditionellen Fiskalbeziehungen in einigen Kontexten jedoch auch unter dem Einfluss des napoleonischen Erbes. Die Verdichtung der staatlichen Eingriffe wie auch die minutiöse Reglementierung der von den Primärzellen des Verwaltungshandelns (den Gemeinden) wahrzunehmenden Aufgaben riefen ungelöste Spannungen innerhalb des Staatshandelns hervor. Dies bestätigt zum Beispiel das 1822 für den Staatsrat in Parma erlassene Reglement: In seiner ordentlichen Zusammensetzung wurde er in drei Sektionen eingeteilt, die respektive für die Verwaltung, die Verwaltungsgerichtsbarkeit und die Finanzen zuständig waren. Es handelte sich um eine Ordnung, die das napoleonische Modell nachbildete, jedoch mit einigen Variationen, die es verdienen, besonders herausgestellt zu werden. Zunächst wurde die Entscheidung von Kompetenzkonflikten zwischen Justiz- und Zivilverwaltungsbehörden in Parma der Sektion für Verwaltung und nicht (wie es in Frankreich geschah) derjenigen für Verwaltungsgerichtsbarkeit übertragen, als ob man damit die traditionelle Teilung des Staats, nämlich zwischen *imperium* und *fiscus*, in neuer Form bekräftigen wollte. Zweitens dehnten die Vorschriften von 1822, während sie gemäß französischen Rechts in die vor dem Verwaltungsrichter zu verhandelnden Rechtssachen die Verträge über Lieferungen an den Staat mit einbezogen, dessen Kompetenzen dann aber so weit aus, dass sie alle Sachen umfassten, an denen der Fiskus beteiligt war: Es scheint somit, als ob in Parma die Kasse des Fürsten im

---

54 Vgl. Maria Rosa Di Simone, Istituzioni e fonti normative dall'antico regime all'Unità, Torino 1999, S. 206.

55 Vgl. Giorgio Tori, Inventario dell'archivio storico di Coreglia Anteminelli, Lucca 1983, S. 206-211.

Vergleich zum Ancien Régime endgültig zum öffentlichen Gegenstand geworden war und nun einen eigenen Gerichtsstand einforderte.[56]

In der Toskana verlagerte sich hingegen zwischen 1825 und 1840 der Schwerpunkt der kollektiven Gleichgewichte in definitiver Weise von den Peripherien zum Zentrum des Staats. Anfänglich (im November 1825) machte sich die Gegenwart der Zentralgewalt durch die Bildung einer neuen Verwaltungseinheit – des Bezirks – bemerkbar, an deren Spitze ein Fachbeamter, der Ingenieur, platziert wurde. Die Verbindung zwischen Zentrum und Peripherie erfolgte in diesem Stadium über die obligatorische Prüfung der einzelnen Bilanzen der Gemeinden seitens des Spitzenvertreters des Ingenieurskorps, das auf diese Weise zu einer Art Verwaltungsinstanz wurde, die mit den einzelnen Lokalautonomien konkurrierte und diese begrenzte. Später stellte dann die Einrichtung der »Soprintendenza generale alle comunità« (»Allgemeine Gemeindeaufsichtsbehörde«), die die Überwachung der gesamten Kommunalverwaltung zur Aufgabe hatte, das fehlende Glied im Prozess der Uniformisierung der Peripherien dar.[57]

Auch die den Kirchenstaat kennzeichnende Fiskalbeziehung – wie man sie unter anderem bereits der Anordnung der Vorschriften im Motuproprio vom 6. Juli 1816 entnehmen kann, da dort dem die Staatseinkünfte betreffenden Titel VI unmittelbar der Titel über die Gemeinden vorausgeht[58] – erfuhr 1831 eine bedeutende Wende. Auch wenn die Einrichtung der Provinzräte durch Edikt vom 5. Juli 1831 den von den Notabeln erhobenen Anspruch auf Partizipation nicht stillen konnte, stellte sie jedoch eine Stärkung der Kontrolle über die Peripherien dar. Da das Edikt der Regierungskongregation – also dem bereits 1816 eingerichteten kollegialen Laienorgan, das dem päpstlichen Vertreter in den Delegationen zur Seite gestellt war[59] – und dem Vorsitzenden des Provinzrats die Genehmigung der Gemeindehaushalte übertrug, für die bisher die »Congregazione del Buon Governo« in Rom zuständig war, führte es eine nun aus größerer Nähe erfolgende und somit durchdringendere Kontrolle der lokalen Körperschaften ein, wobei sie sogar aufseiten der lokalen Notabeln gewissermaßen ein Verantwortungsbewusstsein für die Regierungsentscheidungen des Herrschers weckte.[60]

---

56 CD-ROM-2, Dok.-Nr. 4.2.5.2 (Neuordnung des Staatsrats in Parma-Piacenza v. 31.7.1822), Art. 14; Art. 16, Abs. 3; Art. 19, Abs. 1 u. 7. Zum französischen Verwaltungsrecht des frühen 19. Jahrhunderts siehe H. François Koechlin, Compétence administrative et judiciaire de 1800 à 1830. Etude de jurisprudence, Paris 1959.
57 Chiavistelli, Stato (wie Fn. 12), S. 44-50; CD-ROM-2, Dok.-Nr. 4.2.5.3 (Erlass zur Einrichtung einer allgemeinen Gemeindeaufsichtsbehörde v. 29.12.1840).
58 CD-ROM-2, Dok.-Nr. 4.2.2.3 (wie Fn. 5), Art. 147-188 u. 189-238.
59 Ebd., Art. 8-10.
60 CD-ROM-2, Dok.-Nr. 4.2.3.2 (wie Fn. 25), Tit. III, Art. 11, 21; Gabriella Santoncini, Aspetti della provincia pontificia fra il XVII e prima metà del XIX secolo, in: Atti del XXXVIII Congresso di studi maceratesi, Pollenza 2004, S. 1-38, hier S. 24-28.

5 Verwaltung

Abb. 4.2.1 Verwaltungsorganisation im Kirchenstaat gemäß Motuproprio von 1816

Gewiss beruhte jedoch in diesem und in den anderen, zuvor beschriebenen Fällen die allgemeine Funktionsfähigkeit des Systems auf der Bereitschaft der einzelnen lokalen Eliten, die ihnen vorgeschlagene Rolle anzunehmen: die in der Aufrechterhaltung des eigenen institutionell-gesellschaftlichen Ansehens, zum Preis jedoch von dessen Unterordnung unter die Direktiven der Zentralgewalt, bestand. Für die Toskana zum Beispiel war es der Forschung möglich, die von den lokalen Eliten getroffene Entscheidung zugunsten der nationalen Einigung Italiens als »Revolte des Patriziats« zu interpretieren.[61]

6 Justiz

Die Beseitigung der munizipalen, feudalen und insgesamt privilegierten Gerichtsbarkeiten ebenso wie die Beibehaltung der bürokratisch in hierarchischer Weise strukturierten und der napoleonischen Zeit entstammenden Justizorganisation war eine Gegebenheit, die alle Staaten Mittelitaliens verband. Nicht überall stellte sie jedoch eine sofortige Errungenschaft dar. In der Toskana kehrte das napoleonische Modell erst durch das Motuproprio Leopolds II. vom 2. August 1838 auf die Bühne zurück: Die Reform hob die 1814 eingeführten fünf Zivilgerichte und den Oberjustizrat und damit die Möglichkeit zur Beschreitung einer dritten Instanz im Fall ungleicher Doppelurteile auf; sie schied deutlich die Polizei- von den Justizgewalten, indem sie die bisher den unteren Rängen der Strafgerichtsbarkeit eingeräumte Befugnis zum Gebrauch der sog. »potestà economica« (»Wirtschaftlichkeitsbefugnis«), d. h. die Kompetenz zum Urteilen und zur Strafverhängung in äußerst diskreten Verfahren und ohne vordefinierte Maßstäbe, aufhob. An ihrer Stelle wurden auf unterer Ebene die Podestà, die Königlichen Stellvertreter und die ihnen gleichwertigen Zivilrichter der größeren Städte eingerichtet; dann die kollegialen Gerichte der ersten Instanz, mit Berufungsmöglichkeit bei der »Corte Regia« (»Königlicher Gerichtshof«); schließlich fungierte die »Real Consulta« als Kassationsgericht.[62]

Umstrittener verlief der Prozess im Kirchenstaat, wo das enge Geflecht von weltlichen und kirchlichen Gewalten gerade im Bereich der Justiz die Rechtsprechung der einzelnen Gerichtsstände unsicher machte. Während das Motuproprio vom 16. Juli 1816 im Bereich der Zivilgerichtsbarkeit den größten Teil der Gerichtsbarkeiten aufhob, die hinsichtlich der vor Gericht gebrachten Personen oder Gegenständen privilegiert worden waren, behielt man auf strafrechtlicher Ebene neben dem Militärgericht und dem kirchlichen Gericht die Sondergerichtsbarkeiten der Inquisition, der

---

61 Kroll, Revolte (wie Fn. 12).
62 Vgl. Luigi Lotti, Il Granducato di Toscana, in: Amministrazione della giustizia e poteri di polizia dagli Stati preunitari alla caduta della Destra Storica. Atti del LII Congresso di Storia del Risorgimento italiano, Roma 1986, S. 267-293, hier S. 274-278.

Kongregation der Bischöfe und des Präfekten der apostolischen Paläste bei.[63] Auch folgte das Motuproprio nicht dem Grundprinzip der napoleonischen Reform, das die eindeutige Trennung zwischen Verwaltungs- und Justizapparaten vorgesehen hatte. Die Gouverneure, die in administrativer Hinsicht von den »delegati« (Vorsteher der Delegationen bzw. Provinzen) abhingen, waren zugleich Richter sowohl für Zivil- als auch für Strafsachen in Rechtsfällen mit geringerem Streitwert; der Delegat selbst war Vorsitzender des Strafgerichts, das in unanfechtbarer, letztinstanzlicher Weise über die schwereren Straftaten zu befinden hatte.[64] (☞ Abb. 4.2.1, S. 413) Während hiermit immerhin noch das Prinzip der Kollegialität sowie der Grundsatz der Öffentlichkeit und Begründung der Urteile für die höheren Grade der Zivilrechtsprechung bestätigt wurde, bewirkte das Motuproprio vom 5. Oktober 1824 unter diesem Aspekt einen beträchtlichen Rückschritt. Die von Leo XII. eingeführte Ordnung setzte im Zivilrecht anstelle der Kollegialgerichte einen monokratischen Richter, den Prätor, ein und schrieb vor, dass die Berufungsgerichte nur die Streitfälle von bedeutenderem Wert kollegial entscheiden sollten. Außerdem erteilte sie, unter Zustimmung der Rechtsparteien, den kirchlichen Kurien die Befugnis, alle Streitfälle zivilrechtlicher Art zu entscheiden, und verpflichtete weiterhin im Zivilrechtsbereich die Gerichte zum ausschließlichen Gebrauch der lateinischen Sprache.[65] Erst 1831 sollte die Justizverwaltung, auch auf Druck der Garantiemächte des europäischen Mächtesystems, eine präzisere Ordnung finden. Im Zivilrecht geschah dies mit der allgemeinen Ausdehnung der beim Erlass der Urteile anzuwendenden Kollegialität und mit der gleichförmigen Garantie von drei Rechtsprechungsinstanzen (die Berufung bei der »Sacra Rota« und dem »Uditore di Camera«, den beiden höchsten »gemischten« Gerichten Roms, wurde nur wegen eines bloßen Formfehlers und falscher Anwendung des Gesetzes gestattet; die unbegrenzte Rechtsprechung des »Uditore santissimo«, d. h. der direkte Eingriff des Papstes in die Streitfälle, wurde aufgehoben); überdies führte man nun

---

63 CD-ROM-2, Dok.-Nr. 4.2.2.3 (wie Fn. 5), Art. 64 u. 90. Wie auch die nachfolgende, im November 1817 erlassene Zivilprozessordnung bestätigen wird, hielt man im Zivilrecht sowohl den »Tribunale dell'Annona« (der mit der Entscheidung der den Getreidehandel betreffenden Streitfälle beauftragt war) als auch den »Tribunale dell'Agricoltura« (dem alle die Landwirtschaft betreffenden Fälle überstellt wurden, sofern sie nicht im Zuständigkeitsbereich des »Tribunale dell'Annona« und des »Tribunale dei Mercenari« lagen) und eben den »Tribunale dei Mercenari« (der seinerseits für die Arbeitsbeziehungen in der Landwirtschaft im Stadtgebiet und Umland Roms zuständig war) am Leben; die Gerichte »dell'Annona« und »dell'Agricoltura« wurden 1824 aufgehoben. Die Kongregation der Heiligen Inquisition, die älteste Kardinalskongregation der katholischen Kirche, erkannte über Delikte, die auch die Anklage wegen Irrlehre umfassten; die Kongregation der Bischöfe war ab 1800 für alle von den Bischofssitzen herrührenden Strafsachen zuständig; der Präfekt der Gebäudeanlage von Sankt-Peter übte die Strafrechtsprechung in den Sachen aus, in die die apostolischen Paläste verwickelt waren. Vgl. Philippe Boutry, Souverain et pontife. Recherches prosopographiques sur la Curie romaine à l'âge de la Restauration (1814–1846), Rome 2002, S. 14, 27, 98.
64 Vgl. CD-ROM-2, Dok.-Nr. 4.2.2.3 (wie Fn. 5), Art. 25, 76, 77.
65 Vgl. Motu proprio (wie Fn. 6), Proömium u. Art. 25-26, 38.

Schiedsrichter in den Delegationen Emilia und Romagna ein. Im Strafrecht schließlich übertrug man die Rechtsprechung auf dieselben Organe der Ziviljustiz und führte die Berufung für Todesurteile ein (die vor dem Gericht der »Sacra Consulta« zu verhandeln war, das nun in das höchste Gericht des Kirchenstaats verwandelt wurde).[66]

In den anderen Staaten stellte sich die Neuordnung eindeutiger dar. In Parma wurde die Richterschaft in einem Schritt mit dem Abschluss des Kodifikationsprozesses und der Einführung der beim Staatsrat liegenden Verwaltungsgerichtsbarkeit am 13. Februar 1821 fast vollständig nach dem französischen Modell organisiert: Die organische und funktionale Trennung der nun unentgeltlichen Justiz von der Verwaltung wurde bestätigt und das Justizsystem wurde dem napoleonischen nachgebildet, abgesehen davon, dass die neue Ordnung an ihrer Spitze nicht durch einen Kassationshof, sondern ein Oberrevisionsgericht abgeschlossen wurde. Letzteres arbeitete mittels eines Verfahrens, das Kassation und Revision miteinander in Einklang brachte, indem es sowohl über die Zulässigkeit der Revision (zum Schutz des objektiven Gesetzesinteresses) als auch über die zum Gegenstand erhobene Rechtssache (zur Garantie der Rechte der Parteien) urteilte.[67] In Massa war die Justizordnung seit 1815 an der Basis mit einem in den beiden größten Städten des Herzogtums ansässigen Richter der ersten Instanz sowie einem Appellations- und einem Revisionsgericht in der Hauptstadt organisiert worden: Der auffälligste Unterschied gegenüber der vorherigen französischen Ordnung bestand neben der Anwendung des Revisions- anstelle des Kassationsverfahrens in dem Umstand, dass die Richter auch die Entscheidungsbefugnis für die gegen den königlichen Fiskus eingeleiteten Klagen besaßen.[68] Trotz der 1819 in Lucca beschlossenen Aufhebung der napoleonischen Zivil- und Strafprozessordnung und der Rückkehr zum Verfahren des doppelten übereinstimmenden Urteils im Zivilrecht blieb das dortige Justizsystem nach der Hierarchie des ihm unmittelbar vorausgegangenen Systems strukturiert.[69] Ähnlich gründete sich die Justizordnung in Modena, wie sie aus dem Dekret vom 20. Dezember 1827 hervorging, auf

---

66 Die Vorschriften, die die vorgestellte Neuordnung im Kern betreffen, finden sich zusammengestellt im »Regolamento organico per l'amministrazione della giustizia civile« vom 5. Oktober 1831, im »Regolamento di procedura nei giudizi civili« vom 31. Oktober 1831 und im »Regolamento organico di procedura criminale« vom 5. November 1831. Vgl. diesbezüglich Paolo Dalla Torre, L'opera riformatrice ed amministrativa di Gregorio XVI, in: Gregorio XVI. Miscellanea commemorativa, Bd. 2, Roma 1948, S. 29-120, hier S. 46-48; Fiorella Bartoccini, Lo Stato pontificio, in: Amministrazione (wie Fn. 62), S. 371-406, hier S. 376.

67 CD-ROM-2, Dok.-Nr. 4.2.6.1 (Erlass zur Justizverwaltung in Parma-Piacenza v. 13.2.1821), Art. 1-2, 43-49. Zur Justizreform von 1821 siehe Bianca Montale, Parma nel Risorgimento. Istituzioni e società (1814–1859), Milano 1993, S. 34 f.; Antonio Aliani, La codificazione della procedura negli stati parmensi e l'istituto della revisione, in: Studi parmensi 31 (1982), S. 213-285.

68 Die Reform wurde eingeführt durch die »Legge sui tribunali e la giurisdizione« vom 9. November 1815; vgl. Umberto Marcelli, Aspetti della Restaurazione nei Ducati di Massa e Carrara, in: Massa (wie Fn. 2), S. 13-44, hier S. 19.

69 Die Reform der Justizordnung wurde durch zwei Dekrete eingeführt, die beide vom 28. Oktober 1819 datieren; vgl. Bollettino (wie Fn. 9), Bd. 4, S. 387 ff., 421 ff.

lokale Richter, die für die Zivil- und Strafrechtsfälle geringeren Streitwerts zuständig waren, und auf Gerichte der ersten Instanz und der Appellation (wobei aber beide Funktionen durch Einzelsektionen ein und desselben Gerichts ausgeübt wurden und außerdem in erster Instanz die Entscheidung der Fälle einem monokratischen Richter übertragen war).[70] Es sei jedoch auch daran erinnert, dass die Justizorganisation im Herzogtum der Österreich-Este wegen der wiederholten, im März 1821 mit einem Standgericht erstmals erfolgten Einrichtung von Sondergerichten in die Geschichte einging; diese Sondergerichte waren mit der Entscheidung der politischen Verfahren beauftragt und stützten sich dabei auf Vorschriften, die mittels herzoglicher Chirografen (also unter Ausschluss jeglicher Öffentlichkeit) erlassen wurden.[71]

7 Militär

Gestützt auf die etwaige, sei es aus dynastischen Gründen (Herzogtümer Modena-Reggio und Parma-Piacenza, Großherzogtum Toskana) oder aus Gründen der öffentlichen Ordnung (Kirchenstaat) motivierte Präsenz österreichischer Truppen wurden die Militärinstitutionen der italienischen Staaten der Restauration nach dem Muster der der französischen Besatzung vorausgegangenen Ordnungen wiederhergestellt, wobei man überall (zumindest anfangs) das System der Wehrpflicht aufhob. Und auch dort, wo nach einigen Jahren die Wehrpflicht wieder eingeführt wurde – im Kirchenstaat durch Edikt vom 25. Februar 1822, in der Toskana durch Bekanntmachung vom 8. August 1827 –, zeigte sie eine minimale Wirkung: Einerseits erkannten beide Maßnahmen zahlreiche Ausnahmen an und sie ließen umfassende Möglichkeiten der Stellvertretung und Befreiung zu; andererseits wurde das erforderliche geringe Jahreskontingent über das System der Wechsel und häufig – wie in der Toskana – durch die Zwangsrekrutierung der Straftäter, die nicht wegen ehrenrühriger Verbrechen verurteilt worden waren, sowie der Vagabunden und Müßiggänger aufgefüllt.[72] Als Bestätigung dieser geringen Wirksamkeit der Wehrpflicht im Kirchenstaat sei daran erinnert, dass sich etwa ein Drittel der Linientruppen infolge der zwischen April und

---

70 CD-ROM-2, Dok.-Nr. 4.2.6.2 (Dekret zur Reorganisation der Justizverwaltung in Modena v. 20.12.1827), Art. 3-4; vgl. diesbezüglich Emanuele Guaraldi, Giudici e giustizia nell'Ottocento estense. Aspetti dell'organizzazione giudiziaria e della cultura professionale, in: S. Vinciguerra (Hg.), Codice criminale per gli stati estensi (1855), Milano 2002, S. 163-193, hier S. 173-175.
71 CD-ROM-2, Dok.-Nr. 4.2.4.5 (Dekret zur Einrichtung des Sondergerichts in Modena v. 14.3.1821); vgl. diesbezüglich Bianca Montale, Ducato di Parma e Piacenza. Ducato di Modena e Reggio, in: Amministrazione (wie Fn. 62), S. 215-265, hier S. 249.
72 Vgl. Virgilio Ilari, Storia del servizio militare in Italia, Bd. 1: Dall'ordinanza fiorentina di Machiavelli alla costituzione dell'esercito italiano, Roma 1989, S. 301 f., 305.

Mai 1831 mit der Schweizerischen Eidgenossenschaft vereinbarten Bestimmungen aus Schweizergarden mit vierjähriger Dienstzeit zusammensetzte.[73]

Besondere Behandlung verdient hingegen die Einrichtung der Zivilgarden, die zu sehr unterschiedlichen Zwecken die Realität der Staaten Mittelitaliens kennzeichneten. In Rom bestand seit 1814 eine auf freiwilliger Basis gebildete Bürgergarde, die ihren Mitgliedern beträchtliche Steuerprivilegien konzedierte; nachdem sie 1831 infolge des durch die Aufstände in den Legationen verursachten Notstands reorganisiert und fast verdoppelt worden war, ersetzte man sieben Jahre später den persönlichen Dienst ihrer Mitglieder durch eine Steuer, die zur Anwerbung eines Korps besoldeter Gemeindegardisten diente; als Symbol der Verwaltungsautonomie Roms blieb die Bürgergarde aber auf dem Papier bis 1847 in Funktion.[74] Davon unterschied sich gänzlich die Zivilgarde, die 1831 von der Revolutionsregierung der Vereinigten Provinzen in den aufständischen Städten gebildet wurde. Sie lehnte sich an das revolutionäre französische Modell der Nationalgarde an und beteiligte sich als Reservekraft der Armee aktiv an der Verteidigung der neuen Verfassungsordnung. Nachdem sie trotz gegenteiliger Auffassung der österreichischen Diplomatie unmittelbar nach dem Scheitern der Revolution beseitigt worden war, gründete man an ihrer Stelle in allen Legationen die »Päpstlichen Freischaren« (»Corpo dei volontari pontifici«), die 5.500 Männer umfassten und als Hüter der Unantastbarkeit der weltlichen Macht der Päpste konzipiert waren. Die in politischer Hinsicht sorgfältig ausgewählten Freischärler waren von der auf Basis der Herdstellen durchgeführten Steuerverteilung befreit (was letztlich die anderen Steuerpflichtigen der Gemeinde belastete).[75] Eine ähnliche Ausrichtung besaß auch die ab 1831 im Herzogtum Modena bestehende Freiwilligenmiliz, die sich (unter Missachtung der städtischen Bevölkerung) gänzlich aus Bauern zusammensetzte und deren Milizionäre von der Entrichtung der persönlichen Steuer befreit waren.[76]

Angesichts der in den Legationen ausgebrochenen Unruhen wurden hingegen sowohl im Großherzogtum Toskana als auch im Herzogtum Lucca die Stadtgarden zu dem Zweck eingerichtet, die Kontrolle der öffentlichen Ordnung seitens der städtischen Notabeln zu stärken, womit man bereits das Modell der bei Ausbruch der Revolution von 1848 in Italien eingeführten Zivilgarden antizipierte. Im erstgenannten Staat – wo die Gardisten in Florenz die Zahl von 10.000 erreichten – war die Stadtgarde nur für wenige Monate (vom 13. Februar bis zum 4. Juni 1831) in Funktion,

---

73 Vgl. Dalla Torre, Opera (wie Fn. 66), S. 59.
74 Gaetano Moroni, Civica Pontificia di Roma o Guardia civica, in: ders., Dizionario di erudizione storico-ecclesiastica, Bd. 13, Venezia 1842, S. 275-281.
75 Vgl. Antonello F. Biagini, La riorganizzazione dell'esercito pontificio e gli arruolamenti in Umbria fra il 1815 e il 1848–49, in: Rassegna storica del Risorgimento 61 (1974), S. 214-225.
76 CD-ROM-2, Dok.-Nr. 4.2.7.1 (Dekret zur Steuerbefreiung für Milizionäre in Modena v. 21.9.1831); vgl. Alberto Menziani, L'esercito estense ed austro-estense (1598–1859), in: Spaggiari/Trenti (Hg.), Stato di Modena (wie Fn. 34), S. 699-718, hier S. 717.

um nach der Überwindung des durch den liberalen Aufstand verursachten Notstands aufgelöst zu werden.[77] Im zweiten Territorium wurde zwischen dem 16. und 23. Februar 1831 eine Garde für Lucca und Viareggio eingeführt, die aber in den folgenden Jahren, auch wenn sie im Dienst belassen wurde, eine solche Reihe von Umbildungen (Einrichtung des ausgewählten Korps der Grenadiere und Jäger als ihre Kerneinheit, die das Privileg zum Geleit des Fürsten besaß; Übernahme des unmittelbaren Kommandos durch den Herzog) erfuhr, dass sie sich zu einer weiteren Stütze der oligarchischen Staatsordnung verwandelte.[78]

8 Verfassungskultur

Auch wenn die paternalistische und patriarchalische Option, die Franz IV. von Modena gegenüber seinen Untertanen hervorkehrte, angesichts seines ausgeprägten Willens, »Vater Staat« durch eine starke Kette aus Befehlen und Verboten mit den eigenen Untertanen zu vereinen[79], keine Entsprechung in irgendeinem anderen italienischen Staat fand, ist vielleicht die Metapher des Vaters (oder der Mutter) am geeignetsten, um das von den Herrschern Mittelitaliens vertretene Machtverständnis wiederzugeben. Gerade weil es diesen widerstrebte, der Bürgerschaft irgendeine autonome Rolle auf der politischen Bühne zuzugestehen, schien die asymmetrische Beziehung, die die Eltern mit den Kindern verbindet, am Besten geeignet, um diesen Staat zu rechtfertigen, der nicht nur ohne Verfassung, sondern auch »ohne Öffentlichkeit«[80] war und dennoch die Legitimität der betreffenden Ordnungen positiv kennzeichnete. Auf die »mütterliche Fürsorge«, die darauf abzielte, das »Wohlergehen und Glück« der Untertanen zu gewährleisten, berief sich beispielsweise Maria Beatrice Cybo d'Este bei der schon im August 1814 erfolgten Wiederinbesitznahme ihrer Territorien[81]; und auch Großherzog Leopold II. von Toskana, der 1824 den Thron bestieg, konnte die Forschung eine »sentimentale Administration« bescheinigen, um damit die väterliche Zuneigung zu würdigen, mit der er gewöhnlich den Nutzen seines Wirkens den Untertanen zukommen ließ.[82] Natürlich war die Metapher auch sehr angemessen,

---

77 Vgl. Antonio Zobi, Storia civile della Toscana, Bd. 4, Firenze 1860, S. 422.
78 Vgl. Sofia, Ordinamento (wie Fn. 9), S. 53; die beiden oben angesprochenen Umbildungen wurden durch entsprechende Dekrete vom 18. August 1832 und 3. November 1833 eingeführt.
79 Vgl. Cavina, Padre (wie Fn. 30), S. 149-159, der in diesem Zusammenhang die Definition eines Laboratoriums der Este-Dynastie (»laboratorio estense«) gebrauchte.
80 Von einem Staat »senza pubblico« spricht Luca Mannori, La crisi dell'ordine plurale. Nazione e costituzione in Italia fra Sette e Ottocento, in: Ordo iuris. Storia e forme dell'esperienza giuridica, Milano 2003, S. 139-180, hier S. 174.
81 Die Fürstin spricht von den »materne cure«, die den Untertanen »ben essere e felicità« sichern sollen. Vgl. CD-ROM-2, Dok.-Nr. 4.2.2.2 (wie Fn. 2), Proömium.
82 Eine »amministrazione sentimentale« konstatiert bezüglich Leopolds II. Chavistelli, Stato (wie Fn. 12), S. 55-58.

um einen Dirigismus und administrativen Aktivismus zu rechtfertigen, der in dieser Intensität den Herrschern des 18. Jahrhunderts noch unbekannt gewesen war, da er sich erst durch die zahlreichen Reformen des napoleonischen Zeitalters perfektioniert hatte.

Als Vater, jedoch mit einer den weltlichen Herrschern unbekannten sakralen Note, trat auch der Papst an der Spitze des Kirchenstaats auf. Hier nahm die Verteidigung der traditionellen hierarchischen Ordnung – unter der Schirmherrschaft der als »zelanti« in die Geschichte eingegangenen kurialen Komponente – eine traditionalistische und reaktionäre Tendenz an, die ausgehend von der Verteidigung der katholischen Intransigenz in der offenen Verurteilung jeglicher pragmatischen Haltung gegenüber den revolutionären Errungenschaften auf politischer und sozialer Ebene mündete. Gerade die klerikale Komponente sollte der weltlichen Richtung des reaktionären Denkens als Wegbereiter dienen, für die in den Staaten Mittelitaliens insbesondere nach dem Scheitern der Revolution von 1831 zwei der maßgeblichen Vertreter am Werk waren: der Neapolitaner Antonio Capece Minutolo, Prinz von Canosa, der ab 1830 als geschätzter Berater Franz' IV. und als Redakteur des Periodikums »La Voce della verità« in Modena ansässig war, und Monaldo Leopardi, Graf von Recanati und Vater des bekannteren Giacomo, der als Wortführer des rückschrittlichsten Traditionalismus auftrat.[83]

Genau vor diesem Hintergrund einer allgemeinen Einebnung der gesamten Bürgergesellschaft (und vor allem ihrer intellektuellen Komponenten) auf die Dimension des unter Vormundschaft gestellten Untertanen gilt es den mühsamen Aufstieg der Eliten des italienischen Risorgimento zu betrachten. In dem Sinne nämlich, dass sich die Eliten, da einem rationalen Konsens gegenüber den Institutionen jegliche Bedeutung versagt wird, vom Staat emanzipierten und sich als autonomes politisches Subjekt (die Nation) wahrzunehmen begannen. Jedoch sollte diese Nation *in fieri* bis in die späteren 1840er-Jahre hinein, als man die große Blüte des gemäßigten Liberalismus erlebte, ihre Mühe damit haben, die Vorstellungen über eine alternative Verfassungsordnung auf den Punkt zu bringen. Dies tat nicht die demokratische Richtung, die unmittelbar nach den gescheiterten Aufständen von 1831, deren demokratische Ausrichtung sich ikonografisch in dem von einer Jakobinermütze gekrönten und das dreifarbige Liktorenbündel enthaltenden Wappen der Vereinigten Provinzen niederschlug (☞ Abb. 4.2.2), in der durch Giuseppe Mazzini im Exil gegründeten Organisation des »Jungen Italien« doch eine Plattform fand, um den Leitspruch von der monistischen Nation als Inhaber der Souveränität zu lancieren. Es tat auch nicht

---

83 Vgl. diesbezüglich vor allem Guido Verucci, Per una storia del cattolicesimo intransigente in Italia dal 1815 al 1848, in: Rassegna storica toscana 4 (1958), S. 251-285; V. E. Giuntella (Hg.), Le dolci catene. Testi della controrivoluzione cattolica in Italia, Roma 1988; Gian Biagio Furiozzi, Fede e politica nei controrivoluzionari cattolici, in: Il pensiero politico 23 (1990), S. 279-286; Nicola Del Corno, Gli scritti sani. Dottrina e propaganda della reazione italiana dalla Restaurazione all'Unità, Milano 1992.

der gemäßigtere Teil, der – auch dank der allgegenwärtigen Zensurapparate – im exklusiven Engagement für die Selbstorganisationsformen der Zivilgesellschaft (wirtschaftliches Vereinswesen, Wissenschaftlerkongresse und, soweit er zugelassen war, Meinungsjournalismus)[84] den eigenen latenten politischen Charakter zu finden glaubte.

Bezüglich der demokratischen Richtung war die Begebenheit signifikativ, die sich mit dem Ende 1832 durch Luigi Mussi vorgelegten Verfassungsentwurf verband, mit dem der ehemalige herzogliche Drucker aus Parma, der sich nun als Verbannter in Frankreich aufhielt, den Ideen Mazzinis eine konstitutionelle Gestalt zu geben versuchte. Der Entwurf, der die bunte Welt der politischen Emigration auseinanderdividierte, statt sie zu vereinen[85], brachte Mazzini zu der Einsicht, dass die Verfassung das notwendige, aber ferne Endresultat einer bereits erlangten Freiheit, das Ergebnis eines im aufständischen Volkskrieg gestählten verfassungsgebenden Willens sein musste. »Zuerst die Waffen und der Sieg, dann die Gesetze und die Verfassung«, lautete seine wirkungsvolle Äußerung.[86]

Abb. 4.2.2 Wappen der Vereinigten Provinzen, 1831

---

84 Für die Toskana und den Kirchenstaat vgl. respektive Vieri Becagli, L'Accademia economico-agraria dei Georgofili nell'età della Restaurazione, in: M. M. Augello/M. E. L. Guidi (Hg.), Associazionismo economico e diffusione dell'economia politica nell'Italia dell'Ottocento. Dalle società economico-agrarie alle associazioni di economisti, Bd. 1, Milano 2000, S. 131-155; Daniela Felisini, Economia e/o morale? L'associazionismo economico-agrario nello Stato Pontificio, ebd., S. 157-175. Zu den Wissenschaftlerkongressen, die 1839 in Pisa, 1841 in Florenz und 1843 in Lucca abgehalten wurden, vgl. Maria Pia Casalena, Per lo Stato, per la Nazione. I congressi degli scienziati in Francia e in Italia (1830–1914), Roma 2007, bes. S. 136-174. In Florenz erschien auf Initiative des Genfers Gian Pietro Vieussex von 1821 bis 1832 die Zeitschrift »Antologia«, die als regelrechte Schule für die Führung einer selbstbewussten hochkorporativen Gemeinschaft wirkte. Vgl. dazu Paolo Prunas, L'»Antologia« di Gian Pietro Vieussex. Storia di una rivista italiana, Roma/Milano 1906; Umberto Carpi, Letteratura e società nella Toscana del Risorgimento. Gli intellettuali dell'»Antologia«, Bari 1974; Angiola Ferraris, Letteratura e impegno civile nell' »Antologia«, Padova 1979.
85 Vgl. dazu Maria Grazia Melchionni, Uno statuto per l'Italia nella strategia rivoluzionaria degli esuli (1831–1833), Pisa 1991.
86 »Prima armi e vittoria, poi leggi e Costituzione« forderte Giuseppe Mazzini, Dilucidazioni morali allo statuto della Giovine Italia (1833), in: ders., Scritti editi ed inediti, Bd. 2 (Politica), Teilbd. 1, Imola 1907, S. 297-304, hier S. 301.

Die Dichotomie, die in diesen Jahren im Innern der beiden Seelen der Risorgimento-Bewegung zu bestehen schien, lässt sich auch in deren jeweiligen Überlegungen zum erstrebenswerten Schicksal der Romagna erkennen, also jener Region des Kirchenstaats, die die Schwachstelle der gesamten italienischen Restauration bildete. Von demokratischer Seite ertönte aus dem Mund des einflussreichen Mazzini die Aufforderung zum Aufstand und zur Überwindung der internen Spaltungen[87]; der Piemontese Massimo d'Azeglio brachte in seiner Schrift »Über die letzten Vorfälle in der Romagna«, die nun tatsächlich die kurze Blütezeit des gemäßigten Verfassungsdenkens eröffnete, eine Aufwertung der lokalen Dimension der Heimat und den Wunsch nach einem möglichen Einvernehmen zwischen dem Herrscher und einer erneuerten und unabhängigen Bürgergesellschaft zum Ausdruck.[88]

9 Kirche

In ganz Italien brachte das Ende der napoleonischen Herrschaft und die Restauration der alten Fürsten ein erneuertes Einverständnis zwischen Thron und Altar mit sich. Politische Restauration und religiöse Restauration verliefen somit im Gleichschritt, gerade weil die Herrscher in der Kirche – aufgrund der Engmaschigkeit ihrer Organisation und des Einflusses, den sie auszuüben vermochte – einen grundlegenden und unverzichtbaren Faktor der sozialen Stabilität und politischen Legitimation erkannten. Dennoch kollidierte die Wiederherstellung des Privilegiensystems, das die Kirche fast überall auf der Halbinsel während des Ancien Régime genossen hatte, nicht nur mit strukturellen Grenzen – die auf praktischer Ebene auftretende Unmöglichkeit zur Wiedererlangung eines Teils des konfiszierten und dann veräußerten Kirchenvermögens; die Krise der Vokationen und die starke zahlenmäßige Verringerung des Klerus, die dem Umstand entsprang, dass viele Regulargeistliche der in napoleonischer Zeit säkularisierten Orden sich für den weltlichen Weg entschieden hatten –, sondern vor allem mit der vom Jurisdiktionalismus getragenen Politik, die von den verschiedenen Staaten auf der Grundlage der unter den »aufgeklärten« Reformen herangereiften Erfahrung entwickelt wurde.[89]

---

87 CD-ROM-2, Dok.-Nr. 4.2.8.1 (Giuseppe Mazzini über die Ereignisse in der Romagna v. 1832).
88 CD-ROM-2, Dok.-Nr. 4.2.8.2 (Massimo d'Azeglio über die Ereignisse in der Romagna v. 1846). Zum Verfassungsdenken im Italien der ersten Hälfte des 19. Jahrhunderts siehe Kerstin Singer, Konstitutionalismus auf Italienisch. Italiens politische und soziale Führungsschichten und die oktroyierten Verfassungen von 1848, Tübingen 2008, S. 22-34 (Entwicklung des Verfassungsbegriffs), 61-72 (publizistische Verfassungsdebatte unter besonderer Berücksichtigung Romagnosis), 72-142 (zum gemäßigten Konzept der »monarchia consultativa«).
89 Allgemein zum Thema vgl. Francesco Scaduto, Diritto ecclesiastico vigente in Italia, Bd. 1, Torino 1893, S. 14 ff.; Francesco Ruffini, Relazioni fra Stato e Chiesa. Lineamenti storici e sistematici, hg. v. F. Margiotta Broglio, Bologna 2003 (Erstausg. 1891), S. 282 ff.; Guido Verucci, Chiesa e società nell'Italia della Restaurazione (1814–1830), in: Rivista di storia della Chiesa in Italia 30 (1976),

Das Erbe des 18. Jahrhunderts war besonders in den Staaten spürbar, die unter dem Einfluss der österreichischen Kultur standen. Wenn somit in der Toskana das zwischen Papst Pius VII. und Ferdinand III. seit 4. Dezember 1815 geltende Konkordat die Wiedererrichtung der religiösen Orden vorsah, bestimmte es ausdrücklich, dass einzig diejenigen wiederhergestellt werden sollten, die den Bedürfnissen von Kirche und Staat am meisten entgegenzukommen schienen, und übertrug es die Umsetzung dieser Bestimmungen auf eine gemischte, weltliche und kirchliche Kommission; und gegen den Wunsch des Heiligen Stuhls wurden auch die leopoldinischen Vorschriften bezüglich der Begrenzung der Toten Hand (die offen mit Art. 12 des Zivilgesetzbuchs vom 15. November 1814 wieder in Kraft gesetzt wurden) nicht aufgehoben und beseitigte man auch nicht die Verfügungen von 1782 bezüglich der Gerichtsbarkeit der Kirchengerichte, aufgrund derer die Geistlichen sowohl in Zivil- als auch in Strafsachen völlig mit den Laien gleichgestellt worden waren.[90] In Massa-Carrara wurden während der kurzen Herrschaft der Herzogin Maria Beatrice, trotz des von ihr gegenüber der katholischen Religion an den Tag gelegten *favor*, die unveräußert gebliebenen Kirchengüter direkt vom herzoglichen Fiskus mittels dessen »Economato« (Ökonomat, Abteilung für Güter- und Vermögensverwaltung) verwaltet und ihre Erträge den wenigen religiösen Orden zugeteilt, die in das Herzogtum zurückgekehrt waren; die Souveränin zog dann das kirchliche Patronat der mit der Seelsorge verbundenen Benefizien, d. h. die Ernennung der Pfarrer, an sich, das zuvor von der Pfarrbevölkerung ausgeübt worden war.[91] In Parma behielt das neue Zivilgesetzbuch von 1820 die Vorschriften des napoleonischen Gesetzbuchs hinsichtlich der für Schenkungen zugunsten »pubblici stabilimenti« (»öffentliche Anstalten«) notwendigen Genehmigung der Regierung bei, wie auch implizit die gegen die Tote Hand gerichtete Gesetzgebung aufrechterhalten wurde, die 1764 in Parma eingeführt worden war.[92]

Das Panorama verändert sich völlig bei Betrachtung der anderen Staaten Mittelitaliens. Zunächst fiel in Lucca die Inbesitznahme des Herzogtums durch Maria Luisa von Bourbon mit einer starken Beschleunigung der auf die katholische Restauration abzielenden Politik zusammen, die häufig sogar die Erwartungen des Papstes übertraf. Mit Dekret vom 11. März 1818 wurde das seit 1764 geltende Gesetz über die Tote Hand aufgehoben, um der Kirche weitestgehende Freiheit in Bezug auf Besitz,

---

S. 25-72; Fabio Franceschi, La condizione degli enti ecclesiastici in Italia nelle vicende politico-giuridiche del XIX secolo, Napoli 2007, S. 47-113.
90 Das Konkordat findet sich ediert in: A. Mercati (Hg.), Raccolta di concordati su materie ecclesiastiche tra la Santa Sede e le autorità civili, Bd. 1, Città del Vaticano 1954, S. 697-700; vgl. diesbezüglich Aquarone, Aspetti (wie Fn. 10), S. 19-22. Zur Begrenzung der Toten Hand siehe CD-ROM-2, Dok.-Nr. 4.2.4.1 (wie Fn. 29), Art. 12.
91 Vgl. zu diesem Punkt Marcelli, Aspetti (wie Fn. 68), S. 38-40.
92 Vgl. Luigi Corradi, La politica ecclesiastica degli ultimi Borboni a Parma. Contributo alla studio del diritto ecclesiastico pre-unitario, Padova 1992, S. 27, 29.

Erwerb und Verwaltung der eigenen Güter einzuräumen; später stellte man das Kirchenvermögen wieder her und die Fürstin selbst setzte sich für die Wiedererrichtung zahlreicher Regularorden ein. Dennoch erwies sich die Verwaltung des Vermögens, die einer gänzlich aus Geistlichen gebildeten Kommission übertragen worden war, als so katastrophal, dass ein Breve Leos XII. nötig war, um die Situation zu sanieren: Aufgrund der am 12. Mai 1826 erlassenen Neuordnung wurde der größte Teil der vom Kirchenvermögen gegenüber dem Fiskus aufgenommenen Schulden annulliert und dem herzoglichen Finanzwesen die Last aufgebürdet, eine ganze Reihe von Pensionen und Schuldscheinen kirchlicher Provenienz zu übernehmen.[93] In Modena, wo man anfänglich ein Ökonomat für die Verwaltung der unverkauft gebliebenen ehemaligen kirchlichen Güter eingerichtet hatte, stellte Franz IV. infolge der Revolution von 1831 und auf Druck des rückschrittlicheren Klerus am 8. Mai 1841 den kirchlichen Gerichtsstand im Zivil- und Strafrecht (unter Ausnahme der Straftatbestände des Schmuggels und der Majestätsbeleidigung) wieder her und hob jede Einmischung der weltlichen Richter in die Kollation der Benefizien und ihre Verwaltung auf, was auch die Beseitigung jedes Hindernisses für die Vermehrung des Vermögens der kirchlichen Einrichtungen mit einschloss.[94] Natürlich brachte im Kirchenstaat die wiedererlangte Union der kirchlichen Gewalt mit der weltlichen Macht nicht nur die allgemeine Wiederherstellung der aufgelösten religiösen Einrichtungen, sondern für die Vorschriften des kanonischen Rechts, die die Vermögensverwaltung der Kirchengüter regelten, auch die Anerkennung ziviler Rechtswirksamkeit mit sich.[95]

10 Bildungswesen

Vor allem auf den Bereich der höheren Bildung – das heißt auf die Ausbildung der Führungsschichten – richteten die Staaten Mittelitaliens ihr Interesse während der Restaurationsjahre. Erneut lassen sich in der dabei verfolgten Politik zwei tendenzielle Strategielinien feststellen, die beide die Überzeugung verband, dass gerade die

---

93 CD-ROM-2, Dok.-Nr. 4.2.9.1 (Verwaltung der Kirchengüter in Lucca v. 6.5.1826); die Neuordnung der Vermögensverwaltung wurde am 12. Mai 1826 sanktioniert. Vgl. diesbezüglich auch Gaetano Greco, Chiesa, società e potere politico a Lucca nell'età della Restaurazione, in: Fine (wie Fn. 9), S. 90-128.
94 CD-ROM-2, Dok.-Nr. 4.2.9.2 (Dekret zur kirchlichen Rechtsprechung und Verwaltung in Modena v. 8.5.1841), bes. Art. 4. Zur Kirchenpolitik Franz' IV. siehe Giuseppe Russo, Politica ecclesiastica di Francesco IV, in: I primi anni della Restaurazione nel Ducato di Modena, Modena 1981, S. 67-95; zur Entstehungsgeschichte des Dekrets siehe dagegen Boccolari, Francesco IV (wie Fn. 3), S. 28.
95 Zu den Schwierigkeiten, auf die diese Maßnahmen aber in den Provinzen der sog. »Zweiten Rückgewinnung« stießen, siehe Cosimo Semeraro, Restaurazione, Chiesa e società. La »seconda recupera« e la rinascita degli ordini religiosi nello Stato Pontificio (Marche e Legazioni, 1815–1823), Roma 1982.

Professoren und Studenten der Herd für jede subversive Anwandlung gegenüber der bestehenden Ordnung wären.

Die erste Linie beruhte auf der punitiven Strategie. Sie wurde in Modena unmittelbar nach den Unruhen von 1820/21, die einen Teil der Halbinsel betroffen hatten, eröffnet und zielte darauf ab, den Zugang zum höheren Bildungswesen zu begrenzen und die Konzentration der studentischen Bevölkerung an einem Ort zu verhindern. So wurde in Modena die Universität nach ihrer 1821 verfügten vorübergehenden Schließung 1825 durch ihre Aufsplitterung in Kollegien wiederhergestellt, für die ein Numerus clausus galt und die auf die größeren Städte im Land verteilt wurden.[96] Dieses Beispiel griff Parma infolge der 1831 im dortigen Herzogtum ausgebrochenen Unruhen auf. Aufgrund des Dekrets vom 2. Oktober 1831 wurde die Rechtsfakultät geschlossen und nach Piacenza transferiert, die Fakultät für Theologie ließ man im Bischofsseminar aufgehen und diejenige für Philosophie teilte man zwischen den beiden Städten des Herzogtums auf, ohne Möglichkeit eines Austauschs unter den Studenten; überall war Ausländern, es sei denn ihnen wurde ein besonderes Privileg seitens der Herzogin zuteil, der Zugang zu den neuen Einrichtungen verboten.[97]

Die zweite Strategielinie richtete sich eher auf die Kontrolle der Universitäten, um sie in Bildungsstätten von Eliten zu verwandeln, die ideologisch fest mit der politischen Macht verbunden waren. Eine solche Absicht verbarg sich beispielsweise hinter der neuen Studienorganisation, die Leo XII. am 28. August 1824 mit der Konstitution *Quod divina sapientia* im Kirchenstaat einführte. Bereits die Form, in der die Reform veröffentlicht wurde und die dem nicht so feierlichen Motuproprio den Rang ablief, gab zu verstehen, dass der Papst die Vorschriften eher als Garant der katholischen Orthodoxie und weniger als weltlicher Herrscher erließ. Aufgrund der Neuorganisation wurden alle Universitäten des Kirchenstaats, die unmittelbar nach dem Zusammenbruch der napoleonischen Herrschaft auf der für das Ancien Régime typischen autonomistisch-korporativen Grundlage wiederhergestellt worden waren, nun der Kontrolle einer eigens dafür vorgesehenen Kardinalskongregation (die Studienkongregation) unterstellt, die auch die Aufgabe hatte, die Kriterien zu bestimmen, an die sich die Professoren in ihrer spezifischen Lehre zu halten hatten.[98] An die Spitze jeder

---

96 Vgl. Carlo Guido Mor/Pericle Di Pietro, Storia dell'Università di Modena, Firenze 1975, S. 119-135.

97 Das Dekret vom 2. Oktober 1831 findet sich in: Raccolta (wie Fn. 17), 1831, Bd. 2, S. 121-124. Bezüglich des Universitätswesens in Parma und der Unterbrechung des Lehrbetriebs vgl. Giovanni Mariotti, L'università di Parma e i moti del 1831, in: Archivio storico per le province parmensi N. S. 33 (1933), S. 1-110; Alba Mora, Il mondo universitario parmense nel Risorgimento italiano, in: Annali di storia delle università italiane 9 (2005), S. 91-105.

98 CD-ROM-2, Dok.-Nr. 4.2.10.1 (Leos XII. Bulle »Quod divina sapientia« v. 28.8.1824), Art. 1-2, 76. Zu dieser Konstitution, die das (wenn auch mit ganz anderen Absichten) umsetzte, was durch Art. 247 des Motuproprio vom 6. Juli 1816 angekündigt worden war, siehe Agostino Gemelli/Silvio Vismara, La riforma degli studi universitari negli Stati Pontifici, Milano 1933; François Gasnault, La réglementation des universités pontificales au XIXe siècle, Bd. 1: Reformes et res-

Universität wurde ein Prälat gestellt, der die Strafgerichtsbarkeit für alle Vergehen besaß, die innerhalb der jeweiligen Universitätssitze begangen wurden, soweit sie nicht mehr als eine einjährige Gefängnisstrafe nach sich zogen. Besonders minutiös fielen die Vorschriften über den Besuch der Gottesdienste aus, zu dem die Studenten verpflichtet wurden und der die Voraussetzung zum Erwerb der akademischen Grade und Preise bildete.[99]

Auch in der Toskana erzielte die am 30. November 1816 errichtete »Sovrintendenza generale degli Studi« (»Allgemeine Studienaufsicht«) ihre besten Ergebnisse im universitären Bereich. Durch eine Reihe von in den 1830er- und 1840er-Jahren eingeführten Reformen wurden die beiden toskanischen Universitäten (in Pisa und Siena) nach Grundsätzen umstrukturiert, die tendenziell nicht nur den Zugang und die Lehre strenger gestalteten, sondern auch eine größere politische Kontrolle über die studentische Bevölkerung in Gang setzten.[100]

Dennoch scheint diese zweite Strategie, die auf die Überwachung der Ausbildung der Führungsschichten zielte, die Universitäten nicht daran gehindert zu haben, entgegen den Absichten ihrer Initiatoren gewisse Formen der gesellschaftlichen Emanzipation zu fördern. So war in Lucca gerade der Existenz des Königlichen Gymnasiums (in Wirklichkeit eine regelrechte Universität), das am 3. Juli 1819 von Herzogin Maria Luisa errichtet wurde, die langfristige Bildung einer neuen Notabelngeneration zu verdanken, die zumindest potenziell eine Alternative zur traditionellen Patrizierhegemonie darstellte.[101]

Die Grundschulausbildung genoss dagegen nicht dieselbe Aufmerksamkeit, die die Staaten dem universitären Bildungswesen bescherten. Auch wenn sie unter die munizipale Zuständigkeit fielen und sich folglich in Leistung und Qualität nicht nur von Staat zu Staat, sondern von Gemeinde zu Gemeinde unterschieden, wurden die Grundschulen (außer in der Toskana und in Lucca) dennoch allmählich den privaten Betreibern aus den Händen genommen. Die Folgen davon hatten vor allem die Schulen mit wechselseitiger Unterrichtsmethode (Monitorialsystem) zu tragen, die in ihrer Pädagogik ihrer Zeit voraus waren und den Notabeln Gelegenheit geboten hatten, ihre Fähigkeit zu erproben, als Protagonisten einer alternativen politischen Ordnung

---

taurations: les avatars du grand projet zelante, in: Mélanges de l'Ecole française de Rome. Moyen Age. Temps modernes 96 (1984), S. 177-237.
99 CD-ROM-2, Dok.-Nr. 4.2.10.1 (wie Fn. 98), Art. 176-191, bes. aber Art. 190.
100 Vgl. Chiavistelli, Stato (wie Fn. 12), S. 68-74; speziell zur Universität Pisa siehe Romano Paolo Coppini, Dall'amministrazione francese all'unità (108–1861), in: Storia dell'Università di Pisa, Bd. 2.1, Pisa 2000, S. 156-222.
101 Das Dekret zur Einrichtung der Universität findet sich in: Bollettino (wie Fn. 9), Bd. 4, 1819, S. 187-196. Vgl. diesbezüglich Laurina Busti, L'università lucchese, in: Fine di uno Stato: il Ducato di Lucca 1817–1847. La cultura. Parte seconda (Actum luce. Rivista di studi lucchesi 29 [2000]), S. 155-204. Zur Rolle der Universität als Brutstätte für eine neue, in den freien Berufen tätige Notabelngeneration siehe Sofia, Ordinamento (wie Fn. 9), S. 58-61.

zu wirken.¹⁰² Der einzige Fall, in dem der Staat positiv handelte, ist Parma, wo die Unterbrechung des universitären Lehrbetriebs von einer minutiösen Reglementierung der Grundschulausbildung begleitet wurde, die sich offensichtlich am österreichischen Grundschulmodell inspirierte, das 1818 in Lombardo-Venetien eingeführt worden war, und wie dieses kostenlos war. Indem es darauf abzielte, die Haltung der nachfolgenden erwachsenen Untertanen auf eine bedingungslose Loyalität zum Herrscherhaus hin auszurichten, zeichnete sich das am 13. November 1831 durch die Herzogin erlassene Reglement neben seinen sehr detaillierten Vorschriften bezüglich der Unterrichtsfächer, der Zulassung der Schüler und der internen Diszipin der Schulen vor allem durch die Einrichtung der Schulinspektoren aus, die in jeder Gemeinde vorgesehen waren und die die Aufgabe hatten, den Werdegang der einzelnen Schulen zu beaufsichtigen.¹⁰³ Nur drei Jahre später konnte eine in ganz Italien durchgeführte Untersuchung über die Grundschulausbildung ermitteln, dass von den 105 Gemeinden, in die das Herzogtum eingeteilt war, 80 mit öffentlichen Jungenschulen ausgestattet waren.¹⁰⁴

11 Finanzen

Der Großteil der Staaten Mittelitaliens stand zwar unter dem Zwang, aus ideologischen Gründen die Steuerlast, die der Bürgerschaft in napoleonischer Zeit aufgebürdet worden war, sowohl durch die Verringerung der Bemessungsgrundlage als auch durch die Aufhebung einiger Steuern zu verringern, die als besonders unbeliebt bei der Bevölkerung galten; dennoch blieben die Staaten der Finanzordnung der französischen Verwaltung zumindest in einem Sektor treu: Sie brachten die Vermessung des Territoriums zum Abschluss, die auf die Angleichung der Grundsteuer zielte. In Parma gab es keinerlei Diskontinuität zwischen der 1802/03 begonnenen Land-

---

102 Dies gilt für den Kirchenstaat, wo die Schulen mit wechselseitiger Unterrichtsmethode infolge der Reform von 1824 verschwanden; diese Reform schrieb für die Bestellung der Lehrer die Genehmigung der Studienkongregation vor, die auf Gutachten des lokalen Bischofs hin zu erteilen war: CD-ROM-2, Dok.-Nr. 4.2.10.1 (wie Fn. 98), Art. 136. Es trifft auch auf Parma zu, wo diese Schulen ausdrücklich durch das Reglement von 1831 aufgehoben wurden: Decreto sovrano che approva un Regolamento per le Scuole primarie e secondarie dei tre Ducati (13.11.1831), in: Raccolta (wie Fn. 17), 1831, Bd. 2, Nr. 262, S. 198-270, Art. 280 (siehe zum Reglement die nachfolgenden Ausführungen). In Massa-Carrara und Modena-Reggio war dieser Schultyp nie eingerichtet worden.
103 Ebd., vor allem Tit. XIII, Art. 180-187; siehe auch die Auszüge des Reglements in: CD-ROM-2, Dok.-Nr. 4.2.10.2 (Reglement für das Grundschulwesen in Parma-Piacenza v. 13.11.1831). Zur Schulordnung in Lombardo-Venetien vgl. Marco Meriggi, Il regno Lombardo-Veneto, Torino 1987, S. 290-295; siehe auch den Österreich-Beitrag im vorliegenden Handbuchband.
104 Giuseppe Sacchi, Dell'elementare istruzione in Lombardia in confronto di altri Stati d'Italia, Milano 1834, S. 34.

vermessung und der 1830 abgeschlossenen Vermessung. In anderen Fällen wurden hingegen nach einer kurzen Unterbrechung die Kriterien der Vermessung ergänzt und aktualisiert. Als erster Staat schlug das Großherzogtum Toskana mit dem Motuproprio vom 7. Oktober 1817 einen solchen Weg ein.[105] Die Wiederaufnahme der Arbeiten zur Katastrierung, die in napoleonischer Epoche begonnen worden waren, entsprach sicherlich dem »leopoldinischen« Regierungsentwurf, nach dem – unter dem Einfluss der physiokratischen Ideen – die Landbesitzer als soziale Grundlage des Staates galten. Die Verwirklichung dieses Projekts, das 1835 zum Abschluss gebracht wurde, bestätigte den doppelten Charakter des Staates, der bereits im Zusammenhang mit den Ausführungen zur Verwaltung angesprochen worden ist. Indem die toskanische Regierung festlegte, dass die Grundsteuer zulasten der einzelnen Gemeinden ging, schien sie zu bekräftigen, dass ihre wesentlichen Bezugspunkte die territorialen Körperschaften waren; indem sie aber eine direkte Beziehung zwischen dem Grundbesitz, ohne Unterschied von Ort und Herkunft, und dem Fiskus herstellte, verkürzte sie die Distanz zwischen Zentrum und Peripherie.[106] Verantwortlich für dieses zweite Ergebnis war vor allem die Deputation, die mit der Leitung der Grundbucherfassung beauftragt war und die sich zu einem wahren Labor für die Umsetzung der fortschrittlichsten Modernisierungsprojekte der Zeit entwickelte.[107]

Auch das Herzogtum Massa-Carrara nahm im Mai 1820 die Arbeiten zur Landvermessung wieder auf, was in diesem Fall in strenger Kontinuität mit dem Geschehen in Lombardo-Venetien stand: Die für die Umsetzung verantwortlichen Techniker waren nämlich auf Empfehlung Wiens alle Mailänder.[108] Über einen geometrischen Parzellenkataster nach dem napoleonischen Vorbild verfügte unter Anwendung der Vorschriften des Motuproprio vom 16. Juli 1817[109] auch der Kirchenstaat ab 1835, wo man zum Teil die während des Königreichs Italien ausgearbeiteten Katasterkarten benutzte und die Erstellung der übrigen Karten privaten Auftragnehmern überließ.[110]

Es gilt dennoch zu berücksichtigen, dass die Angleichung der Grundsteuer nicht immer das Defizitproblem der Staatsfinanzen löste. Den eklatantesten Fall stellt gerade der Kirchenstaat dar, wo sich – begünstigt durch den niedrigen Steuersatz, mit dem die direkte Steuer erhoben wurde, der Art und Weise ihrer Einziehung[111] und

---

105 CD-ROM-2, Dok.-Nr. 4.2.11.1 (Motuproprio über die Grundsteuer in der Toskana v. 7.10.1817).
106 Vgl. diesbezüglich Chiavistelli, Stato (wie Fn. 12), S. 58-64.
107 Vgl. CD-ROM-2, Dok.-Nr. 4.2.11.2 (Erlass zur Einrichtung einer Deputation für die Katastrierung in der Toskana v. 24.11.1817); Chiavistelli, Stato (wie Fn. 12), S. 60.
108 Der durch Edikt vom 30. Mai 1820 eröffnete Kataster wurde 1824 vollendet; vgl. Carlo Alberto Del Giudice, Il catasto geometrico di Maria Beatrice 1820–1824, in: Massa (wie Fn. 2), S. 195-230.
109 CD-ROM-2, Dok.-Nr. 4.2.2.3 (wie Fn. 5), Art. 191.
110 Vgl. Massimo Olivieri, I catasti all'Unità d'Italia, in: C. Carozzi/L. Gambi (Hg.), Città e proprietà immobiliare in Italia negli ultimi due secoli, Milano 1981, S. 47-75, hier S. 64-67; für die anderen hier interessierenden geografischen Räume siehe auch S. 57-64.
111 Die Einziehung der den Gemeinden aufgebürdeten direkten Steuern erfolgte mittels Ausschreibung, sodass ein Teil der Einnahmen nicht in die Staatsfinanzen eingehen konnte.

die den Staat belastenden unproduktiven Ausgaben (wie die in Rom stattfindende freigebige Fürsorgetätigkeit) – die päpstlichen Finanzen auf die Ausdehnung der Staatsschuld stützten. Nicht zuletzt auch auf Druck der europäischen Mächte, die im Memorandum von 1831 die Mitwirkung weltlicher Instanzen an der Verwaltung der Staatsschuld angemahnt hatten, schuf man am 11. Juni 1831 nach dem Beispiel anderer Regionen Italiens eine Kasse für die Amortisation der Staatsschuld.[112] Die Kasse wurde von einer Kongregation verwaltet, die aus den größten Schuldnern des Staats gebildet worden war, und sie musste jedes Jahr über den Nettoertrag der ihr zu diesem Zweck angewiesenen Mittel, über die Ausgabe neuer Rentenscheine im Wert von 500.000 Scudi und über einen Gewinnanteil des Salz- und Tabakmonopols einen Teil der konsolidierten Schuld tilgen. In Wirklichkeit verletzte aber der Staat, da er dringenden Finanznöten begegnen musste, im Laufe der Zeit wiederholt die Unabhängigkeit dieses Organs, indem er es zur Aufrechterhaltung seiner Kreditwürdigkeit auf den internationalen Märkten nutzte.[113]

Das übermäßige Wachstum der Staatsschuld bildete auch ein großes Problem der Herzogtümer Parma und Lucca, wo es aber gänzlich unterschiedliche Resultate hervorbrachte. Im ersten Fall wurde die Verschuldung tatsächlich ab 1831 allmählich saniert, als die gesamte Finanzverwaltung eine regelrechte Reorganisation erfuhr. Durch Einwirkung auf die Einnahmen- (Abschaffung der Ausschreibung der indirekten Steuern und Übernahme von deren direkten Verwaltung) und Ausgabenseite (Verringerung der exzessiven Ausgaben des Hofs und Kanalisierung der neuen Mittel in Richtung produktiver Investitionen) waren die Finanzen Parmas an der Schwelle zum Jahr 1848 fast gänzlich saniert.[114] Anderes gilt für Lucca, wo der Rückgriff auf das Mittel der Verschuldung seitens Herzogs Karl Ludwig, der in ganz Europa wegen des verschwenderischen Ausmaßes seiner persönlichen Ausgaben bekannt war, es sogar mit sich brachte, dass die formale Anerkennung einer Staatsschuld des Herzogtums, wie sie im November 1846 erfolgte, einzig die Tilgung der persönlich vom Fürsten aufgenommenen Schulden bezweckte. Der vorzeitige Heimfall des Herzogtums an die Toskana, der im Oktober des folgenden Jahres eintrat, erfolgte somit auf Druck des Bankiers, der die Anlage der Verschuldung auf dem Markt übernahm und davon

---

112 CD-ROM-2, Dok.-Nr. 4.2.3.1 (wie Fn. 24); Dok.-Nr. 4.2.11.3 (Motuproprio über die Amortisationskasse im Kirchenstaat v. 11.6.1831). Auch die Amortisationskasse war durch die provisorische Ordnung der Staatsschuld angekündigt worden, die durch das Motuproprio vom 6. Juli 1816 eingeführt worden war: siehe Dok.-Nr. 4.2.2.3 (wie Fn. 5), Art. 246.
113 Vgl. zu diesem Punkt Donatella Stangio, Il mercato primario del debito pubblico pontificio (1814–1846), in: Bonella u. a. (Hg.), Roma (wie Fn. 46), S. 427-450.
114 Vgl. Pier Luigi Spaggiari, Economia e finanza negli Stati parmensi (1814–1859), Milano/Varese 1961, S. 153-167.

überzeugt war, dass es sich dabei um die einzige Lösung handelte, um den Finanzen Luccas wieder zu Kreditwürdigkeit zu verhelfen.[115]

Wenn hingegen das Herzogtum Modena in dieser Periode keine Probleme hinsichtlich der Staatsschuld zu tragen hatte, lag dies nur daran, dass dort bis 1845 keinerlei Trennung zwischen Allodial- und Staatsgütern wie auch zwischen deren jeweiligen Einnahmen bestand.[116]

12 Wirtschafts- und Sozialgesetzgebung/Öffentliche Wohlfahrt

Die mit der Restauration erfolgte Wiederherstellung der alten Staaten unterbrach das Aufkommen eines embryonalen Binnenmarktes, der die französische Herrschaft gekennzeichnet hatte. Indem die Zollschranken nach außen wieder errichtet, häufig sogar die Zwangsvorschriften wieder eingeführt wurden, die die Versorgung der größeren urbanen Zentren sicherstellen sollten[117], lehnte sich die von den Staaten Mittelitaliens entwickelte Wirtschaftspolitik in der Mehrheit der Fälle an einen väterlichen Protektionismus mit meist merkantilistischer und prohibitiver Ausrichtung an. Die einzige Ausnahme bildete die Toskana, wo der Freihandel, der erneut im Namen der Kontinuität mit der »leopoldinischen« Tradition geltend gemacht wurde, dieses eine Mal auf die Übereinstimmung des Großherzogs und der bedeutendsten Wirtschaftsleute (Grundbesitzer, aber auch Bankkaufleute) traf. Die Option für den Freihandel wurde trotz der Kritiken, denen sie anlässlich des wiederkehrenden Preisverfalls ausgesetzt war, nicht so sehr in Funktion einer erzwungenen Modernisierung der Agrar- und Handelsstrukturen, sondern als das geeignetste Instrument konzipiert, um die Aufrechterhaltung der Halbpachtbeziehungen (»mezzadria«) in der Landwirtschaft (die einen lebhaften Binnenmarkt gewiss nicht förderten) mit der traditionellen Erzeugung hochwertiger Produkte zu verbinden, die auf den ausländischen Märkten abzusetzen waren.[118]

Die in der Wirtschaft eingeschlagene konservative Politik spiegelte natürlich den Willen zur Aufrechterhaltung des Status quo in sozialer Hinsicht wider. Im Herzog-

---

115 Die Staatsschuld Luccas wurde instituiert durch Dekret vom 20. November 1846, in: Bollettino (wie Fn. 9), Bd. 32, S. 151-153; vgl. diesbezüglich Romano Paolo Coppini, Alle origini della reversione del Ducato lucchese: debito pubblico, prestiti e finanza internazionale, in: Fine di uno Stato: il Ducato di Lucca 1817–1847. L'economia (Actum luce. Rivista di studi lucchesi 27 [1998]), S. 39-57.
116 Vgl. Bertuzzi, Struttura (wie Fn. 3), S. 122.
117 Siehe z. B. die Bestimmungen der Art. 18 und 47 des Verwaltungsgesetzes für Massa-Carrara vom 15. Dezember 1815, CD-ROM-2, Dok.-Nr. 4.2.5.1 (wie Fn. 19), die sich auf die Wiedereinführung der Getreide- und Weintraubensteuer sowie die Zwangsreglements für Grundnahrungsmittel beziehen.
118 Vgl. diesbezüglich Romano Paolo Coppini, Il Granducato di Toscana. Dagli anni francesi all'Unità, Torino 1993, S. 261-266.

tum Modena nahm diese Absicht fast hypertrophische Formen an. Da das Bildungsbürgertum ausgegrenzt, die munizipale Freiheit unterdrückt worden war, blieb nur Raum für einen legitimistischen Adel und für die untersten Schichten, deren Sympathien der Herzog zu gewinnen suchte. Unter dem ersten Gesichtspunkt ist an die Maßnahme zu erinnern, mit der Franz IV. als einziger Fürst in ganz Italien 1825 eine Entschädigung für die Adligen beschloss, denen die Ausübung der feudalen Gewalten entzogen worden war[119]; in Bezug auf den zweiten Aspekt ist der Verkauf von Mehl zu amtlich kontrollierten Preisen (und zulasten des eigenen Privatvermögens) während der Hungersnöte ebenso wie die Gründung des Arbeitshauses 1815 in Modena zu erwähnen, in dem die Arbeitslosen des Herzogtums Unterschlupf fanden.

Dennoch ist einzuräumen, dass es sich bei der letztgenannten Institution um eine Maßnahme handelte, die von fast allen Staaten Mittelitaliens befolgt wurde. Mit Ausnahme des Herzogtums Lucca, in dem die Abneigung gegen jegliche Form der öffentlichen Organisation des Fürsorgewesens dessen gemeinsame Verwaltung seitens des Klerus und des Patriziats (wie sie im Ancien Régime erfolgt war) implizierte[120], machten sich überall die restaurierten Souveräne die Verstaatlichung der Wohltätigkeit zu eigen, wie sie in napoleonischer Zeit entworfen und oft auch realisiert worden war. Die offenkundigsten Fälle sind die Toskana und der Kirchenstaat: Im ersten Fall wurde der in der Restauration propagierte und praktizierte Handelsliberalismus begleitet von staatlichen Interventionen zur Bekämpfung der Bettelei mittels öffentlicher Einrichtungen und fiskalischer Erhebungen, die ausdrücklich diesem Problem zugedacht waren, wie auch durch wachsame Finanzkontrollen gegenüber den den lokalen Behörden unterstellten Strukturen.[121] Im zweiten Fall ermöglichte die Wiederherstellung der päpstlichen Souveränität unter dem Deckmantel einer Rückkehr zur kanonischen Disziplin die Aufrechterhaltung vieler Reformen, die zum Zweck der Rationalisierung der Fürsorge mit der kurzen napoleonischen Herrschaft eingeführt worden waren.[122]

Auch unter dem Gesichtspunkt der Investitionen neigten die Souveräne Mittelitaliens eher dazu, sich für Vorhaben zur Verschönerung der Hauptstädte als für den

---

119 CD-ROM-2, Dok.-Nr. 4.2.12.2 (Erlass über die Entschädigung für Feudalherren in Modena v. 3.10.1825). Vgl. auch Boccolari, Francesco IV (wie Fn. 3), S. 26.
120 Vgl. Pier Giorgio Camaiani, Dallo Stato cittadino alla città bianca. La »società cristiana lucchese« e la rivoluzione toscana, Firenze 1979, S. 172-178.
121 Vgl. für die Hauptstadt des Großherzogtums Giovanni Gozzini, Il segreto dell'elemosina. Poveri e carità legale a Firenze (1800–1870), Firenze 1993, S. 51-184; zu den gegenüber den lokalen Hilfswerken eingeführten Finanzkontrollen siehe den Codice della beneficenza pubblica, hg. v. F. Saredo, Torino 1897, bes. S. 543 f., wo das Motuproprio vom 6. Juli 1833 wiedergegeben wird, das die bedeutendste Maßnahme auf diesem Gebiet darstellte.
122 Vgl. Maura Piccialuti, Politiche assistenziali e nuovi istituti caritativi in Roma, in: Bonella u. a. (Hg.), Roma (wie Fn. 46), S. 249-275.

Ausbau der Infrastrukturen einzusetzen.[123] So sehr sich der Zustand der Straßennetze in den Jahren der Restauration auch verbessert zu haben schien[124], waren die einzigen Staaten, die überhaupt die strategische Rolle des Eisenbahnbaus zu erfassen wussten, die Toskana und das Herzogtum Lucca (wo 1846 die erste Eisenbahnlinie vor der italienischen Einigung, die zwei verschiedene Staaten miteinander verband, nämlich die Linie Lucca-Pisa, eröffnet wurde). In der Toskana bildete wahrscheinlich das »Eisenbahnfieber«, wie man es damals nannte, das Ereignis, das in höherem Maß dazu beitrug, das wirtschaftliche Verhalten zu modernisieren und Wirtschaftsleuten wie öffentlicher Meinung Horizonte zu eröffnen, die nicht nur regional begrenzt waren. Auch wenn sie der lokalen Wirtschaft keinen Nutzen brachten und völlig der freien Initiative überlassen waren, trugen die Eisenbahnen dazu bei, die traditionellen Landeliten dynamischer werden zu lassen und zu spekulativen Geschäften hinzuführen.[125]

Deshalb vermag die glatte Verweigerung, die der Kirchenstaat bis zum Pontifikat Pius' IX. der Einführung der Eisenbahn – die als gefährliches Instrument des sozialen Umsturzes galt – auf seinem Territorium entgegenbrachte, am Besten die dort verfolgte Politik der sozialen Konservierung zusammenzufassen. Eine Politik, die auf die Aufrechterhaltung des Status quo zielte, aber in anderen Sektoren, wie etwa den schönen Künsten, eine der fortschrittlichsten Gesetzgebungen der Halbinsel hervorzubringen wusste, die unter Vorwegnahme des modernen Konzepts des Kulturgutes dessen Schutz im Namen eines öffentlichen Interesses förderte, das alle und jeder teilten.[126]

---

123 Zu den Verschönerungswerken, die vor allem in den Hauptstädten durchgeführt wurden, die Regierungssitz waren, vgl. exemplarisch Marcella Pincherle Ara, Parma capitale, 1814–1859; Umberto Marcelli, Modena capitale, 1815–1859; Maria Luisa Trebiliani, Lucca capitale; alle in: Le città capitali degli Stati pre-unitari. Atti del LIII Congresso di Storia del Risorgimento italiano, Roma 1988, S. 175-204, 219-229, 237-257. Natürlich ist diese Besonderheit nicht auf Rom übertragbar, da dieses in erster Linie die Hauptstadt der katholischen Christenheit darstellte.
124 Für den Kirchenstaat vgl. Giuliano Friz, Le strade dello Stato Pontificio nel XIX secolo, Roma 1967; zur Toskana, die in der Restauration eines der größten Straßennetze der Halbinsel realisierte, siehe Pietro Vichi, La costruzione della rete carrozzabile toscana: basi giuridico-amministrative e realizzazioni tecniche (1814–1859), in: Storia urbana 25 (1983), S. 29-59; ders., Le strade della Toscana granducale come elemento della organizzazione del territorio (1750–1850), in: Storia urbana 26 (1984), S. 3-31.
125 Vgl. Andrea Giuntini, Leopoldo e il treno. Le ferrovie nel Granducato di Toscana (1824–1861), Napoli 1991. Siehe auch CD-ROM-2, Dok.-Nr. 4.2.12.3 (Eisenbahnreglement für die Toskana v. 6.3.1844), bezüglich des Reglements, das für die erste befahrbare Strecke, nämlich den Abschnitt zwischen Livorno und Pisa, erlassen wurde.
126 CD-ROM-2, Dok.-Nr. 4.2.12.1 (Edikt zur Verwaltung der Kunst- und Kulturgüter im Kirchenstaat v. 7.4.1820), bes. die Präambel. Vgl. diesbezüglich Donato Tamblé, La politica culturale dello Stato Pontificio nell'età della Restaurazione: antichità, belle arti, biblioteche e archivi, in: Bonella u. a. (Hg.), Roma (wie Fn. 46), S. 767-774: Das Edikt Kardinal Paccas vom 7. April 1820 stand im Zusammenhang mit einer traditionellen Gesetzgebungstätigkeit, die bis ins 18. Jahrhundert zurückreichte.

Die Niederlande

Von Jeroen van Zanten (Amsterdam)[1]

0 Einführung

Eine Gruppe von Historikern gedachte 1998 dem 150. Geburtstag der niederländischen Verfassung durch die Herausgabe einer umfangreichen Festschrift. In deren Einleitung schrieben die Herausgeber, dass die Verfassungsgeschichte der Niederlande nur zu verstehen sei, wenn man den Schwerpunkt der Betrachtung auf eine graduelle Entwicklung der Verfassungspolitik während des von ihnen sog. »Verfassungsjahrhunderts« legt, das sich vom revolutionären »staatsregeling« von 1798 bis zur Einführung des allgemeinen Männerwahlrechts 1917 erstreckte.[2] Während des Zeitraums 1798–1917 wurden mehr als fünf verschiedene Verfassungen verabschiedet und zahlreiche Gesetze und Reformen geschrieben. Die verschiedenen Verfassungen spielten eine nach der anderen eine zentrale Rolle im politischen Leben. Ihre Bedeutung, ihr Sinngehalt und ihre Auslegung führten zu Diskussionen inner- und außerhalb des Parlaments und trugen zur Entwicklung einer nationalen politischen Presse bei. Zusammen mit den Verfassungsreformen von 1814, 1840, 1848 und 1887 legten diese Diskussionen die Grundlagen des heutigen politischen Systems der Niederlande.

Obwohl die Niederlande eine umfassende und reiche Verfassungsgeschichte vorweisen können, gibt es keine starke Tradition der Verfassungsgeschichtsschreibung in der niederländischen Nationalhistoriografie. In der Vergangenheit haben sich niederländische Politikhistoriker auf die Entwicklung von Parlament, politischen Parteien, Regierung und Gesetzgebung konzentriert. Sie betrachteten das Studium der Verfassungsgeschichte nicht als exklusiven und gesonderten Zweig der Historiografie, sondern stellten sie in den Kontext der nationalen Politikgeschichte. Oder genauer gesagt: Sie argumentierten, dass Verfassungsgeschichte ein Teil der allgemeinen politischen Geschichte der Nation und nicht als gesondertes Phänomen zu erforschen sei, wie es unter niederländischen Historikern im 19. Jahrhundert Brauch gewesen war.

Es gab und gibt immer noch gute Gründe für diesen integrierten Ansatz der Verfassungsgeschichte. Das meistgehörte Argument besagt, dass Verfassungen buchstäblich das Zentrum der Politik einfassen und konstituieren und deshalb das nationale politische Leben bestimmen, weshalb sie innerhalb der Grenzen der allgemeinen

---

1 Übersetzung aus dem Englischen von Werner Daum.
2 N. C. F van Sas/H. te Velde (Hg.), De eeuw van de grondwet. Grondwet en politiek in Nederland 1798–1917, Deventer 1998, S. 8-19.

politischen Geschichte erforscht werden müssen. Dies erscheint als stichhaltige Begründung, doch gibt es auch eine Kehrseite dieses *modus operandi*. Indem sie sich auf die Verfassungswirklichkeit oder Praxis konzentrieren, neigen Historiker manchmal dazu, die Verfassungsnorm zu vergessen und die Intentionen zu missdeuten. Mit anderen Worten: Sie vernachlässigen oder ignorieren den »Geist« oder die »Ideale«, mit denen die Gesetzgeber nach den unterschiedlichen Grundgesetzen strebten. Dies war bei der Historiografie zum Zeitraum 1814–1848 und insbesondere zur Verfassung der Herrschaftsperiode König Wilhelms I. (1813–1840) der Fall. Die Verfassung von 1814 und ihre Revision von 1815, durch die sie mit der Vereinigung der Südlichen und Nördlichen Niederlande zum Königreich der Vereinigten Niederlande in Einklang gebracht wurde, sind lange als reaktionäre und altmodische Dokumente betrachtet worden, die die autokratische, bürokratische und instrumentelle Regierung Wilhelms I. befördert hätten. 1830 nannten belgische Nationalisten die Verfassung »une loi imposée« und nach der Revolution von 1848 sprachen die niederländischen Liberalen vom autokratischen »System Wilhelms I.«.

Bis Mitte der 1980er-Jahre haben die Historiker diese Sicht einer schwachen und unerwünschten Verfassung erhärtet. In den letzten Jahren hat sich jedoch diese Auffassung verändert. Die Veränderung ging von einem objektiveren und normativeren Ansatz oder vielmehr einer genaueren Interpretation der Verfassung von 1814 und ihrer Revision von 1815 aus. Zusammen mit einem erneuerten Interesse an der Frühgeschichte des Parlaments hatte diese genauere Interpretation eine Um- und Neubewertung der Politik in der ersten Hälfte des 19. Jahrhunderts zum Ergebnis. Die niederländischen Historiker kommen nun zu dem Schluss, dass die Herrschaft Wilhelms I. – obgleich autokratisch – nicht einfach ein reaktionäres und autoritäres Intermezzo, sondern auch eine Periode der Modernisierung und den Auftakt für die Entwicklung einer modernen Verfassungs- und Parlamentskultur bildete.[3] Diese Neubeurteilung der ersten Hälfte des 19. Jahrhunderts wird der Ausgangspunkt dieses Beitrags sein. Oder besser gesagt: Sie wird den Hauptfokus im folgenden Überblick zur niederländischen Verfassungsgeschichte im Zeitraum 1814–1847 bilden.

---

3   Vgl. für die neue Sicht auf die Niederlande 1813–1848: Niek van Sas, De Metamorfose van Nederland. Van oude orde naar moderniteit 1750–1900, Amsterdam 2004; Jan Luiten van Zanden/Arthur van Riel, Nederland 1780–1914. Staat, instituties en economische ontwikkeling, Amsterdam 2000; Remieg Aerts, Een staat in verbouwing. Van Republiek naar constitutioneel Koninkrijk, 1780–1848, in: ders./Herman de Liagre Böhl/Piet de Rooy/Henk te Velde, Land van kleine gebaren. Een politieke geschiedenis van Nederland 1780–1990, Nijmegen 1999, S. 13-95; C. A. Tamse/E. Witte (Hg.), Staats- en natievorming in Willem I's Koninkrijk (1815–1830), Brussel 1992; Peter van Velzen, De ongekende ministeriële verantwoordelijkheid. Theorie en praktijk 1813–1840, Nijmegen 2005; Jeroen van Zanten, Schielijk, Winzucht, Zwaarhoofd en Bedaard. Politieke discussie en oppositievorming 1813–1840, Amsterdam 2004.

1 Die Niederlande 1815–1847

Nach zwei nationalen Revolutionen, dem Sturz der alten Republik und 15 Jahren französischer Einflussnahme und Besetzung wurde die Souveränität in den Nördlichen Niederlanden am 30. November 1813 wiederhergestellt. Am späten Nachmittag dieses Tages landete Wilhelm-Friedrich von Oranien-Nassau, Sohn des letzten, im Exil verstorbenen Statthalters Wilhelm V., am Strand von Scheveningen. Einige Tage zuvor war Wilhelm-Friedrich durch das Triumvirat Gijsbert Karel van Hogendorp, Adam François van der Duyn van Maasdam und Leopold van Limburg Stirum zur Rückkehr in sein Vaterland eingeladen worden; es handelte sich um drei Adelsleute aus Den Haag, die den Mut besaßen, die Franzosen herauszufordern und eine provisorische Regierung zu errichten. Im Namen des niederländischen Volkes fragte dieses Triumvirat Wilhelm-Friedrich, ob er die Herrschaft unter dem Titel »Souveräner Fürst der Niederlande« übernehmen wolle und einer von den Adligen so bezeichneten »neuen und weisen Konstitution« zustimmen würde.[4]

Das Land, in das der Fürst zurückkehrte, schien sich seit seinem Fortgang ins Exil 19 Jahre zuvor nicht verändert zu haben. Ein näherer Blick zeigte jedoch, dass die Dinge nicht so waren, wie man es zuvor gewohnt war. 1813 verfügten bedeutende Städte wie Leiden und Middelburg nur noch über einen Bruchteil der Einwohner, die sie um 1750 besessen hatten. Die größeren Städte konnten nur sehr wenige Aktivitäten vorweisen und der Handel war sehr schwach. Amsterdam, einst die bedeutendste Triebkraft für das goldene 17. Jahrhundert, hatte seine Stellung als Handelszentrum verloren und war nicht mehr der Hauptfinanzmarkt Europas. Die Krise vertiefte sich, nachdem Napoleon den Handel mit England unterbunden und – wichtiger noch – die Niederländer von ihren Überseekolonien abgeschnitten hatte. Somit war das Land, in das Wilhelm zurückkehrte und das einst anerkannt und reich gewesen war, nun eine arme und kleine Nation, die nicht mehr in der Lage war, eine Rolle in den europäischen Angelegenheiten unter größeren Ländern wie Preußen, Russland oder Frankreich zu spielen.

Wilhelm-Friedrich, aber auch die Mitglieder des Triumvirats, das die nationale Souveränität wiederherstellte, und – nicht zu vergessen – bedeutende Stadtregenten von Amsterdam wie Anton Reinhard Falck und Joan Melchior Kemper, die eine wichtige Rolle bei der Erlangung der Einheit des Landes in den ersten Tagen nach der französischen Besetzung spielten, wussten alle, dass die Niederlande weitgehend von Großbritannien abhingen. Seit dem 17. Jahrhundert hatte immer und vornehmlich in Zeiten des Friedens und der Zusammenarbeit eine besondere Beziehung zwischen den Niederlanden und den Britischen Inseln geherrscht. Wie immer basierte auch diese besondere Beziehung auf wechselseitigem Interesse. Beide Nationen waren Seemächte und pflegten eine globale und koloniale Sichtweise in den internationalen

---

4 Van Zanten, Schielijk (wie Fn. 3), S. 19-38.

Angelegenheiten. Und – was noch wichtiger war – sie teilten eine lange Tradition antifranzösischer Politik miteinander, wenn es um die internationalen Beziehungen auf dem europäischen Kontinent ging.[5] Im Winter 1813 lieferte diese Tradition antifranzösischer Politik den niederländischen und britischen Politikern eine gemeinsame Grundlage, weshalb sie in hohem Maße zur Vereinigung der Nördlichen Niederlande – der alten niederländischen Republik – mit den vormals habsburgischen Südlichen Niederlanden beitrug. Wilhelm-Friedrichs Ambitionen spielten auch eine wichtige Rolle. Obwohl er nach seiner Rückkehr sehr vorsichtig agierte und versuchte, nichts zu sagen oder zu tun, was seine neu erworbene Stellung als Souverän schwächte oder bedrohte, sehnte er sich nach einer stabileren internationalen Position der Niederlande. Nur wenige Wochen nach der Rückkehr in sein Vaterland eröffnete er eine gezielte Interessenpolitik in England zugunsten einer territorialen Erweiterung. Das Hauptargument, das er zur Unterstützung seines Anliegens ins Feld führte, bestand in dem Hinweis, dass ein friedliches und ausgeglichenes Europa nur zu erreichen war, wenn die Nördlichen und Südlichen Niederlande zu einem gegen künftige französische Aggressionen geschmiedeten Pufferstaat, einem »boulevard à l'indépendance et à la tranquillité de l'Europe«, vereint würden.[6]

Während der Friedensverhandlungen von 1813–1815 unterstützten die Briten diese Vorstellung. Großbritannien, Preußen, Österreich und Russland trafen zuerst durch den Vertrag von Chaumont im März und dann durch den Pariser Frieden im Mai 1814 die Vereinbarung, dass die Niederlande vereinigt und weitere Regelungen folgen würden.[7] Nur einen Monat später wurden diese Regelungen in London mit den berühmten, von Anton Reinhard Falck verfassten Acht Artikeln vereinbart. In diesen Artikeln sprach Falck von »la réunion de la Belgique à la Hollande« und von »l'amalgame le plus parfait«.[8] Der Begriff der »réunion« war mit Bedacht gewählt, sollte er doch betonen, dass die Niederlande historisch zusammengehörten und seit der Union von Arras vom 6. Januar 1579 und der Utrechter Union vom 23. Januar 1579 zu Unrecht getrennt worden waren. Die auf gleicher Grundlage durchzuführende Wiedervereinigung sollte, wie Falck schrieb, durch eine Revision der Verfassung

---

5   Vgl. Niek van Sas, Onze natuurlijkste bondgenoot. Nederland, Engeland en Europa, 1813–1831, Groningen 1985.
6   Van Sas, Bondgenoot (wie Fn. 5), S. 41.
7   CD-ROM-2, Dok.-Nr. 1.1.1 (Erster Pariser Frieden v. 30.5.1814), Art. VI, Geheimart. II-IV. Ergänzend zur hier zugrunde gelegten CD-ROM-Edition ist als nützliche verfassungsgeschichtliche Edition für unseren Untersuchungszeitraum ebenfalls heranzuziehen: F. Stevens u. a. (Hg.), Verfassungsdokumente Belgiens, Luxemburgs und der Niederlande 1789–1848/Constitutional Documents of Belgium, Luxembourg and the Netherlands 1789–1848 (= H. Dippel [Hg.], Verfassungen der Welt vom späten 18. Jahrhundert bis zur Mitte des 19. Jahrhunderts. Quellen zur Herausbildung des modernen Konstitutionalismus/Constitutions of the World from the late 18th Century to the Middle of the 19th Century. Sources on the Rise of Modern Constitutionalism, Europa/Europe, Bd. 7), München 2008.
8   CD-ROM-2, Dok.-Nr. 5.1.1 (Acht Artikel v. 21.6.1814), Präambel, Art. 2.

von 1814 erreicht werden, die bereits die Freiheit und Souveränität der Nördlichen Niederlande sicherstellte.

Das Königreich der Vereinigten Niederlande, das nach der Ratifizierung der Acht Artikel am 21. Juni 1814 in London und der Einsetzung eines Verfassungsausschusses entstand, erstreckte sich von den Nordseeinseln bis zur französischen Grenze zwischen Mons und Lille.[9] Wilhelm I. betrachtete es außerdem als weises Ansinnen, das Territorium der Niederlande nach Deutschland hinein auszudehnen. Auf diese Weise, so argumentierte er, würde die Bevölkerung seines Landes aus einer gleichen Anzahl von Protestanten und Katholiken bestehen. Diese Idee wurde jedoch von Preußen und Österreich verworfen. Stattdessen betraf die Wilhelm I. gewährte Territorialerweiterung hauptsächlich den Süden. In Personalunion wurde das Großherzogtum Luxemburg Teil des Königreichs. Luxemburg blieb zwar ein Mitglied des Deutschen Bundes, doch Wilhelm hatte erfolgreich geltend gemacht, dass die Vereinigung der Niederlande ohne das Großherzogtum nicht vollendet sei, weshalb ein Kompromiss ausgehandelt wurde. Auch das Herzogtum Limburg – manchmal auch als Provinz Limburg bezeichnet – wurde in das Königreich integriert, aber wie Luxemburg war es – allerdings erst ab 1839 – auch Mitglied des Deutschen Bundes. Auf der Londoner Konferenz von 1839, auf der eine definitive Regelung für die Auflösung der niederländischen Union nach der belgischen Revolution von 1830 getroffen wurde, erhob man den nördlichen Teil Limburgs zu einem gesonderten Gemeinwesen, das in Personalunion zum Königreich der Niederlande stand.[10] Dieses Arrangement erfuhr 1866 eine neuerliche Veränderung, als Limburg den Deutschen Bund verließ und als gleichnamige Provinz in die Niederlande integriert wurde. (☞ Abb. 5.1, S. 438)

Obwohl es immer noch ein kleines Land und in internationalen Angelegenheiten weitgehend von London abhängig war, stellte das Königreich der Vereinigten Niederlande nun eine anerkannte Macht auf dem Kontinent dar. Es hatte 5,5 Mio. Einwohner (1815 belief sich die Bevölkerung im Süden auf 3,25 Mio. und im Norden auf 2,2 Mio. Einwohner), die zum größeren Teil in den Städten lebten.[11] Die Infrastruktur war insbesondere im Norden gut entwickelt. Im Westen – den »Tonboden-Gebieten« – konzentrierten sich Großstädte und Handel, während der Osten – die »Sandboden-Gebiete« – selbst unter Berücksichtigung von John Cockerills Industrien in Lüttich (Liège) weitgehend ländlich war. Das Territorium des Königreichs wuchs noch mehr, als die Briten ihm 1816 seine vormaligen Kolonien mit Ausnahme Ceylons und Südaf-

---

9 Zu weiteren territorialen Vereinbarungen siehe CD-ROM-2, Dok.-Nr. 5.1.2 (Territorialerweiterung der Niederlande v. 20.11.1815 u. 20.7.1819); Dok.-Nr. 5.1.3 (Grenzfestlegung zwischen Preußen und Niederlande v. 26.6.1816).
10 CD-ROM-2, Dok.-Nr. 1.1.14 (Londoner Vertrag v. 19.4.1839), insbes. Art. 3, 4.
11 Für diese Zahlenangaben siehe: Inleiding, in: Algemene Volks en Woningtelling op 1 maart 1991, Monografie nr. 1, Nationaal Instituut voor Statistiek, Brussel 2001; Jan-Pieter Smits/Edwin Horlings/Jan Luiten van Zanden, Dutch GNP and its components, 1800–1913, Groningen 2000, Appendix A, Population, S. 109.

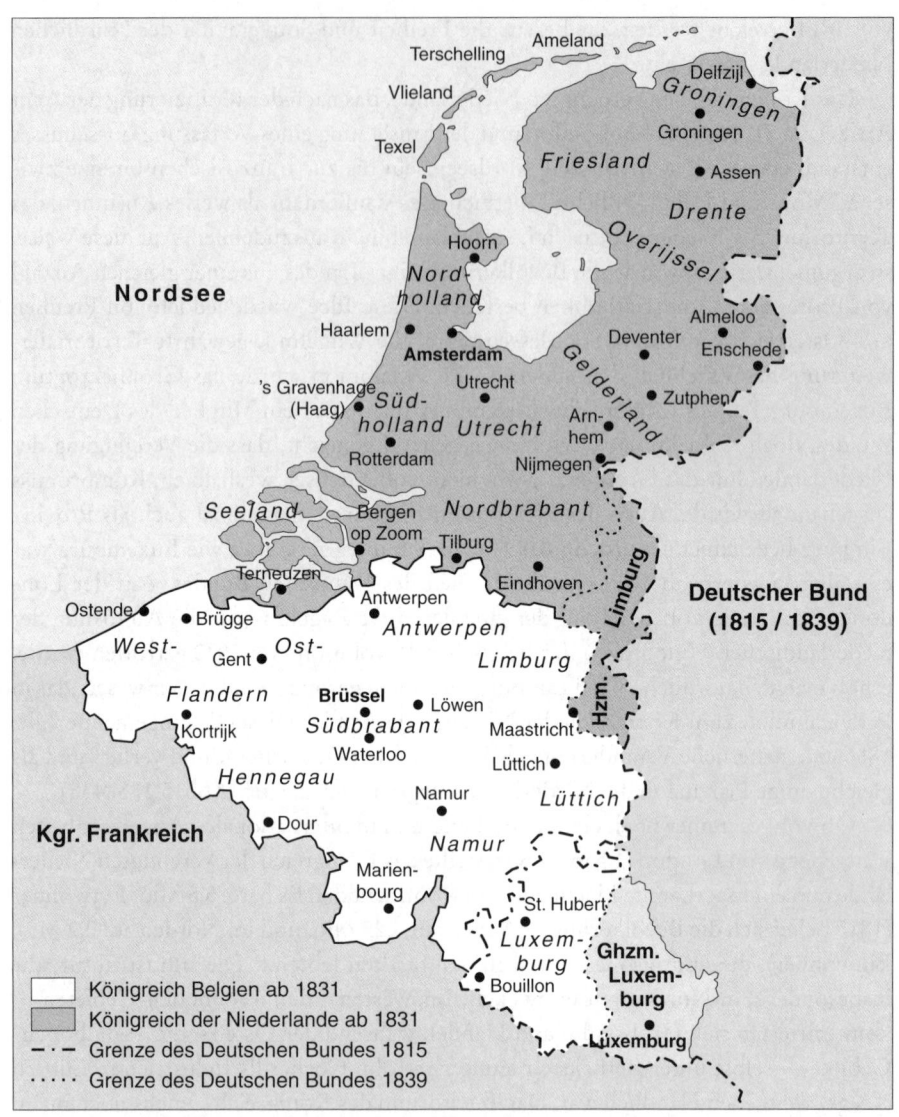

Abb. 5.1 Das Königreich der (Vereinigten) Niederlande 1815–1847

rikas zurückgaben.¹² Besonders Niederländisch-Ostindien wurde bedeutend. In den späten 1830er- und in den 1840er-Jahren kompensierten die wirtschaftlichen Gewinne, die aus diesen Überseegebieten herrührten, einigermaßen den 1830 eingetretenen Verlust der Südlichen Niederlande.

---

12 Van Sas, Bondgenoot (wie Fn. 5), S. 79-95.

Obwohl die Idee einer Vereinigung der Nördlichen und Südlichen Niederlande gegen die französische Aggression ihre Richtigkeit mit der endgültigen Niederlage Napoleons im Juni 1815 bei Waterloo unter Beweis stellte, wurde die Fusion beider Teile nie ganz vollendet. Einige Historiker sind der Auffassung, dass die 15-jährige Verbindung zwischen Süden und Norden keine glückliche war, aber 1830 die Trennung dennoch auch eine Überraschung bildete. Der Verfall der Vereinigten Niederlande hätte verhindert werden können. In vielerlei Hinsicht war er das Ergebnis politischer Fehlleistungen und des späten Eingreifens durch Wilhelm I. sowie eines zunehmenden Nationalempfindens, das von den religiösen Unterschieden zwischen Norden und Süden genährt wurde. Nach acht Jahren, in denen Wilhelm eine Anerkennung der Teilung verweigert hatte, vereinbarte man 1838/39 auf der Londoner Konferenz die definitiven Bedingungen der Auflösung. Die Nördlichen Niederlande wurden in den Grenzen der Alten Republik wiederhergestellt, während das Territorium des gerade seine Unabhängigkeit erlangten Königreichs Belgien mehr oder weniger dasselbe wie vor 1794 unter habsburgischer Herrschaft war.[13]

2 Verfassungsstruktur der zentralen staatlichen Ebene

In den zwei Jahren nach der französischen Besetzung wurden zwei verschiedene Verfassungen eingeführt und ratifiziert. Die erste, im März 1814 ratifizierte Konstitution war ausschließlich auf die niederländischen Provinzen ausgerichtet. Und die zweite, im August 1815 ratifizierte Konstitution bezog sich auf die Vereinigung der niederländischen mit den belgischen Provinzen. Beide Konstitutionen stellten Kompromisse dar, nicht nur um der Vereinigung der Niederlande Rechnung zu tragen, sondern vor allem, weil sie von den Verfassungsgebern formuliert und konzipiert wurden, um den durch die jüngere Geschichte aufgeworfenen Problemen zu begegnen und erst recht die durch die Revolution verursachten Konflikte und Parteilichkeiten zu beenden.[14] Anders als in vielen Ländern Europas wurde die Revolution nicht von Frankreich nach den Niederlanden exportiert; ab 1780 brach die alte niederländische Republik innerlich und äußerlich zusammen und alte politische Strukturen und Körperschaften wurden durch neue ersetzt. Das wichtigste Ergebnis der Revolutionsperiode der letzten beiden Jahrzehnte des 18. Jahrhunderts war der Bruch mit der föderalen Struktur der Republik und der Souveränität ihrer Provinzen. Die Umwälzungen im Zeitraum 1780–1798 und die französische Besetzung setzten dieser geteilten Souveränität ein Ende, indem sie die alte föderale Vielfalt in einen Einheitsstaat zwangen.

---

13 CD-ROM-2, Dok.-Nr. 1.1.14 (wie Fn. 10). Vgl. auch C. Smit, De conferentie van Londen. Het vredesverdrag tussen Nederland en België van 19 april 1839, Leiden 1949.

14 Vgl. Matthijs Lok, Windvanen. Napoleontische bestuurders in de Nederlandse en Franse Restauratie (1813–1820), Amsterdam 2009.

1814 hielt der Verfassungsausschuss an diesem Einheitsstaat fest, er nahm jedoch traditionelle Elemente in die Verfassung mit auf, um deren Legitimität zu erhöhen und einen Ausgleich zur Vergangenheit herzustellen. Gijsbert Karel van Hogendorp, der den ersten Verfassungsentwurf schrieb und eine zentrale Rolle im Verfassungsausschuss spielte, überzeugte die anderen Ausschussmitglieder von der entscheidenden Notwendigkeit, die Verfassung im Ancien Régime zu verwurzeln, ohne die Errungenschaften und guten Elemente der Revolutionsperiode zu missachten. »Nachdem wir nun einen Landesfürsten gewählt haben, können wir sagen, dass die Verfassung auf unsere Geschichte, unsere Traditionen, unseren Glauben, unsere Erfordernisse und unsere Freiheit gegründet ist«, schrieb Van Hogendorp in einem erläuternden Memorandum.[15] Dieser Ansatz zur Verfassungsbildung hatte nicht nur eine Mischung aus alten und neuen Elementen zum Ergebnis, sondern führte auch zur Erfindung und Einführung »neuer Traditionen«.

Van Hogendorp und die anderen Ausschussmitglieder schienen weniger an den verfahrenstechnischen und legislativen Aspekten der Verfassung als an ihrer historischen und nationalen Begründung interessiert zu sein. Folglich brachte die Verfassung von 1814 – die am 29. März durch eine Versammlung von 474 Repräsentanten ratifiziert wurde – keine klare politische Richtlinie hervor und stellte – wie in den nachfolgenden Kapiteln zu sehen ist – kein formales Rahmenwerk bereit, innerhalb dessen Politik stattfinden sollte.[16] Die Verfassung von 1814 wies folgende grundlegende Aspekte auf:

- Die Exekutivgewalt bestand aus dem Landesfürsten und seiner Regierung.
- Die Legislative wurde durch das Einkammerparlament der Generalstaaten mit 55 Mitgliedern gebildet, die von neun verschiedenen Provinzialversammlungen zu wählen waren. Die Generalstaaten besaßen das Budgetrecht und die Gesetzesinitiative. Sie hatten jedoch kein Änderungsrecht und die Repräsentanten konnten einem Gesetzentwurf nur zustimmen oder ihn ablehnen.
- Der Titel des Landesfürsten als *prince souverain* war erblich, er blieb der Oranierfamilie vorbehalten und konnte nur in patrilinearer männlicher Linie vererbt werden.
- Die Verfassung garantierte die Religionsfreiheit, aber sie räumte Fürst und Regierung das ausdrückliche Recht ein, die religiöse und moralische Erziehung der Nation zu beaufsichtigen. Dies bedeutete, dass es keine klare Trennung von Religion und Staat gab.
- Der Landesfürst musste der protestantischen Glaubensrichtung angehören, hatte aber das Recht und die Freiheit, seinen Hof und Haushalt selbst zu organisieren.

---

15 »De vorst is er bij gekomen, en nu mogen wij zeggen, dat wij eene Constitutie hebben, gegrond op de oudheid, op de zeden, op de gewoonten, op de behoeften van het volk«; zit. nach Van Zanten, Schielijk (wie Fn. 3), S. 24-37.
16 CD-ROM-2, Dok.-Nr. 5.2.1 (Grundgesetz der Vereinigten Provinzen v. 29.3.1814).

Die Verfassung von 1814 war bereits drei Monate nach ihrer Ratifizierung obsolet. Im Juni 1814 wurden in London die Acht Artikel verabschiedet, was bedeutete, dass die Vereinigung der Nördlichen und Südlichen Niederlande durch eine neue Verfassung bestätigt werden musste. Die Verfassung war erst recht überholt, als Wilhelm sich am 16. März 1815 selbst zum König erklärte. Zu diesem Zeitpunkt hatte Wilhelm bereits einen neuen Verfassungsausschuss eingesetzt. Dieser zweite Verfassungsausschuss war größer als der erste und bestand aus elf Repräsentanten der Nördlichen Niederlande und elf Mitgliedern aus dem Süden. Obwohl die südlichen Mitglieder Anhänger der Modernisierung waren, ließ der zweite Verfassungsausschuss das allgemeine Profil und die Hauptmerkmale der Verfassung von 1814 unverändert. Es gab zwei große Fragen, die Anlass zur Debatte zwischen nördlichen und südlichen Ausschussmitgliedern gaben. Die erste Frage betraf Artikel 133 der Verfassung von 1814, der festlegte, dass der Landesfürst der protestantischen Religion angehören musste. Die zweite Frage bezog sich auf den Umstand, dass die Südlichen Niederlande eine größere Bevölkerungszahl vorweisen konnten als der Norden, was nach Auffassung der belgischen Ausschussmitglieder bei der Zusammensetzung der Generalstaaten zu berücksichtigen war. Die erste Frage war schnell gelöst, da der Ausschuss die Aufhebung von Artikel 133 beschloss. Das zweite Problem vereitelte und behinderte gleichwohl den Arbeitsfortschritt im Ausschuss kontinuierlich. Am Ende fand man dahingehend einen Kompromiss, dass die Generalstaaten aus der gleichen Anzahl nördlicher und südlicher Repräsentanten zu bilden waren. Einige der belgischen Mitglieder bedauerten diese Abmachung und bezeichneten später das Missverhältnis in der Repräsentation als *vitium originis*.[17] Die Verfassung von 1815 wies folgende grundlegende Elemente auf[18]:

- Die Exekutivgewalt bestand aus dem König und seiner Regierung.
- Die Legislative wurde durch das Zweikammerparlament der Generalstaaten gebildet. Die Erste Kammer bestand aus 40–60 Repräsentanten, die vom König zu nominieren waren. Die Zweite Kammer besaß 110 Mitglieder, die von 18 verschiedenen Provinzialversammlungen zu wählen waren.
- Das Königreich der Vereinigten Niederlande sollte zwei Hauptstädte, Brüssel und Amsterdam, haben. Der Regierungssitz war zwischen Den Haag und Brüssel geteilt: Jedes Jahr sollten der König, die Regierung, die Generalstaaten und die verschiedenen Dienststellen von einem Regierungssitz zum anderen umziehen.
- Alle Sitzungen der Zweiten Kammer der Generalstaaten sollten öffentlich sein.
- Grundrechte wie die Pressefreiheit, das Petitionsrecht, die Religionsfreiheit etc. wurden durch die Verfassung garantiert (siehe Kapitel 4, Grundrechte).

---

17 Johannes Antonius Bornewasser, Het Koninkrijk der Nederlanden 1815–1830, in: Algemene Geschiedenis der Nederlanden, Bd. 11, Bussum 1983, S. 223-278, hier S. 229.
18 CD-ROM-2, Dok.-Nr. 5.2.2 (Verfassung der Niederlande v. 24.08.1815).

Die Verfassung von 1815 wurde am 24. August durch eine Versammlung von 1.323 Repräsentanten ratifiziert oder zumindest wurde über sie abgestimmt, denn technisch stimmte eine Mehrheit der Repräsentanten gegen sie. Sogar mit der Unterstützung antiklerikaler Liberaler aus dem Süden und mithilfe einer Prozedur, die später als »arithmétique hollandaise« bezeichnet wurde, kam die Regierung hinsichtlich der Jastimmen noch in Bedrängnis. Der König improvisierte und brachte durch eine Proklamation zum Ausdruck, dass die Verfassung ratifiziert wäre, da sie allgemein »mit Wohlwollen« angenommen worden sei. (☛ Abb. 5.2)

Das politische System und die Verfassungspraxis, die durch die Konstitution eingeführt wurden, waren nicht sehr strukturiert und erwiesen sich als sehr schwach. Auch wenn die Verfassung von 1815 von ihrer Essenz her modern war und der Ausschuss ernsthaft versuchte, eine Gewaltenteilung zu gewährleisten, gab es insgesamt einen Mangel an politischer Regulierung und Aufgabenfestlegung. Van Hogendorps Absicht, einen »harmonischen Dualismus« zwischen dem König und der Regierung auf der einen und den Generalstaaten auf der anderen Seite zu schaffen, ließ sich nur zum Teil verwirklichen. Da überzeugte Anhänger des Zentralismus im Verfassungsausschuss vertreten waren, legte man das Hauptgewicht in der Verfassungsordnung auf die Exekutivgewalt, während die Stellung der Generalstaaten nicht stark genug ausfiel. Folglich war die horizontale Gewaltenteilung nicht ausgeglichen, was zum Ergebnis hatte, dass die gegenseitige Kontrolle der verschiedenen Gewalten problematisch wurde. Ein anderer Mangel des Verfassungssystems bestand darin, dass dem König viel Raum gewährt wurde, um dem Gemeinwesen seinen Willen aufzuzwingen. Wilhelm I. betrachtete die Monarchie als ein privates Unternehmen, förderte eine informelle Politik und gebrauchte die Verfassung mehr oder weniger zu seinem eigenen Nutzen. Er wandte verschiedene Strategien an, um dem System seinen Willen aufzunötigen und seine Macht und Autorität zu vergrößern. Wie Bonaparte betrachtete Wilhelm I. die Aristokratie als eine durch Leistung und Wohlstand definierte Klasse und nicht sosehr als eine Klasse mit erblichen und rechtlichen Privilegien. Unter Nachahmung von Napoleon Bonapartes »rapprochement et ralliement« versuchte er, die Loyalität bestimmter Individuen und Gruppen zu organisieren.[19] Ein Weg, um dies zu erreichen, bestand in der Neutralisierung von Gegnern durch deren Nominierung in den Staatsrat oder in die Erste Kammer der Generalstaaten und natürlich darin, sicherzustellen, dass Anhänger der Regierung in Schlüsselpositionen des politischen Systems platziert wurden.[20]

---

19 Ido de Haan/Jeroen van Zanten, Lodewijk als wegbereider van Willem? Kritische kanttekeningen bij een nieuw idee reçue, in: De Negentiende Eeuw 30 (2006), S. 285-301.
20 Zum Beispiel ernannte Wilhelm im Mai 1829, gerade bevor die politische Krise im Königreich der Vereinigten Niederlande ihren Gipfel erreichte, seine beiden Söhne zu Ministern, um seinen Zugriff auf die Regierung sicherzustellen. Niek van Sas, Het politiek bestel onder koning Willem I, in: ders., Metamorfose (wie Fn. 3), S. 413-435.

2 Verfassungsstruktur der zentralen staatlichen Ebene

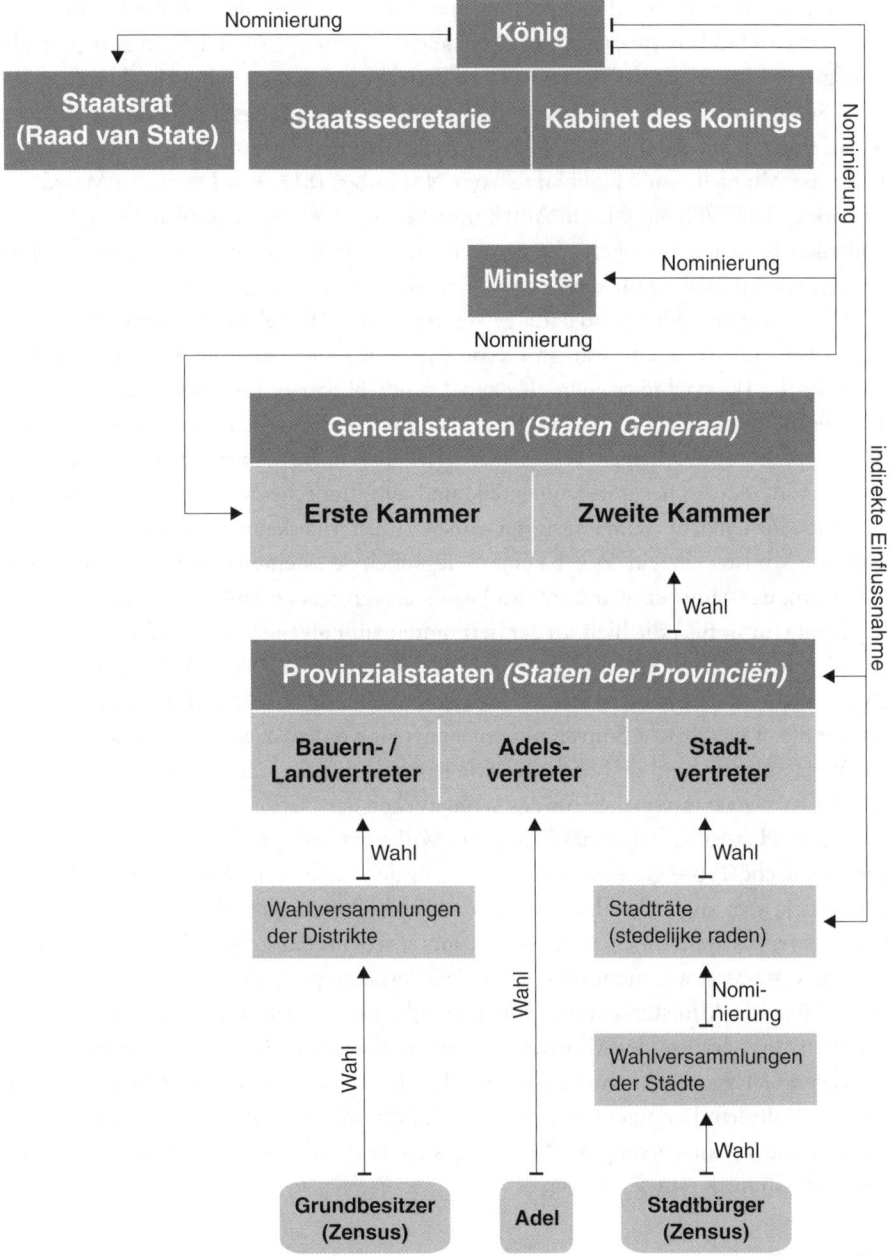

Abb. 5.2 Das Verfassungssystem der Niederlande von 1815

Charakteristisch für das Königtum Wilhelms I. war sein administrativer und instrumenteller Herrschaftsansatz. Wilhelm betrachtete den Staat als eine Maschine, die von ihm mit dem Beistand einiger Eingeweihter bedient wurde. Während seiner Zeit als Fürst von Fulda hatte er mit einer »Geheimen Conferenz-Kommission« regiert, als König versuchte er, auf demselben Weg zu herrschen, indem er sich weitgehend auf die sog. »Staatssecretarie« verließ, bei der es sich um ein Verwaltungsorgan handelte, in dem wie in einem Handelsbüro alle Fäden der Regierung und Verwaltung zusammenliefen. Einer der Mitglieder des Triumvirats vom November 1813, Van Duyn van Maasdam, bemerkte, dass Wilhelm wie ein Abteilungschef regierte. »Sa Majesté aime les détails« und sähe oft nicht den größeren Zusammenhang, schrieb Van Duyn van Maasdam. Ihm zufolge glaubte Wilhelm I., dass »verwalten« dasselbe wie »regieren« sei.[21]

Dies mag genau der Grund dafür gewesen sein, dass Wilhelm nicht sehr empfindsam gegenüber der Verfassung war. In Gesprächen mit seinem ältesten Sohn, dem späteren Wilhelm II., machte er mehr als einmal deutlich, dass er und nichts oder niemand anderer die bestimmende Kraft im Staat sei. »Le Roi décide seul«, forderte er. »Nous n'avons pas un gouvernement représentatif, [...] mais notre gouvernement est une monarchie modérée«.[22] Dieses instrumentelle und autokratische Herrschaftskonzept lässt sich auch im Umgang Wilhelms I. mit seinen Ministern erkennen. Der König konsultierte die Minister einzeln. Es gab keine Gelegenheit des Meinungsaustauschs unter den Ministern; der Ministerrat trat nur zu besonderen Anlässen zusammen oder wenn es der König für notwendig hielt. In der berühmten, im Folgenden noch näher zu besprechenden Königlichen Verkündigung vom 11. Dezember 1829 ließ Wilhelm erkennen, dass er nicht an eine *pouvoir constituant* glaubte oder diese verstand. In seinen Augen konnte die monarchische Souveränität nicht geteilt werden, da sie »vor und außerhalb« der Verfassung bestand und deshalb – wie jeder Vater oder jedes Familienoberhaupt – nur der König verantwortlich für das Wohlergehen der Nation war.

Einige Historiker haben das Königtum Wilhelms I. als präsidial – wie der aktuelle amerikanische Typ – gekennzeichnet. Gemäß der Verfassung stand Wilhelm I. über der Politik, aber zugleich nahm er aktiv an ihr teil.[23] Der Umstand, dass der König verfassungsgemäß keinen Fehler begehen konnte, scheint das größte Problem des politischen Systems gewesen zu sein. In beiden Verfassungen gab es keinen eindeutigen Artikel über die Ministerverantwortlichkeit oder ministerielle Gegenzeichnung. Viele glaubten, dass der Eid der Minister eine solche Verantwortlichkeit implizierte, doch bei vielen Gelegenheiten wurde dies vom König und seinen Ministern bestritten. Im Umgang mit dem Parlament führte dies oft zur politischen Blockade, da unklar war, bei wem die Verantwortung lag.[24] Daher gestaltete sich die normale Verfassungs- und Parlamentspolitik sehr schwierig.

---

21 Van Zanten, Schielijk (wie Fn. 3), S. 74-78.
22 Bornewasser, Koninkrijk der Nederlanden (wie Fn. 17), S. 233 f.
23 Vgl. Van Sas, Het politiek bestel (wie Fn. 20); De Haan/Van Zanten, Lodewijk (wie Fn. 19).
24 Während der Debatten vertraten die Repräsentanten oft die Auffassung, dass sie sich einerseits nicht an den König wenden konnten, da dies als revolutionär beurteilt werden könnte, aber es

2 Verfassungsstruktur der zentralen staatlichen Ebene

Die Verwirrung hinsichtlich der ministeriellen Gegenzeichnung war ein Ergebnis der Bedingungen, unter denen Van Hogendorp den ersten Verfassungsentwurf schrieb. In diesem ersten Entwurf zog Van Hogendorp – unter Vorwegnahme der Vereinigung der Nördlichen und Südlichen Niederlande – die Möglichkeit in Betracht, dass sich in den vereinigten Niederlanden eine kollektive Form der Ministerverantwortlichkeit entwickeln würde.[25] Er nahm in seinen Verfassungsentwurf eine Variante der Gegenzeichnung ohne den Grundsatz der Unverletzlichkeit des Königs auf, die die Grundlage der Ministerverantwortlichkeit in Großbritannien bildete. Als Alternative zu dieser englischen Form übernahm er ein Prinzip, bei dem die Minister und nicht der König für ungesetzliche Handlungen der Regierung zu haften hatten. Er kombinierte diese Regel mit dem Recht des Parlaments zur Ministeranklage (*impeachment*) und hoffte, damit denselben antizipatorischen Mechanismus zu schaffen, der in England von 1688 bis 1783 einen solch vorteilhaften Einfluss gezeigt hatte.[26] Die Aussparung einer formalen und klaren Unverletzlichkeit des Königs bedeutete jedoch, dass Van Hogendorp stark auf das Recht zur Ministeranklage baute. Leider wurden die Pläne für einen Verfassungsartikel über eine punitive Form der Ministerverantwortlichkeit, obgleich diese noch schwach und unvollständig war, durch die Entwicklungen auf dem Wiener Kongress vereitelt. Van Hogendorps Pläne beruhten auf einer gleichmäßigen, oder besser: ausgeglichenen Bevölkerung von Protestanten und Katholiken. Nach der Vereinigung bildeten die Katholiken die Mehrheit und folglich fürchtete die politische Elite im Norden das Recht zur Ministeranklage, denn sie glaubte, dass sie den südlichen Parlamentariern damit ein Instrument zur Verfügung stellen würde, um die Politik zu beherrschen.

Mit der ersten wirklichen politischen Krise in den Jahren 1818/19 wurden der Mangel an eindeutiger politischer Regulierung und die Aussparung der Ministerverantwortlichkeit mehr und mehr zu einem Problem. Doch erst ab der zweiten und definitiven politischen Krise des Königreichs der Vereinigten Niederlande in den Jahren 1827–1830 beherrschten die Fehler in der Verfassung und im politischen System die politische Agenda. Besonders die Opposition im Süden – die seit dem sog. »monsterverbond« zwischen Katholiken und Liberalen an Stärke und Zahl zugenommen hatte – forderte politische Reformen und den Schutz bestimmter Grundrechte wie Presse- und Religionsfreiheit, da diese durch die Regierung verletzt wurden. Obwohl die südliche Opposition durch Liberale aus dem Norden unterstützt wurde, wies Wilhelm diese Forderungen zurück. Im Dezember 1829 erklärte er, dass die Freiheit

---

andererseits niemand anderen in der Regierung gab, den sie zur Rechtfertigung der Politik ansprechen konnten.
25 Peter van Velzen, De ongekende ministeriële verantwoordelijkheid. Theorie en praktijk 1813–1840, Nijmegen 2005.
26 Van Velzen, Ministeriële verantwoordelijkheid (wie Fn. 25), S. 7-78, 500. Vgl. zur Möglichkeit der Ministeranklage vor dem Obersten Gerichtshof in den Verfassungen von 1814 und 1815: CD-ROM-2, Dok.-Nr. 5.2.1 (wie Fn. 16), Art. 104-106; Dok.-Nr. 5.2.2 (wie Fn. 18), Art. 177-179.

von Religion und Presse garantiert sei. Er ließ keinen Zweifel an seiner Auffassung über die Ministerverantwortlichkeit:

> »L'introduction de cette responsabilité ministérielle envers les deux chambres qui composent les états généraux, et envers le pouvoir judiciaire, transporterait ailleurs, en contradiction avec la loi fondamentale, l'action de la prérogative royale, sans offrir aucune garantie nouvelle, ni plus réelle pour les libertés du peuple […].«[27]

Am Ende war es der Unwille Wilhelms I. zur Verfassungsreform, der das Schicksal des Königreichs besiegelte. Sogar nach den Augustaufständen in Brüssel wies der König die Forderungen der belgischen Opposition zurück und ließ somit die letzte Gelegenheit zur Rettung der Vereinigten Niederlande ungenutzt. Im Oktober 1830 entschieden die Belgier, mit dem Norden zu brechen, und im November wählte man einen Nationalkongress, der eine nationale Verfassung für ein unabhängiges Belgien aufsetzen sollte.[28] In den Nördlichen Niederlanden verlor die liberale Opposition nach dem belgischen Aufstand ihre Stoßkraft. Aus Enttäuschung über die belgische Opposition entschieden sich viele nördliche Politiker für eine Unterstützung des Königs; Gefühle der Kränkung und des Nationalstolzes bewirkten ein vorübergehendes Festhalten am Status quo durch Regierung und Parlament. In den späten 1830er-Jahren führte jedoch die Verbissenheit des Königs, der seinen Anspruch gegenüber den Südlichen Niederlanden nicht aufgeben wollte, zu einer Entfremdung gegenüber dem Parlament und seine Berufung auf eine »vor« der Verfassung gegebene Souveränität wurde nicht länger akzeptiert.[29] 1839 lenkte Wilhelm ein und stimmte einer Revision der Verfassung von 1815 zu. Van Hogendorps Regelungen des parlamentarischen Rechts zur Ministeranklage wurden endlich in die revidierte Verfassung von 1840 aufgenommen.[30] Dies betraf aber Wilhelm I. nicht mehr; im Oktober 1840 dankte er zum Teil aus persönlichen Gründen ab.

Bald nach der Ratifizierung der Verfassung von 1840 und der Thronfolge Wilhelms II. wurde deutlich, dass der »punitive« und »negative« Typ der Ministerverantwortlichkeit, der vom Parlament übernommen worden war, ganz und gar nicht funktionierte. In der neuen Verfassungsordnung wurde der Oberste Gerichtshof zum

---

27 Message politique du Roi des Pays-Bas, 11.12.1829, in: Pasinomie ou collection complete des lois, decrets, arrées et regelements généraux qui peuvent être invoqué en Belgique, 2ᵉ série, Bruxelles 1827–1829, S. 355-359 (Zitat auf S. 358). Vgl. zur verfassungspolitischen Debatte über die Regelung der Ministerverantwortlichkeit im Zusammenhang mit der Teilung der Vereinigten Niederlande auch Stefaan Marteel, »Inventing the Belgian revolution«: politics and political thought in the United Kingdom of the Netherlands (1814–1830), Diss. phil. Florence (EUI) 2009.
28 Vgl. den Beitrag über Belgien im vorliegenden Handbuchband.
29 Van Velzen, Ministeriële verantwoordelijkheid (wie Fn. 25).
30 CD-ROM-2, Dok.-Nr. 5.2.3 (Verfassung der Niederlande v. 1840). Vgl. Dirk Donker Curtius, Proeve eener nieuwe Grondwet, Arnheim 1840.

Verfassungsgericht, das für Gerichtsverfahren gegen Minister zuständig war.[31] Es gab jedoch keine Gesetzgebung zur Regelung solcher Verfahren. Ansonsten waren der König und die Minister sehr wachsam, um nicht eine Anklage zu provozieren, und sie versuchten, Konflikte mit dem Parlament durch eine informelle Politik zu vermeiden. In den frühen 1840er-Jahren begann eine Gruppe liberaler Abgeordneter und Publizisten eine positive Form der Gegenzeichnung zu propagieren. Zuerst blieben ihre Argumente unerhört, doch dies änderte sich Mitte der 1840er-Jahre. Wegen wirtschaftlicher Probleme nahm der Drang, das politische System der Niederlande zu reformieren, rasch zu. Gleichwohl führte die wachsende Unzufriedenheit über das politische System bei seinen Kritikern nicht zu einer Einmütigkeit hinsichtlich der Art und des Umfangs der Wahlrechtsreform. Als Folge stellte sich eine politische Blockade ein. Die Weigerung Wilhelms II. und der Mehrheit der Zweiten Kammer, die Initiative für die dringend benötigte Verfassungsrevision zu ergreifen, vertiefte die politische Ausweglosigkeit. Schließlich beendete die Erschütterung der Revolutionen von 1848 den Stillstand und bot Dirk Donker Curtius, Lodewijk Caspar Luzac, Johan Rudolf Thorbecke und anderen Liberalen die Gelegenheit zur Verfassungsreform. Sie ersetzten die punitive Ministerverantwortlichkeit durch die politische Gegenzeichnung, führten direkte Wahlen zum Parlament und die formale Unverletzlichkeit des Königs ein und stellten eine mehr oder weniger ausgeglichene horizontale Gewaltenteilung her.

3 Wahlrecht und Wahlen

Das Wahlsystem des Königreichs der Vereinigten Niederlande beruhte auf den Plänen, die vom ersten Verfassungsausschuss ausgearbeitet worden waren. Der zweite Verfassungsausschuss, der im April 1815 eingesetzt wurde, um der Vereinigung der Niederlande durch eine revidierte Verfassung Rechnung zu tragen, ließ dieses Wahlsystem mehr oder weniger unverändert, mit Ausnahme zweier wichtiger Modifikationen. Angeregt durch die *Charte Constitutionnelle* Ludwigs XVIII. und durch das englische System vereinbarten die niederländischen und belgischen Mitglieder des Ausschusses eine Zweikammerrepräsentation mit Erster und Zweiter Kammer. Die Erste Kammer bestand aus 40–60 Mitgliedern, die vom König bestellt wurden. Diese Berufung war nicht auf den Adel beschränkt. Den Nördlichen Niederlanden fehlte es an Adligen und deshalb entschied der Verfassungsausschuss, die Erste Kammer für Leistung und Verdienste zu öffnen; der König konnte nicht nur nach Geburt berufen, sondern auch Männer einsetzen, die zum Ruhm der Nation beigetragen hatten. Aufgrund ihrer engen Beziehungen zum König und ihrer Abhängigkeit von ihm bezeichnete das Volk die Erste Kammer auch als »ménagerie du roi« (»königlicher

---

31 CD-ROM-2, Dok.-Nr. 5.2.3 (wie Fn. 30), Art. 75, 78, 175.

Tierpark«). Die andere Veränderung, die durch den zweiten Verfassungsausschuss vorgenommen wurde, betraf die Zahl der gewählten Mitglieder der Zweiten Kammer. Im Frühjahr 1814 hatten Wilhelm-Friedrich und der erste Verfassungsausschuss 55 Mitglieder vereinbart. 1815 erweiterte man diese Zahl auf 110 gewählte Mitglieder, um die Repräsentanten der Südlichen Niederlande mit aufzunehmen.[32]

Die Erste und Zweite Kammer zusammen wurden als »Staten Generaal« (»Generalstaaten«) bezeichnet. Diese archaische Bezeichnung war eine Erfindung Van Hogendorps. Wie im vorangegangenen Kapitel ausgeführt, war es nach seiner Auffassung entscheidend, alte und neue Elemente zu kombinieren, um ein dauerhaftes politisches System zu schaffen. Dieses Gemisch von etwas, was sich am besten als Wirrwarr aus Tradition, Revolution, Restauration und Erneuerung beschreiben lässt, ist ausschlaggebend, um das Wahlsystem zu verstehen. Mehr als in anderen Verfassungsbereichen versuchte der Verfassungsausschuss die Artikel über das aktive und passive Wahlrecht zu nutzen, um das Ancien Régime mit der Revolution auszusöhnen oder besser: um die alten Grundsätze von Geburt und Erbe mit der revolutionären *volonté générale* zu verbinden. Der erste Verfassungsausschuss war der Auffassung, dass die beste Lösung dieses Problems (die dann vom zweiten Ausschuss im April 1815 bekräftigt wurde) ein indirektes, nach Klassen aufgeteiltes und durch einen Zensus beschränktes Wahlrecht sei.[33]

Das Wahlrecht war indirekt, da die Mitglieder der Zweiten Kammer durch die repräsentativen Körperschaften der verschiedenen Provinzen, die sog. Provinzialstaaten, gewählt wurden. Jede Provinz besaß das Recht auf eine bestimmte Zahl von Delegierten in der Zweiten Kammer. Holland hatte zum Beispiel das Wahlrecht für 22 Kammersitze. Im Vergleich zu den Südlichen Provinzen war diese Zahl fester Sitze sehr hoch; Ost- und Westflandern zusammen besaßen 18 Sitze, obwohl sie mehr Einwohner als Holland hatten.

Auf den ersten Blick erscheint die indirekte Wahl der Parlamentsmitglieder durch die verschiedenen Provinzialstaaten als eine Restauration des föderalen Systems der Republik. Obwohl die Provinzialstaaten eine Schlüsselrolle im Wahlsystem spielten, trifft diese Einschätzung jedoch nicht ganz zu. Das durch den ersten Verfassungsausschuss eingeführte Wahlsystem hatte mit der Wahlpraxis in der Republik sehr wenig gemeinsam. Die Ähnlichkeiten waren nichts anderes als wage Reminiszenzen, die Erfindung von Traditionen, die niemals wirklich existiert hatten und ganz bewusst aufgeboten wurden, um Legitimität herzustellen. Ein Beispiel für eine solche Erfindung von Tradition ist die Differenzierung nach Klassen innerhalb der Provinzialstaaten. Weil die Niederlande keine traditionelle Aristokratie wie zum Beispiel in England und Frankreich vorweisen konnten, schuf der erste Verfassungsausschuss drei neue

---

32 CD-ROM-2, Dok.-Nr. 5.2.1 (wie Fn. 16), Art. 56, 58; Dok.-Nr. 5.2.2 (wie Fn. 18), Art. 78-80.
33 Siehe Lodewijk Blok, Stemmen en Kiezen. Het Kiesstelsel in Nederland 1814–1850, Groningen 1987.

Klassen: 1. der Adel, 2. die Stadtbewohner und 3. die Bauern und übrige Landbevölkerung. Die Sitze in den Provinzialstaaten wurden gemäß den sozialen und wirtschaftlichen Bedingungen der Provinz unter diesen drei Klassen aufgeteilt. In Holland überwog beispielsweise die Zahl der städtischen Repräsentanten, während in den eher ländlichen Ostprovinzen Adel und Grundeigentümer die Mehrheit der Sitze besaßen.

Der originelle, aber zugleich restaurative Aspekt dieser Klassenaufteilung liegt in der besonderen Position des Adels begründet. Der erste Verfassungsausschuss wusste, dass diese besondere Position anderen Verfassungsartikeln widersprach, die besagten, dass alle Menschen vor dem Gesetz gleich seien. Dennoch einigten sich die Ausschussmitglieder auf die Wahlprivilegien für den Adel, da sie der Auffassung waren, dass die Aristokratie – als ein *corps intermédiaire* – entscheidend für die Bildung eines dauerhaften und stabilen politischen Systems sei.[34] Der Ausschuss ließ sich von Montesquieu inspirieren und glaubte daher, dass es Gleichheit nur unter Gleichen gebe und politische Rechte an *gloria*, *virtus* und *dignitas* gebunden seien. Ironischerweise waren diese Qualitäten in den Niederlanden mit Wohlstand verknüpft und deshalb beruhte das Wahlsystem weitgehend auf sozioökonomischer Distinktion.[35] Der Adel wählte seine Repräsentanten direkt in die Provinzialstaaten. Um Mitglied der Provinzialstaaten zu werden, mussten die Adligen hohen finanziellen Anforderungen genügen; in den Ostprovinzen bestanden sie aus Großgrundbesitzern, in den Städten aus wohlhabenden Kaufleuten und den alten Patriziern oder Regenten.

Die beiden anderen Klassen der Provinzialstaaten wurden indirekt gewählt. Die Repräsentanten der Bauern und Landleute wurden durch verschiedene Wahlversammlungen der Distrikte gewählt. Diese Wahlversammlungen wurden ihrerseits durch die Bauern und Landleute bestellt, die das aktive Wahlrecht besaßen. Die Bestellung der Repräsentanten der Städte war das Privileg der verschiedenen städtischen Ratsversammlungen. Die Mitglieder dieser Ratsversammlungen blieben lebenslang im Amt und wurden ihrerseits durch Wahlversammlungen bestimmt. Diese städtischen Wahlversammlungen wurden schließlich von den Stadtbewohnern gewählt, die den Anforderungen eines Zensus genügten. Die Höhe dieses Zensus unterschied sich von Stadt zu Stadt und von Provinz zu Provinz, er war aber allgemein sehr hoch. Beispielsweise betrug der Provinzialzensus in Holland 30 Gulden für das aktive und 150 Gulden für das passive Wahlrecht. In einer Großstadt derselben Provinz, zum Beispiel in Leiden, betrug er 20 Gulden für das aktive und 80 Gulden für das passive Wahlrecht. (☛ Abb. 5.2, S. 443)

Das soeben beschriebene indirekte Wahlsystem machte eine wirkliche Repräsentation in der Zweiten Kammer der Generalstaaten sehr schwierig. 1829 besaßen nur 82.624 Männer in den Nördlichen Niederlanden das aktive Wahlrecht, was 3,4 Pro-

---

34 Paul Janssens, De politieke invloed van de adel in het Koninkrijk der Nederlanden, in: Tamse/Witte (Hg.), Staats- en Natievorming (wie Fn. 3), S. 98-121.
35 CD-ROM-2, Dok.-Nr. 5.3.1 (Anteil der stimmberechtigten und wählbaren Personen 1829–1839).

zent der Bevölkerung entsprach. 1839 fielen die Zahlen mit nur 85.823 Wahlberechtigten auf 2.666.731 Einwohner noch schlechter aus (3,2 Prozent). In beiden Jahren besaß nur ein Prozent der nördlichen Bevölkerung das passive Wahlrecht. Unter diesen etwa 24.000 Männern wurden die 55 Repräsentanten des Nordens für die Zweite Kammer gewählt. Obwohl der Anteil von einem Prozent passiv Wahlberechtigter – in den Südlichen Niederlanden betrug er ebenfalls etwa ein Prozent – schon sehr klein war, stellte sich die Repräsentation in Wirklichkeit noch entmutigender und ungünstiger dar. In den 15 Jahren, in denen das Königreich der Vereinigten Niederlande bestand, saßen nur 84 verschiedene Männer in der Ersten Kammer. In der Zweiten Kammer war die Mobilität noch geringer; von 1815 bis 1830 wurden nur 266 verschiedene Repräsentanten von den nördlichen und südlichen Provinzen in das Parlament gewählt.[36]

Diese Zahlenangaben lassen unberücksichtigt, dass der Zugang zur Zweiten Kammer nur möglich war, wenn man das 30. Lebensjahr vollendet hatte. Die Verfassung schrieb außerdem vor, dass die Abgeordneten ihre Sitze nur für drei Jahre behalten durften und jedes Jahr ein Drittel des Parlaments neu zu wählen war.[37] Auf dem Papier erscheint das Wahlsystem zwar als ziemlich offen, doch in Wirklichkeit war es sehr schwierig, in das Parlament gewählt zu werden; nicht nur die Sitze der Ersten Kammer, sondern auch diejenigen der Zweiten Kammer wurden unter der Aristokratie und der reichen und gebildeten Oberschicht aufgeteilt. Auf allen Ebenen waren die Wahlen von statischer Natur und kein politisierter Vorgang. Im gesamten Wahlsystem – bei all den verschiedenen Wahlversammlungen und Wählerschaften – gehörte die Wiederwahl zur allgemeinen Praxis. Überdies wurden die Wahlergebnisse auf Provinzebene oft vom König beeinflusst. Besonders in den Jahren 1818–1820 und 1828–1830 versuchte Wilhelm, die Verteilung der Sitze in der Zweiten Kammer zu verändern.

Während der Herrschaft Wilhelms I. änderte sich das Wahlsystem nicht. In den späten 1820er-Jahre wurden zwar in Parlament und Presse Forderungen nach einer Reform des Wahlsystems laut, da es zu indirekt und schlecht eingerichtet sei und zu einer schwachen Repräsentation führe. Insgesamt besaß das Wahlsystem jedoch für die nördliche und südliche Opposition keine Priorität: Die Pressefreiheit, das Budget und die Religions-, Bildungs- und Sprachpolitik Wilhelms I. waren sehr vielmehr Gegenstand der Debatten und riefen auch größeren Widerstand hervor. Gleichwohl wurde 1830 und 1831 deutlich, dass in den Südlichen Niederlanden eine große Unzufriedenheit hinsichtlich des Wahlsystems herrschte. Im Oktober 1830 machte die provisorische Regierung geltend, dass die Verfassung des unabhängigen Belgien Platz

---

36 P. W. Meerts, Kamerleden 1815–1830, een verkenning, in: Belgisch Tijdschrift voor Nieuwste Geschiedenis. Revue belge d'histoire contemporaine 1985, H. 3-4, S. 433-446.
37 CD-ROM-2, Dok.-Nr. 5.2.2 (wie Fn. 18), Art. 81 f.

3 Wahlrecht und Wahlen

für ein »direktes und liberales« Wahlsystem bieten müsse, da dies der einzige Weg sei, um eine nationale Repräsentation zu gewährleisten.[38]

In den Nördlichen Niederlanden führte die Auflösung des Königreichs der Vereinigten Niederlande in den Jahren 1831 und 1832 zu einer kurzen Debatte über das Wahlsystem. Einige niederländische Politiker und politische Publizisten glaubten, dass mit dem Ende der Union die Verfassung von 1815 nicht länger gültig sei. Sie vertraten die Auffassung, dass wie Belgien auch der Norden eine neue Verfassung brauche. In einigen Streitschriften spielte das Wahlsystem eine Schlüsselrolle in dieser Debatte. Besonders eine Frage, nämlich die der Repräsentantenzahl, wurde nun akut, da die 55 belgischen Sitze vakant geworden waren. Verschiedene Pläne für ein neues Wahlsystem wurden von liberalen Politikern und Publizisten geschmiedet. Das System wurde auch von einem geheimen, durch den König eingesetzten Ausschuss untersucht und 1832 entwarf er einen Plan für ein neues Wahlsystem, das weitgehend auf dem System der Verfassung von 1798 basierte.[39] Der Plan gefiel jedoch Wilhelm nicht, sodass die Reform verworfen wurde. Auf der einen Seite erneuerte die belgische Revolution das Interesse an der Verfassung und am Wahlsystem in den Nördlichen Niederlanden. Aber auf der anderen Seite waren die nördlichen Politiker auch so schockiert über den Ungehorsam der Belgier, dass sie entschieden, dass dies nicht der richtige Zeitpunkt für Veränderungen des politischen Systems sei.

Obwohl liberale Publizisten und Journalisten unter dem Eindruck der britischen Reform Bill von 1832 weiterhin nach Reformen riefen, dauerte es bis 1839, bis das Wahlsystem erneut zum politischen Thema wurde. Im Parlament vertraten die Liberalen die Auffassung, dass das indirekte System durch ein direktes System ersetzt werden solle, weil die Repräsentation zu schmal sei und das indirekte System dem König die Möglichkeit gebe, die Wahlen auf der Ebene der Wahlversammlungen der Distrikte und Städte zu beeinflussen. Auch viele andere Politiker spürten die Dringlichkeit für eine Reform des Systems. Aber sie waren direkten Wahlen gegenüber abgeneigt. Nach ihrer Ansicht sollte das Wahlsystem die Repräsentation absichern und dabei gewährleisten, dass die besten und fähigsten Männer in die verschiedenen gesetzgebenden Körperschaften gewählt wurden.

Die Verfassungsrevision von 1840 bot die erste wirkliche Gelegenheit für eine Reform des Wahlsystems. Der Verfassungsausschuss konnte jedoch keine gemeinsame Grundlage für Reformen finden, weshalb das Wahlsystem im Ergebnis mehr oder weniger unverändert in der revidierten Verfassung von 1840 bestehen blieb.[40] Nach 1840 strebten Liberale wie Dirk Donker Curtius und Johan Rudolf Thorbecke

---

38 Siehe Els Witte, De politieke ontwikkeling in België 1831–1846, in: Allgemene Geschiedenis der Nederlanden, Bd. 11, Bussum 1983, S. 315-345.
39 Blok, Stemmen (wie Fn. 33), S. 43-46; Van Zanten, Schielijk (wie Fn. 3), S. 314-321. Zur Verfassung von 1798 siehe CD-ROM-1, Dok.-Nr. 5.2.5 (nl.)/5.2.6 (dt.) (Verfassung der Batavischen Republik v. 1.5.1798).
40 Siehe CD-ROM-2, Dok.-Nr. 5.2.3 (wie Fn. 30), Art. 81-84, 127-140.

weiterhin nach einer Reform des Wahlsystems und der Einführung direkter Wahlen.[41] Doch erst die Erschütterung der Revolutionen von 1848 beendete den Stillstand und bot den Liberalen die Gelegenheit, die Verfassung zu reformieren und direkte Wahlen zum Parlament einzuführen.

4 Grundrechte

Die Verfassung von 1814, die die Freiheit und Souveränität der Niederlande nach der französischen Besetzung wiederherstellte, enthielt keinen Grundrechtekatalog. Der Ausschuss, der für den Text verantwortlich war, führte lange Diskussionen darüber, ob es notwendig sei, eine Liste der wichtigsten Grundrechte aufzustellen, oder ob es besser sei, sie nur indirekt zu beschreiben oder ganz unerwähnt zu lassen, womit sich die Hoffnung verband, dass sie sich als positives Ergebnis der Verfassungspraxis von selbst ergeben würden. In ihrer Weisheit entschieden sich die Ausschussmitglieder für die letzte Option, was zum Ergebnis hatte, dass bedeutende Rechte wie die Presse- und Religionsfreiheit, das Petitionsrecht und der Schutz des Eigentums keine explizite Erwähnung in der Verfassung fanden. Eine Ausnahme wurde einzig für das Recht auf ein faires und öffentliches Gerichtsverfahren gemacht. Dieses Grundrecht wurde ausführlich in den Artikeln über die Justiz umrissen.[42]

Die ablehnende Haltung gegenüber den Grundrechten in der Verfassung von 1814 war nicht das Ergebnis von Ignoranz oder mangelnder Tradition. Noch bevor die Liste der persönlichen Freiheitsrechte aus der amerikanischen »Bill of Rights« eine weite Verbreitung in der Alten Republik gefunden hatte und nach der »Déclaration des droits de l'homme et du citoyen« von 1789 kamen die universalen Rechte in der niederländischen Politik sehr in Mode.[43] Unter dem Einfluss sowohl der amerikanischen als auch der Französischen Revolution eigneten sich die niederländischen Revolutionäre (die Bataver) die universalen Menschenrechte an und nahmen sie explizit in die Verfassung von 1798 auf.[44] Der Grund dafür, dass der Verfassungsausschuss von 1814 zögerte, die Grundrechte detailliert zu beschreiben, hatte mit dem Wunsch zu tun, mit der revolutionären Vergangenheit zu brechen. Die Mehrheit des Ausschusses war der Auffassung, dass die jüngste Vergangenheit deutlich gemacht habe, dass es gefährlich sei, bestimmte Gesetze zu universalen Normen zu erklären, und unter der Leitung Van Hogendorps machte er sich eine organische und historische Einstellung gegenüber den Grundrechten zu eigen. In den Augen der Ausschussmitglieder bestanden

---

41 Vgl. Curtius, Proeve (wie Fn. 30).
42 CD-ROM-2, Dok.-Nr. 5.2.1 (wie Fn. 16), Art. 101.
43 Jaap Talsma, Het recht van petitie, verzoekschriften aan de Tweede Kamer en het ombudsmanvraagstuk; Nederland 1795–1983, Arnhem 1989, S. 15-20. Zur französischen Menschen- und Bürgerrechtserklärung vom 26.8.1789 siehe CD-ROM-1, Dok.-Nr. 3.4.1 (frz.)/3.4.2 (dt.).
44 Vgl. CD-ROM-1, Dok.-Nr. 5.2.5 (nl.)/5.2.6 (dt.) (wie Fn. 39), Art. 1-72.

viele Grundrechte bereits *de facto* und sie hielten es für keine gute Gesetzgebung, sie in einem Vertrag zu verankern – insbesondere weil sie der Überzeugung waren, dass auch universale Gesetze dort strittig blieben. Ihr erstes Ziel bestand nicht darin, persönliche Freiheitsrechte zu gewährleisten, sondern einen souveränen, unabhängigen und gesicherten Nationalstaat zu errichten. Daher vertraten sie letztendlich die Auffassung, dass es dem *common sense* entsprach, die Grundrechte aus der Verfassung herauszulassen.

Diese zögernde Haltung gegenüber den Grundrechten änderte sich 1815 mit der Revision der Verfassung von 1814 ein wenig, die der Union der Nördlichen und Südlichen Niederlande Rechnung tragen sollte. Nach einer langen und reiflichen Debatte im Frühsommer 1815 konnten die belgischen Ausschussmitglieder die anderen Mitglieder davon überzeugen, dass die bedeutendsten Grundrechte in der revidierten Verfassung sichergestellt werden mussten. Die belgischen Mitglieder plädierten für die Aufnahme von »dispositions générales« oder besser eines Grundrechtekatalogs[45], doch die Mitglieder aus dem Norden dachten, dass dieser Katalog zu lang ausfallen würde. Am wichtigsten war jedoch, dass sie fürchteten, dass ein solcher Katalog die Aufmerksamkeit von den anderen Verfassungsartikeln ablenken und deshalb zu viel Gewicht erlangen könnte. Schließlich wurde der Kompromiss gefunden, die wesentlichsten Grundrechte über die verschiedenen Kapitel des Verfassungstexts zu verteilen und in den Sektionen zu platzieren, in die sie am besten passten. Das Ergebnis war, dass die verschiedenen Grundrechte in fünf der elf Verfassungskapitel mehr oder weniger versteckt wurden.[46]

In das erste Kapitel der revidierten Verfassung – »Vom Königreich und seinen Einwohnern« – entschied der Ausschuss das Recht auf gleichen Schutz der Person und Güter aufzunehmen. In diesem Kapitel bereitete er auch den Privilegien ein Ende, indem er das Recht aufstellte, dass alle Ämter für alle Männer gleichermaßen wählbar seien.[47] Im vierten Kapitel – »Von den Provinzialständen« – wurde ein neues Grundrecht, nämlich das Petitionsrecht, angesprochen.[48] 1814 hatte man dieses Recht aus der Verfassung ausgeklammert. Der betreffende Ausschuss war der Ansicht gewesen, dass dieses Recht *de facto* bestand, weil alle Bürger sich an ihren Fürsten wenden konnten. Ein halbes Jahr später erschien es den Belgiern und auch einigen nördlichen Mitgliedern im zweiten Verfassungsausschuss als ratsam, das Petitionsrecht näher zu beschreiben, wobei sie dachten, dass es besser sei, wenn sich die Petenten an die Generalstaaten und nicht an den König wandten. Ein Ausschussmitglied – der spätere Justizminister Cornelis Felix van Maanen – widersetzte sich sehr heftig dieser

---

45 Siehe den Entwurf eines solchen Grundrechtekatalogs durch das belgische Ausschussmitglied G. Leclerc, in: CD-ROM-2, Dok.-Nr. 5.4.1 (Grundrechte v. 1814).
46 C. J. H. Jansen, Klassieke grondrechten. Achtergrond en ontwikkeling, 1795–1917, in: Van Sas/Te Velde, Eeuw van de grondwet (wie Fn. 2), S. 96-113.
47 CD-ROM-2, Dok.-Nr. 5.2.2 (wie Fn. 18), Art. 4, 5, 9.
48 Ebd., Art. 161.

Idee. Die Meinungsverschiedenheit wurde gelöst, als das belgische Ausschussmitglied Théodore Dotrenge vorschlug, den Artikel über das Petitionsrecht aus der Verfassung Louis-Napoleon Bonapartes von 1806 zu übernehmen.[49] Dotrenge argumentierte, dass es genügen würde, das Petitionsrecht im allgemeinen Sinne aufzunehmen, ohne seine Art und seine Praxis näher zu beschreiben.

Das Unbehagen des Verfassungsausschusses bezüglich des Petitionsrechts spiegelte sich in der Platzierung von Artikel 161 im endgültigen Verfassungstext von 1815 wider. Der Ausschuss entschied, den Artikel am Ende des Kapitels über die Provinzialstaaten einzufügen. In dieser Sektion des Verfassungstextes verlor sich das Petitionsrecht mehr oder weniger unter Bestimmungen, mit denen es nichts zu tun hatte. Es scheint, dass sich die im Verfassungsausschuss über das Petitionsrecht geführten Diskussionen auf die Frage konzentrierten, ob es sinnvoll sei, Petitionen an die Generalstaaten zu ermöglichen. Einige Ausschussmitglieder fürchteten, dass dies die Generalstaaten untergraben und Konflikte zwischen beiden Kammern und dem König und seiner Regierung verursachen würde. Seltsam genug ist es, dass im Verfassungsausschuss keine Diskussionen darüber geführt wurden, ob man den Bürgern die Möglichkeit einräumen sollte, sich an die lokalen Autoritäten, Ratsversammlungen, Gerichtshöfe und Verwaltungsämter zu wenden. Der Wunsch Van Hogendorps und der anderen Verfassungsgeber, durch die Verfassung ein harmonisches politisches System zu errichten, lenkte ihre ganze Aufmerksamkeit auf die Gefahr potenzieller Konflikte zwischen den bedeutendsten politischen Organen. Dabei vernachlässigten sie aus ihrer Perspektive eine noch größere Gefahr: den Gebrauch von Petitionen als politisches Instrument. Diese Nachlässigkeit sollte weitgehend zum Zerfall des Königreichs der Vereinigten Niederlande 1830 beitragen.[50]

Im fünften Kapitel – »Von der Gerechtigkeitspflege« – wurde zwei anderen Grundrechten Platz eingeräumt. In die Verfassungsversion von 1814 hatte der Ausschuss bereits das Recht auf ein faires und öffentliches Gerichtsverfahren aufgenommen. Nun bot ihm die Revision der Verfassung die Gelegenheit, zwei weitere Grundrechte, nämlich das Recht auf Eigentumsschutz und den Schutz der persönlichen Freiheit aller Bürger, einzupassen.[51] Beide Rechte wurden von allen Mitgliedern des Verfassungsausschusses begrüßt und unterstützt. Alle Mitglieder erinnerten sich an das Geschehen von 1787–1789 in der Folge der Revolutionen in den Nördlichen und Südlichen Niederlanden, weshalb sie es vollauf befürworteten, dass im Falle einer Enteignung durch die Regierung die Bürger das Recht auf Entschädigung haben sollten. Im sechsten Kapitel, das über die Religion handelte, beschrieb der Ausschuss

---

49 Vgl. CD-ROM-1, Dok. 5.2.15 (nl.)/5.2.16 (dt.) (Verfassung für das Königreich Holland v. 7.8.1806), Art. 5/§ 5.
50 Vgl. zu diesem Abschnitt Jaap Talsma, Het recht van petitie, verzoekschriften aan de Tweede Kamer en het ombudsmanvraagstuk; Nederland 1795–1983, Arnhem 1989.
51 CD-ROM-2, Dok.-Nr. 5.2.1 (wie Fn. 16), Art. 101 (faires und öffentliches Gerichtsverfahren); Dok.-Nr. 5.2.2 (wie Fn. 18), Art. 164 (Eigentumsrecht), 167 (persönliche Freiheit).

ein weiteres, sehr wichtiges Grundrecht: die Religionsfreiheit. Die Sektion über die Religion im Verfassungstext von 1815 stellte keine einfache Revision der Bestimmungen von 1814, sondern einen neuen und völlig anderen Text dar. Beispielsweise entfernte man den berühmten Artikel, dass der König der Niederlande nur ein Protestant sein konnte. Stattdessen wurde allen Bürgern Religionsfreiheit eingeräumt.[52] Diese Bestimmung war absolut oder galt, wie Artikel 190 festlegte, für »Jedermann«. Im nachfolgenden Artikel wurde allen verschiedenen Glaubensrichtungen und Überzeugungen der gleiche Status eingeräumt. Der Artikel legte auch fest, dass alle Glaubensrichtungen und Kirchen durch die Regierung zu schützen seien. Artikel 191 war das Ergebnis einer Vereinbarung, die in Falcks Acht Artikeln vom 21. Juni 1814 getroffen worden war. Die Religionsfreiheit und der gleiche Status der verschiedenen Glaubensrichtungen und Überzeugungen wurden hiermit sichergestellt, was die Vereinigung des protestantischen Nordens und des katholischen Südens ermöglichte.[53]

Im zehnten Kapitel der revidierten Verfassung von 1815 – »Von dem öffentlichen Unterricht und den Wohlthätigkeitsanstalten« – wurde die Pressefreiheit angesprochen. Van Hogendorp und die anderen Mitglieder des ersten Verfassungsausschusses waren der Ansicht gewesen, dass die Niederlande eine lange Tradition der Pressefreiheit besäßen, und hatten daher erneut geltend gemacht, dass es unnötig sei, diese Freiheit in der Verfassung zu bestätigen. Die belgischen Mitglieder des Verfassungsausschusses, der am 22. April 1815 durch Wilhelm I. eingesetzt wurde, dachten anders und waren davon überzeugt, dass die politischen Entwicklungen und die strenge Zensur in Frankreich unter Beweis stellten, dass ein Artikel zur Pressefreiheit in der revidierten Verfassung sehr nötig war. Die belgischen Ausschussmitglieder nutzten eine offizielle Proklamation Wilhelms I. zur Unterstützung ihrer Sache. In dieser Proklamation vom 24. Januar 1814 hatte der König erklärt, dass seine Regierung die Pressefreiheit respektieren würde, und außerdem festgestellt, dass eine Zensur nicht der nationalen Geschichte und Natur entspräche. Der Ausschuss kam darin überein, sich diese königliche Proklamation zu eigen zu machen, und gewährte die Pressefreiheit in Artikel 227 mit der Einschränkung, dass diese Freiheit nicht für Beleidigungen und Rufmord missbraucht werden dürfe.[54]

Obgleich die Pressefreiheit in den revidierten Verfassungstext mit aufgenommen worden war, wurde sie – ebenso wie das Petitionsrecht – von der Regierung nicht als selbstverständlich betrachtet oder respektiert. Innerhalb weniger Monate nach der Ratifizierung der Verfassung verschärfte Wilhelm I. zum Jahresende 1815 die in der Verfassung vorgesehenen Einschränkungen durch ein Königliches Dekret. Der Grund für diese königliche Ergänzung war der Umstand, dass Ludwig XVIII. sich

---

52 CD-ROM-2, Dok.-Nr. 5.2.1 (wie Fn. 16), Art. 133 (protestantische Glaubensrichtung für den König); Dok.-Nr. 5.2.2 (wie Fn. 18), Art. 190, 191 (Religionsfreiheit).
53 Hermann Theodoor Colenbrander, Ontstaan der Grondwet, Teil II, Den Haag 1909, S. 27 f.
54 CD-ROM-2, Dok.-Nr. 5.2.2 (wie Fn. 18), Art. 227.

darüber beklagt hatte, dass die Presse in den Südlichen Niederlanden von französischen Flüchtlingen zur Einflussnahme auf die öffentliche Meinung in Frankreich benutzt würde. Folglich legte die Proklamation Wilhelms fest, dass es nicht erlaubt sei, ein anderes Land oder ausländisches Staatsoberhaupt zu beleidigen, und wichtiger noch: dass es verboten sei, die nationale Sicherheit oder diejenige anderer Länder zu verletzen. 1818 wiederholte Wilhelm – abermals aufgrund französischer Bitten – diese Bedingungen in einem weiteren Königlichen Dekret.

Dieses Mal nutzte er jedoch die Einschränkungen auch zu seinem eigenen Vorteil. Ab 1817 präsentierte sich Wilhelm auf der einen Seite als liberaler König, indem er den verfassungsmäßigen Schutz der Pressefreiheit betonte; aber auf der anderen Seite benutzte er die Dekrete von 1815 und 1818, die – wie bereits erwähnt – zur Dämpfung ausländischen Unmuts gedacht waren, um die nationale Presse zu zensieren, wie dies Metternich mit den Karlsbader Beschlüssen vom September 1819 tat. Viele nördliche und südliche Journalisten wurden auf falscher Grundlage verfolgt. Vor allem in den 1820er-Jahren verschärfte sich die Pressepolitik der Regierung. Mit der ab 1827 zunehmenden Unruhe innerhalb der Vereinigten Niederlande führte diese Politik Wilhelms einmal mehr zu einer Vertrauenskrise zwischen Regierung und Parlamentsmehrheit.[55] Wichtiger war jedoch, dass sie Anlass zu hitzigen Diskussionen über den Schutz wesentlicher Grundrechte gab und folglich das Verfassungsbewusstsein sowohl in den nördlichen als auch in den südlichen Provinzen vertiefte.

5 Verwaltung

Wie in Kapitel 2 erläutert, liefen alle Fäden der Regierung und Verwaltung in der »Staatssecretarie« zusammen. Mit dem »Kabinet des Konings«, dem privaten Verwaltungsorgan des Königs, funktionierte die »Staatssecretarie« mehr oder weniger als Betriebsraum, der den Staatsapparat kontrollierte und beaufsichtigte.[56] Beide Organe versetzten Wilhelm in die Lage, die verschiedenen Verwaltungsstellen im Staat zu leiten, ohne durch formale Regeln, Protokolle oder Vorschriften eingeschränkt zu werden. In den Augen des Königs war die Funktion der Verwaltung die eines Instruments, das ausschließlich seine Macht im Staat fördern sollte. Die Struktur, die Funktion und die Verfahren der Verwaltung innerhalb des Staats wurden nicht klar in Gesetzen oder Protokollen niedergelegt. Es gab keine klaren Richtlinien bezüglich der verschiedenen Behörden und formelle und informelle Zuständigkeiten und Beziehungen wurden nicht getrennt. Jedes Dokument und jeder Befehl ging durch die Hände des Königs. Mit seinem »fanatisme du détail« kontrollierte und unterzeichnete

---

55 Van Zanten, Schielijk (wie Fn. 3), S. 107-132.
56 J. Steur, Staatssecretarie en kabinet des konings onder Willem I, in: Bijdragen en Mededelingen van het Historisch genootschap 84 (1968), S. 88-137.

Wilhelm I. alles persönlich. Nach einem gut informierten ausländischen Reisenden lebte und arbeitete der König wie ein Galeerensklave, um all die Büroarbeit zu bewältigen.

Das Papieraufkommen, das sich ausgehend von den verschiedenen Verwaltungsstellen in der »Staatssecretarie« ansammelte, war enorm, was bei vielen Politikern auf Unzufriedenheit und Empörung stieß. Viele dachten, dass Wilhelm für die Vermehrung des Amtsschimmels und die zunehmende Zahl von Beamten verantwortlich sei. Das gemeine Volk bezeichnete diese Geschwulst an Bürokratie als »französische Krankheit«. Um der zunehmenden Kritik zu begegnen und die Etatüberziehung zu beenden, ernannte Wilhelm 1818 einen besonderen Ausschuss, der die verschiedenen Verwaltungsstellen eingehend untersuchen sollte.[57] Obwohl der Ausschuss keinerlei Machtbefugnisse besaß und bis 1822 benötigte, um den wachsenden Amtsschimmel zu durchleuchten, milderte seine Einsetzung die weit verbreitete Kritik an der Staatsverwaltung etwas ab. Für eine Weile glaubten einige Parlamentarier sogar, der König habe der Bürokratie den Krieg erklärt. Indessen wuchs jedoch – und zwar mit Einverständnis des Königs – die Zahl der Funktionäre und Amtsdiener.

Als er den Ausschuss zur Untersuchung des Amtsschimmels bestellte, führte Wilhelm I. auch neue Gesetze ein, um seinen Zugriff auf die verschiedenen Verwaltungsebenen zu stärken. Eines dieser Gesetze war das sog. »Blanket-Gesetz«. Dieses Gesetz ermöglichte es dem König, den Gesetzgebungsprozess abzukürzen, indem es ihm in bestimmten Staatsbereichen die Möglichkeit einräumte, direkt über ein Königliches Dekret Maßnahmen einzuleiten und zu regieren. Dies vergrößerte die Exekutivmacht Wilhelms I. natürlich gewaltig. Ein anderes Gesetz, das 1818 von der Regierung in Kraft gesetzt wurde, disziplinierte die verschiedenen Verwaltungsstellen auf Provinz- und Gemeindeebene. Mit diesem Gesetz führte die Regierung nicht nur Strafmaßnahmen gegen Beamte ein, die den Anordnungen nicht Folge leisteten oder ihre Position missbrauchten, sondern sie beschrieb auch die Beziehungen und Hierarchien zwischen unteren und höheren Verwaltungsstellen.[58]

Das »Blanket-Gesetz« von 1818 und das Gesetz über die Strafmaßnahmen innerhalb der verschiedenen Verwaltungsstellen bildeten den Auftakt für den Konfliktentscheid von 1822.[59] Ab 1818 strebte Wilhelm eine neue Hierarchie zwischen Exekutive und Judikative an, weil er für die Verwaltungsstellen mehr Freiheit im Staat durchsetzen wollte. Seit 1815 war es zu einer wachsenden Zahl an Konflikten zwischen Verwaltung und Justiz gekommen. Während der französischen Besetzung hatte die Justiz nicht die Befugnis zur Beurteilung von administrativen Maßnahmen oder von Verwaltungsstellen gehabt, doch 1814 verwarf der Verfassungsausschuss diese Regel,

---

57 Van Sas, Het politiek bestel (wie Fn. 20), S. 425-429; vgl. auch Lok, Windvanen (wie Fn. 14).
58 CD-ROM-2, Dok.-Nr. 5.5.1 (nl.)/5.5.2 (frz.) (Verwaltungsvorschriften v. 17.2. u. 16.3.1818).
59 Jan Drion, Administratie contra rechter tot de intrekking van het conflictenbesluit, Den Haag 1950.

da sie dem Prinzip der Gewaltenteilung widersprach. Wilhelm, der die Verwaltung als sein wertvollstes Instrument zur Lenkung der Nation betrachtete, wollte aber seine Exekutivmacht vergrößern und die Beamten vor Verfolgung schützen. 1822 sandte Wilhelm einen Gesetzentwurf in die Zweite Kammer, der festlegte, dass die Justiz keine Amtsbefugnis gegenüber der Verwaltung habe. Dies bedeutete, dass im Falle eines Konflikts zwischen der Regierung und der Justiz die Regierung automatisch gewinnen würde. Überraschenderweise stimmte das Parlament dem Gesetzentwurf zu, was zum Ergebnis hatte, dass die Exekutivbefugnisse von König und Regierung in geradezu beispiellosem Maße anwuchsen. Oder wie es Thorbecke später beschrieb: Der Konfliktentscheid machte die Niederlande zu einem Staat mit konstitutioneller Fassade und napoleonischem Interieur.[60]

6 Justiz

Das Justizsystem der Vereinigten Niederlande blieb bis in die späten 1820er-Jahre hinein in einem mehr oder weniger provisorischen Zustand. Im Einvernehmen mit Wilhelm I. entschied die provisorische Regierung 1814, dass die französische – von der französischen Kommission unter Jan Lodewijk Farjon 1808 entworfene – Justizorganisation aufrechterhalten werden sollte, bis »echt nationale« Gesetzbücher verfasst worden seien. Seither blieben die verschiedenen französischen Gesetzbücher in Kraft, um die gesellschaftliche Ordnung sicherzustellen und eine normale Rechtspflege zu ermöglichen.

Die von den niederländischen Funktionären empfundene Notwendigkeit, mit dem französischen Justizsystem zu brechen und es durch nationale Gesetzbücher zu ersetzen, war nicht neu. 1809 unternahm man während der Herrschaft Louis-Napoleon Bonapartes bereits Initiativen zur Ausarbeitung eines niederländischen Justizsystems mit eigenen Gesetzbüchern.[61] Als Napoleon der Herrschaft seines Bruders ein Ende bereitete und die Niederlande in sein Kaiserreich inkorporierte, wurden diese Pläne zurückgestellt. Mit dem Ende der französischen Besetzung im Winter 1813 kehrte das Verlangen nach einem nationalen und modernen Justizsystem zurück. Van Hogendorp und die anderen Mitglieder des Verfassungsausschusses räumten einem neuen nationalen Justizsystem bereits Platz in der neuen Verfassung ein. In Artikel 100 der Verfassung legten sie fest, dass ein neues Handels-, ein neues Zivil- und ein neues Strafgesetzbuch eingeführt werden würden. In der revidierten Verfassung von 1815 wurde diese Absicht wiederholt.[62] Der *common sense* besagte – zumindest zu

---

60 Johan Rudolf Thorbecke, Historische schetsen, Den Haag 1872, S. 175.
61 Martijn Jacob van der Brug, Nederland onder Franse invloed. Cultuurtransfer en staatsvorming in napoleontische tijd, 1799–1813, Amsterdam 2007/08.
62 CD-ROM-2, Dok.-Nr. 5.2.1 (wie Fn. 16), Art. 100; Dok.-Nr. 5.2.2 (wie Fn. 18), Art. 163.

diesem Zeitpunkt –, dass ein freies und souveränes Land ein eigenes Justizsystem und nicht das eines ausländischen Aggressors besaß.

Die 1814 durch Wilhelm eingesetzte Sonderkommission für nationale Gesetzgebung und Kodifikation stellte fest, dass die provisorischen französischen Gesetze sehr resistent waren. Die Reorganisation und Ersetzung der französischen Gesetzbücher durch eine »echt niederländische« Kodifikation dauerte länger als erwartet. Anwälte, Richter und Politiker zeigten sich dem französischen System von 1808 in steigendem Maße zugeneigt und fragten sich immer mehr, ob Veränderungen überhaupt notwendig seien. Viele betrachteten die französische Organisation von 1808 als Modernisierung des alten Justizsystems. Von 1808 an mussten alle Anwälte, Richter und Angestellte, die an den Gerichten und in deren Umfeld arbeiteten, in Recht ausgebildet sein, wovon nur die unteren Gerichte ausgenommen waren. Ihnen wurde auch ein festgesetztes Gehalt bezahlt, wobei Sondereinkünfte nicht erlaubt waren. All diese Maßnahmen bedeuteten eine Professionalisierung der Rechtspflege.[63]

Obwohl die französische Organisation als provisorisches System aufrechterhalten wurde, führten die Verfassungen von 1814 und 1815 bereits einige Grundlagen des neuen Gerichts- und Rechtssystems ein. Beispielsweise enthielten beide Verfassungen Bestimmungen über die Einrichtung eines obersten Gerichtshofs. Dieser oberste Gerichtshof – »Hoge Raad« genannt – sollte die Rechtspflege beaufsichtigen und im Falle von Rechtskonflikten schlichten. Eine weitere wichtige Einrichtung, die bereits in den Verfassungen erwähnt wurde, war die Verteilung der Gerichte nach Provinzen statt nach Departements.[64] Dies bedeutete, dass der König sich selbst dazu verpflichtete, ein neues Gericht in jeder Provinz des Königreichs der Vereinigten Niederlande einzusetzen, was eine gewaltige Aufgabe darstellte. Das Königreich hatte 18 Provinzen, die in demografischer Hinsicht sehr unterschiedlich waren, weshalb die Reorganisation nicht einfach mit der Einrichtung neuer Gerichte getan war, sondern auch bedeutete, dass die Regierung neue Begrenzungen erlassen und Gerichtsbezirke ändern musste.

Demnach war es keine Überraschung, dass die Sonderkommission, die zur Reorganisation des Systems und zur Ausarbeitung neuer Gesetzbücher bestellt worden war, sehr langsame Fortschritte machte. Anfangs übernahm die Kommission die 1809 von Louis-Napoleon Bonaparte entworfenen Pläne und aktualisierte die verschiedenen Gesetzbücher, um sie an die neuen Umstände anzupassen. Es dauerte lange Zeit, um sich über diese Revision zu verständigen; der König, der Justizminister Cornelis Felix van Maanen und die Mitglieder der Sonderkommission hatten unterschiedliche

---

63 Maarten Willem van Boven, De Rechterlijke Instellingen ter discussie; de geschiedenis van de wetgeving op de rechterlijke organisatie in de periode 1795–1811, Nijmegen 1990.
64 CD-ROM-2, Dok.-Nr. 5.2.1 (wie Fn. 16), Art. 102, 107 (Einrichtung und Kompetenzen des obersten Gerichtshofs), 109 (Verteilung der Gerichte nach Provinzen); Dok.-Nr. 5.2.2 (wie Fn. 18), Art. 175, 180 (Einrichtung und Kompetenzen des obersten Gerichtshofs), 182 (Verteilung der Gerichte nach Provinzen).

Vorstellungen hinsichtlich des »Hoge Raad« und der Nominierung seiner Mitglieder.[65] Es dauerte bis 1820, bis die Regierung zwei Gesetze im Parlament vorlegte, mit denen das neue nationale Justizsystem konzipiert wurde. Das erste Gesetz bestand aus einem Plan der Justizbehörden und der Einrichtung des »Hoge Raad«. Das zweite Gesetz war ein Entwurf für die Organisation der 18 verschiedenen Provinzialgerichte. Beide Gesetze wurden vom Parlament abgelehnt. Das größte Anliegen der Parlamentsmitglieder war die Reorganisation der Gerichte und die Unabhängigkeit der Rechtsprechung. Einige bezweifelten sogar öffentlich, ob das neue nationale Justizsystem und seine Gesetzbücher besser als das französische System und dessen Gesetzbücher sein würden. Indessen wurde auch die Kodifikation zurückgestellt; die Parlamentsmehrheit war der Auffassung, dass die vorläufigen 73 Artikel des neuen nationalen Zivilgesetzbuchs zu komplex seien, und sie machte deutlich, das französische Zivilgesetzbuch zu bevorzugen.[66]

1825 und 1827 wurden schließlich einige Fortschritte erzielt. Im März 1825 nahm das Parlament das neue Bürgerliche Gesetzbuch an oder zumindest einen Großteil davon, da einige Kapitel noch bearbeitet werden mussten. Und im Januar 1827 wurde dem Parlament ein neues Gesetz über die »Zusammensetzung und Organisation der gerichtlichen Macht und der Justizbehörden« vorgelegt.[67] Es kam zu vielen Debatten über das neue Gesetz und der Justizminister hatte große Mühe, es zu verteidigen. Am Ende kreiste die Diskussion um zwei Fragen. Die erste Frage, die sich auf die Notwendigkeit einer Provinzialorganisation bezog, führte eine Spaltung innerhalb des Parlaments herbei zwischen denjenigen, die eine zentrale und hierarchische Organisation befürworteten, und jenen, die für ein eher föderales System der unteren Gerichte und der Provinzialgerichte eintraten. Die Mehrheit des Parlaments sprach sich gegen die Einführung von 18 verschiedenen Provinzialgerichten aus. Die Opposition aus dem Norden machte geltend, dass dies zu teuer sei, und fast alle südlichen Parlamentsabgeordneten befürchteten, dass die Provinzialorganisation die Autonomie der Rechtsprechung und Rechtspflege verletzen würde. Der König, so argumentierten sie, konnte die Provinzialgerichte leicht durch seine Provinzgouverneure beeinflussen.[68] Die zweite Frage, die während der Debatten um das Gesetz über die »Zusammensetzung und Organisation der gerichtlichen Macht und der Justizbehörden« aufkam, betraf die Garantie der Autonomie der Justizbehörden und warf ein noch grundlegenderes Problem auf. Wie bereits erläutert,[69] bündelte Wilhelm I. 1822 seinen Zugriff auf die Justiz durch den Konfliktentscheid. Zu dem Zeitpunkt, als dieser Entscheid

---

65 Sibrand Karel Martens, De geschiedenis van artikel 22 RO, Arnhem 1992.
66 Marcel E. Verburg, Geschiedenis van het Ministerie van Justitie, deel I 1798–1899, Den Haag 1994, S. 127.
67 CD-ROM-2, Dok.-Nr. 5.6.1 (nl.)/5.6.2 (frz.) (Gesetz über die Justizverwaltung der Niederlande v. 4.–9.3.1827).
68 Van Zanten, Schielijk (wie Fn. 3), S. 237-247.
69 Vgl. Kapitel 5, Verwaltung.

proklamiert wurde, reagierte das Parlament eigentlich nicht auf ihn, doch während der Diskussionen über das neue Justizgesetz wurde der Konfliktentscheid plötzlich zum Thema erhoben. Sowohl die nördlichen als auch die südlichen Abgeordneten unterstrichen jeweils mit ihren eigenen Argumenten die Wichtigkeit einer klaren Gewaltenteilung. Unter Bezugnahme auf Montesquieu forderte die Opposition, dass König und Regierung die *trias politica* respektierten, und machte dabei geltend, dass der Konfliktentscheid verfassungswidrig sei. Der Justizminister entgegnete, dass die Regierung des Königreichs monarchisch sei, und vertrat die Auffassung, dass der König nicht als *pouvoir exécutif* zu betrachten sei. Wilhelm I., so sagte der Minister, sei ein *tutor universae civitatis*, der Schutzherr der Verfassung und Rechtspflege.[70]

Obwohl Regierung und Parlament grundlegend anderer Meinung waren, wurde das Gesetz über die »Zusammensetzung und Organisation der gerichtlichen Macht und der Justizbehörden« am 10. April 1827 mit 59 gegen 42 Stimmen im Parlament angenommen.[71] Die Furcht vor einer Verfassungskrise und politischen Blockade verursachte diesen Kompromiss. Die Opposition im Parlament war zu schwach, um sich behaupten zu können. Erneut zog die Regierung aus den Meinungsverschiedenheiten zwischen den nördlichen und südlichen Parlamentsmitgliedern ihren Vorteil; wenngleich viele Zweifel hegten, stimmten nur sieben nördliche Abgeordnete gegen das Gesetz.

Zwar hatten beide Seiten das Justizgesetz während der Debatten im Parlament abgelehnt; dennoch gab es große Unterschiede zwischen den nördlichen und den südlichen Parlamentsmitgliedern. Dies zeigte sich im April 1829, als das Parlament verschiedene Fragen bezüglich des Strafverfahrens und des Schwurgerichtsverfahrens diskutierte. Die Parlamentsabgeordneten aus dem Süden waren überzeugte Anhänger des Schwurgerichtsverfahrens, da es Schutz vor Justizirrtümern seitens der Regierung bot und die Gerichtsverfahren für die Öffentlichkeit zugänglich machte. Die nördlichen Abgeordneten hielten jedoch nichts vom Schwurgerichtsverfahren, betrachteten die Argumente der südlichen Parlamentsmitglieder als altmodisch und – wichtiger noch – wandten ein, dass das Schwurgerichtsverfahren nicht zum »Nationalcharakter« passe. In ihren Augen handelte es sich um einen Fremdkörper, um ein französisches Relikt der Revolution, das in den Niederlanden völlig fehl am Platze sei. Mit Unterstützung einiger konservativer südlicher Mitglieder setzten die nördlichen Abgeordneten ihren Willen durch und am Ende wurde das Schwurgerichtsverfahren vom Parlament mit 66 gegen 31 Stimmen abgelehnt.[72]

Infolge der Annahme des Gesetzes über die »Zusammensetzung und Organisation der gerichtlichen Macht und der Justizbehörden« im April 1827 konnten König und Regierung mit der Nominierung der Mitglieder des »Hoge Raad« und der Or-

---

70 Verburg, Geschiedenis (wie Fn. 66), S. 137; Van Zanten, Schielijk (wie Fn. 3), S. 237-247.
71 Verburg, Geschiedenis (wie Fn. 66), S. 138; Van Zanten, Schielijk (wie Fn. 3), S. 237-247.
72 Van Zanten, Schielijk (wie Fn. 3), S. 264-266.

ganisation der Provinzialgerichte beginnen. Wilhelm I. besaß das Recht, den Präsidenten des »Hoge Raad« und den »Prokureur Generaal« zu ernennen. Er hatte auch das Recht, die Stadt zu bestimmen, in der der »Hoge Raad« anzusiedeln war, und entschied sich für Den Haag. Auf Provinzebene besaß Wilhelm auch die Entscheidungsmacht hinsichtlich der Zusammensetzung der Justizbehörde; im Falle einer Vakanz konnte er den Stellennachfolger unter drei Kandidaten auswählen, die ihm von den Provinzialstaaten vorgeschlagen wurden. Am 18. Januar 1829 verfügte Wilhelm, dass in Erwartung eines nationalen Strafgesetzbuchs, das noch nicht fertiggestellt war (das französische Strafgesetzbuch wurde als provisorische Maßnahme in Kraft belassen), das neue nationale Justiz- und Kodifikationssystem in Kraft treten und dass der »Hoge Raad« am 15. November 1830 eingerichtet werden würde. Obwohl alles bedacht worden zu sein schien, durchkreuzte der belgische Aufstand im August 1830 diese Pläne. Unter Druck und eingeschränkter Handlungsorientierung verschob die Regierung die Ausführung des neuen Justiz- und Kodifikationssystems, bis die Bedingungen sich verbessert hätten.[73]

Aufgrund der Auflösung des Königreichs der Vereinigten Niederlande stellten sich diese besseren Umstände nicht mehr ein. 1831 war Wilhelm I. gezwungen, das Gesetz von 1827 zu überdenken. Die Belgier wählten die Unabhängigkeit und schufen sich ihr eigenes Justizwesen. Zur gleichen Zeit setzte Wilhelm einen Sonderausschuss ein, der prüfen sollte, wie das Justizsystem an den Norden anzupassen war. 1833 wurden die verbleibenden Gesetzbücher vom Parlament angenommen und das provisorische französische Strafgesetzbuch aufgehoben. 1835 wurde das Gesetz von 1827 durch ein neues Gesetz über die »Zusammensetzung und Organisation der gerichtlichen Macht und der Justizbehörden« ersetzt. Dieses Gesetz von 1835 war mehr auf die Nördlichen Niederlande zugeschnitten. Und schließlich trat im Oktober 1838, mehr als acht Jahre später als vorgesehen, die »echt nationale« Justizorganisation mit ihren eigenen niederländischen Gesetzbüchern in Kraft. Doch obwohl es ausdrücklich als national präsentiert wurde und mehr als 30 Jahre benötigt hatte, um niedergeschrieben, ausgestaltet und organisiert zu werden, blieb dieses »echt nationale Justizsystem« ein Derivat und eine niederländische Kopie des französisch-napoleonischen Justizsystems.

7 Militär

Der Bestand des Königreichs der Vereinigten Niederlande hing von seiner Fähigkeit ab, künftigen französischen Aggressionen zu widerstehen und den Frieden in Europa zu sichern. Wilhelm I. wusste, wenn er diese gegen Frankreich gerichtete Rolle spielen wollte, er mit einer tief verwurzelten politischen und militärischen Tradition

---

73 Verburg, Geschiedenis (wie Fn. 66), S. 179.

der Niederlande, nämlich der einer starken und modernen Flotte und einer kleinen Landarmee, brechen musste. Mit *Richard Le Poer Trench*, 2nd Earl of Clancarty, und Arthur Wellesley, 1st Duke of Wellington – die beide 1816 persönlich die Armee und verschiedene Verteidigungslinien des Königreichs inspizierten – berechnete er, dass er ein stehendes Heer von wenigstens 50.000 Mann organisieren musste, da andernfalls sein Königreich nicht als »boulevard à l'indépendance et à la tranquillité de l'Europe« fungieren könnte.

Seit der Utrechter Union vom 23. Januar 1579 besaßen die Niederlande ein System des obligatorischen Militärdienstes. Die Verfassung von 1814 erkannte dieses System unter Bezugnahme auf die Utrechter Union an. Artikel 121 der Verfassung besagte, dass es die Pflicht aller Einwohner sei, die Nation zu verteidigen, und Artikel 123 legte fest, dass in Friedenszeiten eine nationale Reserve bestehen sollte. Diese Reserve sollte in Form einer Nationalgarde organisiert werden, die aus Wehrpflichtigen zwischen dem 18. und 21. Lebensjahr bestand.[74] Infolge der Vereinigung der Nördlichen und Südlichen Niederlande erfuhr dieses System der allgemeinen Wehrpflicht eine Veränderung. Wilhelm I. war der Auffassung, dass die Nationalgarde, die hauptsächlich aus verschiedenen Stadtmilizen gebildet wurde, nicht stark genug war, um den Frieden zu sichern, weshalb er geltend machte, dass die Vereinigten Niederlande auch eine trainierte Berufsarmee benötigten. Um dem neuen Status der Vereinigten Niederlande und ihrer militärischen Bedeutung als Pufferstaat zu genügen, setzte er einen Sonderrat zur Reorganisation des nationalen Verteidigungsapparats und zur Sondierung der Idee einer Berufsarmee ein. Im Februar 1815 führten die Empfehlungen des Rats zu einem neuen Gesetz über die Militärorganisation. Fast zur gleichen Zeit überarbeitete der Verfassungsausschuss das Kapitel zur Landesverteidigung und gliederte das Gesetz vom Februar 1815 in die neue Verfassung ein.[75] In der Verfassung von 1815 wurde Artikel 123 durch eine Bestimmung ersetzt, die den König für ein stehendes Heer verantwortlich machte und ihm die Mittel zur Rekrutierung und Versorgung dieser Armee einräumte. Der König erhielt auch die Erlaubnis, ausländische Truppen oder Regimenter anzuheuern.[76] Im Kriegsfall konnte die Armee nach Freiwilligen verlangen und nötigenfalls auf die Nationalgarde und allgemeine Wehrpflicht zurückgreifen.

---

74 CD-ROM-2, Dok.-Nr. 5.2.1 (wie Fn. 16), Art. 121, 123. Vgl. auch die Proklamation zur Bildung von Regimentern in Belgien, zu der ebenfalls alle Einwohner aufgerufen wurden, ebd., Dok.-Nr. 5.7.1 (Proklamation zur Bildung belgischer Regimenter v. 22.2.1814).
75 CD-ROM-2, Dok.-Nr. 5.2.2 (wie Fn. 18), Kap. 8, Art. 203-214. Siehe zur Militärorganisation der Niederlande im 19. Jahrhundert: Hermanus Amersfoort, Koning en kanton. De Nederlandse staat en het einde van de Zwitserse krijgsdienst hier ten lande 1814–1829, Den Haag 1988; Jan A. M. M. Janssen, Op weg naar Breda. De opleiding van officieren voor het Nederlandse leger tot aan de oprichting van de Koninklijke Militaire Academie in 1828, Den Haag 1989; Hermanus Amersfoort, De strijd om het leger 1813–1840, in: Tamse/Witte (Hg.), Staats- en Natievorming (wie Fn. 3), S. 186-206.
76 CD-ROM-2, Dok.-Nr. 5.2.2 (wie Fn. 18), Art. 204-205.

Die Verfassung legte fest, dass der König den Krieg erklärte und Frieden schloss, den Oberbefehl über Heer und Marine besaß und auch für deren Organisation und Unterhaltung verantwortlich war. Die Offiziere wurden durch den König nominiert und legten den Eid auf die Krone ab.[77] Die Mitglieder von Regierung und Parlament hatten in Militärangelegenheiten sehr wenig zu sagen. Die Zweite Kammer besaß jedoch ein wichtiges Machtinstrument: das Entscheidungsrecht bezüglich des außerordentlichen Budgets. 1817, 1819 und 1820 lehnte die Zweite Kammer das Verteidigungsbudget ab. Viele Parlamentsmitglieder waren der Ansicht, dass die Mehrausgaben zu hoch seien, und plädierten für eine strenge Kostenbeschränkung. 1823/24 zwangen sie den König zur Reorganisation der Artillerie und Kavallerie.

Obwohl die niederländische Armee bei den Schlachten von Quatre Bras und Waterloo sowie auf einer zehntägigen Strafexpedition gegen die Belgier im August 1831 ein gutes Bild abgab, stritten König und Parlament in den Jahren 1814–1847 sehr viel über die nationale Verteidigung. Der wichtigste Grund für diesen anhaltenden Disput war die Budgetüberschreitung. Vor allem in der Periode 1830–1838 – in der Wilhelm I. es ablehnte, die Südlichen Niederlande aufzugeben, und ein marschbereites stehendes Heer an der Südgrenze hielt – geriet das Parlament mit dem König aneinander. Die dem König durch die Verfassung verliehenen Privilegien trugen ebenfalls zu diesem Konflikt bei. Die verschiedenen Artikel in Kapitel 8 der Verfassung machten den König und nicht das Parlament für die Landesverteidigung verantwortlich und erleichterten es daher Letzterem, die Militärpolitik und Strategie zu kritisieren.

8 Verfassungskultur

Um 1814 eine historische Legitimität für das neue Grundgesetz herzustellen, brachte Van Hogendorp eine von ihm sog. »burgundische Sicht« der nationalen Vergangenheit ein. Gemäß dieser Sichtweise hatten die Niederlande politische Freiheit tatsächlich nur im 16. Jahrhundert während der Herrschaft Karls V. (1500–1558) gekannt, weil in dieser Periode das richtige Gleichgewicht zwischen Volkswillen und dem Willen des Königs bestanden hatte. Philipp II. von Spanien (1527–1598) hatte dieses Gleichgewicht mit seinem Absolutismus und religiösen Fanatismus gestört, weshalb die Niederländer nach Van Hogendorps Meinung im Recht waren, als sie sich gegen die spanische Herrschaft erhoben. Mit der Geburt der niederländischen Republik wurde das Gleichgewicht jedoch nicht wiederhergestellt. Die Position des Statthalters war zu schwach, um die Interessen des Volks gegen die Aristokratie und die Familien der Stadtregenten und Gouverneure zu schützen. Da die Souveränität zwischen den

---

77 Wilhelm I. stiftete außerdem einen entsprechenden Militärorden zur Auszeichnung verdienter Soldaten: CD-ROM-2, Dok.-Nr. 5.7.2 (Verordnung zur Einrichtung eines Militärordens v. 30.4.1815).

verschiedenen Provinzen aufgeteilt war, erwies sich das politische System der Republik als sehr instabil. Mit ein wenig Anregung aus den Schriften Montesquieus ließ sich Van Hogendorp eine Lösung einfallen. Gestützt auf seine farbige und zum Teil erfundene Sicht der Nationalgeschichte arbeitete er eine Verfassung aus, die auf einer gemischten Regierung beruhte und nach seiner Auffassung letztlich zu einem stabilen und harmonischen politischen System führen würde.

Doch war dies in der Praxis wirklich der Fall? Im Sommer 1823 nahm Anton Reinhard Falck, zu jener Zeit Minister für Unterricht, an einem Dinner im Haus seiner Schwester teil. Da er zu früh erschienen war, ging er nach oben, um seinen jungen Neffen zu begrüßen. Nach einem kurzen Gespräch machte sein Neffe, der nicht viel älter als zehn Jahre war, aus heiterem Himmel die Bemerkung, dass »die Verfassung von 1815 ein schlecht geschriebenes Dokument und sehr schwach« sei. Falck fragte daraufhin, wie er zu dieser Weisheit gekommen sei. Sein Neffe antwortete: »Ich hörte es von Leuten, die Mama und Papa besuchen kamen.«[78] Diese Anekdote veranschaulicht nicht nur die Empfindungen, die der Verfassung um 1820 im Norden entgegengebracht wurden, sondern vermittelt auch eine Vorstellung vom Ressentiment, das zu jener Zeit im Süden gegenüber dem Grundgesetz bestehen musste, auf dem immerhin die Vereinigung beider Landesteile beruhte. Fast zehn Jahre nach Gründung des Königreichs gab es noch eine sehr geringe gemeinsame Grundlage zwischen Norden und Süden. Obwohl das Königreich Mitte der 1820er-Jahre eine Periode wirtschaftlichen Wachstums durchlief, waren nicht sehr viele Bürger stolz auf die Nation und ihre Verfassung. Sogar Van Hogendorp, der den ersten Verfassungsentwurf schrieb, reklamierte, dass »seine Verfassung« missbraucht und vom König falsch interpretiert würde.

Abb. 5.3 Die Eröffnung der ersten Generalstaaten und die Ablegung des Königs- und Verfassungseids durch Wilhelm I. am 21. September 1815 in Brüssel

Von 1815 an hatte Wilhelm I. angestrengt versucht, ein von ihm so bezeichnetes »Nationalgefühl« zu schaffen. Durch Preisausschreiben und Wettbewerbe regte er die Künstler an, die Nation zu würdigen und zu feiern. So organisierte er beispielsweise 1815 zusammen mit Jan Hendrik van Kingsbergen, einem alten Kriegshelden aus dem niederländisch-englischen Krieg von 1781, ein Preisausschreiben für eine neue Nationalhymne. Der König führte auch einen neuen Nationalfeiertag ein, der jedes Jahr am 18. Juni zur Erinnerung an die Niederlage Napoleons bei Waterloo zu begehen war. Überdies bat er Maler, die ruhmreiche Vergangenheit der

---

78 Van Zanten, Schielijk (wie Fn. 3), S. 168; Übers. d. Originalzitate vom Verf.

Niederlande auf Leinwand zu ehren und zu verewigen, er führte einen Ordensstand ein und schuf verschiedene Feierlichkeiten zu den wiederkehrenden Anlässen seiner Familie und zur Eröffnung des Sitzungsjahrs des Parlaments.[79] König und Regierung unternahmen somit große Anstrengungen, um neue Traditionen zu erfinden und ein »Nationalgefühl« im Volk zu wecken. Von dieser Suche nach gemeinsamen Traditionen blieb auch die Nationalgeschichte nicht unberührt. 1814 ernannte Wilhelm I. einen offiziellen Nationalhistoriker, um die nationale Geschichtsschreibung zu fördern. Dieser Nationalhistoriker – Martinus Stuart – veröffentlichte im Zeitraum 1814–1824 alljährlich ein sog. Jahrbuch der Vereinigten Niederlande, in dem alle wichtigen nationalen Ereignisse, Entwicklungen und Erfolge aufgezeigt wurden. 1825 richtete der König ein besonderes Komitee für nationale Geschichtsschreibung ein.[80] Ziel dieses Komitees war es, das Interesse des Volks an der Nationalgeschichte zu wecken und ein Preisausschreiben für nationale Geschichtsschreibung auszurichten. Wilhelm war davon überzeugt, dass diese Initiativen zur Förderung der Nationalgeschichte für Vaterlandsliebe und gute Moral unter den Bürgern sorgen würden, was er mit folgenden Worten bekräftigte: »Considérant qu'une telle histoire aurait le grand avantage de nourrir l'amour de la patrie, d'affermir les vertus civique et de fortifier le caractère national«.[81]

Die Verfassung spielte eine sehr bescheidene Rolle beim Bestreben nach Herstellung eines »Nationalgefühls«. In den ersten Jahren nach ihrer Verabschiedung schienen nicht sehr viele Leute an ihrer Bedeutung interessiert zu sein. Ein namhafter Publizist der Zeit – Johannes Kinker – bemerkte, dass alle Sektionen der Bevölkerung eine Indifferenz gegenüber der Verfassung vereine. Besonders in den Nördlichen Niederlanden schien das Volk der Politik und neuen Verfassungen überdrüssig zu sein. Im Großen und Ganzen war es mit der Restauration vom November 1813 zufrieden und mehr oder weniger durch das Versprechen beschwichtigt, dass die neue Verfassung Ordnung und Stabilität mit sich bringen würde. Der Umstand, dass Wilhelm dem Volk politische Unparteilichkeit, Freiheit und eine gemischte Regierung versprach und den hitzigen politischen Auseinandersetzungen der Revolutionsperiode ein Ende bereiten würde, scheint den Verfassungen von 1814 und 1815 in den Nördlichen Niederlanden genug Vertrauen und Legitimität verschafft zu haben. In den Südlichen

---

79 Zum Zivilorden siehe CD-ROM-2, Dok.-Nr. 5.8.1 (Verordnung zur Einrichtung des Ordens des Belgischen Löwen v. 29.9.1815); vgl. hierzu auch J. A. van Zelm van Eldik, Moed en Deugd – Ridderorden in Nederland. De ontwikkeling van een eigen wereld binnen de Nederlandse samenleving, Teil 1, Zutphen 2003, S. 163-174, 175-206. Zu den verschiedenen Feierlichkeiten siehe: Ernst van Raalte, De geschiedenis van de opening der Staten-Generaal van 1814 tot 1952: een staatsrechtelijk-geschiedkundige verhandeling, s'Gravenhage 1952.
80 Pieter Antoon Marie Geurts, Nederlandse overheid en geschiedbeoefening 1825–1830, in: Theoretische geschiedenis 3 (1982), S. 304-328.
81 CD-ROM-2, Dok.-Nr. 5.8.2 (Verordnung zur Förderung der Nationalgeschichte der Niederlande v. 23.12.1826).

8 Verfassungskultur

Niederlanden begegnete man der neuen Verfassung mit gemischten Gefühlen. Einige Belgier waren skeptisch, da sie Wilhelm als »ausländischen Souverän« betrachteten und ihn mehr oder weniger mit Joseph II. assoziierten. Andere waren aus eigenen, parteilichen Motiven von der Verfassung enttäuscht. Die ultramontanen Katholiken zum Beispiel hegten die Furcht, dass das Königreich von den Protestanten beherrscht würde, und die südlichen Liberalen, die sich politisch und kulturell mehr mit Frankreich verbunden fühlten, hielten die Verfassung für nicht modern genug und denunzierten sie als aus nördlicher Perspektive geschriebenes Dokument.

In den ersten drei bis vier Jahren des Königreichs der Vereinigten Niederlande wurde die Verfassung weder weithin gelobt noch kritisiert. Abgesehen von der alljährlichen Eröffnung der Generalstaaten schien es keine Traditionen für die feierliche Würdigung der Verfassung zu geben. Stattdessen schien politische und konstitutionelle Indifferenz die Regel zu sein. Diese Indifferenz endete jedoch nach der ersten wirklichen politischen Krise, die durch die Debatten über neue Steuern und das erste Zehnjahresbudget in den Jahren 1818/19 verursacht wurde.[82] Mit der zunehmenden Unruhe wurde die Verfassung mehr und mehr zum Gegenstand der öffentlichen Aufmerksamkeit. Die Zahl der politischen Streitschriften, Zeitungen und Zeitschriften wuchs. In diesen Periodika begann eine neue Generation von nördlichen und südlichen Journalisten und Juristen über die Verfassung und das politische System nachzudenken. Im Süden wurde die kritische Presse von der Opposition auch zur Organisation von Petitionen genutzt, in denen der Großteil der Bürger seine Unzufriedenheit mit der Bildungs-, Sprach- und Religionspolitik zum Ausdruck brachte. Die Verfassung geriet zunehmend zu einem negativen Fokus und zum Bezugsrahmen für die Beurteilung der Regierung. Das politische Bewusstsein wuchs in- und außerhalb des Parlaments und die Politiker erinnerten die Regierung immer häufiger daran, dass sie an die Verfassung gebunden sei. Wilhelm I. reagierte auf diese Entwicklung, indem er Journalisten und Juristen verfolgen ließ. Er konnte jedoch nicht verhindern, dass Publizisten wie die aus dem Süden stammenden Juristen Pierre François van Meenen und Louis-Joseph-Antoine de Potter oder aus dem Norden Dirk Donker Curtius und Elias Carel d'Engebronner offen die Mängel der Verfassung aufzeigten.[83] Langsam verlor die Verfassung ihre Legitimität – eine Legitimität, die sie eigentlich nie besessen hatte.

Nach der Auflösung des Königreichs 1830 erhoben die belgischen Verfassungsarchitekten von 1831 die Verfassung von 1815 zu ihrem negativen Bezugspunkt oder besser zu ihrem Gegenbeispiel. Im Norden wurde die Verfassung von 1815 schließlich 1840 modernisiert und selbst dann waren noch sehr wenige Politiker und Bürger stolz auf sie. Es dauerte bis 1848, bis sich im Zuge von Thorbeckes Verfassungsrevision

---

82 Siehe hierzu Kapitel 11, Finanzen.
83 Van Velzen, Ministeriële verantwoordelijkheid (wie Fn. 25), S. 99-150; Van Zanten, Schielijk (wie Fn. 3), S. 217-282.

Ansätze einer konstruktiven Verfassungskultur und einer auf die Verfassung bezogenen Tradition in den Nördlichen Niederlanden entwickelten. Vor 1848 stellte sich die Verfassungskultur als eine negative Kultur dar und viele Probleme und politische Spannungen erwuchsen aus der Schwäche der Verfassungen von 1814 und 1815.

9 Kirche

Das Königreich der Vereinigten Niederlande war in einen katholischen Süden und einen protestantischen Norden geteilt; die Südlichen Niederlande waren fast einheitlich katholisch, doch im Norden waren rund 50 Prozent der Bürger Protestanten, etwa sieben Prozent waren Juden und Angehörige anderer Glaubensrichtungen und etwa 40 Prozent waren Katholiken.[84] Obwohl die Katholiken die Protestanten zahlenmäßig um fast eine Mio. übertrafen, wurde das Königreich politisch, kulturell und ökonomisch von den Protestanten beherrscht.

Seit dem späten 18. Jahrhundert war die protestantische Lehre gemäßigt und aufgeklärt. Es gab zwar einige orthodoxe Protestanten, die vom deutschen Pietismus und der europäischen Erweckungsbewegung (»Réveil«) beeinflusst waren, doch ihre Zahl war klein. Im Süden und Norden teilten sich die Katholiken in diejenigen, die sich in religiösen Angelegenheiten eher liberal gaben, und solche, die eine ultramontane und orthodoxe Lehre vertraten.[85] Wilhelm I. unterstützte die liberalen Katholiken und war sehr beunruhigt über die Einflussnahme Roms. Die ultramontanen Katholiken widersetzten sich Wilhelms nationaler und unilateraler Religionspolitik. Im Großen und Ganzen waren die ersten Jahre der Vereinigten Niederlande von fast permanenten Spannungen zwischen Regierung und katholischem Bevölkerungsteil erfüllt. In den Augen des Königs verlangte die katholische Opposition nach rigorosen Gegenmaßnahmen und im November 1817 entließ er Maurice-Jean-Magdalène De Broglie, Bischof von Gent, da dieser Geistliche unaufhörlich die Verfassung kritisierte und sich weigerte, seinen ultramontanen Widerstand gegen die Religionspolitik des Landes aufzugeben.

Im Allgemeinen betrachtete Wilhelm I. die Nation als einmütige Moralgemeinschaft, die zentral von der Regierung betreut und geführt würde. Wie Joseph II. und Napoleon Bonaparte hatte er sehr wenig Interesse für die Empfindungen und Traditionen sowie die Authentizität der verschiedenen Konfessionen. Kurzum, Wilhelm

---

84 Die Zahlenangaben geben die Situation von 1849 in den Nördlichen Niederlanden wieder, sind aber ein guter Anhaltspunkt auch für die Lage vor 1848. Vgl. zu den offiziellen Daten: {http://statline. cbs.nl/StatWeb/publication/?VW=G&DM=SLNL&PA=37944&D1=0-4&D2=a&HD=091008-1705&HDR=T&STB=G1&CHARTTYPE=3} [09.10.2009].

85 Johannes Petrus de Valk, Nederlandse katholieken in een overgangstijdperk. Omslag en terugslag in de jaren 1780–1830, in: Bijdragen en mededelingen betreffende de geschiedenis der Nederlanden 112 (1997), S. 487-501.

verstand die Trennung von Staat und Kirche dahingehend, dass das Volk bestimmte religiöse Freiheiten und Rechte genoss, aber diese Freiheit keineswegs allumfassend war. So handelte es sich nicht um ein Recht, das die verschiedenen Konfessionen mit einer *Carte blanche* zur Entwicklung ihrer eigenen religiösen Überzeugung und zur Wahrnehmung ihrer eigenen Interessen ausstattete. Alle Religionen im Königreich waren Teil des moralischen Befindens der Nation und sollten daher integrierter Bestandteil der nationalen Politik sein.

In Kontinuität zur Politik seiner Vorgänger Joseph II. und Napoleon Bonaparte und unter Anlehnung an die deutschen Ideen vom Staatskirchentum aus dem 18. Jahrhundert restrukturierte Wilhelm I. die einzelnen religiösen Organisationen.[86] Er richtete ein neues und besonderes Ministerium für Religion ein und zwang die höheren Räte der verschiedenen Kirchen, sich der neuen Organisation und – wichtiger noch – der Aufsicht der Regierung zu unterwerfen. Die drei größten Konfessionen – Katholizismus, Judentum und Protestantismus – wurden in drei getrennten Zweigen innerhalb des Ministeriums integriert und aufmerksam vom König und seinem Minister beaufsichtigt.[87] Durch die Einführung dieser neuen Struktur erhielt Wilhelm nicht nur Zugriff auf die verschiedenen religiösen Betätigungen und Schöpfungen im Königreich, sondern auch eine partielle Kontrolle über die Finanzen, und wurde in die Lage versetzt, auf die allgemeine Lehre der einzelnen Konfessionen Einfluss zu nehmen. Die Protestanten waren die erste Konfession, die die Regierung in eine neue Organisation zwang. 1816 wurde ein Gesetz eingeführt, das der basisorientierten Organisation der protestantischen Kirchen ein Ende setzte und die verschiedenen Räte in sog. Provinzialkollegien zentralisierte.[88] Das Gesetz diktierte auch eine gemäßigte und aufgeklärte Lehre; die protestantischen Kirchen sollten nicht nur für die religiösen Bedürfnisse ihrer Mitglieder sorgen, sondern auch zum Patriotismus ermuntern. Ohne jeden Zweifel betrachtete Wilhelm seine Religionspolitik als eines der wichtigsten Elemente seiner Nationsbildungs- oder sog. Amalgamierungspolitik.

Wilhelms Umgang mit den Katholiken war weitaus schwieriger als sein Verhältnis zu den Protestanten. Wie viele europäische Staatsoberhäupter vor und nach ihm musste er mit der Einflussnahme aus Rom zurechtkommen. Von 1815 an unternahm er mehrere Versuche der vertraglichen Einigung mit Papst Leo XII., aber es dauerte bis 1827, bis eine Vereinbarung zustande kam.[89] Dieses Konkordat von 1827, das sich an dem 1801 durch Napoleon für Frankreich (und das annektierte Belgien) abge-

---

86 Johannes Petrus de Valk, Landsvader en landspaus? Achtergronden van de visie op kerk en school bij koning Willem I, in: Tamse/Witte (Hg.), Staats- en Natievorming (wie Fn. 3), S. 76-97.
87 Zum katholischen Zweig siehe CD-ROM-2, Dok.-Nr. 5.9.1 (Verordnung zur Bildung einer Kommission für katholische Religionsangelegenheiten v. 16.9.1815).
88 David Bos, In dienst van het Koninkrijk. De beroepsontwikkeling van hervormde predikanten in negentiende-eeuws Nederland, Amsterdam 1999, S. 93 f.
89 CD-ROM-2, Dok.-Nr. 5.9.2 (frz.)/5.9.3 (lat.) (Verordnung v. 2.10.1827 zur Promulgation der Konvention mit dem Papst). Vgl. auch Johannes Petrus de Valk, Roomser dan de Paus? Studies

schlossenen Konkordat orientierte[90], gewährte den Bistümern das Recht zur Leitung eigener Kapitel und Schulen, während es dem König ein Mitsprache- und sogar Vetorecht bei der Neubesetzung vakanter Bischofsstühle zubilligte. Wilhelm erkannte die von Rom vorgeschriebene Lehre nicht an. Mitte der 1820er-Jahre schloss er die Kleinseminare und richtete das Collegium Philosophicum ein, bei dem es sich um eine Art Staatsschule für Priester handelte.[91] 1826 führte die Regierung neue Vorschriften für die katholische Kirche und die bischöfliche Hierarchie ein. Das neue Gesetz schrieb eine moderate, aufgeklärte und nationale Doktrin vor.

Die orthodoxen Katholiken waren darüber aufgebracht und bezichtigten die Regierung, ein Schisma mit Rom anzustreben. Mitte der 1820er-Jahren ließen sich die Katholiken im Süden mehr und mehr von den Schriften Lamennais' beeinflussen und schlugen eine aktive Politik ein, indem sie Petitionen organisierten und politische Streitschriften verfassten. Diese Politisierung der katholischen Opposition bahnte einer Vereinigung mit den südlichen Liberalen den Weg. Wie bereits erwähnt, waren diese beiden Gruppen historisch gesehen eigentlich Gegenspieler, doch um 1825 trieb sie ihr gemeinsames Unbehagen gegenüber der Politik der Regierung einander langsam in die Arme. Die Union zwischen Katholiken und Liberalen – der sog. »Monsterverbond« – erneuerte und stärkte die südliche Opposition gegen Wilhelm I. und bildete den Auftakt für die politische Krise des Königreichs der Vereinigten Niederlande in den Jahren 1827–1830. Als diese politische Krise 1829 ihren Höhepunkt erreichte, machte die Regierung einige Konzessionen gegenüber den Katholiken, wobei sie die Hoffnung hegte, deren Allianz mit den Liberalen zu brechen, doch dafür war es nun zu spät.

Nach der Separation der Südlichen Niederlande änderte sich Wilhelms Religionspolitik nicht grundlegend. Die Position der nördlichen katholischen Kirche blieb schwach. Es dauerte bis 1853, bis mehr als zehn Jahre nach Wilhelms Abdankung ein Neuanfang mit der Restauration der bischöflichen Organisation unternommen wurde. Der Thronfolger Wilhelm II. verfolgte eine tolerantere Politik gegenüber der Religion und den verschiedenen Konfessionen, trotzdem erhielten die Katholiken aber erst am Ende des 19. Jahrhunderts ihre wirkliche Emanzipation. Mitte der 1830er-Jahre verursachte Wilhelms »Kirchenpragmatik« auch einen Konflikt mit bestimmten protestantischen Gruppen. 1834 ging der König zum Beispiel rigoros gegen eine kleine Gruppe orthodoxer Protestanten vor, die sich von der Hauptkirche getrennt und ihre eigenen religiösen Gemeinschaften gegründet hatten. In den Augen des Kö-

---

over de betrekkingen tussen de Heilige Stoel en het Nederlands katholicisme 1815–1940, Nijmegen 1998.
90 CD-ROM-1, Dok.-Nr. 3.9.16 (frz.)/3.9.17 (dt.) (Konkordat zwischen Frankreich und dem Hl. Stuhl v. 15.7.1801).
91 Johannes Antonius Bornewasser, Het credo ... geen rede van twist, in: Archief voor de geschiedenis van de katholieke kerk in Nederland 1977, S. 234-287. Zur Schließung der Seminare siehe auch Kapitel 10, Bildungswesen.

nigs bildeten diese sog. »Afgescheidenen« eine akute Gefahr für die Einheit der protestantischen Kirche. Wilhelm brachte ein altes Gesetz Napoleons zur Anwendung, wonach Gruppen von mehr als 20 Mitgliedern die Erlaubnis der Behörden für ihre Versammlungen einholen mussten, und verfolgte die Anführer der »Afgescheidenen«.

10 Bildungswesen

Der Wunsch Wilhelms I., eine »union intime et complète« zwischen Nördlichen und Südlichen Niederlanden herzustellen, spielte nicht nur in seiner Religionspolitik eine wichtige Rolle. Dieser Wille beeinflusste auch zutiefst seine Bildungspolitik. Ganz zu Beginn seiner Herrschaft, im Dezember 1813, entschied sich Wilhelm für die Aufrechterhaltung des Bildungsgesetzes von 1806. Dieses Gesetz unterschied zwischen öffentlich und staatlich finanzierten Schulen und schrieb einen aufgeklärten und nationalen Lehrplan vor. Es betonte auch die Bedeutung einer säkularen, effektiven und praktischen Erziehung.[92] Dies bedeutete einen großen Schritt in Richtung Modernisierung und daher war Wilhelm I. der Ansicht, dass es nicht nötig sei, ein neues Gesetz abzufassen. In den Verfassungen von 1814 und 1815 fanden die Vorstellungen und Absichten des Gesetzes von 1806 ihre Bestätigung in zwei Verfassungsartikeln, die es zur Selbstverpflichtung von König und Regierung erklärten, für Bildung zu sorgen.[93]

Durch die Formulierung gesonderter Verfassungsartikel zur Bildung setzten die Mitglieder des Verfassungsausschusses die Modernisierung des höheren und unteren Unterrichtswesens fort, die im späten 18. Jahrhundert begonnen worden war. Die Einzelheiten der Bildungspolitik waren jedoch in verschiedenen Gesetzen auszuarbeiten oder im Falle Wilhelms I. durch mehrere Königliche Verfügungen auszuführen. Der König ging sehr pragmatisch und zupackend vor und geriet im Zuge seiner Bildungspolitik mehr als einmal mit den verfassungsmäßigen Rechten der Religions- und Unterrichtsfreiheit in Konflikt.

Seit Mitte des 18. Jahrhunderts wurden die Schulen in den Nördlichen Niederlanden mehr und mehr außerhalb der Kirche betrieben. Nach der Batavischen Revolution von 1795 begann man mit der Reorganisation und Säkularisierung des Grund- und Sekundarschulwesens. 1799 wurde Johannes Hendricus van der Palm, ein Professor aus Leiden, zum »Agenten für nationalen Unterricht« ernannt. 1801, 1803 und 1806 legte Van der Palm neue Gesetze zum Unterrichtswesen vor.[94] Mit

---

92 Vgl. zu den bildungspolitischen Initiativen von 1806: CD-ROM-1, Dok.-Nr. 5.10.3 (Organisation des Volksschulwesens v. 3.4.1806); Dok.-Nr. 5.10.4 (Installation der Departementalen Kommissionen für den Grundschulunterricht v. 10.6.1806).
93 CD-ROM-2, Dok.-Nr. 5.2.1 (wie Fn. 16), Art. 140; Dok.-Nr. 5.2.2 (wie Fn. 18), Art. 226.
94 Zu Johannes Hendricus van der Palm und andere Bildungsminister siehe: Reinaldis van Ditzhuyzen, Onderwijs als opdracht. Leven en werk van de eerste vijftien ministers belast met onderwijs in de periode 1798–1830, Den Haag 1977.

diesen Gesetzen wurden nicht nur die Grundlagen des Bildungswesens festgelegt, sondern auch wichtige Fragen wie die Qualifikationen der Lehrer und die Beaufsichtigung der lokalen Behörden mehr oder weniger gelöst. Ein weiterer bedeutender Schritt, der 1806 unternommen wurde, war die Errichtung sog. Industrieschulen, also einfacher Fachschulen für die unteren Bevölkerungsschichten.[95]

Wie bereits erwähnt, setzten Wilhelm I. und seine Regierung diese Politik fort. Nach 1815 wurden besonders gute Ergebnisse im Grundschulwesen erzielt. Dann zählte man in den Nördlichen Niederlanden 3.000 Grundschulen und einen Anteil von 70 Prozent der Kinder zwischen sechs und 13 Jahren, die – ohne Schulpflicht – die Schule besuchten. 1816 gründete Wilhelm I. eine Berufsschule für Lehrer in Haarlem, was einen wichtigen Schritt zur Professionalisierung der Lehrtätigkeit bedeutete. Der König versuchte auch, das sekundäre und höhere Bildungswesen zu modernisieren. 1816 und 1825 verfügte er, dass einige der Gegenstände, die an Gymnasien und anderen Sekundarschulen unterrichtet wurden, obligatorisch und daher Teil des Lehrplans sein sollten.[96] 1829 gründete Wilhelm I. erneut durch Königliche Verfügung mehrere Zeichenakademien, in denen Studenten neben den Künsten auch in Geometrie, im technischen Zeichnen und im Bauzeichnen ausgebildet wurden.[97]

All diese Initiativen der Regierung wurden in den Nördlichen Niederlanden begrüßt. Im südlichen Teil des Königreichs fiel die Reaktion jedoch genau gegenteilig aus. Dort traf der Wunsch Wilhelms I., die Vereinigung der Nördlichen und Südlichen Niederlande in ein »amalgame le plus parfait« zu zwingen, auf großen Widerstand. Im Gegensatz zum Norden war das Unterrichtswesen in den Südlichen Niederlanden in der Hand der katholischen Kirche. Die Revolutionen des späten 18. Jahrhunderts hatten diesen Zustand mehr oder weniger unverändert gelassen. Das Bildungssystem im Süden erlebte keinen Prozess der Säkularisierung und Modernisierung. 1815 kamen Regierungsinspektoren zu dem Schluss, dass insbesondere die Ebene der Grundschulausbildung einseitig und altmodisch war. Wilhelm I. begegnete diesen Problemen mit einer rigorosen Amalgamierungspolitik und einer auf Säkularisierung zielenden Schulpolitik. Er gründete neue Schulen und reorganisierte alte Lehrinstitutionen. Die Regierung entwickelte sog. Modellschulen und lud die Mittelschicht zur Mitwirkung im Rahmen von Jurys ein, die die neuen Schulen beaufsichtigten und kontrollierten.[98] Die Ergebnisse

---

95 H. C. de Wolf, Onderwijs en opvoeding in de Noordelijke Nederlanden 1795–1813, in: Algemene geschiedenis der Nederlanden, Bd. 11, Bussum 1983, S. 36-46.
96 Vgl. auch die Verfügung über den Lehrplan im höheren Bildungswesen: CD-ROM-2, Dok.-Nr. 5.10.1 (Reglement zum höheren Bildungswesen v. 19.2.1817). Siehe auch Gerrit Bolkestein, De voorgeschiedenis van het Middelbaar Onderwijs 1796–1863, Amersfoort 1914.
97 H. C. De Wolf, Onderwijs en opvoeding in de Noordelijke Nederlanden 1813 – circa 1840, in: Algemene geschiedenis der Nederlanden, Bd. 11, Bussum 1983, S. 107-116, hier S. 114.
98 Siegfried Stokman, De Religieuzen en de Onderwijspolitiek der Regeering in het Vereenigd Koninkrijk der Nederlanden 1814–1830, Den Haag 1935, S. 29-46, 117-141; Jan de Nooy, Eenheid en Vrijheid in het Nationale onderwijs onder Koning Willem I, Utrecht 1939.

dieser Politik in den Südlichen Niederlanden waren beeindruckend; zwischen 1817 und 1828 gelang der Regierung zusammen mit den lokalen Behörden die Einrichtung und Erneuerung von 1.146 Klassenräumen und 668 Unterkünften für Lehrer.[99] 1818 gründete Wilhelm auch eine Berufsschule für Lehrer in Lier und 1825 finanzierte er einen Auffrischungskurs für Lehrer mit. Die Politik Wilhelms I. hinsichtlich des technischen Unterrichts und der Fachausbildung war in den Südlichen Niederlanden nicht sehr viel anders als seine Vorgehensweise im Norden. Aufgrund seiner auf den Süden bezogenen wirtschaftlichen Pläne versuchte er, Spezialhochschulen und Fachhochschulen wie die »Ecole de géométrie et de mécanique pour les ouvriers« in Lüttich (Liège) und die »Ecole moyenne et industrielle« in Huy zu fördern.[100]

Wilhelms Politik gegenüber den Universitäten in den Nördlichen und Südlichen Niederlanden war konservativer als sein Umgang mit dem Grund- und Sekundarschulwesen. Der wichtigste Unterschied bestand darin, dass es ihm widerstrebte, Einfluss auf den Lehrplan zu nehmen. Stattdessen bildete zumindest in den ersten Herrschaftsjahren die Reorganisation der Universitäten sein Hauptziel, da diese nach Jahren der Vernachlässigung und Revolution in sehr dürftigem Zustand waren. Mit dem sog. »Organiek Besluit« vom August 1815 entschied der König, dass es drei Universitäten im Norden geben sollte: Leiden, Utrecht und Groningen. Er führte auch neue Regeln für deren Organisation und Verwaltung ein. Kanzler, Rektoren, Dekane und Kuratorien waren nun alle gegenüber König und Regierung verantwortlich.[101] Der »Organiek Besluit« gab die Blaupause für die Regelung in den Südlichen Niederlanden ab, die der König im Herbst 1816 erließ. Wie die Nördlichen Niederlande sollte auch der Süden drei Universitäten haben: Gent, Lüttich (Liège) und Löwen. Auffällig war, dass die Regierung betonte, dass diese drei Universitäten neu seien und in keiner Beziehung zu den alten Institutionen in diesen Städten stünden. Dies galt besonders für die neue Universität in Löwen, da Wilhelm in seiner Verfügung hervorhob, dass die alte katholische Verwurzelung und die besondere Beziehung zu Rom 1797 mit der Schließung der alten Universität dieser Stadt durch die französischen Revolutionsbehörden beendet worden seien.[102]

Entsprechend seiner Vorgehensweise in anderen Regierungsbereichen war die Bildungspolitik Wilhelms I. sehr instrumentell. Er war der Auffassung, dass Bildung sehr wichtig für die Herstellung einer nationalen Einheit, Bürgerschaft und Prosperität sei. Diese Bildungspolitik hatte jedoch ihre Kehrseiten. Gemäß den Verfassungen von 1814 und 1815 genossen die Einwohner des Königreichs der Vereinigten Nieder-

---

99 Maurits de Vroede, Onderwijs en opvoeding in de Zuidelijke Nederlanden 1815 – circa 1840, in: Algemene geschiedenis der Nederlanden, Bd. 11, Bussum 1983, S. 128-144, hier S. 136.
100 De Vroede, Onderwijs (wie Fn. 99), S. 131.
101 Joke Roelevink, »Eenen eik, die hondert jaren behoefde, om groot te worden«. Koning Willem I en de Universiteiten van het Verenigd Koninkrijk, in: Tamse/Witte (Hg.), Staats- en Natievorming (wie Fn. 3), S. 286-309.
102 Roelevink, »Eik« (wie Fn. 101).

lande Unterrichtsfreiheit, doch Wilhelms Politik geriet besonders in den Südlichen Niederlanden mehr als einmal mit dieser Freiheit in Konflikt. Eines der größten Probleme bildete Wilhelms Sprachpolitik. In ihrer Bildungspolitik folgte die Regierung einer strengen Leitlinie, die sie als »Neerlandisatie« bezeichnete. »Neerlandisatie« bedeutete, dass Niederländisch in der Politik, im Bildungswesen und in der Justiz zur offiziellen Sprache erhoben wurde und der Gebrauch des Französischen auf die private und gesellschaftliche Sphäre zu beschränken war.[103] Die Sprachpolitik war ein wichtiger Teil der Bildungspolitik der Regierung. So forderte die Regierung beispielsweise bei der Gründung der Berufsschule in Lier, dass alle Kurse in Niederländisch gelehrt werden sollten. Ein Jahr später, im September 1819, veröffentlichte Wilhelm seinen berüchtigten Sprachbeschluss, der festlegte, dass mit Jahresbeginn 1823 Niederländisch die offizielle Sprache des Königreichs der Vereinigten Niederlande sei.[104]

Anfangs war die Bourgeoisie im Süden mit der Bildungspolitik Wilhelms I. zufrieden; nach Jahren der Vernachlässigung reorganisierte er das Bildungssystem und stellte dafür beträchtliche Geldmittel zur Verfügung. Der rationale und neutrale Umgang der Regierung mit der Religion und die strenge Sprachpolitik bereiteten jedoch dieser wohlwollenden Haltung der südlichen Mittelschicht ein Ende. Die südlichen Liberalen machten geltend, dass der Sprachenkampf Wilhelms I. verfassungswidrig sei. Sie reklamierten auch, dass die Kultur und Ideenwelt des Nordens – das »holländische Modell« – das Bildungswesen beherrschen würden. Die konservativeren Schichten im Süden waren angesichts der Unterdrückungspolitik der Regierung gegenüber den katholischen Schulen und Bildungseinrichtungen mehr und mehr beunruhigt. 1825 verursachte Wilhelm durch Schließung der katholischen Kleinseminare viel Unruhe. Von diesem Moment an waren alle geistlichen Studenten zum Studium am Collegium Philosophicum in Löwen verpflichtet – einer Art katholischen, von der Regierung finanzierten und kontrollierten Theologischen Universität –, bevor ihnen der Eintritt in die Priesterseminare erlaubt wurde.[105]

Diese Maßnahme war auf der einen Seite ein typischer Ausdruck von Wilhelms »Kirchenpragmatik«, aber auf der anderen Seite war sie auch Ergebnis seiner Intention, den Einfluss der katholischen Kirche auf den unteren und höheren Unterricht zu beenden und ein nationales und neutrales Bildungswesen zu schaffen, das von der Regierung finanziert und kontrolliert wurde. Er respektierte das Recht bestimmter Gruppen oder Individuen, ihre eigene Ausbildung zu organisieren, aber er förderte oder erleichterte dieses Recht nie. Im Gegenteil kann Wilhelms Bildungspolitik

---

103 Albert de Jonghe, De taalpolitiek van Koning Willem I in de Zuidelijke Nederlanden, Brussel 1943; Van Zanten, Schielijk (wie Fn. 3), S. 195-199; Lode Wils, De taalpolitiek van Willem I, in: Bijdragen en mededelingen betreffende de geschiedenis der Nederlanden 92 (1977), S. 81-87.
104 De Valk, Landsvader (wie Fn. 86).
105 CD-ROM-2, Dok.-Nr. 5.10.2 (Verordnung zur Genehmigung von Lateinschulen v. 14.6.1825); Dok.-Nr. 5.10.3 (Verordnung zur katholische Priesterausbildung an Universitäten v. 14.6.1825). Siehe auch De Valk, Landsvader (wie Fn. 86).

nur als napoleonisch charakterisiert werden. Es waren nicht die Verfassung oder die Grundrechte, sondern der König mit seinen Ministern und Ratgebern, die Inhalt und Ausrichtung des nationalen Bildungswesens bestimmten.

11 Finanzen

Im Januar 1814 diskutierte der erste Verfassungsausschuss die Kapitel und Artikel bezüglich des Budgets, der Finanzrechte des Parlaments, der Steuern und des allgemeinen Finanzwesens des Staats.[106] Abgesehen von einigen kleineren Details war sich der Ausschuss ziemlich einig. In Kapitel 2 der Verfassung von 1814 schrieb er fest, dass die Generalstaaten durch die Regierung alljährlich über die Staatsfinanzen zu unterrichten waren.[107] Jedes Jahr war die Regierung auch dazu verpflichtet, die Zustimmung zum neuen Budget einzuholen. Die Verfassung legte fest, dass die alljährlichen Beschlüsse über das neue Budget ganz zu Beginn der parlamentarischen Sitzungsperiode gefasst werden sollten. Die Verfassung schrieb überdies vor, dass während dieser alljährlichen Beratung das neue Budget in zwei Teile aufzuspalten war, nämlich in Ausgaben und Einkünfte. Bezüglich der Staatsausgaben gab die Verfassung vor, dass sie die Generalstaaten nur mit »Ja« oder »Nein« annehmen oder ablehnen konnten und kein Änderungsrecht besaßen.

In Kapitel 5 der Verfassung von 1814 wurde eine allgemeinere Beschreibung des Finanzsystems aufgenommen. Offenbar war der Verfassungsausschuss sehr beunruhigt über die schlechte Finanzsituation und die von den Franzosen hinterlassene Verschuldung und daher bestrebt, ein Gesamtfinanzsystem zu errichten, das die Finanzierung des Staats ebenso wie die Erfordernisse von Handel und Gewerbe regelte. Zum Beispiel hob Artikel 117 hervor, dass die Steuern nur mit der Zustimmung des Parlaments eingeführt oder erhöht werden konnten. Diese geteilte Verantwortung für die Steuern schuf nach Auffassung der Mitglieder des Verfassungsausschusses eine gemeinsame Grundlage für den Handel und machte – was noch wichtiger war – deutlich, dass die Regierung nicht nach Belieben Steuern schaffen oder anheben konnte. Wichtig für den Handel war auch Artikel 119. Dieser Artikel übertrug die Aufsicht und Betreuung des Gulden einem unabhängigen Gremium mit der Bezeichnung »Conseillers et Maîtres des monnaies«. Die Mitglieder des ersten Verfassungsausschusses waren davon überzeugt, dass es sehr wichtig war, eine strenge Geldaufsicht zu organisieren, weil diese Sicherheit für den Handel und für die Ersparnisse der Bürger mit sich brachte. Der Souverän war nach ihrer Auffassung für diese Aufgabe nicht ausgerüstet, sodass dafür die Verfassung in Form eines unabhängigen Rats sorgen

---

106 Hermann Theodoor Colenbrander, Ontstaan der Grondwet, Teil I, Den Haag 1908, S. 134-136.
107 CD-ROM-2, Dok.-Nr. 5.2.1 (wie Fn. 16), Art. 72.

musste.[108] Dies bildete auch den Hauptgrund dafür, dass der Verfassungsausschuss entschied, einen gesonderten »Allgemeinen Rechnungsrat« einzurichten.

Der zweite Verfassungsausschuss, der der Vereinigung der Niederlande mit einer revidierten Verfassung Rechnung zu tragen hatte, ließ die verschiedenen Artikel über die Finanzen mehr oder weniger unverändert bestehen, mit Ausnahme zweier sehr wichtiger Änderungen, die eine tiefe Wirkung auf die Beziehung zwischen Parlament und Regierung hatten und – wichtiger noch – die Finanzpolitik im Königreich der Vereinigten Niederlande ab 1815 entscheidend bedingten. Die erste dieser Änderungen bestand in einer Revision der Artikel bezüglich der Steuern. Artikel 117 der Verfassung von 1814 wurde nun durch eine Klausel ersetzt, nach der Steuern nur durch ein Gesetz erhoben werden konnten, das die Zweite und die Erste Kammer der Generalstaaten passiert haben musste. Der Ausschuss vervollständigte diese Korrektur durch Einführung eines neuen Artikels, der alle Steuerprivilegien verbot.[109] Diese Änderungen in den Fiskalbestimmungen der Verfassung von 1815 verursachten zwischen 1817 und 1822 viel öffentliche Unruhe in den Nördlichen Niederlanden und führten mehr als einmal zu Konflikten zwischen Parlament und Regierung. In dieser Periode entschied sich Wilhelm I. für eine Erhöhung der indirekten Steuern und Zölle für sog. Luxusgüter wie Kaffee und Zucker. Die Opposition wandte ein, dass dies verfassungswidrig sei, da die bestehenden Zölle und die anderen indirekten Steuern nicht durch ein Gesetz ratifiziert waren, und die Öffentlichkeit tat lauthals kund, dass der König dem Handel im Norden schade und den Süden begünstige.[110]

Gleichwohl bestand das Hauptziel der Regierung in der wirtschaftlichen Integration des Königreichs und der Bildung eines zentralistisch organisierten Steuersystems. Dies bedeutete einen großen Schritt in Richtung einer wirtschaftlichen Modernisierung beider Landesteile und eine allgemeine Steuerreduzierung. Doch gelang es Wilhelm während seiner Herrschaft nicht, die Elite im Norden davon zu überzeugen, dass seine Fiskalpolitik dem gesamten Königreich zum Nutzen gereiche.[111] Die Steuern waren sehr ertragsarm und die Fiskalgesetzgebung war altmodisch und undurchsichtig. Folglich fielen die Einkünfte gering aus und Wilhelm war aufgrund von Problemen, die mit der Staatsverschuldung zusammenhingen, 1823 zur Wiedereinführung von bestimmten Steuern gezwungen, die er 1816 aufgehoben hatte.[112] Dies geschah zur Entrüstung der nördlichen Elite.

---

108 Colenbrander, Ontstaan (wie Fn. 106), Teil I, S. 264.
109 CD-ROM-2, Dok.-Nr. 5.2.2 (wie Fn. 18), Art. 105-120 (Gesetzgebungsverfahren durch beide Kammern), Art. 197 (Steuererhebung durch Gesetz), 198 (Verbot von Steuerprivilegien).
110 Van Zanten, Schielijk (wie Fn. 3), S. 149-158.
111 Jan Luiten van Zanden/Arthur van Riel, Nederland 1780–1914. Staat, instituties en economische ontwikkeling, Amsterdam 2000, S. 115-121.
112 Wantje Frischy, Staatsvorming en financieel beleid onder Willem I, in: Tamse/Witte (Hg.) Staats- en Natievorming (wie Fn. 3), S. 215-236.

Die zweite, vom Verfassungsausschuss herbeigeführte Änderung rief noch mehr Opposition hervor und trug auf vielfältige Weise zum Zerfall des Königreichs der Vereinigten Niederlande 1830 bei. Wie bereits erwähnt, legte die Verfassung von 1814 fest, dass das Parlament ein jährliches Budgetrecht besaß. Dies bedeutete, dass die Staatsausgaben jedes Jahr von den Generalstaaten genehmigt werden mussten. Die Versammlung, die im Mai 1814 die Verfassung annahm, begrüßte dieses Budgetrecht; viele waren der Auffassung, dass die Haushaltsaufsicht durch die Generalstaaten entscheidend für ein gut geordnetes und dauerhaftes politisches System sei. Dennoch hielt es der zweite Verfassungsausschuss für nötig, Änderungen in diesen Artikeln »Von dem Staatsbudget« vorzunehmen. Am 20. Mai 1815 regte das belgische Mitglied des Verfassungsausschusses Patrice Claude Ghislain ridder de Coninck an, dass es eine gute Idee sei, die Einjahresfrist durch einen längeren Zeitraum zu ersetzen.[113] Warum er zu dem Schluss kam, dass eine längere Periode angemessener sei, darüber geben die Sitzungsberichte des Ausschusses keine Auskunft, doch legte De Coninck später dar, dass eine solche Verlängerung der Integration der Südlichen und Nördlichen Niederlande zugutekommen würde. Überraschenderweise stimmten die anderen Mitglieder des Ausschusses mit De Coninck überein und ohne größere Diskussion entschieden sie, das Jahresbudget in eine Zehnjahresbewilligung zu verwandeln.[114]

Die Entscheidung des zweiten Verfassungsausschusses, ein Zehnjahresbudget einzuführen, schwächte die Position des Parlaments und seine Kontrolle über die Staatsfinanzen; nach der Bewilligung des Zehnjahresbudgets konnte sich die Regierung mit einem alljährlichen Finanzbericht begnügen. Das Zehnjahresbudget schuf auch eine potenzielle Gefahr für das politische System und – schlimmer noch – es bedrohte den Fortbestand und die Legitimität der Verfassung. Dies wurde deutlich, als im Dezember 1819 die Beratungen über das erste Zehnjahresbudget begannen. Die durch die Regierung ins Parlament eingebrachten Haushaltspläne trafen auf die Kritik einer breiten Mehrheit und wurden nach zwei Tagen hitziger Debatten von der Zweiten Kammer abgelehnt. Der König weigerte sich jedoch, seine Haushaltspläne zu korrigieren, und entschied sich, dasselbe Budget erneut vorzulegen. Er wusste, dass das Parlament nur mit »Ja« oder »Nein« stimmen durfte. Mit diesem Manöver brachte Wilhelm I. einen Großteil der Elite sowohl im Norden als auch im Süden gegen sich auf, doch er spekulierte darauf, dass das Parlament und insbesondere dessen nördlichen Mitglieder aus Furcht vor einer Verfassungskrise und politischer Instabilität dem Budget zustimmen würden. Er behielt Recht. Obwohl viele Parlamentarier die Finanzpläne der Regierung nicht guthießen, genehmigten sie beim zweiten Durchlauf das Budget.[115] Der Herausgeber des populären politischen Magazins »De Weeg-

---

113 Colenbrander, Ontstaan (wie Fn. 53), Teil II, S. 186.
114 CD-ROM-2, Dok.-Nr. 5.2.2 (wie Fn. 18), Art. 121-128 (Von dem Staatsbudget), hier Art. 123 (zur Zehnjahresfrist). Siehe auch Colenbrander, Ontstaan (wie Fn. 53), Teil II, S. 222 f.
115 CD-ROM-2, Dok.-Nr. 5.11.3 (Steuererhebung für Zehnjahresbudget v. 24.12.1819–30.3.1820).

schaal« bemerkte, dass das Parlament vom König erpresst worden war.[116] Der König wusste, dass infolge des Fehlens einer Ministerverantwortlichkeit die Machtmittel des Parlaments sehr begrenzt waren. Oder, wie er den Sachverhalt seinem ältesten Sohn erklärte: »Moi j'existe avant la constitution; les états- généraux n'existant que par elle. S'ils la détruisent, alors ils n'existent plus, et je reste seul«.[117]

Diese Haltung zeigte der König auch in seiner berühmten Verkündigung vom 11. Dezember 1829.[118] Zu dieser Zeit hatte sich die politische Krise bereits sehr vertieft. Im Mai 1829 hatte das Parlament den ersten Entwurf des zweiten Zehnjahresbudgets abgelehnt und die Diskussion über die Revision war für Ende Dezember vorgesehen. Diese Beratungen können als Auftakt für die belgische Revolution vom August 1830 betrachtet werden. Obwohl Wilhelm I. in seinem Erlass vom 11. Dezember Konzessionen ankündigte, erklärte die katholisch-liberale Elite im Süden, dass sie dem zweiten Zehnjahresbudget nur zustimmen würde, wenn Wilhelm seine strenge Religions- und Bildungspolitik beendete. »Point de subsides, sans redressement de griefs«.[119] Zur selben Zeit wiesen die nördlichen Liberalen darauf hin, dass die politische Situation sehr wenig Raum für Manöver lasse. Einer der Repräsentanten in der Zweiten Kammer gab zum Ausdruck, dass sich die Parlamentarier in einer Zwickmühle zwischen Verfassung und König befänden. Am Ende traf das Parlament jedoch seine Wahl; die nördlichen Mitglieder entschieden einschließlich der Opposition, mit »Ja« zu stimmen, doch alle südlichen Repräsentanten lehnten das Budget ab.

Eine der größten Fragen, die in der Krise um das zweite Zehnjahresbudget eine Rolle spielten, war die von der Regierung geschaffene Geheimhaltung in Finanzangelegenheiten. Nur der König und wenige Eingeweihte hatten einen klaren Überblick über die Staatsfinanzen und die nationale Verschuldung. Während der Jahre 1820–1825 schuf Wilhelm I. verschiedene Institutionen, die ihm die Möglichkeit gaben, die Finanzen und nationale Verschuldung zu verwalten, ohne das Parlament zu informieren. Die wichtigsten dieser Einrichtungen waren die 1822 gegründete »Société Générale pour favoriser l'industrie nationale«, das ab 1823 bestehende »Amortiatie-syndicaat« und die 1824 ins Leben gerufene »Nederlandsche Handel-Maatschappij«.[120] Analog zum »Sinking Fund« in England nutzte Wilhelm diese Einrichtungen

---

116 Van Zanten, Schielijk (wie Fn. 3), S. 158-165.
117 Hermann Theodoor Colenbrander, Gedenkstukken der algemeene geschiedenis van Nederland van 1795 tot 1840, Bd. 2 (= RGP, 27), 's-Gravenhage 1915, S. 234.
118 Message (wie Fn. 27).
119 Zitat nach Van Zanten, Schielijk (wie Fn. 3), S. 277.
120 Zum Industrieförderverein siehe CD-ROM-2, Dok.-Nr. 5.12.3 (Verordnung zur Bildung eines Industriefördervereins v. 28.8.1822); zur Amortisationskasse ebd., Dok.-Nr. 5.11.1 (nl.)/5.11.2 (frz.) (Verordnung zur Verwaltung der Amortisationskasse v. Dezember 1822); zum Handelsverein ebd., Dok.-Nr. 5.12.4 (Verordnung zur Bildung eines Handelsvereins v. 29.3.1824); zur königlichen Finanzverwaltung in diesem Zeitraum siehe auch die betreffenden Verfügungen ebd., Dok.-Nr. 5.11.4 (Verordnung zur Finanzverwaltung v. 1.12.1819) und Dok.-Nr. 5.11.5 (Organisches Gesetz zur Finanzverwaltung v. 24.10.1824).

nicht nur zur Verwaltung der Staatsschuld, sondern auch für Investitionen in große Industrie- und Infrastrukturprojekte und zur Förderung des Handels mit dem Osten. Viele Parlamentsmitglieder betrachteten diese Einrichtungen als Verfassungsbruch, da sie nicht der Aufsicht der Generalstaaten unterstanden, obwohl sie beträchtliche Summen des Staatshaushalts verwalteten.

Insgesamt waren die Kontrolle und Beaufsichtigung der Finanzen im Königreich der Vereinigten Niederlande sehr schwach entwickelt. Obwohl es verschiedene Institutionen wie etwa den »Allgemeinen Rechnungsrat« gab, die die von der Regierung vorgelegten Zahlen, Bilanzen und Kostenvoranschläge prüften, war die Aufsicht über die Finanzverwaltung und ihre Behörden wie auch über den Handel allgemein schlecht organisiert. Auch der König förderte eine unabhängige Aufsicht nicht. 1820 begrenzte er zum Beispiel die Kompetenzen des »Allgemeinen Rechnungsrats« durch ein neues Instruktionsgesetz. Dieses neue Gesetz legte fest, dass der Rechnungsrat nur mit Erlaubnis des Königs von den Generalstaaten oder anderen politischen Organen konsultiert werden konnte.[121]

Auch in anderen Bereichen der Wirtschaft und Staatsfinanzen, zum Beispiel im Handel, war die Aufsicht schwach. Bis 1838 verfügten die Niederlande über kein ratifiziertes Gesetzbuch für Industrie, Handel und Gewerbe. Im Falle von Konflikten im Handels- und Finanzbereich wandte man das französische Handelsgesetzbuch von 1807 und andere provisorische Gesetze an, doch in vielen Fällen verursachte dies Debatten und häufig führte es nicht zur Beilegung des Streits. Die »Conseillers et Maîtres des monnaies« und die 1814 errichtete »Nederlandsche Bank« verfügten nicht über viele Instrumentarien, um die Währung im Falle einer De- oder Inflation zu schützen. Im Süden galt auch noch der französische Franc und die Wechselkurse variierten von Stadt zu Stadt. Viele Vertreter der reichen nördlichen Elite wie auch die Händler an der Amsterdamer Börse befürchteten eine Wertminderung ihrer Ersparnisse und Anlagen. 1825 reagierte Wilhelm auf diese Befürchtung mit einem Münzgesetz, das den Gulden zur einzig gültigen Währung im Königreich der Vereinigten Niederlande erklärte.

Wie bereits aufgezeigt, ist es nicht leicht, die allgemeine Finanzorganisation des Königreichs der Vereinigten Niederlande zu beschreiben. Sogar für die Zeitgenossen war es sehr schwierig, das Finanzsystem zu verstehen. Nur der König und einige Eingeweihte wussten genau, wie das System funktionierte. Auf der einen Seite resultierte diese Unergründlichkeit aus der Schwäche der Verfassungsartikel über das Finanzwesen. Auf der anderen Seite verbarg jedoch Wilhelm I. die Finessen seiner Finanzpolitik erfolgreich, indem er verschiedene Institutionen errichtete, die außerhalb der parlamentarischen Aufsicht arbeiteten. Gleichwohl trug die autokratische und instrumentelle Politik des Königs mit Erfolg zur Modernisierung der alten und unbewegli-

---

121 M. G. Buist, De Algemene Rekenkamer 1814–1840, in: P. J. Margry u. a. (Hg.), Van Camere vander rekeninghen tot Algemene Rekenkamer, Den Haag 1989, S. 157-184, hier S. 171-175.

chen Wirtschaftsverhältnisse der Niederlande bei. Zwischen 1820 und 1840 wuchs die Gesamtwirtschaft.[122] Der Preis für Wilhelms Politik eines erzwungenen Wirtschaftswachstums wurde in den 1840er-Jahren bezahlt. Er ergab sich aus der schwachen Finanzorganisation und dem Fehlen sowohl einer Gegenmacht, die die Staatsfinanzen kontrolliert hätte, als auch einer transparenten Finanzgesetzgebung und Finanzverwaltung. Der Thronfolger Wilhelms I. sah sich enormen Finanzproblemen vor allem bei der Staatsverschuldung gegenüber. 1840 kam es zu einer Revision der Verfassungsartikel zum Finanzwesen und das Zehnjahresbudget wurde in ein Zweijahresbudget verwandelt.[123] Dies stellte die Budgetrechte und die Haushaltskontrolle des Parlaments wieder einigermaßen her, doch erst als die Einkünfte aus den Kolonien im Osten sich in den frühen 1850er-Jahren zu beleben begannen, konnte wieder eine gesunde Finanzordnung in den Nördlichen Niederlanden etabliert werden.

12   Wirtschafts- und Sozialgesetzgebung/Öffentliche Wohlfahrt

Nach der Vereinigung der Nördlichen und Südlichen Niederlande 1815 sah sich Wilhelm I. mit einer leeren Staatskasse konfrontiert. Der erste Schritt, den er zur Lösung dieses Problems unternahm, bestand in der Zusammenfassung der Steuersysteme beider Landesteile. Durch die Sicherung von Einkünften hoffte er sich in die Lage zu versetzen, die notwendigen Mittel zur Förderung der Wirtschaft aufzubringen. Wie im vorangegangenen Kapitel erläutert, nahm die Reorganisation des Steuersystems viel Zeit in Anspruch und daher blieben die Einkünfte niedrig. Folglich war Wilhelm I. gezwungen, einen schmalen Grat zu beschreiten und Staatseinkünfte und Regierungsausgaben sorgfältig aufeinander abzustimmen. Sein Talent für kreative Rechnungsführung war jedoch groß und es gelang ihm, eine Strukturpolitik für den öffentlichen Wohlstand, den Handel und die öffentliche Fürsorge zu entwickeln.[124]

Wilhelms Absicht war es, eine starke Wirtschaft durch Förderung der Industrie im Süden und des Handels im Norden zu schaffen und dadurch eine wirtschaftliche Synergie zwischen beiden Landesteilen herzustellen. Ein guter Weg, um dies zu erreichen, waren Infrastrukturprojekte. Durch den Aufbau eines nationalen Netzes von Straßen und Wasserwegen sowie die spätere Förderung des Eisenbahnbaus hoffte der König, Industrie und Handel gleichzeitig zu stimulieren und den Süden und Norden auch auf gesellschaftlicher und kultureller Ebene zu integrieren, indem nun das Reisen zwischen beiden Landesteilen erleichtert wurde. Wilhelms Leistungen im Bereich der Infrastruktur waren beeindruckend. So gelang es ihm zum Beispiel in den Jahren

---

122 Van Zanden/Van Riel, Nederland 1780–1914 (wie Fn. 111), S. 203.
123 CD-ROM-2, Dok.-Nr. 5.2.3 (wie Fn. 30), Art. 123.
124 Van Zanden/Van Riel, Nederland 1780–1914 (wie Fn. 111), S. 203-208.

1814–1830, den Bau von mehr als 400 Kilometern neuer Wasserwege und Kanäle zu finanzieren und zu organisieren.[125]

Um seine umfassende Politik in den Bereichen der Wirtschaft, Infrastruktur und öffentlichen Wohlfahrt zu erleichtern, gründete Wilhelm halbprivate Institutionen und Gesellschaften, die einen unabhängigen Status besaßen, aber von der Regierung kontrolliert und finanziert wurden. Wie oben ausgeführt, nutzte Wilhelm diese verschiedenen Einrichtungen, um die Finanzen gegenüber dem Parlament zu verbergen. Jedoch nutzte er diese Organisationen auch, um in kurze Projekte zu investieren. Über die 1822 gegründete »Société Générale pour favoriser l'industrie nationale«, an der der König selbst als Großaktionär beteiligt war, subventionierte die Regierung nicht nur die Entwicklung der Industrie im Süden, sondern regte auch private Gruppen und Bürger zur Investition in entsprechende Projekte an.[126] Eine andere Gesellschaft, die Wilhelm zur Förderung der Wirtschaft und zur Entwicklung von öffentlichem Wohlstand schuf, war die »Nederlandsche Handel-Maatschappij«. Über diese Organisation versuchte der König – in Anlehnung an die alte »Niederländische Ostindien-Kompanie« (»Vereenigde Oost-Indische Compagnie« oder »V.O.C.«) – den Überseehandel insbesondere mit Fernost zu beleben. Wie in der »Société Générale« konnten auch hier die Bürger in die verschiedenen Unternehmungen investieren. Beteiligungen an der »Handel-Maatschappij« wurden sehr beliebt, weil der König persönlich umfangreiche Investitionen in sie tätigte und für Verluste garantierte.[127]

Verschiedene halbprivate Gesellschaften wurden von Wilhelm und der politischen Elite auch genutzt, um die Armen, die Arbeitslosen und die untere Arbeiterschicht zu erziehen, aufzuklären und zu fördern. Zum Beispiel gründete die »Maatschappij van Weldadigheid« (»Wohltätigkeitsgesellschaft«) – eine Initiative des wohlhabenden und idealistischen Politikers und Kaufmanns Johannes van den Bosch, die aber auch stark vom König subventioniert wurde – sog. »Kolonien« auf dem Lande, in denen das arme Stadtvolk und die Arbeitslosen unter besseren Bedingungen als in den Städten leben und arbeiten konnten. Die Verfassungen von 1814 und 1815 enthielten keine Bestimmung zur Armenfürsorge. Die Verfassung von 1815 statuierte lediglich, dass die Regierung alljährlich einen Bericht über die Armutssituation im Königreich

---

125 Vgl. in diesem Zusammenhang als Beispiel für die Maßnahmen zum Küsten- und Uferschutz auch CD-ROM-2, Dok.-Nr. 5.12.2 (Verordnung zum Küsten- und Uferschutz v. 21.3.1818).
126 CD-ROM-2, Dok.-Nr. 5.12.3 (wie Fn. 120). Zu dieser eigentlich privaten Aktiengesellschaft, die Wilhelm I. zur Staatskasse erhob, vgl. auch den Beitrag über Belgien im vorliegenden Handbuchband. Siehe weiterhin Julie M. Laureyssens, Financial innovation and regulation. The Société Générale and the Belgian State after Independence (1830–1850), in: Revue belge d'histoire contemporaine – Belgisch tijdschrift voor nieuwste geschiedenis 20 (1989), S. 223-250; Julie M. Laureyssens, Willem I, de Société Générale en het economisch beleid, in: Tamse/Witte (Hg.), Staats- en Natievorming (wie Fn. 3), S. 207-214; Ginette Kurgan-van Hentenryk, Gouverner la Générale de Belgique. Essai de biographie collective, Brüssel 1996, S. 20 ff.
127 CD-ROM-2, Dok.-Nr. 5.12.4 (wie Fn. 120).

vorlegen sollte.[128] Im Allgemeinen herrschte über die Armut die Vorstellung, dass die Kirche für die Armen und Bedürftigen verantwortlich sei und nicht der Staat. Obwohl er diese Sicht teilte, fühlte sich Wilhelm I. ebenfalls verantwortlich und versuchte mehr als einmal, die kirchliche Wohltätigkeit durch Königliche Dekrete anzuregen, zu lenken und zu unterstützen.[129] Im August 1814 versuchte er, den Verzicht auf eine Verfassungsbestimmung zur Armut durch die Einführung eines Gesetzes zur Armenfürsorge auszugleichen. Dieses Gesetz legte fest, dass die Bürger ein Recht auf eine von den Stadtverwaltungen bezahlte Fürsorge hatten, doch nur, wenn sie nachweisen konnten, länger als ein Jahr in der gleichen Stadt zu leben. In der Praxis verursachten diese Anforderungen eine Menge Papierarbeit, weshalb der König 1816 die Einsetzung einer Sonderkommission beschloss, die die Armutsfrage und das Fürsorgesystem untersuchen sollte. Auf der Grundlage der Erkenntnisse dieser Kommission führte die Regierung 1818 ein neues Gesetz ein, das vorschrieb, dass Armenfürsorge regulär am Geburtsort und nur dann in einer anderen Stadt beantragt werden konnte, wenn der Antragsteller nachweisen konnte, für mindestens vier Jahre Steuern bezahlt zu haben.[130] Die Wirkung dieses neuen Gesetzes war dürftig. Gleichwohl änderte die Regierung das Gesetz nicht vor 1848, um dann aber wirklich den Anfang für eine Armutsgesetzgebung in den Nördlichen Niederlanden zu machen.

Während seiner Herrschaft griff Wilhelm I. sehr stark in die soziale Struktur der Wirtschaft ein. Ganz zu Beginn seiner Herrschaft bestätigte er die Auflösung der Zünfte durch die Verfassung von 1798.[131] Von 1815 an reorganisierte die Regierung auch die Handelskammern, indem sie die alten Führungsgremien zum Rücktritt zwang. Durch die Umbenennung der Handelskammern in »Kammern des Handels und der Fabriken« verdeutlichte der König auch seine allgemeinen Vorstellungen über die Wirtschaftsstruktur: In seinem Königreich sollten Handel und Industrie auf eine Weise organisiert werden, dass sie sich gegenseitig ergänzten und stärkten. Diese Gesamtsicht auf Handel und Industrie beeinflusste auch die Handelspolitik der Regierung. Auf der einen Seite versuchte Wilhelm, die nationale Industrie zu schützen, und auf der anderen Seite war er eifrig darauf bedacht, dem Handel nicht zu schaden. Insgesamt unternahm er eine Gratwanderung zwischen Protektionismus und *Laissez-faire*.

Obwohl seine Regierung autokratisch, instrumentell und sogar napoleonisch war, bemühte sich Wilhelm I. ausführlich und dauerhaft um die Sicherung und Vermehrung der Wohlfahrt seiner Untertanen. Bei vielen Gelegenheiten investierte er beträchtliche Summen aus eigener Tasche, um Handel und Industrie zu unterstützen

---

128 CD-ROM-2, Dok.-Nr. 5.2.2 (wie Fn. 18), Art. 228.
129 CD-ROM-2, Dok.-Nr. 5.12.1 (Verordnung zur Verwaltung der Fürsorgeeinrichtungen v. 1.7.1816).
130 Frank van Loo, De armenzorg in de Noordelijke Nederlanden 1770–1854, in: Algemene geschiedenis der Nederlanden, Bd. 10, Bussum 1983, S. 417-434.
131 CD-ROM-1, Dok.-Nr. 5.2.5 (nl.)/5.2.6 (dt.) (wie Fn. 39), Art. 53.

12 Wirtschafts- und Sozialgesetzgebung/Öffentliche Wohlfahrt

oder ein Infrastrukturprojekt zu finanzieren. Letztendlich war es seine Wirtschaftspolitik, die in hohem Maße zur Beschleunigung der Industrialisierung und zum wirtschaftlichen Erfolg Belgiens in den Jahrzehnten 1830–1860 beitrug. Mit einer hohen Staatsverschuldung und einem König, der sich wenigstens acht Jahre lang weigerte, den Süden aufzugeben, schnitt der Norden nach 1830 nicht so gut ab. Dennoch war Wilhelms Sorge um die Wohlfahrt der Nation beispielhaft, was der Umstand veranschaulicht, dass er 1842 – zwei Jahre nach seiner Abdankung und bereits in Berlin lebend – anbot, dem niederländischen Staat eine große Summe aus seinem eigenen Vermögen zu stiften, sodass die Regierung sich etwas Erleichterung gegenüber dem Druck der Staatsverschuldung verschaffen konnte.

Belgien 6

Von Johannes Koll (Wien)

0 Einführung

Im Unterschied zu Deutschland oder Frankreich hat sich in der belgischen Historiografie keine genuine Verfassungsgeschichtsschreibung ausgebildet. Verfassungshistorische Aspekte werden hier meist unter politik-, sozial- oder rechtsgeschichtlichen Fragestellungen betrachtet. Bezeichnend hierfür ist, dass die einzige diachrone Gesamtdarstellung belgischer Verfassungsgeschichte für die Zeit der Moderne ein schmales Taschenbuch darstellt, das John Gilissen 1958 publiziert hat.[1] Jenseits dieser nach wie vor grundlegenden Synthese beschränken sich verfassungshistorische Analysen in der Regel auf Detailaspekte oder auf bestimmte Epochen. Besondere Aufmerksamkeit haben dabei die belgische Verfassung von 1831, die sukzessive Erweiterung des Wahlrechts seit 1848, die Gesetze, mit denen ab 1873 die Stellung der niederländischen Sprache gestärkt wurde sowie die Umwandlung des Landes durch eine Reihe von Staatsreformen in einen Föderalstaat seit 1970 gefunden. Erstaunlich wenig Interesse hingegen haben jene 15 Jahre gefunden, in denen zwischen 1815 und 1830 die belgischen Provinzen mit den niederländischen Provinzen im Königreich der Vereinigten Niederlande zusammengefügt waren. Die Erinnerung an dieses großniederländische Reich ist schon im Laufe des 19. Jahrhunderts von der belgischen wie auch von der niederländischen Nationalgeschichte als ein historischer Irrweg angesehen worden. Die spätere Historiografie hat sich mit der autokratischen Prägung der Vereinigten Niederlande schwer getan, die als ein Produkt der europäischen Restaurationsepoche gegen die liberale belgische Verfassung oder die konstitutionelle Modernisierung und Liberalisierung der Niederlande ab 1848 negativ abstachen.

Auch der folgende Überblick konzentriert sich primär auf belgische Verfassungsgeschichte ab 1830. Er geht jedoch dort näher auf die Zeit der Vereinigten Niederlande ein, wo die historische Entwicklung in den belgischen Provinzen von der der niederländischen Provinzen abwich oder wo die Kenntnis des großniederländischen Reiches für das Verständnis der Verfassungsstruktur und -entwicklung des Königreichs Belgien unabdingbar ist.[2]

---

1 John Gilissen, Le régime représentatif en Belgique depuis 1790, Brüssel 1958.
2 Ergänzend ist für den Zeitraum 1815–1830 der Beitrag über die Niederlande im vorliegenden Handbuchband heranzuziehen.

1 Belgien 1815–1847

Mit dem Beginn der Belgischen Revolution bildet das Jahr 1830 eine deutliche Zäsur in der belgischen Geschichte zwischen Wiener Kongress und dem Vorabend der europäischen Revolutionen von 1848. Durch die Revolution wurde die Zugehörigkeit der belgischen Provinzen zum Königreich der Vereinigten Niederlande beendet. Mit der Gründung des Königreichs Belgien entstand ein neuer Nationalstaat, dessen liberale Verfassung lange Zeit in Europa als ein konstitutionelles Vorbild par excellence wahrgenommen und zum Teil in anderen Ländern adaptiert worden ist.

Damit änderte sich auch die politische Landkarte des Kontinents, wie sie 1814/15 durch den Wiener Kongress geschaffen worden war. Hier hatte sich besonders die britische Diplomatie dafür eingesetzt, nach dem Zusammenbruch der napoleonischen Ordnung jenseits des Ärmelkanals einen mittelgroßen Pufferstaat ins Leben zu rufen, der Großbritannien im Falle einer möglichen neuerlichen Expansion Frankreichs genügend Zeit zur Mobilisierung der eigenen Armee lassen würde, selber jedoch zu schwach wäre, um das mächtepolitische Gleichgewicht in Europa zu gefährden. Für ein solches Konzept bot es sich an, die ehemaligen niederländischen Départements, die 1810 vom französischen Empire annektiert worden waren, mit den belgischen Départements zu vereinigen, die bereits 1795 als *Départements réunis* dem revolutionären Frankreich einverleibt worden waren. Die Souveränität über den Pufferstaat wurde dem Sohn des letzten Statthalters der alten niederländischen Republik übertragen, die 1795 nach einer über 200-jährigen Geschichte im Gefolge der Batavischen Revolution untergegangen war: Wilhelm-Friedrich von Oranien-Nassau (1772–1843) wurde als Wilhelm I. der erste und einzige König der Vereinigten Niederlande.

Schlussendlich kamen Großbritannien, Österreich, Russland und Preußen auf dem Wiener Kongress zu dem Ergebnis, dass das neu zu gründende Königreich der Vereinigten Niederlande unter dem Haus Oranien-Nassau die beste Gewähr für Stabilität zwischen Frankreich und dem Deutschen Bund biete. Diesem Königreich gaben sie zur Aufgabe, die bestmögliche Vermischung (*l'amalgame le plus parfait*) zwischen »la Hollande« und »la Belgique« ins Werk zu setzen.[3] Nachdem mit der preußischen Regierung einige strittige Grenzfragen geregelt worden waren, umfasste das großniederländische Reich die folgenden 17 Provinzen: Nordbrabant, Südbrabant, Limburg, Gelderland, Lüttich, Ostflandern, Westflandern, Hennegau, Holland, Seeland, Namur, Antwerpen, Utrecht, Friesland, Overijssel, Groningen und Drenthe. Darüber hinaus wurde Wilhelm I. Luxemburg zugesprochen, das zugleich von einem Herzogtum zu einem Großherzogtum aufgewertet wurde; bis zum Tod Wilhelms III.

---

[3] Protocole de la Conférence des Plénipotentiaires de la Grande-Bretagne, de l'Autriche, de la Russie et de la Prusse, du 21 Juin 1814, zit. nach E. G. Lagemans (Hg.), Recueil des traités et conventions conclu par le Royaume des Pays-Bas avec les puissances étrangères depuis 1813 jusqu'à nos jours, Bd. 1, Den Haag 1858, Dok.-Nr. 4, S. 17 f.

(1817–1890) war dieses Land in Personalunion mit dem niederländischen Königshaus Oranien-Nassau verbunden.[4] Dazu kamen außereuropäische Kolonien, die niederländische Handelskompagnien seit dem 17. Jahrhundert erworben und an der Wende vom 18. zum 19. Jahrhundert dem niederländischen Staat übertragen hatten. In territorialer Hinsicht stellte das großniederländische Reich eine Erweiterung des niederländischen Königreichs, wie es im Grundgesetz von 1814[5] konzipiert worden war, um die belgischen Provinzen dar. Mit der Verabschiedung des Grundgesetzes am 18. August 1815[6] war dann ein Weg beschritten, den Wilhelm I. in den kommenden Jahren auf verschiedenen Politikfeldern durch eine gezielte Politik einer großniederländischen Staats- und Nationsbildung forcieren sollte.[7]

Seit Mitte der 1820er-Jahre jedoch kam es unter Liberalen und Katholiken besonders des belgischen Landesteils vermehrt zu Kritik. Sie entzündete sich vorzugsweise an der Tatsache, dass Wilhelm I. mit einer ausgesprochen autokratischen Herrschaftsweise danach trachtete, das monarchische Prinzip im Sinne der deutschen Staatsrechtslehre umzusetzen. Auch die starke Betonung, die durch das Grundgesetz wie auch durch die konkrete Regierungsweise des Königs zu Ungunsten von Legislative und Judikative auf die Exekutive gelegt wurde, nährte wachsenden Widerstand. Darüber hinaus erregten das Fehlen einer konstitutionell verankerten Verantwortlichkeit der Minister gegenüber dem Parlament sowie Wilhelms Bestreben, die katholische Kirche einer starken staatlichen Aufsicht zu unterwerfen, zunehmenden Widerspruch. Und schließlich sorgte in den belgischen Provinzen die Bevorzugung von Holländern in staatlichen Spitzenämtern von Verwaltung und Armee für Unzufriedenheit.[8] All diese Kritikpunkte wurden in der zweiten Hälfte der 1820er-Jahre in einer Reihe von Presseartikeln und Petitionen

---

4   Zu Luxemburg siehe den entsprechenden Beitrag im vorliegenden Handbuchband.
5   CD-ROM-2, Dok.-Nr. 5.2.1 (Grundgesetz der Vereinigten Niederlande v. 29.3.1814). Siehe auch die *Acht Artikel* vom 21. Juni 1814, CD-ROM-2, Dok.-Nr. 5.1.1.
6   CD-ROM-2, Dok.-Nr. 5.2.2 (Grundgesetz des Königreichs der Niederlande v. 18.8.1815). Die heute üblichen Bezeichnungen für die Staatsgebilde, die 1814 bzw. 1815 unter dem oranischen Herrscher gegründet wurden, weichen von der zeitgenössischen Terminologie ab: Das Grundgesetz von 1814 bezeichnete das Königreich der Niederlande als »Vereinigte Niederlande«, das Grundgesetz von 1815 benannte das Königreich der Vereinigten Niederlande als »Königreich der Niederlande«.
7   Vgl. hierzu die Beiträge in: C. A. Tamse/E. Witte (Hg.), Staats- en natievorming in Willem I's koninkrijk (1815–1830), Brüssel 1992 sowie den Literaturüberblick von Els Witte, Natievorming onder Willem I. Een blik op de historiografie, in: Wetenschappelijke Tijdingen 69 (2010), S. 147-171.
8   Unter den Beamten der Vereinigten Niederlande stammten weniger als zehn Prozent aus dem südlichen Landesteil, von hier kam auch nur eine verschwindend geringe Anzahl an Ministern oder herausragenden Spitzenbeamten. Siehe Johannes Antonius Bornewasser, Het Koninkrijk der Nederlanden 1815–1830, in: Algemene Geschiedenis der Nederlanden, Bd. 11, Bussum 1983, S. 241. Eine differenzierte Analyse des politischen Systems der Vereinigten Niederlande bietet auch Nicolaas C. F. van Sas, Het politiek bestel onder koning Willem I, in: ders., De metamorfose van Nederland. Van oude orde naar moderniteit, 1750–1900, Amsterdam 2004, S. 413-435 und ders., Onder waarborging eener wijze constitutie. Grondwet en politiek, 1813–1848, ebd., S. 459-480.

zum Ausdruck gebracht. Die ohnehin schon gespannte Atmosphäre verschärfte sich noch durch den Ausbruch der französischen Julirevolution.

Seit Ende August 1830 kam es in Brüssel und anderen belgischen Städten zu gewalttätigen Ausschreitungen. Sie gaben das Startsignal für jene Belgische Revolution, die schließlich zum Bruch der Vereinigten Niederlande geführt hat. Bereits am 4. Oktober 1830 proklamierte eine Provisorische Regierung, die sich noch während der Kämpfe gegen die niederländische Armee Ende September aus einer Reihe von Honoratioren in Brüssel konstituiert hatte[9], die Unabhängigkeit Belgiens. Etwa anderthalb Monate später wurde dieser Akt vom belgischen Nationalkongress bestätigt[10]; der *Congrès national* bzw. *Volksraed* hatte sich am 10. November zur Beratung und Verabschiedung einer Verfassung konstituiert, die eine spezielle Kommission der Provisorischen Regierung (*Comité central*) in ihren Grundzügen schon im Oktober innerhalb von nur vier Tagen entworfen hatte. Es lag schließlich auch in der Logik der revolutionären Dynamik, dass der Nationalkongress das Haus Oranien-Nassau am 24. November 1830 für immer vom Thronrecht in Belgien ausschloss.[11]

Den Revolutionären war durchaus bewusst, dass die Gründung eines neuen Nationalstaats nicht ausschließlich als eine autonome Entscheidung der betroffenen Bevölkerung angesehen werden würde. Sowohl die Provisorische Regierung als auch der Nationalkongress akzeptierten die Legitimität einer Konferenz, auf der Bevollmächtigte der Regierungen von Großbritannien, Frankreich, Preußen, Russland und des österreichischen Kaiserhauses im Herbst 1830 in London zusammentraten, um Friedensverträge auszuarbeiten.[12] Eine der delikaten Fragen war in diesem Zusammenhang die Besetzung des belgischen Königsthrons. Bei den Vorschlägen, die der Nationalkongress der Londoner Konferenz hierzu unterbreitete, mussten die Belgier das Gleichgewicht unter den europäischen Mächten beachten. So waren in den Wintermonaten 1830/31 die Kandidaturen von drei Adeligen am Widerstand der französischen oder der britischen Regierung gescheitert.[13] Mit Leopold von Sachsen-Coburg und Gotha

---

9   CD-ROM-2, Dok.-Nr. 6.2.1 (Bildung der Provisorischen Regierung v. 26.9.1830). Ergänzend zur hier zugrunde gelegten CD-ROM-Edition ist als nützliche verfassungsgeschichtliche Edition für unseren Untersuchungszeitraum ebenfalls heranzuziehen: F. Stevens u. a. (Hg.), Verfassungsdokumente Belgiens, Luxemburgs und der Niederlande 1789–1848/Constitutional Documents of Belgium, Luxembourg and the Netherlands 1789–1848 (= H. Dippel [Hg.], Verfassungen der Welt vom späten 18. Jahrhundert bis zur Mitte des 19. Jahrhunderts. Quellen zur Herausbildung des modernen Konstitutionalismus/Constitutions of the World from the late 18th Century to the Middle of the 19th Century. Sources on the Rise of Modern Constitutionalism, Europa/Europe, Bd. 7), München 2008.
10 CD-ROM-2, Dok.-Nr. 6.1.1 (Unabhängigkeitserklärung v. 18.11.1830).
11 Xavier Mabille, Histoire politique de la Belgique. Facteurs et acteurs de changement, Brüssel 2. Aufl. 1992, S. 107.
12 Zum internationalen Kontext der Belgischen Revolution vgl. Joel S. Fishman, Diplomacy and Revolution. The London Conference of 1830 and the Belgian Revolt, Amsterdam 1988.
13 Vgl. Mabille, Histoire politique (wie Fn. 11), S. 110-115.

(1790–1865) fiel die Wahl schließlich auf einen Kompromisskandidaten, der zum französischen wie zum britischen Hof freundschaftliche und zum Teil verwandtschaftliche Beziehungen pflegte und als Angehöriger eines kleinen deutschen Fürstenhauses nach der Wahl zum belgischen König kaum eine eigenständige Großmachtpolitik verfolgen würde.[14] Dies kam den Vertretern der Londoner Konferenz ebenso entgegen wie den Mitgliedern des Nationalkongresses. Letzteren war klar, dass gute Beziehungen zu den Nachbarländern eine unabdingbare Voraussetzung für eine erfolgreiche Etablierung und Konsolidierung des jungen belgischen Staates war. Sie wählten Leopold am 4. Juni 1831 mit 152 von 196 Stimmen zum ersten König der Belgier.

Die letzte Version der Friedensverträge, welche die Teilnehmer der Londoner Konferenz entworfen haben, ist als »Endvertrag« in die Geschichte eingegangen. Hierin wurde die Unabhängigkeit Belgiens völkerrechtlich anerkannt. Die Grenzziehung wurde minutiös protokolliert und die Schifffahrt auf Schelde, Maas und Rhein sowie auf grenzüberschreitenden Kanälen geregelt. Außerdem verpflichtete sich Belgien zu außenpolitischer Neutralität, die von den Großmächten garantiert wurde: »Belgien […] bildet einen unabhängigen und auf ewig neutralen Staat.«[15] (☞ Abb. 6.1, S. 490)

Um die Annahme des Endvertrags ist bis zum Frühjahr 1839 gerungen worden. Bis dahin hatte sich Wilhelm I. hartnäckig geweigert, die Unabhängigkeit des belgischen Königreichs sowie Leopold I., der am 21. Juli 1831 in Brüssel inthronisiert worden war, als belgischen König anzuerkennen. Bis zur Unterzeichnung des Vertrags war besonders umstritten, ob die Territorien von Limburg und Luxemburg, die beide – abgesehen von den Städten Maastricht und Luxemburg – von den belgischen Revolutionären besetzt worden waren, bei dem neuen Nationalstaat bleiben sollten oder den Niederlanden zugesprochen würden. Ihretwegen hatte Wilhelm I. am 2. August 1831 sogar den von der Londoner Konferenz dekretierten Waffenstillstand gebrochen, indem er einen zehn Tage dauernden Feldzug begann. Eine Niederlage der noch im Aufbau befindlichen belgischen Armee konnte nur durch die Unterstützung von französischen Militäreinheiten unter General Augustin-Daniel Belliard (1769–1832) verhindert werden. Immerhin stärkte der sog. Zehntägige Feldzug die niederländische Verhandlungsposition, und so wurde im Endvertrag vereinbart, dass sowohl Belgien als auch die Niederlande jeweils einen Teil von Limburg und von Luxemburg erhielten. Dieser Vorschlag gründete im Kern auf dem Londoner Vertrag vom 15. November 1831[16]; hier war bereits eine Teilung der beiden Provinzen festgelegt worden. Der Endvertrag bestimmte auch, dass der den Niederlanden zuge-

---

14 Mark van den Wijngaert/Lieve Beullens/Dana Brants, Pouvoir et monarchie. La Belgique et ses rois, Brüssel 2002, S. 11-22.
15 CD-ROM-2, Dok.-Nr. 1.1.14 (Londoner Vertrag v. 19.4.1839), Art. 7 (Übers. d. Verf.). Siehe hierzu auch Horst Lademacher, Die belgische Neutralität als Problem der europäischen Politik 1830–1914, Bonn 1971.
16 CD-ROM-2, Dok.-Nr. 1.1.13 (Londoner Vertrag v. 15.11.1831). Dieser Vertrag wird oft auch als *Vierundzwanzig Artikel* bezeichnet.

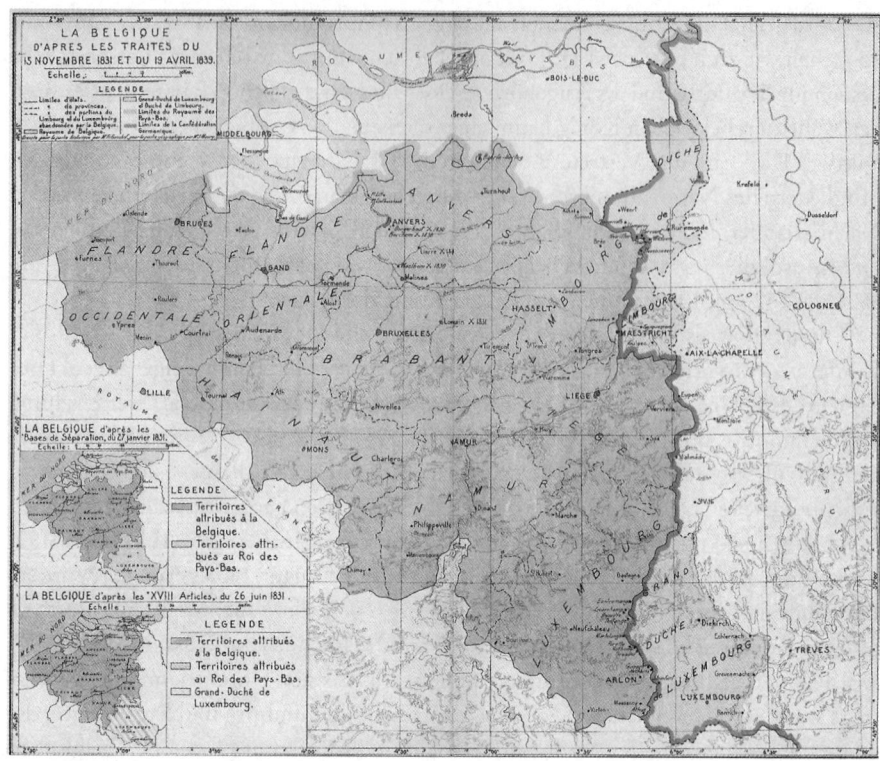

Abb. 6.1 Das Territorium Belgiens nach den Verträgen von 1831 und von 1839

sprochene Teil des Großherzogtums Luxemburg weiterhin in Personalunion mit der niederländischen Krone verbunden und im Deutschen Bund verbleiben sollte. In der Folge trat der niederländische Teil von Limburg dem Deutschen Bund bei, während der belgische Teil von Luxemburg aus dem Deutschen Bund ausschied.

Mit dem Endvertrag war die Belgische Revolution definitiv beendet, der neue Nationalstaat in seinen Grenzen etabliert. Er bestand aus folgenden Provinzen mit ihren jeweiligen Hauptstädten: Antwerpen, Brabant (Brüssel), Westflandern (Brügge), Ostflandern (Gent), Hennegau (Mons), Lüttich, Limburg (Hasselt), Luxemburg und Namur. Um übrigens dem König die Möglichkeit zu einer eigenmächtigen Kabinettspolitik ohne Rückbindung an parlamentarische Zustimmung zu nehmen, wurde in der Verfassung festgelegt, dass territoriale Veränderungen ausschließlich durch Gesetzeskraft wirksam werden konnten.[17] Tatsächlich wurde die Grenzziehung mit den Niederlanden und mit Luxemburg 1843 durch zwei Staatsverträge geregelt.[18]

---

17 CD-ROM-2, Dok.-Nr. 6.2.2 (frz.)/6.2.3 (dt.) (Verfassung Belgiens v. 7.2.1831), Art. 68.
18 CD-ROM-2, Dok.-Nr. 6.1.3 (Grenzvertrag mit den Niederlanden v. 8.8.1843) und Dok.-Nr. 6.1.4 (dt.)/6.1.5 (frz.) (Grenzvertrag mit Luxemburg v. 7.8.1843).

2 Verfassungsstruktur der zentralen staatlichen Ebene

In den Jahren 1814/15 entstanden im Beneluxraum zwei Verfassungsentwürfe, die beide den niederländischen Titel *Grondwet* erhielten: das Grundgesetz von 1814 war ausschließlich auf die niederländischen Provinzen ausgerichtet, das Grundgesetz von 1815, mit der das Königreich der Vereinigten Niederlande offiziell ins Leben gerufen wurde, bezog sich auf die Vereinigung der niederländischen mit den belgischen Provinzen, ihre Bestimmungen waren auch in Luxemburg in Geltung.

Im Unterschied zum Grundgesetz von 1814 sah dasjenige von 1815 ein Zweikammersystem vor, das in seiner Gesamtheit die traditionelle Bezeichnung Generalstaaten (*Staten-Generaal*) erhielt. Der Zweiten Kammer wurden zwar das Recht auf Gesetzesinitiative sowie das Petitionsrecht zugesprochen (Art. 113 ff. des Grundgesetzes von 1815). Doch die legislative Funktion des Parlaments wurde vom König, der ebenfalls das Recht zur Gesetzesinitiative besaß (Art. 70, 105), in der Praxis dadurch unterlaufen, dass der Haushalt für zehn Jahre bewilligt werden musste und die Regierungspolitik damit einer regelmäßigen Kontrolle entzogen war.[19] Eine Verantwortlichkeit der Minister gegenüber dem Parlament sah das Grundgesetz nicht vor, deren Einführung sollte bis zur Revolution von 1848 eine der zentralen Forderungen der liberalen Opposition sein. Obendrein bürgerte es sich ein, dass Wilhelm I. Königlichen Erlassen den Vorzug gegenüber Gesetzen gab; auf diese Weise konnte er parlamentarische Mitwirkung umgehen und die wenigen konstitutionellen Mechanismen aushebeln, mit denen das Grundgesetz eine Begrenzung monarchischer Prärogativen ermöglicht hatte.[20] Überdies behielt sich der König das Recht vor, Parlamentssitzungen zu schließen, wenn er der Meinung war, »daß das Interesse des Reichs die Fortsetzung derselben nicht mehr nöthig macht.« (Art. 100)

Bezeichnend für die strukturellen Probleme der Zusammenlegung der niederländischen und belgischen Provinzen in einem gemeinsamen Staat wie auch für den Herrschaftsstil Wilhelms I. ist die Art, in der das Grundgesetz im Sommer 1815 in Kraft gesetzt wurde: Während der Verfassungsentwurf im nördlichen Landesteil durch eine niederländische Notabelnversammlung angenommen wurde, wurde er im südlichen

---

19 Art. 123. Nicht zuletzt unter dem Einfluss belgischer Abgeordneter wurden die Haushaltsentwürfe der Regierung sowohl 1819 als auch 1829 zum Teil mehrmals zurückgewiesen und Wilhelm I. somit zu Konzessionen gezwungen. Vgl. Bornewasser, Het Koninkrijk (wie Fn. 8), S. 247-249. Doch weder verfassungsrechtlich noch politisch konnte die Regierung, die ausschließlich dem König gegenüber verantwortlich war, zum Rücktritt gezwungen werden. Siehe Jan Luiten van Zanden/Arthur van Riel, Nederland 1780–1914. Staat, instituties en economisch ontwikkeling, Amsterdam 2000, S. 111.

20 So stehen für den Zeitraum 1815–1830 1.700 Königlichen Erlassen nur 381 Gesetze gegenüber, die von den Generalstaaten verabschiedet worden sind. Siehe Edwige Lefebvre, The Belgian Constitution of 1831: The Citizen Burgher, o. O./o. J. (Bremen 1997), S. 15. Darüber hinaus spielte es sich ein, dass die meisten Gesetzesentwürfe vom König eingebracht wurden; ebd., S. 4 f. und Gilissen, Le régime représentatif (wie Fn. 1), S. 71.

Landesteil von einer Mehrheit der 1.604 belgischen Notabeln, die Wilhelm I. selber für die Verabschiedung des Entwurfs ernannt hatte, mit einer deutlichen Mehrheit abgelehnt – und dies, obwohl die Kommission, die das Grundgesetz ausgearbeitet hatte, paritätisch aus Belgiern und Niederländern zusammengesetzt gewesen war. Beim negativen Votum der belgischen Notabeln wirkte sich nicht zuletzt der kirchliche Widerstand aus, der unter der Führung des Genter Bischofs Maurice de Broglie (1766–1821) gegen die geplante Gleichstellung der christlichen Konfessionen in den Vereinigten Niederlanden agitierte. Für Katholiken schloss de Broglie eine Zustimmung zum Verfassungsentwurf und die Leistung eines Eides auf das Grundgesetz aus.[21] Auch die Tatsache, dass der südliche Landesteil keine seiner demografischen Stärke entsprechende Vertretung in den Generalstaaten erhielt, trug zur Ablehnung des Verfassungsentwurfs bei. Und schließlich wehrte man sich hier dagegen, dass der belgische Landesteil relativ betrachtet in einem wesentlich höheren Maße zur Tilgung der Staatsverschuldung, die sich in der batavischen und napoleonischen Zeit angehäuft hatte, herangezogen wurde als der nördliche Landesteil.[22] Um nun das Grundgesetz gegen die belgische Opposition durchzusetzen, bediente sich Wilhelm I. einer Methode, die in den südlichen Provinzen der Vereinigten Niederlande nicht ohne Sarkasmus als »holländische Rechenkünste« bezeichnet wurde: Den 126 Stimmen, deren Ablehnung des Verfassungsentwurfs sich auf religiöse Momente bezog, wurde kurzerhand unterstellt, dass sie trotz partieller Kritik das Grundgesetz in seiner Gesamtheit sehr wohl gutheißen würden; dies berechtige dazu, die betreffenden Neinstimmen letztlich als Jastimmen zu werten. Ähnlich verfuhr man mit den Stimmen der Abwesenden.[23] Mit dieser »arithmétique hollandaise« legte schon die Geburtsstunde der Vereinigten Niederlande einen freizügigen Umgang des Monarchen mit oppositionellen Meinungen offen, in den folgenden Jahren sollten autokratische Neigungen seinen Regierungsstil kennzeichnen.

Das Königreich Belgien kann in vielerlei Hinsicht als eine konstitutionelle Gegenthese zu Verfassungskonstruktion und Regierungspraxis des großniederländischen Reiches gesehen werden. Die negativen Erfahrungen, die viele Belgier trotz der wirtschaftlichen Vorteile, welche die Vereinigung mit den Niederlanden nicht zuletzt im Hinblick auf die Industrialisierung des südlichen Landesteils mit sich brachte, in den Jahren zwischen 1815 und 1830 gemacht hatten, bewogen die Väter der belgischen Verfassung zu dem Schritt, ihren jungen Nationalstaat dezidiert als einen Rechtsstaat

---

21 Roger Aubert, Kerk en godsdienst in de Zuidelijke Nederlanden 1815 – circa 1840, in: Algemene geschiedenis der Nederlanden, Bd. 11, Bussum 1983, S. 117 f.
22 Zur Schuldenproblematik siehe Kapitel 11, Finanzen.
23 Für die Annahme des Grundgesetzes sprachen sich nur 527 belgische Notabeln aus, 796 lehnten sie ab, 281 enthielten sich der Stimme. Siehe Peter Rietbergen, Het mislukte experiment. Het Verenigd Koninkrijk, 1815–1830, in: ders./T. Verschaffel, Broedertwist. België en Nederland en de erfenis van 1830, Zwolle 2005, S. 9. Verkündet wurde das Grundgesetz am 24. August 1815, dem 43. Geburtstag des Monarchen.

mit weitreichenden Garantien für die Wahrnehmung umfangreicher Freiheitsrechte zu konzipieren. Wie sah die Verfassungskonstruktion aus, die der Nationalkongress nach kaum dreimonatiger Beratung am 7. Februar 1831 verabschiedete?[24] Grundlegend für das politische System des belgischen Staates waren vor allen Dingen folgende Momente:

- Als Staatsform entschied man sich für eine Monarchie. Hierfür mag zum einen eine generelle Affinität zu einer Regierungsform leitend gewesen sein, von der man sich für einen im Entstehen begriffenen kleinen oder allenfalls mittelgroßen Staat innenpolitische Stabilität und außenpolitischen Respekt erwartete. Des Weiteren stand von vornherein fest, dass die in London versammelten Delegierten der europäischen Mächte keine Republik zulassen würden. So entsprach es politischem Pragmatismus, dass sich sowohl das Zentralkomitee der Provisorischen Regierung als auch der Nationalkongress eindeutig für die Monarchie aussprachen; lediglich eine Minderheit von überzeugten Republikanern votierte für die Errichtung einer Republik.[25]
- Träger der staatlichen Souveränität war allerdings nicht der König. Die Verfassungsväter bekannten sich vielmehr zum Prinzip der Volkssouveränität, wenn sie in Art. 25 festlegten, dass alle Gewalt »von der Nation« ausgehe. Hiermit wurde freilich keine direkte Demokratie begründet, sondern eine repräsentative Monarchie, in der das Parlament als institutionalisierte Vertretung der »Nation« fungierte. So ist es zu verstehen, wenn die Verfassungsurkunde vom Nationalkongress »im Namen des Belgischen Volkes«[26] verabschiedet wurde. Im Unterschied beispielsweise zur französischen *Charte Constitutionnelle* von 1830[27] und zahlreichen weiteren Konstitutionen europäischer Länder, die von einem Monarchen erlassen wurden, unterstand der König im belgischen Verfassungsverständnis fundamental dem Willen des Volkes, wie er sich in der Verfassung selbst sowie im parlamentarischen Gesetzgebungsverfahren manifestierte. In diesem Sinn war der Monarch nicht der König von Belgien, sondern wurde in allen öffentlichen Dokumenten als »König der Belgier« bezeichnet.
- Die Verfassung gab eine für damalige Verhältnisse mustergültige formale Gewaltenteilung vor. Dabei nahmen König und Parlament die Legislative wahr, und

---

24 CD-ROM-2, Dok.-Nr. 6.2.2/6.2.3 (wie Fn. 17).
25 Siehe Mabille, Histoire politique (wie Fn. 11), S. 107 und 104 sowie Gilissen, Le régime représentatif (wie Fn. 1), S. 85.
26 Aus der Präambel zit. nach der Ausgabe D. Gosewinkel/J. Masing (Hg.), Die Verfassungen in Europa 1789–1949. Wissenschaftliche Textedition unter Einschluß sämtlicher Ergänzungen sowie mit Dokumenten aus der englischen und amerikanischen Verfassungsgeschichte, München 2006, S. 1307. In ihrer Einführung weisen die Herausgeber darauf hin, dass die belgische Verfassung »die Prinzipien der französischen *Charte* nicht nur übernimmt, sondern besonders fortschrittlich ausbaut.« (ebd., S. 35).
27 CD-ROM-2, Dok.-Nr. 3.2.8 (frz.)/3.2.9 (dt.) (*Charte Constitutionnelle* v. 14.8.1830).

sowohl die Erste Kammer (Senat) als auch die Zweite Kammer (Abgeordnetenkammer) hatten zusammen mit dem Monarchen das Recht auf Gesetzesinitiative (Art. 26 f.). Eine Trennung zwischen Legislative und Exekutive bedeutete die Bestimmung, dass die Annahme eines von der Regierung besoldeten Amtes zum Verlust eines Mandats führte (Art. 36). Der König wiederum vertrat die exekutive Gewalt, war in seiner Amtsführung aber streng an die Verfassung gebunden; ihm war verboten, bestehende Gesetze aufzuheben oder ihre Ausführung zu verhindern (Art. 29, 67). Unabhängige Gerichtshöfe schließlich standen für die Judikative (Art. 30); dabei fungierte die höchste Gerichtsinstanz, der Kassationshof, als Verfassungsgericht.[28]

- Die Person des Königs wurde für unverletzlich erklärt, die Verantwortung für die Regierungspolitik trugen die Minister. In der Praxis bedeutete dies, dass die königliche Amtsführung stets der Gegenzeichnung durch einen Minister bedurfte – und damit parlamentarischer Kontrolle unterworfen war. Bezeichnend ist auch, dass der König in der Thronrede, die er jährlich bei der Eröffnung der parlamentarischen Sitzungsperiode hielt, nicht seine eigenen Wünsche, sondern wie in Großbritannien das politische Programm der Regierung vorstellte.[29] Durch die Einführung der Ministerverantwortlichkeit wurde einerseits die Einflussnahme des Parlaments auf die Regierungspolitik und die Amtsführung des Königs konstitutionell ermöglicht. Andererseits wurde die Regierung an den Monarchen gebunden, der die Minister ernennen oder entlassen durfte (Art. 63 ff., 89). Somit stand das Kabinett verfassungsmäßig in gewisser Weise zwischen Monarch und Parlament.[30]

Entscheidend für die verfassungsgeschichtliche Interpretation des Königreichs Belgien sind besonders die Bestimmungen über das Parlament, den König und die Regierung sowie das Verhältnis zwischen Legislative und Exekutive. (☞ Abb. 6.2)

Vor dem Hintergrund der selbstherrlichen Regierungsweise Wilhelms I., von dem man sich 1830 durch die Revolution getrennt hatte, unternahmen die belgischen Verfassungsväter zahlreiche Anstrengungen, um potenzielle autokratische Ambitionen

---

28 Siehe hierzu Kapitel 6, Justiz.
29 Siehe die populärwissenschaftliche Darstellung von Derek Blyth/Alistar MacLean/Rory Watson, The Belgian House of Representatives. From Revolution to Federalism, Brüssel 2005, S. 33. Die Thronrede war bis 1894 fester Bestandteil der Parlamentseröffnungen. Vgl. Emmanuel Gerard, La Chambre des représentants face au gouvernement? Votes de confiance, votes des budgets et interpellations, in: E. Gubin u. a. (Hg.), Histoire de la Chambre des Représentants de Belgique, Brüssel 2. Aufl. 2003, S. 255.
30 Martin Kirsch weist der belgischen Regierung in diesem Zusammenhang die Bindung an ein »doppeltes Vertrauen« zu (Monarch und Parlament im 19. Jahrhundert. Der monarchische Konstitutionalismus als europäischer Verfassungstyp – Frankreich im Vergleich, Göttingen 1999, S. 171 f.). Zur Zwitterstellung der Minister zwischen König und Parlament siehe auch Caroline Sägesser, Evolution du rôle législatif de la Chambre des représentants, in: Gubin u. a. (Hg.), Histoire (wie Fn. 29), S. 220.

2 Verfassungsstruktur der zentralen staatlichen Ebene

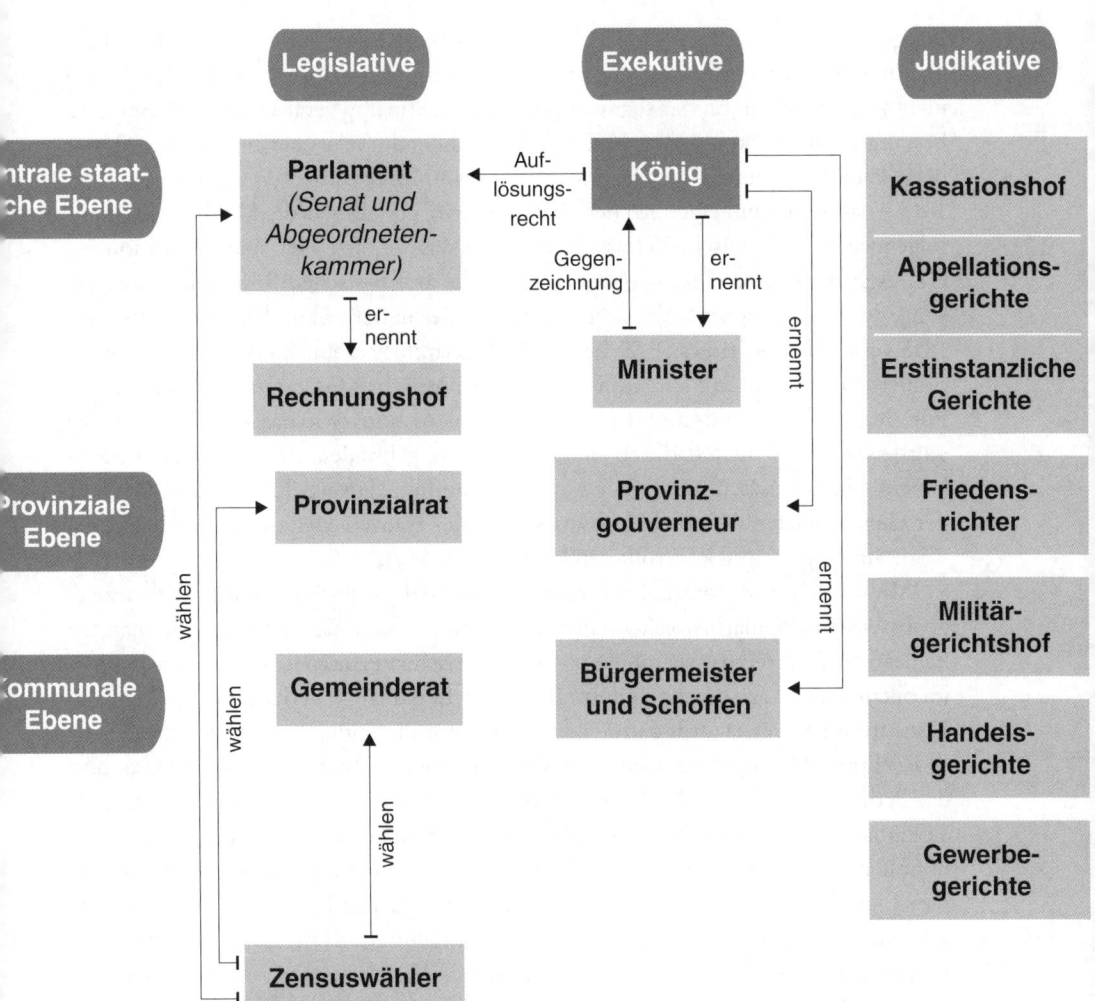

Abb. 6.2 Die belgische Verfassung von 1831

ihres eigenen Königs zu erschweren bzw. zu unterbinden. Von grundlegender Bedeutung war bereits die Bestimmung, dass der Monarch keine anderen Befugnisse habe »als die, welche ihm die Verfassung und die besonderen aufgrund der Verfassung erlassenen Gesetze ausdrücklich übertragen.« (Art. 78) Damit war die königliche Gewalt konstitutionell gebunden, ihre Legitimität konnte sie nur innerhalb der Grenzen der verfassungsmäßigen Ordnung ausüben. Dies wurde noch unterstrichen durch den Text des Eides, den der Monarch bei der Thronbesteigung vor beiden Parlamentskammern zu leisten hatte: »Ich schwöre, die Verfassung und die Gesetze des belgischen Volkes zu achten und die nationale Unabhängigkeit und die Unversehrtheit des Gebietes zu erhalten.« (Art. 80) Die konstitutionelle Bindung des Königtums belegt auch der Umstand, dass die monarchischen Rechte in der Verfassung relativ klar umschrieben wurden und eng umgrenzt waren[31], ein Vetorecht wurde dem König nicht zugesprochen. Er war sogar verpflichtet, rechtmäßig verabschiedete Gesetze zu bestätigen und zu verkünden (Art. 69). Bezeichnend ist darüber hinaus, dass in der belgischen Verfassung – im Gegensatz zum großniederländischen Grundgesetz von 1815 – das Königtum erst *nach* dem Parlament vorgestellt wurde. Mit dieser Reihenfolge machte die belgische Verfassung deutlich, dass sie sich nicht in die Tradition des Gottesgnadentums stellte, wie sie etwa von der französischen Restaurationsverfassung, der *Charte Constitutionnelle* von 1814, oder in der polnischen Verfassung von 1815 vertreten worden war.[32] Sie begriff die Monarchie als eine konstitutionell konditionierte Staatsform mit ausgeprägten parlamentarischen Gestaltungsmöglichkeiten. Für sie galt der Grundsatz: »Le roi règne mais ne gouverne pas.«[33] Die Exekutive wurde schließlich auch dadurch an die Legislative gebunden, dass das belgische Parlament – in bewusstem Gegensatz zum auf zehn Jahre ausgedehnten Haushaltsrecht der Generalstaaten – jährlich den Staatshaushalt verabschieden durfte und somit die Regierung regelmäßig kontrollieren konnte (Art. 115).

Mit all diesen Bestimmungen erbrachte die belgische Verfassung für den zeitgenössischen Populärhistoriker Théodore Juste den Beweis, dass die Erbmonarchie keineswegs unvereinbar sei mit dem »demokratischen Prinzip«, wie es sich vor allem im bikameralen Parlament manifestierte.[34] Der für damalige Verhältnisse vorbildliche Konstitutionalismus wurde dadurch verstärkt, dass die beiden Kammern weitreichende Rechte und Kompetenzen besaßen. Das Parlament verfügte über das Enquete- und das Petitionsrecht (Art. 40, 43) und durfte die Teilnahme von Regierungsmitgliedern an Parlamentssitzungen einfordern (Art. 88). Gegenüber König und Regierung war es in hohem Maße autonom. Denn beide Kammern regelten eigenständig ihre Arbeitsweise und bestimmten ebenso eigenständig ihre jeweilige Präsidentschaft, ihre Geschäftsordnung sowie ihre interne Verwaltungsorganisation (Art. 37, 46). Dem König stand zwar die Schließung der Sitzungsperioden des Parlaments zu, und er verfügte über das Recht, die Kammern zu vertagen oder aufzulösen. Doch wollte der König das Parlament auflösen, war er an verfassungsmäßig vorgegebene Fristen gebunden (Art. 70-72), und für den Zusammentritt benötigten die Kammern keinerlei Einberufung durch den Monarchen. Wichtig für eine unabhängige parlamentarische Arbeit war auch die Bestimmung, dass die Abgeordneten und Senatoren Immunität besaßen,

---

31 Siehe hierzu Titel III, Kapitel II der Verfassung: »Vom König und den Ministern«.
32 CD-ROM-2, Dok.-Nr. 3.2.3 (frz.)/3.2.4 (dt.) (*Charte Constitutionnelle* v. 4.6.1814) und CD-ROM-2, Dok.-Nr. 9.2.3 (poln.)/9.2.4 (dt.) (Verfassung Polens v. 27.11.1815).
33 Van den Wijngaert/Beullens/Brants, Pouvoir (wie Fn. 14), Kap. 3.
34 Théodore Juste, Histoire du Congrès national de Belgique, ou de la fondation de la monarchie belge, Bd. 1, Brüssel 1850, S. XVII. Juste meinte, dass die repräsentative Monarchie Belgiens »von den anderen Völkern als der beste Typ eines Verfassungsstaates« angesehen werde und ihnen als Orientierung diene (ebd., S. XVIII).

2 Verfassungsstruktur der zentralen staatlichen Ebene

jedes Parlamentsmitglied war für Stellungnahmen oder das Verhalten bei Abstimmungen, »die es in Ausübung seiner Funktionen geäußert hat«, vor Strafverfolgung geschützt (Art. 44 f.). Umgekehrt konnten Abgeordnete Minister vor dem Kassationshof verklagen, im Fall einer Verurteilung durfte der König höchstens »auf Ersuchen einer der beiden Kammern« von seinem Begnadigungsrecht Gebrauch machen (Art. 90 f.). Großen Wert legte die Verfassung auf die Bestimmung, dass die belgischen Parlamentarier »das ganze Volk« repräsentieren und nicht nur ihre Heimatprovinz oder ihren Wahlkreis (Art. 32); ein imperatives Mandat war somit ausgeschlossen. Für landesweite Transparenz des politischen Entscheidungsprozesses sorgte die Bestimmung, dass Parlamentsdebatten in der Regel öffentlich zu sein hatten (Art. 33), und die Veröffentlichung der verabschiedeten Gesetze in einem Staatsblatt verstärkte noch einmal die Rechtssicherheit.[35] Durch die grundgesetzlich garantierte Pressefreiheit konnten darüber hinaus Parlamentsdebatten publiziert und in der Öffentlichkeit diskutiert und kommentiert werden.

Auch wenn die Mitglieder des Senats nicht vom König ernannt wurden und somit zumindest in der Theorie eine unabhängigere Position einnehmen konnten als die Ersten Kammern beispielsweise der Vereinigten Niederlande oder von Großbritannien, bildete der Senat innerhalb des Parlaments in sozialer und politischer Hinsicht »ein konservatives Gegengewicht« zur Abgeordnetenkammer.[36] Dies ist kaum verwunderlich angesichts der Tatsache, dass man eine enorm hohe Steuerleistung von mindestens 1.000 Gulden zu entrichten hatte, wenn man für einen Senatorensitz kandidieren wollte (Art. 56); 1842 erfüllten diese Bedingung lediglich 421 Belgier, von denen 237 zum Adel zählten.[37] Dem Senat gehörten denn auch auffallend viele Adelige an sowie – mit Erreichen der Volljährigkeit – »der voraussichtliche Thronerbe« (Art. 58). Die Legislaturperiode des Senats umfasste acht Jahre (Art. 55); damit sollte er zu politischer Stabilität beitragen. Demgegenüber betrug die Legislaturperiode der Abgeordnetenkammer vier Jahre (Art. 51). Ihre Zusammensetzung war breiter gestreut, sie stellte im belgischen Parlamentarismus das dynamischere Element dar. Den Abgeordneten wurde eine monatliche Aufwandsentschädigung von 200 Gulden zugesprochen[38], während die Verfassung Zahlungen an die per definitionem reichen

---

35 Zu Beginn der Belgischen Revolution fungierte das *Bulletin des arrêtés et actes du gouvernement provisoire et des décrets du congrès national de la Belgique* als Amtsblatt der Regierung (1831 umgewandelt in *Bulletin officiel des lois et arrêtés royaux de la Belgique*), 1845 übernahm der *Moniteur belge* die Veröffentlichung von Gesetzen und Königlichen Erlassen. Siehe Els Witte, De »Moniteur Belge«, de regering en het parlement tijdens het unionisme (1831–1845), Brüssel 1985. Alle Gesetze und Erlasse, die im Folgenden genannt werden, können – sofern nicht anders angegeben – im *Bulletin* bzw. im *Moniteur belge* wiedergefunden werden.
36 Els Witte, De politieke ontwikkeling in België 1831–1846, in: Algemene geschiedenis der Nederlanden, Bd. 11, Bussum 1983, S. 318.
37 Mabille, Histoire politique (wie Fn. 11), S. 137.
38 Art. 52. Ausgenommen waren lediglich die Abgeordneten aus Brüssel als der Stadt, in die die Parlamentssitzungen stattfanden.

Senatoren explizit ausschloss (Art. 57). Beide Kammern wurden in der Mitte ihrer Legislaturperiode jeweils zur Hälfte neu gewählt[39], um hier wie dort gleichermaßen Kontinuität und regelmäßigen Wandel bewirken zu können. Im Verhältnis zwischen beiden Kammern pendelte es sich rasch ein, dass die Abgeordnetenkammer die führende Stellung einnahm.[40] Schon im Verfassungstext war ihr insoweit der Vortritt gegeben worden, als sie vor dem Senat vorgestellt wurde, und in numerischer Hinsicht umfasste die Abgeordnetenkammer mehr als die Hälfte der Mitglieder des Senats.[41] Eine Mitgliedschaft in beiden Kammern schloss die Verfassung ausdrücklich aus (Art. 35).

In der politischen Praxis hat Leopold I. immer wieder versucht, die engen Grenzen, welche die Verfassung dem König setzte, so weit wie möglich auszuweiten. So bestellte er regelmäßig die Minister in den Königlichen Palast zu Brüssel ein, um seine eigenen Ansichten in der Regierungspolitik durchzusetzen. Während man in der Verfassungstheorie davon ausgehen musste, dass die dem Parlament gegenüber verantwortlichen Minister anstelle des unverletzlichen Monarchen die Regierungsgeschäfte führten, war es faktisch der König, der sozusagen an der Verfassung vorbei Regierungspolitik betrieb. Besonders in der Außenpolitik agierte Leopold manches Mal ungeachtet der Politik des jeweiligen Fachministers. Auch führte er gerne den Vorsitz im Ministerrat, obwohl dies in der Verfassung nicht vorgesehen war. Sogar ein wohlwollender Biograf kommt zu dem Ergebnis, dass Leopold I. »eine Rolle annahm, die bei Weitem diejenige überstieg, die der Nationalkongress dem Monarchen zugewiesen hatte.«[42]

Dies wurde dadurch erleichtert, dass die Verfassung keinem Regierungsmitglied eine Richtlinienkompetenz einräumte. Erst im Laufe der Zeit setzte sich durch, dass innerhalb des Kabinetts ein Minister eine leitende Stellung einnahm. Hieraus sollte sich später das Amt des Premierministers entwickeln, das offiziell erst nach dem Ersten Weltkrieg als solches bezeichnet wurde.

Die Regierungen auf der nationalen Ebene trugen in ihrer Zusammensetzung bis 1847 weitgehend den Stempel jener Konstellation, welche die Belgische Revolution durchgeführt hatte: des Bündnisses zwischen Katholiken und Liberalen (Unionismus). So umfassten die meisten Kabinette sowohl katholische als auch liberale Mi-

---

39 Art. 51 und 55. Näheres wurde in einem Wahlgesetz vom 10. April 1835 geregelt. Zum Wahlrecht für die Abgeordnetenkammer und den Senat siehe im Einzelnen Kapitel 3, Wahlrecht.
40 Lefebvre, Belgian Constitution (wie Fn. 20), S. 36.
41 Nach dem Inkrafttreten des Endvertrags legte das Wahlgesetz vom 3. Juni 1839 die Anzahl an Senatoren auf 47, die der Abgeordneten auf 95 fest. Siehe E. Huyttens (Hg.), Discussions du Congrès National de Belgique, 1830–1831, Bd. 5, Brüssel 1845, S. 136 f. Am selben Tag wurde zusätzlich ein besonderes Wahlgesetz über die Abgeordneten von Belgisch-Limburg und Belgisch-Luxemburg erlassen.
42 Louis de Lichtervelde, Léopold Ier et la formation de la Belgique contemporaine, Brüssel 1929, S. 145 (Übers. d. Verf.).

nister, obwohl die ideologischen Spannungen zwischen den einstigen Trägern der Revolution im Laufe der 1830er- und 1840er-Jahre immer mehr zunahmen; nur kurzzeitig gab es ab 1831 ein rein liberales Kabinett und ein weitgehend rein katholisches Kabinett. Anfangs setzte sich die Regierung aus fünf Ministerien zusammen, 1837 trat neben die Ministerien für Inneres, Justiz, Außenpolitik, Krieg und Finanzen ein Ministerium für öffentliche Arbeiten hinzu.[43]

In der zusammenfassenden Bewertung von Verfassungsnorm und -wirklichkeit des Königreichs Belgien lassen sich nicht alle Fragen terminologisch eindeutig beantworten. Begründete die Verfassung von 1831 eine parlamentarische Erbmonarchie, in der sich der König bei der Bestellung der Kabinette nach den jeweiligen Mehrheitsverhältnissen im Parlament richtete, im Unterschied zu anderen Monarchen auf ein Vetorecht verzichten musste und selbst in der Außen- und Militärpolitik als den »klassischen« Domänen königlicher Reservatrechte in mancherlei Hinsicht nicht ohne das Parlament agieren konnte? Oder ist das politische System Belgiens in Theorie und Praxis mit Martin Kirsch eher als Ausdruck eines »monarchischen Konstitutionalismus mit Vorrangstellung des Parlaments« zu werten, das sich allenfalls auf dem »Weg zum parlamentarischen System« befand?[44] Ist das Fehlen des Instruments des parlamentarischen Misstrauensvotums in der Gesamtbeurteilung schwerer zu gewichten als die Tatsache, dass die belgische Verfassung unter Berufung auf das Prinzip der Volkssouveränität den beiden Parlamentskammern für die erste Hälfte des 19. Jahrhunderts ungewöhnlich weitreichende Rechte im europäischen Vergleich verlieh? Vielleicht hätten sich die belgischen Verfassungsväter schwergetan, ihr Werk unter demselben Begriff »Konstitutionalismus« zu subsumieren wie das Reich Wilhelms I. Ob sie sich mit dem Begriff »Parlamentarismus« identifizieren konnten, müsste eine begriffsgeschichtliche Analyse erst noch zeigen.

Nicht exakt bestimmen lässt sich auch, welche konstitutionellen Quellen in welchem Ausmaß in der belgischen Verfassung von 1831 Niederschlag gefunden haben.[45]

---

43 Zu den belgischen Kabinetten bis 1847 siehe Mabille, Histoire politique (wie Fn. 11), S. 122, Tab. 2. Bei dieser Aufstellung nicht berücksichtigt sind die Provisorische Regierung (26. September 1830 bis 26. Februar 1831) und das Kabinett, das der Regent Surlet de Chokier anschließend bildete.
44 Kirsch, Monarch und Parlament (wie Fn. 30), S. 190, 395. Auch Els Witte ist zurückhaltend im Hinblick auf die Anwendung des Parlamentarismusbegriffs auf Belgien, sie spricht von einem »semiparlamentarischen System mit einem monarchischen Gegengewicht«; Els Witte, La Construction de la Belgique 1828–1847, in: M. Dumoulin u. a. (Hg.), Nouvelle Histoire de Belgique, Bd. 1: 1830–1905, Brüssel 2005, S. 96. Demgegenüber betont John Gilissen die für damalige Verhältnisse starke Position von Abgeordnetenkammer und Senat; John Gilissen, Die belgische Verfassung von 1831 – ihr Ursprung und ihr Einfluß, in: W. Conze (Hg.), Beiträge zur deutschen und belgischen Verfassungsgeschichte im 19. Jahrhundert, Stuttgart 1967, S. 61.
45 Siehe hierzu John Gilissen, La Constitution belge de 1831: ses sources, son influence, in: Res publica. Revue de l'Institut Belge de Science Politique – Tijdschrift van het Belgisch Instituut voor Wetenschap der Politiek, Sonderheft 10 (1968): Les problèmes constitutionnels de la Belgique au XIXe siècle, S. 107-141 und ders., Die belgische Verfassung (wie Fn. 44), S. 54 ff.

Stand die englische Verfassungstradition mit der Hochachtung vor Freiheitsrechten, Gewaltenteilung und einem starken Parlament Pate? Nahm die belgische Verfassung mit ihrer Berufung auf Volkssouveränität ein wichtiges Element aus der Amerikanischen Revolution oder aus der griechischen Verfassung von 1827[46] auf, spiegelt sich in der ministeriellen Gegenzeichnung ein Element der französischen Verfassung von 1791, der spanischen Cortes-Verfassung von 1812 oder der württembergischen Verfassung von 1819 wider?[47] Finden sich mit dem Zweikammersystem oder der Verankerung von Gewissensfreiheit gar Spuren des großniederländischen Grundgesetzes in ihr? Oder verarbeiteten die Verfassungsausschüsse von Nationalkongress und Provisorischer Regierung mit der klaren Einhegung monarchischer Kompetenzen historische Erfahrungen, die man im Laufe der vergangenen Jahrhunderte in der eigenen Geschichte unter Philipp II. (1527–1598), Joseph II. (1741–1790) oder Wilhelm I. mit absolutistisch auftretenden Regimen gesammelt hatte?

Es steht zu vermuten, dass in der belgischen Konstitution von 1831 verschiedene verfassungshistorische Stränge zusammenflossen und weiterverarbeitet wurden. Die Fortschrittlichkeit, die das Gesamtwerk im Europa zwischen den Revolutionen von 1830 und 1848 zum Ausdruck brachte, sorgte jedenfalls dafür, dass das belgische Modell einer parlamentarischen Monarchie im Rahmen einer liberalen Konstitution in zahlreichen europäischen Ländern auf Zustimmung stieß und später außerhalb der Landesgrenzen vielfach als ein Vorbild diente. Einflüsse der belgischen Verfassung von 1831 zeigen sich – zumindest in Teilbereichen – in den Verfassungen von Serbien (1835), Griechenland (1844 und 1864), Luxemburg (1848), den Niederlanden (1848) und einigen italienischen Staaten (1848), in Preußen (1850) oder in Rumänien (1866); auch in Spanien lassen sich im Königlichen Statut von 1834 oder in der Verfassung von 1837 deutliche Spuren des belgischen Modells ausmachen.[48]

3 Wahlrecht und Wahlen

Für das Königreich der Vereinigten Niederlande gab es ein Wahlrecht lediglich für die Zweite Kammer. Die 40 bis maximal 60 Mitglieder der Ersten Kammer wurden nämlich ausnahmslos vom König ernannt; in dieser Hinsicht ist die niederländische Erste Kammer mit dem britischen Oberhaus oder mit der Kammer der *Pairs* vergleichbar, wie sie in Frankreich durch die *Charte Constitutionnelle* von 1814 begründet wurde. Abgeordnete der Zweiten Kammer wurden für drei Jahre von den Provinzialstaaten

---

46 CD-ROM-2, 20.2.7 (griech.)/20.2.8 (dt.) (Verfassung Griechenlands v. 17.5.1827).
47 CD-ROM-1, Dok.-Nr. 3.2.5 (frz.)/3.2.6 (dt.) (Verfassung Frankreichs v. 3.9.1791) und Dok.-Nr. 8.2.5 (span.)/8.2.6 (dt.) (Verfassung von Cádiz v. 19.3.1812).
48 Zu diesen Einflüssen siehe die entsprechenden Beiträge über Serbien, Griechenland und Spanien im vorliegenden Handbuchband. Vgl. auch Gilissen, Die belgische Verfassung (wie Fn. 44), S. 63-68.

gewählt (Art. 81 f. des Grundgesetzes von 1815), die ihrerseits nach ständischen Gesichtspunkten von Adel, städtischen Gemeinden und den Grundbesitzern auf dem Land gewählt wurden (Art. 129) und in Größe und Zusammensetzung variierten. Bei den Wahlen in den Städten und auf dem Land wurde ein indirektes Zensuswahlrecht zugrunde gelegt, beim Adel galt ein direktes Wahlrecht; hier wurde materieller Wohlstand schlicht vorausgesetzt. Die Zahl der Zensuswähler wird für den nördlichen Landesteil auf 80.000, für den südlichen auf etwa 60.000 Männer geschätzt.[49] Obwohl der belgische Landesteil mit ca. 3,5 Mio. Einwohnern wesentlich bevölkerungsreicher war als der niederländische mit etwa zwei Mio. Menschen, erhielt der südliche Teil mit 55 Abgeordneten nicht mehr als genau so viele Delegierte wie der nördliche. Dass dabei ein belgischer Abgeordneter 60.000 Einwohner repräsentierte, während dies im Fall eines niederländischen Abgeordneten lediglich 40.000 Einwohner waren, bedeutete letztlich eine relative Entwertung des Gewichts der belgischen Wählerstimmen.[50] Beide Kammern sollten »das ganze niederländische Volk« im Sinne des großniederländischen Reiches (d. h. unter Einschluss der belgischen Bevölkerung) vertreten (Art. 77), doch nur den Mitgliedern der Zweiten Kammer wurde ausdrücklich die Wahrnehmung eines imperativen Mandats verboten (Art. 83). Dass sich die Mitglieder der Ersten Kammer durch das Ernennungsverfahren an den König gebunden fühlten, liegt auf der Hand. Wegen ihrer starken Abhängigkeit vom Monarchen erhielt diese Kammer im Volksmund die spöttische Bezeichnung »ménagerie du roi« (königlicher Tierpark).

Von den Wahlmodalitäten der Vereinigten Niederlande setzten sich die belgischen Revolutionäre deutlich ab. Schon Anfang Oktober 1830 stellte die Provisorische Regierung in einem Aufruf zur Wahl des Nationalkongresses ein Wahlsystem in Aussicht, das »direkt und liberal« sein solle; nur so könne »eine wahre Nationalvertretung« gewährleistet werden.[51] Damit erteilte man ständischen Kriterien eine klare Absage. Übernommen wurde allerdings die Koppelung des Wahlrechts an die Steuerleistung, denn wie für die Zweite Kammer der Generalstaaten galt auch für die Wahl zum belgischen Nationalkongress ein Zensuswahlrecht. Die Höhe des Zensus wurde nicht landesweit festgelegt, sondern variierte von Gemeinde zu Gemeinde und trug damit Unterschieden in der wirtschaftlichen Leistungsfähigkeit einzelner Kommunen Rechnung.[52] Neben das Zensuswahlrecht trat ein Kapazitätswahlrecht, denn auch Ju-

---

49 Horst Lademacher, Die Niederlande. Politische Kultur zwischen Individualität und Anpassung, Berlin 1993, S. 429.
50 Bornewasser, Het Koninkrijk (wie Fn. 8), S. 244 und Gilissen, Le régime représentatif (wie Fn. 1), S. 61 f.
51 CD-ROM-2, Dok.-Nr. 6.3.1 (Wahlrecht zum Nationalkongress v. 10.10.1830). In den Folgetagen hat die Provisorische Regierung das Wahlrecht durch weitere Erlasse präzisiert und partiell modifiziert.
52 Das Spektrum reichte von 13 Gulden in kleinen luxemburgischen Gemeinden bis zu 150 Gulden in Brüssel. Vgl. Gilissen, Le régime représentatif (wie Fn. 1), S. 83.

risten, Geistliche unterschiedlicher Religionsgemeinschaften, höhere Offiziere oder promovierte Universitätsabsolventen erhielten – unabhängig von ihrer Steuerleistung – das Wahlrecht zugesprochen. Von dem Personenkreis, der durch die Kombination von Zensus- und Kapazitätswahlrecht gebildet wurde, durften alle Männer ab 25 Jahren an den Wahlen zum Nationalkongress teilnehmen, sofern sie belgische Staatsbürger waren oder mindestens sechs Jahre lang in Belgien gewohnt hatten. Hierzu gehörten auch die Bewohner der Provinzen Luxemburg und Limburg, die ja bis zum Endvertrag mit Ausnahme der jeweiligen Hauptstädte Luxemburg und Maastricht von den belgischen Revolutionären besetzt waren.[53] Das passive Wahlrecht war so gut wie identisch mit dem aktiven Wahlrecht – mit einer bemerkenswerten Ausnahme: Beim passiven Wahlrecht galt kein Zensus. Theoretisch hätten somit Angehörige der ärmeren Bevölkerungsschichten kandidieren dürfen. Faktisch jedoch war dies schon aus wirtschaftlichen Gründen kaum denkbar.

Das fast gleichzeitig erlassene Wahlrecht auf kommunaler Ebene spiegelte im Großen und Ganzen das Wahlrecht zum Nationalkongress wider: Auch hier gab es die Mischung von Zensus- und Kapazitätswahlrecht, auch hier sollte geheim und direkt gewählt werden.[54]

Die Rahmenbedingungen für das Wahlrecht zum belgischen Parlament wurden in der Verfassung festgelegt. Im Unterschied zu den Wahlen zum Nationalkongress legte sie beim aktiven Wahlrecht ausschließlich die Steuerleistung zugrunde, sie verzichtete also auf das Kapazitätswahlrecht. Der Zensus sollte je nach Gemeinde zwischen 20 und 100 Gulden liegen (Art. 47).[55] Die Größe der Wahlbezirke war durch ein noch zu erlassendes Wahlgesetz so einzuteilen, dass ein Abgeordneter maximal 40.000 Wähler repräsentierte (Art. 49). Im Zusammenhang mit dem passiven Wahlrecht gab die Verfassung vor, dass es wie bei den Wahlen zum Nationalkongress auch bei den Wahlen zur Abgeordnetenkammer keinen Zensus geben solle, ansonsten definierte Art. 50 Kriterien wie die belgische Staatsbürgerschaft oder ein Mindestalter von 25 Jahren. Anders verhielt es sich beim Senat: Hier legte die Verfassung – wie oben erwähnt – für das passive Wahlrecht ausdrücklich einen Zensus von 1.000 Gulden fest; nur in Ausnahmefällen räumte sie die Möglichkeit eines geringeren Zensus ein (Art. 56).

---

53 Faktisch gab es in ganz Belgien 38.429 Zensuswähler und 7.670 Kapazitätswähler, von denen am 3. November 1830 letztlich 65 Prozent von ihrem Recht auf die Teilnahme an der geheimen Wahl zum Nationalkongress tatsächlich Gebrauch machten. Mabille, Histoire politique (wie Fn. 11), S. 105.

54 Vgl. Romain Van Eenoo, De evolutie van de kieswetgeving in België van 1830 tot 1919, in: Tijdschrift voor Geschiedenis 92 (1979), S. 333-335 mit dem Hinweis, dass die konkrete Art der Durchführung von Wahlen von den jeweiligen lokalen Umständen abhing.

55 Art. 47. Zum Zensuswahlrecht siehe im Detail Romain Van Eenoo, Systèmes électoraux et élections, 1830–1914, in: Gubin u. a. (Hg.), Histoire (wie Fn. 29), S. 51 ff.

Nicht einmal einen Monat nach der Verabschiedung der Verfassung trat das Wahlgesetz in Kraft.[56] Es wurde zwar in den folgenden Jahren mehrfach modifiziert, fixierte aber für mehr als sechs Jahrzehnte die Grundlinien des belgischen Wahlrechts. Für beide Parlamentskammern sah das Wahlgesetz vom 3. März 1831 ein Mehrheitswahlrecht vor.[57] Es präzisierte, wie die Höhe der Steuerleistung zu berechnen sei, die für die Ausübung des aktiven Wahlrechts zugrunde gelegt wurde (Art. 1 ff.), und gab für jede Kommune die Höhe des Zensus an (Art. 52). Dabei ist auffällig, dass nirgendwo die von der Verfassung konzedierte Höchstgrenze von 100 Gulden verlangt wurde, doch auch die Untergrenze von 20 Gulden wurde nur selten festgelegt. Die meisten Kommunen bewegten sich in einem Mittelfeld zwischen 30 und 55 Gulden, nur in wirtschaftlich prosperierenden Städten wie Brüssel, Antwerpen oder Lüttich lag der Zensus höher.[58] Hierdurch kam es zu einer vergleichsweise dichten parlamentarischen Vertretung: John Gilissen zufolge repräsentierte im Schnitt ein Wähler 95 Einwohner, während es in Frankreich 160 waren.[59] Allerdings schränkte das Wahlgesetz das aktive wie auch das passive Wahlrecht auf folgende Weise ein: Hatte bei den Wahlen zum Nationalkongress die einfache Staatsbürgerschaft ausgereicht, wurde nun für die Parlamentswahlen die sog. große Einbürgerung gefordert (Art. 1, 41). Da die »grande naturalisation« nur jenen vorbehalten war, die sich in irgendeiner Weise um das Land verdient machten, schloss das belgische Wahlgesetz eine breitenwirksame Demokratisierung des politischen Systems strukturell aus.[60]

Weiterhin bestimmte das Wahlgesetz, welche Personengruppen vom Wahlrecht auszuschließen waren; hierzu zählten etwa rechtskräftig verurteilte Delinquenten und Bankrotteure, ab 1843 auch Zuhälter (Art. 5, 43). Darüber hinaus umfasste das Gesetz Detailbestimmungen, die Transparenz und Rechtsförmigkeit der Wahlen garantieren sollten: die Erstellung der Wählerlisten durch die Kommunalbehörden oder den Provinzialrat, die innerhalb bestimmter Fristen zur öffentlichen Einsichtnahme auszulegen waren (Art. 6 ff., 44); die Zusammensetzung des Wahlbüros (Art. 20 f.); die Protokollierung der Wahlvorgänge und die Veröffentlichung jedes Wahlgangs durch das Wahlbüro (Art. 37, 39). Besonders hervorzuheben ist schließlich die Bestimmung,

---

56 CD-ROM-2, Dok.-Nr. 6.3.2 (Wahlgesetz v. 3.3.1831 in der Fassung v. 1.4.1843).
57 Art. 35 und 36. Das Mehrheitswahlrecht führte dazu, dass Republikaner, die Anhänger einer staatlichen Vereinigung mit den Niederlanden (Orangisten) oder mit Frankreich (Reunionisten) sowie später die Vertreter der Flämischen Bewegung lange Zeit das Nachsehen gegenüber Katholiken und Liberalen hatten.
58 1848 wurde der Zensus landesweit auf das verfassungsmäßige Minimum von 20 Gulden gesenkt, sodass die Zahl der Wahlberechtigten von etwa 46.000 auf ca. 79.000 Männer stieg. Siehe Eliane Gubin/Jean-Pierre Nandrin, La Belgique libérale et bourgeoise 1846–1878, in: Dumoulin u. a. (Hg.), Nouvelle Histoire de Belgique (wie Fn. 44), 2. Teil, S. 24. Das Zensuswahlrecht war bis 1893 in Geltung.
59 Gilissen, Le régime représentatif (wie Fn. 1), S. 94.
60 Vgl. Stefaan Fiers/Eliane Gubin, La physionomie de la Chambre des représentants, in: Gubin u. a. (Hg.), Histoire (wie Fn. 29), S. 93.

dass die Stimmabgabe geheim zu sein hatte – mussten die Wahlzettel doch in geschlossenem Zustand abgegeben werden (Art. 25).

Das Wahlrecht zu den provinzialen und zu den kommunalen Ratsversammlungen wies in vielerlei Hinsicht Parallelen zum Wahlrecht für die Abgeordnetenkammer auf. Das Provinzialgesetz von 1836 erklärte kurz und bündig alle männlichen Belgier zu Wahlberechtigten, »die jene Bedingungen erfüllen, die das Wahlgesetz [von 1831] zur Bildung der Kammern vorschreibt.«[61] Es deckte sich obendrein zu einem großen Teil mit dem Gemeindewahlrecht, das im Kommunalgesetz von 1836 einen beachtlich breiten Raum einnahm.[62] Hierin wiederum findet sich die zum Teil wörtliche Übernahme von Formulierungen aus dem Wahlgesetz von 1831. Im Unterschied zu diesem Gesetz allerdings band das Kommunalgesetz nicht nur das aktive, sondern auch das passive Wahlrecht an die Steuerleistung. Vom passiven Wahlrecht schloss es auch dezidiert bestimmte Personenkreise aus wie Beamte der Provinzialverwaltung, Soldaten, Polizisten oder Personen, die aus der betreffenden Gemeinde Einkünfte bezogen. Bemerkenswert ist auch eine geschlechtsspezifische Abweichung des kommunalen Wahlrechts von den Bestimmungen des Wahlgesetzes von 1831: Witwen wurde hier grundsätzlich das Wahlrecht zuerkannt, seine Ausübung allerdings mussten sie an einen Sohn oder Schwiegersohn abtreten, der seinerseits die Kriterien für das Wahlrecht erfüllen musste (Art. 8, 47). Eine etwaige Steuerleistung einer verheirateten Frau hingegen wurde auf der kommunalen ebenso wie auf der nationalen Ebene dem Zensus des Ehemanns zugerechnet, die eines minderjährigen Kindes auf den Zensus des Vaters.

Für die Wähler war die Teilnahme an den Parlamentswahlen nicht frei von Beschwernissen.[63] Da die Wahlen nur an größeren Orten durchgeführt wurden, war in vielen Fällen eine Reise erforderlich, die besonders für die Wähler ländlicher Gebiete mit einem gewissen Aufwand verbunden war. Sie erstreckte sich oftmals auf den ganzen Tag, manche Wahldurchgänge erforderten aber auch eine längere Abwesenheit und verursachten damit für die Wähler Kosten für Fahrt und Unterkunft. Zu beachten ist auch, dass eine persönliche Teilnahme erforderlich war; eine Stimmübertragung schloss das Wahlgesetz von 1831 in Art. 19 explizit aus. Obendrein fanden Wahlen nicht nur am Ende der Legislaturperiode statt: Auch wenn ein Senator oder Abgeordneter aus dem Parlament ausschied, war eine Neuwahl durchzuführen, und da beide Kammern zur Hälfte ihrer jeweiligen Legislaturperiode neu gewählt werden mussten, war die aktive Wahrnehmung des Wahlrechts dazu angetan, viel Zeit und Geld zu absorbieren. Dies wurde noch verschärft, wenn Wahlen zum Senat und zur Abgeordnetenkammer nicht am gleichen Tag stattfanden. Und schließlich galten all diese Bestimmungen nicht nur für die Parlamentswahlen, sondern auch für die Wahlen zu den Provinzial- und den Gemeinderäten. Angesichts des hohen Aufwands,

---

61   CD-ROM-2, Dok.-Nr. 6.5.2 (Provinzialgesetz v. 30.4.1836 in der Fassung v. 3.6.1839), Art. 5.
62   CD-ROM-2, Dok.-Nr. 6.5.1 (Kommunalgesetz v. 30.3.1836 in der Fassung v. 30.6.1842).
63   Gilissen, Le régime représentatif (wie Fn. 1), S. 105-107.

der mit der Ausübung des Wahlrechts verbunden war, erstaunt es kaum, dass sich ein Absentismus breitmachte, der im Durchschnitt zwischen 25 und 30 Prozent lag; bei Wahlen auf kommunaler oder provinzialer Ebene konnte der Nichtwähleranteil bei Parlamentswahlen bis zu 90 Prozent betragen![64] Um dieser Entwicklung entgegen zu wirken, übernahmen bisweilen Kandidaten die Reise- und Aufenthaltskosten auf ihre Rechnung und richteten Bankette aus; trotz des ausgefeilten Wahlrechts konnte dies freilich leicht in eine Beeinflussung der Wähler ausarten.[65]

Da es in den ersten Jahren nach der Belgischen Revolution noch keine organisierten Parteien gab, waren die Wahlen in hohem Maße Abstimmungen über einzelne Persönlichkeiten, die dem katholischen oder dem liberalen Lager zuzuordnen waren oder aufgrund ihres persönlichen Prestiges gewählt wurden. Das Wahlverfahren trug denn auch einen personalistischen Zug: Die Wähler schrieben per Hand die Namen der von ihnen favorisierten Kandidaten auf den Wahlzettel, Wahllisten gab es offiziell nicht. Allerdings bildeten sich seit Beginn der 1840er-Jahre auf weltanschaulicher Grundlage Wahlvereinigungen »mit einem mehr oder weniger strukturierten Charakter«[66], und im Laufe der Zeit spielte sich ein, dass die amtierende Regierung, Kirchenvertreter sowie katholische oder liberale Gruppierungen im Vorfeld der Wahlen Propaganda für ihnen genehme Kandidaten machten. Dieses Verfahren gewann an Bedeutung, als sich 1846 die Liberalen politisch zusammenschlossen, um dem Einfluss katholischer Wahlwerbung effektiver entgegentreten zu können.

In der Gesamtbeurteilung bleibt festzuhalten, dass das belgische Wahlrecht im europäischen Vergleich fortschrittlich war – und dies, obwohl Zensuswahlrecht, der Ausschluss von Frauen, Wahlbeeinflussung und Wahlenthaltung die demokratische Legitimation von Wahlen in der Praxis nach heutigen Maßstäben beeinträchtigt haben. Das Mehrheitswahlrecht garantierte in Gestalt von Katholiken und Liberalen genau jenen weltanschaulichen Gruppierungen die Möglichkeit zu politischer Partizipation, welche die Belgische Revolution getragen hatten. Mit der Orientierung am Zensus kam das liberale Credo zum Tragen, dass nur derjenige Bürger über die Geschicke des Staates mitentscheiden dürfe, der diesen Staat durch finanzielle Leistungen mittrage. Damit bewegte sich das belgische Wahlrecht letztlich zwischen zwei Polen: Absolutistische Ansprüche wurden ebenso abgewehrt wie der Ruf nach einer Demokratisierung des politischen Systems. Für Jahrzehnte schrieb das belgische Wahlrecht geradezu paradigmatisch ein bürgerlich-aristokratisches *Justemilieu* fest, das breitere Bevölkerungsschichten vom Repräsentativsystem ihres Landes ausschloss.[67]

---

64 Ebd., S. 109 mit Anhang I. 1893 wurde Absentismus durch die Einführung von Wahlpflicht auf fünf bis neun Prozent gesenkt (ebd. mit Anhang II).
65 Ebd., S. 108-111. Auch Van Eenoo stellt Absentismus und »sanfte Korruption« fest; Van Eenoo, De evolutie (wie Fn. 54), S. 337.
66 Van Eenoo, De evolutie (wie Fn. 54), S. 339.
67 So auch Gilissen, Le régime représentatif (wie Fn. 1), S. 94.

4 Grundrechte

Weder das Grundgesetz von 1814 noch dasjenige von 1815 enthielten einen Grundrechtekatalog, sie zählten lediglich verstreut einzelne Grundrechte auf. Verglichen mit der extensiven Darlegung, derer sich die Rechte und Prärogativen der Krone im Grundgesetz erfreuten, führten Grundrechte im Königreich der Vereinigten Niederlande ein konstitutionelles Schattendasein.

Immerhin garantierte das Grundgesetz von 1815 den Schutz von Eigentum (Art. 164 f.). Religionsfreiheit findet sich in beiden Konstitutionen. Obwohl es nicht nur aus heutiger Sicht für ein multikonfessionelles Land durchaus sinnvoll war, dass alle Konfessionen den »gleichen Schutz« genossen und die Gläubigen aller Denominationen die gleichen Rechte einfordern und den »gleichen Anspruch auf das Bekleiden von Würden und Ämtern« erheben durften[68], fühlten sich die Belgier im Laufe der Jahre dadurch benachteiligt, dass es nur wenigen Katholiken gelang, in den Vereinigten Niederlanden auf einflussreiche Posten zu avancieren. Pressefreiheit wurde zwar in Art. 227 des Grundgesetzes konzediert, sofern nicht »die Gesellschaft oder einzelne Personen« beleidigt würden. In der Praxis jedoch machte es die Exekutive oppositionellen Blättern schwer, mit kritischen Aufsätzen »zur Ausbreitung von Wissen und zum Fortschritt von Aufklärung« beizutragen, wozu der Wortlaut des genannten Artikels eigentlich berechtigte.

Die marginale Bedeutung, welche die Konstitution von 1815 Grundrechten einräumte, und die repressive Art, in der die königliche Regierung monarchische Rechte durchsetzte, zählen mit zu den zentralen Ursachen, die 1830 zum Ausbruch der Belgischen Revolution geführt haben. Vor diesem Hintergrund ist es nicht verwunderlich, dass der Schutz von Grundrechten für die belgischen Revolutionäre einen essenziellen Bestandteil ihres politischen Selbstverständnisses ausmachte und eine der zentralen Grundlagen ihres neuen Staates darstellte. In diesem Sinn erließ das Zentralkomitee der Provisorischen Regierung bereits einen Monat vor dem Zusammentritt des Nationalkongresses ein Dekret, mit dem Meinungs-, Religions-, Versammlungs-, Presse- und Unterrichtsfreiheit in Kraft und die Zensur, wie sie in den Vereinigten Niederlanden ausgiebig praktiziert worden war, außer Kraft gesetzt wurden. Dies versah man ausdrücklich mit dem Hinweis, dass es notwendig sei, für immer die Be-

---

68 CD-ROM-2, Dok.-Nr. 5.2.2 (wie Fn. 6), Art. 190-192 und 196. Für das Jahr 1809 lässt sich die konfessionelle Verteilung im nördlichen Landesteil folgendermaßen quantifizieren: Katholiken fast 40 Prozent, Reformierte über 50 Prozent, Lutheraner 2,8 Prozent, Juden 1,8 Prozent, Wiedertäufer 1,4 Prozent, Remonstranten 0,2 Prozent, Sonstige 0,5 Prozent (nach Joris van Eijnatten/Fred van Lieburg, Nederlandse religiegeschiedenis, Hilversum 2005, S. 253). Durch die Vereinigung mit den belgischen Provinzen erhöhte sich der katholische Bevölkerungsanteil deutlich, obwohl das politisch-gesellschaftliche Establishment der Vereinigten Niederlande der Reformierten Kirche angehörte.

schränkungen zu beseitigen, mit denen die großniederländische Regierung die freie Äußerung von Gedanken behindert habe.[69]

Diesen Faden griff der Nationalkongress auf, indem er in der Verfassung einen Grundrechtekatalog verankerte, der im europäischen Vergleich ungewöhnlich umfassend angelegt war. Dass er den Grundrechten eine prominente Rolle zuwies, erhellt schon aus dem Umstand, dass die Verfassung eine eigene Rubrik mit dem Titel »Von den Belgiern und ihren Rechten« erhielt. Bemerkenswerterweise wurde sie gleich nach der einleitenden Rubrik über die Einteilung des Landes in Provinzen und Gemeinden und noch vor der Vorstellung der staatlichen Gewalten positioniert. Schon dies signalisierte, dass die belgische Verfassung wie eine Antithese zum großniederländischen Grundgesetz gelesen werden sollte. Es muss auch darauf hingewiesen werden, dass die Verfassung wiederholt feststellte, dass Grundrechte allenfalls auf gesetzmäßigem Wege eingeschränkt werden durften; Willkürakten des Königs, der Regierung oder von Beamten sollte somit ein Riegel vorgeschoben werden.

Die Verfassung von 1831 ging von einer egalitären Gesellschaftsvorstellung aus, denn der Nationalkongress legte fest, dass die Belgier vor dem Gesetz gleich seien und in der Regel freien Zugang zu den zivilen und militärischen Funktionen hätten (Art. 6). Mit einer ständischen Gesellschaft, wie sie noch für die Vereinigten Niederlande konstitutiv gewesen war, brach die belgische Verfassung definitiv. Sie war von einem dezidiert liberalen Verständnis getragen, wenn sie in Art. 7 statuierte: »Die persönliche Freiheit ist garantiert.« Auch die Unverletzlichkeit der Wohnung (Art. 10), des Eigentums (Art. 11) und des Briefgeheimnisses (Art. 22), die Religions- und Meinungsfreiheit (Art. 14), die Freiheit des Unterrichts (Art. 17) und die Vereinigungsfreiheit (Art. 20) wurden eigens aufgezählt. Dasselbe gilt für das Petitionsrecht, das Individuen ebenso zugesprochen wurde wie den verfassungsmäßigen Gewalten (Art. 21). Ein Recht auf Versammlungsfreiheit wurde grundsätzlich zugestanden, Versammlungen unter freiem Himmel allerdings blieben der Regelung durch die weitere Gesetzgebung vorbehalten (Art. 19).

Von elementarer Bedeutung war auch die Pressefreiheit (und die gleichzeitige Abschaffung der Zensur), wie sie schon im Oktober 1830 von der Provisorischen Regierung dekretiert worden war. Sie wurde vom Nationalkongress als ein dauerhaftes Grundrecht bestätigt, eine staatliche Verfolgung von Autoren, Verlegern, Druckern oder Buchhändlern schloss die Verfassung ausdrücklich aus (Art. 18). Ein spezielles Dekret schränkte Pressefreiheit lediglich an den Punkten ein, wo es um den Aufruf zur Begehung einer Straftat, um Majestätsbeleidigung, die Verhöhnung des Parlaments oder die Beleidigung von Beamten ging.[70] In demselben Dekret wurde freilich minutiös dargelegt, welche Rechte ein beschuldigter Pressevertreter zu seiner Verteidigung habe. Zum konstitutionellen Selbstverständnis gehörte auch, dass hier den

---

69 CD-ROM-2, Dok.-Nr. 6.4.1 (Erlass zur Presse, Meinungs- und Unterrichtsfreiheit v. 16.10.1830).
70 CD-ROM-2, Dok.-Nr. 6.4.2 (Pressedekret v. 20.7.1831).

Personen, die von einem Presseorgan angegriffen worden waren, das Recht auf den Abdruck einer Gegendarstellung eingeräumt wurde.

Mit Blick auf die Grundrechte ist für das multilinguale Land Belgien abschließend nach dem Verhältnis zwischen Französisch, Niederländisch und Deutsch zu fragen.[71] Die Verfassung bestimmte zwar in Art. 23, dass »der Gebrauch der in Belgien benutzten Sprachen« freigestellt sei, stellte aber Sprachregelungen für die öffentliche Gewalt und das Gerichtswesen unter Gesetzesvorbehalt. Ungeachtet der prinzipiellen Sprachenfreiheit dominierte im öffentlichen Leben eindeutig das Französische, das als traditionelle Sprache europäischer Hochkultur und Diplomatie ein hohes Prestige besaß. So bürgerte sich rasch ein, dass das Französische im neuen Königreich zur einzigen Verwaltungssprache wurde. Die Richtung zu einer solchen Entwicklung hatte bereits die Provisorische Regierung vorgegeben, als sie im November 1830 dekretierte, dass Gesetze und Erlasse nur in einer französischen Fassung Gültigkeit besaßen; es blieb den Gouverneuren jener Provinzen, »in denen das Flämische und das Deutsche eher in Gebrauch sind als das Französische«, überlassen, eine – lediglich inoffizielle – Übersetzung anfertigen zu lassen.[72] Den Bürgern wurde in dem erwähnten Erlass zwar freigestellt, sich in ihrer Muttersprache an Behörden und Gerichte zu wenden, doch Beamte und Richter wurden nicht im Gegenzug verpflichtet, in dieser Sprache zu antworten oder Verhandlungen zu führen. Unter derartigen Umständen war es für die niederländisch- oder deutschsprachige Bevölkerung schwer, von der konstitutionell garantierten Sprachenfreiheit praktischen Gebrauch zu machen.[73] Doch nicht nur in Verwaltung und Gerichtswesen herrschte das Französische vor, sondern auch im weiterführenden Schulwesen. Und da die Offiziere der belgischen Armee zu einem überwiegenden Teil dem frankofonen Bürgertum und Adel entstammten, etablierte sich diese Sprache bis weit ins 20. Jahrhundert hinein zur Kommandosprache der Streitkräfte. Die faktische Dominanz der französischen Sprache in vielen Bereichen des öffentlichen Lebens galt wohlgemerkt nicht nur für Wallonien und die zweisprachige Hauptstadt Brüssel, sondern erstreckte sich auch auf Flandern.

Gegen die Vernachlässigung oder gar Diskriminierung von niederländischer Sprache und flämischer Kultur entstand im Laufe der 1830er-Jahre die Flämische Bewegung.[74] Ihre Anhänger wiesen zu Recht darauf hin, dass das Königreich Belgien ein

---

71 Vgl. auch Els Witte/Harry Van Velthoven, Sprache und Politik. Der Fall Belgien in einer historischen Perspektive, Brüssel 1999.
72 Zit. nach Th. Hermans/L. Vos/L. Wils (Hg.), The Flemish Movement. A Documentary History 1780–1990, London/Atlantic Highlands 1992, S. 71 f. (Übers. d. Verf.). Faktisch allerdings erschien das offizielle Amtsblatt des *Bulletin officiel des lois et arrêtés royaux de la Belgique* als *Staetsblad der wetten en Koninglyke Besluiten van België* auch in einer niederländischen Ausgabe.
73 Roland Willemyns, Het verhaal van het Vlaams. De geschiedenis van het Nederlands in de Zuidelijke Nederlanden, Antwerpen/Utrecht 2003, S. 207 f. und 374.
74 Vgl. hierzu Bruno De Wever, Die Flämische Bewegung. Geschichte und Geschichtsschreibung, in: J. Koll (Hg.), Nationale Bewegungen in Belgien. Ein historischer Überblick, Münster u. a. 2005, S. 73-107 mit weiterführenden Literaturhinweisen.

mehrsprachiges Land war und Angehörige des flämischen Bevölkerungsteils seit dem Mittelalter in Kunst und Kultur eine herausragende Rolle gespielt haben. Sie konnten auch darauf verweisen, dass die niederländischsprachigen Belgier den demografisch größten Teil des Landes ausmachten. Ihren Unmut über die Benachteiligung der Flamen brachte die Flämische Bewegung 1840 in einer Petition unmissverständlich zum Ausdruck. Hier wurde die Verwendung der eigenen Sprache als ein Grundrecht interpretiert: »[...] während die Französischsprachigen in unserem Land alle Privilegien und Vorteile auf ihrer Seite haben, ist die flämische Mittelklasse ungeachtet der Tatsache, dass sie die Bevölkerungsmehrheit darstellt, gezwungen, sich blindlings dieser Führung zu unterwerfen«; es sei nun höchste Zeit, dass auch der flämische Teil der Bevölkerung seine »natürlichen Rechte« wiedererlange.[75] Es sollte allerdings bis in die 1870er-Jahre dauern, ehe die Flämische Bewegung das Parlament effektiv bewegen konnte, Sprachgesetze zu erlassen, mit denen die Verwendung des Niederländischen im öffentlichen Leben rechtlich abgesichert wurde.

5 Verwaltung

Das Königreich der Vereinigten Niederlande zeichnete sich durch ein hohes Maß an administrativer Zentralität aus. In dieser Hinsicht erwies es sich als ein Erbe der Batavischen Republik und der napoleonischen Ära. Es machte zwar auch Anleihen bei der 1795 aufgelösten niederländischen Republik, in der weitgehend autonome Provinzen und Kommunen die konstituierenden Elemente gewesen waren. So gab sich das Grundgesetz von 1815 in seinem ersten Artikel einen föderativen Anstrich, wenn es die 17 Provinzen als Grundlage für die administrativ-territoriale Gliederung des Königreichs vorstellte und dabei auch das Großherzogtum Luxemburg erwähnte.[76] Doch der Schwerpunkt lag auf der nationalen Ebene, die wiederum im König ihren Kulminationspunkt fand. Mit seiner autokratischen Herrschaftsweise hat Wilhelm I. den ohnehin weit gesteckten Rahmen, den ihm das Grundgesetz bot, bis an seine Grenzen oder darüber hinaus ausgereizt. Dazu kam, dass das Grundgesetz dem König das Recht zusprach, in den Provinzen nach eigenem Gutdünken Kommissare einzusetzen, die den Vorsitz in den Provinzialstaaten führten und die Interessen der königlichen Regierung auf provinzialer Ebene zu vermitteln hatten (Art. 137). Auch in kommunale Belange durfte der Monarch eingreifen, »wenn er dies für angemessen hält.« (Art. 155) Formell waren der nördliche und der südliche Landesteil gleichberechtigt, denn die Sitzungen der Generalstaaten fanden in einem jährlichen Rhythmus zwischen den niederländischen und den belgischen Provinzen statt. Auch residierte der König in beiden Landesteilen, und ein Heer an Staatsbeamten mit ihren

---

75 CD-ROM-2, Dok.-Nr. 6.4.3 (Petition v. 1840) (Übers. d. Verf.).
76 CD-ROM-2, Dok.-Nr. 5.2.2 (wie Fn. 6), Art. 1.

Familien pendelte jedes Jahr zwischen Brüssel und Den Haag.[77] Gleichwohl wurde im südlichen Landesteil oft der Vorwurf geäußert, dass Holländer bei der Ämtervergabe bevorzugt würden. Das Gefühl, im eigenen Staat marginalisiert zu werden, zählte neben den anderen erwähnten Motiven zu jenen Gründen, die zur Belgischen Revolution geführt haben.

Noch während der Revolution kam es auf allen Ebenen staatlicher Verwaltung zu »Säuberungen«. In Brüssel übernahm die Provisorische Regierung die Initiative, und in zahlreichen Gemeinden wurden Amtsträger des großniederländischen Regimes durch Personen ersetzt, welche die belgische Unabhängigkeit unterstützten. Wie sah die Verwaltung des Landes aus, das sich mit der Verfassung von 1831 als ein liberaler, parlamentarischer und gewaltenteiliger Rechtsstaat verstand?

Belgien bestand aus drei horizontal angelegten Verwaltungsebenen: der nationalen, der provinzialen und der kommunalen. Jede dieser Ebenen hatte eigene Zuständigkeiten, doch gelegentlich kam es zu Überschneidungen. Genauso wie in den Vereinigten Niederlanden hatten die Provinzen im Königreich Belgien Verfassungsrang, und auch den Kommunen wurden konstitutionell garantierte Rechte zugewiesen.[78] Und wie im großniederländischen Reich besaß die zentralstaatliche Ebene Vorrang gegenüber Provinzen und Kommunen. Doch durch die gesamte Verfassungskonstruktion war die Einflussnahme des Monarchen hier stärker begrenzt als sie es im Königreich der Vereinigten Niederlande gewesen war, und sowohl Provinzen als auch Kommunen konnten in ihren jeweiligen Aufgabengebieten relativ autonom agieren. Die übergeordneten Instanzen hatten allenfalls im Rahmen konstitutionell festgelegter Grenzen Weisungs- oder Aufsichtsbefugnisse. Einen Eingriff in die Selbstverwaltung von Provinzen und Kommunen konzedierte die Verfassung dem König oder dem Parlament in Art. 108 nur, »um zu verhindern, dass die Provinzial- oder Gemeinderäte ihre Zuständigkeit überschreiten und das allgemeine Interesse verletzen.« Wie weit sich die Grenzen des Königs konkret erstrecken sollten, war innenpolitisch umstritten. Bezeichnend hierfür ist, dass Leopold I. und das Parlament fünf Jahre gebraucht haben, um die Eingriffsmöglichkeiten des Monarchen in Belange von Provinzen und Kommunen so auszutarieren, dass ein Provinzial- und ein Kommunalgesetz verabschiedet werden konnten.

Das Provinzialgesetz vom 30. April 1836 benannte den gewählten Provinzialrat als legislative Körperschaft und den vom König ernannten Provinzgouverneur als Vertreter der Exekutive. (☞ Abb. 6.2, S. 495) Die Funktionsperiode des Provinzialrats erstreckte sich auf vier Jahre, doch ähnlich wie bei der Abgeordnetenkammer

---

77 Ebd., Art. 98; Bornewasser, Het Koninkrijk (wie Fn. 8), S. 243.
78 CD-ROM-2, Dok.-Nr. 6.2.2/6.2.3 (wie Fn. 17), Art. 1 und 108 f. Siehe auch Witte, La Construction (wie Fn. 44), S. 97-100.

wurde die Hälfte der Mandate nach zwei Jahren zur Neuwahl ausgeschrieben.[79] Zu den ordentlichen Sitzungen kamen die Ratsherren in der jeweiligen Provinzhauptstadt zusammen, und zwar aus eigenem Recht (Art. 44). Eröffnet und geschlossen wurden die jährlichen Ratsversammlungen, die in der Regel öffentlich sein mussten, vom Provinzgouverneur. Den Vorsitz bei den Sitzungen führte allerdings ein Präsident, der zu Beginn der Sitzungsperiode vom Rat gewählt wurde (Art. 43, 49, 51). Zur Erledigung der Routinearbeiten richtete der Provinzialrat eine sechs Mitglieder umfassende Ständige Deputation ein. Hier wiederum führte nicht der Ratspräsident, sondern der Gouverneur oder ein Stellvertreter den Vorsitz (Art. 104); auf diese Weise vermochte die Exekutive Einfluss auf die Arbeit des Provinzialrats zu nehmen. Damit gingen die Befugnisse des Gouverneurs in der Praxis über die bloße Ausführung der Beschlüsse von Rat und Ständiger Deputation hinaus, wie sie Art. 124 eigentlich vorsah. Zu den exekutiven Aufgaben des Gouverneurs gehörte auch in Zusammenarbeit mit der Ständigen Deputation des Provinzialrats die Aufsicht über Arrondissementkommissare; diese waren für die Verwaltung von Landgemeinden zuständig. Für Transparenz und Rechtssicherheit sorgte die Bestimmung, dass die Entscheidungen des Rats und seiner Ständigen Deputation in einer amtlichen Verlautbarung, dem *Mémorial administratif*, publik zu machen waren; erst danach traten sie in Kraft (Art. 117 f.). Dem König war das Recht vorbehalten, Entscheidungen des Provinzialrats zu prüfen, etwa wenn es um Finanzfragen unter Einschluss des Haushalts oder um die Genehmigung der innerprovinzialen Verwaltungsordnung ging. Im besten konstitutionellen Sinn war der Monarch im Fall eines Einspruchs allerdings an die Einhaltung gesetzlicher Fristen gebunden (Art. 86, 88 f.).

Das Kommunalgesetz vom 30. März 1836[80] sah die Institutionen des Gemeinderats, des Bürgermeisters und des Schöffengremiums vor. (☞ Abb. 6.2, S. 495) Im Unterschied zum Provinzialrat trat der Gemeinderat im Laufe seiner zunächst sechs-, später achtjährigen Funktionsperiode nicht aus eigenem Recht zusammen. Er wurde lediglich dann vom Bürgermeister und den Schöffen einberufen, wenn Fragen anstanden, die in seine Zuständigkeit fielen (Art. 62). Dieses Feld allerdings war weit gefasst, denn generell gehörten hierzu alle Fragen von kommunalem Interesse sowie jene Themen, »die ihm von einer höheren Instanz vorgelegt werden.«[81] Den Vorsitz in den Ratssitzungen führte in der Regel der Bürgermeister (Art. 65). Gegenüber der

---

79 CD-ROM-2, Dok.-Nr. 6.5.2 (wie Fn. 61), Art. 92. Die Anzahl der Mandate legte das Provinzialgesetz für die einzelnen Provinzen folgendermaßen fest: Antwerpen 46, Brabant 57, Westflandern 64, Ostflandern 73, Hennegau 61, Lüttich 50, Limburg 46, Luxemburg 45 und Namur 43. Zur Entstehungsgeschichte des Provinzialgesetzes siehe Robert Demoulin, L'importance politique d'une loi provinciale dans un jeune état. La loi provinciale belge du 30 avril 1836, in: Les pouvoirs régionaux. Représentants et élus, Paris 1987, S. 347 ff.
80 CD-ROM-2, Dok.-Nr. 6.5.1 (wie Fn. 62), Art. 1.
81 Ebd., Art. 75. In den folgenden Artikeln zählte das Kommunalgesetz konkrete Kompetenzen der Gemeinderäte auf. Siehe auch seinen Titel II: »Über den kommunalen Aufgabenbereich«.

Kommunalverwaltung hatte der Rat weitgehende Kontrollbefugnisse (Art. 69). Wie im Provinzialgesetz findet sich auch im Kommunalgesetz die Vorgabe, dass Sitzungen im Normalfall öffentlich zu sein hatten, und alle kommunalen Vorschriften oder Verordnungen waren nach ihrer Inkraftsetzung öffentlich bekannt zu geben – in den Landgemeinden bei Bedarf im Rahmen des Gottesdienstes (Art. 71, 102).

Nicht in jeder Hinsicht waren die Kommunen autonom. Bei einigen Aufgabenfeldern schrieb das Kommunalgesetz übergeordneten Instanzen Kompetenzen zu, die kommunale Belange betrafen. So oblag dem König die Nominierung der Bürgermeister und Schöffen.[82] (☞ Abb. 6.2, S. 495) Dem Provinzgouverneur, der ja vom König ernannt und von ihm abhängig war, wurde das Recht zugesprochen, einen Bürgermeister und Schöffen bei einem »notorisch anstößigen Lebenswandel oder einer schwerwiegenden Nachlässigkeit« abzusetzen oder befristet vom Amt zu suspendieren; 1842 wurde diese Befugnis im Hinblick auf den Bürgermeister auf den König übertragen, während der Provinzgouverneur weiterhin für die Schöffen zuständig blieb (Art. 56). Auch besaßen der König oder der zuständige Provinzialrat ein Aufsichtsrecht gegenüber den Kommunen. So band das Kommunalgesetz beispielsweise den Erwerb oder die Veräußerung von Gemeindebesitz größeren Umfangs, die Erhebung von Mautgebühren, die Annahme von Stiftungen, die Kommunalsteuern oder die Entscheidung über historische Kunstdenkmäler explizit an königliche Zustimmung, und der Provinzialrat hatte den Unterhalt kommunaler Gebäude oder den Jahreshaushalt einer Gemeinde zu kontrollieren (Art. 76 f., 141 ff.). Die Provinz griff auch ein, wenn der Gemeinderat »einen Entschluss gefasst hat, der über seine Zuständigkeit hinausreicht oder das allgemeine Interesse verletzt«. Aus dem gleichen Grund stand dem König das Recht zu, Entscheidungen einer Kommunalverwaltung außer Kraft zu setzen (Art. 86 f.). Dennoch bleibt festzuhalten, dass die Kommunen insgesamt gesehen eine weitreichende, verfassungsmäßig garantierte Autonomie besaßen. Im belgischen Kommunalrecht verbanden sich auf diese Weise Bedürfnisse, die ein moderner Industriestaat im Hinblick auf Zentralstaatlichkeit hatte, mit kommunaler Selbstständigkeit, die besonders Flandern und Brabant seit dem Mittelalter zu einer innerhalb Europas herausgehobenen urbanen Landschaft hatte werden lassen. Théodore Juste zufolge hatte diese Kombination für andere europäische Länder einen vorbildlichen Charakter.[83]

Die starke Anlehnung des Provinzial- wie auch des Kommunalgesetzes an die Verfassung tritt im Inhalt dieser Gesetze, mitunter auch an einer wörtlichen Übernahme von Formulierungen deutlich zu Tage. Trotz Abweichungen in Einzelbestim-

---

82 Ebd., Art. 2. Anfangs durfte der König die Kandidaten für diese Posten ausschließlich aus den Reihen der gewählten Gemeindevertreter wählen. 1842 ermöglichte ihm jedoch eine Gesetzesänderung, Bürgermeister auch aus dem Kreis der Wähler zu ernennen. Dadurch wurde sein Spielraum beträchtlich erweitert.
83 Juste, Congrès national (wie Fn. 34), Bd. 1, S. XVIII.

mungen und ungeachtet ihres unterschiedlichen Gewichts waren somit die nationale, die provinziale und die kommunale Verwaltungsebene aufeinander abgestimmt. Dies sollte dem Königreich Belgien einen einheitlichen administrativen Charakter verleihen. Dazu trug auch bei, dass auf allen Verwaltungsebenen gleichermaßen die Bindung an rechtsstaatliche Prinzipien vorgegeben wurde, etwa durch die Öffentlichkeit und die Protokollierung von Sitzungen der parlamentarischen Versammlungen, durch die Publizierung gefasster Beschlüsse und geltender Rechtstexte oder durch die Überwachung der Einhaltung gesetzlicher Fristen; Amtsmissbrauch und Klientelismus sollte mithilfe strenger Inkompatibilitätsregelungen vorgebeugt werden. Eine Parallelität zwischen der nationalen und der kommunalen Ebene machte sich auch in der Entwicklung der Exekutive bemerkbar: Obwohl weder die Verfassung noch das Kommunalgesetz eine Richtlinienkompetenz festschrieben, besaß der Bürgermeister im kommunalen Rahmen spätestens mit der Gesetzesänderung vom 30. Juni 1842 eine relativ starke Position, die in etwa derjenigen vergleichbar ist, wie sie im Laufe der Zeit der Premierminister innerhalb des Kabinetts erwarb.[84]

6 Justiz[85]

Für die belgischen Revolutionäre war die Begründung von Rechtsstaatlichkeit eines der zentralen Ziele, hiermit setzten sie sich kategorial vom Reich Wilhelms I. ab. Ganz im Sinn des Prinzips der Gewaltenteilung erhob der Nationalkongress die Judikative in den Rang einer eigenständigen Staatsgewalt, die Verfassung sprach der richterlichen Gewalt in einem eigenen Kapitel Unabhängigkeit zu. Es ist wohl kein Zufall, dass es vor allem Anwälte waren, die neben Journalisten 1830/31 in der Revolution und im Nationalkongress den Ton angaben. Ihr Rechtsverständnis war in hohem Maße von der Sozialisation geprägt, die sie unter dem Direktorium, Konsulat bzw. napoleonischen Kaisertum erlebt hatten. Die staatliche Zugehörigkeit der belgischen Départements zu Frankreich seit 1795 hinterließ denn auch unverkennbar Spuren in der Gesetzgebung und in der Organisation des Justizwesens des Königreichs Belgien.[86] Die belgischen Verfassungsväter konnten umso leichter an die »französische Periode« anknüpfen, als das Königreich der Vereinigten Niederlande nicht über Ansätze einer Neuordnung des Justizwesens hinausgekommen war. 1827 wurde zwar

---

84 Zur Herausbildung des Amtes des Premierministers vgl. Kapitel 2, Verfassungsstruktur der zentralen staatlichen Ebene.
85 Einen Forschungsüberblick über belgische Rechts- und Justizgeschichte bieten die Beiträge von Karel Velle und Xavier Rousseaux im Themenheft: Juridische beroepen in België (19de–20ste eeuw) – Les professions juridiques en Belgique (XIXe–XXe siècles), in: Revue belge d'histoire contemporaine – Belgisch tijdschrift voor nieuwste geschiedenis 28 (1998), S. 7-30, 153-202.
86 So auch John Gilissen, L'ordre judiciaire en Belgique au début de l'indépendance (1830–1832), in: Journal des tribunaux. Hebdomadaire judiciaire 102 (1983), S. 566 und 574.

ein großniederländisches Gerichtsverfassungsgesetz angekündigt[87]; es sollte aber erst zum 1. Februar 1831 in Kraft treten und wurde für den südlichen Landesteil durch die Belgische Revolution überholt. Zum selben Stichtag hätten für die Vereinigten Niederlande auch Gesetzbücher zum Zivil-, Handels-, Zivilprozess- und Strafrecht in Kraft gesetzt werden sollen – auch die Einführung derartiger Kodifikationen wurde durch die Revolution Makulatur.[88]

Im Königreich Belgien wurden die gesetzlichen Grundlagen für die Struktur des Justizwesens in der Verfassung sowie in dem Gesetz vom 4. August 1832[89] gelegt, das als ein organisches Gesetz unterhalb der Verfassung, doch über einem normalen Gesetz rangierte und die Ordnung einer der öffentlichen Gewalten regelte.

Die Verfassung band die Einrichtung von Gerichtshöfen und jeglicher Gerichtsbarkeit strikt an Gesetz und Rechtsstaatlichkeit und präzisierte: »Weder Sonder- noch Ausnahmegerichte können, unter welchem Namen auch immer, geschaffen werden.« (Art. 94) Des Weiteren legte sie fest, dass Gerichtsverhandlungen sowie Urteilsverkündungen grundsätzlich öffentlich zu sein hatten, zumindest solange »diese Öffentlichkeit nicht die Ordnung oder die Sitten gefährdet […].« (Art. 96 f.) Die Unabhängigkeit der Judikative wurde institutionell dadurch untermauert, dass die Richter auf Lebenszeit zu ernennen waren, unabsetzbar sein sollten und nicht ohne Weiteres versetzt werden konnten (Art. 100). »Damit wird zum ersten Mal in der europäischen Verfassungsgeschichte die Unabhängigkeit des Richters durch die drei klassischen institutionellen Garantien: Lebenszeitberufung, Unabsetzbarkeit und Unversetzbarkeit des Richters garantiert.«[90]

Die Verfassung benannte auch die Gerichte, die das ordentliche Gerichtswesen ausmachten: den Kassationshof (mit Sitz in Brüssel), drei Appellationsgerichte (in Brüssel, Lüttich und Gent)[91] sowie die erstinstanzlichen Gerichte. Der Kassationshof, der sich in zwei Kammern gliederte, war gleichermaßen oberste Instanz für Berufungsverfahren wie Verfassungsgericht. Hier fanden bei Bedarf Verhandlungen gegen Minister statt, und

---

87 CD-ROM-2, Dok.-Nr. 5.6.1 (nl.)/5.6.2 (frz.) (Gesetz über die Organisation und Verwaltung des Justizwesens v. 23.1.1827).
88 John Gilissen, Codifications et projets de codification en Belgique au XIXe siècle (1804–1914), in: Revue belge d'histoire contemporaine – Belgisch tijdschrift voor nieuwste geschiedenis 14 (1983), S. 228.
89 CD-ROM-2, Dok.-Nr. 6.6.1 (Organisches Gesetz der Justizordnung v. 4.8.1832).
90 Ernst Holthöfer, Beiträge zur Justizgeschichte der Niederlande, Belgiens und Luxemburgs im 19. und 20. Jahrhundert, Frankfurt a. M. 1993, S. 61.
91 Das Appellationsgericht in Gent wurde neu gegründet. Die Städte Brüssel und Lüttich waren bereits seit dem Gesetz vom 18. März 1800 die beiden belgischen Sitze von insgesamt 29 Appellationsgerichtshöfen der französischen Republik gewesen. Siehe Gilissen, L'ordre judiciaire (wie Fn. 86), S. 566 und CD-ROM-1, Dok.-Nr. 3.6.7 (französisches Gerichtsorganisationsgesetz v. 18.3.1800). Im Königreich Belgien war das Appellationsgericht zu Brüssel für die Provinzen Antwerpen, Brabant und Hennegau zuständig, das von Gent für West- und Ostflandern und das von Lüttich für die Provinzen Lüttich, Namur, Limburg und Luxemburg (Art. 33 des organischen Gesetzes vom 4. August 1832).

ihm oblag die sog. Kompetenzkompetenz: Im Zweifelsfall entschied der Kassationshof, welche staatliche Instanz für bestimmte Streitfälle zuständig war (Art. 106). Mit dieser Bestimmung wollten die belgischen Verfassungsväter eine Rechtskonstruktion unmöglich machen, die Wilhelm I. dem großniederländischen Reich verordnet hatte: Dieser hatte 1822 mit dem sog. Konfliktentscheid (*Conflictenbesluit*) dekretiert, dass bei Streitigkeiten um die Zuständigkeit bei verwaltungsrechtlichen Fragen nicht die richterliche Gewalt, sondern der Monarch darüber entschied, ob ein bestimmter Fall von der Justiz oder von der Exekutive zu behandeln war.[92] Eine solche autokratische Bestimmung, die noch einmal die ohnehin beachtliche Machtfülle des Königs im großniederländischen Reich gesteigert hatte, widersprach in eklatanter Weise dem rechtsstaatlichen Verständnis, das den Nationalkongress bei der Ausarbeitung der belgischen Verfassung leitete. Ihm lag an einem unabhängigen Gerichtswesen, zu dem neben dem Kassationshof, den Appellationsgerichten und den erstinstanzlichen Gerichten das Institut des Friedensrichters gehörte, das seit dem Mittelalter im englischen Rechtssystem sowie in der Französischen Revolution für die Regelung von Zivilrechtsstreitigkeiten von Bedeutung war. Außerdem ging die Verfassung auf Militär- und Handelsgerichte als Organe der besonderen Gerichtsbarkeit ein. Mit der (Wieder-)Einführung von Geschworenengerichten für »alle Strafsachen und für politische und Preßvergehen« (Art. 98), die Wilhelm I. 1814 abgeschafft hatte, knüpften die belgischen Verfassungsväter schließlich an eine Einrichtung an, die in der englischen und amerikanischen Rechtsgeschichte eine zum Teil längere Tradition besaß und 1791 in die französische Verfassung Eingang gefunden hatte.[93] (☞ Abb. 6.2, S. 495)

Schließlich legte die Verfassung das Ernennungsverfahren für die Staatsanwaltschaft und das Richteramt fest. Hier wie dort war es der König, der die entsprechenden Beamten ernannte und entließ. Bei einigen Richterstellen räumte die Verfassung in einem komplizierten Verfahren allerdings auch den betreffenden Gerichtshöfen, den Provinzialräten sowie dem Senat ein Vorschlagsrecht ein (Art. 99, 101). Dadurch waren letztlich alle drei Staatsgewalten an der Auswahl des rechtsprechenden Justizpersonals beteiligt. Gewaltenteilung in der Zuschreibung von Kompetenzen und Aufgabenfeldern einerseits und Gewaltenverschränkung im Ernennungsverfahren andererseits schlossen sich somit nicht gegenseitig aus. Relativiert wurde die Gewaltenteilung allerdings durch das Begnadigungsrecht, mit dem der König das durch ein Gericht verkündete Strafmaß erlassen oder herabsetzen durfte (Art. 73). In dieser Hinsicht bewegte sich Belgien im Rahmen von Verfassungsstaatlichkeit: Bis heute zählt das Begnadigungsrecht zu den klassischen Prärogativen eines Staatsoberhaupts.

---

92 Bis 1830 wurde der Konfliktentscheid in ca. 200 Fällen angewendet. Vgl. Gerrit Evert van Maanen/Roelant de Lange, Onrechtmatige overheidsdaad. Rechtsbescherming door de burgerlijke rechter, Deventer 4. Aufl. 2005, S. 16.
93 Für die französische Verfassung von 1791 siehe CD-ROM-1, Dok.-Nr. 3.2.5)/3.2.6 (wie Fn. 47), Titel III, Kapitel V: »Von der richterlichen Gewalt«. Für die belgischen Geschworenengerichte regelte ein Gesetz vom 15. Mai 1838 die Details.

Das organische Gesetz vom 4. August 1832 spezifizierte die Regelungen, deren Umrisse in der Verfassung festgelegt worden waren. Es bestimmte die Zusammensetzung der ordentlichen Gerichte, verfeinerte die Bestimmungen zum Ernennungsverfahren von Richtern, Staatsanwälten und untergeordnetem Gerichtspersonal und gab die Qualifikationsanforderungen an, die Anwärter auf Gerichtsposten mit Promotion oder Lizenziat in Rechtswissenschaften mitbringen mussten. Außerdem legte es fest, für welche Materien die einzelnen Instanzen jeweils zuständig waren.

In der Praxis erfolgte die Besetzung des Justizapparats in zwei Schüben. Eine erste »Ernennungswelle« fand in unmittelbarem Zusammenhang mit der Belgischen Revolution statt; hierbei wurden ca. 70 Prozent der Amtsinhaber, die bereits vor der Belgischen Revolution in der Justiz tätig gewesen waren, in ihren Funktionen bestätigt oder gar befördert. Ein zweiter, umfassender Schub folgte nach der Verabschiedung des Gesetzes vom 4. August 1832. Als Grundlage diente ein Königlicher Erlass, der am 4. Oktober 1832 veröffentlicht wurde.[94] Nun wurde die Besetzung von gut 400 Posten des belgischen Justizwesens durchgeführt; dabei wurden über 95 Prozent der Magistrate in ihren Ämtern bestätigt.[95] Während der Justizapparat somit insgesamt betrachtet eher von personeller Kontinuität gekennzeichnet war, machten sich Änderungen vor allem an den Spitzen von Gerichtshöfen bzw. unter den Generalstaatsanwälten bemerkbar und waren Gegenstand öffentlicher Diskussionen – wurden hier doch überzeugte Anhänger der Belgischen Revolution und des neuen Nationalstaats eingesetzt.[96]

Unter der besonderen Gerichtsbarkeit verdienen die Militär-, die Handels- und die Gewerbegerichtsbarkeit eigene Erwähnung. Für die Armee war der Hohe Militärgerichtshof (*Haute cour militaire*) in Brüssel wichtig, der 1831 eine gesetzliche Grundlage erhielt. Er setzte sich aus drei Juristen und drei Offizieren zusammen und trat für Belgien die Nachfolge des Militärgerichtshofs an, der für die Vereinigten Niederlande in Utrecht seinen Sitz gehabt hatte.[97] Für Rechtsstreitigkeiten in Handelsfragen waren die Handelsgerichte zuständig. Ihre Einrichtung ging auf das napoleonische Handelsgesetzbuch von 1807 (*Code de commerce*) zurück, sie wurden weitgehend unverändert über das großniederländische Reich vom Königreich Belgien übernommen. Die Richter an den Handelsgerichten waren keine ausgebildeten Juristen, sondern Kaufleute.[98] Gewerbegerichte schließlich fanden weder in der Verfassung noch im organischen Gesetz von 1832 Erwähnung. Auch sie lassen sich auf die Gesetzgebung von Napoleon I. zurückführen, mit dem Gesetz vom 9. April

---

94 CD-ROM-2, Dok.-Nr. 6.6.2 (Ordnung des Gerichtswesens v. 4.10.1832).
95 Zahlen zu den beiden »Ernennungswellen« nach: Gilissen, L'ordre judiciaire (wie Fn. 86), S. 595.
96 Siehe Jean-Pierre Nandrin, L'acte de fondation des nominations politiques de la magistrature. La Cour de cassation à l'aube de l'indépendance belge, in: Revue belge d'histoire contemporaine – Belgisch tijdschrift voor nieuwste geschiedenis 28 (1998), S. 153-202.
97 Gilissen, L'ordre judiciaire (wie Fn. 86), S. 572.
98 Holthöfer, Beiträge (wie Fn. 90), S. 78-81.

1842 wurde die Rechtsgrundlage der 17 – zum Teil neu eingerichteten – *Conseils de prud'hommes* aktualisiert. Ihre Aufgabe erstreckte sich auf Rechtsstreitigkeiten, die mit gewerblichen Arbeitsverhältnissen zusammenhingen. Hier verhandelten Arbeitgeber und Arbeitnehmer miteinander, wobei die Arbeitgeber das numerische Übergewicht hatten, da sie einen Vertreter mehr stellten.[99]

Während der Aufbau des ordentlichen Gerichtswesens zwischen 1830 und 1832 relativ rasch vonstattenging und bis zur Verabschiedung eines Gerichtsverfassungsgesetzes im Jahr 1869 gültig blieb, beanspruchte die Verabschiedung von grundlegenden Kodifikationen viel Zeit. Zwar wurden von der Regierung noch während der Belgischen Revolution Kommissionen mit der Aufgabe betraut, spezielle Gesetzbücher zum Zivilrecht, Handelsrecht, Strafrecht, Militär- und Seestrafrecht auszuarbeiten, doch die ersten Gesetzbücher konnten erst 1849 verabschiedet werden. Da nun Kodifikationen vor dem Ausbruch der Revolution auch im Königreich der Vereinigten Niederlande im Planungsstadium stecken geblieben waren, galten bis dahin schlicht und ergreifend die Gesetzbücher aus napoleonischer Zeit fort.[100]

7 Militär[101]

Im Königreich der Vereinigten Niederlande hatte der südliche Landesteil zwar viele Soldaten zu stellen. Doch der größte Teil entfiel auf die Mannschaftsdienstgrade, während die Vertretung von Belgiern in den höheren Rängen relativ gering ausfiel. So stammten nur 400 von 2.377 Offizieren aus dem belgischen Landesteil.[102] Damit waren Niederländer ähnlich wie in der staatlichen Verwaltung auch in der Armee an den einflussreichen Stellen überrepräsentiert.

Im Zuge der Belgischen Revolution bildete die Provisorische Regierung mit dem Kriegskomitee (*comité* bzw. *commission de la guerre*) einen Vorläufer für das spätere Kriegsministerium. Während der Kämpfe gegen die niederländische Armee liefen unzählige belgische Soldaten zu den Aufständischen über. Parallel dazu bildeten sich an vielen Orten Bürgergarden und Freikorps, die einerseits gegen die niederländische

---

99 Ebd., S. 10 und 82 f. sowie Gilissen, L'ordre judiciaire (wie Fn. 86), S. 572.
100 John Gilissen bezeichnet die Zeit bis 1849 denn auch als eine »Periode vergeblicher Bemühungen«: Codifications (wie Fn. 88), Kap. 4. Er bestätigt, dass die Kodifikationen wie auch die gesamte Gesetzgebung Belgiens im 19. Jahrhundert trotz einer »gewissen Originalität« unter einem starken Einfluss des französischen Rechtswesens stand (ebd., S. 277).
101 Eine aktuelle wissenschaftlich fundierte Gesamtdarstellung belgischer Militärgeschichte im 19. Jahrhundert ist Desiderat. Einzelne Aspekte werden in einschlägigen Fachzeitschriften wie der *Revue belge d'histoire militaire – Belgisch tijdschrift voor militaire geschiedenis* oder den *Cahiers Belges d'Histoire Militaire – Belgische Bijdragen tot de Militaire Geschiedenis* untersucht, beide herausgegeben vom Königlichen Museum für Armee und Kriegsgeschichte (Brüssel).
102 Siehe die Tabelle in: Centre de Documentation Historique des Forces Armées (Hg.), Histoire de l'armée belge de 1830 à nos jours, Bd. 1: De 1830 à 1919, Brüssel 1982, S. 42.

Armee kämpften, andererseits bemüht waren, die revolutionäre Entwicklung unter der Kontrolle bürgerlicher Ordnung zu halten. Die Bürgergarde, deren Ursprünge zu den Schützengilden aus dem Mittelalter und der frühen Neuzeit zurückreichen, wurde neben Armee und Gendarmerie als Teil der belgischen Streitkräfte in die Verfassung aufgenommen (Art. 122). Mit der Einteilung in Kompanien, Bataillone und Legionen besaßen auch ihre Einheiten eine deutlich erkennbare militärisch-hierarchische Struktur.

In den sensiblen Jahren zwischen 1830 und 1839 war Belgien auf Militärhilfe aus Frankreich angewiesen. Französische Offiziere trugen denn auch viel zur Verteidigung sowie zur Stabilisierung des neuen Nationalstaats bei. Dies gilt für den erwähnten General Belliard ebenso wie für Baron Louis-Auguste-Frédéric Evain (1775–1852), der nach dem Erwerb der belgischen Staatsbürgerschaft zwischen 1832 und 1836 Kriegsminister in Belgien war. In seine Amtszeit fällt auch die Gründung einer Militärakademie in Brüssel, mit deren Durchführung 1834 der – ebenfalls aus Frankreich stammende – Offizier Jean-Jacques-Edouard Chapelié (1792–1864) betraut wurde. Die *Ecole militaire*, die vier Jahre später per Gesetz aus der Taufe gehoben wurde, orientierte sich stark an der Pariser *Ecole Polytechnique*, an der Chapelié zur Zeit des Empire seine Ausbildung erhalten hatte.[103]

Die Grundlagen für die Stellung der belgischen Armee innerhalb des Staates wurden in der belgischen Verfassung eher angedeutet als ausgeführt[104], die konkrete Ausgestaltung der Organisation aller bewaffneten Institutionen (Armee, Gendarmerie und Bürgergarde) überließ der Nationalkongress der weiteren Gesetzgebung. Dem Gesetzgeber wies er auch dadurch eine zentrale Bedeutung für das Militärwesen zu, als er in Art. 119 der Verfassung festlegte, dass die Armeestärke grundsätzlich jedes Jahr per Gesetz aufs Neue beschlossen werden musste. Durch die Bewilligung oder Verweigerung des Etats für das Kriegsministerium hatte das Parlament somit die Möglichkeit, aktiv auf die Entwicklung der Armee einzuwirken; zugleich konnte deren Stärke flexibel sich ändernden Situationen angepasst werden. Gänzlich frei waren die Kammern allerdings nicht. Denn der Oberbefehl über die Land- und Seestreitkräfte lag hier wie in so gut wie allen monarchischen Staaten beim König.[105] Er war es auch, der Krieg erklärte sowie Friedens-, Bündnis- und Handelsverträge schloss; die Verfassung erlegte ihm lediglich die Verpflichtung auf, das Parlament von seinen

---

103 Die zu absolvierende Ausbildung, welche die *Loi organique de l'école militaire* vom 18. März 1838 vorsah, war auf acht Jahre ausgelegt (Art. 5). Der Lehrkörper, dem sowohl Militärs als auch Zivilisten angehören konnten, wurde vom König bzw. von der Regierung ernannt (Art. 7 und 10).
104 Siehe CD-ROM-2, Dok.-Nr. 6.2.2/6.2.3 (wie Fn. 17), Titel V: »Von den Streitkräften«.
105 »Zur Anwendung gelangte diese Regel der Verfassung Belgiens glücklicherweise [...] nur sehr selten, denn die im Londoner Protokoll festgelegte außenpolitische Neutralität des jungen Nationalstaates beschränkte seine kriegerische Tätigkeit auf die Fälle der Verteidigung, so daß im ›langen‹ 19. Jahrhundert sich der König nur 1831 und 1914–18 an die Spitze seiner Armee stellen mußte.« Kirsch, Monarch und Parlament (wie Fn. 30), S. 196.

Entscheidungen in Kenntnis zu setzen, »sobald es das Interesse und die Sicherheit des Staates erlauben [...].« (Art. 68) Des ungeachtet konnten mit Provinzgouverneuren und Bürgermeistern auch die Vertreter untergeordneter exekutiver Gewalten in ihrem jeweiligen Kompetenzgebiet Hilfe von bewaffneten Streitkräften anfordern, etwa im Fall von »Unruhen, feindlichen Zusammenrottungen oder schwerwiegenden Beeinträchtigungen des öffentlichen Friedens«.[106]

Nach seiner Thronbesteigung bemühte sich Leopold I. um eine durchgreifende Organisierung der Armee. Kurz nach dem Zehntägigen Feldzug erließ er Rahmenbedingungen für die zukünftige Struktur des belgischen Militärwesens.[107] Um die Effizienz der Truppen zu steigern, wurden Infanterie und Kavallerie in eine bestimmte Anzahl an Divisionen, Brigaden und Regimenter eingeteilt. Auch wurde festgelegt, dass die Gendarmerie, die im November 1830 an die Stelle der großniederländischen Maréchaussée getreten war, neben ihrem regulären Dienst zu militärischen Zwecken eingesetzt werden konnte.

In der Folgezeit gab es weitere (Re-)Organisationen der Armeestruktur und ihrer Einheiten. Sie waren ermöglicht oder gar notwendig geworden, nachdem die Schifffahrt auf Maas und Schelde 1833 durch den Abschluss von Konventionen mit den Niederlanden erleichtert worden war und Belgien sich trotz des bis 1839 fortdauernden Kriegszustands mit den Niederlanden eine Verringerung der Anzahl an Soldaten und Bürgergardisten unter Waffen leisten konnte. Mit dem Endvertrag wurden neuerliche Reorganisationen fällig, auf die hier nicht im Einzelnen eingegangen werden muss.[108] Zu erwähnen ist allerdings das Gesetz vom 19. Mai 1845[109]: Hier wurde für längere Zeit die definitive Struktur der Armee festgelegt. Sie wurde in zwei Sektionen eingeteilt: den aktiven Dienst und die Reserve. Für beide Sektionen gab das Gesetz die Anzahl an Offiziers- und hohen Verwaltungsstellen für die Generalstäbe und die verschiedenen militärischen Einheiten exakt an. Dabei fiel die Reserve mit 70 Planstellen bei Weitem geringer aus als der aktive Dienst mit landesweit 2.335 Stellen; den Löwenanteil erhielt die Infanterie mit 1.196 Offizieren. Neben die regulären Armeeverbände trat die Miliz, die in Erinnerung an die Verdienste der Bürgergarden in der Belgischen Revolution in das militärische Reservoir des Landes integriert und am 8. Mai 1847 auf eine solide gesetzliche Grundlage gestellt wurde.[110]

---

106 CD-ROM-2, Dok.-Nr. 6.5.1 (wie Fn. 62), Art. 105. Siehe auch Dok.-Nr. 6.5.2 (wie Fn. 61), Art. 128.
107 CD-ROM-2, Dok.-Nr. 6.7.1 (Reorganisation der Armee v. 19.8.1831).
108 Siehe hierzu Centre de Documentation Historique des Forces Armées (Hg.), Histoire de l'armée belge (wie Fn. 102), Bd. 1, S. 115-118 und 130-135.
109 CD-ROM-2, Dok.-Nr. 6.7.2 (Armeegesetz v. 19.5.1845). Heranzuziehen ist weiterhin der Königliche Erlass vom 9. Juli 1847, in dem die Mannschafts- und Pferdestärken der einzelnen Armeeeinheiten ausführlich dargelegt wurden; in: Recueil des lois et arrêtés royaux de la Belgique, Bd. 34, Brüssel 1847, Nr. 25, S. 231-249.
110 Loi qui apporte des modifications à la législation sur la milice, in: Recueil des lois et arrêtés royaux de la Belgique, Bd. 34, Brüssel 1847, Nr. 16, S. 173-176.

Generell galt Wehrpflicht, doch tatsächlich wurden von den wehrfähigen Männern nur 20 bis 35 Prozent eines Jahrgangs eingezogen.[111] Wer konkret unter die Fahnen gerufen wurde, hing von einem Losentscheid ab. Ein weiteres kam hinzu: Das Gesetz *sur les remplacemens militaires* hatte 1835 die vom großniederländischen Reich übernommene Tradition legalisiert, sich vom Dienst in den Milizen freizukaufen.[112] Diese Regelung, die trotz mancher Proteste bis 1909 in Geltung blieb, bedeutete letztlich eine soziale Schieflage. Denn generell konnte diese Regelung nur von Angehörigen des zahlungsfähigen Bürgertums und Adels in Anspruch genommen werden, während die ärmeren Bevölkerungsschichten kaum die Möglichkeit hatten, einen Ersatzmann zu stellen. Besonders mit Blick auf die Mannschaftsdienstgrade trug ein solches System dazu bei, »die Truppe in eine Armee der Armen zu verwandeln.«[113]

Wie sehr sich die Armee dem Erbe der Belgischen Revolution und dem Königreich Belgien verpflichtet fühlte, deutete die Bezeichnung der beiden Brigantinen an, welche die Marine in Dienst hatte: Die *Quatre Journées* erinnerte an die Kämpfe gegen die niederländische Armee im Stadtzentrum von Brüssel zwischen dem 23. und 27. September 1830, während die *Congrès* den verfassunggebenden Nationalkongress in Ehren hielt. Um die Bindung der Armee an den königlichen Oberbefehlshaber zu forcieren und besondere militärische Verdienste zu honorieren, rief Leopold I. 1832 den nach ihm benannten Leopold-Orden ins Leben. Für diesen Orden wurde als Devise ein Motto gewählt, das schon einen offiziellen Status erhalten hatte, als sich die Belgier 1789/90 in der Brabantischen Revolution für elf Monate von der Herrschaft der österreichischen Habsburger befreit hatten: *L'Union fait la force*.[114] Die Verleihung des Leopold-Ordens durch den Monarchen war allerdings nicht auf Soldaten beschränkt. Sie stand generell auch Zivilisten offen.

8 Verfassungskultur

Der neu entstandene Nationalstaat Belgien kann geradezu als ein paradigmatisches Beispiel für das betrachtet werden, was Eric Hobsbawm mit dem Schlagwort von der »Erfindung von Tradition« gemeint hat.[115] Hier spielte der Staat eine wichtige Rolle als Initiator und Förderer einer Art von Staats- und Nationsbildung in den Köpfen der Bürger: Regierung, Nationalkongress, Parlament und das Königshaus haben seit

---

111 Gubin/Nandrin, La Belgique libérale (wie Fn. 58), S. 29.
112 Centre de Documentation Historique des Forces Armées (Hg.), Histoire de l'armée belge (wie Fn. 102), Bd. 1, S. 138. Grundlegend hierzu waren ein Erlass der Provisorischen Regierung vom 18. November 1830 und ein Gesetz vom 28. März 1835.
113 Gubin/Nandrin, La Belgique libérale (wie Fn. 58), S. 29.
114 Zum historischen Hintergrund dieser Losung vgl. auch Kapitel 8, Verfassungskultur.
115 Siehe Hobsbawms Einleitung zu: ders./T. Ranger (Hg.), The Invention of Tradition, Cambridge 2000, S. 1.

der Belgischen Revolution vielfache Bemühungen unternommen, die politischen und gesellschaftlichen Grundwerte von Revolution und Verfassung im kollektiven Bewusstsein wach zu halten und in oftmals ritualisierter oder symbolischer Form zu popularisieren. Die Gründung des unabhängigen Königreichs Belgien im Gefolge der Revolution und die Verabschiedung der Verfassung wurden dabei als Höhepunkte der belgischen Geschichte dargestellt, Religiosität und das Streben nach Freiheit erschienen als grundlegende und durchgängige Entwicklungslinien, in denen sich die Vergangenheit und die damalige Gegenwart berührten.[116]

Schon die Nationalfarben verbanden Gegenwart und Vergangenheit: Mit der Festlegung auf Rot, Gelb und Schwarz nahm Art. 125 der Verfassung die traditionellen Farben des Herzogtums Brabant auf, das seit dem Mittelalter eine der wichtigsten Provinzen des belgischen Raums gewesen war und in dem die Hauptstadt Brüssel lag.

Derselbe Verfassungsartikel legte fest, dass das belgische Staatswappen aus der Figur des Belgischen Löwen sowie dem Spruch »Einigkeit macht stark« bestehe. Mit dem »Leo belgicus« griff der Nationalkongress ein Motiv auf, das zum einen seit dem 16. Jahrhundert die Einheit der 17 belgisch-niederländischen Provinzen symbolisiert hatte, die unter Kaiser Karl V. (1500–1558) im habsburgischen Reich als Niedere Lande dynastisch vereint gewesen waren und das in der Kartografie bis ins 19. Jahrhundert hinein verwendet wurde.[117] Zum anderen jedoch – und dieser historische Bezug war angesichts der gerade sich vollziehenden Lösung Belgiens von den Vereinigten Niederlanden eine nachvollziehbare Entscheidung des Nationalkongresses – gehörte der Belgische Löwe traditionell zum Wappen des Herzogtums Brabant.

Genauso wie der Belgische Löwe hatte das Motto *L'Union fait la force* eine längere Geschichte mit unterschiedlichen historischen Anknüpfungsmöglichkeiten: In der lateinischen Version *Virtus unita fortior* stand es während des Niederländischen Aufstands, in dessen Gefolge sich die niederländischen Provinzen im 16./17. Jahrhundert vom habsburgischen Reich getrennt haben, für die Einheit der 17 Provinzen der Niederen Lande. Bedeutsam für die Formulierung von Art. 125 war jedoch ein weiterer historischer Bezug: Während der Brabantischen Revolution hatte der Spruch dazu gedient, die Einheit der belgischen Provinzen im Aufstand gegen Kaiser Joseph II. symbolhaft zu artikulieren. Nationale Einheit und Freiheit von fürstlicher Willkür waren somit die Werte, die das belgische Wappen im Kontext belgischer Geschichte zum Ausdruck bringen sollte. Seit einem Königlichen Erlass vom März 1837 gibt es das Staatswappen übrigens in einer großen und einer kleinen Version. Beiden Fassun-

---

116 Vgl. Johannes Koll, Belgien. Geschichtskultur und nationale Identität, in: M. Flacke (Hg.), Mythen der Nationen. Ein europäisches Panorama, Berlin 2. Aufl. 2001, S. 53-77. Zum Folgenden siehe auch Sébastien Dubois/Jeroen Janssens/Alfred Minke, La Belgique en Scène. Symboles, Rituels, Mythes (1830–2005), Brüssel 2005 und Witte, La Construction (wie Fn. 44), S. 177-182.
117 Vgl. J. Roegiers/B. van der Herten (Hg.), Eenheid op papier. De Nederlanden in kaart van Keizer Karel tot Willem I, Löwen 1994.

gen ist der Belgische Löwe, die Königskrone und das Spruchband *L'Union fait la force* gemein, beide Versionen sind in den belgischen Nationalfarben gehalten.

Auf Brabant verwies auch der Name der Hymne, welche die Revolutionäre 1830 nach der Musik von Frans Van Campenhout (1779–1848) beseelt hatte: In der *Brabançonne* wurde die Trennung Belgiens vom großniederländischen Reich mit musikalischen Mitteln legitimiert und die Freiheit glorifiziert, welche die Belgier durch die Gründung des eigenen Staates begründet hätten. Der antioranische Ton der Fassung vom September 1830, die auf den französischen Dichter und Schauspieler Hippolyte-Louis-Alexandre Dechet (genannt Jenneval, 1803–1830) zurückging, blieb drei Jahrzehnte erhalten. Er wurde erst abgemildert, als der einstige Revolutionär und nunmehrige Premierminister Charles Rogier (1800–1885) im Jahr 1860 angesichts einer allmählichen Normalisierung der bilateralen Beziehungen zu den Niederlanden einen neuen Text dichtete, in dem die Freiheit nicht mehr in erster Linie mit dem Widerstand gegen das autokratische Regime Wilhelms I. in Verbindung gebracht, sondern eine Einheit von Freiheit, Monarchie und Rechtsstaatlichkeit im Vordergrund stand.

Als Nationalfeiertage galten bis 1880 die vier Tage, die im September 1830 im Brüsseler Stadtzentrum für den Sieg über die Armee des großniederländischen Reiches von politischer und strategischer Bedeutung gewesen waren (23. bis 27. September).[118] Dabei sollte besonders der »Märtyrer« gedacht werden, die während der Revolution für Freiheit und die belgische Unabhängigkeit gefallen waren. Im Topos von den »Märtyrern der Freiheit« konnten sich Liberale ebenso wie Katholiken wieder erkennen, besaß doch der Begriff des Märtyrers religiöse Konnotationen, während der Einsatz für Freiheit auch Liberale ansprach. Ein zentraler Ort für die offiziellen Feierlichkeiten zu Ehren der Belgier, die in der Revolution ihr Leben verloren hatten, war ein Platz, der bisher dem Brüsseler Stadtheiligen, dem alttestamentarischen Erzengel Michael, geweiht war, nun aber in den »Platz der Märtyrer« (*Place des Martyrs*) umgetauft wurde. Für diesen Ort ordnete Erasme-Louis Surlet de Chokier (1769–1839), der während der Revolution Präsident des Nationalkongresses war und bis zur Inthronisation Leopolds I. als Regent fungierte, im Mai 1831 die Errichtung eines Denkmals »zu Ehren der tapferen Belgier« an, »die während der Septembertage 1830 für das Vaterland« gestorben waren.[119] Sieben Jahre später wurde das von dem Antwerpener Bildhauer Guillaume Geefs (1805–1883) entworfene Monument, obgleich noch unvollendet, während der Nationalfeiertage feierlich eingeweiht. (☛ Abb. 6.3)

Ausführliche Erwähnung fanden die Geschichte und Vorgeschichte der Belgischen Revolution und der Gründung des Königreichs Belgien in Schulbüchern und populären Geschichtsbüchern. In heroischen Historiengemälden sowie auf Postkar-

---

118 Vgl. Jeroen Janssens, De Belgische natie viert. De Belgische nationale feesten 1830–1914, Löwen 2001, besonders Kap. I.
119 CD-ROM-2, Dok.-Nr. 6.8.1 (Errichtung des Heldendenkmals v. 11.5.1831).

Abb. 6.3 Einweihung des Denkmals auf dem Brüsseler »Platz der Märtyrer« am 24. September 1838

ten und Lithografien wurden die Kämpfe von 1830/31 gegen die Soldaten der Vereinigten Niederlande auf mehr oder weniger künstlerische Weise verarbeitet. Besonders das monumentale Gemälde *Episode des Journées de Septembre 1830* von Gustave Wappers (1803–1874) wurde unzählige Male in unterschiedlichsten Publikationen reproduziert und trug somit die Erinnerung an die Revolution von Generation zu Generation. Nicht zuletzt dank der finanziellen Unterstützung durch die königliche Regierung wurden Denkmäler für herausragende Persönlichkeiten aus der belgischen Geschichte errichtet, die sich in vorangegangenen Jahrhunderten – wie etwa die Grafen Egmont und Hoorne im Zeitalter von Religionskriegen und Absolutismus – für Recht und Freiheit eingesetzt hatten. Diese Figuren und Themen fanden auch in der belletristischen Literatur Niederschlag. Die Geschichtsschreibung war nicht frei von Teleologie, wenn die Belgische Revolution und die Verfassung als Ausdruck und Kulminationspunkte eines jahrhundertealten Freiheitsstrebens interpretiert wurden.

Von der Exekutive wurde die Verankerung eines National- und Geschichtsbewusstseins durch verschiedene Maßnahmen aktiv gefördert[120]: Ein Erlass von 1835 sah die Einrichtung eines Nationalmuseums in Brüssel vor, das »ausschließlich den herausragendsten Kunstwerken der belgischen Maler, Bildhauer, Graveure und

---

120 Vgl. Fernand Vercauteren, Cent ans d'histoire nationale en Belgique, Brüssel 1959.

Architekten« gewidmet sein sollte.[121] Die Regierung richtete Kommissionen ein, die sich der Denkmalpflege oder der Geschichtsforschung widmeten, und baute ein Netz von Staats- und Kommunalarchiven auf; alle fünf Jahre rief sie einen Preis zur Erforschung der Vergangenheit des Landes aus und unterstützte historische Forschungen an den einschlägigen Lehrstühlen der belgischen Universitäten und an der Königlichen Akademie zu Brüssel; und der Schriftsteller Hendrik Conscience schrieb seine 1845 veröffentlichte *Geschiedenis van België* auf Anregung eines belgischen Ministers. Künstler, die sich um die Pflege des kulturellen Gedächtnisses des Landes verdient gemacht hatten, wurden vom König in den Leopold-Orden aufgenommen oder in den Adelsstand erhoben.

Bei all diesen Bemühungen standen die Werte und Normen im Hintergrund, welche die Verfassung repräsentierte: die Sicherung bürgerlicher Freiheitsrechte, Rechtsstaatlichkeit, ein gewaltenteiliges Regierungssystem, ein starkes Parlament und die Staatsform der Monarchie. Die für die belgische Verfassungskonstruktion wichtige Bipolarität zwischen Monarch und Parlament fand in der Brüsseler Stadtgeografie einen topografischen Niederschlag: Der Königliche Palast und das Parlamentsgebäude des *Palais de la Nation* liegen einander gegenüber; sie sind getrennt (bzw. verbunden) durch den Brüsseler Stadtpark, in dem die belgischen Revolutionäre während der Septembertage von 1830 gegen die niederländische Armee gekämpft hatten. Die Verfassung selbst wurde erst in der zweiten Jahrhunderthälfte zum Gegenstand nationaler Memorialkultur: Zwischen 1850 und 1859 wurde in Brüssel die Kongresssäule errichtet, die der Verfassung, den Mitgliedern des Nationalkongresses und dem König huldigte.

9 Kirche

Belgien ist traditionell ein katholisches Land. Im Konfessionellen Zeitalter war es von den habsburgischen Landesherren zu einem Bollwerk der Gegenreformation gemacht worden, die Abgrenzung von der niederländischen Republik, die sich seit dem späten 16. Jahrhundert unter maßgeblicher Ausrichtung auf den reformierten Glauben vom habsburgischen Reich abgespalten hatte, war gleichermaßen politisches wie konfessionelles Programm gewesen. Ihre prägende Wirkung lässt sich im Sinne einer »longue durée« noch im Widerstand ablesen, der um 1815 unter der Führung von Bischof de Broglie gegen das großniederländische Grundgesetz organisiert wurde. Offenbar mochte sich der belgische Katholizismus nicht ohne Mühe in einen weltlichen Staat integrieren, dessen Verfassung allen Konfessionen Religionsfreiheit garantierte und dessen Führungsschichten überwiegend dem Kalvinismus angehörten. Die ersten Jahre der Geschichte der Vereinigten Niederlande waren denn auch von permanenten Spannungen zwischen Regierung und katholischer Kirche gekennzeich-

---

121 CD-ROM-2, Dok.-Nr. 6.8.2 (Errichtung des Nationalmuseums v. 7.1.1835), Art. 1.

net. Sie erreichten einen Höhepunkt, als der Monarch 1825 die Rolle der Kirche in der Schulpolitik angriff.[122] Um die Wogen zu glätten, handelte Wilhelm im Juni 1827 mit Papst Leo XII. (1760–1829) ein Konkordat aus. Es weitete im Kern jenes Konkordat, das Napoleon 1801 für Frankreich (und damit auch für die annektierten belgischen Départements) geschlossen hatte[123], auf den nördlichen Teil der Vereinigten Niederlande aus, gestand den Bistümern das Recht zu, eigene Kapitel und Schulen zu unterhalten, und sicherte dem König bei der Neubesetzung vakanter Bischofsstühle ein Mitspracherecht, im Bedarfsfall durfte er sogar ein Veto gegen die Vorschläge der betreffenden Kapitel einlegen.[124] Letztlich aber misslang der angestrebte Ausgleich mit den Katholiken, denn Wilhelm I. vermochte nicht, die Unzufriedenheit über die Benachteiligung der katholischen Bewohner des belgischen Landesteils bei der Besetzung einflussreicher Ämter zu beseitigen und die Befürchtung der Katholiken zu zerstreuen, dass Wilhelm I. ebenso wie früher Joseph II. oder Napoleon I. eine staatliche Bevormundung der Kirche anstrebe. Im Verein mit der zunehmenden Kritik an der autokratischen Herrschaftsweise des oranischen Monarchen bildete dessen Kirchenpolitik eines der Motive, die just zu dieser Zeit Liberale und Katholiken im südlichen Landesteil in einer Art Oppositionsbewegung zusammenbrachte. Ihre Zusammenarbeit führte schließlich zur Belgischen Revolution, als deren Kind die Verfassung von 1831 angesehen werden kann.

Im Geist des Unionismus schrieb der Nationalkongress neben der Meinungsfreiheit die Respektierung von Religionsfreiheit in den Grundrechtekatalog der Verfassungsurkunde ein (Art. 14). Vor dem Hintergrund staatskirchlicher Bestrebungen vorangegangener Regime sicherte die Verfassung darüber hinaus allen Religionsgemeinschaften bei innerkirchlichen und ausschließlich religiösen Angelegenheiten Autonomie zu. So wurde dem Staat explizit untersagt, »in die Ernennung und Einführung der Diener irgendeiner Religion einzugreifen, noch darf er ihnen verbieten, mit ihren Oberhirten zu korrespondieren und ihre Erlasse zu veröffentlichen.« (Art. 16) Es wäre jedoch verfehlt, angesichts einer solchen Formulierung von einer Trennung von Staat und Kirche zu sprechen. Mit Roger Aubert ist für Belgien eher »un régime hybride« zu konstatieren.[125] Denn der Staat war gehalten, kirchliche Institutionen wie beispielsweise katholische Schulen mitzufinanzieren. Auch reservierten Gesetze oder Erlasse dem Klerus weitreichende Mitwirkungsmöglichkeiten (etwa in der sensiblen

---

122 Zur Durchsetzung der staatlichen Schulaufsicht 1825 siehe Kapitel 10, Bildungswesen. J. P. de Valk betont, dass sich Wilhelm I. in seiner Kirchen- und Schulpolitik stark an staatskirchlichen Vorbildern aus Deutschland orientierte: Landsvaderen landspaus? Achtergronden van de visie op kerk en school bij koning Willem I (1815–1830), in: Tamse/Witte (Hg.), Staats- en natievorming (wie Fn. 7), S. 76–97.
123 CD-ROM-1, Dok.-Nr. 3.9.16 (frz.)/3.9.17 (dt.) (Konkordat v. 15.7.1801).
124 Bornewasser, Het Koninkrijk (wie Fn. 8), S. 258.
125 Roger Aubert, L'Eglise et l'Etat en Belgique au XIXe siècle, in: Res publica (wie Fn. 45), S. 9 und 18.

Frage der Schulaufsicht[126]), garantierten explizit kirchliche Besitzstände und befreiten Geistliche oder Theologiestudenten von weltlichen Verpflichtungen wie der Tätigkeit als Geschworene oder vom Militärdienst. Darüber hinaus wurde der Staat durch die Verfassung verpflichtet, die Besoldungen und Pensionen der Geistlichen zu übernehmen (Art. 117), und das Kommunalgesetz von 1836 sprach den Geistlichen eine staatliche Unterstützung für ihre Wohnungen zu.[127] Schließlich kamen Grundrechte wie Unterrichtsfreiheit, Versammlungs- und Vereinigungsfreiheit oder Pressefreiheit dem kirchlichen Leben zugute. So hat die katholische Kirche von zahlreichen gesetzlich fundierten Rechtsansprüchen Gebrauch machen können, um einen dominierenden Einfluss auf das gesellschaftliche Leben in Belgien auszuüben. Im Gegensatz zu den Liberalen ab 1846 verzichteten die Katholiken zwar lange auf die Gründung einer eigenen politischen Partei. Doch es gelang ihnen, ein weit verzweigtes Netz an Schulen, Hospitälern, geistlichen und Laienorganisationen zu unterhalten. Eine derartige Infrastruktur vermochte unterschiedliche Schattierungen und soziale Schichten der belgischen Gesellschaft zu erreichen, weshalb die Katholiken in ihrer Gesamtheit effektiver agieren konnten als andere Religionsgemeinschaften oder die Liberalen.

Generell freilich galten all die Rechte, auf die sich die katholische Kirche in umfassender Weise stützte, auch für die anderen Konfessionen, die als *cultes* anerkannt waren: Protestanten und Juden auf der Grundlage von Gesetzen oder Dekreten aus napoleonischer Zeit, Anglikaner auf der Basis eines Königlichen Erlasses vom April 1835.[128] Aus verfassungsrechtlicher Perspektive waren die Katholiken nur eine Kultusgemeinschaft unter mehreren: Auch wenn sie die Konfessionsgemeinschaft darstellten, die faktisch am meisten von Religionsfreiheit und staatlicher Unterstützung kirchlicher Organisationen profitierte, besaßen sie *de jure* keine Vorrangstellung. Der Nationalkongress erhob den Katholizismus nicht in den Rang einer Staatskirche, mit der konstitutionellen Verankerung von Religionsfreiheit wandten sich die Verfassungsväter von jenem gegenreformatorischen Geist des *Ancien Régime* ab, der in der Ablehnung des Toleranzedikts Josephs II. (1781) explizit Intoleranz gegenüber nicht katholischen Glaubensgemeinschaften gepredigt hatte.[129] Praktische Konsequenzen hatte dies freilich kaum, weil die Anzahl an Protestanten, Juden oder Anglikanern in Belgien verschwindend gering war. So sind für Belgien zum Jahr 1835 nur elf evangelische Gemeinden mit sieben Pfarrern belegt, während am Vorabend der Belgischen Revolution noch 96 protestantische Kirchen (unter Einschluss von 25 Garnisonskirchen) existiert hatten. Mit Unterstützung des Königs, der ein bekennender Lu-

---

126 Zur gemischten Schulaufsicht gemäß dem Grundschulgesetz von 1842 siehe Kapitel 10, Bildungswesen.
127 CD-ROM-2, Dok.-Nr. 6.5.1 (wie Fn. 62), Art. 131. Zur Privilegierung kirchlicher Angehöriger durch die staatliche Gesetzgebung siehe Aubert, L'Eglise et l'Etat (wie Fn. 125), S. 23 f.
128 Aubert, L'Eglise et l'Etat (wie Fn. 125), S. 21 f.
129 Siehe hierzu Johannes Koll, »Die belgische Nation«. Patriotismus und Nationalbewußtsein in den Südlichen Niederlanden im späten 18. Jahrhundert, Münster u. a. 2003, S. 121 f. und Kap. 4.

theraner war, schlossen sich die belgischen Konsistorien 1839 zur *Union des églises protestantes évangéliques de la Belgique* zusammen; dieser Bund wurde von der Regierung als offizielle Interessenvertretung des belgischen Protestantismus anerkannt. Parallel dazu gab es die *Société évangélique belge*, in der bereits einige Monate vorher pietistisch-methodistisch orientierte Strömungen des Protestantismus im Sinne der *Réveil*-Bewegung zusammengefunden hatten.[130]

Während für Katholiken die Religionsfreiheit eines der zentralen Grundrechte darstellte, beriefen sich Liberale vorzugsweise auf die Meinungsfreiheit, die im selben Verfassungsartikel festgeschrieben war. In ihrem Verfassungsverständnis setzten sie andere Akzente als die Katholiken, ging es ihnen letztlich doch darum, »that freedom of religion, and notably the liberties for clergymen [...] were subordinate to the general principle of individual liberty of conscience introduced by article 14.«[131] Unter dem Zeichen des Unionismus, der die Belgische Revolution erst möglich gemacht hatte, wurde der weltanschauliche Antagonismus zwischen Liberalen und Katholiken zwar mehr als anderthalb Jahrzehnte lang überdeckt. In der politischen und publizistischen Auseinandersetzung sowie in der Gesetzgebung brach er aber immer wieder auf. Verschärfend wirkte, dass die belgischen Bischöfe im Dezember 1837 die Freimaurerei verurteilten, die sich vier Jahre zuvor mit der Gründung der Loge *Grand Orient* einen institutionellen Mittelpunkt geschaffen hatte.[132] Auch die römische Kurie goss Öl ins Feuer, als Papst Gregor XVI. (1765–1846) mit den Enzykliken *Mirari Vos* (1832) und *Singulari Nos* (1834) nicht nur gegen den liberalen Katholizismus Stellung bezog, wie er namentlich von dem auch in Belgien einflussreichen Priester Félicité de Lamennais (1782–1854) vertreten wurde, sondern auch jene spezifisch modernen Werte verdammte, die für das politische Verständnis des Liberalismus essenziell waren.[133] Innerhalb des belgischen Katholizismus verschaffte Rom damit dem konservativen Ultramontanismus Auftrieb.[134]

Seine Stellung innerhalb des Königreichs Belgien festigte der Papst mit der Errichtung einer Internuntiatur in Brüssel (1834).[135] Hierfür setzte sich auch Leopold I.

---

130 Zahlen und Angaben nach Aubert, Kerk en godsdienst (wie Fn. 21), S. 127.
131 Vincent Viaene, Belgium and the Holy See from Gregory XVI to Pius IX (1831–1859). Catholic Revival, Society and Politics in 19th-Century Europe, Brüssel 2001, S. 130.
132 Gubin/Nandrin, La Belgique libérale (wie Fn. 58), S. 33.
133 Vgl. Kurt Jürgensen, Lamennais und die Gestaltung des belgischen Staates. Der liberale Katholizismus in der Verfassungsbewegung des 19. Jahrhunderts, Wiesbaden 1963.
134 Die verschiedenen Strömungen innerhalb des belgischen Katholizismus werden dargestellt bei Roger Aubert, Les débuts du catholicisme libéral en Belgique, in: Les catholiques libéraux au XIXe siècle, Grenoble 1974, S. 72 f.; gegen die ältere Forschung relativiert Aubert die Bedeutung von Lamennais. Zum Ultramontanismus siehe E. Lamberts (Hg.), De Kruistocht tegen het Liberalisme. Facetten van het ultramontanisme in België in de 19de eeuw, Löwen 1984.
135 CD-ROM-2, Dok.-Nr. 6.9.1 (ital.)/6.9.2 (dt.) (Errichtung der Apostolischen Internuntiatur v. 17.7.1834). Zur Internuntiatur, ihren Vorläufern und der Nuntiatur siehe Aloïs Simon, Documents relatifs à la nonciature de Bruxelles (1834–1838), Brüssel/Rom 1958.

energisch ein. Für den König war zum einen die diplomatische Anerkennung des jungen Nationalstaats durch den Vatikan ausschlaggebend. Zum anderen wollte er ungeachtet seines persönlichen Bekenntnisses die Verbindung zwischen Thron und Altar untermauern, der er angesichts der dominierenden Stellung der katholischen Kirche innerhalb der belgischen Gesellschaft eine hohe Bedeutung beimaß. Zum Internuntius wurde der italienische Priester (und spätere Kardinalstaatssekretär) Tommaso Pasquale Gizzi (1787–1849) ernannt. Ihm fiel die Aufgabe zu, die Internuntiatur zu einer Apostolischen Nuntiatur auszubauen. 1838 wurde Raffaele Fornari (1787–1854) zum ersten päpstlichen Nuntius in Belgien ernannt. Ihm folgte 1843 Gioacchino Pecci (1810–1903), der später als Papst Leo XIII. den Versuch unternehmen sollte, im Unterschied zu Gregor XVI. die katholische Kirche mit den Bedingungen der modernen Industriegesellschaft in Übereinstimmung zu bringen.

10 Bildungswesen

Das spannungsreiche Verhältnis zwischen Katholiken und Liberalen, das sich wie ein roter Faden durch die verschiedensten gesellschaftspolitischen Themen zog, machte sich besonders im Bildungswesen bemerkbar. Hier traten einerseits die weltanschaulichen Unterschiede zwischen den beiden Trägergruppen der Belgischen Revolution zutage, andererseits kam hier die Notwendigkeit, im Sinne des Unionismus miteinander Kompromisse einzugehen, deutlich zum Tragen. Einen gemeinsamen Nenner schien der Nationalkongress in Art. 17 der Verfassung gefunden zu haben, der zum Grundrechtekatalog gehörte: »Der Unterricht ist frei.« In der Praxis zeigte sich aber, dass dieser Satz von Katholiken und Liberalen höchst unterschiedlich, ja kontrovers interpretiert wurde. Liberale traten für einen weltanschaulich neutralen Unterricht ein und wandten sich gegen das, was sie als eine kirchliche »Einmischung« in das Schulwesen empfanden. Dabei stützten sie sich nicht zuletzt auf eine weitere Bestimmung dieses Verfassungsartikels, derzufolge der öffentliche Unterricht auf Staatskosten zu erteilen sei und somit unabhängig von den Bildungsinhalten und Ansprüchen einer bestimmten gesellschaftlichen Gruppierung wie der Katholiken sein müsse. Katholiken hingegen leiteten aus der konstitutionellen Sanktionierung eines freien Unterrichts ab, dass der Staat die Aufgabe habe, Schulen und Hochschulen in freier Trägerschaft zuzulassen, zu unterstützen und zu subventionieren. Für sie verstand es sich von selbst, dass das Bildungswesen in einer überwiegend katholischen Gesellschaft eine katholische Signatur tragen dürfe und müsse. Während Liberale somit aus Art. 17 eine Freiheit *von* der Kirche herauslasen, lasen Katholiken eine Freiheit *für* die Kirche hinein. Der Streit über die Frage, welche Interpretation die richtige sei, beschäftigte nicht nur Verfassungsrechtler, sondern belastete auch die belgische Innenpolitik, und dies weit über das 19. Jahrhundert hinaus.

Angesichts solch divergierender Vorstellungen über die belgische Bildungspolitik verwundert es nicht, dass die Verabschiedung von Gesetzen zu den einzelnen Schulformen ein mühsamer Prozess gewesen ist. Ein Gesetz zum Mittelschulwesen hat das Parlament gar erst zwei Jahrzehnte nach der Revolution verabschiedet, bis dahin wurden die Finanzierung, die interne Organisation und die Lehrerausbildung der bestehenden Mittelschulen von Kommune zu Kommune unterschiedlich gehandhabt.[136] Vorher fanden lediglich ein Universitätsgesetz (1835) und ein Gesetz zum Volks- oder Primarschulwesen (1842) eine parlamentarische Mehrheit.

Das Universitätsgesetz vom 27. September 1835[137] betraf ausschließlich jene beiden Universitäten, die in staatlicher Trägerschaft waren: Gent und Lüttich. Ihre Finanzierung wies der Gesetzgeber dem Staat zu, der die Kosten unter das Reich und die Kommunen aufgeteilt wissen wollte (Art. 7). An zwei Punkten war für den König ein Eingriffsrecht reserviert: Ihm oblag die Ernennung von Professoren und Dozenten (Art. 13) sowie die Bestellung eines Regierungskommissars (*administrateur-inspecteur*), der darüber zu wachen hatte, dass sich die Hochschulen an das Universitätsgesetz hielten (Art. 25 f.). Für die Einschreibung sowie für die belegten Lehrveranstaltungen und die Examensprüfungen hatten die Studenten Gebühren zu entrichten (Art. 18 ff., 61 ff.), ein Studium war also nicht für alle Gesellschaftsschichten bezahlbar. Bemerkenswert ist, dass die Abnahme der Prüfungen nicht in die Hände der jeweiligen Universität gelegt, sondern – nach Fakultäten getrennt – einer zentralen Examenskommission anvertraut wurde. Sie trat zweimal jährlich in Brüssel zusammen. Ihre sieben Mitglieder wurden für jeweils ein Jahr von der Abgeordnetenkammer, vom Senat und von der Regierung ernannt (Art. 40 f., 44); dabei handelte es sich um Professoren der zwei staatlichen und der beiden privaten Universitäten des Landes.

Neben Gent und Lüttich umfasste die belgische Hochschullandschaft mit Brüssel und Löwen nämlich auch nicht staatliche Universitäten, die in weltanschaulicher Hinsicht einander gegenüberstanden: Die *Université Libre de Bruxelles* wurde 1834 von freisinnig-liberalen Kreisen ins Leben gerufen, die zum Teil in der Freimaurerei organisiert waren. Demgegenüber stellte die 1425 gegründete Universität Löwen eine dezidiert katholische Bildungsstätte dar. Zum katholischen Teil der belgischen Hochschullandschaft gehörte auch ein Jesuitenkolleg, das 1831 auf private Initiative hin in Namur gegründet wurde.

---

136 Zum Mittelschulgesetz von 1850 siehe Jeffrey Tyssens, L'enseignement moyen jusqu'au Pacte scolaire: structuration, expansion, conflits, in: D. Grootaers (Hg.), Histoire de l'enseignement en Belgique, Brüssel 1998, S. 225-228. Die Vorbereitungen für die *Loi sur l'enseignement moyen* reichen bis zur Konstituierung einer speziellen Kommission im Jahr 1831 zurück. Siehe Dominique Grootaers, Tensions et ruptures dans le projet éducatif et culturel des humanités (1830–1950), ebd., S. 267 f.
137 CD-ROM-2, Dok.-Nr. 6.10.1 (Organisches Gesetz zur öffentlichen Bildung v. 27.9.1835).

Unterhalb des universitären Niveaus entstanden im Laufe der 1830er-Jahre weitere Ausbildungsstätten, die im Hinblick auf die wirtschaftlichen Bedürfnisse des Industrie- und Agrarlandes Belgien speziellere Kenntnisse für Technik-, Industrie- und Handelsberufe vermittelten.[138] Dazu kamen eine Reihe von Abendschulen, die praxisorientierte Lehrgänge für angehende Techniker und Kaufleute anboten, sowie die erwähnte Militärakademie in Brüssel. Schließlich runden die Konservatorien in Gent (gegründet 1812), Lüttich (1831) und Brüssel (1832), die Königliche Bibliothek in Brüssel (1837) sowie Königliche Akademien in diversen belgischen Städten das Spektrum an staatlich geförderten Einrichtungen ab, die vorwiegend Erwachsenen Kultur- oder Bildungsangebote unterbreiteten.

Dies alles richtete sich in der ersten Jahrhunderthälfte ausschließlich an den männlichen Teil der Bevölkerung. Berufsschulen für Mädchen erblickten erst weit nach der Jahrhundertmitte das Licht der Welt.[139] Und Frauen blieb der Zugang zu Universitäten wie in so gut wie allen anderen europäischen Ländern faktisch lange verschlossen, obwohl dies dem Buchstaben nach weder durch die Verfassung noch durch das Universitätsgesetz gedeckt war. Benachteiligt war auch der niederländischsprachige Teil der Bevölkerung, stellte doch Französisch an allen Universitäten die reguläre Unterrichtssprache dar. Erst im 20. Jahrhundert wurde die Forderung der Flämischen Bewegung nach einer Niederlandisierung der Ausbildung an den flämischen Hochschulen legislatorisch umgesetzt.

Nicht nur im Hochschulbereich wurden neben staatlichen Institutionen auch Einrichtungen in freier Trägerschaft gefördert. Mindestens ebenso stark wurden nicht staatliche Ausbildungsstätten im Primarschulwesen unterstützt. Hier zeichnete sich bereits in den 1830er-Jahren »eine Schwächung des öffentlichen und eine Ausbreitung des privaten Sektors« ab.[140] Damit wandte sich das Königreich Belgien von den Prinzipien der Bildungspolitik ab, die noch in den Vereinigten Niederlanden praktiziert worden waren, hatte doch das großniederländische Grundgesetz Schulpolitik zu einer ausschließlichen Angelegenheit der Regierung erklärt (Art. 226). In diesem Sinn kann man mit Jeffrey Tyssens festhalten, dass das Reich Wilhelms I. Unterrichtsfreiheit als konstitutionelles Prinzip nicht kannte.[141] Namentlich die katholische Kirche fühlte sich von der ausgesprochen etatistischen Bildungspolitik gegängelt, besonders als der König im Juni 1825 dekretierte, dass fortan keine Schule mehr einfach geduldet würde, sondern ausdrücklich um eine Genehmigung seitens der Regierung ersuchen müsse und staatlicher Aufsicht unterliege. Obendrein wurden Priesteramtswärter

---

138 Siehe hierzu Maurits De Vroede, Onderwijs en opvoeding in de Zuidelijke Nederlanden 1815–circa 1840, in: Algemene geschiedenis der Nederlanden, Bd. 11, Bussum 1983, S. 139-141.
139 Vgl. hierzu Dominique Grootaers, L'émergence des différents types d'institutions scolaires à but professionnel, in: ders. (Hg.), Histoire de l'enseignement (wie Fn. 136), Kap. 8 und 9.
140 De Vroede, Onderwijs (wie Fn. 138), S. 138.
141 Tyssens, L'enseignement moyen (wie Fn. 136), S. 223. Siehe auch Art. 226 des großniederländischen Grundgesetzes v. 18.8.1815: CD-ROM-2, Dok.-Nr. 5.2.2 (wie Fn. 6).

verpflichtet, vor dem Eintritt in ein Priesterseminar ein Studium an einem staatlichen *Collegium Philosophicum* zu absolvieren, das Wilhelm ausgerechnet in der traditionell katholischen Universitätsstadt Löwen begründen wollte. Hier lag eine weitere Ursache für jene Unzufriedenheit, die 1830 in die Revolution mündete.

Auch wenn sich der Widerstand der belgischen Katholiken gegen die großniederländische Bildungspolitik vor allem an den Mittelschulen entzündet hatte, stand für das Primarschulwesen des neugegründeten Königreichs Belgien von vornherein fest, dass die Rolle des Staates möglichst klein sein sollte; an diesem Punkt waren sich Liberale und Katholiken einig. Im Unterschied zu den Vereinigten Niederlanden wurden in Belgien die Organisierung und Unterhaltung eines ausreichenden Schulnetzes nicht in die Verantwortung des Reiches gelegt, sondern in die der Kommunen; die *Loi organique de l'instruction primaire* vom 23. September 1842[142] begründete somit ein dezentrales Primarschulsystem. Diesem Gesetz zufolge hatten die Kommunen für alle Kosten aufzukommen, die das Schulgebäude, Einrichtungsgegenstände, das Gehalt sowie den Wohnraum des Lehrpersonals betrafen; für bestimmte Kosten konnten die Gemeinden allerdings finanzielle Unterstützung von der Provinz oder vom Reich beantragen (Art. 20-25). Den Gemeinderäten wurde auch das Recht zugesprochen, die Lehrer zu ernennen (Art. 10). Im Hinblick auf die Trägerschaft eröffnete das Primarschulgesetz den Gemeinden drei Optionen: kommunale Schulen, freie Schulen, die eine kommunale Schule ersetzen konnten, und freie Schulen, die über den vom Gesetz geforderten Bedarf hinaus zugelassen werden konnten.[143]

Die Schulaufsicht wurde vom Gesetz in seinem Titel II zunächst einmal als eine staatliche Aufgabe definiert. Denn es waren die Regierung bzw. der König, die Inspektoren für die staatlichen wie für die nicht staatlichen Schulen ernannten. Deren Berichte und Empfehlungen sollten der Regierung Hinweise auf »notwendige Verbesserungen und Reformen« im Schulwesen geben (Art. 18). Doch bemerkenswert ist, dass das Primarschulgesetz kirchlichen Amtsinhabern in mehrfacher Hinsicht weitreichende Aufsichts- und Eingriffsmöglichkeiten einräumte (Art. 7-9): 1) Den »Unterricht in Religion und Moral« durften die Religionsgemeinschaften autonom für sich regeln. 2) Neben den staatlichen Inspektoren wurde offiziellen Kirchenvertretern das Recht zugestanden, Schulen zu inspizieren. 3) Die Diözesanbischöfe bzw. Vertreter der evangelischen Konsistorien waren befugt, einen Delegierten mit beratender Stimme in die Zentrale Unterrichtskommission zu entsenden, die nicht zuletzt für die Prüfung der Schulbücher zuständig war. 4) Die Zulassung der Schulbücher

---

142 CD-ROM-2, Dok.-Nr. 6.10.2 (Organisches Gesetz zum Grundschulwesen v. 23.9.1842). Die Ausführungsbestimmungen wurden am 15. August 1846 erlassen.
143 Marc Depaepe u. a., L'enseignement primaire, in: Grootaers (Hg.), Histoire de l'enseignement (wie Fn. 136), S. 133. Zur quantitativen Entwicklung im Laufe des 19. Jahrhunderts siehe die Beilagen und Grafik zu ders., Kwantitatieve analyse van de Belgische lagere school (1830–1911), in: Revue belge d'histoire contemporaine – Belgisch tijdschrift voor nieuwste geschiedenis 10 (1979), S. 50 ff.

»für Religion und Moral« indes wurde nicht der *Commission centrale d'instruction* anvertraut, sondern der Regierung und den Häuptern der jeweiligen Religionsgemeinschaft (*les chefs des cultes*). Im Gegenzug waren die Bischöfe und Konsistorien verpflichtet, dem Innenminister jährlich einen detaillierten Bericht über den Unterricht in »Religion und Moral« vorzulegen.

All diese gesetzlichen Regelungen boten vor allem der katholischen Kirche die Möglichkeit, den Unterricht an den staatlichen Schulen in hohem Maße zu beeinflussen und darüber hinaus mit staatlicher Genehmigung und Unterstützung im ganzen Königreich zahlreiche kirchliche Primarschulen zu errichten. Prinzipiell galt das Gesetz von 1842 zwar auch für andere Religionsgemeinschaften – auch wenn Leopold I. für Schulen in protestantischer sowie in jüdischer Trägerschaft 1844 bzw. 1845 eigene Regelungen erließ, die sich besonders auf die Schulaufsicht erstreckten. Doch letztlich verfügten nur die Katholiken mit ihren unzähligen Laien, Priestern sowie Ordensleuten über ausreichend eigenes Personal, um landesweit neben den Sonntagsschulen ein relativ unabhängiges Netz an staatlich anerkannten und kofinanzierten Primarschulen zu unterhalten. Ihren großen, die Landesgrenzen überschreitenden personellen und finanziellen Ressourcen hatten weder die Liberalen noch andere Konfessionen Gleichgewichtiges gegenüberzustellen.

Insgesamt kann das Primarschulgesetz von 1842 als ein Kompromiss zwischen den beiden weltanschaulichen Lagern gesehen werden: »Die Liberalen waren zufrieden, weil der Staat als die Macht anerkannt wurde, die den Unterricht organisiert. Die Katholiken konnten das Gesetz unterschreiben, weil es die Religion zur Grundlage des Unterrichts machte.«[144] Je mehr jedoch in den Folgejahren politische Spannungen zwischen Katholiken und Liberalen zunahmen, desto stärker zeigten sich Letztere verstimmt über die enge Verzahnung zwischen der katholischen Kirche und dem Bildungswesen. Ihre Kritik gewann an Intensität, als sich die Liberalen 1846 zu einem parteiartigen Bündnis zusammenschlossen.[145] Damit wurde das Ende des Unionismus eingeläutet, und hierbei wiederum spielte die Bildungspolitik eine nicht unbeachtliche Rolle.

Schulpflicht gab es das ganze 19. Jahrhundert hindurch nicht einmal für die Primarschulen. Sie wurde erst 1914 eingeführt, und zwar lediglich für Kinder zwischen sechs und 14 Jahren. Die jahrzehntelange Ablehnung der Schulpflicht mag verschiedene Gründe gehabt haben: Die Fabriken und Erzminen fanden in Kindern besonders preiswerte Arbeitskräfte, zudem waren die Eltern oft auf die Mitarbeit und das (wenn auch spärliche) Einkommen der Kinder angewiesen; das Gleiche galt für die Landwirtschaft; paternalistisch eingestellte Katholiken befürchteten bei einer gesetzlichen Verankerung der Schulpflicht einen Eingriff in die traditionell hoch geschätzte Auto-

---

144 Depaepe u. a., L'enseignement primaire (wie Fn. 143), S. 132 (Übers. d. Verf.).
145 Für Kritik von Liberalen am Primarschulgesetz siehe Jacques Lory, Libéralisme et instruction primaire 1842–1879. Introduction à l'étude de la lutte scolaire en Belgique, 2 Bde., Löwen 1979.

rität des Familienoberhaupts.[146] Auf jeden Fall erschwerte der jahrzehntelange Verzicht des belgischen Staates auf die Einführung der Schulpflicht beträchtlich die Bekämpfung des Analphabetismus. Daran konnte der Umstand nicht viel ändern, dass das Primarschulgesetz armen Kindern kostenlosen Unterricht garantierte (Art. 5). Talentierte Kinder aus ärmeren Gesellschaftsschichten konnten immerhin an einem jährlich ausgeschriebenen Wettbewerb um ein staatliches Stipendium teilnehmen, das ihnen den Besuch einer Höheren Primarschule ermöglichte; ähnlich wie in Frankreich seit 1833 boten *Ecoles primaires supérieures* einen erweiterten Fächerkanon an (Art. 28 ff.). Die Wettbewerbe waren nicht frei von Gesinnungskontrolle, gehörte doch eine Prüfung von moralischen und religiösen Fragen durch einen Geistlichen zum Auswahlprocedere (Art. 31).

Für die Ausbildung des Lehrpersonals wurden Normalschulen ins Leben gerufen, wie es sie seit Langem in Frankreich, Deutschland, im großniederländischen Reich oder im Habsburgerreich gab. Das belgische Primarschulgesetz schrieb vor, dass in den wallonischen und in den flämischen Provinzen jeweils eine *Ecole normale* zu errichten sei (Art. 35). Die Wahl fiel im November 1843 auf Nivelles und Lier – in der letztgenannten Stadt hatte schon zur Zeit der Vereinigten Niederlande eine Normalschule bestanden. Die Lehrer und Inspektoren der Normalschulen wurden von der Regierung ernannt, die Direktoren und Rektoren vom König, während die Kirche die Lehrer für »Religion und Moral« stellte. Außerdem erhielten die sieben diözesanen Normalschulen, die belgische Bistümer seit 1836 aus der Taufe gehoben hatten, die staatliche Anerkennung, und jede Provinz durfte an einer Höheren Primarschule eine sogenannte Normalabteilung unterhalten. Auf diese Weise wurden Kirche und Staat de facto gleichermaßen zu den Trägern der gesetzlich anerkannten Lehrerausbildung.[147] Ob die Anzahl an Normalschulen bzw. Normalabteilungen für eine professionelle Ausbildung der 8.388 Lehrkräfte ausreichend war, die für das Jahr 1843 belegt sind, sei dahingestellt; erst 1884 wurde die Anzahl an staatlichen Normalschulen durch ein Gesetz auf 18 erhöht.[148] Wie bei den Höheren Primarschulen konnten sich Angehörige ärmerer Bevölkerungsschichten auch für den Besuch einer Normalschule um ein Stipendium bewerben.

---

146 Gita Deneckere, Les Turbulences de la Belle Epoque 1878–1905, in: Dumoulin u. a. (Hg.), Nouvelle Histoire de Belgique (wie Fn. 44), Teil 3, S. 123. Zu den Diskussionen über eine Einführung der Schulpflicht im 19. Jahrhundert siehe Paul Wynants, Ecole et clivages au XIXe et XXe siècles, in: Grootaers (Hg.), Histoire de l'enseignement (wie Fn. 136), S. 59-66.
147 CD-ROM-2, Dok.-Nr. 6.10.3 (Beschluss zur Einrichtung der Normalschulen v. 11.11.1843). Vgl. auch An Bosmans-Hermans, De onderwijzer: Opleiding in het perspectief van professionalisering, in: Revue belge d'histoire contemporaine – Belgisch tijdschrift voor nieuwste geschiedenis 10 (1979), S. 88.
148 Depaepe u. a., L'enseignement primaire (wie Fn. 143), S. 119 und 173. Zur quantitativen Entwicklung des Lehrpersonals im Laufe des 19. Jahrhunderts siehe auch die Beilagen und Grafik zu ders., Kwantitatieve analyse (wie Fn. 143), S. 55 ff.

11 Finanzen

Die Bindung an Rechtsstaatlichkeit und parlamentarische Kontrolle, die für das Königreich Belgien insgesamt so konstitutiv war und ist, gab die Verfassung auch für die Finanzpolitik und -verwaltung vor. Sie bestimmte, dass jede Steuer grundsätzlich eines entsprechenden Gesetzes sowie der Zustimmung der zuständigen parlamentarischen Vertretungskörperschaft bedurfte (Art. 110). Ähnlich wie das großniederländische Grundgesetz von 1815 schloss die belgische Verfassung Steuerprivilegien explizit aus. Sie fügte verschärfend hinzu, dass eine Steuerbefreiung oder Steuerermäßigung ausschließlich durch ein Gesetz erfolgen könne (Art. 112). Indem der Nationalkongress an diesem Punkt einmal mehr die Zustimmung der Parlamentsmehrheit einforderte, beschränkte er den steuerpolitischen Handlungsspielraum von König, Regierung und Bürokratie von vornherein wesentlich stärker, als dies im Königreich der Vereinigten Niederlande der Fall gewesen war. Wichtig war auch die Bestimmung der Verfassung, dass der Staatshaushalt und die Rechnungslegung jedes Jahr von Neuem durch das Parlament genehmigt werden mussten (Art. 111, 115). Damit stärkte die belgische Verfassung die Stellung des Parlaments gegenüber der Exekutive im Vergleich zu den Generalstaaten, die nur alle zehn Jahre die Gelegenheit erhielten, einen Staatshaushalt zu verabschieden.

Die jährliche Prüfung der Staatsausgaben wies die Verfassung dem Rechnungshof zu. Dessen Einrichtung hatte der Nationalkongress per Gesetz bereits Ende Dezember 1830 beschlossen, um die Kontrolle des Haushalts des im Entstehen begriffenen Staates sobald wie möglich auf eine rechtsgültige Grundlage stellen zu können.[149] Laut diesem Gesetz wurden die Mitglieder des Rechnungshofs für die Dauer von sechs Jahren zunächst vom Nationalkongress, nach der Konstituierung des Parlaments von der Abgeordnetenkammer gewählt (und bei Bedarf wieder abgesetzt). Um Korruption und Amtsmissbrauch vorzubeugen, legte das Gesetz vom 30. Dezember 1830 fest, dass die Angehörigen des Rechnungshofs untereinander nicht eng verwandt sein, kein staatlich besoldetes Amt wahrnehmen oder an Unternehmen oder Geschäften beteiligt sein durften, die der staatlichen Rechnungslegung unterlagen (Art. 2). Auch eine zu enge persönliche oder berufliche Bindung an ein Regierungsmitglied sowie die Übernahme eines Mandats in einer der Parlamentskammern schlossen eine Berufung in den Rechnungshof aus. In seiner Arbeit war der Rechnungshof dem Parlament gegenüber verantwortlich. Denn er war verpflichtet, den Staatshaushalt nach der Prüfung zusammen mit seinen Bemerkungen den Kammern vorzulegen.

Wenig später wurde die Finanzverwaltung des jungen Staates auf die Beine gestellt: Mit einem organischen Erlass setzte Regent Surlet de Chokier am 18. März 1831 die einschlägigen Bestimmungen aus der Zeit Wilhelms I. außer Kraft und legte

---

149 CD-ROM-2, Dok.-Nr. 6.11.1 (Errichtung des Rechnungshofs v. 30.12.1830).

zugleich die Grundlagen für das belgische Finanzsystem.[150] Der Erlass bestimmte, dass alle Zweige der Finanzverwaltung dem zuständigen Minister zu unterstellen waren. Bei der Ernennung seiner Beamten war der Finanzminister an Kriterien der Professionalität gebunden: Für die Besetzung gehobener Stellen wurde eine mindestens zweijährige Berufserfahrung in der jeweils untergeordneten Position eingefordert. Auf diese Weise sollte Vetternwirtschaft vorgebaut werden, das Erfordernis von fachlicher Kompetenz und Berufserfahrung erschwerte Günstlingen ebenso wie Seiteneinsteigern eine Karriere in der Finanzverwaltung. Bei der Auswahl von Beamten des unteren und mittleren Dienstes allerdings konzedierte der Erlass die Berücksichtigung politischer Zuverlässigkeit: In Art. 33 legte er nahe, vorzugsweise »Patrioten« zu ernennen, »die aktiv an der Revolution teilgenommen haben, sowie ehemalige Soldaten, die über die erforderlichen Sachkenntnisse verfügen […].«

Zu den Grundlagen des belgischen Finanzwesens zählt auch die Einführung einer eigenen Währung. Mit dem Münzgesetz vom 5. Juni 1832 verabschiedete sich das junge Königreich vom niederländischen Gulden. An dessen Stelle traten Franken und Centime, die schon in der Begrifflichkeit eine starke Anlehnung an Frankreich erkennen ließen. Die *Loi monétaire* legte unter anderem die grafische Gestaltung der Münzen fest. Hierzu gehört, dass alle Gold- und Silbermünzen den Namen und das Bildnis des Königs trugen, und auf den Kupfermünzen wurde die Figur des Belgischen Löwen abgebildet, der sich auf ein Exemplar der belgischen Verfassung stützte (Art. 15-17). Anfangs zirkulierten zwar neben der neuen belgischen Währung französische Franken, niederländische Gulden und allerlei Münzen aus der Zeit des *Ancien Régime*. Doch diese wurden im Laufe der Zeit eingezogen, und im Februar 1844 beendete ein Gesetz den Gebrauch niederländischer Münzen in Belgien.[151]

Eine Belastung für die finanzielle Situation des Landes stellte eine unverschuldete Verschuldung dar. Denn durch die Londoner Konferenz wurde Belgien verpflichtet, sich an der Tilgung der hohen Staatsschulden zu beteiligen, die das Königreich der Vereinigten Niederlande angesammelt hatte. Dessen Schuldenberg ging zum Teil noch auf die riesigen Staatsausgaben zurück, welche die alte Republik und die nachfolgenden Regime seit der Batavischen Revolution auf sich geladen hatten.[152] Das großniederländische Reich hatte somit 1814/15 ein schweres Erbe aus der Zeit von Koalitionskriegen und Kontinentalsperre übernommen, und in den *Acht Artikeln* war im Juni 1814 festgelegt worden, dass die Schulden gleichmäßig auf alle Landesteile aufgeteilt werden sollten – obwohl die belgischen Provinzen lediglich 26 Mio.

---

150 CD-ROM-2, Dok.-Nr. 6.11.2 (Organisation der Finanzverwaltung v. 18.3.1831).
151 Jan A. van Houtte, Die Niederlande 1650–1850, in: I. Mieck (Hg.), Handbuch der europäischen Wirtschafts- und Sozialgeschichte, Bd. 4: Von der Mitte des 17. Jahrhunderts bis zur Mitte des 19. Jahrhunderts, Stuttgart 1993, S. 358.
152 Vgl. Michael Erbe/Paul van Peteghem, Die Niederlande, in: P. Brandt u. a. (Hg.), Handbuch der europäischen Verfassungsgeschichte im 19. Jahrhundert. Institutionen und Rechtspraxis im gesellschaftlichen Wandel, Bd. 1: Um 1800, Bonn 2006, S. 428 und 466.

Gulden mitgebracht hatten, während der Anteil der niederländischen Provinzen mit 575,5 Mio. Gulden um ein Vielfaches höher war![153] Eine hälftige Aufteilung der Staatsverschuldung stand auch wieder 1830/31 auf der Londoner Konferenz zur Diskussion. Nach heftigem Protest aus Brüssel gab man eine derartige Lösung auf, in den *Vierundzwanzig Artikeln* vom 15. November 1831, welche die Grundlage für den Endvertrag bilden sollten, wurde dann der belgische Anteil an der Tilgung der Schulden des großniederländischen Reiches auf 400 Mio. Franken festgelegt. In einem Staatsvertrag mit den Niederlanden wurde die Schuldenproblematik am 5. November 1842 erneut aufgegriffen und – diesmal auf bilateraler Ebene – zusammen mit einigen offenen politischen und wirtschaftlichen Fragen in Angriff genommen.[154]

Zur Finanzierung des Staatshaushalts wurden die Bürger besonders in der Konsolidierungsphase des jungen Königreichs durch Aufrufe zu patriotischen Spenden (*dons patriotiques*) und zur Zeichnung von Staatsanleihen aufgefordert oder gar verpflichtet. Die Verbrauchssteuern wurden zunächst herabgesetzt. Als jedoch der Kapitalbedarf der öffentlichen Hand zunahm, wurden sie wieder erhöht, während die Gewerbesteuer sowie in einigen Provinzen die Grundsteuer reduziert wurden.[155] Worauf sich der Kapitalbedarf des Staates konkret bezog, zählt zu den Themen des nächsten Kapitels.

12 Wirtschafts- und Sozialgesetzgebung/Öffentliche Wohlfahrt

In der Wirtschaftsgeschichtsschreibung ist unbestritten, dass Belgien im 19. Jahrhundert das führende Land der industriellen Revolution auf dem europäischen Festland gewesen ist.[156] Die Industrialisierung setzte hier relativ früh ein. Sie baute auf einer Protoindustrialisierung auf, die weit ins *Ancien Régime* zurückreichte, und erfreute sich seit Napoleon staatlicher Förderung. Der Aufbau von Betrieben zum Abbau von Bodenschätzen oder die Mechanisierung traditionsreicher Branchen wie der Textilindustrie durch den Einsatz von Dampfmaschinen wurde befördert durch die Tatsache, dass die Zugehörigkeit zur französischen Republik bzw. zum Empire (bis 1814)

---

153 Vgl. Bornewasser, Het Koninkrijk (wie Fn. 8), S. 225 und 232 und Wantje Fritschy/René van der Voort, From fragmentation to unification: public finance, 1700–1914, in: M. 't Hart u. a. (Hg.), A financial history of the Netherlands, Cambridge 1997, S. 75.
154 Karel Veraghtert, Geld, bankwezen en handel in de Zuidelijke Nederlanden 1792–1844, in: Algemene Geschiedenis der Nederlanden, Bd. 10, Bussum 1981, S. 348 und 352.
155 Siehe hierzu Els Witte, La politique financière des révolutionnaires belges (1830–1831), in: Revue belge d'histoire contemporaine – Belgisch tijdschrift voor nieuwste geschiedenis 12 (1981), S. 663-675.
156 Vgl. Toni Pierenkemper, Die Industrialisierung Belgiens: Früher Start und langer Atem, in: ders., Umstrittene Revolutionen. Industrialisierung im 19. Jahrhundert, Frankfurt a. M. 1996, S. 38-63; Hermann Van der Wee, The Industrial Revolution in Belgium, in: M. Teich/R. Porter (Hg.), The Industrial Revolution in National Context. Europe and the USA, Cambridge 1996, S. 64-77.

oder zum Königreich der Vereinigten Niederlande (ab 1815) einen großen Binnenmarkt für belgische Produkte eröffnete; zum Absatzgebiet oder Rohstofflieferanten gehörten auch die jeweiligen Kolonien, die Frankreich und das großniederländische Reich im atlantischen oder pazifischen Raum hatten.

Innerhalb Belgiens gab es allerdings bis weit über das 19. Jahrhundert hinaus ungeachtet des politischen Regimes erhebliche regionale Unterschiede in der ökonomischen Struktur und Entwicklung.[157] Der Schwerpunkt der Industrialisierung lag in Wallonien, und zwar in der Borinage (also dem Gebiet zwischen Mons und Charleroi), in Lüttich und in Verviers. Flandern hingegen war bis zum Zweiten Weltkrieg in Produktion und Handel fast flächendeckend auf Landwirtschaft, Fischfang und das immer weniger ergiebige Heimgewerbe ausgerichtet. Hier konnten lediglich zwei urbane Zentren an der Industrialisierung partizipieren bzw. von ihr profitieren: das traditionsreiche Gent mit seiner jahrhundertelangen Tradition einer herausragenden Stadt von Tuchherstellung und -handel und die Scheldestadt Antwerpen mit ihrem Hafen. Brüssel schließlich war mit der Erringung der staatlichen Unabhängigkeit seit 1830 nicht nur das politische Zentrum des Landes, sondern entwickelte sich zum bevorzugten Standort für Banken und Versicherungen. Hier siedelte sich die Welt der Hochfinanz an, die zu einem großen Teil den Industrialisierungsprozess des Landes steuerte.

Zur belgischen *haute finance* zählte mit der *Société Générale pour favoriser l'industrie nationale* eine kapitalkräftige Finanzgesellschaft, die Wilhelm I. 1822 ins Leben gerufen hatte, um – als Ergänzung zu weiteren Gesellschaften wie der 1814 gegründeten *Nederlandsche Bank* – die Industrialisierung des südlichen Teils des großniederländischen Reiches zu stimulieren.[158] Der Monarch selber beteiligte sich mit der Zeichnung von über 25.000 der 60.000 Anteile als Großaktionär an der *Société Générale*. Zugleich verlieh er ihr den Status einer Staatskasse und ermächtigte sie, die Ausgabe öffentlicher Anleihen durchzuführen. Auf diese Weise wies er der privaten Aktiengesellschaft eine öffentlich-rechtliche Funktion zu, ohne sie jedoch in den Rang einer Staats- oder Nationalbank zu erheben. Die prominente Position des Monarchen in der *Société Générale* wurde während der Belgischen Revolution zu einem Problem für den werdenden belgischen Staat, wollte die Provisorische Regierung doch das Kapital der mächtigen Gesellschaft für den Aufbau der eigenen Volkswirtschaft in Anspruch nehmen. In der Auseinandersetzung mit dem königlichen Großaktionär

---

157 Vgl. Jan Sanders/Paul Thomes, Die Wirtschaft, in: J. Koll (Hg.), Belgien. Geschichte – Politik – Kultur – Wirtschaft, Münster 2007, S. 101-105.
158 Zum Folgenden vgl. Julie M. Laureyssens, Financial innovation and regulation. The Société Générale and the Belgian State after Independence (1830–1850), in: Revue belge d'histoire contemporaine – Belgisch tijdschrift voor nieuwste geschiedenis 20 (1989), S. 223-250 und 23 (1992), S. 61-89; dies., Willem I, de Société Générale en het economisch beleid, in: Tamse/Witte (Hg.), Staats- en natievorming (wie Fn. 7), S. 207-214; Erik Buyst u. a., La Banque nationale de Belgique, du franc belge à l'euro. Un siècle et demi d'histoire, Brüssel 2005, S. 13 ff.

in Den Haag sperrte man die Konten, welche die niederländische Regierung bei der Finanzgesellschaft hatte, und blockierte die Renten- und Dividendenzahlungen an niederländische Bürger. Außerdem stellte die Provisorische Regierung mit Ferdinand Meeûs (1798–1861) einen Bankier aus Brüssel als Gouverneur an die Spitze der Gesellschaft. Die Verhandlungen über eine Regelung der Besitzverhältnisse bei der *Société Générale* und deren Aufgaben gegenüber dem belgischen Staat zogen sich mühsam hin, erst im November 1842 konnte der komplizierte Rechtsfall beigelegt werden.[159] Bis dahin bereiteten nicht nur die niederländischen Anteile an der Gesellschaft politische, juristische und finanzielle Schwierigkeiten, sondern auch die Tatsache, dass sich die Geschäftsführung unter Meeûs weigerte, als Privatgesellschaft umstandslos dem Staat als Kreditgeber zur Verfügung zu stehen und ihre Geschäfte trotz ihrer Eigenschaft als Staatskasse der Kontrolle des Rechnungshofs zu unterstellen.

Dies alles nährte in der Regierung, im Parlament und bei Leopold I. Zweifel an der Zuverlässigkeit der *Société Générale*. Als Konkurrenzunternehmen wurde am 12. Februar 1835 per Erlass die *Banque de Belgique* ins Leben gerufen.[160] Sie wurde mit dem Staat verzahnt, denn der König hatte das Recht, den Direktor und die vier Administratoren zu ernennen. Bemerkenswert ist auch Art. 46 des Erlasses. Hier wurde ein Recht zur Intervention aus politischen Gründen reklamiert, und zwar nicht zugunsten des Parlaments oder der Regierung, sondern für den Monarchen: »Der König kann alle Geschäfte verhindern oder aussetzen, die seiner Einschätzung nach den Interessen Belgiens widerstreiten.« Im Zweifelsfall rangierte der König damit über der Geschäftsführung und der Generalversammlung, welche die Interessen der Aktionäre vertrat. Schließlich war auch für Änderungen der Statuten der Bank die Zustimmung des Monarchen erforderlich.

Beide Finanzgesellschaften sind aus der belgischen Wirtschaftsgeschichte nicht wegzudenken. *Société Générale* und *Banque de Belgique* hatten (wie auch einige kleinere Banken) das Recht, Banknoten zu emittieren. Beide Gesellschaften stellten sowohl dem Staat als auch Privatunternehmen Kredite zur Verfügung. Darüber hinaus entwickelten sich beide zu Holdings avant la lettre. Denn beide riefen Tochtergesellschaften ins Leben, und *Banque de Belgique* wie *Société Générale* respektive deren Tochtergesellschaften übernahmen noch in den 1830er-Jahren eine Reihe von Industriegesellschaften oder zumindest Anteile an Unternehmen, wandelten Familienbetriebe in von ihnen kontrollierte Aktiengesellschaften um und gründeten eigene Firmen und Sparkassen. Beide Gesellschaften waren zwar Aktien- und damit private Gesellschaften, standen aber als potenzielle Gläubiger in einem nahen Verhältnis zum belgischen Staat. Eine echte Staatsbank allerdings wurde erst 1850 mit der *Banque nationale* aus der Taufe gehoben. Einen starken Einfluss auf die Wirtschaftsentwicklung in Belgien hatte schließlich auch das Pariser Bankhaus Rothschild: Zwischen 1831

---

159 Witte, La Construction (wie Fn. 44), S. 128 f.
160 CD-ROM-2, Dok.-Nr. 6.12.2 (Errichtung der Bank von Belgien v. 12.2.1835).

und 1844 stellte es der belgischen Regierung vier Mal Kredite zur Verfügung, zum Teil unter Vermittlung der *Société Générale*.[161]

Gleichermaßen Voraussetzung wie Katalysator für eine forcierte Industrialisierung war der Eisenbahnbau. Das Land konnte sich rühmen, 1835 die erste Eisenbahnverbindung auf dem europäischen Kontinent eröffnet zu haben, sie verband Mecheln mit Brüssel. Sieben Jahre später war die Bahnstrecke des »Eisernen Rheins« fertiggestellt. Er führte von Antwerpen über Brüssel, Lüttich und Aachen nach Köln; von hier aus konnten Güter und Personen vor allem weiter ins Ruhrgebiet, aber auch in andere Regionen Europas transportiert werden. Bereits in den 1840er-Jahren umfasste das belgische Schienennetz beachtliche 560 Kilometer, 80 Bahnhöfe waren über das Land verteilt. 143 Lokomotiven mit über 2.500 Waggons wurden von der Regierung bei vorwiegend belgischen Unternehmen in Auftrag gegeben. Der Staat, der anfangs der ausschließliche Bauherr für das Eisenbahnwesen war, investierte allein in den Jahren zwischen 1834 und 1843 nicht weniger als 138 Mio. Franken in die Schiene; erst ab Mitte der 1840er-Jahre vergab die Regierung an private Investoren Konzessionen für die Erschließung neuer Eisenbahnstrecken.[162] Parallel dazu wurde der Ausbau von Straßen und Kanälen gezielt vorangetrieben. Hier führte die belgische Regierung Ansätze fort, die bereits im 18. Jahrhundert eingesetzt hatten und von Wilhelm I. forciert worden waren. So verfügte Belgien 1850 über knapp 6.900 Kilometer Staatschausseen und fast 6.400 Kilometer kleinere gepflasterte Landstraßen.[163] Verkehrs- und Industriepolitik gingen Hand in Hand.

Können die hohen staatlichen Investitionen in die Verkehrsinfrastruktur als eine frühe Form keynesianischer Wirtschaftspolitik betrachtet werden? Auf jeden Fall trug der Aufbau eines dichten Verkehrsnetzes zur Schaffung Tausender von Arbeitsplätzen bei, zugleich wurden private Investitionen in den Steinkohleabbau und die metallverarbeitende Industrie stimuliert. Besonders der Eisenbahnbau bildete denn auch den Schwerpunkt der Staatsausgaben. Im Volumen rangierte er auf dem zweiten Platz nach den Ausgaben für Verteidigung; diese betrugen bis zur offiziellen Beendigung des Kriegszustands mit den Niederlanden durch den Endvertrag 454 Mio. Franken.[164]

Neben den hohen Staatsausgaben, welche die enormen Investitionsleistungen zum Aufbau der belgischen Verwaltung, der Armee und der einheimischen Industrie verursachten, kennzeichnete in den ersten Jahren nach der Revolution ein beachtliches Handelsdefizit die belgische Volkswirtschaft. Um den Export zu begünstigen, unternahmen die belgischen Kabinette Versuche, mit einigen Ländern Handelsab-

---

161 Mabille, Histoire politique (wie Fn. 11), S. 130.
162 Karel Veraghtert, Ambacht en nijverheid in de Zuidelijke Nederlanden 1790–1844, in: Algemene geschiedenis der Nederlanden, Bd. 10, Bussum 1981, S. 273.
163 Van Houtte, Die Niederlande (wie Fn. 151), S. 355.
164 Veraghtert, Geld (wie Fn. 154), S. 348.

kommen zu schließen. Die ersten Verträge betrafen weniger relevante Länder wie Brasilien (1834) und Sardinien (1838) oder scheiterten daran, dass das Parlament seine Zustimmung verweigerte. Wichtige Handelsverträge kamen erst 1842 mit Frankreich und – wie vorhin erwähnt – mit den Niederlanden sowie 1844 mit dem Deutschen Zollverein zustande; mit den USA schloss Belgien 1845 einen Handelsvertrag.[165] Der wirtschaftlichen Verflechtung des Landes dienten auch Schifffahrtsabkommen etwa mit Dänemark, Österreich oder dem Königreich Hannover sowie Postabkommen, über die – ebenfalls in den 1840er-Jahren – beispielsweise mit Frankreich, Preußen oder Spanien verhandelt wurde.

Gegenüber dem Ausland verfolgte der junge belgische Nationalstaat aber, ebenso wie die meisten seiner Nachbarländer, eine protektionistische Wirtschaftspolitik. Zum Schutz der eigenen Industrie erhöhte die Regierung 1831 die Einfuhrzölle auf Metallprodukte, drei Jahre später erfolgte eine Erhöhung der Zölle auf Textilien. Im selben Jahr wurden auch Getreideimporte mit höheren Abgaben belastet. Einen unübersehbaren Ausdruck protektionistischer Handelspolitik stellte das Gesetz vom 21. Juli 1844 dar. Es bestimmte, dass Güter, die auf belgischen Schiffen aus Übersee importiert wurden, weniger stark zu besteuern waren als jene Waren, die in Belgien unter einer fremden Flagge oder über einen ausländischen Hafen innerhalb Europas eingeführt wurden.[166]

Das relativ prononcierte Engagement des Staates in der Wirtschaftspolitik, das besonders an den hohen staatlichen Investitionen zur Förderung von Industrie und Handel ablesbar ist, bildete einen bemerkenswerten Gegensatz zum Fehlen einer aktiven staatlichen Sozialpolitik. Es entsprach dem liberalen Grundkonsens der bürgerlich-adeligen Führungsschichten des Landes, dass Sozialfürsorge keine staatliche Aufgabe darstelle, sondern weitgehend privaten und gesellschaftlichen Initiativen oder Organisationen zu überlassen sei. In der Tat waren Bedürftige in hohem Maße auf Almosen sowie auf Unterstützung durch religiöse Kongregationen angewiesen, die beispielsweise Waisenhäuser oder Krankenhäuser unterhielten. Die Finanzierung derartiger Institutionen ging nicht nur auf kirchliche Eigenmittel zurück, sondern wurde oft durch private Stiftungen getragen. Die Bedeutung des Gebots der christlichen Nächstenliebe darf für diese Zeit jedenfalls nicht unterschätzt werden.[167]

Dem Problem des Pauperismus war damit allerdings nicht beizukommen. In den Industrieregionen waren die sozialen Bedingungen der Arbeiter und ihrer Familien denkbar hart: Lange Tages- und Wochenarbeitszeiten, mangelhafte hygienische Verhältnisse, enge Wohnverhältnisse, keinerlei staatliche Absicherung im Fall von Arbeitslosigkeit, Krankheit oder Invalidität; wie selbstverständlich waren Kinder und Frauen zur Mitarbeit in Minen oder Fabriken gezwungen, damit Familien überhaupt

---

165 Ebd., S. 351 f.
166 Ebd., S. 352.
167 Paul Grell, L'organisation de l'assistance publique, Brüssel 1976, S. 50.

überleben konnten; eine unabhängige Arbeits- oder Sozialgerichtsbarkeit existierte nicht, Gewerbegerichte können kaum als ein adäquater Ersatz angesehen werden. Mindestens ähnlich elende Bedingungen charakterisierten die flandrischen Agrargebiete. Die hiesige Bevölkerung war besonders schwer betroffen, als Mitte der 1840er-Jahre eine Hungersnot ausbrach. Verschärft wurde die Lage durch den Niedergang der traditionellen Heimarbeit, die der Konkurrenz der aus Großbritannien importierten Textilware und der maschinellen Produktionsverfahren des eigenen Landes nicht mehr gewachsen war. Die dramatische Folge all dieser Entwicklungen war, dass der ohnehin hohe Anteil derer, die von öffentlicher Unterstützung abhängig waren, zwischen 1841 und 1850 von einem Viertel auf die Hälfte der Bevölkerung anstieg, die Arbeitslosigkeit stellenweise eine Rate von bis zu 60 Prozent erreichte.[168]

Regierung und Parlament versuchten ab 1841, die Hungersnot durch Gesetze zu parieren, welche die Ausfuhr von Kartoffeln verboten. Auch wurde die Auflösung von Allmenden in Angriff genommen, um die Armut zu bekämpfen. Schließlich dienten die erwähnten Handelsverträge dazu, belgischen Waren im Ausland günstige Importkonditionen zu verschaffen, während gleichzeitig der Binnenmarkt so weit wie möglich vor ausländischen Konkurrenzprodukten abgeschirmt wurde. So gut sie gemeint waren, derartige hilflose Bemühungen konnten am Ausmaß des Elends in den unteren Gesellschaftsschichten nichts Wesentliches ändern, solange die Ordnungspolitik nicht um einen sozialen Interventionismus bereichert wurde. Da die belgischen Regierungen in der ersten Jahrhunderthälfte kaum eine nennenswerte Sozialgesetzgebung im engeren Sinn verfolgt haben, sahen viele Flamen keinen anderen Ausweg als in den wallonischen oder nordfranzösischen Kohlerevieren Arbeit zu suchen oder zu emigrieren. Jedenfalls nahm die Auswanderung in den 1840er-Jahren zu und wurde von der belgischen Regierung finanziell unterstützt. Wie für viele Auswanderer aus anderen europäischen Ländern war dabei Nordamerika ein bevorzugtes Ziel.[169]

Mit Blick auf die erste Hälfte des 19. Jahrhunderts lassen sich allenfalls Ansätze zu staatlicher Sozialgesetzgebung ausmachen. Hierzu zählte ein Gesetz vom Juli 1846, das die Pensionen für alle Personen regelte, die eine staatliche Besoldung erhielten; es erstreckte sich in Übereinstimmung mit Art. 117 der Verfassung auch auf Geistliche sowie auf die Hinterbliebenen der Staatsangestellten. Zur Sozialgesetzgebung gehörte auch die Bestimmung des Kommunalgesetzes, wonach der Unterhalt und die Verwaltung von sozialen Einrichtungen wie Waisenhäusern, Pfandhäusern und Fürsorgeämtern (*Bureaux de bienfaisance*) grundsätzlich in die Zuständigkeit städtischer Behörden fiel. Die Kommunen hatten nicht zuletzt für die Kosten aufzukommen, welche die Unterstützung von Blinden, Taubstummen, geistig Behinderten und

---

168 Gubin/Nandrin, La Belgique libérale (wie Fn. 58), S. 13; Witte, La Construction (wie Fn. 44), S. 142. Vgl. auch die Zahlen bei Grell, L'organisation (wie Fn. 167), S. 84.
169 Gubin/Nandrin, La Belgique libérale (wie Fn. 58), S. 14-16.

Findelkindern mit sich brachte.[170] In den Fällen allerdings, in denen eine Gemeinde finanziell überfordert war, sprang die Provinz ein: Das Provinzialgesetz bestimmte, dass Gemeinderäte die Übernahme von Kosten für Armen- oder Bettelhäuser (*Dépôts de mendicité*) durch die betreffende Provinz beantragen konnten.[171] Immerhin war die Einrichtung von Armenhäusern durch einen Erlass des Regenten Surlet de Chokier vom 9. April 1831 geregelt worden. Demnach gab es an ausgewählten Orten Armenhäuser, die für die Einwohner bestimmter Provinzen zuständig waren. Wer in einer anderen Provinz Unterschlupf suchte, musste damit rechnen, in die für ihn oder sie zuständige Provinz zurückgebracht zu werden, und Ausländer, die sich illegal in Belgien aufhielten, sollten unverzüglich aus dem Land gebracht werden. Angesichts der (von den Niederlanden formell damals noch nicht anerkannten) belgischen Unabhängigkeit stellte der Erlass ausdrücklich fest, dass holländische Bettler, deren Anwesenheit den Staat teuer käme, zu den Ausländern gezählt würden und damit ebenfalls mit Abschiebung zu rechnen hatten.[172] Mit diesen Regelungen sollten Kosten begrenzt, eine soziale Kontrolle von Bettlern und Landstreichern ermöglicht und Landflucht verhindert werden. Die Kehrseite bestand darin, dass Mobilität erschwert wurde. Neu war die Einrichtung von Fürsorgeämtern und Armenhäusern auf staatliche Initiative hin freilich nicht: *Bureaux de bienfaisance* wie auch *Dépôts de mendicité* waren bereits auf der Grundlage älterer Vorbilder in der »französischen« Zeit eingeführt worden, sie mussten im Gefolge der Belgischen Revolution lediglich in die Verwaltungsstrukturen des neuen Staates eingepasst werden.

An Plädoyers für eine aktive staatliche Sozialpolitik hat es nicht gemangelt. Beiträge hierzu lieferte nicht nur Karl Marx (1818–1883), der sich zwischen 1845 und 1848 in Belgien aufhielt, sondern auch ein moderater Sozialreformer wie Edouard Ducpétiaux (1804–1868). Sein Ratschlag, der Armut mit der »körperlichen, moralischen und intellektuellen Förderung der arbeitenden Klasse« an Stelle von polizeilich-repressiven Methoden zu begegnen[173], wurde in der ersten Jahrhunderthälfte politisch nicht umgesetzt. Das Zensuswahlrecht verhinderte, dass die Betroffenen selber für die Verabschiedung von Sozialgesetzen sorgen konnten. Sie mussten bis zum letzten Drittel des 19. Jahrhunderts warten, ehe unter verschärften gesellschaftlichen Spannungen offensivere Sozialreformen das Parlament passierten.

---

170 CD-ROM-2, Dok.-Nr. 6.5.1 (wie Fn. 62), Art. 91, 92 und 131, Punkte 16 bis 18.
171 CD-ROM-2, Dok.-Nr. 6.5.2 (wie Fn. 61), Art. 69, Punkt 15.
172 CD-ROM-2, Dok.-Nr. 6.12.1 (Organisation der Armenhäuser v. 9.4.1831), Art. 5, 6 sowie die einleitende Begründung des Erlasses. Nach der Anerkennung Belgiens kam es zu bilateralen Abkommen, in denen die Kosten für bedürftige Ausländer geregelt wurden, etwa 1841 mit den Niederlanden und 1843 mit Luxemburg.
173 Edouard Ducpétiaux, Le paupérisme en Belgique. Causes et remèdes, Brüssel 1844, S. 80 f.

Luxemburg   7

Von Norbert Franz (Luxembourg)

o   Einführung

Luxemburg kann als Lehrbeispiel für die Verfassungsgeschichte eines Kleinstaates dienen, in dem ganz verschiedenartige äußere Einflüsse mit einer zunehmend selbstbewussten Bevölkerung zusammenwirkten: Im Laufe des 19. Jahrhunderts entwickelten Teile der Einwohnerschaft des Großherzogtums ein ausgeprägtes Sonderbewusstsein, das bereits Züge eines Nationalbewusstseins annahm. Im 20. Jahrhundert wurde die Konfrontation mit dem völkisch-expansiven Deutschland, dessen NS-Führung den Großteil der Luxemburger vergeblich in die »deutsche Volksgemeinschaft« zu integrieren suchte, zur Initialzündung der luxemburgischen Nationsbildung. Grundbedingung dieser langfristigen Entwicklung war die Eigenstaatlichkeit Luxemburgs. Die ersten Schritte auf diesem Weg »vom Staat zur Nation« führten von der Neugründung Luxemburgs durch den Wiener Kongress im Jahre 1815 bis zu den Anfängen der Eigenstaatlichkeit Luxemburgs im engeren Sinne in den Jahren 1839 bis 1847.[1]

Zur Verfassungsgeschichte Luxemburgs im weiteren Sinne dieses Handbuchs liegen, neben einigen älteren Arbeiten der Juristen Paul Eyschen, Nicolas Majerus, Paul Weber sowie des Ökonomen und Historikers Albert Calmes, die Darstellungen von Mario Hirsch, Marc Thewes und Christoph Bumb vor.[2] Das Handbuch Michael

---

1   Gilbert Trausch, Deutschland und Luxemburg vom Wiener Kongreß bis zum heutigen Tage. Die Geschichte einer Entfremdung, in: ders., Du Particularisme à la nation. Essais sur l'histoire du Luxembourg de la fin de l'Ancien Régime à la Seconde Guerre mondiale, Luxembourg 1989, S. 319-356.
2   Paul Eyschen, Das Staatsrecht des Großherzogtums Luxemburg, Leipzig 1910; Nicolas Majerus, Histoire du Droit dans le Grand-Duché de Luxembourg, Bd. 2, Luxembourg 1949; Paul Weber, Les Constitutions du XIXe siècle, in: Le Conseil d'État. Livre jubilaire, Luxembourg 1957, S. 303-362; Albert Calmes, Naissance et débuts du Grand-Duché (1814–1830). Histoire Contemporaine du Grand-Duché de Luxembourg, Bd. 1, Luxembourg 1971; ders., Le Grand-Duché de Luxemburg dans la Révolution Belge (1830–1839). Histoire Contemporaine du Grand-Duché de Luxembourg, Bd. 2, Bruxelles 1939; ders., La Restauration de Guillaume Ier, Roi des Pays-Bas (l'Ère Hassenpflug) (1839–1840). Histoire Contemporaine du Grand-Duché de Luxembourg, Bd. 3, Bruxelles/Luxembourg 1947; ders., La création d'un état (1841–1847). Histoire Contemporaine du Grand-Duché de Luxembourg, Bd. 4, Luxembourg 1954; Pierre Majerus/Marcel Majerus, L'état luxembourgeois. Manuel de droit constitutionnel et de Droit administratif, Esch-sur-Alzette 6. Aufl. 1990; Christian Calmes/Danielle Bossaert, Geschichte des Großherzogtums Luxemburg von 1815 bis heute, Luxembourg 1996; Jean Thill, Documentations et textes

Erbes über die Geschichte des niederländischen Raumes bietet eine knappe Synthese der luxemburgischen Verfassungsgeschichte im Zusammenhang mit belgischen und niederländischen Entwicklungen, die in die Darstellung politischer und wirtschaftlicher Entwicklungen eingebunden ist.[3] Die luxemburgische Nationalgeschichtsschreibung mit ihrem prominentesten Vertreter Gilbert Trausch betont vor allem die wechselhafte politische Geschichte und das Nationbuilding Luxemburgs.[4] Eine von Peter Hacker jüngst vorgelegte politikgeschichtliche Studie verfehlt ihr Ziel, die Anfänge des luxemburgischen Nationalbewusstseins herauszuarbeiten, da sie die Tragweite der Petitionsbewegung für den Erhalt der luxemburgischen Eigenstaatlichkeit im Jahre 1870 überschätzt.[5]

Der Bereich der Verfassungswirklichkeit, insbesondere das regulierende Hineinwirken des Staates in die übrigen gesellschaftlichen Bereiche, wurde in den letzten Jahren durch die Arbeiten Ruth Dörners[6], Christine Mayrs[7] und Norbert Franz'[8] aus der Perspektive ausgewählter Kommunen im Zusammenhang mit der zentralen staatlichen Ebene untersucht. Im Zentrum dieser Arbeiten standen die Entwicklung des Staatskultes, die lokale politische Elite der Bürgermeister, die Bedeutung der Primärschullehrer[9] sowie die Integration der Gemeinden in die gesamtstaatliche Verwaltungsorganisation bei gleichzeitiger Ausweitung der Staatstätigkeit auf kommunaler Ebene. Eine umfassende Darstellung der Verfassungsgeschichte des Großherzogtums

---

relatifs aux Constitutions et Institutions politiques luxembourgeois, Luxembourg 2. Aufl. 1978; W. H. Lorig/M. Hirsch (Hg.), Das politische System Luxemburgs. Eine Einführung, Wiesbaden 2008; Mario Hirsch/Marc Thewes, Die Verfassung, in: Lorig/Hirsch (Hg.), System (wie Fn. 2), S. 93-105, hier S. 94 f.; Christoph Bumb, Luxemburgs Weg zur Demokratie, Berlin 2011.

3 Michael Erbe, Belgien, Niederlande, Luxemburg. Geschichte des niederländischen Raumes, Stuttgart u. a. 1993.
4 Gilbert Trausch, Histoire du Luxembourg, Paris 1992; ders., Le Luxembourg sous l'Ancien Régime, 17e, 18e siècles et débuts du 19e siècle, Luxembourg 1977; ders., Le Luxembourg à l'époque contemporaine, Luxembourg 1981.
5 Peter Hacker, Die Anfänge eines eigenen Nationalbewusstseins? Eine politische Geschichte Luxemburgs von 1815 bis 1865, Trier 2005 (zugl. Diss. phil. Univ. Bayreuth 2003), S. 9 f.
6 R. Dörner/N. Franz/C. Mayr (Hg.), Lokale Gesellschaften im historischen Vergleich. Europäische Erfahrungen im 19. Jahrhundert, Trier 2001; Ruth Dörner, Wahrnehmung und Inszenierung von Staat und Nation im Dorf. Erfahrungen im 19. Jahrhundert: Frankreich, Luxemburg, Deutschland, München 2006 (zugl. Diss. phil. Univ. Trier 2002).
7 Christine Mayr, Zwischen Dorf und Staat: Amtspraxis und Amtsstil französischer, luxemburgischer und deutscher Landgemeindebürgermeister im 19. Jahrhundert (1815–1890). Ein mikrohistorischer Vergleich, Frankfurt am Main u. a. 2005 (zugl. Diss. phil. Univ. Trier 2003).
8 Norbert Franz, Durchstaatlichung und Ausweitung der Kommunalaufgaben im 19. Jahrhundert. Tätigkeitsfelder und Handlungsspielräume ausgewählter französischer und luxemburgischer Landgemeinden im mikrohistorischen Vergleich (1805–1890), Trier 2006 (zugl. Habil. Univ. Trier 2005).
9 Christine Mayr, Zwischen allen Stühlen: Elementarschullehrer im 19. Jahrhundert im Spannungsfeld zwischen lokalen und staatlichen Machteinflüssen. Das Großherzogtum Luxemburg, Rheinpreußen, die bayerische Pfalz und das Département Meuse im Vergleich, in: Dörner/Franz/Mayr, Gesellschaften (wie Fn. 6), S. 379-397.

Luxemburg im Zusammenhang mit den europäischen Verfassungsbewegungen des 19. Jahrhunderts blieb bislang Desiderat.

Im Zentrum der folgenden Überlegungen steht die Frage nach dem Charakter der ersten luxemburgischen Verfassung (1841) im Vergleich zur Verfassungsordnung der niederländischen und belgischen Herrschaftszeit. Dies wird insbesondere hinsichtlich der Frage untersucht, in welcher Weise die Macht des Monarchen durch die Verfassung begrenzt wurde und wo umgekehrt die politischen Einflussmöglichkeiten der repräsentativen Versammlung lagen, welche Bevölkerungsteile in der Ständeversammlung vertreten waren und welche äußeren Kräfte die luxemburgische Souveränität einschränkten.

Die zweite Leitfrage dieser Untersuchung nimmt die Verfassungswirklichkeit Luxemburgs im Vormärz in den Blick und analysiert, auf welchen Politikfeldern sich die Staatstätigkeit in diesen ersten Jahren der luxemburgischen Eigenstaatlichkeit entfaltete. In diesem Zusammenhang wird auch die Rolle der Regierung zu erörtern sein, die sich, gestützt auf eine sich professionalisierende Staatsbürokratie, neben dem Monarchen als Machtzentrum etablierte.

Insgesamt stand die luxemburgische Verfassungsgeschichte des Vormärz im Zeichen der Entwicklung Luxemburgs von einer Provinz eines größeren Staatswesens hin zu einem eigenen Staat. In den folgenden Kapiteln wird gezeigt, dass sich die erste Verfassungsordnung Luxemburgs in einer klaren Kontinuität bewegt zur niederländischen Verfassung des Jahres 1815, aber auch zum »Règlement concernant la formation des Etats de la province de Luxembourg« (Ordnung für die Provinzialstände der Provinz Luxemburg), das unter Wilhelm I. im Jahre 1816 erlassen wurde. Bis auf wenige Einschränkungen bei den variablen Teilen des Budgets und der Kriminal- und Steuergesetzgebung lag alle Macht beim König-Großherzog. Dieser Verfassung fehlten wichtige Grundrechte und sie schloss den überwältigenden Teil der Bevölkerung von der politischen Partizipation aus.

Überdies wurde die Souveränität des neuen Staates durch seine Mitgliedschaft im Deutschen Bund und dem Deutschen Zollverein erheblich eingeschränkt. Dies betraf zum einen die Integration des Landes in die Militärorganisation des Bundes, die sich insbesondere durch die preußische Besatzung der Bundesfestung Luxemburg manifestierte, aber auch in der anachronistischen Fiktion einer ständischen Verfassung angesichts der Nichtexistenz von Ständen. Schließlich bedeutete auch die Vertretung Luxemburgs durch Preußen im Deutschen Zollverein eine erhebliche Einschränkung der Souveränität des Landes, auch wenn es langfristig in hohem Maße wirtschaftlich von diesem Zollverbund profitierte.

Dennoch ermöglichte die Verfassung von 1841 unbestreitbar einen ersten Schritt hin zur Eigenständigkeit Luxemburgs. Bemerkenswert ist die gesetzgeberische Leistung dieser Zeit: Auf der Grundlage der ersten luxemburgischen Verfassung wurden in kürzester Zeit die wichtigsten staatlichen Institutionen geschaffen oder aus der Provinzialverwaltung heraus weiterentwickelt. Ständeversammlung und Regierung entfachten ein regelrechtes Gesetzgebungsfeuerwerk: Eine kleine Gruppe konservativer Notabeln und Staatsbeamter schuf im Laufe weniger Jahre die gesetzliche Grundlage der Staatstätigkeit auf zentralen politischen Feldern, die über den Kernbereich des Machtstaats, die Ordnungsverwaltung, hinaus weit in die Leistungsverwaltung hineinreichten. Dies geschah nach ausführlicher Prüfung der Verhältnisse in den benachbarten Staaten Mittel- und Westeuropas, sodass sich die luxemburgische Staatsorganisation und Gesetzgebung innerhalb weniger Jahre auf dem höchsten Niveau dieser Zeit bewegte. Gleichzeitig wurde das Französische als eine der beiden Verwaltungssprachen in deutlicher Abgrenzung zum wachsenden deutschen Einfluss beibehalten und im Bildungssektor sogar noch stärker verankert. Diese Impulse bestimmten die Entwicklung der luxemburgischen Gesellschaft und ihres Staatswesens über viele Jahrzehnte hinweg und wirkten weit über die Wechsel der Staatsverfassungen in den Jahren 1848, 1856 und 1868 hinaus bis zum Ende des »langen« 19. Jahrhunderts in der Katastrophe des Ersten Weltkriegs.

1   Luxemburg 1815–1847

Die im Wiener Kongress versammelten europäischen Mächte knüpften mit der Errichtung des Großherzogtums Luxemburg an eine jahrhundertealte Tradition an: Die im 14. Jahrhundert zum Herzogtum erhobene Grafschaft Luxemburg war das Stammland einer Dynastie, die im 14. und 15. Jahrhundert mehrere Kaiser und andere bedeutende Herrscher des »Alten Reiches« stellte. Nach dem Tod des letzten Kaisers aus dem Hause der Luxemburger wurde das Land Teil des burgundischen Länderkomplexes, der sich zwischen Frankreich und dem Reich ausdehnte. Nach dessen Zerfall gehörte Luxemburg seit 1477 zu jenem Teil des burgundischen Erbes, den sich der Habsburger Maximilian I. sicherte. Lange stand es unter der Herrschaft der spanischen Linie der Habsburger und wurde in der Folge des spanischen Erbfolgekrieges, der den Endpunkt einer kriegerischen Übergangszeit mit zahlreichen Herrschaftswechseln bildete, den österreichischen Habsburgern zugeschlagen. In der ungewöhnlich langen Friedenszeit unter österreichischer Herrschaft wurde das Land vergleichsweise gut verwaltet und erlebte eine Wirtschaftsblüte. Mit der Eroberung der Festung Luxemburg durch die Truppen der Französischen Republik im Jahre 1795 setzte die Umformung des alten Herzogtums zu einem integralen Bestandteil Frankreichs ein, die das Land bis in die Gegenwart hinein prägen sollte.[10]

Während die Grafschaft und das spätere Herzogtum Luxemburg ein Territorium von über 10.000 Quadratkilometer umfasst hatte, wurde das 1815 durch den Wiener Kongress neu gegründete Großherzogtum auf rund 7.000 Quadratkilometer verkleinert. In den Artikeln 67 und 68 der Schlussakte des Wiener Kongresses vom 9. Juni

---

10 Trausch, Histoire (wie Fn. 4), S. 21-64; Eyschen, Staatsrecht (wie Fn. 2), S. 3-5.

1 Luxemburg 1815–1847

1815 verbanden die europäischen Mächte Luxemburg in Personalunion mit dem Königreich der Vereinigten Niederlande.[11] Der niederländische König Wilhelm I. aus dem Hause Nassau-Oranien trat als Großherzog von Luxemburg dem Deutschen Bund bei. Das Großherzogtum war ihm und seinen Nachfolgern als Kompensation alter nassauischer und nunmehr preußischer Gebiete – Nassau-Dillenburg, Siegen, Hadamar und Dietz – überlassen worden. Die Stadt Luxemburg wurde als eine der Bundesfestungen Teil der Militärorganisation dieses Staatenbundes und erhielt eine preußische Besatzung. Völkerrechtlich war das Großherzogtum in dieser Zeit – gemäß der Schlussakte des Wiener Kongresses – ein eigener Staat, faktisch wurde es als Provinz des Königreichs der Vereinigten Niederlande verwaltet, und die niederländische Verfassung, das »Grondwet«[12], galt auch für Luxemburg. Es wurde von den stimmberechtigten Notabeln mit großer Mehrheit angenommen.[13]

Das Land erfuhr allerdings nur geringe Förderung durch die Regierung des neuen Staates. Angesichts der hohen Staatsverschuldung der Niederlande wurden dem wirtschaftlich wenig entwickelten und überwiegend agrarisch geprägten Luxemburg erhebliche fiskalische Lasten auferlegt, zuletzt die bei der Bevölkerung verhasste Mahl- und Schlachtsteuer. Getragen wurde das Regime im Wesentlichen von einer Notabelnschicht, den sog. »Orangisten«, die sich sozial vor allem aus Staatsbeamten und Großgrundbesitzern zusammensetzte.[14]

So schloss sich 1830 ein maßgeblicher Teil der Bevölkerung des Großherzogtums der belgischen Revolution an. Lediglich die Hauptstadt und Bundesfestung Luxemburg mit ihrer starken preußischen Besatzung blieb bei König Wilhelm. Der Deutsche Bund drohte mit einer militärischen Intervention und mobilisierte eine Armee. Doch die Großmächte einigten sich auf eine friedliche Lösung dieses Konflikts: Im Londoner Vertrag vom 15. November 1831[15] beschlossen die beteiligten Mächte die Abtretung des westlichen, überwiegend frankofonen Teils des Großherzogtums an Belgien. Der östliche Teil, der nur noch ein Drittel der ursprünglichen Fläche mit der Hälfte der Einwohnerzahl aufwies, blieb als Großherzogtum erhalten und in Personalunion mit den Niederlanden verbunden. Diese Regelung trat freilich erst acht Jahre später

---

11 CD-ROM-2, Dok.-Nr. 1.1.4 (Wiener Kongressakte v. 9.6.1815). Die Schlussakte des Wiener Kongresses oder Wiener Kongressakte, datierend vom 9. Juni 1815, ist nicht zu verwechseln mit der Wiener Schlussakte vom 15. Mai 1820, die das Ergebnis der Wiener Ministerialkonferenzen beinhaltet; vgl. dazu CD-ROM-2, Dok.-Nr. 11.1.2.2 (Wiener Schlussakte v. 15.5.1820).

12 CD-ROM-2, Dok.-Nr. 5.2.1 (Grundgesetz der Niederlande v. 29.3.1814); Dok.-Nr. 5.2.2 (Grundgesetz der Vereinigten Niederlande v. 24.8.1815).

13 Erbe, Belgien (wie Fn. 3), S. 269; Calmes, Naissance (wie Fn. 2), S. 23, 47-68, 91-120; ders., Création (wie Fn. 2), S. 141, 299-301; dekretiert wurde die gemeinsame Verwaltung des Großherzogtums und des Königreichs durch den königlichen Erlass vom 22. August 1815; Majerus, Histoire (wie Fn. 2), Bd. 2, S. 722; Weber, Constitutions (wie Fn. 2), S. 305-307.

14 Calmes, Naissances (wie Fn. 2), S. 249-376, 501-530; zur Staatsverwaltung Luxemburgs unter niederländischer Herrschaft vgl. Eyschen, Staatsrecht (wie Fn. 2), S. 6-8.

15 CD-ROM-2, Dok.-Nr. 1.1.13 (Londoner Vertrag oder 24 Artikel v. 15.11.1831).

mit dem sog. »Endvertrag« vom 19. April 1839 in Kraft[16], da König Wilhelm I. sich lange geweigert hatte, diese Gebietsabtretung anzuerkennen. Nach der Teilung des Landes im Jahre 1839 verblieb dem Großherzogtum ein Territorium von rund 2.600 Quadratkilometern mit etwa 170.000 Einwohnern.[17]

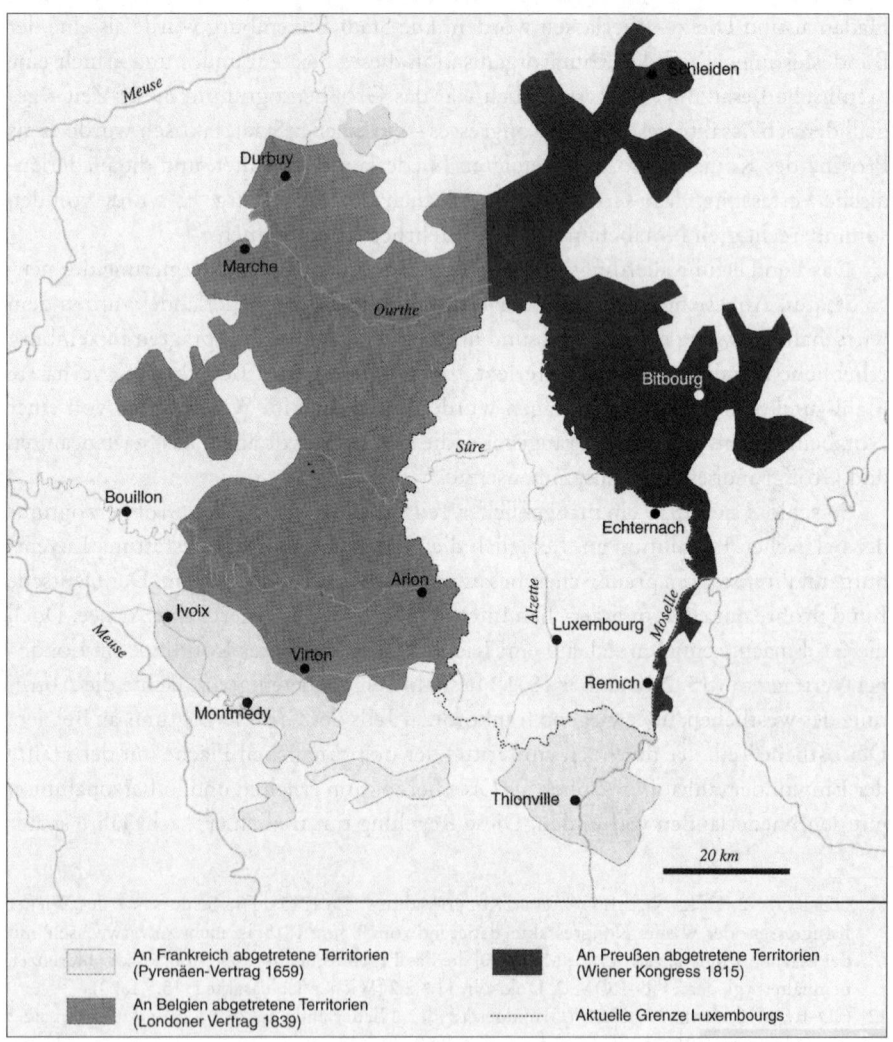

Abb. 7.1 Die drei Teilungen Luxemburgs 1659–1839

---

16 CD-ROM-2, Dok.-Nr. 1.1.14 (Londoner Vertrag oder Endvertrag v. 19.4.1839).
17 Erbe, Belgien (wie Fn. 3), S. 269; Zu Luxemburg im Zeitalter der belgischen Revolution umfassend: Calmes, Grand-Duché (wie Fn. 2); knapp: Weber, Constitutions (wie Fn. 2), S. 307-309 sowie Eyschen, Staatsrecht (wie Fn. 2), S. 8 f.

1 Luxemburg 1815–1847

Diese Einigung der europäischen Mächte mit Belgien und den Niederlanden war, neben der politisch-militärischen Verflechtung Luxemburgs mit dem Deutschen Bund, die entscheidende Ursache der Eigenstaatlichkeit Luxemburgs. Denn erst jetzt wurde eine eigene luxemburgische Staatsverwaltung geschaffen. Wilhelm I. überließ das Land im Verlauf einer kurzen absolutistischen Episode der Regierung des erzkonservativen ehemals kurhessischen Beamten Hans Daniel Ludwig Hassenpflug, der eine antifranzösische »Germanisierungs«-Politik betrieb und die Anhänger der belgischen Revolution systematisch verfolgte. Dabei traf er auf den erbitterten Widerstand großer Teile der Verwaltung und der Bevölkerung. Nach Hassenpflugs Scheitern dankte der König ab. Wenig später, im Herbst 1841, erließ sein Sohn und Nachfolger Wilhelm II. eine Ständeverfassung.[18] Am ersten Januar 1842 bildete Gouverneur Théodore Ignace de la Fontaine die erste nationalluxemburgische Regierung auf der Grundlage der neuen Verfassung. Zwischen 1840 und 1847 entstanden in rascher Folge zentrale Gesetze oder Verordnungen zum Wahlrecht, zur Organisation von Justiz und Verwaltung, zum Verkehrswesen, zum öffentlichen Bildungswesen und zur öffentlichen Armen- und Gesundheitsfürsorge. Die kirchlichen Verhältnisse wurden durch die Gründung des Apostolischen Vikariats Luxemburg in den Grenzen des Großherzogtums geordnet. Darüber hinaus intensivierte die luxemburgische Regierung mit dem Beitritt des Landes zum Deutschen Zollverein im Jahre 1842 die Beziehungen zu den deutschen Staaten nachhaltig.[19]

Die eigenstaatliche Existenz Luxemburgs begann somit erst 1839. Bis zum Vorabend der Revolution von 1848 wurden die Grundlagen des luxemburgischen Staatswesens geschaffen. In diesen wenigen Jahren erreichte die noch überaus konservative, monarchisch-konstitutionell gebundene politische Elite Luxemburgs tief greifendere Veränderungen der Staatstätigkeit als alle Regierungen zuvor. In dieser Zeit formten

---

18 CD-ROM-2, Dok.-Nr. 7.2.1 (frz.)/7.2.2 (dt.) (Landständische Verfassung Luxemburgs v. 16.10.1841). Ergänzend zur hier zugrunde gelegten CD-ROM-Edition ist als nützliche verfassungsgeschichtliche Edition für unseren Untersuchungszeitraum ebenfalls heranzuziehen: F. Stevens u. a. (Hg.), Verfassungsdokumente Belgiens, Luxemburgs und der Niederlande 1789–1848/ Constitutional Documents of Belgium, Luxembourg and the Netherlands 1789–1848 (= H. Dippel [Hg.], Verfassungen der Welt vom späten 18. Jahrhundert bis zur Mitte des 19. Jahrhunderts. Quellen zur Herausbildung des modernen Konstitutionalismus/Constitutions of the World from the late 18th Century to the Middle of the 19th Century. Sources on the Rise of Modern Constitutionalism, Europa/Europe, Bd. 7), München 2008.

19 Albert Calmes, La Restauration de Guillaume Ier, Roi des Pays-Bas (l'Ère Hassenpflug) (1839–1840). Histoire Contemporaine du Grand-Duché de Luxembourg, Volume III, Bruxelles, Luxembourg 1947; Weber, Constitutions (wie Fn. 2), S. 310 f; Franz Petri, Belgien, Niederlande, Luxemburg von der Französischen Zeit bis zum Beginn der Deutschen Einigung 1794–1865, in: W. Bußmann (Hg.), Europa von der Französischen Revolution zu den nationalstaatlichen Bewegungen des 19. Jahrhunderts, Stuttgart 1981, S. 930-967; Ewald Grothe, Sehnsucht nach Preußen. Der Berufsweg des kurhessischen Ministers Ludwig Hassenpflug nach seiner Entlassung 1837–1840, in: H. Kugler e.a. (Hg.), Jahrbuch der Brüder Grimm-Gesellschaft, Bd. 4, Kassel 1994, S. 81-102, hier S. 96; Erbe, Belgien (wie Fn. 3), S. 269.

sich die Grundlagen des neuen luxemburgischen Staatswesens heraus, die die Geschichte des Landes weit über das 19. Jahrhundert hinaus entscheidend prägen sollten.

2 Verfassungsstruktur der zentralen staatlichen Ebene

Im Zentrum der hier untersuchten Verfassungsordnungen, die jeweils unter niederländischer, belgischer und luxemburgischer Herrschaft entstanden, stehen die Institutionen der zentralen staatlichen Ebene: der Monarch, die Regierung und die zentrale Volksvertretung. Dabei sind ihre Funktionen und wechselseitigen Einflussmöglichkeiten von besonderem Interesse.

Das niederländische Grondwet wies dem Monarchen die wichtigsten Herrschaftskompetenzen zu.[20] Er stand an der Spitze der Exekutive und übte den Oberbefehl über die Streitkräfte aus. Lediglich das Gesetzgebungsrecht teilte er mit der Generalständeversammlung. Die niederländische Generalständeversammlung wurde auf der Grundlage eines hohen Zensus indirekt gewählt und hatte lediglich eingeschränkte Gesetzgebungs- und Budgetkompetenzen. Trotz der großen Machtfülle des Königs, die Wilhelm I. überaus autoritär ausschöpfte, handelt es sich hier um ein typisch frühkonstitutionelles System, wie es damals in weiten Teilen Europas vorherrschte, und nicht, wie die ältere Forschung postuliert, um absolutistische Herrschaft.[21]

Den Schritt zur konstitutionellen Monarchie mit Übergewicht des Parlaments vollzog die belgische Revolution: Im neu gegründeten belgischen Staat lag die Exekutivgewalt bei der vom Parlament kontrollierten Regierung. Die Legislative teilte sich der Monarch mit dem Parlament. Dieses setzte sich aus zwei direkt gewählten Kammern zusammen, dem Senat und der letztlich entscheidenden Abgeordnetenkammer.[22] Auf der Ebene des Großherzogtums und später der belgischen Provinz Luxemburg wurden Provinzialständeversammlungen gebildet, die über erhebliche Verwaltungsbefugnisse verfügten. In der niederländischen Herrschaftszeit stellten drei »Stände« die Mitglieder dieser Versammlung: Adel, Städte und Landgemeinden.

---

20 CD-ROM-2, Dok.-Nr. 5.2.1 (wie Fn. 12); Dok.-Nr. 5.2.2 (wie Fn. 12). Vgl. auch den Beitrag über die Niederlande im vorliegenden Handbuchband.

21 Die These vom »Absolutismus« Wilhelms I. vertritt Calmes, Naissance (wie Fn. 2), S. 146 f; die Gegenthese vertrat bereits Majerus, Histoire (wie Fn. 2), Bd. 2, S. 722; ebenso: Erbe, Belgien (wie Fn. 3), S. 197. Die neuere Forschung spricht vom »defensiven« Charakter der konstitutionellen Monarchie im 19. Jahrhundert vgl. Hans Boldt, Monarchie im 19. Jahrhundert, in: O. Brunner/W. Conze/R. Kosellek (Hg.), Geschichtliche Grundbegriffe, Bd. 4, Stuttgart 1978, S. 189-212. Kritisch gegenüber einer Bewertung der konstitutionellen Monarchie als Verfall vormals absoluter monarchischer Macht: Hans-Michael Körner, Geschichte des Königreichs Bayern, München 2006, S. 13-23, insbesondere S. 19 f.

22 CD-ROM-2, Dok.-Nr. 6.2.2 (frz.)/6.2.3 (dt.) (Verfassung Belgiens v. 7.2.1831). Siehe auch Majerus, Histoire (wie Fn. 2), Bd. 2, S. 213 f, 727; Vgl. den Beitrag über Belgien im vorliegenden Handbuchband.

Als Exekutivorgan wurde eine ständige Deputation der Provinzialständeversammlung gebildet. Unter belgischer Herrschaft wurde die Ständeordnung aufgehoben und ein Provinzialrat gebildet, der in Arlon tagte.²³ Am 31. Dezember 1830 hatte König Wilhelm I. dekretiert, dass Luxemburg nunmehr eine eigenständige Verwaltung erhalten sollte, und am 19. Februar 1831 einen Generalgouverneur für Luxemburg ernannt. Der Machtbereich dieser ersten luxemburgischen Staatsverwaltung seit 1795 beschränkte sich freilich auf die Festungsstadt Luxemburg, die dank ihrer preußischen Besatzung unter der Kontrolle des Oraniers geblieben war.

Die erste luxemburgische Verfassung wurde auf der Grundlage königlicher Machtvollkommenheit am 12. Oktober 1841 in einem Erlass gewährt.²⁴ Einen ersten Verfassungsentwurf hatte König Großherzog Wilhelm II. mit der Begründung zurückgewiesen, er sei zu stark an die belgische Verfassung angelehnt.²⁵ In Kontinuität mit dem niederländischen Grondwet war der Monarch als alleiniger Träger der Souveränität nicht nur Staatsoberhaupt. Er stand auch an der Spitze der Exekutive und verfügte über erhebliche legislative Kompetenzen, insbesondere jene der Gesetzesinitiative. Wie in den Jahrzehnten vor der luxemburgischen Staatsgründung stand dem Monarchen in seiner Residenz Den Haag eine Staatskanzlei für luxemburgische Angelegenheiten als beratende Instanz zur Verfügung.²⁶

Gemäß dem königlich großherzoglichen Erlass vom 4. Januar 1840 leitete der Gouverneur als Regierungschef die Verwaltungsorganisation des Staates. Er kontrollierte die Behördentätigkeit und war für Einstellung und Entlassung der Staatsbeamten sowie für die Pressezensur verantwortlich. Er pflegte die Beziehungen zu den Behörden der Bundesfestung und konnte notfalls die Garnison zu Hilfe rufen. Er erstattete dem König Großherzog umfassend Bericht über den Zustand der Staatsverwaltung und der Staatsfinanzen. Die Landesregierung kontrollierte und leitete die gesamte Staatstätigkeit, wahrte die Souveränitätsrechte des Landesherrn im In- und Ausland, insbesondere auch in der Beziehung zur katholischen Kirche, und hatte Ackerbau und Viehzucht, Handel und Gewerbe zu fördern. Durchaus aufschlussreich sind auch die Gehälter der Angehörigen der Zentralverwaltung: Sie reichten von 300 Gulden für den einfachsten Schreiber bis zu 7.000 Gulden für den Chef der

---

23 Calmes, Naissance (wie Fn. 2), S. 121-144.
24 CD-ROM-2, Dok.-Nr. 7.2.1/7.2.2 (wie Fn. 18); die Verfassung trat mit ihrer Verkündung in Kraft: ebd., Dok.-Nr. 7.2.3 (dt.)/7.2.4 (frz.) (Verordnung zur Verkündung der Verfassung Luxemburgs v. 16.10.1841).
25 Majerus/Majerus, L'État (wie Fn. 2), S. 26; Weber, Constitutions (wie Fn. 2), S. 310.
26 Vgl. auch Artikel 67 der Schlussakte des Wiener Kongresses, der das Großherzogtum an Wilhelm I. in »vollem Eigentum und Souveränität« übertrug: CD-ROM-2, Dok.-Nr. 1.1.4 (wie Fn. 11). Siehe weiterhin Calmes, Création (wie Fn. 2), S. 147; Artikel 50 der luxemburgischen Verfassung von 1841.

Staatsverwaltung. Das niedrigste Gehalt lag somit bei dem Dreifachen des Jahreseinkommens von Tagelöhnern.[27]

Die 1841 gebildete »Landstände-Versammlung« war zwar eine erste nationale luxemburgische Volksvertretung, doch stand sie in der Tradition der Versammlungen auf Provinzebene. Sie hatte zunächst 25 Mitglieder – Großgrundbesitzer, Kaufleute und Industrielle –, die für sechs Jahre gewählt wurden. Die Hälfte der Abgeordneten wurde nach drei Jahren ersetzt. Der König Großherzog hatte das Recht, die Landständeversammlung zu eröffnen, zu vertagen und aufzulösen. Der Gouverneur führte den Vorsitz, war jedoch selbst nicht stimmberechtigt. Die Sitzungen waren nicht öffentlich, doch durften Berichte über die Debatten publiziert werden. »Besonders gehört« wurden die Landstände bei Gesetzen, die bürgerliche Rechte betrafen, öffentliche Anstalten, die Verkehrsinfrastruktur und andere öffentliche Baumaßnahmen sowie das Staatseigentum. Und sie hatten das Recht, über territoriale Veränderungen und die administrative Gliederung des Staates zu beraten.[28]

Erforderlich war die Zustimmung der Stände dagegen bei jeglicher Veränderung von Straf-, Steuer- und Zollgesetzen, Letztere mit Ausnahme der Bestimmungen, die aus Handelsverträgen oder anderen völkerrechtlichen Vereinbarungen resultierten, die der König Großherzog getroffen hatte. Darüber hinaus legten sie die Höhe der Einkünfte fest, die der Monarch aus der Staatskasse bezog. Von zentraler Bedeutung war die Mitwirkung der Stände bei der Gestaltung des Staatsbudgets. Allerdings bestimmten sie nur über die variablen Bestandteile des Staatshaushalts, genauer, über jene außerordentlichen Einnahmen und Ausgaben, die jährlich neu festgesetzt werden mussten. Unerlässlich war die Zustimmung der Ständeversammlung schließlich im Falle einer Verfassungsänderung. Insgesamt hatte der Monarch auch weiterhin eine starke Machtposition inne, doch übertrug er unwiderruflich Souveränitätsrechte auf die Volksvertretung.[29]

Als dritte zentrale Institution erhielt das Großherzogtum bereits 1839 eine eigene Regierung. An der Spitze des fünfköpfigen »Regierungs-Collegiums« stand der Gouverneur. Die Regierung hatte alljährlich der Ständeversammlung einen Bericht über die Lage des Gesamtstaates und der Gemeinden vorzulegen, der Verwaltung, Handel und Gewerbe berücksichtigte. Sie war nicht der Vertretungskörperschaft, sondern dem Monarchen verantwortlich.[30]

Luxemburg machte somit in den Jahren des Vormärz alle drei monarchischen Verfassungsformen durch, die das 19. Jahrhundert kannte: eine kurze absolutistische Phase in der Tradition des aufgeklärten Absolutismus des 18. Jahrhunderts, eine kons-

---

27 CD-ROM-2, Dok.-Nr. 7.5.1 (dt.)/7.5.2 (frz.) (Verordnung zur Zivilverwaltung Luxemburgs v. 4.1.1840), Art. 2, 3, 6, 7, 10, 11.
28 CD-ROM-2, Dok.-Nr. 7.3.3 (dt.)/7.3.4 (frz.) (Erstmalige Ernennung der Stände Luxemburgs v. 30.10.1841); Dok.-Nr. 7.2.1/7.2.2 (wie Fn. 18), Art. 13, 18, 20, 24, 26.
29 Ebd., Art. 27-30, 52.
30 Ebd., Artikel 42, 44, 46.

titutionell-monarchische Phase mit Übergewicht des Monarchen unter dem niederländischen Grondwet und der ersten luxemburgischen Verfassung, sowie eine konstitutionell-monarchische Verfassung mit Übergewicht des Parlaments im Verlauf der belgischen Herrschaftsepoche. Letztere wurde wegweisend für die luxemburgische Verfassungsgeschichte, die sich – erstmals 1848 und seit 1868 nur durch die deutsche Besatzung im Zweiten Weltkrieg unterbrochen – in jenen Bahnen bewegen sollte, die von der ersten belgischen Verfassung vorgegeben worden waren. Doch bereits die erste nationalluxemburgische Verfassung bot Regierung und Ständeversammlung, bei allen Vorrechten des Monarchen, wichtige politische Gestaltungsmöglichkeiten.

3 Wahlrecht und Wahlen

Das Wahlrecht ist der wichtigste Indikator für den Grad politischer Partizipationsmöglichkeiten der Bevölkerung eines Staates. In Luxemburg gestaltete es sich in den drei Herrschaftssystemen, denen dieses Land im Vormärz unterworfen war, sehr unterschiedlich. Im Folgenden werden die Veränderungen des Wahlrechts auf der Ebene der zentralen Repräsentativorgane ebenso herausgearbeitet wie die Kontinuitäten über die Systemwechsel hinweg, die trotz aller politischen Brüche sichtbar werden.[31]

Die erste Kammer der Generalständeversammlung der Niederlande wurde durch königliche Ernennung auf Lebenszeit besetzt. Die Abgeordneten bezogen ein ansehnliches Gehalt von 3.000 Gulden jährlich.[32] Die zweite Kammer stellte faktisch eine Zentralkommission der Provinzialständeversammlungen dar. Denn aus deren Reihen wurden die Abgeordneten gewählt, darunter vier Vertreter Luxemburgs. Die Abgeordneten der zweiten Kammer erhielten ein Jahresgehalt von 2.500 Gulden.[33]

Gemäß dem Reglement vom 13. Februar 1816 setzte sich die Provinzialständeversammlung Luxemburgs aus je 20 Vertretern der drei „Stände" Adel, Stadtgemeinden und Landgemeinden zusammen. Die Abgeordneten der Stadt- und Landgemeinden wurden indirekt gewählt, jene des Adels direkt. In der Stadt Luxemburg galt ein Zensus von 15 Gulden für die Wähler der ersten und 30 Gulden für jene der zweiten Stufe, in den kleinsten Städten entsprechend sieben und 15 Gulden. Die Vertreter der Landgemeinden wurden nach den acht Distrikten des Landes gewählt. Die Wähler der ersten Stufe hatten mindestens zehn Gulden direkte Steuern zu entrichten, jene der zweiten Stufe unterlagen einem im Vergleich zu den städtischen Wählern erheblich erhöhten Zensus von 50 Gulden. Dieser Unterschied wurde von der Forschung mit

---

31 Zu den Wahlen auf kommunaler Ebene siehe Kapitel 5, Verwaltung.
32 Tagelöhner erzielten in dieser Zeit ein Jahreseinkommen von etwa 100 Gulden.
33 Calmes, Naissance (wie Fn. 2), S. 141-144; in der Anfangszeit der niederländischen Herrschaft saßen drei luxemburgische Vertreter in der ersten Kammer der Generalständeversammlung, die bis 1822 verstarben. Danach war Luxemburg nicht mehr vertreten. Ebd., S. 141.

dem ausgeprägten Misstrauen des Monarchen gegenüber der erheblich schwerer als die Städter zu kontrollierenden Landbevölkerung erklärt.[34]

In der belgischen Epoche galt für die Wahl zu beiden Parlamentskammern, den Senat und die Abgeordnetenkammer, ein Zensus von 20 Gulden direkter Steuern. Eine angesichts ihrer Exklavensituation lediglich theoretische Ausnahme bildete die Stadt Luxemburg mit 35 Gulden. Die Mitglieder der ersten Kammer, des Senats, wurden für acht Jahre gewählt. Jeweils die Hälfte der Senatoren wurde alle vier Jahre ausgetauscht. Für die Wählbarkeit in den Senat galt ein Zensus von 1.000 Gulden, der jedoch für Luxemburg mangels geeigneter Kandidaten auf 135 Gulden gesenkt wurde. Jeder der vier Distrikte der Provinz Luxemburg entsandte einen Senator. Für das passive Wahlrecht zur Abgeordnetenkammer, in die Luxemburg acht Abgeordnete entsandte, gab es keinen Zensus.[35] Das Gesetz vom 30. April 1836 ersetzte die Provinzialständeversammlung durch Provinzialräte. Der Luxemburger Provinzialrat hatte 45 Mitglieder, die auf der Grundlage desselben 20-Guldenzensus gewählt wurden wie die Parlamentarier. Sechs Mitglieder dieses Rates bildeten unter dem Vorsitz des Gouverneurs einen ständigen Ausschuss.[36]

Im Gegensatz zum direkten Wahlverfahren der belgischen Herrschaftszeit wurden die Abgeordneten der ersten national-luxemburgischen Ständeversammlung in einer zweistufigen Wahl bestimmt. Zunächst wurden die Wahlmänner in offener Wahl gewählt. Diese wiederum wählten in geheimer Wahl die Abgeordneten. Der Zensus für Urwähler lag mit zehn Gulden direkter Steuern einschließlich der Gewerbesteuer deutlich unter dem Zensus der belgischen Epoche – ein Zugeständnis des Monarchen an die revolutionserfahrene Bevölkerung.[37] Wählbar waren nur jene luxemburgischen Staatsbürger, die mindestens 25 Jahre zählten, seit einem Jahr im Lande wohnten und mindestens 20 Gulden direkte Steuern entrichteten. Hier blieb der Zensus also auf dem Niveau der belgischen Epoche. Von der Wahl ausgeschlossen blieben jene, die zu einer entehrenden Strafe verurteilt worden waren sowie Insolvente und Entmündigte. Ebenso unvereinbar mit der Zugehörigkeit zur Ständeversammlung waren die Ämter eines Angehörigen der Rechnungskammer oder anderer rechnungspflichtiger Funktionen in der Staatsverwaltung, eines Geistlichen, eines Distriktkommissars, eines Militärangehörigen unter dem Rang eines Hauptmanns und eines Grundschullehrers. Söhne und Schwiegersöhne von Mitgliedern der Landständeversammlung waren ebenfalls ausgeschlossen. Die Wahlmänner wurden für sechs Jahre gewählt und alle drei Jahre zur Hälfte ersetzt.[38]

---

34 Ebd., S. 128, 130 f.
35 Ebd., S. 139 f.
36 Ebd., S. 141 f; Majerus, Histoire (wie Fn. 2), Bd. 2, S. 727.
37 CD-ROM-2, Dok.-Nr. 7.3.1 (dt.)/7.3.2 (frz.) (Wahlreglement Luxemburgs v. 16.10.1841), Art. 3, 31; Erbe, Belgien (wie Fn. 3), S. 269, gibt irrtümlich einen Zensus von 25 Gulden für die Wahlmänner an; CD-ROM-2, Dok.-Nr. 7.2.1/7.2.2 (wie Fn. 18), Art. 9, 11.
38 Wahlordnung vom 16. Oktober 1841, Artikel 2, 4, 7, 8, 13.

Für die Ausübung des Wahlrechts war der Hauptwohnsitz oder ein fiktiver »politischer Wohnsitz« des Wahlberechtigten ausschlaggebend. Am Wahlakt verhinderte oder ihre Berufung ablehnende Wähler hatten dies dem Gouverneur rechtzeitig mitzuteilen, unentschuldigt Fernbleibende konnten für zwei Wahlperioden ausgeschlossen werden. Verhinderte Wähler wurden durch den Gouverneur durch nicht zum Zuge gekommene wahlfähige Personen ersetzt. Die Wahlkollegien der jeweiligen Kantone blieben für die gesamte Wahlperiode bestehen und ersetzten turnusmäßig nach drei Jahren oder aus sonstigen Gründen ausgeschiedene Mitglieder der Ständeversammlung. Da gemäß der Verfassung von 1841 jeder Abgeordnete etwa 5.000 Einwohner repräsentierte, entsandten die einzelnen Kantone, entsprechend ihrer Bevölkerungszahl, unterschiedlich viele Abgeordnete. Insgesamt setzte sich die erste Ständeversammlung des Großherzogtums aus 34 Mitgliedern zusammen.[39]

Die geringsten Möglichkeiten politischer Teilhabe durch die Ausübung des Wahlrechts bot somit die niederländische Herrschaftsepoche auf der Grundlage der Verfassung von 1815. Unter der luxemburgischen Verfassung von 1841 schränkte das Wahlrecht diese Möglichkeit im Vergleich zur belgischen Verfassung von 1831 wegen der indirekten Wahl wiederum ein. Doch der deutlich niedrigere Zensus für Urwähler eröffnete im Vergleich zur niederländischen Epoche deutlich erweiterte politische Partizipationsmöglichkeiten. Dies gilt auch im Vergleich zur belgischen Verfassung. Dennoch blieb, neben der gesamten weiblichen Bevölkerung, die überwältigende Mehrheit der erwachsenen Männer von den Wahlen zur Volksvertretung ausgeschlossen.

4 Grundrechte

Ein entscheidendes Kriterium für den Charakter einer Verfassungsordnung sind die Grundrechte, die sie den Staatsbürgern garantiert. Dieser Maßstab wird im Folgenden an die drei betrachteten Regime angelegt.

Der erste Entwurf des niederländischen Grundgesetzes vom 29. März 1814 sah die Rechtsgleichheit der Einwohner – auf der Grundlage eines einheitlichen Staatsgebiets ohne Sonderrechte für einzelne Territorien – sowie die Religionsfreiheit vor. Diese Grundrechte wurden in der endgültigen Verfassung des Königreichs der Vereinigten Niederlande verankert, die am 24. August 1815 in Kraft trat und auch für das Großherzogtum Luxemburg galt.[40] Nicht gewährt wurde die Unterrichtsfreiheit, die Pressefreiheit lediglich nominell eingeräumt. Die belgische Verfassung vom 7. Februar 1831 gewährte den Staatsbürgern neben der Rechtsgleichheit – bei Abschaffung

---

39 Wahlordnung, Art. 3, 19, 22, 23, 37; Weber, Constitutions (wie Fn. 2), S. 310.
40 CD-ROM-2, Dok.-Nr. 5.2.2 (wie Fn. 12).

der Stände – und der Religionsfreiheit die Unterrichts-, Koalitions-, Meinungs- und Pressefreiheit sowie das Petitionsrecht und die Wahrung des Briefgeheimnisses.[41]

Im Vergleich dazu wurden die Grundrechte durch die Verfassung von 1841 erheblich eingeschränkt. Gemäß Artikel 41 genossen die Luxemburger Gleichheit vor dem Gesetz, unabhängig von religiöser Zugehörigkeit, gesellschaftlicher Stellung und Herkunft. Es herrschte Religionsfreiheit nicht nur hinsichtlich der Ausübung ihrer jeweiligen Kulte – wobei die überwältigende Mehrheit römisch-katholischer Konfession war –, sondern auch die Freiheit, religiöse Meinungen zu äußern, wodurch auch die Äußerung agnostischer oder atheistischer Standpunkte denkbar wurde. Die Untertanen Wilhelms II. genossen das Recht der persönlichen Freiheit, durften also nur im Rahmen der Gesetze verfolgt und verhaftet werden. Gleiches gilt für die Unverletzlichkeit der Wohnung und den Schutz des Eigentums. Von der Forschung weithin übersehen wurde bislang, dass der zweite Teil des Artikels 39 der Verfassung ein Petitionsrecht der Luxemburger an die Ständeversammlung vorsah. Freilich konnte es nur indirekt und kollektiv über die Ständeversammlung ausgeübt werden. Schließlich reservierte Artikel 41 den Zugang zu öffentlichen Ämtern für luxemburgische Staatsbürger.[42]

Insgesamt ist festzuhalten, dass, nachdem bereits das niederländische Grondwet nur sehr eingeschränkte Grundrechte gewährt hatte, auch die luxemburgische Verfassung von 1841 den Staatsbürgern wesentliche Grundrechte vorenthielt, die sie zwischen 1830 und 1839 bereits genossen hatten, wie etwa Pressefreiheit, Koalitionsrecht und Versammlungsfreiheit.[43] Die Gleichberechtigung der Geschlechter wurde erst in den Verfassungen des 20. Jahrhunderts proklamiert. Generell fügt sich die Grundrechtsituation Luxemburgs im Vormärz durchaus in den Rahmen mitteleuropäischer Verhältnisse.

5 Verwaltung

Nach der zentralen und der Provinzebene der Staatsorganisation, die im zweiten Kapitel behandelt wurden, wird im Folgenden die Staatsverwaltung einschließlich der unteren Verwaltungsebenen Luxemburgs behandelt. Dabei stehen die unterschiedlich gewichteten Kompetenzen der Verwaltungen im Zentrum des Interesses.

Unter französischer Herrschaft wurde das Département Forêts, das Kerngebiet des vormaligen Herzogtums Luxemburg, in vier Arrondissements und 27 Kantone geteilt. Diese wiederum bestanden aus mehreren Gemeinden, wobei man nicht zwi-

---

41 CD-ROM-2, Dok.-Nr. 6.2.2/6.2.3 (wie Fn. 22). Vgl. auch Majerus, Histoire (wie Fn. 2), Bd. 2, S. 723, 725 f; Erbe, Belgien (wie Fn. 3), S. 195-197.
42 Verfassung von 1841, Art. 39, 41.
43 Calmes, Création (wie Fn. 2), S. 148.

schen Stadt- und Landgemeinden unterschied. Unter der provisorischen Verwaltung der Alliierten in den Jahren 1814–1816 wurden die Landesgrenzen erheblich verändert und die nunmehr fünf Arrondissements in Kreise umbenannt. Unter niederländischer Herrschaft wurde Luxemburg in 25 Milizkantone und acht Distrikte geteilt. Hinzu kamen 310 Gemeinden, darunter 292 Landgemeinden. Letztere wurden von leitenden Beamten der mittleren Verwaltungsebene kontrolliert, die wechselnde Bezeichnungen führten: Unterintendant, Distriktpropst (»prévôt de district«) und schließlich Distriktkommissar.[44]

An der Spitze der Gemeinden standen die Bürgermeister (»bourgmestre«, »mayeur«) und ihre zwei bis drei Beisitzer. Sie wurden vom Monarchen aus den Reihen des Gemeinderats ernannt. Die je nach Größe der Gemeinde neun bis 30 Gemeinderatsmitglieder wurden in indirekter Wahl bestimmt, bei einem Zensus von sieben bis 30 Gulden Grundsteuer. Alle drei Jahre wurde die Hälfte der Gemeindevertreter neu gewählt.[45] Die belgische Gemeindeverfassung verschaffte den Gemeindeverwaltungen größere Autonomie und eine für die damaligen Verhältnisse in Europa sehr breite demokratische Legitimation. Für Stadt- und Landgemeinden galt nun eine einheitliche Gemeindeverfassung, die Gemeinderäte wurden direkt gewählt. Das Gemeindegesetz von 1836 legte den Zensus für kleine Gemeinden auf 15 Franken fest, der somit bei umgerechnet rund sieben Gulden unverändert blieb.[46]

An diese Strukturen knüpfte der luxemburgische Staat seit 1839 an. Die frühesten Anfänge einer eigenen luxemburgischen Staatsverwaltung gehen freilich auf das Dekret Wilhelms I. vom 31. Dezember 1830 zurück, in dem er anordnete, dass Luxemburg nunmehr eine eigenständige Verwaltung erhalten sollte. Am 19. Februar 1831 ernannte er einen Generalgouverneur für Luxemburg. Nach 1839 gliederte sich das Großherzogtum in Distrikte, diese wiederum in Kantone, die aus mehreren Gemeinden gebildet wurden. Letztere setzten sich in der Regel aus mehreren Sektionen zusammen. Die Kantone bildeten Organisationseinheiten für Angelegenheiten des Militärs, der Wahlen, des Schul- und Gesundheitswesens, der Armenfürsorge und der Friedensgerichtsbarkeit. Die Distriktkommissare übten lediglich Aufsichtsfunktionen über die Gemeinden aus.[47]

---

44 Ebd., S. 187 f.; Majerus, Histoire (wie Fn. 2), Bd. 2, S. 724; königlicher Erlass vom 2. Januar 1823.
45 Calmes, Création (wie Fn. 2), S. 189-193; Verwaltungsordnung für die Stadtgemeinden vom 12. Mai 1817, Archives Nationales du Grand-Duché de Luxembourg, C 230; Reglement für die Landgemeinden vom 12. Juni 1822, in: Memorial, Nr. 28, 1822, S. 1-19; Reglement für die Stadtgemeinden vom 22. Januar 1824, in: Memorial, Nr. 25, 1824, S. 289-330; Reglement für die Landgemeinden vom 25. Juli 1825, in: Memorial, Nr. 45, 1825, S. 113-160.
46 Majerus, Histoire (wie Fn. 2), Bd. 2, S. 728; Erich Becker, Studien zur Gemeindeverfassung in Luxemburg. Eine rechtshistorische und rechtsvergleichende Untersuchung, Bonn 1934, S. 170-174.
47 CD-ROM-2, Dok.-Nr. 7.5.1/7.5.2 (wie Fn. 27); Dok.-Nr. 7.5.3 (dt./7.5.4 (frz.) (Gesetz über die Einrichtung der Gemeinden und Distrikte v. 24.2.1843).

Nach dem Gemeindegesetz vom 24. Februar 1843 bildeten die Gemeinden die zweite maßgebliche Verwaltungsebene des luxemburgischen Staatswesens. In der Tradition der vorausgegangen Herrschaftsepochen setzten sich die Gemeindeverwaltungen aus dem Kollegium des Bürgermeisters und der Schöffen (Beigeordneten) zusammen sowie dem Gemeinderat. Die Mitglieder des Gemeinderats wurden auf der Grundlage eines Zensus von zehn Gulden für aktive und passive Wähler für sechs Jahre gewählt, genauer, zwei Kandidaten für jeden Sitz. Die Regierung bestimmte schließlich, welche dieser beiden Personen Gemeinderatsmitglied wurde. Die Gemeinderäte wurden alle drei Jahre jeweils zur Hälfte ersetzt. Ihre Zahl variierte, je nach Einwohnerzahl, zwischen sieben und fünfzehn. Darüber hinaus amtierten in jeder Gemeinde ein Gemeindesekretär und ein Gemeindeeinnehmer (Finanzchef). Die einzelnen Gemeinden konnten sich in mehrere Sektionen gliedern. Bürgermeister und Schöffen wurden vom Monarchen unter den Gemeinderatsmitgliedern und für eine Amtsperiode von sechs Jahren ernannt. Der König Großherzog konnte sich aber auch für eine Person entscheiden, die nicht dem Gemeinderat angehörte. Die Schöffen der Landgemeinden wurden von der Regierung ernannt.[48]

Die Grundstruktur des Aufbaus der luxemburgischen Staatsverwaltung war also aus der französischen und niederländischen Herrschaftsepoche gewachsen. Auch nach der belgischen Revolution und der anschließenden oranischen Restauration fiel man zumindest auf kommunaler Ebene nicht mehr wesentlich hinter die Fortschritte zurück, die das demokratische Element unter der kurzen belgischen Herrschaft gemacht hatte. Kennzeichnend für die national-luxemburgische Epoche ist die starke Stellung der Gemeindeverwaltungen, die der Regierung als durchaus gewichtige untere Ebene der Staatsorganisation gegenüberstanden. Und bei allen politischen Brüchen: Der luxemburgische Staat stand in klarer Kontinuität zu seinen Vorgängern.[49]

6 Justiz

Nachdem bereits die Untersuchung der Verwaltungsorganisation Luxemburgs erhebliche Kontinuitäten zwischen französischer, niederländischer, belgischer und national-luxemburgischer Epoche ergab, ist im folgenden Kapitel die Frage zu erörtern, ob dies auch für den Bereich der Justizorganisation zutrifft. Erste Indizien für sehr ausgeprägte Kontinuitäten wurden bereits bei der Darstellung der Verwaltungsorganisation deutlich.

---

48 CD-ROM-2, Dok.-Nr. 7.5.3/7.5.4 (wie Fn. 47), Art. 2, 3, 12, 13, 13. Zu den Handlungsmöglichkeiten und -spielräumen der luxemburgischen Gemeindeverwaltungen vgl. Franz, Durchstaatlichung (wie Fn. 8).
49 So ein zentrales Ergebnis von Mayr, Dorf (wie Fn. 7), sowie von Franz, Durchstaatlichung (wie Fn. 8).

6 Justiz

Die Gerichtsorganisation Luxemburgs in dieser Epoche stand in der Tradition der französischen Herrschaftszeit. Die fünf Gerichte erster Instanz waren in Luxemburg, Diekirch, Neufchateau, St. Hubert und Marche ansässig. Noch im Jahre 1830 entschied König Wilhelm I., dass das für Luxemburg zuständige Obergericht in Den Haag amtieren solle, und nicht, wie von den luxemburgischen Provinzialständen gefordert, in einer Stadt, die näher an Luxemburg lag.[50]

Erst mit dem Aufbau der luxemburgischen Staatsorganisation kam es Anfang 1840 zu einer umfassenden Neuordnung der Justiz. Das Justizwesen gliederte sich in Friedensgerichte, die auf der Ebene der Kantone angesiedelt waren, zwei Bezirksgerichte in Luxemburg und Diekirch, ein Obergericht und einen Kassationsgerichtshof. Die Staatsanwaltschaften waren in eine Landes- und eine Bezirksgerichtsebene gegliedert. Auffällig ist die Kontinuität zu den Vorgängerepochen: Die Friedensgerichte blieben in der bisherigen Form bestehen. Das Bezirksgericht in Luxemburg setzte sich aus dem Gerichtsvorsitzenden, einem Staatsanwalt, einem Untersuchungsrichter, vier Richtern sowie einer unbestimmten Anzahl von Gerichtsdienern und Gehilfen zusammen. Am Diekircher Gericht amtierten lediglich zwei Richter; ansonsten entsprach sein Personalbestand jenem des Luxemburger Gerichts. Das in Luxemburg angesiedelte Obergericht wurde von seinem Vorsitzenden, dem Generalstaatsanwalt, sieben Gerichtsräten, zwei Gerichtsassessoren, dem Gerichtsschreiber und einer unbestimmten Anzahl von Hilfspersonal gebildet. Darüber hinaus wurde für die Staatsanwälte und den Generalstaatsanwalt jeweils ein Stellvertreter ernannt. Das Obergericht war wiederum in zwei Senate und eine Anklagekammer aufgeteilt. Seine Mitglieder hatten darüber hinaus am Kassationsgerichtshof mitzuwirken. Einer der Senate war für Berufungsverfahren gegen die Entscheidungen der Bezirksgerichte zuständig, der andere für Polizei- und Handelssachen. In der Regel präsidierte der Gerichtsvorsitzende dem ersten Senat, er konnte aber auch den Vorsitz im zweiten übernehmen. In jährlichem Turnus wechselte jeweils ein Mitglied des einen Senats in den anderen. Die gleiche Regelung galt für die Anklagekammer des Obergerichts. Zwei Obergerichtsmitglieder, die nicht in der Anklagekammer mitwirkten, sollten zusätzlich am Assisengericht mitarbeiten. Hierzu konnten fünf Richter des Obergerichts oder der Bezirksgerichte berufen werden, aus deren Reihen ein Vorsitzender bestimmt wurde.[51]

Der Kassationsgerichtshof bestand aus dem Vorsitzenden und sechs einfachen Mitgliedern, die zugleich dem Obergericht angehörten. Hinzu kamen der Präsident eines der Bezirksgerichte sowie ein Gerichtsschreiber. Wenn der Gouverneur und Chef der Staatsverwaltung zuvor Richter gewesen war, konnte er den Vorsitz des

---

50 Majerus, Histoire (wie Fn. 2), Bd. 2, S. 723 f.
51 CD-ROM-2, Dok.-Nr. 7.6.1 (dt.)/7.6.2 (frz.) (Verordnung zur Justizverwaltung Luxemburgs v. 4.1.1840), Art. 2-9, 12-18. Für das Justizwesen ebenfalls heranzuziehen: ebd., Dok.-Nr. 7.6.3 (dt.)/7.6.4 (frz.) (Verordnung zur Organisation des Notariats v. 3.10.1841).

Kassationsgerichtshofes führen. Die genaue Zusammensetzung hing davon ab, von welchem Gericht das angefochtene Urteil stammte.[52]

Aufschlussreich für die Rangfolge des Gerichtspersonals, aber auch für die als standesgemäß betrachteten Einkommen dieser Zeit, sind wiederum die vorgesehenen Gehälter: Neben ihren Unterkunfts- und Reisekostenerstattungen bezogen die Vorsitzenden des Obergerichts und des Kassationsgerichtshofs jeweils 4.000 Gulden jährlich, die einfachen Richter dieser beiden höchsten Instanzen dagegen nur 1.800 bis 2.000 Gulden. Vorsitzende und Staatsanwälte der Bezirksgerichte erhielten 1.500 bis 1.800 Gulden, die einfachen Richter 1.200 bis 1.500 Gulden. Die Assessoren bei den verschiedenen Gerichten erhielten 500 bis 1.200 Gulden, die Gerichtsschreiber 600 bis 900 Gulden.[53]

Oberste Untersuchungs- (»öffentliches Ministerium« oder »ministère publique«) und zugleich oberste Disziplinarinstanz des Justizapparats war der Gouverneur selbst in seiner Eigenschaft als »ministre de la Justice«. Unter ihm wirkte der Generalstaatsanwalt, dem die Staatsanwälte der Bezirksgerichte unterstellt waren. Der Generalstaatsanwalt durfte auch bei den Bezirksgerichten als Staatsanwalt auftreten.[54]

Die Kontinuitäten der luxemburgischen Justizorganisation mit ihren Ursprüngen in der französischen, niederländischen und belgischen Herrschaftsepoche sind somit unbestreitbar. Doch war das Obergericht aufgrund der Eigenstaatlichkeit des Landes in Luxemburg selbst angesiedelt. Im Gegensatz zu den Vorgängerepochen lag die oberste Rechtsprechung nun in den Händen luxemburgischer Staatsbürger. Sie war nicht nur dem Souverän verantwortlich, sondern wurde auch von einem Fachminister der luxemburgischen Regierung kontrolliert. Eine Unabhängigkeit der Justiz war in dieser monarchisch-konstitutionellen Verfassungsordnung somit noch nicht gegeben.

7 Militär

Nachdem unter französischer Herrschaft die allgemeine Wehrpflicht eingeführt worden war und das Département Forêts mehr als 10.000 Männer als Soldaten Frankreichs verloren hatte, wurde unter niederländischer Herrschaft ein Milizsystem eingeführt, das freilich nur einen Teil der jungen Männer tatsächlich zum Militär führte. Militärisch wirklich von Belang war Luxemburgs Zugehörigkeit zum Deutschen Bund, für dessen Streitkräfte das Land ein Bundeskontingent von etwa 2.500 Soldaten stellte. Vor allem aber war die preußische Besatzung der Deutschen Bundesfestung von höchster strategischer Bedeutung, insbesondere für die militärische Position des Bundes gegen Frankreich. Wie wichtig der Status dieser Festung war, zeigte sich aber

---

52 CD-ROM-2, Dok.-Nr. 7.6.1/7.6.2 (wie Fn. 51), Art. 5, 7, 20, 21.
53 Ebd., Art. 8, 9.
54 Ebd., Art. 11.

auch im Laufe der belgischen Revolution: Dank der Präsenz ihrer 4.000 bis 5.000 Mann starken preußischen Besatzung wurde die Oranierherrschaft in der Hauptstadt des Großherzogtums nie ernstlich angefochten.

Diese Festung bildete einen Eckpfeiler der Militärorganisation des Deutschen Bundes. In der niederländischen Zeit kam es zu zahlreichen, zum Teil auch blutig ausgetragenen Auseinandersetzungen zwischen Militär und Zivilpersonen in der Bundesfestung Luxemburg. Insbesondere das anmaßende Auftreten zahlreicher Offiziere gab immer wieder Anlass zu Gewalttätigkeiten. Die Festungskommandanten sympathisierten in der Regel mit den preußischen Offizieren. Bürgerschaft und Militär standen sich wie zwei getrennte Welten gegenüber. Andererseits heirateten zahlreiche einheimische Frauen ehemalige Soldaten der Garnison.[55]

Im Laufe der belgischen Besetzung eines Großteils des Großherzogtums kam es vereinzelt zu militärischen Scharmützeln zwischen Anhängern der belgischen Revolution und Orangisten; gegenüber den preußischen Truppen hielten sich die Revolutionäre eher zurück. Überdies mobilisierte der Deutsche Bund eine Interventionsarmee von 24.000 Mann, um das an Belgien verlorene Bundesterritorium zurückzugewinnen. Angesichts der Londoner Verhandlungen kam diese Armee jedoch nie zum Einsatz.[56]

Die Beziehungen der neuen luxemburgischen Staatsverwaltung mit der Militärverwaltung der Bundesfestung Luxemburg orientierten sich am Frankfurter Vertrag vom 8. November 1816 zwischen König Wilhelm I. als Großherzog von Luxemburg und dem Deutschen Bund. Grundsätzlich übte nicht der Großherzog, sondern der Festungsgouverneur die Rechtsprechungsgewalt über die Garnison aus. Für die Gestaltung der Beziehungen zwischen Garnison und ziviler Macht wurden eigens zwei Kommissare bestimmt, die jeweils die luxemburgische und die preußische Seite vertraten.[57]

Das luxemburgische Militär selbst bestand im Wesentlichen aus dem Kontingent Luxemburgs für die Streitkräfte des Deutschen Bundes. Seine Mannschaftsstärke wurde kurz nach der Staatsgründung erheblich reduziert. Diese Seite der militärischen Angelegenheiten ordnete der König Großherzog im Jahre 1843 durch ein eigenes Reglement. Es knüpfte an das niederländische Reglement über die Armeeverwaltung vom 1. Februar 1819 an, Änderungen bedurften der ausdrücklichen Zustimmung des Monarchen. Neu geschaffen wurde in der luxemburgischen Regierung das Amt eines »Generalsekretärs«, der an den Sitzungen des Regierungskollegiums, bei denen Angelegenheiten des Bundeskontingents behandelt wurden, mit beratender Stimme teilnahm. Die Regierung konnte ihn mit Inspektionen der Verwaltung des Bundes-

---

55 Calmes, Naissance (wie Fn. 2), S. 47-90.
56 Bundesbeschluss vom 19. Oktober 1831. Weber, Constitutions (wie Fn. 2), S. 307.
57 Königlich Großherzoglicher Beschluss vom 10. September 1843, Nr. 2121b, in: Memorial, Nr. 50, 1843, S. 741-742.

kontingents beauftragen. Als Beamter war dieser Generalsekretär ausschließlich der Regierung verantwortlich, in der militärischen Hierarchie stand er, nach dem Oberkommandierenden des Bundeskontingents, an zweiter Stelle. Der Oberkommandierende war nicht in die Verwaltung des Bundeskontingents eingebunden, führte aber die Aufsicht. Bei den Inspektionen konnte er sich, ebenso wie der Generalsekretär, vom Militärintendanten begleiten lassen. Auch dieser war der Regierung unterstellt. Diese führte die Aufsicht über die Belieferung des Bundeskontingents mit Versorgungsgütern. Zahlungen erfolgten nur mit ihrer Zustimmung und unter Aufsicht der Rechnungskammer. Der Militärintendant prüfte die Rechnungen der Verwaltungsoffiziere des Bundeskontingents für die Regierung. Die abschließende Prüfung der Rechnungen sowie die Kontrolle der Bestände führte die Rechnungskammer durch.[58]

In den militärischen Verhältnissen Luxemburgs schlug sich somit im betrachteten Zeitraum die Zugehörigkeit des Landes zum Deutschen Bund besonders deutlich nieder. Dies gilt bereits für die Jahre vor der belgischen Revolution. Nach dem Verzicht des niederländischen Königs auf einen eigenen Anteil an der Festungsbesatzung dominierte das preußische Militär die Festungsstadt und einen großzügig bemessenen Festungsrayon. Das luxemburgische Kontingent für die Militärorganisation des Bundes wiederum war der Kern der national-luxemburgischen Streitkräfte seit der Teilung des Landes. Letztlich ist die politisch-militärische Verflechtung Luxemburgs mit dem Deutschen Bund eine wesentliche Ursache für die Eigenstaatlichkeit des Landes seit 1839.

8 Verfassungskultur

Angesichts der dürftigen Forschungssituation zur Verfassungskultur Luxemburgs im Vormärz wird dieses Thema im Folgenden exemplarisch anhand des Staatskultes und der Pressezensur diskutiert. Dabei geht es um die Frage nach dem Wesen des Oranierregimes und des Verhältnisses der Dynastie zur breiten Bevölkerung.

Die ersten bedeutenden politischen Feste der niederländischen Herrschaftsepoche waren die Feiern zum allgemeinen Frieden und des Sieges über Napoleon bei Waterloo, an dem der spätere König Großherzog Wilhelm II. maßgeblich beteiligt war. Regelmäßigen Ausdruck fand der Herrscherkult unter den Oraniern in Gestalt von Messen, die anlässlich des Geburtstags des Monarchen im ganzen Land gefeiert wurden. Die aufwändigeren Feiern, wie Paraden, Festessen, Spiele und Bälle blieben auf die Hauptstadt beschränkt.[59]

---

58 CD-ROM-2, Dok.-Nr. 7.7.1 (dt.)/7.7.2 (frz.) (Verordnung zur Verwaltung des luxemburgischen Bundeskontingents v. 21.3.1843), Art. 1, 3-6, 8-11, 14-17.
59 Ruth Dörner, Wahrnehmung (wie Fn. 6), S. 153, 157, 167.

8 Verfassungskultur

Im konservativen Widerstand gegen die belgische Revolution zeigten sich auch frühe Ansätze einer luxemburgischen Nationbildung, die sich mit der Bindung an das Haus Oranien verbanden: Ein erster Beleg stammt aus einem anonymen Aufruf an die luxemburgische Bevölkerung, der von Charles-Gérard Eyschen, einem Mitglied der oranischen Regierung in der Festungsstadt Luxemburg, stammte: »Levez-vous donc! Mes chers compatriotes, et répondez à l'appel de notre monarque, qui veut élever notre pays à l'individualité et à l'indépendance politique.«[60] Er stilisierte Wilhelm I., der bislang wenig Neigung gezeigt hatte, sich mit seinem entlegenen Besitz eingehender zu befassen, zum Schöpfer der politischen Unabhängigkeit des Landes.

Tatsächlich kennzeichnete eher eine deutliche Distanz die Beziehung zwischen Oranierdynastie und luxemburgischer Bevölkerung. Diese äußerte sich auch in der Pressezensur. In den Anfangsjahren der Herrschaft Wilhelms I. war Luxemburg zunächst dem vergleichsweise moderaten niederländischen Presserecht unterworfen, das keine Vorzensur kannte. Der einschlägige Erlass vom 23. September 1814 machte Verfasser, Drucker oder Händler einer Publikation für deren Inhalt verantwortlich. Die Karlsbader Beschlüsse des Deutschen Bundes vom 20. September 1819 setzte Wilhelm I. dagegen erst am 21. August 1832 im Rahmen eines neuen Pressegesetzes um. Anlass war die belgische Revolution, Rechtsgrundlage die Verlängerung der Karlsbader Beschlüsse vom 16. August 1824 und die Bundesverordnung vom 5. Juli 1832. Nun wurde für alle Schriften, die kleiner waren als 20 Druckbogen (320 Seiten im Oktavformat), die Vorzensur eingeführt. Die Einfuhr ausländischer politischer Schriften unterlag der Genehmigung durch die Regierung. Eine weitere Verschärfung erfolgte durch das Pressegesetz vom 5. Januar 1835, das die Zensur beim Vorsitzenden der Regierungskommission ansiedelte. In den 1830 bis 1839 unter belgischer Herrschaft stehenden Teilen Luxemburgs fand gemäß dem in der Verfassung verbürgten Grundrecht der Pressefreiheit keine Zensur statt.[61]

Große Kontinuität mit der niederländischen Herrschaftsepoche in Luxemburg herrschte in der betrachteten Zeit bei der politischen Festkultur und feierlichen Ordensverleihungen: So wurde für besondere Verdienste der niederländische Eichenkronen- oder auch der Löwenorden verliehen. Beispielsweise wurden am 8. Oktober 1842 ein Lehrer für Geschichte am Gymnasium (Athenäum) der Stadt Luxemburg, ein Notar sowie ein Ingenieur und Katasterbeamter zu Rittern des »Königlich Großherzoglichen Ordens der Eichen-Krone in dem Großherzogthum Luxemburg« ernannt.

---

60 Vgl. Appel aux Luxembourgeois de la partie allemande«. Calmes, Naissance (wie Fn. 2), S. 139; zitiert nach ders., Grand-Duché (wie Fn. 2), S. 295. Vgl. auch ebd., S. 271, 294. Zur luxemburgischen Nationbildung vgl. Gilbert Trausch, Du particularisme à la nation. Essais sur l'histoire du Luxembourg de la fin de l'Ancien Régime à la Seconde guerre mondiale, Luxemburg 1989.

61 CD-ROM-2, Dok.-Nr. 6.2.2/6.2.3 (wie Fn. 22), Art. 18. Vgl. auch Gast Mannes/Josiane Weber, Zensur im Vormärz (1815–1848). Literatur und Presse in Luxemburg unter der Vormundschaft des Deutschen Bundes. Begleitbuch zur in der Nationalbibliothek Luxemburg, Luxemburg 1998., S. 17 f.

Mit der Ausführung dieses Beschlusses wurde nicht die luxemburgische Regierung, sondern der Staatskanzler par interim Blochausen betraut, der Chef der Staatskanzlei für luxemburgische Angelegenheiten in Den Haag war. Diesen individuellen Ehrungen standen bescheidene Feierlichkeiten anlässlich des Geburtstags des Herrschers gegenüber, die unter der Leitung der Gemeindeverwaltungen durchgeführt wurden. Dabei zeigte die luxemburgische Regierung keinen besonderen Eifer: Sie bestand zwar auf der Abhaltung dieser Feiern, gab aber keine näheren Anleitungen.[62]

Auch mit ihrer Zensurpolitik knüpfte die luxemburgische Regierung an die niederländische Herrschaftsepoche an. Auf deren Rechtsgrundlage wurde beispielsweise am 24. Mai 1843 die Verbreitung der von dem Junghegelianer Arnold Ruge herausgegebenen »Deutschen Jahrbücher für Wissenschaft und Kunst« verboten, und zwar wegen ihrer »zerstörerischen, unmoralischen und unreligiösen Tendenzen«. Unter dem Druck Preußens und Österreichs verschärfte Wilhelm II. die Pressezensur in Luxemburg: Auf der Grundlage des Gesetzes vom 22. November 1847 übten der Monarch und seine Beauftragten die Zensur nun direkt aus. Allerdings räumte das Gesetz den Herausgebern der Zeitungen Einspruchsrechte ein.[63]

Die Grundtendenzen sowohl der politischen Festkultur als auch des Pressezensurwesens im Luxemburg des Vormärz sind demnach recht eindeutig und zeigen eine klare politische Ausrichtung: Das Verhältnis zwischen den beiden Königen aus dem Hause Oranien und ihren luxemburgischen Untertanen blieb kühl, was sich in einer vergleichsweise zurückhaltenden politischen Festkultur niederschlug. Auch die immer weiter verschärfte Pressezensur ist Ausdruck gefährdeter monarchischer Herrschaft in Luxemburg, und – wie das Beispiel des Pressegesetzes von 1835 zeigt – keineswegs nur auf den Druck des von Österreich und Preußen dominierten Deutschen Bundes zurückzuführen.

9   Kirche

Die Beziehungen zwischen Staat und Kirche im 19. Jahrhundert wurden weithin geprägt von einem Verlust kirchlicher Kompetenzen und Tätigkeitsfelder zugunsten des Staates. In Luxemburg stand dieses Verhältnis im Spannungsfeld antiklerikaler Strömungen in maßgeblichen Teilen der Oberschicht, darunter hohe Staatsbeamte und Regierungsmitglieder, einerseits, und einer sich erneuernden katholischen Kir-

---

62 Königlich-Großherzoglicher Beschluss vom 8. October 1842 in Betreff von Ernennungen zu Rittern der Eichenkrone, in: Memorial, Nr. 49, 1842, S. 549 f; Dörner, Wahrnehmung (wie Fn. 6), S. 167.

63 Mannes/Weber, Zensur (wie Fn. 61), S. 18-20, 89 f; Memorial 1832, Nr. 8, S. 97-102; Majerus, Histoire (wie Fn. 2), Bd. 2, S. 740; Memorial 1835, Nr. 1, S. 1 ff; Memorial 1839, Nr. 33, S. 239 ff; Memorial 1847, Nr. 70, S. 596 ff; CD-ROM-2, Dok.-Nr. 7.4.1 (dt.)/7.4.2 (frz.) (Publikationsverbot der »deutschen Jahrbücher für Wissenschaft und Kunst« v. 29.5.1843).

chenorganisation andererseits, die in politischen Fragen eine große Anhängerschaft mobilisieren konnte.

Die Kirchenpolitik der niederländischen Epoche stand in der Kontinuität des Grand Empire.[64] Nachdem unter Napoleon als Konsequenz des Konkordats von 1801 das gesamte Wälderdepartement zur Diözese Metz geschlagen worden war, wurde das Großherzogtum im Jahre 1823 kirchlich mit der niederländischen Diözese Namur vereinigt. Bereits in den 1820er-Jahren war ein bischöflicher Generalkommissar für die Angelegenheiten des Großherzogtums zuständig.[65] 1822 begann die niederländische Regierung Verhandlungen mit dem Papst über ein Konkordat, die sich überaus schwierig gestalteten und erst 1827 erfolgreich beendet wurden. Ihm zufolge sollte das Konkordat von 1801 nun auch in den Niederlanden angewandt werden. Es wurden mehrere neue Diözesen eingerichtet. Jedes Bistum sollte über ein Priesterseminar verfügen. Darüber hinaus wurde die Mitwirkung des nicht katholischen Monarchen bei den Bischofsernennungen geregelt. Das Konkordat traf auf den erbitterten Widerstand der antiklerikalen Kräfte in den Niederlanden.[66]

Die belgische Revolution spaltete auch die katholische Kirche Luxemburgs. Das Verhältnis zwischen König Wilhelm I. und dem seit 1833 amtierenden Bischof von Namur litt unter erheblichen Spannungen, da Bischof Barett sich um die Einheitlichkeit der Liturgie in seiner Diözese bemühte und insbesondere die luxemburgischen Dekanate intensiv visitierte. Zahlreiche luxemburgische Geistliche wandten sich gegen die geplante Teilung des Landes. Andere wiederum arbeiteten nach wie vor mit ihrem Bischof zusammen, was König Wilhelm verbot und unter Strafe stellte. 1833 ernannte der Papst erstmals einen apostolischen Vikar für jene Teil Luxemburgs, der noch unter der Herrschaft Wilhelms I. stand. Der Nachfolger des 1836 verstorbenen Bischofs Barett, Dehesselle, ordnete die kirchliche Verwaltungseinteilung Luxemburgs neu.[67]

Im Sommer 1840 waren die langwierigen Verhandlungen zwischen Wilhelm II. und dem Vatikan erfolgreich: In seinem Erlass vom 13. Juli 1840 genehmigte König Großherzog Wilhelm II. die Anordnung des Papstes vom 2. Juli 1840, in der Gregor XVI. das Gebiet des Großherzogtums der geistlichen Gerichtsbarkeit des Bischofs von Namur entzog, und für Luxemburg wurde ein eigenes »Apostolisches Vikariat« eingerichtet. Die Ausführung dieser päpstlichen Weisung wurde dem päpstlichen Gesandten am niederländischen Hof, Antonucci, übertragen. Der Verwaltungschef des Großherzogtums, Ludwig Hassenpflug, ordnete darüber hinaus an, dass die Bürgermeister die Kirchengüterverwaltungen in ihren Gemeinden von diesem Schritt zu informieren und gemeinsam mit den Distriktkommissaren die Ausführung der da-

---

64 Nicolas Majerus, L'érection de l'évêché de Luxembourg, Luxembourg 1951, S. 136.
65 Calmes, Naissance (wie Fn. 2), S. 480-482; Majerus, L'érection (wie Fn. 64), S. 136 f; Aus kirchlicher Sicht: E. Donckel, Die Kirche in Luxemburg von den Anfängen bis zur Gegenwart, Luxemburg 1950, S. 126-131.
66 Calmes, Naissance (wie Fn. 2), S. 491-498.
67 Donckel, Kirche (wie Fn. 65), S. 129-131.

mit verbundenen Umorganisationen zu überwachen hatten. Insbesondere sollten die Bürgermeister eine statistische Erhebung der Luxemburger Pfarreien durchführen und an übergeordneten Ebenen des Staatsapparats weiterleiten. Damit hatte sich die römisch-katholische Kirchenorganisation den nationalen Grenzen angepasst. Bemerkenswert ist in diesem Zusammenhang die Instrumentalisierung der Staatsverwaltung für die Umgestaltung der katholischen Kirchenorganisation.[68]

Mit der Gründung des Apostolischen Vikariats hatte Wilhelm II. auch die Einrichtung eines Priesterseminars gestattet. Zwei Jahre später wurden die Gehälter der dort Lehrenden sowie die Höhe der Stipendien, die den Studenten gewährt wurden, festgelegt. Der Direktor des Priesterseminars bezog aus der Staatskasse ein Jahresgehalt von 1.000 Gulden, die fünf Lehrer jeweils 800 Gulden. Für die »dürftigen und verdienstvollen« Studierenden wurden fünf Stipendien (»Studienbörsen«) von je 200 Gulden und zehn Halbstipendien von je 100 Gulden bereitgestellt. Die Stipendien wurden vom Monarchen auf Vorschlag des Apostolischen Vikars vergeben.[69]

Erster Apostolischer Vikar wurde Johann Theodor van der Noot, ein gebürtiger Luxemburger. Der hochbetagte Geistliche bat bereits 1841 um seine Entlassung und wurde am 1. Dezember 1841 durch den charismatischen Titularbischof von Chersones, Johann Theodor Laurent, ersetzt. Dieser aus Aachen stammende Kirchenfürst ging sogleich auf Konfrontationskurs mit der Staatsführung, indem er es ablehnte, den Eid auf die Verfassung zu leisten. Darüber hinaus verweigerte er den Freimaurern, zu denen zahlreiche hochrangige Beamte und auch Mitglieder der Regierung gehörten, Trauung und Begräbnis nach katholischem Ritus. Insgesamt setzte sich Laurent für die Ausweitung des kirchlichen Einflusses im Unterrichtswesen ein und eröffnete am 21. März 1843 ein Priesterseminar. Aufgrund des Wohlwollens König Wilhelms II. und der breiten Zustimmung der Bevölkerung konnte er sich bis 1848 in Luxemburg halten.[70]

Angesichts der Marginalität der übrigen Religionen und Konfessionen in Luxemburg im Vormärz wurde das Verhältnis von Staat und Religion somit in dieser Zeit von der Beziehung zwischen Staat und katholischer Kirche dominiert. Luxemburg stand hier in der Kontinuität der napoleonischen Epoche und unter dem Eindruck eines verstärkten Strebens der katholischen Kirche nach der Gründung eines eigenen luxemburgischen Bistums. Dies drückte sich in der Gründung des Apostolischen Vikariats Luxemburg aus und fand in Bischof Laurent einen energischen Verfechter der kirchlichen Interessen.

---

68 CD-ROM-2, Dok.-Nr. 7.9.1 (dt.)/7.9.2 (frz.) (Rundschreiben die Trennung des Großherzogthums vom Bisthum Namur, und die Stellung des ersteren als apostolisches Vicariat betreffend, v. 18.7.1840); Handschriftliches Original: Königlich-Großherzoglicher Beschluss vom 13. Juli 1840, Archives Nationales du Grand-Duché de Luxembourg, F 64.
69 Königlich-Großherzoglicher Beschluss vom 23. September 1842, Nr. 1758b, in: Memorial, Nr. 47, 1842, S. 505-507.
70 Donckel, Kirche (wie Fn. 65), S. 133-141; Weber, Constitutions (wie Fn. 2), S. 315.

10 Bildungswesen

Wie in anderen europäischen Ländern wurde auch in Luxemburg das Bildungswesen im Vormärz zu einem neuen Feld der Staatstätigkeit und zugleich zur Konfliktlinie mit der Kirche, die diesen Sektor jahrhundertelang beherrscht hatte. An der Frage, ob die Schule Staats- oder Kirchenaufgabe sei, entzündeten sich erbitterte politische Auseinandersetzungen, die durch die unterschiedliche Konfessionszugehörigkeit von Herrscherhaus und breiter Bevölkerung noch verschärft wurden.

Nach dem Niedergang des öffentlichen Bildungswesens unter der französischen Herrschaft setzte unter dem König der Niederlande eine leichte Verbesserung ein. Bereits 1816 hatte die Regierung einen Teil der Aufwendungen für Lehrergehälter übernommen. 1818 wurde in der Stadt Luxemburg eine erste provisorische Lehrerbildungsanstalt eingerichtet. 1828 verpflichtete ein Reglement der Provinzialstände die Gemeinden, Schulen einschließlich der notwendigen Lehrerwohnungen einzurichten. 1830 gab es in den 18 Städten und 290 Landgemeinden des Großherzogtums 662 Elementarschulen.[71] Einen wichtigen Beitrag für die Schulbildung von Mädchen aus bürgerlichen und armen Bevölkerungsschichten leisteten die Ordensschwestern der Kongregation von »Unserer Lieben Frau«, die bereits seit dem 17. Jahrhundert in Luxemburg wirkten.[72]

Am Anfang der niederländischen Herrschaftsperiode verfügte das Großherzogtum über drei Gymnasien: das Athenäum in der Stadt Luxemburg sowie die Kollegien in Virton und Bastogne. 1825 wurde in Echternach ein städtisches Kolleg gegründet. Der Unterhalt dieser Anstalten lag bei den Kommunen, doch unterstanden sie der staatlichen Schulbehörde. Über eine Hochschule verfügte Luxemburg nicht. Die Luxemburger studierten vor allem in Lüttich und Paris. Unter belgischer Verwaltung wurde in Diekirch ein weiteres Kolleg gegründet.[73]

Das Schulgesetz von 1843 verpflichtete die Gemeinden, Primärschulen einzurichten, zu unterhalten und einen kontinuierlichen Primärunterricht anzubieten. Alle Kinder zwischen sechs und zwölf Jahren unterlagen der Schulpflicht. Bereits in der Grundschule sollte neben dem Deutschen die französische Sprache gelehrt werden. Bei großer Schülerzahl wurden Mädchen und Knaben getrennt unterrichtet. Die Lehrergehälter bewegten sich auf dem bescheidenen Niveau von 120 bis 250 Gulden. Lehrer, die lediglich an einer Winterschule unterrichteten, erhielten nur 40 Gulden. Die anfallenden Gehälter und Schulgelder waren je zur Hälfte von der Gemeinde und den zahlungsfähigen Eltern schulpflichtiger Kinder zu tragen. Die Gemeinden bezahlten die Schulgelder anerkannter Bedürftiger und stellten ihnen Bücher und anderes Schulmaterial. Sie hatten darüber hinaus für den Bau und den Unterhalt der Schulgebäude

---

71 Calmes, Naissance (wie Fn. 2), S. 422-426.
72 Ebd., S. 431 f.
73 Ebd., S. 434-439.

und der Lehrerwohnungen zu sorgen. Finanzschwachen Gemeinden gewährte die Regierung finanzielle Unterstützungen für das Primärschulwesen.[74]

Lehrerinnen und Lehrer hatten ein Bewerbungsverfahren zu durchlaufen und wurden vom Rat des Bürgermeisters und der Schöffen ernannt. Für den allgemeinen Schulunterricht war das Lehrpersonal verantwortlich, für den Religionsunterricht der örtliche Pfarrer. Dieser konnte den Religionsunterricht auch von weltlichen Lehrern durchführen lassen. Für die Lehrerausbildung war die »Normalschule« in der Stadt Luxemburg zuständig. Der Professor, der dort den Religionsunterricht erteilte, wurde auf Vorschlag des Apostolischen Vikars ernannt; dieser wachte auch über »das religiöse und sittliche Betragen« der »Schüler«. Für Lehrerinnen wurde eine besondere Klasse eingerichtet.[75]

Die Schulaufsicht, der auch die Privatschulen unterlagen, führten die Gemeinden und die Distriktkommissare. Für die Primärschulen waren darüber hinaus die Schulinspektoren sowie die Königlich-Großherzogliche Unterrichtskommission zuständig, für die Aufsicht des Religionsunterrichts die Ortsgeistlichen und die Kirchenleitung. Die Schulinspektoren berieten regelmäßig mit dem Lehrpersonal ihres Kantons über die Verbesserung des Unterrichts, besuchten jede Schule mindestens zweimal im Jahr und berichteten darüber den übergeordneten Behörden.[76]

Die zentrale Unterrichtskommission stand unter dem Vorsitz des Gouverneurs des Großherzogtums. Weiter gehörten ihr der Apostolische Vikar an, ein Justiz- und ein Verwaltungsbeamter, die Leiter des Athenäums der Stadt Luxemburg und der Lehrerbildungsanstalt sowie die Schulinspektoren. Sie genehmigte die allgemeinen Schulbücher und überwachte das Primärschulwesen und die Lehrerbildungsanstalt.[77]

In Luxemburg wurde somit die Frage, ob Staat oder katholische Kirche das Bildungswesen dominierten, durch eine klare Aufteilung der Kompetenzen entschieden: Grundsätzlich waren die Regierung und ihre Schulbehörde sowie die Gemeinden für das Bildungswesen verantwortlich. Lediglich die religiöse Ausbildung der Kinder, Jugendlichen und des Lehrpersonals stand unter der Kontrolle der Ortsgeistlichen und des Apostolischen Vikars. Die Tatsache, dass Luxemburg über keine Hochschule verfügte, zwang seine Bildungselite, an den Universitäten der Nachbarländer zu studieren. Dies war für die künftige Entwicklung Luxemburgs ebenso wegweisend wie die Tatsache, dass Französisch bereits in der Grundschule gelehrt wurde und nach wie vor die gleichberechtigte, oft sogar gegenüber dem Deutschen bevorzugte Verwaltungs- und Verkehrssprache blieb.

---

74 CD-ROM-2, Dok.-Nr. 7.10.1 (dt.)/7.10.2 (frz.) (Grundschulgesetz Luxemburgs v, 26.7.1843); Majerus, Histoire (wie Fn. 2), Bd. 2, S. 738-739.
75 Ebd., Artikel 34, 51-53, 86, 87, 92.
76 Ebd., Artikel 57, 62, 63, 66.
77 Ebd., Artikel 59, 69-71, 73-75.

11 Finanzen

Die Staatsfinanzen sind ein ganz wesentliches Instrument politischer Gestaltung und ein Kernbereich der Entwicklung der Staatsgewalt seit der frühen Neuzeit. Aus der Untersuchung der Finanzverwaltungen und der Staatshaushalte lassen sich Aufschlüsse über den Charakter der drei Regime und die Schwerpunkte der Staatstätigkeit gewinnen.

In der niederländischen Herrschaftsepoche flossen erhebliche Anteile luxemburgischer Steuern, Abgaben und Gebühren in den zentralen Staatshaushalt des Königreichs der Vereinigten Niederlande. Die fiskalische Belastung war aufgrund der hohen Staatsverschuldung des Reiches, die noch aus der Zeit vor der Gründung des Königreichs der Vereinigten Niederlande herrührte, überaus hoch. Die Provinzialstände des Großherzogtums verfügten immerhin über ein eigenes Budget, das im Lande ausgegeben wurde und die Größenordnung von 100.000 Gulden erreichte. Auf der Seite der Staatseinnahmen waren hier die Hilfsgelder der Zentralregierung, die für den Bau und Unterhalt der Straßen dienten, zu verzeichnen sowie die Aufschläge (»centimes additionnels) auf die direkten Steuern zugunsten der Gemeinden. Zwei Drittel der Ausgaben flossen in den Straßenbau, ein Zehntel wurde für die Schiffbarkeit von Mosel und Sauer aufgebracht, jeweils fünf Prozent für Justiz und Polizei, öffentliche Bauten und Primärunterricht. Angesichts der ohnehin schon sehr hohen Steuerlast war die Mahl- und Schlachtsteuer, die in den letzten Jahren der niederländischen Herrschaftsperiode eingeführt wurde, besonders unpopulär. Sie wurde von den Gemeinden erhoben und zum größten Teil an die zentrale Staatskasse abgeführt. Für die Erhebung konnten die Gemeinden einen kleinen Teil des Aufkommens behalten. Geradezu desaströs wirkte die Weinsteuer, die so hoch war, dass die Winzer es vielfach vorzogen, ihre Weinstöcke zu verfeuern. Gemäß den Festlegungen der Schlussakte des Wiener Kongresses, die Luxemburg dem niederländischen König Wilhelm I. und seinen Nachfolgern in »voller Souveränität und Eigentum« überließ, waren in der niederländischen Herrschaftsperiode Staatsfinanzen und die Finanzen des Monarchen nicht grundsätzlich getrennt.[78]

Dies änderte sich durch die Festlegungen des Artikels 28 der Verfassung von 1841, der die Finanzen des Staates und des Monarchen trennte.[79] Die luxemburgische Staatsfinanzverwaltung selbst war zweigeteilt in Staatskassendirektion und Rechnungskammer. Die Staatskassendirektion verwaltete die Staatsfinanzen. Die Rechnungskammer führte die Aufsicht und Kontrolle über das Rechnungs- und Kassenwesen.[80]

---

78 Calmes, Naissance (wie Fn. 2), S. 136 f; Calmes/Bossaert, Großherzogtum (wie Fn. 2), S. 18 (Anm. 24).
79 CD-ROM-2, Dok.-Nr. 7.2.1/7.2.2 (wie Fn. 18), Art. 28.
80 Königlich Großherzogliche Verordnung, die Einrichtung der Behörden betreffend, vom 4. Januar 1840, in: Memorial, Nr. 4, 1840, S. 17-32, Art. 4, 5.

Neben den direkten Steuern – der Grundsteuer, der Steuer auf Fenster und Türen sowie der persönlichen Steuer und der Gewerbesteuer – waren die indirekten Steuern eine zentrale Säule der Staatsfinanzen. Die Frage, welche Struktur der luxemburgische Staatshaushalt in den Jahren nach der Staatsgründung aufwies, soll exemplarisch am Beispiel des Budgets für 1844 beantwortet werden. Mit mehr als vier Fünfteln der Gesamteinnahmen von 1,5 Millionen niederländischen Gulden stammte der überwältigende Teil der Staatseinnahmen dieses Jahres aus Steuern, Abgaben, Gebühren und anderen Finanzquellen, über die der Staat aufgrund seiner Herrschaftsfunktionen verfügte. Darunter machten die Steuern die Hälfte aus, wobei neun Zehntel des Steueraufkommens aus direkten Steuern, wie der Grund-, Gebäude- und persönlichen Steuern herrührte. Mit knapp einem Fünftel des Steueraufkommens waren die Gebühren die nach den direkten Steuern wichtigste Einnahmequelle des Staates. Aus öffentlichen Betrieben und sonstigen Staatsunternehmen flossen weitere 16 Prozent der Staatseinnahmen.[81]

Auf der Ausgabenseite sah das Budget für den Unterhalt des zivilen staatlichen Machtapparats ein Drittel der Staatsausgaben von insgesamt knapp 1,5 Millionen niederländischen Gulden vor. Allein ein Zehntel dieser Summe war für die »Zivilliste« des Monarchen vorgesehen, der Rest für allgemeine Staatsverwaltung und Gerichtsbarkeit. Für die bewaffnete Macht – Gendarmerie, Miliz und luxemburgisches Bundeskontingent – sollte knapp ein Fünftel der Haushaltsmittel verwendet werden. Für seine hoheitlichen Kernaufgaben wandte der luxemburgische Staat in dieser Zeit also über die Hälfte seiner Finanzmittel auf. Mit einem Viertel der Gesamtausgaben des Staates standen die Aufwendungen für Verkehr, Kommunikation und öffentliche Bauten an zweiter Stelle des quantitativen Gewichts der Staatsaufgaben. Der Großteil dieser Gelder floss in den Straßenbau, ein kleinerer Teil in sonstige Bauvorhaben des Staates und in die Post. Über ein Zehntel des Staatshaushaltes war für den kulturellen Sektor vorgesehen. Der größte Teil dieser Ausgabenkategorie wurde für Gehälter der katholischen Geistlichkeit aufgewandt, der Rest für den öffentlichen Unterricht sowie für Zuschüsse an die Gemeinden für Kirchen- und Schulhausbauten. Unter den übrigen Staatsausgaben sind die Aufwendungen für öffentliche Betriebe sowie für den sozialen Sektor zu nennen. Im noch unentwickelten sozialen Sektor hatten die Aufwendungen für die Pensionen ehemaliger Staatsbeamter den größten Anteil. Die staatlichen Hilfen für Arme blieben dagegen eine zu vernachlässigende Größe.[82]

Die wichtigsten Finanzquellen des jungen luxemburgischen Staatswesens waren somit die Einnahmen aus direkten und indirekten Steuern sowie aus Gebühren. Die Schwerpunkte der Ausgaben lagen bei den klassischen Staatsaufgaben: der Tätigkeit von Monarch, Regierung und Verwaltung sowie des Gerichtswesens und der bewaff-

---

81 Gesetz in Betreff der Accise vom Bier, in: Memorial, Nr. 49, 1842, S. 555-556; Gesetz in Betreff der Branntwein=Brennereien, in: Memorial, Nr. 49, 1842, S. 557-560; CD-ROM-2, Dok.-Nr. 7.11.1 (dt.)/7.11.2 (frz.) (Gesetz über Staatsbudget für 1844 v. 7.7.1843).
82 Ebd.

neten Macht. Doch sind auch bemerkenswerte Anstrengungen bei der öffentlichen Verkehrsinfrastruktur und dem Bildungssektor feststellbar. Der Gesundheits- und Sozialbereich stellte dagegen lediglich eine marginale Größe der Staatsaufwendungen dar. Die zweite fiskalisch wichtige Ebene des luxemburgischen Staatswesens, die Gemeindehaushalte, wies eine ähnliche Grundstruktur auf wie der zentrale Staatshaushalt.[83]

12 Wirtschafts- und Sozialgesetzgebung/Öffentliche Wohlfahrt

Im Vormärz gehörte die staatliche Förderung der Wirtschaft und des sozialen Sektors noch nicht zu den etablierten Bereichen der Staatstätigkeit. Andererseits lagen hier die besonderen Interessen breiter Teile der Bevölkerung, die unter Wirtschaftskrisen und Massenarmut litten. Aus diesem Grunde ist im Folgenden die Frage, ob sich in den ersten Jahren der luxemburgischen Eigenstaatlichkeit die Staatsaktivität in diesem Politikfeld verstärkte, von besonderem Interesse.

In den Jahren vor der Staatsgründung hatte Luxemburg erhebliche Strukturprobleme: Neben der dominierenden, traditionell betriebenen Landwirtschaft existierten eine technisch rückständige Montanindustrie, Steingutmanufakturen, eine Lederindustrie und einige Textilbetriebe. Der Handel litt unter den ungünstig verlaufenden Zollgrenzen und einer rückständigen Kreditwirtschaft. Vor allem aber herrschte auch in Luxemburg jene weit verbreitete Massenarmut, die von den Anfängen der Industrialisierung eher verschärft als gemildert wurde. Maßnahmen des Staates, diesen Grundproblemen zu begegnen, sind in niederländischer Zeit lediglich ansatzweise zu beobachten: Die Bodenschätze des Landes wurden erkundet und die Möglichkeiten geprüft, die Binnenschifffahrtswege auszubauen. Die sozialpolitischen Maßnahmen beschränkten sich auf Ansätze einer Reglementierung der Armenpflege in der Tradition der französischen Herrschaftsepoche. Wegen des langen politischen Schwebezustandes weiter Teile Luxemburgs bewegten auch die wenigen Jahre der Zugehörigkeit zu Belgien auf dem Feld der Wirtschafts- und Sozialpolitik kaum etwas.[84]

In den 1840er-Jahren machte der luxemburgische Gesetzgeber der jahrzehntelangen Vernachlässigung des Straßen- und Wegenetzes ein Ende: Die Förderung der Verkehrsinfrastruktur wurde zu einer zentralen Aufgabe des Staates, die im Jahre 1843 durch die Einrichtung einer staatliche Baubehörde institutionell verankert wurde, die vor allem für den Straßen- und Brückenbau zuständig war.[85] Das Gesetz

---

83 Franz, Durchstaatlichung (wie Fn. 8); ders., Stadtgemeinde Luxemburg.
84 Calmes, Naissance (wie Fn. 2), S. 283 ff, 305 ff, 357 ff, 377 ff; ders., Grand Duché (wie Fn. 2).
85 Alain Atten, La voirie luxembourgeoise sous l'Ancien Régime, in: Voies de communication au Pays Mosellan (Les publications mosellanes), Schwebsange 1968, S. 93-109; Guy Thewes, Route et administration provinciale au siècle des lumières: l'exemple des états du duché de Luxembourg (1748–1795), Luxembourg 1994; Fernand Pesch, Le réseau routier, in: M. Gerges (Hg.),

über die Gemeindewege aus dem Jahre 1844 führte allerdings nicht zu den erhofften schnellen Resultaten, da tief greifende Konflikte zwischen Regierung und Gemeindeverwaltungen um die Frage der Naturalleistungen der Einwohner im Wegebau ausgetragen wurden. Die spektakulärste und bereits kurzfristig wirksame wirtschaftspolitische Maßnahme der luxemburgischen Regierung in der betrachteten Zeit war der Beitritt des Großherzogtums zum Deutschen Zollverein im Jahre 1842. Er öffnete der luxemburgischen Wirtschaft einen großen Markt und führte dem Staat erhebliche Zolleinnahmen zu, da Luxemburgs Grenzen mit Belgien und Frankreich nunmehr Außengrenzen des Zollvereins bildeten.[86]

1841 regelte eine umfangreiche Verordnung das staatliche Gesundheitswesen. Unter der Aufsicht der Regierung stand ein Obermedizinalrat an der Spitze des staatlichen Gesundheitswesens. Er leitete das sog. Medizinalkollegium, dem vier Ärzte und zwei Apothekern angehörten. Dieser Zentralbehörde waren die Kantonalärzte unterstellt, die ebenfalls von der Landesregierung ernannt wurden und den Gesundheitsdienst in den einzelnen Kantonen versahen. Darüber hinaus wurden vier staatlich besoldete Bezirkstierärzte berufen. Die Ausübung heilkundlicher Berufe war lediglich qualifiziertem Personal gestattet. Der Betrieb von Apotheken, die Preise von Medikamenten und die Honorare von Ärzten und Tierärzten wurden ebenfalls geregelt.[87]

Im Dezember 1846, auf dem Höhepunkt der Armutskrise, ordnete die luxemburgische Regierung die öffentliche Armenfürsorge des Landes umfassend. Zuvor hatte sie eine wissenschaftliche Studie anfertigen lassen, die die Sozialpolitik der Nachbarländer eingehend untersuchte. Die Regierung richtete auf der Ebene der Kantone Hilfskomitees ein, schuf eine zentrale Aufsichtsbehörde für die Armenpflege und für die staatlichen Gefängnisse und eröffnete ein Bettlerhaus. Die Gemeinden wurden verpflichtet, eigene Armenpflegeorganisationen, die sog. Bureaux de Bienfaisance, zu gründen, soweit sie nicht bereits bestanden. Die unentgeltlich arbeitenden Mitglieder dieser Einrichtungen hatten das Recht, ihren Vorsitzenden, den Sekretär und einen Vorsitzenden zu wählen und den Einnehmer zu beaufsichtigen. Die Gemeindeverwaltungen, genauer: Bürgermeister und Schöffen, kontrollierten die Bureaux. Wenn der Bürgermeister an den Versammlungen teilnahm, führte er auch den Vorsitz. Zeittypisch ist die große Nähe von Armenpflege und Bekämpfung der Delinquenz, ins-

---

Memorial 1989. La société luxembourgeoise de 1839 à 1989, Luxemburg 1989, S. 963-974. Eine weitere Maßnahme betraf die Neuordnung der Forstverwaltung: CD-ROM-2, Dok.-Nr. 7.12.1 (dt.)/7.12.2 (frz.) (Verordnung zur Forstverwaltung Luxemburgs v. 1.6.1840).

86 Gesetz vom 12. Juli 1844 über die Vizinal=Wege, in: Mémorial législatif et administratif du Grand-Duché de Luxembourg, 1844, Nr. 38, S. 377-392; Pesch, réseau (wie Fn. 85), S. 964; CD-ROM-2, Dok.-Nr. 7.12.7 (dt.)/7.12.8 (frz.) (Zollvereinsabkommen v. 8.2.1842).

87 CD-ROM-2, Dok.-Nr. 7.12.3 (dt.)/7.12.4 (frz.) (Verordnung zum öffentlichen Gesundheitswesen v. 12.10.1841); Dok.-Nr. 7.12.5 (dt.)/7.12.6 (frz.) (Reglement für das Gesundheitswesen Luxemburgs v. 12.10.1841).

besondere bei den Bettlern, die durchaus im Einklang mit ähnlichen Maßnahmen in anderen europäischen Ländern regelrecht kriminalisiert wurden.[88]

Insgesamt erließ die luxemburgische Staatsführung am Vorabend der Revolution von 1848 ein ganzes Bündel wirtschafts- und sozialpolitischer Gesetze und Verordnungen. Dies geschah vielfach auf der Grundlage ausführlicher Studien über die Verhältnisse in den benachbarten Ländern. Nach einer langen Phase relativer Vernachlässigung durch ferne Regierungen zeigte die neu gewonnene Souveränität des Landes erste Früchte.[89] Der Schwerpunkt der staatlichen Maßnahmen lag auf der Förderung der Verkehrsinfrastruktur und auf der Zollpolitik, die Sozial- und Gesundheitsfürsorge wurde immerhin institutionell gestärkt. Die Armenpflege zeichnete sich durch den zeittypisch repressiven Charakter aus.

---

88 CD-ROM-2, Dok.-Nr. 7.12.13 (dt.)/7.12.14 (frz.) (Beschluss über Gefängnis- und Wohltätigkeitsinspektion v. 11.12.1846); Dok.-Nr. 7.12.15 (dt.)/7.12.16 (frz.) (Beschluss über Ernennung des Gefängnis- und Wohltätigkeitsinspektors v. 11.12.1846); Dok.-Nr. 7.12.19 (dt.)/7.12.20 (frz.) (Rundschreiben zur öffentlichen Wohlfahrt v. 29.12.1846); Dok.-Nr. 7.12.9 (dt.)/7.12.10 (frz.) (Beschluss über Wiedereinrichtung der Wohltätigkeitsbüros v. 11.12.1846); Dok.-Nr. 7.12.11 (dt.)/7.12.12 (frz.) (Beschluss zur kommunalen Wohlfahrt v. 11.12.1846); Dok.-Nr. 7.12.17 (dt.)/7.12.18 (frz.) (Beschluss über Eröffnung eines Bettlerdepots v. 11.12.1846).
89 So die These von André Bauler, Les fruits de la souveraineté nationale. Essai sur le développement de l'économie luxembourgeoise de 1815 à 1999, Luxembourg 2001.

Schweiz   8

Von Ulrich Zelger (Zürich)

0   Einführung

»Die Einführung der Restauration, d. h. der Gang der Geschichte von der Auflösung der Mediation bis zur Entstehung des Bundesvertrags ist so kompliziert, dass die Darstellung derselben in keinem Geschichtsbuch übersichtlich erscheint, ja gelegentlich von vornherein aufgegeben wird«.[1]

Dieser Befund gilt, insbesondere auch für die rechtshistorische Forschung, auch heute. Er ist, mit Einschränkungen, auch auf die Regeneration der 1830er-Jahre anwendbar, als in einer Vielzahl von Kantonen liberale Verfassungen erarbeitet wurden.
Sieht man vom Monumentalwerk von Eduard His zur neueren schweizerischen Verfassungsgeschichte ab[2], das in der Zwischenkriegszeit einen detaillierten Überblick über die schweizerische Verfassungsgeschichte seit dem Fall des Ancien Régime bietet, ist keine neuere, sich auf Quellenstudium stützende rechtshistorische Arbeit bekannt, die nicht in weiten Teilen auf dem Œuvre von His aufbaut.[3] Der Grund hierfür liegt wohl nicht ausschließlich in der schwer zu überschauenden, vielfältigen und kaum zu systematisierenden Entwicklung in den Kantonen, in denen sich in der Hauptsache Geschichte ereignete; hinzu tritt ein eher ambivalentes Verhältnis der Rechtshistoriker und Öffentlichrechtler zum Bundesvertrag von 1815; dieser brachte einerseits die Befreiung von der französischen Dominanz, die die vergangenen Jahrzehnte geprägt hatte; andererseits besiegelte der Vertrag den Rückschritt der gesamteidgenössischen Staatsstruktur in Formen, die denen des Ancien Régime ähneln. Er stärkte den Föderalismus, aber auch kantonale Eigenständigkeit und -sinnigkeit. Der Vertrag war bewusst statisch

---

1   Jakob Schollenberger, Geschichte der Schweizerischen Politik, Bd. 2: Die neue Zeit seit 1798, Frauenfeld 1908, S. 115.
2   Für den Untersuchungszeitraum: Eduard His, Geschichte des neueren Schweizerischen Staatsrechts, Bd. 2: Die Zeit der Restauration und der Regeneration 1814 bis 1848, Basel 1929.
3   Jean-François Aubert, Geschichtliche Einführung, in: ders. u. a. (Hg.), Kommentar zur Bundesverfassung der Schweizerischen Eidgenossenschaft vom 29. Mai 1874, 6 Lieferungen, Basel u. a. 1987–1996, hier Lieferung 1; Alfred Kölz, Neuere Schweizerische Verfassungsgeschichte. Ihre Grundlinien vom Ende der Alten Eidgenossenschaft bis 1848, Bern 1992; Andreas Kley, Verfassungsgeschichte der Neuzeit. Großbritannien, die USA, Frankreich, Deutschland und die Schweiz, Bern 2. Aufl. 2008.

angelegt, verhinderte daher Reformen, wie sie vor allem von liberaler Seite versucht wurden, und wurde damit zum Symbol für ein rückständiges, reformbedürftiges System, das erst durch die Bundesverfassung von 1848 (gewaltsam) überwunden werden konnte. Aus der Sicht der in der Folgezeit dominierenden liberalen rechtshistorischen Forschung und Rechtswissenschaft wurde er zum Kontrastbild, gegen das der ihm folgende Bundesstaat abgegrenzt wurde. Die rechtshistorische Forschung beschäftigt sich insgesamt eher selten mit dieser Zeit, die vor allem als Hinführung zum Bundesvertrag wahrgenommen wird. Auch rechtshistorische Publikationen jüngeren Datums richten ihr Interesse eher auf Helvetik und Mediation oder bearbeiten Phänomen die, wie beispielsweise die Frühformen direkter Demokratie[4], in und für den liberalen Bundesstaat wirkmächtig geworden sind, analysieren den Zeitraum also als Weg hin zum schweizerischen Bundesstaat von 1848. Häufig setzt die Behandlung juristischer Themenstellungen, z. B. der Grundfreiheiten, mit der Bundesverfassung ein, während die vorhergehende Periode eher kursorisch behandelt wird. Dies gilt, mit Abstrichen, auch für historische Arbeiten. Eine moderne rechts- und verfassungshistorische Darstellung der Zeit des Bundesvertrags bleibt daher ein Desiderat der Forschung.

1 Die Schweiz 1815–1847

Die Geschichte der Schweiz in der Mediationszeit war eng mit der Macht Frankreichs und der Person Napoleons verbunden gewesen, der ihr in der Mediationsakte 1803 eine bis anhin dauerhafte staatliche Organisation gegeben hatte, deren Bestand aber wesentlich von der Macht Napoleons abhing. Mit dem Sturz Napoleons zerbrach in der Schweiz die von ihm geschaffene und durchgesetzte Ordnung. Wenn die Tagsatzung am 29. Dezember 1813 festhielt, dass die Mediationsakte außer Geltung getreten wäre, so war damit allerdings nicht die Frage entschieden, wie die Schweiz neu zu verfassen wäre und, ebenso bedeutsam, aus welchen Gliedern sie sich zusammensetzen sollte. Beide Fragen waren eng miteinander verknüpft. Strittig war von allem Anfang an, welche Kantone, nämlich die historisch bestehenden oder die in Helvetik und Mediation neu geschaffenen, sich zur Schweiz zusammenschließen sollten. Die »alten« Kantone standen damit im Gegensatz zu den »neuen«, deren Gebiet sie als Untertanengebiet teilweise wieder beanspruchen wollten. Auch im Inneren der Kantone brachen alte Gegensätze wieder auf, indem die im Ancien Régime herrschenden Bevölkerungsgruppen ihren Vorrang gegen die damals Beherrschten wieder durchset-

---

4   Literaturüberblick z. B. bei Rolf Graber, »Kämpfe um Anerkennung«: Bemerkungen zur neueren Demokratieforschung in der Schweiz, in: ders. (Hg.), Demokratisierungsprozesse in der Schweiz im späten 18. und 19. Jahrhundert. Forschungskolloquium im Rahmen des Forschungsprojekts »Die demokratische Bewegung in der Schweiz von 1770 bis 1870. Eine kommentierte Quellenauswahl«, Frankfurt a. M. 2008, S. 9 ff.

zen wollten. Fraglich wurde damit nicht nur die in Helvetik und Mediation errungene Gleichheit der Kantone, sondern auch die Gleichheit der Schweizer. Die Zeit um 1815 steht daher nicht nur für die Neukonstituierung der Eidgenossenschaft, sondern auch für bedeutende Umformungen innerhalb ihrer Glieder.

Im Inneren präsentierte sich die Eidgenossenschaft als müdes, von den Auseinandersetzungen der Helvetik und den Entbehrungen der Napoleonischen Kriege gezeichnetes Land, dessen Bevölkerung der Wiedereinsetzung einer stabilen Regierung konservativen Zuschnitts wenig Widerstand entgegensetzte, soweit damit nicht unverhältnismäßig in die Rechte der politisch interessierten Kreise eingegriffen wurde. Die Frage der gesellschaftlichen Integration stellte sich insbesondere auf kantonaler Ebene, da der Bundesvertrag von 1815 nur ein Mindestmaß an Kompetenzen zentralisierte und die Kantone in vielen gesellschaftlich relevanten Regelungsbereichen kaum einschränkte. Insgesamt kann eine restaurative, oligarchisch-aristokratische Entwicklung festgestellt werden, die in den alten Kantonen stärker, in den neuen Kantonen schwächer ausgeprägt war, da in Letzteren alte, ihre Vorrechte wieder beanspruchende Führungsschichten eher nicht vorhanden waren. Doch auch in jenen Kantonen, deren Verfassung demokratisch organisiert war, bildete sich in der Regierungspraxis ein oligarchisch-aristokratisches System aus. Gemeinsames Kennzeichen der meisten Verfassungen war die Bevorzugung der Zentren zulasten des Umlands. Auffallend ist schließlich, dass Religionsfragen, die die Schweiz immer wieder schwer bedrückt hatten, noch nicht aufgeworfen wurden.

Die hier geschilderte Verfassungsentwicklung blieb im Wesentlichen bis 1830 unverändert. Vorgängig zur und im Gefolge der französischen Revolution von 1830 kam es dann auch in der Schweiz zu einem Erstarken liberalen[5], demokratischen Gedankenguts. Die damit einsetzende sog. Regeneration führte in einigen Kantonen zum Erlass neuer Verfassungen, die demokratischer und rechtsgleicher organisiert waren. Insbesondere kam es zu einer Besserstellung der Landbevölkerung, zu einer Neuorganisation der Gesetzgebung und zum Wiedererstarken der Gewaltenteilung, verkörpert durch die Abtrennung richterlicher Befugnisse, die bisher oft von den Großen und Kleinen Räten selbst ausgeübt worden waren. Die Regeneration erfasste viele, aber nicht alle Kantone, auf eidgenössischer Ebene scheiterte sie und legte doch die

---

5 Vgl. zu. Schweizerischen Liberalismus z. B. Jean-Jacques Bouquet, Art. Liberalismus, in: Stiftung Historisches Lexikon der Schweiz (Hg.), Historisches Lexikon der Schweiz. Gesamtwerk in 13 Bänden, bisher erschienen Bde. 1-9, Basel 2002–2010 (Buchausgabe), hier <http://www.hls-dhs-dss.ch/index.php> (elektronische Ausgabe) [16.12.2010, im Folgenden: HLS], insbes. Kap. 2-3; Gordon A. Craig, Geld und Geist. Zürich im Zeitalter des Liberalismus 1830–1869, München 1988, S. 41 ff.; Albert Tanner, »Alles für das Volk«. Die liberalen Bewegungen 1830/31, in: Th. Hildbrand/A. Tanner (Hg.), Im Zeichen der Revolution. Der Weg zum Schweizerischen Bundesstaat 1798–1848, Zürich 1997, S. 51-74, hier insbes. S. 61 ff. (zu den 1830er-Jahren); Hugo Wild, Das Ringen um den Bundesstaat, Zentralismus und Föderalismus in der schweizerischen Publizistik von Helvetik bis zur Bundesrevision, Zürich 1966, insbes. S. 67 ff.

Grundlage für die Bundesverfassung von 1848. Ab den 1840er-Jahren machten sich konservative Gegenbewegungen[6] bemerkbar, während in anderen Kantonen radikale Regierungen[7] ans Ruder kamen. Insgesamt verschärften sich die Gegensätze zwischen den Parteiungen. Ihre Entladung fanden die Spannungen im Sonderbundkrieg von 1847, der die Durchsetzung einer neuen Verfassung ermöglichte, die die Schweiz revolutionär und grundlegend neu als Bundesstaat organisierte. Die Formierung des schweizerischen Bundesstaats ist Gegenstand des dritten Bandes dieses Handbuchs.

Insgesamt ist für die Zeit von 1815 bis 1848 festzuhalten, dass wichtige Änderungen und Modernisierungen fast ausschließlich auf kantonaler Ebene oder durch Übereinkünfte (»Konkordate«) zwischen allen oder, was öfter der Fall war, den meisten Kantonen zustande kamen. Eine gewisse Gleichförmigkeit der Entwicklung innerhalb von, jeweils variierenden, Gruppen von Kantonen erlaubt es aber dennoch, gesamteidgenössische Entwicklungen zu beschreiben. Nicht möglich ist es allerdings, die vielfältigen kantonalen Besonderheiten facettenreich darzustellen. Dazu fehlt der Raum.

Die Bevölkerung der Schweiz stieg von 1798 bis 1850 von 1,68 Mio. auf 2,39 Mio. an. Im europäischen Vergleich war das Wachstum mit ca. 42 Prozent mäßig.[8] Es war zwischen 1820 und 1840 am stärksten[9] und verteilte sich, auch lokal, ungleich[10], wobei die Bevölkerung in wirtschaftlich prosperierenden Kantonen stärker zunahm.[11] Zugleich setzte eine maßvolle Binnenwanderung in Richtung der Städte, der grenz-

---

6   Zum Schweizer Konservatismus vgl. z. B. Urs Altermatt, Art. Konservatismus, in: HLS (wie Fn. 5), Kap. 2 (zur Entwicklung in den 1840er-Jahren); Erich Gruner, Konservatives Denken und konservative Politik in der Schweiz, in: G.-K. Kaltenbrunner (Hg.), Rekonstruktionen des Konservatismus, Freiburg 3. Aufl. 1978, S. 241-272, insbes. S. 244 ff.

7   Zum Schweizer Radikalismus z. B. Albert Tanner, Art. Radikalismus, in: HLS (wie Fn. 5); ders., Radikalismus – Antijesuitismus – Nationalismus, in: Hildbrand/Tanner (Hg.), Zeichen (wie Fn. 5), S. 113-137, insbes. S. 117 ff.; Hans-Ulrich Jost, Le courant radical, in: A. Auer (Hg.), Les Origines de la Démocratie directe en Suisse/Die Ursprünge der Schweizerischen Direkten Demokratie. Actes du Colloque organisé les 27-29 avril 1995 par la Faculté de Droit et le C2D, Basel – Frankfurt a. M. 1996, S. 119-130, insbes. S. 121 ff.

8   Wilhelm Bickel, Bevölkerungsgeschichte der Schweiz seit dem Ausgang des Mittelalters, Zürich 1947, S. 114, 119; vgl. auch Erich Gruner, Die Arbeiter in der Schweiz im 19. Jahrhundert. Soziale Lage, Organisation, Verhältnis zu Arbeitgeber und Staat, Bern 1968, S. 21 ff.

9   Georges Andrey, Auf der Suche nach dem neuen Staat (1798-1848), in: B. Mesmer (Red.), Geschichte der Schweiz und der Schweizer, Basel 4. Aufl. 2006, S. 527-638, hier S. 534 f.; Bickel, Bevölkerungsgeschichte (wie Fn. 8), S. 119, 146 ff.; vgl. beispielsweise die Entwicklung in Luzern: Heidi Bossard-Borner, Im Bann der Revolution. Der Kanton Luzern 1798–1831/50, Stuttgart 1998, S. 285 ff.

10 Übersicht bei Bickel, Bevölkerungsgeschichte (wie Fn. 8), S. 133, 135. Zwischen 1798 und 1850 nahm die Bevölkerung in Basel Stadt um 81,1 Prozent von 16.400 auf 29.698 zu, in Appenzell-Innerrhoden um 19,5 Prozent von 14.000 auf 11.272 ab. Der Durchschnittswert liegt bei einer Zunahme von 43,7 Prozent.

11 Dabei nahm bis 1850, sieht man von Basel Stadt ab, die Bevölkerung der landwirtschaftlichen Kantone des Mittellandes besonders stark zu; vgl. Bickel, Bevölkerungsgeschichte (wie Fn. 8), S. 132, 138; Andrey, Suche (wie Fn. 9), S. 536 ff.

1 Die Schweiz 1815–1847

nahen und der allmählich industrialisierten Gebiete ein, wobei bei der Auswahl des Migrationsziels der Konfession eine gewisse Bedeutung zukam.[12] Im europäischen Vergleich blieben Zahl und Größe der Städte allerdings eher gering, während kleine und mittlere Ortschaften anwuchsen.[13] In städtischen und grenznahen Gebieten konnte der Anteil ausländischer Wohnbevölkerung bis zu 20 Prozent erreichen, im schweizerischen Durchschnitt betrug er etwas 2,5 bis drei Prozent.[14] Insgesamt verließen mehr Schweizer das Land, als Ausländer zuzogen.[15] Auswanderungsziele waren anfangs die europäischen Nachbarländer, dann vor allem Amerika.[16] Konstant blieb die sprachliche und konfessionelle Zusammensetzung der Schweizer Bevölkerung: Etwas mehr als 70 Prozent der Bevölkerung war deutscher Muttersprache, 22 Prozent sprachen Französisch, fünf Prozent Italienisch, weniger als zwei Prozent Rätoromanisch.[17] Knapp 60 Prozent bekannten sich zur protestantischen Konfession, 40 Prozent waren Katholiken. Die Zahl der Angehörigen anderer Konfessionen und Religionen war verschwindend gering.[18]

Während der weitaus größte Teil der Bevölkerung weiterhin in der Landwirtschaft arbeitete, war die erste Hälfte des 19. Jahrhunderts durch eine langsame Frühindustrialisierung gekennzeichnet. Die Zahl der in der Landwirtschaft Beschäftigten stieg bis 1850 auf etwa 620.000 an; ihr Anteil an der Gesamtbevölkerung sank aber von 65,8 Prozent (1800) auf 57,4 Prozent (1850).[19] Die Grundentlastung ermöglichte den wohlhabenderen Bauern wirtschaftlichen Aufschwung, während Kleinbauern häufig die dafür erforderlichen Mittel nicht aufbringen konnten und außerdem von der Auflösung der Almenden besonders getroffen wurden. Diese verbesserten ihre Einkommen durch Hilfsdienste, Pacht zusätzlicher Grundstücke oder einen Nebenerwerb, in

---

12 Andrey, Suche (wie Fn. 9), S. 540 f.
13 Jean-François Bergier, Die Wirtschaftsgeschichte der Schweiz. Von den Anfängen bis zur Gegenwart, Zürich/Köln 1983, S. 45 ff.; zur Entwicklung der städtischen Wohnbevölkerung vgl. auch Bickel, Bevölkerungsgeschichte (wie Fn. 8), S. 141 ff.
14 Insgesamt lebten 1837 mehr als 56.000, 1850 fast 72.000 Ausländer in der Schweiz, Bickel, Bevölkerungsgeschichte (wie Fn. 8), S. 166 ff.; zur Sozialstruktur der Immigranten, Bergier, Wirtschaftsgeschichte (wie Fn. 13), S. 61 ff.; Andrey, Suche (wie Fn. 9), S. 538; zur Einwanderung von Arbeitern Gruner, Arbeiter (wie Fn. 8), S. 86 ff.
15 Bickel, Bevölkerungsgeschichte (wie Fn. 8), S. 159 gibt den Wanderungsverlust mit 50.000 Personen an; vgl. auch Gruner, Arbeiter (wie Fn. 8), S. 89 ff.
16 Bergier, Wirtschaftsgeschichte (wie Fn. 13), S. 55 ff.; Andrey, Suche (wie Fn. 9), S. 538 f.; Bickel, Bevölkerungsgeschichte (wie Fn. 8), S. 161 ff.
17 Bickel, Bevölkerungsgeschichte (wie Fn. 8), S. 139 f.
18 Bickel, Bevölkerungsgeschichte (wie Fn. 8), S. 140.
19 Bergier, Wirtschaftsgeschichte (wie Fn. 13), S. 111 (Übersicht über die Arbeitsbevölkerung nach Sektoren, S. 225); weiters Albert Tanner, Geschichte der industriellen Arbeit in der Schweiz, in: P. Hugger (Hg.), Handbuch der schweizerischen Volkskultur, 3 Bde., Zürich 1992, hier Bd. 3, S. 1053-1081, hier S. 1053, 1064 (zu den Arbeitsbedingungen in der Industrie); schließlich Christian Pfister, Agrarrevolution und Handwerk als Elemente der gesamtwirtschaftlichen Modernisierung im frühen 19. Jahrhundert, in: Itinera 13 (1992), S. 111-120, hier S. 115 ff. (mit Übersichtstabelle).

der Regel im Verlagssystem. Insgesamt war aber auch der Besitz der Großbauern, im europäischen Vergleich, verhältnismäßig klein.[20] Entsprechend nahm die Bedeutung des Dienstleistungssektors und vor allem der Industrie zu. In der Industrie[21] waren zunächst die Textil-[22] und die Uhrenindustrie[23] wichtig, die sich vor allem als Heimindustrie und im ländlichen Raum verbreiteten[24], dann insbesondere der Maschinenbau und die chemische Industrie.[25] Zu erwähnen sind außerdem die Papier- und die Schwerindustrie und, im Bereich der Lebensmittelindustrie, die Schokoladeproduktion.[26] Im Bereich der Dienstleistungswirtschaft nahm der Handel, sowohl im Import als auch im Export, massiv zu. Das Verkehrsnetz war, trotz aller Anstrengungen, nicht zeitgemäß.[27] Die erste Eisenbahn erreicht Basel erst 1844, die erste innerschweizerische Bahnlinie von Zürich nach Baden nahm 1847 ihren Betrieb auf.[28] Einen neuen Wirtschaftszweig stellte der aufkommende Tourismus dar.[29] Im Bereich der Finanzwirtschaft traten neben die renommierten Privatbanken, die schon im 18. Jahrhundert in Basel, Genf, Zürich und St. Gallen gegründet worden waren, Sparkassen (seit 1804) und Kantonalbanken (seit 1834), die vorwiegend den lokalen Finanzierungsbedarf

---

20 Andrey, Suche (wie Fn. 9), S. 567 ff.
21 Zur (unbefriedigenden) Quellen- und Forschungslage ausführlich Bergier, Wirtschaftsgeschichte (wie Fn. 13), S. 123 ff.; einen Überblick über den Industrialisierungsgrad nach Kantonen bietet Gruner, Arbeiter (wie Fn. 8), S. 77 ff.; zur schweizerischen Frühindustrialisierung Ulrich Menzel, Auswege aus der Abhängigkeit. Die entwicklungspolitische Aktualität Europas, Frankfurt a. M. 1988, S. 31 ff.
22 Zur Entwicklung der Textilindustrie Bergier, Wirtschaftsgeschichte (wie Fn. 13), S. 211 ff.; Albert Hauser, Schweizerische Wirtschafts- und Sozialgeschichte, Zürich/Stuttgart 1961, S. 199 ff.; Gruner, Arbeiter (wie Fn. 8), S. 52 ff.; Menzel, Auswege (wie Fn. 21), S. 31 ff., 63 ff.; beispielhaft für Appenzell-Außerrhoden Albert Tanner, Spulen – Weben – Sticken. Die Industrialisierung in Appenzell Ausserrhoden, Zürich 1982, S. 11 ff., 317 ff.
23 Bergier, Wirtschaftsgeschichte (wie Fn. 13), S. 225 f., Hauser, Wirtschafts- und Sozialgeschichte (wie Fn. 22), S. 222 ff.; Gruner, Arbeiter (wie Fn. 8), S. 65 ff.
24 Wilhelm Bickel, Die Volkswirtschaft der Schweiz. Entwicklung und Struktur, Aarau – Frankfurt a. M. 1973, S. 40; Andrey, Suche (wie Fn. 9), S. 542; vgl. dazu beispielhaft die Entwicklung in Appenzell-Außerrhoden, Tanner, Spulen (wie Fn. 22), S. 11 ff.; zur Industrialisierung ders., Arbeit (wie Fn. 19), insbes. zur Heimindustrie dort S. 1054 ff.
25 Bergier, Wirtschaftsgeschichte (wie Fn. 13), S. 218 ff.; Hauser, Wirtschafts- und Sozialgeschichte (wie Fn. 22), S. 212 ff. (Textilindustrie), 218 ff. (chemische Industrie); Gruner, Arbeiter (wie Fn. 8), S. 67 ff.
26 Andrey, Suche (wie Fn. 9), S. 547 ff.; Übersicht bei Bergier, Wirtschaftsgeschichte (wie Fn. 13), S. 255 ff.
27 Auch im Alpentransit büßte die Schweiz deshalb an Bedeutung ein; vgl. Hauser, Wirtschafts- und Sozialgeschichte (wie Fn. 22), S. 284 f.; beispielhaft zur Lage in Graubünden siehe Peter Metz, Geschichte Graubündens, Bd. 1: 1798–1848, Chur 1989, S. 279 ff.
28 Zur Entwicklung der Eisenbahn: Hauser, Wirtschafts- und Sozialgeschichte (wie Fn. 22), S. 287 ff.
29 Andrey, Suche (wie Fn. 9), S. 549 ff.; Bergier, Wirtschaftsgeschichte (wie Fn. 13), S. 317 f.; Hauser, Wirtschafts- und Sozialgeschichte (wie Fn. 22), S. 294 ff.

deckten und gezielt die regionale Wirtschaft förderten.[30] Die Zahl der Banken und Sparkassen stieg zwischen 1815 und 1850 von zehn auf 171 an.[31] Vor allem im ländlichen Bereich gewann, veranlasst durch den Loskauf der Feudallasten, das Hypothekarkreditwesen an Bedeutung. Noch wenig bedeutsam waren zur selben Zeit die schweizerischen Versicherungen.[32] Auffallend ist, zumindest in der Restauration, eine weitgehende Inaktivität der Regierungen in wirtschaftlichen Belangen.[33] Impulse zur technischen Modernisierung gingen auf private Initiativen zurück; die Behörden unterstützten vor allem Maßnahmen zur Anhebung der Viehqualität und zur Seuchenbekämpfung. Zur Energieversorgung, auch der Industrie, wurde, da Kohle teuer war, vor allem Wasserkraft eingesetzt.[34]

Im europäischen Vergleich waren Produktivität und Exportleistung beachtlich.[35] Ein Überangebot an Arbeitskräften ermöglichte im europäischen Vergleich äußerst niedrige Löhne.[36] Da die Lebensmittelpreise in der ersten Hälfte des 19. Jahrhunderts sanken, kann aber immerhin von einer gewissen Erhöhung der Reallöhne ausgegangen werden; dabei sind aber die wirtschaftlich schwierigen Jahre 1816/17, 1832 und 1847, in denen die Lebensmittelpreise kurzfristig bedeutsam anstiegen, nicht zu übersehen.[37] Die Industrialisierung veränderte die Zusammensetzung der Bevölkerung[38]: Angehörige der Unterschicht zogen auf der Suche nach Arbeit in die Umgebung von Fabriken, die, um die Wasserkraft zu nutzen, oft in ländlichem Gebiet angesiedelt waren. Pauperismus[39] war ein Problem, wenngleich wenig sichtbar, da die Armen ihre Heimatgemeinden, die für ihre Versorgung zuständig waren, oft nicht verließen. Die

---

30 Bergier, Wirtschaftsgeschichte (wie Fn. 13), S. 332 ff.; Hauser, Wirtschafts- und Sozialgeschichte (wie Fn. 22), S. 261 ff.
31 Übersicht bei: Andrey, Suche (wie Fn. 9), S. 559, Tabelle 6.
32 Dazu Andrey, Suche (wie Fn. 9), S. 561; Hauser, Wirtschafts- und Sozialgeschichte (wie Fn. 22), S. 264 f.; Schollenberger, Geschichte (wie Fn. 1), Bd. 2, S. 161.
33 Kölz, Verfassungsgeschichte (wie Fn. 3), S. 206 f.
34 Andrey, Suche (wie Fn. 9), S. 561 f.
35 Nach Bergier, Wirtschaftsgeschichte (wie Fn. 13), S. 227, war die Produktivität je Einwohner die höchste in Europa; dies gilt auch für die Landwirtschaft, dazu Andrey, Suche (wie Fn. 9), S. 545 f.; Bergier, Wirtschaftsgeschichte (wie Fn. 13), S. 105 ff., zu den sozialen Folgen S. 38 ff.; umfassende Übersicht bei Christian Pfister, Klimageschichte der Schweiz 1525–1860. Das Klima in der Schweiz von 1525–1860 und seine Bedeutung in der Geschichte von Bevölkerung und Landwirtschaft, 2 Bde., Bern/Stuttgart 2. Aufl. 1985, hier Bd. 2, S. 106 ff., 116 ff.; beispielhaft für Appenzell-Außerrhoden Tanner, Spulen (wie Fn. 22), S. 89 ff.
36 Vgl. dazu Andrey, Suche (wie Fn. 9), S. 571 f., v. a. Tabelle 8; Menzel, Auswege (wie Fn. 21), S. 136 ff.
37 Andrey, Suche (wie Fn. 9), S. 574; Hauser, Wirtschafts- und Sozialgeschichte (wie Fn. 22), S. 328 f.; Gruner, Arbeiter (wie Fn. 8), S. 21 ff., ausführlich S. 120 ff. Zeitgleich ist von einer klimatischen »Kaltperiode« auszugehen: Pfister, Klimageschichte (wie Fn. 35), hier Bd. 1, S. 131; 1816 gilt überhaupt als Jahr ohne »Sommer« (ebd., S. 140) und als Katastrophenjahr (ebd., Bd. 2, S. 62). Zur Entwicklung in Luzern: Bossard-Borner, Luzern 1798–1831/50 (wie Fn. 9), S. 323 ff.
38 Zur Herkunft der Industriearbeiter Gruner, Arbeiter (wie Fn. 8), S. 84 ff.
39 Dazu ausführlich ebd., S. 21 ff.

Lebenserwartung lag in weiten Teilen der Schweiz unter 40 Jahren. Daran änderte ein gestiegenes Gesundheitsbewusstsein zunächst wenig. Die Zahl der Kinder war höchst unterschiedlich.[40] Tendenziell wurde es einfacher, eine Ehe einzugehen; allerdings hatten Eheleute dann weniger Kinder als ihre Vorfahren. Ehescheidung blieb die Ausnahme. Unklar sind die Ursachen für die regional höchst unterschiedliche Zahl unehelicher Kinder.[41] Insgesamt kann davon ausgegangen werden, dass sich traditionelle Bindungen wie Dorfgemeinschaften und Zunftzwänge allmählich lösten, gleichzeitig aber freiwillige Mitgliedschaft in Gesellschaften und Vereinen zunahm.[42] Allerdings erhöhte sich die Repression wieder: Folter und Todesstrafe, in der Helvetik abgeschafft, wurden in der Restauration erneut eingeführt, um in der Regeneration wieder zurückgedrängt zu werden.[43] Das Leitbild eines freien, selbstbestimmten Menschen drang nur langsam vor.[44] Mit der Restauration nahm, politisch erwünscht, der Einfluss der Kirchen erneut zu. Die Bindung der Menschen zu ihrer Kirchgemeinde war, nach der vergangenen unruhigen Zeit, oft stärker als das Zugehörigkeitsgefühl zur politischen und bürgerlichen Gemeinde.

In den Jahren 1814–1816 erhielt die Eidgenossenschaft im Wesentlichen ihre bis heute geltende territoriale Ausgestaltung. Gebiete, die seit 1798 verloren gegangen waren, konnten teilweise zurückgewonnen werden.[45] Im Inneren war ein Ausgleich zwischen den in der Helvetik neu entstandenen Kantonen und den alten Kantonen, auf dessen ehemaligem Gebiet diese entstanden waren, zu finden. Dies erfolgte durch die Aufteilung des Bistums Basel und durch Geldzahlungen. Die Neuordnung der Schweiz war eingebettet in die Neuordnung Europas durch den Wiener Kongress; sie war geprägt durch Bedürfnisse der Kantone und Interessen der Nachbarstaaten und Großmächte, die sich aktiv beteiligten. (☞ Abb. 8.1)

Als *gleichberechtigte Kantone neu in die Eidgenossenschaft aufgenommen* wurden die ehemals zugewandten Orte Wallis, Genf und Neuenburg (Neuchâtel), die in der Mediationszeit nicht Teil der Eidgenossenschaft gewesen waren. Die Republik

---

40 In Luzern konnten mancherorts mehr als sechs Kinder pro Familie nachgewiesen werden, während in Genf ein durchschnittlicher Haushalt 3,7 Personen zählte; Andrey, Suche (wie Fn. 9), S. 580.

41 Ebd., S. 581 f.

42 Ebd., S. 582, 604 ff.; zu Vereinen vgl. auch Hans Ulrich Jost, Zur Geschichte des Vereinswesens in der Schweiz, in: Hugger (Hg.), Handbuch (wie Fn. 19), Bd. 1, S. 467-484. Gruner, Arbeiter (wie Fn. 8), S. 349 ff.; Aubert, Bundesstaatsrecht (wie Fn. 70), Rz. 38 ff.; Schollenberger, Geschichte (wie Fn. 1), Bd. 2, S. 169.; beispielhaft für Appenzell-Außerrhoden, Tanner, Spulen (wie Fn. 22), S. 307 ff.

43 Dazu Lukas Gschwend/Marc Winiger, Die Abschaffung der Folter in der Schweiz, St. Gallen u. a. 2008, insbes. S. 38 ff.

44 Zum Folgenden Andrey, Suche (wie Fn. 9), S. 582 f.

45 In der Historiografie wird verschiedentlich beklagt, die Eidgenossen hätten v. a. durch uneiniges Auftreten und mangelnde Weitsicht weitere Gebietsgewinne verspielt und Gebietsverlust hinnehmen müssen. Insgesamt ist die Bewertung sehr kritisch. Vgl. u. a. His, Geschichte (wie Fn. 2), Bd. 2, S. 25 f.

1 Die Schweiz 1815–1847

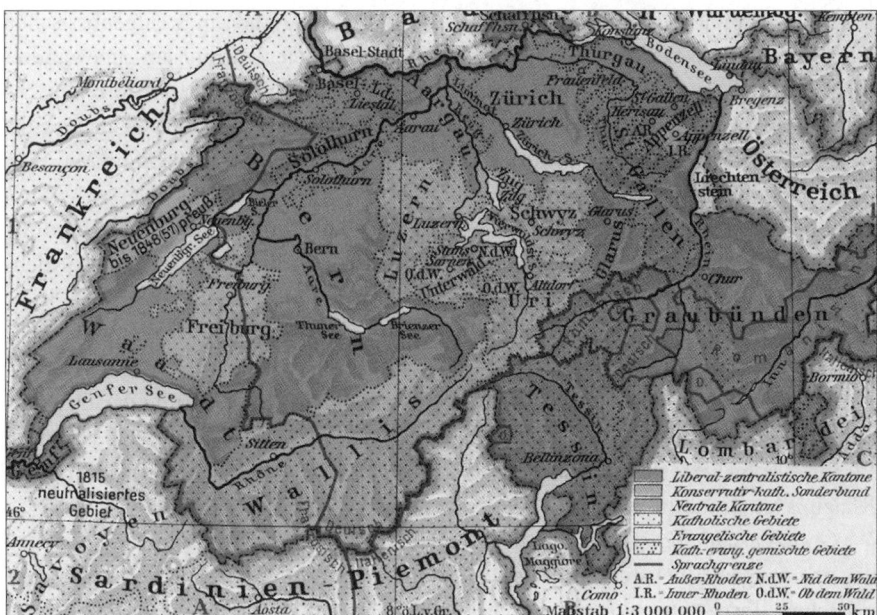

Abb. 8.1 Die Schweiz vor 1848

Wallis[46] war seit 1812 ein französisches Protektorat, bevor sie 1810 als Département du Simplon dem französischen Kaiserreich angegliedert wurde. Die Aufnahme in die Eidgenossenschaft erfolgte 1815.[47] Das Fürstentum Neuenburg[48] war 1805 von Preußen an Napoleon abgetreten worden, der das Fürstentum 1806 seinem Generalstabschef und Marschall Louis Alexandre Berthier übergab. 1813 erhob Preußen erneut Anspruch auf das Fürstentum und gliederte das abgelegene, militärisch nicht zu verteidigende Gebiet der Eidgenossenschaft an[49], nachdem der König von Preußen auf Verlangen der Eidgenossen erklärt hatte, das Fürstentum Neuenburg wäre ein von Preußen getrennter Staat, der vom Neuenburger Staatsrat verpflichtend vertreten werden konnte.[50] Neuenburg hatte damit auf Jahrzehnte die unklare und oft proble-

---

46 Zum Wallis z. B. His, Geschichte (wie Fn. 2), Bd. 2, S. 26 f.
47 Urkunde betreffend die Aufnahme des Republik Wallis als Canton in den Eidgenössischen Bund. Vom 4. August 1815, in: Offizielle Sammlung der das Schweizerische Staatsrechte betreffenden Aktenstücke, der in Kraft stehenden Eidgenössischen Beschlüsse, Verordnungen und Concordate, und der zwischen der Eidgenossenschaft und den benachbarten Staaten abgeschlossenen besonderen Verträge, 3 Bde., Zürich 1820–1849, hier Bd. 1, S. 31 ff.
48 Zu Neuenburg/Neuchâtel vgl. Maurice Haesler, De la situation de Neuchâtel vis-à-vis de la Prusse et de la Confédération suisse (1848–1857), Neuchâtel 1958, S. 35 f.; His, Geschichte (wie Fn. 2), Bd. 2, S. 27 ff.; Andrey, Suche (wie Fn. 9), S. 595 f.
49 Urkunde, betreffend die Aufnahme des Staats von Neuenburg als Canton in den Eidgenössischen Bund. Vom 19. May 1815, in CD-ROM-2, Dok.-Nr. 8.1.2.
50 Erklärung des Königs von Preußen vom 18.6.1814, in: CD-ROM-2, Dok.-Nr. 8.1.1.

matische Doppelstellung eines preußischen Fürstentums und eines eidgenössischen Kantons erlangt.[51] Die Stadt und Republik Genf, im Ancien Régime ein zugewandter Ort, war 1798 an Frankreich angegliedert worden. Als im Mai 1814 österreichische Truppen in die Stadt einmarschierten, konstituierten sich Syndics und Rat als legitime Regierung. Im Frieden von Paris der Schweiz zugesprochen, wurde Genf im Mai 1815 in die Eidgenossenschaft aufgenommen.[52]

Von großer strategischer Bedeutung waren die Herstellung einer Landverbindung zwischen Genf und der Eidgenossenschaft auf Kosten Frankreichs[53] und die Ausdehnung der Schweizer Neutralität auf sardisches Gebiet südlich des Genfer Sees.[54] Die Verschiebung der Zollgrenze zu Frankreich, die Zollfreiheit für den Transitverkehr u. a. auf der sardischen Simplonstraße erleichterten die wirtschaftliche Entwicklung der Stadt.[55] Kleinere Gebietsveränderungen brachten die Angliederung des Dappentals, das in der Helvetik und Mediation französisch gewesen war, an den Kanton Waadt, des bisher österreichischen Fricktals an Aargau und der kleinen Herrschaft Rhazüns an Graubünden.[56]

Grenzverschiebungen im Inneren ergab hauptsächlich die Aufteilung der Gebiete des ehemaligen Reichsfürstentums des Bischofs von Basel[57], das auf heute schweizerischem Territorium vor allem Gegenden in den heutigen Kantonen Jura, mit seiner Hauptstadt Pruntrut, Basel-Landschaft und Aargau umfasste. 1798 wurden die schweizerischen Teile an Frankreich angegliedert, das sich schon zuvor die im Reich gelegenen Territorien des Bischofs von Basel einverleibt hatte. Nach dem Einmarsch österreichischer Truppen im Dezember 1813 bemühte sich der Bischof von Basel um die Restauration seiner Herrschaft[58]; im Raum stand auch die Schaffung eines eigenen

---

51 Dazu eingehend Haesler, Situation (wie Fn. 48), hier S. 36 ff.
52 Urkunde, betreffend die Aufnahme der Republik Genf als Canton in den Eidgenössischen Bund. Vom 19. May 1815, in: Sammlung (wie Fn. 47), Bd. 1, S. 26 ff.
53 CD-ROM-2, Dok.-Nr. 1.1.1 (Erster Pariser Frieden v. 30.5.1814), Art. III-IV. Die die Schweiz betreffenden Bestimmungen sind mit Übersetzung auch abgedruckt in: Sammlung (wie Fn. 47), Bd. 1, S. 100 f.
54 Protokoll des Wiener Kongresses vom 29.5.1815, Text in: W. Fetscherin (Bearb.), Repertorium der Abschiede der eidgenössischen Tagsatzungen aus den Jahren 1814 bis 1848, Bde. 1 (§ 1-75) und 2 (§ 76-178, inkl. Beilagen), Bern 1874, hier Bd. 2, S. 794 f. Siehe auch CD-ROM-2, Dok.-Nr. 1.1.8 (Anerkennung der ewigen Neutralität der Schweiz v. 20.11.1815). Vgl. dazu Edgar Bonjour, Geschichte der Schweizerischen Neutralität. Vier Jahrhunderte Eidgenössischer Außenpolitik, Bd. 1, Basel 2. Aufl. 1965, S. 222 ff.; Schollenberger, Geschichte (wie Fn. 1), Bd. 2, S. 152 f.
55 Arrangemens additionels à l'article cinquième de la declaration du congrès de Vienne, touchant le Canton de Genève, Du 29 Mars 1819, in: Sammlung (wie Fn. 47), Bd. 1, S. 75 ff.; ausführlich dazu His, Geschichte (wie Fn. 2), Bd. 2, S. 33 ff.; Schollenberger, Geschichte (wie Fn. 1), Bd. 2, S. 153 f.
56 His, Geschichte (wie Fn. 2), Bd. 2, S. 38 f.; Schollenberger, Geschichte (wie Fn. 1), Bd. 2, S. 152; zu Rhäzüns Metz, Geschichte (wie Fn. 27), S. 247 ff.
57 Zum Untergang des Bistums Basel Marco Jorio, Der Untergang des Fürstbistums Basel (1792–1815), Diss. Freiburg i. Ü. 1981; Markus Ries, Die Neuorganisation des Bistums Basel am Beginn des 19. Jahrhunderts (1815–1828), Suttgart u. a. 1992, S. 27 ff., 105 ff.
58 Dazu Jorio, Untergang (wie Fn. 57), S. 154 ff.; Ries, Neuorganisation (wie Fn. 57), S. 110 ff.

Kantons Pruntrut. Die Erklärung des Wiener Kongresses vom 20. März 1815[59] sprach das Gebiet schließlich der Schweiz zu und ermöglichte so die Entschädigung Berns für den Verlust des Aargaus und des Waadtlands, die in der Helvetik zu Kantonen erhoben worden waren. Das Gebiet wurde 1815 an Bern übergeben, nachdem der Kanton dem Wunsch der Großmächte, die Bevölkerung den Bürgern Berns gleichzustellen und die katholische Religion als einzige im Jura öffentlich anerkannte Konfession anzuerkennen, entsprochen hatte.[60] An Bern kamen auch Biel und sein Umland.[61] Das Birseck (Bezirk Arlesheim) wurde an Basel angeschlossen, das der katholischen Bevölkerung ebenfalls weitgehenden Schutz zusicherte.[62] Bemerkenswert ist, dass Nidwalden Engelberg an Obwalden verlor, nachdem man, um vorrevolutionäre Zustände wiederherzustellen, die Vertreter Engelbergs aus dem Landrat gewiesen hatte.[63] Weitere Verschiebungen sind von geringerer Bedeutung.[64]

Außenpolitisch kehrte die Schweiz zur Neutralitätspolitik zurück. Unmittelbar nach dem Sturz Napoleons verkündete die außerordentliche Tagsatzung am 18. November 1813 die bewaffnete Neutralität[65], (noch) folgenlos, da kurze Zeit später Koalitionstruppen ungehindert durch die Schweiz gegen Frankreich vorrückten.[66] Die

---

59 Declaration de Congrès de Vienne, concernant les affaires de la Suisse, Du 20 mars 1815, in: Sammlung (wie Fn. 47), Bd. 1, S. 50 ff.
60 CD-ROM-2, Dok.-Nr. 8.9.1 (Vereinigungsurkunde des ehemaligen Bisthums Basel mit dem Kanton Bern v. 23.11.1815); dazu auch Ries, Neuorganisation (wie Fn. 57), S. 120 ff.; Beat Junker, Beat, Geschichte des Kantons Bern seit 1798, 2 Bde., Bern 1982–1990, hier Bd. 1: Helvetik, Mediation, Restauration, 1798–1830, Bern 1982, S. 207 ff.
61 Declaration de Congrès de Vienne, concernant les affaires de la Suisse, Du 20 mars 1815, Art. 3, in: Sammlung (wie Fn. 47), Bd. 1, S. 50 ff.
62 CD-ROM-2, Dok.-Nr. 8.9.2 (Vereinigungsurkunde des Bezirks Birseck mit dem Kanton Basel v. 6.12.1815).
63 Vergleichsurkunde zwischen den beiden Abtheilungen des L. Standes Unterwalden, betreffend das Thal und Kloster Engelberg, die Repräsentationsverhältnisse, die Geld- und Mannschaftsbeiträge und das Standeswappen, Vom 8. August 1816, in: Sammlung (wie Fn. 47), Bd. 1, S. 37 f.
64 Ein kleines Stück des Bistums bei Lignières kam an Neuenburg; His, Geschichte (wie Fn. 2), Bd. 2, S. 35. Das Kloster Einsiedeln erhielt Hoheitsrechte über das Dorf Reichenburg an der March; ebd., S. 41, mit Textquellen in Fn. 89. Über das Frauenkloster Grimmenstein einigten sich beide Appenzell: Uebereinkunft zwischen den beiden Abtheilungen des L. Standes Appenzell, betreffend die Verhältnisse des Klosters Grimmenstein und die Kehrordnung der Standes=Repräsentation auf den Tagsatzungen, Vom 14. und 22. April 1817, in: Sammlung (wie Fn. 47), Bd. 1, S. 41 ff. An Schwyz kam Gersau gemäß Beschluss der Tagsatzung betreffend die Vereinigung des Fleckens und der Landschaft Gersau mit dem Canton Schwyz, Vom 22. Juli 1817, ebd., S. 46.
65 Text: Fetscherin (Bearb.), Repertorium (wie Fn. 54), Bd. 2, S. 785 f.; Paul Schweizer, Geschichte der Schweizerischen Neutralität, Frauenfeld 1895, S. 538 ff.; Bonjour, Geschichte (wie Fn. 54), S. 171 ff.
66 Am 20.12.1813 überquerten große alliierte Truppenkontingente den Rhein, um gegen Frankreich weiter zuziehen. In der Folge wurde das schweizerische Militäraufgebot aufgelöst; dazu His, Geschichte (wie Fn. 2), Bd. 2, S. 9; Andreas Heusler, Schweizerische Verfassungsgeschichte, Basel 1920 (Ndr. Aalen 1968), S. 322; Schweizer, Geschichte (wie Fn. 65), S. 538 ff.; Bonjour, Geschichte (wie Fn. 54), S. 171 ff.; Kölz, Verfassungsgeschichte (wie Fn. 3), S. 177; ausführlich

Anerkennung der Neutralität durch die Großmächte war das wichtigste, von allen Kantonen getragene Ziel schweizerischer Außenpolitik.[67] Die Großmächte stimmten einem entsprechenden Begehren am 20. März 1815 zu und anerkannten die schweizerische Neutralität am 20. November 1815.[68] Dies hinderte Schweizer Truppen allerdings nicht daran, am Feldzug gegen den aus Elba zurückgekehrten Napoleon teilzunehmen.[69] Auch der Heiligen Allianz trat die Schweiz, neutralitätsrechtlich bedenklich, am 27. Januar 1817 auf Einladung der Großmächte bei.[70] Die Neutralität schützte die Schweiz auch in der Folge nicht vor Einflussnahmen der Großmächte; insbesondere die Aufnahme politischer Flüchtlinge sorgte für häufige, scharfe Auseinandersetzungen, die zum Erlass des Fremden- und Pressekonklusums[71] führten.

Schollenberger, Geschichte (wie Fn. 1), Bd. 2, S. 104 ff.; Johann Jakob Blumer, Handbuch des Schweizerischen Bundesstaatsrechts, Bd. 1, Schaffhausen 2. Aufl. 1877, S. 43 f.

67 Vgl. zum Folgenden Schweizer, Geschichte (wie Fn. 65), S. 550 ff.; Eduard Henke, Oeffentliches Recht der Schweizerischen Eidgenossenschaft und der Kantone der Schweiz. Nebst Grundzügen der allgemeinen Staatsrechts, Aarau 1824, S. 274 ff.; Thomas Maissen, Geschichte der Schweiz, Baden 2010, S. 182 ff.

68 CD-ROM-2, Dok.-Nr. 1.1.8 (wie Fn. 54). Vgl. dazu (mit Textauszügen): Schweizer, Geschichte (wie Fn. 65), S. 580 ff.; Bonjour, Geschichte (wie Fn. 54), S. 211 f.; Heusler, Verfassungsgeschichte (wie Fn. 66), S. 350; Schollenberger, Geschichte (wie Fn. 1), Bd. 2, S. 156 ff.

69 Schweizer, Geschichte (wie Fn. 65), S. 555 ff.; Bonjour, Geschichte (wie Fn. 54), S. 193 ff.

70 Acte d'adhesion de la Confédération Suisse aux principes de l'Alliance fraternelle et chrétienne ci-dessus, du 27. Janvier 1817, in: Sammlung (wie Fn. 47), Bd. 1, S. 213 f.; vgl. dazu: Heusler, Verfassungsgeschichte (wie Fn. 66), S. 350; Bonjour, Geschichte (wie Fn. 54), S. 225 ff.; Kölz, Verfassungsgeschichte (wie Fn. 3), S. 182. Nach Jean-François Aubert, Bundesstaatsrecht (wie Fn. 70) der Schweiz. Fassung von 1967. Neubearbeiteter Nachtrag bis 1990, Bd. 1, Basel – Frankfurt a. M. 1991, Rz. 37, habe die Schweiz »unter der Aufsicht dieser Königsallianz« gestanden. Vgl. auch Maissen, Geschichte (wie Fn. 67), S. 182, mit Hinweisen auf das auch von Eidgenossen geteilte Bestreben, weitere Revolutionen zu verhindern.

71 CD-ROM-2, Dok.-Nr. 8.4.7 (Presse- und Fremdenkonklusum v. 14.7.1823); dazu: Heusler, Verfassungsgeschichte (wie Fn. 66), S. 351 ff.; Schweizer, Geschichte (wie Fn. 65), S. 623 ff., insbes. 659 ff.; Bonjour, Geschichte (wie Fn. 54), S. 239 ff.; Aubert, Bundesstaatsrecht (wie Fn. 70), Rz. 37; Blumer, Handbuch (wie Fn. 66), Bd. 1, S. 58, 88 f.; Thomas Maissen, Vom Sonderbund zum Bundesstaat. Krise und Erneuerung 1798–1848 im Spiegel der NZZ, Zürich 1998, S. 45 ff.; Christoph Guggenbühl, Zensur und Pressefreiheit. Kommunikationskontrolle in Zürich an der Wende zum 19. Jahrhundert, Zürich 1996, S. 326 ff. Beispielhaft zur Auseinandersetzung im Aargau: Andreas Müller, Geschichte der politischen Presse im Aargau. Das 19. Jahrhundert, Aarau 1998, S. 42 ff. Weitere Auseinandersetzung folgten im Zuge der Julirevolution, dazu: Christian Kolbe, Asylanten als Agitatoren in der Schweiz. Die Aktivitäten polnischer Flüchtlinge anlässlich der Aufstände von 1830/31 und 1863/64 und der Aufenthalt des italienischen Revolutionärs Giuseppe Mazzini in der Schweiz, in: C. Goehrke/W. G. Zimmermann (Hg.), »Zuflucht Schweiz«. Der Umgang mit Asylproblemen im 19. und 20. Jahrhundert, Zürich 1994, S. 17-37, hier insbes. S. 19 ff.; Luzius Lenherr, Ultimatum an die Schweiz. Der politische Druck Metternichs auf die Eidgenossenschaft infolge ihrer Asylpolitik in der Regeneration (1833–1836), Bern u. a. 1991, insbes. S. 131 ff.; Schweizer, Geschichte (wie Fn. 65), S. 705 ff.; Bonjour, Geschichte (wie Fn. 54), S. 258 ff.; Andrey, Suche (wie Fn. 9), S. 603 f.; Kölz, Verfassungsgeschichte (wie Fn. 3), S. 405 ff.; Aubert, Bundesstaatsrecht (wie Fn. 70), Rz. 55.

Neutralitäts- und außenpolitische Komplikationen ergaben sich auch aus dem unklaren Status von Neuenburg (Neuchâtel), das zugleich Schweizer Kanton und preußisches Fürstentum war.[72]

2 Verfassungsstruktur der zentralen staatlichen Ebene

2.1 Eidgenossenschaft

2.1.1 Entstehung des Bundesvertrags von 1815

Der Bundesvertrag von 1815 steht am Ende einer Phase rechtlicher und politischer Unsicherheit, die mit dem Sturz Napoleons 1813 seinen Anfang nahm. Der Beschluss einer außerordentlichen Tagsatzung vom 20. November 1813, die Mediationsordnung aufrechtzuerhalten[73], fiel dem Einmarsch alliierter Truppen zum Opfer, ohne dass in den folgenden Monaten eine allgemein anerkannte Ordnung der Eidgenossenschaft gefunden werden konnte; strittig war nicht nur die Form der Zusammenarbeit der Kantone, sondern, viel schwerwiegender, der weitere Bestand der seit dem Sturz des Ancien Régime entstandenen neuen Kantone.[74] Schon am 27. Dezember 1813 versammelten sich in Zürich die souveränen Kantone, also jene, die schon vor der Helvetik bestanden hatten[75], und konstituierten sich als eidgenössische Versammlung, in, wie es hieß, »ungewisser Form«, da einige[76] der Versammelten nur die bereits im Ancien Régime bestehende Tagsatzung der 13 Orte als Bundesbehörde anerkennen wollten. In einer Übereinkunft vom 29. Dezember 1813 gründeten die Gesandten der »alt-eidgenössischen Stände« den Bundesverein, da – wie sie in der Präambel feststellten – die Verfassung der Mediationsakte aufgrund der Ereignisse in der Schweiz und im Ausland keinen Bestand mehr haben könne.[77] Im Geiste der alten Bünde sicherten sie sich

---

72 Schweizer, Geschichte (wie Fn. 65), S. 771 ff.; dazu einlässlich Haesler, Situation (wie Fn. 48).
73 His, Geschichte (wie Fn. 2), Bd. 2, S. 10; zur Neutralitätserklärung ausführlich Schollenberger, Geschichte (wie Fn. 1), Bd. 2, S. 102 ff.
74 Vgl. dazu z. B. Aubert, Bundesstaatsrecht (wie Fn. 70), Rz. 30; Johann Caspar Bluntschli, Geschichte des schweizerischen Bundesrechts von den ersten ewigen Bünden bis auf die Gegenwart, Bd. 1, Stuttgart 2. Aufl. 1875 (Ndr. Vaduz 1977), S. 480 f.
75 Vertreten waren die Kantone Zürich, Uri, Luzern, Glarus, Zug, Basel, Schaffhausen, Appenzell, St. Gallen, Aargau, Thurgau, Waadt. Später traten bei: Freiburg, Schwyz, Solothurn, Graubünden, Unterwalden, Tessin. Vgl. Fetscherin (Bearb.), Repertorium (wie Fn. 54), Bd. 1, S. 51, 323; außerdem His, Geschichte (wie Fn. 2), Bd. 2, S. 10; Kölz, Verfassungsgeschichte (wie Fn. 3), S. 177 f.; Aubert, Bundesstaatsrecht (wie Fn. 70), Rz 29; Blumer, Handbuch (wie Fn. 66), Bd. 1, S. 44 f.
76 Bern, Solothurn, Freiburg.
77 Eine formelle Kompetenz, über das Schicksal der Mediationsakte zu befinden, hatten die Versammelten nicht; dazu Kölz, Verfassungsgeschichte (wie Fn. 3), S. 177 f.

gegenseitige Unterstützung zu und luden die »übrigen alt-eidgenössischen Stände, als auch diejenigen, welche bereits seit langen Jahren Bundesglieder gewesen sind«, zum Beitritt ein.[78] Da die Übereinkunft festlegte, »dass keine mit den Rechten eines freien Volkes unverträgliche Unterthanen-Verhältnisse hergestellt werden sollen«, präjudizierten sie immerhin den Weiterbestand der neuen Kantone, die bis 1798 Untertanengebiete gewesen waren, ohne sich allerdings im Detail darauf festzulegen, welche Kantone mit welchem Gebiet in die Eidgenossenschaft aufgenommen werden sollten.

Erste Bemühungen, der Schweiz eine neue Ordnung zu geben, unternahm die in der Folge tagende Eidgenössische Versammlung.[79] Der erste Entwurf ihrer eigens bestellten Verfassungskommission, die »Grundlinien eines eidgenössischen Bundesvereins« vom 4. Februar 1814[80], respektierte den Wunsch der Kantone, die Bundeskompetenzen und -organe möglichst gering und schwach zu halten.[81] Nach einer Überarbeitung durch die Eidgenössische Versammlung[82], wurde der Entwurf den Kantonen und, auf ihr Verlangen hin, den Großmächten vorgelegt. Zu weiteren Arbeiten kam es nicht, da konservative Kräfte in den alten Kantonen territoriale Forderungen an die neuen Kantone stellten, woran die Eidgenössische Versammlung zerbrach.[83] In der Folge verlangte eine Gruppe von Kantonen die Einberufung einer bloß dreizehnörtigen Tagsatzung und konstituierte sich im März als Sondertagsatzung.[84] Ihnen traten allerdings die Großmächte entgegen, die die Gebietsansprüche der alten Kantone entschlossen zurückwiesen und ultimativ eine Ordnung auf Basis der bestehenden Kantone der Mediationszeit verlangten.[85]

---

78 CD-ROM-2, Dok.-Nr. 8.2.1 (Übereinkunft [über die Gründung des Bundesvereins] v. 29.12.1813); dazu Simon Kaiser/Johann Strickler, Geschichte und Texte der Bundesverfassungen der Schweizerischen Eidgenossenschaft von der helvetischen Staatsumwälzung bis zur Gegenwart, Bern 1901, S. 78, 152 f.; Schollenberger, Geschichte (wie Fn. 1), Bd. 2, S. 110 ff.; Blumer, Handbuch (wie Fn. 66), Bd. 1, S. 44 f.
79 Vgl. Schollenberger, Geschichte (wie Fn. 1), Bd. 2, S. 117 f., der zeigt, dass dies v. a. auf Verlangen der Alliierten geschah; dort auch ein guter Überblick über die unterschiedlichen Interessen der Kantone; ebenso Kaiser/Strickler, Geschichte (wie Fn. 78), S. 80.
80 Text: Kaiser/Strickler, Geschichte (wie Fn. 78), S. 154 ff.; zum Bericht der Kommission; Heusler, Verfassungsgeschichte (wie Fn. 66), S. 327 f.; zum Entwurf: Kaiser/Strickler, Geschichte (wie Fn. 78), S. 82 f.; vgl. auch Aubert, Bundesstaatsrecht (wie Fn. 70), Rz 31.
81 Dazu illustrativ: Kaiser/Strickler, Geschichte (wie Fn. 78), S. 80 ff.
82 Text: Fetscherin (Bearb.), Repertorium (wie Fn. 54), Bd. 2, S. 693 ff.; Kaiser/Strickler, Geschichte (wie Fn. 78), S. 154 ff.
83 Kölz, Verfassungsgeschichte (wie Fn. 3), S. 178; Aubert, Bundesstaatsrecht (wie Fn. 70), Rz. 31.
84 Kölz, Verfassungsgeschichte (wie Fn. 3), S. 178; Heusler, Verfassungsgeschichte (wie Fn. 66), S. 342; Blumer, Handbuch (wie Fn. 66), Bd. 1, S. 46.
85 Kölz, Verfassungsgeschichte (wie Fn. 3), S. 178 f.; Kley, Verfassungsgeschichte (wie Fn. 3), S. 215 f.; Heusler, Verfassungsgeschichte (wie Fn. 66), S. 324; René Pahud De Mortagnes, Schweizerische Rechtsgeschichte. Ein Grundriss, Zürich – St. Gallen 2007, S. 165; Jakob Schollenberger, Das Bundesstaatsrecht der Schweiz. Geschichte und System, Berlin 1902, S. 125; Aubert, Bundesstaatsrecht (wie Fn. 70), Rz. 31; Schollenberger, Geschichte (wie Fn. 1), Bd. 2, S. 120; Blu-

2 Verfassungsstruktur der zentralen staatlichen Ebene

Am 6. April 1814 traf daraufhin eine Tagsatzung aller 19 Mediationskantone zusammen.[86] Die Gesandten der Kantone gaben der Schweiz eine erste Struktur, indem sie die »Diplomatische Kommission« ernannten, ein Gremium, das die Schweiz nach außen, insbesondere den Alliierten gegenüber, vertreten sollte und seinen Funktionen nach einer ständigen Exekutivgewalt vergleichbar war. Wichtigste Aufgabe der Tagsatzung, die aus gutem Grund bald die »Lange Tagsatzung« genannt werden sollte, war die Neukonstituierung der Schweiz nach dem Ende der Mediationsverfassung. Unbestrittene Eckpunkte waren eine schwach ausgestaltete Bundesgewalt und das gleiche, von Bevölkerungszahl oder Größe unabhängige Stimmrecht der Kantone. Hauptstreitpunkte waren die Ansprüche der alten Kantone, die in der Helvetik Gebiete an die neuen Kantone verloren hatten. Wichtigstes außenpolitisches Anliegen war die Anerkennung der Schweizer Neutralität durch die europäischen Großmächte, die derart Einfluss auf die Verhandlungen nehmen konnten.

Ausgehend von den »Grundlinien eines eidgenössischen Bundesvereins«[87] beriet die »lange Tagsatzung« einen »Entwurf der Diplomatischen Kommission« vom 10. Mai 1814.[88] Geringfügig verändert wurde dann der »Entwurf der Tagsatzung«[89] vom 28. Mai 1814 den Kantonen vorgelegt und zur Annahme empfohlen. Die Großmächte stellten für den Fall der Zustimmung die Garantie von Unabhängigkeit und Verfassung der Schweiz in Aussicht. Dennoch ratifizierten lediglich siebeneinhalb Kantone, denen zwei weitere folgten, den Entwurf, während die restlichen neuneinhalb Kantone Vorbehalte anbrachten, ihn ablehnten oder überhaupt nicht berieten.[90] Die ablehnenden Kantone machten Gebietsansprüche zulasten der neuen Kantone geltend, woran, und ganz allgemein an »reaktionäre[n] Tendenzen in den Patrizier- und Landsgemeindekantonen«[91] der Entwurf scheiterte.

Am 8. August 1814 legten Luzerner Abgeordnete der Tagsatzung schließlich einen Einwurf eines föderalistischen Bundesvertrags[92] vor, den eine Sonderkonferenz

---

mer, Handbuch (wie Fn. 66), Bd. 1, S. 46 f.; Kaiser/Strickler, Geschichte (wie Fn. 78), S. 83 f.; Bluntschli, Geschichte (wie Fn. 74), S. 480 f.
86 Zum Folgenden His, Geschichte (wie Fn. 2), Bd. 2, S. 11 ff.
87 Vgl. zum Folgenden His, Geschichte (wie Fn. 2), Bd. 2, S. 17 ff.; zu den Beratungen selbst Fetscherin (Bearb.), Repertorium (wie Fn. 54), Bd. 1, S. 328 ff.
88 Text: Kaiser/Strickler, Geschichte (wie Fn. 78), S. 162 ff.
89 Text: Abschied, Beilage K; Zitat nach His, Geschichte (wie Fn. 2), Bd. 2, S. 17; dazu u. a. Aubert, Bundesstaatsrecht (wie Fn. 70), Rz 31.
90 Vgl. dazu His, Geschichte (wie Fn. 2), Bd. 2, S. 17: Der Entwurf der Tagsatzung wurde zunächst ratifiziert von Zürich, Basel, Appenzell-Außerrhoden, St. Gallen, Aargau, Thurgau, Tessin, Waadt, dann auch von Graubünden (28.7.), Schaffhausen (30.7.); Vorbehalte brachten Uri, Obwalden, Luzern, Glarus und Solothurn an; abgelehnt wurde der Entwurf von Bern, Nidwalden und Appenzell-Innerrhoden, gar nicht beraten von Schwyz, Zug, Freiburg.
91 His, Geschichte (wie Fn. 2), Bd. 2, S. 17; ähnlich auch Blumer, Handbuch (wie Fn. 66), Bd. 1, S. 46 f.; Kaiser/Strickler, Geschichte (wie Fn. 78), S. 88 f.
92 Text: Fetscherin (Bearb.), Repertorium (wie Fn. 54), Bd. 1, S. 342 f., dazu Aubert, Bundesstaatsrecht (wie Fn. 70), Rz. 32; vgl. zum Folgenden auch His, Geschichte (wie Fn. 2), Bd. 2, S. 18 ff.

der alten Kantone erarbeitet hatte, und drohten, die Tagsatzung zu verlassen und sich als dreizehnörtiger Sonderbund zusammenzuschließen, falls ihre Gebietsansprüche abgewiesen würden. Die Tagsatzung stellte ihre Beratungen noch am selben Tag ein, während erste Kantone militärische Vorbereitungen trafen.

Auf Druck der alliierten Minister[93] trat die Tagsatzung am 16. August erneut zusammen.[94] Ihr Präsident, das Zürcher Standesoberhaupt Hans von Reinhard, legte einen Bundesvertragsentwurf auf Grundlage des föderalistischen Entwurfs vor und äußerte den Vorschlag, die Frage der Gebietsansprüche durch Verhandlungen, eidgenössische Vermittlung, allenfalls durch ein Schiedsgericht zu lösen.[95] Unter dem Druck der Großmächte, die davon die Anerkennung der schweizerischen Unabhängigkeit und Neutralität abhängig machten, stimmten die Gesandten dem Entwurf zu und empfahlen dessen Ratifikation durch die Kantone bis zum 5. September. Auch dieser Entwurf fand zunächst keine brauchbare Mehrheit.[96] Erst ein Kompromiss, der die Schiedsgerichtsvereinbarung über den Ausgleich der Kantonsgebiete als integralen Bestandteil der Bundesurkunde bezeichnete[97], ermöglichte einer soliden Mehrheit der Kantone, nicht aber Schwyz und Nidwalden, die an der Tagsatzung nicht teilgenommen hatten, die Zustimmung. Am 10. Dezember anerkannten die Kongressmächte die Integrität aller 19 Kantone und regelten die Gebietsansprüche der alten Kantone, die in Geld und aus Gebieten des ehemaligen Bistums Basel entschädigt werden sollten. Anerkennung und Gewährleistung der Schweizer Neutralität machten sie von der Annahme dieser Regelung abhängig. Am 20. März 1815 genehmigten schließlich die Kongressmächte ihre Deklaration zur Schweiz.[98] Die Aufnahme der Kantone Wallis,

---

93 Kölz, Verfassungsgeschichte (wie Fn. 3), S. 180 f.; Kley, Verfassungsgeschichte (wie Fn. 3), S. 215 ff.; His, Geschichte (wie Fn. 2), Bd. 2, S. 19, besonders drastisch: »In diesem kritischen Augenblick retteten die alliierten Minister [...] die Situation. [...] Sie konnten mit Recht den Schweizern vorwerfen, sie wüssten von der durch die Gnade der Mächte erlangten Unabhängigkeit keinen anderen Gebrauch zu machen, als durch Spaltung zur Untätigkeit herabzusinken«; außerdem Kaiser/Strickler, Geschichte (wie Fn. 78), S. 88 ff.; Heusler, Verfassungsgeschichte (wie Fn. 66), S. 330; Blumer, Handbuch (wie Fn. 66), Bd. 1, S. 47; vgl. auch Fetscherin (Bearb.), Repertorium (wie Fn. 54), Bd. 1, S. 342 f.
94 Zu den Verhandlungen: Fetscherin (Bearb.), Repertorium (wie Fn. 54), Bd. 1, S. 342 ff. Zum Folgenden: His, Geschichte (wie Fn. 2), Bd. 2, S. 22 ff.; Kley, Verfassungsgeschichte (wie Fn. 3), S. 216 f.
95 Text: Fetscherin (Bearb.), Repertorium (wie Fn. 54), Bd. 1, S. 343.
96 Bern, Freiburg, Solothurn, Luzern, Uri, Obwalden, Glarus und Zug stimmten zu. Schwyz, Nidwalden und Innerrhoden lehnten den Entwurf ab. Zürich, Basel, Schaffhausen, Appenzell-Außerrhoden ratifizierten zwar, erhoben aber Vorbehalt, weil die Kantonsgebiete nicht anerkannt wurden. Eine Ratifikation lehnten, aus demselben Grund, die Kantone St. Gallen, Graubünden, Aargau, Thurgau, Tessin und Waadt ab. Fetscherin (Bearb.), Repertorium (wie Fn. 54), Bd. 1, S. 344, zu den weiteren Verhandlungen, S. 344 ff.; Übersicht bei His, Geschichte (wie Fn. 2), Bd. 2, S. 29.
97 His, Geschichte (wie Fn. 2), Bd. 2, S. 20 f.
98 Declaration de Congrès de Vienne, concernant les affaires de la Suisse, Du 20 mars 1815, in: Sammlung (wie Fn. 47), Bd. 1, S. 50 ff.; His, Geschichte (wie Fn. 2), Bd. 2, S. 22; Blumer, Handbuch (wie Fn. 66), Bd. 1, S. 48 f.; Kaiser/Strickler, Geschichte (wie Fn. 78), S. 93 ff.

Neuenburg (Neuchâtel) und Genf erforderte noch redaktionelle Änderungen, bevor der Bundesvertrag am 7. August 1815 von 21½ Kantonen, noch fehlte Nidwalden, wo der Bundesvertrag durch eidgenössische Truppen durchgesetzt werden musste[99], beschworen werden konnte.[100]

2.1.2 Die Schweiz nach dem Bundesvertrag von 1815

Der Bundesvertrag vom 7. August 1815[101] wurde von den Kantonen abgeschlossen, um »Freiheit, Unabhängigkeit und Sicherheit gegen alle Angriffe fremder Mächte« zu behaupten und »Ruhe und Ordnung im Inneren« zu bewahren. Dazu gewährleisteten sich die Kantone gegenseitig Verfassung und Gebiet. Der Bundesvertrag regelte in 15 Paragrafen ohne weitere Untergliederung das Verhältnis der Kantone untereinander, die Streitschlichtung unter den Kantonen und das Vorgehen in gemeinsamen Angelegenheiten, insbesondere bei Bedrohungen der inneren oder äußeren Sicherheit oder der Neutralität. Er verbot außerdem Untertanenverhältnisse und Klassenprivilegien, garantierte mit gewissen Einschränkungen die Handels-, Zoll- und Niederlassungsfreiheit, den Bestand der Klöster und auferlegte den Kantonen weitere Verpflichtungen.

Der Bundesvertrag wurde von den Kantonen zur *Bewahrung ihrer inneren und äußeren Sicherheit* geschlossen. Dies war die wichtigste *Bundeskompetenz*. Dem diente die gegenseitige *Gewährleistung von Verfassung und Gebiet der Kantone*. Die Gewährleistung wurde durch die Kantone ausgesprochen, was sich deutlich an Einzelfällen zeigte, in denen Kantonsverfassungen aus rechtlichen oder politischen Gründen nicht von allen Kantonen garantiert wurden.[102] Dennoch bürgerte sich dafür die Bezeichnung »Bundesgarantie ein«, weil die Gewährleistung der Kantonsverfassungen durch die Tagsatzung verhandelt wurde. Diese überprüfte, ob die vorgelegte Kantonsverfassung die im Bundesvertrag festgelegten Gewährleistungsvoraussetzungen erfüllte: Es waren dies die Respektierung der obersten Bundesbehörden und

---

99 Nidwalden trat dem Bundesvertrag am 30.8.1815 bei, nachdem es von eidgenössischen Truppen besetzt worden war: CD-ROM-2, Dok.-Nr. 8.1.3 (Verbalprozess über die Wiederaufnahme Unterwaldens in die Eidgenossenschaft v. 30.8.1815). Zu den Vorgängen im Detail: Fetscherin (Bearb.), Repertorium (wie Fn. 54), Bd. 1, S. 60 ff.; Kurt Münger, Militär, Staat und Nation in der Schweiz, 1798–1874. Das eidgenössische Militärwesen als Faktor der nationalen und nationalstaatlichen Integration von der Helvetischen Republik bis zur Gesamtrevision der Bundesverfassung, Münster 2002, S. 367 f.
100 Kölz, Verfassungsgeschichte (wie Fn. 3), S. 183; zur – langwierigen – Ratifikation durch die Kantone: Fetscherin (Bearb.), Repertorium (wie Fn. 54), Bd. 1, S. 350 f.
101 CD-ROM-2, Dok.-Nr. 8.2.2 (Schweizer Bundesvertrag v. 7.8.1815); Kurzübersicht zum Bundesvertrag bei Maissen, Geschichte (wie Fn. 67), S. 180 f.
102 Vgl. His, Geschichte (wie Fn. 2), Bd. 2, S. 162 f.

die Anerkennung der Grundsätze des Bundesrechts.[103] Damit war die Verfassungsgebung der Kantone bundesrechtlichen Maßstäben unterworfen, die, wenn sie sich den Vorgaben der Tagsatzung nicht beugten, Interventionen hinnehmen mussten. Schon 1814/15 setzten eidgenössische Truppen beispielsweise im Tessin[104] eine von der Tagsatzung bestimmte Verfassung durch, weil mehrere Tessiner Anläufe als zu liberal verworfen worden waren. Die Graubündner Verfassung von 1814 wurde erst 1820 gewährleistet, nachdem sie gemäß den Vorgaben der Tagsatzung abgeändert worden war. Auch der Beschluss der Tagsatzung vom 27. Dezember 1830[105], nicht in die kantonalen Verfassungsstreitigkeiten der Regenerationszeit zu intervenieren und es den Kantonen, im Rahmen der Vorgaben des Bundesvertrags, freizustellen, die für notwendig erachteten Verfassungsänderungen vorzunehmen, setzte voraus, dass die Tagsatzung eigentlich gerade dazu aufgerufen, ja verpflichtet war. Der Beschluss stand in einem eigentümlichen Widerspruch zur Verpflichtung, die bereits gewährleisten Kantonsverfassungen zu schützen.

Im Falle einer *äußeren Bedrohung* konnte der betroffene Kanton andere Kantone um Hilfe bitten; er sollte außerdem zugleich den Vorort verständigen, damit dieser die Tagsatzung einberufen könnte, die wiederum weitere Maßnahmen treffen sollte. Da die Wahrung der äußeren Sicherheit Bundessache war, wurden die anfallenden Kosten von der Eidgenossenschaft übernommen. Auch bei *inneren Unruhen* sollte der Vorort benachrichtigt werden, damit dieser nötigenfalls die Tagsatzung versammeln könnte, deren Aufgabe es war, alle weiteren Maßnahmen zu treffen. In der Praxis entsandte der benachrichtigte Vorort Repräsentanten in den betroffenen Kanton und berief gleichzeitig die Tagsatzung ein. In besonders schwierigen Verhältnissen stattete der Vorort oder die Tagsatzung die Repräsentanten mit weitreichenderen, die kantonale Souveränität beschränkenden Vollmachten aus. Die Praxis spricht dann von Eidgenössischen Interventionen, bei denen den Repräsentanten, die dann als eidgenössische Kommissäre bezeichnet wurden, in der Regel ein Truppenaufgebot zur Seite gestellt, wenn nicht der Kanton überhaupt besetzt wurde. Sie trafen alle Verfügungen, die ihnen zur Herstellung von Ruhe und Ordnung notwendig erschienen, ohne dafür die Zustimmung der Kantonsregierung einzuholen. Sie erließen Polizeiordnungen, organisierten und überwachten Wahlen und Abstimmungen, führten Entwaffnungen durch oder verwalteten, zumindest kurzfristig, das zu befriedende Gebiet. Die Kosten für die Eidgenössische Intervention wurden in der Regel dem be-

---

103 Schweizer Bundesvertrag v. 7.8.1815, § 15, in: CD-ROM-2, Dok.-Nr. 8.2.2; dazu Henke, Recht (wie Fn. 67), S. 229 f., der die Prüfbefugnis der Tagsatzung unterstreicht.
104 Dazu z. B. His, Geschichte (wie Fn. 2), Bd. 2, S. 66 ff.; Andrea Ghiringhelli, La costruzione del Cantone (1803–1830), in: R. Ceschi (Hg.), Storia del Cantone Ticino. L'Ottocento, Bellinzona 1998, S. 33-62, hier S. 50 ff.; Giulio Rossi/Eligio Pometta, Storia del Cantone Ticino, Locarno 7. Auf. 1980, S. 215 ff.
105 CD-ROM-2, Dok.-Nr. 8.2.9 (Tagsatzungsbeschluss über die Zulässigkeit kantonaler Verfassungsänderungen v. 27.12.1830); vgl. dazu auch Blumer, Handbuch (wie Fn. 66), S. 60.

troffenen Kanton auferlegt. Mit eidgenössischen Exekutionen setzte die Tagsatzung Bundesrecht militärisch gegen widerspenstige Kantone durch. Ein Beispiel dafür ist das Vorgehen gegen die Kantone des Sarner Bundes.[106] Zur Erfüllung ihrer Aufgaben standen der Eidgenossenschaft eidgenössische Truppen zu Verfügung. Die effiziente Neuorganisation des Militärwesens gilt als einer der Erfolge des Bundesvertrags.[107]

Der Bund war wichtigster Akteur der *Außenbeziehungen*; er verkehrte mit den auswärtigen Mächten[108], seit die Großmächte 1813 die Eidgenossenschaft und eben nicht die Kantone als ihren primären Ansprechpartner angesehen und diese zur Einrichtung eines zur Außenvertretung befugten Organs aufgefordert hatten.[109] Die Forderung erfüllten die Eidgenossen mit der Wahl der Diplomatischen Kommission. Allein zuständig war die Tagsatzung, und damit ein Bundesorgan, für Kriegserklärung, Friedensschlüsse und Bündnisse mit auswärtigen Staaten. Sie war außerdem zum Abschluss von Handelsverträgen mit auswärtigen Staaten befugt.[110] Anknüpfend an die Rechtslage in der Mediationszeit schloss sie »namens« der Kantone weitere Staatsverträge ab, z. B. über Personenfreizügigkeit, Niederlassung, Auslieferung oder Grenzbereinigung.[111] Sie übte außerdem die Kontrolle über die Außenbeziehungen der Kantone aus, die Verträge über ökonomische und Polizeiangelegenheiten sowie Militärkapitulationen der Tagsatzung vor Ratifikation zur Kenntnis bringen mussten, da ihnen der Abschluss von Verträgen, die nachteilig für andere Kantone oder die Eidgenossenschaft waren, verboten war.[112] Rein ökonomische Verträge ohne politische Komponenten waren der Tagsatzung nachträglich anzuzeigen.[113] Folgerichtig sprach Henke schon 1824 den Kantonen nur eine beschränkte, durch den Bundesvertrag begrenzte völkerrechtliche Souveränität zu.[114]

---

106 His, Geschichte (wie Fn. 2), Bd. 2, S. 183 f.; Andrey, Suche (wie Fn. 9), S. 625.
107 Zum Militärwesen vgl. Kapitel 7, Militär.
108 Siehe auch Organische Vorschrift, betreffend die Unterhandlungen Einzelner Stände mit auswärtigen Mächten, Vom 22. Juli 1819, in: Sammlung (wie Fn. 47), Bd. 1, S. 228 ff.
109 Kley, Verfassungsgeschichte (wie Fn. 3), S. 217; vgl. dazu Henke, Recht (wie Fn. 67), S. 177 f., der schon 1824 die Eidgenossenschaft zwischen Bundesstaat und Staatenbund ansiedelte. Siehe auch Bluntschli, Geschichte (wie Fn. 74), S. 484.
110 Siehe Schweizer Bundesvertrag v. 7.8.1815, § 8, in: CD-ROM-2, Dok.-Nr. 8.2.2; vgl. auch Henke, Recht (wie Fn. 67), S. 273 f. (Krieg und Frieden), S. 277 ff. (Handelsverträge).
111 His, Geschichte (wie Fn. 2), Bd. 2, S. 171.
112 Zur völkerrechtlichen Stellung der Kantone: Henke, Recht (wie Fn. 67), S. 278 ff.
113 Siehe Schweizer Bundesvertrag v. 7.8.1815, § 8, in: CD-ROM-2, Dok.-Nr. 8.2.2; Details: Organische Vorschrift, betreffend die Unterhandlungen Einzelner Stände mit auswärtigen Mächten, Vom 22. Juli 1819, in: Sammlung (wie Fn. 47), Bd. 1, S. 228 ff. Die Tagsatzung überprüfte, ob die Verträge gegen den »Bundesverein«, bestehende Bündnisse oder verfassungsmäßige Rechte anderer Kantone verstießen. Zur außenpolitischen Kompetenz der Kantone: Henke, Recht (wie Fn. 67), S. 349 f.; Schollenberger, Geschichte (wie Fn. 1), Bd. 2, S. 147 f.
114 Henke, Recht (wie Fn. 67), S. 278; Maissen, Geschichte (wie Fn. 67), S. 180, spricht vom »Völkerrechtssubjekt Schweiz«, das »die aussenpolitischen Souveränitätskompetenzen Krieg, Frieden und Bündnisse« wahrnehme.

Zu weiteren erwähnenswerten Kompetenzen zählten die Mitwirkung der Tagsatzung am eidgenössischen Recht[115] und gewisse staatswirtschaftliche Kompetenzen (Bundesvertrag, § 3). In Einzelfällen dehnten die Kantone die Bundeskompetenzen freiwillig aus. Bekanntes Beispiel ist das Presse- und Fremdenkonklusum von 1823, welches die Tagsatzung ermächtigte, die Einhaltung der darin enthaltenen Verpflichtungen durch die Kantone zu überwachen.[116]

Die vorherrschende Lehre betrachtet die Eidgenossenschaft von 1815 daher als *Staatsbund* souveräner Kantone[117], als eine Verteidigungsallianz.[118] Im Detail zeigt sich aber deutlich die Unterordnung der Kantone unter den Bund. Dies erkennt man besonders gut an den Außenbeziehungen, der Gewährleistung der Kantonsverfassungen, der Regelung von Streitigkeiten zwischen den Kantonen und der Beständigkeit der Verbindung unter ihnen. Auch der Bundesvertrag enthielt keine Änderungsklauseln. Im Bereich der Außenpolitik kam den Kantonen lediglich eine beschränkte, der Kontrolle der Tagsatzung unterworfene Souveränität zu.[119] Die Gewährleistung der Kantonsverfassung war abhängig von der Einhaltung der Vorgaben des Bundesvertrags, was die Souveränität der Kantone auch in diesem zentralen Bereich beschränkte. Die Tagsatzung scheute nicht davor zurück, eine Verfassung auch gegen den Willen des Kantons militärisch durchzusetzen.[120] Streitigkeiten unter den Kantonen unterstanden dem eidgenössischen Recht, einem Schiedsverfahren. Der Bundesvertrag verbot schon militärische Vorbereitungsmaßnahmen.[121] Schließlich war der Bundesvertrag auf Dauer angelegt: Er enthielt weder eine Revisions- noch eine Ausstiegsklausel; der Austritt eines Kantons war formal möglich[122], praktisch aber wohl undenkbar. In einer Gesamtwürdigung zeigt sich wohl, dass der Bund von 1815 keinen Bundesstaat konstituierte; dafür ist die Zentralgewalt deutlich zu schwach ausgebildet. Allerdings war die Eidgenossenschaft auch kein bloßer Staatenbund, da die Souveränität der Kantone insbesondere in den Außenbeziehungen und in der Verfassungsgebung beschränkt war.[123]

---

115 Siehe die nachfolgenden Ausführungen.
116 CD-ROM-2, Dok.-Nr. 8.4.7 (wie Fn. 71); vgl. Henke, Recht (wie Fn. 67), S. 266.
117 So u. a. Schollenberger, Bundesstaatsrecht (wie Fn. 85), S. 126; Erwin Ruck, Schweizerisches Staatsrecht, Zürich 3. Aufl. 1957, S. 8; Ulrich Lampert, Das schweizerische Bundesstaatsrecht. Systematische Darstellung mit dem Text der Bundesverfassung im Anhang, Zürich 1918, S. 6; so wohl auch Aubert, Bundesstaatsrecht (wie Fn. 70), Rz. 35; Carl Hilty, Die Bundesverfassungen der Schweizerischen Eidgenossenschaft. Zur sechsten Säcularfeier des ersten ewigen Bundes vom 1. August 1291 geschichtlich dargestellt im Auftrag des Schweizer. Bundesrathes, Bern 1891, S. 377; Bluntschli, Geschichte (wie Fn. 74), S. 484; Maissen, Geschichte (wie Fn. 67), S. 180.
118 De Mortagnes, Rechtsgeschichte (wie Fn. 85), S. 167; Kölz, Verfassungsgeschichte (wie Fn. 3), S. 184 f.
119 Vgl. dazu obige Ausführungen zu den Außenbeziehungen.
120 Vgl. dazu den obigen Abschnitt über die Gewährleistung.
121 Vgl. dazu Kapitel 6, Justiz (6.1 zur Eidgenössischen Gerichtsbarkeit).
122 His, Geschichte (wie Fn. 2), Bd. 2, S. 161.
123 Ähnlich auch Andrey, Suche (wie Fn. 9), S. 612 f., und, schon 1824, Henke, Recht (wie Fn. 67), 177 f. Zu Recht weist auch Schollenberger, Geschichte (wie Fn. 1), Bd. 2, S. 146, darauf hin, dass

Organe der Eidgenossenschaft waren die Tagsatzung, der Vorort, die eidgenössische Kanzlei und fallweise eidgenössische Repräsentanten und Kommissäre.

Die *Tagsatzung* war das zentrale Beratungs- und einzige Beschlussorgan der Eidgenossenschaft. Innerhalb der vom Bundesvertrag gezogenen Grenzen konnte sie rechtsgültig beschließen.[124] Ihre Ausgestaltung orientierte sich an der Tagsatzung des Ancien Régime und der Mediationszeit. In Sachbereichen, in denen die Eidgenossenschaft keine Kompetenzen hatte, tagte sie als periodisch zusammentretender, völkerrechtlich organisierter Gesandtenkongress. Sie setzte sich aus den Gesandten der 22 Kantone zusammen. Bei Abstimmungen hatte jeder Kanton eine Stimme, wobei die Stimmen der Halbkantone nur gezählt wurden, wenn beide gleich stimmten. Über die Auswahl der Gesandten bestimmten die Kantone selbst; in der Regel war dafür der Große Rat zuständig. Halbkantone trafen untereinander Vereinbarungen.[125] Die Tagsatzung nahm ihre Arbeit auf, wenn 15, seit 1835 zwölf ordentlich bevollmächtigte Gesandtschaften der Kantone anwesend waren. Die Tagsatzung trat jeweils am ersten Montag des Heumonats (Juli) in der Hauptstadt des amtierenden Vorortes zusammen. Sie endete nach Abarbeitung aller Traktanden oder durch ihren Beschluss. Außerordentliche Tagsatzungen tagten auf Veranlassung des Vorortes oder auf Begehren von fünf Kantonen. Vorsitzender der Tagsatzung war der Bürgermeister oder Schultheiß des Vorortes. Verhandlungssprache war Deutsch; der Gebrauch des Französischen war zulässig. Der Abschied, den die Kanzlei nach Abschluss der Tagsatzung verfasste, wurde nur in Deutsch erstellt. Eine offizielle Sammlung staatsrechtlicher Aktenstücke erschien 1820 in Deutsch, 1832 auch in Französisch. Erst seit 1834 tagte die Tagsatzung in der Regel öffentlich. (☞ Abb. 8.2, S. 596)

Als Gesandtenkongress beschloss die Tagsatzung durch die Zustimmung der Kantone, deren Gesandte streng an ihre Instruktionen gebunden waren. Anträge konnten in der Regel nur von den Kantonen vorgängig zur Tagsatzung eingebracht werden. Der Tagsatzungspräsident leitete die Anträge an die übrigen Kantone weiter[126], worauf die Gesandten an der folgenden Tagsatzung ihre Stellungnahmen gemäß den erhaltenen Instruktionen abgaben. Eine freie Diskussion der Traktanden war erst seit 1835 zulässig. Der Antrag war angenommen, wenn die Mehrheit der Kantone zustimmte; Entscheidungen über Krieg und Frieden und über Bündnisse mit ausländi-

---

die Kantone nicht mehr ganz so selbstständig waren wie vor 1798; offenbar ähnlich auch Maissen, Geschichte (wie Fn. 67), S. 180.

124 Vgl. zur Tagsatzung: Tagsatzungsreglement v. 7.7.1818, in: CD-ROM-2, Dok.-Nr. 8.5.1; Schweizer Bundesvertrag v. 7.8.1815, § 8, 9, ebd., Dok.-Nr. 8.2.2; His, Geschichte (wie Fn. 2), Bd. 2, S. 167 f.; Henke, Recht (wie Fn. 67), S. 203 ff.

125 Für Appenzell: Uebereinkunft zwischen den beiden Abtheilungen des L. Standes Appenzell, betreffend die Verhältnisse des Klosters Grimmenstein und die Kehrordnung des Standes=Repräsentation auf den Tagsatzungen, vom 14. und 22. April 1817, in: Sammlung (wie Fn. 47), Bd. 1, S. 41 ff.

126 Sog. »Traktandenzirkular«, vgl. dazu Henke, Recht (wie Fn. 67), S. 204 f.

Abb. 8.2 Letzte Sitzung der vereinigten schweizerischen Tagsatzung am 20. Oktober 1847

schen Staaten erforderten drei Viertel der Kantonsstimmen. Besondere Vollmachten konnten dem Vorort mit zwei Dritteln der Stimmen erteilt werden. Für Wahlen war die absolute Mehrheit der anwesenden Gesandtschaften ausreichend. Besonders schwierige Geschäfte konnten Kommissionen zur Vorbereitung zugewiesen werden. Der Beschluss der Tagsatzung musste bis zur nächstjährigen Tagsatzung von den Kantonen ratifiziert werden. Dazu wurde er *ad ratificandum* in den Abschied aufgenommen. Kam keine Mehrheit zustande, konnte der Antrag zur Berichterstattung an die Kantone (*ad referendum*) oder zur Einholung von Instruktionen (*ad instruendum*) in den Abschied eingefügt werden. Traktanden, die *ad ratificandum* oder *ad referendum* in den Abschied aufgenommen wurden, »fielen« aus dem Abschied der nächsten Tagsatzung, wenn die Mehrheit der Kantone nicht ratifizierte bzw. zustimmte, worauf sie in der Folge nicht weiter behandelt wurden.

Die Tagsatzung war allein zuständig für Kriegserklärungen, Friedensschlüsse, Bündnisse und Handelsverträge mit auswärtigen Staaten. Wenn sie diese für nötig erachtete, konnte die Tagsatzung »eidgenössische Gesandte« ernennen und abberufen. Sie war für alle Maßnahmen zur Bewahrung der inneren und äußeren Sicherheit zuständig, auch dann, wenn der bedrohte Kanton sie nicht zu Hilfe rief.[127] Zu diesem Zweck verfügte sie über die militärischen Mittel, bestimmte deren Organisation und ernannte deren Führungspersonal.[128] Sie konnte dem Vorort besondere Vollmachten

---

127 Henke, Recht (wie Fn. 67), S. 226 ff.
128 Zum Militärwesen Kapitel 7, Militär.

erteilen. Die Tagsatzung hatte das Recht, Konkordate zwischen den Kantonen und Verträge der Kantone mit auswärtigen Mächten auf ihre Vereinbarkeit mit dem Bundesrecht zu prüfen.

Vororte[129] waren, für jeweils zwei Jahre, die Kantone Zürich, Bern und Luzern. Aufgabe des amtierenden Vorortes war die Leitung der Bundesangelegenheiten, solange die Tagsatzung nicht versammelt war. Dabei kamen ihm, so § 10 des Bundesvertrags, die »bis zum Jahre 1798 ausgeübten Befugnisse [...]« zu.[130] Bedeutsam war die Befugnis, vorsorgliche Maßnahmen zu treffen, solange die Tagsatzung nicht versammelt war. In der Regeneration gewann die Stellung des Vorortes an Gewicht, da dieser im Falle innerer Unruhen eidgenössische militärische Interventionen in den betreffenden Kantonen anordnete. In besonderen Fällen stattete die Tagsatzung den Vorort verschiedentlich mit Sondervollmachten aus (§ 9). Das Oberhaupt des Vorortes präsidierte die Tagsatzung; in dieser Funktion oblagen ihm die Vorbereitung und die Leitung der Tagsatzung, der amtliche Geschäftsverkehr und die auswärtige Diplomatie. Da der Bund über keine ausgebaute Verwaltung verfügte, nutzte der Vorort die eigene Verwaltung zur Erledigung von Bundesangelegenheiten. Besonders bedeutsam waren dabei die Staatsräte, d. h. kantonale Gremien zur Beratung von politischen und auswärtigen Angelegenheiten der Kantone. Ein Wechsel des Vorortes bewirkte in der Regel auch eine grundlegende Änderung in der Politik der Eidgenossenschaft.

Die *eidgenössische Kanzlei*[131] unterstützte den Vorort. Der Kanzler und der Staatsschreiber, beide von der Tagsatzung gewählt (§ 10), hatten ihren Sitz im jeweiligen Vorort. Sie waren an den Staatsratssitzungen des Vorortes anwesend. Aufgabe des Kanzlers war außerdem die Erledigung der eidgenössischen Korrespondenz und das Verfassen des Abschieds. Der Kanzlei untergeordnet war das *eidgenössische Archiv*.[132]

Nach dem Bundesvertrag wurden *eidgenössische Repräsentanten*[133] durch die Tagsatzung ernannt und dem Vorort fallweise zur Seite gestellt. Sie handelten nach den Instruktionen der Tagsatzung. Mit dem Zusammentreten der Tagsatzung sollte ihr Mandat enden. In der Praxis wurden, insbesondere im Fall von Unruhen, zwei bis drei Repräsentanten entsandt: Sie berichteten Tagsatzung und Vorort und versuchten, wenn sie dazu beauftragt waren, zwischen den Parteien zu vermitteln. Das Amt der

---

129 Vgl. zu den Vororten: Schweizer Bundesvertrag v. 7.8.1815, § 9, 10, in: CD-ROM-2, Dok.-Nr. 8.2.2; His, Geschichte (wie Fn. 2), Bd. 2, S. 176 f.; Henke, Recht (wie Fn. 67), S. 215 ff.; Bluntschli, Geschichte (wie Fn. 74), S. 489 ff.

130 Dazu im Detail Henke, Recht (wie Fn. 67), S. 215 ff.; zur Entstehung der Norm Bluntschli, Geschichte (wie Fn. 74), S. 489 ff.

131 Zur eidgenössischen Kanzlei: Schweizer Bundesvertrag v. 7.8.1815, § 10, in: CD-ROM-2, Dok.-Nr. 8.2.2; Henke, Recht (wie Fn. 67), S. 221 ff.

132 Zum eidgenössischen Archiv: Schweizer Bundesvertrag v. 7.8.1815, § 15, in: CD-ROM-2, Dok.-Nr. 8.2.2 (wie Fn. 101); Henke, Recht (wie Fn. 67), S. 223 ff.

133 Zu den Repräsentanten: Schweizer Bundesvertrag v. 7.8.1815, § 9, in: CD-ROM-2, Dok.-Nr. 8.2.2; His, Geschichte (wie Fn. 2), Bd. 2, S. 178 f.; Henke, Recht (wie Fn. 67), S. 218.

eidgenössischen Kommissäre[134] entwickelte sich in der Regeneration und bezeichnete eidgenössische Repräsentanten, die mit besonderen Vollmachten ausgestattet waren. Kommissäre leiteten die eidgenössischen Interventionen in Unruhekantonen, verdrängten in ihrem Aufgabenbereich die kantonale Staatsgewalt und verfügten in der Regel über die Befugnis, eidgenössische Truppen aufzubieten und einzusetzen. Sie unterschieden sich darin von den eidgenössischen Repräsentanten, deren Aufgabe vor allem die Vermittlung und die Beobachtung war. Die Praxis bildete das Amt der Repräsentanten und Kommissäre weiter. Sie wurden oft vom Vorort ernannt und beendeten ihre Tätigkeit nicht mit dem Zusammentreten der Tagsatzung. Der im Bundesvertrag vorgesehene sechsköpfige Repräsentationsrat wurde nie gewählt, weil sich die Tagsatzung weitere Verfügungen vorbehielt.

Zum *Bundesrecht*[135] zählten, neben dem Bundesvertrag selbst, vor allem die Beschlüsse und Verfügungen der Tagsatzung und die (eidgenössischen) Konkordate. Der Bundesvertrag kannte keine Nomenklatur für die Rechtshandlungen der Tagsatzung. In der Praxis wurden wichtige Beschlüsse, denen Allgemeinverbindlichkeit zukam, als »Conclusa« bezeichnet; sie firmierten aber auch als »Bundesgesetze«, »Dekrete«, »Verordnungen« oder »Reglemente«. Subjektiv formulierte Erlasse wurden oft als Verfügungen bezeichnet. *Konkordate*[136] waren interkantonale Verträge, mittels derer die Kantone gemeinsame Angelegenheiten regelten. Sie waren zulässig, insoweit sie nicht für den Bund oder einzelne Kantone nachteilig waren (§ 6). Unterschieden wurde zwischen »eidgenössischen« Konkordaten, die von einer Mehrheit der Kantone abgeschlossen wurden, und »besonderen Konkordaten«, denen sich nur eine Minderheit der Stände anschloss. Von eidgenössischen Konkordaten konnten Kantone nur mit Zustimmung einer Mehrheit der am Konkordat beteiligten Kantone zurücktreten.[137] Für Konkordate, die in der Mediationszeit abgeschlossen worden waren, sah § 14 die Weitergeltung vor, soweit sie den Grundsätzen des Bundesvertrags nicht widersprachen, was die Tagsatzung überprüfte. Konkordatsrecht führte zu einer faktischen Weiterentwicklung des Bundesvertrags und ermöglichte einheitliche Regelungen in Bereichen, die der Bundeskompetenz entzogen waren.[138]

---

134 Zu den Kommissären: His, Geschichte (wie Fn. 2), Bd. 2, S. 179.
135 Zu Bundesrecht ausführlich Henke, Recht (wie Fn. 67), S. 182 ff.; His, Geschichte (wie Fn. 2), Bd. 2, S. 170 f.
136 Zu den Konkordaten: Schweizer Bundesvertrag v. 7.8.1815, § 6, 14, in: CD-ROM-2, Dok.-Nr. 8.2.2; Andreas Kley, Art. Konkordate, in: HLS (wie Fn. 5), Kap. 2.1; His, Geschichte (wie Fn. 2), Bd. 2, S. 172; Andrey, Suche (wie Fn. 9), S. 621 f.; Heusler, Verfassungsgeschichte (wie Fn. 66), S. 355 f.
137 Tagsatzungsbeschluss über die Art und Weise des Rücktritts eines Kantons von einem einmal eingegangenen Konkordate, Vom 25. Heumonat 1836, in: Sammlung (wie Fn. 47), Bd. 2, S. 381 f. Vgl. His, Geschichte (wie Fn. 2), Bd. 2, S. 172; Kley, Konkordate (wie Fn. 136), Kap. 2.1, Abs. 2.
138 Übersicht bei Heusler, Verfassungsgeschichte (wie Fn. 66), S. 355 f.; kritisch dazu Andrey, Suche (wie Fn. 9), S. 621 f.

2.1.3 Reformbemühungen in der Regeneration

Die Reform des Bundesvertrags, ja seine Überwindung, war ein zentrales Desiderat der liberalen Politiker. Sie war verbunden mit dem Wunsch, liberale Wertvorstellungen, insbesondere die Rechtsgleichheit und die repräsentative Demokratie[139], in den Kantonen, aber auch auf Bundesebene durchzusetzen. Die Ideen der Regeneration wurden von einer Mehrheit der Bevölkerung, die sich allerdings auf eine Minderheit der Kantone verteilte, unterstützt. Sie war daher nur auf kantonaler Ebene teilweise erfolgreich, während die Bemühungen um eine neue Bundesverfassung scheiterten. Eine Mehrheit der Kantone ermöglichte 1832 immerhin die Erarbeitung offizieller Entwürfe[140], nachdem die Diskussion darüber durch eine Vielzahl privater Verfassungsentwürfe eröffnet worden war.[141] Beide offiziellen Entwürfe schlugen vor, den eidgenössischen Staatenbund in einen Bundesstaat umzugestalten.

Den ersten Entwurf zu einer »Bundesurkunde der Schweizerischen Eidgenossenschaft« legte eine fünfzehnköpfige Kommission der Tagsatzung am 17. Dezember 1832 vor.[142] Dieser, benannt nach seinem Redaktor Gallus Jakob Baumgartner und Pellegrino Rossi, der den erläuternden Bericht dazu verfasste, versuchte in 120 Artikeln einen Ausgleich zwischen Zentralismus und Föderalismus. Sichtlich am Erreichbaren orientiert, vermied er den Begriff Verfassung. Er sah eine bundesstaatliche Organisation, mit der Tagsatzung als gesetzgebender Körperschaft und einem ständigen, fünfköpfigen Bundesrat als Vollziehungsbehörde vor. Der Entwurf stieß den-

---

139 Vgl. dazu den eindrücklichen Verfassungsentwurf Ludwig Snells für den Kanton Zürich mit Anmerkungen (1831), in: CD-ROM-2, Dok.-Nr. 8.8.1; dazu Kölz, Verfassungsgeschichte (wie Fn. 3), S. 246 ff.; ders., Der Verfassungsentwurf von Ludwig Snell als Quelle der Regenerationsverfassung, in: W. Haller u. a. (Hg.), Festschrift für Ulrich Häefelin zum 65. Geburtstag, Zürich 1989, S. 299-322. Für einen Überblick der geistesgeschichtliche Grundlagen Andrey, Suche (wie Fn. 9), S. 616 ff.; zum Begriff auch Kölz, Verfassungsgeschichte (wie Fn. 3), S. 209 ff., zur Ereignisgeschichte S. 218 ff., 227 ff.; zum Liberalismus und seinen Forderungen Aubert, Bundesstaatsrecht (wie Fn. 70), Rz. 41.; vgl. auch Bluntschli, Geschichte (wie Fn. 74), S. 497 f.
140 Der regenerierte Kanton Thurgau brachte die Angelegenheit vor die Tagsatzung, die am 19.8.1831 beschloss, sie den Kantonen *ad referendum et instruendum* vorzulegen. Am 17.7.1832 beschloss die Tagsatzung dann die Revision und ernannte eine fünfzehnköpfige Kommission zur Erarbeitung eines Entwurfes und eines neuen Tagsatzungsreglements; dazu Kölz, Verfassungsgeschichte (wie Fn. 3), S. 376 ff.; Blumer, Handbuch (wie Fn. 66), Bd. 1, S. 69 f.
141 Vgl. dazu Kapitel 8, Verfassungskultur.
142 Bundesurkunde der schweizerischen Eidgenossenschaft, entworfen von der am 17. Heumonat 1832 durch die Tagsatzung ernannten Revisionskommission, in: CD-ROM-2, Dok.-Nr. 8.8.2. Vgl. zum Folgenden: His, Geschichte (wie Fn. 2), Bd. 2, S. 99 ff.; Andrey, Suche (wie Fn. 9), S. 610 f.; Kölz, Verfassungsgeschichte (wie Fn. 3), S. 378 ff.; Aubert, Bundesstaatsrecht (wie Fn. 70), Rz. 51; Hilty, Bundesverfassungen (wie Fn. 117), S. 383 ff.; Blumer, Handbuch (wie Fn. 66), Bd. 1, S. 70 f.; Maissen, Sonderbund (wie Fn. 71), S. 67 ff.; Kaiser/Strickler, Geschichte (wie Fn. 78), S. 103 ff.

noch auf die Ablehnung konservativer, föderaler Kreise[143], aber auch der Radikalen, die ein Mehr an Zentralismus forderten. Im März 1833 nahm eine außerordentliche Tagsatzung, an der die konservativen Kantone, die sich inzwischen zum Sarner Bund zusammengeschlossen hatten, nicht teilnahmen, die Beratungen über den Entwurf auf und legte am 13. Mai 1833 schließlich den »Entwurf einer revidirten Bundesurkunde« und einen entsprechenden Bericht vor.[144] Der Entwurf der Tagsatzung ging auf die Bedenken der föderalistischen und konservativen Kantone ein, beschnitt die Bundeskompetenzen und änderte den Abstimmungsmodus in der Tagsatzung, wo die Zahl der Beschlüsse, für die die Gesandten Instruktionen der Kantone einholen mussten, vermehrt wurde. Die Tagsatzung stimmte über den Entwurf nicht ab, lud aber die Kantone mit Kreisschreiben vom 17. Mai 1833 zur Stellungnahme ein. In Zürich, Bern, Solothurn, Genf, Freiburg, Thurgau, Schaffhausen, Basel-Landschaft und Schwyz äußeres Land sprachen sich die jeweiligen Legislativen für den Entwurf aus; mit Vorbehalten stimmten Luzern, St. Gallen, Graubünden und Glarus zu. Teilweise waren Volksabstimmungen vorgesehen, die in Solothurn, Thurgau und Basel-Landschaft positive Resultate brachten, in Luzern aber ein deutlich negatives Votum, worauf die weiteren Abstimmungen abgesagt wurden, da keine brauchbare Mehrheit mehr zu erreichen war. Gegen den Entwurf sprachen sich, soweit sie sich überhaupt damit beschäftigen, die kantonalen Räte in Uri, Innerschwyz, Unterwalden, Zug, Basel-Stadt, beiden Appenzell, Tessin, Wallis und Neuenburg aus. In Aargau und Wallis war mit einer Ablehnung zu rechnen. Am 28. August musste die Tagsatzung daher feststellen, dass für den Entwurf keine annehmende Mehrheit unter den Kantonen zu erreichen war. Weitere Reformversuche scheiterten schon bei der Erstellung eines Entwurfes: Eine im August von einer Mehrheit der Kantone eingesetzte Kommission legte immerhin am 3. September 1834 einen Bericht vor, der *ad referendum* an die Kantone weitergeleitet werden konnte.[145] 1835 wurde ein Festhalten an der Reform des Bundesvertrags beschlossen, 1837 verwarf man letztmalig den Vorschlag, die Reform fallen zu lassen, die allerdings bis auf Weiteres nicht mehr aufgegriffen wurde. Die Gegensätze zwischen den konservativen und regenerierten Kantonen hatten sich so weit verschärft, dass die Reform unmöglich erschien.

---

143 Zu den Bedenken der konservativen Kantone Heusler, Verfassungsgeschichte (wie Fn. 66), S. 369 ff.; einen guten Überblick bietet auch Aubert, Bundesstaatsrecht (wie Fn. 70), Rz. 53 ff.
144 Entwurf einer revidirten Bundesurkunde, von der am 15. März 1833 niedergesetzten Tagsatzungskommission, mit Rücksicht auf die eröffneten Standesinstruktionen, umgearbeitet; vgl. dazu His, Geschichte (wie Fn. 2), Bd. 2, S. 101; Kölz, Verfassungsgeschichte (wie Fn. 3), S. 384 ff.; Aubert, Bundesstaatsrecht (wie Fn. 70), Rz. 52.; Blumer, Handbuch (wie Fn. 66), Bd. 1, S. 71 ff.
145 Dazu Kaiser/Strickler, Geschichte (wie Fn. 78), S. 108 ff.

2.1.4 Bewertung des Bundesvertrags

Der Bundesvertrag regelte das Verhältnis der Kantone bis zum Inkrafttreten der Bundesverfassung am 16. November 1848. Er war bewusst statisch konzipiert worden und enthielt keine Revisionsklausel. Da er durch äußeren Druck zustande kam[146], nicht entwicklungsfähig war und den Aufbau einer handlungsfähigen Bundesmacht verhinderte, ist seine Presse schlecht. Er gilt als »eher dürftige[s] Machwerk«[147], als ein »Kompromiss, der sein Gepräge vor allem durch die erzwungene Berücksichtigung der weitgehenden Ansprüche der »alten Schweiz« erhalten hatte.«[148] Die »mangelhaften Ausgestaltung der Bundesgewalt« erscheint als Ursache der »beständigen inneren Unruhen«[149] der folgenden Jahre. Richtig ist, dass der Bundesvertrag der Idee eines helvetischen Einheitsstaates ein Ende bereitete und alle wesentlichen Kompetenzen auf die Kantone übertrug. Korrekt ist auch, dass die Bundesgewalt zu schwach war, um die Beziehungen unter den Kantonen wirkungsvoll zu ordnen und überregionale Probleme und Herausforderungen effizient zu regeln. Andererseits war der Bundesvertrag ein Rahmen, innerhalb dessen die Kantone trotz ihrer Verschiedenheit zusammenarbeiten konnten, wovon eine Vielzahl von Konkordaten zu unterschiedlichsten Themen zeugt. Er bot die Möglichkeit, in den Kantonen auf allen Rechtsstufen unterschiedliche Regelungen zu erproben, die der Bundesverfassung vom 1848 den Weg wiesen. Schließlich gab er der Schweiz über mehr als 30 Jahre eine einigermaßen befriedigende Stabilität, die maßgeblich dazu beitrug, dass die Schweiz nach den schwierigen Zeiten von Helvetik und Mediation wirtschaftlich erfolgreich werden konnte. Kurzfristig bedeutete der Bundesvertrag aber ohne jeden Zweifel den Untergang vieler Ideale der vorangegangenen Zeit. Diese mussten neu erkämpft werden, konnten dadurch aber auch höhere Akzeptanz und Legitimität gewinnen, indem sie den Makel der helvetischen Verfassungen und der Mediationsakte abstreiften, durch ausländische Machthaber oktroyiert worden zu sein.

---

146 Kley, Verfassungsgeschichte (wie Fn. 3), S. 217.
147 His, Geschichte (wie Fn. 2), Bd. 2, S. 29; Heusler, Verfassungsgeschichte (wie Fn. 66), S. 331, nennt ihn »kein erquickliches und erfreuliches Werk«; Ruck, Staatsrecht (wie Fn. 117), S. 8, und Aloys von Orelli, Das Staatsrecht der schweizerischen Eidgenossenschaft, Freiburg i. Br. u. a. 1885, S. 19, sprechen von einem »Rückschritt«.
148 His, Geschichte (wie Fn. 2), Bd. 2, S. 24. Vgl. außerdem: Kölz, Verfassungsgeschichte (wie Fn. 3), S. 184; im Tenor ähnlich Kaiser/Strickler, Geschichte (wie Fn. 78), S. 96 ff. Von einem »Rückschritt« im Vergleich zur Mediationsakte sprechen De Mortagnes, Rechtsgeschichte (wie Fn. 85), S. 167 und Schollenberger, Geschichte (wie Fn. 1), Bd. 2, S. 145. Für Bluntschli, Geschichte (wie Fn. 74), S. 496, ist der Bundesvertrag ein »mangelhafter Vergleich«.
149 His, Geschichte (wie Fn. 2), Bd. 2, S. 25; vgl. dazu aber Andrey, Suche (wie Fn. 9), S. 612.

2.2 Kantone

2.2.1 Stellung der Kantone

Die Kantone waren unter sich gleichrangig und prinzipiell gleichberechtigt. In der Praxis kam den Kantonen Zürich, Bern und Luzern, die als Vororte für jeweils zwei Jahre die Bundesangelegenheiten besorgten, maßgeblicher Einfluss auf die Bundesangelegenheiten zu. Eine Besonderheit bildeten die Halbkantone Ob- und Nidwalden, Appenzell-Außerrhoden und Appenzell-Innerrhoden, seit 1832 Basel-Stadt und Basel-Landschaft. Diese waren, wie die Kantone, als selbstständige Gemeinwesen ausgestaltet. Allerdings ging der Bundesvertrag, wie die Auflistung der Kantone in § 1 deutlich zeigt, vom Bestehen ungeteilter Kantone aus. Auch die Regelungen über die Truppenkontingente (§ 2) und die Geldbeiträge (§ 3) der Kantone bestimmten einheitlich Kontingente und Beträge für den jeweiligen Kanton. In der Tagsatzung kam den Halbkantonen zu zweit eine Stimme zu, die nur gezählt wurde, wenn beide Halbkantone gleich stimmten, was die Gestaltungsmöglichkeiten der oft uneinigen Stimmpartner massiv einschränkte. Die Kantone hatten die Kompetenz zur Verfassungs- und Gesetzgebung und konnten in gewissen Bereichen Verträge mit ausländischen Staaten abschließen (§ 8 V).

Die wichtigsten Verpflichtungen, die der Bundesvertrag den Kantonen auferlegte, waren der gegenseitige Schutz und die friedliche Zusammenarbeit. In Fällen innerer oder äußerer Gefahr waren die Nachbarkantone, wenn der betroffene Kanton darum ersuchte, zu Hilfeleistungen verpflichtet (§ 4). Verboten war den Kantonen der Abschluss von Sonderbünden untereinander, wenn diese den Interessen des Bundes oder den Rechten anderer Kantone nachteilig waren. Gegen diese Vorschrift verstießen das Siebner Konkordat (1832), der Sarner Bund (1833) und der Sonderbund (1845).[150] Schließlich untersagte der Bundesvertrag den Kantonen jede gewaltsame Streitlösung. Sie waren verpflichtet, die Verfahren des Bundesvertrags zu nutzen und sich dem Ergebnis zu unterwerfen. Streitigkeiten, deren Lösung sich aus dem Bundesvertrag ergab, entschied die Tagsatzung, alle anderen sollten durch ein Schiedsgericht beigelegt werden (§ 5).

2.2.2 Kantonales Verfassungsrecht in der Restauration

Die Mediationsakte hatte nicht nur der Eidgenossenschaft ihre Ordnung gegeben, sondern auch die Verfassung der 19 Kantone der Mediationszeit enthalten. Ihr Außerkrafttreten brachte daher auch das Ende der kantonalen Verfassungen.

---

150 His, Geschichte (wie Fn. 2), Bd. 2, S. 181; dazu auch Andrey, Suche (wie Fn. 9), S. 624; Kölz, Verfassungsgeschichte (wie Fn. 3), S. 396 ff.; Text des Siebner Konkordats zur Verfassungsgarantie v. 17.3.1832 in: CD-ROM-2, Dok.-Nr. 8.8.3.

2 Verfassungsstruktur der zentralen staatlichen Ebene

Die Restauration ist in der Schweiz gekennzeichnet durch das Bestreben, vorrevolutionäre Zustände wiederherzustellen. Dies zeigt sich auch an der Skepsis, die in manchen Kantonen der Verfassungsidee selbst entgegengebracht wurde. Verfassungen wurden in diesen nur zögerlich erlassen, manche Dokumente bewusst nicht als Verfassung bezeichnet. Viele Verfassungen der Restaurationszeit hatten den Charakter eines Organisationsstatuts.[151] Der Kreis der politisch Mitbestimmenden wurde verkleinert.[152] Insgesamt kann von einer konservativen bis reaktionären Entwicklung ausgegangen werden. Gefördert wurde dies nicht nur durch entsprechende Wünsche von Teilen der Bevölkerung, sondern auch durch Interventionen der Großmächte im Zuge der Ausgestaltung der Kantonsverfassungen. Diese verlangten die Vorlage der Entwürfe. Ihre Bemerkungen fanden in der Regel Berücksichtigung, wobei augenfällig ist, dass sie einen Mittelweg zwischen den Forderungen der Patriziate und den demokratischen Errungenschaften der Mediationszeit suchten.[153] Nur ausnahmsweise übte die Tagsatzung Einfluss auf die Kantonsverfassungen aus. Innerhalb der Kantone verlief die nun folgende Entwicklung höchst heterogen. Der folgende Versuch einer Systematisierung ist daher notwendig mit breitem Pinsel gemalt.[154] Landsgemeindekantone mit direktdemokratischen Entscheidungsprozessen standen neben oligarchisch regierten. Sieht man von Neuenburg (Neuchâtel) ab, das monarchisch organisiert war, waren alle Kantone der Eidgenossenschaft Republiken. Sie waren Demokratien, unter diesen waren die Landsgemeindekantone direktdemokratisch organisiert. In vielen Kantonen hatte die effektive Herrschaftsausübung allerdings einen stark aristokratischen Charakter.[155] Die große Mehrheit der Kantone war weiters als Einheitsstaat ausgebildet. Föderative Einheiten bildeten Graubünden und das Wallis. In den gemischtkonfessionellen Kantonen Glarus, St. Gallen, Graubünden, Aargau und Thurgau war das Staatsvolk in bestimmten Angelegenheiten nach den Konfessionen geteilt. Sonderregelungen hinsichtlich der Sprache bestanden schließlich in den mehrsprachigen Kantonen Bern, Freiburg, Graubünden und Wallis. Insgesamt entfal-

---

151 Dian Schefold, Volkssouveränität und repräsentative Demokratie in der schweizerischen Regeneration 1830–1848, Basel/Stuttgart 1966, S. 83 ff.
152 Dazu prägnant Albert Tanner, Die Schweiz auf dem Weg zur modernen Demokratie: Von der helvetischen Republik zum Bundesstaat von 1848, in: P. Blickle/R. Moser (Hg.), Traditionen der Republik – Wege zur Demokratie, Bern u. a. 1999, S. 145-170, hier S. 157; Albert Tanner, Arbeitsame Patrioten – Wohlanständige Damen. Bürgertum und Bürgerlichkeit in der Schweiz 1830–1914, Zürich 1995, S. 483 f.; ders., Bürgertum und Bürgerlichkeit in der Schweiz. Die »Mittelklassen« an der Macht, in: J. Kocka (Hg.), Bürgertum im 19. Jahrhundert. Deutschland im historischen Vergleich, Bd. 1: Einheit und Vielfalt Europas, Göttingen 1995, S. 199-229, hier S. 202 f.
153 His, Geschichte (wie Fn. 2), Bd. 2, S. 42.
154 Vgl. dazu die Feststellung zur Restauration in Schollenberger, Geschichte (wie Fn. 1), Bd. 2, S. 115: »Die Einführung der Restauration, d. h. der Gang der Geschichte von der Auflösung der Mediation bis zur Entstehung des Bundesvertrags ist so kompliziert, dass die Darstellung derselben in keinem Geschichtsbuch übersichtlich erscheint, ja gelegentlich von vornherein aufgegeben wird«.
155 His, Geschichte (wie Fn. 2), Bd. 2, S. 196.

teten die Kantone, die bis zur Bundesverfassung von 1848 der zentrale Ort politischer Macht und Willensbildung blieben, ein vielfältiges Verfassungs- und Rechtsleben, das in der folgenden Übersicht beispielhaft dargestellt werden soll.[156]

Die Landsgemeindekantone behielten die Landsgemeinde, also die Versammlung aller politisch Berechtigten, als maßgeblichen Beschlusskörper bei. Gemeinsam ist ihnen außerdem, mit der Ausnahme von Zug, eine Verfassungsskepsis, aufgrund derer man die durchweg kurzen Verfassungen nur zögerlich erließ und sich im Übrigen auf die alten Gesetze und Gebräuche berief, die fallweise im Landbuch zusammengefasst wurden.[157] In diesen kleinen, meist im Gebirge gelegenen Kantonen kam es zur Ausbildung von mehr oder weniger oligarchischen Staats- und Regierungsformen, wie sie ähnlich bereits im Ancien Régime bestanden hatten[158]; bestimmte Familien dominierten wieder die Landsgemeinden. Uri[159] verzichtete darauf, sich eine Verfassungsurkunde zu geben. Am 7. Mai 1820 beschloss die Landsgemeinde eine »Erklärung über die Verfassung des Kantons Ury«[160], der zufolge der Kanton niemals eine Verfassungsurkunde besessen habe, gefolgt von sechs kurzen Artikeln. In der Folge wurden die hergebrachten Übungen und Landesgesetze revidiert und in einem Landbuch zusammengefasst. Schwyz[161] nahm am 25. Juni 1821 sechs kurze Artikel an, die als Verfassung im eidgenössischen Archiv hinterlegt wurden, nachdem zuvor eine Kantonsspaltung, hervorgerufen durch die Weigerung, den Bewohnern mancher Landesteile die Rechtsgleichheit zu gewähren, durch Vermittlung der Tagsatzung und der alliierten Minister beigelegt worden war. In Obwalden[162] erließ die Landsgemeinde am 10. Juli 1814 eine Verfassung auf Grundlage der Mediationsverfassung, die am 27. April 1816 aufgrund des Beitritts von Engelberg angepasst wurde. Die Lands-

---

156 Eine umfassende Dokumentation der Kantonsverfassungen fehlt bislang. Für die Zukunft sei verwiesen auf: Rainer J. Schweizer/Ulrich Zelger (Hg.), Verfassungsdokumente der Schweiz 1791–1849 (= H. Dippel [Hg.], Verfassungen der Welt vom späten 18. Jahrhundert bis zur Mitte des 19. Jahrhunderts. Quellen zur Herausbildung des modernen Konstitutionalismus/Constitutions of the World from the late 18th Century to the Middle of the 19th Century. Sources on the Rise of Modern Constitutionalism, Europa/Europe, Bd. 8), München 2011 (in Vorber.).
157 Vgl. dazu Kölz, Verfassungsgeschichte (wie Fn. 3), S. 195 ff.; Henke, Recht (wie Fn. 67), S. 300 f.
158 Schollenberger, Geschichte (wie Fn. 1), Bd. 2, S. 143, spricht treffend von einem »Familienregiment« und einer »Rückkehr im aristokratischen Sinn«; Silvano Möckli, Die schweizerischen Landsgemeinden, Bern 1987, S. 50, von »Familienherrschaft«. Vgl. dazu auch Bluntschli, Geschichte (wie Fn. 74), S. 493 f.
159 His, Geschichte (wie Fn. 2), Bd. 2, S. 42 f.
160 CD-ROM-2, Dok.-Nr. 8.2.8 (Erklärung über die Verfassung des Kantons Uri, wie solche ins Eidgenössische Archiv Hinterlegt worden, v. 7.5.1820).
161 Zu Schwyz vgl. Benjamin Adler, Die Entstehung der direkten Demokratie. Das Beispiel der Landsgemeinde Schwyz 1798–1866, Zürich 2006, S. 94 ff.; Michel Kaspar, Skizzen Schwyzer Verfassungsgeschichte, Schwyz 2008, S. 29 ff.; His, Geschichte (wie Fn. 2), Bd. 2, S. 43; Bluntschli, Geschichte (wie Fn. 74), S. 493 f.
162 Zu Obwalden: His, Geschichte (wie Fn. 2), Bd. 2, S. 44.

gemeinde von Nidwalden[163] beschloss am 20. Januar 1814 die Wiederherstellung vorrevolutionärer Zustände, also die Reduktion der politisch Berechtigten auf die alten Familien. Aufgrund des Ausschlusses der Engelberger aus dem Landrat ging dieser Kantonsteil an Obwalden verloren. Ein Beschluss vom 30. April 1814 erweiterte den Landrat zugunsten der klerikal-demokratischen Partei. Als Verfassung wurde durch den Landrat ein Auszug aus dem Landbuch erstellt und im eidgenössischen Archiv deponiert, ohne die Landsgemeinde damit zu befassen. Der Bundesvertrag konnte in Nidwalden erst nach Besetzung durch eidgenössische Truppen durchgesetzt werden. Auch in Glarus beschloss die Landsgemeinde am 3. Juli 1814 lediglich sechs Verfassungsartikel, da auch früher keine Verfassung gegolten habe.[164] Die Verfassung von Zug beschränkte die Kompetenzen der Landsgemeinde auf bloße Wahlbefugnisse.[165] In Appenzell-Außerrhoden blieb das Landbuch von 1747 faktisch in Geltung. Im Bundesarchiv wurde eine Verfassung hinterlegt, ohne dass davon die Landsgemeinde in Kenntnis gesetzt wurde.[166] Ob das gleiche Vorgehen auch in Appenzell-Innerrhoden, wo man sich auf das Landbuch von 1585 berief, gewählt wurde, ist unsicher.[167]

In Bern, Luzern, Freiburg und Solothurn kam es zu einer Restauration der Herrschaft der alten Patriziate.[168] Bern[169] übernahm die Führung der »reaktionär-konservativen und föderalistischen Kantone«.[170] Schon mit dem Einmarsch der Österreicher im Dezember 1813 begann die Restauration der Patrizierherrschaft. Ein Aufstand im

---

163 Zu Nidwalden ebd., S. 45.
164 Zu Glarus ebd., S. 46.
165 Zu Zug ebd.
166 Die Verfassung von Appenzell-Außerrhoden wurde vom Landammann und Ratsschreiber verfasst und im eidgenössischen Archiv hinterlegt. Sie weicht in wesentlichen Bestimmungen vom bis anhin geltenden Landbuch von 1747 ab. Das Vorgehen wurde erst 1815 durch die Publikation der Dokumente in Paul Usteris Handbuch des Schweizerischen Staatsrechts bekannt; politische Entrüstung zeigte sich erst in der Regeneration. Zu allem: Walter Schläpfer, Appenzeller Geschichte, Bd. 2: Appenzell Ausserrhoden, Herisau 2. Aufl. 1976, S. 328 ff. Vgl. auch His, Geschichte (wie Fn. 2), Bd. 2, S. 46 f.; Hansueli Mösle, Verfassungsgebung und einfache Gesetzgebung im Kanton Appenzell Ausserrhoden, Diss. St. Gallen 1986, S. 114 f.
167 So – überzeugend – His, Geschichte (wie Fn. 2), Bd. 2, S. 47. Dagegen nehmen Hermann Grosser/Norbert Hangartner, Appenzeller Geschichte, Bd. 3: Appenzell Innerrhoden, Herisau 1993, S. 303, an, dass die Verfassung »vermutlich« am 10.7.1814 zur Abstimmung gelangte und keinen Widerspruch erregte. Dagegen könnte sprechen, dass von der Verfassung, wie von jener von Appenzell-Außerrhoden, keine Druckschriften bekannt sind, was gegen deren Publizität spricht.
168 Kölz, Verfassungsgeschichte (wie Fn. 3), S. 190 f.; Aubert, Bundesstaatsrecht (wie Fn. 70), Rz 34; zu Solothurn: Jürg Rötheli, Solothurnische und Eidgenössische Sanitätsgesetzgebung im neunzehnten Jahrhundert, Diss. Bern 1990, S. 28 ff.
169 Zu Bern: His, Geschichte (wie Fn. 2), Bd. 2, S. 48 ff.; Kölz, Verfassungsgeschichte (wie Fn. 3), S. 186 ff.; Schollenberger, Geschichte (wie Fn. 1), Bd. 2, S. 141 ff.; Bluntschli, Geschichte (wie Fn. 74), S. 492; Junker, Geschichte (wie Fn. 60), Bd. 1, S 196 ff., zur Staatsorganisation S. 231 ff.
170 His, Geschichte (wie Fn. 2), Bd. 2, S. 48; Heusler, Verfassungsgeschichte (wie Fn. 66), S. 337 ff.; Kölz, Verfassungsgeschichte (wie Fn. 3), S. 189; Schollenberger, Bundesstaatsrecht (wie Fn. 85), S. 125; Bluntschli, Geschichte (wie Fn. 74), S. 480; Junker, Geschichte (wie Fn. 60), Bd. 1, S. 188 ff.

Berner Oberland im August 1814 konnte im Keim erstickt werden. Eine als solche bezeichnete Verfassungsgebung versuchte man zu vermeiden. Der Große Rat verabschiedete am 21. September 1815 eine »Urkundliche Erklärung«, aufgrund derer am 26. August 1816 die sog. Fundamentalgesetze erlassen wurden. Für die politische Neuorientierung des Kantons war es kennzeichnend, dass die Übergabe des bernischen Anteils am Bistum Basel seitens der Großmächte von einer weniger oligarchischen Ausgestaltung der Kantonsverfassung abhängig gemacht wurde. Dennoch wurde die Stadt bei der Verteilung der Großratssitze massiv bevorzugt; für die Stadt wählbar waren außerdem nur Angehörige der regimentsfähigen Familien, die damit die Macht übernahmen. In Luzern[171] rissen die Konservativen die Macht am 16. Februar 1814 durch einen Staatsstreich an sich und erließen am 29. März 1814 eine neue, konservative Verfassung[172], die eine oligarchische Herrschaft durch das Patriziat ermöglichte. In Freiburg[173] verzichtete der Große Rat am 24. Januar 1814 zugunsten des vorrevolutionären, patrizischen Großen Rats auf die Macht. Dieser proklamierte bereits am 18. Januar 1815, dass sich Schultheiß, Klein- und Großrat neu konstituiert hätten. Lokale Proteste wurden militärisch erstickt. Die neue Verfassung vom 16. Mai 1814 reservierte drei Viertel der Großratssitze dem Patriziat und legte für die übrigen Sitze einen hohen Zensus fest. Die Großräte wurden auf Lebenszeit bestellt, der Großrat zu einer Versammlung der Patrizier und ihres Anhangs. In Solothurn[174] konstituierten sich die ehemals patrizischen Ratsmitglieder am 8. Januar 1814 als »Rät und Bürger«. Unruhen in Olten und ein Putsch in Solothurn selbst konnten niedergeschlagen werden. Berner Truppen sicherten schließlich die Herrschaft des Patriziats. Die Verfassung vom 17. August 1814 bescherte der kleinen Hauptstadt mehr als zwei Drittel der Großratssitze, womit dem Patriziat die Alleinherrschaft zukam. Auch in Solothurn hatten sich die Großmächte für eine weniger oligarchische Verfassung starkgemacht. Ein Aufstand bäuerlicher Kreise und ein erneuter Putsch in Solothurn scheiterten. Neuenburgs[175] Stellung als preußisches Fürstentum bedingte

---

171 Zu Luzern: Bossard-Borner, Luzern 1798–1831/50 (wie Fn. 9), S. 190 ff., 202 ff.; His, Geschichte (wie Fn. 2), Bd. 2, S. 50 ff.; Kölz, Verfassungsgeschichte (wie Fn. 3), S. 180; Bluntschli, Geschichte (wie Fn. 74), S. 492; Kurt Sider, Geschichte der Volksrechte im Kanton Luzern, Diss. Bern 1934, S. 12 ff.; Eduard His, Luzerner Verfassungsgeschichte der Neueren Zeit (1798–1940), Luzern 1944, S. 55 ff.
172 CD-ROM-2, Dok.-Nr. 8.2.3 (Verfassung Luzerns v. 29.3.1814).
173 Zu Freiburg/Fribourg: His, Geschichte (wie Fn. 2), Bd. 2, S. 52; Jean Castella, L'organisation des pouvoirs politiques dans les constitutions du Canton de Fribourg, Fribourg 1953, S. 42 ff.; Bluntschli, Geschichte (wie Fn. 74), S. 492.
174 Zu Solothurn: His, Geschichte (wie Fn. 2), Bd. 2, S. 53 f.; Rötheli, Sanitätsgesetzgebung (wie Fn. 168), S. 28 ff.
175 Zu Neuenburg/Neuchâtel vgl. His, Geschichte (wie Fn. 2), Bd. 2, S. 54 f.; Haesler, Situation (wie Fn. 48), S. 34 ff.; Heusler, Verfassungsgeschichte (wie Fn. 66), S. 347 f.; Kölz, Verfassungsgeschichte (wie Fn. 3), S. 200 f.; Henke, Recht (wie Fn. 67), S. 306 f.; Bluntschli, Geschichte (wie Fn. 74), S. 495.

eine Sonderrolle. Eine königliche »Charte Constitutionnelle« vom 18. Juni 1814[176] regelte das Verhältnis von König und Bürgerschaft und bestätigte im Übrigen die tatsächliche Herrschaft der Neuenburger Aristokraten. Neuenburg war eine »autoritär beherrschte Aristokratie mit monarchischer Spitze«.

In Zürich, Basel, Schaffhausen und Genf wurde die Bevorrechtigung der städtischen Bevölkerung wiederhergestellt. Zu beobachten war eine konservative Staatsorganisation, die die Bürger der Stadt gegenüber der Landbevölkerung bevorzugte, wobei dies durch bessere Bildung und größeren Besitz der Städter begründet wurde.[177] Insgesamt sind diese Verfassungen jenen der Mediationszeit ähnlich und können durchaus als deren Weiterentwicklung angesehen werden. In Zürich[178] brachte die Verfassung vom 11. Juni 1814 die Sicherung der Vorherrschaft der Stadt über die Landschaft; gewahrt blieb eine gewisse Rechtsgleichheit. Auch in Basel[179], wo nach der Mediationsverfassung die Landschaft die Mehrheit im Großen Rat hatte, sicherte die Verfassung vom 4. März 1814 erneut der Stadt die Mehrheit über die doppelt so große Landschaft. Ebenso gewährte die Schaffhausener[180] Verfassung vom 12. Juni 1814 der Stadt fast doppelt so viele Großratssitze wie dem vier Mal größeren Land. In allen drei Kantonen kam es daher zu einer Benachteiligung der Landbevölkerung; innerhalb der Stadt blieb der Einfluss der alten Patriziate wichtig, aber nicht allein bestimmend. In Genf[181] wurde die neue Verfassung im August 1814 in einer Volksabstimmung, die sowohl in der Stadt als auch in der Landschaft beträchtliche Mehrheiten brachte, angenommen. Die Verfassung entwickelte liberale Ideale, wie die Rechtsgleichheit, weiter, sicherte aber zugleich die Macht der Aristokratie. Überdies bestimmte das protestantische Genf das Vermögen der alten »Société Economique« für den Unterhalt unter anderem der »Académie« und Kirche, wodurch die neu gewonnene katholische Bevölkerung davon ausgeschlossen wurde.

---

176 CD-ROM-2, Dok.-Nr. 8.2.5 (Charte Constitutionnelle Neuenburgs v. 18.6.1814).
177 Vgl. dazu Heusler, Verfassungsgeschichte (wie Fn. 66), S. 336 f.; Bluntschli, Geschichte (wie Fn. 74), S. 492 ff.
178 Zu Zürich: His, Geschichte (wie Fn. 2), Bd. 2, S. 55 ff.; Kölz, Verfassungsgeschichte (wie Fn. 3), S. 191 ff.; Schollenberger, Geschichte (wie Fn. 1), Bd. 2, S. 140 f.; Robert Dünki, Verfassungsgeschichte und politische Entwicklung Zürichs 1814–1893, Zürich 1990, S. 5 ff.; Meinrad Suter, Die Kantonsverfassungen von 1803 bis 1865, in: Staatsarchiv des Kantons Zürich (Hg.), Kleine Zürcher Verfassungsgeschichte 1218–2000, Zürich 2000, S. 39-60, hier S. 43 ff.; Bluntschli, Geschichte (wie Fn. 74), S. 492. Der Text der Züricher Verfassung v. 11.6.1814, in: CD-ROM-2, Dok.-Nr. 8.2.4.
179 Zu Basel vgl. His, Geschichte (wie Fn. 2), Bd. 2, S. 57.
180 Zu Schaffhausen: Ebd., S. 58.; Eduard Joos/Bernhard Ott, Politik: Vom Obrigkeitsstaat zum demokratischen Pluralismus, in: Historischer Verein des Kantons Schaffhausen (Hg.), Schaffhauser Kantonsgeschichte des 19. und 20. Jahrhunderts, Bd. 2, Schaffhausen 2002, S. 612-903, hier S. 665 ff.
181 Zu Genf: Alfred Dufour, Histoire de Genève, Paris 3. Aufl. 2001, S. 99 ff.; His, Geschichte (wie Fn. 2), Bd. 2, S. 58 ff.; Heusler, Verfassungsgeschichte (wie Fn. 66), S. 348; Kölz, Verfassungsgeschichte (wie Fn. 3), S. 201 ff.

In den großflächigen Kantonen Graubünden und Wallis gab es keine Städte, die Vorrechte geltend machen konnten. Die politische Macht lag in den Gemeinden (Graubünden) und den als Zehnden bezeichneten Bezirken (Wallis). In Graubünden[182] brachte eine neue Verfassung im November 1814[183] einen demokratischen Anstrich, wenngleich die alten Geschlechter auch hier die Führung im konservativen Sinne übernehmen sollten. Für die Staatsorganisation maßgeblich blieben weiterhin die Gerichte und Bünde, also lokale Körperschaften mit Befugnissen im Bereich von Gesetzgebung und Gerichtsbarkeit. Im Wallis[184] scheiterten Versuche, die Vorherrschaft der deutschsprachigen Oberwalliser über die romanischen Unterwalliser wiederherzustellen oder den Kanton zu teilen, unter anderem am Widerstand der Großmächte. Die Verfassung, die erst nach Interventionen der Tagsatzung und der alliierten Minister am 12. Mai 1815 angenommen wurde, war insgesamt demokratisch, wenngleich konservative Tendenzen klar zu erkennen sind. Als Besonderheit erhielt der Bischof von Sitten im Landrat vier Stimmen.

Eine letzte Gruppe bilden die neuen Kantone St. Gallen, Aargau, Thurgau, Tessin und Waadt, die in der Helvetik auf ehemaligen Untertanengebieten entstanden waren. Sie waren gegenüber der Entwicklung der vergangenen Jahre, der sie ihre Selbstständigkeit verdankten, positiv eingestellt; auch die führenden Familien pflegten eher liberale und demokratische als aristokratische Traditionen.[185] Dennoch gilt auch hier, dass die Regierungen fast vollständig in der Hand von Kapital- und Grundbesitzern waren, ergänzt um Kaufleute, Unternehmer und Angehörige der freien Berufe.[186] St. Gallen[187], auf dessen Territorium im Norden der ehemalige Fürstabt, im Süden die einstigen Herren Schwyz und Glarus Anspruch erhoben, konnte nur mithilfe der Großmächte und der Tagsatzung seinen Besitzstand wahren. Die Verfassung

---

182 Zu Graubünden: Christian Rathgeb, Die Verfassungsentwicklung Graubündens im 19. Jahrhundert, Diss. Zürich 2003, S. 85 ff.; His, Geschichte (wie Fn. 2), Bd. 2, S. 60 f.; Heusler, Verfassungsgeschichte (wie Fn. 66), S. 344 ff.; Kölz, Verfassungsgeschichte (wie Fn. 3), S. 197 f.; Frank Schuler, Das Gemeindereferendum in Graubünden, in: Auer, Origines (wie Fn. 7), S. 27-64, hier S. 61 ff.; Metz, Geschichte (wie Fn. 27), S. 204 ff. Henke, Recht (wie Fn. 67), S. 303 f., zählt Graubünden zu einer Gruppe aristokratischer Kantone.
183 CD-ROM-2, Dok.-Nr. 8.2.7 (Verfassung Graubündens v. 11.11.1814/19.6.1820); die Verfassung wurde, geringfügig überarbeitet, erst 1820 von der Tagsatzung gewährleistet.
184 Zu Wallis: His, Geschichte (wie Fn. 2), Bd. 2, S. 62; Heusler, Verfassungsgeschichte (wie Fn. 66), S. 346 f.; Kölz, Verfassungsgeschichte (wie Fn. 3), S. 198 ff.; Thomas Troger, Geschichte der Verfassung des Kantons Wallis vom 8. März 1907, Diss. Freiburg 1988, S. 26; Bluntschli, Geschichte (wie Fn. 74), S. 494; Henke, Recht (wie Fn. 67), S. 303 f.
185 Vgl. dazu Kölz, Verfassungsgeschichte (wie Fn. 3), S. 193 ff.; Tanner, Schweiz (wie Fn. 152), S. 157; ders., Patrioten (wie Fn. 152), S. 485 f., der auf den hohen Zensus selbst in diesen Kantonen hinweist.
186 Tanner, Bürgertum (wie Fn. 152), S. 203.
187 Zu St. Gallen: Bruno Wickli, Politische Kultur und die »reine Demokratie«, St. Gallen 2006, S. 53 ff.; His, Geschichte (wie Fn. 2), Bd. 2, S. 62 ff.; Bluntschli, Geschichte (wie Fn. 74), S. 494.

vom 31. August 1814[188] verband Entwürfe des Großen und des Kleinen Rats. Auch Aargau[189] konnte Berner Begehrlichkeiten nur mithilfe der Kongressmächte abwehren. Die Verfassung, nach deren Intervention weniger liberal gestaltet, wurde vom Großen Rat am 4. Juli 1814 genehmigt. Im Thurgau[190] wurde die neue Verfassung, mit ausführlichen Bestimmungen zur Stellung der beiden Konfessionen, am 28. Juli 1814 angenommen, nachdem ein aristokratischer Restaurationsversuch gescheitert war. Gegen Berner Gebietsansprüche rückten auch die Waadtländer[191] zusammen: Der Große Rat nahm die Verfassung am 4. August 1814 an, nachdem auf Wunsch der alliierten Minister ein erster Entwurf in etwas konservativem Sinne überarbeitet worden war. Im Tessin[192] musste die neue Verfassung von eidgenössischen Truppen durchgesetzt werden: Der Verfassung vom 4. März 1814 versagte die Tagsatzung die Gewährleistung, da sie von ihr und den alliierten Ministern als zu demokratisch eingestuft wurde. Nach zwei weiteren Modifikationen nahm der Große Rat am 29. Juli 1814 eine modifizierte Verfassung an, worauf die Regierung am 30. August unter dem Druck der Straße zurücktreten musste. Eine außerhalb der Verfassung stehende neue Regierung legte am 4. September einen neuen Verfassungsentwurf vor. Erst unter dem Schutz einrückender eidgenössischer Truppen konnte sich der Große Rat am 14. Oktober erneut versammeln und legte am 24. Oktober einen Verfassungsentwurf vor, der demokratischer war als derjenige vom 29. Juli, der die Unruhen ausgelöst hatte. Die Tagsatzung versagte auch diesem Entwurf die Gewährleistung und verfügte die Ausarbeitung einer Verfassung durch die Rechtsgelehrten Paul Usteri und Hans Georg Stehlin. Diese Verfassung wurde am 17. Dezember 1814 vom Tessiner Großen Rat angenommen, nachdem ein eidgenössischer Kommissär diesem weitere Änderungen untersagt hatte. Nach Durchführung von Wahlen gemäß der neuen Verfassung wurden die eidgenössischen Truppen im Juli 1815 abgezogen.

In der Restauration stellen Verfassungsrevisionen auf kantonaler Ebene die Ausnahme dar. Verfassungsrevisionen in Schaffhausen[193] (1825/26), Appenzell-Innerrhoden (1829) und Obwalden (1829) brachten nur geringe Veränderungen. Hingegen verwirklichte die Luzerner Verfassung von 1829[194] die Gewaltenteilung, indem sie die richterliche Tätigkeit des Rates zugunsten des Appellationsgerichts einschränkte.

---

188 CD-ROM-2, Dok.-Nr. 8.2.6 (Verfassung St. Gallens v. 31.8.1814).
189 Zum Aargau: His, Geschichte (wie Fn. 2), Bd. 2, S. 64.
190 Zum Thurgau: His, Geschichte (wie Fn. 2), Bd. 2, S. 64 f.; Albert Schoop, Geschichte des Kantons Thurgau, Bd. 1, Frauenfeld 1987, S. 84 ff.
191 Zu Waadt/Vaud vgl. Olivier Meuwly, Histoire des Droits politiques dans le Canton de Vaud de 1803–1885, Diss. Lausanne 1990 (auch Bern 1991), S. 57 ff.; His, Geschichte (wie Fn. 2), Bd. 2, S. 65 f.
192 Zum Tessin: His, Geschichte (wie Fn. 2), Bd. 2, S. 66 ff.; Ghiringhelli, Costruzione (wie Fn. 104), S. 50 ff.; Rossi/Pometta, Storia (wie Fn. 104), S. 215 ff.
193 Zu Schaffhausen: Joos/Ott, Obrigkeitsstaat (wie Fn. 180), S. 675 f.
194 Zur Luzerner Verfassung von 1829 z. B. Sider, Geschichte (wie Fn. 171), S. 17 ff.; Bossard-Borner, Luzern 1798–1831/50 (wie Fn. 9), S. 229 ff.; His, Verfassungsgeschichte (wie Fn. 171), S. 73 ff.

Reformbestrebungen in Appenzell-Außerroden und in der Waadt blieb hingegen der Erfolg versagt. Bemerkenswert ist, dass sich das Tessin bereits am 12. Juni 1830, und damit vor der französischen Julirevolution, eine liberale Verfassung gab.

2.2.3 Kantonales Verfassungsrecht in der Regeneration

Während der Regeneration auf Bundesebene kein ummittelbarer Erfolg beschieden war, war sie in vielen Kantonen erfolgreich. Die Verfassungsbewegung der 1830er-Jahre unterschied sich fundamental von den Verfassungsgebungen in den Jahren 1814/15, da sie ihren Ursprung im Inneren des Landes nahm, ohne Einmischung von außen vonstattenging und Verfassungsgebung neu als Mittel bewusster Gestaltung des Staats[195] durch das Volk[196] ansah. Wichtigstes Druckmittel der Reformer waren Volksversammlungen, die sich auf die Volkssouveränität beriefen.[197] Gefordert wurden die Erweiterung der Freiheitsrechte und die Beteiligung weiterer, wirtschaftlich erstarkter Bevölkerungsgruppen an der politischen Mitbestimmung.[198] Im Grundsatz beschloss die Tagsatzung am 27. Dezember 1830, bei Verfassungsfragen in den Kantonen nicht intervenieren zu wollen[199], womit sie ihre Pflicht, die bereits gewährleisteten Verfassungen zu schützen, verletzte, wich aber davon ab, wenn Verfassungskämpfe gewaltsam ausgetragen wurden. Ingesamt war das Vorgehen der Tagsatzung, die zunehmend zwischen den regenerierten und den konservativen Kantonen gespalten war, wenig entschlossen und nicht frei von Widersprüchen. Die regenerierten Kantone garantierten sich ihre Verfassungen im Siebnerkonkordat.[200] Die konservativen Kan-

---

195 Zur Funktion der regenerierten Verfassungen Schefold, Volkssouveränität (wie Fn. 151), S. 86 ff.
196 Dazu ausführlich ebd., S. 97 ff.
197 Eine Übersicht über die sog. Volkstage bietet Bruno Schmid, Art. Volkstage, in: HLS (wie Fn. 5); dazu auch Kölz, Verfassungsgeschichte (wie Fn. 3), S. 303 ff.; zur Beteiligung des Volkes an der Verfassungsbewegung vgl. auch Schefold, Volkssouveränität (wie Fn. 151), S. 89 ff.
198 Dazu im Überblick De Mortagnes, Rechtsgeschichte (wie Fn. 85), S. 170 ff.; Kölz, Verfassungsgeschichte (wie Fn. 3), S. 218 ff., S. 227 ff. (zur Ereignisgeschichte dort S. 218 ff., auch S. 227 ff.); Aubert, Bundesstaatsrecht (wie Fn. 70), Rz. 41; vgl. auch Bluntschli, Geschichte (wie Fn. 74), S. 497 f. Zu den Forderungen nach repräsentativer Demokratie siehe auch den eindrücklichen Verfassungsentwurf Ludwig Snells von 1831 für den Kanton Zürich mit Anmerkungen: CD-ROM-2, Dok.-Nr. 8.8.1 (wie Fn. 139); dazu Kölz, Verfassungsgeschichte (wie Fn. 3), S. 246 ff.; ders., Verfassungsentwurf (wie Fn. 139), S. 299 ff.
199 Vgl. CD-ROM-2, Dok.-Nr. 8.2.9 (wie Fn. 105); His, Geschichte (wie Fn. 2), Bd. 2, S. 104; Heusler, Verfassungsgeschichte (wie Fn. 66), S. 357; Kölz, Verfassungsgeschichte (wie Fn. 3), S. 221 ff.; Bluntschli, Geschichte (wie Fn. 74), S. 500.
200 Sog. Siebner Konkordat vom 17.3.1832, in: CD-ROM-2, Dok.-Nr. 8.8.3, dazu His, Geschichte (wie Fn. 2), Bd. 2, S. 89, 163; Andrey, Suche (wie Fn. 9), S. 625; Kölz, Verfassungsgeschichte (wie Fn. 3), S. 295 ff.; Hilty, Bundesverfassungen (wie Fn. 117), S. 387 ff.; Blumer, Handbuch (wie Fn. 66), Bd. 1, S. 64 f.; Maissen, Sonderbund (wie Fn. 71), S. 65 f.; Bluntschli, Geschichte (wie Fn. 74), S. 500 f.; aus Luzerner Sicht: Heidi Bossard-Borner, Im Spannungsfeld von Politik und Religion. Der Kanton Luzern 1831–1875, Tbd. 1, Basel 2008, S. 46 ff.

tone, die sich im Sarner Bund zusammenschlossen, blieben der Tagsatzung zeitweise ganz fern und hielten getrennte Tagsatzungen ab.[201]

In den Kantonen brachte die Regeneration generell eine gewisse Liberalisierung, in den Stadtkantonen in der Regel den Abbau von Vorrechten der Stadt, verbunden mit einer Öffnung des politischen Systems für die neu entstandene »Mittelklasse«, die sich aus kleinstädtischem und ländlichem Unternehmertum, Händlern, Gewerbetreibenden, Großbauern und Intellektuellen, die selbst oft aus ländlichen oder kleinstädtischen Verhältnissen stammten, zusammensetzte.[202] Zu gewaltsamen Auseinandersetzungen kam es in Schwyz, Neuenburg (Neuchâtel) und Basel, weniger heftig in Glarus und im Wallis.[203] Typisch für die umfangreichen regenerierten Verfassungen waren die Berufung auf die Volkssouveränität, das Einrichten von neu zu wählenden Verfassungsräten und schließlich Rigiditätsklauseln, die die vorschnelle Abänderung der neu erlassenen Verfassungen verhindern sollten.[204] Nicht selten wurde die Ausarbeitung der Verfassungen Verfassungsräten übertragen.[205]

In den Kantonen mit städtischem Hauptort sicherten die Verfassungen der Restaurationszeit der Stadt die politische Herrschaft über das bevölkerungsreichere Umland.[206] Dessen wirtschaftlich immer erfolgreichere Führungsschicht forderte eine Beteiligung an der Macht. Außer in Basel konnten die Spannungen durch Verfassungsänderungen einigermaßen friedlich beigelegt werden. In Zürich[207], wo 10.000–11.000 Städter 137, mehr als 180.000 Bewohner des Umlandes aber nur 75 Großräte stellten, wurde im März 1831 eine Verfassung[208], die zwei Drittel der Großratssitze dem Land zusprach, mit großer Mehrheit angenommen. Seit dem Herbst hatten Großräte des Umlandes diese gefordert, unterstützt durch Volksversammlungen und ein juristisch

---

201 His, Geschichte (wie Fn. 2), Bd. 2, S. 95; zum Sarner Bund auch Hilty, Bundesverfassungen (wie Fn. 117), S. 391 ff.; Blumer, Handbuch (wie Fn. 66), Bd. 1, S. 64 f.; Bluntschli, Geschichte (wie Fn. 74), S. 501 f.
202 Dazu Tanner, Bürgertum (wie Fn. 152), S. 203 f.; ders., »Alles für das Volk« (wie Fn. 5), S. 61 ff.; Maissen, Geschichte (wie Fn. 67), S. 187.
203 Überblick u. a. bei Kölz, Verfassungsgeschichte (wie Fn. 3), S. 220 ff.
204 Siehe z. B. Kölz, Verfassungsgeschichte (wie Fn. 3), S. 305 ff.; Blumer, Handbuch (wie Fn. 66), Bd. 1, S. 61; Tanner, Schweiz (wie Fn. 152), S. 159. Zu den gemeinsamen Merkmalen der regenerierten Verfassungen auch Schollenberger, Geschichte (wie Fn. 1), Bd. 2, S. 193 ff.; Bluntschli, Geschichte (wie Fn. 74), S. 497 f.
205 Zu den Verfassungsräten: Martin Rudolf Erb, Der Verfassungsrat im Schweizerischen Staatsrecht, Diss. Zürich 1961, insbes. S. 78 ff.; Schefold, Volkssouveränität (wie Fn. 151), S. 103 ff.
206 Übersicht bei Kölz, Verfassungsgeschichte (wie Fn. 3), S. 320 ff.; vgl. auch Schefold, Volkssouveränität (wie Fn. 151), S. 200 ff., insbes. zur Beibehaltung einer maßvollen Bevorzugung der Städte.
207 Zu Zürich: His, Geschichte (wie Fn. 2), Bd. 2, S. 76; Dünki, Verfassungsgeschichte (wie Fn. 178), S. 6 ff.; Suter, Kantonsverfassungen (wie Fn. 178), S. 47 ff.; Craig, Geld (wie Fn. 5), insbes. S. 55 ff.; Barbara Weinmann, Eine andere Bürgergesellschaft. Klassischer Republikanismus und Kommunalismus im Kanton Zürich im späten 18. und 19. Jahrhundert, Göttingen 2002, insbes. S. 143 ff.
208 CD-ROM-2, Dok.-Nr. 8.2.11 (Verfassung Zürichs v. 23.3.1831).

scharfsinniges Memorial von Ludwig Snell. Geprägt wurden die folgenden Jahre von Friedrich Keller, einem Epoche machenden Juristen, Obergerichtspräsidenten und Großratspräsidenten. Es folgten Reformen des Gerichtswesens und der Verwaltung, die Postulierung von Rechtsgleichheit und individueller Freiheit. Die friedliche Regeneration in Zürich strahlte auf andere Kantone aus. In Bern[209], wo mit der Restauration das alte Patriziat, das die Stadt vor 1798 beherrscht hatte, an die Macht zurückgekehrt war, wurden Revisionsforderungen vor allem von wohlhabenden Bauern und gebildeten Kleinstädtern vorgetragen. Der Große Rat, der sich zur Unterdrückung beginnender Unruhen außer Stande sah, beschloss eine Verfassungsrevision und die Volkswahl eines Verfassungsrats. Mit der Annahme der Verfassung in der Volksabstimmung vom 6. Juli 1831 endete die Herrschaft des Patriziats, das sich fortan von der Regierung fernhielt. In Luzern[210], wo die Macht vom Patriziat und vom städtischen Bürgertum gleichermaßen ausgeübt worden war, konnte sich die neue Verfassung, die am 30. Januar 1831 mit großer Mehrheit vom Volk angenommen wurde, auf die Revision von 1829 stützen, weshalb die Neuerungen weniger einschneidend waren. Sie führten zur Herrschaft gebildeter Städter. Die Gefahr eines Bürgerkriegs bestand im patrizisch-klerikal regierten Kanton Freiburg[211], als der Große Rat am 7. Dezember 1830 die Einleitung einer Verfassungsrevision beschloss. Revisionspläne waren vor allem von reformierten und französischsprachigen Kreisen ausgegangen. Eine konstituierende Versammlung beschloss am 24. Januar 1831 eine neue Verfassung, die einige liberale und demokratische Ideen verwirklichte, die bestimmende Rolle von Patriziern und Klerus aber nicht beseitigte. In Solothurn[212] beendete die Verfassung, die am 13. Januar 1831 mit großer Mehrheit angenommen wurde, die Herrschaft der alten Geschlechter. Die Verfassung war, eine Besonderheit, aus Verhandlungen zwischen dem Großen Rat und selbst konstituierten Ausschüssen des Volkes hervorgegangen, nachdem am 22. Dezember 1830 eine große Volksversammlung demonstriert und der Landsturm mit dem Marsch auf die Hauptstadt gedroht hatte. In Schaffhausen[213] wurde am 20. Januar 1831 durch Volkswahl ein Verfassungs-

---

209 Zu Bern vgl. His, Geschichte (wie Fn. 2), Bd. 2, S. 78 ff.; Beat Junker, Geschichte des Kantons Bern seit 1798, 2 Bde., Bern 1982–1990, hier Bd. 2: Entstehung des demokratischen Volksstaates, 1731–1880, Bern 1990, S. 36 ff., 52 ff.
210 Zu Luzern: René Roca, Die Entwicklung direktdemokratischer Strukturen am Beispiel des Kantons Luzern (1830–1848), in: Graber (Hg.), Demokratisierungsprozesse (wie Fn. 4), S. 77–84, hier S. 77 f.; Sider, Geschichte (wie Fn. 171), S. 19 ff.; His, Geschichte (wie Fn. 2), Bd. 2, S. 80; Bossard-Borner, Luzern 1798–1831/50 (wie Fn. 9), S. 383 ff.; His, Verfassungsgeschichte (wie Fn. 171), S. 76 ff.
211 Zu Freiburg: His, Geschichte (wie Fn. 2), Bd. 2, S. 80 f.; Castella, Organisation (wie Fn. 173), S. 105 ff.
212 Zu Solothurn: His, Geschichte (wie Fn. 2), Bd. 2, S. 81 f.; Rötheli, Sanitätsgesetzgebung (wie Fn. 168), S. 33 ff.
213 Zu Schaffhausen: His, Geschichte (wie Fn. 2), Bd. 2, S. 82; Joos/Ott, Obrigkeitsstaat (wie Fn. 180), S. 676 ff.

2 Verfassungsstruktur der zentralen staatlichen Ebene

rat gewählt, nachdem der Große Rat dies infolge von Unruhen beschlossen hatte. Die Verfassung erhielt die Genehmigung allerdings erst am 2. Juli 1831: Zuvor hatte ein bewaffneter Landsturm ein Stadttor gestürmt, da man bei der Vertretung im Großen Rat die Stadt zu sehr begünstigt hätte. Eine eidgenössische Vermittlung brachte nicht den gewünschten Erfolg. 1834 hatte eine erneute Verfassungsrevision dann eine angemessene Vertretung des Landes zur Folge. Genf schließlich gab sich erst 1842, nach verschiedenen Reformschritten, eine gemäßigt-liberale Verfassung.[214]

In den neuen Kantonen, deren Verfassungen 1815 teilweise unter dem Druck der Tagsatzung und der Großmächte weniger liberal als gewünscht ausgefallen waren und die in der Regel über keine alteingesessene Aristokratie verfügten, fielen die Ideale der Regeneration auf fruchtbaren Boden. Die Verfassungen verwirklichten liberale Postulate wie die Rechtsgleichheit und erweiterten die Wählerschaft. Den Anfang machte Tessin[215], wo schon im Juni 1830, also vor der französischen Julirevolution, eine liberale Verfassung erlassen wurde.[216] In St. Gallen[217] erzwangen Volksversammlungen die Wahl eines Verfassungsrates gemäß der Bevölkerungszahl, der am 1. März 1831 eine neue Verfassung vorlegte. In der Volksabstimmung konnte diese am 23. März 1831 die Mehrheit allerdings nur erreichen, indem auch jene Wähler, die der Wahl fern blieben, den Zustimmenden zugeschlagen wurden. Im Aargau wurde der Große Rat durch Unruhen und die bewaffnete Umstellung des Aarauer Rathauses veranlasst, am 10. Dezember 1830 einen Verfassungsrat zu bestellen, der sich aus drei Vertretern je Kreis zusammensetzte. Dessen Entwurf wurde am 6. Mai 1831 als Verfassung angenommen. Im Thurgau[218] beschloss der Große Rat, von bewaffneten Bauern umzingelt, am 8. November 1831 die Wahl eines Verfassungsrates. Die Verfassung wurde am 14. April 1831 in einer Volksabstimmung mit großer Mehrheit angenommen. In der Waadt[219] waren erste Änderungen der Verfassung bereits im Mai 1830 vorgenommen worden. Unter dem Druck einer großen Volksversammlung sagte der Große Rat am 18. Dezember 1830 die Einberufung eines Verfassungsrats zu. Dieser, zusammenge-

---

214 Vgl. zu Genf Dufour, Histoire (wie Fn. 181), S. 101 ff.; His, Geschichte (wie Fn. 2), Bd. 2, S. 98; Heusler, Verfassungsgeschichte (wie Fn. 66), S. 362 f.; Kölz, Verfassungsgeschichte (wie Fn. 3), S. 226.
215 Zur Tessiner Riforma z. B. Andrea Ghiringhelli, La formazione dei partiti (1830–1848), in: Ceschi (Hg.), Storia (wie Fn. 104), S. 85-112, hier S. 88 ff.; Roca, Entwicklung (wie Fn. 210), S. 77 ff.; Kölz, Verfassungsgeschichte (wie Fn. 3), S. 215; Schollenberger, Geschichte (wie Fn. 1), Bd. 2, S. 175 f.; Rossi/Pometta, Storia (wie Fn. 104), S. 228 ff.; His, Geschichte (wie Fn. 2), Bd. 2, S. 69 ff.; De Mortagnes, Rechtsgeschichte (wie Fn. 85), S. 169.
216 CD-ROM-2, Dok.-Nr. 8.2.10 (Verfassung Tessins/Costituzione del Ticino v. 23.6.1830).
217 Zu St. Gallen: Wickli, Kultur und »Demokratie« (wie Fn. 187), S. 68 ff., 402 ff.; His, Geschichte (wie Fn. 2), Bd. 2, S. 83; Schollenberger, Geschichte (wie Fn. 1), Bd. 2, S. 201.
218 Zum Thurgau: His, Geschichte (wie Fn. 2), Bd. 2, S. 84 f.; Schoop, Geschichte (wie Fn. 190), Bd. 1, S. 129 ff.
219 Zu Waadt/Vaud vgl. Meuwly, Histoire (wie Fn. 191), S. 93 ff.; His, Geschichte (wie Fn. 2), Bd. 2, S. 85 f.

setzt aus 180 direkt vom Volk gewählten Vertretern, legte am 25. Mai 1831 einen Entwurf vor, der am 8. Juli 1831 durch das Volk angenommen wurde.

In den Kantonen Schwyz, Basel und Neuenburg (Neuchâtel) brachte die Regeneration gewaltsame Auseinandersetzungen. Auffallend ist, dass die Tagsatzung in Basel und Schwyz im Ergebnis militärisch zugunsten der Aufständischen intervenierte, während die Truppen in Neuchâtel, wohl aufgrund von dessen Stellung als preußisches Fürstentum, der bedrängten Regierung zu Hilfe eilten.[220] In Schwyz[221], wo der ältere Kantonsteil bevorrechtigt war, forderte im November 1830 eine Volksversammlung im neuen Kantonsteil nachdrücklich eine neue Verfassung nach dem Prinzip der Rechtsgleichheit. Als dies verweigert wurde, drohte man am 6. Januar 1831 erstmals in Lachen die Abspaltung eines Halbkantons »Schwyz äußeres Land« an, ein Beschluss, der nach erfolglosen Vermittlungsversuchen der Tagsatzung am 27. April 1832 mit der Konstituierung des Halbkantons umgesetzt wurde. Der Erlass einer eigenen, regeneriert-liberalen Verfassung durch die Landsgemeinde in Lachen folgte am 6. Mai.[222] Die Tagsatzung erkannte den Halbkanton »einstweilig« am 29. April an. Schwyz forderte weiterhin die Unterwerfung des abtrünnigen Kantonsteils und ergriff militärische Maßnahmen. Am 1. August griff schließlich die Tagsatzung energisch ein, beschloss die Besetzung des gesamten Kantons durch eidgenössische Truppen und forderte den Erhalt der Einheit des Kantons. Im Grundvertrag vom 28. August 1833 einigten sich die Parteien auf die Prinzipien der Wiedervereinigung. Eine einheitliche, eher liberale Verfassung, die die politische Rechtsgleichheit der Kantonsbürger und die Gewaltenteilung einführte, wurde am 11. Oktober 1833 durch die Gemeindeversammlungen angenommen. In Neuenburg[223] brach im Sommer ein heftiger Konflikt zwischen Republikanern, die eine Loslösung des Fürstentums von Preußen anstrebten, und monarchistischen Kreisen aus, die schließlich die Trennung von der Schweiz verlangten. Unter Druck gestand König Friedrich Wilhelm III. von Preußen am 22. Juni 1831 die Volkswahl des *Corps législatif* zu, womit er zumindest monarchisch-konservative Kreise zufrieden stellen konnte, dann auch die Öffentlichkeit der Verhandlungen und schließlich die Pressefreiheit. Dennoch besetzten die Republikaner am 13. September 1831 Hauptstadt und Regierungssitz, mussten aber eidgenössischen Truppen am 28. September weichen, nachdem ihnen

---

220 Dazu Münger, Militär (wie Fn. 99), S. 369 ff.
221 Zu Schwyz vgl. Adler, Entstehung (wie Fn. 161), S. 97 ff.; Kaspar, Skizzen (wie Fn. 161), S. 37 ff.; His, Geschichte (wie Fn. 2), Bd. 2, S. 86 f.; Andrey, Suche (wie Fn. 9), S. 615; Möckli, Landsgemeinden (wie Fn. 158), S. 52 f.; Kölz, Verfassungsgeschichte (wie Fn. 3), S. 223 f.; Aubert, Bundesstaatsrecht (wie Fn. 70), Rz. 48; Blumer, Handbuch (wie Fn. 66), Bd. 1, S. 62 f., 66 ff.; Münger, Militär (wie Fn. 99), S 372.
222 CD-ROM-2, Dok.-Nr. 8.1.5 (Verfassung des Kantons Schwyz äußeres Land v. 6.5.1832).
223 Zu Neuchâtel vgl. His, Geschichte (wie Fn. 2), Bd. 2, S. 87 ff.; Haesler, Situation (wie Fn. 48), S. 38 ff.; Heusler, Verfassungsgeschichte (wie Fn. 66), S. 361 f.; Andrey, Suche (wie Fn. 9), S. 595; Kölz, Verfassungsgeschichte (wie Fn. 3), S. 224 f.; Blumer, Handbuch (wie Fn. 66), Bd. 1, S. 63 f.; Münger, Militär (wie Fn. 99), S. 370, 377 ff.

immerhin Amnestie und eine Volksabstimmung über die Zugehörigkeit des Fürstentums zu Preußen zugesichert worden waren. Beide Versprechungen wurden nicht eingehalten; einen weiteren republikanischen Aufstand konnten Neuenburger Truppen am 18. Dezember 1831 unterdrücken. Gegen die Republikaner wurden schwere Strafurteile gefällt. Am 12. Februar 1832 erklärte der Gesetzgebende Rat, unterstützt vom königlichen Gouverneur, die Trennung von der Eidgenossenschaft, wovor aber der König zurückschreckte, weshalb er die neuenburgische Tagsatzungsdelegation zum Bundeseid zwang.

Die heftigsten Unruhen löste die Regeneration in Basel[224] aus. Auch hier bevorzugte die Verfassung die Stadt gegenüber dem Umland. Im Oktober 1830 forderten Vertreter der Landschaft die Rechtsgleichheit, also die Vertretung im Großen Rat nach der Kopfzahl. Im Dezember bot der Große Rat der Landschaft eine knappe Mehrheit der Sitze an.[225] Einen entsprechenden, eher liberal gestalteten Verfassungsentwurf legte ein eigens bestellter Verfassungsrat am 3. Januar 1831 vor. Die Vertreter der Landschaft forderten jedoch weiterhin die Aufteilung der Großratssitze nach der Bevölkerungszahl, verwarfen den Entwurf und installierten am 7. Dezember in Liestal eine – außerhalb der Verfassung stehende – provisorische Regierung. Noch im Januar konnte die städtische Miliz die Ordnung wiederherstellen, die Mitglieder der provisorischen Regierung flohen; am 28. Februar 1831 wurde im gesamten Kanton eine regenerierte Verfassung, wie sie am 12. Februar bereinigt worden war, angenommen. 75 Vertretern der Stadt sollten 79 Vertreter der Landschaft gegenüberstehen. Die Tagsatzung gewährleistete die Verfassung. Die inzwischen zurückgekehrten Gegner der Verfassung konnten jedoch handstreichartig Liestal einnehmen; eine selbst ernannte »Regierungskommission« befreite die Landschaft vom Gehorsam gegen die Stadt. Die Stadtmiliz besetzte Liestal vorübergehend, eidgenössische Truppen rückten dauerhaft in die Landschaft ein. Die Tagsatzung forderte, dass in keinem Teil des Kantons zu den Waffen gegriffen würde, und ermahnte die Stadt, der Landschaft entgegenzukommen. Die Stadt wollte jedoch eine Entscheidung erzwingen und führte am 23. November 1831 in der Landschaft eine Volksabstimmung über die Trennung des Kantons und die neue Verfassung durch. Diese brachte zwar eine Mehrheit für die Verfassung, aber keine Legitimität, da trennungswillige Stimmberechtigte und Gemeinden nicht abstimmten. Gleichsam als Sanktion beschloss der Große Rat am

---

224 Vgl. zu Basel und zum Folgenden: Nah dran, nicht weit. Geschichte des Kantons Basel-Landschaft, Bd. 5: Armut und Reichtum. 19. und 20. Jahrhundert, Liestal 2001, S. 172 ff.; Matthias Manz, Art. Basel (Kanton), in: HLS (wie Fn. 5), Kap. 3.6.4; René Teuteberg, Basler Geschichte, Basel 2. Aufl. 1986, S. 293 ff.; Kaspar Birkhäuser, Der Baselbieter Politiker Stephan Gutzwiller, Liestal 1983, S. 17 ff.; Maissen, Geschichte (wie Fn. 67), S. 189 f.; His, Geschichte (wie Fn. 2), Bd. 2, S. 90 ff.; Heusler, Verfassungsgeschichte (wie Fn. 66), S. 363 ff.; Andrey, Suche (wie Fn. 9), S. 598 ff.; Kölz, Verfassungsgeschichte (wie Fn. 3), S. 223; Aubert, Bundesstaatsrecht (wie Fn. 70), Rz. 48; Blumer, Handbuch (wie Fn. 66), Bd. 1, S. 62 f.; Münger, Militär (wie Fn. 99), S. 372 ff.
225 75 Sitze für die Stadt (ca. 18.000 Einwohner), 79 für die Landschaft (ca. 40.000 Einwohner).

22. Februar 1832, jenen Gemeinden, die sich nicht mehrheitlich für den Verbleib bei der Stadt ausgesprochen hatten, die staatliche Verwaltung zum 15. März zu entziehen, worauf sich diese 46 Gemeinden als Halbkanton Basel-Landschaft konstituierten. Ein militärisches Vorgehen der Stadt dagegen scheiterte. Ein Verfassungsrat, gewählt aus inzwischen 55 Gemeinden, erarbeitete für die Landschaft eine liberale Verfassung, die am 4. Mai 1832 mit großer Mehrheit angenommen wurde.[226] Die Tagsatzung stellte den neuen Halbkanton unter den Schutz des Bundes und erkannte am 14. September 1832 die Trennung gegen den Protest der Stadt Basel an. Nach dem Abzug der eidgenössischen Truppen scheiterte im August ein Auszug des städtischen Militärs, das bedrängten Parteigängern in der Landschaft zu Hilfe eilen wollte. Eidgenössische Truppen besetzten den Kanton erneut, die Tagsatzung griff energisch ein: Der städtische Auszug wurde als Landfriedensbruch verurteilt, der Sarner Bund, dem sich die Stadt Basel inzwischen angeschlossen hatte, aufgelöst und der Kanton am 26. August 1833 entlang des Rheins geteilt. In Basel-Landschaft galt weiterhin die Verfassung von 1832. In Basel-Stadt stimmte die Bevölkerung einer neuen, liberalen Verfassung am 3. Oktober 1833 mit großer Mehrheit zu.

Unter den Landsgemeindekantonen gab sich Glarus[227] 1836 eine neue, liberalere Verfassung. Diese hob die Trennung der Verwaltung nach den Konfessionen auf, die bisher die katholische Minderheit begünstigt hatte. Die Verfassung von 1842 behielt diese Änderung bei. Appenzell-Außerrhoden führte 1834 kleinere Änderungen seiner Verfassung durch.[228] In den übrigen Kantonen blieb die Regeneration zunächst ohne unmittelbare Auswirkungen.[229] Nach den Wirren in Basel und dem Scheitern der Regeneration auf Bundesebene hatte diese ihre Kraft verloren. Geringfügige Modifikationen der Verfassungen erfolgten noch in Schaffhausen[230] (1834), Basel-Land (1838), Zürich (1838)[231] und Thurgau[232] (1837). In St. Gallen entschied sich das Volk 1837 gegen eine Verfassungsrevision[233], ebenso in Schaffhausen 1846.[234]

---

226 CD-ROM-2, Dok.-Nr. 8.1.4 (Verfassung des Kantons Basel-Landschaft v. 27.4.1832). Die Verfassung wurde am 27.4.1832 vom Verfassungsrat beschlossen.
227 Vgl. zu Glarus His, Geschichte (wie Fn. 2), Bd. 2, S. 106; Heusler, Verfassungsgeschichte (wie Fn. 66), S. 362; Andrey, Suche (wie Fn. 9), S. 615 f.; Kölz, Verfassungsgeschichte (wie Fn. 3), S. 225 f. Zur Aufhebung der Parität: Schefold, Volkssouveränität (wie Fn. 151), S. 190 ff.
228 Zu Appenzell-Außerrhoden: His, Geschichte (wie Fn. 2), Bd. 2, S. 106; Mösle, Verfassungsgebung (wie Fn. 166), S. 115 ff.
229 Übersicht bei Kölz, Verfassungsgeschichte (wie Fn. 3), S. 225 f.
230 Zu Schaffhausen: Joos/Ott, Obrigkeitsstaat (wie Fn. 180), S. 688 ff.
231 Beschluß des Großen Rathes betreffend Veränderung derjenigen Artikel der Verfassung, welche das Repräsentations-Verhältniß beschlagen, v. 19.12.1837, in: CD-ROM-2, Dok.-Nr. 8.3.2. Nach Volksabstimmung 1828 trat der Beschluss im selben Jahr in Kraft.
232 Zum Thurgau: Schoop, Geschichte (wie Fn. 190), Bd. 1, S. 147 ff.
233 Zu St. Gallen: His, Geschichte (wie Fn. 2), Bd. 2, S. 106 ff.
234 Zu Schaffhausen: Joos/Ott, Obrigkeitsstaat (wie Fn. 180), S. 694.

2.2.4 Konservativismus und Radikalismus in den Kantonen

Ende der 1830er-Jahre verschärften sich die Gegensätze zwischen den Konservativen und den Liberalen bzw. Radikalen weiter. Ein vorerst einsetzender konservativer Umschwung nahm seinen Anfang in Zürich[235], wo sich die Liberalen dem Volk zunehmend entfremdeten. Das Volk stimmte 1840 für eine Reihe von Verfassungsänderungen, nachdem 1839 im sog. »Züriputsch« die Macht der Liberalen gebrochen war. Auch in Luzern[236] wandte sich die Bevölkerung gegen die liberale Regierung. Die neue Verfassung von 1841 erweiterte die demokratischen Rechte, indem sie die Vorrechte der Hauptstadt beschränkte, ein Volksveto und die direkte Volkswahl einführte, und stärkte gleichzeitig die Stellung der katholischen Kirche, u. a. im Erziehungswesen. In Bern[237] mussten 1839 Konflikte zwischen der liberalen Führungsschicht im alten, reformierten, deutschsprachigen Kantonsteil und der konservativen, katholischen, französischsprachigen Bevölkerung im 1815 neu hinzugewonnen Jura beigelegt werden. Im Wallis[238] forderten die französischsprachigen Unterwalliser erneut die Gleichberechtigung mit den deutschsprachigen, konservativen Oberwallisern. Die Tagsatzung vermittelte 1839 eine Verfassung, die vom Volk angenommen, von den Oberwallisern aber nicht anerkannt wurde. Weil die Tagsatzung die neue Verfassung nicht durchsetzte, erzwangen die Unterwalliser 1840 militärisch deren Anerkennung. Allerdings konnten die Oberwalliser schon 1844 mit Waffengewalt ihre Vorherrschaft wiederherstellen und eine konservativ-klerikale Verfassung durchsetzen. In Solothurn[239] stieß die Verfassung von 1841, die u. a. Vorrechte der Hauptstadt beseitigte, auf den Widerstand konservativer, katholischer Kreise, die vergeblich eine Beseitigung der liberalen Regierung nach dem Vorbild des »Züriputsches« versuchten. In Freiburg[240], wo seit 1831 eine liberale Verfassung galt, erzielten die Klerikal-

---

235 Zu Zürich: His, Geschichte (wie Fn. 2), Bd. 2, S. 107 ff.; Dünki, Verfassungsgeschichte (wie Fn. 178), S. 12 f.; Kölz, Verfassungsgeschichte (wie Fn. 3), S. 409 ff.; Blumer, Handbuch (wie Fn. 66), Bd. 1, S. 92 ff.; Maissen, Sonderbund (wie Fn. 71), S. 78 ff.; Suter, Kantonsverfassungen (wie Fn. 178), S. 51 ff.; Weinmann, Bürgergesellschaft (wie Fn. 207), S. 153 ff., 274 ff. (zum »Züriputsch«).
236 Zu Luzern: Roca, Entwicklung (wie Fn. 210), S. 78 ff.; Bossard-Borner, Luzern 1831–1875 (wie Fn. 200), S. 202 ff., insbes. S. 231 ff.; His, Geschichte (wie Fn. 2), Bd. 2, S. 109 f.; Kölz, Verfassungsgeschichte (wie Fn. 3), S. 416 ff.; Sider, Geschichte (wie Fn. 171), S. 26 ff.; His, Verfassungsgeschichte (wie Fn. 171), S. 91 ff.
237 Zu Bern: His, Geschichte (wie Fn. 2), Bd. 2, S. 111; Junker, Geschichte (wie Fn. 209), Bd. 2, S 111 ff.
238 Zu Wallis vgl. Andrey, Suche (wie Fn. 9), S. 616; His, Geschichte (wie Fn. 2), Bd. 2, S. 113, 118 f.; Troger, Geschichte (wie Fn. 184), S. 26 f. Zur Wahlrechtsreform: Heusler, Verfassungsgeschichte (wie Fn. 66), S. 362; Kölz, Verfassungsgeschichte (wie Fn. 3), S. 225, 443 f.; Blumer, Handbuch (wie Fn. 66), Bd. 1, S. 91 f., 95 f.
239 Zu Solothurn: His, Geschichte (wie Fn. 2), Bd. 2, S. 113; Kölz, Verfassungsgeschichte (wie Fn. 3), S. 436 ff.; Rötheli, Sanitätsgesetzgebung (wie Fn. 168), S. 40 ff.
240 Zu Freiburg: His, Geschichte (wie Fn. 2), Bd. 2, S. 113 f.

Konservativen seit 1837 solide Mehrheiten. Im liberal beherrschten Kanton Tessin[241] erreichten 1839 die Konservativen die Mehrheit. Als die neue Regierung entschieden gegen liberale Schützengesellschaften vorging, erhoben sich die Bauern erfolgreich gegen die Regierungstruppen. Nach der Einnahme von Locarno und Lugano wurde der Große Rat erneuert, ein konservativer Putsch konnte 1841 unterdrückt werden.

Mit dem Erstarkten der Konservativen setzte eine liberale, vielerorts radikale Gegenbewegung ein. Die Entwicklung leitet über zur Bundesverfassung von 1848, weshalb sie hier nur kursorisch erwähnt werden kann. Insbesondere die Berufung der Jesuiten nach Luzern (1844) hatte die Gemüter erhitzt. In Zürich[242] stellten seit 1844/45 Liberale und Radikale die Mehrheit. In der Waadt[243] stürzten bewaffnete Radikale 1845 eine gemäßigt-konservative Regierung und setzten eine radikale Verfassung durch. Auch Bern[244] gab sich 1846 eine radikale Verfassung. In Genf[245] wurde die gemäßigt-konservative Regierung, die nach der liberalen Verfassung von 1842 regierte, durch die Radikalen militärisch gestürzt, die 1847 eine radikale Verfassung durchsetzten. In Basel-Stadt[246] wurde 1847 eine liberal gefärbte Verfassung angenommen, nachdem Liberale die Konservativen verdrängt hatten. Ein radikaler Aufstand in Freiburg[247] konnte von Regierungstruppen erfolgreich niedergeschlagen werden. Der Umsturz in Genf – und ein knapper Wahlsieg der Liberalen in St. Gallen[248] – sicherten aber eine liberale Mehrheit in der Tagsatzung, die den katholischen Sonderbund auflöste und gegen die Sonderbundkantone erfolgreich militärisch vorging.

3 Wahlrecht und Wahlen

Wahlrecht und Wahlen sind zentrale Instrumente politischer Mitbestimmung. In der Schweiz wurden sie durch starke Elemente direkter Demokratie ergänzt, teils in traditionellen, bereits im Ancien Régime bestehenden Formen, teils, seit der Regeneration, durch neue Vorkehrungen, wie dem Veto, das der Kontrolle der Volksvertreter diente. Der Bundesvertrag selbst enthielt keine Bestimmungen über politische Rechte und machte den Kantonen keine Vorgaben zum Wahlrecht. Die Tagsatzung, das zentrale Organ des Bundes, bestand aus Vertretern der Kantone. Diese wurden nach den Vor-

---

241 Zum Tessin: Ghiringhelli, Formazione (wie Fn. 215), S. 98 ff.; His, Geschichte (wie Fn. 2), Bd. 2, S. 111 f.; Kölz, Verfassungsgeschichte (wie Fn. 3), S. 449; Rossi/Pometta, Storia (wie Fn. 104), S. 238 ff, 245 ff.
242 Zu Zürich: His, Geschichte (wie Fn. 2), Bd. 2, S. 122.
243 Zur Waadt siehe ebd., S. 122 f.
244 Zu Bern: Junker, Geschichte (wie Fn. 209), Bd. 2, S. 129 ff.; His, Geschichte (wie Fn. 2), Bd. 2, S. 123 f.
245 Zu Genf: His, Geschichte (wie Fn. 2), Bd. 2, S. 125 ff.; Dufour, Histoire (wie Fn. 181), S. 103 ff.
246 Zu Basel-Stadt: His, Geschichte (wie Fn. 2), Bd. 2, S. 127.
247 Zu Freiburg: His, Geschichte (wie Fn. 2), Bd. 2, S. 127 f.
248 Zu St. Gallen siehe ebd., S. 126 f.

schriften des kantonalen Verfassungsrechts auf unterschiedliche Weise bestimmt. In der Mehrheit der Kantone erfolgte ihre Wahl durch die Räte, in den Landsgemeindekantonen oft durch die Landsgemeinde.[249]

3.1 Wahlrecht

In der Restauration sicherten Beschränkungen des Wahlrechts die Bevorzugung der wohlhabenderen Bevölkerung. Dazu dienten Zensusbestimmungen und Sitzverteilungen in den Großen Räten, die die Hauptorte massiv bevorzugten, oder Regelungen, die, wie in Bern, bestimmte Ämter überhaupt »regimentsfähigen« Familien vorbehielten.[250] In manchen Kantonen konnten die Räte selbst ausscheidende Mitglieder durch Kooptation ersetzen; in anderen hatten die Kleinen Räte massiven Einfluss auf die Ernennung der Großräte.[251] Üblich war auch die Wahl der Großräte durch spezielle Kollegien.[252] Bezeichnend ist, dass in einigen Stadtkantonen die Souveränität nicht beim Volk, sondern bei den Räten angesiedelt wurde.[253] Nicht unüblich waren weiters lebenslange Amtszeiten. Auch in den Landsgemeindekantonen, wo die Landsgemeinde als Versammlung aller Aktivbürger Bestand hatte, ist von der Dominanz einiger weniger Familien auszugehen.[254]

Seit den 1830er-Jahren weiteten die regenerierten Kantone – und noch mehr die radikalen Regierungen der 1840er-Jahre – das Wahlrecht, dem Grundsatz der Volkssouveränität folgend, aus. Dies betraf den Kreis der Wahlberechtigten ebenso wie die Zahl der Ämter, deren Träger gewählt wurden, insbesondere auch im Bereich der Justiz, wo eine gewisse Demokratisierung zu beobachten ist. Benachteiligungen der ländlichen Bevölkerung[255], die einen wichtigen Anlass für die Regeneration gegeben hatten, wurden durch eine Neuverteilung der Sitze in den Räten beseitigt[256], Zensus-

---

249 Henke, Recht (wie Fn. 67), S. 206.
250 Dazu Tanner, Patrioten (wie Fn. 152), S. 485 ff., der zu Recht darauf hinweist, das die neuen Kantone von den Reichen, die alten von der städtischen und ländlichen Oberschicht beherrscht wurden; vgl. beispielsweise zur Lage in Freiburg: Castella, Organisation (wie Fn. 173), S. 56 ff. Siehe auch Gruner, Arbeiter (wie Fn. 8), S. 158 f. für beispielhafte Berechnungen: In Bern wählten 1837 fünf Prozent der männlichen Bevölkerung.
251 Z. B. in Schaffhausen und Basel, vgl. Kölz, Verfassungsgeschichte (wie Fn. 3), S. 193; gute Übersicht auch bei Gruner, Arbeiter (wie Fn. 8), S. 157 f.
252 Vgl. diesbezüglich zum Aargau Kölz, Verfassungsgeschichte (wie Fn. 3), S. 194; Übersicht bei Gruner, Arbeiter (wie Fn. 8), S. 158.
253 Zur Souveränität der Räte und dem entsprechenden Wahlsystem: Henke, Recht (wie Fn. 67), S. 304; sie war z. B. in Luzern gegeben: Bluntschli, Geschichte (wie Fn. 74), S. 492.
254 His, Geschichte (wie Fn. 2), Bd. 2, S. 258; vgl. auch Andrey, Suche (wie Fn. 9), S. 619.
255 Dazu z. B. Kölz, Verfassungsgeschichte (wie Fn. 3), S. 320 ff.
256 Vgl. beispielsweise CD-ROM-2, Dok.-Nr. 8.3.2 (wie Fn. 231).

bestimmungen entschärft.²⁵⁷ Nur eine Minderheit der Kantone ging allerdings zur direkten Volkswahl aller Mitglieder der Großen Räte über. Indirekte Wahlen sollten Gewähr für eine hinreichende Qualifikation der Kandidaten bieten.²⁵⁸ Um weiteren Teilen der Bevölkerung die politische Partizipation zu ermöglichen, wurden die unteren Stufen des Bildungswesens in den regenerierten Kantonen massiv ausgebaut. Das Wahlrecht war Männern vorbehalten²⁵⁹, das Wahlalter variierte; an der Nidwaldner Landsgemeinde konnten bereits 14-jährige Bürger teilnehmen, während die liberalen Verfassungen meist ein Alter von 20 Jahren für die Teilnahme an Wahlen voraussetzten.²⁶⁰

3.2 Instrumente direkter Demokratie

Traditionell verwirklichten die *Landsgemeinden*²⁶¹ den Grundsatz unmittelbarer Volksherrschaft. In Uri, Schwyz, Obwalden, Nidwalden, Glarus und den beiden Appenzell waren die Landsgemeinden auch in Restauration und Regeneration Gesetzgebungskörper. Die Abstimmungen erfolgten unter Leitung des Standesoberhauptes durch Abstimmung mit offenem Handmehr. In der Regeneration wurden die Regierungen verpflichtet, alle eingebrachten Anträge, also auch die von Einzelpersonen, zur Abstimmung zu bringen. In den öffentlichen Abstimmungen war der Einfluss der Regierung groß. Aus diesem Grund schaffte Schwyz die Landsgemeinde 1848 ab.²⁶² In Zug waren die Kompetenzen der Landsgemeinde auf Wahlrechte beschränkt.

In Graubünden und Wallis bestanden von alters her demokratische Staatssysteme, die sich nicht nur am Repräsentativsystem orientierten. In »*(föderativen) Referenden*« wurden lokale Körperschaften an der Gesetzgebung beteiligt. In Graubünden²⁶³ bedurften Gesetze nach ihrer Annahme durch den Großen Rat der Sanktion durch

---

257 Zu den weiterhin bestehenden Beschränkungen beispielhaft Kölz, Verfassungsgeschichte (wie Fn. 3), S. 322 f.
258 Übersicht bei Kölz, Verfassungsgeschichte (wie Fn. 3), S. 342 ff.; zur Wahl in Freiburg ausführlich Castella, Organisation (wie Fn. 173), S. 145 ff.; zum Zensus Schefold, Volkssouveränität (wie Fn. 151), S. 177 ff.
259 Nach dem Berner Gemeindegesetz von 1833 konnten sich Grund besitzende Frauen in der Gemeindeversammlung von einem Mann vertreten lassen. Dieses Recht wurde 1852 eingeschränkt und 1887 aufgehoben; dazu Yvonne Voegeli, Art. Frauenstimmrecht, in: HLS (wie Fn. 5). Forderungen nach einem Frauenwahlrecht sind nicht bekannt; Kölz, Verfassungsgeschichte (wie Fn. 3), S. 322.
260 Andrey, Suche (wie Fn. 9), S. 620.
261 Zu den Landsgemeinden: His, Geschichte (wie Fn. 2), Bd. 2, S. 270 f., 273 ff.
262 Zu Schwyz ausführlich: Adler, Entstehung (wie Fn. 161).
263 Dazu Frank Schuler, Das Referendum in Graubünden. Entwicklungen, Ausgestaltung, Perspektiven, Basel u. a. 2001, insbes. S. 51 ff., 149 ff.; ders., Gemeindereferendum (wie Fn. 182), insbes. S. 64 ff.; His, Geschichte (wie Fn. 2), Bd. 2, S. 261 f.; Rathgeb, Verfassungsentwicklung (wie Fn. 182), S. 100 f.

die Mehrheit der Gemeinden. An den Abstimmungen in den Gemeinden konnten alle Aktivbürger teilnehmen. Das Graubündner Referendum führte daher zu einer weitgehenden Dezentralisierung und Demokratisierung des Gesetzgebungsverfahrens. Auch im Wallis[264] waren lokale Körperschaften in die Gesetzgebung eingebunden. Seit 1815 konnten Gesetzesvorlagen des Landrats nur mit Zustimmung der Mehrheit der Zehnden in Kraft treten. In den Zehnden stimmten allerdings nicht die Aktivbürger, sondern die Zehndräte ab. Das föderale Referendum wurde 1839/40 durch ein Volksveto abgelöst.

Während das Referendum in Graubünden und im Wallis auf die Einbindung bestehender Lokalkörperschaften in die staatliche Willensbildung abzielte, diente in den regenerierten Kantonen Formen direkter Demokratie, zumeist das *Veto*, der Korrektur des Repräsentativsystems. Ursprünglich von liberaler Seite aufgebracht, erkannten in der Folge konservative Kreise die Bedeutung dieser Instrumente im Kampf gegen die liberalen Regierungen.[265] In St. Gallen[266] sprach die Verfassung 1831 dem Volk das Gesetzgebungsrecht zu. Dieses hatte das Recht, Gesetzen über bestimmte, wichtige Materien innerhalb von 45 Tagen ab ihrer Promulgation durch den Großen Rat die »Anerkennung und Vollziehung« zu verweigern. Dazu waren auf Verlangen von jeweils 50 Bürgern Gemeindeversammlungen abzuhalten, die das Gesetz mit der absoluten Mehrheit der Gemeindebürger ablehnen konnten. Sprach sich in den ablehnenden Gemeinden die Mehrheit der Kantonsbürger gegen das Gesetz aus, galt es als verworfen. Insgesamt scheiterten bis 1861 in St. Gallen vier von 194 Gesetzen am *Volksveto*. In Basel-Land[267] sah die Verfassung von 1832, wahrscheinlich nach St. Gal-

---

264 Verfassung vom 14.9.1844; dazu Troger, Geschichte (wie Fn. 184), S. 27; Alfred Kölz, Vom Veto zum fakultativen Gesetzesreferendum, in: ders., Der Weg der Schweiz zum modernen Bundesstaat. Historische Abhandlungen, Chur/Zürich 1998, S. 47-65, hier S. 54.

265 Dazu Andrey, Suche (wie Fn. 9), S. 618 f.; Kölz, Verfassungsgeschichte (wie Fn. 3), S. 309 ff.; Bruno Wickli, Politische Kultur, politische Erfahrungen und der Durchbruch der modernen direkten Demokratie im Kanton St. Gallen (1831), in: Graber (Hg.), Demokratisierungsprozesse (wie Fn. 4), S. 35-66, v. a. S. 42 ff.; Gruner, Arbeiter (wie Fn. 8), S. 274 (mit gutem Überblick S. 273 ff.); Silvano Möckli, Das Gesetzesveto und -referendum. Ein Stolperstein wird zum Grundstein, in: Auer (Hg.), Origines (wie Fn. 7), S. 209-220, hier S. 217. Zum Veto allgemein: Kölz, Veto (wie Fn. 264); zur direkten Demokratie als Kampfmittel konservativer, ländlicher Kreise: Martin Schaffner, »Direkte« oder »indirekte« Demokratie? Konflikte und Auseinandersetzungen, 1830–1848, in: A. Ernst u. a. (Hg.), Revolution und Innovation. Die konfliktreiche Entstehung des Bundesstaats von 1848, Zürich 1998, S. 271-277, insbes. S. 275 ff.; zur Ablehnung des Vetos durch die Liberalen: Schefold, Volkssouveränität (wie Fn. 151), S. 287 ff.

266 Zum Verfahren: Verfassung St. Gallens v. 1.3.1831, Art. 135-141, in: CD-ROM-2, Dok.-Nr. 8.3.1; Verordnung des Kleinen Rates vom 4.10.1833 über die Abhaltung der Vetogemeinden. Zum St. Galler Veto: Wickli, Kultur und »Demokratie« (wie Fn. 187), S. 425 ff.; ders., Kultur (wie Fn. 265), S. 38 ff.; Möckli, Gesetzesveto (wie Fn. 265), S. 211 ff.; Kölz, Verfassungsgeschichte (wie Fn. 3), S. 309 ff.; His, Geschichte (wie Fn. 2), Bd. 2, S. 264; Kölz, Veto (wie Fn. 264), S. 51 ff.; Schefold, Volkssouveränität (wie Fn. 151), S. 278 ff.

267 Verfassung des Kantons Basel-Landschaft v. 27.4.1832, § 40, in: CD-ROM-2, Dok.-Nr. 8.1.4; zum Veto in Basel Landschaft: His, Geschichte (wie Fn. 2), Bd. 2, S. 264 f.; Kölz, Verfassungs-

ler Vorbild, vor, dass Gesetze, die innert 40 Tagen nach Publikation von zwei Dritteln der Aktivbürger durch Zuschrift an den Landrat abgelehnt wurden, nicht rechtskräftig werden konnten. Obwohl nach der 1838 geänderten Verfassung die absolute Mehrheit der Aktivbürger genügte, wurden bis 1856 lediglich vier Gesetze verworfen. Im regenerierten Thurgau blieben Bemühungen um die Einführung des Vetos ohne Erfolg.[268] In Luzern wurde das Veto von klerikalen und bäuerlichen Kreisen 1841 eingeführt[269]: Innert 50 Tagen nach Publikation des Gesetzes konnte von insgesamt einem Sechstel der Aktivbürgerschaft eine Vetoabstimmung verlangt werden. Die Abstimmung erfolgte dann gemeindeweise in Vetogemeinden. Das Gesetz war verworfen, wenn sich eine absolute Mehrheit der Bürger dagegen aussprach. Bemühungen, ein Veto in Zürich, im Aargau und in Solothurn einzuführen, scheiterten.[270] In beiden Kantonen versuchten konservative Kreise, durch das Veto ein Gegengewicht zu den liberalen Regierungen zu schaffen. Im Wallis[271] führte die liberale Verfassung von 1839 ein Volksveto ein. Gesetze und einige andere Beschlüsse des Großen Rates traten erst 30 Tage nach ihrer Kundmachung in Kraft, sofern sich innert dieser Frist keine Mehrheit der Aktivbürger in Gemeindeversammlungen dagegen aussprach. Die klerikal-konservative Verfassung von 1844 ersetzte das Veto durch ein obligatorisches Referendum, das für das Inkrafttreten von Gesetzen und von bestimmten weiteren Rechtsakten die Zustimmung der Mehrheit der Aktivbürger in Urversammlungen verlangte. Die liberale Verfassung von 1848 kehrte dann wieder zum Repräsentativsystem zurück. Die Berner Verfassung von 1846 sah die Abstimmung in Gemeindeversammlungen vor, wenn der Große Rat dies beschloss. Die Verfassung der Waadt von 1845 sah ein – unklar geregeltes – Referendum vor[272], während Vorschläge für ein Referendum in Bern (1846) und Genf (1847) scheiterten.[273] Insgesamt waren Referendum und Veto in der Praxis vor 1848 wenig erfolgreich; dies lag zum einen an der zunehmend scharfen politischen Auseinandersetzung, zum anderen an den durchweg schwerfälligen Verfahren.[274]

---

geschichte (wie Fn. 3), S. 316 ff.; ders., Veto (wie Fn. 264), S. 53 ff.; Möckli, Gesetzesveto (wie Fn. 265), S. 214; Schefold, Volkssouveränität (wie Fn. 151), S. 285 ff.
268 Dazu Kölz, Verfassungsgeschichte (wie Fn. 3), S. 318 ff.
269 § 35-38 der Verfassung von 1841; Gesetz vom 2. August betreffend Ausübung des Vetos; Roca, Entwicklung (wie Fn. 210), insbes. S. 78 ff.; Kölz, Veto (wie Fn. 264), S. 54; Schefold, Volkssouveränität (wie Fn. 151), S. 299 ff.; His, Geschichte (wie Fn. 2), Bd. 2, S. 266; Sider, Geschichte (wie Fn. 171), S. 28 ff.; His, Verfassungsgeschichte (wie Fn. 171), S. 96 f.
270 Dazu His, Geschichte (wie Fn. 2), Bd. 2, 266 f.; zu Zürich auch Kölz, Verfassungsgeschichte (wie Fn. 3), S. 445 ff.; zum Aargau und zu Solothurn Schefold, Volkssouveränität (wie Fn. 151), S. 298 ff.
271 Vgl. His, Geschichte (wie Fn. 2), Bd. 2, S. 267 f.; Möckli, Gesetzesveto (wie Fn. 265), S. 214 f.; Schefold, Volkssouveränität (wie Fn. 151), S. 291 ff.
272 Zur Waadt: Schefold, Volkssouveränität (wie Fn. 151), S. 308 ff.
273 Zu Bern und Genf siehe ebd., S. 310 ff.
274 His, Geschichte (wie Fn. 2), Bd. 2, S. 270; Kölz, Veto (wie Fn. 264), S. 55 ff.

Initiativrechte ermöglichten es Bürgern, ein Gesetzgebungsverfahren in Gang zu bringen. Föderale Initiativrechte, als Initiativrechte von lokalen Körperschaften, bestanden in Graubünden, wo die Gemeinden sog. »Einfragen« an den Großen Rat richten konnten, und nach der Verfassung von 1815 im Wallis, wo die Zehnden im Landrat Kollektivvoten abgeben konnten.[275] Ein Initiativrecht von Einzelpersonen kannte vor 1848 nur die Waadt[276]; die Verfassung von 1845 verfügte, dass die Gemeindeversammlungen nicht nur über die Vorlagen des Großen Rates, sondern auch über Vorlagen, die von 8.000 Aktivbürgern eingebracht wurden, abzustimmen hatten.

Die meisten regenerierten Kantone kannten Initiative und Referendum im Bereich der *Verfassungsgebung*.[277] Eine neue oder revidierte Verfassung musste in der Regel in einer Volksabstimmung angenommen werden. In manchen regenerierten Kantonen stimmte das Volk periodisch über die Notwendigkeit einer Verfassungsrevision ab[278] oder konnte die Initiative zur Revision der Verfassung ergreifen.[279]

4 Grundrechte

Im Bundesvertrag und im eidgenössischen Recht fanden sich nur vereinzelte Grundrechte. Dies war auch eine Folge der geringen Zahl an Bundeskompetenzen. Der Bundesvertrag äußerte sich zur Rechtsgleichheit, zur Niederlassungsfreiheit, zur Handels- und Gewerbefreiheit und enthielt einige Bestimmungen zur Religionsfreiheit. Durch Konkordate geregelt waren gemischtkonfessionelle Ehen[280]; Beschlüsse verpflichteten die Presse zum achtungsvollen Umgang mit Kirchen und Religionen.[281] Auf kantonaler Ebene kommt den Grundrechten größere Bedeutung zu; insbesondere die Verfassungen der regenerierten Kantone enthielten mehr oder weniger umfangreiche Grundrechtskataloge.

---

275 His, Geschichte (wie Fn. 2), Bd. 2, S. 273; Schefold, Volkssouveränität (wie Fn. 151), S. 256 ff.
276 Vgl. dazu Kölz, Veto (wie Fn. 264), S. 54 f.; His, Geschichte (wie Fn. 2), Bd. 2, S. 272.
277 Dazu Andreas Auer, Le référendum constitutionnel, in: ders. (Hg.), Origines (wie Fn. 7), S. 79-101, insbes. S. 93 ff.; Schefold, Volkssouveränität (wie Fn. 151), S. 100 ff. Zur Verfassungsinitiative: Kölz, Verfassungsgeschichte (wie Fn. 3), S. 308 f.
278 Andrey, Suche (wie Fn. 9), S. 618; Schefold, Volkssouveränität (wie Fn. 151), S. 116 ff.
279 Schefold, Volkssouveränität (wie Fn. 151), S. 139 ff.
280 Concordat, betreffend die Ehen zwischen Catholiken und Reformirten, vom 11.6.1812 (bestätigt am 7.7.1819) in: CD-ROM-2, Dok.-Nr. 8.4.2; Concordat wegen Folgen der Religions-Aenderung in Bezug auf Land= und Heimath=Recht, Vom 8. Juli 1819, in: Sammlung (wie Fn. 47), Bd. 1, S. 288 f.
281 Vgl. die Pressebeschlüsse der Tagsatzung vom 20.8.1816 und 3.9.1819, in: CD-ROM-2, Dok.-Nr. 8.4.3.

Der Schutz der *persönlichen Freiheit*[282] war Sache der Kantone. Einschlägige Bestimmungen fanden sich in der Restaurationszeit einzig in einem Waadtländer Gesetz von 1803[283] und in der Neuenburger Charte Constitutionnelle.[284] Die Regenerationsverfassungen normierten meistens zumindest die Grundsätze des Strafverfahrens. Die Mehrheit der Kantone band Verhaftung, Internierung, gerichtliche Verfolgung und Verurteilung ausdrücklich an das Gesetz. Verhaftete sollten innert kürzester Zeit einvernommen werden; niemand sollte seinem ordentlichen Richter entzogen werden können. Postuliert wurde die Unschuldsvermutung. Verboten waren »unnötige Strenge« bei Verhaftungen, das Erpressen von Geständnissen und die Folter.[285]

Der Bundesvertrag schwieg zur *Niederlassungsfreiheit*.[286] Auch dem 1819 abgeschlossenen Niederlassungskonkordat trat nur eine Minderheit der Kantone bei.[287] Dieses gestattete den Bürgern der beteiligten Kantone die Niederlassung und die Aufnahme eines Gewerbes und stellte sie den Bürgern des Wohnkantons gleich. Voraussetzungen der Niederlassung waren das Bürgerrecht eines der konkordierenden Kantone und ein guter Leumund, zu belegen durch den Heimatschein und ein amtliches Zeugnis. Auf Verlangen der Behörden waren außerdem ausreichende Vermögens- und Einkommensverhältnisse nachzuweisen. Das Konkordat verbot Lasten und Abgaben aufgrund der Niederlassung, mit Ausnahme der Kanzleigebühren. Niedergelassene konnten ausgewiesen werden, wenn ihr Lebenswandel unsittlich war oder sie nicht in der Lage waren, sich und ihre Angehörigen zu ernähren. Der Kanton, der den Heimatschein ausgestellt hatte, war dann zur Aufnahme dieser Personen verpflichtet. Zumeist erlaubten die Konkordatskantone den Zuzug auch von Bürgern anderer Kantone auf Basis des Gegenrechts, einzelne Kantone auch generell für Schweizerbürger. Weitere Kantone entwickelten immerhin eine großzügige Praxis. Die Kantone verwalteten die Freizügigkeit durch Konkordate u. a. über Verfahrensfragen der Eheschließung, Gerichtsstandsfragen im Vormundschaftswesen und Ehescheidungsrecht sowie über die Testierfähigkeit und Erbrechtsverhältnisse.[288]

---

282 Zur persönlichen Freiheit: Kölz, Verfassungsgeschichte (wie Fn. 3), S. 326 ff.; His, Geschichte (wie Fn. 2), Bd. 2, S. 450 f.
283 Loi sur le droit d'arrestation vom 6.6.1803, in: CD-ROM-2, Dok.-Nr. 8.4.1.
284 Charte Constitutionnelle vom 18.6.1814, Art. 9, in: CD-ROM-2, Dok.-Nr. 8.2.5; dazu: His, Geschichte (wie Fn. 2), Bd. 2, S. 450; Peter Saladin, Grundrecht im Wandel. Die Rechtsprechung des Schweizerischen Bundesgerichts zu den Grundrechten in einer sich ändernden Umwelt, Bern 3. Aufl. 1982, S. 89.
285 Zur Abschaffung der Folter: Gschwend/Winiger, Abschaffung (wie Fn. 43), insbes. S. 38 ff.
286 Zur Niederlassungsfreiheit: Kölz, Verfassungsgeschichte (wie Fn. 3), S. 334 f.; His, Geschichte (wie Fn. 2), Bd. 2, S. 408 ff.
287 Konkordat, betreffend das Niederlassungs-Verhältniß unter den Eidsgenossen vom 10.7.1819, in: CD-ROM-2, Dok.-Nr. 8.4.4. Dem Konkordat traten bei: Zürich, Bern, Luzern, Glarus, Freiburg, Solothurn, Aargau, Thurgau, Tessin, Waadt (mit Vorbehalt einer Gebühr), Neuenburg, Genf, seit 1828 Schaffhausen.
288 Konkordat über Eheeinsegnungen und Kopulationsscheine vom 4.7.1820, in: CD-ROM-2, Dok.-Nr. 8.4.5; Vormundschaftliche und Bevogtungsverhältnisse. Konkordat vom 15. July 1822, in:

Jene Kantone, die dem Niederlassungskonkordat nicht beitraten, schlossen den Zuzug teilweise nahezu völlig aus. Vielerorts wurden von Zuziehenden Vermögensnachweise, Bürgschaften, Gebühren zum Erwerb der Niederlassungsbewilligung oder jährlich Abgaben (»Hintersässengelder«) verlangt.[289] Üblich war es auch, den Grundstückserwerb zu beschränken oder von einer Bewilligung abhängig zu machen; eine solche war auch für die Ausübung eines Gewerbes oder den Eheschluss einzuholen. Die Niederlassungsbewilligung wurde mancherorts probeweise erteilt. Weit verbreitet waren außerdem Vermögenserfordernisse oder die Erhebung einer Heiratsgebühr für einheiratende Frauen aus anderen Kantonen. Insbesondere in katholischen Kantonen konnten sich Andersgläubige nicht niederlassen. Kein Niederlassungsrecht hatten generell Nichtchristen. Da die Zuzugsbeschränkungen meist wirtschaftlich veranlasst waren, bestanden in der Regel erleichterte Bedingungen für erwünschte Einwohner und Arbeitskräfte. Insgesamt ist festzuhalten, dass die Gewährung der Niederlassungsfreiheit oder eine diesbezüglich liberale Praxis der wirtschaftlichen Entwicklung der Kantone meist zuträglich war.

Innerhalb der Kantone war oder wurde das Niederlassungsrecht meist freigegeben[290]; der Wohnsitzgemeinde nachzuweisen war aber ein guter Leumund. Der Zugezogene war in vielen Kantonen vom Stimmrecht in der Wohnsitzgemeinde ausgeschlossen und konnte, wenn er verarmte oder einen unsittlichen Lebenswandel führte, in seine Heimatgemeinde zurückgewiesen werden. In einer Minderheit der Kantone war die Niederlassung von sog. »Einsitzgebühren«, die periodisch oder einmalig zu erbringen waren, oder dem Nachweis eines bestimmten Vermögensstandes abhängig. Dies galt in vielen Kantonen auch für eingeheiratete Bräute, die durch Heirat oft schon vor Jahren das Gemeindebürgerrecht (ihres Ehemanns) erworben hatten. Ansässige Bürger anderer Gemeinden hatten im Übrigen regelmäßig mit Beschränkungen ihrer Gewerbefreiheit zu rechnen. Erst in der Regenerationsperiode setzte sich dann das Recht der freien Niederlassung innerhalb des Heimatkantons durch.

Für die gemischtkonfessionelle Eidgenossenschaft von grundsätzlicher Bedeutung waren die Regelungen zur *Religionsfreiheit*.[291] Bundesrechtliche Regelungen blieben allerdings fragmentarisch und bestanden nur dort, wo dies für die Erhaltung des konfessionellen Friedens unabdingbar war. Im Bundesvertrag enthalten war einzig der sog. Klosterartikel, der den Erhalt katholischer Klöster sichern sollte. Konkordate

---

Sammlung (wie Fn. 47), Bd. 2, S. 34 ff.; Konkordat über die Behandlung der Ehescheidungsfälle vom 6. July 1821, in: CD-ROM-2, Dok.-Nr. 8.6.1; Testierfähigkeit und Erbrechtsverhältnisse. Konkordat vom 15. July 1822, in: Sammlung (wie Fn. 47), Bd. 2, 36 ff.
289 Überblick bei His, Geschichte (wie Fn. 2), Bd. 2, S. 415 ff.
290 Überblick ebd., S. 409 ff.
291 Zur Religionsfreiheit: Schweizer Bundesvertrag v. 7.8.1815, § 12 (sog. Klosterartikel), in: CD-ROM-2, Dok.-Nr. 8.2.2; His, Geschichte (wie Fn. 2), Bd. 2, S. 370 ff.; Kölz, Verfassungsgeschichte (wie Fn. 3), S. 337 ff.; Saladin, Grundrecht (wie Fn. 284), S. 4 f.

regelten Fragen der gemischtkonfessionellen Ehe[292] und schlossen den Bürgerrechtsverlust infolge Konfessionswechsels aus.[293] Beschlüsse der Tagsatzung von 1816 und 1819 verpflichteten die Presse schließlich zu achtungsvollen Äußerungen über Religionen und Kirchen.[294]

Die kantonalen Verfassungen der Restaurationszeit, und mit Abstrichen auch die regenerierten Verfassungen, regelten Religionsfragen durchweg restriktiv. Geschützt, gegebenenfalls auch nur geduldet, wurden die zwei anerkannten christlichen Konfessionen[295], während christliche »Sekten« und Andersgläubige in ihren Aktivitäten möglichst eingeschränkt wurden. Weit verbreitet waren Vorschriften, die den Konfessionswechsel verboten oder von einem Bewilligungsverfahren abhängig machten, Gottesdienste nur einer Konfession zuließen oder die Aufnahme Andersgläubiger in das Bürgerrecht ausschlossen. Vorschriften und Empfehlungen suchten den Kirchgang der Bürger zu sichern. Eine Gruppe von religiös einheitlichen Kantonen setzte den Grundsatz der Glaubenseinheit durch. Die katholischen Kantone Luzern, Uri, Schwyz, Obwalden, Nidwalden, Zug, Appenzell-Innerrhoden, Tessin und Wallis erklärten in ihren Verfassungen die römisch-katholische Religion zur Religion des Staates und/oder des Volkes. Ähnliche Vorschriften kannte der reformierte Halbkanton Appenzell-Außerrhoden. Im Thurgau erforderte der Konfessionswechsel eine Bewilligung durch den Kleinen Rat. Eine weitere Gruppe von Kantonen duldete die andere Konfession in einem örtlich begrenzten Teil des Kantonsgebiets: Völkerrechtlich zur Duldung der katholischen Konfession in den 1815 von Sardinien neu gewonnenen Gebieten verpflichtet war Genf[296]; Bern und Basel gestanden in den Vereinigungsurkunden von 1815 den damals erhaltenen Gebieten des Bistums Basel die Ausübung der katholischen Religion zu.[297] In Zürich, Schaffhausen, Waadt und Neuenburg (Neuchâtel) war der katholische Kult in einzelnen Gemeinden geduldet; Gleiches galt für das reformierte Bekenntnis in Freiburg und Solothurn. Auch in den Hauptstädten wurden mancherorts Gottesdienste der jeweils anderen Konfession zugelassen. Eine individuell ausgeformte Religions- und Bekenntnisfreiheit kannten die Verfassungen der paritätischen Kantone St. Gallen, Aargau und Thurgau, in denen auch auf Gemeindeebene Angehörige unterschiedlicher Konfessionen miteinander lebten. Hingegen war im ebenfalls paritätischen Glarus die Konfession territorial bestimmt. Sowohl die katholische als auch die reformierte Konfession waren im (preußischen)

---

292 CD-ROM-2, Dok.-Nr. 8.4.2 (wie Fn. 280).
293 Concordat wegen Folgen der Religions-Aenderung in Bezug auf Land= und Heimath=Recht vom 8. Juli 1819, in: Sammlung (wie Fn. 47), Bd. 1, S. 288 f.
294 CD-ROM-2, Dok.-Nr. 8.4.3 (wie Fn. 281); dazu His, Geschichte (wie Fn. 2), Bd. 2, S. 380.
295 His, Geschichte (wie Fn. 2), Bd. 2, S. 377; Saladin, Grundrecht (wie Fn. 284), S. 5.
296 Arrangemens additionels à l'article cinquième de la declaration du congrès de Vienne, touchant le Canton de Genève, Du 29 Mars 1819, in: Sammlung (wie Fn. 47), Bd. 1, S. 75 ff.
297 CD-ROM-2, Dok.-Nr. 8.9.1 (wie Fn. 60), Art. 1 ff.; Dok.-Nr. 8.9.2 (wie Fn. 62), Art. 6.

Neuenburg geschützt. Erst im Vorfeld der Umwälzungen von 1848 kam es, z. B. in Bern (1846) und Genf (1847), zur Gewährung einer allgemeinen Kultusfreiheit.

Mit der Religionsfreiheit eng verbunden war die *Ehefreiheit*[298]: Interkonfessionelle Ehen wurden nur von einer Gruppe von Kantonen zugelassen, die außerdem zusagten, das Eingehen einer solchen nicht mit dem Verlust des Bürger- und Heimatrechts zu bestrafen.[299] Sie unterliefen das Verbot der Kurie, gemischtkonfessionelle Ehen zu trauen, indem sie dazu reformierte Pfarrer oder Zivilstandsbeamte ermächtigten.[300] Eine obligatorische Zivilehe setze sich in der Schweiz nicht durch; kirchliche Trauungen wurden anerkannt, soweit diese dem Recht am Ort der Eheschließung entsprachen.[301] Allerdings regelten die meisten Kantone die Ehe in ihren Zivilgesetzbüchern und entzogen diese damit kirchlichem Recht. Beschränkungen der Ehefreiheit bestanden für Schweizer in fremden Diensten. In der Hauptsache war die Eheschließungsfreiheit allerdings durch Vermögenserfordernisse beschränkt.

Mit Ausnahme der Charte Constitutionnelle Neuenburgs von 1814 enthielten die Kantonsverfassungen der Restaurationszeit keine speziellen *Eigentumsgarantien*.[302] Auf Bundesebene gewährleistete der Klosterartikel das Eigentum von Klöstern und Kapiteln. Erst die Regenerationsverfassungen kannten persönliche Eigentumsgarantien, zumeist verbunden mit Vorschriften über allfällige Enteignungen und deren Entschädigung, wobei es zu einer schrittweisen Ausweitung von Enteignungsrechten des Staates und der Rechtsschutzmöglichkeiten der Bürger kam. Schon Helvetik und Mediation hatten die Befreiung von Feudallasten postuliert und entsprechende Vorschriften erlassen. Auch die Verfassungen der Restaurationsperiode enthielten weiterhin Regelungen über die Loskäuflichkeit von Feudallasten; in der Praxis scheitere die Befreiung allerdings an wirtschaftlichen Gründen. Dem trat die Regeneration entgegen: Die Neuerrichtung von Zehnten und Grundzinsen wurde verboten, die Loskaufsummen herabgesetzt. Entscheidenden Erfolg brachte aber die Umwandlung der Reallast in eine obligatorische, amortisierbare und hypothekarisch gesicherte Geldschuld. Zu einer entschädigungslosen Aufhebung von Feudallasten kam es nur in Einzelfällen.

Das *Schweizer Bürgerrecht*[303] leitete sich vom Kantonsbürgerrecht ab. Damit entschied kantonales Recht über Erwerb und Verlust des Bürgerrechts.[304] Ein kantonales

---

298 Zur Ehefreiheit: His, Geschichte (wie Fn. 2), Bd. 2, S. 458 f.; Kölz, Verfassungsgeschichte (wie Fn. 3), S. 339.
299 CD-ROM-2, Dok.-Nr. 8.4.2 (wie Fn. 280).
300 Konkordat über Verkündung und Einsegnung paritätischer Ehen vom 14.8.1821, in: CD-ROM-2, Dok.-Nr. 8.4.6.
301 CD-ROM-2, Dok.-Nr. 8.4.5 (wie Fn. 288).
302 Zum Schutz des Eigentums: His, Geschichte (wie Fn. 2), Bd. 2, S. 461 f.; Kölz, Verfassungsgeschichte (wie Fn. 3), S. 328 ff.
303 Zum Bürgerrecht: His, Geschichte (wie Fn. 2), Bd. 2, S. 201 ff.
304 »Um als Schweizerbürger anerkannt zu werden, muss man Bürger oder Angehöriger eines Kantons sein.« Beschluss wegen Ertheilung und Beurkundung des Schweizerischen Bürger=Rechts, Vom 13. Juli 1819, in: Sammlung (wie Fn. 47), Bd. 1, S. 286 f.

Bürgerrecht konnte nur zusammen mit einem Gemeindebürgerrecht, die Reihenfolge variierte je nach Kanton, erworben werden. Die Einbürgerung war, kantonal unterschiedlich, von bestimmten Voraussetzungen abhängig, zumeist von der ehelichen Geburt, dem Verzicht auf ein bestehendes Bürgerrecht, einer gewissen Aufenthaltsdauer im Kanton, einem guten Leumund, der Zugehörigkeit zu einer bestimmten Konfession, von einem gewissen, teilweise recht hohen Vermögen. Regelmäßig hohe Gebühren stellten eine Entschädigung für den mit dem Bürgerrecht verbundenen Anteil am Gemeindevermögen dar. Die meisten Kantone kannten außerdem die ehrenhalber vollzogene Verleihung der Bürgerrechte. Praktisch bedeutsam war, dass Bürger in der Regel nur an ihrem Bürgerort politisch berechtigt waren. In anderen Gemeinden desselben Kantons waren sie vom politischen Leben oft ausgeschlossen und verschiedenen Beschränkungen und Belastungen ausgesetzt; in anderen Kantonen konnten sie wie Ausländer behandelt werden.

Zentrale Bedeutung im Bereich der persönlichen Grundrechte kam der *Rechtsgleichheit*[305] zu, normiert in § 7 des Bundesvertrags. Politisch bedeutsam waren insbesondere die Aufhebung aller Untertanengebiete, womit auch den territorialen Restaurationswünschen mancher Kantone ein Riegel vorgeschoben wurde, und das Verbot, politische Rechte auf eine bestimmte Klasse von Kantonsbürgern zu beschränken. Unzulässig waren damit abgestufte Bürgerrechte oder die Beschränkung der Regimentsfähigkeit – also der Fähigkeit, bestimmte Regierungsfunktionen zu übernehmen – auf gewisse Personengruppen, zum Beispiel einige Familien. In der Praxis wurden verschiedene Ungleichheiten erst in der Regenerationszeit, vereinzelt auch erst danach, abgeschafft: Im Fürstentum Neuenburg (Neuchâtel) gab es weiterhin Adelige. In den Kantonen Freiburg, Bern, Solothurn, Basel, Luzern bestand ein privilegiertes Bürgerrecht der Stadt, dessen Erwerb aber immerhin Personen eröffnet wurde, die gewisse, insbesondere ökonomische, Voraussetzungen erfüllten.[306] Manche Kantone, z. B. Uri, unterschieden weiterhin zwischen Alt- und Neubürgern. Von großem praktischen Interesse war die Unterscheidung zwischen Vollbürgern, auch Bürger oder Landleute genannt, die das Bürgerrecht ihres Wohnorts besaßen, und anderen Personen. Nur Vollbürger hatten Anrecht auf politische Mitbestimmung und einen Anteil an den Gemeindegütern. Davon ganz oder teilweise ausgeschlossen waren Personen, die das Bürgerrecht einer anderen Gemeinde, oft desselben Kantons,

---

305 Zum Begriff der Rechtsgleichheit in der Regenerationszeit Kölz, Verfassungsgeschichte (wie Fn. 3), S. 323 ff.

306 His, Geschichte (wie Fn. 2), Bd. 2, S. 202 f.; dazu auch Henke, Recht (wie Fn. 67), S. 290 f. Zum Bürgerrecht der Stadt Luzern, dessen Erwerb für die meisten aufgrund hoher Anforderungen u. a. an die Steuerleistung reine Theorie blieb, vgl. Bossard-Borner, Luzern 1831–1875 (wie Fn. 200), S. 141.

besaßen. Sie wurden als Landsassen, Hintersassen, Einsassen oder Beisassen bezeichnet und in der Regel wie Ausländer behandelt.[307]

Im Bereich der *politischen Grundrechte* kommt der *Pressefreiheit*[308] große Bedeutung zu. Fragen der Pressefreiheit waren Sache der Kantone. Die Tagsatzung beschäftigte sich mit diesen nur anlassbezogen: Verurteilt wurde die Veröffentlichung von Akten der Tagsatzung[309], Berichte über militärische Angelegenheiten[310] und Publikationen, die andere Konfessionen herabwürdigten.[311] Politische Brisanz erhielten Fragen der Pressefreiheit durch den Aufenthalt und die politische und publizistische Tätigkeit ausländischer Flüchtlinge[312], wogegen deren Heimatländer wiederholt ein entschiedenes Vorgehen verlangten. Im Presse- und Fremdenrechtskonklusum[313] ermahnte die Tagsatzung die Presse 1823 zur gebotenen Achtung befreundeter Mächte und trug den Kantonen entsprechende präventive und repressive Maßnahmen auf. In der Regeneration wurde das Pressekonklusum nicht mehr erneuert. In der Restaurationsperiode proklamierten im Übrigen lediglich die Genfer Verfassung von 1814 und ein Waadtländer Pressegesetz von 1822 die Pressfreiheit; in beiden Fällen wurde diese aber durch den Staatsrat mittels außerordentlicher Vollmachten unterdrückt. Alle Kantone überwachten die Presse durch ein System staatlicher Druckbewilligungen mit vorgängiger Zensur. Die Praxis war in der Mehrheit der Kantone durchaus pressefeindlich.[314]

---

307 His, Geschichte (wie Fn. 2), Bd. 2, S. 203 f.; Henke, Recht (wie Fn. 67), S. 288 f. und die Ausführungen zur Niederlassungsfreiheit.

308 Zur Pressefreiheit: Guggenbühl, Zensur (wie Fn. 71); His, Geschichte (wie Fn. 2), Bd. 2, S. 380 ff.; Kölz, Verfassungsgeschichte (wie Fn. 3), S. 339 ff.; Thomas Christian Müller, Vom Umgang mit dem publizistischen Meinungspluralismus. Pressepolitische Lernprozesse in der Schweiz zwischen 1830 und 1848, in: Ernst u. a. (Hg.), Revolution (wie Fn. 265), S. 233-244, hier S. 234 f. Zu den Beschränkungen der Pressefreiheit weiters Schefold, Volkssouveränität (wie Fn. 151), S. 247 ff.; zum Pressewesen: Alain Clavien/Adrian Scherrer, Art. Presse in: HLS (wie Fn. 5); Andrey, Suche (wie Fn. 9), S. 587 f.; Guggenbühl, Zensur (wie Fn. 71), S. 271 ff. Für einen beispielhaften Überblick über die Presse im Aargau: Müller, Geschichte (wie Fn. 71), insbes. S. 37 ff. zur überregional bedeutsamen Aargauer Zeitung.

309 Am 26.4. und am 16.5.1814; dazu: Fetscherin (Bearb.), Repertorium (wie Fn. 54), Bd. 2, S. 564 ff.; His, Geschichte (wie Fn. 2), Bd. 2, S. 381.

310 Am 20.8.1816; dazu: Fetscherin (Bearb.), Repertorium (wie Fn. 54), Bd. 2, S. 567 ff.; His, Geschichte (wie Fn. 2), Bd. 2, S. 381 f.

311 CD-ROM-2, Dok.-Nr. 8.4.3 (wie Fn. 281).

312 Vgl. z. B. zu den italienischen Flüchtlingen (und ihren Aktivitäten) im Tessin Fabrizio Mena, Giornalisti, editori, esuli, in: Ceschi (Hg.), Storia (wie Fn. 104), S. 149-166, hier S. 158 ff.

313 CD-ROM-2, Dok.-Nr. 8.4.7 (wie Fn. 71). Zu den Flüchtlingen, beispielsweise im Tessin: Mena, Giornalisti (wie Fn. 312), S. 158 ff.; zum Pressekonklusum: Heusler, Verfassungsgeschichte (wie Fn. 66), S. 350 ff.; Müller, Umgang (wie Fn. 308), S. 234 f.; Bonjour, Geschichte (wie Fn. 54), S. 239 ff., 253 ff.; Andrey, Suche (wie Fn. 9), S. 603; Aubert, Bundesstaatsrecht (wie Fn. 70), Rz. 37; Maissen, Sonderbund (wie Fn. 71), S. 44 ff.

314 His, Geschichte (wie Fn. 2), Bd. 2, S. 383 f.; Schefold, Volkssouveränität (wie Fn. 151), S. 244 ff.; für Zürich: Guggenbühl, Zensur (wie Fn. 71), S. 308 ff.

Erst in der Regeneration setzte sich die Pressefreiheit durch. Den Anfang machte am 19. Mai 1829 die Landsgemeinde von Glarus; es folgten noch im selben Jahr Zürich[315], Luzern[316] und Aargau. Die regenerierten Verfassungen enthielten in der Folge regelmäßig Gewährleistungen der Pressefreiheit, die mancherorts mit der Meinungsäußerungsfreiheit verbunden wurde. Strafbar blieb der Missbrauch der Pressefreiheit, verschiedentlich konkretisiert als Verletzung der Sittlichkeit, der Religion, der Wahrheit, der Rechte des Staates oder anderer und des Privatlebens wie auch als Aufruf zu Aufruhr oder Umsturz. Im Rahmen der Pressfreiheit geschützt waren, neben dem Inhalt, auch das Erscheinen und die Verbreitung der Medien.

Weder der Bundesvertrag noch die Verfassungen der Kantone regelten die *Versammlungs-* oder die *Vereinigungsfreiheit*.[317] In der Restaurationszeit untersagten die Regierungen ihnen nicht genehme Versammlungen ohne Weiteres. Auf Gemeindeebene ging man von einem Verbot von freien Versammlungen aus, weil gesetzlich Zeit und Form der ordentlichen Gemeindeversammlungen geregelt waren. Vereine, die wirtschaftliche oder politische Zwecke verfolgten, waren bewilligungspflichtig. Rein gesellige oder wissenschaftliche Vereine konnten in der Regel frei gegründet werden, weshalb sich politisch interessierte liberale Bürger in kulturellen und gemeinnützigen Vereinen zusammenschlossen. In der Helvetik waren Vereine stark propagiert worden und hatten sich derart eingebürgert, dass selbst konservative Regierungen nicht grundsätzlich gegen Vereine vorgingen, weshalb auch in der Restauration, eine große Zahl unterschiedlicher Vereine bestand. Der Schwerpunkt des Vereinswesens lag in den protestantischen Städten, während in katholischen und generell in ländlichen Gebieten weniger Vereine nachweisbar sind.

Der Beitrag der Vereine zur Regeneration 1830, und auch zur Bundesstaatsgründung 1848, war beträchtlich. In einer ersten Phase unterstützten sie entscheidend das Entstehen einer bürgerlichen Öffentlichkeit.[318] Mit und nach der Regeneration ent-

---

315 Gesetz, betreffend die Druckerpresse, vom 15.6.1829, in: CD-ROM-2, Dok.-Nr. 8.4.8.; vgl. dazu Maissen, Sonderbund (wie Fn. 71), S. 50 f.; Guggenbühl, Zensur (wie Fn. 71), S. 343 ff., insbes. 359 ff.
316 Zum Luzerner Pressegesetz von 1831: Bossard-Borner, Luzern 1831–1875 (wie Fn. 200), S. 141 f.; zu jenen von 1842/43: ebd., S. 264 ff.
317 Zur Versammlungs- und Vereinsfreiheit: His, Geschichte (wie Fn. 2), Bd. 2, S. 398, mit einem Überblick über die gesetzlichen Regelungen; Kölz, Verfassungsgeschichte (wie Fn. 3), S. 335 f., Aubert, Bundesstaatsrecht (wie Fn. 70), Rz. 38 ff.; zum Vereinswesen: Andrey, Suche (wie Fn. 9), S. 582., 604 ff.; Jost, Geschichte (wie Fn. 42), S. 468 ff.; Gruner, Arbeiter (wie Fn. 8), S. 349 ff.; Schollenberger, Geschichte (wie Fn. 1), Bd. 2, S. 169; beispielhaft für Appenzell Außerrhoden: Tanner, Spulen (wie Fn. 22), S. 307 ff. Zum Entstehen des Vereinswesens, insbes. zu den Lesegesellschaften: Martin Bachmann, Lektüre, Politik und Bildung. Die schweizerischen Lesegesellschaften des 19. Jahrhunderts unter besonderer Berücksichtigung des Kantons Zürich, Bern u. a. 1993, insbes. S. 59 ff.; zu den liberalen Vereinen: Tanner, »Alles für das Volk« (wie Fn. 5), S. 62 ff.
318 Vor der Regeneration entstanden z. B.: der *Studentenverein Zofingia* (1819), dazu auch Lynn Blattmann, Studentenverbindungen – Männerbünde im Bundesstaat, in: dies./I. Meier (Hg.), Männerbund und Bundesstaat. Über die politische Kultur der Schweiz, Zürich 1998, S. 138-155,

4 Grundrechte

standen dann Vereine mit ausgeprägtem politischem Profil[319], wenngleich nicht zu übersehen ist, dass die Mehrzahl der Vereine nach wie vor unpolitisch blieb und die bürgerliche Gesellschaft integrierte. Die Regeneration leitete die *Versammlungsfreiheit*[320] aus der Volkssouveränität ab. In Verfassungen aufgenommen wurde sie in der Regel nicht. In der Praxis zögerten auch die regenerierten Regierungen nicht, aufrührerische oder unerwünschte Versammlungen kurzerhand zu untersagen. Auch die Vereinigungsfreiheit findet nur ausnahmsweise in Kantonsverfassungen Erwähnung; die Praxis der regenerierten Kantone verzichtete aber immerhin auf die Bewilligungspflicht und beschränkte sich darauf, rechtswidrige Vereine zu untersagen.

Ein *Petitionsrecht*[321] bestand in der Restaurationszeit in der großen Mehrheit der Kantone nicht. In der Praxis wurden politische Petitionen strafrechtlich sanktioniert, während Bittschriften, die persönliche Angelegenheiten zum Inhalt hatten, angenommen wurden.[322] Dies änderte sich im Zuge der Regeneration, in der politische Petitionen eine wichtige Rolle spielten. Ein freies Petitionsrecht ist daher Teil

---

hier S. 139 f.; Paul Ehinger, Art. Schweizerischer Zofingerverein, in: HLS (wie Fn. 5); die *Künstlergesellschaft* (1805), dazu Hans Ulrich Jost, Künstlergesellschaften und Kunstvereine in der Zeit der Restauration. Ein Beispiel der sozio-politischen Funktion des Vereinswesens im Aufbau der bürgerlichen Öffentlichkeit, in: N. Bernard/Q. Reichen (Hg.), Gesellschaft und Gesellschaften. Festschrift zum 65. Geburtstag von Professor Dr. Ulrich Im Hof, Bern 1982, S. 341-368, insbes. S. 345 ff.; die *Gemeinnützige Gesellschaft* (1810), dazu: Walter Rickenbach, Die Geschichte der Schweizerischen Gemeinnützigen Gesellschaft, 1810–1960, Zürich 1960. Siehe auch Jost, Geschichte (wie Fn. 42), S. 471 f.; zu den liberalen Vereinen: Tanner, »Alles für das Volk« (wie Fn. 5), S. 62 ff.

319 Exemplarisch: die *Studentenverbindung Helvetia* (1832), dazu Vaterland, Freundschaft, Fortschritt. Festschrift zum 150-Jahr-Jubiläum der Schweizerischen Studentenverbindung Helvetia, o. O. 1982, insbes. S. 19 ff.; Blattmann, Studentenverbindungen (wie Fn. 318), S. 141 f.; Marco Marcacci, Art. Helvetia (Studentenverbindung), in: HLS (wie Fn. 5); der *Eidgenössische Turnverein* (1832), der *Schweizer Schutzverein* (1831), der *Nationalverein* (1832), der *Schweizerische Schützenverein* (1824), dazu Manfred Hettling, Das Fähnlein der Treffsichersten. Die eidgenössischen Schützenfeste im 19. und 20. Jahrhundert, in: Blattmann/Meier (Hg.), Männerbund (wie Fn. 318), S. 97-119; Beat Henzirohs, Die eidgenössischen Schützenfeste 1824–1849. Ihre Entwicklung und politische Bedeutung, Diss. Freiburg i. Ü 1976; vgl. auch Jost, Geschichte (wie Fn. 42), S. 474.

320 Zur Versammlungsfreiheit: His, Geschichte (wie Fn. 2), Bd. 2, S. 396 ff.; vgl. zu den sog. Volkstagen von 1830: Schmid, Art. Volkstage (wie Fn. 197).

321 Zum Petitionsrecht: Walter Gisinger, Das Petitionsrecht in der Schweiz. Historische Entwicklung und rechtliche Bedeutung, Diss. Zürich 1935, S. 47 ff.; Schefold, Volkssouveränität (wie Fn. 151), S. 251 ff.; His, Geschichte (wie Fn. 2), Bd. 2, S. 403 ff.; Kölz, Verfassungsgeschichte (wie Fn. 3), S. 336.

322 Gesetzliche Regelungen des Petitionsrechts bestanden in Schaffhausen (Gesetz vom 22.12.1815 über die Art und Weise, wie die Bürger ihre Wünsche auf gesetzlichem Wege an die Regierung gelangen lassen können), Argau (Instruktion des kleine Rates vom 19.1.1816) und Thurgau (Gesetz vom 11.1.1816, § 47, über die Organisation der unteren Vollziehungs- und Verwaltungsbehörden). Zu allem: Gisinger, Petitionsrecht (wie Fn. 321), S. 49 f.; zum Petitionsrecht in Luzern: Bossard-Borner, Luzern 1831–1875 (wie Fn. 200), S. 142.

der Regenerationsverfassungen, allerdings versehen mit Formvorschriften und einer Strafandrohung bei Missbrauch. Zeitgleich fand das Petitionsrecht auch Eingang in die Praxis der Tagsatzung. Ein kollektives Petitionsrecht kannte schon in der Restaurationszeit Graubünden, wo Gerichte und Gemeinden Kollektivanfragen an den Kleinen Rat richten konnten.[323]

Zu den *wirtschaftlichen Grundrechten* fanden sich Regelungen im Bundesrecht. Die *Gewerbefreiheit*[324] war bundesrechtlich im Niederlassungskonkordat[325] geregelt. Sie war daher, wie die Niederlassungsfreiheit, interkantonal auf die konkordierenden Kantone beschränkt. Wer sich niederlassen konnte, durfte, mit gewissen Einschränkungen, ein Gewerbe ausüben. Innerhalb der Kantone war die Entwicklung der Gewerbefreiheit höchst heterogen. Eine Gruppenbildung ist kaum möglich. Die Entwicklung scheint eher von wirtschaftlichen Überlegungen als Ideologien abhängig gewesen zu sein. So herrschte in Genf bereits gegen Ende des 18. Jahrhunderts weitgehend Gewerbefreiheit. Im Grundsatz galt, dass der in einer Gemeinde Niedergelassene in dieser Gemeinde auch ein Gewerbe ausüben dürfe, woraufhin die Praxis nicht selten mit der Beschränkung der Niederlassung reagierte. Die Restauration brachte die Wiedereinführung von Zunftzwängen und Ehehaften. Der Zunftzwang hielt sich in manchen Kantonen länger als in anderen europäischen Staaten. Kantone ohne Zunftzwang erließen Handwerksordnungen, die geringere Beschränkungen der Gewerbefreiheit enthielten. Weit verbreitet waren außerdem weitere obrigkeitliche Bindungen, die den Inhaber eines bestimmten Grundstücks mit einem örtlichen Verkaufs- oder Gewerbemonopol ausstatteten. Hinzu traten vielerorts Beschränkungen der Erwerbstätigkeit aus volkswirtschaftlichen und handelspolitischen Gründen. Dort, wo die Gewerbefreiheit vordrang, geschah dies vor allem aus wirtschaftlichen Gründen. Die regenerierten Verfassungen schützten eine gesetzlich beschränkbare Gewerbefreiheit. In der Tendenz am liberalsten waren die neuen Kantone. An die Stelle der Zünfte traten in vielen Kantonen weniger straff organisierte Handwerksgesellschaften. Ehehaften wurden vermindert; verschiedene Patentierungen, etwa für Gastwirtschaften und Handelsreisende, bestanden weiter. Nur geringen Beschränkungen unterworfen waren die neu entstehenden Fabriken und der Großhandel. Für freie Berufe blieben gewisse Beschränkungen oder Patentierungen bestehen, insbesondere für Medizinalberufe und die Advokatur.[326]

---

323 His, Geschichte (wie Fn. 2), Bd. 2, S. 273.
324 Zur Gewerbefreiheit: His, Geschichte (wie Fn. 2), Bd. 2, S. 419 ff.; Kölz, Verfassungsgeschichte (wie Fn. 3), S. 331; Hans Bauer, Von der Zunftverfassung zur Gewerbefreiheit in der Schweiz, 1798–1874, Basel 1929, insbes. S. 83 ff.; zu den Beschränkungen von Industrie und Großhandel: Gruner, Arbeiter (wie Fn. 8), S. 96 ff.
325 CD-ROM-2, Dok.-Nr. 8.4.4 (wie Fn. 287).
326 Übersicht bei His, Geschichte (wie Fn. 2), Bd. 2, S. 448 ff. Zur Entwicklung der Advokatur vgl. Hannes Siegrist, Gebremste Professionalisierung – Das Beispiel der Schweizer Rechtsanwaltschaft im Vergleich zu Frankreich und Deutschland im 19. und frühen 20. Jahrhundert, in: W.

4 Grundrechte

Die *Handelsfreiheit*[327] fand eine Teilregelung im Bundesvertrag: Für Lebensmittel, Landeserzeugnisse und Kaufmannswaren wurden der freie Kauf und die ungehinderte Durch- und Ausfuhr zwischen den Kantonen, für Vieh immerhin die Durch- und Ausfuhr sichergestellt (§ 11). Weiterhin zulässig waren Importbeschränkungen und nicht diskriminierende Maßnahmen gegen Wucher und sog. schädlichen Verkauf. Das Verbot von Abzugsrechten erleichterte den Güterverkehr. Unangetastet blieben bestehende Zölle und Brückengelder; deren Erhöhung und die Einführung neuer Abgaben erforderte eine Genehmigung durch die Tagsatzung. Die Bestimmungen zur Handelsfreiheit wurden, vor allem in der Restauration, zur Schonung der kantonalen Souveränität durchweg restriktiv ausgelegt.[328] Versuche der Tagsatzung, Beschränkungen im interkantonalen Handel zu mindern, waren wenig erfolgreich. Immerhin ging sie 1818/19 gegen Beschränkungen des Lebensmittelverkehrs vor[329] und legte 1825 legte fest, dass nur solche Verbrauchssteuern zulässig wären, die alle Produkte aus der Schweiz in gleicher Weise belasteten.[330] In der Regeneration beschloss die Tagsatzung 1831[331], für alle in § 11 des Bundesvertrags genannten Waren und für Industrieprodukte völlige Verkehrsfreiheit zu gewähren, konnte dies aber den dissentierenden Kantonen gegenüber nicht durchsetzen.

Der Ausbau des öffentlichen Unterrichtswesens in allen Kantonen brachte eine Beschränkung der *Unterrichtsfreiheit*[332] mit sich. Privatschulen mussten, je nach Kanton, den Behörden angezeigt werden, waren bewilligungspflichtig oder standen unter behördlicher Aufsicht. Sowohl in den reformierten als auch in den katholischen Kantonen stand der Unterricht unter dem Einfluss oder der Aufsicht der jeweiligen

---

Conze/J. Kocka (Hg.), Bildungsbürgertum im 19. Jahrhundert, Teil 1: Bildungssystem und Professionalisierung in internationalen Vergleichen, Stuttgart 1985, S. 301-331, insbes. S. 314 ff.; Hannes Siegrist, Advokat, Bürger, Staat. Sozialgeschichte der Rechtsanwälte in Deutschland, Italien und der Schweiz (18.–20. Jh.), Hbd. 1, Frankfurt a. M. 1996, S. 136 ff., insbes. S. 152 ff.; René Pahud De Mortagnes/Alain Prête, Anwaltsgeschichte der Schweiz, Zürich 1998, insbes. S. 49 ff. Zu den Ärzten: Rudolf Braun, Zur Professionalisierung des Ärztestandes in der Schweiz, in: Conze/Kocka (Hg.), Bildungsbürgertum (wie oben), S. 332-357, insbes. S. 340 ff.; Sebastian Brändli, »Die Retter der Leiden der Menschheit«. Sozialgeschichte der Chirurgen und Ärzte auf der Züricher Landschaft, Zürich 1990.

327 Zur Handelsfreiheit: Schweizer Bundesvertrag v. 7.8.1815, § 11, in: CD-ROM-2, Dok.-Nr. 8.2.2; His, Geschichte (wie Fn. 2), Bd. 2, S. 419 ff.; Kölz, Verfassungsgeschichte (wie Fn. 3), S. 331 ff.; Blumer, Handbuch (wie Fn. 66), Bd. 1, S. 54.
328 Vgl. dazu Henke, Recht (wie Fn. 67), S. 333 ff.
329 Beschlüsse der Tagsatzung über den freien Verkehr von Lebensmitteln vom 15. Juli 1818 und 15. Juli 1819, in: Sammlung (wie Fn. 47), Bd. 1, S. 279 ff.; dazu u. a. Henke, Recht (wie Fn. 67), S. 265 f.
330 Aussprache am 14.7.1825, in: Fetscherin (Bearb.), Repertorium (wie Fn. 54), Bd. 1, S. 1019; dazu His, Geschichte (wie Fn. 2), Bd. 2, S. 421.
331 Tagsatzungsbeschluss zur Handels- und Gewerbefreiheit v. 26.7.1831, in: CD-ROM-2, Dok.-Nr. 8.4.9; vgl. dazu His, Geschichte (wie Fn. 2), Bd. 2, S. 422.
332 Zur Unterrichtsfreiheit: His, Geschichte (wie Fn. 2), Bd. 2, S 452 ff.; Kölz, Verfassungsgeschichte (wie Fn. 3), S. 341 f.

Kirche. Als in den 1840er-Jahren radikal regierte Kantone die Kirche aus der Schule drängten, weiteten die konservativen Kantone die kirchlichen Einflüsse weiter aus. Gut geschützt war die akademische Unterrichtsfreiheit an den Hochschulen in Basel, Bern und Zürich. In Zürich kam es allerdings nach einer Affäre um den Theologen David Friedrich Strauss 1840 zu gewissen Einschränkungen.[333]

5 Verwaltung

Der Bundesvertrag von 1815 gab der Eidgenossenschaft nur geringe Kompetenzen. Dementsprechend verfügte die Eidgenossenschaft über keine ausgebaute Verwaltungsstruktur. Sie ermächtigte vielmehr die Kantone, insbesondere den amtierenden Vorort, gesamtschweizerische Angelegenheiten durch ihre Behörden zu erledigen. In der Tat verfügten die Kantone über eine ausgebaute Verwaltung. Öffentliche Verwaltung war derart vor allem kantonale Verwaltung.

5.1 Eidgenossenschaft

Die Verwaltungsstruktur der Eidgenossenschaft[334] spiegelt deren Aufbau wider. Die Leitung aller Bundesangelegenheiten war, solange die Tagsatzung nicht versammelt war, dem Vorort übertragen. Dieser führte faktisch die Geschäfte der Eidgenossenschaft[335]: Das Standesoberhaupt des Vorortes, also sein Bürgermeister oder Schultheiß, war Präsident der Tagsatzung und übte gewichtigen Einfluss auf deren Tätigkeit aus. Das Standesoberhaupt wurde von einer kantonalen Kollegialbehörde, je nach Kanton dem Kleinen Rat oder dem Staatsrat, beraten. Der Tagsatzungspräsident und das ihn beratende kantonale Organ waren, soweit ihre Tätigkeit eidgenössische Angelegenheiten betraf, der Eidgenossenschaft verantwortlich, die aber keinen Einfluss auf deren Bestellung hatte. Dem Vorort beigeordnet war die eidgenössische Kanzlei, bestehend aus einem Kanzler und einem Staatsschreiber, die beide von der Tagsatzung gewählt wurden. Diese, nebst dem eidgenössischen Archivar und ihnen zugeordneten Hilfspersonal, waren die einzigen ständigen Beamten der Eidgenossenschaft. Direkt der Eidgenossenschaft verantwortlich waren außerdem eidgenössische Repräsentan-

---

333 Zur Affäre Strauss: Kölz, Verfassungsgeschichte (wie Fn. 3), 410 ff.; Dünki, Verfassungsgeschichte (wie Fn. 178), S. 12 f.; Olivier Fatio in: L. Vischer u. a. (Hg.), Ökumenische Kirchengeschichte der Schweiz, Freiburg/Basel 1994, S. 224 f.; Blumer, Handbuch (wie Fn. 66), Bd. 1, S. 92 ff.; Weinmann, Bürgergesellschaft (wie Fn. 207), S. 153 f.; Craig, Geld (wie Fn. 5), S. 143 f.
334 Zur eidgenössischen Verwaltungsstruktur: Schweizer Bundesvertrag v. 7.8.1815, § 9, 10, in: CD-ROM-2, Dok.-Nr. 8.2.2; His, Geschichte (wie Fn. 2), Bd. 2, S. 303 ff.
335 Vgl. dazu die Formulierung »eidgenössische Geschäftsführung« im Schweizer Bundesvertrag v. 7.8.1815, § 9 Abs. 1, in: CD-ROM-2, Dok.-Nr. 8.2.2.

ten oder Kommissare; diese wurden der vorörtlichen Behörde zur Besorgung wichtiger Bundesangelegenheiten beigeordnet. Die Auswahl der Repräsentanten kam den Kantonen zu. Diese handelten nach den Instruktionen, die die Tagsatzung ihnen erteilte und wurden aus der Bundeskasse entschädigt. Sie waren der Tagsatzung für ihre Tätigkeit rechenschaftspflichtig. Daneben bestanden eidgenössische Kommissionen[336], die für bestimmte Aufgaben vom Vorort oder von der Tagsatzung ernannt wurden und ebenfalls der bundesrechtlichen Verantwortlichkeit unterlagen. Zu den eidgenössischen Beamten und Funktionären zu zählen sind schließlich eidgenössische Gesandte im Ausland, Konsuln, deren Hilfspersonal, gewisse Militärpersonen und der Oberaufseher über die Grenzanstalten sowie kantonale Behörden zur Erhebung der Grenzzölle.

5.2 Kantone

Anders als der Bund verfügten die Kantone über einen gut ausgebauten Verwaltungsapparat. Die kantonalen Verwaltungsstrukturen waren heterogen und spiegelten den kantonal unterschiedlichen Staatsaufbau wider. Kantone mit Repräsentativsystem konzentrierten die Staatsgewalt in den kollegial organisierten Kleinen und Großen Räten.[337] Landsgemeindekantone ernannten einzelne, der Landsgemeinde persönlich verantwortliche Beamte; in manchen Kantonen schlossen sich diese zu einem Vollzugsgremium zusammen. Besonderheiten wies schließlich die Verwaltungsstruktur der konfessionell gemischten Kantone auf. Für die Restaurationszeit kann ganz verallgemeinernd festgehalten werden, dass Judikative und Exekutive meistens nicht getrennt waren.

Die wichtigsten Organe der Kantone mit Repräsentativsystem waren die Kleinen und Großen Räte. Nach innen und außen wurden die Kantone durch die Standesoberhäupter repräsentiert. Die Standesoberhäupter wurden von den Großen Räten für eine meist kurze Amtsdauer gewählt. Kantonal unterschiedlich wurden sie als Bürgermeister, Schultheiß, Syndic oder Landammann bezeichnet.[338] Ihre Zahl schwankte zwischen zwei und vier, wobei jeweils eine Person ein Jahr als Standesoberhaupt amtierte, während die anderen Stellvertreter waren. Die Standesoberhäupter präsidierten regelmäßig die Kleinen und Großen Räte, die Obersten Gerichte, oft auch weitere Behörden.

---

336 Unter anderen: Militärkommission, Zentralkassenprüfungskommission, Verwaltungsrat der eidgenössischen Kriegskassen.
337 Dazu aufschlussreich: Henke, Recht (wie Fn. 67), S. 305 f.
338 Bürgermeister: Zürich, Basel, Schaffhausen, Aargau; Schultheiß: Bern, Luzern, Freiburg, Solothurn; Syndic: Genf; Landammann: St. Gallen, Thurgau, Tessin, Waadt. Übersicht bei His, Geschichte (wie Fn. 2), Bd. 2, S. 308; zu den Standesoberhäuptern auch Henke, Recht (wie Fn. 67), S. 306.

Die Kleinen Räte waren Ausschüsse der Großen. Funktional waren sie Regierungen, die außerdem an der Rechtsprechung mitwirkten und denen ein ausschließliches Recht zur Gesetzesinitiative[339] zukommen konnte.[340] Soziologisch waren sie das Zentrum aristokratischer Macht.[341] Die Kleinen Räte tagten wöchentlich ein- bis zweimal. Die je nach Kanton unterschiedlich vielen Mitglieder[342] und das Standesoberhaupt, das auch im Kleinen Rat den Vorsitz führte, wurden vom Großen Rat gewählt. Kleinräte wurden örtlich unterschiedlich entweder für eine feste Amtszeit oder auf Lebenszeit ernannt, wobei einige Kantonsverfassungen Abberufungsverfahren kannten.[343] Die Tätigkeit der Räte war in der Regel unentgeltlich. Die Kleinen Räte waren nach dem Kollegialsystem organisiert, d. h. nur als Kollektiv mit (qualifizierter) Mehrheit entscheidungsbefugt, und umfassend zuständig.[344] Einzelne Materien konnten durch untergeordnete Kollegien, meist unter Vorsitz des Standesoberhaupts, bearbeitet werden.[345] Üblich waren z. B. die Bestellung eines Staatsrats, eines Kriegsrats, eines Finanzrats, eines Justizrats, eines Polizeirats, eines Kirchen- und eines Erziehungsrats. Besondere Bedeutung kam in manchen Kantonen dem Staatsrat zu[346], der unter dem Vorsitz des Standesoberhaupts diplomatische und außenpolitische Angelegenheiten, zu denen mit den Beziehungen zur Tagsatzung auch die Angelegenheiten der Eidgenossenschaft gehörten, entscheiden und erledigen konnte. Die Staatsräte des amtierenden Vororts galten überhaupt als quasi eidgenössische Behörden. Insgesamt war die kantonale Verwaltungsstruktur, die alle Entscheidungen in den Räten und deren Ausschüssen konzentrierte, recht schwerfällig, bewirkte aber zugleich eine ziemlich umfassende Einbindung der kantonalen Eliten.

---

339 Dazu und zur damit verbundenen Machtstellung: Henke, Recht (wie Fn. 67), S. 307 f.
340 Zu den Aufgaben z. B. des Freiburger Kleinen Rates in den Bereichen der Verwaltung, der Gesetzgebung und der Rechtsprechung: Castella, Organisation (wie Fn. 173), S. 71 ff.
341 His, Geschichte (wie Fn. 2), Bd. 2, S. 306 f.; Kölz, Verfassungsgeschichte (wie Fn. 3), S. 358 f.; zu den kleinen Räten auch Henke, Recht (wie Fn. 67), S. 305; zum Beispiel Freiburg ausführlich Castella, Organisation (wie Fn. 173), S. 56 ff.
342 Die Zahl schwankte zwischen sieben (Tessin nach der Verfassung von 1814) und 36 (Freiburg nach der Verfassung von 1814); vgl. die Übersicht bei His, Geschichte (wie Fn. 2), Bd. 2, S. 307 Anm. 135.
343 Z. B. Freiburg und Genf. Vgl. His, Geschichte (wie Fn. 2), Bd. 2, S. 307; Schefold, Volkssouveränität (wie Fn. 151), S. 267 ff.
344 Zum Kollegialsystem: Kölz, Verfassungsgeschichte (wie Fn. 3), S. 358 f.; zum Freiburger Kleinen Rat: Castella, Organisation (wie Fn. 173), S. 70 ff.
345 Dazu instruktiv: Henke, Recht (wie Fn. 67), S. 312 f.; vgl. beispielsweise zu den Aufgaben der Räte in Freiburg nach der Regeneration: Castella, Organisation (wie Fn. 173), S. 160 ff.; zu Solothurn: Rötheli, Sanitätsgesetzgebung (wie Fn. 168), S. 29.
346 Vgl. zum Beispiel die machtpolitisch wichtigen Aufgaben des Freiburger Staatsrats: Castella, Organisation (wie Fn. 173), S. 75 ff.

In der Regeneration wurde durchweg die Verantwortlichkeit der Kleinen Räte gegenüber dem Großen Rat bis hin zu deren Unterordnung verstärkt.[347] Die Kleinen Räte wurden auskunftspflichtig und hatten dem Großen Rat jährlich Rechenschaftsberichte vorzulegen. Institutionell wurde dem Standesoberhaupt, das den Kleinen Rat präsidierte, ein Präsident des Großen Rats gegenübergestellt. Der Große Rat erhielt das Recht der Gesetzesinitiative und konnte dem Kleinen Rat Weisungen erteilen. Die Amtsdauer der Kleinräte war nun regelmäßig auf wenige Jahre beschränkt, wobei mancherorts in periodischen Abständen jeweils ein Teil der Kleinräte neu gewählt wurde. Die Zahl der Kleinräte wurde verringert.[348] Auch die Bezeichnung änderte sich: Die Kleinen Räte hießen vielerorts neu Regierungsrat oder Conseil d'État.[349] Einige Kantone gingen vom Kollegial- auf das (von Frankreich rezipierte) Direktorialsystem über[350], demzufolge die Mitglieder der Kollegialbehörde als Vorsteher einer Verwaltungseinheit (Departement, Direktion) einzelne Entscheide selbst fällen konnten. Damit verbunden war meist eine Entlohnung der nun vermehrt belasteten und persönlich verantwortlichen Mitglieder der Kleinen Räte. Tendenziell konnten fest besoldete Beamte auch die Funktionen von Kollegien übernehmen.[351]

Die Verwaltung der Landsgemeindekantone[352] wurde durch einzelne, für eine bestimmte Funktion von der Landsgemeinde gewählte und dieser direkt verantwortliche Beamte wahrgenommen. Zwei bis vier Landammänner leiteten die Landsgemeinde, vertraten das Land und standen der Justiz vor. Aus der Mitte der Landammänner wählte die Landsgemeinde jährlich den amtierenden Landammann. Neben den Landammännern bestanden, kantonal unterschiedlich, weitere Ämter, deren Träger in der Regel von der Landsgemeinde, in manchen Fällen auf Lebenszeit, gewählt wurden. Zu diesen zählten beispielsweise: Landessäckelmeister (Finanzwesen), Pannerherr (Militärwesen), Landeshauptmann (Kommandant der kantonalen Truppen), Landesfähnriche (Kommandanten des Auszugs), Zeugherr (Verwaltung des Zeughauses), Landesbauherr (Bauwesen), Polizeidirektor, Obervogt (Betreibungs- und Konkurswesen), Landesschreiber (Landeskanzlei). Wichtigstes Vollzugsorgan war der Landrat, ein Ausschuss der obersten Landesbeamten, der mancherorts durch weitere Mit-

---

347 Dazu umfassend: Schefold, Volkssouveränität (wie Fn. 151), S. 410 ff.; His, Geschichte (wie Fn. 2), Bd. 2, S. 310 ff. Zu Freiburg: Castella, Organisation (wie Fn. 173), S. 142 ff.; zum Funktionswandel der Kleinen Räte: Kölz, Verfassungsgeschichte (wie Fn. 3), S. 356 f.
348 Übersicht bei His, Geschichte (wie Fn. 2), Bd. 2, S. 311 Anm. 158; die Zahl schwankt zwischen fünf (Waadt) und 19 (Zürich, Verfassung von 1831).
349 Regierungsrat z. B. in Zürich, Bern, Luzern, Solothurn, Basselland; Conseil d'État z. B. in Freiburg, Tessin, Waadt, Wallis, Neuenburg, Genf. Übericht bei His, Geschichte (wie Fn. 2), Bd. 2, S. 311 Anm. 159 f.; zum Freiburger Staatsrat: Castella, Organisation (wie Fn. 173), S. 157 ff.
350 Z. B. St. Gallen, Basselland, Bern, Genf. Zum Direktoralsystem: Kölz, Verfassungsgeschichte (wie Fn. 3), S. 359 f.; Übersicht bei His, Geschichte (wie Fn. 2), Bd. 2, S. 311.
351 Beispiele hierzu bei His, Geschichte (wie Fn. 2), Bd. 2, S. 312 f.
352 Dazu His, Geschichte (wie Fn. 2), Bd. 2, S. 314 ff.; Heusler, Verfassungsgeschichte (wie Fn. 66), S. 334 f.; Henke, Recht (wie Fn. 67), S. 801.

glieder ergänzt wurde. Ihm konnten auch gesetzgeberische und richterliche Befugnisse zukommen. In einigen Kantonen lag das Tagesgeschäft beim Wochenrat oder kleinen Rat, einem engeren Ausschuss des Landrats.[353] Daneben bestanden, örtlich unterschiedlich, weitere Kollegialbehörden mit bestimmten sachlichen Zuständigkeiten, z. B. Kriegsräte, Sanitätsräte, Vogteiräte.[354] Eine Reihe weiterer, niederer Beamte wurde vom Landrat oder anderen Behörden gewählt.[355] Die Regeneration brachte in den Landsgemeindekantonen keine grundlegende Änderung der Verwaltungsstruktur. Bedeutsam war aber die schrittweise Abkehr von lebenslangen Amtszeiten.

Die Struktur der nachgeordneten Verwaltung war in Restauration und Regeneration lokal äußerst unterschiedlich. Gemeinsames Kennzeichen war eine weitreichende Dezentralisierung zugunsten von Gemeinden und Bezirken oder Kreisen, die in ihrer Tätigkeit von kantonalen Beamten beaufsichtigt wurden. Diese Regierungsstatthalter oder Oberamtmänner waren der Kantonsregierung verantwortlich, übten aber oft auch Funktionen in der Gemeindeverwaltung aus oder standen auch in einem Abhängigkeitsverhältnis zu den Gemeinden.[356] Die Regeneration führte zu keinen grundsätzlichen Änderungen. Immerhin wurde die Verantwortlichkeit der Beamten präzisiert. Nach dem Grundsatz der Öffentlichkeit der Verwaltung bestanden Berichtspflichten an den Großen Rat. Einzelne Kantone führten außerdem Amtsblätter ein. Auch in der nachgeordneten Verwaltung ist ein Übergang von Kollegien zu besoldeten Einzelbeamten feststellbar.

5.3 Gemeinden und Bezirke

Wichtige, den Bürger betreffende Aufgaben wurden in Restauration und Regeneration durch die Gemeinden wahrgenommen. In manchen Kantonen waren den Gemeinden Bezirke übergeordnet.[357] Zu den Aufgaben der Gemeinden zählten das Polizei- und Feuerwehrwesen ebenso wie der Bau- und Unterhalt von Straßen, das Schulwesen, kirchliche Angelegenheiten, die Armenfürsorge, oft auch das Vormundschaftswesen. Sie verwalteten außerdem die teils umfangreichen Gemeindevermögen.

---

353 Die Bezeichnungen variierten je nach Kanton und Zeit. Übersichten finden sich u. a. bei His, Geschichte (wie Fn. 2), Bd. 2, S. 314 f.; Henke, Recht (wie Fn. 67), S. 801.
354 Übersicht bei His, Geschichte (wie Fn. 2), Bd. 2, S. 315.
355 Übersicht ebd., S. 314 f. Anm. 183.
356 Beispielhafte Übersicht ebd., S. 316 Anm. 198.
357 Überblick bei Kölz, Verfassungsgeschichte (wie Fn. 3), S. 365 ff. Vgl. als Beispiel das St. Galler Gesetz Ueber die Organisation der Gemeinds-, Verwaltungs-, Bezirks- und Gerichtsbehörden v. 29.9.1831, Art. 166-266, in: CD-ROM-2, Dok.-Nr. 8.5.3.

Die Gemeinden[358] waren zumeist als Bürgergemeinden organisiert, also als öffentlich-rechtliche Korporation aller Personen, die das Bürgerrecht der Gemeinde besaßen. Die übrige Wohnbevölkerung war von der Bürgergemeinde ausgeschlossen. Der Einbezug dieser Personen erfolgte nach und nach eher zurückhaltend durch die Errichtung von Einwohnergemeinden, denen zunehmend Aufgaben zugewiesen wurden. In der Regel verblieben dabei die teils beträchtlichen Gemeindevermögen bei der Bürgergemeinde, womit eine ökonomische Besserstellung der Gemeindebürger verbunden war. Ohne Einkünfte aus Vermögen finanzierte sich die Einwohnergemeinde aus Steuern. Die Organisationsstruktur beider Gemeindetypen war ähnlich.[359] Zentrales Organ war eine Versammlung aller stimmberechtigten Gemeindemitglieder, deren Kompetenzen in der Restauration tendenziell auf Wahlrechte eingeschränkt, in der Regeneration, insbesondere in radikalen Kantonen, allerdings wieder ausgebaut wurden, zumeist auch auf Gesetzgebungsbefugnisse im Aufgabenbereich der Gemeinde. Vollziehungsorgan war ein unterschiedlich bezeichneter, als Kollegialorgan organisierter Gemeinderat. Dessen Präsident war regelmäßig zugleich Organ des jeweiligen Kantons, weshalb dieser an der Bestellung mitwirkte. Die Gemeinden standen unter Aufsicht der Kantone.

6 Justiz

6.1 Eidgenossenschaft

Der Bundesvertrag sah nur sehr eingeschränkt eine eidgenössische Gerichtsbarkeit vor. Er legte in § 5 Abs. 1 fest, dass alle »Ansprüche und Streitigkeiten zwischen den Cantonen über Gegenstände, die nicht durch den Bundesvertrag gewährleistet sind, [...] an das eidgenössische Recht gewiesen« werden, worunter ein interkantonales, bundesrechtlich geregeltes Schiedsverfahren zu verstehen ist, das vom Bundesvertrag und in der Praxis als *eidgenössisches Recht*[360] bezeichnet wurde. Materiell war das »eidgenössische Recht« beschränkt auf Fragen, die der Bundesvertrag nicht regelte. Die Ahndung von Verletzungen von Rechtsgütern, die der Bundesvertrag garantierte, war der Tagsatzung vorbehalten. Bei allen vorfallenden Streitigkeiten waren den Kantonen die Gewaltanwendung und militärische Vorbereitungen verboten.

---

358 Zu den Gemeinden, mit Beispielen und Übersichten: His, Geschichte (wie Fn. 2), Bd. 2, S. 668 ff. Vgl. auch Tanner, Spulen (wie Fn. 22), S. 377 ff., beispielhaft für die Gemeinden in Appenzell-Innerrhoden, auch mit Hinweisen zur Sozialstruktur.
359 His, Geschichte (wie Fn. 2), Bd. 2, S. 674 ff. Vgl. als Beispiel für St. Gallen: CD-ROM-2, Dok.-Nr. 8.5.3 (wie Fn. 357), Art. 1-165.
360 Zum »eidgenössischen Recht«: Schweizer Bundesvertrag v. 7.8.1815, § 5, in: CD-ROM-2, Dok.-Nr. 8.2.2; Henke, Recht (wie Fn. 67), S. 236 ff.; His, Geschichte (wie Fn. 2), Bd. 2, S. 320 ff.

Das eidgenössische Schiedsgericht wurde bei Bedarf *ad hoc* konstituiert. Die am Streit beteiligten Kantone wählten aus den Magistratspersonen anderer Kantone jeweils ein oder zwei Schiedsrichter. Aufgabe der Schiedsrichter war es, den Streit durch Vermittlung zu regeln. Falls dies nicht gelang, wählten die Schiedsrichter einen Obmann aus den Magistratspersonen eines Kantons, der weder am Streit beteiligt war noch im laufenden Verfahren Schiedsrichter gestellt hatte. Falls auch über die Person des Schiedsrichters keine Einigkeit erzielt werden sollte, wurde dieser, auf Beschwerde eines Kantons, von der Tagsatzung ernannt, wobei den streitbeteiligten Kantonen kein Stimmrecht zukam. Das so ernannte Schiedsgericht versuchte erneut eine Vermittlung und konnte, wenn diese nicht möglich war, mit Zustimmung der Parteien durch Kompromisssprüche, sonst nach »den Rechten« entscheiden. Mit der Hauptsache war auch über die Kosten zu entscheiden. Rechtsgrundlage waren dabei der Bundesvertrag und das Gewohnheitsrecht. Die Schiedsrichter und der Obmann handelten unabhängig: Ihre Kantonsregierung hatte sie, für die Streitsache, aus dem Eid für ihren Kanton zu entlassen. Entscheidungen des Schiedsgerichts waren endgültig. Die Parteien waren zur Umsetzung des Schiedsspruchs verpflichtet, erforderlichenfalls sorgte die Tagsatzung durch Verfügung für die Umsetzung. In der Praxis konnten die Kantone die eidgenössische Schiedsgerichtsbarkeit erheblich verzögern, indem sie die Ernennung der Schiedsrichter sanktionslos verzögerten. In der Mehrzahl der Fälle wurde eine (politische) Lösung des Streitfalls im Rahmen der Tagsatzung gesucht, um eine Unterwerfung unter das eidgenössische Recht zu vermeiden. Außer dem »eidgenössischen Recht« bestand auf Bundesebene kein richterliches oder schiedsgerichtliches Verfahren. Durch Tagsatzungsbeschluss[361] war im Falle von Unruhen die Einsetzung von Kriegsgerichten vorgesehen, sofern nicht der betroffene Kanton die Aufrührer nicht selbst aburteilte.

Die Entwürfe für eine neue Bundesurkunde von 1832 und 1833[362] sahen die Errichtung eines Bundesgerichts vor. Das Bundesgericht sollte kompetent sein für zivilrechtliche Streitigkeiten zwischen den Kantonen, für die Beurteilung von Verletzungen oder Verweigerungen bundesrechtlicher Garantien zulasten von Privatpersonen durch Regierungen anderer Kantone, für Streitigkeiten zwischen dem Bundesrat und Kantonen, für Streitigkeiten aus Verfassungsverletzungen der Kantone bei bewaffneten Interventionen und für Streitigkeiten in Fällen von Heimatlosigkeit. Als Strafgericht sollte das geplante Bundesgericht über Bundesräte und Bundesbeamte, über Hochverrat, Aufruhr und Gewalttaten gegen den Bund, über völkerrechtliche Verbrechen, Verbrechen von Militärpersonen und Verbrechen anlässlich einer eidgenössischen Intervention urteilen. Nach dem Scheitern der Entwürfe wurde ein Bundesgericht erst durch die Bundesverfassung von 1848 eingerichtet.

---

361 Beschluss wegen Aufstellung Eidgenössischer Kriegs-Gerichte in Fällen von Aufruhr, Vom 6. Juni 1805, bestätigt den 13. Juli 1818, in: Sammlung (wie Fn. 47), Bd. 1, S. 242 f.
362 Zu den Entwürfen vgl. Kapitel 8, Verfassungskultur.

6.2 Kantone

Die Gerichtsverfassungen der Kantone waren äußerst unterschiedlich.[363] Der Übergang von der Restauration zur Regeneration führte zu einer Demokratisierung der Rechtsprechung: Einerseits wurde die Richterwahl demokratischer ausgestaltet, andererseits wurden die Handlungen von gewählten Beamten und Volksvertretern nur zögerlich einer richterlichen Kontrolle unterworfen oder ihr gar wieder entzogen. Mit einher ging, zumindest in den regenerierten Kantonen, die Trennung der Verwaltung und Gesetzgebung von der Judikative. Für die Zusammenarbeit unter den Kantonen bedeutsam waren Konkordate, die unter anderem Fragen des Gerichtsstands, des Konkursrechts und der Zusammenarbeit in Strafsachen regelten.[364]

Zu Beginn der Restaurationszeit besaßen die meisten Kantone[365] ein oberstes Berufungsgericht mit Zuständigkeit in Zivil- und in Strafsachen, das als Appellationsgericht, Appellationsrat, Geschworenengericht oder Obergericht bezeichnet wurde. Die richterliche und die politische Gewalt waren eng miteinander verbunden.[366] In den Kantonen mit Repräsentativsystem wurden die Richter vom Großen Rat gewählt. Präsident der Gerichte war eines der Standesoberhäupter. In den Stadtkantonen waren in der Regel nur Mitglieder des Großen Rats wählbar; die neuen Kantone beschränkten die Wählbarkeit auf Rechtskundige. In den unteren Instanzen waren Zivil- und Strafsachen meist nicht getrennt. Präsident des Gerichts war oft ein Mitglied der Exekutive, etwa der Oberamtmann oder der Bezirksstatthalter. Als unterste Instanz,

---

363 Vgl. als Beispiel die St. Galler Regelung, in: CD-ROM-2, Dok.-Nr. 8.5.3 (wie Fn. 357), Art. 267-319.

364 Konkordat über die Behandlung der Ehescheidungsfälle vom 6. July 1821, in: CD-ROM-2, Dok.-Nr. 8.6.1; Vormundschaftliche und Bevogtungsverhältnisse. Konkordat vom 15. July 1822, in: Sammlung (wie Fn. 47), Bd. 2, S. 34 ff.; Concordate, betreffend die gerichtlichen Betreibungen und Concurse, alle bestätigt am 8.7.1818, ebd., Bd. 1, S. 282 fff.: Forum des zu belangenden Schuldners, Vom 15. Juni 1804; Gerichtliche Betreibungen, vom 15. Juni 1804; Concurs=Recht in Fallimenten=Fällen, Vom 15. Juni 1804; Effekten eines Falliten, die als Pfand in Creditors Händen in einem andren Kanton liegen, Vom 7. Juni 1810; Concordat, betreffend Ausschreibung, Verfolgung, Festsetzung und Auslieferung von Verbrechern oder Beschuldigten; die diesfälligen Kosten; die Verhöre und Evokation von Zeugen in Criminal=Fällen; und die Restitution gestohlener Effekten, Vom 8. Juni 1809, bestätigt den 8. Juli 1818, in: CD-ROM-2, Dok.-Nr. 8.6.2; Concordat wegen gegenseitiger Stellung von Fehlbaren in Polizei=Fällen, Vom 7. Juni 1810, bestätigt den 9. Juli 1818, in: Sammlung (wie Fn. 47), Bd. 1, S. 306 f.; Concordat wegen gegenseitiger Auslieferung der Ausreisser von besoldeten Cantons=Truppen, Vom 6. Juni 1806, bestätigt den 9. Juli 1818, ebd., Bd. 1, S. 305 f.

365 Ausnahmen: Appenzell-Innerrhoden, Appenzell-Außerrhoden, Zug. Zur kantonalen Gerichtsbarkeit: His, Geschichte (wie Fn. 2), Bd. 2, S. 326 ff.; Kölz, Verfassungsgeschichte (wie Fn. 3), S. 360 ff.

366 Vgl. dazu z. B. Luzern, wo der Appellationsrat als Ausschuss des Täglichen Rates anzusehen war; Verfahren, die mit der Todesstrafe bedroht waren, wurden vom Täglichen Rat selbst verhandelt. Max Huber, Die Geschichte des Luzerner Obergerichts, in: Richter und Verfahrensrecht. 150 Jahre Obergericht Luzern. Festgabe, Bern 1991, S. 1-71, hier S. 10 f.

ausgestattet mit der Kompetenz zur Vermittlung und zur Entscheidung kleinerer Fälle, fungierten mancherorts Friedensrichter. Sondergerichte, etwa für Handelssachen oder in Form von Zensurgerichten als Sittlichkeitswächter, gab es nur in wenigen Kantonen. In den Landsgemeindekantonen bestanden Höchstgerichte unter dem Vorsitz eines Landammanns. Die übrigen Mitglieder wurden von der Landsgemeinde gewählt, wenn nicht, wie etwa in Zug und den beiden Appenzell, oberste Behörden, ohne Rücksicht auf die Gewaltenteilung, mit richterlichen Funktionen ausgestattet wurden. In den unteren Instanzen der Landsgemeindekantone war die Gerichtsorganisation, wie im Ancien Régime, unübersichtlich: Sie war charakterisiert durch eine Vielzahl von örtlich oder sachlich zuständigen Gerichten, durch richterliche Befugnisse des Landammanns und ganz allgemein durch eine enge Verflechtung von Gerichtsbarkeit und Regierung.[367] In vielen Kantonen bestanden außerdem evangelische Ehegerichte, die mit Geistlichen besetzt waren.

Die Regeneration brachte für den Bereich der Gerichtsbarkeit den Durchbruch der Gewaltenteilung.[368] Der Einfluss der Großen und Kleinen Räte auf die Gerichtsbarkeit wurde zurückgedrängt, Unabhängigkeit und Einfluss[369] der Gerichte gestärkt; insbesondere wurden die Aufsichtsrechte der Großen Räte über die Gerichtsbarkeit auf die Aufsicht über das formelle Funktionieren der Rechtspflege reduziert.[370] Neu waren der Grundsatz der Öffentlichkeit der Verhandlungen, mancherorts auch der Urteilsberatungen, und die Begründungspflicht für Urteile, womit die Gerichte der Öffentlichkeit gegenüber rechenschaftspflichtig wurden. Bestehen blieb allerdings der Grundsatz, dass Kompetenzstreitigkeiten zwischen Gerichten und Großen Räten durch Letztere zu entscheiden waren. Die Mitglieder der Obergerichte wurden weiterhin durch die Großen Räte bestellt.[371] Wählbar waren neu zumeist alle Angehörigen der Aktivbürgerschaft, sofern sie, je nach Kanton, gewisse (juristische) Fähigkeiten oder ein Mindestalter nachweisen konnten. Präsidenten der Gerichte waren nicht mehr die Standesoberhäupter; sie wurden nun meist aus der Mitte des Gerichts

---

367 Für Beispiele vgl. His, Geschichte (wie Fn. 2), Bd. 2, S. 328 f.
368 Zur Gewaltenteilung: Schefold, Volkssouveränität (wie Fn. 151), S. 334 ff.; Kölz, Verfassungsgeschichte (wie Fn. 3), S. 363 f.; Schollenberger, Geschichte (wie Fn. 1), Bd. 2, S. 197. Siehe beispielhaft zu Luzern, wo die Gewaltenteilung betont wurde, wenngleich alle Mitglieder des Appellationsgerichts Mitglieder des Großen Rats waren, Huber, Geschichte (wie Fn. 366), S 15 f. Zu Freiburg: Castella, Organisation (wie Fn. 173), S. 133 ff.
369 Gerichte wurden u. a. als Wahlkörper für andere Behörden genutzt oder – meist beratend – in die Gesetzgebung einbezogen; Obergerichten konnte die Aufsicht über die unteren Instanzen übertragen werden. Beispiele bei His, Geschichte (wie Fn. 2), Bd. 2, S. 332.
370 His, Geschichte (wie Fn. 2), Bd. 2, S. 332; zur Überwachungsfunktion: Schefold, Volkssouveränität (wie Fn. 151), S. 346 ff.
371 Zur Richterwahl: Schefold, Volkssouveränität (wie Fn. 151), S. 342 ff.; His, Geschichte (wie Fn. 2), Bd. 2, S. 330 f.; Kölz, Verfassungsgeschichte (wie Fn. 3), S. 362 f. Vgl. das Beispiel Luzern, wo die Richter des Appellationsgerichts sich aus den Mitgliedern des Großen Rates rekrutierten: Huber, Geschichte (wie Fn. 366), S. 15 f.

6 Justiz

gewählt. Tendenziell wurden mit Juristen besetzte Gerichte kritisch gesehen; dem Fachjuristen wurden andere Rechtskundige vorgezogen, viele Kantone übertrugen das Richteramt zunehmend oder ausschließlich Laien, setzten also für Richter keine fachjuristische Ausbildung voraus. Die Amtsdauer der Richter wurde zunehmend zeitlich beschränkt. In den unteren Instanzen ging man mancherorts vorsichtig zur Volkswahl der Richter über.

Die obersten Gerichte der regenerierten Kantone waren durchweg Revisionsinstanz in Zivil- und Strafsachen, meist auch Kassationsgerichte. In den unteren Instanzen waren Straf- und Zivilgerichtsbarkeit meist getrennt. Seit der Regeneration wurden Sondergerichte tendenziell abgeschafft.[372] Dies gilt auch für die reformierten Ehegerichte. Die katholischen oder gemischtkonfessionellen Kantone beschränkten die kanonische Gerichtsbarkeit vermehrt auf innerkirchliche Angelegenheiten.[373] Neu eingerichtet wurden Handelsgerichte.[374] In die Strafjustiz hielt, langsam, das Geschworenengericht Einzug.[375] An unterster Instanz stand weiterhin, für Bagatellfälle, der Friedensrichter, ob seiner Tätigkeit oft »Vermittler« genannt.

Eine Sonderrolle spielte die Verwaltungsgerichtsbarkeit[376], als richterlicher Rechtsschutz des Einzelnen gegen Administrativakte. Während einige Kantonen neuen oder bestehenden Gerichten die richterliche Kontrolle von Verwaltungsakten übertrugen[377], schränkten seit den 1840er-Jahren Radikale und zunehmen auch Liberale die Verwaltungsgerichtsbarkeit ein, da die Handlungen demokratisch gewählter Beamter oder Volksvertreter neben der demokratischen Verantwortlichkeit keiner richterlichen Kontrolle unterworfen sein sollten. In den meisten Kantonen bestand ein Rekursverfahren innerhalb der Verwaltung, das in der Regel keiner richterlichen Kontrolle zugänglich war.[378]

In den Landsgemeindekantonen, in denen die Regeneration ohne Erfolg blieb, war die Modernisierung der Rechtspflege weniger einschneidend. Sieht man von eher punktuellen Neuerungen ab, blieb hier die Gerichtsorganisation bestehen, einschließlich ihrer Abhängigkeit von den Räten.[379]

---

372 Ausnahmen sind angeführt u. a. bei His, Geschichte (wie Fn. 2), Bd. 2, S. 336 f.
373 Ebd., S. 337 mit Übersicht.
374 Z. B. in Genf; ebd., S. 336.
375 Siehe zu den Geschworenengerichten ebd., S. 333 ff.; Schefold, Volkssouveränität (wie Fn. 151), S. 350 ff.
376 Dazu Schefold, Volkssouveränität (wie Fn. 151), S. 336 ff.
377 Einen Verwaltungsgerichtshof richtete 1814 die Waadt ein (bis 1832); das Obergericht war zuständig z. B. in der Waadt (ab 1832), in St. Gallen (ab 1831) und Basel-Landschaft (ab 1832). Weitere Angaben bei His, Geschichte (wie Fn. 2), Bd. 2, S. 338.
378 Übersicht bei His, Geschichte (wie Fn. 2), Bd. 2, S. 339 f.
379 Zur richterlichen Funktion des Landrates: Henke, Recht (wie Fn. 67), S. 801.

7 Militär

Die eidgenössische Militärorganisation[380] war föderal aufgebaut: Die Tagsatzung verfügte über ein Bundesheer, das aus Kontingenten der Kantone gebildet wurde. Diese hatten dazu zwei bzw. drei Prozent[381] ihrer Bevölkerung aufzubieten. Die Rekrutierung erfolgte durch die Kantone aufgrund allgemeiner Wehrpflicht, die sich auf alle im Kanton ansässigen Schweizerbürger[382] erstreckte, die, je nach Kanton, das 16. oder 19. Lebensjahr vollendet hatten. Ein Teil der Wehrpflichtigen wurde dann dem Bundesheer, als Auszug oder Reserve, meist für einige Jahre, zugeteilt. Kantonal unterschiedlich geregelt war die Möglichkeit der Dienstpflichtigen, Stellvertreter zu benennen. Von der Dienstpflicht überhaupt ausgenommen waren unentbehrliche Lehrer, Studenten, Ärzte, Förster, Müller, Apotheker oder Stallmeister.

Die Militärorganisation, die Ernennung von Generalen, Generalstab und eidgenössischen Obersten war Aufgabe der Tagsatzung, die für das Militärwesen im Allgemeinen Militärreglement vom 20. August 1817 eine einheitliche rechtliche Grundlage schuf. Zentrale Behörde war die Militäraufsichtsbehörde, die sich aus dem Tagsatzungspräsidenten und den vier Obersten des Generalstabs zusammensetzte. Unterstützt durch einen Kriegssekretär administrierte sie in Friedenszeiten das Bundesheer. Ihre wichtigste Aufgabe war die Überwachung des Vollzugs des Militärreglements durch die Kantone, vor allem der Ausbildung und der Ausrüstung der Truppen. Im Kriegsfall sollte sie als Kriegsrat fungieren. Die Aufsichtbehörde bewährte sich als zentraler Motor des Ausbaus und der qualitativen Verbesserung des eidgenössischen Militärwesens.[383]

Neben der Aufsichtsbehörde bestand ein eidgenössischer Generalstab, der von der Tagsatzung ernannt wurde. Nur im Bewaffnungsfalle ernannte die Tagsatzung einen Oberbefehlshaber für das Bundesheer, den General, der mit weitreichenden

---

380 Zur Schweizerischen Militärverfassung: Schweizer Bundesvertrag v. 7.8.1815, § 2, 8, in: CD-ROM-2, Dok.-Nr. 8.2.2; Allgemeines Militair=Reglement für die Schweizerische Eidgnossenschaft v. 20.8.1817, ebd., Dok.-Nr. 8.7.1. Dazu ausführlich: Münger, Militär (wie Fn. 99), S. 96 ff., 62 ff. (zum Militärwesen allgemein); His, Geschichte (wie Fn. 2), Bd. 2, S. 509 f.; Henke, Recht (wie Fn. 67), S. 241 ff.

381 Schweizer Bundesvertrag v. 7.8.1815, § 2, in: CD-ROM-2, Dok.-Nr. 8.2.2; vgl. auch: Scala der Mannschafts= und Geld=Beiträge der Eidgenössischen Stände, so wie sie durch die Beschlüsse der Tagsatzung von 1816 und 1817 festgesetzt worden sind, in: Sammlung (wie Fn. 47), Bd. 1, S. 47 ff.; Tagsatzungsbeschluss, durch welchen die eidgenössische Mannschaftsscala auf neue zwanzig Jahre (1839–1858) festgesetzt worden ist. Vom 14. Heumonat 1838, definitiv berichtigt den 20. August desselben Jahres, ebd., Bd. 3, S. 1 ff. Die Mannschaftsstärke des Bundesheeres stieg von 32.886 Mann (1815) auf 192.047 (1837) an; dazu His, Geschichte (wie Fn. 2), Bd. 2, S. 509 f.; Henke, Recht (wie Fn. 67), S. 241 ff.

382 In Schaffhausen waren auch Ausländer wehrpflichtig; in anderen Kantonen wurden sie mit einer Wehrersatzsteuer belegt. Vgl. His, Geschichte (wie Fn. 2), Bd. 2, S. 515.

383 His, Geschichte (wie Fn. 2), Bd. 2, S. 515 f.; zur Militäraufsichtsbehörde: Henke, Recht (wie Fn. 67), S. 245 ff.

Vollmachten ausgestattet wurde. Für die Schulung der Offiziere neu gegründet wurde eine Zentrale Militärschule in Thun.[384] Im Bereich der Militärgerichtsbarkeit wurde ein modernes, für die gesamte Schweiz geltendes Militärstrafgesetz erarbeitet.[385]

Neben den Bundestruppen bestanden kantonale Truppen fort. Sofern der Bund die Truppen nicht aufbot, konnte der Kanton diese einsetzen, dem es auch gestattet war, weitere Mannschaften aufzustellen und diese eigenständig zu organisieren.[386] Militärkapitulationen[387], also Abkommen der Kantone mit ausländischen Staaten, die es diesen ermöglichten, in den jeweiligen Kantonen Truppen zu werben, waren weiterhin erlaubt. Mit der Auflösung der Schweizer Regimenter in Sardinien-Piemont (1815), England (1816), Spanien (1823), in den Niederlanden (1828/29) und in Frankreich (1830/32) nahm die Bedeutung der fremden Dienste jedoch massiv ab. Zugleich gerieten die Regimenter, die nicht zuletzt gegen demokratische Bewegungen eingesetzt wurden, in die Kritik, weshalb die Verfassungen der regenerierten Kantone die fremden Dienste regelmäßig verboten. Einem generellen Verbot verweigerte sich die Tagsatzung, da der Abschluss von Militärkapitulationen Sache der Kantone war. Bedeutsame Regimenter bestanden weiterhin in Neapel (bis 1859) und im Kirchenstaat.[388]

8 Verfassungskultur

Aussagen zur Verfassungskultur der Restauration- und Regenerationszeit lassen sich nur mit großer Vorsicht machen. Auf Bundesebene war die offizielle Verfassungskultur wohl auf die Rituale bei Eröffnung[389] und Durchführung der Tagsatzung beschränkt. Von Bedeutung sind außerdem das eidgenössische Militär und seine Feste[390], handelte es sich doch dabei um die einzig gesamtschweizerische Institution, die Men-

---

384 [Beschluss der Tagsatzung vom] 12. und 17 August 1818 [über] Einrichtung und Lokal der Eidgenössischen Central=Militair=Schule, in: Sammlung (wie Fn. 47), Bd. 1, S. 265 ff.
385 Strafgesetzbuch und Prozedur=Ordnung für die Eidgenössischen Truppen, Vom 18. Juli 1818, (Abschied 1818, Beilage E), gedruckt unter dem Titel: »Gesetze für die Rechtspflege bei den Eidgenössischen Truppen« (Zürich 1819); revidiert 1836/37 und 1846. Details bei His, Geschichte (wie Fn. 2), Bd. 2, S. 528 ff.; Henke, Recht (wie Fn. 67), S. 257 ff.
386 Dazu His, Geschichte (wie Fn. 2), Bd. 2, S. 522 f.
387 Überblick ebd., S. 532 ff. Zum Ende der fremden Dienste: Hans Rudolf Fuhrer/Robert-Peter Eyer, Das Ende der »Fremden Dienste«, in: dies. (Hg.), Schweizer in »Fremden Diensten«. Verherrlicht und verurteilt, Zürich 2006, S. 247-258, insbes. S. 254 ff.
388 Die heute noch bestehende Schweizergarde ist nicht Gegenstand einer Militärkapitulation, sondern rekrutiert sich durch persönliche Anwerbung auf Basis eines zivilen Arbeitsvertrags. Sie ist die einzige nichtschweizerische militärische Formation, in der Schweizer legal Dienst versehen dürfen.
389 Zur Eröffnung der Tagsatzung vgl. z. B. Henke, Recht (wie Fn. 67), S. 209 ff.
390 Dazu Münger, Militär (wie Fn. 99), insbes. S. 301 ff. (zu den Festen), 203 ff. (zur Rolle des Militärs bei der Ausbildung des Nationalbewusstseins).

schen in großer Zahl betraf. Aufgrund der militärischen Tradition der Eidgenossen[391] und der Einbindung der lokalen Führungsschichten kam dem Militär große Bedeutung bei der Ausbildung eines schweizerischen Nationalbewusstseins zu. Insgesamt bot der Bundesvertrag wohl zu wenig Substanz für die Ausbildung einer auf ihn bezogenen Verfassungskultur. (☞ Abb. 8.3)

In den meisten Kantonen verbreitet war die Vereidigung der Bürger. Diese konnte einmalig, bei Erreichung der politischen Mündigkeit, beim Wechsel der Verfassung, oder periodisch, zum Beispiel jährlich, meist in öffentlichem Rahmen erfolgen. In jedem Fall intendierte sie die Bindung der Bürger an die bestehende Ordnung und machte die Bürgergemeinschaft sichtbar.

Auf kantonaler Ebene dienten weiterhin unterschiedliche Instrumente dazu, staatliches Zusammengehörigkeitsgefühl zu generieren. Bekanntestes Beispiel für die traditionelle Verfassungskultur waren die Landsgemeinden, an denen die Bürger eines Kantons zumindest jährlich zusammentreffen, um die für die Allgemeinheit nötigen Entscheidungen zu treffen, zugleich aber auch die Verfassung zu verwirklichen und mit Inhalt zu füllen. Auch andere von den Verfassungen vorgesehene Versammlungen hatten ihr ganz eigenes symbolisches Gepräge. Ausdruck der in Anspruch genommenen Souveränität des Volkes waren seit den 1830er-Jahren Volksversammlungen, die außerhalb des staatlich vorgegebenen Rahmens stattfanden. Sie dienten oft der Ausübung von Druck auf die Behörden und zeugten von einem verbreiteten Misstrauen gegen die bestehenden Institutionen der repräsentativen Demokratie; dies zeigte sich deutlich in der dort manchmal vehement erhobenen Forderung nach Instrumenten direkter Demokratie, die sich, nach vorsichtigen Anläufen in der Regenerationszeit, zu einem zentralen Element Schweizer Verfassungskultur entwickeln sollten.

Im weiteren Sinn der Verfassungskultur verbunden waren Vereine und Vereinigungen, die sich »helvetischem« Gedankengut verschrieben hatten.[392] Sie waren wichtige Träger des entstehenden Nationalgedankens.[393] Deren Feste[394], an denen die ge-

---

391 Zum Mythos des Schweizer Kriegers vgl. aber ebd., S. 420 ff.
392 Z. B. die *Studentenverbindung Helvetia* (1832), dazu Vaterland (wie Fn. 319), insbes. S. 19 ff.; Blattmann, Studentenverbindungen (wie Fn. 318), S. 141 f.; Marcacci, Art. Helvetia (wie Fn. 319); der *Eidgenössische Turnverein* (1832), der *Schweizer Schutzverein* (1831), der *Nationalverein* (1832), der *Schweizerische Schützenverein* (1824), dazu auch Hettling, Fähnlein (wie Fn. 319); Henzirohs, Schützenfeste (wie Fn. 319); vgl. auch Jost, Geschichte (wie Fn. 42), S. 474; Maissen, Geschichte (wie Fn. 67), S. 184 f.
393 Maissen, Geschichte (wie Fn. 67), S. 184 ff.
394 Basil Schader, Eidgenössische Festkultur, in: Hugger, Handbuch (wie Fn. 19), Bd. 2, S. 811-832, hier S. 811 f. Zur Bedeutung von Festen für die Verfassungskultur allgemein: Barbara Stollberg-Rilinger, Verfassung und Fest. Überlegungen zur festlichen Inszenierung vormoderner und moderner Verfassungen, in: H.-J. Becker (Hg.), Interdependenzen zwischen Verfassung und Kultur. Tagung der Vereinigung für Verfassungsgeschichte in Hofgeismar vom 22.3.–24.3.1999, Berlin 2003, S. 7-49, insbes. S. 32 ff.; für die Schweizer Nationsbildung: Marius Risi, Alltag und Fest in der Schweiz. Eine kleine Volkskunde des kulturellen Wandels, Zürich 2003, S. 21 ff.; zu den Festen der liberalen Vereine: Tanner, »Alles für das Volk« (wie Fn. 5), S. 62 ff.

Abb. 8.3 Siegel der Schweizer Eidgenossenschaft 1837

meinsame, bäuerlich-alpine[395] oder kriegerisch verklärte Vergangenheit[396] beschworen wurde, boten wichtige Bezugspunkte für das Schweizerische Nationalbewusstsein.[397] Ihre Veranstaltungen sind noch heute Manifestation helvetischen Gemeinsinns.[398]

Auch die Arbeiten vorwiegend liberaler Juristen und Politiker, die sich für liberale Reformen auf kantonaler und auf Bundesebene einsetzten[399], waren Teil der Verfassungskultur. Ein gutes Beispiel ist der Luzerner Jurist und Staatsmann Kasimir Pfyffer, der sich in einer bekannten Flugschrift[400] für liberale Postulate wie die Rechtsgleichheit, die Niederlassungsfreiheit, die Pressefreiheit und für die Einrichtung gesetzgebender, vollziehender und richterlicher Bundesbehörden einsetzte. In privaten Verfassungsentwürfen erarbeiteten Rechtsgelehrten und Politiker ihre Vorstellungen staatlicher Ordnung und setzten sich intensiv mit Texten wie der bundesstaatlichen Verfassung der Vereinigten Staaten von Amerika oder der Verfassung von Malmaison[401] auseinander. Sie bereiteten damit die Grundlagen für die offiziellen Entwürfe zur Revision des Bundesvertrags der 1830er-Jahre und für die Bundesverfassung von 1848. Hier zu erwähnen sind die Vorschläge von Philippe de Maillardoz und Auguste Bontems, jene von Alexander Roger[402], Karl Kasthofer[403] und ein gemeinsamer Entwurf von Gallus Jacob Baumgarnter, Kasimir Pfyffer und Karl Schnell.[404] Besondere Beachtung verdienen die Entwürfe von Ignaz Paul Vital Troxler[405] und von James Fazey[406], die für einen Bundesstaat mit Zweikammersystem eintraten. Auf kantonaler

---

395 Vgl. dazu Risi, Alltag (wie Fn. 394), S. 21 ff.; Maissen, Geschichte (wie Fn. 67), S. 185.
396 Dazu Münger, Militär (wie Fn. 99), S. 420 ff.
397 Beispiele für solche Feste bei Risi, Alltag (wie Fn. 394), S. 22 f.; Schader, Festkultur (wie Fn. 394), S. 813 f.; zu den bedeutsamen eidgenössischen Schützenfesten: Henzirohs, Schützenfeste (wie Fn. 319), insbes. S. 15 ff., 61 ff.
398 Dazu Schader, Festkultur (wie Fn. 394), S. 811. Bis heute werden die schweizerischen Nationalfeste von bestimmten Trägergruppen organisiert.
399 Zur Publizistik vor der und zur versuchten Bundesrevision Hugo Wild, Das Ringen um den Bundesstaat. Zentralismus und Föderalismus in der schweizerischen Publizistik von Helvetik bis zur Bundesrevision, Zürich 1966.
400 Zuruf an den eidgenössischen Vorort Luzern bei Übernahme der Leitung der Bundesangelegenheiten; vgl. dazu His, Geschichte (wie Fn. 2), Bd. 2, S. 98; Kölz, Verfassungsgeschichte (wie Fn. 3), S. 374 ff.; Kaiser/Strickler, Geschichte (wie Fn. 78), S. 100 f.
401 Vgl. Christoph Guggenbühl, Schweiz, in: P. Brandt u. a. (Hg.), Handbuch der europäischen Verfassungsgeschichte im 19. Jahrhundert, Bd. 1: Um 1800, Bonn 2006, S. 473-545, hier S. 494 f.
402 Essay sur le lien fédérale en Suisse, Genf 1831; dazu His, Geschichte (wie Fn. 2), Bd. 2, S. 192.
403 Das schweizerische Bundesbüchlein, 1832; dazu His, Geschichte (wie Fn. 2), Bd. 2, S. 192; Kölz, Verfassungsgeschichte (wie Fn. 3), S. 389 f.
404 Entwurf einer schweizerischen Bundesverfassung. Von einer Gesellschaft Eidgenossen. Gedruckt bei Orell, Füssli und Compagnie, Zürich 1832; dazu Kley, Verfassungsgeschichte (wie Fn. 3), S. 377.
405 Einwurf eines Grundgesetzes für die schweizerische Eidgenossenschaft v. 1838, in: CD-ROM-2, Dok.-Nr. 8.8.5; dazu Kölz, Verfassungsgeschichte (wie Fn. 3), S. 386 ff.
406 Projet de Constitution fédérale v. 1837, in: CD-ROM-2, Dok.-Nr. 8.8.4; dazu Kölz, Verfassungsgeschichte (wie Fn. 3), S. 391 ff.

Ebene sticht der umfangreiche und kommentierte Verfassungsentwurf von Ludwig Snell für Zürich ins Auge.[407] Zu betonen sind die bemerkenswerte Kraft und Initiative der Reformbewegung; beispielsweise gab sich das Tessin schon vor der französischen Julirevolution eine liberale Verfassung.

9 Kirche

In Restauration und Regeneration bekannte sich der größere und wohlhabendere Teil der Schweiz zur reformierten Konfession. Die zweite große Gruppe wurde von den Katholiken[408] gestellt. In den meisten Kantonen überwog eine Konfession. Besondere Vorschriften bestanden in den paritätischen Kantonen, in denen beide Konfessionen stark vertreten waren. Bereits in der Restauration begannen die Kantone damit, ihre Kirchenhoheit mit zunehmendem Nachdruck durchzusetzen und kirchliche Einflüsse zurückzudrängen.[409] In der Regeneration verstärkten sich die Spannungen zwischen den Konfessionen. Insbesondere das Verhältnis zwischen der katholischen Kirche und den reformierten und paritätischen Kantonen war von schweren Konflikten geprägt, die zum Sonderbundkrieg von 1847 führten. Neben der reformierten und der katholischen Kirche erlebten reformierte Freikirchen insbesondere in der französischen Schweiz einen Aufschwung.[410]

Eine besondere Stellung kam der *jüdischen Bevölkerung* zu. Seit der Mediation war ihre Behandlung Sache der Kantone, die den Juden unterschiedlichste öffentlich- und zivilrechtliche Beschränkungen auferlegten.[411] Der Kanton Aargau, in dem sich die zwei ausschließlich jüdischen Gemeinden Oderendigen und Oberlengnau befanden, organisierte diese als sog. »Judengemeinden«[412], die, unter staatlicher Auf-

---

407 Vgl. dazu den eindrücklichen Verfassungsentwurf von Snell für den Kanton Zürich mit Anmerkungen, in: CD-ROM-2, Dok.-Nr. 8.8.1; dazu Kölz, Verfassungsgeschichte (wie Fn. 3), S. 246 ff.; ders., Verfassungsentwurf (wie Fn. 139), S. 299 ff. Für einen Überblick der geistesgeschichtliche Grundlagen: Andrey, Suche (wie Fn. 9), S. 616 ff.; zum Begriff auch Kölz, Verfassungsgeschichte (wie Fn. 3), S. 209 ff., zur Ereignisgeschichte S. 218 ff., auch S. 227 ff.; zum Liberalismus und seinen Forderungen: Aubert, Bundesstaatsrecht (wie Fn. 70), Rz. 41; vgl. auch Bluntschli, Geschichte (wie Fn. 74), S. 497 f.
408 Zum Schweizer Katholizismus vgl. Rudolf Pfister, Kirchengeschichte der Schweiz, Bd. 3: Von 1720 bis 1950, Zürich 1984, S. 155 ff.
409 Dazu z. B. Henke, Recht (wie Fn. 67), S. 324 ff.; Andrey, Suche (wie Fn. 9), S. 584.
410 Zu den Freikirchen His, Geschichte (wie Fn. 2), Bd. 2, S. 661 ff.; bezogen auf Waadt vgl. auch Olivier Fatio in: Vischer u. a. (Hg.), Kirchengeschichte (wie Fn. 333), S. 219.
411 In der Schweiz lebten 1837 ca. 1.300 Personen jüdischen Bekenntnisses. Vgl. Bickel, Bevölkerungsgeschichte (wie Fn. 8), S. 140; Übersicht bei His, Geschichte (wie Fn. 2), Bd. 2, S. 352 Anm. 32; Saladin, Grundrecht (wie Fn. 284), S. 5.
412 Vgl. die Rechtsvorschriften über die Stellung der Juden im Kanton Aargau v. 5.5.1809–29.7.1824, in: CD-ROM-2, Dok.-Nr. 8.9.3. Zur Rechtsstellung der Aargauer Judengemeinden: Ernst Haller, Die rechtliche Stellung der Juden im Aargau, Aarau 1901, S. 117 ff.; Augusta Weldler-Steinberg,

sicht, gewisse Angelegenheiten selbst verwalten konnten. Von einer Emanzipation der Juden kann aber vor 1848 nicht die Rede sein.[413]

Auf Ebene des Bundesrechts war das Verhältnis von Staat und Kirche nur punktuell geregelt: Der Bundesvertrag (§ 12) garantierte den Bestand von Klöstern und Kapiteln sowie die Sicherheit ihres Eigentums. Kirchliches Vermögen unterstand, »gleich anderem Privatgut«, Steuern und Abgaben. Bundesrechtlich relevant waren die Beziehungen zum Heiligen Stuhl, der durch einen Nuntius in der Schweiz vertreten war. Dieser intervenierte, bedingt durch die Garantien in § 8 des Bundesvertrags und die Kompetenzen der Tagsatzung zur Abwehr von inneren Unruhen und Verfassungsverletzungen, wiederholt bei der Tagsatzung, um gegen liberale Maßnahmen, insbesondere Klosteraufhebungen, anzukämpfen.[414] Die Doppelrolle des Nuntius als Vertreter eines ausländischen Staates und als Aufsichtsorgan der katholischen Kirche in der Schweiz trug allerdings auch dazu bei, bestehende Vorbehalte, insbesondere der reformierten Kantone, gegen den Katholizismus zu verstärken. Besondere, völkerrechtlich abgesicherte, Vorschriften zum Umgang mit Andersgläubigen bestanden in Genf, Bern und Basel, denen 1815 katholische Gebiete zugeschlagen worden waren.[415] Alle anderen Kirchenangelegenheiten waren Sache der Kantone. Einzig ein gemeineidgenössischer Dank-, Buß- und Bettag wurde 1815 eingeführt und 1832[416] bestätigt.

Geschichte der Juden in der Schweiz. Vom 16. Jahrhundert bis nach der Emanzipation, bearbeitet und ergänzt von Florence Guggenheim-Grünberg, 2 Bde., Goldach 1966–1970, hier Bd. 1, insbes. S. 125 ff., 154 ff.; Bd. 2, S. 16 ff.; Florence Guggenheim-Grünberg, Die Juden in der Schweiz, Zürich 1961, S. 13; Florence Guggenheim, Vom Scheiterhaufen zur Emanzipation. Die Juden in der Schweiz vom 6. bis 19. Jahrhundert, in: W. Guggenheim (Hg.), Juden in der Schweiz. Glaube – Geschichte – Gegenwart, Küsnacht 1982, S. 10-53, hier S. 35 ff. sowie S. 21 ff. (zur Entstehung der Aargauer Judengemeinden). Zur Geschichte der Juden in der Schweiz außerdem: Karin Huser, Vieh- und Textilhändler an der Aare. Geschichte der Juden im Kanton Solothurn vom Mittelalter bis heute, Zürich 2007, insbes. S. 73 ff.; zur Sozialgeschichte auch Robert Uri Kaufmann, Jüdische und christliche Viehhändler in der Schweiz 1780–1930, Zürich 1988.

413 Dazu Robert Uri Kaufmann, Die Emanzipation der Juden in der Schweiz im europäischen Vergleich 1800–1880, in: H. Berger u. a. (Hg.), Munda multa miracula. Festschrift für Hans Conrad Peyer, Zürich 1992, S. 199-206, hier S. 202 f.; Weldler-Steinberg, Geschichte (wie Fn. 412), Bd. 2, S. 16 ff.; Haller, Stellung (wie Fn. 412), S. 228 ff.

414 Zur völkerrechtlichen Seite der Beziehung zur katholischen Kirche: His, Geschichte (wie Fn. 2), Bd. 2, S. 547 ff.

415 Arrangemens additionels à l'article cinquième de la declaration du congrès de Vienne, touchant le Canton de Genève, Du 29 Mars 1819, in: Sammlung (wie Fn. 47), Bd. 1, S. 75 ff.; Vereinigungsurkunde des ehemaligen Bisthums Basel mit dem Kanton Bern v. 23.11.1815, in: CD-ROM-2, Dok.-Nr. 8.9.1; Vereinigungsurkunde des Bezirks Birseck mit dem Kanton Basel v. 6.12.1815, ebd., Dok.-Nr. 8.9.2.

416 Beschluss der Tagsatzung vom 24.7.1815; Beschluss der Tagsatzung vom 17.6.1832; in den Folgejahren konnten sich die Kantone nicht auf das Datum einigen. Vgl. His, Geschichte (wie Fn. 2), Bd. 2, S. 543.

Die *reformierten Kirchen*[417] waren als Landeskirchen, also als öffentlich-rechtliche Staatskirchen der Kantone, organisiert. Sie waren dem Staat als selbstständige Anstalten eingegliedert. Ihr Kirchenrecht war staatliches Recht, womit Konflikte zwischen Kirche und Staat weitgehend ausgeschlossen waren. Organisatorisch waren sich die Landeskirchen in den Kantonen ähnlich. An der Spitze der meisten deutsch-schweizerischen Landeskirchen stand eine Synode, deren Funktion meist in der Beratung der Regierung bestand und gewisse Kompetenzen zur Regelung innerer Angelegenheiten der Kirche umfassen konnte. Die Synoden waren Vertretungen der Geistlichkeit, mancherorts ergänzt um weltliche Regierungs- und Kirchenratsmitglieder. Laufende Geschäfte der Kirchen wurden vom Kirchenrat erledigt, dessen Mitglieder einerseits von den Kleinen oder Großen Räten gewählt wurden, ihm andererseits als Inhaber bestimmter geistlicher Ämter von Amts wegen angehörten. An der Spitze des Kirchenrats oder der Synode stand meist ein Präsident, oft Antistes genannt. In den reformierten Kantonen bestanden vielerorts Ehegerichte; tendenziell wurden diese in der Regeneration aufgelöst und ihre Kompetenzen an die ordentliche Gerichtsbarkeit übertragen. Auf lokaler Ebene waren die Kirchgemeinden die Basis der Landeskirchen. Kirchgemeinderäten, meist überwiegend durch Amtspersonen beschickt, oblag die Verwaltung des Kirchenvermögens einschließlich der Erhebung der Kirchensteuern. In der Restauration wurden die Pfarrer überwiegend durch die Großen oder Kleinen Räte gewählt; Voraussetzung für die Wählbarkeit war eine kantonal unterschiedlich ausgestaltete Prüfung. In der Regeneration übertrugen die meisten Kantone das Recht, die Pfarrer zu wählen, auf die Kirchgemeinden. Als Staatsbeamte unterstanden die Pfarrer aber weiterhin der Oberaufsicht der Regierung und der Disziplinargewalt der kirchlichen Oberbehörden.

Für die *Katholiken* stand die Reorganisation der Bistümer im Vordergrund. Bestand hatten die alten Bistümer Sitten, Lausanne und Chur. Kirchenrechtlich neu zu organisieren waren die Gebiete, die im Ancien Régime dem Fürstabt von St. Gallen und den Bischöfen von Basel und Konstanz unterstanden hatten.[418] Fast ganz zurückgedrängt wurde der Einfluss auswärtiger Bischöfe.[419] Erschwert wurde die Neuorganisation der Schweizer Bistumsgliederung durch das Bestreben der Kantone, die Kirche staatlichem Einfluss und obrigkeitlicher Aufsicht zu unterwerfen, wo-

---

417 Zur Entwicklung des Schweizer Protestantismus: Olivier Fatio in: Vischer u. a. (Hg.), Kirchengeschichte (wie Fn. 333), S. 215 ff.; für einen Überblick über die Organisation der Landeskirchen vgl. His, Geschichte (wie Fn. 2), Bd. 2, S. 645 ff.; beispielhaft zum Thurgau: Hans Gossweiler, Die evangelische Kirche, in: Albert Schoop u. a., Geschichte des Kantons Thurgau, Bd. 3: Sachgebiete 2, Frauenfeld 1994, S. 66-77, hier S. 68 ff.
418 Für eine Übersicht vgl. Franz Xaver Bischof, Art. Bistümer, Römisch-katholische Kirche, in: HLS (wie Fn. 5); His, Geschichte (wie Fn. 2), Bd. 2, S. 549 ff.; Andrey, Suche (wie Fn. 9), S. 599 ff.; Victor Conzemius in: Vischer u. a. (Hg.), Kirchengeschichte (wie Fn. 333), S. 220 f. (mit Karte).
419 Das Tessin und zwei Graubündner Gemeinden wurden vom Bischof von Como verwaltet; His, Geschichte (wie Fn. 2), Bd. 2, S. 582 ff.; Andrey, Suche (wie Fn. 9), S. 599; Pfister, Kirchengeschichte (wie Fn. 408), Bd. 3, S. 161 f.

gegen sich die Kurie verwahrte.[420] 1814 wurden deutschschweizerische Gebiete des Bistums Konstanz, auf Wunsch der betroffenen Kantone provisorisch dem Bischof von Chur unterstellt.[421] Schwierig gestaltete sich deren Neuorganisation. Pläne, auf diesem Gebiet ein schweizerisches Nationalbistum zu gründen, waren ohne Erfolg.[422] Eine Teillösung brachte 1828 der Langenthaler Gesamtvertrag[423], durch den das Bistum Basel, mit Sitz in Solothurn, neu gegründet wurde. Es umfasste die Kantone Solothurn, Luzern, Zug und das bernerische Jura. 1829 traten Aargau, Thurgau und das baslerische Birseck bei.[424] Von den übrigen ehemals konstanzischen Kantonen schloss sich Schwyz 1824 dem Bistum Chur an. Für Uri, Unterwalden, Glarus und Zürich blieb die provisorische Verwaltung durch den Bischof von Chur bestehen. Das Gebiet der ehemaligen Fürstabtei St. Gallen[425], das nach der Aufhebung des Klosters von Konstanz verwaltet worden war, sollte 1823 einem Doppelbistum Chur – St. Gallen zugeschlagen werden, dem allerdings Graubünden die Anerkennung verweigerte. 1833 beschloss auch die regenerierte Regierung von St. Gallen die Aufhebung des ungeliebten Doppelbistums. Eine dauerhafte Lösung wurde erst 1847 gefunden, als nach langen Verhandlungen das Bistum St. Gallen neu errichtet wurde. Der Kanton Genf, der 1815 um katholische Gebiete erweitert worden war, wurde 1821 dem Bistum Lausanne angegliedert.[426] Keinen Erfolg hatte der Versuch in den 1830er-Jahren, ein nach liberalen Grundsätzen organisiertes Schweizer Nationalbistum zu schaffen.[427]

---

420 Victor Conzemius in: Vischer u. a. (Hg.), Kirchengeschichte (wie Fn. 333), S. 220 f.
421 Uri, Schwyz, Unterwalden, Zürich, Glarus, Solothurn, Appenzell, St. Gallen, Thurgau, Luzern, Zug, Aargau; weitere Details bei His, Geschichte (wie Fn. 2), Bd. 2, S. 550 f.; Pfister, Kirchengeschichte (wie Fn. 408), Bd. 3, S. 15 f. Zum Untergang des Bistums Konstanz vgl. Franz Xaver Bischof, Das Ende des Bistums Konstanz. Hochstift und Bistum Konstanz im Spannungsfeld von Säkularisierung und Suppression (1802/03–1812/27), Stuttgart u. a. 1989, insbes. S. 337 ff. (zu Abtrennung der Schweizer Gebiete), 355 ff.; Ries, Neuorganisation (wie Fn. 57), S. 65 ff., 296 ff.
422 Dazu Ries, Neuorganisation (wie Fn. 57), S. 129 ff. Ebenfalls erfolglos blieb das Projekt eines innerschweizerischen Bistums; His, Geschichte (wie Fn. 2), Bd. 2, S. 554 f.; dazu auch, aus Luzerner Sicht, Bossard-Borner, Luzern 1798–1831/50 (wie Fn. 9), S. 261 ff.
423 Uebereinkunft zwischen den hohen Ständen Luzern, Bern, Solothurn und Zug, für die Organisation des Bisthums Basel. Langenthaler Gesammtvertrag v. 28.–29.3.1828, in: CD-ROM-2, Dok.-Nr. 8.9.4.
424 Zur Ereignisgeschichte: Ries, Neuorganisation (wie Fn. 57), S. 290 ff. (Langenthaler Vertrag), S. 464 ff., insbes. S. 529 (Beitritte); His, Geschichte (wie Fn. 2), Bd. 2, S. 556 ff.; Pfister, Kirchengeschichte (wie Fn. 408), Bd. 3, S. 160 f.; aus Luzerner Sicht: Bossard-Borner, Luzern 1798–1831/50 (wie Fn. 9), S. 266 ff. 1841 wurde auch das seit 1819 von Chur provisorisch verwaltete Schaffhausen, wiederum provisorisch, dem Bistum Basel unterstellt; His, Geschichte (wie Fn. 2), Bd. 2, S. 559.
425 Vgl. His, Geschichte (wie Fn. 2), Bd. 2, S. 564 ff.; Pfister, Kirchengeschichte (wie Fn. 408), Bd. 3, S. 159 f.
426 Der Bischof, der in Freiburg residierte, nannte sich fortan Bischof von Lausanne-Genf. Zum Übergang der katholische Gebiete Genfs an den Bischof von Lausanne: His, Geschichte (wie Fn. 2), Bd. 2, S. 576 ff.; Victor Conzemius in: Vischer u. a. (Hg.), Kirchengeschichte (wie Fn. 333), S. 220; Pfister, Kirchengeschichte (wie Fn. 408), Bd. 3, S. 161.
427 Sog. Badner Artikel; dazu u. a. His, Geschichte (wie Fn. 2), Bd. 2. S. 104 ff., 584 ff.; Kölz, Verfassungsgeschichte (wie Fn. 3), S. 400 ff.; Olivier Fatio in: Vischer u. a. (Hg.), Kirchengeschichte

In Restauration und Regeneration setzten auch die Kantone mit katholischer Bevölkerung faktische, im Detail unterschiedlich ausgestaltete Aufsichtsrechte über die Kirche durch[428], die es erlauben, auch für die katholischen und gemischtkonfessionellen Kantone von landeskirchlichen Organisationen zu sprechen.[429] Die Kantone erlangten regelmäßig Einfluss auf die Bestellung der Bischöfe und übernahmen im Gegenzug finanzielle Lasten.[430] Gewisse Besonderheiten bestanden weiterhin im Bistum Lausanne, das monarchisch organisiert war[431], und im Wallis[432], wo der Bischof von Sitten, der vom Landrat gewählt und vom Papst gegen eine Gebühr bestätigt wurde, seinen politischen Einfluss weitgehend behaupten konnte. Äußeres Zeichen für den zunehmenden staatlichen Einfluss war der Staatseid, den die Geistlichen mancherorts ablegen mussten.[433] Insgesamt ist von einer zunehmenden Demokratisierung der Pfarrerbestellung, also von einer Stärkung des Einflusses der Pfarrgemeinden, auszugehen.[434] In die Tätigkeit der Pfarrer mischte sich der Staat eher nicht ein; allerdings verpflichteten manche Kantone die Geistlichen, interkonfessionelle Ehen zuzulassen, oder gestatteten auch Katholiken Scheidung und Wiederverheiratung.[435] Auch auf Auswahl und Ausbildung der Pfarrer gewannen die Kantone zunehmenden Einfluss. Besonders reformierte Kantone legten einseitig Normen für Kult und Organisation der katholischen Kirche fest.

Die Kantone beanspruchten Mitsprache bei der Verwaltung der Kirchengüter. Im Detail war deren Rechtsstellung lokal äußerst unterschiedlich. Eine gewisse Sonderstellung kam den alten Bistümern Sitten, Lausanne und Chur zu, die über große Besitzungen verfügten.[436] Auch das Recht, von den Gläubigen Kirchensteuern zu erheben, unterschied sich von Kanton zu Kanton.[437] Klöster waren in ihrem Bestand durch § 12 des Bundesvertrags gesichert. Sie standen in allen Kantonen unter einer staatlichen Aufsicht[438], die bei allen Unterschieden zumindest deren wirtschaftliche Belange betraf. Klöster waren steuerpflichtig und in der Regel uneingeschränkt der weltlichen Gerichtsbarkeit unterworfen. Meist überwachten die Kantone außerdem die Kloster-

---

(wie Fn. 333), S. 223 ff.; Pfister, Kirchengeschichte (wie Fn. 408), Bd. 3, S. 162 f.; Hilty, Bundesverfassungen (wie Fn. 117), S. 395 ff.; Blumer, Handbuch (wie Fn. 66), Bd. 1, S. 88 f.; aus Luzerner Sicht: Bossard-Borner, Luzern 1831–1875 (wie Fn. 200), S. 91 ff., 106 ff.
428 His, Geschichte (wie Fn. 2), Bd. 2, S. 586 ff.
429 Ebd., S. 598 ff.; Victor Conzemius in: Vischer u. a. (Hg.), Kirchengeschichte (wie Fn. 333), S. 220 f.
430 Für Basel vgl. His, Geschichte (wie Fn. 2), Bd. 2, S. 560 ff.; für St. Gallen ebd., S. 566 ff.; für Chur ebd., S. 573 ff. Zur Kirchenhoheit allgemein: Henke, Recht (wie Fn. 67), S. 324 f.
431 Vgl. His, Geschichte (wie Fn. 2), Bd. 2, S. 578 ff.
432 Ebd., S. 580 ff.
433 Übersicht bei His, Geschichte (wie Fn. 2), Bd. 2, S. 610 f.
434 Ebd., S. 600 f.
435 Ebd., S. 611 f.
436 Übersicht ebd., S. 612 ff.
437 Vgl. ebd., S. 616 f.
438 Zur Rechtsstellung der Klöster ebd., S. 620 ff.

angehörigen selbst: Üblich waren Vorschriften, die den Eintritt von Kantonsfremden erschwerten oder begrenzten, von Neueintretenden Aussteuern oder ein Mindestalter forderten oder die Zahl der Klosterangehörigen überhaupt begrenzten. Üblich war es auch, die Klosterangehörigen zur Seelsorge, Erziehung oder Krankenpflege zu verpflichten. Ab den 1830er-Jahren kam es, insbesondere in den regenerierten und radikalen Kantonen, zur Aufhebung von Klöstern, denen meist Beschränkungen der Novizenaufnahme vorangingen. Besonders massiv ging Aargau vor, wo 1841 – zumindest vorübergehend – alle Klöster für aufgehoben erklärt wurden.[439] Die Tagsatzung wiederum erklärte dies für rechtswidrig, entschloss sich aber nicht zu weiteren Maßnahmen, da sie durch die konfessionelle Spaltung der Kantone handlungsunfähig geworden war. Politische Streitpunkte waren auch die Kollegien der Jesuiten, welche von konservativen Kreisen gefördert, von Liberalen und Radikalen aber bekämpft wurden.[440]

In den *konfessionell gemischten Kantonen* Glarus, Graubünden, St. Gallen, Aargau und Thurgau war die Staatsorganisation konfessionell geteilt aufgebaut. In Glarus[441] waren Gesetzgebung, Rechtsprechung und Verwaltung bis 1836 konfessionell getrennt. Politisch bestimmendes Gremium waren die evangelische und die katholische Landsgemeinde, während der rechtlich übergeordneten »gemeinen« Landsgemeinde nur geringere Bedeutung zukam. Amtsträger wurden nach dem konfessionellen Verhältnis oder im Turnus zwischen den Konfessionen bestellt. »Vermischte« Gerichte beurteilten Streitigkeiten zwischen verschiedenkonfessionellen Parteien. Die Verfassung von 1836 beseitigte die konfessionelle Staatsteilung. In Graubünden[442], dessen föderale Zersplitterung faktisch eine Trennung der Konfessionen sicherstellte, waren von den kantonalen Amtsstellen zwei Drittel den Reformierten, ein Drittel den Katholiken vorbehalten. Auch in St. Gallen[443] und

---

439 Aufhebungs-Beschluß v. 13.1.1841, in: CD-ROM-2, Dok.-Nr. 8.9.5; Ereignisgeschichte und juristische Würdigung bei His, Geschichte (wie Fn. 2), Bd. 2, S. 630 ff.; Heusler, Verfassungsgeschichte (wie Fn. 66), S. 317; Andrey, Suche (wie Fn. 9), S. 626; Kölz, Verfassungsgeschichte (wie Fn. 3), S. 433 f.; Olivier Fatio in: Vischer u. a. (Hg.), Kirchengeschichte (wie Fn. 333), S. 225 ff.; Pfister, Kirchengeschichte (wie Fn. 408), Bd. 3, S. 166 f.; Aubert, Bundesstaatsrecht (wie Fn. 70), Rz. 58; Blumer, Handbuch (wie Fn. 66), Bd. 1, S. 99 ff.; Maissen, Sonderbund (wie Fn. 71), S. 87 ff. Zu den Klosteraufhebungen in anderen Kantonen vor allem nach dem Sonderbundkrieg: His, Geschichte (wie Fn. 2), Bd. 2, S. 634 ff.; Bluntschli, Geschichte (wie Fn. 74), S. 506.
440 Vgl. dazu His, Geschichte (wie Fn. 2), Bd. 2, S. 636. Zur Luzerner Jesuitenaffäre: Olivier Fatio in: Vischer u. a. (Hg.), Kirchengeschichte (wie Fn. 333), S. 226 f.; Pfister, Kirchengeschichte (wie Fn. 408), Bd. 3, S. 163 ff., Aubert, Bundesstaatsrecht (wie Fn. 70), Rz. 59; Blumer, Handbuch (wie Fn. 66), Bd. 1, S. 103 ff.; Maissen, Sonderbund (wie Fn. 71), S. 91 ff.; Bluntschli, Geschichte (wie Fn. 74), S. 507 f.
441 Vgl. His, Geschichte (wie Fn. 2), Bd. 2, S. 591 ff., 650; Heusler, Verfassungsgeschichte (wie Fn. 66), S. 241 f.
442 Zu Graubünden: His, Geschichte (wie Fn. 2), Bd. 2, S. 592, 650.
443 Zu St. Gallen ebd., S. 593 ff., 650 f.; Heusler, Verfassungsgeschichte (wie Fn. 66), S. 341 f.

Thurgau[444] wurden Amtsstellen nach der Konfession vergeben; außerdem verfügte jede Konfession über ein weitreichendes Selbstverwaltungsrecht in kirchlichen und Eheangelegenheiten.[445] Im Aargau[446] bestand ebenfalls konfessionelle Parität, aber keine Verwaltungstrennung.

10 Bildungswesen

Die Kantone, in deren Zuständigkeit das Bildungswesen lag, machten schon in der Restauration die Bildung zur Staatsaufgabe und bemühten sich, insbesondere seit der Regeneration, um den Ausbau und die qualitative Verbesserung der Bildungseinrichtungen. Die Kantone führten die allgemeine Schulpflicht ein[447] und versuchten, Kinderarbeit zu beschränken, um Kindern den Schulbesuch zu ermöglichen.[448] Tendenziell konzentrierten sich die konservativen Kantone auf die höheren Schulen. Liberale und radikale Regierungen bauten die unteren Schulstufen großzügig aus, um durch Bildung möglichst aller Bevölkerungsschichten eine weitere Demokratisierung zu unterstützen.[449] Bestehen blieb, insbesondere in den katholischen Kantonen, ein starker Einfluss der Kirche, der in der Restaurationsperiode durchaus noch zunahm. Erst die regenerierten und vor allem die radikalen Regierungen drängten diesen etwas zurück.[450]

Verbesserungen im Volksschulwesen versuchten die Kantone zumeist durch staatliche Aufsicht und durch die Qualifizierung der Lehrpersonen zu erreichen. Sie

---

444 Zum Thurgau: His, Geschichte (wie Fn. 2), Bd. 2, S. 596 ff., 651 f.; Heusler, Verfassungsgeschichte (wie Fn. 66), S. 342 ff.; Gossweiler, Kirche (wie Fn. 417), S. 68 ff.
445 Vgl. dazu beispielsweise das St. Galler Gesetz über die Besorgung der gesönderten Angelegenheiten beider Religionen v. 3.4.1816, in: CD-ROM-2, Dok.-Nr. 8.5.2.
446 Zum Aargau: His, Geschichte (wie Fn. 2), Bd. 2, S. 595 ff., 651; Heusler, Verfassungsgeschichte (wie Fn. 66), S. 341 ff.
447 Details zum Umfang der Schulpflicht u. a. bei His, Geschichte (wie Fn. 2), Bd. 2, S. 710; interessant dazu die Überlegungen von Henke, Recht (wie Fn. 67), S. 321, der 1824 die Schulpflicht zu begründen versucht. Vgl. beispielhaft die Entwicklung im Thurgau: René Schwarz, Schule und Erziehung, in: Schoop u. a., Geschichte (wie Fn. 417), Bd. 3, S. 116-185, hier S. 121 ff.
448 Zu Zürich diesbezüglich Alfred Mantel, Die zürcherische Volksschule vor dem Ustertag, in: Erziehungsrathe des Kantons Zürich (Hg.), Die Zürcherischen Schulen seit der Regeneration. Festschrift zur Hundertjahrfeier, 3 Bde., Zürich 1933, hier Bd. 1, S. 39-99, insbes. S. 87 f. Siehe auch Kapitel 12, Wirtschafts- und Sozialgesetzgebung/Öffentliche Wohlfahrt.
449 Vgl. dazu Andrey, Suche (wie Fn. 9), S. 585 f.; Craig, Geld (wie Fn. 5), S. 127 ff.; His, Geschichte (wie Fn. 2), Bd. 2, S. 699 f.; Kölz, Verfassungsgeschichte (wie Fn. 3), S. 370 f. Zum Ausbau des Volksschulwesens in Luzern: Bossard-Borner, Luzern 1798–1831/50 (wie Fn. 9), S. 222 ff.; dies., Luzern 1831–1875 (wie Fn. 200), S. 168 ff.; zu Genf: Rita Hofstetter, Historie de l'école primaire publique à Genève au XIXe siècle, Bern u. a. 1998, S. 93 ff.
450 Beispiele bei His, Geschichte (wie Fn. 2), Bd. 2, S. 702 ff.; zu Luzern: Paul Pfenninger, Zweihundert Jahre Luzerner Volksschule 1798-1998. Beiheft zur Sonderausstellung vom 27. Mai bis 8. November 1998, Luzern 1998, S. 51 ff.

stellten das gesamte Unterrichtswesen unter die Aufsicht[451] von Erziehungsräten, deren Mitglieder vom Großen oder Kleinen Rat gewählt wurden und, je nach Kanton, aus Schulsachverständigen, Geistlichen und Privatpersonen bestanden. Übliche Maßnahmen waren Inspektionen oder Visitationen von Schulen und die Festsetzung einheitlicher Lehrpläne. Auf Gemeindeebene richteten insbesondere jene Kantone, die den kirchlichen Einfluss zurückdrängten, Schulräte ein.[452] Die Qualifikation der Lehrer wurde durch den Aufbau von Lehrerseminaren verbessert.[453] Die Kantone nahmen Einfluss auf die Auswahl der Lehrer[454], indem sie diese selbst ernannten, sich ein Bestätigungsrecht vorbehielten oder Listen erstellten, aus denen die Gemeinden die Lehrer wählten. Auch die Besoldung der Lehrer wurde, teils durch Beiträge der Kantone an ärmere Gemeinden, verbessert. Konferenzen oder Synoden sicherten den Lehrern Mitspracherechte. Der Schulbesuch selbst war in der Regel obligatorisch und kostenpflichtig.

Organisatorisch folgten auf die Primarschule die Sekundarschule, mancherorts sog. Wiederholungs- oder Fortbildungsschulen. Neu errichtet wurden landwirtschaftliche Schulen und Gewerbeschulen. Höhere Schulbildung vermittelten Gymnasien, Realschulen, Industrieschulen, Lateinschulen und Pädagogien, die in den Stadtkantonen bereits bestanden und in anderen neu errichtet wurden.[455] Universitäten und Akademien, bei Letzteren handelte es sich um Fachhochschulen für einzelne wissenschaftliche Berufe, bildeten die Spitze der Bildungslandschaft. Akademien bestanden in Zürich, Basel, Bern, Lausanne, Genf, Neuchâtel und im Tessin.[456] Neben die altehrwürdige Basler Universität traten die Universitäten in Zürich (1833) und

---

451 His, Geschichte (wie Fn. 2), Bd. 2, S. 701 f. Vgl. auch – beispielhaft – die Bemühungen in Zürich: Mantel, Volksschule (wie Fn. 448), S. 82 ff., insbes. S. 88 ff. Zu Luzern: Pfenninger, Jahre (wie Fn. 450), S. 56 ff.
452 His, Geschichte (wie Fn. 2), Bd. 2, S. 706.
453 Als Beispiele vgl. für Zürich Heinrich Gubler, Die zürcherische Volksschule von 1831–1845, in: Erziehungsrathe (Hg.), Schulen (wie Fn. 448), Bd. 1, S. 103-341, hier S. 114 ff., 200 ff.; für Luzern: Pfenninger, Jahre (wie Fn. 450), S. 51 f.; für den Thurgau: Schwarz, Schule (wie Fn. 447), S. 123.
454 His, Geschichte (wie Fn. 2), Bd. 2, S. 708 f. Zu Zürich: Gubler, Volksschule (wie Fn. 453), S. 136 ff.; zum Thurgau: Schwarz, Schule (wie Fn. 447), S. 121 f.; zur Organisation der Lehrerschaft: Gubler, Volksschule (wie Fn. 453), S. 231 ff.
455 Als Beispiel für die Organisation des Bildungswesens vgl. das Gesetz über die Organisation des gesammten Unterrichtswesens im Canton Zürich, vom 28.9.1832, in: CD-ROM-2, Dok.-Nr. 8.10.1; dazu Gubler, Volksschule (wie Fn. 453), S. 122 ff. Zur Sekundarschule: Gubler, Volksschule (wie Fn. 453), S. 188 ff.; zu den höheren Schulen in Zürich: Erziehungsrathe (Hg.), Schulen (wie Fn. 448), Bd. 2, S. 45 ff. (Gymnasium), 88 ff. (Industrieschule), 269 ff. (höhere Mädchenschule); Übersicht auch über andere Kantone bei His, Geschichte (wie Fn. 2), Bd. 2, S. 712 ff.
456 Übersicht bei His, Geschichte (wie Fn. 2), Bd. 2, S. 714 ff. Zu den einzelnen Hochschulen vgl. Marco Marcacci, Historie de l'Université de Genève 1559–1986, Genève 1987, insbes. S. 70 ff.; Université de Lausanne (Hg.), De l'Academie à l'Université de Lausanne 1537–1987. 450 ans d'histoire, Lausanne 1987, insbes. S. 134 ff.; Anne-Françoise Jeanneret, La creation de la première Académie, in: Université de Neuchâtel (Hg.), Histoire de l'Université de Neuchâtel, Bd. 1: La première Académie 1838–1848, Hauterive 1988, S. 45 ff., insbes. S. 51 ff.

Bern (1834).[457] Die Errichtung einer eidgenössischen Hochschule mittels Konkordat scheiterte.[458]

11 Finanzen

Während der Bund auch im Bereich der Finanzen nur über punktuelle Kompetenzen verfügte, bestanden auf kantonaler Ebene unterschiedliche, im Wesentlichen gut ausgebaute Finanzverwaltungen. Gemeinsames Kennzeichen war ein umsichtiges und sparsames, manchmal geiziges[459], Finanzgebaren, das vielerorts zu einer nachhaltigen Sanierung der in Helvetik und Mediation arg zerrütteten Haushalte führte und langfristig zum wirtschaftlichen Aufschwung des Landes beitrug.

11.1 Eidgenossenschaft

Die Finanzierung des Bundes erfolgte durch Geldkontingente der Kantone.[460] Die Höhe der Geldkontingente war im Bundesvertrag festgesetzt und konnte, wie dies 1817 und 1838 geschah, durch die Tagsatzung angepasst werden. Im Bedarfsfall bestimmte die Tagsatzung, wie viele Kontingente, oder Bruchteile davon, von den Kantonen bezogen werden sollten. Gegen Kantone, die die Zahlung verweigerten, konnte sie sich in vielen Fällen allerdings nicht durchsetzen. Insgesamt blieb der Kassenstand der eidgenössischen Zentralkasse niedrig.

Neben der Zentralkasse verfügte die Eidgenossenschaft über eine Kriegskasse. Diese speiste sich aus einer »Einfuhrgebühr auf Waren […], die nicht zu den nothwendigsten Bedürfnissen gehören«.[461] Die Höhe der Gebühren, die von den Grenzkantonen für die Eidgenossenschaft erhoben wurden, wurde von der Tagsatzung bestimmt[462], die damit die exklusiv die Außenhandelszölle festlegen konnte. Die Kriegskasse war ein Sonderfonds zur Finanzierung von Kriegskosten im weiteren Sinn;

---

457 His, Geschichte (wie Fn. 2), Bd. 2, S. 716 ff.; zu Zürich vgl. Erziehungsrathe (Hg.), Schulen (wie Fn. 448), Bd. 3 (Die Universität Zürich); Monika Landert-Scheuber, Das Politische Institut in Zürich 1807–1833. Eine Vorstufe der Rechts- und Staatswissenschaftlichen Fakultät der Universität Zürich, Zürich 1992, S. 121 ff.; Craig, Geld (wie Fn. 5), S. 139 ff.
458 His, Geschichte (wie Fn. 2), Bd. 2, S. 723 ff.
459 Ebd., S. 478; Schollenberger, Geschichte (wie Fn. 1), Bd. 2, S. 161.
460 Zur Finanzierung des Bundes: Schweizer Bundesvertrag v. 7.8.1815, § 3, in: CD-ROM-2, Dok.-Nr. 8.2.2; im Detail: Henke, Recht (wie Fn. 67), S. 258 ff.; His, Geschichte (wie Fn. 2), Bd. 2, S. 478 ff.
461 Schweizer Bundesvertrag v. 7.8.1815, § 9, in: CD-ROM-2, Dok.-Nr. 8.2.2; zur Kriegskasse siehe Henke, Recht (wie Fn. 67), S. 260 ff.
462 Beschluss über den Bezug der Eidgenössischen Grenz=Gebühren, Vom 16. August 1819, in: Sammlung (wie Fn. 47), Bd. 1, S. 275 ff.

eidgenössische militärische Unternehmungen, die sog. Auszüge, wurden jeweils zur Hälfte aus der Kasse und aus Geldkontingenten der Kantone finanziert. Das Guthaben, das die Kriegskasse anhäufen sollte, war beitragsmäßig beschränkt. Nach einem Tagsatzungsbeschluss vom 14. August 1816[463] wurde die Kriegskasse von drei Administratoren, entsandt von den drei Vororten, verwaltet, die von einem siebenköpfigen Verwaltungsrat beaufsichtigt wurden, dessen Mitglieder abwechselnd von den anderen Kantonen entsandt wurden. Der Verwaltungsrat berichtete der Tagsatzung.

11.2 Kantone

Die Finanzverwaltungen der Kantone waren so unterschiedlich wie ihr staatlicher Aufbau. In allen Kantonen bestanden Finanzbehörden, bezeichnet u. a. als Finanzkollegien, Finanzdirektionen, Finanzdepartemente oder Landessäckelmeister. Kantone mit großem Grundbesitz, wie Bern, verfügten außerdem über eine Domänenverwaltung. Spätestens seit den 1830er-Jahren erstellten in der Regel alle Kantone ordentliche Budgets und Jahresrechnungen. Die Kantone finanzierten sich aus Regalien, Zöllen und Steuern.

Gewinnbringend bewirtschaftet wurden die Regalien, wie das Salz- und das Postregal.[464] Große Bedeutung kam diversen Zöllen, Weg- und Brückengeldern zu.[465] Der Bundesvertrag garantierte den Bestand bereits bestehender und von der Tagsatzung genehmigter Zölle; die Einführung neuer und die Erhöhung bestehender Zölle war von einer Genehmigung der Tagsatzung abhängig, die insbesondere zur Finanzierung von Verkehrswegen laufend erteilt wurde.[466] Insgesamt blieb das Zollwesen auf dem Gebiet der Eidgenossenschaft allerdings uneinheitlich.[467] Eine effektive Zollpolitik Drittstaaten gegenüber scheiterte.[468]

---

463 Beschluss, betreffend die Verwaltung der Eidgenössischen Kriegs=Gelder, Vom 14. August 1816, in: Sammlung (wie Fn. 47), Bd. 1, S. 270 f.

464 His, Geschichte (wie Fn. 2), Bd. 2, S. 486 f.; außerdem gab es in einigen Kantonen ein Regal auf Glücksspiele oder das Tabakmonopol (Wallis).

465 1823 zählte man auf dem Gebiet der Eidgenossenschaft über 400 kantonale Grenz- und Verkehrsabgaben; vgl. His, Geschichte (wie Fn. 2), Bd. 2, S. 489.

466 Schweizer Bundesvertrag v. 7.8.1815, § 11 Abs. 3, in: CD-ROM-2, Dok.-Nr. 8.2.2; dazu auch Cédric Humair, Etat fédéral, centralisation douanière et développement industriel de la Suisse 1798–1848, in: Ernst u. a. (Hg.), Revolution (wie Fn. 265), S. 103-116, hier S. 109 f.; für Beispiele neuer Wege- und Brückengelder siehe His, Geschichte (wie Fn. 2), Bd. 2, S. 494.

467 Vgl. dazu His, Geschichte (wie Fn. 2), Bd. 2, S. 490 ff.; Humair, Etat (wie Fn. 466), insbes. S. 106 ff. Erwähnenswert sind ein Konkordat vom 6.8.1829, das Grundsätze der Zollerhebung (nicht aber die Tarife) vereinheitlichte; vgl. auch Margit Müller, Nationale Einigung aus wirtschaftlicher Notwendigkeit?, in: Hildbrand/Tanner (Hg.), Zeichen (wie Fn. 5), S. 91 ff., hier S. 92 f.

468 Menzel, Auswege (wie Fn. 21), S. 57 ff., 108 ff.; His, Geschichte (wie Fn. 2), Bd. 2, S. 490 mit Beispielen; vgl. auch Müller, Einigung (wie Fn. 467), S. 94 ff.

Die kantonalen Steuersysteme waren äußerst unterschiedlich gestaltet.[469] Üblich waren Grund- und Gebäudesteuern, fallweise ergänzt um außerordentliche Abgaben. Um die Steuerlast gerechter zu verteilen, ging die Regeneration zur Vermögenssteuer über, mancherorts kombiniert mit einer Einkommenssteuer. Allerdings verfügte nur eine Minderheit der Kantone in Regeneration und Restauration über kontinuierlich erhobene direkte Steuern.[470] Daneben bestand eine Vielzahl unterschiedlicher Steuern, wie Handelsabgaben, Beamtensteuern, Abgaben auf Gewerbepatente oder Besoldungssteuern, wobei als Berechnungsgrundlage mancherorts nicht der erzielte Gewinn, sondern der Umsatz herangezogen wurde. Bekannt waren weiterhin Luxussteuern.[471] Groß war die Bedeutung indirekter Steuern, die für manche Kantone die Haupteinnahmequelle darstellten. Dazu zählten diverse Stempelsteuern, Getränkesteuern, vereinzelt Tabaksteuern. Wenig verbreitet und moderat waren Erbschafts-, Schenkungssteuern und Handänderungsabgaben.

Die Ausgaben der Kantone wuchsen, bedingt durch den Aufbau einer zentralen und allgemeinen Staatsverwaltung durch besoldete Beamte, bereits in der Restauration, vor allem aber seit der Regeneration, kontinuierlich an. Dazu traten, schon in der Restauration, erhöhte Aufwendungen für das Militärwesen und nun auch für einen umfassenden Straßenbau. In der Regeneration stiegen insbesondere die Kosten des Schulwesens massiv an. Einen weiteren Anstieg der Staatsausgaben brachte der in den 1840er-Jahren einsetzende Radikalismus, der u. a. die Armenfürsorge verbesserte und diese, die Gemeinden entlastend, dem Kanton zuwies. Von konservativer Seite heftig kritisiert, nutzten die radikalen Kantone erstmals Kredite zur Finanzierung öffentlicher Aufgaben. Die erste Kantonalbank der Schweiz schuf 1833 Bern[472], es folgten Uri (1837) und Waadt (1845).

Neben die Staatssteuern, die an den Kanton abzuliefern waren, traten in vielen Kantonen Gemeindesteuern.[473] Diese waren in den Grundzügen ihrer Erhebung meist durch kantonale Gesetze reglementiert und kombinierten unterschiedliche Erhebungsarten. Ob und in welcher Höhe Gemeindesteuern erhoben wurden, hing hauptsächliche davon ab, welche Erträge die Gemeinden aus ihrem Vermögen, z. B. Waldbeständen, erzielen konnten. Üblicherweise wurden die Steuern jeweils für be-

---

469 Einen umfassenden Überblick bietet: Georg Schanz, Die Steuern der Schweiz in ihrer Entwicklung seit Beginn des 19. Jahrhunderts, 5 Bde., Stuttgart 1890; Überblick auch bei His, Geschichte (wie Fn. 2), Bd. 2, S. 495 ff.; als Beispiel vgl. das Zürcher Gesetz für eine Vermögens-, Erwerbs- und Einkommens-Steuer v. 29.6.1832, in: CD-ROM-2, Dok.-Nr. 8.11.2.
470 Glarus, Appenzell-Innerrhoden, Appenzell-Außerrhoden, St. Gallen, Thurgau, Zürich (ab 1832), Solothurn (ab 1832), Schaffhausen (ab 1834), Basel Stadt (ab 1840), Zug (bis 1824), Nidwalden (bis 1826), Luzern (bis 1827); Übersicht bei His, Geschichte (wie Fn. 2), Bd. 2, S. 496 f.
471 Besteuert wurde z. B. das Anstellen von Dienstpersonal, das Halten von Pferden, Wagen, Hunden, die Jagd oder Billardtische; üblich waren außerdem Hundesteuern. Übersichten bei His, Geschichte (wie Fn. 2), Bd. 2, S. 502 f.
472 Dekret über Errichtung einer Kantonalbank in Bern v. 6.7.1833, in: CD-ROM-2, Dok.-Nr. 8.11.1.
473 Überblick ebd., S. 504 ff.

stimmte Zwecke (z. B. Kirchensteuern, Armensteuern, Schulsteuern, Waisensteuern) und oft von bestimmten Personengruppen (z. B. Einwohnern, die nicht Gemeindebürger waren) erhoben.

12 Wirtschafts- und Sozialgesetzgebung/Öffentliche Wohlfahrt

Vor allem in der Restauration zeigten sich die Regierungen in der Wirtschaftspolitik, und damit auch im *Wirtschaftsrecht*, weitgehend inaktiv.[474] Sie beschränkten sich oft auf die Verwaltung des teils umfangreichen Besitzes, der Regalien und der Monopole.

Bundesrecht bestand hinsichtlich der Handels- und Gewerbefreiheit[475] und der Zölle. Weiterer Zusammenarbeit brachten manche Kantone Skepsis entgegen, sodass nur eine Minderheit dem Niederlassungskonkordat, das auch Bestimmungen über die Handels- und Gewerbefreiheit enthielt, beitrat. Auch ein Konkordat über Maße und Gewichte[476] fand nicht die Zustimmung aller Kantone. Versuche des Bundes, Beschränkungen des Handels entgegenzuwirken, waren im Allgemeinen mäßig erfolgreich.[477] In den Kantonen selbst fällt eine weitgehende Inaktivität der Regierungen auf.[478] Dies gilt für die Restauration wie für den Liberalismus[479], der sich immerhin um die Beseitigung interkantonaler Handelshemmnisse bemühte. Zumindest innerkantonal setzten sich in vielen Kantonen Handels- und Gewerbefreiheit durch. Für die Rechtspraxis bedeutsam war das allmähliche, örtlich stark differenzierte Zurückdrängen von Feudallasten, Zunftzwängen und Ehehaften. Zugleich ging das Eigentum an Grund und Boden auf die tatsächlichen Bewirtschafter über (Agrarindividualismus).[480] Die neu entstandenen Fabriken und der Großhandel unterstanden nur geringer Reglementierung.

---

474 Kölz, Verfassungsgeschichte (wie Fn. 3), S. 206 f.
475 Siehe zur Gewerbefreiheit und ihrer Einschränkung auf Bundes- und kantonaler Ebene Kapitel 4, Grundrechte.
476 Konkordat vom 27.7.1804, in: Sammlung (wie Fn. 47), Bd. 1, S. 350; dazu His, Geschichte (wie Fn. 2), Bd. 2, S. 745 ff.
477 Instruktiv dazu Henke, Recht (wie Fn. 67), S. 333 ff., demzufolge die Handelsfreiheit restriktiv zu interpretieren sei, da sie die kantonale Souveränität beschränke.
478 Kölz, Verfassungsgeschichte (wie Fn. 3), S. 206 f.; ähnlich äußerte sich schon 1824 Henke, Recht (wie Fn. 67), S. 332 f., in seinem auffallend kurzen Abschnitt über »Ackerbau und Gewerbe«; siehe auch Schollenberger, Geschichte (wie Fn. 1), Bd. 2, S. 161.
479 Kölz, Verfassungsgeschichte (wie Fn. 3), S. 371; Tanner, Schweiz (wie Fn. 152), S. 161 f.; zu Luzern beispielsweise Bossard-Borner, Luzern 1831–1875 (wie Fn. 200), S. 186 ff.
480 Übersicht u. a. bei Andrey, Suche (wie Fn. 9), S. 545; Pfister, Agrarrevolution (wie Fn. 19), S. 111 f.; informativ Bergier, Wirtschaftsgeschichte (wie Fn. 13), S. 108 f.; zu den sozialen Folgen siehe Gruner, Arbeiter (wie Fn. 8), S. 37 f.

Im Bereich der *Sozialpolitik* war in der Restaurationsperiode die Bekämpfung der weitverbreiteten Armut[481] von großer Bedeutung. Für die Armenfürsorge waren, sofern die nähere Verwandtschaft dazu außerstande war, regelmäßig die Gemeinden, denen die bedürftigen Personen entstammten, zuständig.[482] Die Aufgabe lag anfangs vor allem bei den Kirchgemeinden, dann bei der Bürgergemeinde. Die Finanzierung erfolgte durch Armengüter[483] oder aus Steuern, die auch an anderen Orten lebenden Gemeindebürgern auferlegt werden konnten. Oft stellte die Armenfürsorge eine große Belastung für den Gemeindehaushalt dar, weshalb viele Gemeinden ihr Bürgerrecht nur zögerlich vergaben. Die Armenfürsorge stand unter der Aufsicht der Kantone[484], die dafür spezielle Armeninspektoren einsetzten. Zur Bekämpfung des Pauperismus schufen diese eigene Armenbehörden und ergänzten die Leistungen der Gemeinden u. a. durch Subventionen für die Errichtung und den Unterhalt von Armen- und Waisenhäusern. Auch hier wurden zur Finanzierung eigene Güter, oft Kirchengüter, herangezogen. Insbesondere die radikalen Regierungen der 1840er-Jahre weiteten die Armenfürsorge, auch mit politischen Motiven, aus. Die Kantone koordinierten ihr Vorgehen gegen das Bettelwesen durch Konkordate, die vor allem das Passwesen und die Bewilligungen und Empfehlungen der Bettler (Bettelbriefe) betrafen.[485] Üblich waren auch Bettelverbote und das Ausweisen fremder Bettler.

Kinderarbeit war, in Landwirtschaft und Industrie, weit verbreitet, wurde aber, wie schon 1815 in Zürich, relativ früh reglementiert, um die Arbeitszeit der Kinder zu beschränken und die Schulpflicht durchzusetzen.[486] Relativ früh kannte Glarus schon 1824 ein Verbot von Nachtarbeit in Spinnereien.[487] Derselbe Kanton regelte 1846/48 die Arbeitszeit.[488]

Das *Gesundheitswesen* war Aufgabe der Kantone. Davon ausgenommen war seit der Helvetik die Bekämpfung von ansteckenden Krankheiten und Seuchen. Die ent-

---

481 Zum Ausmaß der Armut Gruner, Arbeiter (wie Fn. 8), S. 21 ff.; vgl. z. B. zur Situation in Luzern Bossard-Borner, Luzern 1798–1831/50 (wie Fn. 9), S. 334 ff.
482 Einen Überblick über die Armenfürsorge bieten Gruner, Arbeiter (wie Fn. 8), S. 220 ff.; His, Geschichte (wie Fn. 2), Bd. 2, S. 687 ff.; Kölz, Verfassungsgeschichte (wie Fn. 3), S. 371 f.
483 Vgl. dazu z. B. das Basler Gesetz Wegen Verwaltung des Kirchen-, Schul- und Armen-Wesens v. 3.4.1816, in: CD-ROM-2, Dok.-Nr. 8.12.1.
484 Vgl. beispielsweise zur Organisation in Luzern Bossard-Borner, Luzern 1798–1831/50 (wie Fn. 9), S. 339 ff.
485 Übersicht bei His, Geschichte (wie Fn. 2), Bd. 2, S. 687.
486 Eine Zürcher Verordnung verbot 1815 die Beschäftigung von Kindern unter neun Jahren in Fabriken; vor der Konfirmation war die Arbeitszeit Jugendlicher auf zwölf bis 14 Stunden beschränkt; Nachtarbeit war ihnen verboten; dazu Mantel, Volksschule (wie Fn. 448), S. 87 f.; Gubler, Volksschule (wie Fn. 453), S. 168 ff. Ähnliche Regelungen erließ Thurgau (Verordnungen vom 7.11. und 22.12.1815); siehe His, Geschichte (wie Fn. 2), Bd. 2, S. 444; vgl. auch Gruner, Arbeiter (wie Fn. 8), S. 112 f., 228 ff. zur Kinderarbeit, 227 ff. zum Schutz der Fabrikarbeiter.
487 Ratsverordnung vom 14.1.1846; zu allem His, Geschichte (wie Fn. 2), Bd. 2, S. 444.
488 Hauser, Wirtschafts- und Sozialgeschichte (wie Fn. 22), S. 345 ff.

sprechenden Verordnungen wurden 1818 von der Tagsatzung bestätigt[489], bevor 1829 eine neue, konkordatsrechtliche Regelung geschaffen wurde.[490] Die dort vorgesehenen Maßnahmen wurden während der Choleraepidemien (1829, 1831, 1836) aktiviert.[491] Auf kantonaler Ebene setzte der Ausbau des Sanitätswesens schon mit Beginn des 19. Jahrhunderts ein. Eingerichtet wurden Sanitätskollegien als politische Aufsichtsbehörden, später Sanitätsräte[492], die sich direkt der Volksgesundheit annahmen und als Prüfungsbehörde für Ärzte und anderes medizinisches Personal dienten.[493] Im Zuge der Professionalisierung[494] der medizinischen Berufe führte man Staatsprüfungen für Ärzte[495] und Patente für Hebammen[496] ein, setzte Bezirksärzte ein und errichtete Unterrichtsanstalten, u. a. für Hebammen.[497] Insgesamt war die Entwicklung kantonal höchst unterschiedlich. Gemeinsame Kennzeichen waren eine gewisse Zurückhaltung vor Eingriffen in das Privatleben, etwa durch staatlich empfohlene oder verordnete Impfungen[498], und der Grundsatz, dass die Krankenfürsorge, wie die Armenpflege, Sache der Gemeinden wäre. Allerdings führte die Notwendigkeit, Krankenanstalten zu errichten, da dies die finanziellen Möglichkeiten der Gemeinden überforderte, ab den 1830er-Jahren zur Begründung kantonaler Krankenhäuser.[499]

---

489 Verordnung in betreff gemeineidgenössischer Gesundheitspolizeianstalten zur Abhaltung der Gefahren des gelben Fiebers und anderer pestartiger Krankheiten, vom 13.6.1806; Verordnungen, welchen auf den Fall der in einem der Schweiz angrenzenden Lande ausbrechenden Seuche entworfen sind, vom 13.6.1806; allesamt bestätigt am 9.7.1818; vgl. Sammlung (wie Fn. 47), Bd. 1, S. 317 f.

490 Verordnung in Betreff gemeineidgenössischer Gesundheitsanstalten zur Sicherung vor ansteckenden Seuchen von Aussen und vorzunehmender Massregeln im Inneren der Schweiz, vom 7.8.1829 (Beilage Lit. N zum Abschied von 1829), in: Sammlung (wie Fn. 47), Bd. 2, S. 262. Schaffhausen trat dem Konkordat nicht bei; siehe His, Geschichte (wie Fn. 2), Bd. 2, S. 695.

491 Dazu His, Geschichte (wie Fn. 2), Bd. 2, S. 695.

492 Vgl. dazu beispielsweise das St. Galler Gesetz. Ueber die Organisation der Sanitätsbehördenie v. 9.8.1832, in: CD-ROM-2, Dok.-Nr. 8.12.3.

493 Vgl. dazu beispielhaft die Behördenorganisation in Solothurn: Rötheli, Sanitätsgesetzgebung (wie Fn. 168), S. 134 ff.

494 Siehe zur Professionalisierung der Medizinalberufe am Beispiel Solothurn ebd., S. 154 ff.

495 Zur Professionalisierung der Ärztestände vgl. Braun, Professionalisierung (wie Fn. 326), dort zur Ausbildung S. 340 ff.; siehe dazu beispielsweise in Solothurn Rötheli, Sanitätsgesetzgebung (wie Fn. 168), S. 159 ff.

496 Siehe dazu z. B. die St. Galler Verordnung. Ueber das Hebammenwesen v. 31.1.1834, Art. 14 ff., in: CD-ROM-2, Dok.-Nr. 8.12.4.

497 His, Geschichte (wie Fn. 2), Bd. 2, S. 695 f.; vgl. dazu beispielsweise die Entwicklung in Luzern bei Bossard-Borner, Luzern 1798–1831/50 (wie Fn. 9), S. 362 ff., und die St. Galler Hebammen-Verordnung, Art. 3 ff., in: CD-ROM-2, Dok.-Nr. 8.12.4 (wie Fn. 496).

498 Vgl. dazu die auffällig lange Begründung der St. Galler Verordnung des Kleinen Raths. Ueber die Schutzpocken-Impfung und die Handhabung diesfälliger Vorschriften v. 20.1.1825, in: CD-ROM-2, Dok.-Nr. 8.12.2.

499 His, Geschichte (wie Fn. 2), Bd. 2, S. 697.

Polen   9

Von Martina Thomsen (Kiel)

o   Einführung

Der Wiener Kongress bestätigte die Teilungen Polens der Jahre 1772, 1793 und 1795 endgültig und sanktionierte sie völkerrechtlich. Fortan existierte über hundert Jahre kein unabhängiger polnischer Staat mehr; das ehemalige Territorium der alten, untergegangenen Adelsrepublik (»Rzeczpospolita«) erstreckte sich nurmehr auf sechs Gebiete: Das als »Kongresspolen« (»Kongresówka«) titulierte Königreich Polen wurde in Personalunion mit Russland verbunden, die ehemaligen ostpolnischen Reichsgebiete (»Kresy«), d. h. Litauen, Weißrussland und ein Teil der Ukraine, fielen direkt an das Zarenreich. Westpreußen, das Ermland und Danzig wurden Preußen inkorporiert, die übrigen Gebiete zum Großherzogtum Posen erklärt, welches der preußischen Verwaltung unterstand. Österreich behielt das Königreich Galizien-Lodomerien, und Krakau erlangte den Status einer Freien Stadt, allerdings unter der Aufsicht der drei Teilungsmächte. Die Entscheidung der Kongressteilnehmer, das von Napoleon 1807 ins Leben gerufene Herzogtum Warschau von der Landkarte Europas zu tilgen und zu einer Restitution im Sinne der Ansprüche der Nachbarmächte Polens zurückzukehren, wird häufig als »Vierte Teilung« bezeichnet.[1]

Das Jahr 1815 bedeutete eine scharfe Zäsur für Polen, da es langfristig die Weichen für das politische, wirtschaftliche und kulturelle Auseinanderdriften der einzelnen Teilungsgebiete stellte. Alle Versuche, die nationale Einheit der Polen über die neuen Grenzen hinweg aufrechtzuerhalten, scheiterten nicht zuletzt an den gemeinsamen Interessen der Nachbarn. In die Periode des geteilten Polen, die bis zum Ersten Weltkrieg andauerte, fielen etliche Aufstände gegen die Teilungsmächte, die jedoch alle misslangen und den Mythos vom »ewigen Freiheitskampf« der Polen begründeten.[2] Zwei dieser Aufstände, der Novemberaufstand von 1830/31[3] sowie die Erhebungen

---

1   Beispielsweise Ryszard Łaszewski/Stanisław Salmonowicz, Historia ustroju Polski, Toruń 1995, S. 99; Juliusz Bardach/Bogusław Leśnodorski/Michał Pietrzak, Historia ustroju i prawa polskiego, Warszawa 4. Aufl. 1998, S. 360.
2   Vgl. hierzu Arnon Gill, Freiheitskämpfe der Polen im 19. Jahrhundert. Erhebungen – Aufstände – Revolutionen, Frankfurt a. M. 1997; Stefan Kieniewicz/Andrzej Zahorski/Władysław Zajewski, Trzy powstania narodowe – kościuszkowskie, listopadowe, styczniowe, Warszawa 5. Aufl. 2006.
3   Vgl. hierzu J. Skowronek/M. Żmigrodzka (Hg.), Powstanie listopadowe 1830–1831. Geneza – uwarunkowania – bilans – porównania, Wrocław u. a. 1983; P. Ehlen (Hg.), Der polnische Freiheitskampf 1830/31 und die liberale deutsche Polenfreundschaft, München 1982.

in Galizien-Lodomerien und Krakau 1846[4] markieren einen weiteren, auch verfassungsgeschichtlich relevanten Einschnitt und zugleich das Ende des hier behandelten Zeitraumes.

Im Folgenden werden jene vier der insgesamt sechs Teilungsgebiete behandelt, die nach 1815 zumindest zeitweise Organe einer Selbstverwaltung besaßen: das Königreich Polen und die Freie Stadt Krakau, die beide eigenständige Verfassungen erhielten, sowie das Großherzogtum Posen und das Königreich Galizien-Lodomerien, welche zwar ohne Konstitution blieben, aber dennoch in einigen Bereichen Autonomie genossen. Unberücksichtigt bleiben die »Kresy« im Osten Polens sowie Westpreußen, welche bereits unmittelbar nach dem Wiener Kongress dem russischen bzw. preußischen Staat ohne Autonomierechte eingegliedert worden waren.

Im Rahmen der vorgegebenen Verfassungsbereiche wird versucht, alle vier Teilungsgebiete gleichmäßig abzuhandeln. Dass dies nicht immer möglich ist, liegt zum einen an der differierenden Flächenrelation und Verfasstheit der behandelten Territorien sowie zum anderen an den unterschiedlichen Zugeständnissen der jeweiligen Teilungsmacht. Ungeachtet dessen sind in einigen Bereichen nur geringe Aktivitäten feststellbar.[5] In chronologischer Hinsicht schließt der Beitrag mit den Ereignissen der Jahre 1846 bzw. 1847 ab.

Die internationale Historiografie hat den Zeitraum zwischen 1815 und 1847 in ereignisgeschichtlicher Hinsicht bereits gut aufgearbeitet: Die polnische Frage, der Novemberaufstand und die »Große Emigration« können als weitgehend erforscht gelten. Auch fehlt es nicht an Gesamtdarstellungen, die einen Überblick über die Grundzüge der zeitgenössischen Verfassungen sowie verwaltungs- und rechtshistorischen Entwicklungen in der ersten Hälfte des 19. Jahrhunderts bieten.[6] Deren Nachteil ist jedoch, dass sie von gewissen simplifizierenden Tendenzen nicht frei bleiben. Viele Entwicklungen werden nur oberflächlich behandelt, in die Tiefe gehende Fragen eher selten angeschnitten. Forschungskontroversen bleiben häufig unerwähnt. Besonders deutlich wird dies am Beispiel der Verfassung für das Königreich Polen aus dem Jahr 1815: Sie wird von nahezu allen Autoren als liberal, ja als eine der liberalsten Verfassungen Europas in jener Zeit bezeichnet.[7] Eine überzeu-

---

4 Vgl. hierzu Arnon Gill, Die Polnische Revolution 1846. Zwischen nationalem Befreiungskampf des Landadels und antifeudaler Bauernerhebung, München u. a. 1974; M. Śliwa (Hg.), Rok 1846 w Galicji. Ludzi – wydarzenia – tradycje, Kraków 1997.
5 Etwa Kapitel 7, Militär, und Kapitel 12, Öffentliche Wohlfahrt.
6 Insbesondere Bardach/Leśnodorski/Pietrzak, Historia (wie Fn. 1); Marian Kallas, Historia ustroju Polski, Warszawa 2006; Tadeusz Maciejewski, Historia ustroju Polski, Koszalin 1998; Wojciech Witkowski, Historia administracji w Polsce 1764–1989, Warszawa 2007. Das grundlegende Werk zu den Verfassungen Polens ist momentan Andrzej Ajnenkiel, Konstytucje polski w rozwoju dziejowym 1791–1997, Warszawa 2001.
7 Etwa Bardach/Leśnodorski/Pietrzak, Historia (wie Fn. 1), S. 361; Piotr Stawecki, Konstytucje Polski a siły zbrojne 1791–1935. Studium historyczno-prawne, Warszawa 1999, S. 20. Zu einer ähnlichen Einschätzung gelangen Ajnenkiel, Konstytucje (wie Fn. 6), S. 101; Kallas, Historia (wie

gende Beweisführung für diese Einstufung bleibt jedoch aus. Insbesondere fehlt es an komparatistischen Forschungsansätzen, die diese oder andere Aussagen belegen könnten.

1 Polen 1815–1847

Das Königreich Polen stand in unmittelbarer Rechtsnachfolge der alten Adelsrepublik Polen-Litauen bzw. des Herzogtums Warschau. Es umfasste eine Fläche von 128.500 Quadratkilometern mit einer Bevölkerung von 3,3 Mio. Einwohnern. Die Polen stellten mit 75 Prozent die absolute Bevölkerungsmehrheit, Juden und Deutsche folgten mit zehn Prozent bzw. 7,5 Prozent, Litauer mit fünf Prozent und schließlich Ukrainer mit 2,5 Prozent in weitem Abstand.[8] Warschau bildete mit ca. 130.000 Einwohnern im Jahr 1827 das unangefochtene Zentrum des Königreichs. Polnische Hoffnungen auf einen Anschluss der ostpolnischen Gebiete, in denen die Polen allerdings nur eine Minderheit waren, erfüllten sich nicht. Diese wurden, obwohl Zar Alexander I. noch in seiner Eröffnungsrede vor dem Sejm am 27. März 1818 entsprechende Spekulationen genährt hatte[9], unwiederbringlich als »westliche Gubernien« Russland angegliedert.[10]

Am 27. November 1815 erhielt das Königreich Polen eine Verfassung, die zwar einerseits eigenständige Organe schuf, aber andererseits dem König, d. h. dem in Russland autokratisch herrschenden Zaren Alexander I., genügend Interventionsmöglichkeiten bot. Die tatsächliche Macht lag beim jüngeren Bruder des Zaren, Großfürst Konstantin, der zum Oberbefehlshaber der polnischen Armee ernannt wurde. Seine Stellung war unangefochten, sodass er selbst den Statthalter des Königs, General Józef Zajączek, gelegentlich in seine Schranken verwies.[11] Wie wenig Vertrauen Zar

Fn. 6), S. 212; Ludwik Kos-Rabcewicz-Zubkowski, Polish Constitutional Law, in: W. J. Wagner (Hg.), Polish Law Throughout the Ages, Stanford 1970, S. 215-272, hier S. 252 – allerdings mit der Einschränkung, dass diese Konstitution weniger demokratisch gewesen sei als die Maiverfassung aus dem Jahr 1791 oder die Verfassung des Herzogtums Warschau von 1807.

8 Gryzelda Missalowa, Początki kapitalistycznego folwarku, in: S. Kieniewicz/W. Kula (Hg.), Historia Polski, Bd. 2.2: 1795–1831, Warszawa 1958, S. 202-216, hier S. 203.

9 Eröffnungsrede Alexanders I., 15./27.3.1818, in: Theodor von Bernhardi, Geschichte Rußlands und der europäischen Politik in den Jahren 1814 bis 1831, Bd. 3, Leipzig 1877, S. 693 ff. Die Rede datiert nach julianischem Kalender vom 15. März 1818.

10 Hierbei handelte es sich um einen langfristigen Prozess: Im Jahr 1831 wurden die Litauischen Statuten beseitigt, 1832 erfolgte die Angliederung Podoliens sowie Wolhyniens an den Kiever Schulbezirk und 1840 verbot Zar Nikolaus I. die Verwendung der Begriffe »Weißrussland« und »Litauen«. Vgl. Edward C. Thaden, Russia's Western Borderlands, 1710–1870, Princeton 1984, S. 122 f.

11 Manfred Alexander, Kleine Geschichte Polens, Stuttgart 2003, S. 194. Vgl. auch Witkowski, Historia (wie Fn. 6), S. 137. Zur Person Konstantins vgl. Angela T. Pienkos, The Imperfect Autocrat. Grand Duke Constantine Pavlovich and the Polish Congress Kingdom, New York 1987.

Alexander I. letztlich in die Polen setzte, beweist die Tatsache, dass er als zusätzliches Kontrollorgan das Amt eines Kommissars beim Staatsrat einrichtete und dieses mit seinem Vertrauten Nikolaj Novosil'cev besetzte. In den ersten Jahren nach dem Wiener Kongress konnten dennoch umfangreiche Modernisierungen im Bildungswesen vorgenommen werden, und die katholische Kirche blieb zunächst unbehelligt. Polnisch war weiterhin die vorherrschende Sprache im öffentlichen Leben. Eine große Herausforderung stellte allerdings die wirtschaftliche Situation Kongresspolens dar. Das Land war geprägt von einer veralteten Agrarwirtschaft und verfügte um 1815 nur ansatzweise über eine ausbaufähige Industrie. Zu allem Überfluss musste das Königreich Polen als Rechtsnachfolger des Herzogtums Warschau Kriegsschulden gegenüber Preußen und Österreich tilgen.

Auf Autonomie hofften die ca. 520.000 Polen der knapp 800.000 Bewohner im 30.000 Quadratkilometer großen Großherzogtum Posen. Außer ihnen lebten hier 218.000 Deutsche und mehr als 50.000 Juden.[12] Diese Hoffnungen schienen berechtigt zu sein, da ihnen der preußische König Friedrich Wilhelm III., der das Gebiet am 15. Mai 1815 in Besitz genommen hatte[13], in seinem »Königlichen Zuruf« versprochen hatte, Nationalität, Religion und Sprache der Polen zu achten und ihnen den Zugang zu Ämtern und Würden zu ermöglichen.[14] Die Ernennung des einheimischen Fürsten Anton Radziwiłł zum allerdings nur mit repräsentativen Aufgaben betrauten Statthalter sowie des polonophilen Katholiken Josef von Zerboni di Sposetti zum Oberpräsidenten schien diese Absichtserklärung zu untermauern. Eine eigene Verfassung erhielt das Großherzogtum Posen allerdings nicht, und eine Landesvertretung wurde erst 1824 in Form eines Provinziallandtags errichtet. Dennoch hielt sich Preußen in der Phase der »Stillen Jahre« bis 1830 zunächst an seine Zusagen: Die Kreis- und Lokalverwaltungen waren vorrangig mit polnischen Beamten besetzt. In den Behörden, dem Gerichtswesen und den Schulen wurden die polnische und die deutsche Sprache gleichrangig behandelt. Der höhere Bildungsweg war allerdings an die Kenntnis des Deutschen gekoppelt, und auch eine polnische Universität gab es im Großherzogtum Posen nicht. Obwohl man für diese Zeit nicht von einer Germanisierungspolitik im eigentlichen Sinne sprechen kann, gab es immer wieder Bemühungen Preußens, sich den polnischen Adel willfährig zu machen, der den Provinziallandtag sowie die

---

12 Jörg K. Hoensch, Geschichte Polens, Stuttgart 2. Aufl. 1990, S. 208.
13 Vgl. CD-ROM-2, Dok.-Nr. 9.1.1 (Besitznahmepatent bzgl. des Großherzogtums Posen v. 15.5.1815). Ergänzend zur hier zugrunde gelegten CD-ROM-Edition ist als nützliche verfassungsgeschichtliche Edition für unseren Untersuchungszeitraum ebenfalls heranzuziehen: A. Tarnowska (Hg.), Polskie dokumenty konstytucyjne 1790–1848/Polish Constitutional Documents 1790–1848 (= H. Dippel [Hg.], Verfassungen der Welt vom späten 18. Jahrhundert bis zur Mitte des 19. Jahrhunderts. Quellen zur Herausbildung des modernen Konstitutionalismus/ Constitutions of the World from the late 18th Century to the Middle of the 19th Century. Sources on the Rise of Modern Constitutionalism, Europa/Europe, Bd. 5), München 2008.
14 Vgl. CD-ROM-2, Dok.-Nr. 9.1.2 (Königlicher Zuruf Friedrich Wilhelms III. an die Bewohner des Großherzogtums Posen v. 15.5.1815).

Verwaltung dominierte. Dies drückte sich insbesondere durch staatliche Finanzbeihilfen für die in die Krise geratenen adligen Grundbesitzer aus.[15] Da das Großherzogtum sehr stark landwirtschaftlich geprägt war, stellte die Verarmung der polnischen Bauern die preußische Wirtschaftspolitik vor große Probleme. Nutznießer war das preußische Junkertum, das von der schwierigen Lage der Bauern ebenso profitierte wie vom Landverlust des polnischen Kleinadels.

In einer gänzlich anderen Ausgangslage befand sich das an Österreich gefallene Königreich Galizien-Lodomerien. Dieses Gebiet umfasste ca. 77.000 Quadratkilometer mit einer Bevölkerung von 3,5 Mio. und wurde zu 47,5 Prozent von Polen, zu 45,5 Prozent von Ukrainern sowie zu sechs Prozent von Juden und zu einem Prozent von Deutschen bewohnt.[16] Hoffnungen auf einen Sonderstatus der polnischen Bevölkerung erstickte die restaurative Politik Fürst Klemens Wenzel von Metternichs bereits im Keim. Seit dieses Territorium 1772 an Österreich gefallen war, betrachtete Wien es als »Quelle von Agrarprodukten, Rekruten und Steuern«.[17] Die galizische Landesverwaltung wurde von Beginn an germanisiert, Reformen unterblieben. An dieser konservativen Politik hielt Österreich auch nach 1815 fest. Die am 13. April 1817 durch Kaiser Franz I. bestätigte »Versammlung der vier Stände« – bestehend aus Magnaten, Kleinadel, Klerus und Städten – erhielt daher keine nennenswerten Kompetenzen.[18] Die Regierungsgeschäfte übte im Namen des Kaisers bzw. Königs von Galizien-Lodomerien der aus Böhmen stammende Gouverneur Fürst August Longin Lobkowicz aus, welcher der obersten Exekutivbehörde, dem Landesgubernium, vorstand. Die meisten Ämter in der Verwaltung, auch dies war Teil der restaurativen Politik Österreichs, wurden von Deutschen oder Tschechen bekleidet, sodass eine eigenständige, den Wiener Interessen zuwiderlaufende Politik der Einheimischen verhindert werden konnte. Das kulturelle Zentrum bildete Lemberg, dessen Universität nach mehrjähriger Schließung 1817 wieder eröffnet wurde. Die wirtschaftlichen Voraussetzungen waren im Vergleich zu den anderen Teilungsgebieten ausgesprochen schlecht. Rentable und entwicklungsfähige Industriebetriebe fehlten gänzlich. Wien betrachtete Galizien-Lodomerien lange Zeit als »Bärenland«[19], das für die landwirt-

---

15 Hoensch, Geschichte (wie Fn. 12), S. 209.
16 Gryzelda Missalowa/Stanisław Śreniowski, Zabór austriacki w latach 1815–1845, in: Kieniewicz/ Kula (Hg.), Historia Polski (wie Fn. 8), Bd. 2.2, S. 376-389, hier S. 377.
17 Wolfgang Häusler, Österreich und die Polen Galiziens in der Zeit des »Völkerfrühlings« (1830–1849), in: W. Leitsch/M. Wawrykowa (Hg.), Polen – Österreich. Aus der Geschichte einer Nachbarschaft, Wien u. a. 1988, S. 125-180, hier S. 129.
18 Franz Baltzarek, Zentralistische und föderalistische Aspekte der Wirtschaftspolitik am Beispiel Galiziens, in: U. Müller (Hg.), Ausgebeutet oder alimentiert? Regionale Wirtschaftspolitik und nationale Minderheiten in Ostmitteleuropa (1867–1939), Berlin 2006, S. 59-90, hier S. 75, spricht diesbezüglich von einer »rudimentären Ständerepräsentation«.
19 Piotr Franaszek, Die wirtschaftspolitische Gesetzgebung der Wiener Regierung und die ökonomische Entwicklung Galiziens im langen 19. Jahrhundert, in: Müller (Hg.), Ausgebeutet (wie Fn. 18), S. 91-99, hier S. 91.

schaftliche, nicht aber für die industrielle Produktion prädestiniert sei.[20] Es dominierten Kleinlandwirtschaft, Kleinhandel sowie einfaches Handwerk, die allerdings kaum über das Existenzminimum hinaus produzieren konnten. Dies hinderte die österreichische Regierung jedoch nicht, hohe Steuern zu erheben und diese in die Staatskasse nach Wien zu überführen. Da nur ein geringer Teil der Steuereinnahmen reinvestiert wurde, verfiel Galizien-Lodomerien zusehends. Der Lebensstandard der Menschen war so niedrig, dass schon bald das geflügelte Wort vom Königreich »Gołycja« und »Głódomerja« (von »goły«, nackt, und »głód«, Hunger) die Runde machte.[21]

Der Freien Stadt Krakau hatten die Teilnehmer des Wiener Kongresses einen Sonderstatus gewährt; sie unterstand allerdings der Kontrolle durch die drei sich selbst so bezeichneten »Schutzmächte« Russland, Preußen und Österreich.[22] Das Territorium der Stadtrepublik umfasste eine Fläche von ca. 1.200 Quadratkilometern. Unmittelbar nach dem Wiener Kongress lebten hier 90.000 Menschen. 1843 erreichte die Bevölkerung einen Stand von 145.000 Einwohnern, von denen 43.000 in Krakau lebten.[23] 40 Prozent der Dörfer befanden sich auf staatlichem und kirchlichem Boden, die übrigen waren Teil adliger Grundherrschaften.[24] Die Verwaltung oblag den Teilungsmächten, die jeweils einen kommissarischen Vertreter entsandten. Wirtschaftlich prosperierte Krakau im Unterschied zu den anderen Teilungsgebieten, weil die Stadtrepublik zu einer Freihandelszone erklärt worden war. Der Handel dominierte und profitierte vom zollfreien Import von Waren aus den anderen polnischen Gebieten. Die Universität Krakau entwickelte sich rasch zu einem kulturellen Zentrum. Der Bildungssektor unterstand der Aufsicht durch die Universität und profitierte von deren Modernisierungen. (☞ Abb. 9.1)

Der Regierungsantritt des Zaren Nikolaus I. im Jahr 1825 sorgte im Königreich Polen für eine deutliche Verschlechterung des politischen Klimas und beeinflusste mittelbar auch die anderen Teilungsgebiete. Der autokratische Herrschaftsstil des neuen Zaren[25] mündete unter dem Eindruck der französischen Julirevolution und der

---

20 Vgl. hierzu die bei Tomasz Kargol, Wirtschaftliche Beziehungen zwischen Galizien und den Ländern der österreichisch-ungarischen Monarchie in der ersten Hälfte des 19. Jahrhunderts, in: C. Augustynowicz/A. Kappeler (Hg.), Die galizische Grenze 1772–1867: Kommunikation oder Isolation?, Wien 2007, S. 33-50, hier S. 48 ff., erwähnte Forschungsdiskussion.
21 Alexander, Geschichte (wie Fn. 11), S. 190.
22 Diese Lösung wurde gewählt, um Konflikten zwischen Russland und Österreich vorzubeugen, die Krakau in ihr jeweiliges Teilungsgebiet einbeziehen wollten. Vgl. Vladislav Grossul, Der russische Konstitutionalismus außerhalb der Grenzen Rußlands, in: D. Beyrau u. a. (Hg.), Reformen im Rußland des 19. und 20. Jahrhunderts. Westliche Modelle und russische Erfahrungen, Frankfurt a. M. 1996, S. 55-84, hier S. 70 f.
23 Jürgen Weitzel, Die Freie Stadt Krakau 1815–1846, in: Recht und Politik (1977), S. 210-218, hier S. 210.
24 Ajnenkiel, Konstytucje (wie Fn. 6), S. 109; Andrzej Chwalba, Historia Polski 1795–1918, Kraków 2005, S. 252.
25 Rudolf Jaworski/Christian Lübke/Michael G. Müller, Eine kleine Geschichte Polens, Frankfurt a. M. 2000, S. 262.

1 Polen 1815–1847

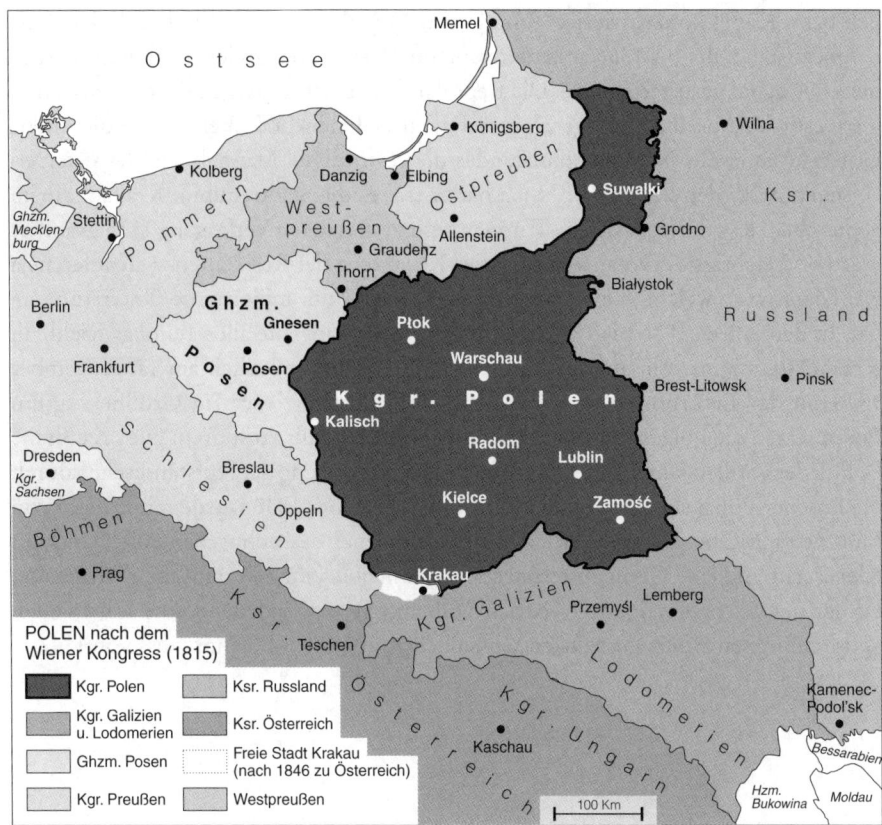

Abb. 9.1 Polen nach dem Wiener Kongress 1815

belgischen Erhebung in den Novemberaufstand von 1830. Auf eine zunächst gebildete Provisorische Regierung folgten eine Diktatur unter General Józef Chłopicki und im Januar 1831 schließlich ein von Fürst Adam Jerzy Czartoryski und dem Historiker Joachim Lelewel geführter Nationaler Rat (»Rząd Narodowy«). Am 25. Januar 1831 erklärte der Sejm den Zaren und seine Dynastie in Polen für abgesetzt.[26] Damit war jegliche Möglichkeit einer friedlichen Verständigung zwischen Kongresspolen und Russland vertan.

Der gewaltsamen Niederschlagung des Aufstands durch russisches Militär ließen der Zar und der von ihm in das neu geschaffene, mit den Kompetenzen des Statthalters versehene Amt eines Fürsten von Warschau berufene Feldmarschall Ivan Fedorovic Paskevič drakonische Maßnahmen folgen: Die Verfassung wurde kassiert, der Sejm verboten und die selbstständige polnische Armee aufgelöst. Am 26. Februar 1832 erfolgte die Proklamation des »Organischen Statuts«, das die Macht ausschließ-

---

26 Vgl. CD-ROM-2, Dok.-Nr. 9.8.2 (Absetzung der Romanovs v. 25.1.1831).

lich beim König konzentrierte.[27] Im März 1833 verhängte Zar Nikolaus I. den Ausnahmezustand, der bis 1856 andauerte und durch ein umfangreiches russisches Truppenkontingent gesichert wurde. Die Repression, der sich Tausende durch Emigration ins westliche Ausland entzogen[28], betraf auch Galizien-Lodomerien, wo die offene Unterstützung des Novemberaufstandes die restriktiven Maßnahmen der österreichischen Behörden hervorrief. Noch härter traf es die Stadtrepublik Krakau, die im September 1831 durch russische Truppen besetzt und deren Verfassung 1833 geändert wurde[29]: Mächtigstes Organ war nun die »Konferenz der Residenten« (»Konferencja Rezydentów«), welche die »Schutzmächte« alsbald um militärische Unterstützung bat. In den Jahren 1836 bis 1841 waren Truppenkontingente aller Teilungsmächte in Krakau stationiert. Ein abermaliger Aufstand endete schließlich am 11. November 1846 mit der Inkorporierung der Stadtrepublik in Galizien.[30] Im Großherzogtum Posen waren die Folgen des Novemberaufstands ebenfalls zu spüren: Die preußische Politik der »Stillen Jahre« fand aufgrund der Unterstützung der Aufständischen durch die Posener Polen ein jähes Ende.[31] Noch im Dezember 1830 wurde mit Eduard von Flottwell ein Oberpräsident ernannt, der als Gegner des polnischen Adels und des Klerus galt und eine Germanisierungspolitik einleitete, die erst mit seiner Absetzung infolge der Thronbesteigung Friedrich Wilhelms IV. ein Ende fand. Die anhaltenden antipreußischen Umtriebe führten schließlich zum großen Polenprozess von 1847.[32]

---

27 Vgl. CD-ROM-2, Dok.-Nr. 9.2.6 (poln.)/9.2.7 (dt.) (Organisches Statut für das Königreich Polen v. 26.2.1832).
28 Vgl. hierzu Hans-Henning Hahn, Die Organisationen der polnischen »Großen Emigration« 1831–1847, in: T. Schieder/O. Dann (Hg.), Nationale Bewegung und soziale Organisation. Vergleichende Studien zur nationalen Vereinsbewegung in Europa, München u. a. 1978, S. 131-279; Sławomir Kalembka, Wielka Emigracja 1831–1863, Toruń 2003.
29 Vgl. CD-ROM-2, Dok.-Nr. 9.2.8 (Verfassung der Freien Stadt Krakau v. 29.7.1833).
30 Vgl. CD-ROM-2, Dok.-Nr. 9.1.3 (poln.)/11.6.1.4 (dt.) (Patent zur Einverleibung der Freien Stadt Krakau durch Österreich v. 11.11.1846).
31 Vgl. hierzu Manfred Laubert, Die Behandlung der Posener Teilnehmer am Warschauer Novemberaufstand von 1830/1831, Marburg 1954.
32 Vgl. hierzu Daniela Fuchs, Der große Polenprozeß 1847 in Berlin, Berlin 2. Aufl. 2000.

2 Verfassungsstruktur der zentralen staatlichen Ebene

2.1 Die Verfassungsgebungen

Die Verfassung, die Napoleon dem Herzogtum Warschau mit seiner Unterschrift am 22. Juli 1807 gegeben hatte[33], verlor mit den Beschlüssen des Wiener Kongresses ihre Gültigkeit. Russland, Preußen und Österreich versprachen, den Polen Selbstverwaltungsorgane zu erlauben, die wirtschaftlichen Bindungen über die neuen Grenzen hinaus zu erhalten und die polnische Sprache zu fördern. Allen polnischen Soldaten, die auf Napoleons Seite gekämpft hatten, sicherte man Generalamnestie zu. Diese Zusagen gingen in die Schlussakte des Wiener Kongresses vom 9. Juni 1815 ein.[34] Von den vier zu behandelnden Territorien erhielten nur zwei eine geschriebene Verfassung: das Königreich Polen und die Freie Stadt Krakau.

Nachdem Zar Alexander I. im Mai 1815 schriftlich die Errichtung des Königreichs Polen bekräftigt hatte, übertrug er Czartoryski die Aufgabe, eine Konstitution für den neuen Staat zu konzipieren. Czartoryskis Ideen gingen einerseits auf die Vorstellungen des Zaren ein, spiegelten jedoch anderseits die Hoffnung auf eine Wiederherstellung Polen-Litauens wider. Sie beeinflussten die Arbeit einer Kodifizierungskommission, die dem Zaren schließlich eine Verfassung vorlegte. Die endgültige Fassung wurde am 27. November 1815 erlassen. In ihr sind zwar einige, aber nicht alle liberalen Ideen Czartoryskis berücksichtigt worden.[35]

Die Freie Stadt Krakau erhielt bereits am 3. Mai 1815, d. h. noch während des Wiener Kongresses, eine neue Verfassung. Diese Konstitution trug ebenfalls die Handschrift Czartoryskis, der schon Monate vor der Einigung der Teilungsmächte über das Schicksal Krakaus auf Weisung des Zaren mit deren Abfassung betraut worden war. Czartoryskis Verfassungsentwurf wurde diversen Korrekturen und Ergänzungen unterzogen und anschließend in die drei am 3. Mai 1815 von Russland, Preußen und Österreich unterzeichneten Verträge integriert.[36] Die endgültige Verfassung wurde

---

33 Vgl. CD-ROM-1, Dok.-Nr. 7.2.12 (poln.)/7.2.13 (dt.) (Verfassung des Herzogtums Warschau v. 22.7.1807). Vgl. auch Eva Tenzer/Berit Pleitner, Polen, in: P. Brandt u. a. (Hg.), Handbuch der europäischen Verfassungsgeschichte im 19. Jahrhundert. Institutionen und Rechtspraxis im gesellschaftlichen Wandel, Bd. 1: Um 1800, Bonn 2006, S. 546-600, hier S. 565 f., 571 f., 574. Zum Großherzogtum Warschau allgemein vgl. Uwe Liszkowski, Herzogtum oder Großherzogtum Warschau? Eine terminologische und quellenkritische Beobachtung, in: Zeitschrift für Ostforschung 27 (1978), S. 456-460.
34 Vgl. CD-ROM-2, Dok.-Nr. 1.1.4 (Wiener Kongressakte v. 9.6.1815), Art. 1-14.
35 Vgl. CD-ROM-2, Dok.-Nr. 9.2.3 (poln.)/9.2.4 (dt.) (Verfassung des Königreiches Polen v. 27.11.1815). Zur Entstehung vgl. Ajnenkiel, Konstytucje (wie Fn. 6), S. 88-92; W. H. Zawadzki, A Man of Honour. Adam Czartoryski as a Statesman of Russia and Poland 1795–1831, Oxford 1993, S. 256-261.
36 Vgl. CD-ROM-2, Dok.-Nr. 9.2.1 (poln.)/9.2.2 (dt.) (Verfassung der Freien Stadt Krakau v. 3.5.1815).

am 11. September 1818 verabschiedet.[37] Mit diesem Akt erlangte Krakau seine »Selbständigkeit«.

Es war bezeichnend, dass Fürst Klemens Wenzel Metternich und Freiherr Heinrich Friedrich zum Stein Bedenken gegen eine Verfassung für Krakau geäußert hatten, weil sie glaubten, das polnische Volk sei noch nicht reif für eine Konstitution.[38] Preußen und Österreich akzeptierten daher in ihren polnischen Gebieten keine eigenständigen Verfassungen. Ihnen ging es um die Vermeidung möglichen Aufbegehrens der Polen nach Unabhängigkeit und zugleich um eine stärkere Einbindung dieser Territorien in den Gesamtstaat. Erst nach den revolutionären Ereignissen der Jahre 1848/49 erhielten das zur Provinz Posen umgewandelte Großherzogtum und Galizien-Lodomerien eine geschriebene Verfassung: Preußen und damit auch Posen 1848 bzw. 1850, Galizien-Lodomerien 1861. Die als Reaktion auf den Novemberaufstand im Königreich Polen und in Krakau erlassenen Konstitutionen, das Organische Statut vom 26. Februar 1832 und die Verfassung der Freien Stadt Krakau vom 29. Juli 1833[39], waren Verfassungen, die mit den modernen, liberalen Grundzügen ihrer Vorgänger nichts mehr gemeinsam hatten. Sie beschnitten die Autonomie der Polen sowie ihr Mitspracherecht im Gesetzgebungsprozess grundlegend.

2.2 Die Verfassungsnormen

Die Verfassung des Königreichs Polen vom 27. November 1815 ersetzte die 1807 nach französischem Vorbild gestaltete Konstitution für das Herzogtum Warschau, lehnte sich aber in vielen Bereichen an diese an. Napoleons Verfassung für das Herzogtum hatte mit einem Schlag moderne Institutionen in Polen eingeführt.[40] Diese Entwicklung setzte sich durch eine Erweiterung der bürgerlichen Rechte und Freiheiten, eine Ausweitung der Kompetenzen der Legislative und eine Vergrößerung der Verwaltung um mehrere, sich gegenseitig kontrollierende Kollegialorgane fort. Ähnlich wie ihre Vorgängerin erlangte die neue Verfassung nicht durch eine verfassungsgebende Versammlung Rechtsgültigkeit, sondern sie wurde vom Monarchen oktroyiert.[41]

Die neue Verfassung schuf eine konstitutionelle Monarchie. Sie verband das Königreich »auf ewig« mit Russland, die polnische Krone wurde für die Nachkommen

---

37 Vgl. CD-ROM-2, Dok.-Nr. 9.2.5 (Verfassung der Freien Stadt Krakau v. 11.9.1818).
38 Grossul, Konstitutionalismus (wie Fn. 22), S. 70 ff.
39 CD-ROM-2, Dok.-Nr. 9.2.6 (poln.)/9.2.7 (dt.) (wie Fn. 27); Dok.-Nr. 9.2.8 (wie Fn. 29).
40 CD-ROM-1, Dok.-Nr. 7.2.12 (frz.)/7.2.13 (dt.) (wie Fn. 33). Vgl. auch Tenzer/Pleitner, Polen (wie Fn. 33), S. 578 f.
41 Zum Prinzip der Verfassungsgebung vgl. Martin Kirsch, Monarch und Parlament im 19. Jahrhundert. Der monarchische Konstitutionalismus als europäischer Verfassungstyp – Frankreich im Vergleich, Göttingen 1999, S. 297.

des Zaren erblich.[42] In dem von ihr festgesetzten Vorrang des Monarchen ähnelte die neue Konstitution wiederum dem französischen Vorgänger: Die Exekutive lag ausschließlich beim König und den von ihm ernannten Organen. Für den Vollzug der königlichen Befehle und Dekrete waren die – in Anlehnung an die fünf Direktoren des vormaligen Herzogtums Warschau – fünf Regierungskommissionen zuständig, an deren Spitze jeweils ein vom König ernannter Minister stand. Ihnen unterstanden die Ressorts Inneres und Polizei, Religion und Bildung, Justiz, Kriegswesen sowie Finanzen.[43] Die Minister und die übrigen Mitglieder der Regierungskommissionen waren in ihren Handlungen der Konstitution und dem König verpflichtet. Verstöße gegen die Verfassung oder königliche Gesetze unterlagen der Rechtsprechung des Nationalen Gerichtshofes (»Sąd Sejmowy«).

Ein Staatsrat (»Rada Stanu«), der sich in einen lediglich mit beratenden Kompetenzen ausgestatteten Administrationsrat (»Rada Administracyjna«) und eine Allgemeine Versammlung (»Ogólne Zgromadzenie«) gliederte, die die eigentliche Arbeit verrichtete, fasste Gesetzesvorlagen ab, welche die »allgemeine Verwaltung des Landes« betrafen. Die Allgemeine Versammlung setzte sich aus den Ministern der Regierungskommissionen und den ebenfalls vom König ernannten Staatsräten zusammen. Sitzungen dieses Gremiums fanden unter dem Vorsitz des Königs statt, Beschlüsse erlangten erst mit seiner Zustimmung Gültigkeit. Zur besseren Kontrolle des Staatsrats richtete Zar Alexander I. das in der Verfassung nicht vorgesehene Amt eines Kommissars ein, der den Sitzungen beiwohnte.

Vom Staatsrat aus gelangten die Gesetzesvorlagen zur weiteren Beratung in den Sejm[44], dessen Existenz gemäß Verfassung »auf ewige Zeiten« zugesichert worden war. Hierbei handelte es sich um ein Zweikammerparlament, bestehend aus dem Senat und der Landbotenkammer (»Izba Poselska«), das durch den König in einem regelmäßigen Turnus von zwei Jahren einberufen wurde. Im Senat saßen die vom König auf Lebenszeit ernannten Senatoren, d. h. die kaiserlichen Prinzen, die Bischöfe, Wojewoden und Kastellane. Die Höchstzahl von maximal 64 Senatoren durfte nicht überschritten werden.[45] Die insgesamt 128 Abgeordneten der Landbotenkammer (77

---

42 Vgl. CD-ROM-2, Dok.-Nr. 9.2.3 (poln.)/9.2.4 (dt.) (wie Fn. 35), §§ 1, 3.
43 Zu den Aufgaben und Kompetenzen einiger der genannten Regierungskommissionen vgl. Wojciech Witkowski, Komisja Rządowa Sprawiedliwości w Królestwie Polskim 1815–1876, Lublin 1986; Waldemar Gliński, Komisja Rządowa Wyznań Religijnych i Oświecenia Publicznego wobec wspólnot religijnych w Królestwie Polskim w latach 1815–1820, Warszawa 2002.
44 Vgl. die Dokumentationen von Janina Leskiewiczowa/Franciszka Ramotowska, Sejm Królestwa Polskiego o działalności rządu i stanie kraju 1816–1830, Warszawa 1995; Sebastian Ziółek, Sejm Królestwa Polskiego w okresie powstania listopadowego 1830–1831, Warszawa 2007. Einen Überblick über die Aktivitäten des Sejm zwischen 1818 und 1830 gibt Zbigniew Stankiewicz, Sejm Królestwa Polskiego 1815–1831. Uwagi o roli ustrojowej i politycznej, in: Czasopismo Prawno-Historyczne 36 (1984), S. 105-142, hier S. 119-141.
45 Vgl. CD-ROM-2, Dok.-Nr. 9.2.3 (poln.)/9.2.4 (dt.) (wie Fn. 35), §§ 108 f. Zu den 64 Senatoren zählten 18 Wojewoden, 37 Kastellane sowie neun Bischöfe bzw. Erzbischöfe. Die untere Grenze

Landboten und 51 Gemeindedeputierte) wurden durch die Provinzial- bzw. Kommunalversammlungen (»Sejmiki« bzw. »Zgromadzenia gminne«) für sechs Jahre gewählt.[46] Senat und Landbotenkammer beratschlagten getrennt voneinander über die eingebrachten Gesetzesvorlagen. Die einfache Stimmenmehrheit in beiden Kammern genügte für eine Entscheidung. Ein Landtagsbeschluss erlangte jedoch erst Gültigkeit, nachdem der König seine Zustimmung gegeben hatte.[47] (☛ Abb. 9.2)

Zu den Kompetenzen des Sejm gehörte insbesondere die Beratung und Verabschiedung von Haushalts- und Steuergesetzen. Seine Entscheidungsfreiheit wurde freilich dahingehend unterlaufen, dass der König, sofern kein neuer Haushalt zustande kam, das alte Budget verlängern konnte, nicht jedoch länger als vier Jahre nach dem Zusammentritt des letzten Sejm.[48] Da dem König das Recht zur Einberufung des Sejm zustand, hatte er stets ein Druckmittel, um die Beratungen in seinem Sinne zu beeinflussen. Die starke Position des Königs drückte sich schließlich auch in der Berechtigung aus, Dekrete am Sejm vorbei zu erlassen, sofern sie nicht unter dessen Beratungskompetenz fielen. Dies betraf hauptsächlich das Privat- und Verwaltungsrecht. Für die Übermittlung dieser Erlasse an die unterschiedlichen Regierungskommissionen war der Minister Staatssekretär (»Minister Sekretarz«) zuständig, der in ständigem Kontakt mit dem König bzw. Zaren stand. Keine freie Handhabe hatte der König jedoch bei Verfassungsänderungen, hierzu war die Zustimmung des Sejm zwingend notwendig. Diesbezügliche Änderungen oder Ergänzungen fanden Eingang in »organische Statuten«.[49] Da sich Zar Alexander I. überwiegend in Russland aufhielt, wo er zwar der polnischen Regentschaft (»Regencja«) vorsaß, sich aber in erster Linie um die Regierungsgeschäfte Russlands kümmerte, ernannte er einen Statthalter (»Namiestnik«) – auch als Vizekönig bezeichnet –, der ihn in Polen mit weitreichenden Machtbefugnissen zu vertreten hatte. Dieser war es in der Regel, der an den Sitzungen der oben genannten Organe teilnahm und an Stelle des Königs bzw. nach Rücksprache mit diesem Entscheidungen traf.[50]

Die Verfassung des Königreichs Polen realisierte das Versprechen des Zaren, polnische Selbstverwaltungsorgane einzurichten. Auch war in der Konstitution festgelegt, dass alle öffentlichen, bürgerlichen wie militärischen, Ämter durch Polen aus-

---

bewegte sich bei 48 Senatoren. Vgl. Maciejewski, Historia ustroju (wie Fn. 6), S. 112. Hoensch, Geschichte (wie Fn. 12), S. 194, nennt die Zahl von 53 Senatoren, allerdings ohne sie zu belegen.
46 Vgl. CD-ROM-2, Dok.-Nr. 9.2.3 (poln.)/9.2.4 (dt.) (wie Fn. 35), §§ 118 ff. Zur personellen Zusammensetzung von Senat und Landbotenkammer vgl. Stankiewicz, Sejm (wie Fn. 44), S. 114-119.
47 Vgl. CD-ROM-2, Dok.-Nr. 9.2.3 (poln.)/9.2.4 (dt.) (wie Fn. 35), §§ 96-99, 102-105. Zum Prinzip der gemeinschaftlichen Gesetzgebung vgl. Kirsch, Monarch (wie Fn. 41), S. 297.
48 Vgl. CD-ROM-2, Dok.-Nr. 9.2.3 (poln.)/9.2.4 (dt.) (wie Fn. 35), § 93.
49 Ebd., §§ 161, 163.
50 Ebd., §§ 5, 64.

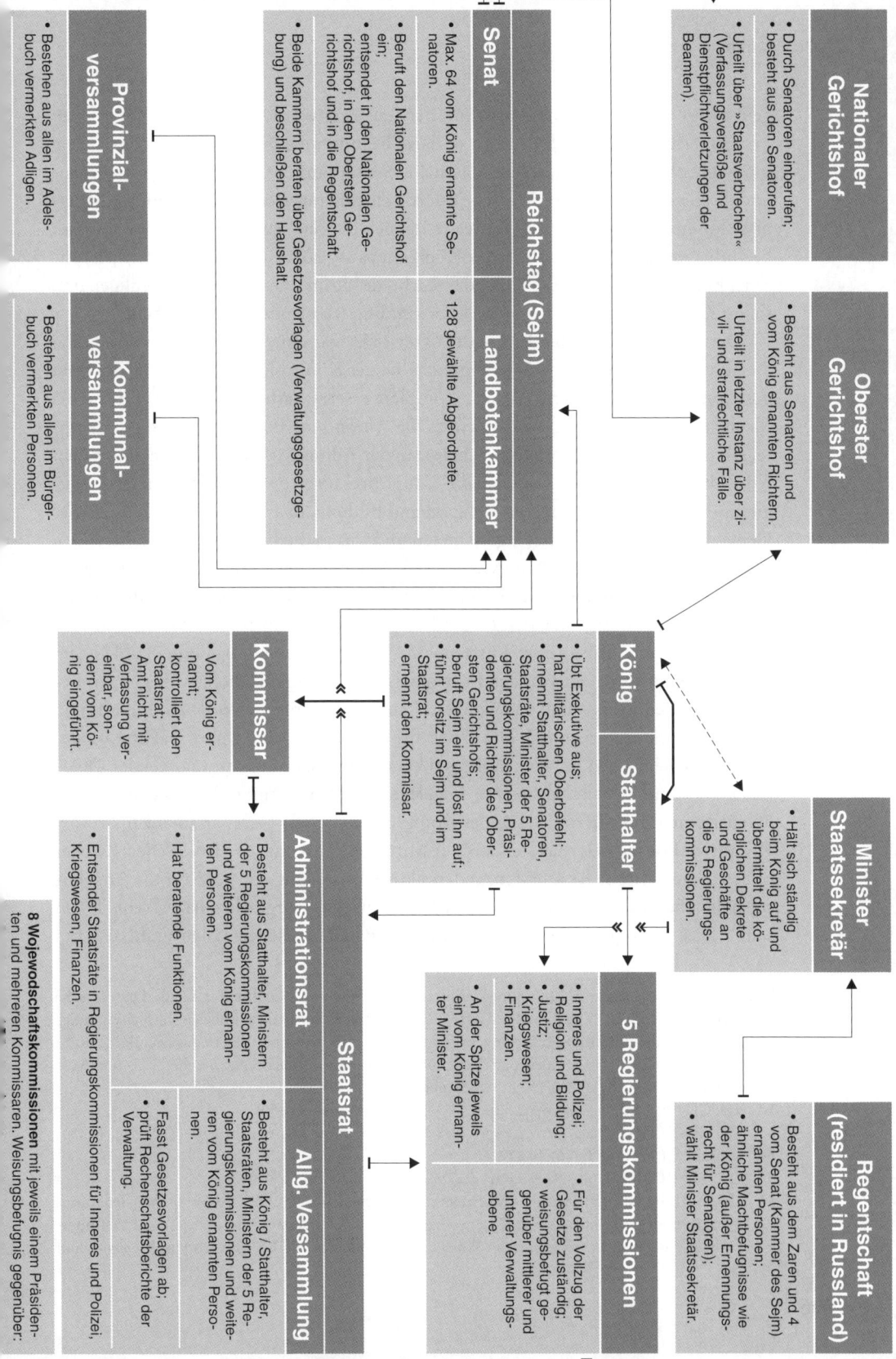

geübt werden sollten[51] – mit Ausnahme der Senatorenwürde, die auch die kaiserlichen Prinzen erhielten, hat sich der Zar an diese Bestimmung gehalten. Doch durch sein umfangreiches Ernennungsrecht, das sich ebenfalls auf das Militär, die Justizorgane und die Geistlichkeit erstreckte, sowie durch die umfangreichen Entscheidungsbefugnisse konnte der Zar bis auf die unterste Ebene der drei Gewalten die Personalpolitik beeinflussen. Die Außenpolitik des Königreichs lag sogar vollständig in seiner Entscheidungsgewalt. Er alleine besaß das Recht, die polnische Armee zu befehligen und sie im Kriegsfall zur militärischen Unterstützung Russlands heranzuziehen.[52]

Der Erlass des Organischen Statuts von 1832 war ein eindeutiger Verstoß gegen die bestehende Verfassung des Königreichs, da der König ohne Zustimmung des Sejm die Konstitution geändert, ja sogar komplett ersetzt hatte. Das Statut änderte die Machtstrukturen grundlegend, indem es die Autonomie Polens vollständig beseitigte. Als oberstes Exekutivorgan wirkte fortan der Administrationsrat, dem neben dem König bzw. Fürsten von Warschau die Hauptdirektoren der auf drei reduzierten Regierungskommissionen Inneres, Religion und Bildung, Justiz sowie Finanzen und der Generalkontrolleur der neu eingerichteten und fortan die Finanzen kontrollierenden Oberrechnungskammer (»Najwyższa Izba Obrachunkowa«) angehörten. Legislative Aufgaben, insbesondere die Beratung über Gesetzesvorlagen, übernahm der Staatsrat, der aus den Staatsräten, den Hauptdirektoren, dem Generalkontrolleur und dem Vorsitz führenden König bzw. Fürsten von Warschau bestand. Außerdem oblag dem Staatsrat die Prüfung der von den Provinzialständen vorgebrachten Anliegen »in Bezug auf die Bedürfnisse und das Wohl des Landes«.[53] Der Sejm wurde abgeschafft und stieß den Parlamentarismus in eine Krise, die mehr als 75 Jahre währte.[54] Die Kompetenzen des Sejm lagen in Haushaltfragen beim Administrationsrat und bei der Oberrechnungskammer[55], in legislativen Angelegenheiten bei dem in Russland ansässigen »Departement für die Interessen des Königreiches Polen« (»Departament Interesów Królestwa Polskiego«), das sich aus der Mitte des Staatsrats des Russischen Reiches bildete. Seine Mitglieder mussten, anders als die Verfassung von 1815 für die Angehörigen der ebenfalls in Russland weilenden Regentschaft vorgesehen hatte, keine Polen sein.[56] Das wohl deutlichste Zeichen für den Bruch zwischen Polen und Russland

---

51 Ebd., § 29. Mit dieser Bestimmung definierte die Verfassung in indirekter Weise die polnische Staatsangehörigkeit. Vgl. Claudia Kraft, Wie wird man Pole? Brüche und Kontinuitäten in der Geschichte des polnischen Staatsangehörigkeitsrechts seit dem Ende des 18. Jahrhunderts, in: R. von Thadden u. a. (Hg.), Europa der Zugehörigkeiten. Integrationswege zwischen Ein- und Auswanderung, Göttingen 2007, S. 113-133, hier S. 115.
52 Vgl. CD-ROM-2, Dok.-Nr. 9.2.3 (poln.)/9.2.4 (dt.) (wie Fn. 35), § 9.
53 Vgl. CD-ROM-2, Dok.-Nr. 9.2.6 (poln.)/9.2.7 (dt.) (wie Fn. 27), §§ 28 f.
54 Kallas, Historia (wie Fn. 6), S. 220.
55 Vgl. CD-ROM-2, Dok.-Nr. 9.2.6 (poln.)/9.2.7 (dt.) (wie Fn. 27), §§ 22 f.
56 Ebd., § 31. Im Jahr 1841 wurden außerdem die Departements IX und X des russischen Senats mit weitreichenden administrativen Kompetenzen für das Königreich Polen ausgestattet. Sie übernahmen Aufgaben des Staatsrats in Warschau und bildeten die höchste Instanz für zivil- und

nach dem Novemberaufstand war allerdings der veränderte Krönungsritus. Während die Verfassung aus dem Jahr 1815 Warschau als Krönungsort festgelegt hatte, verlegte das Organische Statut diesen jetzt nach Moskau. Es genügte, die Zeremonie künftig nur noch im Beisein einer Delegation aus dem Königreich Polen abzuhalten.[57]

Die Verfassung der Freien Stadt Krakau von 1815 bzw. 1818 führte ein republikanisches Regierungssystem ein, indem es erstmals in der Geschichte Polens einen Staatsaufbau ohne Monarchen konstituierte.[58] Sie wies im Gegensatz zur Konstitution des Königreichs Polen nur wenige Ähnlichkeiten mit der Verfassung des Herzogtums Warschau auf und lehnte sich stärker an die polnische Maiverfassung vom 3. Mai 1791 an.[59] Lediglich die Organisation der Gerichte und die Wahlordnung orientierten sich am Vorbild der napoleonischen Verfassung.

Die Regierung der Stadtrepublik lag in den Händen eines Senats, dem zwölf Senatoren und ein Präsident angehörten. Die Kompetenzen des Senats erstreckten sich auf die Exekutive sowie Legislative und umfassten auch die Aufgaben eines Staatsoberhauptes. Fünf Ressorts teilten die Zuständigkeitsbereiche unter sich auf, wurden bis 1822 aber wieder auf zwei Ressorts reduziert.[60] Der Präsident sowie acht von zwölf Senatoren wurden durch die Repräsentantenversammlung (»Zgromadzenie Reprezentantów«), das Einkammerparlament der Stadtrepublik, gewählt, die übrigen vier Mitglieder waren zu gleichen Teilen Delegierte des Krakauer Domkapitels bzw. der Jagiellonischen Universität.[61] Eine Ausnahmestellung genossen die Universität und die römisch-katholischen Kirche, die nicht nur Vertreter in den Senat, sondern auch in die Repräsentantenversammlung entsenden durften. Dem Prinzip der politischen Partizipation widersprach die Regelung, dass der Präsident zwar für eine Amtsdauer von drei Jahren gewählt wurde, ein Teil der Senatoren ihr Amt jedoch auf Lebenszeit behielt.

Die Repräsentantenversammlung bestand aus insgesamt 41 Abgeordneten: 26 von den Stadt- und Landgemeinden gewählten Deputierten, drei abgestellten Senatoren, drei Vertretern des Krakauer Domkapitels, drei Mitgliedern der Universität sowie sechs Friedensrichtern. Sie war mit dem Senat zusammen am Gesetzgebungsverfahren beteiligt: Gesetzesvorlagen mussten zunächst durch einfache Stimmenmehrheit

---

strafrechtliche Fälle. Vgl. Wacław Soroka, The Law in the Polish Lands During the Partition Period, in: W. J. Wagner (Hg.), Polish Law Throughout the Ages, Stanford 1970, S. 119-137, hier S. 125; Thaden, Borderlands (wie Fn. 10), S. 147, 151.
57 Vgl. CD-ROM-2, Dok.-Nr. 9.2.6 (poln.)/9.2.7 (dt.) (wie Fn. 27), § 3.
58 In der Forschung wird die Krakauer Verfassung teilweise als aristokratisch-demokratische »Mischform« bezeichnet, die in der Fassung aus dem Jahr 1818 bereits »restaurative Tendenzen« aufgewiesen habe. Vgl. Weitzel, Freie Stadt (wie Fn. 23), hier S. 210 f.
59 Vgl. CD-ROM-1, Dok.-Nr. 7.2.3 (poln.)/7.2.4 (dt.) (Polnische Maiverfassung v. 3.5.1791). Vgl. auch Tenzer/Pleitner, Polen (wie Fn. 33), S. 560-564, 566-571, 572 ff.
60 Witkowski, Historia (wie Fn. 6), S. 266.
61 Vgl. CD-ROM-2, Dok.-Nr. 9.2.1 (poln.)/9.2.2 (dt.) (wie Fn. 36), Art. 4 ff.; Dok.-Nr. 9.2.5 (wie Fn. 37), Art. 4 ff.

der Senatoren gebilligt worden sein, bevor sie zur Beratung und Abstimmung in die Repräsentantenversammlung gelangten. Diese trat jeweils im Dezember eines jeden Jahres zusammen, um über neue Gesetze und den Haushalt für das kommende Jahr zu entscheiden. Für die Verabschiedung von Gesetzen war eine Zustimmung von 7/8 der Repräsentanten notwendig. In den Kompetenzbereich der Repräsentantenversammlung fielen außerdem die Wahl der Richter der obersten Gerichte, die Abfassung einer Geschäftsordnung für alle Gerichte sowie die Ausarbeitung eines Zivil- und Strafgesetzbuches.[62] (☞ Abb. 9.3)

Die 1833 für Krakau erlassene Verfassung war kaum noch mit den Konstitutionen der Jahre 1815 bzw. 1818 vergleichbar. Sie legte die Kompetenzen fast vollständig in die Hände der »Schutzmächte«. Die Wahl des Senatspräsidenten war jetzt grundsätzlich von ihrer Zustimmung abhängig. Die Repräsentantenversammlung verlor entscheidend an Boden, weil sie zukünftig nur noch alle drei Jahre und zudem nicht mehr in öffentlicher Sitzung tagen durfte.[63] Alle wichtigen Entscheidungen traf stattdessen die »Konferenz der Residenten«, ohne dass die konstitutionell verankerten Organe Mitspracherecht besessen hätten. Anders als das Organische Statut im Königreich Polen bedeutete die Krakauer Verfassung von 1833 jedoch keinen völligen Bruch mit den bisherigen Gegebenheiten, da alle Organe erhalten blieben, auch wenn sie weitestgehend in ihren Rechten beschnitten wurden. Erst die 1846 erfolgte Auflösung der Freien Stadt Krakau und ihre Einverleibung in die Habsburgermonarchie bedeuteten das Ende der letzten Verfassung auf polnischem Boden, die an die Ideen des Wiener Kongresses angeknüpft hatte.[64]

2.3 Die Verfassungswirklichkeit

Die Einhaltung der Verfassungsbestimmungen war entscheidend vom Willen der Teilungsmächte abhängig. Als Gradmesser kann insbesondere die russische Politik im Königreich Polen gelten. Hoffnungen auf eine Gleichstellung des Königreichs mit den übrigen Gebieten Russlands schürte der Reformwille des Zaren, der eine liberal-föderative Verfassung für Russland plante. Allerdings scheiterten die Reformpläne, als Alexander I. einen revolutionären Umsturz befürchtete.[65]

---

62 Vgl. CD-ROM-2, Dok.-Nr. 9.2.1 (poln.)/9.2.2 (dt.) (wie Fn. 36), Art. 10-13; Dok.-Nr. 9.2.5 (wie Fn. 37), Art. 10-13.
63 Vgl. CD-ROM-2, Dok.-Nr. 9.2.8 (wie Fn. 29), Art. 14.
64 Vgl. CD-ROM-2, Dok.-Nr. 9.1.3 (poln.)/11.6.1.4 (dt.) (wie Fn. 30). Vgl. die Interpretation von Wojciech Witkowski/Andrzej Wrzyszcz, Modernisierung des Rechts auf polnischem Boden vom 19. bis Anfang des 20. Jahrhunderts, in: T. Giaro (Hg.), Modernisierung durch Transfer im 19. und frühen 20. Jahrhundert, Frankfurt a. M. 2006, S. 249-274, hier S. 255.
65 Klaus Zernack, Polen und Rußland. Zwei Wege in der europäischen Geschichte, Berlin 1994, S. 316 f.

2 Verfassungsstruktur der zentralen staatlichen Ebene

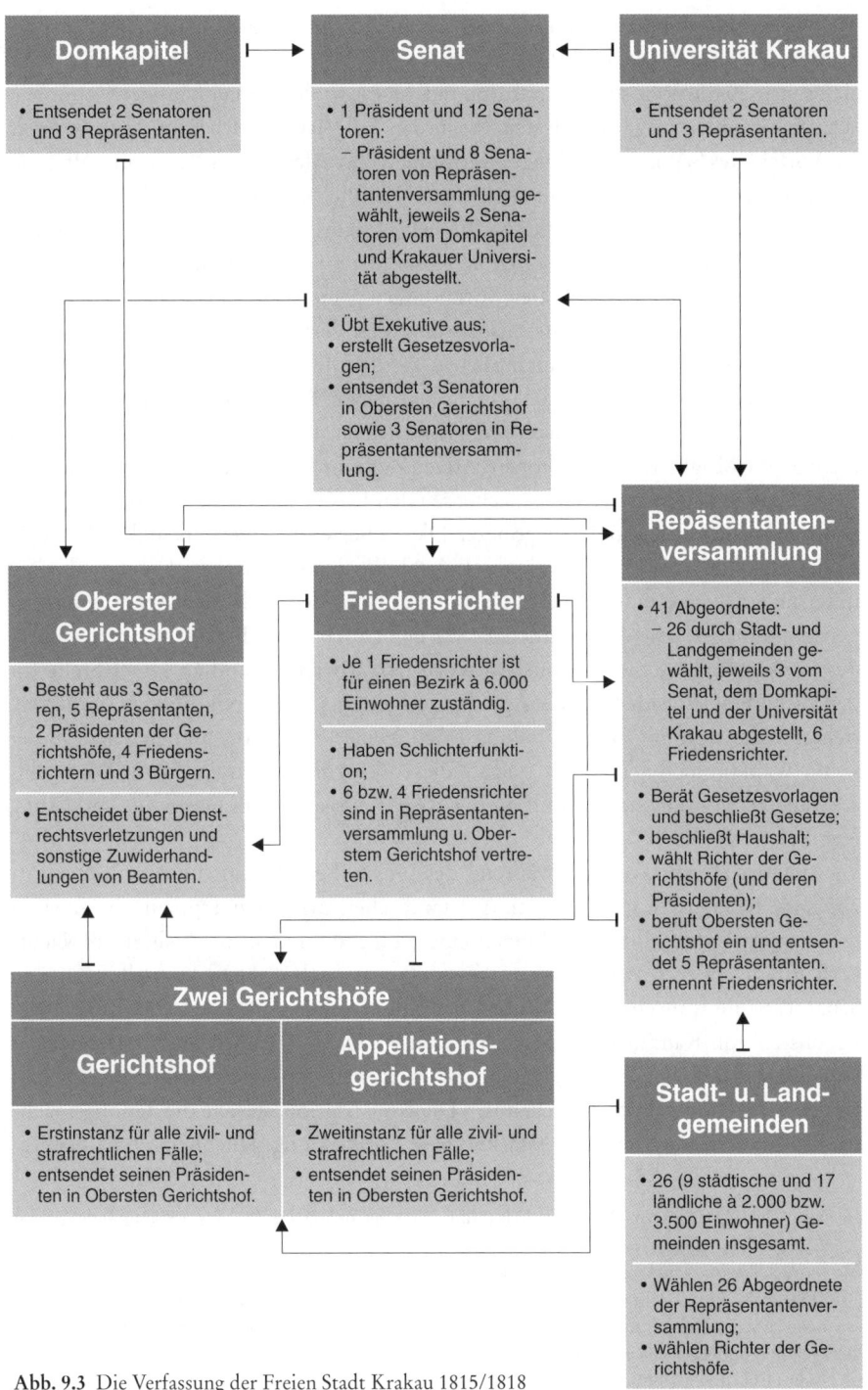

Abb. 9.3 Die Verfassung der Freien Stadt Krakau 1815/1818

Die Abkehr des Zaren von liberalen Ideen hatten die Polen schon zu spüren bekommen, als am 22. Mai 1819 die präventive Pressezensur eingeführt wurde.[66] Weil sich seit 1820 die politische Opposition in Kongresspolen immer häufiger Gehör verschaffen konnte, weigerte sich der Zar in den Folgejahren, den Sejm einzuberufen. Im Vorfeld des Sejm, der 1825 tagte, verkündete Zar Alexander I., dass zukünftig nur noch die Eröffnungs- und Schlusssitzungen öffentlich sein durften, nicht dagegen die übrigen Zusammenkünfte. Auf diese Weise beabsichtigte er, jegliche Oppositionsbildung zu unterbinden. Eine verschärfte Pressezensur sollte verhindern, dass polnische und russische Adlige ihre liberalen Forderungen gemeinsam vertraten. Bemühungen polnischer Magnaten um eine Entspannung des Verhältnisses zu Russland durch Unterdrückung liberaler Stimmen blieben auf dem letzten, 1830 einberufenen Sejm erfolglos. Die Forderungen nach gesellschaftlichen Reformen blieben jedoch wirkungslos, da Zar Nikolaus I. nach dem Ausbruch des Novemberaufstands 1830 nicht mehr an die Möglichkeit einer konstruktiven Zusammenarbeit mit den Polen glaubte.

In Krakau hatten die Teilungsmächte seit den 1820er-Jahren die konstitutionell gewährten Rechte auszuhöhlen begonnen. Dies äußerte sich einerseits in dem Versuch, an der Jagiellonischen Universität die Entstehung demokratischer Vereinigungen zu unterbinden, sowie andererseits in der Beschneidung der Rechte der Repräsentantenversammlung: Als die Abgeordneten 1827 den amtierenden Präsidenten und Führer des konservativen Lagers, Stanisław Wodzicki, abwählten und an seiner Stelle für den bisherigen Präsidenten des Appellationsgerichts, Józef Nikorowicz, votierten, richteten die Kommissare der Teilungsmächte eine Protestnote an den Senat, in der sie die Wahl für nichtig erklärten und auf diese Weise die Wiedereinsetzung Wodzickis erzwangen.[67] Fortan stand damit an der Regierungsspitze ein gegen die Verfassung eingesetzter Präsident.

Auf den Umsturzversuch während des Novemberaufstands und die Unterstützung, die Krakauer Einwohner den Aufständischen aus Kongresspolen gewährt hatten, reagierten die Teilungsmächte mit einer völligen Umkehr der bisherigen Machtverhältnisse: Hierzu strukturierten sie den Senat nach eigenen Vorstellungen um. Senatoren, die während der Unruhen gewählt worden waren, mussten ihren Platz zugunsten von Kandidaten räumen, die von Russland, Preußen und Österreich favorisiert wurden. Die Teilungsmächte gaben die neue Zusammensetzung des Senats am 23. März 1833 schriftlich bekannt.[68] Die Konstitution, welche die Teilungsmächte 1833 für Krakau erließen, verstärkte diese Entwicklung. Die »Konferenz der Re-

---

66 Vgl. CD-ROM-2, Dok.-Nr. 9.4.1 (Erlass über die Einführung der Zensur im Königreich Polen v. 22.5.1819).
67 Marcel Szarota, Die letzten Tage der Republik Krakau, Breslau 1911, S. 19.
68 Text in: K. H. L. Pölitz (Hg.), Die europäischen Verfassungen seit dem Jahre 1789 bis auf die neueste Zeit. Dritter Band, die Verfassungen Polens, der freien Stadt Cracau, der Königreiche Galizien und Lodomerien, Schwedens, Norwegens, der Schweiz und Griechenlands enthaltend, Ndr. Hildesheim 1999, S. 52.

sidenten« bündelte nun alle Entscheidungsgewalt in ihrer Hand. Der Senat durfte auf Anordnung Österreichs nur noch zweimal wöchentlich tagen, die Polizei wurde ranghöher als der Senat eingestuft, die Gerichte beschnitt man um ihre Zuständigkeit in politisch bedeutenden Fällen, und zu guter Letzt verlor die Stadt ihren Status als Freihandelsstadt. Nachdem die Frequenz der Sitzungen der Repräsentantenversammlung auf alle drei Jahre und deren Dauer wiederum auf sechs Wochen beschränkt worden waren, wurden in der Folgezeit ihre Sitze auf 30 reduziert.[69] Seit 1842 besaß das Parlament lediglich beratende Kompetenzen bei Fragen der Gesetzgebung oder Personalentscheidungen in der Verwaltung bzw. im Gerichtswesen[70], Entscheidungen traf von nun an alleine die »Konferenz der Residenten«.

3   Wahlrecht und Wahlen

Das Wahlrecht war in den Konstitutionen des Königreichs Polen bzw. der Freien Stadt Krakau verankert. Die Verfassung Kongresspolens aus dem Jahr 1815 kehrte nicht zu den Wahlmodalitäten der alten Adelsrepublik zurück, sondern lehnte sich an die Wahlordnung des Herzogtums Warschau an.[71] Sie ermöglichte lediglich die Wahl der Landboten, alle anderen Organe unterlagen dem Ernennungsrecht des Königs. Das konstitutionell verankerte Wahlrecht war ein Zensuswahlrecht, das um Konservierung der alten ständischen Privilegien bemüht war. Zwar konnte ein relativ großer Teil der männlichen Bevölkerung das aktive Wahlrecht erlangen – immerhin 100.000 von insgesamt 3,5 Mio. Personen[72] –, doch war es an materiellen Besitz gebunden. Der polnische Adel blieb damit der politisch bedeutendste Stand.

Bestimmt wurden die insgesamt 128 Landboten durch direkte Wahl in den Provinzial- und Kommunalversammlungen. Als Mitglied der Provinzialversammlungen galt jeder, dessen Name im Adelsbuch des jeweiligen Bezirks aufgeführt war. Er musste uneingeschränkte Bürgerrechte genießen, mindestens 21 Jahre alt und nachweislich Grundeigentümer sein. Die Kommunalversammlungen setzten sich zusammen aus allen nicht adligen Bürgern, die steuerpflichtiges Grundeigentum besaßen, Fabrikanten und Kaufleuten, die über Waren im Mindestwert von 10.000 Złoty verfügten, Pfarrern

---

69   Zum Schluss gab es nur noch 20 Sitze. Vgl. Wojciech M. Bartel, Zgromadzenie Reprezentatów Wolnego Miasta Krakowa, in: Czasopismo Prawno-Historyczne 36 (1984), S. 143-153, hier S. 145.
70   Maciejewski, Historia (wie Fn. 6), S. 130.
71   Vgl. Tenzer/Pleitner, Polen (wie Fn. 33), S. 575.
72   Bardach/Leśnodorski/Pietrzak, Historia (wie Fn. 1), S. 361. Vgl. Gotthold Rhode, Polen und die polnische Frage von den Teilungen bis zur Gründung des Deutschen Reiches, in: T. Schieder (Hg.), Handbuch der Europäischen Geschichte, Bd. 5: Europa von der Französischen Revolution zu den nationalstaatlichen Bewegungen des 19. Jahrhunderts, Stuttgart 1981, S. 677-745, hier S. 697.

und Vikaren, Professoren und Lehrern sowie angesehenen Künstlern. Alle genannten Personen mussten im Bürgerbuch der entsprechenden Kommune aufgeführt sein und ein Mindestalter von 21 Jahren haben. Von Kandidaten, die sich in die Landbotenkammer wählen lassen wollten, verlangte die Verfassung, dass sie mindestens 30 Jahre alt, im Besitz aller Bürgerrechte sein sowie eine jährliche Steuer von wenigstens 100 Złoty zahlen mussten. Die gewählten Landboten waren sechs Jahre lang Mitglied der Landbotenkammer und des Sejm.[73]

Die Verfassung der Freien Stadt Krakau von 1815 bzw. 1818 verfügte über ein Wahlrecht, das neben der Repräsentantenversammlung auch den Senat und die Gerichte einschloss. Es war ein Zensuswahlrecht in abgeschwächter Form, das v. a. den Stadtbürgern politische Partizipation ermöglichte. Das aktive Wahlrecht besaßen alle Personen, die das erforderliche, aber nicht näher bestimmte Mindestalter erreicht hatten und entweder Pfarrer, Universitätsangehörige, Grundeigentümer mit einer jährlichen Steuer von mindestens 50 Złoty, Fabrikbesitzer, Großhändler, Börsenmitglieder, namhafte Künstler oder Lehrer waren. Um in direkter Wahl in die Repräsentantenversammlung gewählt werden zu können, war ein Mindestalter von 26 Jahren, ein erfolgreich absolviertes Studium an der Universität sowie Eigentum, das auf einen Wert von mindestens 90 Złoty geschätzt wurde, notwendig. Die Repräsentanten wiederum waren berechtigt, einen Teil der Senatoren und Richter zu wählen. Beide Ämter verlangten Mindestanforderungen, die über den Kriterien für die Wahl der Repräsentanten lagen. Neben einem höheren Mindestalter, für Senatoren 35 und für Richter 30 Jahre, und einer höheren steuerlichen Veranlagung forderte die Verfassung zusätzlich die Ausbildung an einer »hohen Schule«, die Richter mit der Doktorwürde abgeschlossen haben mussten, sowie mehrjährige Berufserfahrungen als Repräsentant bzw. Gerichtsverwalter. Das Richteramt in zweiter Instanz oder das Amt eines Präsidenten an einem der Gerichtshöfe verlangten zusätzlich eine vorhergehende zweijährige Tätigkeit als Friedensrichter sowie die Zugehörigkeit zur Repräsentantenversammlung.[74]

Da für das Großherzogtum Posen keine eigene Konstitution existierte, legte König Friedrich Wilhelm III. zusammen mit der Einführung des Provinziallandtages am 27. März 1824 auch die Wahlmodalitäten im »Gesetz wegen Anordnung der Provinzialstände für das Großherzogtum Posen« fest. Es gewährte den drei Ständen – dem Hochadel und der Ritterschaft als erstem, besitzenden Bauern und Erbzinsmännern als zweitem sowie den Städten als drittem Stand – die Vertretung im Landtag. Diesem gehörten 48 Personen an, von denen die Fürsten von Thurn und Taxis sowie von Sulkowski eine bevorzugte Stellung genossen und persönlich an den Sitzungen teilnahmen. Die übrigen Abgeordneten wurden nach einem auf die drei Stände verteilten

---

73 Vgl. CD-ROM-2, Dok.-Nr. 9.2.3 (poln.)/9.2.4 (dt.) (wie Fn. 35), §§ 118-123, 125-127, 130-132.
74 Vgl. CD-ROM-2, Dok.-Nr. 9.2.1 (poln.)/9.2.2 (dt.) (wie Fn. 36), Art. 7, 19; Dok.-Nr. 9.2.5 (wie Fn. 37), Art. 7, 19.

Schlüssel in direkter Wahl bestimmt. Eine Sitzungsperiode des Provinziallandtages umfasste sechs Jahre, alle drei Jahre jedoch sollte die Hälfte der Abgeordneten neu gewählt werden. Das aktive Wahlrecht war vom Grundbesitz abhängig und kann daher als Zensuswahlrecht bezeichnet werden. Für Bewerber um das Abgeordnetenamt war Grundeigentum ebenfalls obligatorisch. Des Weiteren mussten sie das 30. Lebensjahr vollendet haben, preußische Untertanen sein, einer christlichen Kirche angehören und einen unbescholtenen Ruf vorweisen können. Nicht gewählt werden konnte der Landtagsmarschall, der den Vorsitz im Provinziallandtag führte und weitreichende Kompetenzen innehatte. Er wurde durch den preußischen König ernannt.[75] Unter das königliche Ernennungsrecht fielen auch andere hochrangige Ämter, etwa das des Oberpräsidenten, sodass hier im Gegensatz zur Freien Stadt Krakau nur wenig Spielraum für eine direkte Einflussnahme der Polen auf die Personalpolitik bestand.

Dies galt in noch stärkerem Maße für das Königreich Galizien-Lodomerien, weil das am 13. April 1817 erlassene kaiserliche »Patent, die ständische Verfassung der Königreiche Galizien und Lodomerien betreffend« die Ständegesellschaft aus der Zeit vor den Napoleonischen Kriegen restaurierte. Den vier Ständen Geistlichkeit, Herren, Ritter und königliche Städte (Lemberg) wurde aufgrund Geburt oder Ernennung das Recht zuteil, an der alljährlichen Ständeversammlung, dem Landtag, in Lemberg teilzunehmen. Aus den Ständen wiederum wurden für sechs bzw. drei Jahre Deputierte in den Landesausschuss gewählt (von den ersten drei Ständen jeweils zwei, von den Städten einer), der für die laufenden Geschäfte zuständig war und unter der Aufsicht des Landesguberniums stand. Das passive Wahlrecht richtete sich nach dem Indigenat und dem Vermögen des Kandidaten.[76] Eine Wahlordnung, die das passive und aktive Wahlrecht sowie die Wahlbezirke für den Landtag festlegte, erschien erst am 26. Februar 1861 als kaiserliches Patent und erstreckte sich neben Galizien-Lodomerien auch auf das inzwischen einverleibte Krakau.[77]

4 Grundrechte

Die Anerkennung von Bürger- und Freiheitsrechten in den verschiedenen Teilungsgebieten basierte im Wesentlichen auf den Reformansätzen im Herzogtum Warschau. Die Verfassung von 1807 hatte zum einen die öffentliche Gerichtsbarkeit, die Gleich-

---

75 Vgl. CD-ROM-2, Dok.-Nr. 9.3.1 (Gesetz wegen Anordnung der Provinzialstände für das Großherzogtum Posen v. 27.3.1824), §§ 22, 28.
76 Patent vom 13.4.1817, die ständische Verfassung der Königreiche Galizien und Lodomerien betreffend, in: CD-ROM-2, Dok.-Nr. 11.6.2.3, hier § 8 Abs. 4.
77 Landesordnung und Landtags-Wahlordnung für das Königreich Galizien und Lodomerien sammt dem Großherzogthume Krakau, in: Reichs-Gesetz-Blatt für das Kaiserthum Oesterreich 1861, Nr. 20, S. 280-296.

heit vor dem Gesetz sowie die religiöse Toleranz eingeführt und zum anderen die ständische Gliederung der Gesellschaft aufgeweicht.[78]

Diese Grundrechte gingen in die Verfassung des Königreichs Polen von 1815 ein, wurden aber noch erweitert. Unter den allgemeinen Rechten fanden sich Religionsfreiheit, Pressefreiheit, Gleichheit aller Bürger vor dem Gesetz sowie Freizügigkeit für die Person und das Eigentum. Von einem umfassenden Freiheitskonzept kann man jedoch nicht sprechen, da einige Rechte bereits im gleichen Atemzug eingeschränkt wurden, etwa indem die bürgerlichen Rechte nur Angehörigen christlicher Bekenntnisse gewährt wurden. Gleiches gilt für das in der alten Adelsrepublik seit Jahrhunderten geltende Recht »Neminem captivabimus«, d. h. »niemanden werden wir verhaften«, das nun in »Neminem captivari permittimus«, d. h. »niemanden zu verhaften versprechen wir«, abgeschwächt wurde.[79]

Weitere Einschränkungen folgten. Das Gesetz über die Einführung der Zensur im Königreich Polen vom 22. Mai 1819 ermöglichte eine Präventivzensur aller Zeitungen und übrigen Schrifterzeugnisse. Als Zensurorgan wirkte die Regierungskommission für Religion und Bildung (»Komisja Rządowa Wyznań Religijnych i Oświecenia Publicznego«), von deren Zustimmung das Erscheinen der Druckerzeugnisse abhing. Die Zensurbestimmungen richteten sich insbesondere gegen Kritik an den Regierungsorganen und an der katholischen Kirche.[80] Das Organische Statut von 1832 garantierte zwar weiterhin die Religionsfreiheit, die Gleichheit vor dem Gesetz sowie die persönliche Freiheit. Die Pressefreiheit jedoch wurde im Vergleich zu 1819 noch stärker eingeschränkt, indem nun auch Äußerungen gegen die Moral sowie gegen die Ehre einer jeden Person strafrechtlich verfolgt wurden.[81]

Ähnlich verfuhr Preußen: Als Reaktion auf die liberale und nationale Opposition erließ der preußische König am 18. Oktober 1819 in Anlehnung an die Karlsbader Beschlüsse eine Verordnung, welche die Verbreitung von deutschsprachigen Schriften in der preußischen Monarchie ohne Zustimmung des Oberzensurkollegiums in Berlin untersagte. Nach dem Novemberaufstand wurde die Verordnung verschärft: König Friedrich Wilhelm III. verfügte am 19. Februar 1834 eine Ausdehnung der Zensur auch auf polnische Literatur, die aus dem Ausland, d. h. aus Warschau, Wilna oder Lemberg, ins Großherzogtum Posen eingeführt wurde.[82] Erst mit der Entlassung Flottwells 1841 wurde die Zensur gelockert.

---

78 Vgl. hierzu Tenzer/Pleitner, Polen (wie Fn. 33), S. 576 f.
79 Vgl. CD-ROM-2, Dok.-Nr. 9.2.3 (poln.)/9.2.4 (dt.) (wie Fn. 35), §§ 11, 16 f., 19, 24.
80 Vgl. CD-ROM-2, Dok.-Nr. 9.4.1 (wie Fn. 66). Vgl. auch Leskiewiczowa/Ramotowska, Sejm (wie Fn. 44), S. 69-73.
81 Vgl. CD-ROM-2, Dok.-Nr. 9.2.6 (poln.)/9.2.7 (dt.) (wie Fn. 27), Art. 5, 7 f., 13.
82 Zur praktischen Durchführung der Zensur vgl. Friedhilde Krause, Zur preußischen Zensurpraxis nach 1833 und zum Pflichtexemplar aus dem Großherzogtum Posen im Bestand der Königlichen Bibliothek zu Berlin, in: Zeitschrift für Slawistik 39 (1994), S. 123-130.

4 Grundrechte

Obwohl die Verfassung der Freien Stadt Krakau von 1815 als liberal galt[83], nahmen die Grundrechte in dieser nur eine marginale Position ein. Zugesichert wurden die Freiheit aller christlichen Religionen, die Unantastbarkeit der Person und des Vermögens sowie die Gleichheit vor dem Gesetz.[84] Die Meinungs- und Pressefreiheit fand dagegen keine explizite Erwähnung. Die erweiterte Konstitution von 1818 konkretisierte die genannten Grundrechte: Sie erhob den katholischen Glauben zwar zur Landesreligion, stellte aber alle anderen christlichen Bekenntnisse ebenfalls unter den Schutz der Regierung. Alle Bürgerrechte wurden nochmals ausdrücklich verbrieft und auch auf Bauern ausgedehnt, die eigenes Land besaßen. In den Genuss der Grundrechte kamen zudem alle Ausländer, sofern sie seit mindestens fünf Jahren in der Stadtrepublik wohnten.[85] Die Tendenz ging damit in Richtung einer Entprivilegierung des Adels. In der 1833 durch die Teilungsmächte oktroyierten Verfassung fanden sich, den politischen Gegebenheiten geschuldet, keine Grundrechtsgarantien mehr. Zwar wurden die politischen Partizipationsrechte, wie z. B. das Wahl- und Delegationsrecht, auf dem Papier in ihrem Istzustand belassen, doch waren sie von nun an ohne jede Bedeutung.

Im Großherzogtum Posen sowie im Königreich Galizien-Lodomerien, wo keine separaten Verfassungen existierten, wurden die Grundrechte durch das »Allgemeine Landrecht für die Preußischen Staaten« (ALR) von 1794 sowie durch das 1811 eingeführte »Allgemeine Bürgerliche Gesetzbuch für die gesamten Deutschen Erbländer der Österreichischen Monarchie« (ABGB) verbrieft.[86] Rechte wie die persönliche Freiheit, Glaubens- und Gewissensfreiheit oder auch Meinungs- und Pressefreiheit wurden zwar gewährt, konnten abhängig von der politischen Lage aber grundsätzlich beschnitten werden. Während den Polen im Großherzogtum Posen insbesondere nach dem Aufstand von 1848/49 Grundrechte abgesprochen wurden, fingen die Polen in Galizien-Lodomerien erst seit den Revolutionsjahren an, verstärkt umfangreiche bürgerliche Rechte und Freiheiten einzufordern.

Als ein Maßstab für die Haltung der Teilungsmächte gegenüber den Grundrechten kann v. a. die Verwendung der polnischen Sprache im öffentlichen Leben gelten. Während alle eigenständigen Verfassungen den Polen in der Verwaltung, im Gerichtswesen und in den Schulen den ungehinderten Gebrauch der polnischen Sprache zusicherten[87], mussten für das Großherzogtum Posen und das Königreich Gali-

---

83 Etwa Ajnenkiel, Konstytucje (wie Fn. 6), S. 109; Kallas, Historia (wie Fn. 6), S. 233. Unbeantwortet lässt diese Frage dagegen Kos-Rabcewicz-Zubkowski, Law (wie Fn. 7), S. 253.
84 Vgl. CD-ROM-2, Dok.-Nr. 9.2.1 (poln.)/9.2.2 (dt.) (wie Fn. 36), Art. 1 ff.
85 Vgl. CD-ROM-2, Dok.-Nr. 9.2.5 (wie Fn. 37), Art. 1 ff.
86 Piotr Jurek, Historia państwa i prawa polskiego. Źródła prawa, sądownictwo, Wrocław 2. Aufl. 1996, S. 65 f., 68 f.
87 Vgl. CD-ROM-2, Dok.-Nr. 9.2.3 (poln.)/9.2.4 (dt.) (wie Fn. 35), § 28; Dok.-Nr. 9.2.6 (poln.)/9.2.7 (dt.) (wie Fn. 27), Art. 34; Dok.-Nr. 9.2.1 (poln.)/9.2.2 (dt.) (wie Fn. 36), Art. 20; Dok.-Nr. 9.2.5 (wie Fn. 37), Art. 20.

zien-Lodomerien gesonderte Regelungen gefunden werden. Das Preußische Staatsministerium erließ daher am 14. April 1832 ein Regulativ zum Sprachgebrauch in den Administrationsbehörden des Großherzogtums Posen. Dieses gab der Verwendung des Deutschen, insbesondere im Schriftverkehr, den Vorzug.[88]

Vor einer besonderen Herausforderung stand die österreichische Sprachenpolitik in Galizien-Lodomerien, da hier nicht allein das Deutsche und das Polnische als Schrift- bzw. mündliche Sprache in Gebrauch waren, sondern auch das Ukrainische, Kirchenslawische, Lateinische, Jiddische und diverse Lokaldialekte.[89] Über die Sprache definierten sich der Status sowie die konfessionelle und soziale Zusammengehörigkeit ganzer Bevölkerungsgruppen: So war das Deutsche nicht nur die Verwaltungssprache Galiziens, sondern es symbolisierte als Sprache der herrschenden Dynastie auch das Haus Habsburg. Das Polnische wiederum war die Sprache des Adels und der katholischen polnischen Nation. Die dritte große Sprache, das Ukrainische, war das Kommunikationsmittel der ostgalizischen Bauern. Das Deutsche blieb – auch im Hinblick auf eine alle Nationalitäten einigende Lingua franca – die Sprache des Staates, wie sich etwa in der Kundmachung der Westgalizischen Gerichtsordnung von 1807 und des AGBG 1811 zeigte. Daneben avancierte Polnisch zur Sprache zweiten Ranges, zur »obersten Provinzsprache«: Gesetzestexte wurden fortan aus der deutschen Originalfassung ins Polnische übersetzt. Deutsch als ausschließliches Kommunikationsmittel kam v. a. im internen Behördendienst vor, aber auch in den Korrespondenzen der Kreisämter an die untergeordneten gutsherrlichen Verwaltungen.[90] Mit der Entscheidung, Deutsch den Vorrang zu geben, wurde einerseits die Zugehörigkeit zum Zentrum Wien ausgedrückt, andererseits dem Germanisierungsdruck der Ära Metternich nachgegeben.

Von den Grundrechten ausgeschlossen blieb in der Regel die jüdische Bevölkerung, sofern sie an ihrem traditionellen Lebensstil festhielt und nicht bereit war, sich zu assimilieren. Besonders deutlich wird dies am Beispiel Krakau. Hier lebten ca. 10.000 bis 13.000 Juden im traditionellen Judenviertel Kazimierz. 1830 betrug ihr Anteil gemessen an der Gesamtbevölkerung 30,9 Prozent, dieser wuchs bis zum Jahr 1850 auf knapp 40 Prozent an.[91] Die Politik der drei »Schutzmächte« gegenüber der

---

88 Vgl. CD-ROM-2, Dok.-Nr. 9.4.2 (Erlass über die Amts- und Verwaltungssprache im Großherzogtum Posen v. 14.4.1832). Vgl. auch Jan Wąsicki, Ziemie polskie pod zaborem pruskim. Wielkie Księstwo Poznańskie 1815–1848, Warszawa u. a. 1980, S. 226 ff.
89 Zur Sprachenvielfalt in Galizien vgl. Jan Fellerer, Mehrsprachigkeit im galizischen Verwaltungswesen (1772–1914). Eine historisch-soziolinguistische Studie zum Polnischen und Ruthenischen (Ukrainischen), Köln 2005.
90 Jan Fellerer, Sprache und Politik: Das galizische Verwaltungswesen (1772–1914), in: Österreichische Osthefte 46 (2004), S. 51-90, hier S. 66-73.
91 Andrea Schmidt-Rösler, Gesetzgebung und Politik gegenüber der jüdischen Bevölkerung in der Republik Krakau 1815–1846, in: Jahrbücher für Geschichte Osteuropas N.F. 41 (1993), S. 210-241, hier S. 211. Vgl. Janina Bieniarzówna, Wolne Miasto Kraków, in: dies./J. M. Małecki (Hg.), Dzieje Krakowa, Bd. 3: Kraków w latach 1796–1918, Kraków 1994, S. 39-175, hier S. 52 ff.

jüdischen Bevölkerung verfolgte drei Ziele: die Auflösung des »Staates im Staate«, die Assimilierung der Juden sowie die Veränderung ihres Sozialgefüges. Die rechtliche Basis bildete hierfür das am 1. Juni 1817 erlassene »Statut Starozakonnych«. Es bedeutete einen weitreichenden Eingriff in das Gemeinschaftsleben und die Persönlichkeitsrechte (bis hin zum Eherecht) der Krakauer Juden.[92] Um die Assimilierung zu fördern, ermöglichte es einem Teil der Juden, v. a. Akademikern, Künstlern, Händlern und Fabrikanten, den Erwerb des Krakauer Bürgerrechts. Dieses war an die Beherrschung der deutschen oder polnischen Sprache, an die Erziehung der Kinder nach christlichen Grundsätzen, einen Vermögensnachweis, die Praktizierung »moderner Bräuche« sowie das Ablegen der jüdischen Tracht gebunden. Wer das Bürgerrecht erwarb, unterlag nicht mehr den zahlreichen Beschränkungen des Statuts. Die Tatsache, dass bis zum Jahr 1843 nur 196 von ca. 13.000 Juden das Bürgerrecht erworben hatten[93], zeugt allerdings sowohl von der Verwurzelung der Krakauer Juden in traditionellen Bräuchen als auch vom Misserfolg der staatlichen Assimilierungsbestrebungen.

Eine ähnliche Politik betrieben Russland, Preußen und Österreich in den übrigen Teilungsgebieten. Im Königreich Polen verhalfen weder die Verfassung noch andere Gesetze den Juden zu einer gleichberechtigten Stellung. Im Gegenteil: Sowohl durch die Bevorzugung der christlichen Religionen als auch durch das Verbot, Juden zu öffentlichen Ämtern oder zur Offizierslaufbahn zuzulassen, geriet die jüdische Bevölkerung ins Hintertreffen. Seit 1823 galt zudem ein Gesetz, das ihr nur die Ansiedlung in jüdischen Wohnquartieren gestattete. Das Verlassen dieser Quartiere war lediglich durch den käuflichen Erwerb eines »Billets« möglich.[94] Alle Versuche, die Juden zu »europäisieren«, z. B. durch die Verpflichtung zum Militärdienst, scheiterten.[95] In Galizien-Lodomerien verhinderten verschiedene Dekrete, u. a. aus den Jahren 1821 und 1840, eine Beschäftigung von Juden in staatlichen, städtischen und gerichtlichen Institutionen sowie in öffentlichen Schulen. Bemühungen aufgeklärter jüdischer Kreise, Bildungseinrichtungen für die jüdische Bevölkerung einzurichten, erstickten in der Regel in langwierigen Genehmigungsverfahren seitens des Landesguberniums bzw. der Wiener Regierung.[96] Die österreichische Judenpolitik entfernte sich durch die politische Entmündigung der Juden mehr von ihrem Ziel der sprachlichen und kulturellen Assimilierung der Juden, als dass sie sich ihm näherte. In einer ähnlichen Lage befanden sich die Juden im Großherzogtum Posen. Hier war die preußische Regierung vor der Einführung des Emanzipationsedikts aus dem Jahr 1812, das für die jüdische Bevölkerung in den alten Provinzen Preußens Geltung erlangte, zurück-

---

92 Schmidt-Rösler, Gesetzgebung (wie Fn. 91), S. 231.
93 Ebd., S. 219.
94 Chwalba, Historia (wie Fn. 24), S. 261. Vgl. François Guesnet, Polnische Juden im 19. Jahrhundert. Lebensbedingungen, Rechtsnormen und Organisation im Wandel, Köln 1998, S. 189-192.
95 Piotr Wandycz, The Lands of Partitioned Poland, 1795–1918, Washington 4. Aufl. 1996, S. 111.
96 Isabel Röskau-Rydel, Galizien, Berlin 1999, S. 73 ff.

geschreckt, da die Zahl von ca. 52.000 Juden im Jahr 1816[97] in Posen vergleichsweise hoch war. Eine »Vorläufige Verordnung wegen des Judenwesens im Großherzogtum Posen« vom 1. Juni 1833 unterschied schließlich zwischen naturalisierten und nicht naturalisierten Juden. Alle nicht naturalisierten Juden mussten umfangreiche Beschränkungen in politischer, beruflicher, religiöser und privater Hinsicht in Kauf nehmen. Naturalisierte Juden hingegen näherten sich in ihrer Rechtslage der christlichen Bevölkerung an: Sie erhielten das Bürgerrecht, wurden nach ähnlichem Steuer- und Gewerberecht behandelt und durften in eine andere preußische Provinz übersiedeln.[98] Wegen der teilweise kaum erfüllbaren Anforderungen an die Bewerber um eine Naturalisation sowie langwieriger Behördenwege betrug der Anteil der naturalisierten Juden 1843 noch nicht einmal ein Fünftel aller in Posen lebenden Juden.[99]

5 Verwaltung

Die im Herzogtum Warschau nach französischem Vorbild eingeführte zentralistische und im Vergleich zur Adelsrepublik Polen-Litauen moderne Verwaltung[100] behielt das Königreich Polen mit einigen Abwandlungen bei. Das Territorium des Königreichs gliederte sich in die acht Wojewodschaften Masowien, Podlasien, Kalisz, Płock, Augustów, Lublin, Sandomierz und Krakau (ohne die Stadt Krakau), 39 Bezirke und 77 Kreise sowie zahlreiche Stadt- und Dorfgemeinden.[101] Auf der Ebene der Wojewodschaften wirkten die Wojewodschaftskommissionen, bestehend aus einem Präsidenten und mehreren Kommissaren. Sie besaßen umfangreiche Aufgaben in den Bereichen Wirtschaft, Handel, Industrie, Soziales, Infrastruktur, Städtebau u. Ä. An der Spitze der Städte, und zugleich auf der untersten Stufe der Staatsverwaltung, stand der Bürgermeister mitsamt den Schöffen sowie dem Stadtrat und sorgte für die Umsetzung der Gesetze. In den Dörfern war der Vogt (»Wójt«) als unterstes Glied der Staatsverwaltung für den Vollzug der Gesetze zuständig.[102] Die Verwaltung der Ge-

---

97 Diese Zahl entsprach ungefähr 42 Prozent aller in Preußen lebenden Juden. Vgl. Stefi Jersch-Wenzel, Zur Geschichte der jüdischen Bevölkerung in der Provinz Posen im 19. Jahrhundert, in: G. Rhode (Hg.), Juden in Ostmitteleuropa von der Emanzipation bis zum Ersten Weltkrieg, Marburg/Lahn 1989, S. 73-84, hier S. 73 f.
98 Vorläufige Verordnung wegen des Judenwesens im Großherzogthum Posen, 1.6.1833, in: Ludwig von Rönne/Heinrich Simon, Die früheren und gegenwärtigen Verhältnisse der Juden in den sämmtlichen Landestheilen des Preußischen Staates. Darstellung und Revision der gesetzlichen Bestimmungen über ihre staats- und privatrechtlichen Zustände, Breslau 1843, S. 305-309. Zur Situation der Juden in Posen vgl. auch Sophia Kemlein, Die Posener Juden 1815–1848. Entwicklungsprozesse einer polnischen Judenheit unter preußischer Herrschaft, Hamburg 1997.
99 Jersch-Wenzel, Geschichte (wie Fn. 97), S. 80.
100 Vgl. Tenzer/Pleitner, Polen (wie Fn. 33), S. 578 ff.
101 Vgl. die Karte bei Witkowski, Historia (wie Fn. 6), S. 147.
102 Vgl. CD-ROM-2, Dok.-Nr. 9.2.3 (poln.)/9.2.4 (dt.) (wie Fn. 35), Art. 83 f.

meinden regelte ein Erlass des Statthalters vom 30. Mai 1818, in welchem die Kompetenzen des Wójts und seine Verantwortung gegenüber der Regierungskommission für Inneres und Polizei (»Komisja Rządowa Spraw Wewnętrznych i Policji«) festgelegt wurden.[103]

Das Organische Statut aus dem Jahr 1832 behielt die Struktur der Verwaltung auf unterster Stufe zunächst bei. Der Administrationsrat auf höchster Ebene wurde gestärkt, indem er die nun nur noch drei Regierungskommissionen für Inneres, Kirche und Bildung, für Justiz sowie für Finanzen delegierte.[104] Die Zusammenlegung bzw. Auflösung einzelner Ressorts war eine Reaktion auf den Umsturzversuch von 1830/31. In diesem Zusammenhang hatte der Zar beispielsweise auch die polnische Armee in das russische Heer überführt, sodass die ohnehin unbedeutende, unter dem Einfluss des Großfürsten Konstantin stehende Regierungskommission für Kriegswesen (»Komisja Rządowa Wojny«) wegfiel. Wenige Jahre später kam es zu einer grundlegenden Umgestaltung der Territorialgliederung: 1837 wurden die acht Wojwodschaften nach russischem Vorbild in Gouvernements bzw. Gubernien umbenannt, und 1844 schließlich auf fünf reduziert.[105] Dies wie auch die weiter unten noch zu erläuternde Einführung russischen Rechts waren eindeutige Kennzeichen einer zunehmenden Russifizierung des Königreichs Polen.

Das Großherzogtum Posen bestand aus den zwei Regierungsbezirken Posen und Bromberg, die wiederum in 17 bzw. neun Kreise unterteilt waren. Lokale und überregionale Verwaltungsebenen, die bereits nach der Dritten Teilung Polens 1795 bestanden hatten, waren auch nach 1815 beibehalten worden. Im Zuge verstärkter Integrations- und Zentralisierungsbestrebungen seit 1831 drängte das Preußische Staatsministerium auf eine Entmachtung des polnischen Adels und die Bildung eines Beamtentums, das nur Preußen verpflichtet war und seinen Lohn aus der preußischen Staatskasse erhielt. Aus diesem Grund hob eine Kabinettsorder vom 10. Dezember 1836 die erst 1833 eingerichteten Wójtämter in den ländlichen Gebieten des Großherzogtums wieder auf. An die Stelle der Wójts sollten Distriktskommissare treten, die als Staatsbeamte vom Oberpräsidenten zu ernennen waren.[106] Für dieses Amt kamen insbesondere die königlichen Rentbeamten sowie gediente preußische Offiziere und Unteroffiziere in Betracht.[107] Diese Änderung schwächte den polnischen Adel, weil ihm das Recht auf Besetzung der Wójtämter und damit auch der Einfluss auf die niederen Polizeiorgane genommen wurde.

---

103 Vgl. CD-ROM-2, Dok.-Nr. 9.5.1 (Erlass des Statthalters betr. die Administration der Landgemeinden im Königreich Polen v. 30.5.1818).
104 Vgl. CD-ROM-2, Dok.-Nr. 9.2.6 (poln.)/9.2.7 (dt.) (wie Fn. 27), Art. 35.
105 Stanisław Wiech, Urząd general-gubernatora w Rosji i w Królestwie Polskim, in: Czasopismo Prawno-Historyczne 59 (2007), S. 51-86, hier S. 65 f.
106 Vgl. CD-ROM-2, Dok.-Nr. 9.5.2 (Kabinettsorder zur Bezirksverwaltung im Großherzogtum Posen v. 10.12.1836).
107 Martin Broszat, Zweihundert Jahre deutsche Polenpolitik, Frankfurt a. M. 1972, S. 102.

Die Stadtrepublik Krakau umfasste neben Krakau selbst insgesamt drei Städte, Chrzanów, Trzebnia und Nowa Góra, sowie 224 Dörfer. Diese wurden zur Optimierung der Verwaltung in insgesamt 26 Gemeinden, neun städtische und 17 ländliche, eingeteilt, die sich nach der Bevölkerungsgröße richteten.[108] Zusätzlich zu den genannten gab es zwei jüdische Gemeinden in Krakau, die ebenfalls administrativen Zwecken dienten, sich ansonsten aber außerhalb jeglicher politischer Partizipation befanden.[109] Der Senat der Freien Stadt Krakau entschied über die Besetzung sämtlicher administrativer Ämter. Er alleine war befugt, die Beamten auch wieder abzusetzen. Ihm gebührte ebenfalls das Recht, Beamte wegen Veruntreuung, Erpressung oder Dienstvergehen vor den obersten Gerichtshof zu bringen.[110] Jeder Gemeinde stand ein Wójt vor, dem die Vollstreckung der Anordnungen der Regierung und die lokale Gerichtsbarkeit oblagen. Der Wójt sollte unter allen Bürgern der Stadtrepublik frei gewählt werden.[111]

Die Verwaltung Galizien-Lodomeriens basierte auf den nach 1772 eingeführten und zu Beginn des 19. Jahrhunderts modernisierten Strukturen. Der zeitweilige Verlust dieser Territorien während der Napoleonischen Kriege, insbesondere deren Eingliederung in das Herzogtum Warschau, änderte hieran nichts: Sobald die Gebiete an Österreich zurückgekehrt waren, wurde die alte Verwaltungsorganisation wieder eingeführt und, von wenigen Änderungen abgesehen, bis zur Mitte des 19. Jahrhunderts beibehalten. An der Spitze der Verwaltung stand das Landesgubernium in Lemberg, das sich aus dem vom österreichischen Kaiser ernannten Gouverneur, einem Hofrat und 13 Gubernialräten zusammensetzte. Die Staatsverwaltung war Angelegenheit der elf k. k. Provinzialämter, die den verlängerten Arm der Wiener Hauptressorts bildeten. Kontrolliert wurden sie durch den Gouverneur, welcher außerdem die Polizeiorgane und das Postwesen beaufsichtigte.

Die nächstfolgende Verwaltungsebene gliederte sich seit 1809 in 19 Kreise, deren Grenzen immer wieder verändert wurden, um die stark differierenden Bevölkerungszahlen und Flächen der Kreise auszugleichen. Jeder Kreis verfügte über einen eigenen Verwaltungsapparat, der vom Kreishauptmann (»Starost«) angeführt wurde. Unterhalb der Kreise gab es nur noch die Magistrate der Städte und die Grundherrschaften auf dem Land. Die Territorialgliederung, v. a. die Kreiseinteilung, wurde beibehalten, bis die 1846 erfolgte Eingliederung Krakaus eine Umstrukturierung notwendig machte. Nachdem 1849 in allen österreichischen Ländern die Märzverfassung Gültigkeit

---

108 Vgl. Bieniarzówna, Wolne Miasto (wie Fn. 91), S. 42; Maciejewski, Historia (wie Fn. 6), S. 131. Vgl. auch die Zahlen bei Witkowski, Historia (wie Fn. 6), S. 267.
109 Sie besaßen im Gegensatz zu den anderen 26 Gemeinden z. B. nicht das Recht, Vertreter in die Repräsentantenversammlung zu wählen.
110 Vgl. CD-ROM-2, Dok.-Nr. 9.2.1 (poln.)/9.2.2 (dt.) (wie Fn. 36), Art. 8, 10; Dok.-Nr. 9.2.5 (wie Fn. 37), Art. 8, 10.
111 Vgl. CD-ROM-2, Dok.-Nr. 9.2.1 (poln.)/9.2.2 (dt.) (wie Fn. 36), Art. 9; Dok.-Nr. 9.2.5 (wie Fn. 37), Art. 9.

erlangt hatte, wurden Bezirkshauptmannschaften unterhalb der Kreise eingerichtet, die eine stärkere administrative Bindung aller Landesteile an die Zentrale in Wien gewährleisten sollten.[112]

6 Justiz

Nach der »Vierten Teilung« durch den Wiener Kongress existierte im geteilten Polen eine Vielfalt von Rechtssystemen verschiedenster Provenienz. Das Königreich Polen und die Freie Stadt Krakau, die eine Verfassung besaßen, konnten am längsten am eigenständigen Recht festhalten, während das Großherzogtum Posen und das Königreich Galizien-Lodomerien, die direkt unter die Herrschaft Preußens und Österreichs fielen, frühzeitig Versuchen ausgesetzt waren, »das Recht der Siegernationen mit dem Recht des besiegten Landes«[113] in Einklang zu bringen. Dies implizierte zwar einerseits die Eingliederung der genannten Territorien in die Verfassungs- und Rechtssysteme Preußens und Österreichs, bedeutete aber andererseits auch eine Partizipation an den dortigen Rechtsmodernisierungen.

Die Verfassung des Königreichs Polen von 1815 griff auf eine Errungenschaft des Herzogtums Warschau zurück[114], indem sie die völlige Unabhängigkeit der Richter von allen anderen Organen, mit Ausnahme des Königs, übernahm. Ein Teil der Richter wurde gewählt, ein anderer durch den König ernannt. Alle hatten jedoch ihr Amt auf Lebenszeit inne und konnten nur bei Verletzung der Dienstpflicht durch ein Gerichtsverfahren abgesetzt werden. Die Unabhängigkeit galt auch für die einzelnen Gerichte. Jede Gemeinde und jede Stadt verfügte über Zivil-, Straf- und Handelsgerichte, ebenso jede Wojewodschaft. Um die Gerichte vor übermäßig vielen Prozessen zu schützen, wurde das Amt des Friedensrichters (»Sędzia Pokoju«) eingeführt, der zwischen den Streitparteien schlichten sollte. In zweiter Instanz waren zwei Appellationshöfe tätig, die über Zivil-, Straf- und Handelsdelikte entschieden. Die dritte und letzte Instanz schließlich bestand aus dem Obersten Gerichtshof (»Sąd Najwyższy«) in Warschau. Ihm saßen Senatoren und vom König ernannte Richter bei.[115] Staatsverbrechen, wie z. B. Verstöße gegen die Verfassung, gelangten per Senatsbeschluss vor den Nationalen Gerichtshof, der aus den Senatoren bestand.[116] Das Organische Statut aus dem Jahr 1832 beließ die Gerichte der unteren Instanzen größtenteils in ihrem bisherigen Zustand. Strafsachen hingegen kehrten in den Wojewodschaften an

---

112 Zur Verwaltungseinteilung, insbesondere zu den Kreisen, vgl. Rudolf A. Mark, Galizien unter österreichischer Herrschaft. Verwaltung – Kirche – Bevölkerung, Marburg/Lahn 1994, S. 4-11.
113 Witkowski/Wrzyszcz, Modernisierung (wie Fn. 64), S. 251.
114 Vgl. Tenzer/Pleitner, Polen (wie Fn. 33), S. 583.
115 Vgl. CD-ROM-2, Dok.-Nr. 9.2.3 (poln.)/9.2.4 (dt.) (wie Fn. 35), §§ 138-152.
116 Ebd., §§ 116.

die an das Rechtssystem der alten Adelsrepublik angelehnten Grodgerichte (»Sądy Grodzkie«) zurück.[117]

Die Verfassung der Freien Stadt Krakau aus dem Jahr 1815 bzw. 1818 garantierte eine nahezu unabhängige Justiz. Ein Gerichtshof erster Instanz und ein Appellationsgerichtshof zweiter Instanz hatten über alle Fälle zu entscheiden. Ein Teil der Richter übte das Amt auf Lebenszeit aus, der andere Teil stellte sich in regelmäßigen Abständen zur Wahl durch die Repräsentantenversammlung bzw. die einzelnen Stadt- und Landgemeinden. Alle Verfahren waren öffentlich.[118] In Fällen von Dienstrechtsverletzung oder Missbrauch durch Beamte konnte die Repräsentantenversammlung mit einer Stimmenmehrheit von zwei Dritteln die Zusammenkunft des Obersten Gerichtshofs einfordern. Dieser setzte sich aus fünf durch das Los bestimmte Repräsentanten, drei Senatoren, den Präsidenten der beiden Gerichtshöfe, vier Friedensrichtern sowie drei Bürgern, die der Angeklagte selbst bestimmen durfte, zusammen.[119]

Nach dem Sturz Napoleons und dem Ende des Herzogtums Warschau wurde der französische Code civil, auch Code Napoléon genannt, im Königreich Polen zunächst stillschweigend beibehalten. Bestrebungen Russlands, ihn durch ein russisches Gesetzbuch zu ersetzen, scheiterten frühzeitig: Zwar stießen Pläne zur Kodifikation eines neuen Rechts anfangs auf ein positives Echo. Eine »Gesetzgebende Kommission« wurde gebildet, deren Aufgabe in dem Entwurf neuer Gesetzbücher lag. Tatsächlich gab es jedoch schon bald Widerstand gegen die Abschaffung des französischen Rechts. Die Urheber waren insbesondere unter den polnischen Beamten und Juristen zu finden, welche die Vorteile der französischen Gesetzgebung für die wirtschaftliche Entwicklung Polens[120] schätzen gelernt hatten und einen Rückschritt durch die Einführung russischer Gesetze fürchteten. Befürworter einer Rückkehr zum Recht aus der Zeit vor den Teilungen Polens fanden ebenfalls kaum Unterstützung, weil man die Wiedereinführung des Gesellschaftssystems der Adelsrepublik ablehnte[121], und so einigte man sich schließlich auf eine Umarbeitung des 1808 im Herzogtum Warschau eingeführten Code civil. Teile der französischen Kodifikation wurden am 13. Juni 1825 durch ein in russischer bzw. polnischer Sprache abgefasstes

---

117 Vgl. CD-ROM-2, Dok.-Nr. 9.2.6 (poln.)/9.2.7 (dt.) (wie Fn. 27), Art. 65.
118 Vgl. CD-ROM-2, Dok.-Nr. 9.2.1 (poln.)/9.2.2 (dt.) (wie Fn. 36), Art. 17; Dok.-Nr. 9.2.5 (wie Fn. 37), Art. 17.
119 Vgl. CD-ROM-2, Dok.-Nr. 9.2.1 (poln.)/9.2.2 (dt.) (wie Fn. 36); Dok.-Nr. 9.2.5 (wie Fn. 37), Art. 10, 16.
120 Vgl. Tenzer/Pleitner, Polen (wie Fn. 33), S. 599 f.
121 Lesław Pauli, Polen, in: H. Coing (Hg.), Handbuch der Quellen und Literatur der neueren europäischen Privatrechtsgeschichte, Bd. 3: Das 19. Jahrhundert, 2. Teilbd.: Gesetzgebung zum allgemeinen Privatrecht und zum Verfahrensrecht, München 1982, S. 2099-2140, 2805-2817, hier S. 2105. Vgl. Claudia Kraft, Europa im Blick der polnischen Juristen. Rechtsordnung und juristische Profession in Polen im Spannungsfeld zwischen Nation und Europa 1918–1939, Frankfurt a. M. 2002, S. 41.

Bürgerliches Gesetzbuch ersetzt.[122] Änderungen gab es v. a. dort, wo das französische Recht den neuen wirtschaftlichen und gesellschaftlichen Gegebenheiten des Königreichs oder den religiösen Glaubensgrundsätzen der Polen entgegenstand. So wurde etwa die kirchliche Eheschließung wiederhergestellt, die Ehescheidung hingegen beseitigt. Das neue Gesetzbuch wies die Jurisdiktion in Ehesachen der Zivilgerichtsbarkeit zu.[123] Zwei weitere Gesetze, das Liegenschaftsgesetz von 1818 und das Hypothekenrecht von 1825[124], ergänzten das neue Zivilrecht.

Nach dem Novemberaufstand wurde die Kodifizierungsarbeit nach Russland verlegt: 1833 erfolgte die Gründung einer Kommission, deren Aufgabe die vollständige Revision des französischen Rechts und der Entwurf eines komplett neuen Rechts für das Königreich Polen war. In ihr saßen zwar auch Polen, aber im Grunde war sie ein russisches Organ. Die von ihr ausgehenden Gesetzesentwürfe beabsichtigten eine Angleichung an das russische Recht. Seit 1832 wurde daher der »Dziennik Praw Królestwa Polskiego«, das seit 1816 erscheinende Gesetzblatt für Polen, in einer russisch-polnischen Fassung herausgegeben.[125] Während im Zivilrecht der 1836 erfolgte Austausch des erst 1825 erlassenen polnischen Eherechts durch russisches Recht für lange Zeit die einzige Neuerung darstellte[126], erfolgte im Bereich des Strafrechts ein zwar später, dafür aber umso deutlicherer Schnitt: 1847 hob ein Strafgesetzbuch nach russischem Vorbild das 1818 kodifizierte polnische Strafrecht wieder auf.[127] Die komplette Angleichung an russisches Recht erfolgte 1876 mit der Ausdehnung des russischen Strafgesetzbuches von 1866 auf das nun als »Weichselland« (»Kraj Przywiślański«) bezeichnete Kongresspolen. In der Praxis allerdings fand das russische Strafrecht kaum Anwendung. Der Zar stützte sich stattdessen auf Sondererlasse, die ihm beispielsweise die Bestrafung liberaler und nationalpolnischer Aktivitäten erleichterten.[128]

Die Freie Stadt Krakau zählte nach 1815 ebenfalls zum französischen Rechtsgebiet. Da die Teilungsmächte das französische Recht als Hinterlassenschaft der napoleoni-

---

122 Georg Geilke, Zur polnischen Rechtsgeographie, in: Jahrbuch für Ostrecht 4 (1963), S. 105-175, hier S. 108. Teile des Code civil hatten in Polen noch bis zum Jahr 1946 Gültigkeit. Vgl. Barbara Dölemeyer, »Cést toujours le français qui fait la loi« – Originaltext und Übersetzung, in: dies. u. a. (Hg.), Richterliche Anwendung des Code civil in seinen europäischen Geltungsbereichen außerhalb Frankreichs, Frankfurt a. M. 2006, S. 1-36, hier S. 19.
123 Vgl. CD-ROM-2, Dok.-Nr. 9.6.2 (Zivilgesetzbuch für das Königreich Polen v. 1825), Art. 143.
124 Pauli, Polen (wie Fn. 121), Bd. 3.2, S. 2128 f.
125 Ebd., S. 2120 f.
126 Vgl. CD-ROM-2, Dok.-Nr. 9.6.3 (Gesetz über die Ehe im Königreich Polen v. 16.3.1836).
127 Vgl. CD-ROM-2, Dok.-Nr. 9.6.4 (Strafgesetzbuch für das Königreich Polen v. 1847). Vgl. Herbert Küpper, Einführung in die Rechtsgeschichte Osteuropas, Frankfurt a. M. 2005, S. 287. Im Zarenreich war das russische Strafgesetzbuch 1845 erlassen worden. – Einen Überblick über die Einführung der verschiedenen Gesetzbücher bietet Dariusz Makiłła, Historia prawa w Polsce, Warszawa 2008, S. 360-363, 379 f., 382 f.
128 Kraft, Europa (wie Fn. 121), S. 43.

schen Usurpation betrachteten[129], übertrugen sie der Repräsentantenversammlung gemäß Verfassung die Aufgabe, neue Zivil-, Straf- und Prozesskodizes abzufassen.[130] Einzelne Änderungen betrafen v. a. das Hypotheken-, Vormundschafts- und Bergrecht. Das Krakauer Gesetzblatt, der »Dziennik Rządowy Rzeczypospolitej Krakowskiej«, erschien während der gesamten Unabhängigkeit Krakaus in polnischer Sprache.[131] Erst die Einverleibung Krakaus in das österreichische Staatsgebiet setzte dem französischen Recht ein Ende: Am 29. September 1855 erlangte das seit 1811 im österreichischen Teil der Monarchie geltende ABGB auch in Krakau Gültigkeit.[132]

Für Galizien-Lodomerien bedeutete der Wiener Kongress keinen Einschnitt, denn nach wie vor galt hier österreichisches Recht.[133] 1811 war das ABGB in Galizien-Lodomerien eingeführt worden und hatte die Bürgerlichen Gesetzbücher für West- und Ostgalizien abgelöst. Das österreichische Strafgesetzbuch hatte hier bereits seit 1803 Gültigkeit.[134] Die Wiener Behörden erklärten bei Einführung des ABGB die deutsche Fassung zur Urfassung, kündigten aber zeitnahe Übersetzungen in verschiedene Landesprachen an. Da es jedoch eine Reihe von Fällen gab, die nach den alten Gesetzen zu behandeln waren, wurden v. a. in den niederen Instanzen weiterhin polnische Juristen benötigt. Von einer Germanisierung des Rechtswesens in Galizien-Lodomerien war daher zunächst nichts zu spüren, zumal Latein die vorherrschende Gerichtssprache blieb.[135] Das ABGB war seinem Inhalt nach modern und rückständig zugleich: Während die verbrieften bürgerlichen Freiheits- und Eigentumsrechte von den Ideen der Aufklärung durchdrungen waren, konservierte das Gesetzbuch zugleich die alte Ständegesellschaft.[136]

Im Großherzogtum Posen führte ein Patent König Friedrich Wilhelms III. am 9. November 1816 sämtliche preußischen Gesetze wieder ein. Am 1. März 1817 erlangte erneut das schon 1797 eingeführte ALR Gültigkeit, welches das französische Recht aufhob. Fortan galt der 1. März 1817 bei der Behandlung von Rechtsfragen als Stichtag. Das Vertragsrecht war hiervon ebenso berührt wie das Erb-, Ehe- oder Schuldrecht. Dasselbe Patent legte zum genannten Stichtag die Zuständigkeiten der Justizorgane fest: Neben Friedensgerichten, die bei juristisch nicht eindeutigen Fällen tätig werden konnten, wurden Landgerichte für Strafsachen in zweiter Instanz errich-

---

129 Pauli, Polen (wie Fn. 121), Bd. 3.2, S. 2104.
130 Vgl. CD-ROM-2, Dok.-Nr. 9.2.1 (poln.)/9.2.2 (dt.) (wie Fn. 36), Art. 12; Dok.-Nr. 9.2.5 (wie Fn. 37), Art. 12.
131 Küpper, Einführung (wie Fn. 127), S. 289.
132 Geilke, Rechtsgeographie (wie Fn. 122), S. 114. Vgl. auch Makiłła, Historia (wie Fn. 127), S. 364 f.
133 Die gesamte Periode zwischen 1772 und 1848 beleuchtet unter rechtshistorischem Gesichtspunkt Stanisław Grodziski, Źródla prawa w Galicji w latach 1772–1848, in: Czasopismo Prawno-Historyczne 16 (1964), S. 175-187.
134 Ebd., S. 180 ff. Vgl. auch Makiłła, Historia (wie Fn. 127), S. 374 ff.
135 Kraft, Europa (wie Fn. 121), S. 53 f.
136 Helmut Slapnicka, Österreichs Recht außerhalb Österreichs. Der Untergang des österreichischen Rechtsraums, Wien 1973, S. 65.

tet und ein Oberappellationsgericht in Posen, das für die Fortführung der Strafrechtsfälle sowie in dritter Instanz für Fälle zivilrechtlicher Art zuständig war.[137] Da das ALR völlig ohne Einfluss durch französisches Recht geblieben war, galt es in vielen Teilen als vorbürgerlich und rückständig. Gesetzliche Neuerungen wurden erst Mitte des 19. Jahrhunderts in Angriff genommen: 1845 erschien eine neue Gewerbeordnung, 1848 eine Wechselordnung, 1861/69 ein Allgemeines Handelsgesetzbuch sowie 1865 ein Berggesetz. Ein neues, liberaleres Strafgesetzbuch wurde 1851 eingeführt.[138]

7 Militär

Napoleons Krieg gegen Russland hatte etliche tausend polnische Soldaten, die als Teil der Grande Armée am Russlandfeldzug teilgenommen hatten, gebunden. Ein »Militärisches Organisationskomitee« war in den Jahren 1813 bis 1815 damit beschäftigt, die aus der napoleonischen Armee, den anderen Teilungsgebieten oder aus der Gefangenschaft nach Polen zurückkehrenden Soldaten zu registrieren und zu versorgen. Zar Alexander I. stellte den Rückkehrern frei, den Dienst zu quittieren oder aber unter dem neuen Oberbefehlshaber des polnischen Heeres, Großfürst Konstantin, zu dienen. Für die 20.000 bis 24.000 Soldaten in wehrfähigem Alter[139] regelte die Verfassung des Königreichs Polen den Übergang, indem sie eine separate polnische Armee mit eigenen Uniformen errichtete. Auch die militärischen Orden wurden beibehalten. Um die Verwendung polnischer Soldaten im Ausland einzuschränken, legte die Konstitution außerdem fest, dass das polnische Heer nicht außerhalb Europas eingesetzt werden dürfe.[140] Seit 1819 wurden neue Rekruten eingezogen. Alle Männer ab dem 19. Lebensjahr galten als wehrpflichtig. Das Los entschied darüber, wer tatsächlich eingezogen wurde und wer nicht. Die Dienstzeit betrug acht Jahre. Durch die Praxis der jährlichen Konskription erneuerte sich die Armee jeweils um ein Achtel.[141]

Die polnische Armee umfasste zu Friedenszeiten maximal 28.000 Soldaten, Offiziere und Generäle. Infanterie, Kavallerie und Artillerie verteilten sich auf 13 Batterien und 96 Abteilungen. Die Ausrüstung der Armee war modern, belastete aber den Haushalt des Königreichs Polen mit 40 bis 50 Prozent aller Ausgaben.[142] Zu Unstimmigkeiten zwischen Großfürst Konstantin und der Regierungskommission

---

137 Vgl. CD-ROM-2, Dok.-Nr. 9.6.1 (Patent zur Wiedereinführung der preußischen Gesetzgebung im Großherzogtum Posen v. 9.11.1816), § 22. Zu den einzelnen Gerichten vgl. Wąsicki, Ziemie (wie Fn. 88), S. 211-223.
138 Küpper, Einführung (wie Fn. 127), S. 284. Vgl. auch Makiłła, Historia (wie Fn. 127), S. 368-372.
139 Bertrand Michael Buchmann, Militär – Diplomatie – Politik. Österreich und Europa von 1815 bis 1835, Frankfurt a. M. 1991, S. 321.
140 Vgl. CD-ROM-2, Dok.-Nr. 9.2.3 (poln.)/9.2.4 (dt.) (wie Fn. 35), §§ 10, 156.
141 Buchmann, Militär (wie Fn. 139), S. 322.
142 Chwalba, Historia (wie Fn. 24), S. 260.

für Kriegswesen kam es hinsichtlich der Ausbildung der Soldaten. Während die Regierungskommission, einer alten Tradition gemäß, von allen Offiziersanwärtern den Abschluss mindestens der Mittelschule verlangte, um auf diese Weise für ihre Verankerung in der polnischen Gesellschaft zu sorgen, wollte Konstantin gerade durch die Einrichtung von Kadettenschulen eine Absonderung von der einheimischen Bevölkerung erreichen.[143] Der Erfolg dieser Separierung zeigte sich während des Novemberaufstands: Zahlreiche höhere Offiziersränge wollten die revolutionäre Erhebung nicht unterstützen. Dennoch nahm der Zar dieses Ereignis zum Anlass, die polnische Armee kurzerhand aufzulösen. Das Organische Statut von 1832 vereinigte das polnische Heer mit dem russischen.[144] Dieser Umstand ermöglichte es dem Zaren, zum einen den Militärdienst für polnische Soldaten auf 25 Jahre zu erhöhen und sie zum anderen in russischen Krisengebieten, etwa im Kaukasus, einzusetzen.

Das österreichische Heer rekrutierte sich aus allen Landesteilen der Habsburgermonarchie. Für die »altkonskribierten Länder«, zu denen Galizien-Lodomerien zählte, galt seit 1781 ein umfangreiches Konskriptions- und Werbbezirkssystem, auf dessen Grundlage wehrpflichtige männliche Staatsbürger eingezogen wurden. Als wehrpflichtig galten alle Männer ab dem 19. Lebensjahr, mit Ausnahme von Geistlichen, Adligen, Beamten, angesehenen Bürgern, Bauern mit einem Besitz ab einer bestimmten Größe sowie Vätern von halbwaisen Kindern. Nach den territorialen Veränderungen infolge des Wiener Kongresses wurde eine Neueinteilung der Werbbezirke notwendig. Diese Reform trat 1817 in Kraft und blieb bis 1852 bestehen: Die Habsburgermonarchie wurde in 79 Werbbezirke eingeteilt, von denen jeder 370.000 bis 400.000 Einwohner umfasste. Jeder Landesteil hatte die Armee nach einem bestimmten Verteilerschlüssel zu unterstützen.[145] In jedem dritten Jahr erfolgten Konskriptionen unter allen Männern zwischen dem 19. und 29. Lebensjahr, und das Los entschied, wer Stellung nehmen musste. Die Befreiung von der Wehrpflicht wurde jetzt auch auf Ärzte, Lehrer und Söhne, die für ihre Eltern sorgen mussten, ausgedehnt. Möglich wurde dies, weil trotz beschränkter Dienstzeit – in der Regel 14 Jahre – nur ein Drittel bis ein Fünftel der wehrpflichtigen Männer eingezogen zu werden brauchte. 1816 zählte die k. k. österreichische Armee knapp 212.000 Soldaten, dies entsprach in etwa einem bis anderthalb Prozent der Gesamtbevölkerung.[146] Polen,

---

143 Claudia Kraft, Polnische militärische Eliten in gesellschaftlichen und politischen Umbruchsprozessen 1772–1831, in: H. Schnabel-Schüle/A. Gestrich (Hg.), Fremde Herrscher – fremdes Volk. Inklusions- und Exklusionsfiguren bei Herrschaftswechseln in Europa, Frankfurt a. M. 2006, S. 271-295, hier S. 291. Zur militärischen Ausbildung vgl. Eligiusz Kozłowski/Mieczysław Wrzosek, Dzieje oręża polskiego (1794–1938), Warszawa 1973, S. 106-109.
144 Vgl. CD-ROM-2, Dok.-Nr. 9.2.6 (poln.)/9.2.7 (dt.) (wie Fn. 27), § 20.
145 Stanisław Grodziski, Historia ustroju społeczno politycznego Galicji 1772–1848, Wrocław u. a. 1971, S. 251, nennt für Galizien-Lodomerien eine Gruppengröße von 23.000 Soldaten, allerdings ohne Jahresangabe.
146 Buchmann, Militär (wie Fn. 139), S. 149.

die hier Dienst taten, wurden mit österreichischen Dienstvorschriften, v. a. aber mit der deutschen Sprache konfrontiert, was häufig zu Problemen führte. Daher war bei den Rekruten in Friedenszeiten die Praxis sehr beliebt, sich durch eine Befreiungstaxe oder durch die Anheuerung eines Stellvertreters vom Militärdienst freizukaufen. Neben der Einziehung der Wehrpflichtigen gab es auch den freiwilligen Eintritt in die Armee, wie ihn hauptsächlich Adlige praktizierten, die eine Offizierslaufbahn einzuschlagen beabsichtigten. Dies änderte sich jedoch 1848 mit der Einführung der Wehrpflicht auch für den Adel. 1835 wurde das wehrpflichtige Mindestalter auf das 20. Lebensjahr erhöht, und ab 1845 erfolgte nochmals eine drastische Dienstzeitverkürzung von 14 auf acht Jahre.[147]

Noch auf dem Wiener Kongress beschloss die preußische Regierung, dass das Großherzogtum Posen eine neue Provinz Preußens bilden solle und dass es demgemäß wie alle anderen Provinzen auch einen Beitrag zum preußischen Heer (Landwehr) leisten müsse. Daher galt für alle männlichen Bewohner des Großherzogtums seit Einführung der Kriegsverfassung am 4. Dezember 1816 die Wehrpflicht. Ähnlich wie im Königreich Polen und in Galizien-Lodomerien wurde aber auch hier nur ein geringer Teil der Rekruten tatsächlich eingezogen. Zeitweise, wie etwa nach dem Novemberaufstand, war in der preußischen Rekrutierungspolitik eine offensichtliche Zurückhaltung gegenüber der polnischen Bevölkerung spürbar. Die preußischen Behörden setzten offensichtlich kein Vertrauen in die Loyalität polnischer Soldaten, insbesondere nicht in den polnischen Adel, der die Offiziersriege stellte. In den 1830er- und 1840er-Jahren erfolgten daher teilweise mehrjährige Verlegungen von Regimentern aus dem Großherzogtum Posen in die Rheinprovinzen, um auf diese Weise die Zahl polnischer Wehrdienstanwärter zu reduzieren.[148]

Der Freien Stadt Krakau hatten die drei Teilungsmächte in Artikel 6 des Zusatzvertrages vom 3. Mai 1815 Neutralität zugesichert. Zugleich versprachen sie, das Territorium Krakaus niemals zu besetzen. Für den militärischen »Schutz« waren ebenfalls sie zuständig. Um die Sicherheit innerhalb des Krakauer Territoriums zu gewährleisten, wurde eine Stadtmiliz eingerichtet, die von einem kampferprobten Offizier angeführt werden sollte. In den ländlichen Gebieten patrouillierten Gendarmen.[149] Insgesamt dienten in der Miliz 300 Fußsoldaten sowie 40 berittene Gendarmen. Ihr Aufgabenbereich umfasste polizeiliche Tätigkeiten, die Bewachung von öffentlichen Gebäuden sowie Ehrenwachen. Die Milizionäre wurden geworben, und ihre Dienstzeit betrug sechs Jahre. Sie unterstanden dem Oberbefehl des Senatspräsidenten. Der

---

147 Ebd., S. 144-148.
148 Jens Boysen, Preußische Armee und polnische Minderheit. Royalistische Streitkräfte im Kontext der Nationalitätenfrage des 19. Jahrhunderts (1815–1914), Marburg 2008, S. 14 f.
149 Vgl. CD-ROM-2, Dok.-Nr. 9.2.1 (poln.)/9.2.2 (dt.) (wie Fn. 36), Art. 22; Dok.-Nr. 9.2.5 (wie Fn. 37), Art. 22.

Senat ernannte den Kommandanten, der die unmittelbare Befehlsgewalt innehatte.[150] Nach dem Novemberaufstand wurden Milizionäre, welche die Aufständischen unterstützt hatten, aus dem Dienst entfernt. Die reorganisierte Miliz unterstand seither dem Oberbefehl der »Konferenz der Residenten«, und die unmittelbare Befehlsgewalt ging 1836 an einen österreichischen Major über. Als k. k. Miliz war sie ab 1839 Teil der Polizeiorgane mit strafrechtlichen Kompetenzen. Die Einverleibung Krakaus 1846 bedeutete das Aus für die Stadtmiliz. Lediglich die Gendarmen übten bis 1850 noch in Krakauer Uniform ihren Dienst aus, bis auch ihre Einheit aufgelöst wurde.[151]

8 Verfassungskultur

Die Verfassungen des Königreichs Polen und der Freien Stadt Krakau spielen im kollektiven Gedächtnis der Polen im Gegensatz zur Maiverfassung von 1791 keine Rolle. Als oktroyierte Konstitutionen, die ohne verfassungsgebende Versammlungen und damit ohne Willensbildung der Polen zustande gekommen waren, standen sie von Beginn an im Schatten der Maiverfassung. Diese galt als die »erste demokratische Verfassung Europas«, und bereits am Anfang des 19. Jahrhunderts setzte ihre Idealisierung ein. Der 3. Mai war fortan ein Feiertag. Etliche Gemälde, literarische Werke, Theaterstücke und Lieder glorifizierten die Maiverfassung. Russland, Preußen und Österreich war daran gelegen, die Erinnerung an diese Konstitution zu unterbinden. Dies lag weniger an den demokratischen Prinzipien, die sie verkörperte, als vielmehr an ihrer Symbolkraft. Denn als Ergebnis des letzten Aufbäumens gegen die Teilungsmächte stand sie für die nationale Unabhängigkeit der Polen. Das Festhalten an der Maiverfassung wurde besonders deutlich, als während des Novemberaufstands ihr Text öffentlich auf einem Podest vor dem Warschauer Königsschloss ausgelegt wurde. Vor dem Sockel deponierte man russische Fahnen, die während der Kämpfe erbeutet worden waren.[152] Nach dem Novemberaufstand und seinen Folgen, dem Organischen Statut von 1832 und der Krakauer Verfassung von 1833 – beides Sinnbilder für die »negative Polen-Politik«[153] der Teilungsmächte –, gewann der 3. Mai in Kongresspolen und in Krakau nochmals an Bedeutung. An diesem Gedenktag versammelte

---

150 Wojciech M. Bartel, Ustrój i prawo Wolnego Miasta Krakowa (1815–1848), in: J. Bardach/M. Senkowska-Gluck (Hg.), Historia państwa i prawa polski, Bd. 3: Od rozbiorów do uwłaszczenia, Warszawa 1981, S. 793-833, hier S. 812.
151 Vgl. zur Miliz Władysław Namysłowski, Milicya Wolnego Miasta Krakowa 1815–1846, Kraków 1913.
152 Im Warschauer Königsschloss hatten bis 1795 der Sejm und der Senat getagt. Vgl. Jan Kusber, Vom Projekt zum Mythos: Die polnische Maiverfassung 1791, in: Zeitschrift für Geschichtswissenschaft 52 (2004), S. 685-699, hier S. 692. Vgl. auch Tenzer/Pleitner, Polen (wie Fn. 33), S. 587-591.
153 Zum Schlagwort »negative Polen-Politik« vgl. Zernack, Polen (wie Fn. 65).

man sich unter Missachtung staatlicher Anordnungen – häufig nur in privatem Rahmen – und sang patriotische Lieder, um die Maiverfassung zu würdigen.

Die Stellung Kongresspolens als Teil des Russischen Reiches zeigte sich bereits in der Gestaltung des neuen Wappens, das die russische Hegemonie verkörperte: Auf der Brust des von drei Kronen gekrönten doppelköpfigen Adlers des Russischen Reiches wurde das Wappen Polens montiert. Es zeigt den weißen Adler auf rotem Schild, auf dem Haupt eine goldene Krone. Der rote Schild ist umgeben von den Krönungsregalien Russlands, der Zarenkrone und der Kette des Andreasordens; beide sind mit dem weißen Adler verziert (☞ Abb. 9.4). An separaten Ehrenzeichen behielt das Königreich Polen alle bürgerlichen und militärischen Orden, v. a. den Orden des weißen Adlers (»Order Orła Białego«), den Sankt-Stanislaw-Orden (»Order Świętego Stanisława«) sowie das Militärkreuz. Daneben trug das polnische Militär weiterhin landestypische Uniformen.[154] Ausdruck der konstitutionellen Monarchie war die Verpflichtung des Zaren zur Krönung in Warschau und zum Schwur auf die Verfassung.[155] Auch für den Statthalter, die Minister der Regierungskommissionen und den Minister Staatssekretär war der Eid auf die Konstitution obligatorisch.[156] Als Zar Alexander I. im November 1815 mit polnischer Uniform und dem Orden des weißen Adlers bekleidet in Warschau Einzug hielt, um den Eid auf die Konstitution zu schwören und seine Herrschaft als König von Polen anzutreten[157], schürte er zunächst noch die Hoffnungen der Polen auf eine Wiederherstellung der nationalen Selbstständigkeit.

Abb. 9.4 Das Wappen des Königreichs Polen 1815–1864

Die revolutionäre Erhebung in den Jahren 1830/31 kann nicht nur als politischer, sondern auch als Wendepunkt in der konstitutionellen Entwicklung des Königreichs Polen angesehen werden. Im Verlauf des Aufstands kam es von polnischer Seite mehrfach zu Verstößen gegen die eigene Verfassung, deren Höhepunkt schließlich am 25. Januar 1831 mit der Ab-

---

154 Vgl. CD-ROM-2, Dok.-Nr. 9.2.3 (poln.)/9.2.4 (dt.) (wie Fn. 35), §§ 156, 160.
155 Ebd., § 45.
156 Ebd., §§ 57-62, 70.
157 Zu Ehren der Proklamation der Verfassung fanden in Warschau zahlreiche Feierlichkeiten statt. Vgl. Jan Kusber, Kann der Zar König von Polen sein? Zur Diskussion um die Stellung »Kongresspolens« in den polnischen und russischen Eliten nach dem Wiener Kongress, in: Schnabel-Schüle/Gestrich (Hg.), Herrscher (wie Fn. 143), S. 253-270, hier S. 256-260.

setzung des Zaren und seiner Familie durch den Sejm erreicht wurde.[158] Äußerlich vollzogen die Aufständischen einen Bruch, indem sie ein Wappen wählten, das mit dem Vorgänger (und Nachfolger) kaum noch Gemeinsamkeiten aufwies. Das neue Wappen lehnte sich an das der »Rzeczpospolita« an und war völlig frei von russischen Symbolen. Es bestand nur noch aus einem gekrönten roten Schild, das linker Hand der weiße Adler und rechter Hand Vytis, der angreifende Ritter, der an die Realunion mit Litauen erinnern sollte, zierten.[159]

Das Organische Statut von 1832, das die konstitutionelle Monarchie wiederherstellte, enthielt als verpflichtendes Element für den Zaren nur noch die Königskrönung. Allerdings ersetzte es Warschau durch Moskau als Krönungsort. Eine Delegation aus Kongresspolen sollte stellvertretend für alle Polen der Zeremonie beiwohnen.[160] Der zuvor obligatorische Eidesschwur für den König und die ranghöchsten Beamten war vollständig abgeschafft worden – da das Organische Statut die entscheidenden Machtbefugnisse in der Hand des Zaren bündelte, war der Schwur auf die Verfassung ohnehin bedeutungslos. Während man nach der Niederschlagung des Novemberaufstands zum Wappen Kongresspolens von 1815 zurückkehrte, wurden die polnischen Orden allesamt nach russischem Vorbild umgestaltet und in das russische Ordenssystem eingegliedert.

Krakau war von den Auswirkungen des Novemberaufstands insofern betroffen, als der Einfluss der Teilungsmächte nun omnipräsent wurde. Obwohl 1833 eine neue Verfassung Gültigkeit erlangte, hielt man jedoch an der seit 1818 jährlich am 11. September stattfindenden Konstitutionsfeier fest. Diese Feierlichkeiten wurden von höchster Stelle angeordnet und sollten das in der Bevölkerung fest verankerte Gedenken an die Maiverfassung von 1791 überlagern. Gleichwohl beteiligte sich außer den öffentlichen Würdenträgern kaum jemand daran. So kam es, dass zwar alle Beamten und Soldaten der Teilungsmächte für den Umzug durch die Stadt aufgeboten wurden, der Festzug aber immer lückenhafter wurde und die Straßen nahezu menschenleer waren.[161] Erst 1846, mit der Einverleibung Krakaus durch Österreich, wurden die Konstitutionsfeiern abgeschafft.

---

158 Vgl. CD-ROM-2, Dok.-Nr. 9.8.2 (wie Fn. 26). Vgl. auch Karpińska, Małgorzata: »Nie ma Mikołaja!« Starania o kształt sejmu w powstaniu listopadowym 1830–1831, Warszawa 2007.
159 Vgl. CD-ROM-2, Dok.-Nr. 9.8.1 (Zwei-Złoty-Münze v. 1831).
160 Vgl. CD-ROM-2, Dok.-Nr. 9.2.6 (poln.)/9.2.7 (dt.) (wie Fn. 27), Art. 3.
161 Vgl. den zeitgenössischen Bericht von Theodor Mundt, Völkerschau auf Reisen. Erster Band: I. Südfranzosen – II. Polen – III. Naturvölker, Stuttgart 1840, S. 174-181.

9 Kirche

Nach dem Wiener Kongress standen Staat und Kirche, und dies galt für alle Teilungsgebiete, vor zwei Aufgaben. Zunächst waren die Diözesen an die neuen Grenzen anzupassen, in manchen Diözesen auch die Kirche zu reorganisieren. Daneben galt es, die durch Napoleon begonnene Säkularisierung der Klöster fortzusetzen, auch gegen den Widerstand der Kirche.

Die Verfassung des Königreichs Polen aus dem Jahr 1815 gewährte allen christlichen Glaubenskenntnissen die freie und öffentliche Religionsausübung. Unter besonderem Schutz stand jedoch die römisch-katholische Religion, zu der sich die überwiegende Mehrheit, nämlich 83,5 Prozent der polnischen Bevölkerung, bekannte.[162] Aus dem Bekenntnis zu einer anderen christlichen Religion durften sich aber keine Benachteiligungen hinsichtlich der bürgerlichen Rechte ergeben. Die Geistlichen aller christlichen Konfessionen unterstanden der Aufsicht der Regierung.[163] Ein Erlass vom 18. März 1817 ergänzte die in der Verfassung verankerte Aufsichtspflicht der Regierungskommission für Religion und Bildung.[164] In der Verfassung wurden auch die Einkünfte der Kirchen geregelt: Während die römisch-katholische sowie die griechisch-katholische Kirche aus ihrem Grundbesitz weiterhin Kapital ziehen durften, waren die Geistlichen der protestantischen Bekenntnisse auf eine jährliche finanzielle Unterstützung durch den Staat angewiesen. Die Überlegenheit der katholischen Kirche äußerte sich auch darin, dass die römisch-katholischen Bischöfe im Senat so viele Sitze besaßen, wie es Wojewodschaften gab. Die griechisch-katholische Kirche durfte dagegen nur einen Bischof entsenden.[165]

Die direkte Unterstellung der ehemals ostpolnischen Gebiete unter russische Verwaltung nach 1815 hatte insofern Auswirkungen auf die katholische Kirche, als plötzlich ein kirchliches Oberhaupt in Polen fehlte, da die beiden Metropolitanstühle der ehemaligen Adelsrepublik, Gnesen und Lemberg, nun außerhalb der Landesgrenzen lagen. Abhilfe schuf die Bulle »Militantis ecclesiae regiminis« Papst Pius' VII. vom 12. März 1817, die das seit 1798 bestehende Bistum Warschau zum Erzbistum erhob. Der Bischof von Kujawien bekam den Titel des Primas Poloniae verliehen.[166] Die Papstbulle »Ex imposita nobis« legte am 30. Juni 1818 die neuen Diözesangrenzen

---

162 Außerdem rechneten sich 2,5 Prozent der Bevölkerung zur griechisch-katholischen Konfession, zehn Prozent zum jüdischen Glauben, 3,75 Prozent waren Anhänger einer protestantischen Glaubensrichtung und 0,25 Prozent entfielen auf andere Religionen. Vgl. Missalowa, Początki kapitalistycznego (wie Fn. 8), S. 203.
163 Vgl. CD-ROM-2, Dok.-Nr. 9.2.3 (poln.)/9.2.4 (dt.) (wie Fn. 35), §§ 11 f.
164 Vgl. CD-ROM-2, Dok.-Nr. 9.9.1 (Erlass zur Aufsicht über die römisch-katholische Geistlichkeit im Königreich Polen v. 18.3.1817).
165 Vgl. CD-ROM-2, Dok.-Nr. 9.2.3 (poln.)/9.2.4 (dt.) (wie Fn. 35), §§ 13 ff.
166 Anna Barańska, Między Warszawą, Petersburgiem i Rzymem. Kościół a państwo w dobie Królestwa Polskiego (1815–1830), Lublin 2008, S. 302-324.

fest und unterstellte Warschau die Diözesen von Krakau, Włodzisław, Płock, Augustów, Sandomierz, Lublin und Podlasien.[167] Durch diese Neustrukturierung war der ehemalige polnische Metropolitanverband aufgelöst.

Weil der Novemberaufstand durch katholische Geistliche unterstützt worden war, verschlechterte sich das Verhältnis zwischen dem Zaren und der katholischen Kirche in Polen zusehends. Das Organische Statut von 1832 bestätigte zwar die Freiheiten der christlichen Glaubensbekenntnisse, den Besitzstand der römisch-katholischen Kirche und deren hervorgehobene Rolle nochmals[168], aber schon zu diesem Zeitpunkt hatte Zar Nikolaus I. einen neuen, auf Konfrontation ausgerichteten Kurs eingeschlagen: Noch im Vorfeld der Unterzeichnung des Organischen Statuts waren 197 katholische Klöster aufgelöst worden. 1834 erging ein Erlass, wonach Kinder aus konfessionellen Mischehen mit einem griechisch-orthodoxen Partner nach griechisch-orthodoxem Ritus erzogen werden sollten, 1839 wurde die Freizügigkeit des katholischen Klerus eingeschränkt, und 1841 zogen die Behörden den Besitz der höheren Geistlichkeit sowie der Klostergemeinden ein. An dieser Kirchenpolitik änderte auch ein zwischen dem Zaren und Papst Pius IX. am 3. August 1847 abgeschlossenes Konkordat nichts, das dem Erhalt der katholischen Bistümer in Russland diente.[169] Die Folge dieser restriktiven Politik gegen die katholische Kirche war eine rege Beteiligung katholischer Geistlicher am Januaraufstand 1863.

Die griechisch-katholische Kirche verfügte über das Bistum Cholm, dessen Bischof gemäß Verfassung einen Sitz im Senat hatte. Russland betrachtete die Unierten als Abtrünnige der russisch-orthodoxen Kirche und bemühte sich nach Kräften bald um ihre »Wiedereingliederung«. Zar Nikolaus I. berief daher zum einen Papstgegner in leitende Funktionen, um eine weitere Annäherung an die römisch-katholische Kirche zu verhindern, und verringerte zum anderen die Zahl der Diözesen stetig. Bereits 1839 wurden die meisten Diözesen mit der russisch-orthodoxen Kirche vereinigt, lediglich die Diözese Cholm konnte sich noch bis 1875 behaupten. Zusammen mit der russisch-orthodoxen Diözese Warschau bildete sie seitdem ein gemeinsames Cholm-Warschauer Erzbistum.[170]

Während im Königreich Polen die Protestanten kaum ins Gewicht fielen und daher auch nicht im Fokus der russischen Kirchenpolitik standen, spielten sie im Großherzogtum Posen eine wesentliche Rolle, denn hier bedeutete das Bekenntnis

---

167 Vgl. CD-ROM-2, Dok.-Nr. 9.9.2 (Papstbulle »Ex imposita nobis« v. 30.6.1818). Vgl. auch Barańska, Między Warszawą (wie Fn. 166), S. 324-334.
168 Vgl. CD-ROM-2, Dok.-Nr. 9.2.6 (poln.)/9.2.7 (dt.) (wie Fn. 27), Art. 5 f. Die Besitzstandgarantie schloss auch die griechisch-katholische Kirche ein.
169 Zur Bewertung der russischen Kirchenpolitik in Kongresspolen vgl. Krzysztof Lewalski, Kościół rzymskokatolicki a władze carskie w Królestwie Polskim na przełomie XIX i XX wieku, Gdańsk 2008, S. 35-39.
170 Bernhard Stasiewski, Tausend Jahre polnischer Kirchengeschichte, in: Kirche im Osten 10 (1967), S. 48-67, hier S. 57.

zum Protestantismus in der Regel auch die Zugehörigkeit zur deutschen Nationalität. Welche Bedeutung die preußische Regierung diesem Umstand beimaß, zeigte sich spätestens mit dem Amtsantritt des Oberpräsidenten Flottwell im Jahr 1830: Posen sollte zu einer protestantischen »deutschen Grenzmark« umgewandelt werden.[171]

Die katholische Kirche stand im Großherzogtum nach 1815 insofern vor einem Problem, als ihr durch die neuen Grenzen Teile ihrer Bistümer abhandengekommen waren. Mit der Bulle »De salute animarum« vom 16. Juli 1821 löste Papst Pius VII. dieses Problem: Um den territorialen Verlust auszugleichen, wurden die Posener Diözese und das Gnesener Erzbistum zusammengelegt. Der Erzbischof von Gnesen-Posen nahm seinen Hauptsitz in Posen, beide Kirchen blieben aber Kathedralkirchen und behielten ihre Domkapitel.[172] Das neu gegründete Erzbistum Gnesen-Posen entwickelte sich zu einer Keimzelle der später wiedervereinigten polnischen Nation.[173]

Die Frontlinie zwischen Protestanten bzw. Deutschen auf der einen sowie Katholiken bzw. Polen auf der anderen Seite zeigte sich im Zusammenhang mit dem »Mischehenstreit«. Dieser hatte sich 1838 an der Weigerung des Posener Erzbischofs Martin Dunin entzündet, konfessionelle Mischehen zu trauen, sofern sich das Hochzeitspaar vorab nicht verpflichtet hatte, seine Nachkommen katholisch zu erziehen. Dunin verlangte von den Pfarrern seiner Erzdiözese die Einhaltung des Verbots. Der Konflikt führte zur Verhaftung des Erzbischofs und schwelte auch unter seinem Nachfolger, Leo Przyłuski, fort, der 1845 das Amt übernahm.[174] Letztlich konnte sich die preußische Regierung in ihrem Bemühen, den Protestantismus zu verbreiten und das »deutsche Element« zu stärken, gegen die katholische Kirche durchsetzen: Während es 1815 im Großherzogtum Posen ca. 100 protestantische Kirchengemeinden gegeben hatte, betrug ihre Zahl 1914 in etwa 275[175], wobei insbesondere in der Bismarckära und an der Wende vom 19. zum 20. Jahrhundert starke Zuwächse zu verzeichnen waren.

Lange Zeit unbehelligt blieb die katholische Kirche in der Freien Stadt Krakau, die als Bistum zur Erzdiözese Warschau gehörte. Ihr besonderer Status zeigte sich nicht nur im Rückhalt unter der Bevölkerung – immerhin waren nahezu 85 Prozent katho-

---

171 So lautete der Tenor einer an König Friedrich Wilhelm IV. gerichteten Denkschrift Flottwells: Eduard Heinrich von Flottwell, Denkschrift, die Verwaltung der Provinz Posen vom Dezember 1830 bis zum Beginn des Jahres 1841 betreffend, Berlin 1897.
172 Vgl. CD-ROM-2, Dok.-Nr. 9.9.3 (Papstbulle »De salute animarum« v. 16.7.1821), Art. 6, 8, 23.
173 Jaworski/Lübke/Müller, Geschichte (wie Fn. 25), S. 274.
174 Zum Mischehenstreit vgl. O. Blaschke (Hg.), Konfessionen im Konflikt. Deutschland zwischen 1800 und 1970: ein zweites konfessionelles Zeitalter, Göttingen 2002; Manfred Laubert, Rückwirkungen des Posener Mischehenstreits auf die Provinz Preußen, in: Altpreußische Forschungen 20 (1943), S. 144-170.
175 Karl Völker, Kirchengeschichte Polens, Berlin/Leipzig 1930, S. 312.

lischen Glaubens[176] – sowie in den Verfassungen der Jahre 1815 bzw. 1818, die ihre Monopolstellung untermauerten[177], sondern auch in den umfangreichen Rechten und Kompetenzen, die das Krakauer Domkapitel besaß. Diese politischen Partizipationsrechte, insbesondere das Entsendungsrecht, wurden zwar größtenteils im Rahmen der 1833 erneuerten Verfassung bestätigt, durch die Machtkonzentration bei der »Konferenz der Residenten« waren sie jedoch ohne Belang. Die insgesamt 200 weltlichen Geistlichen und ca. 170 Ordensgeistlichen blieben bis zur Einverleibung Krakaus unangetastet, mit der auch hier Säkularisierung und Klosternivellierung einsetzten.[178]

In Galizien-Lodomerien musste Wien bei seiner Politik die konfessionelle Heterogenität berücksichtigen. Hier lebten römisch-katholische Gläubige, Angehörige der griechisch-katholischen sowie der armenisch-katholischen Kirche, Protestanten und Juden. Die Aufsplitterung der katholischen Konfession führte zu der besonderen Situation, dass es in Lemberg drei katholische Erzbischöfe gab. Die starke Stellung der katholischen Kirche verdeutlicht auch die Tatsache, dass das kaiserliche Patent von 1817 die katholische Geistlichkeit aller drei Riten zum vierten Stand ernannte und diesem das Recht zusprach, am Landtag teilzunehmen sowie zwei Deputierte in den Landesausschuss zu entsenden. Der römisch-katholische Erzbischof genoss als Primas den höchsten Rang.[179]

Die nach der Ersten Teilung Polens 1772 notwendig gewordene Umstrukturierung der Diözesen Galizien-Lodomeriens überdauerte die Jahre der napoleonischen Herrschaft und konnte erst in den 1820er-Jahren abgeschlossen werden. Im Zuge dieses Prozesses dehnte die Metropolitandiözese Lemberg ihren Jurisdiktionsbezirk auf ein Gebiet von nahezu 52.000 Quadratkilometern aus und umspannte schließlich mehr als die Hälfte des Kronlandes.[180] Betroffen von den Änderungen waren auch die Diözesen der griechisch-katholischen Kirche, zu der v. a. die bäuerliche Bevölkerung Galizien-Lodomeriens zählte. 1830 wurde die Diözese Cholm wegen ihrer exponierten Lage aus der Kirchenprovinz herausgelöst und als exemtes Bistum Rom unterstellt.[181] Wien war aber nicht nur um eine Angleichung von Diözesangrenzen und politischen Grenzen bemüht, sondern drängte auch auf die Säkularisierung. Aus

---

176 Dies gilt allerdings nicht für Krakau selbst. Hier gehörten 1843 ca. 70 Prozent der Stadtbevölkerung einer christlichen Konfession an, knapp 30 Prozent waren jüdischen Glaubens. Vgl. Bieniarzówna, Wolne Miasto (wie Fn. 91), S. 47.
177 Vgl. CD-ROM-2, Dok.-Nr. 9.2.1 (poln.)/9.2.2 (dt.) (wie Fn. 36), Art. 1; Dok.-Nr. 9.2.5 (wie Fn. 37), Art. 1.
178 Bieniarzówna, Wolne Miasto (wie Fn. 91), S. 47.
179 Pölitz (Hg.), Verfassungen (wie Fn. 68), Bd. 3, S. 55 f., §§ 2, 4.
180 Mark, Galizien (wie Fn. 112), S. 16.
181 Ebd., S. 29. Zur Politik gegenüber der griechisch-katholischen Kirche vgl. Oleh Turij, Der »ruthenische Glaube« und die »treuen Ruthenen«: Die habsburgische Politik bezüglich der griechisch-katholischen Kirche, in: H.-C. Maner (Hg.), Grenzregionen der Habsburgermonarchie im 18. und 19. Jahrhundert. Ihre Bedeutung und Funktion aus der Perspektive Wiens, Münster 2005, S. 123-132.

diesem Grund wurde den Geistlichen die freie Verfügung über Benefizien, Stolgebühren u. Ä. entzogen und eine Regelung erlassen, nach der sich das jährliche Salär bemaß. Neben der Reorganisation des weltlichen Kirchenwesens strebte Österreich nach einer Angleichung des Ordens- und Klosterwesens an das Staatskirchensystem: Noch in den 1780er-Jahren begann man damit, die Zahl der Klöster zu reduzieren, die Anzahl der Novizen zu verringern, die Klosterschulen, wenn auch nicht zu schließen, so doch in Staatshand zu überführen, den Besitz der Klöster zu minimieren und das Klosterleben zu reformieren. Die Klosterregulierung dauerte bis in die 1820er-Jahre hinein an, und nur einem eklatanten Pfarrer- und Lehrermangel war es zu verdanken, dass Wien von weiteren Maßnahmen absah.[182]

10 Bildungswesen

Die Entwicklung des Bildungswesens verlief im Königreich Polen zunächst günstig. Unter dem Minister der Regierungskommission für Religion und Bildung[183], dem reformerisch orientierten Stanisław Kostka Potocki, wurde am 19. November 1816 die Königliche Universität Warschau, bestehend aus den fünf Fakultäten Theologie, Rechts- und Verwaltungswissenschaften, Medizin, Naturwissenschaften und Mathematik sowie Kunst, ins Leben gerufen.[184] Bereits Mitte der 1820er-Jahre besuchten ca. 700 Studenten die Warschauer Universität. Bis 1830 konnten mehr als 1.200 Diplome vergeben werden, davon mehr als die Hälfte in den Rechts- und Verwaltungswissenschaften.[185] Es folgten 1816 eine Berufsschule für Bergbau und Metallurgie in Kielce, 1818 eine Berufsschule für Forstwirtschaft in Warschau sowie 1822 in Marymont bei Warschau ein Agronomisches Institut für die Ausbildung landwirtschaftlicher Berufe.

Die Zahl der Grundschulen, Mittelschulen, Bezirksschulen, Gymnasien und Sonntagsschulen wuchs in den Jahren nach 1815 erheblich. Im Jahr 1819 lernten ca. 45.000 Schüler in den Grundschulen des Königreichs.[186] Warschau war in dieser Zeit das kulturelle Zentrum Polens. Als nach der Absetzung Potockis 1821 der reaktionäre Stanisław Grabowski in das Amt folgte, gerieten die Reformen allerdings ins Stocken:

---

182 Mark, Galizien (wie Fn. 112), S. 22-26.
183 Zur Arbeit der Regierungskommission vgl. Adam Winiarz, Szkolnictwo Księstwa Warszawskiego i Królestwa Polskiego (1807–1831), Lublin 2002, S. 35-55.
184 Vgl. CD-ROM-2, Dok.-Nr. 9.10.1 (Gründungserlass der Universität Warschau v. 19.11.1816). Vgl. auch Winiarz, Szkolnictwo (wie Fn. 183), S. 507-515.
185 Stefan Kieniewicz, Historia Polski 1795–1918, Warszawa 9. Aufl. 1997, S. 93. Ein Großteil der Absolventen der Rechts- und Verwaltungswissenschaften trat in den Beamtenstand ein, aus dem sich die polnischen Verwaltungsorgane speisten. Vgl. Bardach/Leśnodorski/Pietrzak, Historia (wie Fn. 1), S. 367.
186 Wandycz, Lands (wie Fn. 95), S. 96 f. Zur Gliederung des Schulsystems vgl. Karol Poznański, Przebudowa systemu szkolnictwa i wychowania w Królestwie Polskim w latach 1831–1839, Bd. 1, Warszawa 2001, S. 58-80.

Während die Zahl der Schulen in den Städten weiterhin stieg, nahm die der Schulen in ländlichen Regionen um mehr als die Hälfte ab. In der Folge sanken auch die Schülerzahlen um beinahe 50 Prozent.[187] Die Abschaffung des Schulgeldes im Jahr 1822, durch das die Grundschulen bisher finanziert worden waren, tat ein Übriges. Die Folge war eine elitäre Entwicklung des Schulsystems, denn zeitgleich nahmen die Schülerzahlen an den weiterführenden Schulen, d. h. in den Mittel- sowie Bezirksschulen, die auf die Universität vorbreiteten und die in der Regel von Kindern der Oberschicht besucht wurden, zu.[188] Unter Grabowski setzte zudem eine stärkere Orientierung der Lehrpläne an religiösen Inhalten ein. Mädchenschulen gab es oberhalb des Grundschulniveaus nur wenige, in der Regel handelte es sich um private Pensionate oder Klostermädchenschulen, die ebenfalls der staatlichen Aufsicht unterstanden. Zu den Schülerinnen zählten fast ausschließlich Töchter des Adels.[189]

In der Freien Republik Krakau unterstand das Schulwesen zwischen den Jahren 1815 und 1821 der Aufsicht durch die Krakauer Universität. Seit dieser Zeit stieg die Zahl der Schulen stetig an. Ein organisches Statut vom 11. Juli 1817 bestätigte die bereits bestehenden Grundschulen und ordnete die Gründung neuer an. Es regelte die Bezüge der Lehrer, die Unterrichtszeiten sowie die Lehrinhalte, und es verpflichtete die Eltern zur sorgsamen Erziehung ihrer schulpflichtigen Kinder.[190] Auf Hochschulebene konnte sich die 1817 in Jagiellonische Universität umbenannte Krakauer Akademie neben den Universitäten in Warschau und Wilna etablieren.[191] Sie entwickelte sich im ersten Jahrzehnt nach dem Wiener Kongress zu einem Anziehungspunkt für Studenten und Gelehrte auch aus den anderen Teilungsgebieten, die in dieser Atmosphäre relativ gefahrlos ihren Wunsch nach einer Wiedervereinigung Polens ausdrücken konnten.[192] Der Rektor der Universität besaß eine einflussreiche Stellung und stand daher schon bald in Konkurrenz zu dem Präsidenten des Senats.

In Galizien-Lodomerien war das Bildungswesen in einem sehr schlechten Zustand, denn es gab keine Bemühungen, das Elementarschulwesen auszubauen. 1830 besuchten von 100 schulfähigen Kindern auf dem Land lediglich elf eine Schule, bis

---

187 Kieniewicz, Historia (wie Fn. 185), S. 76.
188 Jonas Scherner, Eliten und wirtschaftliche Entwicklung. Kongreßpolen und Spanien im 19. Jahrhundert, Münster 2001, S. 188 f.; Marianna Krupa, Schulerziehung in Polen 1750–1825, in: W. Schmale/N. L. Dodde (Hg.), Revolution des Wissens? Europa und seine Schulen im Zeitalter der Aufklärung (1750–1825). Ein Handbuch zur europäischen Schulgeschichte, Bochum 1991, S. 351-385, hier S. 366 f.
189 Krupa, Schulerziehung (wie Fn. 188), S. 367 ff. Vgl. auch Winiarz, Szkolnictwo (wie Fn. 183), S. 318-328.
190 Vgl. CD-ROM-2, Dok.-Nr. 9.10.2 (Organisches Statut betr. die Einrichtung von Grundschulen in der Freien Stadt Krakau v. 11.7.1817).
191 Zur Entwicklung der Universität Krakau nach 1815 vgl. Bieniarzówna, Wolne Miasto (wie Fn. 91), S. 61-68.
192 Vgl. hierzu Jacek Purchla, Krakau unter österreichischer Herrschaft 1846–1918. Faktoren seiner Entwicklung, Wien u. a. 1993, S. 35.

1837 stieg diese Zahl nur unwesentlich auf 13 von 100 an.[193] Allein in Lemberg war der Anteil der Schulpflichtigen, die tatsächlich eine Schule besuchten, höher. Unterrichts- und Lehrmethoden basierten ebenso wie das dreigliedrige Schulsystem noch immer auf der »Allgemeinen Schulordnung« aus dem Jahr 1774. Erst 1819 führte man die Ausbildung von Lehrerinnen für die Mädchenschulen ein. Im Jahr 1817 wurde auch die seit 1805 geschlossene Universität wieder eröffnet, die aus den drei Fakultäten für Theologie, Recht und Philosophie sowie einem medizinisch-chirurgischen Studiengang bestand. 1824 erhob man Deutsch neben dem Lateinischen zur Unterrichtssprache, polnischsprachige Veranstaltungen gab es nurmehr in der medizinisch-chirurgischen Lehranstalt sowie in der Pastoraltheologie.[194] Die Studentenzahl stieg seit 1817 kontinuierlich an und erreichte 1837, nach leichtem Rückgang, einen Stand von etwa 1.350.[195] Zu einem wichtigen Zentrum des geistigen Lebens im geteilten Polen konnte sich die Universität Lemberg jedoch erst in der zweiten Hälfte des 19. Jahrhunderts entwickeln.

Im Großherzogtum Posen stand das Bildungswesen vor einer großen Herausforderung, da noch im Jahr 1815 86,3 Prozent der Bevölkerung Analphabeten waren.[196] Die preußische Regierung drängte, beeinflusst durch die Humboldtschen Reformen, auf eine intensivere Förderung der Volksschulen und Gymnasien. König Friedrich Wilhelm III. verfügte daher per Kabinettsorder vom 14. Mai 1825, dass für Kinder ab dem 6. Lebensjahr zwar keine Schulpflicht, wohl aber Unterrichtspflicht gelten müsse. Kinder der Oberschicht, die durch einen Hauslehrer unterrichtet werden konnten, blieben also von dem staatlichen Schulsystem unberührt. Auf die schulfähigen Kinder der übrigen Bevölkerungsschichten wurde der Erlass konsequent angewendet, sodass 1848 ca. 82 Prozent von ihnen auch tatsächlich eine Schule besuchten.[197] Unterrichtssprache blieb Polnisch, wie ein Sprachenerlass vom 13. Dezember 1823 bestätigte.[198] Diese Regelung wurde am 24. Mai 1842 durch eine Instruktion des preußischen Bildungsministers Johann Albrecht Eichhorn dahingehend modifiziert, dass nun auch zweisprachiger Unterricht möglich sein sollte. Die bevorzugte Unterrichtssprache, Deutsch oder Polnisch, sollte sich nach den Mehrheitsverhältnissen in den Schulen richten. Während in den meisten Volksschulen beide Sprachen zur Anwendung kamen, wurde der Unterricht in den höheren Schulen hingegen alleine in deutscher Sprache abgehalten, da man sich hier nach den Bedürfnissen von Gewerbe

---

193 Isabel Röskau-Rydel, Kultur an der Peripherie des Habsburger Reiches. Die Geschichte des Bildungswesens und der kulturellen Einrichtungen in Lemberg von 1772 bis 1848, Wiesbaden 1993, S. 73. Vergleichbare Zahlen liefert Chwalba, Historia (wie Fn. 24), S. 197. Absolute Zahlen bei Häusler, Österreich (wie Fn. 17), S. 130 f.
194 Röskau-Rydel, Kultur (wie Fn. 193), S. 183.
195 Gotthold Rhode, Kleine Geschichte Polens, Darmstadt 1965, S. 365.
196 Chwalba, Historia (wie Fn. 24), S. 179.
197 Ebd., S. 180.
198 Abdruck in: Broszat, Polenpolitik (wie Fn. 107), S. 90 f.

und Handel richtete.[199] Den Bemühungen im Bereich des Volksschulwesens und der Gymnasien entgegen stand die preußische Hochschulpolitik: Bis zum Jahr 1919 gab es keine Universität im Großherzogtum bzw. in der Provinz Posen. Studenten aus dem Großherzogtum mussten entweder auf die deutschsprachigen Universitäten in Breslau, Danzig, Berlin oder Münster ausweichen, oder sich an einer der Universitäten in den anderen Teilungsgebieten einschreiben.

Die Repressionen nach dem Novemberaufstand wirkten sich auf die Bildungseinrichtungen aller Teilungsgebiete aus, im Besonderen jedoch auf das Königreich Polen: Im Jahr 1832, zwei Jahre nach der Schließung der Wilnaer Universität, wurde die Universität Warschau ebenfalls geschlossen, weil die Behörden hier besonders viele Revolutionäre vermuteten. Tatsächlich hatte sich an den Universitäten während der ersten Dekade nach dem Wiener Kongress eine Reihe von politischen, teilweise nur kurzlebigen, Studentenvereinen gegründet.[200] Als einzige polnische Universität blieb nur noch jene in Krakau erhalten, zu welcher der Zugang für Studenten aus den anderen Teilungsgebieten aber erschwert wurde. Diese waren daher gezwungen, im Ausland zu studieren: im Osten, wie z. B. in Tartu, Riga oder in Moskau, oder im Westen, z. B. in Paris, Münster usw. Der Strom nach Westen war zweifelsohne der weitaus größere: Mit der »Großen Emigration« verlagerte sich das geistige Leben Polens ins westliche Ausland. Dies gilt umso mehr, als Russland nach dem Novemberaufstand den Abtransport von Bibliotheken und Kunstsammlungen aus Kongresspolen sowie die Reduzierung der Bildungsanstalten des höheren Bildungsweges einleitete. 1839 erhielt das russische Bildungsministerium die Kontrolle über das polnische Bildungswesen.[201] Ähnlich wie Hochschulen und Gymnasien wurden nun auch die Grund- und Mittelschulen vernachlässigt. Der Unterricht fand zwar weiterhin in polnischer Sprache statt, aber durch fehlende Investitionen und vermehrte Schließungen wuchs insbesondere auf dem Land der Anteil der Analphabeten auf 90 Prozent an.[202]

---

199 Rudolf Korth, Die preußische Schulpolitik und die polnischen Schulstreiks. Ein Beitrag zur preußischen Polenpolitik der Ära Bülow, Würzburg 1963, S. 38. Zur Schule als Instrument der Assimilierung vgl. Ryszarda Czepulis-Rastenis, Szkolnictwo, in: W. Kula/J. Leskiewiczowa (Hg.), Przemiany społeczne w Królestwie Polskim 1815–1864, Wrocław u. a. 1979, S. 173-197, hier S. 192-197.
200 Einen Überblick bietet Kieniewicz, Historia (wie Fn. 185), S. 80 f.
201 Wandycz, Lands (wie Fn. 95), S. 122.
202 Chwalba, Historia (wie Fn. 24), S. 283.

11 Finanzen

Die durch Napoleon in staatliche Hand übertragene Finanzverwaltung des Herzogtums Warschau[203] blieb auch im Königreich Polen bestehen. Verantwortlich war der Finanzminister Fürst Ksawery Drucki-Lubecki, der bereits frühzeitig Pläne für eine Modernisierung des Steuersystems und eine effektive Haushaltspolitik schmiedete. Zu diesen Schritten sah er sich v. a. im Hinblick auf die desolate Haushaltslage nach 1815 gezwungen, die sich aus der Verpflichtung des Königreichs Polen ergab, hohe Entschädigungszahlungen an die Nachbarmächte zu leisten. Noch im Jahr 1820 war der Staatshaushalt stark defizitär, weshalb der Finanzminister um Schuldenminimierung bemüht war. Diese erreichte er durch drei Schritte: Zunächst mittels umfangreicher Einsparungen in der Verwaltung, insbesondere beim Personal. Zum Zweiten durch eine konsequente Steuerpolitik: Steuerrückstände wurden eingetrieben, direkte und indirekte Steuern erhöht, Staatsländereien verkauft und Staatsmonopole für Tabak und Alkohol z. B. reorganisiert. Auf diese Weise gelang es Drucki-Lubecki, bis zum Vorabend des Novemberaufstands das Staatsvermögen von 45 auf 80 Mio. Złoty zu vergrößern. Zum Schutz der Steuereinnahmen des Staates wurde 1816 eine Generalstaatsanwaltschaft (»Prokuratoria Generalna«) ins Leben gerufen, gegen die sich allerdings rasch Widerstand in den Reihen der liberalen Sejmmitglieder formierte.[204] Zum Dritten unterstütze der Finanzminister den Handel durch eine protektionistische Zollpolitik, die Gewerbe und Landwirtschaft förderte und der Staatskasse Mehreinnahmen bescherte, welche wiederum 1828 die Gründung der Bank von Polen (»Bank Polski«) ermöglichten.[205] Bereits 1825 war eine Bodenkreditgesellschaft (»Towarzystwo Kredytowe Ziemskie«) ins Leben gerufen worden, die den Großgrundbesitzern unter die Arme greifen und auf diese Weise die Landwirtschaft fördern sollte.[206]

Im Großherzogtum Posen beaufsichtigte der Oberpräsident die Finanzverwaltung, deren Hauptaufgabe darin bestand, es in ein einheitliches Staatssteuersystem einzugliedern, um das Gefälle von der steuerlich stark beanspruchten Rheinprovinz bis in die weniger belasteten östlichen Territorien auszugleichen. Eine grundlegende Steuerreform sollte diese territoriale Ungleichheit einerseits sowie die soziale Diskrepanz zwischen einer fiskalisch permanent verpflichteten Bevölkerung und einem zeitweise entlasteten Adel im Osten andererseits beseitigen und auf diese Weise zur Konsolidierung des gesamtpreußischen Staatshaushalts beitragen. Obwohl das Problem an sich durch die Klagen der verhältnismäßig hoch belasteten kleinen Haus- und Grundbesitzer schon lange bekannt war, erging die »Verordnung über die Regulie-

---

203 Vgl. Tenzer/Pleitner, Polen (wie Fn. 33), S. 596 f.
204 Vgl. Leskiewiczowa/Ramotowska, Sejm (wie Fn. 44), S. 139-146, 177-180.
205 Vgl. CD-ROM-2, Dok.-Nr. 9.11.1 (Gesetz über die Gründung der Bank von Polen v. 1828).
206 Vgl. Leskiewiczowa/Ramotowska, Sejm (wie Fn. 44), S. 136 f., 366 f.

rung der Grundsteuern im Großherzogtum Posen« erst am 14. Oktober 1844. Sie veränderte zwar nicht die Höhe der bisherigen nach Art des Grundes unterschiedenen Abgaben, vereinigte aber alle zu einer einheitlichen Grundsteuer. Auch legte sie fest, dass die Höhe der Grundsteuer keinesfalls ein Fünftel des eigentlichen Wertes des Grundbesitzes übersteigen dürfe. Ausgenommen von der Grundsteuer waren alle öffentlichen Plätze, d. h. Straßen, Kanäle, Marktplätze, alle behördlichen Gebäude, königlichen Schlösser, kirchlichen Gebäude u. Ä.[207] Dieser Regulierung folgte eine Umverteilung von direkten und indirekten Steuern, die ebenfalls zu einer Entlastung der ärmeren Bevölkerung beitrug.[208]

In Krakau oblag die Finanzverwaltung in oberster Instanz den Kommissaren der Teilungsmächte bzw. der »Konferenz der Residenten«. Die Repräsentantenversammlung war in den Entscheidungsprozess eingebunden. In der Stadtrepublik stellte sich als eines der drängendsten Probleme der ständige Geldabfluss in die anderen Teilungsgebiete dar, welcher durch einen übermäßigen Import von Waren aus den angrenzenden Territorien verursacht wurde und zu einer passiven Handelsbilanz führte. Die Einrichtung einer öffentlichen Bank, die das Geld im Land halten sollte, wurde im Senat und in der Repräsentantenversammlung lange diskutiert, aber bis zum Ende der Stadtrepublik nicht umgesetzt. Mit der geänderten Verfassung aus dem Jahr 1833 wurde – ähnlich wie die Oberrechnungskammer im Königreich Polen – eine Rechnungskommission ins Leben gerufen, welche die gesamte Finanzverwaltung und -kontrolle an sich zog.[209]

In Galizien-Lodomerien kontrollierten die Wiener Behörden die Staatsfinanzen. Die Einbindung des österreichischen Teilungsgebiets in den habsburgischen Wirtschaftsraum wurde durch die Einführung einer gemeinsamen Währung nach 1777 und die Integration in das österreichische Staatsschuldensystem gefördert. Diese Maßnahme begünstigte den Kapitalabfluss aus Galizien-Lodomerien, denn die adligen Großgrundbesitzer legten ihre Ersparnisse nicht etwa in der Heimat an, sondern in österreichischen Staatsschuldenpapieren, oder sie investierten in die österreichische Industrie. Die ungleiche Verteilung zwischen Einkommen und Vermögen verhinderte die Ausbildung eines modernen Sparkassen- und Bankenwesens. Eine »Galizische Landesbank« (»Bank Krajowy«) wurde erst 1883 ins Leben gerufen. Ebenfalls in den 1880er-Jahren erfolgte die Gründung ländlicher Kredit- und Raiffeisengenossenschaften, und erst 1910 entstand eine Industriekreditbank für Galizien.[210]

---

207 Vgl. CD-ROM-2, Dok.-Nr. 9.11.2 (Verordnung über die Grundsteuern im Großherzogtum Posen v. 14.10.1844), §§ 1 f., 13.
208 Zur preußischen Steuerpolitik nach 1815 vgl. Mark Spoerer, Steuerlast, Steuerinzidenz und Steuerwettbewerb. Verteilungswirkungen der Besteuerung in Preußen und Württemberg (1815–1913), Berlin 2004, S. 46-55.
209 Bieniarzówna, Wolne Miasto (wie Fn. 91), S. 90.
210 Baltzarek, Aspekte (wie Fn. 18), S. 68-71, 85.

12 Wirtschafts- und Sozialgesetzgebung/Öffentliche Wohlfahrt

Die neuerliche Aufteilung Polens zwischen den Nachbarmächten 1815 traf die Wirtschaft der einzelnen Teilungsgebiete mit aller Härte, da der historisch gewachsene Wirtschaftsraum nun endgültig zerstört wurde. Besonders stark unter den neuen Grenzen litt der Weichselhandel. Die Weichsel hatte als Hauptverkehrsader den Süden und das Zentrum Polens mit der Ostsee verbunden. Warschau konnte zwar zunächst noch von seinem Status als Hauptstadt des neuen Königreichs Polen profitieren, doch mit dessen Einverleibung in den russischen Staat nach dem Novemberaufstand 1863 fand sich die Stadt plötzlich in der Peripherie wieder.[211] Die bedeutendsten Bankhäuser Warschaus waren bereits nach dem Novemberaufstand zusammengebrochen, nachdem ihre Eigentümer die aktive Beteiligung an der revolutionären Erhebung eingestanden hatten. Das Großherzogtum Posen litt unter mangelnden Modernisierungseffekten in der Wirtschaft. Die neue Konkurrenz aus den anderen preußischen Provinzen zeigte die Grenzen der einheimischen Produktion auf. So konnte das traditionelle Tuchgewerbe beispielsweise nicht mit den wirtschaftlich fortschrittlicheren Betrieben des nahe gelegenen Schlesien konkurrieren.[212] Das Königreich Galizien-Lodomerien wiederum musste eine zentralistische Wirtschafts- und Steuerpolitik Österreichs erdulden, die nur der Vermehrung des Wiener Staatssäckels diente, nicht aber dem Land selbst zugutekam. Lediglich Krakau konnte zunächst von seinem Status als Freihandelszone profitieren. Die Freie Stadt erlebte v. a. im Handel einen enormen Aufschwung, weil sie Rohstoffe und Waren aus den Territorien der drei Teilungsmächte zollfrei importieren konnte. Krakau entwickelte sich auf diese Weise zum Umschlagplatz für Handelsgüter und landwirtschaftliche Produkte.[213] Als förderlich erwies sich ein Handelsabkommen mit dem Königreich Polen. Nachdem die »Schutzmächte« Krakau im Zusammenhang mit dem Novemberaufstand den Status als Freihandelsstadt aberkannt hatten, brach der Handel jedoch ein.

Die Teilungsgebiete versuchten auf unterschiedliche Weise, sich mit den neuen Grenzen zu arrangieren. Der Finanzminister des Königreichs Polen, Drucki-Lubecki, suchte sein Heil in einem umfassenden Prohibitivzollsystem: Zum Schutz der einheimischen Wirtschaft ließ er unmittelbar nach dem Wiener Kongress Zollschranken zu Preußen und Österreich errichten. Durch hohe Außenzölle, Einfuhrverbote für Metallprodukte, Wollgewebe, Leinen, Getreide und Luxusgüter sowie steuerliche Vergünstigungen wurde ein Anreiz geschaffen, um ausländische Gewerbetreibende,

---

211 Dies drückte sich auch durch eine Namensänderung aus: Warschau wurde im russischen Sprachgebrauch nicht mehr als »Hauptstadt Warschau« (russ. »stolica Varšava«), sondern nur noch als »Stadt Warschau« (russ. »gorod Varšava«) bezeichnet.
212 Zbigniew Landau/Jerzy Tomaszewski, Wirtschaftsgeschichte Polens im 19. und 20. Jahrhundert, Berlin 1986, S. 11 f.
213 Weitzel, Freie Stadt (wie Fn. 23), S. 212. Zum Handel Krakaus insgesamt vgl. Bieniarzówna, Wolne Miasto (wie Fn. 91), S. 110-118.

v. a. aus Preußen (Schlesien), Sachsen und Böhmen, und Kolonisten für die ländlichen Gebiete anzulocken. Zugleich sollte der Warenverkehr mit dem neuen Absatzmarkt Russland angekurbelt werden. Zu diesem Zweck schlossen Kongresspolen und Russland 1822 einen Vertrag, der den beiderseitigen Warenaustausch nur mit niedrigen Zöllen belegte bzw. Zölle für Rohstoffe und landwirtschaftliche Produkte ganz aufhob. Auf diese Weise entstand zwischen den beiden Ländern eine Art Freihandelszone.[214]

Die Leidtragenden dieser Regelung waren Galizien-Lodomerien und das Großherzogtum Posen. Die Wiener Behörden reagierten mit der Abschaffung der Zwischenzölle an der galizisch-österreichischen Grenze sowie der Einführung eines Prohibitivzollsystems gegen die anderen Teilungsgebiete. Als problematisch erwies sich allerdings die Tatsache, dass der Binnenhandel zwischen Galizien-Lodomerien und Österreich nicht die Einbußen wettmachen konnte, die sich aus der bis zum Jahr 1850 existierenden Zollgrenze zu den ungarischen Ländern ergaben. Wegen der Zollschranken waren die wenigen vorhandenen Industriebetriebe gezwungen, hauptsächlich für den Eigenbedarf zu produzieren – und dies hieß, für die einheimische Landwirtschaft. Besonders hart traf es das produzierende Gewerbe im Großherzogtum Posen, das sich nun von mehreren Seiten einer überlegenen Konkurrenz erwehren musste. Zu spüren war diese Benachteiligung v. a. in der Textilindustrie. Wegen wirtschaftlicher Nachteile emigrierten zahlreiche Produzenten oder ganze Unternehmen in das Königreich Polen, z. B. in die Gegend um Łódź, oder in weiter östlich gelegene Gebiete wie Białystok u. Ä.[215] Insbesondere Łódź, das sich von einem Dorf mit 800 Einwohnern im Jahr 1821 zu einer wirtschaftlich prosperierenden Stadt mit 9.000 Einwohnern im Jahr 1830 entwickelte[216], macht die gravierenden Unterschiede zwischen den einzelnen Teilungsgebieten deutlich. Die dortige Textilindustrie entwickelte sich dank steuerlicher Vergünstigungen zu einer ernsthaften Konkurrenz des Tuchmachergewerbes in Schlesien und im Großherzogtum Posen. Für sie erwies sich als förderlich, dass mit Russland ein neuer Absatzmarkt zu günstigen Konditionen erschlossen werden konnte.

Ohnehin zeigte sich rasch, dass in Kongresspolen schneller als in den übrigen Teilungsgebieten rentable Industriebetriebe entstehen konnten. Besonderen Auftrieb erhielt die Textilindustrie. Zahlreiche Manufakturen konnten sich überall in Kongresspolen ansiedeln, überdurchschnittlich häufig vertreten waren sie allerdings in den Wojewodschaften Kalisz und Masowien. Die Textilindustrie profitierte zum einen von den neuen Zollgrenzen zu Preußen bzw. Posen sowie zu Galizien-Lo-

---

214 Scherner, Eliten (wie Fn. 188), S. 155. Zur Wirtschaftspolitik von Drucki-Lubecki vgl. Kieniewicz, Historia (wie Fn. 185), S. 77 ff.; Jerzy Szczepański, Książę Ksawery Drucki-Lubecki (1778–1846), Warszawa 2008, S. 148-158.
215 Landau/Tomaszewski, Wirtschaftsgeschichte (wie Fn. 212), S. 25.
216 Alexander, Geschichte (wie Fn. 11), S. 195.

domerien und zum anderen von einem fast unbeschränkten Handel nach Russland. Zum Aufschwung trug auch die Nachfrage der polnischen Armee nach neuen Uniformen bei. Daneben entwickelte sich die Schwerindustrie zu einem zweiten Standbein. Seit der Gründung der Oberbergdirektion (»Główna Dyrekcja Górnicza«) im Jahr 1816 konzentrierte sich die Förderung hauptsächlich auf den Kohlebergbau, und hier insbesondere auf die nahe Oberschlesien gelegenen Kohlevorkommen in Dąbrowa Górnicza sowie im Altpolnischen Becken (»Zagłębie Staropolskie«) bei Kielce. Eine zunehmend wichtige Rolle spielten auch der Erzbergbau und das Hüttenwesen.[217]

Problematisch war die Situation der Industrie im vornehmlich landwirtschaftlich geprägten Galizien-Lodomerien. Zwar lebten hier im Jahr 1842 28,7 Prozent der gesamten Bevölkerung des österreichischen Teils der Habsburgermonarchie, doch der Anteil der Manufakturen und Fabriken war mit 3,4 Prozent vergleichsweise niedrig.[218] Erste Bemühungen um die Entstehung von Industriebetrieben gab es seit den 1820er-Jahren. Insbesondere die Brennereien und das Brauereiwesen wurden gefördert, ab 1826 gab es auch eine Zuckerfabrik. Das Wachstum war allerdings nicht von Dauer, denn österreichische Vorschriften, wie z. B. die Pflicht zur Abstempelung galizischer Produkte oder die Einführung einer Spiritussteuer 1836, schmälerten die Gewinne der neuen Produktionsstätten beträchtlich. Besser erging es dem Bergbau, der sich hauptsächlich auf die Salzbergwerke von Wieliczka und Bochnia nahe Krakau erstreckte, und dem Hüttenwesen. Insbesondere das Teschener Gebiet, das für seine Eisen verarbeitende Industrie bekannt war, konnte sich aufgrund seiner Nähe zu den westlichen und zentralen Absatzmärkten günstig entwickeln.[219] Der entscheidende Schritt, die Konkurrenzfähigkeit der einheimischen Industrie zu steigern, gelang seit den 1850er-Jahren mit dem Ausbau des Schienennetzes. Erst die West-Ost-Verbindung mit Abzweigungen nach Norden und Süden gliederte Galizien-Lodomerien in das österreichische Wirtschaftsgebiet ein.[220]

Trotz aller Bemühungen blieben die Teilungsgebiete, von der Handelsstadt Krakau einmal abgesehen, traditionell agrarisch geprägte Territorien. Im Königreich

---

217 Zur Entwicklung des Bergbaus vgl. Wiesław Caban, Górnictwo i hutnictwo w Królestwie Polskim w latach trzydziestych-sześćdziesiątych XIX wieku, in: A. Barciak (Hg.), Przemysł na Górnym Śląsku i w Zagłębiu Dąbrowskim w XIX i XX wieku. Wybrane zagadnienia, Katowice 2004, S. 35-43.
218 Kargol, Beziehungen (wie Fn. 20), S. 42.
219 Landau/Tomaszewski, Wirtschaftsgeschichte (wie Fn. 212), S. 27 f.
220 Kargol, Beziehungen (wie Fn. 20), S. 46 f.; Baltzarek, Aspekte (wie Fn. 18), S. 70 f. Allerdings waren hierfür weniger wirtschaftliche als vielmehr militärische Interessen verantwortlich. Die Aufstände in Krakau und Galizien-Lodomerien 1846 hatten gezeigt, wie schwierig der Transport sowie die Versorgung der österreichischen Truppen ohne Eisenbahn zu bewältigen gewesen waren. Vgl. Burkhard Köster, Militär und Eisenbahn in der Habsburgermonarchie 1825–1859, München 1999, S. 110-118; Hans-Christian Maner, Zwischen »Kompensationsobjekt«, »Musterland« und »Glacis«: Wiener politische und militärische Vorstellungen von Galizien von 1772 bis zur Autonomieära, in: ders. (Hg.), Grenzregionen (wie Fn. 181), S. 103-122, hier S. 119.

Polen waren um 1815 ca. 80 Prozent der Bevölkerung in der Landwirtschaft tätig, und 30 Prozent hiervon verdingten sich als landlose Tagelöhner. Diese trafen die neuen Zollgrenzen entlang der Weichsel sowie der zunehmende Exportdruck der russischen Landwirtschaft besonders hart. Insbesondere im Königreich Polen und in Galizien-Lodomerien zeigte sich, dass die Binnenmärkte zu klein waren, um die landwirtschaftliche Überproduktion auffangen zu können. In Kongresspolen verringerten sich die Einnahmen daher so stark, dass sich ein Großteil der Grundbesitzer verschulden musste. Finanzminister Drucki-Lubecki versuchte, durch die Gründung einer Bodenkreditgesellschaft Abhilfe zu schaffen. Sie sollte einerseits die Verschuldung beseitigen und andererseits Modernisierungen unterstützen. Der Erfolg war jedoch nur gering, und noch um 1860 waren viele Grundbesitzer beim alten Bewirtschaftungssystem geblieben.[221] In Galizien-Lodomerien waren die Preise für landwirtschaftliche Produkte so niedrig, dass die Einführung neuer Bewirtschaftungsformen nicht lukrativ war. Die Bauern mussten Frondienste leisten, um den Gutsbesitzern z. B. die Kosten für die Verwaltungs- und Justizbehörden zu ersetzen, unter deren Zuständigkeit sie fielen. Von einer bäuerlichen Selbstständigkeit konnte im österreichischen Teilungsgebiet keine Rede sein, insbesondere nicht, seitdem die »Urbarialreform« aus dem Jahr 1789, welche eine Überleitung von Frondiensten zu Zinsleistungen vorsah, rückgängig gemacht worden war. Als problematisch erwiesen sich auch die häufig erfolgreichen Versuche der adligen Grundherren, in den Besitz bäuerlichen Landes zu gelangen.[222] Die Bauern entwickelten schließlich eine solche Ablehnung gegen den Adel, dass sie dessen Aufstand im Jahr 1846 entscheidend schwächten.

Am Beispiel des Großherzogtums Posen zeigt sich, auf welche Weise der Niedergang der Landwirtschaft Preußen in die Hände spielte: Zunächst gab es Bemühungen, die unrentable und mit veralteten Methoden arbeitende Landwirtschaft zu stützen. Nutznießer waren allerdings nicht die Bauern, sondern der teilweise hoch verschuldete polnische Adel: Ein auf Initiative des Oberpräsidenten Zerboni di Sposetti in den 1820er-Jahren gegründetes landwirtschaftliches Kreditinstitut gewährte den Adligen zinsfreie Darlehen und trug auf diese Weise zur Sanierung des polnischen Grundbesitzes und zum wirtschaftlichen Rückhalt der polnischen Landwirtschaft bei. Es wurde jedoch 1846 wieder aufgelöst.[223] Tatsächlich hatte Preußen seine Politik gegenüber dem polnischen Adel bereits nach dem Novemberaufstand grundlegend geändert: Anstatt ihm, wie nach 1815 geschehen, aus der Verschuldung zu helfen, wurde 1833 ein Güterbetriebsfonds eingerichtet, der deutschen Gutsbesitzern den Erwerb zwangsversteigerter Grundbesitztümer polnischer Adeliger ermöglichte. Hierdurch wurde einerseits die materielle Lage der Polen empfindlich geschwächt und anderer-

---

221 Landau/Tomaszewski, Wirtschaftsgeschichte (wie Fn. 212), S. 20.
222 Kai Struve, Bauern und Nation in Galizien. Über Zugehörigkeit und soziale Emanzipation im 19. Jahrhundert, Göttingen 2005, S. 73 f.
223 Broszat, Polenpolitik (wie Fn. 107), S. 87.

seits der prozentuale Anteil der Deutschen an der Bevölkerung des Großherzogtums erhöht.[224]

Wegen der Dominanz der Landwirtschaft spielte die Bauernfrage in allen Teilungsgebieten, mit Ausnahme von Krakau, eine große Rolle.[225] Die bäuerliche Schicht machte in Kongresspolen, Galizien-Lodomerien und Posen, wenn auch mit sinkender Tendenz, den Großteil der Bevölkerung aus. Die Bauernfrage war deshalb so bedeutsam, weil eine Befreiung der Bauern zwangsläufig zur finanziellen Schädigung des polnischen Adels führen musste. Gegen den Widerstand der Adligen war beispielsweise im preußischen Teilungsgebiet 1811 ein erster Schritt mit der »Regulierung« getan worden, wonach die Bauern gegen Zahlung eines Lösegelds Grundeigentum erwerben konnten. Dieses Lösegeld entsprach in der Regel dem Drittel der Bodenfläche, die ein Bauer als Entgelt für seine Frondienste erhalten hatte.[226] Am 8. Juni 1823 erließ die preußische Regierung im Großherzogtum Posen das weitreichende »Regulierungsgesetz über die grundherrlichen und bäuerlichen Beziehungen«. Es ermöglichte nach einer Übergangszeit von zwölf Jahren den Wegfall aller Hand- und Spanndienste. Land, das unbesetzt war oder an den Grundherrn zurückfiel, war bevorzugt an freie Bauern zu verkaufen, eine Veräußerung an den Adel dagegen untersagt.[227] Ähnlich wie in Galizien-Lodomerien[228] erfolgte nach 1848/49 auch in Posen per Gesetz die Befreiung der Bauern von Leibeigenschaft und Erbuntertänigkeit. In der Praxis allerdings standen die befreiten Bauern weiterhin in der Schuld der Grundherren, weil sie für die teilweise sehr hohen Entschädigungszahlungen an diese keinen Anspruch auf staatliche Kredite besaßen.

Auch in Kongresspolen ging die Aufhebung der Feudallasten nur sehr langsam vonstatten, weshalb die Bauernfrage während des Novemberaufstands eine wichtige Rolle spielen sollte; sie blieb jedoch ungelöst. Als eine Welle von Bauernunruhen den Aufstand in Krakau 1846 lancierte und auf das Königreich Polen überzugreifen drohte, erließ der Administrationsrat am 26. November 1846 ein Verbot, Bauern mit

---

224 Zum Güterbetriebsfonds vgl. Manfred Laubert, Der Flottwellsche Güterbetriebsfonds in der Provinz Posen. Ein Beitrag zur preußischen Polenpolitik und ostmärkischen Siedlungsgeschichte, Breslau 1929.

225 Einen Überblick bietet Piotr Franaszek, Geschichtliche Rahmenbedingungen für die Entwicklung der polnischen Landwirtschaft, in: ders. (Hg.), Ausgewählte Probleme zur Geschichte der polnischen Landwirtschaft im 19. und 20. Jahrhundert, Kraków 2005, S. 11-21, hier S. 13-16. Zur Lage der Bauern in den Krakauer Dörfern vgl. Chwalba, Historia (wie Fn. 24), S. 253.

226 Kieniewicz, Historia (wie Fn. 185), S. 59. Zur nachträglichen Modifikation des Regulierungsedikts von 1811 zugunsten der großen Grundbesitzer vgl. CD-ROM-2, Dok.-Nr. 11.5.12.3 (Deklaration zur Regulierung der gutsherrlichen und bäuerlichen Verhältnisse v. 29.5.1816).

227 Vgl. CD-ROM-2, Dok.-Nr. 9.12.1 (Regulierungsgesetz über die bäuerlichen und grundherrlichen Beziehungen im Großherzogtum Posen v. 8.6.1823), §§ 49, 105.

228 Vgl. hierzu v. a. Krzysztof Ślusarek, Die Bauernbefreiung in Westgalizien. Rechtliche Grundlagen und Ergebnisse, in: P. Franaszek (Hg.), Ausgewählte Probleme zur Geschichte der polnischen Landwirtschaft im 19. und 20. Jahrhundert, Kraków 2005, S. 23-89.

mehr als drei Morgen Land von ihrer Scholle zu vertreiben. Des Weiteren wurden die Lasten bestimmt und ihre Erhöhung durch die Grundherren untersagt.[229] Weil die Bauern diesen Erlass bereits als Befreiung von allen Frondiensten interpretierten, mussten sie durch das Militär gezwungen werden, ihre Arbeit wieder aufzunehmen.[230] Erst die Abschaffung der bäuerlichen Leibeigenschaft in Russland 1861 vermochte grundlegende Änderungen herbeizuführen.

Die endgültige Zerstückelung des polnischen Wirtschaftsraumes im Jahr 1815, die weiterhin hohen Fronlasten der Bauern und die in den neuen Wirtschaftszentren, wie z. B. dem als »Manchester des Ostens« bezeichneten Łódź, voranschreitende, auf raschen Profit der Unternehmer ausgerichtete Industrialisierung vergrößerten die Armut der unteren, besitzlosen Bevölkerungsschichten. Insbesondere in den Städten, die von der Zuwanderung der landlosen bäuerlichen Bevölkerung stark betroffen waren, stieg der Anteil des Proletariats schnell an. Dieses lebte häufig unter katastrophalen hygienischen Bedingungen in behelfsmäßig eingerichteten Arbeiterquartieren. Die Arbeitsbedingungen der zumeist ungelernten Arbeiter waren sehr schlecht, Kinderarbeit war die Regel.[231] Um den neuen sozialen Problemen wirksam entgegentreten zu können, entstanden in den ersten Jahrzehnten des 19. Jahrhunderts in mehreren Städten staatlich initiierte, jedoch von der katholischen Kirche getragene Wohltätigkeitsvereine, etwa 1814 in Warschau (»Warszawskie Towarzystwo Dobroczynności«) und 1816 in Krakau (»Krakowskie Towarzystwo Dobroczynności«).[232] Ihre Fürsorge galt v. a. Findel- und Waisenkindern sowie kranken und alten Menschen. So ermöglichten sie neben der Armenspeisung beispielsweise den Kindern die Schul- bzw. Lehrausbildung.[233] Im Königreich Polen wurde 1817 ein Hauptwohlfahrtsrat (»Rada Glówna Opiekuńcza«) ins Leben gerufen, welcher die stationären Sozialfürsorgeeinrichtungen beaufsichtigte. In den übrigen Teilungsgebieten blieben die Aktivitäten im Bereich der Sozialgesetzgebung hingegen marginal. Sowohl im Großherzogtum Preußen als auch in Galizien-Lodomerien galten nach 1815 weiterhin jene Bestimmungen, die noch aus der vornapoleonischen Zeit stammten. So verpflichtete das ALR von 1794 den preußischen Staat zwar zur Versorgung der bedürftigen Bürger[234],

---

229 Vgl. CD-ROM-2, Dok.-Nr. 9.12.2 (Gesetz über die Abschaffung der Frondienste im Königreich Polen v. 26.11.1846).
230 Scherner, Eliten (wie Fn. 188), S. 122.
231 Gryzelda Missalowa, Początki przemysłu w Królestwie Polskim, in: S. Kieniewicz/W. Kula (Hg.), Historia Polski, Bd. 2.2: 1795–1831, Warszawa 1958, S. 216-253, hier S. 247 f.
232 Weitere Wohltätigkeitsvereine entstanden um dieselbe Zeit in Lemberg, Lublin, Minsk, Posen und Wilna. Vgl. Józef Bąk, Opieka społeczna nad sierotami w Krakowskim Towarzystwie Dobrczynności w latach 1816–1916, in: Rocznik Krakowski 46 (1975), S. 99-112, hier S. 99.
233 Vgl. hierzu etwa Ewa Barnaś-Baran, Opieka nad dzieckiem w Krakowskim Towarzystwie Dobroczynności w latach 1816–1918, in: A. Meissner (Hg.), Opieka nad dzieckiem w Galicji, Rzeszów 2002, S. 114-129.
234 Vgl. CD-ROM-1, Dok.-Nr. 9.4.2.1 (Allgemeines Landrecht für die Preußischen Staaten v. 1.6.1794), Teil 2, Titel 19 (Von Armenanstalten, und andern milden Stiftungen), § 1-89, hier bes.

in der Regel übertrug dieser die Pflicht allerdings auf die Städte und Dörfer, die wiederum auf kirchliche und private Initiativen angewiesen waren.

Die ohnehin schwierige Lage der ärmeren Bevölkerungsschichten verschlimmerte sich durch stetig wiederkehrende Seuchen. Als besonders dramatisch erwiesen sich die Choleraepidemien, die 1831 und 1836/37 die Teilungsgebiete erreichten und erhebliche Opfer verursachten.[235] Die hohe Sterblichkeit insbesondere unter den Angehörigen der Unterschicht erforderte ein rasches Umdenken in der Gesundheitspolitik. Im Königreich Polen empfahl ein 1818 gegründeter Allgemeiner Aufsichtsrat für Krankenhäuser (»Rada Ogóla Dozorca Szpitali«), landesweit neue Hospitäler zu errichten und veraltete zu modernisieren.[236] Alleine zwischen den Jahren 1832 und 1834 entstanden in Kongresspolen zwölf neue Krankenanstalten. Der Bau sowie die Verbesserung der Qualität der Hospitäler hingen nun nicht mehr alleine von privaten Finanzquellen ab, sondern zukünftig gab es jährliche Zuwendungen durch den Staat. Zu Zeiten grassierender Epidemien bemühte man sich erfolgreich um eine Zusammenarbeit mit den russischen Armeebehörden, um das Ausufern der Seuchen einzudämmen.[237] 1842 erreichte der Hauptwohlfahrtsrat vom Zaren die Unterzeichnung eines Gesetzes, das die Umstrukturierung der privaten Spitäler zum Ziel hatte. Diese sollten keine Verwahrorte mehr für gebrechliche oder alte Menschen sein, sondern durften nur noch Personen aufnehmen, die tatsächlich ärztliche Hilfe benötigten.[238]

Während die Veränderungen im öffentlichen Gesundheitswesen im Königreich Polen zügig von statten gingen, hielten das Großherzogtum Posen, Galizien-Lodomerien und Krakau länger an den überkommenen Strukturen fest. Das Fehlen von modernen Krankenanstalten, aber auch von medizinischem Personal, zeigte sich be-

---

§ 1 und 6 (zur staatlichen Fürsorgeflicht) sowie § 10, 12 und 13 (zur kommunalen Fürsorgepflicht).

235 Vgl. hierzu Barbara Dettke, Die asiatische Hydra. Die Cholera von 1830/31 in Berlin und den preußischen Provinzen Posen, Preußen und Schlesien, Berlin 1995, S. 60-64.

236 Außerdem wurden zusätzlich in den Wojewodschaftskommissionen Aufsichtsräte für Krankenhäuser eingerichtet, die für die Umsetzung der Modernisierungsmaßnahmen in den Wojewodschaften zuständig waren. Vgl. Elżbieta Kaczyńska, Unternehmer als Wohltäter. Staat, Unternehmertum und Sozialpolitik im Königreich Polen 1815–1914, in: J. Gebhard u. a. (Hg.), Unternehmer im Russischen Reich. Sozialprofil, Symbolwelten, Integrationsstrategien im 19. und frühen 20. Jahrhundert, Osnabrück 2006, S. 77-89, hier S. 82.

237 Vgl. Marek Rutkowski, Służba zdrowia Królestwa Polskiego po powstaniu listopadowym, in: Archiwum Historii i Filosofii Medycyny 67 (2004), S. 33-48. Zu den Epidemien vgl. ders., Występowanie chorób epidemicznych w społeczeństwie Królestwa Polskiego w latach trzydziestych XIX wieku, in: Archiwum Historii i Filosofii Medycyny 67 (2004), S. 49-60.

238 Ute Caumanns, Modernisierung unter den Bedingungen der Teilung. Überlegungen zu Fragen strukturellen und kulturellen Wandels in Warschau am Beispiel öffentlicher Gesundheit, in: C. Goehrke/B. Pietrow-Ennker (Hg.), Städte im östlichen Europa. Zur Problematik von Modernisierung und Raum vom Spätmittelalter bis zum 20. Jahrhundert, Zürich 2006, S. 365-391, hier S. 368 f. Vgl. auch Elżbieta Mazur, Zmiana funkcji szpitala w XIX wieku (na przykładzie szpitali warszawskich), in: M. Dąbrowska/J. Kruppé (Hg.), Szpitalnictwo w dawnej Polsce, Warszawa 1998, S. 221-240.

sonders deutlich im Zusammenhang mit der Choleraepidemie im Jahr 1831: In Galizien-Lodomerien und Krakau starben bis zum Jahresende ca. 97.700 Menschen an der Seuche.[239] Die Opferzahlen im Großherzogtum Posen fielen nur deshalb geringer aus, weil die preußische Regierung im Rahmen ihrer Möglichkeiten frühzeitig Seuchenbekämpfungsmaßnahmen gestartet hatte.[240] Moderne Krankenhäuser gab es in Posen erst ab der Mitte des 19. Jahrhunderts[241], in Galizien-Lodomerien sogar noch später, nachdem das Königreich 1861 die Autonomie erhalten hatte.[242]

---

239 Bieniarzówna, Wolne Miasto (wie Fn. 91), S. 77 ff.
240 Die Maßnahmen der preußischen Behörden gegen die Ausbreitung der Cholera im Jahr 1831 erstreckten sich auf die Beseitigung und Reinigung infizierter Kleidung und Gegenstände, ein Kontaktverbot zu Infizierten sowie die Verpflichtung zur Vorlage eines Gesundheitsattests vor dem Betreten des Großherzogtums. Ständige Truppenbewegungen sowie das Einsetzen der »Großen Emigration« aus dem Königreich Polen erschwerten die Seuchenbekämpfung. Insgesamt starben im Großherzogtum Posen 1831 ca. 7.700 Menschen an der Cholera. Vgl. Dettke, Hydra (wie Fn. 235), S. 75-80, 216.
241 Manfred Laubert, Die Stadt Posen in neupreußischer Zeit 1815–1847, in: G. Rhode (Hg.), Geschichte der Stadt Posen, Neuendettelsau 1953, S. 99-113, hier S. 109; Olgierd Kiec, Die Anfänge der Diakonie in der Provinz Posen, in: Beiträge zur ostdeutschen Kirchengeschichte 5 (2002), S. 34-44.
242 Vgl. hierzu Piotr Franaszek, Zdrowie publiczne w Galicji w dobie autonomii. Wybrane problemy, Kraków 2002.

Spanien

Von Walther L. Bernecker (Erlangen-Nürnberg) und Jens Späth (Rom)

0 Einführung

Wie in anderen Ländern lässt sich auch in der spanischen Geschichtswissenschaft seit Mitte des 20. Jahrhunderts eine Entwicklung von der traditionellen Politik- und Ideengeschichte über die konzeptionelle Geschichte und diejenige politischer Sprachen hin zu einer sozioökonomischen und neuen Politik-, Kultur- und Verfassungsgeschichte beobachten. Ausgangspunkt der Interpretation des 19. Jahrhunderts bleibt der Klassiker der liberalen Historiografie von Miguel Artola, *Los orígenes de la España contemporánea*, dem seit Ende der 1960er-Jahre die Anhänger eines kombinierten Ansatzes von Marxismus und Totalgeschichte der französischen *Annales*-Schule das Konzept der bürgerlichen Revolution (*Revolución burguesa*) entgegenstellten.[1] In den Debatten der folgenden beiden Jahrzehnte zwischen Marxisten und wiedererstarkten Liberalen stellten Letztere dieses Konzept zunehmend infrage und sprachen nun von der liberalen Revolution (*Revolución liberal*). Als Meilenstein hierbei darf die rechtsgeschichtliche Dissertation von Joaquín Varela, *La teoría del Estado en los orígenes del constitucionalismo hispánico* (*Las Cortes de Cádiz*), Madrid 1983 gelten, die zum einen den Blick auf den gesamten hispanischen Raum auch jenseits des Atlantiks eröffnete und zum anderen historisch-juristisch Begriffe wie Nation, Souveränität, Repräsentation und Verfassung analysierte. Daran knüpfte Bartolomé Clavero in seinem *Manual de historia constitucional de España*, Madrid 1989 an und stellte Rechte, Monarchie und Nation sowie die Machtstruktur in den Mittelpunkt. In der Summe kann man die 1980er-Jahre als Übergang hin zu einer neuen Verfassungsgeschichte betrachten, die ab den 1990er-Jahren die Konzepte Erinnerung und Identität einführte und die Nation in den Vordergrund rückte. Seither sind Politik und Kultur Schlüsselbegriffe der modernen Verfassungsgeschichte.[2] In der jüngsten spanischen Verfassungsgeschichte lassen

---

1   Das 1959 in Madrid erschienene zweibändige Werk von Artola wurde 1975/76 und 2000 neu aufgelegt. Wichtigster Vertreter der marxistisch-totalgeschichtlichen Richtung ist Josep Fontana mit seinen Werken La quiebra de la monarquía absoluta (1814–1820), Barcelona 1971 mit mehreren Neuauflagen und La época del liberalismo, Barcelona/Madrid 2007.
2   Vgl. Francisco Tomás y Valiente, Génesis de la Constitución de 1812. I. De muchas leyes fundamentales a una sola Constitución, in: Anuario de Historia del Derecho español 65 (1995), S. 13-125 und vor allem José María Portillo Valdés, Revolución de nación. Orígenes de la cultura constitucional en España, 1780–1812, Madrid 2000, eine viel beachtete Studie zur spanischen Verfassungskultur im Frühliberalismus.

sich zwei Strömungen ausmachen, die sich oft berühren: Die erste dreht sich um kulturelle Praktiken wie das Pressewesen und das Ausbilden einer öffentlichen Meinung; die zweite um die Interaktion der Diskurse mit der Praxis. Neuere Studien betonen die linguistische Dimension und fragen, ob »liberal« mit »revolutionär« gleichzusetzen sei.[3] Zudem erschien seit der Jahrtausendwende eine Reihe von Sammelbänden, die alle den vielschichtigen und wechselvollen Charakter des Liberalismus betonen.[4] Insgesamt wurde die Verfassungsgeschichte des 19. Jahrhunderts in den letzten drei Jahrzehnten etwas vernachlässigt durch die Konzentration der Rechtshistoriker auf die Verfassung von 1978. Dennoch konnten die genannten Personen durchaus beachtliche Fortschritte erzielen, was sich auch auf institutioneller Ebene niederschlug: Neben dem *Centro de Estudios Políticos y Constitucionales* in Madrid forcierten die 1999 von Joaquín Varela gegründete elektronische Zeitschrift *Historia Constitucional* sowie weitere spezialisierte Zeitschriften und Bibliotheken und interdisziplinäre Institute die verfassungshistorische Forschung in Spanien. Ein neuer Schub ist gewiss mit der 200-Jahr-Feier der Verfassung von Cádiz 2012 zu erwarten.[5]

Was die Frage der Epochengrenze betrifft, stellt das Jahr 1847 keinerlei Einschnitt für die spanische Geschichte dar. Die europäische Revolutionswelle von 1848/49 erfasste Spanien – als eines von wenigen europäischen Ländern – nicht gleich und unmittelbar.[6] In vielen Darstellungen der spanischen Verfassungsgeschichte gilt das Jahr 1868 als Wendepunkt, da Königin Isabella abdankte und turbulente Zeiten mit der Proklamation der Ersten Republik anbrachen. Mitunter findet sich auch 1874 als Ende der Epoche, nimmt man die revolutionären sechs Jahre noch hinzu.[7] Aber

---

3 Vgl. Jörn Leonhard, Liberalismus. Zur historischen Semantik eines europäischen Deutungsmusters, München 2001; Dieter Langewiesche, Liberalismo y revolución en Alemania, siglos XVIII y XIX, in: R. Robledo/I. Castells/M. Cruz Romeo (Hg.), Orígenes del liberalismo. Universidad, política, economía, Salamanca 2003, S. 155-171.

4 Vgl. E. La Parra López/G. Ramírez (Hg.), El primer liberalismo: España y Europa, una perspectiva comparada, Valencia 2003; A. Ramos Santana (Hg.), La ilusión constitucional: Pueblo, Patria, Nación, Cádiz 2004; C. Canterla (Hg.), Nación y Constitución: de la Ilustración al Liberalismo, Sevilla 2006; Antonio Rivera García, Reacción y revolución en la España liberal, Madrid 2006.

5 Vgl. {http://www.ceps.es} [4.8.2010]; { http://www.historiaconstitucional.com} [04.08.2010]; vgl. zum Stand der Verfassungsgeschichte allgemein den in vier Sprachen erschienenen Aufsatz von Joaquín Varela Suanzes Carpegna, L'Histoire Constitutionnelle: quelque questions de méthode, in: Revue Française de Droit Constitutionnel 68 (2006); Giornale di Storia Costituzionale 12 (2006); Historia Constitucional 8 (2007); European Journal of Political Theory 2007.

6 Studentenproteste in Madrid und vereinzelte Putschversuche des Militärs im Frühjahr 1848 konnte die Regierung rasch niederschlagen. Immerhin liegen in diesem Jahr aber die Anfänge der demokratischen Partei Spaniens und einer sozialistischen Bewegung.

7 Jordi Solé-Tura/Eliseo Aja, Constituciones y períodos constituyentes en España (1808-1936), Madrid 1977–2005: 1845 (ohne die Verfassung dieses Jahres); Joaquín Varela Suanzes Carpegna, Política y Constitución en España (1808–1975), Madrid 2007: 1845 (für die Verfassungsentwicklung seit Cádiz), 1868 (Ende der isabellinischen Ära); Juan Pablo Fusi/Jordi Palafox, España: 1808–1996. El desafío de la modernidad, Madrid 1997: 1840 (spanische Revolution, dann liberaler Staat, Ära Isabels und demokratisches Sexennium); Walther L. Bernecker, Spanien-Handbuch. Geschichte

auch der Beginn der Ära Königin Isabellas um 1844 stellt eine Zäsur dar, da nach über zehnjähriger Regentschaft die für volljährig erklärte Monarchin mithilfe der *moderados* und einer neuen Verfassung Spaniens politisches System zu stabilisieren versuchte. Die gemäßigte Verfassung von 1845 und zahlreiche Gesetze der isabellinischen Ära werden deshalb nur als Ausblick anklingen. Folglich stehen in diesem Band für Spanien insgesamt drei Verfassungstexte im Mittelpunkt: die liberale Verfassung von Cádiz samt ihren Ausführungsgesetzen des liberalen Trienniums 1820–1823, das monarchische *Estatuto Real* von 1834 und die progressistische Verfassung von 1837.

Der zeitliche Rahmen für die Quellenauswahl und die Darstellung der zwölf Verfassungsbereiche ergibt sich aus den soeben getroffenen Überlegungen. Nahezu sämtliche im Folgenden angesprochenen Gesetze, Dekrete und Ordnungen finden sich in der offiziellen spanischen Gesetzessammlung, die zwischen 1813 und 1846 unter drei Namen erschienen ist: *Colección de los decretos y ordenes que han expedido las Cortes generales y extraordinarias desde su instalación de 24. de Septiembre de 1810*, 10 Bde., Madrid 1813, 1820–1823 (fortan abgekürzt: CDO); *Decretos de la Reina Nuestra Señora Doña Isabel II, 1.1814–21.1836*, 22 Bde., Madrid 1816–1837 (fortan abgekürzt: DR); *Colección de las leyes, decretos y declaraciones de las Cortes, y de los reales decretos, 22.1837–35.1845*, 15 Bde., Madrid 1837–1846 (fortan abgekürzt: CLDD).

Im Zusammenhang mit der Quellenauswahl und der Ausgrenzung bestimmter Räume stellt sich das Problem der spanischen Kolonien. Das Anliegen des Handbuchs, eine europäische Verfassungsgeschichte des 19. Jahrhunderts zu schreiben, klammert eine ausführliche Besprechung der Kolonialgeschichte aus. Allerdings erscheint es den Autoren unverzichtbar, im Zeitrahmen des zweiten Handbuchbandes 1815–1847 dieses Problem dort anzusprechen, wo der Verlust der meisten Kolonien in Lateinamerika schwerwiegende Folgen für das Mutterland nach sich zog, also etwa in den Bereichen Territorium, Finanzen und Wirtschaft.

1 Spanien 1815–1847

In der ersten Hälfte des 19. Jahrhunderts wandelte sich Spanien nur langsam von einer traditionellen agrarisch geprägten zu einer modernen urbanisierten Gesellschaft. Im demografischen Sektor lag die Geburtenrate im ersten Drittel der europäischen Länder; zugleich blieb aber auch die Sterblichkeitsrate hoch und die Bevölkerungszahl in den Städten sowie die Bevölkerungsdichte insgesamt gering. Zwar emigrierten nach 1820 weniger Menschen in die sich vom Mutterland lösenden Kolonien; im Gegen-

---

und Gegenwart, Tübingen 2006: 1844 (Volljährigkeitserklärung Isabels); Isabel Burdiel, The liberal revolution, 1808–1843, in: J. Alvarez Junco/A. Shubert (Hg.), Spanish History since 1808, London 2000, S. 17–32: bis 1843 liberale konstitutionelle Monarchie, danach bis 1868 konservative konstitutionelle Monarchie (Übergang liberale Revolution zur Ära Isabels und *moderados*).

zug flohen aber tausende Liberale aus politischen Gründen nach 1823 vor allem nach Großbritannien und Frankreich. Bis Mitte der 1840er-Jahre wuchs die Bevölkerung insgesamt im europäischen Vergleich nur langsam von rund 11,5 Millionen um 1800 auf etwa 15 Millionen an. Die regionalen Unterschiede hierbei waren teils erheblich: Während Katalonien, das Baskenland, Valencia, Altkastilien, Navarra und León überdurchschnittlich wuchsen, nahmen Andalusien, Neukastilien, Galicien, Aragonien und Murcia im Landesvergleich hintere Plätze ein.[8] Makroökonomisch betrachtet verlor Spanien durch die Unabhängigkeit der meisten Kolonien in Lateinamerika einen seiner größten Absatzmärkte für heimische Erzeugnisse, worunter besonders die einzig nennenswerten Industrieregionen des Landes, Katalonien und die Gegend um Bilbao, litten.[9] Ebenso erging es dem Handelsbürgertum, das sein privates Kapital nicht durch Industrieprodukte erworben hatte. Zwischen 1810 und 1824 erkämpften sämtliche spanischen Kolonien in Amerika – außer Kuba und Puerto Rico – ihre Unabhängigkeit. (☞ Abb. 10.1) Damit ging Spanien eine Bevölkerung von 14–15 Millionen Menschen und ein Territorium von rund 13,7 Millionen Quadratkilometer verloren (wenn man die Gebiete nördlich des Rio Grande hinzurechnet); Spanien selbst umfasste ca. 505.000 Quadratkilometer. Der ökonomische, demografische und territoriale Aderlass war für das »Mutterland« unermesslich. Die geringe Industrialisierung Spaniens – in der ersten Hälfte des 19. Jahrhunderts lag das Land in Europa an letzter Stelle – lässt sich daran festmachen, dass zunehmend Lebensmittel exportiert wurden, während der Anteil der weiterverarbeiteten Produkte bis Mitte des Jahrhunderts abnahm. Da es, bedingt durch die napoleonischen Kriege, den Unabhängigkeitskampf gegen Frankreich und die Karlistenkriege im eigenen Land, überall an staatlichem wie privatem Kapital fehlte, um in Wirtschaft und Infrastruktur zu investieren, konnte Spanien Bodenschätze wie Silber, Blei, Quecksilber, Zink, Eisen kaum weiterverarbeiten. Ausländische Industrielle exportierten folglich Produkte als Rohstoffe. Zwar erlaubte die Verfassung von Cádiz die Gründung von Kapitalgesellschaften (Art. 172.9); im Absolutismus blieb dies aber dem Willen Ferdinands VII. überlassen. Auf dementsprechend geringem Niveau stagnierte auch die Binnennachfrage.[10] – In Andorra änderte sich im Untersuchungszeitraum (1814–1844) konstitutionell nichts; das Kondominium wurde weiterhin vom französischen König und dem Bischof von Urgel gemeinsam (als »Co-Fürsten«) regiert. Die andorranische Bevölkerung (Spanier, Katalanen, Franzosen) lebte vornehmlich von der Landwirtschaft (Rinder- und Schafhaltung) sowie der Holzverarbeitung.

Die Herrschaft der Liberalen setzte sich zum Ziel, aus Spanien einen zentralisierten Staat mit einheitlichen Strukturen und möglichst wenig Sonderregelungen für einzelne Landesteile zu machen. Schon zu Beginn des 19. Jahrhunderts verstanden

---

8   Zur Territorialgliederung im 19. Jahrhundert vgl. Kapitel 5, Verwaltung.
9   Vgl. hierzu ausführlich Walther L. Bernecker, Sozialgeschichte Spaniens im 19. und 20. Jahrhundert. Vom Ancien Régime zur Parlamentarischen Monarchie, Frankfurt a. M. 1990, S. 87-95.
10 Vgl. Kapitel 12, Wirtschafts- und Sozialgesetzgebung/Öffentliche Wohlfahrt.

1 Spanien 1815–1847

Abb. 10.1 Die spanischen Kolonien in Amerika
● Hauptstadt eines Vize-Königreichs ■ Sitz einer Audiencia

die Cortes von Cádiz (ab 1810) unter »nationaler Souveränität« gleiche Rechte und Pflichten auf der Grundlage einer für alle gültigen Verfassung. Das Ziel sei »eine tatsächlich einige Nation«, in der allen dieselben Pflichten und Lasten zukämen. Alle Unterschiede der Regionen hätten zu verschwinden. Bei der Abschaffung ständischer Privilegien wurden sich die Abgeordneten schnell einig; problematischer wurde es schon bei dem Versuch, die verfassungsrechtliche Einheit für das ganze Land verbindlich zu machen. Die Verfassung sprach 1812 den früheren historischen Territorien keine Rechtspersönlichkeit mehr zu, betonte vielmehr die Gleichheit an Rechten und die Einheitlichkeit der Gesetzgebung. Explizit abgeschafft wurden die regionalen Sonderregelungen (Foralrechte) damals allerdings noch nicht. Offensichtlich gingen die Verfassungsväter davon aus, dass *fueros* und Verfassung kompatibel seien, da Letztere die »Substanz« der politischen Traditionen des Landes aufgreife. Auch in den Baskenprovinzen wurde daher die Konstitution beschworen.[11]

Der »Kodifizierungsgedanke« (Rauchhaupt) und die Vereinheitlichungsmaßnahmen der Bourbonen führten schon vor dem endgültigen Sieg des Liberalismus zur Zentralisierung wichtiger Bereiche. All diese Neuerungen ließen sich nur durchführen, wenn das Land eine effiziente Regierung hatte. Auch auf diesem Gebiet erfolgte im ersten Drittel des 19. Jahrhunderts eine grundlegende Modernisierung: Eine Regierung im modernen Sinne des Wortes gibt es nämlich erst seit der Herrschaft Ferdinands VII., der fünf Minister (*secretarios de despacho*) berief.[12] Verfassungsrang erlangte die königliche Regierung erst im *Königlichen Statut* von 1834; die Bezeichnung »Minister« (*ministro*) für den Inhaber eines Regierungsamtes setzte sich mit der Verfassung von 1837 durch.[13] Während der Regierungszeit von Martínez de la Rosa (1834) erfolgte eine klarere Trennung zwischen Exekutive und Judikative, die Gerichtshöfe erlangten Autonomie, die Verwaltung löste sich von der Regierung.[14]

2 Verfassungsstruktur der zentralen staatlichen Ebene

Die Jahre von 1814 bis 1820 stellen in der spanischen Geschichte ein Intervall zwischen den zwei kurzlebigen Versuchen zur Errichtung einer konstitutionellen Monar-

---

11 Vgl. Luis González Antón, El territorio y su ordenación político-administrativa, in: M. Artola (Hg.), Enciclopedia de Historia de España, Bd. II: Instituciones políticas. Imperio, Madrid 1988, S. 11-92; Francisco Fernández Segado, Las constituciones históricas españolas. (Un análisis histórico-jurídico), Madrid 1986, S. 65-124.
12 Vorläufer waren die Sekretärsversammlungen von Philipp V. (Dekret vom 20. November 1714) und vor allem die *Junta Suprema de Estado*, die Karl III. im Jahr 1787 einsetzte.
13 Vgl. J. García Fernández (Hg.), El arte de gobernar. Historia del Consejo de Ministros y de la Presidencia del Consejo de Ministros, Madrid 1992; M. Alcántara/A. Martínez (Hg.), Política y Gobierno en España, Valencia 2001.
14 Vgl. José María García Madaria, Estructura de la Administración Central (1808–1931), Madrid [1982], bes. S. 95-102.

chie dar. In beiden Fällen schlug der Versuch fehl, das Land kehrte zu autokratischer Herrschaft zurück. Kaum hatte Ferdinand VII. im Jahr 1814 spanischen Boden betreten, erhielt er Loyalitätsbekundungen hochgestellter Militärs. Konservative Politiker forderten ihn im *Manifiesto de los Persas* auf, die Verfassung von 1812 außer Kraft zu setzen und alle von den Cortes verabschiedeten Gesetze aufzuheben.[15]

In jenem berühmt-berüchtigten Dekret vom 4. Mai 1814 aus Valencia hob Ferdinand mit einem Federstrich die Verfassung von 1812 auf, bezeichnete die Arbeit der außerordentlichen Cortes als subversiv und ihre Dekrete als ungültig; er verpflichtete sich, angemessene Freiheiten für die Presse und die Individuen aufrechtzuerhalten und, nach Wiederherstellung der Ordnung, neue Cortes (mit Abgeordneten aus Spanien und Übersee) einzuberufen.[16] Intellektuelle und liberale Politiker sahen sich nach 1814 ins Exil genötigt, viele wurden inhaftiert oder unter Hausarrest gestellt. Im Innern regierte Ferdinand absolutistisch, seine restaurativen Maßnahmen hoben fast alle Reformen der Kriegszeit auf. Die Behördenorganisation alten Stils wurde wiedereingeführt, die Kirche erhielt ihre Prärogativen zurück, religiöse Orden wurden wieder zugelassen, die Inquisition erneut in ihre alten Rechte eingesetzt, die Gewerbefreiheit abgeschafft und die Zunftordnung wiedereingeführt. Alle Gesetze, durch die unmittelbar der Volkswille zum Ausdruck gebracht werden konnte, wurden annulliert.

Zwischen 1814 und 1820 wechselten sich zahlreiche Regierungen im Amt ab, was einerseits mit Korruption und Intrigen am Hof zusammenhing, andererseits auch auf die zunehmenden Finanzprobleme des Staates zurückzuführen war.[17] Unter den Militärs machte sich bald Unzufriedenheit breit, und früh schon setzten jene *pronunciamientos* (Militärrevolten) ein, durch die während des größten Teils des 19. Jahrhunderts die Ablösungen von Regierungen erfolgen sollten.

Eines der zahlreichen *pronunciamientos* jener Jahre hatte 1820 Erfolg: die Militärrevolte von Oberst Rafael del Riego, die im liberalen Cádiz ihren Ausgang nahm, wo die spanischen Truppen unwillig auf ihre Verschiffung nach Amerika warteten, um dort die Unabhängigkeitsbewegung niederzukämpfen. Mangelnde Verpflegung, ausstehender Lohn, Kriegsmüdigkeit, aber auch Bestechungsgelder durch amerikanische Abgesandte trugen zur Verweigerung der spanischen Truppe bei. Der Ruf nach Wiedereinführung der Verfassung von 1812 als Ziel der Bewegung war auf den glühenden Konstitutionalisten Oberst Riego selbst zurückzuführen. Als sich größere Städte im Norden Spaniens (Galicien) dem Aufstand anschlossen, in Madrid Straßenunruhen ausbrachen und die Bewegung auf das ganze Land überzuspringen drohte, leistete Ferdinand VII. den Eid auf die Verfassung, ließ die gefangen gehaltenen Liberalen

---

15 Vgl. Javier Herrero, Los orígenes del pensamiento reaccionario español, Madrid 1988, S. 338-341; CD-ROM-1, Dok.-Nr. 8.2.7 (Persermanifest v. 12.4.1814).
16 Vgl. CD-ROM-1, Dok.-Nr. 8.2.8 (Königliches Dekret von Valencia über die Abschaffung der Verfassung v. 4.5.1814).
17 Vgl. E. F. Resnick, The Failure of Absolutism: Spain 1814–1820, in: Iberian Studies 4/2 (1975), S. 75-81.

(u. a. Argüelles, Martínez de la Rosa, Muñoz Torrero) frei und berief die Cortes wieder ein. An die Bevölkerung richtete er den berühmt gewordenen Aufruf: »Lasst uns aufrichtig, und ich als der erste, auf der konstitutionellen Bahn voranschreiten!«[18]

Die »Revolution« von 1820 war weit mehr als ein Militäraufstand, wenn ihr Ursprung auch im *pronunciamiento* Riegos zu suchen ist. In den vergangenen sechs Jahren hatten die Spanier das Vertrauen in ihre Regierung verloren, ein Wechsel war überfällig. Ferdinand war es nicht gelungen, die wirtschaftliche Situation zum Besseren zu wenden, den Handel zu aktivieren, die Industrie anzukurbeln. Die ökonomische Depression ließ die Steuerlast drückender und die Unzufriedenheit größer werden. In der Armee war die Moral besonders niedrig: Die Truppen wurden nur unregelmäßig bezahlt, sie waren schlecht ausgerüstet. Die militärische Karriere bot, wegen der Demobilmachungen nach 1814, kaum Aufstiegsmöglichkeiten.

Die weitverbreitete Unzufriedenheit ist aber nicht mit Begeisterung für die Verfassung von 1812 und die liberalen Ideen der Cortes von Cádiz gleichzusetzen. Oberst Riego proklamierte zwar als Ziel des Aufstandes die Wiederinkraftsetzung der Verfassung; vorerst konnte er für dieses Ziel aber kaum Anhänger mobilisieren. Erst nachdem er, kurz vor dem befürchteten Zusammenbruch der Bewegung, die Abschaffung des Kirchenzehnten und des Tabakmonopols und eine allgemeine fünfzigprozentige Steuerreduzierung angekündigt hatte, erklärten sich zuerst Málaga im Süden und einige Wochen später dann La Coruña, Ferrol, Vigo, Zaragoza und Barcelona im Norden für die Bewegung. Revolutionäre Juntas beendeten sofort die Steuerzahlungen an die Madrider Regierung, Bauern entrichteten den Kirchenzehnten nicht mehr. Steuern und nicht die Verfassung waren daher der eigentliche Mobilisierungsfaktor für den Aufstand von 1820. Sofort nach dem Erfolg der Bewegung kehrten die Liberalen zurück, teils aus ihren Zufluchtsstätten, teils aus dem Ausland. Einige wurden sogar direkt aus den Gefängnissen heraus mit der Wahrnehmung hoher Ämter betraut.

Die Liberalen hatten sich inzwischen in die eher gemäßigte Richtung der *moderados* und die radikalere der *exaltados* gespalten; es handelte sich um die Anfänge politischer Parteien. Die *moderados* waren ehemals Inhaftierte (*presidiarios*) und Exilierte, deren politische Überzeugungen in den vorhergegangenen Jahren (und häufig durch die persönliche Anschauung politischer Auseinandersetzungen in England) »gemäßigt« worden waren, die für »Freiheit« und »Ordnung« und eine »ausgewogene« Verfassung – d. h. eine Revision der Konstitution von 1812 – eintraten. Die *exaltados* plädierten demgegenüber für die unveränderte Beibehaltung der Konstitution von 1812; ihr Motto lautete: »Verfassung oder Tod!« Sie rekrutierten sich aus den radikalen Kräften der Provinzhauptstädte, waren antiaristokratisch und für die unterprivilegierten Schichten durchaus attraktiv.

---

18 Vgl. CD-ROM-2, Dok.-Nr. 10.2.1 (König beschwört Verfassung v. 7.3.1820).

Das liberale Triennium begann in einem Klima des euphorischen Optimismus, ohne Repression oder Rachemaßnahmen.[19] Sofort nach Wiederherstellung der konstitutionellen Legalität (März–Juli 1820) und Wiedereröffnung der Cortes (Juli 1820) kam es zu heftigen Auseinandersetzungen zwischen den »Liberalen« wie Argüelles und Martínez de la Rosa, den alten Parteigängern der Verfassung von 1812 (*doceañistas*), und den »Patrioten« wie Romero Alpuente, Calatrava, Istúriz und Flórez Estrada, den Revolutionären von 1820. Erstere waren die *moderados* im Parlament, Letztere die *exaltados*. Anfangs bestanden die *moderados* vor allem in solchen *doceañistas*, die zwischen 1810 und 1814 bereits politische Ämter innegehabt hatten, nach 1814 dann gefangen gesetzt worden oder ins Exil geflohen waren. Nachdem sie 1820 zurückgekehrt und wieder in führende Positionen eingesetzt worden waren, gaben sie sich mit dem Erreichten zufrieden. Diese Erhaltung des Status quo ließ sie zu »Gemäßigten« (*moderados*) werden. Die eigentlich revolutionären Kräfte von 1820 wurden demgegenüber von der Macht ausgeschlossen und entwickelten sich zu Radikalen (*exaltados*) – ein bewusster Schachzug König Ferdinands, der auf das Ziel hinarbeitete, die Liberalen zu diskreditieren und ihre Einheit zu zerstören.

Aus den Corteswahlen von Ende 1821 gingen die *exaltados* als Mehrheitspartei hervor, Riego wurde Parlamentspräsident. Da Ferdinand jedoch abermals *moderados* mit der Regierungsbildung beauftragte, blockierten die zwei Flügel des Liberalismus sich gegenseitig. An eine Zusammenarbeit zwischen Legislative und Exekutive war nicht zu denken. Dieser zweite konstitutionalistische Anlauf scheiterte zwar nicht primär an einer inneren Widerstandsbewegung; allerdings ist nicht zu übersehen, dass die liberalen Regierungen auch keine massive Unterstützung aus dem Volk, schon gar nicht vonseiten der Bauernschaft erfuhren. Während die Liberalen in den Cortes von 1820/1823 um die Verwirklichung der zehn Jahre zuvor in Cádiz beschlossenen Reformmaßnahmen stritten, bereitete der König die absolutistische Restauration vor. Auf seine Bitte hin beschloss die Heilige Allianz auf dem Kongress von Verona (1822), für die Wiederherstellung des Absolutismus in Spanien militärisch zu intervenieren. Im Frühjahr 1823 marschierte sodann ein französisches Heer in Spanien ein (»Die Hunderttausend Söhne Ludwigs des Heiligen«). Nach Niederringung nur geringen Widerstands konnte Ferdinand VII. im Spätherbst 1823 die absolute Monarchie wiederherstellen.[20]

Mit der erneuten Aufhebung der Verfassung begann das absolutistische Jahrzehnt von 1823 bis 1833, das in der liberalen Historiografie bis heute *la década ominosa*, das »unheilvolle Jahrzehnt«, genannt wird. Die königliche Diktatur wurde abermals mit repressiven Mitteln durchgesetzt. Ferdinand verfolgte die Liberalen, säuberte die

---

19 Zum liberalen Triennium vgl. José Luis Comellas, El trienio constitucional, Madrid 1963; Alberto Gil Novales, Josep Fontana, La crisis del Antiguo Régimen 1808–1833, Barcelona 1992.
20 Vgl. CD-ROM-2, Dok.-Nr. 10.2.2 (Rückkehr zum Absolutismus v. 1.10.1823). Zum Zusammenbruch des liberalen Systems vgl. Alberto Gil Novales, El problema de la revolución en el liberalismo español (1808–1868), in: Estudios de Historia Social 22/23 (1982), S. 7-22. Zu den Zielen der Liberalen vgl. Salvador de Moxó, La disolución del régimen señorial en España, Madrid 1965.

Verwaltung, schloss die Universitäten, zwang führende Politiker ins Exil, machte die meisten Beschlüsse der »drei konstitutionellen Jahre« rückgängig. Die Todesstrafe stand auf das öffentliche Eintreten für die Verfassung.

Beim Tode Ferdinands VII. (1833) war die Nachfolgefrage nicht eindeutig geklärt.[21] 1830 hatte Ferdinand VII., noch vor der Geburt seiner Tochter Isabella, die »Pragmatische Sanktion« (*Sanción Pragmática*) verkündet, die die 1789 bereits beschlossene weibliche Thronfolge bestätigte, womit die lange Jahre genährten Hoffnungen von Carlos María Isidro, dem Bruder von Ferdinand, dahinschwanden, nach dessen Tod den Thron zu erben. Es begann ein Bürgerkrieg zwischen den Anhängern von Ferdinands Bruder Karl (*Karlisten*) und denen von Ferdinands dreijähriger Tochter Isabella, deren Interessen während ihrer Minderjährigkeit von der Königinwitwe und Regentin María Cristina (*cristinos*) wahrgenommen wurden. Der dynastische Erbstreit war aber nur äußerer Anlass und Fassade dieses ersten Karlistenkrieges (1833–1839), in dem es eigentlich um die Beibehaltung eines extrem reaktionären Absolutismus oder die Einführung einer konstitutionellen Monarchie auf liberaler Grundlage ging.[22]

Während auf den Schlachtfeldern die militärische Entscheidung zwischen Liberalismus und Absolutismus fiel, übernahmen im politischen Zentrum die »Oligarchen des Liberalismus«, die *moderados*, die Macht, die eine Beschränkung der monarchischen Rechte durch eine Volksvertretung durchsetzten.[23] Sehr schnell wurde der Regentin klar, dass sie sich deutlicher als vorgesehen für die liberalen Kräfte entscheiden musste. Aus den unterschiedlichsten Lagern, sieht man vom absolutistischen ab, kam der Ruf nach Einberufung von Cortes. Der Krieg gegen Don Carlos machte eine sofortige Stabilisierung der politischen Situation erforderlich. María Cristina erfasste schnell die Gefährlichkeit der Lage und ernannte den liberalen Francisco de Paula Martínez de la Rosa zum neuen Regierungschef, der seine Mäßigung bereits im konstitutionellen Triennium (1820–1823) unter Beweis gestellt hatte.

Dieser Regierungswechsel stellt den historischen Augenblick dar, in dem die Krone auf die Fortführung des Absolutismus verzichtete und sich bereit erklärte, das politische System um die Liberalen zu erweitern, damit eine Bourgeoisie an der Macht zu beteiligen, die ihrerseits zur Unterstützung einer konstitutionellen Monarchie Isabellas bereit war. Das Symbol des neuen politischen Systems war das von Martínez de la Rosa und Javier de Burgos ausgearbeitete sowie von der Regentin oktroyierte »Königliche Statut« (*Estatuto Real*) vom April 1834, durch das in Spanien die kons-

---

21 Vgl. CD-ROM-2, Dok.-Nr. 10.2.3 (Thronfolge v. 29.3.1830).
22 Zur Auseinandersetzung zwischen Liberalismus und Karlismus vgl. E. R. Eggers/E. Fenne de Colombi, Francisco de Zea Bermúdez y su época, 1779–1850, Madrid 1958.
23 Damit begann der Konstitutionalismus in Spanien. Zu dessen Entwicklung vgl. Francisco Fernández Segado, Las Constituciones Históricas Españolas, Madrid 1981.

titutionelle Monarchie bis 1931 institutionalisiert wurde.[24] Ihre soziale Basis waren Grundbesitzer und (Groß-)Bourgeoisie, die ihre Vorherrschaft in den Cortes durch ein extrem hohes Zensuswahlrecht sicherstellten (»Demokratie der Aristokratie«). Darin kam auch die Angst der Krone vor der Teilnahme frei gewählter Volksvertreter an politischen Entscheidungen zum Ausdruck. Von einem so oligarchisch zusammengesetzten Parlament waren keine weitreichenden Änderungen zu erwarten. Das *Estatuto Real* folgte dem Vorbild der französischen *Charte* von 1830; es verließ wieder die demokratische Linie der Verfassung von Cádiz, die strikte Gewaltentrennung wurde aufgehoben. Mit nur 50 Artikeln ist das »Königliche Statut« der kürzeste Verfassungstext der spanischen Geschichte, was darauf zurückzuführen war, dass die Verfassung nahezu ausschließlich die Funktionen der Cortes aufzählte, aber weder die Exekutive noch die richterliche Gewalt ausführlich ansprach. Freiheitsrechte oder Souveränitätsfragen wurden ebenfalls nicht thematisiert. Obwohl die Verantwortung der Regierung gegenüber den Cortes zugelassen wurde, konnte das Parlament im Verfassungssystem kein Übergewicht erringen. Die Gesetzesinitiative lag ausschließlich bei der Krone. Allerdings hatte das Parlament das Petitionsrecht, von dem in der ersten Legislaturperiode auch ausführlich Gebrauch gemacht wurde. Die Petitionsanträge lassen ein weitgefasstes liberales Programm erkennen, das als Forderungskatalog einer »bürgerlichen Revolution« gedeutet werden kann. (☞ Abb. 10.2, S. 730)

Die an Kirche und Adel bezahlten Tribute sollten abgeschafft, alle Institutionen, auf denen der gesellschaftliche Einfluss der »Privilegierten« beruhte, eliminiert werden. Die zivile und kirchliche Desamortisation stand ebenso auf der Liste wie die Abschaffung aller Majorate und ländlichen »Vinkulationen«, die keinen bestimmten Jahresertrag erbrachten. Im politischen Bereich sollten alle Bürgerrechte garantiert, die Repräsentativität des Systems erweitert, den Cortes das Recht zur Ausarbeitung ihrer eigenen Geschäftsordnung zugestanden werden. Weitere Forderungen waren Pressefreiheit, Unabhängigkeit der Gerichte, Ministerverantwortlichkeit; besonders wichtig war die Aufstellung einer städtischen Miliz, die bereits in früheren konstitutionellen Phasen das wirkungsvollste Instrument des radikalen Liberalismus gewesen war, oder einer Nationalgarde, und der Erlass eines demokratischen Kommunalwahlgesetzes.[25]

---

24 Vgl. CD-ROM-2, Dok.-Nr. 10.2.4 (span.)/10.2.5 (dt.) (Königliches Statut v. 10.4.1834). Das *Königliche Statut* von 1834 war unter Verfassungsjuristen Gegenstand doktrinärer Auseinandersetzungen über seinen juristischen Status. Für Adolfo G. Posada war das Statut lediglich ein königliches Dekret, das Cortes einberief. Später sollten sich Luis Sánchez Agesta und Diego Sevilla Andrés dieser Deutung anschließen. Luis Díez del Corral sieht in der von Ludwig XVIII. in Frankreich oktroyierten *Charte* den unmittelbaren Vorläufer des Statuts. Die Krone oktroyierte zwar das Statut, sie war aber derartigen Pressionen ausgesetzt, dass sowohl Joaquín Tomás Villarroya als auch Fraile Clivillés sie als eine »paktierte Verfassung« bezeichnen. Vgl. hierzu Jesús J. de Arcenegui, Síntesis histórica del constitucionalismo español, Madrid 1991, S. 85 f.
25 Miguel Artola, Antiguo Régimen y Revolución Liberal, Madrid 1983, bes. S. 286–295; Joaquín Tomás Villarroya, El sistema político del Estatuto Real, 1834–1836, Madrid 1973. Vgl. auch And-

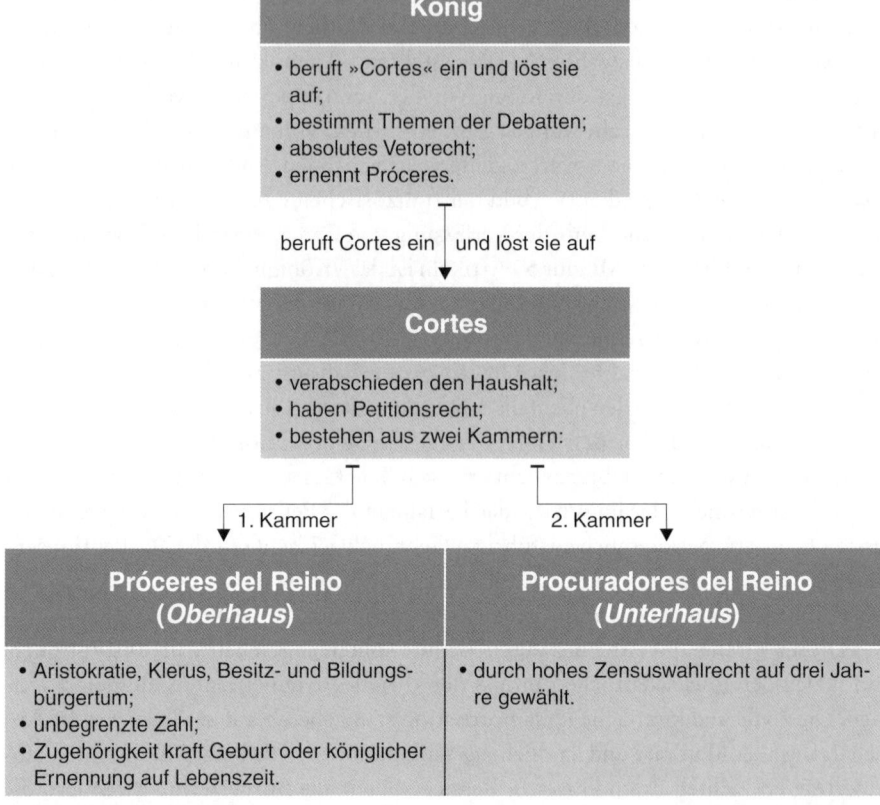

Abb. 10.2 Das Estatuto Real von 1834

Die Cortes wiesen zwei Kammern auf: Im Oberhaus (*Próceres del Reino*) waren die Aristokratie, die Kirche sowie Besitz- und Bildungsbürgertum vertreten. Dem Oberhaus gehörte man lebenslänglich kraft Geburt oder königlicher Ernennung an. Das Unterhaus (*Procuradores del Reino*) wurde nach Zensuswahlrecht für die Dauer von drei Jahren gewählt. Die Cortes verfügten über keinerlei Autonomie. Sie wurden vom König einberufen und aufgelöst; der Monarch bestimmte auch den Gegenstand der parlamentarischen Debatten, sodass das Initiativrecht der Cortes praktisch inexistent war. Später wurde ein restringiertes Petitionsrecht eingeführt. Die eigentliche Macht der Cortes bestand in ihrem Recht auf Verabschiedung des Staatshaushalts. (☞ Abb. 10.2)

Der »gemäßigte« Charakter der Verfassung von 1834 kommt am besten in den drei Prinzipien zum Ausdruck, auf denen sie beruhte. Der Ausgangspunkt war die Vor-

reas Timmermann, Die »gemäßigte Monarchie« in der Verfassung von Cádiz (1812) und das frühe liberale Verfassungsdenken in Spanien, Münster 2007.

stellung einer doppelten Souveränität, die in Spanien traditionellerweise vom Monarchen und den Cortes gemeinsam ausgeübt wurde. Implizit lehnte das Statut damit das Prinzip der Volkssouveränität ab und entschied sich für eine Doktrin, die in den späteren Verfassungen von 1845 und 1876 explizit zum Prinzip der gemeinsam von *rex* und *regnum* ausgeübten Souveränität weiterentwickelt wurde. Das Statut ging nicht vom Prinzip der Gewaltenteilung aus, betonte vielmehr die Notwendigkeit einer Zusammenarbeit der Gewalten; allerdings musste die Regierung über das Vertrauen der Cortes verfügen. Die Ideologie des Statuts lief auf einen Ausgleich zwischen Ordnung und Freiheit, zwischen Tradition und Neuerung hinaus. Selbst proklamiertes Ziel war die Aussöhnung der sich noch bekämpfenden und in verschiedenen Lagern verfeindet gegenüberstehenden Spanier.[26]

Befürworter des Statuts hoben seine positiven Aspekte hervor. Es bedeutete verfassungsrechtlich die endgültige Überwindung des Ancien Régime; es stellte einen ersten Schritt zur konstitutionellen Normalität dar; es gab dem Land ein repräsentatives System; es führte in Spanien die parlamentarischen Institutionen und Mechanismen ein, die auch in anderen europäischen Verfassungsstaaten der Zeit üblich waren. Das Zweikammersystem bewährte sich bis 1931. Kritiker wiesen demgegenüber auf die großen Mängel hin: Im Konfliktfall zwischen Monarch und Cortes bot dieses konstitutionelle Modell keine Kompromisslösung. Das hohe Zensuswahlrecht schloss die erdrückende Mehrheit der Bevölkerung von politischer Partizipation aus. Die Kompetenzen der Krone (Recht zur Auflösung des Parlaments, Teilnahme an der Gesetzgebung, absolutes Vetorecht) verschafften dieser ein Übergewicht im Verfassungssystem; vor allem aber: Das Statut gab das Prinzip der Volkssouveränität preis; außerdem enthielt es keinen Grundrechtekatalog. Die linksliberalen Kräfte, die an der Ausarbeitung des Statuts nicht beteiligt worden waren, lehnten das *Estatuto Real* daher entschieden ab und sprachen ihm nicht den Charakter eines Verfassungstextes zu; sie wollten sich auch nicht in das politische System von 1834 integrieren.

Die anhaltende Unzufriedenheit mit dem *Estatuto* unter den radikaleren Linken, die sich inzwischen *progresistas* nannten, führte 1834/35 zu zahlreichen Aufständen, bei denen die städtische Miliz stets eine ausschlaggebende Rolle spielte. Immer wieder wurde von den revolutionär gebildeten Stadt- und Provinzjuntas die Rückkehr zur Verfassung von 1812 gefordert. Die sozialen Unruhen in den Provinzen nahmen ein derartiges Ausmaß an, dass die Krone zur Überzeugung gelangte, sie seien nur durch Berufung eines Progressisten in das Amt des Regierungschefs unter Kontrolle zu bekommen. Der Sommer 1835 erlebte den Höhepunkt des Kampfes. Das »gemäßigte« Spanien des *Estatuto Real* sah sich zu diesem Zeitpunkt nicht nur der karlistischen *Jacquerie*, sondern auch den städtischen Aufständen der (unteren) Mittelschicht aus-

---

26 Zum Statut von 1834 vgl. Joaquín Tomás Villarroya, El sistema político del Estatuto Real, 1834–1836, Madrid 1973; Francisco Fernández Segado, Las constituciones históricas españolas. (Un análisis histórico-jurídico), Madrid 1986, S. 125-160.

gesetzt. Zwischen diesen beiden Fronten wurde die letzte Bastion des Feudalismus, der Staat, zerrieben. Selbst die Monarchie und mit ihr die soziale Schicht, die sie vertrat, waren bedroht. Der Regentin blieb keine andere Lösung, als die Macht jemand zu übertragen, der sowohl die Karlisten militärisch schlagen als auch die Mittelschichten durch Reformen besänftigen konnte.

Im September 1835 übertrug daher María Cristina dem *progresista* Juan Álvarez Mendizábal die Regierungsgeschäfte. Die Ernennung dieser »revolutionären« Regierung bedeutete die Niederlage des bis dahin praktizierten konservativen Reformismus; zugleich war Mendizábal die letzte Hoffnung der Monarchie. Der neue Regierungschef verkündete sofort die Prinzipien, an denen sich seine Regierung orientieren würde: Übergang vom gemäßigt-konstitutionellen in ein parlamentarisches System und verfassungsrechtliche Verankerung der allgemeinen Bürgerrechte. Die Übertragung der Macht an Mendizábal bedeutete praktisch die Eroberung des Staatsapparats durch die Bourgeoisie. Politisch stellte Mendizábal einen radikalen Wandel in der Einstellung und Funktion des Staates dar: War dieser bis dahin ein eifersüchtiger Feind der bürgerlichen Schichten gewesen, so förderte er sie fortab offen und stellte sich damit gegen feudale Interessen. Als Mendizábal im Januar 1836 die (noch ständischen) Cortes auflösen ließ, um das erste bürgerliche Parlament wählen zu lassen, kommentierte er diese Maßnahme mit den Worten: »Es ist ein großer Schritt vorwärts in Richtung auf die Revolution.«[27] Unter Revolution verstand Mendizábal die Machterringung durch das Bürgertum.

Mendizábal bildete nur sieben Monate lang die Regierung; in dieser Zeit erfolgte zwar kein grundlegender Wandel des politischen Systems, der 1823 unterbrochene revolutionäre Prozess wurde aber mit Duldung der Krone fortgesetzt und vertieft. Die Justizverwaltung erhielt eine neue Grundlage, die Nationalmiliz erfuhr (unter der neuen Bezeichnung Nationalgarde) eine Reorganisation, eine Neustrukturierung des Militärbereichs sollte die Voraussetzungen für eine schnelle Beendigung des Karlistenkrieges schaffen. In jenen Jahren bildeten sich auch allmählich Parteien im heutigen Sinne des Wortes heraus; zu den damals gegründeten Wahlkomitees gesellten sich im Laufe jener Jahre noch die parlamentarischen Gruppen (Vorläufer der Fraktionen) und die Redaktionsstäbe von (Partei-)Zeitungen als weitere Kristallisationszentren, aus denen sich politische Parteien entwickelten.

Nachdem Mendizábal in Zusammenhang mit der beabsichtigten Reform des Wahlgesetzes das Vertrauen des Parlaments verloren hatte und gestürzt worden war, brachten Neuwahlen eine progressistische Parlamentsmehrheit. Der von der Krone eingesetzte Regierungschef Francisco Javier Istúriz gehörte allerdings den *moderados* an. Nachdem er Neuwahlen ausgeschrieben hatte, von denen die gemäßigten Liberalen sich wieder eine Mehrheit erhofften, griffen die Progressisten abermals zum Mittel

---

27 Zit. nach Peter Janke, Mendizábal y la instauración de la monarquía constitucional en España (1790–1853), Madrid 1974, S. 210.

der urbanen Agitation. Sie durchbrachen damit erneut die Regeln des politischen Systems von 1834; das *pronunciamiento* der Nationalmiliz führte schließlich Mitte 1836 zur Wiederherstellung der Verfassung von Cádiz und, nach der Rebellion der Truppen in der Sommerresidenz La Granja, zur Wiedereinsetzung einer progressistischen Regierung unter José María Calatrava und Juan Álvarez Mendizábal.

Damit waren die Progressisten innerhalb kurzer Zeit zum zweiten Mal auf irreguläre Weise an die Macht gelangt. Der deutlichste Unterschied des progressistischen Verfassungsmodells zu dem der *moderados* bestand denn auch in der linksliberalen Theorie von der Legitimität der Revolution, der zufolge die »souveräne Nation« auf die Barrikaden gerufen werden konnte, wenn es keine legalen Mittel gab, die den Zugang zur Macht ermöglichten. Diese Theorie der »berechtigten« Revolution galt primär für die Progressisten selbst, die sich für die eigentlichen Repräsentanten des »Volkes« hielten, da die ihnen von der Krone entgegengebrachte Gegnerschaft und das enge Zensuswahlrecht der *moderados* verhinderten, dass sie über Wahlen an die Macht kamen; für die *progresistas* blieb daher nur der Rekurs auf die »Volksrevolution«, wollten sie das zwischen Krone und *moderados* geschlossene »Herrschaftsbündnis« durchbrechen. Verbündeter der Progressisten bei diesen urbanen Aufständen war stets ein Teil des Heeres, der mit den linksliberalen Vorstellungen konform ging. 1836 und 1837 kamen die Progressisten bereits durch derartige »revolutionäre Allianzen« an die Macht; unter veränderten Bedingungen sollten sie später (1840, 1854, 1868) wieder diesen revolutionären Weg einschlagen.

Im Gegensatz zum gemäßigten Konstitutionalismusmodell der *moderados* ging das radikalere der *progresistas* von der Volkssouveränität aus. Die inhaltlichen Unterschiede zwischen den beiden Flügeln des Liberalismus waren aber geringer, als es aufgrund der ständigen Auseinandersetzungen zwischen ihnen den Anschein hat. So stimmten die *progresistas* prinzipiell mit den *moderados* darin überein, dass politische und Eigentumsrechte aufeinander bezogen sind. Während aber der »doktrinäre Liberalismus« (Díez del Corral) der *moderados* in seinem Verfassungsdenken von der Vorstellung ausging, dass in einer modernen Gesellschaft das Recht zur Ausübung politischer Macht auf Reichtum und Intelligenz Weniger beruhe, die soziale Basis der *moderados* auch relativ homogen war (grundbesitzende Oligarchie, entstehende Finanz- und Industriebourgeoisie, besser situierter Mittelstand wie Karrierebeamte oder Anwälte), diese daher für ein hohes bildungs- und besitzbürgerliches Zensuswahlrecht eintreten konnten, wollten die *progresistas* das Wahlrecht einer breiteren Schicht öffnen, da ihre, im übrigen sehr heterogene, soziale Basis vor allem die untere Mittelschicht der Städte darstellte. Die Progressisten gestanden dem Monarchen auch das Recht zur Auflösung der Cortes zu; außerdem akzeptierten sie schließlich die These der *moderados*, der zufolge der Krone die Schlichtungsfunktion einer vierten, moderierenden Gewalt (*poder moderador*) über Exekutive und Legislative zugesprochen wurde. Deutlich feststellbare Unterschiede zu den *moderados* bestanden in der akzentuierten Gegnerschaft der *progresistas* gegen die Wirtschaftsmacht der Kirche, in ihrer Förderung der Nationalmiliz und in ihrem Kampf für die Demokratisierung der Lokalverwaltungen.

Die progressistischen Verfassungsvorstellungen kamen in der Konstitution von 1837 relativ klar zum Ausdruck. Die Verfassung lässt zugleich erkennen, dass *progresistas* und *moderados* sich inzwischen angenähert hatten.[28] Beide Fraktionen gingen in der wichtigen Frage des Wahlrechts einen Kompromiss ein und setzten ein gemäßigtes Zensuswahlsystem durch, während nunmehr nur noch die »Demokraten« (*demócratas*), der linke Flügel der Progressisten, auf der Wiederinkraftsetzung der Verfassung von 1812 und damit des allgemeinen Wahlrechts bestanden. Erstmalig wurden in dieser Verfassung die »Rechte und Freiheiten« der Bürger festgehalten. Die Verfassung sah außerdem vor, dass in der gesamten Monarchie »dieselben Vorschriften« zur Anwendung kamen; das Rechtssystem war somit unterschiedslos für alle Spanier gültig. Die Verfassung verfolgte drei Ziele: Zum einen ging es um eine Stärkung der Macht der Krone (im Vergleich zur Verfassung von 1812); des Weiteren sollte das Zweikammersystem endgültig institutionalisiert werden; schließlich wurde die Direktwahl zur Bestimmung des Abgeordnetenhauses festgelegt. Das Verfassungssystem von 1837 beruhte wiederum auf der monarchischen Prärogative und räumte dem Parlament eine nur nachgeordnete Stellung ein. Allerdings traten die Cortes (unabhängig vom Willen des Monarchen) alljährlich zusammen, somit lässt sich von einer weitgehenden Autonomie der Legislative gegenüber dem König sprechen. Die beiden Kammern des Parlaments erhielten erstmalig die Bezeichnungen, die sie bis zum heutigen Tag beibehalten sollten: Abgeordnetenkongress (*Congreso de los Diputados*) und Senat (*Senado*). Der Senat verfügte über ein suspensives Veto. Zur Verabschiedung eines Gesetzes bedurfte es der Zustimmung beider Kammern und des Königs; hierzu hieß es in Artikel 12: »Die Fähigkeit, Gesetze auszuarbeiten, liegt bei den Cortes zusammen mit dem König.« (☛ Abb. 10.3)

Artikel 44 legte fest, dass die Person des Königs unverletzlich war und keine Verantwortung trug. Die Verantwortlichkeit lag bei den Ministern – eine Formel, die bereits auf die Herausbildung einer parlamentarischen Demokratie vorauswies. Der König verfügte, zusammen mit den Kammern, über das Gesetzesinitiativrecht, er sanktionierte und verkündete die Gesetze. Das Sanktionsrecht bedeutete in der Pra-

---

28 Vgl. CD-ROM-2, Dok.-Nr. 10.2.6 (span.)/10.2.7 (dt.) (Verfassung v. 18.6.1837). Zur Verfassung von 1837 vgl. Ángel Garrorena, El Ateneo de Madrid y la teoría de la monarquía liberal, 1836–1847, Madrid 1974; Miguel A. Medina Muñoz, La Constitución de 1837, Madrid 1983; Joaquín Tomás Villarroya, El Estatuto Real de 1834 y la Constitución de 1837, Madrid 1985; Antonio Colomer Viadel, Los liberales y el origen de la monarquía parlamentaria en España, Madrid 1988, S. 79-166; Fr. W. von Rauchhaupt, Geschichte der spanischen Gesetzesquellen von den Anfängen bis zur Gegenwart, Heidelberg 1923, S. 252 f.; Francisco Fernández Segado, Las bases vertebradoras de la Constitución de 1837, in: Hispania XLVII/166 (1987), S. 679-744; ders., Las constituciones históricas españolas. (Un análisis histórico-jurídico), Madrid 1986, S. 161-216. Zu den näheren Umständen der Verabschiedung der Verfassung vgl. Joaquín Tomás Villarroya, La publicación de la Constitución de 1837, in: Revista de Derecho Político 20 (1983/84), S. 17-31.

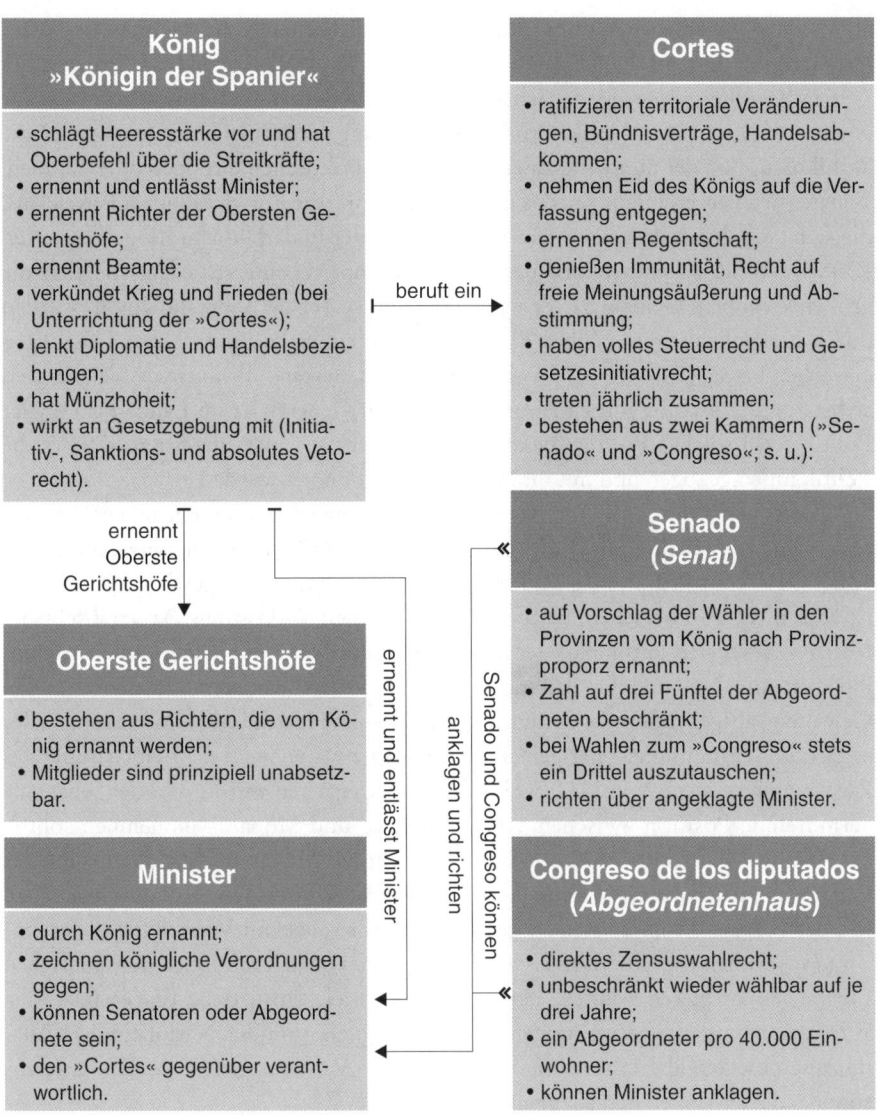

Abb. 10.3 Die spanische Verfassung von 1837

xis ein absolutes Vetorecht. Der Monarch ernannte und entließ die Minister nach seinem Gutdünken, er befehligte die Streitkräfte, er erklärte Krieg und Frieden. (Abb. 10.3)

Durch eine gewisse Ausweitung der Zahl der Wahlberechtigten und eine größere Pressefreiheit hofften die Progressisten offensichtlich, in Zukunft die Wahlen zu ihren Gunsten entscheiden und damit ein ausreichendes Gegengewicht zur Krone bilden zu können. Das Wahlrecht blieb zwar an Besitz gebunden; es ermöglichte jedoch, als Folge wirtschaftlicher Entwicklung, eine fortschreitende Ausweitung der Wählerschaft, die in den folgenden Jahren auf etwa 600.000 Personen (fünf Prozent der Gesamtbevölkerung) stieg, danach aber wegen einer erneuten Erhöhung des Zensus wieder auf unter 100.000 sank. »Mit der Ausweitung der Wählerschaft wuchs auch die Wahlkorruption der nun wirksamer auftretenden politischen Gruppen oder Cliquen. Von den Wählervereinigungen des *Estatuto Real* ging die Entwicklung zu Parteiclans, die sich bald durch ihre autoritäre Führung von der in den konstitutionell regierten Ländern vorherrschenden Form der Honoratiorenpartei unterschieden. Vor allem die großen Gruppen, Gemäßigte, Progressisten und später die Liberale Union, wurden durch Persönlichkeiten geführt, die ihr Ansehen aufgrund militärischer Leistungen erworben hatten (Espartero, Narváez, O'Donnell, Serrano, Prim usw.). Sie drängten selbst zur Verbindung mit einem meist geadelten General, da im Lande kein ziviler Politiker ein solches Prestige besaß. Es blieb nicht aus, dass die Streitkräfte in die Politik hineingezogen und mit ihr aufs engste verbunden wurden.«[29]

Wenn auch *progresistas* und *moderados* sich in manchen Punkten angenähert hatten, bleibt festzuhalten, dass die Verfassung von 1837 – im Gegensatz zum Statut von 1834 – vom Prinzip der Volkssouveränität ausging. Eine gewisse Ambivalenz ist aber nicht zu übersehen, da zwar die Cortes den Verfassungstext verabschiedet hatten – dieser sich mithin aus der Souveränität der Nation ableitete –, die Regentin ihn aber »annahm« und ihm damit gewissermaßen den Charakter eines zwischen den Gewalten »ausgehandelten« Grundgesetzes gab – eine Idee, die den Vorstellungen der *moderados* entstammte. Eher gemäßigte Elemente waren auch die Beibehaltung des Zweikammersystems von 1834 (wobei davon ausgegangen wurde, dass der Senat eine vermittelnde Position zwischen Volksvertretung und Monarch einnehmen sollte), das absolute Vetorecht der Krone und das Recht des Monarchen zur Auflösung des Parlaments. Auch die Gewaltenteilung wurde nicht so strikt wie 1812 durchgehalten. Mit der von den Progressisten ausgearbeiteten, aber auch auf Vorstellungen der *moderados* beruhenden Kompromissverfassung sollten beide Fraktionen des spanischen Liberalismus regieren können. Bewusst wurden viele umstrittene Fragen (etwa die Wahl der Kommunalverwaltungen oder die Organisation der Nationalmiliz) Ausführungsgesetzen überlassen, um den eigentlichen Verfassungstext aus den Parteienauseinandersetzungen herauszuhalten.

Im Jahr 1840 kam es erneut zu städtischen Aufständen und in deren Gefolge zur Konstituierung vieler *Juntas*. María Cristina dankte als Regentin ab; der linksliberale Held des Karlistenkrieges, Baldomero Espartero, ließ sich zum Regenten des Reiches

---

29 Dieter Nohlen, Spanien, in: D. Sternberger/B. Vogel (Hg.), Die Wahl der Parlamente und anderer Staatsorgane, Bd. 1: Europa, Halbbd. 2, Berlin 1969, S. 1239; zur Verfassung von 1837 vgl. auch Joaquín Tomás Villarroya, Breve historia del constitucionalismo español, Madrid 1987, S. 47-64; Jordi Solé-Tura/Eliseo Aja, Constituciones y períodos constituyentes en España (1808–1936), Madrid 1979, S. 33-35; Hans Gmelin, Studien zur spanischen Verfassungsgeschichte des 19. Jahrhunderts, Stuttgart 1905, S. 54-57.

wählen (1840–1843). Während Esparteros Regentschaft waren die Progressisten an der Macht, liberale Reformen wurden verstärkt fortgeführt. Infolge politischer und wirtschaftlicher Unzufriedenheit führten 1843 zahlreiche Aufstände und schließlich ein *pronunciamiento* unter Anführung von General Ramón María Narváez jedoch zum Sturz Esparteros, der sich zuletzt nur noch auf einen Teil der Progressisten stützen konnte.

Um nach dem Sturz Esparteros das abermalige Problem einer Regentschaft zu umgehen, wurde Isabella 1843 bereits als Dreizehnjährige für volljährig erklärt, damit sie den Thron besteigen konnte. Der Sturz Esparteros brachte seinen konservativen Rivalen Ramón María Narváez und mit ihm die *moderados* für zehn Jahre an die Macht. Erste antiliberale Maßnahmen der neuen Regierung waren die Rückkehr zum konservativen Kommunalgesetz von 1840, der Erlass eines restriktiven Pressegesetzes und vor allem eine Reform der Verfassung von 1837, deren Ergebnis das neue Grundgesetz von 1845 war; diese Verfassung blieb praktisch bis 1868 bestehen, nachdem eine Verfassungsrevision von 1856 nicht in Kraft trat.

Nachdem die *moderados* an die Macht gelangt waren, machten sie sich sofort an die Revision der Verfassung. Manuel de la Pezuela plädierte für eine Totalrevision der Verfassung und für Eliminierung jeglichen Hinweises auf die Volkssouveränität. Letztlich setzte sich jedoch der gemäßigte Revisionsentwurf von Joaquín Francisco Pacheco durch, der den *progresistas* in einem gewissen Grad entgegenkam und sich für eine selektive Überarbeitung des Verfassungstextes von 1837 einsetzte. Die Verfassung von 1845 lässt sich demnach als eine Überarbeitung der Verfassung von 1837 bezeichnen.

3 Wahlrecht und Wahlen

Die Wahlrechtsforschung ist in Spanien bisher wenig entwickelt. Ein Grund hierfür liegt sicherlich in der Überzeugung vieler Historiker von der geringen Repräsentativität der Wahlen in der Neuzeit. Das Bewusstsein, dass die Wahlergebnisse bei der Bildung von Regierungen nicht entscheidend waren – die jeweiligen Regierungen schrieben Wahlen aus und gewannen diese spielend – und die weitverbreitete Wahlfälschung haben dazu geführt, dass Historiker sich weniger der quantitativen Analyse von Wahlergebnissen als vielmehr den verschiedenen Mechanismen zuwandten, mit denen die Wahlfiktion aufrechterhalten werden konnte.[30] Die folgenden

---

30 Vgl. J. Varela Ortega u. a. (Hg.), Política en la Restauración (1875–1923), Bd. 1: Sistema político y elecciones, Madrid 1996; S. Forner Muñoz (Hg.), Democracia, elecciones y modernización en España, Madrid 1997. Eine solide Untersuchung der Wahlgesetze ist die Studie von Arturo Fernández Domínguez, Leyes electorales españolas de diputados a Cortes en el siglo XIX: estudio histórico y jurídico-político, Madrid 1992.

Ausführungen beruhen auf den verschiedenen Verfassungstexten der Zeit, auf den unterschiedlichen Wahlgesetzen und auf der verfassungshistorischen Literatur zum 19. Jahrhundert. Während hinsichtlich der einzelnen Wahlbestimmungen in Primär- und Sekundärtexten weitgehend Übereinstimmung hergestellt werden kann, weichen die Angaben zu den jeweiligen Wahlergebnissen nicht unerheblich voneinander ab. Letztere Daten sind daher approximativer Art.

Das Wahlrecht war während des gesamten 19. Jahrhunderts heftig umstritten und wurde in den ersten Jahrzehnten liberaler Herrschaft wiederholt verändert. Von wenigen Ausnahmen abgesehen (1810, 1820, 1822, 1836) galt ein Zensuswahlrecht mit sich ändernden Bestimmungen. Das gesellschaftliche Modell, das dem Zensuswahlrecht der liberalen Epoche zugrunde lag, ging – in den Worten von Donoso Cortés – davon aus, dass die Repräsentation der Nation ausschließlich den »Besitz-, Handels- und Industrieklassen« zustehe, denn »nur diese Klassen verfügen über die politischen Rechte, da auch nur diese Klassen legitimerweise die Souveränität ausüben können«.[31] Politische Rechte allgemeiner Art waren in den Verfassungen der 1830er- und 1840er-Jahre nicht enthalten; politisch kann man die Verfassungen nicht »liberal« nennen. Das Wahlrecht wurde nicht als allgemeines Recht interpretiert, sondern als eine öffentliche Funktion, die einigen wenigen Bürgern im Namen der gesamten Nation übertragen werden konnte. Bei der allmählichen Erweiterung des Wahlrechts spielte das Kriterium Analphabetismus eine nur untergeordnete Rolle, Verfassungen und Wahlgesetze setzten den Analphabetismus bei Wahlen vielmehr nicht als Ausschließungskriterium ein. Das Zensuswahlrecht beruhte im Wesentlichen auf wirtschaftlichen Kriterien; Bildungskriterien dienten zur Erweiterung, nicht zur Reduzierung des Wahlkörpers. Nach dem Ende des Ancien Régime sicherte sich die (vor allem agrarische) Bourgeoisie ihren politischen Einfluss während der bürgerlich-liberalen Epoche durch das zensitär beschränkte Wahlrecht. Wahlberechtigt sollte nur sein, wer ein bestimmtes wirtschaftliches Niveau aufwies. Damit blieb der größere Teil der Bevölkerung vom Wahlrecht ausgeschlossen.

Von besonderer Bedeutung, auch für die Repräsentationstheorie, vor allem aber für die Wahlpraxis, war seit 1834 die Aufteilung des Territoriums in verschiedene Distrikte oder Wahlbezirke. Zuvor (während der *Cortes de Cádiz* und im »konstitutionellen Triennium«) entsprachen die Wahlbezirke den Gerichtssprengeln. Die gesetzmäßigen Grundlagen und Wahlbestimmungen änderten sich von Wahl zu Wahl. Die Wahlen von 1820 und 1822 beruhten auf der Verfassung von 1812 bzw. dem Wahldekret vom 22. März 1820. Die Wahlen, die während der Geltungsdauer des *Estatuto Real* von 1834 stattfanden, beruhten auf den Verfassungsbestimmungen des »Königlichen Statuts« sowie auf den Wahldekreten vom 20. Mai 1834 bzw. 24. Mai 1836. Die Wahlen vom 2. Oktober 1836 beruhten wiederum auf der Verfassung von

---

31 Zit. nach Bartolomé Clavero, Evolución histórica del constitucionalismo español, Madrid 1986, S. 62.

1812 und dem Wahldekret vom 21. August 1836.[32] Alle anderen Wahlen der »progressistischen« Phase (22. September 1837, 24. Juli 1839, 19. Januar 1840, 1. Februar 1841, 27. Februar 1843, 15. September 1843) beruhten sodann auf der Verfassung von 1837 und dem Wahlgesetz vom 18. Juli desselben Jahres.[33] Dies gilt auch noch für die ersten Wahlen des »gemäßigten Jahrzehnts« vom 3. September 1844; die folgenden Wahlen beruhten dann bereits auf der Verfassung von 1845.

Das aktive Wahlrecht stand im »konstitutionellen Triennium« (1820–1823) allen volljährigen (21 Jahre) männlichen Spaniern mit Wohnsitz im Lande zu (einschließlich der Weltgeistlichen), das passive den über 25-jährigen niedergelassenen Männern (einschließlich der Weltgeistlichen), die über ein angemessenes Jahreseinkommen aus eigenen Gütern verfügten.[34] Bei den Wahlen von 1834 und Februar 1836 verfügten nur hohe Beitragszahler und Mitglieder der Rathäuser über das zensitär stark eingeschränkte aktive Wahlrecht. Gewählt werden konnten nur Männer, die älter als 30 Jahre und in der jeweiligen Provinz geboren waren, über ein Jahr in einer Ortschaft der entsprechenden Provinz gelebt hatten und eine bestimmte ökonomische oder intellektuelle Fähigkeit (*capacidad*) aufwiesen. Im Parlament von 1834 war nicht nur die liberal-konservative Bourgeoisie vertreten (neben der Vorherrschaft der Landeigentümer-Oligarchie); außerdem war fast ein Drittel der *procuradores* schon in den Cortes von Cádiz und in denen des konstitutionellen Trienniums gesessen.[35] Für die Wahl von Juli 1836 änderten sich die Zensuswahlbestimmungen: Wählen durften die Männer, die älter als 25 Jahre waren und zu den »größten Beitragszahlern« der Provinz gehörten, in der sie lebten. Auf jeden Abgeordneten entfielen bis zu 200 zensitär bestimmte Wähler. Wahlberechtigt waren außerdem die »Familienoberhäupter«, die älter als 25 Jahre waren, einen bestimmten Beruf hatten oder eine entsprechende Bildung aufwiesen. Wählbar waren männliche Spanier, die älter als 25 Jahre und keine Kirchenmänner waren, Familienoberhäupter mit Haus und eigenem Einkommen von 9.000 *reales* pro Jahr oder 500 *reales* direkter Beitragszahlung.

Die Wahlen von Oktober 1836 führten wieder das allgemeine Männerwahlrecht ein. Wählen durften alle Spanier über 21 Jahren, die auf dem Gebiet der entsprechenden Gemeinde (*parroquia*) lebten; hierunter fielen auch Weltgeistliche. Wählbar waren Männer über 25 Jahren, die in dem entsprechenden Wahlbezirk (*partido*) lebten und über ein angemessenes Jahreseinkommen verfügten; unter diese Bestimmungen fielen auch Weltgeistliche. Für die Wahlen zwischen 1837 und 1844 galten dieselben Bestimmungen: Das wiederum zensitäre Männerwahlrecht erlaubte die Wahlbeteiligung allen Spaniern, die älter als 25 Jahre waren und die mindestens ein Jahr in der

---

32 Vgl. CD-ROM-2, Dok.-Nr. 10.3.1 (Einberufung der Cortes v. 21.8.1836).
33 Vgl. CD-ROM-2, Dok.-Nr. 10.3.2 (Wahlgesetz v. 18.7.1837).
34 Zum Wahlrecht im 19. Jahrhundert vgl. A. Carreras/X. Tafunell (Hg.), Estadísticas históricas de España, siglos XIX y XX, Bd. 3, Bilbao 2005, S. 1074-1083.
35 Vgl. Arturo Fernández Domínguez, Spanish Electoral Laws for the Election of Deputies to the Cortes 1810–70, in: Parliaments, Estates and Representation 9 (1989), Nr. 1, S. 71-78, bes. S. 73.

Provinz gelebt hatten, in der sie wählen wollten. Sie müssten einen Jahressteuerbeitrag von 200 *reales* aufbringen, Eigentümer sein oder über bestimmte »Fähigkeiten« beruflicher oder bildungsmäßiger Natur bei einem Jahreseinkommen von mindestens 1.500 *reales* verfügen; die Wahlbedingungen waren auch erfüllt, wenn sie mindestens 3.000 *reales* pro Jahr als Pächter oder Halbpächter bezahlten oder in einem Haus wohnten, dessen Miete sich auf mindestens (je nach Größe der Stadt) 400 bis 2.500 *reales* belief. Wenn es in einer Provinz nicht mehr als 30.000 Wähler gab, dann waren die größten Beitragszahler automatisch wahlberechtigt. Das passive Wahlrecht hatten die männlichen Spanier, die älter als 25 Jahre waren, ausgenommen die Kirchenangehörigen; außerdem müssten all die Bedingungen erfüllt sein, die für das aktive Wahlrecht galten.[36]

Während des gesamten 19. Jahrhunderts wurden die Wahlen nach dem Mehrheitswahlrecht durchgeführt. Gab es zwei Wahlrunden (wie 1836 und 1837), dann musste in der ersten Wahlrunde die absolute Mehrheit erreicht werden, während in der zweiten die einfache Mehrheit ausreichte. Die Wahlen waren geheim, gleich und persönlich (das Wahlrecht konnte also nicht delegiert werden). Bei den ersten Wahlen (1810 und 1813) war das Wahlsystem öffentlich; bis zu den Wahlen von 1837 blieb es ein indirektes System.[37]

1820 waren bei allgemeinem Männerwahlrecht 3.216.460 Spanier, das waren 30,51 Prozent der Gesamtbevölkerung von 10.541.221, wahlberechtigt. 1834 galt ein Zensuswahlrecht für Männer. Nach unterschiedlichen Quellen waren von den 12.162.172 Spaniern zwischen 16.000 und 18.000 wahlberechtigt, somit 0,13–0,15 Prozent. Bei den beiden Zensuswahlen von 1836 stieg die Zahl der Wahlberechtigten auf rund 65.000, somit auf 0,53 Prozent der Bevölkerung, von denen allerdings nur 43.000 bis 45.000 von ihrem Wahlrecht Gebrauch machten. Die Oktoberwahlen von 1836 fanden wiederum nach den Bestimmungen des allgemeinen Männerwahlrechts statt. Wahlberechtigt waren (nach differierenden Quellenangaben) zwischen 3,0 und 3,2 Millionen Spanier, das entsprach 24–26 Prozent der Bevölkerung. Alle folgenden Wahlen bis 1845 unterlagen wieder dem Zensuswahlrecht, das vorsichtig ausgeweitet wurde: 1837 waren 257.000–265.000 (2,1–2,2 Prozent der Bevölkerung) wahlberechtigt, 1839 waren es 342.000–381.000 (2,8–3,1 Prozent), 1840 sodann 423.000–461.000 (3,4–3,8 Prozent) und 1844 schließlich 600.000–635.000 (4,9–5,2 Prozent). Der Prozentsatz an tatsächlichen Wählern lag aber stets deutlich unter diesen Zahlen; manchmal erreichte er nur etwas über die Hälfte der Wahlberechtigten, maximal um die zwei Drittel.

---

36 Die Wahlbestimmungen von 1837 und die folgenden Wahlgänge werden ausführlich analysiert bei Joaquín Tomás Villarroya, El cuerpo electoral en la ley de 1837, in: Revista del Instituto de Ciencias Sociales (Diputación Provincial de Barcelona) 1965, S. 157-205.

37 Eine Ausnahme bildeten die Wahlen von Juli 1836; diese waren geheim, gleich, persönlich und direkt.

Während somit die Abgeordneten des Unterhauses (*Estamento de los Procuradores del Reino* bzw. *Congreso*, zumeist kurz *Cortes* genannt) gewählt wurden und ihre Zahl zwischen 188 (1834) und 349 (1839) schwankte, gehörten die Mitglieder der ersten Kammer, des *Estamento de los Próceres del Reino* – so die Bezeichnung von 1834 – bzw. des *Senado* (Senat) – so die Bezeichnung ab 1837 –, dieser nach den Bestimmungen des *Estatuto Real* von 1834 kraft Geburtsrechts an oder wurden vom König ernannt. Geborene Mitglieder waren die Mitglieder des Hochadels (*Grandes de España* und *Títulos del Reino*) mit einem Jahreseinkommen von mindestens 200.000 *reales*. Vom König ernannt werden konnten (lebenslänglich) die Prälaten und die hohen Mitglieder der Staatsinstitutionen; die Eigentümer, Fabrikinhaber oder Händler mit einem Einkommen von 60.000 *reales*, die zuvor Cortes-Abgeordnete gewesen waren; und die allgemein anerkannten Intellektuellen mit einem Einkommen von 60.000 *reales*. Die Anzahl der Senatoren war unbegrenzt.

Die progressistische Verfassung vom 18. Juni 1837 und das Wahlgesetz vom 18. Juli desselben Jahres veränderten wieder das passive Wahlrecht für den Senat. Wählbar waren die männlichen Spanier, die älter als 40 Jahre waren, über ein Jahreseinkommen von mindestens 30.000 *reales* verfügten oder 30.000 *reales* als Abgabe pro Jahr für ihr Unternehmen zahlten. Das Wahlprocedere sah folgendermaßen aus: Die Wähler einer jeden Provinz wählten pro 85.000 Einwohner drei Kandidaten, deren Namen dem König vorgelegt wurden; dieser wählte aus jeder Dreierliste einen Senator aus. Bei Wahlen zum Abgeordnetenhaus wurde jeweils ein Drittel des Senats (nach Ancienität) neu gewählt. Der Senat setzte sich aus 145 Senatoren zusammen (einer je 85.000 Einwohner).

4 Grundrechte

Eine systematische Behandlung der »Grundrechte und Freiheiten« sollte erst spät in der spanischen Verfassungsgeschichte erfolgen, nämlich erstmals in der Verfassung von 1869. In allen vorhergehenden Verfassungstexten wurden immer nur einzelne Rechte festgehalten; nahezu regelmäßig kamen die Meinungsfreiheit – zuerst eingeschränkt auf die Druckfreiheit – und die religiöse Frage zum Tragen.[38]

Das »Königliche Statut« von 1834 enthielt noch keinen Grund- oder Bürgerrechtekatalog. Unter Rückgriff auf das Petitionsrecht der Cortes beantragten daraufhin 15 linksliberale Abgeordnete bei der Königin-Regentin die Aufnahme einer »Tafel der Rechte« (*Tabla de Derechos*) in den Verfassungstext. Hintergrund dieser Petition waren die damals im Volk weitverbreitete Unzufriedenheit und erste Angriffe

---

38 Vgl. CD-ROM-2, Dok.-Nr. 10.4.1 (Einführung der Versammlungsfreiheit v. 21.10.1820); Dok.-Nr. 10.4.2. (Wiederherstellung der Pressefreiheit v. 12.11.1820); Dok.-Nr. 10.4.3 (Strafgesetzbuch v. 8.6.1822; Auszug).

auf Klöster. Federführend bei dieser Grundrechtepetition war eine weitverzweigte liberale Geheimgesellschaft, die *Isabelina*. Die Redaktion des Textes hatte Juan Olavarría übernommen, ein früher in Belgien exilierter Liberaler (weshalb die belgische Verfassung von 1831 in vielem als Vorbild diente). In Art. 1 des Textentwurfes hieß es bereits, dass »die Regierungen eingerichtet wurden, um die Ausübung der natürlichen Rechte zu sichern«; des weiteren führte der Text aus, dass alles erlaubt sei, was nicht ausdrücklich durch Gesetz und Sitte verboten war. Von den speziellen Individualrechten wurden die Sicherheit der Person, die Unverletzlichkeit des Eigentums, der Anspruch auf Gleichheit beim Zugang zu Ämtern, vor allem Gedanken- und Publikationsfreiheit erwähnt. Diese Rechte durften unter keinen Umständen angetastet oder suspendiert werden.[39]

Auffällig an diesem *Isabelina*-Verfassungsentwurf war die Bezeichnung der Grundrechte als »natürliche Privilegien« (*prerrogativas naturales* oder *facultades naturales*), deren Schutz Hauptaufgabe der Regierungen sei, und das weitgefasste Recht – das auf angelsächsische Tradition zurückging –, all das tun zu dürfen, was nicht explizit verboten war. Außerdem wurde die Druckfreiheit zur allgemeineren Meinungsfreiheit erweitert. Dieser Verfassungsentwurf der *Isabelina* wurde zwar nie verabschiedet, er blieb aber nicht ohne Wirkung. Denn nachdem sehr schnell die Forderung nach Revision des *Estatuto Real* von 1834 aufkam, wurde im Zuge der Überarbeitung den *procuradores* ein Petitionsantrag vorgelegt, in dem die wesentlichen Grundrechte zusammengefasst waren. Die *procuradores* und die Regentin stimmten der Petition zu, die Regierung Martínez de la Rosa widersetzte sich aber mit allen Mitteln[40] und erreichte schließlich, dass die Königin-Regentin die *Tabla de Derechos* nicht sanktionierte.

Als 1836 die Cortes an eine Reform der Verfassung von 1812 gingen – deren Ergebnis die neue Verfassung vom 18. Juni 1837 sein sollte –, legte die Verfassungskommission Wert auf die Zusammenführung der »politischen Rechte der Spanier« und auf die explizite Nennung der »Garantien ihrer individuellen Sicherheit«, indem die Grenzen aufgezeigt wurden, »die die verschiedenen Staatsgewalten zu respektieren haben«. Die Verfassung von 1837 führte erstmalig die »Rechte und Freiheiten« der Bürger auf. Diese nahmen zwar noch nicht den herausragenden Platz ein, den ihnen die Verfassung von 1869 zusprechen würde, aber im Vergleich zur Cádiz-Verfassung von 1812 war die Konstitution von 1837 hinsichtlich der Grundrechte ein deutlicher Fortschritt. Aufgeführt wurden die Druck- und Publikationsfreiheit ohne Zensur, das Petitionsrecht jedes Bürgers an die Cortes und an den König, die Unantastbarkeit

---

39 Vgl. Hans Gmelin, Studien zur spanischen Verfassungsgeschichte des 19. Jahrhunderts, Stuttgart 1905, S. 47. Vgl. auch die ausführliche Diskussion der Inhalte der *Tabla de Derechos* bei Francisco Astarloa Villena, Los derechos y libertades en las constituciones históricas españolas, in: Revista de Estudios Políticos (Nueva Epoca) 92 (1996), S. 207-250, bes. S. 219-223.

40 Vgl. Hans Gmelin, Studien zur spanischen Verfassungsgeschichte des 19. Jahrhunderts, Stuttgart 1905, S. 50.

des Eigentums sowie das Verbot der Beschlagnahme (außer in gerechtfertigten Fällen, wenn das öffentliche Wohl es erforderlich machte), das Gleichheitsprinzip vor dem Gesetz, die Unverletzlichkeit der Wohnung, Sicherheit gegen willkürliche Verhaftung und Bestrafung. Die Aufhebung dieser persönlichen Schutzbestimmungen war nur in außerordentlichen Fällen durch gemeinsamen Beschluss von König und Cortes möglich. Im Unterschied zu dem Verfassungstext von 1812 war der von 1837 viel weniger abstrakt-programmatisch, vielmehr von einem juristisch-positiven Pragmatismus gekennzeichnet. Die Druck- und Meinungsfreiheit wurde 1839 allerdings konservativ eingeschränkt, da in den beiden vorhergehenden Jahren angeblich allzu hemmungslos von diesem Recht Gebrauch gemacht und selbst das Privatleben der Königin-Regentin in Mitleidenschaft gezogen worden war.

Ganz anders als in der Verfassung von 1812 sollte die religiöse Frage geregelt werden.[41] Ohne sich zu einer vollständigen Religionsfreiheit durchringen zu können, war andererseits nicht mehr von der katholischen Konfessionalität des Staates die Rede, sondern nur noch davon, dass die Spanier sich zum Katholizismus bekennen und »die Nation« daher diesen Kultus und seine Minister zu unterhalten habe.

5 Verwaltung

Das gesamte Verwaltungswesen blieb in der ersten Hälfte des 19. Jahrhunderts von französischen Gedanken geprägt: Die Justiz wurde von der Verwaltung getrennt, die alten Staatskanzleien durch Ministerien ersetzt und im Triennium 1820–1823 das Innenministerium (*Ministerio de Fomento*) gegründet. In den Jahren 1820–1823 sowie 1836–1837 galten die Verwaltungsbestimmungen entsprechend der Verfassung von Cádiz mit dem Prinzip der Bindung der Verwaltung an Recht und Gesetz. Der König ernannte die Beamten auf Vorschlag des Staatsrats (*Consejo de Estado*) bzw. des »Königlichen Rats Spaniens und Indiens« (*Consejo Real de España é Indias*), wie er in den Jahren 1834–1836 und ab 1837 hieß. Zwischen 1814–1820 und 1823–1834 wirkten die Kammerräte Kastiliens und Indiens (*Consejos de la Cámara de Castilla y Cámara de Indias*) bei der Auswahl der Beamten mit. 1827 ordnete erstmals ein königliches Dekret detailliert die Beamtenlaufbahn. Der Versuch, eine eigene Hochschule für hohe Verwaltungsbeamte zu schaffen, scheiterte drei Jahre nach deren Gründung 1842.

Das Königliche Statut des Jahres 1834 enthielt keine Angaben zur administrativen Struktur. Es verpflichtete in Art. 37 lediglich die Minister, über die einzelnen Bereiche der öffentlichen Verwaltung vor den Cortes Rechenschaft abzulegen, ehe diese über den Haushalt berieten. Auch die progressistische Verfassung von 1837 regelte nur wenige Aspekte explizit: Es oblag dem König, alle Verwaltungsbeamten zu ernennen (Art. 47.9) sowie Gelder innerhalb der Verwaltung umzuschichten (Art. 47.8). Als

---

41 Vgl. hierzu Kapitel 9, Kirche.

mittlere und untere Verwaltungsinstanzen werden Provinzversammlungen (Art. 69) und Gemeinderäte (Art. 70) genannt, deren Organisation und Funktion in einem Gesetz näher geregelt werden sollten (Art. 71).[42] Nahezu sämtliche Verwaltungsbestimmungen der Jahre 1814–1844 finden sich somit in Gesetzen und Dekreten.

Höchste Priorität auf der administrativen Reformagenda genoss die Neugliederung der Verwaltung. Nach den ersten Versuchen einer Verwaltungsrationalisierung des gesamten spanischen Territoriums in der Regierungszeit Joseph Bonapartes und in den Cortes von Cádiz erhielt Spanien mit der Rückkehr Ferdinands VII. 1814 wieder die Territorialgliederung des 18. Jahrhunderts: mehrere Königreiche, 29 Intendanturen und 13 Konsulate. In der Zeit des liberalen Trienniums gab es mehrere Projekte zur Schaffung neuer Verwaltungseinheiten. 1822 verabschiedeten Cortes und König dann ein Dekret, das Spanien vorläufig nach historischen Regionen in 52 Provinzen sowie in Militärdistrikte aufteilte und zugleich das Amt des Provinzintendanten wieder einführte, der nunmehr allerdings nur für Finanzfragen zuständig sein sollte.[43]

Die erneute Rückkehr zum Absolutismus brachte 1823 wieder die alte Territorialgliederung nach Königreichen mit sich. Diese archaisch-obsolete Struktur sollte mit dem Tod Ferdinands 1833 endgültig aufgegeben werden. Die Königin-Regentin María Cristina beauftragte Minister Javier de Burgos mit der Neugliederung des spanischen Territoriums. 1833 wurde das Land in 49 Provinzen untergliedert.[44] (☞ Abb. 10.4) Trotz vieler Verfassungen und Regimewechsel im Laufe der letzten anderthalb Jahrhunderte hat sich diese Gliederung bei nur geringen Veränderungen bis heute gehalten.[45] Die Provinzialunterteilung mit Gouverneuren (*Subdelegados de Fomento*) an der Spitze wurde zur entscheidenden Stütze für alle Bereiche der Verwaltung einschließlich der Militärorganisation.[46] Das Provinzialmodell von Javier de Burgos verfolgte das Ziel, nach dem Vorbild des französischen Departementsystems eine »periphere« Verwaltung als verlängerten Arm der Zentralverwaltung aufzubauen. De Burgos ging bei seiner Reorganisation explizit von den historischen Königreichen

---

42 Vgl. CD-ROM-2, Dok.-Nr. 10.2.6 (span.)/10.2.7 (dt.) (wie Fn. 28).
43 Bereits 1821 erarbeitete Felipe Bauzà einen Gesetzesentwurf zur Neustrukturierung des spanischen Territoriums, der sich aber in den Cortes nicht durchsetzen konnte; der Text ist unter anderem abgedruckt bei Jesús Burgueño, Geografía política de la España constitucional. La división provincial, Madrid 1996, S. 330-344. Das Dekret von 1822 findet sich auf S. 361-364. Weitere Projekte folgten bis 1833.
44 Vgl. CD-ROM-2, Dok.-Nr. 10.5.1 (Einteilung des Territoriums in Provinzen v. 30.11.1833). Das Dekret zur Einrichtung der *Subdelegados de Fomento* bei Burgueño, Geografía (wie Fn. 43), S. 370-371.
45 Auch in der Verfassung von 1978 wurde sie bestätigt. 1927 kam, durch die Aufsplitterung von Canarias in die zwei Provinzen Tenerife und Gran Canaria, eine fünfzigste Provinz hinzu.
46 Die Provinzversammlung (*diputación provincial*) bestand aus sieben gewählten Mitgliedern sowie aus dem Provinzintendanten und dem Provinzgouverneur (*Jefe político*), der mit der endgültigen Provinzialgliederung des Landes von 1833 die Bezeichnung *Subdelegado de Fomento* erhielt. Per königlichem Dekret vom 13. Mai 1834 *Gobernador Civil* genannt, war für ihn in den Jahren 1836–1849 wieder die alte Bezeichnung *Jefe político* gebräuchlich.

Abb. 10.4 Die Provinzialgliederung Spaniens um 1833

als Oberverwaltungseinheiten aus, um möglichen Widerstand zu minimieren; sein Ziel bestand darin, eine »starke, kräftige und zentralisierte« Verwaltung zu schaffen, die »effizient« und uniform arbeitete. Zwei funktionale Erfordernisse waren hierbei leitend: Zum einen musste die Steuereintreibung der Zentralregierung rationalisiert werden, zum anderen bedurfte es einer Zwischeninstanz zwischen der Zentralregierung und den über das ganze Land verstreuten Ortschaften. Ein Dekret von 1834 unterteilte die einzelnen Provinzen wiederum in Gerichtsbezirke (*partidos judiciales*), die sodann zur Grundlage für die Festlegung von Wahlbezirken, für Abgabenleistungen und andere Verwaltungsfunktionen wurden.[47] (☞ Abb. 10.4)

---

47 Zur Herausbildung der Provinzen vgl. besonders Aurelio Guaita Martorell, La división provincial y sus modificaciones, in: Instituto de Estudios Administrativos (Hg.), Actas del III Symposium de Historia de la Administración, Madrid 1974, S. 309-352; Gonzalo Martínez Díez, Génesis histórica de las provincias españolas, in: Anuario de Historia del Derecho Español 51 (1981), S. 523-593; Eduardo Garrigos Picó, Organización territorial a fines del Antiguo Régimen, in: M. Artola Gallego (Hg.), La economía española al final del Antiguo Régimen. Instituciones, Madrid 1982, S. 3-105; mit Dokumentanhang Antonio Mª Calero Amor, La división provincial de 1833. Bases y antecedentes, Madrid 1987; Manuel Morán Ortí, La división territorial de España: 1825–1833, in: Revista de Estudios de la Administración Local y Autonómica 247 (1990), S. 567-599; ebenfalls

Um den Verwaltungsaufbau von unten nach oben durchzustrukturieren, regelten mehrere Dekrete und Gesetze des konstitutionellen Trienniums und aus der Zeit ab 1833 Aufgaben und Funktionsweise der Gemeinderäte (*ayuntamientos*) und Provinzversammlungen (*Diputaciones provinciales*), die parallel zur zentralstaatlichen Organisation der spanischen Verwaltung auch Elemente der Lokalautonomie einführten. Die letzte radikale Reform der Cortes 1823 hob den Exekutivcharakter des Bürgermeisters (*alcalde*) gegenüber dem Rest des gewählten Gemeinderats hervor und erweiterte die Kompetenzen der ebenfalls aus Wahlen hervorgegangenen und von zentralen Autoritäten unabhängigen Provinzversammlung erheblich. Das Dekret zur »politisch-wirtschaftlichen Regierung der Provinzen« verfolgte eine dezentrale Linie und regelte detailliert die Aufgaben der Gemeinderäte, Provinzversammlungen, Bürgermeister und Provinzgouverneure.[48]

Auf lokaler, provinzialer und nationaler Ebene vertraten gewählte Institutionen die Interessen der Bürger. Besonders auf der untersten Ebene konnten sie, etwa durch die Kontrolle der Lokalfinanzen, direkten Einfluss auf Politik und Verwaltung nehmen. Jedoch blieben die Gremien der unteren und mittleren Ebene den Weisungen der Exekutive unterworfen, indem der König die Provinzgouverneure einsetzte. Zwei Dekrete des Jahres 1835 stellten die gewählten Gemeinderäte unter direkte Kontrolle der Exekutive und die Provinzversammlungen auf eine oligarchische Basis; Letztere vertraten faktisch eher die Regierungs- als eine unabhängige Provinzialpolitik, da sie den Gouverneuren unterstanden. Zwei Dekrete vom 13. und 14. Oktober 1840 reduzierten durch einen höheren Zensus die Zahl der Wähler, verfügten die Ernennung der Bürgermeister in den Provinzhauptstädten durch das Staatsministerium bzw. in kleineren Gemeinden durch die Provinzgouverneure und verwandelten Gemeinderäte und Provinzversammlungen von Entscheidungs- zu reinen Beratungsorganen.[49] Mit der Regentschaft Esparteros im Oktober bereits wieder außer Kraft gesetzt, galt das Gesetz erneut zwischen 1843 und 1854 – mit der wichtigen Veränderung, dass alle Gemeindeautoritäten insgesamt vom Volk gewählt werden sollten. Auf lange Sicht setzten sich aber die Progressisten mit ihrer demokratischeren und dezentraleren Linie gegenüber den Gemäßigten durch, wie die Wiederherstellung des entsprechenden Gesetzes von 1823 in den Jahren 1836, 1840 und 1854 zeigt.[50]

---

mit Dokumentanhang Burgueño, Geografía (wie Fn. 43); José Antonio Olmeda/Salvador Parrado, Ciencia de la Administración, Bd. II: Los sistemas administrativos, Madrid 2000. Das Dekret vom 21. April 1834 zur Unterteilung der Provinzen in Gerichtsbezirke bei Burgueño, Geografía (wie Fn. 43), S. 371-372.

48 Vgl. CD-ROM-2, Dok.-Nr. 10.5.2 (Wirtschaftlich-politische Regierung der Provinzen v. 2.3.1823). Als Beispiel einer Provinzversammlung vgl. Enrique Orduña Rebollo, Evolución histórica de la diputación provincial de Segovia 1833–1990, Segovia 1991.

49 Vgl. Dekret vom 13. Oktober 1840, in: CLDD, Bd. 26, 1841, S. 309-311; Dekret vom 14. Oktober 1840, in: ebd., S. 313-315.

50 Vgl. Concepción de Castro, La Revolución Liberal y los municipios españoles (1812–1868), Madrid 1979, S. 57-166.

Die liberale Vereinheitlichungstendenz musste früher oder später zu Problemen mit den Foralregionen Baskenland und Navarra führen, die ihre Sonderrechte von alters her bewahrt hatten. In Navarra gab es einen eigenen Vizekönig, eigene Cortes und eine eigene Währung. Auch das Baskenland verfügte über eigene Institutionen. Während des Karlistenkrieges (1833–1839) kam es zu einer Allianz zwischen den Foralregionen und dem absolutistischen Thronprätendenten Karl, der die Sonderrechte zu respektieren versprach. Da der Karlistenkrieg mit einem Kompromiss endete, konnten das Baskenland und Navarra vorerst ihre *fueros* beibehalten, allerdings »unbeschadet der konstitutionellen Einheit der Monarchie«. Die baskischen Provinzen beriefen sich zur Verteidigung ihrer Rechte auf den angeblich kollektiven Adelsstatus ihrer Region (*privilegio de hidalguía universal*) – ein Anspruch, der in einer nicht ständischen Gesellschaft, die auf der Gleichheit aller vor dem Gesetz beruhte, besonders anachronistisch wirkte. Im August 1841 verlor Navarra dann seinen Titel »Königreich« sowie seine eigenen politischen Institutionen (Cortes, Regierungsrat, Versammlung), die Grenzen wurden an die Pyrenäen vorverlegt, Wehrdienst und indirekte Steuerleistungen mussten nunmehr wie im restlichen Spanien erbracht werden; es behielt allerdings sein Zivil- und Strafrecht sowie eine vorteilhafte Sonderregelung bei den an den Zentralstaat abzuführenden Steuern. Wenige Wochen später musste auch das Baskenland zahlreiche Sonderrechte abgeben; ihm blieben allerdings (bis 1876) Sonderregelungen bezüglich des Militärdienstes und der Steuerabgaben an die Zentralregierung.[51]

6 Justiz

Tendenzen der Zentralisierung und Vereinheitlichung lassen sich auch im Justizwesen finden, wo es bis 1833 endgültig gelang, das verwirrende Nebeneinander an Kompetenzen durch die Unterdrückung der Sondergerichtsbarkeiten zu beenden. Neben den Prinzipien der nationalen Souveränität, der Gleichheit vor dem Gesetz und der funktionellen wie institutionellen Gewaltenteilung baute das liberale Rechtswesen im 19. Jahrhundert auf der Legalität auf: Gesetze waren demnach als Ausdruck des Willens der Nation sowie als Produkt der Vernunft zu verstehen und mussten allgemein gültig sein.[52] Zahlreiche Dekrete und Verordnungen zu Organisation und Aufgaben

---

51 Vgl. Luis González Antón, El territorio y su ordenación político-administrativa, in: M. Artola (Hg.), Enciclopedia de Historia de España, Bd. II: Instituciones políticas, Madrid 1988, S. 11-92, bes. S. 72-82. Zu Navarra vgl. Rodrigo Rodríguez Garraza, Navarra, de Reino a Provincia, 1828–1841, Pamplona 1974; María Cristina Mina Apat, Fueros y revolución liberal en Navarra, Madrid 1981.
52 Vgl. zum Justizwesen Juan Sainz Guerra, La Administración de justicia en España (1810–1870), Madrid 1992; J.-M. Scholz (Hg.), El tercer poder. Hacia una comprensión histórica de la justicia contemporánea en España, Frankfurt a. M. 1992.

der Gerichte bzw. der Richter im liberalen Triennium ergänzten die ausführlichen Bestimmungen der Verfassung von Cádiz. Ebenso wie die Beamten wurden auch die unabsetzbaren Richter, die nach Art und zeitlichem Umfang ihres Amtes in die Kategorien permanent (*titulares/propietarios*), Stellvertreter (*sustitutos*) und für Einzelfälle berufen (*comisionados*) eingeordnet werden können, auf Vorschlag des Staatsrats vom König ernannt; dieselben Kompetenzen besaß ab 1834 der Königliche Rat Spaniens und Indiens. In den Phasen absoluter Herrschaft formulierten die Kammerräte Kastiliens und Indiens solche Vorschläge.[53] Wer Richter werden wollte, musste mindestens 25 Jahre alt, treu gegenüber Religion und Staat sein und ein untadeliges Leben führen. Für die zweite und dritte Instanz galten ab 1838 höhere Altersgrenzen von 30 bzw. 40 Jahren. Im Gegenzug genossen sie zahlreiche Privilegien.

Wie es Art. 258 der Verfassung von Cádiz verlangte, erhielt Spanien im Juni 1822 ein umfangreiches Strafgesetz (*Código penal*), das viele Lücken in der Justizverwaltung schloss und einen wichtigen Schritt bei der Realisierung der Gewaltenteilung darstellte, aber nur ein Jahr gültig blieb.[54] Nach einigen allgemeinen strafrechtlichen Bemerkungen zerfällt das Strafgesetzbuch in zwei große Teile: in Straftaten gegen die Gesellschaft und in Straftaten gegen Individuen. Im umfangreicheren ersten Teil kommen Vergehen gegen die Verfassung und die politische Ordnung der Monarchie, gegen die äußere und innere Sicherheit des Staates, gegen die öffentliche Gesundheit und den öffentlichen Glauben, Pflichtverletzungen öffentlicher Amtsträger, Verstöße wider die guten Sitten und Missbrauch der Pressefreiheit zur Sprache. Der zweite Teil enthält Bestimmungen zu Vergehen an Individuen im Allgemeinen sowie gegen deren Ehre und Eigentum im Besonderen.

Während das Königliche Statut keine Angaben zur dritten Gewalt machte, behielt die Verfassung von 1837 alle Prinzipien des fünften Kapitels der Verfassung von Cádiz wie die Unabhängigkeit des Justizwesens, die Öffentlichkeit von Strafprozessen und die Möglichkeit der Revision gegen Strafgerichtsurteile bei. In wesentlich schlankerer Form als ihre Vorgängerin verfügte sie, dass nur Richter oder ein Gericht prozessieren und verurteilen konnten (Art. 9) und dass die Verwaltung des Rechts (Art. 47.2) und das Begnadigungsrecht königliche Prärogativen waren (Art. 47.3). Als erste spanische Verfassung benannte sie die Judikative im zehnten Abschnitt explizit als eigene Gewalt (*Del poder judicial*), die ausschließlich für zivil- und strafrechtliche Prozesse zuständig sein sollte (Art. 63); Letztere hatten in öffentlicher Form zu erfolgen (Art. 65). Die Richter, die im Namen des Königs Recht sprachen (Art. 68), waren persönlich für Verstöße gegen das Gesetz verantwortlich (Art. 67), konnten aber nur auf Beschluss der Exekutive oder auf Anweisung des Königs vor einem Gericht angeklagt werden

---

53 Vgl. die prosopografische Studie zur Richterbestellung von Ricardo Gómez Rivero, Los Jueces del Trienio Liberal, Madrid 2006.
54 Vgl. CD-ROM-2, Dok.-Nr. 10.4.3 (wie Fn. 38).

6 Justiz

(Art. 66). Ausführungsgesetze sollten die Organisation der einzelnen Gerichtshöfe sowie der Geschworenenprozesse regeln (Art. 64 und 1. Zusatzartikel).

Bereits drei Jahre zuvor bestimmten eine Reihe königlicher Dekrete, wie die obersten Gerichtshöfe der Nation aufgebaut sein sollten. Das Oberste Gericht für Spanien und Indien (*Tribunal Supremo de España e Indias*; ab 1836 wieder *Tribunal Supremo de Justicia*) bestand aus einem Präsidenten, 15 Richtern und drei Staatsanwälten. Das Gericht gliederte sich in drei Kammern. Zwei Kammern oblag für Spanien und die umliegenden Inseln, der dritten für die Provinzen in Übersee die Zuständigkeit in allen Berufungsfällen der letzten Instanz, in Prozessen gegen höhere Beamte, bei strittigen Fragen zum königlichen Patronat, zum Umgang mit der apostolischen Nuntiatur sowie in Angelegenheiten des Abgeordnetenhauses als außerordentliches Gericht. Ein Statut regelte ein Jahr darauf detailliert die Arbeitsweise des höchsten spanischen Gerichts. Der Oberste Gerichtshof für Krieg, Marine und Auswärtiges setzte sich aus insgesamt 15 Zivil- und Militärrichtern in zwei Kammern zusammen und hatte als letzte Instanz über alle militärischen Fragen zu entscheiden. Außerdem wurde der Oberste Finanzgerichtshof gegründet.[55]

Nachdem Spanien ein Jahr zuvor in Provinzen aufgeteilt worden war, folgte am 21. April 1834 die abschließende Gliederung in Gerichtsbezirke[56]; hiervon ausgenommen blieben allerdings das Baskenland und Navarra. Als die territorialen Einheiten abgesteckt und die obersten Gerichtshöfe eingerichtet waren, mussten unter großem Zeitdruck Details zur Justizverwaltung auf der unteren Ebene folgen. Eingeleitet von allgemeinen Erläuterungen zum Amtsverständnis eines Richters und zu den Rechten der Bürger, betont das Reglement vom 26. September 1835 die Unvereinbarkeit weiterer Tätigkeiten mit dem Richteramt sowie die Gleichheit aller Bürger vor dem Gesetz und die Öffentlichkeit der Prozesse. Das zweite Kapitel beschreibt die Aufgaben der Friedensrichter (*jueces de paz*) und allgemeinen Richter auf Lokalebene (*jueces ordinarios*), die in allen Gemeinden in Gestalt des Bürgermeisters oder seines Stellvertreters existierten, um die Berufsrichter (*jueces letrados*) in einfachen zivil-, nicht aber in strafrechtlichen Fragen zu entlasten. Für beide Materien zusammen waren laut drittem Kapitel die Gerichte des jeweiligen Gerichtsbezirks mit einem Berufsrichter an der Spitze zuständig – mit Ausnahme der Kirchenrechtsprechung, der königlichen Finanzen, des Militärs, des Handels, der Cortes, des königlichen Patrimoniums und verfassungsrechtlicher Fragen. Den insgesamt 18 Appellationsgerichten (*Audiencias*) einschließlich derjenigen in Übersee widmet sich das vierte Kapitel, dessen Inhalt auch für den Königlichen Rat von Navarra gelten sollte. Neben ihrer Funktion als zweite und ggf. dritte Instanz im Rechtsweg urteilten sie in nach zivil- und strafrechtlichen Angelegenheiten getrennten Kammern über Verstöße einfacher Richter und erteilten Anwälten und Notaren ihre Zulassung. Als höchste Rechtsinstanz wachte

---

55 Vgl. CD-ROM-2, Dok.-Nr. 10.6.1 (Ordnung der obersten Gerichtshöfe v. 24.3.1834).
56 Vgl. Burgueño, Geografía (wie Fn. 43), S. 371 f.

laut fünftem Kapitel das Oberste Gericht Spaniens und Indiens (*Supremo Tribunal de España é Indias*) über die Einhaltung der Justizverwaltung. Außerdem kontrollierte es die Appellationsgerichte, urteilte über Beamte und war als letzte Instanz zuständig in all jenen oben aufgelisteten Bereichen, die den Richtern der ersten Instanz vorbehalten blieben.[57] Am 1. Mai 1844 schließlich regelte eine Ordnung der Geschworenengerichte in erster Instanz auch den letzten von der Verfassung von 1837 geforderten juristisch-administrativen Sachverhalt und ergänzte das Reglement von 1835.

7 Militär

Zu Beginn des 19. Jahrhunderts befanden sich die spanischen Streitkräfte schon in einem fortgeschrittenen Bürokratisierungsprozess, es bildeten sich Spezialkorps heraus, die Truppen- und Offiziersstärke war aufgebläht. Obwohl die Streitkräfte formal noch vom König abhängig waren, konnten sie sich faktisch immer mehr von der Institution Monarchie lösen und als Verteidigungsorgan des Staates verstehen. Im »konstitutionellen Triennium« (1820–1823) wurde der obligatorische Militärdienst eingeführt, allerdings nie konsequent eingehalten. Versuche organisatorischer Modernisierung erfuhren immer wieder – wegen der zahlreichen politischen Wechsel – Rückschläge, sodass während des 19. Jahrhunderts keine Anpassung des Heeres und der Marine an kohärentere Organisationsprinzipien erfolgte; die Aufblähung des Personalbestandes konnte nicht zurückgefahren werden.[58]

Nach der Restauration des Absolutismus durch Ferdinand 1814 wuchs innenpolitisch einerseits mit der wirtschaftlichen Unzufriedenheit, andererseits mit dem verfassungspolitischen Rückschritt die Angst vor revolutionärer Agitation. Nicht nur liberale Kräfte und Bauern erhoben sich gegen das Regime; die Unruhe griff vielmehr vor allem in der schlecht ausgerüsteten und nur unregelmäßig entlohnten Armee um sich. Die durch den Unabhängigkeitskrieg bewirkte Hypertrophie der Armee und der »demokratische« Sozialursprung ihrer Zusammensetzung sollten eines der großen Nachkriegsprobleme darstellen. Weitere Unzufriedenheit machte sich unter den Militärs breit, als Ferdinand für Offiziersstellen wieder den Adelsnachweis einführen wollte, wogegen sich vor allem jene Offiziere wehrten, die während des Befreiungskrieges ihre Stellen erlangt hatten. Seit damals war das Offizierskorps eine vom Liberalismus stark beeinflusste Domäne des Bürgertums. Versuche des restaurierten bourbonischen Königtums, das Offizierskorps in die Stellung eines widerspruchslos dienenden Instruments zurückzuführen, scheiterten. Vielmehr setzten seit 1814 *pronunciamientos* (Militärrevolten) ein, die fortab in quasiformalisierter Weise die Ablösung von Regierungen vornahmen.

---

57 Vgl. CD-ROM-2, Dok.-Nr. 10.6.2 (Ordnung der Justizverwaltung v. 26.9.1835).
58 Vgl. Fernando Fernández Bastarreche, El ejército español en el siglo XIX, Madrid 1978.

7 Militär

Die meisten dieser *pronunciamientos* wurden im 19. Jahrhundert als liberal angesehen; das gilt vor allem für die zwischen 1814 und 1820, als ehemalige Guerillaführer, die inzwischen als Offiziere in der Armee dienten, durch Militärrevolten die Einberufung eines Parlaments, die Annahme der Verfassung von 1812 durch den König und die Wiedereinführung der Reformbestimmungen der Cortes von Cádiz erzwingen wollten. Zu den bekanntesten dieser Aufstände zählen die von Francisco Javier Espoz y Mina (1814), Juan Díaz Porlier (1815), Luis de Lacy, Lorenzo Milans del Bosch (1817) und Joaquín Vidal (1819). Auch ein Großteil der städtischen Bourgeoisie und die »Volksklassen« (*clases populares*) schlossen sich der liberalen Agitation und den urbanen Unruhen an.

Mit dem Einmarsch der »Hunderttausend Söhne von Ludwig dem Heiligen« 1823 zur Wiederherstellung des Absolutismus wurde die Heeresorganisation praktisch aufgelöst, 13.000 Offiziere wurden entlassen. An die Stelle der Nationalmiliz, die zur Durchsetzung der Verfassung von 1812 beitragen sollte, traten jetzt die »königlichen Freiwilligen« (*voluntarios realistas*), die die Inkraftsetzung der Verfassung gerade verhindern und zu einem Hort des extremen Absolutismus werden sollten.[59]

Während des Karlistenkriegs der 1830er-Jahre konnten die Karlisten auf der Grundlage der *voluntarios realistas* ein reguläres Heer von 30.000 Mann aufbauen (zum Vergleich: Das liberale Heer betrug insgesamt 180.000 Mann, von denen 70.000 im Norden eingesetzt waren), sie wandten darüber hinaus aber auch die Guerillataktik an. Von den Formen her – Guerillaeinheiten, die häufig unter der Führung von Landpfarrern standen; Vermeidung einer offenen Feldschlacht; Unterstützung durch die Bauern – wiederholte sich in diesem ersten Karlistenkrieg der Kampf, der ein Vierteljahrhundert zuvor gegen die Franzosen geführt worden war. Im Norden des Landes konnten sie zeitweilig, unter dem Befehl des strategisch begabten Tomás Zumalacárregui (der aber 1835 bei der Belagerung Bilbaos fiel), größere Landstriche halten. Auf isabellinischer Seite übernahm vorübergehend Luis Fernández de Córdoba das Heereskommando, dem zwar kein definitiver Sieg über die geschickt operierenden karlistischen Truppen gelang. Als die Karlisten jedoch bemerkten, dass ihnen weder politisch noch militärisch der Durchbruch glückte, waren sie zur Niederlegung der Waffen bereit. Der Krieg endete 1839 in der sog. »Umarmung« von Vergara (*el abrazo de Vergara*) mit einem Kompromiss, demzufolge die karlistischen Offiziere unter Beibehaltung ihres Dienstgrades ins reguläre Heer übertreten durften, während die Regierung sich für die Beibehaltung der *fueros* einzusetzen versprach. Der Konflikt war damit nicht gelöst, vielmehr in der Schwebe gelassen.

---

59 Vgl. Ramón Salas Larrazábal, Ejército y Marina, in: M. Artola (Hg.), Enciclopedia de Historia de España, Bd. II: Instituciones políticas. Imperio, Madrid 1988, S. 239-341, bes. S. 298-303.

Alle Regime- und viele der zahlreichen Regierungswechsel zwischen 1814 und 1874 fanden durch direkte oder indirekte Einwirkung des Militärs statt.[60] Wohl in keinem anderen westeuropäischen Land hat die Armee im 19. und 20. Jahrhundert eine derart herausragende Rolle wie in Spanien gespielt. Als auslösendes Moment der Entwicklung, in deren Verlauf sich das Militär in die Politik einmischte und zu einem beherrschenden Faktor im staatlichen Leben des Landes wurde, wirkte der Unabhängigkeitskrieg gegen Napoleon. Er zwang die Offiziere zu politischen Entscheidungen, politisierte damit das Heer, das sich auch in seiner geistigen Struktur wandelte. Der Armee fiel eine neue politische Rolle zu, das Offizierskorps übernahm in vielerlei Hinsicht die Funktion der bisher politisch führenden Schicht. In der »Ära der Pronunciamientos« (1814–1874) galt das Offizierskorps mehrheitlich als liberal und reformfreudig. Im Vergleich zu den strukturellen Wandlungen in Spaniens Wirtschaft und Gesellschaft änderten sich jedoch Haltung und Verhalten der bewaffneten Macht zwischen 1830 und 1930 nur wenig. Zu dieser – wie zu jeder anderen – Zeit wurde das Denken der Offiziere von der Sorge um die nationale Einheit und Einigkeit beherrscht. Diesem Ziel schien in der ersten Hälfte des 19. Jahrhunderts die konstitutionelle Monarchie am besten zu dienen.

Auch die Einberufung zum Wehrdienst konnte im 19. Jahrhundert nicht wesentlich modernisiert werden. Es blieben komplexe Rekrutierungsmechanismen bestehen, die auf dem System der (vielfach durchbrochenen) Truppenkontingente (*cupos*) beruhten. Die Intensität und Systematik der Rekrutierung hing von den jeweils aktuellen Bedürfnissen des Staates, somit von der politisch-militärischen Konjunktur, ab. 1830 verfügte das Heer über 65.334 Soldaten, 1835 schon über 124.803 und 1840 über 235.844. Danach ging der Personalbestand wieder deutlich zurück.

Der Militarismus des 19. Jahrhunderts zeichnete sich durch ein »Regime von Generälen« aus (Espartero, Narváez, O'Donnell, Prim u. a.), deren *pronunciamientos* zwischen 1814 und 1874 im Dienste verschiedener parteipolitischer Optionen standen.[61] Nahezu alle Historiker sind sich darin einig, dass die Schwäche des politischen Systems in der liberalen Ära Isabellas und seine mangelnde Verankerung in der Gesellschaft die zahlreichen Militärinterventionen ermöglichten. Nach einem erfolgreichen *pronunciamiento* figurierte in der neuen Regierung sodann einer der Soldaten, die den militärischen Gewaltakt durchgeführt hatten – nunmehr aber als Parteiführer.

---

60 Vgl. Julio Busquets, Pronunciamientos y Golpes de Estado en España, Barcelona 1982.
61 Es ist in der Literatur umstritten, inwiefern man im Spanien des 19. Jahrhunderts von Militarismus sprechen kann. Vgl. dazu (kritisch) Manuel Tuñón de Lara, Estudios sobre el siglo XIX español, Madrid 1971; Stanley G. Payne, Ejército y sociedad en la España liberal, 1808–1836, Madrid 1977; Ulrike Borchardt, Militär und Politik in Spanien. Zivile und militärische Macht vom Beginn des konstitutionellen Regimes bis zur Konsolidierung des demokratischen Systems, Hamburg 1986; vgl. auch Joaquim Lleixà, Cien años de militarismo en España, Barcelona 1986. Zum Gesamtzusammenhang vgl. Carlos Seco Serrano, Militarismo y civilismo en la España contemporánea, Madrid 1984.

Fast sämtliche »großen« Namen der spanischen Parteipolitik im 19. Jahrhundert haben ihren *cursus honorum* als Soldaten im Krieg, häufig im Karlistenkrieg, begonnen und in höchsten Staats- und Regierungsämtern beendet.

Sicherlich erklärt die Schwäche der spanischen Bourgeoisie die Notwendigkeit, zur Durchsetzung ihrer politischen Interessen auf das Militär zurückgreifen zu müssen, das in den Jahrzehnten nach 1833 von den sich bekämpfenden Fraktionen des Liberalismus instrumentalisiert wurde. Grundlage hierfür war die Ausübung verschiedenartiger Tätigkeiten durch die Armee im Bereich der zivilen Verwaltung, vor allem aber der öffentlichen Ordnung. Eric Christiansen hat die Ausübung ziviler Verwaltungsaufgaben durch Militärs auf die Tatsache zurückgeführt, dass die Armee lange Zeit die einzige hierarchische und zentralisierte Institution gewesen war, die das Überleben des Ancien Régime (trotz veränderter gesellschaftlicher und ökonomischer Strukturen) sicherstellen konnte.[62] Im Zentrum von Manuel Ballbés Studie wiederum steht die Rolle des Militärs bei der Aufrechterhaltung der öffentlichen Ordnung; der Autor weist nach, dass die »Militarisierung« sich nicht nur an der Spitze der Staatsadministration, sondern auch in anderen Verwaltungsorganen vollzog.[63] Während des liberalen Trienniums (1820–1823) führte die Notwendigkeit, das neue Regime fest zu verankern, zu einem »Modell« öffentlicher Ordnung, das, abweichend vom liberalen britischen Modell, den Einfluss des Militärs auf Regierungsangelegenheiten und innere Ordnung stärkte und die Militärgerichtsbarkeit auf politische Delikte, die von Zivilisten begangen worden waren, ausdehnte; außerdem wurden viele zivile Stellen mit Soldaten besetzt. In der liberalen Ära wiederholte sich nach 1833 die Situation des vorhergegangenen konstitutionellen Zwischenspiels. Während der Herrschaft der *moderados* nahm der militärische Einfluss auf die Politik keineswegs ab. Im Senat des Jahres 1853 etwa, um nur ein Beispiel zu geben, waren von den 314 Mitgliedern nicht weniger als 93 Generäle!

Insgesamt wird man sagen können, dass der Ursprung der herausragenden Rolle der Militärs als gesellschaftliches Kollektiv und der Armee als Institution in der mangelhaften Ausprägung der »bürgerlichen Revolution« und in der Schwäche des Bürgertums als Klasse lag. Das Bewusstsein ihrer Schwäche bewog die spanische Bourgeoisie, die Militärs im politischen Leben zu instrumentalisieren. Zugleich führte aber das durch die Schwäche des Bürgertums bewirkte politische Vakuum in der neueren spanischen Entwicklung dazu, dass es von der Armee als Institution ausgefüllt wurde, wobei die Interessen des Staates und der Gesellschaft in einem Prozess des zunehmenden Interventionismus mit denen des Militärs gleichgesetzt wurden.

---

62 Eric Christiansen, Los orígenes del poder militar en España, 1800–1854, Madrid 1974.
63 Manuel Ballbé, Orden público y militarismo en la España constitucional (1812–1983), Madrid 1983, S. 82. Zur Ausübung ziviler Verwaltungsaufgaben durch Militärs vgl. bes. Diego López Garrido, La Guardia Civil y los orígenes del Estado centralista, Barcelona 1982; zu den Funktionen der Armee bei der Aufrechterhaltung der inneren Ordnung vgl. Pablo Casado Urbano, Las fuerzas armadas en el inicio del constitucionalismo español, Madrid 1982.

Der Kulminationspunkt dieser Entwicklung sollte im 20. Jahrhundert 1923 und vor allem 1936 erreicht werden.

Versucht man, die Rolle der Militärs in der Ära der *pronunciamientos* analytisch zu erfassen, bietet sich die Modernisierungstheorie Samuel P. Huntingtons an, da sich im fraglichen Zeitraum in der spanischen Gesellschaft zweifellos eine tief greifende Modernisierung vollzog, sodass die Thesen Huntingtons zur Stabilität sich modernisierender Gesellschaften durchaus auf den spanischen Fall anwendbar sind. Militärische Intervention ist, Huntington zufolge, ein untrennbarer Bestandteil politischer Modernisierung, eine spezifische Manifestation der allgemeinen Politisierung sozialer Kräfte und Institutionen in unterentwickelten Gesellschaften. Diese Politisierung sozialer Kräfte, die über keine institutionalisierten Kanäle verfügen, ist ein Kennzeichen »prätorianischer« Gesellschaftssysteme.[64] Insgesamt besteht die Rolle des Militärs in prätorianischen Gesellschaften darin, der Mittelschicht den Aufstieg zu ermöglichen, ihn der Unterschicht aber unmöglich zu machen. Die liberalen *pronunciamientos* des 19. Jahrhunderts haben die von Huntington beschriebene Funktion erfüllt. Sie haben den Einfluss der Mittelschichten, zumindest zeitweilig, gestärkt und zu bescheidenen Reformen der politischen Institutionen geführt. Sobald diese Mittelschichten jedoch ihren politischen Einfluss gesichert hatten, trug das Militär zur Konsolidierung ihrer erzwungenen Machtpositionen und in der zweiten Hälfte des 19. Jahrhunderts zur Verhinderung des politischen Aufstiegs der Arbeiterschaft bei.

Neben die Armee trat im 19. Jahrhundert als liberales Wehrinstrument die »Bürgerwehr« oder »Nationalmiliz« (*Milicia Nacional*), die von den Cortes in Cádiz als Riegel gegen die absolutistische Regierungspraxis und als bewaffneter Arm der »bürgerlichen Revolution« geschaffen worden war.[65] Die Verfassung von 1812 sah in jeder Provinz neben der regulären Armee Einheiten einer örtlichen Nationalmiliz vor. Diese Miliz bestand von 1812 bis 1874; zwischendurch wurde sie von konservativen Regierungen immer wieder aufgelöst, von Progressisten aber, deren eigentliches Instrument zur Machterringung sie war, ebenso regelmäßig wieder ins Leben gerufen. Die *Milicia Nacional*, die auch des Öfteren ihre Bezeichnung änderte, war eine Art liberales Volksheer auf Provinzebene, von dem sich die gemäßigten bürgerlichen Kräfte, nachdem sie die Macht errungen hatten, so schnell wie möglich wieder befreien wollten, während die nahezu permanent von der Macht ausgeschlossenen radikaleren Progressisten sie als militärischen Stoßtrupp ihrer Interessen einsetzten. Am Beispiel der Madrider Nationalmiliz hat man die Ursprünge, die Struktur und die Wechselfälle dieser paramilitärischen Institution untersucht und auf ihren Bezug zur »bürgerlichen Revolution« hin befragt; das lässt deutlich werden, dass die »niedere« soziale Zu-

---

64 Samuel P. Huntington, Political Order in Changing Societies, New Haven/Conn. 1968, S. 194-201; Gabriel Cardona, El poder militar en la España contemporánea hasta la guerra civil, Madrid 1983, S. 24.
65 Vgl. CD-ROM-2, Dok.-Nr. 10.7.1 (Gründung der Nationalmiliz v. 18.11.1821).

sammensetzung der Miliz, somit ihr »demokratischer« Grundzug, den bürgerlichen Liberalen der *moderados* bald allzu radikal war und gefährlich wurde; seit den 40er-Jahren des 19. Jahrhunderts bestand daher eine offene Gegnerschaft zwischen den Oligarchen an der Macht und der urbanen Miliz des Linksliberalismus.

In einem 1834 der Königin-Regentin María Cristina vorgelegten Forderungskatalog hieß es, die Miliz sei »die beste Verteidigung und Garantie der öffentlichen Freiheiten«; zum Milizionär hieß es: »Die Bande, die ihn an die Gesellschaft binden, die Liebe zum Vaterland, seine Beziehungen, seine Familie und sein eigenes Interesse legen mehr als genug Rechenschaft von der Zweckmäßigkeit dieser Institution ab«.[66] Rein theoretisch verstanden sich die Milizen als Ausdruck der Fähigkeit zur Selbstverteidigung der Gesellschaft, die letztlich die Souveränität innehatte. In der Praxis wurden die Milizen allerdings hemmungslos von politischen Parteien oder Lagern instrumentalisiert, was immer wieder zu ihrer Auflösung (und Neueinsetzung) führte. Als 1835 Mendizábal zum Regierungschef ernannt wurde, zeigte die *guardia nacional*, die erst kurz zuvor in *milicia urbana* umbenannt worden war, sofort ihre Zufriedenheit über diese Maßnahme.[67] Ihr wurde die Wahrung der inneren Ordnung aufgetragen, nachdem das reguläre Heer im Kampf gegen die Karlisten eingesetzt war. Im Parlament sprach ihr einer der Abgeordneten die Aufgabe zu, »nicht nur die Ordnung aufrechtzuerhalten, sondern das Eigentum zu verteidigen und die Personen zu schützen«. Zum Zeitpunkt dieser Äußerungen, Anfang 1836, waren die Versteigerung der früher »amortisierten« Güter an das Bürgertum und die parallel damit einhergehende Entrechtung der Bauern sowie deren Proletarisierung bereits in vollem Gange. Es bedurfte daher mächtiger Milizen, die das neue Agrareigentum vor der entstehenden Schicht der Landproletarier verteidigten. In der Cortes-Debatte, in der es zu Beginn des Jahres 1836 um eine quantitative und qualitative Aufstockung der Nationalmiliz ging, sprach der Innenminister davon, sie diene nicht nur der Verteidigung der Nation, sondern sei zugleich »die beste Garantie und Bürgschaft für die innere Ruhe und die Freiheit des Landes«. »Ruhe« und »Freiheit« wurden als bürgerliche Werte und Ziele in einem Atemzug genannt. Die erste Forderung wandte sich gegen unten, gegen die ins Proletariat absinkenden Bauern, die zweite gegen oben, gegen die noch bestehenden feudalen Bindungen und Entwicklungshindernisse.

Zwischen 1834 und 1836 wurde die Nationalmiliz von 30.000 auf 400.000 Mann ausgebaut. Die Mannschaften wählten sich ihre Offiziere zwar selber, die Offiziersposten blieben aber Bürgern vorbehalten, da die Stellen an ein bestimmtes Einkommen gebunden waren. In ihrer Entstehungsphase zur Zeit der Cortes von Cádiz hatte man von der Bewaffnung der »treuen Eigentümer« gesprochen. Die Nationalmiliz durchlief in den folgenden Jahren einen Radikalisierungsprozess und entwickelte sich

---

66 Zit. nach Jesús J. de Arcenegui, Síntesis histórica del constitucionalismo español, Madrid 1991, S. 104.
67 Vgl. CD-ROM-2, Dok.-Nr. 10.7.2 (Organisation der Milicia urbana v. 23.3.1835).

immer deutlicher zum Bollwerk der Provinzautonomie und fortschrittlicher liberaler Reformen. Erstmalig aufgelöst wurde die Miliz 1843, zu Beginn des »gemäßigten Jahrzehnts«, sodann 1856, nach der gewaltsamen Beendigung der »zwei progressistischen Jahre«, schließlich erneut 1874, als die *Voluntarios de la República* die Wiederherstellung des Herrschaftspaktes zwischen Großbourgeoisie und Agraroligarchie zu gefährden drohten. Ebenso regelmäßig wie ihre Auflösung erfolgte ihre Wiedereinsetzung durch progressistische Kräfte, wenn diese (durch Bruch der verfassungsmäßigen Ordnung) an die Macht gelangen wollten. Pérez Garzón betont daher zu Recht, dass der Sieg progressistischer *pronunciamientos* nicht so sehr in den Kasernen als vielmehr auf Straßen und Plätzen errungen wurde; die zivile Unterstützung derartiger *pronunciamientos* war ein entscheidendes Element und eine erforderliche Bedingung für ihren Erfolg.[68]

Während die Nationalmiliz lokal verankert und organisiert war, war die zweite paramilitärische Institution im Spanien des 19. Jahrhunderts streng zentralistisch aufgebaut: die 1844 gegründete »Zivilgarde« (*Guardia Civil*), die als paramilitärisches Korps der zivilen Gewalt gegenüber relativ autonom auftrat.[69] Fast zur gleichen Zeit wie die *Guardia Civil* (1844) entstand 1842 das Korps der »Königlichen Karabiniers« (*Carabineros Reales*), das als Steuerpolizei den Schmuggel unterbinden und als Grenzpolizei die Landesgrenzen überwachen sollte.[70] Getrennt von den verschiedenen militärischen Einheiten der Streitkräfte muss die Polizei betrachtet werden, die üblicherweise in Städten eingesetzt wurde. 1824 erfolgte die Einrichtung der »Allgemeinen Polizei« (*Policía General del Reino*) als für die öffentliche Sicherheit zuständiges Regierungsorgan. 1844 ging sie im »Präventions- und Sicherheitskorps« (*Cuerpo de Prevención y Seguridad*) auf, das vom Innenministerium abhängig war.

8 Verfassungskultur

Schließt man in den Begriff »Verfassungskultur« symbolische Kategorien mit ein, die über das rein juristisch-textgebundene Verständnis hinausgehen, so lässt sich für Spanien zwischen 1820–1823 und ab 1836 eine wahre Hochphase der Verfassungskultur an zahlreichen Festen, Feiertagen, Monumenten, Symbolen und Diskursen aufzeigen. Die Bestimmungen auf der höchsten normativen Ebene, den Texten der

---

68 Juan Sisinio Pérez Garzón, Milicia Nacional y Revolución burguesa. El prototipo madrileño 1808–1874, Madrid 1978. Zu den strukturellen Schwächen der Nationalmiliz vgl. Manuel Ballbé, Orden público y militarismo en la España constitucional (1812–1983), Madrid 1983, S. 142.
69 Vgl. Enrique Martínez Ruiz, Creación de la Guardia Civil, Madrid 1976. Auf die *Guardia Civil* wird in Bd. 3 gesondert eingegangen.
70 Die *Carabineros Reales* wurden zu Beginn des Spanischen Bürgerkrieges zur Republikanischen Nationalgarde (*Guardia Nacional Republicana*), nach dem Bürgerkrieg wurden deren Funktionen von der *Guardia Civil* übernommen.

Verfassungen von 1812 und 1837, blieben freilich auf das Recht der Cortes in Art. 173 bzw. Art. 40.1. beschränkt, den Verfassungseid von König, Thronfolger und Regent entgegenzunehmen. In den Phasen absolutistischer Herrschaft unternahm der Staat selbstverständlich nichts, um eine Verfassungskultur zu schaffen.

Dies änderte sich schlagartig, als Rafael del Riego am 1. Januar 1820 in Cabezas de San Juan bei Cádiz die Verfassung von 1812 proklamierte und König Ferdinand VII. diese gut zwei Monate später beschwor. Im liberalen Triennium versuchte das neue Regime, mit einer reichen Propaganda und vielgestaltigen Maßnahmen die Öffentlichkeit vom politischen Erfolg der Verfassung von Cádiz zu überzeugen und die Verfassung selbst zu popularisieren und zu legitimieren. Bereits am 9. März 1820 ordneten die Cortes an, der Nation die Eidesleistung Ferdinands auf die Verfassung von 1812 zu verkünden, um allen Skeptikern zu zeigen, dass ihr König wahrhaft »als erster auf der konstitutionellen Bahn« voranschritt. Eine Woche darauf verfügten sie, dass in allen Kirchen des Königreiches Dankgottesdienste zur Einberufung und Eröffnung der Cortes stattfanden, um göttlichen Beistand für die Entscheidungen der Regierung und der Cortes zu erbitten. Im Herbst gab die Historische Akademie zwei Gedenkmünzen heraus, von denen eine die Verkündung der Verfassung von Cádiz, die andere den Schwur des Königs auf ebendiese zu Motiven hatte. Alle Machtträger sollten ihren Eid auf die Verfassung von Cádiz leisten; darum beschlossen die Cortes auch eine Eidesformel für sämtliche militärische Einheiten. Liberale Freiheitskämpfer wurden als Helden des Vaterlands geehrt; die tapferen liberalen Männer, die am 7. Juli 1822 Madrid gegen einen konservativen Putschversuch erfolgreich verteidigt hatten, wurden mit Preisen und Auszeichnungen bedacht. Außerdem beschlossen die Cortes, in den beiden Gemeinden Cabezas de San Juan und San Fernando, von denen das letztlich erfolgreiche *pronunciamiento* ausging, Gedenkmonumente zu Ehren der konstitutionellen Regimenter zu errichten sowie Cabezas de San Juan den Rang einer Stadt zu verleihen.[71] (☛ Abb. 10.5, S. 758)

Um das Streben nach Versöhnung und Ausgleich zwischen Monarch und Verfassung zum Ausdruck zu bringen, wählten die Liberalen auch aussagekräftige Bilder. In einer Ausgabe der Verfassung von Cádiz aus dem Jahre 1822 bot der bewaffnete König Ferdinand VII. seinen Ministern den Verfassungstext dar, damit diese darüber wachten. Der Monarch verkörperte durch das Tragen von Waffen Stärke, Autorität und Unverletzlichkeit. Das Zepter in der einen Hand symbolisierte höchste Befehlsgewalt, Zügel und Kompass in der anderen Hand hingegen das Gleichgewicht und der

---

71 Vgl. Dekret vom 8. März 1820, in: CDO, Bd. 6, 1820, S. 2; Verordnung vom 16. Juli 1820, in: ebd., S. 5; Verordnung vom 4. September 1820, in: ebd., S. 94-95; Dekret vom 29. Oktober 1821, in: CDO, Bd. 8, 1822, S. 5-6; Dekret vom 14. April 1822, in: CDO, Bd. 9, 1822, S. 70-73; Dekret vom 27. Dezember 1822, in: CDO, Bd. 10, 1823, S. 67-70; Dekret vom 21. Juni 1822, in: CDO, Bd. 9, 1822, S. 419-420.

Abb. 10.5 Ferdinand VII. leistet erneut den Eid auf die Verfassung von 1812 anlässlich der feierlichen Eröffnung der Cortes im Palast von Doña Maria de Aragón am 9. Juli 1820

Adler zu seinen Füßen schließlich die Liberalität Jupiters.[72] Unterbrochen durch zehn Jahre absoluter Herrschaft erreichten die Bemühungen um Versöhnung zwischen Verfassung und Monarch in den Feierlichkeiten für die Thronerbin Isabella einen neuen Höhepunkt. Am 20. Juni 1833 huldigten die großen Adligen und Geistlichen Spaniens ihrer zukünftigen Königin. Den Eid auf die Infantin begleiteten Gottesdienste, Konzerte, Festbeleuchtung, Feuerwerk und vielfache Abbildungen und Allegorien der Unschuld, der Legitimität, der besiegten Zwietracht und der Versöhnung.[73]

Drei Tage vor Inkrafttreten der neuen Verfassung von 1837 erließ Regentin María Cristina ein Dekret über die Art und Weise, wie der Kodex überall im Königreich beschworen werden sollte. Demnach war der gesamte Verfassungstext durch den Gouverneur oder Bürgermeister im Beisein aller lokalen Autoritäten an einem zuvor festgelegten Tag auf einem geeigneten öffentlichen Platz laut zu verlesen und der königliche Aufruf hinzuzufügen, den Inhalt der Verfassung getreu zu befolgen. Glockengeläut, Festbeleuchtung, Artillerieschüsse und weitere öffentliche Feiern je

---

72 Vgl. Demetrio Castro Alfín, Simbolismo y ritual en el primer liberalismo español, in: J. Álvarez Junco (Hg.), Populismo, caudillaje y discurso demagógico, Madrid 1987, S. 294. (Descripción de las alegorías, 1822, S. 11).
73 Vgl. die Dekrete vom 4. April 1833 bzw. vom 10. Mai 1833, in: DR, Bd. 18, 1834, S. 84-85 bzw. 114-116.

nach Ermessen des Gemeinderats sollten zur Festtagsstimmung beitragen. In Madrid hatte diese Zeremonie am selben Tag stattzufinden, an dem die Regentin ihren Eid auf die Verfassung leistete, d. h. am 18. Juni. Für den Feiertag nach der Proklamation ordnete die Regentin feierliche Dankesmessen in allen Kirchen des Landes unter erneutem Beisein der lokalen Autoritäten an; die Verfassung sollte verlesen werden und der Pfarrer in seiner Predigt dazu ermahnen, die Verfassung einzuhalten. Der gemeinsamen Eidesleistung folgte das abschließende Singen des *Te Deum*. Über den feierlichen Akt hatte jede Gemeinde einen Bericht an das Ministerium zu verfassen. Alle staatlichen, kirchlichen und militärischen Einrichtungen mussten ebenfalls den Eid auf die Verfassung ablegen und den zuständigen Ministerien darüber berichten.[74]

Was die gebräuchlichsten Symbole staatlicher Politik wie Nationalflagge, Nationalfeiertag, Nationalhymne und Nationaldenkmal oder Festlegung einer Amtssprache betrifft, kommt man nicht umhin, Spanien in der ersten Hälfte des 19. Jahrhunderts eine gewisse Halbherzigkeit zu attestieren. Eine spanische Nationalflagge existierte im gesamten 19. Jahrhundert nicht. Bis 1820 übernahm man stillschweigend die unter Karl III. 1785 eingeführte rot-golden-rote Fahne. Erst 1843 brachte ein Dekret den Wunsch zum Ausdruck, eine einheitliche spanische Nationalflagge einzuführen. Es sollte aber noch bis 1908 dauern, ehe unter Alfons XIII. die rot-golden-rote Flagge offiziell wurde.[75] Schwer tat sich das Land auch bei der Suche nach einem Nationalfeiertag. Ein hierbei immer wieder genanntes Datum, der 2. Mai (*Dos de Mayo*), der zurückgeht auf das Jahr 1808, als der spanische Unabhängigkeitskrieg gegen Napoleon begann, wurde erstmals 1814 in der Hauptstadt zum Ruhm der Nation gefeiert. In den absolutistischen Phasen auf die religiöse Dimension in Form von Gottesdiensten reduziert, planten die Regierungen im liberalen Triennium den – immer wieder unterbrochenen – Bau eines Gedenkmonuments zum 2. Mai auf dem *Campo de la Lealtad*. Sie interpretierten – gegen den Widerstand des Königs und Teile der Kirche – den Tag nicht nur als Symbol des Unabhängigkeitskampfes, sondern auch als Schritt hin zu politischen Freiheiten in Form der Verfassung und nationaler Souveränität. 1840 konnte das Monument in Form eines Obelisken eingeweiht werden. Obwohl *de facto* ein Triumph des Liberalismus über den Karlismus, sollte es offiziell nur des Patriotismus der Märtyrer der nationalen Unabhängigkeit gedenken.[76] Neben dem 2. Mai versuchten die Liberalen, auch den Tag der Verkündung und Eidesleistung der bzw. auf die Verfassung, den 18. Juni bzw. den dritten Sonntag im Juni, zum National-

---

74 Vgl. CD-ROM-2, Dok.-Nr. 10.8.2 (Eidesleistung auf die Verfassung von 1837 v. 15.6.1837).
75 Vgl. Carlos Serrano, El nacimiento de Carmen. Símbolos, mitos y nación, Madrid 1999, S. 77-105. Gerade im militärischen Bereich herrschte je nach Ort, Waffengattung und Einheit ein großes Durcheinander an Farben vor, wie auch die Idee einer rot-gelb-blau/violetten Trikolore in den 1830er-Jahren zeigt. Das Dekret vom 13. Oktober 1843 in: CLDD, Bd. 31, 1844, S. 263-264.
76 Vgl. Christian Demange, El Dos de Mayo. Mito y fiesta nacional 1808–1958, Madrid 2004, S. 135-151.

feiertag zu machen, wie ein Dekret von 1837 und ein Gesetz von 1840 zeigen.[77] Doch die Widerstände gegen beide Daten waren zu groß; erst Anfang des 20. Jahrhunderts einigte sich Spanien auf den 12. Oktober (*Día de la Hispanidad/El Pilar*) – den Tag der Entdeckung Amerikas durch Christoph Kolumbus – als nationalen Feiertag.

Ähnlich wechselvoll ist der Weg zu einer spanischen Nationalhymne, obgleich der textfreie Nationalmarsch (*marcha granadera*) seit dem Jahr 1770 – von wenigen Unterbrechungen abgesehen – offiziell verwendet wird. Im 19. Jahrhundert zog sich das Land anfangs mehr auf religiöse Symbolik zurück. Allein mit Messen, Prozessionen und dem Singen des *Te Deum* waren die liberalen Patrioten aber nicht zufrieden, weshalb sie im Triennium die Riego-Hymne (*Himno de Riego*) per Dekret zum Nationalmarsch erklärten.[78] Der sehr populäre Marsch trat bald in verschiedenen Text- und Musikvariationen auf, wurde aber schon im »unheilvollen Jahrzehnt« verboten und geriet nach 1834 zunächst etwas in Vergessenheit, als die liberale Tradition die französische Marseillaise mit einem eigenen spanischen Text bevorzugte.[79] Eine vergleichbare Entwicklung mit Höhen und Tiefen nahm das Projekt eines Nationalpantheons als Symbol der nationalen Einheit. Im Triennium, als die Verfassung von Cádiz zum zweiten Mal in Kraft war, sollten die sterblichen Überreste aller spanischen Freiheitskämpfer wie Juan de Padilla und Juan de Lanuza in einem Nationalmonument in Madrid zusammengeführt werden. Nach Jahren der Stagnation beschloss die liberale Regierung unter Mendizábal erst 1837, zwei Madrider Kirchen in staatliche Erinnerungsstätten umzufunktionieren: Die Basílica de Atocha wurde als Sammelplatz für militärische Trophäen und letzte Ruhestätte für berühmte Kriegshelden bestimmt, während die größte Kirche der Hauptstadt, San Francisco el Grande, in Anlehnung an den Pariser Invalidendom und das dortige Pantheon als Nationalpantheon dienen sollte.[80] Nach dem Machtverlust der Progressisten 1843 machte das Projekt in den folgenden beiden Jahrzehnten keine Fortschritte.[81] Was die Festlegung einer Amtssprache betraf, gibt es keine Hinweise in den Verfassungen. Lediglich die Generalordnung für öffentliche Bildung von 1821 und der Generalplan der öffentlichen Bildung von 1836 erwähnen in Anknüpfung an den *Informe Quintana* von 1813, dass der Unter-

---

77 Vgl. Dekret vom 15. Juni 1837, in: CLDD, Bd. 22, 1837, S. 340-341; das Gesetz vom 16. Juni 1840 in: CLDD, Bd. 26, 1841, S. 220-221.
78 Vgl. CD-ROM-2, Dok.-Nr. 10.8.1 (Riego-Hymne v. 7.4.1822).
79 Vgl. Serrano, Nacimiento (wie Fn. 75), S. 107-130.
80 Vgl. Dekret vom 6. November 1837, in: CLDD, Bd. 23, 1846, S. 321-322.
81 Eingeweiht wurde das Nationalpantheon erst 1869, fiel aber bereits mit der Restauration der Monarchie fünf Jahre später bald der Vergessenheit anheim. Vgl. Sören Brinkmann, Chronik eines Misserfolgs: Die spanische Hauptstadt und das Nationalpantheon, in: P. Brandt u. a. (Hg.), Symbolische Macht und inszenierte Staatlichkeit. »Verfassungskultur« als Element der Verfassungsgeschichte, Bonn 2005, S. 65-80.

richt in allen Fächern des höheren Schulwesens auf Kastilisch bzw. in der »Nationalsprache« (also Kastilisch) abzuhalten sei (Art. 27 bzw. 84).[82]

Im Unterschied zur ersten Phase der Verfassung von Cádiz in den Jahren 1810–1813 produzierte das Triennium eine wahre Flut von Zeitungen, Pamphleten, Flugblättern, Karikaturen, Gedichten, Liedern und anderen Schriften, die sich allesamt mit dem Für und Wider dieser Verfassung auseinandersetzten. Die sich in Radikale und Gemäßigte aufteilenden Liberalen griffen bereits vorhandene Argumente des nationalistischen Historizismus auf und entwickelten diese weiter. Indem sie sich auf die mittelalterlichen Wurzeln der spanischen Verfassung – Verfassung verstanden im alten Sinn als gewachsene Institution von Traditionen, Einzelgesetzen, Sitten und Gebräuchen – beriefen, konnten sie Argumente ihrer politischen Gegner entkräften, die Verfassung von Cádiz sei etwas vollkommen Neues. Mittels des Nationsbegriffes versuchten sie, eine einheitliche politische Kultur zu schaffen, die eine auf Freiheit, Rechtsgleichheit und Humanität basierende Gemeinschaft ins Zentrum rückte. In den Diskursen nach 1833 standen die postrevolutionären Ziele im Vordergrund, ein kapitalistisches Wirtschaftssystem und einen entschieden liberalen Staat aufzubauen; treibende Kraft hierbei waren die Progressisten, die sich von den demokratischen und jakobinischen Elementen der Radikalen im Triennium emanzipiert hatten und für eine beschränkte Beteiligung der breiten Bevölkerung eintraten, die es aber im Sinne des Meritokratismus immer noch allen Schichten ermöglichte, eine öffentliche Meinung zu bilden. Im Gegensatz dazu vertraten die Gemäßigten deutlich restriktivere Vorstellungen und plädierten für einen hohen Zensus, eine eingeschränkte Pressefreiheit und die Auflösung der Nationalmiliz. Mit ihren von einer ausgeprägten Anglophilie gezeichneten Inhalten von Fortschritt, nationaler Souveränität, Zivilisation, Volk als Mythos und Bezugspunkt, Miliz, parlamentarischer Monarchie, Monarchie als Damm zur Abwehr von Instabilität sowie dem Leistungsideal bildeten die Progressisten eine eigene, den sozialen Veränderungen Rechnung tragende Richtung zwischen dem Ideal der Verfassungsväter von 1812 und dem der Gemäßigten.[83]

Bilanzierend kann man sagen, dass die Liberalen bzw. Progressisten versuchten, neue Botschaften mit alten Mitteln und oft denselben Personen zu vermitteln. Die Kanzel zeigte sich hierbei effektiver als der Universitätslehrstuhl für die Indoktrination der Massen, da wegen der hohen Analphabetismusrate die mündliche Textverbreitung mehr Erfolg versprach. Durch Gedenksteine in den Gemeinden, öffentliche Proklamationen, Feiern zum Jahrestag der Verkündung, Gedenkmonumente und eine reiche Publizistik präsentierte sich die jeweilige Verfassung als Verkörperung

---

82 Vgl. CD-ROM-1, Dok.-Nr. 8.10.1 (Gutachten zur Reform des Bildungswesens v. 9.9.1813); Dok.-Nr. 10.10.1 (Generalordnung der öffentlichen Bildung v. 29.6.1821); Dok.-Nr. 10.10.2 (Generalplan der öffentlichen Bildung v. 4.8.1836).
83 Vgl. M. Suárez Cortina (Hg.), La redención del pueblo. La cultura progresista en la España liberal, Santander 2006.

von Glück und Wohlergehen, von persönlicher und wirtschaftlicher Sicherheit der gesamten Nation. Stets schwang das religiöse Moment mit, um zu zeigen, dass sich in der Verfassung göttliches und weltliches Gesetz verbunden hatten. Mit der öffentlichen Proklamation der Verfassung sollte für Spanien nach Jahren der Willkürherrschaft ein neues Zeitalter der Harmonie und Freiheit eingeläutet werden. Alles wurde öffentlich und gemeinsam getan, um das Prinzip der Gleichheit zum Ausdruck zu bringen. Mit Riten und Mythen von Helden und Geschichte erfand Spanien in der ersten Hälfte des 19. Jahrhunderts eine liberale Tradition, um soziale Kohäsion zu erzeugen, die neue Ordnung zu legitimieren und die Werte des liberalen Systems zu verbreiten.[84] Mögen das Königliche Statut, die Verfassung von 1837 und die darauffolgenden Konstitutionen auch erfolgreicher, weil langlebiger gewesen sein – zum Mythos avancierte nur die Verfassung von Cádiz, wie sich bereits in den Verfassungsrevolutionen von 1820–1821 in den Königreichen beider Sizilien, Portugal und Sardinien-Piemont zeigte. Doch wurde sie nicht nur in diesen Ländern eingeführt, sondern im gesamten Europa und Lateinamerika perzipiert, rezipiert und teils sogar implementiert.[85] Es mag ob dieser weitreichenden Wirkung nicht verwundern, wenn Spanier die Verfassung von 1812 heute noch liebevoll »*La Pepa*« nennen und einen gewissen Glanz in den Augen entfalten, wenn sie über sie sprechen.[86]

9 Kirche

Stellte im 19. Jahrhundert der Einfluss des Militärs auf die Politik des Landes eines der »historischen« Problemfelder Spaniens dar, so gehörte das Verhältnis zwischen Staat und katholischer Amtskirche, zwischen Gesellschaft und Religion nicht weniger zu den Dauerproblemen des Landes. Denn trotz oder wegen des zumeist engen Verhältnisses von Staat und Kirche, das sich etwa in gegenseitigen Schutz- und Treuever-

---

84 Vgl. Demetrio Castro Alfín, Simbolismo y ritual en el primer liberalismo español, in: J. Álvarez Junco (Hg.), Populismo, caudillaje y discurso demagógico, Madrid 1987, S. 297-317.
85 Vgl. hierzu Giorgio Spini, Mito e realtà della Spagna nelle rivoluzioni italiane del 1820–21, Roma 1950; Juan Ferrando Badía, Die Spanische Verfassung von 1812 und Europa, in: Der Staat 2 (1963), S. 153-180; Horst Dippel, Die Bedeutung der spanischen Verfassung für den deutschen Frühliberalismus und Frühkonstitutionalismus, in: M Kirsch/P. Schiera (Hg.), Denken und Umsetzung des Konstitutionalismus in Deutschland und anderen europäischen Ländern in der ersten Hälfte des 19. Jahrhunderts, Berlin 1999, S. 219-237; Werner Daum, Historische Reflexion und europäische Bezüge. Die Verfassungsdiskussion in Neapel-Sizilien 1820–1821, in: ebd., S. 239-272; Gonzalo Butrón Prida, Nuestra sagrada causa. El modelo gaditano en la revolución piamontesa de 1821, Cádiz 2006. Jens Späth, Revolution in Europa 1820–1823. Verfassung und Verfassungskultur in den Königreichen Spanien, beider Sizilien und Sardinien-Piemont (= Italien in der Moderne, 19), Köln 2012. Siehe auch die Beiträge über Italien und Portugal im vorliegenden Handbuchband.
86 Benannt nach dem Namenstag ihrer Verkündung am 19. März, dem Tag von San José (Pepe).

pflichtungen, übergreifenden Rechten und Privilegien ausdrückte, führten die mangelnde Säkularisierungserfahrung im Zeitalter der Aufklärung und die Verquickung von Politik und Religion zu einer ideologischen Spaltung in »fortschrittliche« und in »konservative« Kräfte, in liberal-radikalen Antiklerikalismus und traditionalistisch-kämpferischen Klerikalismus – eine Spaltung, die im 19. Jahrhundert scharfe Frontstellungen hervorbrachte. Es war der Zusammenbruch der Kirche des 18. Jahrhunderts – die sich mit der absoluten Monarchie identifiziert und außerordentliche Privilegien in einer hierarchischen und agrarischen Gesellschaft genossen hatte –, der die Rolle der Kirche veränderte und sie bis heute zu einer Quelle großer Konflikte in der spanischen Geschichte werden ließ.[87]

Das Ende des 18. Jahrhunderts hatte in der spanischen Kirche zwei Bewegungen erlebt. Zum einen war der Regalismus, vor allem auch unter dem späten Einfluss des italienischen Jansenismus, verstärkt worden, nachdem Rom unter französischen Einfluss geraten war. Zum anderen erhielten die episkopalistischen Bestrebungen eines Teils des Klerus unter dem Eindruck der europäischen Entwicklung neue Nahrung. Unter König Joseph I. verstärkten die Prinzipien der französischen Verwaltung die Bestrebungen des spanischen Regalismus weiter, die Intervention der Regierung auf kirchlichem Gebiet nahm zu. Während des Unabhängigkeitskrieges war der religiöse Faktor ein wichtiges Element des Widerstandes gegen die Franzosen. Bischöfe und andere Kleriker riefen in den aufständischen Juntas das Volk sowohl zur Befreiung des Landes von den »gottlosen Franzosen« als auch zur Erhaltung der Religion auf. Viele Klöster wurden zu Widerstandszentren, Priester und Mönche zu *guerrilleros*. In den Cortes von Cádiz setzte sich die aufgeklärte Minderheit mit der Unterstützung jansenistischer Geistlichkeit in dem Bestreben durch, eine Reform des Kirchenrechts durchzuführen. Die ersten Maßnahmen waren wirtschaftlicher Natur. Der Zehnt und bestimmte Kirchengüter wurden durch den Staat eingezogen, rund 1.000 der insgesamt 2.000 Klöster wegen zu geringer Belegung aufgehoben. Zugleich verschärfte sich der Konflikt mit dem Heiligen Stuhl. Als der Primas und die spanische Regierung den Anspruch erhoben, die 16 verwaisten Bischofsstühle zu besetzen, da der Papst Gefangener Napoleons war, außerdem der Nuntius des Landes verwiesen wurde, erreichten die Auseinandersetzungen zwischen der spanischen und der päpstlichen Seite einen Höhepunkt.

Selbst in der absolutistischen Phase der Regierung von Ferdinand VII. (1814–1820) sollte es zu Spannungen zwischen Staat und Kirche kommen. Um der stets kritischeren Finanzsituation Herr zu werden, berief Ferdinand im Dezember 1816 Martín de Garay zum Finanzminister, obwohl dieser als Liberaler nicht in das politi-

---

87 Zum Verhältnis Staat–Kirche vgl. grundlegend William J. Callahan, Church, Politics and Society in Spain, 1750–1874, Cambridge 1984; Johannes Krinke, Das christliche Spanien. Ein Querschnitt durch die spanische Kirchengeschichte, Hamburg 1967; Walther L. Bernecker, Religion in Spanien. Darstellung und Daten zu Geschichte und Gegenwart, Gütersloh 1995.

sche Klima des restaurierten Absolutismus passte. Im Laufe der zwei folgenden Jahre versuchte Garay, Ordnung in das Staatsbudget zu bringen. Da die von ihm geplante progressive und direkte Besteuerung auch Adel und Kirche betraf, fegte ihn der sofort einsetzende Entrüstungssturm der traditionalen Kreise um Thron und Altar bald wieder aus dem Amt. Garays Plan hatte darin bestanden, eine Anpassung an den direkten Besteuerungsvorschlag der Cortes von Cádiz vorzunehmen. Trotz eines gewissen Entgegenkommens gegenüber der Kirche hätte dieses Steuerprojekt letztlich das Ende der kirchlichen Steuerfreiheit bedeutet.

Die Einführung des Liberalismus im ersten Drittel des 19. Jahrhunderts hatte sodann den ersten wichtigen Bruch in der Geschichte und den Institutionen des spanischen Katholizismus seit Beginn des Mittelalters zur Folge. Dieser Bruch änderte grundsätzlich den Charakter der Beziehungen zwischen Staat und Kirche, zwischen Gesellschaft und Religion, sogar der Religiosität. Gefordert wurde eine Neudefinition der Position der Kirche in Staat und Gesellschaft. Die zur Debatte stehende Problematik war nicht die Alternative zwischen Katholizismus und Antikatholizismus. Den liberalen Politikern ging es weder um eine vollständige Trennung von Staat und Kirche noch um eine Zerstörung der Kirche, vielmehr um eine Anpassung der gesellschaftlichen Institution Kirche an die neue soziopolitische Realität des Landes. Das bedeutete: Akzeptieren der liberalen Wirtschaftsreformen und der Säkularisierung der Gesellschaft. In ihrer Kirchenpolitik waren die Liberalen konsequente Fortführer des Regalismus des Ancien Régime. Auch ihnen ging es darum, die Kirche dem Staat unterzuordnen. Die liberale Kirchenpolitik des 19. Jahrhunderts lässt sich in einigen Schlagworten zusammenfassen: wirtschaftliches Niederzwingen der Institution Kirche (Desamortisation, Aufhebung des Zehnten), quantitative Reduzierung des Priesterstandes (Überprüfung der Priesterweihen, Klosterauflösungen), Einmischung in die hierarchische Leitung der Kirche, Distanzierung von Rom. Aufseiten des spanischen Klerus wiederum lassen sich zu Beginn des liberalen Jahrhunderts, vor allem im Unabhängigkeitskrieg, mindestens vier verschiedene Positionen feststellen. Auf der Linken die *afrancesados*, die als kleine Minderheit ein modernisiertes und rationalisiertes Kirchensystem wollten; dann der zahlreiche liberal-patriotische Klerus, der Reform und »Reinigung« der Kirche bei Unterstützung des konstitutionellen Systems anstrebte; weiter auf der Rechten folgte die Mehrheit jener, die Aufklärung und Rationalismus ablehnten und sich für den traditionellen Katholizismus einsetzten; schließlich die reaktionäre Minderheit, die eine integristische Rekatholisierung aller Lebensbereiche wollte und jegliche Neuerung ablehnte.

Letztere Fraktion hielt mit der Restauration des Absolutismus 1814 ihre Stunde für gekommen. Die absolutistische Reaktion stellte für die Kirche aber nur eine scheinbare Wiedereinsetzung in alte Rechte dar. Längerfristig wirkte sich die Rückkehr Ferdinands eher nachteilig aus. Zum einen kehrte die Regierung zum Regalismus des 18. Jahrhunderts zurück; zum anderen wurde die Kirche nicht zu Kompromiss- und Ausgleichsdenken zwischen Tradition und liberalen Gedanken gezwungen,

9 Kirche

der Klerus identifizierte sich vielmehr mit einer von den bürgerlichen Kräften längst überwundenen Vergangenheit. Die vom Episkopat unterstützte absolutistische Reaktion führte zum Triumph jenes »schwarzen Spanien«, das eine ständig zunehmende Diskrepanz zwischen Amtskirche und gesellschaftlichen Erfordernissen zur Folge hatte. Die dringend erforderliche Reform der Kirchenorganisation (Diözesan- und Pfarreigrenzen, Inquisition) unterblieb, die unverhältnismäßig hohe Zahl von Klerikern (1797 hatte es ca. 73.000 Mönche, 24.000 Nonnen, 71.000 Priester, insgesamt über 144.000 Kleriker gegeben – bei 10,5 Millionen Einwohnern!) wurde kaum reduziert.

Als in Madrid, entgegen den Hoffnungen vieler Kleriker, nach Ferdinands Tod nicht die Absolutisten, sondern Liberale an die Macht gelangten, erfuhr das Verhältnis von Staat und Kirche abermals eine dramatische Veränderung. Die Kirche war, wegen ihrer vorhergehenden engen Bindung an den Absolutismus, für die Liberalen nicht nur eine Institution, die dringend der Reformierung bedurfte, sondern außerdem ein gesellschaftlicher Machtfaktor, der zum politischen Gegner geworden war. Vorerst schienen die Beziehungen zwischen Staat und Kirche aber keine größere Reibung aufzuweisen. Die Mehrzahl des Episkopats entschied sich, trotz Bedenken, für María Cristina. Nur der niedere und der Ordensklerus der überwiegend karlistischen Regionen Baskenland, Navarra und Katalonien ergriff Partei für Don Carlos. Die Beziehungen zwischen Staat und Klerus waren trotzdem zunehmenden Spannungen ausgesetzt. Papst Gregor XVI. verweigerte die Anerkennung Isabellas und ergriff offen Partei für Don Carlos. 1834 und 1835 kam es zu ersten antiklerikalen Ausschreitungen und Gewalttätigkeiten des Volkes (Brandschatzung von Klöstern, Ermordung von Ordensleuten). Kirchenangehörigen wurde in Madrid und anderen Städten vorgeworfen, sie hätten die Brunnen vergiftet und so die damals wütende Choleraepidemie ausgelöst. Die antiklerikalen Ausschreitungen von 1834/35 entsprangen wohl »aus der Angst vor dem Karlismus, aus der Angst, zu Situationen zurückzukehren wie die von 1814 und 1823. Das ist eigentlich der große und nahezu einzige revolutionäre Agent.«[88] Schon zuvor war immer deutlichere Kritik am kirchlichen Auftreten, am Reichtum und den Privilegien der Kirche sowie an der Vielzahl ihrer Mitglieder geübt worden. 1826 gab es noch 1.075 Nonnenklöster mit durchschnittlich je 29 Nonnen und 2.031 Mönchsklöster mit durchschnittlich je 30 Mönchen. Die Zahl der Kleriker insgesamt belief sich in jenen Jahren immer noch auf ca. 107.000. Der Prunk der Kirche, ihre Macht und Allgegenwart erklären ebenfalls die Gegnerschaft und die antiklerikalen Ausschreitungen. Es ist sicher kein Zufall, dass in jenen Gegenden, in denen das Grundeigentum der Kirche eher gering war, in Galicien, Navarra und im Baskenland, der Antiklerikalismus sich am undeutlichsten bemerkbar machte.

Das Verhältnis Staat–Kirche wurde in den Verfassungen festgelegt (außer in der von 1834, in der dieses Thema keine Erwähnung fand). Im Unterschied zur Verfas-

---

88 Manuel Izard, Industrialismo y obrerismo, Barcelona 1973, S. 106 (dt. Übers. d. Verf.).

sung von 1812 bestimmte diejenige von 1837 erstmalig in der spanischen Geschichte keine Staatsreligion, sondern stellte lediglich fest: »Die Nation verpflichtet sich, den Kultus und die Minister der katholischen Religion zu unterhalten, die die Spanier bekennen« (Art. 11). Mit dieser weiten Formulierung wurde die katholische Konfessionalität des Staates vorübergehend preisgegeben; der Religionsartikel beschränkte sich auf die Feststellung, dass die katholische Konfession in Spanien vorherrschend war und daher Kultus und Klerus dieser Religion von staatlicher Seite unterhalten werden müssten. Von der Verpflichtung der Spanier, katholisch zu sein, war nicht die Rede; eine explizite Erwähnung der Religionsfreiheit erfolgte allerdings auch nicht. Vergebens hatten sich Justizminister Landero und linksliberale Abgeordnete bemüht, die Aufnahme der Gewissensfreiheit in die Verfassung zu erreichen. Die Cortes ließen sich nicht darauf ein, sondern revidierten lediglich die intolerante Fassung von 1812.

Der in den 1830er-Jahren zum ersten Mal deutlich aufbrechende Antiklerikalismus breiter Bevölkerungsschichten stellt einen Wendepunkt in der Geschichte der Kirche Spaniens dar. Die Unruhen waren Ausdruck der längst erfolgten Distanzierung der Unterschichten von der Kirche, die sich in der Folgezeit verstärkt den Wohlhabenden in der Gesellschaft zuwandte, wodurch die Kluft zur Masse des Volkes weiter anwuchs. Die Kirchenhierarchie entwickelte keine sozialen Reformprojekte, hing vielmehr einem überholten und wegen fehlender Mittel impraktikablen Wohltätigkeitsideal an. Ihre Angst vor einem Anwachsen der radikalen Strömungen machte sie zur Verteidigerin einer Sozialordnung, deren liberales Wirtschaftssystem sie eigentlich ablehnte. Trotz massiver kirchlicher Versuche, durch intensivierte Missionstätigkeit, Evangelisierungskampagnen, der Propagierung vielfältiger Formen von Volksreligiosität oder der Verteilung von Katechismen und Devotionalienliteratur die Bevölkerung an den christlichen Glauben zu binden, ist das Phänomen einer massiven »Entchristlichung« unübersehbar.

Von besonderer Bedeutung für das Verhältnis Staat–Kirche und Gesellschaft–Kirche sollte die Desamortisation, d. h. die Säkularisation des Kirchenbesitzes werden.[89] Die ersten Desamortisationsmaßnahmen gehen schon auf das Ende des 18. Jahrhunderts zurück. Während des *trienio liberal* wurde nicht nur die Verfassung von Cádiz wieder in Kraft gesetzt. Von besonderer Bedeutung sollte der für die liberale Programmatik wichtige Versuch werden, die in Cádiz verabschiedeten Desamortisationsmaßnahmen in die Tat umzusetzen. Verfügt wurde die Aufhebung sämtlicher Majorate und jeder anderen Form der »Vinkulation« von Eigentum. Die Situation der Kirche war, unter ökonomischen Gesichtspunkten, in jenen Jahrzehnten – das gilt auch für die absolutistische Phase der Herrschaft Ferdinands (1814–1820) – äu-

---

89 Zur Kirchenpolitik der Liberalen in den 1830er- und 1840er-Jahren vgl. Manuel Revuelta González, La exclaustración, 1833–1840, Madrid 1976.

ßerst prekär.⁹⁰ Eine abermalige deutliche Verschlechterung erfuhr die Kirche sodann im »konstitutionellen Triennium«. Vorgesehen war darüber hinaus der Verkauf von Kirchenländereien. Das Gesetz vom Oktober 1820 erklärte einen Teil der *señoríos eclesiásticos* zu Staatseigentum, das versteigert wurde. Damit setzte die kirchliche Desamortisation ein, die in der zweiten Hälfte der 1830er-Jahre unter Mendizábal fortgesetzt werden sollte. Die Aufhebung der Mönchsorden (Benediktiner, Kartäuser, Hieronymiten, etc.) brachte dem Staat die Güter von 324 Klöstern ein, von denen einige (etwa Poblet) sehr reich waren. Die Bettelorden wurden reduziert, weitere 800 Klöster fielen an den Staat. Schätzungen gehen davon aus, dass in jenen Jahren 25.000 kirchliche Ländereien zum Verkauf kamen. Der Staat griff auch in die Verhältnisse des Weltklerus ein. Die Cortes legten Einnahmehöchstgrenzen für die Kirche fest. Das Erzbistum Toledo etwa durfte bis zu 800.000 *reales* pro Jahr beziehen, während für einen einfachen Pfarrer ein Mindestgehalt von 4.000–6.000 *reales* festgesetzt wurde.

Die zweite absolutistische Restauration (1823–1833) annullierte sämtliche Beschlüsse der vorhergehenden liberalen Cortes. Ferdinand VII. stellte die aufgelösten Klöster wieder her und gab ihnen auch die inzwischen verkauften Ländereien zurück, ohne die Käufer zu entschädigen (was sich auf die spätere Desamortisation von Mendizábal negativ auswirken sollte). Der Versuch, den Status quo ante wiederherzustellen, schlug allerdings fehl. Viele Mönche weigerten sich, erneut in Klausur zu gehen; taten sie es doch, fanden sie heruntergekommene Gebäude, geschmälerte Einkommen und zahlungsunwillige Bauern vor.

Zu Beginn der Hauptphase der Desamortisation gab es, Mitte der 1830er-Jahre, noch über 30.000 Mönche und 22.000 Nonnen, davon über 11.000 Franziskaner sowie ungefähr je 3.000 Karmeliter, Dominikaner und Kapuziner. Durch die Desamortisation Mendizábals wurden die Ländereien der Klöster (die im Bürgerkrieg vor allem den karlistischen Thronprätendenten unterstützten) und die Güter der Kommunen zum Eigentum der Nation erklärt und (Letztere aber vorerst wenig konsequent) an den Meistbietenden versteigert.⁹¹ Die Desamortisation der Güter des Ordensklerus begann 1837; sie wurde 1841 auf die Güter des Weltklerus ausgedehnt.⁹² Die bereits bodenbesitzende Oligarchie und die Großbourgeoisie profitierten am meisten von der spanischen Form der Säkularisation von Kirchengütern. Der große Verlierer der Vermögensumschichtungen war die Kirche, besonders der Ordensklerus.

Vor der Säkularisation der 1830er-Jahre besaß die Kirche ein immobiles Vermögen im Wert von 2,4 Milliarden *reales*; davon gehörten 52,7 Prozent dem Ordens- und 47,3 Prozent dem Weltklerus. Die Cortes von Cádiz hatten geschätzt, dass die Kir-

---

90 Zum folgenden vgl. Antonio Domínguez Ortiz, Patrimonio y renta de la Iglesia, in: M. Artola (Hg.), Enciclopedia de Historia de España, Bd. III: Iglesia. Pensamiento. Cultura, Madrid 1988, S. 75-126.
91 Vgl. CD-ROM-2, Dok.-Nr. 10.9.1 (Desamortisation von Kirchengütern v. 8./24.3.1836).
92 Vgl. Jordi Nadal, El fracaso de la revolución industrial en España, 1814–1913, Barcelona 1975, S. 54; Francisco Simón Segura, La desamortización española del siglo XIX, Madrid 1973, S. 23.

che in ganz Spanien über rund 18 Prozent des landwirtschaftlich genutzten Bodens verfügte. Die Verkäufe begannen (mit Ausnahme von Madrid, Cádiz und einigen Mittelmeerstädten) eher zögernd, was auf die schlechten Erfahrungen bei früheren Säkularisationen und die allgemeine politische Instabilität während des Karlistenkrieges zurückzuführen war. Einen starken Impuls erhielten die Verkäufe 1842/43, als die Güter des Weltklerus auf den Immobilienmarkt kamen. Bis 1844 – der Rückkehr der Konservativen an die Macht – waren schließlich 197.780 Kirchengüter (176.499 Grundgüter und 21.281 Gebäude) für 3,4 Milliarden *reales* versteigert. Der Preis lässt deutlich werden, dass die Verkaufssummen gegenüber dem Schätzwert eine deutliche Steigerung erfuhren. Insgesamt wurden in dieser Phase 80 Prozent der Güter des Ordens- und 40 Prozent der Immobilien des Weltklerus verkauft.[93] Mit Bargeld wurde aber nur ein relativ geringer Teil der Güter bezahlt (1836–1844 etwa elf Prozent der Kirchengüter), während der weitaus größte Teil mit Staatsobligationen (zum Nominalwert) gekauft wurde. Dadurch waren die Staatseinnahmen weit geringer, als die Verkaufssummen vermuten lassen.

Besonders tief greifend waren die Auswirkungen der Desamortisationsmaßnahmen auf den Klerus. Zwischen 1797 und 1859 sank die Zahl der Weltkleriker von 70.830 um die Hälfte auf 35.096. Gab es 1797 noch 53.098 Mönche, lebten 1859 nur noch 719 in Klöstern; die Zahl der Nonnen sank im gleichen Zeitraum von 24.471 um rund die Hälfte auf 12.990. Der Rückgang des Mönchsklerus hatte zwar schon vor der Desamortisation von Mendizábal begonnen; durch dessen Säkularisationsmaßnahmen wurden 1837 aber nicht weniger als 23.935 Ordensgeistliche zur Aufgabe des Klosterlebens gezwungen. Während der Ordensklerus der eigentlich Leidtragende der Desamortisation war, wurde der Weltklerus – relativ betrachtet – weitaus besser behandelt. Die Kirchen blieben für den Gottesdienst geöffnet, ihre Kunstschätze wurden nicht geplündert. Die Immobilien des Weltklerus erfuhren allerdings die gleiche Behandlung. Während der Regentschaft von Espartero verfügten mehrere Gesetze des Jahres 1841 den Verkauf der Güter der Kathedralen und Pfarreien. Nachdem 1837 schon der Zehnte abgeschafft worden war[94], mussten die Entlohnung der Kleriker und die Aufrechterhaltung des Kultus fortan vom Staat übernommen werden. Damit war die Kirche im Hinblick auf ihre Grundfinanzierung in weitere Abhängigkeit vom Staat geraten. Das »Gesetz zur Ausstattung des Kultus und Klerus« (*Ley de Dotación de Culto y Clero*) aus dem Jahr 1840 legte die für die Kirche vorgesehene staatliche Summe auf etwas über 105 Millionen *reales* fest.[95]

---

93 Zu den Verkaufssummen der Kirchengüter vgl. Francisco Simón Segura, La desamortización española del siglo XIX, Madrid 1973, S. 152.
94 Vgl. CD–ROM–2, Dok.–Nr. 10.9.2 (Abschaffung des Zehnten v. 24.7.1837).
95 Vgl. CD-ROM-2, Dok.-Nr. 10.9.3 (Ausstattung des Klerus v. 16./25.7.1840).

10 Bildungswesen

Bestimmungen zum Bildungswesen finden sich nur im neunten Abschnitt der Verfassung von Cádiz[96], nicht aber im Königlichen Statut oder in der Verfassung von 1837. In den sechs Jahren bis zur Wiedereinführung der Verfassung von Cádiz 1820 gab es kaum Reformversuche von großer Durchschlagskraft auf diesem Gebiet. Umso wichtiger waren und blieben Salons und Kaffeehäuser (*casinos, ateneos*) als informelle Einrichtungen der Kultur, Bildung und Erziehung in der ersten Hälfte des 19. Jahrhunderts. Im Triennium konkurrierten dann gleich drei unterschiedliche Modelle miteinander: Die gemäßigten Liberalen vertrauten darauf, dass die großen sozialen Kräfte wie Kirche und Bürgertum in freier Entscheidung ein eigenes Bildungsmodell entwickelten. Die Radikalen hingegen wiesen allein dem Staat das Bildungsmonopol zu. Die dritte Variante, ein gemischtes System staatlicher und privater Erziehung zugleich, setzte sich auf lange Sicht in Spanien durch.[97]

Anknüpfend an den klar vom Geiste des französischen Intellektuellen und Politikers Condorcet geprägten *Informe Quintana* von 1813[98] und den daraus hervorgegangenen Entwurf eines Gesetzes über den öffentlichen Unterricht von 1814 (*Dictamen y Proyecto de Decreto sobre el arreglo general de la enseñanza pública*) erarbeiteten die Cortes im Jahre 1821 eine Generalordnung der Öffentlichen Bildung (*Reglamento general de Instrucción Pública*), das »erste allgemeine Bildungsgesetz in unserem Land«[99], auf dessen Grundlage die liberalen Regierungen des Trienniums und in modifizierter Form viele spätere Regierungen hofften, breiten Teilen der spanischen Bevölkerung Aufklärung und Wissen angedeihen zu lassen.[100] Sie verstanden Bildung als Bürgerrecht und Stütze des liberalen Staates. Unter den drei Schlagworten »öffentlich«, »einheitlich« und – trotz der hohen Staatsschulden – »kostenlos« führten die Cortes die allgemeine Schulpflicht ein, gaben allgemein verbindliche Regeln

---

96 Vgl. Walther L. Bernecker/Sören Brinkmann, Spanien, in: P. Brandt u. a. (Hg.), Handbuch der europäischen Verfassungsgeschichte im 19. Jahrhundert. Institutionen und Rechtspraxis im gesellschaftlichen Wandel, Bd. 1: Um 1800, Bonn 2006, S. 634.
97 Vgl. zur Bildungsgeschichte in der ersten Hälfte des 19. Jahrhunderts vor allem Manuel de Puelles Benítez, Estado y educación en la España liberal (1808–1857). Un sistema educativo nacional frustrado (Educación y conocimiento), Barcelona 2004; außerdem ders., Educación e ideología en la España contemporánea, Madrid 4. Aufl. 1999, S. 51-101; Julio Ruiz Berrio, Política escolar en España en el siglo XIX (1808–1833), Madrid 1970, zur Gesetzgebung im Bildungswesen besonders S. 51-87; Pere Solà, Schule, Erziehung und Gesellschaft in Spanien (1759–1833), in: W. Schmale/N. L. Dodde (Hg.), Revolution des Wissens? Europa und seine Schulen im Zeitalter der Aufklärung (1750–1825). Ein Handbuch zur europäischen Schulgeschichte, Bochum 1991, S. 471-512 .
98 Vgl. CD-ROM-1, Dok.-Nr. 8.10.1 (Gutachten zur Reform des Bildungswesens v. 9.9.1813).
99 Berrio, Política (wie Fn. 97), S. 1.
100 CD-ROM-2, Dok.-Nr. 10.10.1 (wie Fn. 82). Der Gesetzesentwurf für eine Generalordnung des öffentlichen Unterrichts vom 7. März 1814 ist unter anderem abgedruckt bei Berrio, Política (wie Fn. 97), S. 361-393.

sowie Lehrpläne vor, gründeten eine den Cortes jährlich rechenschaftspflichtige, der Regierung unterstehende und von dieser eingesetzte siebenköpfige Generaldirektion für das Bildungswesen (*Dirección general de estudios*) sowie eine Nationalakademie in Madrid aus 48 Mitgliedern, die von der Regierung berufen wurden, und untergliederten das Bildungswesen in drei Stufen. Privatschulen, d. h. fast ausnahmslos kirchliche Schulen, die bis Mitte des Jahrhunderts immer noch ein wichtiger Träger der Erziehung waren, blieben weiterhin erlaubt und frei in ihrer Unterrichtsgestaltung, mussten sich aber an die guten Sitten und die Inhalte der Verfassung von Cádiz halten. Sämtliche traditionellen Bildungseinrichtungen sollten so lange weiter bestehen, bis die in der Generalordnung beschriebenen neuen Einrichtungen geschaffen waren.

In der ersten Stufe, den Grundschulen, standen Basiskompetenzen wie Lesen, Schreiben und Rechnen sowie Grundkenntnisse in Religion, Moral- und Rechtskunde auf dem Lehrplan. In Gemeinden mit mehr als 100 Einwohnern – wenn möglich auch in kleineren Gemeinden – sollten Grundschulen mit staatlich geprüften und von den Gemeinderäten gewählten Lehrern aufgebaut und so die Artikel 25 und 366 der Verfassung von Cádiz umgesetzt werden, wonach jeder spanische Bürger bis 1830 lesen und schreiben können und es in jeder spanischen Gemeinde eine Schule geben sollte. Mit der Rückkehr des Absolutismus am 1. Oktober 1823 wurde auch diese Reform wieder abgeschafft, ein Jahr später per Dekret eine monarchische und religiöse Erziehung angemahnt und 1825 ein neues Reglement eingeführt, das ebenfalls die allgemeine Schulpflicht vorsah.[101] Die Jahre bis 1833 sind mit Blick auf das Bildungswesen als Übergangsphase zwischen Tradition und Moderne zu verstehen. Obgleich unterschiedliche Erziehungsstrategien herrschten – etwa zwischen Kirche und Staat –, erkannten immerhin alle gesellschaftlichen Akteure das Recht auf eine Grundbildung an, was sich auch im Anstieg der Kinder mit Grundschulbesuch von 15 Prozent im Jahre 1822 auf etwa 25 Prozent im Jahre 1831 niederschlug. Ab 1834 wurde das Bildungssystem erneut nach der Generalordnung von 1821 verwaltet und auch die Generaldirektion wieder eingesetzt. Am 4. August 1836 trat dann der neue Generalplan der öffentlichen Bildung (*Plan general de la instrucción pública*) in Kraft, der zwar in Teilen an die Generalordnung von 1821 anknüpfte, im Anschluss an das französische Gesetz über die Primarbildung von 1833 (*lois Guizot*) auf Ausgleich und Versöhnung bedacht aber einen gemäßigteren Ton anschlug.[102] Veränderungen gab es nach französischem Vorbild dahingehend, dass selbst der Besuch der Grundschule fortan nur für bedürftige Kinder kostenlos war, ansonsten aber Gebühren gezahlt werden mussten. In allen höheren Schulen standen begabten Kindern aus ärmeren Familien einige freie Plätze zur Verfügung – sie konnten folglich ein staatliches Stipendium erwerben (Art. 19). Privatschulen mussten von der Verwaltung zugelassen

---

101 Vgl. Plan y Reglamento de Escuelas de Primeras Letras del Reino vom 16. Februar 1825, in: DR, Bd. 10, 1826, S. 51-88.
102 Vgl. CD-ROM-2, Dok.-Nr. 10.10.2 (wie Fn. 82).

werden. Außerdem teilte der Plan die erste Bildungsstufe in eine Grundschule und eine weiterführende Schule auf. An Letzterer sollten die Schüler vertiefte Kenntnisse in Arithmetik sowie Grundkenntnisse in Geometrie, Zeichnen, Naturwissenschaften, Geschichte und Geografie erwerben. Bildungskommissionen (*comisiones de instrucción pública*) beaufsichtigten nun auf Gemeinde-, Bezirks- und Provinzebene die Tätigkeit der Schulen und Hochschulen. Auf der obersten Ebene wachte der vom König eingesetzte Rat der öffentlichen Bildung (*Consejo de Instrucción Pública*) über die Einheitlichkeit des Bildungswesens; dieses Gremium löste 1843 endgültig die Generaldirektion für das Bildungswesen ab und wirkt bis heute fort. Bereits im September 1836 von der Regentin wieder außer Kraft gesetzt und am 8. Oktober von der Generalordnung des Jahres 1821 abgelöst, trat 1838 ein neues Gesetz über den Grundschulunterricht in Kraft, das sich aber stark an die Inhalte des Plans von 1836 anlehnte und den neuen, gemäßigten Zielsetzungen des bürgerlichen Liberalismus Rechnung trug. Grundschulen waren fortan nur noch in Gemeinden ab 500 Einwohnern vorgesehen, weiterführende Schulen der ersten Bildungsstufe erst in solchen ab 6.000 Einwohnern, höhere Sekundarschulen in den Provinzhauptstädten. Lehrer mussten mindestens 20 Jahre alt sein, über eine geprüfte Ausbildung verfügen und eine redliche Lebenshaltung vorweisen können.[103]

Trotz einer Reihe von Gesetzen auch während der absolutistischen Phasen blieb der Erfolg der Bildungsreformen gering und die Analphabetenrate hoch: Noch um 1850 konnten etwa drei Viertel aller Spanier weder lesen noch schreiben. Besonders mangelhaft blieb die Ausbildung der Mädchen, obwohl der zehnte Abschnitt der Generalordnung von 1821 spezielle Mädchenschulen vorsah: Das Verhältnis von Jungen zu Mädchen in der Grundschulausbildung lag um 1849 bei etwa 10:3 oder in absoluten Zahlen ausgedrückt bei etwa 500.000:150.000.[104] Eine mögliche Erklärung für das wenig entschiedene Eintreten für eine breite Volksbildung mag darin liegen, dass der Klerus als nach wie vor dominierende gesellschaftliche Kraft im Bildungswesen nicht nur den Willen vermissen ließ, die jungen Spanier zu mündigen Bürgern zu erziehen, sondern auch materiell ohnmächtig war, weil er keine öffentlichen Gelder vom Staat für diese Aufgabe erhielt.

Ebenfalls teuer, aber schon im Triennium nicht mehr kostenlos, da seit 1822 mit allerlei Gebühren belegt, war die höhere Bildung der zweiten Stufe an den sog. Provinzuniversitäten (*Universidades de provincia*), wie sie die Generalordnung für jede Provinz vorsah. Hier erwarben die Schüler, die in den Genuss einer Bibliothek,

---

103 Vgl. Ley de Instrucción primaria, in: Colección de Reales decretos, órdenes y reglamentos relativos a la instrucción primaria, elemental y superior desde la publicación de la ley de 21 de julio de 1838, Madrid 1850, S. 3-11.
104 Vgl. Angelus H. Johansen, Spanien und Portugal 1640/68–1833/68, in I. Mieck (Hg.), Europäische Wirtschafts- und Sozialgeschichte von der Mitte des 17. Jahrhunderts bis zur Mitte des 19. Jahrhunderts, Stuttgart 1993, S. 824; speziell zur Frauenbildung vgl. Pilar Ballarín Domingo, La educación de las mujeres en la España contemporánea (siglos XIX–XX), Madrid 2001.

verschiedener Fachräume mit entsprechender technischer Ausstattung und Gärten kamen, Kenntnisse in Grammatik, Geografie, Literatur, Geschichte, Mathematik, Physik, Chemie, Mineralogie, Botanik, Zoologie, Logik, Wirtschaft, Moral und Naturrecht sowie Öffentliches und Verfassungsrecht. Der Unterricht an diesen Schulen sollte komplett in kastilischer Sprache erfolgen. Leider blieben diese Reformansätze ohne größere Auswirkungen auf die Praxis, da ab 1823 der Lehrplan wieder stärker die klassischen Fächer wie Latein, Kirchengeschichte und Redekunst in den Vordergrund rückte und ein Jahr darauf die Lateinschulen neu geordnet wurden.[105] Um 1830 lernten ungefähr 26.300 Schüler vorwiegend aus dem Adel und höheren Bürgertum an den höheren Schulen. Wie schon für die erste Bildungsstufe trennte der Generalplan der öffentlichen Bildung von 1836 auch die Sekundarschulen in einen Elementar- und einen fortgeschrittenen Bereich. Ersterer umfasste nahezu alle bekannten Fächer, die nun an sog. Elementarinstituten (*Institutos elementales*) vermittelt wurden. Letztere vertieften die Kenntnisse in den vorhandenen Fächern an höheren Instituten (*Institutos superiores*) und erweiterten sie um berufsspezifischere in politischer Ökonomie, Naturrecht und Verwaltung.

Noch deutlich geringer war freilich die Zahl derjenigen, die ein kostspieliges Studium an einer der zwölf Universitäten des Landes auf dem Festland, den Balearen und den Kanaren aufnahmen. Aus dem Jahr 1828 sind uns etwa 15.500 Studierende überliefert. Die Studierenden wurden an den beiden klassischen Fakultäten für Theologie und Jurisprudenz, aber auch in Hilfswissenschaften wie alten Sprachen für konkrete Berufe ausgebildet. Andere Fächer wie Medizin, Pharmazie, Musik, Handel, Astronomie oder Naturwissenschaften konnte man nur in eigens dafür errichteten Hochschulen wie der Polytechnischen Schule in Madrid studieren. Das vollständige Fächerspektrum bot nur die Zentraluniversität in Madrid (*universidad complutense*) an, die 1822 eigens dazu von Alcalá de Henares in die Hauptstadt verlegt wurde.[106] Dieser Schritt brachte der Wissenschaft des Landes einen deutlichen Schub, wenn auch die Rückkehr zum Absolutismus ein Jahr darauf die Reform wieder rückgängig machte, die Universitäten im neuen Studienplan von 1824 aber zwecks antiliberaler Kontrolle weiter zentralisierte und vereinheitlichte und den inhaltlichen Schwerpunkt auf die Theologie und die schönen Künste lenkte. Aus Furcht vor Aufständen blieben alle Universitäten des Landes auf königlichen Befehl von 1830 bis 1832 geschlossen. 1836 gelangte die Zentraluniversität endgültig in Spaniens Hauptstadt. Im Generalplan der öffentlichen Bildung wurden auch Medizin, Pharmazie und Tierme-

---

105 Vgl. Rundschreiben vom 15. März 1825 und vom 10. Dezember 1825, in: DR, Bd. 10, 1826, S. 104-105, 331-333.
106 Für die Kolonien in Übersee sah die Generalordnung der öffentlichen Bildung 22 Universitäten vor, von denen diejenigen in Lima, Mexiko und Santa Fe de Bogotá ebenfalls zu Zentraluniversitäten ausgebaut werden sollten.

dizin zu eigenen Universitätsfakultäten neben Theologie und Jurisprudenz erhoben; die anderen Fächer blieben auf besondere Hochschulen begrenzt.[107]

Insgesamt betrachtet waren die Grundlagen des liberalen Bildungswesens nach Jahrzehnten voller Reformen und mehrerer Rückschläge – insbesondere was die Primarbildung betrifft – gelegt. Die Zahl der Schüler hatte im Zeitraum von 1797 bis 1855 mit einer Erhöhung um 260 Prozent im Vergleich zum allgemeinen Bevölkerungswachstum von 47 deutlich zugenommen.[108] Die Umsetzung der Bestimmungen in diesem Schlüsselgebiet, d. h. besonders die Säkularisierung der Bildung, sowie die Ordnung der höheren Bildungsstufen blieben Aufgaben der folgenden Jahre bis 1857, in der die Bildung immer mehr der Souveränität des Staates unterworfen wurde.

11 Finanzen

Eines der Hauptprobleme des spanischen Staates in der ersten Hälfte des 19. Jahrhunderts und darüber hinaus bestand darin, nach Jahren des Krieges, wegbrechender Einnahmen infolge abfallender Kolonien in Übersee und des damit einhergehenden Rückgangs im Außenhandel seine finanzielle Situation in den Griff zu bekommen und einen ausgeglichenen Haushalt vorzulegen.[109] Die Unabhängigkeit Lateinamerikas stellte für Spanien eine erhebliche finanzielle und wirtschaftliche Einbuße dar. Die Edelmetallsendungen entfielen ganz. Die Zolleinnahmen waren bereits in den vorhergehenden Jahren erheblich zurückgegangen. Der Kolonialhandel und die Edelmetallzufuhr aus der Neuen Welt waren eine wichtige staatliche Einnahmequelle und Stütze des Währungssystems gewesen. Nach den ersten Reformen im Absolutismus unter Finanzminister Martín de Garay 1817, die Grundbesitz direkt besteuerten und auch den Klerus miteinbezogen, begannen im liberalen Triennium die Regierungen damit, die finanzpolitischen Bestimmungen der Verfassung von Cádiz umzusetzen. Grundsätze des liberalen Steuersystems waren zum einen die Gleichheit der Bürger vor dem Gesetz, zum anderen die Annullierung der fiskalischen Sonderstellung der Kirche. In der Verfassung von 1812 war zum ersten Mal die Rede davon, dass »die Abgaben unter allen Spaniern im Verhältnis zu ihren Möglichkeiten« (Art. 339) auf-

---

107 Vgl. Mariano Peset/José Luis Peset, La universidad española (Siglos XVIII y XIX). Despotismo ilustrado y revolución liberal, Madrid 1970, S. 375 ff.; speziell zur Thematik der Verlagerung der Universidad Complutense von Alcalá nach Madrid vgl. Elena Hernández Sandoica/José Luis Peset, Universidad, poder académico y cambio social (Alcalá de Henares 1508–Madrid 1874), Madrid 1990, S. 139-206.
108 Vgl. Peset/Peset, Universidad española (wie Fn. 107), S. 566.
109 Vgl. zur Finanzpolitik Miguel Artola, La Hacienda del siglo XIX. Progresistas y moderados, Madrid 1986; Gabriel Tortella/Francisco Comín, Fiscal and Monetary Institutions in Spain (1600–1900), in: M. D. Bordo/R. Cortés-Conde (Hg.), Transferring Wealth and Power from the Old to the New World. Monetary and Fiscal Institutions in the 17th through the 19th Centuries, Cambridge 2001, S. 161-170.

geteilt werden müssten, dass im Staatshaushalt – der 1812 zum ersten Mal überhaupt in einem europäischen Verfassungstext erwähnt wurde – ein Ausgleich zwischen Einnahmen und Ausgaben bestehen und das Budget einer parlamentarischen Kontrolle unterliegen müsse (Art. 341, 342, 351). Das königliche Statut von 1834 griff diese Vorlage auf und verankerte die Pflicht des Finanzministers, den Cortes einen Haushaltsentwurf vorzulegen (Art. 36); die Verfassung von 1837 schrieb vor, dass die Regierung den Cortes jährlich einen solchen vorzulegen hatte (Art. 72). Die Steuerhoheit lag gemäß allen drei Verfassungen bei den Cortes (1812: Art. 338; 1834: Art. 34-35; 1837: Art. 37, 73). Sie legten zu Beginn jedes Königtums die Ausstattung des Königs und seiner Familie fest (1812: Art. 213; 1837: Art. 49) und besaßen die Hoheit über das Staatseigentum (1812: Art. 172.7; 1837: Art. 74). Hinzu kam in der jüngsten Verfassung von 1837 noch das Recht der Cortes, Kredite zu bewilligen (Art. 37, 74) sowie als Repräsentant der Nation besonders aufmerksam über die Staatsschuld zu wachen (Art. 75). Eine königliche Prärogative blieb hingegen die Münzhoheit (Art. 47.7). Für alle abschließenden finanziellen Angelegenheiten, auch diejenigen der königlichen Amortisationskasse, war seit 1834 der oberste Finanzgerichtshof, dem zwölf Richter in zwei Kammern angehörten, zuständig.[110]

Die theoretischen Grundlagen für die liberale Steuerpolitik legte der Finanz- und Steuerexperte José Canga Argüelles – in der ersten Hälfte des Trienniums bereits Finanzminister und maßgeblich für die Umsetzung der finanzpolitischen Bestimmungen der Verfassung von Cádiz verantwortlich – mit seinem grundlegenden Werk *Elementos de la Ciencia de Hacienda* von 1825 und dem ein Jahr später erschienenen *Diccionario de Hacienda*. Im Zentrum seiner Überlegungen standen die Rationalisierung, Vereinfachung und Modernisierung des Steuersystems sowie die Reform der dazu erforderlichen Institutionen und Strukturen. Diese Grundsätze sollten sich in den 1830er- und 1840er-Jahren allmählich durchsetzen.

Zuvor mussten aber noch einige Schwierigkeiten aus dem Weg geräumt werden. Um einerseits den verständlichen Widerstand der Bauernschaft gegen die doppelte Belastung aus den neuen Steuern und dem Kirchenzehnten abzufangen und um andererseits nicht die hohen Kosten für den Lebensunterhalt des weltlichen Klerus durch die Abschaffung des Kirchenzehnten tragen zu müssen, beschlossen die Cortes 1821, den Zehnten nur zu halbieren – eine Lösung, die weder Bauern noch Klerus zufrieden stellte und beide Seiten nicht gerade zu glühenden Anhängern des liberalen Regimes machte. Erst 1841 wurde der (1837 bereits eliminierte) Zehnt abermals und nun definitiv abgeschafft und die Kirche im Gegenzug staatlich subventioniert.

1821 verabschiedeten die Cortes ein Dekret über die öffentliche Finanzverwaltung und setzten damit einen großen Schritt hin zu effizienteren Strukturen im Steuerwesen. Grundsätzlich galt das Prinzip der doppelten Rechnungsführung (Art. 30). Fünf Finanzdirektionen (*Direcciones de Hacienda*) aus jeweils 25 Beamten arbeiteten

---

110 Vgl. CD-ROM-2, Dok.-Nr. 10.6.1 (wie Fn. 55).

in den Bereichen direkte Steuern (Grundbesitz), indirekte Steuern (Konsum), Zölle (Salz, Tabak, Zucker), amtliche Schriftstücke sowie Post- und Lotteriegebühren und Maut (Art. 19). In den Provinzen folgten auf die analog aufgebauten Finanzdirektionen Finanzverwaltungsbezirke (*Subdelegaciones*), die wiederum einen, zwei oder mehr Gerichtsbezirke umfassten (Art. 22). Eine Vielzahl an Finanzbeamten wie Rechnungsprüfer, Kontrollinspekteure und Mahnungsbeauftragte überwachte die genaue Einhaltung der Vorschriften. Für Beschwerdefälle war in jeder Provinz eine fünfköpfige Kommission unter Vorsitz des Provinzintendanten einzurichten (Art. 201).[111] Auch die Regierungen der letzten absolutistischen Phase erkannten den dringenden Reformbedarf auf finanzpolitischem Gebiet. Ende der 1820er-Jahre führte Finanzminister Luis López Ballesteros in einer Reihe von Maßnahmen den jährlichen Haushaltsentwurf, das Führen eines Schuldbuchs und eine Schuldentilgungskasse ein. Außerdem wurde 1829 auf seine Initiative hin die erste spanische Staatsbank, der *Banco de San Fernando*, gegründet. Auf das Ziel der Währungsstabilität ausgerichtet, sollte die Bank dem Finanzminister Handlungsspielräume zur politischen Gestaltung eröffnen und Anleihen gewähren.[112]

Weil Spanien bis in die 1830er-Jahre hinein hoffte, wieder Herr der Lage in den abtrünnigen Kolonien zu werden und dank der Einnahmen aus dem Imperium den riesigen Schuldenberg abtragen zu können, konnte es sich nicht zu entschiedenen finanzpolitischen Reformen durchringen. Besonders unter Ferdinand VII. lieh sich Spanien immer mehr Geld von meist französischen Banken, um das eigene Defizit auszugleichen. Erst mit dem endgültigen Sieg des Liberalismus nach 1833 verabschiedete sich das Land von dieser Illusion und traf eine Reihe von Modernisierungsmaßnahmen: Neben zahlreichen wirtschaftspolitischen Reformen wie der Desamortisation wurden Zehnt, Feudalismus und Binnenzölle abgeschafft, Freihandel samt einem liberalen Handelsrecht und ein ebensolches Steuerwesen sowie das Dezimalsystem und die Peseta als Währung etabliert. Überhaupt erfuhr das Bankenwesen mit der Gründung mehrerer Sparkassen (*cajas de ahorro*) ab 1838 (zuerst in Madrid), die auch kleine Kredite an weniger vermögende Bürger vergaben, einen Aufschwung. Der Schuldenkonsolidierung wurde oberste Priorität eingeräumt. Dank beträchtlich erhöhter Steuern in Kuba und den Philippinen sprudelten die Einnahmen aus den verbliebenen Kolonien; im Gegenzug sanken aber die Einnahmen aus den drei anderen klassischen Quellen wie Zöllen, Provinzsteuern und Monopolen, da die Karlistenkriege und dreißig Finanzminister binnen acht Jahren eine Erholung der finanziellen und wirtschaftlichen Lage verhinderten, sodass unter dem Strich ein jährliches Defizit bestehen blieb.

1844 sorgten die Gründungen des *Banco de Isabel II* und des *Banco de Barcelona* für Konkurrenz im Kreditgeschäft und brachten zumindest etwas mehr Papiergeld

---

111 Vgl. CD-ROM-2, Dok.-Nr. 10.11.1 (System der öffentlichen Finanzverwaltung vom 29.6.1821).
112 Vgl. A. Moreno Redondo (Hg.), El Banco de España. Una historia económica, Madrid 1970.

in Umlauf. Ein Jahr darauf erarbeiteten Finanzminister Alejandro Mon und der Finanzexperte und erste Direktor der spanischen Bank, Ramón de Santillán, die bedeutendste spanische Finanzreform in der ersten Hälfte des 19. Jahrhunderts, die nahezu unverändert bis zum Ende des 19. Jahrhunderts in Kraft blieb. Die landesweit einheitlichen Steuern erfassten aber nur ungefähr die Hälfte aller Abgaben, da die andere Hälfte des Steueraufkommens aus Zöllen und Staatsmonopolen wie Tabak und Stempelmarken stammte. Immerhin erreichten die öffentlichen Ausgaben in dieser Zeit wieder das Niveau von 1800. Doch auch diese Neuerungen reichten nicht aus, um das strukturelle Defizit im spanischen Haushalt zu beseitigen und höhere Beträge aus der Staatskasse in die Aufrechterhaltung des Status quo, geschweige denn in viele notwendige Modernisierungsmaßnahmen zu investieren; die Lage sollte sich erst gegen Ende des 19. Jahrhunderts bessern.

12 Wirtschafts- und Sozialgesetzgebung/Öffentliche Wohlfahrt

Am Staatsziel des Glücks und der Wohlfahrt der Nation, wie es in der Verfassung von Cádiz geschrieben stand, hielt auch das Königliche Statut in modifizierter Form fest (»Wohlstand und Ruhm dieser großmütigen Nation«), während die Verfassung von 1837 kein solches mehr nannte. In dieser wird als einzige wirtschaftspolitische Regelung angesprochen, dass Enteignungen nur gerechtfertigt seien, wenn sie dem Allgemeinwohl dienten und angemessen entschädigt würden (Art. 10).

Im liberalen Triennium unternahmen die Regierungen einen neuen Anlauf, um die spanische Wirtschaft zu beleben. Neben den bereits im siebten Kapitel der Verfassung von 1812 und den entsprechenden Ausführungsgesetzen der Cortes von Cádiz niedergeschriebenen Maßnahmen (Abschaffung der Feudalrechte, der Binnenzölle und Gewerbeprivilegien, Desamortisation), planten die Liberalen weitere Schritte weg vom Feudalsystem hin zu einer modernen kapitalistischen Wirtschaft. Hierbei hoben sie die erblichen Großgüter (*mayorazgos*) auf und schrieben den freien Einsatz der Produktionsmittel fest. 1825 wurden im Bergbaugesetz die Rechte zur Gewinnung von Bodenschätzen verstaatlicht und der Grundsatz des königlichen Eigentums festgeschrieben. Innerhalb des spanischen Territoriums einschließlich der Kolonien galt im Triennium – ausgenommen das Baskenland und Navarra – ein einheitlicher Zolltarif. Der Verlust großer Teile des Imperiums zwang das Land 1826, mit Ausnahme der Balearen und Kanaren protektionistische Außenzölle einzuführen, die den Import von 657 Artikeln (darunter Getreide) verboten; 1841 wurde die Zahl verbotener Importgüter im Rahmen eines neuen Zollgesetzes deutlich reduziert und der einheitliche Zolltarif auch auf die letzten spanischen Provinzen mit Sonderstatus, das Baskenland und Navarra, ausgedehnt.

1828 publizierte Alvaro Flórez Estrada in London sein (von Smith, Ricardo, McCulloch und Say beeinflusstes) Werk *Curso de Economía Política*, das die Wirtschaftstheorie in Spanien und Lateinamerika nachhaltig prägen sollte. In der Amtszeit des reformorientierten Finanzministers López Ballesteros (1823–1832) stellte unter anderem die Gründung der Madrider Börse 1831, an der zunächst 18 Makler mit vorwiegend staatlichen Wertpapieren handelten, einen in seiner langfristigen Bedeutung für den Aufbau von Kapital kaum zu überschätzenden Schritt dar.[113] Sie stand unter der Aufsicht des Provinzintendanten (Art. 18) und wurde durch einen vom König ernannten Inspektor verwaltet (Art. 19). Ihr war die Kodifizierung des Handelsrechts 1829 (*Código de Comercio*) nach französischem Vorbild vorausgegangen, das erstmals in jeder Provinz Handelsgerichte (*Tribunales de Comercio*) einführte (Art. 286) und Aktiengesellschaften zuließ.

Einen neuen Schub wirtschaftspolitischer Reformen brachten die Regierungen Mendizábals und Madoz' in den Jahren 1836–1841. Gleich im ersten Jahr führten Cortes und Regentin die Gewerbefreiheit wieder ein, lösten die mächtigen Schafzüchterorganisationen (*mesta*) erneut auf und erließen mehrere Gesetze und Dekrete zur Desamortisation von Kirchengütern. Ein Jahr darauf wurde die Grundherrschaft abermals aufgehoben. Um die Infrastruktur zu verbessern, trat am 31. Dezember 1844 eine königliche Verordnung in Kraft, die den Bau und Betrieb von Eisenbahnen konzessionierte – 1848 wurde die erste Linie Barcelona-Mataró eingeweiht (in der Kolonie Kuba hingegen freuten sich die Menschen schon 1837 über die erste Bahnstrecke). Um Spanien zu einem geschlossenen Wirtschaftsraum zu machen und dem zunehmenden Güterverkehr bessere Entfaltungsmöglichkeiten zu bieten, wurde nun außerdem der Straßenbau verstärkt vorangetrieben, auf dem sich unter anderem das wachsende Postkutschenwesen (*diligencias*) entfalten konnte. Aber noch 1840 gab es weniger als 10.000 Kilometer gepflasterte Straßen, während zum gleichen Zeitpunkt Frankreich bereits über 34.500 Kilometer verfügte. Erst gegen Mitte des Jahrhunderts setzte der massive Ausbau des spanischen Straßennetzes durch staatliche Investitionen und Aktiengesellschaften (*acciones de carreteras*) ein.[114]

Wirft man einen Blick auf die Folgen all dieser Reformen, ergibt sich ein zwiespältiges Bild: In den ab den 1830er-Jahren intensiver betriebenen Bergbau investierten meist finanzkräftige ausländische Unternehmen; der Wollexport brach ein, die baumwoll- und eisenverarbeitende Industrie hatten mit Absatzproblemen zu kämpfen, während die Produktion von Getreide, Baumfrüchten und Wein anstieg, auch weil die Einfuhr solcher Güter zeitweise untersagt war. Der Warentransport erfolgte in der Mehrzahl immer noch auf dem Wasserweg. Die Desamortisation brachte dem Staat zwischen 1836–1849 Einkünfte in Höhe von mehr als 4,5 Mrd. Reales; um den

---

113 Vgl. CD-ROM-2, Dok.-Nr. 10.12.1 (Gründung der Madrider Börse v. 10.9.1831).
114 Obwohl das Bild eines stagnierenden Verkehrswesens und einer ebensolchen Wirtschaft in der ersten Hälfte des 19. Jahrhunderts inzwischen korrigiert ist, bietet David Ringrose, Transportation and Economic Stagnation in Spain 1750–1850, Durham 1970 immer noch den besten Überblick zu diesem Thema.

strukturell defizitären Staatshaushalt zu sanieren, reichte dies allerdings bei Weitem nicht. Die nun wirtschaftlich nutzbaren Flächen landeten meist in den Händen von finanzkräftigen Großgrundbesitzern, obgleich auch mittlere und Kleinbauern durchaus ein eigenes Stück Land und damit auch ein Stück Freiheit und Unabhängigkeit erwerben konnten. In der Summe ging es zwar bergauf mit der spanischen Wirtschaft, aber in einem eher verhaltenen Tempo.[115]

Im sozialen Bereich dagegen setzte das Land bereits mit dem Dekret über die Wohlfahrt aus dem Jahr 1822, das am 8. September 1836 wiederhergestellt wurde, Maßstäbe für die kommenden Jahrzehnte.[116] Damit machte der Staat, der über die finanziellen Mittel und die politische Macht verfügte, der Kirche, die sich nur auf ihre Tradition und einige alte Verbündete wie Teile des Adels stützen konnte, neben der Bildung ein weiteres Kerngebiet streitig. Der Staat nahm den Kampf gegen die Armut neben ordnungspolitischen Erwägungen auch aus moralischen und medizinischen Gründen auf, um den Frieden, die Harmonie und die soziale Ordnung im Lande zu wahren. Das Dekret vereinte die Hilfseinrichtungen einschließlich der privaten und kirchlichen unter der Fürsorge und Kontrolle der Gemeinden, denen die Regierung beim Bau solcher Einrichtungen finanziell unter die Arme greifen sollte. Man unterschied zwei Arten der Fürsorge: die einfache und die außerordentliche. Die erste sollte den Schwachen der Gesellschaft (Schwangeren, Kindern, Waisen, Kranken, Behinderten und alleinstehenden Alten) zugutekommen (Art. 71), während die zweite für arbeitslose Menschen gedacht war (Art. 89). Aus der Debatte heraus, ob medizinische Versorgung zuhause oder eher in Krankenhäusern erfolgen solle, erwuchs am Ende eine pyramidale Ordnung mit Krankenhäusern an der Spitze. In den 1830er- und 1840er-Jahren verfügten mehrere königliche Anweisungen, dass die Provinzgouverneure die Wohlfahrt insgesamt und ihre einzelnen Einrichtungen beaufsichtigen und ggf. intervenieren sollten. Mit der Verfassung von 1845 begann dann eine ganze Reihe von Gesetzen, das Sozialwesen zu erweitern.[117]

Die Öffentliche Wohlfahrt steht beispielhaft für das gesamte staatliche Handeln in der ersten Hälfte des 19. Jahrhunderts: Seit den Cortes von Cádiz bis zur gemäßigten Verfassung von 1845 entfaltete Spanien eine reiche Gesetzgebungstätigkeit. Doch bedingt durch die zweimalige Rückkehr zum Absolutismus und heftige ideologische

---

115 Zur Wirtschaft vgl. Jordi Nadal, Der Fehlschlag der Industriellen Revolution in Spanien 1830–1914, in: C. M. Cipolla/K. Borchardt (Hg.), Die Entwicklung der industriellen Gesellschaften, Stuttgart/New York 1977, S. 341-401; Candelaria Saiz Pastor/Javier Vidal Olivares, El fin del Antiguo Régimen (1808–1868) (Historia de España. 3.er milenio), Madrid 2001; A. González Enciso/J. M. Matés Barco (Hg.), Historia económica de España, Barcelona 2006, S. 159-462. Für den Zeitraum vor 1840 liegen allgemein nur wenige verlässliche Daten für Spanien vor; die Situation besserte sich erst ab 1860 deutlich.
116 Vgl. CD-ROM-2, Dok.-Nr. 10.12.2 (Dekret über Wohlfahrt v. 6.2.1822).
117 Vgl. Elena Maza Zorilla, Pobreza y asistencia social en España, siglos XVI a XX, Valladolid 1987, S. 114 ff.; dies., Pobreza y beneficencia en la España contemporánea (1808–1936), Barcelona 1999.

Auseinandersetzungen in den konstitutionellen Phasen gelang es dem Land nicht, Konstanz und klare Linien in die staatliche Politik zu bringen. Zudem konnte der Staat im Bildungs- und Sozialwesen vor allem aus finanziellen Gründen die größtenteils von der Kirche übernommenen Verpflichtungen nicht erfüllen.[118] Die Vernachlässigung des Schul- und Sozialfürsorgebereichs hatte gravierende Auswirkungen auf das Bildungsniveau und den Gesundheitszustand eines Großteils der Bevölkerung; diese Faktoren wiederum wirkten sich auf die demografische Entwicklung ebenso aus wie, direkt oder indirekt, auf nahezu sämtliche Bereiche des sozialen und ökonomischen Lebens. Nicht nur in den kurzen Phasen liberaler Verfassungen, aber in diesen mit einer ungleich höheren Dynamik, entwickelten viele Minister und Regierungen zahlreiche Reformprojekte. Auf diese bauten die gemäßigten Regierungen ab 1845 auf und entwarfen unter dem Dach einer stabilen Verfassung neue Gesetze von größerer Durchschlagskraft und Lebensdauer, als es zwischen 1814 und 1844 der Fall gewesen war. Was in den nächsten Jahrzehnten folgte, darf zu Recht als Aufbau des modernen spanischen Staates bezeichnet werden.

---

118 Einige Angaben verdeutlichen das Ausmaß der schulischen und fürsorglichen Aktivität der Kirche. 1808 unterhielt sie 7.347 Armenhäuser, 2.231 Hospitäler, 383 Studienanstalten, 368 Schulen, 106 Hospize, 67 Waisenhäuser. Außerdem versorgte sie 5.898 Gefängnisse und 82 Irrenanstalten. Vgl. Emile Témime u. a., Historia de la España contemporánea. Desde 1800 hasta nuestros días, Barcelona 1982, S. 105.

Deutschland und das Habsburgerreich 11

Nach der Betrachtung der gesamtstaatlichen Ebene des Deutschen Bundes (Kapitel 11.1) beruht die Zuordnung der deutschen Einzelstaaten zu den nachfolgenden Beiträgen in erster Linie auf dem Kriterium, inwieweit ein dauerhafter Übergang zum modernen Konstitutionalismus im Untersuchungszeitraum stattfand. Die deutschen Territorien, die eine solche Konstitutionalisierung vollzogen, werden gemäß deren Datierung in den Beiträgen über die erste (Kapitel 11.2)[1] und zweite Konstitutionalisierungswelle (Kapitel 11.3)[2] sowie die Niederlande (Kapitel 5)[3] und Luxemburg (Kapitel 7)[4] behandelt. Demgegenüber finden sich alle Länder, die den Übergang zum modernen Konstitutionalismus – mit oder ohne »landständische Verfassung« – noch nicht vollzogen, in den Beiträgen über die deutschen Staaten zwischen ständisch-vormoderner und moderner Konstitution (Kapitel 11.4)[5], Preußen (Kapitel 11.5), Österreich (Kapitel 11.6) und Liechtenstein (Kapitel 11.8) besprochen. Die Behandlung Liechtensteins im Rahmen eines eigenständigen Länderartikels hat den Zweck, die verfassungsgeschichtliche Entwicklung eines deutschen bzw. mitteleuropäischen Kleinstaates beispielhaft aufzuzeigen[6], zumal Liechtenstein auch in

---

1   Bayern (Konstitutionalisierung ab 1818), Baden (ab 1818), Württemberg (ab 1819) und Hessen-Darmstadt (ab 1820).
2   Kurhessen (Konstitutionalisierung ab 1831), Sachsen (ab 1831), Braunschweig (ab 1832), Hohenzollern-Sigmaringen (ab 1833), Hannover (ab 1833/40) und Lippe (ab 1836).
3   Inkl. Limburgs (Konstitutionalisierung ab 1814/15, im Verbund mit den Niederlanden).
4   Luxemburg (Konstitutionalisierung ab 1841) wird in einem eigenständigen Beitrag außerhalb des Kapitelzusammenhangs der deutschen Staatenwelt und unmittelbar nach den Länderartikeln zu den Niederlanden und Belgien behandelt, da die politisch-territoriale Verstrickung Luxemburgs mit diesen beiden Ländern dies nahelegt.
5   Dies betrifft zum einen die absolutistisch bzw. altständisch regierten Territorien, in denen die alten Verfassungsverhältnisse – mitunter ohne Erlass einer expliziten Ständeverfassung – fortdauerten bzw. wiederhergestellt wurden: Oldenburg, Hessen-Homburg, Lübeck, Hamburg, Bremen, Frankfurt am Main, Mecklenburg-Schwerin, Mecklenburg-Strelitz, Anhalt-Dessau, Anhalt-Köthen, Anhalt-Bernburg, Reuß-Greiz (ältere Linie), Reuß-Schleiz, Reuß-Ebersdorf, Reuß-Lobenstein, Hohenzollern-Hechingen.
    Zum anderen fallen hierunter auch all jene Staaten, die im Untersuchungszeitraum zwar neue »landständische« Verfassungen erhielten, sich aber (noch) nicht zum modernen Repräsentativsystem fortentwickelten: Nassau, Schwarzburg-Rudolstadt, Schaumburg-Lippe, Waldeck, Sachsen-Weimar-Eisenach, Sachsen-Hildburghausen und Sachsen-Meiningen bzw. dann Sachsen-Meinigen-Hildburghausen, Sachsen-Coburg-Saalfeld (ab 1826 Herzogtum Sachsen-Coburg und Gotha), Sachsen-Altenburg, Holstein und Schleswig sowie Schwarzburg-Sondershausen.
6   Zum Problem der »Staatlichkeit« derartiger Kleinterritorien siehe den Tagungsband von D. Langewiesche (Hg.), Kleinstaaten in Europa. Symposium am Liechtenstein-Institut zum Jubiläum 200 Jahre Souveränität Fürstentum Liechtenstein 1806–2006, Schaan 2007; Matthias Schnettger, Kleinstaaten in der Frühen Neuzeit. Konturen eines Forschungsfelds, in: HZ 286 (2008), S. 605-640.

Hinblick auf die weitere Entwicklung im 19. und 20. Jahrhundert seine eigenstaatliche Bedeutung aufrechtzuerhalten weiß.

Für die habsburgischen Territorien wurde mit Ausnahme Ungarns (Kapitel 11.7) auf eine Behandlung in gesonderten Länderkapiteln verzichtet. Einzelne Regionen, die von der habsburgischen Herrschaft mit betroffen waren, werden aber nicht nur im Österreich-Beitrag, sondern gegebenenfalls auch in den Beiträgen über Italien (Kapitel 4)[7] und Polen (Kapitel 9)[8] angesprochen.

---

7   Hinsichtlich Lombardo-Venetiens.
8   Hinsichtlich Galizien-Lodomeriens und Krakaus.

Der Deutsche Bund 11·1

Von Edgar Liebmann (Wuppertal)

0 Einführung

Mit dem Bund war kein Staat zu machen, so die über weite Strecken des 19. und 20. Jahrhunderts gängige Auffassung.[1] Tatsächlich stand der Deutsche Bund in einem deutlichen Spannungsverhältnis zu wirkungsmächtigen politisch-gesellschaftlichen Entwicklungen seiner Zeit[2], obwohl er für ziemlich genau ein halbes Jahrhundert (von 1815 bis 1866, mit kurzer Unterbrechung während und nach der Revolution von 1848/49) die staats- und völkerrechtliche Klammer für die deutschen Territorien[3] bildete. Zwar wurde er ähnlich wie das Alte Reich[4] in seiner friedens-

---

1   Die Forschungsentwicklung zum Deutschen Bund lässt sich erschließen über Jürgen Müller, Der Deutsche Bund 1815–1866, München 2006, S. 51-88. Der sich anschließende bibliografische Teil (S. 89-112) bietet zudem einen guten Überblick über Quellen und Literatur zum Deutschen Bund.
2   Ähnlich E. Treichel (Bearb.), Die Entstehung des Deutschen Bundes 1813–1815, Halbbd. 1, München 2000, S. XI.
3   Unter »deutsch« bzw. »Deutschland« werden hier und im Folgenden die Staaten verstanden, die über den Deutschen Bund miteinander verbunden waren. Dies schließt die bundeszugehörigen Teile Österreichs mit ein, ohne dass damit eine Wertung hinsichtlich der gemeinsamen wie trennenden Entwicklungslinien zwischen deutscher und österreichischer Staats- und Nationsbildung beabsichtigt ist. Vgl. auch den Beitrag über Österreich im vorliegenden Handbuchband sowie Dieter Langewiesche, Deutschland und Österreich: Nationswerdung und Staatsbildung in Mitteleuropa im 19. Jahrhundert, in: ders. (Hg.), Nation, Nationalismus, Nationalstaat in Deutschland und Europa, München 2000, S. 172-189; Michael Derndarsky, Habsburg zwischen Preußen und Deutschland. Österreichs politisches und wirtschaftliches Interesse am Deutschen Bund, in: H. Rumpler (Hg.), Deutscher Bund und deutsche Frage 1815–1866. Europäische Ordnung, deutsche Politik und gesellschaftlicher Wandel im Zeitalter der bürgerlich-nationalen Emanzipation, Wien u. a. 1990, S. 292-313. Generell bildete die Tatsache, dass dem überwiegend katholischen Österreich – wie schon im Alten Reich – auch im Deutschen Bund die Rolle der Führungsmacht zukam, für eine kleindeutsch-protestantisch dominierte Geschichtsschreibung seit Ende des 19. Jahrhunderts einen zusätzlichen Angriffspunkt bei der Bewertung des Bundes. Diese (negative) Perspektive wurde noch begünstigt durch die Feststellung, dass sich die (klein-) deutsche Wirtschaftseinheit in Gestalt des Deutschen Zollvereins gleichsam in Konkurrenz zum großdeutsch-mitteleuropäischen Deutschen Bund entwickelt hätte. Zu dieser gegensätzlichen Entwicklung siehe Kapitel 12, Wirtschafts- und Sozialgesetzgebung/Öffentliche Wohlfahrt.
4   Edgar Liebmann, Das Alte Reich und der napoleonische Rheinbund, in: P. Brandt u. a. (Hg.), Handbuch der europäischen Verfassungsgeschichte. Institutionen und Rechtspraxis im gesellschaftlichen Wandel. Bd. 1: Um 1800, Bonn 2006, S. 640-683; hier S. 640-643.

sichernden Funktion für die europäische Gleichgewichtsordnung gewürdigt.[5] Beim Vergleich der inneren Strukturen schneidet der Bund allerdings in der historiografischen Bewertung schlechter als das Alte Reich ab. So galt er lange Zeit vornehmlich als Instrument der Repression und Blockade gegenüber einer liberal-nationalstaatlichen Verfassungsentwicklung. Erst zögerlich setzte ein bis heute andauernder Trend zu einer differenzierteren Bewertung ein. Wurde zunächst jenseits des gängigen, recht eindimensionalen Repressionsverdikts auf die Komplexität der Staats- und Verfassungsverhältnisse im Deutschen Bund hingewiesen[6], so wird nunmehr zudem seine zumindest partielle Reformfähigkeit hervorgehoben.[7] Ihre Ergänzung und Vertiefung finden diese jüngeren Forschungsergebnisse bei (z. T. schon älteren) Diskussionen um die Staatlichkeit des Bundes sowie dessen föderalen Charakter als Basis einer »föderativen Nation«.[8] Entgegen einer früher dominierenden Betonung von Brüchen bzw.

---

5   Dazu Anselm Doering-Manteuffel, Die deutsche Frage und das europäische Staatensystem 1815–1871, München 3. Aufl. 2010; außerdem Peter Burg, Der Wiener Kongreß. Der Deutsche Bund im europäischen Staatensystem, München 1984.
6   Hans-Werner Hahn, Der Deutsche Bund. Zukunftslose Vorstufe des kleindeutschen Nationalstaats oder entwicklungsfähige föderative Alternative?, in: H.-J. Becker (Hg.), Zusammengesetzte Staatlichkeit in der Europäischen Verfassungsgeschichte. Tagung der Vereinigung für Verfassungsgeschichte in Hofgeismar vom 19.3. bis 21.3.2001, Berlin 2006, S. 41-69. Außerdem Wolfram Siemann, Vom Staatenbund zum Bundesstaat. Deutschland 1806–1871, München 1995, S. 324-326 und Wolf D. Gruner, Der Deutsche Bund als Band der deutschen Nation 1815–1866, in: B. J. Wendt (Hg.), Vom schwierigen Zusammenwachsen der Deutschen. Nationale Identität und Nationalismus im 19. und 20. Jahrhundert, Frankfurt a. M. 1992, S. 49-79.
7   Die maßgeblichen Impulse für die jüngeren Forschungen zum Deutschen Bund gehen auf ein 1988 von der Historischen Kommission bei der Bayerischen Akademie der Wissenschaften initiiertes und von Lothar Gall geleitetes Editionsvorhaben unter dem Titel »Quellen zur Geschichte des Deutschen Bundes« zurück. In diesem Kontext und Umfeld sind bisher folgende Publikationen entstanden: Treichel, Entstehung (wie Fn. 2); R. Zerback (Bearb.), Reformpläne und Repressionspolitik 1830–1834, München 2003; J. Müller (Bearb.), Die Dresdener Konferenz und die Wiederherstellung des Deutschen Bundes 1850/51, München 1996; ders., (Bearb.), Der Deutsche Bund zwischen Reaktion und Reform 1851–1858, München 1998; ders., Deutscher Bund und deutsche Nation 1848–1866, Göttingen 2005. Geplant sind zwei weitere Quellenbände und eine Monografie: J. Müller (Bearb.), Quellen zur Geschichte des Deutschen Bundes 1859–1863 (in Vorber.); Eckhardt Treichel, Die Entstehung des Deutschen Bundes 1813–1815 (Monografie, in Vorber.) sowie ders. (Bearb.), Quellen zur Geschichte des Deutschen Bundes 1815–1819 (in Vorber.). Ich danke Eckhardt Treichel für seine Auskünfte vom 18. Februar 2009. Von den neueren Quelleneditionen zur Verfassungsgeschichte verdient wegen des detaillierten Überblicks über die politische und konstitutionelle Entwicklung auf der gesamtdeutschen Ebene des Deutschen Bundes 1815–1866 folgende Zusammenstellung Beachtung: Michael Kotulla, Deutsches Verfassungsrecht 1806–1918. Eine Dokumentensammlung nebst Einführungen, Bd. 1: Gesamtdeutschland, Anhaltische Staaten und Baden, Berlin/Heidelberg 2006, insbesondere S. 30-150.
8   Vgl. Dieter Langewiesche, »Nation«, »Nationalismus«, »Nationalstaat« in der europäischen Geschichte seit dem Mittelalter – Versuch einer Bilanz, in: ders./G. Schmidt (Hg.), Föderative Nation. Deutschlandkonzepte von der Reformation bis zum Ersten Weltkrieg, München 2000, S. 9-30; ders., Föderativer Nationalismus als Erbe der deutschen Reichsnation: Über Föderalismus und Zentralismus in der deutschen Nationalgeschichte, in: ders. (Hg.), Nation, Nationalis-

Zäsuren wird schließlich seit einigen Jahren auf strukturelle Kontinuitäten zu Beginn des 19. Jahrhunderts – so auch zwischen Reich und Bund – hingewiesen.[9]

Hinsichtlich der inhaltlichen Konzeption dieses Beitrags erfordern die Besonderheiten des Deutschen Bundes eine spezifische Anwendung des vorgegebenen Untersuchungsrasters. In einigen Verfassungsbereichen[10] sind keine bzw. nur marginale Aktivitäten des Bundes feststellbar, gerade im Vergleich zu Prozessen der Institutionalisierung und des Ausbaus innerer Staatlichkeit in den Einzelstaaten. Prinzipiell wird nachfolgend die *Bundesebene* im Mittelpunkt stehen. Im Gegensatz zum Konzept einer »Totalverfassung«[11] des Bundes finden die einzelstaatlichen Entwicklungen nur dann Berücksichtigung, wenn sie direkt durch den Bund initiiert bzw. Auslöser für konkretes Handeln des Bundes waren.[12] In chronologischer Hinsicht bezieht der vorliegende Beitrag einen Ausblick auf die Versuche einer Bundesreform vom Frühjahr 1848 noch mit ein.

---

mus, Nationalstaat in Deutschland und Europa, München 2000, S. 55-79. Impulse aus der historischen Föderalismusforschung bieten: Thomas Nipperdey, Der deutsche Föderalismus zwischen 1815 und 1866 im Rückblick, in: A. Kraus (Hg.), Land und Reich, Stamm und Nation. Probleme und Perspektiven bayerischer Geschichte. Festgabe für Max Spindler zum 90. Geburtstag, Bd. 3, München 1984, S. 1-18; Thomas Nipperdey, Der Föderalismus in der deutschen Geschichte, in: ders. (Hg.), Nachdenken über die deutsche Geschichte. Essays, München 1986, S. 69-109; Helmut Rumpler, Föderalismus als Problem der deutschen Verfassungsgeschichte des 19. Jahrhunderts (1815–1871), in: Der Staat 16 (1977), S. 215-228. Zum »Nebeneinander« von Landespatriotismus und »deutscher Nation« auch Heinrich Lutz, Zwischen Habsburg und Preußen. Deutschland 1815–1866, Berlin 1998, S. 119.

9 So mit Blick auf ähnliche Organisationsstrukturen Dieter Langewiesche, Zum Überleben des Alten Reiches im 19. Jahrhundert. Die Tradition des zusammengesetzten Staates, in: H.-W. Hahn u. a. (Hg.), Das Jahr 1806 im europäischen Kontext. Balance, Hegemonie und politische Kulturen, Köln u. a. 2008, S. 123-133. Außerdem Wolfram Siemann, »Der Deutsche Bund ist nur die Continuität des Reichs...«. Über das Weiterleben des Alten Reiches nach seiner Totsagung im Jahre 1806, in: Geschichte in Wissenschaft und Unterricht 57 (2006), S. 585-593; Eric-Oliver Mader, Das Alte Reich in neuem Licht. Perspektiven auf sein Ende und sein Nachwirken im frühen 19. Jahrhundert, in: A. Brendecke/W. Burgdorf (Hg.), Wege in die Frühe Neuzeit, Neuried 2001, S. 245-255 (u. a. mit Verweis auf personelle, materielle, normativ-jurisdiktionelle sowie politisch-institutionelle Kontinuitäten); Arthur Schlegelmilch, Anfänge und Perspektiven des Verfassungsstaats in Deutschland und im Habsburgerreich zwischen 1780 und 1820, in: P. Brandt (Hg.), An der Schwelle zur Moderne. Deutschland um 1800, Bonn 1999, S. 43-81; Bernd Grzeszick, Vom Reich zur Bundesstaatsidee, Berlin 1995. Rechtlich war der Bund eine Neuschöpfung und somit weder Rechtsnachfolger des Reiches noch des Rheinbundes; vgl. Gerold Neusser, Deutscher Bund, in: A. Cordes u. a. (Hg.), Handwörterbuch zur deutschen Rechtsgeschichte, Bd. I: Aachen – Geistliche Bank, Berlin 2. Aufl. 2008, Sp. 976.

10 Besonders markant Kapitel 5, Verwaltung; Kapitel 10, Bildungswesen; Kapitel 11, Finanzen.

11 Zerback (Bearb.), Reformpläne (wie Fn. 7), S. XXI. Zerback versteht unter »Totalverfassung« des Bundes die »Gesamtheit von Bundesrecht und Landesverfassungen und ihr Zusammenwirken« – ein Modell, das bisher allerdings noch nicht durch entsprechende Forschungen empirisch auf seine Tragfähigkeit untersucht worden ist.

12 Vgl. hinsichtlich der Umsetzung von Bundesbeschlüssen und -regelungen im jeweiligen einzelstaatlichen Rahmen die einzelnen Länderbeiträge im vorliegenden Handbuchband.

1 Der Deutsche Bund 1815–1847

Als im Juni 1815 in Form des Deutschen Bundes eine neue Verbindung der deutschen Einzelstaaten geschaffen wurde, fand ein knapp 20 Monate währender Schwebezustand sein Ende. Nach dem Zerfall des Rheinbundes im Oktober 1813 waren – nicht zuletzt unter Einflussnahme der europäischen Großmächte – verschiedene Möglichkeiten einer staatlichen Neuordnung Deutschlands diskutiert worden.[13] Diese reichten von einer (wenn auch modifizierten) Wiederherstellung des Alten Reiches (»renovatio imperii«) bis hin zu einem nationalen Einheitsstaat.[14] Die späteren preußischen Vertreter auf dem Wiener Kongress, Wilhelm von Humboldt und Karl August von Hardenberg, entwickelten zunächst Verfassungskonzepte, die unter Anknüpfung an einzelne Verfassungselemente des Alten Reiches auf eine österreichisch-preußische Hegemonie hinausliefen.[15] Mit dem Auseinanderfallen der österreichisch-preußischen Allianz im Konflikt um die sächsisch-polnische Frage im November 1814, vor allem aber wegen des Widerstands der größeren deutschen Trias-Staaten, scheiterten diese Entwürfe.[16] Dies betraf im Übrigen auch sämtliche Pläne, Säkularisation und Mediatisierung rückgängig zu machen; die »große Flurbereinigung« der napoleonischen Zeit blieb erhalten. (☛ Abb. 11.1.1)

Letztlich prägte die Feststellung im Ersten Pariser Frieden vom 30. Mai 1814 den weiteren Gang der Entwicklungen: Demnach sollten die unabhängigen deutschen Staaten durch ein »föderatives Band« (»un lien fédératif«) miteinander ver-

---

13 Zu den denkbaren Alternativen staatlicher Neuordnung 1814/15 siehe Hans-Ulrich Wehler, Deutsche Gesellschaftsgeschichte, Bd. 2: Von der Reformära bis zur industriellen und politischen »Deutschen Doppelrevolution«, München 1987, S. 323-326 und Ernst Rudolf Huber, Deutsche Verfassungsgeschichte seit 1789, Bd. 1: Reform und Restauration 1789 bis 1830, Stuttgart u. a. Nachdr. d. 2. Aufl. 1975, S. 475-487. Vgl. generell zu den Konzeptionen staatlicher Ordnung zwischen 1806 und 1815: Grzeszick, Reich (wie Fn. 9) und Hans Boldt, Bundesstaat oder Staatenbund? Bemerkungen zur Verfassungsdiskussion am Ende des Alten Reiches, in: M. Kirsch/P. Schiera (Hg.), Denken und Umsetzung des Konstitutionalismus in Deutschland und anderen europäischen Ländern in der ersten Hälfte des 19. Jahrhunderts, Berlin 1999, S. 33-46.
14 Treichel, Entstehung (wie Fn. 2), S. XXXI; Grzeszick, Reich (wie Fn. 9), S. 190.
15 Dietmar Willoweit, Deutsche Verfassungsgeschichte. Vom Frankenreich bis zur Wiedervereinigung Deutschlands, München 5. Aufl. 2005, S. 288 f. So war die Schaffung einer Kreisverfassung ebenso vorgesehen wie die eines Bundesgerichtes. Die geplante Bundesversammlung ähnelte mit ihren drei Kollegien, dem Direktorium unter Führung Österreichs und Preußens, dem Rat der Kreisobersten sowie dem Rat der Fürsten und Stände dem alten Reichstag.
16 Gerade die süddeutschen Staaten Bayern, Baden und Württemberg waren nicht bereit, Einschränkungen ihrer Souveränität hinzunehmen, die ihnen mit Beitritt zur antinapoleonischen Allianz (beginnend mit dem Vertrag von Ried zwischen Bayern und Österreich vom 8. Oktober 1813) zugesichert worden war. Zur Rolle der Trias-Staaten siehe Peter Burg, Die deutsche Trias in Idee und Wirklichkeit. Vom alten Reich zum Deutschen Zollverein, Stuttgart 1989; weitere bibliografische Hinweise zu den Schwerpunkten »Föderalismus, Partikularismus, Trias« bei Müller, Deutscher Bund (wie Fn. 1), S. 106 f.

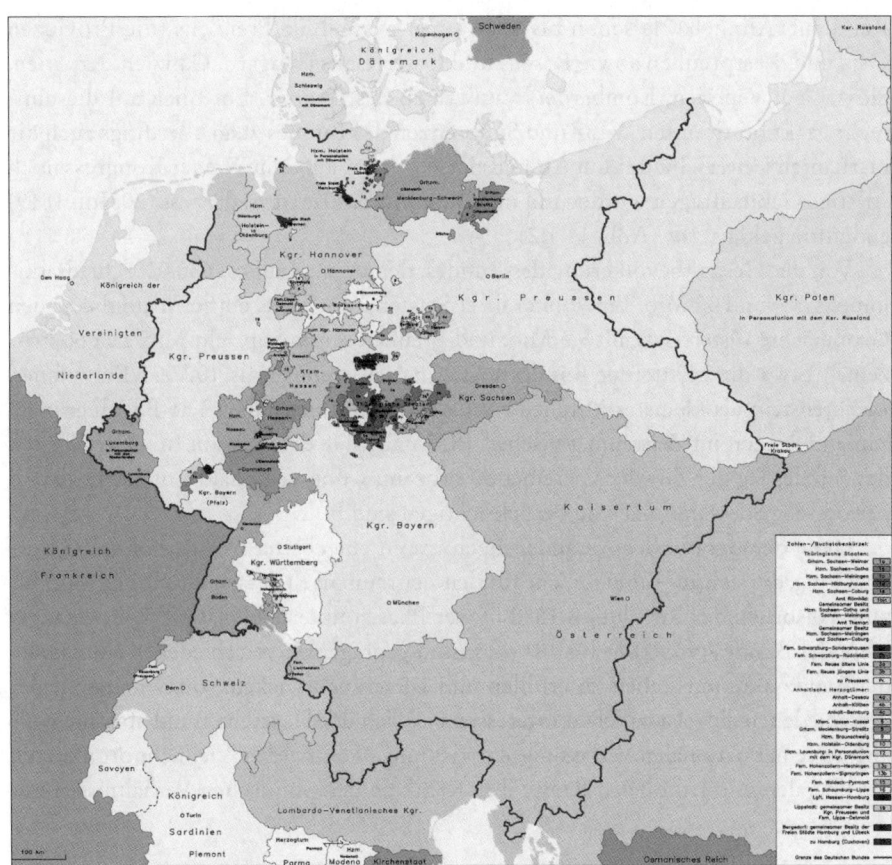

Abb. 11.1.1 Die Außengrenzen des Deutschen Bundes um 1820

bunden werden.[17] Nach langwierigen Diskussionen gelang es schließlich auf dem Wiener Kongress (1. November 1814 bis 11. Juni 1815), in Form der Deutschen Bundesakte (DBA)[18] das komplizierte Machtgefüge zwischen den beiden deutschen Großmächten Österreich und Preußen sowie den Mittel- und Kleinstaaten unter gesamteuropäischen Rahmenbedingungen auszutarieren.[19] Dabei fallen in territorialer Hinsicht zunächst die Parallelen zwischen Altem Reich und Deutschem

---

17 CD-ROM-2, Dok.-Nr. 1.1.1, Art. 6.
18 CD-ROM-2, Dok.-Nr. 11.1.2.1 (Deutsche Bundesakte v. 8.6.1815).
19 In diesem Kontext ist auf die – zumindest mittelbare – Verzahnung des Deutschen Bundes (über seine sämtlichen Gliedstaaten) mit der am 26. September 1815 gegründeten Heiligen Allianz (CD-ROM-2, Dok.-Nr. 1.1.5) hinzuweisen; vgl. Huber, Verfassungsgeschichte (wie Fn. 13), Bd. 1, S. 687-695. Zu den europäischen Rahmenbedingungen siehe außerdem Michael Erbe, Revolutionäre Erschütterung und erneuertes Gleichgewicht, Paderborn u. a. 2004; Winfried Baumgart, Europäisches Konzert und nationale Bewegung. Internationale Beziehungen 1830–1878,

Bund auf. Ähnlich wie schon bis 1806 lagen weite Teile Preußens (die Provinzen Ost- und Westpreußen sowie Posen) und Österreichs (Ungarn, Galizien, Kroatien, Slowenien, Venetien, Lombardei)[20] außerhalb des Bundes. Ein Blick auf die nunmehr exakt bestimmten West- und Südgrenzen des Bundes zeigt allerdings auch die markanten Unterschiede zum Alten Reich.[21] Letzte, auf dem Wiener Kongress noch strittige Gebietsfragen wurden mit dem Frankfurter Territorialrezess (20. Juli 1819) endgültig geklärt. (☞ Abb. 11.1.2)

Von der Gesamtbevölkerung des Bundes, der anfangs auf ca. 630.000 Quadratkilometern[22] rund 30 Mio. Einwohner in 41 Staaten[23] umfasste, entfielen auf die beiden Großmächte Österreich mit 9,5 Mio. und Preußen mit knapp acht Mio. fast 60 Prozent.[24] Etwa die Hälfte der Bundesstaaten hatten weniger als 100.000 Einwohner, Liechtenstein als kleinstes Mitglied zählte ca. 5.500 Einwohner. Die Bevölkerungszahlen[25] stiegen im Zeitraum zwischen 1815 und 1848 deutlich an: In vielen Staaten des Bundes lag der Zuwachs bei über 50 Prozent, wobei regionale Unterschiede und periodische Schwankungen zu berücksichtigen sind.[26]

Diese demografischen Veränderungen waren eingebettet in eine politische Entwicklung, die sich auf Bundesebene für den Zeitraum nach dessen Gründung 1815 bis zum Ausbruch der Revolution 1848 in vier Phasen unterteilen lässt.[27] Die Anfangsjahre des Bundes (von 1815 bis 1819/20) sind geprägt von verschiedenen Initiativen, die Bundesakte mit Leben zu erfüllen und weiterzuentwickeln. Im Widerstreit der verschiedenen einzelstaatlichen Interessen ließ sich der Deutsche Bund aber nicht als »Motor einer nationalen Verfassungsentwicklung«[28] aktivieren. Vielmehr projizierten die liberalen und nationalen Kräfte ihre Kritik an den politischen Verhältnissen zu-

---

Paderborn 1999 sowie Paul W. Schroeder, The Transformation of European Politics 1763–1848, Oxford 1994.
20 Huber, Verfassungsgeschichte (wie Fn. 13), Bd. 1, S. 585 f.
21 Dies betraf im Westen vor allem das spätere Belgien und das Elsass, die nicht zum Gebiet des Deutschen Bundes zählten. 1839 veränderte sich die Bundesaußengrenze als Folge der Abtretung eines Teils von Luxemburg und der Aufnahme Limburgs in den Bund. Im Süden sind besonders die Veränderungen hinsichtlich des Status der Lombardei interessant: Aufgrund der österreichischen Erklärung vom 6. April 1818 gegenüber dem Bundestag war die Lombardei schließlich nicht Bestandteil des zum Kaisertum Österreich zählenden Bundesgebiets; vgl. Lutz, Habsburg und Preußen (wie Fn. 8), S. 18.
22 Hans Boldt, Deutsche Verfassungsgeschichte, Bd. 2: Von 1806 bis zur Gegenwart, München 2. Aufl. 1993, S. 131.
23 37 erbliche Monarchien sowie die vier Freien Städte Hamburg, Bremen, Lübeck und Frankfurt; zu den Angaben und Veränderungen bis 1866 vgl. Huber, Verfassungsgeschichte (wie Fn. 13), Bd. 1, S. 583-585.
24 Bezogen auf die jeweils in ihren dem Bund zugehörigen Gebieten.
25 Die Angaben nach Wehler, Gesellschaftsgeschichte (wie Fn. 13), Bd. 2, S. 549.
26 Jürgen Angelow, Deutscher Bund, Darmstadt 2003, S. 116-118.
27 Die folgenden Ausführungen nach Lutz, Habsburg und Preußen (wie Fn. 8), S. 37-64.
28 Müller, Deutscher Bund (wie Fn. 1), S. 7.

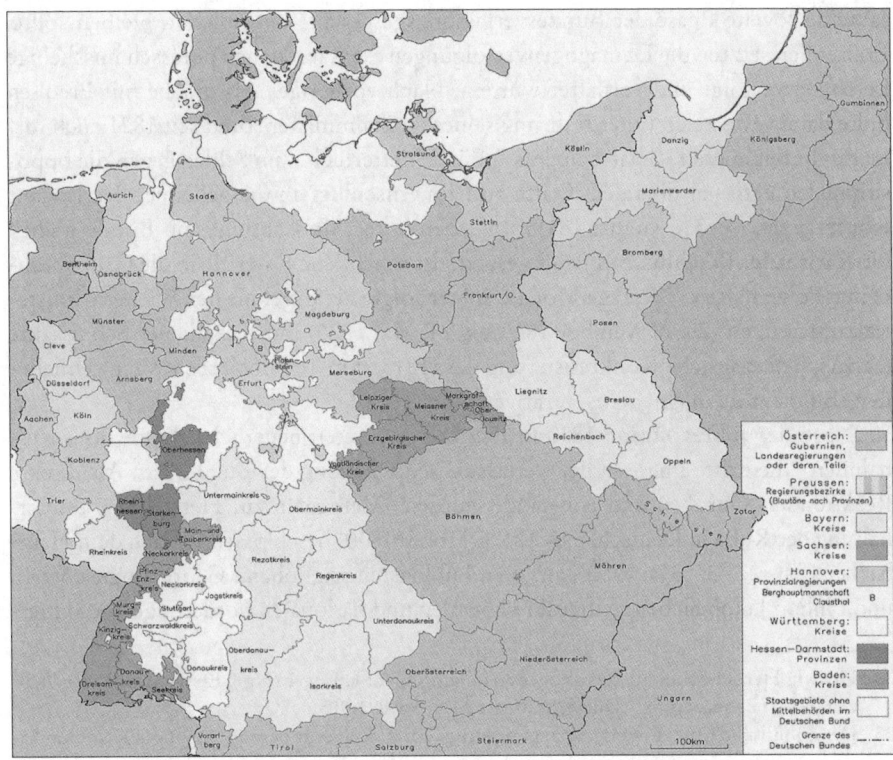

Abb. 11.1.2 Die administrative Binnengliederung der Deutschen Bundesstaaten um 1818

nehmend auf den Bund, wie sich beispielhaft mit dem Wartburgfest (18./19. Oktober 1817)[29] zeigen lässt. Zwar war die frühe, in ihrem politischen Organisationsgrad heterogene, regional zersplitterte und im Wesentlichen auf eine kleine Elite begrenzte Nationalbewegung unmittelbar nach 1815 (noch) schwach. Allerdings wurde sie von den herrschenden Kräften zunehmend als Bedrohung für die Stabilität des bestehenden politischen Systems wahrgenommen.

Vor diesem Hintergrund lieferten zwei politisch motivierte Attentate im Frühjahr/Sommer 1819[30] den Auslöser für jene »restaurative Wende«[31], die für die 1820er-

---

29 Vgl. Peter Brandt, Das studentische Wartburgfest vom 18./19. Oktober 1817, in: D. Düding u. a. (Hg.), Öffentliche Festkultur. Politische Feste in Deutschland von der Aufklärung bis zum Ersten Weltkrieg, Reinbek bei Hamburg 1988, S. 89-112.

30 Am 23. März 1819 das (tödliche) Attentat des Studenten Karl Ludwig Sand auf den in russischen Diensten stehenden Schriftsteller August von Kotzebue, am 1. Juli 1819 der (missglückte) Anschlag des Burschenschafters Karl Löning auf den nassauischen Präsidenten Carl Friedrich Emil von Ibell.

31 Siemann, Staatenbund (wie Fn. 6), S. 324. Zur Restauration als politisches System siehe auch Müller, Deutscher Bund (wie Fn. 1), S. 62 f.

Jahre als zweite Phase der Bundesverfassungsgeschichte bestimmend bleiben sollte. In Preußen setzten die Demagogenverfolgungen[32] ein, mit denen politisch missliebige Personen verfolgt und verhaftet wurden. Nach vorheriger Absprache mit Preußen holte dann Österreich unter Führung seines Außenministers (und seit 1821 auch formal so bezeichneten »Staatskanzlers«) Fürst Metternich zum Schlag gegen die oppositionellen national-liberalen Kräfte aus: Im Anschluss an die geheimen Karlsbader Konferenzen (6.–31. August 1819)[33] wurden unter Missachtung von Bundesrecht[34] die Karlsbader Beschlüsse in Kraft gesetzt, die erhebliche Eingriffe in die Grundrechte zur Folge hatten.[35] Wenige Monate später folgte als Ergebnis der Wiener Ministerialkonferenzen (25. November 1819 bis 24. Mai 1820) mit der Wiener Schlussakte (WSA) die inhaltliche Konkretisierung der (1815 zum Teil noch recht vage gebliebenen) Bundesakte in einem restaurativen Sinn.[36]

Nach der Julirevolution 1830 in Frankreich leiteten neuerliche Repressionsmaßnahmen[37] die dritte Phase in der Verfassungsentwicklung des Bundes ein: Als direkte Reaktion auf Unruhen und Aufstände wurden »Maßregeln zur Herstellung und Erhaltung der Ruhe in Deutschland« (21. Oktober 1830) beschlossen.[38] Nach dem Hambacher Fest (27.–30. Mai 1832), auf dem Publizisten wie Johann Georg August Wirth und Philipp Jakob Siebenpfeiffer ihre liberalen und nationalen Forderungen besonders

---

32 Hedwig Herold-Schmidt, Demagogenverfolgungen, in: F. Jaeger (Hg.), Enzyklopädie der Neuzeit, Bd. 2: Beobachtung – Dürre, Stuttgart 2005, Sp. 893-895.

33 Der böhmische Kurort wurde als Tagungsort gewählt, weil dort besonders gut die Kommunikation der eingeladenen Regierungen durch Österreich bzw. Metternich überwacht werden konnte; vgl. Lutz, Habsburg und Preußen (wie Fn. 8), S. 26.

34 Problematisch waren insbesondere der enorme zeitliche Druck des gesamten Verfahrens und die Missachtung kleinerer Einzelstaaten, die teilweise zu den Konferenzen in Karlsbad gar nicht eingeladen und damit von den grundlegenden Entscheidungsprozessen ausgeschlossen worden waren. Vgl. Huber, Verfassungsgeschichte (wie Fn. 13), Bd. 1, S. 735; Eberhard Weis, Der Durchbruch des Bürgertums 1776–1847, Berlin (Nachdr. d.) 2. Aufl. 1999, S. 362; auch Karl-Georg Faber, Deutsche Geschichte im 19. Jahrhundert. Restauration und Revolution. Von 1815 bis 1851, Wiesbaden 1979, S. 88.

35 Eberhard Büssem, Die Karlsbader Beschlüsse von 1819. Die endgültige Stabilisierung der restaurativen Politik im Deutschen Bund nach dem Wiener Kongreß von 1814/15, Hildesheim 1974. Zu den Grundrechtseingriffen vgl. Kapitel 4, Grundrechte.

36 CD-Rom 2, Dok.-Nr. 11.1.2.2 (Wiener Schlussakte v. 15.5.1820).

37 Siehe ausführlich zum Begriff der »Repression« Zerback (Bearb.), Reformpläne (wie Fn. 7), S. XXX.

38 CD-ROM-2, Dok.-Nr. 11.1.2.5 (Maßregeln-Gesetz v. 21.10.1830). Besonders schwerwiegende Auswirkungen hatten die Entwicklungen in Frankreich und Belgien auf das zum Bund gehörige Großherzogtum Luxemburg, das – auch vor dem Hintergrund ethnischer Gegensätze zwischen dem wallonischen Westteil und dem deutschen Ostteil – vor der Gefahr der Spaltung und der Trennung vom Deutschen Bund stand. Nach jahrelangem diplomatischen Wechselspiel wurde schließlich 1839 die Teilung Luxemburgs vollzogen; vgl. den Beitrag über Luxemburg im vorliegenden Handbuchband und Ernst Rudolf Huber, Deutsche Verfassungsgeschichte seit 1789, Bd. 2: Der Kampf um Einheit und Freiheit 1830 bis 1850, Stuttgart u. a. (Nachdr. d.) 2. Aufl. 1975, S. 115-124.

eindrücklich artikuliert hatten, ließ die Reaktion des Bundes nicht lange auf sich warten. Die Sechs (28. Juni 1832) und Zehn Artikel (5. Juli 1832) bildeten den Auftakt einer ganzen Reihe von Bundesmaßnahmen[39], die nach dem Frankfurter Wachensturm (3. April 1833)[40] zu weiteren Ermittlungen, Verfolgungen und Verurteilungen sowie – z. T. zunächst geheim gehaltenen – Sechzig Artikeln (12. Juni 1834)[41] führten.

Um 1840 schließlich setzte die vierte Phase der Bundesentwicklung im Vormärz ein. Die wachsende Opposition aus gemäßigt liberalen, radikal demokratischen und nationalen Kräften ließ sich immer schwerer unterdrücken, zumal der Thronwechsel in Preußen 1840 Hoffnungen auf eine liberalere Politik nährte und die Rheinkrise im gleichen Jahr zu einer enormen nationalen Mobilisierung beitrug.[42] Die seit 1819/20 beschlossenen freiheitseinschränkenden Bundesnormen blieben zwar in Kraft, wurden aber nun weniger intensiv umgesetzt. Zudem begünstigte der wachsende öffentliche Druck auf die einzelstaatlichen Regierungen Überlegungen zu einer Reform des Bundes mit bundes- bzw. nationalstaatlichem Charakter.[43] Als entsprechende Pläne 1847/48 konkrete Gestalt annahmen, war es für eine Bundesreform »von oben« allerdings zu spät. Die einsetzende Revolution in weiten Teilen Deutschlands (und Europas) sprengte den Bund in seiner bisherigen politischen Form.

---

39 CD-ROM-2, Dok.-Nr. 11.1.2.6 (Sechs Artikel v. 28.6.1832) und Dok.-Nr. 11.1.2.7 (Zehn Artikel v. 5.7.1832).
40 Die Bedeutung des Wachensturms, der ursprünglich als »Anschlag auf den Bundestag« – vgl. Huber, Verfassungsgeschichte (wie Fn. 38), Bd. 2, S. 165 – geplant war, ist umstritten: Während Wehler, Gesellschaftsgeschichte (wie Fn. 13), Bd. 2, S. 366, von einer »schlecht vorbereitete(n), nur Stunden währende(n) Attacke einiger idealistisch-radikaler Brauseköpfe« ausgeht, bewertet Siemann, Staatenbund (wie Fn. 6), S. 347, den Wachensturm als »chancenlose Aktion der revolutionären Intelligenz, die auf die Kettenwirkung der vorbildhaften revolutionären Tat rechnete und auch Unterstützung im Umfeld hatte« (Preß- und Vaterlandsverein in Frankfurt, Handwerker, Kaufleute, Gesellen, polnische Offiziere, Teile der Landbevölkerung). Trotz dilettantischer Vorbereitung und Durchführung habe es dennoch nicht an klaren Zielvorstellungen gefehlt, so Siemann. Ausführlich zu den Hintergründen und Folgen (u. a. Besetzung der Stadt Frankfurt durch 2.500 Mann Bundestruppen am 15. April 1833) auch Huber, Verfassungsgeschichte (wie Fn. 38), Bd. 2, S. 164-173. Zum Wachensturm jüngst auch Sarah-Lena Schmidt, Der Frankfurter Wachensturm von 1833 und der Deutsche Bund: Deutungen in verfassungsgeschichtlichem Kontext, Hamburg 2011.
41 CD-ROM-2, Dok.-Nr. 11.1.2.9 (Sechzig Artikel v. 12.6.1834).
42 Wesentliche Bezugspunkte der deutschen Nationalbewegung waren zudem Freiheitsbewegungen und Verfassungskämpfe in anderen europäischen Ländern, wie in Spanien (1820–1823) und Italien (1820/21), Griechenland (1820er-Jahre) oder Polen (1830/31). Diese außerdeutschen Diskurse nahmen eine wichtige Stellvertreterfunktion für den unterdrückten heimischen Nationalismus ein; so Siemann, Staatenbund (wie Fn. 6), S. 335 f.
43 Entsprechende Initiativen gingen vor allem auf den preußischen Militärbevollmächtigten am Bund, Generalmajor Josef Maria von Radowitz zurück, vgl. Huber, Verfassungsgeschichte (wie Fn. 38), Bd. 2, S. 587-589 und Müller, Deutscher Bund (wie Fn. 1), S. 28 f. Radowitz' Pläne stießen insbesondere bei der badischen Regierung auf Unterstützung, zudem folgten von sächsischer Seite Anträge auf Vereinheitlichung der Gesetzgebung und des Postwesens, die allerdings von Bayern abgelehnt wurden. Auch Österreich verhielt sich eher passiv und abwartend; vgl. Lutz, Habsburg und Preußen (wie Fn. 8), S. 242-244, und Faber, Geschichte (wie Fn. 34), S. 218.

2 Verfassungsstruktur der zentralen staatlichen Ebene

Die Deutsche Bundesakte vom 8. Juni 1815 bildete das konstituierende Verfassungsdokument des Deutschen Bundes.[44] In insgesamt zwanzig Artikeln legten die Fürsten der deutschen Einzelstaaten die Grundlage für die Verbindung ihrer Territorien in Form eines »beständigen« (d. h. unauflösbaren) Staatenbundes mit bundesstaatlichen Elementen.[45] Deutlich zeigt sich mit der Deutschen Bundesakte der Kompromisscharakter der neu entstandenen Verfassungsordnung: Selbst im Vergleich zum Alten Reich fällt das Fehlen wichtiger Staats- und Verfassungsorgane auf, die integrierende Wirkungen hätten entfalten können: Der Bund hatte kein Staatsoberhaupt, keine Exekutive, keine gewählte Legislative und keine oberste Gerichtsbarkeit. So war die Staatlichkeit des Bundes zu Beginn mit einem einzigen Bundesorgan, der am 5. November 1816 zu Frankfurt am Main eröffneten Bundesversammlung – die bald in

---

44 CD-ROM-2, Dok.-Nr. 11.1.2.1 (wie Fn. 18).
45 So die mittlerweile gängige Beschreibung; vgl. Treichel (Bearb.), Entstehung (wie Fn. 2), S. XIV f. Ähnlich (und mit Referenz auf W. v. Humboldt) urteilt Boldt, Verfassungsgeschichte (wie Fn. 22), S. 136 f. (»Staatenbund, der zur Verwirklichung seiner Zwecke über die Mittel eines Bundesstaates verfügte.«). Zu Recht wird darauf hingewiesen, dass das ursprüngliche Bild vom »bloßen Staatenbund« viel zu statisch sei, weil der Bund im Laufe seines Bestehens sich zur Durchsetzung seiner Politik (vor allem gegen revolutionäre, nationale und liberale Tendenzen) in immer stärkerem Maße bundesstaatlicher Elemente bediente; vgl. Siemann, Staatenbund (wie Fn. 6), S. 325. Ausführlich zur Rechtsnatur des Deutschen Bundes im Spannungsfeld von Staatenbund und Bundesstaat Huber, Verfassungsgeschichte (wie Fn. 13), Bd. 1, S. 658-674. Eine Synthese der Forschungsdiskussionen bietet Elmar Wadle, Staatenbund oder Bundesstaat? Ein Versuch über die alte Frage nach den föderalen Strukturen in der deutschen Verfassungsgeschichte zwischen 1815 und 1866, in: W. Brauneder (Hg.), Staatliche Vereinigung: Fördernde und hemmende Elemente in der deutschen Geschichte, Berlin 1998, S. 137-170. Die begriffsgeschichtlichen Hintergründe bei Reinhart Koselleck, Bund, in: O. Brunner u. a. (Hg.), Geschichtliche Grundbegriffe. Historisches Lexikon zur politisch-sozialen Sprache in Deutschland, Bd. 1, Stuttgart 1972, S. 649-662. Mit Verweis auf spätmittelalterliche Föderationen, aus denen z. B. die Schweizer Eidgenossenschaft und die Niederländischen Generalstaaten entstanden sind, betont Boldt, Verfassungsgeschichte (wie Fn. 22), S. 127, dass ideengeschichtlich die Unterscheidung föderativer Ordnungen in Staatenbünde und Bundesstaaten nicht unbekannt war. Ähnlich auch Werner Näf, Die Deutsche Bundesakte und der Schweizerische Bundesvertrag von 1815, Bern u. a. 2. Aufl. 1974. Die Ansichten der zeitgenössischen Staats- und Verfassungslehre beschreiben Michael Stolleis, Geschichte des öffentlichen Rechts in Deutschland, Bd. 2: Staatsrechtslehre und Verwaltungswissenschaft 1800–1914, München 1992, S. 76-186 und Manfred Friedrich, Geschichte der deutschen Staatsrechtswissenschaft, Berlin 1997, S. 184-193. Schließlich beschäftigte sich die zeitgenössische Publizistik intensiv mit Fragen einer bündischen Verfassung, wobei auch die Entwicklungen in den Vereinigten Staaten (seit 1776) im Kontext bundesstaatlicher und staatenbündischer Modelle genau rezipiert wurden; vgl. Fritz Hartung, Deutsche Verfassungsgeschichte vom 15. Jahrhundert bis zur Gegenwart, Stuttgart 8. Aufl. 1964, S. 171.

Anlehnung an den früheren Reichstag des Alten Reiches auch »Bundestag«[46] genannt wurde –, allenfalls rudimentär entwickelt.

Die unter dem Vorsitz der Präsidialmacht Österreich stehende Bundesversammlung setzte sich aus zwei Gremien zusammen, dem *Plenum* und dem *Engeren Rat*. Im Engeren Rat wurden die laufenden Geschäfte erledigt; er war der übliche Ort der Beratungen.[47] In struktureller Analogie zum Reichstag des Alten Reiches hatten die elf größten Staaten jeweils eine (Viril-)Stimme; die übrigen, kleineren Bundesglieder waren in sechs Kurien zusammengefasst und führten somit sechs (Kuriat-)Stimmen. Abstimmungen erfolgten mit einfacher Mehrheit, bei Stimmengleichheit entschied die Präsidialstimme Österreichs.[48] Grundsätzlich waren Bundesbeschlüsse (des Engeren Rates wie des Plenums) rechtlich bindend für alle Staaten; konkrete Verbindlichkeit erlangten sie allerdings erst durch landesrechtliche Publikation.[49] Das Plenum, in dem die einzelnen Staaten des Bundes in unterschiedlicher Stärke (abhängig von der Einwohnerzahl) vertreten waren, kam nur aus Anlass besonders wichtiger und grundlegender Beschlüsse zusammen. Dies betraf etwa die Abfassung oder Abänderung von Grundgesetzen des Bundes, die Errichtung bzw. Veränderung von Bundesorganen, gemeinnützige Anordnungen, Religionsangelegenheiten[50] sowie Kriegserklärungen oder Friedensschlüsse. Aufgrund der geringen Entwicklung der Bundesverfassung trat es nur selten in Erscheinung.[51] Im Plenum gab es keine Beratung, sondern nur Abstimmungen über Vorlagen mit »Ja« oder »Nein«.[52] Da Beschlüsse im Plenum zumindest eine Zweidrittelmehrheit und zum Teil sogar Einstimmigkeit erforderten, war keine Majorisierung der kleineren Staaten – insbesondere durch die beiden Großmächte – möglich.[53] Vielmehr bedingte diese Verfassungskonstruktion die Bildung vielfältiger Allianzen, die dem Interessenausgleich und der Interessenbündelung dienten.[54] In der politischen Praxis war die Funktionsfähigkeit des Bundes gleichwohl mit

---

46 Siemann, Staatenbund (wie Fn. 6), S. 323 und Huber, Verfassungsgeschichte (wie Fn. 13), Bd. 1, S. 588.
47 Gewöhnlich fanden die Sitzungen wöchentlich statt, zu Beginn sogar dreimal pro Woche; vgl. Ernst Forsthoff, Deutsche Verfassungsgeschichte der Neuzeit, Stuttgart 1972, S. 92.
48 Angelow, Deutscher Bund (wie Fn. 26), S. 8.
49 Zur Bundesgesetzgebung ausführlich Huber, Verfassungsgeschichte (wie Fn. 13), Bd. 1, S. 598-603, u. a. auch zum Vorrang des Bundesrechts vor dem Landesrecht (S. 601).
50 Die Einbeziehung der Religionsangelegenheiten in den Katalog dieser grundsätzlichen staats- und völkerrechtlichen Entscheidungen knüpfte an die Tradition des Alten Reiches und die Friedensordnung von 1648 an, durch die politische Themen mit konfessionellen Bezügen an besonders strenge Entscheidungsmechanismen gebunden worden waren; vgl. Weis, Durchbruch (wie Fn. 34), S. 354 und Hartung, Verfassungsgeschichte (wie Fn. 45), S. 172.
51 Ebd. der Hinweis auf insgesamt 16 Zusammenkünfte, wobei von 1822 bis 1833 und von 1835 bis 1847 keine Tagungen stattfanden.
52 Forsthoff, Verfassungsgeschichte (wie Fn. 47), S. 92.
53 Weis, Durchbruch (wie Fn. 34), S. 353. Auf die elf größten Staaten entfielen 39 (von 69) Stimmen; vgl. Müller, Deutscher Bund (wie Fn. 1), S. 5.
54 Zerback (Bearb.), Reformpläne (wie Fn. 7), S. XXII.

Bundestag

Bundesversammlung der bevollmächtigten Gesandten aller Bundesstaaten;
Besorgung der Angelegenheiten des Bundes;
Entscheidungen in allen wesentlichen Fragen nur durch Einstimmigkeit,
für alle übrigen Beschlüsse absolute oder ²/₃ Mehrheit erforderlich;
Vorsitz des Bundes: Österreich;
Sitz des Bundestags: Frankfurt am Main

Plenum:
ursprünglich 69 Stimmen, unterteilt nach Mehrfachstimmrecht für größere, Einfachstimmrecht für kleinere und gemeinsames Stimmrecht für Kleinstaaten

Engerer Rat:
17 Stimmen: 11 Virilstimmen der größeren und 6 Kuriatstimmen der kleineren Staaten

Glieder des Bundes (1815/17):
37 »Souveräne Fürsten« und 4 »Freie Städte«; in den meisten Einzelstaaten wurden nach 1815 teils altständische Verfassungen wiederbelebt, teils Repräsentativverfassungen eingeführt

Abb. 11.1.3 Die Organe des Deutschen Bundes

den Intentionen von Österreich und Preußen, die sich üblicherweise im Vorfeld von Entscheidungen am Bund über ihre jeweiligen Standpunkte verständigten, eng verknüpft, wie sich besonders anlässlich der verschiedenen Repressionsbeschlüsse zeigen sollte.[55] (☞ Abb. 11.1.3)

Im Spannungsfeld zwischen verfassungsrechtlichen Vorgaben des Bundes und einzelstaatlicher Umsetzung in der Verfassungspraxis lag besonders Art. 13 DBA, nach dem in allen Bundesstaaten eine »landständische Verfassung« eingeführt werden sollte.[56] In den Folgejahren führte diese unpräzise Vorgabe zu scharfen Debatten zwischen restaurativen und reformorientierten Kräften sowie zu einem Auseinanderdriften der einzelstaatlichen Verfassungsentwicklungen in drei Richtungen: Abge-

---

55 Weis, Durchbruch (wie Fn. 34), S. 353.
56 Die Hintergründe der Entstehung beleuchtet Wolfgang Mager, Das Problem der landständischen Verfassungen auf dem Wiener Kongreß 1814/15, in: Historische Zeitschrift 217 (1974), S. 296-346; wobei Mager die Bezugspunkte für Art. 13 DBA vorrangig in der Verfassungstradition des Alten Reiches sieht. Dazu auch Bernd Wunder, Landstände und Rechtsstaat. Zur Entstehung und Verwirklichung des Art. 13 DBA, in: Zeitschrift für Historische Forschung 5 (1978), S. 139-185 und Dieter Grimm, Deutsche Verfassungsgeschichte 1776–1866, Frankfurt a. M. 1988, S. 68-71 und S. 142 ff.

2 Verfassungsstruktur der zentralen staatlichen Ebene

sehen von verfassungslosen Staaten (allen voran Österreich und Preußen) konnten mit einer »landständischen Verfassung« sowohl altständische Verfassungsordnungen (wie in Mitteldeutschland) als auch Repräsentativverfassungen (wie in den süddeutschen Staaten) legitimiert werden. Während restaurative Kräfte wie Österreich mittels Art. 13 DBA die Wiederherstellung altständischer Strukturen (als Bollwerk gegen bürgerliche Verfassungsentwicklungen) intendierten, fürchteten die süddeutschen Monarchen die mögliche Stärkung des nach 1803 gerade erst entmachteten Adels und damit einen Eingriff in ihre Souveränität. Präzisiert wurde Art. 13 DBA dann 1820 mit Art. 57 WSA, der den Vorrang des monarchischen Prinzips feststellte.[57] Gleichzeitig wurden allerdings auch alle Typen schon bestehender landständischer Verfassungen (Art. 56 WSA) bestätigt. Damit fanden vor allem jene (süddeutschen) Repräsentativverfassungen verfassungsrechtliche Anerkennung, die angesichts des drohenden restaurativen »Roll-Back« massiv gefährdet waren.[58]

Alles in allem erfuhr die in den ersten Jahren noch wenig konkretisierte (und damit Spielraum für Entwicklungen bietende) Verfassungsordnung des Deutschen Bundes mit der WSA[59] in Verbindung mit den vorangegangenen Karlsbader Beschlüssen[60] eine deutlich stärkere, repressive Konturierung. Unter Betonung der staatenbündischen Struktur des Bundes wurden die normativen Voraussetzungen zum Schutz dieser Ordnung gegen äußere wie innere Bedrohungen geschaffen. Dies betraf in der äußeren Dimension das Recht des Bundes, Krieg, Frieden, Bündnisse und andere Verträge zu beschließen (Art. 35 WSA), sowie die gegenseitige Beistandspflicht aller Einzelstaaten des Bundes im Falle eines Angriffs von außen (Art. 36 ff. WSA).[61] Zum Bundeskrieg kam es allerdings nur einmal, 1848/50 gegen Dänemark.

Folgenreicher blieben hingegen die Bestimmungen, die das Verhältnis der Gliedstaaten untereinander regelten und das Eingreifen des Bundes im Inneren ermöglichten. In Ermangelung eines obersten Bundesgerichts eröffneten Art. 11 DBA, die

---

57 Mit Bundesbeschluss vom 16. August 1824 wurde der Vorrang des monarchischen Prinzips nochmals bekräftigt; vgl. Huber, Verfassungsgeschichte (wie Fn. 13), Bd. 1, S. 765 f.
58 Diesen Aspekt betont Wilhelm Mößle, Die Verfassungsautonomie der Mitgliedstaaten des Deutschen Bundes nach der Wiener Schlußakte, in: Der Staat 33 (1994), S. 373-394.
59 CD-ROM-2, Dok.-Nr. 11.1.2.2 (wie Fn. 36).
60 In diesem Zusammenhang ist vor allem auf die (als Teil der Karlsbader Beschlüsse) zunächst nur provisorische Exekutionsordnung vom 20. September 1819 hinzuweisen, die später durch die endgültige Exekutionsordnung vom 3. August 1820 ersetzt wurde. Letztere in: CD-ROM-2, Dok.-Nr. 11.1.2.3; vgl. auch Huber, Verfassungsgeschichte (wie Fn. 13), Bd. 1, S. 749.
61 Ähnlich wie entsprechende Regelungen im Verfassungssystem des Alten Reiches über das Bündnisrecht der Reichsstände – dazu Ernst-Wolfgang Böckenförde, Der Westfälische Frieden und das Bündnisrecht der Reichsstände, in: Der Staat 8 (1969), S. 449-478 – hatte schon Art. 11 DBA den Bundesgliedern das Recht zu Bündnissen aller Art gelassen, gleichzeitig aber gegen die Sicherheit des Bundes oder einzelner Bundesstaaten gerichtete Verbindungen verboten, und zudem die gegenseitige Beistandspflicht der Bundesglieder betont.

Austrägalordnung vom 16. Juni 1817[62] und Art. 21-24 WSA Mechanismen zur Vermittlung und Schlichtung bei Konflikten zwischen einzelnen Bundesmitgliedern.[63] Zudem konnte der Bund nach Art. 60 WSA auf Ersuchen eines Einzelstaats die Garantie für eine dort bereits eingeführte landständische Verfassung übernehmen und damit bei Verfassungsstreitigkeiten in einem Gliedstaat eingreifen.[64] Ähnlich wie im Alten Reich (über die oberste Gerichtsbarkeit sowie den Reichstag) bot das Verfassungssystem des Deutschen Bundes also die Möglichkeit, Streitfälle zu verrechtlichen bzw. einer politischen Kompromisslösung zuzuführen. Im Verhältnis zu den Einzelstaaten hatte der Bund allerdings auch die Möglichkeit, mittels »Bundesintervention« (Art. 26 ff. WSA) bzw. »Bundesexekution« (Art. 31 ff. WSA) direkt in deren Souveränität einzugreifen. Dies betraf die Unterstützung einer einzelstaatlichen Regierung gegen aufständische Kräfte (Bundesintervention) ebenso wie die Durchsetzung von Bundesbeschlüssen gegenüber renitenten Einzelstaaten (Bundesexekution).[65] Insgesamt bildete die ohne Gegenstimme im Plenum des Bundestags angenommene WSA einen entscheidenden Wendepunkt. Unter Österreichs bzw. Metternichs Führung wurde der Bund seit 1819/20 zum Werkzeug der Unterdrückung liberaler und nationaler Verfassungsströmungen und blieb funktional auf den Erhalt des Status quo beschränkt.[66] In diese erstarrte Verfassungsordnung kam erst zu Beginn der 1830er-Jahre wieder Bewegung. Als Antwort auf die französische Julirevolution und die dadurch stimulierten Unruhen in Deutschland erweiterten die »Maßregeln zur Herstellung und Erhaltung der Ruhe in Deutschland« (21.10.1830)[67] den Spielraum für Bundesinterventionen. Unter Federführung Österreichs und Preußens[68]

---

62 CD-ROM-2, Dok.-Nr. 11.1.6.1 (Austrägalordnung v. 16.6.1817). Zum Austrägalverfahren siehe Kapitel 6, Justiz.
63 Vgl. Huber, Verfassungsgeschichte (wie Fn. 13), Bd. 1, S. 625-631.
64 Ebd., S. 622. Trotz des quasigerichtlichen Verfahrensgangs handelte die Bundesversammlung in derartigen Fällen nicht als »Gericht« im institutionellen Sinn, sondern vielmehr als oberstes Bundesorgan mit dem – ohnehin beschränkten – Privileg, einzelstaatliche Verfassungskonflikte einer rechtlichen Lösung durch eine »höhere (Bundes-)Gewalt« zugänglich zu machen.
65 Bis 1848 erfolgten Bundesinterventionen 1830 (Luxemburg) und 1833 (Frankfurt, im Anschluss an den Wachensturm); Bundesexekutionen 1829 (Braunschweig) und 1834 (Frankfurt); siehe dazu ausführlich Huber, Verfassungsgeschichte (wie Fn. 13), Bd. 1, S. 631-639.
66 Lutz, Habsburg und Preußen (wie Fn. 8), S. 53, spricht von »chronische(r) Lähmung und Unreformierbarkeit«. Siemann, Staatenbund (wie Fn. 6), S. 335 kennzeichnet den Zeitraum 1820–1830 als eine »halkyonische Dekade«; ein Begriff, der auf die griechischen Seefahrer zurückgeht, die damit die Zeit der Windstille bezeichneten.
67 CD-ROM-2, Dok.-Nr. 11.1.2.5 (wie Fn. 38) und Huber, Verfassungsgeschichte (wie Fn. 38), Bd. 2, S. 151 f.
68 Die tatsächliche Rolle Preußens als einer der Anführer repressiver Maßnahmen am Bund verdient auch deshalb Beachtung, weil in der öffentlichen Wahrnehmung die antiliberale Repressionspolitik eher »dem Bund« bzw. Österreich und Metternich angelastet wurden, was sich auch vor dem Hintergrund der Präferenzen vieler Liberaler für eine kleindeutsche Lösung des nationalen Problems nachvollziehen lässt; vgl. Zerback (Bearb.), Reformpläne (wie Fn. 7), S. XII und S. XIV. Der Bedeutungszuwachs Preußens am Bund hatte sich schon symbolträchtig bei den Beratungen

folgten dann im Sommer 1832 weitere Aktivitäten des Bundes mit erneut stark repressivem Charakter, wozu die angeblich durch das Hambacher Fest (27.–30. Mai 1832) ausgelöste Gefährdung der bestehenden Ordnung als willkommener Anlass diente. Für die Verfassungsordnung des Bundes bzw. das Verhältnis zwischen Bund und Einzelstaaten präzisierten die Sechs Artikel[69] schon bekannte Bundesnormen wie den unbedingten Vorrang des monarchischen Prinzips oder die Beschränkung der landständischen Partizipationsmöglichkeiten, womit insbesondere das Budgetrecht der Landstände berührt wurde.[70] Zudem wurde mit der sog. »Bundesüberwachungskommission« (Art. 4 der Sechs Artikel) eine Einrichtung geschaffen, die gezielt die landständischen Versammlungen und Parlamente der Einzelstaaten kontrollieren sollte. Den Höhepunkt repressiver Bundespolitik während des Vormärz[71] bildeten dann die Sechzig Artikel vom 12. Juni 1834[72], die nach bekanntem Muster zustande kamen: Ähnlich wie 1819/20 verständigten sich die wichtigsten Staaten des Bundes im Rahmen von Ministerkonferenzen (und nicht am Bundestag!) auf weitere Präzisierungen und Ergänzungen der geltenden Verfassungsnormen des Bundes. So wurden die landständischen Rechte und die Grundrechte erneut beschränkt. Allerdings werden auch Unterschiede zur bisherigen Vorgehensweise deutlich, da aus Furcht (insbesondere der konstitutionellen Staaten) vor einer weiteren Eskalation der öffentlichen Stimmung wesentliche Teile der Sechzig Artikel streng geheim gehalten wurden. Auch wenn der Schlussartikel die Regierungen zur Beachtung aller (d. h. auch der nicht veröffentlichten) Artikel verpflichtete, so handelte es sich dabei schon aus

---

zu den sechs Artikeln gezeigt, als Österreich und Preußen erstmalig gemeinsam eine »Präsidial«-Proposition einbrachten; ebd., S. XXIII.
69 CD-ROM-2, Dok.-Nr. 11.1.2.6 (wie Fn. 39). Vgl. auch Huber, Verfassungsgeschichte (wie Fn. 38), Bd. 2, S. 154-163. Zu den »Zehn Artikeln« vom 5. Juli 1832, in: CD-ROM-2, Dok.-Nr. 11.1.2.7, die ebenfalls in diesen Kontext gehören, siehe Kapitel 4, Grundrechte.
70 Zum Phänomen der »Rechtsinterpretation« als Reaktionsinstrument des Bundes siehe Zerback (Bearb.), Reformpläne (wie Fn. 7), S. XXXI, mit dem zusätzlichen Hinweis auf das paradox anmutende Problem, dass – ähnlich schon wie 1819/20 – Positionen der liberalen und nationalen Kräfte von mittelstaatlichen Monarchen (wie z. B. in Süddeutschland) vertreten werden, um so die eigenstaatliche Souveränität gegen allzu repressive Eingriffe des Bundes zu sichern. Auch 1832 spielten diese Erwägungen einiger Mittelstaaten wieder eine wichtige Rolle, wie sich besonders deutlich am Streit um die jeweilige landesrechtliche Publikation von Bundesbeschlüssen (wie den Sechs und Zehn Artikeln) zeigte. Indem die für die rechtliche Verbindlichkeit von Bundesbeschlüssen erforderliche Publikation verzögert oder mit einschränkenden oder mehrdeutigen Zusätzen versehen wurde, versuchten Staaten wie Bayern, Württemberg, Sachsen und Hessen-Darmstadt sich zumindest nach außen hin von den Maßnahmen des Bundes etwas zu distanzieren, wohl auch in der Hoffnung, die ohnehin schon angespannte öffentliche Stimmung nicht noch weiter zu gefährden. Auf Druck des Bundes erkannten schließlich aber alle Einzelstaaten die uneingeschränkte rechtliche Verbindlichkeit der Sechs Artikel an, vgl. Huber, Verfassungsgeschichte (wie Fn. 38), Bd. 2, S. 160 f.
71 »Vormärz« umfasst hier und im Folgenden den Zeitraum von der französischen Julirevolution 1830 bis zum Ausbruch der Revolution von 1848.
72 CD-ROM-2, Dok.-Nr. 11.1.2.9 (wie Fn. 41).

der Perspektive des zeitgenössischen Verfassungsrechts um einen massiven Bruch der bestehenden verfassungsmäßigen Grundsätze.[73] Verheerend war zudem – gerade bei gemäßigt-liberalen Kreisen – die Außenwirkung des Bundes. Galt er schon seit der restaurativen Wende von 1819/20 als Feindbild der politischen Publizistik, so hatten doch etliche liberale Politiker auch noch in den 1830er-Jahren versucht, den Bund über Reformvorschläge – vor allem in den Bereichen Bundesorganisation, Militär, Jurisdiktion und Handel – weiterzuentwickeln.[74] Mit den Sechzig Artikeln aber, deren geheime Teile schließlich 1843 durch eine Indiskretion publik wurden und scharfen Widerspruch aus dem liberalen Lager provozierten, wurden diese Entwicklungsperspektiven nachhaltig zerstört, zumal der Bund auch in den Folgejahren sich nicht für die Anliegen der liberal-nationalen Kräfte öffnete.[75]

Gleichwohl lässt sich zusammenfassend feststellen, dass sich der Bund nicht allein auf die über ihn initiierten Repressionsmaßnahmen und sein Scheitern angesichts der Ereignisse von 1848/49 (bzw. 1866) reduzieren lässt. Mit zyklischen Auf- und Abschwüngen bildete er vielmehr eine wichtige Plattform zur gemeinschaftlichen Beratung vieler Themen aus so unterschiedlichen Politikfeldern wie Wirtschaft, Handel und Verkehr sowie Justiz, Militär und Außenbeziehungen.[76] Weiterhin waren unter seinem Dach eigenstaatliche Entwicklungen mit erheblicher Elastizität möglich, wobei man die Grenzen dieser föderalen Vielfältigkeit und eben auch die hemmenden Wirkungen der Bundespolitik angesichts des sich immer stärker ausbreitenden Nationalgedankens nicht übersehen darf.[77]

Gerade im Verhältnis zu den übrigen europäischen Mächten kam dem Bund zudem eine wichtige Funktion zu. Zwar hatten insbesondere Österreich und Preußen

---

73 Detailliert Huber, Verfassungsgeschichte (wie Fn. 38), Bd. 2, S. 178-180.
74 Zerback (Bearb.), Reformpläne (wie Fn. 7), S. XLIV-XLIX. Hervorzuheben ist beispielsweise die berühmte Motion von Karl Theodor Welcker in der badischen Zweiten Kammer vom 15. Oktober 1831; ebd., S. 637-672.
75 Das eindrücklichste Beispiel hierfür lieferte der Verfassungskonflikt in Hannover (1837), in dessen Verlauf sich die Opposition wegen des verfassungswidrigen Verhaltens des Landesherrn Ernst August an den Bund wandte und auch konstitutionelle Staaten wie Bayern und Baden dessen Eingreifen forderten, das aber von der Majorität unter Führung Metternichs abgelehnt wurde. Damit sanktionierte der Bund nicht nur die hannoverschen Vorgänge, sondern missachtete in Form willkürlicher Auslegung eigene grundlegende Rechtsnormen wie die Sicherung bestehender landständischer Verfassungen. Das Verhalten des Bundes im hannoverschen Verfassungskonflikt »versetzte der Sache des Konstitutionalismus in Deutschland einen schweren Schlag«, so Huber, Verfassungsgeschichte (wie Fn. 38), Bd. 2, S. 113, und führte zu einer weiteren Abkehr reformorientierter Kräfte vom Bund; vgl. auch Thomas Nipperdey, Deutsche Geschichte 1800–1866. Bürgerwelt und starker Staat, München 1998, S. 377.
76 Dies belegen auch die Protokolle der Deutschen Bundesversammlung sowie die Vielzahl von bisher kaum untersuchten (Unter-)Ausschüssen; vgl. Siemann, Staatenbund (wie Fn. 6), S. 325.
77 Eindeutig fällt daher die Feststellung von Nipperdey, Geschichte (wie Fn. 75), S. 356 aus: »Der Bund verkörperte den Föderalismus der Restauration und des Status quo, den Föderalismus der Regierungen – ganz im Gegensatz nun zum Föderalismus der Nation.«

wenig Interesse daran, dem Bund Kompetenzen einzuräumen, die ihn zu einem bedeutenden außenpolitischen Akteur hätten werden lassen können.[78] Andererseits gelang es den beiden deutschen Großmächten auch nicht, den Bund für ihre eigenen außen- und kriegspolitischen Interessen zu instrumentalisieren, denn ohne die Mitwirkung der mittleren und kleineren Staaten ließ sich am Bund keine Entscheidung treffen. Außerdem war mit dem Bund eine gemeinschaftliche Verbindung der deutschen Staaten geschaffen worden, die ein wirksames Auftreten bei Einmischungsversuchen von außen ermöglichte. Diese ergaben sich u. a. dadurch, dass aufgrund dynastischer Verbindungen ausländische Monarchen[79] in die deutsche Staatenwelt und damit auch den Deutschen Bund eingebunden waren.[80] Die Ansprüche ausländischer Staaten auf Intervention bei Verletzungen oder Änderungen der Bundesverfassung sind jedoch vom Bund stets bestritten und z. T. scharf zurückgewiesen worden.[81] In dieser Dimension, der Sicherung seiner Existenz bzw. seines Machtmonopols nach außen hin, zeigte der Bund damit ein durchaus hohes Maß an Funktionsfähigkeit.

---

78 Zwar bezeichnete Art. 2 WSA den Bund als eine in den äußeren Verhältnissen »in politischer Einheit verbundene Gesamtmacht«; in der Realität trat der Bund nach außen hin aber nur selten in Erscheinung. Dies zeigt sich schon daran, dass bspw. Frankreich, England und Russland in Frankfurt beim Deutschen Bund diplomatisch vertreten waren, der Bund selbst aber das aktive Gesandtschaftsrecht (abgesehen von einigen wenigen Ausnahmen) nicht ausgeübt hat; vgl. Huber, Verfassungsgeschichte (wie Fn. 13), Bd. 1, S. 605 f. und Angelow, Deutscher Bund (wie Fn. 26), S. 11. Auch hat der Bund z. B. keine völkerrechtlichen Verträge abgeschlossen; vgl. Faber, Geschichte (wie Fn. 34), S. 18.
79 Der König von Dänemark als Herzog von Holstein und Lauenburg, der König von England als König von Hannover (bis 1837) und der König der Niederlande als Großherzog von Luxemburg.
80 Bereits im Alten Reich hatten mit Schweden und Frankreich (beide als Garantiemächte des Westfälischen Friedens), England (wg. Hannover) und Russland (als Garant der Reichsverfassung nach dem Frieden von Teschen 1779) vier europäische Staaten wiederholt Eingriffsrechte beansprucht. Mit ganz ähnlichen Begründungen legitimierten nach 1815 dann die Signatarmächte des Wiener Kongresses wiederholt Interventionsansprüche in innere Angelegenheiten des Bundes. Sie verwiesen darauf, dass die den Deutschen Bund konstituierende Deutsche Bundesakte (als Artikel 118) Bestandteil der Wiener Kongressakte – CD-ROM-2, Dok.-Nr. 1.1.4 (Wiener Kongressakte v. 9.6.1815) – sei und somit unter der Garantie der Kongressmächte stünde. Die grundsätzliche Haltung der wichtigsten europäischen Mächte zum Bund bei Lutz, Habsburg und Preußen (wie Fn. 8), S. 54; vor allem die französische Politik zielte darauf, eine einheitliche Machtkonzentration in Deutschland (unter österreichischer oder preußischer Führung) zu verhindern. Dementsprechend unterstützte Frankreich häufig die Position der Trias-Staaten.
81 Auf angebliche Interventionsrechte beriefen sich beispielsweise 1819 im Anschluss an die Karlsbader Beschlüsse Frankreich und Russland (gegen eine zu starke österreichische Dominanz am Bund) sowie 1833/34 England und Frankreich (nach der Besetzung Frankfurts durch Bundestruppen mit Verweis auf die Souveränität der Einzelstaaten). Die Vorgänge von 1833/34 mündeten in den »Bundesbeschluß über die Unstatthaftigkeit der Einmischung fremder Mächte in die inneren Angelegenheiten des Deutschen Bundes« (vom 18. September 1834, in: CD-ROM-2, Dok.-Nr. 11.1.1.1; vgl. Siemann, Staatenbund (wie Fn. 6), S. 320.

3 Wahlrecht und Wahlen

Ähnlich wie im Verfassungssystem des Alten Reiches wurden die auf Bundesebene handelnden politischen Akteure nicht über wahlrechtlich begründete Verfahren legitimiert. Die Bundesversammlung setzte sich vielmehr aus weisungsgebundenen Bevollmächtigten der Mitgliedstaaten zusammen, die zwar Spielraum für eine »autonome Willensbildung«[82], sich letztlich aber doch in das vorgegebene politische Koordinatensystem einzuordnen hatten. Dies wurde besonders nach 1820 deutlich: Sämtliche reformorientierten Gesandten, die sich nicht ohne Weiteres dem preußisch-österreichischen Repressionsdruck fügen, sondern stattdessen eine eigenständige Position der Staaten des »Dritten Deutschland« koordinieren wollten, wurden im Zuge der sog. »Epuration« abberufen.[83] Die Folge war, dass am Bundestag ein weitgehend diskursarmer Verfahrensgang betrieben wurde und starke, charismatische Persönlichkeiten nicht mehr gefragt waren. Viele Gesandte beschränkten sich seitdem bei den Berichten an ihre jeweilige Regierung auf Paraphrasierungen der Protokolle, und nahmen kaum politische Bewertungen und Kommentare vor.[84]

4 Grundrechte

Schon während der Entstehungsphase des Bundes gab es Überlegungen, ob und ggf. welche Grundrechte in einer künftigen Bundesverfassung verwirklicht werden sollten.[85] Letztlich zementierte Art. 14 DBA zwar wesentliche standesherrliche Rechte.[86] Andererseits sicherten die Bundesglieder mit Art. 18 DBA ihren Untertanen[87]

---

82 Lutz, Habsburg und Preußen (wie Fn. 8), S. 37.
83 Nipperdey, Geschichte (wie Fn. 75), S. 357 und Huber, Verfassungsgeschichte (wie Fn. 13), Bd. 1, S. 756-758: Von der Epuration war z. B. der als liberal geltende württembergische Gesandte Wangenheim betroffen, der 1822 versucht hatte, Widerstand gegen die Mainzer Untersuchungskommission zu mobilisieren. Die Epuration wurde u. a. auf ein 1823 erlassenes Verbot gestützt, dem Bund ohne Erlaubnis der Bundesversammlung Bücher zu widmen und sich in Verhandlungen auf »neue Bundeslehren und Theorien« zu berufen; vgl. Faber, Geschichte (wie Fn. 34), S. 91 und 95 f. Zu weiteren Einschränkungen von Meinungsäußerungen gegenüber dem Bund vgl. Fn. 93.
84 Vgl. Zerback (Bearb.), Reformpläne (wie Fn. 7), S. XXIV-XXV.
85 Zum Folgenden vgl. Thomas Würtenberger, Von der Aufklärung zum Vormärz, in: D. Merten/ H.-J. Papier (Hg.), Handbuch der Grundrechte in Deutschland und Europa, Bd. 1, Heidelberg 2004, S. 49-96, hier S. 60. Zum zeitgenössischen staatstheoretischen Hintergrund siehe außerdem Rüdiger Suppé, Die Grund- und Menschenrechte in der deutschen Staatslehre des 19. Jahrhunderts, Berlin 2004, S. 73-79 und S. 21 f., mit dem zutreffenden Hinweis, dass sich der Grundrechtsbegriff erst im Kontext der Revolution von 1848/49 durchsetzte und vorher nur sehr selten nachgewiesen werden kann.
86 Siehe zu Art. 14 DBA auch Kapitel 6, Justiz.
87 Eine eigenständige, unmittelbare Angehörigkeit zum Bund, womöglich gar in Form eines Reichsbürgerrechtes bzw. einer gemeindeutschen Staatsangehörigkeit, existierte nicht; zentrale Bezugs-

wesentliche persönliche Grundrechte zu, wie Freizügigkeit hinsichtlich Wohnsitz, Grunderwerb, Zivil- und Militärdienst sowie die Modalitäten der Besteuerung bei Wohnsitzwechsel.[88] Zudem enthielt Art. 16 DBA die Bestimmung, dass die Verschiedenheit der christlichen Religionsparteien nicht die Wirksamkeit der bürgerlichen und politischen Rechte einschränken konnte. Damit war nicht die explizite Anerkennung der verschiedenen christlichen Konfessionen verbunden, die den jeweiligen landesrechtlichen Regelungen oblag. Vielmehr wurde über Art. 16 DBA die individuelle Glaubens- und Gewissensfreiheit (im Sinne eines Grundrechtes) normiert.[89] Weiterhin kündigte Art. 16 DBA die – z. T. schon in den Einzelstaaten begonnene – staatsbürgerliche Gleichstellung der Juden als Gegenstand späterer Beratungen am Bundestag an. Diese Absichtsbekundung wurde in der Folge allerdings auf Bundesebene nicht mehr normativ umgesetzt.[90]

Nach heutigem Ermessen elementare politische Grundrechte (wie Meinungs-, Presse- und Versammlungsfreiheit) waren nicht in der Bundesakte geregelt.[91] Im Zuge der Karlsbader Beschlüsse wurden dann gerade diese Rechte massiv eingeschränkt.[92] So ermöglichte das »Bundes-Preßgesetz« unter Androhung schwerer Strafen für die

---

ebene staatlicher Zugehörigkeit blieben die jeweiligen Einzelstaaten. Vgl. Dieter Gosewinkel, Einbürgern und Ausschließen. Die Nationalisierung der Staatsangehörigkeit vom Deutschen Bund bis zur Bundesrepublik Deutschland, Göttingen 2001, S. 28 f.

88 In diesem Zusammenhang wurde auch von den »teutschen Bürgerrechten« gesprochen, wobei der Bundestag beanspruchte, sich im Falle der Missachtung zugesicherter Rechte »der bedrängten Untertanen« anzunehmen; vgl. Hartung, Verfassungsgeschichte (wie Fn. 45), S. 173 f. (mit Hinweis auf den Bundesbeschluss vom 17. März 1817). Art. 53 WSA vom 15. Mai 1820 erneuerte diesen Vorbehalt, wobei allerdings auch auf die grundsätzliche, den einzelnen Bundesstaaten garantierte Unabhängigkeit hingewiesen wurde. Die Freizügigkeitsbestimmungen galten im Übrigen auch für im Gebiet des Bundes lebende Ausländer; vgl. Weis, Durchbruch (wie Fn. 34), S. 354.

89 Vgl. Huber, Verfassungsgeschichte (wie Fn. 13), Bd. 1, S. 414 f.

90 Um 1820 lebten etwa 350.000 Juden in den Staaten des Deutschen Bundes; vgl. Angelow, Deutscher Bund (wie Fn. 26), S. 26. Zur Situation der Juden siehe auch Lutz, Habsburg und Preußen (wie Fn. 8), S. 112. Auf die frühantisemitischen Ausschreitungen 1819 (»Hep-Hep«-Krawalle), um 1830 und 1848/49 reagierte der Bund offensichtlich nicht; vgl. Heinrich August Winkler, Der lange Weg nach Westen. Deutsche Geschichte 1806–1933, Bonn 2002, S. 76 f. Siehe generell zu den Hintergründen Stefan Rohrbacher, Gewalt im Biedermeier. Antijüdische Ausschreitungen in Vormärz und Revolution (1815–48/49), Frankfurt a. M. u. a. 1993.

91 Gemäß Art. 18 d) sollte sich die Bundesversammlung zwar bei ihrer ersten Zusammenkunft »mit der Abfassung gleichförmiger Verfügungen über die »Preßfreyheit« und der »Sicherstellung der Rechte der Schriftsteller und Verleger gegen den Nachdruck« beschäftigen. Hinsichtlich der Pressefreiheit kam es allerdings bis zu den Repressionsmaßnahmen um 1819/20 zu keinen normativen Aktivitäten des Bundes mehr; vgl. Wehler, Gesellschaftsgeschichte (wie Fn. 13), Bd. 2, S. 327. Zum Urheberrecht vgl. die Arbeiten von Elmar Wadle, nachgewiesen bei Müller, Deutscher Bund (wie Fn. 1), S. 110. In den Einzelstaaten gab es allerdings z. T. durchaus unterschiedliche Regelungen; so war z. B. die Zensur mittels der Verfassungen in den süddeutschen Ländern ausdrücklich abgeschafft worden. Vgl. Huber, Verfassungsgeschichte (wie Fn. 13), Bd. 1, S. 742.

92 Zur Bundes-Exekutionsordnung siehe Kapitel 2, Verfassungsstruktur der zentralen staatlichen Ebene; zum Bundes-Universitätsgesetz siehe Kapitel 10, Bildungswesen.

verantwortlichen Verfasser die Zensur aller Schriften mit einem Umfang von bis zu 20 Bogen (320 Seiten).[93] Weitere Bestimmungen verpflichteten die Einzelstaaten zur gegenseitigen Unterstützung und Umsetzung der entsprechenden Maßnahmen, wobei der Bund in Einzelfällen sogar direkt in die Landeshoheit eingriff, indem er Schriften verbot.[94] Mit dem Bundesuntersuchungsgesetz wurde eine »Zentral-Untersuchungskommission« in Mainz eingerichtet.[95] Diese der Bundesversammlung Rechenschaft pflichtige und mit exekutiven Möglichkeiten[96] ausgestattete Kommission untersuchte bis zu ihrer Auflösung im Herbst 1828 oppositionelle Personen und Vereinigungen und sollte die polizeilichen Maßnahmen in den Einzelstaaten koordinieren.[97] Nach außen hin trat sie kaum in Erscheinung; vielmehr lag ihre eigentliche Bedeutung in der Identifizierung und Überwachung sämtlicher als Gegner der bestehenden Ordnung eingestuften Personen im Stile einer (eher im Hintergrund agierenden) politischen

---

93 CD-ROM-2, Dok.-Nr. 11.1.4.1 (Bundes-Preßgesetz v. 20.9.1819). Das zunächst auf fünf Jahre befristete Bundes-Preßgesetz wurde mittels Art. 3 des Maßregeln-Gesetzes vom 16. August 1824, in: CD-ROM-2, Dok.-Nr. 11.1.2.4, bis zur »Vereinbarung eines definitiven Pressegesetzes« (das nie zustande kam) de facto unbeschränkt verlängert. Zu der sukzessiven Verrechtlichung der Zensurbestimmungen vgl. Edda Ziegler, Zensurgesetzgebung und Zensurpraxis in Deutschland 1819 bis 1848, in: R. Wittmann/B. Hack (Hg.), Buchhandel und Literatur, Festschrift für Herbert G. Göpfert zum 75. Geburtstag, Wiesbaden 1982, S. 185-220 und Ulrich Eisenhardt, Wandlungen von Zweck und Methoden der Zensur im 18. und 19. Jahrhundert, in: H.G. Göpfert/E. Weyrauch (Hg.), »Unmoralisch an sich…«. Zensur im 18. und 19. Jahrhundert, Wiesbaden 1988, S. 1-35. Weitere Maßnahmen in den 1820er- und 1830er-Jahren schränkten zudem die Möglichkeit der Meinungsäußerung gegenüber dem Bund deutlich ein; vgl. Huber, Verfassungsgeschichte (wie Fn. 13), Bd. 1, S. 763 ff. mit Hinweis auf die Bundesbeschlüsse vom 3. Juli 1823 (Verbot der Widmung von Büchern für den Bund), vom 15. Januar 1824 (Eingaben an den Bund unterliegen der Vorzensur) und vom 5. Februar 1824 (Verbot der Drucklegung unzensierter Reklamationen). Mit Beschluss des Bundestages vom 27. Oktober 1831 wurde verboten, dass »Deutsche in öffentlichen Angelegenheiten« sich an den Bund wenden konnten; vgl. Hartung, Verfassungsgeschichte (wie Fn. 45), S. 178. Der Bundesbeschluss vom 9. August 1832, in: CD-ROM-2, Dok.-Nr. 11.1.4.2 (Verbot von Petitionen und Protestationen v. 9.8.1832), schließlich unterband sämtliche Möglichkeiten für Petitionen und Protestationen, die gegen Bundesbeschlüsse gerichtet waren.
94 Huber, Verfassungsgeschichte (wie Fn. 13), Bd. 1, S. 742-745.
95 CD-ROM-2, Dok.-Nr. 11.1.6.2 (Bundes-Untersuchungsgesetz v. 20.9.1819). Ursprünglich hatten (vor allem) Preußen und (in geringerem Maße) Österreich die Schaffung eines Bundesgerichts (siehe hierzu auch Kapitel 6, Justiz) beabsichtigt. Metternich setzte schließlich die polizeiliche (und nicht gerichtliche) Verfolgung der oppositionellen Kräfte durch; vgl. Huber, Verfassungsgeschichte (wie Fn. 13), Bd. 1, S. 746 f. Generell außerdem Wolfram Siemann, »Deutschlands Ruhe, Sicherheit und Ordnung«. Die Anfänge der politischen Polizei 1806–1866, Tübingen 1985, S. 76-86; mit dem Hinweis (S. 76), dass wesentliche Impulse zur Zentralisierung der polizeilichen Untersuchungen von Preußen ausgegangen waren.
96 So konnte die Zentraluntersuchungskommission Haftbefehle aussprechen; vgl. Huber, Verfassungsgeschichte (wie Fn. 13), Bd. 1, S. 747 f.
97 Allerdings führte vor allem die geplante Koordinierungsfunktion zu schwerwiegenden Auseinandersetzungen um die Rolle der Kommission; vgl. Siemann, »Deutschlands Ruhe« (wie Fn. 95), S. 81 f.

Polizei.⁹⁸ Alles in allem wurden die Karlsbader Beschlüsse trotz mancher Entscheidungsspielräume konsequent und hart umgesetzt; sie führten für eine Dekade zu einer effektiven Unterdrückung und Verfolgung der liberal-nationalen Opposition.⁹⁹

Mit der neuerlichen Repressionswelle der 1830er-Jahre wurden dann schon bestehende Eingriffe in die Grundrechte erneuert bzw. ergänzt: Die »Maßregeln zur Herstellung und Erhaltung der Ruhe in Deutschland« (21. Oktober 1830)¹⁰⁰ bekräftigten die Zensurbestimmungen der Karlsbader Beschlüsse. Die Sechs Artikel vom 28. Juni 1832 beschränkten u. a. die Rede- und Berichtsfreiheit bei landständischen Versammlungen.¹⁰¹ Mit den Zehn Artikeln (5. Juli 1832) schließlich wurden (neben neuerlichen Zensurbestimmungen) politische Vereine und Versammlungen mit politischem Charakter verboten.¹⁰² Dass der Bund die einzelstaatliche Umsetzung dieser Beschlüsse genau beobachtete und nicht gewillt war, abweichendes Verhalten zu tolerieren, zeigte sich anlässlich der Auseinandersetzungen um das badische Pressegesetz im Frühjahr/Sommer 1832: Da dieses wegen seines vergleichsweise moderaten, ansatzweise liberalen Charakters (u. a. teilweise Aufhebung der Zensur) bundesrechtlichen Regelungen widersprach, drohte der Bund unter Führung Österreichs und Preußens Baden mit der Bundesexekution, worauf der badische Großherzog einlenken und das Pressegesetz zurücknehmen musste.¹⁰³ Als Folge des Frankfurter Wachensturms wurde dann im Juni 1833 eine neue Bundeszentralbehörde mit Sitz in Frankfurt eingerichtet, die der Überwachung missliebiger Personen und deren polizeilicher Verfolgung diente.¹⁰⁴ Dabei war die (bis Mitte 1842 aktive) Frankfurter Zentraluntersuchungsbehörde eng mit den Justiz- und Polizeibehörden der einzelnen deutschen Staaten verzahnt, sammelte auf diese Weise umfangreiche Informationen und war im Übrigen direkt in die einzelstaatlichen

---

98 Dies belegt auch der nach langwierigen Untersuchungen am 14. Dezember 1827 der Bundesversammlung vorgelegte Abschlussbericht; ebd., S. 83 und Huber, Verfassungsgeschichte (wie Fn. 13), Bd. 1, S. 747 f.
99 Müller, Deutscher Bund (wie Fn. 1), S. 11 f.
100 Huber, Verfassungsgeschichte (wie Fn. 38), Bd. 2, S. 151 f.
101 CD-ROM-2, Dok.-Nr. 11.1.2.6 (wie Fn. 39).
102 CD-ROM-2, Dok.-Nr. 11.1.2.7 (wie Fn. 39). Mit Blick auf die Zehn Artikel ist außerdem bemerkenswert, dass über Art. 7 f. die Formel vom »politischen« Vergehen oder Verbrechen erstmals in das Bundesrecht Eingang nahm; vgl. Müller, Deutscher Bund (wie Fn. 1), S. 73. In diesen Zusammenhang gehören auch die Strafvorschriften gegen Hoch- und Landesverrat vom 18. August 1836, in: CD-ROM-2, Dok.-Nr. 11.1.4.5, und die Maßnahmen gegen das Handwerksgesellentum vom 15. Januar 1835, mit denen die Freizügigkeit und das Koalitionsrecht der Handwerksgesellen massiv eingeschränkt wurden, in: CD-ROM-2, Dok.-Nr. 11.1.4.3. Generell schlossen die tiefen Eingriffe in die Grundrechte – konkret in das Vereinswesen – beispielsweise auch die gewerkschaftliche Organisation vor 1848 aus, vgl. Faber, Geschichte (wie Fn. 34), S. 207.
103 Ausführlich dazu Huber, Verfassungsgeschichte (wie Fn. 38), Bd. 2, S. 43 und S. 163. Verfassungsrechtlich wurde damit auch der Formel »Bundesrecht bricht Landesrecht« Geltung verschafft; vgl. Huber, Verfassungsgeschichte (wie Fn. 13), Bd. 1, S. 602.
104 CD-ROM-2, Dok.-Nr. 11.1.2.8 (Bundesbeschluss zur Bestellung einer Bundes-Zentralbehörde v. 30.6.1833). Adolf Löw, Die Frankfurter Bundeszentralbehörde von 1833–1842, Diss. phil. Frankfurt a. M. 1932.

Maßnahmen der Verfolgung und Verurteilung oppositioneller Kräfte involviert.[105] Mit dem seit März 1833 auf Metternichs Betreiben aufgebauten Mainzer Informationsbüro existierte zudem bis Februar 1848 eine »geheimpolizeiliche Nachrichtenzentrale«[106], die ebenfalls Informationen über die politische Opposition sammelte, auswertete und an die Regierungen bzw. Behörden einzelner Staaten (wie Österreich, Preußen, Hessen-Darmstadt und Nassau) weiterleitete. Auch wenn sicherlich die Grenzen dieser polizeistaatlichen Unterwanderung zu berücksichtigen sind[107], so trugen die tiefen Eingriffe des Bundes in die Grundrechtssphäre (auch in Verbindung mit weiteren Zensurbestimmungen)[108] alles in allem zu einer Atmosphäre der Überwachung, Bespitzelung und Denunziation bei. Zwar ließ die Intensität der Repression zu Beginn der 1840er-Jahre etwas nach, sodass sich in der politischen Praxis für die liberal-nationale Opposition zunehmend Freiräume für politisches Handeln boten. Doch schon allein die Tatsache, dass die grundrechtsbeschränkenden Institutionen (wie das Mainzer Informationsbüro) und Instrumente (wie die Zensurbestimmungen)[109] bis 1848 latent vorhanden waren, zeigt, auf welch schmalem Grat zwischen Duldung und Verfolgung sich die politische Opposition auch in den 1840er-Jahren bewegte. Bei der Aufhebung von Bundesnormen mit grundrechtsfeindlichem Charakter – etwa im Bereich der Pressefreiheit – kam es erst ab etwa 1846/47 zu ernsthafteren Bemühungen, die aber vor allem durch österreichischen Widerstand verzögert wurden.[110] Letztlich führte so erst die Revolution von 1848/49 zu einem umfassenden Durchbruch eines (bürgerlichen) Grundrechtekatalogs.

---

105 Siemann, Staatenbund (wie Fn. 6), S. 351 f.; ausführlich Huber, Verfassungsgeschichte (wie Fn. 38), Bd. 2, S. 173 f.
106 Siemann, Staatenbund (wie Fn. 6), S. 352.
107 Müller, Deutscher Bund (wie Fn. 1), S. 64 f.
108 Neuerliche Zensurregelungen, die z. B. Protokolle von Sitzungen der Landstände betrafen, erfolgten in den geheim gehaltenen Teilen der Sechzig Artikel vom 12. Juni 1834 und durch das Verbot der Schriften des »Jungen Deutschland« gemäß dem Bundesbeschluss vom 10. Dezember 1835, in: CD-ROM-2, Dok.-Nr. 11.1.4.4. Betroffen waren u. a. die Publikationen von Carl Gutzkow, Heinrich Heine, Heinrich Laube, Theodor Mundt und Ludolph Wienbarg.
109 Generell ist mit Müller, Deutscher Bund (wie Fn. 1), S. 68-70, auf die »Diversität der Zensurverhältnisse« innerhalb des Deutschen Bundes hinzuweisen; wobei die jeweilige Situation in den Einzelstaaten ebenso berücksichtigt werden müsse wie sich abwechselnde Phasen normativen Drucks und tatsächlicher Spielräume in der »Zensurpraxis«. Wie eine Zeitungsanalyse gezeigt hat, machten sich die Zensurbestimmungen in den 1820er- und 1830er-Jahren massiv bemerkbar; erst zu Beginn der 1840er-Jahre lässt sich eine vorsichtige Entschärfung der repressiven Bedingungen feststellen. Vgl. Elke Blumenauer, Journalismus zwischen Pressefreiheit und Zensur. Die Augsburger Allgemeine Zeitung im Karlsbader System (1818–1848), Köln u. a. 2000, insbesondere S. 166-172.
110 So befürworteten der preußische und der sächsische Gesandte anlässlich der Sitzung der Bundesversammlung am 9. September 1847 eine »censurfreie Presse«; siehe Müller, Deutscher Bund (wie Fn. 1), S. 29. Aber erst unter dem Druck der drohenden Revolution konnte der Bundestag sich mit Beschluss vom 3. März 1848 dazu durchringen, es jedem Einzelstaat freizustellen, die Zensur aufzuheben und Pressefreiheit zu gewähren. Vgl. Thomas Christian Müller, Der Schmuggel politischer Schriften. Bedingungen exilliterarischer Öffentlichkeit in der Schweiz und im Deutschen

5 Verwaltung

Die schwache institutionelle Ausgestaltung des Bundes zeigte sich besonders im Bereich der zivilen Verwaltung.[111] Schon das den Bund konstituierende Verfassungsdokument, die Deutsche Bundesakte, hatte keine Aussagen zu Verwaltungsorganen und zur Verwaltungsorganisation gemacht. Auch spätere Ergänzungen bzw. Konkretisierungen der Verfassung des Bundes, etwa im Rahmen der WSA, änderten an diesem Zustand nichts.[112] Einschließlich des Büropersonals der Militärkommission (seit 1819) sorgten im Hintergrund der Gesandtentätigkeit am Sitz der Bundesversammlung in Frankfurt am Main insgesamt 27 Kanzleibeamte für die Erledigung aller administrativen Aufgaben.[113] Angesichts dieser Personalstärke wird deutlich, dass der Bund sich zur Durchsetzung exekutiver Maßnahmen hauptsächlich auf die entsprechenden Einrichtungen der Mitgliedstaaten verlassen musste. Damit aber war der Bund von deren Kooperationsbereitschaft abhängig, was vor allem dann problematisch werden konnte, wenn es zwischen einzelnen Staaten des Bundes zu Konflikten kam und die Führungsmächte Österreich und Preußen sich untereinander uneins waren oder aber auch – in gemeinsamer Positionierung – gegen die übrigen Staaten agierten.[114]

6 Justiz

Hinsichtlich der Schaffung eines Gerichtswesens auf Bundesebene gab es in der Gründungsphase des Bundes Bestrebungen, an die früheren Institutionen des Alten Reiches (Reichskammergericht und Reichshofrat) anzuknüpfen.[115] Schließlich aber gelang es 1814/15 Bayern und Württemberg, aus Furcht vor dem Verlust eigenstaat-

---

Bund (1830–1848), Tübingen 2001, S. 191-198. Am 2. April 1848 schließlich wurden alle seit 1819 erlassenen Ausnahmegesetze aufgehoben; vgl. Müller, Deutscher Bund (wie Fn. 1), S. 31.
111 Hans J. Schenk, Ansätze zu einer Verwaltung des Deutschen Bund, in: K. G. A. Jeserich u. a., Deutsche Verwaltungsgeschichte, Bd. 2: Vom Reichsdeputationshauptschluß bis zur Auflösung des Deutschen Bundes, Stuttgart 1983, S. 155-165.
112 Die zentralen Untersuchungskommissionen mit Sitz in Mainz bzw. später in Frankfurt (siehe Kapitel 4, Grundrechte) werden hier schon ihres temporären und singulären Charakters wegen nicht als Teil dauerhafter ziviler Verwaltung(sorganisation) verstanden; vgl. ebd., S. 158-162.
113 Rüdiger Moldenhauer, Aktenbestand und Geschäftsverfahren der Deutschen Bundesversammlung (1816–1866), in: Archivalische Zeitschrift 74 (1978), S. 35-76, hier S. 46-48. Siehe außerdem detailliert zur Hierarchie in der Dienststellenverwaltung der Bundesversammlung Schenk, Ansätze (wie Fn. 111), S. 164. Die Finanzierung dieses bescheidenen Apparates erfolgte durch Bundeseinnahmen; siehe Kapitel 11, Finanzen.
114 Grimm, Verfassungsgeschichte (wie Fn. 56), S. 67 f.
115 Ausführlich Hartmut Müller-Kinet, Die höchste Gerichtsbarkeit im deutschen Staatenbund 1806–1866, Frankfurt a. M. 1975.

licher Kompetenzen, ein geplantes Bundesgericht zu Fall zu bringen.[116] Immerhin konnte der Bund den Rahmen für eine im gesamten Bundesgebiet ähnliche, einzelstaatliche Gerichtsorganisation setzen. Mit Art. 12 DBA wurde die Einrichtung von drei Gerichtsinstanzen in jedem Gliedstaat festgeschrieben, wobei Staaten mit weniger als 300.000 Einwohnern ggf. kooperieren und ein gemeinsames Obergericht als dritte Instanz nutzen konnten.[117]

Problematisch war das Fehlen eines obersten Gerichtes im Bund vor allem mit Blick auf die rechtliche Regulierung von Streitfällen mit staats- und verfassungsrechtlichem Charakter. So waren Konflikte, die das Verhältnis des Bundes zu einem Gliedstaat betrafen, mangels entsprechender Gerichtsbarkeit letztlich überhaupt keiner justiziellen Lösung zugänglich.[118] Anders verhielt es sich hinsichtlich der rechtlichen Beilegung von Auseinandersetzungen zwischen einzelnen Staaten des Bundes oder im Inneren eines Einzelstaates. Zur Verrechtlichung von Streitigkeiten zwischen Einzelstaaten, die letztlich immer auch den Zusammenhalt des Bundes gefährden konnten, wurde (anknüpfend an Art. 11 Abs. 4 DBA) mittels der Austrägalordnung vom 16. Juni 1817 ein mehrstufiges Austrägalverfahren geschaffen.[119] Es hatte in der Praxis trotz Einwänden gegen seine Zulässigkeit (mit Verweis auf Eingriffe in die einzelstaatliche Souveränität) Bedeutung bei der Regulierung von sachen-, erb- und schuldrechtlichen Streitfällen aus der Zeit des Alten Reiches bzw. des Rheinbundes.[120] Mit den Art. 3-14 der Sechzig Artikel (12. Juni 1834) und dem Bundesbeschluss vom 30. Oktober 1834 wurden dann auch die Voraussetzungen für die gerichtliche Klärung von Verfassungsstreitigkeiten innerhalb eines Einzelstaates geschaffen.[121] Allerdings war das damit eingeführte schiedsgerichtliche Verfahren sehr kompliziert; es erforderte

---

116 Ebd., S. 82 f. zu weiteren, späteren Bemühungen um ein ständiges Bundesgericht. Im Zuge der Karlsbader Beschlüsse lebten z. B. die Pläne zur Schaffung eines Bundesgerichtes wieder auf, scheiterten aber am Widerstand Österreichs, da man sich von einer polizeilichen Verfolgung und Überwachung der Opposition größeren Nutzen versprach, zumal die Tatbestandsmerkmale des Hochverrats vor Gericht nur schwer nachweisbar gewesen wären; vgl. Faber, Geschichte (wie Fn. 34), S. 89. Zu neuerlichen Reformanläufen nach 1830 vgl. beispielhaft die Denkschrift des Herzogs Ernst I. von Sachsen-Coburg und Gotha aus dem August 1832, abgedruckt bei Zerback (Bearb.), Reformpläne (wie Fn. 7), S. 54-57.
117 Nach Huber, Verfassungsgeschichte (wie Fn. 13), Bd. 1, S. 618, trug mit dieser Vorgabe der Deutsche Bund »wesentlich dazu bei, dass die deutsche Gerichtsverfassung sich einheitlich gemäß den Grundsätzen des modernen Rechtsstaats entwickelte.« Insgesamt gab es im Gebiet des Bundes 19 einzelstaatliche Obergerichte.
118 Ebd., S. 630 f.
119 CD-ROM-2, Dok.-Nr. 11.1.6.1 (wie Fn. 62). Zum Ablauf siehe ausführlich Huber, Verfassungsgeschichte (wie Fn. 13), Bd. 1, S. 625-628 und Müller-Kinet, Gerichtsbarkeit (wie Fn. 115), S. 69-73.
120 Wehler, Gesellschaftsgeschichte (wie Fn. 13), Bd. 2, S. 327, erwähnt (bis 1848) zwanzig Austrägalverfahren, die abgeschlossen wurden.
121 Zu der Garantierolle, die der Bund über Art. 60 WSA für einzelstaatliche Verfassungen übernehmen konnte, vgl. Kapitel 0, Einführung.

außerdem die Zustimmung der Streitparteien und war – einmal mehr – im Falle der Anwendung mit tiefen Eingriffen in die einzelstaatliche Souveränität verbunden, gerade auch im Kontext der repressiven Bundespolitik jener Zeit. Das 1834 eingeführte Schiedsverfahren blieb deshalb in der Verfassungspraxis bedeutungslos.[122]

Neben den anfänglichen (und letztlich ergebnislosen) Plänen für ein Bundesgericht gab es außerdem frühzeitig und wiederholt Pläne zur Schaffung einer gesamtdeutschen Rechtseinheit.[123] Anknüpfend an Pläne für ein Reichsgesetzbuch, die noch aus der Endphase des Alten Reiches stammten, setzten sich schon ab 1813/14 meist liberal-national orientierte Kräfte für eine Vereinheitlichung des Zivil-, Handels-, Straf- und Prozessrechts ein. In der politischen Praxis scheiterten diese Bemühungen jedoch nicht nur an rechtsdogmatischen Einwänden[124], sondern auch an der staatenbündischen Konstruktion des Bundes, die eine gemeinsame Zustimmung aller Gliedstaaten bedingt hätte. Wiederum fürchteten die Einzelstaaten den Verlust wesentlicher Kompetenzen, nicht nur mit Blick auf den Status quo, sondern auch für die Gestaltung der künftigen Rechtsentwicklung.[125] Zudem galten viele Befürworter einer Rechtsvereinheitlichung (u. a. Professoren, Richter, Staatsbeamte, Anwälte und Politiker) wegen ihrer liberal-nationalen Gesinnung den Obrigkeiten als verdächtig, sodass entsprechende Initiativen häufig wenig Aussicht auf Erfolg hatten.[126] Selbst die Gründung des Zollvereins 1833/34, die Hoffnungen auf eine Rechtseinheit nährte, brachte letztlich keinen entscheidenden Durchbruch.[127] So blieb es der Nationalversammlung 1848 vorbehalten, nach jahrelangen Vorarbeiten – vor allem der Zollver-

---

122 Ähnlich wirkungslos blieben im Übrigen auch Versuche, über Art. 29 WSA den Bund als Hüter eines von der jeweiligen einzelstaatlichen Regierung unabhängigen Gerichtswesens einzubinden. Zwar ermöglichte Art. 29 WSA für den Fall der Justizverweigerung den Eingriff der Bundesversammlung. Mit der Begründung, nicht zuständig zu sein, neigte der Bund in der politischen Praxis aber dazu, sich aus rechtlichen Konflikten im Inneren eines Einzelstaates herauszuhalten, insbesondere, wenn die Stellung der jeweiligen Obrigkeit gefährdet schien. Besonders exemplarisch zeigte sich dieses Verhalten im sog. »Domänenstreit«, bei dem es um die Wirksamkeit von Rechtsakten aus der Rheinbundzeit ging; zu allem vgl. Huber, Verfassungsgeschichte (wie Fn. 13), Bd. 1, S. 617 und 758-766.
123 Einschlägig die Studie von Claudia Schöler, Deutsche Rechtseinheit. Partikulare und nationale Gesetzgebung (1780–1866), Köln u. a. 2004.
124 Ein Streitpunkt entzündete sich an der Frage, welches der bekannten Gesetzbücher als Vorbild dienen könnte. So galt der Code Napoléon, der in den linksrheinischen Gebieten weiterhin geltendes Recht war, nach 1814 als politisch diskreditiert und damit kaum konsensfähig, mit dem ABGB (Österreich) sowie dem ALR (Preußen) verfügten zudem die beiden deutschen Großmächte über eigene Rechtskodifikationen, die sie nicht ohne Weiteres zur Disposition stellen wollten; vgl. zu allem Schöler, Rechtseinheit (wie Fn. 123), S. 102-120.
125 Ebd., S. 159 und S. 172 ff.
126 Ebd., S. 182. Dabei gingen die Forderungen nach Rechtseinheit nicht zwangsläufig einher mit dem Verlangen nach Abschaffung des Deutschen Bundes zugunsten eines deutschen Bundesstaates; gerade »in den 1820er- und 1830er Jahren stellten die meisten Befürworter gesamtdeutscher Kodifikationen die Organisation Deutschlands als Staatenbund nicht in Frage.« Ebd., S. 155.
127 Ebd., S. 132-184.

einsmitglieder – mit der Allgemeinen Deutschen Wechselordnung das erste deutsche Nationalgesetzbuch in Kraft zu setzen.

Ein interessantes »Sonderproblem der deutschen Sozial- und Rechtsgeschichte« (Lutz) bildete schließlich die privilegierte Stellung der ehemals reichsunmittelbaren Fürsten und Grafen. Art. 14 DBA räumte dieser Gruppe, die mit dem Untergang des Alten Reiches ihre tradierte Stellung verloren hatte, im lokalen Kontext diverse Sonderrechte ein, etwa in Form richterlicher und exekutiver Kompetenzen.[128]

7   Militär

Die Frage nach der künftigen militärischen Organisation des Deutschen Bundes spielte bereits im Vorfeld seiner Gründung 1815 eine wichtige Rolle, waren doch sämtliche diesbezüglichen Überlegungen untrennbar mit den Plänen zur Neuordnung Deutschlands und Europas verkoppelt.[129] Letztlich enthielt die Deutsche Bundesakte aber noch keine konkreten Bestimmungen für das Militärwesen.[130] Die folgenden Jahre waren dann von langwierigen Entscheidungsprozessen geprägt. Während österreichisch-preußische Versuche einer Vorabverständigung am Widerstand der Trias-Staaten sowie an den zum Teil konträren Interessen der beiden deutschen Großmächte scheiterten[131], begannen seit dem Frühjahr 1817 auf Bundesebene die Beratungen zu

---

128 Lutz, Habsburg und Preußen (wie Fn. 8), S. 37.
129 Zum folgenden Hellmut Seier, Der Deutsche Bund als militärisches Sicherungssystem 1815–1866, in: G. Clemens (Hg.), Nation und Europa. Studien zum internationalen Staatensystem im 19. und 20. Jahrhundert, FS für Peter Krüger zum 65. Geburtstag, Stuttgart 2001, S. 19-33; Jürgen Angelow, Von Wien nach Königgrätz. Die Sicherheitspolitik des Deutschen Bundes im europäischen Gleichgewicht (1815–1866), München 1996; Wolfgang Petter, Deutscher Bund und deutsche Mittelstaaten, in: Militärgeschichtliches Forschungsamt (Hg.), Handbuch zur deutschen Militärgeschichte 1618–1939, Bd. 2: Militärgeschichte im 19. Jahrhundert 1814–1890, München 1979, S. 226-301. Schließlich noch der Hinweis auf eine sehr präzise aus den Protokollen der Bundesversammlung entwickelte, unveröffentlichte Magisterarbeit von Nikolaus Gaßler, Die europäischen Krisen und der Partikularismus im militärischen Sicherungssystem des Deutschen Bundes von 1820 bis 1850, Magisterarbeit Hagen 2008.
130 Allerdings formulierte Art. 2 DBA als Zweck des Bundes die Erhaltung der äußeren und inneren Sicherheit Deutschlands und der Unabhängigkeit und Unverletzbarkeit der einzelnen deutschen Staaten; außerdem enthielt Art. 11 DBA das Versprechen gegenseitiger Beistandspflicht aller Mitglieder des Bundes im Falle eines Angriffes von außen.
131 Die verschiedenen einzelstaatlichen Interessen finden sich ausführlich dargestellt bei Michael Kotulla, Die Entstehung der Kriegsverfassung des Deutschen Bundes vor dem Hintergrund verfassungsrechtlicher und verfassungspolitischer Kontroversen in der Bundesversammlung 1816–1823, in: Zeitschrift der Savigny-Stiftung für deutsche Rechtsgeschichte Germanistische Abteilung 117 (2000), S. 122-237; Seier, Deutscher Bund (wie Fn. 129), S. 22; Angelow, Wien (wie Fn. 129), S. 33-35 (mit Hinweis auf die geheime österreichisch-preußische Militärkonferenz in Karlsbad im Juli 1817 und die preußischen Pläne alleiniger Dominanz im Norden des Bundes) sowie Petter, Deutscher Bund (wie Fn. 129), S. 231, der die Aachener Militärkonferenz (1818) er-

7 Militär

einer Bundeskriegsverfassung. Dazu wurde vom Bundestag im April 1818 ein Militärausschuss geschaffen, dem die Bundestagsgesandten von Österreich, Preußen, Bayern, Württemberg, Hannover, Mecklenburg und Dänemark angehörten. Dieser wurde von dem zeitgleich errichteten Militärkomitee in militärisch-technischen Fragen beraten.[132] Am 10. Oktober 1818 lag dann der Bundesversammlung ein erster Entwurf vor, der in den folgenden Monaten Gegenstand umfangreicher Diskussionen war und zu einem zweiten, überarbeiteten Entwurf führte (31. August 1820). Die zwischenzeitlich einsetzende Repressionsphase auf Bundesebene beschleunigte die weitere Entwicklung. Gerade die mit der Wiener Schlussakte geschaffenen normativen Spielräume zum Einsatz militärischer Zwangsmaßnahmen im Inneren des Bundes (in Form von Bundesexekution und -intervention)[133] erforderten die Schaffung entsprechender militärischer Strukturen.[134] Gut erkennbar ist, dass die militärische Organisation des Bundes nicht allein von der Einbindung in das gesamteuropäische Mächtesystem geleitet war, sondern darüber hinaus auch stark (und unter repressiven Vorzeichen) in die inneren Bundesverhältnisse hineinwirkte.

Die schließlich am 9. April 1821 von der Bundesversammlung beschlossenen »Grundzüge der Kriegsverfassung des Deutschen Bundes«[135] lassen sich als »Kompro-

---

wähnt, auf der zwischen Österreich und Preußen strittige Militärfragen schließlich nicht weiter erörtert wurden.
132 Die Aufgaben des Militärkomitees übernahm ab März 1819 die neu eingerichtete Bundesmilitärkommission, dazu Wolfgang Keul, Die Bundesmilitärkommission (1819–1866) als politisches Gremium. Ein Beitrag zur Geschichte des Deutschen Bundes, Frankfurt a. M. u. a. 1977. Die Bundesmilitärkommission als, so Seier, »Musterbeispiel einer permanent tätigen Bundesverwaltungs- und Bundesaufsichtsbehörde« – Seier, Deutscher Bund (wie Fn. 129), S. 24 – hatte im politischen System des Bundes durchaus integrative Wirkungen. Als Fachgremium behandelten die Militärexperten, durchweg hochrangige Offiziere aus den verschiedenen Gliedstaaten, grundlegende strategische und technische Fragestellungen (wie z. B. den Eisenbahn- oder Festungsbau) und bemühten sich somit auf Bundesebene um übereinzelstaatliche Formen der Kooperation. Allerdings stießen die entsprechenden Bestrebungen der Bundesmilitärkommission immer wieder an ihre Grenzen, nämlich meist dann, wenn die Einzelstaaten zu starke Eingriffe in ihre Souveränität befürchteten. Exemplarisch Keul, Bundesmilitärkommission (wie oben), S. 219-230 zu den am badischen Widerstand scheiternden Plänen der Bundesmilitärkommission für eine Harmonisierung des bestehenden Eisenbahnnetzes, insbesondere durch Wahl gleicher Spurbreiten. Für diese Pläne waren in erster Linie militärstrategische Gesichtspunkte (schnellerer Aufmarsch, rasche Truppenverlegung, logistische Versorgung der Truppen mit Verpflegung, Waffen usw.) maßgeblich.
133 Vgl. Kapitel 2, Verfassungsstruktur der zentralen staatlichen Ebene.
134 So verpflichtete Art. 51 WSA die Bundesversammlung, »die auf das Militärwesen des Bundes Bezug habenden organischen Einrichtungen, und die zur Sicherstellung seines Gebiets erforderlichen Vertheidigungs-Anstalten zu beschließen.« Diese Vorgabe korrespondierte auch mit jenen Bestimmungen der WSA, die das Verhältnis des Bundes bzw. einzelner Bundesglieder zu auswärtigen Staaten berührten, gerade auch im Bündnis- bzw. Kriegsfall (vgl. Art. 35 ff. WSA).
135 CD-ROM-2, Dok.-Nr. 11.1.7.1; ergänzt durch »nähere Bestimmungen« vom 12. April 1821 und 11. Juli 1822, auszugsweise in: CD-ROM-2, Dok.-Nr. 11.1.7.2.

miß der Bundesglieder auf sicherheitspolitisch-militärischem Gebiet« (Angelow)[136] begreifen. Sie legten u. a. die Zusammensetzung des Bundesheeres[137] aus Kontingenten der Einzelstaaten[138], den Modus über die Entscheidung des Oberbefehls[139], die Finanzierung[140] und die Militärgerichtsbarkeit[141] fest. Insgesamt wurde mittels der Bundeskriegsverfassung einmal mehr der nach außen hin stark defensive, föderale Charakter des »strukturell nicht angriffsfähigen«[142] Bundes bekräftigt. Seine systemimmanenten Schwächen waren ebenso in der militärischen Organisation wiederzufinden, etwa in Form des Dualismus zwischen den beiden Führungsmächten Österreich und Preußen.[143] Außerdem führten die häufig von gänzlich anderen Sicherheitsvorstellungen geleiteten Interessen der verschiedenen kleineren und mittleren deutschen

---

136 Angelow, Wien (wie Fn. 129), S. 38.
137 Die frühzeitige Forderung der Hansestädte (lt. Antrag in der Bundesversammlung vom 3. Juli 1817) auf Einrichtung von Marinebehörden mit dem Ziel, den Seehandel gegen Piraten zu schützen, blieb erfolglos. Ungeachtet mancher theoretischer und publizistischer Konstruktionen, mit denen österreichische, niederländische und dänische Seestreitkräfte als »deutsche Flotte« bezeichnet wurden, wird man in der Realität vor 1848 nicht von der Existenz einer Bundesmarine bzw. -flotte sprechen können; vgl. Schenk, Ansätze (wie Fn. 111), S. 157 f. und Petter, Deutscher Bund (wie Fn. 129), S. 230 sowie Huber, Verfassungsgeschichte (wie Fn. 13), Bd. 1, S. 616.
138 Beispielhaft für die Zusammensetzung des Bundesheeres nach dem Stand vom 30. April 1831 ist die Festsetzung der Matrikel des Deutschen Bundes v. 30.4.1831, in: CD-ROM-2, Dok.-Nr. 11.1.7.3. Insgesamt umfasste das Bundesheer ca. 300.000 Soldaten. Die von Österreich (I.–III. Armeekorps, 95.000 Mann), Preußen (IV.–VI. Armeekorps, 80.000 Mann) und Bayern (VII. Armeekorps, 35.000 Mann) geführten ungemischten Armeekorps machten mehr als zwei Drittel des Bundesheeres aus. Die übrigen mittleren und kleineren Staaten stellten Kontingente zu den restlichen drei (gemischten) Armeekorps. Bedingt durch die heterogene Ausrüstung und Ausbildung ließ gerade die Einsatzfähigkeit der drei gemischten Armeekorps erheblich zu wünschen übrig; vgl. Angelow, Deutscher Bund (wie Fn. 26), S. 15-17 und – anschaulich mit Blick auf die »Farbenvielfalt« bei den Uniformen der Bundestruppen – Keul, Bundesmilitärkommission (wie Fn. 132), S. 89.
139 Der Oberbefehlshaber wäre im Mobilmachungsfall vom Engeren Rat mit Mehrheit berufen worden und hätte (nach Vereidigung) der Bundesversammlung bis zur Demobilisierung des Bundesheeres unterstanden; vgl. Hellmut Seier, Der Oberbefehl im Bundesheer. Zur Entstehung der deutschen Bundeskriegsverfassung 1817–1822, in: Militärgeschichtliche Mitteilungen 21 (1977), S. 7-33; ders., Zur Frage der militärischen Exekutive in der Konzeption des Deutschen Bundes, in: J. Kunisch (Hg.), Staatsverfassung und Heeresverfassung in der europäischen Geschichte der frühen Neuzeit, Berlin 1986, S. 397-445.
140 Ähnlich wie im Alten Reich wurde zur Finanzierung des Bundesheers ein von der jeweiligen Einwohnerzahl der einzelnen Bundesstaaten abhängiges Matrikelsystem angewendet, das, ohne Berücksichtigung etwaiger zwischenzeitlicher Veränderungen, von 1818 bis 1866 in Kraft blieb; vgl. auch Kapitel 11, Finanzen.
141 Art. XIX der Grundzüge der Kriegsverfassung des Deutschen Bundes vom 9. April 1821, in: CD-ROM-2, Dok.-Nr. 11.1.7.1, legte fest, dass »die Gerichtsbarkeit den Befehlshabern der Heeres-Abtheilungen« zusteht, »nach den von den Bundesstaaten denselben vorgeschriebenen Grenzen.«
142 Winkler, Weg nach Westen (wie Fn. 90), S. 72.
143 Zur Sonderstellung von Österreich und Preußen, die ungeachtet der Einbindung in den Bund jeweils separat Kriegshandlungen vornehmen konnten, vgl. Petter, Deutscher Bund (wie Fn. 129), S. 236.

Staaten zu langwierigen und häufig wenig ergiebigen Entscheidungsprozessen.[144] Die Probleme traten immer dann besonders offensichtlich zu Tage, wenn die äußere wie innere Machtbalance akut bedroht war. So führten die instabilen politischen Verhältnisse um 1830 im Kontext der Pariser Julirevolution sowie der belgisch-luxemburgischen Frage[145] und die Bedrohungsszenarien um 1840 (»Rheinkrise«) dazu, dass die schwerfälligen Bundesmechanismen vorübergehend (insbesondere auf österreichische und preußische Initiative) von direkten bi- und multilateralen Regierungsverhandlungen und einzelstaatlichen Militärmaßnahmen abgelöst wurden.[146] Die Einsicht in die Defizite der militärischen Strukturen des Bundes mündete zwar nach langwierigen Diskussions- und Entscheidungsprozessen in Korrekturen der Bundeskriegsverfassung.[147] Deren Kern und grundlegende Konzeption aber blieb trotz weiterer Reformpläne im Winter 1847/48[148] letztlich bis zum Ausbruch der Revolution im März 1848 unangetastet.[149] Die anfänglichen Hoffnungen auf eine Weiterentwicklung des Bundes über eine verstärkte militärische Integration (bspw. durch die gemischten Armeekorps) endeten damit in einem Zustand weitgehender Erstarrung der bestehenden Verhältnisse.[150]

---

144 Exemplarisch Keul, Bundesmilitärkommission (wie Fn. 132), S. 67.
145 Siehe oben, Fn. 38.
146 Angelow, Deutscher Bund (wie Fn. 26), S. 58 f. und S. 72 f.
147 So wurden im Dezember 1830 die kleinsten Bundesglieder von der Regelung ausgenommen, Kavallerie und Artillerie für die Bundestruppen zu stellen. Ihre Infanterietruppen wurden stattdessen in einer Reserveinfanteriedivision zusammengefasst, die im Ernstfall die Bundesfestungen schützen sollte. Eine im Herbst 1831 durchgeführte Musterung ergab allerdings, dass die Reserveinfanteriedivision allenfalls bedingt einsatzfähig war; vgl. Angelow, Wien (wie Fn. 129), S. 107-109. Im Kontext der »Rheinkrise« reagierte die Bundesversammlung erst im März 1841 mit Vorschlägen für eine forcierte Mobilmachung im Kriegsfall und der Forderung nach turnusmäßigen Truppeninspektionen. Außerdem sollten mit Rastatt (als kleinere Verbindungs- und Grenzfestung) und Ulm (als süddeutscher Hauptwaffenplatz) zwei neue Bundesfestungen (vor allem gegen die vermeintliche französische Bedrohung) errichtet werden, in Ergänzung zu den bereits existierenden Bundesfestungen Landau, Luxemburg und Mainz. Der Baubeginn erfolgte im Oktober 1844, die Fertigstellungen zogen sich allerdings über ein Jahrzehnt hin; ebd., S. 109-125.
148 Die Reformbemühungen gingen auf den preußischen General Radowitz zurück und zielten vor allem auf die Verbesserung und Vereinheitlichung von Ausbildungsstand und Ausrüstung, z. B. in Form gemeinsamer Manöver der verschiedenen Korps, regelmäßiger Musterungen und gleicher Waffensysteme, vgl. Seier, Deutscher Bund (wie Fn. 129), S. 27.
149 Der wiederum – wie schon um 1830 und 1840 – von Frankreich ausgehende Impuls zur Veränderung der bestehenden politischen Verhältnisse in Europa führte im Februar 1848 aufseiten des Bundes bzw. der einzelstaatlichen Regierungen zu neuerlichen Befürchtungen, dass die Westgrenzen des Bundes bzw. die unmittelbar an Frankreich angrenzenden Einzelstaaten destabilisiert werden könnten. Als unmittelbare Reaktion intensivierten daher zunächst Preußen und die süddeutschen Staaten ihre militärischen Anstrengungen in Form von zusätzlichen personellen und materiellen Kapazitäten; ab Ende Februar beschäftigten sich dann auch die Bundesversammlung und der Militärausschuss mit der dramatisch veränderten politischen Situation; zu allem die Nachweise bei Gaßler, Krisen (wie Fn. 129), S. 71-76.
150 Lutz, Habsburg und Preußen (wie Fn. 8), S. 61-64.

8 Verfassungskultur

Die nur schwach ausgeprägte Institutionalisierung des Bundes hatte zwangsläufig Auswirkungen auf die verfassungskulturelle Dimension seines Wirkens. Im Gegensatz zum Alten Reich oder den Einzelstaaten fehlte es an einem Staatsoberhaupt und den damit verbundenen symbolischen Identifikationsangeboten, z. B. in Form zeremonieller Akte. Die politische Kultur des Bundes zeigte sich stattdessen hauptsächlich in Form diplomatischer Aushandlungs- und Entscheidungsprozesse im Rahmen der Bundesversammlung, dem einzigen Verfassungsorgan des Bundes.[151] Diese kam – vergleichsweise bescheiden – um einen grünen Tisch im Erdgeschoss eines angemieteten Teils des Taxisschen Palais in der Eschenheimer Gasse in Frankfurt[152] zusammen.[153] (☛ Abb. 11.1.4, S. 814) Staatssymbolisch trat der Bund nach außen hin fast gar nicht in Erscheinung: Bei offiziellen Dokumenten wurden Wappen und Siegel

---

151 Siehe Zerback (Bearb.), Reformpläne (wie Fn. 7), S. XVII und XIX mit der Bemerkung, dass der Umgang unter den Bundestagsgesandten häufig von Intrigen, Klatsch und Misstrauen geprägt war.
152 Für Frankfurt (als Stadt der Kaiserkrönungen im Alten Reich) setzte sich u. a. der zeitweilige Berater des Zaren, Freiherr vom und zum Stein ein, der damit auf symbolischer Ebene an die Reichstradition und -einheit anknüpfen wollte. Überdies war Frankfurt schon während der Rheinbundzeit als Sitz eines Bundestages im System des napoleonischen Rheinbundes vorgesehen. Dieser trat allerdings nie zusammen; vgl. Liebmann, Reich und Rheinbund (wie Fn. 4), S. 654 f. und Siemann, Staatenbund (wie Fn. 6), S. 323. Die günstige geografische Lage und die Positionierung als (insbesondere von den beiden Großmächten Österreich und Preußen) unabhängiges Territorium sprachen ebenfalls für die ehemalige Freie Reichsstadt. In den Verfassungsplänen für den Bund wurde Frankfurt schon frühzeitig als Sitz einer Bundesversammlung erwähnt, so z. B. in Hardenbergs 41 Artikeln von Anfang Juli 1814; vgl. Treichel, Entstehung (wie Fn. 2), S. 180. In vielen Verfassungsentwürfen wurde allerdings dieser Punkt offen gelassen; wohl auch, weil die Souveränität Frankfurts wegen zwischenzeitlicher bayerischer Gebietsansprüche gefährdet war. Erst in den der Bundesakte unmittelbar vorausgehenden Entwürfen wurde dann ab Anfang Mai 1815 (wieder) durchgängig Frankfurt genannt; vgl. Eckhardt Treichel, Die Entstehung des Deutschen Bundes 1813–1815, Halbbd. 2, München 2000, S. 1258. Zu allem siehe Hans Otto Schembs, Auf neutralem Boden. Frankfurt am Main: Der Sitz des Bundestages, in: U. Schultz (Hg.), Die Hauptstädte der Deutschen. Von der Kaiserpfalz in Aachen bis zum Regierungssitz Berlin, München 1993, S. 157-168. Wie Berichte des preußischen Gesandten am Bundestag zeigen gab es im Kontext der unsicheren politischen Lage nach 1830, vor allem nach dem Frankfurter Wachensturm 1833 (siehe oben, Fn. 40), mehrfach zumindest in Ansätzen Überlegungen, den Bundestag in eine andere Stadt zu verlegen. Dabei wurden Bayreuth, Regensburg und Gotha als mögliche Ausweichorte genannt. Diese Pläne entsprangen allerdings allein einer Furcht vor möglichen gewalttätigen Übergriffen in Frankfurt, jedoch nicht einer grundsätzlichen Veränderung der Entscheidung zu Gunsten von Frankfurt als Sitz des Bundestags; so Oliver Pagenkopf, Die Hauptstadt in der deutschen Rechtsgeschichte, Stuttgart u. a. 2004, S. 80 f.
153 CD-ROM-2, Dok.-Nr. 11.1.8.2 (Bild über erste Sitzung des Frankfurter Bundestags v. 1816); ausführlich dazu Rüdiger Moldenhauer, Aktenbestand und Geschäftsverfahren der Deutschen Bundesversammlung (1816–1866), in: Archivalische Zeitschrift 74 (1978), S. 35-76, hier: S. 46. Die Sitzordnung folgte der in Art. 7 DBA festgelegten Rangordnung, sodass links neben dem österreichischen Gesandten (der als sog. Präsidialgesandter stets den Vorsitz führte) der preußische Gesandte saß, daneben der Vertreter Sachsens, dann derjenige Bayerns usw.

der Präsidialmacht Österreich mit der Umschrift »Kaiserlich Österreichische Bundespräsidialkanzlei« verwendet.[154] Erst mit dem Ausbau der Militärorganisation des Bundes in den 1840er-Jahren trat das Fehlen einer Staatssymbolik zu Tage.[155] Mit dem Bau der Bundesfestungen Ulm und Rastatt sowie der Kennzeichnung neuer, aus Bundesmitteln finanzierter Geschütze kam es 1844/45 in der Wappen- und Farbenfrage zum Konflikt zwischen Preußen und Österreich. Vehement setzte Metternich sich für die Verwendung der alten Reichsfarben Schwarz und Gelb sowie des doppelköpfigen Reichsadlers ein, während Preußen den einköpfigen Reichsadler und die Farben Schwarz, Gelb, Rot bevorzugte.[156] Auf Beschluss der Bundesversammlung wurde die Bundesmilitärkommission mit dem Entwurf eines Wappens beauftragt, den der Frankfurter Maler und Bildhauer Ballenberger dann auf Basis eines Siegels Kaiser Friedrichs III. und eines Holzschnittes von Albrecht Dürer schuf.[157]

Ähnlich wie in anderen Reformfragen wirkte aber erst die revolutionäre Stimmung im März 1848 als Katalysator: Mit Beschluss vom 9. März erhob die Bundesversammlung »den alten deutschen Reichsadler mit der Umschrift ›Deutscher Bund‹ und die Farben des ehemaligen deutschen Reichspaniers – schwarz, rot, gold – zu Wappen und Farben des Deutschen Bundes«, wobei der (doppelköpfige) Reichsadler als einziges »geschichtliches Symbol der tausendjährigen Einheit der verschiedenen deutschen Stämme« aufgefasst wurde.[158] Den Gang der revolutionären Entwicklung konnte die Bundesversammlung auf diese Weise nicht mehr aufhalten, zumal das Verhältnis zwischen dem Bund als politischem Akteur und einer breiten Öffentlichkeit schon seit Längerem erheblich gestört war. Im Diskurs der Zeit zwischen Wiener Kongress und der Revolution von 1848/49 hatte der Bund sich immer stärker von der politischen Meinungsbildung abgeschottet: So beeinträchtigte die von Metternich in den 1820er-Jahren forcierte eingeschränkte Publikation von Sitzungsprotokollen die Transparenz der Entscheidungsprozesse am Bundestag erheblich.[159] Schließlich kon-

---

154 Lutz, Habsburg und Preußen (wie Fn. 8), S. 38 f.
155 Im Übrigen entfaltete auch die militärische Organisation des Deutschen Bundes (siehe Kapitel 7, Militär) keine verfassungskulturellen Wirkungen, etwa in Form eines gemeinsamen äußeren Erscheinungsbildes. Im – bis 1847 nie eingetretenen – Kriegsfall wäre gemäß Art. XIV der Kriegsverfassung des Deutschen Bundes (vom 9. April 1821) der Oberfeldherr von der Bundesversammlung in »Eid und Pflichten« des Bundes genommen worden (ähnlich auch § 48 in den ergänzenden Ausführungen zur Kriegsverfassung vom 12. April 1821 und 11. Juli 1822). Der Wortlaut einer möglichen Eidesformel ist nicht bekannt, Ähnliches gilt für etwaige militärische Auszeichnungen, Orden usw.
156 Christiane Brandt-Salloum, Adler und Doppeladler, in: dies. u. a. (Bearb.), Adlers Fittiche. Wandlungen eines Wappenvogels, Berlin 2008, S. 63-71 sowie Lutz, Habsburg und Preußen (wie Fn. 8), S. 211.
157 CD-ROM-2, Dok.-Nr. 11.1.8.1 (Wappen des Deutschen Bundes, ab 1848) und Siemann, Staatenbund (wie Fn. 6), S. 4 (Erläuterung zum Umschlagbild).
158 Ebd.
159 Vgl. den Bundesbeschluss vom 1. Juli 1824 über die Protokollierung von Sitzungen des Bundestages; Huber, Verfassungsgeschichte (wie Fn. 13), Bd. 1, S. 764. Die anfänglichen Hoffnungen in

Abb. 11.1.4 Thurn und Taxis Palais, Frankfurt am Main, um 1820

der Öffentlichkeit auf Entwicklung eines Verfassungslebens als Folge der bandweisen Publikation von Protokollen der Deutschen Bundesversammlung (seit 1816/17) wurden somit schrittweise zerstört; 1828 folgte die endgültige Einstellung. In der Folge gab es regelmäßig wiederkehrende Debatten um die Publikation der Protokolle, wobei Metternich sich weiterhin kategorisch dagegen aussprach; vgl. Zerback (Bearb.), Reformpläne (wie Fn. 7), S. XXVII und S. 24-30. Zu den in den 1820er- und 1830er-Jahren massiv eingeschränkten Möglichkeiten der Meinungsäußerung gegenüber dem Bund siehe Kapitel 4, Grundrechte.

terkarierte der Bund Forderungen nach nationaler Einheit in der Repressionsphase zu Beginn der 1830er-Jahren nicht zuletzt auf dem verfassungskulturellen Feld: Das öffentliche Tragen von Abzeichen in Bändern, Kokarden u. Ä. wurde ebenso unter Strafe gestellt wie das nicht genehmigte »Aufstecken von Fahnen und Flaggen, das Errichten von Freiheitsbäumen und dergleichen Aufruhrzeichen«; auch Volksfeste und Volksversammlungen konnten in diesem Kontext verboten werden.[160] Gerade mit Blick auf die besonders symbolträchtige Farbenfrage bestätigt sich damit der Befund einer langanhaltenden, tiefen Entfremdung zwischen Bund und weiten Teilen einer sich immer stärker artikulierenden politischen Öffentlichkeit bei halbherzigen, letztlich dann viel zu spät vollzogenen Öffnungsversuchen.

9 Kirche

Verglichen mit dem Alten Reich, für dessen Verfassungssystem die enge Verzahnung mit den geistlichen Territorien bzw. der (katholischen) Reichskirche konstitutiv war, spielte auf der Ebene des Deutschen Bundes das Verhältnis zu den Kirchen nach 1815 keine Rolle mehr.[161]

Dabei gab es im Vorfeld bzw. während des Wiener Kongresses durchaus Bestrebungen, an die alten Reichsstrukturen anzuknüpfen. Die Pläne des ehemaligen Reichserzkanzlers und Fürstprimas Dalberg sowie seines Generalvikars Wessenberg hatten mehrere Zielrichtungen.[162] Erstens sollten staatskirchenrechtliche Grundsätze in die neu zu schaffende Verfassungsordnung des Bundes einbezogen werden, und – zweitens – der Abschluss eines Konkordats zwischen allen (künftigen) Bundesgliedern und der Kurie angestrebt werden. Schließlich wollten Dalberg und Wessenberg – drittens – wieder das Primas-Amt einrichten.[163] Unterstützte die Kurie, die auf dem Wiener Kongress durch den Kardinalstaatssekretär Consalvi vertreten wurde, noch

---

160 So insbesondere Art. 3 f. der Zehn Artikel vom 5. Juli 1832, in: CD-ROM-2, Dok.-Nr. 11.1.2.7.
161 Zum folgenden Huber, Verfassungsgeschichte (wie Fn. 13), Bd. 1, S. 409-416; Faber, Geschichte (wie Fn. 34), S. 68 f. sowie Lutz, Habsburg und Preußen (wie Fn. 8), S. 121-131. Lutz weist treffend (S. 121) auf die Übermacht protestantischer Dynastien im Gebiet des Bundes nach 1815 hin, ganz im Gegenteil zu der Situation im (auf der obersten Verfassungsebene katholisch geprägten) Alten Reich bis zum Reichsdeputationshauptschluss 1803. Generell herrschte unter den christlichen Konfessionen im Bund ein annähernd demografisches Gleichgewicht; vgl. Angelow, Deutscher Bund (wie Fn. 26), S. 24.
162 CD-ROM-2, Dok.-Nr. 11.1.9.2 (Denkschrift des Generalvikars Frhr. v. Wessenberg über die Begehren der katholischen Kirche in Deutschland hinsichtlich der Bundesakte v. 27.11.1814); Dok.-Nr. 11.1.9.3 (Denkschrift des Generalvikars Frhr. v. Wessenberg über die Stellung der Bischöfe und Domkapitel v. 27.11.1814) und Dok.-Nr. 11.1.9.4 (Vorschlag des Generalvikars Frhr. v. Wessenberg zu einem Artikel der Bundesakte über die katholische Kirche in Deutschland vom November/Dezember 1814).
163 Huber, Verfassungsgeschichte (wie Fn. 13), Bd. 1, S. 410 f.

die beiden ersten Forderungen, so wandte sie sich eindeutig gegen den dritten Punkt, der eine deutliche nationalkirchliche Ausrichtung erkennen ließ. In Übereinstimmung mit den vom deutschen Episkopat beauftragten drei Oratoren Helfferich, Schiess und Wamboldt setzte sich Consalvi außerdem dafür ein, den Reichsdeputationshauptschluss von 1803 für nichtig zu erklären.[164] Ähnlich wie bei den Plänen Dalbergs und Wessenbergs hätte damit die zumindest teilweise Revision der seit 1801/1803 erfolgten (Herrschafts- und Vermögens-)Säkularisation zur Diskussion gestanden – ein Umstand, der insbesondere bei den süddeutschen Staaten, dem traditionellen Kerngebiet geistlicher Territorien – erhebliche Unruhe auslösen musste. Letztlich erfolgreich verhinderten daher vor allem Bayern und Württemberg die Bestrebungen der Kurie[165] wie der nationalkirchlichen Kräfte um Dalberg und Wessenberg. Abgesehen von den Regelungen des Art. 16 DBA zur Glaubens- und Gewissensfreiheit[166] enthielt die Deutsche Bundesakte keine Ausführungen zum Verhältnis des Bundes gegenüber den Kirchen. Vielmehr fielen sämtliche staatskirchenrechtlichen Belange während der Zeit des Deutschen Bundes in den einzelstaatlichen Zuständigkeitsbereich.[167]

10 Bildungswesen

Ähnlich wie schon im Alten Reich und in der weiteren deutschen Verfassungsentwicklung des 19. und 20. Jahrhunderts oblag die Organisation des Bildungswesens prinzipiell den Einzelstaaten.[168] Dieser Grundsatz wurde allerdings mit dem Universitätsgesetz vom 20. September 1819[169] (als Teil der Karlsbader Beschlüsse) durchbrochen.[170] Schon vor den politisch motivierten Attentaten im Frühjahr/Sommer

---

164 Die Denkschrift der Oratoren vom 30. Oktober 1814 in: CD-ROM-2, Dok.-Nr. 11.1.9.1.
165 Der entsprechende Protest Consalvis (14. Juni 1815) und Pius VII. (4. September 1815) gegen die Bundesakte blieb weitgehend wirkungslos, vgl. Huber, Verfassungsgeschichte (wie Fn. 13), Bd. 1, S. 415 f. und CD-ROM-2, Dok.-Nr. 11.1.9.5 (Protest des Kardinalstaatssekretärs Consalvi v. 14.6.1815).
166 Siehe Kapitel 4, Grundrechte.
167 Nach dem Scheitern auf dem Wiener Kongress bemühte sich die Kurie um Konkordate mit den jeweiligen Einzelstaaten, wobei die Bistumsgrenzen den Staatsgrenzen angepasst werden sollten. Die Landesherren waren – ungeachtet ihrer eigenen Konfession – in starkem Maße an der Besetzung dieser Landesbistümer beteiligt; vgl. Lutz, Habsburg und Preußen (wie Fn. 8), S. 127.
168 Generell als Überblick mit umfangreichen bibliografischen Nachweisen Hans-Christof Kraus, Kultur, Bildung und Wissenschaft im 19. Jahrhundert, München 2008.
169 Eigentlich: »Provisorischer Bundesbeschluß über die in Ansehung der Universitäten zu ergreifenden Maßregeln«; kurz: Universitätsgesetz, in: CD-ROM-2, Dok.-Nr. 11.1.10.1. Der Beschluss stützte sich vor allem auf Art. 2 der Bundesakte (»Zweck des Bundes ist die Erhaltung der äußeren und inneren Sicherheit Deutschlands«).
170 An jeder Universität hatte ein von der jeweiligen Landesregierung ernannter Bevollmächtigter die Aufgabe, die inneruniversitären Verhältnisse zu überwachen, womit die bisherige Autonomie der Universität massiv beschnitten wurde. Zudem ermöglichte das Universitätsgesetz die Absetzung

1819 hatten die reaktionären Kräfte um Metternich die Universitäten als Hort einer Verschwörung gegen die bestehende politische Ordnung ausgemacht. Das während der Repressionsphase zu Beginn der 1830er-Jahre noch verschärfte Universitätsgesetz[171] ermöglichte dann in den folgenden Jahrzehnten, weite Teile der liberal-nationalen Opposition zu unterdrücken bzw. zu verfolgen. Nicht zu Unrecht vermuteten die Regierungen wesentliche Träger von Forderungen nach nationaler und (auch bildungs-)politischer Einheit und Freiheit an den Universitäten bzw. in deren Umfeld.[172] Dies betraf beispielsweise die studentischen Verbindungen, die Burschenschaften und die Professoren. Insgesamt bleibt festzustellen, dass der Bund mit seinen repressiven Maßnahmen im universitären Bereich zu einer erheblichen Beeinträchtigung des akademischen Lebens und einer Atmosphäre aus Bevormundung, Bespitzelung und Verfolgung beitrug.[173] Einschränkend kann darauf verwiesen werden, dass die Einzelstaaten durchaus Spielräume bei der Anwendung der Bundesnormen hatten und diese auch nutzten, zumal sie in den übrigen Fragen des Bildungswesens ohnehin weitgehend autonom entscheiden konnten.[174]

11 Finanzen

Mangels eines größeren Behördenapparates benötigte der Bund, der über keinen eigenen Haushalt verfügte, nur vergleichsweise geringe finanzielle Mittel.[175] Diese wurden von den Einzelstaaten auf Basis eines matrikularmäßigen Umlageverfahrens

---

   missliebiger Professoren (§ 2) und die Verfolgung geheimer bzw. nicht genehmigter Studentenverbindungen. Schließlich verwehrte § 4 Studenten, die von einer Universität (aus politischen Gründen) verwiesen worden waren bzw. diese (vorher) verlassen hatten, die Fortsetzung des Studiums an einer anderen Universität. Zu allem Huber, Verfassungsgeschichte (wie Fn. 13), Bd. 1, S. 739-742 und Lutz, Habsburg und Preußen (wie Fn. 8), S. 49.
171 Das zunächst nur als »provisorischer Bundesbeschluss« bezeichnete (allerdings niemals befristete) Universitätsgesetz wurde durch Art. 2 des Maßregeln-Gesetzes vom 16. August 1824, in: CD-ROM-2, Dok.-Nr. 11.1.2.4, und Art. 5 der »Zehn Artikel« vom 5. Juli 1832, in: CD-ROM-2, Dok.-Nr. 11.1.2.7, erneut bestätigt bzw. bekräftigt und blieb letztlich bis zur Aufhebung am 2. April 1848 gültig. Die Verschärfung resultierte aus 19 – z. T. geheim gehaltenen – Bestimmungen (Art. 38-56) der Sechzig Artikel vom 12. Juni 1834, in: CD-ROM-2, Dok.-Nr. 11.1.2.9, mit denen u. a. tief in die Grundrechte von Studierenden und Dozenten eingegriffen wurde.
172 Vgl. auch K.-E. Jeismann/P. Lundgreen (Hg.), Handbuch der deutschen Bildungsgeschichte, Bd. 3, München 1987, S. 6 f. und S. 109.
173 Vgl. Kraus, Kultur (wie Fn. 168), S. 25 f.
174 Ähnlich auch Lutz, Habsburg und Preußen (wie Fn. 8), S. 49 und Huber, Verfassungsgeschichte (wie Fn. 13), Bd. 1, S. 741 f.
175 Die Forschungslage zum Finanzwesen des Deutschen Bundes ist eher dürftig; grundlegende Bemerkungen bei Hans-Peter Ullmann, Der deutsche Steuerstaat. Geschichte der öffentlichen Finanzen vom 18. Jahrhundert bis heute, München 2005, S. 58-60; sehr nützlich ist nach wie vor die Studie von Walter Schnabl, Die Kriegs- und Finanzverfassung des Deutschen Bundes, Diss. jur. Marburg 1966, S. 61-83.

entsprechend der jeweiligen Einwohnerzahl (und ohne Ansehen der wirtschaftlichen Leistungskraft) gemeinsam aufgebracht. Zum einen wurde mit diesen Einnahmen die Tätigkeit der Bundeskanzlei finanziert, die für die Durchführung und Aufrechterhaltung des administrativen Geschäftsgangs zuständig war.[176] Zum anderen dienten die Matrikularbeiträge der Finanzierung von militärischen Einrichtungen, die unmittelbar in den Kompetenzbereich des Bundes fielen. Es handelte sich dabei – an laufenden Kosten – vor allem um den Unterhalt bzw. Neubau der Bundesfestungen.[177] Die sonstigen Ausgaben des Bundes, etwa für die Militär- und die (bis 1828 existierende) Zentraluntersuchungskommission oder für Pensionszahlungen ehemaliger Bediensteter des Reichskammergerichts, waren demgegenüber eher unbedeutend.[178]

Eine bemerkenswerte finanzpolitische Komponente hatte die repressive Politik auf Bundesebene seit 1819/20 schließlich noch in den konkreten Auswirkungen für die Einzelstaaten. Als Folge von Art. 57 und 58 WSA (Vorrang des monarchischen Prinzips!) konnte der Bund zumindest indirekt deutlichen Druck auf die einzelstaatliche Haushaltspolitik ausüben. Die Einschränkung landständischer bzw. parlamentarischer Rechte und Partizipationsmöglichkeiten begünstigte ein deutlich eigenmächtigeres Handeln von einzelstaatlichen Regierungen und Monarchen gegen Versuche von Budgetmitsprache und Ausgabenbeschränkungen seitens der Stände bzw Parlamente.[179]

---

176 Siehe Kapitel 5, Verwaltung. Neben den Personalkosten fielen bspw. noch Kosten für die Beheizung des Thurn und Taxisschen Palais, den Druck der Bundestagsprotokolle und weitere Buchbinder- und Handwerksarbeiten an. Sämtliche mit der Bundeskanzlei zusammenhängenden Einnahmen und Ausgaben wurden über die sog. Bundeskanzleikasse abgewickelt; vgl. Schnabl, Kriegs- und Finanzverfassung (wie Fn. 175), S. 65.
177 Für den Bau der neuen Bundesfestungen Ulm und Rastatt (siehe Fn. 147) sollten überdies frühere französische Kriegsentschädigungen verwendet werden. Zudem erstattete der Bund einzelnen Gliedstaaten, die im Rahmen von Bundesbeschlüssen militärisch aktiv wurden, die entstandenen Kosten für den Militäreinsatz; vgl. die Erstattungszahlungen des Bundes aus Anlass der Bundesintervention gegen Luxemburg bei Schnabl, Kriegs- und Finanzverfassung (wie Fn. 175), S. 69 mit dem zusätzlichen Hinweis, dass im Kriegsfall der Bundesfeldherr (und nur er!) ebenfalls durch den Bund besoldet worden wäre.
178 Vgl. die Ausführungen zu den »sonstigen Ausgaben« bei Schnabl, Kriegs- und Finanzverfassung (wie Fn. 175), S. 70 f. Gerade die Regulierung von unerledigten Schuldensachen aus der Zeit des Alten Reiches beschäftige die Bundesversammlung viele Jahre. Dabei zeigte sich anhand des Präzedenzfalls der westfälischen Domänenkäufer (gegen den Kurfürsten von Hessen), dass der Bund letztlich in finanziellen Streitfragen nicht gewillt war, in die einzelstaatliche Souveränität einzugreifen bzw. den Untertanen entsprechende Klage- und Entschädigungsmöglichkeiten zu eröffnen; vgl. Fn. 122 und Faber, Geschichte (wie Fn. 34), S. 83 f.
179 Vgl. Wehler, Gesellschaftsgeschichte (wie Fn. 13), Bd. 2, S. 370 und Karl Heinrich Friauf, Der Staatshaushaltsplan im Spannungsfeld zwischen Parlament und Regierung, Bad Homburg u. a. 1968.

12 Wirtschafts- und Sozialgesetzgebung/Öffentliche Wohlfahrt

Eng verwoben mit Überlegungen zu einer Vereinheitlichung der rechtlichen Verhältnisse[180] waren die Pläne zur Schaffung einer Wirtschaftseinheit im Gebiet des Bundes.[181] Schon während der Gründungsphase im Mai 1815 hatten sich Preußen und Österreich darauf verständigt, dem Bund weitreichende Kompetenzen in Handels- und Verkehrsfragen einzuräumen. Am Veto Bayerns, das zu starke Eingriffe in seine Souveränität befürchtete, scheiterte aber schließlich die konkrete Umsetzung. Art. 19 DBA enthielt daher nur die allgemeine und unverbindliche Bestimmung, dass die Bundesglieder bei der ersten Zusammenkunft der Bundesversammlung in Handels- und Verkehrsfragen untereinander »in Beratung treten« sollten. Bei dieser Absichtserklärung blieb es jedoch. Wiederholte Versuche einzelner Mittelstaaten wie Baden, auf Bundesebene zu Fortschritten zu kommen, endeten ergebnislos. Für dieses Scheitern waren letztlich die äußerst heterogenen Wirtschaftsstrukturen im Gebiet des Bundes und die damit verbundenen, ganz unterschiedlichen Wirtschaftsinteressen der Einzelstaaten verantwortlich.[182] Generell erschwerten tiefe Gegensätze zwischen Anhängern einer Schutzzoll- und einer Freihandelspolitik die Möglichkeiten zu einem Konsens und verhinderten, dass der Deutsche Bund zu einem handlungsfähigen Akteur auf einem bedeutenden Politikfeld hätte werden können. Während Österreich und Bayern ihre rückständige Wirtschaft durch Schutzzölle abzusichern suchten, setzten sich beispielsweise Baden und Preußen frühzeitig für ein Freihandelssystem ein. Abseits der Diskussionen auf Bundesebene sowie alternativen wirtschafts- und zollpolitischen Modellen vonseiten einiger Trias-Staaten[183] trieb in

---

180 Siehe Kapitel 6, Justiz.
181 Zu den Hintergründen Lutz, Habsburg und Preußen (wie Fn. 8), S. 71-76; Siemann, Staatenbund (wie Fn. 6), S. 337-342; und Hans-Werner Hahn, Mitteleuropäische oder kleindeutsche Wirtschaftsordnung in der Epoche des Deutschen Bundes, in: H. Rumpler (Hg.), Deutscher Bund (wie Fn. 3), S. 186-214.
182 Hahn, Wirtschaftsordnung (wie Fn. 181), S. 190. Auf Initiative Badens erörterte der Bundestag bereits 1819 und 1820 das Problem einer deutschen Zolleinigung, die aber vor allem wegen des österreichischen Widerstands nicht zu Stande kam; vgl. Manfred Botzenhart, Reform, Restauration, Krise. Deutschland 1789–1847, Frankfurt a. M. 1985, S. 99. Schon frühzeitig erfolgten entscheidende wirtschafts- und zollpolitische Maßnahmen der Einzelstaaten ohne Mitwirkung des Bundes, wie beispielhaft während der Wirtschaftskrise 1816/17, als billige britische Importe auf den kontinentaleuropäischen Markt drängten und zu einer Wirtschaftskrise führten; vgl. Weis, Durchbruch (wie Fn. 34), S. 355. Dem Bund gelang es dabei nicht, verbindliche Handelsverträge mit dem Ausland abzuschließen.
183 Vgl. insbesondere zu den Initiativen des Jahres 1828 in Form des Mitteldeutschen Handelsvereins unter Führung von Sachsen und Hannover sowie des bayerisch-württembergischen Zollvereins: Hahn, Wirtschaftsordnung (wie Fn. 181), S. 192. Anschaulich zu den Handlungsspielräumen der kleineren und mittleren Staaten im Spannungsfeld von wirtschaftlichen, handelspolitischen und diplomatischen Interessen am Beispiel des Mitteldeutschen Handelsvereins ist Oliver Werner, Johann Smidt und die Bildung des Mitteldeutschen Handelsvereins 1828/29, in: Bremisches Jahrbuch 87 (2008), S. 201-210.

den 1820er-Jahren Preußen die Schaffung übergreifender Zollstrukturen trotz Widerständen[184] entscheidend voran. Nach sukzessiver Einbindung wichtiger mittel- und süddeutscher Staaten und dem Scheitern neuerlicher mittelstaatlicher Initiativen auf Bundesebene[185] bildete der am 1. Januar 1834 in Kraft getretene Deutsche Zollverein den krönenden Abschluss preußischer Zoll- und Wirtschaftspolitik, deren Absichten und Folgen Österreich viel zu spät erkannt hatte.[186]

Ohne Zweifel wirkte der Zollverein in den folgenden Jahren als wichtiger Katalysator für die Etablierung einer gesamtdeutschen Volkswirtschaft (ohne Österreich) und begünstigte den Industrialisierungsprozess in Deutschland.[187] Seine Bedeutung darf allerdings auch nicht überschätzt werden.[188] Mit Ausnahme einer Generalkonfe-

---

184 1819/20 führte Preußen einen regelrechten Zollkrieg gegen die anhaltinischen Fürstentümer, der 1828 wieder aufflackerte und mit dem Anschluss Anhalts an das preußische Zollgebiet endete; siehe ausführlich zur Vorgeschichte des Zollvereins (und auch dem Scheitern alternativer Konzepte) Huber, Verfassungsgeschichte (wie Fn. 13), Bd. 1, S. 787-820.

185 So zielte ein Antrag Hannovers vom 9. August 1832, das damit der österreichischen Linie folgte, auf bundeseinheitliche Handelserleichterungen; CD-ROM-2, Dok.-Nr. 11.1.12.1. Preußen blockierte diese Initiative aber erfolgreich: Erklärung Preußens zu den hannoverschen Anträgen vom 25. Oktober 1832, in: CD-ROM-2, Dok.-Nr. 11.1.12.2. Die Erklärung Hamburgs vom 10. Januar 1833, in: CD-ROM-2, Dok.-Nr. 11.1.12.3, zeigte hingegen nochmals deutlich die Argumente der Befürworter eines möglichst reibungslosen und von Binnenzöllen befreiten Handels im gesamten Deutschen Bund, wobei interessanterweise auch die europäische Vergleichsperspektive einbezogen wurde. Während der Wiener Kabinettskonferenzen 1834 stellte Hannover dann erneut einen Antrag zur wirtschaftlichen Einheit des Bundes; vgl. Zerback (Bearb.), Reformpläne (wie Fn. 7), S. 524-530. Dem Modell eines Zollvereins unter preußischer Führung konnten diese Pläne Hannovers aber letztlich nichts mehr entgegensetzen. Zu den Entwicklungen nach 1830 vgl. Zerback (Bearb.), Reformpläne (wie Fn. 7), S. XXVIII-XXX.

186 Wichtige Etappen auf dem Weg zum Zollverein waren der Zollvertrag zwischen Preußen und Hessen-Darmstadt (14. Februar 1828), der preußisch-süddeutsche Handelsvertrag vom 27. Mai 1829 (Bayern, Württemberg) und der preußisch-kurhessische Zollvertrag vom 25. August 1831; zu allem Huber, Verfassungsgeschichte (wie Fn. 38), Bd. 2, S. 282-305 (mit Darstellung der weiteren Entwicklung nach 1834) sowie generell Hans-Werner Hahn, Geschichte des Deutschen Zollvereins, Göttingen 1984 und ders., Die Industrielle Revolution in Deutschland, München 1998, S. 22 f. mit dem wichtigen Hinweis, dass die Gründung des Zollvereins nicht auf eine Industrialisierungsstrategie der verschiedenen Zollvereinsmitgliedsstaaten im Sinne einer gezielten, gemeinsamen wirtschaftspolitischen Maßnahme zurückging, sondern vielmehr überwiegend fiskalischen und machtpolitischen Interessen folgte.

187 Rudolf Walter, Wirtschaftsgeschichte. Vom Merkantilismus bis zur Gegenwart, Köln u. a. 4. Aufl. 2003, S. 82. Jüngst wurde außerdem die Bedeutung des Zollvereins als Faktor einer „kulturellen Nationsbildung" (Dieter Langewiesche) diskutiert; vgl. dazu als erstes Zwischenergebnis den Bericht zur Tagung „Ökonomie und Nation. Der Deutsche Zollverein als Faktor kultureller Nationsbildung im 19. Jahrhundert, 15.01.2010-16.01.2010, Jena, in: H-Soz-u-Kult, 20.02.2010, <http://hsozkult.geschichte.hu-berlin.de/tagungsberichte/id=3003>.

188 Schon der Blick auf die weitere politische Entwicklung in Deutschland bis 1866 widerlegt die Vorstellung, dass die durch den Zollverein maßgeblich initiierte und sich in den folgenden Jahrzehnten sukzessive intensivierende wirtschaftliche Einheit zwangsläufig in der politischen Einheit aufgehen musste. So hinderte die Mitgliedschaft im Zollverein etliche Trias-Staaten nicht daran, sich in wichtigen politischen Fragen gegen Preußen zu stellen, wie letztlich besonders deutlich

renz, die bei Klärung wichtiger Fragen zusammentrat, und dem als »Clearing-Stelle« eingesetzten Zentralrechnungsbüro in Berlin war der Zollverein ohne institutionell-administrativen Unterbau.[189] Die Zollvereinsverfassung nahm mit ihrem föderalen Aufbau und Abstimmungsprinzipien deutlich Rücksicht auf die kleineren und mittleren Zollvereinsmitglieder.[190] Überdies verfügte der Zollverein nur im engen Rahmen des Zollrechts (Zollgesetze, Zolltarif, Zollordnung) über entsprechende normative Kompetenzen, nicht hingegen in zivil-, handels-, straf- und prozessrechtlichen Fragen.[191] Charakteristisch blieb zudem bis 1848, dass eine Normierung der unterschiedlichen Münz-, Maß- und Gewichtssysteme trotz teilweiser Kooperationen auf regionaler Ebene nicht gelang.[192] Ähnlich wie in Fragen der Verwaltungsorganisation, der Justiz und des Militärwesens findet die allgemeine Verfassungsentwicklung des Bundes ihren Niederschlag auch im Bereich der Wirtschafts- und Sozialverfassung. Anfängliche Hoffnungen, dass der Bund sich weiterentwickeln ließe, scheiterten entweder an Interessengegensätzen der beiden deutschen Großmächte oder aber am Souveränitätsvorbehalt der mittleren und kleineren Staaten.

---

in der Kriegsteilnahme auf österreichischer Seite 1866 zu Tage trat. Nachdrücklich dazu Dieter Ziegler, Das Zeitalter der Industrialisierung (1815–1914), in: M. North (Hg.), Deutsche Wirtschaftsgeschichte. Ein Jahrtausend im Überblick, München 2000, S. 192-279, hier S. 195; weitere Nachweise zur Forschungsentwicklung bei Hahn, Wirtschaftsordnung (wie Fn. 181), S. 186 f.

189 Ullmann, Deutscher Steuerstaat (wie Fn. 175), S. 59 f. Zur Bedeutung und zum Selbstverständnis der für den Zollverein tätigen höheren Beamten siehe jetzt Marko Kreutzmann, Bürokratische Funktionseliten und politische Integration im Deutschen Zollverein (1834–1871), in: Historische Zeitschrift 288 (2009), S. 613-645.

190 Vgl. Hahn, Wirtschaftsordnung (wie Fn. 181), S. 195-201, auch mit Hinweis auf innere Konflikte im Zollverein (S. 196 f.).

191 Schöler, Rechtseinheit (wie Fn. 123), S. 150, mit Fn. 735 zu Huber, Verfassungsgeschichte (wie Fn. 38), Bd. 2, S. 300 ff.

192 Ausführlich zum »Münz-, Maß- und Gewichtswirrwarr« Hubert Kiesewetter, Industrielle Revolution in Deutschland. Regionen als Wachstumsmotor, Stuttgart 2004, S. 60 f. Ein Antrag der sächsischen Regierung am Bundestag (vom 29. April 1834), der ebenfalls die Vereinheitlichung der Münz-, Maß- und Gewichtssysteme zum Ziel hatte, blieb ohne Erfolg; vgl. Zerback (Bearb.), Reformpläne (wie Fn. 7), S. XLIII und 518. Letztlich konnten bspw. die Münzverhältnisse nur sukzessive angeglichen werden: So einigten sich 1837 die süddeutschen Staaten im Münchner Münzvertrag auf einheitliche, neue Münzen der süddeutschen Guldenwährung. 1838 legten die Mitgliedstaaten des Zollvereins im Dresdner Münzvertrag eine gemeinsame Vereinsmünze für Süd- und Norddeutschland fest. Die Münze hatte den Wert von dreieinhalb süddeutschen Gulden oder zwei preußischen Talern. Die unterschiedlichen regionalen Währungssysteme mit verschiedenen Münzen blieben jedoch erhalten und in der Praxis dominierend. Auch die Vereinheitlichung der insgesamt 18 Postverwaltungen gelang nicht; vgl. Schenk, Ansätze (wie Fn. 111), S. 164. Art. 17 DBA hatte zunächst noch die Postprivilegien des Hauses Thurn und Taxis aus der Zeit des Alten Reiches bestätigt; vgl. Müller, Deutscher Bund (wie Fn. 1), S. 5.

Die deutschen Staaten der ersten Konstitutionalisierungswelle

11·2

Von Hartwig Brandt (Marburg)

0   Einführung

Die Verfassungen der nachnapoleonischen Epoche begannen einen Weg durch eine politische Moderne, die in der Französischen Revolution schon experimentell erprobt war. Aber die Verfassungsmacher verwarfen den republikanischen Flächenstaat, die politische Direktherrschaft und das allgemeine Stimmrecht. An ihre Stelle traten die zurückkehrende Erbmonarchie, Zensuswahlrecht und parlamentarische Repräsentationen. Prototyp des neuen Verfassungssystems war die französische Charte Constitutionnelle von 1814. Sie restaurierte die Monarchie und erneuerte mit ihr Gottesgnadentum und Geblütsrecht. Sie reservierte der Krone den Vorrang der Entscheidung in der Politik, aber sie schuf auch eine Repräsentation der Gesellschaft, eine parlamentarische Vertretung, die das Recht hatte, über Steuern und Gesetze mitzubestimmen. Eine Reihe europäischer Staaten, unter ihnen mit Bayern, Baden, Württemberg und Hessen-Darmstadt auch Staaten des Deutschen Bundes, haben diesen Typus übernommen. Mit den süddeutschen Konstitutionen der Jahre 1818, 1819 und 1820 beginnt die Epoche des modernen Verfassungsstaates in Deutschland.[1]

Es gibt keine zusammenfassende Darstellung der süddeutschen Verfassungsstaaten im Vormärz – wenn man die entsprechenden Partien aus Ernst Rudolf Hubers Opus magnum als solche nicht gelten lässt.[2] Es fehlt indessen auch an literarischer Behandlung der Einzelstaaten. Immerhin gibt es für Bayern, Baden und Württemberg Handbücher zur Geschichte der Epoche, in denen die Verfassungsgeschichte den ihr zukommenden Platz einnimmt.[3] Dabei ist die politische Theorie der Zeit und

---

1   Zur verfassungsgeschichtlichen Kategorisierung der deutschen Einzelstaaten im Rahmen der Kapitelgliederung des vorliegenden Handbuchbandes siehe die Vorbemerkung zu Beginn des Länderkapitels 11.
2   Ernst Rudolf Huber, Deutsche Verfassungsgeschichte seit 1789, Bd. 1: Reform und Restauration 1789 bis 1830, Bd. 2: Der Kampf um Einheit und Freiheit 1830 bis 1850, Stuttgart 2. Aufl. 1960.
3   M. Spindler (Hg.), Handbuch der bayerischen Geschichte, Bd. 4: Das neue Bayern 1800–1970, München 1975; H. Schwarzmaier/M. Schaab (Hg.), Handbuch der baden-württembergischen Geschichte, Bd. 3: Vom Ende des Alten Reiches bis zum Ende der Monarchien, Stuttgart 1992; Michael Kotulla, Deutsches Verfassungsrecht 1806–1918. Eine Dokumentensammlung nebst Einführungen, Bd. 1: Gesamtdeutschland, Anhaltische Staaten und Baden, Berlin u. a. 2006, S. 369-452 (verfassungsgeschichtlicher Überblick zu Baden; ebd. Bd. 2: Bayern, Berlin u. a. 2007, S. 1-390 (verfassungsgeschichtlicher Überblick zu Bayern).

mit ihr auch das gedankliche Substrat der Verfassungen besser erforscht als die Praxis des Verfassungslebens selbst.[4] Und bei dieser wiederum steht es besser um die Parlaments- als die Regierungs- und Verwaltungsgeschichte. Indessen ist auch die Geschichte der Landtage nicht lückenlos erforscht. Für Bayern, Württemberg und Hessen-Darmstadt gibt es neuere Arbeiten.[5] Für Baden stützt sich unsere Kenntnis einstweilen auf Einzelstudien des Gegenstandes.[6]

Alle neueren Darstellungen sehen im »süddeutschen System« den Gegenpol zur österreichisch-preußischen Verfassungswelt der Zeit, die »westliche« Form der Staatsverfassung im Deutschen Bund mithin. Aber sie arbeiten auch den monarchischen Charakter des Systems heraus, die »schiefe« Gewaltenteilung, die Beschränkung parlamentarischer Rechte auf Kritik und Verhinderung. Dabei erhält das Jahr 1830 durchweg eine neue Bedeutung als historischer Zäsur. Die Jahre von 1818 bis zum Ausgang der 1820er-Jahre gelten als Zeit formeller Geltung der Verfassungen, aber faktischer Beherrschung der Landtage durch die Administrationen. Die Spanne von 1830 bis zur Märzrevolution wird dagegen als die eigentliche Zeit des Konstitutionalismus gesehen. Erst jetzt gebe es organisierte Wahlkämpfe. Erst jetzt trete in den Kammern eine geschlossene liberale Opposition hervor. Erst jetzt auch organisierten die Regierungen ihre Interessen in den Landtagen, gerierten sie sich als Parteien von eigenem Zuschnitt, betrieben eine neue, eine offensive Pressepolitik. Seit 1830 zeige sich eine neue Qualität des konstitutionellen Systems.

1 Die deutschen Staaten der ersten Konstitutionalisierungswelle 1815–1847

Die süddeutschen Mittelstaaten gehen in ihrer modernen Gestalt auf die Umbrüche der Jahre 1806 ff. und 1818–1820 zurück. In dieser Epoche wurden sie von herkömmlichen Territorien zu rationalen Staatsgebilden. Ihre Prägung erfuhren sie durch die napoleonische Verwaltungsrevolution, ihre politische Identität gewannen sie durch

---

4 Hartwig Brandt, Landständische Repräsentation im deutschen Vormärz, Neuwied 1968; Hans Boldt, Deutsche Staatslehre im Vormärz, Düsseldorf 1975; Michael Stolleis, Geschichte des öffentlichen Rechts in Deutschland, Bd. 2: Staatsrechtslehre und Verwaltungswissenschaft 1800–1914, München 1992.
5 Dirk Götschmann, Bayerischer Parlamentarismus im Vormärz. Die Ständeversammlung des Königreichs Bayern 1819–1848, Düsseldorf 2002; Hartwig Brandt, Parlamentarismus in Württemberg 1819–1870. Anatomie eines deutschen Landtags, Düsseldorf 1987; Siegfried Büttner, Die Anfänge des Parlamentarismus in Hessen-Darmstadt und das duThilsche System, Darmstadt 1969.
6 Hans-Peter Becht, Die badische zweite Kammer und ihre Mitglieder 1819–1841/42, Diss. phil. Mannheim 1985; Christine Zeile, Baden im Vormärz. Die Politik der Ständeversammlung sowie der Regierung zur Adelsfrage, Grundentlastung und Judenemanzipation 1818–1843, München 1989.

den aus Frankreich übernommenen Verfassungsstaat. Neben Österreich und Preußen, welche die Verfassung noch verweigerten, bildeten sie einen eigenen Typus des konstitutionellen Staates in Deutschland heraus.

Mit der Modernisierung des Systems einher gingen Konzentration der politischen Kräfte und territoriale Arrondierung, alle vier Staaten waren Hervorbringungen der napoleonischen Politik, Gewinner der Auslöschung des reichischen Deutschland, alle bedienten sich unter Napoleons Gunst aus der Landmasse mediatisierter oder säkularisierter Bestände und schlugen diese ihren eigenen Territorien zu. Dieser Prozess war 1806 beendet. Letzte Landverschiebungen beschloss 1815 der Wiener Kongress. Die Entscheidungen selbst blieben von Dauer über das ganze Jahrhundert.[7]

Der administrativ modernste unter den Mittelstaaten war Bayern, seit 1806 Königreich und durch die napoleonische Politik um das Doppelte seines vormaligen, seines kurfürstlichen Bestandes vermehrt. 1815 beendete ein Tausch den Länderschacher. Bayern verlor seine napoleonischen Beutestücke Salzburg und Tirol an Österreich, erhielt dafür aber Franken und den linksrheinischen Teil der Pfalz. Die dringend verlangte Landbrücke nach Westen (über vormals mainzisches und Frankfurter Gebiet) blieb ihm indessen verwehrt. Von den 1817 geschaffenen acht Regierungsbezirken (Rheinkreis, Oberdonaukreis, Untermainkreis, Obermainkreis, Rezatkreis, Isarkreis, Unterdonaukreis und Regenkreis) waren nur die drei letztgenannten altbayerisches Gebiet. Erst durch die Integrationspolitik Montgelas' fanden Altbayern und Neubayern zu staatlich-administrativer Einheit.

Die territoriale Gestalt, welche die Mittelstaaten durch die napoleonische Politik gewonnen hatte, war nach deren Zusammenbruch indes keineswegs gesichert. Dies galt vor allem für das Großherzogtum Baden, die fragilste Schöpfung unter den südlichen Mittelstaaten. Die vormalige Markgrafschaft hatte unter Napoleon Teile der Hochstifte Speyer, Basel und Straßburg sowie Territorialbestände aus Reichsstiftern und Prälaturen hinzugewonnen und war als Rheinbundstaat zum Großherzogtum aufgestiegen. Alles dies schien jedoch mit der napoleonischen Katastrophe ins Wanken geraten, denn die historische Staatssubstanz Badens war geringer als diejenige Bayerns und Württembergs. Allein das Scheitern aller Pläne, geistliche und reichsritterschaftliche Herrschaften zu restaurieren, bewahrte Baden auf dem Wiener Kongress vor Revisionen. Indessen blieben 1815 zwei Posten der Unsicherheit zurück: eine prekäre Erbfolgefrage sowie Ansprüche Bayerns auf die rechtsrheinische Pfalz. Der regierende Großherzog Karl, dies zum Ersten, war kinderlos wie ebenfalls sein Bruder und damit die Dynastie, das Haus Zähringen, vom Aussterben bedroht. In dieser Zwangslage setzte der Herzog seine Kinder aus morganatischer Ehe zu Erben

---

[7] Zur allgemeinen Geschichte der Südstaaten: Spindler (Hg.), Handbuch (wie Fn. 3), Bd. 4; Schwarzmaier/Schaab (Hg.), Handbuch (wie Fn. 3), Bd. 3; Eckhart G. Franz, Der Staat der Großherzöge von Hessen und bei Rhein 1806–1918, in: W. Heinemeyer (Hg.), Das Werden Hessens. Marburg 1986, S. 481-515.

ein, eine Lösung, die das Interesse der europäischen Staatenwelt heraufrief. Dass dieses Interesse dann aber doch nicht weiter verfolgt wurde, ging auf das Verhalten Russlands zugunsten der badischen Sache zurück. Erledigt wurde der Fall 1818 auf dem Aachener Kongress: Das Nachfolgerecht der morganatischen, der »Rechbergschen« Linie wurde anerkannt. Bayern, die andere Streitsache, wurde in seinen Territorialansprüchen zurückgewiesen.

Ein anderer Fall war Württemberg. Bis 1805 noch ein Ständestaat, durchlief es unter Kurfürst, seit 1806 König Friedrich einen Schnellkurs in Absolutismus. Friedrich war eine brachiale, zielstrebig planende und planierende Natur. Mit brutaler Hand fügte er die Vielfalt territorialer Zugänge zusammen: katholische Herrschaften in Oberschwaben, Reichsstädte von eigenem Herkommen wie Eßlingen und Heilbronn, kleinadlige Gebiete in Hohenlohe und auf der Alb. Wie für Bayern und Baden war auch für Württemberg mit dem Sieg der Koalitionsmächte über Napoleon die Integrität des eigenen Territoriums unsicher geworden. Noch in der Völkerschlacht bei Leipzig (16.–19. Oktober 1813) stand das Land auf französischer Seite. Erst dann erfolgte die Abkehr, und erst die Verträge von Paris (30. Mai 1814) und Wien (9. Juni 1815) sicherten die rheinbündischen Zugewinne. Wie Bayern und Baden zog auch Württemberg daraus Gewinn, dass Österreich und Preußen auf dem Wiener Kongress eine Politik der Reichsrestauration verwarfen.

Das Großherzogtum Hessen-Darmstadt war mit etwa 630.000 Einwohnern der kleinste der süddeutschen Mittelstaaten. Aber die Grundsätze der napoleonischen Politik galten auch hier: Aufhebung der landständischen Einrichtungen (1806), spätabsolutistische Konzentration der Staatsmacht unter den Zeichen des Rheinbundes, Arrondierung des Staatsgebiets durch Mediatisierung und Eingliederung reichischer Kleinherrschaften. Nach der »Flurbereinigung« bestand das Großherzogtum aus drei Landesteilen: den Provinzen Oberhessen (Gießen), Rheinhessen (Mainz) und Starkenburg (Darmstadt). Keine der drei Provinzen war historisch gewachsen. Starkenburg umfasste den Erbachschen Odenwald, die frühe Industriestadt Offenbach und stellte mit Darmstadt die Residenz. Oberhessen reichte als Außenposten ins Transmainische hinaus. Städtische Zentren waren Gießen, Friedberg und Butzbach. Rheinhessen schließlich, im Dreieck von Bingen, Worms und Mainz gelegen, war der westliche Posten des Landes, erst durch den Reichsdeputationshauptschluss zur politischen Einheit geworden. Insgesamt hatte der Staat das Erscheinungsbild eines Durchgangslandes, verkehrstechnisch, aber auch wirtschaftlich und politisch.

2 Verfassungsstruktur der zentralen staatlichen Ebene

Die Geschichte der neueren, der geschriebenen Verfassungen beginnt in Deutschland, nach dem Vorspiel der Rheinbundstaaten, 1815, und sie hat 1819 einen ersten Wendepunkt ihres Weges erreicht. Napoleonherrschaft und Karlsbader Konferenz

2 Verfassungsstruktur der zentralen staatlichen Ebene

sind die Zeitschranken einer Epoche, aus deren Gärungen und Spannungen das Wiener Kongresssystem hervorging. Aber eben auch der Verfassungsstaat und mit ihm die »landständischen Versammlungen« als das Herzstück der inneren Reformen. Die Verfassungen selbst, ob sie noch ständisches Herkommen mit sich führten oder schon repräsentativstaatlich im modernen Sinne waren, waren doch vor allem Verbürgungen der Freiheit. Sie garantierten politische Mitsprache und regelten Steuerbewilligung und Kontrolle. Mit der schriftlichen Festlegung des öffentlichen Rechts, mit der irreversiblen Selbstbindung der Staatsspitze war das Terrain des Absolutismus verlassen.

»Verfassungen« beherrschen um 1815 die öffentliche, die publizistische Diskussion in einem Maße, wie dies später nicht mehr vorgekommen ist. »Verfassungen« beherrschen aber auch das Planen der Regierungen. Eine Reihe von Staaten ergriff schon früh den Gedanken und hat ihn für ihre Zwecke genutzt, so Baden, Bayern, Württemberg und Hessen-Darmstadt. Daneben, wiewohl unterschiedlich in ihrem Willen und ihrer Fähigkeit, Modernes zu schaffen, auch eine Reihe kleinerer Staaten.[8] Was alle Konstitutionen verband, war der Entscheidungsvorrang der Staatsspitze, war der Überhang an Verwaltung. In Deutschland gingen die Verfassungen durch die Schule der Bürokratie. Sie waren nicht Eroberungen des Bürgertums, der »Gesellschaft« oder sonst einer Kraft, die gegen die Obrigkeit aufbegehrte. Sie waren Werkzeuge der Staatsspitzen. Wie die aufgeklärten Fürsten des 18. Jahrhunderts mit der revolutionären Vertragslehre spielten, um ihrem Regiment eine fortschrittliche Legitimation zu geben, so nutzten die Regierungen nach 1815 den Bonus der Konstitution. Sie gewährten Verfassungen, um heterogene Gebietsherrschaften zusammenzuführen, um die Einwohnerschaft zur Wahlbürgerschaft zu einen, um den derangierten Staatskredit zu verbessern.

Am entschiedensten war der Verfassungswille in den süddeutschen Staaten. Am entschiedensten war hier auch der Wille, den französischen »Atomismus« zur Leitlinie der Verfassungsgebung zu nehmen. Denn Verfassungsgebung hieß hier Souveränitätsbehauptung, und die Probe darauf war die Zähmung des Hochadels mit den Mitteln des Staates, die Verhinderung einer Restitution alter Reichsrechte auf eigenem Territorium. Jede Konzession an das Ständeprinzip konnte die Verwaltung um ein Stück ihres Erfolges bringen. Die rückwärts gewandte Auslegung des Artikels 13 der Bundesakte war für die süddeutschen Regierungen daher ein Akt der Systemgefährdung.

In allen Mittelstaaten des Südens hatten die Verfassungen von 1818/19/20 eine Vorgeschichte, die bis in die Napoleonzeit zurückreichte. Das Königreich Bayern hatte sich schon 1808 eine Konstitution gegeben.[9] Sie war ein Werk des leitenden

---

8 Als Übersicht: Huber, Verfassungsgeschichte (wie Fn. 2), Bd. 1.
9 Zur Verfassungsgebung in Bayern: Karl Otmar Frhr. v. Aretin, Bayerns Weg zum souveränen Staat. Landstände und konstitutionelle Monarchie 1714–1818, München 1976; Eugen Franz, Bayerische Verfassungskämpfe. Von der Ständekammer zum Landtag, München 1926; Karl Möckl,

827

Ministers Montgelas. Napoleons Druck auf die Staatsführung in München, sich einer projektierten Rheinbundverfassung zu unterwerfen, hatte Gegenwehr ausgelöst. Das Ergebnis war eine Landesverfassung nach dem Muster der Konstitution des Königreichs Westphalen. Die Verfassung selbst war als Rahmengesetz konzipiert. Zusammen mit einer Reihe nachfolgender »organischer Edikte« bildete sie ein geschlossenes Korpus. Sie war noch nicht »frühkonstitutionell«, aber sie war auch keine Attrappe, keine Konstitution des bloßen Scheins. Sie enthielt Grundrechte, die mehr waren als ein Fürstenspiegel, als Zeichen monarchischer Huld. Mit der Proklamation von Rechten und der Konzession einer gesetzgebenden Vertretung war das Terrain des aufgeklärten Vormundsstaates verlassen. Indes blieb die Verfassung ohne Bewährung in der Praxis, sie blieb administrative Literatur. 1814 nahm die Verfassungsgebung einen neuen Anlauf – wieder unter der Regie von Montgelas. Leitendes Motiv der Anstrengung war abermals die Absicherung staatlicher Souveränität. Hinzu trat indes ein Bestreben, den Adel der annektierten Gebiete in das Staatswesen einzubinden, im Weiteren, über Altbayern hinaus ein Staatsbewusstsein zu schaffen. Dagegen stand freilich eine Debatte, welche die Verfassung als Instrument der Machtverteilung begriff. Vor solchen Ansichten ging Montgelas, um sein Leitbild eines monarchischen Beamtenstaates zu retten, in die politische Defensive. Aber sein Modell einer bürokratischen Verfassung hatte sich überlebt. Am 2. Februar 1817 wurde er vom König entlassen. Die Verfassung, die nun von der Verwaltung beraten wurde, war konstitutionell. Am 26. Mai 1818 erhielt sie durch königlichen Oktroi Gesetzeskraft.

Auch in Baden wurde früh die Einführung einer Verfassung erwogen.[10] Der Gedanke entstammte dem Geist des Napoleonismus. Er entsprang aber auch dem Kalkül der Finanzstrategen. In einer Zeit des drohenden Staatsbankrotts bedurfte es neuer Steuern, bedurfte es einer Schuldenwirtschaft, die sich auch öffentlich zu legitimieren wusste, bedurfte es einer Kreditpolitik, die im städtischen Bürgertum Vertrauen schuf. Zur Ausführung des Plans ist es freilich zunächst nicht gekommen. Als das napoleonische System geschleift war, traten neue Gründe hinzu, die Einführung einer Konstitution zu forcieren. Da gab es territoriale Begehrlichkeiten der Nachbarstaaten, Bayerns vor allem. Da gab es eine unsichere Thronfolge, und da gab es vor allem den Artikel 13 der Bundesakte. So drängte alles auf den Erlass einer Konstitution.

Der moderne bayerische Staat. Eine Verfassungsgeschichte vom aufgeklärten Absolutismus bis zum Ende der Reformepoche, München 1979; Eberhard Weis, Die Begründung des modernen bayerischen Staates unter König Max I. (1799–1825), in: A. Schmid (Hg.), Handbuch der bayerischen Geschichte, Bd. 4: Das neue Bayern 1800 bis zur Gegenwart, Teilbd. 1: Staat und Politik, München 2. Aufl. 2003, S. 3-126; ders., Montgelas, Bd. 2: Der Architekt des modernen bayerischen Staates 1799–1838, München 2005.

10 Zur Verfassungsgebung in Baden: Elisabeth Fehrenbach, Bürokratische Reform und gesellschaftlicher Wandel. Die badische Verfassung von 1818, in: E. O. Bräunche/T. Schnabel (Hg.), Die Badische Verfassung von 1818. Südwestdeutschland auf dem Weg zur Demokratie, Ubstadt-Weiher 1996, S. 13-24; Hans Fenske, 175 Jahre badische Verfassung, Karlsruhe 1993; Hans-Peter Ullmann, Baden 1800–1830, in: Schwarzmaier/Schaab (Hg.), Handbuch (wie Fn. 3), Bd. 3, S. 23-77.

Freilich gab es auch retardierende Momente. Zwar hatte der Landesherr im Dezember 1814 sein Verfassungsversprechen erneuert, aber divergierende Auffassungen über die Rechte einer künftigen Ständeversammlung verzögerten den Abschluss, ja stellten ihn zwischenzeitlich wieder infrage. Auch Verfassungsforderungen von Bürgern einzelner Gemeinden des Landes, eine bescheidene Wortmeldung der »Gesellschaft«, brachten den Prozess noch einmal ins Stocken. Denn die konstitutionelle Stiftung sollte ganz aus der Gesinnung aufgeklärt-staatlicher Vormundschaft geschehen. Am Ende überwogen indes die Gründe zugunsten einer Verfassung. Vor allem: Staatsverschuldung und Kreditbedürfnis drückten auf die Administration. Es fügte sich ins Bild, dass es ein Rat aus dem Finanzministerium war, Friedrich Nebenius, der zum Konstrukteur der Verfassung wurde. Am 29. August 1818 erlangte sie Rechtskraft durch obrigkeitlichen Bescheid.

Einen ganz anderen Fall stellte das Königreich Württemberg dar.[11] Seine Vorgeschichte war zunächst und vor allem die Geschichte König Friedrichs, seiner beherrschenden Figur. Friedrich löste 1805 den alten Landtag auf und bescherte Württemberg einen späten, napoleonisch durchwirkten Absolutismus. Aber als Napoleon gefallen war, zeigte er sich empfänglich für die Signale des Neuen. Gerade die Ablehnung, die seinem autokratischen Regime bis dahin entgegenschlug, ließ ihn dessen Legitimationsbedürftigkeit erkennen; gerade die Heterogenität des Staates ließ ihn zum Initiator der Verfassungsgebung werden. Der Entwurf, den Friedrich im Januar 1815 in seinen Grundzügen mitteilte, war ein Novum in Deutschland. Er war individualistisch und repräsentativstaatlich. Einkammersystem, Distriktprinzip und Steuerbewilligung für die Stände waren die Stützpfeiler, welche ihn trugen.

Das Angebot, das der König unterbreitete, hat Stürme entfacht, die das Land in zwei Lager spalteten. Konflikthaltig war einmal der Entwurf selbst, der durch seinen antikorporativen Geist die Gegenseite, die Anhänger des »alten Rechts«, empörte. Als trennend erwies sich zum andern die Person des Königs, die als Garantin konstitutioneller Politik kein Zutrauen genoss. Der Streit der Positionen, der in Deutschland weite Kreise zog und den Altrechtlern zunächst die Sympathien bescherte, war in der Sache nicht zu überbrücken. Er war ein Kampf des modernen Staates gegen einen vormodernen Pluralismus. Die Glaubensartikel, welche die Altrechtler wie Monstranzen vor sich hertrugen, hießen ständische Steuerkasse und permanenter Ausschuss. Die Verfassungsvorlage selbst blieb dabei auf der Strecke. Erst unter Friedrichs Nachfolger, seinem Sohn Wilhelm, wurde der Konflikt beendet. Die Altrechtler wurden gouvernemental. Am Ende stand eine vereinbarte Verfassung. Aber der Pakt zwischen Administration und Ständeversammlung, der sie möglich machte, war eine Vereinba-

---

11 Zur Verfassungsgebung in Württemberg: Albert Eugen Adam, Ein Jahrhundert württembergischer Verfassung, Stuttgart 1919; Joachim Gerner, Vorgeschichte und Entstehung der württembergischen Verfassung im Spiegel der Quellen (1815–1819), Stuttgart 1989; Bernhard Mann, Württemberg 1800 bis 1860, in: Schwarzmaier/Schaab (Hg.), Handbuch (wie Fn. 3), Bd. 3, S. 263 ff.

rung zwischen monarchischer Regierung und zur Moderne bekehrten Ständen. Der Weg zur Verfassungsgebung war frei, weil es den parlamentarischen Widerpart des »alten Rechts« nicht mehr gab.

Hessen-Darmstadt war der späteste unter den süddeutschen Verfassungsstaaten.[12] Zwar hatte sich der Großherzog schon 1814 im Prinzip für eine Konstitution erklärt, aber erst der Druck einer politischen Opposition im Lande sowie die Verfassungsgebungen in Bayern und Baden erzwangen den Wechsel. Vor allem die Agitation der »Darmstädter Schwarzen«, einem Ableger der Gießener Studentenverbindung unter den Brüdern Follen, beschleunigte das Verfahren. Im Oktober 1818 verfasste ein »wilder Landtag« in Zwingenberg, eine Deputiertenversammlung von 160 Köpfen, eine Denkschrift mit politischen Forderungen. Weitere Resolutionen, auch als Flugblätter verfasst, folgten. Ziel aller Bestrebungen war eine liberale Verfassung. Der Verfassungsprozess selbst begann mit der Berufung des Gießener Rechtslehrers Grolman ins Ministerium, eine Bestellung, welche die Ausarbeitung einer Konstitution zum Auftrag hatte. Die Verfassung wurde am 10. März 1820 durch Edikt rechtskräftig gemacht – und löste sofort heftige Widerstände aus. Kernpunkt der Kritik war die schwache Gesetzgebungsteilhabe des künftigen Landtags. Es gab Boykottappelle der »Darmstädter Schwarzen« und einen Protest der inzwischen gewählten Mitglieder der Zweiten Kammer. Am 5. November d. J. kam es indessen zu einem Ausgleich über das Gesetzgebungsrecht des Parlaments in einer gemeinsamen Erklärung. Nicht rechtstechnisch, aber politisch bedeutete dies, dass die Verfassung vertragsförmig vereinbart war.

Die konstitutionell-monarchischen Verfassungen waren nicht nur Schöpfungen der Bürokratie, sie waren auch in ihrer Substanz auf den Vorrang von Fürst und Regierung gegründet. Indessen war der Monarch nicht mehr freier Vertragsherr, der von Zeit zu Zeit mit den Ständen abschloss. Er war Handelnder in einem System von Kompetenzen und Verfahren, das, wo es einmal geschaffen war, nicht mehr zu seiner Disposition stand. Er war Teil einer schriftlich verfassten Ordnung, er war Organ des Staates.[13] Dabei zeigte sich das Neue zunächst im Besitzrecht. In vorkonstitutionellen Verhältnissen gab es keine Trennung zwischen dem Privatrecht des Fürsten und dem »öffentlichen« Recht des »gemeinen Wesens«. Im Konstitutionalismus gab es diese Trennung sehr wohl. Das herkömmliche Kammergut wurde zum Staatsbesitz erklärt, und nur ein kleiner Anteil, das »Hof-Domänen-Kammergut«, verblieb dem Landesherrn als eigener Besitz. Dagegen wurde ihm der Aufwand für Amtsführung und Repräsentation durch eine besondere Zuwendung, die »Zivil-Liste«, vergolten.

---

12 Zur Verfassungsgebung in Hessen: Hans Andres, Die Einführung des konstitutionellen Systems im Großherzogtum Hessen, Berlin 1908; Peter Fleck, Die Verfassung des Großherzogtums Hessen. 1820–1918, in: B. Heidenreich/K. Böhme (Hg.), Hessen. Verfassung und Politik, Stuttgart u. a. 1997, S. 86-107; Adolf Müller, Die Entstehung der hessischen Verfassung von 1820, Darmstadt 1931.

13 Es fehlt an vergleichenden Darstellungen einzelner Verfassungsinstitutionen. Als Überblick: Huber, Verfassungsgeschichte (wie Fn. 2), Bd. 1, S. 336 ff.

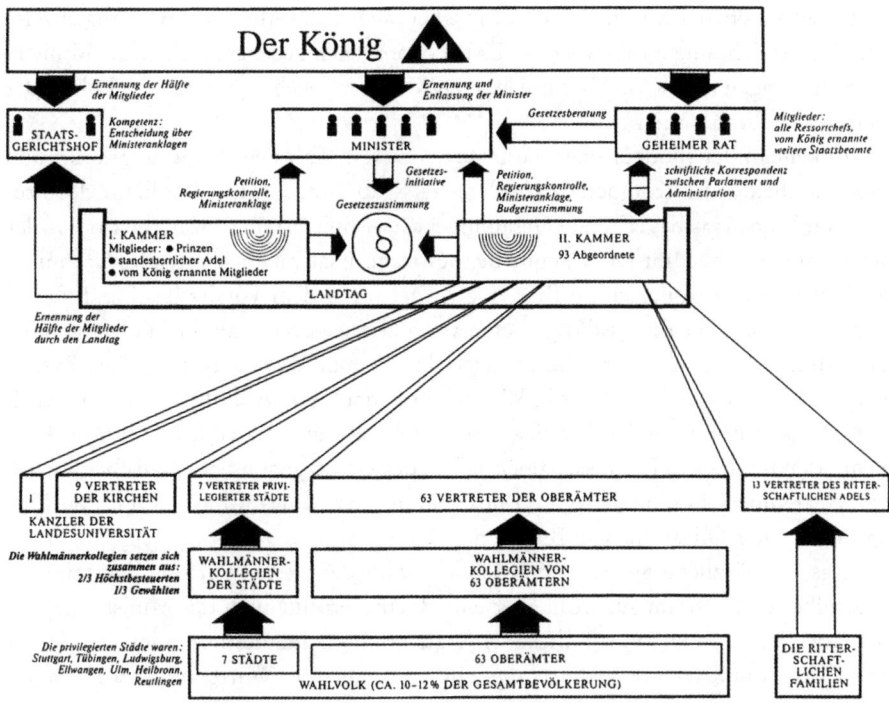

Abb. 11.2.1 Die württembergische Verfassung von 1819

Indessen war auch die rechtlich gebundene Staatsspitze immer noch der handelnde Teil des Staates. Der Monarch war Herr über Verwaltung, auswärtige Politik und Militär, also über den Staat in seiner Erscheinungsform als Administration. Er gab die Initiativen in der Gesetzgebung und wirkte an dieser durch Zustimmung oder Verweigerung mit. Er ernannte und entließ die Minister und wirkte in die Angelegenheiten der Stände hinein: durch Einberufung, Vertagung, Schließung und Auflösung der Kammern, durch Bestätigung der parlamentarischen Präsidien, durch Auflagen für Prozedere und Geschäftsordnung. Die Kumulation der Rechte wurde zudem durch eine gedankliche Rollenverteilung besiegelt: Der Monarch war Inhaber, die Stände waren Ausführende der Staatsgewalt. Im Sprachgebrauch der Zeit hieß diese Reserve zugunsten des Landesherrn »monarchisches Prinzip«.

Dem konstitutionellen Monarchen entsprach der konstitutionelle Minister. Der Monarch bestimmte Ziel und Mittel der Politik, aber er war, so die Fiktion, weder öffentlich noch parlamentarisch verantwortlich für das, was er tat. Also brauchte er andere, die für ihn eintraten, die ihn schützten. Dies waren die Minister. Durch ihre »Gegenzeichnung« bei allen schriftlichen Akten waren sie im formellen Sinn für diese verantwortlich, zogen Kritik und Rechtsfolgen auf ihre Person. Der Monarch war frei in der Entscheidung, seine Minister zu bestellen und zu entlassen. Aber die Minister waren ebenfalls frei, sich den Entscheidungen des Monarchen zu fügen oder die Gegenzeichnung zu verweigern. Es hat Monarchen gegeben, welche die Minister zu Werkzeugen machten. Aber es hat auch Minister gegeben, welche die Politik der Staatsspitze bestimmten.

In keinem der süddeutschen Verfassungsstaaten gab es ein Regierungskollegium von entscheidender Kompetenz. Andererseits gab es auch nicht die Figur des Premierministers. Das bayerische »Gesammt-Staats-Ministerium«[14] war ebenso wie der württembergische Ministerialrat und der hessische Staatsrat ein beratendes Gremium, auch wenn diese Kollegien im Beisein oder gar unter dem Vorsitz des Landesherrn tagten. Die Entscheidungsstränge liefen von der Staatsspitze direkt in die Ressorts. Der Minister trug in seinem Amtsbereich die alleinige Verantwortung. Eine Besonderheit stellte der Geheime Rat in Württemberg dar.[15] (☞ Abb. 11.2.1, S. 831) Auch er war, aus Ministern und hohen Beamten bestehend, eine beratende Institution. Aber in der Praxis ging sein Einfluss, namentlich in der Gesetzgebung, weit darüber hinaus. In Württemberg konkurrierte die Entscheidungsmacht des Ministers mit den Einsprüchen einer Oligarchie von Beamten.

Das vormärzliche System kannte keine politische Verantwortung der Minister gegenüber dem Parlament, wohl aber eine Rechtsverpflichtung der Minister gegenüber der Verfassung. Wurde diese verletzt, konnten Landesherr oder Stände ein Verfahren zum Zweck der Amtsenthebung anstrengen. In Württemberg war ein besonderer Verfassungsgerichtshof bestellt, vor dem ein solches Verfahren stattzufinden hatte.[16] (☞ Abb. 11.2.1, S. 831) In Hessen schrieb ein separates Gesetz vor, dass die Anklage vor dem höchsten Gericht des Landes, dem Oberappellationsgericht, zu verhandeln und zu entscheiden war.[17] Jedoch ist es während des Vormärz in keinem der Südstaaten zu einem solchen Verfahren gekommen.

---

14 CD-ROM-2, Dok.-Nr. 11.2.2.1 (Verfassung Bayerns v. 26.5.1818), Tit. II, § 19. Siehe auch die Dokumentensammlung zur bayerischen Verfassungsentwicklung 1806–1918 von Michael Kotulla, Deutsches Verfassungsrecht 1806–1918. Eine Dokumentensammlung nebst Einführungen, Bd. 2: Bayern, Berlin u. a. 2007. Als nützliche verfassungsgeschichtliche Edition für unseren Untersuchungszeitraum ist ebenfalls heranzuziehen: W. Heun (Hg.), Deutsche Verfassungsdokumente/German Constitutional Documents, Teile/Parts I-VI (Anhalt-Bernburg bis Baden, Bayern-Bremen, Frankfurt bis Hessen-Darmstadt, Hessen-Kassel bis Mecklenburg-Strelitz, Nassau bis Sachsen-Hildburghausen, Sachsen-Meiningen bis Württemberg) (= H. Dippel [Hg.], Verfassungen der Welt vom späten 18. Jahrhundert bis zur Mitte des 19. Jahrhunderts. Quellen zur Herausbildung des modernen Konstitutionalismus/Constitutions of the World from the late 18th Century to the Middle of the 19th Century. Sources on the Rise of Modern Constitutionalism, Europa/Europe, Bd. 3), München 2006–2008.
15 CD-ROM-2, Dok.-Nr. 11.2.2.4 (Verfassung Württembergs v. 25.9.1819), § 54-61.
16 Ebd., § 195-205.
17 CD-ROM-2, Dok.-Nr. 11.2.2.7 (Gesetz über die Verantwortlichkeit der Minister und obersten Staatsbeamten v. 16.7.1821).

Schließlich die ständischen Kammern, das Herzstück der Verfassungen.[18] In einer Art schiefer Balance der Kräfte repräsentierten sie gegenüber der Administration den schwächeren Teil des Systems – und waren doch imstande, ihren Einfluss zu weiten, über die Rechte, welche ihnen zustanden, hinaus. Bei aller Beschränktheit der Mittel waren die Landtage Zentren politischer Unruhe. Darin hatte Metternich so Unrecht nicht. Die Verfassungskonstrukteure der Südstaaten hatten sich für das Zweikammersystem entschieden. Pate für diese Konstruktion stand das englische Beispiel, indessen traten deutsche Erfahrungen hinzu. Trennung der Repräsentation in zwei Kammern hieß Schaffung eines mechanischen Gleichgewichts. Der Monarch zeige eine Tendenz, Alleinherrscher zu sein, das Volk neige zur Auflösung aller Herrschaft. Zwischen diesen Polen sollten die Stände die Balance besorgen: die Wahlkammer als Moderator des demokratischen, die Adelskammer als Bändiger des monarchischen Elements. In der Praxis indessen ging es um die Teilung parlamentarischer Macht und deren Schwächung, ging es um Abfindung und Zähmung des hohen Adels. Die Standesherren stellten in vielen ersten Kammern daher auch den höchsten Anteil der Mitglieder. Angehörige des fürstlichen Hauses, niederer Adel, auf Lebenszeit oder erblich durch den Landesherrn ernannte Vertreter, im Einzelfall auch Abgesandte von Kirchen und Universitäten kamen hinzu. Da die Berufsmoral der Privilegierten bei Weitem schwächer war als die der gewählten Abgeordneten, füllten die ersten Kammern in der Regel nur erweiterte Tischrunden. Als gesetzgebende Körperschaften waren sie den Wahlkammern gleichgestellt, in Finanzfragen war ihre Kontrollmacht indes geringer. In allen Staaten bezogen die Abgeordneten für ihre parlamentarische Arbeit Diäten.[19]

In Bayern bestand die Erste Kammer, die »Kammer der Reichsräthe«, aus den Prinzen des königlichen Hauses, Vertretern des katholischen und evangelischen Klerus, den Vertretern der vormals reichsständischen Familien sowie vom König ernannten Vertrauenspersonen mit lebenslänglichem oder erblichem Mandat.[20] In Baden rekrutierte sich die Erste Kammer aus den gleichen Gruppen. Hinzu traten zwei

---

18 Eine systematische Skizze des Gegenstandes hat Jörg-Detlev Kühne gegeben: Volksvertretungen im monarchischen Konstitutionalismus 1814–1918, in: H. P. Schneider/W. Zeh (Hg.), Parlamentsrecht und Parlamentspraxis in der Bundesrepublik Deutschland, Berlin 1989, S. 49 ff. Einen Forschungsaufriss bietet Gerhard A. Ritter, Entwicklungsprobleme des deutschen Parlamentarismus, in: ders. (Hg.), Gesellschaft, Parlament und Regierung. Zur Geschichte des Parlamentarismus in Deutschland, Düsseldorf 1974, S. 11 ff. Zu Bayern: Götschmann, Parlamentarismus, (wie Fn. 5). Zu Württemberg: Walter Grube, Der Stuttgarter Landtag 1457–1957. Von den Landständen zum demokratischen Parlament, Stuttgart 1957, S. 489 ff.; Brandt, Parlamentarismus (wie Fn. 5). Zu Hessen: Büttner, Parlamentarismus (wie Fn. 5). Zu Baden: Hans-Peter Becht, Die badische Zweite Kammer und ihre Mitglieder 1819–1841/42. Untersuchungen zu Struktur und Funktionsweise eines frühen deutschen Parlaments, Diss. Mannheim 1985. Vgl. auch Elisabeth Fehrenbach, Verfassungsstaat und Nationsbildung 1815–1871, München 1992, bes. S. 71 ff.
19 Vgl. exemplarisch CD-ROM-2, Dok.-Nr. 11.2.2.5 (Diätengesetz Württembergs v. 20.6.1821).
20 CD-ROM-2, Dok.-Nr. 11.2.2.1 (wie Fn. 14), Tit. VI, § 2.

Vertreter der Landesuniversitäten sowie Abgeordnete des grundherrlichen Adels.[21] Anders in Württemberg, wo die Erste Kammer ein Kollegium von Hochadel und Bürokratie darstellte.[22] In Hessen schließlich waren in der Ersten Kammer Mitglieder von Hochadel, Universität und Kirchen vertreten, wohingegen der Grundadel in der Zweiten Kammer Sitz und Stimme hatte.[23]

Zentrum öffentlicher Politik aber war die Zweite, die Wahlkammer. Als Institution war sie nicht selbstständig in ihren Entscheidungen. In keinem der Südstaaten gab es ein Recht auf Selbstversammlung oder Selbstauflösung. In keinem verfügte der Landtag über das Recht, sich aus eigenem Willen eine Geschäftsordnung zu geben.[24] Die Wahl des Präsidiums bedurfte der Zustimmung des Landesherrn. Dagegen standen indessen die individuellen Rechte der Mitglieder der Kammern: freies Rederecht, parlamentarische Immunität und Indemnität. Hinzu trat die öffentliche Rolle der Institution. Im Vormärz waren die Kammern nicht nur Mandatare der Wählerschaft, sie waren auch Stätten offener Diskussion und Kritik und dies in einem Land, das von der Zensur beherrscht wurde. Fast drei Jahrzehnte »verwalteten« die süddeutschen Landtage die politische Meinungsfreiheit wie ein Monopol. In ihren Debatten herrschte jenes freie Wort, das der Presse verwehrt war. Die Sitzungsprotokolle boten dem Publikum jene »Zeitung«, jene Information, welche der Leser in Tagblättern und Broschüren vergeblich suchte. Mit anderen Worten: Die Kammern waren nicht nur die verfassungsmäßig bestellten Kontrolleure der Regierungen, sie waren auch Nachrichten- und Meinungsagenturen – wie immer sie diese Rolle auch ausfüllen mochten.

Der parlamentarische Betrieb in den süddeutschen Kammern kannte neben der dominierenden Plenardebatte ein Ausschusswesen, das alle Materien seiner Tätigkeit abdeckte. Es gab darüber hinaus regelmäßige Absprachen unter den Abgeordneten, bei Gesetzesvorhaben und den Wahlen von Kommissionen und Präsidium zumal. Spätestens seit den 1830er-Jahren gab es auch eine Gruppenkonkurrenz zwischen Regierungsanhängern (»Gouvernementalen«) und Liberalen (»Bewegungspartei«). Ein ausgebildetes Fraktionswesen gab es indessen noch nicht.

Schließlich die Kompetenzen der Landtage, zu denen neben Beschwerde- und Petitionsrecht die Gesetzeszustimmung zählte, nicht aber das Recht der Gesetzesinitiative. Dabei war die Gesetzgebung nicht das eigentliche Konfliktfeld zwischen Regierung und ständischer Opposition. Die großen Gesetzesvorhaben wie Volksschule, Kataster, Ablösung und Militärpflicht wurden im Ausgleich zwischen beiden Kräften beschlossen. Was Regierung und Opposition bis zur Feindschaft entzweite, waren Pressefreiheit und politisches Strafrecht, waren aber auch die Finanzen des Staates.

---

21 CD-ROM-2, Dok.-Nr. 11.2.2.3 (Verfassung Badens v. 22.8.1818), § 27.
22 CD-ROM-2, Dok.-Nr. 11.2.2.4 (wie Fn. 15), § 129.
23 CD-ROM-2, Dok.-Nr. 11.2.2.6 (Verfassung Hessens v. 17.12.1820), § 52.
24 Einen exemplarischen Einblick in die Geschäftspraxis vermittelt der bayerische Fall: CD-ROM-2, Dok.-Nr. 11.2.2.2 (Geschäftsordnung der beiden Kammern Bayerns v. 2.9.1831).

3 Wahlrecht und Wahlen

Die zweiten Kammern wurden gewählt, aber die Vorschriften über Prozeduren und Wahlfähigkeit waren höchst verschieden. Es gab Wahlen in noch ganz ständischen Formationen, und es gab Beschränkungen des Stimmrechts nach Steuerleistung und Vermögen. Aber es gab eben auch schon Wahlen nach Wohnbezirken, nach Distrikten, und es gab Beispiele eines eher großzügig bemessenen Zensus. Es war ein weiter Bogen von Recht und Praxis, der sich von Bayern über Baden und Württemberg bis Hessen-Darmstadt spannte.[25]

Das Wahlrecht des frühen Verfassungsstaates war nicht allgemein, indirekt und öffentlich. Nicht allgemein – denn Frauen und Angehörigen nicht privilegierter Konfessionen war das Stimmrecht verwehrt. Indirekt – denn die Wähler bestellten Wahlmänner, und erst diese kürten in freier Entscheidung den Deputierten. Öffentlich – denn die Stimmen wurden zumeist »im Durchgang« vor Augen und Ohren einer Wahlkommission abgegeben. Galten diese Bedingungen durchweg in allen Staaten, so waren die Qualifikationen für das Wahlrecht breit gestreut. Grundbesitz, Vermögen und Jahreseinkünfte konnten als Grundlage der Zuerkennung dienen. Vor allem aber war es die Steuerleistung, an welche die Berechtigung geknüpft war. Wobei aus diesem Erfordernis wiederum eine Fülle unterschiedlicher Vorschriften folgte. Was die Verfassungsgeber wiederum verband, war die Ablehnung einer Repräsentation des bloßen Geldes, eines parlamentarischen Privilegs der Reichen. Die Kammern sollten die Vielfalt der »Staatsgesellschaft«, die freilich eine Gesellschaft des Besitzes war, repräsentieren. Eigentum sei nicht eine Aktie, welche politische Rechte nach Größe der Geldanlage verschaffe, sondern eine Bürgschaft gegen Verschwendung, »Pöbelherrschaft« und Revolution.

Das bayerische Wahlrecht war am tiefsten in ständischen Traditionen befangen.[26] Es gab im Grunde kein einheitliches Stimmrecht, sondern divergierende Vorschriften für unterschiedliche soziale Milieus. Die Wählerschaft war in fünf Klassen untergliedert: in Grundbesitzer mit gutsherrlicher Gerichtsbarkeit (I), Universitäten (II), die Geistlichkeit beider Konfessionen (III), »Städte und Märkte« (IV) sowie Landeigentümer ohne Gerichtsbarkeit (V).[27] Der Anteil der Mandate der einzelnen Kategorien war prozentual festgelegt. »Städte und Märkte« verfügten über ein Viertel, die

---

25 Als allgemeines Kompendium zum Thema: Peter Michael Ehrle, Volksvertretung im Vormärz. Studien zur Zusammensetzung, Wahl und Funktion der deutschen Landtage im Spannungsfeld zwischen monarchischem Prinzip und ständischer Repräsentation, 2 Bde., Frankfurt a. M. u. a. 1979.
26 Josef Leeb, Wahlrecht und Wahlen zur Zweiten Kammer der bayerischen Ständeversammlung im Vormärz (1818-1845), 2 Bde., Göttingen 1996; Götschmann, Parlamentarismus (wie Fn. 5), S. 97-145.
27 CD-ROM-2, Dok.-Nr. 11.2.2.1 (wie Fn. 14), Tit. VI, § 9.

Gruppen I und V über ein Achtel bzw. die Hälfte der Sitze. Gewählt wurde nach Regierungsbezirken.

Die Wahlberechtigung war nach aktivem und passivem Wahlrecht geschieden, aber in den einzelnen Klassen galten wiederum unterschiedliche Regeln. Kurzum, dieses Wahlrecht war, gegen moderne Bestimmungen gehalten, voller Komplikationen. Im Vergleich zu Baden und Württemberg war es auch ständischer, hermetischer. Politisch bedeutsam allein waren die Klassen IV und V. Wählen durfte in der Klasse IV, wer 25 Jahre alt und in seinem Wahlkreis ansässig war. Das passive Wahlrecht verlangte ökonomische Selbstständigkeit, Steuerzahlung, strafrechtliche Unbescholtenheit sowie die Mitgliedschaft in einer der drei christlichen Religionen (VI § 12 VU). 1818, als der erste Landtag gewählt wurde, gab es in Bayern 64.000 Aktivwahlberechtigte. Das waren 1,8 Prozent der Bevölkerung. Zum Wahlmann bzw. Deputierten qualifiziert waren 14.393 Personen. Das waren 0,4 Prozent der Gesamtzahl. Zu dem oligarchischen Charakter des Systems trat die ungleiche Gewichtung der Stimmen. Wiederum 1818 repräsentierte ein Deputierter des gutsherrlichen Adels 34 Klassenmitglieder, wohingegen ein Abgeordneter des einfachen Grundbesitzes 54.107 Einwohner vertrat.

Die ständische Enge der Rekrutierung wiederum hielt alles Kontrovers-Politische, alles Wahlkämpferische zurück. Sie gab die Wahlkörperschaften in die Hände der ökonomisch Ortsmächtigen, der Händler und Kaufleute (ggf. der Brauer und Wirte) in den Städten, der Gutsbesitzer und Großbauern auf dem Lande. Baden und Württemberg durchliefen im Vormärz einen Prozess der Politisierung durch Wahlen. In Bayern war dies nur sehr begrenzt, auf dem Lande überhaupt nicht der Fall. Die faktische Bindung der Landtagswahlen an die Mitgliedschaft in kommunalen Gremien sowie der hohe Passivzensus verhinderten, dass die Politik flüssig und damit am Ende streithafter wurde.

Baden war der Gegenpol zu Bayern auf der vormärzlichen Wahlszene: atomistisch statt ständisch, offen statt hermetisch.[28] Gewählt wurde, wie fast überall, in zwei Stufen: Auf die Bestellung der Wahlmänner folgte die des Abgeordneten. Gewählt wurde nicht nach ständischen Zuordnungen, sondern nach Bezirken, nach »Städten und Ämtern« (§ 33 der badischen Verfassung). »Alle […] Staatsbürger, die das 25. Lebensjahr zurückgelegt und im Wahldistrict als Bürger angesessen sind oder ein öffentliches Amt bekleiden, sind bei der Wahl der Wahlmänner stimmfähig und wählbar« (§ 36). Dieser Satz bedeutete den Einzug des allgemeinen Männerwahlrechts in die deutsche Verfassungsgeschichte. In Zahlen gesprochen: 170.000 Urwähler bestellten 2.500 Wahlmänner.

Schärfere Qualifikationen als für die Wähler galten für die Abgeordneten. Neben der Vollendung des 30. Lebensjahrs und christlicher Konfession war es die Leistung

---

28 Manfred Hörner, Die Wahlen zur badischen Zweiten Kammer im Vormärz (1819–1847), Göttingen 1987.

von Grund-, Häuser- und Gewerbesteuer mit einem Kapital von wenigstens 10.000 Gulden, was als Bedingung von der Verfassung verlangt wurde. Beamte waren in ihrem Amtsbezirk nicht wählbar (§ 37).[29] Das Prozedere der Wahl des Abgeordneten kannte ein weiteres Novum der Moderne: Die Abstimmung war geheim.[30] Immerhin war dieses Prinzip im Vormärz selbst in liberalen Kreisen umstritten.

Die Zweite badische Kammer war eine Domäne des Bildungsbürgertums. Staats- und Kirchendiener verfügten durchweg über einen Anteil von einem Drittel bis zu zwei Fünftel der Mandate. Danach folgten Handel und Gewerbe mit einem Fünftel, wobei dieser Anteil im Laufe des Vormärz zurückging. Einen Handwerker als Abgeordneten hat es bis zur Märzrevolution nicht gegeben. Eben jene Schicht der Kleinproduzenten, die in den Wahlmännergremien dominierte, hatte im Landtag selbst keine Stimme.

Waren die Wahlen politisch, und wie stark ggf. prägten politische Motive die Entscheidungen? Die Urwahlen wurden durchweg im sozialen und lokalen Milieu entschieden. Gewählt wurde der Nachbar, der Bekannte, nicht der politische Gesinnungsgenosse. Anders die Abgeordnetenwahlen, die mit den politischen Konjunkturen des Vormärz unter politischen Einfluss gerieten und die Politik ihrerseits wieder bestimmten. Dabei strahlte das Politische vom Landtag in die Gesellschaft aus. Die politischen Absprachen in der Kammer, die zu protoparteilichen Formen führten, bestimmten zunehmend den Wettbewerb um die Mandate. Neben kleineren Gruppierungen wie den seit den 1830er-Jahren hervortretenden Katholiken waren es Liberale und Gouvernementale, welche die Entscheidungen in der Kammer bestimmten. Die »Bewegungsleute« hatten ihren Rückhalt in der Gesellschaft, im kryptopolitischen Vereinswesen, in Liederkränzen, Lesegesellschaften und Turnvereinen, in der Presse nicht zuletzt. Wohingegen die Gouvernementalen sich auf die Macht des Staates stützten, auf den Einfluss der Ortsbehörden, auf Zuwendungen und Begünstigungen im Einzelfall, auf Wahlgeschenke der verschiedensten Art nicht zuletzt.

Verfassung und Wahlen waren in Baden Elemente politischer Identifikation. »Wir haben eine ständische Verfassung, ein politisches Leben als Volk [...] Wir waren Baden-Badener, Durlacher, Breisgauer, Pfälzer [...] ein Volk in Baden waren wir nicht. Fortan aber sind wir Ein Volk, haben einen Gesamtwillen und ein anerkanntes Gesamtinteresse«. So schrieb Karl v. Rotteck, Freiburger Rechtslehrer und Abgeordneter des Landtags.[31] 17 Prozent der Bevölkerung waren berechtigt zu wählen. Die Wahlbeteiligung lag bei 91 Prozent. Auf solchen Zahlen ruhte der badische Verfassungspatriotismus.

---

29 CD-ROM-2, Dok.-Nr. 11.2.2.3 (wie Fn. 21).
30 CD-ROM-2, Dok.-Nr. 11.2.3.1 (Wahlordnung Badens v. 23.12.1818), insbes. § 75.
31 Zit. nach Paul Nolte, Zwischen Liberalismus und Revolution. Verfassung und soziale Bewegung in Baden 1830–1848/49, in Bräunche/Schnabel (Hg.), Verfassung (wie Fn. 10), S. 25-50, hier S. 26.

Die Wahlen trugen indes auch den Konflikt in die Gesellschaft. Die Konfrontation von Regierung und Opposition wurde zum Gegenstand des alltäglichen Austausches, bis in die Kommunen hinab. In Baden erfuhr diese Debatte indes erst in den 1840er-Jahren ihre Zuspitzung, nachdem sie in den 1830er-Jahren Württemberg verändert hatte. Anlass waren massive Wahlbeeinflussungen durch die Regierung in den Jahren 1842 und 1846. So wird von parteiischen Reden von Wahlkommissaren berichtet, von Drohungen gegen Urwähler, von der Verpflichtung von Wahlmännern, den Kandidaten der Opposition die Stimme zu entziehen. Am meisten besprochen wurde indes der »Urlaubsstreit« der Jahre 1841 und 1842. Die Regierung hatte den gewählten Liberalen Ignaz Peter und Adolf Aschbach den »Urlaub« verweigert, den beide als Staatsbeamte zur Wahrnehmung ihres Mandats benötigten. Der Vorfall bewegte das Land, provozierte mündlichen Widerspruch und Adressen – bis der Landtag aufgelöst wurde. Die Auflösung wiederum führte zu Neuwahlen, die eine parlamentarische Mehrheit für die Opposition erbrachten. Der den Wahlen vorausgehende Wahlkampf mobilisierte die Wählerschaft, wie dies bis dahin in Deutschland nicht geschehen war. »Baden hat […] seine Verfassung zur Wahrheit gemacht«, schrieb die »Mannheimer Abendzeitung«.[32] Der Wahlkampf von 1842 wurde zum Vorlauf der Revolution von 1848.

Auch in Württemberg war das Wahlrecht ein Element politischer Mobilisierung.[33] Aber es war komplizierter als das badische, im Einzelnen auch stärker der Tradition verhaftet. Dies galt vor allem für das Aktivwahlrecht. Im Gegensatz zu Baden gab es in der Zweiten Kammer auch »ständische« Mandate, 13 Vertreter des ritterschaftlichen Adels, Abgesandte der Kirchen sowie den Kanzler der Landesuniversität. Die politische Schwerkraft bildeten freilich die Regionaldeputierten, 70 Vertreter der Oberämter und der Städte Stuttgart, Tübingen, Ludwigsburg, Ellwangen, Ulm, Heilbronn und Reutlingen. (☞ Abb. 11.2.1, S. 831) Zu den Besonderheiten der württembergischen Vorschriften zählte, dass aktives und passives Wahlrecht den gleichen Anforderungen unterlagen: christliches Bekenntnis, keine Kriminalstrafen, kein Konkurs, keine väterliche Gewalt, keine »Privatdienstherrschaft«.[34] Dazu kam die Steuerleistung, deren Höhe indessen ohne Belang war. Eben dieser Umstand, dazu die günstige Entsprechung von Wahlrecht und kleinbesitzlicher Sozialstruktur, trieb die Wahlquote in die Höhe. Sie lag im Durchschnitt bei 13–14 Prozent der Bevölkerung. Das waren fast »badische Verhältnisse«.

Die Zweite württembergische Kammer war, bei wechselnden Schwerpunkten, eine Domäne des beamteten und gebildeten Bürgertums. Staatsbeamte und Gemeindedie-

---

32 Ebd., S. 35 f.
33 Brandt, Parlamentarismus (wie Fn. 5); Manfred Hettling, Reform ohne Revolution. Bürgertum, Bürokratie und kommunale Selbstverwaltung in Württemberg von 1800 bis 1850, Göttingen 1990, S. 122-129.
34 CD-ROM-2, Dok.-Nr. 11.2.2.4 (wie Fn. 15), § 135.

ner waren mit über 50 Prozent der Sitze die vorherrschende soziale Kraft. Es folgten die Schultheißen mit über 20 Prozent, wohingegen Kaufleute und Fabrikanten, aber auch die Gruppe der Rechtskonsulenten bei einem Anteil von unter zehn Prozent stagnierten. Dabei waren die Wahlmännerkollegien, die aus den Primärwahlen hervorgingen und die Abgeordneten bestellten, noch ganz vom agrarisch-gewerblichen Kleinbesitz beherrscht. Anders gesagt: Der Handwerker wählte nicht seinesgleichen, sondern den Oberamtsaktuar, den Oberlehrer, den Appellationsgerichtsrat. Gegen die Ratio der Verfassung und nicht infolge von Beschränkungen, welche die Verfassung auferlegte, war die Kammer eine Versammlung der Staatsbediensteten und Schultheißen.

Wahlrecht und Wahlen haben in Württemberg wie kaum anderswo das politische System verändert. Bis 1830 hielt die Regierung den Landtag unter Kontrolle. Die Abgeordneten waren die parlamentarische Garde der Regierung. Erst Julirevolution und Polenaufstand, Ereignisse, welche die Politik öffentlich machten, befreiten das Politische aus seinen monarchisch-bürokratischen Fesseln. Erst nun traten die liberalpolitischen Seiten der Verfassung, die bis dahin verborgen geblieben waren, hervor. Katalysator der Liberalisierung war das Wahlrecht, Schauplatz der Liberalisierung waren die Wahlen von 1831. Bei den Wahlen selbst traten zwei Tendenzen des Neuen hervor: die Mobilisierung der Bevölkerung bis in die Kommunen hinab und die parteiliche Zuspitzung der Politik. Anders gesagt: Der institutionelle Dualismus von Monarch und Ständen geriet zu einem Widerstreit von Regierung und »Bewegung«, zu einem Parteiischwerden des Politischen. Instrument der Politisierung war der Wahlkampf, war die Werbung um Wählerstimmen, waren die »Wahlumtriebe«, wie die Sprachregelung der Regierung hieß. Auf diese »Umtriebe« antwortete die Regierung mit den Mitteln der Bürokratie, mit Auftragsentzug und Urlaubsverweigerungen, mit Zeitungszensur und Versammlungsverboten.

In Württemberg war diese Entwicklung am weitesten vorangeschritten. Für 40 der 70 Städte und Landbezirke ist bezeugt, dass sich 1.831 Wahlvereine konstituierten, die neuen Plattformen der Findung von Kandidaten. Am Ende des Wahlkampfes hatten sie sich zu Zentren einer präliberalen Partei entwickelt. Als ihr Landesbüro fungierte die Redaktion des »Hochwächter«, eines Tagblatts, das als politische schwäbische Schule begann und schnell zur Zentrale des Wahlkampfes wurde, zur Agentur der »Bewegungspartei«, welche die örtlichen »Clubs« durch ein Netz des Austausches und der Absprachen verband. Ein junger Schöngeist, Rudolf Lohbauer mit Namen, brachte diese Organisation zustande. Indessen war ein Wahlverein 1831 noch keine abgeschlossene Organisationsform, sondern ein changierendes, vielfältige Figuren beschreibendes Gebilde. Wie für vergleichbare Verfassungslagen anderer Staaten galt auch hier die Erfahrung, dass politische Bewegungen zu improvisierten Lösungen Zuflucht nehmen, wenn sich kein geeignetes Gehäuse vorfindet. Die elementare Form der Absprache war dabei die im »Hochwächter« ausgedruckte Bürgeradresse. Diese setzte sich fort in Versammlungen, die sich um die Findung geeigneter Kandidaten bemühten, und aus ihnen wiederum erwuchsen die »Clubs«, die Vorform späterer Parteien. Ausgangspunkt solcher Veränderungen aber war das Wahlrecht, war im Weiteren die Praxis der Wahlen, die das Wahlrecht hervorbrachte.

In konventionelleren Bahnen bewegte sich das Wahlgeschehen in Hessen.[35] Das Zweikammersystem, welches die Verfassung geschaffen hatte, bestand aus einem Kollegium des vormaligen Reichsadels und Vertretern des Herrscherhauses sowie einer 50-köpfigen Versammlung von Wahldeputierten, sechs von ihnen Abgeordnete des grundherrlichen Adels, 44 Delegierte von Städten und Landbezirken. Die Wahl selbst war zweistufig organisiert. Bei den Urwahlen waren alle Bürger stimmfähig (»volljährige Inländer männlichen Geschlechts«, Art. 14 der hessischen Verfassung), wohingegen die Wahlmänner zu den 60 Höchstbesteuerten eines Stimmbezirks zählten. Das passive Wahlrecht wiederum verlangte neben einem Mindestalter von 30 Jahren die Entrichtung von 100, von adligen Grundeigentümern die Leistung von 300 Gulden Staatssteuer (Art. 55). Für Beamte schließlich galt die Sonderregel, dass sie ein Jahresgehalt von wenigstens 1.000 Gulden bezogen und zudem der Bestätigung ihres Mandats durch die Regierung bedurften.[36]

Die hessische Wahlkammer war sozial ausgeglichener besetzt als die badische und die württembergische. Aber auch in ihr dominierten die Staatsbeamten mit über 30 Prozent der Sitze. Sie waren es auch, welche die Geschäfte des Landtags bestimmten. Das Verhältnis von ländlichen und städtischen Mandaten indessen ging mit Deutlichkeit zum Vorteil des Landes. Großbauern und Gutsbesitzer waren zusammen mit etwa 30 Prozent der Mandate vertreten, während Kaufleute und Fabrikanten etwa zwölf Prozent der Sitze aufbrachten. Handwerk und Advokatur waren dagegen nur mit wenigen Sitzen vertreten. Die Verteilungsschwankungen über den Vormärz hinweg waren gering. Politisch bot sich die Zweite Kammer in den Parteifarben liberal, liberal-konstitutionell und konservativ-regierungsnah dar. Mit der verstärkten Politisierung seit dem dritten Landtag von 1826/27 verfügten die Liberalen über 16–18 der 50 Mandate, während die Gouvernementalen mit 13 Sitzen vertreten waren. Es gab indessen auch einen Anteil von Unentschiedenen, der sich fester politischer Zuordnung entzog.

Auch in Hessen war Wählen im Vormärz ein Vorgang von begrenzter freier Entscheidung der Berechtigten. Der fortgesetzte politische Druck der Regierung auf die Wählenden, der schon bei den Urwahlen begann, dazu die Disziplinierung der Staatsdiener unter den Kandidierenden drängte den Einfluss der Liberalen zurück. Wohl gewannen sie bei den Wahlen von 1832 und 1834 hinzu und bildeten die stärkste parlamentarische Kraft. Aber mit ihren Forderungen nach Pressefreiheit und freier Ge-

---

35 Büttner, Parlamentarismus (wie Fn. 5), passim; E. G. Franz/P. Fleck (Hg.), Der Landtag des Großherzogtums Hessen 1820–1848. Reden aus den parlamentarischen Reform-Debatten des Vormärz, Darmstadt 1998, S. 19-24.
36 CD-ROM-2, Dok.-Nr. 11.2.2.6 (wie Fn. 23).

meindeordnung drangen sie gegen die Regierung nicht durch. An deren Spitze stand seit 1829 der Staatsminister Du Bos du Thil, eine Figur, die aus ihrem Namen ein politisches System machte. Es war ein System der Regierungsleistung, nicht der Privilegien, das freilich dem Parlament nur eine Mittlerrolle zwischen Staat und Gesellschaft zudachte, nicht die Funktion von Widerspruch und Kritik in einem dualistischen politischen Gefüge. Der Name du Thil stand über Hessen hinaus für eine antiliberale Politik der Reformen. An ihr scheiterten alle liberalen Wahlerfolge im Vormärz.

4 Grundrechte

Die konstitutionelle Monarchie war die zeitgenössische Fortschreibung des dualistischen Ständestaates. Der Gegensatz von Fürstentum und Ständetum reproduzierte sich in der Dichotomie von Staat und »Gesellschaft«. Dass die »Gesellschaft«, die Bürgerschaft der Administration Grenzen setzte, dafür sahen die Verfassungen zwei Einrichtungen vor: Grundrechte und Repräsentation. Beides wurde aus dem Fundus der französischen und der nordamerikanischen Revolution übernommen, der Universalismus der Vorlagen freilich durch regionales Herkommen gebrochen. Alle frühkonstitutionellen Verfassungen enthielten Abschnitte, die von den »Rechten und Pflichten« der Untertanen handelten[37]: von Rechten des Einzelnen auf Selbstbestimmung und Beteiligung, Rechten auf ungestörte Kommunikation, Rechten auf die Wirksamkeit bestimmter Institute. Aber diese Rechte waren nicht kodifiziertes Naturrecht, nicht Festlegungen einer souveränen Bürgerschaft, sondern Gewährungen einer amtierenden, im unangefochtenen Machtbesitz befindlichen Staatsspitze. Freilich waren die Abtretungen, wie alles gesetzte Verfassungsrecht, irreversibel. Nur ein staatsstreichartiger Zugriff konnte die Verbürgungen ungeschehen machen.

Die Staatsabhängigkeit der Grundrechte trat zunächst darin hervor, dass ihnen in der Regel Vorschriften über Erwerb und Verlust der Staatsangehörigkeit vorangestellt waren. Auch die Gleichheitsgarantien waren voran auf den Staat hin orientiert: Gleichheit der Besteuerung, Gleichheit des Zugangs zu öffentlichen Ämtern, Gleichheit der militärischen Dienstpflicht. Bei den Freiheitsrechten hingegen mischten sich Staatsverzicht und ein Überhang an ständischen Traditionen. Die Obrigkeit sicherte Freiheit der Person, Gewissens-, Denk- und Auswanderungsfreiheit, dazu Schutz vor willkürlicher Verhaftung und Anspruch auf ein ordentliches Gericht. Das bürgerliche Eigentumsrecht blieb nur gegen den Staat garantiert (Enteignung nach förmlicher Zustimmung der Verwaltung und nach Entschädigung), in der Gesellschaft stieß es sich an ständischem

---

37 Vergleichend und übergreifend: Huber, Verfassungsgeschichte (wie Fn. 2), Bd. 1, S. 350-360; Wolfgang v. Rimscha, Grundrechte im süddeutschen Konstitutionalismus. Zur Entstehung und Bedeutung der Grundrechtsartikel in den Verfassungsurkunden von Bayern Baden und Württemberg, Köln u. a. 1973.

Herkommen. Sonderrechte des Adels wurden erneuert, »Handels- und Gewerbsprivilegien« konnten fortbestehen, wenn sie weiterhin gesetzlich gesichert waren.

Alle vier süddeutschen Verfassungen enthielten einen Katalog von »Untertanenrechten«, und in allen stand die Zusicherung der Gleichheit an vorderster Stelle. Aber eben dieses Gleichheitsgebot zeigte auch das doppelte Gesicht der Verfassungen: die Spannung zwischen egalitärer Bürger- und spätständischer Vorrechtsgesellschaft. Zum einen: Alle Verfassungen proklamierten die Gleichheit in vierfacher Gestalt, nämlich als Aufhebung aller gutsherrlichen Rechte, als vorrechtsfreien Zugang zum Staatsdienst sowie als Gleichheit von Wehrpflicht und Steuerpflicht. Hinzu trat die Rechtsbindung des Gleichheitssatzes für die Organe des Staates. Eine solche galt nicht nur für Justiz und Administration, sondern auch für die gesetzgebenden Gewalten. Neben den Proklamationen des Allgemeinen standen indes zum anderen die Vorschriften des Besonderen, die Rücknahmen und Exemtionen. Entweder wurde ein genereller Rechtsvorbehalt geltend gemacht[38] oder wurden herkömmliche Ausnahmerechte namentlich festgeschrieben und unter den Schutz der Verfassung gestellt. Dies galt vor allem für die Standesherren, die schon durch den Artikel 14 der Bundesakte von 1815 zahlreiche Sonderrechte zurückgewonnen hatten.[39] Diese wurden nun in die Verfassungen aufgenommen: gesonderter Gerichtsstand, Ortspolizei und Aufsicht über Kirchen und Schulen. Eine erhebliche Einschränkung des Gleichheitsgebotes bildeten auch die Vorschriften des ständischen Wahlrechts.

In den Rechtekatalogen nahmen nach der Gleichheitsgewähr die individuellen Zusicherungen die zweite Stelle ein. Sie waren die Rechtsstützen einer politischen Gesellschaft, die sich anschickte, ständischen Ordnungen zu entwachsen. Ihr Schutzobjekt war die Person. Geschützt wurden persönliche Sicherheit, Eigentum und Freizügigkeit. Den Schutz garantierte die Unabhängigkeit der Gerichte. Eine besondere Bewandtnis hatte es mit der Auswanderungsfreiheit. In vormodernen Zeiten verlangte der Weggang in der Regel eine landesherrliche Erlaubnis und finanzielle Leistungen, ggf. auch die Rücklassung des Eigentums. Von diesen Zwängen war der Emigrant im Verfassungsstaat befreit. Baden, Württemberg und Hessen garantierten die unbegrenzte Auswanderungsfreiheit, Bayern nur den Wechsel in einen anderen Staat des Deutschen Bundes. Indessen ließ auch Bayern in der Praxis den ungehinderten Wegzug geschehen. Nur verlangte es von Auswanderern die Entrichtung einer Nachsteuer von zehn Prozent des ausgeführten Vermögenswertes.

Auch die Freiheit von Gewissen und Glauben zählte zu den individuellen Rechten. Aber diese wirkten doch auch schon über die Innenwelt des Privaten hinaus. Denn Gewissensfreiheit hieß in ihren sozialen Weiterungen Bekenntnis- und damit

---

38 CD-ROM-2, Dok.-Nr. 11.2.2.3 (Verfassung Badens v. 22.8.1818), § 7; Dok.-Nr. 11.2.2.4 (Verfassung Württembergs v. 25.9.1819), § 21; Dok.-Nr. 11.2.2.6 (Verfassung Hessens v. 17.12.1820), Art. 18.
39 CD-ROM-2, Dok.-Nr. 11.1.2.1 (Deutsche Bundesakte v. 8.6.1815).

Meinungsäußerungsfreiheit und drang damit in den Umkreis kommunikativer und politischer Beteiligungsrechte. Mit anderen Worten: Das individuelle Recht wurde öffentlich. Die süddeutschen Verfassungen garantierten die »vollkommene« oder die »ungestörte« Gewissensfreiheit. Im gleichen Zuge wurde auch der Schutz der Bekenntnis- und der religiösen Kultusfreiheit ausgesprochen. § 18 der badischen Verfassung fasste diese Zusicherung in den Satz: »Jeder Landeseinwohner genießt [...] in Ansehung der Art seiner Gottesverehrung des gleichen Schutzes«. Zu den privaten Rechten zählte schließlich auch die Garantie des Eigentums, im klassischen Liberalismus neben der Gewissensfreiheit die erste Schutzwehr der politischen Gesellschaft. Alle vier Staaten boten entsprechende Zusicherungen.

Dagegen war die Wirtschaftsfreiheit im Vormärz eine Domäne des konstitutionslosen Preußen. In den süddeutschen Verfassungsstaaten hatte sie nur wenige Fürsprecher. Mehr noch: Der Liberalismus des Südens zog eine scharfe Trennlinie zwischen politischer und ökonomischer Freiheit. Aber auch die Regierungen sahen in der Beschränkung der Gewerbefreiheit eine Maxime ihrer Politik. Indiz dafür war, dass die Verfassungen von der Gewerbefreiheit durchgängig schwiegen. § 31 der württembergischen Verfassung schrieb vor, dass »Handels- und Gewerbs-Privilegien« nur im Wege eines Gesetzes erteilt werden dürften. Dies war die einzige Verfassungsauskunft zur Wirtschaftsfreiheit.

Schließlich die politischen Beteiligungsrechte, die im Innenraum des absoluten Vormundsstaates ihren Ursprung hatten. Die Denkfreiheit war die Vorstufe der Pressefreiheit. Pressefreiheit und Vereinsfreiheit waren im Vormärz die am härtesten umkämpften unter den bürgerlichen Rechten. Der Streit um sie war gleichsam die Vormärzgeschichte *in nuce*. Im Gegensatz zur Pressefreiheit war die Vereinsfreiheit indes konstitutionell nicht garantiert. Im etatistischen Staatsverständnis besaß sie weder Raum noch Funktion. »Assoziation« und »Verein«, nachfolgend zwei Schlüsselbegriffe der Epoche, waren schon in den Plänen der Verfassungsmacher nicht vorgekommen. Die Ständeversammlung sollte der Administration Kenntnisse und Unterstützung liefern, aber nicht eigentlich politisch sein, schon gar nicht zur kollektiven Gegenkraft sich entwickeln. Jedes organisierte Begehren in der Gesellschaft, jede vereinshafte oder parteiische Interessenregung aber könne in eine solche Richtung ausschlagen. Im Übrigen widerspreche ein Zusammenschluss von Interessen dem Repräsentativsystem. So bot sich die Philosophie der Regierungen dar.

Die politischen Implikationen der Vereinsfreiheit haben mehrfach Interventionen des Deutschen Bundes heraufgerufen. Das Karlsbader Universitätsgesetz vom 20. September 1819 untersagte »geheime oder nicht autorisierte Verbindungen auf den Universitäten«.[40] »Die Zehn Artikel« vom 5. Juli 1832, die den Hambacher Unruhen folgten, verboten »alle Vereine, welche politische Zwecke haben oder unter

---

40 CD-ROM-2, Dok.-Nr. 11.1.10.1 (Bundesuniversitätsgesetz v. 20.9.1819), § 3.

anderem Namen zu politischen Zwecken benutzt werden«.[41] Auch die Südstaaten haben, teils dem Bunde vorauseilend, teils ihm nachfolgend, Verbote ausgesprochen.

In Bayern blieb die Bildung von »politischen Assoziationen« bis zur Märzrevolution untersagt. In Baden wurden zunächst – am 7. Juni 1832 – alle nicht genehmigten Vereine verboten, dann aber – am 26. Oktober 1833 – die meisten Restriktionen wieder aufgehoben. »Staatsgefährdende« Vereine, d. h. welche die Regierung für solche hielt, wurden weiterhin unterdrückt. Auch in Württemberg war die Vereinsfreiheit in den Unruhemonaten vor und nach »Hambach« ins Visier des Staates geraten. Am 21. Februar 1832 hatte eine Verordnung alle Vereine verboten, »welche die Berathung landständischer Angelegenheiten [...] zum Zwecke haben«. Schon bestehende Vereine wurden aufgelöst, die Bildung neuer wurde untersagt. Dann kamen die erwähnten Bundesbeschlüsse vom 5. Juli 1832. Vollständig wurde die Schleifung der Vereinsfreiheit durch den Artikel 139 des Strafgesetzbuches, das 1838 mit der Mehrheit der regierungsloyalen Abgeordneten vom Landtag beschlossen wurde. Der Artikel selbst offenbarte seine Absicht wie folgt: »Die Theilnehmer an einem von der Regierung nicht genehmigten Vereine, welcher politische Zwecke hat oder unter anderem Namen zu politischen Zwecken benützt wird, sind strafbar, es mag derselbe äußere oder innere Verhältnisse betreffen [...].« Das Besondere des Artikels war die Kriminalisierung des Tatbestandes. Was den Liberalen in der Kammer als »unschuldige« verfassungsgemäße Rechtsübung erschien, als vitale Grundlage konstitutioneller Politik, rückte die Regierung in die Zone des Unrechtmäßigen. Verein und Versammlung galten ihr als Synonyme für Widersetzung und Rebellion. Im Übrigen wurde im Folgeartikel 160 auch das Versammlungsrecht kriminalisiert. Auch dieser Artikel war die Verschärfung eines Verbots, das die »Zehn Artikel« des Bundes von 1832 ausgesprochen hatten.[42]

Schließlich die Pressefreiheit, das Königsrecht zeitgenössischer Grundrechtsdebatten. Mehr noch als die Vereinsfreiheit war sie Streitobjekt zwischen Bund und Einzelstaaten, dazu, noch heftiger, zwischen Regierungen und Kammeroppositionen. Der Deutsche Bund hatte 1819 mit dem »Karlsbader« Pressegesetz für alle Schriften unter 20 Bogen die Vorzensur beschlossen und die Durchführung der Verbotsmaßnahmen den Einzelstaaten zum Auftrag gemacht.[43] Andererseits gab es Zusicherungen der Pressefreiheit in den Verfassungen. Dies waren die Rechtsfronten, die sich im Vormärz gegenüberstanden.

Die bayerische Verfassung garantierte »die Freiheit der Presse und des Buchhandels [...] nach Bestimmungen des hierüber erlassenen Edikts« (§ 11)[44] und schuf damit ein zeitgenössisches Muster: Gewähr eines Grundrechts und zugleich Entzug des Rechts im Missbrauchsfall. Das Erste war eine Demonstration gegenüber dem

---

41 CD-ROM-2, Dok.-Nr. 11.1.2.7 (Die Zehn Artikel v. 5.7.1832), Art. 2.
42 Brandt, Parlamentarismus (wie Fn. 5), S. 289 ff.
43 CD-ROM-2, Dok.-Nr. 11.1.4.1 (Bundespreßgesetz v. 20.9.1819), § 1-2.
44 CD-ROM-2, Dok.-Nr. 11.2.2.1 (wie Fn. 14), Tit. IV, § 11.

Deutschen Bund, das Zweite eine Mahnung an die Liberalen in den Kammern. Bayern pflegte im Vormärz zunächst eine durchaus gemäßigte Zensurpraxis. Unter Protesten im Lande wurde 1831 eine verschärfte Verordnung des Innenministers Schenk zurückgezogen. In den späten 1830er-Jahren zeigte die Handhabung der Zensur indessen wieder deutlich repressive Züge.

Der eigentliche Kampfplatz der Prinzipien war jedoch das Großherzogtum Baden.[45] Hier schlug die Julirevolution von 1830 die höchsten politischen Wellen. Stärkste Antriebskraft der aufkommenden politischen Bewegung war eine emporschießende liberale Presse. »Zeitgeist«, »Wächter am Rhein«, »Badisches Volksblatt« und »Der Freisinnige« hießen die populärsten Titel. Am 28. Dezember 1831 gab die Regierung einem Pressegesetz ihr Plazet, das alle Restriktionen aufhob und eine kurze Zeit des freien Publizierens eröffnete.[46] Am 28. Juli 1832 zog die Regierung das Gesetz wieder zurück. Unter liberalen Protesten beugte sie sich dem rechtsverletzenden Eingreifen des Bundes.

Auch in Württemberg gab es nach der Julirevolution ein kurzes Aufflammen von politischer Emphase und Euphorie.[47] Hier war es das Tagblatt »Der Hochwächter«, welches die politischen Hoffnungen nährte. Im November 1833 brachte der Abgeordnete Schott eine Motion in die Kammer ein, deren juristische Beweisführung darauf hinauslief, dass die Zensur, wie sie seit »Karlsbad« und neuerdings verschärft geübt würde, sowohl bundes- als auch landesrechtlich gesetzwidrig sei. In dem Antrag bündelten sich vielfältige Proteste von Versammlungen und Vereinen. Der Tenor des Antrags war, die Pressefreiheit sei das einzige Mittel, um der »Heimlichkeit der Staatsverwaltung« entgegenzutreten. Die Popularität des Vorstoßes zeigte sich darin, dass die Plenarverhandlung der Motion vor »dicht gedrängtem Publikum« stattfand, dass sich 27 Abgeordnete an der Debatte beteiligten und 74 ein motiviertes Votum abgaben. Der Antrag selbst wurde am Ende mit 64 gegen 27 Stimmen zum Beschluss erhoben, eine Mehrheit, die weit über das liberale Spektrum hinausreichte. Die Regierung antwortete auf das Verlangen mit Schweigen. Erst am 9. Februar 1836 (!) äußerte sie sich zur Sache – abweisend und rechtfertigend im Sinne des Bundes.

Die Grundrechte in den frühkonstitutionellen Verfassungen waren Deklarationen, Bekundungen von Prinzipien, kein unmittelbar geltendes Recht. Sie verlangten indes nicht nur nach gesetzlicher Ausfüllung, sie dienten den Kammern auch als Mittel der Einflussnahme auf die Regierungen. Spätestens seit den 1830er-Jahren wurde diese Möglichkeit von den Liberalen erkannt und als »Auftrag« instrumentell ge-

---

45 Zum Folgenden: Hildegard Müller, Liberale Presse im Vormärz. Die Presse der Kammerliberalen und ihre Zentralfigur Karl Mathy 1840–1818, Heidelberg 1986; Nolte, Liberalismus (wie Fn. 31), S. 25 ff.; Ulrich Eisenhardt, Der Deutsche Bund und das badische Pressegesetz von 1832, in: G. Kleinheyer/M. Paul. (Hg.), Beiträge zur Rechtsgeschichte. Gedächtnisschrift für Hermann Conrad, Paderborn 1979, S. 103-124.
46 CD-ROM-2, Dok.-Nr. 11.2.4.2 (Badisches Pressegesetz v. 28.12.1831).
47 Brandt, Parlamentarismus (wie Fn. 5), S. 576 ff.

nutzt. Die Einforderung von Grundrechten wurde zu einem wichtigen Geschäft der Kammern. Dieser Teil ihrer Wirksamkeit war nicht geringer als die Mitwirkung an der Gesetzgebung.[48]

In Baden flankierte 1831 eine Reihe von Motionen das Pressegesetz. Rotteck votierte für die Aufhebung der Zehnten. Gleichstellung von »Civil- und Militärpersonen«, gleiche Verteilung der Kriegskosten, Sicherung der persönlichen Rechte von Ausländern: Dies waren weitere Themen von Anträgen. Der hessische Landtag war in der Session 1832/33 mit einer Serie von Grundrechtsmotionen befasst. Die Anträge galten der Wildschadensentschädigung, der Gleichstellung von Bedpflichtigen in adligen Bezirken und Domaniallanden. Sie galten der Beseitigung privilegierter Gerichtsstände und der Unabhängigkeit des Richteramts. Sie galten der Freiheit der Eheschließung und der Sicherung des Petitionsrechtes. Schließlich wurde auch in Württemberg die Kammer mit einer Serie von »Grundrechtsanträgen« überzogen. Hier beschäftigte das Motionenfieber den Landtag von 1833. Gleichstellung der Juden, Konfessionsparität an den Schulen des Landes, Gleichbehandlung der Steuerarten bei der Zuerteilung des Wahlrechts: So lauteten die Forderungen. Das Bild erweiterte sich schließlich durch den Rechtekomplex Presse/Vereine, der das Plenum zuweilen fast ausschließlich beschäftigte.

Grundrechte waren vor 1848 ein wohlkalkuliertes Mittel liberaler Kammerfraktionen, die Regierungen politisch zu bedrängen, ihnen im günstigsten Fall die Politik aufzuzwingen. Zumindest waren die Administrationen gewärtig, beständig mit der Elle der Grundrechte gemessen zu werden und sich zu öffentlicher Rechtfertigung ihrer Politik gedrängt zu sehen. Wie Budget und Ministerverantwortung zählten die Grundrechte zu den verändernden Elementen des konstitutionellen Systems.

5 Verwaltung

Der konstitutionelle Staat war gekennzeichnet durch seine Institutionen. Er war in der Spitze monarchisch und darunter ministeriell-bürokratisch organisiert, die Regierung nach Ressorts gegliedert, zumeist in der sich einbürgernden Fünfzahl; Äußeres, Inneres, Finanzen, Justiz und Krieg. Von den Ministerien abwärts ging ein büromäßig-hierarchischer Instanzenzug – über die mittlere Ebene bis hinab zur »Basis«. Das kollegialische Prinzip, welches im 18. Jahrhundert in der Verwaltung noch dominiert hatte, wurde beseitigt oder doch weitgehend zurückgedrängt.

Die Prinzipien der neuen Institutionenordnung waren »Durchstaatlichung« und Verrechtlichung des öffentlichen Handelns in einer bisher unbekannten Konsequenz.

---

48 Zu dieser Seite des Gegenstands: Hartwig Brandt, Urrechte und Bürgerrechte im politischen System vor 1848, in: G. Birtsch (Hg.), Grund- und Freiheitsrechte im Wandel von Gesellschaft und Geschichte, Göttingen 1981, S. 460-482.

Dies hieß vor allem, dass Regierung und Verwaltung (Entscheiden und Ausführen) auseinander traten und dass die Verwaltung ein eigenes Gewicht erhielt. Die Administration wurde zum verbindenden Element zwischen Staat und Gesellschaft. In der Verwandlung von Gesetzesrecht in Verwaltungsakte wiederum, in der Demonstration der Staatshoheit im Kleinen bildete sie eigene Formen und Techniken heraus. Wichtig dabei war die Rationalität des Handelns, die Berechenbarkeit der Akte, das Formelle, das »Büromäßige« auch, die Normierung der Schriftlichkeit, von den Argumentationsmustern bis zu den Briefbögen. Diese Verwaltung begann Unmengen geschriebenen Papiers zu produzieren. Jeder ihrer Schritte wurde festgehalten, durch Bericht, Protokoll und Vermerk. In den badischen Bezirksämtern, ein Beispiel, vermehrte sich die Anzahl der niedergelegten Geschäftsvorgänge zwischen 1818 und 1838 um das Doppelte. Im Ganzen betrachtet: Die Verschriftlichung des Verwaltungsbetriebes sollte dahin führen, dass der von oben vermittelte gesetzgeberische Gedanke die gesamte Administration durchwirkte und sich noch im entlegensten Verwaltungsakt zur Kenntnis gab. Freilich ist dies in keinem Staat auch nur im Entferntesten gelungen. Die »Staatsvernunft« drang erst ganz allmählich in die Gesellschaft vor. Zumeist nur bis in die mittleren Instanzen, die Kreise, die Bezirksämter, die Gouvernements. Dies hatte zuvörderst seinen Grund darin, dass sich die örtliche Verwaltung, auf dem Lande zumal, zumeist noch in den Händen lokaler Machtträger befand. Der Zentralstaat nahm sie als Verwalter in die Pflicht. Erst allmählich traten ausgebildete Beamte an ihre Stelle.

Die Verwaltungsreformen des 19. Jahrhunderts waren ein Werk des Jahrzehnts nach 1800.[49] Ihre Etappen waren zugleich die Stationen der napoleonischen Politik in Deutschland: Friede von Lunéville (1801), Reichsdeputationshauptschluss (1803), Gründung des Rheinbundes (1806).[50] Die Jahre nach 1810 haben den Reformen einiges, die Jahre nach den Verfassungsstiftungen von 1818–1820 nur noch weniges hinzugefügt. Unter den süddeutschen Verfassungsstaaten war Bayern der Vorreiter der Reformen.[51] Schon um die Jahrhundertwende hatte Montgelas, ihr Erfinder und Vorantreiber, das moderne Ressortprinzip eingeführt. In der Verfassung von 1808 hatten die Veränderungen einen vorläufigen Abschluss gefunden. Montgelas war auch im folgenden Jahrzehnt – als Außen-, Innen- und Finanzminister – die beherrschende

---

49 Zum Allgemeinen: Bernd Wunder, Geschichte der Bürokratie in Deutschland, Frankfurt a. M. 1986; Lutz Raphael, Recht und Ordnung. Herrschaft durch Verwaltung im 19. Jahrhundert, Frankfurt a. M. 2000.
50 CD-ROM-1, Dok.-Nr. 1.1.32 (frz.)/1.1.33 (dt.) (Friedensvertrag v. Lunéville v. 9.2.1801); Dok.-Nr. 9.1.2.1 (Reichsdeputationshauptschluss v. 25.2.1803); Dok.-Nr. 9.1.2.5 (dt.)/1.2.6 (frz.) (Rheinbundakte v. 12.7.1806).
51 Zum Folgenden: Weis, Montgelas (wie Fn. 9); Wilhelm Volkert, Bayern, in: K. G. A. Jeserich u. a. (Hg.), Deutsche Verwaltungsgeschichte, Bd. 2. Vom Reichsdeputationshauptschluß bis zur Auflösung des Deutschen Bundes, Stuttgart 1983, S. 503-550; Heinz W. Schlaich, Der bayerische Staatsrat. Beiträge zu seiner Entwicklung von 1808/09 bis 1918, in: Zeitschrift für bayerische Landesgeschichte 28 (1965), S. 460-522.

Figur der bayerischen Politik. Seine Aktivitäten galten vor allem der Rechtsangleichung der unter Napoleon hinzugewonnenen Gebiete. Als der Zeitgeist indessen eine neue Verfassung, d. h. die Abtretung von Teilen der Staatsmacht an eine ständische Versammlung verlangte, war sein Etatismus am Ende. Er wurde vom König entlassen. Am 2. Februar 1817 ergingen neue Vorschriften, die Ordnung der obersten Staatsorgane betreffend. An der Spitze stand nun ein Gesamtstaatsministerium, das die fünf Ressorts (Inneres, Äußeres, Finanzen, Justiz und Krieg) in sich integrierte. Den Vorsitz führte der König, 1821 erhielt das Gremium eine Instruktion. De facto, d. h. ungeachtet ihrer kollegialen Einbindung, blieben die Minister jedoch selbstständige Akteure. Jeder von ihnen hatte das Vortragsrecht beim Monarchen, jeder verfügte über das Recht der Gegenzeichnung. Allein solche Gegenstände, die den Wirkungskreis mehrerer Ressorts berührten, wurden vom Gesamtstaatsministerium beraten und entschieden. Ein zweites kollegiales Gremium, wenn auch schon fast ein binnenbürokratisches Kleinparlament, war der Geheime Rat, 1817 in Staatsrat umbenannt. Sein Personal bestand aus den Ressortchefs sowie zwölf bis 16 ernannten Räten. Der Staatsrat war ein Kollegium, das Gesetzesvorschläge beriet und die Finanzen überprüfte. Dazu entschied er bei Kompetenzkonflikten zwischen Gerichten und Behörden sowie bei inneradministrativen Streitigkeiten. Ebenso wenig wie das Gesamtstaatsministerium konnte indessen der Staatsrat die Eigenmacht der Ressortchefs mindern. Allein zu einer jährlichen Rechenschaftsgebung in diesem Kreise waren die Minister verpflichtet.

Wie alle Südstaaten hatte auch Bayern ein dreistufiges Verwaltungssystem. Mittelinstanz waren die Kreise, durch die Formationsverordnung von 1817 in Regierungsbezirke umbenannt. Der vormalige Generalkreiskommissar wurde zum Regierungspräsidenten. Geändert wurden auch die Bezeichnungen der Bezirke. Die Flussnamen nach französischem Beispiel erhielten 1837 die Namen historischer Landschaften. Die Verfahrensweise in den Regierungspräsidien war zweigleisig geordnet. Sie war kollegialisch im Regelfall – eine Tradition des 18. Jahrhunderts. Sie war büromäßig-hierarchisch, wo die Vorschriften dies verlangten. In den Regierungen trat der Staat *en miniature* hervor. Für Finanzen, Justiz und Kultus galten indes eigene Hierarchien. Unterste Behörde im Instanzenzug waren die Landgerichte, später in Bezirksämter umbenannt. In dieser Institution zeigte sich die vormoderne Einheit von Verwaltung und Justiz. Die jurisdiktionelle Zuständigkeit erstreckte sich auf das gesamte bürgerliche Recht, im Straffach hingegen nur auf den Part der Ermittlung. In der Verwaltung dagegen war das Tätigkeitsfeld der Ämter umfassend. Ausgenommen allein war das Ressort der Finanzen. Die Trennung von Verwaltung und Justiz auf der Ebene der Ämter war ein Gegenstand fortgesetzten politischen Streits, ein Gegenstand praktischer Politik war sie noch nicht.[52]

---

52 Ergänzend zur kommunalen Verwaltungsebene in Bayern siehe CD-ROM-2, Dok.-Nr. 11.2.5.1 (Gemeinde-Edikt Bayerns v. 17.5.1818).

5 Verwaltung

Mehr noch als in den anderen Südstaaten war in Baden die Staatsreform eine Frage der Existenz des Staates selbst.[53] So hat die Reitzensteinsche Reform von 1809 nicht nur eine moderne Ordnung geschaffen, sondern ein Staatswesen, welches es zuvor noch gar nicht gab. Reitzensteins Reform war daher radikal aus Erwägungen des Staatserhalts. In der Spitze figurierten künftig – wie anderswo – fünf Ministerien, deren Vorsteher sich kollegial zu einer Ministerkonferenz zusammenfanden. Den Vorsitz führte der Großherzog. Der Aufbau der Verwaltung war dreistufig nach bayerischem Beispiel. In der Mittelinstanz amtierten zehn Kreisdirektoren, darunter die Vorsteher der Ämter. Kreise und Ämter, die rational, was hieß unhistorisch, zugeschnitten waren, befanden sich in der Weisungskette des Ressorts des Innern. Wie anderswo waren Verwaltung und Justiz in der mittleren und der unteren Instanz noch ungeschieden. Die Kreisbehörden verfügten neben einer umfassenden Verwaltungskompetenz über eine Justizbefugnis bei Rekursen gerichtlicher Entscheidungen der ihnen unterstellten Ämter. Die Reitzensteinsche Reform hat über die ganze Epoche hinweg Bestand gehabt. Sie bildete die Grundlage für die Verfassungsreform von 1818, als die administrative durch eine politische Integration ergänzt wurde. Erst mit der Abschaffung der Kreise und der Reduzierung der Zahl der Ämter in den 1860er-Jahren erfuhr sie eine grundlegende Veränderung.

Wie in Bayern und Baden war die Verwaltungsreform auch in Württemberg ein Sieg des politischen Rationalismus über Partikularismus und ständisches Herkommen.[54] Wie dort schuf auch hier eine neue Administration die Grundlage für die nachfolgende Verfassungsgebung. Was Württemberg indessen von seinen Nachbarn unterschied, war die Existenz der ständischen Vormoderne in Gestalt einer politischen Bewegung, die zudem noch »parlamentarisch« war. Dieses altrechtliche »mouvement« stellte sich gegen den neuen Konstitutionalismus wie gegen die administrative Moderne. Indes blieb seine Wirksamkeit Episode. Eine andere Besonderheit der württembergischen Verhältnisse trat darin hervor, dass die Verwaltungsreform keinen Montgelas oder Reitzenstein kannte. Reformator war vielmehr König Friedrich selbst.

Auch institutionell kannte das württembergische System seine Eigenheiten, wiewohl es sich in den Grundzügen vom bayerischen und vom badischen nicht unterschied. Die Administration hatte ihre Spitze in sechs Departements, deren Vorsteher die rechtliche und politische Verantwortung für ihr Ressort innehatten. Zwar gab es einen »Ministerconseil«, in dem der König den Vorsitz führte, aber dieses Kollegium war ganz von beratender Natur. Die Entscheidungsstränge liefen vom Regenten direkt in die Ministerien hinab. Eine besondere Position im Regierungssystem bean-

---

53 Hugo Ott, Baden, in: Jeserich u. a. (Hg.), Verwaltungsgeschichte (wie Fn. 51), Bd. 2, S. 583-608; Joachim Eibach, Der Staat vor Ort. Amtmänner und Bürger im 19. Jahrhundert am Beispiel Badens, Frankfurt a. M. 1994.
54 Bernhard Mann, Württemberg, in: Jeserich u. a. (Hg.), Verwaltungsgeschichte (wie Fn. 51), Bd. 2, S. 561-574; Friedrich Wintterlin, Geschichte der Behördenorganisation in Württemberg, Bd. 2, Stuttgart 1906.

spruchte der Geheime Rat, der zwischen Monarch und Ministern amtierte und dem neben den Departementschefs weitere hohe Staatsdiener zugehörten. Das Kollegium war kein Teil der handelnden Verwaltung, es war der bestellte Kontrolleur aller bedeutsamen Akte der Politik. Sein Geschäftskreis umfasste namentlich die Prüfung aller Vorschläge, welche »die Organisation der Behörden«, die »Staats-Verwaltung im Allgemeinen« sowie Gegenstände der Gesetzgebung und allgemeiner Verordnungen betrafen.[55] In der Öffentlichkeit galt der Geheime Rat als die Sphinx der Politik, aber sein Arbeitseifer war legendär. Seine Protokolle belegen, wie genau vortragende Minister in die Prüfung genommen wurden. Kein Gesetzentwurf reüssierte, der nicht zuvor das Plazet des Kollegiums erhielt. Der Geheime Rat war die arkane Gegenmacht zur öffentlichen Gewalt der Ressortchefs. (☞ Abb. 11.2.1, S. 831)

Als Mittelinstanz im System fungierten in Württemberg die Kreise (vormals Landvogteien), vier an der Zahl. Aber es gab Unterschiede zu den gleichnamigen Institutionen in Bayern und Baden. Die württembergischen Kreise waren nicht verkleinerte Formate der Regierung als Ganzes, sie waren nachgeordnete Dienststellen der Departements, des Innenressorts (Kreisregierungen), des Finanzressorts (Finanzkammern) und des Justizressorts (Kreisgerichtshöfe). Die Delegationen nach unten enthoben die Ministerien der Routine, machten sie »schlank«. Eine Politik, die noch dadurch forciert wurde, dass die Regierung Obliegenheiten der Verwaltung an sog. Zentralstellen abgab. Solche Stellen waren das Medizinalkollegium, der Oberbaurat, das evangelische Konsistorium, der katholische Kirchenrat, die Oberrechenkammer und – später – die Zentralstelle für Gewerbe und Handel. Schließlich: Die Grundstufe der Staatsverwaltung bildeten die Oberämter. Der Oberamtmann war Organ der Staatsaufsicht, repräsentierte die Obrigkeit in der Provinz und führte Aufsicht über die Gemeinden. Er war die Drehscheibe des Systems. Aber er hielt nicht Gericht. Justiz und Verwaltung waren schon auf der Amtsebene getrennt. Dies war eine weitere Besonderheit des württembergischen Systems.

Der rationale Verwaltungsstaat napoleonischer Prägung brachte auch jene Figur hervor, die ihn personell trug. Aus dem in seiner Existenz fortgesetzt gefährdeten Fürstendiener wurde der systemloyale und mit Rechten bewehrte Staatsbeamte.[56] Bei aller Abhängigkeit vom Regenten, welche blieb: Im Kollektiv war dieser Beamte eine politische Macht. Die Obliegenheiten und Rechte der Staatsbediensteten wurden erstmals in der Rheinbundzeit gesetzlich niedergelegt. Die früheste Kodifikation des modernen Beamtenrechts war die bayerische »Haupt-Landespragmatik über die Dienst-

---

55 CD-ROM-2, Dok.-Nr. 11.2.2.4 (wie Fn. 15), § 54-61.
56 Dieses Forschungsfeld ist von Bernd Wunder intensiv bestellt. Siehe u. a. ders., Privilegierung und Disziplinierung. Die Entstehung des Berufsbeamtentums in Bayern und Württemberg (1780–1825), München 1978; ders., Die badische Beamtenschaft zwischen Rheinbund und Reichsgründung (1806–1871), Stuttgart 1998. Ferner: Wilhelm Bleek, Von der Kameralausbildung zum Juristenprivileg. Studium, Prüfung und Ausbildung der höheren Beamten des allgemeinen Verwaltungsdienstes in Deutschland im 18. und 19. Jahrhundert, Berlin 1972, bes. S. 194 ff., S. 262 ff.

verhältnisse der Staatsdiener« vom 1. Januar 1805. Sie wurde nachfolgend durch die Verfassung von 1808 bekräftigt und 1818 als Verfassungsbeilage abermals konstitutionelles Recht. Die anderen Südstaaten sind in ihrer Verfassungsgebung diesem Beispiel gefolgt. Baden »garantierte« durch den § 24 seiner Verfassung »die Rechtsverhältnisse der Staatsdiener«.[57] Württemberg räumte dem Gegenstand einen ganzen Abschnitt seiner Verfassung ein (§ 43-50). Hessen stellte die Grundsätze des neuen Beamtenrechts in vier Artikeln unter den Schutz der Verfassung.[58]

Der Status des neuen Beamten wurde durch mehrere Bestimmungen befestigt, allen voran durch erschwerte Entlassbarkeit und Anstellung auf Lebenszeit. Die Entfernung aus dem Dienst verlangte grobe Verletzung des Dienstes und die Feststellung der Verletzung durch ein disziplinäres Verfahren. Finanziell bedeutete der neue Status lebenslange Alimentation, freilich auch die Abschaffung von Sporteln, einem Zubehör des vormodernen Dienstes. Zur »Objektivierung« des Beamtenstatus trug schließlich bei, dass normierte Anforderungen geschaffen wurden. Der Ausbildungsweg für den höheren Dienst lief nunmehr über Abitur, Studium, ein erstes Staatsexamen, Referendariat und eine zweite Staatsprüfung. Dabei war es die Rechtswissenschaft mit dem Schwerpunkt des römischen Zivilrechts, welche nun die Beamtenausbildung dominierte, wohingegen das herkömmliche Kameralfach an Einfluss verlor und nur noch in Württemberg Bestand hatte.

6 Justiz

Die vormärzlichen Verfassungen waren nicht nur Manifestationen aktueller Rechte, sie waren auch Einforderungen des Zukünftigen. Sie enthielten Aufträge für den Gesetzgeber, wie dies bei den Grundrechten der Fall war. Sie verlangten im Besonderen nach Vereinheitlichung des Rechts, sie forderten staatsweite Regelungen von Privatrecht, Strafrecht und Prozessrecht. Indessen hat die gesetzgeberische Praxis solchen Anforderungen doch längst nicht in allen Fällen genügt. Die Politik in den Administrationen rieb sich an den Vorgaben in einem fortgesetzten Konflikt. Dazu behinderte der Widerstreit zwischen Landtagsliberalismus und Regierungen den Fortgang des Prozesses. Im Zentrum der Politik standen dabei Vereinheitlichung des zivilen Rechts, Humanisierung der Strafzumessung sowie Einführung des schwurgerichtlichen Verfahrens. Das Erste und Zweite ist in Grenzen geschehen, das Dritte scheiterte am Widerstand der Regierungen.

---

57 CD-ROM-2, Dok.-Nr. 11.2.2.3 (wie Fn. 21), § 24; siehe auch das diesbezügliche Ausführungsgesetz zur näheren disziplinarrechtlichen Bestimmung der Beamtenfigur in Baden: Dok.-Nr. 11.2.4.1 (Beamtengesetz Badens v. 30.1.1819).
58 CD-ROM-2, Dok.-Nr. 11.2.2.6 (wie Fn. 23), Art. 47-50.

Am kompliziertesten war die Reformlage im Fall des bürgerlichen Rechts.[59] Auf der einen Seite ragte das ständische Herkommen mit seinen Partikularitäten und Atavismen in die neue Zeit hinein. Auf der andern Seite stand der Modernismus des Code civil mit seiner Vorgabe einer bürgerlichen Eigentumsgesellschaft. Die Südstaaten haben sich in diesem Fall zu einer Rezeption des neuen Rechts nicht in Gänze entscheiden wollen. Allein Baden suchte einen Rechtsausgleich zwischen herkömmlicher und neuer Ordnung.

In Bayern gab es einen langen Debatten- und Kommissionsberatungsprozess, aber am Ende blieb die Arbeit ohne festes Resultat. Zwei unterschiedliche Reformwege wurden erwogen und konzeptionell erprobt, aber keiner am Ende von der Regierung beschritten. Da war zum einen der Weg einer Reform des »Codex Maximilianeus Bavaricus Civilis« von 1756, der dann aber doch nicht als gangbar erschien. Da war zum andern der Weg einer modifizierten Übernahme des Code civil, der indessen am Widerstreit in der Staatsspitze scheiterte. Mehrfach wurden in der Folge Kodifikationsaufträge erteilt, und mehrfach drängte der Landtag auf Einleitung eines gesetzgebenden Verfahrens. Das Ergebnis waren Konvolute von Protokollen und Gutachten. 1847 wurde der Reformprozess abgebrochen. Wesentlich weiter gediehen die Dinge in Hessen. Auch hier gingen die Pläne einer Vereinheitlichung des Zivilrechts auf die Rheinbundzeit zurück. Auch hier spielte der Code civil eine Debatten fördernde Rolle. Immerhin präsentierte die Regierung 1844 eine Vorlage, die 1847 auch im Plenum beider Kammern beraten wurde. Die Wirren der Märzrevolution beendeten indes das Unterfangen. Was Bayern und Hessen wiederum verband, war die Existenz zweier Rechtssphären im gleichen Staat. Für beide Regierungen stand nie im Zweifel, dass im Linksrheinischen, im Pfälzischen wie im Rheinhessischen, das Erbe der »Franzosenzeit«, mithin die Geltung des Code civil erhalten blieb.

Einen anderen Fall stellte Baden dar, das indes auch über eine geringere eigene historische Substanz als seine Nachbarn verfügte. Baden nahm den Code civil zur Vorlage eines eigenen bürgerlichen Gesetzbuches. Mit 500 Ergänzungen und Zusätzen trat dieses 1810 als Badisches Landrecht in Kraft. Gemeines Recht, Land- und Stadtrechte waren aufgehoben. Das Gesetzbuch, das 2.281 Artikel zählte, blieb geltendes Recht bis zur Einführung des BGB.

Auch das Strafrecht reichte mit seinen historischen Beschwernissen bis in die Zeit des Vormärz hinein.[60] Unter dem Modernismus der neuen Verfassungen überdauerte in einigen Staaten selbst die Constitutio Carolina Criminalis von 1532. Am frühesten

---

59 Barbara Dölemeyer, Kodifikation und Gesetzgebung des allgemeinen Privatrechts: Deutschland, in: H. Coing (Hg.), Handbuch der Quellen und Literatur der neueren europäischen Privatrechtsgeschichte, Bd. 3: Das 19. Jahrhundert, Teilbd. 2, München 1982, S. 1403-1625.
60 Eberhard Schmidt, Einführung in die Geschichte der deutschen Strafrechtspflege, Göttingen 2. Aufl. 1951, S. 302 ff.; Karl Stiefel, Baden 1648–1952, Bd. 2, Karlsruhe 1978, S. 935 ff.; Paul Sauer, Im Namen des Königs. Strafgesetzgebung und Strafvollzug im Königreich Württemberg

schritt in diesem Fall Bayern mit einer Reform voran. Die Vorarbeiten gingen auf das Jahr 1801 zurück. 1803 beseitigte ein Gesetz die Tortur, 1807 legte der Landshuter Jurist Anselm Feuerbach einen »Entwurf des Gesetzbuches über Verbrechen und Vergehen für das Königreich Bayern« vor. Am 16. Mai 1813 wurde der Entwurf nach langen verwaltungsinternen Debatten Gesetz. Das Werk selbst beseitigte Rückständigkeiten des 18. Jahrhunderts wie die »qualifizierte Todesstrafe«, Rädern, Schleifen zur Gerichtsstätte und anderes mehr. Aber es beharrte auf der Todesstrafe als Demonstration staatlicher Gewalt und es beharrte auf der öffentlichen Hinrichtung als Akt der Abschreckung für mögliche Täter. Neu war indessen die Verminderung der Zahl der Delikte, für welche auf die Todesstrafe zu erkennen war. Von den 55 Straftatbeständen des Kreittmayrschen Gesetzes von 1751 blieben nur wenige zurück. Zu ihnen zählten Mord, Raub mit Todesfolge, wiederholter Kindesmord, Majestätsbeleidigung ersten Grades, Hochverrat sowie einfacher Staatsverrat. Der Zurückdrängung der Todesstrafe entsprach, dass die Freiheitsstrafen an Bedeutung gewannen. Zucht- und Arbeitshausstrafen wurden zu Regelformen im Betrieb der Gerichte. Die badische Strafrechtspolitik war, entgegen anderen Forschheiten der badischen Politik, zögerlicher als die bayerische. Das Strafedikt vom 4. April 1803 erfüllte den Zweck territorialer Vereinheitlichung des Rechts, aber es blieb in der Sache der Tradition der Carolina verhaftet. Die ihm beigemessene Funktion war die eines »provisorischen Normativs« des Traditionsgesetzes. Erst 1845 wurde mit der Verabschiedung eines neuen Gesetzes das Herkommen der Carolina gebrochen. Dieses Gesetz trat am 1. März 1851 in Kraft. In der Tendenz folgte es dem bayerischen in vielen Belangen: Betonung der Tatvergeltung als Strafmotiv, Einschränkung der Anwendung der Todesstrafe, Angebot eines erweiterten Strafenspielraums und damit Stärkung des richterlichen Ermessens.

Auch in Hessen war das Strafrecht ein fortgesetzter Begleiter der vormärzlichen Politik von Regierung und Kammer. 1824 legte der Oberappellationsgerichtsrat Knapp einen ersten Reformentwurf vor, revidierte diesen in einem zweiten Anlauf 1831 – und blieb mit seinem Vorhaben, trotz beipflichtender Voten der Fachwelt, doch auf der Strecke. Erst ein dritter Versuch führte 1841 zum Ziel. Dieses Strafgesetz war in seiner Tendenz dem bayerischen und dem badischen ähnlich: ein Strafenkatalog, der die Todesstrafe einhegte, der Geldstrafen einführte, der aber die »Subjektivität des Verbrechers« bei der Strafzumessung nicht gelten ließ.

Schließlich Württemberg: Auch hier hatte die Gesetzgebung eine lange Vorgeschichte. 1824 waren im Vorgriff als besonders dringlich erachtete Teile eines künftigen Strafgesetzes unter dem Titel »Strafgattungen und Strafanstalten« rechtskräftig geworden. Indessen dauerte es noch einmal elf Jahre, bis der Entwurf eines vollständigen Gesetzes geschrieben war. Bei der Beratung in der Kammer 1838 standen mit

von 1806 bis 1871, Stuttgart 1984; Petra Overath, Tod und Gnade. Die Todesstrafe in Bayern im 19. Jahrhundert, Köln u. a. 2001.

Strafenkatalog und politischem Kriminalrecht zwei große Gegenstände im Vordergrund.[61] An ihnen zuvörderst entzündete sich die liberale Kritik. Diese Kritik wandte sich gegen die Fortgeltung der Todesstrafe, in welchen Exekutionsformen auch immer. Sie wandte sich gegen die Schärfung der Zuchthausstrafe durch Stockschläge. Sie wandte sich gegen die Verwandlung der Strafe des Arbeitshauses in Festungshaft – ein Privileg für die höheren Stände, wie mit Gründen vermutet wurde. Die Themen boten Gelegenheit zu liberalen Demonstrationen, aber auch den Beweis der zahlenmäßigen Unterlegenheit der Fortschrittler in der Kammer. Nicht anders war es mit dem politischen Strafrecht, das in der Folge zur Debatte stand. Die Materie war für das zeitgenössische Verfassungsleben vor allem deshalb von Bedeutung, weil die Grenzen politischer Opposition nicht eindeutig abgesteckt und daher rechtlich höchst umstritten waren. Während die Todesstrafe bei Hochverrat nur wenig Widerstand hervorrief, erzeugte der Artikel 132 der Vorlage, welcher »vorbereitende Handlungen in hochverräterischer Absicht« zum Verbrechen erhob, die klassische Konfliktlage vormärzlicher Kammern. Denn hier ging es um die Strafwürdigkeit des radikalen politischen Gedankens, nicht um das Ausbrechen des Gedankens in die Tat. So wähnten zumindest die Liberalen, die sich der Regierung freilich erfolglos entgegenstellten. Mit 62:28 Stimmen erhielt das Gesetz am 19. Oktober 1838 die erforderliche Mehrheit.

Stärker noch als das Strafrecht bewegte das Strafprozessrecht das allgemeine Interesse. Öffentlichkeit des Verfahrens und Geschworenengericht waren zwei Kernforderungen der liberalen Konfession, beschäftigten Presse und Kammern.[62] Die Verfassungen aller Staaten hatten in ihren Rechtekatalogen justizielle Garantien ausgesprochen. Vor allem hatten sie die Unabhängigkeit des Richteramts statuiert. Indessen blieb im Einzelnen doch unbestimmt, wie dieser Schutz zu sichern sei. In diese Lücke hinein stieß ein gelehrt-publizistischer Diskurs, der über die Epoche hinweg nicht zur Ruhe kam. Auslöser der Debatte war der napoleonische »Code d'instruction criminelle« von 1808, das klassische und zur Rezeption drängende Manifest der neuen Rechtslehre. Die Grundsätze des Gesetzes waren Öffentlichkeit und Mündlichkeit des strafrechtlichen Verfahrens, Trennung der Ermittlungs- und Anklagebehörde vom erkennenden Gericht, Schulderkenntnis durch eine Jury von Laien, Straferkenntnis durch professionelle Richter. Schon jede dieser Forderungen allein entzündete heftige Emotionen.[63]

---

61 Brandt, Parlamentarismus (wie Fn. 5), S. 289 ff.
62 Allgemein: Alexander Ignor, Geschichte des Strafprozesses in Deutschland 1532–1846. Von der Carolina Karls V. bis zu den Reformen des Vormärz, Paderborn u. a. 2002, S. 211 ff.
63 Vgl. einen exemplarischen Beitrag zur hessischen Kammerdebatte über die Unabhängigkeit des Richteramtes, in: CD-ROM-2, Dok.-Nr. 11.2.6.1 (Rede des Abgeordneten J. Glaubrech in der hessischen Kammer v. 5.3.1833).

6 Justiz

Der Vormärz kannte drei Phasen einer parlamentarischen Debatte über den Gegenstand: die Jahre 1819/20, 1831/32/33 sowie 1842–1845.[64] In Bayern votierte die Kammer der Abgeordneten zweimal, 1819 und 1831, für das Institut der Jury. 1819 hatte ein rheinpfälzischer, mit der französischen Rechtspraxis vertrauter Abgeordneter den Anstoß gegeben. In Baden war die Forderung nach dem Schwurgericht das erste Signal der Kammer nach der Landtagseröffnung 1819. Der Abgeordnete Liebenstein rückte in seinem Vortrag die Jury der freien Presse zur Seite. In Württemberg folgte Uhland 1820 der badischen Initiative. 1831 wiederum trugen Karl Theodor Welcker und Adam Itzstein im badischen Landtag auf Öffentlichkeit und Schwurgericht an. 1832/33 schließlich trat auch die hessische Kammer mit einer Erklärung für das Geschworenengericht hervor, wobei der Initiator, Karl Jaup mit Namen, sich in seinem Gutachten auf die Rechtspraxis im »napoleonischen« Rheinhessen stützte. Ein letztes Mal gelangte der Gegenstand 1845, wiederum in Baden und Württemberg, auf die ständische Agenda.

Indessen war die Debatte in gelehrten Schriften, Tagblättern und Ständekammern nur die eine Seite des Geschehens. Die andere war eine Rechtsordnung, die sich noch ganz in den Bahnen des herkömmlichen Inquisitionsprozesses bewegte. Was hieß: Die Untersuchung war geheim und schriftlich, und das Urteil erfolgte auf Grund des vom Untersuchungsrichter in den Akten niedergelegten Materials. Allein Baden verfügte gegen Ende der Epoche eine Reform, die das herkömmliche Verfahren veränderte. Die Prinzipien, welchen sie folgte, waren diese: Voruntersuchung durch einen Richter, der mit dem erkennenden nicht identisch war, öffentliche Anklage und Mündlichkeit der Schlussverhandlung, Urteilsfällung durch einen Berufsrichter. Das war in liberalen Augen nur die halbe Reform: Öffentlichkeit des Verfahrens, aber keine Jury. Die Reform selbst war der äußerste Fortschritt, zu dem sich eine vormärzliche Regierung bekennen mochte.

Unbestritten blieb dagegen die Fortgeltung des akkusatorischen Prozesses in den vormals französischen Gebieten, in Rheinhessen und in der bayerischen Pfalz. Einer weiteren Öffentlichkeit wurde diese Teilung der Rechtssphären bewusst, als die Landauer Assisen 1833 die »Hambacher« Siebenpfeiffer und Wirth, wiewohl sie sich vor Gericht als Republikaner bekannten, von der Anklage des Hochverrats freisprachen.

---

64 Zum Folgenden immer noch zu konsultieren: Erich Schwinge, Der Kampf um die Schwurgerichte bis zur Frankfurter Nationalversammlung, Ndr. Aalen 1970 (Erstausg. 1926).

7 Militär

Das Verhältnis von Militär und Verfassung war im konstitutionellen System eine sensible Beziehung.[65] In der Tradition des absoluten Staates war das Heer Teil des administrativen Komplexes, ein Instrument in der Hand des Herrschers ohne Kontrolle durch die »Gesellschaft«. Mit dieser Tradition, die wie ein Fremdkörper in das 19. Jahrhundert hineinragte, hatte der neue Verfassungsstaat zu kämpfen. Die Regierungen hielten darauf, die extrakonstitutionelle Position des Militärs zu behaupten. Die Liberalen, die Oppositionen in den Kammern wollten das Gegenteil. Sie erstrebten die Herauslösung des Militärs aus der Administration, seine Konstitutionalisierung, seine »Verbürgerlichung« am Ende.

Die Heeresorganisation in den süddeutschen Staaten war seit 1815 ein Teil der Kriegsverfassung des Deutschen Bundes.[66] Dessen Verfassung war staatenbündisch konstituiert und daher das Heer des Bundes ein Kontingentheer, kein Einheitsheer unter zentraler militärischer Führung. Die Kommandanten der Bundeskorps wurden nicht vom Bundestag, sondern von den Einzelstaaten bestellt. Auch Ausrüstung und Versorgung fielen in deren Kompetenz. Hinzu kam, dass die Bundesakte von 1815 alle militärorganisatorischen Fragen in der Schwebe gelassen und auch die Wiener Schlussakte von 1820 nur einen allgemeinen Auftrag erteilt hatte.[67] Erst durch dessen Erledigung kam es zu Regeln des Bundesrechts, hier vor allem der Festlegung der Gestellungspflichten für die Gliedstaaten.[68] Jeder Einzelstaat hatte nach diesem Gesetz und diesem nachfolgenden »Näheren Bestimmungen« dem Bund ein Heereskontingent von einem Prozent der Bevölkerung des Landes zu stellen, für den Kriegsfall weitere Truppen der Größe eines halben Prozents. Das Bundesheer selbst war in zehn Armeekorps gegliedert. Preußen und Österreich stellten je drei Verbände, drei Korps rekrutierten sich aus gemischten Einheiten. Bayern stellte ein eigenes, das neunte, Württemberg, Baden und Hessen gemeinsam das achte Korps. Die Normalstärke dieser gemischten Einheit belief sich auf 30.000 Mann.

Es gab nur eine militärische Einrichtung des Bundes, die zentral befehligt wurde, die Festungen, die jeweils einem »Gouverneur« des Bundes unterstanden. Von den fünf Städten mit Festungsstatus lagen vier (Mainz, Landau, Rastatt und Ulm) auf

---

65 Allgemein: Manfred Messerschmidt, Die politische Geschichte der preußisch-deutschen Armee, in: Handbuch der deutschen Militärgeschichte 1648–1939, Bd. 4.2, München 2. Aufl. 1983.
66 Zu Bayern: Wolf D. Gruner, Das bayerische Heer 1825–1864, Boppard 1972; zu Württemberg: Paul Sauer, Das württembergische Heer in der Zeit des Deutschen und des Norddeutschen Bundes, Stuttgart 1958; zu Baden: Stiefel, Baden (wie Fn. 60), Bd. 2, S. 1018 ff.; zu Hessen: Franz/Fleck (Hg.), Landtag (wie Fn. 35), S. 111-118.
67 CD-ROM-2, Dok.-Nr. 11.1.2.1 (wie Fn. 39); Dok.-Nr. 11.1.2.2 (Wiener Schlussakte v. 15.5.1820), Art. 51.
68 CD-ROM-2, Dok.-Nr. 11.1.7.1 (Grundzüge der Kriegsverfassung des Deutschen Bundes v. 9.4.1821).

südstaatlichem Terrain. In ihnen konkurrierte die Gebietshoheit der Gliedstaaten mit der Militärhoheit des Bundes, wobei im Konfliktfall dem Bunde der Vorrang zukam.

Die Form der militärischen Rekrutierung hatte der Bund ganz in die Hände der Einzelstaaten gegeben. Selbst die allgemeine Wehrpflicht war nicht zur verbindlichen Regel gemacht. Indessen folgten die Gliedstaaten doch weitgehend den gleichen Prinzipien und Verfahren. So waren alle Aufgebote nach dem Muster des stehenden Heeres organisiert. So betrug die Dienstzeit der Verpflichteten gleichlautend sechs Jahre. So waren alle Befreiungen von der Wehrpflicht aufgehoben – die Privilegien der Standesherren also diesbezüglich nicht anerkannt. Die allgemeine Pflicht erfuhr nur darin eine Durchbrechung, dass die Betroffenen einen Ersatzmann stellen konnten. Der Dispens selbst war durch Zahlung eines »Einstehergeldes« zu erkaufen. Alle Südstaaten haben sich diese vom französischen Konskriptionssystem herkommende Vertreterregel zu eigen gemacht.[69]

Die Militärpflicht zählte neben Wahlfreiheit, Grundrechten und Geschworenengericht zu den Kernforderungen des liberalen Bekenntnisses. Aber es war ein »bürgerliches Heer«, ein »Parlamentsheer« auch, für welches die Forderung stand. Die Debatten in den Landtagen wurden über Jahre von diesem Gedanken beherrscht.[70] Zuerst und vor allem waren es die bayerische und die badische Kammer, in denen der Gegenstand verhandelt wurde. In München trugen die Abgeordneten Behr und Hornthal schon 1819 auf Reformen an. Ihre Anträge auf Abschaffung des stehenden Heeres oder doch dessen grundlegende Umgestaltung, seine Verwandlung in eine Nationalmiliz blieben indessen politisches Bekenntnis, blieben Demonstration. Der Kampf um Prinzipien ging über in einen Streit um Alltägliches, um die Herabsetzung der militärischen Ausgaben, um Postenkürzungen im Budget. Aber auch diese Interventionen blieben durchweg erfolglos.

Ähnlich in Karlsruhe, wo Karl von Rotteck, Abgeordneter, »politischer Professor« und Autor, mit seiner Schrift »Über stehende Heere und Nationalmiliz« den Debatten die Vorlage geliefert hatte. Rotteck sah im stehenden Heer ein »Werkzeug des Despotismus«, in seinem Personal »Lohnknechte und Miethlinge der Fürsten«. Ziel liberaler Politik sei dagegen, aus Soldaten Bürger, aus Bürgern Soldaten zu machen, eine Wehr von Patrioten zu errichten. In Gegensätzen gesprochen: Republikanisierung des Heeres statt Disziplinierung von Untertanen. Aber wie in Bayern blieben alle liberalen Anstrengungen erfolglos. In eine neue Phase trat die parlamentarische Debatte 1831 ein, in jenem Jahr, als der badische Liberalismus den Höhepunkt seiner öffentlichen Wirkung erreichte. Nun war es Karl Theodor Welcker, Freiburger Professorenkollege Rottecks, der Thema und Tenor bestimmte. Wieder ging es um die

---

69 Zur Auseinandersetzung über die Stellvertreterregelung in Hessen siehe CD-ROM-2, Dok.-Nr. 11.2.7.2 (Rede von Gagerns in der hessischen Kammer v. 19.10.1835).
70 Dazu immer noch: Reinhard Höhn, Verfassungskampf und Heereseid. Der Kampf des Bürgertums um das Heer 1815–1850, Leipzig 1938.

Konstitutionalisierung des Militärs, ging es darum, das Heer zu einer Verfassungseinrichtung zu machen. Der stehenden Truppe, so die Absicht, sollte eine Landwehr zur Seite gestellt werden. Keine Landwehr des preußischen Typus als Verlängerung der »Linie« indessen, sondern eine Landwehr als bewaffnete Bürgergarde. In ihr sollte der zutiefst freisinnig-konstitutionelle Grundzug bürgerlicher Selbstverteidigung politische Wirklichkeit werden. Freilich blieben auch solche Vorstellungen parlamentarische Theorie. In die militärische Praxis haben sie nicht hineingefunden.[71]

Dies galt auch für zwei Versuche, das stehende Heer selbst von seiner einseitigen Bindung an die Obrigkeit zu befreien. Einesteils durch Vereidigung der Soldaten auf die Verfassung, zum andern durch eine entschiedene Beschränkung der Militärgerichtsbarkeit. Baden kannte keinen allgemeinen Eid auf Staatsoberhaupt oder Verfassung. Es kannte nur einen Huldigungseid für Staatsdiener. In diese Lücke stieß der Liberalismus hinein, indem er einen Verfassungseid forderte, zunächst für die Bürger ganz allgemein, sodann aber auch für Beamte und also auch für »Militär-Staatsdiener«. Der Huldigungseid erhebe den Fürsten über die Verfassung, der Verfassungseid das Gesetz über den Befehl des Fürsten. Dies die Begründung. Indessen fehlte den Eidbefürwortern im Landtag die Mehrheit. Auch die Reform der Militärgerichtsbarkeit sollte die Streitkräfte aus ihrer politischen Isolierung befreien. Abschaffung einer separaten Ziviljustiz für Militärpersonen war die erste Forderung, Beschränkung der militärischen Strafjustiz auf standesbesondere Delikte wie Desertion und Kameradendiebstahl eine andere. Zu praktischer Wirksamkeit hat auch in diesem Fall der liberale Reformwille nicht gefunden.

So bietet sich der Vormärz als gedankliche Werkstätte des Militärischen dar. Fast auf keinem anderen Feld versuchte der Liberalismus dem Bürgertum so machtvoll eine Bresche zu schlagen. Fast auf keinem war er indessen so erfolglos.

8 Verfassungskultur

Verfassungsgeschichte hat mit Rechtsnormen, Institutionen und Verfahren zu tun, aber auch mit Symbolen, Ritualen und Gewohnheiten, mit der »Kultur« des Politischen, des Alltagspolitischen zumal. Der vormärzliche Konstitutionalismus hat eigene Formen kultureller Ausdrucksweise entwickelt. Dies gilt für die parlamentarischen Kammern so viel wie für die Gemeinden und Assoziationen, die »Basis« des Politischen, den Wirkungskreis eines »volkstümlichen« Liberalismus.[72]

---

71 Vgl. zur bayerischen Landwehr CD-ROM-2, Dok.-Nr. 11.2.7.1 (Landwehrordnung Bayerns v. 7.3.1826).

72 Zum Ersten fehlt es an Untersuchungen, zum Zweiten siehe D. Düding u. a. (Hg.), Öffentliche Festkultur. Politische Feste in Deutschland von der Aufklärung bis zum Ersten Weltkrieg, Reinbek 1988; M. Hettling/P. Nolte (Hg.), Bürgerliche Feste. Symbolische Formen politischen Handelns im 19. Jahrhundert, Göttingen 1993.

8 Verfassungskultur

Abb. 11.2.2 Blick in den Halbmondsaal des Stuttgarter Landtags um 1833

Die Kammern der süddeutschen Verfassungsstaaten besaßen ein eigenes politisches Ambiente, pflegten eigene Formen von Vortrag und Publizität, von sprachlicher wie symbolischer Kommunikation. Ihren Debatten eignete ein Verhandlungston, der das Funktionelle, das Geschäftsmäßige der parlamentarischen Arbeit hervortreten ließ, der das Pathos der großen Rede kaum kannte. In Württemberg, an dem wir neben Bayern den Gegenstand erörtern, zeigte sich dies in mehrerlei Hinsicht. Es gab keine Rednertribüne, bis 1848 nicht einmal eine Rednerliste. Die Abgeordneten sprachen stehend von ihren Sitzen aus. Wer das Wort wünschte, hatte diese Absicht durch Aufstehen anzumelden und in dieser Haltung seinen »Einsatz« abzuwarten. Dem geschäftsmäßigen Habitus entsprach die dialogische Form der Debatten. Die Reden mussten frei, d. h. ohne Lesestützen gehalten werden. Zwar verfügte jeder Abgeordnete über ein eigenes Pult, aber während der Rede selbst musste er aller Hilfen entbehren. Das Präsidium war gehalten auf die Einhaltung der Vorschrift zu achten. Die Protokolle belegen, dass dies durchweg geschehen ist.[73] Etwas anders waren die Verhältnisse in der bayerischen Kammer, wo alle längeren Vorträge vom »Redestuhl« gehalten wurden und dies in der Reihenfolge der Sitzordnung, die ihrerseits das Los bestimmte. Alle Reden mussten ebenfalls frei vorgetragen werden. Nur Regierungs-

---

73   Hierzu wie für das Folgende: Brandt, Parlamentarismus (wie Fn. 5), S. 206 ff.

vertreter und Referenten der Ausschüsse hatten das Recht, ihre Mitteilungen vom Blatt abzulesen.[74] (☛ Abb. 11.2.2, S. 859)

Der literarische Text der Parlamente ist das Protokoll. Die Südstaaten des Vormärz waren die Ersten in Deutschland, welche ihre Debatten durch ein Stenogramm niederlegten. Sie waren darüber hinaus die ersten Stätten der Erprobung der modernen Kurzschrift überhaupt. In Bayern war es Franz Xaver Gabelsberger, der die Parlamentsstenografie zu festen Einrichtung machte. In der Kunst selbst ein Erfinder, eine Institution, betrieb er mit Erfolg, dass in der Kammer ein stenografischer Dienst geschaffen wurde. Zwölf Schüler arbeiteten seit den 1830er-Jahren unter seiner Anleitung. Schon vier Tage nach den Sitzungen konnten die Wortprotokolle für den Druck übergeben werden. Die Druckfassung wurde in 1.500 Exemplaren verbreitet.[75] In Württemberg war es ein Gedächtnisgenie von einfacher Herkunft, das den Protokolldienst über Jahre hin besorgte. Bis 1830 verfügte dieser Stenograf nicht einmal über einen Dekopisten, der ihm bei der Übertragung des Stenogramms assistierte. Erst in den 1840er-Jahren erhielt er Entlastung durch einen zweiten Geschwindschreiber. Im Gegensatz zum kurrentschriftlichen Kürzungssystem, das Gabelsberger für den bayerischen Landtag entwickelt hatte, bediente sich der Württemberger der sog. geometrischen Methode, die mit Abbreviaturen arbeitet, welche als Ziffernkonstellationen im Zeilenbild in Erscheinung treten. Das System beruhte ganz auf dem Gedächtnis des Stenografen und hat deswegen auch keine Verbreitung gefunden. Die Auflage der Protokolle lag in Württemberg bei 450 Exemplaren.

Die sprachliche Form der Landtagsreden in Stuttgart hatte bei aller Geschäftsmäßigkeit ihre Qualitäten.[76] Ein Viertel der Abgeordneten war imstande, sich an den großen Debatten mit Anstand zu beteiligen. Im vormärzlichen Vergleich stand die württembergische Kammer hinter der badischen nicht zurück. Albert Schott, einer ihrer liberalen Leitsterne, wurde von nicht wenigen über Rotteck und Welcker gestellt.

Zur Kultur einer Institution gehören auch die äußeren Bedingungen, unter denen sie tätig ist. Alle südstaatlichen Landtage waren, gegen französische oder englische Verhältnisse gehalten, von eher kleinteiligem, ja provinziellem Format. Die württembergische Kammer zeigte sich dazu von bemühter protokollarischer Steifheit. Die Gestalt des Hauses war in klassizistischem Stil gehalten, aber zugleich engbrüstig in den Ausmessungen. (☛ Abb. 11.2.2, S. 859) Ein Übriges taten Sitzordnung und Kleidung der Abgeordneten, sodass der betuliche Charakter des Hauses hervortrat. Im Gegensatz zur badischen Kammer waren die Abgeordneten nicht frei, ihre Sitze zu wählen. Sie saßen in der Reihenfolge eines vorgegebenen Protokolls: Auf die ritterschaftlichen Deputierten folgten die evangelischen Prälaten, auf den katholischen Klerus folgte

---

74 Götschmann, Parlamentarismus (wie Fn. 5), S. 223 ff.
75 Ebd., S. 182 ff.
76 Brandt, Parlamentarismus (wie Fn. 5), S. 206 ff.

der Universitätskanzler. Den Beschluss bildeten die Abgeordneten der Städte und Amtsbezirke. Freilich hat die Abgeordneten das Reglement nicht gehindert, von der »linken« und »rechten« Seite des Hauses zu sprechen. Eine Redeweise, die etwas Ausgeliehenes hatte, da sie in der Topografie der Kammer keine Entsprechung fand.

Schließlich war auch die vorgeschriebene Amtstracht eine Besonderheit, die das Herkommen betonte. Während die badischen Abgeordneten schwarze Leibröcke trugen und die Ständevertreter in Hessen in beliebiger Kleidung erschienen, manche von ihnen sogar in Sackpaletots und Reitstiefeln, waren solche Freiheiten in Württemberg nicht gestattet. Die »feierliche Amtskleidung«, so belehrte die Vorschrift, »besteht in einem Kleide von schwarzem Tuch, desgleichen Weste und Beinkleidern, schwarzen seidenen Strümpfen und Schuhen mit silbernen Schnallen. Über die Kleidung trägt er einen kurzen, zwei Zolle über die Kniekehle herabreichenden Mantel von schwarzem Seidenzeuge«.[77] Auch für die anderen Gruppen galten feste Kleiderregeln.

Obwohl der parlamentarische Betrieb vormärzlicher Kammern durch Vorschriften beengt war, fehlte ihm doch das »Ceremoniel« des 18. Jahrhunderts. Dieses ist im 19. Jahrhundert in Geschäftsordnung und Etikette zerfallen. Allein die Landtagseröffnung trug einen zeremoniell-festlichen Charakter. Die Eröffnung geschah durch den Landesherrn oder in seiner Vertretung durch einen Minister. Ein Gottesdienst, bei dem der gesamte Hofstaat samt militärischer Repräsentanz anwesend war, ging voraus. Schon die Anfahrt der Obrigkeit wurde als Staatsakt zelebriert. Unter Böllerschüssen ergriff die Staatsspitze gleichsam Besitz von der parlamentarischen Versammlung.

Zur politischen Kultur eines Parlaments gehört auch, in welchem Maße es sich dem Publikum öffnet. Die vormärzlichen Kammern kannten die drei klassischen Formen der Publizität: Veröffentlichung der Protokolle der Plenardebatten, laufende Berichterstattung durch die Presse (welche freilich eingeschränkt war) sowie freier Zutritt des Publikums zu den Verhandlungen. Die württembergische Kammer verfügte über eine Galerie, auf der im Höchstfall 130 bis 150 Personen Platz fanden. (☞ Abb. 11.2.2, S. 859) Die Plätze selbst wurden durch die Austeilung von Eintrittskarten vergeben. Der Zuspruch durch Interessenten war unterschiedlich. In ereignisarmen Zeiten gab es durchaus leere Ränge. Es gab aber auch – wie in den frühen 1830er-Jahren – Konjunkturen des öffentlichen Lebens, welche das Ständehaus über Wochen hin füllten. Frauen war der Zutritt zu den Verhandlungen im Übrigen verwehrt. Das Verbot fügte sich mit Sitzordnung und Amtstracht in jenes Bild pietistischer Strenge, das einem Beobachter als Besonderheit des Landes erschien. In Karlsruhe habe er beobachtet, dass »das weibliche Geschlecht aller Stände stets zahlreich vertreten (gewesen) sei«, in München, dass »besonders viele Damen der höheren Stände (die Kammer) besuchten«. Nur in Stuttgart und Darmstadt sei ihnen der Zugang zum Landtag untersagt.[78]

---

77 Ebd., S. 218.
78 Ebd., S. 223 f.

Es gab eine zweite Seite vormärzlicher Verfassungskultur, die sich im Treiben der Wahlvereine wie in konstitutionellen Festen dartat. In der Pfalz, dem prekären bayerischen Außenposten, wurden 1832 mindestens acht Abgeordnetenfeste gefeiert. Das bekannteste von ihnen war die Huldigung für den Deputierten Schüler in Zweibrücken am 29. Januar 1832. Sie schuf den Typus des Abgeordnetenfestes in den 1830er- und 1840er-Jahren: mit Einholung des Gefeierten, Böllerschüssen, Mittagstafel und Trinksprüchen. Was früher dem Landesherrn gegeben war, erfuhr nun als Ehrung der Wahlkreiskönig.[79] Den Höhepunkt politischer Mobilisierung wie kultureller Selbstdarstellung im Vormärz bildete das badische Verfassungsjubiläum von 1843 – kein von oben verordneter Staatsakt, sondern eine Demonstration »von unten«, ein Ereignis aus kommunalem Willen. Dieses Fest, das in zahlreichen Orten gefeiert wurde, verband örtliche Traditionen mit freisinnigem Bekenntniseifer, das Herkommen des Brauchtums mit dem Glauben, dass Wort und Rede die Politik zu verändern vermöchten.[80] Die Feierlichkeiten pflegten durchweg das gleiche Prozedere, wiewohl es eine über die Ortschaften hinausreichende Planung nicht gab. Am Vorabend des Festtages gab es den Introitus mit Glockengeläut und Kanonendonner, am Festtag selbst folgten als Stationen Gottesdienst, Umzug und Festbankett. Höhepunkt war der Festumzug, auf dem ein Exemplar der Verfassungsurkunde wie ein Kultgegenstand mitgeführt wurde. Ansprachen wurden gehalten, Artikel der Verfassung feierlich zur Verlesung gebracht. Wie Rituale der Abgeordnetenhuldigung monarchischen Traditionen folgten, so bot der Festzug das Erscheinungsbild einer »säkularisierten Prozession« (P. Nolte). Den Abschluss des Festtags bildeten die Gastmähler, zu denen das Stadtbürgertum sich zusammenfand. Abermals wurden Reden gehalten, traten Liederkränze mit Darbietungen hervor. In den Ansprachen dominierten die Themen des liberalen Glaubens: Pressefreiheit, Schwurgerichte, Wahlfreiheit, Gemeindeverfassung. Im Ambiente badischer Stadtkultur verbanden sich Alteuropäisches und Modernes, der noch ständisch geprägte politische Alltag mit dem Konstitutionalismus der 25-jährigen Verfassung.

---

79 Cornelia Förster, »Hoch lebe die Verfassung«? Die pfälzischen Abgeordnetenfeste im Vormärz (1819–1846), in: Düding u. a. (Hg.), Festkultur (wie Fn. 72), S. 132-146.
80 Paul Nolte, Die badischen Verfassungsfeste im Vormärz. Liberalismus, Verfassungskultur und soziale Ordnung in den Gemeinden, in: Hettling/Nolte (Hg.), Feste (wie Fn. 72), S. 63-94.

9 Kirche

Das Verhältnis von Staat und Kirche in Deutschland erfuhr durch die napoleonische Revolution eine grundlegende Veränderung.[81] Von ihr war indes vornehmlich die katholische Kirche betroffen. Mit der Aufhebung der geistlichen Fürstentümer und damit des konfessionellen Territorialstaats verloren die Bischöfe ihre säkulare Macht und wurden auf ihre geistlichen Befugnisse, auf Weihe- und Gerichtsgewalt zurückgeworfen. Ihre Gebietsherrschaften wurden benachbarten weltlichen Staaten zugeschlagen. So fielen die fränkischen Bistümer an Bayern, fiel die gefürstete Probstei Ellwangen an Württemberg, fiel Konstanz an Baden. Aber auch die Zahl der Bistümer wurde reduziert und die Sprengelgrenzen wurden »bereinigt«. Nach dem Reichsdeputationshauptschluss von 1803 blieben in Süddeutschland neun Bistümer bestehen: Bamberg, Würzburg, Eichstätt, Konstanz, Augsburg, Freising, Passau, Trient und Brixen.

Mit der Herrschaftssäkularisierung verbunden war ein groß angelegtes Unternehmen der Konfiskation. Bischöfe und Domkapitel verloren ihren Vermögensfundus. Statt von der eigenen, der historisch gewachsenen Substanz lebten sie künftig von den Zuwendungen des Staates. Säkularisierung hieß des weiteren aber auch, dass »alle Güter der fundirten Stifter, Abteien und Klöster […] der freyen und vollen Disposition des respectiven Landesherrn« anheimfielen.[82] So geschah es in Bayern, wo nach der Umschichtung 70 Prozent der Bauern den König zum Grundherrn hatten. Anders dagegen im Rheinland, wo Kaufleute und Gewerbetreibende Grundstücke und Gebäude erwarben, der Klosterbesitz in den Kreislauf des bürgerlichen Verkehrs geriet. Hinzu trat, dass mit der Entfeudalisierung des Kirchenguts auch soziale Veränderungen einhergingen. Der Prälatenstand als Herrschaftsgruppe verschwand und mit ihm ein Pfründenwesen, das bis dahin eine ganze Schicht, den Stiftsadel, ernährt hatte.

Auf dem Wiener Kongress stand der österreichisch-preußische Entwurf einer »Verfassung der katholischen Kirche in den deutschen Bundesstaaten« auf der Agenda. Er scheiterte indes am Widerstand der Mittelmächte, der süddeutschen vorab, die nicht bereit waren, die durch die napoleonischen Veränderungen gewonnene Kirchenhoheit preiszugeben oder auch nur sich mindern zu lassen. So beließ die Bundesakte das gesamte Staatskirchenrecht bei den Einzelstaaten. Ein anderes Problem indes blieb bestehen. Da die katholische Kirche dem Papst, also einer auswärtigen Macht, unterstellt war, suchten die Einzelstaaten für sich einen Ausgleich mit der Kurie. Sie suchten ihn über die Vereinbarung einer beiderseitigen Festlegung, eines Konkordats. Eines Instruments, dessen sich schon Napoleon bedient hatte. Bayern, das unter Montgelas eine strikt bürokratisch-josefinische Kirchenpolitik verfolgt hat-

---

81 Überblick bei Huber, Verfassungsgeschichte (wie Fn. 2), Bd. 1, S. 387-472.
82 CD-ROM-1, Dok.-Nr. 9.1.2.1 (Reichsdeputationshauptschluss v. 25.2.1803), § 35.

te, beschritt als erster deutscher Staat diesen Weg.[83] Das Konkordat vom 5. Juni 1817 wurde zum Prototypus anderer ähnlicher Abmachungen.

Aber das Konkordat war im Lande höchst umstritten, da es in den Augen eines entschiedenen Staatskirchentums der Kurie zu viele Rechte überlassen hatte. So statuierte es die »Integrität der kirchlichen Rechte« und leistete damit Verzicht des Staates auf bisher geübte Rechte. Die Kirche selbst war nun frei, über alle Angelegenheiten ihrer inneren Verfassung nach eigenem Ermessen zu entscheiden. Wohl behielt der König das Nominationsrecht bei der Besetzung der Bischofsstühle, wohl bekam der Staat das Recht der Präsentation bei der Besetzung der Pfarreien, wohl hatten Erzbischöfe und Bischöfe einen Treueid zu leisten. Aber die freie Selbstverwaltung, die innere Disziplinargewalt, die gute Dotierung aus Staatsmitteln – alles dies verbesserte den Status der Kirche in einem neuen Ausmaß. Alle Neuerungen der Zeit, die künftige Nutzung der staatlich verbürgten Grundrechte etwa, waren dem Klerus zur Disposition gegeben.

Um dem aufkommenden Widerstand im Lande wirksam entgegenzutreten, verfügte der bayerische Staat 1818 jedoch ein Religionsedikt, das der soeben verabschiedeten Verfassung als Anlage beigegeben wurde.[84] Es sicherte allen bayerischen Untertanen die volle Religionsfreiheit zu, gab den drei christlichen Hauptkonfessionen einen öffentlich-rechtlichen Status und verschaffte ihnen Freiräume zur Regelung ihrer inneren Ordnung. Zugleich aber wurde die Staatshoheit in Konfessionsfragen zurückgerufen. Wie insbesondere beim ius inspiciendi trat die Kirchenhoheit des Staates wieder mit Deutlichkeit hervor. Das Edikt beanspruchte für den Staat den rechtlichen Vorrang. Das Konkordat galt im Zweifelsfall als nachgeordnetes Recht. Dieser staatliche Hoheitsanspruch verschaffte sich in Bayern 1846 schließlich in der Errichtung eines gesonderten Ministeriums für kirchliche Angelegenheiten seinen institutionellen Ausdruck.[85]

Auch in den anderen süddeutschen Staaten standen sich klerikales Interesse und staatliche Aufsichtsmacht im Konflikt gegenüber. Seit 1817 berieten am Bundestag in Frankfurt Vertreter Badens, Württembergs und Hessens sowie anderer kleinerer Staaten eine gemeinsame Kirchenpolitik. Ziel der Verhandlungen war ein territoriales *regroupement* sowie die Einigung auf einen verbindenden Episkopalismus. Eine Deklaration, die am 7. Oktober 1818 zum Abschluss kam, unterteilte Süddeutschland in fünf Landesbistümer (Freiburg, Rottenburg, Mainz, Fulda und Limburg), die ihrerseits unter der Leitung Freiburgs einen Metropolitanverband, die Oberrheinische

---

83 Zum Folgenden Helmut Witetschek, Die katholische Kirche seit 1808, in: Spindler (Hg.), Handbuch (wie Fn. 3), Bd. 4, S. 914-925; Huber, Verfassungsgeschichte (wie Fn. 2), Bd. 1, S. 419-431.
84 CD-ROM-2, Dok.-Nr. 11.2.9.1 (Religionsedikt Bayerns 26.5.1818).
85 CD-ROM-2, Dok.-Nr. 11.2.10.2 (Errichtung eines Kultusministeriums in Bayern v. 15.12.1846).

Kirchenprovinz bildeten. Was die kirchliche Ordnung anbetraf, beharrte die Deklaration auf dem ius circa sacra als einem genuin staatlichen Recht.[86]

Trotz weiterer Vereinbarungen mit der Kurie wurde das Staatskirchenregiment in den Mittelstaaten über den Vormärz hin weiter im Geiste josefinischer Aufklärung geführt.[87] In Württemberg stand zwar in der Verfassung, dass »die Leitung der inneren Angelegenheiten der katholischen Kirche« dem Landesbischof und dem Domkapitel zustehe (§ 78), aber die für die Verwaltung der iura circa sacra eingesetzte Behörde, der katholische Kirchenrat (§ 79), versah ihr Amt bürokratisch-expansiv und beließ dem Bischof nur einen engen Spielraum. Der Kirchenrat regelte die Ausbildung der Geistlichen, ordnete die Regularien des Gottesdienstes, verwaltete das Kirchengut, übte die Disziplinargewalt über die Priester, kontrollierte den Verkehr mit der Kurie und zensierte das kirchliche Schrifttum.[88] Zwar war dieses Staatskirchentum um 1830, als so vieles in Bewegung geriet, nicht mehr unangefochten, aber Kritik kam weniger von der Amtskirche selbst als von der katholischen Laienbewegung. Diese freilich befand sich zu jener Zeit noch ganz in den Anfängen.

Auch die evangelische Kirche war im Vormärz – bei freilich gänzlich anderer Vorgeschichte – noch ganz in staatskirchliche Bevormundung eingebunden. In Baden war für ihre Verwaltung die evangelische Kirchensektion zuständig, die seit 1843 den Namen Oberkirchenrat trug. Die nominell nur beratende Generalsynode, die geistliche wie weltliche Vertreter zu ihren Mitgliedern zählte, tagte und beschloss in Gegenwart eines landesherrlichen Beauftragten. Ihre Entscheidungen bedurften der Zustimmung des Landesherrn. Ähnlich in Württemberg, wo mit Konsistorium und Synodus verwandte Einrichtungen amtierten.[89] Zu den Aufgaben des Konsistoriums zählten unter anderen diese: Wahrung der Lehre und Beaufsichtigung des Gottesdienstes, Sorge für die Besetzung der Kirchenämter, Besorgung des Vikariatswesens, Aufsicht über Amtsführung und Lebenswandel der Geistlichen, Sorge für die Unterhaltung der Kirchengebäude. Als Staatsbehörde führte es die Aufsicht über das gesamte evangelische Elementarschulwesen. Der Synodus rekrutierte sich aus den Mitgliedern des Konsistoriums und den sechs Generalsuperintendenten. Er tagte jährlich einmal auf einige Wochen, um über den Zustand der evangelischen Gemeinden zu beraten. Die Generalsuperintendenten waren gehalten, in diesem Gremium nach den Visitations-

---

86 Huber, Verfassungsgeschichte (wie Fn. 2), Bd. 1, S. 432-442.
87 Hans Fenske, Baden 1830–1860, in: Schwarzmaier/Schaab (Hg.), Handbuch (wie Fn. 3), Bd. 3, S. 100-103; Clemens Bauer, Politischer Katholizismus in Württemberg bis zum Jahr 1848, Freiburg 1929; Kurt Walter, Hessen-Darmstadt und die katholische Kirche in der Zeit von 1803 bis 1830, Darmstadt 1933; Heinrich Steitz, Geschichte der Evangelischen Kirche in Hessen und Nassau, Marburg 1977; Franz/Fleck (Hg.), Landtag (wie Fn. 35), S. 279-285.
88 CD-ROM-2, Dok.-Nr. 11.2.2.4 (wie Fn. 15).
89 Ergänzend zur württembergischen Kirchenverwaltung sind außerdem die gemeinschaftlichen Oberämter für beide Konfessionen zu berücksichtigen, vgl. CD-ROM-2, Dok.-Nr. 11.2.9.2 (Verordnung über die gemeinschaftlichen Oberämter in Württemberg v. 23.8.1825).

berichten über den Zustand ihres Sprengels vorzutragen. Die Berichterstatter standen mit dem Titel eines Prälaten jeweils einem Amtsbezirk, einem Generalat vor. Jedem Generalat war jeweils eine Anzahl von Dekanaten zugeordnet, wobei die Hierarchie nach unten dadurch ihren Abschluss fand, dass jeder Dekan über die Geistlichen seines Amtsbezirks die Aufsicht führte. Die Kirchenhierarchien in Bayern und Hessen wichen von den hier beschriebenen nur unwesentlich ab.

10 Bildungswesen

Bildung und Erziehung waren im 19. Jahrhundert erstmals überwiegend eine Sache des Staates. Als »Schulstaat« (Th. Nipperdey) wirkte die Obrigkeit in die Gesellschaft hinein. Die Auflösung ständischer Bindungen machte den Menschen freier. Erstmals stand er unvermittelt dem Staat gegenüber, war er durch Rechte und Pflichten als Individuum an ihn gebunden. Zu den Rechten zählten Petition und Wahl, dazu eine Reihe von Grundrechten, zu den Pflichten Steuerleistung und Wehrdienst, aber auch der obligatorische Schulbesuch. Schon damals war den Administrationen nicht unbekannt, dass Ausbildung disziplinieren konnte, aber auch, dass sie ein ökonomisches Kapital darstellte. Aber dies war nur das eine, denn Bildung war immer auch Befreiung, Emanzipation von herkömmlichen Zwängen. Entsprechend hatte die Schulpflicht nicht nur ihre kontrollierende, sondern auch ihre libertäre Seite, und an dieser wiederum entzündeten sich die Kontroversen. So war der »bürgerliche« Staat bestrebt, die Schulformen den Schichten und Interessen der Gesellschaft anzugleichen. Elementarschule und Bürgerschule waren daher weniger Stationen eines individuellen Bildungsweges als sozial geschlossene Orte des Lehrens und Lernens. Wie beim Wahlrecht nahm das 19. Jahrhundert auch bei der Schulpflicht die Aufklärung um ein Stück zurück.[90]

Für die Bildungspolitik der Südstaaten galt noch mehr als für andere Zweige der Verwaltung, dass die Grundlagen in der Rheinbundzeit, wenn nicht schon früher gelegt worden waren, dass die vormärzliche Politik eher Fortführung und Ergänzung als Neuschöpfung war. In allen Staaten gab es eine Tradition bürokratischen Aufbaus des Schulwesens, die zum Teil bis ins 17. Jahrhundert zurückreichte. In Bayern wurde 1802 ein Generalschuldirektorium eingerichtet, das 1805 zu einer Abteilung des Innenministeriums wurde. Sein Zugriffsrecht reichte bis in die Kommunen hinab und beeinträchtigte das Wirken der lokalen geistlichen Schulaufsicht. Die Schulen sollten »Staatsanstalten« sein, so war die Linie der Politik. Ihr oberster Stratege war Georg

---

90 Einen Überblick über die Stufen des Bildungssystems im Vormärz bietet K.-E. Jeismann u. a. (Hg.), Handbuch der deutschen Bildungsgeschichte, Bd. 3: 1800–1870. Von der Neuordnung Deutschlands bis zur Gründung des Deutschen Reiches, München 1987.

Friedrich Zentner, der von 1807 bis 1825 der Schulbehörde vorstand.[91] 1846 wurde, mit der Gründung des für Kirchenangelegenheiten zuständigen bayerischen Kultusministeriums, der 1825 gebildete »Oberste Kirchen- und Schulrath« aufgelöst, seine Aufgaben im Bildungsbereich dem Innenministerium überantwortet.[92]

Auch in Baden, das in der Napoleonzeit ein besonders buntscheckiges Ensemble von Herrschaften übernahm, wurde die Schulpolitik vereinheitlicht und zentralisiert. 1803 wurde eine Zentralbehörde für das gesamte Volksschul- und Mittelschulwesen geschaffen. 1809 traten an deren Stelle ein evangelisches und ein katholisches Kirchendepartement. 1836 wurde dieses durch einen Oberstudienrat ersetzt, ein aus geistlichen Räten bestehendes Direktorium. Federführend für die Unterrichtsverwaltung war seit 1809 der Innenminister.[93] In Württemberg hatte die Verstaatlichung des Schulwesens die längste Geschichte. Schon 1649 führte das Herzogtum den Schulzwang ein. Weltliche und kirchliche Organe kontrollierten im Auftrag der Regierung die Schulen. Das »Organisationsmanifest« vom 18. März 1806 errichtete ein Ressort für Kirchen- und Schulwesen – das einzige Institut seiner Art in Süddeutschland. Es untergliederte den Kultusbereich in drei Abteilungen: einen Studienrat, ein (evangelisches) Konsistorium und einen (katholischen) Kirchenrat. Dem Studienrat unterstanden die Landesuniversität Tübingen sowie die »gelehrten Bildungsanstalten«. Lateinschulen und Volksschulen wurden von Konsistorium und Kirchenrat beaufsichtigt.[94]

Hauptgegenstand des öffentlichen Interesses der Epoche war die Volksschule, die Elementar- oder Trivialschule, wie sie bis dahin genannt wurde.[95] Schulpflicht, Schulaufsicht und Lehrerbildung waren die Themen, die dominierten, die dabei konservativ-klerikale und liberale Standpunkte in den Gegensatz trieben. Die amtliche Politik hatte durchweg zum Ziel, Obrigkeitstreue und Untertanengeist zu fördern. In der Sache ging es dabei um den Widerstreit von elementaren Kenntnissen und allseitigem Bildungserwerb – auch im Diskurs, der in der Verwaltung gepflogen wurde. 1820 hatte sich in allen Südstaaten der Schulzwang durchgesetzt. Anderes trat hinzu. Örtliche Schulvisitationen durch den Pfarrer wurden zur Regel, ebenso zweijährliche Inspektionen der Schulaufsicht. Und nicht zuletzt wurden Leistungsmessungen durch Zeugnisse eingeführt. Die Konfirmation war zu verweigern, wo Schüler dem Unterricht über längere Zeit fernblieben. Kanzelworte sollten gegen die Säumigen

---

91 Albert Reble, Das Schulwesen, in: Spindler (Hg.), Handbuch (wie Fn. 3), Bd. 4, S. 949-990, hier S. 950 ff.
92 CD-ROM-2, Dok.-Nr. 11.2.10.2 (wie Fn. 85), § 18.
93 Stiefel, Baden (wie Fn. 60), S. 1929 ff.
94 Alfred Dehlinger, Württembergs Staatswesen in seiner geschichtlichen Entwicklung bis heute, Stuttgart 1951, S. 446-507.
95 Zum Folgenden: Reble, Schulwesen (wie Fn. 91), S. 954 ff.; Stiefel, Baden (wie Fn. 60), S. 1943 ff; Gerd Friederich, Die Volksschule in Württemberg im 19. Jahrhundert, Weinheim u. a. 1978, S. 39 ff. u. passim; Franz/Fleck (Hg.), Landtag (wie Fn. 35), S. 179-187.

gesprochen werden. Im Ganzen war es ein in der bisherigen Geschichte unbekannter Zugriff auf die Heranwachsenden, den der Staat inszenierte.

Württemberg war der Einzige unter den Südstaaten, der das Volksschulwesen im Wege eines Gesetzes regelte. 1836 verabschiedeten die Kammern des Landtags eine entsprechende Vorlage der Regierung. Das Gesetz war ein Konzept ganz aus dem Geist des leitenden Ministers Schlayer, seines aufgeklärten Josefinismus zumal. Die enge Verbindung von Kirche und Schule bleibe auch für künftig bestehen und religiöse Bildung stelle eine ihrer Grundlagen dar. Gleichwohl seien die Volksschulen Anstalten der bürgerlichen und nicht der kirchlichen Gesellschaft. Das Gesetz selbst war eine Zusammenstellung bestehender Vorschriften. Jede Gemeinde wurde zur Errichtung einer Schule verpflichtet. Jede Schule musste über ein geräumiges und heizbares Zimmer verfügen. Was die Verhältnisse der Lehrer anbetraf, so wurden drei Kategorien geschaffen: Schulmeister, Unterlehrer und Lehrgehilfen. Die Besetzung der Schulmeisterstellen war durch die Oberschulbehörde zu besorgen. Die »Vorbereitung zum Schullehrerstand« konnte in privaten wie staatlichen Seminaren geschehen.

Sodann das höhere Schulwesen, das sich in verschiedenen Farben darbot.[96] In Baden gab es nach dem Organisationsedikt von 1803 drei Schulformen, die unter den Begriff »Gelehrtenschulen« gefasst wurden und den Zugang zum Universitätsstudium eröffneten: Pädagogien, Lyzeen und Gymnasien. Alle drei Formen boten einen Durchgang von vier bis fünf Klassen mit je zwei Jahren an. Was sie im Einzelnen darstellten, hat sich immer wieder verändert.[97] 1844 gab es im Lande sechs Lyzeen, fünf Gymnasien und vier Pädagogien. Unterhalb der Stufe der Gelehrtenschulen gab es Lateinschulen und Mittelschulen. 1834 wurden sie unter die Bezeichnung »Bürgerschule« gefasst. Die Gesamtaufsicht über das mittlere und gelehrte Schulwesen führte durch eine Verordnung von 1836 der Oberstudienrat. Ein besonderes Kapitel des Gegenstandes lieferte die bayerische Schulgeschichte. Es ging um den Grad der neuhumanistischen Ausrichtung des Gymnasiums. Dem Philologen Friedrich Thiersch, der ihr oberster Propagator war, gelang es, mit der Schulordnung von 1829 den Anteil der alten Sprachen im Stundenplan auf 64 Prozent der Lehrstunden auszudehnen, wobei die Verteilung zulasten der Fächer Deutsch, Naturkunde und Mathematik ging, aber auch der Musik, die dem »Praeceptor Bavariae« als Verrat an der Idee des Neuhumanismus erschien.[98] Indes wurde die Schulordnung schon nach einem Jahr des Bestehens wieder korrigiert. Künftig belief sich der Anteil der alten Sprachen auf 56 Prozent. Sie blieben das dominierende Element im Fächerkanon.

---

96 Reble, Schulwesen (wie Fn. 91), S. 957 ff.; Stiefel, Baden (wie Fn. 60), S. 1970 ff.
97 Das höhere Bildungswesen in Baden umfasste außerdem den Zweig der technischen Berufsschulen, vgl. CD-ROM-2, Dok.-Nr. 11.2.10.1 (Gründung einer Polytechnischen Schule für Baden v. 7.10.1825).
98 Reble, Schulwesen (wie Fn. 91), S. 963.

Schließlich die Universitäten, die in der Napoleonzeit einen beispiellosen Umbruch erlebten.[99] Aus wirtschaftlich selbstständigen, in Rekrutierung und Ökonomie autonomen Sozietäten wurden alimentierte, administrativ verfasste Anstalten. Dies jedenfalls war die Entwicklung in den Südstaaten, wo die Humboldt'sche Verbindung von Staatlichkeit und wissenschaftlicher Selbstfindung nur langsam an Einfluss gewann. Was alle Staaten aber vereinte, war der disziplinäre Ausbau der Wissenschaften, war das vordringende Institutsprinzip, war schließlich das steigende soziale Renommee des Gelehrten. In einer Zeit der Unterdrückung des freien Worts durch die Karlsbader Beschlüsse war es auch die Figur des »politischen Professors«.

Die süddeutsche Universitätslandschaft kannte zwei Regionen. Bayern, das durch den Reichsdeputationshauptschluss acht Hochschulen geerbt hatte, reduzierte deren Anzahl nach 1815 auf drei: Landshut, das 1826 nach München verlegt wurde, Würzburg und Erlangen als Stätten eines katholischen bzw. evangelischen Standpunktes. Die Reorganisation aller drei Universitäten geschah bis in die 1820er-Jahre ganz im Zeichen eines administrativen Zentralismus. Sie war geprägt von der Montgelasschen Staatsdoktrin. Reste korporativen Eigenlebens wurden getilgt, der Einfluss der Kirche wurde zurückgedrängt, Berufungen und Lehrbetrieb wurden ganz aus dem Ministerium heraus gesteuert. Die von Montgelas und seinem Mitarbeiter Zentner betriebene Politik fand ihren juristischen Text in den Organisationsdekreten von 1803 (Würzburg) und 1804 (Landshut). Der Zugang zur Hochschule, der jetzt ein Gymnasialzeugnis verlangte, wurde neu geregelt, der »Privatdocent« wurde geschaffen. Das waren Neuerungen, die allgemein in Übung kamen, aber in Bayern hatten sie einen Zug ins Bürokratische. Vorlesungen und Prüfungen wurden scharf reglementiert, die freie Wahl des Rektors wurde abgeschafft. Für bayerische Staatsdiener wurde ein einheimisches Studium obligatorisch. Schließlich wurde auch das Fakultätsprinzip beseitigt. Es wich einer Untergliederung des Betriebes nach zwei Hauptklassen mit jeweils vier Sektionen. In allen Belangen trat ein nivellierender Geist hervor. Ganz unbeschadet hat die Montgelassche Ordnung indes den Vormärz nicht überdauert So wurde durch Dekret 1829 die alte Struktur der Fakultäten wiederhergestellt, wurde das Recht der freien Rektorwahl restituiert. Rücknahmen, welche die Hochschulen vom Ruch der Polizeianstalt befreiten.

Das rheinbündische Baden, dem durch Napoleon zwei Universitäten, Heidelberg und Freiburg, zugefallen waren, bildete den Gegenpol zu dem, wiewohl ebenfalls rheinbündischen Bayern. Es war gleichsam der Humboldt'sche Außenposten in Süddeutschland. Die kurpfälzische Heidelberger Universität war, als sie 1801 ihre linksrheinischen Besitzungen verlor, finanziell am Ende. 1803 kam sie – mit 48 (!) Studen-

---

99 Laetitia Boehm, Das akademische Bildungswesen seiner organisatorischen Entwicklung (1800–1920), in: Spindler (Hg.), Handbuch (wie Fn. 3), Bd. 4, S. 991-1033, hier S. 995 ff.; Stiefel, Baden (wie Fn. 60), S. 2009 ff.; Thomas Oelschlägel, Hochschulpolitik in Württemberg 1819–1825, Sigmaringen 1995.

ten – an Baden. Grundlage ihrer künftigen Existenz war eine Dotation des neuen Landesherrn Karl Friedrich. Ihr rechtliches Gefüge bildete das Organisationsedikt von 1803. Heidelberg trat durch mehrere Neuerungen hervor. So forcierte es den Ausbau des Institutsbetriebes und machte das Deutsche zur akademischen Verkehrssprache. An wissenschaftlicher Ausstrahlung war es Berlin ebenbürtig. Ein etwas anderer Fall war Freiburg, das eine katholisch-aufgeklärte Vergangenheit hatte – und diese auch im 19. Jahrhundert bewahrte. Institutionell modern verfasst, finanzierte sich die Universität aber auch nach Napoleon noch aus eigenen Ressourcen. Ihr wissenschaftliches Renommee stand Heidelberg um einiges nach.

Schärfer unter Kuratel wiederum hielt Württemberg seine Landesuniversität. Indessen waren in Tübingen Libertät und Fortschritt nicht durchweg identisch. Gegen den Willen der Hochschule hatte die Regierung 1817 eine staatswirtschaftliche Fakultät geschaffen und der katholischen Akademie Ellwangen in Tübingen eine akademische Heimstätte gewährt. Die Bestrebungen der Regierung gingen seit König Friedrich dahin, die verfilzte Korporation zu modernisieren, aber in ihre Politik war auch die Absicht eingeschlossen, die Universität in eine Staatsanstalt zu verwandeln, die nur in begrenztem Umfang über eigene Ressourcen verfügte und deren Personalentscheidungen in Stuttgart getroffen wurden. Das feudale Stillleben zu beseitigen, erschien als ein Akt aufgeklärter Politik, aber hinter ihr verbarg sich die Absicht der Disziplinierung. Mit ihrem Versuch freilich, die Universität durch ein Statut zu einer Lehranstalt mit Staatskommissar zu machen, scheiterte die Regierung 1830 nach kurzem Anlauf. Proteste von Landtag und Öffentlichkeit retteten der Korporation die Autonomie.

11   Finanzen

Der konstitutionelle Staat des 19. Jahrhunderts ruht auf dem Fundament der Reformen des 18. Jahrhunderts und der ihnen folgenden napoleonischen Revolution. Auch in der Finanzverfassung der Staaten tritt dies mit Deutlichkeit hervor. Am Anfang stand die Trennung von fürstlichen und Staatsressourcen, es folgten die Verselbstständigung der Finanzverwaltung sowie die Einführung einer einheitlichen Etatwirtschaft. Am Ende stand die politische Auseinandersetzung über Steuern und Budget.[100]

In Baden wurde mit Napoleon der herkömmliche Paternalismus der Finanzverfassung endgültig beseitigt. Das Finanz- und Kassenwesen wurde bürokratisiert. Mit Einführung der Organisation der Ministerien 1808 wurden alle Kompetenzen in

---

100 Allgemein: Karl Heinrich Friauf, Der Staatshaushaltsplan im Spannungsfeld zwischen Parlament und Regierung, Berlin u. a. 1968; Reinhard Mußgnug, Der Hauhaltsplan als Gesetz, Göttingen 1976; Eckart Schremmer, Steuern und Staatsfinanzen während der Industrialisierung Europas, Berlin 1994.

einem einzigen Ressort vereint. Die Befehlsstränge liefen fortan von dieser Zentrale in die Mittelbehörden hinab, in die Provinzialregierungen, die später zu selbstständigen Rentkammern wurden. Nach der Justiz- erhielt damit auch die Finanzadministration einen eigenen Instanzenzug. Zur gleichen Zeit wurde in Baden der jährliche Bruttohaushalt eingeführt, unterteilt nach Einnahmen und Ausgaben, die Erhebungskosten jeweils eingerechnet. Zwei Drittel der Einnahmen kamen aus dem Kammergut, ein Drittel aus direkten und indirekten Steuern. Der fiskalischen Gerechtigkeit halber, aber auch, um die Erträge zu steigern, wurde das Steuersystem reformiert. Abgabenvorrechte wurden gestrichen. Das System selbst wurde vereinheitlicht. Die direkte Steuer belastete Liegenschaften, Gefälle und Gewerbe. Besondere Konsumsteuern traten hinzu. Ein eigenes Kapitel war die Schuldenlast. Wie andere Rheinbundstaaten erbte auch Baden mit den ihm zugeschlagenen Territorien deren finanzielle Verbindlichkeiten. Und diese waren nicht gering. Der Staat musste umfängliche Kredite aufnehmen, ein Umstand, der zur entscheidenden Antriebskraft für die Verfassungsgebung wurde.[101]

»Badische Verhältnisse« gab es auch in den anderen rheinbündischen Staaten, weshalb sie hier nur kursorisch zu erwähnen sind. 1807 wurde in Bayern den noch amtierenden Landständen die Steuerverwaltung genommen. Ein dreistufiger Zug der Verwaltung besorgte seitdem den Einzug der Abgaben. Rentämter wirkten vor Ort, Finanzdirektionen in der Mittelinstanz.[102] Eine Steuerreform von 1807/08 beseitigte vorherrschende Privilegierungen und verfügte gleiche Belastungen für alle Staatsuntertanen. Wichtigste Abgabe war die Grundsteuer, für deren Berechnung der gesamte Landbesitz des Königreichs katastermäßig erfasst wurde. Auch in Hessen wurde die Finanzverfassung zentralisiert und dadurch effektiver. Die Oberfinanzkammer, in welcher die Stränge zusammenliefen, war direkt dem Minister unterstellt und in drei Sektionen untergliedert. Eine erste bearbeitete die direkten Steuern, eine zweite die Domänensachen, eine dritte war für das Bauwesen zuständig.

Die Staatsfinanzen hatten indes auch eine verfassungspolitische Seite. Sie hatten zu tun mit der Machtfrage im Staat. Mit anderen Worten: In der ständischen Steuer- und Etatbewilligung offenbarte der monarchische Staat seine verletzliche Seite.[103] In Ansehung des Haushaltsrechts der Landtage war das konstitutionelle System, ent-

---

101 Ullmann, Baden (wie Fn. 10), S. 48-51; ders., Staatsschulden und Reformpolitik. Die Entstehung moderner öffentlicher Schulden in Bayern und Baden 1780–1820, 2 Teile, Göttingen 1986; Zeile, Baden (wie Fn. 6), S. 52 ff., 96 f., 142 f., 187 f., 247 f.
102 Zur Organisation der bayerischen Finanzverwaltung siehe auch CD-ROM-2, Dok.-Nr. 11.2.11.1 (Verordnung über das Finanzrechnungswesen in Bayern v. 11.1.1826).
103 Joachim Kummer, Der Einfluß des Parlaments auf das Finanzwesen im konstitutionellen Staat in Bayern 1808–1918, Diss. München 1964; Walter Steitz, Budgetrecht und Haushaltsstruktur des württembergischen Hauptfinanzetats im 19. Jahrhundert, in: Zeitschrift für württembergische Landesgeschichte 33 (1974), S. 161-182; Brandt, Parlamentarismus (wie Fn. 5), S. 323-440; Gabriele Kersting, Steuerwiderstand und Steuerkultur. Der Kampf gegen das Umgeld im Königreich Württemberg (1819–1871), Stuttgart 2006.

gegen allen sonstigen rechtlichen Festlegungen, immer ein virtuell parlamentarisches. Wurden die Stände der vorkonstitutionellen Zeit mit Steueranforderungen befasst, wenn die landesherrlichen Ressourcen zur Finanzierung bestimmter Vorhaben nicht ausreichten, so war mit der Verstaatlichung des Kammerguts und der Einführung des Globaletats ein solcher Bewilligungsmodus hinfällig geworden. An die Stelle von »Projekt«bewilligungen trat nunmehr der Grundsatz, dass die Regierung ihren Ausgabenbedarf zunächst aus dem Kammergut bestritt und erst für die nicht gedeckten Ausgaben Steuern anfordern durfte. So stand es seit 1818 in den Verfassungen. Um über diese Dinge sachkundig zu entscheiden, konnten die Kammern allerdings Einsicht in die Haushaltspläne verlangen, konnten sie ein »Prüfungsrecht« beanspruchen, wie es in der zweischneidigen Sprache der Verfassungen hieß. Auf der andern Seite war die Offenlegung des Budgets ein Grundsatz, den die Regierungen schon aus eigenem Interesse befolgten. Wollten sie, in einer Zeit hoher öffentlicher Verschuldung zumal, Kunden für ihre Anleihen gewinnen, so waren sie gehalten, die Kreditwürdigkeit des Staates und damit zunächst Publizität zu demonstrieren. In gewisser Weise war ja die Verfassungsgebung selbst ein Akt der Werbung um finanzielles Vertrauen.

Alle Südverfassungen verbürgten das Steuerbewilligungsrecht der Kammern, das Grundrecht aller Parlamente. Aber ob dieses Recht auch die parlamentarische Budgetbewilligung einschloss, war zwischen Regierungen und Ständen höchst umstritten. Die bayerische Verfassung schrieb vor, dass die Regierung ihren Finanzbedarf für eine Periode von sechs Jahren geltend machte und dass für die Deckung dieser Ausgaben ein Steueransinnen zu stellen sei (Art. VII, § 5 der bayerischen Verfassung). Diese Anforderung bedürfe der Zustimmung der Kammern (Art. VII, § 3). Ein ausdrückliches oder implizites Budgetrecht der Stände gab es dagegen nicht.[104]

Ähnlich waren die Verhältnisse in Baden und Hessen, nicht jedoch in Württemberg. In Baden bedurften alle Auflagen ständischer Zustimmung, wobei sich die Auflagengesetze über einen Zeitraum von zwei Jahren erstreckten. Gleichzeitig mit der Anforderung der Steuern und gleichsam zu deren Rechtfertigung hatte die Regierung den Kammern das Tableau der Ausgaben, den Staatshaushalt vorzulegen, der jedoch selbst ständischer Zustimmung nicht bedurfte (§ 53-55 der badischen Verfassung). Um jedoch jede Verbindung von Steuerbewilligung, Budget und allgemeiner Politik auszuschließen, durfte die Bewilligung von Abgaben nicht an »Bedingungen« geknüpft werden (§ 56). Anleihen bedurften ebenso wie Veräußerung von Staatsbesitz der Zustimmung der Kammern.[105] Ähnlich waren die Verhältnisse in Hessen, wo die Staatseinnahmen indessen auf drei Jahre zu bewilligen waren. Jeder Abgabenbewilligung ging eine »Nachweisung der Staatsbedürfnisse« und eine »genügende Auskunft über die Verwendung früher verwilligter Summen« vorauf. Auch in Hessen galt die

---

104 CD-ROM-2, Dok.-Nr. 11.2.2.1 (wie Fn. 14).
105 CD-ROM-2, Dok.-Nr. 11.2.2.3 (wie Fn. 21).

Regel, dass die Bewilligung von Steuern nicht an die »Erfüllung bestimmter Desiderien« geknüpft werden durfte.[106]

Anders dagegen in Württemberg. Auch hier war der Staatsbedarf durch Steuern zu bestreiten, wenn die Einnahmen aus dem Kammergut nicht hinreichten. Auch hier verlangte jede Steuerbewilligung einen Nachweis »über die Nothwendigkeit und Nützlichkeit der zumachenden Ausgaben«. Auch hier durfte die Bewilligung von Steuern nicht an »fremde« Bedingungen geknüpft werden. (§ 107-113 der württembergischen Verfassung). Aber dann folgte der Satz: »Der von den Ständen anerkannte und angenommene Hauptetat ist in der Regel auf drei Jahre gültig« (§ 112).[107] Von Anfang an hat der Landtag in ihm ein implizites Budgetrecht erblickt – und entsprechend gehandelt. Die Regierung hat diese Auslegung nie geteilt – aber sich doch der Politik der Kammern über die Epoche hinweg gebeugt. Indessen hat der Landtag sich niemals einer Budgetvorlage in Gänze verweigert. Er betrachtete das Recht, welches er reklamierte, aber als Reserve für den politischen Ernstfall.

Baden verfügte nicht über einen »§ 112«, aber es gab auf fast allen Landtagen – 1823, 1825, 1828, 1833 und 1842 – politische Konflikte über das parlamentarische Budgetrecht. Die Regierung wollte nur ihrer Informationspflicht genügen, die Kammern nahmen ein Zustimmungsrecht in Anspruch. In der Praxis aber entwickelten sich die Dinge wie in Württemberg. Keine der beiden Seiten riskierte den unüberbrückbaren Konflikt. Ähnlich lagen die Verhältnisse in Hessen.

12 Wirtschafts- und Sozialgesetzgebung/Öffentliche Wohlfahrt

Der Verfassungsstaat der Restaurationszeit stand einer Gesellschaft gegenüber, die noch weitgehend Züge der Vormoderne trug. Dieser Rückstand galt für das Agrarsystem ebenso wie für die gewerblichen Verhältnisse. Auf beiden Feldern hat sich der konstitutionelle Staat als gesetzgebender Reformstaat versucht.

Da war zunächst die Ablösung der Feudallasten, der erste Großkomplex, der Regierungen und Kammern beschäftigte.[108] Seine Reform war schwierig, weil die bisherigen Rechteinhaber in den Ersten Kammern über ein Drittel der Gesetzgebungsmacht verfügten. Zudem stellte sich das Problem in weiteren Facetten dar. Es ging darum, die herkömmliche Grundherrschaft zu reformieren, die mit höchst unter-

---

106 CD-ROM-2, Dok.-Nr. 11.2.2.6 (wie Fn. 23), Art. 67-69.
107 CD-ROM-2, Dok.-Nr. 11.2.2.4 (wie Fn. 15).
108 Allgemein und vergleichend: Christof Dipper, Bauernbefreiung in Deutschland 1790–1850, Stuttgart u. a. 1980. Zu den Verhältnissen in den Einzelstaaten: Wolfgang v. Hippel, Wirtschafts- und Sozialgeschichte 1800–1918, in: Schwarzmaier/Schaab (Hg.), Handbuch (wie Fn. 3), Bd. 3, S. 514-533; Zeile, Baden (wie Fn. 6), S. 6 ff., 103 ff., 159 ff., 217 ff.; Pankraz Fried, Agrarverfassung, Agrarpolitik, staatliche Fürsorge, in: Spindler, (Hg.), Handbuch (wie Fn. 3), Bd. 4, S. 740 ff.; Franz/Fleck (Hg.), Landtag (wie Fn. 35), S. 75-84.

schiedlichen regionalen Traditionen in die Zeit des Vormärz hineinragte – mit der Leibeigenschaft zunächst, mit der patrimonialen Gerichtsbarkeit sodann, mit Fronden, Zehnten und anderen Abgaben nicht zuletzt. Eine einheitliche und vollständige Regelung der »Bauernbefreiung« ist in der Epoche daher auch keinem der Südstaaten gelungen. Erst die Revolution von 1848/49 führte zu einer umgreifenden Reform. Beschwert wurden alle Bemühungen um Veränderung noch dadurch, dass die napoleonische Revolution den Staaten gerade auf diesem Felde keine Vorgaben gemacht und der Artikel 14 der Bundesakte den ehemaligen Reichsständen die Fortdauer feudaler Sonderrechte eingeräumt hatte.[109] Nicht wenige Standesherren führten um die Behauptung dieser Ansprüche einen Jahrzehnte andauernden Rechtsstreit. Was die Einzelstaaten an Reformen zustande brachten, ist somit auch deshalb Stückwerk geblieben.

Bayern und Württemberg taten als Reformstaaten die bescheidensten Schritte. Die Leibeigenschaft wurde durch die bayerische Verfassung von 1808 aufgehoben, aber den Grundherren blieben Niedergerichtsbarkeit und Polizei. Die Verfassung von 1818 verlangte, dass »ungemessene Frohnen« in »gemessene« zu verändern und dass diese nunmehr »ablösbar« seien.[110] Die Ablösung selbst sollte im Wege der Vereinbarung von Grundherren und Grundholden geschehen. Eine Vorgabe, die den Prozess über Jahre hinauszögerte. Erst mit der Revolution ist er am Ende zum Abschluss gelangt. In Württemberg begann die Reformarbeit erst unter König Wilhelm – später als in den anderen Südstaaten. Ein Edikt vom 18. November 1817 kassierte mit der Leibeigenschaft das rückständigste aller Institute. Aber die Ablösung *sensu stricto* machte erst 1836 einen ersten Schritt. Beden und Gefälle wurden für ablösbar erklärt, desgleichen Fronen und Dienstgelder – bei anteiliger Zahlung durch Pflichtige und Staatskasse. Indessen standen die Gesetze von 1836 noch unter dem Rechtsvorbehalt einer Klage der Standesherren beim Bundestag. Erst 1846 wurde die Blockade durch einen Entscheid in Frankfurt gelöst. Anders Baden, das schon 1783, noch unter der Markgrafschaft, die Leibeigenschaft beseitigt und 1803 die Regelung auf alle neu erworbenen Gebiete ausgedehnt hatte. Auch wenn ein Edikt von 1819 den badischen Grundherren noch etliche ihrer überkommenen Vorrechte zusicherte[111], wurde die Ablösbarkeit der Fronen 1831, die der Zehnten 1833 durch Gesetz beschlossen. In beiden Fällen übernahm die Staatskasse beträchtliche Anteile der Entschädigung. Im Gegensatz zu Bayern und Württemberg war der Prozess der Grundentlastung 1848 so gut wie abgeschlossen. Hessen war wie Bayern ablösungsrechtlich ein geteilter Staat. Im französisch besetzten Rheinhessen waren schon 1795 alle feudalrechtlichen Bindungen beseitigt worden. In den rechtsrheinischen Kerngebieten folgten die Re-

---

109 CD-ROM-2, Dok.-Nr. 11.1.2.1 (wie Fn. 39).
110 CD-ROM-2, Dok.-Nr. 11.2.2.1 (wie Fn. 14), Art. IV, § 7.
111 CD-ROM-2, Dok.-Nr. 11.2.12.2 (Regelung der standes- und grundherrliche Rechtsverhältnisse in Baden v. 16.4.1819).

formen mit Rheinbund und konstitutioneller Verfassung. 1811 fielen die Leibeigenschaftsabgaben, wiewohl die Realisierung sich hinzog. 1828 wurden die Staatsfronen für ablösbar erklärt, wenig später auch die Fronen in den standesherrlichen Gebieten.

Ganz anders stellte sich in der Epoche das Verhältnis zwischen Staat und gewerblicher Wirtschaft dar.[112] Die überkommene Zunftverfassung wurde nicht mit jener Entschiedenheit unter Reformzwang gestellt, wie dies beim ländlichen »Feudalismus« der Fall war. Nicht nur die Verwaltungen, auch die Oppositionen in den Kammern waren in der Frage der Gewerbefreiheit gespalten. Wie anderswo waren in Bayern die Zünfte im frühen Jahrhundert noch allgegenwärtig und prägten als Körperschaften das gewerbliche Leben. Forderungen nach voller Gewerbefreiheit wurden laut, aber ebenso solche nach Aufrechterhaltung der Zünfte. Ein Gesetz von 1828 verordnete eine mittlere Lösung: Jede Ausübung eines Gewerbes verlangte künftig eine staatliche Konzession.[113] Mit dieser Regelung war das Selbstordnungsrecht der Zünfte dispensiert und zugleich die befürchtete Liberalisierung verhindert. Indessen verlangte die Landtagsmehrheit, die eher dem Zunftprinzip zuneigte, in den 1830er-Jahren nach einer Korrektur. Nahrungsstand des Bewerbers und Absatzchancen für seine Produkte sollten gesichert sein. Die Regierung, der dies als zu weitgehend erschien, zog sich daraufhin aus der Gesetzgebung zurück. Bis 1848 blieb in Bayern die Zunftfrage in der Schwebe. Ähnlich lagen die Verhältnisse in Württemberg und Baden. In Württemberg suchten zwei Gewerbeordnungen, jeweils von 1828 und von 1836, die Eingriffsrechte der Regierung zu stärken. Das Gesetz von 1836 erstrebte landesweite Regelungen sowie die Beschränkung zünftischer Produktion auf bestimmte Sparten. Auch die Rechtsform des neuen Gewerbeetablissements der Fabrik wurde erstmals erwähnt und definiert. Die vollständige Freigabe der Gewerbe folgte erst in den 1860er-Jahren. Hessen war wie bei anderen Materien ordnungspolitisch gespalten. Im französisch bestimmten Linksrheinischen galt seit 1791 die Gewerbefreiheit. Im Rechtsrheinischen setzte seit Napoleon ein Reformprozess ein. 1818 wurde der Zunftzwang für einige Branchen aufgehoben, 1819 für die Stadt Offenbach sogar die »vollkommene bürgerliche Gewerbsfreiheit« bestimmt.[114] Was folgte, war eine fortgesetzte Debatte, die indes bis zur Märzrevolution keinen sichtbaren Abschluss fand. Die Verfassung von 1820 hatte in ihrem Artikel 104 verfügt, dass »ausschließliche Handels- und Gewerbsprivilegien« für künftig zu untersagen seien.[115] Die vollstän-

---

112 Hippel, Wirtschafts- und Sozialgeschichte (wie Fn. 108), S. 553-582; Wolfram Fischer, Der Staat und die Anfänge der Industrialisierung in Baden 1800–1850, Berlin 1982; Christof Dipper, Gewerbefreiheit in Hessen, in: Hessen in der Geschichte. Festschrift für E. G. Franz, Darmstadt 1996, S. 250-263; Hans-Werner Hahn, Wirtschaftliche Integration im 19. Jahrhundert. Die hessischen Staaten und der Deutsche Zollverein, Göttingen 1982.
113 Vgl. hierzu exemplarisch die staatliche Reglementierung des Apothekenwesens: CD-ROM-2, Dok.-Nr. 11.2.12.1 (Bayerische Apothekenordnung v. 27.1.1842).
114 Franz/Fleck (Hg.), Landtag (wie Fn. 35), S. 212.
115 CD-ROM-2, Dok.-Nr. 11.2.2.6 (wie Fn. 23).

dige Aufhebung des Zunftzwangs wurde jedoch nicht erreicht. Zwar verlangte das Gewerbesteuergesetz von 1826 ein Patent zum Betreiben eines Handwerks, jedoch nur, »sofern hierzu nicht die Aufnahme in eine Zunft« gefordert war.[116] In Darmstadt bestanden zu jener Zeit noch 44 Zünfte.

Das eigentliche Hindernis, das einer Politik gewerblicher Freiheit entgegenstand, waren die ständischen Kammern. Wohl gab es Vorkämpfer der Wirtschaftsfreiheit wie den Ettlinger Fabrikanten Buhl (Baden) und den Eßlinger Unternehmer Deffner (Württemberg). Aber die Wortführer des Liberalismus, seine bildungsbürgerlichen Exponenten zumal, zeigten sich eher als Anhänger des Herkommens, zünftischen Gewerbefleißes wie berufsständischer Aufsicht über die Produktion. Sie zeigten sich im Übrigen auch als Gegner des Deutschen Zollvereins.

Dieser Zollverein war in den Südstaaten ein Projekt der Verwaltungen, aufgeklärter Administratoren wie Nebenius in Baden, Schlayer in Württemberg und Hofmann in Hessen. Sie fanden Unterstützung durch liberale Außenseiter in den Kammern, die im Abbau der Zollschranken einen Weg in die nationale, in die gesamtdeutsche Einigung erblickten. Indessen stand der Kern des parlamentarischen Liberalismus einer solchen Politik entgegen. Beispielhaft in Württemberg, wo geargwöhnt wurde, das Land könne als Provinz in Preußen aufgehen, verliere seinen staatlichen Charakter. Zudem sei ein Verlust an Verfassung zu befürchten, denn der Zollverein sei Werk der Bürokratie. Die weitere Entwicklung gab indes jenen recht, die von dem Beitritt eine stimulierende Wirkung auf Gewerbe und Handel erhofften, dabei das Gewicht konstitutioneller Bedenken nicht anerkennen wollten. Der Sieg des Zollvereins war ein Sieg des aufgeklärten Beamtentums über den popularen Kulturliberalismus. Er war die schwerste Niederlage des politischen Freisinns in der Epoche.

Die Dekorporierung der Gesellschaft durch Grundentlastung und Lockerung des Zunftzwangs schuf im Vormärz eine Armut von neuer Qualität und mit ihr ein Proletariat der Besitzlosen, das es bis dahin nicht gab. Die Kalamität trug den Namen Pauperismus: eine Folge von Bevölkerungsvermehrung, Produktionswandel, Arbeitsverlust und Hunger zugleich. Begleitet wurde das Voranschreiten der ökonomischen Misere von Anfängen staatlicher »sozialer« Politik. Die Verwaltung schuf Regeln für die heraufkommende Industriearbeit, und sie bekämpfte die sich verstärkende Not durch Armen- und Wohlfahrtspflege.

So wurde in Baden 1840 durch Gesetz untersagt, dass die Arbeits- und Schulzeit von Kindern zwölf Stunden täglich überschritten, und für die Zeit vor fünf Uhr morgens und nach 21 Uhr abends wurde ein Beschäftigungsverbot ausgesprochen. Freilich überwogen in der Summe der Vorschriften doch zunächst solche, die disziplinierten. Die Fabrikordnungen, zu denen die Besitzer von Etablissements angehalten wurden, setzten auf feste Unterordnung am Arbeitsplatz und empfindliche Sanktionen bei »Pflichtverletzung«. Zudem führten die absinkenden Reallöhne, namentlich in der

---

116 Franz/Fleck (Hg.), Landtag (wie Fn. 35), S. 213.

Textilbranche, zu Notlagen, die denen des »sesshaften Elends« in den vorindustriellen Regionen nicht nachstanden.

Auch in den Anstrengungen der Wohlfahrtspflege bewegten sich die süddeutschen Vormärzstaaten zwischen Fürsorge und Repression. So dekretierte in Bayern eine »Verordnung über Bettler und Landstreicher« vom 28. November 1816 Arreststrafen und körperliche Züchtigung für die Betroffenen; dazu bei Bedarf Einweisung in Zwangs- und Arbeitshäuser. In Württemberg wurden 1824 sogar Gemeinden unter staatliche Kuratel gestellt, die des Bettler- und Vagantentums nicht mehr Herr wurden. Grundsätzlich galt nach den Vorstellungen der Zeit für die Armenunterstützung das Prinzip der Subsidiarität. Zunächst sollten die Angehörigen ins Mittel treten, sodann die Gemeinden und erst am Ende der Staat. Indessen brachte die gravierende Armut Familien und Kommunen sehr schnell an das Ende ihrer Kräfte. In Baden war es das 10. Organisationsedikt vom 20. April 1803, das die Armenpflege in öffentliche Hände nahm oder doch Anstöße zu privaten Initiativen vermittelte. In Württemberg war es der staatliche Wohltätigkeitsverein von 1817, der gleiche Ziele erstrebte. Ein Verwaltungsedikt vom 1. März 1822 sorgte für eine landesweite Koordination gemeindlicher Anstrengungen. Zu den staatlichen Bemühungen zählten dabei die Gründung von Sparkassen, die Errichtung von Leihhäusern, Krankenfürsorge und die Beschaffung von Notstandsarbeiten. Aber in der Summe blieben die Bemühungen nur eine schwache Abwehr gegen die Armut. Die Einrichtung von Rettungsanstalten, »Kleinkinderschulen«, Waisen- und Mutterhäusern blieb eine Domäne privater, zumeist kirchlicher Initiativen. Aufs Ganze gesehen beschränkten sich die staatlichen Maßnahmen auf karitative und bevormundende Zugriffe. Sie waren noch nicht Sozialpolitik im späteren Verständnis.

Die deutschen Staaten der zweiten Konstitutionalisierungswelle

11·3

Von Ewald Grothe (Wuppertal)

0   Einführung

Der Konstitutionalismus der zweiten Verfassungswelle hat in den letzten Jahren nicht besonders im Blickpunkt der verfassungshistorischen Forschung gestanden. Zwar gab es gelegentlich Untersuchungen zur Verfassungsgeschichte einzelner Länder im Vormärz, aber eine vergleichende Darstellung der verschiedenen Staaten, die in den 1830er-Jahren eine Verfassung erhielten, vermisst man bis heute. Bereits die zusammenfassende Bezeichnung der hier vornehmlich behandelten Einzelstaaten, der Königreiche Hannover und Sachsen sowie des Kurfürstentums Hessen, variiert in der Forschung. Legt man den Gebietsumfang der Territorien zugrunde, so ist oft von den sog. Mittelstaaten die Rede, also Staaten mittlerer Größe, die sich sowohl von den Kleinstaaten, z. B. den reußischen Fürstentümern, als auch von den Großstaaten, wie Preußen und Österreich, unterscheiden. Orientiert man sich an der geografischen Lage, so lassen sich die meisten der hier behandelten Staaten dem nord- bzw. mitteldeutschen Bereich zuordnen, während es sich bei den mittelgroßen Territorien der ersten Konstitutionalisierungswelle um süddeutsche Staaten handelt. Insofern könnte man von einem mitteldeutschen Konstitutionalismus in den 1830er-Jahren reden.[1]

Lediglich in einigen Handbüchern zur deutschen Geschichte im frühen 19. Jahrhundert und in den Synthesen zur deutschen Verfassungsgeschichte wird die politische Geschichte der Mittelstaaten zusammenfassend dargelegt.[2] In den Darstellungen wird auf die einzelstaatlichen Umbrüche und die Etablierung eines konstitutionellen Systems eingegangen, wobei besonders die mittelgroßen Staaten wie Hannover,

---

1   Die Bezeichnung »mitteldeutscher Konstitutionalismus« selbst hat sich allerdings nicht durchgesetzt. Lediglich in dem sog. »mitteldeutschen Handelsverein«, der von 1828 bis 1833 existierte, allerdings in den Quellen anders heißt, findet sich die Benennung wieder. Zur verfassungsgeschichtlichen Kategorisierung der deutschen Einzelstaaten im Rahmen der Kapitelgliederung des vorliegenden Handbuchbandes siehe die Vorbemerkung zu Beginn des Länderkapitels 11.
2   So insbesondere bei Ernst Rudolf Huber, Deutsche Verfassungsgeschichte seit 1789, Bd. 2: Der Kampf um Einheit und Freiheit 1830 bis 1850, Stuttgart u. a. 1960, S. 46-124; Wolfram Siemann, Vom Staatenbund zum Nationalstaat. Deutschland 1806-1871, München 1995, S. 42-54; Dieter Grimm, Deutsche Verfassungsgeschichte 1776-1866, Frankfurt a. M. 1988, S. 158-167. Der wichtige Sammelband von H.-P. Ullmann/C. Zimmermann (Hg.), Restaurationssystem und Reformpolitik. Süddeutschland und Preußen im Vergleich, München 1996, spart die Staaten der zweiten Konstitutionalisierungswelle aus.

Sachsen und Kurhessen behandelt werden. Auf begrenztem Raum bleiben diese Ausführungen jedoch skizzenhaft und können neben der Verfassungsgebung und den folgenden Verfassungskonflikten weder die Ereignisse im Einzelnen noch die von der Verfassung ausgehenden Impulse berücksichtigen. Am allerwenigsten hat man sich bisher systematisch dem Bereich der Verfassungskultur gewidmet.

Der Forschungsstand zu den Einzelstaaten hat sich in den vergangenen Jahrzehnten unterschiedlich entwickelt. So beschäftigte sich die Geschichtswissenschaft wiederholt zu bestimmten Jubiläumsjahren mit den verfassungshistorisch relevanten Ereignissen. Daraus resultieren z. B. verschiedene Untersuchungen zum spektakulären hannoverschen Verfassungskonflikt und seinem Höhepunkt, dem Vorfall um die sog. Göttinger Sieben 1837.[3] Dieses Ereignis hat – zumal im Rahmen des demokratischen Selbstverständnisses der Bundesrepublik und der Suche nach den liberalen Wurzeln in der deutschen Geschichte – wiederholt das Interesse breiterer öffentlicher Kreise auf sich gezogen.[4] Auch die Verfassungsjubiläen des Jahres 2006, in dem sich die sächsische und die kurhessische Verfassungsgebung zum 175. Mal jährten, haben zuletzt ein (kleines) Echo hervorgerufen.[5]

In den 1980er- und 1990er-Jahren hatte sich aufgrund der speziellen Förderung durch den Hessischen Landtag ein besonderer Forschungsschwerpunkt zur kurhessischen Geschichte an den Universitäten in Gießen und Marburg gebildet.[6] Solche Konjunkturen sind kennzeichnend für die landesgeschichtlich inspirierte Verfassungshistoriografie. Solange aber nicht eine durchgängige Institutionalisierung dieser Forschungen, z. B. durch die Einrichtung spezieller landeshistorischer Lehrstühle und Institute erfolgt, wird sich daran wenig ändern und keine kontinuierliche verfassungshistorische Forschung entstehen.[7]

Nach dem bisher Gesagten kann eine Darstellung des mitteldeutschen Konstitutionalismus der zweiten Verfassungswelle vor allem eine Zusammenfassung der bis-

---

3 Die einschlägige Literatur unter Fn. 66.
4 Zuletzt: C. Ph. Nies u. a. (Bearb.), Sieben gegen den König. Texte und Materialien zum Hannoverschen Verfassungskonflikt, Hannover 2007; Miriam Saage-Maaß, Die Göttinger Sieben. Demokratische Vorkämpfer oder nationale Helden? Zum Verhältnis von Geschichtsschreibung und Erinnerungskultur in der Rezeption des Hannoverschen Verfassungskonfliktes, Göttingen 2007.
5 Festveranstaltung »175 Jahre sächsische Verfassung« am 4. September 2006, hg. vom Sächsischen Landtag, Dresden 2007; J. Flemming/Chr. Vanja (Hg.), »Dieses Haus ist gebaute Demokratie«. Das Ständehaus in Kassel und seine parlamentarische Tradition, Kassel 2007. Im Hessischen Staatsarchiv Marburg fanden am 30.9.2006 eine Tagung und eine Ausstellung statt.
6 Es handelt sich um Hellmut Seier und Helmut Berding sowie ihre akademischen Schüler. Vgl. auch, weiter zurückgreifend, Hellmut Seier, Kurhessenforschung im 20. Jahrhundert, in: Hessisches Jahrbuch für Landesgeschichte 50 (2000), S. 287-320.
7 Der Lehrstuhl für sächsische Landesgeschichte und das Institut für Sächsische Geschichte und Volkskunde (ISGV) haben ihren Sitz in Dresden; das Hessische Landesamt für geschichtliche Landeskunde befindet sich in Marburg. In allen heutigen Bundesländern pflegen die Historischen Kommissionen die landesgeschichtliche Forschung.

herigen Einzelergebnisse und der erste Versuch eines Vergleichs sein.[8] Da die historische Ausgangssituation im Zeitalter von Restauration und Vormärz Ähnlichkeiten aufweist, gibt es auch strukturelle Parallelen in der Entwicklung einzelner Länder. Der fast zeitgleiche Ausbruch von Unruhen im Herbst 1830, die Verhandlungen über und der nachfolgende Erlass einer Verfassung zählen ebenso dazu wie die entstehenden Verfassungskonflikte. Einerseits gehören Landtagsauflösungen, Zensur und Versammlungsverbote zum Arsenal der Maßnahmen von konservativ agierenden Regierungen gegen den aufkommenden Liberalismus und das aufstrebende Bürgertum. Andererseits wird der Nachholbedarf an Reformen in den verschiedenen Einzelstaaten so deutlich spürbar, dass sich die Regierungen selbst zu einer oft defensiv und nachholend modernisierend wirkenden Gesetzgebung veranlasst sehen.

Die 1830er-Jahre, in denen die zu behandelnden mitteldeutschen Verfassungen in einer zweiten Konstitutionalisierungswelle entstanden, können als eine neue und bedingt eigenständige Epoche des deutschen Konstitutionalismus verstanden werden. Der Impuls der französischen Julirevolution löste in Deutschland Unruhen und nachfolgende Verfassungsgebungen aus, die das Gesicht des konstitutionellen Lebens in Deutschland nachhaltig und systemprägend verändert haben.[9] Nach den Phasen des napoleonisch-rheinbündischen[10] und des süddeutschen Konstitutionalismus trat der Verfassungsstaat in Deutschland nun in eine dritte Phase ein. Kann der süddeutsche Konstitutionalismus der ersten Verfassungswelle in den Jahren 1818–1820 als zunächst eher statisches System beschrieben werden, so verformte er sich nach 1830.[11] Gesellschaft und Parlamente waren in den 1820er-Jahren zumeist nur Objekte von Regierung und Verwaltung, verlängerter Arm der staatlichen Bürokratie gewesen und ohne eigene Wirkungsmacht und -möglichkeit. Nun aber dynamisierte sich das konstitutionelle Terrain. »Bewegung« avancierte zum Leitwort der 1830er- und 1840er-Jahre, des Vormärz im engeren Sinne.

---

8   Ansätze im sächsisch-thüringischen Kontext: Reiner Groß, Verfassungen deutscher Territorialstaaten zwischen 1816 und 1831: Ernestinische Staaten und Königreich Sachsen im Vergleich, in: J. John (Hg.), Kleinstaaten und Kultur in Thüringen vom 16. bis 20. Jahrhundert, Weimar u. a. 1994, S. 395-406; für Hessen: Ewald Grothe, Konstitutionalismus in Hessen vor 1848. Drei Wege zum Verfassungsstaat im Vormärz. Eine vergleichende Betrachtung, in: Zeitschrift des Vereins für Hessische Geschichte und Landeskunde 107 (2002), S. 245-262. Online unter URL: <http://www.vhghessen.de/inhalt/zhg/ZHG_ 107/11_Grothe_Konstitutionalismus.pdf> [17.8.2010].
9   Siehe u. a. Hartwig Brandt, Die Julirevolution (1830) und die Rezeption der »principes de 1789« in Deutschland, in: R. Dufraisse (Hg.), Revolution und Gegenrevolution 1789–1830. Zur geistigen Auseinandersetzung in Frankreich und Deutschland, München 1991, S. 225-235; Elisabeth Fehrenbach, Verfassungsstaat und Nationsbildung 1815–1871, München 2. Aufl. 2007, S. 9-17.
10 H. Brandt/E. Grothe (Hg.), Rheinbündischer Konstitutionalismus, Frankfurt a. M. u. a. 2007; Michael Hecker, Napoleonischer Konstitutionalismus in Deutschland, Berlin 2005.
11 Siehe dazu den Beitrag von Hartwig Brandt über die deutschen Staaten der ersten Konstitutionalisierungswelle im vorliegenden Handbuchband.

Die mitteldeutschen Staaten hatten bis 1830 eine Phase restaurativer Politik hinter sich gebracht, die zum Teil spätabsolutistische Züge trug.[12] Sie suchten in den 1830er-Jahren die konstitutionelle Verzögerung von rund einem Jahrzehnt gegenüber den süddeutschen Staaten zügig aufzuholen. Der Konstitutionalismus dieser zweiten Welle war dadurch modernisierungsfreundlicher, er gab sich fordernder von liberaler und nachgiebiger von Regierungsseite. Doch nach einer euphorischen Anfangsphase sorgten die repressiven Maßnahmen des Deutschen Bundes seit 1832[13] sowie einzelstaatliche Eingriffe gegen Ende der 1830er-Jahre zunächst für eine konstitutionelle Zähmung, bevor in den 1840er-Jahren die Öffentlichkeit erneut in Bewegung geriet.

Die nachfolgende Darstellung wird sich vornehmlich auf die größeren deutschen Mittelstaaten konzentrieren, die nach 1830 eine Verfassung erhielten. Dazu zählen namentlich die Königreiche Hannover und Sachsen sowie das Kurfürstentum Hessen. Die kleineren Staaten der zweiten Verfassungswelle, das Herzogtum Braunschweig sowie die Fürstentümer Hohenzollern-Sigmaringen und Lippe, werden lediglich punktuell in die Darstellung einbezogen.[14]

---

12 Dazu vor allem Winfried Speitkamp, Restauration als Transformation. Untersuchungen zur kurhessischen Verfassungsgeschichte 1813–1830, Darmstadt/Marburg 1986; zuletzt ders., Das Schicksal der Reformen im Kurfürstentum Hessen. Überlegungen zu einer neuen Deutung der Restaurationspolitik, in: A. Hedwig u. a. (Hg.), Napoleon und das Königreich Westphalen. Herrschaftssystem und Modellstaatspolitik, Marburg 2008, S. 261-280.
13 Siehe dazu den Beitrag über den Deutschen Bund im vorliegenden Handbuchband.
14 Der Aufstellung bei Ernst Rudolf Huber, Deutsche Verfassungsgeschichte seit 1789, Bd. 1: Reform und Restauration 1789 bis 1830, Stuttgart u. a. 1957, S. 657, zufolge gaben sich vor 1830 bereits 29, in den 1830er-Jahren sechs und in den 1840er-Jahren zwei weitere Mitgliedsstaaten des Deutschen Bundes erstmals eine landständische Verfassung. Dies waren Kurhessen, Sachsen-Altenburg, Holstein und Sachsen im Jahr 1831, Hohenzollern-Sigmaringen 1833 sowie Lippe 1836. 1841 kamen Schwarzburg-Sondershausen und Luxemburg hinzu. Vgl. CD-ROM-2, Dok.-Nr. 7.2.1 (dt.)/7.2.2 (frz.) (Verfassung Luxemburgs v. 12./16.10.1841); Dok.-Nr. 11.4.2.4 (Verfassung des Fürstentums Schwarzburg-Sondershausen v. 24.9.1841). Braunschweig und Hannover, die bereits seit 1819/20 Verfassungen besaßen, erließen 1832 sowie 1833 und 1840 neue Konstitutionen. Für Luxemburg sei auf den gesonderten Beitrag im vorliegenden Handbuchband verwiesen. Zu Sachsen-Altenburg, Holstein und Schwarzburg-Sondershausen siehe den Beitrag über die deutschen Staaten zwischen ständisch-vormoderner und moderner Konstitution im vorliegenden Handbuchband. Ergänzend zur hier zugrunde gelegten CD-ROM-Edition ist als nützliche verfassungsgeschichtliche Edition für unseren Untersuchungszeitraum ebenfalls heranzuziehen: W. Heun (Hg.), Deutsche Verfassungsdokumente/German Constitutional Documents, Teile/Parts I-VI (Anhalt-Bernburg bis Baden, Bayern bis Bremen, Frankfurt bis Hessen-Darmstadt, Hessen-Kassel bis Mecklenburg-Strelitz, Nassau bis Sachsen-Hildburghausen, Sachsen-Meiningen bis Württemberg) (= H. Dippel [Hg.], Verfassungen der Welt vom späten 18. Jahrhundert bis zur Mitte des 19. Jahrhunderts. Quellen zur Herausbildung des modernen Konstitutionalismus/Constitutions of the World from the late 18th Century to the Middle of the 19th Century. Sources on the Rise of Modern Constitutionalism, Europa/Europe, Bd. 3), München 2006–2008.

1 Die deutschen Staaten der zweiten Konstitutionalisierungswelle 1815–1847

Die drei größeren mitteldeutschen Staaten der zweiten Konstitutionalisierungswelle hatten den Wiener Kongress sehr unterschiedlich überstanden. Im Gegensatz zu vielen Klein- und Kleinstterritorien des Alten Reiches hatten sie ihre staatliche Existenz retten können. Im Zuge der napoleonischen Flurbereinigung nach dem Frieden von Lunéville 1802, dem Reichsdeputationshauptschluss 1803 und dem Reichsende 1806 waren Hannover, Sachsen und Kurhessen ganz erheblichen territorialen Veränderungen unterworfen. Sachsen hatte in diesen Jahren als Staat kontinuierlich bestanden, Hannover und Kurhessen waren 1807 in den neu gegründeten und von Frankreich abhängigen Kunststaat, das Königreich Westphalen, integriert worden. Teile des späteren Königreichs Hannover hatte Napoleon zudem 1810 direkt an das Grand Empire angegliedert. Mit der sich andeutenden Niederlage Frankreichs nach der Völkerschlacht bei Leipzig und der Rückeroberung Kassels durch die alliierten Truppen wurden Hannover und Kurhessen 1813 vorläufig und auf dem Wiener Kongress 1814/15 endgültig restituiert.[15]

Doch nicht nur territorial hatten sich die mitteldeutschen Staaten mehrfach verändert. Zudem waren ihren jeweiligen Monarchen in der Zwischenzeit neue Titulaturen verliehen worden. 1803 war der Landgraf von Hessen-Kassel zum Kurfürsten erhoben worden.[16] Der Kurfürst von Sachsen hatte durch den Frieden von Posen mit Frankreich im Dezember 1806 den Königstitel erhalten. Und 1814 zog der bisherige Kurfürst von Hannover, der ja bereits seit 1714 in Personalunion König von England war, mit der hannoverschen Königskrone nach. In der Rangfolge der Herrscher machten alle drei Fürsten damit Boden gut oder ahmten die süddeutschen Staatsoberhäupter nach, die ihrerseits in der Napoleonzeit zu Königen und Großherzögen gekrönt worden waren. Für das Staatszeremoniell und die darin zum Ausdruck kommende symbolische Macht besaßen die Rangerhöhungen eine erhebliche Bedeutung. Nicht umsonst wurden die Titelverleihungen feierlich begangen. Und fraglos blieben die Titel – so sehr sie auch zunächst von französischen Gnaden verliehen worden waren – auch nach 1814/15 erhalten. Über eine Aberkennung ist in Wien nicht diskutiert

---

15 Zu den territorialen Veränderungen im Einzelnen: Th. Klein (Bearb.), Grundriß zur deutschen Verwaltungsgeschichte 1815–1945, Reihe A: Preußen, Bd. 11: Hessen-Nassau (einschl. Vorgängerstaaten), mit einem Beitrag von Wolfgang Klötzer, Marburg 1979; ders., Grundriß zur deutschen Verwaltungsgeschichte 1815–1945, Reihe B, Bd. 14: Sachsen, Marburg 1982; I. Gundermann/W. Hubatsch (Bearb.), Grundriß zur deutschen Verwaltungsgeschichte 1815–1945, Reihe A: Preußen, Bd. 10: Hannover, Marburg 1981; Th. Klein/W. Hubatsch (Bearb.), Lippe, in: Th. Klein (Hg.), Grundriß zur deutschen Verwaltungsgeschichte 1815–1945, Reihe B, Bd. 16: Mitteldeutschland (Kleinere Länder), Marburg 1981, S. 183-240.

16 Ludolf Pelizaeus, Der Aufstieg Württembergs und Hessens zur Kurwürde 1692–1803, Frankfurt a. M. u. a. 2000, bes. S. 441-493.

worden. Im Gegenteil: Während die Standesherren, von Haus aus Grafen, Fürsten, Herzöge, als Hochadelige niederen Ranges gleich dutzendweise ihre Souveränität einbüßten, dienten Königs- und sogar Kurfürstentitel als Argument für ein Fortbestehen im neuen Staatenverbund.

Im neu geschaffenen Deutschen Bund zählten Hannover, Sachsen und Kurhessen zu den größeren bzw. mittleren der insgesamt 39 Bundesstaaten und lagen nach der Einwohnerzahl an fünfter, sechster und neunter Stelle. Hannover hatte, der Bundesmatrikel von 1818/19 zufolge, etwas mehr als 1,3 Millionen, Sachsen 1,2 Millionen und Kurhessen knapp 570.000 Einwohner. Von den Kleinstaaten der zweiten Verfassungswelle besaßen dagegen Braunschweig knapp 210.000 (15.), Lippe 70.000 (21.) und Hohenzollern-Sigmaringen etwa 35.000 Einwohner (32.).[17]

Alle genannten Staaten waren formal souverän, eingebunden allerdings in den Föderativverband des Deutschen Bundes. Das hieß konkret, dass sie einem Staatenbund angehörten, der allerdings auch bundesstaatliche Elemente aufwies. Neben dieser völkerrechtlichen Bindung waren die Mittel- und Kleinstaaten darüber hinaus politisch-machtstaatlich und ökonomisch in vieler Hinsicht von ihren Nachbarn und besonders von den Großmächten im Bund abhängig. Hannover befand sich in Personalunion mit England, Sachsen und Kurhessen waren ökonomisch stark an Preußen gebunden, während sie sich politisch zumeist auf die österreichische Seite schlugen. Staatsrechtlich betrachtet handelte es sich bei den deutschen Einzelstaaten innerhalb des Deutschen Bundes überwiegend um Monarchien. Hinzu traten die vier freien Städte. Auch die nord- und mitteldeutschen Staaten der zweiten Konstitutionalisierungswelle zählten zu diesen »Einherrschaften«. In Hannover bestand seit dem 18. Jahrhundert die dynastische Verbindung mit dem Königreich England bzw. Großbritannien. Die Welfen stellten bis 1837 sowohl den englischen als auch den hannoverschen König. Das Herzogtum Braunschweig wurde bis 1823 vormundschaftlich von ihnen mitregiert. Nach 1837 löste sich die Personalunion zwischen Hannover und England. In Sachsen herrschte seit dem Mittelalter die Dynastie der Wettiner, die seit 1806 als Könige das Land regierten. Das Kurfürstentum Hessen beherrschten die Nachfahren der Landgrafen von Hessen-Kassel.

Territorial gesehen lag das Königreich Hannover im nördlichen Zentrum des Deutschen Bundes.[18] Der Staat bestand aus alten kurhannoverschen Landesteilen in der Mitte (Göttingen, Grubenhagen, Lüneburg, Calenberg), den Zugewinnen aus der Säkularisation 1803 (Teile von Bremen, Verden, Osnabrück) sowie denjenigen aus den Verträgen der Jahre 1813–1815 (Hildesheim, Lingen, Goslar, Bentheim u. a.). Die

---

17 Exakte Angaben nach der Bundesmatrikel von 1818/19 bei Huber, Verfassungsgeschichte (wie Fn. 14), Bd. 1, S. 584 f., Anm. 8.
18 Ernst Schubert, Verfassung und Verfassungskämpfe im frühen 19. Jahrhundert, in: ders. u. a. (Hg.), Niedersächsische Geschichte, Göttingen 1997, S. 419–479. Nach wie vor wichtig: Ernst von Meier, Hannoversche Verfassungs- und Verwaltungsgeschichte 1680–1866, 2 Bde., Leipzig 1898/99.

Fläche mit fast 39.000 Quadratkilometern war nur zum Teil geschlossen. Die bedeutenden Erwerbungen führten zu einem vergleichsweise hohen Integrationsbedarf.

Viel geschlossener, allerdings mit knapp 10.000 Quadratkilometern auch nur ein Viertel von Hannover, war das Staatsgebiet Kurhessens.[19] Es bestand aus einem recht kompakten Territorium um die Provinzhauptstädte Kassel, Marburg, Fulda und Hanau sowie zwei Exklaven: der in Thüringen gelegenen Herrschaft Schmalkalden sowie der an Hannover unmittelbar angrenzenden Grafschaft Schaumburg um Rinteln. Kurhessen lag wie ein Keil zwischen den West- und Ostprovinzen Preußens, wirkte somit als Durchgangs- oder Sperrzone. Nach den geringen Landgewinnen als Folge des Reichsdeputationshauptschlusses (Fritzlar, Amöneburg) fiel 1816 das ehemalige Hochstift Fulda an Kurhessen.[20] Die Integration des urkatholischen Fuldaer Landes in ein lutherisch-reformiertes Territorium blieb eine Aufgabe, die Kurhessen bis zum Ende seiner Staatlichkeit nur unvollständig bewältigte.[21] Immerhin führte der Erwerb Fuldas dazu, dass nach 1816 eine (wenn auch relativ schmale) Landverbindung zwischen den althessischen Provinzen um Kassel und den hanauischen Landesteilen existierte.

Ganz anders als für Hannover und Kurhessen stellte sich die territoriale Ausgangslage für Sachsen nach den Wiener Konferenzen dar.[22] Denn der lange an der Seite der Franzosen kämpfende Mittelstaat zählte nicht allein zu den Kriegsverlierern, sondern auch zu den Leidtragenden der Wiener Verhandlungen. Am Ende konnte Sachsen froh sein, nicht ganz von der politischen Landkarte getilgt und von den territorialen Begehrlichkeiten Preußens und Österreichs zerrieben worden zu sein. Immerhin büßte es 1815 von 35.000 Quadratkilometern seines ehemals kursächsischen Landbesitzes mehr als die Hälfte ein, nämlich knapp 21.000 Quadratkilometer. Den Nord- und Westteil, sprich die Landesteile in Thüringen, bei Leipzig und Meißen sowie die Nieder- und ein Teil der Oberlausitz, wurden dem preußischen Nachbarn einverleibt. Hinsichtlich der Bevölkerung blieben jedoch die gewichtigeren Gebiete mit den Städten Dresden und Leipzig sächsisch. Das Territorium selbst wies einen

---

19 Hellmut Seier, Das Kurfürstentum Hessen 1803–1866, in: W. Heinemeyer (Hg.), Handbuch der hessischen Geschichte, Bd. 4: Hessen im Deutschen Bund und im neuen Deutschen Reich (1806) 1815 bis 1945, Teilbd. 2: Die hessischen Staaten bis 1945, Marburg 1998, S. 1-183; Hellmut Seier, Modernisierung und Integration in Kurhessen 1803–1866, in: W. Heinemeyer (Hg.), Das Werden Hessens, Marburg 1986, S. 431-479.

20 Ludolf Pelizaeus, Der lange Weg Hessen-Kassels zum Erwerb von Fulda in den internationalen Verhandlungen bis 1820, in: Fuldaer Geschichtsblätter 79 (2003), S. 129-164.

21 Uwe Zuber, Staat und Kirche im Wandel. Fulda 1752 bis 1830, Darmstadt/Marburg 1993; Ludolf Pelizaeus, Von der französischen Herrschaft bis zum Ende des Kurfürstentums Hessen (1806–1866), in: Geschichte der Stadt Fulda, hg. v. Fuldaer Geschichtsverein, Bd. 2: Von der fürstlichen Residenz zum hessischen Sonderstatus, Fulda 2008, S. 11-42, hier S. 17-35; Winfried Speitkamp, Kurhessische Verfassungsgeschichte, ebd., S. 295-314.

22 Gerhard Schmidt, Die Staatsreform in Sachsen in der ersten Hälfte des 19. Jahrhunderts. Eine Parallele zu den Steinschen Reformen in Preußen, Weimar 1966, S. 78 ff.

vergleichsweise hohen Grad an Geschlossenheit auf. Allerdings blieb es eine Aufgabe der sächsischen Landesverwaltung, die Oberlausitz zu integrieren und strukturell an die altsächsischen Landesteile anzugleichen. Einen wichtigen Schritt dahin bildete das am 17. November 1834 verabschiedete Oberlausitz-Gesetz[23], das die fortbestehende »Particular-Verfassung« dieser Provinz in wichtigen Punkten modifizierte. Hannover, Sachsen und Kurhessen blieben in ihrem territorialen Bestand während der Jahre 1815 bis 1848, von wenigen Ausnahmen abgesehen, fast unverändert.

Alle drei mitteldeutschen Territorien waren in erheblichem Maße agrarisch strukturiert, Kurhessen und Hannover mit ausgedehnten Waldgebieten bzw. landwirtschaftlichen Nutzflächen dabei deutlich mehr als Sachsen. Sachsen gilt als eine der am frühesten industrialisierten Regionen Deutschlands mit einer bedeutenden Textilbranche und einer schnell expandierenden Schwerindustrie. Bereits 1846 waren 54,7 Prozent aller Beschäftigten in Gewerbe, Industrie und Bergbau tätig.[24]

Während in Hannover und Kurhessen fast nur die jeweilige Hauptstadt eine etwas größere Einwohnerzahl hatte (Hannover, Kassel), befanden sich in Sachsen gleich drei größere Städte (Leipzig, Dresden, Chemnitz). In den Kleinstaaten der zweiten Konstitutionalisierungswelle ragte als größerer Ort Braunschweig als Residenzstadt heraus. Entsprechend ihrem kleinen Territorium – Lippe hatte nur etwas mehr als 1.200 Quadratkilometer Fläche und Hohenzollern-Sigmaringen 900 Quadratkilometer – stellten Detmold und Sigmaringen ausgesprochen kleine Hauptstädte dar. Alle Staaten hatten Anteil an dem allgemeinen Bevölkerungswachstum im Bereich des Deutschen Bundes. Auch hier zeigt sich die deutlichste Steigerung in Sachsen, dessen Einwohnerzahl von knapp 1,2 Millionen 1816 auf gut 1,8 Millionen 1848 und damit um etwa 50 Prozent anstieg.

In allen drei größeren mitteldeutschen Staaten hat die Verfassungsentwicklung einen entscheidenden Anteil an der allgemeinen politischen Geschichte. So bilden die Verfassungsgebungen der Jahre 1831 und 1833 wichtige historische Einschnitte. Daneben sind die Herrscherwechsel markante Zäsuren. Die Thronwechsel in Hannover in den Jahren 1830 und 1837, in Sachsen 1827 und 1830 sowie in Kurhessen 1821 und 1831 sind jeweils einmal auch durch die Krise infolge der Unruhen des Jahres 1830 motiviert worden. Das Jahr 1830 bildet insofern nicht allein eine ungefähre chronologische Mitte der Epoche, sondern es markiert einen System- und einen politischen Klimawandel in den mitteldeutschen Staaten im Besonderen, im Deutschen Bund zumal und erst recht in Europa.

---

23   CD-ROM-2, Dok.-Nr. 11.3.1.1 (Oberlausitzer Vertrag v. 17.11.1834); Schmidt, Staatsreform (wie Fn. 22), S. 178-187.
24   Rainer Karlsch/Michael Schäfer, Wirtschaftsgeschichte Sachsens im Industriezeitalter, Leipzig 2006, S. 46.

2 Verfassungsstruktur der zentralen staatlichen Ebene

Die sog. zweite Konstitutionalisierungswelle, die in den 1830er-Jahren mehrere mittel- und norddeutsche Staaten erfasste, entstand nicht zufällig. Ihr unmittelbarer Anlass und kurzfristiger Auslöser waren die Unruhen in verschiedenen deutschen Einzelstaaten, die in Nachahmung der französischen Julirevolution seit September 1830 ausbrachen.[25] Als langfristige Ursachen sind die spätabsolutistischen Verfassungszustände in den größeren Mittelstaaten wie Sachsen und Kurhessen anzusehen. Als sich die Regierungen dieser beiden Staaten und ebenso diejenige des Königreichs Hannover angesichts der gefährlichen politischen Lage dazu entschlossen, verfassungsberatende Versammlungen einzuberufen oder gar eine Verfassung anzukündigen, war dieser Schritt unumkehrbar. Der deutsche Konstitutionalismus erreichte mit den zwischen 1830 und 1833 beschlossenen Grundgesetzen eine neue Phase.

Bei den kurzfristig aufgenommenen Verfassungsverhandlungen in Kommissionen und konstituierenden Ständeversammlungen konnte man gleich auf mehrere Erfahrungshintergründe zurückgreifen. Zum einen hatten im Königreich Hannover 1814–1819[26] und im Kurfürstentum Hessen 1815/16[27] jeweils konstituierende Landtage getagt, und einige Deputierte dieser Versammlungen waren auch nach 1830 an den Beratungen beteiligt; zum anderen galten die süddeutschen Verfassungen der Jahre 1818–1820 und die dort seitdem abgehaltenen Parlamentsverhandlungen als Vorbilder. Selbst das bereits bei den Zeitgenossen als verfassungspolitisch rückständig geltende Sachsen konnte diesen parlamentarischen Erfahrungen etwas hinzufügen. Immerhin tagte hier zwischen 1817 und 1824 drei Mal eine allerdings altständisch zusammengesetzte Versammlung.[28]

Während das Königreich Hannover bereits 1819 und ebenso das Herzogtum Braunschweig 1820 erste, allerdings altständische Verfassungen erhalten hatten, traten alle vier Mittelstaaten – Kurhessen und Sachsen erstmals – zu Beginn der 1830er-Jahre endgültig in den Kreis der Verfassungsstaaten ein. Die früheren Verfassungen in Braunschweig und Hannover genügten indes nur sehr eingeschränkt den Maßstäben, die in genau jenen Jahren die süddeutschen Staaten in Nachahmung der französischen

---

25 Clive H. Church, Europe in 1830. Revolution and Political Change, London 1983. So auch Julia A. Schmidt-Funke, Revolution als europäisches Ereignis. Revolutionsrezeption und Europakonzeptionen im Gefolge der Julirevolution von 1830, in: Jahrbuch für europäische Geschichte 10 (2009), S. 149-194.

26 Mijndert Bertram, Staatseinheit und Landesvertretung – Die erste oder provisorische Allgemeine Ständeversammlung des Königreiches Hannover und ihre definitive Organisation (1814–1819), Diss. phil. Hannover 1986.

27 W. Speitkamp/H. Seier (Bearb.), Akten zur Entstehung und Bedeutung des kurhessischen Verfassungsentwurfs von 1815/16, hg. u. eingel. v. H. Seier, Marburg 1985.

28 Josef Matzerath, Dokumentation. Verzeichnis der kursächsischen Landtage 1438 bis 1831, in: ders., Aspekte sächsischer Landtagsgeschichte. Die Spätzeit der sächsischen Ständeversammlung (1763–1831), Dresden 2006, S. 116-119, hier S. 119.

Charte constitutionnelle von 1814 gesetzt hatten. In Braunschweig, das zwischen 1815 und 1823 vormundschaftlich von Georg IV. von England regiert wurde, fußte die Erneuerte Landschaftsordnung vom 19. Juni 1820[29] auf der fünfzig Jahre alten Landschaftsordnung vom 9. April 1770. Der Versuch einer Modernisierung dieser Ständeversammlung blieb zögerlich und zeigte sich allenfalls in der nunmehr vorgesehenen Repräsentation der sog. freien Bauern mit zwanzig Abgeordneten im Landtag. Aber diese Verfassung wurde 1827 durch den zuvor minderjährigen und nun an die Regierung gelangenden Herzog Karl II. einseitig aufgehoben. Ähnlich wie in Braunschweig löste die Deutsche Kanzlei in London unter dem Grafen Georg von Münster die Verfassungsfrage in Hannover. Auch hier kam es zu keiner durchgreifenden Verfassungsreform. Vielmehr stellte das Königliche Patent vom 7. Dezember 1819[30] einen »Kompromiß zwischen dem überlieferten Ständestaat und dem modernen Repräsentativsystem«[31] dar. Nach englischem Vorbild richtete man ein Zweikammersystem ein. Wie in Braunschweig sollten die freien Bauern vertreten sein. Im Unterschied zum kleinen Nachbarstaat, der ein Einkammerparlament besaß, sollten sie neben den Städtedeputierten in der Zweiten Kammer sitzen. Über die Auswahl der Repräsentanten konnte man sich allerdings über ein Jahrzehnt nicht einig werden. Hinzu trat, dass bereits in den 1820er-Jahren über die Bauernbefreiung im Königreich Hannover Streit zwischen den beiden Kammern ausbrach, der das konstitutionelle Leben bis zu Beginn der 1830er-Jahre weitgehend lahm legte.

In den Staaten der zweiten Verfassungswelle herrschte in den 1820er-Jahren eine halkyonische Stimmung. In Kurhessen beispielsweise handelte es sich um ein Staatswesen ohne Parlament, ohne Parteien und fast ohne Presse.[32] Vielmehr dominierte die Verwaltung, und es etablierte sich von der Staatsspitze her ein spätabsolutistisches Regime. Verantwortlich für diese verkrustete Politik waren dabei weniger die entweder »unsichtbaren« oder schwachen Monarchen, sondern vielmehr die leitenden Minister. In Kurhessen prägte der Geheime Kabinettsrat Karl Rivalier von Meysenbug die politische Richtung mehr als Kurfürst Wilhelm II.[33] Wilhelm II. war dabei kaum weniger reaktionär gesonnen als sein Vater Wilhelm I., der bis 1821 regiert hatte. Der »Meysenbug« Sachsens hieß Detlev Graf von Einsiedel, der die Politik des bereits sehr

---

29 CD-ROM-2, Dok.-Nr. 11.3.2.2 (Erneuerte Landschaftsordnung für das Herzogtum Braunschweig v. 19.6.1820). Reinhard Oberschelp, Politische Geschichte Niedersachsens 1803–1866, Hildesheim 1988, S. 72.
30 CD-ROM-2, Dok.-Nr. 11.3.2.1 (Verfassungspatent des Königreichs Hannover v. 7.12.1819).
31 Huber, Verfassungsgeschichte (wie Fn. 2), Bd. 2, S. 86.
32 Hellmut Seier, Der unbewältigte Konflikt. Kurhessen und sein Ende 1803–1866, in: U. Schultz (Hg.), Die Geschichte Hessens, Stuttgart 1983, S. 160-170, 270 ff., hier S. 164.
33 Speitkamp, Restauration (wie Fn. 12); Karl-Hermann Wegner, Malwidas Vater, Carl Rivalier von Meysenbug und der Kurhessische Staat, in: Jahrbuch der Malwida von Meysenbug-Gesellschaft 8 (2002), S. 57-69.

alten Königs Friedrich August I. lenkte.³⁴ Georg IV. von England wiederum ließ sich im Königreich Hannover nie blicken und vertraute die Staatsführung seinem Leiter der Deutschen Kanzlei, Georg Graf von Münster, an.³⁵ Dieser wiederum setzte als leitenden Geheimen Rat in Braunschweig den Juristen Wilhelm von Schmidt-Phiseldeck ein. Die während der Unruhen von 1830 vielerorts beklagte »Ministerwillkür« hatte ihre Ursache in der Politik dieser »Premierminister«.

Nach den Unruhen des Jahres 1830 erließen die Monarchen zwar die Verfassungen, blieben aber bei den Verhandlungen zumeist außen vor oder mussten im Zuge des Umschwungs sogar ihren Thron räumen. Sowohl in Kurhessen als auch in Sachsen gab es 1831 die Lösung, dass der Neffe des Königs, Friedrich August II.³⁶, bzw. der Sohn des Kurfürsten, Friedrich Wilhelm, eine Mitregentschaft übernahmen, die von vornherein auf eine faktisch vollständige Regierungsübernahme hinauslief. Der seit 1847 allein regierende Friedrich Wilhelm I. von Hessen machte indes keine Anstalten, den durch seine Vorgänger reichlich »ramponierten« Ruf der hessischen Kurfürsten aufzubessern.³⁷ In Hannover kam es mit dem englischen König Wilhelm IV. 1830 zu einem regulären Thronwechsel. 1837 führte die unterschiedliche Thronfolgeregelung in Großbritannien und Hannover zur Regierungsübernahme des Herzogs Ernst August von Cambridge, während in London Queen Victoria ihre lang währende Regierung antrat. In Braunschweig übernahm Herzog Wilhelm mit Billigung der Großmächte im September 1830 die Regierung von seinem verhassten Bruder Karl II.

Der Ablauf der Vorgänge zu Beginn der 1830er-Jahre in Hannover, Kurhessen und Sachsen ähnelte sich: Es begann mit Unruhen, es folgten Militäreinsätze, parallel dazu Verfassungsverhandlungen, und es endete mit einer Verfassungsurkunde. Unterschiedlich war indes die Zeitspanne, in der die Grundgesetze zustande kamen. In Kurhessen ging es am schnellsten, indem die Verfassungsverhandlungen bereits am 5. Januar 1831³⁸ abgeschlossen wurden; in Sachsen erschien die Verfassung erst acht

---

34 Karlheinz Blaschke, Sachsen zwischen den Reformen 1763 bis 1831, in: U. Schirmer (Hg.), Sachsen 1763–1832. Zwischen Rétablissement und bürgerlichen Reformen, Beucha 1996, S. 9-23, hier S. 20.
35 Reinhard Oberschelp, Graf Münster in der hannoverschen Politik, in: Ernst Friedrich Herbert Graf zu Münster. Staatsmann und Kunstfreund 1760–1839. Ein Kolloquium aus Anlaß seines 150. Todestages, hg. v. Landschaftsverband Hildesheim, Hildesheim 1991, S. 12-22.
36 Hans-Christof Kraus, Friedrich August II. (1836–1854), in: F.-L. Kroll (Hg.), Die Herrscher Sachsens. Markgrafen, Kurfürsten, Könige 1089–1918, München 2007, S. 237-262.
37 Christine Klössel, Das Ende Kurhessens. Kassels letzter Kurfürst Friedrich Wilhelm und seine Familie, in: B. Heidenreich/E. G. Franz (Hg.), Kronen, Kriege, Künste. Das Haus Hessen im 19. und 20. Jahrhundert, Frankfurt a. M. 2009, S. 35-55.
38 CD-ROM-2, Dok.-Nr. 11.3.2.3 (Verfassung des Kurfürstentums Hessen v. 5.1.1831). Werner Frotscher, Die kurhessische Verfassung von 1831 im konstitutionellen System des Deutschen Bundes, in: Zeitschrift für neuere Rechtsgeschichte 30 (2008), S. 45-64; ders., Verfassungsdiskussion und Verfassungskonflikt. Zur Entwicklung freiheitlich-parlamentarischer Verfassungsstrukturen in Kurhessen, 1813–1866, in: Zeitschrift des Vereins für Hessische Geschichte und Landeskunde 107 (2002), S. 203-221; ders./Uwe Volkmann, Geburtswehen des modernen Verfassungsstaates.

Monate später, am 4. September 1831.[39] In Braunschweig erlangte die neue Landschaftsordnung schließlich am 12. Oktober 1832[40] Gesetzeskraft, und erst ein knappes Jahr später und damit über zweieinhalb Jahre nach der kurhessischen Verfassungsgebung wurde die hannoversche Verfassung am 26. September 1833[41] in Kraft gesetzt. Zwischen den ersten Unruhen und der letzten Verfassungsgebung in Nord- und Mitteldeutschland lagen also rund drei Jahre, die zu den verfassungshistorisch wechselvollsten in der Geschichte des Vormärz zählen. Auch zwei ausgesprochene Kleinstaaten innerhalb des Deutschen Bundes erhielten zwischen 1831 und 1836 moderne Konstitutionen: die Fürstentümer Hohenzollern-Sigmaringen 1833[42] und Lip-

---

Der Kampf um die kurhessische Verfassung als deutscher Präzedenzfall, in: H. Eichel (Hg.), 50 Jahre Verfassung des Landes Hessen. Eine Festschrift, Wiesbaden 1997, S. 17-37; Christian Starck, Verfassung und Verfassungspraxis am Beispiel der Kurhessischen Verfassung von 1831, in: F. Hufen (Hg.), Verfassungen. Zwischen Recht und Politik. Festschrift zum 70. Geburtstag für Hans-Peter Schneider, Baden-Baden 2008, S. 39-53; ders., Die kurhessische Verfassung von 1831 im Rahmen des deutschen Konstitutionalismus, in: Zeitschrift des Vereins für Hessische Geschichte und Landeskunde 111 (2006), S. 181-194; Horst Dippel, Die kurhessische Verfassung von 1831 im internationalen Vergleich, in: Historische Zeitschrift 282 (2006), S. 619-644. Auf Aktenbasis: Ewald Grothe, Verfassungsgebung und Verfassungskonflikt. Das Kurfürstentum Hessen in der ersten Ära Hassenpflug 1830–1837, Berlin 1996, S. 64-115; ders., Monarchisches oder parlamentarisches Prinzip? Die Entstehung der kurhessischen Verfassung des Jahres 1831, in: R. Gehrke (Hg.), Aufbrüche in die Moderne. Frühparlamentarismus zwischen altständischer Ordnung und monarchischem Konstitutionalismus 1750–1850. Schlesien, Deutschland, Mitteleuropa, Köln/Wien 2005, S. 103-118.

39 CD-ROM-2, Dok.-Nr. 11.3.2.4 (Verfassung des Königreichs Sachsen v. 4.9.1831). H. Bächler (Hg.), »Dem Mute aller Sachsen anvertraut«. Landesverfassung und Reformen in Sachsen nach 1831, Dresden 1991; Karlheinz Blaschke, Die sächsische Verfassung von 1831 als Epochengrenze, in: Sächsische Heimatblätter 1991, S. 306-310; Hellmut Kretzschmar, Die sächsische Verfassung vom 4. September 1831, in: Neues Archiv für sächsische Geschichte 52 (1931), S. 207-248; Josef Matzerath, Die sächsische Verfassung von 1831, in: Festveranstaltung »175 Jahre sächsische Verfassung« am 4. September 2006, hg. vom Sächsischen Landtag, Dresden 2007, S. 28-35; Winfried Müller, Zwischen Stagnation und Modernität. Sachsens Weg zur Verfassung von 1831, in: Alois Schmid, Die bayerische Konstitution von 1808. Entstehung, Zielsetzung, europäisches Umfeld, München 2008, S. 179-209; Hartmut Zwahr, Bourgeoisie und Proletariat am Beginn der bürgerlichen Umwälzung in Sachsen. Die Septemberereignisse von 1830 und die Anfänge der deutschen Arbeiterbewegung, in: Zeitschrift für Geschichtswissenschaft 25 (1977), S. 656-675.

40 CD-ROM-2, Dok.-Nr. 11.3.2.7 (Neue Landschaftsordnung für das Herzogtum Braunschweig v. 12.10.1832). Klaus Erich Pollmann, Die Landschaftsordnung von 1832, in: W. Pöls (Hg.), Moderne braunschweigische Geschichte, Hildesheim 1982, S. 6-30; Gerhard Schildt, Von der Restauration zur Reichsgründungszeit, in: H.-R. Jarck (Hg.), Die Braunschweigische Landesgeschichte. Jahrtausendrückblick einer Region, Braunschweig 2000, S. 751-786.

41 CD-ROM-2, Dok.-Nr. 11.3.2.8 (Verfassung des Königreichs Hannover v. 26.9.1833). Schubert, Verfassung (wie Fn. 18), S. 447-451; Oberschelp, Geschichte (wie Fn. 29), S. 119-125. Zu den Unruhen im Vorfeld: Hans-Gerhard Husung, Protest und Repression im Vormärz. Norddeutschland zwischen Restauration und Revolution, Göttingen 1983.

42 Roland Kirchherr, Die Verfassung des Fürstentums Hohenzollern-Sigmaringen von 1833. Zu den Auswirkungen der Verfassungstheorien der Zeit des Deutschen Bundes auf das Fürstentum Hohenzollern-Sigmaringen, Köln u. a. 1979; ders., Die Entstehung der Verfassung Hohenzollern-

pe 1836.⁴³ Nach der ersten Verfassungswelle in Süddeutschland 1818–1820 und der verfassungspolitischen Windstille der 1820er-Jahre folgte zwischen 1830 und 1833 ein gegenüber den frühkonstitutionellen Verfassungsgebungen gewandelter Konstitutionalismus. Die Akzeptanz des Verfassungsgedankens erfuhr innerhalb weniger Jahre eine enorme Beschleunigung.

In den Verhandlungen, die den jeweiligen Verfassungsschöpfungen vorausgingen, spielten einige reformbereite Minister auf der einen und liberale Hochschullehrer auf der anderen Seite entscheidende Rollen. In Hannover übernahm der Göttinger Historiker Friedrich Christoph Dahlmann⁴⁴ die Hauptrolle, in Kurhessen der Marburger Staatsrechtler Sylvester Jordan⁴⁵ und in Sachsen beeinflussten die Leipziger Professoren Wilhelm Traugott Krug und Karl Heinrich Ludwig Pölitz⁴⁶ die konstituierenden Landtage. Tatsächliche oder zumindest drohende Unruhen bildeten die permanente »Begleitmusik« der Verfassungsverhandlungen; sie stellten eine Drohgebärde dar und dienten damit als potenzielles Druckmittel.

Im Herzogtum Braunschweig erreichten die Unruhen Anfang September 1830 ihren spektakulären Höhepunkt, als das Residenzschloss gestürmt und angezündet wurde.⁴⁷ Mehr noch als der vor Ort unübersehbare Gewaltexzess wirkte dieser Schlossbrand als Menetekel in ganz Deutschland. Um eine ähnliche Eskalation zu vermeiden, befahlen die Regierungen andernorts massiven Militäreinsatz und drohten

---

Sigmaringens vom Jahre 1833, in: Zeitschrift für hohenzollerische Geschichte 17 (1981), S. 202-213; Eberhard Gönner, Hohenzollern 1800 bis 1918, in: H. Schwarzmaier u. a. (Hg.), Handbuch der baden-württembergischen Geschichte, Bd. 3, Stuttgart 1992, S. 433-475; Fritz Kallenberg, Die Sonderentwicklung Hohenzollerns, in: ders. (Hg.), Hohenzollern, Stuttgart 1996, S. 129-280, hier S. 145-151.

43 Thomas Klein, Mecklenburg und kleinere norddeutsche Staaten, in: K. G. A. Jeserich u. a. (Hg.), Deutsche Verwaltungsgeschichte, Bd. 2: Vom Reichsdeputationshauptschluß bis zur Auflösung des Deutschen Bundes, Stuttgart 1983, S. 715-762, hier S. 754; Arne Borstelmann, »So wie zur Römerzeit ...«. Wahrnehmung von Kontinuität der eigenen Landesgeschichte am Beispiel des Verfassungsstreites im Fürstentum Lippe zu Beginn des 19. Jahrhunderts, in: R. Averkorn u. a. (Hg.), Europa und die Welt in der Geschichte. Festschrift zum 60. Geburtstag von Dieter Berg, Bochum 2004, S. 876-894.

44 Wilhelm Bleek, Friedrich Christoph Dahlmann. Eine Biographie, München 2010.

45 Günter Kleinknecht, Sylvester Jordan (1792–1861). Ein deutscher Liberaler im Vormärz, Marburg 1983.

46 Daniel Patrick Connerton, Karl Heinrich Ludwig Pölitz and the Politics of the Juste Milieu in Germany, 1794–1838, Diss. phil. Chapel Hill 1973; Reinhard Blänkner, Verfassungsgeschichte als aufgeklärte Kulturhistorie – K. H. L. Pölitz' Programm einer konstitutionellen Verfassungsgeschichte der Neuzeit, in: P. Brandt u. a. (Hg.), Symbolische Macht und inszenierte Staatlichkeit. »Verfassungskultur« als Element der Verfassungsgeschichte, Bonn 2005, S. 298-330. Vgl. außerdem: Rudolf Muhs, Zwischen Staatsreform und bürgerlichem Protest. Liberalismus in Sachsen zur Zeit des Hambacher Festes, in: W. Schieder (Hg.), Liberalismus in der Gesellschaft des deutschen Vormärz, Göttingen 1983, S. 194-238.

47 Ernst-Hermann Grefe, Gefährdung monarchischer Autorität im Zeitalter der Restauration. Der braunschweigische Umsturz von 1830 und die zeitgenössische Publizistik, Braunschweig 1987.

mit dem Eingreifen von Bundestruppen. In Hanau wurden Zollämter und in Kassel Bäckerläden zerstört[48], in Dresden[49] und Hanau kam es zu Toten. Es bildeten sich Bürgergarden, um das bürgerliche Eigentum vor den Angriffen zu schützen, die größtenteils von Angehörigen der Unterschichten ausgingen.[50] Diese unregelmäßig auftretenden gewaltsamen Proteste erzeugten den Druck der Straße, der die Verhandlungspartner auf beiden Seiten zu Zugeständnissen zwang und den Abschluss der Verfassungsgebung beschleunigte.

Die drei Verfassungen der größeren deutschen Mittelstaaten aus den 1830er-Jahren, Kurhessen, Sachsen und Hannover, ähneln sich – ungeachtet bestimmter Unterschiede in den Einzelheiten – in Aufbau und Ausgestaltung. Sie repräsentieren einen Typus des deutschen Konstitutionalismus, der zum einen an die frühkonstitutionellen süddeutschen Verfassungen anschließt, sich zum anderen von den 1848er Grundgesetzen signifikant abhebt. In bestimmten Grundzügen knüpfen die mittelstaatlichen Grundgesetze der 1830er-Jahre deutlich an das Vorbild der französischen *Charte constitutionnelle* von 1814 und die Südstaatenverfassungen an. Dies gilt z. B. für das sog. monarchische Prinzip, das in allen Verfassungen zum Ausdruck kommt. Es werden darin essenzielle fürstliche Vorrechte, ein monarchischer Vorbehalt festgelegt. Dazu zählen das Entscheidungsrecht über Krieg und Frieden, über Berufung und Entlassung der Minister und Offiziere, über Einberufung, Vertagung und Auflösung der Ständeversammlung sowie ein Notverordnungsrecht.[51]

Engste Berater des Königs waren entweder ein fortexistierendes Geheimes Kabinett, ein Geheimer Rat oder aber ein konstitutionell verankertes Gesamt(staats)ministerium. Die Ministerien fungierten unterhalb des Monarchen als Spitze der Exekutive. Sie verwalteten in der Regel die fünf Ressorts Äußeres, Inneres, Finanzen, Justiz und Kriegswesen. In Sachsen trat ein Kultus- und Bildungsministerium hinzu[52]; ein Bereich, der anderswo vom Innenressort mitbetreut wurde. Das Außenministerium war, z. B. in Kurhessen, mit einem Hausministerium verbunden, wie überhaupt Angele-

---

48 Alfred Tapp, Hanau im Vormärz und in der Revolution von 1848–1849. Ein Beitrag zur Geschichte des Kurfürstentums Hessen, Hanau 1976.
49 Michael Hammer, Volksbewegung und Obrigkeiten. Revolution in Sachsen 1830/31, Weimar u. a. 1997.
50 Ralf Pröve, Stadtgemeindlicher Republikanismus und die »Macht des Volkes«. Civile Ordnungsformationen und kommunale Leitbilder politischer Partizipation in den deutschen Staaten vom Ende des 18. bis zur Mitte des 19. Jahrhunderts, Göttingen 2000; ders., Große Politik und alltägliche Mühsal. Bürgergarden in Kurhessen und die fundamentale Politisierung der »kleinen Leute« in den 1830er- und 1840er-Jahren, in: Hessisches Jahrbuch für Landesgeschichte 53 (2003), S. 117-148.
51 Ernst Rudolf Huber, Deutsche Verfassungsgeschichte seit 1789, Bd. 3: Bismarck und das Reich, Stuttgart u. a. 1963, S. 13-16.
52 CD-ROM-2, Dok.-Nr. 11.3.2.5 (Verordnung über die sächsische Ministerialverwaltung v. 7.11.1831). Schmidt, Staatsreform (wie Fn. 22), S. 197 ff., 225 ff.

2 Verfassungsstruktur der zentralen staatlichen Ebene

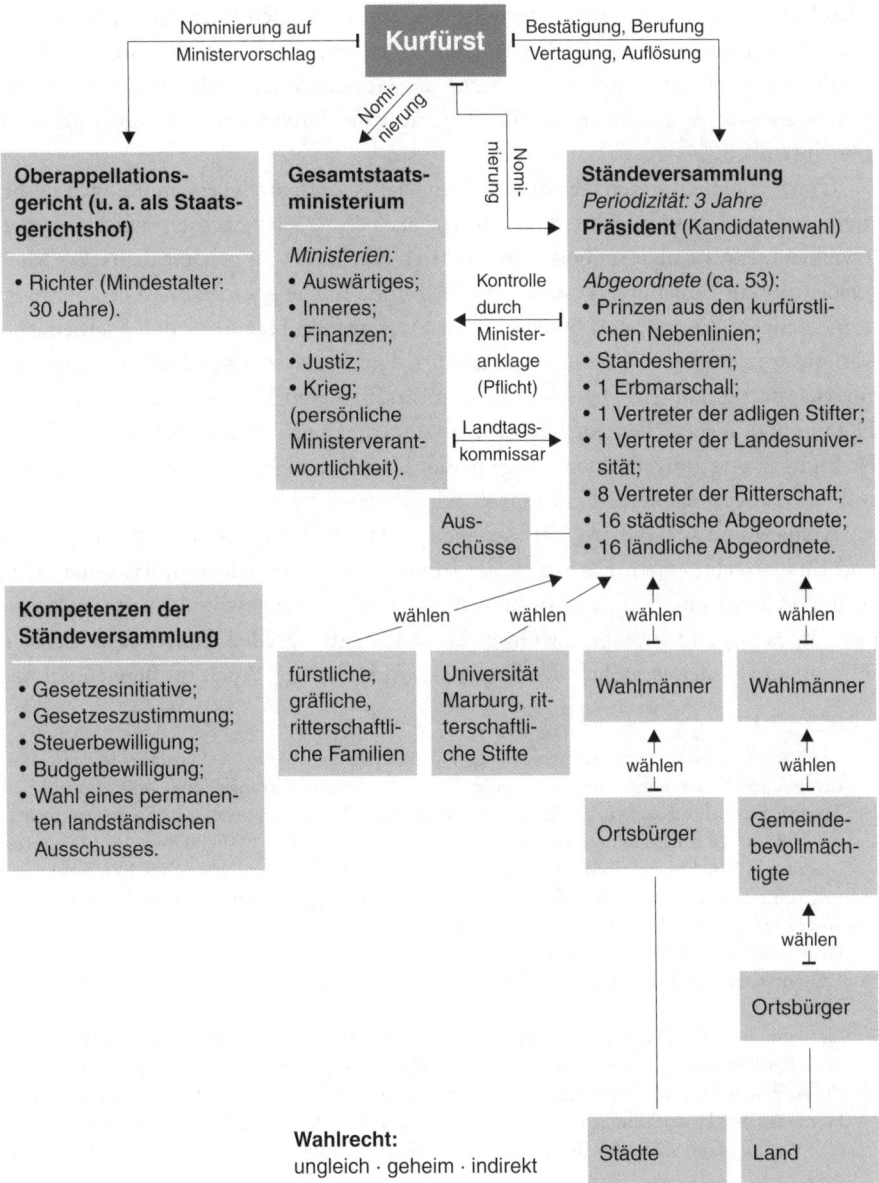

Abb. 11.3.1 Die Verfassung Kurhessens von 1831

genheiten der Außenpolitik und des Kriegswesens zu den Arkana gehörten, in denen dem Monarchen besondere Rechte verblieben.

Der Monarch hatte sich durch die Verfassungsgewährung selbst gebunden, und dies war nicht revidierbar. Er gab Macht ab. Dies zeigte sich allein daran, dass in allen Verfassungen das bisher ungeteilte Vermögen in einen fürstlichen Hausschatz und einen Staatsschatz geteilt wurde. Dem Monarchen wurde in einer sog. Zivilliste ein jährliches Deputat zugewiesen. Auch das Gesetzgebungsrecht, bisher ein unangefochtenes Reservatrecht des Monarchen, übte der Fürst fortan mit einem Landtag gemeinsam aus.

Unterschiedlich waren die Ausgestaltung der Repräsentativversammlungen sowie die einzelnen Landtagsrechte.[53] So wurden nach 1831/33 in Sachsen und Hannover Zweikammersysteme installiert, während sich Kurhessen als größter deutscher Mittelstaat für ein Einkammersystem entschied. Eine solche gemeinsame Versammlung von Adeligen, Bürgern und Bauern wurde zwar auch in Hannover und Sachsen diskutiert, dort aber am Ende nicht eingeführt. Die Versammlungen selbst tagten periodisch und öffentlich. Die Abgeordneten besaßen ein freies Mandat; sie traten im Plenum und in speziellen Ausschüssen zusammen. Es gab zwar ungefähre politische Richtungen wie gouvernementale, gemäßigt liberale und entschieden liberale Abgeordnete[54], aber noch keine Fraktionen[55] oder Parteien.[56]

Ähnlich sind sich die drei Verfassungen im Hinblick auf das Steuerbewilligungs- und Budgetrecht, einem Kernstück des frühen Konstitutionalismus, das seinen Ursprung in altständischen Mitspracherechten hatte.[57] Außergewöhnlich ist das Recht des kurhessischen Landtags, die Gesetzesinitiative zu ergreifen. Dies war in Sachsen und Hannover ausschließlich der Regierung vorbehalten.[58] Auch im Bereich der Si-

---

53 Bis heute gibt es keine zusammenfassende Parlamentsgeschichte eines deutschen Mittelstaates der zweiten Verfassungswelle. Untersuchungen partieller Art: Grothe, Verfassungsgebung (wie Fn. 38); Karlheinz Kolb/Jürgen Teiwes, Beiträge zur politischen, Sozial- und Rechtsgeschichte der Hannoverschen Ständeversammlung von 1814–1833 und 1837–1849, Hildesheim 1977; Josef Matzerath, Aspekte sächsischer Landtagsgeschichte, 5 Bde., Dresden 2001–2009; Elke Böckstiegel, Volksrepräsentation in Sachsen. Zur Entwicklung der Repräsentation des sächsischen Volkes von 1789 bis 1850, München 1998, S. 69-140.
54 Grothe, Verfassungsgebung (wie Fn. 38).
55 Helmut Kramer, Fraktionsbindungen in den deutschen Volksvertretungen 1819–1849, Berlin 1968.
56 Gerhard A. Ritter, Die deutschen Parteien 1830–1914. Parteien und Gesellschaft im konstitutionellen Regierungssystem, Göttingen 1985; Hellmut Seier, Das kurhessische Parteiensystem. Zu Vorgeschichte und Entstehung politischer Strömungen 1770–1866, in: W. Heinemeyer (Hg.), Hundert Jahre Historische Kommission für Hessen. 1897–1997. Festgabe, Marburg 1997, S. 769-806; Matthias Gums, Von der Bewegung zur Partei. Liberalismus in Kurhessen 1847–1850, Kassel 2001.
57 Karl Heinrich Friauf, Der Staatshaushaltsplan im Spannungsfeld zwischen Parlament und Regierung, Bd. 1: Verfassungsgeschichtliche Untersuchungen über den Haushaltsplan im deutschen Frühkonstitutionalismus mit einer kritischen Übersicht über die Entwicklung der budgetrechtlichen Dogmatik in Deutschland, Bad Homburg u. a. 1968; Reinhard Mußgnug, Der Haushaltsplan als Gesetz, Göttingen 1976.
58 Georg Mester, Die Volksinitiative in Sachsen. Ein Beitrag zur verfassungsgeschichtlichen und verfassungsrechtlichen Entwicklung des legislativen Einleitungsverfahrens seit der Verfassung von 1831, Frankfurt a. M. u. a. 2003, S. 58-68.

cherung der Verfassung ging das Kurfürstentum Hessen einen Sonderweg. Denn hier gab es nicht nur den auch in anderen Staaten gültigen Verfassungseid[59] verschiedener Bevölkerungsgruppen, sondern sogar die Pflicht zur Anklage verfassungsbrüchiger Minister vor einem eigens dafür eingesetzten Staatsgerichtshof.[60] Insofern ist der in der Literatur häufig zu findenden Feststellung, die kurhessische Verfassung von 1831 sei »die radikalste« der Vormärzverfassungen gewesen[61], zuzustimmen. Bereits im Oktober 1831 kam es über die verfassungswidrige Offiziersernennung zu einer Drohung des Kasseler Landtags mit der Ministeranklage. Erst als daraufhin der Kurprinz als neuer Mitregent den Kriegsminister entließ, verzichtete man auf diesen Schritt.[62]

Nur in einer kurzen Übergangsphase agierten die ersten konstitutionellen Landtage in Übereinstimmung mit den reformbereiten Regierungen. Dann kam es nach 1832/33 zunehmend zu einer Trennung der reformbürokratischen Richtung von den auf Verwirklichung von Freiheitsrechten drängenden Liberalen im Landtag. Nun breitete sich ein schiefer Dualismus aus, ein Ungleichgewicht der Machtverhältnisse und ein System der »hinkenden Gewaltenteilung«[63] zwischen Regierung und Parlament. Nicht zuletzt wegen des sehr weit ausgebauten Verfassungsschutzes entstanden insbesondere im Kurfürstentum Hessen im Laufe der 1830er-Jahre heftige Verfassungskonflikte. Der Innen- und Justizminister Ludwig Hassenpflug befand sich im Zentrum der liberalen Kritik.[64] Er sah sich zwischen 1833 und 1837 gleich in drei Ministeranklageverfahren vor das zuständige Oberappellationsgericht zitiert. Aber der streng konservativ eingestellte Jurist gewann am Ende alle Prozesse. Seine Entlassung war 1837 nicht etwa eine Folge des Verfassungsstreits, sondern erfolgte aufgrund eines persönlichen Konflikts mit dem Landesherrn.[65]

Nur wenige Wochen nachdem Hassenpflug in Kurhessen als Minister gehen musste, entzündete sich im nördlich benachbarten Königreich Hannover ein gleichfalls spektakulärer Verfassungskonflikt.[66] Hier ging es im Unterschied zum kurhessischen

---

59 Dennis Bock, Der Eid auf die Verfassung im deutschen Konstitutionalismus, in: Zeitschrift der Savigny-Stiftung für Rechtsgeschichte. Germanistische Abteilung 123 (2006), S. 166-217.
60 Petra Popp, Ministerverantwortlichkeit und Ministeranklage im Spannungsfeld von Verfassungsgebung und Verfassungswirklichkeit. Ein Beitrag zur Verfassungsgeschichte des Kurfürstentums Hessen, Münster 1996.
61 Huber, Verfassungsgeschichte (wie Fn. 2), Bd. 2, S. 68.
62 CD-ROM-2, Dok.-Nr. 11.3.2.6 (Schreiben des hessischen Landtagskommissars über eine drohende Ministeranklage wegen fehlender Gegenzeichnung des Kriegsministers v. 11.10.1831). Grothe, Verfassungsgebung (wie Fn. 38), S. 139-147.
63 Hartwig Brandt, Landständische Repräsentation im deutschen Vormärz, Neuwied/Berlin 1968, S. 45 f.
64 Rüdiger Ham, Ludwig Hassenpflug. Staatsmann und Jurist zwischen Revolution und Reaktion. Eine politische Biographie, Hamburg 2007.
65 Grothe, Verfassungsgebung (wie Fn. 38), S. 316-332.
66 Hermann Wellenreuther, Die Göttinger Sieben. Eine Ausstellung der Georg-August-Universität Göttingen, Göttingen 1987; Edzard Blanke u. a., Die Göttinger Sieben. Ansprachen und Reden anläßlich der 150. Wiederkehr ihrer Protestation, Göttingen 1987; Angelika Machinek, Dann

Fall nicht um Differenzen in der Auslegung der Verfassung, sondern hier versuchte der neu an die Regierung gelangte König Ernst August die Verfassung als Ganzes aufzuheben. Mit der Behauptung, er habe es weder beeidigt noch genehmigt, setzte er das Grundgesetz von 1833 außer Kraft und verfügte die Wiedergeltung der alten Verfassung von 1819. Als sieben Göttinger Professoren unter der Führung des Historikers Friedrich Christoph Dahlmann gegen die Entbindung von ihrem Verfassungseid Protest einlegten, wurden sie entlassen und drei von ihnen wegen Verbreitung des Protestschreibens des Landes verwiesen. Der Fall der Göttinger Sieben erregte deutschlandweit Aufsehen bei den Zeitgenossen und avancierte für die Nachlebenden bis heute zum Paradestück für Zivilcourage gegen monarchische Willkür. In ganz Deutschland bildeten sich Göttinger Hilfsvereine. Die neu einberufene Ständeversammlung forderte die Deutsche Bundesversammlung zum Eingreifen gegen den König auf. Weitere Beschwerden reichten die Stadt Osnabrück und Bayern ein. Doch auf Betreiben Österreichs wies der Bundestag im September 1839 alle Anträge zurück.[67]

Am 6. August 1840 erhielt das Königreich Hannover eine deutlich weniger liberale Verfassung.[68] Die Ministerverantwortlichkeit war aufgehoben, die Legislative der Kammern begrenzt und das monarchische Prinzip insgesamt ausgebaut. Damit schränkte man die liberalen Errungenschaften der Verfassung von 1833 zwar deutlich ein, kehrte aber dennoch nicht zum Zustand von 1819 zurück. Die Konstitution war ein Kompromiss und zeigte, dass die Proteste gegen die Aufhebung des Grundgesetzes von 1833 doch nicht ganz erfolglos gewesen waren.

Die Verfassungen der zweiten Konstitutionalisierungswelle in den 1830er-Jahren blieben bis 1848 in Wirksamkeit. Aber nach einer Phase des Verfassungsausbaus im ersten Jahrfünft und nachfolgenden Verfassungskonflikten in Kurhessen und Hannover folgte in den 1840er-Jahren eine Zeit relativer verfassungspolitischer Ruhe.

3 Wahlrecht und Wahlen

Spätestens seit der Französischen Revolution stand die Idee im Raum, dass die Staatsbürger an der Auswahl der Vertreter in den Repräsentativversammlungen zu beteiligen seien. Das Wählen galt für die Liberalen als Teil der Partizipation am Staatsleben und insofern als ein Urrecht des Untertanen als Staatsbürger. Über die Ausgestaltung

---

wird Gehorsam zum Verbrechen. Die Göttinger Sieben. Ein Konflikt um Obrigkeitswillkür und Zivilcourage, Göttingen 1989; Hermann Wellenreuther, Die Protestation der Göttinger Sieben, in: Göttinger Jahrbuch 56 (2008), S. 31-43. Umstritten wegen der negativen Deutung der protestierenden Professoren: Klaus von See, Die Göttinger Sieben. Kritik einer Legende, Göttingen 3. Aufl. 2000 (zuerst 1997).
67 Huber, Verfassungsgeschichte (wie Fn. 2), Bd. 2, S. 106-115.
68 CD-ROM-2, Dok.-Nr. 11.3.2.9 (Verfassung des Königreichs Hannover v. 6.8.1840). Oberschelp, Geschichte (wie Fn. 29), S. 151 f.

dieses Grundrechtes gingen die politischen Meinungen allerdings stark auseinander. Das Wahlrecht, verstanden als Recht zu wählen und gewählt zu werden, wurde im Vormärz regelmäßig von staatlicher Seite beschränkt.[69] Zwischen konservativen, liberalen, demokratischen und radikalen Positionen war umstritten, wie die Grenzen des Wahlrechts genau zu bestimmen und welche Kriterien im Einzelnen dafür festzulegen seien. Unstrittig war – jedenfalls in konservativen wie liberalen Kreisen –, dass das Wahlrecht grundsätzlich nicht allgemein ausgeübt werden sollte, sondern an einen Zensus zu binden war und dass es abhängig von Besitz in Form von Eigentum oder Einkünften sein sollte. Die Abschaffung eines Zensus und damit die Einführung des allgemeinen Wahlrechts forderten bis 1848 allenfalls demokratisch oder radikal eingestellte Zeitgenossen, die in Deutschland kaum öffentliche Artikulationsmöglichkeiten besaßen. Und selbst dann war bei einem allgemeinen Wahlrecht nur an ein Männerwahlrecht gedacht.

Wahlen fanden aber in den nord- und mitteldeutschen Staaten nicht erst seit Einführung der konstitutionellen Verfassungen der 1830er-Jahre, sondern bereits in den Zeiten der altständisch strukturierten Ständeversammlungen statt. So gab es bei den Landtagen in Hannover 1814, in Kurhessen 1815/16 und in Sachsen 1817 Wahlen, die getrennt nach drei Kurien abgehalten wurden.[70] Hier waren traditionell der höhere und niedere weltliche wie geistliche Adel und die Städte repräsentiert. Die landständischen Vertreter waren gelegentlich persönliche Mitglieder (wie z. B. der hessische Erbmarschall aus der Familie der Freiherren von Riedesel zu Eisenbach), wurden zum Teil aber auch bestimmt oder gewählt. So traten die Vertreter von etwa 80 ritterschaftlichen Familien Kurhessens zusammen und wählten fünf Deputierte aus den Strombezirken. Die städtischen Abgeordneten wurden aktiv von und passiv aus den Magistratsmitgliedern gewählt – dies galt für Hannover und Kurhessen gleichermaßen. Oft entsandte man die jeweiligen Bürgermeister. Neu war in jedem Fall, dass »bei den veränderten Zeitverhältnissen« in Kurhessen 1815 erstmals auch eine Bauernkurie hinzugezogen wurde.[71] Die Wahl aus den Gemeindevorstehern jedes der fünf Strombezirke fand unter der Aufsicht eines landesherrlichen Kommissars statt.[72] In

---

69 Als Überblick: Peter Michael Ehrle, Volksvertretung im Vormärz. Studien zur Zusammensetzung, Wahl und Funktion der deutschen Landtage im Spannungsfeld zwischen monarchischem Prinzip und ständischer Repräsentation, 2 Tle., Frankfurt a. M. u. a. 1979.
70 Volker Fischer, Stadt und Bürgertum in Kurhessen. Kommunalreform und Wandel der städtischen Gesellschaft 1814–1848, Kassel 2000, S. 133 f.; ders., Stadtbürger oder Staatsbürger? Zur politischen und gesellschaftlichen Funktion des Bürgerrechts im kurhessischen Vormärz, in: W. Speitkamp (Hg.), Staat, Gesellschaft, Wissenschaft. Beiträge zur modernen hessischen Geschichte, Marburg 1994, S. 121-145; Manfred Bullik, Staat und Gesellschaft im hessischen Vormärz. Wahlrecht, Wahlen und öffentliche Meinung in Kurhessen 1830–1848, Köln/Wien 1972; Oberschelp, Geschichte (wie Fn. 29), S. 69 f.
71 W. Speitkamp (Hg.), Kommunalverfassung in Kurhessen. Eine Schrift des Kasseler Regierungsreferendars Theodor von Heppe aus dem Jahr 1826, Darmstadt/Marburg 1987, S. 51.
72 Ebd., S. 52, Speitkamp, Restauration (wie Fn. 12), S. 132 f.

Hannover zogen auch acht Bauern, davon fünf aus Ostfriesland, in den Landtag ein. Hier tagten im Unterschied zu Sachsen und Kurhessen zudem allgemeine, nicht nach Kurien getrennt zusammentretende Landstände. Die aktive wie passive Wahlberechtigung war in der vorkonstitutionellen Zeit extrem eingeschränkt.[73]

Die Zulassung zu den Wahlen änderte sich durch die konstitutionellen Verfassungen nachhaltig. Nun erst setzte sich ein modernes Verständnis von Repräsentation durch. Der Gewählte vertrat mit einem freien Mandat die Interessen der Allgemeinheit; der Abschied vom sog. imperativen Mandat war eindeutig formuliert und endgültig. Bereits in den Konstitutionen selbst sind in den Abschnitten über die Wahl und Zusammensetzung der Landtage Kriterien genannt.[74] Dabei unterschieden sich die Zweikammersysteme in Hannover und Sachsen von dem Einkammerparlament Kurhessens grundsätzlich. In Kassel saßen Prinzen und Bauern, Rittergutsbesitzer und Bürgermeister, Universitätsprofessoren und Anwälte nebeneinander in einem einzigen Saal (☞ Abb. 11.3.1, S. 893). Der Einkammerlandtag hatte in Kassel 53 Abgeordnete, in Hannovers Zweiter Kammer tagten 85 und in Sachsens Abgeordnetenhaus 75 Deputierte. Die später verabschiedeten Wahlgesetze konkretisierten die Grundsätze aus den Verfassungsurkunden und legten vor allem die Details des Wahlverfahrens fest. Es handelte sich um Ausführungsbestimmungen, die man, weil sie in der Verfassung angekündigt waren und sogar als Teil von ihr galten, auch als sog. organische Gesetze bezeichnete.[75] Das kurhessische Wahlgesetz vom 16. Februar 1831[76] erschien nur gut einen Monat nach der Verfassung, wurde noch vom konstituierenden Landtag verabschiedet und zählte damit zu den ersten konstitutionellen Gesetzen überhaupt.[77]

Von den heute geltenden Bestimmungen einer allgemeinen, unmittelbaren, freien, gleichen und geheimen Wahl sind die Vormärzregelungen deutlich entfernt. Zum einen gab es in den Kammern persönliche Mitglieder mit sog. Virilstimmen, zum anderen Kuriatstimmen für bestimmte Körperschaften und Institutionen. Es waren Mitglieder der fürstlichen Häuser, Angehörige der Ritterschaften, der Universitäten, der Kirchen und von Stiften vertreten. Neben diesen altständischen Repräsentanten

---

73 Volker Klügel, Wahlrechtsbeschränkungen und deren Auswirkungen im Königreich Hannover zur Zeit des Frühkonstitutionalismus, Diss. jur. Göttingen 1988.

74 CD-ROM-2, Dok.-Nr. 11.3.2.3 (wie Fn. 38), §§ 63-72 (Kurhessen); Dok.-Nr. 11.3.2.4 (wie Fn. 39), §§ 61-77 (Sachsen); Dok.-Nr. 11.3.2.8 (wie Fn. 41), §§ 94-105 (Hannover).

75 Ewald Grothe, Zwischen Vision und Revision. Parlament und Verfassung im Kurfürstentum Hessen 1831-1866, in: A. G. Manca/L. Lacchè (Hg.), Parlamento e Costituzione nei sistemi costituzionali europei ottocenteschi/Parlament und Verfassung in den konstitutionellen Verfassungssystemen Europas, Bologna u. a. 2003, S. 213-236, hier S. 219-223.

76 CD-ROM-2, Dok.-Nr. 11.3.3.1 (Wahlgesetz für den kurhessischen Landtag v. 16.2.1831, Auszug). Hellmut Seier, Wahlrecht und Wahlen in Kurhessen 1807-1866. Grundzüge und Forschungsstand, in: Hessisches Jahrbuch für Landesgeschichte 51 (2001), S. 103-147, hier S. 115-123.

77 Bullik, Staat (wie Fn. 70); Grothe, Verfassungsgebung (wie Fn. 38), S. 338-353.

gab es aber auch die Vertreter von Bürgern und Bauern, die zum Teil sogar ohne Zensusschranken wählbar waren. In Kurhessen galt dies für die Hälfte der Stadt- und Landdeputierten und damit rund ein Drittel des Landtags. In Sachsen waren sogar »Vertreter des Handels- und Fabrikwesens« ausdrücklich in die Zweite Kammer wählbar.[78]

Die Wahlen der Stadt- und Landdeputierten zu den konstitutionellen Ständeversammlungen waren nicht allgemein, indirekt, ungleich und nicht selten öffentlich. Es galt ein Männerwahlrecht. Ausgeschlossen waren strafrechtlich Belangte, Schuldner im Konkursverfahren, Schutzbefohlene sowie Erwachsene unter 25 bzw. unter 30 Jahren. Die Regelungen in Hannover, Kurhessen und Sachsen variieren etwas, sind sich aber recht ähnlich. Grundsätzlich wird ein Großteil dieser Abgeordneten indirekt, d. h. über Wahlmänner gewählt. Für die Urwahl waren immerhin um die 15 Prozent der Bevölkerung zugelassen und damit eine Zahl, die um ein Vielfaches höher war, als die Wahlberechtigten in England oder Frankreich. Allerdings schwankte die tatsächliche Wahlbeteiligung sehr stark, zum Teil zwischen zehn und über 80 Prozent – dies hing sowohl vom Zeitpunkt als auch vom Ort der Wahl ab. Die Durchführung der Wahlen war zwar gesetzlich reglementiert, dennoch bestanden viele Einflussmöglichkeiten und nicht selten gab es Manipulationsversuche.[79] So wurden Wahlmänner mit Alkohol betäubt, Wahlurnen beschädigt, Wahlscheine gefälscht oder es wurde offen gewählt. Schließlich griffen die Regierungen nach erfolgter Wahlentscheidung ein. Denn nicht jeder Gewählte erhielt tatsächlich eine Zulassung zum Landtag. Tatsächlich kam es zu längeren Auseinandersetzungen über die Wählbarkeit und die Zulassung von Staatsdienern als Abgeordnete. Hier sorgte die Verweigerung der erforderlichen Urlaubsgenehmigung, z. B. im Fall des liberalen Marburger Staatsrechtlers Sylvester Jordan[80], für erhebliches Aufsehen.

Der Vorgang der Wahl war aufwändig und diffizil. Er forderte Wähler, Gewählte, aber auch die Wahlaufsicht der Behörden. In jedem Fall erhielten die Wahlen öffentliche Aufmerksamkeit, zogen eine begleitende Publizistik nach sich und führten damit zu einer Politisierung breitester Bevölkerungskreise – bis hinein in die umfangreiche Schicht der von der Wahl Ausgeschlossenen.

---

78 CD-ROM-2, Dok.-Nr. 11.3.3.3 (Sächsisches Wahlgesetz für Abgeordnete des Handels und Fabrikwesens v. 7.3.1839).
79 CD-ROM-2, Dok.-Nr. 11.3.3.2 (Polizeibericht über Wahlbeeinflussung auf dem Lande in Kurhessen v. 21.8.1836).
80 Grothe, Verfassungsgebung (wie Fn. 38), S. 228-241. Vgl. auch Friedrich Gackenholz, Die Vertretung der Universitäten auf den Landtagen des Vormärz. Insbesondere dargestellt am Beispiel der Universität Freiburg i. Br., Karlsruhe 1974.

4 Grundrechte

Grundrechte als universal geltende Menschenrechte im heutigen Verständnis waren dem frühen 19. Jahrhundert in der Staatstheorie und als politische Forderung bekannt.[81] Aber sie galten prinzipiell nicht als einklagbare Rechtsgarantien aller Staatsangehörigen oder individuelle Abwehrrechte gegen staatliche Willkür. Als Urrechte aus naturrechtlichem Verständnis oder als verfassungsmäßig festgelegte Untertanenrechte waren Grundrechte indes in den vormärzlichen Verfassungen durchaus vorhanden. Stets wurden sie begrenzt gewährt, waren häufig mit einem Gesetzesvorbehalt versehen und grundsätzlich nicht justiziabel. Damit besaßen sie oft mehr deklamatorischen Charakter als praktische Relevanz. Sie fungierten nicht als Richtschnur für die Judikative, während sie in der Legislative allerdings ein bevorzugtes Debattierfeld für liberale Ansprüche darstellten.

Die Rechte aller Staatsangehörigen, die Gleichheit vor dem Gesetz, die Freiheit der Person und des Eigentums, die (private) Religionsfreiheit, die Presse- und Meinungsfreiheit sowie die Auswanderungsfreiheit wurden in einem eigenen Abschnitt der mitteldeutschen Verfassungen erwähnt. Er hieß »Von den allgemeinen Rechten und Pflichten der Untertanen« oder ähnlich und war den Abschnitten über Staatsform, Territorium, Thronfolge sowie den Rechten des Königs nachgeordnet.[82] In Staatstheorie und Verfassungspraxis war damit klargestellt, dass der Gewährung der Rechte auch Verpflichtungen gegenüber dem Staat entsprachen. In anderen Verfassungsbereichen hielten weitere Grundrechte Einzug in die Verfassungstexte, so beispielsweise für die Staatsdiener.[83] Keine Berücksichtigung in den Konstitutionen fand vor 1848 aber die Versammlungs- oder auch die Gewerbefreiheit. Letztere war im Königreich Westphalen verkündet worden, wurde aber in den Nachfolgestaaten, Hannover und Kurhessen, nach der Restitution suspendiert.

---

81 Thomas Würtenberger, Von der Aufklärung zum Vormärz, in: D. Merten/P. Badura (Hg.), Handbuch der Grundrechte in Deutschland und Europa, Bd. 1: Entwicklung und Grundlagen, Heidelberg 2004, S. 49-96; Hartwig Brandt, Urrechte und Bürgerrechte im politischen System vor 1848, in: G. Birtsch (Hg.), Grund- und Freiheitsrechte im Wandel von Gesellschaft und Geschichte, Göttingen 1981, S. 460-482; Judith Hilker, Grundrechte im deutschen Frühkonstitutionalismus, Berlin 2005.
82 CD-ROM-2, Dok.-Nr. 11.3.2.8 (wie Fn. 41), §§ 27-41 (Hannover); Dok.-Nr. 11.3.2.3 (wie Fn. 38), §§ 19-41 (Kurhessen); Dok.-Nr. 11.3.2.4 (wie Fn. 39), §§ 24-40 (Sachsen).
83 Rainer Polley, Rechtliche Verantwortlichkeit, Verfassungstreue und Gehorsamspflicht der kurhessischen Staatsdiener nach einem Kasseler Regierungsgutachten von 1833, in: Heinemeyer (Hg.), Hundert Jahre (wie Fn. 56), S. 807-821. Zur Situation vorher: Stefan Brakensiek, Die Herausbildung des Beamtenrechts in Hessen-Kassel bis zum Staatsdienstgesetz von 1831, in: Hessisches Jahrbuch für Landesgeschichte 48 (1998), S. 105-146.

Ähnlich verhielt es sich mit den Grundrechten im religiösen Bereich. Gewährt wurden diese zunächst für die drei anerkannten christlichen Konfessionen.[84] Alle anderen religiösen Gruppierungen, so z. B. Pietisten, Lichtfreunde oder Deutschkatholiken, hatten Probleme, sich auf dieses Grundrecht zu berufen. Gleichfalls schwierig gestaltete sich die Umsetzung der im Grundrechtsabschnitt der Verfassungen angekündigten Judenemanzipation. Die bereits in der Rheinbundzeit gewährte Gleichstellung war in der Restaurationsära aufgehoben worden. Nun wurden auf Grundlage der Verfassungen Emanzipationsgesetze verabschiedet, die gleichwohl noch gewisse Ausnahmetatbestände, z. B. für jüdische Nothändler, zuließen.[85] Zu einer vollständigen rechtlichen Emanzipation der Juden kam es im Vormärz nicht – von der ökonomischen und gesellschaftlichen Anerkennung ganz zu schweigen.

Bei den Grundrechten gab es im Vormärz immer Ausnahmen für Personen bzw. Personengruppen, denn als Restbestand der Ständegesellschaft wurde eine deutlich erkennbare Rechtsungleichheit in vielen Bereichen konserviert. Es gab eine Vielzahl von Privilegien und Exemtionen, die erst im Laufe des Jahrhunderts allmählich abgebaut wurden, bis sie schließlich ganz verschwanden. Unter dem besonderen Schutz des Staates standen Militärangehörige und Staatsdiener, denen zum einen besondere Pflichten auferlegt waren, die aber zum anderen auch spezielle Beamtenschutzrechte besaßen. Vorrechte und Privilegien genossen zudem die Angehörigen des Adels. Der Hochadel, die Standesherren, aber auch der Niederadel, die Ritterschaften, hatten noch Reste ihrer alten Sonderrechte ins 19. Jahrhundert hinüberretten können.[86] Die

---

84 CD-ROM-2, Dok.-Nr. 11.3.2.8 (wie Fn. 41), § 30 (Hannover); Dok.-Nr. 11.3.2.3 (wie Fn. 38), § 29 (Kurhessen); Dok.-Nr. 11.3.2.4 (wie Fn. 39), § 32 (Sachsen).
85 Uwe Eissing, Zur Reform der Rechtsverhältnisse der Juden im Königreich Hannover (1815–1842), in: Niedersächsisches Jahrbuch für Landesgeschichte 64 (1992), S. 287-340; Siegfried Schütz, Das Judenrecht im Kurfürstentum und Königreich Hannover, in: R. Sabelleck (Hg.), Juden in Südniedersachsen. Geschichte, Lebensverhältnisse, Denkmäler. Beiträge zu einer Tagung am 10. November 1990 in Göttingen, Hannover 1994, S. 57-82, hier S. 76-82; Gerhard Hentsch, Gewerbeordnung und Emanzipation der Juden im Kurfürstentum Hessen, Wiesbaden 1979; Dorothee Schimpf, Emanzipation und Bildungswesen der Juden im Kurfürstentum Hessen 1807–1866. Jüdische Identität zwischen Selbstbehauptung und Assimilationsdruck, Wiesbaden 1994; Stephan Buchholz/Rüdiger Ham, Ludwig Hassenpflug. Religiöser Konservativismus und die Frage der Judenemanzipation im Kurfürstentum Hessen, in: G. H. Gornig (Hg.), Staat, Wirtschaft, Gemeinde. Festschrift für Werner Frotscher zum 70. Geburtstag, Berlin 2007, S. 93-109; Anke Schwarz, Jüdische Gemeinden zwischen bürgerlicher Emanzipation und Obrigkeitsstaat. Studien über Anspruch und Wirklichkeit jüdischen Lebens in kurhessischen Kleinstädten im 19. Jahrhundert, Wiesbaden 2002; Simone Lässig, Vom Mittelalter in die Moderne? Anfänge der Emanzipation der Juden in Sachsen, in: Dresdner Hefte 14 (1996), S. 9-18; Rudolf Muhs, Verfassungsgebung und Judenfrage, in: H. Bächler (Hg.), »Dem Mute aller Sachsen anvertraut«. Landesverfassung und Reformen in Sachsen nach 1831, Dresden 1991, S. 31-35.
86 Gregory W. Pedlow, The Survival of the Hessian Nobility 1770–1870, Princeton 1988; ders., Der kurhessische Adel im 19. Jahrhundert. Eine anpassungsfähige Elite, in: A. von Reden-Dohna (Hg.), Der Adel an der Schwelle des bürgerlichen Zeitalters 1780–1860, Stuttgart 1988, S. 271-284; Josef Matzerath, Adelsprobe an der Moderne. Sächsischer Adel 1763–1866. Entkonkretisierung

Rechte der Standesherren waren durch den Artikel 14 der Deutschen Bundesakte[87] sichergestellt; über ihren Sonderstatus erschienen besondere Edikte. Diese Grundsätze galten für die süddeutschen ebenso wie für die nord- und mitteldeutschen Staaten.

Die Umsetzung der in der Verfassung garantierten oder versprochenen Grundrechte war am Ende vor allem eine Frage der tatsächlichen Staatspraxis. Hier kam es u. a. auf die ausführenden sog. organischen Gesetze an, die in den jeweiligen Verfassungsurkunden angekündigt worden waren. Die Gesetzgebung wurde jedenfalls nach dem Erlass der Verfassungen deutlich intensiviert. Dies lag an einem erhöhten Erwartungsdruck seitens der Bevölkerung, der auch mittels der zwar nicht permanent, aber doch periodisch tagenden Ständeversammlungen vermittelt und wechselseitig verstärkt wurde. In allen Mittelstaaten entstanden somit Gesetze, die die Grundrechte inhaltlich präzisierten oder ausbauten.

Einen der heikelsten Bereiche stellte das Grundrecht der Meinungsfreiheit und seine Konkretisierung in der Pressefreiheit dar. Hier versuchten die Regierungen systematisch, die Presse und den Buchhandel zu beschränken und ihrer Aufsicht zu unterwerfen. Dies konvergierte vor allem mit der Politik des Deutschen Bundes, die sich in der Ära Metternich gerade in diesem Bereich als besonders aktiv erwies. So wurden die Geltung und die Fortschreibung der Karlsbader Beschlüsse[88] hinsichtlich der Pressezensur regelmäßig gebilligt und in einzelstaatliche Gesetze umgesetzt. Auch nach 1830 änderte sich dies nur vorübergehend. In einer relativ kurzen Zeitphase zwischen September 1830 und Juni 1832 kam es zu einer Welle von Zeitungsneugründungen und einer Publikationsflut im Zeitschriften- und Flugschriftenwesen sowie bei den Büchern. Dann blockierte der Deutsche Bund zunächst das liberale badische Pressegesetz vom Dezember 1831. Im Frühjahr 1832 folgten konkrete Publikationsverbote für bestimmte Zeitungen und im Juni/Juli 1832 als Reaktion auf das Hambacher Fest und seine Nachfolgefeste schließlich die Sechs und Zehn Artikel des Deutschen Bundes.[89] (☛ Abb. 11.3.2, S. 903)

Die Pressefreiheit war zwar in den Grundgesetzen gewährt worden und eine entsprechende Gesetzgebung wurde in den Verfassungen angekündigt, aber die Ausführungsgesetze blieben in den politischen Auseinandersetzungen zwischen konservativen Regierungen und liberalen Landtagsmehrheiten auf der Strecke. In Kurhessen spaltete sich im Mai 1832 eine gemäßigt liberale von einer entschieden liberalen Richtung, als es im Landtag um die Frage ging, ob man bei Prozessen wegen Pressevergehen auf die

---

einer traditionalen Sozialformation, Stuttgart 2006; Ulrike Hindersmann, Der ritterschaftliche Adel im Königreich Hannover 1814–1866, Hannover 2001.

87 CD-ROM-2, Dok.-Nr. 11.1.2.1 (Deutsche Bundesakte v. 8.6.1815).
88 CD-ROM-2, Dok.-Nr. 11.1.4.1 (Bundes-Preßgesetz v. 20.9.1819).
89 Vgl. CD-ROM-2, Dok.-Nr. 11.1.2.6 (Die Sechs Artikel v. 28.6.1832); Dok.-Nr. 11.1.2.7 (Die Zehn Artikel v. 5.7.1832). Siehe auch den Beitrag von Edgar Liebmann über den Deutschen Bund im vorliegenden Handbuchband.

Öffentlichkeit und Mündlichkeit verzichten könne.⁹⁰ Und obwohl sich die gemäßigten Liberalen durchsetzten und mit dem Verzicht die Aussichten auf eine gesetzliche Regelung zu verbessern hofften, erschien bis 1848 keine entsprechende Regelung. Nach 1833 wurde nicht einmal mehr darüber debattiert. Die Zensur dauerte also in der Verfassungswirklichkeit fort.⁹¹ Etwas anders sah es in Sachsen aus. Nach jahrelangen Verhandlungen erschien schließlich 1844 ein Pressegesetz. Jenseits der lange ausbleibenden oder schließlich vollzogenen gesetzlichen Regelung blieb die Behördenpraxis der Presse- und Buchzensur streng und weitgehend unnachgiebig. Auch nach 1844 änderte sich wenig daran.⁹²

Abb. 11.3.2 Der Verfassungsfreund, Nr. 58 vom 21. Juli 1832 (Titelblatt)

Der wohl spektakulärste Fall von Beschränkung der Meinungsfreiheit ereignete sich indes im Königreich Hannover im Jahr 1837.⁹³ Gegen den Staatsstreich des neuen Monarchen Ernst August erklärten sieben Göttinger Professoren (Wilhelm Eduard Albrecht, Friedrich Christoph Dahlmann, Heinrich Ewald, Georg Gottfried Gervinus, Jacob und Wilhelm Grimm und Wilhelm Weber) am 18. November ihren ausdrücklichen Protest.⁹⁴ Bereits am 11. Dezember wurden sie von ihren Ämtern enthoben; Dahlmann, Jacob Grimm und Gervinus verwies man wegen Verbreitung der Protestschrift zusätzlich des Landes.⁹⁵

---

90 CD-ROM-2, Dok.-Nr. 11.3.4.1 (Artikel zur Pressegesetzdebatte im kurhessischen Landtag v. 18.4.1832). Grothe, Verfassungsgebung (wie Fn. 38), S. 446-457.
91 Roger Mann, Die Garantie der Pressefreiheit unter der Kurhessischen Verfassung von 1831, Frankfurt a. M. u. a. 1993; Frederik Ohles, Germany's rude awakening. Censorship in the land of the brothers Grimm, Kent, Ohio u. a. 1992.
92 Dominik Westerkamp, Pressefreiheit und Zensur im Sachsen des Vormärz, Baden-Baden 1999; vgl. auch Volker Knüpfer, Presse und Liberalismus in Sachsen. Positionen der bürgerlichen Presse im frühen 19. Jahrhundert, Weimar u. a. 1996; ders., Presse und Liberalismus in Sachsen vom Anfang des 19. Jahrhunderts bis 1833, in: Neues Archiv für sächsische Geschichte 65 (1994), S. 77-91.
93 Zur Presse und Öffentlichkeit in Hannover: Dirk Riesener, Polizei und politische Kultur im 19. Jahrhundert. Die Polizeidirektion Hannover und die politische Öffentlichkeit im Königreich Hannover, Hannover 1996.
94 CD-ROM-2, Dok.-Nr. 11.3.4.2 (Protest der Göttinger Sieben v. 18.11.1837). Eine Quellensammlung: W. Real (Hg.), Der hannoversche Verfassungskonflikt von 1837/1839, Göttingen 1972.
95 CD-ROM-2, Dok.-Nr. 11.3.4.3 (Entlassung der Göttinger Sieben v. 11.12.1837).

Der Skandal erregte die Gemüter deutschlandweit. Während sich die monarchischen Regierungen zumeist stillschweigend solidarisch mit der Staatsführung erklärten, zog eine Welle der Empörung durchs Land. Es bildeten sich Hilfsvereine zur Unterstützung der Sieben. Doch erst Jahre später fanden die Professoren wieder neue Anstellungen. Ihr Beharren auf dem Recht, die Ausübung ihrer Meinungsfreiheit, war ihnen zum beruflichen Verhängnis geworden. In den Zeiten des monarchischen Konstitutionalismus war es um die Durchsetzung der in den Verfassungen proklamierten Grundrechte noch recht schlecht bestellt.

5 Verwaltung

Der Staat des 19. Jahrhunderts war durch eine expandierende administrative Tätigkeit gekennzeichnet.[96] Die moderne staatliche und kommunale Verwaltung, das differenzierte Behördenwesen, der reglementierte Geschäftsgang, der vorgeschriebene Dienstweg, schließlich auch streng festgelegte Dienstzeiten und ein rapide steigender Papierverbrauch, nahmen hier ihren Ausgang. Neben den Neuerungen des bürokratischen Alltags prägte der Umbau der staatlichen Behördenstruktur und -organisation das frühe 19. Jahrhundert.[97] Im Zuge der territorialen Umbrüche durch den Wiener Kongress galt es für viele Staaten, ihre Staatsgebiete neu und einheitlich zu organisieren, um eine effektive Verwaltungstätigkeit überhaupt erst zu ermöglichen.

Das frühe 19. Jahrhundert markiert nicht nur den Beginn des modernen Verfassungsstaates, sondern auch den Anfang des Verwaltungsstaates. Und am Anfang war – auch hier – Napoleon; jedenfalls galt dies mit Blick auf die drei nord- und mitteldeutschen Staaten für die vormals »westphälischen« Gebiete. Mit den westphälischen Reformen hielt das sog. Bürosystem Einzug in die Verwaltung und löste das überkommene Kollegialsystem ab. Die Behörden im Kunststaat wurden nach französischem Vorbild hierarchisch-zentralistisch organisiert, die Verwaltung durch die Abschaffung intermediärer Gewalten vereinfacht, das Land in neu zugeschnittene Verwaltungsbezirke (Departements) gegliedert.

Nach 1813/14 wurden die französischen Reformen in den wieder erstandenen Nachfolgestaaten Westphalens, dem Kurfürstentum Hessen und dem Königreich Hannover[98], wieder rückgängig gemacht. Aber es kam lediglich zu Teilrevisionen. Denn so radikal der Wandel einst auch gewesen war, die Rationalität des westphälischen Verwaltungshandelns und die ihm zugrunde liegenden Organisationsstruk-

---

96 Bernd Wunder, Geschichte der Bürokratie in Deutschland, Frankfurt a. M. 1986, S. 21–68; Lutz Raphael, Recht und Ordnung. Herrschaft durch Verwaltung im 19. Jahrhundert, Frankfurt a. M. 2000.
97 Jeserich u. a. (Hg.), Verwaltungsgeschichte (wie Fn. 43), Bd. 2.
98 Oberschelp, Geschichte (wie Fn. 29), S. 73–76.

turen hatten viele Beamte vor Ort überzeugt. Innerhalb der Bürokratie gab es mehr Anhänger der französischen Regelungen als die Regierungen wahrhaben wollten. Die Staatsspitze verfügte dennoch einen Rückschritt. Dies alles galt allerdings nur mit Einschränkungen für Sachsen.[99] Das Königreich war zwar 1806 dem Rheinbund beigetreten, aber die französischen Verwaltungsstrukturen wurden hier nicht eingeführt. Im Gegenteil: Zwar hielt eine sog. Wiederaufhelfungskommission 1807/08 eine verwaltungsmäßige Vereinheitlichung für notwendig und auch der Landtag sprach sich 1811 dafür aus, aber zunächst blieben dies Pläne auf dem Papier. Und die Verkleinerung des Staatsgebiets führte nur zu geringen Umbaumaßnahmen.

In Hannover und Kurhessen blieben Verwaltungsreformen auf der zentralen Ebene gleichfalls zunächst begrenzt. Aber im Bereich der Mittelbehörden nahm man zu Beginn der 1820er-Jahre Weichenstellungen vor, die zur Integration des Staatsgebiets als unerlässlich erachtet wurden. In Hannover ersetzten 1816/17 Provinzialregierungen die ehemaligen provisorischen Regierungskommissionen; durch ein Edikt über die Bildung der künftigen Staatsverwaltung von 1822 wurden schließlich sechs Landdrosteien als Verwaltungsbezirke der mittleren Ebene eingeführt.[100] Einen ähnlichen Weg wie Hannover schlug Kurhessen ein.[101] Hier hatte man 1816 lediglich für das annektierte Großherzogtum Fulda ein Organisationsstatut erlassen. Der generelle Reformstau nach der Restituierung der Herrschaft 1813 löste sich erst mit der grundlegenden Verwaltungsreform des Jahres 1821. Das sog. Organisationsedikt[102] führte vier zentrale Fachministerien ein und schuf als Mittelinstanzen vier Provinzialregierungen. Außerdem wurden Verwaltung und Justiz funktional und institutionell getrennt. Eine Verordnung über die Einteilung der Kreise aus dem gleichen Jahr ergänzte die Reform. So fortschrittlich dies zunächst wirkte, so stellte diese Maßnahme dennoch keinen Verfassungsersatz dar und betonte vielmehr die fortbestehenden spätabsolutistischen Einflusssphären des Regenten. Dies zeigte sich sowohl im Geheimen Kabinett[103], das den Exekutivbehörden übergeordnet war, als auch in

---

99 Karlheinz Blaschke, Königreich Sachsen und thüringische Staaten, in: Jeserich u. a. (Hg.), Verwaltungsgeschichte (wie Fn. 43), Bd. 2, S. 608-645, hier S. 608-633; Schmidt, Staatsreform (wie Fn. 22), S. 138-315; Richard J. Bazillion, State Bureaucracy and the Modernization Process in the Kingdom of Saxony, 1830–1861, in: German history 13 (1995), S. 305-325; Robert Beachy, Local Protest and Territorial Reform. Public Debt and Constitutionalism in Early-Nineteenth-Century Saxony, in: German history 17 (1999), S. 471-488; Dieter Wyduckel, Die Trennung von Justiz und Verwaltung in Sachsen nach 1831, in: Dresdner Hefte 17 (1999), S. 21-29.
100 Thomas Klein, Königreich Hannover, in: Jeserich u. a. (Hg.), Verwaltungsgeschichte (wie Fn. 43), Bd. 2, S. 678-715; Oberschelp, Geschichte (wie Fn. 29), S. 74 f.
101 Thomas Klein, Hessische Staaten, I. Kurfürstentum Hessen(-Kassel), in: Jeserich u. a. (Hg.), Verwaltungsgeschichte (wie Fn. 43), Bd. 2, S. 645-678, hier S. 645-656.
102 CD-ROM-2, Dok.-Nr. 11.3.5.1 (Organisationsedikt für Kurhessen v. 29.6.1821). Speitkamp, Restauration (wie Fn. 12), S. 495-505.
103 Günter Hollenberg, Die wechselvolle Geschichte des kurhessischen Geheimen Kabinetts und die Odyssee des Kabinettsarchivs, in: Heinemeyer (Hg.), Hundert Jahre (wie Fn. 56), S. 823-855.

einem immediaten Polizeiapparat. Erst Mitte der 1830er-Jahre holte Sachsen die Verwaltungsmodernisierung nach, die es in Kurhessen und Hannover bereits ein Jahrzehnt vorher gegeben hatte, indem die regionalen Mittelbehörden eine neue Struktur erhielten.[104] Dem Innenministerium wurden 1835 Kreisdirektionen untergeordnet, diesen die fortbestehenden Amtshauptmannschaften unterstellt.

Eine grundlegende Reform der Verwaltung, die auch die Zentralbehörden mit einbezog, kam in den mitteldeutschen Staaten erst durch die Verfassungsgebung zu Beginn der 1830er-Jahre in Gang. In Sachsen löste der König noch 1831 durch ein Reskript das Geheime Kabinett und den Geheimen Rat auf und ersetzte sie durch sechs Fachministerien, die ein Gesamtministerium bildeten. Daneben bestand noch ein Ministerium des königlichen Hauses. Der im selben Jahr eingeführte Staatsrat zur Gesetzesmitberatung blieb relativ einflusslos.[105] Die Reform der Zentralverwaltung im Kurfürstentum Hessen war weniger weitreichend, weil sie an das Organisationsedikt von 1821 anknüpfen konnte. Neu waren die Verantwortlichkeit der Minister gegenüber dem Landtag und die Organisation eines fünften, des Kriegsministeriums 1831. Auch in Kurhessen richtete man einen gleichfalls nahezu bedeutungslos erscheinenden Staatsrat 1833 ein. (☞ Abb. 11.3.1, S. 893)

Ein fundamentaler Umbau der Staatsverwaltung vollzog sich während des Vormärz im Königreich Hannover. Dies hatte nicht mit der Konstitutionalisierung im Jahre 1833 zu tun, sondern war eine Folge der beendeten Personalunion mit dem britischen Königshaus nach dem Tod König Wilhelms IV. im Jahr 1837. Bis dahin hatte die in Westminster angesiedelte Deutsche Kanzlei unter einem leitenden Minister (Ernst Graf von Münster, Ludwig Karl Georg von Ompteda) den König bei der Verwaltung des Nebenlandes auf dem Kontinent unterstützt.[106] Als ausführende Exekutivbehörde vor Ort agierte seit 1831 ein Kabinettsministerium mit fünf Fachdepartements, das nach dem Thronwechsel 1837 aufgelöst wurde. Als Ersatz amtierte ein Staats- und Kabinettsminister (von Schele)[107], der mit sieben Departementsministern Vortrag beim Monarchen halten durfte. Daneben existierte bereits seit 1816 ein Geheimes Ratskollegium, das, seit 1839 zum Staatsrat umbenannt, vor allem Kompetenzkonflikte zwischen Verwaltungs- und Justizbehörden entscheiden sollte.[108]

Generell kennzeichnet das frühe 19. Jahrhundert eine Tendenz zur Zusammenfassung und Vereinheitlichung der Behörden, d. h. zur Straffung und Reorganisation der Bürokratie. Deren Dienst erfuhr seine Ausgestaltung durch Staatsdienerreglements, die nunmehr Gesetzesrang erhielten. In Kurhessen erschien ein Staatsdienstgesetz

---

104 Schmidt, Staatsreform (wie Fn. 22), S. 251-276.
105 Ebd., S. 197-248.
106 Oberschelp, Geschichte (wie Fn. 29), S. 125 f.; vgl. auch Andreas Zekorn, Verwaltung und Oberämter im Fürstentum Hohenzollern-Sigmaringen 1803 bis 1850, in: Zeitschrift für hohenzollerische Geschichte 37 (2001), S. 47-82.
107 Hans-Joachim Behr, Georg von Schele 1771–1844. Staatsmann oder Doktrinär? Osnabrück 1973.
108 Michael Wrage, Der Staatsrat im Königreich Hannover 1839–1866, Münster 2001.

1831, in Sachsen 1835. Hierin fanden sich grundsätzliche Regelungen über Qualifikation, Ernennung, Aufgaben, Besoldung, Dienstvergehen, Urlaub, Entlassung und Pensionierung. Die Beamten wurden auf den Monarchen als obersten Dienstherrn verpflichtet und leisteten zusätzlich einen Eid auf die neue Verfassung.[109]

Die Organisation der zentralen und der mittleren Ebene der Verwaltung in den nord- und mitteldeutschen Staaten im Vormärz wurde zum Teil durch eine Reform der unteren kommunalen Verwaltungsstrukturen ergänzt. In Hannover trat 1823 eine Amtsordnung in Kraft, die eine ältere, in einzelnen Landesteilen geltende Regelung aus dem 17. Jahrhundert ersetzte. Auf eine einheitliche kommunale Verfassung in den Städten und Gemeinden konnte man sich bis 1848 allerdings nicht einigen. Es gab eine Vielfalt von einzelnen Städteordnungen, die erst 1851 zusammengefasst wurden.[110] Anders verhielt es sich in Sachsen und Kurhessen. Hier erachtete man eine Kommunalreform als notwendigen Abschluss der Verfassungsgebung. Nach mehrjährigen zähen Verhandlungen wurde im Oktober 1834 die kurhessische Städte- und Gemeindeordnung beschlossen.[111] Besonders das landesherrliche Aufsichtsrecht über die kommunale Selbstverwaltung war äußerst umstritten. Schließlich lenkten die gemäßigten Liberalen im Landtag ein und stimmten dem Gesetz zu, das auf lange Sicht betrachtet als Erfolg bezeichnet werden kann. Nachdem in Sachsen bereits am 2. Februar 1832 eine Allgemeine Städteordnung erschienen war[112], wurde eine neue Landgemeindeordnung am 7. November 1838 veröffentlicht und zum 1. Mai 1839 in Kraft gesetzt.[113] Sie stand in unmittelbarem Zusammenhang sowohl mit der begonnenen Agrarreform als auch mit der wachsenden Industrialisierung. Nach dieser Ordnung wurde der Kreis der Gemeindemitglieder auf alle ansässigen Grundbesitzer ausgeweitet. Dennoch blieben die grundbesitzlosen Gemeindebewohner aus den Selbstverwaltungsgremien von Gemeinderat und Gemeindevorstand ausgeschlossen. Die Grundherrschaft behielt zwar ihre Polizeigewalt, aber der durch die Ablösung der Grundlasten 1832 ökonomisch begonnene Weg der Aufhebung der Grundherrschaft wurde durch die Landgemeindeordnung administrativ ergänzt.[114]

---

109 Stefan Brakensiek, Fürstendiener – Staatsbeamte – Bürger. Amtsführung und Lebenswelt der Ortsbeamten in niederhessischen Kleinstädten (1750–1830), Göttingen 1999.
110 Schubert, Verfassung (wie Fn. 18), S. 465 f.
111 Fischer, Stadt (wie Fn. 70); Grothe, Verfassungsgebung (wie Fn. 38), S. 467-477.
112 Gunda Ulbricht, Die verfassungsrechtliche Trennung von Stadt und Landgemeinde. Ein zentrales Problem der sächsischen Kommunalgesetzgebung im 19. Jahrhundert, in: Neues Archiv für sächsische Geschichte 69 (1998), S. 159-184; dies., Die Reform der Einwohnervertretung durch die Allgemeine Städteordnung vom 2. Februar 1832 und die Landgemeindeordnung vom 7. November 1838, in: U. Schirmer (Hg.), Sachsen (wie Fn. 34), S. 206-221.
113 CD-ROM-2, Dok.-Nr. 11.3.5.2 (Sächsische Landgemeindeordnung v. 7.11.1838).
114 Schmidt, Staatsreform (wie Fn. 22), S. 144-147.

6 Justiz

Im Justizwesen begann mit Aufklärung und Französischer Revolution die Moderne. Das zeigte sich zum einen an der Entstehung umfassender Gesetzeswerke wie dem Allgemeinen Landrecht in Preußen (1794) oder dem *Code civil* in Frankreich (1801), das machte zum anderen ein sich ausbreitender Apparat von Justizbehörden deutlich. Vom Ortsrichter aufsteigend bis zum Staatsgerichtshof baute man nun eine Rechtsprechungshierarchie auf. Im Laufe des Jahrhunderts kam es zu einer Harmonisierung und Institutionalisierung der Justiz und des Rechtswesens. Aber dieser Prozess war weder kontinuierlich noch gleichgerichtet, geschweige denn einheitlich.

Zu Beginn des 19. Jahrhunderts lagen Justiz und Verwaltung zumeist in einer Hand. Erst mit den Reformen des Vormärz wurden sie weitgehend konsequent getrennt. Dies galt allerdings nicht für den Bereich der unteren Gerichtsbarkeit. Hier übten noch vielfach niederer Adel oder die sog. Standesherren grund- und gutsherrschaftliche Befugnisse und die sog. Patrimonialgerichtsbarkeit aus. Im Königreich Westphalen waren solche Rechtssphären beseitigt worden, und im Kurfürstentum Hessen wurden sie 1813 tatsächlich nicht wieder restauriert.[115] Aber im Königreich Hannover waren sie wieder eingeführt worden[116], und auch in Sachsen existierte die Patrimonialgerichtsbarkeit bis in die Mitte des Jahrhunderts hinein.[117] Abgesehen von diesen rechtlichen Exemtionen blieben auch persönliche Exemtionen in Form sog. privilegierter Gerichtsstände im frühen 19. Jahrhundert noch vielfach erhalten. Der Hof, die Kirche, das Militär, die Universitäten und große Teile des Adels verfügten über eine eigenständige Gerichtsbarkeit. Und zahlreiche Staatsdiener sowie selbstständige Akademiker zählten zu den sog. Schriftsässigen, die ebenfalls eine besondere Jurisdiktion für sich beanspruchten.

Die Reformen des frühen 19. Jahrhunderts reklamierten immer mehr Rechtsbereiche für den Staat. Das staatliche Gerichtswesen breitete sich aus, sowohl in der Vergrößerung der Fläche als auch im Ausbau der Hierarchie. An der Spitze der Justiz etablierte man Oberappellationsgerichte, die seit den 1830er-Jahren in den meisten Fällen zugleich als Staatsgerichtshöfe fungierten. Das 1743 in der Landgrafschaft Hessen-Kassel eingerichtete Oberappellationsgericht in Kassel erhielt mit der Verfassung von 1831 diese zusätzliche Aufgabe. Und nur wenige Jahre später konnte es sich in dieser Funktion gleich bei drei Ministeranklageprozessen gegen den Innen-

---

115 Frank Theisen, Zwischen Machtspruch und Unabhängigkeit. Kurhessische Rechtsprechung von 1821–1848, Köln u. a. 1997, S. 67; Rainer Polley, Lehnsvertrag contra Lehns- und Landeshoheit. Zum vergeblichen Kampf der Ritterschaft um die Wiederherstellung ihrer Patrimonialgerichtsbarkeit und Steuerfreiheit im restaurierten Kurfürstentum Hessen nach 1814, in: Hessisches Jahrbuch für Landesgeschichte 38 (1988), S. 161-170.
116 Klein, Hannover (wie Fn. 100), S. 702-704; Oberschelp, Geschichte (wie Fn. 29), S. 79.
117 Blaschke, Sachsen (wie Fn. 99), S. 619.

und Justizminister Ludwig Hassenpflug bewähren[118]. Kein Wunder also, dass sich die sächsische Justizverwaltung 1835 nach den Vorschriften des Kasseler Verfahrens erkundigte.[119] Nur drei Jahre später trat ein entsprechendes Gesetz in Dresden in Kraft, das den 1835 eingerichteten Gerichtshof mit der Funktion als Staatsgerichtshof versah.[120] Einberufen wurde er in dieser Funktion allerdings nie; er diente lediglich als Drohkulisse.

Auch unterhalb der obersten Gerichtshöfe wurde die Justizorganisation in den mitteldeutschen Staaten durch zahlreiche Reformen in der ersten Jahrhunderthälfte modernisiert. In den hannoverschen Provinziallandschaften richtete man nach 1815 Justizkanzleien mit festen Zuständigkeiten und Sprengeln ein.[121] In Sachsen erfolgte die Neuordnung des Gerichtswesens 1835 durch insgesamt vier Gesetze. Hierin wurde u. a. ein Instanzenzug eingeführt. Außerdem entstand – ebenso wie in Kurhessen und im Herzogtum Braunschweig[122] – eine besondere Verwaltungsgerichtsbarkeit. Dagegen wurde die Trennung von Zivil- und Strafjustiz in den unteren Instanzen aufgehoben.[123]

Als besonders modern galt die kurhessische Gerichtsbarkeit. Dies lag an der konsequenten und vorbildlichen Organisation ebenso wie an dem Ruf, unabhängig zu sein. Die Organisationsstruktur der Justiz regelte das Organisationsedikt von 1821.[124] Unter dem Oberappellationsgericht in Kassel gab es in den vier Provinzialhauptstädten Kassel, Marburg, Fulda und Hanau Obergerichte und darunter Landgerichte bzw. Justizämter auf der untersten Ebene. Oberappellationsgericht und Obergerichte besaßen jeweils einen Zivil- sowie einen Strafsenat. Alle Gerichte unterstanden dem Justizministerium. Allerdings existierten auch in Kurhessen privilegierte Gerichtsstände und Exemtionen. Die Unabhängigkeit der kurhessischen Justiz wurde im Vormärz vor allem in der Frage der Richterbesetzung beim Staatsgerichtshof bestritten. Der liberale Kasseler Publizist Friedrich Murhard warf 1843 dem vormaligen Justizminister Hassenpflug in einem Artikel für das liberale »Staats-Lexikon« vor, nach 1832 seine eigenen konservativen Vertrauensleute in das Gericht eingeschleust zu haben. Mur-

---

118 Theisen, Machtspruch (wie Fn. 115), S. 305-330; Popp, Ministerverantwortlichkeit (wie Fn. 60).
119 Grothe, Verfassungsgebung (wie Fn. 38), S. 261, Anm. 399.
120 CD-ROM-2, Dok.-Nr. 11.3.6.1 (Gesetz über das Verfahren vor dem sächsischen Staatsgerichtshof v. 3.2.1838). Schmidt, Staatsreform (wie Fn. 22), S. 248-250.
121 Klein, Hannover (wie Fn. 100), S. 708 f.
122 Thomas Henne, Verwaltungsrechtsschutz im Justizstaat. Das Beispiel des Herzogtums Braunschweig 1832–1896, Frankfurt a. M. 1995.
123 Blaschke, Sachsen (wie Fn. 99), S. 618 f.
124 CD-ROM-2, Dok.-Nr. 11.3.5.1 (wie Fn. 102). Vgl. Theisen, Machtspruch (wie Fn. 115), S. 208 ff.; Eckhart G. Franz, Die Gerichtsorganisation in Hessen 1815 bis 1975, in: ders./Hanns Hubert Hofmann/Meinrad Schaab, Gerichtsorganisation in Baden-Württemberg, Bayern und Hessen im 19. und 20. Jahrhundert, Hannover 1989, S. 167-170.

hard wurde wegen dieser Veröffentlichung zu einer mehrmonatigen Haft verurteilt.[125] Unabhängig von dem Vorwurf lässt sich allerdings feststellen, dass die Oberappellationsgerichtsräte zum einen die verschiedenen Ministeranklagen gegen Hassenpflug zur Verhandlung annahmen und die freisprechenden Urteile immer mit großer Mehrheit fällten. Als 1844 das Justizministerium um Einsicht in die Gerichtsakten bei der Ministeranklage nachsuchte, wiesen die Richter dies entschieden zurück.[126] Seinen Ruf politischer Unabhängigkeit erwarb sich das Gericht vor allem im Zusammenhang mit dem Verfassungsstreit im Herbst 1850.

Die kurhessische Justiz fällte – wie die Mehrheit der Richter in Deutschland in der ersten Hälfte des 19. Jahrhunderts – ihre Urteile als Fallentscheidungen. Ein Gesetzbuch als Rechtsgrundlage existierte bis 1848 nicht.[127] Vor allem Justizminister Hassenpflug sprach sich als Anhänger der Historischen Rechtsschule Friedrich Carl von Savignys wiederholt gegen eine Kodifikation des Rechts aus.[128] Lediglich kleine Veränderungen im Zivilprozessrecht nahm man Anfang der 1830er-Jahre vor. Andere Staaten waren in der Verabschiedung von größeren Gesetzeswerken nicht so zurückhaltend. In Sachsen kamen 1835 ein Militärstrafgesetzbuch sowie 1838 ein Kriminalgesetzbuch zustande.[129] Am aktivsten zeigte sich im Hinblick auf die Rechtskodifikation das Königreich Hannover. 1840 erschien ein Kriminalgesetzbuch[130], 1841 ein Militärstrafgesetzbuch und 1847 ein Polizei- und Forststrafgesetzbuch, begleitend traten Verfahrensordnungen und 1847 eine Allgemeine bürgerliche Prozessordnung in Kraft.[131]

---

125 Hans-Jürgen Kahlfuß, Das Rechtsverfahren gegen Friedrich Murhard wegen politischer Schriftstellerei, in: A. Halle u. a. (Hg.), Die Brüder Murhard. Leben für Menschenrechte und Bürgerfreiheit, Kassel 2003, S. 229-239.
126 CD-ROM-2, Dok.-Nr. 11.3.6.2 (Stellungnahme des kurhessischen Oberappellationsgerichts zur Akteneinsicht im Ministeranklageverfahren v. 29.6.1844).
127 Theisen, Machtspruch (wie Fn. 115), S. 58; Rainer Polley, Recht und Verfassung, in: W. Speitkamp (Hg.), Handbuch der hessischen Geschichte, Bd. 1: Bevölkerung, Wirtschaft und Staat in Hessen 1806-1945, Marburg 2010, S. 335-371, bes. S. 354 f., 358.
128 Ewald Grothe, Hassenpflug und die Revolution. Zu Weltanschauung und Politik eines kurhessischen Hochkonservativen, in: Speitkamp (Hg.), Staat (wie Fn. 70), S. 53-72, hier S. 57.
129 Einen Überblick über Entwürfe und Gesetze in den Mittelstaaten zwischen 1815 und 1848 geben: Sylvia Kesper-Biermann, Einheit und Recht. Strafgesetzgebung und Kriminalrechtsexperten in Deutschland vom Beginn des 19. Jahrhunderts bis zum Reichsstrafgesetzbuch 1871, Frankfurt a. M. 2009, S. 141-149; Judith Weber, Das sächsische Strafrecht im 19. Jahrhundert bis zum Reichsstrafgesetzbuch, Berlin 2009, bes. S. 56-118.
130 Thomas Krause, Die Strafrechtspflege im Kurfürstentum und Königreich Hannover vom Ende des 17. bis zum ersten Drittel des 19. Jahrhunderts, Aalen 1991; ders., Das »Criminalgesetzbuch für das Königreich Hannover« von 1840, in: Zeitschrift für neuere Rechtsgeschichte 19 (1997), S. 54-63; Oberschelp, Geschichte (wie Fn. 29), S. 161 f. Auch in Braunschweig und in Lippe erschienen Kriminalgesetzbücher.
131 Klein, Hannover (wie Fn. 100), S. 709.

7 Militär

Wohl in kaum einem anderen Bereich zeigte sich deutlicher die verfassungsstaatliche Begrenzung monarchischer Gewalt seit dem beginnenden 19. Jahrhundert als im Militärwesen.[132] Gerade bei der Wehrverfassung hatten die absolutistisch regierenden Fürsten ein Arkanum besessen. Sie hatten den Oberbefehl über die Armee inne und behielten sich die Kriegsentscheidung persönlich vor. Auch alle Offiziere ernannte grundsätzlich der Monarch. Diese Privilegien eines absoluten Herrschers wurden unter konstitutionellen Vorzeichen nunmehr beschränkt.

Auch der Konstitutionalismus in den Staaten der zweiten Verfassungswelle folgte diesen Vorgaben. Im Zuge der Verfassungsgebung führte man in Sachsen, Hannover und Kurhessen Kriegsministerien ein, deren Leiter außer dem Regenten nun auch dem Landtag verantwortlich waren.[133] Gewisse Reservatrechte aber blieben dem Monarchen vorbehalten, so der militärische Oberbefehl oder das Recht zur Kriegserklärung. Dagegen war er bei der Offiziersernennung fortan auf die Gegenzeichnung des Ministers angewiesen.[134] Die Offiziere selbst stammten im Übrigen nach wie vor überwiegend aus dem Adel. Aber die Ernennung bürgerlicher Offiziere war möglich, und ihr Anteil nahm im Laufe des Jahrhunderts permanent zu.

Nach der Entlassung der in den napoleonischen Kriegen mobilisierten Freiwilligenkorps (Landwehr) wurde in allen drei Mittelstaaten die allgemeine Wehrpflicht eingeführt.[135] Allerdings gab es nach wie vor die Möglichkeit der Stellvertretung, d. h., gegen Entrichtung einer Einstandssumme konnte man einen Ersatzmann den Wehrdienst ableisten lassen. Die Heeresgröße in allen drei Mittelstaaten richtete sich zunächst nach dem in der Bundesmatrikel festgelegten Kontingent von einem Prozent der Bevölkerung. Allerdings betrug die tatsächliche Stärke z. B. im Königreich Hannover 1815 zunächst rund 31.000 Mann, die 1820 auf etwa 21.000 Mann reduziert wurde. Das waren jedenfalls deutlich mehr als die eigentlich benötigten 13.000 Mann.[136]

---

132 Wolfgang Petter, Deutscher Bund und deutsche Mittelstaaten, in: Handbuch zur deutschen Militärgeschichte 1648–1939, hg. vom Militärgeschichtlichen Forschungsamt, Bd. 2,4: Militärgeschichte im 19. Jahrhundert 1814–1890, München 1979, S. 226-301, hier S. 266-273.
133 Klein, Hannover (wie Fn. 100), S. 691; Schmidt, Staatsreform (wie Fn. 22), S. 231-235; Günter Hollenberg, Landstände und Militär in Hessen-Kassel, in: Hessisches Jahrbuch für Landesgeschichte 34 (1984), S. 101-127; Marco Arndt, Kriegs- und Militärwesen, in: Speitkamp (Hg.), Handbuch (wie Fn. 127), Bd. 1, S. 293-334, hier S. 311-315.
134 Einen Konflikt um die Offiziersernennung gab es 1831 in Kurhessen: Grothe, Verfassungsgebung (wie Fn. 38), S. 139-147.
135 Blaschke, Sachsen (wie Fn. 99), S. 628; Oberschelp, Geschichte (wie Fn. 29), S. 88 f., 167 ff.; Marco Arndt, Militär und Staat in Kurhessen 1813–1866. Das Offizierskorps im Spannungsfeld zwischen Monarchischem Prinzip und liberaler Bürgerwelt, Darmstadt/Marburg 1996; CD-ROM-2, Dok.-Nr. 11.3.7.1 (Gesetz über die Wehrpflicht in Sachsen v. 26.10.1834).
136 Oberschelp, Geschichte (wie Fn. 29), S. 167.

Neben das ordentliche Militär traten zumindest zeitweise bürgerliche paramilitärische Verbände. Es war der Anspruch der Liberalen, eine eigene Verteidigungsmacht, die sog. Bürgerwehr oder Bürgergarde, zu errichten und sie dem Fürstenheer gegenüberzustellen.[137] Besondere Bedeutung erlangten diese bürgerlichen Schutztruppen – trotz schlechter Ausrüstung und Bewaffnung – in den Unruhen des Jahres 1830, als sie zur Sicherung der Ordnung und zum Schutz des Eigentums gegen Übergriffe vor allem der Unterschichten eingesetzt wurden. In Sachsen und Kurhessen waren die Bürgergarden besonders aktiv und zunächst ausgesprochen populär, bis sie bereits im Laufe der 1830er-Jahre an Bedeutung einbüßten und – zum Teil der Lächerlichkeit preisgegeben – ihre Aktivitäten ganz einstellten. Aber zu Beginn der 1830er-Jahre zählte die Verabschiedung eines Bürgergardengesetzes zu den zentralen liberalen Forderungen. In Sachsen und Kurhessen fassten Regierung und Landtag 1832 entsprechende Beschlüsse.[138]

8 Verfassungskultur

Auch im Bereich der Verfassungskultur zeichnete sich als Folge der Konstitutionalisierung der nord- und mitteldeutschen Staaten ein tief greifender Wandel ab.[139] Riten, Symbole und Diskurse waren nun zwar nicht mehr wie in der Vormoderne herrschaftskonstituierend, aber es kam ihnen gleichwohl als Ausdrucksformen der politischen Macht und als äußere Zeichen tiefer liegender Mentalitäten eine wichtige Bedeutung zu. Insofern bewirkte die Verfassungsgebung der 1830er-Jahre nicht nur einen rechtlichen Wandel, sondern sie signalisierte zudem einen Mentalitätsbruch.

Das in den 1830er-Jahren neu einsetzende konstitutionelle Leben in den mitteldeutschen Staaten Hannover, Sachsen und Kurhessen zeigte sich in verschiedenen verfassungskulturellen Ausdrucksformen. Zunächst war es die Verfassungsurkunde selbst, die als liberale Errungenschaft ersten Ranges verehrt wurde. Die Hochschätzung der Bevölkerung kam in den Feierlichkeiten zur Verkündung, Vereidigung und in den regelmäßig begangenen Verfassungsjubiläen zum Ausdruck. Nicht zuletzt wurden Alltagsgegenstände mit Verfassungsaccessoires geschmückt. Die Konstitution war in den

---

137 Einen Überblick mit Beispielen aus Brandenburg und Kurhessen gibt: Pröve, Republikanismus (wie Fn. 50).
138 Grothe, Verfassungsgebung (wie Fn. 38), S. 427-436; Volker Ruhland, Untersuchungen zu Rolle und Formen der Bürgermilizen im Prozeß der bürgerlichen Umwälzung in Deutschland, unter besonderer Berücksichtigung der Kommunalgarden im Königreich Sachsen, 2 Bde., Diss. phil. Dresden 1987 (Ms.).
139 Eine systematische Darstellung der Verfassungskultur im 19. Jahrhundert fehlt bisher. Eine Sammlung von Einzelstudien: Brandt u. a. (Hg.), Macht (wie Fn. 46). Ewald Grothe, „Solche Ehre pflegt sonst ja nur Regenten zu widerfahren." Zur Visualisierung des Parlamentarismus im mitteldeutschen Konstitutionalismus 1830–1848, in: M. Knauer/V. Kümel (Hg.), Visualisierung konstitutioneller Ordnung 1815–1852, Münster 2011, S. 67-82.

8 Verfassungskultur

Diskussionen zunächst allgegenwärtig, sie wurde für akademische, bürgerliche und bäuerliche Bevölkerungskreise interpretiert und damit breit popularisiert.[140]

Gleichfalls im Mittelpunkt der Wahrnehmung standen die durch die Verfassung neu geschaffenen Institutionen. Hierzu zählte in erster Linie der Landtag. Die Diskussion über die Lage und die Ausstattung eines Ständehauses in Kassel zwischen 1831 und 1836 verdeutlicht die hohe symbolische Bedeutung des Neubaus. Dass hier monarchische und parlamentarische Interessen kollidierten, zeigt das Bemühen der Beteiligten um die mentale Besetzung von Symbolen.[141] Aber nicht nur das Landtagsgebäude, auch die in ihm wirkenden Akteure standen plötzlich im Blickpunkt der Öffentlichkeit.[142] Abgeordnetenporträts, Karikaturen[143], Ehrenpokale und Empfänge für die Mandatsträger avancierten zu ritualisierten Formen der Verehrung, wie sie bisher in aller Regel nur die Monarchen erfahren hatten.[144]

Das Feiern der Verfassung geriet im Vormärz zur bevorzugten Popularisierungsform. Außerhalb der bisher nur von Staatsseite organisierten Massenaufläufe kam es nun zu öffentlichkeitswirksam inszenierten Volksversammlungen, zu politischen Festen mit hohem symbolischen Aufwand und Ertrag. Fahnen und Kokarden in den jeweiligen Landesfarben waren dabei allgegenwärtig. Die Feier zur Fahnenweihe der Bürgergarde auf dem Kasseler Friedrichsplatz im Mai 1831 zählte zu den größten Festivitäten der Stadtgeschichte im 19. Jahrhundert.[145] Eine bildhafte Darstellung der Fahnenweihe hing als Farblithografie ebenso wie der Stich Ludwig Emil Grimms vom Empfang der Verfassungsdelegation im September 1830 in vielen Haushalten.

---

140 Ewald Grothe, »Wer die Verfassung liebt, ist uns verbrüdert!« Anmerkungen zur Verfassungskultur im Kurhessen der 1830er-Jahre, in: Hessisches Jahrbuch für Landesgeschichte 58 (2008), S. 67-83.

141 Ders., Im Zeichen des »permanenten Verfassungskonflikts«. Parlamentarismus in Kurhessen zwischen Verfassungsgebung und Annexion, in: J. Flemming/Chr. Vanja (Hg.), »Dieses Haus ist gebaute Demokratie«. Das Ständehaus in Kassel und seine parlamentarische Tradition, Kassel 2007, S. 49-58; Andres Denk/Josef Matzerath, Die drei Dresdner Parlamente. Die sächsischen Landtage und ihre Bauten: Indikatoren für die Entwicklung von der ständischen zur pluralisierten Gesellschaft, Wolfratshausen 2000; Horst Kruse, Das Ständehaus 1710–1881 und der Architekt Remy de la Fosse, in: Hannoversche Geschichtsblätter, NF 51 (1997), S. 195-284, hier S. 228-237; Jakob Hort, Zwischen monarchischer Repräsentation und parlamentarischer Selbstdarstellung. Parlamentsarchitektur im 19. Jahrhundert, in: N. Freytag (Hg.), Das »lange« 19. Jahrhundert. Alte Fragen und neue Perspektiven, München 2007, S. 75-101, hier S. 89-99 (Kurhessen und Sachsen).

142 Jochen Lengemann, MdL Hessen 1808–1996. Biographischer Index, Marburg 1996; Josef Matzerath, Aspekte sächsischer Landtagsgeschichte. Präsidenten und Abgeordnete von 1833 bis 1952, Dresden 2001, S. 9-136.

143 CD-ROM-2, Dok.-Nr. 11.3.8.2 (Karikatur auf den kurhessischen Landtag v. 1835).

144 Für Kurhessen: Halle u. a. (Hg.), Brüder Murhard (wie Fn. 125), S. 190-199. Viele Beispiele, angefangen vom Essen bis hin zur Zulassung weiblicher Zuschauer, finden sich bei: Josef Matzerath, Aspekte sächsischer Landtagsgeschichte. Formierungen und Brüche des Zweikammerparlaments, Dresden 2007.

145 Grothe, »Wer die Verfassung liebt« (wie Fn. 140), S. 71 f.; CD-ROM-2, Dok.-Nr. 11.3.8.1 (Fahnenweihe der Kasseler Bürgergarde am 26.5.1831).

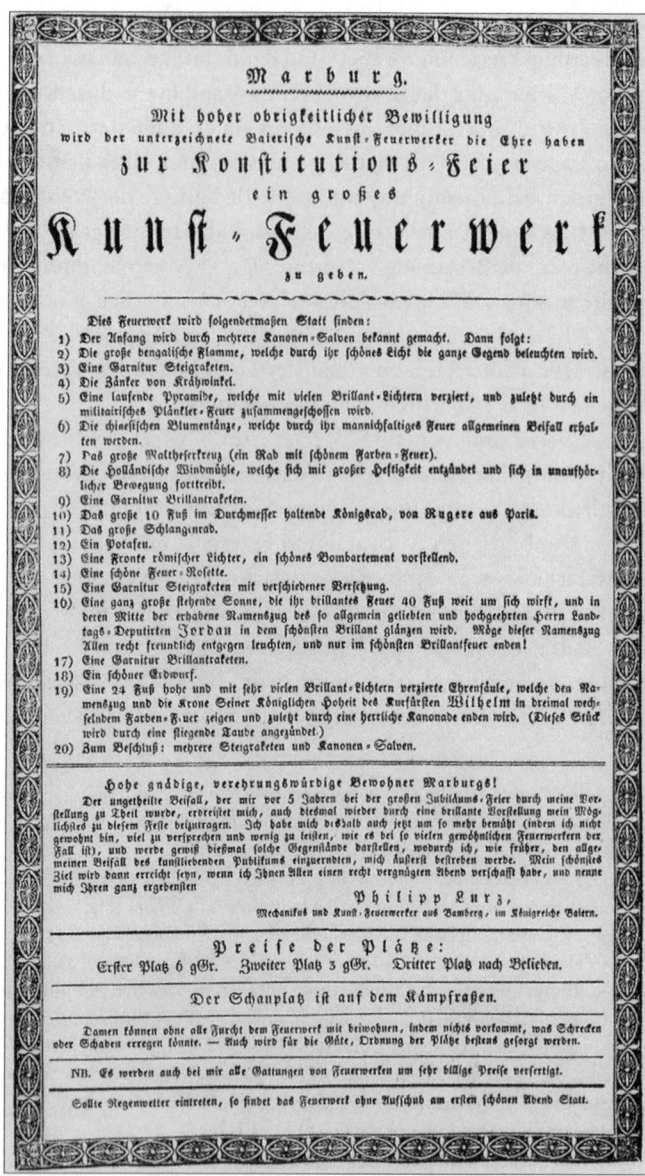

Abb. 11.3.3 Plakat zur Feier der Konstitution Kurhessens, 1832

Am sächsischen Konstitutionsfest im September 1832 nahmen angeblich »30–40000 Fremde« teil.[146] Die Visualisierung von Verfassungssymbolen und herausragenden

---

146 Muhs, Staatsreform (wie Fn. 46), S. 229. Ebd., S. 214 ff., zahlreiche Beispiele von Gedenkmünzen, Gedichten und Liedern zur Feier der Verfassung.

Ereignissen spielte eine überragende Rolle bei der Einübung des konstitutionellen Lebens. (☛ Abb. 11.3.3)

Ein zentrales Moment der Wirksamkeit der konstitutionellen Ständeversammlungen bestand in ihren öffentlichen Sitzungen. Allein die Tatsache, dass deren Verhandlungen unzensiert in der Presse und zusätzlich separat als Landtagsprotokolle erschienen, war den Regierungen ein Dorn im Auge. Nicht zufällig entbrannte 1840 in Kassel eine Diskussion über die Notwendigkeit von Wortprotokollen.[147] Wie wichtig der Mehrheit der Abgeordneten allerdings die vollständige Wiedergabe der Landtagsdebatten war, zeigt sich daran, dass viele sich bereit erklärten, die Besoldung der Schnellschreiber notfalls aus privaten Mitteln mitzufinanzieren.[148]

Die Regularien der konstitutionellen Landtagsverhandlungen legten die Geschäftsordnungen der Kammern fest. Sie sind mit den normativ fixierten Angaben über Sitzordnung, Kleidung, Redezeit, Protokollführung usw. eine Fundgrube für die Geschichte des parlamentarischen Alltags. Zugleich zeigen sie die Chancen und Grenzen der parlamentarischen Wirkungsmöglichkeiten und damit den Aktionsradius des Landtags auf. Die deutlich restriktiver ausfallende hannoversche Geschäftsordnung des Jahres 1840 ist geradezu ein Signal der konservativ gewandelten politischen Atmosphäre nach dem Thronwechsel und dem Verfassungsstreit um die Göttinger Sieben.[149]

9 Kirche

Die Jahrhundertwende hatte mit der Säkularisation einen tiefen Einschnitt in das zuvor enge Verhältnis von Staat und Kirche gebracht. Durch den Reichsdeputationshauptschluss des Jahres 1803 wurden auch die Territorien Hannovers, Sachsens und Kurhessens arrondiert bzw. erweitert. Neben dem territorialen Zugewinn brachte die Umschichtung des kirchlichen Eigentums auch zahlreiche neue besitzrechtliche Verhältnisse mit sich. Und zuletzt waren – in religiöser Hinsicht – aus den zuvor zum Teil noch konfessionell geschlossenen Ländern gemischtkonfessionelle Staaten geworden. Das Staatskirchensystem der Territorien des Alten Reichs verlor seine »monokonfessionelle Struktur«.[150] Obwohl die Kirchen nach 1803 alle weltlichen

---

147 CD-ROM-2, Dok.-Nr. 11.3.8.3 (Anonyme Flugschrift über die Öffentlichkeit der kurhessischen Landtagsverhandlungen v. 1840).
148 B. Weber/H. Seier (Bearb.), Akten und Eingaben aus dem kurhessischen Vormärz 1837–1848, hg. u. eingel. v. H. Seier, Marburg 1996, S. 120, Anm. 5.
149 CD-ROM-2, Dok.-Nr. 11.3.8.4 (Geschäftsordnung der Ständeversammlung in Hannover v. 4.9.1840). Siehe auch Carsten Hayungs, Die Geschäftsordnung des hannoverschen Landtages (1833–1866). Ein Beispiel englischen Parlamentsrechts auf deutschem Boden?, Baden-Baden 1999, bes. S. 94-97.
150 Überblick: Gerhard Besier, Kirche, Politik und Gesellschaft im 19. Jahrhundert, München 1998, bes. S. 1-16. Das Zitat ebd., S. 1.

Herrschaftsrechte eingebüßt hatten, blieben sie im kirchlich-gesellschaftlichen Bereich eine lebensbestimmende Macht. Das 19. Jahrhundert war eine zutiefst konfessionell-kirchlich geprägte Epoche, in der Religion trotz aller Säkularisationen eine erhebliche Deutungsmacht zukam.[151] Aber insgesamt setzte sich im 19. Jahrhundert eine generelle Tendenz zur Trennung von Kirche und Staat durch.

Durch die Napoleonzeit waren nicht nur die staatlichen, sondern auch die kirchlichen Grenzen infrage gestellt worden. Mehrere päpstliche Zirkumskriptionsbullen passten in den 1820er-Jahren die Grenzen der katholischen Bistümer den Territorialgrenzen der deutschen Einzelstaaten an. So umfasste nach der Bildung der oberrheinischen Kirchenprovinz 1821 das neue Bistum Fulda seit 1827 als Landesbistum das gesamte Kurfürstentum Hessen. Einen größeren katholischen Bevölkerungsanteil gab es allerdings hauptsächlich in der osthessischen Provinz Fulda selbst.[152] Das Königreich Hannover trat als erster überwiegend protestantischer Staat (mit 13 Prozent Katholiken) 1817 in Verhandlungen mit dem Heiligen Stuhl ein; ein Konkordat nach bayerischem Beispiel scheiterte zwar, aber 1824 kam es zu einer Bulle, nach der das Königreich fortan zum größten Teil dem Bistum Hildesheim angehörte.[153] In den westlich der Weser gelegenen Gebieten des Königreichs übte das Bistum Osnabrück unter einem Generalvikar Kirchenrechte aus. Kein eigenes katholisches Bistum bestand dagegen im Königreich Sachsen, in dem nach 1815 nur etwa zwei Prozent Katholiken (und diese vorwiegend in der Oberlausitz) lebten.

Neben der Garantie von Religionsfreiheit als Grundrecht wurden die Rechte der christlichen Kirchen zunächst in allen drei nord- und mitteldeutschen Verfassungsurkunden näher definiert.[154] Für die katholische Kirche bezog man sich dabei u. a. auf die Abmachungen mit dem päpstlichen Stuhl. Dagegen agierten in allen drei Territorien die traditionell evangelischen (in Hannover bis 1851 anglikanischen) Monarchen seit dem 16. Jahrhundert als Landesbischöfe, denen die Oberaufsicht und innere Verwaltung der evangelischen Kirchen oblag. Diese Kirchenhoheit übten die

---

151 Thomas Nipperdey, Deutsche Geschichte 1800–1866. Bürgerwelt und starker Staat, München 2. Aufl. 1984, S. 403-451; Huber, Verfassungsgeschichte (wie Fn. 2), Bd. 2, S. 185-281, behandelt ausschließlich das Verhältnis des preußischen Staates zu den Kirchen.
152 Zuber, Staat (wie Fn. 21); Volker Knöppel, Konfessionelle Veränderungen und Neugestaltung des Kirchenwesens in Kurhessen infolge des Reichsdeputationshauptschlusses, in: Zeitschrift des Vereins für Hessische Geschichte und Landeskunde 108 (2003), S. 59-74; Berthold Jäger, Fulda (1816–1831/33): Neue Obrigkeit, neue Kirchenorganisation, in: W. G. Rödel/R. E. Schwerdtfeger (Hg.), Zerfall und Wiederbeginn. Vom Erzbistum zum Bistum Mainz (1792/97–1830). Ein Vergleich. Festschrift für Friedhelm Jürgensmeier, Würzburg 2002, S. 435-464.
153 Hans-Georg Aschoff, Das Verhältnis von Staat und katholischer Kirche im Königreich Hannover (1813–1866), Hildesheim 1976; ders., Das Bistum Hildesheim zwischen Säkularisation und Neuumschreibung – Ein Beitrag zum 175. Jubiläum der Zirkumskriptionsbulle »Impensa Romanorum Pontificum«, in: Die Diözese Hildesheim in Vergangenheit und Gegenwart 67 (1999), S. 193-246, hier S. 238-246.
154 CD-ROM-2, Dok.-Nr. 11.3.2.8 (wie Fn. 41), §§ 30, 57-71 (Hannover); Dok.-Nr. 11.3.2.3 (wie Fn. 38), §§ 29, 132-136 (Kurhessen); Dok.-Nr. 11.3.2.4 (wie Fn. 39), §§ 32, 56-60 (Sachsen).

Könige von Hannover und Sachsen sowie der Kurfürst von Hessen durch die Ministerien (Kultus- bzw. Innenministerium) und die diesen als oberste kirchliche Behörden zugeordneten Konsistorien aus. Die höchsten kirchlichen Repräsentanten beider Konfessionen nahmen zudem Mandate in den Ersten Kammern von Hannover und Sachsen wahr.

In Sachsen erging auf der Grundlage der Verfassung von 1831 im Jahr 1835 eine Verordnung über die veränderte Organisation der evangelischen Mittelbehörden.[155] Als Folge dieses Erlasses hob man die bisherigen Konsistorien in Dresden und Leipzig zugunsten eines Landeskonsistoriums als Prüfungs- und Ordinationsbehörde auf. Auf der untersten Ebene übten Kirchen- und Schuldeputationen bei den Kreisdirektionen die Kirchenverwaltung aus. Die Reform erwies sich als unzulänglich. Kritik an der engen Bindung der Kirchen- an die Staatsverwaltung wurde zwar bereits früh laut. Trotzdem bestand die sächsische Kirchenverfassung in dieser Form bis ins Jahr 1874.

Im Königreich Hannover gab es vor 1866 keine vereinigte lutherische Kirche, sondern insgesamt fünf relativ autonom agierende Konsistorialbezirke in Hannover, Osnabrück, Stade, Otterndorf und Aurich.[156] Zu einer 1817 angestrebten Union mit den Reformierten (sieben Prozent vor allem in der Grafschaft Bentheim und in Ostfriesland) nach preußischem Vorbild kam es nicht. Der im Staatsgrundgesetz von 1833 angekündigte Ausbau der Kirchenverfassung durch Presbyterien und Synoden entfiel in der Verfassung von 1840 und kam deshalb vorerst nicht zur Ausführung.[157]

Die kurhessische evangelische Kirche war unter dem Kurfürsten als Landesbischof seit dem Organisationsedikt von 1821[158] und daher in Anlehnung an die Provinzialgrenzen in drei Konsistorialbezirke in Kassel, Marburg und Hanau geteilt. Während es in Hanau 1818 zu einer Union von Lutheranern und Reformierten kam, die in der Exklave Schmalkalden 1837 scheiterte, gab es in den beiden anderen Konsistorien sowohl lutherische als auch reformierte Superintendenturen.[159] Anderen kirchlichen Strömungen, wie sie sich im evangelischen Symbolstreit und bei den Deutschkatholi-

---

155 Schmidt, Staatsreform (wie Fn. 22), S. 267-276; Ralf Thomas, Verfassung und Kirchenpolitik in Sachsen nach 1831. Das Ringen um eine Verfassung für die Landeskirche, in: Sächsische Heimatblätter 37 (1991), S. 226-230.
156 Hans-Walter Krumwiede, Kirchengeschichte Niedersachsens, Bd. 2: Vom Deutschen Bund 1815 bis zur Gründung der Evangelischen Kirche in Deutschland 1948, Göttingen 1996, S. 273-355; Hans-Georg Aschoff, Staat und Kirche im Vormärz und während der Revolution, in: H. Barmeyer (Hg.), Das Revolutionsjahr 1848 in Niedersachsen, Bielefeld 1999, S. 91-111; Bruno Rathke, Staat und Kirche im Königreich Hannover, in: Jahrbuch der Gesellschaft für niedersächsische Kirchengeschichte 87 (1989), S. 125-153.
157 Oberschelp, Geschichte (wie Fn. 29), S. 169.
158 CD-ROM-2, Dok.-Nr. 11.3.5.1 (wie Fn. 102).
159 Helmut Berding, Religionspolitik im Kurfürstentum Hessen (1813–1866), in: A. Doering-Manteuffel (Hg.), Religionspolitik in Deutschland. Von der Frühen Neuzeit bis zur Gegenwart. Martin Greschat zum 65. Geburtstag, Stuttgart 1999, S. 115-126; Herbert Kemler, Kurhessen im Vormärz, in: R. Hering/V. Knöppel (Hg.), Kurhessen und Waldeck im 19. Jahrhundert. Beiträge zur Kirchengeschichte, Kassel 2006, S. 51-96.

ken zeigten, stand die kurhessische Regierung sehr skeptisch gegenüber.[160] Kurprinz Friedrich Wilhelm achtete auch gegenüber konservativen kirchlichen Kreisen auf die Wahrung seiner Rechte als *summus episcopus*.[161] Selbst kritische konservative Stimmen, die sich bei der Verteidigung der Kirchenkritiker auf die Einhaltung der Religionsfreiheit beriefen, fanden angesichts einer zunehmend antiparlamentarischen und die Revolution fürchtenden politischen Stimmung 1846/47 kein Gehör.[162]

Außer den innerkirchlichen, vor allem geistlichen Angelegenheiten übte die Kirche seit Jahrhunderten einen erheblichen Einfluss im Kultur- und Bildungssektor aus. Zum einen wirkten Geistliche bei der Durchführung der staatlichen Zensur mit, zum anderen wurden besonders die Elementar- und Volksschulen von der Kirche beaufsichtigt[163], finanziert und von Kirchendienern als Lehrpersonen personell ausgestattet.

10 Bildungswesen

Die Schule war und blieb im Vormärz die Bildungsstätte der breiten Bevölkerung.[164] Private Erziehung und Ausbildung, z. B. an Fürstenhöfen und in adeligen Stiften, wurden mehr denn je Ausnahmeerscheinungen; die Universitäten waren Bildungseinrichtungen für einen denkbar geringen Teil der Bevölkerung; Erwachsenenbildung im modernen, institutionalisierten Sinne war noch lange kein Thema. Der Bildungsbereich wurde im 19. Jahrhundert immer mehr von staatlichem Einfluss durchdrungen. Dies galt sowohl für die Universitäten, die von alters her in mancher Hinsicht exemt gewesen waren und nun zunehmend der staatlichen Aufsicht unterstanden, als auch für die Schulen, die sukzessive dem kirchlichen Bereich entzogen wurden. Kurz: der Staat des 19. Jahrhunderts entwickelte sich nach und nach zu einem ausgesprochenen Schulstaat. Das Schulwesen wurde im Vormärz vereinheitlicht und verstaatlicht.

---

160 Armand Maruhn, »Ruhige, schlichte Leute«? Zu Sozialprofil und politischer Rolle der deutschkatholischen Bewegung im Kurfürstentum Hessen 1845–1850, in: Jahrbuch der hessischen kirchengeschichtlichen Vereinigung 58 (2007), S. 205-235.
161 Renate Sälter, Die Vilmarianer. Von der fürstentreuen kirchlichen Restaurationspartei zur hessischen Renitenz, Darmstadt/Marburg 1985.
162 CD-ROM-2, Dok.-Nr. 11.3.9.1 (Hermann Hupfeld an Wilhelm Bickell über das Verhalten des kurhessischen Staats gegenüber den Deutschkatholiken v. 23.3.1847).
163 Karl Heinrich Rengstorf, Aus der Praxis geistlicher Schulaufsicht in königlich-hannoverscher Zeit, in: Jahrbuch der Gesellschaft für niedersächsische Kirchengeschichte 83 (1985), S. 141-160; Oberschelp, Geschichte (wie Fn. 29), S. 169.
164 Als Überblick: Hans-Christof Kraus, Kultur, Bildung und Wissenschaft im 19. Jahrhundert, München 2008.

10 Bildungswesen

Die gestiegene Bedeutung des Bildungssektors zeigte sich auch darin, dass in Sachsen nach preußischem Vorbild 1831 ein eigenes Kultusministerium entstand.[165] In Kurhessen und Hannover blieben auch nach den Verfassungsurkunden der 1830er-Jahre die Innenministerien für Fragen des Bildungswesens zuständig und verantwortlich.

Im frühen 19. Jahrhundert agierten gleich mehrere staatliche und kirchliche Personen und Institutionen in der Schulpolitik. Als Bildungsträger beteiligten sich Staat und Gemeinde sowie die Kirchen an der Debatte. Auf Staatsseite vertraten Monarchen, Regierung und Parlament, auf Gemeindeseite Bürgermeister und Gemeinderäte ihre jeweiligen Interessen. Als Betroffene der Schulpolitik sind die Schulverwaltungen, die Lehrerschaft sowie Eltern und nicht zuletzt die Schüler anzusehen. Im Vormärz gelangten die Ansichten der Lehrerschaft weniger durch deren erst entstehende Interessenverbände, sondern vor allem durch Flugschriften, Petitionen, Schulprogramme oder durch Landtagsabgeordnete in die Öffentlichkeit.[166]

Mit gesetzlichen Regelungen versuchten die Regierungen, die Schulwirklichkeit an die geänderten Zeitverhältnisse anzupassen. Hier ging es um die Ausbildung der Lehrer[167], um deren Besoldung, aber auch um die Finanzierung der Schulen sowie – eher selten – um die Unterrichtsinhalte. In Kurhessen[168], Sachsen, Hannover und Braunschweig wurden in den 1830er- und 1840er-Jahren Entwürfe zur Volksschulgesetzgebung in die Landtage eingebracht. In der vorkonstitutionellen Zeit hatte die Bürokratie die hergebrachte Schulpolitik weitgehend fortgesetzt; nunmehr versuch-

---

165 Schmidt, Staatsreform (wie Fn. 22), S. 225-231. Der offizielle Name lautete »Ministerium des Kultus und öffentlichen Unterrichts«.
166 CD-ROM-2, Dok.-Nr. 11.3.10.1 (Flugschrift zur Lage der Lehrer in Braunschweig v. 1837). Es handelt sich um ein Beispiel für die deutlichen Forderungen zur Verbesserung der materiellen Lage der Lehrerschaft.
167 Thomas Klein, Vom Kirchendiener zum Staatsbeamten. Die Lehrerausbildung in Sachsen aufgrund des Staatsdienergesetzes von 1835, in: Neues Archiv für sächsische Geschichte 65 (1994), S. 93-111.
168 Sylvia Kesper-Biermann, Staat und Schule in Kurhessen 1813–1866, Göttingen 2001; dies., Schulwesen, in: W. Speitkamp (Hg.), Handbuch der hessischen Geschichte, Bd. 2: Bildung, Kunst und Kultur in Hessen 1806–1945, Marburg 2010, S. 1-45; dies., Volksvertretung und Schulpolitik im 19. Jahrhundert. Akteure, Positionen und Strategien im Landtag des Kurfürstentums Hessen (1830–1866), in: G. Miller-Kipp/B. Zymek (Hg.), Politik in der Bildungsgeschichte – Befunde, Prozesse, Diskurse, Bad Heilbrunn 2006, S. 199-214; dies., Schule vor Gericht. Die juristischen Auseinandersetzungen um das kurhessische Bildungswesen im 19. Jahrhundert, in: L. Pahlow (Hg.), Die zeitliche Dimension des Rechts. Historische Rechtsforschung und geschichtliche Rechtswissenschaft, Paderborn 2005, S. 101-117; dies., Eltern und Lehrer auf dem Land. Konflikte in kurhessischen Elementarschulen des 19. Jahrhunderts, in: Hessisches Jahrbuch für Landesgeschichte 46 (1996), S. 213-235; dies., Von der kommunalen Gelehrtenschule zum staatlichen Gymnasium. Das Kasseler Lyceum Fridericianum und die kurhessische Gymnasialreform 1830–1840, in: Hessisches Jahrbuch für Landesgeschichte 45 (1995), S. 101-128; Helmut Gembries, Verfassungsgeschichtliche Studien zum Recht auf Bildung im deutschen Vormärz. Liberale Staatslehre und parlamentarische Diskussion in Kurhessen, Darmstadt/Marburg 1978.

ten vor allem die liberalen Kräfte in den Landtagen, die Bildungspolitik zu beeinflussen. In Kurhessen scheiterten vor 1848 gleich fünf Gesetzentwürfe – nicht zuletzt am Widerstand des regierenden Kurprinzen.[169] In Sachsen trat dagegen 1835 ein Volksschulgesetz in Kraft. Hierin wurde ein landeseinheitliches gegliedertes Schulsystem in Städten und Landgemeinden etabliert, das auch die Lehrerbesoldung regelte sowie Schulbezirke festlegte.[170] Ebenso kam es in Hannover[171] und Braunschweig im Vormärz zu Schulgesetzen. Für alle genannten Staaten lässt sich feststellen, dass die Landtage einen erheblichen Anteil an der Schulpolitik besaßen. Wenn Preußen in mancher Hinsicht ein Vorbild im Schulbereich darstellte, so deutet dieser Befund jedoch auf ein abweichendes »mittelstaatliches Modell« des Bildungswesens hin.[172]

Der Zugang zu, die Ausstattung von sowie die Aufsicht über die Universitäten waren wichtige Themen der Bildungspolitik im Vormärz. Nach preußischem Vorbild wurde in Sachsen 1829 das Abitur als Zugangsvoraussetzung zum Studium eingeführt.[173] Auch in Kurhessen legte man das Absolvieren des Gymnasiums als Normalweg zur Universität fest, auch wenn eine einheitliche Gymnasialordnung scheiterte.[174] Für den akademischen Berufsweg blieben in allen drei Mittelstaaten in erster Linie die Landesuniversitäten zuständig: für Hannover Göttingen, für Kurhessen Marburg und für Sachsen Leipzig. Während die Universität Marburg im deutschen Vergleich klein, schlecht ausgestattet und damit unbedeutend war[175], handelte es sich bei Leipzig und Göttingen um zwei der angesehensten Hochschulen Deutschlands. Göttingen hatte allerdings nach dem Vorfall um die Göttinger Sieben 1837 gegen sinkende Studentenzahlen zu kämpfen.[176] Die Universität Leipzig dagegen besaß europäische Geltung,

---

169 Kesper-Biermann, Volksvertretung (wie Fn. 168), S. 206 f.
170 Roland Schmidt, Geschichte des sächsischen Schulwesens von 1600 bis 1918, Dresden 2008, S. 68-118; Hans-Martin Moderow, Volksschule zwischen Staat und Kirche. Das Beispiel Sachsen im 18. und 19. Jahrhundert, Köln u. a. 2007, S. 89-194; Gerhard Arnhardt, Die Erneuerung des »Elementar-Volksschulwesens« im Rahmen der liberalen Staatsreformen nach 1831 in Sachsen, in: H. Bächler (Hg.), »Dem Mute aller Sachsen anvertraut«. Landesverfassung und Reformen in Sachsen nach 1831, Dresden 1991, S. 63-68. Zum höheren Schulwesen: Anja Richter, »Volkserziehung ist Staatssache«. Staatliche Omnipotenz und höhere Bildung in Sachsen im 19. Jahrhundert, in: Miller-Kipp/Zymek (Hg.), Politik (wie Fn. 168), S. 215-230. Allgemein: Ulrike Kirchberg, Vom Privileg zum Allgemeingut? Bildungspolitik in Sachsen im 19. Jahrhundert, in: K. Gumnior (Bearb.), König Johann von Sachsen 1801/1854–1873. Ein Blick auf Deutschland, hg. v. Verein für Sächsische Landesgeschichte, Dresden 2000, S. 80-88.
171 Andreas Hoffmann-Ocon, Schule zwischen Stadt und Staat. Steuerungskonflikte zwischen städtischen Schulträgern, höheren Schulen und staatlichen Unterrichtsbehörden im 19. Jahrhundert, Bad Heilbrunn 2009.
172 Kesper-Biermann, Staat (wie Fn. 168), S. 358.
173 Schmidt, Staatsreform (wie Fn. 22), S. 72 f.
174 Kesper-Biermann, Staat (wie Fn. 168), S. 212-216.
175 Bettina Severin-Barboutie, Universitäten, in: Speitkamp (Hg.), Handbuch (wie Fn. 168), Bd. 2, S. 47-96, hier S. 61-67.
176 Günther Meinhardt, Die Universität Göttingen. Ihre Entwicklung und Geschichte von 1734–1974, Göttingen u. a. 1977.

selbst wenn ihr Ruf im frühen 19. Jahrhundert leicht gesunken war.[177] Daneben errichtete man zur Ausbildung von Mechanikern und Technikern für die einheimische sächsische Industrie in Dresden 1828 eine Technische Bildungsanstalt, aus der sich später die Hochschule entwickelte.[178] In Hannover wurde 1831 eine Höhere Gewerbeschule, die spätere Technische Hochschule, gegründet, die wiederum eine Keimzelle der heutigen Universität darstellt.

Generell litten die deutschen Universitäten im Vormärz unter den Repressionen von Zensur und staatlicher Überwachung. Eine aktive und organisierte Universitätspolitik, die sich z. B. in Berufungen, Schaffung von Lehrstühlen, Neubauten oder Neugründungen zeigte, gab es vor 1848 allenfalls in Sachsen.

11 Finanzen

Die Sicherstellung der finanziellen Ressourcen gehörte schon seit jeher zu den wichtigsten Feldern der Verfassungspolitik. Die Frage der Finanzierung herrschaftlicher Ausgaben führte bereits frühzeitig zu einer ständischen Mitbestimmung und damit zu einer partiellen Abhängigkeit des Staatsapparats von seinen Geldgebern. In der Frühen Neuzeit beanspruchten die Ständeversammlungen in den Territorien regelmäßig die Genehmigung und Fortschreibung von Steuern und Abgaben.[179] In dieser Tradition standen auch die Forderungen der Liberalen in den Landtagen des 19. Jahrhunderts nach »Mitsprache bei den Staatsgeschäften«.[180] Das Steuer- und Budgetrecht als Krönung landständischer Befugnisse transformierte die lang verbrieften Mitbestimmungsrechte der Landstände an den Staatseinkünften und -ausgaben im modernen Sinne.[181] Als besonders ausgeprägt erwies sich die äußerst sparsame und eigennützige Finanzpolitik der kurhessischen Herrscherfamilie, die sich u. a. vom Frankfurter Bankhaus Rothschild beraten ließ.[182]

---

177 Konrad Krause, Alma Mater Lipsiensis. Geschichte der Universität Leipzig von 1409 bis zur Gegenwart, Leipzig 2003, S. 94-160.
178 Reiner Pommerin, Geschichte der TU Dresden 1828–2003, Köln/Wien 2003.
179 Hans-Peter Ullmann, Der deutsche Steuerstaat. Geschichte der öffentlichen Finanzen vom 18. Jahrhundert bis heute, München 2005, S. 31-39. Zum Steuerwesen in Hannover: Oberschelp, Geschichte (wie Fn. 29), S. 80-83, 128 f.
180 Hartwig Brandt, Kampf um Mitsprache bei den Staatsgeschäften. Anmerkungen zum Frühparlamentarismus, in: Bundeszentrale für politische Bildung (Hg.), Deutsche Verfassungsgeschichte 1849 – 1919 – 1949, o. O., o. J. [Bonn 1989], S. 27-31.
181 Friauf, Staatshaushaltsplan (wie Fn. 57); Mußgnug, Haushaltsplan (wie Fn. 57).
182 Josef Sauer, Finanzgeschäfte der Landgrafen von Hessen-Kassel. Ein Beitrag zur Geschichte des kurhessischen Haus- und Staatsschatzes und zur Entwicklung des Hauses Rothschild, Fulda 1930.

In den konstitutionellen Mittelstaaten der 1830er-Jahre war das landständische Budgetrecht in den Verfassungen verbrieft.[183] Regelmäßig war von der Sorge der Stände bei der »Aufbringung des ordentlichen und außerordentlichen Staatsbedarfes« die Rede.[184] Drei Jahre im Voraus waren die Einnahmen und Ausgaben zu genehmigen. Eine vollständige Finanzaufsicht existierte allerdings fast nirgendwo, denn es gab Lücken bei der parlamentarischen Budgetkontrolle. Die Regierungen bemühten sich, die Stände möglichst aus den finanziellen Staatsgeschäften herauszuhalten[185] und im Zweifelsfall Domänen und Einkünfte exklusiv für den Monarchen zu sichern.[186]

Eine wichtige Vorentscheidung für alle Fragen der Staatsfinanzierung war in vorkonstitutioneller Zeit bzw. meist im Zuge der Verfassungsgebung gefallen. Denn während der konstituierenden Landtage lenkten die Monarchen unter dem öffentlichen Druck ausgebrochener bzw. drohender Unruhen ein und stimmten einer Zusammenlegung der Hof- und der Staatskasse zu. Damit wurden alle Einnahmen, Domänen, aber auch die Schulden von Hof und Staat zusammengeführt. Staatsschuldenverwaltungen übernahmen die Regulierung der Defizite. Die Staaten stellten ihre Finanzierung nicht selten über Anleihen und Geldemissionen sicher.[187] Über Einnahmen und Ausgaben berieten Regierungen und Parlamente nunmehr gemeinsam. Den Monarchen und ihren Familien verblieben nur noch die in der Konstitution zugestandenen Hofdotationen bzw. sog. Apanagen.[188]

12 Wirtschafts- und Sozialgesetzgebung/Öffentliche Wohlfahrt

Von einer modernen Wirtschafts- und Sozialgesetzgebung konnte im frühen 19. Jahrhundert noch keine Rede sein. Dafür stellten sich die Maßnahmen der staatlichen Behörden als zu vereinzelt und zu unsystematisch dar. Es handelte sich oft um punk-

---

183 Erika Müller, Theorie und Praxis des Staatshaushaltsplans im 19. Jahrhundert. Am Beispiel von Preußen, Bayern, Sachsen und Württemberg, Opladen 1989.
184 CD-ROM-2, Dok.-Nr. 11.3.2.3 (wie Fn. 38), Art. 143 (Kurhessen).
185 CD-ROM-2, Dok.-Nr. 11.3.11.1 (Mitteilung des Gesamtstaatsministeriums an die Landtagskommission über das Budgetrecht des Landtags in Hessen v. 28.8.1834).
186 CD-ROM-2, Dok.-Nr. 11.3.11.2 (Schreiben Innenminister Hassenpflugs über die Trennung von kurhessischer Hof- und Staatskasse v. 13.1.1835). Zu beiden Dokumenten siehe Grothe, Verfassungsgebung (wie Fn. 38), S. 483-502.
187 Andreas Kaiser, Das Papiergeld des Kurfürstentums Hessen. Methoden staatlicher Schuldenaufnahme im 19. Jahrhundert, Marburg 2004.
188 Gunda Ulbricht, Finanzgeschichte Sachsens im Übergang zum konstitutionellen Staat (1763 bis 1843), St. Katharinen 2001; Karl Heinrich Kaufhold, Staatsfinanzen im Königreich Hannover 1815 bis 1866, in: M. Pix/K. Bauer (Hg.), Sparen – Investieren – Finanzieren. Gedenkschrift für Josef Wysocki, Stuttgart 1997, S. 21-43; Hans Mauersberg, Finanzstrukturen der Etats des Königreichs Hannover, des Kurfürstentums Hessen und des Herzogtums Nassau im 19. Jahrhundert, in: H. Kellenbenz/H. Pohl (Hg.), Historia socialis et oeconomica. Festschrift für Wolfgang Zorn zum 65. Geburtstag, Stuttgart 1987, S. 293-307.

tuelle, teils aus der Not geborene und unter politischem Druck entstandene gesetzliche Regelungen, die keineswegs zu einem umfassenden, systematisch angelegten und zielgerichtet ausgearbeiteten Reformprogramm gehörten.[189]

Im Vormärz verfolgten viele wirtschaftspolitische Maßnahmen den Zweck, die überkommenen rechtlichen und ökonomischen Agrarstrukturen zu beseitigen. So begann man damit, die seit Jahrhunderten bestehende Grund- und Lehnsherrschaft aufzulösen, die eine effiziente Landwirtschaft nicht länger gewährleistete und zudem den Grundfreiheiten, die man allen Staatsbürgern einräumte, widersprach. Durch die sog. Bauernbefreiung[190] hob man die rechtlichen Bindungen zwischen Grundherren und Grundholden auf und griff den befreiten Landwirten auch wirtschaftlich unter die Arme. Diesen Prozess leiteten Gesetze über die Grundlastenablösung ein, die nach dem Beispiel der preußischen Reformen des Jahres 1807 in Sachsen[191] und Kurhessen 1832[192] sowie in Hannover 1831/33[193] erlassen wurden. Zur Finanzierung des Loskaufs durch die Bauern wurden in allen Staaten sog. Landeskreditkassen bzw. Landrentenbanken eingerichtet.[194] Die Ablösung selbst zog sich allerdings über Jahrzehnte hin.

Wie in der Agrarpolitik waren auch auf dem Gebiet der Handels- und Gewerbepolitik die vorkonstitutionellen Jahre bis 1830 in Sachsen, Hannover und Kurhessen nicht allein von Stillstand, sondern sogar von Rückschritt gekennzeichnet. Denn die wirtschaftsliberale Gesetzgebung der Rheinbundjahre, insbesondere die partielle Aufhebung des Zunftzwanges und die Einführung der Gewerbefreiheit, wurde nach 1813 zunächst rückgängig gemacht.[195] Seit den 1830er-Jahren kamen allmählich, aber

---

189 Rudolf Boch, Staat und Wirtschaft im 19. Jahrhundert, München 2004.
190 Christof Dipper, Die Bauernbefreiung in Deutschland 1790–1850, Stuttgart u. a. 1980, S. 74-82.
191 Rainer Groß, Sächsische Verfassung und bürgerliche Agrarreform, in: H. Bächler (Hg.), »Dem Mute aller Sachsen anvertraut«. Landesverfassung und Reformen in Sachsen nach 1831, Dresden 1991, S. 58-63.
192 Eihachiro Sakai, Der kurhessische Bauer im 19. Jahrhundert und die Grundlastenablösung, Melsungen 1967; Grothe, Verfassungsgebung (wie Fn. 38), S. 436-446. Für die vorangegangene Zeit siehe Winfried Speitkamp, Agrarreform in der Restauration. Planungen zur kurhessischen Agrarverfassung 1814–1819, in: Hessisches Jahrbuch für Landesgeschichte 36 (1986), S. 181-246.
193 Oberschelp, Geschichte (wie Fn. 29), S. 129 ff.
194 Rainer Polley, Die Landeskreditkasse von 1832 im kurhessischen Verfassungsleben, in: [Hessische Landesbank (Hg.)], Unsere Bank. Juni 1982. Sonderausgabe zum 150. Jubiläum der Landeskreditkasse zu Kassel, Frankfurt a. M. 1982, S. 35-46.
195 Daniel Mohr, Die Industrialisierung des Königreichs Hannover in der öffentlichen Debatte um die Gewerbereform, in: Niedersächsisches Jahrbuch für Landesgeschichte 80 (2008), S. 389-402, hier S. 391. Siehe auch ders., Auseinandersetzungen um Gewerbereformen und um die Einführung der Gewerbefreiheit im Königreich Hannover, Diss. phil. Göttingen 2001. Online unter: <http://webdoc.sub.gwdg.de/diss/2002/mohr/mohr.pdf> [17.8.2010]; Jörg Jeschke, Gewerberecht und Handwerkswirtschaft des Königreichs Hannover im Übergang 1815–1866, Göttingen 1977; Heide Barmeyer, Gewerbefreiheit oder Zunftbindung? Hannover an der Schwelle des Industriezeitalters, in: Niedersächsisches Jahrbuch für Landesgeschichte 46/47 (1974/75), S. 231-262.

nur ansatzweise Lockerungen dieser restriktiven Regelungen in Gang. Das Gewerberecht in Hannover erfuhr eine behutsame Modernisierung, und auf Initiative der Regierung entstand ein Gewerbeverein; zu einer Gewerbeordnung kam es im Königreich Hannover aber erst 1847/48.[196] Eine aktive und systematische Förderung von Wirtschaft und Industrie von Staatsseite ist – selbst in Sachsen – erst nach 1848 feststellbar. Die Industrielle Revolution setzte demnach nicht deshalb ein, weil staatliche Hilfen flossen. Die ersten Anfänge der Industrialisierung in Deutschland lagen neben der Ruhrregion vor allem in Sachsen.[197] Leipzig nahm als Messeplatz und Finanzzentrum ökonomisch eine ausgesprochene Sonderstellung ein. Kurhessen war dagegen in vieler Hinsicht ein Nachzügler; es blieb noch lange ein ausgesprochener Agrarstaat.[198]

Eine wesentliche Hilfe zur Förderung von Industrie, Gewerbe und Handel stellte die Zollpolitik dar.[199] Weil sich der Deutsche Bund trotz des Artikels 19 der Deutschen Bundesakte[200] auf diesem Gebiet inaktiv gezeigt hatte, gingen die deutschen Territorien im Vormärz eigene Wege. Nachdem Preußen 1818 seine Binnenzölle aufgehoben hatte, sahen sich etliche andere Staaten zu Zollbündnissen gezwungen, um ihre Wirtschaft konkurrenzfähig zu halten. In Reaktion auf den preußisch-darmstädtischen und den süddeutschen Zollbund schlossen sich bei einem Treffen in Kassel 1828 Hannover, Sachsen und Kurhessen zum sog. Mitteldeutschen Handelsverein zusammen.[201] Doch das Bündnis scheiterte, weil es weniger positive Impulse einer gemeinsamen Wirtschaftszone setzte, sondern vorwiegend negativ gegen die anderen Zollverbünde gerichtet war. 1833 löste sich der Handelsverein selbst auf; die Mit-

---

196 Karl Heinrich Kaufhold, Zur wirtschaftlichen Entwicklung im Königreich Hannover – Überlegungen zu einer Revision eines überkommenen Bildes, in: P. Aufgebauer (Hg.), Herrschaftspraxis und soziale Ordnungen im Mittelalter und in der frühen Neuzeit. Ernst Schubert zum Gedenken, Hannover 2006, S. 531-542; Oberschelp, Geschichte (wie Fn. 29), S. 162 ff.
197 Karlsch/Schäfer, Wirtschaftsgeschichte (wie Fn. 24); Ralf Haase, Wirtschaft und Verkehr in Sachsen im 19. Jahrhundert. Industrialisierung und der Einfluss Friedrich Lists, Dresden 2009; Hubert Kiesewetter, Industrialisierung und Landwirtschaft. Sachsens Stellung im regionalen Industrialisierungsprozeß Deutschlands im 19. Jahrhundert, Köln/Wien 1988; Karlheinz Blaschke, Die wirtschaftliche Entwicklung Sachsens im 19. Jahrhundert, in: H. Bauer u. a. (Hg.), 100 Jahre Allgemeines Baugesetz Sachsen, Stuttgart u. a. 2000, S. 61-72; Hubert Kiesewetter, Verfassung und Industrialisierung. Vom Einfluß politischer Reformen auf industriellen Wandel, in: Sächsische Heimatblätter 37 (1991), S. 211-216.
198 Hans-Werner Hahn, Wirtschaft und Verkehr, in: Speitkamp (Hg.), Handbuch (wie Fn. 127), Bd. 1, S. 73-249; Ulrich Möker, Nordhessen im Zeitalter der Industriellen Revolution, Köln/Wien 1977.
199 Hans-Werner Hahn, Geschichte des Deutschen Zollvereins, Göttingen 1984; Hans-Joachim Behr, Zoll- und Gewerbepolitik im Königreich Hannover 1815–1866, in: M. Haverkamp/H.-J. Teuteberg (Hg.), Unterm Strich. Von der Winkelkrämerei zum E-Commerce, Bramsche 2000, S. 49-63.
200 CD-ROM-2, Dok.-Nr. 11.1.2.1 (wie Fn. 87).
201 Hans-Werner Hahn, Wirtschaftliche Integration im 19. Jahrhundert. Die hessischen Staaten und der Deutsche Zollverein, Göttingen 1982; Oliver Werner, Johann Smidt und die Bildung des Mitteldeutschen Handelsvereins 1828/29, in: Bremisches Jahrbuch 87 (2008), S. 201-210.

gliedsstaaten Sachsen und Kurhessen schlossen sich dem 1834 ins Leben tretenden Deutschen Zollverein unter preußischer Führung an. Hannover hingegen gründete im selben Jahr mit dem Herzogtum Braunschweig den »Steuerverein«, den es auch nach dem Austritt Braunschweigs 1841 mit Oldenburg und Schaumburg-Lippe fortführte.[202]

Eine gezielte Förderung der öffentlichen Wohlfahrt oder eine Sozialpolitik im heutigen Sinne ist im Vormärz nicht feststellbar. Die Armenfürsorge dieser Epoche kann allenfalls als Vorgeschichte öffentlicher Wohlfahrtspflege angesehen werden.[203] Die schwierige wirtschaftliche Lage vieler Menschen sowie Missernten und Hungersnöte führten insbesondere in den Jahren 1816/17 und 1846/47 zu einer Massenarmut, dem sog. Pauperismus, der viele Opfer forderte.[204] Kurhessen, das sich im Stadium des vorindustriellen Niedergangs der Wirtschaft befand und von der Agrarproduktion sehr abhängig war, erwies sich geradezu als der »Musterfall des Pauperismus« in Deutschland.[205] Der rasch anwachsende Unmut über die vermeintliche oder tatsächliche Untätigkeit der Regierungen und die Angst vor sozialem Abstieg führten zu einer stetig steigenden Gefahr von Unruhen. Schließlich war eine verbreitete Zukunftssorge auch die Ursache für eine stark zunehmende Auswanderung, vor allem nach Nordamerika. Manchen betroffenen Bevölkerungskreisen schien ein Verlassen der Heimat die Problemlösung schlechthin, sodass es Stimmen gab, die staatliche Hilfen zur Unterstützung der Auswanderung einforderten.[206]

---

202 Oberschelp, Geschichte (wie Fn. 29), S. 113-119; Markus A. Denzel, Der Außenhandel und die Außenhandelsstatistik des Königreichs Hannover bzw. des Steuervereins im zweiten Viertel des 19. Jahrhunderts. Eine Einführung, in: K. H. Kaufhold (Hg.), Der Handel im Kurfürstentum/ Königreich Hannover (1780–1850). Gegenstand und Methode, Stuttgart 2000, S. 9-49.
203 Detlef Schmiechen-Ackermann, Ländliche Armut und die Anfänge der Lindener Fabrikarbeiterschaft. Bevölkerungswanderungen in der frühen Industrialisierung des Königreichs Hannover, Hildesheim 1990; Susanne Grindel, Armenpolitik und Staatlichkeit. Das öffentliche Armenwesen im Kurfürstentum Hessen (1803–1866), Darmstadt/Marburg 2000; dies./W. Speitkamp (Hg.), Armenfürsorge in Hessen-Kassel. Dokumente zur Vorgeschichte der Sozialpolitik zwischen Aufklärung und Industrialisierung, Marburg 1998; Susanne Grindel, Disziplinierung und Integration. Zur öffentlichen Armenfürsorge im 19. Jahrhundert am Beispiel des Kurfürstentums Hessen, in: Hessisches Jahrbuch für Landesgeschichte 44 (1994), S. 91-113.
204 Martin Kukowski, Pauperismus in Kurhessen. Ein Beitrag zur Entstehung und Entwicklung der Massenarmut in Deutschland 1815–1855, Darmstadt/Marburg 1995; ders., Proletarisierung vor der Industrialisierung. Ein Beitrag zur Wirtschafts- und Sozialstatistik der kurhessischen Landbevölkerung um die Mitte des 19. Jahrhunderts, in: Hessisches Jahrbuch für Landesgeschichte 45 (1995), S. 163-203; ders., Vom »Pauperismus« zum »Proletariat«. Stufen und Phasen der Pauperisierung in Kurhessen in der ersten Hälfte des 19. Jahrhunderts, in: Hessisches Jahrbuch für Landesgeschichte 42 (1992), S. 185-217.
205 Grindel/Speitkamp (Hg.), Armenfürsorge (wie Fn. 203), S. XV.
206 CD-ROM-2, Dok.-Nr. 11.3.12.1 (Petition wegen staatlicher Unterstützung der Auswanderung aus Kurhessen v. 21.10.1847). Vgl. auch Inge Auerbach, Auswanderung aus Kurhessen 1832–1866, in: P. Assion (Hg.), Der große Aufbruch. Studien zur Amerikaauswanderung, Marburg 1985, S. 19-50; Anne-Katrin Henkel, »Ein besseres Loos zu erringen, als das bisherige war«.

Den zu Hause bleibenden Armen und Deklassierten versuchten die Regierungen mit zentralen Hilfsmaßnahmen und kommunalen Programmen in enger Zusammenarbeit mit den Kirchen zu helfen. Letztlich handelte es sich um eine Mischung von Notstandsmaßnahmen und frühen Formen der Daseinsvorsorge, ersten Anfängen der Sozialpolitik. Es entstanden öffentliche Suppenküchen und Armenanstalten, es konstituierten sich private und konfessionelle Hilfsvereine und kommunale Armenkommissionen.[207] 1823 wurde die kurhessische Witwen- und Waisenkasse für Hof- und Zivilstaatsdiener, die vorher nur in Althessen existierte, auf den gesamten Kurstaat ausgeweitet.[208] Im Kurfürstentum Hessen scheiterten zwar die Entwürfe für ein Armengesetz an den konzeptionellen Gegensätzen einer eher staatlich gelenkten oder in kommunaler Obhut befindlichen Sozialfürsorge. Aber ein Zug zur Systematisierung, Zentralisierung und Verstaatlichung der Armenfürsorge war generell unverkennbar.[209]

Ursachen, Verlauf und Folgewirkungen der hannoverschen Auswanderungsbewegung im 18. und 19. Jahrhundert, Hameln 1996, bes. S. 67-214; Antonius Holtmann, Auswanderungs- und Übersiedlungspolitik im Königreich Hannover 1832–1866, in: K. Panek (Bearb.), Schöne Neue Welt. Rheinländer erobern Amerika, Bd. 2, Nümbrecht 2001, S. 190-214.
207 Oberschelp, Geschichte (wie Fn. 29), S. 164 f.; Grindel, Armenpolitik (wie Fn. 203), S. 414.
208 Grindel, Armenpolitik (wie Fn. 203), S. 206.
209 Grindel/Speitkamp (Hg.), Armenfürsorge (wie Fn. 203), S. XX.

Deutsche Staaten zwischen ständisch-vormoderner und moderner Konstitution

11·4

Von Axel Kellmann (Köln)

0 Einführung

Dieser Beitrag befasst sich mit den deutschen Kleinstaaten, die im Zeitraum 1815–1847 den dauerhaften Übergang zum modernen Konstitutionalismus nicht vollzogen. Das Spektrum reicht von den absolutistisch bzw. altständisch regierten Territorien, in denen die alten Verfassungsverhältnisse – mitunter ohne Erlass einer expliziten Ständeverfassung[1] – fortdauerten bzw. wiederhergestellt wurden, bis hin zu den Staaten, die im Untersuchungszeitraum neue ständische Verfassungen erhielten. Zur ersten Kategorie zählen neben Oldenburg und Hessen-Homburg, die bis 1848 ohne (ständische) Verfassung blieben, die freien (Hanse-)Städte Lübeck, Hamburg, Bremen und Frankfurt am Main, in denen es 1813–1816 zu einer Restauration der altständisch-patrizischen Verfassungsverhältnisse kam. Auch die beiden mecklenburgischen, die drei anhaltischen und die drei reußischen Territorien sowie Hohenzollern-Hechingen lassen sich in diese erste Kategorie einordnen, da dort die überkommenen altständischen Verfassungen über die französisch-napoleonischen Umwälzungen hinweg fortbestanden bzw. nach vorübergehender Konstitutionalisierung (Anhalt-Köthen) wiederhergestellt wurden. In der zweiten Kategorie versammeln sich hingegen all jene Staaten, die im Untersuchungszeitraum zwar neue »landständische« Verfassungen erhielten, sich aber (noch) nicht zum modernen Repräsentativsystem[2]

---

1 Zu den deutschen Großstaaten, die im Zeitraum 1815–1847 ebenfalls ohne »landständische Verfassung« zumindest auf der zentralen staatlichen Ebene blieben, siehe die Beiträge über Preußen und Österreich im vorliegenden Handbuchband. Zur verfassungsgeschichtlichen Kategorisierung der deutschen Einzelstaaten im Rahmen der Kapitelgliederung des vorliegenden Handbuchbandes siehe insgesamt die nachfolgende Fn. und die Vorbemerkung zu Beginn des Länderkapitels 11.
2 Diesen Weg beschritten hingegen Limburg (ab 1814/15 im Verbund mit den Niederlanden), Bayern (ab 1818), Baden (ab 1818), Württemberg (ab 1819), Hessen-Darmstadt (ab 1820), Kurhessen (ab 1831), Sachsen (ab 1831), Braunschweig (ab 1832), Hohenzollern-Sigmaringen (ab 1833), Hannover (ab 1833/40), Lippe (ab 1836) und Luxemburg (ab 1841), weshalb diese Territorien im vorliegenden Handbuchband – ungeachtet ihrer mitunter vorübergehend gegebenen Zugehörigkeit zur o. g. zweiten Kategorie (z. B. Hannover 1819–1833 und 1837–1840, Braunschweig 1820–1827) – in den Beiträgen über die Niederlande (bezüglich Limburgs), über die deutschen Staaten der ersten und zweiten Konstitutionalisierungswelle sowie über Luxemburg behandelt werden.

fortentwickelten: Nassau, Schwarzburg-Rudolstadt, Schaumburg-Lippe, Waldeck, Sachsen-Weimar-Eisenach, Sachsen-Hildburghausen und Sachsen-Meiningen bzw. dann Sachsen-Meinigen-Hildburghausen, Liechtenstein[3], Sachsen-Coburg-Saalfeld (ab 1826 Herzogtum Sachsen-Coburg und Gotha), Sachsen-Altenburg, Holstein und Schleswig sowie Schwarzburg-Sondershausen.

Die verfassungsmäßige Vielfalt in beiden Staatengruppen – altständische oder absolutistische Staaten und Territorien mit neuer, landständischer Verfassung – verweist auf die Problematik des Überganges vom Alten zum Neuen. Im Mittelpunkt der Betrachtung steht daher die Frage nach Verfassungselementen, die möglicherweise bereits auf konstitutionelle Verhältnisse hindeuten. Die Kontinuität zwischen vormoderner und moderner Verfassungsordnung wird hier vorrangig am Beispiel der thüringischen Kleinstaaten thematisiert, da diese zum Teil auf exemplarische Weise ständisch-vormoderne und konstitutionelle Aspekte in sich vereinten.

Historiker machten sich in früheren Zeiten gerne lustig über diesen Teil Deutschlands. So sprach Heinrich von Treitschke über Thüringen als »das gelobte Land des deutschen Kleinlebens«[4]. Sein linksliberaler Kollege Veit Valentin fällte später ein noch abfälligeres Urteil.[5] Historiker, vor allem Verfassungshistoriker, haben sich eher mit der Wirkung der süddeutschen Konstitutionen beschäftigt oder sind der Frage nachgegangen, warum Österreich und Preußen keine Verfassungen erhalten haben. Unter den thüringischen Fürstentümern fand Sachsen-Weimar-Eisenach noch am ehesten Interesse. Zum einen war es der größte unter diesen Kleinstaaten, und zum anderen zogen die Freundschaft Herzog Carl Augusts mit Goethe und die Gründung der Urburschenschaft eine Aufmerksamkeit auf sich, die der tatsächlichen Bedeutung Sachsen-Weimars nicht gerecht wird.[6]

---

3   Siehe den gesonderten Beitrag über Liechtenstein im vorliegenden Handbuchband.
4   Heinrich von Treitschke, Deutsche Geschichte im 19. Jahrhundert, Teil 2: Bis zu den Karlsbader Beschlüssen, Leipzig 1927, S. 389.
5   Veit Valentin, Geschichte der deutschen Revolution 1848–1849, Bd. 1: Bis zum Zusammentritt des Frankfurter Parlaments, Weinheim/Berlin 1998, S. 210; siehe das Zitat zu Beginn von Kapitel 8, Verfassungskultur.
6   Ungeachtet dessen sorgen neben akademischen Qualifikationsarbeiten vor allem Handbücher und Überblicksdarstellungen dafür, dass Hamburg, Sachsen-Coburg oder das Großherzogtum Oldenburg nicht in Vergessenheit geraten, wenn auch die preußische Verfassungsfrage oder das Verfassungsleben in Baden oder Bayern mehr Aufmerksamkeit finden. Da es zu diesem Thema vor allem viele ältere Arbeiten gibt, die heute noch mit Gewinn gelesen werden können, wurde hier auch diese Literatur berücksichtigt.

1 Die deutschen Staaten zwischen ständisch-vormoderner und moderner Konstitution 1815–1847

Im thüringischen Raum kam es am Anfang des 19. Jahrhunderts zu einer gewissen territorialstaatlichen Konzentration: Im Vormärz zählt Veit Valentin »nur« noch zehn Fürsten, während es im 18. Jahrhundert noch 24 regierende Herrscherhäuser gegeben hatte.[7] Einige Kleinstaaten hatten kein zusammenhängendes Staatsgebiet; Enklaven und Exklaven zerschnitten das Land. Ein Beispiel dafür ist das Großherzogtum Sachsen-Weimar-Eisenach. Es bestand aus »zwei Hauptteilen und elf Inseln; Coburg-Gotha hatte neben seinen zwei Hauptteilen neun Enklaven, Altenburg einen Hauptteil und fünf Enklaven.«[8] Sachsen-Weimar-Eisenach konnte 1815 sein Staatsgebiet deutlich erweitern. Der Herzog wurde zum Großherzog erhoben, und sein Land bestand fortan aus drei Kreisen: dem Weimar-Jenaer-Kreis, dem kursächsischen Neustädter Kreis und dem Eisenacher Kreis.[9]

1825/26 veränderte die »gothaische Sukzession« die Landkarte Thüringens. Am 11. Februar 1825 starb Friedrich IV. von Sachsen-Coburg-Altenburg. Da sein Herrscherhaus mit seinem Tode erlosch, meldeten Sachsen-Meiningen, Sachsen-Coburg-Saalfeld und Sachsen-Hildburghausen umgehend ihre Ansprüche an. Unter der Vermittlung des sächsischen Königs kam es am 12. November 1826 zum Hildburghäuser Vertrag. Sachsen-Hildburghausen trat sein gesamtes Staatsgebiet an Sachsen-Meiningen und Sachsen-Coburg-Saalfeld ab. Mit geringen Abstrichen erhielt der ehemalige Herzog von Sachsen-Hildburghausen das Fürstentum Altenburg, das er nun als Herzogtum Sachsen-Altenburg regierte. Sachsen-Coburg-Saalfeld übergab Sachsen-Meiningen das Amt Themar, den Landesteil Saalfeld sowie einige kleinere Ortschaften. Im Gegenzug erhielt Sachsen-Coburg nun den größten Teil des Herzogtums Gotha sowie die Kammergüter Callenberg und Gauerstadt. Sachsen-Meiningen wurde mit dem restlichen Territorium von Sachsen-Hildburghausen entschädigt.[10] Sachsen-Coburg trat zudem 1834 das Fürstentum Lichtenberg gegen eine Entschädigung an Preußen ab.

---

7 Vgl. Valentin, Geschichte (wie Fn. 5), S. 209.
8 Ebd.
9 Vgl. Ulrich Heß, Geschichte der Behördenorganisation der thüringischen Staaten und des Landes Thüringen von der Mitte des 16. Jahrhunderts bis zum Jahre 1952, Jena/Stuttgart 1993, S. 94.
10 Vgl. Carl-Christian H. Dressel, Die Verfassung des Herzogtums Sachsen-Coburg Saalfeld von 1821 und die Bildung der Herzogtümer Sachsen-Coburg und Gotha durch den Hildburghäuser Erbteilungsvertrag vom 12. November 1826, in: H. Bachmann (Hg.), Zur Verfassungs- und Verwaltungsreform in den Herzogtümern Sachsen-Coburg und Gotha in der ersten Hälfte des 19. Jahrhunderts, Coburg 2002, S. 23-35, hier S. 34. Vgl. auch von dems., Die Entwicklung von Verfassung und Verwaltung in Sachsen-Coburg 1800–1826 im Vergleich, Berlin 2007.

2 Verfassungsstruktur der zentralen staatlichen Ebene

2.1 Allgemeine Entwicklung der Verfassungsdebatte

Vor dem Hintergrund des unpräzisen Verfassungsgebots der Deutschen Bundesakte[11] und der Wiener Schlussakte[12] entwickelte sich bekanntlich in der deutschen Staatenwelt eine kontroverse Debatte über den Gehalt »landständischer Verfassungen«, wobei das Verfassungsgebot ganz unterschiedliche Anwendungen in den Einzelstaaten fand.[13] Die Bundesversammlung unternahm nie Anstalten, die Mitgliedsstaaten zum Erlass einer Verfassung zu zwingen. Eine Verfassungsdiskussion im Deutschen Bundestag zwischen 1816 und 1818 verlief ohne Ergebnis.[14] Von dieser Seite aus gab es für die thüringischen Staaten keine Notwendigkeit, die Initiative zu ergreifen. Auch die territoriale Integration spielte bei den mitteldeutschen Ländern kaum eine Rolle. Wichtiger hingegen war die soziale Integration. In den neuen Landtagen wären auch das Bürgertum und die Bauern zugelassen worden. Die verschuldeten Haushalte konnten nur mithilfe der Stände saniert werden. Eine nennenswerte Verfassungsbewegung, die von »unten« eine Konstitution erzwang, gab es zwischen 1815 und 1820 nicht. Dafür spielten Vertreter einer reformorientierten Bürokratie eine wichtige Rolle, beispielsweise in Sachsen-Weimar-Eisenach oder in Sachsen-Coburg-Saalfeld.

Doch schon 1830 meldete sich das »Volk« zu Wort. Die französische Julirevolution von 1830 löste eine Welle von Umstürzen und/oder Verfassungsgebungen u. a. auch in mehreren deutschen Staaten aus. Dies blieb nicht ohne Auswirkungen auf Thüringen. In Sachsen-Altenburg, bis dahin ohne Konstitution, kam es zu Unruhen. In schwächerer Form wirkten sich die Vorgänge auch in Schwarzburg-Sondershausen aus. Die Verfassungsfrage interessierte in den 1830er- und 1840er-Jahren nicht nur liberale Räte, die eine gouvernementale Modernisierung von oben anstrebten, sondern eine Öffentlichkeit, die nun Anteil am politischen Leben des Landes nahm.

---

11 CD-ROM-2, Dok.-Nr. 11.1.2.1 (Deutsche Bundesakte v. 8.6.1815), Art. 13.
12 CD-ROM-2, Dok.-Nr. 11.1.2.2 (Wiener Schlussakte v. 15.5.1820), Art. 54-56.
13 Vgl. Conrad Bornhak, Deutsche Verfassungsgeschichte vom westfälischen Frieden an, Stuttgart 1934 (Neudruck Aalen 1968), S. 341, 367; Dieter Grimm, Deutsche Verfassungsgeschichte 1776–1886. Vom Beginn des modernen Verfassungsstaates bis zur Auflösung des Deutschen Bundes, Frankfurt a. M. 1988, S. 71; Ernst Rudolf Huber, Deutsche Verfassungsgeschichte seit 1789, Bd. 1: Reform und Restauration 1789–1815, Ndr. d. 2. Aufl., Stuttgart/Berlin 1990, S. 641-644; Peter Michael Ehrle, Volksvertretung im Vormärz. Studien zur Zusammensetzung, Wahl und Funktion der deutschen Landtage im Spannungsfeld zwischen monarchischem Prinzip und ständischer Repräsentation, Frankfurt a. M. 1979, S. 15.
14 Vgl. Grimm, Verfassungsgeschichte (wie Fn. 13), S. 142, 145. Zum Folgenden siehe ebd., S. 44 f., 46 ff.

2.2 Deutsche Staaten ohne Konstitution nach 1815

Neben dem Landgrafentum Hessen-Homburg, das unter Rückgewinn der in der Rheinbundzeit verlorenen Gebiete ohne Erlass einer Verfassung wiederhergestellt wurde[15], rekonstituierte sich auch Oldenburg unter Verzicht auf eine solche als selbstständige Herrschaft. Zum Großherzogtum erhoben konnte es nun sein aus drei ursprünglich auseinanderliegenden Gebieten bestehendes Staatsgebiet konsolidieren und erweitern.[16] Nachdem zunächst Großherzog Peter Friedrich Ludwig (bis 1829) wenig Interesse an der Einführung einer landständischen Verfassung in Oldenburg gezeigt hatte, bewies sein Nachfolger Paul Friedrich August 1830 auch unter dem Eindruck der Juli-Ereignisse eine größere Offenheit gegenüber der Verfassungsfrage; über interne Entwürfe gedieh das Verfassungsprojekt aufgrund des Widerstands der Verwandten des Herrscherhauses, d. h. des Königs von Dänemark und des russischen Zaren, aber auch jetzt nicht hinaus. Zumindest wurde 1831 eine Gemeindereform in Angriff genommen, die eine Vorstufe zur Konstitution bilden sollte.

In den Hansestädten Lübeck, Hamburg und Bremen wurden in den Jahren 1813–1816 die vorrevolutionären Stadtverfassungen wiederhergestellt.[17] Obwohl es in den oligarchischen Stadtrepubliken auch vor 1848 nicht an Reformüberlegungen fehlte, blieben bis zum Revolutionsjahr in Lübeck die bürgerlichen Kollegien gemäß Statuten von 1665/69 bestehen und in Hamburg die patrizische Ratsverfassung von 1528 unangetastet, um dort die Geschicke der Stadt weiterhin vom Senat als Exekutive unter Mitsprache dreier patrizischer Kollegien und der »Bürgerschaft« (Grundeigentümer und Werkmeister der Zünfte) lenken zu lassen. In Bremen erfuhr nach vorübergehender französischer Annexion (1810–1813) die alte patrizische Ordnung von 1534 allerdings eine Revision im ständisch-patrizischen Sinne, indem der dem Senat (Exekutive) bisher nur mit konsultativen Funktionen zur Seite gestellte Bürgerkonvent deutlich gestärkt wurde, da er 1816 immerhin das Recht zur Wahl der Senatsmitglieder erhielt. Auch die Freie Stadt Frankfurt am Main wurde 1814/15 in ihrer patrizisch-oligarchischen Ordnung wiederhergestellt, wobei gemäß Konstitutionsergänzungsakte von 1816 der Senat als Exekutive und die ihm beigeordnete Ständige Bürgerrepräsentation vom Patriziat beherrscht wurden und

---

15 Siehe die weiterführenden Literaturhinweise bei Ewald Grothe, Konstitutionalismus in Hessen vor 1848. Drei Wege zum Verfassungsstaat im Vormärz. Eine vergleichende Betrachtung, in: Zeitschrift des Vereins für hessische Geschichte 107 (2002), S. 245-262, hier S. 246, Anm. 2.

16 1817 erwarb Oldenburg das Fürstentum Birkenfeld, und ein Jahr später kam die Herrschaft Jever hinzu. Vgl. hierzu und zu den nachfolgenden Ausführungen Friedrich Wilhelm Schaer/Albrecht Eckhardt, Herzogtum und Großherzogtum Oldenburg im Zeitalter des aufgeklärten Absolutismus, in: A. Eckhardt u. a. (Hg.), Geschichte des Landes Oldenburg. Ein Handbuch, Oldenburg 1987, S. 271-332, hier S. 294, 296, 305, 318 f.

17 Vgl. Hartwig Brandt, Landständische Repräsentation im deutschen Vormärz. Politisches Denken im Einflussfeld des monarchischen Prinzips, Neuwied/Berlin 1968, S. 40.

aus den Reihen dieser beiden Organe auch fast zur Hälfte die Gesetzgebende Versammlung bestellt wurde, deren übrigen Mitglieder von den städtischen Bürgern nach einem auf ständisch-beruflicher Zugehörigkeit beruhenden Dreiklassenwahlrecht gewählt wurden.[18]

In Mecklenburg-Schwerin und Mecklenburg-Strelitz, die zu Großherzogtümern erhoben wurden, bestanden die altständischen Verfassungen auch über die Rheinbundzeit hinaus fort. Nach dem »Landesgrundgesetzlichen Erbvergleich« von 1755 hatten sich die aus Adel und Städten für beide Territorien gemeinschaftlich bestehenden Stände wesentliche Mitwirkungsmöglichkeiten gegenüber der Landesregierung bewahrt. Auch in den anhaltischen Herzogtümern Anhalt-Dessau, Anhalt-Köthen und Anhalt-Bernburg bestand die altständische Ordnung gemäß Landtagsabschied von 1625 fort bzw. wurde sie nach Aufhebung der 1810 in Köthen erlassenen Repräsentativverfassung wiederhergestellt. Während die Initiativen zur Reform der altständischen Verfassung im konstitutionellen Sinne am fürstlichen Widerstand scheiterten, hatte der für alle drei Herzogtümer vorgesehene gemeinsame Landtag seinen Einfluss längst verloren, sodass faktisch ein spätabsolutistisch-bürokratisches Herrschaftssystem – unter Gewährung einer beschränkten städtischen Selbstverwaltung in Anhalt-Dessau – bestand.[19] Das Fürstentum Reuß-Greiz (ältere Linie) und die drei reußischen Fürstentümer der jüngeren Linie, d. h. Reuß-Schleiz, Reuß-Ebersdorf und Reuß-Lobenstein[20], knüpften an ihre alten Verfassungsverhältnisse gemäß Erbvereinigung von 1668 an. Das Fürstentum Hohenzollern-Hechingen wurde weiterhin nach dem Landesvergleich von 1796 absolutistisch regiert, wobei der ab 1835 bestehende Landtag aufgrund seiner beschränkten Mitwirkungsrechte dem Kleinstaat nicht zur Anknüpfung an die im benachbarten Fürstentum Hohenzollern-Sigmaringen vollzogene Konstitutionalisierung verhalf.[21]

---

18 Siehe die weiterführenden Literaturhinweise bei Grothe, Konstitutionalismus (wie Fn. 15), S. 246, Anm. 3.
19 Heiner Lück, Zur Verfassungsgeschichte Anhalts, in: Zeitschrift für Neuere Rechtsgeschichte 31 (2009), S. 177-189; Michael Kotulla, Deutsches Verfassungsrecht 1806–1918. Eine Dokumentensammlung nebst Einführungen, Bd. 1: Gesamtdeutschland, Anhaltische Staaten und Baden, Berlin/Heidelberg 2006, S. 320 f. Ende 1847 geriet Anhalt-Köthen in den Besitz der beiden anderen Herzogtümer, um 1853 mit Anhalt-Dessau zum Herzogtum Anhalt-Dessau-Köthen vereinigt zu werden. 1863 fiel auch Anhalt-Bernburg an Anhalt-Dessau-Köthen.
20 Lobenstein ging 1824 auf Ebersdorf über, das seinerseits 1848 an Schleiz fiel, das von nun an das einheitliche Fürstentum Reuß jüngere Linie bildete.
21 Siehe den Beitrag über die deutschen Staaten der zweiten Konstitutionalisierungswelle im vorliegenden Handbuchband.

2.3 Deutsche Staaten mit neuer (landständischer) Verfassung nach 1814/15

Folgende deutsche Staaten erhielten ab 1814/15 eine neue Verfassung, ohne bis 1847 den Übergang zum modernen Konstitutionalismus zu vollziehen: Nassau (1./2. September 1814)[22]; Schwarzburg-Rudolstadt (8. Januar 1816); Schaumburg-Lippe (15. Januar 1816); Waldeck (19. April 1816); Sachsen-Weimar-Eisenach (5. Mai 1816); Sachsen-Hildburghausen (19. März 1818); Liechtenstein (9. November 1818)[23]; Sachsen-Coburg (8. August 1821)[24]; Sachsen-Meiningen (4. September 1824), nachdem das Herzogtum Sachsen-Meiningen-Hildburghausen entstanden war, erhielt es am 23. August 1829 eine Verfassung; Sachsen-Altenburg (29. April 1831); Holstein[25] und Schleswig (28. Mai 1831/15. Mai 1834); Schwarzburg-Sondershausen (24. September 1841).[26]

Wie können diese Verfassungen charakterisiert werden? Nach wie vor lag die Staatsgewalt ungeteilt beim Monarchen.[27] Allerdings wurde nun betont, dass der Monarch an die verfassungsmäßige Ordnung gebunden sei.[28] Die Landtage besaßen kein Präsenzrecht. Sie mussten vom Landesherrn einberufen werden, und der Landesherr hatte auch die Befugnis, den Landtag zu schließen. In der Verfassung von Sachsen-Hildburghausen beispielsweise wird in § 36 festgelegt, wie oft ein Landtag einzuberufen ist; das Recht, die Einberufung zu verlangen, steht aber nicht mehr nur dem Landesherrn und dem ständigen Ausschuss zu, sondern auch den Delegierten, denn sie können »aus eigener Bewegung« einen außerordentlichen Landtag verlangen.[29]

---

22 CD-ROM-2, Dok.-Nr. 11.4.2.1 (Verfassung des Herzogtums Nassau v. 1.–2.9.1814). Ergänzend zur hier zugrunde gelegten CD-ROM-Edition ist als nützliche verfassungsgeschichtliche Edition für unseren Untersuchungszeitraum ebenfalls heranzuziehen: W. Heun (Hg.), Deutsche Verfassungsdokumente/German Constitutional Documents, Teile/Parts I-VI (Anhalt-Bernburg bis Baden, Bayern-Bremen, Frankfurt bis Hessen-Darmstadt, Hessen-Kassel bis Mecklenburg-Strelitz, Nassau bis Sachsen-Hildburghausen, Sachsen-Meiningen bis Württemberg) (= H. Dippel [Hg.], Verfassungen der Welt vom späten 18. Jahrhundert bis zur Mitte des 19. Jahrhunderts. Quellen zur Herausbildung des modernen Konstitutionalismus/Constitutions of the World from the late 18th Century to the Middle of the 19th Century. Sources on the Rise of Modern Constitutionalism, Europa/Europe, Bd. 3), München 2006–2008.
23 Siehe den gesonderten Beitrag über Liechtenstein im vorliegenden Handbuchband.
24 CD-ROM-2, Dok.-Nr. 11.4.2.3 (Verfassung des Herzogtums Sachsen-Coburg-Saalfeld v. 8.8.1821).
25 Holstein wies gemäß Bundesmatrikel von 1818/19 eine Einwohnerzahl von 360.000 auf; Huber, Verfassungsgeschichte (wie Fn. 13), Bd. 1, S. 584 f., Anm. 8. Es umfasste knapp 8.300 Quadratkilometer.
26 Schwarzburg-Sondershausen wies gemäß Bundesmatrikel von 1818/19 eine Einwohnerzahl von ca. 35.000 auf; Huber, Verfassungsgeschichte (wie Fn. 13), Bd. 1, S. 584 f., Anm. 8.
27 Vgl. Heß, Geschichte (wie Fn. 9), S. 55.
28 CD-ROM-2, Dok.-Nr. 11.4.2.3 (wie Fn. 24), § 3; Dok.-Nr. 11.4.2.4 (Verfassung des Fürstentums Schwarzburg-Sondershausen v. 24.9.1841), § 4.
29 Verfassung von Sachsen-Hildburghausen vom 19. März 1818, in: K. H. L. Pölitz/F. Bülau (Hg.), Die Verfassungen des teutschen Staatenbundes seit dem Jahre 1789 bis auf die neueste Zeit, Zweite Abtheilung, Leipzig 1847, S. 783-793, hier § 36, S. 789.

Hier wurde die fürstliche Prärogative auf eine Art und Weise eingeschränkt, die es in anderen Verfassungen so nicht gab. Eine Begrenzung des fürstlichen Absolutismus kam aber auf jeden Fall darin zum Ausdruck, dass jedes Jahr ein Landtag abgehalten werden sollte.[30]

Dass diese landständischen Verfassungen auch andere Elemente eines »modernen« Konstitutionalismus enthielten, zeigen mehrere Verfassungsbestimmungen, die andeuten, dass die Stände nun nicht mehr nur Partikularinteressen zu vertreten hatten. § 6 Satz 1 der Verfassung von Sachsen-Hildburghausen bestimmte, dass jeder Deputierte »das Ganze und alle Unterthanen« bei seinen Entscheidungen im Auge behalten sollte.[31] Hartwig Brandt spricht von »Instruktionsverbot und supraständische(r) Gemeinverantwortung«.[32] Ähnliche Bestimmungen enthielten die Verfassungen von Sachsen-Coburg (§ 37) oder die Verfassung von Schwarzburg-Sondershausen (§ 136).[33] Fließende Übergänge zu einem modernen konstitutionellen Leben gibt es auch bei den Zustimmungs- und Initiativrechten der Stände.[34] Die Durchsetzung des monarchischen Prinzips sicherte natürlich den Fürsten ein Übergewicht zu. Als Beispiel kann hier ebenfalls die Verfassung von Sachsen-Hildburghausen gelten. § 47 der Konstitution sprach von einem »Recht des Beiraths in der Gesetzgebung«.[35] Darunter verstand die Verfassung ein Vorschlagsrecht, das noch nicht das Ausmaß eines modernen Initiativrechts umfasste, aber den Delegierten zumindest ein Instrument in die Hand gab, um durch Vorschläge und Initiativen Öffentlichkeit zu schaffen, und die Regierung unter Zugzwang zu setzen. Die Landesverfassung von Sachsen-Coburg billigte in § 67 ebenfalls nur dem Landesherrn ein Initiativrecht in der Gesetzgebung zu, aber auch hier konnten die Stände Vorschläge machen.[36] In Sachsen-Weimar-Eisenach konnten die Stände Petitionen an den Landesherrn richten.[37]

Im Herzogtum Nassau sah die Volksvertretung ihre Machtbefugnisse zwar vorwiegend auf das Recht zur Steuerbewilligung reduziert, während sie nur partielle Mitwirkungsrechte bei der Gesetzgebung besaß, sofern diese nämlich die Freiheit und das

---

30 Vgl. CD-ROM-2, Dok.-Nr. 11.4.2.3 (wie Fn. 24), §§ 80-81.
31 Verfassung von Sachsen-Hildburghausen vom 19. März 1818, in: Pölitz/Bülau (Hg.), Verfassungen (wie Fn. 29), S. 783-793, hier S. 784.
32 Vgl. Brandt, Landständische Repräsentation (wie Fn. 17), S. 44.
33 CD-ROM-2, Dok.-Nr. 11.4.2.3 (wie Fn. 24), § 37; Dok.-Nr. 11.4.2.4 (wie Fn. 28), § 136.
34 Zum Etatrecht siehe Kapitel 11, Finanzen.
35 Verfassung von Sachsen-Hildburghauseen vom 19. März 1818, in: Pölitz/Bülau (Hg.), Verfassungen (wie Fn. 29), S. 783-793, hier S. 791.
36 CD-ROM-2, Dok.-Nr. 11.4.2.3 (wie Fn. 24), § 67.
37 Vgl. Reinhard Jonscher, Thüringische Verfassungsgeschichte im 19. Jahrhundert – Ein Abriss, in: Thüringische Verfassungsgeschichte im 19. und 20. Jahrhundert, Jena 1993, S. 7-48, hier S. 14. Zum bereits mit der Verfassung von 1809 entstandenen frühen Ständeparlamentarismus in Sachsen-Weimar-Eisenach siehe Gerhard Müller, Thüringische Kleinstaaten und rheinbündischer Reformimpuls. Zu den Auswirkungen der Zäsur 1806 im »Ereignisraum«, in: Andreas Klinger u. a. (Hg.), Das Jahr 1806 im europäischen Kontext. Balance, Hegemonie und politische Kulturen, Köln u. a. 2008, S. 265-274.

Eigentum der Bürger berührte. In der Tat verwirklichte die autokratisch auftretende Regierung eine umfassende Reformgesetzgebung am Landtag vorbei, der erstmals mit dreijähriger Verspätung im März 1818 einberufen wurde. Zugleich stimmte die allerdings auf sehr hoher Zensusbasis zu wählende Zweite Kammer aber bereits nicht mehr ständisch, sondern nach Köpfen ab, und nahmen deren Vertreter faktisch ein freies Mandat wahr. Auch entwickelten die Ständekammern im Rahmen eines langwierigen »Domänenstreits« mit dem Fürsten ein bemerkenswertes Selbstbewusstsein, das durch die Steuerverweigerung und Selbstauflösung der Zweiten Kammer (1832) die Legitimität der fürstlichen Regierung durchaus untergraben konnte.[38] Zu ähnlichem Selbstbewusstsein wuchsen die Provinzialstände in Schleswig und Holstein im Zuge ihrer sich verschärfenden nationalpolitischen Konfrontation mit dem dänischen Gesamtstaat heran. Zwar galt für das Herzogtum Schleswig, das nicht dem Deutschen Bund angehörte, und für das Herzogtum Holstein, das zusammen mit dem Herzogtum Lauenburg in der deutschen Bundesversammlung vertreten war, als Territorien des dänischen Königreichs die 1831 nach preußischem Vorbild angeordnete und 1834 in Kraft gesetzte dänische Provinzialständeverfassung[39], sodass im Rahmen des dänischen Gesamtstaates noch nicht von einer Konstitutionalisierung auf zentraler staatlicher Ebene, sondern eher von ständischen Mitwirkungsmöglichkeiten auf Provinzialebene (d. h. von jeweils einer gesonderten Ständeversammlung in Schleswig und in Holstein) gesprochen werden kann, wie sie ähnlich auch in Preußen verwirklicht wurden.[40] Auf der einzelstaatlichen Ebene der beiden Herzogtümer entwickelten deren Ständeversammlungen dennoch eine über ihr preußisches Vorbild hinausweisende Bedeutung, da sie – neben der wiederholten Verfassungsbeschwerde beim Frankfurter Bundestag – ebenfalls zum Mittel der Selbstauflösung griffen, um gegen die nationaldänische Politik des Königs zu protestieren.

Bei aller Selbstbehauptung der neuen Ständeversammlungen zeigte sich dennoch das Übergewicht fürstlicher Macht, das für die nachnapoleonische Staatenordnung

---

38 Zur sich daraus entwickelnden Parlamentskultur siehe V. Eichler (Hg.), Nassauische Parlamentsdebatten, Bd. 1: Restauration und Vormärz 1818–1847, Wiesbaden 1985; W. Schüler (Hg.), Nassauische Parlamentsdebatten, Bd. 2: Revolution und Reaktion 1848–1866, Wiesbaden 2010; ders., Das Herzogtum Nassau 1806–1866. Deutsche Geschichte im Kleinformat, Wiesbaden 2006. Vgl. insgesamt zur Verfassungsentwicklung Nassaus 1814–1847 auch Grothe, Konstitutionalismus (wie Fn. 15), bes. S. 247-252 (mit weiterführenden Literaturhinweisen).

39 Der dänische König regierte das Herzogtum Holstein mit der Hauptstadt Glückstadt in Personalunion mit den Herzogtümern Schleswig und Lauenburg. Die für den dänischen Gesamtstaat verfügten Provinzialstände traten in Holstein zum ersten Mal 1835 in Itzehoe zusammen. Vgl. Wolfgang Steiniger, Schleswig-Holstein 1806–1892, in: K. G. A. Jeserich u. a. (Hg.), Deutsche Verwaltungsgeschichte, Bd. 2: Vom Reichsdeputationshauptschluß bis zur Auflösung des Deutschen Bundes, Stuttgart 1983, S. 762-784, hier S. 765.

40 Die dänische Ständeverfassung unterschied sich von der preußischen Ordnung allerdings durch die eher zensitär (Grundbesitz und Erbpacht) und nicht so sehr ständisch definierte Wahlrechtsbeschränkung bei der Bestellung der Provinziallandtage. Vgl. den Beitrag über Dänemark im vorliegenden Handbuchband.

in Deutschland verbindlich sein sollte, vor allem bei der Auslegung der Frage, welche Vorlagen den Ständen zur Zustimmung unterbreitet werden sollten. In der Regel mussten in den mitteldeutschen Staaten neben den Finanzgesetzen alle Gesetze, die Eingriffe in Freiheits- und Eigentumsrechte der Landesbewohner vorsahen, von den Deputierten abgesegnet werden. Dieses ständische Zustimmungsrecht wurde jedoch teilweise durch Verfassungsbestimmungen ausgehebelt, die den Landesherren die Möglichkeit gaben, in sog. Eilfällen eigenmächtig Regierungsakte in Kraft zu setzen, ohne die Deputierten vorher zu befragen. Die Verfassung von Sachsen-Coburg räumte beispielsweise in § 66 dem Herzog die Möglichkeit ein, »ohne ständische Mitwirkung die zur Vorbereitung, Vollstreckung und Handhabung der Gesetze erforderlichen, so wie die aus den landesherrlichen Rechten fließenden Verordnungen und Anstalten zu treffen, und überhaupt in allen Fällen das Nöthige zur Sicherheit des Staates vorzukehren. Auch bleiben die landesherrlichen Rechte hinsichtlich der Privilegien, Dispensationen und Abolitionen durchgängig unbeschränkt.«[41]

Diese Verfassungsnorm fasst das Problem der konstitutionellen Monarchie, sei sie nun neuständisch oder modern-konstitutionell organisiert, treffend zusammen: Wer definiert, wann Gefahr für den Staat existiert, wer definiert die Grenzen dieses Verordnungsrechts, wer verhindert im Zweifelsfall, dass dieses verfassungsmäßige Notverordnungsrecht nicht zum Dauerzustand wird? Reinhard Jonscher spricht von modernen landständischen Verfassungen, wenn er die Verfassungsgeschichte der thüringischen Staaten zwischen 1815 und 1847 charakterisiert. Damit deutet er an, dass die Konstitutionen liberale Elemente enthielten, doch die monarchisch-bürokratischen Elemente hätten sich vorerst durchgesetzt.[42]

So zeigt ein – wenn auch beschränkter – Überblick über die Verfassungsgeschichte der mitteldeutschen Staaten, dass hier im Rahmen neuer ständischer Verfassungen Entwicklungen eingeschlagen wurden, die schon Elemente eines modernen Verfassungslebens enthielten, ohne die monarchische Macht dauerhaft daran zu binden. Aber auch diese Reform von oben konnte das Entstehen einer vorrevolutionären Situation in den 1840er-Jahren nicht verhindern.

3 Wahlrecht und Wahlen

In der ersten Hälfte des 19. Jahrhunderts bildeten die Befürworter eines allgemeinen und gleichen Wahlrechts eine Minderheit. Besitz oder Bildung waren Kriterien, die erfüllt sein mussten, um an die Wahlurne treten zu dürfen oder sich wählen zu lassen.[43] Hier handelte es sich nicht um eine deutsche Besonderheit, sondern in ganz

---

41 CD-ROM-2, Dok.-Nr. 11.4.2.3 (wie Fn. 24), § 66.
42 Vgl. Jonscher, Thüringische Verfassungsgeschichte (wie Fn. 37), S. 22.
43 Vgl. Ehrle, Volksvertretung (wie Fn. 13), S. 693.

Westeuropa überwog die Tendenz, den Zugang zum Wahlrecht auf Besitz oder Bildung zu beschränken.[44]

Teilweise wurde das Wahlrecht in der Verfassung selbst geregelt, teilweise wurden eigene Wahlgesetze erlassen.[45] In Sachsen-Hildburghausen wurde mit Inkrafttreten der Verfassung vom 19. März 1818 eine vorläufige Wahlordnung in Kraft gesetzt. Am 15. Juli 1822 löste ein endgültiges Edikt die provisorische Regelung ab.[46] Die Ständeversammlung setzte sich aus 18 Mitgliedern zusammen: sechs Rittergutsbesitzer, fünf Vertreter der Städte, sechs Vertreter der Bauernschaft und ein Vertreter des geistlichen und Lehrerstandes. Die Wahldauer betrug sechs Jahre. Das passive Wahlrecht konnte nur ausüben, wer mindestens 29 Jahre alt war, einer christlichen Religion angehörte, als unbescholten galt und außerdem durfte gegen ihn kein Konkursverfahren eröffnet sein. Der Ritterdeputierte musste im Besitz eines eingeschriebenen Rittergutes sein; ein städtischer Deputierter das Bürgerrecht vorweisen können; ein Bauerndeputierter »Nachbarrecht« in einem Dorfe haben, eine Fabrik oder ein sog. nicht immatrikuliertes Rittergut besitzen; ein geistlicher Ständevertreter hatte der höheren Geistlichkeit anzugehören. In der Ritterschaft und bei den Geistlichen wurde direkt, bei den Bauern und Städtern wurde indirekt gewählt. Die Wahl war geheim. Wilhelm Schneider, der sich zu Beginn der 1920er-Jahre mit Wahlrechtssystemen der sächsisch-thüringischen Kleinstaaten auseinandergesetzt hat, kommt zu dem Urteil, dass dieses Wahlrecht für die damalige Zeit recht modern war und im Vergleich zu anderen deutschen Staaten nur ein geringer Bevölkerungsteil von der politischen Mitwirkung ausgeschlossen blieb.[47]

Im Vergleich dazu entsprachen die wahlrechtlichen Bestimmungen der sächsisch-coburgischen Verfassung von 1821 nicht unbedingt den »zeitgemäßen liberalen Forderungen«. In Sachsen-Coburg war die öffentliche Stimmabgabe vorgeschrieben, und nicht die geheime Wahl. Auch die Mandatsanteile der Stände lehnten sich eher an altständische Vorstellungen an als die Mandatsanteile der Stände in Sachsen-Hildburghausen. Die hohen Zensuswahlbestimmungen schlossen vor allem die ärmere Bauernschaft vom Wahlrecht aus. In der Bevölkerung wuchs in den 1830er- und 1840er-Jahren die Kritik an diesem Wahlrecht.[48] So entstand 1846 ein Wahlrechtsgesetz, das die alten wahlrechtlichen Bestimmungen aus der Verfassung von 1821 ersetzte. Zwar blieb die ständische Gliederung im Kern erhalten, aber es gab Korrekturen, die für

---

44 Ebd., S. 695.
45 Neben den im Folgenden besprochenen Wahlgesetzen siehe ergänzend CD-ROM-2, Dok.-Nr. 11.4.3.1 (Wahlgesetze für das Herzogtum Nassau v. 3.–4.11.1815); Dok.-Nr. 11.4.3.2 (Wahlgesetz für Sachsen-Meiningen v. 23.8.1829).
46 Vgl. Wilhelm Schneider, Die geschichtliche Entwicklung des Landtagswahlrechtes in Sachsen-Meiningen, Diss. iur. Jena 1923, S. 19-21.
47 Vgl. ebd., S. 23. Das nachfolgende Zitat auf S. 26.
48 Vgl. Detlef Sanden, Parlamentarismus in Sachsen-Coburg-Gotha 1821/26–1849/52, Jena 1996, S. 100.

eine Öffnung des Wahlrechts sorgten. Die Wahlen waren nun geheim, die Landbevölkerung wurde stärker berücksichtigt und der Einfluss des grundherrlichen Besitzes ging zurück.[49]

Insgesamt können die Wahlrechtsbestimmungen der mitteldeutschen Staaten als neuständisch bezeichnet werden. Neben die Rittergutsbesitzer traten nun auch die kleinen und mittleren Bauern oder Vertreter von Handel und Gewerbe. Ländliche und städtische Unterschichten blieben vom Wahlrecht ausgeschlossen. Wie ist die Situation der thüringischen Kleinstaaten in Bezug auf das Wahlrecht einzuschätzen? Hier hilft ein Blick auf die Staaten weiter, die eine Verfassung mit eher repräsentativem Charakter hatten, wie beispielsweise Bayern. Auch hier wurde das aktive und passive Wahlrecht an strenge Bedingungen geknüpft. Es gab jedoch keine Einteilung in Stände mehr, sondern die Höhe des Einkommens entschied über die Zulassung zur Wahl. Die Anzahl der aktiv Wahlfähigen wurde auf sechs Prozent geschätzt.[50] Es ist also zweifelhaft, ob die neuständisch geprägten Wahlrechte weniger Teilhabe am politischen Prozess zur Folge hatten. Mit der Zuordnung des Wählers zu einer sozialen Gruppe, die ihn vertrat, wiesen die thüringischen Staaten jedoch eher in die Vergangenheit als in die Zukunft.

4 Grundrechte

In unserer Verfassung sind die Grundrechte als unmittelbar geltendes Recht nach Art. 1 Abs. 3 GG verankert. Sie müssen von allen drei Gewalten beachtet werden. In der ersten Hälfte des 19. Jahrhunderts wurden sie lediglich als staatliche Gewährungen betrachtet und nicht etwa als subjektiv-öffentliche Rechte, die jedem Bürger zur Verfügung stehen.[51] In der Bundesakte von 1815 und der Schlussakte von 1820 finden sich über die Grundrechte nur wenige Aussagen. Die Wiener Schlussakte von 1820 garantierte lediglich die Rechtsstellung der Landesherrn, der freien Städte, der mediatisierten Fürsten und die Gleichbehandlung der christlichen Konfessionen.[52] Die Ausgestaltung eines Grundrechtekatalogs fiel damit weitgehend in die Verfassungshoheit der Länder.

Bei der Ausarbeitung der Verfassung von Sachsen-Weimar-Eisenach lehnte der Großherzog Carl-August die Aufnahme eines umfangreichen Grundrechtekatalogs ab. Der Fürst hielt dies nicht für nötig, da in seinen Augen in dem Herzogtum bereits

---

49 Vgl. Ebd., S. 101.
50 Wolfgang Hartwig, Der monarchische Staat und das Bürgertum, München 4. Aufl. 1998, S. 59.
51 Vgl. Klaus Kröger, Grundrechtsentwicklung in Deutschland – von ihren Anfängen bis zur Gegenwart, Tübingen 1998, S. 15.
52 Vgl. Christian-Friedrich Menger, Deutsche Verfassungsgeschichte der Neuzeit, München 5. Aufl. 1986, S. 109.

rechtsstaatliche Verhältnisse gewährleistet wären.[53] So fand nur eine »Generalklausel« Eingang in die Verfassung.[54] Eine größere Rolle hingegen spielten die Grundrechte bei der Entstehung der Verfassung von Sachsen-Coburg-Saalfeld vom 8. August 1821. Die herzogliche Verordnung vom 16. März 1816 kündigte eine entsprechende Konstitution an. Die Grundrechte sollten zur Integration von Landständen und Regierung beitragen.[55] Der Verfassungstext zeichnet sich denn auch durch einen ausführlichen Grundrechtsteil aus, der materiell-rechtlich typisch für die Verfassungen der mitteldeutschen Staaten bis 1830 war. Er garantierte in § 15 die Freiheit der Person und des Eigentums; Einschränkungen waren nur durch Recht und Gesetz möglich.[56] Eine Enteignung war im öffentlichen Interesse gegen Entschädigung möglich. Ferner wurde jedem Einwohner in § 14 »vollkommene Gewissensfreiheit« zugesichert, wobei die Berufung auf das Gewissen keinen Vorwand bilden durfte, um sich gesetzlichen Verpflichtungen zu entziehen. § 10 bestimmte, dass alle Einwohner vor dem Gesetz gleich wären. Die übrigen Artikel stellen Einrichtungsgarantien dar, wie das Verbot von Sondergerichten in § 21 oder die Verpflichtung, den Wehrdienst abzuleisten, was ja eher eine Grundpflicht und kein Grundrecht war.

Vom Inhalt her kann man diesen Grundrechtekatalog nicht als besonders fortschrittlich bezeichnen. Er billigte den Einwohnern ein allgemeines Gleichheits- und Freiheitsrecht zu. Politische Freiheitsrechte, wie das Recht auf Meinungsfreiheit, kommen in der Verfassung von Sachsen-Coburg nicht vor, und damit stand das kleine Fürstentum nicht alleine da. Dabei waren selbst konservative zeitgenössische Denker bereit, sich mit einem Grundrecht auf Meinungsfreiheit anzufreunden. Ihre antidemokratischen Vorbehalte drückten sie in der Warnung aus, dieses Recht könne missbraucht werden.[57] Die Verfassung von Sachsen-Altenburg vom 29. April 1831 ist ein typisches Beispiel für den Versuch, den liberal geprägten Zeitgeist im Sinne eines konservativen Gouvernementalismus zu kanalisieren, da restaurative Dämme zum Scheitern verurteilt waren. So billigte § 67 der Landesverfassung jedem »Landesunterthan« das Recht zu, »Thatsachen und Meinungen auf dem Wege des Druckes öffentlich bekannt zu machen [...]«.[58] Allerdings hatte der Betreffende nicht nur die bundesgesetzlichen Regelungen zu beachten – das Recht des Deutschen Bundes griff in diesem Punkt als höherrangiges Recht in die Verfassungsautonomie der Länder ein –, er

---

53 Vgl. Hans Tümmler, Carl August von Weimar, Goethes Freund. Eine vorwiegend politische Biographie, Stuttgart 1978, S. 266.
54 Ebd.
55 Siehe die herzogliche Ankündigung in CD-ROM-2, Dok.-Nr. 11.4.2.2 (Konzeption einer künftigen ständischen Verfassung für Coburg v. 16.3.1816). Vgl. auch Dressel, Verfassung (wie Fn. 10), S. 26.
56 CD-ROM-2, Dok.-Nr. 11.4.2.3 (wie Fn. 24), § 5-24.
57 Vgl. Brandt, Landständische Repräsentation (wie Fn. 17), S. 145.
58 Grundgesetz für das Herzogtum Sachsen-Altenburg vom 29. April 1831, in: Pölitz/Bülau (Hg.), Verfassungen (wie Fn. 29), S. 856-900, hier S. 868.

musste auch die nötige »Ehrfurcht« gegenüber dem Landesherzog wahren und alles unterlassen, »was die öffentliche Ruhe im In- oder Auslande, oder die Religiosität und Sittlichkeit gefährden könnte.«[59] Die Verfassung von Schwarzburg-Sondershausen enthielt in § 53 ebenfalls ein eingeschränktes Recht auf Pressefreiheit. Aber auch hier durfte der Publizierende andere nicht »zur Verletzung ihrer Untertanenpflichten auffordern und nicht gegen die Religion und die guten Sitten verstoßen.«[60]

Im Bereich der Grundrechte spielten die thüringischen Staaten keine Vorreiterrolle. Immerhin waren Grundrechte nun in einer wenn auch bescheidenen Form kodifiziert, was einen wesentlichen Berührungspunkt zum modernen Konstitutionalismus bildete. Ihre Durchsetzung in der Verfassungswirklichkeit wurde zu einer ständigen Aufgabe für Liberale und Demokraten zwischen 1815 und 1847.

5 Verwaltung

Im letzten Drittel des 18. Jahrhunderts begann in vielen deutschen Staaten eine Phase der Verwaltungsreformen. Diese Bestrebungen waren Teil jener Reform von oben, die für den aufgeklärten Absolutismus typisch war. Über Jahrhunderte hinweg war eine Behördenstruktur entstanden, die eher dem Charakter einer großen Gutsverwaltung entsprach. Viele Ämter mit zum Teil nicht klar abgegrenzten Zuständigkeiten arbeiteten dem Landesherrn und seinen Räten zu. Schon vor der Französischen Revolution hatte sich dieses System als wenig effizient erwiesen, und die Grenzveränderungen durch die Napoleonischen Kriege taten ein Übriges. Neue, leistungsfähige Strukturen mussten geschaffen werden.[61] Ulrich Heß hat in seiner Darstellung der Behördenorganisation der thüringischen Staaten die Probleme beschrieben, vor denen die Länder standen: »1. Bildung einer einzigen zentralen Verwaltungsbehörde (Staatsministerium). 2. Überwindung der Kollegialverfassung und Durchsetzung monokratisch arbeitender Oberbehörden. 3. Trennung von Verwaltung und Justiz in den Ober- und Unterbehörden. 4. Beseitigung nichtstaatlicher, privater Herrschaftsrechte. 5. Vereinigung von Kammer – und Staatsvermögen.«[62] Heß benennt Sachsen-Coburg-Saalfeld und Sachsen-Hildburghausen als Beispiele für Neuentwicklungen in der Behördengeschichte der thüringischen Fürstentümer.[63] Reformen im Verwaltungsapparat waren dringend erforderlich, weil die beiden Länder wegen ihrer überschuldeten Haushalte in der zweiten Hälfte des 18. Jahrhunderts unter der Zwangsverwaltung des Reiches standen.

---

59 Ebd., S. 868.
60 CD-ROM-2, Dok.-Nr. 11.4.2.4 (wie Fn. 28), § 53.
61 Vgl. dazu grundsätzlich: Franz-Ludwig Knemeyer, Beginn der Reorganisation der Verwaltung in Deutschland, in: Jeserich u. a. (Hg.), Verwaltungsgeschichte (wie Fn. 39), Bd. 2, S. 122-154.
62 Heß, Geschichte (wie Fn. 9), S. 58.
63 Ebd., S. 58.

5 Verwaltung

In Sachsen-Coburg-Saalfeld berief Herzog Franz 1801 den preußischen Kammerdirektor Kretschmann zum Minister. Bis zu seinem Sturz 1808 leitete Kretschmann Reformen ein, die den Verwaltungsaufbau des kleinen Landes nachhaltig verändern sollten. Als Erstes schaffte er das geheime Ratskollegium ab und ersetzte es durch ein Ministerium, in dem er als einziger Minister amtierte.[64] Eine Ressorteinteilung gab es noch nicht. Auch unterhalb der Ministerialebene wurden Strukturen verändert. In einer einzigen Landesverwaltungsbehörde wurden 1802 die einzelnen Landeskollegien zusammengefasst. In dieser neuen Landesregierung gab es keine kollegiale Beratung mehr, sondern jedes Mitglied verwaltete unter Leitung eines Präsidenten ein Sachgebiet.[65] Am 26. Januar 1808 wurde das Ministerium in eine Kollegialbehörde umgewandelt. Fortan trug es den Namen Landesministerium und bestand aus drei geheimen Konferenzräten. Zu den Aufgaben gehörten die Angelegenheiten des herzoglichen Hauses, die Außenpolitik sowie Grundsatzangelegenheiten der Innenpolitik.[66] Hinzu kam die Oberkontrolle über alle Staatsämter sowie die Militärangelegenheiten. Die Veränderungen zeigten nicht den gewünschten Erfolg: »Ein verwaltungsmäßig schnelles und kostensparendes Arbeiten war nur schwer möglich«, so Otto Mutzbauer. Seit den 1820er-Jahren dachte man über eine grundlegende Reform der Behördenstruktur nach, zumal die gothaisch-altenburgische Erbfolge eine Neuordnung des Ministeriums erforderlich machte.[67] Am 30. November 1826 entstand ein gemeinsames Ministerium für Sachsen-Coburg und Gotha. Gleichzeitig legte der Herzog fest, dass dieses Ministerium als oberste Verwaltungsbehörde des Landes fungieren sollte und alle Behörden dem Ministerium unterstellt sein sollten.[68] Am 24. Juli 1844 erhielt die Behörde den Namen »Herzoglich Sächsisches Staatsministerium«. Die Landesregierung, bis zur Errichtung des Ministeriums an der Spitze der Verwaltungspyramide, entwickelte sich zu einer nachgeordneten Behörde, deren Schwerpunkt auf der inneren Verwaltung lag. Bis 1847 war die Landesregierung oberste Polizeibehörde, Finanzkollegium und Landeshoheitskollegium zugleich – aus heutiger Sicht ein Landesverwaltungsamt, das Aufgaben wahrnimmt, die von den Ministerien an den nachgeordneten Bereich delegiert werden.

In Sachsen-Meiningen kam es ebenfalls zu einer Neuordnung der Verwaltung, die einen dreistufigen Verwaltungsaufbau vorsah. 1829 wurden die Reformen abge-

---

64 Vgl. Otto Mutzbauer, Die Behördenorganisation des Herzogtums Coburg im 19. Jahrhundert, in: Jahrbuch der Coburger Landesstiftung 1958, S. 13-58, hier: S. 14.
65 Vgl. Heß, Geschichte (wie Fn. 9), S. 58.
66 Vgl. hier und im Folgenden Mutzbauer, Behördenorganisation (wie Fn. 64), S. 19-21.
67 Siehe beispielsweise die Verwaltungsreform für Lichtenberg, in CD-ROM-2, Dok.-Nr. 11.4.5.1 (Verordnung zur Einrichtung einer Oberen Landesbehörde für Lichtenberg v. 12.5.1821).
68 Zur gesamten Verwaltungsorganisation siehe CD-ROM-2, Dok.-Nr. 11.4.5.2 (Verordnung über den Landesverwaltungsorganismus in Sachsen-Coburg v. 30.10.1828); zur Zentralisierung und Rationalisierung der Bauverwaltung siehe ebd., Dok.-Nr. 11.4.12.4 (Verordnung zur Bauverwaltung in Sachsen-Coburg v. 8.2.1842).

schlossen.⁶⁹ An der Spitze stand ein Landesministerium als oberste Behördeninstanz. Auf der mittleren Verwaltungsebene waren die Landesregierung und das Konsistorium angesiedelt. Die Landesregierung bestand aus einem Verwaltungs-, Finanz-, und Forstsenat. In die Zuständigkeit des Konsistoriums fielen das Kirchen- und Schulwesen. Auf der Ortsebene gab es zwölf Verwaltungsämter sowie die Gemeindebehörden.⁷⁰ Ernst Schocke kam 1927 in einer Untersuchung zur 1848er-Revolution in Sachsen-Meiningen zu dem Ergebnis: »Die Organisation der Behörden, wie sie 1829 geschaffen worden war, vermochte diese Schwierigkeiten [gemeint ist eine straffe Verwaltungsstruktur, d. Verf.] nicht zu mildern, im Gegenteil. Die Staatsmaschine war ein mannigfach abgestufter Mechanismus; die Landesregierung in ihrer Mittlerrolle zwischen dem Ministerium und den Unterbehörden komplizierte den Staatsapparat.«⁷¹

Auch in Sachsen-Weimar-Eisenach wurden nach 1815 Anstrengungen unternommen, die Verwaltung den veränderten Rahmenbedingungen anzupassen, ohne völlig mit den bestehenden Strukturen zu brechen.⁷² Das geheime Consilium wurde 1815 zum Staatsministerium umgeformt. Die Umbenennung war wohl auch eine Prestigefrage; nach der Erhebung Weimars zum Großherzogtum glaubte man, ein Ministerium müsse an der Spitze der Exekutive stehen. Dieses Ministerium setzte sich aus mehreren Fachministerien zusammen und nur wichtige Fragen wurden noch durch kollegialischen Beschluss aller Minister entschieden.⁷³ Als Steuerungsinstrument fungierte eine geheime Staatskanzlei im Staatsministerium. Unterhalb des Staatsministeriums gab es sieben Landeskollegien, die eine Art Mittelinstanz bildeten: die Landesregierung zu Weimar, die Landesregierung zu Eisenach, das Oberkonsistorium zu Weimar, das Oberkonsistorium zu Eisenach, die Kammer zu Weimar, die Landesdirektion zu Weimar und das Landschaftskollegium zu Weimar. Die Vielzahl an Behörden stieß beim Landtag von 1819 auf Kritik.

Diese drei Beispiele – Sachsen-Weimar, Sachsen-Meinigen und Sachsen-Coburg-Saalfeld – zeigen, dass es keinen »Masterplan« für die Veränderungen in der Exekutive gab. Verfassungsgebung und Verwaltungsreform verliefen in der Regel getrennt voneinander.⁷⁴

---

69 Vgl. Ernst Schocke, Die deutsche Einheits- und Freiheitsbewegung in Sachsen-Meiningen 1848–1850. Ein Beitrag zur Geschichte der ersten deutschen Revolution, Hildburghausen 1927, S. 7; siehe auch: Ferdinand Trinks, Beiträge zur Geschichte des Herzogtums Sachsen-Meiningen-Hildburghausen, Meiningen 1893.
70 Vgl. Schocke, Einheits- und Freiheitsbewegung (wie Schocke Fn. 69), S. 2.
71 Ebd., S. 7.
72 Vgl. Heß, Geschichte (wie Fn. 9), S. 95.
73 Vgl. hier und im Folgenden Fritz Hartung, Das Großherzogtum Sachsen unter der Regierung Carl Augusts 1775–1828, Weimar 1923, S. 272, 95 f., 261.
74 Vgl. Karlheinz Blaschke, Königreich Sachsen und thüringische Staaten, in: Jeserich u. a. (Hg.), Deutsche Verwaltungsgeschichte (wie Fn. 39), Bd. 2, S. 608-645, hier S. 642.

6 Justiz

In der zweiten Hälfte des 18. Jahrhunderts kam es in vielen deutschen Staaten zu Reformen im Justizwesen. Die Verfassungspolitik der deutschen Staaten zwischen 1815 und 1847 knüpfte daran an. Liberale und Demokraten wurden nicht müde, rechtsstaatliche Reformen zu fordern.[75] Das Ende des Heiligen Römischen Reiches Deutscher Nation stellte die deutschen Staaten zudem vor die Aufgabe, das Gerichtswesen neu zu ordnen und neue Gesetze zu erlassen.[76] Ein wichtiger Schritt in Richtung Rechtsstaatlichkeit war die Unabhängigkeit der Justiz. Die mitteldeutschen Staaten machten erste Schritte in Richtung einer Trennung von Exekutive und Judikative. In den Verfassungen finden sich Bestimmungen, die die Rechtsstellung der Richter regelten.

In Sachsen-Weimar-Eisenach lehnte es Großherzog Carl August 1816 ab, das Prinzip der Gewaltenteilung ausdrücklich in die Verfassung aufzunehmen. Seiner Meinung nach hatte dieses Prinzip nur zu einer Schwächung der Staatsgewalt geführt, ohne dadurch den Bürgern mehr Rechtssicherheit zu garantieren.[77] Die führenden Ratgeber im Umkreis des Landesfürsten waren geteilter Meinung. Während Ernst August Freiherr von Gersdorff sich dafür einsetzte, die Unabhängigkeit der Richter in der Konstitution zu verankern, sprach sich Friedrich August von Fritsch dagegen aus. Fritsch fürchtete, dass die Unabhängigkeit und Unabsetzbarkeit der Richter zu einer Bevorzugung dieser Gruppe von Staatsdienern führen würde. Als Negativbeispiel standen ihm die Zustände am ehemaligen Reichskammergericht in Wetzlar vor Augen: Die Unabhängigkeit der Richter hätte dazu geführt, dass die Prozesse so schleppend erledigt worden wären. Auch praktische Gründe sprachen in den Augen der herzoglichen Regierung dagegen, die Gewaltenteilung konsequent einzuführen. Gerade in den Unterinstanzen hätten neue Behörden geschaffen werden müssen, und dies hätte das Land überfordert. Das Ziel, mehr Rechtssicherheit zu erreichen, teilten aber auch der Herzog und von Fritsch. So kam es zu Justizreformen, die dem Geiste der Gewaltenteilung entsprachen. Lediglich die Beamten der Regierungen durften mit Gerichtsangelegenheiten beschäftigt werden. Alle anderen Behörden (Landesdirektion, Landschaftskassenkollegium, die Kammern und die Oberkonsistorien) nahmen keine Aufgaben im Justizsektor wahr. Die Regierung wurde damit zu einer Justizbehörde. Sie führte die Aufsicht über die Untergerichte und die Patrimonialgerichte, die nun praktisch verstaatlicht wurden. Die Richter genossen eine stärkere Position als früher. Ihnen wurde nun eine feste Besoldung zugesichert. Die richterliche Unab-

---

75 Vgl. Reinhold Zippelius, Kleine deutsche Verfassungsgeschichte. Vom frühen Mittelalter bis zur Gegenwart, München 6. Aufl. 1994, S. 107.
76 Vgl. Friedrich-Wilhelm Lucht, Die Strafrechtspflege in Sachsen-Weimar-Eisenach unter Carl August, Berlin/Leipzig 1929, S. 65.
77 Hier und im Folgenden ebd., S. 76, 67.

hängigkeit jedoch wurde nicht garantiert; allerdings sollten Verwaltungsbeamte keine Justizaufgaben in Personalunion wahrnehmen.

In der Verfassung von Sachsen-Coburg wird dagegen in § 21 schon zum Ausdruck gebracht, dass die Urteilsfindung »von dem Einflusse der Regierung ganz unabhängig« sein sollte.[78] Niemand sollte außerdem »seinem gesetzlichen Richter entzogen werden«. Dieses Verbot von Sondergerichten stellte einen deutlichen Schritt in Richtung Rechtsstaatlichkeit dar (eine ähnliche Formulierung findet sich auch im Grundgesetz). § 22 baute eine weitere rechtsstaatliche Schranke in die Verfassung ein: Strafrechtliche Sanktionen standen unter dem Vorbehalt des Gesetzes. Jeder, der verhaftet wurde, musste innerhalb von 24 Stunden über den Grund seiner Verhaftung informiert werden. Ebenso musste der Fall dem ordentlichen Richter innerhalb dieser Zeit vorgelegt werden.

Das Grundgesetz von Sachsen-Altenburg vom 29. April 1831 enthielt ebenfalls Bestimmungen, die dem Gedanken der Gewaltenteilung Rechnung trugen. § 45 legte wie in Sachsen-Coburg fest, dass niemand seinem gesetzlichen Richter entzogen werden darf. Allerdings enthielt der Paragraf auch eine Bestimmung, die es der Staatsregierung ermöglichte, »außerordentliche Criminalgerichte« einzusetzen, wenn es zu innenpolitischen Unruhen kommen sollte.[79] Ansonsten durften außerordentliche Kriminalgerichte nur mit Einwilligung der Stände bestellt werden. In jedem Fall musste ihnen ein qualifizierter Beamter der Richterbehörde vorsitzen. Die Verfassung sagte allerdings nicht genau, was unter inneren Unruhen zu verstehen war. Die Julirevolution war gerade erst knapp ein Jahr vorbei, sodass der Staat sich hier möglicherweise ein Repressionsmittel erhalten wollte. Dass aber auch in Sachsen-Altenburg die Entwicklung in Richtung Rechtsstaat ging, zeigt der folgende § 46 der Verfassung. Hiermit wurde bestimmt, dass das richterliche Verfahren und die Urteilsfindung jedem staatlichen Einfluss entzogen waren. Die Beamten der Richterbehörde (offiziell gab es die Amtsbezeichnung Richter nicht) waren auf Lebenszeit angestellt. § 47 normierte ein Rückwirkungsverbot; außerdem führte die Verfassung für jedes abschließende Urteil die Begründungspflicht ein. § 48 regelte das Begnadigungsrecht für den Landesherren. Der Herzog hatte außerdem nicht das Recht, ein Urteil zu verschärfen. § 49 schrieb die Gleichbehandlung vor dem Gesetz fest. Nach § 121 sollte in den Städten die Justiz von der Verwaltung getrennt werden; eine weitere Maßnahme in Richtung Gewaltenteilung.

Auf dem Gebiet der Rechtspflege kam es auch zu einer staatenübergreifenden Zusammenarbeit zwischen Sachsen-Weimar, den herzoglichen Höfen der ernestinischen Linie und den Fürstenhäusern Reuß ältere und jüngere Linie. Sie bildeten ein gemeinsames Oberappellationsgericht in Jena. Dieser Gerichtshof war für alle Ver-

---

78 CD-ROM-2, Dok.-Nr. 11.4.2.3 (wie Fn. 24), § 21 (dieses und nachfolgendes Zitat), § 22 (persönliche Freiheitsrechte).
79 Grundgesetz für das Herzogtum Sachsen-Altenburg vom 29. April 1831, in: Pölitz/Bülau (Hg.), Verfassungen (wie Fn. 29), S. 856-900, hier und im Folgenden S. 864 f.

tragsstaaten das höchste Gericht in Zivil- und Kriminalsachen, die von den Landesgerichten dort vorgelegt wurden.[80] Das Personal dieses Gerichts bestand aus einem Präsidenten und neun Räten. Die Richter konnten nur aufgrund eines förmlichen Spruches ihr Amt verlieren.[81] Die Stellung des Gerichtes gegenüber den Gerichten der Mitgliedsstaaten war umstritten. Die Regierungen der Gründungsländer wollten dem Gerichtshof ursprünglich nicht die Kompetenzen eines obersten Gerichts zuerkennen. In Sachsen-Weimar konnte der Landtag von 1817 ein Patent durchsetzen, in dem die Entscheidungen des Jenaer Gerichts im Großherzogtum für verbindlich erklärt wurden.[82] Auch andere Mitgliedsstaaten erkannten den Jenenser Richtern wichtige Aufgaben zu. Sachsen-Altenburg ging 1831 so weit, dem Oberappellationsgericht Kompetenzen einzuräumen, die schon in Richtung einer modernen Verfassungsgerichtsbarkeit weisen. Jena konnte von sächsisch-altenburgischen Bürgern nicht nur bei Verfassungsverstößen von Beamten, sondern auch bei Organstreitigkeiten zwischen Regierung und Landtag angerufen werden.[83]

Insgesamt vollzogen sich in den meisten Staaten zwischen 1815 und 1847 im Justizwesen Veränderungen, die für mehr Rechtsstaatlichkeit sorgten. Der Rechtsstaat, der den Liberalen vorschwebte, war noch lange nicht erreicht. Aber die Entwicklung dahin hatte Fortschritte gemacht.

7 Militär

Die hier zu behandelnden Staaten waren meist so klein, dass sie militärisch nicht zu verteidigen waren. Jedes preußische oder königlich-sächsische Infanterieregiment hätte Sachsen-Weimar-Eisenach überrennen können. Die Hansestädte verfügten nicht mehr über Seestreitkräfte. Dennoch standen die Länder gegenüber dem Deutschen Bund in der Pflicht, einen Beitrag zum Bundesheer zu leisten. Die Kriegsverfassung des Deutschen Bundes ging auf die Bundesakte und die Wiener Schlussakte zurück.[84] Am 9. April 1821 legte ein Bundesbeschluss die Einzelheiten zur Kriegsverfassung des Bundes fest. Das Bundesheer bestand aus zehn Armeekorps und einer Reserve-Infanteriedivision. Mecklenburg und Hamburg beispielsweise stellten Truppen für das zehnte Armeekorps.[85]

---

80 Vgl. Mutzbauer, Behördenorganisation (wie Fn. 64), S. 27.
81 Vgl. Lucht, Strafrechtspflege (wie Fn. 76), S. 83.
82 Ebd., S. 86.
83 Jonscher, Thüringische Verfassungsgeschichte (wie Fn. 37), S. 21. Siehe auch den in Sachsen-Coburg erlassenen Nachtrag zur Oberappellationsgerichtsordnung vom 31.10.1842, in: CD-ROM-2, Dok.-Nr. 11.4.6.1.
84 Vgl. Ralf Pröve, Militär, Staat und Gesellschaft im 19. Jahrhundert, München 2006, S. 12.
85 CD-ROM-2, Dok.-Nr. 11.1.7.1 (Grundzüge der Kriegsverfassung des Deutschen Bundes v. 9.4.1821); vgl. auch Bornhak, Verfassungsgeschichte (wie Fn. 13), S. 363.

Die Mitgliedsstaaten waren in der Ausgestaltung ihrer Militärverfassungen frei.[86] Die Hansestädte beispielsweise unterhielten »Berufsstreitkräfte« – wenn man bei der Größe dieser Truppe überhaupt den Begriff Streitkräfte verwenden kann. In vielen Staaten hingegen galt das Konskriptionssystem, wobei bestimmte Bevölkerungsgruppen ausgenommen waren. Wehrpflichtige konnten meistens einen Ersatzmann stellen. Eine Perspektive bot der Soldatenberuf in der ersten Hälfte des 19. Jahrhunderts nicht. Die schlechte wirtschaftliche Situation vieler Länder, die Kriegsschulden und die daraus herrührenden finanziellen Belastungen schmälerten das Ansehen des Soldaten.

In den Staaten, die eine Verfassung besaßen, wurde die Dienstpflicht in der Konstitution geregelt. In Sachsen-Coburg-Saalfeld bestimmte § 19, dass eine allgemeine Dienstpflicht galt, die allerdings durch gesetzliche Ausnahmen durchbrochen wurde. Die Wehrpflichtigen mussten sich einem Losverfahren stellen und konnten auch einen Stellvertreter benennen.[87] In »außerordentlichen Nothfällen« ermächtigte § 20 der Verfassung die Regierung, jeden Einwohner zu den Waffen zu rufen. Diese Verfassungsbestimmung war nicht untypisch für die erste Hälfte des 19. Jahrhunderts. Unter dem Eindruck der Befreiungskriege wurden Volksbewaffnungskonzepte diskutiert.[88] In der Verfassung von Sachsen-Altenburg wurde diese Idee aufgegriffen, aber hier ging es nicht um die Landesverteidigung. § 80 normierte eine Bürgerwehrpflicht. Diese Bürgerwehr sollte im Inneren eingesetzt werden, um für Ruhe und Ordnung zu sorgen. Die Angehörigen hatten das Recht der Offizierswahl.[89] § 77 der Verfassung nannte die Wehrpflicht die »vornehmste Obliegenheit« der Anwohner.

Zum Glück mussten die Truppen nie den Beweis ihrer Schlagkraft antreten. Als 1824 in Sachsen-Coburg Tumulte ausbrachen (der Herzog hatte sich von seiner Frau getrennt), griffen Militäreinheiten aus Preußen und Bayern ein, denn das sächsisch-coburgische Militär vermochte der Unruhen nicht Herr zu werden.[90]

---

86 Zur Militärverwaltung in Sachsen-Coburg siehe CD-ROM-2, Dok.-Nr. 11.4.7.3 (Verordnung zur Militärverwaltung in Coburg v. 1.12.1842). Vgl. außerdem Pröve, Militär (wie Fn. 84), hier und im Folgenden S. 13-15.
87 CD-ROM-2, Dok.-Nr. 11.4.2.3 (wie Fn. 24), hier und im Folgenden § 19, 20 (nachfolgendes Zitat). Ergänzend heranzuziehen sind auch die lokalen Regelungen zur Wehrpflicht ebd., Dok.-Nr. 11.4.7.1 (Verordnung zur Konskription in Lichtenberg v. 8.5.1822); Dok.-Nr. 11.4.7.2 (Einführung der Wehrpflicht in den Ämtern Sonnenfeld und Königsberg v. 20.2.1827).
88 Vgl. Pröve, Militär (wie Fn. 84), S. 15.
89 Grundgesetz für das Herzogtum Sachsen-Altenburg vom 29. April 1831, in: Pölitz/Bülau (Hg.), Verfassungen (wie Fn. 29), S. 856-900, hier und im Folgenden S. 871.
90 Vgl. Hubertus Büschel, Untertanenliebe. Der Kult um deutsche Monarchen 1770–1830, Göttingen 2008, S. 278.

8 Verfassungskultur

Die Unruhen in Sachsen-Coburg zeigen, dass es sich bei den hier vorgestellten Staaten nicht um weltfremde Idyllen handelte. Veit Valentin konnte sich in seiner Geschichte der Revolution von 1848 einiger spöttischer Bemerkungen nicht enthalten, als er das politische Klima in den thüringischen Kleinstaaten beschrieb: »Ein politisches Leben, eine wirkliche politische Geschichte konnte es in einem solchen Lande nicht geben. Das Fürstenwesen entzog durch seine Zersplitterung in der Kleinstaaterei die Kleinstädterei, den Geist des Klatsches, des Klüngels, der unterwürfigen Abhängigkeit, das Katzenbuckeln und das Katzenlächeln beflissener Devotion [...]«.[91] Dazu passt es, dass ein Volk auf die Straße ging, weil die im Volk beliebte Herzogin von Tisch und Bett verbannt wurde. Aber auch in den thüringischen Kleinstaaten meldete sich zwischen 1815 und 1847 eine Opposition zu Wort und es kam zu politischen Auseinandersetzungen, in denen die Verfassung bereits eine Rolle spielte. So bemängelte die Ständeversammlung von Sachsen-Coburg-Saalfeld in einer Adresse an den neuen Herzog Ernst II. am 10. Dezember 1844, dass es seinem Vater nicht gelungen sei, die Verfassung »[...] zu allen Zeiten zum Vollzug zu bringen.«[92]

Doch nicht nur die Fürsten mussten lernen, mit der Begrenzung ihrer Macht umzugehen. Die Abgeordneten der Landtage hatten ebenfalls Probleme, sich in ihre neue Rolle hinein zu finden. Gerhard Müller stellt bei den Landtagen der 1820er-Jahre im Großherzogtum Sachsen-Weimar-Eisenach eine Konfliktscheu gegenüber dem Landesherrn fest.[93] Liberale Intellektuelle und Publizisten in Sachsen-Weimar begrüßten die Entwicklung zum Verfassungsstaat, doch sie sahen in der Gewährung einer Konstitution nur den ersten Schritt. Das Volk sollte auch lernen, sich dieser Verfassung zu bedienen, und schon in den Schulen sollte staatsbürgerlicher Unterricht abgehalten werden.[94] Gingen reformerische Initiativen also nach 1815 erst einmal von einem gemäßigt-liberalen Beamtentum aus, so wuchs nach 1830 eine Oppositionsbewegung innerhalb der Bevölkerung. Der gouvernementale Liberalismus hatte nicht mehr die Kraft, diese Strömung zu drosseln, mussten reformerisch gesinnte Beamte doch an zwei Fronten kämpfen. Die großherzogliche Regierung war gezwungen, den reaktionären Beschlüssen des Deutschen Bundes zur Zensur zu folgen; die Protestbewegung war nicht mehr bereit, sich mit einer Reform von oben zu begnügen. Revolution drohte nicht im Lande der Weimarer Hochklassik, aber der Landtag wurde konflikt-

---

91 Vgl. Valentin, Geschichte (wie Fn. 5), S. 210.
92 Vgl. Dressel, Verfassung (wie Fn. 10), S. 525.
93 Vgl. Gerhard Müller, Ernst August Freiherr von Gersdorff und der frühe Konstitutionalismus im Großherzogtum Sachsen-Weimar-Eisenach, in: J. John (Hg.), Kleinstaaten und Kultur in Thüringen vom 16. und 20. Jahrhundert, Weimar, Köln, Wien 1994, S. 407-424, hier: S. 419.
94 Vgl. Julia A. Schmidt-Funke, Auf dem Weg in die Bürgergesellschaft. Die politische Publizistik des Weimarer Verlegers Friedrich Justin Bertuch, Köln 2005, S. 377.

freudiger.⁹⁵ Müller spricht von einer »gemäßigt liberalen Gruppe«, die sich jetzt in den Reihen der Abgeordneten bildete und auch die Unterstützung von Regierungsbeamten hatte. Die Opposition verlangte die Öffentlichkeit der Kammerverhandlungen und die Aufhebung der Zensur. Im Juli 1832 kam es zu einer »Massenbewegung«: 2166 Einzelpersonen und 17 Gemeinden wandten sich an den Landtag mit einer Petition, die diese freiheitlichen Forderungen unterstützen sollte. Die Opposition konnte ihre Ziele nicht erreichen. Die Regierung des Großherzogs blockierte jede Veränderung. Dabei spielten auch außenpolitische Gründe eine Rolle. Die Einführung der Pressefreiheit hätte gegen höherrangiges Bundesrecht verstoßen und wahrscheinlich eine preußische Militärintervention nach sich gezogen. Aber in den Landtagen blieb eine liberale Opposition bestehen, die sich in den 1840er-Jahren verstärkt zu Wort meldete.

Abb. 11.4.1 Das Wappen Sachsen-Coburg-Gothas

Zu diesem Zeitpunkt schwelte auch in Sachsen-Coburg ein Verfassungskonflikt. 1839 war es über Etatfragen zu Auseinandersetzungen zwischen dem Herzog und den Ständeparlamentariern gekommen. Ein neu gewählter Landtag trat am 25. Dezember 1839 zusammen. Die Regierung wies im Rahmen der Wahlprüfung gewählte Kandidaten zurück. Der Landtag wehrte sich mit dem Mittel der parlamentarischen Obstruktion und lehnte es ab, einen ständischen Ausschuss zu wählen.⁹⁶ § 60 der Verfassung gab der Regierung das Recht, die Wahlen zu prüfen. Sie leitete daraus die Befugnis ab, Abgeordnete nicht zu bestätigen. Außerdem beanspruchte sie ein Auslegungsmonopol. Da die Verfassung nicht durch Übereinkunft zustande gekommen sei und deshalb keinen Vertragscharakter hätte, müssten unklare Stellen grundsätzlich im Sinne des Souveräns ausgelegt werden. In den Verfassungskonflikt hinein fiel der Tod von Herzog Ernst I. Sein Nachfolger Ernst II. vertrat gemäßigt liberale Ansichten. Er wollte mit den Ständen regieren, ohne jedoch grundsätzliche Abstriche von seinen fürstlichen Rechten zu machen. In einem Brief an den belgischen König Leopold vom 16. Juni 1844 beschrieb Ernst sein Rollenverständnis:

---

95 Müller, Ernst August Freiherr von Gersdorff (wie Fn. 93), hier und im Folgenden S. 422 (auch nachfolgende Zitate).
96 Sanden, Parlamentarismus (wie Fn. 48), hier und im Folgenden S. 77, 86.

»Denn eigentlich geht die Haupttendenz der Constitutionellen Monarchie nur dahin: die an sich bestehende moralische Verbindlichkeit des Regenten gerecht und weise, d. h. gesetzmäßig und im wohlverstandenen Interesse der Untertane, zum Nutzen und Fromen des Volkes zu regieren, zu einer Rechtspflicht umzuwandeln, so weit sich dies mit dem Begriff der Souveränität vereinen lässt.«[97]

Die Briefstelle belegt, dass der Herzog keineswegs parlamentarisch regieren wollte. Es war ein Gebot der Vernunft, mit den Abgeordneten zusammenzuarbeiten. Eine gute Verwaltung, die auf einem reibungslosen Miteinander von Ständen und Fürstenhaus beruhte, war das Ziel. Dies bedeutete aber keineswegs, dass die Stände als gleichberechtigte Partner anerkannt wurden. Am 1. November 1845 wurde die Öffentlichkeit der Landtagssitzungen per Gesetz festgelegt, eine Maßnahme, mit der Ernst II. den Ständen entgegenkam.[98]

In Deutschland entwickelte sich nach 1815 ein bescheidenes Verfassungsleben.[99] Die Abgeordneten mussten sich in ihre Rolle finden, und die Fürsten mussten zur Kenntnis nehmen, dass eine Rückkehr zu den Zuständen vor 1789 nicht mehr möglich war. Es wäre falsch, in den mitteldeutschen Kleinstaaten liberale Idyllen zu sehen, die vor allem zwischen 1830 und 1848 im Windschatten der großen Politik gelegen hätten. Hubertus Büschel beispielsweise kommt für Sachsen-Coburg zu der Feststellung, dass das Herzogtum über einen polizeistaatlichen Apparat verfügt hätte.[100]

9   Kirche

Kirche und Religion spielten auch im 19. Jahrhundert eine Rolle im politischen Leben. In den Verfassungen der mitteldeutschen Staaten ging es denn auch vor allem darum, das Verhältnis von Kirche und Staat zu bestimmen.

Die Verfassung von Sachsen-Coburg aus dem Jahr 1821 machte diesbezüglich deutlich, dass die Kirche ihren Freiraum nur unter dem Dach des Verfassungsstaates finden konnte. § 25 bestimmte, dass die innerkirchlichen Verhältnisse den Schutz

---

97 Zitiert nach Elisabeth Scheeben, Ernst II., Herzog von Sachsen-Coburg und Gotha. Studien zu Biographie und Weltbild eines liberalen deutschen Bundesfürsten in der Reichsgründungszeit, Frankfurt a. M. 1987, S. 66.
98 Vgl. ebd. S. 68.
99 Zur fortbestehenden Bedeutung obrigkeitlicher Kommunikationsstrukturen und Dienstbeziehungen in Sachsen-Coburg siehe jedoch exemplarisch die Dokumente in CD-ROM-2, Dok.-Nr. 11.4.8.1 (Verordnung zur Bekanntmachung des Regierungsblattes auf dem Land v. 30.4.1811); Dok.-Nr. 11.4.8.2 (Verordnung zum Amtseid für höhere Verwaltungsfunktionäre v. 30.10.1828). Zum Verfassungsleben vgl. auch Harald Bachmann, Herzog Ernst I. und der Coburger Landtag 1821–1844, Coburg 1973, S. 72.
100 Vgl. Büschel, Untertanenliebe (wie Fn. 90), S. 278.

der Verfassung genossen.[101] § 26 unterstrich, dass innerkirchliche Verordnungen »ohne vorgängige Einsicht und Genehmigung des Landesherrn weder verkündet noch vollzogen werden« durften. Nach § 13 konnten die »anerkannten christlichen Confessionen« im Rahmen der Gesetze ihre rituellen Handlungen vollziehen. Dass sich die Katholiken benachteiligt fühlten, zeigt ein Vorgang aus dem Jahr 1825/26. Die Coburger Katholiken baten darum, der Erzdiözese Bamberg unterstellt zu werden. In einem Bericht an die großherzogliche Regierung vom 14. Januar 1826 warnte das Konsistorium davor, dem Wunsch nachzugeben. Das Ansinnen der katholischen Gemeinde wurde als Schmälerung der landesherrlichen Rechte aufgefasst. Am 14. Oktober 1826 kritisierte das Konsistorium, dass die Katholiken mit der Gewährung der Gewissensfreiheit nicht zufrieden wären, sondern völlige Gleichstellung verlangten.[102]

Die Dominanz des evangelisch-protestantischen Glaubens trat auch im Grundgesetz für das Herzogtum Sachsen-Altenburg vom 29. April 1831 hervor. Umfangreicher als in der Verfassung für Sachsen-Coburg wurde hier auf das Verhältnis von Staat und Kirche Bezug genommen. § 130 besagte, dass der Herzog an der Spitze der evangelisch-protestantischen Landeskirche stand. Der Herzog konnte die Religion wechseln, das Land musste jedoch evangelisch bleiben.[103] § 132 ging ausdrücklich auf die innere Ausgestaltung der Kirchengewalt ein, eine Vorschrift, die so in der Konstitution von Sachsen-Coburg nicht auftrat. Demnach waren die Lehren der Heiligen Schrift, die Grundsätze der evangelisch-protestantischen Kirche sowie die bestehenden Landesgesetze zu beachten. Nach § 133 übten der Landesherr und das Konsistorium gemeinsam die Kirchengewalt aus. In § 153 wurde deutlich gemacht, dass die Kirche auch eine Art Sozialkontrolle ausüben sollte. Zu ihren Aufgaben gehörte die »Erhaltung der Moralität«. Das Konsistorium hatte demnach darüber zu wachen, dass die »Unterthanen sich eines gottesfürchtigen Lebenswandels befleißigen«. Außerdem sollten die »Heilmittel der Religion gehörig benutzt werden.« Im Rahmen bestehender Vorschriften wurde der Auftrag erteilt, den Druck von Schriften zu verhindern, die »der Religiösität und den guten Sitten nachtheilig werden.« In keiner anderen Verfassung kam so deutlich zum Ausdruck, dass die Kirche eine staatserhaltende Funktion hatte und die Religion in den Dienst der bestehenden Ordnung gestellt werden sollte.

---

101 CD-ROM-2, Dok.-Nr. 11.4.2.3 (wie Fn. 24), hier und im Folgenden § 25, 26, 13. Bereits zuvor hatte eine herzogliche Verordnung den ungebrochenen Anspruch des Staats auf Mitsprache in kirchlichen Angelegenheiten (hier bei der Vereinigung der protestantischen Konfessionen in Lichtenberg) zum Ausdruck gebracht: ebd., Dok.-Nr. 11.4.9.1 (Herzogliche Genehmigung der Vereinigung der protestantischen Konfessionen in Lichtenberg v. 21.7.1820).
102 Vgl. Dressel, Verfassung (wie Fn. 10), S. 492.
103 Grundgesetz für das Herzogtum Sachsen-Altenburg vom 29. April 1831, in: Pölitz/Bülau (Hg.), Verfassungen (wie Fn. 29), S. 856-900, hier und im Folgenden S. 882, 885.

Das Verhältnis von Staat und Kirche spielte auch in der Verfassung von Schwarzburg-Sondershausen vom 24. September 1841 eine Rolle. Nach § 98 war die evangelische Kirche die Landeskirche. Der Staat war verpflichtet, die Kirche finanziell zu unterstützen, wenn deren eigene Mittel nicht ausreichen. Nach § 101 hatte die Staatsregierung ein Aufsichtsrecht über die kirchlichen Einrichtungen, aber der eigentliche Lehrbegriff war davon ausgenommen. § 102 verpflichtete die Kirche, bei Verordnungen vorher die Genehmigung der staatlichen Stellen einzuholen.[104] Keine kirchliche Verfügung durfte »den Frieden unter den Unterthanen gefährden«. War dies der Fall, dann hatte die Landesregierung das Recht, diese Handlung ganz zu untersagen oder auf das »Innere des Kirchengebäudes zu beschränken«. Das Kirchenvermögen durfte nach § 103 nicht vom Staat vereinnahmt werden. § 96 normierte ein Diskriminierungsverbot für religiöse Meinungen. Den »gleichen Schutz des Staates« genossen allerdings nur die drei »anerkannten Hauptparteien der christlichen Kirche [...]«. Die konfessionelle Gleichberechtigung blieb den Juden versagt. Nach § 100 standen sie »unter dem Schutze und der besondern Aufsicht des Staats«, eine Vorschrift, die deutlich macht, dass man von einer wirklichen Judenemanzipation noch weit entfernt war. In Sachsen-Weimar-Eisenach beeinträchtigten staatliche Eingriffsrechte das religiöse Leben der Juden. 1823 wurde das Amt eines Landesrabbiners geschaffen, der für innerreligiöse Angelegenheiten des mosaischen Glaubens zuständig war.[105]

Die Verfassungsbestimmungen der mitteldeutschen Staaten zeigen, dass von einer Trennung von Staat und Kirche nicht die Rede sein kann. Oft war der Landesherr auch oberster Kirchenrepräsentant, behielt sich der Staat Eingriffsrechte vor. Die Kirchenbehörden wurden Teil der staatlichen Verwaltung.

10 Bildungswesen

In den Verfassungen der mitteldeutschen Staaten spielten Bestimmungen über die Bildung keine große Rolle. Immerhin erwähnten einige Konstitutionen die Schule als Einrichtung. Bildung wurde damit immer mehr zu einer Sache des Staates, und der Einfluss der Kirche ging zurück. In Thüringen gab es seit dem 17. Jahrhundert auch im ländlichen Raum ein weitmaschiges Grundschulsystem. Jeder Kleinstaat unterhielt ein Lehrerseminar zur Ausbildung von Volksschullehrern. Im 19. Jahrhundert führten die Mittel- und Kleinstaaten das Gymnasium nach preußischem Vorbild ein, nahmen jedoch einige landestypische Modifikationen vor. Die Lateinschulen ver-

---

104 CD-ROM-2, Dok.-Nr. 11.4.2.4 (wie Fn. 28), hier und im Folgenden § 96, 98, 100, 101, 102, 103.
105 Ruth Diebold, Die Chronologie der Judengesetzgebung in den zum Deutschen Bund gehörenden süd- und mittelwestdeutschen Staaten Baden, Württemberg, Bayern, Hessen-Darmstadt, Frankfurt und Sachsen-Weimar-Eisenach im 19. Jahrhundert bis zur Revolution von 1848/49, Diss. phil. Tübingen 1991, S. 66.

schwanden allmählich.[106] Die Schulpflicht setzte sich allmählich durch.[107] Die Schulinspektion wurde in der ersten Hälfte des 19. Jahrhunderts »noch überwiegend« von Geistlichen wahrgenommen. Dazu gehörten die Kontrolle des Lehrkörpers und die Einhaltung der Lehrpläne.

Die wenigen Verfassungsbestimmungen zum Thema Bildung machten den Zusammenhang von Kirche und Schule deutlich, betonten jedoch, dass der Staat Aufsichtsrechte hatte. § 29 der Verfassung von Sachsen-Coburg bestimmte, dass Unterrichtsanstalten der Kirche des »besondern Schutzes des Staats« genossen.[108] Die Verfassung von Schwarzburg-Sondershausen bekannte sich in § 104 zum Aufsichtsrecht des Staates über das Schul- und Erziehungswesen. Nach § 105 war der Staat verpflichtet, für das Unterrichtswesen zu sorgen.[109] Das Zusammenspiel staatlicher bzw. lokaler Gewalten einerseits und kirchlicher Stellen andererseits wird deutlich an einem »Regulativ für die Schule zu Ravensbusch (Gut Mory) vom 11.04.1833«.[110] Nach § 2 der Verordnung stand dem Besitzer des Gutes Mory das Recht zu, den Schullehrer zu ernennen. Er musste das Lehrerseminar (die Ausbildung zum Volksschullehrer) mit Erfolg absolviert haben. Der Kirchenpropst in Segeberg sollte den Kandidaten vorher prüfen und für »tüchtig« befinden. Die Zusammenarbeit zwischen Schule und Kirche wurde auch in § 14 betont. Der Lehrer hatte demnach ein »Fleiß- und Sittenverzeichnis der Kinder« zu führen. Aus diesen Unterlagen sollte ein Verzeichnis gefertigt und dem Prediger übergeben werden. Der Prediger wirkte auch bei der jährlichen Schulprüfung mit. Die Unterrichtsinhalte zeigten den Einfluss der Kirche deutlich auf. Der Prediger hatte auch einmal im Jahr die Unterrichtsinhalte zu billigen. Gleichzeitig regelte das Regulativ den Schulbesuch, die Schulferien und die Versorgung der Witwe des Schullehrers. Die Inhalte wurden fast völlig vom Vertreter der Kirche bestimmt. Der Unterricht diente dazu, gottesfürchtige Untertanen heranzuziehen, die Grundkenntnisse im Lesen, Schreiben und Rechnen mitbrachten.

---

106 Vgl. Hans-Christof Kraus, Kultur, Bildung und Wissenschaft im 19. Jahrhundert, München 2008, S. 43.
107 Ebd., S. 46 (mit nachfolgendem Zitat).
108 CD-ROM-2, Dok.-Nr. 11.4.2.3 (wie Fn. 24), § 29.
109 CD-ROM-2, Dok.-Nr. 11.4.2.4 (wie Fn. 28), § 104-105.
110 Abgedruckt in: Günther Selke, Ein Beitrag zur Verwaltungsgeschichte der Kreise Oldenburg – Eutin – Ostholstein, Eutin 1982, S. 37-46, nachfolgende Zitate auf S. 37, 41. Denselben Sachverhalt illustrieren auch die Dokumente in CD-ROM-2, Dok.-Nr. 11.4.10.1 (Schulordnung für Sachsen-Coburg v. 11.5.1840); Dok.-Nr. 11.4.10.2 (Verordnung zur Bestrafung der Schulkinder in Coburg v. 12.5.1840).

11 Finanzen

Die Steuerhöhe und die Frage, wem die Einnahmen aus den Domänen zustehen, entwickelten sich zwischen 1820 und 1847 zu einer Streitfrage zwischen den Ständen und den fürstlichen Regierungen. Der Jurist Johann Ludwig Klüber rechtfertigte 1840 in seinem Lehrbuch über das Öffentliche Recht die Steuerpflicht und hob die Bedeutung der Finanzverwaltung hervor: »Das Recht, dieselbe anzuordnen, ist daher eines der wichtigsten Hoheitsrechte, die Aufgabe eine der schwersten, die Handhabung das allernothwendigste.«[111] Die Steuern, Auflagen genannt, dürften nach Klüber nur unter rechtsstaatlichen Gesichtspunkten erhoben werden. Hier galten für ihn der Vorbehalt des Gesetzes und das Bestimmtheitsgebot: »Die Abgabepflichtigen müssen bestimmt erfahren, wie viel wovon, wann sie zu bezahlen haben.«[112] Und dies setzte die Mitwirkung der Stände voraus.

Ein Beispiel für die Probleme, die dabei entstanden, bietet das Großherzogtum Sachsen-Weimar-Eisenach. In den verschiedenen Landesteilen gab es unterschiedliche Steuersysteme, hinzu kamen alte Schulden, die den Staatsetat belasteten.[113] 1817 nahm sich der Landtag das erste Mal des Problems an, doch es fehlten einheitliche und vergleichbare Steuerregister. Erst 1828 lagen die entsprechenden Unterlagen vor. Politische Widerstände mussten zwischen 1817 und 1821 überwunden werden. Der Landtag legte fest, dass die bisher von der Grundsteuer befreiten Ritter- und Freigüter Steuern zahlen mussten. Zwischen den Ständen und der Exekutive gab es Meinungsverschiedenheiten über die Festsetzung der Steuerhöhe: Sollte jeder Steuerpflichtige freiwillig sein Einkommen angeben oder würde dem Staat das Recht zugestanden, die Herausgabe von Geschäftsunterlagen zu erzwingen? Der landständische Ausschuss lehnte dieses Eingriffsrecht ab. Am 29. April 1821 erschien ein Gesetz über die Steuerverfassung des Großherzogtums. Es legte fest, dass grundsätzlich jeder Staatsbürger steuerpflichtig war; ausgenommen davon waren Diplomaten, Lehrer, Geistliche sowie Angestellte und Studenten der Universität Jena. Diese Aufzählung lässt erkennen, dass es immer noch ständisch motivierte Durchbrechungen des allgemeinen Gleichheitsgrundsatzes gab. Ein Regulativ vom 1. Mai 1821 legte die lange umstrittenen Modalitäten der Einschätzung fest. Die Gewerbetreibenden wurden in drei Ertragslagen – gut, mittel, schlecht – eingeteilt und mussten einen entsprechenden Steuersatz entrichten. Eine individuelle Einschätzung gab es nicht. Fritz Hartung kam 1923 in seiner Dissertation zu dem Ergebnis, dass Sachsen-Weimar-Eisenach mit diesen Regelungen einen Schritt nach vorn gemacht hätte. Das alte, unübersichtliche Steuersystem

---

111 Johann Ludwig Klüber, Öffentliches Recht des Teutschen Bundes und der Bundesstaaten (1840), Ndr. Kronberg/Ts. 1975, S. 594.
112 Ebd., S. 597.
113 Vgl. Hartung, Großherzogtum Sachsen (wie Fn. 73), hier und im Folgenden S. 348-351, 357 f. (Zitat auf S. 358).

hatte 50 Tarife gehabt. Die neuen Regelungen waren moderner als das Steuerrecht der »größeren Mittelstaaten Süddeutschlands«. Der Nachteil bestand für Hartung darin, dass dieses Steuersystem eine Progression ausschloss. Eine Steigerung der wirtschaftlichen Leistungsfähigkeit schlug sich nicht in der Höhe der Steuersätze nieder.

Während die Domänenfrage in Weimar keine Rolle spielte, gab es in anderen Staaten heftige Meinungsverschiedenheiten. Wem gehörten die Forsten, Bergwerke und Ländereien: den regierenden Fürsten oder dem Land? Bis dahin wurde zwischen dem landesherrlichen Kammervermögen und dem Landschaftsvermögen unterschieden. Der Übergang zum konstitutionellen Staat warf die Frage auf, wie diese beiden Vermögensteile in einem Haushalt vereinigt werden könnten, was ja bedeutet hätte, den Hof unter die Kontrolle der Stände zu stellen. Die Domänenfrage berührte damit ein Kernproblem der konstitutionellen Monarchie, die Einbindung der Monarchie in ein Verfassungssystem.

In Sachsen-Meiningen machte der Herzog seine Zustimmung zur Konstitution davon abhängig, dass die Stände das Eigentumsrecht des Herzogs an den Domänen anerkannten.[114] Beim Domänenetat sollten die Stände nicht mitwirken. Der Staatsetat sollte den größten Teil des Staatsvermögens ausmachen und hier sollten die Steuern der Bürger die Haupteinnahmequelle bilden. Über diese Kompromissregelung entbrannte ein Streit zwischen den Ständen und dem Herzog. Die Stände vertraten die Ansicht, dass die Domänen zur Deckung der Staatslasten beitragen müssten. Die Vertreter des Hildburghausener Landesteils vertraten diesen Standpunkt nachhaltig, da im ehemaligen Herzogtum Hildburghausen aufgrund eines Gesetzes vom 26. April 1820 die Domänen für Staatsausgaben in Anspruch genommen werden konnten. Am 27. April 1831 wurde ein Gesetz zur Regelung der Domänenfrage verabschiedet. Die Überschüsse aus den Domäneneinkünften sollten an die Landesverwaltung abgeführt werden. Dann hatte der Landtag in Verhandlungen mit dem Herzog zu klären, wie hoch der Anteil aus dem Überschuss sein sollte, der dem Herzog zuzusprechen war und welche Gelder der Landeskasse zustanden. Die landschaftliche Direktion hatte das Recht, sich von der Haushaltsführung zu überzeugen. Zwischen 1831 und 1838 herrschte Einigkeit über die Höhe des herzoglichen Anteils. Danach weigerte sich die fürstliche Exekutive, die Summe in den Haushalt einzustellen, weil sie die Stände für unzuständig hielt. 1844 richtete der Landtag an den Herzog die Bitte, doch wieder eine genaue Summe zu benennen. Zwei Jahre später einigte man sich auf ein Gesetz, das am 26. März 1846 in Kraft trat. Dieses Gesetz legte eine jährliche Summe fest, die der Herzog jedes Jahr erhalten sollte. Auch der Nachfolger sollte in den ersten drei Jahren der Regentschaft diese Zahlungen erhalten. Dafür entfiel die Bestimmung aus dem Jahr 1831, dass der Domänenetat unter Mitwirkung der Stände festgesetzt werden sollte. Auch die Kontrollrechte über die Domäneneinkünfte muss-

---

114 Vgl. Otto Costabell, Die Entwicklung der Finanzen im Herzogtum Sachsen-Meiningen von 1831 bis zur Gegenwart, Jena 1908, hier und im Folgenden S. 13-15.

te die Verwaltung aufgeben; lediglich Rechnungen konnten auf besonderes Verlangen eingesehen werden. Am Vorabend der 1848er-Revolution sorgte das Gesetz für eine erhebliche Missstimmung.

Auch in Sachsen-Coburg spielte die Domänenfrage eine Rolle. Den Ständen stand das Recht der Steuerbewilligung zu. Ebenso verfügten sie bei der Verwaltung der Landeskasse über ein Mitwirkungsrecht.[115] 1834 kam es zum ersten großen Konflikt um die Besteuerung der Domänengüter, doch Herzog Ernst konnte sich durchsetzen.[116] Zwei Jahre später setzte der Herzog einen festen jährlichen Betrag »einseitig« fest, den das herzogliche Haus an den Landesetat abführen sollte. Im gleichen Jahr begann ein Verfassungskonflikt, der die nächsten Jahre bestimmen sollte. Beim Neubau des Hoftheaters kam es ebenfalls zu Verfassungsverstößen: Die Stiftung des Waisenhauses wurde aufgelöst und das Haus zu einem geringeren Preis an die Kammer verkauft, um daraus ein neues Hoftheater zu machen. Die Stände übergaben am 21. Mai 1838 dem Herzog eine Beschwerdeschrift. Ein Konflikt entstand, und Herzog Ernst löste am 1. Juli 1839 die Ständeversammlung auf.[117] Auch nach den Neuwahlen entspannte sich die Situation nicht: Die herzogliche Regierung weigerte sich, Abgeordnete anzuerkennen, von denen man glaubte, sie stünden der Opposition nahe. Die Regierung entschied sich, einen Haushalt ohne die Zustimmung der Stände in Kraft zu setzen, was gegen die Verfassung verstieß. 1843 kam es zur erneuten Ständeauflösung. 1844 folgte Ernst II. seinem Vater auf den Thron. Der neue Herzog strebte einen Kompromiss an, wobei er das Besitzrecht an den Domänen nicht zur Disposition stellte. Am 29. Dezember 1846 trat schließlich das Gesetz über die Regelung der Eigentumsfrage bei den Domänen in Kraft. Herzog und Stände einigten sich darauf, dass die herzogliche Familie »die Hälfte des Reinertrages an den Domänen« an den Staatshaushalt abführen müsse.[118] Eine staatliche Zivilliste hatte der Fürst abwenden können. Detlev Sanden sieht darin einen Bruch mit dem »patriarchalischen Staat«.[119]

Finanzfragen sind Machtfragen. Am Domänenproblem lässt sich gut erkennen, dass in den Landtagen allmählich eine politische Plattform entstand, mit der die Regierungen rechnen mussten. Die Fürsten sahen sich gezwungen, Kompromisse einzugehen, auch wenn es ihnen vor 1848 gelang, eine Verstaatlichung der Domänen zu verhindern.

---

115 Vgl. Sanden, Parlamentarismus (wie Fn. 48), S. 40. Ständische Mitsprache kam auch bei der Aufnahme und Verwaltung der Staatsschuld zum Tragen, siehe CD-ROM-2, Dok.-Nr. 11.4.11.1 (Schuldenedikt für Sachsen-Coburg v. 13.9.1821).
116 CD-ROM-2, Dok.-Nr. 11.4.11.2 (Landtagsabschied Sachsen-Coburgs v. 11.8.1835). Vgl. auch Dressel, Verfassung (wie Fn. 10), S. 518.
117 Ebd., S. 518.
118 Sanden, Parlamentarismus (wie Fn. 48), S. 102.
119 Ebd.

12 Wirtschafts- und Sozialgesetzgebung/Öffentliche Wohlfahrt

Auf dem Gebiet der Wirtschafts- und Sozialpolitik spielte das Problem des Zunftzwangs eine Rolle. Die Regierungen der mitteldeutschen Staaten lockerten den Zunftzwang, aber zu einer völligen Gewerbefreiheit konnten sie sich, wie viele andere deutsche Staaten auch, nicht durchringen.

In Sachsen-Weimar stand die Regierung auf dem Boden der Freihandelslehre und glaubte, dass ungehinderte Konkurrenz die wirtschaftliche Entwicklung fördern würde.[120] Doch die Beratungen über das Zunftgesetz von 1821 zeigten, dass es in der Bevölkerung Ängste gegenüber einer zu weitgehenden Liberalisierung des Wirtschaftslebens gab. In zahlreichen Eingaben an den Landtag äußerten sich die Kritiker einer unbeschränkten Gewerbefreiheit. Das am 16. Mai 1821 erlassene Gesetz bestätigte die Zünfte, nahm ihnen aber ihre alte Machtstellung. Die Zünfte bekamen einen öffentlich-rechtlichen Charakter. Ihre wichtigste Aufgabe bestand in der Lehrlingsausbildung. Viele Zunftmeister wehrten sich gegen die neue Wirtschaftsfreiheit. Die Regierung musste beispielsweise am 6. Juni 1823 die Behörden anweisen, jeden Versuch zu unterbinden, die sich entwickelnde Wirtschaftsfreiheit zu stören. Die herzogliche Regierung wollte zusätzlich das Straßennetz ausbauen. Die Stände standen dem geplanten Chausseebau kritisch gegenüber. Hier kam es zu einer Auseinandersetzung zwischen dem Landtag und der herzoglichen Regierung. Dabei ging es nur vordergründig um den Bau einer Straße; in Wirklichkeit gab es Meinungsverschiedenheiten über die Auslegung des Begriffs der konstitutionellen Monarchie. 1826 bewilligten die Stände schließlich 15.000 Taler.

In Sachsen-Coburg erwog die Regierung ebenfalls seit 1810 die Aufhebung des Zunftzwangs in Teilen des Herzogtums. Es sollte aber 14 Jahre dauern, bis die Landesregierung einen Entwurf vorlegte, der auf eine Lockerung des Zunftzwangs zielte.[121] Das Gesetz sollte den Kostenaufwand reduzieren, aber nach langen Beratungen wiesen die Stände am 20. Juni 1825 die Vorlage zurück. So blieb es zunächst bei der Handwerksordnung von 1803. Um 1830 nahm die Exekutive das Projekt noch einmal auf. Die Pläne zielten darauf ab, das Zunftwesen zu reformieren: So sollten Handwerksmeister das Recht erhalten, auch außerhalb ihres Zunftbezirks ein Gewerbe zu betreiben. Am 14. April 1837 lag der Gesetzesentwurf den Ständen vor, die ihm am 12. Oktober 1840 zustimmten. Damit war der Zunftzwang zwar nicht aufgehoben, aber erste Schritte in Richtung einer Liberalisierung des Handwerks wurden getan. Eine völlige Gewerbefreiheit war politisch nicht durchsetzbar.[122]

---

120 Vgl. Hartung, Großherzogtum Sachsen (wie Fn. 73), hier und im Folgenden S. 468, 470-472, 474.
121 Vgl. Dressel, Verfassung (wie Fn. 10), hier und im Folgenden S. 492 f., 519.
122 CD-ROM-2, Dok.-Nr. 11.4.4.2 (Verordnung zur Lockerung des Zunftzwangs in Sachsen-Coburg v. 20.8.1841); zur partiellen Einschränkung der Berufsfreiheit siehe auch Dok.-Nr. 11.4.4.1 (Advokaten-Ordnung für Sachsen-Coburg v. 11.11.1840).

Auf dem Gebiet der Wirtschafts- und Sozialpolitik zeigt sich deutlich, dass die in diesem Beitrag vorgestellten Staaten zu klein waren, um eigene Wege zu gehen. 1828 entstand der Mitteldeutsche Handelsverein auf Initiative von Sachsen und Hannover. Einige Staaten wie Sachsen-Weimar-Eisenach, Oldenburg, Sachsen-Meiningen, Sachsen-Altenburg, Sachsen-Coburg und die schwarzburgischen Fürstentümer traten diesem Zollverbund bei. Mit der Gründung des Deutschen Zollvereins 1833 löste sich der Mitteldeutsche Zollverein auf. Dem Deutschen Zollverein trat dann auch Sachsen-Coburg bei, worauf protektionistische Maßnahmen nur noch im Einvernehmen mit den übrigen Zollvereinsstaaten getroffen werden konnten.[123]

In der ersten Hälfte des 19. Jahrhunderts stieg die Zahl der Armen und Bedürftigen. Auch die thüringischen Staaten waren davon betroffen. Neben der traditionellen Armenfürsorge verstand sich der Staat auch als Eingriffsverwaltung im Bereich der Gesundheitspolitik. Wer im Fürstentum Lichtenberg als bedürftig anerkannt war, hatte Anspruch auf unentgeltliche Behandlung. Die herzogliche Regierung sah sich am 29. Juni 1823 noch einmal veranlasst, die Ärzte auf diese Pflicht hinzuweisen.[124] Auch die Schutzpockenimpfung war für die Kinder bedürftiger Eltern kostenfrei.[125] Die Sozialpolitik dieser Jahre folgte den Traditionen eines fürsorglichen aufgeklärten Absolutismus. Sie diente der Sozialdisziplinierung der von Armut und Elend bedrohten Unterschichten, die nun besonderen kommunalen Verwaltungsgremien unterstellt wurden.[126] Damit musste sie keineswegs im Gegensatz zur sich formierenden bürgerlichen Gesellschaft stehen.

---

123 CD-ROM-2, Dok.-Nr. 11.4.12.5 (Bekanntmachung für Sachsen-Coburg über die Verlängerung des Zollvereinsabkommens v. 4.2.1843); Dok.-Nr. 11.4.12.6 (Verordnung zur Erhöhung des Importzolls in Sachsen-Coburg für belgisches Eisen v. 25.7.1844).
124 CD-ROM-2, Dok.-Nr. 11.4.12.3 (Anweisung zur unentgeltlichen ärztlichen Behandlung in Lichtenberg v. 29.6.1823).
125 CD-ROM-2, Dok.-Nr. 11.4.12.1 (Verordnung zur Schutzpockenimpfung in Lichtenberg v. 29.4.1821); Verordnung über die Herabsetzung der Impfgebühren vom 29. Juni 1823, in: A. Lottner (Hg.), Sammlung der für das Fürstenthum Lichtenberg vom Jahre 1816 bis 1834 ergangenen Herzoglich Sachsen-Coburg-Gothaischen Verordnungen, Berlin 1836, S. 254.
126 CD-ROM-2, Dok.-Nr. 11.4.12.2 (Verordnung zur Armenpflege in Lichtenberg v. 15.2.1817).

Preußen 11·5

Von Monika Wienfort (Berlin)

o Einführung

Die Geschichte Preußens während der Restauration und im Vormärz ist gut erforscht. Dabei liegt der Höhepunkt des Interesses einige Jahre zurück. Von einer aktuellen Forschungsdiskussion lässt sich daher für die meisten Bereiche, die im Folgenden behandelt werden, kaum sprechen. Das größte Aufsehen haben in den letzten Jahren umfassendere Darstellungen zur preußischen Geschichte erregt: Christopher Clarks Preußenbuch, das sich ausführlich mit der ersten Hälfte des 19. Jahrhunderts beschäftigt, aber die preußische Geschichte insgesamt vom 17. Jahrhundert bis zum Ende des preußischen Staates durch den Alliierten Kontrollratsbeschluss von 1947 behandelt, oder Heinz Duchhardts Stein-Biografie ragen heraus. Monografien mit speziellen Themen, die sich auch als Preußenforschung verstehen lassen, ordnen sich meist anderen Problemkreisen, z. B. der Bürgertumsforschung, zu, oder sind, den allgemeinen Trends der historischen Forschung folgend, eher am 20. Jahrhundert bzw. an transnationalen Forschungsfragen orientiert. Erst zögernd entstehen Arbeiten, die sich als Beiträge zu einer preußischen Gesellschaftsgeschichte der Moderne verstehen lassen.[1]

Die preußische Verfassungsgeschichte zwischen 1815 und 1848 ist unübersehbar vom Verfassungsproblem bestimmt. Während die Mehrzahl der süd- und mitteldeutschen Staaten in diesem Zeitraum geschriebene Konstitutionen erhielt, blieb Preußen ein vorkonstitutioneller Staat. Eine auf Hegel zurückgehende Vorstellung, die

---

1 Vgl. Christopher Clark, Preußen. Aufstieg und Niedergang 1600–1947, München 2007; für das 18. Jahrhundert vgl. hier nur Johannes Kunisch, Friedrich der Große. Der König und seine Zeit, München 2004. Für den Untersuchungszeitraum: Heinz Duchhardt, Stein. Eine Biographie, Münster 2007; Wolfgang Neugebauer, Politischer Wandel im Osten. Ost- und Westpreußen von den alten Ständen zum Konstitutionalismus, Stuttgart 1992. Neuere Monografien zur sozialen Welt der ostelbischen Städte im 19. Jahrhundert oder zur Geschichte der Frauen fehlen. Die Verflechtung von Staat und Gesellschaft im preußischen Vormärz lässt sich am besten bei Reinhart Koselleck, Preußen zwischen Reform und Revolution, Allgemeines Landrecht, Verwaltung und soziale Bewegung von 1791 bis 1848, Stuttgart 1987, verfolgen. Als wichtiges Editionsprojekt vgl. Th. Stamm-Kuhlmann (Hg.), Karl August von Hardenberg 1750–1822. Tagebücher und autobiographische Aufzeichnungen, München 2000. Vgl. als weitere Ansatzpunkte zur Geschichte des Bürgertums Nadja Stulz-Herrnstadt, Berliner Bürgertum im 18. und 19. Jahrhundert, Berlin 2002; Berthold Grzywatz, Stadt, Bürgertum und Staat im 19. Jahrhundert. Selbstverwaltung, Partizipation und Repräsentation in Berlin und Preußen 1806 bis 1918, Berlin 2003.

das Allgemeine Landrecht gleichsam als »Verfassungsersatz« betrachtete, lässt sich grundsätzlich kritisieren, scheint aber auch für Preußen nach 1815, als dem ALR mit dem Rheinischen Recht ein erstzunehmender Konkurrent erwuchs, wenig zu passen. Der Zusammenhang von Verfassungsversprechen des Königs, Verfassungsforderungen aus den besitzenden und gebildeten Kreisen der Bevölkerung und einer Verfassungspolitik, die neuständisch-föderale Surrogate statt einer Konstitution anbot, bestimmte – gemeinsam mit der sozialen Frage – den Untersuchungszeitraum, der sich in diesem Sinn auch als Vorgeschichte der Revolution von 1848/49 verstehen lässt. Während sich für die deutsche Geschichte insgesamt eine Zweiteilung von Restaurationszeit und Vormärz mit dem Bruch von 1830, der durch die französische Julirevolution bestimmt wurde, durchgesetzt hat, kann man diese Zäsur für Preußen erst mit dem Thronwechsel 1840 ansetzen. Im vorkonstitutionellen Herrschaftssystem behielt der Monarch seinen überragenden Einfluss. Dieser Einfluss korrespondierte mit den Wünschen und Hoffnungen der preußischen Öffentlichkeit, die sich an den Herrscherwechsel knüpften. Die Persönlichkeit Friedrich Wilhelms IV., der seine Abneigung gegen das bürokratische System seines Vaters oftmals zu erkennen gegeben hatte, tat ein Übriges. Die Erkenntnis, dass diese Hoffnungen angesichts der ständisch-romantischen Vorstellungen des neuen Königs unrealistisch waren, verbreitete sich nur langsam. Aber noch ein zweites Argument stützt den Eindruck, dass die entscheidende Zäsur eher im Jahr 1840 lag. In den 1840er-Jahren entwickelte sich, anschließend an die Ereignisse nach 1815, eine zweite Verfassungsbewegung, die diesmal nicht nur das Rheinland erfasste, sondern sich auch in den Provinzen Preußen, Sachsen und Schlesien ausbreitete. Liberalismus und Radikalismus als politische Strömungen breiteten sich in der zweiten Hälfte der 1840er-Jahre über die politische Elite hinaus aus. Insofern bildete der Vereinigte Landtag von 1847, der ausführlich im nächsten Band als Teil der Revolutionsgeschichte behandelt werden soll, einen Kontrapunkt, der die Unvereinbarkeit der Positionen von Monarch und politischer Bewegung deutlich zeigte. Der politischen Notwendigkeit einer parlamentarischen Garantie der Staatsschulden im Zusammenhang mit dem Eisenbahnbau stand eine Versammlung gegenüber, die sich aus den Provinzialständen herleitete und in der der Adel, nicht das wirtschaftlich erstarkte Bürgertum, dominieren konnte.[2]

---

2   Zur Synthese: Hans Boldt, Deutsche Verfassungsgeschichte, Bd. 2, München 1990; Dieter Grimm, Deutsche Verfassungsgeschichte 1776–1866, Frankfurt a. M. 1988, S. 95-109, der allerdings den konstitutionellen deutschen Staaten in diesem Zeitraum mehr Aufmerksamkeit schenkt. Immer noch grundlegend: Ernst Rudolf Huber, Deutsche Verfassungsgeschichte seit 1789, Bd. 1: Reform und Restauration 1789 bis 1830, Bd. 2: Der Kampf um Einheit und Freiheit 1830–1850, Stuttgart 2. Aufl. 1960 (detailliert und materialreich, in der Wertung einem hegelianischen Staatsbegriff verpflichtet; zur Staatsrechtslehre vgl. Michael Stolleis, Geschichte des öffentlichen Rechts in Deutschland, Bd. 2, München 1992. Für die preußische Verfassungsgeschichte dieses Zeitraums sind daher die Biografien der Monarchen zu berücksichtigen: Thomas Stamm-Kuhlmann, König in Preußens großer Zeit. Friedrich Wilhelm III., der Melancholiker auf dem Thron, Berlin 1992;

Der fehlenden Konstitution stand zwischen 1815 und den 1840er-Jahren eine umfassende Einzelgesetzgebung gegenüber, die sich über die Reformzeit hinaus fortsetzte und – hierin durchaus vergleichbar mit den süddeutschen Konstitutionen – staatliche Integration für ein heterogenes Staatsgebiet anstrebte. Im Gegensatz zur älteren Forschung, in der primär Motive und Vorstellungen des »Gesetzgebers«, also vor allem des Monarchen und der hohen Bürokratie, im Mittelpunkt gestanden haben, geht es aktuell zunehmend um Fragen der Implementierung von Reformgesetzen, um Fragen der Umsetzung und der Wirkung gesetzgeberischer Tätigkeit. Bestes Beispiel hierfür bildet die Geschichte der preußischen Agrargesetzgebung, die in der Analyse der entsprechenden Edikte und Verordnungen nicht aufgeht. Nicht die grundlegende Formulierung einer Entwicklung von der Stände- zur Klassengesellschaft steht für das 19. Jahrhundert infrage, sondern eher die Diskussion um Mittel und Wege dieses Wandels, um die Rhythmen und die »Agenten« der Veränderung.[3]

Ein grundlegendes Interpretament der preußischen Geschichte besteht in der Dichotomie einer zurückbleibenden Verfassungsentwicklung bei einsetzender wirtschaftlicher Modernisierung. Dabei wird die Problematik eines strengen modernisierungstheoretischen Ansatzes, der Modernisierung an sich als »Fortschritt« glorifiziert und die Kosten eines durchgreifenden sozialen und politischen Wandels vernachlässigt, nicht zuletzt aufgrund neuer ökologisch motivierter Überlegungen heute deutlicher gesehen. Trotz dieser Einschränkung wird im 19. Jahrhundert die Integration des Staatsgebietes, die lange vor allem mit Blick auf die Wirtschaft und zunehmend als Vorgeschichte des Nationalstaates (Zollverein) betrachtet worden ist, auch für die Verfassungsgeschichte Preußens konstitutiv. Im Anschluss an die neuere Forschung für die Frühe Neuzeit haben vor allem Fragen der Verfassungskultur an Bedeutung gewonnen. Dabei geht es um symbolische Praktiken, die das Verhältnis von »Herrschern und Beherrschten«, von Staat und Gesellschaft prägten und um Formen der Repräsentation, die in der Regel legitimierend und stabilisierend wirkten, z. B. die Huldigungen anlässlich des Thronwechsels. Gelegentlich traten Feste aber auch, wie beim rheinischen Karneval gut sichtbar, als vermeintlich unpolitische Formen von Staats- und Gesellschaftskritik auf.[4]

David Barclay, Anarchie und guter Wille. Friedrich Wilhelm IV. und die preußische Monarchie, Berlin 1995; Dirk Blasius, Friedrich Wilhelm IV. 1795–1861, Göttingen 1992.

3   Vgl. Reinhart Kosellecks einflussreiche Interpretation in ders., Preußen (wie Fn. 1), und die Debatte in Peter Brandt/Kurt Münger, Preußen, in: P. Brandt u. a. (Hg.), Handbuch der europäischen Verfassungsgeschichte im 19. Jahrhundert, Bd. 1: Um 1800, Bonn 2006, Kap. 9.4.2 u. 9.4.12. Zum Wandel generell Hartmut Harnisch, Kapitalistische Agrarreform und industrielle Revolution, Weimar 1984.

4   Vgl. Hans-Ulrich Wehler, Deutsche Gesellschaftsgeschichte, Bd. 1, München 1987; Paul Nolte, Staatsbildung als Gesellschaftsreform. Politische Reform in Preußen und den süddeutschen Staaten 1800 bis 1820, Frankfurt a. M. 1990; zum Begriff der Repräsentation etc. grundsätzlich Barbara Stollberg-Rilinger, Symbolische Kommunikation in der Vormoderne. Begriffe – Thesen – Forschungsperspektiven, in: Zeitschrift für historische Forschung 31 (2004), S. 489–527.

1 Preußen 1815–1847

Mit den Beschlüssen des Wiener Kongress 1814/15 erhielt das preußische Staatsgebiet ein deutlich verändertes Aussehen. Der Bruch gegenüber dem Staat des späten 18. Jahrhunderts mit seiner Ausdehnung nach Polen und die drastischen Gebietsverluste während der napoleonischen Kriege bildeten den Ausgangspunkt. Im Jahr 1816 umfasste das preußische Territorium ca. 280.000 Quadratkilometer mit 10,35 Mio. Einwohnern, bis 1830 wuchs die Bevölkerung auf über 13 Mio. Menschen an. Im Jahr 1848 zählte man bereits mehr als 16 Mio. Einwohner.[5] Dem endgültigen Verlust Ostfrieslands und Ansbach-Bayreuths und Gebietsverlusten in Polen mit Ausnahme des Großherzogtums Posen standen bedeutende Gewinne gegenüber. Preußen erhielt die nördliche Hälfte des Königreichs Sachsen, darunter Wittenberg und Torgau, den schwedischen Teil Vorpommerns mit Rügen, vor allem aber große Gebiete im Rheinland und in Westfalen. Die sächsischen und pommerschen Gewinne lagen dabei durchaus auf der Linie des preußischen Staates im 18. Jahrhundert, der seinen Schwerpunkt östlich der Elbe gefunden hatte. Preußen hatte zur Arrondierung seines Herrschaftsgebietes allerdings ganz Sachsen gefordert, aber ohne die Unterstützung Österreichs, das sich als Schutzmacht des sächsischen Königs gerierte, war eine solche Forderung nicht durchzusetzen. Resultat der Neuordnung der Staaten im Gebiet des Alten Reiches war eine substanzielle Vergrößerung Preußens und der süddeutschen Staaten. Die preußischen Gebiete im Westen bildeten wiederum ein heterogenes Konglomerat. Es gab Gebiete wie Ravensberg, Minden und Kleve, die bereits im 17. Jahrhundert zu Preußen gehört hatten. Essen im Ruhrgebiet und die ehemals kurkölnischen Gebiete im Sauerland wurden ebenso wie Trier durch die Traditionen der geistlichen Herrschaft des Alten Reiches geprägt.[6] (☛ Abb. 11.1.1, S. 787)

Diese »Westverlagerung«, die Preußen als neue »Wacht am Rhein« gegen ein potenziell erneut nach Hegemonie strebendes Frankreich positionieren sollte, entsprach den Vorstellungen der preußischen Staatsspitze kaum. Das neue preußische Staatsgebiet allerdings war nun sehr eindeutig in zwei bedeutende Landmassen aufgeteilt, zwischen denen sich Hannover und Kurhessen befanden. Obwohl die Entfernung zwischen den preußischen Landesteilen an der schmalsten Stelle nur 40 km betrug, bildete diese Zweiteilung eine schwere Hypothek für den Staat. Dem Raumproblem, das Schwierigkeiten für den Ausbau des Verkehrswesens und der Infrastruktur nach sich zog, entsprachen gravierende Unterschiede in der Mentalität der Bevölkerung. Insgesamt betrug der katholische Bevölkerungsanteil ca. 40 Prozent, im Rheinland und in Westfalen wurden preußische Beamte und das preußische Mili-

---

5   Bevölkerung nach Wolfgang Neugebauer, Geschichte Preußens, Hildesheim 2004, S. 96; Hans-Ulrich Wehler, Deutsche Gesellschaftsgeschichte, Bd. 2, München 1987, S. 10.
6   Vgl. Elisabeth Fehrenbach, Vom Ancien Regime zum Wiener Kongress, München 1981 u. a.; Jürgen Angelow, Der Deutsche Bund, Darmstadt 2003.

tär weitgehend abgelehnt. Vor allem die Rheinländer orientierten sich als ehemalige Reichsstädter und Einwohner eines geistlichen Territoriums an der Reichsgeschichte oder bezogen sich positiv auf die napoleonische Herrschaft, welche die Abschaffung zahlreicher ständisch-grundherrlicher Rechte und Privilegien verfügt und das Rheinland sehr früh auf den Weg einer modernen Eigentümergesellschaft gebracht hatte.[7]

Die Gebietserweiterung und das Bevölkerungswachstum, das allerdings schon im 18. Jahrhundert begonnen hatte, bestimmten Politik und Gesellschaft Preußens bis in die Revolutionsjahre. Dabei korrespondierte dem Bevölkerungswachstum, das sämtliche Provinzen betraf, noch weniger ein Wachstum der Städte. Berlin bildete eher die Ausnahme. Die Einwohnerzahl stieg von ca. 198.000 im Jahr 1816 auf 412.000 im Jahr 1848. In Köln und Breslau lebten zur Jahrhundertmitte 97.000 bzw. 114.000 Menschen. Preußen blieb allerdings weiterhin ein Agrarstaat, da mehr als die Hälfte der Bevölkerung auf dem Land wohnte.[8]

Nach 1815 lebte die Hälfte der preußischen Bevölkerung in Gebieten, die keine preußische Tradition besaßen. Staatsintegration wurde daher nicht bloß in Süddeutschland zum wichtigen Ziel. Da trotz Hardenbergs Bemühungen eine einheitliche Nationalrepräsentation nicht zustande kam, mussten Einzelgesetze versuchen, die neuen Untertanen an den preußischen Staat und die Monarchie heranzuführen. Die Besitzergreifungspatente, mit denen der preußische König 1815 in seinen neuen Gebieten auftrat, trugen den unterschiedlichen Verfassungsverhältnissen Rechnung. Die Ankündigungen politischer Partizipation blieben aber vage. Im Rheinland wurde den Staatsbürgern Repräsentation, in Westfalen eine »ständische Verfassung« angekündigt. Friedrich Wilhelm III. legitimierte die rheinischen Besitzerweiterungen mit deren Zugehörigkeit zu Deutschland und nahm damit die antifranzösische Rhetorik der Befreiungskriege auf: »Diese deutschen Urländer müssen mit Deutschland vereinigt bleiben; sie können nicht einem anderen Reiche angehören, dem sie durch Sprache, durch Sitten, durch Gewohnheiten, durch Gesetze fremde sind.« Der gleichzeitige Aufruf an die Rheinländer sprach vorsichtig nur davon, dass die Steuererhebung »mit Euerer Zuziehung, nach einem allgemeinen, auch für meine übrigen Staaten zu entwerfenden Plan« erfolgen sollte, und vermied damit jeden Begriff von Repräsentation oder Parlament. Stattdessen wünschte der König die Zusammenfügung seiner »Staaten« in einem gemeinsamen Plan, den bürokratisch-monarchischen Charakter aller Verfassungsfestlegungen damit nochmals betonend. Der Aufruf Friedrich Wilhelms III. stellte die persönliche Beziehung zwischen Fürst und Volk in den Mittelpunkt und brachte damit rhetorische Motive eines Personenverbandsstaates in die

---

7 Vgl. Karl-Georg Faber, Die Rheinlande zwischen Restauration und Revolution. Probleme der rheinischen Geschichte von 1814 bis 1848 im Spiegel der zeitgenössischen Publizistik, Wiesbaden 1966; Monika Wienfort, Zwischen Stand und Klasse. Notabeln und Notabelngesellschaft 1780–1850, in: U. Schneider/L. Raphael (Hg.), Dimensionen der Moderne, Frankfurt a. M. 2008, S. 585-603.

8 Vgl. Wehler, Gesellschaftsgeschichte (wie Fn. 5), Bd. 2, S. 18.

politische Rhetorik ein, eine Redeweise übrigens, die von seinem Sohn Friedrich Wilhelm IV. nach 1840 aufgenommen und ausgebaut worden ist.[9]

Auch im östlichen Teil hatte die Monarchie mit Integrationsproblemen zu kämpfen. In Ostpreußen lebten die polnischsprachigen Masuren mit evangelischer Konfession. 1834 verfügte der Gumbinner Regierungspräsident, dass sämtliche Schulkinder in der deutschen Sprache unterrichtet werden müssten. Erst nach Protesten vor allem von Pfarrern und Lehrern wurde der Erlass abgemildert. In der Provinz Posen mit ihrer mehrheitlich polnischen und katholischen Bevölkerung akzeptierte die Verwaltung auf der Grundlage der Toleranzpolitik des 18. Jahrhunderts zunächst auch die polnische Sprache. In den 1830er-Jahren, nach dem polnischen Aufstand im russischen Teil Polens und nicht zuletzt unter dem Einfluss der deutschen Nationalbewegung, änderte der Oberpräsident v. Flottwell den Kurs. Seine Germanisierungspolitik mit der verstärkten Ansiedlung deutscher Bauern und der Zurückdrängung des polnischen Adels endete 1841, als der neue König Friedrich Wilhelm IV. die administrative Unterdrückung der polnischen Sprache und Kultur nicht weiterverfolgen wollte.[10]

2 Verfassungsstruktur der zentralen staatlichen Ebene

Wie in Österreich verzichtete die preußische Staatsspitze nach 1815 auf den Oktroi oder die Vereinbarung einer geschriebenen Verfassung. Die Verfassungsgeschichte dieses Zeitraums lässt sich daher am besten als Zusammenhang von Verfassungsversprechen und Verfassungsmaßnahmen auf der Seite des monarchischen Staates und den Verfassungsforderungen vor allem aus dem entstehenden Liberalismus auf der anderen Seite beschreiben. Formal blieb das Regierungssystem der zentralen Ebene ein bürokratischer Absolutismus, in dem die Herrschaftsgewalt beim König und seinem Ministerium lag. Hardenberg leitete bis 1818 auch die auswärtigen Angelegenheiten. Die Anzahl der Ministerien stieg dabei von sieben (1817) bis auf zehn in den 1830er-Jahren an. Dabei wurde eine stärkere Differenzierung charakteristisch, z. B.

---

9 CD-ROM-2, Dok.-Nr. 11.5.1.1 (Patent wegen Inbesitznahme der rheinischen Territorien v. 5.4.1815); das Zitat in: Allerhöchster Zuruf an die Einwohner der mit der preußischen Monarchie vereinigten Rheinländer, 5. April 1815, in: Gesetz-Sammlung für die Königlichen Preußischen Staaten (im Folgenden: GS), Berlin 1815, H. 4, Nr. 269, S. 25-27. Vgl. Huber, Verfassungsgeschichte (wie Fn. 2), Bd. 1, S. 166; K. Teppe/M. Epkenhans (Hg.), Westfalen und Preußen. Integration und Regionalismus, Paderborn 1991; Ilja Mieck, Die Integration preußischer Landesteile französischen Rechts nach 1814/15, in: O. Büsch/M. Neugebauer-Wölk (Hg.), Preußen und die revolutionäre Herausforderung seit 1789, Berlin 1991, S. 345-362. Vgl. den knappen Überblick zu den preußischen Provinzen bei Wolfram Siemann, Vom Staatenbund zum Nationalstaat. Deutschland 1806-1871, München 1995, S. 60-68.

10 Vgl. Andreas Kossert, Masuren. Ostpreußens vergessener Süden, München 2006, S. 151; Clark, Preußen (wie Fn. 1), S. 473. Zu Posen vgl. den Beitrag über Polen im vorliegenden Handbuchband.

mit der neuerlichen Trennung zwischen Justiz- und Gesetzgebungsministerium in den 1830er- und 1840er-Jahren. Hinzu traten Positionen mit Kabinettsrang (Generalpostmeister, Präsident der Seehandlung, Chef der Domänenverwaltung). Das restaurative Programm monarchischer Herrschaft, das die Jahre nach 1815 bestimmte, galt nicht allein für Preußen. Die Heilige Allianz als ein Bündnis mit christlich-sakraler, auf dem Gottesgnadentum ruhender Grundierung, das zwischen den drei nicht konstitutionellen Staaten Österreich, Russland und Preußen im September 1815 geschlossen wurde, sprach das Herrschaftsmonopol über die »Familien« der Völker allein den patriarchalisch legitimierten Monarchen zu.[11] Die Bekräftigung des »monarchischen Prinzips«, das in den Verfassungsstaaten analog der französischen Charte von 1814 das Übergewicht des Monarchen auch für die nichtkonstitutionellen Mächte festlegte, machte die Ablehnung der Ideen der Französischen Revolution nochmals deutlich. Repräsentation und Partizipation der Untertanen schienen demgemäß nur auf untergeordneter Ebene denkbar.[12]

Mit der Einberufung des Staatsrates 1817, die Hardenberg lange geplant hatte, setzte eine verfassungsgeschichtliche Entwicklung ein, in der der bürokratischen Monarchie parlamentarische Elemente beigemischt wurden. Der Staatsrat setzte sich aus den volljährigen Prinzen des königlichen Hauses, den Staatsministern, Oberpräsidenten, Feldmarschällen und kommandierenden Generälen sowie aus weiteren hohen Beamten zusammen. Allerdings stellte er ein bloß beratendes Gremium dar, das Einfluss vor allem auf die Steuergesetzgebung ausübte. Da seine Mitglieder ausschließlich der Sphäre des Staates entstammten, war er eher als ein Gegenüber der Stände konzipiert.[13]

Dem außenpolitisch bedeutsamen Vertragssystem der Heiligen Allianz mit seinen für die Innenpolitik folgenreichen Festlegungen stand eine bürokratisch verortete Ankündigungspolitik gegenüber, die mehrmals eine Gesamtrepräsentation in Aussicht stellte. Das Verfassungsversprechen im Finanzedikt von 1810 (vgl. Bd. 1) wurde 1815 durch die »Verordnung über die zu bildende Repräsentation des Volks« ergänzt und schließlich im Staatsschuldengesetz von 1820 nochmals bekräftigt. Die Verordnung von 1815 kündigte ausdrücklich eine »schriftliche Urkunde« als Verfassung des »Preußischen Reichs« an und fasste damit die »preußischen Staaten« auf moderne Weise zusammen. Eine solche Konstitutionalisierung ging allerdings von einer provinzialständischen Verfassung in den verschiedenen Gebieten aus und kündigte sogar an, dass Provinzialstände dort, wo sie nicht vorhanden waren, neu gebildet werden sollten. Jedenfalls aber war vorgesehen, die »Versammlung der Landes-Repräsentan-

---

11 CD-ROM-2, Dok.-Nr. 1.1.5 (Heilige Allianz v. 14./26.9.1815).
12 Vgl. grundsätzlich Herbert Obenaus, Anfänge des Parlamentarismus in Preußen bis 1848, Düsseldorf 1984; Neugebauer, Wandel. Zu den nachfolgenden Ausführungen siehe auch Abb. 9.4.4, in: Brandt/Münger, Preußen (wie Fn. 3), S. 805.
13 Verordnung wegen Einführung des Staatsrats, 20. März 1817, in: GS (1817), S. 67-76; Auszug abgedr. in: H. Boldt (Hg.), Reich und Länder, München 1987, S. 158-164.

ten«, wie es unbestimmt hieß, aus den Provinzialständen zu wählen. Zwar sollte die Kompetenz der Versammlung sämtliche Gegenstände der Gesetzgebung betreffen, ausdrücklich ging es aber bloß um »Beratung«, nicht um eine entscheidende Mitwirkung an der Legislative. Im Übrigen sollte eine Kommission die genauen Modalitäten entwerfen.[14]

Mit dem Ankündigungsgesetz von 1823 und den Ausführungsgesetzen bis 1825 wurden insgesamt acht Provinziallandtage ins Leben gerufen, die in den Augen der Öffentlichkeit das Verfassungsversprechen des Königs von 1815 nicht erfüllten.[15] Während in den Provinzen Brandenburg, Pommern, Preußen und Posen drei Stände – die Ritterschaft, die Städte und die Landgemeinden – vertreten waren, bildeten die Fürsten, also hauptsächlich der hohe, ehemals reichsunmittelbare Adel, im Rheinland, in Sachsen, Schlesien und Westfalen zusätzlich einen eigenen Stand. Die Kompetenzen der Landtage waren begrenzt. Sie wurden als bloß beratendes Gremium konzipiert, besaßen kein Selbstversammlungs- und Propositionsrecht und mussten Petitionen an den König mit Zweidrittelmehrheit beschließen. Diese Zweidrittelmehrheit konnte in den jeweils ca. 70 Mitglieder umfassenden Körperschaften nicht durch einen Zusammenschluss der Städte und Landgemeinden erreicht werden. Überhaupt war nur im Rheinland und in Westfalen die Parität zwischen Ritterschaft, Städten und Landgemeinden durchgesetzt. Im brandenburgischen Provinziallandtag herrschte ein Stimmenverhältnis von 3:2:1. Damit sicherte sich der Adel bzw. die Rittergutsbesitzer mindestens eine Sperrminorität. Publizität im modernen Sinn erhielten die Landtagsverhandlungen erst 1841, als die Veröffentlichung von Beschlüssen in den wichtigsten Zeitungen erlaubt wurde.[16]

Die Landtage wirkten vor allem als Forum für lokale und regionale Wünsche und Forderungen der Bevölkerung. Ihre Verhandlungen und die Petitionen, die dort verabschiedet wurden, beschäftigten sich mit dem Straßenbau und Agrarwesen, Armen- und Krankenhäusern, dem Gerichtswesen oder Feuerversicherungsfragen. Während ihr gesamtstaatlicher Einfluss gering blieb, trugen sie durchaus zu einem »Provinzialbewusstsein« und hier auch zur Politisierung der Bevölkerung bei. Diese Identität bildete sich z. B. im Rheinland, wo die unterschiedlichen Traditionen in einer konfessionell-administrativ und politisch gedachten Abgrenzung von Preußen mündeten,

---

14 CD-ROM-2, Dok.-Nr. 11.5.2.1 (Verordnung über die zu bildende Repräsentation des Volks v. 22.5.1815); Dok.-Nr. 11.5.11.1 (Staatsschuldengesetz v. 17.1.1820); vgl. Huber, Verfassungsgeschichte (wie Fn. 2), Bd. 1, S. 303.

15 CD-ROM-2, Dok.-Nr. 11.5.2.2 (Gesetz zur Anordnung von Provinzialständen v. 5.6.1823).

16 J. D. Rumpf (Hg.), Landtags-Verhandlungen der Provinzialstände in der preußischen Monarchie, Folge 1-12, Berlin 1826–1837; Folge 13-22, fortgef. v. J. G. F. Nitschke, Berlin 1839–47; Werner Schubert, Preußen im Vormärz. Die Verhandlungen der Provinziallandtage von Brandenburg, Pommern, Posen, Sachsen und Schlesien sowie – im Anhang – von Ostpreußen, Westfalen und der Rheinprovinz (1841–1845), Frankfurt a. M. 1999; Gustav Croon, Der Rheinische Provinziallandtag bis zum Jahr 1841, ND Köln 1974.

besonders deutlich aus. Nur gelegentlich, wie bei der Diskussion eines Entwurfes für ein neues Strafgesetzbuch in den 1840er-Jahren, konnte überhaupt von einer gesamtstaatlichen Angelegenheit gesprochen werden. In den 1840er-Jahren gelangen allerdings der liberalen Opposition zumindest Teilerfolge. Vor allem im Rheinland und in der Provinz Preußen wurde die Forderung nach einer gesamtstaatlichen Repräsentation artikuliert. Im östlichen Preußen formierte sich ein »Gutsbesitzerliberalismus«, der vor dem Hintergrund freihändlerischer Wirtschaftsinteressen liberale Ideen vertrat. In Ostpreußen begann die Verfassungsbewegung mit dem Landtag von 1840 und Theodor von Schöns Schrift »Woher und Wohin?«, in der der bekannte Reformer und Oberpräsident der Provinz Preußen »Generalstände« forderte. Der Königsberger Arzt und Jude Johann Jacoby wurde zum eloquenten Sprachrohr des demokratischen Liberalismus. In seiner Schrift »Vier Fragen, beantwortet von einem Ostpreußen«, sah er die Verfassungsversprechen als »nicht umzudeutendes Königswort – ein Gesetz.« In dem sich anschließenden Prozess wegen Majestätsbeleidigung wurde Jacoby übrigens freigesprochen.[17]

Die Provinziallandtage der Flügelprovinzen, besonders der Rheinische Landtag von 1845, machten die Perspektivlosigkeit der bürokratisch-föderalen Ordnung im Vorfeld der Revolution deutlich. Hier wurde die Frage der zu bildenden Nationalrepräsentation ausdrücklich behandelt, und auch diejenigen, die die Konstitution nicht als rechtlich bindendes Versprechen ansahen, gingen von einer moralischen Verpflichtung des Königs aus. Der Vereinigte Landtag von 1847, der nur deshalb zustande kam, weil der Eisenbahnbau ohne Staatsschuldengarantie ins Stocken zu geraten drohte, führte als bloßer Ausschuss der Provinzialstände endgültig in eine verfassungspolitische Sackgasse, aus der erst die Revolution einen Ausweg wies.[18]

---

17 Theodor von Schön, Woher und Wohin? oder der preußische Landtag im Jahr 1840, Königsberg 1840, abgedr. in: H. Fenske (Hg.), Vormärz und Revolution 1840–1849, Darmstadt 1976, S. 34-40; Johann Jacoby, Vier Fragen: beantwortet von einem Ostpreußen (1842), Leipzig 1863. Vgl. Herbert Obenaus, Gutsbesitzerliberalismus. Zur regionalen Sonderentwicklung der liberalen Partei in Ost- und Westpreußen während des Vormärz, in: Geschichte und Gesellschaft 14 (1988), S. 304-328; Christof Dipper, Adelsliberalismus in Deutschland, in: D. Langewiesche (Hg.), Liberalismus im 19. Jahrhundert, Göttingen 1988, S. 172-192; Monika Wienfort, Ostpreußischer »Gutsbesitzerliberalismus« und märkischer »Adelskonservatismus«. Politische Perspektiven des preußischen Adels in der Lokalverwaltung im Vormärz, in: K. Adamy/K. Hübener (Hg.), Adel und Staatsverwaltung in Brandenburg im 19. und 20. Jahrhundert, Berlin 1996, S. 305-323; Peter Schuppan, Ostpreußischer Junkerliberalismus und bürgerliche Opposition um 1840, in: H. Bleiber (Hg.), Bourgeoisie und bürgerliche Umwälzung in Deutschland 1789–1871, Berlin 1977, S. 65-100.
18 Siehe hierzu CD-ROM-2, Dok.-Nr. 11.5.2.3 (Patent über die ständischen Einrichtungen v. 3.2.1847); vgl. auch Schubert, Preußen im Vormärz (wie Fn. 16). Andere Landtage verliefen weniger spektakulär, Verfassungsforderungen tauchten aber auch hier auf: Vgl. Michael Epkenhans, Westfälisches Bürgertum, preußische Verfassungsfrage und Nationalstaatsgedanke 1830–1871, in: ders./K. Teppe (Hg.), Westfalen und Preußen, Paderborn 1991, S. 125-147.

3 Wahlrecht und Wahlen

Ein Wahlrecht existierte grundsätzlich nur auf der Ebene der Provinzen bzw. der Städte und Gemeinden.[19] Insgesamt orientierten sich sämtliche Wahlrechtsbestimmungen an persönlichen Eigenschaften wie Alter und Geschlecht sowie an Eigentumsqualifikationen. Mitsprache stand damit, neben den durch Bildung und die Loyalität zur Monarchie qualifizierten Beamten, ausschließlich einer kleinen Besitzelite zu. Die Landtage demonstrierten insgesamt ein Übergewicht des Adels bzw. des Rittergutsbesitzes. Im Ritterstand wurden nur Güter berechtigt, die eine Mindestgröße von ca. 1.000 Morgen aufwiesen. Wer sein Rittergut verkaufte, verlor damit auch das Wahlrecht. Das Wahlrecht privilegierte darüber hinaus Land- und Grundbesitz vor jeder anderen Form des Besitzes. Für sämtliche Abgeordneten der Landtage waren zehnjähriger Grundbesitz, Zugehörigkeit zu einem christlichen Bekenntnis, Vollendung des 30. Lebensjahres und ein unbescholtener Ruf Voraussetzung für die Wählbarkeit. Damit waren die Juden nur wenige Jahre nach dem Emanzipationsedikt von 1812 von der politischen Repräsentation ausgeschlossen. Die Bestimmung, die zehnjährigen Grundbesitz vorsah, bevorzugte ebenfalls den ansässigen Adel vor »neuen Männern«, deren Reichtum aus Unternehmen und Handel stammte und die erst vor kurzer Zeit zu Landbesitz gekommen waren. Der Kaufmann, Bankier und führende Vertreter des rheinischen Liberalismus David Hansemann musste in den 1830er-Jahren die schmerzliche Erfahrung der Verweigerung des Wahlrechts machen. Frauen besaßen im Regelfall ebenfalls kein Wahlrecht. Allerdings konnten Rittergutsbesitzerinnen zur Wahl der Kreisstände einen männlichen Vertreter entsenden. In Ostpreußen konnten sie sich sogar persönlich an der Wahl des Landrates beteiligen, allerdings bloß in schriftlicher Form.[20]

Dem standesherrlichen Adel standen Virilstimmen zu. Für das Wahlrecht im Ritterstand war ein Eintrag des Gutes in die Rittergutsmatrikel, nicht der Adelsstand, Voraussetzung. Damit wurde die ständische Qualifikation im Kern durch eine Eigentumsberechtigung abgelöst, auch wenn sich vor 1848 noch die Mehrheit vor allem der größeren Rittergüter in adligem Besitz befand. Die Abgeordneten der Städte auf den Provinziallandtagen mussten eine Zugehörigkeit zum Magistrat oder den Gewerben,

---

19 Vgl. exemplarisch die Wahlrechtsbestimmungen in Brandenburg und in der Niederlausitz, in: CD-ROM-2, Dok.-Nr. 11.5.3.1 (Gesetz wegen Anordnung der Provinzialstände für die Mark Brandenburg und das Markgrafthum Niederlausitz v. 1.7.1823).

20 Vgl. die Belege für das Wahlrecht der Rittergutsbesitzerinnen im Vormärz bei Patrick Wagner, Bauern, Junker und Beamte. Lokale Herrschaft und Partizipation im Ostelbien des 19. Jahrhunderts, Göttingen 2005, S. 234; Christiane Eifert, Paternalismus und Politik. Preußische Landräte im 19. Jahrhundert, Münster 2003, S. 54; Monika Wienfort, Patrimonialgerichte in Preußen, Göttingen 2001, S. 237. Mit der Kreisordnung von 1872 wurde den Rittergutsbesitzerinnen das Wahlrecht entzogen, vgl. Wagner, Bauern (wie oben), S. 374. Zu Hansemann vgl. Wilhelm Ribhegge, Preußen im Westen, Münster 2008, S. 74-79.

außerdem Haus- oder Grundbesitz nachweisen. Das Wahlrecht orientierte sich am Bürgerrecht, entsprechend waren die als Staatsdiener Eximierten ausgeschlossen. Die Abgeordneten der Landgemeinden besaßen ein Landgut im Wahlbezirk und zahlten einen Mindestsatz Grundsteuer. In den Städten und Landgemeinden waren Provinzial- und Kommunalwahlrecht gekoppelt. Insgesamt blieb damit die Mehrheit der Bevölkerung, die Frauen, die Jüngeren und die wenig Besitzenden, vom Wahlrecht ausgeschlossen.[21]

Auch in den Kommunen blieb das Wahlrecht äußerst exklusiv. Die Revidierte Städteordnung von 1831 stellte noch keine wichtige Zäsur dar.[22] Die Zugehörigkeit sämtlicher Einwohner zur Gemeinde ging mit einem restriktiven Wahlrecht einher, das nur den Bürgern und nicht den Schutzverwandten zustand. Trotz dieser Einschränkungen machte sich die Politisierung der 1840er-Jahre aber auch in den Stadtverordnetenversammlungen bemerkbar. Im Jahr 1841 forderten z. B. die Breslauer Stadtverordneten Publizität ihrer Versammlungen und schlossen die Bitte um Einführung von Reichsständen an. Deutlich sichtbar wurde der Übergang von der Bürger- zur Einwohnergemeinde erst in der Rheinischen Gemeindeordnung von 1845, in der das Wahlrecht sämtlichen »selbständigen« Mitgliedern der Gemeinde zugebilligt wurde.[23] Dieses kommunale Dreiklassenwahlrecht, das durch eine Drittelung des Steueraufkommens ermittelt wurde, beschränkte das Wahlrecht stark. In Köln besaßen von ca. 85.000 Einwohnern nur ca. 4.000 besitzende und gebildete Bürger das Wahlrecht. Die Exklusivität des Wahlrechts stellte im europäischen Vergleich allerdings keine Besonderheit dar. Im Frankreich des Bürgerkönigtums besaßen bei einer Bevölkerung von ca. 30 Millionen in den 1840er-Jahren bloß 248.000 Männer das Wahlrecht. In England konnten sich nach der ersten Wahlrechtsreform 1832 ca. eine Million Wähler an der Wahl zum Parlament beteiligen.[24]

4 Grundrechte

Eine Gewährleistung von Grundrechten in einer geschriebenen Verfassung fehlte in Preußen. Das Allgemeine Landrecht enthielt ebenfalls keinen »Grundrechtsteil«, dekretierte aber ein »Gesetzmonopol«, das für sämtliche Mitglieder des Staates galt. Gleichheit innerhalb einer ungleichen, ständisch geordneten Gesellschaft, lautete hier die Maxime. Diese Richtlinie schloss allerdings ungleiche Strafen, z. B. den Verlust des Adelstitels als Strafe, keineswegs aus. Rechtliche Garantien für die Bürger mussten

---

21 Vgl. Schubert, Preußen im Vormärz (wie Fn. 16); mit Blick auf den Adel: Robert M. Berdahl, The Politics of the Prussian Nobility, Princeton 1988.
22 CD-ROM-2, Dok.-Nr. 11.5.5.2 (Revidierte preußische Städteordnung v. 17.3.1831).
23 CD-ROM-2, Dok.-Nr. 11.5.3.2 (Rheinische Gemeindeordnung v. 23.7.1845).
24 Vgl. Wilhelm Ribhegge, Preußen im Westen. Kampf um den Parlamentarismus im Rheinland und in Westfalen 1789–1947, Münster 2008, S. 70; Grimm, Verfassungsgeschichte (wie Fn. 2), S. 128.

in jedem Fall im Landrecht bzw. in der Einzelgesetzgebung gesucht werden. Persönliche Freiheits- und Eigentumsrechte wurden den Verfahren des Justizstaates überantwortet.[25]

Das Landrecht stellte Grundsätze von Religionsfreiheit auf, welche durch die Emanzipationsgesetzgebung für die Juden bestätigt wurden. Allerdings mündete die Emanzipation nicht in eine vollständige Gleichberechtigung der Juden. Staatsämter und damit Karrieren in der Bürokratie und an den Universitäten standen den Juden nur dann offen, wenn sie zum Christentum konvertierten. Von Presse- und Meinungsfreiheit konnte nicht die Rede sein, auch wenn sich die Strafverfolgung in der Praxis nicht immer drakonisch gebärdete. In der Ausführung der Karlsbader Beschlüsse wurde in der Mehrheit der deutschen Staaten die Zensur auf Druckerzeugnisse organisiert und verschärft, studentische Verbindungen verboten und die Universitäten diszipliniert. Das Verbot der Geheimgesellschaften erfolgte bereits 1816.[26] Die Gründung der Immediatuntersuchungskommission 1819 diente vor allem der Verfolgung von Burschenschaftlern.[27] Allerdings verweigerten sich einige Richter den Strafvorstellungen des Innenministers und der Polizeibehörden. Die Zensurverordnung von 1819 ordnete die Präventivzensur für Zeitungen, Zeitschriften, Flugschriften und Schriften unter zwanzig Bogen an, um den »Missbrauch der Presse« zu verhindern.[28]

Dabei blieben einige strukturelle Probleme der Zensur bis in das Revolutionsjahr bestimmend. Der Erfolg der Präventivzensur wurde schon durch die Anzahl der deutschen Staaten und durch die Möglichkeit, auf andere Druckorte auszuweichen, begrenzt. Dabei nützte es wenig, dass die einzelnen Staaten die Bundesversammlung ermächtigt hatten, Schriften zu verbieten. Eine umfassende Kontrolle gelang nicht, zumal eine Vielzahl von Veröffentlichungen aus dem Ausland, vor allem aus Frankreich und der Schweiz, nach Preußen gelangten. Im Innenministerium, bei den Oberpräsidenten und bei der Polizeiverwaltung entstand eine Zensurverwaltung, die mit wechselndem Erfolg versuchte, einheitliche Zensurrichtlinien auch für die Lokalzensur der Zeitungen festzulegen.[29]

Das Presserecht blieb mangels Grundrechtsgewährleistung in Preußen Verwaltungsrecht auch noch zu einem Zeitpunkt, als die Forderung nach Pressefreiheit zu den wichtigsten Themen der politischen Diskussion in den deutschen Staaten gehörte. Friedrich Wilhelm IV. richtete 1843 ein Oberzensurgericht ein, das Redakteuren und Schriftstellern ermöglichte, gegen Maßnahmen der Zensur zu klagen. Das Gericht

---

25 Vgl. die Darstellung der Debatte um Preußen als Rechtsstaat im 18. Jahrhundert in Brandt/Münger, Preußen (wie Fn. 3), Kap. 9.4.2, 9.4.4, 9.4.6.
26 CD-ROM-1, Dok.-Nr. 9.4.4.7 (Verbot von Geheimgesellschaften v. 6.1.1816).
27 Wenig später wurden geheime Verbindungen in Preußen unter Strafe gestellt: CD-ROM-2, Dok.-Nr. 11.5.10.1 (Kabinettsorder gegen geheime Verbindungen v. 21.5.1824).
28 CD-ROM-2, Dok.-Nr. 11.5.4.1 (Zensurverordnung v. 18.10.1819).
29 Vgl. Wolfram Siemann, Ideenschmuggel. Probleme der Meinungskontrolle und das Los deutscher Zensoren im 19. Jahrhundert, in: Historische Zeitschrift 245 (1987), S. 71-206.

geriet allerdings schnell in Kompetenzauseinandersetzungen mit dem Innenministerium. Weil das Gericht liberale Positionen vertrat und Verfügungen des Zensors nur zu einem Drittel unverändert bestätigte, schwächte sich die Zensur insgesamt ab, vom Legitimationsverlust in der Öffentlichkeit zu schweigen. Die Richter am Oberzensurgericht wollten »Königtum und Verfassung« schützen, Kritik an Gesetzgebung und Verwaltung aber durchaus zulassen. Während die Propagierung der Volkssouveränität Verbote nach sich zog, weigerte sich das Gericht, Berichte über die Sitzungen der Provinziallandtage oder der Stadtverordnetenversammlungen zu verbieten.[30]

Für den preußischen Justizstaat wurde charakteristisch, dass bloße Gesetzes- und Verfahrensänderungen durchaus grundrechtsrelevante Bedeutung erhalten konnten. Das Untertanengesetz von 1842 setzte das Prinzip der Staatsangehörigkeit durch Aufnahme in den Staatsverband durch. Das Gesetz trennte Staats- von der Gemeindeangehörigkeit und setzte die Staatsangehörigkeit für den Erwerb des Gemeinderechts voraus. Es legte Patrilinearität als grundlegendes Prinzip fest und verlangte für die Einbürgerung von Juden die gesonderte Zustimmung des Innenministers. In der Praxis wirkte sich das Gesetz vor allem in denjenigen Fällen aus, in denen Ausländer die Einbürgerung wünschten. Die Richtlinien zur Einbürgerung ließen den Behörden einen Ermessensspielraum, der die Freizügigkeit innerhalb Preußens mit einem Einwendungsrecht betroffener Gemeinden kombinierte.[31]

Ein weiteres Beispiel für die Relevanz von Gesetzen im Bereich von Grundrechten bildet die Verordnung über das Verfahren in Ehesachen aus dem Jahr 1844.[32] Die in Preußen übrigens fehlenden Heiratsbeschränkungen bildeten bereits um 1800 einen wichtigen Aspekt der Eheschließungsfreiheit. Das Allgemeine Landrecht regelte die Ehescheidung im Geist eines friderizianischen »Peuplierungsstrebens« bekanntlich liberaler als andere protestantisch geprägte Rechtskreise in Deutschland. Ehescheidungen waren grundsätzlich möglich, kinderlose Ehen konnten sogar im gegenseitigen Einverständnis geschieden werden. Ehescheidungsgründe umfassen neben dem Ehebruch auch böswilliges Verlassen oder Krankheit. In den 1840er-Jahren, als gesellschaftlich der Liberalismus erstarkte, wurde die Justizpolitik zunehmend von konservativen Juristen, z. B. von Friedrich Carl von Savigny, bestimmt, denen daran lag, die Zahl der Ehescheidungen in Preußen zu senken. Das konservativ-protestantische Umfeld des Königs setzte durch, dass die Zuständigkeit für Ehesachen von den Untergerichten auf die Oberlandesgerichte überging. Ein Sühneversuch vor einem Geistlichen wurde obligatorisch. Damit wurden die Hürden für eine Ehescheidung

---

30 Vgl. Christina von Hodenberg, Die Partei der Unparteiischen. Der Liberalismus der preußischen Richterschaft 1815–1848/49, Göttingen 1996, S. 255-264.
31 Vgl. Andreas Fahrmeir, Citizens and Aliens. Foreigners and the Law in Britain and the German States 1789–1870, New York 2000; Dieter Gosewinkel, Einbürgern und Ausschließen. Die Nationalisierung der Staatsangehörigkeit vom Deutschen Bund bis zur Bundesrepublik Deutschland, Göttingen 2001, S. 81-101.
32 CD-ROM-2, Dok.-Nr. 11.5.4.2 (Verordnung über das Verfahren in Ehesachen v. 28.6.1844).

für die Mehrheit der Bevölkerung wegen der hohen Kosten und Umständlichkeit deutlich höher. Zur Erschwerung der Ehescheidung trug auch bei, dass Ehescheidungen nur noch bei Ehebruch sofort rechtlich wirksam wurden. In sämtlichen anderen Fällen wurde das Urteil erst nach einem Jahr publiziert. Da die Mehrheit der Ehescheidungen von Frauen beantragt wurden, denen es vor allem auf eine Wiederverheiratungsmöglichkeit ankam, bewirkte die Verfahrensreform hier eine deutliche Schlechterstellung. Nicht zuletzt wegen des Widerstandes, der der Eherechtsreform auf den Provinziallandtagen entgegen schlug, wurde sie bereits 1847 wieder rückgängig gemacht. Die Kompetenz in Ehesachen fiel an die Untergerichte zurück.[33]

Die materielle Grundrechtsrelevanz der Einzelgesetzgebung zeigte sich auch im Armengesetz von 1842. Im Unterschied zu der Mehrheit der deutschen Staaten gewährte dieses Gesetz preußischen Einwohnern Freizügigkeit, in dem es einen Anspruch auf Armenunterstützung im Grunde bereits mit der Wohnsitz- und Arbeitsaufnahme gewährte. Den Gemeinden wurde untersagt, aus Besorgnis vor möglicherweise eintretender Unterstützungspflicht den Zuzug zu verweigern. Der preußischen Staatsspitze ging es dabei vornehmlich um eine Ermutigung zur Mobilität von Arbeitskräften, die für die Entwicklung der Wirtschaft unverzichtbar schien. Trotzdem stellte das Gesetz einen wichtigen Schritt für den Machtzuwachs der zentralen staatlichen Ebene zuungunsten der Autonomie der Kommunen dar.[34]

5 Verwaltung

Die Reformen der staatlichen Verwaltung fielen im Wesentlichen in den Kern der Reformzeit von 1807 bis 1815. Nach 1815 wurde dieser Umbau der Staatsregierung mittels Fachministerien ebenso wie die Einführung von Regierungspräsidien auf der mittleren Ebene und eine Neuordnung der Kreise an die neuen Gegebenheiten angepasst.[35] Für die neue Kreiseinteilung nahm man vor allem im südbrandenburgischen Kernland die ehemals sächsischen Landesteile hinzu, sodass hier neue Verwaltungseinheiten entstanden, die nicht mehr der überlieferten territorialen Gliederung

---

33 Vgl. Dirk Blasius, Reform gegen die Frau: Das preußische Scheidungsrecht im frühen 19. Jahrhundert, in: U. Gerhard (Hg.), Frauen in der Geschichte des Rechts, München 1997, S. 659-669.
34 Gesetz über die Aufnahme neu anziehender Personen, 31. Dezember 1842; Gesetz über die Verpflichtung zur Armenpflege, 31. Dezember 1842, in: GS (1843), S. 8. Vgl. Florian Tennstedt, Sozialgeschichte der Sozialpolitik in Deutschland, Göttingen 1981, S. 39-47; Christoph Sachße/Florian Tennstedt, Geschichte der Armenfürsorge in Deutschland, 3 Bde., Stuttgart 1982-1992. Siehe auch Kapitel 12, Wirtschafts- und Sozialgesetzgebung/Öffentliche Wohlfahrt.
35 Vgl. Brandt/Münger, Preußen (wie Fn. 3), Kap. 9.4.2; CD-ROM-1, Dok.-Nr. 9.4.2.6 (Reform der obersten Staatsbehörden v. 16.12.1808); Dok.-Nr. 9.4.2.7 (Organisation des Kriegsministeriums v. 18.2.1809); Dok.-Nr. 9.4.2.8 (Neuordnung der Staatsbehörden v. 27.10.1810); Dok.-Nr. 9.4.2.10 (Bildung und Aufgaben des Staatsrats v. 20.3.1817); Dok.-Nr. 9.4.2.11 (Reorganisation der Zentralbehörden v. 3.11.1817).

entsprachen. Dagegen verfuhr man bei der Einrichtung der Provinzialstände anders. Hier wurden die traditionellen territorialen Grenzen zugrunde gelegt. Damit traten Verwaltungsstruktur und ständisch-partizipatorische Gliederung in einen Gegensatz, der die Stände über ihre adlig dominierte Zusammensetzung hinaus einem historischen Preußen zuordnete.[36]

Mit der Verordnung über die verbesserte Einrichtung der Provinzialbehörden von 1815 wurde der preußische Staat in zehn Provinzen aufgeteilt.[37] Ost- und Westpreußen blieben bis 1824 getrennt, die Provinz Sachsen kam neu hinzu. 1822 entstand aus der Zusammenlegung von Jülich-Kleve-Berg und Niederrhein die Rheinprovinz mit der Verwaltung in Koblenz. Geführt wurden die Provinzen von den Oberpräsidenten, denen zwar nur begrenzte Verwaltungsbefugnisse zukamen, die aber vor allem auch in »ständischen Angelegenheiten« großen politischen Einfluss genossen. Im Vormärz wirkte in Ostpreußen der Reformer Theodor v. Schön, der mit den Liberalen kooperierte. Ein Beispiel für die zentrale Rolle des Oberpräsidenten bietet die Einführung der Revidierten Städteordnung in Westfalen, bei der Ludwig Freiherr v. Vincke in jeder einzelnen Stadt den staatlichen Einfluss verkörperte. Unterhalb der Provinzebene wurden Regierungsbezirke gebildet, denen jeweils ein Oberlandesgericht zugesprochen wurde. Die Regierungen mit dem Regierungspräsidenten an der Spitze bildeten das administrative Zentrum der staatlichen Verwaltung.[38] (☞ Abb. 11.5.1, S. 974)

Auf der untersten Ebene wirkten die in ihrer Mehrheit adligen Landräte, die sich ihrem Herkunftsmilieu, aber zunehmend auch den Interessen des Staates verpflichtet fühlten. 1816 wurde der Ritterschaft das Vorschlagsrecht für die Besetzung der Landratsämter wiederum zugestanden. Mit der Vorschrift, dass der Landrat im Kreis angesessen und begütert sein sollte, integrierte die Staatsregierung das Amt in den ansässigen Adel. Die Kompetenzen der Landräte erstreckten sich auf sämtliche Verwaltungsangelegenheiten, einschließlich der Steuerverwaltung. So beschäftigten sich die Landräte mit der Einquartierung von Truppen, der Aushebung von Rekruten sowie der Einschätzung zur Grund- und Klassensteuer. Sie fertigten Statistiken für die Zentralbehörden an und versuchten, den Straßen- und Wegebau zu fördern. Einerseits genoss der Landrat in der im Wesentlichen mündlichen Abwicklung der Geschäfte eine gewisse Autonomie, andererseits bemühte sich die Staatsregierung vor

---

36 Vgl. Bernd Wunder, Verwaltungs-, Kommunal- und Beamtenreformen in Preußen, in: H.-P. Ullmann/C. Zimmermann (Hg.), Restaurationssystem und Reformpolitik. Süddeutschland und Preußen im Vergleich, München 1996, S. 85-98.
37 CD-ROM-2, Dok.-Nr. 11.5.5.1 (Verordnung über die Einrichtung der Provinzialbehörden v. 30.4.1815).
38 Vgl. das Schaubild bei Brandt/Münger, Preußen (wie Fn. 3), S. 805 (Abb. 9.4.4); K. Schwabe (Hg.), Die preußischen Oberpräsidenten 1815–1945, Boppard 1985; H.-J. Behr/J. Kloosterhuis (Hg.), Ludwig Freiherr Vincke. Ein westfälisches Profil zwischen Reform und Restauration in Preußen, Münster 1994; Theodor v. Schön, Persönliche Schriften, Bd. 1: Die autobiographischen Fragmente, hg. v. B. Sösemann, Köln 2006.

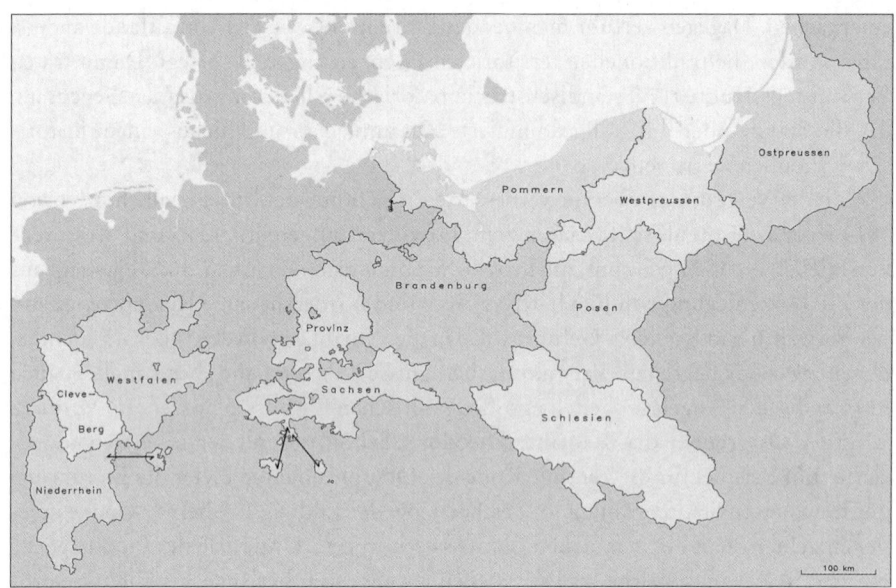

Abb. 11.5.1 Die Provinzialgliederung Preußens um 1818

allem in Fragen der Militär- und Steuerverwaltung um Kontrolle. Die Entwicklung zum »Karrierelandrat«, der sich schließlich trotz adliger Herkunft als Staatsbeamter sah, stand erst am Anfang.[39]

Auf der kommunalen Ebene blieb die Unterscheidung zwischen Stadt und Land konstitutiv. Eine Ausnahme bildete nur das Rheinland. In den Städten war mit der Städteordnung von 1808 der Anfang einer »Selbstverwaltung« mittels gewählten städtischen Vertretern gemacht worden, die künftig mit den Bestrebungen zu einer intensiven Staatsaufsicht konkurrierte.[40] Eine solche »Selbstverwaltung« wurde allerdings korporativ und ständisch verstanden. Der Anknüpfungspunkt lag bei der frühneuzeitlichen Bürgergemeinde. Das französische Modell eines Staatsbürgertums, das politischen Einfluss mittels eines Zensus gestuft zuteilte, wurde zurückgewiesen. Die Revidierte Städteordnung von 1831 sollte die Stein'sche Städteordnung vor allem im Hinblick auf eine Erweiterung des Einflusses der Staatsverwaltung verändern.[41] Die Neuordnung umfasste das Bürgerrecht, vor allem die Teilhabe am Bürgervermögen, die Kosten der Selbstverwaltung und Personalfragen. Die Kompetenzen der Stadtverordnetenversammlung wurden zu diesem Zweck begrenzt. Allerdings überließ

---

39 Eifert, Paternalismus (wie Fn. 20), S. 97 hat für den Vormärz einen Anteil von beinahe 75 Prozent adliger Landräte errechnet. Vgl. zur »Verstaatlichung« des Amtes Wagner, Bauern (wie Fn. 20), S. 78-86.
40 CD-ROM-1, Dok.-Nr. 9.4.5.1 (Preußische Städteordnung v. 9.11.1808).
41 CD-ROM-2, Dok.-Nr. 11.5.5.2 (wie Fn. 22).

der König den Städten die Wahl zwischen alter und revidierter Städteordnung. In den altpreußischen Provinzen lehnte man prompt die Einführung der Revidierten Städteordnung ab. In Westfalen und Sachsen wurde sie dagegen umgesetzt. Im Rheinland wurde 1845 eine Gemeindeordnung eingeführt, die wichtige Teile der französischen Mairie-Verfassung beibehielt.[42] Weil das Bürgerrecht von nun an zur selbstständigen Gewerbeausübung dazugehörte, lassen sich diese vormärzlichen Reformen als Teil einer fortschreitenden Entprivilegierung der Stadtbürger und als Station auf dem Weg von der frühneuzeitlichen Bürgergemeinde zur modernen Einwohnergemeinde verstehen. Die erstrebte Vereinheitlichung der Kommunalverfassung wurde in Preußen im Vormärz jedenfalls nicht erreicht. Als Mittel zur Förderung der Staatsintegration fiel dieser Bereich – im Unterschied zur Wahrnehmung im deutschen Bürgertum der zweiten Jahrhunderthälfte – damit weitgehend aus.[43]

Auf dem Land scheiterte die Kreisreform im Grunde bereits mit dem nicht umgesetzten Gendarmerieedikt von 1812. In den Kreistagen besaßen die Rittergutsbesitzer ein eindeutiges Übergewicht. Gemeinsam mit den Landräten sollten sie vor allem den Chausseebau vorantreiben. Da vor allem viele Landgemeinden, aber auch manche Rittergutsbesitzer wenig Interesse am Straßenbau hatten, der eher den marktorientierten Produzenten entgegen kam, blieb es bis zur Revolution eine schwierige Aufgabe, die nötigen Mittel bereitzustellen. In den Landgemeinden fungierten wiederum die Schulzen als Vollzieher der Verwaltung. In der Regel wurde der Schulze auf Vorschlag der Gemeinde durch die Polizeiobrigkeit ernannt. In sozialer Hinsicht gehörten die meisten Schulzen zu den Vollbauern und damit zur dörflichen Elite. In einigen Regionen, z. B. in Preußen oder in Schlesien, waren noch Erbschulzengüter verbreitet, d. h. Güter, mit denen das Schulzenamt automatisch verbunden war. Obwohl die Schulzen Einfluss auf die Finanzen der Gemeinde, auf die Justiz und auf die Rekrutierung zum Militär hatten, war das Amt keineswegs begehrt. Viele Berechtigte und Verpflichtete bemühten sich, von der Ausübung dieses zeitintensiven Amtes freigestellt zu werden. Dazu trug sicher auch die im Vormärz zunehmende soziale Differenzierung in den Dörfern bei, die auch in den Landgemeinden zu Interessengegensätzen zwischen besitzenden Bauern und landarmen bzw. landlosen Gruppen führte.[44]

---

42 CD-ROM-2, Dok.-Nr. 11.5.3.2 (wie Fn. 23).
43 Vgl. Ilja Mieck, Die verschlungenen Wege der Städtereform in Preußen (1806–1856), in: B. Sösemann (Hg.), Gemeingeist und Bürgersinn, Berlin 1993, S. 53-83; Norbert Wex, Staatliche Bürokratie und städtische Autonomie. Entstehung, Einführung und Rezeption der Revidierten Städteordnung von 1831 in Westfalen, Paderborn 1997.
44 Vgl. Wagner, Bauern (wie Fn. 20), S. 111-125; Pascale Cancik, Verwaltung und Öffentlichkeit in Preußen, Tübingen 2007, bes. S. 346-348, mit einer Analyse der Verwaltungskommunikation und, besonders aufschlussreich, der Auseinandersetzungen zwischen Verwaltung und Einwohnern um Wegebaulasten.

6 Justiz

Wie vor 1815 blieb das Allgemeine Landrecht von 1794 geltendes Recht. Die 1825 begonnene Gesetzrevision führte vor allem seit 1843, als einzelne Entwürfe veröffentlicht wurden, zu einer kritischen Diskussion in der Öffentlichkeit und scheiterte schließlich. Im Zusammenhang mit der Verteidigung des Rheinischen Rechts setzte die politische Opposition einmal mehr ihre zentralen Forderungen nach Geschworenengerichten sowie Öffentlichkeit und Mündlichkeit des Gerichtsverfahrens auf die Tagesordnung. Allerdings wird häufig übersehen, dass sich das Landrecht durch eine fortlaufende Gesetzgebungs- und Verordnungspraxis ständig veränderte. Während groß angelegte Reformprojekte wie der Strafgesetzbuchentwurf von 1843 scheiterten, wandelte sich die Rechtspraxis in vielen Bereichen. Dabei ist weiterhin zu berücksichtigen, dass das Landrecht auf dem Gebiet des Privatrechts weiterhin nur subsidiär galt. Manche Rechtsbereiche, z. B. das eheliche Güterrecht, wurden weiterhin durch lokale Sitten und Gewohnheiten geprägt. Das Landrecht setzte sich hier, wenn überhaupt, nur langsam durch.[45]

Die Sympathien für den Liberalismus breiteten sich trotz der Anstrengungen der Staatsspitze auch unter den Beamten aus. Das Staatsministerium reagierte schließlich 1844 mit einer ausführlichen Formulierung des bis dahin unübersichtlichen und widersprüchlichen Disziplinarrechts.[46] Amtsenthebung, Degradierung oder Strafversetzung wurden auch auf dem Disziplinarweg möglich. Die Amtsenthebung von Richtern konnte durch die Landesjustizkollegien (Oberlandesgerichte) erfolgen. Eine Beteiligung der preußischen Richter an Justizvereinen und anderen Zusammenschlüssen in den deutschen Staaten wurde verboten. Das Verbot wirkte sich auch negativ auf die preußische Beteiligung an den nationalen Zusammenkünften der germanistischen Juristen 1846 und 1847 aus, die zur Vorgeschichte der Revolution gehören. Das Gesetz von 1844 löste jedenfalls eine breite öffentliche Debatte über die richterliche Unabhängigkeit aus. Der liberale Stadtgerichtsrat Heinrich Simon warnte, preußische Richter seien von nun an ohne richterliche Entscheidung absetzbar, weil das Gesetz die Versetzung mit Einkommensverlust auf dem Disziplinarweg zuließ. Simon erklärte die Unabhängigkeit des Richterstandes zu einem zentralen Element des Rechtsstaates. Schließlich wurde der Richter selber dem Disziplinarrecht unterworfen, nach drei Verweisen trat er 1845 aus dem staatlichen Justizdienst aus. Forderungen, welche

---

45 Zur Gesetzrevision: W. Schubert (Hg.), Gesetz-Revision (1825–1848), ND Vaduz 1990–1996. Vgl. Monika Wienfort, Zwischen Freiheit und Fürsorge. Das Allgemeine Landrecht im neunzehnten Jahrhundert, in: P. Bahners/G. Roellecke (Hg.), Preußische Stile. Ein Staat als Kunstwerk, Stuttgart 2001, S. 294-309; Hodenberg, Partei (wie Fn. 30). Zum Strafrecht gilt als weiterhin grundlegend Dirk Blasius, Bürgerliche Gesellschaft und Kriminalität, Göttingen 1976.
46 CD-ROM-2, Dok.-Nr. 11.5.6.1 (Gesetz über das Disziplinarverfahren gegen Beamte v. 29.3.1844).

die Justiz und die richterliche Unabhängigkeit betrafen, wurden endgültig in den vormärzlichen liberalen Forderungskatalog aufgenommen.[47]

Die Debatte über die Abschaffung der Patrimonialgerichte ging auch im Vormärz weiter. Die Gerichtsbesitzer nahmen dabei keineswegs eine einheitliche Position ein. Während der konservative Adel die Gerichtsrechte als Teil seiner – bedrohten – angestammten Rechte verteidigte, wünschten vor allem die Besitzer kleiner Güter die Abtretung der Gerichtsrechte an den Staat. Gegenüber ideologischen Vorstellungen standen eher finanzielle Überlegungen im Vordergrund. Die Gerichtsverwaltung wurde durch die stetig intensivierte Aufsicht durch die Justizbehörden immer kostspieliger. Gerichtsherren blieben verpflichtet, die Kosten für Prozesse ihrer Gerichtseingesessenen zu tragen, sofern diese ohne Besitz und Einkommen waren. Dies galt auch, wenn der Prozess vor einem königlichen Gericht geführt wurde. Nur in großen Gerichtsbezirken mit wohlhabender Bevölkerung, die viele Geschäfte der vergleichsweise lukrativen freiwilligen Gerichtsbarkeit (Beurkundung von Verträgen, Erbvereinbarungen etc.) zu erledigen hatte, lohnte sich der Gerichtsbesitz. Die Kosten für das Gehalt des Justitiars, die Gerichtsräume und die weitere Ausstattung mit Personal hatte in jedem Fall der Gerichtsherr zu tragen. In den 1840er-Jahren entzündete sich die Debatte um die Patrimonialgerichtsbarkeit, die der Durchsetzung der Staatssouveränität entgegenstand, vor allem an den Prozessen, die Gerichtsherren und Eingesessene vor dem Patrimonialgericht führten. Die Unparteilichkeit der Gerichte, von der in vielen anderen Fällen, etwa bei Schwängerungen oder Besitzauseinandersetzungen zwischen Dorfeinwohnern, ausgegangen wurde, schien hier sehr deutlich infrage gestellt. Das Justizministerium, dem gegen ein konservativ-adlig dominiertes Innenministerium an der Einschränkung der Patrimonialgerichtsbarkeit gelegen war, setzte schließlich mit Unterstützung der Stände durch, dass Streitigkeiten zwischen Gerichtsherren und Eingesessenen, vor allem im Zusammenhang mit der Durchführung der Agrargesetze, zunächst in den Provinzen Preußen und Schlesien auf Antrag der Betroffenen vor die königlichen Gerichte gelangten. An der Favorisierung der großen Grundbesitzer durch das preußische Recht änderte das freilich nichts.[48]

---

47 Verhandlungen der Germanisten zu Frankfurt/Main am 24., 25. und 26. September 1846, 2 Bde., Frankfurt a. M. 1847; vgl. Hodenberg, Partei (wie Fn. 30), S. 164-179.
48 CD-ROM-2, Dok.-Nr. 11.5.6.2 (Kabinettsorder über die Kompetenz der Landes-Justiz-Kollegien in den Provinzen Preußen und Schlesien v. 5.7.1844); Wienfort, Patrimonialgerichte (wie Fn. 20).

7 Militär

Nach dem Ende des Kampfes gegen die napoleonische Herrschaft in Europa, in dem die allgemeine Militärpflicht für Preußen eingeführt worden war, konnte die preußische Monarchie erneut über die Struktur des Militärs entscheiden. Im Jahr 1826 umfasste die Armee 124.000 Mann und hatte damit einen Umfang, der keine Bedrohungsgefühle bei den größeren europäischen Mächten hervorrief. Dabei führte kein Weg zum Söldnerheer mit Ausländerwerbung und einem umfassenden System der Exemtionen von der Wehrpflicht zurück. Der Wehrdienst dauerte zunächst drei, nach 1833 nur noch zwei Jahre. Die allgemeine Wehrpflicht galt allerdings nur grundsätzlich, ihr entsprach keine Einberufung sämtlicher Wehrpflichtigen, weil die Präsenzstärke des Heeres nicht zuletzt aus Kostengründen mit dem Bevölkerungswachstum in der ersten Hälfte des 19. Jahrhunderts nicht Schritt hielt. Für die Einziehung zum Wehrdienst war der Bedarf der Truppen an Ersatz, aber auch die individuelle Tauglichkeit maßgeblich. Gründe für eine Zurückstellung, eine Befreiung war grundsätzlich ausgeschlossen, bestanden vor allem in einer zu geringen Körpergröße und allgemeiner »Schwächlichkeit.« Männer, die ihre Familien allein ernährten, also vor allem Bauernsöhne, konnten zurückgestellt werden. Solche Zurückstellungen kamen zumindest in den ersten Jahren durchaus häufig vor. Die Einführung des »Einjährig-Freiwilligen-Dienstes«, die sich freiwillig meldenden Söhnen aus den »gebildeten Ständen« eine Verkürzung der Dienstzeit von drei auf ein Jahr erlaubte, implementierte dem formalen Prinzip der Gleichheit einen charakteristischen Aspekt sozialer Ungleichheit. Trotz dieser Vergünstigung kamen vor allem aus den Städten zahlreiche Gesuche um Exemtion von der Wehrpflicht, die doch ausdrücklich die gesamte Nation zusammenfassen sollte.[49]

Die grundlegenden Entscheidungen für die Linientruppen waren bereits 1813/14 getroffen. Während das Linienheer sowohl bei konservativ-ständisch gesinnten Autoren als auch bei den Liberalen auf Skepsis stieß, weil man ein großes stehendes Heer ablehnte, wurde die »bürgerliche« Landwehr in der Öffentlichkeit positiver bewertet. Damit trat die Diskussion über die Landwehr in den Vordergrund, die seit dem Erlass der Landwehrordnung von 1815 von aus dem Reservedienst ausgeschiedenen Soldaten gebildet wurde.[50] Der Landwehr gehörten die Männer bis zum 40. Lebensjahr an. In der Landwehrfrage geriet der Kriegsminister Boyen schnell in einen Gegensatz zum König. Während dieser Landwehrbataillone zusammenlegen und damit Einsparungen durchsetzen wollte, nicht zuletzt um die Landwehrregimenter den Kommandeuren der Linie zu unterstellen, wollte der Kriegsminister die Trennung von Linie und Landwehr erhalten. Die Selbstständigkeit der Landwehrkorps, die konservative Militärs und Poli-

---

49 Ute Frevert, Die kasernierte Nation. Militärdienst und Zivilgesellschaft in Deutschland, München 2001; Huber, Verfassungsgeschichte (wie Fn. 2), Bd. 1, S. 249-255.
50 CD-ROM-2, Dok.-Nr. 11.5.7.1 (Landwehrordnung v. 21.11.1815).

tiker in die Nähe eines zur Revolution neigenden Volksheeres rückten, wurde auf Veranlassung des Königs bald eingeschränkt. In der Verordnung von 1819 reduzierte man die Zahl der Landwehrkorps und festigte die Zuordnung zu den Linienregimentern. Boyens Befürchtung, dass die Landwehr, die den Konservativen bis in die Revolution als Brutstätte des Widerstands gegen die Monarchie und des Demokratiestrebens galt, aufgelöst werden würde, erfüllte sich aber nicht.[51]

In der Landwehr sollte das Prinzip verwirklicht werden, dass der Mann »Bürger und Soldat zugleich sey«. Der Alltag in der Landwehr war mit dem regulären Militärdienst kaum vergleichbar. Zu Zentralübungen wurden die Landwehrmänner nur alle zwei bis drei Jahre einberufen, im Übrigen beschränkte sich der Dienst auf sonntägliche Übungen einmal im Monat. Man lebte zuhause und ging seiner gewöhnlichen Erwerbstätigkeit nach. Trotz oder gerade wegen der vollständigen Integration in das zivile Leben fiel es manchen Männern schwer, an den Übungen teilzunehmen. Ersuche um Dispens kamen zahlreich vor. In den Jahrzehnten vor der Revolution scheint die Zugehörigkeit zur Landwehr allerdings stärker akzeptiert worden zu sein. Dazu hatte möglicherweise auch das Tragen der Uniform beigetragen, die den Männern ein spezifisches Ansehen verlieh. Vor allem in der Landwehr kamen sich Militär und besitzendes und gebildetes Bürgertum im Vormärz näher. Viele Mitglieder der bürgerlichen Elite der preußischen Städte waren gleichzeitig Landwehroffiziere, auch wenn man nicht davon ausgehen kann, dass eine Mehrheit der männlichen Bürger einen solchen Status anstrebte. Möglicherweise unterschied sich die Haltung zur Landwehr auch nach Generationen. Während die älteren Bürger in Erinnerung an die Befreiungskriege positive Gefühle für die Landwehr hegten, grenzten sich jüngere Männer ab, weil sie im Militär an sich eher ein gegensätzliches Lebensmodell erblickten.[52]

8 Verfassungskultur

Der Einfluss des Staatskanzlers Hardenberg hatte seit 1810 zwar ausgereicht, um den König zu »Verfassungsversprechen« zu bewegen, zur Umsetzung aber fehlte dem Kanzler einerseits der Rückhalt in der Bürokratie, in der das Lager der Reformer nach 1815 deutlich kleiner wurde, andererseits ein gesamtgesellschaftliches politisches Forum, das den Forderungen hätte Nachdruck verleihen können. Zwar existierte durchaus Rückhalt für ein solches Vorhaben. In den Jahren 1817/18 stach die Rheinische Verfassungsbewegung hervor, die mit Adressen aus Trier, Köln und Kleve

---

51 CD-ROM-2, Dok.-Nr. 11.5.7.2 (Kabinettsorder zur Landwehr v. 22.12.1819); vgl. Stamm-Kuhlmann, König (wie Fn. 2), S. 441-444.
52 Frevert, Nation (wie Fn. 49), S. 83; Gordon Craig, Die preußisch-deutsche Armee, 1640–1945, Düsseldorf 1960; Handbuch zur deutschen Militärgeschichte 1648–1939, hg. vom Militärgeschichtlichen Forschungsamt, Bde. 1-7, Frankfurt a. M. 1964 ff.

dem Kronprinzen 1817 ihre »Wünsche und Bitten« vortrug. Die Bewegung erlebte 1818 mit der zweiten »Koblenzer Adresse« ihren Höhepunkt. Diese Adresse wurde von 3.000 Menschen unterstützt und von Joseph Görres, einem der wichtigsten politischen Köpfe des Rheinlandes und Mitbegründer des politischen Katholizismus in Deutschland, dem Staatskanzler übergeben. Der Wunsch nach einer »zeitgemäßen« Repräsentation wurde dabei eingebettet in einen Forderungskatalog, der zahlreiche Errungenschaften der napoleonischen Herrschaft, die Gewerbefreiheit, die Aufhebung feudaler Lasten, die Gleichheit vor dem Gesetz und die Geschworenengerichte erhalten wollte. Die Konstituierung eines rheinpreußischen Bewusstseins und die Abgrenzung zu »Altpreußen« hätte kaum deutlicher ausfallen können. In den altpreußischen Provinzen fand die Verfassungsbewegung zu diesem Zeitpunkt aber kaum Widerhall. Die »Kronprinzenkommission«, die 1821 eingesetzt wurde, um die Verfassungspläne zu diskutieren, setzte sich mehrheitlich aus Gegnern einer Gesamtverfassung zusammen. Die adlig-konservativen Eliten, die hier dominierten, hofften eher auf eine Rücknahme bzw. Verlangsamung der Reformen.[53]

Monarchisches Selbstverständnis und gesellschaftliches Verfassungsstreben kulminierten im Thronwechsel von 1840. In den Adressen an den neuen Monarchen wurden die väterlichen Tugenden des verstorbenen Königs hervorgehoben und mit appellativer Bedeutung auf einen »Erben seiner erhabenen Tugenden« gehofft. Die Huldigungslandtage in Berlin und Königsberg boten sowohl dem neuen König Friedrich Wilhelm IV. als auch Adel und Bürgertum ein Forum für die öffentliche Darstellung verfassungspolitischer Grundsätze und Forderungen. Die Huldigung stellte in Preußen ein traditionelles Element der Herrschaftsrepräsentation dar, deren Kern in der Ablegung des Huldigungseides durch die Stände lag. 1798 hatten die Stände Friedrich Wilhelm III. gehuldigt, und auch in den neu hinzugewonnen Territorien im Rheinland und in Westfalen hatte man 1815 Huldigungsfeiern veranstaltet.[54] (☞ Abb. 11.5.2)

In Königsberg entschlossen sich die ostpreußischen Stände 1840 zu einer Bitte um eine »Versammlung von Landesrepräsentanten«, die vom König energisch zurückgewiesen wurde. Während die Huldigungsfeierlichkeiten in Königsberg im Sep-

---

53 Vgl. Faber, Rheinlande (wie Fn. 7), S. 268-275. Vgl. insgesamt Veit Veltzke, Ungleiche Brüder. Westfalen und Rheinländer unter preußischem Szepter 1815–1867, in: G. Mölich u. a. (Hg.), Preußens schwieriger Westen. Rheinisch-preußische Beziehungen, Konflikte und Wechselwirkungen, Duisburg 2003, S. 99-133; Jürgen Herres, Rhein-Preußen. Eine deutsch-deutsche Beziehungsgeschichte im 19. Jahrhundert, in: M. Groten (Hg.), Die Rheinlande und das Reich, Düsseldorf 2007, S. 159-202.
54 Vgl. generell zum Zeremoniell in Preußen Bernd Sösemann, Preußens Krönungsjubiläen als Rituale der Kommunikation. Dignitätspolitik in höfischer und öffentlicher Inszenierung von 1701 bis 1901, in: P. Bahners/G. Roellecke (Hg.), Stile (wie Fn. 45), S. 114-134; Monika Wienfort, Zurschaustellung der Monarchie – Huldigungen und Thonjubiläen in Preußen-Deutschland und Großbritannien im 19. Jahrhundert, in: P. Brandt u. a. (Hg.), Symbolische Macht und inszenierte Staatlichkeit. »Verfassungskultur« als Element der Verfassungsgeschichte, Bonn 2005, S. 81-100.

Abb. 11.5.2 Die Huldigung der preußischen Stände vor Friedrich Wilhelm IV. in Berlin am 15. Oktober 1840

tember 1840 prachtvoll, aber ansonsten eher konventionell verliefen[55], enthielt das Ereignis in Berlin einen Monat später einen ganz neuen Programmpunkt. Der König selber hielt spontan eine Rede, deren Rezeption den Dreh- und Angelpunkt für die Verfassungshoffnungen der nächsten Zeit darstellen sollte. Der König bat »Ritter, Bürger und Landsleute« um Unterstützung für sich und Preußen, um »Ehre, Treue« und »Vorwärtsschreiten«. Zwar gab der Monarch kein Verfassungsversprechen. Aber in der direkten Ansprache an das Volk steckte ein plebiszitäres Element, das sich im liberalen Zeitgeist als Vorstellung politischer Partizipation verstehen ließ. In den nächsten Jahren wurde allerdings immer deutlicher, dass Friedrich Wilhelm IV. nichts ferner lag. Es ging ihm eher um eine emotionale Symbiose zwischen Fürst und Volk, nicht um institutionelle Garantien für Repräsentation und Partizipation. Sein romantisch-ständisches, auf dem Gottesgnadentum aufruhendes Staatsverständnis, das sich in einem »Gelübde« in Liebe und Treue äußerte, war dem westlichen, an Institutionen orientierten Verfassungsdenken diametral entgegengesetzt.[56]

---

55 CD-ROM-2, Dok.-Nr. 11.5.8.1 (Huldigungslandtag in Königsberg v. 10.9.1840).
56 Schreiben des Oberbürgermeisters, der Räte und Stadtverordneten, 8. Juni 1840, in: Berlinische Nachrichten von Staats- und gelehrten Sachen, Nr. 134, 10. Juni 1840. Vgl. den Artikel vom 20. Juni 1840 in der Augsburger Allgemeinen Zeitung: »Hat mit dem Tode Friedrich Wilhelms III. eine neue Ära begonnen?«, in dem Friedrich Wilhelm IV. als »freier Mann« charakterisiert wurde, der »freie Gegenrede« hervorrief. August Witt, Die feierliche Erbhuldigung der Stände des Kö-

Im Jahr 1845 kritisierte der König offen den »Geist der Opposition«, der sich in »Vereinen und Versammlungen« der östlichsten Provinz seiner Ansicht nach regte. Er spielte damit auf die Konflikte an, die sich zwischen den Bürgern der Stadt Königsberg und dem Militär, namentlich wegen des Duellwesens und einiger Bürgerversammlungen, entwickelt hatten. In ihrer Verteidigungsschrift gingen die Bürger – ganz wie der König – von unterschiedlichen Ehrvorstellungen der Bürgerschaft und der Offiziere aus. Dabei kritisierten die Bürger besonders, dass die Offiziere die Verteidigung der Ehre des Königs für sich allein in Anspruch nahmen. Was der König als Oppositionsgeist tadelte, stellte für die Bürger einen Akt der Selbstbehauptung gegen die provozierende Dominanz des Militärs im öffentlichen Raum der Stadt und gegen die Behinderung von Bürgerversammlungen dar.[57]

Solche Konfrontationen bildeten für den Vereinigten Landtag von 1847 insgesamt kein hoffnungsvolles Vorzeichen. Das monarchische Zeremoniell, das weiterhin zwischen Adel und Bürgern fundamental unterschied, trat in einen immer deutlicher spürbaren Gegensatz zum »konstitutionellen« Modell. Im katholischen Rheinland vor allem entwickelte sich im Vormärz ein oppositionelles Muster politischer Kultur. Im Karneval, der die gesellschaftlichen Hierarchien infrage stellte, verschärften sich die Auseinandersetzungen zwischen der Bevölkerung und der preußischen Bürokratie. Mit den Satiren auf den König, die besonders populär wurden, verstärkte sich das gegenseitige Fremdheitsgefühl, vor allem auch in Fragen des Verhältnisses von Humor und Politik.[58]

Trotzdem ließen sich mit öffentlichen Festen auch Fortschritte in der Staatsintegration erzielen. In Köln wurde 1842 das Dombaufest gefeiert, das rheinische Bürger, darunter auch Protestanten und Juden, katholische Kirche und die preußische Monarchie miteinander verband. Sicher war die Fertigstellung des mittelalterlichen Domes eine romantische Idee, die Friedrich Wilhelm IV. als Ausdruck seiner allgemein christlichen Vorstellungen faszinierte und zur Bereitstellung erheblicher finanzieller Mittel animierte. Aber in diesem Projekt kamen die bürgerlichen Mitglieder des Zentraldombauvereins in Festmählern und Bällen, mittels der Feuerwerke und Armenspeisungen auch die übrige Bevölkerung zusammen und im Festgottesdienst und in der Rheinfahrt stieß auch der König hinzu. Zur Entschärfung der Kontroversen um die Staatskirchenpolitik haben die Feierlichkeiten jedenfalls einen wichtigen Beitrag geleistet.[59]

---

nigreiches Preußen und des Großherzogtums Posen, 10. September 1840, Königsberg 1840. Zum Berliner Huldigungslandtag vgl. Blasius, Friedrich Wilhelm IV. (wie Fn. 2), S. 100-104.

57 Anrede König Friedrich Wilhelm IV. an die Stadtbehörden in Königsberg, 10. Juni 1845, in: Mitteilungen aus dem Leben des Feldmarschalls Grafen Friedrich zu Dohna, Berlin 1873, S. 233 f.

58 Vgl. James M. Brophy, Joining the Political Nation. Popular Culture and the Public Sphere in the Rhineland, 1800–1850, Cambridge 2007.

59 Vgl. Leo Haupts, Die Kölner Dombaufeste 1842–1880 zwischen kirchlicher, bürgerlich-nationaler und dynastisch-höfischer Selbstdarstellung, in: D. Düding u. a. (Hg.), Öffentliche Festkultur.

9 Kirche

Während die Verfassungspolitik im Vormärz stagnierte, erlebte die Konfessions- und Staatskirchenpolitik in diesem Zeitraum eine sehr aktive Phase. Das hing einerseits mit generellen Tendenzen einer »Rekonfessionalisierung« im 19. Jahrhundert zusammen, die u. a. die Entstehung des politischen Katholizismus in Deutschland mit sich brachten und eine Reaktion auf die aufgeklärt-rationalistischen Denkströmungen des 18. Jahrhunderts darstellten. Sehr konkret richtete sich die preußische Kirchenpolitik aber auch nach den Interessen Friedrich Wilhelms III. und seines Nachfolgers. Während beide Monarchen keine moderne Repräsentativverfassung einführen wollten, lag ihnen beiden – mit unterschiedlicher Schwerpunktsetzung – an der Neubegründung des Verhältnisses zwischen Staat und Kirche. Die angestrebte Verbindung zwischen »Thron und Altar« ging dabei von einer ganzheitlichen Vorstellung einer Gemeinschaft zwischen Herrscher und Untertanen aus, die in der Religionsausübung im »christlichen Staat« ihr Fundament besaß.[60]

Im September 1817 verkündete Friedrich Wilhelm III. seine Absicht, Lutheraner und Reformierte in der Preußischen Union zu vereinigen.[61] Der König hatte mit der Spaltung des Protestantismus selber schmerzhafte Erfahrungen gemacht. Es war ihm als Angehörigen der Reformierten Konfession nämlich nicht möglich gewesen, gemeinsam mit seiner lutherischen Frau Luise das Abendmahl zu nehmen. Friedrich Wilhelm III. lag wenig an den dogmatischen Auseinandersetzungen zwischen den Konfessionen. Er interessierte sich sehr für liturgische Fragen und arbeitete an der Ausarbeitung einer gemeinsamen Gottesdienstordnung, der Agende, mit, in der beide Konfessionen verschmelzen sollten. Im Gottesdienst sollte der Altar mit Kerze und einer großen Bibel in den Mittelpunkt rücken. Besonderen Wert legte der König auf den Gesang, der durchaus vierstimmig sein durfte.[62]

In den 1830er-Jahren nahm allerdings der Widerstand gegen die Vereinheitlichungsbestrebungen zu. Besonders bei den Lutheranern in Schlesien traten viele für ein Festhalten an der traditionellen Liturgie ein. Nicht zuletzt durch das 300-jährige Jubiläum der Confessio Augustana 1830 angeregt, spalteten sich die Altlutheraner von der Union ab. Tausende Lutheraner verließen Preußen, um in Australien oder den Vereinigten Staaten Glaubensfreiheit zu praktizieren. Dem König fehlte dafür jedes Verständnis. Die Form der Vereinheitlichung in der Agende erschien den Kritikern als Bürokratisierung der Frömmigkeit. Ein Übriges tat die Einführung der Bischofswürde 1823, die den König in den Geruch des Kryptokatholizismus brachte. Erst in

---

Politische Feste in Deutschland von der Aufklärung bis zum Ersten Weltkrieg, Reinbek 1988, S. 191-211; Ute Schneider, Politische Festkultur im 19. Jahrhundert. Die Rheinprovinz von der französischen Zeit bis zum Ende des Ersten Weltkriegs (1806–1918), Essen 1995.
60 Vgl. Thomas Nipperdey, Deutsche Geschichte 1800–1866, München 1983, S. 403-435.
61 CD-ROM-2, Dok.-Nr. 11.5.9.1 (Kabinettsorder zur Preußischen Union v. 27.9.1817).
62 Vgl. Stamm-Kuhlmann, König (wie Fn. 2), S. 480 f.; Clark, Preußen (wie Fn. 1), S. 477 f.

den 1840er-Jahren, als Friedrich Wilhelm IV. den Lutheranern erlaubte, eigene Gemeinden zu bilden, ebbte der Konflikt ab.[63]

Trotz der erheblichen zahlenmäßigen Veränderung des Verhältnisses zwischen Protestanten und Katholiken seit 1815 verlief das erste Jahrzehnt dieses Zusammenlebens vergleichsweise wenig kontrovers. Dazu hat sicher die traditionelle Toleranzpolitik des preußischen Staats beigetragen. Außerdem lag das religionspolitische Interessengebiet Friedrich Wilhelms III. eindeutig bei Fragen des Verhältnisses der Protestanten untereinander, namentlich bei der Festigung der Union und der Bekämpfung von dissidenten Gruppen, der Erweckungsbewegung ebenso wie zahlreicher gelegentlich schwärmerischer Sekten. Die Auseinandersetzung zwischen dem preußischen Staat und der katholischen Kirche entzündete sich in den 1830er-Jahren an einer Frage des Eherechts. Da die kirchliche Eheschließung bis zur 1875 in der Mehrzahl der deutschen Staaten erfolgten Einführung der Zivilehe maßgeblich war, handelte es sich nicht bloß um ein Verfahrensproblem des Kirchenrechts. Es ging in dieser Auseinandersetzung um die Erziehung von Kindern in gemischtkonfessionellen Ehen. Während die katholische Kirche von ihren Gläubigen das Versprechen katholischer Kindererziehung erwartete, forderte der preußische Staat seit 1825 die Erziehung der Kinder in der Konfession des Vaters. Einerseits verwandte sich der Staat damit auch in Fragen der Konfession für eine patriarchalische Ordnung, andererseits besaß eine solche Regelung in den katholischen Gebieten des Rheinlands und Westfalens einen konkreten soziologischen Zusammenhang. Seit 1815 stieg die Anzahl der Mischehen an (z. B. auf 11,29 Prozent im Regierungsbezirk Düsseldorf 1824). Obwohl genaue Zahlen fehlen, ist davon auszugehen, dass die Konstellation eines protestantischen Ehemanns (z. B. aus den Reihen der ins Rheinland versetzten Beamten) und einer katholischen Ehefrau häufiger vorkam als das umgekehrte Verhältnis.[64]

Während der katholische Klerus zunehmend die Anweisungen des Papstes hinsichtlich einer Anwendung des kanonischen Rechts beachtete, das die katholische Kindererziehung forderte, bemühte sich der preußische König um die Durchsetzung seiner Vorstellungen. Ein zunächst gefundener Kompromiss scheiterte schließlich 1837. Als der neue Kölner Erzbischof Droste-Vischering die Mischehenpraxis verschärfte, enthob ihn eine Kabinettsorder wegen Hoch- und Landesverrats seines Amtes und ordnete an, dass er das Erzbistum zu verlassen habe. Der König verfügte die Festung Minden als Haftort des Erzbischofs.[65]

---

63 Christopher Clark, Confessional Policy and the Limits of State Action: Frederick William III and the Prussian Church Union 1817–1840, in: Historical Journal 39 (1996), S. 985-1004; ders., Preußen (wie Fn. 1), S. 477-482.
64 Vgl. Huber, Verfassungsgeschichte (wie Fn. 2), Bd. 2, S. 187.
65 Christopher Clark, The Politics of Conversion. Missionary Protestantism and the Jews in Prussia 1728–1941, Oxford 1995; Martin Friedrich, Die preußische Landeskirche im Vormärz. Kirchenpolitik und Verfassungsfrage, in: B. Holtz/H. Spenkuch (Hg.), Preußens Weg in die politische Moderne, Berlin 2001, S. 141-167.

Die Verhaftung des Erzbischofs führte zu Unruhen in den katholischen Städten im Westen Preußens. Außerdem weitete sich der Konflikt auch auf die Provinz Posen aus. Auch hier brachte erst der Thronwechsel eine Beruhigung der Lage. Zwar blieb Droste-Vischering seines Amtes enthoben, aber in der Frage der Mischehen setzte sich die Position der katholischen Kirche vollständig durch. Mit der Konvention von 1841 wurde die katholische Position in der Frage des Eheschließungsrechtes akzeptiert. Die Kirche hatte somit einen großen Erfolg errungen, der die Entstehung des politischen Katholizismus deutlich begünstigte. Wie mit der Erweckungsbewegung auf protestantischer Seite brachten die 1840er-Jahre auch dem Katholizismus einen Anstieg der Volksfrömmigkeit. Mit der Wallfahrt zum Trierer Rock 1844, an der ca. eine halbe Million Menschen teilnahm, äußerte sich Frömmigkeit als Volksbewegung.[66]

10 Bildungswesen

Mit den preußischen Bildungsreformen verbindet sich für das gesamte 19. Jahrhundert der Eindruck eines auch im internationalen Vergleich bemerkenswerten Erfolges. Dabei konnten sich die Volksschulen, die die Analphabetenrate bis zur Revolution 1848 auf ca. 20 Prozent drückten, auf Anstrengungen aus dem 18. Jahrhundert stützen, die protestantischen Gläubigen das Lesen der Bibel ermöglichen sollten. Das Volksschulwesen stand auch nach 1815 noch kaum unter unmittelbarer staatlicher Kontrolle. Gemeinden, Gutsherrschaften und Kirchen beanspruchten die Zuständigkeit. Weniger der Schulbesuch an sich war problematisch als die Durchsetzung eines kontinuierlichen Schulbesuchs. Da die Vereinheitlichungsbemühungen angesichts der finanziellen Schwierigkeiten und konfessionellen Vorprägungen kaum vorankamen, konzentrierte sich das Ministerium auf die Ausbildung der Lehrer in Lehrerseminaren. Adolph Diesterweg, der in den 1830er- und 1840er-Jahren das Lehrerseminar in Berlin leitete, vermittelte den Lehrern ein akademisches Selbstverständnis und Selbstbewusstsein. Dabei gilt es zu berücksichtigen, dass sich die Einkommen vor allem der Volksschullehrer in der ersten Hälfte des 19. Jahrhunderts auf außerordentlich niedrigem Niveau (ca. 150 bis 200 Taler jährlich) bewegten. Für das Ansehen der Schulen und der Lehrer, aber auch von Bildung generell, können die Folgen solcher Aufwertung, die von den Lehrerseminaren ausging, kaum überschätzt werden.[67]

---

66 Vgl. Wolfgang Schieder, Kirche und Revolution. Zur Sozialgeschichte der Trierer Wallfahrt von 1844, in: Archiv für Sozialgeschichte 14 (1974), S. 419-454.
67 Die Gesetzgebung auf dem Gebiete des Unterrichtswesens in Preußen. Vom Jahre 1817–1868. Aktenstücke mit Erläuterungen aus dem Ministerium der geistlichen, Unterrichts- und Medizinalangelegenheiten, Berlin 1869.

Bereits mit dem Abiturreglement von 1812 hatte der Staat seine Anforderungen an die Schulen und an die Staatsdiener konkretisiert, indem das Abitur zur Voraussetzung für eine Aufnahme in den Staatsdienst erklärt wurde. Der nächste Schritt, der die Aufnahme eines Studiums an das Bestehen der Abiturprüfung band, erfolgte 1834.[68] Die Schüler mussten nun einen zweijährigen Besuch der Prima nachweisen, die Prüfung selber konnte nur noch an einem Gymnasium abgelegt werden. Damit wurde das Recht der Universitäten, durch eine Eingangsprüfung »Hochschulreife« zuzuerkennen, außer Kraft gesetzt. Nach dem Fortschreiten der Bildungsreformen mit der Instruktion von 1816 gab es in Preußen 1817 insgesamt nur ca. 100 Schulen, die als Gymnasien anerkannt waren. Dabei muss betont werden, dass es häufig Jahrzehnte dauerte, bis Organisation und Lehrpraxis der Schulen den staatlichen Anforderungen entsprachen. Im katholischen Münster wandelte sich die für die Ausbildung von Priestern bestimmte Lateinschule nur allmählich zum »preußischen« Gymnasium mit allgemeinbildendem Anspruch. Höhere Bürgerschulen bzw. Realschulen unterstanden den Kommunen, benötigten aber eine staatliche Anerkennung. Sie erhielten Zulauf vom gewerblichen Bürgertum, dem es nicht zuletzt um das Privileg des Einjährig-Freiwilligenmilitärdienstes und um die Vermeidung des Griechischunterrichts ging.[69]

Mit der Gründung der Berliner Universität 1810, die 1830 mehr als 2.000 Studenten zählte, hatten die Reformer um Wilhelm v. Humboldt die neuen Grundsätze einer Einheit von wissenschaftlicher Forschung und Lehre für Preußen in die Tat umgesetzt. In erster Linie ging es dabei um die Verbesserung der Ausbildung der Staatsdiener. Der Neuhumanismus bildete die ideelle Grundlage für einen Kanon, der Rechtswissenschaften, Theologie, Medizin und die philosophischen Fächer umfasste. Durch das Ernennungsrecht für die Professoren sicherte sich die Kultusbürokratie weitreichenden Einfluss. Die Universitäten Berlin, Königsberg, Breslau und Halle wurden vom Staatshaushalt finanziert. Die Berliner Universität startete ruhmvoll. Mit Johann Gottfried Hegel, Carl Friedrich v. Savigny und Leopold v. Ranke wirkten Kapazitäten hohen Ranges, die auch in das intellektuelle Leben der Stadt ausstrahlten.[70]

Die Gründung der Universität Bonn 1819 stattete auch die katholischen Gebiete des Westens mit einer Universität aus. Die Studentenzahl stieg dabei schnell von 47 im Jahr 1819 auf 1.000 Immatrikulierte 1829. Auch hier reichte der Einfluss der Berliner Bürokratie weit in die Universität hinein. Wie im 18. Jahrhundert stammte die Mehrheit der Studenten an sämtlichen Universitäten aus bildungsbürgerlichen Familien, in denen der akademische Staatsdienst Tradition hatte. Insgesamt begann im Vormärz der Aufstieg eines modernen Wissenschaftsverständnisses, das die Unabhängigkeit

---

68 CD-ROM-2, Dok.-Nr. 11.5.10.2 (Preußisches Abituredikt v. 25.6.1834).
69 K.-E. Jeismann, Preußische Bildungspolitik in Westfalen in der ersten Hälfte des 19. Jahrhunderts, in: K. Teppe/M. Epkenhans (Hg), Westfalen und Preußen, S. 225-243; Margret Kraul, Das deutsche Gymnasium 1780–1980, Frankfurt a. M. 1984, S. 55.
70 Vgl. Wehler, Gesellschaftsgeschichte (wie Fn. 5), Bd. 2, S. 504-520.

der Forschung, die Ausdifferenzierung der Disziplinen und das hohe gesellschaftliche Ansehen von Universitäten und Hochschullehrern für das gesamte 19. Jahrhundert begründete.[71]

Dem Anspruch auf wissenschaftliche Freiheit korrespondierte aber auch ein Bemühen um ideologisch-politische Kontrolle. In der Folge der Karlsbader Beschlüsse verloren angesehene Gelehrte wie Ernst Moritz Arndt ihre Professuren. Vor allem bemühte sich der preußische Staat um die Kontrolle der Burschenschaften. Hier waren die Nachwirkungen des Wartburgfestes lange spürbar. Die Staatsbehörden dachten dabei in den Kategorien von politischer Verschwörung und Geheimnis. »Geheime« Studentenverbindungen sollten der akademischen Gerichtsbarkeit entzogen und strafrechtlich verfolgt werden. Den Verurteilten sollte ein Staatsamt auf Dauer verweigert werden können, bei der Staatsnähe der meisten akademischen Laufbahnen bedeutete das eine gravierende Konsequenz. Die Aufsicht über die Universitäten wurde von den Polizeibehörden ausgeübt. Von einer rechtlichen Autonomie der preußischen Universitäten konnte unter diesen Umständen keine Rede mehr sein.[72]

Die preußische Bildungsgeschichte des Vormärz ist damit von Gegensätzen gekennzeichnet: Auf der einen Seite steht eine erfolgreiche Reformgesetzgebung und auch Reformumsetzung. Schulen und Universitäten erreichten ein im internationalen Vergleich bemerkenswertes Niveau. Auf der anderen Seite entfalteten sich die Bildungsanstalten in einem System umfassender staatlicher Kontrolle. Akademische Wissenschafts- und politische Meinungsfreiheit erhielten auf der Prioritätenliste der preußischen Bürokratie durchaus unterschiedliche Ränge zugeteilt.

11 Finanzen

Die Bemühungen um eine effiziente Steuergesetzgebung wurden auch nach dem Ende der napoleonischen Kriege fortgesetzt. Die Einrichtung eines Finanzministeriums und der Aufbau einer Steuerverwaltung, die bis auf die untere soziale Ebene der Untertanen reichte, waren die wichtigsten Merkmale. Dabei kam es im Zusammenhang mit der Koppelung von Repräsentation und Staatsschulden auf eine Erhöhung der Erträge besonders an. Mit der Neuordnung des Staatsschuldenwesens sollten die Staatsfinanzen auf eine geordnete Grundlage gestellt werden. Allerdings scheiterte eine Umstellung an der Weigerung des preußischen Königs, »Reichsstände« einzuberufen, die neue Anleihen aufnehmen konnten. Die »kreditlose Monarchie« (Obenaus) musste folglich die Staatsausgaben begrenzen.[73]

---

71 Vgl. Konrad Jarausch, Deutsche Studenten 1800–1970, Frankfurt a. M. 1984.
72 CD-ROM-2, Dok.-Nr. 11.5.10.1 (wie Fn. 27).
73 CD-ROM-2, Dok.-Nr. 11.5.11.1 (wie Fn. 14); Dok.-Nr. 11.5.11.3 (Verordnung über die Bildung einer ständischen Deputation für das Staatsschuldenwesen v. 3.2.1847).

Im Mai 1820 wurde die Klassensteuer eingeführt, die im Grundsatz einen Zugriff des Staates auf sämtliche Einwohner mit sich brachte und eine Ausdehnung der direkten Steuern bedeutete.[74] Allerdings existierte ein System von Steuerbefreiungen für Kinder und Abhängige von Armenfürsorge, für aktive Soldaten und für Landwehrmänner im Monat der Übungen. Die Klassensteuer wurde nach einem ständischen und auf das Einkommen bezogenen Mischsystem in fünf Klassen erhoben, die vom Lohnarbeiter und Gesinde in der fünften Klasse bis zum »vorzüglich reichen« Einwohner in der ersten Klasse reichten. Innerhalb jeder Klasse betrug der Steuersatz einheitlich zwischen monatlich einem Groschen und zwei Talern für eine Einzelperson bzw. entsprechenden Sätzen für Haushalte. Allerdings wurde diese Steuer nur auf dem Land erhoben, in den Städten blieb mit der Mahl- und Schlachtsteuer eine indirekte Steuer erhalten. Das frühneuzeitliche System indirekter Steuern, zu denen Verbrauchssteuern auf Salz, Tabak und Alkohol hinzutraten, konnte nicht ersetzt werden. Dabei ist zu berücksichtigen, dass indirekte Steuern die weniger wohlhabenden Bevölkerungsgruppen verhältnismäßig stärker belasteten.[75]

Vom Ideal einer gleichmäßigen Besteuerung blieb der preußische Staat weit entfernt. Die Grundsteuerfreiheit des Adels bzw. der Rittergüter blieb bis 1861 bestehen. Überhaupt ließen sich die verschiedenen Grundsteuersysteme nicht vereinheitlichen. Auch die Einführung einer Gewerbesteuer änderte an der Heterogenität nur wenig. Daher wird man von einer durchgreifenden Steuerreform bis in die zweite Hälfte des 19. Jahrhunderts nicht sprechen können.

12 Wirtschafts- und Sozialgesetzgebung/Öffentliche Wohlfahrt

Die Agrarreformen, die mit dem Oktoberedikt 1807 begonnen hatten, wurden nach 1815 fortgesetzt. Dabei versprach sich die Bürokratie weiterhin eine Ertrags- und Effizienzsteigerung, die auf lange Sicht auch erreicht wurde. Einer der Grundgedanken bestand in der Stärkung großer Betriebe zuungunsten der kleinen Bauernstellen. Auf einer wirtschaftsliberalen Grundlage, die das private Eigentum in den Mittelpunkt stellte, wurde die friderizianische Adelsschutzpolitik fortgesetzt. Bis zum Ende des zweiten Drittels des 19. Jahrhunderts profitierten der grundbesitzende Adel, aber dann auch andere ländliche Eigentümergruppen wie bürgerliche Rittergutsbesitzer und größere Bauern, von der Aufhebung der feudalen Ordnung. Benachteiligt und »enteignet« wurden dagegen die landarmen und landlosen Schichten. Sie verloren ihre Nutzungsrechte an den Gemeinheiten und die Ansprüche auf Hilfe und Unter-

---

74 CD-ROM-2, Dok.-Nr. 11.5.11.2 (Gesetz zur Einführung der Klassensteuer v. 30.5.1820).
75 Vgl. Eckart Schremmer, Finanzreform und Staatshaushalt nach 1820, in: H.-P. Ullmann/C. Zimmermann (Hg.), Restaurationssystem und Reformpolitik. Süddeutschland und Preußen im Vergleich, München 1996, S. 111-138.

stützung durch die Gutsherrschaft. Das Edikt von 1811, das die Regulierung der gutsherrlichen und bäuerlichen Verhältnisse, also die Ablösung von bäuerlichen Diensten und Abgaben angeordnet hatte, wurde 1816 zugunsten der großen Grundbesitzer modifiziert.[76] Zunächst erstreckte sich die Regulierung ausdrücklich nur auf die spannfähigen Bauern, die Handdienste der Kleinstellenbesitzer blieben den Grundherrschaften damit bis zur Revolution 1848 erhalten.[77] Aber auch die spannfähigen Bauern wurden nicht in jedem Fall zur Ablösung zugelassen, sondern nur dann, wenn ihre Stellen bereits für jeweils unterschiedlich festgelegte Stichjahre, die allesamt im 18. Jahrhundert lagen, nachgewiesen wurden. Zwar konnten die Bauern ihre Dienste und Abgaben durch eine Rentenschuld grundsätzlich ablösen. Da ihnen aber kaum Kreditmöglichkeiten zur Verfügung standen, blieb in der Praxis meist nur die Landabtretung übrig. Die Mobilisierung von Land bzw. die Überführung von Gemein- in Privatbesitz wurde mit der Gemeinheitsteilungsordnung von 1821 fortgesetzt.[78] Das Gesetz legte dabei nur die Rahmenbedingungen fest und unterschied mehrere Wege der Auseinandersetzung zwischen den Berechtigten. Die Durchführung lag bei den Generalkommissionen, staatlichen Sonderbehörden, deren Beamte aus der regulären Verwaltung abgezogen wurden. Außerdem wurde die Separation, also die Aufhebung der traditionellen Flurverfassung, eingeleitet. Die Aufteilung der Allmenden, also der Nutzungsrechte der Landbewohner am Gemeinbesitz an Wiesen und Weiden, Wald und Fischerei, kam insgesamt den besitzenden Gruppen, den großen Grundbesitzern und den Bauern, zugute.[79]

Über das Ergebnis der Agrarreformen besteht, zumindest für die Größenordnung, in der Forschung weitgehend Einigkeit. Hans-Ulrich Wehler geht davon aus, dass zwischen 1816 und 1848 ca. 70.600 Bauern reguliert worden sind. Die Landabtretungen dieser Bauern umfassten ca. 1,9 Millionen Morgen. Die Verteilung der Allmende betraf insgesamt ca. 17 Millionen Morgen Land, von denen 14,8 Millionen Morgen zum Gutsland hinzukamen. Die Agrarreformen waren darüber hinaus mit einem umfassenden Landesausbau verbunden, der bis zum Ende des 19. Jahrhunderts die Umwandlung von Ödland in Weide- und Ackerland mit sich brachte.[80]

Die Auseinandersetzung über die Reichweite der Gewerbefreiheit bestimmte die gesetzgeberische Debatte bis in die 1840er-Jahre. Bis zum Erlass der Gewerbeordnung von 1845 existierten in Preußen drei unterschiedliche Rechtsbereiche. In den Westprovinzen galt französisches Recht, in Sachsen war die Zunftverfassung beibehalten,

---

76 CD-ROM-2, Dok.-Nr. 11.5.12.3 (Deklaration zur Regulierung der gutsherrlichen und bäuerlichen Verhältnisse v. 29.5.1816).
77 Vgl. Hartmut Harnisch, Kapitalistische Agrarreform und industrielle Revolution, Weimar 1984.
78 CD-ROM-2, Dok.-Nr. 11.5.12.2 (Gemeinheitsteilungsordnung v. 7.6.1821).
79 Vgl. zu den Agrarreformen insgesamt Wehler, Gesellschaftsgeschichte (wie Fn. 4), Bd. 1, S. 409-428.
80 Vgl. Barbara Vogel, Allgemeine Gewerbefreiheit. Die Reformpolitik des Staatskanzlers Hardenberg (1810–1820), Göttingen 1983. Wehler, Gesellschaftsgeschichte (wie Fn. 4), Bd. 1, S. 418.

in den ostelbischen Provinzen war sie aber seit 1810 aufgehoben worden. Einerseits forderte das zünftige Stadtbürgertum die Beibehaltung bzw. Wiedereinführung seiner Privilegien, auf der anderen Seite hielt die Bürokratie an ihren wirtschaftsliberalen Prinzipien fest. Die Gewerbeordnung von 1845 vereinheitlichte die Regelungen für den Gesamtstaat, stellte aber inhaltlich eher einen Kompromiss dar.[81] Das Zunftsystem in der Provinz Sachsen wurde aufgehoben und das Prinzip der Gewerbefreiheit aufrechterhalten, allerdings forderte man für verschiedene Tätigkeiten einen Qualifikationsnachweis (Ärzte, Apotheker, Baumeister) oder setzte polizeiliche Betriebsgenehmigungen z. B. für Schauspielunternehmer, Tanz- und Fechtschulen und generell für sämtliche Betriebe, die das »Gemeinwohl« betrafen, fest. Zünfte und Innungen wurden unter staatlicher Aufsicht gestattet, allerdings blieb die Niederlassung als freier Handwerker möglich. Der Freiheit der Gewerbegründung setzte das Gesetz ein Koalitionsverbot für Gesellen und Arbeiter entgegen. Besonders denjenigen, die Streiks verabredeten, drohte das Gesetz Gefängnisstrafen an.[82]

In den Zusammenhang mit den Bemühungen um die Etablierung der Gewerbefreiheit, aber auch um eine Verbesserung der Lebens- und Arbeitsbedingungen der Unterschichten lässt sich ein erstes Gesetz stellen, das sich um die Einschränkung der Kinderarbeit bemühte. Für Kinder unter neun Jahren wurde die Beschäftigung verboten, für Kinder bis 16 Jahre wurden Beschäftigungsverhältnisse unter Einhaltung der Schulpflicht gefordert. Die tägliche Arbeitszeit begrenzte man auf zehn Stunden, Sonn- und Feiertagsarbeit wurde verboten. Allerdings blieb es um die Durchsetzung der Vorschriften im Vormärz schlecht bestellt, da wirksame Kontrollinstanzen fehlten. Trotzdem kann das Gesetz vom März 1839, das im Zuge einer breiten öffentlichen Debatte entstand, als Beginn staatlicher Sozialpolitik in Preußen begriffen werden.[83]

Wenn für Preußen in der Reformzeit von einer Dichotomie zwischen verfassungspolitischer Stagnation und wirtschaftlicher Modernisierung gesprochen wird, so lässt sich für die Phase zwischen 1815 und 1848 mindestens noch eine weitere Zweiteilung erkennen: wirtschaftliche Erfolge in der beginnenden Industrialisierung einerseits, der Pauperismus der besitzlosen Unterschichten andererseits. Auf der Ebene der Gesetzgebung gingen die Liberalisierung und die Entwicklung einer Marktgesellschaft weiter. Die Auflösung feudal-korporativer Bindungen wurde nicht bloß gesetzlich verfügt, sondern in der Tätigkeit der Gerichte und der Generalkommissionen auch umgesetzt. Der Liberalisierung entsprach aber keineswegs eine Verbesserung des Lebensstandards der Mehrheit der Bevölkerung. Im Gegenteil: Aus den Reformen gingen zunächst eindeutig die besitzenden Bevölkerungsgruppen, die Rittergutsbesitzer an der Spitze, als Gewinner hervor. Das Bevölkerungswachstum, das vor allem auf

---

81 CD-ROM-2, Dok.-Nr. 11.5.12.1 (Allgemeine Gewerbeordnung v. 17.1.1845).
82 Wehler, Gesellschaftsgeschichte (wie Fn. 5), Bd. 2, S. 60.
83 Regulativ über die Beschäftigung jugendlicher Arbeiter in Fabriken, 9. März 1839, in: E. R. Huber (Hg.), Dokumente zur deutschen Verfassungsgeschichte, Bd. 1, Stuttgart u. a. 1961, S. 79 f.

dem Land zu verzeichnen war, führte mit den strukturellen Agrarkrisen hauptsächlich aufgrund von Missernten zu existenzieller Armut und Hungersnöten bzw. Teuerungskrisen. Zwar war nicht bloß Preußen betroffen, wie nicht zuletzt der Vergleich mit der Lage in Irland zeigt. Aber gerade die protoindustriellen Gebiete in Schlesien, in denen zu den Agrarproblemen Gewerbekrisen durch die Konkurrenz vor allem in der Textilindustrie hinzutraten, gerieten in große Schwierigkeiten. Der Aufstand der Spinner und Weber von 1844 machte die verzweifelte Lage breiter Bevölkerungsschichten deutschlandweit bekannt.[84]

Der preußische Staat hatte dabei die gesetzliche Lage der Armenfürsorge im Jahr 1842 neu geordnet. Einerseits wurde die primäre Zuständigkeit der Kommunen bzw. Gutsbezirke für die Armenfürsorge bestätigt. Auf der zweiten Ebene waren Ortsarmenverbände zuständig, die auf der Provinzebene organisiert wurden. Das wichtigste Ergebnis des neuen Gesetzes war eine weitgehende Freizügigkeit innerhalb des Gesamtstaates. Neubürger, die bedürftig wurden, erhielten nach einem Jahr auch in einem neuen Wohnort das Recht auf Unterstützung. Das Gesetz legte ausdrücklich fest: »Die Besorgnis künftiger Verarmung eines neuanziehenden genügt nicht zu dessen Abweisung; offenbart sich aber binnen Jahresfrist nach dem Anzuge die Notwendigkeit einer öffentlichen Unterstützung, […] so kann der Verarmte an die Gemeinde seines früheren Aufenthaltsortes zurückverwiesen werden.« Der Gesetzgeber beabsichtigte, die wirtschaftliche Entwicklung durch die Mobilität der Einwohner zu fördern. Das Armenwesen litt dabei insgesamt an hoher Beanspruchung bei geringen Mitteln, die in die Armenkassen flossen. Gelegentlich entledigten sich die großen Gutsbesitzer auf dem Land der Arbeitsunfähigen, in dem sie die Leute auf Höfen außerhalb des Gutsbezirks ansiedelten.[85]

Die Maßnahmen, die der Staat angesichts der desolaten sozialen Lage ergriff, blieben insgesamt beschränkt. Auf eine intervenierende Gesetzgebung wurde verzichtet. Das Handeln des Staates bezog sich ausschließlich auf die Sphäre der Verwaltung. Insofern orientierte man sich lange an der Liberalisierung als wirtschaftspolitischer Maxime. Erst als die Situation 1846/47 in manchen Regionen in Teuerungsprotesten eskalierte, wurde regional eine Politik der Intervention verfolgt. Die Staatsbehörden in der Provinz Sachsen kauften vor allem Getreide, das zu subventionierten Preisen an die Bevölkerung verteilt wurde. Sie ordneten ein Exportverbot für Kartoffeln an und untersagten die Branntweinherstellung. Schließlich organisierten die Landräte Arbeitsbeschaffungsmaßnahmen. Die Mittel wurden vor allem im Chausseebau eingesetzt. Insgesamt gab der preußische Staat im Jahr 1847 ca. 770.000 Taler für die Krisenintervention aus, davon standen allerdings ca. 320.000 Taler nur als Darlehen zur

---

84 Vgl. Christina. v. Hodenberg, Aufstand der Weber. Die Revolte von 1844 und ihr Aufstieg zum Mythos, Bonn 1997.
85 Gesetz über die Aufnahme neu anziehender Personen, 31.12. 1842, in: GS (1843), S. 8; Gesetz über die Verpflichtung zur Armenpflege, 31.12.1842, ebd.

Verfügung. Zusammenfassend betrachtet wurde der Staat damit erst tätig, als die Not der Unterschichten in teils gewaltsame Proteste umschlug. Motive der Herrschaftsstabilisierung traten gegenüber sozialen Erwägungen eindeutig in den Vordergrund.[86]

Mit dem Zollgesetz von 1818 wurde der Grundstein für die Vereinheitlichung des Wirtschaftsraumes gelegt, die schließlich im Zollverband von 1828 und 1834 im Deutschen Zollverein mündete.[87] Die Verbindung zur Entstehung des deutschen Nationalstaates, vor allem zum Ausschluss Österreichs, ist häufig betont worden. Die neuere Forschung hat allerdings herausgearbeitet, dass der Zollverein für die Industrialisierung wohl weniger wichtig gewesen ist, als lange Zeit angenommen wurde. Trotzdem ist die Zollvereinheitlichung zunächst für die wirtschaftliche Integration des heterogenen preußischen Staatsgebietes von großer Bedeutung gewesen.[88]

---

86 Vgl. Manfred Gailus, Straße und Brot. Sozialer Protest in den deutschen Staaten unter besonderer Berücksichtigung Preußens, 1847–1849, Göttingen 1990; Andreas Petter, Armut, Finanzhaushalt und Herrschaftssicherung: Staatliches Verwaltungshandeln in Preußen in der Nahrungskrise von 1846/47, in: C. Benninghaus (Hg.), Region in Aufruhr. Hungerkrise und Teuerungsproteste in der preußischen Provinz Sachsen und in Anhalt 1846/47, Halle 2000, S. 187-246, hier S. 240.
87 CD-ROM-2, Dok.-Nr. 11.5.12.4 (Zollgesetz v. 26.5.1818).
88 Vgl. Clark, Preußen (wie Fn.1), S. 453 f.

Österreich 11·6

Von Markus J. Prutsch (Helsinki) und Arthur Schlegelmilch (Hagen)

0 Einführung

Mangels konstitutioneller Errungenschaften in Form von Verfassungsurkunden und grundlegenden Rechtstexten hat die Epoche zwischen dem Wiener Kongress und dem Vorabend der Märzrevolution nur verhältnismäßig geringen Niederschlag in der verfassungs- und rechtsgeschichtlichen Spezialliteratur gefunden.[1] Wenn

---

1 Angesichts dessen hat man mit dem Bestand an vorhandenen Globaldarstellungen zur Rechts- und Verfassungsgeschichte vorlieb zu nehmen, die insgesamt nur recht knapp auf die Zeit zwischen 1814/1815 und 1848 eingehen. Zu nennen sind etwa: Hermann Baltl/Gernot Kocher/Markus Steppan, Österreichische Rechtsgeschichte, Wien 10. Auflage 2003; Wilhelm Brauneder, Österreichische Verfassungsgeschichte, Wien 10. Auflage 2005; Wilhelm Brauneder/Friedrich Lachmayer, Österreichische Verfassungsgeschichte, Wien 7. Aufl. 1998; Oskar Lehner, Österreichische Verfassungs- und Verwaltungsgeschichte, Linz 4. Auflage 2007; Rudolf Hoke, Österreichische und Deutsche Rechtsgeschichte, Wien u. a. 2. Auflage 1996, ergänzend hierzu die Quellensammlung von R. Hoke/I. Reiter (Hg.), Quellensammlung zur österreichischen und deutschen Rechtsgeschichte. Vornehmlich für den Studiengebrauch, Wien u. a. 1993. In mancher Hinsicht überholt, aber nach wie vor von Wert sind ältere Abhandlungen wie etwa Ernst C. Hellbling, Österreichische Verfassungs- und Verwaltungsgeschichte. Ein Lehrbuch, Wien 1956, sowie Friedrich Walter, Österreichische Verfassungs- und Verwaltungsgeschichte von 1500–1955. Aus dem Nachlaß herausgegeben von Adam Wandruszka, Wien u. a. 1972. Informationsreich und damit noch immer wertvoll: Ignaz Beidtel, Geschichte der österreichischen Staatsverwaltung 1740–1848, Bde. 1-2, Innsbruck 1896–1898. Neben dem Fehlen von Arbeiten zur Verfassungsgeschichte Österrichs im Vormärz insgesamt lässt sich auch ein Mangel an Monografien zur verfassungs- und verwaltungsgeschichtlichen Entwicklung einzelner Länder konstatieren. Gleichwohl gibt es einzelne Ausnahmen wie etwa die Studie von Hans Sturmberger, Der Weg zum Verfassungsstaat. Die politische Entwicklung in Oberösterreich von 1792–1861, Wien 1962, oder jene von Elfriede Holeczek, Die Verfassung und Verwaltung Oberkärntens im Vormärz. 1809–1848, Diss. Wien 1966. Zur Verortung der verfassungsgeschichtlichen Entwicklungen im Rahmen der allgemeinen Geschichte bieten sich die einschlägigen Überblickswerke zur österreichischen Geschichte an. Vgl. insbesondere die von Herwig Wolfram herausgegebene mehrbändige Reihe Österreichische Geschichte, Wien 1994 ff., hierbei insbesondere Helmut Rumpler, Eine Chance für Mitteleuropa. Bürgerliche Emanzipation und Staatsverfall in der Habsburgermonarchie. Österreichische Geschichte 1804–1914, Wien 1997. Weniger detailreich, nichtsdestoweniger aber brauchbar als Einführung, sind etwa Gordon Brook-Shepherd, Österreich. Eine tausendjährige Geschichte, Wien 1998; Karl Vocelka, Geschichte Österreichs (Kultur – Gesellschaft – Politik), Graz u. a. 2002, oder das klassische Standardwerk von Erich Zöllner, Geschichte Österreichs. Von den Anfängen bis zur Gegenwart, Wien 8. Auflage 1990. Als praktische »Datensammlung« nützlich ist Walter Kleindel, Österreich. Daten zur Geschichte und Kultur. Herausgegeben, bearbeitet und ergänzt von Isabella Ackerl und Günter K. Kodek, Wien 4. Auflage 1995.

indes, wie hier, von einer erweiterten Verfassungsbegrifflichkeit ausgegangen wird, bilden die von der *Kommission für Neuere Geschichte Österreichs* herausgegebenen Bände zur Geschichte der österreichischen Zentralverwaltung (Abteilung II) eine geeignete, keineswegs veraltete Ausgangsbasis.[2]

Im Großen und Ganzen dominiert bis heute das Bild der Metternich-Ära als Phase des Zurückbleibens gegenüber der Verfassungsentwicklung der westlichen Länder und als »Anfang vom Ende« des Habsburgerreichs. Im Verhältnis zur europäischen Staatenwelt der ersten Hälfte des 19. Jahrhunderts werden die Spezifika des Vielvölkerstaats aber oft nur unzureichend erkannt und insofern eine schiefe Vergleichsebene beschritten. Demgegenüber stellt Helmut Rumplers Gesamtdarstellung zur Geschichte Österreichs im 19. Jahrhundert einen notwendigen Perspektivenwechsel dar, wird in ihr doch, bei aller (berechtigten) Kritik an den Unzulänglichkeiten der vormärzlichen Regierungen, das im Vergleich zu »normalen« Nationalstaaten weitaus höhere Anforderungsprofil der staatlichen Modernisierungsaufgabe im Habsburgerreich herausgearbeitet und, worauf bereits die Betitelung (»Eine Chance für Mitteleuropa«) verweist, eine deterministische, einseitig auf den Untergang von 1918 fokussierte Sichtweise vermieden.[3]

1 Österreich 1815–1847

Mit der Annahme des Kaisertitels durch Franz II. (I.) wurde der Name »Österreich« zur offiziellen Bezeichnung für sämtliche durch die Dynastie Habsburg regierten Länder, ohne dass mit dieser Ausdehnung der Selbsttitulierung der Habsburgerdynastie (»Haus Österreich«) auf das Gesamtreich eine Staatsbildung nach modernem Verständnis verbunden gewesen wäre. Vielmehr bestand nach 1815 weiterhin ein ausgeprägter und höchst differenzierter Länderpluralismus, der auch im Hinblick auf die Verfassungsverhältnisse eine Betrachtung nach Ländergruppen geboten erscheinen lässt. Deshalb werden im Folgenden, der Praxis des ersten Bandes dieses Handbuchs folgend[4], unter dem Begriff »Österreich« in erster Linie die im Deutschen Bund versammelten habsburgischen »deutschen« respektive »österreichischen« Erblande

---

2 Dies gilt namentlich für die Kapitel 2 und 5. Vgl.: Die Österreichische Zentralverwaltung II. Abt.: Von der Vereinigung der österreichischen und böhmischen Hofkanzlei bis zur Einrichtung der Ministerialverfassung (1749–1848), 5 Bde., hg. von F. Walter (Bd. 1, 3-5) sowie J. Kallbrunner/M. Winkler (Bd. 2), Wien 1925–1956, bzw. darunter F. Walter (Hg.), Die österreichische Zentralverwaltung, II. Abt., Bd. 5: Die Zeit Franz' II. (I.) und Ferdinands I. (1792–1848). Aktenstücke, Wien 1956.
3 Rumpler, Chance (wie Fn. 1).
4 Vgl. Arthur Schlegelmilch, Österreich, in: P. Brandt u. a. (Hg.), Handbuch der europäischen Verfassungsgeschichte im 19. Jahrhundert. Institutionen und Rechtspraxis im gesellschaftlichen Wandel, Bd. 1: Europa um 1800, Bonn 2006, S. 851-943, hier S. 851 f.

1 Österreich 1815–1847

verstanden[5], während der ungarische Reichsteil, den »Ausgleich« von 1867 vorwegnehmend, als gesonderter Länderbeitrag behandelt wird. In den Beiträgen zu Italien und Polen wird in knapper Form auch auf die im Betrachtungszeitraum zum Habsburgerreich gehörigen Gebiete eingegangen.

Abb. 11.6.1 Das Kaisertum Österreich und der Deutsche Bund 1815–1866

Angesichts der schmerzlichen Verluste in den Friedensverträgen von 1805 und 1809, die nicht zuletzt eine Reihe von habsburgischen Stammländern wie Tirol vom Reich getrennt hatten[6], war es nach der Niederwerfung Napoleons ein vorrangiges Ziel österreichischer Politik, den Territorialbestand neu zu konsolidieren. Deshalb beinhaltete bereits der Erste Friede von Paris (30. Mai 1814) sowie der am 3. Juni geschlossene Vertrag zwischen Österreich und Bayern die Wiedergewinnung nahezu aller ab 1797 verlorenen Gebiete, jedoch ohne Restitution des alten Besitzstands in Bezug auf Belgien, Luxemburg, Vorderösterreich und Westgalizien (mit Krakau). Die Schlussakte des Wiener Kongresses vom 9. Juni 1815 bestätigte diese Territorial-

---

5 Seit dem 15. Jahrhundert umfassten die habsburgischen Erblande Niederösterreich, Oberösterreich, Steiermark, Kärnten, Krain und Tirol. 1500 trat hierzu auch die Grafschaft Görz. Nach der Aufhebung der ständischen Verfassung im Königreich Böhmen 1627 wurde dieses samt Mähren (und dem später im Österreichischen Erbfolgekrieg wieder verlorenen Schlesien) ebenfalls ein Erbland. Für später in die Monarchie eingegliederte Territorien wie zum Beispiel Galizien, die Bukowina oder Dalmatien wurde der Begriff der »Erblande« demgegenüber nicht verwendet.
6 Die Gebietsabtretungen beliefen sich insgesamt auf etwa 83.000 Quadratkilometer mit schätzungsweise 3,5 Mio. Einwohnern. Vgl. Schlegelmilch, Österreich (wie Fn. 4), S. 851-853.

ordnung und legte die Grenzen Österreichs bereits weitgehend fest (vgl. Art. 93-95).[7] Eine endgültige Lösung hinsichtlich der im Frieden von Wien (1809) an Bayern abgetretenen Gebiete erfolgte nach zähen Verhandlungen schließlich mit dem am 14. April 1816 geschlossenen Vertrag von München, mit dem Teile des Hausruckviertels (Oberösterreich), das Innviertel (Oberösterreich) sowie das Herzogtum Salzburg wieder an Österreich fielen, während das Gebiet links der Salzach und Saalach (Rupertiwinkel) und Berchtesgaden bei Bayern verblieben.[8] Dieser Besitzstand blieb bis zum Revolutionsjahr 1848/49 unverändert. Die einzige Ausnahme bildete die am 11. November 1846 erfolgende Einverleibung der im Zuge des Wiener Kongresses etablierten Freien Stadt Krakau in das Österreichische Kaiserreich als unmittelbare Reaktion auf den Krakauer Aufstand im Februar desselben Jahres.[9]

Was die demografischen Verhältnisse in den habsburgischen Ländern betrifft, so hatte sich die Gesamtbevölkerungszahl zwischen dem Frieden von Campo Formio

---

7   Vgl. CD-ROM-2, Dok.-Nr. 1.1.1 (Erster Pariser Frieden v. 30.5.1814); Dok.-Nr. 11.6.1.1 (Wiener Kongressakte v. 9.6.1815, Auszug). Bereits im April war die formelle Einverleibung Lombardo-Venetiens erfolgt. Vgl. CD-ROM-2, Dok.-Nr. 11.6.1.3 (Patent über die Einverleibung Lombardo-Venetiens v. 7.4.1815). Für Österreich bedeutete der Zweite Friede von Paris vom 20. November 1815, der Frankreich auf die Grenzen von 1790 beschränkte (im Ersten Frieden von Paris waren dem Land die Grenzen von 1792 garantiert worden) und das Land zu einer Kriegsentschädigung von 700 Mio. Francs verpflichtete, keine unmittelbaren Auswirkungen wie etwa für Preußen, das das Gebiet von Saarbrücken samt der Festung Saarlouis zugeschlagen bekam; vgl. CD-ROM-2, Dok. 1.1.6 (Zweiter Pariser Frieden v. 20.11.1815).
8   Vgl. CD-ROM-2, Dok.-Nr. 11.6.1.2 (Vertrag von München v. 14.4.1816, Auszug). Im Vertrag von München wurde ferner vereinbart, dass Bayern einen Anteil der französischen Kontributionszahlungen in Höhe von 15 Mio. Francs erhalten sollte. Zudem erfuhren einige Handelsfragen Klärung. Zum Gebietsausgleich zwischen Bayern und Österreich vgl. Alfred Stefan Weiß, Salzburg als Objekt der Außenpolitik in Wien und München 1789–1816, in: F. Koller/H. Rummschöttel (Hg.), Vom Salzachkreis zur EuRegio – Bayern und Salzburg im 19. und 20. Jahrhundert, München 2006, S. 13-34.
9   Vgl. CD-ROM-2, Dok.-Nr. 11.6.1.4 (Patent zur Wiedervereinigung der Stadt Krakau v. 11.11.1846). Die Freie Stadt Krakau war vermittels Vertrag zwischen Österreich, Preußen und Russland am 3. Mai 1815 offiziell errichtet worden, bestehend aus der Stadt Krakau und deren Umgebung mit einer überwiegend polnischen Bevölkerung von knapp 100.000 Einwohnern. Ihre Größe betrug 1.164 Quadratkilometer. Durch den Vertrag von 1815 erhielt Krakau zugleich eine Verfassung mit einer nach Zensuswahlrecht gewählten Abgeordnetenversammlung als Legislativ-, sowie einem von einem Präsidenten geleiteten und aus zwölf Mitgliedern bestehenden Regierenden Senat als Exekutivgewalt. Die Jurisdiktion, basierend auf Napoleons Code civil sowie auf französischem Handels- und Strafrecht, bestand aus einem Gerichtshof erster Instanz und einem Appellationsgerichtshof. Gerichtsverfahren waren öffentlich, in Strafverfahren wirkten nach französischem Vorbild Geschworene bei der Entscheidungsfindung mit. Bereits nach der Niederschlagung des polnischen Novemberaufstandes von 1830/31 war die Autonomie der Freien Stadt deutlich eingeschränkt worden, zwischen 1836 und 1841 erfolgte sogar die zeitweilige Besetzung durch österreichische, russische und preußische Truppen. Nach der Annexion durch Österreich wurde Krakau 1846 in ein Großherzogtum umgewandelt. Siehe hierzu Alfred Regele, Die Einverleibung des Freistaates Krakau 1846, Diss. Wien 1951. Vgl. auch den Beitrag über Polen im vorliegenden Handbuchband.

1 Österreich 1815–1847

und dem Wiener Kongress angesichts der kriegsbedingten Verluste und der Abtretung bevölkerungsreicher Territorien wie der österreichischen Niederlande klar negativ entwickelt. Die territoriale Neuordnung und Konsolidierung zwischen 1814 und 1816 glich die erlittenen Verluste aber wieder aus, und es folgte eine Phase dynamischen demografischen Wachstums, die bis 1848 anhielt. In den österreichischen Ländern entwickelte sich die Bevölkerungszahl von etwa 13,8 Mio. im Jahre 1819 auf knapp 18,2 Mio. am Vorabend der Revolution (1847).[10] Dies entspricht einer Steigerung von fast 32 Prozent in 18 Jahren.

Begünstigt wurde diese positive Bevölkerungsentwicklung, die auch in den nichtösterreichischen Gebieten der Monarchie festzumachen war[11], durch die lange Friedensperiode nach 1815. Die – sieht man von der Interventionspolitik der Heiligen Allianz ab – mehr als drei Jahrzehnte ohne kriegerische Auseinandersetzung standen in denkbar großem Kontrast zur vorangegangen Epoche, die Österreich seit 1792 in fast beständigem Kriegszustand gesehen hatte. Mehr noch als in den ersten 20 Herrschaftsjahren Franz' II. (I.) traten ab 1815 an die Stelle des vormals bestimmenden Leitgedankens des aufgeklärten Absolutismus Staats- und Regierungsgrundsätze[12], die auf die Aufrechterhaltung von »Ruhe und Ordnung« sowie auf die Stabilisierung und Verteidigung des bestehenden absolutistisch-bürokratischen Herrschaftssystems beschränkt waren.

---

10   Vgl. Birgit Bolognese-Leuchtenmüller, Bevölkerungsentwicklung und Berufsstruktur, Gesundheits- und Fürsorgewesen in Österreich 1750–1918, Tl. 2, Wien 1978, S. 1. Verlässliche demografische Angaben liegen ab 1828 vor, begünstigt dadurch, dass 1829 das »Statistische Bureau« beim Generalrechnungsdirektorium als zentrales statistisches Organ Österreichs gegründet wurde. Zur Bevölkerungsentwicklung des Habsburgerreichs ab diesem Zeitpunkt vgl. Heimold Helczmanovszki, Die Bevölkerung Österreich-Ungarns, in: Geschichte und Ergebnisse der zentralen amtlichen Statistik in Österreich 1829 bis 1979. Beiträge zur Österreichischen Statistik 550 (1979), S. 369-402; mit Tabellenanhang ebd. 550A (1979), S. 11-19. Für den Alpenraum im Speziellen vgl. Richard Gisser, Daten zur Bevölkerungsentwicklung der österreichischen Alpenländer 1819–1913, ebd. 550 (1979), S. 403-424; mit Tabellenanhang ebd. 550A (1979), S. 23-31. Die erste, modernen Kriterien entsprechende Volkszählung fand allerdings erst 1869/70 in Österreich-Ungarn statt.

11   Das Bevölkerungsverhältnis zwischen Österreichischen und Ungarischen Ländern blieb während des Vormärz recht ausgeglichen. 1828 etwa lebten ca. 15,7 Mio. Menschen in den Österreichischen und ca. 14 Mio. in den Ungarischen Ländern. Vgl. Helczmanovszki, Bevölkerung (wie Fn. 10), S. 376.

12   Die auf dem Gebiet des öffentlichen Rechts bestehenden Normen in ein systematisches Ganzes zu bringen blieb auch während des gesamten Vormärz ein Desiderat. Parallel zum Allgemeinen Bürgerlichen Gesetzbuch von 1811 sollte in Österreich mit dem sog. »politischen Kodex« auch auf dem Gebiet des öffentlichen Rechts eine Kodifikation geschaffen werden. Unter der Federführung Joseph von Sonnenfels' arbeitete eine Hofkommission seit 1780 – mit Unterbrechungen – an diesem Vorhaben. 1818 wurde die Kommission allerdings wegen mangelnder Erfolgsaussichten endgültig aufgelöst. Vgl. die detailreiche Studie von Stephan Wagner, Der politische Kodex. Die Kodifikationsarbeiten auf dem Gebiet des öffentlichen Rechts in Österreich 1780–1818, Berlin 2004.

2 Verfassungsstruktur der zentralen staatlichen Ebene

Während die innere Entwicklung der Habsburgermonarchie im ausgehenden 18. Jahrhundert zahlreiche markante Einschnitte und weitreichende Weichenstellungen aufweist, fehlen der Periode zwischen Wiener Kongress und Revolutionsanbruch vergleichbare Konturen und Entwicklungsmomente. Der schon von Zeitgenossen kolportierte Eindruck von innerer Stagnation und Perspektivlosigkeit verstärkt sich noch, wenn die bundespolitische Ebene in die Betrachtung mit einbezogen wird. Angesichts der unter Führung Wiens zustande gekommenen Repressionsdiktate von 1819 (»Karlsbader Beschlüsse«), 1832 (»Sechs Artikel«) und 1834 (»Sechzig Artikel«) erscheint die Anwendung der geläufigen Epochensignatur der »Restauration« auf das Habsburgerreich geradezu verharmlosend.[13]

Der restaurativ-repressive Eindruck der Verfassungspolitik der Wiener Zentrale wurde durch die nach 1815 zum Teil vorgenommene Restituierung ständischer Körperschaften nicht in Frage gestellt. Nachdem deren Kompetenzen bereits im Laufe des 18. Jahrhunderts auf ein Minimum zurückgeführt worden waren, verband sich mit ihrer Einrichtung kein politisches Risiko. Vielmehr konnte man nach außen den Standpunkt vertreten, »landständische Verfassungen« eingeführt zu haben und damit den Anforderungen der Deutschen Bundesakte sowie der Wiener Schlussakte gerecht geworden zu sein – wohl wissend, genau dies verhindert zu haben.

Eine spezielle verfassungspolitische Herausforderung bildete indes die politische Integration der von Bayern zurückgewonnenen Gebiete, deren Bevölkerung mit konstitutionellen Ideen in Kontakt gekommen war, sich im patriotischen Kampf gegen Bayern und Franzosen bewährt hatte und damit einen besonderen Vertrauensbeweis der Krone erwarten durfte. Doch wurden Salzburg und Vorarlberg im Ergebnis langwieriger Verhandlungen und Beratungen gar nicht erst mit funktionsfähigen Verfassungen ausgestattet[14] und entschied man sich im Fall Tirols

---

13 Vgl. den Beitrag über den Deutschen Bund im vorliegenden Handbuchband. Die Karlsbader Beschlüsse finden sich in CD-ROM-2, Dok.-Nr. 11.1.2.3 (endgültige Fassung der Bundesexekutionsordnung v. 3.8.1820), Dok.-Nr. 11.1.4.1 (Bundes-Preßgesetz v. 20.9.1819), Dok.-Nr. 11.1.6.2 (Bundes-Untersuchungsgesetz v. 20.9.1819) und Dok.-Nr. 11.1.10.1 (Bundes-Universitätsgesetz v. 20.9.1819); die »Sechs Artikel« v. 28.6.1832 und die »Sechzig Artikel« v. 12.6.1834 ebd., respektive Dok.-Nr. 11.1.2.6 und Dok.-Nr. 11.1.2.9.

14 CD-ROM-2, Dok.-Nr. 11.6.2.2 (Dekret zur Wiederherstellung der Verfassung in Vorarlberg v. 22.5.1816), 11.6.2.4 (Entwurf einer ständischen Verfassung für das Herzogtum Salzburg v. 12.9.1816). Zu Salzburg, für das schon frühzeitig ein Verfassungsversprechen des Kaisers, ferner mit Datum vom 13. Oktober eine ah. Entschließung, zudem eine positive Stellungnahme des Großen Ausschusses der Salzburger Stände (18.4.1827) sowie diverse Verfassungsentwürfe vorlagen – zuletzt v. 13.12.1827, abgedr. in: I. Reiter u. a. (Hg.), Verfassungsdokumente Österreichs, Ungarns und Liechtensteins 1791–1849, München 2005, S. 159-163 –, vgl. die ausführliche Darstellung von Wilfried Watteck, Salzburg auf dem Wege zu einem autonomen Kronland (1816–1860), in: Mitteilungen der Gesellschaft für Salzburger Landeskunde 63 (1923), S. 20-39. 1816 bis 1849 blieb Salzburg im Status eines Kreises des Kronlands Oberösterreich. Zu Vorarlberg, wo

für eine ausgesprochen restaurative Variante. So blieben die in der Präambel des Verfassungspatents für Tirol vom 24. März 1816[15] deklamierten »Verbesserungen [...], welche die veränderten Verhältnisse und das Bedürfniß der Zeit erheischen«, weit hinter den Standards des zeitgenössischen monarchischen Konstitutionalismus nach Art der französischen Charte von 1814 zurück. Entsprechend beharrte der Monarch auf seinem »Recht der Besteuerung [...] seinem ganzen Umfange nach« – und folglich sollte es den Ständen Tirols »keineswegs gestattet seyn, ohne Unsere landesherrliche Genehmigung, zu was immer für einem Zwecke, Steuern und Abgaben auszuschreiben.« Eine ständische Mitwirkung an der Landesgesetzgebung war ausschließlich in Form von »Bitten und Vorstellungen im Nahmen des Landes« zulässig, welche »entweder unmittelbar an Uns einzusenden, oder dem Landes-Gubernium zu überreichen« waren.[16]

Damit entsprach Tirol der »landständischen Verfassung«, wie sie Friedrich Gentz dem Bund 1819/20 erfolglos als Muster vorzuschreiben versuchte: Nicht der »Gesamtmasse des Volks«, sondern nur den »Gerechtsamen und Interessen einzelner Stände« sollten repräsentative Befugnisse zukommen, ferner durften die ständischen Körperschaften allenfalls eine den Monarchen beratende und beigeordnete, nicht aber dualistisch gegenüberstehende Position einnehmen und das Gemeinwohlmonopol des Monarchen nicht infrage stellen.[17] Ebendiese Prinzipien galten für die gleichfalls neu errichteten Verfassungen Galiziens (13. April 1817)[18] und Krains (29. August 1818). Habsburgs Länder wurden auf solche Weise wirkungsvoll von der Verfassungsentwicklung der süddeutschen Staaten abgekoppelt, in denen das Gewaltenteilungsprinzip im Grundsatz anerkannt war; sie ähnelten, soweit nicht offen absolutistisch regiert wurde, oder, wie im Bereich der »Militärgrenze« eine Art Vasallensystem bestand, den altständischen Verfassungen der mitteldeutschen Kleinstaaten sowie den in den 1820er-Jahren sukzessive errichteten Provinzialverfassungen Preußens.

Die politische Bedeutungslosigkeit der österreichisch-erbländischen Landstände und ihrer Institutionen wurde durch die Position des Landeshauptmanns weiter verstärkt. Als hoher Beamter der Staatsverwaltung respektive direkter Repräsentant des

---

zwar die Stände einberufen worden waren, um den Huldigungseid zu leisten, danach aber nicht mehr zusammenkamen, vgl. Benedikt Bilgeri, Politische Geschichte Vorarlbergs, Bregenz 1971, S. 37 f.; ders., Vorarlberger Demokratie vor 1861, in: Landstände und Landtag in Vorarlberg. Geschichtlicher Rückblick aus Anlaß der Wiedererrichtung einer Volksvertretung vor hundert Jahren (1861–1961), hg. v. Land Vorarlberg, Bregenz 1961, S. 11-90, hier: S. 79 f.
15 CD-ROM-2, Dok.-Nr. 11.6.2.1 (Patent zur Wiederherstellung der Verfassung von Tirol v. 24.3.1816).
16 Ebd., Präambel und Art. 6-8.
17 Hans Boldt, Deutsche Staatslehre im Vormärz, Düsseldorf 1975, S. 21.
18 Vgl. CD-ROM-2, Dok.-Nr. 11.6.2.3 (Ständische Verfassung für das *Königreich* Galizien und Lodomerien v. 13.4.1817).

Monarchen[19] übernahm der Landeshauptmann den Vorsitz im Landtag und saß auch allen sonstigen Institutionen vor.[20] Bedenkt man zudem die wenigen den Ländern verbliebenen Autonomierechte (v. a. ergänzende Kultus- und Leistungsverwaltung) sowie ihren minimalen politischen Gestaltungsspielraum, ferner die weitgehend unabhängig von den Ländern auf der Ebene der Gubernien organisierte Staatsverwaltung, so kann nur dem Schein nach von einer föderalen Grundstruktur des Reiches gesprochen werden. Ob demgegenüber ein noch vor dem Wiener Kongress entstandenes, nicht umgesetztes Föderalisierungskonzept Metternichs, das auf dem Gedanken einer Umgruppierung der Länder unter Berücksichtigung nationaler Gesichtspunkte beruhte, tatsächlich zu einer Aufwertung der Länderkompetenzen geführt hätte, entzieht sich der historischen Beurteilung.[21]

Es gilt gleichwohl festzuhalten, dass die Länder als verfassungspolitischer Faktor nicht komplett ausgeschaltet werden konnten und ihnen trotz ihrer faktischen Machtlosigkeit doch so etwas wie eigenständige staatspolitische Autorität zuerkannt wurde.[22] So findet sich namentlich in den Jahren vor der Märzrevolution immer wieder die Forderung nach einer Verfassungsreform auf landständischer Grundlage bzw. nach der Herausbildung einer neuständisch-konstitutionellen Struktur. Derart erneuerten Ständeversammlungen wurde letztlich sogar zugetraut, an die Spitze der nationalen Bewegung zu treten und durch wohl dosierten Druck die Einführung konstitutioneller Verhältnisse zu erzwingen. So etwa empfahl Adolf Maria Pinkas (Pseudonym: »Hradschiner«) in der Oppositionszeitschrift »Die Grenzboten« (1847) den steuerpflichtigen Ständen, die Regierung zu fragen, »wozu diese Summen verwendet werden sollen, und zu prüfen, ob diese Verwendungsart dem Staatsbedürfniß entspreche«. Mit der Steuerbewilligung solle man sich so lange »zurückhalten, bis diese Fragen genügend gelöst sind«. Letztlich könne man damit »die Regierung so in die Enge treiben, daß sie entweder zu einem Kampfe auf Leben und Tod, oder zur plötzlichen Creirung und Berufung von Reichsständen gezwungen wäre.«[23]

---

19 Nur in Niederösterreich und Steiermark wurde der Landeshauptmann formell vom Monarchen ernannt; ansonsten handelte es sich um einen Beamten der Staatsverwaltung. Vgl. Brauneder/Lachmayer, Österreichische Verfassungsgeschichte (wie Fn. 1), S. 102.

20 Vgl. die Tiroler Regelung in CD-ROM-2, Dok.-Nr. 11.6.2.1 (wie Fn. 15): » Die Ernennung des Landeshauptmannes bleibt für immer Unserer Wahl vorbehalten, und haben Wir beschlossen, dieses Amt nach dem Beyspiele der schon unter der höchstseeligen Kaiserinn und Königinn Maria Theresia bestandenen Uebung Unserem jeweiligen Landes-Gouverneur in Tyrol anzuvertrauen.«

21 Vgl. Rumpler, Chance (wie Fn. 1), S. 202; Arthur G. Haas, Metternich, Reorganization and Nationality 1813–1818. A Story of Foresight and Frustration in the Rebuilding of the Austrian Empire, Wiesbaden 1963, S. 148.

22 Vgl. Wilhelm Brauneder, Die Habsburgermonarchie als zusammengesetzter Staat, in: H.-J. Becker (Hg.), Zusammengesetzte Staatlichkeit in der europäischen Verfassungsgeschichte. Tagung der Vereinigung für Verfassungsgeschichte in Hofgeismar vom 19.3.–21.3.2001, Berlin 2006, S. 197-236, hier S. 230 f.

23 CD-ROM-2, Dok.-Nr. 11.6.8.3 (Hradschiner, Zum Repräsentationsproblem der österreichischen Monarchie v. 1847).

2 Verfassungsstruktur der zentralen staatlichen Ebene

Die ängstliche und abweisende Haltung der Staatsregierung gegenüber proständischen Reformen begann sich erst ab Anfang 1848 zu wandeln.[24] Metternich erkannte jetzt in der Aufwertung der Stände das einzig noch verbliebene Gegenmittel gegen die unmittelbar vor der Eruption stehende revolutionäre Volksbewegung. Anfang März 1848 signalisierte er seine Bereitschaft zum Aufbau neuständischer Vertretungskörperschaften, einschließlich der Einrichtung einer Versammlung aller Delegierten in einem »Provinzialhaus« in Wien. Am 12. März folgte per kaiserlichem Handschreiben die offizielle Einladung, »aus allen Provinzen, deren ständische Rechte sich auf alte, bisher unveränderte Verfassungsurkunden gründeten, ständische Mitglieder, und zwar je eines pro Stand«, nach Wien zu entsenden.[25]

Die bis 1848 betriebene antiständische Regierungspolitik bewegte sich in der Traditionslinie des im Laufe des 18. Jahrhunderts weitgehend erfolgreich durchgesetzten absoluten Herrschaftsanspruchs der Krone. Allerdings trat mit Franz das dynastische Prinzip wieder stärker hervor, nachdem die beiden Vorgänger – in Anlehnung an die Herrschaftsvertragstheorie – nahezu vollständig auf die Staats- und Gemeinwohlbindung als Legitimationsquelle monarchischer Herrschaft abgehoben hatten. Im Vergleich zum Aufklärungspathos Josephs und Leopolds erscheint Franz' Regierungsstil in der zweiten Phase seiner Regentschaft mithin als ein »Absolutismus sans phrase«.[26] Mit dem Übergang der Krone auf Ferdinand I. führte sich der unbedingte Vorrang des dynastischen Prinzips schließlich selbst ad absurdum, indem ein regierungsunfähiger Nachfolger und damit ein gefährliches Machtvakuum an der Spitze des Staats in Kauf genommen wurde.

Folgt man der Einschätzung Rudolf Smends, der zufolge Staat und Verfassung in erster Linie als Integrationsordnung zu verstehen und an ihrer Integrationsfähigkeit zu messen sind[27], kann unsere Würdigung der hier betrachteten Zeitspanne nur negativ ausfallen. Statt auf dem Erfolg des antinapoleonischen Befreiungskampfs aufzubauen, der phasenweise, namentlich 1809, geradezu als habsburgischer »National-

---

24 Zu vorangegangenen, stecken gebliebenen Reformversuchen, wie der Einbeziehung von Großindustriellen in den Landtag von Krain oder der Neugliederung der Kurien im böhmischen Landtag, vgl. Wilhelm Brauneder, Die Verfassungsentwicklung Österreichs und Bayerns im Vormärz: ein Vergleich, in: A. Schmid (Hg.), Die bayerische Konstitution von 1808. Entstehung – Zielsetzung – Europäisches Umfeld, München 2008, S. 129-145, bes. S. 144. Auf das wachsende Selbstbewusstsein der niederösterreichischen Stände im Rahmen des außerordentlichen Landtags von 1843 sowie die wiederum restriktive Haltung der Zentralstellen verweist Viktor Bibl, Die niederösterreichischen Stände im Vormärz. Ein Beitrag zur Vorgeschichte der Revolution des Jahres 1848, Wien 1911, S. 193 ff. Für weitergehende Bestrebungen der niederösterreichischen Stände in der Folgezeit sowie deren Ablehnung vgl. ebd., S. 233 ff.
25 Vgl. Walter, Verfassungs- und Verwaltungsgeschichte (wie Fn. 1), S. 145.
26 Vgl. Friedrich Walter, Die Geschichte der österreichischen Zentralverwaltung 1780–1848, II. Abt., Bd. 1, Hlbbd. 2, Tl. 2: Die Zeit Franz' II. (I.) und Ferdinands I. (1792–1848), Wien 1956, S. 13.
27 Vgl. Rudolf Smend, Verfassung und Verfassungsrecht, München u. a. 1928. Smends Stilisierung der Verfassung als der »Rechtsordnung des Integrationsprozesses« blieb allerdings nicht unbestritten.

krieg« geführt worden war, wurden bereits nach dem Wiener Kongress, noch mehr ab 1819/20, alle Signale auf herrschaftliche Distanz gestellt und nicht auf verbesserte Partizipations- und Repräsentationsangebote, sondern auf Untertänigkeit und Repression gesetzt. Wichtige Berufs- und Sozialgruppen, wie namentlich das Beamtentum und das neue Wirtschafts- und Bildungsbürgertum, blieben ausgeschlossen und sahen sich dauerhaft daran gehindert, als Staatsbürger kritische Loyalität zu üben und dringend notwendige Reformimpulse zu geben.

Ferner hat es keine ernsthaften, über das Entwurfsstadium hinaus gehenden Versuche gegeben, den Charakter der Länderverbindung in föderalstaatlicher Hinsicht zu schärfen und umzugestalten. So blieb die Individualität der Länder im Gegensatz zur unitarischen Herrschaftspraxis Josephs II. zwar prinzipiell unangetastet, doch entwickelten sich keine kooperativen Beziehungen föderalen Charakters. Dies unterstreicht beispielhaft der respektlose Umgang mit den Institutionen des 1814 neu geschaffenen Königreichs Lombardo-Venetien, dessen Vizekönige (1816–1818: Erzherzog Anton, 1818–1848: Erzherzog Rainer) darauf beschränkt blieben, zwischen der anweisenden Hof- und Staatskanzlei in Wien und den lombardo-venezianischen »Regierungen« (Gouverneur, Vizepräsidenten, Regierungsräte, Sekretäre) zu vermitteln. Vergleichsweise stärker war die Stellung der 1814 in Mailand und Venedig geschaffenen »Zentralkongregationen«, die sich aus – vom Kaiser zu bestätigenden – adligen und nichtadligen Gutsbesitzern sowie Repräsentanten der Städte zusammensetzten und über kameralistische Beratungs- und Aufsichtsbefugnisse verfügten. Von politischer und administrativer Eigenständigkeit konnte aber auch hier nicht die Rede sein, zumal sich die Kontrollbedürfnisse und Unterdrückungsmaßnahmen der Zentrale im Laufe der Zeit wieder verstärkten.[28]

Schließlich ist zu konstatieren, dass die mit zentralen Führungs- und Steuerungsaufgaben befassten Institutionen des Habsburgerreichs auch deswegen keine verfassungspolitischen Impulse zu setzen vermochten, weil herausragende Persönlichkeiten fehlten bzw. sich gegen die vorhandenen Strukturen nicht durchsetzen konnten. Am markantesten zeigt sich dies in Bezug auf die 1836 neu geschaffene Staatskonferenz. Dieser Institution war ursprünglich die Funktion eines obersten, alle Staatsgeschäfte lenkenden kollektiven Regierungsorgans zugedacht. Sie sollte formal unter dem Vorsitz des (regierungsunfähigen) Monarchen stehen, in Wirklichkeit aber von Erzherzog Ludwig geleitet werden. Daneben waren nur Erzherzog Franz Karl sowie Haus-, Hof- und Staatskanzler Fürst Metternich sowie – als faktischer Leiter der inneren Verwaltung – Staats- und Konferenzminister Graf Kolowrat zugelassen. Die erwartete regierungspolitische Wirksamkeit hat die Staatskonferenz indes zu keinem Zeitpunkt entfaltet, wofür in erster Linie die Rivalität zwischen Metternich und Kolowrat und die Führungsschwäche des Erzherzogs Ludwig verantwortlich zeichneten. Dieses Problem blieb der Monarchie erhalten, auch nachdem die Staatskonferenz – nach

---

28 Vgl. die Beiträge über Italien im vorliegenden Handbuchband.

vergeblichen Umstrukturierungsversuchen[29] – am 2. Dezember 1843, fast genau sieben Jahre nach ihrer Errichtung, endlich eine Geschäftsordnung erhielt.[30]

Im Unterschied zur Staatskonferenz war dem Staats- und Konferenzrat (ehemals Staatsrat) nicht die Rolle eines eigenständigen Faktors im Regierungssystem, sondern die Funktion eines Kontroll- und Prüfungsorgans zugedacht, doch gelang es ihm zeitweilig, namentlich aufgrund der Stellung Kolowrats, dem vorübergehend zwei Staatsratssektionen unterstanden, stärkeren politischen Einfluss zu nehmen. Verfassungspolitisch relevante Wirkungen gingen von dieser Konstellation freilich nicht aus; es verband sich damit weder die Rolle eines bürokratischen »Ersatzparlaments« noch die eines obersten staatlichen Koordinierungsorgans. Und auch in organisatorischer Hinsicht machte der Staatsrat keine Fortschritte. Trotz vieler Monita und mancher Verbesserungsvorschläge blieb der – überwiegend schriftliche – Geschäftsgang außerordentlich schleppend und ineffizient.[31]

Bei aller Kritik an der Ineffizienz und Perspektivlosigkeit des 1836 mit der Bildung der Staatskonferenz entstandenen Systems, das seinen Teil zum Zusammenbruch von 1848 geleistet hat, ist andererseits positiv anzumerken, dass es nicht zur Herausbildung einer hermetisch geschlossenen Machtelite gekommen ist. Diesem Umstand war es u. a. zu verdanken, dass die an Metternich gefallene »Blankovollmacht« des kaiserlichen Testaments vom 2. März 1835 (»Übertrage auf den Fürsten Metternich, meinen treuesten Diener und Freund, das Vertrauen, welches ich ihm während einer so langen Reihe von Jahren gewidmet habe«; »fasse über öffentliche Entscheidungen wie über Personen keine Entschlüsse, ohne ihn darüber gehört zu haben«)[32] nicht zu einer »Kanzlerdiktatur« führte. Ähnliches gilt für Kolowrats Streben nach Ämterakkumulation, das ebenfalls nicht zu der befürchteten »Alleinherrschaft im Innern« führte.[33] Mit inneradministrativer Konstitutionalisierung und verfassungspolitischer Gestaltung hatte dies alles freilich wenig zu tun, zumal die Staatskonferenz nur »rhapsodisch« und letztlich ohne erkennbaren Arbeitsfortschritt tagte.[34]

---

29 CD-ROM-2, Dok.-Nr. 11.6.2.5 (Maßnahmen zur Organisation der Staatskonferenz v. 12.12.1836).
30 Vgl. Walter, Geschichte (wie Fn. 26), II. Abt., Bd. 1, Hlbbd. 2, Tl. 2, S. 192 ff.
31 Vgl. CD-ROM-2, Dok.-Nr. 11.6.5.1 (Kabinettsschreiben zur Arbeitsweise des Staatsrats v. 12.8.1823); Dok.-Nr. 11.6.5.3 (Kaiserliche Instruktion zur Änderung der Arbeitsorganisation des Staatsrats v. 28.2.1841). Dazu ausführlich: Die Österreichische Zentralverwaltung II. Abt.: Von der Vereinigung der österreichischen und böhmischen Hofkanzlei bis zur Einrichtung der Ministerialverfassung (1749–1848), Bd. 1, Hlbbd. 2, Tl. 2: Die Zeit Franz' II. (I.) und Ferdinands I. (1792–1848), Wien 1956, S. 136 ff. Die Aufgabe des Staatsrats bestand formell in der Überprüfung der Anträge der Hofstellen an den Kaiser, sofern dieser dies wünschte.
32 Walter (Hg.), Zentralverwaltung (wie Fn. 2), II. Abt., Bd. 5, Aktenstücke, Nr. 53.
33 Vgl. Walter, Geschichte (wie Fn. 26), II. Abt., Bd. 1, Hlbbd. 2,Tl. 2, S. 197 f.
34 Vgl. ebd., S. 195 ff. Der Ausdruck stammt von Graf Hartig; Kübeck spricht in seinem Tagebuch – in Abwandlung eines Vergilzitats – vom »monstrum horrendum, cui lumenademptum« (ebd., S. 196).

Besonders nachteilig wirkte es sich für den gesamten Vormärz aus, dass es weder vor noch nach 1815 gelang, ein funktionsfähiges und verantwortliches Ministersystem zu etablieren. Hierzu hätte das von Graf Stadion 1816 durchgesetzte Finanzministerium einen geeigneten Ausgangspunkt bieten können, da Stadion das Ziel verfolgte, die höhere Finanzleitung von der ausführenden Finanzverwaltung zu trennen und damit dem Ministerprinzip zum Durchbruch zu verhelfen.[35] Nach dem Tod Stadions 1824 übernahm Hofkammerpräsident Nádasdy provisorisch die Leitung des Finanzministeriums. Wie sein Vorgänger sprach er sich für eine zentrale oberste Finanzleitung in Ministerhand aus und plädierte gegen eine Rückführung des Amtes in die Hofkammer. Doch setzte sich in der Folge die von Graf Kolowrat in seiner Eigenschaft als Leiter der staatsrätlichen Finanzsektion (ab 1827) und als Vorsitzender der geheimen Finanzkommission (ab 1829) vertretene Gegenposition durch: Per a. h. Entschließung vom 29. Mai 1829 wurde das bisherige Finanzministerium aufgelöst und unter der Bezeichnung »Finanzsenat« der allgemeinen Hofkammer zugeordnet. Die Finanzverwaltung erfolgte damit künftig ausschließlich durch die in fünf Senate gegliederte Hofkammer.[36] Ungünstig gestaltete sich auch die Entwicklung des Innenministeriums, das Ende 1817 mit dem Anspruch einer obersten politischen Behörde gegründet worden war. Doch agierten die Innenminister (Saurau, Mittrowsky, Inzaghi) im Sinne von Hofstellenleitern und verschwand die Amtsbezeichnung ab 1830 stillschweigend in der Versenkung.[37]

Eine Sonderstellung, die man im Grunde mit der eines Ministeriums vergleichen kann, nahm schließlich die von Metternich beherrschte Haus-, Hof- und Staatskanzlei ein, die weder an eine geschriebene Instruktion gebunden war noch die Kollegialberatung kannte. Ebenso existierte hier keine Kontrolle durch den Staatsrat. Der eigentliche Wirkungsbereich des Staatskanzlers war die Außenpolitik, doch wurde auch die innere Entwicklung der Monarchie allein schon aus Gründen der Revolutionsfurcht aufmerksam beobachtet und durch spezielle Abteilungen bearbeitet.[38]

3 Wahlrecht und Wahlen

Wie für das System des restaurativen Absolutismus in der ersten Hälfte des 19. Jahrhunderts insgesamt, so waren Beharrung und Restriktion auch kennzeichnend für die Entwicklung der politischen Partizipationsmöglichkeiten im Österreich des Vormärz. Bereits für die Zeit um 1800 galt, dass alle auf Repräsentation und Wahlrecht bezoge-

---

35 Vgl. Schlegelmilch, Österreich (wie Fn. 4), S. 870.
36 Vgl. CD-ROM-2, Dok.-Nr. 11.6.5.2 (Erklärungen und Entschließung zur Aufhebung des Finanzministeriums v. 24.4.–29.5.1829).
37 Mittrowsky und Inzaghi führten nur mehr den Titel eines Obersten Kanzlers. Vgl. Walter (Hg.), Zentralverwaltung (wie Fn. 2), II. Abt., Bd. 5, Aktenstücke, S. 247.
38 Ebd., S. 204.

nen Reformprojekte in der Habsburgermonarchie allein dann auch nur diskussionswürdig waren, sofern solche Projekte weder das ständische Repräsentationsprinzip noch die staatliche Kontrolle infrage stellten.³⁹ Diese Einschränkung galt umso mehr für die Zeit nach 1815. Der Grund hierfür lag nicht allein im konservativen Paradigma der kaiserlichen Politik begründet, sondern war zugleich schier praktischen Erwägungen geschuldet: Angesichts der Tatsache, dass das Kaisertum mit seinen mannigfaltigen Völkerschaften kein einheitlicher Staat mit entsprechender Staatsgewalt war, sondern vielmehr eine »›Staatenverbindung‹, die ihren ursprünglichen Charakter als einer monarchischen Union von Ständestaaten nie ganz verleugnet hat«⁴⁰, musste jeglicher auf dem Repräsentationsprinzip fußender Konstitutionalismus eine immanente Bedrohung eben dieses Staatssystems bedeuten, da er unweigerlich mit dem Nationalstaatsgedanken verbunden war.⁴¹

Die durchaus reale Bedrohung der Monarchie durch den Nationalstaatsgedanken bestimmte folglich die Haltung Österreichs gegenüber dem Repräsentativsystem und bedingte die strikt konservative Ausdeutung des Prinzips der »landständischen Repräsentation«, wie er im Artikel 13 der Deutschen Bundesakte für alle Bundesmitglieder festgeschrieben worden war.⁴² Mochten liberale Parteigänger darin eine Konzession der Monarchen an den modernen Verfassungsstaat und die Vorwegnahme eines breiteren Wahlrechtes erblicken, so erfolgte die Interpretation seitens der österreichischen Politik ganz im Sinne der vorrevolutionären feudalständischen Ordnung.⁴³ Während eine dem Prinzip der Volkssouveränität Vorschub leistende Vollrepräsentation auch von den Regierungen des Deutschen Bundes einhellig abgelehnt wurde, sichergestellt durch die Bindung des Wahlrechts an Grundbesitz oder Steuerleistung, so kam für

---

39 Siehe Schlegelmilch, Österreich (wie Fn. 4), S. 872-875.
40 Otto Brunner, Staat und Gesellschaft im vormärzlichen Österreich im Spiegel von J. Beidtels Geschichte der österreichischen Staatsverwaltung 1740–1848, in: W. Conze (Hg.), Staat und Gesellschaft im deutschen Vormärz 1815–1848, Stuttgart 2. Auflage 1970, S. 39-78, Zitat S. 51.
41 »Österreich«, so äußerte sich der preußische Diplomat Usedom einst vielsagend, »kann für organische Staatenentwicklung, für Völkerfreiheit nichts tun, ohne aus den Fugen zu gehen […].« Zit. nach Heinrich Benedikt, Das Zeitalter der Emanzipationen 1815–1848, Graz 1977, S. 302.
42 Vgl. CD-ROM-2, Dok.-Nr. 11.1.2.1 (Deutsche Bundesakte v. 8.6.1815).
43 Explizit wurde die strikte Unterscheidung zwischen landständischer und Repräsentativverfassung in einer durch Friedrich von Gentz 1819 anlässlich der Konferenz von Karlsbad im Auftrag Metternichs verfassten Denkschrift: »Landständische Verfassungen sind die, in welchen Mitglieder oder Abgeordnete durch sich selbst bestehender Körperschaften ein Recht der Theilnahme an der Staatsgesetzgebung überhaupt oder einzelnen Zweigen derselben, die Mitberathung, Zustimmung, Gegenvorstellung oder in irgendeiner anderen verfassungsmäßigen legitimierten Form ausüben. Repräsentativverfassungen hingegen sind solche, wo die zur unmittelbaren Theilnahme an der Gesetzgebung und zur unmittelbaren Theilnahme an den wichtigsten Geschäften der Staatsverwaltung bestimmten Personen, nicht die Gerechtsame und das Interesse einzelner Stände oder doch diese nicht ausschließend zu vertreten, sondern die Gesamtmasse des Volkes vorzustellen berufen sind.« Über den Unterschied zwischen den landständischen und Repräsentativverfassungen, in: J. L. Klüber/K. T. Welcker (Hg.), Wichtige Urkunden für den Rechtszustand der deutschen Nation, Mannheim 1844, S. 220-229, Zitat S. 221.

Metternich nicht einmal eine Teilrepräsentation infrage. Das uneingeschränkte monarchische Prinzip wurde als einzige denk- und gangbare Legitimationsgrundlage des österreichischen Kaiserstaates betrachtet.[44] Nur folgerichtig erscheint es insofern, dass sich der Kaiser nicht nur die Ernennung des Landeshauptmanns, sondern auch die Aufnahme neuer Mitglieder in die ständische Matrikel vorbehielt.[45]

»Ernennung« blieb auch das bestimmende Element auf kommunaler Ebene, insbesondere für Stadtgemeinden. An der erfolgten Abschaffung des Wahlmodus für jene Magistrate, die im Zivil- oder Kriminalsenat tätig waren (1803), sowie für jene in der politischen und ökonomischen Verwaltung (1808) hielt man fest, womit die gesamte städtische Verwaltung und Justiz ausschließlich in den Händen ernannter besoldeter Beamter lag. Bemühungen, bürgerliche Partizipationsrechte zumindest in bescheidenem Ausmaß zu erweitern, blieben erfolglos. Beispielhaft hierfür lassen sich Reformversuche in Wien zu Ende der 1830er- und Anfang der 1840er-Jahre nennen, die im Rahmen der Kommunalverfassung eine verstärkte Beteiligung der Bürger an der Stadtverwaltung zu erreichen suchten. Einer der vorgebrachten Vorschläge sah die Einführung eines sog. »Bürgerausschusses« vor, der zur beschränkten Teilnahme am städtischen Wirtschaftsleben herangezogen werden sollte. Bestehen sollte dieser Ausschuss aus 100 in Wien ansässigen Bürgern, die eine bestimmte Real- oder Industriesteuer entrichteten, wobei ein Teil der Sitze dem Gewerbe- und Handelsstand, ein andere dem Grundbesitz vorbehalten bleiben sollte. Der Ausschuss sollte periodisch erneuert werden vermittels Neuwahl eines Drittels der Mitglieder durch die steuerzahlenden Bürger. So bescheiden diese Vorschläge auch waren, fanden sie trotz mehrfach vorgenommener Modifikationen doch keine Zustimmung der Regierung.[46] Auch einige Landtage widmeten sich im letzten Jahrzehnt des Vormärz dem Gemeinderecht und der Möglichkeit, zumindest einen Teil der Gemeindebewohner an kommunalen Aufgaben partizipieren zu lassen. So zog der Steiermärkische Landtag etwa ein zensusbasiertes Kommunalwahlrecht in Betracht, das selbst das Frauenwahlrecht nicht ausschloss, während der schlesische Landtag eine Art Klassenwahlrecht vorsah, und auch der niederösterreichische und der böhmische Landtag befassten sich mit entsprechenden Fragen.[47]

Wenngleich keinem dieser Initiativen Erfolg beschieden war, so legten sie doch beredtes Zeugnis von einer wachsenden, auf Erweiterung der politischen Partizipationsrechte gerichteten öffentlichen Grundhaltung ab, als deren Sprachrohr vielfach die Stände fungierten. Zu den wichtigsten Vertretern der ständischen Opposition

---

44 Zu Metternichs Verfassungsverständnis siehe auch Karl Otmar Freiherr von Aretin, Metternichs Verfassungspläne 1817/1818. Dargestellt an Hand des Briefwechsels des bayerischen Gesandten in Wien Frhr. v. Steinlein mit dem bayerischen Außenminister Graf Aloys Rechberg, in: Historisches Jahrbuch 74 (1955), S. 718-727.
45 Vgl. z. B. die Tiroler Regelung in CD-ROM-2, Dok.-Nr. 11.6.2.1 (wie Fn. 15), Art. 2.
46 Vgl. Karl Ucakar, Demokratie und Wahlrecht in Österreich. Zur Entwicklung von politischer Partizipation und staatlicher Legitimationspolitik, Wien 1985, S. 55 f.
47 Vgl. Ucakar, Demokratie (wie Fn. 46), S. 56.

zählte Viktor von Andrian-Werburg, der sich für eine Ausweitung der ständischen Vertretungen und für die Ausgestaltung der Städte und Gemeinden als frei gewählte Repräsentations- und nicht bloß weisungsgebundene Verwaltungsorgane aussprach. »Über allen diesen provinziellen und lokalen Einrichtungen«, so wurde darüber hinausgehend gefordert, hätten »als oberstes repräsentatives Organ der österreichischen Nation, und zugleich als kräftigstes Bindungsmittel zwischen den verschiedenen Provinzen des Staates, die allgemeinen Reichsstände in Wien ihren Sitz zu nehmen.« Dazu sei von den Ständen einer jeden Provinz »eine verhältnismäßige, durch ein Gesetz zu bestimmende Anzahl von Deputirten eines jeden Standes« zu bestimmen.[48]

4 Grundrechte

Unter der Regierung Franz' II. (I.) rückte die ehedem in der theresianisch-josephinischen Ära stark betonte Bindung der Rechtspolitik an den Staatszweck in den Hintergrund. Grundsätzlich nicht geduldet wurden natur- und menschenrechtsbezogene Argumentationsmuster. Dies bedeutete indes keineswegs, dass die erzielten Fortschritte hinsichtlich der Ausweitung von auf Rechtsgleichheit abzielender bürgerlicher Individualrechte zunichtegemacht worden wären. Im Gegenteil bedeutete gerade das Allgemeine Bürgerliche Gesetzbuch (ABGB), das nach fast 60-jähriger Vorarbeit am 1. Januar 1812 in den deutschen Erbländern der österreichischen Monarchie in Kraft getreten war, ein mächtiges zivilrechtliches Bollwerk der bürgerlichen Gesellschaft gegenüber dem Staat, das während der gesamten Vormärzepoche und darüber hinaus nicht infrage gestellt wurde.[49] Grundlegende Fortschritte waren unter den bestehenden Rahmenbedingungen freilich in diesem wie in anderen Bereichen ebenso wenig zu erwarten. So ließ auch die endgültige Beseitigung des Feudalsystems vermittels einer vollwertigen Bauernbefreiung in den österreichischen Ländern auf sich warten und unterblieben vonseiten der Regierung Anstrengungen, die schon bestehenden rechtlichen Möglichkeiten der Umwandlung der Roboten in Geld oder andere Leistungen zu fördern.[50]

Während die auf die Stellung des Individuums in Wirtschaft und Erwerbsgesellschaft abhebenden Rechtsgarantien, namentlich betreffend Erwerbsfreiheit, Eigentumsfreiheit oder Grund- und Kapitalverkehr, nach 1815 nur geringem Revisionsdruck ausgesetzt waren, galt dies für alle die breit definierte Sphäre des »Politischen« tangierenden Individualrechte in umso höherem Maße. Insbesondere Meinungs- und Pressefreiheit, Versammlungs-, Vereinigungs- und Widerstandsrecht waren davon betroffen.

---

48 Vgl. CD-ROM-2, Dok.-Nr. 11.6.3.1 (Gedanken zur Ausweitung ständischer Partizipationsrechte a. d. Jahre 1841, Auszug).
49 Vgl. CD-ROM-1, Dok.-Nr. 9.5.6.16 (Allgemeines Bürgerliches Gesetzbuch v. 1.6.1811, Auszug).
50 Vgl. Hellbling, Verfassungs- und Verwaltungsgeschichte (wie Fn. 1), S. 340.

Zum wichtigsten Instrument der Einschränkung dieser Rechte und Freiheiten avancierte die Zensur, die in der Metternich'schen Ära in bislang ungekanntem Maße intensiviert und ausgeweitet wurde. Rechtsgrundlage für die Tätigkeit des Zensurwesens war die bereits am 14. September 1810 erlassene Zensurordnung, die damit gerechtfertigt wurde, dass »Herz und Kopf der Unmündigen vor den verderblichen Ausgeburten einer scheußlichen Phantasie, vor dem giftigen Hauche selbstsüchtiger Verführer, und vor den gefährlichen Hirngespinnsten verschrobener Köpfe gesichert werden« sollten.[51] Allerdings war die Zensurordnung nicht als Gesetz, sondern vielmehr nur als Instruktion für die Zensoren selbst konzipiert, weshalb auch eine öffentliche Bekanntmachung derselben unterblieb. Dies leistete einer nicht unerheblichen Rechtsunsicherheit und der willkürlichen Auslegung der bestehenden Vorschriften Vorschub. Angesichts dieser Verhältnisse und zumal der Zensur- und Kontrolldruck in dem Maße stärker wurde, in dem der öffentliche Unmut an den bestehenden gesellschaftlich-politischen Zuständen zunahm[52], wuchs die geäußerte Kritik an der Einschränkung der Meinungs- und Pressefreiheit. In einer auf den 11. März 1845 datierten Denkschrift mahnten führende österreichische Literaten, Intellektuelle und Akademiker – unter ihnen Franz Grillparzer, Eduard von Bauernfeld und Ferdinand Graf von Colloredo Mannsfeld – denn auch die dringend notwendige Abstellung der bestehenden Missstände im Zensurwesen an.[53] Während für jeden Staatsbürger gelte, dass er »im Gesetze Schutz für seine Tätigkeit« finde und innerhalb der vorgezeichneten rechtlichen Grenzen sich »frei und ungehindert bewegen« könne, so sei der Zustand der Presse »ein vollkommen rechtloser«, in der »der Schriftsteller gerichtet wird nach Normen, die er nicht kennt, und verurteilt [wird], ohne gehört zu werden, ohne sich verteidigen zu können.« Doch nicht nur die bestehende Recht-, sondern auch die durch die rigide Zensur provozierte Geistlosigkeit wurde gegeißelt, die eine »Versumpfung der Literatur, die Verachtung von Seite unserer Landsleute, die gänzliche Ertödtung des nationalen Sinnes, das Zurückbleiben des lesenden Publikums unter dem Niveau der gewöhnlichen Bildung« zur Folge habe.

---

51 Vgl. CD-ROM-2, Dok.-Nr. 11.6.4.1 (Zensurvorschrift v. 10.9.1810), Vorwort. Die Zensurordnung von 1810 wurde in Folge verschiedentlich ergänzt, so etwa durch das Hofdekret der k. k. Polizei- und Zensurhofstelle vom 14. Juli 1812, worin angeordnet wurde, dass alle die neuere Kriegsgeschichte betreffenden Schriften mit dem Gutachten der Zensoren zur definitiven Entscheidung der Hofstelle vorzulegen seien, und ein Hofdekret vom 2. Oktober 1819, womit die genannte Bestimmung auf sämtliche Manuskripte und später auch auf Bilder, Landkarten und Musikalien ausgedehnt wurde. Zum österreichischen Zensurwesen im Vormärz vgl. Julius Marx, Die österreichische Zensur im Vormärz, Wien 1959. Einen zeitgenössischen Überblick über Entwicklung, Stand und Praxis des Zensurwesens bietet Adolph Wiesner, Denkwürdigkeiten der Oesterreichischen Zensur vom Zeitalter der Reformazion bis auf die Gegenwart, Stuttgart 1847.
52 Ein Schlaglicht auf den Zustand der öffentlichen Ordnung in den 1840er-Jahren liefert Julius Marx, Die öffentliche Sicherheit in den österreichischen Ländern von 1840–1848, in: Mitteilungen des Instituts für österreichische Geschichtsforschung (MIÖG) 65 (1/2) (1957), S. 70-92.
53 Vgl. CD-ROM-2, Dok.-Nr. 11.6.4.3 (Petition der Wiener Literaten v. 11.3.1845).

In den letzten Jahren des Vormärz blieb die Kritik an dem bestehenden Zensursystem nicht länger auf die unmittelbar davon Betroffenen beschränkt. So machten die böhmischen Stände in einer an den Kaiser gerichteten Petition vom 12. Mai 1847 eindringlich »auf die Nachtheile aufmerksam [...], welche das längere Festhalten an dem bisherigen Censur-Systeme mit sich bringen würde«.[54] Unverhohlen wurde davon gesprochen, dass die Ablehnung der bisherigen Praxis in »der öffentlichen Meinung aller civilisirten Völker längst entschieden« sei, und zugleich auf die teils kontraproduktive Wirkung einer rigiden Einschränkung der Pressefreiheit hingewiesen, die unter anderem nur zu einem Mehr an illegalen und umso gehässigeren beziehungsweise verleumderischen Publikationen führe. Dementsprechend wurden neue, »freie, ernste und würdevolle Besprechung aller innern Zustände« gewährleistende Verhältnisse eingefordert, motiviert mit Verweis auf den »Geist der Zeit«, den »Bildungsgrad« und das »geistige Bedürfnis der Bevölkerung«.

So unzugänglich die staatlichen Autoritäten sich solchen externen Forderungen gegenüber geben mochten, so hatte doch selbst die Obrigkeit zusehends die Notwendigkeit erkannt, der freien Meinungsäußerung gewisse Ventile zu öffnen. Ein treffliches Beispiel für diese Erkenntnis war die offizielle Zulassung des 1841 gegründeten Juridisch-Politischen Lesevereins in Wien, dessen aus Beamten, Juristen und Professoren zusammengesetzte Mitgliederschaft sich als Speerspitze der liberalen und gebildeten »zweiten Gesellschaft« verstand.[55] Die Hoffnung der Regierung war es offenkundig, durch Gewährung eines staatsloyalen Diskussionsforums in kontrollierter Weise[56] bestehende Unzufriedenheit kanalisieren und bündeln zu können. Eine umfassende Liberalisierung vermochten einzelne Zugeständnisse wie diese indes nicht in Gang zu bringen.

5 Verwaltung

Bis 1815 hatte sich im Habsburgerreich ein kraftvoller Verwaltungszentralismus geltend gemacht, der durch die ab 1814/15 erfolgende Umgliederung in zwölf, die Ländergrenzen teilweise übergreifende Verwaltungsprovinzen (»Gubernien«) weiter verstärkt wurde. Den von allen politischen Entscheidungsprozessen ausgeschlossenen und nur noch mit marginalen Autonomieresten ausgestatteten Ländern verblieben in dieser Struktur lediglich Aufgaben im Rahmen der staatlichen Auftragsverwaltung, insbesondere hinsichtlich der Berechnung (»Repartierung«) und Einhebung der

---

54 Vgl. CD-ROM-2, Dok.-Nr. 11.6.4.4 (Petition der böhmischen Stände v. 12.5.1847).
55 Vgl. CD-ROM-2, Dok.-Nr. 11.6.4.2 (Konzession für den Juridisch-Politischen Leseverein v. 29.6.1841).
56 In der Tat wurden die Aktivitäten des Vereins von Anfang an argwöhnisch von den Behörden verfolgt. Zur Geschichte des Lesevereins siehe Wilhelm Brauneder, Leseverein und Rechtskultur: der Juridisch-Politische Leseverein zu Wien 1840 bis 1990, Wien 1992.

Grundsteuern. Das Reich etablierte sich auf der Verwaltungsebene als dezentraler Einheitsstaat.

In institutioneller Hinsicht oblag die Lenkung der Staatsverwaltung wie gehabt den Hofstellen, darunter rangierten als Mittelstufe die Gubernien (Gouvernements, später: »Statthaltereien«) sowie als unterste staatliche Verwaltungsebene die Kreise (Kreisämter) mit einem Wirkungskreis von jeweils 5.000 Quadratkilometern. Dieses hierarchische System hatte allerdings den entscheidenden Mangel, bei der Durchsetzung der Gesetze und Verordnungen sowie im Bereich der niederen Straf- und Zivilgerichtsbarkeit auf dem Land (und damit gegenüber dem Großteil der Bevölkerung) auf die Mitwirkung der Grundherrschaften angewiesen zu sein. Während die Gubernien als staatliche Verwaltungssprengel die Länder in administrativer Hinsicht nahezu komplett ersetzten, beschränkte sich die Rolle der Kreisämter notgedrungen auf die – mehr oder weniger effiziente – Kontrolle der grundherrlichen Bediensteten bzw. auf den Versuch, den Einfluss auf diese Personengruppe durch die Definition von Bildungs- und Verhaltensstandards sowie über die Mitsprache bei Ernennung, Haftbarmachung und Entlassung zu vergrößern. Nur idealtypisch betrachtet handelte es sich hier um Auftragsverwaltung im Namen der Krone. Demgegenüber blieb die Stadtverwaltung weiter an die von Joseph II. eingeführte Magistratsverfassung gebunden, sodass der Einfluss der Zentrale über die staatlichen Magistratsbeamten gewährleistet blieb.[57]

Auch wenn im Laufe der Zeit gewisse Fortschritte erzielt werden konnten, stellt die bis 1848 nicht erreichte Verstaatlichung der unteren Verwaltungsebene ein erhebliches Modernisierungsdefizit des Habsburgerreichs dar und belegt dessen gravierende Reformschwäche. Dies gilt umso mehr, als in den zeitweilig französisch und bayerisch kontrollierten Teilen der Alpenländer (Tirol, Vorarlberg, Salzburg, Innviertel) sowie den 1815 neu hinzugekommenen Kronländern Dalmatien und Lombardo-Venetien keine patrimonialen und munizipalen Herrschaftskerne mehr existierten und somit Ansatzpunkte für eine umfassendere Verwaltungsreform zur Verfügung standen, die indes ungenutzt blieben.

Auch wenn das Verwaltungssystem weiter expandierte und neben zahlreichen Hofkommissionen drei weitere Hofstellen hervorbrachte (Kommerz, Münz- und Bergwesen, Studiensachen), lässt sich daraus kein politischer Machtgewinn der Bürokratie ablesen. Tatsächlich blieben die Hofstellen in ihren Gestaltungsmöglichkeiten und ihrem konkreten administrativen Handeln vom Vertrauen und von der Gewogenheit des Monarchen abhängig und mussten immer wieder willkürliche Eingriffe »von oben« hinnehmen. Mit voranschreitender Regierungsdauer Franz' I. verstärkte sich sogar noch die Tendenz zur »Selbstregierung«, indem die zu Beratungs- und

---

57 Vgl. Waltraud Heindl, Gehorsame Rebellen. Bürokratie und Beamte in Österreich 1780 bis 1848, Wien u. a. 1990, S. 74; Rudolf Hoke, Österreich, in: K. G. A. Jeserich u. a. (Hg.), Deutsche Verwaltungsgeschichte, Bd. 2: Vom Reichsdeputationshauptschluß bis zur Auflösung des Deutschen Bundes, Stuttgart 1983, S. 345-397, 370 f.

Koordinationszwecken eigentlich vorgesehenen Instrumente des Staatsrats bzw. der Staatskonferenz umgangen und »außerordentliche Berater« (»Kabinettsreferenten«) hinzugezogen wurden. Zudem blieb dem Kaiser die Besetzung aller höheren Posten der staatlichen Verwaltung und damit ein weiteres bedeutsames Machtinstrument vorbehalten, dessen Möglichkeiten namentlich von Graf Kolowrat-Liebsteinsky, der das persönliche Vertrauen des Monarchen genoss, virtuos genutzt wurden.[58]

Aufs Ganze gesehen sorgte die fortgesetzte Begünstigung des Adels in der Stellenbesetzungspolitik des Hofes dafür, dass sich in den Spitzenpositionen der Verwaltung immer weniger Vertreter bürgerlicher Herkunft fanden und sich die soziale und kulturelle Kluft zwischen oberer und mittlerer Verwaltungsebene vertiefte. Hinzu kam der starke disziplinarische Druck auf die Beamtenschaft, wie er insbesondere durch das von Franz I. ab 1803 wieder eingeführte System der Konduitelisten bzw. Qualifikationstabellen ausgeübt wurde.[59] Alle Bemühungen, die Selbstständigkeit der Beamten zu erhöhen, scheiterten – so etwa der 1825 vergeblich unternommene Versuch, statt des bisherigen Gnadenprinzips die Einführung der Beamtenpension als Rechtsanspruch geltend zu machen.[60] Aus der Perspektive des Hofes »galt der gehorsame, brave Beamte, der Befehlsempfänger, der ohne zu fragen seine Pflicht tat und der Regierung behilflich war, *keine* Veränderungen herbeizuführen, als Idealbild und nicht etwa, wie noch einige Jahrzehnte zuvor, im josephinischen Jahrzehnt, der verantwortliche Idealist, der Reformen initiierte.«[61] Hinzu kam, dass ein nicht geringer Teil der Staatsbeamtenschaft der antiliberalen Repressionspolitik des Staatsapparats unmittelbar diente, was besonders für die Bediensteten der Polizei- und Zensurhofstelle sowie das Personal der mit einem weiten Kompetenzbereich ausgestatteten Vereinigten Hofkanzlei galt.[62]

Dementsprechend war die öffentliche Wahrnehmung der Staatsbürokratie überwiegend negativ und betrachtete man die Misere der Monarchie und ihrer Beamtenschaft als die Seiten ein und derselben Medaille: »Sie [die Beamten] durchdringen [...] die Monarchie, wie die Nerven den menschlichen Körper, sie ist gesund und krank mit ihnen«, heißt es im »Grenzboten« des Jahrgangs 1847. Und zum öffentlichen Erscheinungsbild ebenda: »Wenn die Ehre einer Klasse lange ungestraft geschmäht werden kann, wenn in ihr selbst kein Zusammenhalten ist, wenn ihre Organisation darauf berechnet erscheint, sie von ihrer Pflichterfüllung abzuziehen, ist es keine besondere Erscheinung, daß ein Stand dasteht, der eine völlige Regenerirung wünschen läßt«.[63] Hinzu kam der

---

58 Hoke, Österreich (wie Fn. 57), S. 354 ff.
59 CD-ROM-2, Dok.-Nr. 11.6.5.4 (Zeitschriftenartikel über Hierarchie und Kontrolle der österreichischen Bürokratie v. 1847). Zur Stellenbesetzungspraxis und ihren Konsequenzen vgl. Hoke, Österreich (wie Fn. 57), S. 350 f.
60 Vgl. Alfred Hoffman, Bürokratie insbesondere in Österreich, in: H. Fichtenau u. a. (Hg.), Beiträge zur neueren Geschichte Österreichs, Wien 1974, S. 13-31, hier S. 21.
61 Heindl, Rebellen (wie Fn. 57), S. 47.
62 Vgl. Hoke, Österreich (wie Fn. 57), S. 358 f.
63 CD-ROM-2, Dok.-Nr. 11.6.5.4 (wie Fn. 59).

Vorwurf der Segregierung vom Volk und der Arroganz der Macht: »Die Büreaucratie hat im Gefühl ihrer Macht ganz vergessen, daß weder diese, noch die Würde hinreicht, welche sie als die höchstgestellte Körperschaft im Staate in sich selbst trägt, um das ihr wünschenswerte und sogar nothwendige volle Ansehen im Volk zu erstreben«, lautet die ernüchternde Bilanz eines der vielen anonymen Kritiker.[64]

Ungeachtet ihres Unvermögens als Triebkraft und Garantin staatlicher und gesellschaftlicher Integration zu wirken, lässt sich die Geschichte der österreichischen Staatsbürokratie indes nicht ausschließlich als Versagens- und schon gar nicht als Untergangsgeschichte begreifen. Dies gilt insbesondere dann, wenn man den Blick auf die »großen Linien« richtet. So verzeichnete Habsburgs Verwaltungsapparat in quantitativer Hinsicht bis 1848 einen starken Anstieg auf etwa 140.000 Beamte (1828: ca. 70.000), ferner verstärkte sich die Heraushebung der Beamtenschaft als privilegierter, dem Staat verpflichteter Bevölkerungsstand und verbesserte sich das (juristische) Bildungsniveau der Beamten, die in allen Verwaltungszweigen ein abgeschlossenes Rechtsstudium nachweisen mussten.[65] Des Weiteren führten das Kollegialsystem und die Schriftlichkeit des Verfahrens sowie generell die penible Orientierung an bürokratischen Normen und Instanzen zwar einerseits zu der viel beklagten Verlangsamung der Behördenarbeit, doch handelt es sich dabei andererseits auch um Sicherungsmechanismen vor absolutistischer Willkür, die nicht nur den Beamten selbst, sondern in gewisser Weise auch der Bevölkerung zugutekamen, indem sie das behördliche Handeln berechenbarer machten.

In Bezug auf das Berufsethos und politische Selbstverständnis stellen die »courage civil« und »courage civique« sicherlich keine herausragenden und charakteristischen Merkmale österreichischen Beamtentums im Betrachtungszeitraum dar. Andererseits vermochten sich nicht wenige Amtsträger in den Verästelungen des bürokratischen Apparats so geschickt einzurichten, dass ihnen der notwendige Freiraum für anspruchsvolle, durchaus nicht opportunistische künstlerische und literarische Tätigkeiten blieb.[66] Zur Bewahrung kritischer Distanz und Distinktion trug zudem bei, dass das aufgeklärte Naturrechtsdenken als weltanschauliche Grundlage der Beamtenausbildung erhalten geblieben war, da es gegenüber einer Hinwendung zur deutschen historischen Rechtsschule als das »kleinere Übel« galt und zumindest den geforderten übernationalen Charakter der Beamtenschaft zu gewährleisten schien.[67]

---

64 Österreichs innere Politik mit Beziehung auf die Verfassungsfrage, Stuttgart 1847, S. 169. Zur Bürokratiekritik im Vormärz im Allgemeinen vgl. Rudolf Vierhaus, Liberalismus, Beamtenstand und konstitutionelles System, in: W. Schieder (Hg.), Liberalismus in der Gesellschaft des deutschen Vormärz, Göttingen 1983, S. 39-54, hier S. 39 ff.
65 Vgl. Beidtel, Geschichte (wie Fn. 1), S. 351.
66 Vgl. Waltraud Heindl, Beamtentum, Elitenbildung und Wissenschaftspolitik im Vormärz, in: H. Schnedl-Bubeniček (Hg.), Vormärz: Wendepunkt und Herausforderung. Beiträge zur Literaturwissenschaft und Kulturpolitik in Österreich, Wien u. a. 1983, S. 47-63, hier S. 57.
67 Vgl. Heindl, Rebellen (wie Fn. 57), S. 123; Wilhelm Bleek, Von der Kameralausbildung zum Juristenprivileg. Studium, Prüfung und Ausbildung der höheren Beamten des allgemeinen Verwaltungsdienstes in Deutschland im 18. und 19. Jahrhundert, Berlin 1972, S. 25.

5 Verwaltung

Mit Beginn der 1840er-Jahre wagten dann immer mehr Beamte den Schritt in das gesellschaftliche und öffentliche Leben. Abgesehen von schonungslosen, nach wie vor in die Anonymität gedrängten Kritikern wie Viktor von Andrian-Werburg (*Österreich und dessen Zukunft*, Hamburg 1843/47) und Franz Tuvora (*Briefe aus Wien von einem Eingeborenen*, Hamburg 1844)[68], die beide aus der Staatsbürokratie kamen, engagierten sich Beamte nunmehr verstärkt in bürgerlichen Gesellschaften und Vereinen, wie dem Künstlerverein »Concordia« (gegründet 1840) und dem »Juridisch-Politischen Leseverein« (1841) und offenbarten damit gemeinwohlorientierte und reformerische Gesinnungen. Zum Teil kann hier von »Beamtenliberalismus« gesprochen werden, wenn auch das liberale Axiom der Trennung von Staat und Gesellschaft wie auch die Forderung nach einer Volksvertretung noch recht verklausuliert im Mund geführt wurden.[69]

Nach 1850 sollte es unter den Bedingungen des Neoabsolutismus zu einer umfassenden Erneuerung des Staatsbeamtentums kommen. Unter Führung Innenministers Alexander Bach trat nun eine neue Beamtengeneration an, die gravierenden Modernisierungsdefizite auf gesellschaftlicher und ökonomischer Ebene zu beseitigen.[70] Mit seiner »erziehungsbürokratischen« Grunddisposition, der es nahezu gänzlich an verfassungspolitischen Ambitionen mangelte, verfehlte das »Bachsche System« jedoch das Ziel der politischen Liberalisierung des Habsburgerreichs und trug zu dessen weiterer Abkoppelung vom konstitutionellen Europa bei. Vielmehr knüpfte die neue Beamtenelite an der seit dem Josephinismus tief verankerten Grundüberzeugung der Modernisierbarkeit des Staats aus sich selbst heraus an und baute somit auf den obrigkeitlichen und öffentlichkeitsfeindlichen Grundstrukturen des Vormärz letztlich wieder auf.[71]

---

68 Vgl. z. B. Anonym (= Franz Tuvora), Briefe aus Wien von einem Eingeborenen, 2 Bde., o. O., o. J. (Hamburg 1844); Vgl. Heindl, Rebellen (wie Fn. 57), S. 189 ff.
69 Vgl. Klaus Koch, Frühliberalismus in Österreich bis zum Vorabend der Revolution 1848, in: D. Langewiesche (Hg.), Liberalismus im 19. Jahrhundert, Göttingen 1988, S. 64-82, hier S. 65.
70 Vgl. Harm-Hinrich Brandt, Der österreichische Neoabsolutismus: Staatsfinanzen und Politik 1848–1860, Bd. 1, Göttingen 1978, S. 246 ff.; von einer »institutionellen Revolution« spricht Hans Peter Hye, 1848/49: Die Wende in der Habsburgermonarchie, in: D. Brandes (Hg.), Wendepunkte in den Beziehungen zwischen Deutschen, Tschechen und Slowaken, 1848–1989, Essen 2007, S. 37-84, Zitat S. 54.
71 Vgl. Harm-Hinrich Brandt, Liberalismus in Österreich zwischen Revolution und Großer Depression, in: Langewiesche (Hg.), Liberalismus (wie Fn. 69), S. 136-160, hier S. 136 ff. Diese Kontinuitätslinie lässt sich am Beispiel des Freiherrn Kübeck von Kübau gut aufzeigen. Vgl. Ronald E. Coons, Kübeck and the pre-revolutionary origins of Austrian Neoabsolutism, in: F. Glatz/R. Melville (Hg.), Gesellschaft, Politik und Verwaltung in der Habsburgermonarchie 1830–1918, Stuttgart 1987, S. 55-86.

6 Justiz

Die Entwicklung der Gerichtsbarkeit und der Ausbau des Rechts folgten im Wesentlichen den bereits im 18. Jahrhundert vorgenommenen Weichenstellungen. Entsprechend bestand die 1749 errichtete »Oberste Justizstelle« in ihrer Doppelfunktion als höchster Gerichtshof und zentrale Justizverwaltungsbehörde weiter fort und waren lediglich einige organisatorische Erweiterungen zu verzeichnen, so insbesondere 1816 die Einrichtung eines lombardo-venezianischen Senats in Verona, der neben den österreichischen und den böhmisch-galizischen Senat trat, die beide ihren Sitz in Wien hatten. Darüber hinaus hatte die Oberste Justizstelle im Vormärz nur eine recht maßvolle Erweiterung ihres Kompetenzbereiches zu verzeichnen, darunter 1835 die Errichtung eines obersten Gefällsgerichts als eigenständigen Senat mit der Aufgabe, die Rechtsprechung im Bereich des indirekten Steuerwesens zu überwachen.[72] Der bedeutsamste Agendenzuwachs der Obersten Justizstelle bezog sich indes auf die Bundespolitik, für die man seit 1817 als »Austrägalinstanz« zur Bereinigung von Konflikten zwischen den Bundesmitgliedern diente. In dieser Funktion tätig wurde die Oberste Justizstelle erstmals 1833 im Rahmen der Klage der Regierungen von Hannover, Oldenburg, Braunschweig und anderer gegen Kurhessen.[73]

Im Grundsatz unverändert blieb im Betrachtungszeitraum das dreistufige Gerichtssystem, wie es bereits unter Joseph II. errichtet worden war. Dabei handelte es sich freilich weiterhin nur theoretisch um ein in sich geschlossenes staatliches System mit staatlich geprüften und approbierten Richtern auf allen drei Ebenen der Rechtsprechung. Da auf der erstinstanzlichen Ebene die Patrimonialgerichtsbarkeit dominierte, ist vielmehr von einem vielfach dominierenden Einfluss des Gutsherrn auszugehen, der, sofern er die Voraussetzungen erfüllte, entweder selbst das Richteramt ausübte oder die Besetzung des Richterpostens vornahm. Da die Patrimonialgerichte auch als Verwaltungsbehörden arbeiteten, bestand hier zudem keine Trennung von Justiz und Verwaltung. Analog zum Verwaltungssektor wurden allerdings dort keine munizipalen oder patrimonialen Gerichtsbarkeiten restituiert, wo es, wie im Innviertel, Salzburg und Tirol, zwischenzeitlich unter fremdem Einfluss zu Verstaatlichungen der untersten Instanz gekommen war, oder, wie in Dalmatien und Lombardo-Venetien, von vornherein keine grundherrlichen respektive städtischen Gerichtsbarkeiten existierten.[74]

Generell bestand ein stärkerer staatlicher Einfluss im Bereich der Strafjustiz, in dem bereits in der ersten Instanz ein Kollegium von drei geprüften Richtern und zwei

---

72 Vgl. Hof- und Staatshandbuch des Kaisertum Österreichs für das Jahr 1856, Tl. 1, Wien 1856, S. 150. Dazu: Hoke, Österreich (wie Fn. 57), S. 362.
73 Vgl. den Beitrag über den Deutschen Bund (Kap. 6, Justiz) im vorliegenden Handbuchband.
74 Heindl, Rebellen (wie Fn. 57), S. 74. Siehe exemplarisch die untere Gerichtsorganisation in Tirol und Vorarlberg, in: CD-ROM-2, Dok.-Nr. 11.6.6.1 (Dekret über die Einrichtung von Gerichten unterster Instanz v. 31.10.1815).

vereidigten Beisitzern erforderlich war und viele Verfahren von vornherein den höheren Instanzen zugewiesen wurden bzw. die unteren Instanzen nur Urteilsvorschläge unterbreiten durften. Staatsverbrechen und Todesurteile blieben grundsätzlich der Obersten Justizstelle vorbehalten. Demgegenüber differenzierte sich die Zivilgerichtsbarkeit auf der untersten Ebene stärker aus, hinzu kamen zahlreiche Sondergerichte für bestimmte Personengruppen und für bestimmte Angelegenheiten.[75]

Die Kodifizierung des Rechts war bereits im 18. Jahrhundert begonnen worden und hatte mit dem Josephinischen Gesetzbuch (1787) sowie dem Allgemeinen Bürgerlichen Gesetzbuch von 1811 seinen entscheidenden Durchbruch erzielt.[76] Nun konzentrierte man sich auf das freilich nicht unbescheidene Unterfangen der Einführung und Durchsetzung des ABGB in den neuen bzw. zurückgewonnenen Provinzen, um diese, »so viel möglich [...] den übrigen deutschen Erblanden in ihrer Organisierung gleichzustellen.«[77]

Da die nach 1815 in Kraft befindlichen Gesetzessammlungen nur wenige staats- und verfassungsrechtliche Bestimmungen enthielten bzw. wie im Fall des Allgemeinen Bürgerlichen Gesetzbuchs an entscheidenden Stellen nachträglich beschnitten worden waren[78], verfügte die Rechtsordnung des Habsburgerreichs im Vormärz nur über relativ geringes verfassungspolitisches Entwicklungspotenzial. Zumindest zeigte sich die zeitgenössische Staatsrechtslehre bemüht, die Errungenschaften der vorangegangenen Epoche durch »statistische und verwaltungsrechtliche Fortschreibung« zu sichern und im Kleinen zu verbessern.[79]

Zu stabilisieren galt es vor allem das Prinzip der Unabhängigkeit der Ziviljustiz. Nach übereinstimmender Auffassung der Staatsrechtslehre bestand für die Krone die bereits durch Maria Theresia eingegangene und durch ihre Nachfolger bestätigte Verpflichtung, das Richteramt in privatrechtlichen Angelegenheiten allein den dafür vorgesehenen Gerichtshöfen zu überlassen und nicht in den »gesetzlichen Justizlauf« einzugreifen. Das zentrale Argument lautete, dass die Wahrscheinlichkeit des Irrtums und der Ungerechtigkeit »doch unendlich geringer [sei], wenn bestimmte Individuen oder Collegien nach einer eigenen Vorbereitung in der Gesetzkunde und Anwendung, in einer hierarchischen Unterordnung, mit unbedingter Abhängigkeit von dem Gesetze, und bey Verantwortung und Strafe für Pflichtverletzung und Unrecht (Mo-

---

75 Vgl. Hoke, Österreich (wie Fn. 57), S. 362 f.
76 Vgl. Schlegelmilch, Österreich (wie Fn. 4), S. 890 ff.
77 Schreiben Franz' II. in Bezug auf die Einführung des österreichischen Rechtssystems in den italienischen Provinzen und in Illyrien, abgedr. in: Filippo Ranieri, Italien, in: H. Coing (Hg.), Handbuch der Quellen und Literatur der neueren europäischen Privatrechtsgeschichte, Bd. 3.1, München 1982, S. 177-338, hier S. 227.
78 Vgl. Schlegelmilch, Österreich (wie Fn. 4), S. 892.
79 Vgl. Michael Stolleis, Geschichte des öffentlichen Rechts in Deutschland, Bd. 2: 1800–1914, München 1992, S. 227.

tive, die bey dem Regenten nicht gedenkbar sind) das Richteramt verwalten.«[80] Eine Schwächung der Autorität der Krone glaubte man darin nicht zu erkennen, zumal der Monarch als oberster Gesetzgeber über die Möglichkeit verfügte, die Rechtslage zu ändern, bestehende Gerichtshöfe aufzuheben und neue einzusetzen sowie Richter zu berufen und abzuberufen. Das (französische) Modell der Wahl der Richter durch die Bürgerschaft wurde hingegen nicht übernommen, wiewohl es in den 1780er-Jahren auf städtischer Ebene zeitweilig eingeführt worden war.

Die Frage der Abgrenzung zwischen Verwaltungs- und Justizangelegenheiten berührte sich im Betrachtungszeitraum in doppelter Hinsicht mit der konstitutionellen Thematik. Zum einen ging es um die weitere rechtliche Präzisierung und justizielle Absicherung der autonomem Lebens-, Berufs- und Geschäftssphäre des Bürgertums, zum anderen um die Regelung und Fortentwicklung des komplexen und sich vergrößernden Überschneidungsbereichs von Gesellschaft und Staat. Von besonderer Bedeutung waren dabei die Fragen des Schutzes der Bürger vor ungerechtfertigten Maßnahmen und Eingriffen der Exekutive und der Kontrolle der behördlichen Verwaltungstätigkeit. Dazu standen sich im Wesentlichen zwei Auffassungen gegenüber: einerseits eine gemäßigte Reformposition, die davon ausging, dass es im Rahmen der bestehenden monarchischen Staatsordnung nicht zulässig sei, Vertreter von Regierung und Verwaltung vor Gericht zu stellen und allenfalls ein geordnetes Beschwerde- und Entscheidungsverfahren innerhalb der Verwaltung anzustreben sei. Es habe der Grundsatz zu gelten, dass »Streitigkeiten über die Anwendung politischer Gesetze in der Regel auch nur von politischen Behörden zu erörtern und zu entscheiden sind«. Dem stand die Auffassung entgegen, dass konkrete Rechtsansprüche und -verwahrungen Einzelner gegen ungesetzliches Verwaltungshandeln sehr wohl in die Zuständigkeit der Zivilgerichtsbarkeit fallen und entsprechend dort geklärt werden könnten, dass es also im Einzelfall möglich sei, aus »Polizei-Sachen« »Justiz-Sachen« werden zu lassen.[81]

Die Positionen lagen im Grunde nicht unüberbrückbar weit auseinander, weil beiden Seiten letztlich nicht daran gelegen sein konnte, die mühsam erkämpfte Trennung zwischen politischen und Justizsachen wieder aufzuheben und ein grundsätzliches Interesse bestand, die Rechte der Bürger gegenüber dem Staat zu bewahren und bis zu einem gewissen Grad zu stärken. Auf dieser Grundlage ist es nach der Revolution möglich gewesen, ein funktions- und weitgehend konsensfähiges Verwaltungsjustizsystem auf unabhängiger Grundlage aufzubauen.

---

80 Carl Joseph Freiherr Pratobevera von Wiesborn, Ueber die Gränzlinien zwischen Justiz- und politischen Gegenständen und das Verhältnis der Gerichtshöfe zur landesherrlichen Macht« (1815), in: CD-ROM-2, Dok.-Nr. 11.6.6.2.
81 CD-ROM-2, Dok.-Nr. 11.6.6.2 (wie Fn. 80).

7 Militär

Nach der theresianisch-josephinischen Ära und den Revolutionskriegen, die beide – ungeachtet mancherlei Schwierigkeiten, Halbherzigkeiten und Rückschlägen – eine Reihe von grundlegenden Veränderungen im österreichischen Militärwesen mit sich gebracht hatten[82], setzte praktisch schon seit dem verlorenen Krieg von 1809 eine Phase der militärpolitischen Stagnation mit nur punktuellen Reformen beziehungsweise Veränderungen ein. Nach dem Rückzug Erzherzog Karls als einer der entscheidendsten Triebkräfte für militärische Reformen erlangte der Hofkriegsrat wieder seine frühere bestimmende Stelle als oberste militärische Leitungsbehörde zurück und wurde sogar mit erweiterten Befugnissen ausgestattet. Offenkundig wurde dies in der Aufhebung des Kriegsministeriums im Jahr 1812 und der 1824 erfolgenden Unterordnung des Marineoberkommandos unter den Hofkriegsrat. Für ihn galt während der gesamten Epoche des Vormärz bis zu seiner im Zuge der Revolutionswirren von 1848 befohlenen Auflösung zugunsten eines neuen Kriegsministeriums[83] folgender Geschäftsgang: Er erhielt als Militärzentralstelle seine Befehle unmittelbar vom Kaiser als oberstem Kriegsherrn, erläuterte diese den zuständigen unteren Stellen und kontrollierte deren Ausführung. Selbstständige Entscheidungen wurden nur in geringem Ausmaß getroffen, allein stand es ihm zu, dem Kaiser Vorschläge zu unterbreiten. Den Vorsitz im Gremium führte der Präsident, der üblicherweise im Rang eines Staats- und Konferenzministers stand[84], sowie der Vizepräsident (ab 1835 gab es deren zwei). Als leitende Organe dienten fünf Generäle beziehungsweise Hofkriegsräte, die ähnlich Sektionschefs mit fest umrissenem Wirkungskreis die einzelnen Departements überwachten, von denen es insgesamt 15 – jeweils geführt von einem Hofrat beziehungsweise Oberst oder General – gab. Die wichtigste dem Hofkriegsrat untergeordnete Institution waren die territorial abgegrenzten Generalkommanden (14, ab 1827 nach Zusammenlegungen zwölf), die als unmittelbares Bindeglied zwischen oberster Führung und Truppe dienten.[85] Insgesamt glich der Hofkriegsrat eher einem Administrations- denn einem militärischen Führungsorgan, was seinen Wert im Kriegsfalle zwangsläufig schmälern musste. Entsprechend plädierte bereits 1815 Feldmarschallleutnant Graf Radetzky, der in den Befreiungskriegen als erster »moderner« Generalstabschef der österreichischen Armee in Erscheinung getreten

---

82 Vgl. Schlegelmilch, Österreich (wie Fn. 4), S. 872-900.
83 Vgl. CD-ROM-2, Dok.-Nr. 11.6.7.2 (Entschließung zur Auflösung des Hofkriegsrates v. 11.5.1848).
84 Insgesamt sieben verschiedene Präsidenten standen dem Hofkriegsrat zwischen 1814/15 und seiner Auflösung 1848 vor, allesamt hochrangige und verdiente Mitglieder der höchsten Generalität wie Feldmarschall Fürst Schwarzenberg zwischen 1814 und 1820.
85 Vgl. Bertrand Michael Buchmann, Militär – Diplomatie – Politik. Österreich und Europa von 1815 bis 1835, Frankfurt a. M. u. a. 1991, S. 74-78. Zur Geschichte des Hofkriegsrates vgl. Oskar Regele, Der österreichische Hofkriegsrat 1556–1848, Wien 1949.

war, dafür, dass »das Militärische den Maßstab geben muss, was das Administrative zu tun habe«.[86] Grundlegende Veränderungen unterblieben jedoch, zumal insgesamt Reformvorschläge, die auf Verbesserungen der Organisation und Effizienz des Militärwesens hinausliefen, nur wenig Resonanz seitens der Staatsführung fanden.[87] Dies war nicht zuletzt darauf zurückzuführen, dass das österreichische Militär nach den kostspieligen, seit 1792 geführten Kriegen an chronischem Geldmangel laborierte.

Die langwierigen Kriege gegen Frankreich hatten zur Aufstellung immer größerer Heeresverbände genötigt. Entsprechend waren bereits 1795 die bis dahin bestehende Befreiung zahlreicher Bevölkerungsteile von der Stellungspflicht eingeschränkt und ein wesentlicher Schritt in Richtung einer allgemeinen Wehrpflicht gesetzt worden.[88] 1827 wurde präzisiert, dass fortan ausschließlich Geistliche, Adelige[89], Beamte, Doktoren und Bauern mit einem Wirtschaftsbesitz, ferner (Einzel-)Söhne, die für den Unterhalt ihrer Familien sorgen müssten, und Studierende mit gutem Studienerfolg von der Wehrdienstleistung enthoben sein sollten.[90] Die 1802 festgelegte Wehrdienstzeit von zehn Jahren (zwölf Jahre für die Kavallerie und 14 für die Artillerie) wurde anlässlich der 1819 erfolgten Einführung der Konskription im bislang privilegierten Tirol allerdings auf acht Jahre verkürzt, diese Regelung im Jahr 1845 schließlich in allen altkonskribierten Provinzen übernommen.[91]

Hinsichtlich der sozialen Zusammensetzung hielt im Vormärz der Prozess einer bescheidenen, aber stetigen »Egalisierung« an, befördert durch die Verkürzung der Wehrdienstzeiten, mittels derer ein breiter gestreuter Personenkreis zu den Waffen gerufen werden konnte, und die »Demokratisierung« der Stellungspflicht. Was das Offizierskorps betrifft, so schritt die Verbürgerlichung desselben – parallel zur Ver-

---

86 Vgl. CD-ROM-2, Dok.-Nr. 11.6.7.1 (Josef Wenzel Radetzky von Radetz, Vorschlag zur Reorganisation der obersten Geschäftsleitung im Hauptquartier v. 10.10.1815).
87 Beispielhaft lassen sich Pläne einer permanenten Generalstabsschule nennen, die vorerst unberücksichtigt blieben und erst 1852 in Form der neu errichteten Kriegsschule zur Umsetzung gelangen sollten. Zur Geschichte des österreichischen Generalstabes vgl. Hubert Zeinar, Geschichte des österreichischen Generalstabes, Wien u. a. 2006, für die Zeit zwischen 1814/15 und 1848 insbesondere S. 288-320.
88 Die Konskription selbst wurde alle drei Jahre in den jeweiligen Werbebezirken durchgeführt, wobei jeder nicht befreite Mann zwischen dem 19. und 29. Lebensjahr stellungspflichtig war. Per Los wurden schließlich die konkret Wehrpflichtigen bestimmt.
89 1848 wurde auch der Adel, der bisher nur aufgrund freiwilliger Meldungen die Offiziersstellen bekleidet hatte, wehrpflichtig.
90 Hellbling, Verfassungs- und Verwaltungsgeschichte (wie Fn. 1), S. 335.
91 Vgl. Buchmann, Militär (wie Fn. 85), S. 144-148. In Ungarn wurde demgegenüber erst auf dem Landtag von 1839/40 die Ablösung der lebenslänglichen durch eine zehnjährige Dienstzeit beschlossen. Ein indirekter Vorteil, der mit der Verkürzung der Wehrdienstzeiten einherging, war der Rückgang der Desertion, die gerade im Falle der noch lebenslänglichen Dienstverpflichtung ein überaus großes Problem dargestellt hatte. Entsprechend sah man sich von staatlicher Seite auch in der Lage, die entsprechenden Militärstrafnormen abzumildern. Vgl. hierzu Christoph Tepperberg, Rechtsnormen zum »Verbrechen der Desertion« in der k. k. Armee, vornehmlich für die Zeit des Vormärz, in: Mitteilungen des Österreichischen Staatsarchivs 43 (1993), S. 94-113.

bürgerlichung der Gesellschaft insgesamt – weiter voran, ohne dass dieser Prozess aber zu nachhaltigen Impulsen für die Konstitutionalisierung des Landes geführt hätte.[92] In der Tat konnte das Militär auch im Vormärz und darüber hinaus als wichtigster Garant für die bestehende staatliche Ordnung und neben dem Kaiser als einigende Klammer des Vielvölkerreiches gelten[93], wenngleich die Nationalisierung der Monarchie gerade im Umfeld des Revolutionsjahres 1848 auch am Militär nicht ohne Spuren vorübergehen sollte.

8 Verfassungskultur

Das bereits Ende des 18. Jahrhunderts begonnene und seit 1815 unter Josef Graf Sedlnitzky als Präsident der Polizei- und Zensurhofstelle stark ausgebaute Überwachungs- und Repressionssystem[94] verhinderte im gesamten Betrachtungszeitraum die Ausbildung einer öffentlichen Diskussionskultur über politische und staatliche Angelegenheiten. Den einen erschien der Metternich-Staat als Hort von »Ruhe und Ordnung«, den anderen als Friedhof des gesellschaftlichen Lebens.

Die Wirklichkeit lag dazwischen. Denn natürlich war die komplette Abschottung des Reiches gegenüber dem Ausland nicht möglich und fanden sich für unerwünschte Informationen sowie kritische Schriften und Meinungsäußerungen zahllose Eintrittskanäle. Im Inneren dienten Vereine, Klubs, Salons, Kaffeehäuser und Gaststätten, Theater und andere Etablissements als Plattformen eines oft verklausulierten, aber wohl verstandenen Austausches über die Zeitverhältnisse. Den Ausdrucksmöglichkeiten versierter Literaten und Künstler stand die Zensur immer wieder hilflos gegenüber, wollte sie nicht Gefahr laufen, sich der Lächerlichkeit preiszugeben, was gleichwohl häufig genug der Fall war. Teilweise hatten die Zensoren ihrerseits künstlerische Ambitionen und hegten Sympathien für die von ihnen Überwachten, die nicht selten wenig Furcht an den Tag legten und sich auf das nicht ungefährliche Spiel einließen.[95]

---

92 Ungeachtet der wachsenden Bedeutung von Bürgerlichen im Offizierskorps galt aber nach wie vor, dass die Aufstiegschancen für Geburtsadelige ungleich höher waren und bürgerliche Offiziere nur in seltenen Fällen damit rechnen konnten, einen Generalsrang zu erreichen.

93 Sinnbildlich für die Einheit des Militärs in der ansonsten vielsprachigen und multikulturellen Monarchie war nicht zuletzt, dass Deutsch für alle Regimenter als Kommando- und Dienstsprache festgesetzt war, obschon nur wenige Regimenter rein deutschsprachig waren. Allerdings existierte zusätzlich noch die »Regimentssprache« als jene Sprache, die von der Mannschaft mehrheitlich gesprochen wurde und von allen Offizieren erlernt zu werden hatte.

94 Siehe Kapitel 4, Grundrechte; vgl. Schlegelmilch, Österreich (wie Fn. 4), S. 879.

95 Zu den Plagen der Zensorentätigkeit siehe z. B. Hubert Lengauer, Mitternacht und Morgenröte. Licht auf die Biographie eines Mittelmäßigen. Zu Johann Gabriel Seidl in: R. Pichl/C.A. Bernd (Hg.), The Other Vienna. The Culture of Biedermeier Austria. Österreichisches Biedermeier in Literatur, Musik, Kunst und Kulturgeschichte, Wien 2002, S. 95-118, 107 ff.

Direkte Kritik konnte freilich nur im Ausland erscheinen. Sofern deren Autoren nicht anonym blieben, bedeutete dies den offenen Bruch mit dem Metternich-Staat und den Verlust der Heimat. Karl Anton Postl, Karl Hormayr, Ignaz Kuranda, Franz Schuselka und andere gingen diesen Weg, wobei es freilich nicht selten vorkam, dass bereits vor der Kritik der Weggang stand und insofern nur unter Vorbehalt von politischem Exil gesprochen werden kann. So war Karl Anton Postl Mitglied des Prager Kreuzherrenordens und wanderte 1823 aus unbekannten Gründen in die Vereinigten Staaten aus, wo er den Namen Charles Sealsfield annahm. Ab 1826 in London ansässig, erschien dort zwei Jahre später seine Generalabrechnung »Austria as it is or Sketches of Continental Courts, by an Eye Witness«, die – bei aller Sympathie für Land und Leute – ein ausgesprochen negatives Bild des Kaisers, des Staatskanzlers, der Bürokratie und der öffentlichen Verhältnisse des Habsburgerreichs zeichnete.[96] Das Buch wurde in mehreren Sprachen aufgelegt und verdankte seinen Erfolg sowohl der Beobachtungsgabe als auch der ebenso plakativen wie holzschnittartigen Darstellungskraft seines Autors. Dies ist zu bedenken, wenn Sealsfield, der sich im Übrigen kurz vorher den Österreichern als Informant über die britischen Verhältnisse angeboten hatte, als Kronzeuge für die innere Lage des Habsburgerreichs herangezogen wird.[97]

Einem Teil der Exilanten war die nationale Indifferenz des Kaiserstaats zuwider, ein anderer Teil wie auch viele der Dagebliebenen zeigten hingegen Verständnis für das Identitätsdilemma des Vielvölkerstaats, den sie für erhaltenswert wenn auch reformbedürftig hielten. Auf zwei wichtige Exponenten der zweiten Richtung sei hier besonders verwiesen. Der eine ist Franz Grillparzer, Dramatiker *und* Beamter (des Finanzministeriums), der andere Viktor von Andrian-Werburg, ungarischer Adliger im Staatsdienst und Autor der Schrift »Österreich und dessen Zukunft«, die in zwei Bänden und in mehreren Auflagen in Hamburg bei Hoffmann & Campe erschien.[98]

Als Patriot und Bewunderer Josephs II.[99] sah Grillparzer im Herrscherhaus die letztlich entscheidende Integrationsklammer des Vielvölkerreichs. Vielfach, so auch mit seinen beiden großen historischen Dramen »König Ottokars Glück und Ende« (1823 vollendet, 1825 nach zweijähriger Zensursperre uraufgeführt) und »Ein Bru-

---

96 »Compared with the roughness with which Francis handled his subjects, by the mere plainness of his manner, the tyranny of Napoleon was a trifle«, »Never has there been a man more detested and dreaded than Metternich.« Zitate aus: P.-H. Kucher (Hg.), Charles Sealsfield, Austria as it is or Sketches of Continental Courts. Eine kommentierte Textedition, Wien u. a. 1994, Kap. 4 u. 5.
97 Vgl. Rumpler, Chance (wie Fn. 1), S. 269.
98 Vgl. M. Rietra (Hg.), Wirkungsgeschichte als Kulturgeschichte. Viktor von Andrian-Werburgs Rezeption im Vormärz. Eine Dokumentation. Mit Einleitung, Kommentar und einer Neuausgabe von »Österreich und dessen Zukunft« (1843), Amsterdam 2001.
99 Vgl. Grillparzers Gedicht »Des Kaisers Bildsäule« (1837) als charakteristische Verknüpfung von Josephinismus und Gegenwartskritik: »Was ich geschaffen, habt ihr ausgereutet, Was ich getan, es liegt durch euch in Staub. Die Zeit wird lehren, was ihr ausgebeutet, Mich wählt zum Hehler nicht für euren Raub! – Mir war der Mensch nicht Zutat seiner Röcke, Als Kinder, Brüder liebt ich alle gleich: Ihr teilt die Schar in Schafe und in Böcke, Und mit den Böcken nur erfreut ihr euch.«

derzwist im Hause Habsburg« (1824 begonnen, 1848 uraufgeführt) plädierte er für eine paternalistische und verantwortungsethische, den Traditionen gleichermaßen verpflichtete wie den Anforderungen der Gegenwart zugewandte Führung. Als Reichspatriot, Monarchist und Oppositioneller saß er dabei nicht selten »zwischen den Stühlen« und handelte sich einerseits Repressalien der Zensurbehörden und andererseits Angriffe der Liberalen und Nationalisten ein, die ihn der Unterwürfigkeit bezichtigten oder sich – wie etwa die Tschechen durch seine Darstellung des Böhmenkönigs Ottokar – in ihren nationalen Gefühlen beleidigt fühlten.[100]

Abb. 11.6.2 Segnung und Krönung Ferdinands zum ungarischen König am 28. September 1830 in Preßburg (Lithografie von 1835)

Während Grillparzer mit Vorliebe mit historischen Stoffen arbeitete und es dem Leser bzw. Zuschauer überließ, Gegenwartsanalogien herzustellen, kritisierte Andrian im ersten Teil seines Werkes die bestehenden Zustände unmissverständlich und schonungslos, um im zweiten Teil konkrete Reformvorschläge folgen zu lassen. Für ihn befand sich Österreich in einer mit Frankreich 1788 vergleichbaren Situation. Es hatte die Wahl, entweder im »Meer der roten Revolution« unterzugehen oder die dringend notwendige Staatsreform vorzunehmen.[101] Dabei stellte sich nach seiner

---

100 Vgl. Robert Pichl, Grillparzers »Patriotische Lehrstücke«. Das Krisenmanagement in den Habsburgerdramen, in: ders./Bernd (Hg.), Vienna (wie Fn. 95), S. 29-39.
101 Vgl. o. Verf. [Viktor Franz von Andrian-Werburg], Österreich und dessen Zukunft, Zweiter Theil, Hamburg 1847, S. 7.

Auffassung gar nicht erst die Systemfrage zwischen Absolutismus und Konstitutionalismus, sondern ging es um die Auseinandersetzung mit einer überbordenden bürokratischen Machtelite:

> »Der Absolutismus ist dort nicht mehr möglich, wo es keinen allmächtigen Einzelwillen mehr gibt, wo dem Monarchen in so vielfacher Weise die Hände gebunden sind, wie bei uns – und nun da das Land durch seine uralten Vertreter eintritt, seinen natürlichen Antheil an der Verwaltung, sein gutes Recht zurückfordert, und dem Fürsten eine größere Macht, sich eine naturgemäßere Geltung verschaffen möchte, da erhebt die Bureaukratie, welche zum eigenen Vortheile die Attributionen Beider monopolisirt hat, ein jammervolles Geschrei, appellirt an das historische Princip, an die Legitimität und Gott weiß an was sonst, und wehklagt über die Auflösung aller gesetzlichen Bande, über die Zerrüttelung der öffentlichen Ordnung, über anarchische Tendenzen! – Sehr begreiflich, und dennoch wie es scheint bisher noch von so Wenigen begriffen!«[102]

Bis zu einem gewissen Grad überschnitten sich Grillparzers und vor allem Andrians Vorstellungen mit dem staatspolitischen Selbstverständnis des in Leipzig erscheinenden »Grenzboten«, des wichtigsten Publikationsorgans der österreichischen Opposition. Zwar dominierte darin der Deutschliberalismus und wurde nicht prodynastisch nach Art Grillparzers und auch nicht explizit reformaristokratisch im Sinne Andrians argumentiert, doch dominierte letztlich auch bei den Autoren des »Grenzboten« der Wille zur Erhaltung des – deutsch geführten – Gesamtreichs und zur umfassenden Reformierung seiner Institutionen. Dabei konzentrierten sich in Anbetracht des katastrophalen Erscheinungsbilds der Dynastie nach 1835 alle Hoffnungen und Erwartungen auf die Ständeversammlungen der Länder, die man sich statt als machtlose Vertretungen von Gruppeninteressen als echte Volksvertretungen wünschte, aus denen sodann im nächsten Schritt Reichsstände hervorgehen sollten.[103]

Es gehört zu den großen Unterlassungen und staatspolitischen Pflichtvergessenheiten Metternichs, Kolowrats und der Staatskonferenz, den aus den Reihen der reichspatriotischen Opposition angetragenen Diskurs über die Möglichkeiten einer legalen, sukzessiven und partiellen Verfassungsreform weder zugelassen noch irgendwelche der

---

102 Ebd., S. 23.
103 Vgl. CD-ROM-2, Dok.-Nr. 11.6.8.3 (Hradschiner, Zum Repräsentationsproblem der österreichischen Monarchie v. 1847). Diese Hoffnungen wurden als realistisch angesehen; man ging davon aus, dass der Prozess der politischen Emanzipation der Stände bereits in Gang gekommen sei: »Dieses Verschmelzen der Stände mit der Nation wird nach und nach allgemeiner und inniger. Es vergeht kein Jahr, wo sich nicht Stände irgend einer Provinz der Bewegung, welche bereits in anderen Provinzen Statt gefunden hat, anschließen. Die Stände Nieder-Oesterreichs und Böhmens regten sich zuerst; und heute sind die Ober-Oesterreichs, Steyermarks, Mährens, selbst auch schon die Kärnthens in Thätigkeit, und die noch fehlenden werden auch bald erwachen!« (Ebd.).

dort gemachten Vorschläge aufgegriffen zu haben. Im Gegenteil mussten die Reformer eins ums andere Mal zur Kenntnis nehmen, dass jeder noch so kleine Emanzipationsversuch der Ständeversammlungen in demütigender Weise zurückgewiesen und nicht selten mit Strafandrohungen verbunden wurde.[104] Die besondere Brisanz dieses Versäumnisses zeigt sich darin, dass der entscheidende innere Impuls zum Revolutionsausbruch vom März 1848 aus der – sorgfältig überwachten, aber letztlich doch unverstandenen – bürgerlichen Reformelite Wiens kommen sollte, wie sie sich namentlich im Juridisch-Politischen Leseverein, aber auch in anderen bürgerlichen Vereinigungen und Orten, wie dem Gewerbeverein, dem Handelsverein, der »Concordia«, im »Salon Doblhoff«, bei »politischen Tees« usw. usf. formiert hatte.[105] Schon lange vor dem 13. März konstituierte sich auf diese Weise eine kritische Ersatzöffentlichkeit heraus, deren Mitglieder selbstverständlich die im Ausland erschienenen Oppositionsschriften kannten und sich kaum noch scheuten, Reden zu führen, bei denen »die Polizei Schwindel und Ohrensausen bekam.«[106] Zurückhaltung übte man allerdings mit direkten politischen Aktionen. Eine Ausnahme bildete die von fast hundert Autoren, Buchhändlern und Intellektuellen unterschriebene »Schriftstellerpetition« des Jahres 1845, die freilich zunächst keine Abschaffung, sondern nur eine Lockerung der Zensur im Sinne einer Rückkehr zu josephinischen Verhältnissen wünschte.[107]

Während sich das liberale Bürgertum mehr oder weniger zielbewusst auf den Verfassungs- und Rechtsstaat vorbereitete, fand Grillparzers Ideal eines kraftvoll regierenden und paternalistisch lenkenden Herrschertums nicht nur in der politischen Realität des Reiches keine Entsprechung, sondern blieb auch in symbolpolitischer Hinsicht relativ wirkungslos – sieht man von den herrschaftspolitisch indifferenten, im Grunde marginalisierenden Namenssuffixen »der Gute« bzw. in Ferdinands Fall »der Gütige« ab. Als es nach Franzens Tod darum ging, ein Denkmal für den Verstorbenen zu errichten, wurde freilich doch noch einmal der Versuch gemacht, den

---

104 Vgl. ebd.: »Daß die niederösterreichischen Stände mit ihren Deputationen factisch zweimal zurückgewiesen wurden, ist bekannt. Weniger bekannt ist es, daß auch die böhmischen Stände von ihren beabsichtigten Deputationen mehr als einmal auf den Wunsch des Erzherzogs Landeschef abgestanden sind, bevor sie im Jahre 1845 die erste abzusenden moralisch gezwungen worden waren. Die Eifersucht und der Drang, die Unbedeutenheit der Stände recht klar zu machen, geht oftmals in's Kleinliche. Als die zahlreiche Deputation in höchster Galla in den Vorgemächern des Kaisers erschien, mußte sie lange warten, weil eine bedeutende Person zuvor den Monarchen zu bewegen suchte, die große Feldmarschalls-Uniform mit der kleinsten (dem sogenannten Comodfrack) zu vertauschen!«
105 Vgl. Brauneder, Leseverein (wie Fn. 56), S. 117 ff. Siehe exemplarisch den polizeilichen Überwachungsbericht bezüglich des Juridisch-Politischen Lesevereins v. 8.6.1844, in: CD-ROM-2, Dok.-Nr. 11.6.8.1.
106 Vgl. ebd., S. 153. Vgl. als Beispiel auch zur Rezeption der kritischen Bände Andrians: Rietra (Hg.), Wirkungsgeschichte (wie Fn. 98), S. 39 ff.
107 Siehe Kapitel 4, Grundrechte. Zur Einschätzung: Matthias Rettenwander, Nachwirkungen des Josephinismus, in: H. Reinalter/H. Klueting (Hg.), Der aufgeklärte Absolutismus im europäischen Vergleich, Wien u. a. 2002, S. 303-329, hier S. 314.

Vatertopos politisch zu instrumentalisieren. So betonte die offizielle Denkmalsbeschreibung bei der Enthüllung im Jahr 1846, dass es dem Künstler – es handelte sich um den Mailänder Bildhauer Pompeo Marchesi – darum gegangen sei, den Kaiser als Vater darzustellen, der zu seinen Völkern die Worte aus seinem Testament spricht.[108] Freilich entsprach die allegorische Darstellungsweise des mit einer Toga bekleideten, aufrecht stehenden Herrschers nicht dem im Volk verbreiteten Bild des »guten Kaiser Franz«. Zudem stieß der vermeintlich »italienische« Charakter des Monuments bei den Wienern allgemein und bei der zunehmend national ausgerichteten Wiener Kunstszene im Besonderen auf Ablehnung. Im Revolutionsjahr stand man sogar kurz davor, das Denkmal wieder abzureißen, während im Gegenzug Josephs II. Reiterstatue aus dem Jahr 1807 den Demonstranten als Anlaufpunkt und historische Legitimationsquelle diente.[109]

Aufs Ganze gesehen ist festzustellen, dass die Bilanz der Metternich-Zeit unter kulturstaatlichen Gesichtspunkten klar negativ ausfällt. Das im Hinblick auf die Öffentlichkeitswirkung misslungene Kaiser-Franz-Monument war nur der Schlusspunkt einer Kunstpolitik, die nur geringen Wert auf die symbolische Besetzung des öffentlichen Raumes legte und dort, wo sie es tat, mit wenig Fortune agierte.[110]

Vor allem aber machte sich das Fehlen eines tragfähigen kulturpolitischen Konzepts zur Integration der Nationalitäten des Reiches negativ bemerkbar. Denn die unter integrationspolitischen Gesichtspunkten grundsätzlich sinnvolle Praxis der Zulassung und Förderung von Initiativen und Maßnahmen der Kultur- und Traditionspflege der Völker reichte nicht mehr aus, die in nationalistischer Aufladung begriffenen Konkurrenz- und Konfliktpotenziale aufzufangen. Hierfür hätte es zu allererst institutioneller Strukturen mit dem Einüben pluralistischer Umgangsformen bedurft. So aber wurden aus geförderten oder zumindest geduldeten nationalkulturellen Einrichtungen, wie dem polnischen Nationalinstitut in Lemberg (initiiert 1817, eröffnet 1827), der Ungarischen Akademie der Wissenschaften (initiiert 1825, eröffnet 1830), dem »Böhmischen Landesmuseum« (1818) oder der Zeitschrift »Danica Illirska« (»Illyrischer Morgenstern«, 1835), Anknüpfungspunkte und Kristallisationskerne nationalistischer Entwicklungen.[111]

Am tschechisch-böhmischen Beispiel lässt sich das Problem gut verdeutlichen. Hier hatte sich im letzten Drittel des 18. Jahrhunderts durch adlige Initiative (»Nos-

---

108 Vgl. Selma Krasa-Florian, Pompeo Marchesis Kaiser-Franz-Denkmal in Wien. Die kunstpolitischen Beziehungen des Kaiserhofes zu Lombardo-Venetien 1814–1848, in: E. Springer (Hg.), Archiv und Forschung. Das Haus-, Hof- u. Staatsarchiv in seiner Bedeutung für die Geschichte Österreichs und Europas, Wien 1993, S. 202-239, hier S. 239.
109 Vgl. ebd.
110 In diesem Sinne bezeichnend war es, dass das bereits 1820 geplante Denkmal für den k. k. -Feldherrn Karl Philipp zu Schwarzenberg in den folgenden 28 Jahren nicht realisiert wurde. Die Enthüllung fand schließlich erst 1867 statt.
111 Vgl. Rumpler, Chance (wie Fn. 1), Kap. III: »Die Büchse der Pandora«.

titzkreis«) ein böhmischer Landespatriotismus herausgebildet, der mit der Gründung der »Böhmischen Gesellschaft der Wissenschaften (1784), der Einrichtung eines Lehrstuhls für tschechische Sprache an der Prager Universität (1792) und der Errichtung des »Königlich Böhmischen Landesmuseums« (1812) bedeutende Erfolge erzielte. Dies änderte sich ab 1827 mit dem Aufbau einer Museumszeitschrift bzw. der Gründung des Vereins »Matice Česká« (1830), der zur finanziellen Unterstützung der Museumszeitschrift beitragen sollte. Unter der Führung František Palackýs entwickelte sich »Matice Česká« rasch von einem böhmischen Adelsklub zu einer bürgerlich-tschechischen Großorganisation mit am Ende (1848) dreieinhalbtausend eingeschriebenen Mitgliedern. Ihr Programm bestand nicht in der Pflege der böhmischen Heimatkultur, sondern in der Realisierung einer böhmischen Staatsnation unter tschechischer Führung.[112]

Vergleichbare Beispiele der nationalistischen Unterwanderung und Umwidmung ursprünglich landespatriotisch ausgerichteter Kultureinrichtungen finden sich in den habsburgischen Ländern des Vormärz vielfach und mit stark zunehmender Tendenz. Immer mehr verstärkten sich die Konfliktpotenziale zwischen den Nationalitäten bzw. profilierten sich neue Sammelideologien, wie der »Panslawismus«, der »Illyrismus« und der »Austroslawismus« sowie die revolutionären Nationalbewegungen des »Jungen Europa« mit ihren polnischen, italienischen und deutschen Einzelverbänden.

Für die Deutschen als privilegierte Volksgruppe des Habsburgerreiches bedeuteten diese Entwicklungen naturgemäß eine starke Bedrohung. Vor allem in Böhmen spitzte sich die Situation immer weiter zu. Unter dem gefühlten Druck des Austroslawismus fühlten sich wiederum viele Deutschböhmen vom Deutschnationalismus angezogen und begannen sich mit der Idee der Einbeziehung Österreichs (mit Böhmen) in einen zu schaffenden deutschen Nationalstaat anzufreunden. Am Vorabend der Revolution befand sich das Verhältnis zwischen Deutschen und Tschechen auf einem Tiefpunkt. Der einst von Bernard Bolzano vertretene »Bohemismus« hatte sich damit im Grunde erledigt[113], auch wenn in den »Grenzboten« noch an die »Landesbrüderschaft von Deutschen und Tschechen« appelliert und vor der Konfrontation gewarnt wurde.[114]

Die Haltung der Deutschen schwankte zwischen dem Wunsch, einerseits das Reich als habsburgische Erbmonarchie zu erhalten und die deutsche kulturelle, so-

---

112 Ebd., S. 187.
113 Bolzano war Dekan der Philosophischen Fakultät der Prager Universität und Direktor der naturwissenschaftlichen Abteilung der Königlichen Böhmischen Gesellschaft der Wissenschaften. 1819 wurde er wegen angeblicher geheimbündlerischer Aktivitäten (und implizit wegen seiner aufgeklärten Überzeugungen) abgesetzt und erhielt ein lebenslanges Lehrverbot. Vgl. ebd., S. 180 f.; ferner: Helmut Diwald, Bernard Bolzano und der Bohemismus, in: Beihefte der Zeitschrift für Religion und Geistesgeschichte 4 (1959), S. 91-115.
114 CD-ROM-2, Dok.-Nr. 11.6.8.2 (»Grenzboten«-Artikel mit deutschem Protest gegen den »böhmischen Nationalball« v. 8.6.1844).

ziale und politische Führungsrolle zu verteidigen, andererseits eine möglichst enge Bindung mit dem künftigen deutschen Nationalstaat einzugehen. Die mögliche Konsequenz der Auflösung des Reiches wurde indes nur von einer radikalen Minderheit vertreten. Die große Mehrheit hoffte hingegen auf eine Lösung, die die Vereinigung Österreichs mit dem deutschen Nationalstaat und gleichzeitig den Erhalt des Vielvölkerstaats ermöglichen würde.[115]

Als neben Zensur und politischer Repression einerseits, Gesamtstaatspatriotismus und dynastischer Verbundenheit andererseits kaum weniger bedeutsames Stabilitätselement gilt das kollektive Kulturphänomen des Biedermeier, das teilweise auch als Epochenbezeichnung Verwendung gefunden hat.[116] Es wird darunter die Anerkennung der öffentlichen Autoritäten durch den Bürger, dessen Rückzug in eine private, von Bescheidenheit, Harmonie und Kunstsinn geprägte Lebenswelt bzw. in eine von Ruhe und Ordnung bestimmte Gesellschaft verstanden. Auch hier dient vielfach Franz Grillparzer als Musterbeispiel – mit seiner im Zweifelsfall eher dem inneren Seelenfrieden als den politischen Zielen zugewandten Lebensphilosophie und anhand von Zitaten, die die Freiheits- und Revolutionsangst des saturierten Bürgers unterstreichen.

Kritische, oft jüngere Geister, wie Franz Schubert, Johann Nestroy oder Nikolaus Lenau, die sich nicht mit Grillparzers selbstgenügsamen Patriotismus abfinden mochten, erscheinen demgegenüber als Gegenentwurf zum Biedermeier, an dem sie verzweifelten, melancholisch, lebenskrank und lebensmüde wurden. Doch lässt sich ein politischer Zusammenhang zwischen Biedermeierkritik und Staatspolitik nur selten so klar herstellen wie etwa in Nestroys – freilich erst im Revolutionsjahr entstandener – Posse »Freiheit in Krähwinkel«.[117]

Aufs Ganze gesehen sind die retardierenden Wirkungen des Biedermeier im Hinblick auf die großen gesellschaftspolitischen und politischen Fragen der Zeit nicht zu leugnen. Dies nicht zuletzt auch, weil es sich bei ihm um eine Form von bürgerlicher Selbstverständigung handelte, die sich der heraufkommenden sozialen Frage verschloss und damit das etablierte Bürgertum von der großen Mehrheit der Bevölkerung dauerhaft separierte. Dies gilt im Grunde auch dann, wenn, wie in den Theaterstücken Nestroys oder der Genremalerei Ferdinand Waldmüllers, die Unterschichten zum Thema wurden. Sozialkritische Elemente respektive Ansatzpunkte waren hier zwar gegeben, doch erschwerten der der Biedermeierkunst vielfach eigene Hang zum

---

115 Vgl. Jörg Kirchhoff, Die Deutschen in der österreichisch-ungarischen Monarchie. Ihr Verhältnis zum Staat, zur deutschen Nation und ihr kollektives Selbstverständnis (1866/67–1918), Berlin 2001, S. 25 ff.
116 Vgl. Karl Otmar Frhr. von Aretin, Biedermeier/Vormärz: Die Geschichte einer unpolitischen Epoche, in: Kunst des Biedermeier 1815–1835: Architektur, Malerei, Plastik, Kunsthandwerk, Musik, Dichtung und Mode. Anläßlich der Ausstellung des Bayerischen Nationalmuseums München vom 2. Dezember 1988 –26. Februar 1989, München, 1989, S. 11-19.
117 Vgl. Donald G. Daviau, Biedermeier. The happy face of the Vormärz era, in: Pichl/Bernd (Hg.), Vienna (wie Fn. 95), S. 11-27.

Skurrilen und Karikierenden ebenso wie der distanzierte Realismus der Genremalerei wiederum den Schritt von der Anschauung zur (politischen) Handlung.[118]

9 Kirche

Das System des Staatskirchentums, das Joseph II. etabliert und das ein Kernelement der Reformbemühungen des Josephinismus dargestellt hatte, blieb zunächst auch unter Franz I. ungeschmälert fortbestehen.[119] So stand etwa die kirchliche Vermögensverwaltung weiterhin unter staatlicher Aufsicht, blieb den Bischöfen vorerst der direkte Verkehr mit dem Papst verboten und wurde an den früheren Prinzipien im Eherecht festgehalten. Das ABGB von 1811 bestätigte dahingehend das kirchenpolitische Paradigma der josephinischen Ära, indem die Ehe Vertragscharakter erhielt, deren Eingehung und Scheidung entsprechend geregelt und ohne Berücksichtigung auf das kanonische Recht die Ehehindernisse festgesetzt wurden. Allerdings waren die ausgeprägte Aufklärungsfeindschaft des Kaisers und sein konservatives Weltbild dazu angetan, mittel- und längerfristig einer Wiederannäherung an den Heiligen Stuhl den Weg zu bereiten. Tatsächlich erfolgte ab 1815 dann eine teilweise Lockerung des Staatskirchensystems[120], indem verschiedene Ordenskongregationen, beispielsweise die Redemptoristen, insbesondere aber der 1814 wiederhergestellte Jesuitenorden, wieder zugelassen, eine Reihe von Klöstern wieder eröffnet und der Klostereintritt erleichtert wurden. Man begünstigte nunmehr die Gründung bischöflicher theologischer Lehranstalten und räumte der Geistlichkeit sogar ein Aufsichtsrecht gegenüber den Volksschulen und Gymnasien ein. Die »Rekatholisierung« des Bildungssystems spiegelte sich nicht zuletzt darin wieder, dass an philosophischen Lehranstalten die Religionslehre als Pflichtfach eingeführt und Geistliche mit dem Referat über kirchliche Angelegenheiten und das Studienwesen bei den Landesstellen betraut wurden, ohne dass damit aber die Rolle des Staates als oberstes Aufsichtsorgan in Bildungsfragen und sein Vorrecht zur Bestimmung der Lehr- und Unterrichtspläne – einschließlich derer für die theologischen Lehranstalten – an sich infrage gestellt worden wäre.

---

118 Vgl. Thomas Nipperdey, Deutsche Geschichte 1800–1866. Bürgerwelt und starker Staat, München 1983, S. 566 f.
119 Zum Josephinismus und seiner Wirkung im Vormärz vgl. die einschlägige Literatur, darunter Ferdinand Maaß, Der Josephinismus. Quellen zu seiner Geschichte in Österreich 1760–1850, Wien 1951–1961, insbesondere Bd. 4 (1957) und 5 (1961), und Eduard Winter, Der Josefinismus. Die Geschichte des österreichischen Reformkatholizismus 1740–1848, Berlin (Ost) 1962 (Erstausgabe: Der Josefinismus und seine Geschichte, Wien 1943). Siehe auch Fritz Valjavec, Der Josephinismus. Zur geistigen Entwicklung Österreichs im 18. und 19. Jahrhundert, Wien 2. Aufl. 1945.
120 Zur weiterhin bestehenden Frontstellung zwischen Anhängern des Josephinismus und dem reaktionär-katholischen Lager vgl. Paula Sutter Fichtner, History, Religion, and Politics in the Austrian Vormärz, in: History & Theory 10 (1) (1971), S. 33-48.

Hauptmotivation für diese Zugeständnisse, die einem Paradigmenwechsel gleichkamen und die Schlussphase des Josephinismus in Österreich einläuteten[121], war zweifellos die restaurative Staatsräson, die die römisch-katholische Kirche als staatserhaltenden Faktor und Bündnispartner im Kampf gegen die liberaldemokratische Bewegung betrachtete. Nicht zu unterschätzen ist allerdings auch die persönliche Rolle des Kaisers, dessen Romreise 1818/19 ebenso wie direkte Interventionen des Papstes, der in klaren Worten eine Veränderung der bestehenden Verhältnisse einforderte, einen nicht unwesentlichen Eindruck bei Franz I. hinterließen.[122] Unmittelbaren Ausdruck fand dessen persönliches Anliegen, die Beziehungen zwischen Österreich und der katholischen Kirche auf eine neue Basis zu stellen, im kirchenpolitischen Testament des Kaisers, in dem er im Selbstverständnis eines »treu ergebenen Sohnes Meiner Mutter, der katholischen Kirche« seinem Wunsch Ausdruck verlieh, dass sein Nachfolger »das von Mir angefangene Werk der Berichtigung und Modifizierung jener Gesetze, Grundsätze und Behandlung der kirchlichen Angelegenheiten, welche seit dem Jahre 1780 in Meinen Staaten eingeführt worden sind und die freye Wirksamkeit oder andere Rechte der Kirche mehr oder minder verletzen und mit der Lehre, Verfassung oder Disziplin der Kirche und insbesondere mit der Satzung des heiligen Kirchenrathes von Trient nicht im Einklange stehen, [...] ehemöglich auf eine den Hl. Vater befriedigende Art zu Ende geführt werden möge.«[123] Eine daraus abzuleitende grundlegende Neuorientierung der österreichischen Kirchenpolitik gegenüber dem Heiligen Stuhl, die gegebenenfalls in einem Konkordat gipfeln mochte[124], unterblieb aber unter der Regierung Ferdinands I. Vielmehr wurden die katholischen Kirchenangelegenheiten ganz in dem Zustand konserviert, wie sie sich zwischen 1745 und 1835 gebildet hatten.[125]

---

121 Zutreffend ist der fünfte und letzte Band von Ferdinand Maaß' Studienreihe zum Josephinismus für die Zeit von 1820 bis 1850 mit »Lockerung und Aufhebung des Josephinismus« tituliert; Maaß, Josephinismus (wie Fn. 119).
122 Vgl. insbesondere die 1819 verfasste Denkschrift Pius' VII. an den Kaiser betreffend das Unterrichtswesen, in dem der Papst scharf bemängelte, dass »der Religionsunterricht der öffentlichen Schulen in den österreichischen Staaten [...] Lehrern anvertraut ist, welche die Neuerungen weit mehr als die Wahrheit lieben, alle Kennzeichen einer bösen und irrigen Lehrart an sich trägt, indem er nicht aus den reinen Quellen der lauteren katholischen Kirchenlehre, sondern aus ketzerischen und verworfenen Systemen geschöpft und von daher seiner Natur nach dahin gerichtet ist, die Gläubigen dieser Länder von dem Mittelpuncte der von Jesus Christus festgesetzten Einheit zu trennen [...]«. CD-ROM-2, Dok.-Nr. 11.6.9.1 (Denkschrift Pius' VII. über den Universitätsunterricht v. 1819).
123 CD-ROM-2, Dok.-Nr. 11.6.9.2 (Franz I. an Kronprinz Ferdinand: Kirchenpolitisches Testament des Kaisers v. 28.2.1835).
124 Entsprechende Pläne waren zu Ende der Regierungszeit Franz' I. gehegt worden. Vgl. Beidtel, Geschichte (wie Fn. 1), S. 286.
125 Eine interessante Fallstudie zur konkreten Situation des Klerus im Vormärz stammt von Roland Bacher, Zwischen katholischer Restauration und franziszeischem Staatskirchentum. Der Klerus

Der Status der anderen Konfessionen veränderte sich während des Vormärz nicht grundlegend. Dies galt explizit etwa für die Juden, deren Rechtslage ungeachtet der Veränderung ihrer sozialen Stellung unverändert blieb. Punktuelle Verbesserungen konnten allein die Protestanten für sich in Anspruch nehmen. So wurde für sie schon 1819 eine eigene theologische Lehranstalt in Wien errichtet und wurden evangelische Priester gleich katholischen Geistlichen unter die privilegierte Gerichtsbarkeit der Landrechte gestellt. Ab 1826 erlaubte man es der evangelischen Kirche ferner wieder, ihre Theologen an die norddeutschen Universitäten zu schicken, und alles in allem galt, dass sie hinsichtlich der Ordnung ihres Gottesdienstes sogar unabhängiger blieb als die katholische Kirche. Die in der Bundesakte in Aussicht gestellte Gleichstellung von Katholiken und Protestanten erfolgte jedoch nicht.[126]

10 Bildungswesen

Die gesamte Bildungspolitik Franz' I. wie im Wesentlichen auch die seines Nachfolgers Ferdinands I. stand unter dem Vorzeichen von Pragmatismus und Bildungskonservatismus. Die Reklerikalisierung des Schul- und Universitätswesens wurde dabei billigend in Kauf genommen.

Im Schulwesen wurde die Dreiteilung in Trivial-, Haupt- und Realschulen gesetzlich verankert, dieser Bereich aber zugleich der kirchlichen Aufsicht unterstellt, die im staatlichen Auftrag und unter dessen Kontrolle erfolgte.[127] Abgesehen davon kam es in der Folgezeit zu keinen nennenswerten Veränderungen, und auch die Schulpflicht blieb eine Sollbestimmung, zumal durch eine verbindliche Durchsetzung indirekt eine Steigerung der Zahl an Schülern und Studierenden in höheren Lehranstalten – eine von den Autoritäten gefürchtete Entwicklung – zu erwarten war. Insbesondere aber mochte durch den Verzicht auf eine strikte (Grund-)Schulpflicht der Investitionsdruck im Bildungssektor gemildert werden, da angesichts der positiven Bevölkerungsentwicklung steigende Ausgaben für Personal und Infrastruktur vor-

---

im Vormärz, dargestellt am Beispiel Alois Röggls, Abt von Wilten, in: Innsbrucker Historische Studien 7-8 (1985), S. 151-178.

126 Im Gegenteil blieben Restriktionen an der Tagesordnung. So wurde etwa 1834 Katholiken der Glaubenswechsel vor Vollendung des 18. Lebensjahres generell untersagt.

127 Anlässlich der Neuordnung des Grundschulwesens 1805 wurde bestimmt, dass fortan jedes Dekanat einen Schuldistrikt zu bilden hatte, der ebenso unter der Aufsicht des Dechants stand, wie die einzelnen Ortsschulen unter der Aufsicht des zuständigen Pfarrers. Die Dekanate selbst wiederum waren dem bischöflichen Konsistorium untergeordnet, bei dem die Aufsicht einem Domkapitular in seiner Eigenschaft als Referent in Schulangelegenheiten zukam. Vgl. CD-ROM-1, Dok.-Nr. 9.5.10.11 (Beschreibung der Leitungs- und Aufsichtsstrukturen im Elementarschulwesen v. 1806).

programmiert waren.[128] Nichtsdestoweniger aber kann das auf Basis der »Politischen Schulverfassung« vom 11. August 1805 organisierte Grundschulwesen als verhältnismäßig fortschrittlichster Teil des österreichischen Bildungssystems im Vormärz und als wichtigste Voraussetzung für die wachsende soziale Mobilität gelten.

Die bildungsökonomischen und ideologischen Motive, die die kaiserliche Politik bestimmten, ließen insbesondere die Ausrichtung der gymnasialen Curricula zunehmend religiöser und altsprachlicher werden. Der Qualität der gymnasialen Ausbildung höchst abträglich war es, dass im Jahre 1819 das System der Fachlehrer wieder dem der Klassenlehrer weichen musste, sodass eine Lehrkraft mit Ausnahme der Religion alle Gegenstände selbst unterrichten musste.[129] Zugleich ging die Zahl der bestehenden Gymnasien merklich zurück.

Vor dem Hintergrund der reaktionären Staatsdoktrin standen gerade die als Hort liberal-revolutionären Gedankenguts geltenden höheren Bildungseinrichtungen unter Generalverdacht und wurden einer strengen Überwachung unterstellt. Alle Lehrinhalte unterlagen der Zensur, während der Studienbetrieb unter Polizeiaufsicht stand. Unter solchen restriktiven Rahmenbedingungen, die nicht zuletzt die Abwanderung befähigter Wissenschaftler ins Ausland beförderten, standen die Chancen für eine Entfaltung des Geisteslebens denkbar schlecht.[130] Auch die Wiederherstellung der Universitäten Olmütz, Graz, Innsbruck und Lemberg vermochte daran nichts zu ändern, zumal die Staatsführung Reformambitionen weitgehend ablehnend gegenüberstand.[131]

---

128 Dies galt nicht zuletzt, da die Schulordnung von 1804 die Schülerhöchstzahl pro Klasse auf 80 begrenzt hatte. Im Jahre 1846 besuchten im Kaiserreich Österreich (ohne Ungarn) gut 2,08 Mio. Kinder die Schule, die von 19.500 Lehrern und Schulgehilfen unterrichtet wurden. Vgl. Robert Endres, Revolution in Österreich 1848, Wien 1947, S. 67. Damit kamen auf eine Lehrkraft ca. 107 Schüler (73, sofern die etwa 8.900 Religionslehrer als vollwertige Lehrkräfte gezählt werden). Die Anzahl der Schulen und Schüler der allgemeinbildenden Pflichtschulen in der Gesamtmonarchie und in den Österreichischen Ländern im Speziellen wuchs im Vormärz langsam, aber beständig. So gab es in Letzteren 1828/29 11.070 Schulen mit ca. 1,22 Mio. Schülern, 1840/41 bereits 12.057 Schulen mit 1,32 Mio. Schülern, und 1846/47 12.845 Schulen mit 1,43 Mio. Schülern. Vgl. Bernhard Heiler/Rosa Lebmann, Die Entwicklung der allgemeinbildenden Pflichtschulen in Österreich, in: Geschichte und Ergebnisse der zentralen amtlichen Statistik in Österreich 1829 bis 1979. Beiträge zur Österreichischen Statistik 550 (1979), S. 513-544; mit Tabellenanhang ebd. 550A (1979), S. 98-104.
129 Pointiert hält Beidtel, Geschichte (wie Fn. 1), S. 294, fest: »Da aber nun jene, welche bisher nur etwa Mathematik gelehrt hatten, Latein oder Griechisch lehren mussten, kann man sich denken, wie es mit dem Unterrichte in diesen Fächern bestellt war.«
130 Hinzu kam, dass die Wissenschaftsförderung sehr restriktiv erfolgte. Vgl. Walter Goldinger, Zur Wissenschaftsförderung im österreichischen Vormärz, in: MIÖG (wie Fn. 52) 71 (1963), S. 408-419.
131 Die restriktive Hochschulpolitik der Regierung spiegelt sich in der Entwicklung der Studierendenzahlen wieder. Stagnierte die Zahl der Studierenden an den österreichischen Universitäten in den späten 1820er- und 1830er-Jahren bei ca. 11.000, so fiel sie in den 1840er-Jahren sogar auf nur etwa 8.000. Vgl. Irma Völlmecke, Österreichische Hochschulstatistik 1829 bis 1979, in: Geschich-

10 Bildungswesen

Versuche, die 1760 von Maria Theresia gegründete und nach ihrer zwischenzeitlichen Auflösung 1808 als zentrale Planungs-, Lenkungs- und Verwaltungsinstitution für das gesamte Bildungswesen erneut eingerichtete Studienhofkommission umzugestalten und den Anforderungen der Zeit anzupassen, blieben fruchtlos. Der Letztentscheid des Kaisers lautete bündig: »Es hat bey der dermahligen verfassung der studienhofcommission zu verbleiben.«[132] Desgleichen scheiterten Bemühungen um eine auf freiere und wissenschaftlichere Formen des Unterrichts hinauslaufende Neugestaltung der Universitätsstudien, zumal des philosophischen Studiums, für das detailliert ausgearbeitete Pläne vorlagen.[133]

Angesichts all dieser widrigen Umstände war es nicht verwunderlich, dass Österreich hinter westeuropäische Standards zurückfiel. Entsprechend ernüchternd fielen Befunde gerade über den Zustand des höheren österreichischen Bildungswesens aus, das von kritischen Zeitgenossen als »beispiellos schlecht« und seiner »ganzen Anlage und Einrichtung« nach »durchgängig fehlerhaft« charakterisiert wurde. »Alles was auf unsern Gymnasien, Lyceen, Universitäten, und wie dergleichen Anstalten sonst heißen mögen, bezweckt wird, ist Beamte zu bilden, wie sie die Regierungs-Maschine braucht – und Gott weiß es, daß dies wahrhaftig nicht viel begehren heißt.«[134]

Allein in einigen Bereichen konnten zwischen 1815 und 1848 erkennbare Fortschritte erzielt werden. Dazu zählte die Schaffung von technischen Lehranstalten. Am 6. November 1815 erfolgte die Eröffnung des »Polytechnischen Instituts« in Wien, Vorläufer der Technischen Universität, als erstes Institut seiner Art im deutschen Sprachraum.[135] Erleichtert durch die unter Kaiser Ferdinand erfolgende partielle Lockerung des Zensurwesens wurde 1846 in Wien die Akademie der Wissenschaften gegründet, gegliedert in eine philosophisch-historische und eine mathematisch-natur-

---

te und Ergebnisse der zentralen amtlichen Statistik in Österreich 1829 bis 1979. Beiträge zur Österreichischen Statistik 550 (1979), S. 479-512; mit Tabellenanhang ebd. 550A (1979), S. 69-94.
132 CD-ROM-2, Dok.-Nr. 11.6.10.1 (Fragen betreffend die Geschäftsführung der Studienkommission v. 7.2.1829/25.11.1831). Vgl. auch Walter, Geschichte (wie Fn. 26), II. Abt., Bd. 1, Hlbbd. 2, Tl. 2, S. 270 f.
133 CD-ROM-2, Dok.-Nr. 11.6.10.2 (Entwurf zur Einrichtung des philosophischen Studiums v. 3.9.1846). Siehe dazu Richard Meister, Entwicklung und Reformen des österreichischen Studienwesens. Teil I: Abhandlung, Wien 1963, S. 59-68.
134 CD-ROM-2, Dok.-Nr. 11.6.10.3 (Viktor Franz Freiherr von Andrian-Werburgs Bemerkungen zum Zustand des österreichischen Bildungswesens v. 1847, Auszug).
135 Zwar war bereits 1812 in Prag eine ähnliche Anstalt ins Leben gerufen worden, doch war diese nicht nur deutlich kleiner, sondern auch aus ständischen und nicht staatlichen Mitteln finanziert. 1865 erhielt das »k. k. Polytechnische Institut« schließlich Hochschulcharakter. Im Gegensatz zu den Studierendenzahlen an Universitäten entwickelten sich jene an Technischen Instituten – neben dem Polytechnischen Institut in Wien und der Ständischen Technischen Lehranstalt in Prag sind vor allem das Ständische Johanneum in Graz und die Realschule in Lemberg zu nennen – positiv, namentlich von etwa 1.400 Studierenden 1828/29 auf 4.300 Studierende 1846/47. Vgl. Völlmecke, Hochschulstatistik (wie Fn. 131), Tabellenanhang S. 80.

wissenschaftliche Klasse. Über die grundsätzlich bestehende Innovationsfeindlichkeit im Bildungssektor vermochten indes auch diese Maßnahmen nicht hinwegzutäuschen.

11 Finanzen

Als Kriterien einer in modernem Sinne erfolgreichen Finanzpolitik gelten gemeinhin die effiziente Finanzverwaltung, die Funktionalität, Rationalität und Einheitlichkeit der Besteuerung sowie die Transparenz und Gerechtigkeit des – möglichst ausgeglichenen – Staatshaushalts sowie die Stabilität und Konvertibilität der Währung. In sämtlichen der genannten Bereiche weist die vormärzliche Praxis des Habsburgerreichs bzw. Österreichs erhebliche Defizite auf, andererseits sind aber auch bestimmte Errungenschaften und Modernisierungsleistungen erkennbar, die es nicht erlauben, in finanzpolitischer Hinsicht von einer Periode des Rückschritts oder Stillstands auszugehen.

Alle Staatshaushalte des Vormärz galten als »geheim« und waren für die Öffentlichkeit somit nicht nachvollziehbar. Teilweise fanden sogar gezielte Verschleierungsaktionen der Regierungen statt, die den Eindruck solider Finanzverhältnisse erwecken sollten, während in Wirklichkeit die Abhängigkeit von den großen ausländischen Bankhäusern teilweise dramatische Ausmaße annahm und den Spielraum der Politik maßgeblich einengte.[136] Letztlich erahnten wohl nicht einmal die härtesten Kritiker der österreichischen Regierungsverhältnisse das Ausmaß der Probleme des Staatshaushalts, der – entgegen den offiziellen Verlautbarungen – im Vormärz kein einziges Mal ausgeglichen abgeschlossen werden konnte.[137]

Ein wesentlicher Grund für diesen Missstand lag in den teilweise exorbitant hohen Ausgaben für die innere und äußere Sicherheit, namentlich für die Interventionen in Neapel und Sardinien sowie die Bekämpfung der Unruhen in Italien und Polen im Gefolge der Pariser Julirevolution. Hinzu kamen aber auch erhebliche Strukturdefizite auf praktisch allen Ebenen der Finanz- und Steueradministration, die die Not-

---

136 Vgl. den Standpunkt Friedrich von Gentz', dem zufolge es »unbedenklicher sei, durch eine schlechte Steuer dem Ackerbau und dem Handel nachhaltig zu schaden, als durch eine gute Steuer die Kapitalisten, deren Vorschüsse man jederzeit nötig hat, zu beunruhigen.«. Dazu Markus Weiss, Das Verhältnis von direkten und indirekten Steuern hinsichtlich ihrer Erträge und ihrer Bedeutung für den Staatshaushalt. Unter besonderer Berücksichtigung der Belastung der Steuerträger 1781–1847, in: ders./G. Otruba, Beiträge zur Finanzgeschichte Österreichs, Linz 1986, S. 57-243, hier S. 86.
137 Vgl. Österreich seit 1841, in: C. v. Rotteck/C. Welcker (Hg.), Das Staats-Lexikon. Encyklopädie der sämmtlichen Staatswissenschaften, Bd. 10, Altona 1848, S. 348. Das Ausmaß der Staatsverschuldung wurde erst durch die Forschungen Adolf Beers in den 1870er-Jahren deutlich: Adolf Beer, Die Finanzen Österreichs im XIX. Jahrhundert, Prag 1877.

wendigkeit einer grundlegenden Reform bereits nach den Napoleonischen Kriegen unabweisbar erscheinen ließen.[138]

Im Kern lassen sich in der Vormärzperiode zwei Hauptansätze für die Reform des Finanzwesens erkennen. Dabei handelt es sich zunächst um die Fortsetzung des bereits durch Joseph II. initiierten, aber nicht zur Vollendung gekommenen Aufbaus eines Systems der einheitlichen Grundsteuererhebung auf der Basis des Bodenertrags.[139] Voraussetzung hierfür waren zuverlässige Daten über die tatsächlichen Besitz- und Ertragsverhältnisse in der gesamten Monarchie, die nur mit umfassenden Vermessungs- und Kartierungsarbeiten gewonnen werden konnten. Diese Maßnahme wurde mittels des Grundsteuerreformpatents vom 23. Dezember 1817 für alle Länder (außer Ungarn) in Kraft gesetzt und dabei das Ziel einer gerechten und den »heilsamen Fortschritten« verpflichteten Steuerbelastung für alle Länder und alle Steuerzahler programmatisch formuliert.[140] Der physiokratischen Grundüberzeugung folgend, dass der Ertrag des Bodens den eigentlichen Reichtum des Staats darstellen würde und folglich die Grundertragsbesteuerung die wichtigste Form der Besteuerung zu sein habe, sollte der theoretische, aus dem Boden erwirtschaftbare Reinertrag (auf der Basis der Marktpreise des Jahres 1824) für alle Landnutzer künftig als steuerliche Bemessungsgrundlage dienen und im Rahmen von – flächendeckend aufzubauenden – Steuergemeinden (»Kastralgemeinden«) organisiert und verwaltet werden. Erstmals wurden die Einkünfte der Grundeigentümer aus den bäuerlichen Angaben berücksichtigt und folglich das Dominikaleigentum höher besteuert als der Rustikalbesitz. Entsprechend wurde auch der Kirchenzehnt als steuerpflichtige Einnahme angesehen.[141] Damit wurden Maßnahmen ergriffen, von denen unter dem Aspekt der Steuergerechtigkeit eine positive Wirkung zu erwarten war.

Die Katasterarbeiten wurden ab 1817 mit Konsequenz und Gründlichkeit vorangetrieben, konnten letztlich aber erst 1861 endgültig (ohne Ungarn) abgeschlossen werden. Steuerrechtliche Gültigkeit erhielt der »stabile Kataster« bis 1847/48 in einigen deutschen Erblanden, nicht jedoch in Tirol, Böhmen, Mähren und Schlesien.[142]

Der zweite große Reformbereich im österreichischen Steuer- und Finanzwesen der Vormärzperiode betraf die Zusammenfassung und Vereinheitlichung der indirekten Besteuerungsformen, die nach Form und Ausmaß von Land zu Land variierten und die Entwicklung von Handel und Wirtschaft nachhaltig gefährdeten. Nachdem Joseph II. hier mit ersten Vereinheitlichungsbemühungen gescheitert war, bedeutete die

---

138 Vgl. Erich Fischer, Der Staatsbankrott von 1816 und die Sanierung der österreichischen Finanzen nach den Napoleonischen Kriegen, in: Zeitschrift für Volkswirtschaft und Sozialpolitik N. F. 4 (1924), S. 252-313, hier S. 273. Siehe auch noch die Bemühungen um eine Verbesserung der Finanz- und Rechnungskontrolle v. November 1839, in: CD-ROM-2, Dok.-Nr. 11.6.11.3.
139 Vgl. Schlegelmilch, Österreich (wie Fn. 4), S. 931.
140 Vgl. CD-ROM-2, Dok.-Nr. 11.6.11.1 (Grundsteuerpatent v. 23.12.1817).
141 Vgl. Weiss, Verhältnis (wie Fn. 136), S. 78.
142 Vgl. ebd., S. 205, Tab. 1.1.

Einführung der »Allgemeinen Verzehrungssteuer« im Herbst des Jahres 1829 einen beachtlichen Durchbruch. Mit dieser Maßnahme wurde neben einer Vielzahl älterer Verbrauchssteuern auch die »Personalsteuer« (Kopfsteuer) aufgegeben und wurden allgemein verbindliche Vorschriften und Einhebungsstrukturen geschaffen. Im Mittelpunkt stand der Aufbau eines zwischen Stadt und Land scharf unterscheidenden Tarifsystems, das für die Städte ein wesentlich größeres Ausmaß von Steuerabgaben vorsah. Während auf dem flachen Land einschließlich der kleineren (»offenen«) Städte nur Wein, Most, Bier, Branntwein, Fleisch und Zucker verzehrungssteuerpflichtig waren, wurden in den sog. »geschlossenen Orten« neben bestimmten Erzeugersteuern vor allem Einfuhrsteuern auf eine große Anzahl von Verbrauchsgütern fällig. Diese Steuern mussten bei der Einfuhr in das Stadtgebiet an der sog. »Linie« entrichtet werden. Ein Teil der Einnahmen aus der Verzehrungssteuer (in Wien etwa ein Viertel) verblieb bei der Gemeinde, der größere Teil fiel an den Staat. Die höchste Belastung durch die Verzehrungssteuer bestand für Wien, dahinter (in der zweiten Tarifklasse) rangierten in Österreich Linz, Prag, Brünn, Lemberg, Graz, Laibach, Triest, Innsbruck und seit 1846 auch Krakau.[143]

Die Verzehrungssteuerreform führte bis zu den Krisenjahren 1846/47 zu der erwarteten positiven Einnahmeentwicklung. Ferner näherte sich das Belastungsverhältnis zwischen der zu steuerlichen Leistungen plus Feudalabgaben verpflichteten ländlichen Bevölkerung und der nun mit höheren Konsumtionspreisen belasteten Stadtbürgerschaft an. Andererseits führte die Verzehrungssteuer zu einem drastischen Anstieg der Lebensmittelpreise in den Städten, bildeten die umständlichen und nicht selten schikanösen Warenkontrollen einen ständigen Quell des Ärgers und wurden die bäuerlichen Agrarerzeugnisse an der Linie – nach der Grundertragssteuer – de facto ein zweites Mal steuerlich veranlagt, sodass sich der Eindruck der Steuerungerechtigkeit einstellte respektive verstärkte.[144] Zudem begann sich die Sozial- und Wirtschaftsstruktur, namentlich Wiens, unter dem Eindruck der großen Preisunterschiede zwischen den Vororten außerhalb der Linie und dem kernstädtischen Gebiet zu verändern und bahnte sich auf diese Weise eine neue Form der Bevölkerungssegregation ihren Weg.[145] Niemand konnte mithin davon überrascht sein, dass die Linienämter und ihr Personal mit Beginn der Märzrevolution zu einem Angriffsziel wurden und die Steuerlinie, wenn auch nur für kurze Zeit, aufgegeben werden musste.

Bilanzierend ist zwar festzustellen, dass der Vormärz in finanzpolitischer Hinsicht Reformbestrebungen erkennen lässt und mit der Kastralvermessung eine bedeutende staatliche Modernisierungsleistung auf den Weg gebracht hat, andererseits die eingangs genannten Ziele aber doch überwiegend verfehlt wurden. Im Unterschied

---

143 Vgl. ebd., S. 103.
144 Vgl. CD-ROM-2, Dok.-Nr. 11.6.11.4 (Ständischer Protest gegen die Steuerbelastung v. 1.3.1847).
145 Vgl. Bertrand Michael Buchmann, Dynamik des Städtebaus, in: P. Csendes/F. Opll (Hg.), Wien. Geschichte einer Stadt, Bd. 3, Wien u. a. 2006, S. 47–84, hier: S. 53.

etwa zu Preußen wie auch anderen Staaten gelang es in der langen Friedensperiode bis 1847/48 nicht, das Steuersystem effektiv umzuorganisieren, den Staatshaushalt auszugleichen und den allenthalben in der Bevölkerung vorhandenen Eindruck der Ungleichverteilung der Lasten nachhaltig zu korrigieren. Neben der besonders umstrittenen Verzehrungssteuer spielten hierbei auch die zahlreichen Steuerbefreiungen sowie die geringe steuerliche Heranziehung von Fabrikanten, Großhändlern und Bankiers im Rahmen der 1812 eingeführten Erwerbssteuer eine Rolle.[146] Auch im Verhältnis der Regionen und Länder (Provinzen) blieb man nicht nur wegen der Langsamkeit bei der Umsetzung des Grundsteuerpatents von 1817 von einer einheitlichen Steuerstruktur noch beträchtlich entfernt und unterschieden sich beispielsweise die Steuererträgnisse der Lombardei und Niederösterreichs im Verhältnis von Grundsteuer- und Verzehrsteueraufkommen gravierend, während der Anteil Ungarns zum Gesamtsteueraufkommen der Monarchie dauerhaft niedrig blieb.[147] Zu keinem Zeitpunkt gelang es, die die breite Masse der Bevölkerung besonders belastenden Staatsmonopole im Bereich der Salz- und Tabakerzeugung zurückzufahren.[148]

Auch im Bereich der Steuererhebung und -verwaltung ergibt sich ein differenziertes Bild. Während die Allgemeine Verzehrungssteuer den Zugriff des Staats auf die Steuereinnahmen verbesserte bzw. durch Pauschalabzüge größere Planungssicherheit ermöglichte, wurden die direkten Steuern noch immer nicht durch staatliche Organe erhoben, sondern über die Grundherrschaften eingesammelt und erst nach Abzug der entstandenen Unkosten an den Fiskus weitergegeben. Demgegenüber entstand mit der Errichtung der »Vereinten Kameral-Gefällenverwaltungen« und der »Vereinten Kameral-Gefällenbezirksverwaltungen« im Bereich der indirekten Steuern erstmals ein einigermaßen kohärentes und funktionales Finanzverwaltungssystem, während auf der zentralen Leitungsebene die seit ausgangs des 18. Jahrhunderts gegebene Dreiteilung in Hofkammer, Hofrechenkammer und Generalkassa beibehalten wurde.[149]

Als erfolgreiche Maßnahme erwies sich die Gründung der Österreichischen Nationalbank im Jahr 1816.[150] Ihr wichtigster Auftrag bestand in der Gewährleistung der Stabilität der Währung, die nach dem Staatsbankrott von 1811 am Ende der großen Kriegsperiode (1815/16) einem neuerlichen starken Inflationsschub ausgesetzt war, so-

---

146 Vgl. Weiss, Verhältnis (wie Fn. 136), S. 86–89, 198 f.
147 Vgl. ebd., S. 172 f., 202 f. Dabei gilt es allerdings zu berücksichtigen, dass Ungarns Beitrag von 30 Prozent in etwa seinem Anteil am gesamten Staatseinkommen entsprach. (Für diesen Hinweis danke ich dem Kollegen András Gergely).
148 Vgl. ebd., S. 111 ff.; siehe auch: CD-ROM-2, Dok.-Nr. 11.6.11.4 (wie Fn. 144), mit der Prognose der niederösterreichischen Stände, dass »das steuerfreie Kapital immer vergrößert und die Fläche, die der Steuergulden berührt, immer verkleinert wird, bis endlich nicht mehr die Geldkräfte, sondern blos [sic!] allein die Arbeitskräfte ausschließlich belastet sein werden.«
149 Vgl. Weiss, Verhältnis, S. 129. Siehe auch das Kaiserliche Handschreiben zur Neueinrichtung der Hofkammer v. 24.11.1830, in: CD-ROM-2, Dok.-Nr. 11.6.11.2.
150 CD-ROM-1, Dok.-Nr. 9.5.11.7 (Finanz-Patent zur Währungsreform und Gründung einer Nationalbank v. 1.6.1816).

dass die 1811 ausgegeben »Einlösungsscheine« (»Wiener Währung«) nochmals auf zwei Fünftel abgewertet wurden und die Ersparnisse des Mittelstands weitgehend verloren gingen. Zur Sicherheit ihrer Handlungsfreiheit bekam die Nationalbank formal ihre Unabhängigkeit von staatlichen Eingriffen garantiert und erhielt das alleinige Recht der Banknotenausgabe. Es gelang ihr bis 1847, die Menge des umlaufenden Papiergeldes sukzessive zu reduzieren und die Konvertibilität der Währung sicherzustellen.[151]

Da die Nationalbank bei der Vergabe von Krediten extrem vorsichtig agierte, war ihr direkter Einfluss auf die Wirtschaft relativ gering. Das Kreditgeschäft blieb in der Hand der privaten Bankhäuser, denen somit eine entscheidende Rolle beim Eisenbahnbau sowie der Finanzierung von Industriegründungen und weiterer unternehmerischer Aktivitäten zukam.[152] Der 1819 in Wien gegründeten »Ersten Österreichischen Sparcasse« und ihren Filialen war die Beteiligung an industriellen Finanzierungsmaßnahmen hingegen untersagt – sie sollten vor allem den Sparwillen und die Eigenvorsorge der unteren Einkommensschichten vorantreiben.[153]

12   Wirtschafts- und Sozialgesetzgebung/Öffentliche Wohlfahrt

In der Periode zwischen 1815 und 1847 fanden die im ausgehenden 18. und frühen 19. Jahrhundert eingeleiteten Entwicklungen ihre Fortsetzung. Als vorherrschende Wirtschaftsdoktrin wirkten noch immer Merkantilismus und Kameralismus; relevant blieb der Physiokratismus, an Bedeutung gewann der (ökonomische) Liberalismus (Smithianismus).

Die wichtigste Richtschnur des behördlichen Handelns in Wirtschafts- und Finanzangelegenheiten bildete den gesamten Vormärz über das System der »Polizeywissenschaften«, wie es Joseph von Sonnenfels in seinem zweibändigen Hauptwerk »Grundsätze der Polizey, Handlung und Finanzen« bereits 1763/1767 entwickelt hatte. Dementsprechend sahen sich der Staat und seine leitenden Beamten in der Pflicht, die Bevölkerungszahl zu heben und wohlfahrtsstaatliche Aufgaben zu übernehmen, für Gewerbe- und Industrieförderung zu sorgen und eine positive Handelsbilanz zu erzielen.

Nicht als Widerspruch zur kameralistischen Grunddisposition, sondern vielmehr als Ergänzung wurde der wirtschaftliche Liberalismus verstanden, der dank der von Christian Garve besorgten Übersetzung von Adam Smiths »The Wealth of Nations« auch in Österreich auf Interesse, aber auch auf Vorbehalte stieß. Indes plädierten nicht

---

151 Vgl. A. F. Přibram (Hg.), Materialien zur Geschichte der Preise und Löhne in Österreich, Bd. 1, Wien 1938, S. 54 f.
152 Vgl. Alois Brusatti, Unternehmensfinanzierung und Privatkredit im österreichischen Vormärz, in: Mitteilungen des österreichischen Staatsarchivs 13 (1960), S. 331-379, hier S. 342 f.
153 Vgl. Friedrich Thausing, Hundert Jahre Sparkasse, Wien 1919, S. 79 ff.

einmal dessen österreichische Anhänger für eine Radikalliberalisierung nach englischem Vorbild. Vielmehr wurde davon ausgegangen, dass eine Öffnung der österreichischen Wirtschaft nach außen erst dann erfolgen könne, wenn Industrie und Gewerbe ein international konkurrenzfähiges Niveau erreicht hätten. Dieses Ziel sollte mittelfristig durch eine den spezifischen Landesverhältnissen angepasste Industrie- und Gewerbeförderungspolitik sowie durch flankierende Maßnahmen insbesondere beim Ausbau der Infrastruktur erreicht werden.[154]

Die Selbstverortung zwischen Merkantilismus bzw. Kameralismus einerseits, Liberalismus andererseits führte im Ergebnis zu einer Wirtschaftspolitik mit vielen Ungereimtheiten. So wurde zum einen an der 1809 eingeführten »Industrialfreiheit« festgehalten und mit der Ausstellung von »Landesfabriksbefugnissen« die besondere Wichtigkeit zahlreicher Fabrikunternehmen unterstrichen[155], zum anderen hat man die vollständige Gewerbefreiheit erst 1859 hergestellt bzw. zum Schutz des Handwerks zwischenzeitlich sogar zünftische Beschränkungen restituiert oder gar neu eingeführt.[156] Einerseits wurden Naturwissenschaft und Technik mit der Gründung der Technischen Hochschulen in Prag (1807) und Wien (1815) sowie mit Gewerbeausstellungen (seit 1835) gefördert und Anstrengungen unternommen, auswärtige Experten und Unternehmer ins Land zu holen, andererseits gab es keine einzige Nobilitierung von Wirtschaftstreibenden über den Freiherrnstand hinaus.[157] Des Weiteren wurde der Straßenbau stark forciert, jedoch keine Reduzierung der Mautstellen erreicht und schließlich der »Universalkommerz«, d. h. der Zusammenschluss bislang getrennter Zollgebiete, propagiert, die Einbeziehung Ungarns jedoch verfehlt und der Anschluss an den Deutschen Zollverein von 1834 nicht gewagt. Rückständig blieb Österreich im Hinblick auf die bereits 1798 verkündete Ablösung bäuerlicher Grundlasten, die mit dem Ablösegesetz von 1846 nochmals bestätigt[158], letztlich in der Breite aber erst mit der formalen Abschaffung der Leibeigenschaft in der Revolution von 1848 erreicht wurde.

Ein bedeutsames liberales und wirtschaftsbeförderndes Element bestand in der vergleichsweise frühzeitigen Einführung der Eisenbahntechnik (Dampfmaschinen-, Lokomotivenbau) bzw. der Errichtung von Eisenbahnstrecken auf privater bzw. aktiengesellschaftlicher Grundlage.[159] Freilich setzte sich das Finanzierungsmodell der

---

154 Vgl. Günther Chaloupek/Dionys Lehner/Herbert Matis/Roman Sandgruber, Österreichische Industriegeschichte 1700 bis 1848. Die vorhandene Chance, hg. v. Österreichische Industriegeschichte GmbH, Wien 2003, S. 319 ff.
155 Vgl. Gustav Otruba, Von den »Fabriksprivilegien« des 17. und 18. Jahrhunderts zum »Österreichischen Fabrikenrecht« 1838, in: Scripta mercaturae. Zeitschrift für Wirtschafts- und Sozialgeschichte 10 (1976), H. 2, S. 75-108, S. 93.
156 Vgl. die entsprechende Kritik in: Die Grenzboten. Zeitschrift für Politik und Literatur, redigiert von I. Kuranda, 5 (1846), II. Sem., III. Bd., S. 248-253.
157 Vgl. David F. Good, Der wirtschaftliche Aufstieg des Habsburgerreiches 1750–1914, Wien u. a. 1986, S. 62.
158 Vgl. CD-ROM-2, Dok.-Nr. 11.6.12.3 (Dekret zur Regelung der Robotablöse v. 18.12.1846).
159 Vgl. Österreich seit 1841 (wie Fn. 137), S. 346.

Aktiengesellschaft in Österreich nicht durch, sondern blieb im Vormärz auf sechs Eisenbahnunternehmen sowie die Donaudampfschifffahrtsgesellschaft beschränkt. Als die Eisenbahnaktien 1845 einbrachen, kam es zu umfassenden staatlichen Stützungsaktionen, die in die erste große Verstaatlichungswelle von 1850 münden sollten.[160]

In signifikantem Gegensatz zur tendenziell liberalen Industriepolitik stand die fortgesetzte Existenz zahlreicher staatlicher Monopolbetriebe insbesondere in der Eisen- und Baumwollindustrie. Als wichtigstes Beispiel für die ungünstigen Rückwirkungen des Festhaltens an Staatsbetrieben gilt das Schicksal der 1754 verstaatlichten, danach über mehrere Jahrzehnte erfolgreich wirtschaftenden Linzer Wollzeugfabrik, deren bürokratische Unbeweglichkeit im Vormärz jedoch in den Untergang führte.[161] Dieser Fall und andere, kleiner dimensionierte Fälle ließen die schon ausgangs des 18. Jahrhundert begonnene Diskussion über die Sinnhaftigkeit eigenstaatlicher Wirtschaftstätigkeit nicht verebben (Zinzendorf, Justi und Sonnenfels als Kritiker), ohne dass sich indes ein durchgreifender Paradigmenwechsel einstellte.[162]

Die festgestellte eigentümliche Mischung wirtschaftspolitischer Elemente unterschiedlicher theoretischer Provenienz führte in Einzelfällen zu Misserfolgen und Fehlentwicklungen, für den gesamtwirtschaftlichen Prozess gilt dies jedoch nicht. Denn in auffallendem Gegensatz zur Entwicklung auf politischer Ebene sind für die Ökonomie der westlichen Reichshälfte weder Stillstand noch Rückschritt und Innovationsfeindlichkeit zu konstatieren. Für die Konjunkturentwicklung stellte vielmehr »der Vormärz [...] eine der günstigsten Perioden im 19. Jahrhundert dar«, wobei namentlich die Periode zwischen 1825 und 1844 als Aufschwung- und Wachstumsphase gelten kann.[163] Mit Blick auf die Regionen und Länder bildeten Wien und Niederösterreich die wichtigsten Wachstumskerne und zog insbesondere Graz (und in Verbindung damit die Steiermark) großen Nutzen aus dem Südbahnanschluss. Demgegenüber verloren Kärnten und Salzburg an Bedeutung und auch Tirol und Vorarlberg ebenso wie Lombardo-Venetien konnten nicht in größerem Umfang vom Anschluss an den zollfreien Binnenwirtschaftsraum profitieren.[164]

Vor allem aufgrund der restriktiven gesellschaftspolitischen Rahmenbedingungen kam die Selbstorganisation der Wirtschaft im Vormärz nur schleppend voran. Wiederholte Bemühungen zur Gründung von Handelskammern scheiterten am Widerstand der Behörden – unter den wenigen Gewerbevereinen vermochte sich nur der

---

160 Vgl. CD-ROM-2, Dok.-Nr. 11.6.12.4 (Dekret zur Staatsaufsicht über das Eisenbahnwesen v. 7.3.1847).
161 Vgl. Chaloupek u. a., Industriegeschichte (wie Fn. 154), S. 181 ff.
162 Vgl. ebd., S. 310.
163 Roman Sandgruber, Ökonomie und Politik. Österreichische Wirtschaftsgeschichte vom Mittelalter bis zur Gegenwart, Wien 1995, S. 179.
164 Vgl. ebd., S. 192 f.; Chaloupek u. a., Industriegeschichte (wie Fn. 154), S. 293.

1839 gegründete Niederösterreichische Gewerbeverein dauerhaft zu etablieren.[165] Meist geduldet und konzessioniert wurden indes Vereinsgründungen zum Zweck genossenschaftlicher Selbsthilfe und Risikovorsorge, teilweise mit Unterstützung der Unternehmer, die sich dadurch eine Entlastung von eventuellen Sozialkosten versprachen.[166] Dies gilt bis Anfang der 1840er-Jahre auch für die Gründung von Fabrikkassen durch die Arbeiterschaft. Zeigten sich allerdings auch nur ansatzweise darüber hinausgehende, in Richtung gewerkschaftlicher Interessenvertretung zielende Aktivitäten und Zielsetzungen, gingen die Behörden restriktiv vor.[167]

Im System der Polizeywissenschaften spielte die Populationistik, d. h. die Politik der Hebung und Steuerung der Bevölkerungsentwicklung, eine herausragende Rolle.[168] Vordergründig betrachtet stellt sich der Vormärz unter diesem Aspekt als erfolgreiche Entwicklungsperiode dar, verzeichnete man zwischen 1819 und 1847 doch einen starken Bevölkerungszuwachs von etwa viereinhalb Millionen.[169] Dieser, vor allem der langen Friedenszeit zu verdankende demografische Aufschwung darf freilich nicht die andere Seite des Vormärz als Epoche der Pauperisierung und der frühindustriellen Ausbeutung außer Acht lassen. Behördliche Eingriffe zur Behebung der schlimmsten Missstände in Form von Fabrikordnungen und allgemeinen Schutzbestimmungen wurden zwar als notwendig erkannt, erfolgten aber mit Verzögerung und in unzureichender Weise[170]; den großen Hungerkrisen der Jahre 1846 und 1847 standen Regierung und Bürokratie weitgehend machtlos gegenüber.

Den sich stark verändernden ökonomischen und gesellschaftlichen Rahmenbedingungen des Vormärz folgten keine adäquaten Anpassungsprozesse auf sozialpolitischem Gebiet. So baute die öffentliche Armenfürsorge immer noch auf den unter Joseph II. errichteten »Pfarrarmeninstituten« auf, die sich aus dem Vermögen der aufgelösten Orden, kommunalen Zuwendungen und Spenden finanzierten und von ehrenamtlichen »Armenvätern« betreut wurden. Es dominierte die »offene Armenfürsorge«, die neben Geld- und Naturalabgaben die zeitweilige Einquartierung von Bedürftigen auf Bauernhöfen umfasste und das Betteln als notwendige Zusatzeinnah-

---

165 Vgl. CD-ROM-2, Dok.-Nr. 11.6.12.1 (Einladung zur Gründung des »österreichischen Gewerbevereins« v. September 1838).
166 Vgl. Eduard Narozny, Die Geschichte der Gewerkschaft Druck und Papier von der Gründung im Jahre 1842 bis zum Jubiläum des einhundertfünfundzwanzigjährigen Bestandes im Jahre 1967. Im Auftrage des Zentralausschusses, Wien 1967, S. 33 f.
167 Vgl. CD-ROM-2, Dok.-Nr. 11.6.12.2 (Amtlicher Bericht über die Einrichtung von Fabrikkassen v. 12.3.1845).
168 Vgl. Schlegelmilch, Österreich (wie Fn. 4), S. 941.
169 Siehe Kapitel 1, Österreich 1815–1847.
170 In diesem Zusammenhang erwähnenswert ist die gesetzliche Begrenzung der Arbeitszeit von Jugendlichen und Kindern auf zwölf Stunden für Jugendliche (12–16 Jahre) und zehn Stunden für Kinder (9–11 Jahre). Dazu – und zu teilweise erfolgreichen Unternehmerprotesten gegen die Schutzbestimmungen – vgl. Siegmund Kraus, Kinderarbeit und gesetzlicher Kinderschutz in Österreich, Wien 1903, S. 27-29. Siehe auch: Otruba, »Fabriksprivilegien« (wie Fn. 155), S. 95 ff.

me billigend in Kauf nahm. In den Städten gewann die Unterbringung in geschlossenen Einrichtungen an Bedeutung. Dem Beispiel der ausgangs des 18. Jahrhunderts in Wien einsetzenden Differenzierung der Versorgungsleistungen (»Allgemeines Krankenhaus«, »Gebär- und Findelhaus«, »Narrenturm«) wurde vielerorts gefolgt und damit die bis dahin übliche institutionelle Gleichsetzung von Armut und Krankheit sukzessive aufgegeben.[171]

Neben den Einrichtungen der Staatsfürsorge, zu denen auch die bereits in der ersten Hälfte des 18. Jahrhunderts entstandenen Zucht- und Arbeitshäuser zu zählen sind[172], bestand im Bereich der Armen-, Waisen- und Krankenfürsorge eine große Vielfalt privater, teilweise aufs Mittelalter zurückgehender Stiftungen fort, die eine erhebliche Entlastung für die staatliche Fürsorge darstellten, sich andererseits dem »Staatszweck« nicht ohne Weiteres unterordnen ließen.[173]

In zusammenfassender Betrachtung fällt die Einschätzung der wirtschafts- und sozialgeschichtlichen Entwicklung Österreichs im Vormärz ambivalent aus. Vor allem im Bereich der industriellen, fabrikmäßigen Produktion erfolgte Ende der 1820er bzw. 1830er-Jahre der Durchbruch – mit erheblichen Auswirkungen und Anpassungskrisen auf gesellschaftlicher Ebene sowie im Arbeitssektor, der durch den Rückzug der Zünfte, des Verlagswesens und des Kleingewerbes geprägt war. Das staatliche Handeln war einerseits darauf gerichtet, günstige Rahmenbedingungen für die Industrialisierung des Landes zu schaffen, andererseits von der Furcht geleitet, dass die zunehmende Proletarisierung eines großen Teils der Bevölkerung zu einer Gefährdung der gesellschaftlichen Ordnung und der staatlichen Stabilität führen könnte. Zukunftweisende Konzepte fehlten hier weitgehend – sieht man von dem noch schwach entwickelten öffentlichen Fürsorgewesen sowie einigen halbherzigen Versuchen zur Festlegung von Arbeitsschutzbestimmungen ab.[174]

---

171 Vgl. Sabine Veits-Falk, Öffentliche Armenfürsorge in Österreich im 19. Jahrhundert, in: Alexander Prenninger (Hg.), Mercy or right? Development of social security systems, Leipzig 2005, S. 31-44, hier S. 32-36.
172 Vgl. Schlegelmilch, Österreich (wie Fn. 4), S. 942. Ferner: Gerhard Ammerer, Zucht- und Arbeitshäuser, Freiheitsstrafen und Gefängnisdiskurs in Österreich 1750–1850, in: ders./A. S. Weiß (Hg.), Strafe, Disziplin und Besserung. Österreichische Zucht- und Arbeitshäuser von 1750 bis 1850, Frankfurt a. M. 2006, S. 7-62.
173 Vgl. Veits-Falk, Armenfürsorge (wie Fn. 171), S. 35.
174 Vgl. Sandgruber, Ökonomie (wie Fn. 163), S. 155 f.

Ungarn 11·7

Von András Gergely (Budapest)

0 Einführung

Die ungarische Historiografie bzw. Verfassungsgeschichte ist sich darin einig, dass in der ungarischen Geschichte die Periode der ständischen Verfassung bis 1848 andauerte. Es gab zwar Unterbrechungen, die man durchaus absolutistisch nennen kann (in denen die ständischen Institutionen nicht funktionierten und man sogar von einem Verfassungsbruch reden kann); jedoch wurde die Verfassung in ihrer ursprünglichen Form immer wiederhergestellt und bildete dadurch eine jahrhundertelange Kontinuität. In den letzten Jahrzehnten vor 1848, der sog. ungarischen Reformära, kam es zwar zu einigen modernen Verfassungsänderungen, aber auch in dieser Zeit blieb die alte Verfassung im Wesentlichen unverändert. Einen exakten (präzisen) Anfang dieser etwa vier Jahrhunderte umfassenden Epoche der ständischen Verfassung kann man – wie in anderen Ländern auch – nicht festlegen.

Aus außenpolitisch-dynastischer Sicht beginnt eine neue Periode der ungarischen Verfassungsgeschichte im Jahre 1526, als nach der Schlacht bei Mohács der selbstständige ungarische Staat zusammenbrach, Habsburg die Krone übernahm und das Land praktisch – wenn auch bis 1723 nicht verfassungsrechtlich – mit anderen Ländern und Provinzen dieser Dynastie vereinigt wurde. 1723 wurde die Pragmatische Sanktion als ungarisches Gesetz verabschiedet und damit die Beziehungen zu den anderen Ländern und Provinzen der Habsburger anerkannt.[1] Durch dieses Zusammenleben der Länder dominierte im ungarischen Verfassungsleben das sog. öffentliche Recht (*ius publicum*). Es gab bis 1918 eine sehr scharfe politische und rechtswissenschaftliche, und danach noch bis heute andauernde historiografische und rechtshistorische Kontroverse um die staatsrechtlichen Beziehungen zwischen Ungarn und dem Habsburgerreich, wobei die alten Gesetze (z. B. die Pragmatische Sanktion aus dem Jahre 1723) bis 1918 als lebendiges Recht dargestellt wurden.[2] Die formelle verfassungsgeschichtliche Periodisierung Ungarns beschreibt die zwei Jahrzehnte zwischen 1790–1812 als eine Wiederherstellung der ständischen Verfassung nach dem Tode Josephs II. Demnach

---

1 Siehe die Fachliteratur bei Gábor Pajkossy, Ungarn, in: P. Brandt u. a. (Hg.), Handbuch der europäischen Verfassungsgeschichte im 19. Jahrhundert, Bd. 1: Um 1800, Berlin 2006, S. 944-977.
2 Die Publikationen zu dieser Problematik gehen in die Tausende. Ein klassisches politisch-rechtswissenschaftliches Werk: Ferenc Deák, Adalékok a magyar közjoghoz, Pest 1865; eine klassisch gewordene Zusammenfassung der ungarischen Staatslehre: Ferenc Eckhart, A szentkorona eszme története, Budapest 1941; ders., Magyar alkotmány-és jogtörténet, Budapest 1946.

bildeten die Jahre 1812–1825 eine absolutistische Regierungsphase, die dann 1825–1848 wieder von einer Zeit der ständischen Verfassung abgelöst wurde. Politik- und Sozialgeschichtsschreibung sind mit dieser Einteilung allerdings nicht einverstanden.

Die geschichtlichen Synthesen Ungarns lassen dagegen keinen Zweifel, dass das Jahr 1848 die größte Wende der ungarischen Geschichte seit Jahrhunderten darstellte. Die Datierung der vorhergehenden, freilich nicht so bedeutenden Zeitgrenze blieb lange unbestimmt. Die erste zusammenfassende Darstellung des ungarischen Vormärz, das monumentale Werk des liberalen Historikers Mihály Horváth, nannte sich »Fünfundzwanzig Jahre aus der Geschichte Ungarns«, und behandelte die Jahren zwischen 1823–1848.[3] Horváth wählte als Anfang des Vormärz die sich erneut entwickelnden politischen Kämpfe der ungarischen Komitate[4] um Wiederherstellung der ständischen Verfassung. Dieser »Widerstand der Komitate« gegen ungesetzliche königliche Verordnungen führte 1825 zum Erfolg, die Regierung gab die 1812 eingeführte absolutistische Verwaltung auf. Einige Jahre später entwickelte sich in Ungarn eine liberale Reformbewegung, die die weiteren Geschicke des Landes bestimmte. Horváth hat also die ständische mit der liberalen Opposition vermischt und sie in seinen »25 Jahren« miteinander verknüpft. Unter Berücksichtigung der Horváth'schen Auffassung legte die ungarische Literaturgeschichte den Anfang der Romantik und damit den Ursprung der modernen ungarischen Literatur ebenfalls auf das Jahr 1825; damit wurde dieses Jahr als Beginn der Reformzeit kanonisiert.[5] Ende des 19. Jahrhunderts kam die große zehnbändige Synthese zur »Geschichte der ungarischen Nation« heraus. Dem Verfasser der Periode vor 1848 wurden die Jahre 1815–1847 zugewiesen.[6] Damit wurde zwar eine Angleichung an die europäische Geschichte hergestellt, aber eine Begründung, warum das Jahr 1815 eine Zäsur (Gliederung nach Bänden und dadurch geschichtlichen Perioden) darstellte, gab es nicht.

Nach 1945 wollte man die Transformation der ständischen Verfassung und der feudalen Gesellschaft in die modern-bürgerliche Ordnung hervorheben und die Periode zwischen 1790–1848 als eine Übergangsphase beschreiben. Für den Unterricht halbierte man die Universalgeschichte in eine Phase vor 1789 und eine danach, die ganze ungarische Geschichte gliederte sich in die Zeit vor 1790 und später. (Die Mit-

---

3   Michael Horváth, Fünfundzwanzig Jahre aus der Geschichte Ungarns: von 1823–1848, 2 Bde., Leipzig 1867 (das Werk ist 1865 zuerst auf Ungarisch erschienen.).
4   Das Komitat bedeutet sowohl eine territoriale Einheit (etwa: Kreis) als auch die adlige Selbstverwaltung dieses Territoriums, in der alle Adligen zusammen eine Gemeinschaft bildeten und persönlich an der Komitatsversammlung teilnehmen durften. Die zentrale königliche Macht hatte keine territorialen Exekutivorgane, sie war also in gewisser Hinsicht bei der Ausführung der Verordnungen den Komitaten ausgeliefert. Im Königreich Ungarn (ohne Siebenbürgen) gab es 49, in Kroatien drei Komitate.
5   Péter Dávidházi, Egy nemzeti tudomány születése. Toldy Ferenc és a magyar irodalomtörténet, Budapest 2004.
6   Géza Ballagi, A nemzeti államalkotás kora 1815-től 1847-ig, in: S. Szilágyi (Hg.), A magyar nemzet története, Bd. 9, Budapest 1897.

telschüler und Universitätsstudenten beschäftigten sich jeweils zwei Jahre mit beiden Zeiträumen.) Auf dieser Grundlage erstellte man die erste repräsentative marxistische Zusammenfassung der ungarischen Geschichte in einer Serie von Universitätslehrbüchern. Nach diesem Konzept wurde noch in den 1950er-Jahren verfahren. Das Universitätslehrbuch der ungarischen Geschichte 1790–1849 wurde 1961 herausgebracht.[7] Die Periode 1790–1848 als einheitliche »Übergangsphase« wurde nicht allgemein anerkannt. Es war zwar bekannt und auch anerkannt, dass um 1790 die ersten Reforminitiativen verfasst wurden, aber diese blieben ohne Erfolg. Es entstand daraus keine Jahrzehnte andauernde Reformbewegung. Teile der Forschung vertraten die Auffassung, eine echte Reformära habe erst um 1830 begonnen, und erst hier könne man von einer Epochenwende sprechen.[8] Zwischen 1795–1825 sei die ständische Auffassung vorherrschend gewesen, und zwar von 1790–1812 in einer Kooperation mit dem Hof (ständischer Dualismus). 1812–1825 kämpften die Stände, soweit es überhaupt möglich war, gegen den eingeführten Absolutismus. Zwischen den Reforminitiativen von 1790 und der Reformbewegung nach 1830 bestand also eine Diskontinuität. Andere Historiker vertraten die Auffassung, dass in der Zeit 1795–1830 vor der Öffentlichkeit zwar wenige Reformideen präsentiert worden sind, aber »die Demokratie der Geheimgesellschaften« bzw. später »die Demokratie der Privatsphäre« die Kontinuität der Reformideen sicherte.[9] Die Spracherneuerung und andere, auf den ersten Blick nicht politische gesellschaftliche Aktivitäten bildeten eine Brücke zwischen 1790–1795 und 1830–1848.[10]

Die ungarische Geschichtsschreibung ist sich darin einig, dass in der ungarischen Geschichte das Jahr 1848 eine große Zäsur darstellt. Sucht man nach einer Abgrenzung der Periode vor 1848, bietet sich sowohl 1790 als auch 1830 als Beginn der ungarischen »Reform-Ära« an. Da aber grundlegende Verfassungsänderungen vor 1848 nicht vorgekommen sind, können wir die Darstellung unter Anknüpfung an den Ungarn-Beitrag in Band 1 dieses Handbuchs und entsprechend der Periodisierung des vorliegenden Bandes um 1815 beginnen.

---

7   G. Mérei/G. Spira (Hg.), Magyarország története 1790–1849. A feudalizmusról a kapitalizmusra való átmenet korszaka (Egyetemi tankönyv), Budapest 1961. Da man – überwiegend wieder unter dem Einfluss der Literaturgeschichte – die Revolution von 1848/49 dem Vormärz angeschlossen hat, entstand eine kleinere Diskussion darüber, ob man doch 1848 als Grenze annehmen muss: Nach der Märzrevolution beginnt die bürgerliche Periode, also 1848–1945 in der ungarischen Geschichte, die als eine neue Einheit behandelt werden muss.
8   István Barta und György Szabad betonten in den 1960er-Jahren, dass eine andere Periodisierung möglich sei: Die Periode der bürgerlichen Umgestaltung in Ungarn dauerte etwa 1830–1867/70. Vgl. G. Spira (Hg.), Vita Magyarország kapitalizmuskori fejlődéséről, Budapest 1971.
9   Ambrus Miskolczy, A modern magyar demokratikus kultúra »eredeti jellegzetességeiről« 1790–1849, Budapest 2006.
10 Ambrus Miskolczy hat ein Buch über diese sog. »Kontinuitätsdiskussion« geschrieben: Ambrus Miskolczy, A felvilágosodás és liberalizmus között. Folytonosság vagy megszakítottság? Egy magyar történészvita anatómiája, Budapest 2007.

1 Ungarn 1815–1847

1718 endete mit dem Frieden von Požarevac die territoriale Rekonstruktion des mittelalterlichen Ungarn. Das Territorium der ungarischen Heiligen Krone (Stephanskrone) stand unter Oberhoheit der Habsburger. Die Einheit der Länder der Stephanskrone wurde nicht nur von der Krone (und dadurch vom König) verkörpert, sondern durch eine einheitliche Krönung dargestellt. Dieser Akt galt für das ganze Territorium.[11] Auf dieser staatsrechtlichen Basis beanspruchten die ungarischen Stände, die im Mittelalter zeitweise zu Ungarn, jetzt aber zum westlichen Teil des Habsburgerreiches gehörenden Territorien, vor allem Galizien, zurückzugewinnen. Die einzige formelle ständische »Errungenschaft« in dieser Hinsicht bildete der Umstand, dass sich der König 1830 gesetzlich verpflichtete, eine Kommission zur Untersuchung dieser Problematik zu bilden.[12] Trotz der Lehre von der »heiligen Krone« über die Einheit dieses Territoriums war Ungarn weder außenpolitisch noch im Habsburgerreich als Einheit anerkannt. Im Ausland waren Ungarn oder Siebenbürgen ein Teil des Habsburgerreiches, meistens eine »terra incognita«, ein unbekanntes Land.[13] Von Wien aus gesehen waren Ungarn im engeren Sinne, Kroatien und Siebenbürgen voneinander getrennte Länder, die miteinander nicht durch die Stephanskrone, sondern ähnlich wie andere Provinzen durch die Pragmatische Sanktion verbunden waren.[14]

Die 1718 erfolgte vollständige Rekonstruktion des alten Ungarn wurde 1809 durch Napoleon verletzt, als Teile Kroatiens bzw. der Militärgrenze direkt dem französischen Kaiserreich angeschlossen wurden. 1813 kamen diese Gebiete zum Habsburgerreich zurück, aber sie wurden mit anderen Gebieten der Erbprovinzen vereinigt und als »Königreich Illyrien« verwaltet.[15] 1822 teilte man dieses »Königreich« auf und das auch früher zur Stephanskrone gehörende Gebiet wurde erneut mit Kroatien bzw. der Militärgrenze vereinigt. Damit war das Territorium der »Stephanskrone« wie-

---

11 Es gab also keine kroatische Königskrönung oder Fürstenweihe für Siebenbürgen. Die Einheit des ganzen Landes repräsentierte auch die katholische Kirche: Der Erzbischof-Primas von Gran hatte die Oberaufsicht über die Bischöfe von Siebenbürgen bzw. Kroatien. Das Territorium bildete auch eine Zolleinheit, mit Ausnahme der Jahre 1754–1784, während der kurzfristig eine Zolllinie zwischen Ungarn und Siebenbürgen bestand.
12 Ungarischer Gesetzesartikel 5 v. 20. Dezember 1830. Die Edition der Gesetzestexte in lateinischer und in ungarischer Sprache: D. Márkus (Hg.), Corpus Juris Hungarici, Magyar törvénytár 1000–1895. Milleniumi Emlékkiadás, Budapest 1896. Vgl. insbes.: 1740–1835. évi törvényczikkek, Budapest 1901; 1836–1868. évi törvényczikkek, Budapest 1903; 1540–1848. évi erdélyi törvények, Budapest 1900. Internetausgabe (nur auf Ungarisch): <http://www.1000ev.hu/> [24.08.2010] (Complex Kiadó Kft. 1000 év törvényei internetes adatbázis).
13 Ein Buch machte Ungarn als solches bekannt: Joseph v. Orosz, Terra incognita: Notizen über Ungarn, Leipzig 1835.
14 Diese Auffassung hatte ihre staatsrechtliche Grundlage: Kroatien und Siebenbürgen haben die Pragmatische Sanktion jeweils einzeln angenommen.
15 Pajkossy, Ungarn (wie Fn. 1), S. 945.

derhergestellt. Die äußeren Grenzen blieben dann bis 1918 unverändert.[16] Aus dem Küstenland bildete man damals »die ungarische Küste«, ein kleines Territorium mit zwei Städten (Fiume, Buccari) und ihrer Umgebung. Dieses Gebiet (überwiegend von Italienern bewohnt) gehörte nicht zu Kroatien, sondern aufgrund eines Sonderstatus direkt zu Ungarn.[17] Die Staatsgrenze zwischen Ungarn und den Erbprovinzen war von großer Bedeutung: Die 1754 dort eingeführte Zolllinie trennte das Habsburgerreich in zwei Teile. Eine seltsame Erscheinung für einen »Gesamtstaat« des 19. Jahrhunderts! Die Kämpfe für die Erhaltung, Modifizierung oder gar Abschaffung dieser Zolllinie sind im Vormärz ein wichtiger Aspekt sowohl der österreichischen als auch der ungarischen Wirtschaftspolitik geworden. Die Zolllinie sollte 1850/51 abgeschafft werden. Staatsrechtlich und verwaltungstechnisch waren »die Länder der Stephanskrone« bis 1848 in drei große Teile aufgegliedert: Die größte Einheit bildete das Königreich Ungarn (im engeren Sinne) mit 227.000 Quadratkilometern; dann folgte das Großfürstentum Siebenbürgen mit 61.000 Quadratkilometern; schließlich die südliche Militärgrenze mit 37.000 Quadratkilometern.[18] (Abb. 11.6.1, S. 995)

Die ungarische nationalliberale Bewegung des Vormärz wollte Ungarn staatsrechtlich und verwaltungstechnisch vereinigen. Sie wollte die Militärgrenze abschaffen und damit die einzige direkte Verwaltung, die von Wien aus erfolgte, beseitigen. Die Vereinigung mit Siebenbürgen hätte Ungarn sowohl im Habsburgerreich als auch international zu einem starken Land gemacht. Bestrebungen nach einem einheitlichen Nationalstaat wurden immer lauter, ohne dabei aber die multinationale Wesens-

---

16 Vgl. CD-ROM-2, Dok.-Nr. 11.7.1.1 (ungar.)/11.7.1.2 (dt.) (Zurückgliederung der Territorien jenseits der Save v. 18.8.1827). Nach 1849 wurde der historisch-politische Begriff »Länder der Stephanskrone« nicht mehr anerkannt. Das Territorium war zwischen 1849–1860 in Kronländer aufgeteilt, aber die äußeren Grenzen wurden damit nicht überschritten (z. B. vereinigte man Dalmatien und Kroatien – trotz entsprechender kroatischer Wünsche – nicht) und so ließ sich das Territorium verwaltungstechnisch 1860, staatsrechtlich 1867 einfach rekonstruieren. – Ergänzend zur hier zugrunde gelegten CD-ROM-Edition ist als nützliche verfassungsgeschichtliche Edition für unseren Untersuchungszeitraum ebenfalls heranzuziehen: I. Reiter/A. Cieger/P. Vogt (Hg.), Verfassungsdokumente Österreichs, Ungarns und Liechtensteins 1791–1849/Austria, Magyarország és Liechtenstein alkotmányerejü dokumentumai 1791–1849 (= H. Dippel [Hg.], Verfassungen der Welt vom späten 18. Jahrhundert bis zur Mitte des 19. Jahrhunderts. Quellen zur Herausbildung des modernen Konstitutionalismus/Constitutions of the World from the late 18th Century to the Middle of the 19th Century. Sources on the Rise of Modern Constitutionalism, Europa/Europe, Bd. 2), München 2005.
17 Fiume wurde 1807 durch ein Gesetz Ungarn angegliedert. Die Zugehörigkeit von Fiume war ein Erisapfel für Ungarn und Kroatien, der nie gelöst wurde. Das Provisorium blieb bis 1918 gültig. Danach gehörte Fiume (Rijeka) bis 1945 zu Italien.
18 Pajkossy, Ungarn (wie Fn. 1), S. 945. Die Militärgrenze im Süden des Landes hatte man ursprünglich gegen die türkische Gefahr organisiert. Statt in feudal-grundherrlicher Struktur lebten hier Bauernsoldaten in Großfamilien. Da die Grenzsoldaten (»Granitscharen«) im Falle eines Krieges außerhalb ihres Wohngebiets dienen mussten, bildete das Gebiet bis nach 1867 ein militärisches Reservoir.

art des Landes zu berücksichtigen.[19] Das Königreich Ungarn beinhaltete auch die »Nebenländer«, die *partes adnexae*, ein Territorium, das sich stolz »Königreich von Kroatien, Slawonien, Dalmatien« nannte. Diese Bezeichnung und das Verhältnis zu Ungarn waren während des 19. Jahrhunderts ständiger Zankapfel zwischen Ungarn und Kroatien. Zu den »Nebenländern« gehörten gemäß ungarischem Staatsrecht nur drei kroatische Komitate: Agram, Waraschdin, Kreutz. Sie ließen sich gemeinsam auf dem ungarischen Reichstag vertreten. Slawonien (erneut drei Komitate) wurde als Teil Ungarns (im engeren Sinne) verstanden, in Fragen der Rechtspflege war es aber den Behörden in Agram unterstellt. Die Kroaten strebten nach der staatsrechtlichen Gleichstellung mit Ungarn, sie wollten also den Status eines »Partnerlandes« erreichen.[20]

Diese Diskussion verschärfte sich im Vormärz. Die ungarischen Liberalen waren in ihren Meinungen uneins. Es gab Vorstellungen von der Zurückweisung aller kroatischen Wünsche.[21] Andererseits aber auch ein Angebot ungarischer Reformer, das mehr war, als die (überwiegend konservativen) Kroaten je erträumt hatten. In den 1830er-Jahren entstand die Idee, dass Kroatien sich vollständig von Ungarn trennen und nur eine Art Personalunion (im Rahmen der Stephanskrone) bestehen sollte. 1842 nahm Lajos Kossuth diese Idee wieder auf und unterbreitete das Angebot auch öffentlich.[22]

---

19 Die Zukunftsvision war 1848, nach der Märzrevolution, gesetzlich verwirklicht. Nach der Niederlage des Verteidigungskrieges im Jahr 1849 wurde die Eigenstaatlichkeit Ungarns aufgehoben, nach dem Ausgleich von 1867 wurde sie wiederhergestellt.
20 G. Miskolczy (Hg), A horvát kérdés és irományai a rendi állam korában, 2 Bde., Budapest 1927–1928.
21 So wurden Anfang 1848 auf dem Reichstag Stimmen laut, wonach es kein Kroatien gäbe – gemeint war hingegen, dass in den Gesetzen diesbezüglich nur der Ausdruck »Nebenländer« vorkäme. Wenn auch selten, so kommt in den Gesetzen aber dennoch der Ausdruck »Kroatien« vor, wie z. B. im unwichtigen Ungarischen Gesetzesartikel 32 v. 18. August 1827, wo von den Verpflichtungen zu Straßenausbesserungen die Rede ist. László Péter, Die Verfassungsentwicklung in Ungarn [1848–1918], in: H. Rumpler/P. Urbanitsch, Verfassung und Parlamentarismus, Teilbd. 1, Wien 2000, S. 239-540, hier S. 265, interpretiert die Aussage von Lajos Kossuth vom 7. Januar 1848 dahingehend, dass dieser die »Existenz« von Kroatien infrage gestellt habe. Es geht hier unserer Meinung nach aber um eine staatsrechtliche Interpretation: Kroatien erscheint in den Gesetzen nicht als staatsrechtliche Einheit. Péter lässt in seiner Interpretation außer Acht, dass gerade Kossuth 1842 die Abtrennung von Kroatien empfohlen hat. Vgl. Fn. 22.
22 György Szabad, Hungary's Recognition of Croatia's Self-Determination in 1848 and Its Immediate Antecendents, in: Acta Universitatis Scientiarum Budapestiensis de Rolando Eötvös Nominate, Sectio Historica 21, Budapest 1981. Jene, die das »Repeal« (Trennung, das englische Wort kommt aus der irischen Bewegung) angeboten hatten, dachten freilich, dass das kleine, unentwickelte Kroatien (mit etwa einer Mio. Einwohner) nicht lebensfähig sei und freiwillig zu Ungarn zurückkäme. Diese Trennungsidee wurde bei den ungarischen Liberalen sonst nicht gut aufgenommen. Die Kroaten interpretierten das Angebot als Schwäche der Ungarn. János Varga, Helyét kereső Magyarország, Budapest 1983, S. 87-89.

Auf dem gesamten Territorium der Stephanskrone lebten um 1787 9,5 Mio. Menschen. Die Volkszählung von 1850 wies 13,2 Mio. Seelen aus. Dieses Wachstum von etwa 50 Prozent ist im gesamteuropäischen Vergleich nicht bedeutend, betrug es jährlich doch nur ungefähr fünf Promille. Das Wachstum ist beinahe ausschließlich auf natürlichen Zuwachs der Bevölkerung zurückzuführen.[23] In sprachlicher, ethnischer und konfessioneller Hinsicht war die Bevölkerung mehrfach fragmentiert. Die ungarischsprachigen Einwohner machten etwa 37 Prozent aus.[24] Die Bevölkerung war weit über die Mitte des 19. Jahrhunderts hinaus agrarisch geprägt. Die städtische Einwohnerschaft verdoppelte sich in dieser Zeit und erreichte 13–14 Prozent der Gesamtbevölkerung. Angaben zur Anzahl der Akademiker sind schwierig, man kann aber von einer Vervielfachung der ursprünglichen Anzahl ausgehen.[25] Besonders wichtig ist in der sozialen Gliederung die Anzahl und der Anteil der Adligen. Die Geschichtsforschung bestärkte die Feststellungen der Zeitgenossen des Vormärz: Der ungarische Adel umfasste ungefähr 120.000–150.000 Familien, etwa eine halbe Mio. Menschen – das bedeutete ungefähr fünf Prozent der Gesamtbevölkerung. Einen höheren Anteil gab es nur in Polen und Spanien.[26] Die meisten Adligen waren besitzlos und damit nicht direkt an das alte System gebunden. Unter ihnen gab es Intellektuelle, Bauern, Kleinhandwerker usw. Die Adligen bildeten einen einheitlichen Stand, rein rechtlich gesehen waren sie alle dem größten Grundbesitzer gleichgestellt.

Nach den napoleonischen Kriegen kam es in Ungarn zu einer finanziellen und wirtschaftlichen Krise. Aus Wien kamen keine Impulse, diese Krise zu überwinden. Ein Teil der adligen Politiker orientierte sich um 1830 selbst in eine neue Richtung. Statt weiter traditionelle ständische oppositionelle Politik zu betreiben, übernahm er das Vokabular und die Zielsetzungen des Liberalismus. Diese Adligen forderten Bauernbefreiung (Erbablösung), Gleichheit vor dem Gesetz, Judenemanzipation, allgemeine Besteuerung, politische Rechte usw. Als nationale Bewegung erstrebten sie ein einheitliches, zentralistisch regiertes Ungarn, eine eigene Wirtschaftspolitik, das Ungarische als Amtssprache, mehr Selbstständigkeit von Wien, also vom Zentrum des Habsburgerreiches – letztlich eine Personalunion mit dem Kaisertum Österreich. Als Anführer dieser Bestrebungen wirkte eine politisch geschulte adlige Elite. Während der Adel mit größerem Besitz die soziale Unterstützung lieferte, bildeten der gebildete niedere Adel und ein Teil der städtischen Bevölkerung die Basis der Bewegung. Ein großer Vorteil war, dass die alte ständische Verfassung politische Rechte sicherte, was auch einen Vorsprung vor den entwickelteren Provinzen der Habsburgermonarchie ermöglichte. Große politische Bühne und Kampfplatz war der Reichstag in

---

23 G. Mérei (Hg.), Magyarország története 1790–1848, Budapest 1980, S. 473-474 (Abschnitt von Károly Vörös).
24 Zur weiteren nationalen und sozialen Gliederung siehe Pajkossy, Ungarn (wie Fn. 1), S. 945-947.
25 Mérei (Hg.), Magyarország (wie Fn. 23), S. 554, 593-596 (Abschnitt von Károly Vörös).
26 Károly Kecskeméti, La Hongrie et le réformisme liberal. Problèmes politiques et sociaux (1790–1848), Roma 1989, S. 15.

Preßburg, der zwischen 1825–1848 jedes dritte Jahr zusammenkam. Immerwährendes politisches Instrument war dagegen die Komitatsversammlung, in der sich die Adligen eines jeden Komitats (es gab 52 Komitate) meistens vierteljährlich trafen. Die adligen Liberalen wollten ursprünglich diese alte Verfassung verändern und in eine moderne konstitutionelle Verfassung umfunktionieren, auf einmal mussten sie die alte Verfassung aber verteidigen, da man sie von Wien aus abschaffen wollte. Die liberalen Oppositionellen konnten zwischen 1830–1847 nur wenige Reformgesetze verabschieden. Es gelang ihnen zwar die Mehrheit an der Unteren Tafel zu gewinnen, aber die Obere Tafel[27] und die Wiener Regierung blockierte all ihre Reforminitiativen. Immerhin, in der öffentlichen Meinung, in der politischen Literatur und in der Belletristik dominierten die Liberalen, man spricht daher für den Zeitraum 1830–1848 mit vollem Recht von einer Reformperiode.

2 Verfassungsstruktur der zentralen staatlichen Ebene

Die Verfassung Ungarns blieb in ihren wesentlichen Zügen bis 1848 unverändert.[28] Die Gesetzgebung war zwischen König und Reichstag geteilt. Der Herrscher musste im Prinzip den Reichstag alle drei Jahre zusammenrufen. Letzterer umfasste seit 1608 zwei Kammern: Auf der sog. Oberen Tafel tagten die persönlich eingeladenen Aristokraten (Barone, Grafen, Fürsten), dann die Würdenträger (Leiter) des Landes, die Obergespane der Komitate und die katholischen Bischöfe; auf der Unteren Tafel verhandelten je zwei Ablegaten der Komitate (zusammen also etwa 100), die Ablegaten der königlichen freien Städte und der Domkapitel. Der Reichstag besaß nicht nur einen bedeutenden Teil der Gesetzgebungsrechte, sondern konnte durch »Beschwerden« (Gravamina) die königlichen Verordnungen und die Staatsverwaltung kritisieren und beeinflussen. Die Exekutive unterstand zwar dem König, aber neben der erwähnten Kontrollfunktion des Reichstages war noch wichtiger, dass die eigentliche Verwaltung den Komitaten oblag, die die königliche Exekutive blockieren konnten. Die Machtbefugnisse waren allerdings nie in den Gesetzen formuliert, ständige Machtverschiebungen kennzeichnen daher die einzelnen historischen Perioden. (☛ Abb. 11.7.1)

Auf dem Reichstag kam es nach 1790 zu drei Änderungen. Erstens führte man vorbereitende, informelle Sitzungen der Unteren Tafel, die sog. Zirkularsitzungen, ein. Die Abgeordneten wählten hier ihre Vorsitzenden selbst; die Verhandlungen während der Sitzungen waren ungestörter und freier. Zweitens wurde die lateinische

---

27 Für eine Erläuterung dieser Begriffe siehe das nachfolgende Kapitel 2, Verfassungsstruktur der zentralen staatlichen Ebene.
28 Siehe die ausführliche Darstellung in Band 1 dieses Handbuchs: Pajkossy, Ungarn (wie Fn. 1), S. 947-951.

2 Verfassungsstruktur der zentralen staatlichen Ebene

Abb. 11.7.1 Die Untere Tafel 1836

Sprache an der Unteren Tafel allmählich aufgehoben und die ungarische Sprache als Verhandlungssprache eingeführt. An der Oberen Tafel kam es 1840 zu diesem »Sprachenwechsel«. Das Ungarische war seit 1836 die Sprache, in der die Gesetze offiziell verkündet wurden.[29] Drittens wurden die Entscheidungsmechanismen parlamentarischer. Während früher Entscheidungen durch Stellungnahmen der »Vornehmeren« registriert wurden, begann man zwischen 1790–1825 allmählich an der Unteren Tafel die Stimmen einzeln zu zählen. Dieses Verfahren übernahm die Obere Tafel ab 1840.[30]

Wie erwähnt herrschte 1812–1825 ein absolutistisches Regierungssystem. Es gab in diesen Jahren keinen Reichstag. Als der Wiener Hof diese Politik – nicht zuletzt infolge des Widerstandes der Komitate – aufgab, kamen die Stände im Dreijahresrhythmus immer wieder zusammen: 1825–1827, 1830, 1832–1836, 1839/40, 1843/44, 1847/48. Der 1825 einberufene Reichstag sah es als seine erste Pflicht an, die ungeschriebene, meistens auf Gewohnheitsrecht beruhende alte Verfassung »zu untermauern«, mit neuen Verfassungsgesetzen zu sichern. Diese »obvallatio« oder »circumvallatio« war

---

29 Vgl. CD-ROM-2, Dok-Nr. 11.7.8.1 (ungar.)/11.7.8.2 (dt.) (Ungarischer Gesetzesartikel 3. v. 2.5.1836).
30 Jean Bérenger/Károly Kecskeméti, Parlament et vie parlamentaire in Hongrie 1608–1918, Paris 2005; István M. Szijártó, A diéta. A magyar rendek és az országgyűlés 1708–1792, Budapest 2005, S. 132-135, 282-286. Bei der Stimmabgabe an der Unteren Tafel hatten die Komitate (es waren 49) und die drei privilegierten Distrikte je eine Stimme, dann Kroatien (3 Komitate), alle königliche Städte zusammen, die römisch-katholische Geistlichkeit je eine – alles in allem gab es also 55 Stimmen.

erfolgreich. 1827 wurde in den Gesetzen erstmals wieder angesprochen, dass der König die Grundgesetze einhalten und den Reichstag alle drei Jahre einberufen musste.[31]

Die einzige Krönung (von Ferdinand) fand in dieser Periode 1830 statt. Das ungarische Staatsrecht erlaubte, dass der Thronfolger noch zu Lebzeiten des herrschenden Königs geweiht wurde. Mit der Krönung Ferdinands konnte Metternich die Thronfolge sichern. Da Ferdinand des Regierens nicht fähig war, befürchtete Metternich Streitigkeiten hinsichtlich der Thronfolge nach dem Ableben von Franz I. Die ungarische Königsweihe sicherte Ferdinand auch den kaiserlichen Thron, da gemäß der Pragmatischen Sanktion nur ein Haupt der Habsburger Familie alle Teile des Reiches beherrschen durfte. Die Krönung und der Krönungseid wurden in die Gesetze aufgenommen. Die Benennung »Eure Hoheit Ferdinand« wurde zwar im Gesetz des Jahres 1830 vermerkt, dem Königsnamen fehlte aber die entsprechende Nummerierung als Ferdinand I. oder Ferdinand V.[32] Während des Reichstages von 1832–1836 verstarb Franz I. im Jahr 1835. Es kam zum tatsächlichen Thronwechsel. Von nun an bezeichnete sich Ferdinand in den an den Reichstag gerichteten Reskripten als Ferdinand I. Die Untere Tafel des Reichstages wies diese Nummerierung zurück: In Ungarn gab es bereits vier Könige mit dem Namen Ferdinand, der neue Monarch war für die Ungarn also der Fünfte. Im Vormärz entzündete sich an dieser Frage die schärfste staatsrechtliche Diskussion. In den Reichstagsdebatten stellte sich heraus, worum es eigentlich ging: Hätte Ungarn Ferdinand als den Ersten akzeptiert, wäre dies einer Anerkennung des Anspruchs gleichgekommen, wonach Ungarn Teil des Kaisertums Österreich sein sollte. Ungarn sei aber kein Teil des 1804 gegründeten Kaisertums, sondern ein unabhängiges Königreich (*regnum per se*) – betonte beharrlich der junge Ferenc Deák auf dem Reichstag. Der Streit ging so weit, dass die Kontakte zwischen dem König und dem Reichstag abzubrechen drohten. Die Abgeordneten setzten sogar die bisherigen Ergebnisse langjähriger Verhandlungen aufs Spiel. Die Regierung in Wien gab nach einigen Monaten nach, der König unterzeichnete schließlich ein Reskript mit dem Namen Ferdinand V.[33]

Als um 1830 eine adlig-liberale Bewegung in Ungarn entstand, gelang es ihr die alten ständischen Institutionen für ihre Bestrebungen in Anspruch zu nehmen. Damit änderte sich die Achse der ungarischen Politik. An die Stelle des ständischen Dua-

---

31 Ungarische Gesetzesartikel 3, 5 v. 18. August 1827; Péter, Verfassungsentwicklung (wie Fn. 21), S. 256-257. Diese »Garantien« enthielten keine Gegenmittel für den Fall eines Verfassungsbruches vonseiten des Königs – es blieb aber die alte Waffe, der Widerstand der Komitate (*ius inertiae*), die nicht nur vereint und gleichzeitig wie 1821/23, sondern auch in Einzelfällen zum Einsatz kam.
32 Mérei (Hg.), Magyarország (wie Fn. 23), S. 671-673 (Abschnitt von András Gergely); Ungarischer Gesetzesartikel 1 v. 20. Dezember 1830.
33 Péter, Verfassungsentwicklung (wie Fn. 21), S. 274-275; Mérei (Hg.), Magyarország (wie Fn. 23), S. 744-745 (Abschnitt von András Gergely). Die Frage, ob Ungarn dem Kaiserreich unterstellt war, blieb nach der Gründung von 1804 in der Schwebe.

lismus (König – Stände) trat der Gegensatz zwischen dem Nationalliberalismus der ungarischen Adligen und dem absolutistischen Reichszentralismus der Regierungskreise.[34] Neben den schon erwähnten liberalen politischen Zielsetzungen kam es auch zum Kampf um die alte Verfassung. Aus ihr wollten die ungarischen Nationalliberalen den Parlamentarismus entwickeln: Auf eine Volksvertretung, Regierungsverantwortlichkeit, ein in Ungarn liegendes Machtzentrum zielten ihre Hoffnungen. Wien wollte die alte Verfassung nach 1825 nur formell erhalten – ähnlich wie es mit den ständischen Institutionen der Erbländer der Fall gewesen war.[35]

Die liberalen politischen Zielsetzungen entwickelten sich zuerst in den Komitaten. Sie wurden zunächst in kleineren Kreisen bekannt gemacht. Vom Inhalt her und in ihrer jeweiligen Gewichtung waren sie in einem jeden Komitat sehr unterschiedlich. Der erste bedeutende Reformer, Graf István Széchenyi, später »der größte Ungar« genannt, stellte sein gut durchdachtes Programm erstmals in einem Buch mit dem Titel *Stadium* vor.[36] Darin betonte er, dass er für eine bestimmte Periode Gesetzesvorschläge formulierte.[37] Die zwölf Reformpunkte des *Stadium* beinhalteten ein Kreditgesetz, die Abschaffung der Avitizität[38], das Recht auf Eigentum, eine gemeinsame Steuer, die Abschaffung der Beschränkungen für die Industrie, Regierungsrechte für die Statthalterei, die Öffentlichkeit der Politik und der Rechtspflege, letztendlich die Erhebung des Ungarischen zur Staatssprache.[39] Diese zwölf Punkte umfassten, was politisch als modern galt. Andere, noch radikalere Forderungen stammten 1841 aus dem Komitat Szatmár und wurden auch in zwölf Punkten zusammengefasst. Hier forderte man – was bisher nur im Verborgenen genannt worden war – die zwingende Erbablösung (also eine vom Staate organisierte Bauernbefreiung), die Gleichheit vor dem Gesetz, die gleiche Verteilung der öffentlichen Lasten, Schwurgerichte, eine

---

34 András Gergely, The Liberalisation of Hungarian Political Life 1830–1848, in: F. Glatz/E. Pamlényi (Hg.), Études historiques hongroises, Bd. 1, Budapest 1985, S. 241-259.
35 István Barta, Die Entstehung des Gedankens der Interessenvereinigung in der ungarischen bürgerlich-adligen Reformbewegung, in: D. Csatári u. a. (Hg.), Nouvelles études historiques, Bd. 1, Budapest 1965, S. 491-516; András Gergely, Der ungarische Adel und der Liberalismus im Vormärz, in: D. Langewiesche (Hg.), Liberalismus im 19. Jahrhundert, Göttingen 1988, S. 458-483; János Varga, A Hungarian Quo Vadis. Political Trends and Theories of the Early 1840's, Budapest 1993.
36 Andreas Oplatka, Graf Stephan Széchenyi. Der Mann der Ungarn schuf, Wien 2004; András Gergely, Széchenyi István, Pozsony 2006.
37 István Széchenyi, Stadium, Lipcse [Leipzig] 1833. Széchenyi hat das Buch 1831 geschrieben, der Druck wurde in Ungarn verboten und so erschien es später im Ausland.
38 Die Avitizität, ein Gesetz aus dem Jahre 1351, ermöglichte es, dass der Besitz einer Adelsfamilie im Falle ihres Aussterbens oder eines Verkaufs von den entferntesten Verwandten beansprucht werden konnte. Dies machte die Besitzverhältnisse äußerst unsicher und Immobilienkredite problematisch. Das Gesetz wurde 1848 abgeschafft.
39 Vgl. CD-ROM-2, Dok.-Nr. 11.7.2.1 (ungar.)/11.7.2.2 (dt.) (Die zwölf Gesetzesinitiativen des Grafen István Széchenyi v. 1833).

Volksvertretung.[40] Sodann verfasste die ungarische Konservative Partei, gegründet 1846, ihre Wünsche auch in zwölf Abschnitten.[41] Die Revolution vom 15. März 1848 in Pest fasste wiederum in zwölf Punkten ihre Forderungen in kürzester Form zusammen.[42] Die Zukunftsvision war also gegeben. Sowohl die Basis im Lande als auch eine günstige internationale Situation fehlten noch. Die liberale Elite wollte zuerst die Adligen in den Komitaten gewinnen. In einigen Komitaten lebten nur 100–200 Adlige, in anderen aber mehrere Tausend – in ihren Verhältnissen ganz unterschiedlich. Auch andere Umstände machten eine umsichtige politische Taktik ratsam: In den Komitaten wählten die Adligen die Abgeordneten für den Reichstag, wo sich dann die Liberalen mit viel Geschick eine Mehrheit an der Unteren Tafel sichern konnten. Der ständige Druck dieser Tafel auf die Obere Tafel und die Wiener Regierung hat manchmal einen schmalen Weg zur Durchsetzung von Reformen geöffnet. Aber die Positionen des Metternich'schen Systems, nicht zuletzt durch die europäische Kooperation der konservativen Großmächte bestimmt, machten einen vollständigen Durchbruch vor 1848 nicht möglich – nach den Märzrevolutionen von 1848 war aber der programmatisch und sozial vorbereitete Weg für die Umgestaltung geöffnet.

Es war auch den Machthabern in Wien klar, dass jene Gruppierung in Ungarn die Oberhand gewinnen würde, die in den Komitaten die Stimmung beherrschte und die Wahlen von dort zu beeinflussen vermochte. Weder bei den zentralen Staatsorganen in Wien noch bei der ungarischen Verwaltung gab es sonst nennenswerte Veränderungen.[43] Metternich hat auch mit seinem politischen Instinkt erkannt, dass die ungarischen Komitate den archimedischen Punkt bilden konnten, von dem sein ganzes System möglicherweise zu gefährden war. Er versuchte also zuerst in den Komitaten, mit politischen Mitteln Mehrheiten für sich zu bilden. In der zweiten Hälfte der 1830er-Jahre kam es dann zu Repressionen, zu Schauprozessen. Auch diese Politik blieb letztendlich erfolglos. In Wien wurden Kommissionen zur Beobachtung und Beeinflussung der ungarischen Politik gegründet. Nach den Vorarbeiten dieser Kommissionen fiel 1844 die »allerhöchste Entscheidung«: Die Komitate Ungarns sollten gegebenenfalls mit ungesetzlichen Machtmitteln in die Knie gezwungen werden.[44] Eine neue geheime Kommission erarbeitete in den folgenden Monaten entsprechende Vorschläge. Daraus entstand der königliche Beschluss vom 11. November 1844, der bestimmte, dass die

---

40 Vgl. CD-ROM-2, Dok.-Nr. 11.7.2.3 (ungar.)/11.7.2.4 (dt.) (Zwölf Punktationen des Komitats Szatmár v. 1841).
41 Dieses Programm der Konservativen, und auch das Programm der Oppositionellen Partei, gegründet 1847, wird in Bd. 3 des Handbuchs und Teil 3 der CD-ROM-Edition behandelt.
42 Vgl. Teil 3 der CD-ROM-Edition.
43 Vgl. Pajkossy, Ungarn (wie Fn. 1), S. 957–960. Die einzige bedeutende Veränderung in der Zentraladministration war die Gründung der Staatskonferenz 1835/36, einer Art Regentschaft, die im Namen Ferdinands regierte. Vgl. den Beitrag über Österreich im vorliegenden Handbuchband.
44 Vgl. CD-ROM-2, Dok.-Nr. 11.7.2.5 (Allerhöchstes Handschreiben König Ferdinands V. v. 4.7.1844 über die Gründung einer geheimen Kommission für die Verwaltung Ungarns); Erzsébet Andics, Metternich und die Frage Ungarns, Budapest 1973.

Obergespane oder ihre Vertreter in den Komitaten wohnen und dort mit allen Mitteln das Komitat kontrollieren sollten. Ihre wichtigste Aufgabe bestand darin, der Regierung eine Mehrheit zu verschaffen.[45] Die Entscheidung war eine geheime Kampfansage gegen die adlige Selbstverwaltung der Komitate, gegen die Basis der Liberalen. Der Kampf selbst brach 1845 aus. Das Administratorensystem (benannt nach dem angestellten Stellvertreter der Obergespane) oder das Kreishauptmannsystem (spöttische deutsche Bezeichnung in Anlehnung an die österreichische Verwaltung) führte zu sehr scharfen Auseinandersetzungen in den Komitaten. Die Opposition wurde zwar geschwächt, aber es gelang der Regierung nicht, die ersehnte Mehrheit auf dem nächsten (»letzten«) ständischen Reichstag von 1847/48 zu erreichen.

3 Wahlrecht und Wahlen

Das Wahlrecht und die Wahlen blieben auch in dieser Periode nach Ständen unterschieden: Adlige, städtische Bürger, Bewohner der Landstädte und Dörfer konnten wählen.

Der Adelsstand dominierte das politische Leben. Jedes männliche Mitglied des Adels über 20–24 Jahre besaß ein persönliches Wahlrecht. Zuerst wählten die Adligen ihre Selbstverwaltung (jedes dritte Jahr die Beamten bis auf den Obergespan und die Richter), dann die zwei Abgesandten des Komitats für den Reichstag. Der Adel gab mit seinem Votum die politischen Instruktionen für die Reichstagsabgeordneten.[46] In den 1840er-Jahren konnten oder wollten die Komitate mit ihren Tausenden von Wählern den Wahlprozess nicht mehr wie bisher üblich durchführen. Seit 1840 versuchte die liberale Opposition das Wahlrecht in einigen Komitaten zu erweitern. Wo sie die Mehrheit innehatte, beschloss sie, auch der nicht adligen Intelligenz (Akademiker, damals Honoratioren genannt) und den sich vom Grundherrn abgelösten Gemeinden kollektives Wahlrecht zu gewähren. Die Konservativen bestritten das Recht der Komitate, diese Wahlrechtserweiterung auszusprechen, und die Statthalterei hob diesbezügliche Beschlüsse oft wieder auf. Die liberale, sog. »municipalistische« Idee sah vor, dass das politische System seinen langen Marsch durch die Komitate hin zur Volksvertretung antreten sollte. Nach einem kühnen Plan von Kossuth sollten in den Komitaten allmählich alle Bewohner (zunächst diejenigen, die einem bestimmten Zensus genügten, später dann alle) das Wahlrecht haben und es geheim ausüben. Da die Komitate auch die Reichstagsabgeordneten wählten, hätte diese Art von Wahlrechtserweiterung gleichzeitig auch die Verwirklichung der Volksvertretung bedeutet.[47]

---

45 Vgl. CD-ROM-2, Dok.-Nr. 11.7.5.3 (Allerhöchstes Handschreiben Ferdinands V. an den ungarischen Hofkanzler Graf Antal Mailáth v. 11.11.1844).
46 Zum Wahlrecht im weiteren Sinne vgl. Pajkossy, Ungarn (wie Fn. 1), S. 952-954.
47 András Gergely, Általános választójog 1848-ban? A megyei törvény vitája az utolsó rendi országgyűlésen, in: Századok 128 (2005), S. 585 ff.

In den 50 sog. »königlichen freien Städten« lebten etwa fünf Prozent der Gesamtbevölkerung. Von diesen etwa 800.000 Menschen hatten nur ungefähr fünf Prozent das Bürgerrecht. Diese kleine Gruppe verfügte aber mit dem Bürgerrecht nicht gleichzeitig auch über das Wahlrecht. Es gab in den Städten eine sog. »gewählte Kommunität« von 30–124 Mitgliedern, die jedoch nie gewählt wurde, sondern sich durch Kooptation ergänzte. Die Kommunität wählte aber nur die Leitung der Stadt. In den meisten Städten schickte dann der etwa zehnköpfige Magistrat den Ablegaten zum Reichstag.[48] So ist es verständlich, dass die von Klüngeln beherrschten, von zentralen Behörden kontrollierten Städte auf dem Reichstag gemeinsam nur eine einzige Stimme hatten. Die adligen Liberalen verfassten 1843/44 einen Reformentwurf von 500 Paragrafen zugunsten der Städte. Gemäß diesem Plan wäre die Selbstverwaltung im Sinne eines Wahlrechts für alle Stadtbewohner mit niedrigem Vermögenszensus demokratisiert worden. Die Liberalen planten auch, den Städten 16 Stimmen auf dem Reichstag zu geben. Auch dieses Vorhaben wurde von der Oberen Tafel nach monatelangen Diskussionen abgelehnt.

Landstädte hatten keine königlichen Privilegien, sie waren aber frei von grundherrlicher Aufsicht. In Ungarn gab es über 600 Landstädte mit etwa 1,4 Mio. Einwohnern. Eine Landstadt hatte durchschnittlich 2.000 Einwohner, es gab aber darunter Landstädte mit 10.000–15.000 Einwohnern. Ihre Selbstverwaltung war ausgedehnter, ein größerer Kreis der Bürger wählte den Magistrat. Die Gemeinden, die Dörfer, konnten 1836 ihre kleine Selbstverwaltung gesetzlich verankern. Sie erwarben das Recht, den Dorfrichter nach einer Kandidatenliste, die vom Grundherrn bestimmt wurde, und den Dorfnotar frei zu wählen. Je nach örtlichem Brauch durften an der Wahl entweder alle Männer oder nur diejenigen, die über unbeweglichen Besitz verfügten, teilnehmen.[49]

In einigen Kirchen und bei verschiedenen Konfessionen – reformiert, evangelisch, griechisch-orthodox, israelitisch – gab es eine innere Selbstverwaltung. Hier und später in den Vereinen war es möglich, dass Männer verschiedener Stände gemeinsam votierten.

---

48 Pajkossy, Ungarn (wie Fn. 1), S. 954.
49 Vgl. CD-ROM-2, Dok.-Nr. 11.7.5.1 (ungar.)/11.7.5.2 (dt.) (Ungarischer Gesetzesartikel 9 v. 2.5.1836); Tamás Dobszay, A községi igazgatás egyes kérdései Magyarországon (1767–1849), in: I. Orosz/F. Pölöskei (Hg.), Nemzeti és társadalmi átalakulás a 19. században Magyarországon, Budapest 1994, S. 31 ff. Der Dorfrichter stammte aus dem Dorf, er hatte keine Schulausbildung nötig, der Notar kam oft von außerhalb des Dorfes und musste eine Schulausbildung vorweisen.

4 Grundrechte

Die Bewohner Ungarns waren vor 1848 weder Untertanen[50] noch Staatsbürger. Im Habsburgerreich gab es keine einheitliche Regelung dieser Fragen. In den Erbprovinzen wurde 1811 das bürgerliche Gesetzbuch eingeführt, das erstmals den Begriff »Staatsbürgerschaft« verwendete. Das ABGB war aber nur in den westlichen Teilen der Monarchie gültig.[51] In Ungarn gab es in dieser Hinsicht drei Kategorien von Bewohnern: Die Adligen waren im Besitz aller Rechte (persönliche Freiheit, politische Vertretung, Teilhabe an der Gesetzgebung, Monopol an Grund und Boden etc.). Sie definierten sich als »Mitglieder der Heiligen Krone«, waren also mit dem Herrscher gleichgestellt und keineswegs Untertanen. Die zweite Kategorie bildeten die (christlichen) Bewohner des Landes (honlakosok, *indigenae, membra regni*), die mit Recht in Ungarn wohnten. Neue Siedler erreichten diesen Status nach zehn Jahren. Ausgenommen blieben Juden und Zigeuner, die man »in der Nähe wohnende« (*accolae*) nannte.[52] Diese Bezeichnung gibt genau die Verhältnisse dieser zuletzt erwähnten Volksgruppen wieder. Sie wanderten umher und wurden sehr oft nicht einmal in den Dörfern geduldet, wohnten also »daneben«. Zur Staatsbürgerschaft wurde 1844 ein Gesetzentwurf verfasst, der auf dem Reichstag 1847/48 diskutiert wurde. Die Liberalen bemühten sich, in diesen Entwurf moderne gesellschaftliche Kategorien aufzunehmen, obwohl sie sonst nicht so sehr an die Grundrechte dachten, sondern vielmehr die Adelsprivilegien auf das ganze Volk auszuweiten wünschten. Nur einige wenige Schritte waren – wie schon in anderem Zusammenhang erwähnt – auf diesem »lange(n) Marsch« erfolgreich.

Rechte für die grundherrlichen Untertanen forderte erstmals Graf István Széchenyi in seinem Werk *Stadium*: Gleichheit vor dem Gesetz, Eigentumsrechte usw.[53] Einige dieser Anregungen wurden erst 1848 verwirklicht. Die persönliche Unantastbarkeit und die Vermögenssicherheit der Nichtadligen wurden z. B. nach langen Diskussionen 1833 nicht angenommen. Einiges wurde aber auch durchgesetzt. Eine gewisse persönliche Sicherheit brachte z. B. 1836 die Kodifizierung der bäuerlichen Lasten und Nutzrechte.[54] Von diesem Jahr an hatten die Nichtadligen das Recht, Ge-

---

50 Untertan – der Begriff wurde nicht staatsrechtlich, sondern nur für die Hörigen (Bauern und Häusler) der Grundherren benutzt.
51 1849 »schenkte« die oktroyierte Verfassung von Olmütz (1849) den Bewohnern der Monarchie eine einheitliche Staatsbürgerschaft. Ungarn ist zum eigenen Recht in dieser Hinsicht 1861 zurückgekehrt.
52 Ignác Frank, A közigazság törvénye Magyarhonban, Pest 1846, S. 97-99. Der Verfasser bemerkt, dass Sklaven, wenn sie das Land betreten, frei werden.
53 Vgl. CD-ROM-2, Dok.-Nr. 11.7.2.1 (ungar.)/11.7.2.2 (dt.) (Zwölf Gesetzesinitiativen des Grafen István Széchenyi v. 1833).
54 Vgl. CD-ROM-2, Dok.-Nr. 11.7.12.1 (ungar.)/11.7.12.2 (dt.) (Ungarischer Gesetzesartikel 6 v. 2.5.1836); Dok.-Nr. 11.7.12.3 (ungar.)/11.7.12.4 (dt.) (Ungarischer Gesetzesartikel 7 v. 2.5.1836).

richtsprozesse zu führen[55] und ein Testament über ihr Hab und Gut frei zu vereinbaren.[56] Seit 1840 stand den Töchtern derselbe Anteil am Erbe zu wie den Söhnen.[57] Die freiwillige Erbablösung (falls sowohl der Grundherr als auch die Gemeinde bzw. der Bauer es wünschten und beide Seiten zu einer Vereinbarung kamen) wurde von 1840 an erlaubt.[58] Zwei Gesetze aus dem Jahre 1844 machten es Nichtadligen möglich, Grund und Boden zu erwerben bzw. Ämter zu bekleiden.[59] Auch einige königliche Prärogativen wurden aufgehoben. Erlaubnisse für Fabrikgründungen zu geben war früher ein Privileg des Königs. Seit 1840 war es jedermann möglich, Fabriken zu gründen.[60] Die Untere Tafel wollte 1840 auch die Judenemanzipation verwirklichen. Wieder einmal musste sie sich aufgrund des Widerstandes des Hofes mit einer Teilemanzipation begnügen. Die Juden durften sich seitdem auch in den königlichen freien Städten niederlassen. Es war ihnen erlaubt, Industrie und Handel zu betreiben und Fabriken zu gründen.[61]

Die liberale Opposition versuchte, die adligen »Freiheiten« im Sinne moderner politischer Grundrechte zu transformieren. Hier entstanden die größten politischen Konflikte des Vormärz. Der erste Konflikt entzündete sich um die Meinungs- und Redefreiheit. Baron Miklós Wesselényi, Leiter der liberalen Opposition in den 1830er-Jahren[62], hielt 1834 eine Rede während einer Komitatsversammlung, in der er die Regierung kritisierte. Wesselényi wurde daraufhin des Hochverrats angeklagt: Regierung und Herrscher seien identisch – sagten die Machthaber in Wien. Opposition und Prozessverteidiger bezogen sich auf das alte Recht und betonten, dass man sich in den Komitatsversammlungen frei äußern könne, ein Prozess und eine Strafe zwar an Ort und Stelle möglich seien, aber von Hochverrat keine Rede sein dürfe, da dies für den Redner eine permanente Bedrohung mit der Todesstrafe bedeutete. Wesselényi wurde zwar nach mehrjährigem Prozess zu drei Jahren Gefängnis verurteilt, aber 1840 amnestiert.[63] Nach 1840 verzichtete die Regierung darauf, Reden mit Strafen zu bedrohen.

---

55 Ungarischer Gesetzesartikel 13 v. 2. Mai 1836. In Siebenbürgen kam es später, durch den Siebenbürgischen Gesetzesartikel 1 v. 31. November 1847, dazu.
56 Ungarischer Gesetzesartikel 9 v. 2. Mai 1836, § 8.
57 Ungarischer Gesetzesartikel 8 v. 13. Mai 1840. Früher, nach mittelalterlichem Recht, hatten alle Töchter zusammen ein Viertel des Erbes besessen.
58 Ungarischer Gesetzesartikel 7 v. 13. Mai 1840.
59 Vgl. CD-ROM-2, Dok.-Nr. 11.7.4.5 (ungar.)/11.7.4.6 (dt.) (Ungarischer Gesetzesartikel 5 v. 12.11.1844); Ungarischer Gesetzesartikel 4 v. 12.11.1844. Diese Gesetzesartikel waren eher von theoretischer Bedeutung.
60 Vgl. CD-ROM-2, Dok.-Nr. 11.7.4.1 (ungar.)/11.7.4.2 (dt.) (Ungarischer Gesetzesartikel 17 v. 13.5.1840). Im Vergleich zum Ungarischen Gesetzesartikel 16 v. 13. Mai 1840 (§ 1) durften auch Frauen seit 1840 Handelsfirmen betreiben und Fabriken gründen.
61 Vgl. CD-ROM-2, Dok.-Nr. 11.7.4.3 (ungar.)/11.7.4.4 (dt.) (Ungarischer Gesetzesartikel 29 v. 13.5.1840).
62 Zsolt Trócsányi, Wesselényi Miklós, Budapest 1965.
63 Zsolt Trócsányi, Wesselényi Miklós hűtlenségi pere, Budapest 1986.

Die strenge Zensur der Ära Metternich war europaweit bekannt. In Ungarn versuchte Lajos Kossuth dieses System zu durchbrechen. Zu Beginn des Reichstages 1832–1836 ließ er sich auf ein riskantes Unternehmen ein. Er schickte handgeschriebene Berichterstattungen über die Reichstagsverhandlungen in Briefform an etwa 100 Abonnenten. Zähneknirschend duldete die Regierung dieses als Privatkorrespondenz ausgegebene Unternehmen.[64] Als Kossuth nach dem Abschluss des Reichstages 1836 eine neue Korrespondenz, diesmal über die Komitatsverhandlungen, herausgeben wollte[65], wurde der Briefversand verboten, Kossuth 1837 verhaftet, 1839 zu vier Jahren Gefängnis verurteilt und 1840 amnestiert.[66] Die Proteste der oppositionellen Komitate betonten in diesem Fall, dass handgeschriebene Briefwechsel nicht der Zensur unterliegen und diese überhaupt ungesetzlich sei. Nachdem der Reichstag von 1839/40 mit seinen Protesten eine Amnestie erreicht hatte, blieb zwar die Zensur bestehen, aber in Ungarn war sie seitdem viel milder als in den Erbprovinzen. Unter diesen Umständen gründete ein Unternehmer 1841 eine erste moderne politische Zeitung (Pesti Hírlap), und die Regierung genehmigte es, dass der gerade amnestierte Kossuth Herausgeber dieses Blattes wurde. Es entstand eine zensierte, aber konsequent im liberalen Sinne redigierte Tageszeitung.

Die »Reichstagsjugend« kam beinahe einem staatsrechtlichen Begriff gleich. Die jüngeren Abgeordneten, dann die Gesandten, die die nicht anwesenden Aristokraten vertraten, und viele Juristen gehörten dazu. Sie organisierten während des Reichstages von 1832–1836 einen Konversationsverein. Gleich nach dem Abschluss des Reichstages wurden die Leiter dieses Vereins verhaftet, aufgrund unwahrer Spitzelmeldungen der Majestätsbeleidigung bezichtigt, angeklagt und verurteilt. (Die Verurteilten wurden ebenfalls 1840 amnestiert.) Das Vereinswesen konnte sich dennoch in den 1840er-Jahren sehr schnell entwickeln. Viele der Vereine wurden ohne Erlaubnis gegründet. Die Regierungsstellen zogen mehrmals ihr Verbot in Betracht, aber die Kräfteverhältnisse hatten sich bereits so stark zugunsten der Opposition verschoben, dass man ein Verbot nicht mehr riskieren konnte. Die Versammlungs- und Vereinigungsfreiheit war damit praktisch errungen.[67]

Zu Beginn des Untersuchungszeitraums war das Lateinische als Amtssprache vorherrschend. Von 1792 an wurde das Ungarische zum Pflichtfach (aber nicht zur Unterrichtssprache) in den Mittel- und Hochschulen.[68] Da die Komitate und der Reichstag der Ansicht waren, dass die Festlegung der Verhandlungssprache in ihrer

---

64 I. Barta (Hg.), Kossuth Lajos Országgyűlési Tudósítások, 5 Bde., Budapest 1948–1961; Gábor Pajkossy, A reformkori országgyűlési tudósítások, in: Levéltári Közlemények 66 (1995), Nr. 1-2, S. 121-136.
65 I. Barta (Hg.), Kossuth Lajos Ifjúkori iratok. Törvényhatósági Tudósítások, Budapest 1966.
66 G. Pajkossy (Hg.), Kossuth Lajos Iratai 1837. május – 1840. december, Budapest 1989.
67 Gábor Pajkossy, Egyesületek Magyarországon és Erdélyben 1848 előtt, in: Korunk (Klausenburg) 66 (1993), Nr. 4, S. 103-109.
68 Ungarischer Gesetzesartikel 7 v. 26. Juni 1792.

Kompetenz stünde, wechselten sie allmählich vom Lateinischen ins Ungarische. Dieser Vorgang war um 1840 beendet. Aufeinanderfolgende, mühsam errungene Gesetzesartikel bestimmten, dass die verschiedenen Regierungsbehörden und Gerichtshöfe ihre Amtssprache wechseln sollten.[69] Das Ungarische als Staatssprache war in allen Amtsbereichen seit 1844 gültig.[70] In Siebenbürgen erklärte man 1847 das Ungarische zur Staatssprache.[71] Für Kroatien galten die Sprachengesetze nicht, dort blieb das Lateinische bis 1848 Landessprache.[72]

Im Falle einer aktiven Teilnahme am Staatsleben mussten die Nationalitäten nun statt Latein Ungarisch lernen – vordergründig ein Nachteil, aber im Vergleich zum Erlernen der lateinischen Sprache war es doch die einfachere Aufgabe.[73] Die Publizisten der unterschiedlichen Nationalitäten nahmen meist die neue ungarische Staatssprache als unvermeidlich hin. Sie befürchteten eher, dass der Bestand ihrer eigenen Muttersprache gefährdet war. Es begann eine Diskussion über die »Magyarisierung«, obwohl die Sprachengesetze an sich dafür keinen Anlass boten.[74] Lediglich zwei Paragrafen waren es, die für die Ausübung zweier Berufe Ungarischkenntnisse vorschrieben: für die Rechtsanwälte – dies war bei der ungarischen Amtssprache unvermeidlich – und für die Geistlichen. Hinsichtlich Letzterer begründete man die Vorschrift damit, dass sie die von nun an ungarischsprachigen Matrikeln eigentlich als Staatsaufgabe zu führen hatten.[75]

Die Forderung nach einer ungarischen Staatssprache bzw. deren 1844 erfolgte Einlösung sowie vor allem die geplante Einführung des Ungarischen als Unterrichtssprache in den Mittel- und Hochschulen alarmierten die Intellektuellen der verschiedenen Nationalitäten.[76] Sie erkannten die drohende Gefahr der »Magyarisierung«, also der unvermeidbaren Zweisprachigkeit der Oberschichten der Nationalitäten.

---

69 G. Szekfű (Hg.), Iratok a magyar államnyelv történetéhez, Budapest 1927.
70 CD-ROM-2, Dok.-Nr. 11.7.8.1 (ungar.)/11.7.8.2 (dt.) (Ungarischer Gesetzesartikel 3 v. 2.5.1836).
71 Siebenbürgischer Gesetzesartikel 1 v. 31. November 1847.
72 Auf dem kroatischen Landtag sprach man 1845 Kroatisch, als Landessprache wurde das Kroatische 1848 eingeführt. Die verspätete Entwicklung hing teils mit dem Konservativismus der kroatischen Stände, teils mit der Sprachentwicklung zusammen.
73 Auf dem gegebenen Staatsgebiet, wo der neue Gesetzesartikel von 1844 gültig war, bildeten die ungarischsprachigen Einwohner beinahe die Hälfte der Bevölkerung. Es lebten hier sechs nationale Minderheiten (mit fünf Sprachen, falls man Kroatisch und Serbisch als eine Sprache behandelt) in größerer Anzahl. Sechs oder sieben Staatssprachen waren damals nicht vorstellbar.
74 János Varga, A nemzeti nyelv szerepe a polgári fejlődésben Magyarországon, in: Történelmi Szemle 4 (1961), Nr. 3, S. 284-304. Die Unterrichtssprache der Mittelschulen und der Hochschulen wurde allmählich von der lateinischen in die ungarische Sprache umgestellt, und dies galt den unterschiedlichen Ethnien als ein Alarmzeichen.
75 Ungarischer Gesetzesartikel 8 v. 20. Dezember 1830, § 5 (für Rechtsanwälte) und Ungarischer Gesetzesartikel 6 v. 13. Mai 1840, § 8 (für Geistliche).
76 Vgl. CD-ROM-2, Dok.-Nr. 11.7.8.1 (ungar.)/11.7.8.2 (dt.) (Ungarischer Gesetzesartikel v. 2.5.1836); Dok.-Nr. 11.7.8.3 (ungar.)/11.7.8.4 (dt.) (Ungarischer Gesetzesartikel 2 v. 11.11.1844).

Daraus entwickelte sich in Ungarn ein wahrer »Sprachenkampf«, eine von beiden Seiten sehr oft hysterisch geführte Auseinandersetzung.[77]

5 Verwaltung

Unter dem Metternich'schen System erstarrte auch die Verwaltung Ungarns; von 1815 bis 1848 gab es keine wesentlichen institutionellen Veränderungen. Seit der ersten Hälfte des 18. Jahrhunderts hatte Ungarn drei zentrale Verwaltungsorgane: Die königliche Hofkanzlei in Wien war das höchste Staatsorgan, gleichrangig mit ihr war aber die Statthalterei in Buda (beide für die Verwaltung zuständig). Die königliche Kammer in Buda verwaltete die Finanzen und die Staatsdomänen. Hofkanzler, Statthalter und Kammerpräsident waren die Leiter dieser Instanzen, bei denen es sich aber um Kollegialorgane handelte, sodass die Entscheidungen auf den Ratssitzungen fielen. Der königliche Hofkanzler stand im Prinzip im Range höher als der Statthalter, Letzterer ist aber seit 1790 immer ein Erzherzog der Dynastie gewesen. Kroatien unterstand ebenfalls diesen Behörden, wobei die lokale Administration vom Ban (meistens ein General) geleitet wurde. In Siebenbürgen gab es drei ähnliche Instanzen: die siebenbürgische Hofkanzlei in Wien, das Gouvernement in Klausenburg und das Thesaurat in Hermannstadt. Alle diese Organe waren im Prinzip nur dem König, praktisch den Wiener Zentralorganen unterstellt. Einen gesonderten Zweig der Verwaltung bildete das Militär, wobei der Wiener Hofkriegsrat auch für Ungarn zuständig war. Dort gab es Generalkommandos, die das Verfügungsrecht über die im Lande stationierenden Regimenter hatten.[78] Ein Gesetz über die Gemeindeverwaltung wurde 1836 verabschiedet, aber es hatte die bestehenden Verhältnisse zur Grundlage.[79]

Abgesehen von der institutionellen Kontinuität fehlt es der ungarischen Verwaltungsgeschichte dagegen nicht an erwähnenswerten Ereignissen und Praktiken. Auch wenn es formell eigentlich nicht zur Geschichte der Verwaltung gehört, sei in diesem Zusammenhang erwähnt, dass die Meldungen der Geheimpolizei nach 1815 immer größeren Einfluss auf die Entscheidungen der Wiener Zentralverwaltung nahmen und somit die Geheimpolizei aufgrund ihrer Querverbindung zu den Zentralstellen

---

77 Der Sprachkampf in Ungarn, Agram 1841; Der Sprachkampf in Croatien, Leipzig 1843; L'udevit Štur, Das neunzehnte Jahrhundert und der Magyarismus, Wien 1845; Endre Arató, A nemzetiségi kérdés története Magyarországon 1790–1848, 2 Bde., Budapest 1960. Die Sprachengesetze waren in Kroatien nicht gültig, aber die Schriftsprache zwischen den ungarischen und kroatischen Behörden bzw. die Sprachenrechte der kroatischen Abgesandten auf dem ungarischen Reichstag stellten äußerst brisante Streitgegenstände dar, was freilich nichts mit einer »Magyarisierung« zu tun hatte.
78 Die Grundstruktur der auch nach 1815 unveränderten Verwaltung wird bei Pajkossy, Ungarn (wie Fn. 1), S. 957-960 behandelt.
79 Vgl. CD-ROM-2, Dok.-Nr. 11.7.5.1 (ungar.)/11.7.5.2 (dt.) (Ungarischer Gesetzesartikel 9 v. 2.5.1836).

eine nicht unbedeutende Funktion auch für die verwaltungsinterne Kommunikation wahrnahm.[80] Weiterhin verdient der Verwaltungskonflikt von 1821–1823 eine nähere Betrachtung.[81] 1821 gab Franz I. eine Verordnung für Ungarn heraus: Die noch 1813 und 1815 befohlene, aber damals nicht vollzogene Rekrutenaushebung sollte jetzt von den Komitaten durchgeführt werden. 1822 folgte die nächste königliche Verordnung, die befahl, die Steuern nicht wie bisher in Scheinen (Banknoten), sondern stattdessen in Münzen (Silber) zu bezahlen, was einer Verdoppelung der Steuerlast der Bauern gleichkam. Die Komitate, zur Durchführung der Verordnung verpflichtet, protestierten: Es gebe keine Kriegsgefahr – wozu also wieder eine Rekrutenaushebung? Die Steuerlast sei sowieso unerträglich – beide Verordnungen führten zu sozialen Unruhen. Nach den Protesten aus den Komitaten wiederholten sich die königlichen Verordnungen mit unverändertem Inhalt. Allem Anschein nach blieben sie doch nicht ohne Erfolg. In dieser Phase zeigten sich von 52 Komitaten hinsichtlich der Steuererhebung 33, hinsichtlich der Rekrutenaushebung 25 Komitate als gehorsam. Anders ausgedrückt: Nach zwei Verordnungen leisteten also 19 bzw. 27 Komitate noch Widerstand. Königlichen Kommissaren gelang es dann doch, in den meisten dieser Komitate die *vis inertiae* (den passiven Widerstand) zu brechen. Danach blieben immer noch sieben Komitate, die beide Verordnungen missachteten, und vier Komitate, die einer der Verordnungen nicht Folge leisteten. Sie bildeten zwar nur ein Viertel aller Komitate, aber es handelte sich um die Komitate, die am weitesten entwickelt waren und aus denen eine größere Anzahl Adliger stammte. Gegen die sieben Komitate nutzte die Regierung alle ihr zur Verfügung stehenden Machtmittel. Das innere und äußere Ansehen der Monarchie ließ ihr keinen anderen Weg. 1823 unterwarfen die königlichen Kommissare mit Brachialgewalt, unter tumultuösen Szenen die sieben Komitate. Die Ereignisse riefen nun aber auch die früher mehr oder minder gefügigen Komitate auf den Plan. Neue Adressen wurden nach Wien abgesandt. Das adlige Ungarn ließ sich nicht mehr absolutistisch regieren. Die Wiener Regierung hatte keine Kraft und keine Basis mehr, etwas Neues aufzubauen. Die Komitate besaßen damit im Prinzip das Widerstandsrecht. Wien wollte zwar Prozesse anstrengen, aber es fehlte an einer legalen Basis. Der große Verwaltungskonflikt endete im politischen Kompromiss: Für das Jahr 1825 wurde ein Reichstag angekündigt.[82]

Nach etwa 1830 gab es schon einige Komitate, die die Basis der Liberalen bildeten. Von dieser Zeit an entwickelten sich die Verwaltungskonflikte genau umgekehrt.

---

80 Vgl. Gábor Pajkossy, »mit welchen ich im geheimen Dienstverband stehe.« Sedlnitzky magyarországi besúgói a reformkor hajnalán, in: J. Kalmár (Hg.), Emlékkönyv H. Balázs Éva történészprofesszor 80. születésnapjára, Budapest 1997, S. 335-357.
81 Gemäß Auffassung der Stände ging es um einen Verfassungskonflikt, aber die Ereignisse weisen eher auf eine Kraftprobe zwischen der zentralen königlichen und der ständisch-adligen Verwaltung hin. Die noch zu erwähnenden königlichen Verordnungen waren nämlich nicht eindeutig verfassungswidrig.
82 Mérei (Hg.), Magyarország (wie Fn. 23), S. 620-632 (Verfasser des Abschnittes Károly Vörös).

Jetzt begannen die zentralen Verwaltungsstellen (Hofkanzlei in Wien, Statthalterei in Buda) passiven Widerstand zu leisten. Sie vernichteten zukunftweisende Satzungen der Komitate, wie z. B. die Ausweitung des Stimmrechts bei den Komitatsversammlungen auf die Intelligenz und entsprechende Berufe, die Garantie der Öffentlichkeit von Gerichtsverhandlungen. Es entstand eine neue Pattsituation: Die liberale Opposition konnte – trotz etwaiger Mehrheiten auf dem Reichstag – die zentrale Verwaltung weder brechen noch übernehmen. In dieser Situation kam es zu einer neuen Erscheinung in der Verwaltung des ungarischen Vormärz, die zuerst von der oppositionellen Mehrheit des Reichstags vorangetrieben wurde: Es entstand eine neue, dem Reichstag unterstellte Verwaltung, damals Landesverwaltung genannt. Erstmals 1836, anlässlich des Gesetzesartikels über den Bau der Pest-Budaer Kettenbrücke, wählte der Reichstag einen Ausschuss mit dem Auftrag, einen Vertrag mit dem Bauunternehmer (einer Aktiengesellschaft) zu unterzeichnen und den Bau zu überwachen.[83] Dann schritt der Reichstag 1840 – nach heutiger Begrifflichkeit – zur »Verstaatlichung« des seit 1837 bestehenden ungarischen (Pester) Theaters und wählte für die Übernahme des Theaters bzw. für dessen Leitung wieder einen Reichstagsausschuss.[84] Als nun der Reichstag von 1843/44 für nationale Investitionen eine »Landeskasse« gründen wollte, stand außer Frage, dass er sie überwachen und nicht der königlichen Zentralverwaltung überlassen würde.[85]

Diese wiederholt als »langer Marsch« (diesmal durch neue Institutionen) bezeichneten Anstrengungen hat die Revolution überholt, als in den Aprilgesetzen von 1848 die Ministerialverantwortung deklariert wurde.

6 Justiz

Die Rechtsprechung blieb im Wesentlichen zwischen 1815–1848 unverändert.[86] Auf drei Veränderungen bzw. Veränderungsversuche sei hier hingewiesen: die Verbesserungen für die Rechtsstellung der Hörigen (1836), die Aufstellung der Wechselgerichtshöfe (1840) und letztlich der Entwurf eines Strafgesetzbuchs (1843).

---

83 Ungarischer Gesetzesartikel 26 v. 2. Mai 1836.
84 Ungarischer Gesetzesartikel 44 v. 13. Mai 1840. Der Gesetzesartikel bezeichnete das Theater als »nationales Eigentum«. »Ständisch« regierte Theater kamen auch anderswo, wie z. B. auch in Prag, vor. Vgl. Philipp Ther, In der Mitte der Gesellschaft. Operntheater in Zentraleuropa 1815–1914, Wien/München 2006, S. 77-79.
85 Vor allem Széchenyis »zwei-Groschen-Plan« aus dem Jahre 1844 warf diese Fragen auf. Vgl. G. Viszota (Hg.), Gróf Széchenyi István írói és hírlapi vitája Kossuth Lajossal, 2 Bde., Budapest 1927–1930; I. Orosz (Hg.), Széchenyi és kortársai: válogatott tanulmányok a reformkorról, Debrecen 2000.
86 Vgl. Pajkossy, Ungarn (wie Fn. 1), S. 960-963.

Schon auf dem Reichstag von 1832/36 versuchte ein Teil der Opposition den Herrenstuhl abzuschaffen und so einen Schritt in Richtung Rechtsgleichheit zu vollziehen. Der konservative Widerstand verhinderte diese Reform. Seit 1836 durfte aber der Grundherr oder sein Vertreter nicht in den Prozess eintreten, wenn er selbst am Ausgang des Verfahrens interessiert war.[87] Nun wurde dem Bauern erlaubt, in seinem eigenen Namen Prozesse zu führen.[88] Alle Gerichtsurteile mussten mit einer Begründung versehen werden.[89] 1840 entstand ein Gesetz zur Flurauchsicht (Flurpolizei).[90] Falls jemand Schaden auf dem Felde anrichtete, sollte demnach seine ständische Position keine Rolle mehr für das Strafmaß spielen.[91]

Das Wechselgesetz aus dem Jahre 1840 modernisierte nicht nur die kommerziellen und finanziellen Verhältnisse, sondern modifizierte auch die Rechtsprechung. Das Wechselgesetz begründete acht Wechselgerichte, und zwar in Städten, in denen der Handel eine größere Rolle spielte. Diese waren allein für Wechselfälle zuständig.[92] Ein Appellationswechselgerichtshof wurde in Pest als eine neue, dritte Abteilung der königlichen Kurie aufgestellt.[93] Vor den Wechselgerichtshöfen gab es keinen Unterschied zwischen Adligen und Nichtadligen. Diese Gerichtshöfe urteilten sofort, die traditionellen langjährigen Prozesse anderer ungarischer Gerichtsinstanzen waren hier unbekannt. Bei der Besetzung der Richterpositionen war die Herkunft unerheblich: Hinter dem Richterpult und vor dem Richterpult dieser Gerichtshöfe hörten die ständischen Unterschiede auf.

Eigentlich vereinigten sich alle rechtlichen Reformwünsche dieser Zeit in einem großen Reformwerk, der Ausarbeitung des neuen ungarischen Strafgesetzbuchs. 1840 betraute der Reichstag einen Ausschuss unter Vorsitz des Landesrichters mit der Aufgabe, ein Strafgesetzbuch, ein Strafverfahrenswerk und ein Gefängnissystem auszuarbeiten. Beide Tafeln schickten ihre besten Köpfe in diese Kommission. Die Liberalen blieben dort in der Minderheit, deren leitender Kopf aber, Ferenc Deák, führte die Arbeit in eine Richtung, die dem höchsten europäischen Niveau seiner

---

87 Ungarischer Gesetzesartikel 10 v. 2. Mai 1836; István Kállay, Patrimonialgerichtliche Jurisdiktion im 18. und 19. Jahrhundert in Ungarn, in: Glatz/Pamlényi (Hg.), Études (wie Fn. 34), Bd. 1, S. 501-522.
88 Ungarischer Gesetzesartikel 13 v. 2. Mai 1836.
89 Ungarischer Gesetzesartikel 16 v. 2. Mai 1836.
90 Ungarischer Gesetzesartikel 9 v. 13. Mai 1840.
91 In diesem Ungarischen Gesetzesartikel wurde aber auch für Holzdiebstahl eine Gefängnisstrafe in Aussicht gestellt (§ 13). Eine ähnlich strenge Strafe für Holzdiebstahl in Preußen hat den jungen Marx motiviert, seinen ersten Zeitungsartikel zu publizieren. Vgl. Karl Marx, Debatten über das Holzdiebstahlgesetz, in: K. Marx/F. Engels, Werke, Bd. 1, Berlin 1976, S. 109-147 (Rheinische Zeitung, 27. Oktober–3. November 1842).
92 CD-ROM-2, Dok.-Nr. 11.7.6.1 (ungar.)/11.7.6.2 (dt.) (Ungarischer Gesetzesartikel 15 v. 13.5.1840).
93 Die zwei schon bestehenden Abteilungen bildeten die Königliche Tafel und die höchste Appellationsinstanz, die Septemvirale Tafel. Vgl. Pajkossy, Ungarn (wie Fn. 1.), S. 961.

Zeit entsprach. So machte sich die Kommission mit der Entstehung 14 zeitgenössischer Strafgesetzbücher vertraut, um dann die Gleichheit vor dem Gesetz (damit die Abschaffung der Herrenstühle), die Aufhebung der körperlichen Strafe und des Standrechts, die mündliche und öffentliche Verhandlung, staatliche moderne Gefängnisse und die Abschaffung der Todesstrafe zu beschließen – ein Zeichen dafür, dass auch die Konservativen den Umbau feudaler Verhältnisse als unvermeidlich ansahen. Aber wirklich moderne Institutionen, wie etwa die Einführung der Schwurgerichte, wurden in der Kommission nicht angenommen. Deák wollte allerdings auch weitgehende Garantien für die politischen Freiheiten durchsetzen. So sollte der Reichstag für politische Delikte ein Sondergericht wählen. Auch integrierte Deák indirekt die Regierungsverantwortlichkeit in sein Konzept – aber die Konservativen bemerkten sofort, dass es hier um die politische Umgestaltung des Systems ging und blockierten alle diese Initiativen. (Hinsichtlich dieser Reformen formulierten Deák und die Liberalen die Meinungen der Minderheit des Ausschusses.) Der ins Deutsche übersetzte Entwurf wurde dem Heidelberger Professor Carl Mittermaier, als dem größten Rechtsexperten seiner Zeit, zur Beurteilung geschickt. Er war mit dem Kodex vollständig zufrieden.[94]

Der Reichstag von 1843/44 nahm die Verhandlungen über die drei juristischen Reformen (Kriminalkodex, Kriminalverfahren, Gefängnissystem) wieder auf. Die Mehrheit der Unteren Tafel votierte für die Auffassungen der Minderheit, so etwa für die Einführung der Schwurgerichte – überhaupt entwickelte sie die Entwürfe in fortschrittlicher Richtung weiter. Die Obere Tafel und die Regierung wischten dann aber die gefährlich gewordenen Reformen vom Tisch. Dennoch bildeten die Entwürfe bis zum Ende des 19. Jahrhunderts die Grundlage vieler juristischen Reformen in Ungarn.[95]

7 Militär

Das Kriegswesen war (seit 1526) immer Hoheitsrecht des Königs, also das der Habsburgerdynastie. Nur der Herrscher durfte ein ständiges Heer aufstellen bzw. Krieg führen. Seit der Zeit der Türkenkriege waren ständig Truppen des kaiserlich-königlichen Heeres in Ungarn stationiert. Für deren Verpflegung bezahlte das Land – neben Naturalien – eine »Kriegssteuer«, die (bis 1848) einzige Direktsteuer. 1715 wurde auch gesetzlich verankert, dass der Reichstag jeweils für drei Jahre diese Kriegssteuer

---

94 Carl Mittermaier, A magyar büntető-törvénykönyvi javallatról, Pest 1843; Tivadar Pauler, Emlékbeszéd Mittermaier Károly József Antal fölött, Pest 1869; András Szabó, Deák Ferenc büntetőjogi nézetei, in: A. Szabó (Hg.), Deák Ferenc Emlékezete, Budapest 2003, S. 24-33.
95 L. Fayer (Hg.), Az 1843-iki büntetőjogi javaslatok anyaggyűjteménye, 4 Bde., Budapest 1896–1902; János Varga, Deák Ferenc és az első magyar polgári büntetőrendszer tervezete, Zalaegerszeg 1980.

(*contributio*) bewilligte.⁹⁶ Die Anwerbung von Soldaten geschah im Auftrag des Herrschers, er hätte diese Söldner auch in Ungarn aufstellen dürfen. Ferner wünschte der Herrscher immer öfter, dass die ungarischen Behörden, die Komitate, selbst für (Zwangs-)Soldaten sorgten. Als Gewohnheitsrecht (*consuetudo*) galt, dass der Reichstag diese Rekrutenaushebung mitbestimmte. Erst 1802 wurde dieses Mitbestimmungsrecht in einem Gesetz (*decretum*) festgeschrieben.⁹⁷ (Eine Insurrektion des Adels – das letzte Aufgebot – durfte im Prinzip erst mit Genehmigung des Reichstags organisiert werden. Sie wurde zuletzt 1809 zusammengerufen, danach verlor sie vollständig an Bedeutung.⁹⁸) Rekrutenaushebung und Kriegssteuer bildeten zwei wichtige ständische Privilegien, zwei politische Waffen in der Hand der ungarischen Stände. Beide waren häufig Tauschobjekte in den Händen des Reichstages. Sowohl die ständische Politik als auch die spätere liberale Reformpolitik strebten danach, weitere »Errungenschaften« auf dem Gebiet des Militärwesens zu erreichen. Hierin liegt eine seltsame, aber verständliche Kontinuität zwischen der ständischen und der liberalen Opposition. Dieses Bestreben hatte auch seine bescheidenen Erfolge.

Seit 1790 war der Wunsch immer lauter geworden, dass die »ungarnländischen Regimenter« (die ihre Rekruten in Ungarn anwarben bzw. aushoben) die ungarische Sprache als Befehlssprache haben sollten. Die Stände konnten indes einen anderen Wunsch in den Gesetzen wiederholt formulieren: Gesetzesartikel aus den Jahren 1792, 1807, 1830, 1840 verankerten, dass der König »ungarnländische Offiziere« oder »Stabsoffiziere« in einer größeren Anzahl anstellen sollte.⁹⁹ 1808 gründete der ungarische Reichstag aufgrund riesiger, von seinen Mitgliedern zur Verfügung gestellter finanzieller Mittel eine »nationale Militärakademie«.¹⁰⁰ Ein Gesetz regelte eingehend die Grundzüge dieser Akademie – es fehlte aber ein Paragraf über die Unterrichtssprache. Deutsch oder Ungarisch? Die Einrichtung dieser Akademie scheiterte letztlich an der zwischen Wiener Hof und Ständen geführten Kontroverse. Ein Gesetz aus dem Jahre 1827 verordnete vergebens noch einmal »die unverzügliche Gründung der

---

96 Ungarischer Gesetzesartikel 8 v. 10. Juni 1715; István Szijártó, A Diéta. A magyar rendek és az országgyűlés 1708–1792, Budapest 2005, S. 450-453. Auch die Adligen zahlten Steuern, was aber der Reichstag in Kriegsfällen ausnahmsweise beschließen musste (*subsidium*). Die für das Komitat von den Bauern zu bezahlende Steuer lässt sich ebenfalls als direkte Steuer auffassen, aber der Staat nutzte diese Gelder nicht.
97 Ungarischer Gesetzesartikel 1 v. 31. November 1802; János Poór, Adók, katonák, országgyűlések 1796–1811/12, Budapest 2003.
98 Die Insurrektion bedeutete, dass alle Adligen, die dazu fähig waren, mit eigenen Waffen ins Kampffeld ziehen mussten.
99 Ungarische Gesetzesartikel 9 v. 26. Juni 1792, 1 v. 15. Dezember 1807, 7 v. 20. Dezember 1830, 2 v. 13. Mai 1840. Bezüglich der Befehlssprache blieb der Wunsch bis 1918 unerfüllt. Offiziere aus Ungarn gab es immer im Heer, aber in verhältnismäßig geringerer Zahl als Offiziere aus den Erbprovinzen.
100 Ungarischer Gesetzesartikel 7 v. 5. November 1808.

Militärakademie«.¹⁰¹ Es wurde für diesen Zweck auch schon 1832 das größte damalige Gebäude in Pest erbaut – das in der Folge allerdings bis 1872 leer stand, dann wurde dort eine Honvéd-Militärakademie eröffnet.

Aus staatsrechtlicher Sicht viel bedeutender waren die Bestimmungen der weiteren Rekrutenaushebungen. 1830 war es so weit. Der Reichstag bot »nach dem Verhör der Gründe für die Vermehrung des Heeres« 28.000 Soldaten an, stellte weitere 20.000 Mann aber nur für den Fall in Aussicht, dass die Erbprovinzen innerhalb eines Jahres (!) angegriffen werden würden. Die Dienstzeit wurde nunmehr auf zehn Jahre begrenzt. Es wurde vorgeschrieben, dass auch Rekruten von einer Größe von 153 cm angenommen werden mussten.¹⁰² Der Reichstag hat damit seine Kompetenzen hinsichtlich des Militärs erweitert. Zehn Jahren später, 1840, kam es erneut zur Rekrutenaushebung. Das Gesetz dieses Jahres schrieb ähnliche Bedingungen vor, ging aber staatsrechtlich weiter. Es wurde nun verankert, dass die Rekruten »einzig in ungrischen Regimentern dienen« sollten.¹⁰³ Damit war rein theoretisch eine minimale Trennung des Heeres in einen ungarischen und einen österreichischen Teil erreicht.

8 Verfassungskultur

Die ungarischen nationalen Symbole erhielten ihre endgültige Ausgestaltung im Vormärz. Die nationalen Farben werden durch eine horizontal angeordnete Rot-Weiß-Grün-Kombination gebildet. Als Flagge wurden die Farben zuerst bei sozialen Ereignissen verwendet.

Das 1823 verfasste und 1828 erstmals publizierte Gedicht des Dichters und Politikers Ferenc Kölcsey »Hymne aus den wittrigen Jahrhunderten des ungarischen Volkes« behandelt die Vergangenheit der Ungarn, die frühen glücklichen und späteren traurigen Jahrhunderte. Auch Gott wird im Gedicht angesprochen: Der Dichter bittet um den Segen für das Volk, das so viel ausgestanden hat. Der Text lässt sich nicht in die Hymnentypologie der mitteleuropäischen Völker eingliedern. Hier geht es weder um die Naturschönheiten des Landes noch um einen begeisterten Marsch.¹⁰⁴ Für die Vertonung des Gedichts wurde 1844 ein Wettbewerb ausgeschrieben, den der Opernkomponist Ferenc Erkel gewann. Die gesungene Hymne wurde schnell populär – und damit kam das Lied »Gott erhalte«, die Kaiserhymne Haydns, in Ungarn schnell

---

101 Ungarischer Gesetzesartikel 17 v. 18. August 1827; Miklós Bényei, A Ludovika Katonai Akadémia kérdése a reformkori országgyűléseken, in: Hadtörténeti Közlemények 33 (1986), Nr. 2, S. 300-312.
102 Ungarischer Gesetzesartikel 8. v. 20. Dezember 1830.
103 CD-ROM-2, Dok.-Nr. 11.7.7.1 (ungar.)/11.7.7.2 (dt.) (Ungarischer Gesetzesartikel 2 v. 13.5.1840), § 13.
104 Csaba Gy. Kiss, National and Religious Identity in the Central European National Anthems, in: F. Gereben (Hg.), Hungarian minorities and Central Europe, Piliscsaba 2001, S. 309-318.

aus der Mode. Auf einem staatlichen Fest wurde die Hymne von Kölcsey und Erkel zuerst 1848 gespielt und gesungen. Es entstand noch eine zweite Nationalhymne in Form eines Gedichts von Mihály Vörösmarty mit dem Titel »Mahnung« (1836). Dieses Gedicht fordert die Ungarn auf, dem Vaterland Treue zu bewahren. Die Musik hierzu komponierte 1843 der Theaterfachmann Béni Egressy. Später wurden beide Hymnen als offizielle Nationalhymnen Ungarns angenommen.

Für die Konstruktion der Nation waren die nationalen Institutionen äußerst wichtig. Die meisten dieser Institutionen wurden von Aristokraten gestiftet und vom Reichstag übernommen. Auf Grundlage seiner Sammlung und Bibliothek gründete zuerst Graf Ferenc Széchényi 1802 das Nationalmuseum. Das riesige Museumsgebäude in Pest wurde 1847 auf Kosten der Adligen (durch Subsidialsteuern) fertig gestellt.[105] Eine Militärakademie wurde, wie erwähnt, 1808 gegründet, aber aufgrund der Streitigkeiten um die Unterrichtssprache nahm sie ihre Arbeit nicht auf. Graf Stephan Széchenyi, der Sohn von Ferenc, gründete 1825 die Ungarische Akademie der Wissenschaften mit der Maßgabe, die Wissenschaften in ungarischer Sprache zu fördern.[106] Sie nahm ihre Tätigkeit 1830 auf. Die ordentlichen Akademiemitglieder erhielten ein Jahreshonorar, wodurch sich die intellektuelle Elite des Landes von den alltäglichen Sorgen befreit sah.[107] Da es ein riesiges deutschsprachiges Stadttheater in Pest gab, das zu seiner Entstehungszeit (1812) als die größte deutschsprachige Bühne überhaupt galt, wollten die Ungarn auch ihr eigenes repräsentatives Theater. 1837 wurde es als Pester (Komitats-)Theater gegründet und erbaut. Die »Nation« übernahm es 1840 durch einen Gesetzesartikel.[108]

Das Komitat Pest, mit den wichtigen Städten Pest und Buda im Zentrum des Landes gelegen, profilierte sich seit 1836 als das nationale »Führungskomitat«. Seine Resolutionen und Reichstagsinstruktionen waren maßgebend für die übrigen, von den Liberalen dominierten Komitate. Der Palatin des Landes war von Amts wegen Obergespan des Komitats Pest. Dieser Würdenträger vereinigte in sich viele Funktionen. Der Palatin (*nádor*) wurde vom Reichstag gewählt; er fungierte als eine Art Vizekönig. Er war Vorsitzender der Statthalterei, gleichzeitig Vorsitzender der Septemviralentafel (also des Obersten Gerichtshofes). Über ein halbes Jahrhundert, 1796–1847, hatte diese Würde Erzherzog Joseph (der Bruder Franz' I. und Onkel Ferdinands V.) inne. In der Zeit des Vormärz war er auf einmal Vermittler zwischen Dynastie und Ständen. Seine Residenz in der Burg von Buda war ein bescheidener Ersatz für den fernen Hof in Wien. Erzherzog-Palatin Joseph vermochte viele unterschiedliche Posi-

---

105 Das Gebäude des Nationalmuseums avancierte ab 1848 zum zentralen Ort nationaler Symbolik – die Ähnlichkeiten mit Prag sind hier besonders auffallend.
106 Vgl. CD-ROM-2, Dok.-Nr. 11.7.10.1 (ungar.)/11.7.10.2 (dt.) (Ungarischer Gesetzesartikel 11 v. 18.8.1827).
107 Das Palais der Ungarischen Akademie der Wissenschaften wurde 1866 fertig gestellt.
108 Vgl. Fn. 84. Von den Institutionen nationaler Bedeutung entstand nur noch das Operntheater zu einem späteren Zeitpunkt, nämlich 1883.

8 Verfassungskultur

tionen seiner Zeit zu schlichten. In Ungarn war er so populär, dass er seinen Sohn Stephan zum Nachfolger vorsehen durfte.[109] In Wien nahm man jedoch ungern zur Kenntnis, dass die Stände (die Opposition inklusive) seinen Sohn für das Amt des Palatins vorschlugen und ihn 1847 auch wählten.[110]

In der politischen Kultur Ungarns setzte sich in den 1830er-Jahren die Vorstellung durch, dass der habsburgische Herrscher und seine ungarische Regierung zwei verschiedene Akteure des politischen Lebens darstellten.[111] In den 1840er-Jahren gab es in der Presse eingehende Diskussionen über das Wesen der modernen Politik. Vor allem die große Auseinandersetzung zwischen den zwei maßgebenden Politikern, zwischen Graf Stephan Széchenyi und Lajos Kossuth, machte deutlich, dass die öffentliche Meinung keine alten, ständischen Schranken mehr akzeptierte. Sogar die Nichtprivilegierten hatten ihre Überzeugungen und brachten sie nun unweigerlich zum Ausdruck.[112]

Vereine, die die verschiedensten Individuen der Gesellschaft vereinigten, erlebten in den 1840er-Jahren einen enormen Aufschwung. Der einzige Massenverein, der 1844 gegründete und von Kossuth geleitete Schutzverein, hatte mehrere Zehntausend Mitglieder, die sich – nach amerikanischem Muster – verpflichteten, keine ausländischen Waren zu kaufen, falls vergleichbare ungarische Produkte auf dem Markt waren. Im Protest gegen die Wiener Zoll- und Wirtschaftspolitik diente der Verein auf einmal als Kryptoorganisation einer politischen Partei[113], weshalb die wenig später entstehenden ersten politischen Parteien Ungarns als die ersten Parteiorganisationen in Mitteleuropa überhaupt gelten können: Zuerst formierten sich die regierungsfreundlichen Konservativen zur Partei, dann die liberale Opposition.[114]

---

109 In Wien war Erzherzog Joseph dagegen unpopulär, man nannte ihn dort (nach dem ungarischen Kurutzenführer) »Rákóczi«.
110 Mit dieser Quasi-Erbschaft des Palatinats entstand nämlich eine Art Sekundogenitur der Dynastie. András Gergely, Áruló vagy áldozat? István, az utolsó magyar nádor rejtélye, Gyomaendrőd 1989, S. 29–41.
111 Dies geschah im Rahmen der politischen Prozesse, die eine verfassungsrechtliche Kraftprobe darstellten. Vgl. hierzu Kapitel 4, Grundrechte.
112 Viszota (Hg.), Széchenyi (wie Fn. 85).
113 Vgl. CD-ROM-2, Dok.-Nr. 11.7.8.5 (ungar.)/11.7.8.6 (dt.) (Satzung des ungarnländischen Schutzvereins v. 6.10.1844). Im Verein waren auch Frauen als Mitglieder zugelassen.
114 Die Konservative Partei wurde 1846, die Oppositionspartei 1847 gegründet. Zu ihren Programmen vgl. Teil 3 des Handbuchs und der CD-ROM-Edition.

9 Kirche

Das prozentuale Verhältnis der Gläubiger einzelner Konfessionen bzw. die staatsrechtliche Position der Kirchen blieb nach 1815 unverändert.[115] Die Kirchen kamen insofern der nationalen Entwicklung nach, als sie ihre sakralen Zentren auch näher in das geografische Zentrum rückten. Der Sitz des Primas-Erzbischofs wurde 1827 auch per Gesetz von Tyrnau nach Gran verlegt.[116] Hier, auf dem »ungarischen Sion«, begann die katholische Kirche 1822 ihre größte Kathedrale zu bauen (1856 eingeweiht). Die reformierte Kirche baute in ihrem Zentrum, in Debrecen, die größte Kirche (1821), in Pest wurde dann 1830 von dieser eine »Kirche der Nation« fertig gestellt. Die evangelische Kirche ließ ebenfalls in Pest eine große Kirche errichten (1811). Die Israeliten bauten ihre größte Synagoge in Alt-Ofen (1821). Alle diese Kirchen wurden im klassizistischen Stil erbaut. Die Wahl des Baustils versinnbildlichte, dass auch die Kirchen Bestandteil der Nation sind. (Im Vormärz galt der klassizistische als der »nationale« Baustil.)

Religiosität spielte im Alltag der Ungarn von Jahr zu Jahr eine geringere Rolle. Der katholisch-protestantische Gegensatz verlor an Bedeutung. Deshalb, und wegen der gesellschaftlichen Mobilität, kamen immer mehr katholisch-protestantische Mischehen zustande. Die katholische Kirche wollte ihre Privilegien bewahren, sie segnete die Mischehen, falls die protestantische Partei sich verpflichtete, alle ihre Kinder katholisch zu erziehen. Der Mitteladel war überwiegend protestantisch und aufgrund seiner immer größeren Rolle in der Politik wünschte er auch in der Privatsphäre sein Prestige zu sichern. So entstand eine Art ungarischer »Kirchenstreit«. Die Opposition wollte die katholische Kirche zwingen, alle Mischehen mit vollständiger Zeremonie zu segnen, die Kirche wollte aber diese Ehen einfach nur zur Kenntnis nehmen und registrieren. Die konfessionellen Streitigkeiten wurden 1844 durch ein Gesetz beendet, das die katholisch-protestantischen Mischehen und die Übertritte auf Basis der Wechselseitigkeit regelte. Damit war die Gleichberechtigung der christlichen Konfessionen zwar nicht direkt ausgesprochen, aber praktisch zur Gültigkeit gebracht.[117]

Die orthodoxe Kirche war eine Trägerin der Identität der Serben (und teils auch der Rumänen). Diese Kirche verschanzte sich hinter den ihr 1791/92 zugesicherten Privilegien. In der Kirche entstand aber ein Streit (vor allem ein Sprachenstreit) zwi-

---

115 Vgl. Pajkossy, Ungarn (wie Fn. 1), S. 963-965.
116 Ungarischer Gesetzesartikel 21 v. 18. August 1827. Der Sitz des Erzbischofs war aufgrund der türkischen Eroberung noch am Ende des 16. Jahrhunderts nach Tyrnau verlegt worden.
117 Mischehen zu schließen war also seit 1844 in einer protestantischen Kirche möglich. Vgl. CD-ROM-2, Dok.-Nr. 11.7.9.1 (ungar.)/11.7.9.2 (dt.) (Ungarischer Gesetzesartikel 3 v. 11.11.1844); George Barany, The Liberal Challenge and its Limitations: The Religious Question at the Diet of 1843–1844, in: G. Ránki/A. Pók (Hg.), Hungary and the European Civilisation, Budapest 1989, S. 31-77. Durch eine königliche Verordnung von 1846 galten diese Regelungen auch hinsichtlich der orthodoxen Kirche.

schen der serbischen Kirchenführung und den rumänischen Gläubigen. Die Israeliten konnten zwar einige Rechte für die Landbewohner erreichen, aber ihre Religion an sich war nicht anerkannt (»angenommen«), nur toleriert. Die Toleranzsteuer der Juden wurde 1846 allerdings durch die Regierung abgeschafft. In Siebenbürgen wurde die orthodoxe Kirche nicht anerkannt, nur toleriert. Sie versuchte dort vergebens, ihren Status als »angenommene Kirche« – den sie im Königreich Ungarn besaß – durchzusetzen.

10 Bildungswesen

Ein unverändertes Schul- und Bildungswesen, bei langsamem Wachstum der alphabetisierten und schulisch ausgebildeten Bevölkerung sowie einer Verdoppelung der Anzahl der Akademiker – so lässt sich ungefähr das ungarische Schul- und Bildungswesen der Periode 1815–1847 zusammenfassen. Am Ende der Periode gab es im ganzen Land etwa 10.000 Dorflehrer. Sie waren meist nicht als Lehrer ausgebildet, viele von ihnen arbeiteten außerdem nebenberuflich. Die meisten Kinder besuchten nicht oder nicht ganzjährig die Schule. Immerhin lässt sich vorsichtigen Schätzungen zufolge feststellen, dass um die Mitte des 19. Jahrhunderts etwa ein Fünftel der männlichen Bevölkerung lesen und schreiben konnte.[118] Es gab enorme Unterschiede zwischen dörflichen und städtischen Schulen, bei den Bildungschancen der verschiedenen Konfessionen, in unterschiedlichen Regionen ebenso wie bei den verschiedenen Nationalitäten. Im Prinzip wollten alle Akteure des Bildungswesens diese Situation verbessern. Man war sich auch darin einig, dass in den Elementarschulen in der Muttersprache gelehrt werden sollte.

Welche war aber die Muttersprache? Mehrere Dialekte bildeten manchmal eher eine Sprachgruppe als eine Sprache. Die Menschen verstanden einander trotz gemeinsamer »Muttersprache« nicht. Die Schriftsprache war für die Kinder sehr oft archaisch und unverständlich. Es gab nicht selten überhaupt keine »literarische« Sprache, die man von oben hätte »vermitteln« können. Die »Muttersprache« als neueste sprachliche Norm musste erst entwickelt werden, bevor sie erfolgreich in den Schulen hätte gelehrt werden können.[119] Die ungarische Sprache war vielleicht die einzige, die unter den fünf bis sechs landesüblichen Sprachen insofern keine ganz unverständliche Mundart darstellte, als dass in ihr auch die verschiedenen gesellschaftlichen Klassen miteinander kommunizieren konnten und sie auf eine seit Jahrhunderten gewachsene literarische Tradition verweisen konnte. Mit seinem Entwicklungsgrad war das

---

118 A. Gergely (Hg.), Magyarország története a 19. században, Budapest 2003, S. 163-166 (Verfasser des Abschnitts Tamás Dobszay).
119 Endre Bojtár, Die Ausgestaltung der neuzeitlichen Literatursprachen in Osteuropa, in: Studia Slavica 1964, S. 405-424.

Ungarische den anderen Sprachen der unterschiedlichen Nationalitäten in Ungarn überlegen, der deutschen Sprache aber unterlegen.[120] Die ungarische Sprache wurde in der Politik, in den gehobenen Gesellschaftskreisen nicht alltäglich benutzt, weshalb auch sie einer Erneuerung bedurfte.[121]

Die ungarische Spracherneuerung war kein einheitlicher Prozess. Sie ging etwa 1800–1820 unter erheblichen Diskussionen vonstatten. Etwa nach 1820 begann die kroatische und slowakische Spracherneuerung. Bei den Serben und Rumänen war auch das betreffende Sprachgebiet außerhalb Ungarns in diesen Prozess eingebunden. Alle diese Sprachentwicklungen der Minderheiten sahen sich einer großen gemeinsamen Herausforderung gegenüber: Sie sollten nicht einen Dialekt erneuern, sozusagen modernisieren, sondern entweder verschiedene Mundarten vereinigen oder von den gegebenen Dialekten einen auswählen und diesen dann fortentwickeln. Ein zusätzliches Problem bestand darin, dass die Intellektuellen der Slawen sich als ein einziges Volk betrachteten. Die sprachlichen Probleme hatten freilich ihre politischen Implikationen.

Im Vormärz fanden diese sprachlichen Prozesse noch nicht ihr Ende. Der Staat betrieb keine Grundschulen, sie wurden von den Kirchen bzw. den Gemeinden unterhalten. Die staatliche Schulaufsicht schrieb aber vor, dass die Elementarschüler in ihrer Muttersprache unterrichtet werden sollten. Das Konfliktfeld begann bei den Mittelschulen. Die staatstragende ungarische Elite verfolgte nicht das Ziel, dass die multinationale Gesellschaft bzw. jede ethnische Gruppe sich ein eigenes Schulsystem aufbaute, sondern ihr Bildungskonzept ging von oben, vom Staate aus: Die ungarische Staatssprache brauchte eine ungarischsprachige Ausbildung. Die bisher lateinsprachigen Mittel- und Hochschulen sollten nach diesem Konzept künftig alle ungarischsprachig sein. Dieser Sprachwechsel wurde aber nach dem Gesetz von 1844[122] bis 1848 nicht verwirklicht, weshalb scharfe Bildungskonflikte ausblieben.

11 Finanzen

Ungarns Staatseinnahmen (direkte und indirekte Steuern, Zölle, Kammergüter, Krongüter, Bergbau etc.) verzeichneten im Untersuchungszeitraum ein bescheidenes Wachstum. Für die Zeit ab 1828 liegen genauere Angaben vor. Für dieses Jahr errechnete man (ohne Siebenbürgen und Militärgrenze) 24 Mio. Gulden Staatseinnahmen. In den 1830er-Jahren waren es zuerst 29–30 Mio., dann 31–32 Mio. Gulden. In den 1840er-Jahren wuchs die Summe von 33 Mio. (1840, 1841) bis auf 39 Mio. (1846,

---

120 Die Deutschen in Ungarn beherrschten keineswegs alle die hochdeutsche Sprache, so verstanden z. B. Siebenbürger, Sachsen und Donauschwaben einander nicht.
121 D. Pais (Hg.), Nyelvünk a reformkorban, Budapest 1955.
122 Vgl. Kapitel 4, Grundrechte.

1847).[123] Diese Summen vermehrten sich prozentual schneller als das Wirtschaftswachstum. Es handelte sich hierbei um Bruttoeinnahmen, bei denen sehr oft veränderte Berechnungsmethoden (z. B. Einnahmen und Ausgaben auf den Staatsgütern) eine Analyse erschweren. Die einzige Direktsteuer aber, die Militärsteuer, kostete den Staat nichts, sie wurde von den Komitaten eingetrieben.[124] Diese Summe, vom Reichstag angeboten, von den Bauern bezahlt, lag unverändert bei 4,4 Mio. Anderen Berechnungen zufolge bezahlten vor 1848 die Länder der Stephanskrone zusammen jährlich etwa zehn Mio. direkte und zehn Mio. Gulden indirekte Steuern (Letztere überwiegend mit dem Salzpreis).[125]

Waren diese Länder steuerlich überbelastet? Es fehlt ein gründlicher Vergleich mit den Erbprovinzen. Zieht man aber das enorme Wachstum der Steuerbelastung nach 1850 in Betracht, kann man für den Vormärz geradezu von einem Steuerparadies sprechen. (Der Adel zahlte vor 1848 keine direkten Steuern.) Ungarn bezahlte 1853 noch elf Mio. direkte und zwölf Mio. indirekte Steuern, also insgesamt 23 Mio. Gulden; 1857 hatte sich die Steuerlast aber mit 17 Mio. direkten und 37 Mio. indirekten Steuern bereits auf 54 Mio. Gulden erhöht; 1864 lag sie mit 28 Mio. direkten und 47 Mio. indirekten Steuern sogar bei 75 Mio. Gulden. Die enorme Überbelastung setzte also (wieder weit über das damalige Wirtschaftswachstum hinaus) in den 1850er-Jahren ein. Damals konnte man die direkten Steuern nur mit Brachialgewalt eintreiben. Neue indirekte Steuern auf Tabak, alkoholischen Getränken und Zucker vermehrten die indirekten Einnahmen.[126]

Vorsichtige Schätzungen zeigen, dass Ungarn im Vormärz etwa 30 Prozent bis ein Drittel der Gesamtsteuereinnahmen des Habsburgerreichs (auf das Territorium von 1867 bezogen) aufbrachte. Die Zeitgenossen vor 1848 rechneten allerdings anders, denn sie fragten, wie viele Mio. Gulden effektiv von Ungarn nach Wien flossen. In Ungarn gab es große Staatsausgaben für das dort anwesende Militär, geringere Summen wurden für Verwaltung und Justiz verwendet.[127] Staatliche Investitionen (z. B. für Straßen- oder Bahnbau) gab es praktisch nicht. Von den 20 Mio. Steuereinnahmen blieben etwa acht Mio. Gulden übrig – die tatsächlich nach Wien »flossen«. Die nationalen Institutionen – Akademie, Museum, Theater – wurden auf archaische Weise

---

123 K. K. Statistische Central-Comission (Hg.), Tafeln zur Statistik der Österreichischen Monarchie 1831–1847, Wien 1831–1853 (die Zahlenangaben wurden vom Verf. abgerundet).
124 CD-ROM-2, Dok.-Nr. 11.7.11.1 (ungar.)/11.7.11.2 (dt.) (Steuerbewilligung v. 16.3.1836). Die Steuer wurde für drei Jahre bewilligt; die Steuersumme wurde letztlich von den zuerst angebotenen 3,8 Mio. auch diesmal auf 4,4 Mio. Gulden angehoben.
125 Alexius Fényes, Statistik des Königreichs Ungarn, Pest 1849; Béla Weisz, Magyarország adószolgáltatása 1838–1877-ig, Budapest 1880. Gemeint sind immer silberne Gulden und die Komitatssteuer wird auch als Direktsteuer aufgefasst.
126 E. Kovács (Hg.), Magyarország története 1848–1890, Budapest 1979, S. 543-547 (Verfasser des Abschlusses György Szabad).
127 Universität und Hochschulen wurden vom sog. Bildungsfonds (verstaatlichte Ordensgüter) finanziert.

finanziert. Der Reichstag hat riesige Summen als Kapital aufgebracht (meist auf Basis »freiwilliger Beiträge« des Adels), das dann häufig an Adlige gegen Zinsen verliehen wurde. Aus den zurückgezahlten Zinsen wurden die jährlichen Kosten der Institute gedeckt.

Die liberale Opposition war letztendlich bereit, den Adel – also sich selbst – zu besteuern. 1836 wurde ein Gesetz erlassen, wonach Adlige, die auf einem Bauerngut lebten, Steuern zahlen sollten.[128] Eine erste gemeinsame Belastung war der Brückenzoll für die noch zu bauende Kettenbrücke zwischen Pest und Buda.[129] Die Liberalen wollten nur dort Steuern entrichten, wo es für sie auch eine Kontrollmöglichkeit (Budgetrecht) gegeben hätte. Statt der Militärsteuer schlugen sie eine Komitatssteuer als erste gemeinsame Direktsteuer vor. Die Mehrheit der Komitate unterstützte diese Initiative auf dem Reichstag von 1843/44 nicht. In diese Zeit fiel Graf Stephan Széchenyis Zweigroschenplan: Ein jeder sollte für ein Joch Ackerland zwei Groschen (sechs Kreutzer, ein Zehntel Gulden) Steuern zahlen. Für Ungarn rechnete man mit Einnahmen in einer Größenordnung von fünf Mio. Gulden, die in eine neu zu bildende Landeskasse geflossen wären. Auf dieser Basis wäre es möglich gewesen, eine Staatsanleihe von 100 Mio. Gulden aufzunehmen, die man für verschiedene Investitionen hätte nutzen können. Der Plan scheiterte aufgrund der Einwände der Oberen Tafel, und auch die Wiener Zentraladministration hatte nicht die Absicht, diesen Schritt in die Richtung einer selbstständigen ungarischen Finanzverwaltung zu fördern.

Die Regierung in Wien wollte ihre einzige Stütze, den konservativen Hochadel, nicht verlieren, weshalb sich die alte Idee der Besteuerung des Adels vor 1848 nicht durchsetzte. Stattdessen schmiedete man Pläne für die Abschaffung der Binnenzolllinie – und damit für die Einführung der Tabaksteuer (die in den Erbprovinzen schon längst vorhanden war). Die Opposition dachte umgekehrt und wollte die bestehende Zolllinie in eine ungarische Schutzzolllinie umfunktionieren. Da dieser Wunsch vorerst nicht umgesetzt wurde, gründete sie den Schutzverein. Dessen Mitglieder wollten »auf den Schwellen ihrer Häuser« die Zollschranke errichten.[130] Die Zoll- und Finanzfragen füllten die traditionellen verfassungsrechtlichen Gegensätze in den 1840er-Jahren mit neuem Inhalt. Vonseiten der ungarischen Opposition kam die Idee auf, die Pragmatische Sanktion um einen neuen Wirtschafts-, Finanz- und Zollvertrag zwischen Ungarn und dem Kaiserreich zu ergänzen.

---

128 Ungarischer Gesetzesartikel 11 v. 16. März 1836.
129 Ungarischer Gesetzesartikel 26 v. 16. März 1836. Die Kettenbrücke wurde zwar erst 1849 fertig gestellt, aber die Frage der allgemeinen Gebühren verursachte langwierige Diskussionen auf dem Reichstag von 1832–1836 – ein Zeichen für das Niveau der damaligen Konservativen.
130 CD-ROM-2, Dok.-Nr. 11.7.8.5 (ungar.)/11.7.8.6 (dt.) (Satzung des ungarnländischen Schutzvereins v. 6.10.1844).

12 Wirtschafts- und Sozialgesetzgebung/Öffentliche Wohlfahrt

Der traditionellen ständischen Auffassung nach war das Verhältnis zwischen Grundherr und Untertan (das sog. Urbarialverhältnis) von privatrechtlichem Charakter. Im 18. Jahrhundert griff die zentrale Staatsmacht mehr und mehr in dieses Verhältnis ein. Ein Maximum grundherrlicher Forderungen wurde definiert, bäuerliche Besitzrechte wurden vor allem mit dem Ziel gewährt, die staatliche Steuersubstanz zu sichern. Einheit schaffende Statuten wurden seit 1767 für die ungarischen Landesteile (ohne Siebenbürgen) herausgegeben (*Urbarium*). Dieses von den Ständen lange Zeit als Provisorium aufgefasste Statut sollte endlich zu einem Gesetz werden. Die Nichteinberufung von Reichstagen und Kriegszeiten hatten bisher ein ordnungsgemäßes Gesetzgebungsverfahren verhindert. 1830 wurde die Frage wieder aktuell. Die Liberalen planten bedeutende Begünstigungen für die Bauern wie die Auflösung der Urbarialverbände im Rahmen eines neuen Gesetzes. Auf dem Reichstag von 1832–1836 kam es zu jahrelangen Auseinandersetzungen im Kräftedreieck zwischen Konservativen, Liberalen und Wiener Hof. Schließlich gelang es noch vor der Revolution von 1848 das Urbarialverhältnis gesetzlich zu regeln. Als Basis diente zwar die königliche Urbarialverordnung des Jahres 1767, dennoch gab es im Gesetz von 1836 einige Erleichterungen: Die Nutznießungen der Bauern wurden genauer definiert, deren Dienstleistungen präziser festgeschrieben. Läden zu eröffnen, Wein auszuschenken, Schnaps zu brennen, mit eigenen Produkten zu handeln gehörte von nun an zu den Rechten der Bauern. Es wurde nun auch schwieriger, Bauern den benutzten Grund und Boden wegzunehmen.[131] Materielle Erleichterungen wurden für die Bauern beschlossen, z. B. die von ihnen zu leistenden kleineren jährlichen »Geschenke« abgeschafft; ebenso wurde der mehrere Tage andauernde Fuhrdienst aufgehoben. Die genauere Festlegung der Untertanenpflichten diente letztlich auch dem Wohl der Bauern, so sollte z. B. beim Frondienst der Gang zum Feld mitgerechnet werden. Bei der Einsammlung des Zehnten blieb es dem Grundherrn von nun an nur für drei Tage erlaubt, die Ernte von den Feldern einzusammeln.[132] Die Gemeinden erlangten das Recht, den Dorfrichter zu wählen bzw. den Notar frei anzustellen.[133] Auch bereitete man nun freiere Flursysteme durch die Bestimmung vor, dass entweder der Grundherr oder die Gemeinde die Aufteilung gemeinsamer Weiden anregen durfte.[134]

Ein weiteres Zeichen für die soziale Motivation der Maßnahmen stellte die Bestimmung dar, dass Rodungen vom Grundherrn nicht zurückerlöst werden konn-

---

[131] CD-ROM-2, Dok.-Nr. 11.7.12.1 (ungar.)/11.7.12.2 (dt.) (Ungarischer Gesetzesartikel 6 v. 2.5.1836).
[132] CD-ROM-2, Dok.-Nr. 11.7.12.3 (ungar.)/11.7.12.4 (dt.) (Ungarischer Gesetzesartikel 7 v. 2.5.1836).
[133] CD-ROM-2, Dok.-Nr. 11.7.5.1 (ungar.)/11.7.5.2 (dt.) (Ungarischer Gesetzesartikel 9 v. 2.5.1836).
[134] Ungarischer Gesetzesartikel 12 v. 2. Mai 1836.

ten, wenn sie dem Benutzer zur Ernährung dienten.[135] Andererseits ist festzustellen, dass – gleichsam als präkapitalistisches Zukunftsdenken im Sinne einer Gesellschaft mittelständischer Existenzen – ein Bauer höchstens vier Grundstücke (etwa 200 Joch) besitzen durfte.[136] Die gesetzliche Bekräftigung des bäuerlichen Nutznießungsrechtes, dass nämlich der Bauer die Nutzung seines Grundstückes frei ver- und ankaufen durfte, war ein bescheidener Schritt in Richtung Bauernbefreiung. Feudale Dienstleistungen waren nach der Verordnung von 1836 nur jährlich in Form von Geldabgaben abzulösen. Diesmal verhinderten die Konservativen nach erheblichen Diskussionen noch die freiwillige Erbablösung (die nur möglich gewesen wäre, wenn sowohl der Grundherr als auch die Gemeinde oder der Bauer einwilligten). 1840 wurde sie dann aber verabschiedet.[137] In den kommenden Jahren stellte sich allerdings heraus, dass es sich nur um eine prinzipielle Möglichkeit handelte. Denn bis 1848, bis zur Bauernbefreiung, durfte oder konnte sich nur etwa ein Prozent der Hörigen selbst erablösen.[138]

Im Gegensatz zu diesen grundsätzlichen sozialen Verhältnissen war es nicht möglich, die Zollfragen in einem Gesetzgebungsverfahren zu lösen. Es blieb ein Privileg der Exekutive, also ein königliches Recht, die Zollpolitik zu bestimmen. Ungarns Stände wollten zuerst anstelle des äußeren und inneren Zollsystems[139] den freien Handel in alle Himmelsrichtungen verwirklichen.[140] Die Erfüllung dieses Wunsches hätte nur eine einmalige Entscheidung des Königs erfordert, zumal sich anfänglich keine allzu großen staatsrechtlichen Auseinandersetzungen an der Zollfrage entzündeten. Als die Opposition, nicht zuletzt unter dem Einfluss Friedrich Lists, 1842 die Schutzzollidee übernahm, machte sie auch deutlich, dass der Reichstag in Zollfragen zuständig sei. Da aber der äußere (»Reichs«-)Zoll nicht ausschließlich von Ungarn festgelegt werden konnte, entwickelte man eine ganz neue Idee: Die zwei Hälften des Reiches, Ungarn und das Kaiserreich Österreich, sollten einen Zoll- und Handelsvertrag abschließen. Zur Umsetzung fehlte aber letztlich ein Partner: die westliche Reichshälfte. Für Wien gab es nur übergreifende Reichsinstanzen. Ausgehend von der Wirtschaftspolitik entwickelte sich in den letzten Jahren des Vormärz ein modernes staatsrechtliches Denken – vorerst aber nur in Ungarn.

---

135 CD-ROM-2, Dok.-Nr. 11.7.12.1 (ungar.)/11.7.12.2 (dt.) (Ungarischer Gesetzesartikel 6 v. 2.5.1836), § 1.
136 Ungarischer Gesetzesartikel 4 v. 2. Mai 1836, § 10. Das »Grundstück« war eine rechtliche und wirtschaftliche Einheit des Bauernhofes: Acker, Wiese, Weide, Haus und Hof zusammen.
137 Ungarischer Gesetzesartikel 7 v. 13. Mai 1840.
138 János Varga, Typen und Probleme des bäuerlichen Grundbesitzes in Ungarn 1767–1849, Budapest 1965, S. 145.
139 Vgl. Pajkossy, Ungarn (wie Fn. 1), S. 975 f.
140 Dieser Wunsch findet sich noch im Text der Steuerbewilligung von 1836 erwähnt: CD-ROM-2, Dok.-Nr. 11.7.11.1 (ungar.)/11.7.11.2 (dt) (Steuerbewilligung v. 16.3.1836).

In Fragen der Verkehrspolitik entstand schon 1836 ein Gesetz – eines der ersten in Europa überhaupt. Der Gesetzesartikel zeichnete zwölf Hauptverkehrslinien auf. Alle Unternehmungen, egal ob Straßenbau, Ausbau der Eisenbahn oder der Wasserstraßen, wurden dadurch gefördert, dass man die dafür notwendigen Enteignungen zusicherte und den Baugesellschaften die entsprechende Erlaubnis in Aussicht stellte.[141] Dennoch entstanden vor 1840 keine Verkehrsunternehmen. Die Folge war, dass man Vergünstigungen nur noch für einige wenige Verkehrsrichtungen (vor allem zur Adriaküste, nach Fiume hin) und in Form einer Zinsversicherung des Staates (also ein Minimalgewinn für die Unternehmer) geben wollte. Dieses Konzept griff wieder auf die Idee einer eigenen ungarischen Landeskasse zurück, darum wurde es von der Wiener Zentraladministration verhindert.[142] Eine echte moderne Wirtschaftsgesetzgebung begann 1840. In diesem Jahr verabschiedete der Reichstag acht miteinander zusammenhängende Wirtschaftsgesetze: das bereits angesprochene Wechselgesetz sowie Bestimmungen über Handelsleute, Fabriken, Aktiengesellschaften, Handelskooperationen, Fuhrleute, Schuldbucheintragungen und den Konkurs.[143]

Das Wechselgesetz war am bedeutendsten. Seine Verfügungen und Auswirkungen berührten nämlich auch die Agrarwirtschaft. Es fehlen zwar diesbezügliche wirtschafts- und sozialgeschichtliche Studien, aber die zeitgenössische Publizistik und Belletristik beschrieb nach 1840 einen schnellen Niedergang des Besitzadels. Die bisher unbekannte Härte des Gesetzes, das keine Adelsprivilegien mehr, dafür aber eine schnelle Vollstreckung kannte, brachte den bisher nur ersehnten Kapitalismus in unmittelbare Nähe der Grundherren. Die übrigen Gesetze eröffneten den Weg zum Industriekapitalismus. Durch sie wollte man vor allem die Verbündeten des liberalen Adels gewinnen bzw. eine neue Mittelklasse zustande bringen. Die Unternehmen und Fabrikgründungen[144], der Handel und Transport sowie Aktiengesellschaften entwickelten sich nun frei von Zunft- oder gar königlichen Privilegien und ohne besondere persönliche Voraussetzungen. Vor allem Juden erhielten – zusammen mit den Emanzipationsgesetzen[145] – dadurch bessere wirtschaftliche Chancen.

Diese Gesetze enthielten auch einige Elemente sozialer Fürsorge. Man übernahm vieles vom westlichen Europa; die nachteiligen sozialen Folgen der westlichen Entwicklung wollte man aber vermeiden. Das Wechselgesetz nahm bewusst die Gefängnisstrafe für Schuldner nicht mit in den Text auf. Das Fabrikgesetz begrenzte die

---

141 CD-ROM-2, Dok.-Nr. 11.7.12.5 (ungar.)/11.7.12.6 (dt.) (Ungarischer Gesetzesartikel 25 v. 2.5.1836).

142 András Gergely, Egy gazdaságpolitikai alternatíva a reformkorban: a fiumei vasút, Budapest 1982.

143 Ungarischer Gesetzesartikel 15-22 v. 13. Mai 1840.

144 CD-ROM-2, Dok.-Nr. 11.7.4.1 (ungar.)/11.7.4.2 (dt.) (Ungarischer Gesetzesartikel 17 v. 13.5.1840).

145 CD-ROM-2, Dok.-Nr. 11.7.4.3 (ungar.)/11.7.4.4 (dt.) (Ungarischer Gesetzesartikel 29 v. 13.5.1840).

Kinderarbeit der unter 16-jährigen Arbeiter auf acht Stunden.[146] Unternehmerinnen hatten im Prinzip dieselben Rechte wie Unternehmer. In einer Aktiengesellschaft war der Besitz von Aktien unbegrenzt, aber die Stimmen der Aktieninhaber in der Generalversammlung waren auf jeweils zehn beschränkt. Auch diese Gesetze sind zukunftsweisend und nehmen die Vision einer mittelständischen Gesellschaft vorweg.

Zur engeren Sozialpolitik und insbesondere zur Armenfürsorge finden sich keine Gesetze. Diese waren nach zeitgenössischer Auffassung Aufgabe der Gemeinden, der Kirchen und der wohltätigen Vereine. Dennoch gab es eine tiefer gehende Ursache dafür, dass kein soziales Sicherungssystem entwickelt wurde. Die ungarischen Vormärzliberalen wollten zukunftsweisende Gesetze verabschieden und die Gesetzgeber waren, was die Zukunft anbelangte, optimistisch: Einerseits sollte die zu schaffende mittelständische Gesellschaft die Reichen, die »Oligarchen«, beseitigen, andererseits sollten die Armen aufsteigen und in der Mittelklasse aufgehen. Ein armes, karges Leben war freilich das Schicksal von Millionen Ungarn im Vormärz. Aus dem Norden, vom Hochland Ungarns, zogen im Sommer Zehntausende zu den Erntearbeiten nach Süden, in die Tiefebene. Innerhalb von ein bis zwei Monaten mussten sie ihren Lebensunterhalt für das ganze Jahr verdienen. Ihr Schicksal unterschied sich nicht viel von den Bettelarmen. Die liberalen Gesetzgeber hofften, dass sie diesen Unterschichten durch Bauernbefreiung, durch wirtschaftliche und politische Reformen zu Aufstiegschancen verhelfen konnten.[147]

---

146 CD-ROM-2, Dok.-Nr. 11.7.4.1 (ungar.)/11.7.4.2 (dt.) (Ungarischer Gesetzesartikel 17 v. 13.5.1840, § 6). Ein Arbeitstag von neun Stunden Arbeit, mit einer Stunde Unterbrechung, findet sich im Gesetzestext festgelegt.
147 Einige wohltätig-großzügige Stiftungen wurden zur Ehrung ihrer Stifter in die Gesetzesartikel aufgenommen (Institute für Blinde, Taubstumme, Waisen, Geisteskranke). Sie erhielten aber dadurch keinen öffentlich-rechtlichen Charakter und meistens nahmen sie ihre Tätigkeit nicht einmal auf.

Liechtenstein   11·8

Von Herbert Wille (Bendern)

0   Einführung

Eine umfassende und zusammenhängende Verfassungsgeschichte des Fürstentums Liechtenstein existiert für das 19. Jahrhundert nicht. Es gibt jedoch eine Reihe von Arbeiten, die sich mit der politischen Geschichte des Landes befassen, oder Teilaspekte der Verfassungsentwicklung im weitesten Sinn[1] zur Sprache bringen. Auf sie wird in dem jeweiligen thematischen Zusammenhang hingewiesen.

Die liechtensteinische Verfassungsgeschichtsschreibung folgt der gängigen periodischen Gliederung, sodass am vorgegebenen Zeitrahmen von 1815 bis 1847 festgehalten wird. Die Darstellung zeichnet die Hauptlinien des Verfassungsgeschehens, sodass die Gewichte in den einzelnen Sachbereichen nicht immer gleich verteilt sind, was auch im Umfang zum Ausdruck kommt. Ausschlaggebend ist die verfassungsrechtliche Relevanz von Normen und Ereignissen. Von daher nehmen die Erörterungen vielfach die Rheinbundakte von 1806 zum Ausgangspunkt, da in der rheinbündischen Zeit die Grundlagen für eine Modernisierung des Landes gelegt worden sind. Sie wirkt sich aus der Sicht des Fürstentums Liechtenstein nachhaltig auf die Epoche des Deutschen Bundes aus und bildet den Orientierungsmaßstab für die Reformen auf den verschiedensten Gebieten.

Auffallend ist, dass die konstitutionelle Verfassungsphase erst spät einsetzt. Dies hängt einerseits mit der kleinbäuerlichen Bevölkerungsstruktur und der geografischen Lage des Landes und andererseits mit den Fürsten von Liechtenstein zusammen, die dem Wiener Hochadel angehören und eine Verfassungspolitik betreiben, die sich eng an diejenige von Österreich anschließt. Beiden ist ein betont konservativer Zug eigen. Entscheidende Anstöße erhält die konstitutionelle Bewegung 1848 durch das Verfassungsvorhaben der Frankfurter Paulskirche. Zum Abschluss kommt sie 1862 in der sog. Konstitutionellen Verfassung, die sich nach der Verfassung des Fürstentums von Hohenzollern-Sigmaringen aus dem Jahre 1833 ausrichtet[2], die aus der Zeit des süddeutschen Frühkonstitutionalismus stammt. Bis zu diesem Zeitpunkt gilt

---

1   Zu diesem Begriff vgl. Peter Geiger, Geschichte des Fürstentums Liechtenstein von 1848 bis 1866, in: Jahrbuch des Historischen Vereins für das Fürstentum Liechtenstein (im Folgenden: JBL) 70 (1970), S. 5–420, hier: S. 11.
2   Vgl. Geiger, Geschichte (wie Fn. 1), S. 271, 285, 287. Zu Hohenzollern-Sigmaringen siehe den Beitrag über die deutschen Staaten der zweiten Konstitutionalisierungswelle im vorliegenden Handbuchband. Insgesamt zur verfassungsgeschichtlichen Kategorisierung der deutschen Ein-

die Landständische Verfassung von 1818, die nach wie vor dem Gedankengut der absoluten Monarchie verpflichtet ist. Sie hat die »Schwelle vom Absolutismus zum Konstitutionalismus«[3] noch keineswegs überschritten.[4]

Die Quellenauswahl versucht, ein einigermaßen zuverlässiges Bild des Verfassungszustandes zu zeichnen. Sie beschränkt sich auf einige wenige exemplarische Beispiele, die die verfassungsgeschichtliche Entwicklung in der Gesetzgebung und Praxis veranschaulichen.

1 Liechtenstein 1815–1847

1719 werden die Reichsgrafschaft Vaduz und die Reichsherrschaft Schellenberg zu einem unmittelbaren Reichsfürstentum Liechtenstein erhoben. Es wird 1806 in den Rheinbund aufgenommen, ohne dass Fürst Johann I. formell beitritt. Es handelt sich um einen persönlichen Akt Napoleons, der als eine »besondere Auszeichnung«[5] gegenüber dem Fürsten gedeutet wird.[6] Es wird denn auch im Schrifttum[7] darauf hingewiesen, dass das »Überleben der Kleinstaaten« nicht von sachlichen Kriterien abhing. Maßgeblich sind vielmehr die Beziehungen zu Frankreich. Die Rheinbundfürsten erlangen mit ihrem Austritt aus dem Reich anstelle der beschränkten Souveränität ihrer Reichsunmittelbarkeit die volle Souveränität absoluter Herrscher.[8]

---

zelstaaten im Rahmen der Kapitelgliederung des vorliegenden Handbuchbandes vgl. die Vorbemerkung zu Beginn des Länderkapitels 11.

3   Martin Kirsch, Monarch und Parlament im 19. Jahrhundert, Göttingen 1999, S. 52.
4   Vgl. auch Rupert Quaderer, Politische Geschichte des Fürstentums Liechtenstein von 1815 bis 1848, in: JBL 69 (1969), S. 5-241, hier: S. 30.
5   Joseph Schuppler, Beschreibung des Fürstentums Liechtenstein von 1815, Textedition mit Einleitung von Alois Ospelt, in: JBL 75 (1975), S. 189-461, hier: S. 219; vgl. auch CD-ROM-2, Dok.-Nr. 11.8.1.1 (Schupplers Landesbeschreibung v. 1815). Ergänzend zur hier zugrunde gelegten CD-ROM-Edition ist als nützliche verfassungsgeschichtliche Edition für unseren Untersuchungszeitraum ebenfalls heranzuziehen: I. Reiter/A. Cieger/P. Vogt (Hg.), Verfassungsdokumente Österreichs, Ungarns und Liechtensteins 1791–1849/Ausztria, Magyarország és Liechtenstein alkotmányerejü dokumentumai 1791–1849 (= H. Dippel [Hg.], Verfassungen der Welt vom späten 18. Jahrhundert bis zur Mitte des 19. Jahrhunderts. Quellen zur Herausbildung des modernen Konstitutionalismus/Constitutions of the World from the late 18th Century to the Middle of the 19th Century. Sources on the Rise of Modern Constitutionalism, Europa/Europe, Bd. 2), München 2005.
6   So auch Georg Malin, Die politische Geschichte des Fürstentums Liechtenstein in den Jahren 1800–1815, in: JBL 53 (1953), S. 5-178, hier: S. 51; Georg Schmidt, Fürst Johann I. (1760–1836): »Souveränität und Modernisierung« Liechtensteins, in: V. Press/D. Willoweit (Hg.), Liechtenstein – Fürstliches Haus und staatliche Ordnung, Vaduz/Oldenbourg 1987, S. 383-418, hier: S. 417, spricht von einer »situationsbezogenen Entscheidung« Napoleons.
7   Reinhard Mußgnug, Der Rheinbund, in: Der Staat 46 (2007), S. 249-267, hier: S. 257.
8   Mußgnug, Rheinbund (wie Fn. 7), S. 264.

1 Liechtenstein 1815–1847

Fürst Johann I. schließt sich 1813 mit seinem Fürstentum dem Kampf gegen Napoleon an. Der Wiener Kongress 1814/15 sichert ihm die Souveränität und gibt ihm Rückhalt. Das Fürstentum Liechtenstein wird Mitglied des Deutschen Bundes, den die »souverainen Fürsten und freien Städte Deutschlands« bilden. Es ist mit seinen 6.117 Einwohnern der kleinste Staat[9], der in der engeren Bundesversammlung zusammen mit den Fürstentümern Hohenzollern-Sigmaringen, Hohenzollern-Hechingen, Reuß älterer und Reuß jüngerer Linie, Schaumburg-Lippe, Lippe, Waldeck und ab 1838 noch mit der Landgrafschaft Hessen-Homburg einen Sitz in der 16. Kurie einnimmt.[10] Der Deutsche Bund, der aus einem »lockeren Gefüge«[11] von souveränen Staaten besteht, gibt zwar Vorgaben für die weitere politische Entwicklung des Landes. Er steckt aber den Rahmen so weit ab, dass jedem Mitgliedstaat genügend Spielraum für eine eigene Verfassungspolitik bleibt. In außenpolitischer Hinsicht beruhigt und stabilisiert sich die Lage des Landes. (☞ Abb. 11.8.1, S. 1080)

Das Gebiet des Fürstentums Liechtenstein, das sich politisch in eine obere und eine untere Landschaft gliedert, ist ein Teil des Bistums Chur. 1816 werden die Gebiete Tirol und Vorarlberg von ihm abgetrennt und der Diözese Brixen zugeschlagen. Das Fürstentum Liechtenstein existiert als Rest des drusianischen Kapitels weiter und wird 1819 zum »bischöflichen Landesvikariat« bestimmt.[12] Der im Ausland residierende Bischof ist der landesherrlichen Hoheit nicht unterstellt. Dieser Umstand bereitet dem monarchischen Obrigkeitsstaat, der auf seine Souveränität bedacht ist, Mühe. Er praktiziert anfänglich eine im josephinischen Geiste gehaltene Kirchenpolitik. Es treten vor allem in den von beiden Seiten beanspruchten Belangen, wie etwa dem Eherecht, Zuständigkeitskonflikte auf.[13]

Der Fürst ist Landesherr und Mitglied der Wiener Hofgesellschaft. Die Bundes- und Verfassungspolitik wird in Wien gemacht. Sie ist nach wie vor Sache des Landesherrn. Auf Fürst Johann I., der am 20. April 1836 stirbt, folgt Alois II., der als erster regierender Fürst das Land besucht.[14] Es zeichnen sich zwar Änderungen ab, doch an der obrigkeitlichen Struktur der Verfassung wird festgehalten. Die Hoffnungen der Untertanen auf eine angemessenere Repräsentation im ständischen Landtag erfüllen sich nicht.[15]

---

9   Vgl. Alois Ospelt, Wirtschaftsgeschichte des Fürstentums Liechtenstein im 19. Jahrhundert, in: JBL 72 (1972), S. 5-423, mit Anhangband, S. 1-267, hier: Anhangband, S. 25.
10 Geiger, Geschichte (wie Fn. 1), S. 28.
11 Volker Press, Das Fürstentum Liechtenstein im Rheinbund und im Deutschen Bund (1806–1866), in: Liechtenstein Politische Schriften (im Folgenden: LPS) 10 (1984), S. 45-106, hier: S. 65. Vgl. auch den Beitrag über den Deutschen Bund im vorliegenden Handbuchband.
12 Malin, Geschichte (wie Fn. 6), S. 62 f.; Quaderer, Geschichte (wie Fn. 4), S. 123 f.; Albert Gasser, Geschichte Liechtensteins als Teil des Bistums Chur, in: H. Wille/G. Baur (Hg.), Staat und Kirche – Grundsätzliche und aktuelle Probleme, LPS 26 (1999), S. 178-191, hier: 180 f.
13 Herbert Wille, Staat und Kirche im Fürstentum Liechtenstein, Freiburg/Schweiz 1972, S. 50 f.
14 Quaderer, Geschichte (wie Fn. 4), S. 107, 112.
15 Ebd., S. 108 f.

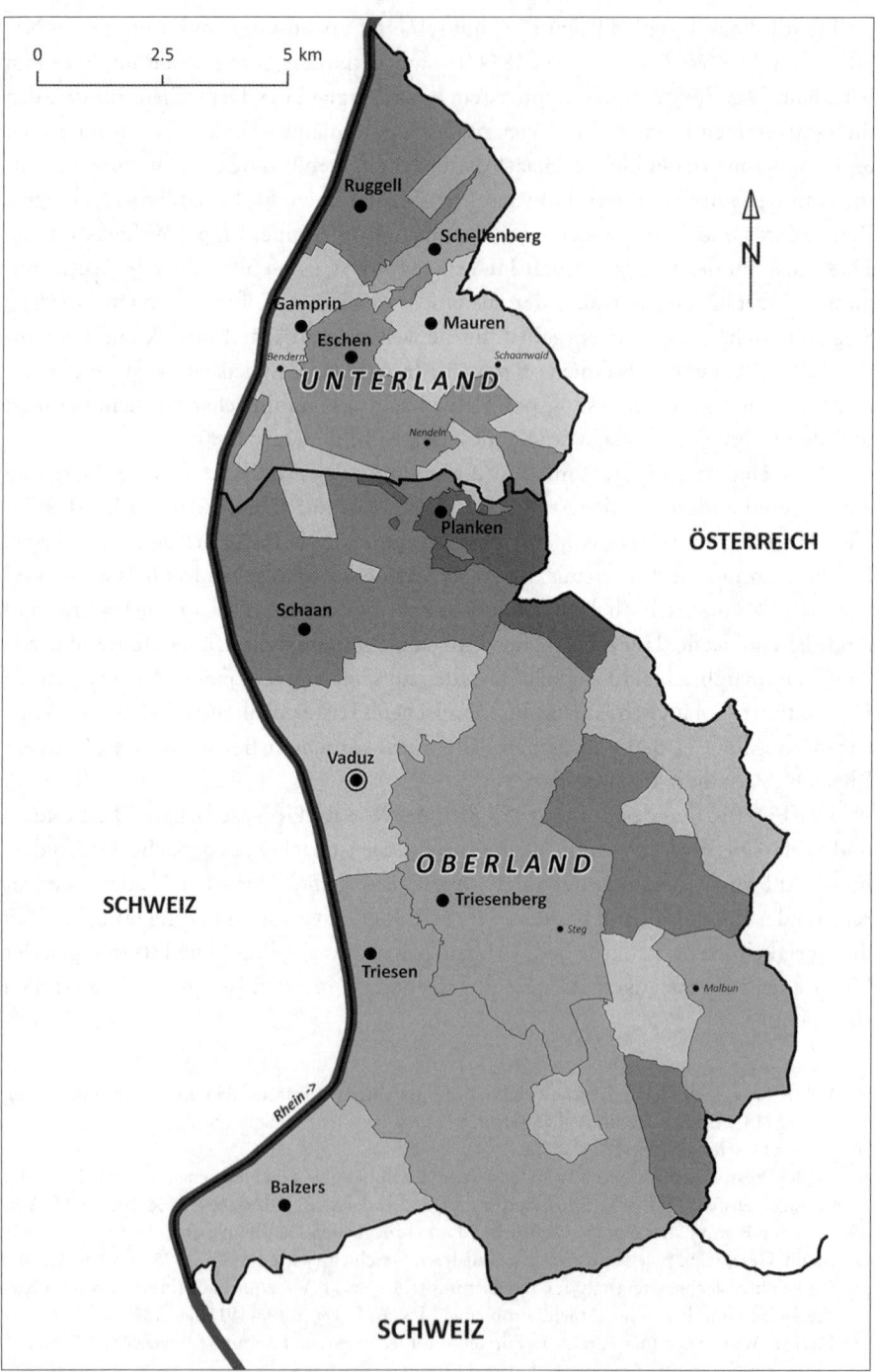

Abb. 11.8.1 Politische Gemeinden des Fürstentums Liechtenstein seit 1808

Das Fürstentum Liechtenstein ist ein Randgebiet des Deutschen Bundes. Es ist von Zollgrenzen zu Österreich und zur Schweiz umgeben, da es 1833 wie Österreich außerhalb des Deutschen Zollvereins bleibt. Die Kriegsereignisse von 1794 bis 1815 belasten das Land schwer. Es ist ein armes Land mit einer »patriarchalischen bäuerlichen Gesellschaft«[16], die immer wieder vom Hunger geplagt und von Seuchen befallen wird. Rhein und Rüfen sind eine stete Gefahr.[17]

2 Verfassungsstruktur der zentralen staatlichen Ebene

Fürst Johann I. setzt, nachdem die »rheinische Bundes-Acte« vom 12. Juli 1806[18] die »vormalige Reichsverfassung aufgehoben« hat, wie er dies in den Dienstinstruktionen vom 7. Oktober 1808 für Landvogt Joseph Schuppler[19] zum Ausdruck bringt, eigenmächtig den »seit undenklichen Zeiten ausgeübte(n) Landesgebrauch« (Landammannverfassung) und »derley hergebrachten Gewohnheiten« zum 1. Januar 1809 außer Kraft. Sie lassen sich, wie er erklärt, nicht mehr »mit dem Geist des dermaligen Zeitalters und (der) vorgerückten Cultur, als (auch) der in benachbarten Staaten eingeführten Verfassung« vereinbaren. Er tritt ganz im Stile des absoluten Monarchen und Landesherrn auf[20] und beseitigt aus eigener Machtvollkommenheit den Landesgebrauch (Landammannverfassung), den »das so nöthige wie erspriessliche Werk der künftigen Landesverfassung« ersetzen soll. Die Aufhebung der Landammannverfassung erscheint unter diesen Umständen als Konsequenz der vom Fürsten beanspruchten Souveränität.

Die Dienstinstruktionen, die als »neue Landesverfassung«[21] bezeichnet werden, charakterisieren die Verfassungslage, auf der die Landständische Verfassung aufbaut. Fürst Johann I. erlässt bzw. oktroyiert sie als »souveräner Fürst«[22] am 9. November 1818.[23] Sie ist ein vom Fürsten einseitig »gegebenes Gesetz«[24] und hat noch keinen

---

16 Press, Fürstentum (wie Fn. 11), S. 57.
17 Quaderer, Geschichte (wie Fn. 4), S. 41 und 114; Ospelt, Wirtschaftsgeschichte (wie Fn. 9), S. 16-33.
18 Vgl. für Liechtenstein Schmidt, Fürst (wie Fn. 6), S. 387 ff.; Malin, Geschichte (wie Fn. 6), S. 51 ff., hier: S. 55 mit weiteren Hinweisen; ders., Die Souveränität Liechtensteins, in: JBL 55 (1955), S. 5-22, hier: S. 13 ff. Die Rheinbundakte vom 12.7.1806 in: CD-ROM-1, Dok.-Nr. 9.1.2.4 (dt., Auszug)/9.1.2.5 (frz., Auszug).
19 Vgl. CD-ROM-2, Dok.-Nr. 11.8.5.1 (Dienstinstruktionen v. 7.10.1808), Ziffer 1.
20 Vgl. Malin, Geschichte (wie Fn. 6), S. 49 f.; Schmidt, Fürst (wie Fn. 6), S. 411.
21 So Schuppler, Beschreibung (wie Fn. 5), S. 249 und CD-ROM-2, Dok.-Nr. 11.8.1.1 (wie Fn. 5).
22 So die Präambel der Deutschen Bundesakte; vgl. E. R. Huber (Hg.), Dokumente zur Deutschen Verfassungsgeschichte, Bd. 1, Stuttgart u. a. 3. Aufl. 1978, S. 84-90, hier: S. 84 f.
23 Wilhelm Ebel, Geschichte der Gesetzgebung in Deutschland, Göttingen 1988, S. 83, weist darauf hin, dass die landständischen Verfassungen »als vom Fürsten gnadenweise gewährt ausgegeben wurden – nach der vom enttäuschten Bürgertum gebrauchten Version: als oktroyiert«.
24 So die Formulierung der fürstlichen Hofkanzlei in ihrem Schreiben vom 8. November 1818 an den Fürsten, zit. n. Quaderer, Geschichte (wie Fn. 4), S. 27.

»herausgehobenen Status«[25]. Sie führt Art. 13 der Deutschen Bundesakte aus, wobei dessen Rechtswirkungen wie auch der Begriff »landständische Verfassung« unklar sind. Nach Meinung der fürstlichen Hofkanzlei bleibt es »mithin jedem Souverainen überlassen eine Verfassung zu geben wie ihm beliebt«, denn »über die notwendigen Grundsätze solcher landständischer Verfassungen« habe sich weder »die Bundesakte noch bisher der Bundestag bestimmt ausgedrückt«.[26] Der Fürst könne die von ihm gewährte Verfassung unbeschränkt je »nach Umständen modificiren«.[27] So ist die monarchische Herrschaft »als gottgegebene, erbliche Herrschaft«[28] hinzunehmen.[29] (☛ Abb. 11.8.2)

Der Landesfürst hat die Gesetzgebung als »droit de souveraineté«[30] mit der ungeteilten Staatsgewalt inne. Er ist Träger der verfassunggebenden Gewalt und kann die Verfassung jederzeit allein ändern. Die Landstände haben nur die Befugnis, im Landtag Vorschläge zu unterbreiten, die das »allgemeine Wohl« betreffen. Hiervon sind[31] Vorschläge ausgenommen, die sich auf vermögenswerte Rechte des Fürsten wie Landesregalien oder auf Angelegenheiten »im bürgerlichen, politischen und peinlichen Fache« oder auf die »äusseren Staats-Verhältnisse« beziehen.[32] Wichtige Fragen wie die Verwaltungsorganisation oder die Steuererhebung bleiben ihrem Zugriff verschlossen. Sie haben keinen Einfluss auf die Festlegung des Budgets. Sie haben »sich nur über die Einbringlichkeit der postulirten Summen zu berathschlagen, und dafür zu sorgen«.[33]

Verfassungsrechtliche Bedeutung kommt der Ständeversammlung somit kaum zu. Es wird ihr nicht einmal »jenes Minimum landständischer Rechte, zu dessen Einräumung auf dem Wiener Congress die grosse Mehrheit der Stifter des teutschen Bundes

---

25 Werner Heun, Die Struktur des deutschen Konstitutionalismus des 19. Jh. im verfassungsgeschichtlichen Vergleich, in: Der Staat 45 (2006), S. 365-382, hier: S. 370.
26 Schreiben der fürstlichen Hofkanzlei vom 8. November 1818 an den Fürsten, zit. n. Quaderer, Geschichte (wie Fn. 4) S. 17.
27 Schreiben der fürstlichen Hofkanzlei vom 8. November 1818 an den Fürsten, zit. n. Quaderer, Geschichte (wie Fn. 4), S. 27 und 28.
28 Michael Stolleis, Geschichte des öffentlichen Rechts in Deutschland, Bd. 2, München 1992, S. 105.
29 Die bereits bestehenden Verfassungen, wie es bei der liechtensteinischen Verfassung der Fall ist, bleiben von Art. 54 der Wiener Schlussakte, abgedruckt in: Huber (Hg.), Dokumente (wie Fn. 22), Bd. 1, S. 91-100, wonach die Verfassungsgebung nicht im Belieben des Landesherrn steht, unberührt. Vgl. auch Klaus Stern, Das Staatsrecht der Bundesrepublik Deutschland, Bd. 5, München 2000, S. 213.
30 Die Souveränitätsrechte werden in den Rheinbundakten wie folgt umschrieben: »Les droits de souveraineté sont ceux de législation, de jurisdiction suprême, de haute police, de conscription militaire ou de recrutement et d'impôt«. Zit. n. Malin, Geschichte (wie Fn. 6), S. 53; vgl. auch Malin, Souveränität (wie Fn. 18), S. 17 f.
31 Zu den Dominikalgefällen vgl. Kapitel 11, Finanzen; siehe dazu auch Winfried Klein, Die Domänenfrage im deutschen Verfassungsrecht des 19. Jahrhunderts, Berlin 2007, S. 57 ff.
32 Vgl. insbesondere CD-ROM-2, Dok.-Nr. 11.8.2.1 (Landständische Verfassung v. 9.11.1818), §§ 13-17.
33 CD-ROM-2, Dok.-Nr. 11.8.2.1 (wie Fn. 32), § 11.

2 Verfassungsstruktur der zentralen staatlichen Ebene

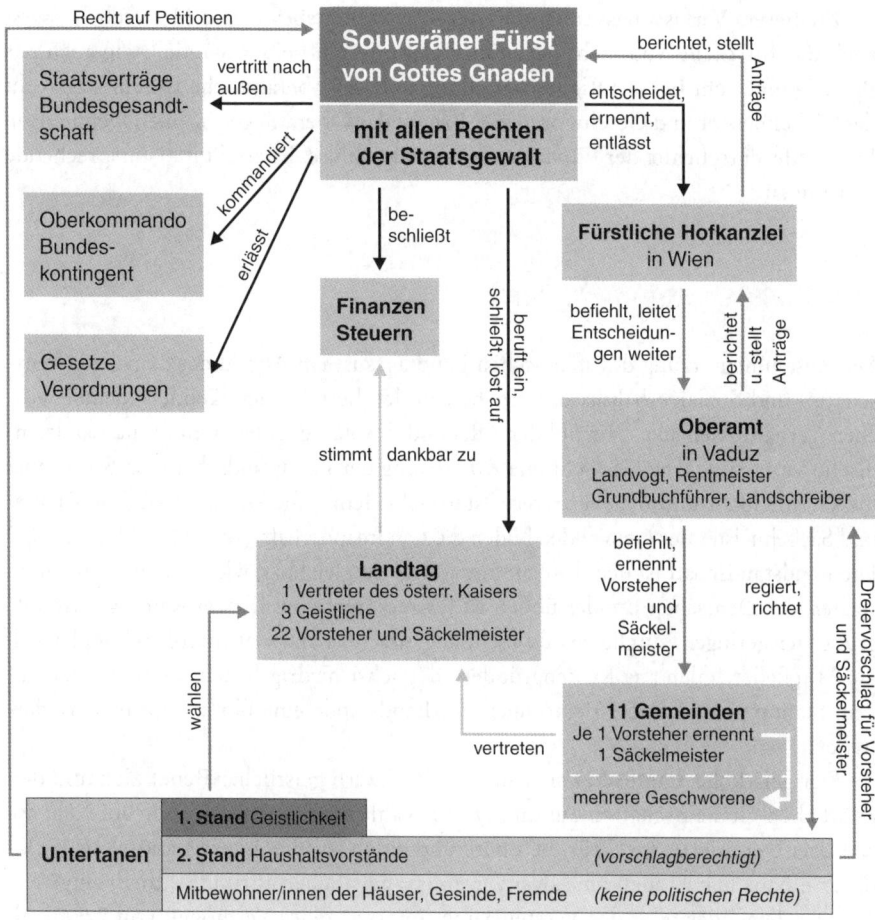

Abb. 11.8.2 Die landständische Verfassung Liechtensteins 1818

sich bereit erklärt hatte«, zugestanden.[34] Die Landständische Verfassung belässt die Stellung des Fürsten dem Staat und seinem Haus gegenüber unangetastet. Sie verzichtet ganz auf eine konkrete Bezeichnung des Fürsten. Die Stellung des Landesherrn bedarf keiner Regelung, denn es bleibt praktisch alles beim Alten. Dies betrifft auch das Verhältnis von Fürst und Landständen und die Beziehungen der Untertanen zum Staat. Die Landständische Verfassung hat so gesehen keine wirklich staatsrechtlichen Verhältnisse geschaffen. Sie erweist sich als eine »hohle Formsache«.[35]

---

34 J. L. Klüber, Öffentliches Recht des Teutschen Bundes und der Bundesstaaten, Frankfurt 1817 (4. Aufl. 1840), zit. n. Wille, Staat (wie Fn. 13), S. 39 Fn. 3.
35 Quaderer, Geschichte (wie Fn. 4), S. 10.

Zu diesem Verfassungsverständnis des souveränitätsbewussten Monarchen[36] passt auch das fürstliche Vetorecht gegenüber Deputierten beider Stände[37] wie auch das Bestätigungsrecht bei der Richterbestellung und das oberamtliche Ernennungsrecht der Säckelmeister und Geschworenen.[38] Erhebt das Oberamt gegen einen Deputierten Einwände, entscheidet der Fürst über einen Ausschluss. Er erteilt ihm entsprechende Weisungen.

3 Wahlrecht und Wahlen

Die Zusammensetzung des ständischen Landtages ist ein Abbild der damaligen Wirtschafts- und Sozialverhältnisse. Sie geht von den bestehenden ländlich-kleinbäuerlichen Verhältnissen aus. Obwohl der Adel und die Städte fehlen, nimmt die Landständische Verfassung eine hierarchische Zweiteilung der Landstandschaft vor. Sie rechnet die Geistlichkeit und den Vertreter Österreichs dem höheren Stand zu. Die Richter und Säckelmeister der Gemeinden bilden die Landmannschaft. (☞ Abb. 11.8.2, S. 1083) Die Landstandschaft ist dem Einkammersystem vergleichbar, wie es in anderen Kleinstaaten des Deutschen Bundes üblich ist.[39] Eine Trennung in zwei Kammern ist aufgrund der geringen Mitgliederzahl nicht angebracht. Landvogt Joseph Schuppler will die Mitgliederzahlen aus Kostengründen möglichst niedrig halten. Er steht auch auf dem Standpunkt, dass die Beratungen der Landstände eine bloße »Formalität« darstellen.[40]

Der geistliche Stand setzt sich aus den Besitzern geistlicher Benefizien und den geistlichen Gemeinschaften zusammen. Er wählt nach eigenen Regeln auf Lebenszeit drei Deputierte, zwei für die obere und einen für die untere Landschaft.[41] Darüber hinaus haben auch jene Besitzer einer »geistlichen Pfründe«, die wenigstens über ein liegendes oder der Versteuerung unterworfenes Vermögen von 2.500.– fl. (Gulden) verfügen, ein »Recht auf die Landstandschaft«.[42] Der Landmannschaft gehören von Verfassungs wegen die jeweiligen Richter und Säckelmeister an, denen die unmittelbare Leitung des Gemeindewesens obliegt. Ein »Recht auf die Landstandschaft« haben auch jene Untertanen, die für ihre Person an liegenden Gründen einen Steuersatz von 2.000.– fl. (Gulden) ausweisen, »30 Jahre alt, vom unbescholtenen und uneigennützigen Rufe und verträglicher Gemüthsart sind«. Es macht

---

36 Vgl. Press, Fürstentum (wie Fn. 11), S. 64.
37 Vgl. CD-ROM-2, Dok.-Nr. 11.8.2.1 (wie Fn. 32), § 6.
38 Vgl. CD-ROM-2, Dok.-Nr. 11.8.3.1 (Gemeindegesetz v. 1.8.1842), §§ 7 und 8.
39 Vgl. Stern, Staatsrecht (wie Fn. 29), S. 233 Fn. 178; Foroud Shirvani, Der Abgeordnetenstatus im Frühkonstitutionalismus, in: Der Staat 46 (2007), S. 541-559, hier: S. 546 f.
40 Quaderer, Geschichte (wie Fn. 4), S. 23.
41 Vgl. als Beispiel Quaderer, Geschichte (wie Fn. 4), S. 31.
42 Vgl. CD-ROM-2, Dok.-Nr. 11.8.2.1 (wie Fn. 32), § 3.

jedoch weder ein Geistlicher noch ein Untertan von diesem Recht Gebrauch.[43] Der Steuersatz ist zu hoch angesetzt.[44] Auch die »nicht-unterthänigen« Güterbesitzer, zu denen der Kaiser von Österreich zählt, den in der Regel ein Rentbeamter aus Feldkirch vertritt, können im ständischen Landtag Einsitz nehmen. Sie haben Anspruch auf den gleichen Rang und die gleiche Auszeichnung wie der geistliche Stand, wobei der österreichische Vertreter den ersten Platz im ständischen Landtag einnimmt.[45]

Von eigentlichen Wahlen zum Ständelandtag kann man nicht sprechen. Der absolute Fürstenstaat kann daran auch kein Interesse haben. Die Verfassung verschließt sich einer dualistischen Gegenposition der Stände. Sie sind staatspolitisch bedeutungslos, sodass die Ständevertreter im Volksmund »Glasbläser« genannt werden. Sie haben nichts zu sagen. Es findet nur insoweit ein Wahlverfahren statt, als die stimmberechtigten Gemeindebürger dem Oberamt drei zum Richteramt bzw. zum Amt des Säckelmeisters wahlfähige Bürger vorschlagen können. Wer Richter und Säckelmeister in der Gemeinde und damit Mitglied in der Landmannschaft wird, bestimmt das Oberamt. (☛ Abb. 11.8.2, S. 1083) Die stimmberechtigten Gemeindebürger haben so gesehen kein Wahlrecht. Es reduziert sich auf ein Vorschlagsrecht.

Das »Recht bei Gemeindeversammlungen zu stimmen« kann nur diejenige Person ausüben, die männlich ist, ein bestimmtes Mindestalter erreicht hat, das Landes- und Gemeindebürgerrecht besitzt und über gesicherte Vermögensverhältnisse verfügt oder wirtschaftlich unabhängig ist. Das aktive Wahlrecht steht mit anderen Worten dem »selbständigen« Gemeindebürger zu, der 24 Jahre alt ist.[46] Strengere Anforderungen werden an das passive Wahlrecht gestellt. Es gelten neben den allgemeinen Voraussetzungen des aktiven Wahlrechts zusätzlich weitere besitzbezogene und finanzielle Erfordernisse. So müssen die Ortsrichter und Säckelmeister u. a. mindestens 25 Jahre alt sowie auch von unbescholtenem Rufe sein und darüber hinaus ein »eigenthümliches Haus in der Gemeinde besitzen« und verheiratet oder Witwer sein. Ledige Personen müssen wenigstens 36 Jahre alt sein.

Ein solcher Wahlrechtsmodus verhindert, dass nicht erwünschte Personen zu Gemeindeorganen bzw. zu Mitgliedern des Ständelandtages bestellt werden.[47] Die Landstände haben nicht nur keine politischen Rechte. Es mangelt ihrem Status auch der

---

43 Vgl. CD-ROM-2, Dok.-Nr. 11.8.2.1 (wie Fn. 32), § 4 und dazu Geiger, Geschichte (wie Fn. 1), S. 20 Fn. 38.
44 Quaderer, Geschichte (wie Fn. 4), S. 22.
45 Ebd., S. 31.
46 Vgl. CD-ROM-2, Dok.-Nr. 11.8.3.1 (wie Fn. 38), §§ 37 und 41.
47 Zur Einschätzung des Gemeindegesetzes von 1842 vgl. Ospelt, Wirtschaftsgeschichte (wie Fn. 9), S. 77 f.

repräsentative Charakter. Sie bleiben in erster Linie Vertreter ihres Standes, d. h. der Geistlichkeit bzw. der Gemeinden.[48]

4 Grundrechte

Die Landständische Verfassung normiert keine Rechte der Untertanen. Vereinzelt finden sich rudimentäre Ansätze in Gesetzen und Verordnungen[49], die teils noch aus der Rheinbundzeit stammen und teils vor dem Hintergrund der Deutschen Bundesakte[50] ergangen sind. Es handelt sich um Rechtspositionen, die der Landesfürst soweit zugesteht, als es ihm opportun erscheint. Sie haben ihren Geltungsgrund in der Staatsgewalt, die ausschließlich in seiner Person konzentriert ist. Er bestimmt, was rechtens ist. Jeder Untertan ist ihm bzw. seinen Befehlen Gehorsam und Unterwürfigkeit schuldig.[51] Auch das 1812 in Liechtenstein rezipierte österreichische Allgemeine Bürgerliche Gesetzbuch[52] spricht lediglich von »Rechten der Person« (»Personenrechte«) oder »bürgerlichen Rechten« oder schlicht von »Rechten« und enthält sich jeder Bezugnahme auf den für die »monarchischen Ordnungen gefährlichen Begriff der Menschen- und Grundrechte«.[53] Die Fürstliche Verordnung vom 9. November 1808 hebt zwar die Leibeigenschaft auf. Es werden aber lediglich die Manumissionsgebühr[54]

---

48 Geiger, Geschichte (wie Fn. 1), S. 21 ist der Meinung, dass der Landmannschaft »ein gewisser repräsentativer Charakter« zukommt. Er folgert dies aus dem Umstand, dass zu den ersten Ämtern in den Gemeinden in der Regel die fähigsten Männer gewählt worden sind.
49 Nach Ferdinand v. Martitz, Ueber den constitutionellen Begriff des Gesetzes nach deutschem Staatsrecht, in: ZGStW 36 (1880), S. 220 ff. (227 f.), zit. n. Christian Hermann Schmidt, Vorrang der Verfassung und konstitutionelle Monarchie, Berlin 2000, S. 17 Fn. 13, kennt der Staat der absoluten Monarchie nur fürstliche Anordnungen bzw. Befehle, die in Form von Gesetzen, Verordnungen, Patenten, Instruktionen usw. ergehen. Es wird noch nicht differenziert. So wird beispielsweise die Verordnung vom 20. Oktober 1845 über das Armenwesen in der Präambel einem Gesetz gleichgesetzt: CD-ROM-2, Dok.-Nr. 11.8.12.3 (Verordnung über das Armenwesen v. 12.10.1845).
50 Art. 18 der Deutschen Bundesakte verpflichtet die Fürsten und freien Städte, den Untertanen der deutschen Bundesstaaten Rechte zuzusichern.
51 Vgl. CD-ROM-2, Dok.-Nr. 11.8.8.1 (Untertanenpatent v. 29.8.1832), Ziffer 1.
52 Zu diesem gekürzten Gesetzestitel vgl. Wilhelm Brauneder, 175 Jahre »Allgemeines bürgerliches Gesetzbuch« in Liechtenstein, in: Liechtensteinische Juristen-Zeitung (im Folgenden: LJZ) 1988, S. 94-103, hier: S. 94; Elisabeth Berger, Eine Zivilrechtskodifikation für Liechtenstein, Frankfurt am Main 1999, S. 35 f.
53 Klaus Stern, Die Idee der Menschen- und Grundrechte, in: D. Merten/H.-J. Papier (Hg.), Handbuch der Grundrechte in Deutschland und Europa, Bd. 1, Heidelberg 2004, S. 3-48, hier: S. 18, Rz. 30.
54 Vgl. CD-ROM-2, Dok.Nr. 11.8.4.1 (Fürstliche Verordnung zur Freizügigkeit, Aufhebung der Leibeigenschaft und Manumissionsgebühr v. 9.11.1808); vgl. zum Begriff »Manumissionsgebühr« Otto Seger, Die Leibeigenschaft und ihre Aufhebung, in: JBL 64 (1965), S. 145-152, hier: S. 147; vgl. auch § 16 des allgemeinen bürgerlichen Gesetzbuches (ABGB).

und das Abzugsgeld[55] beseitigt. Verschiedene, mit der Leibeigenschaft und Untertänigkeit zusammenhängenden Beschränkungen[56] und andere Abgaben und Fronen bleiben weiter bestehen.[57] Auch das Freizügigkeitsgesetz vom 22. Juni 1810, das für »die gleichen Rechte der Unterthanen« eintritt, kann sich in der Praxis nicht sogleich, sondern erst nach und nach durchsetzen, da die Vermögensverhältnisse in den Gemeinden zu unterschiedlich sind.[58] Es hebt den Gemeindeeinkauf auf und räumt dem Untertan, der sich in einer anderen Gemeinde ansässig machen will, die »Rechte auf den Genuss aller Gemeindevortheile« ein. Es soll »im ganzen Lande« eine allgemeine Freizügigkeit gelten, wie es mit der »dermaligen Verfassung«, d. h. mit der vom Fürsten gewollten neuen Ordnung übereinstimmt, die er in den Dienstinstruktionen von 1808 für Landvogt Joseph Schuppler »als Grundgesetz der Landesverfassung« vorgeschrieben hat.[59] Es ist in diesem Zusammenhang auch von der »Idee des modernen Einheitsstaates« die Rede[60], der sich mit der »noch bestehenden Gewohnheit« des »vorgängigen Bürgerrechtskaufes« in den Gemeinden nicht verträgt.

Ein solches Verständnis monarchischer Rechtegewährungen lässt sich auch der Deutschen Bundesakte entnehmen, die sich in dieser Beziehung nicht an den Untertan bzw. Bürger, sondern lediglich an die Bundesstaaten wendet.[61] Es ist der Bundesversammlung vorbehalten, von ihnen die Umsetzung der Rechtegewährungen zu bewirken.[62] Die Ausgestaltung des individuellen Verhältnisses zur Staatsgewalt und der Ausbau grundrechtlicher Rechtspositionen bleibt im Wesentlichen den Ländern überlassen. Entscheidend für die deutsche Grundrechtsentwicklung sind daher weniger die Grundrechte in der Deutschen Bundesakte selbst, als vielmehr ihre Vorgaben an die Landesverfassungen, die sich in der Grundrechtsfrage erheblich unterscheiden. So kennen die Verfassungen Badens, Bayerns und Württembergs einen recht umfangreichen Grundrechtskatalog, während andere Staaten wie beispielsweise diejenigen von Liechtenstein, Nassau (1814), Hannover (1819) keine Grundrechte vorsehen.[63]

---

55 Zum Begriff vgl. Ospelt, Wirtschaftsgeschichte (wie Fn. 9), S. 57 Fn. 84.
56 Zum Vermögensabzug bei einer beabsichtigten Auswanderung vgl. Ospelt, Wirtschaftsgeschichte (wie Fn. 9), S. 87 Fn. 11.
57 Das Zehntablösungsgesetz datiert erst vom 7. März 1864; vgl. dazu Geiger, Geschichte (wie Fn. 1), S. 323 f.
58 Vgl. CD-ROM-2, Dok.-Nr. 11.8.4.2 (Freizügigkeitsgesetz v. 22.6.1810); Alois Ospelt, Das Bürgerrecht im Wandel der Zeit, in: LJZ 1986, S. 147-155, hier: S. 150.
59 Vgl. CD-ROM-2, Dok.-Nr. 11.8.5.1 (wie Fn. 19), Ziffer 1.
60 Malin, Geschichte (wie Fn. 6), S. 104 f.
61 Judith Hilker, Grundrechte im deutschen Frühkonstitutionalismus, Berlin 2005, S. 154.
62 So Art. 53 der Wiener Schlussakte vom 15. Mai 1820; vgl. Thomas Würtenberger, Von der Aufklärung zum Vormärz, in: Merten/Papier (Hg.), Handbuch (wie Fn. 53), Bd. 1, S. 49-96, hier: S. 60 Randziffer 18.
63 Vgl. Klein, Domänenfrage (wie Fn. 31), S. 39. Siehe auch die Beiträge über die deutschen Staaten im vorliegenden Handbuchband.

Die Deutsche Bundesakte sichert den Untertanen in allgemeiner Weise das Recht auf Freizügigkeit innerhalb der Bundesstaaten zu, das fürstliche Erlasse auf den Gebieten des Wegzugs-, Niederlassungs-, Verehelichungs- und Aufenthaltsrechts konkretisieren, wobei sie den spezifisch liechtensteinischen Verhältnissen Rechnung tragen oder dementsprechend von Vorkehrungen und Maßnahmen absehen, wie dies beim Bundesgesetz über die Presse vom 20. September 1819 der Fall ist. Es gibt nämlich »im Fürstenthum keine Buchdruckerei«. Aus diesem Grund verzichtet man auf eine Kundmachung, sodass dieses Bundesgesetz »keine Anwendung« findet.[64] Soweit nötig, setzen die fürstlichen Gesetze und Verordnungen die Vorschriften der Deutschen Bundesakte um. (☞ Abb. 11.8.3)

Es besteht keine Abzugsfreiheit. Das Gesetz vom 15. Januar 1843 über Auswanderungen und unbefugte Abwesenheit[65] hält am bisherigen Bewilligungsregime des Auswanderungspatentes vom 15. März 1809 fest, das nur eine Auswanderung in Ausnahmefällen statuiert. Neu wird sie in der Regel bei »gewöhnlichen Unterthansentlassungen« erteilt und nur in Fällen, in denen der »Bittwerber« seinem Stande nach zur Klasse des Landmannes gehört, im Lande mehr als 300 fl. R. W. »reines Vermögen« besitzt und »militärpflichtig« ist, oder wenn mehrere Familien zugleich auswandern wollen, ist das Gesuch der fürstlichen Hofkanzlei zur »gutächtlichen« Erledigung zu unterbreiten. Land und Gemeinden sind auf die Klasse der Landmannschaft angewiesen, sodass diese Personengruppe in der Auswanderungsfreiheit beschnitten und damit auch die Freizügigkeit eingeengt wird. »Merkantilistisch-polizeistaatlich«[66] motiviert sind auch die eherechtlichen Vorschriften. So dürfen nach der Verordnung vom 15. Juli 1841[67] auch die im Ausland geschlossenen Ehen nur nach Erlangung des politischen Ehekonsenses eingegangen werden. Sie werden lediglich unter dieser Voraussetzung »für gültig« gehalten.

Im Zusammenhang mit der Freizügigkeit steht auch das Zuzugsrecht, das hauptsächlich aus polizeistaatlichen Gründen eingeschränkt wird. Der Landesfürst ist von Anfang an darauf bedacht, auch den religiösen Bereich seiner Hoheit zu unterstellen, und bevorzugt katholische Zuwanderer, wie es die Vorschriften über die Aufnahme in den »fürstlichen Unterthansverband« dartun. Es spielen neben den »Vermögensumständen« auch andere Gesichtspunkte, wie die Herkunft aus einem Bundesstaat,

---

64 Geiger, Geschichte (wie Fn. 1), S. 28, Fn. 85.
65 Publiziert unter: <http://www.llv.li/amtsstellen/llv-la-historische_rechtsquellen.htm> [31.08.2010].
66 In Anlehnung an die Formulierung von Klaus Gerteis, Auswanderungsfreiheit und Freizügigkeit in Deutschland, in: G. Birtsch (Hg.), Grund- und Freiheitsrechte von der ständischen zur spätbürgerlichen Gesellschaft, Göttingen 1987, S. 330-344, hier: S. 339.
67 Verordnung, wonach Ehen nur nach Erlangung des Ehekonsenses eingegangen werden dürfen (15.7.1841); veröffentlicht unter: <http://www.llv.li/amtsstellen/llv-la-historische_rechtsquellen.htm> [31.08.2010]; auch publiziert in: Wille, Staat (wie Fn. 13), S. 358 f.; vgl. auch Kapitel 12, Wirtschafts- und Sozialgesetzgebung/Öffentliche Wohlfahrt.

4 Grundrechte

Abb. 11.8.3 Liechtensteinischer Reisepass von 1846 zur Ausreise in die Schweiz

die politische Gesinnung und die Konfessionszugehörigkeit eine gewichtige Rolle.[68] Eine restriktive Aufnahmepolitik soll nicht nur verhindern, dass »dem Lande nicht noch mehr unvermögende Leute zuwachsen«.[69] Es sind aus Gründen der politischen Gesinnung, über die »besonders genaue Erkundigungen« einzuziehen sind, auch die »Einwanderer aus den deutschen Bundesstaaten« Untertanen anderer Staaten vorzuziehen. Bei solchen Ausländern hat das Oberamt »möglichst dahin zu wirken«, dass sie sich in das Gemeindebürgerrecht einkaufen, um ihnen »die Aufnahme zu erschweren«. Sie sollen auch der katholischen Religion angehören, »weil gemischte Konfessionen in dem ganz katholischen Staate nicht wünschenswert erscheinen«. Ehen mit akatholischen Ausländerinnen sind nur dann zu »begünstigen«, »wenn sich die Akatholikin und mit ihr künftiger Ehegatte rechtsförmlich erklärt, dass sie die Kinder ohne Unterschied des Geschlechts in der Staats-, d. i. in der katholischen Religion erziehen lassen werden«.[70] In einer Supplementsbestimmung von 1845 zur »Instruction die Aufnahme fremder Unterthanen in den liechtensteinischen Staatsverband betreffend« verordnet Fürst Alois II., dass ein Ausländer, der Protestant ist und »dem deutschen Bund nicht angehört, in den Staatsverband nicht aufzunehmen ist«.[71]

5 Verwaltung

Die zum 1. Januar 1809 eingeführte neue Ordnung umfasst auch die Landesverwaltung, die grundlegend reformiert wird. Die jahrhundertealten Gerichtsgemeinden werden aufgehoben. Die Gerichtsinstruktion vom 1. Januar 1810[72] betrachtet die Gemeinden (☞ Abb. 11.8.1, S. 1080) nur noch als staatliche Organe, die nach Weisung der Obrigkeit bestimmte Pflichten, wie die Verwaltung des Gemeindevermögens oder die niedere Gerichtspflege in Streit- und Schuldsachen, zu besorgen haben.[73]

Die Rheinbundakte, auf die sich der Fürst beruft, erlauben es ihm, eine seinem Willen entsprechende Administration einzurichten, d. h. effektive Verwaltungsstruk-

---

68 In der Verordnung vom 15. Januar 1843 über den Erwerb der liechtensteinischen Staatsbürgerschaft wird in der Präambel auf die infolge der §§ 29 und 30 ABGB ergangenen österreichischen Gesetze über den Erwerb der Staatsbürgerschaft verwiesen; vgl. CD-ROM-2, Dok.-Nr. 11.8.4.4 (Verordnung über den Erwerb der Staatsbürgerschaft v. 15.1.1843), Präambel und § 9.
69 Vgl. CD-ROM-2, Dok.-Nr. 11.8.4.5 (Separativ-Instruction zur Aufnahme fremder Untertanen v. 15.1.1843), zu § 1.
70 Vgl. CD-ROM-2, Dok.-Nr. 11.8.4.5 (wie Fn. 69), zu § 7.
71 Vgl. CD-ROM-2, Dok.-Nr. 11.8.4.5 (wie Fn. 69), Supplement; vgl. auch Wille, Staat (wie Fn. 13), S. 86 ff. und CD-ROM-2, Dok.-Nr. 11.8.10.1 (Schulplan v. 31.7.1822), § 15.
72 Publiziert unter: <http://www.llv.li/amtsstellen/llv-la-historische_rechtsquellen.htm> [31.08.2010].
73 Ospelt, Bürgerrecht (wie Fn. 58), S. 150; vgl. zu Geschäften, welche die Vorsteher »im Rahmen des Oberamtes« zu verrichten haben, CD-ROM-2, Dok.-Nr. 11.8.6.2 (Instruktion für Gemeindevorsteher v. 8.4.1846).

turen aufzubauen.[74] Nach den Vorstellungen der fürstlichen Hofkanzlei in Wien kann für das Oberamt in Vaduz die Verwaltung einer fürstlichen Herrschaft als Grundmuster dienen. Die Dienstinstruktionen von 1808 legen denn auch die gleichen Verwaltungszwecke fest wie die Hauptinstruktion von 1838 für die fürstlichen Herrschaften.[75]

Das Oberamt ist die einzige Verwaltungsbehörde des Landes und gliedert sich in ein Rentamt, ein Grundbuchamt und ein Depositenamt. 1836 wird zusätzlich ein Waisenamt und 1838 ein Waldamt eingerichtet. Leiter ist der Landvogt. Ihm unterstellt sind die anderen Beamten, wie der Rentmeister und der Gerichtsaktuar. Der Rentmeister, der ihm im Rang folgt, ist für die Geld- und Rechnungsgeschäfte zuständig. Die Beamtenschaft ist klein.[76] Sie setzt sich mehrheitlich aus Untertanen einer anderen fürstlichen Herrschaft zusammen, denen das »weit entlegene Land als eine Art Exil« gilt.[77] Das Verhältnis zur einheimischen Bevölkerung ist distanziert. Der Landvogt übernimmt die Rolle eines »Puffers« zwischen ihr und dem Fürsten.[78] Seine Stellung hat sich mit dem Dienstantritt von Joseph Schuppler grundlegend geändert. Ist sein Vorgänger Franz Xaver Menzinger noch »Repräsentant des Fürsten« gewesen, der nach den lokalen Gepflogenheiten vorgegangen und eigenständig entschieden hat, ist Joseph Schuppler »trotz seiner Machtfülle und Entscheidungskompetenz, lediglich ein Teil des bürokratischen liechtensteinischen Regierungsapparates, der die ihm erteilten Anweisungen durchzusetzen (hat)«.[79] Dem Oberamt obliegt die gesamte innere Landesverwaltung, die Rechtsprechung in erster Instanz, die Domänenverwaltung und die Gemeindeaufsicht. Es untersteht der Kontrolle der fürstlichen Hofkanzlei, der es zu berichten und von der es in allen wichtigeren Angelegenheiten die Weisungen einzuholen hat.[80] (☞ Abb. 11.8.2, S. 1083)

Die fürstliche Hofkanzlei in Wien ist seit dem letzten Viertel des 18. Jahrhunderts das eigentliche »Verwaltungszentrum«[81] bzw. die »oberste Zentralbehörde«[82], die unmittelbar dem Fürsten zugeordnet ist. Ihr Aufgabenbereich erstreckt sich auf alle wirtschaftlichen, gerichtlichen und politischen Agenden des fürstlichen Besitzes.

---

74 Vgl. CD-ROM-2, Dok.-Nr. 11.8.5.1 (wie Fn. 19), Präambel.
75 Paul Vogt, Verwaltungsstruktur und Verwaltungsreformen im Fürstentum Liechtenstein in der ersten Hälfte des 19. Jahrhunderts, in: JBL 92 (1994), S. 37-137, hier: S. 58.
76 Das Oberamt zählt 1808 drei Beamte. 1860 sind es neun. Vgl. Vogt, Verwaltungsstruktur (wie Fn. 75), S. 62.
77 So Moritz Menzinger, Die Menzinger in Liechtenstein, S. 36, zit. n. Vogt, Verwaltungsstruktur (wie Fn. 75), S. 75.
78 Press, Fürstentum (wie Fn. 11), S. 50.
79 Schmidt, Fürst (wie Fn. 6), S. 412.
80 Vogt, Verwaltungsstruktur (wie Fn. 75), S. 58 und Rupert Quaderer, Die Entwicklung der liechtensteinischen Volksrechte seit der vorabsolutistischen Zeit und der Landstände seit 1818 bis zum Revolutionsjahr 1848, in: LPS 8 (1981), S. 9-27, hier: S. 19 f.
81 Press, Fürstentum (wie Fn. 11), S. 50.
82 Vogt, Verwaltungsstruktur (wie Fn. 75), S. 42.

Eine der dringendsten Aufgaben ist die Reorganisation des Polizeiwesens, die nach 1827 Landvogt Peter Pokorny in die Hand nimmt. Die innere Sicherheit, Ruhe und Ordnung gehören zum Aufgabenbereich der Gemeinden, die den Polizeidienst üblicherweise »armen Leuthen und Invaliden« übertragen.[83] Auf den 1. Februar 1828 stellt das Oberamt zwei Polizeimänner und 1830 einen dritten Polizeimann ein. Sie werden in administrativer Hinsicht durch zwei »Gemeindsboten« entlastet, die wöchentlich die Aufträge des Oberamtes den Gemeinden überbringen.[84] Die 1843 in Kraft gesetzte Polizeiordnung sorgt zwar für mehr Rechtssicherheit, die Praxis zeigt jedoch, dass sie nicht eingehalten wird.[85]

6 Justiz

Die Dienstinstruktionen von 1808 ordnen neben anderen Gesetzen eine »den Zeitumständen und Verhältnissen des Landes anpassende Jurisdiktionsnorma« an. In der Folge führt die Fürstliche Verordnung vom 18. Februar 1812[86] auch die österreichische allgemeine bürgerliche Gerichtsordnung von 1781 und das österreichische Gesetzbuch über Verbrechen und schwere Polizeiübertretungen von 1803 ein. Gleichzeitig treten »alle anderen bisher gültig gewesenen bürgerliche(n) und peinliche(n) Gesetze gänzlich« außer Kraft. Diese Maßnahme macht eine Novellierung notwendig. Der alte Landsbrauch, der als Leitfaden für die Rechtsprechung gedient hat, besteht nicht mehr.[87] Vor der Reform existierten als wichtige Gesetzesnormen lediglich der Landsbrauch, die Polizeiordnung von 1732 und die Peinliche Gerichtsordnung Kaiser Karls V. vom Jahre 1532.[88]

Im absolutistischen Herrschaftskonzept ist der Fürst auch Inhaber der judikativen Gewalt, da er allein Träger der Staatsgewalt ist. Die Rechtspflege ist dem Bereich der Regierung zugeordnet. Das heißt, dass das Oberamt in Vaduz und die Hofkanzlei in Wien die Gerichtsbehörden des Landes sind. Sie bilden seit der Auflösung der alten Reichsverfassung die einzigen zwei Gerichtsinstanzen. Seit dem Ende des Alten Reiches steht dessen Rechtssystem zum Schutz der Untertanen, den der Landsbrauch

---

83 Bericht Pokornys vom 20. September 1827 an die fürstliche Hofkanzlei; zit. n. Vogt, Verwaltungsstruktur (wie Fn. 75), S. 101.
84 Zum Aufbau einer Landespolizei vgl. Vogt, Verwaltungsstruktur (wie Fn. 75), S. 100-105, hier: S. 100 f.
85 Ebd., S. 102.
86 Vgl. CD-ROM-2, Dok.-Nr. 11.8.4.3 (Einführung von Bürgerlichem Gesetzbuch und Gerichtsordnung v. 18.2.1812).
87 Quaderer, Geschichte (wie Fn. 4), S. 172.
88 Alois Ospelt, Die geschichtliche Entwicklung des Gerichtswesens, in: LPS 8 (1981), S. 217-244, hier: S. 234.

gewährt hat, nicht mehr zur Verfügung.[89] Den Untertanen fehlt damit außerhalb des eigenen Herrschaftssystems jegliche »Rechtsinstanz«.

Justiz und Verwaltung sind nur insoweit institutionell voneinander getrennt[90], als das »k. k. Appellationsgericht in Tirol und Vorarlberg zu Innsbruck als dritte Instanz für das souveräne Fürstenthum« konstituiert wird. Nachdem Art. 12 der Deutschen Bundesakte allen Untertanen der deutschen Einzelstaaten den Rechtsweg bis zur dritten Instanz zugesichert hat, drängt sich eine solche Einrichtung auf, da Liechtenstein zu denjenigen deutschen »Bundesgliedern« zählt, »deren Besitzungen nicht eine Volkszahl von dreimahl hunderttausend Seelen erreichen«. Einem entsprechenden Antrag des Fürsten hat am 9. Dezember 1817 Kaiser Franz II. stattgegeben.[91]

Die geografische Nähe des Appellationsgerichts zum Land als auch der Umstand, dass im Fürstentum in Zivil- und Strafsachen österreichisches Recht gilt, sprechen für eine solche Lösung. Man einigt sich darauf, dass das Appellationsgericht nur in seiner Funktion als Gericht und nicht auch als Aufsichtsbehörde über die »Justizverwaltung« des Fürstentums tätig wird und der Fürst ihm in bestimmten »Zivilfällen« das »unabhängige Erkenntniss« einräumt und auf die Berichterstattung in bestimmten Fällen verzichtet. In diesem Umfang bleibt die Ausübung der rechtsprechenden Gewalt Sache des Gerichts. Der individuelle Rechtsschutz ist ein Stück weit gesichert, da die Richter der Einflusssphäre des Fürsten entzogen sind. Der Fürst beschränkt sich auf das Begnadigungsrecht in »Kriminalfällen«. Auf diese Weise versucht man, einerseits auf den Souveränitätsanspruch des Fürsten und andererseits auf die Stellung des Appellationsgerichts als unabhängige Gerichtsinstanz Rücksicht zu nehmen.[92] Es zeichnet sich in diesem Vorgehen bis zu einem gewissen Grad eine Respektierung unabhängiger Rechtsprechung ab.

Unter ausdrücklicher Bezugnahme auf das Appellationsgericht in Innsbruck als Revisionsgericht für das Fürstentum legt die fürstliche Verordnung vom 16. Oktober 1819 fest, dass alle Erläuterungen und Nachtragsverordnungen zu den rezipierten österreichischen Gesetzen ohne weiteren Rechtsakt auch in Liechtenstein gelten sollen.[93] Aus Praktikabilitätsgründen genießt die Rechtseinheit mit Österreich Vorrang vor der Berücksichtigung örtlicher Verhältnisse, die noch zuvor in den Dienstinstruktionen als Devise für Landvogt Joseph Schuppler ausgegeben worden ist.[94] Die österreichischen Nachtragsverordnungen werden aber im Fürstentum nicht publiziert. Auch verfügt das Oberamt über keine vollständige österreichische Gesetzessammlung, sodass es über die im Lande geltenden Rechtsvorschriften nicht ausreichend unterrichtet ist. Das trifft auch auf die Hofkanzlei zu. Diese mangelhafte

---

89 Vgl. Schmidt, Fürst (wie Fn. 6), S. 417.
90 Die Trennung von Justiz und Verwaltung erfolgt erst 1871.
91 Vgl. CD-ROM-2, Dok.-Nr. 11.8.6.1 (Errichtung des Appellationsgerichts v. 9.12.1817).
92 Vgl. Quaderer, Geschichte (wie Fn. 4), S. 172 ff., Press, Fürstentum (wie Fn. 11), S. 66 f.
93 Vgl. Berger, Zivilrechtskodifikation (wie Fn. 52), S. 37 mit weiteren Hinweisen.
94 Ebd., S. 35.

Rechtskenntnis wirft auf den monarchischen Obrigkeitsstaat und seine Beamten ein schlechtes Licht. Fürst Alois II. sistiert mit Verordnung vom 20. Januar 1843 diese automatische Übernahme österreichischer Justizgesetze.[95]

7 Militär

Das Land Liechtenstein ist in den Befreiungskriegen als ehemaliger Rheinbundstaat verpflichtet, die doppelte Anzahl jener Mannschaft zu stellen, die es für Napoleon aufgeboten hat. Das heißt, dass es für die Alliierten 60 Mann marschbereit halten muss, wobei die Truppen aus der Untertanenschaft rekrutiert werden müssen und nicht mehr wie in der rheinbündischen Zeit ersatzweise mit Geld ausgeglichen werden kann.[96] Das Fürstentum schließt zu diesem Zweck am 10. Februar 1814 einen Vertrag mit Baden, der 1815 nochmals erneuert wird. Darin geht es um die Unterbringung des liechtensteinischen Kontingents in badische Einheiten und um seine Ausrüstung, für die das Land aufzukommen hat. Diese Militärbündnisse ebnen den Weg für die Aufnahme in den Deutschen Bund.[97]

Unter dem Deutschen Bund hat jeder Mitgliedstaat ein Prozent seiner Bevölkerung als Hauptkontingent zum Bundesheer zu stellen, das im Kriegsfall um ein Ersatzkontingent erweitert werden muss. Das bedeutet für Liechtenstein ein Kontingent von 55 Mann in Friedens- und 73 Mann in Kriegszeiten. Ein Kontingent von solcher Größe ist zu klein, um eine eigene Truppenformation zu bilden, sodass das Fürstentum auf einen anderen Mitgliedsstaat angewiesen ist.[98] Zudem gilt es, die militärischen Bundespflichten möglichst zu beschränken, um das Land nicht zu sehr zu belasten. Aus diesem Grund übernimmt der Fürst bei der erstmaligen Aufstellung eines Kontingents im Jahre 1836 die Hälfte der Kosten.[99] Die Kontingents- und übrigen Bundeskosten betragen in den Friedensjahren durchschnittlich 20–30 Prozent der Gesamtausgaben. Diese Last hemmt die wirtschaftliche Gesundung des Landes.[100]

Liechtenstein setzt seine Vertragspolitik fort. Vorerst bleibt es bei Verhandlungen mit verschiedenen Mitgliedstaaten. Erst der Bundesbeschluss vom 9. Dezember 1830, der zur Verstärkung in den Bundesfestungen eine Reserveinfanteriedivision einrichtet, zu der 19 kleinere Staaten herangezogen werden sollen, lässt die teilweise

---

95 Quaderer, Geschichte (wie Fn. 4), S. 104 f.; Ospelt, Entwicklung (wie Fn. 88); S. 235; Berger, Zivilrechtskodifikation (wie Fn. 52), S. 37 f.
96 Zu den Einzelheiten vgl. Malin, Geschichte (wie Fn. 6), S. 162 ff. und Rupert Quaderer-Vogt, ... wird das Contingent als das Unglück des Landes angesehen, in: JBL 90 (1991), S. 1-281, hier: S. 9 ff.
97 Malin, Geschichte (wie Fn. 6), S. 168 f. und Quaderer-Vogt, Contingent (wie Fn. 96), S. 47.
98 Quaderer-Vogt, Contingent (wie Fn. 96), S. 49.
99 Geiger, Geschichte (wie Fn. 1), S. 31 f.
100 Ospelt, Wirtschaftsgeschichte (wie Fn. 9), S. 81.

unterbrochenen Verhandlungen wieder aufleben. Es dauert aber bis 1836, bis es auf Druck der Bundesversammlung zu einem Vertrag zwischen den Fürsten zu Hohenzollern-Hechingen, Hohenzollern-Sigmaringen und dem Fürstentum Liechtenstein kommt. Er vereinigt die einzelnen Bundeskontingente zu einem Bataillon, das die Bezeichnung »Hohenzollern-Liechtensteinisches Bataillon« trägt. Bis dahin unterbleibt die Bewaffnung, Ausrüstung und Ausbildung des liechtensteinischen Kontingents. Die Musterungsberichte aus den Jahren 1831 und 1836 halten denn auch fest, dass es den Anforderungen des Deutschen Bundes nicht gerecht wird.[101] Die fürstliche Hofkanzlei drängt Ende 1836 auf eine definitive Formierung. Nun werden die Ortsrichter angewiesen, unverzüglich die Mannschaftsliste aufzustellen und dem Oberamt mitzuteilen, welche Kontingentsmänner zugegen und welche abwesend sind.[102] 1841 und 1843 werden weitere Verträge über die Ernennung eines gemeinschaftlichen Bataillonskommandanten bzw. über die »Formation des Fürstlich Hohenzollern Liechtenstein'schen leichten Bataillons« ausgehandelt, die die Organisation abschließen, und außerdem wichtige, offengebliebene Fragen geklärt, wie etwa diejenige der Begrenzung der Kompetenzen des Bataillonskommandanten durch die fürstliche Verfügungsgewalt über das liechtensteinische Kontingent.[103]

Liechtenstein tritt am 14. Februar 1842 einer bereits 1841 abgeschlossenen Übereinkunft zwischen Sigmaringen und Hechingen einerseits und Bayern andererseits bei. Seit 1831 ist nämlich das liechtensteinische Kontingent wie auch die hohenzollerischen Kontingente durch Bundesbeschluss der Festung Landau zur Verstärkung der Garnison zugeordnet. Landau wiederum ist bereits seit 1819 Bayern zugeteilt, welches allein das Besetzungs- und Ernennungsrecht ausübt, sodass nun verschiedene gemeinsame Fragen geregelt werden müssen.[104]

Aus der Verpflichtung, eigene Truppen zu stellen, folgt für das Land, dass es Vorschriften über die Rekrutierung oder Aushebung, sog. Konskriptionsgesetze, erlassen muss. Das erste, recht knapp gehaltene Rekrutierungspatent vom 29. Dezember 1813, stößt in der Praxis auf Schwierigkeiten. Es legt den Grundsatz der allgemeinen Wehrpflicht fest. Die benötigten 100 Soldaten sind aus den wehrfähigen Untertanen im Alter von 18 bis 30 Jahren durch das Los auszuheben, wobei zuerst Ledige, dann Verheiratete einzuberufen sind. Alle übrigen, vom 18. bis zum 60. Lebensjahr, bilden den Landsturm. Von der Militärpflicht sind lediglich die Geistlichen ausgenommen. Am 17. Februar 1832 erlässt Fürst Johann I. »im Einklange mit den Normen anderer Nachbarstaaten und mit besonderer Berücksichtigung der dortigen erhobenen Landesverhältnisse« eine neue »Directive für das Militär-Gestellungswesen«, bei der es sich ausdrücklich nur um eine Modifikation der früheren gesetzlichen Bestimmungen

---

101 Quaderer-Vogt, Contingent (wie Fn. 96), S. 53 bzw. S. 61.
102 Ebd., S. 102.
103 Ebd., S. 50-68.
104 Ebd., S. 68 f.

handelt, sodass die bisherigen Vorschriften von 1813, 1814 und 1831 über das Rekrutierungsverfahren und die Militärpflicht in Kraft bleiben. Als eine der bedeutenden Modifikationen gilt nun aber der Grundsatz, dass die Militärpflicht vom 18. bis zum vollendeten 25. Lebensjahr festgesetzt wird. Wenn das Kontingent aus dieser Altersklasse nicht aufgestellt werden kann, ist es möglich, auf die nächsten Jahrgänge bis zum vollendeten 30. Lebensjahr überzugehen. Die Änderungen beseitigen Streitpunkte, die in der Praxis zu großer Unzufriedenheit geführt haben und kommen den Wünschen der Untertanen entgegen. Sie erweitern den Kreis der zeitlich von der Militärpflicht befreiten Personen.[105]

Versuche, das Militärwesen umfassend zu ordnen, scheitern jedoch. Obwohl die Konskription von Jahr zu Jahr schwieriger wird und in anderen Mitgliedstaaten, wie etwa in Hechingen seit 1837, konkrete diesbezügliche Gesetze bestehen, kommt Liechtenstein nach 1832 nicht mehr über das Stadium eines Entwurfes hinaus.[106] Eine Einsicht der Untertanen in die Notwendigkeit einer gesetzlichen Regelung, zu der allein militärische Bundespflichten Anlass geben, ist nicht vorhanden. Es geht dabei um staatspolitische Angelegenheiten, zu denen sie sich laut Verfassung nicht äußern dürfen, da sie zum Bereich der »äusseren Staats-Verhältnisse« gehören, über die allein der Fürst zu befinden hat. Sie spielen sich außerdem weit entfernt vom eigenen Geschehen ab, in dessen Mittelpunkt der tägliche materielle Existenzkampf steht.

8 Verfassungskultur

Mit der im Jahre 1818 oktroyierten Verfassung ist Fürst Johann I. nicht nur einer Vorschrift der Deutschen Bundesakte nachgekommen. Er hat auch den 1808 mit den Dienstinstruktionen geschaffenen neuen Verfassungszustand in eine Verfassung einfließen lassen. Sie ist so gesehen auch eine Konsequenz der Rheinbundakte. In deren Gefolge sind eine Vielzahl neuer Rechtsvorschriften ergangen, die auch weitgehend die Epoche des Deutschen Bundes beherrschen.

Der Fürst orientiert sich an der österreichischen Rechtspolitik. So hat er »die in den k. k. österreichischen deutschen Staaten bestehende landständische Verfassung in ihrer Wesenheit zum Muster« genommen.[107] Sie weicht von der frühkonstitutionellen Verfassungsentwicklung der süddeutschen Staaten ab, die sich volksrepräsentativen Elementen zu öffnen beginnen. Die oktroyierten Verfassungen von Tirol[108] und Krain[109] räumen denn auch den Ständen keine oder nur sehr beschränkte Befugnisse

---

105 Ebd., S. 82 f. und CD-ROM-2, Dok.-Nr. 11.8.7.1 (Verordnung zur Militärpflicht v. 17.2.1832).
106 Quaderer-Vogt, Contingent (wie Fn. 96), S. 95 und S. 97.
107 CD-ROM-2, Dok.-Nr. 11.8.2.1 (wie Fn. 32), § 1; zu den Verfassungsmustern siehe Fn. 108 und 109; vgl. auch Geiger, Geschichte (wie Fn. 1), S. 24.
108 Abgedruckt in: Politische Gesetzessammlung (im Folgenden: PGS) 44, Nr. 28.
109 Abgedruckt in: PGS 46 (wie Fn. 108), Nr. 86.

ein.¹¹⁰ In dieses politische Konzept passt auch die Rezeption österreichischen Rechts, namentlich der Justizgesetze. Es ist in diesem Zusammenhang von einer »Parallelentwicklung« zu Österreich die Rede.¹¹¹

Gerechtfertigt wird dieser Gleichschritt mit Österreich damit, dass Liechtenstein zu klein ist, um nach eigenen Grundsätzen regiert zu werden. Eine Ausrichtung nach den beiden benachbarten Schweizer Kantonen St. Gallen und Graubünden kommt wegen ihrer demokratischen Staatsordnung nicht infrage.¹¹² Wenn der Fürst aus eigenem Willen für eine gewisse Zeit auch Souveränitätsrechte aufgibt, so kann er doch die Gewissheit haben, dass Österreich eine »konservative« Politik betreibt, die einer »eigenständigen bürgerlichen Partizipation«¹¹³ abhold ist. Er kann sich im »Windschatten« Österreichs bewegen und einer politischen Auseinandersetzung mit seinen Untertanen aus dem Weg gehen. Auf diese Weise kann er auch ein hohes »Modernisierungstempo« aufrechterhalten, wie dies in Österreich während der theresianisch-josephinischen Ära der Fall gewesen ist.¹¹⁴ In seinen Erlassen taucht wiederholt der Hinweis auf, dass man sich an das Vorbild Österreichs halten müsse. Gleich argumentieren die fürstlichen Beamten¹¹⁵, da sie mit dem österreichischen Recht und der österreichischen Rechtspraxis vertraut sind.¹¹⁶ Einleuchtende Motive sind auch das Nahverhältnis des Fürsten zu Österreich und die Errichtung des Appellationsgerichts Innsbruck als oberste Gerichtsinstanz für das Fürstentum Liechtenstein.

Es zeigt sich in den Unruhen von 1831/32¹¹⁷, die sich an der Frage der Rekrutierung des Militärkontingentes entzünden und sich im Streit über die Richterwahlen fortsetzen, dass nicht nur der Reformeifer, sondern auch die Art und Weise, wie das Oberamt den Reformprozess forciert, auf breite Ablehnung stoßen. Die Untertanen fühlen sich übergangen, weil sie vom Gesetzgebungsverfahren ausgeschlossen sind. Es geht um Angelegenheiten, die für diese Verfassungsphase kennzeichnend sind. Die Untertanen reklamieren »eine bessere Repräsentation gegenüber dem Landesherr« und »mehr Einfluss auf die politische und wirtschaftliche Verwaltung des Landes«.¹¹⁸

---

110 Vgl. auch Ernst C. Hellbling, Österreichische Verfassungs- und Verwaltungsgeschichte, Wien 1956, S. 338.
111 Geiger, Geschichte (wie Fn. 1), S. 24; vgl. auch Kapitel 6, Justiz.
112 So Joseph Schuppler in seinem Schreiben vom 12. März 1818 an den Fürsten, zit. n. Vogt, Verwaltungsstruktur (wie Fn. 75), S. 52.
113 Formulierung nach Arthur Schlegelmilch, Österreich, in: P. Brandt u. a., Handbuch der europäischen Verfassungsgeschichte im 19. Jahrhundert, Bd. 1: Um 1800, Bonn 2006, S. 851-943, hier: S. 863; vgl. auch Press, Fürstentum (wie Fn. 11), S. 65, der vermerkt, Fürst Johann I. habe eine »funktionierende Verwaltung immer noch einer verstärkten Partizipation der Untertanen vorgezogen«.
114 In Anlehnung an Schlegelmilch, Österreich (wie Fn. 113), S. 862.
115 Vogt, Verwaltungsstruktur (wie Fn. 75), S. 52 f.
116 Berger, Zivilrechtskodifikation (wie Fn. 52), S. 24.
117 Ausführlich dazu Quaderer, Geschichte (wie Fn. 4), S. 59-103.
118 Ebd., S. 102.

Die Antwort des Fürsten ist das Untertanenpatent vom 29. August 1832, das von ihnen »Gehorsam und Unterwürfigkeit« verlangt, die sie der fürstlichen Obrigkeit schuldig sind.[119]

9 Kirche

Unter Fürst Johann I. setzt sich die Vorherrschaft des Staates gegenüber der Kirche durch. Dieser zielt nun darauf ab, auch den religiösen Bereich seiner eigenen Hoheit zu unterstellen. So erfasst der Modernisierungsprozess, den die Dienstinstruktionen von 1808 einleiten, auch die Beziehungen des obrigkeitlichen Staates zur katholischen Kirche. Bestimmend ist dabei josephinisches Gedankengut.[120] Danach sind die Geistlichen nicht nur Kirchen-, sondern auch Staatsdiener.

Der spätabsolutistische monarchische Staat grenzt sich in der Folge gegenüber der katholischen Kirche weiter ab. Schon bisher hat das fürstliche Oberamt versucht, Religion und Kirche den Interessen des Staates unterzuordnen.[121] Bereiche, wie das Eherecht, das er bis anhin der Kirche überlassen hat, beansprucht er nun zur Gänze, wie dies das Beispiel des österreichischen Allgemeinen Bürgerlichen Gesetzbuches zeigt, das in Liechtenstein rezipiert wird.[122] Es weist die Ehegesetzgebung gesamthaft in die Kompetenz des Landesfürsten.[123] Kirchliches Vermögen, wie die »Duxer Kapell bei Schaan« und die Verwaltung kirchlichen Vermögens werden der »Oberaufsicht der Staatsverwaltung« unterstellt, »zwecklose« Vereinigungen, wie die »St. Anna Bruderschaft in Vaduz« in eine »Wohlthätigkeits-Anstalt« umgestaltet, kirchliche Feiertage reduziert und abgeschafft, da »der Unterthan durch Feyerung zu vieler Tage dem Müssiggang zu sehr an(hängt)«.[124] Bleiben bis zur rheinbündischen Zeit die staatlichen und kirchlichen Rechtssphären weitgehend intakt, so wird in dieser und anderen Maßnahmen zum ersten Mal mit aller Deutlichkeit sichtbar, dass sich die Interessenlage geändert hat und der absolutistische Staat gewillt ist, seine legislatorische Zuständigkeit auch auf Bereiche auszudehnen, die die Kirche besetzt hat.[125]

Die souveräne Hoheit des Fürsten verlangt von der Kirche die Unterordnung unter das Staatsinteresse, wobei die Geistlichen nicht nur aus verwaltungspraktischen

---

119 Vgl. CD-ROM-2, Dok.-Nr. 11.8.8.1 (wie Fn. 51), Präambel sowie Ziffer 1 und 12.
120 Malin, Geschichte (wie Fn. 6), S. 61 f.; Quaderer, Geschichte (wie Fn. 4), S. 124 ff.
121 Ospelt, Wirtschaftsgeschichte (wie Fn. 9), S. 197.
122 Vgl. Kapitel 6, Justiz. 1804 unterwirft die fürstliche Verordnung vom 14. Oktober die Eheschließung einem oberamtlichen Melde- und Lizenzsystem. Vgl. CD-ROM-2, Dok.-Nr. 11.8.12.1 (Verordnung zur Einführung des politischen Ehekonsenses v. 14.10.1804).
123 Wille, Staat (wie Fn. 13), S. 219 ff.; vgl. auch CD-ROM-2, Dok.-Nr. 11.8.9.1 (Zirkular über die Dispensation von Eheverkündigungen v. 13.5.1811).
124 Vgl. CD-ROM-2, Dok.-Nr. 11.8.5.1 (wie Fn. 19), Ziffer 7, 8, 9 und 10.
125 Vgl. Wille, Staat (wie Fn. 13), S. 160.

Gründen als »Hilfskraft für die Regierung und Verwaltung des Landes«[126] mit staatlichen Aufgaben betraut werden, die sie nach Anordnung des Staates zu erfüllen haben. Um die natürliche Bevölkerungsbewegung erfassen zu können, müssen beispielsweise die Ortsseelsorger ab 1828 gemäß den Anweisungen des Oberamtes vierteljährlich den Zuwachs und Abgang aus den Tauf- und Sterbebüchern mitteilen.[127] Sie werden auch in den obrigkeitlichen Kundmachungsvorgang von Gesetzen und Verordnungen einbezogen, die ihnen vom Oberamt »zur Gebrauchnahme und Aufbewahrung« übermittelt werden[128], und auch in den Dienst der staatlichen Sicherheits- und Wohlfahrtspflege gestellt. Die »sicherste Grundlage der geselligen Ordnung« ist, wie es in der Polizeiordnung vom 14. September 1843[129] heißt, eine »allgemein herrschende Sittlichkeit«, die die Kirche vermittelt. Sie nimmt sich der Religion an und kümmert sich um die Erziehung und den Unterricht der heranwachsenden Jugend. Sie verbürgt eine Durchstrukturierung des Schulwesens von Grund auf, die ohne ihren Einsatz nicht denkbar ist. Der absolute Staat überlässt es ihrem Einfluss.[130] Die Kirche ist als »Erziehungsanstalt« des Staates beauftragt, gute Untertanen heranzubilden.

Wenn sich auch der obrigkeitliche Staat zu einem System der staatlichen Kirchenhoheit bekennt, kann er sich dennoch nicht ohne Weiteres über die eigene Ordnung der katholischen Kirche hinwegsetzen. Er ist auf sie in manchen Belangen angewiesen, will er seine Maßnahmen durchsetzen und seine Ziele erreichen. Die Kirche nimmt nämlich eine zentrale Stellung im staatlichen Gefüge ein und findet auch großen Rückhalt in der Bevölkerung, die ihren Alltag aus einer gelebten katholischen Gläubigkeit heraus gestaltet. Die Kirche prägt sowohl die Sozialisation der schulpflichtigen Kinder und Jugendlichen als auch die politische Willensbildung der Erwachsenen.[131] Sie ist eine staatstragende Institution.

Die Geistlichen bilden nicht nur einen eigenen Landstand. Sie werden auch von den Untertanen kraft der Autorität ihres kirchlichen Amtes als eine herausgehobene Sozialgruppe angesehen.[132] Sie können es sich erlauben, sich auf eine Konfrontation mit der staatlichen Obrigkeit einzulassen. Der ständische Landtag ist der geeignete Ort, um sich Gehör zu verschaffen. So boykottieren die Deputierten der Geistlichkeit der oberen Landschaft die Landtagssitzung vom 29. Dezember 1825, um der Forderung der liechtensteinischen Geistlichkeit Nachdruck zu verleihen, von den Steuern befreit zu werden oder wenigstens die Pfrundkapitalien vom Steuerfuß aus-

---

126 Quaderer, Geschichte (wie Fn. 4), S. 135.
127 Ospelt, Wirtschaftsgeschichte (wie Fn. 9), S. 45.
128 Vgl. CD-ROM-2, Dok.-Nr. 11.8.5.2 (Kundmachung der Gesetze und Verordnungen v. 31.3.1844), § 2.
129 Vgl. CD-ROM-2, Dok.-Nr. 11.8.8.2 (Polizeiordnung v. 14.9.1843), Ziffer II (Handhabung der Sittlichkeit).
130 Zum Schulwesen vgl. Kapitel 10, Bildungswesen.
131 Vogt, Verwaltungsstruktur (wie Fn. 75), S. 114.
132 Ebd., S. 117.

scheiden zu können.¹³³ Die staatliche Obrigkeit muss insbesondere dann Hand zu einer Lösung bieten, wenn es um die Respektierung kirchlichen Rechts geht. Ungelöste Kompetenzstreitigkeiten verhindern, dass die staatliche Ordnung eingehalten wird, wie dies in den Eheangelegenheiten zutage tritt. So macht beispielsweise Richter Johann Schlegel das Oberamt darauf aufmerksam, dass das »geistliche Geseze« und das »hochfürstliche Geseze« nicht übereinstimmen. Die Geistlichkeit widersetzt sich nämlich dem Eherecht des allgemeinen bürgerlichen Gesetzbuches, soweit es vom kanonischen Recht abweicht, indem sie es ignoriert.¹³⁴ Es sieht die Ehe als Vertrag an, regelt deren Eingehung und Scheidung, setzt ohne Rücksichtnahme auf das kanonische Recht die Ehehindernisse fest. Noch am 28. April 1826 gibt der Bischof von Chur in einem Schreiben an den Fürsten vor, nicht gewusst zu haben, dass die österreichischen Gesetze in Liechtenstein eingeführt worden sind.¹³⁵ Der Klerus opponiert auch gegen eine oberamtliche Revision der Kirchenrechnungen, die die Hofkanzlei nach österreichischem Muster angeordnet hat. Die staatliche Einmischung in die Kirchengutsverwaltung ist noch lange ein kontroverses Thema, das erst in späteren Jahren gütlich bereinigt wird.¹³⁶

Nach dem Tode Johanns I. am 20. April 1836 zeichnet sich unter Fürst Alois II. eine spürbare Änderung der staatlichen Kirchenpolitik ab, die von einer rigorosen Vorherrschaft des Staates über die Kirche abrückt und auf Verständigung ausgerichtet ist. Der neue Landesherr ist in den Punkten, die staatliche und kirchliche Belange berühren, wie die Ehegesetzgebung, die Kirchengutsverwaltung oder der kirchliche Taufvorgang, und die sich in der Praxis als unüberbrückbare Hindernisse herausgestellt haben, auf Ausgleich bedacht, auch wenn er die staatliche Gesetzgebung prinzipiell bestehen lässt, die von einer Bevormundung der Kirche nicht abweicht.

Alois II. übt der Kirche gegenüber Nachsicht, sodass sich Landvogt Johann Michael Menzinger pragmatisch verhält und einer Konfrontation mit der Kirche aus dem Weg geht, indem er zuweilen kirchliche Rechte ohne großes Aufsehen unwidersprochen gelten lässt. Der Fürst insistiert nicht mehr auf der Einhaltung der Bestimmungen des Allgemeinen Bürgerlichen Gesetzbuches, die mit dem kirchlichen Recht nicht vereinbar sind.¹³⁷ Peter Kaiser¹³⁸ kommentiert 1843 das neue Verhältnis zwischen Staat und Kirche mit der Bemerkung, dass »dermals die Fürsten den Schwarzen gewaltig

---

133 Quaderer, Geschichte (wie Fn. 4), S. 37 f.
134 Geiger, Geschichte (wie Fn. 1), S. 25 f.; Vogt, Verwaltungsstruktur (wie Fn. 75), S. 119; Wille, Staat (wie Fn. 13), S. 220 ff., 223, 226 f.
135 Wille, Staat (wie Fn. 13), S. 226.
136 Vgl. ebd., S. 55 ff., 226 ff.
137 Ospelt, Entwicklung (wie Fn. 88), S. 235 f.
138 Peter Kaiser, Exposé vom 30. November 1843 über die liechtensteinischen Staatsregalien, zit. n. Vogt, Verwaltungsstruktur (wie Fn. 75), S. 121 f.

unterthänig« sind. Rupert Quaderer[139] konstatiert, dass eine »wesentliche Besserung« im Verhältnis des Staates zur Kirche eingetreten ist.

Bei seiner Landesvisitation im Jahr 1842 besucht Fürst Alois II. auch den Bischof in Chur. Er stellt damit seine Aufgeschlossenheit kirchlichen Belangen gegenüber unter Beweis.[140] Kurz zuvor hat sich nämlich der Bischof an den Fürsten gewandt und an ihn appelliert, die für die Kirche nicht hinnehmbaren Zustände im Lande zu beseitigen. Er beanstandet u. a. die Entheiligung der kirchlichen Festtage, die Gefahr der Mischehen, die mangelnde religiöse Gestaltung des Schulunterrichts.[141]

10 Bildungswesen

Die Rolle des sonst so souveränitätsbewussten und auf Zentralisation bedachten monarchischen Obrigkeitsstaates ist zwiespältig, wenn man den Reformbedarf des Schulwesens in den Blick nimmt und bedenkt, mit welchem Eifer er in der rheinbündischen Zeit Modernisierungsvorkehrungen in den verschiedensten Verwaltungszweigen angegangen ist. Die Verordnung der Hofkanzlei vom 18. September 1805[142] anerkennt zwar, dass eine Landesschule zur Bildung der Jugend und ihrem künftigen Fortkommen »ungemein viel« beiträgt. In Anbetracht der »dermaligen Kriegsrüstungen« ist es aber »nicht an der Zeit«, dieses Vorhaben »gleich in die Wirklichkeit zu setzen«. Das heißt, dass man »vor der Hand« den Vorschlag der Pfarrherren akzeptiert, in jeder Gemeinde einen fähigen Lehrer anzustellen und ihn gut zu besolden, ein geräumiges, helles und gesundes Schulhaus zu bauen und die Schulpflicht einzuführen und das Oberamt sich bereit erklärt, die Vorstellungen der Gemeinden entgegenzunehmen, wie sie den hinlänglichen Unterhalt der Lehrer und die Kosten zur Bestreitung der Schulen sicherstellen wollen. Um diese Maßnahmen einleiten zu können, bedarf es aber vorgängig eines ausführlichen Schulplanes, der u. a. die Aufnahme, Aufsicht, Zucht und Lehrart regelt.

Diese abwartende Haltung ist auf verschiedene Umstände zurückzuführen. Dies sind zum einen die »staatliche Finanznot«[143] und zum anderen die Stellung der Gemeinden und der Kirche sowie die ablehnende Einstellung der Untertanen. Die Gemeinden sollen zwar nicht mehr allein zuständig sein, Lehrer anzustellen und zu entlassen. Dieses Recht teilen die Ortsvorgesetzten fortan mit den Ortspfarrern und dem Oberamt. Die Schulverwaltung kann aber nicht zur alleinigen Aufgabe des Ober-

---

139 Quaderer, Geschichte (wie Fn. 4), S. 135.
140 Wille, Staat (wie Fn. 13), S. 46; Geiger, Geschichte (wie Fn. 1), S. 40 ff.
141 Memorialschrift des bischöflichen Ordinariats in Chur vom 15. März 1841, zit. n. Wille, Staat (wie Fn. 13), S. 47.
142 Publiziert unter: <http://www.llv.li/amtsstellen/llv-la-historische_rechtsquellen.htm> [31.08.2010].
143 Vogt, Verwaltungsstruktur (wie Fn. 75), S. 108.

amtes gemacht werden, auch wenn im Schulplan vom 31. Juli 1822[144] der »Volksunterricht« zu einer der »vorzüglichsten Pflichten der Regierung« erklärt worden ist. Dazu fehlen dem Staat die finanziellen Mittel. Auch der 1812 nach dem Beispiel süddeutscher Staaten errichtete »Schulfond«[145] reicht nicht aus, um die Lehrergehälter zu begleichen, für deren größten Teil die Gemeinden aufkommen, sodass das Schulwesen in ihrem Einflussbereich verbleibt.[146] Das Bildungs- und Schulwesen ist bisher schon eine Domäne der Kirche gewesen, sodass es ohne ihr Mitwirken nicht hätte grundlegend erneuert werden können. Ihre Geistlichen übernehmen wichtige Funktionen der Aufsicht. Die Untertanen, die in Armut leben, haben kein Verständnis für die Schulpflicht, auf deren Einhaltung das Oberamt drängt.[147] Mit ihr in Konflikt gerät die sog. »Schwabengängerei« schulpflichtiger Kinder, die im Sommer in Schwaben oder in Vorarlberg einer Arbeit nachgehen, um so einen Teil ihres Lebensunterhalts zu bestreiten.[148]

Aus all diesen Gründen ist denn auch nicht weiter verwunderlich, dass in den Dienstinstruktionen von 1808 zum Schulwesen keine Anweisungen an den Landvogt erfolgen. Es wird nicht als eine Angelegenheit betrachtet, mit der sich an erster Stelle das Oberamt zu befassen hat. Eine landesfürstliche Direktive ergeht erst im Schulgesetz vom 5. Oktober 1827[149], das gleichsam den bisher bestehenden Zustand auf dem Gebiete des Schulwesens sanktioniert und für den Fürsten die Schulhoheit reklamiert.

Im Schulplan vom 31. Juli 1822[150] und im Schulgesetz vom 1. August 1822[151] einigen sich die »weltlichen und geistlichen Behörden« bzw. das Oberamt, die Gemeinden und die Landesgeistlichkeit auf eine Regelung für das ganze Land. Während sich das Schulgesetz ausschließlich mit allgemeinen Verhaltensmaßregeln in und außerhalb der Schule und der Kirche beschäftigt, enthält der Schulplan die eigentlichen Vorschriften, wie sie in der Hofkanzleiverordnung als eine der »Vorbereitungs-Massregeln« für die Aufnahme des Schulbetriebes vorausgesetzt werden. Er beseitigt unter »Berücksichtigung der Zeitumstände« den »bisherigen Mangel eines vollständigen Gesetzes in Schulsachen«, nennt die Gegenstände des Schulunterrichts, teilt die Schulen in die Winter- und Sommerschule, ordnet den Schulbesuch und die Schulaufsicht. Die Ortsseelsorger sind in ihren Gemeinden die Lokalinspektoren. Es obliegt ihnen die Schulaufsicht. Sie üben die »Schulpolizei« aus und beaufsichtigen die Lehrer. Die

---

144 Vgl. CD-ROM-2, Dok.-Nr. 11.8.10.1 (wie Fn. 71).
145 Vgl. CD-ROM-2, Dok.-Nr. 11.8.10.2 (Schulgesetz v. 5.10.1827), § 19.
146 Quaderer, Geschichte (wie Fn. 4), S. 152; Vogt, Verwaltungsstruktur (wie Fn. 75), S. 108 f.
147 Quaderer, Geschichte (wie Fn. 4), S. 136 f.
148 Ebd., S. 157; Vogt, Verwaltungsstruktur (wie Fn. 75), S. 112.
149 Vgl. CD-ROM-2, Dok.-Nr. 11.8.10.2 (wie Fn. 145).
150 Vgl. CD-ROM-2, Dok.-Nr. 11.8.10.1 (wie Fn. 71).
151 Publiziert unter: <http://www.llv.li/amtsstellen/llv-la-historische_rechtsquellen.htm> [31.08.2010].

Geistlichen wählen aus ihrer Mitte einen »Schul(ober)inspektor«[152]. Er sorgt für die Vereinheitlichung des Unterrichts in den verschiedenen Gemeinden und wirkt als Organ in der »obern Schulbehörde« mit. Er führt auch deren Beschlüsse aus. Die »obere Schulbehörde« besteht aus dem Landvogt, dem Schulinspektor und den Lokalinspektoren. Diese Behörde trifft die für die »Schulsachen« notwendigen Anordnungen und stellt die Lehrer an, die neben der fachlichen Qualifikation auch der katholischen Konfession angehören und sich über einen einwandfreien moralischen Lebenswandel ausweisen müssen. Liechtensteiner werden bevorzugt. Fehlen solche, werden Lehrer aus den »oestreichschen deutschen Staaten« in Betracht gezogen.[153]

Als einziger Schultypus existiert die Trivial- oder Dorfschule, deren Lehrer oft nur mangelhaft ausgebildet sind.[154] Die Schulbauten, für die die Gemeinden in der Pflicht sind, genügen den schulischen Anforderungen nicht. Sie weisen vielfach gravierende Mängel auf, die von den Gemeinden nicht behoben werden.[155] Der Schulunterricht orientiert sich an den »Bedürfnissen« der Landbewohner, »welche ihren Unterhalt blos durch Anstrengung ihrer physischen Kräfte« erwerben, in erster Linie also Bauern, Handwerker und Gewerbsleute sind, sodass er sich »lediglich auf die nothwendigsten Kenntnisse eines Landmannes« konzentriert und Minimalkenntnisse in den Bereichen Religion, Buchstabieren, Schön- und Rechtschreiben sowie Rechnen vermittelt. Die wöchentliche »Eintheilung der Lehrgegenstände« bleibt anfänglich dem Lokalinspektor (Ortsseelsorger) und später (ab 1827) dem Ortsseelsorger gemeinschaftlich mit dem Schullehrer überlassen, wobei der »Schuloberaufseher« (Geistlicher) sie zu genehmigen hat.

An dieser Rechtslage ändert sich auch 1827 nichts Wesentliches. Das neue Schulgesetz führt den Zustand, wie er bis anhin geherrscht hat, fort. Es belässt die bisherigen Lehrfächer, Lehrmethoden und Lehrbücher, verkürzt jedoch die Schulpflicht von sieben auf sechs Jahre.[156] Schuloberaufseher bzw. Schulinspektor ist weiterhin ein Geistlicher, der aber nun nicht mehr von der Landesgeistlichkeit gewählt wird, sondern vom Oberamt der Hofkanzlei in Vorschlag zu bringen ist, die ihn zu bestätigen hat. Diese Neuerung ist wohl als Ausfluss der landesfürstlichen Schulhoheit zu deuten. Sie kann aber der starken Stellung der Kirche im Schulwesen nichts anhaben. Eine gedeihliche Kooperation des Obrigkeitsstaates mit der Kirche bleibt nach wie vor unabdingbar.

Vor diesem Hintergrund erstaunt es nicht, dass in der Folge das Urteil über das liechtensteinische Schulwesen kritisch ausfällt. Es wird schon 1847 für den »schwächs-

---

152 Vogt, Verwaltungsstruktur (wie Fn. 75), S. 107.
153 Vgl. CD-ROM-2, Dok.-Nr. 11.8.10.2 (wie Fn. 145), § 15; Vogt, Verwaltungsstruktur (wie Fn. 75), S. 111; Quaderer, Geschichte (wie Fn. 4), S. 147.
154 Geiger, Geschichte (wie Fn. 1), S. 35.
155 Dazu eingehend Quaderer, Geschichte (wie Fn. 4), S. 151 ff.
156 Vgl. CD-ROM-2, Dok.-Nr. 11.8.10.1 (wie Fn. 71), § 13 und CD-ROM-2, Dok.-Nr. 11.8.10.2 (wie Fn. 145), § 23.

ten Theil der Verwaltung« gehalten.[157] Verbesserungsvorschläge bleiben in einem Gesetzesentwurf vom 16. November 1837 stecken.[158] Armut und Verschuldung des Landes verhindern das nötige Interesse am Schulwesen. Es mangelt an einem »geistigen, Kultur und Politik fördernden Zentrum«[159]. Der Fürstenhof befindet sich in Wien. Es sind wenige liechtensteinische Untertanen, die im Ausland unterrichtet werden. Sie absolvieren ihre mittlere Ausbildung vorwiegend in Feldkirch und ihre höheren Studien an Hochschulen in Österreich und in den süddeutschen Staaten.

11 Finanzen

Die Verpflichtungen aus dem Rheinbund ziehen Kosten nach sich, die durch eine »neue Steuerverfassung« beglichen werden sollen, denn ihr erklärtes Ziel ist es, die »laufenden und beständigen Bedürfnisse des Landes« decken zu können.[160] Das Land befindet sich in permanenter Finanznot. Häufig können nur Kostenvorschüsse des Fürsten den »Staatsbankrott« abwenden.[161] Die Souveränität, auf die sich der Fürst beruft, muss »teuer bezahlt werden«[162]. Er hat nun die volle Steuerhoheit inne, denn die Rheinbundakte widerruft alle auf vertraglichen Abmachungen beruhenden Abgaben. Sie werden hinfällig.[163] So erklärt die Steuerverordnung vom 22. April 1807 unter Bezugnahme auf Art. 34 der Rheinbundakte denn auch die bisherigen Reichs- und Kreisabgaben als »erloschen«, lässt aber aus finanziellen Gründen die alte Ordnung bestehen, sodass die bisherige Feudalordnung[164] ins staatliche Steuersystem eingebaut wird. Auf diese Weise werden die Untertanen zusätzlich belastet. Sie haben neben den neuen Abgaben weiterhin die alten Abgaben und Fronen zu tragen.[165] Bisher wird der Bedarf ohne eigentliches Steuersystem gedeckt.[166]

Die Steuerverordnung beseitigt nach »josephinischem Vorbild« ständische Vorrechte und hebt die landschaftliche Selbstverwaltung auf.[167] Anstelle der Landammänner werden der Einzug und die Verrechnung der Steuern dem Oberamt übertragen. Der Verwaltungsaufwand lässt sich zentral nicht bewältigen. Er wird den Gemeinden

---

157 So Peter Kaiser, Geschichte des Fürstentums Liechtenstein, zit. n. Vogt, Verwaltungsstruktur (wie Fn. 75), S. 112.
158 Vgl. Quaderer, Geschichte (wie Fn. 4), S. 158 ff.
159 Geiger, Geschichte (wie Fn. 1), S. 35 f.
160 Vgl. CD-ROM-2, Dok.-Nr. 11.8.11.1 (Steuerverordnung v. 22.4.1807), Präambel und § 12.
161 Zur Situation Vogt, Verwaltungsstruktur (wie Fn. 75), S. 90 f.
162 Malin, Geschichte (wie Fn. 6), S. 97.
163 Ospelt, Wirtschaftsgeschichte (wie Fn. 9), S. 393.
164 Erläuterungen zu den Feudalleistungen finden sich bei Geiger, Geschichte (wie Fn. 1), S. 404 ff.
165 Malin, Geschichte (wie Fn. 6), S. 100; Ospelt, Einleitung (wie Fn. 5), S. 201.
166 Paul Daimler, Die Einnahmebeschaffung im Staatshaushalt des Fürstentums Liechtenstein, Diss. Tübingen 1926, S. 45.
167 Vogt, Verwaltungsstruktur (wie Fn. 75), S. 84; vgl. schon Kapitel 5, Verwaltung.

auferlegt. Dies erweist sich als »einzige Möglichkeit«, die Steuern einzukassieren, obwohl ein solches Vorgehen mit der Steuerverordnung im Widerspruch steht.[168] Den Untertanen ist jede Kontrolle über die Verwendung und die Bewilligung der Steuern genommen, wie dies 1818 auch die Landständische Verfassung bekräftigt. Sie gesteht den Landständen kein Steuerbewilligungsrecht zu. (☛ Abb. 11.8.2, S. 1083) Die ihnen unterbreiteten und von ihnen zu bewilligenden Steuerpostulate sollen, so versichert der Fürst, den Steuerbetrag »ausschliesslich zur Bestreitung aller mit der inneren und äusseren Verwaltung des Landes gewöhnlich verbundenen Auslagen« vorsehen. Dies betrifft vor allem die bundesrechtlich bedingten und diejenigen Ausgaben, welche für die Besoldung der »Justiz- Polizey- und Steuer-Beamten« eingesetzt werden. Die Steuer soll für alle mit der inneren und äußeren Verwaltung des Landes zusammenhängenden Auslagen aufkommen. Der Fürst kann seinerseits als Landesherr mit seinen eigenen Mitteln ungebunden Politik betreiben.

Während bis anhin nur der Grundbesitz als Vermögen von der Steuer erfasst ist, werden nun auch alle Kapitalanlagen steuerpflichtig.[169] Die Grundsteuer wird voll, die »Kapitalsteuer« aber nur in beschränktem Maße erhoben.[170] Die Exemtions- und Steuerprivilegien der Grundherren und der Kirche fallen weg. Die unbeweglichen Güter werden einheitlich mit einem Prozent besteuert. Die fürstlichen Privateinkünfte bleiben von der Steuerpflicht ausgenommen. Der Fürst beteuert jedoch, sich »aus besonderer Gnade« an den »ausserordentlichen Kriegslasten« zu beteiligen.[171]

Zusammen mit der Steuerreform wird ein Bündel von Maßnahmen getroffen, die die Staatseinnahmen vermehren sollen. Zum 1. Januar 1809 werden die Taxen und Gebühren erhöht, die bisher die Beamten entschädigen, die die Dienstleistung erbracht haben. Die Dienstinstruktionen weisen den Landvogt an, eine Erbfolgeordnung[172], eine Taxnorm für Gerichtsfälle und Grundbuchhandlungen sowie eine Stempelverordnung[173] in die Wege zu leiten. Er hält sich dabei an die österreichischen Vorbilder, die eine deutliche Erhöhung aller Taxen und Gebühren beinhalten. Liechtenstein folgt damit dem österreichischen Grundsatz, möglichst einträgliche Staatseinnahmen zu schaffen.[174] Die Instruktion zur Erbfolgeordnung schreibt eine Taxe vor, die im Grunde genommen einer Erbschaftssteuer gleicht. Die Tax- und Gebühreneinnahmen steigen in der Folge stetig. Sie übertreffen zuweilen die Einnahmen aus den direkten

---

168 Vogt, Verwaltungsstruktur (wie Fn. 75), S. 86.
169 Nach Paul Daimler, Einnahmebeschaffung (wie Fn. 166), S. 46, wird vom Grundsatz der physiokratischen Steuerlehre, wonach nur der Grundbesitzer als allein produktive Kraft Steuern bezahlen soll, Abstand genommen.
170 Vgl. Wolfgang F. Feger, Die Besteuerung der Kapitalgesellschaften im Fürstentum Liechtenstein, Diss. Freiburg/Schweiz 1969, S. 13.
171 Vgl. CD-ROM-2, Dok.-Nr. 11.8.11.1 (wie Fn. 160), § 12.
172 Publiziert unter: <http://www.llv.li/amtsstellen/llv-la-historische_rechtsquellen.htm> [31.08.2010].
173 Ebd.
174 Vogt, Verwaltungsstruktur (wie Fn. 75), S. 86.

Steuern.[175] Die Haupteinnahmen erzielt der »Fiskus« mittels indirekter Steuern.[176] Zu Beginn der 1830er-Jahre wird auch eine Salzsteuer eingeführt, die zu einer der bedeutendsten Einnahmequellen wird. Sie wird zunächst sehr niedrig gehalten, dann jedoch im Zusammenhang mit dem Militärkontingent, das Liechtenstein 1836 aufstellen muss, deutlich angehoben.

Nach den Dienstinstruktionen von 1808 hat der fürstliche Rentmeister auch die Landschaftsrechnung zu führen. Es wird dabei allerdings nicht zwischen Staatsvermögen und fürstlichem Privatvermögen differenziert. Der Staat hat sich gegenüber dem Fürsten noch in keiner Weise verselbstständigt. Das Feudalsystem wird beibehalten. Die Rechnungen der fürstlichen Renten und des fürstlichen Staates fallen zusammen. Sie werden nicht getrennt geführt. Eine eigentliche Staatsrechnung wird erst ab 1848 erstellt, als der Fürst dem Land eine Reihe von Hoheitsrechten und Einkünften, aber auch Aufgaben und Verpflichtungen überlässt. Nach 1844 wird neben der Rentrechnung wieder ein »Landschaftliches Empfangs- und Ausgabsbuch« geführt.[177] Die Steuerpostulate, die dem Landtag jährlich zur Annahme unterbreitet werden, stellen lediglich eine »Vorstufe« für eine solche getrennte Rechnung dar. Andererseits bewirken aber diese Steuerpostulate, dass zumindest »ideell« eine Trennung zwischen Staatseinnahmen und fürstlichen Privateinnahmen hergestellt wird.[178] Dies bestätigt auch die Landständische Verfassung, die das Privatvermögen des Fürsten vom Staatsvermögen insoweit ausscheidet, als sie den Landständen Vorschläge zu Gegenständen verbietet, die »dominical Gefälle oder Unsere Privat Renten betreffen, weil sie, wenn sie gleich den Namen von Landes Regalien führen, gleichwohl Unser Privat Eigenthum sind«. Oder anders gesagt: Eine »ständische Berathung« ist »bey Einführung neuer allgemeiner Abgaben« zugelassen, wenn sie »aus der Landeshoheit gerechtfertiget werden können«, ihnen »also kein Dominikal Titel zum Grunde liegt«.[179]

Es kann eine gemeinsame Rechnung geführt werden, weil der Fürst Träger der Landeshoheit ist und den Landständen kein Budgetrecht zusteht. Die Frage der Zuweisung des fürstlichen Privatvermögens ist jedoch umstritten. In der Staatspraxis heißt das nämlich, dass der Fürst die Zölle, Weg- und Umgelder, das Jagd- und Fischereiregal, die »behöbte« Steuer und die verschiedenen Feudallasten als Privatrechte beansprucht.[180] Die Taxen und Gebühren, die in die »fürstlichen Renten« fließen sollten, werden dagegen zu den Landeseinnahmen gerechnet, wie dies die Steuerpostulate

---

175 Ebd., S. 87.
176 Wolfgang F. Feger, Besteuerung (wie Fn. 170), S. 13.
177 Ospelt, Wirtschaftsgeschichte (wie Fn. 9), S. 349.
178 Vogt, Verwaltungsstruktur (wie Fn. 75), S. 84.
179 Vgl. CD-ROM-2, Dok.-Nr. 11.8.2.1 (wie Fn. 32), §§ 14 und 15. Zuvor haben 1812 das Allgemeine Bürgerliche Gesetzbuch in den §§ 287 und 289 die Regalien, die der Fürst besitzt, dem Staatsvermögen zugeordnet. Als Privateigentum gilt nur noch, was er als Privatperson sein eigen nennt. Vgl. Klein, Domänenfrage (wie Fn. 31), S. 57.
180 Vogt, Verwaltungsstruktur (wie Fn. 75), S. 88.

zeigen.[181] Landvogt Joseph Schuppler ist der Auffassung, dass die Obrigkeit die Gefälle beim Erwerb des Fürstentums habe bezahlen müssen. Sie stellten Herrschaftserträgnisse bzw. unveräußerliche »Staatsrechte« dar, über die der Fürst nicht »qua Privatbesitzer sondern qua Staatsoberhaupt« verfüge.[182] Es handele sich mit anderen Worten um Privatvermögen des Fürsten, das mit der Landeshoheit verbunden sei. Diesem Argument wird schon 1828 entgegengehalten, »dass die Zölle, die Weggelder, die Umgelder, die gemeine Landes- und Behöbte-Steuer Gefälle sind, welche schon durch ihre Natur mit dem Gepräge der Staatsgefälle versehen wurden«.[183] Bei den Unruhen von 1831/32 fordern die Untertanen mehrfach, ihnen die Zoll- und Weggelder, die zusammen mit dem Umgeld jährlich mehrere Tausend Gulden ausmachen, zu übereignen.[184] Peter Kaiser[185] bemängelt in seinem Exposé von 1843 über die liechtensteinischen Staatsregalien u. a. das eigenmächtige Vorgehen des Fürsten, als er »souverän« geworden sei und »einige wenig einträgliche Posten dem Lande zugeschrieben, das übrige zum Privatgut des Fürsten geschlagen« habe, was vertraglich zwischen Volk und Fürst hätte ausgehandelt werden müssen. Er verweist darauf, dass in anderen deutschen Bundesstaaten die Domänen dem Staatsvermögen zugefügt worden sind.[186] Er räumt ein, dass »diese Materie eine schwierige und auch bei den besten Gründen nicht durchzudringen« sei, »wenn der Souverain nicht will«.

Alois Ospelt[187] fasst die Einnahmen in fünf Sachbereiche zusammen, nämlich in die Zoll-, Weg- und Umgelder, die zu den fürstlichen Renten zählen; die Steuern, die zur Deckung der Landesauslagen verwendet werden; die Taxen und Stempel, die für Landeszwecke bestimmt sind; die »landschäftlichen Giebigkeiten«, bei denen es sich um ehemals landesherrliche Einkünfte handelt, die aus verschiedenen Hoheitsrechten stammen, z. B. »Konzessionsgelder«, und der Deckung der Landesauslagen dienen; sowie die Vorschüsse und Kredite, die der Fürst dem Land gewährt hat. Die Ausgaben gliedert er in vier Gruppen: Sie umfassen die Bundesauslagen, die in der Besoldung des liechtensteinischen Gesandten, in den Kosten für die dritte Gerichtsinstanz in Innsbruck und in verschiedenen Bundesbeiträgen bestehen; die Militärauslagen; die Ausgaben für die »Landeskultur« (Straßenunterhalt, Feuerlösch- und Sanitätswesen, Wasserbauten, Landesvermessung, Förderung der Landwirtschaft); und die Verwaltungskosten (politische Verwaltung, Gerichts- und Finanzverwaltung). Die Mitgliedschaft im Deutschen Bund und das Militärkontingent lösen hohe Kosten aus.

---

181 Ebd., S. 87 Fn. 19 und ders., Brücken zur Vergangenheit, Vaduz 1990, S. 130; vgl. dazu auch Ospelt, Wirtschaftsgeschichte (wie Fn. 9), S. 230 f.
182 Zit. n. Vogt, Verwaltungsstruktur (wie Fn. 75), S. 88.
183 Rudolf Rheinberger, Das »Politische Tagebuch« des Amtsboten Johann Rheinberger aus Vaduz, in: JBL 58 (1958), S. 225-238, hier: S. 236.
184 Vogt, Verwaltungsstruktur (wie Fn. 75), S. 88.
185 Vgl. Kaiser, Exposé (wie Fn. 138), zit. n. Vogt, Verwaltungsstruktur (wie Fn. 75), S. 88 f.
186 Vgl. etwa Klein, Domänenfrage (wie Fn. 31), S. 58 ff.
187 Ospelt, Wirtschaftsgeschichte (wie Fn. 9), S. 348-356.

Sie belaufen sich in günstigen Jahren etwa auf zehn Prozent, in anderen Jahren aber bis auf 80 Prozent der Gesamtausgaben. Das vom Deutschen Bund geforderte Militärkontingent wird erst 1836 mit erheblichen Kosten aufgestellt und bleibt dann bis 1868 bestehen.[188]

12 Wirtschafts- und Sozialgesetzgebung/Öffentliche Wohlfahrt

Die Wirtschafts- und Sozialpolitik kommt nicht über Ansätze hinaus. Sie erschöpft sich in Einzelmaßnahmen, die Missstände beseitigen sollen. Das Land steckt noch zu sehr in feudalen Zwängen. Der Boden ist mit Zehnten belastet. Liechtenstein befindet sich überdies in einer steten »Notlage«, da es oft von Katastrophen heimgesucht wird. Es ist »unbegreiflich arm und äusserst verschuldet«.[189] Man trifft auf eine patriarchalisch kleinbäuerliche Gesellschaft, die sich zwar ihrer ständischen Freiheiten bewusst, jedoch ohne die »Reformimpulse des 18. Jahrhunderts« geblieben ist.[190] Sie lebt nach ständischem Recht und Herkommen. Die große Zahl der Feiertage, an denen nicht gearbeitet, sondern dem Müßiggang gefrönt wird, und die Verwahrlosung der Waisen missfallen der Obrigkeit, wie sie dies in den Dienstinstruktionen ausführt.[191] Die Regierung kündigt auch eine Gewerbeordnung an[192], die jedoch nicht in die Hand genommen wird, da das Gewerbewesen nicht von Belang ist. Ein Gewerbegesetz soll vielmehr erst geschaffen werden, sobald genügend Gewerbebetriebe im Land sind. Dies ist nicht der Fall. Handwerk und Gewerbe entwickeln sich nicht über den Dorfbedarf hinaus. Sie sind in ihrer Produktion und in ihrem Warenangebot ganz auf die bescheidenen Bedürfnisse der bäuerlichen Bevölkerung ausgerichtet.[193] Gewerbebetriebe bestehen nur insofern, als sie mit dem bäuerlichen Leben oder mit dem zu Beginn des 19. Jahrhunderts noch einigermaßen bedeutenden Rodfuhrverkehr (etappenweise Transport der Waren durch ortsansässige und ortskundige bäuerliche Fuhrwerksbesitzer von einem Niederlagsort zum nächsten) in Zusammenhang stehen. Die Landwirtschaft ist noch weitgehend an die traditionellen Wirtschaftsformen gebunden, die nur langsam überwunden werden. Es gibt nur wenige Gewerbszweige, die nicht frei ausgeübt werden können. Dies betrifft solche, die auf landesherrliche Hoheitsrechte zurückgehen, wie beispielsweise die Mahlwerke, die Ziegelherstellung oder das Gast- und Handelsgewerbe.[194]

---

188 Ebd., S. 353 f.; vgl. auch Kapitel 7, Militär.
189 Quaderer, Geschichte (wie Fn. 4), S. 46.
190 Press, Fürstentum (wie Fn. 11), S. 57 f.
191 Vgl. CD-ROM-2, Dok.-Nr. 11.8.5.1 (wie Fn. 19), Ziffer 7 und 40; vgl. schon Kapitel 9, Kirche.
192 Vgl. CD-ROM-2, Dok.-Nr. 11.8.5.1 (wie Fn. 19), Ziffer 5 und 6.
193 Ospelt, Wirtschaftsgeschichte (wie Fn. 9), S. 227, 229.
194 Ebd., S. 229 f.

Die praktisch unbeschränkte Gewerbefreiheit zeitigt jedoch keine wirtschaftsfördernden Wirkungen.[195] Es sind im Inland nur wenig Absatzmöglichkeiten vorhanden, da sich die Bevölkerung, die zum überwiegenden Teil in der Landwirtschaft tätig ist, weitgehend selbst versorgt. Für die bewilligungspflichtigen Gastbetriebe sind 1809 anstelle der bisherigen »Taferngelder« die wesentlich höheren »Tafernzinsen« und für die Handelsgewerbe die Handels- und Hausiertaxen zu entrichten. Dabei beruft sich das Oberamt auf herrschaftliche Hoheitsrechte.

Der Fürst sieht vom ursprünglichen Plan ab, für das Gewerbe die österreichische Gesetzgebung einzuführen. Er erklärt in der Verordnung vom 19. Februar 1832, dass jede Gewerbeausübung bewilligungspflichtig ist. Von nun habe »die Erteilung der Handels- und Gewerbebefugnisse in erster Instanz vom Oberamt zu geschehen«. Es verweigert die Bewilligungen nur in den seltensten Fällen, sodass die Verordnung für das Gewerbe keine einschränkenden Folgen hat.[196]

Auch gewisse Bestimmungen in der Polizeiordnung von 1843[197] ändern wenig an den bisherigen Zuständen. Sie sind hauptsächlich auf die Erhaltung der öffentlichen und privaten Sicherheit ausgerichtet. Die Verordnung regelt die Veranstaltungen, die Sonn- und Feiertagsruhe, die Öffnungszeiten der Wirtshäuser, der Fremdenbeherbergung und andere Bereiche der öffentlichen Sicherheit. Die Vorschriften, die die Einhaltung der privaten Sicherheit im Auge haben, betreffen ebenfalls das Gewerbe. So wird nur befugten Ärzten die Ausübung ihres Berufes erlaubt, und der Handel mit Giften, Apothekerwaren, Kräutern u. a. m. besonders geregelt. Der Verkauf von ungesundem Fleisch und Gemüse wird verboten. Die Polizeiordnung schränkt die Gewerbefreiheit nicht sonderlich ein. Um ein Gewerbe zu betreiben, ist weder eine bestimmte Berufsausbildung noch ein Bedarf nötig.[198]

Hinsichtlich der äußeren Handelsbeziehungen ist das Land wirtschaftlich isoliert. Es bleibt mit Österreich, dessen Politik es sich zu eigen macht, dem Deutschen Zollverein von 1834 fern, sodass es von Zollgrenzen umschlossen und durch zoll- und handelspolitische Schranken beeinträchtigt wird. Mit schweizerischen Kantonen bestehen zwar lokale Verkehrs- und Wirtschaftsbeziehungen, doch stößt eine Öffnung aufgrund der unterschiedlichen staatlichen Ordnung auf Ablehnung. Eine Verbesserung der handelspolitischen Lage kann nur über eine Zolleinigung mit Österreich erreicht werden. Sie kann aber vorerst nicht verwirklicht werden[199], sodass die Zollschranken aufrecht bleiben und der Zugang zu ausländischen Märkten sehr erschwert ist. Besonders das österreichische Schutzzoll- und Weggeldsystem wirkt sich äußerst nachteilig aus. Liechtensteins Ausfuhrprodukte, vornehmlich Wein und Vieh, sind im

---
195 Geiger, Geschichte (wie Fn. 1), S. 37.
196 Ospelt, Wirtschaftsgeschichte (wie Fn. 9), S. 230.
197 Vgl. CD-ROM-2, Dok.-Nr. 11.8.8.2 (wie Fn. 129).
198 Ospelt, Wirtschaftsgeschichte (wie Fn. 9), S. 231.
199 Ebd., S. 366 f.

Ausland kaum mehr konkurrenzfähig. Die Einfuhren, auf die es angewiesen ist, sind teuer. Die Handelsbilanz ist auffallend negativ. Das Land bleibt gegenüber den Nachbarstaaten in seiner Wirtschaftsentwicklung zurück. In der Schweiz und in Vorarlberg kommt seit den 1830er-Jahren die Industrie, hauptsächlich in der Textilverarbeitung, auf.[200]

Eine Änderung in der Wirtschaftsordnung Liechtensteins deutet sich dagegen in anderer Hinsicht an. Sie hängt u. a. mit der Privatisierung des bislang genossenschaftlich genutzten Bodens zusammen[201], da der bisherige Zustand mit einer »rationellen Bodenkultur« unverträglich und dem »Privat-, sowie dem allgemeinen Wohlstande höchst nachtheilig ist«. »Zur Förderung des Wohlstandes« werden im Sinne der Dienstinstruktionen Maßnahmen wie das Güterzerstückelungsverbot von 1806 in Aussicht genommen. Es untersagt, dass Grundstücke im Erbfall frei unter den Anteilsberechtigten geteilt werden.[202] Die Gemeinheiten werden unter alle Bürger aufgeteilt.[203] Das Grundbuchpatent von 1809 sichert zusammen mit seiner Nachtragsverordnung von 1839 den Untertanen den Besitz des Eigentums »auf eine gesetzmässige Art«. 1843 werden das Tratt- oder Atzungsrecht[204] aufgehoben, das sowohl auf Privat- als auch auf Gemeindeboden ausgeübt worden ist und das Eigentum eingeschränkt hat.[205]

Der absolute Staat meldet auch seinen sozialpolitischen Ordnungsanspruch an, greift aber zu inadäquaten Mitteln, um die Armut zu bekämpfen bzw. sie zu beheben. Nach seiner wohlfahrtspolitischen Doktrin gehört »zur wohlbestellten Einrichtung eines Landes« und zum »gemeinsamen Besten« eine Ordnung, die eine größere Armut und das mit ihr verbundene »Unheil« verhindert, wozu beispielsweise Verehelichungslizenzen[206] der Landesobrigkeit dienen sollen. Sie treffen diejenigen Untertanen, die vermögenslos sind und keine feste Erwerbstätigkeit ausüben. Das Auswanderungspatent vom 15. März 1809[207] verbietet grundsätzlich die Auswanderung. Das Oberamt gestattet sie aber armen und mittellosen Untertanen und verhält

---

200 Vgl. Geiger, Geschichte (wie Fn. 1), S. 37.
201 Vgl. etwa Ospelt, Wirtschaftsgeschichte (wie Fn. 9), S. 116 f.
202 Ebd., S. 147 ff.
203 Vgl. CD-ROM-1, Dok.-Nr. 11.8.5.1 (wie Fn. 19), Ziffer 2, 3, 4; vgl. auch Ospelt, Wirtschaftsgeschichte (wie Fn. 9), S. 116 f.
204 Gesetz zur Aufhebung des Tratt- und Atzungsrechts (20.6.1843), publiziert unter: <http://www.llv.li/amtsstellen/llv-la-historische_rechtsquellen.htm> [31.08.2010].
205 Jeder in der Gemeinde ansässige Bürger kann sein Vieh auf die mit dem Tratt- oder Atzungsrecht belegten Gründe, namentlich Gemeindeweiden, treiben. Vgl. Ospelt, Wirtschaftsgeschichte (wie Fn. 9), S. 137 ff.
206 CD-ROM-2, Dok.-Nr. 11.8.12.1 (wie Fn. 122) und Dok.-Nr. 11.8.12.2 (Verordnung zur Erteilung von Verehelichungs-Lizenzen v. 12.11.1842); vgl. auch Dok.-Nr. 11.8.9.2 (Schreiben des Fürsten Alois II. über politische Ehelizenzen v. 5.8.1841).
207 Publiziert unter: <http://www.llv.li/amtsstellen/llv-la-historische_rechtsquellen.htm> [31.08.2010].

sich tolerant gegenüber denjenigen, die sich trotz gesetzlichen Verbotes in fremde Kriegsdienste begeben.[208] Auch die Taufen von Kindern fremder, heimatloser Eltern bzw. von »Vagabunden« und »Bettlern« sind unerwünscht. Das Oberamt verständigt sich am 21. März 1823 mit dem Bischof von Chur auf einen Kompromiss. Danach sind solche Taufen zwar zulässig. Sie erzeugen aber keine bürgerlichen Rechtswirkungen, weshalb sie nicht ins kirchliche Taufbuch eingetragen werden dürfen.[209] Mit der Zeit werden derartige Abwehrmaßnahmen und Verbote zwar gelockert, doch an der Grundeinstellung ändert sich nichts. Sie bleibt in der Tendenz bestehen. So wird 1843 die Auswanderung[210] nach wie vor an eine Bewilligung geknüpft, aber grundsätzlich zugelassen. Sie wird nur noch in Ausnahmefällen verweigert.

Auf dem Gebiete des Armenwesens sind kaum nachhaltige Fortschritte erzielt worden. 1836 ist zwar ein Waisenamt eingerichtet und die Verwaltung des Vermögens von Waisen dem Oberamt übertragen worden, da diese oft schutzlos ihren Vormündern ausgeliefert sind und »ihr ganzes Vermögen eingebüsst« haben.[211] 1842 wird ein Armenfonds angelegt, der aber ungenügend dotiert wird. Der Landesfürst muss denn auch in der Verordnung vom 20. Oktober 1845[212] über das Armenwesen feststellen, dass für das Armenwesen »so wie für sonstige Wohltätigkeitsanstalten bisher nur weniges, den Bedürfnissen des Landes keineswegs Entsprechendes geschehen sei«. Er spricht sich für eine »Versorgungsanstalt für alte, sesshafte, erwerbsunfähige Arme« aus. Die »Verpflegung und Versorgung« obliegt den Gemeinden, in denen es aber an Armenhäusern mangelt. Sie sind schlichtweg überfordert. Aus diesem Grund soll nach bisherigen fürstlichen Vorgaben das Armenwesen unter eine geregelte Aufsicht, der Armenfonds konsolidiert und die Gemeinden in die Pflicht genommen werden. Die Armenkommission, die unter der Leitung des Landvogts steht und der der Landesvikar und der Rentmeister sowie ein weiterer Geistlicher und ein Lehrer angehören, hat über eine »angemessene Versorgung wahrhaft armer, insbesondere kranker oder wegen Gebrechlichkeit erwerbsunfähiger Leute zu wachen«, wobei sie die »Gemeindeverhältnisse« mit zu berücksichtigen hat. Der Landesarmenfonds wird aus einem Teil der Hinterlassenschaften sowie aus den Ehetaxen und Geldstrafen finanziert, die nicht schon dem »Feuerlöschfonde« oder »den Gemeinden als Gebühr überlassen sind«.[213] Er ergänzt den Waisenfonds und stellt »eine notwendig gewordene, soziale Einrichtung« dar, die extreme Härtefälle auffangen kann[214], hat er doch »die ärmere

---

208 Ospelt, Wirtschaftsgeschichte (wie Fn. 9), S. 57 f.
209 Wille, Staat (wie Fn. 13), S. 161; vgl. auch Kapitel 4, Grundrechte und Kapitel 9, Kirche.
210 Gesetz über Auswanderung und unbefugte Abwanderung (15.1.1843), publiziert unter: <http:/www.llv.li/amtsstellen/llv-la-historische_rechtsquellen.htm> [31.08.2010]; vgl. auch Kapitel 4, Grundrechte. Als Beispiel für arbeitsbedingte Migration ☞ Abb. 11.8.3, S. 1089.
211 Quaderer, Geschichte (wie Fn. 4), S. 178 ff., hier: S. 181.
212 Vgl. CD-ROM-2, Dok.-Nr. 11.8.12.3 (wie Fn. 49).
213 Vgl. CD-ROM-2, Dok.-Nr. 11.8.12.3 (wie Fn. 49), §§ 10 ff., 17 und 18.
214 Quaderer, Geschichte (wie Fn. 4), S. 198.

Klasse der Unterthanen« im Auge.[215] Die Verwaltung obliegt der Armenkommission. Sie hat auch die Oberleitung in den Gemeinden inne, solange diese nicht über ein Armenhaus verfügen.

215 Vgl. CD-ROM-2, Dok.-Nr. 11.8.12.3 (wie Fn. 49), Präambel.

Schweden 12

Von Otfried Czaika (Stockholm)

0 Einführung

Den bedeutendsten Einschnitt der schwedischen Geschichte im 19. Jahrhundert bilden die Jahre von 1809 bis 1815. Durch die sog. »Revolution der Herren« hatte Schweden 1809 eine moderne Verfassung erhalten. Ein Jahr darauf war die Thronfolge auf das Haus Bernadotte übergegangen. Die territorialen Grenzen Schwedens veränderten sich nach 1814 nicht mehr. Die Jahre zwischen 1815 und 1847 können gesellschaftlich und verfassungsrechtlich als eine Phase der Konsolidierung und strukturellen politischen Positionierung gekennzeichnet werden. Das 1809 Erreichte bildete einen Grund, auf dem aufgebaut werden konnte und der bis zur Jahrhundertmitte nur partiell reformiert wurde, entweder da die verfassungsrechtlichen Vorgaben in der Praxis weitestgehend gut funktionierten oder weil umfassendere Reformen am konservativen Widerstand scheiterten. Die revolutionären Ausläufer des Jahres 1830 oder des Vormärz tangierten Schweden nur indirekt und trugen zu keiner radikalen gesellschaftlichen und verfassungsrechtlichen Neuorientierung bei. Verfassungstechnisch bedeutsame Umwälzungen wie die Abschaffung des Ständeparlaments 1866, die Gesetzesreform 1864 oder die Dissentergesetze von 1860 und 1873 fanden erst nach der Jahrhundertmitte statt. Auch die in den 1840er-Jahren begonnene landesweite Errichtung von Volksschulen erreichte erst in der zweiten Hälfte des Jahrhunderts in größerem Umfang den angestrebten Effekt. Obzwar das Jahr 1848 für die verfassungsrechtliche und gesellschaftliche Entwicklung Schwedens nicht eine mit mitteleuropäischen Maßstäben vergleichbare Zäsur bedeutete, lässt sich gleichwohl in den Stockholmer Märzunruhen von 1848 ein Echo der französischen Februarrevolution vernehmen: Der schwedische König Oscar I. reagierte auf die verhältnismäßig unspektakulären Ausschreitungen in Stockholm mit einer konservativen Politik, die erst nach 1856 durch eine Phase liberaler Reformpolitik abgelöst wurde, die ihren Beginn im Kabinett hatte. Eine Periodisierung der schwedischen Verfassungsgeschichte mit einer Zäsur im Jahr 1847/48 besitzt hier folglich nicht dieselbe historische Stringenz wie in Mitteleuropa; sie lässt sich dennoch – wenn auch in geringerem Maß – mit den Ereignissen in Schweden begründen.

Schweden war in die fundamentalen Konflikte des 20. Jahrhunderts, insbesondere den Ersten und Zweiten Weltkrieg, nicht als aktiver Teilnehmer involviert. In diesem Umstand ist wohl auch der Grund dafür zu sehen, dass die Verfassung von 1809 – wenn auch mit zahlreichen Modifikationen – bis weit in die zweite Hälfte des

20. Jahrhunderts Bestand hatte und erst 1974 durch eine neue Regierungsform und 1979 durch eine überarbeitete Sukzessionsordnung ersetzt wurde. Durch die Absenz verfassungsrechtlicher Umbrüche, revolutionärer Ereignisse oder auch territorialer Veränderungen nach 1809 lässt sich vermutlich auch die Tatsache erklären, dass der gesellschaftliche Diskurs Schwedens heutzutage in weitaus geringerem Umfang als etwa in Deutschland von verfassungsrechtlichen Reflexionen geprägt ist und auch die historischen Wissenschaften sich nur bedingt verfassungsgeschichtlichen Fragestellungen widmen. Eine Darstellung der schwedischen Verfassungsgeschichte von 1815–1847 kann zwar an die recht umfassende Forschung über die Verfassung von 1809 anschließen[1], ist jedoch für die Behandlung der weiteren Entwicklungen und einzelner verfassungsrechtlich relevanter Bereiche bis zur Jahrhundertmitte auf historische Überblickswerke[2] ebenso angewiesen wie auf die historischen Einzelwissenschaften wie z. B. Wirtschafts-, Bildungs- oder Kirchengeschichte.[3]

Der Begriff der »Verfassung« (schwed. *författning*) wird im Schwedischen mit einer produktiven Unschärfe benutzt, die gewissermaßen den Intentionen des vorliegenden Handbuches entgegenkommt: »Författning« bezeichnet nicht nur als Synonym zum schwedischen Begriff »konstitution« das Grundgesetz (schwed. *grundlag*) eines Staates, sondern auch die Totalität aller Gesetze und Verordnungen, die von den verschiedensten staatlichen Verwaltungsorganen zur Ordnung der unterschiedlichen gesellschaftlichen Lebensbereiche erlassen werden.[4] Seit 1825 wird die Gesamtheit der schwedischen Gesetze und Verordnungen in der sog. Schwedischen Verfassungssammlung (schwed. *Svensk författningssamling*) alljährlich publiziert. Diese liegt auch der schwedischen Quellenauswahl in der dem Handbuch angeschlossenen CD-ROM-Edition zugrunde. Für die Zeit vor 1825 kann auf das unter dem Schlagwort der Kgl. Verordnungen (schwed. *Kungl. Förordningar*) veröffentlichte Äquivalent zur Verfassungssammlung zurückgegriffen werden.

---

1   Zur schwedischen Verfassung von 1809 siehe insbesondere: Otfried Czaika/Jörg-Peter Findeisen, Schweden, in: P. Brandt u. a. (Hg.), Handbuch der europäischen Verfassungsgeschichte im 19. Jahrhundert. Institutionen und Rechtspraxis im gesellschaftlichen Wandel, Bd. 1: Um 1800, Bonn 2006, S. 978-1023; S. Björklund (Hg.), Kring 1809. Om regeringsformens tillkomst, Stockholm 1965; Emil Hildebrand, Svenska statsförfattningens historiska utveckling från äldsta tid till våra dagar, Stockholm 1896; Gösta Hasselberg, Kompendium i svensk rättshistoria. Samhällsutveckling och rätskällor från medeltid till nutid, Stockholm 1989; Stig Hadenius, Riksdagen. En svensk historia, Stockholm 1994; H. Schück u. a. (Hg.), Riksdagen genom tiderna, Stockholm 2. Aufl. 1992; Björn Asker, Hur riket styrdes. Förvaltning, politik och arkiv 1520–1920, Stockholm 2007.
2   In diesem Zusammenhang ist insbesondere auf folgende Werke zu verweisen: Ingvar Andersson, Sveriges historia, Stockholm 7. Aufl. 1982, S. 337-385; Sten Carlsson, Svensk historia, Bd. 2, hg. v. S. Carlsson u. J. Rosén, Stockholm 2. Aufl. 1961, S. 298-424; J. Cornell u. a. (Hg.), Den svenska historien, Bd. 12: De första Bernadotterna. Vårt moderna statsskick växer fram, Stockholm 2. Aufl. 1979; Alf Henrikson, Svensk historia, Bd. 4: 1810 till våra dagar, Stockholm 1972, S. 765-803.
3   Siehe dazu die Anmerkungen zu den einzelnen Verfassungsbereichen im vorliegenden Beitrag.
4   Nils Andrén, Artikel »Författning«, in: Nationalencyklopedin, Bd. 7, Höganäs 1992, S. 206 f.

1 Schweden 1815–1847

Im Jahre 1809 hatte Schweden nicht nur mit Finnland die östliche Reichshälfte verloren. Durch den Frieden von Kiel 1814 verlor Schweden seine letzten norddeutschen Besitzungen, wurde aber durch Norwegen, das bis 1905 in Personalunion von der Krone Schweden regiert wurde, für die territorialen Verluste im Osten und Süden kompensiert.[5] Verfassungsrechtlich waren Norwegen und Schweden getrennt; Norwegen wurde auch fürderhin als eigenes Reich angesehen, was sich nicht zuletzt in der parlamentarischen Trennung von norwegischem Storting und schwedischem *Riksdag* niederschlägt. Von 1784 bis 1878 war die karibische Insel Saint-Barthélemy schwedische Kolonie. Im Jahre 1816 schloss sich Karl XIV. Johan der Heiligen Allianz an, in erster Linie mit dem Ziel freundschaftliche Verbindungen zu Russland zu etablieren, in zweiter Linie erhoffte er sich dadurch wirtschaftspolitische Vorteile für Schweden.[6]

Schweden war traditionell ein dünn besiedeltes, wenig urbanisiertes und in erster Linie landwirtschaftlich geprägtes Land. Die Bevölkerung wuchs aufgrund der 1809 begonnenen Friedensperiode, verbesserter gesundheitlicher Versorgung, einer besseren Ernährungslage infolge der seit dem Ende des 18. Jahrhunderts begonnenen Bodenreform und des Anbaus neuer Kulturpflanzen wie der

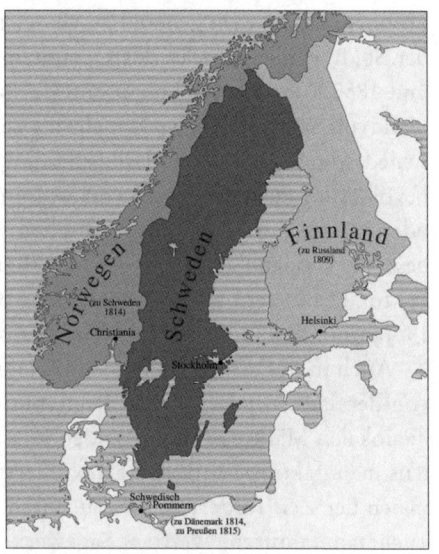

Abb. 12.1 Skandinavien um 1815

Kartoffel sowie dank der stetig sinkenden Mortalität – trotz eines merklichen Geburtenrückganges – auch weiterhin rasch an.[7] Für die vier Jahrzehnte von 1810 bis 1850 ist ein Bevölkerungszuwachs von nahezu 50 Prozent, von ca. 2,4 Mio. auf 3,5 Mio. Einwohner zu verzeichnen. Entsprechend stieg die Bevölkerungsdichte Schwedens in derselben Zeit von sechs Einwohnern pro Quadratkilometer auf neun an. Die regionalen Unterschiede hierbei sind jedoch höchst beachtlich: Während um 1850 in den südlichen Teilen Schwedens (Blekinge, Schonen) ca. 40–50 Menschen pro Quadratkilometer lebten, waren es in den peripheren Gebieten Nordschwedens wie z. B. Nor-

---

5   Ulf Sundberg, Svenska freder och stillestånd 1249–1814, Stockholm 1997, S. 344-362.
6   Carlsson, Historia (wie Fn. 2), S. 346.
7   Statistiska Centralbyrån, Historisk statistik för Sverige, Del 1: Befolkning 1720–1967, Stockholm 2. Aufl. 1969.

botten nur etwa 0,5.⁸ Die Zunahme der Bevölkerung führte – zumal größere urbane Zentren und Industrien fehlten, die den Bevölkerungsüberschuss absorbieren konnten – zu einer zunehmenden Proletarisierung der Landbevölkerung, einem Anwachsen der nicht landbesitzenden Schicht und um die Jahrhundertmitte zu einer stetig ansteigenden Auswanderung, insbesondere in die USA.⁹ Gemessen am europäischen Durchschnitt waren die sozialen Unterschiede in der schwedischen Gesellschaft des 19. Jahrhunderts dennoch relativ schwach ausgeprägt: Bis auf den kleinen Agraradel, ergänzt um die hohe Staatsbürokratie und die teilweise bürgerliche »Geldaristokratie«, bot der Rest der Bevölkerung auch weiterhin ein sozial weitgehend homogenes Bild. Die Städte des Landes wuchsen in der ersten Hälfte des 19. Jahrhunderts etwa proportional zu dem generell zu verzeichnenden Bevölkerungszuwachs. Der Anteil der Stadtbevölkerung an der Gesamteinwohnerzahl Schwedens lag zwischen 1810 und 1850 konstant bei knapp unter zehn Prozent. Im Jahr 1850 existierte nur eine Handvoll Städte, die jeweils mehr als zehntausend Einwohner hatten.¹⁰ Die Unterschiede von Stadt und Land sind allerdings oft fließend, zumal ein guter Teil der Stadtbevölkerung aus Bewohnern von Siedlungen bestand, die eher als Ackerbürgerstädte oder Dörfer mit Stadtrecht anzusehen waren, die nur wenige hundert Einwohner besaßen. Das ländliche Gewerbe und Heimgewerbe bildete einen nicht unerheblichen Faktor. Der in der Landwirtschaft tätige Bevölkerungsanteil ist für die erste Hälfte des 19. Jahrhunderts auf rund drei Viertel anzusetzen.

Auch in der ersten Hälfte des 19. Jahrhunderts war Schweden somit weitgehend von den landwirtschaftlichen Konjunkturschwankungen abhängig. Neben dem für die lokalen Märkte produzierenden Handwerk existierte eine teils heimgewerbliche, teils manufakturell betriebene Textilherstellung. Gemäß den merkantilistischen Maximen der Zeit förderte der Staat durch entsprechende Privilegierung einheimische Tuchmanufakturen, Werften, Sägewerke und Betriebe zur Erzeugung von Waffen und diversen Luxusgütern. Größere – mit europäischen Maßstäben vergleichbare – industrielle Agglomerationen existierten nicht; das holzverarbeitende Gewerbe und die in verschiedenen Regionen des Landes angesiedelten Bergwerke besaßen jedoch eine wichtige Funktion für Handel und Wirtschaft. Die schwedische Erzverarbeitung war – insbesondere gegenüber den verbesserten Verhüttungsmethoden in den industriellen Zentren Europas – weitestgehend veraltet und modernisierte sich nur langsam bis zur Jahrhundertmitte.¹¹ Die großen – z. T. im 17. und 18. Jahrhundert aus Deutschland oder den Niederlanden eingewanderten – Eigentümer des Handels- und

---

8   Statistiska Centralbyrån, Statistik (wie Fn. 7), S. 56 ff.
9   Andersson, Historia (wie Fn. 2), S. 340 ff.
10 Nämlich Stockholm (ca. 93.000 Einw.), Göteborg (ca. 26.000 Einw.), Norrköping (ca. 17.000 Einw.), Karlskrona (ca. 15.000 Einw.), Malmö (ca. 13.000 Einw.). Die Universitätsstadt Uppsala hatte etwa 7.000 Einwohner. Statistiska Centralbyrån, Statistik (wie Fn. 7), S. 61 ff.
11 Andersson, Historia (wie Fn. 2), S. 341.

Manufakturkapitals waren wirtschaftlich und sozial mit Teilen des Adels verflochten und bildeten ein wichtiges Segment der Oberschicht Schwedens.

Nicht zuletzt aufgrund der Abtretung Finnlands an Russland tendierte Schweden im 19. Jahrhundert sukzessive zu einer ethnisch und sprachlich einheitlicheren Gesellschaft als in den vorhergehenden Jahrhunderten. Dennoch gab es teils in den Städten, teils in den peripheren Gebieten des Landes sprachliche und ethnische Minderheiten. Im Norden des Landes wurden mehrere samische Sprachen gesprochen, im Tornedal Meänkieli; in Värmland, Dalarna und anderen peripheren Gebieten existierten finnische Sprachinseln. In den großen Städten des Landes waren die wichtigsten sprachlichen Minoritäten deutsch, finnisch und jiddisch. Die schwedischen Dialekte im Süden (Schonen, Blekinge, Halland) und Westen (Jämtland und Härjedalen) des Landes stellen fließende Übergangsformen zu den benachbarten nordgermanischen Sprachen, dem Dänischen bzw. Norwegischen dar. Das im Zuge der Nationalromantik entstehende nationale und sprachliche Sonderbewusstsein trug jedoch mittel- und langfristig zu einer Normierung der Sprache und Zurückdrängung anderer Sprachen bei.

Die sozialgeschichtlichen Determinanten hatten insofern Rückwirkungen auf die konstitutionelle Geschichte Schwedens, als auch in der ersten Hälfte des 19. Jahrhunderts die bürgerlichen und akademischen Eliten Schwedens ebenso wie ein industrielles Proletariat relativ klein und unbedeutend waren. Im Rahmen eines sozialen Nivellierungsprozesses beginnt jedoch mit der Mittelklasse eine neue Gesellschaftsschicht zu entstehen. Aufgrund der relativen sozialen Einheitlichkeit der Bevölkerung erhielten weder die revolutionären Ereignisse des Jahres 1830 noch die des Jahres 1848 eine direkte Bedeutung für Schweden, sondern wirkten eher indirekt in die zweite Jahrhunderthälfte hinein. Allerdings konnten ideengeschichtliche, politische und historische Konzepte nun in vermehrtem Umfang dank verbesserter drucktechnischer Möglichkeiten breiteren Bevölkerungsschichten vermittelt werden. Die schwedischen intellektuellen Kreise waren auch weiterhin von einer geistigen Abhängigkeit zu den kulturellen Zentren Europas geprägt und daher in erster Linie an Deutschland, aber auch Frankreich und England orientiert.[12]

Infolgedessen wurden auch in Schweden vermehrt in der ersten Hälfte des 18. Jahrhunderts liberale und parlamentaristische Ideen rezipiert. Somit konnte sich seit den 20er- und 30er-Jahren des 19. Jahrhunderts eine liberale gesellschaftliche Opposition entwickeln, die auch im Reichstag gegen den zunehmend konservativen und restauratorisch eingestellten König Karl Johan zu wirken versuchte. Die konstitutionellen Organe, insbesondere der Staatsrat, aber auch das Parlament orientierten sich jedoch weitestgehend am Willen des Königs, der die Formulierung der schwedischen Verfas-

---

12 Tore Frängsmyr, Svensk idéhistoria. Bildning och vetenskap under tusen år, Del 2: 1809–2000, Stockholm 2002, S. 10-100; vgl. Andersson, Historia (wie Fn. 2), S. 338 ff.; Carlsson, Historia (wie Fn. 2), S. 356 ff., S. 383-389.

sung von 1809, dass »der König allein das Reich regiert« als Zeichen der königlichen Souveränität und damit zu seinen Gunsten auslegte.[13]

Die Periode von 1815–1847 markiert den Beginn einer zunehmenden Stärkung der Zentralverwaltung und einer vermehrten staatlichen Steuerung zahlreicher Lebensbereiche. In den letzten Regierungsjahren des 1844 verstorbenen Königs Karl XIV. Johan kam es zu dem, was die schwedische Geschichtsschreibung als »liberalen Durchbruch« bezeichnet. Im Zuge dessen wurden bis 1848 eine Reihe wichtiger politischer Reformen in die Wege geleitet. Dies wurde auch durch die anfangs liberale Einstellung von Karl Johans Nachfolger Oscar I. zusätzlich gefördert. Dieser führte unter dem Eindruck der auch nach Stockholm – obzwar bei Weitem nicht in kontinentalen Formen – übergreifenden Märzunruhen eine Kabinettsumbildung durch, indem er liberale Männer in Ministerämter berief, vollzog jedoch bald darauf eine konservative Kursänderung.[14]

2 Verfassungsstruktur der zentralen staatlichen Ebene

Am 6. Juni 1809 hatte die schwedische Ständeversammlung gemeinsam eine neue Regierungsform verabschiedet und Herzog Karl als Karl XIII. zum Erbkönig gewählt.[15] Die Stände gaben sich als souveräne Vertreter des schwedischen Volkes eine Verfassung.[16] Die Verfassung von 1809 brach aufgrund der historischen Erfahrungen des 18. Jahrhunderts, der schwedischen Freiheitszeit und des gustavianischen Absolutismus, mit allen bisherigen als Grundgesetz angesehenen Dokumenten und strebte u. a. in Anlehnung an Montesquieus Machtbalancelehre[17] und von britischen Verfassungsgrundsätzen, insbesondere durch John Locke, inspiriert, nach einem Ausgleich vom ständischen und monarchischen Prinzip sowie einer funktionierenden Gewaltenteilung. Demzufolge sollte dem König die Exekutive übertragen werden, die Legislative zwischen König und Ständeparlament geteilt und die Jurisdiktion einem höchsten Gericht anvertraut werden, bei dem allerdings der König den Vorsitz führte. Sowohl König als auch Stände-

---

13 Carlsson, Historia (wie Fn. 2), S. 340.
14 Ebd., S. 389 ff.
15 Erik Fahlbeck, Ståndsriksdagens sista skede 1809–1866, in: Sveriges Riksdag. Historisk och statsvetenskaplig framställing, Bd. 8, Stockholm 1934, S. 47-49.
16 CD-ROM-1, Dok.-Nr. 10.2.7 (schwed.)/10.2.8 (dt.) (Regierungsform v. 6.6.1809). Ergänzend zur hier zugrunde gelegten CD-ROM-Edition ist als nützliche verfassungsgeschichtliche Edition für unseren Untersuchungszeitraum ebenfalls heranzuziehen: Th. Riis u. a. (Hg.), Forfatningsdokumenter fra Danmark, Norge og Sverige 1809–1849/Constitutional Documents of Denmark, Norway and Sweden 1809–1849 (= H. Dippel [Hg.], Verfassungen der Welt vom späten 18. Jahrhundert bis zur Mitte des 19. Jahrhunderts. Quellen zur Herausbildung des modernen Konstitutionalismus/Constitutions of the World from the late 18th Century to the Middle of the 19th Century. Sources on the Rise of Modern Constitutionalism, Europa/Europe, Bd. 6), München 2008.
17 Fredrik Lagerroth, Montesquieu och Sveriges grundlagar, in: Björklund (Hg.), Kring 1809 (wie Fn. 1), S. 104-119.

versammlung hatten das Recht Gesetzesvorschläge einzubringen. Das Ständeparlament trug die alleinige Verantwortung für die Staatsfinanzen und die Bewilligung von Steuern, ihm waren auch die Reichsbank und das Reichsschuldenkontor direkt unterstellt.[18]

Verfassungsänderungen bedurften zunächst einer Behandlung durch den Konstitutionsausschuss; ein Beschluss darüber konnte erst auf dem nächstfolgenden Reichstag gefasst werden und setzte Einstimmigkeit aller vier Stände und des Königs voraus.[19]

Der Verfassung von 1809 zufolge sollte das Parlament alle fünf Jahre einberufen werden (schwed. *lagtima riksdag*). Darüber hinaus hatte der König die Möglichkeit extraordinäre Reichstage (schwed. *urtima riksdag*) einzuberufen. Auf dem anlässlich Karl XIV. Johans Tod 1844 einberufenem extraordinären Reichstag wurde festgelegt, in Zukunft alle drei Jahre das Parlament einzuberufen. Der Reichstag trat meist im Herbst zusammen und tagte etwa für die Dauer eines Jahres. 1809 wurden sieben ständig tagende Ausschüsse zur Ausarbeitung von auf den Reichstagen einzubringenden Gesetzesinitiativen eingerichtet. Das auch schon zuvor bestehende Ausschusswesen erhielt damit eine festgeschriebene Organisation und wurde zudem demokratisiert, da nun alle Stände gleich stark in den Ausschüssen repräsentiert waren. Die traditionelle Dominanz des Adels in den Ausschüssen war damit gebrochen. Der Verfassungsausschuss erhielt weitgehende Befugnisse zur Kontrolle von Regierung, König und Staatsrat. Die Funktion der Stände erfuhr zudem eine Aufwertung, indem ihnen die Entscheidungsgewalt über die Erhebung von Steuern und das Staatsbudget zuerkannt wurde. Ein Reichstagsbeschluss erforderte in der Regel eine Majorität von drei Ständen gegen einen. Im Falle eines Patts wurde die Entscheidung einem erweiterten Ausschuss übertragen.[20]

Der Monarch erhielt durch die Regierungsform von 1809 zwar die Entscheidungsgewalt über die Regierungsangelegenheiten, musste sich aber mit dem neu gebildeten und von ihm berufenen *Statsråd* (Staatsrat) beraten und die Staatsräte anhören. Dieser bestand aus insgesamt neun Mitgliedern. Hofkanzler, Justiz- und Außenminister sowie sechs Staatsräte ohne Zuständigkeitsbereich waren ständige Mitglieder des Staatsrates; darüber hinaus konnten die vier Staatsräte der Kgl. Kanzlei der Kriegs-, Kammer-, Finanz- und Kirchenabteilung dem Staatsrat adjungiert werden. Die Generaladjutanten der Armee und der Flotte unterbreiten dem König ihre Angelegenheiten außerhalb des Staatsrates. Da der König in seinen Entscheidungen autark war, trugen die Staatsräte Verantwortung für die Empfehlungen, die sie dem König gaben,

---

18 Hasselberg, Kompendium (wie Fn. 1), S. 121-126.
19 Aufgrund dessen ist beispielsweise die vom Reichstag 1840/1841 abgesegnete Departementalreform bereits vom Reichstag 1835 verhandelt worden und trägt in der schwedischen Verfassungssammlung ebenso wie in der CD-ROM-Edition des vorliegenden Handbuches die Jahreszahl 1835. Zur Verfassungsänderung gemäß den Vorschriften der Verfassung von 1809 siehe CD-ROM-1, Dok.-Nr. 10.2.7 (schwed.)/10.2.8 (dt.) (Regierungsform v. 6.6.1809), § 81.
20 CD-ROM-1, Dok.-Nr. 10.2.7 (schwed.)/10.2.8 (dt.) (Regierungsform v. 6.6.1809).

nicht aber für dessen Regierungsentscheidungen.[21] Insgesamt war der Arbeitsfluss zwischen Staatsrat und Exekutivorgan, der Kgl. Kanzlei, uneffektiv. Als Reaktion darauf wurde 1840 die Regierungsarbeit umstrukturiert: Durch die sog. Departementalreform wurde die Kgl. Kanzlei in sieben Ministerien mit Zuständigkeitsbereich[22] umgewandelt, deren Minister zusammen mit drei Ministern ohne Portfolio (sog. konsultative Minister) den Staatsrat bildeten. Außer dem Monarchen gab es keinen Regierungschef; allerdings erhielt der Justizminister sukzessive diese Funktion, die freilich nicht verfassungstechnisch abgesichert war.[23]

3 Wahlrecht und Wahlen

Die großen Verfassungsreformen des 18. Jahrhunderts hatten die jahrhundertealte Institution des Ständeparlamentes unangetastet gelassen. Auch die Verfassung von 1809 perpetuierte die Einteilung des *Riksdag* in die vier Besitzstände und berief den Reichstag gemäß der traditionellen Wahlordnung ein.[24]

Der Adel versammelte sich geschlechterweise mit einem Repräsentanten, gewöhnlich dem Ältesten der ältesten Linie, wobei die neue Verfassung einschränkend festhielt, dass der Delegierte das 25. Lebensjahr vollendet haben müsse. Der König bestimmte den Sprecher des Ritterhauses, den Landmarschall. Für den Klerus waren der Erzbischof von Uppsala, der Bischof von Linköping, der Hauptpastor von Stockholm sowie die sonstigen Bischöfe und Superintendenten Reichstagsabgeordnete. Die Pfarrer der einzelnen Bistümer wählten zudem je einen Vertreter für jedes Bistum, gewöhnlich nur Pröpste und Pastoren. Im Bürgerstand versammelten sich – gradiert nach der Größe der Städte – Repräsentanten der Magistrate ebenso wie jene, die bürgerliche Nahrungen vertraten. Die Wahl zum Abgeordneten des Bürgerstandes setzte voraus, dass die zu wählende Person mindestens drei Jahre Stadtbürger gewesen war. Das aktive Wahlrecht besaßen die bürgerlichen Nahrungen, deren Stimmrecht vom

---

21 Sten Carlsson, Den sengustavianska regimens fall, in: J. Cornell u. a. (Hg.), Den svenska historien, Bd. 11: Finland förloras. Karl Johan och freden, Stockholm 1980, S. 193 ff. Vgl. dazu: Gunnar Heckscher, Nationell och internationell författtningsdebatt 1809 och tidigare, in: Björklund (Hg.), Kring 1809 (wie Fn. 1), S. 120-131; Rolf Karlbom, Författningsfrågans lösning våren 1809, in: Björklund (Hg.), Kring 1809 (wie Fn. 1), S. 132-167.
22 Folgende Ministerien entstanden durch die Reform 1840: Justiz-, Außen-, Landvertedigungs-, Seeverteidigungs-, Zivil-, Finanz- und Kirchenministerium. CD-ROM-2, Dok.-Nr. 12.2.1 (Departementalreform v. 15.10.1835).
23 Asker, Riket (wie Fn. 1), S. 55 f.
24 Sten Carlsson, Tvåkammarriksdagens första skede, in: H. Schück u. a. (Hg.), Riksdagen (wie Fn. 1), S. 221-254. Werner Buchholz, Staat und Ständegesellschaft in Schweden zur Zeit des Übergangs vom Absolutismus zum Ständeparlamentarismus 1718–1720, Stockholm 1979, S. 19; vgl. Fahlbeck, Skede (wie Fn. 15), S. 70. Zu den folgenden Abschnitten siehe CD-ROM-1, Dok.-Nr. 10.2.9 (Reichstagsordnung v. 10.2.1810).

Steueraufkommen abhängig war. Adlige, Geistliche und Beamte wurden zu den sog. Kontingentsbürgern gezählt. Dies räumte diesen Gruppen wirtschaftliche Rechte, nicht jedoch ein Wahlrecht im Bürgerstand ein.

Die Abgeordneten des Bauernstandes auf dem Reichstag wurden *häradsweise* – also nach Kreisen – in indirekter Wahl von Wahlmännern der einzelnen Kirchspiele (schwed. *socken*) auf der Kreisversammlung (schwed. *häradsting*) unter Aufsicht des Kreisvorsitzenden (schwed. *häradshövding*) gewählt. Jedes Kirchspiel bildete einen eigenen Wahlkreis, der einen Wahlmann (schwed. *elektor*) stellte. Das Stimmrecht bei der Wahl der Wahlmänner war nach Hufen (schwed. *mantal*) gradiert. Das Stimmrecht der einzelnen Wahlmänner bei der Wahl der Delegierten des Bauernstandes wurde durch die vom Wahlmann vertretenen Höfe (schwed. *hemman*) gesteuert. Wahlberechtigt waren nur die freien Steuerbauern (schwed. *skattebönder*) bzw. die Bauern der Krone (schwed. *kronobönder*). Bauern, die dem Adel gehörendes Land bewirtschafteten (schwed. *frälsebönder*) waren nicht reichstagsfähig.[25]

Die Wahl in die Ausschüsse wurde gewöhnlich durch Wahlmänner vollzogen. Noch 1809 dominierte der Adel in allen Ausschüssen, er stellte jeweils die doppelte Anzahl, die Priester, Bürger und Bauern erwählen durften.[26] Die Reichstagsordnung von 1810 legte fest, dass – wie schon zuvor – der Erzbischof als Sprecher der Priesterschaft fungieren solle. Im Unterschied zu früheren Regelungen forderte sie allerdings, dass der König die Sprecher der Bürger und Bauern ernenne sowie den Sekretär des Bauernstandes bestimme und den Landmarschall des Adels berufe.[27] Die Verfassung von 1809 hatte erstmalig das Prinzip einer nationalen schwedischen Volksvertretung formuliert und die Ständeversammlung als handelndes Ganzes definiert.[28]

Trotz vereinzelter Proteste und entsprechender Diskussionen über eine Herabsetzung der Altersgrenze wurde das passive Wahlrecht auch weiterhin an die Vollendung des 25. Lebensjahres gebunden. Das aktive Wahlrecht konnte nach der Vollendung des 21. Lebensjahres wahrgenommen werden. Die Wahlgestaltung der Abgeordneten des Pfarrstandes oblag den Bistümern; für die Wahrnehmung des passiven Wahlrechts war die Ausbildung zum Pfarrer erforderlich und somit ein Mindestalter für Abgeordnete von etwa 28–30 Jahren. Abgeordneter des Bürgerstandes konnte nur werden, wer mindestens drei Jahre Magistratsperson gewesen war oder das Bürgerrecht der je-

---

25 Sten Carlsson, Ståndsriksdagens slutskede, in: Schück u. a. (Hg.), Riksdagen (wie Fn. 1), S. 198; Werner Buchholz, Schweden mit Finnland, in: M. Asche/A. Schindling (Hg.), Dänemark, Norwegen und Schweden im Zeitalter der Reformation und Konfessionalisierung. Nordische Königreiche und Konfession 1500 bis 1600, Münster 2003, S. 117 f.
26 Sten Carlsson, Frihetstidens statsskick, in: J. Cornell u. a. (Hg.), Den svenska Historien, Bd. 8: Karl XII, stormaktens fall. Arvid Horn, fredens general, Stockholm 1979, S. 123-134; Göran Inger, Svensk rättshistoria, Malmö 4. Aufl. 1997, S. 135, S. 131-133. Zum Wahlrecht siehe CD-ROM-1, Dok.-Nr. 10.2.9 (Reichstagsordnung v. 10.2.1810), § 12-21.
27 CD-ROM-1, Dok.-Nr. 10.2.9 (Reichstagsordnung v. 10.2.1810), § 52.
28 Fahlbeck, Skede (wie Fn. 15), S. 7; siehe auch CD-ROM-1, Dok.-Nr. 10.2.9 (Reichstagsordnung v. 10.2.1810).

weiligen Stadt für dieselbe Zeitspanne nachweisen konnte, wobei der Zensus nicht für Ratspersonen galt. Die städtischen Wahlen sollten auf die »bisher an jedem Ort übliche Weise« organisiert werden.[29] Die Stockholmer Delegierten wurden durch Wahlmänner der Bürgerschaft in geheimer Wahl entsprechend einer »Klasseneinteilung« bestimmt.[30] Im Bauernstand erlaubte die Wahlordnung auch, dass mehrere Kreise sich auf einen Kandidaten einigten.[31]

Die Verfassung schützte den Wahlakt ausdrücklich vor Eingriffen der lokalen Beamten in das Wahlgeschehen und stellte z. B. Nötigung oder Beeinflussung der Wahlmänner unter Strafe. Die Gewählten hatten bei Anreise zum Ständetag eine Wahlbestätigung vorzulegen, die vom Justizminister geprüft wurde.[32]

Trotz wiederholter Rufe nach einem veränderten Zensus oder einem freien Wahlrecht, dem »Persönlichkeitsprinzip« (schwed. *personlighetsprincip*), änderte sich in den Jahren von etwa 1815 bis 1847 an der Zusammensetzung des Reichstags als Vertretung der vier Besitzstände oder an dem Wahlrecht nichts Grundlegendes. Einige partielle Veränderungen wurden seit den 1820er-Jahren vorgenommen: Seit 1823 figurieren die Angehörigen der Universitäten und Gelehrten Gesellschaften unter dem Pfarrerstand, seit 1828/30 die Bergwerkspatrone unter den Bürgern (was einer Stärkung der liberalen Positionen im Reichstag gleichkam) und die Adelsbauern (schwed. *frälsebönder*) seit 1834/1835 unter dem Bauernstand.[33] Auch die Erweiterung der Gewerbefreiheit 1846 vergrößerte die Repräsentation des Bürgerstandes.

Die Abgeordneten der vier im *Riksdag* vertretenen Stände repräsentierten etwa fünf bis sieben Prozent der mündigen Gesamtbevölkerung.[34] Rechnet man Frauen und Kinder in den Anteil der repräsentierten Bevölkerung ein, so war gut ein Drittel der schwedischen Einwohnerschaft durch das Ständeparlament vertreten. Aufgrund des Bevölkerungswachstums und der zunehmenden Verarmung gerade der ländlichen Bevölkerung sank die prozentuale Repräsentation der Bevölkerung jedoch trotz der Erweiterung des Wahlrechts auf die oben genannten Bevölkerungsgruppen: Nach 1850 waren nur noch etwa 25 Prozent der Bevölkerung im Reichstag repräsentiert. Der Anteil des Adels machte im Jahre 1809 0,4 Prozent der schwedischen Gesamtbevölkerung aus, der Pfarrerstand knapp 0,5 Prozent, Bürgerstand zwei Prozent und Bauernstand 30–35 Prozent.[35]

---

29 CD-ROM-1, Dok.-Nr. 10.2.9 (Reichstagsordnung v. 10.2.1810), § 13 u. 14.
30 Fahlbeck, Skede (wie Fn. 15), S. 110.
31 Ebd.
32 CD-ROM-1, Dok.-Nr. 10.2.9 (Reichstagsordnung v. 10.2.1810), § 21; Fahlbeck, Skede (wie Fn. 15), S. 116.
33 CD-ROM-2, Dok.-Nr. 12.3.1 (Änderung der in der Ständeversammlung vertretenen Gesellschaftsgruppen v. 31.10.1831).
34 Carlsson, Slutskede (wie Fn. 25), S. 199; Buchholz, Staat (wie Fn. 24), S. 19.
35 Carlsson, Slutskede (wie Fn. 25), S. 196-199. Bei der Einführung des Zweikammersystems im Jahre 1866 waren die entsprechenden Prozentwerte: Adel 0,3 Prozent, Pfarrerschaft 0,4 Prozent, Bürgerstand zwei Prozent, Bauernstand 20–25 Prozent.

4 Grundrechte

Im Unterschied zu zahlreichen anderen europäischen Staaten existierte in Schweden traditionell keine Leibeigenschaft, »der grundbesitzende Bauer [war] nicht der abhängige Untertan der Krone oder eines Grundherrn, sondern das persönlich freie Glied des engeren ländlichen Gemeinwesens«.[36]

Alle Regierungsformen des 18. Jahrhunderts sicherten den Untertanen des schwedischen Reiches die Unversehrtheit von Person und Besitz zu. Darüber hinaus schützte das Prinzip der Rechtsstaatlichkeit das Individuum vor staatlicher Willkür.[37] Gustav III. hatte durch Abschaffung der Folter das Recht auf Unversehrtheit der Person gestärkt.[38] Die Verfassung von 1809 fügte den aus dem 18. Jahrhundert überkommenen Grundrechten das Recht auf Unversehrtheit der Wohnung, Freizügigkeit, Gewissensfreiheit und freie Religionsausübung hinzu.[39]

Gerade die Religionsfreiheit war jedoch in dem, auch noch im 19. Jahrhundert, uniform lutherischen Schweden, drastisch eingeschränkt. Das schwedische Kirchengesetz aus dem Jahre 1686 erlaubte Angehörigen anderer Konfessionen nur in einem ganz engen Rahmen freie Religionsausübung: Immigranten, wie z. B. Kaufleuten oder Handwerkern, sowie Gesandten fremder Mächte wurde durch das Kirchengesetz das Recht auf private Hausgottesdienste zugestanden. Eine etwaige Konversion eines schwedischen Untertanen sollte jedoch dem Kirchengesetz zufolge mit dem Verlust von Eigentum, Erbrecht und Bürgerrecht geahndet und mit Exilierung bestraft werden.[40] Bekennern anderer protestantischer Denominationen sowie Katholiken und Juden war nur zögerlich während des 18. und 19. Jahrhunderts religiöse Toleranz zuerkannt worden.[41] Befördert durch das Vorbild von Karl XIV. Johans Gattin Desireé und seiner Tochter Kronprinzessin Joséphine, denen das Recht zugestanden worden war, Katholiken zu bleiben, wuchs in den 1830er- und 1840er-Jahren eine römisch-katholische Gemeinde in Stockholm heran.[42] Juden war seit 1782 erlaubt –, allerdings

---

36 Helmut Backhaus, Bauernstand und Eigentumsrecht während der schwedischen Freiheitszeit, in: R. Vierhaus (Hg.), Eigentum und Verfassung, Göttingen 1971, S. 74; Buchholz, Staat (wie Fn. 24), S. 3.
37 CD-ROM-1, Dok.-Nr. 10.2.1 (Regierungsform v. 2.5.1720), § 2; Dok.-Nr. 10.2.2 (schwed.)/10.2.3 (dt.) (Fundamentalgesetz v. 21.8.1772), § 2. Zur Regierungsform 1719 siehe E. Hildebrand (Hg.), Sveriges regeringsformer 1634–1809 samt konungaförsäkringar 1611–1800, Stockholm 1891, S. 59-85, hier bes. S. 62 f.
38 Andersson, Historia (wie Fn. 2), S. 301.
39 CD-ROM-1, Dok.-Nr. 10.2.7 (schwed.)/10.2.8 (dt.) (Regierungsform v. 6.6.1809), § 16.
40 CD-ROM-1, Dok.-Nr. 10.9.1 (Schwedisches Kirchengesetz v. 3.9.1686/17.10.1687), Kap. 1, § I-VI.
41 Czaika/Findeisen, Schweden (wie Fn. 1), S. 999-1001.
42 Anders Jarlert, Sveriges kyrkohistoria, Bd. 6: Romantikens och liberalismens tid, Stockholm 2001, S. 70 f.

unter Einschränkung des Prinzips der Freizügigkeit[43] – sich in drei Städten, nämlich Stockholm, Göteborg und Norrköping, niederzulassen und dort Synagogen zu errichten. Die niederen Stände beschuldigten auf dem Reichstag 1815 die Juden, Schuld an der ökonomischen Krise des Landes zu sein, und setzten ein Gesetz durch, das eine weitere Einwanderung von Juden nahezu gänzlich unterband.[44] Als Folge einer Rezeption liberaler und wirtschaftsliberaler Ideen wurden das Judenreglement von 1782 und das Einreiseverbot von 1815 im Jahre 1838 aufgehoben. Juden galten fürderhin als schwedische Mitbürger des »mosaischen Bekenntnisses« und erhielten sukzessive in den Jahren bis 1870 praktisch die vollen Bürgerrechte.[45]

Die Erweiterung der religiösen Toleranz im Schweden des 18. Jahrhunderts hatte vornehmlich Immigranten gegolten und war zudem in erster Linie aus wirtschaftlichen Gründen getroffen worden, um somit beispielsweise Kaufleute, Handwerker oder Industrielle im Land behalten oder deren Einwanderung erleichtern zu können. Für den gemeinen Mann gab es dagegen auch in der ersten Hälfte des 19. Jahrhunderts keine Möglichkeit, die schwedische Staatskirche zu verlassen. Die Bildung innerkirchlicher pietistischer Konventikel und das Abhalten von Hausandachten waren durch das sog. Konventikelplakat seit dem Jahre 1726 unter Strafe gestellt, was letztendlich jedoch nicht das Erstarken pietistischer Spielarten des Luthertums und freikirchlicher Tendenzen verhindern konnte.[46] Folglich waren neben dem Grundrecht auf freie Religionsausübung auch solche Grundrechte wie Meinungs- und Versammlungsfreiheit beschnitten.[47]

Die im Jahre 1812 verabschiedete Verordnung zur Pressefreiheit[48] wurde insbesondere durch das darin vorgesehene »Einzugsrecht« (schwed. *indragningsmakten*) bekannt und stellte damit eine Verschärfung früherer Regelungen dar: Regierung und Hofkanzler erhielten nun auch die Möglichkeit, Periodika zu verbieten und deren Erscheinen zu unterbinden, sofern diese die allgemeine Sicherheit oder Moral gefährdeten.[49] Die Zensurbestimmungen von 1812 waren letztendlich schwer durchführbar, bzw. relativ leicht von der Presse zu umgehen. Im Zuge der liberalen Reformen der 1840er-Jahre wurde die Zensur 1844/45 abgeschafft.[50]

---

43 CD-ROM-1, Dok.-Nr. 10.4.4. (Reglung zur Niederlassungsfreiheit für Juden v. 27.5.1782); Dok.-Nr. 10.4.6. (Passverordnung für Juden v. 14.4.1807).
44 CD-ROM-2, Dok.-Nr. 12.4.2 (Einreiseverbot für Juden v. 31.8.1815).
45 Eskil Olán, Judarna på svensk mark. Historien om israeliternas invandring till Sverige Stockholm 1924; David Fischer, Judiskt liv. En undersökning bland medlemmar i Stockholms Judiska församling, Uppsala 1996; Magnus Nyman, Press mot friheten. Opinionsbildning i de svenska tidningarna och åsiktsbrytningar om minoriteter 1772–1786, Uppsala 1988.
46 CD-ROM-1, Dok.-Nr. 10.9.2 (Verbot pietistischer Zusammenkünfte bzw. Konventikelplakat v. 12.1.1726).
47 Jarlert, Kyrkohistoria (wie Fn. 42), S. 33; Hasselberg, Kompendium (wie Fn. 1), S. 105.
48 CD-ROM-2, Dok.-Nr. 12.4.1 (Zensurverordnung v. 16.7.1812).
49 Carlsson, Slutskede (wie Fn. 25), S. 205.
50 Frängsmyr, Idéhistoria (wie Fn. 12), S. 75.

Bezüglich der Gleichstellung der Geschlechter brachten die von liberalen Gedanken geprägten 1840er-Jahre eine wichtige Neuerung, indem Frauen seit 1845 im Erbrecht mit Männern gleichgestellt wurden und 1846 auch in den Regelungen zur Gewerbefreiheit Berücksichtigung fanden.

In den Jahren 1813–1847 wurde der Sklavenhandel und die Sklaverei sukzessive eingeschränkt und schließlich abgeschafft.[51] Nachdem Schweden 1784 die karibische Insel Saint-Barthélemy als Kolonie in Besitz genommen hatte, waren von dort aus u. a. durch die Westindische Kompanie Sklaven im Transithandel, insbesondere an französische Kolonien, verkauft worden. Die Insel diente zudem als Freihandelszone für den karibischen Sklavenmarkt. Seit 1813 war der Sklavenhandel auf schwedischem Territorium verboten und nach 1825 war es schwedischen Schiffen untersagt, Sklaven zu transportieren. Die Sklaverei auf Saint-Barthélemy wurde 1847 abgeschafft; der schwedische Staat kaufte die dort verbliebenen gut 500 Sklaven frei.[52]

5 Verwaltung

Bürgermeister und Räte konnten eine weitreichende städtische Selbstverwaltung und Jurisdiktion ausüben.[53] Neben dem Magistrat mit Bürgermeistern und Ratsherren konnte auch eine Siebenmännerkammer die Aufgaben der städtischen Finanzverwaltung wahrnehmen; eine Bürgerschaftsversammlung konnte als beratendes Organ des Rates fungieren.[54] Die Städte zogen neben den von der Zentralverwaltung festgelegten Steuern auch kommunale Steuern und Abgaben sowie Akzisen und Zölle ein und übten u. a. in Bezug auf die sich sukzessive diversifizierende ökonomische Gesetzgebung auch legislative und jurisdiktive Funktionen aus.[55]

Der Magistrat wurde von der Bürgerschaft gewählt, die auch über die Wahl der Ältesten und des Stadtschreibers entschied. Ihm kamen legislative und jurisdiktive Funktionen zu, er übte in den Städten die niedere Gerichtsbarkeit aus und übertrug exekutive Aufgaben den städtischen Beamten, darunter Staatsanwalt (schwed. *stadsfiskalen*), Stadtkämmerer (schwed. *stadskassör*), Notare, Organisten und Barbiere.[56] Die Landeshauptleute waren nicht nur Stellvertreter des Königs in den Regierungs-

---

51 CD-ROM-2, 12.4.3 (Verordnung zum Sklavenhandel v. 7.2.1823); Dok.-Nr. 12.4.4 (Schwedisch-Britisches Abkommen zur Aufhebung des Sklavenhandels v. 25.1.1825); Dok.-Nr. 12.4.5 (Strafgesetz gegen Sklavenhandel v. 7.1.1830).
52 Vgl. dazu: Jan-Öjvind Swahn/Ola Jennersten, Saint-Barthélemy. Sveriges sista koloni, Höganäs 1985; Sture Waller, Saint-Barthélemy 1785–1801, Stockholm 1954.
53 Anne-Marie Fällström/Ilkka Mäntylä, Stadsadministrationen i Sverige-Finland under medeltiden, in: Birgitta Ericsson, Stadsadministration i Norden på 1700-talet,. Oslo 1982, S. 175.
54 Ebd., S. 185 ff.
55 Vgl. ebd., S. 186.
56 Ebd., S. 190 ff.

bezirken, sondern sollten auch die städtischen Verwaltungen kontrollieren, insbesondere Magistrat und Bürgerschaft. Der Landeshauptmann musste die von den Städten erlassenen Verordnungen paraphieren und durfte ohne Anhörung des Magistrates keine eigenmächtigen Veränderungen vornehmen. Er musste zudem das Wahlrecht der Bürgerschaft respektieren und durfte nicht in das Recht des Magistrates, niedere Beamte einzusetzen, eingreifen.[57] Größere Städte hatten zwei Bürgermeister, einen sog. Justizbürgermeister und einen für Handels- und Polizeiangelegenheiten. Die Bürgermeister sollten juristisch gebildet sein und wurden von der Stadt entlohnt. Kleinstädte hatten einen Bürgermeisterposten. Einige kleinere Städte waren bereits an der Wende zum 18. Jahrhundert des Bürgermeisteramtes verlustig gegangen. Die Funktion des Bürgermeisters übte in diesen Fällen der Kreisvorsitzende (schwed. *häradshövding*) aus.[58] Auch Städte, die im 19. Jahrhundert das Stadtrecht erhielten, wurden nicht mehr von Magistrat und Bürgermeister geleitet, sondern administrativ der Kreisverwaltung unterstellt.[59] Die Bürgermeister wurden von der Bürgerschaft gewählt und dem König vorgeschlagen, der einen der drei vorgeschlagenen Kandidaten ernannte.[60]

An der Wende zum 19. Jahrhundert begannen sich sukzessive innerstädtische Widersprüche wie Auseinandersetzungen um den Gewerbezwang und das daran gebundene Bürgerrecht mit einer stetig wachsenden städtischen Mittelschicht anzubahnen, die sich von der städtischen Mitbestimmung ausgeschlossen fühlte.[61] Landtag (schwed. *landsting*) bzw. Kreistag (schwed. *häradsting*) waren schon seit Langem keine Leitungsorgane mehr. Den Kreistagen kam insbesondere eine beratende Funktion z. B. bei Häuser- und Wegebau zu. Der Kreisvorsitzende war zu einem staatlichen Beamten geworden, der der Verwaltung der Regierungsbezirke und den zentralen Behörden unterstand.

Die Einteilung des Reiches in Regierungsbezirke (schwed. *län*) geht auf eine im Jahre 1635 durch Axel Oxenstierna erlassene Verordnung zurück, deren geografische Abgrenzung sich 1809 im Zuge der Abtretung Finnlands verfestigte: Mit Jämtland und Norrbotten waren 1810 zwei neue Regierungsbezirke geschaffen worden; die Gesamtzahl der Regierungsbezirke belief sich einschließlich der Stockholmer Generalstatthalterschaft (schwed. *överstathållardömet*) auf 25.[62] Dem Regierungsbezirk und dem ihm vorstehenden Landeshauptmann (schwed. *länshövding*) kamen kirchliche

---

57 Ebd., S. 187.
58 Ebd., S. 191 f.
59 Asker, Riket (wie Fn. 1), S. 111.
60 Fällström/Mäntylä, Stadsadministrationen (wie Fn. 53), S. 210.
61 Göran Behre, Frihetstiden och gustavianska tiden, in: ders. (u. a.), Sveriges historia 1521–1809. Stormaktsdrön och småstatsrealitet, Stockholm 2. Aufl. 2001, S. 223 ff.
62 Asker, Riket (wie Fn. 1), S. 102 f. Die erste größere Änderung der Regierungsbezirke wurde 1969 vorgenommen, indem die Stadt Stockholm mit dem Regierungsbezirk Stockholm vereinigt wurde; ebd.

Kontrollfunktionen⁶³ ebenso zu wie die Exekution von Gerichtsurteilen.⁶⁴ Außerdem nahm die Bezirksverwaltung militärische Rekrutierungs- und Versorgungsaufgaben wahr. Der Schwerpunkt der Arbeit der Bezirksverwaltung lag im Bereich der Finanz- und Steuerpolitik. Hier fungierten die Regierungsbezirke als der verlängerte Arm der Stockholmer Zentralverwaltung. Der Landeshauptmann – in der Regel ein Angehöriger des Adels – vertrat seinen Regierungsbezirk auf dem Reichstag.⁶⁵

Die Kirchspiele (schwed. *socken*) übten traditionell eine gewisse Selbstverwaltung unter Leitung des Pastors aus, wobei hier aber besonders kirchenpolitische Aufgaben wie die Verwaltung und Finanzierung der örtlichen Kirchenorganisation aber auch die Einlagerung des Magazins der Gemeinde, die Armenpflege, der Weg- und Brückenbau sowie die Einsammlung der Steuern beraten wurden. Neben dem Geistlichen fungierten gewöhnlich sechs, vom Gemeindeparlament (schwed. *sockenstämma*) gewählte Männer als Berater (schwed. *sexmän*).⁶⁶ Allerdings hatten im 17. und 18. Jahrhundert die Bezirksverwaltungen sukzessive kirchen- und finanzpolitische Aufgaben von den örtlichen Kirchengemeinden übernommen.⁶⁷ Durch eine Verordnung zum Einwohnermelderecht (schwed. *mantalsskrivningen*) war 1812 die Rolle des Ortspfarrers als Staatsbeamter gestärkt worden. Ihm oblag auf lokaler Ebene die Pflicht, das Einwohnerregister zu führen und somit als verlängerter Arm des Landeshauptmannes zu agieren.⁶⁸

Die von den Verfassungsvätern angedachte Erweiterung der lokalen Selbstverwaltung wurde insbesondere durch die Verordnung zur Kommunalverwaltung aus dem Jahre 1817 fortgesetzt.⁶⁹ Die Bestimmungen der Verordnung galten jedoch nur für Landgemeinden. In den Städten folgte die Verwaltungspraxis weiterhin den oben dargestellten Prinzipien. Im Gemeindeparlament, in dem – mit wenigen Ausnahmen wie Kirchenbau und Armenfürsorge – bisher alle Beschlüsse einstimmig gefasst werden mussten, wurde nun das Majoritätsprinzip eingeführt. Das Stimmrecht war auch weiterhin an Landbesitz gebunden. Das Gemeindeparlament konnte auch von anderen administrativen Instanzen, z. B. dem Landeshauptmann oder dem Kronvogt, einberufen werden.⁷⁰ Das Gemeindeparlament fasste alle wirtschaftlichen Beschlüsse, religiöse Disziplinarangelegenheiten wurden seinem Verantwortungsbereich ausgegliedert und dem neu geschaffenen Kirchenvorstand unterstellt (schwed. *kyrkoråd*),

---

63 Björn Asker, I konungens stad och ställe. Länsstyrelser i arbete 1635–1735, Uppsala 2004, S. 44 ff., 59.
64 Asker, I konungens stad (wie Fn. 63), S. 47.
65 Ebd., S. 46-60.
66 Fritz Kaijser, 1862 års kommunalförordningar, in: R. Anderberg (u. a.), Hundra år under kommunalförfattningarna 1862–1962, Stockholm 1962, S. 30 f.
67 Asker, I konungens stad (wie Fn. 63), S. 46-60.
68 Jarlert, Kyrkohistoria (wie Fn. 42), S. 49.
69 CD-ROM-2, Dok.-Nr. 12.5.1 (Statut zur Kommunalverwaltung v. 26.2.1817).
70 Jarlert, Kyrkohistoria (wie Fn. 42), S. 49.

der teilweise auch als verlängerter exekutiver Arm des Gemeindeparlaments fungierte. Vorsitzender des Gemeindeparlamentes und des Kirchenvorstandes war der Hauptpfarrer der Gemeinde. In weltlichen Angelegenheiten war nun die Provinzialverwaltung (schwed. *länsstyrelse*), in kirchlichen das Domkapitel die übergeordnete Instanz der Lokalgemeinde. Durch die Kommunalverordnung von 1817 wurde die vormals kirchliche Instanz des Gemeindeparlaments zu einem Organ der lokalen Staatsverwaltung. Seit 1843 hatte ein Gemeindekomitee (schwed. *sockennämnd*) die exekutive Verantwortung für Gesundheitsfürsorge, Ordnung und öffentliche Moral inne und damit den Kirchenvorstand als Exekutivorgan abgelöst; der Kirchenvorstand war fürderhin nur noch für Aufgaben der Kirchenzucht zuständig. Das Gemeindeparlament verblieb das legislative Organ auf lokaler Ebene.[71]

Die Entscheidung der Verfassung von 1809, der König regiere alleine, begrenzte die Möglichkeiten der Verwaltungsorgane auf überregionaler Ebene. Die Staatsminister hatten nur Beratungsfunktionen, den Staatssekretären als den eigentlichen Ressortleitern war ein Vortrags- und damit Mitspracherecht auf die Organisation der Verwaltung nur dann eingeräumt, wenn sie zu ihrem Sachgebiet angehört wurden.[72] Obgleich der seit dem 17. Jahrhundert festgelegte Kündigungsschutz für Beamte auch 1809 festgeschrieben wurde, räumte die Verfassung dem Herrscher das Recht ein, die höheren Beamten der Regierung und selbst die Landeshauptleute absetzen zu können, wenn es ihm behagte.[73]

Die Stände dominierten im politischen Agieren nur in der Verwaltung der Finanzen, sie organisierten souverän die Steuern und sonstigen Auflagen. Zudem konnten sie über zahlreiche Ausschüsse Verfassungsänderungen und Änderungen einzelner, die Verwaltung betreffender Gesetze und Bestimmungen beeinflussen. Im Übrigen konnte der Regent »als Chef der Verwaltung […] Bestimmungen für die Tätigkeit der Verwaltung ausfertigen« und jene »Gesetze bestimmen, die die allgemeine Haushaltung des Reiches berührten«, sowie die »administrative und ökonomische Gesetzgebung« beherrschen.[74]

---

71 Asker, Riket (wie Fn. 1), S. 212 f.; Jarlert, Kyrkohistoria (wie Fn. 42), S. 51 f.
72 CD-ROM-1, Dok.-Nr. 10.2.7 (schwed.)/10.2.8 (dt.) (Regierungsform v. 6.6.1809), § 5, S. 6.
73 Vördsamt Memorial, zit. nach Nils Andrén, Från kungavälde till folkstyre, Örebro 1973, S. 53 f. u. 56 f.; vgl. CD-ROM-1, Dok.-Nr. 10.2.6 (Bedenken des Verfassungsausschusses v. 2.6.1809).
74 Vördsamt Memorial, zit. nach Andrén, Kungavälde (wie Fn. 73), S. 63 f.

6 Justiz

Das erste, gesamtschwedische Gesetzwerk *Sveriges Rikes lag*, das 1734 vom Reichstag verabschiedet wurde und 1736 in Kraft trat, galt bis 1864.[75] Während das schwedische Gesetzbuch aus dem Jahre 1736 sich vor allem privat-, straf- und handelsrechtlichen Fragen widmete, war die kirchliche Gesetzgebung durch das ein halbes Jahrhundert ältere Kirchengesetz geregelt.[76] Das Kirchengesetz war nicht nur Kirchenordnung für die kirchliche Verwaltung, sondern formulierte in Fragen der Kirchenzucht auch ein eigenes kirchliches Strafrecht und regelte größtenteils auch das Personenstandsrecht. Die kirchliche Jurisdiktion wurde von den einzelnen Pfarrern oder den Domkapiteln der verschiedenen Bistümer ausgeübt.[77]

Während der schwedischen Freiheitszeit hatte bereits der Reichstag in einigen Fällen als Oberster Gerichtshof fungiert. Gustav III. hatte diese Praxis radikal verändert und zunächst 1772 Berufungsverfahren an den Königlichen Rat und dessen Justizrevision gebunden und 1789 mit der »Sicherheitsakte« den »Höchsten Gerichtshof des Königs« geschaffen, dessen Richter freilich nicht unabhängig waren.[78] Die Verfassung vom 6. Juni 1809 veränderte lediglich die Stellung der Richter des Obersten Gerichtshofes, proklamierte deren Unabhängigkeit und schuf gleichzeitig mit dem Amt des Ombudsmannes eine unabhängige, den Ständen rechenschaftspflichtige Kontrollinstanz des Rechtswesens einschließlich der höchsten Instanz, des Obersten Gerichtshofes, bzw. ein sog. »Tribunal« oder »Reichsgericht«, das nachweisliche Verfehlungen einzelner Mitglieder oder des gesamten Obersten Gerichtshofes zu untersuchen hätte und dessen Urteil nur der König durch Begnadigung annullieren konnte.[79]

Bereits im 16. Jahrhundert waren verschiedene Hofgerichte (schwed. *hovrätt*) geschaffen worden. Im Jahr 1820 wurde ein weiteres Hofgericht für Schonen und Blekinge mit Sitz in Kristinastad eingerichtet.[80] Die Hofgerichte waren als Kontroll- und Berufungsinstanz den Kreisgerichten (schwed. *häradsrätt*) übergeordnet; alle Strafsachen wurden direkt von den Kreisgerichten an die Hofgerichte remittiert. Daneben waren im 17. und 18. Jahrhundert verschiedene Spezialgerichte geschaffen worden, die bis weit in das 19. Jahrhundert hinein existierten und als Sonder- und/oder Berufungsgerichte fungierten: Zu diesen zählen etwa das Kammerkollegium, das bis 1867

---

75 Czaika/Findeisen, Schweden (wie Fn. 1), S. 1005-1007; CD-ROM-1, Dok.-Nr. 10.6.1 (schwed.)/10.6.2 (dt.) (Vorrede zum Schwedischen Gesetzbuch v. 23.1.1736); Dok.-Nr. 10.6.3 (schwed.)/10.6.4 (dt) (Schwedisches Gesetzbuch v. 23.1.1736, Auszug).
76 Vgl. hierzu Kapitel 9, Kirche.
77 CD-ROM-1, Dok.-Nr. 10.9.1 (Schwedisches Kirchengesetz v. 3.9.1686/17.10.1687), bes. Cap. XVI u. Cap. XXIV.
78 CD-ROM-1, Dok.-Nr. 10.2.4 (schwed.)/10.2.5 (dt.) (Vereinigungs- und Sicherheitsgesetz v. 21.2.1789/3.4.1789). Vgl. Inger, Rättshistoria (wie Fn. 26), S. 155 f.
79 CD-ROM-1, Dok.-Nr. 10.2.7 (schwed.)/10.2.8 (dt.) (Regierungsform v. 6.6.1809), § 96-102.
80 CD-ROM-2, Dok.-Nr. 12.6.1 (Verordnung zur Errichtung eines Neuen Hofgerichts in Kristianstad v. 27.10.1820); vgl. Inger, Rättshistoria (wie Fn. 26), S. 113 f., 230 f.

über Streitfragen entschied, die immobiles Krongut betrafen, oder das Bergwerkskollegium, das bis 1851 die Berufungsinstanz für alle von der niederen Bergwerksgerichtsbarkeit verhandelten Prozesssachen darstellte.[81] 1799 wurde ein spezieller höchster Gerichtshof für Finanzprobleme, das Kammergericht, geschaffen.[82]

Auf lokaler Ebene existierten seit dem Mittelalter neben den städtischen Rathausgerichten die Kreisgerichte.[83] Die städtischen Rechtsinstitutionen behielten bis in das 20. Jahrhundert hinein weitgehend ihre Autonomie. Allerdings sandten sie komplizierte Rechtsfälle zur Begutachtung an das jeweilige Hofgericht.

Die Geschworenen der Kreisgerichte, die bisher formlos vom Kreisgericht selbst berufen worden waren, wurden seit 1823 vom Gemeindeparlament auf Lebenszeit gewählt; ein Geschworener musste das Wahlalter von 25 Jahren erreicht haben, dem Bauernstand angehören und im Kreis wohnhaft sein. Die Richter der Hofgerichte wurden – wie auch die übrigen Beamten – vom König und der Regierung berufen. Den Vorsitz im Hofgericht führte der Präsident oder Vizepräsident, der mit bis zu sieben Assessoren als Beisitzern die Gerichtsurteile fällte. Die zwölf sog. Justizräte, die Richter des Obersten Gerichts, wurden ebenso vom König auf Lebenszeit berufen und rekrutierten sich zu gleichen Teilen aus Adel und Nichtadel. Die Justizräte waren praktisch nicht absetzbar und dementsprechend unabhängig in ihren Entscheidungen. Ihnen war es zudem nicht erlaubt, neben ihrer richterlichen Tätigkeit auch andere Ämter zu bekleiden. Bis 1840 führte der Justizminister den Vorsitz im Obersten Gericht.

Das Oberste Gericht war nicht für Rechtsstreite zuständig, die die staatliche Administration betrafen; diese wurden von Regierung und Reichstag entschieden. Im Zuge der Departementalreform von 1835/1840 fielen administrative Rechtsfälle in den Zuständigkeitsbereich des Staatsrates.

Ein 1811 eingesetztes Gesetzeskomitee schlug eine durchgreifende Reform des Gefängniswesens vor, die u. a. die Einrichtung von Arbeits- und Besserungsanstalten vorsah. Augrund der schwachen Staatsfinanzen wurde der Vorschlag allerdings nicht verwirklicht. Ebenso scheiterte die nach 1809 von einigen Juristen begonnene Überarbeitung des Gesetzeswerkes von 1734, die insbesondere unter dem Eindruck des französischen Code pénal und des bayerischen Strafgesetzbuches von 1813 stand. Die vom Gesetzeskomitee ausgearbeiteten Vorschläge für ein Zivilgesetz (1826) und ein radikal verändertes Strafgesetz, die das schwedische Gesetzwerk von 1734 hätten ersetzen können, scheiterten an der Verschleppungspolitik, nicht zuletzt des Obersten Gerichts. Bis Ende der 1840er-Jahre wurden nur punktuelle Veränderungen, in erster Linie die Humanisierung der Strafmaße wie z. B. 1841 die Abschaffung der

---

81 Inger, Rättshistoria (wie Fn. 26), S. 112 f.
82 Ebd., S. 156.
83 CD-ROM-1, Dok.-Nr. 10.6.3 (schwed.)/10.6.4 (dt.) (Schwedisches Gesetzbuch v. 23.1.1736, Auszug), Cap. 1, § 1-4.

Prügelstrafe, vorgenommen. Etwa gleichzeitig war – nicht zuletzt als Folge des publizistischen Wirkens von Kronprinz Oskar – damit begonnen worden, nach amerikanischen Vorbildern die Gefängnisse mit Einzelzellen auszustatten. Eine umfassende Gesetzesreform sollte erst 1864 in Kraft treten.[84]

7 Militär

Auch im 19. Jahrhundert rekrutierte Schweden seine Streitkräfte weiterhin aus dem sog. »Einteilungswerk«.[85] Trotz der zahlreichen militärischen Misserfolge, die die nach dem Einteilungswerk ausgehobene schwedische Armee während des 18. und zu Beginn des 19. Jahrhunderts zu verzeichnen hatte, stand eine grundsätzliche Reform der Streitkräfte nicht auf der Tagesordnung.[86] Es wurde allerdings 1812 durch die sog. »Bewehrung« (schwed. *beväring*) ergänzt. Die Regelungen der Bewehrung stellen das erste Wehrpflichtgesetz Schwedens dar, das zum Ziel hatte, die eingeteilten Soldaten im Kriegsfall durch zusätzliche Soldaten zu verstärken. Alle männlichen Bürger zwischen 21 und 25 Jahren konnten zum Militärdienst im Rahmen der Bewehrung herangezogen werden, ausgenommen eine ganze Reihe Staatsbediensteter oder Untauglicher. Die Bewehrung war allerdings keine allgemeine und persönliche Wehrpflicht. Gegebenenfalls konnte der Wehrpflichtige einen Ersatzmann zur Wehrübung senden, unter der Voraussetzung, dass dieser nicht älter als 40 Jahre war und noch keinen Wehrdienst geleistet hatte. Der Wehrdienst konnte fakultativ in den verschiedenen Verbänden (Infanterie, Artillerie oder der Flotte) abgeleistet werden. Eine Meldung zum Flottendienst kam meist einer Freistellung vom Wehrdienst gleich, da die Flotte den geringsten Personalbedarf hatte – und wurde dementsprechend häufig von den Wehrpflichtigen gewählt. Die Ausbildungszeit betrug etwa ein bis zwei Wochen. Die Bewehrung war in erster Linie ein Komplement der eingeteilten Armee, die auch weiterhin das stehende Heer bildete. Seit etwa 1820 entstanden jedoch auch die ersten Verbände, die ausnahmslos aus Wehrpflichtigen bestanden. Das um die Bewehrung ergänzte Einteilungswerk wurde erst 1901 durch eine Armee ersetzt, die sich generell aus Wehrpflichtigen rekrutierte. Alternative Vorschläge zur Rekrutierung von Soldaten, z. B. eine Ausweitung der Bewehrung oder Abschaffung des Einteilungswerkes, wurden in der ersten Hälfte des 19. Jahrhunderts lebhaft diskutiert, scheiterten jedoch am einhelligen Widerstand der Stände.

Als Folge der Niederlage gegen Russland im Jahre 1809 richtete sich das schwedische Militär strategisch auf einen möglichen Verteidigungskrieg ein. Die vorherr-

---

84 Zu den vorstehenden Abschnitten siehe Inger, Rättshistoria (wie Fn. 26), S. 113-117, 134 ff., 176 ff., 230 ff., 260 f.
85 Zum Einteilungswerk siehe Czaika/Findeisen, Schweden (wie Fn. 1), S. 1007-1009.
86 CD-ROM-1, Dok.-Nr. 10.2.7 (schwed.)/10.2.8 (dt.) (Regierungsform v. 6.6.1809), § 80.

schende Doktrin war dabei die sog. Zentralverteidigung, die davon ausging, strategische Plätze im Landesinneren zu sichern, um von dort aus den Widerstand gegen einen möglichen Aggressor zu koordinieren. Die lange Küstenlinie Schwedens erschien mit den zur Verfügung stehenden Mitteln an Material und Soldaten im Kriegsfall als militärisch nicht haltbar. Infolgedessen wurden u. a. Karlsborg, Jonköping und Askersund zu zentral gelegenen Festungen ausgebaut. Dem 1832 fertiggestellten Göta-Kanal kam nicht nur Bedeutung als wirtschaftliche Verkehrslinie, sondern auch im Krisenfall als Versorgungsweg für die Zentralverteidigung zu.[87] Zudem sollten partielle Reformen der militärischen Strukturen, wie z. B. 1823 die Zusammenlegung der Schären- und Kriegsflotte oder eine verbesserte Ausbildung der Offiziere, die schwedische Verteidigung effektivieren.[88]

Der Wehretat, der zu Beginn des 19. Jahrhunderts bei 60–70 Prozent des schwedischen Staatshaushaltes gelegen haben dürfte, sank kontinuierlich bis zur Jahrhundertmitte, nicht zuletzt aufgrund von Wirtschaftswachstum, einer langen Friedensperiode und des sukzessiven Engagements des Staates im zivilen Bereich.

8 Verfassungskultur

Der formelhafte Nationsbegriff des »schwedischen Volkes« gehört auch schon vor 1809 zum politischen Standardvokabular.[89] Diese Formulierung taucht auch in der Verfassung von 1809 in dem üblichen Konnex zur Freiheit des schwedischen Volkes, sich selbst besteuern zu dürfen, auf.[90] Darin manifestiert sich das politische und nationale Selbstbewusstsein der vier Besitzstände, das – insbesondere durch die Absenz der Leibeigenschaft – weite Teile der Bevölkerung durchdrungen hatte und somit zum kollektiven Staatsdenken gehörte.

Für die schwedischen Verfassungen des 18. Jahrhunderts[91] war der Verweis auf die verfassungsrechtliche Relevanz der *Confessio Augustana*, des Hauptdokuments des Luthertums, ebenso eine Selbstverständlichkeit wie für die Verfassung von 1809[92], die

---

87 Zum Abschnitt »Militär« siehe Lars Ericson, Svensk militärmakt. Strategi och operationer i svensk militärhistoria under 1500 år, Stockholm 2003, S. 153-164; ders., Medborgare i vapen. Värnplikten i Sverige under två sekel, Lund 1999, S. 44-84.
88 CD-ROM-2, Dok.-Nr. 12.7.1 (Verordnung zur Militärverwaltung und Offiziersausbildung v. 17.8.1833); Dok.-Nr. 12.7.2 (Änderung in der Militärverwaltung und Offiziersausbildung v. 16.11.1833).
89 CD-ROM-1, Dok.-Nr. 10.4.5 (Rechte und Freiheiten des Bauernstandes v. 4.4.1789); vgl. dazu Jonas Nordin, Ett fattigt men fritt folk. Nationell och politisk självbild i Sverige från sen stormaktstid till slutet av frihetstiden, Stockholm 2000.
90 CD-ROM-1, Dok.-Nr. 10.2.7 (schwed.)/10.2.8 (dt.) (Regierungsform v. 6.6.1809), § 57.
91 Siehe Czaika/Findeisen, Schweden (wie Fn. 1), S. 985 ff.; vgl. auch CD-ROM-1, Dok.-Nr. 10.2.2 (schwed.)/10.2.3 (dt.) (Fundamentalgesetz v. 21.8.1772), § 1.
92 CD-ROM-1, Dok.-Nr. 10.2.7 (schwed.)/10.2.8 (dt.) (Regierungsform v. 6.6.1809), § 2.

die Relevanz des Religiösen durch die Verpflichtung des Königs auf die lutherische Konfession perpetuierte.[93] Durch die Reichstagsordnung aus dem Jahre 1810 kam der Kirche als quasistaatlicher exekutiver Institution dennoch auch weiterhin eine wichtige Rolle bei der Inszenierung der Politik zu. In ihr wurde – in Anknüpfung an die Vorgaben der vorigen Jahrhunderte – festgelegt, dass die Einberufung des Reichstages von den Kanzeln des Landes zu verkünden sei.[94] Eröffnung und Beschluss des Reichstages wurden durch einen feierlichen Gottesdienst »sakralisiert«.[95] Die Dominanz des Religiösen im politischen Leben zeigt sich zudem in den Eidesformeln, die Landmarschall und Sprecher gegenüber dem König bei der Eröffnung des Reichstages zu leisten hatten und mit welchen sie sich »bei Gott und seinem heiligen Evangelium« auf die Verfassung verpflichteten.[96]

Der bereits im 17. und 18. Jahrhundert in Schweden nachzuweisende nationale Diskurs vollzog ebenso wie die z. T. damit verbundene, aus der frühneuzeitlichen schwedischen *res publica litteraria* entstammende Vorstellung des Götizismus durch die Entwicklungen nach 1800 einen Quantensprung. Die nach 1809 gewonnene geografische und sprachliche Einheit wurde nicht zuletzt durch die rasch, insbesondere aus Deutschland rezipierten romantischen Ideen weiter überformt und führte zu einem mit dem Schlagwort des »Skandinavismus« bezeichneten nationalromantischen Sonderbewusstsein und zu Rückprojektionen der modernen Nationsfindung in die Geschichte; markantestes Beispiel hierfür ist die romantische Identifizierung Schwedens mit den Wikingern. Für das moderne Nationsbewusstsein Schwedens spielte zudem die Religion eine entscheidende Rolle, insbesondere die Christianisierung Schwedens – plakativ dargestellt im Wirken Ansgars um 830 – oder die Reformation Martin Luthers, die eng mit dem frühneuzeitlichen Staatsbildungsprozess unter Gustav Vasa verbunden war. Die religiöse Komponente der nationalen Geschichte wurde nicht nur von schwedischen Intellektuellen der Romantik wie z. B. Esaias Tegnér (1782–1846) und Erik Gustaf Geijer (1783–1847) in zahlreichen Schriften beschworen[97], sondern auch bei den staatlich angeordneten und landesweit gefeierten Jubiläen 1817 und 1830 anlässlich der Dreihundertjahrfeiern des Thesenanschlages und der *Confessio Augustana* als identitätsstiftendes Merkmal der gesamten Bevölkerung kommuniziert.[98]

---

93 Ebd., § 2.
94 CD-ROM-1, Dok.-Nr. 10.2.9 (Reichstagsordnung v. 10.2.1810), § 9, 10.
95 Ebd., § 26, 81.
96 Ebd., § 23.
97 Carl Axel Aurelius, Lutherbilden i Sverige. Svenska lutherbilder under tre sekler, Skellefteå 1994, S. 129-162; vgl. dazu Mikael Mogren, Den romantiska kyrkan. Föreställningar om den ideala kyrkan på jorden inom Nya skolan till och med år 1817, Skellefteå 2003.
98 CD-ROM-2, Dok.-Nr. 12.9.1 (Königlicher Aufruf zur 300-Jahr-Feier der Confessio Augustana v. 11.6.1830); Dok.-Nr. 12.9.2 (Anlass des Jubelfestes zur 300-Jahr-Feier der Confessio Augustana v. 19.6.1830). Vgl. Aurelius, Lutherbilden (wie Fn. 97), S. 129-162.

Abb. 12.2 Die religiös begründete Nationswerdung Schwedens 830–1830

Seit dem Mittelalter wurde in Schweden das Staatsdenken des Okzidents rezipiert.[99] Die Verfassungs- und Diskurskultur des 18. und beginnenden 19. Jahrhunderts war somit oft von politischer Radikalität und Mobilisierung ebenso gekenn-

---

99 Heckscher, Författningsdebatt (wie Fn. 21), S. 120-131, bes. S. 120 ff.

zeichnet wie von ambitiösen Äußerungen politischer Gleichheit.[100] Bereits die Partei der »Mützen« stütze sich während der Freiheitszeit auf westeuropäische Vorbilder, insbesondere Locke, Hobbes und Montesquieu. Von dieser verfassungsrechtlichen Diskussion der Freiheitszeit spannt sich ein Bogen über die Ära Gustavs III. bis hin zu den Vätern der Regierungsform von 1809. In der Verfassungsdiskussion 1809 und der Absetzung Gustavs IV. Adolf offenbarte sich sodann eine Anknüpfung an Locke, an das Vorbild der *Glorious Revolution* 1688 in England sowie an die amerikanische *Declaration of Independence* und an den Gedanken der Volkssouveränität.[101] In der ersten Hälfte des 19. Jahrhunderts wuchs ein liberal denkendes schwedisches Bildungsbürgertum heran. Es waren dabei in erster Linie akademisch Gebildete, Studenten, Professoren, Künstler und Publizisten, die sukzessive nach 1810 – und insbesondere unter dem Eindruck der Julirevolution von 1830 – ihre Stimme erhoben und verschiedene Reformen im Staatswesen anstrebten. Liberale Forderungen, sei es im Wirtschafts-, Justiz- und Schulwesen, oder der Ruf nach Parlamentarismus und gleichem Wahlrecht wurden dabei meistens vom Bürger- und Bauernstand erhoben. Politische Diskussionen fanden nicht nur in Universitäten und Salons statt, sondern bekamen durch die sukzessive verbesserte Drucktechnik immer größere Öffentlichkeit. Plattform für die liberale Opposition seit 1830 war die von Lars Johan Hierta herausgegebene Zeitung *Aftonbladet*. Hiertas publizistischem Einsatz und Erfindungsreichtum ist zu einem guten Teil die Abschaffung der Zensur zu verdanken.[102]

Die Verfassung von 1809 kennt keine Bestimmungen zur Amts- und Staatssprache und legt ebenso wenig eine Symbolik wie z. B. eine Staatsflagge oder Hymne fest. Durch den Verlust des finnischen Reichsteiles konnte sich jedoch schrittweise das Schwedische als Amts- und Landessprache verfestigen. Die schwedische Flagge und das Staatswappen mit den drei Kronen bildeten eine eingeführte traditionelle Symbolik, die durch das Verfassungswerk von 1809 zwar ignoriert, damit aber letztlich tradiert wurde. Anlässlich der Krönung Oscars I. wurde auf einem Studentenfest am 5. Dezember 1844 das sog. Königslied (schwed. *Kungssången*)[103] uraufgeführt. Im selben Jahr veröffentlichte der schwedische Volkskundler Richard Dybeck eine Nationalhymne (schwed. *Nationalsången*)[104], die er auf die Melodie eines Volkslieds aus Västmanland gedichtet hatte. Das Königslied ersetzte andere inoffizielle Vorläufer, insbesondere die Hymne *Gud bevare vår kung* (Gott bewahre unseren König), die auf dieselbe Melodie wie *God Save The Queen* gesungen wurde. Königslied und

---

100 Siehe dazu Jouko Nurminen, Gemensamma privilegier för ett odalstånd. Alexander Kepplerus som borgmästare och samhällstänkare, in: M.-C. Skuncke u. a. (Hg.), Riksdag, kaffehus och predikstol. Frihetstidens politiska kultur 1766–1772, Helsinki u. a. 2003, S. 171-190.
101 Heckscher, Författningsdebatt (wie Fn. 21), S. 127-130.
102 Frängsmyr, Idéhistoria (wie Fn. 12), 69-84.
103 Der Text stammt von Carl Wilhelm August Strandberg, die Melodie von Otto Lindblad. Vgl. CD-ROM-2, Dok.-Nr. 12.8.2 (Königslied v. 1844).
104 CD-ROM-2, Dok.-Nr. 12.8.1 (Nationalhymne v. 1844).

Nationalhymne drückten romantisches Nationsgefühl, Vaterlands- und Königsliebe aus. Sie erhielten in den folgenden Jahrzehnten eine weite Verbreitung und große Beliebtheit. Obwohl keine der beiden Hymnen verfassungsrechtlich normiert worden sind, stellen beide seitdem eine wichtige Komponente bei Inszenierungen von Staatlichkeit im modernen Schweden dar und trugen massiv zur Prägung eines kollektiven Nationsbewusstseins bei.

9 Kirche

Das schwedische Kirchengesetz aus dem Jahre 1686[105], das de jure bis 1992 Gültigkeit besaß, illustriert die das Zeitalter der Konfessionalisierung kennzeichnende Übernahme kirchlicher Befugnisse durch staatliche Organe: Durch das Kirchengesetz hatte der Herrscher das Summepiskopat über die schwedische Kirche erhalten und konnte zudem eine weitgehende Kontrolle über die kirchlichen Personalentscheidungen ausüben. Ferner wurden durch Verordnungen zur Verwaltung der Regierungsbezirke kirchliche Kontrollaufgaben der weltlichen Verwaltung zugeordnet.[106] Dem König kamen somit bischöfliche Rechte (*iura episcopalia*) zu, die er durch die Bischöfe und Landeshauptleute wahrnahm.[107] Die kirchliche Rechtsprechung war dem König und den weltlichen Instanzen unterstellt.[108] Juridische Streitfragen, die eher weltlichen Charakter besaßen, wurden von den Hofgerichten verhandelt.[109] Die Amtseide (schwed. *prästlöften*) der Pfarrer und Bischöfe beinhalteten eine Treue- und Gehorsamsverpflichtung dem König gegenüber.[110]

Den Landeshauptleuten kam u. a. die Aufgabe zu, die »reine lutherische Lehre«, die durch das Kirchengesetz definiert wurde, zu überwachen und Sorge dafür zu tragen, dass keine Irrlehren verbreitet wurden. Damit maß das Kirchengesetz der evangelisch-lutherischen Konfession eine staatstragende Bedeutung bei.[111] Infolge der Verfassung von 1809 waren zwar die verfassungsrechtlichen Referenzen zur reinen evangelischen Lehre aufgehoben. Praktische Konsequenzen hatte dies jedoch kaum. Der schwedische Herrscher war durch die Verfassung von 1809 auch weiterhin an die lutherische Lehre, die *Confessio Augustana invariata*, gebunden. Kirchliche Angelegenheiten, die traditionell auf verschiedene Regierungsinstanzen verteilt waren,

---

105 CD-ROM-1, Dok.-Nr. 10.9.1 (Schwedisches Kirchengesetz v. 3.9.1686/17.10.1687).
106 Ebd.
107 Göran Inger, Kyrkolagstiftningen under 1600-talet, in: Ingun Montgomery, Sveriges kyrkohistoria, Bd. 4: Enhetskyrkans tid, Stockholm 2002, S. 211; vgl. Göran Rystad, Karl XI – En biografi, Stockholm 2002, S. 345-350.
108 CD-ROM-1, Dok.-Nr. 10.9.1 (Schwedisches Kirchengesetz v. 3.9.1686/17.10.1687).
109 Montgomery, Enhetskyrkans tid (wie Fn. 107), S. 157.
110 Inger, Kyrkolagstiftningen (wie Fn. 107), S. 211.
111 Vgl. Kapitel 8, Verfassungskultur.

wurden ab 1809 in der der Regierung unterstellten sog. Ekklesiastikexpedition zusammengefasst, aus der 1840 im Rahmen der Departementalreform das Ministerium für Kirche (schwed. *ecklesiastikdepartementet*) hervorging. Der schwedische Erzbischof, gleichzeitig Bischof von Uppsala, galt unter seinen Kollegen als *Primus inter Pares*; er war nicht nur Vorsitzender des Pfarrerstandes im Reichstag, sondern krönte auch den König und die Königin.[112]

Die schwedische Kirche war eine quasistaatliche Institution. Die enge Verflechtung von Staat und Kirche manifestiert sich nicht nur in der staatstragenden Funktion, die der Religion zugemessen wurde[113], sondern auch im Interesse des Staates an der Ausbildung der Pfarrer[114], die zunehmend auch administrative staatliche Aufgaben wahrnahmen. Die Kirchengemeinde war auch im 19. Jahrhundert die basale Verwaltungseinheit des Staates, eine Rolle, die durch die Reform der Kommunalverwaltung 1817 noch gestärkt wurde. Der Ortspfarrer war der dem gemeinen Mann am nächsten stehende Staatsbedienstete, der zusammen mit der ihm unterstellten kirchlichen Verwaltung zahlreiche Aufgaben wie z. B. Armenfürsorge, medizinische Versorgung, Ausbildung, Einwohnermelderecht und sonstige Verwaltungsaufgaben wahrnahm.

10 Bildungswesen

Eine höhere schulische Bildung u. a. an den Trivialschulen, Gymnasien oder Universitäten des Landes war in Schweden um 1800 nur einer kleinen privilegierten Schicht vorbehalten. Die elementare Volksbildung, insbesondere die Vermittlung von Lesefähigkeit, war in erster Linie eine kirchliche Aufgabe; die Kirche fungierte als quasistaatlicher Akteur im Bildungswesen. Der für die gesamte Bevölkerung – d. h. unabhängig von Geschlecht oder Stand – seit dem Ende des 17. Jahrhunderts verpflichtende kirchliche Katechismusunterricht und die katechetischen Hausverhöre vermittelten nicht nur die grundlegende – konfessionell geprägte – religiöse Bildung, sondern hatten auch zur Alphabetisierung des schwedischen Volkes beigetragen[115]: In der ersten Hälfte des 19. Jahrhunderts konnte die überwiegende Mehrheit des schwedischen Volkes lesen.[116] Katechismus- und Leseunterricht erteilten in der Regel die Kapläne oder Küster der jeweiligen Kirchspiele, die Hausverhöre wurden generell

---

112 Asker, Riket (wie Fn. 1), S. 144 f.
113 Siehe Kapitel 8, Verfassungskultur.
114 CD-ROM-2, Dok.-Nr. 12.9.3 (Examensordnung für Pfarrer v. 12.03.1831).
115 B. Rudolf Hall, Folkundervisningens historia, Stockholm 1926, S. 15 ff.
116 Knut Tveit, Schulische Erziehung in Nordeuropa 1750–1825 – Dänemark, Finnland, Island, Norwegen und Schweden, in: W. Schmale/N. L. Dodde (Hg.), Revolution des Wissens? Europa und seine Schulen im Zeitalter der Aufklärung – Ein Handbuch zur europäischen Schulgeschichte, Bochum 1991, S. 49-95, hier: S. 75 f.

vom örtlichen Pfarrer vorgenommen.[117] Hausverhör, Katechismus- und Leseunterricht prägten auch in der ersten Hälfte des 19. Jahrhunderts die Lebenswirklichkeit des Volkes, zementierten die konfessionell-religiöse Überformung der Volksbildung und literarisierten den gemeinen Mann.

Vereinzelt waren schon im 17. Jahrhundert Elementarschulen für Kinder eingerichtet worden. Doch auch das ganze 18. Jahrhundert über waren solche Versuche – trotz verschiedener staatlicher Eingriffe und Verordnungen[118] – meist lokal beschränkt und wenig effektiv geblieben. Das Netz der Dorfschulen hatte sich während des 18. Jahrhunderts deutlich ausgeweitet, zu Beginn des 19. Jahrhunderts existierten in zahlreichen Kirchspielen eigene Schulen.[119] Die Lehrer der Dorfschulen rekrutierten sich vornehmlich aus Soldaten, wandernden Gesellen, Invaliden und schreibkundigen Witwen. Der Anteil der Kinder, die diese Schulen besuchten, war jedoch allem Anschein nach höchst bescheiden. Statistische Angaben für das gesamte Reich sind nicht zu rekonstruieren, einige Beispiele u. a. aus dem Bistum Linköping belegen jedoch, dass nur ca. zehn bis 20 Prozent der Kinder eines Kirchspiels, die das Schulalter erreicht hatten, schulischen Unterricht genossen.[120] In der Regel besuchten nur Kinder der besitzlosen Unterschichten solche Schulen. Die Besitzenden ließen ihre Kinder weiter traditionell durch sog. Informatoren unterrichten, schickten ihre Kinder auf eine der wenigen Sekundarschulen oder gründeten Privatschulen.[121] Sekundärschulen wurden ebenso wie die geringe Anzahl von berufsbildenden Schulen fast ausschließlich von Jungen besucht. Zudem entspricht der Anstieg der Schülerzahlen in diesen Schulzweigen nicht dem allgemeinen Bevölkerungswachstum.[122]

Im Zuge der Verfassungsreform 1809 wurde auch die Idee der Volksschule im politischen Diskurs thematisiert, was eine Antwort auf die in den letzten Jahrzehnten des 18. Jahrhunderts bei zahlreichen schwedischen Intellektuellen anzutreffende, stetig gewachsene Kritik am Bildungswesen einerseits und eine Aufnahme mitteleuropäischer pädagogischer Modelle andererseits darstellte.[123] Die Verfassung von

---

117 CD-ROM-1, Dok.-Nr. 10.9.1 (Schwedisches Kirchengesetz v. 3.9.1686/17.10.1687), Cap. II, § 2 u. 10; Cap. XXIV, § XXXI.
118 CD-ROM-1, Dok.-Nr. 10.10.2 (Richtlinien für die Primarschulen v. 1723); Dok.-Nr. 10.10.3 (Entwurf einer Schulordnung für Grundschulen und Gymnasien v. 1760); Dok.-Nr. 10.10.4 (Beschluss zur Gründung von Landschulen v. 19.2.1768).
119 B. Gottfried Westling, Hufvuddragen av den svenska Folkundervisningens historia, Stockholm 1990, S. 225-244.
120 Westling, Folkundervisningens historia (wie Fn. 119), S. 205 ff.
121 Åke Ohlmarks/Nils Erik Bæhrendtz, Svensk kulturhistoria. Svenska krönikan, Stockholm 1993, S. 369.
122 Tveit, Erziehung (wie Fn. 116), S. 81-83.
123 Egon Jüttner, Der Kampf um die schwedische Schulreform – Eine Darstellung ihres Entstehungsprozesses unter Berücksichtigung politischer, wissenschaftlicher, demographischer, ökonomischer und schulorganisatorischer Aspekte, Berlin 1970, S. 56 ff.; vgl. Sixten Marklund, Profiler i folkundervisningens historia, Stockholm 1997, S. 36-48.

1809 richtete das Amt eines Kirchen- und Schulministers ein. Das staatliche Interesse an einer verbesserten Schulbildung, die nicht nur grundlegende Lesefähigkeiten und Christentumskunde, wie es durch das Regelwerk des Kirchengesetzes von 1686 festgeschrieben war, umfassen sollte, fand seinen Ausdruck in der Gründung eines Erziehungskomitees 1812, das in den kommenden Jahren Vorschläge für eine verbesserte Volksbildung ausarbeitete.[124] Erstes konkretes Ergebnis dieser Arbeit ist die Schulordnung von 1820, die Realia und neusprachlicher Ausbildung einen wichtigeren Platz als zuvor einräumte, indem die schon bestehenden sog. Apologistenklassen, die vornehmlich Realia unterrichteten, zu Apologisten- bzw. Realschulen erweitert wurden.[125] Gleichzeitig wurden die Ansprüche an höhere Schulbildung an Gymnasien und höheren Lehranstalten erhöht: Theologie und Hebräisch wurden als Pflichtfächer im letzten Jahrgang der höheren Lehranstalten eingeführt; Griechisch und Hebräisch wurden Pflichtfächer im Gymnasium, das auch Gymnastik und Leibesübungen auf dem Lehrplan hatte.

Die Apologistenschulen erhielten dank ihrer Orientierung an Realia in den zwei Jahrzehnten nach 1820 einen stärkeren Zulauf als die höheren Lehranstalten und Gymnasien. Dies dürfte ein Grund für die Reform des höheren Schulwesens von 1839 gewesen sein, die u. a. bestimmte, dass Gymnasien fürderhin Fachlehrer für moderne Sprachen, Naturwissenschaft und Gymnastik anzustellen hätten. Gleichzeitig wurden Realgymnasien (schwed. *apologistläroverk*) geschaffen, die ebenso die Befähigung zu einem späteren Universitätsstudium vermitteln konnten wie die höheren Lehranstalten und Gymnasien. Bereits 1835 war beschlossen worden, dass alte Sprachen, die über das Lateinische hinausgingen, nur in akademischen Fächern als Studienvoraussetzung gelten sollten, die diese als Vorkenntnisse zwingend erforderten. Die Zulassung zum Studium erfolgte durch die Ablegung des Studentenexamens an einer der Universitäten des Landes. Die zeittypische Ausrichtung der Curricula auf Realia hin fand ab etwa 1820 zudem ihren Ausdruck in der sukzessiven Errichtung von Fachhochschulen, u. a. zur Ausbildung von Ärzten, Veterinären, Pharmazeuten, Militär- oder Zivilingenieuren. Universitätsstudien in den klassischen akademischen Fächern konnten weiterhin an den beiden Universitäten des Landes, in Lund und Uppsala, betrieben werden.

Das epochemachende bildungspolitische Ereignis im Schweden des 19. Jahrhunderts schlechthin war die Verordnung zur Errichtung von Volksschulen, die das Ergebnis jahrzehntelanger Diskussionen war und vom 1840/41 tagenden Reichstag beschlossen wurde.[126] Dieser Verordnung zufolge sollte in jeder Gemeinde, sowohl auf dem Land als auch in den Städten, in den kommenden fünf Jahren mindestens

---

124 Westling, Folkundervisningens historia (wie Fn. 119), S. 269 ff.
125 CD-ROM-2, Dok.-Nr. 12.10.1 (Schulordnung v. 16.12.1820).
126 CD-ROM-2, Dok.-Nr. 12.10.2 (Schulgesetz v. 20.8.1841); Dok.-Nr. 12.10.3 (Verordnung zur Errichtung von Volksschulen v. 18.6.1842).

eine feste Schule mit einem pädagogisch ausgebildeten Lehrer eingerichtet werden. Das örtliche Schulamt wurde vom Ortspfarrer als Vorsitzendem geleitet, als Aufsicht führende übergeordnete Behörde fungierten die Domkapitel. Für die Lehrerausbildung waren die in den Bistumsstädten zu errichtenden Lehrerseminare zuständig. Die Kosten dieser vierjährigen Volksschule und die Lehrerlöhne hatten die Kommunen zu tragen, staatliche Zuschüsse dazu waren allerdings möglich. Die Verwirklichung eines landesweiten, für alle Kinder gleichen Unterrichts war ein langwieriger Prozess, der sich über die kommenden Jahrzehnte hinzog. Zahlreiche weniger bemittelte Gemeinden wählten als Unterrichtsform ambulante Schulen, bei denen der Lehrer in regelmäßigen Abständen von Dorf zu Dorf reiste, um die Schüler zu unterrichten. Kinder unterer Gesellschaftsschichten und unbegabte Kinder wurden nur in den als pädagogisches Minimum anzusehenden Pflichtfächern (Christentumskunde, Kirchengesang, Lesen, Schreiben und Rechnen) unterwiesen. Der Besuch der Volksschule war nicht verpflichtend, alternativ konnten die Schüler auch zu Hause unterrichtet werden; der heimische Unterricht war jedoch einer schulischen Aufsicht unterworfen. Fünf Jahre nach Einführung der Grundschulpflicht besuchten nur fünf Prozent der Kinder eine Schule, bis zum Jahr 1859 hatte sich der Anteil auf ca. 65 Prozent aller Kinder zwischen sieben und 13 Jahren erhöht; sieben Prozent erhielten einen Unterricht, der über das absolute Minimum hinausging.[127]

11 Finanzen

Für die Verfassungsväter von 1809 war es wichtig aufgrund der äußerst prekären Finanzlage, die Möglichkeiten des Königs gesetzlich zu begrenzen, durch außergewöhnliche Anleihen bzw. Einflussnahme auf die Reichsbank die Finanzlage Schwedens weiter zu gefährden. Die Verfassung von 1809 betonte daher die Unabhängigkeit der Reichsbank von königlichen Weisungen und unterstellte das sog. Reichschuldenkontor auch weiterhin der Aufsicht der Stände.

Der z. T. massiven deflationären Entwicklung und der sukzessiven Abschwächung der schwedischen Valuta an der Hamburger Börse wurde im zweiten Jahrzehnt des 19. Jahrhunderts insbesondere mit prohibitiven und protektionistischen Wirtschaftsmaßnahmen zu begegnen versucht. Das Zollgesetz von 1816 stipulierte über 300 Import- und 50 Exportverbote. Ein angedachtes Verbot des Konsums von Luxusgütern wurde zwar nicht verabschiedet, auf Kaffe wurde jedoch eine Sondersteuer erhoben und von 1817 bis 1822 war der Ausschank von Kaffe an öffentlichen Plätzen verboten. Von 1823–1835 wurden zahlreiche Importverbote aufgehoben, im

---

127 Klas Aquilonius, Svenska folkskolans historia, Bd. 2: Det svenska folkundervisningsväsendet 1809–1860, Stockholm 1942, S. 199-348; Westling, Folkundervisningens historia (wie Fn. 119), S. 266-367.

Gegenzug dazu aber hohe Importzölle verhängt. Den Austausch von Waren zwischen Norwegen und Schweden erleichterte 1825 ein Zollfreiheitsabkommen zwischen den in Personalunion regierten Ländern drastisch.[128] Auch das 1815 verabschiedete Einreiseverbot für Juden ist u. a. in diesem Zusammenhang zu verstehen, da man darin eine Möglichkeit sah, den steigenden Konsum von Luxusgütern einzudämmen, die oftmals von jüdischen Kaufleuten vertrieben wurden. Die protektionistische Handelspolitik stabilisierte zwar die Handelsbilanz, erreicht aber nicht ihr eigentliches Ziel, den Wechselkurs zu dämpfen; letzteres führte zum Konkurs zahlreicher schwedischer Handelsfirmen. Nach zähen Verhandlungen mehrerer aufeinanderfolgender Reichstage wurde auf dem Reichstag 1828/1830 beschlossen, zuerst die Silberreserve der Reichsbank auf 5/8 des Papiermünzfußes zu erhöhen und danach eine Münzrealisation durchzuführen.[129] Dem König, der sich bis dato einer Abwertung der Valuta widersetzt hatte, wurde als Gegenleistung für seine Zustimmung ein Mitwirkungsrecht bei der Bankgesetzgebung zugesprochen, was letztendlich eine Änderung der Verfassung von 1809 bedeutete. Der Reichstag von 1834/1835 beschloss schließlich eine Währungsreform (schwed. *myntrealisation*) obwohl die Silberreserve nicht die entsprechende Höhe erreicht hatte.[130] Die schwedische Währung wurde dadurch – zum dritten Mal nach 1776 und 1803 – abgewertet, diesmal um knapp 50 Prozent. Eine – insbesondere für den Außenhandel notwendige – Geldwertstabilität war damit erreicht, während gleichzeitig die einheimische Kaufkraft erhalten blieb.[131]

12 Wirtschafts- und Sozialgesetzgebung/Öffentliche Wohlfahrt

Finanz- und Handelspolitik interagierten in der ersten Hälfte des 19. Jahrhunderts eng miteinander. Neben der soeben dargestellten protektionistischen Handelspolitik ist die Wirtschaftsgesetzgebung in der ersten Hälfte des 19. Jahrhunderts von zwei Hauptprozessen geprägt: Deregulierung und Zentralisierung. 1835 wurde die Eisenproduktion freigegeben, 1846 das Zunftwesen abgeschafft und im Zuge dessen auch die Sondergesetzgebung für den Bergbau aufgehoben. Die 1846 getroffenen Regelungen zur Gewerbefreiheit[132] galten auch für Frauen, die bereits ein Jahr zuvor im Erbrecht ihren männlichen Mitbürgern gleichgestellt worden waren. Die Departementalreform erhöhte nicht nur den Einfluss der zentralen Verwaltung und gab ihr somit die Möglichkeit regulierend in den verschiedenen Sachgebieten, u. a. der Wirt-

---

128 CD-ROM-2, Dok.-Nr. 12.12.1 (Zollfreiheit zwischen Norwegen und Schweden v. 24.5.1825).
129 CD-ROM-2, Dok.-Nr. 12.11.1 (Gesetz zur Festsetzung des Münzfußes v. 1.3.1830); Dok.-Nr. 12.11.2 (Gesetz für die Reichsbank v. 1.3.1830).
130 CD-ROM-2, Dok.-Nr. 12.11.3 (Münzrealisation v. 10.9.1834).
131 Carlsson, Historia (wie Fn. 2), S. 346-373.
132 CD-ROM-2, Dok.-Nr. 12.12.3 (Fabrik- und Handwerksordnung v. 22.12.1846).

schaft, einzugreifen, sondern führte auch zu einer sukzessiven Professionalisierung und Effektivierung der Ministerien.

Verbunden mit einer wachsenden Nachfrage nach Rohstoffen, insbesondere Eisen und Holz, sowie technischen Neuerungen, wie z. B. verbesserten Verhüttungsmethoden oder der Dampfsäge, führten diese Reformen zu einer Produktivitäts- und Produktionssteigerung. Insbesondere das holzverarbeitende Gewerbe befand sich in einem Umbruchprozess; war bis etwa 1800 noch Teer das Hauptexportprodukt der Waldwirtschaft gewesen, stieg nach 1800 die Nachfrage nach Holz und ab etwa 1850 die nach Zellulose; die Waldwirtschaft beschäftigte immer mehr Menschen und verlagerte die Produktion zunehmend aus den südschwedischen Gebieten in die peripheren Teile des Landes, u. a. nach Norrland.[133] Der 1809/10 vom schwedischen Reichstag beschlossene Bau des Göta-Kanals wurde 1832 abgeschlossen, wodurch die schwedische Ost- und Westküste miteinander verbunden und somit die Transporte beschleunigt und durch die Umgehung des dänischen Öresundzolls verbilligt wurden.

Für die schwedische Landwirtschaft hatte die seit der zweiten Hälfte des 18. Jahrhunderts durch staatliche Verordnungen initiierte Flurbereinigung revolutionäre Auswirkungen.[134] Die Flurbereinigung effektivierte die schwedische Landwirtschaft, steigerte die Produktivität und trug ausschlaggebend zum Bevölkerungswachstum im Schweden des 19. Jahrhunderts bei[135]; zudem wuchs die Anbaufläche durch Trockenlegung von Feuchtgebieten und Rodungen von Waldflächen. Eine Folge all dieser Maßnahmen war, dass Schweden ab etwa 1820–1870 Getreide exportieren konnte und nicht wie zuvor vom Getreideimport abhängig war.[136] Ein wichtiges landwirtschaftliches Nebengewerbe war die Branntweinherstellung, die Ende des 18. Jahrhunderts zum Hausgebrauch freigegeben worden war und von den Bauern als Privileg betrachtet wurde. Dies führte allerdings zu einem massiv steigenden Konsum von Branntwein, der entsprechende gesundheitliche und soziale Probleme nach sich zog.[137]

Die Wirtschaftsreformen in der ersten Hälfte des 19. Jahrhunderts waren in erster Linie struktureller Art und konnten ihre volle Bedeutung erst nach der Jahrhundertmitte entfalten, zumal dann infrastrukturelle Verbesserungen im Postwesen oder durch den beginnenden Ausbau des Eisenbahnnetzes hinzu kamen.

Eine das ganze Volk umfassende Sozialgesetzgebung existierte nicht im Schweden des 18. und beginnenden 19. Jahrhunderts. Die finanzielle Absicherung der Lebensrisiken oblag meist dem Individuum, der Familiengemeinschaft, selten auch den Hand-

---

133 Lars Magnusson, Sveriges ekonomiska historia, Stockholm 1996, S. 181-300; Eli F. Heckscher, Svenskt arbete och liv – Från medeltiden till nutid. Med kompletterande tillägg av professor Arthur Montgomery och fil. Lic. Bengt Svensson, Stockholm 1957, S. 246-345.
134 Vgl. Czaika/Findeisen, Schweden (wie Fn. 1), S. 1021-1023.
135 Eli F. Heckscher, Sveriges ekonomiska historia från Gustav Vasa, Bd. 2.1, S. 147-292.
136 Hasselberg, Kompendium (wie Fn. 1), S. 110.
137 Ebd., S. 111.

werksgilden, Erzbaronen oder der Kommunalverwaltung. Der Staat griff nur in Ausnahmefällen regelnd ein – und auch dann zumeist nur zugunsten der Staatsbediensteten.[138] Bereits im 17. Jahrhundert war das traditionelle Armenwesen als kommunale Pflicht juristisch geregelt worden. Bis in die Mitte des 19. Jahrhunderts bestand daher die Armenfürsorge in zahlreichen Gemeinden darin, Bettelei zu erlauben. Andere Gemeinden konnten dagegen eine relativ wohlorganisierte Armenfürsorge, z. B. mit Armenkasse, Armenhaus und einer eigenen Fürsorgekommission, vorweisen.[139] Da sich Auseinandersetzungen zwischen den Kirchspielen mehrten, wer für einzelne Arme verantwortlich sei, wurde 1788 in einer neuen Verordnung festgeschrieben, jene seien zuständig, bei denen die Armen »zuletzt ihre Bauernstelle gehabt« oder als Gesinde gedient hätten. Dieses Gesetz erlaubte gleichzeitig die Sperrung des Kirchspielbezirks für fremde Personen.[140] Aufgrund der sukzessiven Proletarisierung der Landbevölkerung – 1850 sind etwa 40 Prozent der Bevölkerung der ländlichen Unterschicht zuzurechnen – wuchs im 19. Jahrhundert die Notwendigkeit, staatlicherseits weiter regulierend in die Armenfürsorge einzugreifen. Seit 1811 hatten die Gemeinden die Möglichkeit, eine gesonderte Armensteuer zu erheben, ein System, das durch die allgemeine Verordnung zur Armenfürsorge 1847 für alle Gemeinden als verpflichtend festgelegt wurde.[141] Den Gemeinden wurde gleichzeitig eine Versorgungspflicht für ihre Armen auferlegt. Die Regelungen von 1847 bedeuteten eine »Verbürgerlichung« der Armenfürsorge, da die örtlichen Armenbehörden auch ohne den Vorsitz des Ortspfarrers tätig werden konnten.[142]

Seit 1796 hatte das *collegium medicum*, das ab 1813 unter der Bezeichnung »Gesundheitskollegium« (schwed. *sundhetskollegium*) firmierte, eine Kontrollfunktion der medizinischen und chirurgischen Tätigkeit im Lande inne. Die etwa vierzig Hospitale des Landes boten kaum ärztliche Pflege an; seit der zweiten Hälfte des 18. Jahrhunderts waren sie in erster Linie für Geisteskranke zuständig, während die Pflege von Armen gleichzeitig von Armenhäusern und Kinderheimen übernommen wurde. Zwischen 1760 und 1810 waren knapp 30 Lazarette gegründet worden, die insgesamt etwa 700 Betten hatten. Die Oberaufsicht über Lazarette, Kinderheime und Hospitale übte seit etwa 1770 bis 1859 der Serafim-Orden aus, der bereits 1752 ein Krankenhaus in Stockholm gegründet hatte.[143] Die ärztliche Versorgung der Bevölkerung gestaltete sich, besonders wegen der beachtlichen geografischen Ausdehnung Schwedens, gerade in den peripheren Gebieten des Landes äußerst schwierig. Der Vorschlag, die Pfarrer gleichzeitig in Medizin auszubilden und so die Bevölkerung medizinisch zu

---

138 Vgl. dazu CD-ROM-1, Dok.-Nr. 10.12.4 (Errichtung einer Pensionskasse für öffentliche Angestellte v. 19.3.1770).
139 Jarlert, Kyrkohistoria (wie Fn. 42), S. 54 f.
140 Inger, Rättshistoria (wie Fn. 26), S. 139.
141 CD-ROM-2, Dok.-Nr. 12.12.4 (Armenordnung v. 25.5.1847).
142 Jarlert, Kyrkohistoria (wie Fn. 42), S. 54 ff.; Kaijser, Kommunalförordningar (wie Fn. 66), S. 44.
143 Asker, Riket (wie Fn. 1), S. 154.

versorgen, traf trotz eines vom Reichstag und König 1813 eingerichteten Fonds, der Studien in »Pfarrmedizin« unterstützen sollte, auf wenig Interesse. Die Stipendien wurden daher 1828 teils in Stipendien für ein Theologie-, teils in die Förderung für ein Medizinstudium umgewandelt. Seit Jahrhundertbeginn fiel der lutherischen Geistlichkeit eine Vorreiterrolle bei der freiwilligen Pockenschutzimpfung zu. Ab 1816 hatten die Oberpfarrer in ihrer Rolle als Vorsitzende des Gemeindeparlamentes die Verantwortung dafür, dass jede Gemeinde einen sog. *Vaccinator* besaß, der die nun verpflichtende Impfung vornahm. Die Impfung wurde meist vom Küster, häufig aber auch vom Pfarrer selbst vorgenommen. Ab 1828 erhielten die Kirchenvorstände die Aufgabe als Gesundheitsamt zu fungieren; im Zuge dessen sollten sie Kranke dazu anhalten, einen Arzt, einen Pfarrer oder eine sonstige gebildete Person in der Gemeinde um Rat aufzusuchen. Dem Oberpfarrer oblag zudem die Aufgabe, die medizinische Versorgung seiner Gemeindeglieder zu fördern und Quacksalberei zu verhindern.[144] Ein massives soziales Problem bildete der gesteigerte Branntweinkonsum. Die Alkoholpolitik wurde vorerst nicht staatlich reguliert; eine gesellschaftliche Aufmerksamkeit für das Problem löste ab den 1830er-Jahren Abstinenzbewegungen oder religiöse Erweckungsbewegungen wie die Laestadianer in Nordschweden auf den Plan, die für eine Einschränkung des Alkoholkonsums plädierten.[145]

Die überwiegende Majorität der Bevölkerung besaß keine Altersfürsorge, die über die Versorgung durch Familie oder die Armenfürsorge hinausging. Für Staatsbedienstete waren seit Mitte des 18. Jahrhunderts sukzessive Pensionskassen eingerichtet worden, die sich teils durch Beiträge der Arbeitnehmer, teils aus Staatsgeldern finanzierten. Offiziere, Geistliche und zivile Beamte oder deren Hinterbliebene konnten aus den Pensionskassen eine Versorgung erhalten.[146] Die Verfassungsväter von 1809 hatten die »ökonomische Gesetzgebung« nicht als Teil der Grundgesetze gewertet, sondern der Exekutive unterstellt. Zahlreiche soziale und wirtschaftliche Bereiche wurden daher nicht staatlich geregelt.

---

144 Jarlert, Kyrkohistoria (wie Fn. 42), S. 52-54.
145 Hasselberg, Kompendium (wie Fn. 1), S. 111.
146 Asker, Riket (wie Fn. 1), S. 203.

Dänemark 13

Von Jens E. Olesen (Greifswald)

0 Einführung

Die ersten Jahre des 19. Jahrhunderts waren für das Königreich Dänemark schmerzhaft. In die Napoleonischen Kriege involviert, wurde das Land hart getroffen. Die Briten attackierten 1801 Dänemark und kämpften mit der dänischen Flotte, und 1807 bombardierten sie die Hauptstadt Kopenhagen und entführten die Flotte, um Napoleon die Möglichkeit zu nehmen, diese gegen England einzusetzen. Das Jahr 1814 bedeutete außerdem den endgültigen Verlust Norwegens. Im Frieden zu Kiel vom Februar 1814 trat König Frederik VI. dieses Land zur Rettung des dänischen Kerngebiets an Schweden ab. Basierend auf der norwegischen Eidsvoll-Verfassung vom 17. Mai 1814 – neu, modern und demokratisch – erfolgte in Norwegen der Aufbau eines völlig neuen Verwaltungsapparates nach ausländischen Vorbildern. Das Land erhielt eine selbstständige staatsrechtliche Stellung.[1]

Wie Dänemark war auch Norwegen bisher vom Regierungsbezirk »Slotsholmen« in Kopenhagen aus regiert worden. Das Ende der seit 1380 bestehenden Personalunion zwischen den beiden Zwillingsreichen führte jedoch in Dänemark im Gegensatz zu Norwegen nicht zu einem administrativen Neudenken. Die Unionsauflösung erbrachte insgesamt betrachtet keine Reformtätigkeit. Der Verlauf der Französischen Revolution hatte große Reformen in ein negatives Licht getaucht.[2] Weder die Französische Revolution noch der Verlust Norwegens vermochten für eine Veränderung der 1660 eingeführten absolutistischen Staatsform zu sorgen. Dänemark hatte im Kielwasser der Napoleonischen Kriege mit großen wirtschaftlichen Problemen zu kämpfen, die Jahrzehnte andauern sollten. Es scheint, als ob vor diesem Hintergrund

---
1 Vagn Skovgaard-Petersen, Tiden 1814–1864, in: H. P. Clausen/S. Mørch (Hg.), Gyldendal Danmarkshistorie, Bd. 5, Kopenhagen 1985, S. 20 ff; Claus Bjørn, Fra reaktion til grundlov 1800–1850, in: O. Olsen (Hg.), Gyldendal og Politikens Danmarkshistorie, Bd. 10, Kopenhagen 1990, S. 107 ff.; Fritz Petrick, Norwegen. Von den Anfängen bis zur Gegenwart, Regensburg 2002, S. 115-124; Lars Roar Langslet, Christian Frederik, Konge av Norge (1814), Konge av Danmark (1839–48), Gjövik 2. Aufl. 1998, S. 106 ff.; John Midgaard, Norges Historie. En kort innføring, Oslo 1967, S. 64 ff.; Edward Bull, Grunnriss av Norges Historie, Oslo 1926, S. 74 ff. Vgl. auch den Beitrag über Norwegen im vorliegenden Handbuchband.
2 T. Knudsen u. a. (Hg.), Dansk Forvaltningshistorie I. Stat, forvaltning og samfund. Fra Middelalderen til 1901, Kopenhagen 2000, S. 355. Zur Geschichte von »Slotsholmen« siehe Hanne Raabyemagle/Ole Feldbæk, Den røde Bygning. Frederik den Fjerdes Kancellibygning gennem 275 år, Kopenhagen 1996, passim.

keine Energie dafür vorhanden war, Modernisierungen innerhalb der Verwaltung durchzuführen. Als Vorbilder hätte man auf die Reformen in Frankreich, Preußen und anderen deutschen Staaten (seit dem Untergang des Heiligen Römischen Reiches Deutscher Nation 1806) zurückgreifen können.[3]

Eine breit angelegte Untersuchung der dänischen Verfassungsgeschichte 1814/15–1847 existiert bisher nicht. Die Epoche ist aber als selbstständiger Zeitabschnitt vom Verlust Norwegens 1814 bis zu den Ereignissen von 1848/49 mit der Einführung der ersten demokratischen Verfassung Dänemarks und den zwei Schleswigschen Kriegen 1848–1850 und 1864 anerkannt; andere Forscher hingegen betrachten das Jahr der Niederlage 1864 im dänisch-preußisch-österreichischen Krieg als die eigentliche Epochengrenze im 19. Jahrhundert.[4] Verfassungsmäßig wurden besonders die ratgebenden Ständeversammlungen von 1831/34 als Wegbereiter des Zweikammerparlaments und der konstitutionellen Demokratie von 1849 aufmerksam studiert.[5] Andere Schwerpunkte in der Forschung über den Zeitraum von 1814/15 bis 1847 sind die umfassende Wirtschaftskrise von 1818–1828, die Verwaltungsgeschichte vom Kollegial- zum Ministerialsystem und die Reformen der Lokalverwaltung, die Konflikte innerhalb der dänischen Staatskirche, die Außenpolitik, die nationale Frage und das Verhältnis zu den Herzogtümern sowie die Auflösung der alten Handwerksstrukturen und die ersten Anfänge der Industrie.[6]

---

3 Vgl. Knudsen u. a. (Hg.), Dansk Forvaltningshistorie I (wie Fn. 2), S. 355.
4 Siehe u. a. Hans Jensen, Enevældens Afslutning 1814–1848, in: A. Friis u. a. (Hg.), Det Danske Folks Historie, Bd. 6, Kopenhagen 1928, S. 337 ff.; Nic. Krarup/P. Stavnstrup, Dansk Historie siden Stavnsbåndets Løsning, Kopenhagen 1942, S. 45 ff., 98 ff. (1807–1831, 1830–1848); Poul Kierkegaard/Kjeld Winding, Nordens Historie, Bd. 1: Tiden til ca. 1900, Kopenhagen 10. Aufl. 1966, S. 200-212 (1814–1864). Bjørn, Reaktion (wie Fn. 1) teilt die Epoche bis 1864 in drei Phasen ein: 1814–1839, 1839–1852, 1852–1864. Steen Bo Frandsen, Dänemark – der kleine Nachbar im Norden. Aspekte der deutsch-dänischen Beziehungen im 19. und 20. Jahrhundert, Darmstadt 1994, behandelt die Epoche 1814–1864 in einem Kapitel (S. 48-86).
5 Hans Jensen, De danske Stænderforsamlingers historie, Kopenhagen 1931/34, passim; Jens Himmelstrup/Jens Møller, Danske Forfatningslove og Forfatningsudkast, Kopenhagen 1932, S. 30 ff.; ders., Danske Forfatningslove 1665–1953, Kopenhagen 2. Aufl. 1970, S. 31 ff.; Holger Begtrup, Det Danske Folks Historie i det Nittende Aarhundrede, Bd. 2, Kopenhagen 1910–11, S. 125 ff.; Sørensen Wiskinge, Grundtræk af Vor Forfatnings Historie gennem Tiderne, Kopenhagen 2. Aufl. 1912, S. 34 ff.; Th. Riis u. a. (Hg.), Forfatningsdokumenter fra Danmark, Norge og Sverige 1809–1849/Constitutional Documents of Denmark, Norway and Sweden 1809–1849 (= H. Dippel [Hg.], Verfassungen der Welt vom späten 18. Jahrhundert bis zur Mitte des 19. Jahrhunderts. Quellen zur Herausbildung des modernen Konstitutionalismus/Constitutions of the World from the late 18th Century to the Middle of the 19th Century. Sources on the Rise of Modern Constitutionalism, Europa/Europe, Bd. 6), München 2008, S. 31 f.
6 Zur Wirtschaftskrise siehe u. a.: Skovgaard-Petersen, Tiden 1814–1864 (wie Fn. 1), S. 63 ff. – Verwaltung: Knudsen u. a. (Hg.), Dansk Forvaltningshistorie I (wie Fn. 2) S. 354 ff. – Staatskirche: Martin Schwarz Lausten, A Church History of Denmark, Aldershot 2002, S. 197 ff.; Poul Georg Lindhardt, Skandinavische Kirchengeschichte seit dem 16. Jahrhundert, Göttingen 1982, S. 246 ff; ders., Kirchengeschichte Skandinaviens, Berlin 1983, S. 74-96. – Außenpolitik: Georg Nørregaard, Freden i Kiel 1814, Kopenhagen 1954; ders., Danmark og Wienerkongressen 1814–15,

1 Dänemark 1815–1847

Der Verlust Norwegens bedeutete eine starke Reduzierung des dänischen Gesamtstaates. Dänemark war aber noch kein Nationalstaat. Im Nordatlantik gehörten die Färöer Inseln, Island und Grönland weiterhin zu Dänemark. Darüber hinaus zählten auch die zwei Herzogtümer Schleswig und Holstein sowie Lauenburg zum dänischen Königreich. Hinzu kamen die Kolonien in Übersee. Bis zu ihrem Verkauf im Jahre 1917 an Amerika verblieben die drei westindischen Inseln im dänischen Besitz. Die Goldküste wurde 1850, Tranquebar und das indische Frederiksnagore wurden 1845 übergeben. Als Kompensation für Norwegen erhielt Dänemark die schwedischen Besitzungen nördlich der Peene in Pommern (inkl. Rügen), die aber 1815 gegen eine Geldsumme und das Herzogtum Lauenburg eingetauscht wurden. Das eigentliche dänische Kernland umfasste nach 1814 Jütland nördlich der Königsau, Fünen und Seeland samt Lolland-Falster, Møn und Bornholm.[7] (☞ Abb. 13.1, S. 1148)

Geografisch war Dänemark zwar immer noch ein Königreich mit ausgedehntem Territorium, die politische Bedeutung des Landes war jedoch stark gesunken, auch war das Hauptgewicht zwischen den nordischen Staaten wieder auf Schweden übergegangen. Nach dem Ende des Großen Nordischen Krieges von 1720/21 hatte Schweden den Großmachtstatus verloren und war durch den Verlust Finnlands an Zar Alexander I. von Russland 1809 (Friede von Fredrikshamn) weiter geschwächt worden.[8] Durch die neue Personalunion, die 1814 zwischen Norwegen und Schweden als eine Art Kompensation eingegangen wurde, stärkte Schweden seine Position im Verhältnis zu Dänemark. Aber die Beziehungen zwischen den Nachbarstaaten hatten sich grundlegend geändert. Im Laufe des 19. Jahrhunderts löste die skandinavische Bewegung (der Skandinavismus) die frühere Feindschaft ab. Vorherrschende Pläne

---

Kopenhagen 1948; ders., Efterkrigsår i dansk udenrigspolitik 1815–24, Kopenhagen 1960; ders., Danmark mellem øst og vest 1824–39, Kopenhagen 1969; ders., Før stormen. Christian VIII's udenrigspolitik, Kopenhagen 1974. – Für das Verhältnis zu den Herzogtümern siehe u. a.: Claus Bjørn, 1814–1864, in: C. Due-Nielsen u. a. (Hg.), Fra helstat til nationalstat 1814–1914. Dansk Udenrigspolitiks Historie, Bd. 3, Kopenhagen 2. Aufl. 2006, S. 48 ff., 63 ff.; Steen Bo Frandsen, Holsten i Helstaten. Hertugdømmet inden for og uden for det danske monarki i første halvdel af 1800-tallet, Kopenhagen 2008. – Handwerk und Industrie: J. O. Bro Jørgensen, Industriens Historie i Danmark 1730–1820, Kopenhagen 1943; Axel Nielsen, Industriens Historie i Danmark 1820–1870, Kopenhagen 1944; O. Hyldtoft u. a. (Hg.), Det industrielle Danmark 1840–1914, Aarhus 2. Aufl. 1982, S. 18 ff.

7 Vgl. E. Heinzelmann u. a. (Hg.), Der Dänische Gesamtstaat. Ein unterschätztes Weltreich?, Kiel 2006, passim; Skovgaard-Petersen, Tiden 1814–1864 (wie Fn. 1), S. 11 (Karte über Dänemark), 20-25, 226 (Karte über die Herzogtümer).

8 Max Engman, Ett långt farväl. Finland mellan Sverige och Ryssland efter 1809, Stockholm 2009; Torkel Jansson, Rikssprängningen som kom av sig, Stockholm 2009; Matti Klinge, Napoleonin Varjo. Euroopan ja Suomen murros 1795–1815, Helsinki 2009; Göran Behre/Lars-Olof Larsson/Eva Österberg, Sveriges historia 1521–1809. Stormaktsdröm och småstatsrealitet, Stockholm 2001, S. 250 ff.

Kapitel 13 · J. E. Olesen: Dänemark

Abb. 13.1 Dänemark um 1814

zur Bildung einer nordischen politischen Union wurden 1864 durch den Zweiten Deutsch-Dänischen Krieg endgültig zerstört.[9]

---

9 Siehe u.a Henrik Becker-Christensen, Skandinaviske Drømme og politiske realiteter 1830–1850, Aarhus 1981; John Sanness, Patrioter. Norske reaksjoner på skandinavismen før 1848, Oslo 1959; Erik Møller, Skandinavisk stræben og svensk politik omkring 1860, Kopenhagen [o. J.]; Julius Clausen, Skandinavismen historisk fremstillet, Kopenhagen 1900.

2 Verfassungsstruktur der zentralen staatlichen Ebene

Dänemark war seit 1660 laut Verfassung (*Lex Regia*, dän. *Kongeloven*, 1665) ein absolutistischer Staat. Es herrschte das Erbfolgeprinzip.[10] Der Monarch regierte allein mit seinen Räten und Ministern im Staatsrat und mithilfe hoher Beamter. Als aufgeklärter Monarch arbeitete König Frederik VI. (1808–1839) viel und nahm sich den gestellten Aufgaben aufrichtig und ernsthaft an. Die Erneuerungen ließen aber in den Jahren nach den Napoleonischen Kriegen nach.[11] Die Julirevolution 1830 sollte dies jedoch ändern. Von Paris aus verbreiteten sich die Unruhen in ganz Deutschland. In Dänemark blieben solche aber aus. Ein Drittel der Bewohner Kopenhagens stand in königlichen Diensten. Die Bauern auf dem Lande waren dem König, der den Anstoß zu den Agrarreformen 1788 gegeben hatte, treu ergeben.[12]

Die programmatische Forderung Uwe Jens Lornsens nach einer freien Verfassung für Schleswig und Holstein (»Über das Verfassungswerk in Schleswigholstein«, 1830) erregte in Kopenhagen ernsthafte Besorgnis und offenbarte die Schwäche des Absolutismus. Zu Beginn des Monats Februar 1831 beauftragte König Frederik VI. die beiden Kanzleien mit der Erarbeitung eines Gesetzesentwurfs für die ratgebenden Ständeversammlungen im Königreich und allen Herzogtümern. Als Richtschnur diente die preußische Ständeverfassung auf der Grundlage des preußischen Ankündigungsgesetzes von 1823.[13] Die beiden Kanzleien hatten sich bereits vorher mit dieser Frage beschäftigt, wollten aber keine weiteren Unterschiede als unbedingt notwendig zwischen den unterschiedlichen Teilen der Monarchie machen. Bei den Verhandlungen und Diskussionen in der dänischen Kanzlei wurde kontrovers debattiert. Eine Gruppe wollte der monarchischen Gewalt im Sinne des Absolutismus möglichst viel Macht erhalten, eine andere war der Ansicht, das Königreich solle nur eine einzige Ständeversammlung bekommen, da es eine Verwaltungseinheit bilde.[14]

Am 28. Mai 1831 stellte der König zwei Verordnungen aus, die wichtige Erneuerungen festlegten. Die eine galt für das Königreich, die andere für die Herzogtümer,

---

10 Himmelstrup/Møller, Danske Forfatningslove (wie Fn. 5), S. 14 ff.; Poul Johs. Jørgensen, Dansk Retshistorie. Retskildernes og forfatningsrettens historie indtil sidste halvdel af det 17. århundrede, Kopenhagen 5. Aufl. 1971, S. 549-563; Fredrik Lagerroth, Tyskt och nordiskt i Danmarks författningsutveckling 1660–1849. Till 100-årsminnet av Junigrundlovens tillkomst, Lund 1949, S. 5 ff.
11 Vgl. Knudsen u. a. (Hg.), Dansk Forvaltningshistorie I (wie Fn. 2), S. 355 f., 362 f.; Skovgaard-Petersen, Tiden 1814–1864 (wie Fn. 1), S. 25 ff.
12 Roar Skovmand/Vagn Dybdahl/Erik Rasmussen, Geschichte Dänemarks 1830–1939. Die Auseinandersetzungen um nationale Einheit, demokratische Freiheit und soziale Gleichheit, übers. v. O. Klose, Neumünster 1973, S. 51.
13 Lorenz Rerup, Slesvig og Holsten efter 1830, Kopenhagen 1982, S. 26, 29 ff. Vgl. Knudsen u. a. (Hg.), Dansk Forvaltningshistorie I (wie Fn. 2), S. 397 f. Vgl. auch den Beitrag über Preußen im vorliegenden Handbuchband.
14 Knudsen u. a. (Hg.), Dansk Forvaltningshistorie I (wie Fn. 2), S. 398.

1149

aber in allen wesentlichen Punkten waren sie gleich. Es sollten vier Ständeversammlungen eingerichtet werden. Da Schleswig und Holstein jeweils eine erhalten sollten, musste auch das Königreich in zwei Gebiete geteilt werden: Jütland und die Inseln. Die Befugnisse der Versammlungen wurden darauf beschränkt, dass sie bei Gesetzesvorschlägen über persönliche Rechte der Untertanen, Eigentumsrechte, Steuern und andere Lasten beraten durften. Die Ständeversammlungen erhielten außerdem das Recht, Gesuche beim König einzureichen. Außerdem durften sie in den Herzogtümern Einfluss auf die kommunalen Angelegenheiten sowie die Verteilung der Steuern nehmen. Die Stände sollten nur jedes zweite Jahr zusammentreten. Der König versprach, er würde einige »aufgeklärte« Sachkundige einberufen, die über nähere Bestimmungen beraten sollten.[15] Die auserwählten 35 Männer kamen im Sommer 1832 in Kopenhagen zusammen und berieten eifrig, ob die Verhandlungen in den Ständen öffentlich sein sollten. Die Verfechter des alten Systems waren dagegen. Die Kaufleute hingegen waren dafür. Nur bei voll hergestellter Öffentlichkeit hätten die Bürger die Möglichkeit, die zur Debatte stehenden Angelegenheiten kennenzulernen. Am Ende setzte sich aber die Entscheidung für die Nichtöffentlichkeit der Ständeverhandlungen durch.[16]

Nach dreieinhalb Jahren, am 15. Mai 1834, wurden die Ständeversammlungen endlich vom König ins Leben gerufen. Die Anordnung bestand aus vier umfassenden Verordnungen, jeweils für eine Provinz, mit gemeinsamen Richtlinien. Die vier beratenden Versammlungen sollten ihren Sitz in Roskilde, Viborg, Schleswig und Itzehoe haben.[17] Insgesamt leitete die Errichtung ratgebender Ständeversammlungen eine neue Phase innerhalb des Absolutismus ein. Diesem war es gelungen, wenig von seiner Macht abgeben zu müssen. Der dänische Gesamtstaat war weiterhin gesichert. Auch an Island und den Färöern hatte die Regierung gedacht. Sie erhielten drei Plätze in der Ständeversammlung von Roskilde (Island war hier bis 1845 vertreten, dann wurde das Allthing in Island errichtet).[18]

Eine andere zentrale Verfassungsfrage bildete die Erbfolge. Das dänische Königsgesetz (*Lex Regia*, dän. *Kongeloven*, 1665) legte sowohl die Männer- als auch die Frauenerbfolge fest, jedoch sollte die Frauenerbfolge erst erfolgen, wenn alle Manneslinien erloschen waren. Die Erbfolgefrage wurde in den letzten Jahrzehnten des

---

15 Vgl. CD-ROM-2, Dok.-Nr. 13.2.1 (Verordnung über die Einführung von Provinzialständen in Dänemark v. 28.5.1831). Als nützliche verfassungsgeschichtliche Edition für unseren Untersuchungszeitraum ist für Dänemark ebenfalls heranzuziehen: Riis u. a. (Hg.), Forfatningsdokumenter (wie Fn. 5).
16 Skovmand/Dybdahl/Rasmussen, Geschichte (wie Fn. 12), S. 58.
17 Vgl. CD-ROM-2, Dok.-Nr. 13.2.2 (Verordnung über die Einrichtung von Provinzialständen inkl. Island und die Färöer-Inseln v. 15.5.1834); Dok.-Nr. 13.3.1 (Patent über die Wahlen der Abgeordneten zu den Ständeversammlungen der dänischen Inseln, einschließlich Island und der Färöer-Inseln v. 21.5.1834).
18 Bezüglich Islands siehe Jon R. Hjalmarsson, Die Geschichte Islands. Von der Besiedlung zur Gegenwart, Reykjavik 1994, S. 102 ff.

18. Jahrhunderts durch Heiratspolitik aktualisiert. König Frederik VI. hatte in seiner Ehe mit Königin Marie Sophie Frederike zwei Töchter und keine Söhne. Bei seinem Tod ging die Krone 1839 an Prinz Christian Frederik (geb. 1786), Sohn des jüngeren Bruders des verstorbenen Königs. Sein Sohn Prinz Frederik Christian war bei der Thronbesteigung des Vaters 31 Jahre alt, er war aber schon geschieden (1837) und zeigte in den Folgejahren keine guten Regierungsfähigkeiten. Die Erbfolgefrage verblieb vor diesem Hintergrund ein latenter Bestandteil der dänischen Innen- und Außenpolitik.[19] Um die Erbfolge besonders in den Herzogtümern zu regeln, wurde im Februar 1845 eine Kommission gebildet und veröffentlichte man am 8. Juli 1846 einen offenen königlichen Brief. Christian VIII. betonte darin die Integrität des gesamten dänischen Staates und die Beibehaltung der Monarchie. Der offene Brief wurde positiv aufgenommen, verstärkte aber gleichzeitig den Abstand zur schleswig-holsteinischen Bewegung und erkannte die Erbfolgeforderungen der Augustenburger nicht an.[20]

König Christian VIII. hegte als konservativer Monarch am Beginn seiner Regierungszeit Pläne für eine mögliche Einschränkung des Einflusses der Ständeversammlungen. Er wollte einen erweiterten Staatsrat nach preußischem Modell bilden, um so die absolutistische Staatsform zu konsolidieren und die Verwaltung besser zu kontrollieren. Diese Pläne wurden jedoch nie umgesetzt, obwohl Christian VIII. in seinem letzten Lebensjahr 1847 klar geworden war, dass das bestehende System radikal verändert werden musste. Nach seinem 1848 eingetretenen Tod wurde noch im gleichen Jahr das Ministerialsystem durchgesetzt und ein Jahr später folgte die erste demokratische Verfassung Dänemarks sowie die Einrichtung eines Parlamentes mit zwei Kammern. Mit der dänischen Verfassung vom 5. Juni 1849 endete offiziell die Zeit des Absolutismus. Dänemark wurde eine konstitutionelle Monarchie.[21]

3 Wahlrecht und Wahlen

Bei der Errichtung der Ständeversammlungen wurde heftig debattiert, wer das aktive und wer das passive Wahlrecht ausüben sollte. Keiner in der dänischen Kanzlei wollte am Ende jedoch dem preußischen Vorbild folgen, in dem die Junker und Gutsbesitzer den größten Einfluss besaßen. Innerhalb des Meinungsbildes beider Kanzleien lehnte sich das Gutachten der Schleswig-Holsteinischen Kanzlei noch am ehesten

---

19 Bjørn, 1814–1864 (wie Fn. 6), S. 81 ff.
20 Vgl. CD-Rom-2, Dok.-Nr. 13.2.3 (dän.)/13.2.4 (dt.) (Königlicher offener Brief betreffend die Erbverhältnisse der Monarchie v. 8.7.1846).
21 Vgl. CD-ROM-2, Dok.-Nr. 13.2.5 (Königliches Reskript über die Einführung einer Verfassung v. 28.1.1848). Siehe auch Knudsen u. a. (Hg.), Dansk Forvaltningshistorie I (wie Fn. 2), S. 400 f., 485 ff., 497 ff.; Tim Knudsen, Niedergang des Absolutismus und Aufstieg des Ministerialsystems in Dänemark 1814–1849, in: Jahrbuch für europäische Verwaltungsgeschichte 16 (2004), S. 53-70.

an die preußische Regelung an. König und Staatsrat bevorzugten den Vorschlag der Schleswig-Holsteinischen Kanzlei. Der Staatsrat war zwar gerade in den Frühlingsmonaten 1831 erneuert worden, jedoch waren die alten konservativen Kräfte noch stark. In einer wesentlichen Sache allerdings mussten diese nach umfassenden Kommissionsverhandlungen nachgeben: Der Staatsrat beschloss schließlich die Vergabe des Wahlrechts an Pächter. Diese sollten den freien Bauern gleichgestellt werden. Die Bedingung für das Wahlrecht oder die Wählbarkeit wurde mit anderen Worten das Grundeigentum oder die Erbpacht. Fabrikanten und Vermögende erhielten kein Wahlrecht, wenn sie keinen Grundbesitz besaßen.[22]

Die Bestimmungen über Wahlrecht und Wählbarkeit waren kompliziert. Die Roskilder Ständeversammlung sollte 70 Mitglieder, die Viborger 55, die Schleswiger 43 und die Itzehoer 47 umfassen. Als Beispiel der Zusammensetzungen der Versammlungen kann Roskilde dienen: Hier sollte der König sieben Mitglieder wählen (zwei Geistliche, einen Universitätsprofessor und vier Grundbesitzer), außerdem zwei Vertreter Islands und einen der Färöer Inseln – das sind insgesamt zehn Mitglieder. Danach hatten die Besitzer der Gutshöfe, im Ganzen 129 Grundherren, das Recht, 17 Vertreter zu wählen. Um in Kopenhagen, wo zwölf Vertreter gewählt werden durften, das aktive Wahlrecht zu erhalten, musste man Grundbesitz in einem Wert von mindestens 4.000 Reichstalern besitzen. Aus diesem Grunde gab es nur 1.692 Wähler, knapp 1,5 Prozent der Einwohner. Die Provinzstädte auf den dänischen Inseln konnten elf Mitglieder wählen. Um dort Wähler zu sein, musste man Grundeigentum von 1.000 Reichstalern besitzen. Die letzten 20 Mitglieder sollten durch die ca. 15.000 Bauern und großen Hofbesitzer gewählt werden, die Eigentum über vier Steuertonnen oder Pächter mit fünf Steuertonnen haben mussten, um gewählt werden zu können. Für das aktive Wahlrecht wurde das Doppelte dieser beiden Steuersätze gefordert. Das Wahlrechtsalter wurde auf 25 Jahre festgelegt. Entsprechende Regelungen galten für die anderen Ständeversammlungen. Im Königreich besaßen Juden zwar das aktive Wahlrecht, konnten sich aber nicht zur Wahl stellen. In den Herzogtümern wurde ihnen gar kein Wahlrecht zugebilligt.[23]

Etwa jeder 40. Einwohner hat im Jahr 1834 das Wahlrecht erhalten. Die dänische Ständeordnung unterschied sich von ihrem Vorbild – der preußischen – darin, dass sie frei von jedem Adelsprivileg war. Ebenso wenig gab es Privilegien für Reiche und Vermögende. Der Haupteinfluss lag bei der Landbevölkerung. Angestelltes Gesinde und notleidende Menschen wurden von Wahlen ausgeschlossen.

Die Wahlen fanden nicht an einem bestimmten Tag statt, sondern verteilten sich auf die Herbstmonate 1834 und den Januar des Folgejahres. In Kopenhagen kam es

---

22 Skovmand/Dybdahl/Rasmussen, Geschichte (wie Fn. 12), S. 56 f.
23 Vgl. CD-ROM-2, Dok.-Nr. 13.2.2 (wie Fn. 17); Dok.-Nr. 13.3.1 (wie Fn. 17); Hans Chr. Johansen, En samfundsorganisation i opbrud 1700–1870. Dansk social historie 4, Kopenhagen 2. Aufl. 1979, S. 275 f.

u. a. zur Gründung erster Wählervereine. Auch die Handwerker stellten beispielsweise vier Kandidaten auf, von denen auch drei gewählt wurden. Von einem eigentlichen Wahlkampf war nicht die Rede. Es ging vor allem darum, die zwölf Mandate der Hauptstadt zu besetzen. In den Provinzstädten wählten die Bürger zumeist Kaufleute, Advokaten und Beamte. Die Bauern entschieden sich oft für Vertreter ihres eigenen Standes. Die Wahlbeteiligung war überall hoch, zur höchsten Beteiligung kam es unter den Bauern. Dies ist aber kaum als lebhaftes politisches Interesse zu werten. Die Bauern gingen vielmehr zur Wahl, da der König diese ausgerufen hatte.[24] Unter den durch König Frederik VI. ernannten Mitgliedern waren Jacob Peter Mynster, der Bischof von Seeland, und Professor Joakim Frederik Schouw, der Vertreter der Universität in beiden dänischen Versammlungen, ebenso wie Professor Nicolai Falck, der Vertreter der Kieler Universität in den Ständeversammlungen beider Herzogtümer war.

Für die damalige Zeit war diese Ständeordnung unverhältnismäßig demokratisch und berücksichtigte die verschiedenen Bevölkerungsgruppen. Nur die akademische Mittelklasse, die gerade zu sozialem und politischem Selbstbewusstsein erwacht war, war nicht als eigene Gruppe vertreten.[25] Die ersten gewählten Versammlungen hatten einen allgemeineren Charakter als ursprünglich erwartet. Alle sozialen Schichten der Bevölkerung: Beamte, Rechtsanwälte, Gutsbesitzer, Bauern, Kaufleute und Handwerker waren vertreten. Von einer Herrschaft der unteren Schichten konnte keine Rede sein.[26]

4 Grundrechte

In Dänemark wurde die Reformation 1536 nach einem zweijährigen Bürgerkrieg (die Grafenfehde) durchgesetzt. Der neue König Christian III. führte im Sommer desselben Jahres den lutherisch-protestantischen Glauben als offizielle Religion ein und setzte die alten katholischen Bischöfe ab. Die erste neue Generation der lutherisch-protestantischen Superintendenten hatte durchweg in Wittenberg studiert. Andere Glaubensauffassungen wurden im Königreich nicht toleriert, obwohl fremde religiöse Gruppen in der zweiten Hälfte des 17. Jahrhunderts das Recht erhielten, mit königlicher Erlaubnis und Aufenthaltsgenehmigung ihren Glauben auszuüben.[27] Dies blieb Jesuiten und Katholiken verwehrt, die noch in der ersten Hälfte des 19. Jahrhunderts keinen Zugang zum dänischen Königreich hatten. Die in Dänemark wohnenden

---

24 Skovmand/Dybdahl/Rasmussen, Geschichte (wie Fn. 12), S. 60.
25 Vgl. ebd., S. 59 ff.
26 Ebd., S. 61; Knudsen u. a. (Hg.), Dansk Forvaltningshistorie I (wie Fn. 2), S. 476 ff.
27 Jens E. Olesen, Dänemark, Norwegen und Island, in: M. Asche/A. Schindling (Hg.), Dänemark, Norwegen und Schweden im Zeitalter der Reformation und Konfessionalisierung. Nordische Königreiche und Konfession 1500 bis 1660, Münster 2003, S. 27-106.

Juden besaßen laut Verordnung von 1814 dieselben Rechte wie die anderen Bürger; eventuelle interne Bestimmungen gegen geltende dänische Gesetze wurden als ungültig betrachtet. 1843 wurde in Rechtsfällen von den Juden ein Eid vor dänischem Gericht gefordert. Über die Errichtung von neuen Synagogen entschied der König.[28]

Inspiriert von der Französischen Revolution wurde zwar die Forderung in der Gesellschaft laut, Religionsfreiheit zu fördern, den Konfessionsstaat aufzuheben und das Verhältnis zwischen Staat und Kirche zu lösen oder wenigstens zu lockern. Auch stiegen die großen Volksbewegungen, die religiös vom Pietismus bestimmt waren, ihren Grund aber in den gesellschaftlichen Strukturveränderungen und in den neuen Klassen hatten, zum wichtigsten Phänomen des neuen Jahrhunderts auf. Der Konflikt zwischen alter, politisch meist konservativer Kirchlichkeit und der Volkserweckung sollte im späteren Verlauf des 19. Jahrhunderts im Bündnis mit dem politischen, wirtschaftlichen und kulturellen Liberalismus zu einem religiösen Individualismus und zu einer Demokratisierung der Kirchengemeinden führen.[29] Um 1814/15 und in den nachfolgenden Jahrzehnten besaßen die Bürger des dänischen Königreichs aber noch keine volle Religionsfreiheit. Diese wurde erst am 21. Juni 1848 eingeführt. Gleichzeitig gab es eine Generalamnestie für aufgrund illegaler Religionsausübung Verurteilter. In der Juni-Verfassung von 1849 wurde die volle Religionsfreiheit bestätigt. Niemand sollte mehr seines Glaubens wegen die bürgerlichen und politischen Rechte verlieren können.[30]

Faktische Versammlungsfreiheit bestand in Dänemark schon relativ früh, zumindest existierte kein Gesetz, das die Ankündigung oder die Erlaubnis öffentlicher Versammlungen regelte. Auf der anderen Seite zeigte sich die Kanzleiverwaltung bemüht, in bestimmten Fällen und zum Zwecke des Verbots unerwünschter Veranstaltungen die Pflicht zur Beantragung von Versammlungen durchzusetzen. So versuchte die Kanzlei im November 1845, durch ein entsprechendes Rundschreiben und unter Verweis auf eine solche Antragsvorschrift gegen Versammlungen vorzugehen, die die Rechtsverhältnisse des Bauernstandes zum Gegenstand haben sollten. Auf der Ständeversammlung in Roskilde wurde offen Kritik an der Vorgehensweise der Kanzlei geäußert und ein halbes Jahr später wurde das Rundschreiben zurückgenommen. Eine grundlegende Veränderung bezüglich der Versammlungsfreiheit trat erst mit der Juni-Verfassung von 1849 ein. Den Bürgern wurde jetzt das explizite Recht zugesprochen, sich unbewaffnet und frei zu versammeln. Die Polizei erhielt aber gleichzeitig die Befugnis, den öffentlichen Versammlungen beizuwohnen.[31]

---

28 Vgl. CD-ROM-2, Dok.-Nr. 13.4.1 (Verordnung über die Anhänger der mosaischen Religion v. 29.3.1814); Dok.-Nr. 13.4.3 (Verordnung über die Beeidigung von Anhängern des mosaischen Glaubens v. 10.5.1843).
29 Siehe u. a. Lindhardt, Kirchengeschichte Skandinaviens (wie Fn. 6), S. 74 ff.
30 Siehe spätestens Riis u. a. (Hg.), Forfatningsdokumenter (wie Fn. 5), S. 57-65.
31 Art. Forsamlingsretten, in: Salmonsens Konversationsleksikon, Bd. 19, Kopenhagen 2. Aufl. 1919, S. 503.

Presse- und Redefreiheit existierten in Dänemark seit 1770, wobei sie allerdings schon 1771 und ein Jahr später mit dem Fall des aufgeklärten Reformministers Johann Friedrich Struensee stark eingeschränkt wurden. Die Zensur wurde später zwar wieder gelockert, aber eine Pressefreiheitsverordnung von September 1799 schränkte die Pressefreiheit erneut stark ein. Periodische Blätter und alle Schriften unter 24 Bögen mussten dem örtlichen Polizeimeister vorgelegt werden, der ihre Verbreitung verbieten konnte. Ein einmal verurteilter Schriftsteller unterstand für den Rest seines Lebens der Zensur. Kritik an der bestehenden Regierung wurde besonders streng geahndet. Die persönlichen Interventionen König Frederiks VI. machten das Ganze noch schwieriger. Der König selbst machte in den Jahren 1834–1839 in 28 Fällen auf den Missbrauch der Pressefreiheit aufmerksam. Er reagierte besonders heftig auf einen Artikel der Kopenhagener Zeitung »Fædrelandet«, in dem vorgeschlagen wurde, die urteilende, die ausübende und die gesetzgebende Macht voneinander zu trennen, um sich vor Willkür zu schützen und eine echte bürgerliche Freiheit einzuführen. In Reaktion auf solche Überlegungen strebte der König eine allgemeine Zensur an, durch die den Verfassern und Redakteuren auch die Appellationsmöglichkeit genommen werden sollte.[32] Die königlichen Pläne für einen umfassenden Anschlag auf die Pressefreiheit wurden vorzeitig bekannt. Im Februar 1835 erreichte den König eine Petition mit 572 Unterschriften – darunter auch mehrerer prominenter Persönlichkeiten. In der Bittschrift wurde vorsichtig vom Vertrauen zwischen König und Volk gesprochen, welches die Zensur überflüssig machen müsse, und der König gebeten, seine Hand über eine Freiheit zu halten, die älter als die der Bauern sei. Frederik VI. setzte sich aber mit seinen strengen Maßnahmen durch.

Die liberalen Männer, die die Petitionsbewegung in Gang gesetzt hatten, nutzten die Gelegenheit der öffentlichen Debatte über den König, um Anfang März 1835 die »Gesellschaft zum rechten Gebrauch der Pressefreiheit« (»Selskabet til Trykkefrihedens rette Brug«) zu gründen, die taktisch als Gesellschaft für Volksaufklärung bezeichnet wurde. Dieser Zweck wurde durch die Herausgabe einer neuen Zeitschrift und mehrerer kleiner Schriften erfüllt. Die neue Gesellschaft erhielt regen Zulauf, besonders in Kopenhagen. Ihre Bedeutung lag vor allem darin, dass sie sich politischen Aufgaben widmete. Zu den Jahresversammlungen kamen viele Teilnehmer aus allen sozialen Schichten, um die jungen liberalen Referenten zu hören und um soziale Fragen zu debattieren. Es war vor diesem Hintergrund gewiss kein Zufall, dass der Vorsitzende der Gesellschaft, Professor Joakim Frederik Schouw, zum Präsidenten der Ständeversammlungen von Roskilde und Viborg gewählt wurde.[33]

---

32 Harald Jørgensen, Trykkefrihedsspørgsmålet i Danmark 1799–1848. Et bidrag til en karakteristik af den danske enevælde i Frederik VI's og Christian VIII's tid, Kopenhagen 1944, S. 15 ff., 29 ff., 159 ff.; Jensen, Enevældens Afslutning (wie Fn. 4), S. 404 ff., 416 f.
33 Siehe u. a. Jensen, Enevældens Afslutning (wie Fn. 4), S. 418; Knudsen u. a. (Hg.), Dansk Forvaltningshistorie I (wie Fn. 2), S. 398 ff.

Auch wenn König Frederik VI. gegen den Rat der Ständeversammlungen die Pressefreiheit einschränkte, blieb freilich das Recht bestehen, an die Gerichte zu appellieren. Auch erwies sich das königliche Vorgehen entgegen der ursprünglichen Absicht als günstig für die Entwicklung der Rede- und Geistesfreiheit, da es der jungen liberalen Partei zu einer breiteren Grundlage in der Gesellschaft verhalf. Die Juni-Verfassung von 1849 bestätigte die Pressefreiheit, die am 3. Januar 1851 gesetzlich festgelegt wurde.[34]

5 Verwaltung

Die dänische Zentralverwaltung war seit 1660 durchweg in Kollegien organisiert. Die dänische Kanzlei bildete das zentrale Kolleg. Darunter fielen das Gerichtswesen, die Innenverwaltung des dänischen Königreiches sowie das Kirchen- und das Unterrichtswesen. Zum Tätigkeitsbereich der dänischen Kanzlei gehörten das Königreich, Island, die Färöer Inseln, Grönland und die Territorien in Übersee. Im Jahre 1815 glichen die Arbeitsaufgaben noch denen im dänischen Gesetzesbuch von 1683. Man verwaltete die evangelisch-lutherische Staatskirche, das Schulwesen sowie das Justiz- und Polizeiwesen.[35] Die gleichen Angelegenheiten bearbeitete die deutsche Kanzlei für die Herzogtümer.[36] In den Jahren nach 1814/15 erfolgte aber eine Reorganisation der Finanz- und Kammerverwaltung. Mit einer Reform vom 9. Februar 1816 wurde ein neues Kolleg – die Finanzdeputation – als zentrale Lenkung der Finanzen gegründet. Steuern, Agrarwirtschaft, Fischerei etc. fielen unter die Rentenkammer. Die Generalzollkammer und das Kommerzkolleg verwalteten das Zollwesen und stellten Fabrikprivilegien aus.[37] Die Nationalbank besaß seit 1818 eine eigene Direktion.[38] Trotz Reformen und Verbesserungen war das Verwaltungssystem aber weiterhin unüberschaubar. Erst im Jahre 1836 wurde eine neue Finanzkommission ernannt, deren Arbeit in den Jahren 1840–1842 in einer Reihe von Reformen gipfelte, u. a. in der Umorganisation der Rentenkammer.[39]

Neben den zivilen Kollegien gab es das Kriegskolleg, das die Verteidigung und dadurch einen sehr großen Teil der staatlichen Beamten verwaltete. Im Jahre 1815 wurde der Wiederaufbau der Flotte eingeleitet. Bereits ein Jahr später lag ein Heeresplan vor. Kopenhagen war die wichtigste Festung des Landes. Ansonsten war die Armee in

---

34 Jørgensen, Trykkefrihedsspørgsmålet (wie Fn. 32), S. 173 ff., 193 ff., 207 ff.
35 Vgl. ebd., S. 364 ff.
36 Knudsen u. a. (Hg.), Dansk Forvaltningshistorie I (wie Fn. 2), S. 364 ff.
37 Vgl. CD-ROM-2, Dok.-Nr. 13.11.1 (Königliche Bekanntmachung über die zukünftige Finanzführung v. 9.2.1816).
38 Vgl. CD-ROM-2, Dok.-Nr. 13.11.3 (Reglement für die Nationalbank v. 27.7.1818).
39 Vgl. Knudsen u. a. (Hg.), Dansk Forvaltningshistorie I (wie Fn. 2), S. 406 ff., 421 ff.

Militärdivisionen für Seeland, Fünen und Jütland sowie die Herzogtümer eingeteilt. Die Offiziersausbildung war in Kopenhagen untergebracht.[40]

Im Jahre 1801 erschien zum ersten Mal der dänische Hof- und Staatskalender. Die große Anzahl der Namen in diesem Kalender bezog sich aber nicht auf die Beamten der Zentralverwaltung. Die Kollegien waren kleine und unüberschaubare Einheiten. Der Großteil der zivilen und militärischen Beamten wohnte nicht in Kopenhagen. Außerhalb der Hauptstadt, wo der Amtmann als Oberpräsident benannt wurde, gab es 21 Amtmänner. Diese waren die örtlichen Repräsentanten der Zentralverwaltung. Die Amtsverwalter leiteten die Amtsstuben, erhoben die Steuern und rechneten gegenüber der Rentenkammer in Kopenhagen ab. In der dänischen Kanzlei gab es auf lokaler Ebene Amts- und Stadtvögte, die das Gerichtswesen und die Polizei verwalteten. Diese Amtsträger verwalteten auch die vielen hundert Pfarrer sowie die Post- und Zollbeamten.[41] Eine lokale Selbstregierung (dän. *selvstyre*) existierte um 1814/15 noch nicht. Sie wurde erst ab 1837 mit der Einführung von Gesetzen für die Stadtkommunen (1837) sowie für die Landkommunen und Amtsräte (1841) eingeführt.[42] Der genauere Hintergrund dieser Gesetze bildete die Einführung der ratgebenden Ständeversammlungen 1831 und 1834 (siehe oben). Gesetze und Verordnungen wurden bis 1824 von der Kanzel verlesen, dann sollten nur noch Informationen für den allgemeinen Mann weiterhin von der Kanzel und vom Friedhof auf dem platten Land angekündigt werden. In den Städten oblag es jetzt der Obrigkeit, Gesetze und Verordnungen zu veröffentlichen.[43]

Viele Beamte besaßen noch Anfang des 19. Jahrhunderts keine akademische Ausbildung. Die größte akademische Gruppe bildeten die Theologen, die die Pfarrämter besetzten. Die Juristen spielten zu diesem Zeitpunkt zunächst noch eine geringe Rolle, aber ab 1821 erhielten juristische Kandidaten das Monopol auf eine Reihe wichtiger Staatsämter (Anwälte, Bürgermeister in den Städten, leitende Stellen in der dänischen Kanzlei). Die Juristen wurden damit zum herrschenden akademischen Stand innerhalb der Gesellschaft.[44]

Allgemein zeigte die Verwaltung in den letzten Jahrzehnten der Regierungszeit Frederiks VI. vor dem Hintergrund wirtschaftlicher Probleme gewisse Zerfallstendenzen. Der Nachfolger, König Christian VIII. (1839–1848), stand einer Modernisierung der Verwaltung positiv gegenüber. Durch Bekanntmachung vom 30. Dezember 1840 wurden beispielsweise bessere und rationellere Sach- und Geschäftsvorgänge in

---

40 Ebd., S. 432 ff.
41 Ebd., S. 357 f.; Harald Jørgensen, Lokaladministrationen i Danmark. Oprindelse og historisk udvikling indtil 1970. En oversigt, Kopenhagen 1985, S. 85 ff.
42 Vgl. CD-Rom-2, Dok.-Nr. 13.5.3 (Verordnung über die ökonomischen Verhältnisse in den Kaufstädten v. 24.10.1837); Dok.-Nr. 13.5.5 (Verordnung über die Landkommunen v. 13.8.1841).
43 Vgl. CD-ROM-2, Dok.-Nr. 13.5.1 (Verordnung über die Auflösung von weltlichen Verordnungen und Kundgebungen vom Predigtstuhl v. 8.10.1824).
44 Knudsen u. a. (Hg.), Dansk Forvaltningshistorie I (wie Fn. 2), S. 359.

der Finanzverwaltung eingeführt. In den folgenden Jahren gab es Überlegungen für eine Reform der kollegialen Verwaltung sowie die Durchsetzung des Ministerialsystems. In diesem Zusammenhang verbesserte sich auch die Besoldung der Beamten. In den Jahren 1843–1848 bewegte sich innerhalb der Organisation der staatlichen Verwaltung jedoch nicht viel. Im entscheidenden Jahr 1848 sollte sich aber alles ändern und das Ministerialsystem endgültig durchsetzen.[45]

6 Justiz

Die Entscheidungen der Untergerichte außerhalb Kopenhagens konnten an den zwei Landesobergerichten, die 1805 die alten *Landesthinge* abgelöst hatten, appelliert werden. Sie waren für Jütland in Viborg und in Kopenhagen für die dänischen Inseln eingerichtet worden. Für Kopenhagen existierte seit 1793 außerdem ein Polizeigericht. Hier wurden kleinere Delikte behandelt. Mit der Zeit erweiterte sich das Spektrum der ihm zugewiesenen Fälle deutlich, was zu öffentlicher Kritik führte. Das Polizeigericht wurde daraufhin 1845 durch ein neues Kriminal- und Polizeigericht ersetzt. Alle Kopenhagener Kriminalsachen sollten künftig vor dieses Gericht und nicht vor das Obergericht kommen. Letzteres, d. h. das Landesobergericht in Kopenhagen, behandelte weiterhin die zivilen Fälle als Erstinstanz. Von beiden Gerichten konnte direkt an das Höchste Gericht (*Højesteret*) appelliert werden.[46] Auch eine Inquisitionskommission gehörte bis zu ihrer Auflösung 1842 zu diesem Rechtssystem. Hier wurden bis 1837 harte Verhörmethoden angewendet. Die Strafe des Exils wurde 1827 aufgehoben.[47]

Das Justizsystem besaß aber schwere Mängel. Die im *Danske Lov* (1683) festgelegten Strafen waren nicht mehr zeitgemäß. Es gab barbarische Strafen für kleinere Vergehen, aber Strafdefizite bei Betrügereien und Unterschlagungen. Das eventuelle Missverhältnis zwischen Verbrechen und Strafe wurde oft für königliche Begnadigungen und Strafverminderungen ausgenutzt. Dieser willkürliche Aspekt ist charakteristisch für das Rechtswesen des späten Absolutismus.[48] Die strafrechtlichen Diskrepanzen wurden in den 1830er- und 1840er-Jahre durch mehrere Gesetze aufgelöst (Gesetze in Bezug auf Gewalttaten 1833, auf Diebstahl und Betrügereien 1840, auf Falschaussagen und Meineid 1840, auf Brandstiftung 1841). Diese Gesetze bildeten den bedeutendsten Einsatz des späten Absolutismus auf juristischem Gebiet, denn sie

---

45 Ebd., S. 424 ff., 439 ff., 476 ff., 482 ff., 497 ff.
46 Vgl. CD-ROM-2, Dok.-Nr. 13.6.3 (Verordnung über die Errichtung eines Kriminal- und Polizeigerichtes in Kopenhagen v. 28.2.1845).
47 Vgl. CD-ROM-2, Dok.-Nr. 13.6.2 (Bekanntmachung über die Aufhebung der Inquisitionskommission für Kopenhagen v. 5.1.1842); Dok.-Nr. 13.4.2 (Verordnung über die Aufhebung von Exilstrafen v. 30.3.1827).
48 Skovgaard-Petersen, Tiden 1814–1864 (wie Fn. 1), S. 44 f.

brachten den Gerichten die Möglichkeit, eine angemessenere Strafe – abhängig von den genaueren Umständen der Straftat – zu verhängen.[49] Gegen Aufruhr und Meutereien in den Gefängnissen ordnete man 1817 aufgrund eines konkreten Vorfalls eine schwere Strafe an.[50] Eine Reform des Gefängniswesens schlug 1829 Christian Georg Nathan David vor. Es sollte aber bis 1840 währen, bis eine Kommission für diesen Zweck gebildet wurde. Die Situation in den Gefängnissen wurde in den Folgejahren verbessert und humanisiert.[51]

Eine weitere Modernisierung bildete beispielsweise die Erbverordnung von 1845. Ohne elterliche Bestimmung erbte die Schwester im Vergleich zum Bruder nur die Hälfte. Die Entscheidung der Kanzlei war ein Kompromiss. Eine Gleichstellung erfolgte erst 1857. Sonst war die rechtliche Gleichstellung der Untertanen weitgehend noch keine Realität. Innerhalb der Familie waren Frau und Kinder dem Manne unterstellt. Im Dienstverhältnis unterstanden Landarbeiter und Bedienstete dem Gutsherrn.[52]

Im Großen und Ganzen wurden aber im späten Absolutismus beim Aufbau eines Rechtsstaates wichtige Resultate erreicht: Das Rechtssystem wurde einheitlicher und einfacher, die Strafgesetzgebung modernisiert, Richter erhielten eine bessere juristische Ausbildung.

7 Militär

Nach den Napoleonischen Kriegen und dem Verlust Norwegens wurde das Militärwesen in Dänemark vor dem Hintergrund der radikal veränderten Verhältnisse neu organisiert. Während des Krieges von 1807 bis 1814 war bezüglich des Seewesens nicht nach einem festen Plan gearbeitet worden. Bald nach dem Kieler Frieden wurde aber ein königlicher Flottenplan erstellt, der auf eine deutliche Aufstockung der Flotte hinauslief. Sämtliche Schiffe wurden in Kopenhagen stationiert und mit Matrosen aus dem ganzen Königreich bemannt. Oberster Befehlshaber der Flotte war der König.[53] Die neue Flotte sollte innerhalb von 16 Jahren gebaut werden, was auch im Großen und Ganzen gelang, obwohl der Plan im Laufe der Zeit gewisse Änderungen erfuhr. Die Marine erhielt 1824 ihr erstes Dampfschiff, das übrigens auch als Königsschiff

---

49 Ebd., S. 45.
50 Jens Engberg, Dansk Guldalder eller Oprøret i Tugt-, Rasp- og Forbedringshuset, Kopenhagen 1973 (3. Aufl. 1980), passim.
51 Skovgaard-Petersen, Tiden 1814–1864 (wie Fn. 1), S. 45 f.
52 Ebd., S. 45 f.
53 Just Rahbek, Dansk Militærpolitik fra Tronskiftet i 1839 til Krigens Udbrud i 1848, Aarhus 1973, S. 15.

diente. Genutzt wurde die Flotte kaum. Es kam zu einigen Reisen in die überseeischen Besitzungen und zu einer partiellen Nutzung als Wachtschiffe.[54]

Für die Armee erarbeitete der König einen Plan und setzte am 1. September 1815 eine Kommission ein. Auf der Grundlage dieser Kommissionsarbeit trat am 25. Januar 1816 eine neue Heeresordnung in Kraft. Die Zahl der Soldaten wurde auf 63.000 Mann festgelegt. Für den täglichen Dienst benötigte man ca. 11.000 Mann. Der Heeresplan von 1816 blieb bis 1842 weitgehend in Kraft, obwohl die Ausbildung der Mannschaft mit der Zeit einige Einschränkungen erfuhr.[55] Einer anonymen Schrift zufolge verfügte die Armee 1833 neben der Artillerie über 19.000 Mann bei der Infanterie und 5.400 Mann bei der Kavallerie. Vieles deutet darauf hin, dass die Stärke der Armee schwächer war, als auf dem Papier behauptet. Qualitativ nahm die Stärke der Armee mit dem Alter des Königs zunehmend ab.[56]

Die Armee setzte sich aus drei Militärdivisionen zusammen, deren Oberbefehlshaber der König war. Auch die Marine bildete eine Einheit. Die Ausbildung aller Offiziere erfolgte in Kopenhagen. Die Kommandosprache war dänisch. In den Herzogtümern dienten einige dänische Offiziere, aber keine einfachen Soldaten des Königreiches. Eine Krise in den Beziehungen zu Schweden brachte 1819 die Frage nach der Befestigung Kopenhagens auf die Tagesordnung, die erwogenen Fortifikationsarbeiten wurden aber nicht umgesetzt.[57] Als einzige soziale Gruppe verrichteten die Bauern den Wehrdienst. Die Regierung diskutierte 1828/29 die Einführung einer allgemeinen Wehrpflicht. Die dänische Kanzlei sprach sich dagegen aus, und so hielt der König an den bisherigen Prinzipien fest.[58]

Kritik am bestehenden Militärwesen kam zunächst nicht zur Sprache. Erst in den 1830er-Jahren argumentierte Kapitän Anton Frederik Tscherning für ein neues und verbessertes Militärwesen. Er wollte eine Situation wie in den Jahren 1801, 1807 und 1813/14 vermeiden. Vor diesem Hintergrund forderte er einen allgemeinen Wehrdienst und eine Bürgerbewaffnung, wollte aber bestimmte Garnisonstruppen beibehalten. Die öffentliche Debatte blieb lange ergebnislos. Erst nach der Thronbesteigung des neuen Königs Christian VIII. im Jahre 1839 wurde die Verteidigungsfrage erneut aktuell.[59]

Am 3. Februar 1840 wurde eine aus Landoffizieren bestehende Kommission ernannt, die in der Stadt Odense auf Fünen die Wehrdienstfrage und die Organisation

---

54 Ebd., S. 16.
55 Vgl. CD-ROM-2, Dok.-Nr. 13.7.1 (Bekanntmachung über Reduzierungen der Mannschaften der Regimenter und Korps v. 7.2.1816).
56 Rahbek, Militærpolitik (wie Fn. 53), S. 16 f.
57 Rahbek, Militærpolitik (wie Fn. 53), S. 17, 22 f.
58 Vgl. CD-ROM-2, Dok.-Nr. 13.7.2 (Verordnung für Dänemark mit detaillierten Vorschriften über die Wehrpflicht v. 8.5.1829); Dok.-Nr. 13.7.3 (Bekanntmachung über die Einschränkung zum Verlassen des Wehrpflichtdienstes v. 10.7.1846); Rahbek, Militærpolitik (wie Fn. 53), S. 17.
59 Ebd., S. 28 ff.

des Heeres sowie die Einrichtung von Festungen diskutieren sollte. Der Flotte verordnete der König am 17. März 1840 die Herabsetzung der Gesamtkosten auf eine Million Reichstaler. Die Anzahl an Segelschiffen wurde damit vorläufig vermindert, aber bereits ein Jahr später stimmte der König dem Neubau von Schiffen zu.[60] Die Odense-Kommission erarbeitete Vorschläge für eine Heeresreform auf der Grundlage von 32.000 Mann, die mit Verstärkung die max. Stärke von 62.000 Mann vorsah. Darüber hinaus schlug die Kommission die Ausbesserung bestehender bzw. die Errichtung neuer Festungen in Jütland und auf Seeland vor. Eine Minderheit wollte aber Kopenhagen als Festung aufgeben. Als Voraussetzung sollten laut Meinung der Kommissionsmitglieder die Linienschiffe abgeschafft, der Rest der Flotte in Flottillen aufgeteilt werden.[61]

Die Frage einer Neuordnung der Festungen griff der König aber nicht auf. 1842 wurde eine neue Heeresordnung in Kraft gesetzt. Eine allgemeine Wehrpflicht gab es weiterhin nicht. Das bisherige Ausschreibungssystem blieb mit einigen Ergänzungen bestehen. Erst im Juni 1847 kam es zur Verabschiedung einer königlichen Resolution über die Organisation der Reservisten. Festlegungen über die Verstärkung wurden aber nicht getroffen.[62] In der Zwischenzeit war aber das Thema der allgemeinen Wehrpflicht in Militärkreisen und in der Öffentlichkeit nicht in Vergessenheit geraten. Der 1842 erarbeitete Gesetzesvorschlag konnte erst 1844 den Ständeversammlungen vorgelegt werden, die ihn insgesamt ablehnten. Bereits 1846 kam es deshalb zur Bildung einer neuen Kommission, um nochmals die Frage der allgemeinen Wehrpflicht zu überdenken. Diesmal stimmten die Ständeversammlungen von Roskilde und Viborg für die Einführung der allgemeinen Wehrpflicht, was aber in der Regierungszeit Christians VIII. (gest. 1848) nicht mehr, sondern erst 1849 verwirklicht wurde. Was den Vorschlag der Odense-Kommission von 1842 bezüglich der Festungen betraf, so kam man nun darauf zurück: Kopenhagen sollte als Hauptfestung des Reiches aufgebaut und gesichert werden.[63]

8 Verfassungskultur

Die Wahlen zu den Ständeversammlungen, die Verhandlungen und Beratungen in den folgenden Jahren führten allgemein zu einer erweiterter Kommunikation zwischen den gewählten Vertretern und deren Umfeld. Die Briefkultur nahm einen Aufschwung. Die politischen Briefe bilden einen charakteristischen Aspekt der Zeitspanne, die von den Ständeversammlungen im Jahr 1830 bis zur Juni-Verfassung von 1849

---

60 Ebd., S. 39 f.; Knudsen u. a. (Hg.), Dansk Forvaltningshistorie I (wie Fn. 2), S. 437 f.
61 Rahbek, Militærpolitik (wie Fn. 53), S. 42 ff.
62 Ebd., S. 48 ff.
63 Ebd., S. 52 ff.

reicht. Die Vorbereitung und Entstehung eines freien Verfassungslebens festigte sich in dieser Epoche in allen sozialen Schichten. Die ersten positiven Ergebnisse, der Einfluss der Ständeversammlungen und -beratungen wurden in der Form einer neuen Gesetzgebung veröffentlicht.

Die politischen Briefe liefern einen fortlaufenden Kommentar zu den Ereignissen jener Jahre. Sie bringen selten neue bedeutende Fakten hinsichtlich der politischen Ereignisse zu Tage, bieten aber wertvolle Informationen über die Stimmungen und Anliegen der Briefeschreiber, die alle politischen Auffassungen und Gruppen der Bevölkerung vertraten.[64] Besonders von mehreren Geistlichen sind wertvolle politische Briefe erhalten. In Reaktion auf die Einführung der Ständeversammlungen vertrat ein Briefautor die Auffassung, dass der König zu wenige Zugeständnisse gegeben hätte; anderen gingen die Reformen hingegen zu weit. Manche Stimmen hielten die Ständeversammlung als Institution für einen passenden Übergang zu einer freien Verfassung. Die politischen Briefe dokumentieren mehrheitlich Zufriedenheit mit den Versammlungen, andere waren aber auch von Gleichgültigkeit geprägt. Auch über die Effektivität und Effizienz der Ständeversammlung äußerten sich einige Autoren. Neben der kritischen oder anerkennenden Bewertung der Ständeinstitution – die erste Versammlung von Roskilde verschaffte sich unter den skeptischen Konservativen langsam Respekt – gibt es weitere Themen, die oft in den Briefen diskutiert wurden. Es ging vor allem um die großen politischen Fragen, die die Stände und Öffentlichkeit beschäftigten: die Versuche zur Durchsetzung einer größeren Sparsamkeit im Staat, die Frage der Druckfreiheit, die Forderung nach einer Vereinigung der Stände und die Diskussion über eine freie Verfassung. Oft findet man in den überlieferten politischen Briefen einen Ausdruck der zufriedenen oder aber resignierten Überzeugung, dass Dänemark sich in Richtung freierer Verfassungsformen bewege und sich dies nicht mehr stoppen ließe. Einige Briefe beschäftigen sich mit den Wahlen zu den Ständeversammlungen. Ein Brief dokumentiert sogar Bestrebungen seitens eines Gutsbesitzers, die Bauern unter Druck zu setzen.

Es existieren mehrere Beispiele dafür, dass die gewählten Mitglieder der Ständeversammlungen im Vorfeld die ratgebende Arbeit vorbereiteten. Einige ernsthafte Deputierte berieten sich außerdem mit Spezialisten und Kennern. Es kann dokumentiert werden, dass liberale Jütländer und Seeländer Kontakte miteinander pflegten. Auf dieser Grundlage entwickelte sich mit der Zeit eine reelle politische Zusammenarbeit, die zum Teil die Unterschiede zwischen den zwei dänischen Ständeversammlungen aufhob.[65]

Nach der Thronbesteigung König Christians VIII. 1839 festigte sich die zentrale Position der nationalliberalen Politiker, vor allem mit den jungen Orla Lehmann und

---

64 P. Bagge/P. Engelstoft (Hg.), Dansk Politiske Breve fra 1830erne og 1840erne, Bd. 1 (1830–1840), Kopenhagen 1945, passim.

65 Ebd., hier u. a. die Briefe Nr. 5, 10, 14, 15, 19, 19a, 21, 43, 53, 57, 60, 82, 84, 90, 93, 309.

Ditlev Gothard Monrad als führenden Persönlichkeiten. Die Gegensätze zwischen ihren radikaleren Standpunkten und der moderateren Haltung der älteren Generation traten deutlich hervor, jedoch wurde auch die Zusammenarbeit zwischen den beiden Gruppen deutlich. Die politischen Briefe dokumentieren darüber hinaus die Bauernbewegung als neuen politischen Faktor sowie die Zusammenarbeit zwischen den Liberalen und den sog. Bauernfreunden. Es lässt sich somit nachweisen, dass sich die politischen Parteiengegensätze Anfang der 1840er-Jahre verschärften.

Neben den verfassungspolitischen Problemen trat jetzt die nationale Frage in Erscheinung, die nach 1842 in eine nationale Bewegung im Königreich überging. Diese Bewegung trieb den schon begonnenen Übergang vom Liberalismus zum Nationalliberalismus mit einem konstitutionellen Dänemark bis zur Eider weiter voran und stärkte die Verbindung zwischen den Liberalen in den beiden Ständeversammlungen sowie den Dänen in Schleswig. Auf der deutschen Seite entwickelten die holsteinischen Stände 1844 die Grundsätze des »Schleswigholsteinismus«.[66]

In den Jahren 1845–1847 fanden die letzten Ständeversammlungen statt. In der Roskilder Versammlung von 1846 schlug Orla Lehmann direkt eine freie dänische Verfassung vor, was ein Zeichen dafür war, dass der radikale Flügel der Nationalliberalen stärker geworden war. Die politischen Briefe unterstreichen die Bedeutung der nationalen Frage und der Verfassungsfrage. Zusammen mit der Erweiterung der Presse um neue meinungsbildende Zeitungen sowie der Denkmal- und Porträtkultur trugen besonders die politischen Briefe zur Festigung einer Verfassungskultur bei.[67]

9 Kirche

Die Kirche war in der ersten Hälfte des 19. Jahrhunderts wie auch in den früheren Epochen für die Menschen die wichtigste Institution und prägte ihre Lebensweise und Einstellung zum Leben und Tod entscheidend. Innerhalb der Geistlichkeit war die Geistesrichtung der Epoche überwiegend rationalistisch und sonderte nicht scharf zwischen kirchlichen und weltlichen Aufgaben.[68] Über den örtlichen Pfarrern standen die Pröbste und an der Spitze jedes der acht Bistümer ein Bischof mit dem Bischof Seelands als *Primus inter Pares*. Als Institution war die Kirche der Gewalt des Königs unterstellt und in der *Lex Regia* (dän. *Kongeloven*, 1665) verankert. Die staatliche Kirche war Teil der staatlichen Verwaltung. Die Verantwortlichen in der dänischen Kanzlei mischten sich ungern in interne kirchliche Glaubensfragen ein und verhielten sich in dieser Hinsicht

---

66 P. Bagge/P. Engelstoft (Hg.), Danske Politiske Breve fra 1830erne og 1840erne, Bd. 2 (1841–1844), Kopenhagen 1948, passim.
67 P. Bagge/P. Engelstoft (Hg.), Danske Politiske Breve fra 1830erne og 1840erne, Bd. 3 (1845–1847), Kopenhagen 1949, passim.
68 Siehe u. a. CD-ROM-2, Dok.-Nr. 13.9.1 (Verordnung für die Pfarrämter in Bezug auf die Ehe v. 30.4.1824); Lindhardt, Kirchengeschichte Skandinaviens (wie Fn. 6), S. 74 ff.

eher passiv.[69] Als seltenes Beispiel für eine staatlich-gesetzgeberische Intervention ist ein Plakat von 1828 erwähnenswert, das die Pflichtarbeit der Bauern und Landarbeiter hinsichtlich der Instandsetzung und Pflege der Kirchen und Friedhöfe regelte.[70]

Trotzdem war es für die staatlichen Behörden nicht möglich, sich aus Konflikten herauszuhalten. Die Gründe dafür liegen vor allem in den kleinen geschlossenen religiösen Kreisen (dän. *gudelige forsamlinger*) und deren Haltung zur Frage des echten Christentums. Diese teilweise pietistisch inspirierten Bewegungen wirkten seit den 1790er-Jahren für eine Verinnerlichung und Vertiefung des Christentums. Damit forderten sie die absolutistische Kirchenkonstruktion mit ihrer engen Bindung zwischen Kirche und Staat heraus. Die Behörden führten in mehreren Landesteilen einen lange währenden Kampf um den lutherisch-protestantischen Glauben als die rechte Glaubensauffassung sowie um die Erziehung der Kinder.[71] Im Umgang mit religiösen Versammlungen forderte die Staatskirche die vorherige Anmeldung derartiger Versammlungen, die dann möglichst unter Leitung der örtlichen Pfarrer stattfinden sollten. Konflikte zwischen Pfarrern und den religiösen Kreisen waren vor diesem Hintergrund nicht selten. 1821 wurde das sog. Konventikelplakat (Erlaubnis für christliche Hausversammlungen) vom 13. Januar 1741 bestätigt. In den 1830er-Jahren kam es jedoch wieder zu einer Verschärfung der Situation. Die Kanzlei schien das verstärkte Aufkommen herumreisender Prädikanten zu befürchten und verschärfte im Dezember 1835 erneut das Konventikelplakat.[72] Auch wenn es hier nicht möglich ist, näher auf die theologischen Debatten der Zeit einzugehen, sei darauf hingewiesen, dass ab Mitte der 1820er-Jahre der kirchliche Rebell Nicolai Frederik Severin Grundtvig maßgebend die Diskussion über Kirche und Christentum prägte. Mit der Zeit entwickelte sich ein regulärer »Kirchenkampf«.[73]

König und Kanzlei hielten am offiziellen lutherisch-protestantischen Christentum fest. 1836 wurde ein Jubelfest zur Erinnerung an die Einführung der Reformation angeordnet.[74] Die offizielle Haltung zu kirchlichen Fragen wurde aber nach 1840 mo-

---

69 Skovgaard-Petersen, Tiden 1814–1864 (wie Fn. 1), S. 142 f. Vgl. Knudsen u. a. (Hg.), Dansk Forvaltningshistorie I (wie Fn. 2), S. 444 ff.
70 Vgl. CD-ROM-2, Dok.-Nr. 13.9.2 (Bekanntmachung für Hofbesitzer, Hausmänner und Tagelöhner betreffend die Instandhaltung und Pflege von Kirchen und Friedhöfen v. 18.4.1828).
71 Skovgaard-Petersen, Tiden 1814–1864 (wie Fn. 1), S. 143 f.
72 Ebd., S. 145.
73 Sie u. a. Ludvig N. Helweg, Den Danske Kirkes Historie efter Reformationen, Andel Del, Kopenhagen 1883, S. 406 ff.; Begtrup, Danske Folks Historie (wie Fn. 5), Bd. 2, S. 142 ff.; Lindhardt, Kirchengeschichte Skandinaviens (wie Fn. 6), S. 74 ff.; P. Röhrig u. a. (Hg.), Um des Menschen willen. Grundtvigs geistiges Erbe als Herausforderung für Erwachsenenbildung, Schule, Kirche und soziales Leben. Dokumentation des Grundtvig-Kongresses vom 7. bis 10. September 1988 an der Universität zu Köln, Weinheim 1991, passim; Finn Abrahamowitz, Grundtvig. Danmark til lykke. En Biografi, Kopenhagen 2. Aufl. 2003, passim.
74 Vgl. CD-ROM-2, Dok.-Nr. 13.9.3 (Anordnung einer Jubiläumsfeier zur Erinnerung an die Einführung der Reformation in Dänemark v. 30.3.1836).

derater. So war es nun u. a. Eltern erlaubt, für die Konfirmation ihrer Kinder einen neuen Pfarrer zu wählen.[75] Es gab aber einen Vorbehalt in der Frage der Taufe seitens der baptistischen Bewegung, die sich ab ca. 1840 verbreitete. Die Baptisten wollten die Menschen erst dann taufen lassen, wenn diese zu einem persönlichen Glauben gelangt waren. Diese Bewegung entpuppte sich für die staatlichen Behörden als ein besonderes Problem, denn ungetaufte Kinder standen außerhalb der Staatskirche und waren somit der religiösen Erziehung, u. a. der Vorbereitung auf die Konfirmation, entzogen. Nach einer Zwangspolitik und einigen gerichtlichen Verfolgungen billigte der Staat den Baptisten am 27. Dezember 1842 eine gewisse Versammlungsfreiheit zu.[76] Die Forderung nach einer Taufe der Kinder wurde aber aufrechterhalten. Das Problem war damit nicht gelöst, noch im Jahre 1846 wurde darüber beraten. Selbst als König Christian VIII. starb, war die Sache immer noch nicht entschieden.[77]

In den ersten Jahrzehnten des 19. Jahrhunderts wurden in kirchlichen und politischen Kreisen drei große kirchliche Fragen debattiert: die Auslösung aus der Pfarrgemeindepflicht, die Religionsfreiheit und die Kirchenverfassung. Fremde religiöse Gruppen wie Juden, Katholiken und Reformierte gaben keinen Anlass zu großen Problemen. Jesuiten und katholische Geistliche hatten weiterhin keinen Zugang zum dänischen Königreich, aber darüber hinaus erhielten sowohl Reformierte als auch Römisch-Katholische nach und nach Privilegien, die ihnen die freie Ausübung ihres Glaubens innerhalb bestimmter Grenzen erlaubten. Die Juden besaßen um 1814/15 fast dieselbe Rechtsstellung wie dänische Bürger, die der lutherisch-evangelischen Kirche angehörten.[78]

10 Bildungswesen

Am Ende des 18. Jahrhunderts wurde die allgemeine Schule zum Gegenstand erhöhter Aufmerksamkeit unter aufgeklärten Politikern und Gutsbesitzern. Es gab 1789 Überlegungen einer Reform im Zusammenhang mit der Bauernbefreiung. Im Jahre 1806 wurde ein provisorisches Gesetz für Seeland, Fünen und Lolland-Falster veröffentlicht. Länderdeckend wurde die Schulreform aber erst 1814 verwirklicht und gleichzeitig wurde dabei das allgemeine Schulwesen in Kopenhagen geregelt. Diese Schulordnung blieb zum Großteil bis 1937 erhalten.[79]

---

75 Skovgaard-Petersen, Tiden 1814–1864 (wie Fn. 1), S. 148.
76 Vgl. CD-ROM-2, Dok.-Nr. 13.9.4 (Bekanntmachung über die Baptisten in Dänemark v. 27.12.1842).
77 Skovgaard-Petersen, Tiden 1814–1864 (wie Fn. 1), S. 148.
78 Knudsen u. a. (Hg.), Dansk Forvaltningshistorie I (wie Fn. 2), S. 445 ff.
79 Joakim Larsen, Skolelovene af 1814 og deres tilblivelse. Aktmæssig fremstillet, Kopenhagen 1914; Hans Chr. Johansen, En samfundsorganisation i opbrud 1700–1870. Dansk social historie 4, Ko-

Die beiden Gesetze, die das allgemeine Schulwesen 1814 auf dem Lande und in den Städten betrafen, waren ein Meilenstein in der Geschichte der dänischen Schule. Für alle Kinder galt jetzt ab dem siebten Lebensjahr bis zur Konfirmation die Unterrichtspflicht. Es gab damit aber keine Pflicht, eine Schule zu besuchen, da auch häuslicher Unterricht denkbar war. Dänemark wurde in Schuldistrikte mit jeweils einer Schule aufgeteilt. Die Kinder sollten in der Schule zu guten Christenmenschen und guten Bürgern erzogen werden. Die Unterrichtsfächer umfassten Religion, Schreiben, Rechnen, Lesen, Gesang und etwas Gymnastik. Das Lesen sollte auch die Fächer Geschichte und Geografie beinhalten. Die örtliche Schulaufsicht oblag der Schulkommission unter Vorsitz des Pfarrers. Zu den anderen Kommissionsmitgliedern gehörten größere Grundbesitzer und einige Bauern. Die Schulkommission war verpflichtet, die Kinder zwei Mal pro Jahr zu examinieren.

Ein latentes Problem war der Bedarf an ausreichenden und auch qualifizierten Lehrern. Die alten Küster (dän. *degne*), die vor 1814 angestellt worden waren, konnten in ihren Ämtern verbleiben. Normalerweise gehörte zum Lehreramt ein kleiner Grundbesitz. Der Lehrer lebte unter den Einwohnern der Gemeinde in wirtschaftlicher Hinsicht praktisch wie ein Bauer.[80] Es war 1814 nicht realistisch, von den Lehrern eine Seminarausbildung zu fordern, obwohl dies das Ziel war. Die ersten Seminare bestanden in Blågård (seit 1791) und in Bernstorffsminde bei Brahetrolleborg auf Fünen. Später folgten die sog. Pfarrerhofseminare, u. a. Vesterborg auf Lolland und Bröndbyvester (beide ab 1802).[81] Im Jahre 1818 wurde die Seminarausbildung durch ein für alle Schullehrer gültiges Gesetz in einen engeren Rahmen gekleidet. Die Lehrerausbildung sollte jetzt ein dreijähriges Studium umfassen.[82] Laut Gesetz sollten die Schuldirektoren und die Oberlehrer ab 1818 das philosophische Kandidatenexamen an der Universität bestanden haben, aber die Mehrheit der Lehrer waren Theologen.

Die örtlichen Pfarrer trugen die Verantwortung für die Umsetzung des Schulgesetzes von 1814. Die allmähliche Übernahme der Lehrämter durch im Seminar ausgebildete Lehrer und auch die Akzeptanz der Kosten durch die Bevölkerung erleichterten die Aufgaben der Pfarrer. Anfang der 1830er-Jahre war das allgemeine Schulwesen in Dänemark weitgehend überall etabliert. Der Großteil der Kinder konnte eine Schule besuchen. Der maximale Schulweg sollte laut Gesetz ca. zwei Kilometer betragen. Ein Plakat über die wirtschaftliche Unterstützung der Lehrer wurde 1839 veröffentlicht.[83]

---

penhagen 2. Aufl. 1979, S. 250-258; O. Feldbæk (Hg.), Dansk Identitetshistorie, Bd. 2: Et yndigt land 1789–1848, Kopenhagen 1991, S. 276 ff.
80 Vgl. Skovgaard-Petersen, Tiden 1814–1864 (wie Fn. 1), S. 150.
81 Karen B. Braad/Christian Larsen/Ingrid Markussen/Erik Nørr/Vagn Skovgaard-Petersen, – for at blive en god lærer. Seminarier i to århundreder, Odense 2005, S. 31 ff., 39 ff., 83 ff., 105 ff.
82 Vgl. CD-ROM-2, Dok.-Nr. 13.10.1 (Reglement für sämtliche Schullehrerseminare in Dänemark v. 10.2.1818).
83 Vgl. CD-ROM-2, Dok.-Nr. 13.10.2 (Bekanntmachung über die Verbesserung der Verhältnisse der Dorfschullehrer in Dänemark v. 22.5.1839).

Die Errichtung des Amtes des Gemeindevorstehers im Jahre 1841 bedeutete für die Pfarrer eine weitere Entlastung.[84] 1844 erließ man ein Gesetz für die Bürger- und allgemeinen Schulen in Kopenhagen. In Westjütland galt lange eine besondere Ordnung auf der Basis von Winterschulen.[85]

Neben den allgemeinen Schulen existierten Lateinschulen und die Universität in Kopenhagen (die Universität Kiel war für die Herzogtümer zuständig). Die Verhältnisse in den Lateinschulen waren erst 1805–1809 im Sinne einer Aufwertung des Unterrichts und einer höheren Qualifizierung der Lehrämter verbessert worden. Diese Schulen wurden einer eigenen Direktion unterstellt. Im Jahre 1817 gab es in Dänemark 20 Gelehrtenschulen, eine Zahl, die sich bis 1846 auf 16 verringerte.[86] Die Lateinschule eröffnete den Zugang zu weiteren Studien an der Universität. Es gab einzelne andere hohe Bildungsanstalten, u. a. die königliche Veterinärschule ab 1773 und ab 1829 die *Polytekniske Læreanstalt*. An der Universität dominierten die Fächer Theologie und Jura sowie Medizin. Ein Studentenverein wurde 1820 gegründet.[87]

11 Finanzen

Die Kriegsjahre 1807–1814 führten zu einer finanziellen Krise, die sich zu einer umfassenden Geldknappheit entwickelte. Zur Überwindung der Krise wurden die Steuern erhöht, aber spätestens 1810 war den hohen Beamten in der Finanzverwaltung klar, dass eine Regulierung der Steuern nicht ausreiche. Eine Reform des Geldwesens war notwendig und wurde durch eine Verordnung vom 5. Januar 1813 in die Wege geleitet. Es zeigte sich aber bald, dass es grundlegender institutioneller Reformen bedurfte, um einen sicheren Überblick und eine zuverlässige Kontrolle über die gesamten Finanzen des Staates zu erhalten. Eine Kommission schlug 1815 die Errichtung dreier neuer Institutionen vor: einer Finanzdeputation, einer Direktion für das Staatsdefizit und einer Direktion für die Pensionskasse. In der Konsequenz wurde die Arbeit von insgesamt zwölf älteren Kommissionen und Direktionen eingestellt.[88] Die per Gesetz von 9. Februar 1816 etablierte Finanzdeputation ersetzte sowohl das bisherige Finanzkollegium als auch die Direktion der Finanzkasse.[89] Die neue Organisation funktionierte im Großen und Ganzen bis 1848, als sie durch das Finanzministerium abgelöst wurde. Die Di-

---

84 Skovgaard-Petersen, Tiden 1814–1864 (wie Fn. 1), S. 150 f.
85 Vgl. CD-ROM-2, Dok.-Nr. 13.10.3 (Anordnung über das Bürger- und Allgemeinschulwesen in Kopenhagen v. 20.3.1844). Bezüglich Westjütlands siehe Alfred Jeppesen, De vestjyske vinterskoler. Et Kulturbillede fra heden og klitterne, Viborg 1986.
86 Skovgaard-Petersen, Tiden 1814–1864 (wie Fn. 1), S. 154 f.
87 Bjørn, Reaktion (wie Fn. 1), 159 ff.
88 Knudsen u. a. (Hg.), Dansk Forvaltningshistorie I (wie Fn. 2), S. 406 ff.
89 Vgl. CD-ROM-2, Dok.-Nr. 13.11.1 (Königliche Bekanntmachung über die zukünftige Finanzführung v. 9.2.1816).

rektion für das Staatsdefizit verwaltete die staatlichen Obligationen. Die Pensionskasse war für die neu errichtete allgemeine Pensionskasse zuständig. Alle drei Institutionen waren Ausdruck der Bemühungen um eine Zentralisierung der Finanzverwaltung.[90] Dazu zählte auch die Neuregulierung der Nationalbank 1818.[91]

Die umfassende Kollegienreform von 1816 berührte vor allem die oberste Ebene der Finanzverwaltung. Die örtliche Verwaltung blieb davon ausgeschlossen, obwohl sie für die Erhebung von Steuern und Zollabgaben verantwortlich war. Die Steuererhebung übernahmen die Amtsverwalter, die der Rentenkammer zugeordnet waren. Einige Steuern wurden monatlich oder vierteljährlich gezahlt und abgerechnet. Ein neues Gesetz vom 15. April 1818 rationalisierte eine Reihe älterer Grundsteuern mit unterschiedlichen Zahlungsterminen. Die Steuerzahlung sollte jetzt pro Quartal erfolgen.[92] In den Städten wurden laut Verordnung von 1802 die Gebäudesteuern halbjährlich entrichtet. Eine Verordnung von 1840 legte fest, dass am 1. April und am 1. Oktober sämtliche Steuern an die königliche Kasse zu zahlen waren.[93]

Die lokale Zoll- und Konsumtionsverwaltung war im Umfang erheblich größer als die Steuerverwaltung. Im ersten veröffentlichten Budget von 1835 bildeten die Zoll- und Konsumtionseinkünfte mit 2,3 Mio. Reichstalern die größte Einnahme des Königreichs, gefolgt von den Landsteuern mit rund 2,0 Mio. Reichstalern, den Gebäudeabgaben mit 322.000 Reichstalern sowie den Stempelabgaben in Höhe von 262.000 Reichstalern. Der Zoll wurde nach der Zollverordnung von 1797 erhoben und erst 1863 durch ein neues Zollgesetz ersetzt. Es kam aber zu mehreren Betrugsfällen. Daher versuchte man 1823 und 1824, die Kontrolle mit Kassenwärtern zu verschärfen. In den Jahren 1819 und 1821 waren bereits Oberzollinspektorate als Kontrollinstanzen eingerichtet worden. Diese neuen Ämter wurden zwischen dem Finanzkolleg und den örtlichen Zollstellen eingerichtet.[94]

Die Voraussetzung für die vielen Betrügereien und Unterschlagungen war das komplizierte und schwer kontrollierbare Kassen- und Rechenschaftswesen. Am 28. April 1824 bildete König Frederik VI. eine Kommission, die Vorschläge zur Verbesserung der Rechenschaftspraxis erarbeiten sollte. Da diese Kommission viel Material sichten musste, zog sich deren Arbeit in die Länge. Mehrmals wurde per königlichem Reskript ein Ergebnis nachgefragt, das letzte Mal im April 1833.[95] Am 22. September 1835 wurde

---

90 Knudsen u. a. (Hg.), Dansk Forvaltningshistorie I (wie Fn. 2), S. 408.
91 Vgl. CD-ROM-2, Dok.-Nr. 13. 11.3 (Reglement für die Nationalbank v. 27.7.1818); diesbezüglich erließ man am 3. April 1847 kleinere Änderungen.
92 Vgl. CD-ROM-2, Dok.-Nr. 13.11.2 (Gesetz über die Ablösung der alten Hartkornsteuern durch eine Silbergesamtsteuer v. 15.4.1818).
93 Vgl. CD-ROM-2, Dok.-Nr. 13.5.4 (Königliche Bekanntgabe über eine verbesserte Organisation der Finanzdeputationen v. 31.12.1840).
94 Anders Monrad Møller, Fra skat på hartkorn til indkomstskat 1818–1903, Kopenhagen 2009, S. 17 ff.; Knudsen u. a. (Hg.), Dansk Forvaltningshistorie I (wie Fn. 2), S. 412 ff.
95 Knudsen u. a. (Hg.), Dansk Forvaltningshistorie I (wie Fn. 2), S. 415 ff.

dann ein Vorschlag vorgelegt, der als Grundlage für das neue Gesetz über das Kassen- und Rechenschaftswesen diente. Dem schlossen sich fünf Anordnungen mit Sonderbestimmungen für bestimmte Spezialbereiche in den Kollegien an. Nach weiteren kritischen Diskussionen in den Ständeversammlungen von Roskilde und Viborg wurde eine neue Finanzkommission gebildet, die sich für eine Vereinheitlichung innerhalb der Finanzverwaltung einsetzte. Aber die Umsetzung eines Teils dieser Kommissionsvorschläge erfolgte erst nach der Thronbesteigung König Christians VIII. Im Juli 1840 wurden sechs Anordnungen über das Kassen- und Rechenschaftswesen veröffentlicht. Am 30. Dezember folgte dann die königliche Bekanntgabe einer veränderten Organisation der obersten Finanzverwaltung. Gleichzeitig wurde eine Umorganisation der Renten- und Generalzollkammer mit dem Ziel angeordnet, den Übergang von einer Kollegial- zu einer Ministerialverwaltung zu erleichtern.[96]

Der Plan zur Einrichtung eines Finanzministeriums hatte bereits 1839 Gestalt angenommen, denn das kollegiale System, aufgeteilt in Kanzleien und mehrere Kammern, hatte sich als nicht effektiv und zeitgemäß erwiesen. Das System stammte aus einer Zeit, in der sich der König die Ratschläge der Männer einholte, die künftig als seine Amtmänner die königlichen Entscheidungen ausführen sollten. Mit der Ständeversammlung war aber inzwischen eine ratgebende Institution gegründet worden, die die kollegiale Behandlung innerhalb der Verwaltung überflüssig machte.[97]

12 Wirtschafts- und Sozialgesetzgebung/Öffentliche Wohlfahrt

Die Jahre seit der Geldreform von 1813 (»*Statsbankerot*«) bis ca. 1830 bildeten für Dänemark eine sparsame und wirtschaftlich schwierige Zeit. Die Napoleonischen Kriege waren beendet, aber ihre wirtschaftlichen Folgen dauerten noch lange an. Die agrarwirtschaftlichen Reformen von 1788 und den folgenden Jahren waren noch in einer Zeit steigender Konjunkturen durchgeführt worden. Auf dem Lande kam diese Entwicklung nun aber erst einmal für einige Zeit zum Erliegen. Die große Agrarkommission hörte 1816 auf zu existieren.[98] Die Agrarwirtschaft litt unter einer Kreditkrise und den gesunkenen Getreidepreisen. Von 1818 bis 1828 durchlebten die Agrarproduzenten eine Depression. Speziell die Jahre 1822–1825 gestalteten sich für viele Produzenten als schwierig. Sie führten einen harten Kampf, um ihre Zinsen und Tilgungsraten ableisten zu können. Der wirtschaftlich-soziale Prozess des Übergangs vom Pacht- zum Frei-

---

96 Ebd., S. 417 f.
97 Ebd., S. 418-430.
98 Skovgaard-Petersen, Tiden 1814–1864 (wie Fn. 1), S. 63 ff.; Hans Chr. Johansen, Dansk økonomisk politik i årene efter 1784, Bd. 1: Reformår 1784–88, Aarhus 1968; ders., Dansk økonomisk politik i årene efter 1784, Bd. 2: Krigsfinansieringsproblemer 1789–93, Aarhus 1980.

bauern mit eigenem Bauernhof erfuhr eine Unterbrechung.[99] Die beiden anderen Probleme der Agrarwirtschaft waren die Steuern und Arbeitslöhne. Eine Verordnung vom April 1818 änderte die Besteuerung per Steuertonne im Rahmen der sog. Landsteuer. Künftig sollten die Steuern in Geld und nicht wie vorher in Getreide gezahlt werden. Der Bauer und Gutsbesitzer sollte die Landsteuer zahlen. Darüber hinaus mussten das Armenwesen und die Schulen durch die Landsteuer finanziert werden.[100]

Der Staat versuchte auf mehreren Ebenen zu helfen. Ein Geldfonds wurde 1819 einrichtet. Viele Bauern erhielten Steuererleichterungen. Im Jahre 1821 durfte die Landsteuer teilweise in Getreide gezahlt werden, auch wurden Steuerrückstände erlassen. Weiterhin verringerte sich der Ausfuhrzoll für bestimmte Agrarprodukte. Ende der 1820er-Jahre erholten sich die Getreidepreise auf dem Weltmarkt. Durch gute Produktions- und Handelsjahre konnte die Krise überwunden werden.[101] Auch der Handel erhielt eine Unterstützung im liberalistischen Sinne durch den dänischen Staat, obwohl dies im Zeitraum vor 1848 in etwas bescheidenerem Rahmen geschah als danach. Seit dem Mittelalter war es verboten, die Produkte der Bauern direkt auf dem Lande, also vor Ort, zu kaufen. In einem Plakat von Juli 1815 wurde diese alte Regel nun aufgehoben, was den Handelshäusern mit Kapital die Möglichkeit für systematische Aufkäufe eröffnete. Dies bedeutete wiederum für die Kaufleute in den Städten eine Einschränkung ihrer Geschäftsmöglichkeiten. Die Bauern sollten aber weiterhin ihre Einkäufe in den Städten tätigen. Eine Verordnung vom 23. April 1845 erlaubte schließlich, dass auch die Landbevölkerung ihre Einkäufe bei den Bauern auf eigene Rechnung durchführen konnte, weitere Verkäufe sollten aber nach wie vor auch über die Städte laufen.[102]

Die Politik der dänischen Kanzlei gegenüber den Monopolen der Städte war von Pragmatik und liberalistischen Gesichtspunkten geprägt. Auch in der Zollfrage können ähnliche Prinzipien beobachtet werden. Einen ersten Schritt in Richtung einer Liberalisierung hatte bereits das Zollgesetz von 1797 gebildet. Das Hauptproblem bestand aber im Fehlen eines einheitlichen Zollsystems für das dänische Königreich. Ein neues Zollgesetz vom 1. Mai 1838 strebte daher als Kompromiss eine Annäherung zwischen dem Kernland Dänemark und den Herzogtümern an. Das Gesetz hob die Zollgrenze zwar nicht auf, brachte aber den Produzenten im Königreich merkbare Erleichterungen.[103] Des Weiteren wurde 1842 der internationale Öresundzoll herabgesetzt, bevor er 1857 ganz aufgehoben werden sollte.[104]

---

99 Skovgaard-Petersen, Tiden 1814–1864 (wie Fn. 1), S. 65. Vgl. Hans Jensen, Dansk Jordpolitik 1757–1919, Andel Del, Kopenhagen 1945, S. 41 ff., 78 ff.
100 Vgl. CD-ROM-2, Dok.-Nr. 13.11.2 (wie Fn. 92).
101 Skovgaard-Petersen, Tiden 1814–1864 (wie Fn. 1), S. 66 f.
102 Ebd., S. 75 f.
103 Vgl. CD-ROM-2, Dok.-Nr. 13.11.4 (Verordnung über die Zoll- und Schiffsabgaben v. 1.5.1838). Siehe auch Aage Rasch, Dansk Toldpolitik 1760–1797, Aarhus 1957, S. 265 ff.; Skovgaard-Petersen, Tiden 1814–1864 (wie Fn. 1), S. 76 f.
104 Henrik Fode, Liberalisme og frihandel 1814–1914, Kopenhagen 1989, S. 129 ff.

Dänemark erlebte in der ersten Hälfte des 19. Jahrhunderts eine erste langsame Industrialisierung, die von Umbrüchen innerhalb des Handwerksektors begleitet wurde. Das Handwerk war traditionell ein Stadtprivileg. Mit Ausnahme einiger bestimmter Bereiche musste sich kein Handwerker auf dem Lande niederlassen. Im wachsenden Konkurrenzkampf der wirtschaftlichen Krisenjahre vermehrten sich aber die Konflikte zwischen den Zünften und den außerhalb der Zünfte stehenden Handwerkern. Der Staat unterstützte 1816 zunächst die Zünfte. Im Jahr 1822 wurde das Recht der Landhandwerker auf Anstellung von Bediensteten an eine Genehmigung des Amtmannes geknüpft.[105] Es dauerte aber nicht lange, bis sich auch im Handwerk liberalistische Tendenzen zeigten. Durch die 1832 vorgenommene Erweiterung der Kopenhagener Freimeisterordnung waren jetzt auch die anderen Städte eingebunden. Dies bedeutete, dass sich ein Handwerker, der vier Jahre als Geselle gedient hatte, ohne Zunftzwang als Freimeister niederlassen konnte. Auf den Ständeversammlungen, speziell in Roskilde, lieferten sich Zunftanhänger und Anhänger des Liberalismus zwar zunächst noch kontroverse Debatten. Am Ende setzte sich aber die Liberalisierung durch. Die Verfassung vom 5. Juni 1849 enthielt schließlich die Zusicherung, alle Einschränkungen des freien und gleichen Zugangs zum Gewerbe per Gesetz aufzuheben. Dies geschah Ende Dezember 1857 im Rahmen der Auflösung aller Handelszünfte.[106]

Der Übergang zur Industrie nahm viele Erscheinungsformen an. So war um 1840 die eigentliche Industrie noch sehr klein. Von der traditionellen Hausindustrie und dem Handwerk bis zu einer industriellen Fertigung der Produkte zeichnet sich eine langsame und stetige Entwicklung ab, deren Schwerpunkt in Dänemark zunächst auf dem Lande lag, wo die Arbeitskräfte am billigsten waren. Ab Mitte der 1840er-Jahre wurden die Städte in diese Entwicklung einbezogen. Neue, auf den Dampfmaschinen und dem Zugang zum neuen Kapitel beruhenden Produktionsmethoden beförderten den Aufschwung. Die Ende des 18. Jahrhunderts mit den Agrarreformen eingeleiteten wirtschaftlichen Veränderungen kamen besonders dem Bauernstand zugute. Die Verlierer stellten im Laufe der Zeit die Landarbeiter und Tagelöhner. Diese waren die eigentlichen Stiefkinder der Landreformen.[107] Das Verhältnis zwischen Gutsbesitzern und Pachtbauern war auf den Ständeversammlungen und in der Gesellschaft ein Gegenstand von besonderem Interesse, weshalb es durch eine Kanzleiverordnung von 9. März 1838 geregelt wurde.[108] Die Ablösung der alten Frondienste setzte sich in den folgenden Jahren weitgehend durch. Weitere Gesetze (u. a. der Jahre

---

105 Skovgaard-Petersen, Tiden 1814–1864 (wie Fn. 1), S. 80.
106 Ebd., S. 80 f.
107 Bro Jørgensen, Industriens Historie (wie Fn. 6), passim; Nielsen, Industriens Historie (wie Fn. 6), passim.
108 Vgl. CD-ROM-2, Dok.-Nr. 13.12.5 (Verordnung mit näheren Bestimmungen betreffend das Rechtsverhältnis zwischen Gutsbesitzern und Pächtern in Dänemark v. 9.3.1838).

1840/41) beförderten insgesamt die Bauernbefreiung und begrenzten die Reichweite der alten gutsherrlichen Privilegien.[109]

Parallel zur Bauernbefreiung verdichtete sich jedoch die obrigkeitliche Reglementierung der Arbeitswelt. Die Behörden hielten laufend ein Auge auf fremde und umherwandernde Handwerker. Diese sollten sich laut Verordnung vom Dezember 1828 bei Ankunft in den Städten beim Polizeimeister und den Behörden melden.[110] Eine Verordnung vom Juli 1822 hatte bereits die bestehenden Bestimmungen des Gesetzes (*Danske Lov*) verschärft. Ein Jahr später folgte eine Bekanntmachung über die Beaufsichtigung erwerbsloser Personen.[111] Damit die Arbeitgeber die Bediensteten bei ihrer Anstellung besser beurteilen konnten, wurden Letztere zur Vorlage eines Leumundszeugnisses verpflichtet. Diese Tradition reichte bis ins Jahr 1682 zurück und war mehrmals (1701, 1719 und 1775) bestätigt worden. Ein Plakat vom März 1817 bekräftigte nun diese Verpflichtung erneut und wurde im September 1832 durch eine Verordnung über die allgemeine Einführung von Leumundsbüchern (mit gebundenen Blättern) für Bedienstete präzisiert: Jeder hatte seinem neuen Arbeitgeber ab dem 1. Januar 1833 dieses Buch vorzulegen.[112]

Im Bereich der Armenfürsorge hatte bereits ein Armengesetz vom Juli 1803 die Gemeinden zur Unterstützung ihrer Mitbürger verpflichtet. Armenkommissionen unter Vorsitz des Pfarrers sollten die schlimmste Not sowie Krankheiten lindern. Dank des Einsatzes der Kirche und der Beamten funktionierte dieses System. Einige Gemeinden versuchten aber, ihre armen und kranken Mitbürger in die Nachbargemeinden zu zwingen. Solche Praktiken wurden im Dezember 1810 von der Kanzlei untersagt.[113] Pfarrer, Amtsärzte und Hebammen wirkten gemeinsam mit den örtlichen Gesundheitskommissionen von 1832 als Garanten für die öffentliche Bekämpfung von Krankheiten. Asylheime, Kinderheime und Erziehungsanstalten wurden ab den 1830er-Jahren gegründet.[114] Das patriarchalische Gutssystem befand sich im Abbau. Auch die soziale Gemeinschaft in den Dörfern spielte im Vergleich zur früheren Zeit eine geringere Rolle. Noch vor Mitte des 19. Jahrhunderts war Dänemark gegenüber der Ausgangssituation von 1814/15 in einem tief greifenden Wandel auf mehreren Ebenen begriffen.

---

109 Jensen, Dansk Jordpolitik (wie Fn. 99), S. 106 ff.
110 Nielsen, Industriens Historie (wie Fn. 6), S. 141.
111 Vgl. CD-ROM-2, Dok.-Nr. 13.12.2 (Verordnung zur Verschärfung und näheren Bestimmung von L. 3-19-8 v. 24.7.1822); Dok.-Nr. 13.12.3 (Verordnung über die Beaufsichtigung von Berufslosen v. 22.8.1823).
112 Vgl. CD-ROM-2, Dok.-Nr. 13.12.1 (Bekanntmachung über Zeugnisse der Bediensteten v. 4.3.1817); Dok.-Nr. 13.12.4 (Verordnung über die Einführung von Zeugnisbüchern für Bedienstete v. 5.9.1832).
113 Knudsen u. a. (Hg.), Dansk Forvaltningshistorie I (wie Fn. 2), S. 452 ff.
114 Ebd., S. 458 ff.

Norwegen 14

Von Peter Brandt (Hagen)

0 Einführung

Seit 1380 war Norwegen als eine Art Nebenreich mit Dänemark verbunden gewesen, ab 1536, insbesondere in der absolutistischen Epoche ab 1660, war es de facto eine dänische Provinz. Während der Beteiligung Dänemarks an den napoleonischen Kriegen als Bundesgenosse Frankreichs ab 1807, begleitet von einer britischen Seeblockade, erwies sich eine gewisse Verselbstständigung Norwegens gegenüber der Kopenhagener Zentrale aus praktischen Gründen als unvermeidlich. Eigene Regierungsbehörden, zuletzt unter der Statthalterschaft des dänischen Kronprinzen Christian Frederik, regelten die norwegischen Angelegenheiten; Autonomie- und Unabhängigkeitsbestrebungen erhielten jetzt vermehrt Zuspruch.[1]

Die Abtretung Norwegens, wobei Island, die Färöer-Inseln und Grönland, historisch zum norwegischen Königreich gehörend, bei Dänemark verblieben, durch den dänischen König an den König von Schweden, Verbündeter der antinapoleonischen Koalition, im Vertrag von Kiel vom 14. Januar 1814 leitete einen tiefen Bruch in der Verfassungs- und Politikgeschichte des Landes ein.[2] Als sich Statthalter Christian Frederik an die Spitze einer Unabhängigkeitserhebung setzte, berief er sich zunächst auf sein Geblütsrecht (abgeleitet vom bäuerlichen Hofrecht) und auf die erbrechtliche Souveränitätsakte von 1661.[3] 21 am 16. Februar zu einem Notabelntreffen versam-

---

1 Vgl. Peter Brandt/Otfried Czaika, Norwegen, in: P. Brandt u. a. (Hg.), Handbuch der europäischen Verfassungsgeschichte im 19. Jahrhundert, Bd. 1: Um 1800, Bonn 2006, S. 1067-1099, mit der dort angegebenen Literatur sowie den diesbezüglichen Quellen in CD-ROM-1. Dieser Hinweis gilt im Folgenden auch für die anderen Bezugnahmen auf Ereignisse oder Zustände vor 1814. Wörtliche Zitate aus dem Norwegischen sind durchweg ins Deutsche übersetzt und, sofern sie in den laufenden Text eingebaut sind, grammatikalisch angepasst. – Zeitgenössische Bezeichnungen und Eigennamen werden in der Regel in der in der wissenschaftlichen Literatur üblichen, teilweise modernisierten Orthografie übernommen. – Groß- bzw. Kleinschreibung wird nach den zur betreffenden Zeit jeweils geltenden Regeln praktiziert (Übergang zur fast durchgehenden Kleinschreibung 1869 in Norwegen, in Dänemark seit 1948).
2 Vgl. CD-ROM-2, Dok.-Nr. 14.1.1 (dän.)/14.1.2 (frz.) (Frieden von Kiel v. 14.1.1814); Georg Nørregaard, Freden i Kiel, Kopenhagen 1954; Jörgen Weibull, The Treaty of Kiel and its Political and Military Background, in: Scandinavian Journal of History 15 (1990), S. 291-301; Hans Meijer, Kieltraktaten och folkrätten, in: Historisk tidsskrift (N) 36 (1952–53), S. 449-482.
3 Vgl. CD-ROM-1, Dok.-Nr. 11.2.2 (dän.)/11.2.3 (dt.) (Erb- und Alleinherrschaftsakte v. 10.1.1661).

melte Zivilbeamte, Offiziere und Geschäftsleute veranlassten ihn, eine volksgewählte Konstituante einzuberufen.[4]

Der Statthalter, der sich von nun an »Regent« nannte und sein Büro am 2. März in einen »Regierungsrat« umwandelte, griff in einem wesentlichen Punkt der Entscheidung der verfassunggebenden »Reichsversammlung« vor: Nicht nur wurden die militärischen, zivilen und geistlichen Amtsträger zur Loyalität gegenüber dem Thronfolger desjenigen Herrschers ermahnt, dem sie einst den Treueid geschworen hatten (unmittelbar nach dem Vertragsabschluss von Kiel hatte dieser sie davon entbunden). Vor allem legte der Regent die Wahlprozedur – mit einem obligatorisch vorangehenden Eid der Beamten, der Wähler und der Kandidaten, »Norwegens Selbstständigkeit zu verteidigen und Leben und Blut für das geliebte Vaterland einzusetzen« – auf eine Weise fest, die die Entscheidung für die Unabhängigkeit vorwegnahm und die Anhänger einer Anlehnung an Schweden entlegitimierte. Die Reichsversammlung trat am 10. April 1814 zusammen. Die eigentliche Verfassungsarbeit lag in den Händen eines Konstitutionsausschusses, der zunächst elf Grundgesetze vom Plenum absegnen ließ, bevor er sich an die einzelnen Artikel machte. Die Versammlung beendete ihre Beratungen mit der Schlussabstimmung am 16. Mai. Am darauf folgenden Tag, dem 17. Mai, fand die Verabschiedung des Grundgesetzes mit der Unterzeichnung

---

4 Vgl. CD-ROM-2, Dok.-Nr. 14.2.1 (Einberufung der Konstituante v. 19.2.1814). Die Ereignisse des Jahres 1814 sind seit langem einer der Hauptgegenstände norwegischer Geschichtsforschung und -schreibung. Eine neuere knappe, problematisierende Darstellung bei Ståle Dyrvik, Året 1814, Oslo 2005; vgl. außerdem vor allem Arne Bergsgård, Året 1814, 2 Bde., Oslo 1943/45; Sverre Steen, 1814, Oslo 1951; Eli Fure, Eidsvoll 1814. Hvordan grunnloven ble til, Hamar 1989; K. Mykland (Hg.), Omkring 1814. En antologi. Grunnlovsåret i historisk forskning og debatt fra Ernst Sars til idag, med studier og utenlandske historikere, Oslo 1967; ders. u. a., Norges Grunnlov i 175 år, Oslo 1989; ders., Kampen om Norge 1784–1814, Oslo 1978; Georg Christoph von Unruh, Eidsvoll. Das norwegische Grundgesetz von 1814 als konstitutionelles Modell, Kiel 1977; Gustav Peter Blom, Geschichte der Staatsveränderung Norwegens im Jahre 1814, Leipzig 1858. – Zu den herausragenden Gestalten vgl. Lars Lagslet, Christian Frederik: Konge av Norge (1814), Oslo 1998; Axel Linvald, Kong Christian VIII. Norges statholder. 1813–1814, Kopenhagen 1952; ders., Christian Frederik og Norge 1814. De store beslutninger mellem Kielfreden og Eidsvoldmødet, Januar–Februar, Oslo/Bergen 1962; Ole Feldbæk, Frederik 6. og Norge i januar 1814, in: Historisk tidsskrift (N) 74 (1995), S. 283-310; Yngvar Nielsen, Lensgreve Jarlsberg, Bd. 2: 1813–1814, Christiania 1901; Jörgen Weibull, Carl Johan och Norge 1810–1814. Unionsplanerna och deras förverkligande, Lund 1957; Torvald T. Höjer, Carl XIV. Johan, Bd. 2: Kronprinstiden, Stockholm 1943; Erik Bjørnskau, Carl XIV. Johan. En franskmann på Nordens trone, Oslo 1999; Karl XIV. Johan – en europeisk karriär, Stockholm 1998; Jörg-Peter Findeisen, Jean Bernadotte, Revolutionsgeneral, Marschall Napoleons, König von Schweden und Norwegen, Gernsbach 2010; Herman Lindquist, Jean Bernadotte, mannen vi valde, Stockholm 2009. – Die Protokolle der verfassunggebenden Reichsversammlung sind mit Adressen, Vollmachten und Entwürfen neu herausgegeben worden als: Riksforsamlingens forhandlinger, utgit efter offentlig foranstaltning, 5 Bde., Christiania 1914–1918.

des Originals durch sämtliche Abgeordnete ihr formelles Ende und wurde durch die Wahl Christian Frederiks zum Erbkönig ergänzt.[5]

Nach einigen Monaten hektischer politischer Aktivitäten im Innern wie nach außen und einem vom gewählten König eher pro forma geführten Krieg mit Schweden ging die staatliche Unabhängigkeit wieder verloren. Der schwedische König wurde zugleich König von Norwegen, nachdem Christian Frederik abgedankt hatte und am 4. November 1814 ein modifiziertes Grundgesetz beschlossen worden war. Norwegen büßte zwar wieder seine Eigenständigkeit in der Außenpolitik und im Militärwesen ein, konnte jedoch im Rahmen der zwischen Kommissionen der schwedischen Regierung und des neu gewählten »Außerordentlichen Stortings«, faktisch einer zweiten verfassunggebenden Versammlung, ausgehandelten Union eine weitgehende innere Selbstregierung bewahren.

Das norwegische »Grundgesetz« (Grunnloven) in der schließlich gültigen Fassung[6] war somit eine Resultante des Ringens unterschiedlicher Kräfte: erstens der mit der Verfassungsbewegung verbundenen Nationalstaatsgründung unter Führung Christian Frederiks, zweitens der schwedischen Außenpolitik unter der faktischen Leitung des Kronprinzen Carl Johan, des früheren napoleonischen Marschalls Je-

---

5   Vgl. CD-ROM-2, Dok.-Nr. 14.2.2 (Eidsvoldverfassung v. 17.5.1814). Beide Versionen des Grundgesetzes von 1814, der den parlamentarischen Beratungen zugrunde gelegte Entwurf (Adler/Falsen) sowie weitere Entwürfe und einschlägige Dokumente in dem vom Storting herausgegebenen Kongeriget Norges Grundlov og øvrige Forfatningsdokumenter, Kristiania 1903; und Riksforsamlingens forhandlinger (wie Fn. 4); jetzt auch in: Th. Riis u. a. (Hg.), Forfatningsdokumenter fra Danmark, Norge og Sverige 1809–1849/Constitutional Documents of Denmark, Norway and Sweden 1809–1849 (= H. Dippel [Hg.], Verfassungen der Welt vom späten 18. Jahrhundert bis zur Mitte des 19. Jahrhunderts. Quellen zur Herausbildung des modernen Konstitutionalismus/Constitutions of the World from the late 18th Century to the Middle of the 19th Century. Sources on the Rise of Modern Constitutionalism, Europa/Europe, Bd. 6), München 2008.
6   Vgl. CD-ROM-2, Dok.-Nr. 14.2.4 (norw.)/14.2.5 (dt.) (Verfassung des Königreichs Norwegen v. 4.11.1814). Zum norwegischen Staats- und Verfassungsrecht nach 1814 vgl. vor allem Mads T. Andenæs/Ingeborg Wilberg, Grunnloven. Kommentarutgave, Oslo u. a. 1983; Frede Castberg, Norges statsforfatning, Bd. 2, Oslo 1947; ders., Juridiske stridsspørsmål i Norges historie, Oslo u. a. 3. Aufl. 1971; Torsten Eckhoff, Utviklingslinjer i norsk statsstyre og forfatningsrett 1814–1864, Oslo 1966; Johannes Andenæs, Statsforfatningen i Norge, Oslo 8. Aufl. 1998; August Theodor Brömel, Die freie Verfassung Norwegens in ihrer geschichtlichen Entstehung und weiteren Entwicklung, ihrem Wesen und ihren Folgen, Bd. 1, Bergen 1842; Thorkel Halvorsen Aschehoug, Norges nuværende Statsforfatning, 2 Bde., Christiania 1875; Bredo Morgenstierne, Das Staatsrecht des Königreichs Norwegen, Tübingen 1911; Klaus von Beyme, Die parlamentarischen Regierungssysteme in Europa, München 2. Aufl. 1973, S. 284-296; D. Sternberger/B. Vogel (Hg.), Die Wahl der Parlamente und anderer Staatsorgane. Ein Handbuch, Bd. I/2, Berlin 1969, S. 891-897; Francis Sejersted, Demokrati og rettsstat – et perspektiv på 1800-tallet politiske brytninger, in: Historisk tidsskrift (N) 58 (1979), S. 1-42; Knut Midgaard, Folkesuverenitet, maktfordeling og vetorett, in: Nytt norsk tidsskrift 17 (2000), S. 395-413; Gudmund Sandvik, Norwegen, in: H. Coing (Hg.), Handbuch der Quellen und Literatur der neueren europäischen Privatrechtsgeschichte, Bd. III/4: Die nordischen Länder, München 1987, S. 375-481; D. Michalsen (Hg.), Forfatningsteori møter 1814, Oslo 2008.

an-Baptiste Bernadotte. Die Zurückhaltung Carl Johans beim Einsatz vorhandener Machtmittel war unter anderem beeinflusst von der (unterschiedlich motivierten) Einstellung der verbündeten Großmächte, und vor allem von der Konzeption einer Gruppe liberaler, Norwegen gegenüber dezidiert freundlicher schwedischer Spitzenbeamter; schon in den Jahren vor 1814 hatte die rege, aber letztlich wirkungslose antidänische Propaganda Schwedens den Norwegern eine eigene freie Verfassungsgebung und weitgehende Gleichheit der beiden zu vereinenden Reiche in Aussicht gestellt. Und als sich König Carl XIII. am 8. Februar 1814 in einer Proklamation an die Norweger wandte, sagte er ihnen ausdrücklich eine eigene Nationalrepräsentation mit Budgetrecht zu.[7]

Kann es über den Anfangspunkt der hier behandelten Periode keinen Zweifel geben, so lässt sich ein einigermaßen präzises Enddatum nicht nennen. Ohne dass ein im engeren Sinn verfassungsgeschichtlicher Einschnitt zu verzeichnen wäre, betont die norwegische Historiografie die Bedeutung der Einrichtung des neuen Departements für Inneres unter Frederik Stang, dann der zentralen Figur in der Exekutive bis 1872, für die politische und gesellschaftliche Entwicklung des Landes zur Jahreswende 1845/46; am 8. Mai 1844 war ferner der Thronwechsel von Carl Johan zu dem liberaler eingestellten Oscar I. erfolgt.

Die Einschätzung der Ereignisse von 1814 prägt bis heute die Forschungen und Debatten der Historiker über die ersten dreieinhalb Jahrzehnte des norwegischen Verfassungsstaats. Daneben sind die Entstehung des Grundgesetzes und seine frühe Praktizierung naturgemäß seit jeher von den Staatsrechtlern systematisch behandelt worden. Bis zur Auflösung der Union mit Schweden im Jahr 1905 und darüber hinaus waren der juristische wie der geschichtswissenschaftliche Blick auf die Verfassung von 1814 und die Kämpfe um die Ausgestaltung der Verfassungswirklichkeit eng mit der Positionierung in den politischen Kontroversen verknüpft. Dabei ging und geht es neben der Bewertung einzelner Akteure zentral um das Verhältnis von Bruch und Kontinuität in der ersten Hälfte des 19. Jahrhunderts. Diese Problematik lässt sich auf zwei Ebenen verorten: Erstens stellt sich die Frage, ob die Verfassungs- und Unabhängigkeitserhebung von 1814 mit der Herausbildung einer eigenen norwegischen Nation in den Jahrzehnten davor mehr oder weniger direkt in Verbindung gebracht werden kann, wie die nationaldemokratische Historiografie seit Ernst Sars[8] zu beweisen suchte, während namentlich Jens Arup Seip und andere später die Erhebung ganz aus der konkreten Situation nach dem Frieden von Kiel deuteten.[9] Zweitens ist

---

7 Deutsche Übersetzung der Proklamation in: Blom, Geschichte (wie Fn. 4), S. 24 des Quellenanhangs.
8 Vgl. Ernst Sars, Norges Historie, fremstillet for det norske Folk. Tidsrommet 1814–1884, Christiania 1913; kritisch dazu Øystein Sørensen, Ernst Sars teori om 1814 – et forsvar verdt?, in: Historisk tidsskrift (N) 66 (1987), S. 469-495. Die Gegenposition zu Sars vertrat Yngvar Nielsen, Norges historie efter 1814, 3 Bde., Christiania 1882–1892.
9 Vgl. Jens Arup Seip, Utsikt over Norges historie, 2 Bde., Oslo 1974–1981.

danach gefragt worden, ob und inwieweit das Regime bzw. die soziale Herrschaft der aufgeklärt-absolutistischen Beamtenschaft über 1814 hinaus im Rahmen des Verfassungsstaats fortdauerte. Gemäß dieser Perspektive begann sich die Demokratie, die reale Macht des namentlich bäuerlichen Volkes, erst ab 1830 nach und nach geltend zu machen, während die hohe Bürokratie mehr und mehr zu einer konservativen Kraft, zunehmend in Einvernehmen mit König und Union, geworden sei. Die Betonung der Kontinuität des Beamtenstaats lenkte den Blick andererseits aber auch auf die reformerische Vorarbeit der dänischen Gesamtmonarchie vor allem in ihrer Rechtsstaatstradition, ihrem als protokonstitutionell interpretierten Rechtsdenken und der entsprechenden Rechtspraxis am Ende des 18. Jahrhunderts.[10]

1   Norwegen 1815–1847

Norwegens Grenze zu Schweden war zuletzt 1751 vertraglich festgelegt worden[11] und blieb seitdem unverändert, von winzigen, politisch zu bereinigenden Unklarheiten abgesehen. Den nördlichsten Abschnitt der Landesgrenze, den gegen das Russische Reich, fixierte ein Abkommen der beiden Herrscher im Jahr 1826. Nunmehr umfasste das Königreich Norwegen eine Fläche von rund 324.000 Quadratkilometern.[12]

Auf diesem Territorium ging die Bevölkerungsvermehrung des 18. Jahrhunderts, stark gebremst in den Kriegsjahren zu Beginn des 19. Jahrhunderts, um 1815 in ein explosionsartiges Stadium über. Die Einwohnerzahl stieg zwischen 1815 und 1845 von rund 900.000 auf 1,33 Mio. und wuchs anschließend in ähnlicher Geschwindigkeit weiter. Während die Geburtenrate gegenüber der Zeit davor ungefähr gleich blieb, ging die Sterblichkeit, vor allem bei Säuglingen, signifikant zurück, wobei – neben der besseren Lebensmittelversorgung vermittels höherer Ernteerträge (verbesserte Ackergeräte, Düngung und Drainage sowie eine durchgreifende Flurbereinigung zu

---

10 Vgl. Otto Dahl, Norsk historieforskning i 19. og 20. århundre, Oslo 1970; Steinar Supphellen, Studier i norsk historie omkring 1814: ein nasjon stig fram, Oslo 1983; ferner die in Fn. 4, 6 und 13 genannte Literatur sowie die Kapitel 6, Justiz, sowie Kapitel 8, Verfassungskultur, mit der dort genannten Literatur.
11 Vgl. CD-ROM-1, Dok.-Nr. 12.1.1 (Grenzverlauf zwischen Norwegen und Schweden v. 18.10.1751). – Zur späteren Geschichte der norwegisch-schwedischen Grenze vgl. Roald Berg, Fra den norsk-svenske grenselinjens historie 1814–1914, in: T. Nilsson/Ø. Sørensen (Hg.), Goda grannar eller norska motståndare – Sverige och Norge från 1814 till idag, Stockholm 2005.
12 Vgl. CD-ROM-2, Dok.-Nr. 14.1.3 (Grenzvertrag zwischen Norwegen und Russland v. 19.7.1826–27.5.1826); Narve Bjørgo u. a., Selvstendighet og union. Fra middelalderen til 1905, Oslo 1995, S. 254-257, beleuchtet die besondere Problematik der grenzüberschreitenden Wanderungen der samischen Ureinwohner zwischen Norwegen und dem seit 1809 zum Zarenreich gehörenden Finnland. Gegenüber dem Grenzvertrag von 1751 (als Finnland zu Schweden gehörte) beinhaltete der Vertrag von 1826 restriktivere Regelungen der diesbezüglichen Weide-, Jagd- und Fischereirechte.

Beginn des 19. Jahrhunderts schlugen zu Buche), auch durch vermehrten Anbau der Kartoffel als Grundnahrungsmittel – Maßnahmen staatlicher Gesundheitsversorgung, so die 1810 eingeführte Pockenimpfung, und Hygieneaufklärung zu diesem Ergebnis beitrugen. In kurzer Frist stieg die Lebenserwartung um rund zehn Jahre. Die Zeit der vormodernen Ernährungs- und Bevölkerungskrisen war für Norwegen um 1815 endgültig vorbei.[13]

Von den kleineren Minderheiten der Finnen und Samen abgesehen[14], prägte sich die relative ethnische Homogenität Norwegens im 19. Jahrhundert noch stärker aus. Zwar riss die Zuwanderung von (ethnisch verwandten) Dänen und Norddeutschen nicht ab, von denen etliche bei der privatwirtschaftlichen Entwicklung eine bedeutende Rolle spielen sollten (Schweden immigrierten hingegen kaum), doch die großenteils dänischstämmige Beamtenschaft sicherte ihre Position durch eine indigenatsrechtliche Verfassungsklausel und den Vorbehalt eines norwegischen Universitätsexamens nach außen ab.

Während die Staatsverfassung Norwegens im Jahr 1814 einen revolutionären Umsturz erfuhr, blieb die Gesellschaftsstruktur noch Jahrzehnte lang im Wesentlichen erhalten; erst in den 1840er-Jahren machten sich Ansätze einer industriekapitalistischen Entwicklung geltend, und noch in den folgenden Jahrzehnten hatte der Staat eine entscheidende Rolle im Prozess der wirtschaftlichen und sozialen Modernisierung. Er substituierte bis zu einem gewissen Grad das wenig vorhandene große Wirtschaftsbürgertum. Einen Adel wie auch einen agrarischen Großgrundbesitz gab es schon in der absolutistischen Periode nur sehr eingeschränkt; und die vor allem in Südostnorwegen beheimatete Handelsoligarchie, deren exklusive ökonomisch-soziale Stellung in erster Linie auf Anteilen des streng privilegierten Sägewerks- und Holzhandelsgewerbes beruht hatte, verlor in der ungünstigen Nachkriegskonjunktur, dramatisch verschärft durch die britische Zollmauer, erheblich an Einfluss. Die meis-

---

13 Zur historischen Demografie Norwegens vgl. Michael Drake, Population and Society in Norway 1735–1865, Cambridge 1969; Sølvi Sogner, Folkevekst og flytting, Oslo 1979; Ståle Dyrvik, The Demographic Crisis in Norway in the 17th and 18th Centuries – Some Data and Interpretations, Bergen 1976. – Dazu und für alles Folgende vgl. außerdem die betreffenden Bände der neueren großen Nationalgeschichten: Francis Sejersted, Den vanskelige frihet, Oslo 1978 (= Cappelens Norges historie, Bd. 10); Ståle Dyrvik/Ole Feldbæk, Mellom brødre: 1780–1830, Oslo 2. Aufl. 2005 (= Aschehougs Norgeshistorie, Bd. 7); Tore Pryser, Norsk historie 1814–1860. Frå standssamfunn mot klassesamfunn, Oslo 1999; Seip, Utsikt (wie Fn. 9). Ferner Rolf Danielsen u. a., Norway: A History from the Vikings to Our Times, Oslo 1995; Thomas Kingston Derry, A History of Modern Norway 1814–1972, Oxford 1973; Martin Gerhardt/Walther Hubatsch, Norwegische Geschichte, Bonn 1963; Fritz Petrick, Norwegen. Von den Anfängen bis zur Gegenwart, Regensburg 2002; Rolf Tuchtenhagen, Kleine Geschichte Norwegens, München 2009; Ronald Bahlburg, Die norwegischen Parteien von ihren Anfängen bis zum Beginn des Zweiten Weltkriegs. Eine ideen- und verfassungsgeschichtliche Betrachtung sowie parteientheoretische Einordnung, Frankfurt a. M. u. a. 1989, S. 1–17. Für die Periode bis 1840 immer noch grundlegend: Sverre Steen, Det frie Norge, 5 Bde., Oslo 1951–1962.

14 Die Situation dieser Minderheiten wird im Norwegen-Beitrag zum Handbuchband 3 behandelt.

ten der großen Handelshäuser gingen bankrott. Aus dem Kleinbürgertum und der Bauernschaft bildete sich erst langsam eine neue Unternehmerschicht von größerer Widerstandsfähigkeit.[15]

Die Einwohnerschaft der Städte wuchs zwar schneller als die Gesamtbevölkerung, betrug aber selbst um die Mitte des 19. Jahrhunderts insgesamt kaum mehr als 13 Prozent. Spektakulär war das Wachstum von Stavanger und das der Hauptstadt Christiania, deren Einwohnerzahl sich im Laufe der ersten Jahrhunderthälfte auf annähernd 40.000 vervierfachte und die dabei zum führenden Verwaltungs-, Verkehrs-, Handels- und Gewerbezentrum wurde. Von der beamteten bzw. kommerziellen Oberschicht abgesehen, bestand die städtische Bevölkerung aus zwei in ihrer Größenordnung vergleichbaren Kategorien, die ihrerseits in jeweils zwei Hauptgruppen zerfielen: eine Unterschicht, bestehend aus Dienstboten einerseits und Tagelöhnern andererseits, sowie ein aus Händlern und Handwerkern bestehendes Kleinbürgertum, wobei das Handwerk deutlich stärker war, und in der ersten Hälfte des 19. Jahrhunderts, namentlich in den 1840er-Jahren, auch den größten Zuwachs zu verzeichnen hatte.

Auf dem Lande lebte die überwältigende Mehrzahl in den Siedlungen und in den Einzelgehöften weiterhin von der Agrar- und Forstwirtschaft sowie vom Fischfang. Norwegen blieb ein Bauernland; die Stellung der rechtlich ohnehin seit jeher freien Bauernschaft wurde sozial weiter befestigt durch umfangreiche Güterverkäufe aus ehemaligem Kirchenland in den 1820er- und 1830er-Jahren sowie durch Landverkäufe insolventer Großkaufleute. Großbauern gab es am ehesten in Ostnorwegen, wo der Getreideanbau vorherrschte, während im Westen und Süden die Viehzucht an erster Stelle stand. Schneller als die Bauernstellen wuchs die Zahl der Angehörigen unterbäuerlicher Gruppen: der auf einem Stück Land angesetzten Häusler, der Landarbeiter verschiedenen Status und des Gesindes. Zusammen war die unterbäuerliche Agrarbevölkerung um die Mitte des 19. Jahrhunderts deutlich zahlreicher als die Bauernschaft. Im internationalen Vergleich blieb die norwegische Gesellschaft, wie im 18. Jahrhundert und in mancher Hinsicht sogar noch verstärkt, in Stadt und Land sozial wenig polarisiert und von einer immer noch in hohem Maß auf Selbstversorgung beruhenden Agrarwirtschaft bestimmt.[16]

---

15 Zur Sozial- und Wirtschaftsgeschichte Norwegens in der Periode nach 1814 vgl., auch für das Folgende, Sima Lieberman, The Industrialization of Norway 1800–1920, Oslo u. a. 1970; Trond Bergh u. a., Norge fra u-land til i-land, Oslo 1983; Fritz Hodne, Norges økonomiske historie 1815–1970, Oslo 1981; Ståle Dyrvik u. a., Norsk økonomisk historie 1500–1970, Bd. 1 (1500–1850), Oslo u. a. 1979; Oscar Albert Johnsen, Norwegische Wirtschaftsgeschichte, Jena 1939; Rolf Fladby, Norwegen 1650–1850, in: I. Mieck (Hg.), Europäische Wirtschafts- und Sozialgeschichte von der Mitte des 17. Jahrhunderts bis zur Mitte des 19. Jahrhunderts, Stuttgart 1993, S. 298-310; Maximilian Braun Tvethe, Norges Statistik, Christiania 1848. Siehe auch die Literaturangaben in Fn. 13.
16 Vgl., neben der in Fn. 15 genannten Literatur, insbes. Pryser, Historie (wie Fn. 13), S. 99-120; Brynjulv Gjerdåker, Norges landsbrukshistorie III: 1814–1920. Kontinuitet og modernitet, Oslo 2002.

Der Aufschwung der Handelsschifffahrt im Anschluss an einen tiefen Einbruch begann erneut – zuerst sachte – in den mittleren 1820er-Jahren, nachdem der Niedergang des Holzhandels eine erhebliche Umstrukturierung bewirkt hatte. Seit 1825 bzw. 1827 durften norwegische Schiffe schwedische Güter zu gleichen Bedingungen transportieren wie im Besitz von Schweden befindliche Schiffe. Noch wichtiger als die Ausweitung des Binnenmarktes war die vermehrte Nachfrage auf den Auslandsmärkten; der Export mit den Hauptbranchen Schifffahrt, Holz und Fisch machte im Jahrzehnt 1835–1845 etwa ein Fünftel des Bruttosozialprodukts aus. Hier spielte die international wirksam werdende Tendenz zum Abbau von Handelshemmnissen, namentlich seitens Großbritanniens, eine wesentliche Rolle.

Wenn auch ein gesellschaftlicher und gesamtwirtschaftlicher Fortschritt zwischen 1814/15 und den späten 1840er-Jahren nicht zu übersehen ist und der Binnenhandel sowie die schrittweise Verbesserung der Verkehrsinfrastruktur zu Lande und zu Wasser eine Verdichtung der überlokalen und überregionalen Kommunikation bewirkte, so zeigten sich doch beträchtliche Diskrepanzen zwischen den Entwicklungsphasen: Auf die akute Nachkriegskrise folgten Jahre mit einschneidenden Rückschlägen, insgesamt allenfalls geringem Wachstum und depressiver Grundtendenz, dann begann, um 1830, der Übergang zu deutlicher Erholung und, etwa ab 1840, erleichtert durch die liberalisierenden und Gewerbe fördernden Maßnahmen des Staates, eine erste Welle der Industrialisierung – quantitativ noch recht bescheiden – im Textilsektor als Teilbereich einer allseits expandierenden Volkswirtschaft.[17]

Der Zusammenbruch der alten Handelsoligarchie nach 1815 hatte die (zivile, geistliche und militärische) Beamtenschaft, die schon im Absolutismus die herrschende Schicht gebildet hatte, relativ noch mächtiger werden lassen – Beamte dominierten bis ins späte 19. Jahrhundert alle zentralen staatlichen Institutionen. Die politische Macht der Bürokratie beruhte auf einer weitgehenden Homogenisierung in der Ausbildung wie hinsichtlich der administrativen Praxis. Die Rede ist von einem Kreis von rund 2.000 Personen bis zur Mitte des 19. Jahrhunderts, mit Familienangehörigen allenfalls 10.000, kein »Stand« im engeren Sinn, aber eine sich überwiegend selbst rekrutierende Bürokratie, über Heiratsverbindungen sozial teilweise mit dem gehobenen Wirtschaftsbürgertum verflochten.[18]

---

17 Die generelle Verbesserung der wirtschaftlichen Lage, wie auch die Belebung des Außenhandels einschließlich diverser Zollreduktionen im Besonderen, schlugen sich offenbar auch in einer Erhöhung des durchschnittlichen Konsums nieder. Insbesondere ab 1835 stieg der Verbrauch von Kaffee und Zucker, Luxusgütern nach damaligem Verständnis, bemerkenswert an und verdoppelte sich in weniger als einem Jahrzehnt. 1845/46 lag Norwegen bei Kaffee, nicht hingegen bei Zucker, über dem schwedischen wie dem dänischen Pro-Kopf-Verbrauch. Vgl. Braun Tvethe, Statistik (wie Fn. 15), S. 380. Generell liegen für den Zeitraum vor 1850 kaum verlässliche Daten zum Lebensstandard vor.

18 Vgl. Edvard Bull, Sozialgeschichte der norwegischen Demokratie, Stuttgart 1969, Kap. I; Jens Arup Seip, Fra embedsmannsstat til ettpartistat og andre essays, Oslo 1963, auch für das Folgende. Zur Zusammensetzung und Politik der Beamtenelite vgl. auch Miroslav Hroch, Social Pre-

2 Verfassungsstruktur der zentralen staatlichen Ebene

Nationalnorwegisches und Unionsstaatsrecht war nicht so eindeutig geschieden, wie es die Norweger beanspruchten. Die Grundlinien der Einigung zwischen den beiden ungleich gewichtigen Partnern waren bereits – parallel zum Waffenstillstand – am 14. August 1814 in der Konvention von Moss niedergelegt worden.[19] Danach durfte der Friedensvertrag von Kiel gemäß norwegischer Auffassung als Rechtsgrundlage der künftigen Union keine Rolle mehr spielen; das »Außerordentliche Storting« weigerte sich standhaft, die Wahl Carls XIII. von Schweden zum König von Norwegen (dort Carl II.) vorzunehmen, bevor nicht das umgearbeitete Grundgesetz angenommen wäre. In Formulierungen von großer Symbolkraft »wählten« am 4. November 1814 48 der 79 Abgeordneten Carl zum König, 23 »wählten und anerkannten« ihn, acht »erkannten (ihn) an«. Die Mehrheit betonte somit einen (fiktiven) freien Entschluss gemäß der zuvor souverän beschlossenen Verfassung.[20]

Die nach Zustimmung des Stortings und des schwedischen Reichstags am 6. August 1815 vom gemeinsamen König sanktionierte »Reichsakte«[21], ein völkerrechtlicher Vertrag, brachte substanziell nichts Neues. Eine erweiterte rechtliche bzw. institutionelle Basis erhielt die Union in den folgenden Jahrzehnten nicht. Vorschläge eines vom König ernannten paritätischen Komitees, eine dichtere, transparentere und stärker gleichgewichtige Unionsstruktur zu schaffen, stießen in beiden Ländern überwiegend auf Skepsis und wurden im Februar 1848 schließlich aus dem Verkehr gezogen.

---

conditions of National Revival in Europe. A Comparative Analysis of the Social Composition of Patriotic Groups among the Smaller European Nations, Cambridge u. a. 1985 (mit einem Kapitel über Norwegen: S. 33-43, 194-196); Anne-Lise Seip, Nation-Building within the Union: Politics, Class and Culture in the Norwegian Nation-State in the Nineteenth Century, in: Scandinavian Journal of History 20 (1995), S. 35-50; Sejersted, Demokrati (wie Fn. 6). Siehe auch die Literaturangaben in Fn. 68.

19 Vgl. CD-ROM-2, Dok.-Nr. 14.2.3 (Konvention von Moss v. 14.8.1814).
20 Zit. nach Bjørnskau, Carl XIV. Johan (wie Fn. 4), S. 506. Auch weigerte sich das »Außerordentliche Storting«, die verabschiedete Verfassung im Namen des Königs bekannt zu machen. Stattdessen hieß es in der Einleitung: »Wir Repräsentanten des norwegischen Reichs […]«. CD-ROM-2, Dok.-Nr. 14.2.5 (Verfassung Norwegens v. 4.11.1814). Die Formel des schriftlich überbrachten Eides von Carl XIII. (II.) lautete: »Ich verspreche und schwöre, dass ich das Königreich Norwegen in Übereinstimmung mit seiner Konstitution und seinen Gesetzen regieren will, so wahr mir Gott und sein heiliges Wort helfe.« Stortinget og unionen med Sverige, Dokumenter fra Stortingets arkiver 1814–1905, Oslo 2005, S. 66.
21 Vgl. CD-ROM-2, Dok.-Nr. 14.2.6 (Reichsakte v. 6.8.1815). – Dazu und zum Folgenden: Bo Stråth, Union och demokrati: de førenade rikena Sverige-Norge 1814–1905, Nora 2005, S. 94-139; Roald Berg, Stortinget og unionen 1814–1905, in: Stortinget (wie Fn. 20), S. 11-38; Reidar Omang, Den norsk-svenske union og folkeretten, in: Historisk tidsskrift (N) 36 (1952/53), S. 483-512.

Laut November-Grundgesetz § 11 musste sich der König eine unbestimmte Zeit jedes Jahres in Norwegen aufhalten, wenn nicht zwingende Gründe das verhinderten. Gemeinsame Angelegenheiten der Union oder Angelegenheiten eines der beiden Länder, die auch das andere betrafen, wurden in diesem Fall in Christiania von einem erweiterten Gremium behandelt, dem mindestens die Hälfte des norwegischen Staatsrats sowie die vier den König begleitenden schwedischen Staatsräte angehörten. In Stockholm, also in der Regel, tagte dieser »Zusammengesetzte Staatsrat« als Kombination des schwedischen Staatsrats, zumindest der Hälfte seiner Mitglieder, und der dort ansässigen norwegischen Staatsratsabteilung. Konsularfragen und die Finanzierung der Außenamtsverwaltung, wo beide Parlamente beteiligt waren, machten die häufigsten Gegenstände der jährlich nicht mehr als ein bis zwei Sitzungen aus. Entscheidend blieben – neben dem König – die jeweiligen einzelstaatlichen Institutionen. Wichtige diplomatische bzw. außenpolitische Dinge entschied der König im »Ministeriellen Staatsrat« Schwedens aufgrund des Vortrags des Außenministers; die Außenpolitik wurde gemäß der schwedischen Verfassung außerhalb des Ministerkollegiums behandelt.

Umstritten blieben bis 1842, als die Ratifizierung von Handelsverträgen und Konventionen der vereinten Reiche für die Zukunft dem zusammengesetzten Staatsrat zugesprochen wurde, die diesbezüglichen Rechte der norwegischen Institutionen.[22]

Die außenpolitische Abhängigkeit von Schweden wurde in seiner praktischen Bedeutung durch die Behandlung einer 1816 vorgefallenen britisch-norwegischen Schmuggelaffäre, der »Bodø-Sache«, zulasten Norwegens seitens der schwedischen Behörden ins Bewusstsein gehoben. Der Vorfall trug dazu bei, dass der mangelnde Einfluss Norwegens in der Außenpolitik ab 1827 zum Gegenstand der politischen Debatte wurde. Eine Initiative der norwegischen Regierung sorgte 1835 dafür, dass künftig der norwegische Staatsminister oder – bei dessen Abwesenheit – ein Vertreter im »Ministeriellen Staatsrat« anwesend war, wenn Norwegen Betreffendes oder Mitbetreffendes zu beraten und zu entscheiden war.[23]

Das Grundgesetz Norwegens war in fünf Abschnitte untergliedert: Nach vorangestellter Festlegung der »eingeschränkten Monarchie« als Staatsform des »freien, [ab November 1814: »selbständigen«] untheilbaren und unabhängigen« Königreichs, im November 1814 ergänzt um die Formel: »mit Schweden unter einem Könige vereinigt« (GG § 1), und des evangelisch-lutherischen Bekenntnisses als Staatsreligion (GG § 2), wurden zuerst der König einschließlich der königlichen Familie mit der Exekutive, dann die Legislative sowie die Staatsangehörigkeit und – im folgenden

---

22 Vgl. Stråth, Union (wie Fn. 21), S. 107-129.
23 Vgl. Bjørgo u. a., Selvstendighet (wie Fn. 12), S. 251-254, 264-270; Roald Berg, Norge og England på 1800-tallet: Litt om følelser og interesser i storpolitikken, in: S. G. Holtsmark u. a. (Hg.), Motstrøms. Olav Riste og norsk internasjonal historieskrivning, Oslo 2003, S. 89-107.

Schritt – die Judikative, schließlich unter »Allgemeine Bestimmungen« die Bürgerrechte abgehandelt.

Die ausübende Gewalt kam § 3 zufolge ausschließlich dem König zu, der sein »Staatsrat« benanntes Ministerium nach eigenem Gutdünken ernannte und entließ.[24] Die Verantwortung für das Regierungshandeln lag dort. Ministerieller Gegenzeichnungspflicht für »alle vom Könige selbst ausgefertigte Befehle« (§ 31) entsprach dem Verständnis der Zeit gemäß die »Heiligkeit« der Person des Herrschers (§ 5); gleichzeitig waren die Staatsräte verpflichtet, schriftlich abzuraten, wenn sie königliche Entscheidungen für verfassungs- bzw. rechtswidrig oder dem Staatswohl abträglich hielten. Aus Protest zurücktreten durften sie nicht. Widerrieten sie nicht, und nur dann, konnten sie vor dem Reichsgericht angeklagt werden (§ 30). Der König hatte den Oberbefehl über die Streitkräfte, erklärte Krieg und schloss Frieden, ernannte und entließ im Rahmen der entsprechenden rechtlichen Absicherungen die (gegen willkürliche Entlassungen in ihrem Status gesicherten) Beamten, »nachdem er seinen Norwegischen Staatsrath vernommen hat« (§ 21).

Dem starken Königtum stand ein starkes Parlament gegenüber. Ihm anzugehören, war mit einem Regierungsamt nicht vereinbar. Dem Storting, durch das »das Volk« die gesetzgebende Gewalt ausübte (§ 49), kamen die Legislative, das Budgetrecht sowie die Entscheidung über Steuern, Zölle und Abgaben zu (§ 75); es war die Norm setzende und kontrollierende Macht. Nach einem ungewöhnlich ausgedehnten Stimmrecht wählten die Norweger alle drei Jahre ihr Storting, das nach seiner Konstituierung ein Viertel seiner 75–100 Mitglieder zum »Lagting« wählte; der Rest hieß »Odelsting«.[25] Dieses stimmte zuerst über Gesetze ab, die dann dem Lagting vorgelegt wurden. Hatte das Lagting eine Vorlage zweimal zurückgewiesen, musste das gesamte Stortingsplenum mit Zweidrittelmehrheit zustimmen (§ 76).

Die Gesetzesinitiative durfte der König bzw. der von ihm beauftragte Staatsrat ebenso ergreifen wie jedes Mitglied des Odelstings (nicht aber das Parlament als Ganzes, eine seiner Abteilungen oder einer der Ausschüsse), ja sogar jeder norwegische

---

24 Ein Vorschlag von 18 Abgeordneten der Reichsversammlung vom Frühjahr 1814 aus Westnorwegen und dem Gebiet um Trondheim hatte, neben der Einschränkung des suspensiven Vetos, sogar eine umfassende Revision der Verfassung in Richtung auf die Parlamentarisierung der Regierungsweise (Wahl der Staatsräte durch das Storting) zum Inhalt. Seip, Utsikt (wie Fn. 9), Bd. 1, S. 39-41, unterscheidet plausiblerweise zwei Haupttypen von Verfassungsentwürfen: erstens von Lesefrüchten westeuropäischer konstitutioneller Theorien gespeiste, auf Gewaltenteilung und eine starke Stellung des mit deutlich begrenztem Wahlrecht gewählten Parlaments abhebende Entwürfe, durchweg formuliert von Beamten und Großbürgern, und zweitens auf eine starke Monarchie bei eher beratender Tätigkeit des Parlaments und auf überlieferte Formen popularer Mitwirkung gerichtete Entwürfe aus bäuerlichen und teilweise städtebürgerlichen Kreisen. In beiden Gruppen wären (marginal) auch radikaldemokratische und republikanische Tendenzen auszumachen. Zur Überlieferung der erhaltenen Entwürfe siehe Fn. 5.
25 Zum Begriff des »Odels« vgl. Fn. 102 (Kapitel 12, Wirtschafts- und Sozialgesetzgebung/Öffentliche Wohlfahrt).

Bürger über einen Odelsting-Mann (»private« Gesetzesvorschläge). Das Storting hatte ferner das Recht, jeden Bürger, auch Staatsräte, vorzuladen, die Rechnungen über Staatseinkünfte und -ausgaben, Staatsratsprotokolle und Verträge einzusehen (§ 75). Gegen vom Parlament beschlossene Gesetze konnte der König ein zweimalig aufschiebendes Veto einlegen. Wenn der Beschluss, jeweils nach neuer Wahl, zum dritten Mal bekräftigt wurde, musste er ihn sanktionieren (GG §§ 78, 79).

Zusammen mit dem Höchsten Gericht, der höchsten und letzten Instanz für die Rechtsprechung in Zivil- und Strafsachen, bildeten zehn Lagtingabgeordnete das Reichsgericht (GG § 86), in dem die Parlamentarier zwei Drittel der Mitglieder ausmachten. Das Reichsgericht urteilte in Verfahren des Odelstings wegen Amtsverbrechen gegen Angehörige des Staatsrats, des Höchsten Gerichts oder des Stortings (GG § 86). Mitglieder des Staatsrats und Beschäftigte ihrer Büros sowie Hofbedienstete durften nicht ins Parlament gewählt werden (§ 62).[26]

Im Aufbau und in der wesentlichen Frage des königlichen Vetos (absolut oder suspensiv) folgte man, entsprechend dem Hauptentwurf von Johan Gunder Adler und Christian Magnus Falsen, der französischen Verfassung von 1791, die seit Anfang des Jahres 1814 in einer Übersetzung vorlag, und nicht der schwedischen von 1809. Neben dem aufschiebenden Veto wurde die erste französische Revolutionsverfassung auch zum Vorbild bei den Regeln für die indirekte Wahl des Parlaments und bei der Festlegung des jeweiligen Kandidaten auf einen Wohnsitz im Wahlkreis. Die Aufteilung des Stortings in zwei, prozedural definierte, Abteilungen war der Verfassung der Batavischen Republik von 1798 entnommen, die Institution des Reichsgerichts der Verfassung der USA von 1787. Ferner fanden sich Anregungen mancher einzelstaatlichen Verfassungen der USA, namentlich der von Massachusetts, und aus der Tradition des britischen Verfassungsrechts, der französischen Verfassung von 1795, der spanischen Verfassung von Cádiz (1812) sowie der polnischen aus dem Jahr 1791 und selbst der dänisch-absolutistischen Lex Regia von 1665. Die Schwedische Regierungsform von 1809 diente als Vorbild bei der Regelung des Verhältnisses von König und Regierung, namentlich der Ministerverantwortlichkeit und der ministeriellen Kontrasignatur königlicher Beschlüsse, doch blieb die Stellung des Monarchen in Norwegen in diesem Punkt stärker.[27]

---

26 Vgl. auch CD-ROM-2, Dok.-Nr. 14.6.1 (Reglement für das Reichsrecht v. 18.9.1815).
27 Vgl. CD-ROM-1, Dok.-Nr. 11.2.4 (dän.)/11.2.5 (dt.) (Königsgesetz v. 14.11.1665); auch alle anderen genannten europäischen Verfassungen in CD-ROM-1; die amerikanischen Einzelstaats- und Bundesverfassungen in: <http://www.modern-constitutions.de> [14.01.2011]. Eine Synopse zu den Quellen des norwegischen Grundgesetzes bei Nils Højer, Norska Grundloven og dess Källor, Stockholm 1882, S. 171-198; Kåre Tønnesen, Menneskerettserklæringene i det attende århundre og den norske Grunnlov, in: E. Smith (Hg.), Menneskerettihetene i den nasjonale rett i Frankrike og Norge, Oslo 1990, S. 20-38; Geir Heivall, En introduksjon til Kants begrep om statforfatning, in: Michalsen (Hg.), Forfatningsteori (wie Fn. 6), S. 95-144. Eine mögliche Einflussnahme der Cádizer Konstitution von 1812 auf die norwegische Verfassung von 1814 diskutiert Ditlev Tamm, Cádiz 1812 y Eidsvoll 1814, in: Historia Constitucional (revista electrónica), n.

Obwohl der Gesetzesbegriff bei den Verfassungsberatungen des Frühjahrs 1814 noch nicht klar gewesen zu sein scheint, war der Rang des Grundgesetzes als – König wie Volksvertretung bindende – lex superior nachdrücklich in der Verfassung verankert, wenn gesagt wurde, dass eventuelle künftige Änderungen nur Modifikationen, nicht aber ihre Prinzipien und ihren »Geist« betreffen dürften. Dem November-Grundgesetz zufolge (§ 112) mussten Beschlüsse über Verfassungsänderungen zweimal mit Zweidrittelmehrheit vom Storting getroffen werden, wobei eine Neuwahl dazwischen zu liegen hatte. Es blieb lange im Ungewissen, ob ein königliches Veto bei Grundgesetzänderungen dem »Geist« der Verfassung entsprach. Machtpolitisch relevant wurde diese Frage gegen Ende des 19. Jahrhunderts.[28] (☞ Abb. 14.1, S. 1186)

Neben den bereits erwähnten enthielt die Neufassung des Grundgesetzes vom 4. November 1814 eine Reihe teils prozedural unvermeidlicher, teils in Abwehr erwarteter königlich-schwedischer »Amalgamierungsbestrebungen«[29] bewusst verschärfend erweiterter bzw. eingeengter Bestimmungen: Eine nicht unwesentliche Einschränkung der Königsmacht gegenüber dem Grundgesetz vom 17. Mai brachte der neue § 25, der die norwegischen Streitkräfte in einen disponiblen Teil der Armee und eine Territorialverteidigung, welche nur im Lande eingesetzt werden durfte, teilte. Das Verhältnis bestimmte das Storting als die das Budget bewilligende Institution. Anders als Christian Frederik waren Carl XIII. (II.) und seine Nachfolger gehalten, den norwegischen Staatsrat zumindest zu hören, wenn kriegerische Aktionen geplant waren.

Die wohl gravierendste Veränderung im Gefüge der zentralen Organe ergab sich – teilweise unvorhergesehen – im Hinblick auf den Staatsrat. Mit dem Wechsel des Monarchen und mit der Unionsbindung wurde mehrheitlich der Wunsch laut, die spezifisch norwegischen Institutionen zu stärken. Für den Staatsrat ergab sich dieser Effekt daraus, dass der König seinen Hauptsitz nicht in der norwegischen, sondern in der schwedischen Kapitale hatte (GG § 38). Damit einerseits die Zentraladministration im Lande selbst angeleitet werden konnte, andererseits der Herrscher »seine« Regierung stets bei sich hatte, wurde der norwegische Staatsrat nach § 15 räumlich und prozedural geteilt: Die »Staatsratsabteilung in Stockholm« bestand aus dem Staatsminister und zwei weiteren Staatsräten, die jährlich wechselten. Die »Norwegische Regierung« in Christiania bestand aus den restlichen vier Staatsräten. Den Vorsitz führte dort der Vizekönig (was kaum relevant wurde, weil es nur ein einziges Mal, 1824, in der Person

---

7, 2006, S. 313-320, <http://www.historiaconstitucional.com/index.php/historiaconstitucional/issue/view/8/showToc> [30.04.2011].
28 Vgl. in deutscher Übersetzung erschienen: E. Jonas (Hg.), Gutachten der Juristischen Fakultät zu Christiania über das Sanktionsrecht des Königs bei Grundgesetzveränderungen, Leipzig 1882.
29 So die zeitgenössische Terminologie. Zum realen Gehalt dieser Tendenzen vgl. Stråth, Union (wie Fn. 21); ebd., S. 616, Anm. 101, wird aus einem Brief Carl Johans an den Kronprinzen vom 22.7.1821 zitiert, dem zufolge es die Absicht des Königs sei, zu einer »fusion des deux peuples […] avec la même representation, les mêmes finances« zu kommen.

Kapitel 14 · P. Brandt: Norwegen

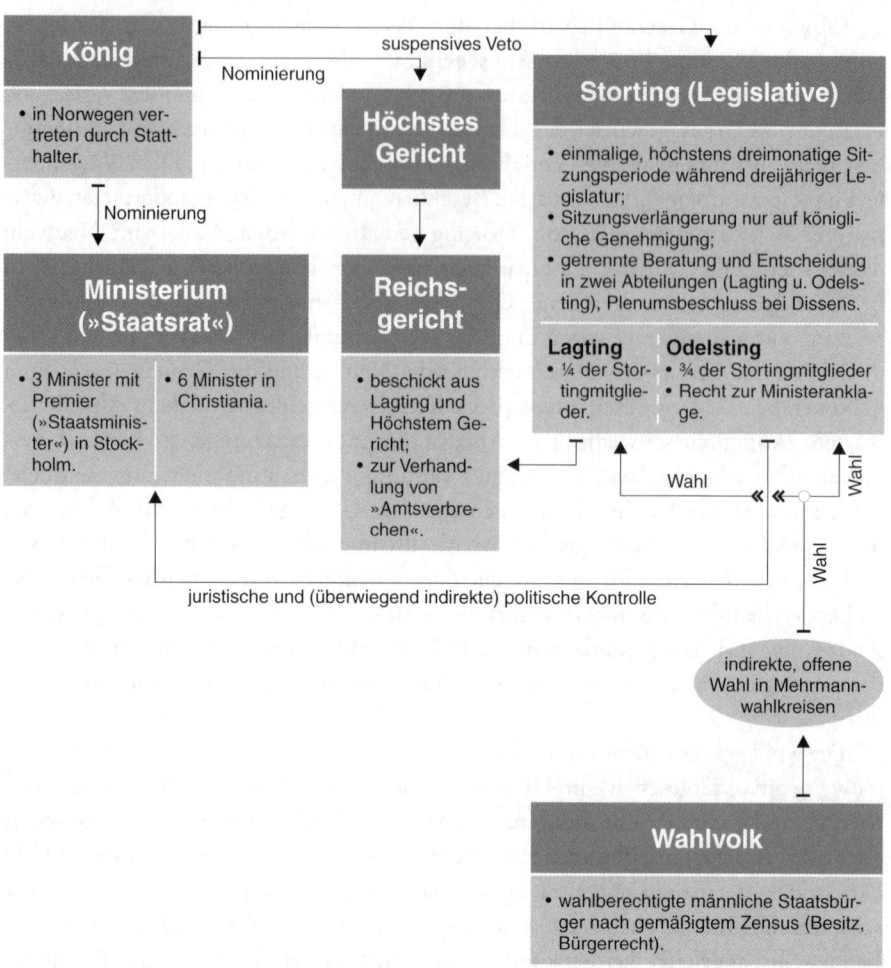

Abb. 14.1 Die Verfassung Norwegens von 1814

des Thronfolgers zur Ernennung eines solchen kam) bzw. der Statthalter, bei dessen Abwesenheit der älteste der anwesenden Staatsräte. Beschlüsse der Exekutive wurden entweder als »Höchste Resolution« der »Norwegischen Regierung« in Christiania, die diese dem König in ihren Berichten mitteilte, oder als »Königliche Resolution« (in den ersten drei Jahrzehnten nach 1814 durchschnittlich 1.250 im Jahr) verabschiedet.

Bei der Aufteilung der Ressorts ergaben sich in den ersten Jahren mehrfach Umstellungen. Die Organisation der Regierungsgeschäfte, namentlich die Aufteilung der Departements genannten Ressorts, hatte sich – in Kontinuität zur Zeit vor 1814 – unter Christian Frederik am dänischen Vorbild orientiert. Ab 1819 wurden den fünf Spitzenbehörden dann folgende Aufgabenbereiche zugeteilt: 1) Kirche und Unterricht einschließlich Gesundheitswesen, 2) Justiz- und Polizeiwesen, 3) Finanzen und

Zollwesen sowie Handel, 4) Heeresverwaltung, 5) Marineverwaltung einschließlich Häfen und Kanälen. Zum Jahresbeginn 1846 wurde das dritte Ressort geteilt, indem neben den Finanzen und Zöllen ein neues Amt für »Inneres« geschaffen wurde, das hauptsächlich für wirtschaftliche und soziale Angelegenheiten zuständig war und Handel sowie Seefahrt einschloss. Schon zum Jahreswechsel 1821/22 war, um das große dritte zu entlasten, ein eigenes Ressort für das Revisionswesen geschaffen worden, dessen Kompetenzbereich die Kontrolle der Staatskasse und anderer öffentlicher Mittel war.[30]

Durch die Geografie begünstigt, kam der norwegischen Regierung in Christiania gegenüber der Stockholmer Abteilung das deutlich größere Gewicht zu. In Christiania wurden die Angelegenheiten in den Ressorts vorbereitet. Erst die in der dortigen Staatsratsabteilung erstellten Entwürfe gingen nach Stockholm, wo sie weiter bearbeitet und bei Unstimmigkeiten mit entsprechenden Anmerkungen zurückgeschickt wurden. Bei Klärungsbedarf in wichtigen Fragen konnten gemeinsame Sitzungen beider Abteilungen in Christiania verabredet werden. Trotzdem war die Staatsratsabteilung in Stockholm wegen der Nähe zum König und zur schwedischen Regierung sowie der damit verbundenen informellen Kontakte nicht ganz einflusslos bei der inhaltlichen Ausformung und der Formulierung der norwegischen Standpunkte, zumal wenn es nicht möglich war, rechtzeitig Rat aus Christiania zu holen. Insgesamt entwickelte der norwegische Staatsrat von Anbeginn ein beträchtliches, im Lauf der Zeit noch zunehmendes Eigengewicht, das spätestens seit den 1840er-Jahren dem eines selbst rekrutierten Gremiums nahe kam.[31]

In welchem Maß der norwegische Staatsrat als Instrument des Königs, in welchem Maß er als Vertretung der einheimischen Spitzenbürokratie fungieren würde, hing zu einem ganz erheblichen Teil davon ab, wie das Amt des Statthalters von dessen Inhabern ausgefüllt werden würde und welche gewohnheitsrechtlichen Regelungen und Verfahrensweisen sich daraus ergeben würden. Die schon laut Grundgesetz (§§ 12-14) bedeutende Position des mit doppelter Stimme ausgestatteten Statthalters als des Vorsitzenden des Staatsrats – sein Sitz war naturgemäß Christiania – wurde in den Jahren 1814, 1820 und 1825 in königlichen Regierungsinstruktionen konkretisiert[32]: Der Statthalter war berechtigt, die Arbeit aller Ressorts persönlich zu leiten, »wann immer er es für gut befindet«. Bei ihm lag – im Auftrag des Königs und direkt unter

---

30 Vgl. dazu Ole Kolsrud, Forfatningskampen på 1800-tallet. Striden om statsregnskapene 1822–1918, in: Historisk tidsskrift (N) 78 (1999), S. 153-173.
31 Vgl. Frederik Bætzmann, Det Norske Statsraad 1814–1884, Kopenhagen 1885; Jan Debes, Det Norske Statsråd 1814–1949, o. O. 1950. Siehe auch die Literaturangaben in Fn. 49.
32 Die Instruktion von 1825 blieb unverändert bis 1882 in Kraft. Vgl. Kongl. Rescript, inneholdende Instruction for den i Norge under Kongens Fraværelse indsatte Regjering, in: J. A. Schmidt (Hg.), Love, Anordninger, Tractater, Resolutioner, Kundgjørelser, Departementsskrivelser, Circulærer m. m. for Kongeriget Norge i Tidsrummet fra 1814-1848, Bd. 1 (1814–1831), S. 516-521.

ihm – die militärische Kommandogewalt in Norwegen sowie die Position des Kanzlers der Universität von Christiania.

Während die ersten beiden Statthalter, noch unter König Carl XIII. bzw. II., ein den Norwegern entgegenkommendes Regiment führten, versuchten die Nachfolger in den Jahren 1818–1829 ihre Befugnisse voll auszuschöpfen, allerdings ohne greifbare und dauerhafte Resultate. Vielmehr glitt die zivil-administrative Steuerung in norwegische Hände über.[33] Von 1829 bis 1836 blieb das Amt des Statthalters unbesetzt; seitdem – ohne die vorherigen militärischen Befugnisse, die aber dennoch nicht mehr in die Verfügung von Schweden gerieten – hatten es nur noch Norweger inne, zuerst – bis 1840 – Graf Johan Caspar Herman Wedel Jarlsberg, der bemüht war, unnötige Konfrontationen zwischen König und Storting zu vermeiden und statt dessen ein Klima der Zusammenarbeit zu schaffen.

Carl Johan, der sich in den 1820er- und 30er-Jahren in Schweden selbst in einem, meist latenten, Machtkampf mit dem Reichstag und dem Staatsrat befand, betrachtete den norwegischen Staatsrat, namentlich in der ersten Periode seiner Herrschaft, als persönliches Ausführungsorgan und setzte sich häufig über Einwände aus dessen Reihen hinweg. Bei seinen Vorstößen zur Änderung der im Grundgesetz kodifizierten Machtbalance ging er mindestens zweimal (1821 und 1828), eine militärische Drohkulisse aufrichtend, bis an die Grenze des Staatsstreichs.[34]

Den programmatischen Höhepunkt der königlichen Offensive bildeten 1821 dem Storting vorgelegte Vorschläge einer substanziellen Verfassungsrevision.[35] Im Einzel-

---

33 Roald Berg, Embetsmannstat, rettstat eller generalguvernement 1814–1829, in: Nytt norsk tidsskrift 20 (2003), S. 73-84; ders., Profesjon – union – nasjon, Bergen 2001 (= Norsk forsvarshistorie, Bd. 2: 1814–1905).

34 Vgl. die Schilderung bei Sejersted, Frihet (wie Fn. 13), S. 53-59, 76-81, 85-91: Auch die Konfrontation des Königs mit dem Parlament im Jahr 1836, die letzte ihrer Art, gehört in diesem Zusammenhang genannt.

35 Schon in den Sitzungsperioden 1818 und 1821 hatte das Storting den vom König zugleich dem schwedischen Reichstag vorgelegten Vorschlag abgewehrt, die zwischenstaatliche Reichsakte so zu ergänzen, dass die Presse- bzw. Publikationsfreiheit eingeschränkt werden könnte. Dafür sollten spezielle Gerichte geschaffen werden. Vgl. Alf Kaartvedt, Det Norske Storting gjennom 150 år, Bd. 1: Fra Riksforsamlingen til 1869, Oslo 1964, S. 241-279. Die Vorschläge des Königs von 1821 erschienen auch als Extradrucke: Bekjendgjørelse av de paa den ordentlige Storthing i Aaret 1821 fremsatte Constitutions-Forslag der ere udsatte i Afgjørelse paa det ordentlige Storthing, som skal holdes i Aaret 1824, Christiania 1821. Eine französischsprachige Version der königlichen »Messages« v. 24.5. und 2.6.1821 wurde in Stockholm gedruckt und in die Hauptstädte der europäischen Großmächte versandt. – Die Vorschläge des Königs zur Grundgesetzänderung und die Gutachten der parlamentarischen Ausschüsse dazu hat zudem der im südwestnorwegischen Stavanger geborene, seit 1804 in Preußen lebende und lehrende romantische Naturforscher und Philosoph Henrik Steffens, der den diesbezüglichen Parlamentsberatungen in der Sitzungsperiode 1824 beiwohnen konnte, zusammen mit weiteren Dokumenten und einer historischen Darstellung auf Deutsch veröffentlicht: Henrik Steffens, Der Norwegische Storthing im Jahre 1824, Berlin 1825. Steffens bemühte sich, die Bewunderung für die Repräsentanten der alten Heimat mit seinen durchaus konservativen politischen Anschauungen zu verbinden und deutete das Grund-

nen wünschte Carl Johan die Möglichkeit, einen neuen norwegischen Verdienstadel zu schaffen, nachdem das Grundgesetz den alten aufgehoben hatte; das Recht zur Auflösung des Parlaments; die Befugnis, die personelle Zusammensetzung der Staatsratsabteilung in Stockholm zu bestimmen; die freie Absetzbarkeit der Beamten; die Schwächung des Reichsgerichts; die Ernennung des Parlamentspräsidenten (und -sekretärs) durch den König statt seiner Wahl durch das Storting selbst; schließlich und vorrangig die Ersetzung des suspensiven Vetos durch das absolute. Der letzte Punkt und weitere Punkte liefen auf die Anpassung des Grundgesetzes an die schwedische Verfassung hinaus. Das Storting wies 1824 den königlichen Vorstoß mit eingehender Begründung komplett zurück und wiederholte diese Ablehnung der (mit Ausnahme von 1827) immer wieder eingebrachten, doch deutlich reduzierten Vorschläge. Innerlich hat Carl Johan im Lauf der 1830er-Jahre offenbar resigniert. In den Jahren 1815–1837 wurden 51 von 262 Gesetzen vom König nicht sanktioniert, also etwa jedes fünfte Gesetz, in den 1840er-Jahren kam das königliche Veto schon deutlich seltener zum Einsatz. Umgekehrt überstimmte das Storting ein Veto nur in zwei Fällen alle drei Mal.[36]

Das Storting trat jedes dritte Jahr, im Anschluss an die jeweilige Neuwahl, für drei Monate zusammen (GG § 68, 80). Während dieser Tagungsperiode bzw. während der Legislaturperiode überhaupt durfte der König das Parlament nicht auflösen. Er konnte aber die für die Erledigung des Arbeitspensums häufig erforderliche Verlängerung der Sitzungszeit verweigern, für die die Abgeordneten, bisweilen mehrfach, um »Prolongation« ersuchen mussten. Eine solche Quasiauflösung geschah 1827 und dann 1836 in Konfrontation mit einem besonders kämpferischen Storting, das darauf mit der Anklage des Staatsministers Severin Løvenskiold vor dem Reichsgericht antwortete, weil dieser die entsprechende Anordnung ohne schriftlichen Vorbehalt unterzeichnet hatte. Insgesamt wurde bis 1845 das Reichsgericht sechsmal angerufen; die verhängten Strafen, sofern ein Schuldspruch erfolgte, waren generell nicht besonders hart, zielten sie doch erkennbar hauptsächlich auf den Monarchen bzw. dienten der Klärung von Verfassungsfragen.[37]

---

    gesetz im Sinne einer Kodifikation der tradierten Verhältnisse des Landes, eine Sichtweise, die sich auch bei anderen Reisenden aus Deutschland fand, auch solchen mit abweichenden politischen Positionen wie Willibald Alexis und Heinrich Laube. Vgl. Ivar Sagmo, Norge – et forbilde eller et utviklingsland? Folk og land i første halvdel av 1800-tallet – sett med tyske øyne, in: Ø. Sørensen (Hg.), Jakten på det norske, Oslo 1998, S. 74-91.

36 Einar Jansen, Det suspensive lovvetos anvendelse i norsk konstititutionel praksis, Christiania 1921, S. 270; Seip, Utsikt (wie Fn. 9), Bd. 1, S. 83; deutlich niedriger die Zahlenangaben (ca. 15 Prozent) bei Per Maurseth, Sentraladministrasjonens historie, Bd. 1: 1814–1844, Oslo 1979, S. 359.

37 H. Munk/M. Birkeland (Hg.), Storthings-Efteretninger 1814–1833, 2 Bde., Christiania 1874–1878. Zur Rolle des Stortings im Verfassungsgefüge im Hinblick auf sein tatsächliches Agieren ist immer noch grundlegend: Kaartvedt, Storting (wie Fn. 35), Bd. 1; ergänzend Bd. 4: Spesialartikler, Oslo 1964; ferner Trond Nordby, I politikkens sentrum. Variasjoner i Stortingets makt

Bei der Gesetzesinitiative dominierte insgesamt de facto die Regierung, die über den administrativen Apparat zur Erarbeitung von Gesetzes-»Propositionen« verfügte, aber die Wünsche und Widerstände des Parlaments von Anfang an einbeziehen musste. Neben der Gesetzgebungsbefugnis und dem Budgetrecht sowie der Waffe der Ministeranklage konnte das Parlament eine gewisse Kontrolle über die Regierungsarbeit ausüben. Das Odelsting durfte die Einsicht in Protokolle und andere Dokumente des Staatsrats verlangen und wachte über die Rechtmäßigkeit der königlichen »Provisorischen Verordnungen« zwischen den Sitzungsperioden (GG § 75). Dieses königliche Verordnungsrecht im wirtschaftlichen und sozialen Bereich wurde vom Storting aus prinzipiellen Gründen eng ausgelegt; es lieferte Anlässe für einen ständigen Kleinkrieg der Gewalten, der die Regierungsarbeit ernsthaft behinderte.

Einen Parlamentarisierungsdruck übten seit Mitte der 1830er-Jahre sog. »Adressen« aus, Resolutionen, die politische Richtlinien formulierten, ohne dass in den 1840er-Jahren ein Durchbruch zu verzeichnen war. Erkennbar war aber die Stärkung des Parlamentsplenums gegenüber den beiden Abteilungen, als 1830 – gegen den Protest des Königs – die Behandlung von wichtigen Steuer- und Zollangelegenheiten ins »ganze Ting« überführt wurde. 1836 verzichtete der König ausdrücklich auf sein (vorher beanspruchtes) Veto in diesen Fragen.[38] Mithilfe des Steuerbewilligungsrechts, durch das jeweils nur spezifizierte Teilbeträge bewilligt wurden, konnte die Regierung in hohem Maß gebunden werden. Die Möglichkeiten des Königs, durch parlamentsunabhängige Einnahmen seine eigenen finanziellen Dispositionen zu treffen, wurden zunehmend eingeengt.

Nimmt man die dreieinhalb Jahrzehnte nach der Verfassungsgebung in Eidsvoll in den Blick, dann ist sowohl für das Parlament als auch für die Regierung ein erheblicher realer Zuwachs an Entscheidungskompetenzen und Handlungsspielräumen zu konstatieren. Dass sich die Machtstellung beider Institutionen diesbezüglich wenn nicht parallel, so doch in die gleiche Richtung entwickelte, hing mit ihrer weitgehenden sozialen und bis zu einem gewissen Grad auch personellen Identität zusammen, ferner mit der grundlegenden Tatsache, dass der Kampf für die formale Bewahrung der Verfassung sowie die reale Ausweitung ihrer liberaldemokratischen Elemente einerseits und für die nationale Selbstbehauptung in der Union mit Schweden andererseits fast untrennbar miteinander verknüpft waren. Auch als in der ersten Hälfte der 1880er-Jahre der Übergang zur parlamentarischen Regierungsform erfolgte, wirkte die nationale Dimension des norwegischen Verfassungsproblems konfliktbeschleunigend und verschärfend sowie auch den Wandel legitimierend.

1814–2000, Oslo 2000, insb. S. 51-75; Gudmund Hernes/Kristine Nergaard, Oss i mellom. Konstitusjonelle former og uformelle kontakter Storting-Regjering, Oslo 3. Aufl. 1992.

38 Vgl. Stråth, Union (wie Fn. 21), S. 615, Anm. 101.

3 Wahlrecht und Wahlen

Das – 1821 um eine Gruppe in der Finnmark erweiterte – Wahlrecht war im Grundgesetz geregelt und wurde 1828 in einem speziellen Gesetz im Hinblick auf das Verfahren ergänzt bzw. präzisiert.[39] Ins Storting konnte unter den Stimmbürgern nur gewählt werden, wer mindestens 30 Jahre alt war und sich wenigstens zehn Jahre in Norwegen aufgehalten hatte. Als Parlamentsabgeordneter genoss er während der Verhandlungen und auf der Reise zum Storting Immunität; Reisekosten und Unterhalt in dieser Zeit übernahm die Staatskasse (GG §§ 61, 65).

Das aktive Wahlrecht sprach die Verfassung männlichen norwegischen Staatsbürgern zu, die 25 Jahre oder älter waren und mindestens fünf Jahre im Land gelebt hatten. Sie mussten Beamte oder ehemalige Beamte sein, über Landeigentum verfügen oder länger als fünf Jahre matrikuliertes, also steuerpflichtiges Land bebaut haben, das Bürgerrecht in Handelsstädten besitzen (GG § 50) – das schloss de facto Kaufleute, Handwerker und Hausbesitzer ein – oder in anderen städtischen Siedlungen einen Grundbesitz bestimmter Größe innehaben. Das bedeutete, dass nach unterschiedlichen Schätzungen zwischen 30 und 45 Prozent der Männer ab 25 Jahren Stimmrecht besaßen[40] und – in den Jahrzehnten nach 1814 ungefähr gleichbleibend – behielten. Die Städter waren insofern deutlich überrepräsentiert, als ihnen ein Drittel der Parlamentsmandate zustand.

Die Wahl war indirekt, geheime Stimmabgabe nicht vorgeschrieben. Ein kontinuierlich zu aktualisierendes Register der stimmberechtigten Einwohner musste in den Städten vom Magistrat und in den ländlichen Kirchspielen vom Vogt oder Pfarrer geführt werden (GG § 51), denen es auch oblag, die Urwählerversammlungen zu leiten, in denen nach einem gleich bleibenden, doch nach Stadt und Land differenzierten Schlüssel die Wahlmänner in der Reihenfolge der für sie abgegebenen Stimmen ermit-

---

39 Vgl. CD-ROM-2, Dok.-Nr. 14.3.1 (Wahlrecht v. 24.6.1828).
40 Zur Quantität der Stimmberechtigung und generell zur Wahlpraxis vgl. Stein Kuhnle, Stemmeretten i 1814. Beregninger over antall stemmerettskvalifiserte etter Grunnloven, in: Historisk tidsskrift (N) 51 (1972), S. 373-390; Erik Lykke u. a., Sosiale grupper i politikken. En undersøkelse av valdmannslag i fire norske byer 1815–1850, in: Historisk tidsskrift (N) 35 (1949–1951), S. 571-580; Dyrvik/Feldbæk, Brødre (wie Fn. 13), S. 279 ff.; Seip, Utsikt (wie Fn. 9), Bd. 1, S. 117-123; Pryser, Historie (wie Fn. 13), Bd. 1, S. 228-236; Anne-Lise Seip, Nasjonen bygges: 1830–1870, Oslo 2005, S. 66-70; Sternberger/Vogel (Hg.), Wahl (wie Fn. 6), S. 895, 913; Kaartvedt, Storting (wie Fn. 35), Bd. 1, S. 68-138. Schon die verfassunggebende Reichsversammlung vom Frühjahr 1814 war nach ähnlichen Kriterien gewählt worden. Die größte Abweichung (neben der verspäteten Ankunft der nordnorwegischen Abgeordneten) bestand in der gesonderten Wahl von 35 Mandaten aus dem Heer und der Flotte. 15 der Repräsentanten entstammten als Unteroffiziere oder Gemeine wahrscheinlich der Bauernschaft oder der agrarischen Unterschicht. Zählt man diese den unter den Zivilisten gewählten bäuerlichen Abgeordneten hinzu, dann gehörten 37 zur Gruppe der Agrarbevölkerung, 18 waren Kaufleute bzw. Gewerbetreibende, 57 Beamte und Offiziere.

telt wurden (GG §§ 57, 58). Diese fanden sich dann in einer zweiten Runde auf städtischer- bzw. Distriktsebene zusammen, um die Stortingsabgeordneten zu wählen.

Die Eintragung in das Wählerregister setzte voraus, dass man einen regelmäßig zu wiederholenden Eid auf das Grundgesetz ablegte, was indessen nur etwa 60 Prozent der infrage Kommenden taten, und von diesen wählte meist nur knapp die Hälfte. Somit reduzierte sich die Zahl der Wähler von vornherein auf rund ein Viertel der theoretisch Stimmberechtigten. 1829 wählten nicht mehr als 28.000 Norweger. Die absolute Zahl der wahlberechtigten Personen stieg wegen des Bevölkerungswachstums zwar ziemlich kontinuierlich an, aber die relative Wahlbeteiligung verlief in Wellen. Ein Höhepunkt war die Parlamentswahl von 1835.

Stimmenkauf und Druckausübung waren verboten und wurden geahndet; sie scheinen nicht vorgekommen zu sein. Allerdings waren vor allem die frühen Wahlen von etlichen Unklarheiten und Unregelmäßigkeiten gekennzeichnet. Diejenigen Amtspersonen, die den Wahlvorgang beaufsichtigten, hatten sich strikt neutral zu verhalten. Bis 1842 war es verboten, für sich selbst zu stimmen – es war gleichbedeutend mit einer ungültigen Wahl –, und ebenso, vorgefertigte Stimmzettel zu benutzen. Jeder Wähler sollte einen eigenen, handschriftlichen Stimmzettel erstellen, es sei denn, er wählte durch Zuruf. Bei zwingender Verhinderung kam eine Art Briefwahl in Betracht. In den 1840er-Jahren wurden dann namentlich in den Städten gedruckte Stimmzettel üblich, die etwa von Zeitungsredaktionen oder Berufsvereinigungen vorgefertigt wurden. Das ursprüngliche altliberale Verständnis einer unbeeinflussten Wahl der Besten wurde sukzessive abgelöst durch eine breite Politisierung mit Wahlprogrammen, Wahlagitation und Probewahlen in den Urwählerversammlungen. Es liegt auf der Hand, dass solche Formen von »Wahlkampf« hauptsächlich von oppositionellen Gruppierungen und den nicht elitären Schichten genutzt wurden. Allein durch die systematische Schaffung von Wahlalternativen vermittels Organisation und Agitation vermochte die große Menge politisches Gewicht zu erlangen.

Der Anteil der Beamten an den Parlamentsabgeordneten lag zwischen 42 Prozent (1821) und 54 Prozent (1818). Bei der Wahl von 1832 eroberten dann Bauernvertreter annähernd die Hälfte der Mandate; mit 44 von 95 Mandaten verdoppelten sie die Zahl ihrer Sitze. Sie konnten diesen Anteil zwar nicht konstant auf gleicher Höhe halten, doch büßten die Beamten zu Beginn der 1830er-Jahre auf der Ebene der Parlamentswahlen ihre eindeutige Vorherrschaft ein. In den Landdistrikten stellten die Bauern in den Jahren 1830–1842 59 Prozent der Parlamentsabgeordneten und die Beamten nur noch 31 Prozent. Die Städte hingegen blieben zu 60 Prozent in den Händen von Abgeordneten aus der Beamtenschaft, während Handwerker und – vor allem – Kaufleute zusammen 34 Prozent erzielten und ca. fünf Prozent Rechtsanwälten zufielen.[41]

---

41 Vgl. Kaartvedt, Storting (wie Fn. 35), Bd. 1, S. 127 f., 148.

1837 wurde die kommunale Selbstverwaltung in Stadt und Land gesetzlich geregelt.[42] An die Spitze der Gemeinden traten gewählte »Vorstände« und weitere »Repräsentanten«. Während sie in den Städten an eine schon zuvor eingespielte Selbstverwaltung, einschließlich von Wahlen, anknüpfen konnten, hatte es in den Dörfern nur rudimentäre Formen bäuerlicher Mitwirkung im Gerichtswesen sowie von Mitbestimmung in Schul- bzw. Armenkommissionen gegeben. Der Wahlkörper bei den Kommunalwahlen entsprach seit 1837 exakt dem bei den Parlamentswahlen – mit Ausnahme kleiner Landgemeinden mit unter 50 Stimmberechtigten. 1845 passte man (anders als auf nationaler Ebene) das passive Wahlrecht dem aktiven an. Vorstände und Repräsentanten (im Verhältnis von eins zu drei) wurden getrennt mit einfacher Mehrheit öffentlich gewählt. Abgesehen vom ersten Mal handelte es sich im Folgenden stets um Ergänzungswahlen, bei denen nur die Hälfte der Gremien neu besetzt wurde. Die Wahlbeteiligung lag in den Städten etwas niedriger als auf dem Lande und bei den Kommunalwahlen generell deutlich unter der bei den Wahlen zum Storting.

4 Grundrechte

Schon unter dänisch-absolutistischer Herrschaft, namentlich in ihren letzten Jahrzehnten, verfügte Norwegen über ein ungewöhnlich hohes Maß an Freiheit und Rechtsstaatlichkeit.[43] Das Grundgesetz von 1814 kennt keinen eigenen Grundrechteteil. Etliche der klassischen individuellen Rechte wurden – neben anderem – im Teil E. unter »Allgemeine Bestimmungen« abgehandelt, so das Verbot der Folter und der willkürlichen Inhaftierung sowie die Unverletzlichkeit der Wohnung (GG §§ 99, 102). Nur nach Gesetz und durch ordentlich zustande gekommenes Urteil sowie unter Berücksichtigung des Rückwirkungsverbots durften Straftäter gerichtet werden (GG § 96). Ebenso selbstverständlich schien der Schutz des Eigentums, des Erbes und des Erwerbs (GG § 104). Die Ehefrau war ihrem Gatten rechtlich, namentlich vermögensrechtlich, unterstellt, aber persönlich mündig. Weder stand dem Mann ein Züchtigungsrecht zu, noch konnte der in der ehelichen Gemeinschaft erwartete weibliche Gehorsam gerichtlich durchgesetzt werden.[44]

Einen Streitpunkt zwischen König und Parlament in den ersten Jahren nach 1814 bildete die ersatzlose Abschaffung des Adels. Aus norwegischer Sicht handelte es sich im Hinblick auf die zahlenmäßige und soziale Bedeutungslosigkeit des einheimischen Adels um keine besonders radikale Maßnahme, zumal schon das Grundgesetz die meisten Privilegien beseitigte und für die Zukunft ausschloss (GG §§ 23, 108). Strittig war deshalb auch nicht so sehr die Aufhebung des alten, sondern die eventuelle Mög-

---

42 Vgl. Kapitel 5, Verwaltung, Fn. 50.
43 Vgl. Brandt/Czaika, Norwegen (wie Fn. 1), S. 1079 f. (Kapitel 4, Grundrechte).
44 Vgl. Sandvik, Norwegen, in: Coing (Hg.), Handbuch (wie Fn. 6), S. 391.

lichkeit der Begründung eines neuen Verdienstadels nach napoleonischem Vorbild. Eine solche hatte der grundlegende Verfassungsentwurf von Adler/Falsen vorgesehen, was aber schon im Konstitutionsausschuss der Reichsversammlung von Eidsvoll gescheitert war. Auch Carl Johans Bestreben ging in diese Richtung. Er sanktionierte deshalb das betreffende, vom Storting 1815 beschlossene Gesetz erst im dritten Anlauf. Es schob neuadeligen Experimenten einen Riegel vor und regelte konkret die Abwicklung der bestehenden Adelsfunktionen und -privilegien.[45]

Ausgehend von dem Status der evangelisch-lutherischen Konfession als Staatsreligion – wer ihr angehörte, war verpflichtet, seine Kinder in diesem Sinne zu erziehen – untersagte das Grundgesetz in § 2 Jesuiten- und Mönchsorden. Der Konstitutionsausschuss der Reichsversammlung hatte im April 1814 noch festgestellt, »alle [christlichen] Religions-Sekten« sollten Glaubensfreiheit genießen, doch bei der Abstimmung im Plenum war dieser Satz aus unklarem Grund entfallen. Juden wurden der Zuzug und die Einreise nach Norwegen verboten (GG § 2). Neben einer Reihe Theologen und anderer Parlamentarier waren es vor allem viele bäuerliche Abgeordnete, die in einer Mischung aus religiösen, ökonomischen, kulturellen und nationalen Motiven den »Judenparagraphen« beschlossen. Er knüpfte an ähnliche, wenngleich weniger strikte Regelungen des Norwegischen Gesetzbuches von 1687 an und wurde offenbar mehrfach rigoros angewandt, sodass vor den frühen 1840er-Jahren, als die Praxis speziell gegenüber sephardischen Juden sich zu ändern begann, keine ungetauften Juden ins Land gelangt und dort geblieben sein dürften. Die Auseinandersetzung um die seit Anfang der 1840er-Jahre immer dringender geforderte Streichung des Judenparagrafen zog sich im Storting noch bis 1851 hin. Die christlichen Bekenntnisse außerhalb der lutherischen Staatskirche wurden geduldet, wenn sie ihrem Glauben im privaten Rahmen nachgingen. 1842/43 konstituierte sich in Christiania durch besondere königliche Dispensation eine katholische Gemeinde unter Oberhoheit des Stockholmer katholischen Bischofs.

Erst 1845 verwirklichte ein Gesetz die volle Religionsfreiheit für die kleineren christlichen Gemeinschaften, und »Dissidenten« durften »mit bürgerlicher Rechtswirkung« die Ehe schließen. Vorausgegangen war 1842 die Aufhebung des Konventikelplakats von 1741, das gegen religiöse Treffen ohne Anwesenheit eines ordinierten Pfarrers gerichtet gewesen war und eine wichtige Rolle beim staatlichen Vorgehen gegen bäuerlich-laienkirchliche Basisbewegungen gespielt hatte. Dieses für die moderne Geschichte Norwegens (wie Nordeuropas überhaupt) so bedeutende laienkirchliche Element war nunmehr legalisiert.[46]

---

45 Vgl. CD-ROM-2, Dok.-Nr. 14.4.1 (Gesetz zur Abschaffung des Adels v. 1.8.1821).
46 Beide Gesetze nennen Dissenterloven und die Aufhebung des Konventikelplakats. Nachzuschlagen in O. Mejlænder (Hg.), Almindelig norsk lovsamling, 2 Bde., Christiania 1859–1900, hier Bd. 1: for tidsrummet fra 1660–1860, S. 593–595 (Lov angaaende Dissentere v. 16.7.1845) sowie in Seip, Nasjonen (wie Fn. 40), S. 192 f.

Eine klare allgemeine Definition der norwegischen Staatsbürgerschaft war in der Verfassung nicht enthalten. Aufgenommen hatte man eine Regelung des Rechts, Beamter zu werden. Ein moderates Indigenat mit etlichen Ergänzungen und Ausnahmen wurde in dem betreffenden § 92 festgeschrieben. Die Naturalisierung von Ausländern in diesem Zusammenhang behielt sich das Storting alleine vor; man wollte schwedischer Überfremdung und königlicher Machtexpansion vorbeugen, als diese Bestimmung aus dem Mai-Grundgesetz im Herbst 1814 vom Außerordentlichen Storting übernommen wurde.

Es galt – verfassungsmäßig garantiert – Meinungsfreiheit und Pressefreiheit, wobei die Vorbehalte – vorsätzlicher und offenkundiger Ungehorsam gegenüber Gesetzen bzw. Staatseinrichtungen oder Aufwiegelung dazu, Geringschätzung der Religion, der Sittlichkeit oder der Verfassungsorgane, auch falsche bzw. ehrenrührige Behauptungen gegen einen anderen Menschen – ggf. einigen Interpretationsspielraum boten (GG § 100). Ähnliches galt für das Verbot, das Militär ohne gesetzliche Grundlage gegen Staatsangehörige einzusetzen außer bei Störung der öffentlichen Ruhe und bei Aufruhr (GG § 99).

Besonders in der ersten Periode der Herrschaft Carl Johans, der über Erfahrungen mit dem bonapartistischen System verfügte, war namentlich die politische Freiheit durch die Herrschaftspraxis des Königs gefährdet. Er zog ein Informations- und Spitzelnetz über das Land – die Berichterstatter saßen selbst in höchsten Positionen – und missachtete auch das Briefgeheimnis. Erhebliche Geldsummen wurden eingesetzt, um Journalisten zu beeinflussen, wobei einige Zeitungen politisch regelrecht umgepolt werden konnten, und um durch großzügige Geschenke, Gehälter, Pensionen und Darlehen dem Stockholmer Hof eine norwegische Klientel zu schaffen.[47]

5 Verwaltung

Die regional und lokal weit verzweigte Verwaltung aus der Zeit des Absolutismus konnte von dem neuen, konstitutionellen norwegischen Staat intakt übernommen werden, abgesehen von der Ersetzung der alten gesamtstaatlichen Zentralinstitutionen. Anknüpfend an die kriegsbedingten Ansätze ab 1807 wurden 1814 sechs Departements mit 59 Beschäftigten errichtet; 1845 waren es sieben Departements mit 259 festen Mitarbeitern, von denen allerdings die Mehrzahl Kopisten waren. Dazu kamen zu diesem Zeitpunkt acht Behörden außerhalb der Departements, etwa im Versicherungswesen oder der Kanal-, Hafen- und Feuerinspektion, mit nicht mehr als insgesamt 20 Beschäftigten. Während die Zentralverwaltung im dänischen Gesamtstaat kollegial organisiert gewesen war (in Dänemark selbst andauernd bis zum

---

47 Seip, Utsikt (wie Fn. 9), Bd. 1, S. 72 f.

Systemwechsel von 1848/49)⁴⁸, ging Norwegen nach 1814 zum Grundsatz alleiniger persönlicher Verantwortung an der Spitze der Ministerien bzw. Behörden über; der Staatsrat als Ganzer war in der Verfassung indessen als Kollegialgremium konzipiert. Die Zentralverwaltung erhielt eine stärkere und klarere Hierarchie, indem sie alte, vordem eigenständige kollegiale Behörden in die Departementsstruktur einordnete.⁴⁹

Als Sekretariat und Expeditionsbüro des Regierungskollegiums in Christiania diente ab Herbst 1814 das »Staatssekretariat«; auch die Stockholmer Staatsratsabteilung verfügte über eine eigene feste Büroorganisation, während der königliche Statthalter bis 1829 keine norwegischen, sondern ausschließlich schwedische Sekretäre einstellte. Die Zahl der den Departements zugehörigen Büros verdoppelte sich beinahe zwischen 1819 und 1844, indem neue Aufgaben zusätzliche Unterbehörden erforderten. Die neuen Felder administrativer Aktivität waren hauptsächlich solche, die über die »klassischen« Staatsaufgaben: Militär, Kultus und Steuern, hinauswiesen. Es waren diese, stärker auf Wirtschaft und Gesellschaft bezogenen, Bereiche, die 1845 dem Inneren Departement zugeschlagen wurden.

In den 1840er-Jahren begannen sich unter dem Einfluss des beschleunigten wirtschaftlich-sozialen Wandels neue Entwicklungen in der Verwaltung und ein Umdenken der Beamten Bahn zu brechen. Die Veränderung kam zunächst weniger von innen, als dass sie von den expandierenden, sich zunehmend professionalisierenden Berufen und den fachlichen Experten außerhalb der Juristenbürokratie ausging. Neben Philologen und Theologen traten vor allem Mediziner und Ingenieure hervor. Die in der Militärischen Hochschule ausgebildeten Ingenieuroffiziere waren die technische Elite des Landes und engagierten sich seit den späten 1820er-Jahren namentlich für die Neuordnung des Straßenbaus. Die Vertreter der genannten Berufe forderten in ihren Zuständigkeitsbereichen eine aktive Rolle der Verwaltung sowohl hinsichtlich reformerischer Initiativen als auch bezüglich der Umsetzung des Beschlossenen.

Um den Herausforderungen der fachlichen Spezialisierung zu begegnen, begann man, neue Stellen und Apparate sowie permanente Kommissionen teils innerhalb der Departements, teils außerhalb zu schaffen. Sowohl die eine wie die andere Kategorie zeichnete sich dadurch aus, dass sie nur bedingt in die alte Departementshierarchie eingeordnet werden konnte. Zusätzlich zu den permanenten Kommissionen wurden in wachsender Zahl schon seit 1815 stets Ad-hoc-Kommissionen einberufen, in denen die Erfahrung der Bürokratie mit der Expertise aus den unterschiedlichen Be-

---

48 Vgl. den Beitrag über Dänemark im vorliegenden Handbuchband (dort Kapitel 5, Verwaltung).
49 Vgl., auch für das Folgende, Maurseth, Sentraladministrasjonens (wie Fn. 36), Bd. 1; Edgeir Benum, Sentraladministrasjonens historie, Bd. 2: 1845–1884, Oslo 1979; Ole Kolsrud, Maktens korridorer. Regjeringskontorene 1814–1940, Oslo u. a. 2001; Berg, Embetsmannstat (wie Fn. 33); Torstein Haaland, Seculum Primum – Den norske sentraladministrasjonens første århundre 1814 – ca. 1900, in: Nordisk administrativt tidsskrift 79 (1998), S. 162-179; ders., Byråkrati, politikk og situationisme, in: Historisk tidsskrift (N) 79 (2000), S. 53-95.

rufen und Wirtschaftszweigen verbunden werden sollte. Diese Kommissionen, die die Verwaltung der Departements von Arbeit und Verantwortung entlasteten, waren Instrumente der Einbeziehung gesellschaftlicher Kräfte, stießen seitens der jüngeren aktivistischen Beamtengeneration aber auch auf Kritik, weil man in ihnen die Gefahr zu erkennen meinte, dass erforderliche Initiativen und Entscheidungen vermieden oder verzögert würden.

Das Gesetz zur Einführung der kommunalen Selbstverwaltung von 1837[50] bedeutete verwaltungsrechtlich wie institutionengeschichtlich einen klaren Einschnitt; es ergänzte das Grundgesetz von 1814, indem es die lokale Verwaltungsebene gewissermaßen konstitutionalisierte. Bevor die Regierung sich 1830 der Sache annahm, hatte sich schon die zentrale Gesetzeskommission des Stortings jahrelang damit beschäftigt und mehrfach revidierte Vorschläge ausgearbeitet. Das Gesetz, das schließlich zustande kam, war ein Kompromiss zwischen radikalkommunalistischen Bestrebungen einer starken bäuerlichen Fraktion im Storting und den restriktiven Wünschen der Regierung, die die »politische Einheit im Staate« beschwor und um ihre Kontrollkompetenzen fürchtete. Für die Städte ergaben sich die geringsten Umstellungsprobleme, während sich die »Ladestädte«, ökonomisch, aber nicht administrativ eigenständige größere Ortschaften ohne Stadtrecht, entscheiden mussten, ob sie sich künftig als solche selbst verwalten wollten. Auf dem Lande entstanden tatsächlich neue Körperschaften, wobei das Gesetz nur eine relative Vereinheitlichung bewirkte. Auch wenn der Pfarrsprengel üblicherweise als die grundlegende kommunale Verwaltungseinheit diente, wo schon davor meist das Schul- und das Armenwesen eng mit der kirchlichen Administration verknüpft gewesen war, wurden für die einzelnen dörflichen Siedlungen sog. »Sognegemeinden« installiert.

Die »Amtsgemeinde« – geleitet von dem königlichen Amtmann, der zusammen mit den »Wortführern« der einzelnen Landgemeinden den Amtsvorstand bildete; dieser behandelte Gegenstände, die die, namentlich finanziellen, Möglichkeiten der Einzelgemeinden überforderten – verband den etablierten staatlichen Verwaltungsbezirk mit der obersten Stufe der kommunalen Selbstverwaltung, wohingegen die alten Vogteien und die Stifts- oder Oberamtsbezirke einen sukzessiven Funktionsverlust erlitten und verschwanden. Die Intention des Gesetzes, eine Art Ober- oder Leitkommune zu installieren, deren Organe sich diejenigen der »Sonderkommunen« für einzelne Sachgebiete zu- und unterordneten, wurde indessen nur in einem längeren Zeitablauf verwirklicht.

---

50 Vgl. CD-ROM-2, Dok.-Nr. 14.5.1 (Kommunale Selbstverwaltung in den Städten v. 14.1.1837); Dok.-Nr. 14.5.2 (Kommunale Selbstverwaltung auf dem Land v. 14.1.1837). – Darstellung der Selbstverwaltungspraxis bei Hans Eivind Næss u. a., Folkestyre i by og bygd. Norske kommuner gjennom 150 år, Oslo u. a. 1987; Sverre Steen, Lokalt selvstyre i Norges bygder. Første fase, Oslo 1968; ders., Amt og stat 1837–1860, Oslo 1973.

Die Zahl der »Vorstände« und der diese ergänzenden Abgeordneten variierte. Zwischen drei und zwölf »Vormänner« wurden gewählt, die aus ihrer Mitte den »Wortführer« als obersten Vertreter der Gemeinde bestimmten. Während die Vorstände gewissermaßen die Exekutive der lokalen Selbstverwaltung waren, benötigten sie die Zustimmung der Repräsentanten bei allen Unternehmungen, die das Feld kommunaler Aktivität erweitern und die Gemeinde in größerem Umfang finanziell verpflichten konnten. Die zweifelsfreien kommunalen Befugnisse mit dem Recht, eigene Steuern zu erheben als Kern, waren vom Staat nur übertragen, der seinerseits in hohem Maß von der Möglichkeit Gebrauch machte, sich von den Gemeinden in Sachfragen beraten zu lassen. Selbst der König konnte kein allgemeines Eingriffs- bzw. Instruktionsrecht geltend machen, sondern nur in bestimmten Fällen von größerer finanzieller Reichweite Einspruch erheben.

Während die Städte der interkommunalen Selbstverwaltungseinheit der Amtsgemeinde nicht angehörten, waren sie doch Bestandteile des administrativen Amtsbezirks und unterstanden insofern der Aufsicht des Amtmanns. Der Effekt des Gesetzes von 1837 bestand für die Städte zweifellos in einer Vereinfachung der Leitungsstrukturen in juristischer wie in administrativer Hinsicht. Die ersten Wahlen zu den Stadtvorständen sollten die bis dahin amtierenden »Elegierten« nur ergänzen, wo sie über weniger als die vorgeschriebene Mindestzahl von vier verfügten; sozial und sogar familiär behielten die alten Führungsgruppen aus der Kaufmannschaft auch in den neu benannten Institutionen meist das Ruder in der Hand. Zwar war eine gewisse Machtverschiebung vom königlich ernannten Magistrat zu den gewählten Organen zu konstatieren, doch gerade in den größeren Städten mit einem mehrköpfigen Magistrat und einer professionell eingespielten Verwaltung dauerte es seine Zeit, bis die Vorstände und die Abgeordneten begannen, ihre gesetzlichen Befugnisse auszuschöpfen.

In der Regierungsform der Stadtgemeinden waren die Kontinuitätsstränge über das Inkrafttreten des Gesetzes von 1837 hinaus viel stärker ausgeprägt als in den Landgemeinden, wo es vorher keine Organe umfassender lokaler Selbstverwaltung gegeben hatte. Wenn die Verhältnisse zwischen den verschiedenen Städten mit ihren speziellen Stadtrechten und -privilegien auch variierten, galt für die zweite Hälfte des 18. und die ersten Jahrzehnte des 19. Jahrhunderts insgesamt jedenfalls, dass die von der Bürgerversammlung gewählten Organe die entscheidende Rolle spielten, auch in den alltäglichen Verwaltungsgeschäften, und namentlich über die städtischen Finanzen geboten. Allerdings mussten ihre Beschlüsse zu einem beträchtlichen Teil vom Magistrat bzw. vom Stiftsamtmann genehmigt werden. Über die »elegierten Männer« hinaus waren diverse Ehrenämter so breit verteilt, dass man von einer Erziehung der Bürgerschaft zur Selbstverwaltung schon seit dem Absolutismus sprechen kann, auch wenn die einschränkenden Bedingungen des Bürgerrechts (wirtschaftlicher Status, Bezahlung einer Summe in die Stadtkasse, Eidleistung gegenüber dem König) nur einer Minderheit der Einwohner die Möglichkeit zur Mitbestimmung und Mitwirkung gaben.

Auf dem Lande war die Lokalverwaltung bis 1837 formal beinahe uneingeschränkt staatlicher Gesetzgebung und der Amtsgewalt der Beamten unterworfen. Die aus dem Mittelalter in die Frühe Neuzeit tradierte bäuerliche Gerichtsbarkeit war weitgehend auf eine passive Beisitzerrolle reduziert. Doch existierten weitere Ämter, durch die die Bauern Mitverantwortung trugen und de facto Einfluss nehmen konnten: neben der Beteiligung an den gerichtlichen »Vergleichskommissionen«[51] und den Schul- bzw. Armenkommissionen nicht zuletzt die der »Lehnsmänner«, die, obgleich seit dem 18. Jahrhundert ernannte Staatsdiener, zugleich als Quasirepräsentanten der bäuerlichen Bevölkerung gegenüber der Obrigkeit fungierten. Mit einer gewissen Verzögerung verschob sich das Schwergewicht in den ländlichen Selbstverwaltungsorganen von den Vorständen zu den breiteren Gremien, und parallel wuchs der bäuerliche Anteil an den Leitungsfunktionen. Diese fungierten dann auch als eine Art Schule der nationalen Politik.[52]

6   Justiz

Bis in die mittleren 1830er-Jahre blieben die sozialen Strukturen Norwegens relativ stabil, sodass diesbezüglich kein dringender Neuregelungsbedarf bestand. Einzelgesetze mit begrenzter Reichweite ergänzten das Norwegische Gesetzbuch Christians V. von 1687[53] und die folgenden Verordnungen aus der Zeit des dänisch-norwegischen Gesamtstaats. Das Grundgesetz von 1814 enthielt in § 94 die Ankündigung, »daß auf dem ersten, oder, wenn dies nicht möglich ist, auf dem zweiten ordentlichen Storthing ein neues allgemeines Civil- und Criminalgesetzbuch gegeben wird.« Gedacht war dabei aber wohl nicht an eine Totalrevision, sondern an eine eher technische Kodifikation der bestehenden Gesetze und Verordnungen, ggf. mit ihrer Anpassung an die Vorgaben der Verfassung. Das könnte auch die knappe Fristsetzung erklären. Ein parlamentarischer Gesetzesausschuss (1814–1830) und eine Gesetzeskommission (1828–1843) erarbeiteten Vorschläge und Materialien, ohne dass diese sich entsprechend in Gesetzesentwürfen oder gar in einem Gesetzbuch niederschlugen, abgesehen von diversen Einzelgesetzen um 1821. 1845 räumte das Storting in einer einstimmigen Entschließung ein, bei der Formulierung des § 94 von falschen Voraussetzungen ausgegangen zu sein, erklärte eine »bloße Kodifikation« für überholt und verschob eine

---

51 Vgl. Kapitel 6, Justiz, Fn. 55.
52 Die ersten, laut Pryser, Historie (wie Fn. 13), S. 258, zufolge ca. 6.000 Mitglieder der kommunalen Selbstverwaltungsorgane auf dem Lande waren ihrerseits größtenteils Wahlmänner bei Stortingswahlen gewesen; vgl. auch Rolf Fladby, Bønder og embetsmenn i lokalstyringen etter 1837, in: Historisk tidsskrift (N) 46 (1967), S. 21-53.
53 Vgl. CD-ROM-1, Dok.-Nr. 12.2.1 (Norwegisches Gesetzbuch v. 15.4.1687); vollständig publiziert als Kong Christian den Femtes Norske Lov. 15de April, 1687. Med Kongeloven 1665, unveränderter Nachdruck, Oslo 1982.

gründliche Gesamtbearbeitung in eine unbestimmte Zukunft. Das Strafgesetzbuch, das (im Unterschied zum Zivilgesetzbuch) 1842 in Kraft treten konnte[54], entsprang derselben geistigen Tradition wie das preußische Allgemeine Landrecht von 1794. Es entstand ein streng logisches und systematisches Werk, das dem Richter, wenn er die richtige Kategorie ausmachte, die »passende« Strafe quasi lieferte. Nicht vor 1877 bzw. 1915 erhielt Norwegen eine moderne Strafprozess- und Zivilprozessordnung.

Während die norwegische Zivilprozessgesetzgebung im 19. Jahrhundert rudimentären Charakter hatte und der Zivilprozess noch starke gewohnheitsrechtliche Elemente beinhaltete, war die seit den Gerichtsreformen der 1790er-Jahre fest etablierte Gerichtsverfassung von einer annähernden Allzuständigkeit gekennzeichnet.[55] Das galt für privatrechtliche wie für strafrechtliche und seit den 1830er- und 1840er-Jahren auch für verwaltungsrechtliche Angelegenheiten. Die unterste (und für bürgerliche Streitsachen obligatorische) Instanz bildeten die »Vergleichskommissionen«, die in jedem Kirchspiel und in jeder Stadtgemeinde eingerichtet wurden. Sie bestanden aus zwei Laien, von denen auf dem Lande einer ein Bauer sein musste. Nur wenn (in stets nicht öffentlichen Sitzungen) kein Vergleich zustande kam – in den 1820er-Jahren wurde jedoch die ganz überwiegende Zahl der Zivilprozesse schon auf dieser untersten Ebene erledigt –, ging der Vorgang weiter an die nächste Instanz: die Gerichte auf dem Lande (Bygdeting) und die Stadtgerichte (Byting). Die zentrale Figur im ländlichen Gerichtswesen war der »Sorensskriver« (oder der »Vogt«), der sowohl administrative als auch rechtsprechende Aufgaben in seinem Bezirk wahrnahm, jeden Pfarrsprengel periodisch besuchte und dabei an der Spitze des bäuerlichen »Lagret« Gerichtstag hielt. Eine dem Sorensskriver ähnliche Funktion hatte in den Städten der Stadtvogt, dem das Stadtgericht zur Seite stand.[56]

Das nächste Glied des Instanzenzugs über Bygdeting und Byting bildeten die kollegialen Stiftsobergerichte in den vier Bischofsstädten Christiania, Christiansand,

---

54 Mejlænder, Lovsamling (wie Fn. 46), Bd. 1, S. 522-582 (Lov angaaende Forbrydelser v. 20.8.1842). Die angeforderte gutachterliche Stellungnahme aus Deutschland stammte von Julian Friedrich Heinrich Abegg, Der Entwurf eines Strafgesetzbuches für das Königreich Norwegen. Eine kritische Betrachtung, Neustadt an der Orla 1835. – Braun Tvethe, Statistik (wie Fn. 15), S. 386-391, liefert Zahlen über Strafverfahren und Verurteilungen, wobei namentlich seit etwa 1830 eine konstante Steigerung zu verzeichnen war, allerdings auf niedrigem Niveau. 1846 wurden vor militärischen (ein kleiner Bruchteil) und zivilen Gerichten 2.228 Personen angeklagt. Ende dieses Jahres saßen 1.846 Personen in Haft bzw. Arbeitszwangsanstalten (Durchschnitt der Jahre 1814–1818: 526, 1830–1834: 1.222). Generell brachte das Strafgesetzbuch von 1842 eine Milderung der Bestrafungspraxis mit sich, wie sich vor allem bei der Verhängung der Todesstrafe und der lebenslangen Strafarbeit zeigte.
55 Vgl. CD-ROM-1, Dok.-Nr. 12.6.1 (Einrichtungen von Vergleichs-Kommissionen auf dem Land v. 20.1.1797); Dok.-Nr. 12.6.2 (Reform der Landgerichte v. 5.5.1797). Zur Arbeit der Vergleichskommissionen siehe Hans Eyvind Næss, Vel forlikt. Forliksrådene i Norge 200 år 1795–1995, Stavanger 1995.
56 Vgl. Torkel Thime, Fra bygdeting til herredsrett 1797–1927, in: H. E. Næss u. a. (Hg.), For rett og rettferdihet i 400 år, Oslo 1991, S. 54-78.

Bergen und Trondheim, schließlich das gemäß den Festlegungen des Grundgesetzes mit einer provisorischen Anordnung des Königs vom 9. Juni 1815 sowie einem Gesetz vom 12. September 1818 neu geschaffene Höchste Gericht in Christiania.[57] Es trat an die Stelle der gleichnamigen Kopenhagener Institution und bestand aus einem Justiziar und sechs Beigeordneten. Seine Entscheidungen waren unanfechtbar. Während die Verhandlungen in den Zwischeninstanzen vorwiegend schriftlich geführt wurden, verhandelten die Vergleichskommissionen stets und das Höchste Gericht fast immer mündlich. Die richterlichen Abstimmungen blieben bis 1863 geheim; nur der Tenor des Urteils wurde bekannt gegeben. Ansonsten waren die Gerichtsprozesse bzw. -entscheidungen oberhalb der Vergleichskommissionen öffentlich.

In größerem Maß, als man lange angenommen hat, erhielt das Höchste Gericht, von Anfang an zunehmend, eine durch Präjudikate unmittelbar Recht schaffende Funktion. Zudem machte sich eine Tendenz zur Ausbildung des Rechts des Höchsten Gerichts auf Überprüfung von Gesetzen auf ihre Verfassungsmäßigkeit bzw. auf ihre Vereinbarkeit mit den der Verfassung zugrunde liegenden juristischen Prinzipien geltend, das seit den 1820er-Jahren nach und nach zum festen Bestandteil des norwegischen Staatsrechts wurde. Dieses »Prüfungsrecht« hatte seine Wurzeln im nordischen Naturrechtsdenken und in der Rechtspraxis der vorkonstitutionellen Zeit.[58]

Eine eigene norwegische Rechtswissenschaft, die über die Jahrhunderte währende und 1814 nicht endende dänisch-norwegische Rechtsgemeinschaft hinauswies, entwickelte sich erst langsam. In der Konstituierungsphase des norwegischen Rechtssystems, etwa bis zur Mitte des 19. Jahrhunderts, hielt sich die juristische Forschung in einem bescheidenen Rahmen, und die dänische Fachliteratur, insbesondere die Werke von Anders Sand Ørsted (1778–1860), blieben bedeutsam. Seit den 1830er-Jahren machte sich hauptsächlich der noch junge, eine ganze Epoche des norwegischen Beamtenstaats prägende Anton Martin Schweigaard geltend, der sich – Ørsted für sich vereinnahmend – besonders gegen das systematisch-abstrakte, philosophisch-idealistische und »historische« Rechtsdenken der Deutschen wandte – zugunsten eines stärker pragmatischen und (vermeintlich) stärker gesellschaftsbezogenen, wirklichkeitsnäheren Herangehens in Norwegen und Dänemark. Erst in der zweiten Jahrhunderthälfte, beginnend mit Torkel Halvorsen Ascheougs »Einleitung in die norwegische Rechtswissenschaft« (1845), war eine Internationalisierung der Rechtsforschung zu verzeichnen.[59]

---

57 Vgl. CD-ROM-2, Dok.-Nr. 14.6.2 (Gesetz über Höchstes Gericht v. 12.9.1818).
58 Nils Rune Langeland, Siste ord. Høgstrett i norsk historie, Bd. 1, Oslo 2005; ders., Linjer i Høyeste retts historie, in: ders., Rettens ironi, Oslo 2001, S. 243-250; Jørn Øyrehagen Sunde, »Ansees hævet« – Føresetnadar for den norske prøvingsretten på 1800-tallet, in: Michalsen (Hg.), Forfatningsteori (wie Fn. 6), S. 215-267.
59 Zur dänisch-norwegischen Rechtstradition vgl. Ditlev Tamm, Retshistorie. Danmark – Europa – globale perspektiver, Kopenhagen 2002; Gudmund Sandvik, Norwegen, in Coing (Hg.), Handbuch (wie Fn. 6); ders., Fire liner i yngre norsk rettshistorie, in: K. Bloch u. a. (Hg.), Utvalde emne

7 Militär

Das Grundgesetz bestimmte den König naturgemäß zum militärischen Oberbefehlshaber (GG § 25); schon vor dem Tod Carls XIII. (II.) 1818 war der Oberbefehl dem zum »Generalissimus« ernannten Kronprinzen Carl Johan übertragen. Kronprinz bzw. König delegierten die Ausübung der Kommandogewalt an den schwedischen Statthalter in Christiania in seiner Eigenschaft als Feldmarschall der norwegischen Armee. Die beiden betreffenden Regierungsdepartements (für Heer und Flotte) befassten sich mit normalen militärischen Angelegenheiten von Bedeutung, während die »eigentlichen militärischen Kommandosachen« von den Befehlshabern des Heeres und der Flotte direkt an den König bzw. dessen Statthalter weitergeleitet wurden (GG § 28). Der Statthalter übte als Feldmarschall seine Funktion in reinen Kommandosachen durch die Vermittlung eines (Heeres-)Generaladjutanten und eines Marinekommandanten aus. In seiner Eigenschaft als Statthalter hatte er zudem je eine militärische Leitungsbehörde für den Etat der Land- und der Seestreitkräfte unter sich, die für Nicht-Kommando-Sachen zuständig waren, faktisch für Budget- und Personalangelegenheiten außerhalb des gewaltsamen Einsatzes des Militärs. Es gab also unterhalb des Feldmarschallstatthalters vier norwegische Führungsstellungen an der Spitze des Militärapparats: je einen Staatsrat und einen militärischen Befehlshaber für die beiden Waffengattungen.[60]

Das Interesse Schwedens an der Union mit Norwegen war – nach dem Verlust Finnlands 1808/09 – nicht zuletzt militärischer Art. Die veränderte strategische Lage machte eine neue Verteidigungsplanung erforderlich, bei der Norwegen als dem westlichen geografischen Vorfeld eine wesentliche Bedeutung zukam. Das beinhaltete die Notwendigkeit, die norwegischen Streitkräfte den Sicherheitsbedürfnissen Schwedens anzupassen. Die Repräsentanten Norwegens waren ihrerseits bestrebt, auch auf dem militärischen Sektor so viel Autonomie wie möglich zu bewahren, und achteten namentlich darauf, dass das Land nicht ohne Weiteres in kriegerische Aktionen des schwedischen Hofes involviert werden konnte. Diesem Zweck diente § 25 des Grundgesetzes, demzufolge Truppen der Territorialverteidigung (Landmiliz, Bürgerwehr usw.) nicht außerhalb der norwegischen Grenzen eingesetzt werden durften. Dabei stand es realiter dem Storting frei, das über das Budgetrecht auch im Hinblick auf den Militäretat verfügte und (anders als in Schweden) auch eventuelle Kriegskredite bewilligen musste, das Zahlenverhältnis von Linienheer bzw. -marine und Miliz festzusetzen. Außerdem durften in Friedenszeiten weder schwedische Truppen

---

frå norsk rettshistorie, Oslo u. a. 1981, S. 187-202; Lars Bjørne, Den nordiska rättsvetenskapens historia, Bd. 2: Brytningstiden 1815–1870, Lund 1998; Dag Michalsen, Dansk-norsk rettsvitenskap etter 1814, in: F. Taksøe-Jensen (Hg.), Jura historie. Festskrift til Inger Dübeck som forsker, Kopenhagen 2003, S. 103-124; Jørn Øyrehagen Sunde, Speculum legale – rettsspegelen. En introduksjon til den norske rettskulturen si historie i eit europeisk perspektiv, Bergen 2005.
60 Berg, Profesjon (wie Fn. 33); ders., Embetsmannstat (wie Fn. 33).

in Norwegen noch norwegische Truppen in Schweden stationiert werden (GG § 25). Nur für eine begrenzte Zeit war es dem König erlaubt, höchstens je 3.000 Mann zu gemeinsamen Manövern zu versammeln. Das geschah 1821 in dem großen Militärlager von Etterstad nahe Christiania mit norwegischen und schwedischen Soldaten (nur Letztere waren mit scharfer Munition ausgerüstet), begleitet von der Einfahrt von elf bemannten schwedischen Kriegsschiffen in den Oslofjord.[61]

Faktisch leitete diese Affäre die Verselbstständigung der norwegischen Armee ein, indem der Heeresminister sich weigerte, die Kosten für die norwegische Teilnahme an dem Manöver in Etterstad aus dem regulären Etat zu begleichen und damit eine unverkennbare Distanzierung ausdrückte, auch wenn diese zunächst mehr für den zivilen Teil des Militärapparats galt. Über einen Prozess militärischer Professionalisierung, der Entwicklung einer eigenen norwegischen militärischen Bedrohungsanalyse und der Herausbildung eines nationalnorwegisch getönten Korpsgeists wurde die Legitimität der schwedischen Militärsuprematie auch unter den (namentlich jüngeren) Offizieren unterminiert. Am Ende des Jahrzehnts, nach dem Einsatz von Truppen gegen den Volksauflauf vom 17. Mai 1829[62], war es mit der Statthalterschaft schwedischer Amtsträger (einschließlich ihrer Rolle als Feldmarschälle und Chefs der norwegischen Armee) vorbei. Somit gelang es der schwedischen Krone selbst auf dem militärischen Sektor immer weniger, Norwegen unter direkter Kontrolle zu halten.

Aufgrund der Kriegsniederlage Norwegens vom Sommer 1814 sowie der schwedischen Militärdoktrin der »Zentralverteidigung« wurde eine Reihe Festungen geschleift. Schweden konnte eine aufgestockte norwegische Marine gut gebrauchen, während die Landstreitkräfte ruhig reduziert werden konnten. Das Wehrpflichtgesetz von 1816[63] halbierte die Gesamtzahl der Liniensoldaten zu Lande und zu Wasser auf 12.000 Mann, davon nicht mehr als 2.000 Mann Geworbene. Die zahlenmäßig nicht bemessene Landmiliz war unterteilt in Landwehr, Bürgerwehr in den Handelsstädten[64], Küstenwehr und Landsturm (für den »gemeinen Mann«). Die Rekrutierung der Distrikttruppen, also der nicht Angeworbenen, innerhalb der Linie, zielte auf jüngere (22 bis 27 Jahre), ledige und beruflich nicht etablierte Männer aus den unteren Schichten, die in der Kavallerie und der Reitenden Artillerie sieben Jahre (ohne weitere Verpflichtungen), bei den übrigen Truppen fünf Jahre (und anschließend weitere fünf Jahre in der Landwehr) zu dienen hatten. Fünf Jahre (ohne weitere Verpflichtungen) galten auch für die Marinesoldaten. Selbstständige Landwirte, Verheiratete und Männer mit festem Wohnsitz, die zum Militärdienst ausgeschrieben worden waren, konnten einen Ersatzmann stellen. Zudem war es vorgesehen, dass auf Wunsch der

---

61 Vgl. Fn. 34.
62 Speziell zu diesem Ereignis vgl. Rolv Laache, Torvslaget 17. mai 1829. Et hundreårs minne, Oslo 1929.
63 Vgl. CD-ROM-2, Dok.-Nr. 14.7.1 (Gesetz zur Allgemeinen Wehrpflicht v. 5.7.1816).
64 Vgl. CD-ROM-2, Dok.-Nr. 14.7.2 (Regelung für eine Bürgerwehr v. 26.7.1820).

Rekruten und entsprechender Anforderung der Behörden ein ziviler Ersatzdienst von sieben Jahren, so etwa als Lehrer, bzw. fünf Jahren als Postbote (ohne weitere Verpflichtungen) geleistet werden konnte.

8 Verfassungskultur

In dem Spannungsverhältnis zwischen der Fortdauer der aus dem vierhundertjährigen staatlich-politischen Band resultierenden Kulturgemeinschaft und der Absetzung der norwegischen Bildungsschicht von der kulturellen Hegemonie Dänemarks entstanden nach und nach Elemente einer eigenen Nationalkultur, erst langfristig auch im Sprachlichen. Bis 1814 war die Schriftsprache Dänisch, und so blieb es im Wesentlichen in der hier behandelten Periode. Doch nannte man sie jetzt Norwegisch.[65]

Eine politische Öffentlichkeit entwickelte sich in Norwegen nach 1814 nur langsam, obwohl politische und politisch-kulturelle Kontroversen von Anfang an meinungsbildend wirkten. 1819 wurde die erste Tageszeitung begründet, doch dauerte es noch ein weiteres Jahrzehnt, bis der Aufschwung des Zeitungswesens einsetzte und die Zeitung die Zeitschrift als vorwiegendes Forum für Debatten ablöste. Zwischen 1830 und 1850 stieg die Zahl der Zeitungen von zehn auf 43, davon fünf in Christiania erscheinend. Die Leserschaft beschränkte sich jedoch noch weitgehend auf Beamte, Angehörige des gehobenen Bürgertums und nicht etablierte Intellektuelle.[66]

Neben der gouvernementalen Richtung artikulierten sich nach 1814 auch oppositionelle Strömungen, anfangs vor allem motiviert von den wirtschaftlichen Forderungen der Erwerbsklassen der städtischen und agrarischen Kleineigentümer, die ihre Interessen bei der bürokratischen Elite nicht vertreten sahen. Einen ersten Höhepunkt bildete die (angeblich von einem Agenten des Königs angestiftete, zumindest aber sich von Carl Johan ermutigt fühlende) außerparlamentarische Rebellion des Jahres 1818[67], getragen hauptsächlich von den ostnorwegischen Großbauern. In den 1830er-Jahren lernte die inzwischen auch geografisch ausgeweitete Bauernopposition, sich des Parlaments zu bedienen. Obwohl das »Bauernstorting« von 1833 der politischen

---

65 Vgl. Jens Johan Hyvik, »… hvorfor har Norge ikke et eget nationalt Sprog?« Språk og nasjonale førestillingar i Noreg 1739–1850, Oslo 2007. – Der Sprachenstreit zwischen Riksmål und Nynorsk (Neunorwegisch) entwickelte sich erst in der zweiten Hälfte des 19. Jahrhunderts und wird in Handbuchband 3 angesprochen. Die norwegische Einstellung zu Dänemark in der unmittelbaren Nachkriegsperiode ist eingehend untersucht von Knut Nygaard, Nordmenns syn på Danmark og danskene i 1814 og de første selvstendighetsår, Oslo 1960; zur Einstellung gegenüber Schweden vgl. Rolv Laache, Nordmenn og svenskere efter 1814, Oslo 1941.
66 Vgl. Hyvik, Språk (wie Fn. 65), S. 154-156; Rune Ottosen u. a., Norsk pressehistorie, Oslo 2002, S. 20-36. Über die Festlegung des Versandportos konnten missliebige Zeitungen behindert werden, ein Mittel, das reichlich eingesetzt wurde.
67 Vgl. Dyrvik/Feldbæk, Brødre (wie Fn. 13), S. 254-260; Sejersted, Frihet (wie Fn. 13), S. 42-50.

Führungsschicht einige Schwierigkeiten bereitete, gelang die Integration der Bauernbewegung ins politische System alles in allem ziemlich reibungslos.

Der verfassungsgeschichtliche Umbruch von 1814 wurde von einer Beamtengeneration getragen, die vom aufgeklärten Absolutismus des dänischen Gesamtstaats geprägt worden war und ihre Ausbildung in Kopenhagen, teilweise die politische Schulung in der dortigen Regierungskanzlei erhalten hatte. Über Dänemark war man mit dem europäischen Denken, namentlich mit dem Verfassungsdenken und dem darin enthaltenen Rückgriff auf die antiken Ideale von Gemeinwohl, Bürgertugend und Gemeinsinn, in Berührung gekommen. Auch Kant und der Kantianismus waren rezipiert worden. Hand in Hand mit den Ideen des Konstitutionalismus, namentlich den Schriften von Montesquieu, de Lolme, Rousseau und Locke, in dessen gemäßigter, die Selbstbindung an die Verfassung implizierender Variante man die Lehre von der Volkssouveränität annahm, wurde, jedenfalls seit 1789, der Gedanke der politisch selbstbestimmten Nation transportiert.[68]

Ab 1830 betrat eine neue politische Generation die Bühne, zunächst noch im Studentenalter. Die Gruppierung der »Patrioten« mit den Zeitschriften »Statsborgeren« (Der Staatsbürger) und »Folkebladet« (Das Volksblatt), dann »Morgenbladet« (Das Morgenblatt)[69], zeichnete sich durch ein beträchtliches Maß an nationalem wie demokratischem Radikalismus und durch einen ausgeprägt populären Habitus aus. Der später zum Nationaldichter erhobene Henrik Wergeland entdeckte die Geschichte als zentrales Thema nicht nur des kulturellen Nationalpatriotismus. Wie ansatzweise schon die Verfassungsväter von 1814 projizierte Henrik Wergeland die zeitgenössischen Fortschrittsideen auf das norwegische Mittelalter als ein Goldenes Zeitalter zurück. Über den grundlegenden Mythos vom Freiheitskampf als durchgehendem Kennzeichen der Geschichte Norwegens war auch die Nationalromantik, die sich seit den 1830er-, deutlicher dann seit den 1840er-Jahren in der Historiografie, Volkskunde und Sprachwissenschaft auch akademisch etablierte, mit der Tradition von 1814 und dem staatsbürgerlichen Nationsverständnis verbunden. Ähnlich den Vertretern der Volksgeistlehre anderenorts suchte man das »eigentliche Norwegen«, die »Seele« des Landes, im, vermeintlich authentischen, bäuerlichen Volksleben und sah die Bauern mit ihrem Naturbezug, ihren Volksliedern, Märchen und Sagen als Träger der nationalen Kontinuität über die dänische Zeit hinweg. Zugleich verkörperte die Bauernschaft in dieser Sicht Werte wie Freiheit, Gleichheit und sogar Bildung.[70]

---

68 Vgl. Carl W. Schnitler, Slegten fra 1814, Christiania 1911; Øystein Sørensen, Kampen om Norges sjel, Oslo 2001, S. 53-92. – Zur schwedischen Wahrnehmung des politischen Systems Norwegens vgl. Hildor Arnold Barton, Sweden and Visions of Norway. Politics and Culture, 1814–1905, Carbondale/Edwardsville 2003, insb. S. 34-46.
69 Die wichtigste gouvernementale Zeitung war »Det norske Rigstidende«.
70 Zur Entstehung und Entwicklung der norwegischen Nationalidentität bzw. des Nationalismus vgl. Sørensen, Kampen (wie Fn. 68); ders. (Hg.), Jakten (wie Fn. 35); Andreas Elviken, Die Entwicklung des norwegischen Nationalismus, Berlin 1930; Oscar Falnes, National Romanticism in

Als Haupttendenz innerhalb der nachwachsenden Beamtengeneration setzte sich indessen ab 1830 der »Intelligenz-Kreis« mit den Zeitschriften »Vidar«, dann »Den Constitutionelle« (Der Konstitutionelle) durch. Neben dem später langjährigen Minister und Regierungschef Frederik Stang, der 1833 als junger Hochschullehrer das erste und für lange Zeit bestimmende systematische Lehrbuch des norwegischen Staatsrechts verfasste[71], gehörte der dann führende Parlamentarier Anton Martin Schweigaard zu dieser Gruppierung, ebenso der literarische Kontrahent Henrik Wergelands, Johan Sebastian Welhaven. Während Schweigaard für einen auf Nützlichkeit orientierten, vernunftrechtlichen Ansatz stand und die Rechtswissenschaft zur Staatsökonomie und Statistik hin öffnen wollte, repräsentierte Welhaven einen ästhetisierenden ethischen Idealismus als zweiten Theorie- und Motivstrang der Intelligenzler. Der »Intelligenz-Kreis« lehnte, obwohl von einer eigenen nationalen und zugleich zivilisatorischen Mission überzeugt, die betonte Volkstümelei der »Patrioten« im Hinblick auf deren Verherrlichung der Vorzeit wie der bäuerlichen Existenz ab und vertrat ein stärker elitäres, gesamtgesellschaftlich modernisierendes, auf Verwissenschaftlichung des staatlichen Handelns abhebendes, gegenüber den breiten Bevölkerungsschichten eher pädagogisches Nationsbildungskonzept.[72]

Zu den populardemokratischen Aspekten der norwegischen politischen bzw. Verfassungskultur gehörte die Betonung der Einfachheit und des (bäuerlichen) freien, männlichen Sinns gegenüber obrigkeitshöriger Unterwürfigkeit, gegenüber der »Kriecherei« vor der Monarchie und den »Aristokraten«. Diese Haltung korrespondierte mit der Kargheit der materiellen Voraussetzungen des Agierens der politischen Institutionen. Bis 1854 tagte das Storting in der alten Kathedralschule, die ihm seit 1823 zur alleinigen Verfügung stand, während sich die neuen Regierungsstellen ihre Büros suchten, wo immer sie sie in der Stadt finden konnten. Im Plenarsaal saßen die Abgeordneten auf Bänken in alphabetischer Reihenfolge der Städte bzw. Ämter, in denen sie gewählt worden waren. Nachdem mangels Alternativen eine (bald neu möblierte) relativ geräumige, einstöckige und karreeförmige Stadtvilla (»Paleet«) zur provisorischen königlichen Unterkunft gemacht worden war – bei Abwesenheit des Königs, also meistens, residierte dort der königliche Statthalter –, startete 1825 der Schlossbau, der indessen nicht vor 1848 zu Ende kam.

   Norway, New York 1933; Ørnulf Hodne, Det nasjonale hos norske folklorister på 1800-tallet, Oslo 1994; Ingrid Semmingsen u. a., Norges Kulturhistorie Bd. 4: Den gjenfødte Norge, Oslo 1980; J.-E. Ebbestad Hansen (Hg.), Norsk tro og tanke, Bde. 1-2, Oslo 1998; Henrik Wergeland, Norges Constitutions Historie [1841–43], Oslo 1958. Seip, Utsikt (wie Fn. 9), Bd. 1, S. 144-156, unterscheidet drei Wellen popularer oppositioneller Bestrebungen gegen die Beamtenelite: 1815–1824, 1830–1836 und 1844–1851.
71 Friedrich [Frederik] Stang, Systematisk Fremstilling af Kongeriket Norges constitutionelle eller grundlovsbestemte Ret, Christiania 1833.
72 Vgl. Øystein Sørensen, Anton Martin Schweigaards politiske tenkning, Oslo 1998; ders., Kampen (wie Fn. 68), S. 93-140; Seip, Utsikt (wie Fn. 9), Bd. 1, S. 98-109; Nils Rune Slagstad, De nasjonale strateger, Oslo 2001, Kap. I.

8 Verfassungskultur

Das Recht auf eine eigene Handelsflagge war in der Verfassung vom 4. November 1814 garantiert (GG § 111). 1821 entschied sich das Storting in einer diverse Entwürfe einbeziehenden Debatte für die schnell populäre und bis heute gültige dreifarbige Fahne (weiß umrandetes blaues Kreuz auf rotem Grund). Die rote Grundfarbe, faktisch übernommen von Dänemark, wenn auch teilweise als alte nationale Überlieferung gedeutet, knüpfte an die erste, im Februar 1814 unter Christian Frederik eingeführte Fahne – mit den Konnotationen: Gesamtstaatstradition, Unabhängigkeit und 17. Mai/Grundgesetz – an, stellte über das Blau aber auch eine Brücke zu Schweden, der Union und dem gemeinsamen Oberhaupt her; weiß war angeblich der Schild der mittelalterlichen norwegischen Könige gewesen. Die Kreuzform hob auf das christliche Selbstverständnis des neuen Staates ab und markierte zugleich eine symbolische Gemeinsamkeit der drei nordischen Reiche. Daneben nahmen Befürworter und Propagandisten der neuen Fahne, was die Farbkombination betraf, wiederholt auf die französische Trikolore sowie auf die gleichen Farben der USA und der Niederlande Bezug. Eine formelle Gleichstellung der norwegischen und der schwedischen Fahne (Handels- wie Orlogsflagge) erfolgte 1844 mit der Thronbesteigung Oscars I. Sie wurde jetzt jeweils mit einer identischen und die Gleichheit darstellenden Unions-Gösch versehen.[73] (☞ Abb. 14.2, S. 1208)

Die Durchsetzung der 1821 vom Parlament beschlossenen Handelsflagge als Nationalfahne ist eng verbunden mit der Etablierung des 17. Mai – des Tages der Eidsvollverfassung – als Nationalfeiertag. Der 17. Mai begleitete die Auseinandersetzung zwischen König und Storting und war selbst ein Teil davon, weil Carl Johan sich durch die seit den 1820er-Jahren aus eher privaten, kleineren Festveranstaltungen der gehobenen Schichten in die Öffentlichkeit tretenden und größere Kreise erfassenden Feiern dieses Tages nicht ohne Grund provoziert fühlte.[74] Als es am 17. Mai 1829 zum Einsatz berittenen Militärs gegen eine größere Menge von Demonstranten kam[75], proklamierte das Storting das Recht des norwegischen Volkes, den 17. Mai zu feiern. In den 1840er-Jahren erhielt der Tag sein für Jahrzehnte charakteristisches Gepräge, indem ein, streng ritualisierter, Umzug in den Mittelpunkt des Geschehens rückte, nach Christiania auch in anderen Städten und Ortschaften.[76]

---

73 Vgl. Ole Christian Grimnes, Flagg og våpen, in: Broderfolkenes vel/Brödrafolkens väl. Unionen 1814–1905, Stockholm 2005, S. 23-32; Stråth, Union (wie Fn. 21), S. 129-135.
74 Vgl. etwa CD-ROM-2, Dok.-Nr. 14.8.2 (Königliche Bekanntmachung v. 7.5.1828 anlässlich der Nationalfeierlichkeiten). – Dem für 1828 ausgesprochenen Verbot öffentlicher Feiern waren am 4. November des Vorjahres 1814, dem Tag der Annahme des revidierten Grundgesetzes, Missfallenskundgebungen von Studenten bei der Aufführung eines unionsfreundlichen Theaterstücks vorausgegangen.
75 Vgl. Fn. 62.
76 Zur Entwicklung des Nationalfeiertags vgl. Peter Brandt, Verfassungstag und nationale Identitätsbildung. Die Feier des 17. Mai in der norwegischen Geschichte, in: ders. u. a. (Hg.), Symbolische Macht und inszenierte Staatlichkeit. »Verfassungskultur« als Element der Verfassungsgeschichte, Bonn 2005, S. 212-243.

Abb. 14.2 Ankunft des Dampfschiffes »Die Konstitution« (beflaggt mit der schwedisch-norwegischen Unionsfahne) am Verfassungstag (17. Mai 1829) in der Hauptstadt Christiania

Vorläufer und Vorbild war der schon seit Mitte der 1820er-Jahre eingeführte Trondheimer Zug.[77] Am 17. Mai 1827, worüber eine eingehende Beschreibung vorliegt, zogen die Bürger der Stadt, beruflich und nach Funktionsgruppen getrennt, durch die Innenstadt und ließen in Sprechchören und Wechselgesängen Freiheit und Verfassung Norwegens hoch leben, huldigten mit Fahnen der Nation und auf Bannern zudem dem König. Dabei war (anders als später) die Anknüpfung an die symbolischen Muster der Aufklärung und der französischen Revolutionsfeiern mit ihren Verweisen auf die Antike klar erkennbar, am deutlichsten bei den Freiheitsbäumen. Diese Elemente wurden von Anfang an verbunden mit gestalterischen Anleihen bei der altnordischen bzw. mittelalterlichen Mythologie und Emblematik sowie mit spezifischen Bezügen zur norwegischen Natur. Die politische Elite Norwegens kannte die diesbezügliche Stellungnahme dänischer und deutscher Autoren sowie die Äußerungen Rousseaus zum Nutzen gemeinschaftlicher nationaler Feiern und hatte anlässlich der Stiftung der Universität 1811 bereits etwas Ähnliches wie ein Nationalfest begangen.[78]

Die Gottesdienste zu Beginn und zum Abschluss der verfassunggebenden Reichsversammlung (wie später der Stortingssessionen) waren ebenso aus der vorkonstitutionellen Zeit bekannt wie der wechselseitige Treueid von König und Abgeordneten

---

77 Vgl. CD-ROM-2, Dok.-Nr. 14.8.1 (Festplan zum 17. Mai v. 31.3.1826); Brandt, Verfassungstag (wie Fn. 76), S. 223 f., 233.

78 Vgl. CD-ROM-1, Dok.-Nr. 12.8.1 (Nationalfest zur Universitätsgründung v. 11.12.1811). – Die Studenten der Universität feierten in den folgenden Perioden den Gründungstag der Hochschule, den sie dann auf den 2.9.1811 verlegten, neben dem 17. Mai konstant als eine Art zusätzlichen Nationalfeiertag.

(ergänzt um den Eid beider auf das Grundgesetz; GG §§ 9, 44). Auf Eidgenossenschaft deutete auch die Verabschiedung der verfassunggebenden Versammlung durch ihren gewählten Präsidenten am 20. Mai 1814 hin.[79] Zu den stets wiederkehrenden Ritualen des Verfassungsstaats gehörte die Eröffnung des jeweils neu gewählten Stortings durch den König oder den Statthalter (GG § 74). Eingeleitet wurden die Feierlichkeiten zur Eröffnung der Sitzungsperioden mit einem prozessionsartigen Einzug der Abgeordneten. An ihr nahmen auch zwei bis drei, unter den normalen Regierungsbeamten rekrutierte Herolde teil, die zuvor in der Hauptstadt umhergezogen waren und das bevorstehende Ereignis verkündet hatten; Gleiches geschah dann bei der Schließung der Session.

Als herausragende Selbstinszenierung der Monarchie kam der Krönung Carl Johans zum König Carl III. von Norwegen am 7. September 1818 im Trondheimer Dom, der Krönungsstätte der mittelalterlichen Könige, besondere symbolische Bedeutung zu. Es ging ihr am 11. Mai die schwedische Krönungsfeierlichkeit voraus, und beide Zeremonien zeigten einige charakteristische Unterschiede, die auf die jeweilige spezifische Verfassungsordnung verweisen. Während in Stockholm der norwegische Staatsminister nächst beim König stand und den Eid vorsprach, war es in Trondheim der Außenminister »beider Reiche«; während in Stockholm der König seinen Eid mit den Fingern auf der Bibel, also vor Gott, ablegte, waren die Finger in Trondheim zu den Kirchenbesuchern, also zum Volk, gerichtet. Anstelle des silbernen Gewands, in dem Carl Johan bei der Prozession in Stockholm den von »des Reiches Herren« getragenen Regalien folgte, schritt er in Trondheim in schwarzer Marschalluniform hinter den Staatsräten, die dort die Regalien mit sich führten.[80]

9 Kirche

Die nach 1814 andauernde kulturelle Verbindung Norwegens mit Dänemark – weit mehr als mit Schweden – lässt sich auch für das kirchliche Leben konstatieren. Neben dem weiter wirkenden Aufklärungsdenken und der Aufklärungstheologie im Besonderen war die Periode bis zur Mitte des 19. Jahrhunderts wie anderenorts geprägt von antirationalistischen theologischen Impulsen wie den Lehren Nikolai Frederik Severin Grundtvigs und der Herrnhuter sowie von den autochthonen, wenn auch erst

---

79 Ein bei von Unruh, Eidsvoll (wie Fn. 4), S. 12 f., zitierter zeitgenössischer Bericht schildert den Ablauf, nachdem der Präsident der Reichsversammlung die scheidenden Abgeordneten aufgefordert hätte, als Freunde auseinanderzugehen und »allen Zwiespalt zu vergessen«, was von allen Seiten lebhaft bekräftigt worden sei. Man bildete eine Freundschaftskette, indem jeder seinen Nebenmännern über Kreuz die Hände reichte und »mit tiefer Rührung« ausrief: »Einig und treu, bis das Dovre-Gebirge zusammenstürzt!«
80 Vgl. Broderfolkenes vel (wie Fn. 73), S. 139-144; Stortinget (wie Fn. 20), S. 132.

seit 1842 legalen laienkirchlichen Erweckungsbewegungen mit ihren indirekt demokratisierenden Effekten.[81]

Auch die Entwicklung des Vereinswesens war in Norwegen zunächst hauptsächlich mit Religion und Kirche verbunden. Insbesondere die Gründung einer eigenen nationalen Bibelgesellschaft 1816, angeregt durch das britische Vorbild, war ein wichtiger Faktor für die Erneuerung des norwegischen Kirchenlebens. Während die Bibelgesellschaft eng mit der Amtskirche verknüpft war, wurden die seit Mitte der 1830er-Jahre aufkommenden Vereinigungen zur Bekämpfung des Alkoholismus von Quäkern und Haugianern initiiert.[82] Die bäuerliche Frömmigkeitsbewegung der Haugianer war um 1800 noch auf die repressive Reaktion der staatlichen Behörden gestoßen. Doch hatte die Verurteilung und Inhaftierung ihres spiritus rector (1814) die Verbreitung der Gedanken Hans Nielsen Hauges nicht unterdrücken können. Sie wirkten weiter, fanden bald gesellschaftliche Anerkennung und in den 1830er-Jahren eine Fortsetzung in dem Erweckungserlebnis einer zweiten Generation.

Das im Norwegischen Gesetzbuch von 1687 fixierte evangelisch-lutherische Staatskirchentum wurde – im Prinzip unverändert – in die Verfassungsordnung von 1814 übernommen (GG § 4). Gleiches galt für die liturgische Tradition. Kirchliche und im engeren Sinne staatliche Funktionen überschnitten sich weiterhin in hohem Maß. Die geistlichen Amtsträger waren Teil der Beamtenschaft und wurden somit nach Anhörung des Staatsrats vom König ernannt (GG § 21). Sie hatten die alleinige Befugnis, Brautpaare zu trauen, und behielten insbesondere im Armenwesen und im Schulwesen einen zentralen Platz. Der König, den das Grundgesetz auf die lutherische Konfession festlegte (§ 4), blieb kirchliches Oberhaupt, das laut § 16 alle religiösen Zeremonien und Versammlungen »anordnete« und darauf achtete, dass die Theologen den »vorgeschriebenen Normen« folgten.[83] Die zuständige Oberbehörde war seit 1819 das Kirchen- und Unterrichtsdepartement.

---

81 Vgl. N. F. S. Grundtvig, Schriften zu Volkserziehung und Volkheit. Ausgewählt, übersetzt und eingeleitet von Johannes Fiedje, 2 Bde., Jena 1927; Bernd Henningsen, Die Politik des Einzelnen. Studien zur Genese der skandinavischen Ziviltheorie: Ludwig Holberg, Søren Kierkegaard, N. F. S. Grundtvig, Göttingen 1977; Helge Grell, Skaberånd og folkeånd. En undersøkelse af Grundtvigs tanker om folk og folkelighed og deres forhold til hans kristendomssyn, o. O. 1988. – Seine kulturelle und politische Wirkung entfaltete der Grundtvigianismus in Norwegen erst in späteren Perioden. Er wird in den Folgebänden dieses Handbuchs auch für Norwegen zu thematisieren sein. – Vgl. zur norwegischen Kirchengeschichte nach 1814 allgemein Einar Molland, Norges kirkehistorie i det 19. århundre, Bd. 1, Oslo 2007; Andreas Aarflot, Norsk kirkehistorie, Bd. 2, Oslo 1967 (über den radikalen Pietismus und die Herrnhuter: S. 162-192; über Hauge und die Haugianer: S. 231-278).

82 Braun Tvethe, Statistik (wie Fn. 15), S. 384 f., nennt für das Jahresende 1847 knapp 24.000 Mitglieder in über 100 Vereinen. Zum frühen Vereinswesen vgl. ansonsten Seip, Utsikt (wie Fn. 9), Bd. 2, S. 49 ff.

83 Vgl. CD-ROM-2, Dok.-Nr. 14.9.1 (Weihung von Kirchen v. 10.10.1818); Dok.-Nr. 14.9.2 (Vorschriften für die höhere Geistlichkeit v. 26.10.1818).

Die Abgeordneten von Eidsvoll sahen die Kirche nicht als Korporation, sondern gewissermaßen als eine Abteilung und Funktion des Staates. Ihrer Vorstellung nach sollte die kirchliche Gesetzgebung künftig beim Storting, die Verwaltung der Kirche beim König und den von ihm benannten zivilen und geistlichen Beamten liegen. (Die kirchlichen Gerichte aus älterer Zeit existierten weiter, aber seit 1809 beschränkt auf Amtsdelikte der Pfarrer, mit dem staatlichen Höchsten Gericht als oberster Appellationsinstanz.) § 16 des Grundgesetzes sprach dem König zudem einen Teil der kirchlichen Gesetzgebungskompetenz zu; das betraf namentlich alle rituellen Fragen. Unklar blieb die Zuständigkeit hinsichtlich der inneren Kirchenverfassung. Während reformerische Bestrebungen Unterstützung beim Parlament suchten, blockierte das Kirchen- und Unterrichtsdepartement sieben Jahrzehnte lang alle diesbezüglichen Veränderungen.

Das ursprünglich der Versorgung der Geistlichen dienende Benefizialgut wurde im Grundgesetz gegen seine Säkularisierung geschützt (GG § 106). 1821 legte ein Gesetz fest, dass die Erlöse der zu diesem Zeitpunkt bereits laufenden und in den folgenden Jahrzehnten verstärkt fortgesetzten Verkäufe des Benefizialguts in einen »Fonds für das Aufklärungswesen« fließen sollten.[84] Dieser wurde zwischen der Universität mit einem Drittel und der Kirche sowie ihren Amtsträgern mit zwei Dritteln der erzielten Summen geteilt, wobei der kirchliche Anteil in begrenztem Maß das Schulwesen einschloss.

10 Bildungswesen

Gegenüber der pietistisch beeinflussten, eng mit der Einführung der obligatorischen Konfirmation 1736 verbundenen Reform des elementaren Schulwesens von 1739/41[85] brachte die Periode von 1814 bis in die späten 1840er-Jahre wenig grundlegend Neues. Es herrschte seitens der Entscheidungsträger die Auffassung vor, für die Erziehung der Kinder (auch für die schulische) seien in erster Linie die Eltern verantwortlich. Das Landschulgesetz von 1827[86] – nicht viel mehr als eine Kodifizierung der fast 90 Jahre zuvor erlassenen Verordnungen und der folgenden Praxis – legte immerhin bescheidene Mindeststandards fest und weitete das Fächerspektrum ein wenig aus. Im Zentrum blieb jedoch die Erziehung der jungen Norweger zu religiös bewussten, gottesfürchtigen Christenmenschen anhand basaler religiöser Texte, namentlich des Luther'schen Katechismus und eines erläuternden Lesebuchs; auch die Vermittlung der Grundfertigkeiten des Lesens und Schreibens diente nicht zuletzt diesem Zweck.

---

84 Vgl. CD-ROM-2, Dok.-Nr. 14.12.2 (Verkauf von Staats- und Kirchengut v. 20.8.1821).
85 Vgl. CD-ROM-1, Dok.-Nr. 12.9.1 (Einführung der Konfirmation v. 13.1.1736); Dok.-Nr. 12.10.1 (Schulen auf dem Lande v. 23.1.1739); Dok.-Nr. 12.10.2 (Genauere Anordnung für die Schulen auf dem Lande v. 5.5.1741).
86 Vgl. CD-ROM-2, Dok.-Nr. 14.10.1 (Gesetz für die allgemeine Schule auf dem Lande v. 14.7.1827).

Die Bestimmungen von 1739 modifizierend wurde die Dauer der Schulpflicht für die weibliche und männliche Landbevölkerung auf die Spanne vom vollendeten siebenten Lebensjahr bis zur Konfirmation, in der Regel mindestens sechs Jahre, festgelegt, wobei der Unterricht sich auf zwei bis drei Monate im Jahr beschränkte. Im Jahr 1837 gingen 94 Prozent der Kinder auf dem Lande auf eine solche »Allgemeinheitsschule« (Allmueskole), während die Nachkommen der wenigen Beamten und Geschäftsleute anspruchsvollere Privatschulen besuchten. Nur fünf Prozent der Kohorte wurden zu diesem Zeitpunkt nicht beschult. Dabei blieben die mobilen »Verkehrsschulen« (Omgangskole) beherrschend. Weniger als einem Zehntel der Schüler standen stationäre Schulen zur Verfügung, wie sie das Gesetz von 1827 für bestimmte konzentriertere Siedlungen vorsah. Die Schulverwaltung war unter Aufsicht der Pröpste, Bischöfe sowie der leitenden »Stiftsdirektion« dezentral organisiert. Dem örtlichen Schulkomitee, das für jedes Kirchspiel vorgesehen war, gehörten der Pfarrer, der zugleich als Lehrer fungierende Küster, Mitglieder der lokalen Administration sowie weitere gewählte Gemeindemitglieder (Wahlmänner der Stortingswahl) an. Deutlich sichtbar war zudem der kirchliche Einfluss bei der Lehrerausbildung in den seit 1826 eingerichteten fünf Lehrerseminaren. Die Masse der als Lehrkräfte in den Elementarschulen tätigen Personen bestand indessen selbst um die Mitte des 19. Jahrhunderts noch aus Küstern oder Pfarrern.[87]

Mit der gesetzlichen Regelung der kommunalen Selbstverwaltung 1837[88] übernahmen die Gemeindevorstände die Aufgaben der Schulkommissionen unter Hinzuziehung des Pfarrers und des Lehnsmanns. Das galt für Stadt- wie für Landkommunen. Wegen der abweichenden Wahlberechtigung bedeutete das, dass auf dem Lande die Repräsentanten der Bauern über die Beschulung ihrer eigenen Kinder mit entschieden, während in den Städten die Kinder der zuständigen Vertreter aus dem Bürgertum faktisch meist Privatschulen besuchten. Das trug dazu bei, dass die öffentlichen städtischen Schulen in der Periode der gemeinsamen Administration und Finanzierung von Schul- und Armenwesen stärker den Charakter von Unterschichtenschulen behielten.

Die städtischen Schulen blieben bis 1848 ohne gesetzliche Regulierung. Das diesbezüglich neue Gesetz zur Einführung der Allgemeinen Schule in den Städten war ein erster Ausdruck bildungspolitischen Umdenkens und stärkeren staatlichen Engagements im Elementarschulbereich. Bis dahin konnte man in den städtischen Gemeinden spe-

---

87 Vgl. B. Haraldsø (Hg.), Kirke – skole – stat 1739–1989, o. O. 1989; Marit Cecilie Farsund, Skolepolitikk mellom sentral styring og lokal autonomi. Om formingen av skolesjefposisjonen i Norge, Oslo 1998; Reidar Myhre, Den norske skoles utvikling, Oslo 8. Aufl. 1998, insb. S. 29-36; Rolf Grankvist, Utsyn over norsk skole. Norsk utdanning gjennom 1000 år, Trondheim 2000, insb. S. 61-74. Für die Frühphase siehe Knut Tveit, Schulische Erziehung in Nordeuropa 1750–1825 – Dänemark, Finnland, Island, Norwegen und Schweden, in: W. Schmale/N. L. Dodde (Hg.), Revolution des Wissens? Europa und seine Schulen im Zeitalter der Aufklärung – Ein Handbuch zur europäischen Schulgeschichte, Bochum 1991, S. 49-95.
88 Vgl. Kapitel 5, Verwaltung, Fn. 50.

10 Bildungswesen

zielle berufsbildende Schulen (und kostenpflichtige »Bürgerschulen«) mit erweitertem Fächerkanon (ca. 15 Prozent eines Altersjahrgangs erfassend) von den »Allgemeinheitsschulen« unterscheiden, die von der großen Mehrzahl der Schüler eines Altersjahrgangs besucht wurden. Der Anteil derjenigen Stadtkinder, die nicht zur Schule gingen, lag 1837 mit 18 Prozent bemerkenswerterweise deutlich höher als auf dem Lande.[89]

Das höhere Schulwesen beruhte auf einer 1809 in der Endphase des dänischen Gesamtstaats erlassenen Verordnung.[90] Man unterschied vollständige »Gelehrte Schulen«, die Zehn- bis mindestens Siebzehnjährige auf das Universitätsstudium vorbereiteten, von »Mittelschulen« ohne die obersten Klassen. Bis 1848 wurden – über die 1814 existierenden vier Gymnasien in den Stiftsstädten hinaus – sechs weitere Gelehrte Schulen und sechs Mittelschulen gegründet. Der Anteil der betreffenden Klientel betrug 1837 nicht mehr als zwei bis drei Prozent der städtischen Gesamtschülerschaft. Die höheren Schulen wurden seit 1809 der Verantwortung der Kirche entzogen und waren deshalb kostenpflichtig; das staatliche Kirchen- und Unterrichtsdepartement übernahm 1819 die staatliche Aufsicht. Beide Varianten der höheren Schule vereinten in ihrem breiteren Fächerkanon wie in den pädagogischen Ansätzen reformerische Ansprüche des Philanthropismus, des Realismus und des Neuhumanismus.[91]

Die 1811 vom dänischen König Frederik VI. gegründete und nach ihm benannte norwegische Universität[92] – die Erfüllung einer langjährigen bildungs- und nationalpolitischen Forderung – nahm im Juni 1813 ihre Tätigkeit auf, anders als zunächst beabsichtigt in Christiania, wo ihre Einrichtungen dezentral provisorisch untergebracht werden mussten. Zu den eingangs fünf Professoren (bei 17 Studenten) kamen ein Jahr darauf, einschließlich der Lektoren, weitere elf. 1833 zählte man 16 Professoren und zehn Lektoren. Die große Mehrheit der Studenten entfiel noch Jahrzehnte lang auf die Juristische und die Theologische Fakultät, die Staats- bzw. Kirchendiener ausbildeten. Daneben wurden medizinische, philologische und später auch bergwissenschaftliche Examina abgenommen. Die Juristische Fakultät ergänzte 1840 ihr Lehrangebot um die Sozialökonomie als eigenen Gegenstand. Die Philosophische Fakultät, die bis 1860 noch die Naturwissenschaften mit umfasste, mit ihrer relativ hohen Zahl an Professoraten fungierte als Instanz für das obligatorische allgemeine Grundstudium. Während dafür in den ersten drei Jahrzehnten das klassische humanistische Bildungsideal bestimmend war, setzte sich in den 1840er-Jahren mit einer neuen Professorengeneration eine veränderte, stärker »realistische« Auffassung von Wissenschaft und Bildung durch. 1845 traten Physik und Chemie an die Stelle von Griechisch, Latein und Geschichte als Prü-

---

89 Vgl. Grankvist, Utsyn (wie Fn. 87), S. 61 f.
90 Vgl. CD-ROM-1, Dok.-Nr. 11.10.2 (Schulverordnung Dänemarks v. 7.11.1809).
91 Vgl. Tønnes Sirevåg, Utsyn over norsk høgre skole. Fra lærde skoler til lov om vidaregåande opplæring, Oslo 1988; Helge Dahl, Klassisisme og realisme. Den høgre skolen i Norge 1809–1869, Oslo u. a. 1976.
92 Vgl. CD-ROM-1, Dok.-Nr. 12.10.3 (Gründung einer Universität in Norwegen v. 2.9.1811); Dok.-Nr. 12.10.4 (Organisation der neuen Universität v. 10.4.1812).

fungsfächer am Ende des »zweiten«, das Studium generale abschließenden Examens (das erste war die Universitätszugangsprüfung, das Examen artium).[93]

Die Universität galt als eine der wichtigsten nationalen Institutionen Norwegens; im weiteren Sinne kam ihr Verfassungsrang zu – und zwar in doppelter Hinsicht: Erstens war sie die alleinige Ausbildungsstätte für die Beamtenschaft einschließlich des Klerus. Zweitens genossen die Professoren eine überragende, auch politische Autorität. Als Kandidaten für Stortings- und Kommunalwahlen blieben sie meist unangefochten und waren Anwärter für die höchsten Verwaltungs- und Regierungsposten. Die Kontrolle über die Universität gehörte deshalb zu den Streitthemen zwischen König und Parlament in der ersten Phase der Herrschaft Carl Johans.

Das Akademische Kollegium, das an der Spitze der universitären Selbstverwaltung stand, setzte sich aus den ältesten Professoren der vier Fakultäten (seit 1824 aus den jährlich gewählten Dekanen sowie zwei zusätzlich von der Philosophischen Fakultät gewählten Mitgliedern) zusammen. Der Kanzler, zu dem der König den schwedischen Statthalter ernannte, sollte als königliche Vertrauensperson eine Art Verbindungsglied zwischen Regierung und Hochschule bilden, während im Akademischen Kollegium der Prokanzler den Vorsitz führte. Ab 1824, als dem Kronprinzen als Vizekönig das, jetzt rein repräsentative, Kanzleramt zugesprochen wurde, erhielt der Prokanzler dessen führende Funktion, und der Vorsitz des Akademischen Kollegiums fiel in wechselnder Folge an einen der Dekane. 1827 sanktionierte Carl Johan die vom Storting beschlossenen Universitätsstatuten, in denen diese Dinge geregelt wurden.[94] Ab 1845 galt eine revidierte Version.

Das Storting verteidigte erfolgreich die akademische Selbstverwaltung und vermochte zudem, den gesetzlichen Zugriff auf die Finanzen und die Tätigkeit der Universität zu sichern. Das Parlament bestimmte die Einteilung der Fakultäten und die Gestaltung der Examina, kontrollierte Budget, Anzahl und Besoldung der Dozenten. Die Universitätsstatuten sorgten zusammen mit der konstitutionellen Praxis dafür, dass die Universität in hohem Maß eine vom Parlament abhängige Einrichtung blieb und wurde.

11 Finanzen

Ob Norwegen seine relative Selbstständigkeit innerhalb der Union würde bewahren können oder doch noch in ein stärkeres Abhängigkeitsverhältnis zu Schweden käme, hing maßgeblich davon ab, ob es gelang, ein eigenes Finanzwesen aufzubauen und die

---

93 Vgl. John Peter Collett, Historien om Universitetet i Oslo, Oslo u. a. 1999, Kap. 1 u. 2; ders., Det kongelige Fredriks Universitet blir til, Oslo 1996; Y. Nielsen/B. Morgenstierne (Hg.), Det kongelige Fredriks Universitetet 1811–1911, 2 Bde., Christiania 1911.
94 Vgl. CD-ROM-2, Dok.-Nr. 14.10.2 (Gründungsverfassung der Universität Christiania v. 28.7.1824).

zerrütteten Staatsfinanzen zu konsolidieren. Die in dieser Hinsicht äußerst schwierige Lage des Landes war zunächst ein Erbe der dänisch-norwegischen Gesamtmonarchie, das Norwegen mittragen musste. Die nur unter Druck akzeptierte Übernahme eines beträchtlichen Anteils der Schulden Dänemarks brachte das Land um 1820 an die Grenzen seiner Möglichkeiten.[95] Zweitens war die nationale Erhebung von 1814 mit der Notenpresse finanziert worden. Neben einer beträchtlichen Erhöhung der regulären Steuern war dann eine einmalige Abgabe zur Einlösung des zeitweilig ausgegebenen Papiergeldes zu leisten. Es handelte sich hier um eine kontraktive finanzpolitische Operation des Staates. Extrasteuern dienten ferner der Schaffung eines Silberfonds; das Ziel der Silberparität des Specietalers, das ganz im Zentrum der Geldpolitik (mit ihrer bremsenden Wirkung auf die ohnehin schwer anlaufende Wirtschaftskonjunktur) stand, wurde jedoch nicht vor 1842 erreicht. Einem inflationären Start und dramatischen Kursschwankungen in den ersten zehn Jahren nach 1814 folgten ein Jahrzehnt mit einigermaßen stabilem Kurs und eine Phase langsamer Annäherung an die Parität.[96]

Der stabile Außenwert des Specietalers und damit seine Konvertierbarkeit sicherte jetzt eine größere Berechenbarkeit im Außenhandel und half, durch Kursschwankungen anderer Währungen hervorgerufene Risiken zu mindern. Das norwegische Kreditwesen blieb im Übrigen bis Mitte des 19. Jahrhunderts unterentwickelt; private Bankiers und ausländische Geldgeber, namentlich in Hamburg, mussten den Kreditbedarf decken, sodass Norwegen in hohem Maß von den Finanzzentren im Ausland abhängig war. Erst 1848 wurde die erste Geschäftsbank gegründet; auch das seit 1822 entstehende Netz der Sparkassen war bis dahin grobmaschig, deren kommerzieller Effekt gering.

Das Finanz- und Geldwesen ressortierte unter dem Finanzdepartement. Das Hauptinstrument staatlicher Geldpolitik war die Norwegische Bank, die, Emissionsanstalt und normale Geschäftsbank in einem, 1816 in Trondheim als eine von der Regierung unabhängige Einrichtung gegründet wurde. Ihre Eröffnung wurde von mehreren Gesetzen begleitet, die der Etablierung eines eigenständigen norwegischen Geldwesens dienten.[97] Die Mechanismen des Aufbaus des Bankfonds und die Zinspolitik der Norwegischen Bank bewirkten einen Umverteilungsmechanismus, der Kapital bzw. Kredit von den Städten in die ländlichen Siedlungen transferierte. Der größte Teil der langfristigen Hypothekendarlehen, die den ganz überwiegenden Teil

---

95 Vgl. Bjørgo u. a., Selvstendighet (wie Fn. 12), S. 147-251. – Laut Kaartvedt, Storting (wie Fn. 35), Bd. 1, S. 491, machten in den Jahren 1824–1827 Zahlungsverpflichtungen aus der Staatsschuld 21,3 Prozent des Budgets aus. – Die gegenüber den ursprünglichen dänischen Forderungen stark reduzierte Restschuld wurde von den Norwegern als so drückend empfunden, dass sich das Parlament 1821 zunächst gegen deren Bezahlung stellte.
96 Oskar Kristiansen, Norges finanser 1814–1830, Oslo 1931; Dyrvik/Feldbæk, Brødre (wie Fn. 13), S. 242-253.
97 Vgl. CD-ROM-2, Dok.-Nr. 14.11.1 (Gesetz über das Geldwesen v. 14.6.1816); Dok.-Nr. 14.11.2 (Gesetz zur Gründung der Bank von Norwegen v. 14.6.1816).

der Anleihen ausmachten, ging dorthin, insbesondere nach Ostnorwegen und in die Trondheimer Region. Diese strukturelle Bevorzugung trug dazu bei, die Agrarwirtschaft in einer für sie schwierigen Periode zu stabilisieren, und machte die Norwegische Bank für einige Zeit de facto zu einer Art Landwirtschaftsbank.

Der erste Staatshaushalt des Königreichs Norwegen von 1815 belief sich auf ca. 1,4 Mio. Specietaler. Die Einnahmen kamen zu ungefähr gleichen Teilen aus Steuern und aus Zöllen. Unter den Ausgaben figurierten die beiden Militäretats für das Heer und die Flotte mit zusammen rund der Hälfte. Etwa 30 Prozent gingen an die Verwaltung, das schwedische Außenamt und das Storting; ca. zehn Prozent erhielten die »gemeinnützigen Anstalten« wie die Universität, die Kirche, die Gefängnisse usw. Eine ungefähr gleich große Summe war reserviert für die königliche Apanage. In dem gegenüber 1815 quantitativ verdoppelten Etat von 1845, der wie seine Vorgänger einen Überschuss zur Begleichung der Auslandsschuld enthielt, machten die Zölle über 70 Prozent der Einnahmen aus, davon kamen allerdings nicht viel mehr als ein Zehntel aus Exportzöllen. Während die direkten Steuern 1836 ganz abgeschafft worden waren, flossen neben verschiedenen indirekten Steuern und Abgaben sowie Zinserträgen auch aus dem Betrieb der Post und des Silberbergwerks in Kongsberg mit jeweils sechs Prozent relevante Beträge in die Staatskasse. Die deutliche Steigerung der staatlichen Einnahmen in der Zeit seit 1814 entsprach grosso modo der Erhöhung des Bruttosozialprodukts in dieser Periode – trotz Nachkriegsdepression. Bei den Ausgaben stand 1845, allerdings mit reduziertem Anteil (32 Prozent), das Militär weiterhin an erster Stelle, gefolgt von der Zentralverwaltung (20 Prozent), dem Zollwesen (12 Prozent) und dem Rechtswesen (9 Prozent); die Sozialausgaben machten lediglich zwei Prozent aus. Nicht alle öffentlichen Ausgaben wurden indessen vom Zentralstaat getätigt. Die Gemeinden, insbesondere die Städte, verfügten über eine gewisse finanzielle Autonomie. Ihre Ausgaben, namentlich im Bildungs- und Sozialbereich, auch im Straßenbau, lagen 1846 bei knapp einem Fünftel der staatlichen.[98]

Von 1814 bis 1863 wurde – in Fortsetzung des Verfahrens während der dänischen Zeit – der gesamte staatliche Zahlungsverkehr über drei Hauptkassen abgewickelt, nämlich die Stiftsamtsstuben in Bergen und Trondheim sowie die Zahlkasse in Christiania. Das Finanzdepartement wies die Ein- und Auszahlungen auf der Grundlage des vom Storting verabschiedeten Budgets an. Aus praktischen Gründen wurden die anstehenden Zahlungen dezentral von den jeweiligen Regierungsressorts bzw. einer ganzen Reihe von Spezialkassen ausgeführt, wobei die Hauptkassen als administratives Verbindungsglied zwischen den Spezialkassen und dem Finanzdepartement dienten.

Dem § 75 des Grundgesetzes zufolge ernannte das Storting fünf Revisoren, deren Aufgabe darin bestand, jährlich die Staatseinnahmen und -ausgaben auf ihre ord-

---

98 Für 1815 vgl. Dyrvik/Feldbæk, Brødre (wie Fn. 13), S. 242; für 1845 vgl. Hodne, Norges økonomiske historie (wie Fn. 15), S. 46; Dyrvik u. a., Norsk økonomisk historie (wie Fn. 15), Bd. 1, S. 219 f.

nungsgemäße Handhabung hin zu überprüfen. Neben dieser parlamentarischen Revision führten die einzelnen Departements eine eigene Rechenschaftslegung durch, die über das Assignationsbuchhalterbüro des Finanzdepartements, dort in speziellen »Hauptbüchern« festgehalten, den parlamentarischen Revisoren übergeben wurde. Im Zusammenhang mit dem Ausscheiden von Graf Wedel als Finanzminister (und dominierender Gestalt im Staatsrat) einigten sich Ende 1821 die Regierung und der König darauf, ein spezielles Ressort allein für die Kontrolle der staatlichen Finanzen einzuführen; für diverse Ausnahmefälle blieben jedoch Revisionsbüros in den Fachdepartements bestehen. Die Schaffung eines Revisionsdepartements als eigenständige Ministeriumsstelle bildete eine norwegische Besonderheit.[99]

12 Wirtschafts- und Sozialgesetzgebung/Öffentliche Wohlfahrt

Um die Mitte der 1780er-Jahre hatte der dänisch-norwegische Reformabsolutismus in einer teilweise dramatischen Wendung die merkantilistischen Grundsätze durch wirtschaftsliberale Prinzipien ersetzt.[100] Die Umsteuerung am Ende des 18. Jahrhunderts war ein erster großer Schritt in einen wirtschafts- und gesellschaftspolitischen Liberalisierungsprozess, der sich – nicht ohne Widerstände und gegenläufigen Tendenzen – bis in die zweite Hälfte des 19. Jahrhunderts hinzog.

Das Grundgesetz von 1814 verbot in § 101 die Einführung neuer wirtschaftlicher Privilegien.[101] Die Abschaffung der noch bestehenden Privilegien wurde der normalen Gesetzgebung überlassen. Das Privileg der Betreiber von Sägemühlen, die nur mit königlicher Genehmigung errichtet werden durften, blieb bis 1854 bestehen, genauer: das Recht, Holz aufzukaufen und zwecks Weiterverkauf zu sägen bzw. sägen zu lassen. Auf eigenem Grund und Boden konnte jeder – überwiegend bäuerliche – Waldbesitzer seit 1818 Holz verarbeiten und dieses verkaufen.

Für den mit Abstand größten Erwerbszweig, die Landwirtschaft, bedeutete die verfassungsmäßige Verankerung des »Odelsrechts« (Erbhofrechts) eine relevante Einschränkung der wirtschaftlichen Verkehrsfreiheit. Im Jahr 1821 wurde das alte Erbhof- und Anerbenrecht gesetzlich revidiert, in manchen Aspekten an eine Verordnung von

---

99 Vgl. Kapitel 2, Verfassungsstruktur der zentralen staatlichen Ebene; siehe dazu Kolsrud, Forfatningskampen (wie Fn. 30).
100 Vgl. etwa CD-ROM-1, Dok.-Nr. 12.12.3 (Freigabe des Finnmarkhandels v. 5.9.1787); Dok.-Nr. 12.12.4 (Aufhebung des Getreidemonopols v. 6.6.1788); Dok.-Nr. 12.12.5 (Genauere Bestimmung zur Freigabe des Finnmarkhandels v. 13.2.1789). Als Darstellung vgl. Dyrvik/Feldbæk, Brødre (wie Fn. 13), S. 75-77; Mykland, Kampen (wie Fn. 4), S. 95-104; Hans Christian Johansen, Dansk eknomisk politik i årene efter 1784, Bd. 1: Reformår 1784–88, Aarhus 1968.
101 Zur Behandlung der wirtschaftsliberalen Prinzipien während der verfassunggebenden Reichsversammlung des Frühjahrs 1814 vgl. Ola Mestad, Næringsfridom i 1814-grunnlova: Adam Smith, Schlegels naturrett eller bondekrav på Eidsvoll?, in: Michalsen (Hg.), Forfatningsteori (wie Fn. 6), S. 21-94.

1811 mit liberalisierender Tendenz anknüpfend, insgesamt aber den Freibauern Grund und Boden sichernd.[102] Das Odelsrecht galt für diejenigen Höfe, die sich über 20 Jahre (1821–1857 zehn Jahre) im Eigentum einer bestimmten Familie befanden. Ein befristetes Rückkaufsrecht im Fall des Verkaufs sollte die bäuerlichen Eigentümer bzw. ihre Erben schützen, indem ihnen der ungeteilte Hof soweit wie möglich erhalten blieb.

Der Förderung der Landwirtschaft dienten 1816 gesetzliche Vorschriften, die die Einfuhr von hochprozentigen Spirituosen verboten und damit den bäuerlichen Betrieben (wie den Städten) die Schnapsbrennerei erlaubten, faktisch hauptsächlich aus Kartoffeln. (Drei Jahrzehnte später begrenzte ein Gesetz die freie Branntweinbrennerei auf die fabrikmäßige Produktion, wobei schon die Diskussion um die schädlichen Folgen des freien Brennens von Alkohol für die Volksgesundheit eine Rolle spielte.) Der 1821 – etwa gleichzeitig mit einem Gesetz zur Teilung des bäuerlichen Gemeineigentums – gesetzlich geregelte Verkauf der zur Versorgung lokaler Amtsträger dienenden Benefizialgüter, überwiegend für Pastoren, aus kirchlichem bzw. staatlichem Eigentum[103] ergänzte den bereits seit dem 17. Jahrhundert stattfindenden Übergang von Krongut in bäuerliches Eigentum und die Abstoßung der von reichen Privatleuten (Kaufleuten und »Proprietären«) verpachteten Ländereien in den wirtschaftlichen Schwierigkeiten nach 1814, sodass um die Mitte des 19. Jahrhunderts über drei Viertel der Landwirte ökonomisch wie rechtlich selbstständige Bauern waren.

Obwohl das Grundgesetz in § 101 die Gewerbefreiheit festgesetzt hatte, existierte auch das Zunftwesen zunächst weiter. Einem vom Storting 1827 beschlossenen Gesetz zu seiner Abschaffung versagte der König die Sanktion, und nicht vor 1839 erlangte ein diesbezügliches Gesetz Wirksamkeit.[104] Es verbot die Errichtung neuer Zünfte, und sah die Auflösung der bestehenden gemäß Übereinkunft oder beim Tod bzw. Ausscheiden der Meister vor. Bei Aufhören der Zünfte fiel auch die Meisterprobe fort; im Unterschied zum Lehrzwang, der aufgehoben wurde, war die Gesellenprüfung weiterhin obligatorisch. Das Landhandwerk sollte völlig frei arbeiten können, von Ausnahmen abgesehen unabhängig von den Privilegien der Städte. Volle Gewerbefreiheit brachte erst das Handwerksgesetz von 1866.

Die norwegische Außenhandelspolitik trug nach den napoleonischen Kriegen zunächst restriktive Züge, nicht zuletzt wegen der kritischen Lage der Staatsfinanzen. Die sukzessive Reduzierung und schließlich vollständige Abschaffung direkter zugunsten indirekter Steuern, namentlich Zöllen, begünstigte erkennbar die Landwirtschaft. Zugleich waren der Handel und die Exportgewerbe – zusätzlich zu den

---

102 Vgl. CD-ROM-2, Dok.-Nr. 14.12.1 (Odals- und Erbrecht v. 26.6.1821). – Der Hauptautor des zentralen Verfassungsentwurfs von 1814 erstellte eigens eine Schrift zur Begründung des Instituts des »Odels«: Christian Magnus Falsen, Norges Odelsrett med Hensyn paa Rigets Constition, Bergen 1815.
103 Vgl. Fn. 84.
104 Vgl. CD-ROM-2, Dok.-Nr. 14.12.3 (Handwerksgesetz v. 15.7.1839). – Dazu insb. Lajos Juhasz, Håndverksloven av 1839, in: Historisk tidsskrift (N) 52 (1973), S. 19-49.

Schutzzöllen der Partnerländer – mit erheblichen Ausfuhrzöllen belastet. Eine relevante Verbesserung brachte indessen der Beschluss des zwischenstaatlichen Reichstags der Union des Jahres 1825, die Zollgrenzen zwischen Norwegen und Schweden auf dem Landweg meistenteils aufzuheben und die Zölle auf dem Seeweg für die wichtigsten Waren zu halbieren.[105]

Im Hinblick auf die schädlichen Wirkungen ging das Storting seit den mittleren 1820er-Jahren zu deutlichen Reduzierungen der Ausfuhrzölle über, die seit den mittleren 1830er-Jahren von einer schrittweisen Senkung der Einfuhrzölle in Norwegen wie anderenorts beantwortet bzw. ergänzt wurden. Für die Liberalisierung des inneren Marktes brachte das Handelsgesetz von 1842 den Durchbruch.[106] Es beinhaltete u. a. die Freigabe des Handels mit Waren des alltäglichen Bedarfs im Abstand von 30 Quadratkilometern zur nächsten Stadt und bewirkte somit die weitgehende Befreiung des Landhandels. Die Städte blieben noch im Hinblick auf den Export und bestimmte andere Waren privilegiert, und innerhalb der Stadtgemeinden wurde die rechtliche Trennung von Kaufleuten, Handwerkern und Beamten weiterhin aufrechterhalten. (Neue Gesetze trieben die Liberalisierung des Handels zwischen 1857 und 1869 dann noch einmal beträchtlich voran.) Ebenfalls im Jahr 1842 erging ein neues, liberalisierendes Bergwerksgesetz.

Während sich die Bauernschaft in den Jahrzehnten nach 1814, auch aufgrund ihrer politischen Mitwirkungsmöglichkeiten, sozial weiter konsolidierte, war die Gruppe der Häusler, vor allem der Häusler »ohne Land«, neben den anderen Gruppen der bäuerlichen Besitzlosen, im Verständnis der Zeit armutsgefährdet, d. h. in Gefahr, in Not zu geraten und nicht für den eigenen bzw. familiären Lebensunterhalt aufkommen zu können. Ein Gesetz zum Schutz der Häusler wurde erst 1851 beschlossen; Verordnungen aus dem mittleren 18. Jahrhundert hatten sich als weitgehend unwirksam erwiesen. Das Anwachsen der Häuslerschicht (relativ wie absolut) ging mit der Zunahme der Zahl der Armen Hand in Hand. Die prozentuale Größe der Zahl der Empfänger von Armenunterstützung in den ländlichen Distrikten betrug 1828 durchschnittlich rund drei Prozent und stieg in den folgenden beiden Jahrzehnten sowohl absolut als auch in Relation zur allgemeinen Bevölkerungsvermehrung noch deutlich an. Entsprechendes galt für die Städte, wo naturgemäß mehr unsichere Existenzen lebten.[107]

---

105 Vgl. Lov, ang. Norges og Sveriges gjensidige Handel og Søfart, in: O. Mejlænder (Hg.), Almindelig norsk lovsamling for tidsrummet fra 1660–1860, Bd. 2 (1826–1860), Christiania 1859, S. 681-685. Vgl. auch die Analyse des Zusammenhangs mit den Außenhandelsverträgen der Union bei Bjørgo u. a., Selvstendighet (wie Fn. 12), S. 258-164.
106 Vgl. CD-ROM-2, Dok.-Nr. 14.12.4 (Handelsgesetz v. 8.8.1842).
107 Braun Tvethe, Statistik (wie Fn. 15), S. 375, gibt aufgrund der Volkszählung für 1845 ca. 59.000 Häusler ohne Land, Insten und Tagelöhner neben 163.000 Dienstleuten an (1825: 47.000 und 136.000). Als Arme werden für 1845 39.000 Menschen in den Landgemeinden und 7.000 in den Städten genannt.

Armenunterstützung wurde auf dem Lande traditionellerweise auf den Höfen abwechselnd in Form gespendeter Naturalien und Unterkunft vergeben; in den Städten mit ihrer weiter entwickelten Geldwirtschaft und ihrem komplizierteren sozialen Organismus entstand ein regulierendes System von Zahlungen und stationären Unterbringungen (in den 1820er-Jahren ca. 50 meist kleinere Einrichtungen in den Städten Norwegens), Strafen und Arbeitsverpflichtungen, das über (nur theoretisch freiwillige) Abgaben der Steuerzahler zu finanzieren war. Ein von den Steuerzahlern beschickter Ausschuss auf der Ebene der Kirchgemeinde entschied über die einzelnen Fälle. Die laufenden Angelegenheiten wurden in Stadt und Land von der jeweiligen Armenkommission behandelt.[108] Die gesetzliche Grundlage bestand nach 1814 weiter aus den einschlägigen Verordnungen des 17. und vor allem des 18. Jahrhunderts.[109] In der fachlichen und politischen Diskussion, namentlich in der zweiten Hälfte der Periode nach 1814, überschnitten sich spätmerkantilistische und pietistische, philanthropische, malthusianische und wirtschaftsliberale, auf die Mobilisierung der Bedürftigen für den Arbeitsmarkt gerichtete Impulse. Das Armengesetz von 1845[110], geschaffen für »würdige Bedürftige« mit mindestens drei Jahre währendem Wohnsitz, also Alte, Kranke, Waise, Körperbehinderte und geistig Behinderte, Letztere 1848 in einem eigenen Gesetz abgehandelt[111], bekräftigte das kommunalpolitische Prinzip in der Armenpflege. Der Ausschluss von Arbeitsfähigen aus der Armenunterstützung, den das Gesetz vorsah, wurde jedoch in der Praxis nicht vollzogen. Auch die Besserungsanstalten, Arbeits- und Armenhäuser, für die nur noch die letzte von drei vorbereitenden Kommissionen (1829, 1833, 1843) einen gesamtstaatlichen Fonds vorgesehen hatte, mussten von den Gemeinden getragen werden. Die Unterstützungspflicht wurde zunächst den engsten Familienangehörigen (Eltern und Kindern wechselseitig), dann dem Arbeitgeber (bis zu vier Wochen bei Krankheit des Gesindes), dann der Kommune zugesprochen, die weitgehend selbst bestimmen sollte, wie sie die Versorgung der Betroffenen regelte.

---

108 Grundlegend ist die Darstellung von Anne-Lise Seip, Sosialhjelpstaten blir til. Norsk sosialpolitikk 1740–1920, Oslo 1984; vgl. auch Åsmund Arup Seip, Poor Relief and Welfare Legislation in Norway, 1814–1920, in: S. King/J. Stewart (Hg.), Welfare Peripheries. The Development of Welfare States in Nineteenth and Twentieth Century Europe, Oxford u. a. 2007, S. 97-124. Zur Entwicklung des Häuslerwesens vgl. immer noch Simen Skappel, Om husmannsvæsenet i Norge. Dets oprindelse og utvikling, Christiania 1922.
109 Für das 18. Jahrhundert vgl. CD-ROM-1, Dok.-Nr. 12.12.1 (Einrichtung eines Zucht- und Armenhauses in Christiania v. 2.12.1741); Dok.-Nr. 12.12.2 (Armenwesen in Bergen Stadt und Stift v. 29.8.1755); Dok.-Nr. 12.12.6 (Waisenversorgung sowie Armen- und Schulwesen im Stift Trondheim v. 13.8.1790); Dok.-Nr. 12.12.7 (Armen- und Schulverwaltung im Stift Trondheim v. 4.7.1794); Dok.-Nr. 12.12.8 (Stiftungsurkunde zum Armenwesen in Akershus v. 2.1.1808); Dok.-Nr. 12.12.9 (Armenwesen im Amt Finnmark v. 25.7.1809).
110 Das Gesetz wird veröffentlicht in CD-ROM-3.
111 Nachzuschlagen in Mejlænder, Lovsamling (wie Fn. 46), Bd. 1, S. 705-721 (Lov om Sindssyges Behandling og Forpleining v. 17.8.1848).

Russland

Von Dietmar Wulff (Bielefeld)
und Michail Dmitrievič Karpačev (Voronež)

0   Einführung

Das Ausbleiben einer Verfassung im autokratischen Russland im 19. Jahrhundert führte dazu, dass kaum explizite Untersuchungen zur Verfassungsgeschichte vorliegen. Gleiches gilt für Forschungen zu den konstitutionellen Rahmenbedingungen staatlichen Handelns insgesamt, aber auch in den einzelnen Verfassungsgebieten. Allerdings existieren zahlreiche Arbeiten mit Bezug zur Verfassungsrealität Russlands.[1] Dies gilt insbesondere für die Institutionen des zarischen Staates und seinen Beamtenapparat sowie für die Wirtschafts- und Finanzpolitik, der eine besonders aktive Rolle zukam. Die sowjetische Historiografie wandte sich aus ideologischen Gründen mit großer Intensität den konstitutionellen Projekten der revolutionären Dekabristen zu.[2] Liberale, reformerische oder konservative Ansätze fanden hingegen in der westlichen Geschichtsschreibung Würdigung, im Zuge der Perestrojka verstärkt dann aber auch in Russland.[3]

Hinsichtlich der Periodisierung der russischen Geschichte stellen die Jahre 1815 und 1847 nur bedingt Epocheneinschnitte dar. Sie markierten Zäsuren vornehmlich in außenpolitischer Hinsicht. Während die Beschlüsse des Wiener Kongresses und die auf Initiative des russischen Kaisers und Zaren Alexander I. zustande gekommene Allianzakte von 1815[4] Russland in die Rolle eines Schiedsrichters in europäischen

---

1   Vgl. hierzu den Überblick über die Forschungstendenzen zum Themenfeld »Staat und Verfassung« von Michael Schippan und Martin Schulze Wessel in: K. Zernack (Hg.), Handbuch der Geschichte Rußlands, Bd. 2: 1613–1856. Vom Randstaat zur Hegemonialmacht, Stuttgart 2001, S. 922-929.
2   Hierzu immer noch grundlegend M. V. Nečkina, Dviženie dekabristov, 2 Bde., Moskau 1955; V. A. Fedorov, Dekabristy i ich vremja, Moskau 1992.
3   Vgl. besonders M. M. Safonov, Problemy reform v pravitel'stvennoj politike Rossii na rubeže XVIII i XIX vv., Leningrad 1988; A. N. Meduševskij, Demokratija i avtoritarizm: Rossijskij konstitucionalizm v sravnitel'noj perspektive, Moskau 1997, S. 308-326.
4   CD-ROM-2, Dok.-Nr. 1.1.5 (Heilige Allianz v. 14./26.9.1815). Ergänzend zur hier zugrunde gelegten CD-ROM-Edition ist als nützliche verfassungsgeschichtliche Edition für unseren Untersuchungszeitraum ebenfalls heranzuziehen: O. Subbotin (Hg.), Constitutional Projects of Russia 1799–1825 (= H. Dippel [Hg.], Verfassungen der Welt vom späten 18. Jahrhundert bis zur Mitte des 19. Jahrhunderts. Quellen zur Herausbildung des modernen Konstitutionalismus/Constitu-

Angelegenheiten brachten und im Innern das Abrücken von Reformen und die Hinwendung zu konservativer Reaktion beschleunigten, besaß das Jahr 1847 für die Verfasstheit Russlands insofern Bedeutung, als die erschreckten Abwehrreaktionen des Zarenreiches auf die europäischen Revolutionen die Krise des politischen Systems symbolisierten, die letztlich die Niederlage Russlands im Krimkrieg 1854–1856 begünstigte und die »Großen Reformen« von 1861 erzwang.[5] In epochaler Hinsicht bildete der Untersuchungszeitraum einen wichtigen Bestandteil der Übergangsperiode, die vom Tod Katharinas II. 1796 bis zum Ende des Krimkrieges 1856 währte.[6]

1 Russland 1815–1847

Nach dem Ende der Napoleonischen Kriege hatte sich Russland endgültig zu einer europäischen Führungsmacht entwickelt. Es nahm in den Jahren der Restauration aktiven Anteil an der territorialen und politischen Neugliederung Europas, ohne dabei immer eigene Ambitionen auf dem Kontinent oder gar hegemoniale Ansprüche gegen den Widerstand der anderen Großmächte durchsetzen zu können.[7] Die Wahrnehmung von Ordnungsfunktionen durch Russland in Europa besaß allerdings durchaus Rückwirkungen auf das internationale Kräfteverhältnis. Sie begünstigte letztlich auch die territoriale Expansion des Zarenreiches außerhalb Europas.

Das Russische Reich dehnte sich in der ersten Hälfte des 19. Jahrhunderts vornehmlich nach Süden und Südosten aus. In diesen Richtungen hatte Russland es vor allem mit instabilen Staaten wie dem Osmanischen Reich und Persien zu tun, deren eigene territoriale Integrität gefährdet war. Im Gefolge des russisch-persischen Krieges von 1804–1812/13 schlossen die Krieg führenden Seiten am 12. Oktober 1813 den Friedensvertrag von Gulistan.[8] Durch ihn gelangten Dagestan, Imeretien, Gurien, Mingrelien, Abchasien, die Chanate Karabach, Schirwan, Derbent sowie Baku an Russland. Auf diese Weise erhielt das Zarenreich die gesamte den Kaukasus berührende kaspische Küste von der Mündung des Terek bis zum Arax, somit ganz

---

tions of the World from the late 18th Century to the Middle of the 19th Century. Sources on the Rise of Modern Constitutionalism, Europa/Europe, Bd. 4), München 2007.

5   Vgl. hierzu A. S. Nifontow, Russland im Jahre 1848, Berlin 1954. Die Darstellung der konstitutionellen Implikationen, die die Reformen von 1861 und der folgenden Jahre hervorriefen, bleibt dem Folgeband vorbehalten.

6   Zernack (Hg.), Handbuch (wie Fn. 1), S. 895-898.

7   Vgl. Hildegard Schaeder, Autokratie und Heilige Allianz. Nach neuen Quellen, Darmstadt 1963, S. 71-93; Paul W. Schroeder, The Transformation of European Politics 1763–1848, Oxford 1994, S. 517-538, 614-620, 642-653; Robert Gildea, Barricades and Borders: Europe, 1800–1914, Oxford 1987, S. 66-75.

8   Vgl. CD-ROM-2, Dok.-Nr. 15.1.1 (Freundschaftsvertrag zwischen dem Russischen und Persischen Reich v. 24.10./12.10.1813).

1 Russland 1815–1847

Nordazerbajdžan, und erlangte Zutritt zum östlichen Schwarzen Meer.[9] Der wenige Tage vor der Völkerschlacht zu Leipzig geschlossene Vertrag stärkte Russlands Positionen im kaspischen Raum und leitete die Verdrängung Persiens aus dem Kaukasus ein. Dieser Prozess fand nach heftigem persischem Widerstand mit dem Frieden von Turkmančaj vom 22. Februar 1828[10] seinen Abschluss. Der Vertrag bestätigte nicht nur die bis dahin gemachten territorialen Zugeständnisse, sondern fixierte auch mit der Abtretung der Chanate von Erivan und Nachičevan an Russland den endgültigen Rückzug Persiens aus der Region.[11] Damit wurden muslimische Völker dem russischen Staat einverleibt, die auf diese Weise vor Konflikt trächtige Identitätsprobleme gestellt wurden. Im Ergebnis des russisch-türkischen Krieges 1828/1829 gelang es Russland, die Erträge seiner Expansion im Kaukasus zu bestätigen und teilweise auszubauen. Der Friedensvertrag von Adrianopel vom 2./14. September 1829[12] schrieb den Anschluss der neu gewonnenen Territorien fest. Neben der strategisch wichtigen Donaumündung gelangte das Zarenreich zudem in den Besitz der Festungen Anapa, Poti, Achalkalaki und Achalcich am Schwarzen Meer.[13] Die territorialen Zugewinne an der Schwarzmeerküste sowie im Kaukasus erlaubten es Russland letztlich, seine Kolonialkriege in dieser Region erfolgreich zu beenden. (☛ Abb. 15.1, S. 1224)

An den langen Rändern Russlands zwischen Persien und China befanden sich weitläufige Steppengebiete, die von rückständigen Chanaten und Nomadenverbänden nur dünn besiedelt waren und zur wirtschaftlichen und militärischen Durchdringung einluden.[14] Noch in der ersten Hälfte des 19. Jahrhunderts waren die russischen Außengrenzen in dieser Region nicht fest fixiert. Grob gesehen hatte die Expansion des Zarenreiches zu Beginn des 19. Jahrhunderts an den Flüssen Ural und Irtyš halt gemacht. In der ersten Hälfte des 19. Jahrhunderts konnte Russland mithilfe russischer Kaufleute und militärischer Unternehmungen seinen Einfluss in der kasachischen Steppe aus-

---

9 Vgl. Ch. M. Ibragimbelij, Rossija i Azerbajdžan v pervoj treti 19 veka: Iz voenno-političeskoj istorii, Moskau 1969; A. V. Fadeev, Rossija i Kavkaz v pervoj treti XIX v., Moskau 1960, S. 167-169; Hugh Seton-Watson, The Russian Empire 1801–1917, Oxford 1967, S. 118; John P. LeDonne, The Russian Empire and the World, 1700–1917. The Geopolitics of Expansion and Containment, New York u. a. 1997, S. 116 f.; ders., The Grand Strategy of the Russian Empire, 1650–1831, Oxford 2004, S. 170 f.
10 Vgl. CD-ROM-2, Dok.-Nr. 15.1.2 (Friedensvertrag von Turkmančaj zwischen Russland und Persien v. 22.2./10.2.1828).
11 Vgl. Fadeev, Rossija i Kavkaz (wie Fn. 9), S. 213-214; Seton-Watson, Russian Empire (wie Fn. 9), S. 290; LeDonne, Russian Empire (wie Fn. 9), S. 118 f.
12 Vgl. CD-ROM-2, Dok.-Nr. 15.1.3 (russ.)/18.1.4 (frz.) (Friedensvertrag von Adrianopel v. 14.9./2.9.1829).
13 Vgl. Adolf Prokesch-Osten, Geschichte des Abfalls der Griechen vom Türkischen Reich im Jahre 1821 und der Gründung des Hellenischen Königreiches aus diplomatischem Standpunkte, Bd. 2, Wien 1867, S. 383-384; Fadeev, Rossija i Kavkaz (wie Fn. 9), S. 237-239; Vostočnyj vopros vo vnešnej politike Rossii. Konec XVIII–načalo XX v., Moskau 1978, S. 88-95; Seton-Watson, Russian Empire (wie Fn. 9), S. 301; LeDonne, Russian Empire (wie Fn. 9), S. 121 f.
14 LeDonne, Russian Empire (wie Fn. 9), S. 162-164.

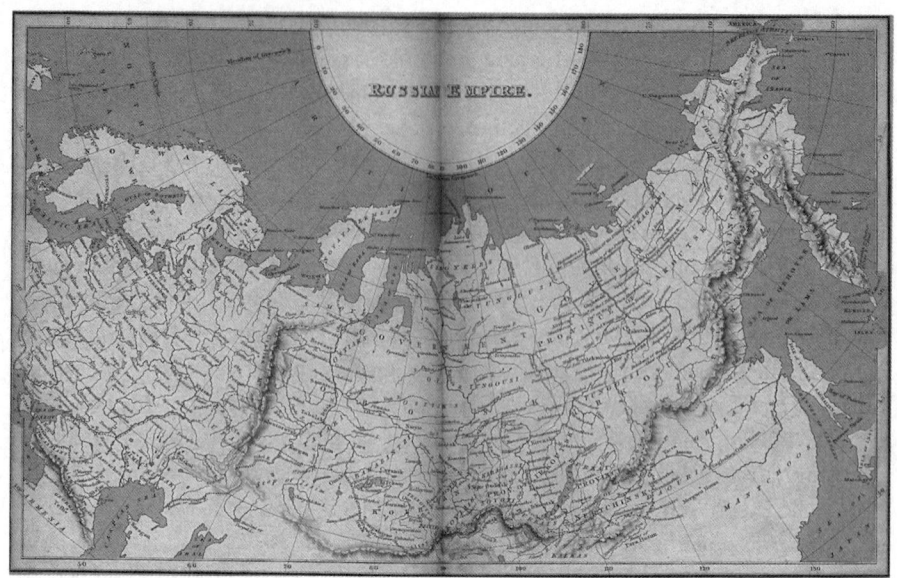

Abb. 15.1 Das Russische Reich um 1820

weiten und in den 1830er-Jahren schließlich auch die Große Horde dazu bewegen, sich unter russische Oberhoheit zu stellen.[15] Die kasachischen Horden wurden sukzessive in das russische administrative System eingegliedert. Am Ende der 1840er-Jahre richtete sich der von Russland ausgehende Expansionsdruck bereits auf die mittelasiatischen Chanate.[16] Auf territoriale Ausdehnung zielten auch die Aktivitäten des Zarismus im Fernen Osten, die jedoch erst in den 1850er- und 1860er-Jahren Früchte trugen.

Das Territorium des Russischen Reiches wuchs zwischen 1815 und 1847 trotz allem nur geringfügig. Betrug es 1815 17,4 Mio. Quadratkilometer, so hatte es sich gegen Ende der 1840er-Jahre auf gut 18 Mio. Quadratkilometer vergrößert. In dieser Periode wurden jedoch wichtige Grundlagen für die Dynamisierung des territorialen Wachstums in der zweiten Hälfte des 19. Jahrhunderts gelegt. Russland blieb der größte Flächenstaat der Welt und stand, was die Größe des Gesamtterritoriums anbelangte, lediglich hinter Großbritannien zurück.

Russlands Bevölkerung bestand 1815 aus ca. 46 Mio. Menschen unterschiedlicher Nationalitäten. Etwa 75 Prozent von ihnen waren Russen, Weißrussen oder Ukrainer, die in ihrer Mehrzahl dem russisch-orthodoxen Glauben anhingen, weitere sechs Prozent Polen. Der Anteil der anderen Nationalitäten, etwa der Esten, Litauer, Finnen,

---

15 Vgl. N. S. Kinjapina/M. M. Bliev/V. V. Degoev, Kavkaz i Srednjaja Azija vo vnešnej politike Rossii (vtoraja polovina XVIII-80-e gody XIX v.), Moskau 1984, S. 213-219; Galina M. Yemelianova, Russia and Islam. A Historical Survey, New York u. a. 2002, S. 55-59.
16 Vgl. hierzu N. A. Chalfin, Rossija i chanstva srednej Azii (pervaja polovina XIX v.), Moskau 1974.

Deutschen, Tataren, Kalmyken sowie der kaukasischen Völkerschaften lag jeweils bei zwei Prozent und weniger. 38 Prozent der Menschen lebten 1815 auf Territorien, die 1646 noch nicht zum Moskauer Reich gehört hatten.[17] 1850 war die Bevölkerung auf 68 Mio. Menschen angewachsen.[18] An ihrer ethnischen Zusammensetzung hatte sich nur wenig geändert, sieht man davon ab, dass der Anteil der slawischen Völkerschaften (außer Polen) auf ca. 70 Prozent gesunken war. Die Bevölkerung wuchs in der ersten Hälfte des 19. Jahrhunderts jährlich um 400.000–800.000 Menschen, wobei die Steigerung in den Jahren nach den Napoleonischen Kriegen jene der 1830er- und 1840er-Jahre deutlich übertraf.[19] Obwohl die mittlere Lebenserwartung der Menschen in Russland wegen der hohen Kindersterblichkeit und der häufigen, Menschen zehrenden Epidemien lediglich 27–28 Jahre betrug, sorgten hohe Geburtenraten sowie die Eingliederung neuer Territorien für den Bevölkerungszuwachs.[20] Die größte Bevölkerungsdichte wiesen nach wie vor das Zentrale Industriegebiet um Moskau und das südlicher gelegene, fruchtbare Zentrale Schwarzerdegebiet auf, doch wuchs die Zahl der Menschen in diesen Regionen aufgrund der innerrussischen Migrationsbewegungen weniger schnell. Während es bis Anfang der 1820er-Jahre die meisten Übersiedler nach dem südwestlich gelegenen Neurussland bzw. in das untere Wolgagebiet zog, flossen die Siedlungsströme fortan in Richtung mittleres und südliches Uralgebiet.[21] Russland blieb im Zeitraum zwischen 1815 und 1847 ein nahezu ausschließlich agrarisch geprägtes Land.

Die Veränderungen innerhalb der Sozialstruktur der russischen Gesellschaft zwischen 1815 und 1847 lassen sich aufgrund fehlender Zahlen nur schwer fassen. Dennoch dürften die allgemeinen Tendenzen zutreffen, wie sie von Boris Mironov für den größeren Zeitraum zwischen 1795 und 1858 errechnet wurden.[22] Der Anteil des Adels an der

---

17 Alle Angaben bei B. N. Mironov, Social'naja istorija Rossii (XVIII–načalo XX v.). Genezis ličnosti, demokratičeskoj sem'i, graždanskogo obščestva i pravovogo gosudarstva, Bd. 1, St. Petersburg 2000, S. 20, 25 f.; Vladimir M. Kabuzan, Narodonaselenie Rossii v XVIII–pervoj polovine XIX v. (po materialam revizij), Moskau 1963, S. 122-155.

18 Genaue Zahlen für 1847 liegen nicht vor. Die Zahlen für 1850 beruhen auf den Resultaten der 9. Revision. Vgl. P. I. Ljaščenko, Istorija narodnogo chozjajstva, Bd. 1: Dokapitalističeskie formacii, Moskau 1952, S. 481. 1845 betrug die Bevölkerungszahl Russlands 65,2 Mio. Menschen. Vgl. Roger Portal, Die russische Industrie am Vorabend der Bauernbefreiung, in: D. Geyer (Hg.), Wirtschaft und Gesellschaft im vorrevolutionären Rußland, Köln 1975, S. 158.

19 Vgl. Vladimir M. Kabuzan, Russkie v mire. Dinamika čislennosti i rasselenija (1719–1989). Formirovanie etničeskich i političeskich granic russkogo naroda, St. Petersburg 1996, S. 83-85.

20 Die Bevölkerung der inkorporierten Territorien wurden indes nicht automatisch Untertanen des Russischen Reiches. Nicht unerhebliche Bevölkerungsgruppen im muslimisch geprägten Kaukasus zogen es vor, in die benachbarten Staaten überzuwechseln. Vgl. Mironov, Social'naja istorija (wie Fn. 17), S. 20 f.; Theodore R. Weeks, Managing empire: tsarist nationalities policy, in: D. Lieven (Hg.), The Cambridge History of Russia, Bd. II: Imperial Russia, 1689–1917, Cambridge 2006, S. 27-44, hier S. 35-37.

21 Vgl. Vladimir M. Kabuzan, Izmenenija v razmeščenii naselenija Rossii v XVIII-pervoj polovine XIX veka, Moskau 1971, S. 50.

22 Mironov, Social'naja istorija (wie Fn. 17), S. 129 f.

Gesamtbevölkerung nahm deutlich ab, jener des erblichen Adels sogar überproportional. Auch der Anteil des Militärs, der Geistlichkeit und der Bauernschaft ging langsam zurück. Die städtischen Stände hingegen nahmen anteilsmäßig zu. Auch innerhalb der Stände kam es zu Verschiebungen. Innerhalb der Bauernschaft, die 1795 88,8 Prozent der Bevölkerung ausmachte, 1858 hingegen nur noch 82,6 Prozent, ging der Anteil der erbuntertänigen Gutsbauern (1850 ca. 49 Prozent) zugunsten der »staatseigenen« Staatsbauern (48 Prozent) und Domänen- oder Kronbauern, die der Zarenfamilie gehörten (drei Prozent), zurück. Obwohl die Landwirtschaft das Hauptbetätigungsfeld der Bauern blieb, so drangen sie doch verstärkt in die Städte vor. Anfang der 1850er-Jahre betrug ihr Anteil an der Stadtbevölkerung bereits 38 Prozent.

War Russland im 18. Jahrhundert zur wirtschaftlichen Großmacht geworden, so stagnierte die ökonomische Entwicklung in der ersten Hälfte des 19. Jahrhunderts. Einem kurzen Aufschwung bis 1820 im Gefolge der Napoleonischen Kriege und der Aufhebung der Kontinentalsperre folgten lange Jahre des Stillstands, ehe es von 1835 bis 1847 langsam wieder aufwärtsging. Verantwortlich für die schleppende Entwicklung waren die rückständige Sozialstruktur und die überkommene politische Ordnung des Landes, die Abgelegenheit von den großen Handelsrouten, die mangelnde Nachfrage auf dem Binnenmarkt sowie wegen der revolutionären technologischen Entwicklung der nachlassende Bedarf nach russischem Eisen und Halbfabrikaten auf den internationalen Märkten.[23] Die industrielle Revolution blieb vorerst aus. Dennoch gab es auf wirtschaftlichem Gebiet auch positive Anzeichen. Russland blieb in der ersten Hälfte des 19. Jahrhunderts die Kornkammer Westeuropas. Die Überschüsse aus dem Export landwirtschaftlicher Produkte sicherten dem Zarenreich zwischen 1816 und 1860 eine durchweg positive Handelsbilanz.[24] Dieser Überschuss wurde im Wesentlichen zum Import von Maschinen der verschiedensten Art verwendet. Ungeachtet aller Hemmnisse wuchs auch die Zahl der Fabriken und der darin beschäftigten Arbeiter.[25] Der leibeigenen Bauernschaft entwuchs eine kleine, aber tatkräftige Schicht von Unternehmern. Berücksichtigt man weitere positive Standortfaktoren – Existenz eines zentralisierten Staates mit entwickelter Bürokratie, strenge staatliche Kontrolle über Gesellschaft und Wirtschaft, ausgeprägte soziale Schichtung[26] –, so war die erste Hälfte des 19. Jahrhunderts sicherlich eine Periode, in der wichtige Voraussetzungen für die nachfolgende beschleunigte wirtschaftliche Entwicklung gelegt wurden.

---

23 Vgl. Portal, Industrie (wie Fn. 18), S. 133 f.
24 Vgl. Stjuart Ross Tompston, Rossijskaja vnešnjaja torgovlja XIX–načala XX v.: organizacija i finansirovanie, Moskau 2008, S. 27.
25 Vgl. E. V. Alekseeva, Diffuzija evropejskich innovacij v Rossii (XVIII–načalo XX v.), Moskau 2007, S. 179-181; V. M. Kudrin, Ėkonomika Rossii v mirovom kontekste, St. Petersburg 2007, S. 56-61.
26 Vgl. William L. Blackwell, The Beginnings of Russian Industrialization 1800–1860, Princeton 1968, S. 402-410.

2 Verfassungsstruktur der zentralen staatlichen Ebene

An der Verfassungsstruktur der zentralen staatlichen Ebene änderte sich zwischen 1815 und 1847 in Russland nur wenig.[27] Der autokratische Monarch – Kaiser und Zar – stand uneingeschränkt an der Spitze des Staates. Allein ihm gehörte die legislative, exekutive und judikative Macht. Er war militärisches und geistliches Oberhaupt des Landes in einer Person. Sein Herrschaftsstil beeinflusste die zentrale staatliche Ebene nachhaltig. Kennzeichnete die Amtszeit Alexanders I. (1801–1825) eine Art liberaler Autoritarismus, so beanspruchte Nikolaus I. (1825–1855) alle Hebel der Macht für sich. Als Lenker der Geschicke seines Reiches war er omnipräsent, ohne dabei allerdings besonders erfolgreich und effizient zu sein.[28] Selbstherrschaft bedeutete allerdings keineswegs ausschließlich selbstherrliche Willkür. Der Zar folgte den Gesetzen Gottes. Er hatte das Prinzip der agnatischen Thronfolge zu beachten, das im Gesetz über die kaiserliche Familie von 1797 festgelegt worden war und an dessen Einhaltung die Legitimität des jeweiligen Selbstherrschers hing. Auch die mit dem Ausbau des Staatswesens unabweisbare Ausweitung der Bürokratie begrenzte die Allmacht des Monarchen.[29]

Die in der Reformperiode der Regierungszeit Alexanders I. geschaffenen Institutionen der zentralen Verfassungsstruktur[30] bestanden in der Folgezeit fort und wurden auch vom Nachfolger Alexanders, dem Kaiser Nikolaus I., nicht infrage gestellt. Die Ministerien und das Ministerkomitee waren die obersten exekutiven Gremien und besaßen beratende und in gewissen Situationen sogar legislative Kompetenzen. So konnte das Ministerkomitee in Abwesenheit des Monarchen eigenständig Erlasse ohne dessen Billigung verabschieden, womit es gewissermaßen in die Funktion des Regenten rückte.[31] An der Struktur des ministerialen Systems selbst änderte sich nur wenig. So ging etwa das 1811 gegründete Polizeiministerium schon 1819 im Innenministerium auf. 1826 entstand das Ministerium des kaiserlichen Ho-

---

27 Vgl. M. D. Karpačev, Russland, in: P. Brandt u. a. (Hg.), Handbuch der europäischen Verfassungsgeschichte im 19. Jahrhundert. Institutionen und Rechtspraxis im gesellschaftlichen Wandel, Bd. 1: Um 1800, Bonn 2006, S. 1108-1111; Zernack (Hg.), Handbuch (wie Fn. 1), S. 1066-1072.
28 Vgl. Richard S. Wortman, Scenarios of Power. Myth and Ceremony in Russian Monarchy, Bd. 1: From Peter the Great to the Death of Nicholas I, Princeton 1995, S. 297-308; W. Bruce Lincoln, In the Vanguard of Reform. Russia's Enlightened Bureaucrats 1825–1861, DeKalb 1982, S. 28-36.
29 Vgl. Dietmar Wulff, Staat, Herrschaft, Institutionen in: Studienhandbuch östliches Europa, Bd. 2: Geschichte des Russischen Reiches und der Sowjetunion, Köln u. a. 2002, S. 45.
30 Karpačev, Russland (wie Fn. 27), S. 1118-1120.
31 Vgl. P. A. Zajončkovskij, Vyssaja bjurokratija nakanune krymskoj vojny, in: Istorija SSSR 4 (1974), S. 159; W. Bruce Lincoln, The Composition of the Imperial Russian State Council under Nicholas I, in: Canadian-American Slavic Studies 10 (1976), S. 369 ff.

fes, 1837 jenes für die Landdomänen.³² Der Kaiser empfing die Minister allwöchentlich, um ihre »alleruntertänigsten« Berichte anzuhören und um Direktiven für die laufende Arbeit zu geben. Er übte de facto die Funktion des Premierministers aus, was logischerweise die Rolle des Ministerkomitees schmälerte. Neben der starken Zentralisierung kennzeichneten die Verfassungsstruktur der zentralen staatlichen Ebene Kompetenzüberschneidungen, Verantwortungslosigkeit und Ineffizienz.³³ Das Geheimkomitee vom 6. Dezember 1826, welches von Nikolaus I. berufen worden war, um Schlussfolgerungen aus dem gescheiterten Dezemberaufstand von 1825 zu ziehen, erörterte zwar durchaus notwendige Reformen, gelangte indes zu keinen greifbaren Ergebnissen.³⁴ Seine Vorschläge standen dem Streben des Monarchen nach unmittelbarem Zugriff auf die Macht entgegen und besaßen somit keine Chance auf Realisierung. (☞ Abb. 15.2)

Die einschneidendste Veränderung in der zentralen Verfassungsstruktur des Zarenreiches ging von der Bedeutungszunahme der Höchsteigenen Kanzlei Seiner Kaiserlichen Majestät aus. Nach dem Dezemberaufstand von 1825 unternahm der vom Militär geprägte neue Kaiser alles, um die Hebel der Macht in seinen Händen zu konzentrieren. Die Schlüsselrolle in diesem Bestreben maß er seiner persönlichen Kanzlei bei. Mittels der Kanzlei war der Kaiser gesetzgeberisch tätig und übte die totale Kontrolle über die Gesellschaft aus. Ihre Einrichtung stellte einen neuerlichen, allerdings vergeblichen Versuch dar, ein Grundübel des russischen Verwaltungssystems zu beseitigen, nämlich die allgegenwärtige Sabotage von Anordnungen und Weisungen durch die untergeordnete Bürokratie.³⁵ Die Höchsteigene Kanzlei Seiner Kaiserlichen Majestät bestand aus mehreren Abteilungen. Die am 31. Januar 1826 geschaffene I. Abteilung arbeitete die Erlasse (*Ukaze*) des Kaisers aus, kontrollierte die Erfüllung von Allerhöchsten Anordnungen an die Organe der zentralen und lokalen Verwaltung und bereitete die Besetzung von Posten im Staatsapparat vor. Die gleichzeitig geschaffenen II. Abteilung befasste sich mit der Kodifizierung des russischen Rechtes.

---

32 Vgl. CD-ROM-2, Dok.-Nr. 15.2.2 (Verordnung über das Ministerium für die Staatsdomänen v. 26.12./14.12.1837); Ministerskaja sistema v Rossijskoj imperii: K 200-letiju ministerstv v Rossii, Moskau 2007, S. 567-579.
33 Vgl. B. E. Bagdasarjan, Nikolaevskaja upravlenčeskaja model': meždu avtoritarizmom i racional'noj bjurokratiej, in: R. N. Bajguzin (Hg.), Administrativnye reformy v Rossii: istorija i sovremennost', Moskau 2006, S. 145-147.
34 Vgl. T. G. Archipova, Sekretnyj komitet 6 dekabrja 1826 goda, in: Trudy Moskovskogo gosudarstvennogo istoriko-archivnogo instituta, Bd. 20: Voprosy archivovedenija i istorii gosudarstvennych učreždenij SSSR, Moskau 1965, S. 212-227; W. Bruce Lincoln, Nicholas I. Emperor and Autocrat of All the Russias, DeKalb 1989, S. 92-98.
35 Vgl. Vysšie organy gosudarstvennoj vlasti i upravlenija Rossii. IX–XX vv.: Spravočnik, St. Petersburg 2000, S. 107-109; Bagdasarjan, »Nikolaevskaja upravlenčeskaja model« (wie Fn. 33), S. 152-156.

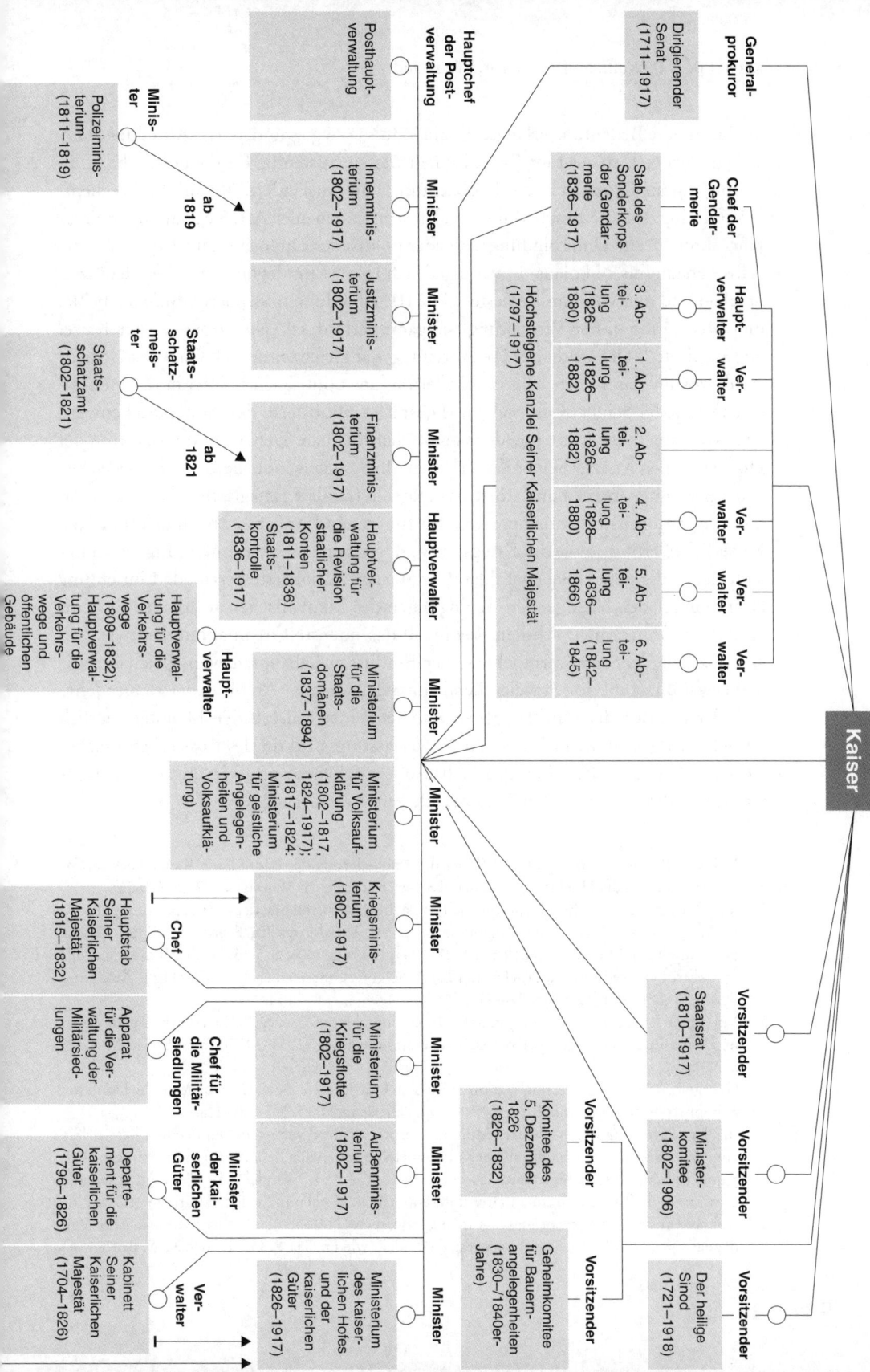

Besondere Bedeutung erlangte die am 3. Juli 1826 gegründete III. Abteilung.[36] Bestehend aus vier, später fünf Expeditionen war sie zuständig für die politische Strafverfolgung im Zarenreich, die Beobachtung von Ausländern, für die Verbrechensbekämpfung und die Beschaffung von Informationen aller Art. Sie stand über einige Jahrzehnte für die Unterbindung jedweder politischer Opposition im Zarenreich. Im Selbstverständnis Nikolaus' I. war sie allerdings das Bindeglied zwischen dem Monarchen und den von ihm Regierten. Die III. Abteilung informierte ihn über Fehler und Missstände in der Verwaltung, sie garantierte das Recht, so wie es der Kaiser interpretierte.[37] Der Leiter der III. Abteilung war gleichzeitig auch Chef des Gendarmenkorps im Zarenreich. Die Eingliederung der politischen Polizei in die Höchsteigene Kanzlei Seiner Kaiserlichen Majestät symbolisierte den hohen Stellenwert, den Nikolaus I. der Kontrolle der Gesellschaft beimaß. Der Bedeutungsgewinn der Höchsteigenen Kanzlei Seiner Kaiserlichen Majestät verschob die Gewichte zwischen den Verfassungsorganen und störte das ohnehin fragile Kräftegleichgewicht. Die Ministerien verloren mit Ausnahme jener für Inneres und Äußeres, des Ministeriums des Kaiserliches Hofes sowie des Kriegs- bzw. des Marineministeriums an Eigenständigkeit. Zuständigkeiten blieben unklar. Der Staatsrat als oberste beratende Einrichtung konnte unter den einengenden Bedingungen des nikolaitischen staatlichen Systems seine Funktionen nicht erfüllen. Lediglich das höchste Organ administrativer Gerichtsbarkeit, der Senat, vermochte seinen Einfluss zu behaupten, wenngleich ihm seine Verwaltungsfunktionen weitgehend abhandenkamen.[38] Ab Mitte der 1830er-Jahre ging der Einfluss der Höchsteigenen Kanzlei Seiner Kaiserlichen Majestät deutlich zurück.[39] Insgesamt kennzeichneten die Verfassungsstruktur des Russischen Reiches zwischen 1825 und 1847 eine bis ins Absurde getriebene Zentralisierung, ein allgegenwärtiger Militarismus und eine ausufernde Bürokratisierung[40].

---

36 Vgl. CD-ROM-2, Dok.-Nr. 15.2.1 (Über die Angliederung der Besonderen Kanzlei des Innenministeriums an die Höchsteigene Kanzlei Seiner Kaiserlichen Majestät v. 3.7./21.6.1826).
37 Vgl. P. S. Squire, The Third Department. The establishment and practices of the political police in the Russia of Nicholas I, Cambridge 1968, S. 226; M. V. Sidorova/E.I. Ščerbakova (Hg.), Rossija pod nadzorom. Otčety III otdelenija 1827–1869, Moskau 2006, S. 5-15; Vladlen Izmozik, Političeskij rozysk vedet tret'e otdelenie (1826–1880 gody), in: Vladlen Izmozik (Hg.), Žandarmy Rossii, St. Petersburg 2002, S. 248-278.
38 Vgl. Peter Liessem, Verwaltungsgerichtsbarkeit im späten Zarenreich. Der Dirigierende Senat und seine Entscheidungen zur russischen Selbstverwaltung (1864–1917), Frankfurt a. M. 1996, S. 22-24.
39 George L. Yaney, The Systematization of Russian Government. Social Evolution in the Domestic Administration of Imperial Russia, 1711–1905, Urbana u. a. 1973, S. 223-228.
40 In allen Verfassungsorganen waren Militärs überproportional vertreten. Durch einen Zarenerlass vom 27.2.1834 mussten zudem alle Beamten, auch die der zivilen Behörden, Uniform tragen. Vgl. Zajončkovskij, Vysšaja bjurokratija (wie Fn. 31), S. 154 ff.; Im Vergleich zu Westeuropa war die Bürokratie im Zarenreich quantitativ unterentwickelt. Kamen in St. Petersburg auf 1.000 Einwohner einer bis 1,5 Verwaltungsangestellte, so waren es in London oder Paris viermal mehr. Vgl. Bagdasarjan, Nikolaevskaja upravlenčeskaja model' (wie Fn. 33), S. 147. Jedoch ist W. Bruce Lin-

3 Wahlrecht und Wahlen

Da im autokratischen Russland die legislative, exekutive und judikative Gewalt in den Händen des Selbstherrschers konzentriert war, spielten Wahlen auf der zentralen staatlichen Verfassungsebene des Reiches naturgemäß keine Rolle. Es gab hier weder ein Wahlrecht noch Wahlgesetze.

Dennoch existierten auf der Ebene der lokalen Verwaltung für den Adel, das begüterte Bürgertum und sogar für Teile der Bauernschaft immerhin rudimentäre Elemente eines Wahlrechts. Die Erbadligen nahmen im Rahmen der durch die Gnadenurkunde von 1785 gewährten ständischen Selbstverwaltung an den jährlich stattfindenden Adelsversammlungen teil.[41] Der Kreisadelsmarschall, der in regelmäßigen Abständen von der Adelsversammlung gewählt wurde, leitete faktisch zugleich auch die Verwaltung des Kreises. Die Adelsmarschälle saßen verschiedenen Komitees, Kommissionen und Gerichtsbehörden (*prisutstvie*) vor.[42] Aus der Mitte der Kreisadelsmarschälle rekrutierten sich die Kandidaten für den Posten des Adelsmarschalls des Gouvernements, der dann vom Gouverneur ernannt wurde. Der Adel wählte gemeinsam mit Vertretern der Staatsbauern ebenso eine Reihe von Amtspersonen, einschließlich des Kreishauptmanns (*uezdnyj ispravnik*), der Richter und Schöffen.[43] Das Recht, ein öffentliches Amt zu bekleiden, besaßen jedoch nur Adlige, die ein Jahreseinkommen von mindestens 100 Rubel nachweisen konnten oder wenigstens 20 erbuntertänige Bauern besaßen. 1831 wurde durch einen Ukaz zu den Adelsversammlungen der Zensus für die Beteiligung an der Selbstverwaltung des Adels angehoben, wohl auch um die Moral der Provinzialverwaltung zu erhöhen. Die korporativen Rechte der Adligen standen somit in direkter Abhängigkeit von ihrer materiellen Lage und ihrem Rang.[44] Da sich aber in der ersten Hälfte des 19. Jahrhunderts die Zahl der solventen Großgrundbesitzer verringerte,

---

coln zuzustimmen, dass dieses Verhältnis anders zu bewerten ist, wenn man berücksichtigt, dass die erdrückende Mehrheit der russischen Bauernschaft und damit auch der Bevölkerung niemals mit der Bürokratie in Berührung kam, diese somit einem Bruchteil der Bevölkerung vorbehalten blieb. Lincoln, Nicholas I (wie Fn. 34), S. 76.
41 Vgl. Karpačev, Russland (wie Fn. 27), S. 1112 f.
42 N. P. Eroškin, Istorija gosudarstvennych učreždenij dorevoljucionnoj Rossii, Moskau 1968, S 180 f.; Hans-Joachim Torke, Das russische Beamtentum in der ersten Hälfte des 19. Jahrhunderts, Berlin 1967, S. 32-40.
43 G. A. Evreinov, Prošloe i nastojaščee značenie russkogo dvorjanstva, St. Petersburg 1898, S. 22-50.
44 Polnoe Sobranie Zakonov Rossijskoj Imperii [im Folgenden: PSZRI], Serie II, Bd. 6, Nr. 4989, S. 247-273; S. A. Korf, Dvorjanstvo i ego soslovnoe upravlenie za stoletie: 1762-1855, St. Petersburg 1906, S. 214-219; Torke, Beamtentum (wie Fn. 42), S. 32-40; S. Frederick Starr, Decentralization and Self-Government in Russia, 1830-1870, Princeton 1972, S. 18; Bernhard Schalhorn, Lokalverwaltung und Ständerecht in Rußland zu Beginn der Herrschaft Nikolaus I., in: Forschungen zur osteuropäischen Geschichte, Bd. 26, Berlin 1979, S. 38-43, 71-76.

u. a. weil die Gutswirtschaft im Erbfall unter die Erben aufgeteilt wurde, kamen immer weniger Adlige in den Genuss dieser Rechte.

Die überwiegende Mehrheit der russischen Bauern lebte weiterhin in den dorfgemeinschaftlichen Siedlungsverbänden. In der ersten Hälfte des 19. Jahrhunderts suchten die staatlichen Behörden deren Strukturen zu stärken, indem sie die polizeilichen und steuerlichen Funktionen der Gemeinden ausweiteten. Allmählich wurden sie in das System der staatlichen Verwaltung integriert. In den dorfgemeinschaftlichen Siedlungsverbänden hatten die Bauern das Recht, Institutionen der Selbstverwaltung zu gründen. Die Bauern, die selbst Land bewirtschafteten, hielten regelmäßig Versammlungen ab, wählten zur Aufrechterhaltung der öffentlichen Ordnung die Gemeindeältesten sowie die Dorfpolizisten und deren Gehilfen.[45]

4 Grundrechte

Die Regierung des Zaren folgte gegenüber allen Schichten der russischen Gesellschaft konsequent den vormundschaftlichen Prinzipien der uneingeschränkten Selbstherrschaft.[46] Dies hatte Konsequenzen für die Menschenrechtssituation in Russland. Die Atmosphäre im Innern zeichnete sich im Vergleich zur ersten Hälfte der Amtszeit Alexanders nun durch größere Strenge gegenüber den Untertanen und mehr Paternalismus aus, in der Innenpolitik wandte sich der Kaiser von weiteren Reformplänen ab. Der plötzliche und rätselhafte Tod Alexanders I. 1825 weitab der Hauptstadt bewirkte eine ernsthafte dynastische Krise, die sich liberal gesinnte Verschwörer aus dem Milieu aufgeklärter junger Adliger zunutze machen suchten. Die Anführer der Dekabristenbewegung P. I. Pestel', M. N. Murav'ev, K. F. Ryleev strebten die Verbreitung der Menschenrechte in Russland an, wie sie durch die Französische Revolution und die Verfassung der Vereinigten Staaten vom Amerika proklamiert worden waren.[47] Die Anhänger der Selbstherrschaft hingegen bewerteten den Aufruhr als unzulässigen Versuch, dem russischen Volke wesensfremde Werte des europäischen Liberalismus zu implantieren. Kaiser Nikolaus I., der gerade den Thron bestiegen hatte, vermochte den Aufstand vom 14. Dezember 1825 im Keim zu ersticken.[48] Als

---

45 N. M. Družinin, Gosudarstvennye krest'jane i reforma P. D. Kiseleva, Moskau u. a. 1946, S. 572-588; L. S. Prokof'eva, Krest'janskaja obščina vo vtoroj polovine XVIII–pervoj polovine XIX v. (na materialach votčin Šeremetevych), Leningrad 1981, S. 30-45; M. M. Gromyko, Mir russkoj derevni, Moskau 1991, S. 155-168; David Moon, The Peasantry 1600–1930. The World the Peasants Made, London u. a. 1999, S. 200-207.
46 Vgl. Seton-Watson, Russian Empire (wie Fn. 9), S. 415.
47 Vgl. hierzu Kapitel 8, Verfassungskultur.
48 Zur Bedeutung der Niederschlagung des Dekabristenaufstandes für die Herrschaft Nikolaus' I. vgl. Zernack (Hg.), Handbuch (wie Fn. 1), S. 1057-1065; Lincoln, Nicholas I (wie Fn. 34), S. 75-78, 85-92.

Gegengewicht zum westlichen Einfluss verschärfte Nikolaus I. nun die bürokratische Kontrolle der Gesellschaft durch die Staatsbeamten. Von der Gewährung elementarer Menschen- bzw. Bürgerrechte wie Freizügigkeit, persönliche Unantastbarkeit oder Freiheit konnte unter diesen Bedingungen keine Rede sein.

Die Bauernschaft verfügte auch in der ersten Hälfte des 19. Jahrhunderts über keinerlei Bürgerrechte.[49] Mehr als die Hälfte der bäuerlichen Bevölkerung befand sich weiterhin in persönlicher Erbuntertänigkeit zu den adligen Grundherren und war somit praktisch das Eigentum der Gutsbesitzer. Die Bauern nutzten weiter die ihnen nicht gehörenden Landanteile und leisteten Arbeits- und Naturaldienste für ihre Herren. Auch die Staatsbauern waren dem Fiskus dienstverpflichtet. Die Bauern besaßen nach wie vor keine politischen Rechte, und sie strebten sie auch nicht an. Die Vorstellung, dass die unumschränkte Selbstherrschaft in historischer und sozialökonomischer Hinsicht die optimale politische Ordnung für Russland sei, lag dem Bewusstsein breiter Volksmassen zugrunde. Der »Volksmonarchismus« blieb in der ersten Hälfte des 19. Jahrhunderts ein wesentlicher Bestandteil der politischen Kultur.[50] Die Staatsmacht strebte ihrerseits nicht an, die politischen Rechte der Menschen auszudehnen. Neue Faktoren im Wirtschaftsleben, darunter das Wachstum des Binnen- und Außenhandelsvolumens, führten allerdings dazu, dass die Bauern in der ersten Hälfte des 19. Jahrhunderts ihre materiellen Ressourcen zu vergrößern vermochten. Immer mehr strebten sie danach, Eigentumsrechte und das Recht auf freie unternehmerische Tätigkeit zu erlangen. Die zarische Regierung ergriff daraufhin eine Reihe von Maßnahmen, um die wirtschaftlichen Rechte für die bäuerliche Bevölkerung zu erweitern. Am 28. Dezember 1818 erließ Kaiser Alexander I. die Verfügung »Über die Ausweitung des Rechtes für alle Staats-, Teil- und Gutsbauern sowie für die freien Landmänner, Fabriken und Werke zu gründen«.[51] Das Ziel des Ukazes bestand darin, Bedingungen für die beschleunigte Entwicklung verschiedener Industriezweige zu schaffen. Begüterte Gutsbauern sollten nun mit Genehmigung ihrer adligen Besitzer die Möglichkeit erhalten, Fabriken zu erwerben. Um die Bauern zu solchen Käufen zu ermuntern, befreite die Regierung diese Unternehmungen für vier Jahre von den üblichen Abgaben. 1847 erhielten die Gutsbauern das Recht, sich ihre Freiheit in dem Falle zu erkaufen, in dem adliger Grundbesitz wegen Verschuldung durch öffentliche Versteigerung veräußert werden

---

49 Zur Situation der russischen Bauernschaft in der ersten Hälfte des 19. Jahrhunderts vgl. I. D. Koval'čenko, Russkoe krepostnoe krest'janstvo v pervoj polovine XIX veka, Moskau 1967.
50 Grundsätzlich zum bäuerlichen Monarchismus vgl. Daniel Field, Rebels in the Name of the Tsar, Boston u. a. 1989, S. 17-26; V. L. D'jačkov/S. A. Esikov/V. V. Kaniščev/L. G. Protasov, Krest'jane i vlast' (opyt regional'nogo izučenija), in: V. P. Danilov/L. V. Milov (Hg.), Mentalitet i agrarnoe razvitie Rossii (XIX–XX vv.). Materialy meždunarodnoj konferencii, Moskau 1996, S. 146-148.
51 Vgl. CD-ROM-2, Dok.-Nr. 15.4.1.

musste.⁵² Zar Nikolaus I. betrachtete die erbuntertänige Abhängigkeit der Bauern als ein Hindernis für den wirtschaftlichen und kulturellen Fortschritt Russlands. Zugleich meinte er aber, dass dieses Übel nur durch freiwilligen Verzicht und durch Zugeständnisse seitens des Adels beseitigt werden könne.

Der Adel, dem Mitte des 19. Jahrhunderts fast 900.000 Personen angehörten, konnte seine wirtschaftlichen und rechtlichen Privilegien weiterhin unangetastet genießen. Über politische Rechte verfügte er, wie alle anderen Stände in Russland, allerdings auch nicht. Doch wenigstens seine Standesrechte wurden von der Regierung zuverlässig geschützt.⁵³ Der Staat unterhielt mehrere privilegierte zivile und militärische Lehreinrichtungen (Kadettenanstalten, Lyzeen). Die Zugehörigkeit zum Adel garantierte das Privileg, dem Staat dienen zu können. Der Adel war weiterhin nicht abgabenpflichtig. Um die Privilegien des Adels zu schützen, begrenzte die Regierung Nikolaus' I. den Zugang von Vertretern anderer Stände.⁵⁴

Im Bereich der politischen Grundrechte gewann die Zensur als Mittel zur Kontrolle der öffentlichen Meinung nach der Niederschlagung des Dekabristenaufstandes einen völlig neuen Stellenwert. Der Aufstand hatte gezeigt, dass die bisherigen Zensurmaßregeln das Recht auf Meinungsfreiheit nicht wirksam einschränken konnten. Neue Regeln schienen notwendig, um die Grundfesten der nikolaitischen Staatsdoktrin – Orthodoxie, Selbstherrschaft und Volkstum – zu wahren und das alleinige Agieren des Monarchen im politischen Raum zu gewährleisten. Dem entsprach das Zensurstatut vom Mai 1826.⁵⁵ Da dieses »gusseiserne Gesetz« ob seiner Rigidität vor allem die jüngere Generation dem Regime entfremdete und als nicht durchsetzbar galt, wurde es am 22. April 1828 durch ein abgeschwächtes Statut über die Zensur ersetzt, das im Wesentlichen bis zu den Großen Reformen in den 1860er-Jahren in Kraft blieb.⁵⁶ Die Zensoren sollten alle wichtigen Gebiete des politischen und kulturellen Lebens kontrollieren, die innere Sicherheit und Stabilität des Staates gewährleisten und die Gesellschaft in Übereinstimmung mit den Ansichten der Regierung im Geiste

---

52 PSZRI, II, Bd. 22, Nr. 21689, S. 841; M. A. Rachmatullin, Zakonodatel'naja praktika carskogo samoderžavija: ukaz ot 8 nojabrja 1847 goda i popytki ego primenenija, in: Istorija SSSR 2 1982, S. 35-52.
53 Terence Emmons, The Russian Landed Gentry and the Peasant Emancipation of 1861, Cambridge 1968, S. 7-18; Seymour Becker, Nobility and Privilege in Late Imperial Russia, DeKalb 1985, S. 179-194.
54 Vgl. A. O. Gernet, Zakonodatel'stvo o priobretenii dvorjanskogo dostojnstva Rossijskoj imperii, St. Petersburg 1898, S. 95; V. Ju. Rikman, Dvorjanskoe zakonodatel'stvo Rossijskoj Imperii, Moskau 1992, S. 19-28.
55 PSZRI, II, Bd. 1, Nr. 403, S. 550-571.
56 Vgl. CD-ROM-2, Dok.-Nr. 15.4.2 (Statut über die Zensur v. 22.4./10.4.1828). Vgl. auch V. G. Černucha, Cenzura v Evrope i Rossii, in: Cenzura v Rossii: Istorija i sovremennost'. Sbornik naučnych trudov, Bd. 1, St. Petersburg 2001, S. 11 f.; A. Kotovič, Duchovnaja cenzura v Rossii (1799–1855 gg.), St. Petersburg 1909, S. 133-140.

der christlichen Ethik »erziehen«.⁵⁷ Die Schaffung eines einheitlichen Systems der staatlichen und kirchlichen Zensur stellte die Tätigkeit der Zensoren in den Rahmen geltender Gesetze. Allerdings stellte die Tätigkeit der III. Abteilung, die die Zensoren mit geheimpolizeilichen Methoden überprüfte, die gesetzlichen Regelungen gleich wieder infrage. Insgesamt versetzten die Zensurgesetze Nikolaus' I. das Land zumindest an der Oberfläche in einen Zustand erzwungener Starre.⁵⁸

5 Verwaltung

In der ersten Hälfte des 19. Jahrhunderts blieb das administrative System des Zarenreiches mit den Gouvernements als Grundlage im Wesentlichen unangetastet. Deren Zahl wuchs von 49 um 1825 auf 58 im Jahre 1847. Darüber hinaus gab es elf Generalgouvernements, die mit Ausnahme von Moskau und St. Petersburg an den multiethnischen Rändern des Reiches gelegen waren, sowie die beiden Statthalterschaften im Kaukasus (ab 1844) und in Polen (ab 1815). Der Zuwachs an administrativen Einheiten stand symbolträchtig für die Kolonisierungserfolge des Zarenreiches.⁵⁹ Dennoch beruhte die administrative Aufteilung Russlands noch in der ersten Hälfte des 19. Jahrhunderts weitgehend auf demografischen Kriterien, kaum auf der Berücksichtigung historischer, kultureller oder wirtschaftlicher Besonderheiten. Neben den Verwaltungseinheiten war das Land Mitte des Jahrhunderts auch in zwölf Gerichts-, 35 Post-, neun Wasser und zwölf Lehrbezirke geteilt.⁶⁰ Die Gouvernements gliederten sich ihrerseits in Kreise (*uezdy*).

Mit der Einführung der Ministerien im Jahre 1811 (☛ Abb. 15.2, S. 1229) gerieten auch die Gouvernementsverwaltungen unter die strenge Kuratel der Zentralgewalt. Dies äußerte sich in der spürbaren Machtbeschneidung der Gouverneure. Sie unterstanden fortan direkt dem Innenministerium.⁶¹ Im Unterschied zu ihnen waren die

---

57 Sbornik postanovlenij i rasporjaženij po cenzure s 1720 po 1862 god, St. Petersburg 1862, S. 311-408. Zu den Zensureinrichtungen vgl auch N. A. Grinčenko, Istorija cenzurnych učreždenij v Rossii v pervoj polovine XIX veka, in: Cenzura v Rossii (wie Fn. 56), S. 15-46; P. K. Solov'ev, Vedomstvennaja cenzura v Rossii pri Nikolae I, in: Voprosy istorii 7 (2004), S. 39-45.
58 Vgl. Charles A. Ruud, Sergei Stepanov, Fontanka 16. The Tsars' Secret Police, Montreal u. a. 1999, S. 20-23; Friedhelm Berthold Kaiser, Zensur in Russland von Katharina II. bis zum Ende des 19. Jahrhunderts, in: Forschungen zur osteuropäischen Geschichte, Bd. 25, 1978, S. 149-152.
59 Vgl. Gubernii Rossijskoj imperii. Istorija i rukovoditeli.1708–1917, Moskau 2003, S. 11-34; S. Tarchov, Dinamika administrativno-territorial'nogo delenija Rossii v XX veke, in: O. Glazer/P. Poljan (Hg.), Rossija i ee regiony v XX veke: territorija-rasselenie-migracija, Moskau 2005, S. 34 f., 69, 699-701.
60 Vgl. Nailya Tagirova, Mapping the Empire's Economic Regions from the Nineteenth to the Early Twentieth Century, in: J. Burbank/M. v. Hagen/A. Remnev (Hg.), Russian Empire. Space, People, Power, 1700–1930, Bloomington u. a. 2007, S. 127.
61 Grundsätzlich zur lokalen Verwaltung in Russland in der ersten Hälfte des 19. Jahrhunderts vgl. I. A. Blinov, Gubernatory. Istoriko-juridičeskij očerk, St. Petersburg 1905, S. 157; Starr,

Generalgouverneure direkt dem Zaren unter- und den Ministern gleichgestellt.[62] Die übrigen Ministerien ordneten sich die entsprechenden Strukturen der Gouvernementsverwaltung unter. Die ständischen Gerichte in den Kreisen z. B. unterstanden dem Ministerium für Justiz. In jedem Gouvernement gab es Organe des Ministeriums für Finanzen – Kameralkammern (*kazennye palaty*) und die Schatzkammern (*kaznačejstva*) in den Kreisen. Die Kameralkammern verwalteten bis 1837 das Staatseigentum, wozu auch die Staatsbauern gehörten. Sie führten periodisch Revisionen, d. h. Volkszählungen, durch. Die Schatzkammern in den Kreisen beschäftigten sich mit der Entgegennahme und der Verwaltung der Geldeinnahmen sowie der Verausgabung der finanziellen Mittel. Sie stellten außerdem Ausweise sowie Reisepässe aus, mit denen die Legalität einer Reise bezeugt wurde, und regelten den Verkauf von Papier mit dem Reichswappen, das u. a. für die Abfassung von Bittschriften benötigt wurde. Es existierten ferner örtliche Ableger zentraler Hauptverwaltungen, so für das Verkehrswesen, für Volksaufklärung, für den Heiligsten Synod und für das Kriegsministerium.[63] Folglich konnten sich die Gouverneure schon nicht mehr als uneingeschränkte Leiter der lokalen Verwaltung fühlen.

Kaiser Nikolaus I. empfand die Schwächung der Institution der Gouverneure als ein beunruhigendes Symptom für die Missstände in der Verwaltung. Er suchte die ins Wanken geratene Position der lokalen Verwaltung zunächst durch die Berufung von Militärs auf die entscheidenden Posten zu festigen. Unter ihm nahmen ausschließlich Generäle die Generalgouverneursposten ein, etwa die Hälfte der Gouverneure entstammte ebenfalls der Generalität.[64] Dabei erwiesen sich diese Generäle jedoch oft als unfähig, weswegen sie in der lokalen Gesellschaft eine schlechte Reputation genossen. 1837 erließ der Zar die »Instruktion« (*Nakaz*) für die Gouverneure, die bis zum Sturz der Monarchie 1917 in Kraft blieb.[65] Darin hieß es u. a., dass die zivilen Gouverneure, die durch den allerhöchsten Willen als unmittelbare Chefs der Gouvernements eingesetzt worden waren, vor allem die Aufgabe hatten, die unantastbaren, hoheitlichen

---

Decentralization (wie Fn. 44), S. 8-20; Yaney, Systematization (wie Fn. 39), S. 212-216, 330-332; John P. LeDonne, Absolutism and Ruling Class. The Formation of the Russian Political Order 1700–1825, Oxford 1991, S. 112-118; Boris N. Mironov, Local Government in Russia in the First Half of the Nineteenth Century: Provincial Government and Estate Self-Government, in: Jahrbücher für Geschichte Osteuropas 42 (1994), S. 161-201.

62 Vgl. Yaney, Systematization (wie Fn. 39), S. 217-218; Aleksandr Man'ko, Bljustiteli verchovnoj vlasti: Institut gubernatorstva v Rossii: Istoričeskij očerk, Moskau 2004, S. 193 f.
63 Vgl. Lucie Lueg, Zur Geschichte des russischen Innenministeriums unter Nikolaus I., Wiesbaden 1968, S. 90-95.
64 Vgl. Man'ko, Bljustiteli verchovnoj vlasti (wie Fn. 62), S. 193-196.
65 PSZRI, II, Bd. 12, Nr. 10303, S. 361-439; Blinov, Gubernatory (wie Fn. 61), S. 167; Eroškin, Istorija gosudarstvennych učreždenij (wie Fn. 42), S. 180-181; Richard S. Wortman, The Development of a Russian Legal Consciousness, Chicago u. a. 1976, S. 43-46; Susanne Schattenberg, Weder Despot noch Bürokrat: Der russische Gouverneur in der Vorreformzeit, in: J. Baberowski/D. Feest/Ch. Gumb (Hg.), Imperiale Herrschaft in der Provinz. Repräsentation politischer Macht im späten Zarenreich, Frankfurt a. M. u. a. 2008, S. 81-101.

Rechte des Autokraten zu bewahren, den Nutzen für den Staat zu mehren und die exakte Erfüllung sämtlicher Gesetze, Statuten, der allerhöchsten Befehle, aller Ukaze des Regierenden Senats und der Anordnungen der Vorgesetzten zu garantieren. Die Gouverneure wurden auf diese Weise offiziell zu »Hausherren« der Gouvernements erklärt.[66]

Öffentliches Leben fand in Russland in der ersten Hälfte des 19. Jahrhunderts weiterhin vornehmlich als staatliche Veranstaltung statt.[67] Dies begünstigte die starke Bürokratisierung der Gouvernementsverwaltung. Die Gouverneure, die nun für sämtliche Sphären der Verwaltung die Verantwortung trugen, leiteten fast 20 sehr unterschiedliche Verwaltungsinstitutionen. Das Fehlen jedweder gesellschaftlichen Kontrolle schuf günstige Bedingungen für die Ausbreitung von Korruption. Die Besonderheit der Verwaltung in den Kreisen bestand darin, dass sie sehr eng mit der Selbstverwaltung des Adels verknüpft war.[68] Die Kreise wurden in polizeilicher Hinsicht in Polizeibezirke (*stan*) aufgeteilt. Der Gouverneur ernannte für jeden Polizeibezirk einen Offizier (*stanovoj pristav*), der sich in den Staats- und Krondörfern auf die Dorfpolizisten und die Polizeigehilfen (*sotskie, desjatskie*) stützte. In den gutsherrlichen Dörfern wurden die Polizeibezirke von der Amtspolizei des Gutsherrn geleitet.[69]

Am 30. April 1838 wurde im Rahmen der Reform der Staatsdörfer das »Allerhöchst bestätigte Projekt der Anordnung über die Verwaltung der Staatsdomänen in den Gouvernements«[70] sowie am 23. März 1839 das »Ländliche Polizeistatut«[71] veröffentlicht. Die sog. Kiselev'schen Reformen entzogen die Staatsbauern der allgemeinen lokalen Verwaltung und unterstellten sie eigens geschaffenen Strukturen. Die Staatsdomänen wurden somit zum Experimentierfeld für die Reform der lokalen Verwaltung.[72] Zunächst in den fünf Gouvernements St. Petersburg, Moskau, Kursk, Pskov und Tambov, dann allmählich auch in den anderen Gouvernements entstanden gesonderte Kammern der Staatsdomänen. Nach dem neuen Gesetz wurden die den Kammern unterstellten Staatsdomänen in Bezirke, diese wiederum in Amtsbezirke (*volost'*) und die Amtsbezirke in Landgemeinden unterteilt. Die dortigen Landgemeinden wurden somit zum Fundament der bäuerlichen Selbstverwaltung und gleichzeitig zum untersten Glied der

---

66 Gubernii Rossiiskoj imperii (wie Fn. 59), S. 9; Mironov, Local Government (wie Fn. 61), S. 164-169.
67 Vgl. für das 17. und 18. Jahrhundert Hans-Joachim Torke, Die staatsbedingte Gesellschaft im Moskauer Reich. Zar und Zemlja in der altrussischen Herrschaftsverfassung 1613–1689, Leiden 1974; Dietrich Geyer, »Gesellschaft« als staatliche Veranstaltung. Sozialgeschichtliche Aspekte des russischen Behördenstaates im 18. Jahrhundert, in: ders. (Hg.), Wirtschaft und Gesellschaft (wie Fn. 18), S. 20-52; Wulff, Staat (wie Fn. 29), S. 42.
68 Geyer, Wirtschaft und Gesellschaft (wie Fn. 18), S. 46. Vgl. Kapitel 3, Wahlrecht und Wahlen.
69 Lueg, Geschichte (wie Fn. 63), S. 95-97.
70 Vgl. CD-ROM-2, Dok.-Nr. 15.5.1.
71 Vgl. CD-ROM-2, Dok.-Nr. 15.5.2.
72 Zu den Kiselev'schen Reformen vgl. N. M. Družinin, Gosudarstvennye krest'jane i reforma P. D. Kiseleva, 2 Bde., Moskau 1946–1948; Mironov, Local Government (wie Fn. 61), S. 177-188.

Verwaltung in den Gouvernements. Das Gesetz reglementierte die Bildung von Versammlungen in den Landgemeinden und Amtsbezirken sowie die Wahlen der Ältesten. Es definierte die Kompetenzen der bäuerlichen Selbstverwaltung und regelte die Verteilung von Acker- und Weideland, das der gesamten Gemeinde zur Verfügung gestellt worden war. Die gewählten Amtsträger verantworteten die Einhaltung der öffentlichen Ordnung. Das Ländliche Polizeistatut fixierte die dafür notwendigen Regeln. »Alle und jeder«, hieß es im Statut, »sind dem Eid auf die unverbrüchliche und untertänigste Treue für die heilige Person des Herrn und Kaisers verpflichtet.«

Einige Territorien an der Peripherie des Reiches, die hauptsächlich von Kosaken besiedelt waren, hatten den Status von Gebieten, nicht von Gouvernements. In solchen Regionen, wie z. B. im Gebiet des Donheeres, wurde die Verwaltung von gewählten Kosakenatamanen wahrgenommen, deren höchste Autorität der Hetman war, den wiederum der Zar in sein Amt berief.[73] Besonders schwierig gestaltete sich die Organisation der Verwaltung im umkämpften Kaukasus. Am 10. April 1840 wurde die »Anordnung über die Verwaltung des Kaukasus-Gebietes« veröffentlicht.[74] Im Kaukasus entstanden das Gouvernement von Georgisch-Imeretien, geteilt in elf Kreise mit der Hauptstadt Tiflis, und das Kaspische Gebiet mit militärischer Sonderverwaltung, bestehend aus sieben Kreisen. Die Leiter des Gouvernements und des Gebietes unterstanden dem Hauptverwalter des Kaukasusgebietes und gehörten der Verwaltung an. Auf dessen Territorium galten von nun ab die Gesetze des Reiches. Gemäß der Anordnung besaßen die muslimischen Bewohner des Gebietes das Recht, in allen Streitfällen und Familienangelegenheiten die geistlichen Gerichte der Scharia anzurufen. Auf diese Weise versuchten die Regierenden in St. Petersburg, imperiale Unifizierungsbestrebungen mit lokalen religiösen Regeln und Gewohnheitsrechten in Einklang zu bringen. In Anbetracht der für die Truppen des Zaren schwierig verlaufenden Kämpfe im Kaukasischen Krieg schien allerdings die weitere Konzentration der Macht ein Gebot der Stunde. 1844 wurde der Generalgouverneur von Novorossijsk, Graf M. S. Voroncov, zum Statthalter des Kaukasusgebietes (*Kavkazkij kraj*) ernannt.[75] Insgesamt waren die Besonderheiten in der Verwaltung der Gebiete an den Rändern des Russischen Reiches von den Aufgaben der Zentralmacht in den betreffenden Regionen bestimmt. Im Kaukasus handelte es sich bis Ende der 1820er-Jahre um die Verdrängung persischen und osmanischen Einflusses, danach um die Domestizierung der rebellierenden Bergvölker. Anderswo, z. B. im Königreich Polen und in den westlichen Gouvernements, strebte das imperiale Zentrum nach der Stär-

---

73 Vgl. Udo Gehrmann, Rußlandkunde und Osteuropaverständnis im 18. und beginnenden 19. Jahrhundert. Eine Studie zum deutschen Kosakenbild, in: Jahrbücher für Geschichte Osteuropas 40 (1992), S. 481-484; Philip Longworth, Transformations in Cossackdom 1650–1850, in: B. Kiraly/G. Rothenberg (Hg.), War and Society in East Europe. Special Topics and Generalizations of the 18th and 19th Centuries, New York 1979, S. 393-407.
74 Vgl. CD-ROM-2, Dok.-Nr. 15.5.3.
75 Vgl. Severnyj Kavkaz v sostave Rossijskoj imperii, Moskau 2007, S. 186 f.

kung des Grenzraumes, was zur Folge hatte, dass die Aufrechterhaltung von Autonomierechten in der Verwaltung und die intensive Einbeziehung von einheimischen Eliten mit hartnäckigen Russifizierungsbestrebungen konkurrierten.[76]

6 Justiz

Das Justizsystem, wie es schon zu Beginn des 19. Jahrhunderts in Russland existierte, bestand ohne wesentliche Änderungen bis Mitte des 19. Jahrhunderts fort.[77] Es verharrte in seiner Aufsplitterung, die Gerichte der verschiedenen Instanzen und Aufgabenbereiche waren weiterhin abhängig von der Administration.[78] Eines der gravierendsten Probleme bestand zweifellos darin, dass nahezu alle staatlichen Strukturen den Überblick darüber verloren hatten, welche Gesetze und normativen Akten existierten, welche noch gültig waren und welche nicht. Erlasse und Verordnungen ergänzten geltende gesetzliche Bestimmungen, schufen Sonderregelungen und beschrieben Ausnahmetatbestände. Viele normative Dokumente, vor allem aus den Jahrzehnten vor der Regierung Katharinas II., waren weitgehend unbekannt. Seit 1649 wurde keine Gesetzessammlung mehr aufgelegt, die Ordnung in das Chaos gebracht hätte, und dies, obwohl spätestens seit Peter I. unter jedem russischen Kaiser weitere gesetzgeberische Arbeit in beträchtlichem Umfang geleistet worden war. Dies hatte erhebliche Auswirkungen auf die gerichtliche Praxis. Die Richter kannten sich nur höchst ungenügend in den Gesetzen aus und ließen sich stattdessen von ethischen Grundsätzen, praktischen Erwägungen und Traditionen leiten. Das Gerichtswesen in Russland reproduzierte auf paradoxe Art und Weise das Recht des Präzedenzfalles.[79] Von einem Gerichtswesen im modernen Sinn konnte keine Rede sein.

Noch jeder russische Selbstherrscher seit Peter I. hatte den Versuch unternommen, das russische Recht zu kodifizieren, aber alle waren daran gescheitert. Erst in der ersten Dekade des 19. Jahrhunderts, unter Alexander I., wurden die diesbezüglichen

---

76 Vgl. Man'ko, Bljustiteli (wie Fn. 62), S. 196 f.; Andreas Kappeler, Die historischen Voraussetzungen von Nationalismus und Regionalismus im Zarenreich: in: ders. (Hg.), Regionalismus und Nationalismus in Russland, Baden-Baden 1996, S. 19-39; L. E. Gorizontov, Paradoksy imperskoj politiki: poljaki v Rossii i russkie v Pol'še, Moskau 1999, S. 35-40; Zapadnye okrainy Rossijskoj imperii, Moskau 2006, S. 81-122; Aleksej Miller, Imperija Romanovych i nacionalizm. Ésse po metodologii istoričeskogo issledovanija, Moskau 2006, S. 54-77.
77 Vgl. Karpačev, Russland (wie Fn. 27), S. 1122-1125.
78 Ausführlicher über den desolaten Zustand der russischen Justiz Jörg Baberowski, Autokratie und Justiz. Zum Verhältnis von Rechtsstaatlichkeit und Rückständigkeit im ausgehenden Zarenreich 1864-1914, Frankfurt a. M. 1996, S. 11-33; ders., Law, the judicial system and the legal profession, in: Lieven (Hg.), Cambridge History (wie Fn. 20), S. 344-368, hier S. 344 f.
79 Lincoln, Nicholas I (wie Fn. 34), S. 100 f.; Bagdasarjan, Nikolaevskaja upravlenčeskaja model' (wie Fn. 33), S. 140 f.; V. A. Aleksandrov, Obyčnoe pravo krepostnoj derevni Rossii XVIII–načalo XIX v., Moskau 1984.

Bemühungen intensiviert. Sie waren verbunden mit dem Eintritt des Reformers M. M. Speranskij in die Kommission zur Erstellung von Gesetzen (*Komissija sostavlenija zakonov*) im August 1808. In Zusammenhang mit der Verbannung M. M. Speranskijs 1812 gerieten die Kodifizierungsarbeiten indes wieder ins Stocken.[80] Erst 1826, nachdem die Höchsteigene Kanzlei Seiner Kaiserlichen Majestät (☞ Abb. 15.2, S. 1229) aufgewertet worden war, nahm deren II. Abteilung die systematische Arbeit an der Kodifizierung des russischen Rechtes wieder auf.[81] Obwohl die Abteilung unter Leitung des Juraprofessors und früheren Zarenerziehers M. A. Balug'janskij stand, war M. M. Speranskij auf diesem Tätigkeitsfeld die treibende Kraft. Speranskij bestimmte die programmatischen Eckpunkte der Reform, schlug die Kriterien für die Kodifizierungsarbeiten vor und erarbeitete einen Arbeitsplan. Im Mittelpunkt der Tätigkeit der II. Abteilung stand die Schaffung einer »Vollständigen Sammlung der Gesetze des Russischen Reiches«[82] sowie eines systematischen Auszuges der noch gültigen Gesetze (*Svod zakonov*)[83]. Die Vorbereitungsarbeiten waren langwierig und litten unter erheblichen Schwierigkeiten, die aus dem Chaos der russischen Gesetzgebung resultierten. Dieses schlug sich letztlich auch in der Gesetzessammlung nieder. Es wurden sowohl gültige Gesetze aufgenommen als auch solche, die außer Kraft gesetzt waren, ebenso Ausnahmeregelungen, die historische Bedeutung besaßen, sowie gerichtliche Entscheidungen, die allgemein gültige Interpretationen von Gesetzen enthielten. Eingang fanden Verordnungen, Reglements, Statuten, Instruktionen und Botschaften. Bereits 1830 lag die erste Serie der Gesetzessammlung fertig vor. Sie erfasste den Zeitraum von 1649, dem Jahr, in dem die letzte russische Gesetzessammlung erschienen war, und dem 3. Dezember 1825, dem Amtsantritt von Kaiser Nikolaus I. Die erste Serie bestand aus 45 Bänden, 40 von ihnen mit Gesetzestexten und fünf Registerbänden. Alles in allem fanden 30.600 Dokumente Eingang in diese Serie.[84] Trotz der Fülle von Gesetzesdokumenten blieb das monumentale Werk unvollständig. Eine Reihe von Geheimdokumenten konnten nach Intervention Nikolaus' I. nicht aufgenommen werden, viele Dokumente blieben schlicht unauffindbar.[85]

---

80 S. V. Kodan, M. M. Speranskij i sistematizacija zakonodatel'stva v Rossii, in: Sovetskoe gosudarstvo i pravo 6 (1989), S. 105.

81 Vgl. Kapitel 2, Verfassungsstruktur der zentralen staatlichen Ebene. Siehe ausführlich zu den Kodifizierungsarbeiten P. M. Majkov, Vtoroe otdelenie Sobstvennoj Ego Imperatorskogo Veličestva Kanceljarii 1826–1882, St. Petersburg 1906, S. 138-276.

82 Vgl. CD-ROM-2, Dok.-Nr. 15.6.1 (Über die Auflösung der Kommission zur Zusammenstellung von Gesetzen und über die Schaffung einer Sonderabteilung bei der Höchsteigenen Kanzlei Seiner Kaiserlichen Majestät zur Vollendung der Sammlung vaterländischer Gesetze v. 31.1./19.1.1826).

83 Vgl. CD-ROM-2, Dok.-Nr. 15.6.2 (Über die Herausgabe eines Gesetzeswerkes des Russischen Reiches v. 19.1./7.1.1833).

84 Insgesamt wurden mehr als 53.000 Dokumente mit Gesetzescharakter überprüft. Vgl. Kodan, M. M. Speranskij (wie Fn. 80), S. 110.

85 Vgl. Lincoln, Nicholas I. (wie Fn. 34), S. 101-103. Über die Rolle Nikolaus' I. bei den Kodifizierungsarbeiten und seine Meinungsverschiedenheiten mit Speranskij vgl. M. V. Sidorčuk, O

6 Justiz

Abb. 15.3 Ehrung M. M. Speranskijs für seine Kodifikationsleistung[86]

Die Publikation der »Vollständigen Sammlung der Gesetze des Russischen Reiches« besaß enorme Bedeutung für die Verfasstheit des Landes und seine Rechtssprechung. Sie trug erheblich dazu bei, ein einheitliches Rechtssystem in Russland zu schaffen. Die Sammlung erfasste in streng chronologischer Ordnung 180 Jahre russischer Rechtsgeschichte, beginnend mit der Gesetzessammlung von 1649. Alle zuvor zustande gekommenen Rechtsakte wurden für null und nichtig erklärt. Die zweite Serie der vollständigen Sammlung wurde parallel vorbereitet. Sie enthielt alle Gesetzesdokumente aus der Regierungszeit Nikolaus' I. (1825–1855) und Alexanders II. (1855–1881). Sie wurde mit dem Erscheinen des 55. Bandes 1883 vollendet. Für die praktischen Bedürfnisse des Beamtenapparates erarbeiteten die Juristen der II. Abteilung eine Sammlung der gültigen Gesetze (*Svod zakonov*). 1832 fertig gestellt, wurde diese Sammlung ab 1835 zur einzigen, autorisierten Quelle der Rechtsprechung in Russland. Weitere Ausgaben erschienen 1842 und 1857. Der Svod bestand aus 15 thematisch gegliederten Bänden. Er bildete die Grundlage für die weitere Kodifizierung des Rechtes im Zarenreich. Ungeachtet seiner unbestreitbaren praktischen Vorteile wies er jedoch auch Mängel auf. Seine streng systematische Gliederung führte dazu, dass Gesetzestexte auseinandergerissen und damit ihres Zusammenhanges beraubt wurden. Nicht selten traten Wiederholungen und Widersprüche auf. Seine historische Bedeutung bestand darin, dass er der Selbstherrschaft erstmals eine systematische

---

sistematizacii zakonodatel'stva v Rossii (1826–1832 gg.), in: Pravovedenie 6 (1990), S. 26-33.
86 Kaiser Nikolaus I. überreicht in der Allgemeinen Versammlung des Staatsrates vom 19. Januar 1833 M. M. Speranskij für seine Kodifikationsleistungen den Andreas-Orden (Darstellung aus St. Petersburg von 1901), in: Gosudarstvennyj Sovet 1801–1901, St. Petersburg 1901, S. 58.

gesetzliche Grundlage verlieh und ein an Rechtsnormen ausgerichtetes Handeln von Verwaltung und Justiz ermöglichte. Seine Schaffung war Ausgangspunkt für die Entstehung des Juristenstandes in Russland.[87] Er wurde erst 1906 durch die Grundgesetze des Russischen Reiches abgelöst.

Die Kodifizierung des russischen Rechts unter Nikolaus I. gehörte zu den wichtigsten Reformen in der ersten Hälfte des 19. Jahrhunderts. Sie zielte ins Herz der russischen Bürokratie und auf die Beseitigung der allgegenwärtigen Willkür. Die Rechtswirklichkeit indes sah anders aus. Wie so viele andere Maßnahmen prallte die Kodifizierung des Rechts am Widerstand des Beamtenapparats im Zentrum und vor Ort ab und wurde, wenn nötig, ignoriert.[88] Der Rechtsnihilismus als Konstante in der russischen Geschichte bestand auch unter Nikolaus I. fort.

Ungeachtet der Erfolge bei der Kodifizierung des russischen Rechts wurde das Fehlen eines in sich schlüssigen Strafgesetzbuchs Stände übergreifend seit Langem als besonders schmerzhafter Missstand empfunden. Innerhalb der Regierung ergriff wiederum M. M. Speranskij die Initiative. Die von ihm ausgearbeiteten programmatischen Dokumente forderten eine strenge Reglementierung des Strafrechts, die konsequente Unterscheidung zwischen Staats- und kriminellen Verbrechen, deren genaue Definition sowie die Bestimmung der jeweiligen Strafen. Als Kriterium für die Schwere des Verbrechens galt der Grad der Gefährdung der Gesellschaft. Das System der Strafen sollte im Idealfall gemäßigt und gleich sein, das Strafmaß allmählich ansteigen, ohne dabei allerdings ständische Privilegien zu verletzen. 1845 trat das Strafgesetzbuch schließlich in Kraft.[89] Es stellte einen neuerlichen Versuch dar, einen Polizeistaat zu etablieren, da es alle Veränderungsbestrebungen innerhalb des bestehenden Regimes verfolgte und unter Strafe stellte. Es als Verfassungscharta totalitärer Regimes zu bezeichnen, wie es Richard Pipes tat, führt angesichts der russischen Rechtswirklichkeit allerdings deutlich zu weit.[90] 1857 fand das Strafgesetzbuch Eingang in die Sammlung der gültigen Gesetze. In seinen verschiedenen Redaktionen blieb es bis 1917 in Kraft.

---

87 Vgl. Anton Palme, Die russische Verfassung, Berlin 1910, S. 42-47; Baberowski, Autokratie (wie Fn. 78), S. 33-37.
88 Vgl. Marc Raeff, Michael Speranskii: Statesman of Imperial Russia, 1772–1839, Den Haag 1957, S. 332-342; Bagdasarjan, Nikolaevskaja upravlenčeskaja model' (wie Fn. 33), S. 141 f.
89 Vgl. CD-ROM-2, Dok.-Nr. 15.6.3 (Gesetz von den Kriminal- und Korrektionsstrafen v. 15.8./3.8.1845). Vgl. I. V. Archipov, K istorii Uloženija o nakazanijach 1845 g., in: Pravovedenie 6 (1990), S. 32-34.
90 Richard Pipes, Russia under the Old Regime, New York 1982, S. 290-295; Bagdasarjan, Nikolaevskaja upravlenčeskaja model' (wie Fn. 33), S. 142. Zur Kritik an Pipes vgl. Jörg Baberowski, Das Justizwesen im späten Zarenreich 1864–1914. Zum Problem von Rechtsstaatlichkeit, politischer Justiz und Rückständigkeit in Russland, in: Zeitschrift für Neuere Rechtsgeschichte 3-4 (1991), S. 156-158.

7 Militär

Das Heer blieb in der ersten Hälfte des 19. Jahrhunderts eine reguläre, in sich geschlossene ständische Berufsarmee. Sie beschränkte sich auf die Erfüllung kriegerischer und polizeilich-exekutiver Aufgaben, ranghohe Militärs waren hingegen auch in die staatliche Verwaltung involviert.[91] Die Soldaten und Matrosen entstammten nach wie vor der Bauernschaft und dem Kleinbürgertum, die Offiziere gehörten in der Regel dem Adel an, die höheren Ränge zumeist aristokratischen Geschlechtern. Die Auffüllung des Mannschaftsbestandes geschah mittels Rekrutenaushebungen.[92] Diese Art der Rekrutierung wies aus Sicht des Staates indes zahlreiche Defizite auf. Die Auswahl der Rekruten war den Gemeinden und Gutsherren überlassen. Die entsandten regelmäßig arme, straffällige oder anderweitig unerwünschte Bauern in die Armee. Die Sollstärke der Armee konnte selbst in Kriegszeiten nicht gewährleistet werden, da sich Rekruten durch Flucht, Freikauf oder Selbstverstümmelung dem Dienst in der Armee entzogen.[93] Am 28. Juni 1831 erließ Nikolaus I. das Rekrutenstatut,[94] das die Einberufung von Rekruten in geregelte Bahnen lenkte. Wie es seit dem 18. Jahrhundert und auch noch zu Beginn des 19. Jahrhunderts der Gepflogenheit entsprach, schrieb das neue Statut die Einberufungspflicht für alle Männer der abgabenpflichtigen Stände, also aus der Bauernschaft und dem Kleinbürgertum, fest. Es bestand nach wie vor die Möglichkeit, sich von der Einberufung freizukaufen: Begüterte Einzuberufende konnten in diesem Fall 1.000 Rubel an den Fiskus zahlen. Das Statut regelte zahlreiche Ausnahmen, die die schwierige soziale und konfessionelle Struktur des Russischen Reiches widerspiegelte. Einige Territorien fielen nicht unter die Rekrutierungspflicht. Zu ihnen gehörten die Kosakengebiete, die westlichen Grenzgouvernements, das Gouvernement Archangelsk und einige weitere Randgebiete des Reiches mit nicht orthodoxer Bevölkerung.[95] Im Sinne von größerer Wehrgerechtigkeit und der Stärkung der russischen Armee wurde das Rekrutenstatut von der Regierung in der Folgezeit mehrfach novelliert, wodurch Ausnahmen von der Rekrutierungspflicht zunehmend entfielen.[96]

---

91 Dietrich Beyrau, Militär und Gesellschaft im vorrevolutionären Russland, Köln u. a. 1984, S. 53; John Shelton Curtiss, The Army of Nicholas I: Its Role and Character, in: R. Reese (Hg.), The Russian Imperial Army, 1796–1917, Aldershot u. a. 2007, S. 49-58.
92 Vgl. John L. H. Keep, Soldiers of the Tsar. Army and Society in Russia 1462–1874, Oxford 1985, S. 143-174.
93 Vgl Beyrau, Militär und Gesellschaft (wie Fn. 91), S. 263-266; Elise Kimerling Wirtschafter, From Serf to Russian Soldier, Princeton 1990, S. 3-9; Werner Benecke, Militär, Reform und Gesellschaft im Zarenreich. Die Wehrpflicht in Russland 1874–1914, Paderborn u. a. 2006, S. 29-32.
94 Vgl. CD-ROM-2, Dok.-Nr. 15.7.3.
95 Vgl. Keep, Soldiers (wie Fn. 92), S. 328-334; Kimerling Wirtschafter, Serf (wie Fn. 93), S. 9-25.
96 Vgl. Frederick W. Kagan, The Military Reforms of Nicholas I. The Origins of the Modern Russian Army, Basingstoke 1999, S. 231-234.

Die Dienstzeit betrug bis 1834 25 Jahre, was de facto bedeutete, dass der Rekrut der Familie und der Dorfgemeinde für immer entzogen war. Dies hatte gravierende wirtschaftliche Folgen und negative Konsequenzen für die Wehrmoral. In Anbetracht dessen beschloss die Regierung Nikolaus' I., das Los der Rekruten zu erleichtern. Am 30. August 1834 erschien eine Anordnung, die die Dienstzeit der unteren Ränge in Friedenszeiten verkürzte.[97] Die Dienstzeit wurde geteilt in den fünfzehnjährigen aktiven Dienst und den fünfjährigen Dienst in der Reserve. Für die ausgedienten Soldaten entfielen alle dienstlichen und andere Verpflichtungen. Sie erhielten volle Freiheit, sich in Landwirtschaft und Handwerk selbstständig zu machen bzw. in den Staatsdienst zu treten.

Stellte die Funktion des Autokraten als Oberbefehlshaber der aktiven Armee ein Kontinuum in der militärischen Verfasstheit des Reiches dar, so unterlag die Verwaltung und Kommandostruktur zwischen 1815 und 1847, insbesondere in Bezug auf die Koordination zwischen der zentralen Kriegsverwaltung in St. Petersburg und der eigentlichen Armee einem häufigen Wandel, wie die zahlreichen sich ablösenden Gesetze und Statute zeigten.[98] Die Reformversuche vermochten das Durcheinander und die Kompetenzüberschneidungen nicht zu beseitigen. Stattdessen dominierten Überzentralisierung und Initiativlosigkeit vor Ort. Formal trug das Kriegsministerium ab Mitte der 1830er-Jahre für den militärischen Sektor die Verantwortung. Es besaß sowohl exekutive als auch legislative Kompetenzen und unterschied sich in dieser Hinsicht von anderen Ministerien. Dieser Umstand wurde indes durch den autokratischen Herrschaftsstil Nikolaus' I. wieder nivelliert. (☛ Abb. 15.2, S. 1229)

Der Personalbestand der regulären Streitkräfte des Russischen Reiches wuchs in der ersten Hälfte des 19. Jahrhunderts schnell. 1801 betrug er 379.000 Mann, 1850 waren es bereits 1.118.000. Der Anteil des Militärs an der Gesamtbevölkerung machte 1801 0,98 Prozent aus, 1850 waren es 1,96 Prozent.[99] Für die Ausweitung des Personalbestandes der Streitkräfte zeichneten die russisch-türkischen und die russisch-persischen Kriege, der Aufstand in Polen von 1830/31 sowie die revolutionären Ereignisse in Ungarn verantwortlich. 1853 bestand das Landheer Russlands aus zehn Garde-, zwölf Grenadier- und 42 Infanterieregimentern. Sie bildeten die sog. Linieninfanterie. Dazu kamen vier Karabinerregimenter und 42 Jägerregimenter, die zur leichten Infanterie zählten. Anfang 1850 gab es in der russischen Armee 59 Kavallerieregimenter. Außerdem existierten selbstständige Artillerie- und Ingenieurtruppen. Nachdem die Aufwendungen für Krieg und Militär während der napoleonischen Kriege über 65 Prozent der Staatsausgaben betragen hatten, sanken sie in den folgenden Jahrzehn-

---

97 Vgl. CD-ROM-2, Dok.-Nr. 15.7.4 (Über die Dienstdauer der unteren Ränge in Garde und Armee v. 30.8./18.8.1834).
98 Beyrau, Militär und Gesellschaft (wie Fn. 91), S. 61-66.
99 Voenno-statističeskij sbornik, Vyr. 4, Rossija, Otd. 2, St. Petersburg 1871, S. 40-46; Beyrau, Militär und Gesellschaft (wie Fn. 91), S. 69-71.

ten auf ca. 40 Prozent.[100] In dieser Hinsicht unterschied sich Russland nicht allzu sehr von den anderen europäischen Großmächten.

Eine wichtige Rolle spielten in den Streitkräften weiterhin die irregulären Truppen. Ihre Stärke wuchs bis 1845 auf 269.000 Mann an. Den Hauptanteil der irregulären Truppen stellten die Kosaken.[101] Sie unterstanden der Hauptverwaltung für die Kosakentruppen im Kriegsministerium, die seit 1827 der jeweilige Thronfolger anführte. Mitte des 19. Jahrhunderts gab es in den Streitkräften zehn Kosakenheere, die nach dem jeweiligen Siedlungsgebiet benannt wurden. In Friedenszeiten versahen die Kosaken ihren Dienst an den Grenzen ihres Heeresgebietes bzw. an denen des Reiches. Außerdem sorgten sie für die Gewährleistung der öffentlichen Ordnung und der Sicherheit des Staates. In Kriegszeiten stellten sie den größten Teil der Kavallerie. Die Kosaken blieben auch in der ersten Hälfte des 19. Jahrhunderts ein besonderer militärischer Stand, der die bäuerliche Arbeit mit lebenslänglichem Militärdienst verknüpfte.

Eine besondere Gattung der Streitkräfte in der ersten Hälfte des 19. Jahrhunderts bildeten die sog. Militärsiedlungen, die Generalleutnant A. A. Arakčeev unterstanden.[102] Sie entstanden letztlich zu dem Zweck, um die gewaltige finanzielle Last der Militärausgaben für den Staat zu mildern. Das Land konnte sich eine riesige Armee unter den Bedingungen einer strengen Wirtschaftskrise nicht mehr leisten.[103] Die Errichtung von Militärsiedlungen sollte dazu beitragen, einen in politischer Hinsicht zuverlässigeren Militärstand zu schaffen. Auf beharrliches Drängen Kaiser Alexanders I. wurden 1817 einige Infanteriebataillone in Dörfern einquartiert, deren Mannschaften den Militärdienst mit der bäuerlichen Arbeit verbinden sollten. Dort ansässige Bauern im militärdienstpflichtigen Alter erhielten ebenfalls zwangsweise den Status von Militärsiedlern. Gemäß des Erlasses Alexanders I. »Über die Befreiung ländlicher Kreise von Rekrutenaushebungen zu Friedenszeiten, in denen Militärkolonien bestehen« vom 26. August 1818[104] mussten die militärischen Einheiten eines Siedlungsbataillons vom Fiskus mit Land, Häusern, landwirtschaftlichem Gerät und Vieh versorgt werden. Die Militärsiedlungen, die ab 1835 von einem extra geschaffenen Departement im Kriegsministerium verwaltet wurden, erreichten beträchtliche

---

100 Ebd.
101 Ebd.; S. Auskij, Kazaki. Osoboe soslovie, Moskau 2002, S. 46-48.
102 Vgl. Richard E. Pipes, The Russian Military Colonies, 1810–1831, in: Reese (Hg.), Russian Imperial Army (wie Fn. 91), S. 33-48; Beyrau, Militär und Gesellschaft (wie Fn. 91), S. 72-75; Erik Amburger, Militärsiedlungen in Rußland im 18. und 19. Jahrhundert und ihr Einfluß auf Siedlungsbild und Ortsnamen, in: Jahrbücher für die Geschichte Osteuropas 41 (1993), S. 33-43; Keep, Soldiers (wie Fn. 92), S. 275-295; V. A. Fedorov, M. M. Speranskij i A. A. Arakčeev, Moskau 1997, S. 172-186.
103 Vgl. CD-ROM-2, Dok.-Nr. 15.7.1 (Allerhöchst bestätigte Regeln für Kolonistenbataillone v. 8.5.1817). Siehe auch V. G. Sirotkin, Finansovo-ėkonomičeskie posledstvija napoleonovskich vojn i Rossija v 1814–1824 gody, in: Istorija SSSR 4 (1974), S. 46 f.
104 Vgl. CD-ROM-2, Dok.-Nr. 15.7.2.

Dimensionen. Gegen Ende der 1840er-Jahre lebten in ihnen ca. 140.000 Soldaten bei einer Gesamtbevölkerung von 720.000 Menschen. Keines der gesteckten Ziele konnte jedoch erreicht werden. Diese Form der rigorosen militärischen Reglementierung rief in der ansonsten sprachlosen russischen Gesellschaft vernehmbare Empörung hervor. Militärsiedlungen galten als Inkarnation von stumpfsinnigem militärischen Drill in Kombination mit stupider Zwangsarbeit. Nach dem Tod Nikolaus' I. wurden sie in einem längeren Prozess aufgelöst.[105]

8 Verfassungskultur

Russland blieb zwischen 1815 und 1847 ohne geschriebene Verfassung. Dennoch war das Verfassungsthema zwischen dem Ende der napoleonischen Kriege bzw. dem Wiener Kongress und dem Amtsantritt des Kaisers Nikolaus II. Ende 1825 präsent. Konservative Kreise suchten nach den Schrecken der Revolution nach neuer Legitimität für die monarchistische Ordnung, liberale und radikale Kräfte setzten auf den frischen Wind, der aus Westeuropa herüber wehte.[106] Da somit sowohl die Anhänger der Selbstherrschaft als auch die Opposition hingebungsvoll über Verfassungsentwürfe diskutierten, kann man in Bezug auf Russland für das erste Viertel des 19. Jahrhunderts sehr wohl von einer ausgeprägten Verfassungskultur reden. 1815 lagen bereits wichtige Vorarbeiten für eine Verfassung vor, die mit dem Namen M. M. Speranskijs verbunden waren. Seine 1809 in einem Verfassungsprojekt formulierten Vorschläge liefen in gewissem Maße auf die Verwirklichung der Gewaltenteilung im russischen Staat hinaus.[107]

Die neu gestaltete Landkarte in Europa nach 1815 bot die Möglichkeit für verfassungspolitische Experimente. Das Wiener Traktat zwischen Russland, Preußen und Österreich vom 21. April 1815 sah u. a. die Bildung des Königreiches Polen unter russischer Hoheit vor. Es sollte Autonomie erhalten und auf der Grundlage einer Verfassung regiert werden. Diesen Umstand machte sich Alexander I. zunutze, um

---

105 L. G. Beskrovnyj, Russkaja armija i flot v XIX veke, Moskau 1973, S. 38.
106 N. V. Minaeva, Pravitel'stvennyj konstitucionalizm v Rossii posle 1812 g., in: Istorija SSSR 7 (1981), S. 32-34.
107 Veröffentlicht in: M. A. Korf, Žizn' grafa Speranskogo, Bd. 2, St. Petersburg 1861, S. 31-40; S. N. Valk (Hg.), M. M. Sperankij – Proekty i zapiski, Moskau u. a. 1961, S. 143-221; Marc Raeff, Plans for Political Reform in Imperial Russia, 1730–1905, Englewood Cliffs 1966; S. 93-109. Vgl. auch I. A. Isaeva/N. M. Zolotuchina, Istorija političeskich i pravovych učenij Rossii XI–XX vv., Moskau 1995, S. 201-206; A. N. Meduševskij, Konstitucionnye proekty v Rossii, in: Konstitucionnye proekty v Rossii XVIII – načalo XX v., Moskau 2000, S. 115 f.; N. M. Družinin, Politika »prosveščennogo absoljutizma«, in: Absoljutizm v Rossii (XVII–XVIII vv.), Moskau 1964, S. 457; S. V. Mironenko, Samoderžavie i reformy. Političeskaja bor'ba v Rossii v načale XIX v., Moskau 1989, S. 28-35; S. Bertolissi, Vvedenie k izučeniju konstitucionnych proektov v Rossii XVIII–XX vv., in: Konstucionnye proekty (wie Fn. 107), S. 86-89.

eine Verfassung für ganz Russland zu testen. Er überarbeitete den von Vertretern der polnischen Hocharistokratie erstellten Verfassungsentwurf mehrfach, ehe er am 27. November 1815 in Kraft trat.[108] Ungeachtet seines Kompromisscharakters war die Verfassung Polens doch zukunftsweisend. Sie schrieb die Gewaltenteilung fest und garantierte den Polen wesentliche bürgerliche Freiheiten.[109] Bei der Eröffnung des polnischen Sejms am 15. März 1818 weckte der russische Kaiser mit einer Aufsehen erregenden Rede dann auch hochgesteckte Erwartungen. Viele Zeitgenossen erblickten in den Worten Alexanders I. hoffnungsvoll oder mit Entsetzen die Verheißung einer Verfassung für ganz Russland. In der Tat beauftragte Alexander I. seinen Ratgeber N. N. Novosil'cev kurze Zeit nach seiner Warschauer Rede mit der Ausarbeitung einer Verfassungscharta, die auf den Erfahrungen in Polen basieren sollte. Die Vorbereitung des Projektes verlief unter strenger Geheimhaltung, wenngleich Einzelheiten in die Öffentlichkeit durchsickerten.[110] 1820 lag »La Charte constitutionnelle de l'Empire russe« fertig vor. Sie konnte ihr Vorbild nicht verleugnen, die meisten der 191 Verfassungsartikel besaßen einen direkten Bezug zur polnischen Verfassung.[111] Die Verfassungscharta sah ebenso wie in Polen Gewaltenteilung und die Bildung einer Volksvertretung in Form des allrussischen Sejms vor. Der Zar blieb Oberhaupt von Staat und Kirche, im gebührte die exekutive Gewalt. Mit der Gewaltenteilung stand allerdings die ebenfalls im Text enthaltene Aussage im Widerspruch, wonach die oberste Gewalt unteilbar sei und der Person des Monarchen gebühre. Somit blieb unklar, ob Russland weiterhin eine absolute oder eine konstitutionelle Monarchie sein sollte.[112] Die Charta versprach die Abschaffung der Leibeigenschaft, enthielt den Bauern aber bürgerliche Rechte vor. Alle Menschen sollten vor dem Gesetz gleich sein. Der Verfassungsentwurf befürwortete eine föderale Struktur des Reiches sowie das Festhalten an der Orthodoxie als zentraler Ideologie für Russland bei gleichzeitiger Toleranz gegenüber anderen Konfessionen und Religionen. Wenngleich der Ent-

---

108 Vgl. CD-ROM-2, Dok.-Nr. 9.2.3 (poln.)/9.2.4 (dt.) (Verfassung des Königreichs Polen v. 27.11.1815); siehe auch den Beitrag über Polen im vorliegenden Handbuchband.
109 Vgl. Mironenko, Samoderžavie (wie Fn. 107), S. 148-152; A. B. Kamenskij, Preobrazovanija administrativnoj sfery pervoj četverti XIX v.: zamysly i real'nost', in: Bajguzin (Hg.), Administrativnye Reformy (wie Fn. 33), S. 133-138.
110 Vgl. A. N. Pypin, Istoričeskie očerki. Obščestvennoe dviženie v Rossii pri Aleksandre I, St. Petersburg 1900, S. 359-363; Georges Vernadsky, La Charte constitutionnelle de l'Empire Russe de l'an 1820, Paris 1933, S. 64-91; Gary M. Hamburg, Russian political thought, 1700–1917, in: Lieven (Hg.), Cambridge History (wie Fn. 20), S. 116-144, hier S. 124 f.; Meduševskij, Konstitucionnye proekty (wie Fn. 107), S. 116-120; V. M. Bokova, Bezpokojnyj duch vremeni. Obščestvennaja mysl' pervoj treti XIX v., in: L. V. Košman, Očerki russkoj kul'tury XIX veka, Bd. 4: Obščestvennaja mysl', Moskau 2003, S. 89-95.
111 CD-ROM-2, Dok.-Nr. 15.8.1 (N. N. Novosil'cev: Staatsstatut des Russischen Reiches v. 1818–1820); siehe auch David Saunders, Russia in the Age of Reaction and Reform 1801–1881, London u. a. 1993, S. 70-73.
112 Vgl. Vernadsky, Charte constitutionnelle (wie Fn. 110), S. 3-61; Mironenko, Samoderžavie (wie Fn. 107), S. 174-177; Kamenskij, Preobrazovanija (wie Fn. 109), S. 137 f.

wurf die künftige Staatsform im Unklaren ließ, so bedeutete doch schon der Ansatz von Gewaltenteilung einen radikalen Kurswechsel im Verfassungsdenken. Der Umstand, dass er die Macht des Kaisers einzuschränken wagte, machte den Entwurf für Alexander I. unannehmbar. Das entschiedene Plädoyer für lokale Selbstverwaltung desavouierte weitere Diskussionen über föderale Ansätze.[113] Alle späteren Reformen gingen von Russland als einheitlichem Ganzen aus.

Das Nachdenken über eine Verfassung hatte nach dem Befreiungskrieg gegen Napoleon aber auch jene Teile der Gesellschaft erfasst, die sich als Opposition zur bestehenden Ordnung verstanden. Großen Bekanntheitsgrad erlangten dabei zwei Verfassungsentwürfe, die von führenden Mitgliedern von Geheimbünden aus dem Vorfeld des Dezemberaufstandes stammten, die in Russland in jener Zeit wie Pilze aus dem Boden schossen. In ihnen artikulierten sich vornehmlich freidenkerische Offiziere, die durch den Krieg Auslandserfahrung gesammelt hatten. Der Verfassungsentwurf von N. M. Murav'ev vom Nordbund legte die konstitutionellen Auffassungen der konservativeren Teile von ihnen dar. Ähnlich wie die Charta Novosil'cevs sah er Gewaltenteilung, Volkssouveränität, Menschenrechte und die Abschaffung der Leibeigenschaft vor. Die Gewaltenteilung galt indes ohne Einschränkungen. Das Zweikammernparlament, die Volksveče, sollte die gesetzgeberische Gewalt ausüben, der einer Erbdynastie angehörende Kaiser die exekutive. Dem Parlament stand das Recht zu, unter bestimmten Umständen einen Regenten zu ernennen. Nach dem Vorbild Amerikas sah der Entwurf Murav'evs ein föderales, aus Bundesstaaten bestehendes Staatsgebilde vor. Trotz der vorgesehenen Abschaffung der Leibeigenschaft galten das Guts-, das Kirchen und das kaiserliche Landeigentum als unantastbar.[114] Wesentlich radikaler fiel der Entwurf von P. I. Pestel' aus, der dem Südbund angehörte. Er trug nach der ersten russischen Rechtskodifikation den Namen »Russkaja pravda« (Russisches Recht). Es handelte sich weniger um eine Verfassung, als vielmehr um Instruktionen für eine künftige Regierung zur Umgestaltung des Staatswesens. Das umfangreiche, ausgesprochen detaillierte Dokument ging von einer republikanischen Staatsform aus. Das Einkammerparlament, auch hier Volksveče genannt und bestehend aus 50 Abgeordneten, besaß die uneingeschränkte legislative Gewalt, die fünfköpfige Duma bildete die Regierung. Die Instruktionen Pestel's sahen eine Art Verfassungsgericht vor. Im Unterschied zu Murav'ev verzichtete Pestel' auf jedwede Art von Wahlzensus. Das Dokument enthielt eine eindeutige Absage an den Föderalismus. Russland, so hieß es, sei einig und unteilbar. Dies schlug sich auch auf das Verhältnis zu den Nationalitäten nieder. Nach Auffassung von Pestel' besaßen allein die

---

113 Raeff, Plans (wie Fn. 107), S. 31.
114 CD-ROM-2, Dok.-Nr. 15.8.2 (N. M. Murav'ev: Verfassungsentwurf v. 1821–1825). Zur Entstehungsgeschichte des Verfassungsentwurfes von Nikita Murav'ev vgl. die ausführliche Analyse von N. M. Družinin, Dekabrist Nikita Murav'ev, in: ders., Izbrannye trudy, Bd. 1: Revoljucionnoe dviženie v Rossii v XIX v., Moskau 1985, S. 119-197; Isaeva/Zolotuchina, Istorija (wie Fn. 107), S. 223-230; Meduševskij, Konstitucionnye proekty (wie Fn. 107), S. 120-123.

Russen das Recht, sich Kernvolk zu nennen. Die anderen Völkerschaften hätten sich anzupassen und müssten mit den Russen zu einem homogenen Volk verschmelzen.[115] Beide Verfassungsentwürfe entstanden nicht isoliert voneinander. Obwohl sie nach der Niederschlagung des Dezemberaufstandes obsolet waren, bildeten sie doch keine Marginalie in der russischen Verfassungsgeschichte. Danach kam das Nachdenken über eine Verfassung für Russland für einen langen Zeitraum nahezu zum Erliegen.

9 Kirche

Die russisch-orthodoxe Kirche behielt ihre Rolle als wichtigste ideologische Institution im Zarenreich bei, die Orthodoxie bildete neben Autokratie und Volkstum weiterhin eine der tragenden Säulen der Staatsideologie. Ihre Geschicke wurden auch zwischen 1815 und 1847 vom Staat gelenkt. Die staatliche Leitung der russisch-orthodoxen Kirche erfolgte zwischen 1817 und 1824 durch das speziell geschaffenes Ministerium für geistliche Angelegenheiten und Volksaufklärung. Ab 1824 war das Heilige Synod wieder eine eigenständige Einrichtung mit dem Oberprokuror an der Spitze.[116] (☞ Abb. 15.2, S. 1229) Die Bischöfe und Erzbischöfe befanden sich in doppelter Abhängigkeit – sie hatten sowohl dem Synod als auch den Gouverneuren zu gehorchen. Die Kirchenführer, vor allem Metropolit Filaret, erkannten dabei ungeachtet einiger Meinungsverschiedenheiten, z. B. in Fragen einer neuen Bibelübersetzung, das Primat des autokratischen Staates in allen wichtigen politischen und gesellschaftlichen Fragen durchaus an.[117] Insgesamt verzeichnete die russisch-orthodoxe Kirche zwischen 1815 und 1847 einen Bedeutungszuwachs, der sich auch quantitativ niederschlug. Die Anzahl der Eparchien wuchs in der ersten Hälfte des 19. Jahrhunderts von 36 Eparchien 1808 auf 50 im Jahr 1850. Deutlich stieg auch die Zahl der russisch-orthodoxen Kirchenbauten an. 1825 gab es 41.280 Kirchen, 1850 waren es 47.613. Dementsprechend wuchs die orthodoxe Pfarrgeistlichkeit. 1850 zählte der Stand bereits 126.449 Geistliche aller Kategorien.[118] Russisch-orthodoxe Kirche und Staat waren auf vielfältige Weise verbandelt. Die Zugehörigkeit zur Orthodoxie bildete eine entscheidende Voraussetzung, um erfolgreich Karriere im Staatsdienst zu machen.

---

115 CD-ROM-2, Dok.-Nr. 15.8.3 (P. I. Pestel': Konstitution-Staatsgrundgesetz v. 1824). Siehe auch Medusevskij, Konstitucionnye proekty (wie Fn. 107), S. 123-125, Isaeva, Zolotuchina (wie Fn. 107), S. 215-223.
116 Vgl. N. M. Nikol'skij, Istorija russkoj cerkvi, Moskau 1983, S. 206 f.; ausführlich Ju. E. Kondakov, Gosudarstvo i pravoslavnaja cerkov' v Rossii:évoljucija otnosenij v pervoj polovine XIX veka, St. Petersburg 2003, S. 191-351.
117 Vgl. John D. Basil, Church and State in Late Imperial Russia. Critics of the Synodal System of Church Government (1861–1914), Minnesota 2005, S. 7-14.
118 I. V. Preobrazenskij, Otecestvennaja cerkov' po statisticeskim dannym. St. Petersburg 1897, S. 29.

Auch der Wechsel von anderen Konfessionen ebnete diesen Weg.[119] Dagegen galt der Austritt aus der russisch-orthodoxen Kirche als Verbrechen, Personen, die sich solchermaßen vergingen, mussten mit Strafverfolgung rechnen. Die Kirche übernahmen zudem zahlreiche hoheitliche Aufgaben des Staates. Dazu gehörte in erster Linie die Ausübung standesamtlicher Funktionen – die Registrierung von Geburten, von Eheschließungen und Tod. Unter der geistlichen Kontrolle der Staatskirche befand sich auch das Volksbildungssystem.

Die stärkere Rolle der russisch-orthodoxen Kirchen äußerte sich auch in der im zweiten Viertel des 19. Jahrhunderts wieder steigenden Anzahl der Klöster und Klosterinsassen.[120] Auch zwischen 1815 und 1847 übten die Klöster eine wichtige Funktion bei der Kolonisierung und der wirtschaftlichen Erschließung von entfernten Landesteilen aus. Dies betraf insbesondere den Norden und den Osten des Landes. In der Regierungszeit von Alexander I. und Nikolaus I. bekamen die Klöster wieder das Recht, Landbesitz zu erwerben. Einige vermochten es sogar, ihren früheren Status als Großgrundbesitzer wieder zu erlangen.

Während der Herrschaft Niklaus' I. gestaltete die Regierung ihre Konfessionspolitik strenger. Nikolaus I. erhob Loyalität gegenüber dem Kaiser, dem Staat und seinen Institutionen, zu denen auch die russisch-orthodoxe Kirche gehörte, zum obersten Prinzip. Dies hatte letztlich die Zunahme missionarischer Tätigkeit sowie die Abkehr von der religiösen Toleranz zur Folge, wie sie noch unter Katharina II. und Alexander I. praktiziert worden war.[121] Die Regierung ergriff Maßnahmen, um das Wirken der Sekten und der Altgläubigen (Raskol'niki) einzuengen.[122]

Nach 1815 war die zarische Regierung verstärkt bestrebt, die christliche Bevölkerung der westlichen Gouvernements unter dem Dach der russisch-orthodoxen Kirche zu vereinen. In Orten, die sich lange Zeit auf polnischem Staatsterritorium befunden hatten, existierte noch eine große Zahl von Sprengel der unierten griechisch-katholischen Kirche. Nikolaus I. stand der unierten Kirche von Anfang an mit beträchtlichem Misstrauen gegenüber. Sie gefährdete den Absolutheitsanspruch der russisch-orthodoxen Kirche und gehörte deswegen seitens der Verfassungsorgane bekämpft. Nikolaus I. unterstützte aktiv das Bestreben eines Teils der unierten Geistlichkeit, sich der russisch-orthodoxen Kirche anzuschließen. Der Aufstand in Polen von 1830/31, an dem sich katholische Geistliche aktiv beteiligt hatten, beschleunigte

---

119 Vgl. Karpačev, Russland (wie Fn. 27), S. 1129 f.
120 Vgl. P. N. Zyrjanov, Russkie monastyri i monašestvo v XIX i načale XX veka, Moskau 1999, S. 18-21; Gregory L. Freeze, Russian Orthodoxy: Church, people and politics in Imperial Russia, in: Lieven (Hg.), Cambridge History (wie Fn. 20), S. 284-305, hier S. 290 f.
121 Vgl. O. A. Licenberger, Rimsko-katoličeskaja cerkov' v Rossii: istorija i pravovoe položenie, Saratov 2001, S. 84-96; A. K. Tichonov, Katoliki, musul'mane i iudei Rossijskoj imperii v poslednej četverti XVIII–načale XX v., St. Petersburg 2007, S. 80-122.
122 Irina Paert, Old Believers, religious dissent and gender in Russia, 1760–1850, Manchester u. a. 2003, S. 184-214; Peter Hauptmann, Russlands Altgläubige, Göttingen 2005, S. 76 f.

den Vereinigungsprozess. Anfang 1839 fand in Polock unter Führung des litauischen Metropoliten Iosif ein Konvent der unierten Geistlichkeit statt. Er fasste den Beschluss, sich mit der russisch-orthodoxen Kirche zu vereinigen. Ungefähr 1,6 Mio. Unierte Litauens, Weißrusslands und der rechtsufrigen Ukraine aus mehr als 1.600 Kirchsprengeln wurden offiziell zu russisch-orthodoxen Christen erklärt.[123] Im März 1839 bestätigte Nikolaus I. diesen Beschluss.[124] Nicht unerwähnt werden darf, dass der Anschluss bei zahlreichen Anhängern der unierten Kirche auf Widerstand stieß und auch beim Vatikan Verärgerung hervorrief.

Der Islam in kompakten Siedlungsgebieten und seine Anhänger wurden offiziell nicht behindert, auch wenn nur orthodoxe Christen hohe Ämter im Reich einnehmen konnten. Religiöse Institutionen, insbesondere muslimische, unterlagen der Kontrolle durch die lokale Gesellschaft. Der Zentralstaat mischte sich so gut wie gar nicht ein, die Provinzbehörden erkannten das Recht an, dass die muslimischen Gemeinden ihre Angelegenheiten selbst regelten.[125] Im Verhältnis zwischen Staat und Islam überwog das kooperative, nicht das konfrontative Element, wenngleich Nikolaus I. während seiner gesamten Amtszeit bestrebt war, gesamtstaatliche Aufsichtsbehörden über den Islam zu schaffen.

Wesentlich schwieriger für die autokratische Regierung gestaltete sich der Umgang mit der jüdischen Bevölkerung, die infolge der Polnischen Teilungen stark angewachsen war. Das Statut für die Juden von 1804 vermochte die Integration nicht voranzutreiben, wie Regierungskommissionen 1812 und 1823 konstatieren mussten. Dies nahm auch nicht wunder, denn das Statut stigmatisierte die Juden auf der Grundlage ihrer Glaubensgrundsätze als illoyal gegenüber Heimat und Zar, ausbeuterisch gegenüber anderen Klassen und zur Selbstisolation neigend. Um diese Isolation aufzubrechen, ordnete Nikolaus 1827 die Wehrpflicht auch für jüdische Männer an, die in der Armee dann zum christlichen Glauben bekehrt werden sollten.[126] Die neue Ver-

---

123 Zapiska Iosifa, mitropolita Litovskogo, izdannye Imperatorskoj Akademiej nauk po zaveščaniju avtora, St. Petersburg 1883, S. 119-123; V. A. Fedorov, Prisoedinenie uniatov zapadnych gubernij k russkoj pravoslavnoj cerkvi v 30–40-x godov XIX v. in: Acta Universitatis Lodziensis. Folia Historica, Bd. 55, Łódź 1996; V. A. Teplova, Brestskaja cerkovnaja unija. Predystorija, pričiny i sledstvija, in: V. A. Teplova (Hg.), Unija v dokumentach, Minsk, 1997, S. 56-60; Ricarda Vulpius, Nationalisierung der Religion. Russifizierungspolitik und ukrainische Nationsbildung 1860–1920, Wiesbaden 2005, S. 62 f.
124 Vgl. CD-ROM-2, Dok.-Nr. 15.9.2 (Akt über den Anschluss der Unierten Kirche an die russisch-orthodoxe Kirche v. 25.2./12.2.1839); Theodore R. Weeks, Between Rome and Tsargrad: The Uniate Church in Imperial Russia, in: R. Geraci/M. Khodarkovsky (Hg.), Of Religion and Empire. Missions, Conversion, and Tolerance in Tsarist Russia, Ithaca u. a. 2001, S. 74-77.
125 Vgl. Allen J. Frank, Muslim Religious Institutions in Imperial Russia. The Islamic World of Novouzensk District and the Kazakh Inner Horde, 1780–1910, Leiden u. a. 2001, S. 314 f.; D. Ju. Arapov, Islam v Rossijskoj imperii, in: ders., Islam v Rossijskoj imperii (zakonodatel'nye akty, opisanija, statistika), Moskau 2001, S. 21-24.
126 Vgl. Tichonov, Katoliki (wie Fn. 121), S. 139-147.

ordnung über die Juden vom 13. Mai 1835[127] bekräftigte die Wohnbeschränkungen für Juden außerhalb des dafür vorgesehenen Ansiedlungsgebietes (čerta osedlosti), fixierte aber auch zahlreiche Ausnahmesachbestände, insbesondere für die gebildeten und begüterten Schichten. Die Verordnung regelte die Teilhabe der Juden an der lokalen Selbstverwaltung und die freie Religionsausübung. Sie erhöhte das Mindestalter, ab dem Juden heiraten konnten, um die Geburtenrate zu senken. Den Intentionen der Verordnung blieb der Erfolg versagt, da sie die Kraft der Selbstorganisation jüdischen Lebens, die Autonomie der Gemeinde (kahal) ignorierte. Der 1844 unternommene Versuch, die Gemeinde zu verbieten, war ebenfalls nicht von Erfolg gekrönt.

10 Bildungswesen

Das Bildungssystem entwickelte sich zwischen 1815 und 1847 auf der Grundlage von Regierungsbeschlüssen, die bereits zu Beginn des 19. Jahrhunderts gefasst worden waren.[128] Es existierte ein lockeres System von Gymnasien, Kreis- und Pfarrschulen sowie einigen Universitäten. Bildung, auch höhere Bildung, sollte zunächst allen talentierten Landeskindern offen stehen.[129] Obwohl die Schülerzahlen drastisch stiegen – sie verdreifachten sich von 1801 bis 1825 – stand der Fortschritt oft nur auf dem Papier. Immerhin in 131 Kreisstädten des europäischen Teils Russlands gab es 1825 keine Schulen.[130] Adlige bevorzugten weiterhin ausländische Lehrer und Bildungseinrichtungen. Der niedergeschlagene Aufstand vom 14. Dezember 1825 veränderte indes die Rahmenbedingungen auch für das Bildungswesen. In den Augen Nikolaus' I. trug das Bildungssystem Mitschuld an dem Aufstand, insbesondere »Müßiggang« und der »Luxus des Halbwissens«.[131] Die von ihm favorisierte Bildungspolitik trug utilitaristischen Charakter. Sie musste allein der Heranziehung treuer Staatsdiener nützen. Schon 1826 setzte er ein »Komitee zum Umbau der Lehranstalten« ein, dem u. a. M. M. Speranskij und S. S. Uvarov angehörten. Ihm oblag die Überarbeitung

---

127 Vgl. CD-ROM-2, 15.9.1 (Verordnung über die Juden v. 13.4./1.4.1835). Siehe auch John Doyle Klier, Imperial Russia's Jewish Question, 1855–1881, Cambridge 1995, S. 1-11; Tichonov, Katoliki (wie Fn. 121), S. 147-152.
128 Vgl. Karpačev, Russland (wie Fn. 27), S. 1132 f.
129 Daniel R. Brower, Social Stratification in Russian Higher Education, in: K. Jarausch (Hg.), The Transformation of Higher Learning 1860–1930. Expansion, Diversification, Social Opening and Professionalization in England, Germany, Russia and The United States, Stuttgart 1983, S. 250 f.
130 Ben Eklof, Russian Peasant Schools. Officialdom, Village Culture, and Popular Pedagogy, 1861–1914, Berkeley u. a. 1986, S. 26; Jans Kusber, Von der Vervollkommnung des Individuums zur Erziehung der Untertanen. Aspekte der Geschichte des staatlichen Schulwesens in Rußland, 1786–1828, in: G. Lehmann-Carli u. a. (Hg.), Russische Aufklärungsrezeption im Kontext offizieller Bildungskonzepte (1700–1825), Berlin 2001, S. 148 f.
131 Vgl. Jan Kusber, Eliten- und Volksbildung im Zarenreich während des 18. und der ersten Hälfte des 19. Jahrhunderts. Studien zu Diskurs, Gesetzgebung und Umsetzung, Stuttgart 2004; S. 344 f.

aller die Bildungspolitik betreffenden Statuten. Sie zielte darauf ab, soziale Grenzen zu zementieren. Das »Statut der Gymnasien, der Kreisschulen und Pfarrschulen im Verwaltungsbereich der Universitäten Petersburg, Moskau, Kazan' und Char'kov« vom 8. Dezember 1828[132] schrieb die Dreigliedrigkeit des Schulsystems fest. Es gab weiterhin Pfarrschulen, Kreisschulen und Gymnasien. Die Pfarrschulen standen allen sozialen Schichten offen, wurden jedoch nahezu ausschließlich von Bauernkindern besucht. Die rigide Anspruchslosigkeit der Pfarrschulen verhinderte de facto den Transfer in andere, höhere Bildungseinrichtungen. Pfarrschulen konnten überall dort eröffnet werden, wo die Großgrundbesitzer die nötigen Mittel aufbrachten. Dies bedeutete, dass es vor allem von den Adligen abhing, welche Bildung sie den leibeigenen Bauern gewähren wollten. Der Staat regelte die Stundentafeln und Lehrinhalte der kirchlichen Schulen. Nur vom Bildungsministerium bestätigte Lehrbücher durften Verwendung finden.[133] Die vom Staat teilfinanzierten Kreisschulen waren im Wesentlichen den Stadtbewohnern, vor allem den Kindern der Kaufleute, vorbehalten. Die Gymnasien dienten der Vorbereitung der Sprösslinge des Adels auf den Staatsdienst bzw. die Universität. Obwohl die Curricula bewusst die Durchlässigkeit des Schulsystems behinderten, sah das Statut formal keine strengeren Zugangsbeschränkungen zu Schulen als bisher vor.[134] Es schloss »staatsgefährdende« Fächer wie Gesundheitskunde oder Naturwissenschaften aus dem Kanon aus und erlaubte ausdrücklich die körperliche Züchtigung der Schutzbefohlenen. Es fixierte durchaus symbolträchtig die Abkehr von der französischen Sprache hin zu Latein und Altgriechisch. Andererseits bot das Statut durchaus Spielraum für Flexibilität und Innovationen. Es existierten Wahlmöglichkeiten bei den zu erlernenden Sprachen. Um die Ausbildung der Kinder im ländlichen Raum kümmerten sich gleich mehrere staatliche Strukturen, sodass sogar von einer Art Bildungspluralismus in diesem Segment die Rede sein kann. Gymnasien besaßen die Möglichkeit, Pensionate anzugliedern, die die ganztägige Ausbildung, aber auch Aufsicht erlaubten. Insgesamt diente das Statut mit der gewollten Kombination von Bildung und Erziehung der effektiveren Kontrolle, nicht aber der Behinderung des Bildungssystems.[135] Im internationalen Vergleich aber blieb das allgemeine Bildungsniveau im Land, die Schreib- und Lesefähigkeit der russischen Menschen, sehr niedrig. Um 1850 waren über 90 Prozent der Bevölkerung Russlands immer noch Analphabeten.[136]

---

132 CD-ROM-2, Dok-Nr. 15.10.1 (Statut der Gymnasien, der Kreisschulen und Pfarrschulen im Verwaltungsbereich der Universitäten Petersburg, Moskau, Kazan' und Char'kov v. 8.12./26.11.1828). Vgl. ausführlich Kusber, Eliten- und Volksbildung (wie Fn. 131), S. 352-356.
133 Eklof, Russian Peasant Schools (wie Fn. 130), S. 26-28.
134 Joachim Krumbholz, Die Elementarbildung in Russland bis zum Jahre 1864. Ein Beitrag zur Entstehung des Volksschulstatuts vom 14. Juli 1864, Wiesbaden 1982, S. 32-36.
135 Alain Besançon, Éducation et société en Russie dans le second tiers du XIXe siècle, Paris 1974, S. 15-19.
136 Očerki russkoj kul'tury XIX veka. Kul'turnyj potencial obščestva, Bd. 3, Moskau 2001, S. 10-67.

Die Zahl der Universitäten änderte sich zwischen 1815 und 1847 nicht. Insgesamt gab es sechs Universitäten: in Moskau, St. Petersburg, Char'kov, Kazan', Dorpat und Vilna. Letztere wurde jedoch nach dem polnischen Aufstand 1830/31 geschlossen und nach Kiev verlagert, wo sie ab 1834 als Universität des Hl. Vladimir ihre Lehrtätigkeit wieder aufnahm. An den russländischen Universitäten studierten 1848 lediglich 4.500 Studenten.[137] Der Anteil von Studenten an der Gesamtbevölkerung war im internationalen Vergleich gering und lag bei nur 0,07 Prozent.[138] Die Entwicklung der Universitäten hing in starkem Maße von der Willkür der Staatsbürokratie ab, die insbesondere nach dem Sieg über Napoleon und der Schaffung der Heiligen Allianz verstärkt in universitäre Belange eingriff. Obwohl die Universitäten nach dem Vorbild westeuropäischer, zumeist deutscher Muster gegründet worden waren, passten sie sich doch nachhaltig an die russische Matrix an. Akademische Selbstverwaltung, Lehr- und Lernfreiheit, ebenso Freiheit der studentischen Lebensform konnten unter diesen Bedingungen nicht gedeihen.[139]

Wichtige Veränderungen in der Verfassung des staatlichen Bildungssystems in Russland waren mit der Person von S. S. Uvarov verbunden, der von 1833 bis 1849 den Posten des Ministers für Volksaufklärung bekleidete. Dieser sah das wichtigste Ziel staatlicher Bildung darin, liberales westliches Gedankengut zu verhindern, ohne akademische Standards aufzugeben. Zu den wichtigsten Vorhaben Uvarovs gehörte die Verabschiedung eines neuen Universitätsstatutes. Es wurde seit 1828 vorbereitet, das Projekt war 1832 praktisch fertig. Nachdem Uvarov in seiner neuen Eigenschaft als Minister noch etliche Korrekturen eingearbeitet hatte, trat das Universitätsstatut am 26. Juli 1835 in Kraft.[140] Die Universitäten unterlagen von nun ab einem strengeren Regime. Das Statut schränkte ihre Autonomie erheblich ein. Es regelte die Trennung der Universitäten von den Lehrbezirken, die Universitäten unterstanden von nun an speziell bestellten Kuratoren, denen das Recht zukam, unliebsame Professoren zu entlassen. Der auf vier Jahre gewählte Rektor bedurfte der Bestätigung des Kaisers, die Dekane wiederum der des Ministers. Den Universitäten wurde die innere Gerichtsbarkeit weitgehend entzogen. Polizeiliche Verordnungen regelten den Umgang der Studenten untereinander. Diese mussten Uniformen tragen, selbst die Form der

---

137 1836 waren nur 2.000 Studierende immatrikuliert. Vgl. Patrick L. Alston, The Dynamics of Educational Expansion in Russia, in: Jarausch (Hg.), Transformation (wie Fn. 129), S. 89.

138 Vgl. Cynthia H. Whittaker, The origins of modern Russian education: an intellectual biography of Count Sergej Uvarov, 1786–1855, DeKalb 1984, S. 159.

139 I. N. Borozdin, Universitety v Rossii v pervoj polovine XIX veka, in: M. N. Pokrovskij (Hg.), Istorija Rossii v XIX veke, Bd. 1, St. Petersburg 1907, S. 360-370; Klaus Meyer, Die Entstehung der »Universitätsfrage« in Russland. Zum Verhältnis von Universität, Staat und Gesellschaft zu Beginn des 19. Jahrhunderts, in: Forschungen zur osteuropäischen Geschichte, Bd. 25, Berlin 1978, S. 229-238.

140 CD-ROM-2, Dok-Nr. 15.10.2 (Allgemeines Statut der Kaiserlichen Russländischen Universitäten v. 26.7./14.7.1835). Vgl. Borozdin, Universitety v Rossii (wie Fn. 139), S. 370-372; Krumbholz, Elementarbildung (wie Fn. 134), S. 37 f.; Besançon, Éducation (wie Fn. 135), S. 53.

Frisur war geregelt. Den Universitäten und Fakultäten verblieb dennoch ein stattlicher Rest an Autonomie, insbesondere in Bezug auf Stundenpläne, Lehrbücher und methodische Ausarbeitungen.[141] Zensur und Reglementierung tasteten den Forschungssektor der Universität nicht an. Rektoren wurden weiterhin gewählt und erst dann vom Zaren und dem Minister bestätigt. Letztlich war das Statut ein Kompromiss zwischen liberalen westlichen Vorbildern und den radikalen Forderungen erzkonservativer Kräfte in Russland. Das Statut und die deutlich bessere finanzielle Ausstattung der Universitäten trugen zu deren Aufschwung im zweiten Viertel des 19. Jahrhunderts bei. Der insgesamt restriktiven Regierungspolitik gelang es nicht, die stete Zunahme der Zahl gebildeter Menschen zu verhindern. Diese bildeten ein Potenzial, das imstande war, die staatliche und gesellschaftliche Ordnung in Russland infrage zu stellen.[142] Die Universitäten und andere ihnen gleichgestellte zivile und militärische Bildungseinrichtungen entwickelten sich in der ersten Hälfte des 19. Jahrhunderts zu jenen Stätten, in denen die zukünftigen liberalen Reformer und die politisch aktive Intelligenz heranreiften.[143]

11 Finanzen

Das Finanz- und Währungssystems Russlands bestand zwischen 1815 und 1847 seit den Zeiten Katharinas II. in allen wesentlichen Teilen unverändert fort. Im Umlauf waren parallel Assignaten, Gold- und Silbermünzen. Die wenigen Kreditanstalten und Banken befanden sich weiterhin in staatlicher Hand. Der »Vaterländische Krieg« gegen Napoleon hatte allerdings die Finanzen des Reiches weiter zerrüttet. Ein bedeutender Teil des Papiergeldes (Assignatenrubel) war faktisch entwertet und gegenüber dem Silberrubel auf einen Kurs von 1:3 und sogar 1:4 abgesackt. Der anhaltende Vertrauensschwund gegenüber den Assignaten führte dazu, dass aus dem Ausland stammende Münzen in Umlauf gebracht wurden, die sog. *Lobančiki* und *Efimki*. Durch ganz Europa, darunter auch Russland, kursierten gefälschte Assignaten.[144] Diese Umstände wirkten sich außerordentlich negativ auf den Warenaustausch im Binnen- und Außenhandel aus. Um den Geldkreislauf in Ordnung zu bringen, legte der Finanzminister D. A. Gur'ev 1816 einen Maßnahmenkatalog vor. Als vertrauensbildende Maßnahme erklärte er die Assignaten zur Staatsschuld, durch künstliche Verknappung sollte die Parität zum Silber wiederhergestellt werden. Obwohl die

---

141 Vgl. Whittaker, Origins (wie Fn. 138), S. 155-157; Kusber, Eliten und Volksbildung (wie Fn. 131), S. 361-364.
142 Patrick L. Alston, Education and the State in Tsarist Russia, Stanford 1969, S. 114.
143 62 Prozent aller zwischen 1840 und 1855 aktiven Revolutionäre hatten eine russische Universität absolviert. D. Brower, Training the Nihilists. Education and Radicalism in Tsarist Russia. London 1975, S. 37, 44; Whittaker, Origins (wie Fn. 138), S. 155 f.
144 Vgl. Sirotkin, Finansovo-ėkonomičeskie posledstvija (wie Fn. 103), S. 49.

Umsetzung des Planes durchaus konsequent erfolgte,[145] fielen die finanzpolitischen Effekte eher dürftig aus. Der Papierrubel verteuerte sich nur geringfügig, seine nachhaltige Stärkung erwies sich als Utopie.[146] Um Kaufkraftverluste zu vermeiden und den Warenverkehr zu stimulieren, war die Regierung gezwungen, die Flucht in die klingende Münze sogar noch zu unterstützen und Gold- und Silbermünzen zu prägen.

Auch die Kreditwirtschaft war für die neuen wirtschaftlichen Anforderungen nach dem Ende der Napoleonischen Kriege nicht gewappnet. Bei den alten Hofbanken handelte es sich vor allem um Depositenanstalten, die Hypotheken an Landbesitzer vergaben und die Staatskasse unterstützten. Sie zeichneten kaum Anleihen industriellen und kommerziellen Charakters. Deswegen sah der Maßnahmeplan von Finanzminister Gur'ev 1817 auch Veränderungen im staatlichen Bankensystem vor. Es handelte sich dabei vor allem um die Gründung einer Reichskommerzbank.[147] Diese von der Regierung kontrollierte Bank sollte die Kaufmannschaft durch Kreditvergabe zu geringen Zinsen bei ihren Handelsgeschäften unterstützen und auf diese Weise die Wirtschaft ankurbeln. Zur Realisierung von Gur'evs Finanzplanes sollte ebenso der Rat der staatlichen Kreditanstalten beitragen, der per Ukaz am 7. Mai 1817 gegründet worden war.[148] Es handelte sich dabei in gewisser Weise um einen vom Finanzministerium unabhängigen Aufsichtsrat, der die Tätigkeit der staatlichen Banken einschließlich der Reichskommerzbank sowie der Schuldenkommission überwachen sollte. Die Hauptaufgabe des Rates bestand darin, ein Korrektiv zwischen ausufernden staatlichen Wünschen nach Kredit sowie der Förderung des privaten Kredits zu finden.[149] Die an sich zukunftsweisende Idee stand vorerst nur auf dem Papier.

Die Probleme bei der Bewältigung der den Kriegen geschuldeten Finanzkrise des Reiches machten eine Kursänderung in der Finanzpolitik erforderlich, die 1823 mit einem Wechsel an der Spitze des Finanzministeriums einsetzte. Alexander I. ernannte den deutschstämmigen E. F. Kankrin zum neuen Minister, der ein entschiedener Gegner der bisherigen Politik war und als Anhänger rigider Sparmaßnahmen und eines ausgeglichenen Staatshaushaltes galt. Kankrin betrachtete die Assignaten nicht als Staatsschuld. Dies hatte zur Folge, dass sich die Rolle von Gold- und Silbermünzen im Handel, aber auch in der Steuer- und Abgabenwirtschaft noch erhöhte. Kankrin hatte

---

145 Vgl. V. V. Morozan, Istorija bankovskogo dela v Rossii (vtoraja polovina XVIII–pervaja polovina XIX v.), St. Petersburg 2004, S. 130-133.
146 Vgl. Russkij Rubl'. Dva veka istorii, Moskau 1994, S. 29 f.
147 Vgl. A. N. Gur'ev/S. F. Pamfilov, Istorija Rossii: Kreditnaja sistema; Moskau 1995, S. 15-18; Klaus Heller, Die Geld- und Kreditpolitik des Russischen Reiches in der Zeit der Assignaten: (1768–1839/43), Wiesbaden 1983, S. 135-139; A. V. Bugrov, Očerki po istorii kazennych bankov v Rossii, Moskau 2003, S. 163-175.
148 Vgl. CD-ROM-2, Dok.-Nr. 15.11.1 (Verordnung über den Rat der staatlichen Kreditanstalten v. 7.5./25.4.1817).
149 Vgl. Rudolf Claus, Das russische Bankwesen, Leipzig 1908, S. 13 f.; Heller, Geld- und Kreditpolitik (wie Fn. 147), S. 138 f.

es mit einem erheblichen Schuldenberg zu tun, der es ihm auch angesichts sinkender Staatseinnahmen erschwerte, das Staatsbudget auszugleichen. Seine Finanzpolitik zielte auf die langfristige Sicherung höherer Staatseinnahmen durch eine Anhebung von Steuern. Kankrin setzte zunächst bei der Alkoholsteuer an, die in der ersten Hälfte des 19. Jahrhunderts im Schnitt ca. 31 Prozent der Staatseinnahmen ausmachte.[150] 1839 erfolgte die Einführung der Tabaksteuer. Es bedurfte aber auch außerordentlicher Maßnahmen, um die gesteckten Ziele zu erreichen. Dazu gehörten die verstärkte Aufnahme äußerer Anleihen, die Kreditaufnahme bei den eigenen Staatsbanken und die Ausgabe von staatlichen Pfandbriefen.[151] In der Folge der getroffenen Maßnahmen festigte sich der Wechselkurs des Rubels im internationalen Währungssystem. Im Innern des Landes blieb die Situation schwierig. Der Haushalt litt nach den Kriegen der 1820er-Jahre weiter unter einem chronischen Defizit. Hinzu kamen gravierende Schwierigkeiten, die mit dem willkürlich und regional schwankenden Wechselkurs von Assignaten und den klingenden Münzen, dem sog. Volksagio, in Zusammenhang standen. Diese existierten indes bis Ende der 1830er-Jahre fort und erschwerten alle wichtigen Handelsoperationen.

Um die angestauten Probleme zu lösen, leitete Kankrin eine umfassende Währungsreform in die Wege. Nach langen Vorbereitungen wurde am 1. Juli 1839 das Manifest »Über die Ordnung des Geldsystems« veröffentlicht.[152] Als Hauptzahlungsmittel galten fortan Silbermünzen, deren Grundeinheit der Silberrubel war. Staatsassignaten degradierten zur Hilfswährung, die einen unveränderlichen und einheitlichen Kurs gegenüber dem Silber besaß. Auch die Wechselkurse zu Gold- und Kupfermünzen wurden fixiert. Die Veränderungen sollten wegen der Größe des Imperiums erst zum 1. Januar 1840 in Kraft treten. Zum gleichen Termin war auch die Einrichtung einer Depositenkasse für Silbermünzen geplant. Die Einzahler erhielten fortan Billets, die als vollwertiges Zahlungsmittel galten. Somit entstand eine neue Papierwährung. Auch die Assignaten sollten zu einem späteren Zeitraum in Billets der Depositenkasse eingetauscht werden. Die Umsetzung dieser Maßnahmen gestaltete sich indes schwierig. Trotz des auf den 1. Januar 1848 festgelegten Umtauschendes, waren bis 1850 lediglich 70 Prozent der Assignaten aus dem Verkehr gezogen. Das offizielle Umtauschende wurde deswegen auf den 1. Januar 1852 verschoben. Trotzdem gelang es in Russland mithilfe der Reform, den Monometallismus auf Silberbasis einzuführen. Dies sicherte für eine gewisse Zeit die Stabilität des Währungskreislaufes sowie

---

150 Vgl. Peter Waldron, State Finances, in: Lieven (Hg.), Cambridge History (wie Fn. 20), S. 468-487, hier S. 474 f.
151 Vgl. Russkij Rubl' (wie Fn. 146), S. 36-38.
152 Vgl. CD-ROM-2, Dok.-Nr. 15.11.2 (Manifest »über die Ordnung des Geldsystems« v. 1.7./18.6.1839). Zur Vorgeschichte der Währungsreform und ihren wesentlichen Inhalten vgl. Claus, Bankwesen (wie Fn. 149), S. 15-18; Heller, Geld- und Kreditpolitik (wie Fn. 147), S. 221-242; Morozan, Istorija bankovskogo dela (wie Fn. 145), S. 133-137; Alekseeva, Diffuzija evropejskich innovacij (wie Fn. 25), S. 179-181.

des staatlichen Kredites und förderte die wirtschaftliche Entwicklung. Die Reform trug maßgeblich dazu bei, dass Russland die Wirtschaftskrise von 1848 und 1849 relativ leicht überwinden konnte.[153] Dank der straffen Ausgabenpolitik gelang es der Regierung Nikolaus' I. zudem, einen Stabilisierungsfond von 66 Mio. Rubel in klingender Münze anzulegen.

12 Wirtschafts- und Sozialgesetzgebung/Öffentliche Wohlfahrt

Von einer systematischen Sozial- und Wirtschaftsgesetzgebung in Russland zwischen 1815 und 1847 zu sprechen fällt schwer. Die Einzelmaßnahmen auf diesen Gebieten während der Regierungen Alexanders I. und Nikolaus' I. zielten darauf ab, zum einen die ständische Gesellschaft zu zementieren, sie zum anderen aber auch an die neuen Gegebenheiten anzupassen. In diesem Sinne war die Regierung bestrebt, die Rechte und Privilegien des staatstragenden Adels zu wahren sowie die Aufnahme in den Adelsstand zu erschweren und einzuschränken.[154] Zusätzlich zu den 1831 beschlossenen Richtlinien für den Zugang zum Adelsstand erließ die Regierung 1845 das Majoratsgesetz, das die Umwandlung von Adelsgütern mit mehr als 1.000 erbuntertänigen Bauern in Majoratsgüter gestattete.

Ein anderer Ukaz aus dem Jahre 1832 trug den neuen sozialen Erscheinungen Rechnung. Er schuf zwei neue Stände in Russland, jenen der Erbehrenbürger und jenen der Ehrenbürger. In den ersten Stand wurden die vermögenden Teile der Stadtbevölkerung erhoben, vor allem reiche Kaufleute, Wissenschaftler und Freischaffende. Zu den einfachen Ehrenbürgern gehörten Beamte der unteren Ebene sowie Personen, die eine Hochschule absolviert hatten, z. B. Lehrer. Die Erbehrenbürger und Ehrenbürger waren von körperlichen Züchtigungen, der Kopfsteuer und vom Rekrutendienst befreit. Die Schaffung dieser neuen Stände erschwerte zwar die Aufnahme dieser aufstrebenden Schichten in den Adel, förderte aber auch das Selbstbewusstsein der Stadtbevölkerung. Die Gildenreform vom 14. November 1824[155] grenzte die Kaufmannschaft schärfer von den Handel treibenden Bauern und Handwerkern ab.

Die Regierungen Alexanders I. und Nikolaus' I. waren bestrebt, die soziale Lage der Bauern zu stabilisieren und die Willkür der Gutsbesitzer einzuschränken. Fortan war es untersagt, Erbuntertänige willkürlich in die Fabriken zu entsenden, Bauern ohne Land zu verkaufen. Die Gutsherren durften ihnen gehörende Bauern nicht mehr nach Belieben in die Verbannung nach Sibirien schicken. Weitere Verbesserungen be-

---

153 Vgl. Russkij Rubl' (wie Fn. 146), S. 49-54.
154 Vgl. Kapitel 3, Wahlrecht und Wahlen, und Kapitel 4, Grundrechte.
155 PSZRI, I, Bd. 39, Nr. 30115, S. 590-612. Vgl. Thomas C. Owen, Entrepreneurship and the Structure of Enterprise in Russia, 1800–1880, in: G. Guroff/F. V. Carstensen, Entrepreneuship in Imperial Russia and the Soviet Union, Princeton 1983, S. 62 f.

trafen die Bildung oder die Situation der Staatsbauern.[156] Insgesamt war das nikolaitische Regime bestrebt, die Wirkungen des leibeigenschaftlichen Rechtes einzuschränken. 1842 erließ Nikolaus I. den Ukaz »Über die verpflichteten Bauern«.[157] Diese Verordnung bot, ähnlich wie der Erlass »Über die freien Ackerbauern« vom 20. Februar 1803, den Gutsbesitzern die Möglichkeit, leibeigene Bauern in die Freiheit zu entlassen.[158] Anders als 1803 durfte ihnen dabei Land nur zur Nutzung überlassen, nicht übereignet werden, da nach Meinung von Kaiser Nikolaus I. Gutsbesitzerland unantastbar war. Die Bauern mussten sich verpflichten, Fronarbeit oder Geldabgaben zu leisten. Auf diese Weise sollte die juristische durch wirtschaftliche Abhängigkeit ersetzt werden. Der Ukaz Nikolaus' I. bedeutete einen neuerlichen Versuch, die Adeligen davon zu überzeugen, mit der freiwilligen Befreiung der erbuntertänigen Bauern – bei angemessener Entschädigung – zu beginnen.

In der ersten Hälfte des 19. Jahrhunderts löste die freie Lohnarbeit in immer stärkerem Maße die unfreie Arbeit der Leibeigenen ab. Der Anteil der freien Arbeit in der Baumwollindustrie betrug beispielsweise 1825 schon ca. 90 Prozent. Lohnarbeiter wurden naturgemäß aus dem Milieu der bäuerlichen Migranten rekrutiert, die ihre engen Bindungen zum Land beibehielten. Kinderarbeit war wie in anderen Ländern auch weitgehend akzeptiert. Die ersten Arbeiterschutzgesetze kamen in Russland als Reaktion auf die Herausforderung auf, die die Zunahme freier Lohnarbeit unter den Bedingungen der Leibeigenschaft bedeutete.[159] Eines der ersten, 1835 erlassenen Gesetze legte fest, dass bei Einstellung eines Arbeiters ein schriftlicher Arbeitsvertrag abgeschlossen werden musste, der die beiderseitigen Verpflichtungen fixierte. Bei der Einstellung von Minderjährigen war das Einverständnis der Eltern bzw. der Erziehungsberechtigten erforderlich. Die Arbeiter mussten über die in der Fabrik gültigen Regeln in einer ihnen verständlichen Form informiert werden. Ein weiterer Erlass vom August 1845 befasste sich mit dem Problem der Kinderarbeit. Sie sollte zwischen 24.00 und 6.00 Uhr sowie für Kinder unter zwölf Jahren verboten sein. Wie es in Russland häufig der Fall war, sah auch in diesem Bereich die Rechtswirklichkeit anders aus. Die Unternehmer setzten sich in der Regel über alle Verbote hinweg, was nicht schwerfiel, da der Gesetzgeber Strafen für den Fall der Verletzung gesetzlicher Bestimmungen nicht vorgesehen hatte. Insgesamt aber entsprach die Arbeitsschutzgesetzgebung in Russland durchaus den europäischen Tendenzen.

Die Wirtschaftspolitik der russischen Regierung in der ersten Hälfte des 19. Jahrhunderts, insbesondere die Industriepolitik, ist in der einschlägigen Literatur oft als passiv, ineffektiv, bestenfalls als pragmatisch charakterisiert worden. Dabei wurzelte

---

156 Vgl. Kapitel 5, Verwaltung.
157 Vgl. CD-ROM-2, Dok.-Nr. 15.12.3 (Verordnung über die verpflichteten Bauern v. 2.4./20.3.1842).
158 Vgl. Karpačev, Russland (wie Fn. 27), S. 1103 f., 1113 f.
159 Boris B. Gorshkov, Toward a comprehensive law: Tsarist factory labor legislation in European Context, 1830–1914, in: S. P. McCaffray/M. Melancon, Russia in the European Context 1789–1914, New York u. a. 2005, S. 51-56.

die Zurückhaltung auf diesem Gebiet nicht etwa in fehlendem politischen Gestaltungswillen, sondern vor allem in den geostrategischen und makroökonomischen Rahmenbedingungen, die geprägt waren von den militärischen Bedürfnissen der Großmacht, der ökonomischen Rückständigkeit und der Abhängigkeit von der Agrarwirtschaft.[160] Der Staat besaß angesichts der chronischen Budgetprobleme kaum finanzielle Spielräume für eine gezielte Industrieförderung. Ausländische Investitionen in die russische Industrie blieben ohne Bedeutung. Die zögerliche Haltung der Regierung in der Industriepolitik erklärt sich auch aus der Furcht vor den wirklich oder vermeintlich negativen Begleitumständen der Industrialisierung – dem Wachstum der Städte, den drohenden Absatzproblemen oder dem Unruhepotenzial der rasant wachsenden Schicht freier Lohnarbeiter. Die Wachstumsskepsis, die insbesondere Nikolaus I. auszeichnete, bedeutete indes keineswegs Tatenlosigkeit. Neben der bereits erwähnten Geld- und Kreditpolitik richtete die Regierung ihr Augenmerk auf die technische Bildung im Land. Sie förderte Jahrmärkte und Messen und setzte erste Akzente beim Eisenbahnbau.[161] Die größten gestalterischen Möglichkeiten bot allerdings die Zollpolitik. Noch die freihändlerischen Zolltarife von 1816 und 1819 vermochten es nicht, die überaus negativen Folgen von Kontinentalblockade und »Vaterländischem Krieg« für Handel und Wirtschaft abzumildern. Beide Tarife hatten wenig mit den ökonomischen Bedürfnissen der Kaufleute und Fabrikanten zu tun, dafür aber umso mehr mit der Rücksicht auf die Verbündeten und mit der internationalen Kräftekonstellation.[162] Zahlreiche Proteste bewirkten dann aber Anfang der 1820er-Jahre eine radikale Kursänderung in der Zollpolitik. Der 1822 verabschiedete Zolltarif besaß eine eindeutig protektionistische Ausrichtung. Er enthielt Einfuhrverbote für mehr als 300 Warenarten und verbot die Ausfuhr von 21 Warengattungen. Er sah erhebliche Zollerhöhungen auf Waren vor, die bislang vornehmlich aus dem Ausland bezogen worden waren. Obwohl er einen vorwiegend monetären und fiskalischen Hintergrund besaß, beförderte er den Aufschwung beispielsweise der Baumwoll- und Zuckerindustrie, konservierte aber auch die Rückständigkeit der Stahlindustrie im Ural. In der Folgezeit passte E. F. Kankrin die Zolltarife an aktuelle politische und wirtschaftliche Erfordernisse an.[163] Die 1844 auf Initiative der Kauf-

---

160 Vgl. Blackwell, Beginnings (wie Fn. 26), S. 169; Walter McKenzie Pintner, Russian Economic Policy under Nicholas I, Ithaca 1967, S. 251-255.
161 Vgl. hierzu ausführlich N. S. Kinjapina, Politika russkogo samoderžavija v oblasti promyšlennosti (20-50-e gody XIX v.), Moskau 1968; Blackwell; Beginnings (wie Fn. 26), S. 176 f.
162 Vgl. Kinjapina, Politika (wie Fn. 161), S. 96 f.; Sirotkin, Finansovo-ėkonomičeskie posledstvija (wie Fn. 103), S. 52 f.; A. V. Semenova (Hg.), Istorija predprinimatel'stva v Rossii, Bd. 1: Ot srednevekov'ja do seredinyXIX veka, Moskau 2000, S. 347-349; Boris Ananich, The Russian economy and banking system, in: Lieven (Hg.), Cambridge History (wie Fn. 20), S. 394-427, hier S. 399 f.
163 Vgl. Tompston, Rossijskaja vnešnjaja torgovlja (wie Fn. 24), S. 27; generell zur russischen Zollpolitik: Valentin Wittschewsky, Russlands Handels-, Zoll- und Industriepolitik von Peter dem Großen bis auf die Gegenwart, Berlin 1905, S. 46-55.

mannschaft einsetzende Diskussion über die Ausarbeitung eines neuen Zolltarifes zielte zwar auf einige Erleichterungen des Handels, stellte aber die protektionistische Grundorientierung keineswegs infrage.

In der ersten Hälfte des 19. Jahrhunderts veränderten sich auch die rechtlichen Rahmenbedingungen für die industrielle Entwicklung sowie die unternehmerischen Organisationsformen.[164] Schon zu Beginn des 19. Jahrhunderts, mit dem Aufschwung privater Unternehmungen, entwickelten sich die Voraussetzungen für den Ausbau der Unternehmensverfassung. Ein diesbezüglicher Ukaz vom 1. Januar 1807 sah vor allem für den Groß- und Außenhandel die Errichtung von »vollen Gesellschaften« (*polnoe tovariščestvo*) und von »Gesellschaften auf Treu und Glauben« (*tovariščestvo na vere*) sowie von Anteilsgesellschaften vor, die sich in erster Linie durch das Ausmaß der Haftung voneinander unterschieden. Die neuen Unternehmensformen eröffneten neue Möglichkeiten der Kapitalbeschaffung.[165] Der Svod von 1833 präzisierte in einem Artikel über das Gesellschaftswesen die Unternehmensverfassung in Russland.[166] Auf ihrer Grundlage konnten nun Gesellschaften der genannten Typen im Handel, Versicherungswesen, Transport und vor allem in der Industrie gegründet werden. Darüber hinaus existierten in Russland mehrere Arten von Aktiengesellschaften, deren Zahl seit Beginn des 19. Jahrhunderts beständig zunahm. Die Zinssenkung für Depositen im Jahre 1830 machte Aktiengesellschaften noch attraktiver und erzeugte einen neuen Gründungsboom. Insgesamt entstanden zwischen 1789 und 1836 58 solcher Gesellschaften, die zugleich aber auch zum Gegenstand spekulativer Aktivitäten, sogar eines gewissen Börsenfiebers wurden. In dieser Situation erkannte die Regierung die Notwendigkeit für gesetzgeberische Maßnahmen. Die Verordnung über die Aktiengesellschaften vom 6. Dezember 1836[167] fixierte die Bedingungen für die Gründung von Gesellschaften, regelte deren Rechte, Pflichten, Privilegien und legte Verfahrensweisen bei Konkursen u. Ä. fest. Wichtig für die Entwicklung dieser Unternehmensform war, dass die Verordnung die beschränkte Haftung der Aktienbesitzer festschrieb.[168] Dies gewährleistete ein Grundmaß an Rechtssicherheit, womit Aktiengesellschaften für das Kapital interessant wurden. Gleichzeitig sicherte sich das Regime seinen Einfluss in dieser Sphäre unternehmerischer Tätigkeit. Jede Neugründung bedurfte eines Statutes, das erst nach Bestätigung durch den Zaren in Kraft trat. Damit verblieben die Aktiengesellschaften fest im Griff der Bürokratie. Das goldene

---

164 Vgl. Zernack (Hg.), Handbuch (wie Fn. 1), S. 1150-1161.
165 Thomas C. Owen, The corporation under Russian law, 1800–1917. A Study in tsarist economic policy, Cambridge u. a. 2002, S. 6-14; ders., Entrepreneurship (wie Fn. 155), S. 59-83.
166 CD-ROM-2, Dok.-Nr. 15.12.2 (Bestimmung über das Gesellschaftswesen in der Gesetzessammlung v. 1833).
167 CD-ROM-2, Dok.-Nr. 15.12.1. Vgl. L. E. Šepelev, Iz istorii russkogo akcionernogo zakonodatel'stva (zakon 1836 g.), in: N. E. Nosov (Hg.), Vnutrenjaja politika carizma (XVI–načalo XX v.), Leningrad 1976, S. 178-196; ders., Akcionernye kompanii v Rossii, Leningrad 1973, S. 36-55.
168 Vgl. Owen, Corporation (wie Fn. 165), S. 15-24.

Zeitalter der Aktiengesellschaften setzte erst nach dem Ende des Krimkrieges 1856 ein, als der nunmehr erkannte, riesige Nachholbedarf zur Lockerung bürokratischer Hemmnisse führte.

Finnland   16

Von Frank Nesemann (Speyer)

0   Einführung

Dieser Artikel behandelt die Verfassungsstrukturen in dem zum Zarenreich zählenden autonomen Großfürstentum Finnland vom Zeitpunkt der russischen Eroberung an – also ab 1808/09.[1] Im Kontext des vorliegenden Handbuches stellt Finnland insofern einen Sonderfall dar, als den beiden wegweisenden Zäsuren, welche die verfassungshistorische Entwicklung eines großen Teils Europas in der ersten Hälfte des 19. Jahrhunderts nachhaltig prägten – der Neuordnung der Staatenwelt nach Napoleon bzw. den Revolutionsjahren 1848/49 –, für das staatliche Leben des Landes keine wesentliche Bedeutung zukam.

---

1   Zur Entstehung der Autonomie Finnlands im Petersburger Imperium siehe v. a. die folgenden Werke: Osmo Jussila, Suomen perustuslait venäläisten ja suomalaisten tulkintojen mukaan 1808–1863, Helsinki 1969; ders., Maakunnasta valtioksi. Suomen valtion synty, Porvoo 1987; ders., Kenraalikuvernööri, ministerivaltiosihteeri ja senaatti, in: Suomen keskushallinnon historia 1809–1996, Helsinki 1996, 47-293; Keijo Korhonen, Suomen asiain komitea. Suomen korkeimman hallinnon järjestelyt ja toteuttaminen vuosina 1811–1826, Helsinki 1963; Kristiina Kalleinen, Suomen kenraalikuvernementti. Kenraalikuvernöörin asema ja merkitys Suomen asioiden esittelyssä 1823–1861, Helsinki 1994; Päiviö Tommila, Suomen autonomian synty 1808–1819, Helsinki 1984; Frank Nesemann, Ein Staat, kein Gouvernement. Die Entstehung und Entwicklung der Autonomie Finnlands im russischen Zarenreich, 1808–1826, Frankfurt a. M. u. a. 2003. – Allgemein zur Geschichte Finnlands in der ersten Hälfte des 19. Jahrhunderts siehe: Osmo Jussila, Suomen suuriruhtinaskunta 1809–1917, Helsinki 2004; Eino Jutikkala/Kauko Pirinen, Suomen historia. Asutuksen alusta Ahtisaareen, Helsinki u. a. 5. Aufl. 1999 (in einer älteren Aufl. auch auf deutsch: Eino Jutikkala [in Verbindung mit Kauko Pirinen], Geschichte Finnlands, Stuttgart 2. Aufl. 1976); Osmo Jussila/Seppo Hentilä/Jukka Nevakivi, Suomen poliittinen historia 1809–2006, Helsinki 5. Aufl. 2006 (auf deutsch: Osmo Jussila/Seppo Hentilä/Jukka Nevakivi, Politische Geschichte Finnlands seit 1809. Vom Großfürstentum zur Europäischen Union, Berlin 1999); David Kirby, A Concise History of Finland, Cambridge 3. Aufl. 2008; Ingrid Bohn, Finnland. Von den Anfängen bis zur Gegenwart, Regensburg 2005; Edgar Hösch, Kleine Geschichte Finnlands, München 2009.

1 Finnland 1815–1847

Mit dem Friedensvertrag von Fredrikshamn (finn.: Hamina)[2] vom 5. September/17. September 1809[3], der den seit dem Vorjahr geführten Krieg Russlands mit Schweden beendete, trat das nordische Königreich seine jenseits des Tornio-Flusses gelegene östliche Hälfte an das zarische Imperium ab. Das somit in dessen Bestand übergegangene Territorium setzte sich nicht allein aus dem bisherigen (Groß-)Fürstentum Finnland, sondern auch aus der historischen Landschaft Ostbottnien (Österbotten) und aus Teilen der historischen Landschaft Westbottnien (Västerbotten) zusammen. Zusätzlich zu diesen Gebieten musste Schweden im Frieden von Fredrikshamn (Hamina) auch auf die seit dem Frühjahr 1809 von den Russen besetzten Åland-Inseln verzichten.[4] Das gesamte Territorium bildete fortan ein einheitliches Verwaltungsgebiet – das Großfürstentum Finnland. Mit diesem wurde zur Jahreswende 1811/12 das Gouvernement von Viipuri (schwed.: Viborg) vereinigt, das im Sprachgebrauch der russischen Verwaltung auch »Altes Finnland« genannt wurde. Zum Territorium des Großfürstentums gehörten nun auch die Gebiete, die infolge der Friedensschlüsse von Nystad (finn.: Uusikaupunki) und Åbo (finn.: Turku) 1721 und 1743 an Russland gefallen waren.[5] Ein Staatsvertrag zwischen Russland und dem mit Schweden in Personalunion verbundenen Norwegen legte dann im Jahre 1826 den Verlauf der finnischen Nordgrenze fest: Finnland wurde dabei ein nicht unbeträchtliches Gebiet in Nordostlappland zugeschlagen. Einen weiteren Gebietszuwachs im Nordosten erfuhr das Großfürstentum schließlich in den 1830er- und 1840er-Jahren,

---

2   Geografische Begriffe werden im vorliegenden Artikel durchgängig in ihrer finnischen und in ihrer schwedischen Namensform angeführt, wobei der im Deutschen zumeist gängigere finnische Name an erster Stelle genannt wird (z. B. [finn.] Helsinki/[schwed.] Helsingfors, [finn.] Turku/[schwed.] Åbo). Bei Bezeichnungen von Friedensverträgen wird im Einklang mit den üblichen historiografischen Gepflogenheiten jedoch zunächst der traditionelle – schwedische – Ortsname verwendet, dem dann die entsprechende finnische Namensform in Klammern folgt (mithin: Friede von Nystad [Uusikaupunki], von Åbo [Turku], von Fredrikshamn [Hamina]).
3   Das erstgenannte Datum entspricht der in Russland bis 1918 üblichen julianischen, das letztere Datum der gregorianischen Zeitrechnung. Der Unterschied betrug im 19. Jahrhundert zwölf Tage.
4   CD-ROM-2, Dok. 16.1.1 (schwed.)/16.1.2 (dt.) (Schwedisch-russischer Frieden von Fredrikshamn, 1809).
5   CD-ROM-2, Dok. 16.1.3 (schwed.)/16.1.4 (dt.) (Edikt zur Vereinigung des Viborger Gouvernements mit dem Großfürstentum Finnland v. 23.12.1811). Der Anschluss des Gouvernements von Viipuri (Viborg) an das Großfürstentum ging in erster Linie auf eine Initiative des Grafen Gustaf Mauritz Armfelt, des finnischen Günstlings von Zar Alexander I., zurück; sowohl auf russischer als auch auf finnischer Seite hatte man das Projekt zunächst mit großer Skepsis betrachtet. Zur Vereinigung beider zum Zarenreich gehörenden finnischen Gebiete Jyrki Paaskoski, G. M. Armfelt och Gamla Finland, in: Historisk Tidskrift för Finland 82 (1997), S. 301-317; Nesemann, Staat (wie Fn. 1), S. 315-333.

1 Finnland 1815–1847

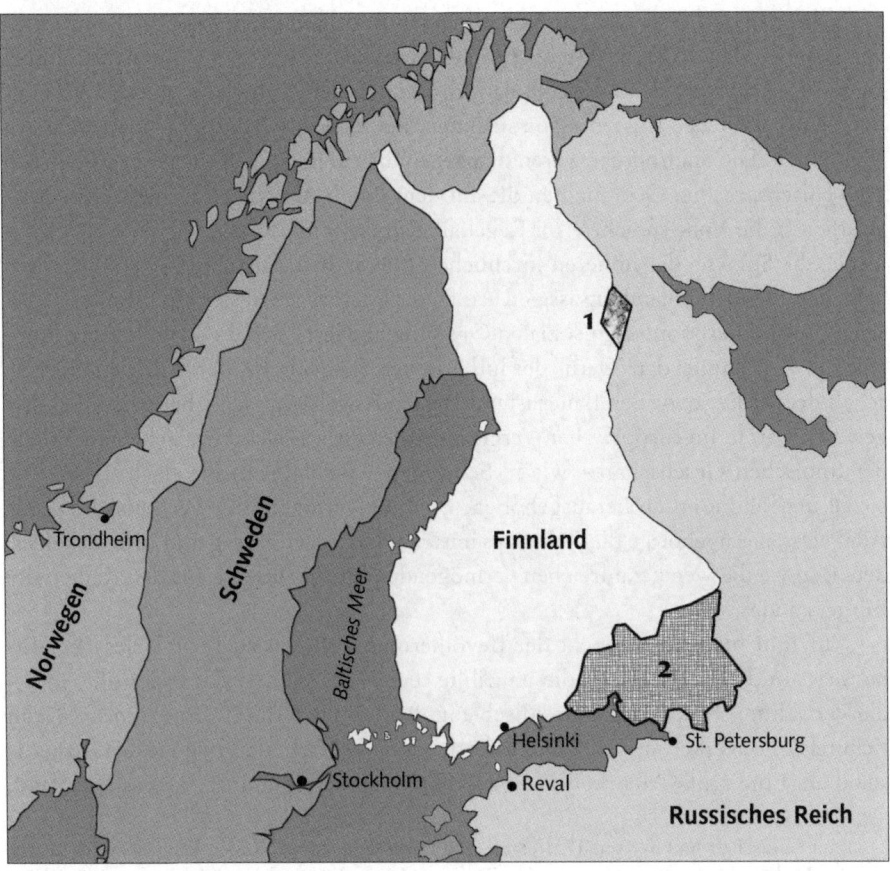

Abb. 16.1 Finnland in der ersten Hälfte des 19. Jahrhunderts (1 Gebiet von Salla, 1826 an das Großfürstentum Finnland angegliedert · 2 Gouvernement von Viipuri/Viborg, 1812 an das Großfürstentum Finnland angegliedert).

als die Petersburger Regierung die Grenze Finnlands zum Gouvernement von Archangel'sk revidierte.[6] (☞ Abb. 16.1)

Im gesamten Land lebten im ersten Viertel des 19. Jahrhunderts rund eine Mio. Einwohner. Deutlich über 80 Prozent von ihnen waren finnischer Muttersprache, ungefähr 15 Prozent sprachen Schwedisch – vor 1809 die alleinige Amtssprache Finnlands.[7]

---

6 Siehe hierzu Maria Lähteenmäki, Kalotin kansaa. Rajankäynnit ja vuorovaikutus Pohjoiskalotilla 1808–1889, Helsinki 2004, S. 347-354; Panu Pulma, Autonominen suuriruhtinaskunta, in: Suomen historian pikkujättiläinen, Helsinki u. a. 7. Aufl. 1997, S. 373-471, hier: S. 374.

7 Pulma, Suuriruhtinaskunta (wie Fn. 6), S. 409; Jan Sundberg, Svenskhetens dilemma i Finland. Finlandssvenkarnas samling och splittring under 1900-talet, Helsingfors/Helsinki 1985, S. 3. Im Gouvernement von Viipuri (Viborg) waren darüber hinaus kleine russisch- und deutschsprachige Bevölkerungsgruppen ansässig. Es handelte sich dabei um adlige Gutsbesitzer, Angehörige der

Sieht man von der verhältnismäßig kleinen Bevölkerungsgruppe der Schwedisch sprechenden Bauern ab, die vor allem an der Westküste zwischen Kristiinankaupunki (schwed.: Kristinestad) und Kokkola (schwed.: Karleby) sowie in geringerem Umfang in der südlichen Küstenregion siedelten, stellte Finnisch die Sprache des Bauernstandes dar. Die Stadtbürger waren demgegenüber in ihrer überwiegenden Mehrheit schwedischsprachig. Gebrauchten die auf dem Lande ansässigen lutherischen Ortsgeistlichen die Volkssprache – im Regelfall also das Finnische –, so war das Schwedische die Sprache der höheren kirchlichen Hierarchie. Ausschließlich Schwedisch sprachen die in Finnland ansässigen Adligen.[8] Entsprechend der aus dem schwedischen Reich überkommenen sozialen Ordnung gliederte sich die Bevölkerung Finnlands in vier Stände: den Klerus der lutherischen Staatskirche, den Adel, die Bürgerschaft der Städte sowie den Bauernstand, dessen Angehörige seit jeher persönlich frei gewesen waren. Im europäischen Vergleich waren die sozialen Hierarchien innerhalb der finnischen Gesellschaft – wie in Schweden – verhältnismäßig flach. Über eine sozial und ökonomisch herausgehobene Stellung verfügten nur der gutsbesitzende Adel, dessen Angehörige die Führungsämter in Staatsverwaltung und Militär bekleideten, sowie die wenig zahlreichen vermögenden Großkaufleute aus den Reihen des Bürgerstandes.[9]

Nur fünf bis sechs Prozent der Bevölkerung wohnten zu Beginn des 19. Jahrhunderts in den Städten; von diesen zählte seinerzeit allein Turku (schwed.: Åbo) – die Verwaltungshauptstadt Schwedisch-Finnlands – über 10.000 Einwohner.[10] Neun Zehntel der Bevölkerung Finnlands gehörten um die Jahrhundertwende dem Bauernstand an. Eine große Mehrheit der Bauernfamilien verfügte über eigenes Nutzland,

---

Kaufmannschaft und der seit 1721 etablierten Staatsverwaltung. Zu den Deutschen im »Alten Finnland« siehe Robert Schweitzer, Die Wiborger Deutschen, Helsinki/Helsingfors 1993; ders., Deutsche im Großfürstentum Finnland, in: G. Stricker (Hg.), Deutsche Geschichte im Osten Europas: Rußland, Berlin 1997, S. 609-627.

8 Zur Bedeutung des Schwedischen als Amts- und Gebildetensprache sowie als Sprache der gesellschaftlichen Eliten im Finnland des frühen 19. Jahrhunderts siehe Erkki Kouri, Suomen kielen poliittis-hallinnollinen asema Ruotsin ja Venäjän vallan aikana, in: T. Lohi (Hg.), Kaavoitus-rakentaminen-varallisuus. Juhlajulkaisu Vesa Majamaa 1945–28/12–2005, Helsinki 2005, S. 193-206, hier: S. 201-203; ders., Die politisch-administrative Rolle der finnischen Sprache im Schwedischen und Russischen Reich, in: Jahrbücher für Geschichte Osteuropas 53 (2005), S. 338-348, hier: S. 344-346; ders., Die Stellung des Finnischen als Verwaltungssprache bis zum Anfang des 20. Jahrhunderts, in: T. Nicklas/M. Schnettger (Hg.), Politik und Sprache im frühneuzeitlichen Europa, Mainz 2007, S. 138-152, hier: S. 145-149.

9 Zusammenfassend hierzu Ottfried Czaika/Jörg-Peter Findeisen, Schweden, in: P. Brandt u. a. (Hg.), Handbuch der europäischen Verfassungsgeschichte im 19. Jahrhundert. Institutionen und Rechtspraxis im gesellschaftlichen Wandel, Bd. 1: Um 1800, Bonn 2006, S. 978-1023, hier: S. 981.

10 Ilkka Mäntylä, Kustavilainen aika, in: Suomen historian pikkujättiläinen, Helsinki u. a. 7. Aufl. 1997, S. 313-357, hier: S. 338; Pulma, Suuriruhtinaskunta (wie Fn. 6), S. 409; Czaika/Findeisen, Schweden (wie Fn. 9), S. 981; Erkki Pihkala, The Finnish Economy and Russia 1809–1917, in: M. Branch u. a. (Hg.), Finland and Poland in the Russian Empire. A Comparative Study, London 1995, S. 153-166, hier: S. 153.

doch wirtschafteten sie zumeist mit relativ geringem Ertrag – nicht selten auf Subsistenzniveau.[11] In dem insgesamt deutlich ärmeren »Alten Finnland«, wo Angehörige des russischen Reichsadels aus den Händen der Zaren seit 1710 umfangreichen Donationsbesitz erhalten hatten, war die ökonomische und soziale Abhängigkeit der Bauern von den adligen Gutsherren demgegenüber groß. Ungeachtet verschiedener Anläufe aus den Reihen der adligen Donatäre und der Petersburger Reichsbürokratie, welche auf eine Verschlechterung des bäuerlichen Rechtsstatus gezielt hatten, war die persönliche Freiheit der Bauern nach schwedischem Recht jedoch auch im südöstlichen Finnland erhalten geblieben.[12]

2 Verfassungsstruktur der zentralen staatlichen Ebene

Bereits kurz nach dem Einmarsch der russischen Truppen in Finnland ließ Zar Alexander I. – am 12./24. März 1808 und am 5./17. Juni 1808 – zwei Verlautbarungen an die Bevölkerung des unterworfenen Landes richten, in denen er seine Absicht bekundete, dessen alte Privilegien, Freiheiten und Rechte unter seinem Szepter zu wahren.[13] In feierlicher Form verhieß ein Manifest Alexanders I. am 15./27. März 1809 – einen Tag bevor eine vom Zaren einberufene Landtagsversammlung mit Vertretern der vier Stände in der südfinnischen Bischofsstadt Porvoo (schwed.: Borgå) zusammentrat – erneut die ungebrochene Beibehaltung der Religion und der Grundgesetze Finnlands sowie derjenigen Rechte und Privilegien, über die jeder Stand und sämtliche Untertanen im Lande verfügten.[14] Die Versicherung von Porvoo erfolgte freilich in äußerst

---

11 Die relativ flächendeckende Ausstattung der Bauern mit Nutzland war vor allem den ab der Mitte des 18. Jahrhunderts unternommenen Maßnahmen der schwedischen Regierungen zur Gewinnung von Ackerboden zu verdanken – siehe Viljo Rasila, Agrarian Problems in Finland, in: Branch u. a. (Hg.), Finland (wie Fn. 10), S. 167-176, hier: S. 167; Mäntylä, Aika (wie Fn. 10), S. 347 f.; Kirby, History (wie Fn. 1), S. 47 f.; Pulma, Suuriruhtinaskunta (wie Fn. 6), S. 412-416.
12 Zur Geschichte der Donationsländereien im »Alten Finnland« siehe vor allem Jyrki Paaskoski, Vanhan Suomen lahjoitusmaat 1710–1826, Helsinki 1997.
13 Die erstgenannte Verlautbarung findet sich in: K. Grotenfelt (Hg.), Suomenkielisiä historiallisia asiakirjoja Ruotsin vallan ajalta (vuosilta 1548–1809), Helsinki 1912, S. 292 f.; die spätere Verlautbarung ist veröffentlicht in: Samling af Placater, Förordningar, Manifester och Påbud, samt andre Allmänna Handlingar, hwilka i Stor-Furstendömet Finland sedan 1809 års början ifrån trycket utkommit. Första Delen, [Bd. 1]: 1808–1812, Åbo (Turku) 1821, S. 10. Ein entsprechender Verweis auf die Rechte von Finnlands Bevölkerung fehlte in einem weiteren (allein in russischer Sprache ausgefertigten) Manifest des Zaren vom 20. März/1. April 1808 – Polnoe sobranie zakonov Rossijskoj Imperii. Sobranie pervoe [=Teil 1; im Folgenden: PSZ I]. S 1649 po 12 dekabrja 1825 goda, 50 Bde., St. Petersburg 1830, hier: Bd. 30, S. 146 f. (No. 22911).
14 CD-ROM-2, Dok. 16.2.1 (schwed.)/16.2.2 (dt.) (Erklärung Alexanders I. über die Rechte Finnlands im Russischen Imperium v. 27.3.1809). Ein inhaltsgleiches Manifest des Zaren bekräftigte am 23. März/4. April 1809 die Zusicherung vom 15./27. März 1809; Samling (wie Fn. 13), Bd. 1, S. 20 f.

vagen Termini und bezog sich auf keine spezifischen schwedisch-finnischen Gesetze. Vielmehr folgte sie einer spätestens seit dem 18. Jahrhundert gängigen »Formulartradition«, mittels deren die Zaren die Bewohner neu eroberter Peripherieterritorien (nicht zuletzt deren Oberschichten) in höchst allgemeiner Formulierung der ungebrochenen Fortgeltung ihrer Rechte versicherten – im Austausch dafür, dass diese der neuen Herrschaft ihre Loyalität bekundeten. Es mochte dann den Erfordernissen und den Interessen der Petersburger Staatsräson überlassen bleiben, welche einheimischen Gesetze und Rechtsformen tatsächlich in Geltung bleiben konnten – und welche einer Revision bzw. Angleichung an russische Vorbilder bedurften.[15]

Derartige Versprechungen der autokratischen russischen Herrscher stellten nach deren Selbstverständnis und in der Petersburger Staatsräson nur politische Absichtserklärungen dar. Keineswegs begründeten solche Versicherungen aufseiten der neuen Untertanen verbindliche Ansprüche an die Petersburger Reichsregierung, und ebenso wenig bedeuteten sie, dass sich die Zaren selbst an das von ihnen bestätigte einheimische Recht gebunden fühlten.[16]

Die von Alexander I. zu Porvoo (Borgå) »im Bündel« bestätigte politische und administrative Ordnung gründete demzufolge vollständig auf den Maßgaben des zeitgenössischen schwedischen Staatsrechts. Seit dem späten Mittelalter war Finnland in politisch-administrativer wie staatsrechtlicher Hinsicht ein integraler Teil des schwedischen Reiches gewesen – anders als Schwedens norddeutsche und baltische Provinzen.

Das nicht in einer einheitlichen konstitutionellen Akte kodifizierte Verfassungsrecht des schwedischen Königreichs konstituierte sich vor 1809 in einer Reihe von Einzelgesetzen bzw. Reichstagsbeschlüssen, die man in der zeitgenössischen staatsrechtlichen Terminologie mit den Begriffen *grundlagar* (»Grundgesetze«), *konstitutioner* (»Konstitutionen«) und *författningar* (»Verfassungen«) zu bezeichnen pflegte. Unter der Gesamt-»Konstitution« des Staates verstand man im traditionellen Verfassungsverständnis Schweden-Finnlands die Gesamtheit dieser *grundlagar*, *konstitutioner* und *författningar* bzw. deren Inbegriff. Deutungen des Terminus, die unter »Konstitution« – zumeist auf der Grundlage aufklärerischen Gedankenguts – einzelnen Gesetzen übergeordnete, einheitliche konstitutionelle Charten im Sinne moderner Repräsentativverfassungen begriffen, waren an der Wende vom 18. zum 19. Jahrhundert in Finnland demgegenüber noch nicht gängig.[17] Als Hauptbestandteile der »kumulativen Konstitution« Finnlands galten nach zeitgenössischer staatsrechtlicher Auffassung in erster Linie die unter Gustav III. zuletzt in Kraft gesetzten schwedi-

---

15 Jussila, Perustuslait (wie Fn. 1), S. 77 f.; ders., Maakunnasta (wie Fn. 1), S. 25-41; Nesemann, Staat (wie Fn. 1), S. 40 u. S. 77-85. Siehe ferner Andreas Kappeler, Rußland als Vielvölkerreich. Entstehung – Geschichte – Zerfall, München 2. Aufl. 2008, S. 94-98.
16 Jussila, Perustuslait (wie Fn. 1), S. 77 f.; Nesemann, Staat (wie Fn. 1), S. 40 u. S. 77-85.
17 Zusammenfassend hierzu Jussila, Perustuslait (wie Fn. 1), S. 50-72; Nesemann, Staat (wie Fn. 1), S. 69-73.

schen Regierungsgesetze. Es handelte sich dabei um die Regierungsform (*Regeringsformen*) von 1772 sowie die jene ergänzende »Einigungs- und Sicherheitsakte« (*Förenings- och Säkerhetsakten*) aus dem Jahre 1789, welche auch im Königreich Schweden bis zum Erlass der Regierungsform von 1809 in Geltung waren. Neben diesen eigentlichen Regierungsgesetzen aus der Zeit Gustavs III., die die Kompetenzen im staatlichen Regierungs- und Verwaltungsgefüge regelten, betrachtete die zeitgenössische Staatsrechtslehre auch den *Allmän Lag* (»Allgemeines Gesetz«), das schwedische Reichsgesetzbuch von 1734, sowie die Privilegien der einzelnen Stände – sofern sie nicht von den Regierungsgesetzen der Jahre 1772 und 1789 abgeändert worden waren – als Bestandteile der »Konstitution« Finnlands.[18]

Die beiden genannten Regierungsgesetze Gustavs III. hatten einst dazu gedient, das neoabsolutistische Regiment des Königs in Schweden zu begründen. Unter staatsstreichähnlichen Umständen zustande gekommen, stellten sie die formalrechtliche Grundlage dafür dar, dass die während der »Freiheitszeit« (*frihetstiden*) von 1719 bis 1772 etablierten Mitwirkungsrechte der Stände – vor allem des Adels – bei der Regierung des Königreiches nahezu völlig beseitigt wurden. An ihre Stelle trat ein System der Exekutive, in dem die eigentlichen Regierungsgeschäfte allein in der Hand des Königs lagen.[19] Die traditionellen Mitwirkungsrechte der Stände in der Gesetzgebung schränkte die Regierungsform von 1772 der Form nach nicht ein. Die Entscheidung über die das staatliche Leben regulierenden »Grundgesetze«, Zivilrechts-, Strafrechts-, Religionsstatuten sowie die Ständeprivilegien oblag auch nach dem ersten Staatsstreich Gustavs III. König und Reichstag gemeinsam: Beide Seiten verfügten nach wie vor über das Recht auf Gesetzesinitiative und über ein Vetorecht. Gleichwohl bestand vor dem Hintergrund der Regierungsform von 1772 ein weitreichender interpretatorischer Spielraum in der Frage, was genau unter einem förmlichen Gesetz,

---

18 Exemplarisch hierfür ist eine entsprechende Darlegung Gustaf Mauritz Armfelts, des bis zu seinem Tode im Jahre 1814 führenden Staatsmanns im Großfürstentum Finnland, in einer bedeutsamen Denkschrift aus dem Jahre 1811, in: CD-ROM-2, Dok. 16.2.3 (frz.)/16.2.4 (dt.) (Über die Prinzipien der Konstitution Finnlands, 1811).

19 Entsprechend der Regierungsform von 1772 sollten der – politisch nun entmachtete, nach Erlass der »Einigungs- und Sicherheitsakte« schließlich aufgelöste – Reichsrat und die Beamtenschaft nur dem König gegenüber verantwortlich sein. Auch über die Finanzmittel des Staates sollte der König nach eigenem Ermessen entscheiden können. Allein er war laut der Regierungsform von 1772 ferner für die Gestaltung der Außenpolitik verantwortlich, doch hatte er den Reichsrat beim Abschluss von außenpolitischen Verträgen förmlich anzuhören. In der politischen Praxis nach 1772 verfügte Gustav III. in auswärtigen Angelegenheiten allerdings fast über völlige Selbstständigkeit; die »Einigungs- und Sicherheitsakte« entband den König schließlich auch in formaler Hinsicht von der bis dahin geltenden Auflage, einen Krieg nur mit Zustimmung der Stände beginnen zu können. Siehe Mäntylä, Aika (wie Fn. 10), S. 313 u. S. 328; Jörg-Peter Findeisen, Schweden. Von den Anfängen bis zur Gegenwart, Regensburg 1997, S. 178; Czaika/Findeisen, Schweden (wie Fn. 9), S. 990.

was andererseits unter einer bloßen Regierungsverordnung zu verstehen war, bei der der König der Zustimmung der Stände nicht bedurfte.[20]

Die Tatsache, dass auf der Basis der gustavianischen »Grundgesetze« ein entschieden monarchisches Regierungssystem errichtet worden war, mochte es dem russischen Herrscher in seinem autokratischen Selbstverständnis gewiss erleichtern, den neu gewonnenen Reichsteil Finnland der Beibehaltung seiner angestammten konstitutionellen Strukturen zu versichern. Nicht von ungefähr – im Interesse, die eigene »Konstitution« möglichst ungeschmälert zu bewahren – machten denn auch die leitenden finnischen Politiker und Staatsbeamten im ersten Jahrzehnt der Zugehörigkeit Finnlands zum Russischen Imperium Zar Alexander I. verschiedentlich auf diesen Umstand aufmerksam.[21]

Darüber hinaus betrachtete die Petersburger Reichsregierung das über einen relativ hohen juridischen Abstraktions- und Systematisierungsgrad verfügende zeitgenössische schwedische Staatsrecht als vorbildlich im Hinblick auf ihre eigenen Bestrebungen, die im gesamten Reich geltenden Verfassungs- und Rechtsformen zu vereinheitlichen und zu kodifizieren. Vor diesem Hintergrund war Alexander I. und seinem (im Jahre 1812 vorübergehend entmachteten und verbannten) engsten Ratgeber, Staatssekretär Michail Speranskij, an einer zumindest einstweiligen Kontinuität der staatsrechtlichen Verhältnisse in Finnland gelegen. Für dieses Interesse spielten die Erfahrungen in Regierung, Verwaltung und Rechtsprechung eine wesentliche Rolle, welche die zarischen Regierungen seit der Zeit Peters I. im »Alten Finnland« gemacht hatten. Dort hatte die russische Obrigkeit die bis zur Eroberung gültigen schwedischen Gesetze und Statuten in der Regierungs- und Verwaltungspraxis im Wesentlichen befolgt; die Weitergeltung der angestammten »Privilegien, Gewohnheiten, Rechte und Gerechtsamen« hatten bereits die Friedensverträge von Nystad (Uusikaupunki) und von Åbo (Turku) verbrieft.[22]

---

20 In der Tat regierte Gustav III. seit 1772 häufig mit Verordnungen, bei denen er nicht auf die Zustimmung der Stände angewiesen war. Der zweite Staatsstreich des Königs von 1789, in dessen Rahmen er die »Einigungs- und Sicherheitsakte« oktroyierte, höhlte die legislativen Kompetenzen der Stände auch in formaler Hinsicht weiter aus, da nach dem neuen Regierungsgesetz das Recht zur Gesetzesinitiative auf Reichstagen allein auf den König überging. – Mäntylä, Aika (wie Fn. 10), S. 313 u. S. 328.

21 Besonders deutlich wird dies in einem Memorandum des *Komitees für finnische Angelegenheiten* für den Zaren vom 21.6.1819, in: CD-ROM-2, Dok. 16.4.1 (frz.)./16.4.2 (dt.).

22 PSZ I (wie Fn. 13), Bd. 6, S. 425 (No. 3816; §§ 9 u. 10); Bd. 11, S. 869 (No. 8766, §§ 8 u. 9). Da der *Allmän Lag* von 1734 nur in den 1743 an Russland abgetretenen südostfinnischen Gebieten Geltung erlangt hatte, galt im »Alten Finnland« allerdings zweierlei schwedisches Recht. Darüber hinaus waren dort auch russische Rechts- und Verwaltungsformen in Kraft gesetzt worden – vor allem im Zeichen der von 1784 bis 1797 geltenden Statthalterschaftsverfassung nach Vorbild des Kernreiches. Vor dem Hintergrund dieser verwickelten Rechtsverhältnisse und der sich aus ihnen ergebenden politischen und administrativen Unzulänglichkeiten befürwortete Speranskij 1811 gegenüber Alexander I. die Vereinigung des »Alten Finnland« mit dem Großfürstentum – im Interesse, die Geltung der von ihm als vorbildlich empfundenen Verfassungs- und Rechts-

2 Verfassungsstruktur der zentralen staatlichen Ebene

Bezeichnend ist, dass die Petersburger Regierung erst im Jahre 1835 eine Kodifikation des finnischen Rechtes in Angriff nahm – zu einem Zeitpunkt, als im russischen Kernreich unter Federführung Speranskijs eine solche Gesetzeskodifikation in Gestalt des *Svod zakonov* bereits erstellt worden war. Die unter Einbeziehung finnischer Vertreter betriebene Kodifizierungstätigkeit wurde allerdings um 1848 wieder abgebrochen.[23] Der Aufbau der Regierungs- und Verwaltungsorgane im Großfürstentum Finnland vollzog sich damit auf der Grundlage eines dezidierten Interesses der Petersburger Reichsregierung an einer einstweiligen Beibehaltung der konstitutionellen Strukturen aus der Schwedenzeit. Wegweisende Bedeutung kam in diesem Kontext einer Verfügung Alexanders I. vom 19. November/1. Dezember 1808 zu, die die finnischen Regierungs- und Verwaltungsangelegenheiten von der Zuständigkeit der russischen Reichsministerien ausnahm, für das Großfürstentum und das Kernreich also grundsätzlich getrennte politische und administrative Sphären etablierte.[24]

An der Spitze von Regierung und Verwaltung im Großfürstentum stand als direkter Vertreter des Zaren der Generalgouverneur. Er führte den Vorsitz im 1809 eingerichteten obersten politischen und administrativen Organ (sowie Gerichtsorgan) des Landes – dem 1816 in »Kaiserlicher Finnischer Senat« umbenannten, aus einem »Ökonomie-« und einem »Justizdepartement« zusammengesetzten »Regierungscon-

---

ordnung des Großfürstentums auf das gesamte unter russischer Herrschaft stehende finnische Territorium zu übertragen. Zu den Rechts- und Verwaltungsverhältnissen im »Alten Finnland« vor 1811/12 siehe Janet Hartley, Införandet av ståthållarskapsförfattningen i Gamla Finland, in: Historisk Tidskrift för Finland 67 (1982), S. 78-100; Frank Nesemann, Die Vereinheitlichungspläne des Viborger Gouverneurs Nikolai Henrik von Engelhardt im Hinblick auf das im Alten Finnland geltende schwedische Recht: Die Entwicklung und das politische Fortleben einer Reforminitiative im aufgeklärt-absolutistischen Imperium Katharinas II., in: V. Vares (Hg.), Einfluss, Vorbilder, Zweifel. Studien zu den finnisch-deutschen Beziehungen vom Mittelalter bis zum Kalten Krieg, Tampere 2006, S. 41-54. Zu den Motiven Speranskijs siehe vor allem dessen Denkschrift »O soedinenii staroj Finljandii pod odno imenovanie i odin obraz upravlenija« (»Über die Zusammenfassung des Alten Finnland unter eine Betitelung und eine Form der Verwaltung«), in: Rossijskij Gosudarstvennyj Istoričeskij Archiv [Russisches Staatliches Historisches Archiv] St. Petersburg [kurz: RGIA St. Petersburg], f. 1164, op. 16 t., d. 15 (ed. chr. 15), Fol. 1-33, v. a. Fol. 20-33 – auch vorhanden in: Suomen Kansallisarkisto [Nationalarchiv Finnlands, im Folgenden: KA] Helsinki, Neuvostoliiton mikrofilmit/Mikrofilme Sowjetunion 26. Siehe außerdem P. Scheibert (Hg.), Eine Denkschrift Speranskijs zur Reform des Russischen Reichs aus dem Jahre 1811, in: Forschungen zur osteuropäischen Geschichte 7 (1959), S. 26-58. Zu Speranskijs Motiven vgl. ferner Jussila, Perustuslait (wie Fn. 1), S. 89-92; Nesemann, Staat (wie Fn. 1), S. 108-120.

23 Als *Spiritus Rector* trat dabei auf finnischer Seite der Senatsprokurator Carl Johan Walleen in Erscheinung. Zu den erwähnten Kodifikationsbemühungen siehe Jussila, Suuriruhtinaskunta (wie Fn. 1), S. 205-231; ders., Perustuslait (wie Fn. 1), S. 186-211; ders., Finnland in der Gesetzkodifikation zur Zeit Nikolajs I., in: Jahrbücher für Geschichte Osteuropas 20 (1972), S. 24-41.

24 Yrjö Maunu Sprengtporten'in, Suomen kenraali-kuvernörin (sic!), virallista kirjevaihtoa vv. 1808–1809/Correspondance officielle de George Magnus Sprengtporten, gouverneur général de la Finlande en 1808–1809 (hg. v. Y. Koskinen), Helsinki 1882, S. XVII.

seil«.²⁵ Beide Organe – der Generalgouverneur und der vom Zaren ernannte »Conseil«/Senat – nahmen aus russischer Sicht die Regierungsgewalt des Herrschers für diesen in Finnland stellvertretend wahr. Anstelle Turkus (Åbos) wurde die damals noch kleine, jedoch wesentlich näher an Russland gelegene Festungsstadt Helsinki (Helsingfors) 1812 durch zarischen Beschluss zur neuen Hauptstadt Finnlands erklärt. Nach entsprechenden Ausbaumaßnahmen verlagerte der Senat im Jahre 1819 seinen Sitz dorthin.²⁶ (☞ Abb. 16.2)

Zusätzlich zu der aus einem Vertreter der Petersburger Reichszentrale und einem einheimischen Lenkungsorgan bestehenden obersten Ebene von Regierung und Verwaltung wurde im Jahre 1811 das in Petersburg ansässige *Komitee für finnische Angelegenheiten* konstituiert, dem ausschließlich finnische Untertanen des Zaren angehörten.²⁷ Seine Aufgabe bestand laut Satzung darin, dem Zaren – in Übereinstimmung mit der bereits erwähnten Verfügung vom 19. November/1. Dezember 1808 – in all denjenigen Fragen Vortrag zu erstatten, deren Entscheidung nach den bisher geltenden (schwedischen) Gesetzen unmittelbar dem monarchischen Herrscher oblag.²⁸ In der politischen Wirklichkeit hatte das Petersburger Finnlandkomitee ein gutes Jahrzehnt lang eine dominierende Stellung in den finnischen Regierungs- und Verwaltungsangelegenheiten inne.²⁹ Nachdem es im März 1826 auf Betreiben von Generalgouverneur Arsenij Zakrevskij (im Amt von 1823 bis 1831) aufgelöst worden war, trat das Amt des Staatssekretärs (ab 1834: Ministerstaatssekretärs) für Finnland an seine Stelle. Die wichtigste Funktion dieses Beamten, der wie einst die Komiteemitglieder aus Finnland selbst zu stammen hatte, bestand darin, zu überprüfen und dem Zaren gegenüber darzulegen, inwieweit russische Reichsgesetze mit der eigenständigen Verfassungs- und Rechtsstruktur Finnlands vereinbar waren.³⁰ In den Regierungs- und

---

25 Den Vorsitz im »Regierungsconseil«/Senat führte der Generalgouverneur zum einen in dessen Plenum, zum anderen in dessen »Ökonomiedepartement«; vgl. CD-ROM-2, Dok. 16.5.1 (schwed.)/16.5.2 (dt.) (Reglement über den Regierungsrat v. 18.8.1809). Näheres hierzu siehe überdies im Kapitel 5, Verwaltung.
26 Einige dem Senat unterstellte Büros und Kanzleien – z. B. die Zolldirektion und das Landvermessungskontor – verblieben jedoch noch zwei weitere Jahre in Turku (Åbo). Vgl. Tommila, Autonomian synty (wie Fn. 1), S. 100 f. u S. 140 f.; Korhonen, Komitea (wie Fn. 1). S. 99.
27 In Gestalt der sog. *Kommission für finnische Angelegenheiten* hatte bereits zuvor ein – v. a. aus Angehörigen der überwiegend landesfremden adligen Verwaltungselite des »Alten Finnland« bestehendes – Gremium den Zaren in finnlandpolitischen Fragen beraten. Da es jedoch äußerst ineffektiv arbeitete und überdies nur selten zusammentrat, zeigte sich Alexander I. gegenüber dem Vorschlag Armfelts, dass ein allein aus Finnen bestehendes Komitee an die Stelle der *Kommission für finnische Angelegenheiten* treten solle, von Anfang an aufgeschlossen. Siehe Korhonen, Komitea (wie Fn. 1), S. 36-41; Tommila, Autonomian synty (wie Fn. 1), S. 90; Paaskoski, Armfelt (wie Fn. 5), S. 305 f.
28 Zu den Anfängen des Komitees siehe Korhonen, Komitea (wie Fn. 1), S. 41-87; Nesemann, Staat (wie Fn. 1), S. 246-258.
29 Grundlegend hierzu Korhonen, Komitea (wie Fn. 1), S. 88-249.
30 Nesemann, Staat (wie Fn. 1), S. 284-291.

2 Verfassungsstruktur der zentralen staatlichen Ebene

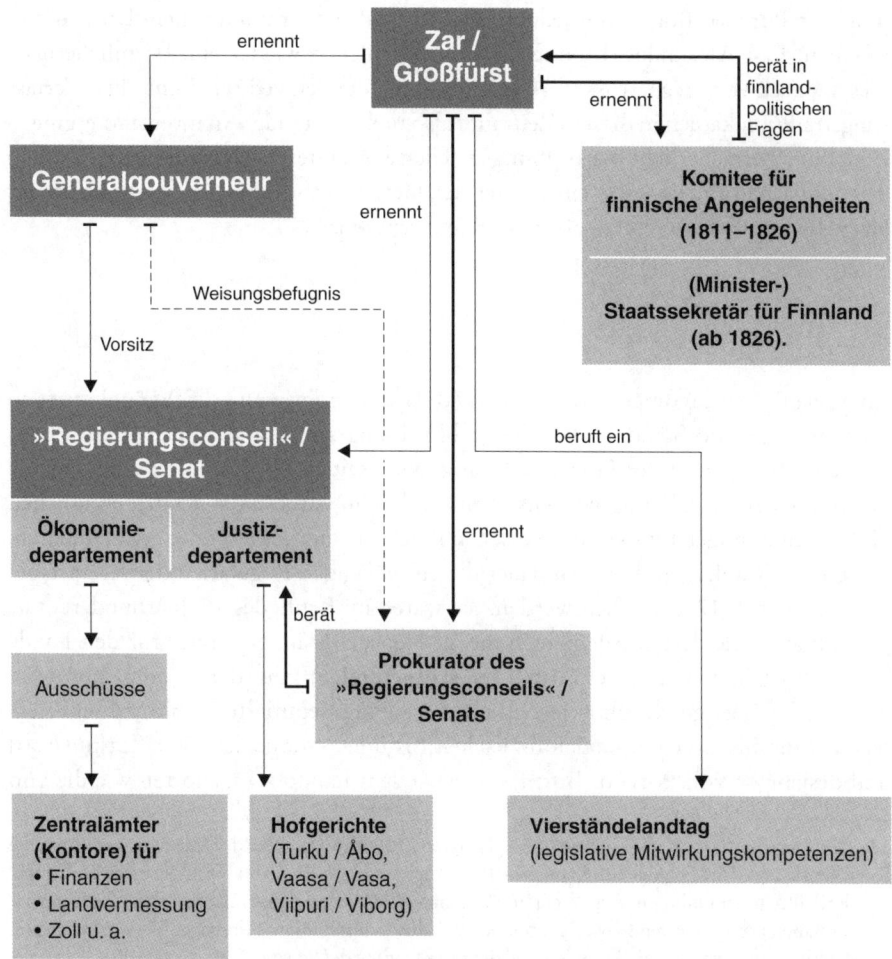

Abb. 16.2 Das Regierungs- und Verwaltungssystem im Großfürstentum Finnland

Verwaltungsbeziehungen zwischen dem russischen Kernimperium und dem de facto autonomen Reichsteil Finnland fiel ihm damit eine Schlüsselrolle zu; in der politischen Praxis hatte er häufig nahezu ein Monopol im Hinblick darauf inne, in welchem Umfang der Geltungsbereich russischer Gesetze auch Finnland erfasste.[31]

Die Zustimmung zu neuen Gesetzen im Großfürstentum oblag nach den aus der Schwedenzeit ererbten Gesetzen dem Vierständelandtag. Nach der Ständeversamm-

---

31 Osmo Jussila, Die russische Reichsgesetzgebung in Finnland in den Jahren 1809–1898. Eine Untersuchung über das Verhältnis zwischen allgemeiner und lokaler Gesetzgebung im Russischen Kaiserreich, in: Jahrbücher für Geschichte Osteuropas 33 (1985), S. 345-365, v. a. S. 349-359; ders., Kenraalikuvernööri (wie Fn. 1), S. 97.

lung von Porvoo (Borgå) trat jedoch über ein halbes Jahrhundert kein Landtag zusammen: Erst Alexander II. berief 1863 einen solchen wieder ein. Förmliche neue Gesetze (schwed.: *lagar*/russ.: *zakony*) im Sinne der schwedisch-finnischen Verfassungstradition kamen in diesem Zeitraum also nicht zustande. An ihrer statt ergingen zahlreiche herrscherliche Verordnungen (Ukase, Manifeste, Weisungen u. a.), die in der politischen Praxis – wie einst unter der Herrschaft Gustavs III. – unterhalb der Schwelle förmlicher Gesetze positives Recht schufen.[32]

3 Wahlrecht und Wahlen

Im Verlauf des Landtages von Porvoo (Borgå) wurden keinerlei Vereinbarungen zwischen Zar und Ständen über die Wahlordnung zum Landtag getroffen. Ebenso wenig ergingen in der Folgezeit Verfügungen seitens des Zaren bzw. Beschlüsse des finnischen »Regierungsconseils«/Senats, die die vor 1808 in Kraft befindlichen Wahlbestimmungen für den schwedischen Reichstag modifiziert oder ergänzt hätten. Als gültige Wahlregeln konnten daher die einschlägigen Regularien der Reichstagsordnung von 1617 angesehen werden. Sie waren im Laufe des 18. Jahrhunderts nur geringfügig verändert worden; auch die Wahlen der Ständevertreter für den Landtag von 1809 hatten auf ihrer Grundlage stattgefunden.[33] Für den Landtag von 1809 wählten die Adelsgeschlechter jeweils einen Landtagsdeputierten, während im Priesterstand die Bischöfe der beiden finnischen Bistümer – desjenigen von Turku (Åbo) und desjenigen von Porvoo (Borgå) – ebenso dem Landtag angehörten wie die von

---

32 Der Tatsache, dass im Hinblick auf die legislativen Mitwirkungsrechte der Stände konstitutionelle Theorie und Wirklichkeit auseinanderklafften, suchte man in Finnland bis in die zweite Jahrhunderthälfte hinein mit dem Argument zu begegnen, dass die legislativen Rechte der Stände gewissermaßen »stellvertretend« wahrgenommen würden – durch interne finnische Vorsondierungen, die Einsetzung von Spezialkomitees und die Einschaltung des Senates. Siehe Jussila, Reichsgesetzgebung (wie Fn. 31), S. 356-359; Nesemann, Staat (wie Fn. 1), S. 211 u. S. 295; Pekka Kauppala, Dauernder Drahtseilakt. Historische Aspekte der Beziehungen Finnlands zu seinem Nachbarn im Osten, in: H. E. Lenk (Hg.), Finnland. Vom unbekannten Partner zum Vorbild Europas?, Landau 2006, S. 93-118, hier: S. 102.

33 Vgl. Czaika/Findeisen, Schweden (wie Fn. 9), S. 996 f. Ebendies war die geltende »gesetzliche Ordnung«, auf die Generalgouverneur Sprengtporten die Provinzgouverneure Finnlands in seinen (unter dem Datum des 21. Januar/2. Februar 1809 stehenden) Instruktionen für die Wahlen zum bevorstehenden Landtag verpflichtete – Sprengtporten'in kirjevaihtoa (wie Fn. 24), S. 109 f.; vgl. CD-ROM-2, Dok. 16.3.1 (schwed.)/16.3.2 (dt.). Diesen Wahlregularien war angesichts des herrschenden Kriegszustandes und der noch ungeordneten administrativen Verhältnisse im Übrigen nur ansatzweise Rechnung getragen worden, als im Sommer 1808 auf Anweisung der Militärverwaltung in den damals von den russischen Truppen besetzten Teilen Finnlands Vertreter der vier Stände für eine Deputation bestimmt wurden, welche dem Zaren die Anliegen der Bevölkerung unterbreiten sollte. Ausführlich hierzu Robert Castrén, Skildringar ur Finlands nyare historia. Första samlingen, Helsingfors/Helsinki 1882, S. 27-55; ferner Tommila, Autonomian synty (wie Fn. 1), S. 34 f.

der Priesterschaft beider Diözesen gewählten Vertreter. In den Städten besaßen die gewerbetreibenden Bürger (Kaufleute, Handwerker, Fischer, Schiffer) gemäß Vermögenszensus das aktive Wahlrecht; gemeinsam mit den Repräsentanten der städtischen Magistrate bildeten sie die Landtagskurie des Bürgerstandes. Die Abgeordneten des Bauernstandes wurden schließlich auf der Ebene der einzelnen Bezirke (schwed.: *härad*) in indirekter Wahl bestimmt, d. h. von jeweils einem Wahlmann für jedes Kirchspiel (schwed.: *socken*); die Wahlmänner traten unter Aufsicht des Bezirksvorsitzenden (schwed.: *häradshövding*) zur Wahl der bäuerlichen Landtagsdeputierten zusammen. Wahlberechtigt waren – entsprechend einem nach jeweiligen Hufen (schwed.: *mantal*) bemessenen Stimmengewicht – die freien Steuerbauern und die Kronbauern, nicht aber Bauern, welche dem Adel gehörendes Land bewirtschafteten.[34]

Für insgesamt 54 Jahre nach dem Landtag von Porvoo (Borgå) blieb die von den Finnen stets hochgehaltene Kontinuität von Landtagswesen und Wahlsystem im Großfürstentum Finnland freilich Theorie – ungeachtet aller Bestrebungen von finnischer Seite, die Einberufung einer Ständeversammlung beim zarischen Herrscher zu erwirken bzw. diesen gar auf einen regelmäßigen Turnus für die Konstituierung des Landtages festzulegen.[35]

4 Grundrechte

Weder auf dem Landtag von 1809 noch zu irgendeinem Zeitpunkt danach erging ein Ukas des Zaren über die Grundrechte der Bewohner Finnlands, welcher die unspezifische Zusicherung Alexanders I. konkretisiert hätte, es sollten jedem Stand für sich sowie allen Einwohnern allgemein alle bislang genossenen Rechte gewährt bleiben.[36] Vor diesem Hintergrund subsumierten die finnischen Staatsgelehrten und Staatsmänner in der ersten Hälfte des 19. Jahrhunderts all diejenigen individuellen und ständebezogenen Freiheiten und Rechte unter die zarische Versicherung von 1809, welche in der »kumulativen Konstitution« Schweden-Finnlands – also in den verschiedenen *grundlagar*, *konstitutioner* und *författningar* – stipuliert worden waren und welche auch das neoabsolutistische Regiment Gustavs III. nicht angetastet hatte. Darüber

---

34 Vgl. Czaika/Findeisen, Schweden (wie Fn. 9), S. 997.
35 Als exemplarisch hierfür kann eine Denkschrift angesehen werden, die Jacob Tengström, der Erzbischof von Turku (Åbo), im Jahre 1819 erstellte – zu einer Zeit, als man sich in Finnland Hoffnungen auf die Einberufung eines Landtages machte. Die Bemühungen Tengströms um eine legislative Regelung, welche die Einberufung des Landtages nach festem, verbindlichem Turnus vorsehen sollte, waren durchaus der politischen Tradition der schwedischen Freiheitszeit verpflichtet. CD-ROM-2, Dok. 16.2.6 (Jacob Tengström über Finnlands künftige Verfassung 1819); Dok. 16.3.3 (Jacob Tengström über die politischen Rechte des Volkes von Finnland 1819).
36 Siehe CD-ROM-2, Dok. 16.2.1 (schwed.)/16.2.2 (dt.) (Erklärung Alexanders I. über die Rechte Finnlands im Russischen Imperium v. 27.3.1809).

hinaus fanden in diese Auffassungen über die Grundrechte der Finnen allerdings auch Anschauungen Eingang, wie sie für die Staatstheorie des zeitgenössischen Konstitutionalismus charakteristisch waren.

Als individuelle Grundrechte wurden so – gerade auch in Eingaben an den Zaren – das Leben, die Ehre und das Eigentum des Einzelnen gemäß den gültigen Gesetzen definiert, ebenso wie andererseits die jedem Standesangehörigen jeweils zustehenden Rechte oder Privilegien.[37] Weiterhin machten die finnischen Staatsmänner die Unabhängigkeit der Justiz sowie das Recht darauf, von niemandem als dem gesetzlichen Richter verurteilt zu werden, als Grundrechte im Sinne der zarischen Erklärung von Porvoo (Borgå) geltend.[38]

Als wesentlichstes politisches Grundrecht fassten die politische Elite und die Staatsgelehrten Finnlands demgegenüber das Recht der »Nation« auf, keinen anderen Gesetzen und keinen anderen Steuerverpflichtungen als denjenigen zu unterliegen, welchen ihre Vertreter auf einem Landtag ihre Zustimmung erteilt hätten.[39]

Wie bereits ausgeführt wurde, fand dieser finnische Standpunkt in der politischen Realität nach 1809 keine Entsprechung. Über die Tatsache, dass über 50 Jahre lang kein Landtag einberufen wurde, konnte man sich innerhalb der finnischen Regierungs- und Verwaltungselite in gewissem Umfang zwar hinwegtrösten, solange die im Lande geltenden schwedischen Gesetze nicht von russischen legislativen Bestimmungen angefochten oder überlagert wurden – und solange sich Finnland berührende zarische Regierungsverordnungen damit deckten, was man in Finnland als Substanz der eigenen »Konstitution« empfand. Sobald Dekrete des Zaren bzw. in seinem Namen ergehende Verfügungen hiermit jedoch in Konflikt gerieten, offenbarten sich sofort die Schwächen der finnischen Konstitutionstheorie – und der darauf beruhenden Anschauungen über die individuellen und politischen Grundrechte. Dies war 1826 der Fall, als Nikolaus I. auf Initiative von Generalgouverneur Zakrevskij eine wegweisende Entscheidung über Konfessionszugehörigkeit und damit verbundene Rechte im öffentlichen Leben Finnlands fällte – also im Bereich dessen, was auch die

---

37 Vgl. CD-ROM-2, Dok. 16.2.6 (Jacob Tengström über Finnlands künftige Verfassung 1819); Dok. 16.3.3 (Jacob Tengström über die politischen Rechte des Volkes von Finnland 1819); Dok. 16.4.1 (frz.)/16.4.2 (dt.) (Memorandum über die Grundrechte entsprechend der Konstitution Finnlands v. 21.6.1819); Dok. 16.2.5 (Denkschrift des Komitees für finnische Angelegenheiten v. 21.6.1819).

38 CD-ROM-2, Dok. 16.4.1 (frz.)/16.4.2 (dt.) (Memorandum über die Grundrechte entsprechend der Konstitution Finnlands v. 21.6.1819); Dok. 16.2.5 (Denkschrift des Komitees für finnische Angelegenheiten v. 21.6.1819).

39 CD-ROM-2, Dok. 16.2.3 (frz.)/16.2.4 (dt.) (Gustaf Mauritz Armfelt über die Prinzipien der Konstitution Finnlands, 1811); Dok. 16.2.6 (Jacob Tengström über Finnlands künftige Verfassung 1819); Dok. 16.3.3 (Jacob Tengström über die politischen Rechte des Volkes von Finnland 1819); Dok. 16.4.1 (frz.)./16.4.2 (dt.) (Memorandum über die Grundrechte entsprechend der Konstitution Finnlands v. 21.6.1819); Dok. 16.2.5 (Denkschrift des Komitees für finnische Angelegenheiten v. 21.6.1819).

4 Grundrechte

zeitgenössische Staatstheorie als »Grundrechte« definierte. Ohne Einberufung eines Landtages – und damit im Widerspruch zu den Vorgaben des schwedisch-finnischen Staatsrechtes – verfügte der Zar, dass orthodoxen Gläubigen mit finnischer Standeszugehörigkeit[40] der Zugang zum Staatsdienst im Großfürstentum zu gewähren sei.[41]

Mochten die finnischen Staatsmänner in der Vergangenheit gegenüber Alexander I. wiederholt die Auffassung vorgebracht haben, dass auch der Souverän Konstitution und Gesetze des Landes zu beachten habe[42], so fielen diese verfassungstheoretischen Konstrukte in der politischen Wirklichkeit nun in sich zusammen. Im Falle einer unüberbrückbaren Kollision zwischen finnischen Rechtsstandpunkten und den übergeordneten Interessen des Imperiums hatten finnische Ansprüche aus russischer Sicht eben zurückzutreten.[43] Die erwähnte Entscheidung des Jahres 1826, bei der sich der Zar und der Generalgouverneur über das legislative Mitwirkungsrecht der Stände hinweggesetzt hatten, blieb in ihrer politischen und staatsrechtlichen Konstellation freilich ein Einzelfall. Allgemein ergingen über die Grundrechte der Einwohner Finnlands in der ersten Hälfte des 19. Jahrhunderts keine wesentlichen eigenständigen Dekrete und Verordnungen; gelegentlich Erwähnung fanden die Grundrechte eher im Kontext der Satzungen für die neu begründeten Regierungs- und Verwaltungsorgane. Wo dies geschah, wurden allerdings keine neuen grundrechtlichen Ansprüche begründet, sondern klassische Untertanenrechte den seit 1809 geänderten politischen Verhältnissen angepasst – wie beispielsweise im Falle des Rechtes auf Petitionen, die laut der Satzung für den Generalgouverneur an diesen als den direkten Vertreter der zarischen Macht im Großfürstentum zu richten waren.[44]

---

40 Es war für Untertanen aus dem übrigen Imperium nur unter erheblichen Schwierigkeiten möglich, dauerhaftes Wohnrecht bzw. eine Standeszugehörigkeit in Finnland zu erlangen. Nicht zuletzt aus diesem Grunde bewegte sich die Zahl der im Lande ansässigen Russen – als Angehöriger des »Staatsvolkes« im Petersburger Imperium – noch zu Beginn des 20. Jahrhunderts im Bereich eines niedrigen einstelligen Prozentsatzes. Siehe zu der Frage des »Staatsbürgerrechtes« im Großfürstentum Max Engman, Borgare och skenborgare i Finland och Ryssland under första hälften av 1800-talet, in: Historisk Tidskrift för Finland 63 (1978), S. 189-207.
41 Näheres hierzu in Kapitel 8, Verfassungskultur, und Kapitel 9, Kirche.
42 So das *Komitee für finnische Angelegenheiten* im Juni 1819, in: CD-ROM-2, Dok. 16.4.1 (frz.)/16.4.2 (dt.) (Memorandum über die Grundrechte entsprechend der Konstitution Finnlands v. 21.6.1819); Dok. 16.2.5 (Denkschrift des Komitees für finnische Angelegenheiten v. 21.6.1819).
43 Jussila, Perustuslait (wie Fn. 1), S. 95; Nesemann, Staat (wie Fn. 1), S. 140 f.
44 CD-ROM-2, Dok. 16.4.3 (schwed.)/16.4.4 (dt.) (Instruktion für den Generalgouverneur mit Petitionsrecht v. 12.2.1812).

5 Verwaltung

Mit dem Generalgouverneur und dem einheimischen »Regierungsconseil«/Senat verfügte Finnland über eine doppelte Verwaltungsspitze. (☞ Abb. 16.2, S. 1273) Innerhalb dieser besaß der Generalgouverneur formal eine Vorrangstellung. Als direkter Vertreter des Zaren und, wie es die Satzung für den Generalgouverneur definierte, als »Oberhaupt der zivilen Exekutive« in Finnland war er für die Ausführung der herrscherlichen Anordnungen, für das Funktionieren von Regierung und Verwaltung sowie für die innere und äußere Sicherheit – d. h. für Polizeiangelegenheiten im weiteren Sinne – verantwortlich.[45] Außerdem stand es ihm zu, Plenarsitzungen des »Regierungsconseils«/Senates einzuberufen und bei diesen Plena sowie bei den Sitzungen des »Ökonomiedepartements« den Vorsitz zu führen.[46] Entsprechend einem zu Jahresbeginn 1811 von Speranskij und Generalgouverneur Fabian Steinheil aufgesetzten Entwurf für die – im Folgejahr dekretierte – Satzung des Generalgouverneurs sollte diesem sogar ein Vetorecht gegen Beschlüsse des »Regierungsconseils« zukommen. Nach finnischen Protesten fanden sich die russischen Verantwortlichen indes zu einer Streichung des erwähnten Passus bereit.[47] Dem »Ökonomiedepartement« des »Regierungsconseils«/Senates wies die vom Zaren 1809 erlassene einschlägige Satzung die »allgemeine Wirtschaftsführung« als Aufgabenbereich zu, während die Pflege der Rechtsprechung Sache des »Justizdepartements« war.[48]

Sieht man von Angelegenheiten der inneren und äußeren Sicherheit ab, die eine klare Domäne des Generalgouverneurs darstellten, so verfügte der »Regierungsconseil«/Senat im Rahmen seiner – lediglich allgemein definierten – Zuständigkeitsbereiche im politischen Alltag durchaus über eigenständige Entscheidungsspielräume im Verhältnis zum Generalgouverneur. Dies galt nicht allein zu Zeiten eines weitgehend kooperativen Verhältnisses zwischen »Regierungsconseil«/Senat und Generalgouverneur, wie es in der Amtsperiode des Baltendeutschen Steinheil (1810–1823) bestand. Ebenso traf dies vor dem Hintergrund einer entschlossenen Wahrnehmung der dem Generalgouverneur zustehenden Befugnisse und einer distanzierten Beziehung zwischen diesem und dem Senat zu – wie es in der Amtszeit Zakrevskijs (1823–1831) der Fall war. Auch dann vermochte das oberste einheimische Verwaltungsorgan seine

---

45 CD-ROM-2, Dok. 16.5.3 (schwed.)/16.5.4 (dt.) (Instruktion für den Generalgouverneur mit Verwaltungsaufsicht v. 12.2.1812).
46 Samling (wie Fn. 13), Bd. 1, S. 23-35, hier: S. 24 f. (siehe außerdem ebd., S. 217). Vgl. CD-ROM-2, Dok. 16.5.1 (schwed.)/16.5.2 (dt.) (Reglement über den Regierungsrat v. 18.8.1809). Vom erwähnten Recht, bei den Sitzungen des »Regierungsconseils«/Senates den Vorsitz zu führen, machten die Generalgouverneure jedoch häufig keinen Gebrauch. – Siehe dazu Nesemann, Staat (wie Fn. 1), S. 261 f.
47 Nesemann, Staat (wie Fn. 1), S. 212-216.
48 CD-ROM-2, Dok. 16.5.1 (schwed.)/16.5.2 (dt.) (Reglement über den Regierungsrat v. 18.8.1809). Zur Geschichte des finnischen »Regierungsconseils« (Senates) siehe ferner Markku Tyynilä, Senaatti. Tutkimus hallituskonselji-senaatista 1809–1918, Helsinki 1992.

weitreichenden Entscheidungskompetenzen in der innerfinnischen Haushaltsverwaltung und in der Rechtsprechung zu bewahren.[49] In der politischen Realität stand der »Regierungsconseil«/Senat zumindest im ersten Jahrzehnt seines Bestehens gleichwohl im Schatten des *Komitees für finnische Angelegenheiten.* Dieses intervenierte zu jener Zeit in vielen finnischen Verwaltungsvorgängen – wobei es die Kompetenzen des Generalgouverneurs häufig überging.[50]

Der in zwei Abteilungen untergliederte »Regierungsconseil«/Senat stellte als politisches und administratives Leitungsgremium ein Organ dar, für das es weder in der schwedischen noch in der zarisch-russischen staatlichen Tradition eine institutionelle Parallele gab. In seine Substanz waren gleichwohl Elemente aus dem verwaltungshistorischen Erbe beider Reiche eingeflossen.[51] So fand sich in ihm die oberste Zivilverwaltung mit dem obersten Organ der Rechtsprechung vereinigt, wie dies beim alten – 1789 aufgelösten – schwedischen Reichsrat und beim Petersburger Regierenden Senat der Fall war. Dieser doppelten Funktion des »Regierungsconseils«/Senates lag ein regierungs- und verwaltungstheoretisches Denken zugrunde, in dem gewalteteilige Vorstellungen noch nicht Platz gegriffen hatten. Die Einrichtung eines einheitlichen administrativen Zentralorgans entsprach im Übrigen der russischen Verwaltungstradition.[52] Dessen Unterteilung in zwei nach dem Kollegialprinzip arbeitende Abteilungen mit relativ genau definierten Zuständigkeiten ähnelte wiederum schwedischen Vorbildern. Ebenso konnte die hälftige Einteilung seiner – vom Zaren berufenen – Mitglieder in Adlige und Nichtadlige[53] als schwedisches Verwaltungserbe betrachtet werden.[54]

Abgesehen von den an der Spitze der Staatsverwaltung etablierten Organen blieb die traditionelle administrative Gliederung nach 1808/09 erhalten. So wurden weder die Provinzen (schwed.: *län*) neu eingeteilt noch das System der lokalen Verwaltung in erwähnenswerter Form geändert. Unterhalb der Provinzebene verfügten die Bezirke (schwed.: *härad*) sowie die Kirchspiele (schwed.: *socken*) nur über sehr begrenzte Selbstverwaltungsrechte. Hatten die Bezirke im Wesentlichen übergeordnete staatliche Aufgaben auszuführen – vor allem im Bereich des Fiskalwesens –, so oblagen den Kirchspielen in erster Linie die Aufrechterhaltung und die Finanzierung der örtlichen Kirchenstrukturen sowie die lokale Armenfürsorge.[55] Bestehen blieb ferner

---

49 Nesemann, Staat, (wie Fn. 1), S. 270 f.
50 Korhonen, Komitea (wie Fn. 1), S. 132-139, S. 146-152 u. S. 256-261; Nesemann, Staat (wie Fn. 1), S. 267-269.
51 Taimi Torvinen, Venäjän vaikutus Suomen keskushallinnon syntyyn ja rakenteeseen, in: Historiallinen aikakauskirja 83 (1985), S. 23-26; Czaika/Findeisen, Schweden (wie Fn. 9), S. 988.
52 Tommila, Autonomian synty (wie Fn. 1), S. 115.
53 CD-ROM-2, Dok. 16.5.1 (schwed.)/16.5.2 (dt.) (Reglement über den Regierungsrat v. 18.8.1809).
54 Tommila, Autonomian synty (wie Fn. 1), S. 115.
55 Die das schwedische Reich um 1800 betreffenden Feststellungen bei Czaika/Findeisen, Schweden (wie Fn. 9), S. 1003 f., lassen sich damit auch auf Finnland in der ersten Hälfte des 19. Jahrhunderts übertragen.

auch das traditionelle schwedische System der städtischen Selbstverwaltung, welches auch unter der Herrschaft Gustavs III. in seinen wesentlichen Strukturen nicht angetastet worden war.[56]

In dem aus der Schwedenzeit übernommenen System der Beamtenhierarchie ergaben sich jedoch Neuerungen. Hier erfocht Generalgouverneur Zakrevskij im Jahre 1826 – gegen den Widerstand des finnischen Senates – die Befugnis des Generalgouverneurs, Kronbedienstete und Amtmänner, die sich eines Vergehens schuldig gemacht hatten, auch ohne vorhergehendes Gerichtsverfahren ihrer Ämter zu entheben.[57]

6 Justiz

Mit dem »Justizdepartement« des »Regierungsconseils«/Senates war für Finnland ein neues oberstes Organ der ordentlichen Rechtsprechung ins Leben gerufen worden, das in dieser Eigenschaft sowohl dem 1789 in Schweden etablierten Obersten Gericht als auch – zumindest in der politischen Praxis – dem Petersburger Regierenden Senat ähnelte.[58] Für die Gerichtsbarkeit in Finnland stellte der »Regierungsconseil«/Senat zugleich die höchste Appellations- und Entscheidungsinstanz dar, doch bedurften Urteile über Leib und Leben sowie über persönliche Ehrenangelegenheiten der Bestätigung durch den Zaren, ehe sie vollstreckt werden konnten.[59] (☛ Abb. 16.2, S. 1273)

Über Befugnisse in der Rechtsprechung verfügte auch der Generalgouverneur, der allgemein für den ordentlichen Gang der Justiz in Finnland nach Recht und Gesetz Sorge zu tragen hatte. Er hatte in dieser Eigenschaft auch gegenüber dem Prokurator des »Regierungsconseils«/Senats, der als eine Art Wächter über Recht und Verfassung im Großfürstentum fungierte, Weisungskompetenz. Wurde im »Regierungsconseil«/Senat über Strafsachen verhandelt, hatte er sogar das Recht, den entsprechenden Verhandlungen beizuwohnen und dem Zaren gegenüber ein Sondervotum abzugeben, sofern er die im »Regierungsconseil«/Senat gefällte Entscheidung nicht guthieß.[60]

---

56 Czaika/Findeisen, Schweden (wie Fn. 9), S. 1002 f.
57 Samling af Placater, Förordningar, Manifester och Påbud, samt andre Allmänna Handlingar, hwilka i Stor-Furstendömet Finland sedan 1809 års början ifrån trycket utkommit. Femte Delen [Bd. 5]: 1825–1829, Helsingfors/Helsinki 1831, S. 121. Vgl. außerdem Kalleinen, Kenraalikuvernementti (wie Fn. 1), S. 94.
58 Tommila, Autonomian synty (wie Fn. 1), S. 115.
59 A. R. Cederberg (Hg.), Arkkipiispa Tengströmin ajatukset Suomen uudesta perustuslaista, in: Historiallinen arkisto XXIV, II, 3 (1914), S. 1-19, hier: S. 12; CD-ROM-2, Dok. 16.6.1 (Jacob Tengström über das Justizdepartement im Senat für Finnland 1819); Dok. 16.2.6 (Jacob Tengström über Finnlands künftige Verfassung 1819).
60 CD-ROM-2, Dok. 16.6.2 (schwed.)/16.6.3 (dt.) (Reglement für den Regierungsrat mit Rechtsaufsicht des Generalgouverneurs v. 18.8.1809).

Unterhalb der Ebene des »Regierungsconseils«/Senates existierte im Großfürstentum Finnland im Wesentlichen die schwedische Gerichtsverfassung weiter, wie sie entsprechend dem »Allmän Lag« von 1734 Bestand gehabt hatte. Als überregionale Gerichtsinstanz fungierten so die – zunächst zwei, ab 1839 drei – Hofgerichte, in denen professionelle Richter mit gewählten Schöffen Recht sprachen.[61] Unter der Aufsicht der Hofgerichte bestanden für die lokale Gerichtsbarkeit die Bezirksgerichte (schwed.: *häradsrätt*) sowie die städtischen Tribunale, die sich ungeachtet ihrer Unterordnung unter die Hofgerichte eine gewisse Entscheidungsautonomie in Strafsachen bewahrt hatten.[62]

Ausgenommen von der ordentlichen Gerichtsbarkeit blieben, entsprechend dem schwedischen Kirchengesetz von 1686, die juridischen Belange der lutherischen Kirche. Hier fungierten die Domkapitel der beiden Bistümer als oberste innerkirchliche Rechtsinstanz, während die Ortsgeistlichen jurisdiktionelle Aufgaben auf der Ebene der Gemeinden wahrnahmen.[63]

7 Militär

Finnland verfügte in der ersten Hälfte des 19. Jahrhunderts über kein eigenständiges Militärwesen. Allerdings existierten im Rahmen der russischen Armee seit dem Krieg mit Frankreich ab 1812 einige wenige Truppeneinheiten in Bataillonsstärke, die im Lande rekrutiert worden waren.[64] Zwar war nach dem Einmarsch der russischen Truppen in Finnland zunächst erwogen worden, ein einheimisches Militär unter dem

---

61 Zusätzlich zu den aus der Schwedenzeit ererbten beiden Hofgerichten in Turku (Åbo) und in Vaasa (Vasa) wurde im Jahre 1839 in Viipuri (Viborg) ein dritter derartiger Gerichtshof begründet. Zu seiner Entstehungsgeschichte siehe Kalleinen, Kenraalikuvernementti (wie Fn. 1), S. 193-195.
62 Göran Inger, Svensk rättshistoria, Malmö 4. Aufl. 1997, S. 113-117; ferner Czaika/Findeisen, Schweden (wie Fn. 9), S. 1006 f. Aufschlussreich für die seinerzeitige Gerichtsverfassung Finnlands und die Vereinheitlichung des finnischen Gerichtswesens in der zweiten Hälfte des 19. Jahrhunderts ist außerdem Pentti Ahmas, Oikeudenkäynnin yhdenmukaistaminen 1800-luvulla. Oikeushistoriallinen tutkimus kämnerin-, laamannin- ja ritarisyynioikeuksien lakkauttamisesta, Helsinki 2005.
63 Vgl. Czaika/Findeisen, Schweden (wie Fn. 9), S. 1006. Das Kirchengesetz von 1686 wurde in Finnland erst im Jahre 1869 von einem neuen Kirchengesetz abgelöst.
64 1812 waren sechs leichte Infanteriebataillone aus dem Großfürstentum mit einer Gesamtstärke von 3600 Mann rekrutiert worden – zwei davon aus dem »Alten Finnland«. Nach verschiedenen organisatorischen Umstrukturierungen wurden fünf dieser Truppenkontingente im Jahre 1830 jedoch wieder aufgelöst. Ebenfalls 1830 wurde ein mit einer finnischen Besatzung bestücktes Schiff für die russische Marine in Dienst gestellt; 1846 wurde schließlich ein zweites finnisches Heeresbataillon rekrutiert. – Siehe J. E. O. Screen, The Military Relationship between Finland and Russia, 1809–1917, in: Branch u. a. (Hg.), Finland (wie Fn. 10), S. 259-270, hier: S. 261 f.; Max Engman, Lejonet och dubbelörnen. Finlands imperiella decennier 1830–1890, Stockholm 2000, S. 42 f.

Kommando des Generalgouverneurs neu zu konstituieren[65], doch verfügte Zar Alexander I. im Jahre 1810 schließlich die Auflösung der traditionellen schwedisch-finnischen Rottenarmee.[66] Versuchen der finnischen Staatsmänner, den Zaren zur Aufstellung einer eigenständigen Streitmacht für den faktisch autonomen Reichsteil Finnland zu bewegen, war in der ersten Hälfte des 19. Jahrhunderts kein Erfolg beschieden.[67] Die wenigen im Großfürstentum rekrutierten Militäreinheiten stellten damit einen Teil der im Lande stationierten russischen Streitmacht dar: Wie diese standen sie in Friedenszeiten unter dem Oberbefehl des Generalgouverneurs.[68]

Bis zur Verabschiedung des finnischen Wehrpflichtgesetzes von 1878 bestand im Großfürstentum keine militärische Dienstpflicht.[69] Ebenso blieb das Land von dem bedrückenden Rekrutierungssystem für die russische Reichsarmee verschont, das die Zwangseingezogenen zu jahrzehntelangem Dienst verpflichtete und das unter Nikolaus I. besonders brutale Züge annahm. Bisweilen – vor allem zu Beginn der 1830er-Jahre – nahm die russische Armee auf der Grundlage mehr oder weniger »freiwilliger« vertraglicher Übereinkünfte zwar auch Rekruten aus Finnland in den Dienst, doch stellten solche Anwerbungen einfacher Soldaten aus dem Großfürstentum eine Ausnahmeerscheinung dar.[70] Seit 1808/09 traten dagegen stets adlige Offiziere aus Finnland in die russische Armee ein, um die Chancen zu einer militärischen bzw. sich daran anschließenden zivilen Laufbahn zu nutzen, welche ihnen der russische Staatsdienst zu bieten vermochte.[71] Von Beginn an wurde der Armeedienst finnischer Offiziere von der Petersburger Regierung gefördert.[72]

---

65 CD-ROM-2, Dok. 16.7.1 (russ.-frz.)/16.7.2 (dt.) (Truppenaufstellung in Finnland 1.12.1808).
66 Tommila, Autonomian synty (wie Fn. 1), S. 46; Seppo Zetterberg, Autonominen suuriruhtinaskunta, in: Suomen historian pikkujättiläinen, Helsinki u. a. 7. Aufl. 1997, S. 357-371, hier: S. 370.
67 Für die Aufstellung einer eigenen finnischen Armee setzte sich beispielsweise das *Komitee für finnische Angelegenheiten* in seiner Denkschrift vom 21. Juni 1819 ein; vgl. CD-ROM-2, Dok. 16.7.3 (frz.)/16.7.4 (dt.). Siehe ferner Screen, Relationship (wie Fn. 64), S. 261 f.
68 Siehe dazu Pulma, Suuriruhtinaskunta (wie Fn. 6), S. 377 f.
69 Die Rekrutierung für die erwähnten finnischen Truppenkontingente ging auf der Grundlage von Anwerbungen vor sich; allerdings waren die beiden »altfinnischen« Bataillone des Jahres 1812 noch nach dem 1797 im Gouvernement von Viipuri (Viborg) eingeführten russischen Aushebungssystem aufgestellt worden. Vgl. Screen, Relationship (wie Fn. 64), S. 261.
70 Hierzu Engman, Lejonet (wie Fn. 64), S. 107-144.
71 Engman, Lejonet (wie Fn. 64), S. 41-69; Jussila, Suuriruhtinaskunta (wie Fn. 1), S. 157 f.; Screen, Relationship (wie Fn. 64), S. 267 f.
72 So gab Generalgouverneur Steinheil beispielsweise am 26. Juni/8. Juli 1812 im Namen des Zaren bekannt, die russischen Behörden würden ggfs. die Kosten der Ausstaffierung für nicht hinreichend begüterte Offiziersanwärter übernehmen; Samling (wie Fn. 13), Bd. 1, S. 378 f.

8 Verfassungskultur

Sieht man von der kleinen früheren Emigrantengruppe um den – bereits 1809 abgelösten – ersten Generalgouverneur Göran Magnus Sprengtporten ab, fühlten sich die Staatsmänner und die Verwaltungselite des Großfürstentums in der ersten Hälfte des 19. Jahrhunderts mehr oder weniger entschieden dem politischen Erbe Gustavs III. verpflichtet. Dies traf vor allem auf die Generation der »älteren Gustavianer« um Gustaf Mauritz Armfelt zu, daneben aber auch auf die jüngere Generation der finnischen Staatsmänner um den langjährigen Finnland-Staatssekretär Robert Henrik Rehbinder. Im Hinblick auf die Stellung Finnlands im Imperium ging die einheimische Regierungs- und Verwaltungselite allgemein von der Prämisse aus, dass das gustavianische staatsrechtliche Erbe ungeachtet der seit 1808 veränderten politischen Rahmenbedingungen prinzipiell ungebrochen fortbestehe: Dieser Auffassung zufolge war Finnland im Wesentlichen nur durch die Person des Zaren-Großfürsten mit den politischen und administrativen Strukturen des Gesamtreiches verbunden.[73] (☛ Abb. 16.3, S. 1284)

Ihre Ansicht von der grundsätzlichen Kontinuität des gustavianischen Staatsrechtes brachten die finnischen Staatsmänner in den Jahren nach 1808/09 in Eingaben und Denkschriften zum Ausdruck, die sie an Alexander I. richteten. Gleichwohl waren sie sich der Tatsache bewusst, dass die unspezifischen Zusicherungen des Zaren über den Fortbestand der Rechte Finnlands im Imperium keineswegs als grundsätzliche Absage an künftige Revisionen im Hinblick auf die Gesetze des Landes zu verstehen waren. Sie strebten daher nach einer ausdrücklichen, verbindlichen Garantie des Zaren bezüglich der finnischen »Konstitution« – vor allem bezüglich der gustavianischen Regierungsgesetze.[74] Gerade die jüngeren »Gustavianer« um Rehbinder traten in die-

---

73 Cederberg (Hg.), Tengströmin ajatukset (wie Fn. 59), S. 4. Vgl. CD-ROM-2, Dok. 16.2.6 (Jacob Tengström über Finnlands künftige Verfassung 1819); Dok. 16.8.5 (Jacob Tengström über die Grundlagen der finnisch-russischen Regierungsbeziehungen 1819). Siehe hierzu ferner Jussila, Reichsgesetzgebung (wie Fn. 31), S. 346; Robert Schweitzer, »Autokratie verboten!?« Der »Verfassungsschutzparagraph« der schwedischen Freiheitszeit (§ 8 Cap IV Missgjerningsbalk des Reichsgesetzbuchs von 1734) und sein Schicksal in Finnlands Autonomiezeit: zur Frage des Fortgeltens schwedischen Rechts *mutatis mutandis*, in: V. Vares (Hg.), Einfluss, Vorbilder, Zweifel. Studien zu den finnisch-deutschen Beziehungen vom Mittelalter bis zum Kalten Krieg, Tampere 2006, S. 55-70, v. a. S. 57-60.
74 Frank Nesemann, »Keine Konstitution, keine Grundgesetze haben wir derzeit ...«. Verfassungsdenken und Verfassungsbestrebungen im Finnland der frühen Autonomiezeit, in: NORDEUROPA*forum* 1/2007, S. 45-76, hier: S. 49-51. Ähnliche Beweggründe standen im Übrigen auch hinter der – schließlich erfolgreichen – Initiative Gustaf Mauritz Armfelts zur Eingliederung des »Alten Finnland« in das politische und administrative Gefüge des Großfürstentums. Es war das erklärte Ziel Armfelts, im Kontext der politischen und administrativen Vereinigung sämtlicher unter zarischer Herrschaft befindlichen finnischen Gebiete eine neuerliche, möglichst explizite und verbindliche Anerkennung der im Großfürstentum geltenden Verfassungs- und Rechtsordnung seitens des Zaren zu erreichen; CD-ROM-2, Dok. 16.2.3 (frz.)/16.2.4 (dt.) (Gustaf Mauritz

Abb. 16.3 Auf dem Landtag von Porvoo/Borgå bereitet sich der Adel auf den Treueschwur gegenüber Alexander I. vor, 29. März 1809

sem Zusammenhang dafür ein, dass die geltenden Regierungsgesetze der veränderten staatlichen Zuordnung Finnlands in Form und Inhalt angepasst würden. Sie verfolgten damit das Ziel, russischen Initiativen zuvorzukommen, welche die vorhandenen Widersprüche zwischen Gesetzestexten und politischer Wirklichkeit zum Anlass für Eingriffe in die »Konstitution« des Großfürstentums nähmen.[75]

Diese Bestrebungen vollzogen sich vor dem Hintergrund eines allmählichen begriffstheoretischen Wandels im Hinblick auf die Termini »Konstitution« bzw. »Verfassung«, welcher im staatsrechtlichen Diskurs der politischen und administrativen Elite Finnlands in den Jahren nach 1808/09 in Gang gekommen war. Neben den traditionellen altständischen Deutungshorizont traten nun auch die Begriffskategorien des modernen Konstitutionalismus – mit der Idee der Repräsentativverfassung bzw. der einheitlichen Verfassungscharta, deren Bestimmungen sowohl die Grenzen staat-

---

Armfelt über die Prinzipien der Konstitution Finnlands 1811). Siehe auch Paaskoski, Armfelt (wie Fn. 5), passim.

75 CD-ROM-2, Dok. 16.8.1 (schwed.)/16.8.2 (dt.) (Denkschrift Rehbinders über die Gültigkeit und den Inhalt der Konstitution Finnlands v. 29.10.1816). Siehe ferner Nesemann, »Keine Konstitution« (wie Fn. 74), S. 49 f.

licher Machtausübung als auch Bürgerrechte fixierten.[76] Verstanden sich die »gustavianischen« Staatsmänner des Großfürstentums auch als Sachwalter einer dezidiert monarchischen Regierungstradition, so erkannten sie gleichwohl die Vorteilhaftigkeit einer einheitlichen Verfassungsakte, welche die politische Grundstruktur eines Landes verbindlich normierte.[77] Eine solche Verfassungsakte sollte nach ihrem Willen vor allem die Staatsgesetze und das Regierungssystem Gustavs III. explizit und verbindlich bestätigen; sie sollte, anders gesagt, dezidiert vorrevolutionäre Prinzipien also in ein modern-konstitutionelles Gewand hüllen.[78]

Die Hoffnungen auf den Erlass einer Charta, durch die der Zar die »Konstitution« Finnlands förmlich bestätigen würde, schienen sich im Jahre 1819 zu erfüllen. Alexander I. spielte seinerzeit mit dem Gedanken, analog dem polnischen Vorbild von 1815 auch für Russland eine geschriebene Verfassung zu erlassen – Grund genug für die Finnen, auf einen ähnlichen Akt zugunsten des Großfürstentums zu hoffen.[79] Im Spätsommer jenes Jahres begab sich der Zar auf eine ausgedehnte Inspektionsreise durch Finnland, in deren Rahmen er in unverbindlicher Form auch die Einberufung eines neuen Landtages in Aussicht stellte.[80] Im zeitlichen Kontext dieser Reise entstanden drei für den Zaren bestimmte finnische Denkschriften, die detaillierte Vorschläge für den Inhalt derjenigen Verfassungsakte enthielten, deren Gewährung man sich im Großfürstentum mit Blick auf den bevorstehenden Landtag erhoffte.[81]

---

76 Dieter Grimm, Verfassung (II.). Konstitution, Grundgesetze, in: O. Brunner u. a. (Hg.), Geschichtliche Grundbegriffe. Historisches Lexikon zur politisch-sozialen Sprache in Deutschland, Bd. 6, Stuttgart 1990, S. 863-899, hier: S. 866-868; Nesemann, »Keine Konstitution« (wie Fn. 74), S. 51-55.
77 Siehe z. B. ein Schreiben Gustaf Mauritz Armfelts an seinen Freund Johan Albrekt Ehrenström vom 21. Mai 1814, in: CD-ROM-2, Dok. 16.8.3 (frz.-schwed.)/16.8.4 (dt.) (Gustaf Mauritz Armfelt über die Stellung Finnlands im Russischen Imperium v. 21. Mai 1814).
78 Nesemann, »Keine Konstitution« (wie Fn. 74), S. 52-56.
79 Alexander I. beauftragte seinen Jugendfreund und Berater Nikolaj Novosil'cev in den Jahren 1818 und 1819 mit der Ausarbeitung eines Entwurfes für eine gesamtstaatliche Verfassungscharta; M. Raeff (Hg.), Plans for Political Reform in Imperial Russia, 1730–1905, Englewood Cliffs/N. J. 1966, S. 110-120; Günther Stökl, Russische Geschichte. Von den Anfängen bis zur Gegenwart, Stuttgart 5. Aufl. 1990, S. 440-442, S. 454-456 u. S. 467; Janet Hartley, The »Constitutions« of Finland and Poland in the Reign of Alexander I: Blueprints for Reform in Russia?, in: Branch u. a. (Hg.), Finland (wie Fn. 10), S. 41-59, hier: S. 44.
80 Tommila, Autonomian synty (wie Fn. 1), S. 142-146.
81 Verfasst wurden diese drei Denkschriften vom späteren Senatsprokurator Carl Johan Walleen, dem *Komitee für finnische Angelegenheiten* und Erzbischof Tengström. Siehe J. R. Danielson-Kalmari (Hg.), C. J. Walleenin memoriali Suomen valtiosääntöön tehtävistä korjauksista, in: Historiallinen arkisto 24, I.3 (1914), S. 1-35; ders., Suomen asiain komitean alamainen esitys 21 p:ltä kesäkuuta 1819 maamme valtiosääntöön tehtävistä muutoksista, in: Historiallinen arkisto XXVII.1 (1918), S. 1-33; Cederberg (Hg.), Tengströmin ajatukset (wie Fn. 59). Zur Entstehung der Denkschriften siehe Nesemann, »Keine Konstitution« (wie Fn. 74), S. 58.

Diese Hoffnungen erfüllten sich jedoch nicht. Vielmehr erlitten die finnischen Staatsmänner im Jahre 1826 in einem Verfassungskonflikt mit dem Generalgouverneur und dem Zaren, bei dem es um die Gleichberechtigung finnischer Untertanen orthodoxen Glaubens im öffentlichen Leben des Landes ging, mit ihrer staatsrechtlichen Position eine Niederlage.[82] Als Ergebnis dieses Konfliktes fanden die finnischen Staatsmänner nach 1826 zu einer veränderten politischen Taktik im Umgang mit den Zaren und ihren Regierungen. Statt die eigene Auffassung über Finnlands »Konstitution« gegenüber der russischen Seite allzu explizit namhaft zu machen, suchte man einen direkten Verfassungskonflikt mit der Petersburger Reichszentrale nach Möglichkeit zu vermeiden, hielt in der politischen Praxis jedoch stillschweigend und hartnäckig an den eigenen staatsrechtlichen Positionen fest. Bis zu den Jahren des russisch-finnischen »Rechtskampfes« am Ende des 19. Jahrhunderts behielt diese Linie der finnischen Staatsmänner und Verwaltungselite ihre prinzipielle Gültigkeit.[83]

9 Kirche

Als Finnland zu einem Teil des Zarenreiches wurde, war die evangelisch-lutherische Kirche die Staatskirche des Landes. Ihr hatten nach dem schwedischen Kirchengesetz von 1686 alle Einwohner anzugehören: Eine Konversion sollte dem Gesetz zufolge sogar den Verlust von Eigentum und Bürgerrecht nach sich ziehen.[84] Anfangs des 19. Jahrhunderts deckte sich die Realität in Finnland weitgehend mit diesen Vorgaben. In dem 1809 an das zarische Imperium gefallenen Territorium gehörte fast die gesamte Bevölkerung der lutherischen Kirche an. Vor allem im nördlichen Finnland sah sich die amtskirchliche Hierarchie ab den 1840er-Jahren indessen mit der Erweckungsbewegung des Lars Levi Laestadius konfrontiert, die – unter dem Einfluss des Pietismus und der Herrnhuter – eine radikale »Reinigung« des lutherischen Glaubenslebens anstrebte.[85] Im Osten des von Russland eroberten Territoriums – in Nordkarelien und in der Landschaft Savo (schwed.: Savolax) – lebte darüber hinaus eine kleine orthodoxe Minderheit, deren Gesamtzahl jedoch kaum ein Prozent der Gesamtbevölkerung ausmachte. Ihr war infolge der Toleranzerlasse der gustavianischen Zeit das Recht zur freien Ausübung ihres Glaubens gewährt worden, doch waren dieser Freiheit im öffentlichen Leben Grenzen gesetzt. So hatten die Orthodoxen beispielsweise die lutherischen Feiertage nach dem gregorianischen Kalender zu beachten, während eine

---

82 Siehe Kapitel 9, Kirche.
83 Jussila, Suuriruhtinaskunta (wie Fn. 1), S. 194-231; Nesemann, Staat (wie Fn. 1), S. 234 u. S. 370-372.
84 Vgl. Czaika/Findeisen, Schweden (wie Fn. 9), S. 1000 u. S. 1012 f.
85 Lähteenmäki, Kalotin kansaa (wie Fn. 6), S. 109-138; Pulma, Suuriruhtinaskunta (wie Fn. 6), S. 444-450.

entsprechende Pflicht zur Beachtung der – zahlreichen – orthodoxen Feiertage für Lutheraner selbstverständlich nicht galt.[86]

Etwas anders lagen die Dinge demgegenüber in dem 1812 mit dem Großfürstentum vereinigten »Alten Finnland«. Dort – vor allem in der 1721 an Russland gefallenen Provinz von Viipuri (Viborg) und Käkisalmi (Kexholm) – war der Anteil der orthodoxen Minderheit an der Bevölkerung numerisch bedeutsamer. Dieser orthodoxen Minderheit war in den einschlägigen Bestimmungen der Friedensverträge von 1721 und 1743, die der lutherischen Kirche der eroberten Gebiete ihre angestammten Rechte bestätigt hatten, dieselbe Glaubensfreiheit wie der lutherischen Mehrheitsbevölkerung verbrieft worden.[87]

In Übereinstimmung mit der von Alexander I. in Porvoo (Borgå) abgegebenen Versicherung, dass die »Religion des Landes« vom Wechsel der politischen Herrschaft unberührt bleiben solle[88], stellte das Kirchengesetz von 1686 auch nach 1809 die staatsrechtliche Grundlage für die Rechte und die Organisationsstruktur der lutherischen Kirche Finnlands dar.[89] Gemäß der bislang geltenden »Konstitution« war der Herrscher des Landes zugleich das Oberhaupt der lutherischen Staatskirche. In dieser Rolle fungierte nun jedoch ein Monarch orthodoxen Glaubens – ein manifester Widerspruch zwischen positiv-rechtlicher Normensetzung und Verfassungswirklichkeit, über den man sich in Finnland durchaus im Klaren war. Schon in den ersten Jahren unter russischer Herrschaft wurden unter den führenden Politikern des Landes daher Stimmen laut, die auf eine rasche Revision der einschlägigen Staatsgesetze drängten – in erster Linie der Regierungsform von 1772.[90]

An der Frage des Verhältnisses zwischen lutherischer Staatsreligion und russisch-orthodoxer Minderheitenkonfession entbrannte in den Jahren 1825 und 1826 schließlich ein erbitterter finnisch-russischer Verfassungskonflikt. Dabei ging es freilich nicht um die Frage, welcher Konfession der monarchische Herrscher Finnlands anzugehören habe, sondern um die Rechte von finnischen Standesangehörigen orthodoxen Glaubens im öffentlichen Leben des Großfürstentums. Wie bereits erwähnt[91], erwirkte Generalgouverneur Zakrevskij eine – unter Alexander I. prinzipiell schon

---

86 Siehe dazu Czaika/Findeisen, Schweden (wie Fn. 9), S. 1000; Nesemann, Staat (wie Fn. 1), S. 218 f.
87 PSZ I (wie Fn. 13), Bd. 6, S. 425 (No. 3816); Bd. 11, S. 869 (No. 8766).
88 Siehe Fn. 14.
89 In dem im Jahre 1819 für den Zaren erstellten Verfassungsentwurf Erzbischof Tengströms war, ganz im Stile einer modernen Repräsentativverfassung, ein Passus enthalten, der das Staatskirchentum der lutherischen Kirche explizit bestätigte, gleichwohl aber denjenigen Konfessionen, die bisher in Finnland toleriert worden waren – konkret also den Orthodoxen –, die »Freiheit der Glaubensausübung« zugestand. Cederberg (Hg.), Tengströmin ajatukset (wie Fn. 59), S. 5; CD-ROM-2, Dok. 16.2.6 (Jacob Tengström über Finnlands künftige Verfassung 1819); Dok. 16.9.1 (Jacob Tengström über die Religion Finnlands und ihre öffentliche Ausübung 1819).
90 Vgl. CD-ROM-2, Dok. 16.8.1 (schwed.)/16.8.2 (dt.) (Denkschrift Rehbinders über die Gültigkeit und den Inhalt der Konstitution Finnlands v. 29.10.1816).
91 Siehe Kapitel 4, Grundrechte, und Kapitel 8, Verfassungskultur.

vorbereitete – Verfügung Nikolaus' I., die ohne Rücksichtnahme auf die legislativen Mitwirkungsrechte der finnischen Stände den gleichberechtigten Zugang der Orthodoxen zum Staatsdienst dekretierte.[92] Nachdem sie im Juni 1826 getroffen worden war, machte ein herrscherlicher Ukas vom August 1827 diese Entscheidung Nikolaus' I. im Großfürstentum allgemein bekannt.[93]

Ungeachtet der Erbitterung, mit welcher die beteiligten Akteure den Verfassungskonflikt der Jahre 1825/26 austrugen, wurden die staatskirchlichen Privilegien der lutherischen Kirche Finnlands durch die schließlich ergangene Entscheidung Nikolaus' I. nicht angefochten. Zu klein war unter den »Staatsangehörigen«[94] des Großfürstentums überdies die Zahl der Orthodoxen, als dass ihre Gleichberechtigung im öffentlichen Leben Finnlands die dominante Stellung der lutherischen Kirche in irgendeiner Weise hätte beeinflussen können.[95] Über eine eigenständige finnische Eparchie verfügten die im Lande lebenden Orthodoxen nicht: In seelsorgerlicher und in administrativer Hinsicht waren sie der Jurisdiktion des Metropoliten von Novgorod und St. Petersburg unterstellt.[96]

---

92 Näheres zu diesem Konflikt bei Nesemann, Staat (wie Fn. 1), S. 227-234; außerdem Frank Nesemann, Die Grenzen der Autonomie. Der Verfassungskonflikt von 1825/1826 über die Rechte orthodoxer Gläubiger im öffentlichen Leben des Großfürstentums Finnland, in: B. Wegner u. a. (Hg.), Finnland und Deutschland. Studien zur Geschichte im 19. und 20. Jahrhundert, Hamburg 2009, S. 3-17. Siehe auch – mit einer für die Zeit des finnisch-russischen »Rechtskampfes« charakteristischen Darstellungstendenz – M.G. Schybergson, Konflikten mellan senaten och generalguvernör Zakrevskij 1825, tecknad med ledning af samtida bref, in: Finsk tidskrift XXXXIII (1897), S. 173-189 u. S. 254-282.
93 CD-ROM-2, Dok. 16.9.2 (schwed.)/16.9.3 (dt.) (Verordnung zur Gleichstellung orthodoxer Gläubiger im finnischen Staatsdienst v. 14.8.1827). Bereits am 31. Januar 1827 hatte ein Beschluss des Hofgerichts von Turku (Åbo) im Sinne des Zaren und Zakrevskijs festgelegt, dass es finnischen Untertanen orthodoxen Glaubens erlaubt sei, an denjenigen Tagen Gewerbe und Handel zu betreiben, die einzig für die Lutheraner als Feiertage gälten. Samling (wie Fn. 57), Bd. 5, S. 189.
94 Siehe Fn. 40.
95 Ungeachtet der erwähnten zarischen Verfügung postulierte vor diesem Hintergrund noch der 1829 unter Federführung Erzbischof Tengströms erstellte – allerdings nie in Kraft gesetzte – Entwurf zur Revision des schwedischen Kirchengesetzes von 1686, dass Bewerber um ein Amt im Universitäts- und Schulwesen der lutherischen Konfession anzugehören hätten. Siehe Gustav Björkstrand, Försök till ny Redaction af Kyrko Lag för Finland. En källkritisk utgåva av ärkebiskop Jacob Tengströms kyrkolagsförslag 1825 och 1829 jämte Förslag till ny Prestvalsförordning i Finland, Helsingfors/Helsinki 1998, S. 237 (Cap. I, §§ 2 u. 3).
96 Zum Verhältnis zwischen politischen Instanzen im Großfürstentum und russisch-orthodoxer Kirchenadministration siehe Nesemann, Staat (wie Fn. 1), S. 217-226.

10 Bildungswesen

Entsprechend der Tradition aus der Schwedenzeit war Volksbildung in Finnland bis weit in das 19. Jahrhundert hinein im Wesentlichen eine Angelegenheit der lutherischen Kirche; sie unterhielt das Schulwesen gewissermaßen als Sachwalterin des Staates, der sich am Aufbau eines unter seiner direkten Kontrolle befindlichen Schulsystems in der ersten Hälfte des 19. Jahrhunderts noch weitgehend desinteressiert zeigte.[97] Reformversuche aus den Reihen der Staatsbürokratie, die ab dem zweiten Viertel des Jahrhunderts auf eine grundlegende staatliche Kontrolle über das Schulwesen zielten, stießen lange Zeit vor allem auf den Widerstand der lutherischen Domkapitel, die um den Einfluss der Kirche in der Volksbildung besorgt waren, und des Senates, der sich unwillig zeigte, substanzielle Haushaltsmittel für das Schulwesen aufzuwenden.[98] Erst 1866 kam ein Gesetz zustande, das den ländlichen und städtischen Gemeinden das Recht verbriefte, staatlich unterstützte Volksschulen zu gründen.[99]

War es um die Lesefertigkeiten der bäuerlichen Bevölkerung in manchen Landstrichen zu Beginn des 19. Jahrhunderts noch relativ schlecht bestellt[100], so verfügte zur Jahrhundertmitte auch unter den Bauern eine deutliche Mehrheit der erwachsenen Bevölkerung – Männer wie Frauen – über grundlegende Lese- und Schreibfertigkeiten, besaß Elementarkenntnisse im Rechnen und war im lutherischen Katechismus unterwiesen.[101]

Im Gegensatz zum finnisch- wie schwedischsprachigen Elementarschulwesen wurde an den höheren Schulen Finnlands – den Gymnasien und Lyzeen – in der ersten Hälfte des 19. Jahrhunderts allein auf Schwedisch unterrichtet. Der Erwerb einer gediegenen Schul- und Berufsausbildung sowie die Aneignung akademischer Kenntnisse setzten also auch bei den Angehörigen der sprachlichen Mehrheitsbevölkerung entsprechend gute Kenntnisse der Amtssprache zwingend voraus.[102] Ab den 1840er-Jahren machten sich die Anhänger der fennomanen Bewegung, die für eine umfassen-

---

97 Zwar erließ Zar Nikolaus I. nach entsprechenden Vorbereitungen durch die finnische Staatsbürokratie im Jahre 1843 eine Gymnasial- und Schulordnung, die das Unterrichtswesen in Finnland auf eine neue organisatorische Grundlage stellte. An der prinzipiellen Aufsicht der Kirche über die Schulen änderte sich hierdurch jedoch nichts. Zum Vergleich mit Schweden siehe im Übrigen Czaika/Findeisen, Schweden (wie Fn. 9), S. 1014-1016.
98 Siehe Kirby, History (wie Fn. 1), S. 86 f.
99 Initiator des Gesetzes, das schließlich auch die Unterstützung kirchlicher Instanzen fand, war Pastor Uno Cygnaeus. Er ließ sich von dem Gedanken leiten, dass die Volksbildung auf christlicher Grundlage fußen, jedoch nicht mehr unter kirchlicher Oberaufsicht organisiert sein sollte; Jutikkala, Geschichte (wie Fn. 1), S. 295.
100 Siehe Czaika/Findeisen, Schweden (wie Fn. 9), S. 1016 f.
101 Die Bevölkerung Finnlands – auch die finnischsprachigen Grundschichten – wies damit eine der höchsten Alphabetisierungsraten im Petersburger Imperium auf. Vgl. Kappeler, Rußland (wie Fn. 15), S. 183 f.
102 Kouri, Asema (wie Fn. 8), S. 201-203; ders., Rolle (wie Fn. 8), S. 344-346; Sundberg, Svenskhetens dilemma (wie Fn. 7), S. 36 f.

de Emanzipation der Mehrheitssprache als der eigentlichen Nationalsprache des Landes kämpften, dafür stark, dass das Finnische eine seiner Verbreitung entsprechende Bedeutung in allen Bereichen der schulischen und auch der akademischen Ausbildung finden sollte.[103] Nachdem die erste höhere Schule mit finnischer Unterrichtssprache 1858 eingerichtet worden war, sollte es noch bis zum Jahrhundertende dauern, bis der finnischsprachigen Bevölkerung ein flächendeckendes Netz an höheren Lehranstalten zur Verfügung stand.[104]

Der »Regierungsconseil«/Senat und auch die Petersburger Reichsregierung nahmen in der ersten Hälfte des 19. Jahrhunderts keine wesentlichen exekutiven und legislativen Eingriffe in das finnische Schulsystem vor. Wohl ergingen seitens des finnischen Regierungsorgans und auch des Zaren bereits in den Jahren 1812 und 1813 Beschlüsse und Verordnungen, welche die Stellung der russischen Sprache im finnischen Unterrichtswesen zu stärken suchten: Ihnen zufolge hatten Kandidaten für den Staats- und auch den Kirchendienst in Finnland hinreichende Kenntnisse in dieser Sprache nachzuweisen.[105] Die Reichweite solcher Verfügungen war allerdings relativ beschränkt. Noch ein Jahrzehnt nach den erwähnten Beschlüssen wurde an vielen finnischen Lehranstalten kaum oder keinerlei Russischunterricht erteilt, und nur wenige finnische Beamte beherrschten in der ersten Jahrhunderthälfte die Staatssprache des Imperiums wirklich gut.[106]

Ihre traditionelle Autonomie bewahrte auch unter russischer Herrschaft die Universität des Landes, die 1640 in Turku (Åbo) eingerichtet worden war. Nachdem sie beim großen Brand der Stadt 1827 weitgehend zerstört worden war, wurde sie im Jahr darauf in die neue Hauptstadt Helsinki (Helsingfors) verlagert und unter dem Namen »Alexander-Universität in Finnland« neu begründet.[107]

---

103 Kouri, Stellung (wie Fn. 8), S. 147 f.; Pulma, Suuriruhtinaskunta (wie Fn. 6), S. 458-466.
104 Jutikkala, Geschichte (wie Fn. 1), S. 281 f.
105 CD-ROM-2, Dok.-Nr. 16.10.1 (schwed.)/16.10.2 (dt.) (Bekanntmachung über russische Sprachkenntnisse als Voraussetzung für den Eintritt in den öffentlichen Dienst in Finnland v. 10.4.1813). Des weiteren KA Helsinki (siehe Fn. 22), Senaatin arkisto: Yleisten täysistuntojen pöytäkirjat 1812 [Archiv des Senates: Protokolle der allgemeinen Plenarsitzungen 1812], Fol. 266-268; siehe auch Jussila, Suuriruhtinaskunta (wie Fn. 1), S. 142.
106 Tommila, Autonomian synty (wie Fn. 1), S. 135; Nesemann, Staat (wie Fn. 1), S. 276.
107 CD-ROM-2, Dok. 16.10.3 (schwed.)/16.10.4 (dt.) (Manifest über die Verlegung der Universität von Turku [Åbo] nach Helsinki [Helsingfors] v. 21.10.1827). Zur Verlagerung der Universität nach Helsinki (Helsingfors) siehe Lars Westerlund, Porten till Finland. Politiken och förvaltningen i Egentliga Finland åren 1809-1917, Ekenäs (Tammisaari) 2002, S. 115-127.

11 Finanzen

Bereits im Zusammenhang mit dem Landtag von Porvoo (Borgå) bestimmte Alexander I., dass die in Finnland erzielten staatlichen Finanzeinkünfte dem Lande selbst zu überlassen seien. Damit erhielt das Großfürstentum ein eigenes Budget, was sich mit den Wünschen der auf dem Landtag versammelten Stände deckte.[108] Dass diese grundsätzliche Entscheidung über Finnlands Staatseinkünfte nicht in Gestalt einer förmlichen legislativen Übereinkunft zwischen Herrscher und Ständen gefällt wurde, spiegelte die Machtverhältnisse zwischen Russland und seinem neuen Reichsteil wider. Der Beschluss hierüber erging außerdem auf eine Weise, in der alle grundlegenden Festlegungen über die politischen und administrativen Institutionen im Großfürstentum Finnland zustande kamen: mittels herrscherlicher Verfügung.

Auf dem für die russisch-finnischen Verwaltungsbeziehungen so charakteristischen Verordnungsweg, bei dem die Entscheidungen ggfs. durch gemeinsame russisch-finnische Komitees vorbereitet werden konnten, suchte die zarische Regierung seit 1809 auch die pekuniäre Abhängigkeit Finnlands vom früheren Mutterland zu beseitigen. Nachdem Alexander I. Ende 1809 die Entscheidung gefällt hatte, den Silberrubel als gesetzliches Zahlungsmittel im Großfürstentum einzuführen[109], wurde am 30. November/12. Dezember 1811 das »Wechsel-, Leih- und Depositionskontor« mit Sitz in Turku (Åbo) gegründet – die spätere Bank von Finnland. Gemäß dem entsprechenden Einsetzungsukas hatte das Komitee das Ziel zu verfolgen, den Außenhandel Finnlands zu fördern, die Grundversorgung der Bevölkerung mit Nahrungsmitteln zu gewährleisten und die Geldverhältnisse im Lande zu stabilisieren.[110] Der zu Porvoo (Borgå) versammelte Landtag hatte den Wunsch geäußert, dass die Stände entsprechend der schwedischen Tradition ein Aufsichtsrecht über die Staatsbank innehaben sollten. Das im Jahre 1811 ins Leben gerufene Kontor unterstand jedoch dem »Regierungsconseil«/Senat.[111] (☛ Abb. 16.2, S. 1273)

Seine Aufgaben nahm das Kontor wahr, indem es Assignaten mit – geringem – Rubelnennwert als Wechselgeld druckte und sich darum bemühte, das im Lande im Umlauf befindliche schwedische Geld aus dem Verkehr zu ziehen und es gegen Ru-

---

108 Vgl. Tommila, Autonomian synty (wie Fn. 1), S. 47.
109 Tommila, Autonomian synty (wie Fn. 1), S. 46 f. Bereits auf dem Landtag von 1809 war die Einführung des Rubels parallel zu dem im Lande umlaufenden schwedischen Geld in Aussicht gestellt worden. Russisches Geld war in Finnland überdies schon seit dem Frühjahr 1808 als Zahlungsmittel im Gebrauch; Pulma, Suuriruhtinaskunta (wie Fn. 6), S. 426; Pihkala, Economy (wie Fn. 10), S. 159.
110 CD-ROM-2, Dok. 16.11.1 (schwed.)/16.11.2 (dt.) (Reglement zur Einrichtung eines Wechsel-, Leih- und Depositionskontors für Finnland v. 12.12.1811).
111 CD-ROM-2, Dok. 16.11.1 (schwed.)/16.11.2 (dt.) (wie Fn. 110). Zu den Landtagsverhandlungen im Hinblick auf die Währung und eine finnische Staatsbank siehe E. Lagerblad (Hg.), Präståndedets Protokoll vid Borgå Landtag år 1809 jämte Handlingar rörande Landtdagen, Helsingfors/Helsinki 1899, S. 29-48, 185-187. Vgl. ferner Tommila, Autonomian synty (wie Fn. 1), S. 47.

bel einzutauschen; gleichzeitig war die Einfuhr schwedischer Assignaten niederen Wertes untersagt.[112] Schwedisches Geld kursierte im Großfürstentum – nicht zuletzt infolge des nach wie vor intensiven Handels mit dem früheren Mutterland – noch nahezu während der gesamten ersten Jahrhunderthälfte. Maßnahmen wie eine 1819 ins Werk gesetzte Geldschöpfung, die unter Federführung des seinerzeitigen Generalgouverneurs Steinheil vorbereitet worden war[113], vermochten den Umfang des im Lande umlaufenden schwedischen Geldes vorübergehend zu vermindern, indem Rubelassignaten durch das erwähnte »Wechsel-, Leih- und Depositionskontor« in größerer Menge emittiert wurden. Schwedisches Geld wurde im Zusammenhang mit der Reform von 1819 in einem solchen Umfang aus dem Umlauf entfernt, dass es den finnischen Untertanen ab 1822 möglich war, ihre Steuern in Rubeln anstelle der zu jener Zeit krisenanfälligen schwedischen Währung zu entrichten. Die Gehälter der Staatsbeamten wurden von nun an außerdem gänzlich in Rubeln ausbezahlt.[114]

In den folgenden Jahren nahm der Umfang des in Finnland kursierenden schwedischen Geldes indessen wieder zu: Im Ganzen war die Geldmenge an Rubeln in Finnland knapp, und durch den Handel mit Schweden gelangten weiterhin schwedische Reichstaler ins Land. In Abstimmung mit dem finnischen Senat führte die Petersburger Regierung in den Jahren 1840/41 schließlich eine groß angelegte Finanzreform durch, um den Rubel de jure und de facto zum alleinigen gesetzlichen Zahlungsmittel in Finnland zu machen. In diesem Zusammenhang wurde die umlaufende Rubelmenge kräftig erhöht und das im Lande kursierende schwedische Geld weitestgehend aus dem Verkehr gezogen.[115]

Im Gegensatz zu den verschiedenen währungspolitischen Maßnahmen wurden im Hinblick auf die Steuererhebung im Großfürstentum bis zur Jahrhundertmitte keine Entscheidungen getroffen, die das aus der Schwedenzeit ererbte System (mit der Grundsteuer als bedeutendster Fiskalabgabe) wesentlich modifiziert hätten – auch wenn auf finnischer Seite bisweilen Überlegungen über eine umfassende Reform der Besteuerung angestellt wurden.[116]

---

112 Pulma, Suuriruhtinaskunta (wie Fn. 6), S. 426 f.
113 KA Helsinki (siehe Fn. 22), Valtiosihteerin virasto (Amt des Staatssekretärs), Fb 14, Akte 273/1819, Fol. 79-85: (undatierte) Erörterung Steinheils über die Grundsätze der geplanten Geldreform.
114 Pulma, Suuriruhtinaskunta (wie Fn. 6), S. 427.
115 Vgl. Jussila, Suuriruhtinaskunta (wie Fn. 1), S. 151-153; Bohn, Finnland (wie Fn. 1), S. 177. Im Jahre 1860 erhielt Finnland mit der Mark schließlich eine eigene Währung: zunächst an den Rubel gebunden, wurde diese 1865 selbstständig.
116 Vgl. CD-ROM-2, Dok. 16.11.3 (schwed.)/16.11.4 (dt.) (Denkschrift Rehbinders über das in Finnland geltende Steuersystem v. 29.10.1816). Zum schwedischen Steuersystem im ausgehenden 18. Jahrhundert siehe Czaika/Findeisen, Schweden (wie Fn. 9), S. 1018 f.

12   Wirtschafts- und Sozialgesetzgebung/Öffentliche Wohlfahrt

Das Territorium, welches 1808/09 an Russland fiel, war in ökonomischer Hinsicht fast gänzlich agrarisch geprägt. Gleichzeitig befand es sich in einer fundamentalen wirtschaftlichen Abhängigkeit vom früheren Mutterland. Über den Bottnischen Meerbusen führte Finnland in erster Linie Getreide, andere pflanzliche und tierische Erzeugnisse sowie Holz und Teer aus; aus Schweden bezog es dagegen Eisenerz sowie Metallerzeugnisse, eine Vielzahl anderer Fertigprodukte sowie Importwaren aus dem Überseehandel.[117] Hatte der schwedische Staat im 18. Jahrhundert die wirtschaftliche Entwicklung der westlichen Reichshälfte durch die Gründung von Manufakturen im merkantilistischen Sinne gezielt gefördert[118], so gab es im Finnland des frühen 19. Jahrhunderts allenfalls im Bereich der Eisenerzverhüttung – einige wenige – Industriebetriebe im eigentlichen Sinne.[119] Größere wirtschaftliche Bedeutung hatte daneben allerdings der finnische Schiffbau erlangt.[120]

Nicht zuletzt in der Absicht, die durch den Krieg zerrütteten Wirtschaftsverhältnisse zu stabilisieren, befürwortete die Petersburger Regierung in den ersten Jahren ihrer Herrschaft über Finnland eine Beibehaltung der traditionellen Handelsverbindungen des Landes mit Schweden. So bestätigte der Friedensvertrag von Fredrikshamn (Hamina) für drei Jahre den freien Handel zwischen Schweden und seiner früheren östlichen Reichshälfte – eine Regelung, die im Zeichen der außenpolitischen Annäherung zwischen Russland und Schweden in den Jahren 1812 und 1815 jeweils für drei weitere Jahre verlängert wurde.[121] Zugleich blieb das bisherige merkantilistische Außenhandelssystem erhalten. Dreizehn Stapelstädte verfügten im Rahmen dieser Ordnung über ein uneingeschränktes Exportrecht, während der Export aus den übrigen als Seestädte klassifizierten Orten nur in Ostseehäfen gehen durfte. Aus Sicht der Bauern war in diesem Zusammenhang von wesentlicher Bedeutung, dass ihnen weiterhin das Recht zustand, entlang der Küste mit ihren eigenen Produkten Handel zu treiben. Auch die Adligen sowie die Eisenhütten waren in bestimmtem Umfang zu eigenen Außenhandelsunternehmungen berechtigt.[122]

---

117 Kirby, History (wie Fn. 1), S. 51-53; Pulma, Suuriruhtinaskunta (wie Fn. 6), S. 422.
118 Siehe Czaika/Findeisen, Schweden (wie Fn. 9), S. 982.
119 Pulma, Suuriruhtinaskunta (wie Fn. 6), S. 422; Bohn, Finnland (wie Fn. 1), S. 174.
120 Kirby, History (wie Fn. 1), S. 52 f. Allgemein zur Wirtschaftsgeschichte Finnlands bis in die frühe Autonomiezeit siehe im Übrigen E. Jutikkala u. a. (Hg.), Suomen taloushistoria, 1. osa [Bd. 1]: Agraarinen Suomi, Helsinki 1980; Pentti Virrankoski, Suomen taloushistoria kaskikaudesta atomiaikaan, Helsinki 1975; Markku Kuisma, Suomen poliittinen taloushistoria 1000-2000, Helsinki 2009.
121 Samling (wie Fn. 13), Bd. 1, S. 47 (Art. 16 des Friedensvertrags von Fredrikshamn [Hamina]); ebd., S. 145 f. (Verlängerung dieser Handelsregelung, 5. Juli/17. Juli 1811). Siehe ferner Pihkala, Economy (wie Fn. 10), S. 155; Tommila, Autonomian synty (wie Fn. 1), S. 89.
122 Pulma, Suuriruhtinaskunta (wie Fn. 6), S. 422.

Von 1817 an – im Zuge einer ersten russisch-schwedischen Vertragsvereinbarung über den Außenhandel Finnlands – wurde zwischen dem Großfürstentum und Schweden jedoch allmählich eine Zollmauer errichtet. In vielem befand sich Finnland nun in einer deutlich ungünstigeren Handelsposition. Vor allem für Getreide, ein Hauptexportgut Finnlands im Handel mit Schweden, begann die Stockholmer Regierung nun Zölle zu erheben. Daneben hob Schweden die zunächst niedrigen Exporttaxen für seine eigenen veredelten Produkte an, indem es auf diese Weise vor allem die finnische Abhängigkeit vom schwedischen Eisenerz zu seinen Gunsten ausnutzte.[123] Bereits im November 1811 verfügte Alexander I. die Errichtung einer Zollgrenze zwischen Finnland und dem russischen Kernreich, deren Verlauf sich ab dem Folgejahr mit der neuen Ostgrenze des Großfürstentums deckte.[124] Dieser Beschluss erfolgte gegen den anfänglichen Widerstand des *Komitees für finnische Angelegenheiten*, das gegenüber Alexander I. immerhin eine eigenständige finnische Zollverwaltung unter der Aufsicht des »Regierungsconseils«/Senates durchsetzte.[125]

Die Einrichtung der Zollgrenze war vom Interesse der russischen Regierung motiviert, die allmähliche wirtschaftliche Ablösung Finnlands von seinem früheren Mutterland zu fördern und die zollfreie Einfuhr schwedischer Waren nach Russland zu verhindern. Im Sinne dieser Zielsetzung verlangte die russische Regierung einen Herkunftsnachweis für alle finnischen Waren außer Getreide, während die Ausfuhr aus Russland in das Großfürstentum bis 1859 keinen Zöllen unterworfen wurde. Finnische Ausfuhrgüter unterlagen im Zarenreich nicht den üblichen Außenzolltarifen, sondern einem erheblich niedrigeren Zollsatz: Eine Reihe von Waren konnte ferner zollfrei aus Finnland in das übrige Imperium exportiert werden.[126] Die bisher günstige Stellung Finnlands im russischen Außenhandel relativierte sich jedoch mit dem Jahre 1821, als die Petersburger Regierung eine Wende zu diversifizierten Außenzöllen vollzog. Zusätzlich wurden die russischen Zölle auf Waren aus Finnland 1822 angehoben und die Anzahl der zollfreien finnischen Exportgüter eingeschränkt. Mit Beginn der 1830er-Jahre wurden diese Zollschranken dann jedoch spürbar vermindert; ein durch ein russisch-finnisches Regierungskomitee vorbereiteter zarischer Erlass befreite dann die wichtigsten finnischen Exportwaren vom Ausfuhrzoll – Lebensmittel, Rohstoffe und zahlreiche Fertigerzeugnisse.[127] Mittels der sog. »geheimen Zolltaxe« von 1841 wurden darüber hinaus auch die Einfuhrzölle auf ausländische Industriepro-

---

123 Korhonen, Komitea (wie Fn. 1), S. 270 u. S. 273; Pihkala, Economy (wie Fn. 10), S. 155.
124 CD-ROM-2, Dok. 16.12.1 (schwed.)/16.12.2 (dt.) (Verordnung über die Einrichtung einer Zollgrenze zwischen Finnland und dem übrigen Russischen Imperium v. 17.11.1811).
125 Korhonen, Komitea (wie Fn. 1), S. 176-178.
126 Ebd., S. 270-275; Pulma, Suuriruhtinaskunta (wie Fn. 6), S. 422; Pihkala, Economy (wie Fn. 10), S. 155.
127 Pulma, Suuriruhtinaskunta (wie Fn. 6), S. 422 u. S. 424.

dukte und Genussmittel de facto vermindert: Der weitverbreitete Schmuggel wurde hierdurch eingedämmt, das Zollaufkommen des Großfürstentums dagegen erhöht.[128]

Diese Maßnahmen trugen maßgeblich dazu bei, dass die zuvor gegebene wirtschaftliche Abhängigkeit Finnlands von Schweden in wesentlichen Punkten durchbrochen wurde und dass sich die finnischen Handelsinteressen mit der Zeit immer stärker in das russische Imperium hinein orientierten. Noch im ersten Jahrzehnt nach dem Frieden von Fredrikshamn (Hamina) ging über die Hälfte der finnischen Ausfuhren in das frühere Mutterland, aus dem zu jener Zeit über 80 Prozent der finnischen Einfuhren stammten.[129] Machte der Handel mit Schweden in den 20er-Jahren des 19. Jahrhunderts noch gut die Hälfte des gesamten finnischen Außenhandelsvolumens aus, so lag der entsprechende Anteil in den 1840er-Jahren nur noch zwischen zehn und 20 Prozent.[130]

Die Petersburger Regierung hatte Finnland aus außenpolitischen und strategischen Erwägungen erobert. Die ökonomischen Ressourcen des agrarisch geprägten Großfürstentums hatten in diesem Kalkül dagegen keine wesentliche Rolle gespielt – mochten Vertreter der finnischen Regierungselite den Zaren in den Jahren nach 1809 auch bisweilen vom wirtschaftlichen Potenzial des Landes zu überzeugen suchen.[131] Mit dem Abbau der finnisch-russischen Zollschranken ging indessen ein gesteigertes Interesse der zarischen Regierung an der ökonomischen Entwicklung Finnlands und an seiner Einbindung in den wirtschaftlichen Kontext des Imperiums einher. Auf diesem Nährboden entwickelten sich ab dem zweiten Viertel des 19. Jahrhunderts vor allem in West-, in Süd- und in Zentralfinnland einige bedeutende Unternehmungen auf dem Feld der metall-, der holzverarbeitenden sowie der Textilindustrie, die einerseits für den Absatz im Imperium, mit der Zeit ebenso aber für den Weltmarkt produzierten.[132]

Wurden die Veränderungen in der finnischen Wirtschafts- und Handelsstruktur während der ersten Hälfte des 19. Jahrhunderts also von grundlegenden Entscheidungen der Regierungsinstanzen in der Reichshauptstadt sowie im Großfürstentum bestimmt, so existierte eine staatliche Sozialpolitik in diesem Zeitraum nur in Ansätzen. Eine 1829 nahe Viipuri (Viborg) begründete Armenfürsorgeanstalt stellte für längere Zeit die einzige unmittelbar vom Staat unterhaltene Einrichtung dieser Art dar; sie ging zunächst auf eine private Stiftung zurück.[133] Wohl leitete beispielsweise Generalgouverneur Steinheil in seiner Amtszeit (1810–1823) in Abstimmung mit dem

---

128 Pulma, Suuriruhtinaskunta (wie Fn. 6), S. 424; Pihkala, Economy (wie Fn. 10), S. 155.
129 Vgl. Tommila, Autonomian synty (wie Fn. 1), S. 89.
130 Pulma, Suuriruhtinaskunta (wie Fn. 6), S. 424.
131 Vgl. CD-ROM-2, Dok. 16.12.3 (frz.)/16.12.4 (dt.) (Überlegungen des Komitees für finnische Angelegenheiten zur wirtschaftlichen Bedeutung Finnlands im Russischen Imperium v. 21.6.1819); Dok. 16.2.5 (Denkschrift des Komitees für finnische Angelegenheiten v. 21.6.1819).
132 Ausführlich hierzu Pulma, Suuriruhtinaskunta (wie Fn. 6), S. 428-438.
133 Ebd., S. 418.

»Regierungsconseil«/Senat vor allem Hilfsmaßnahmen zugunsten der Waisenkinder in die Wege, doch waren die finnischen Regierungsinstanzen in diesem Zusammenhang auf die Mitwirkung der Kirchspiele als unterster Verwaltungsinstanz sowie der Kirchengemeinden angewiesen, denen die Armenfürsorge traditionell oblag.[134] Grundsätzliche Überlegungen über eine gesetzliche Reform der Armenfürsorge stellte der Senat erst in den 1840er-Jahren an: Sie führten in den 1850er-Jahren schließlich zu einer Regierungsverordnung, die die Armenfürsorge in Form einer einheitlichen Besteuerung der Ortsgemeinden regelte.[135]

---

134 Siehe Kapitel 5, Verwaltung.
135 Pulma, Suuriruhtinaskunta (wie Fn. 6), S. 419.

Das Osmanische Reich

Von Tobias Heinzelmann (Zürich)[1]

0 Einführung

Als Joseph von Hammer-Purgstall 1815 in Wien sein Buch zur osmanischen Staatsverfassung publizierte, stand dieses in einer langen Tradition von Literatur zu diesem Thema.[2] Die Verfassung des Osmanischen Reiches, welches über Jahrhunderte die vorherrschende Macht auf dem Balkan und im östlichen Mittelmeerraum darstellte, war von großem Interesse. Diese Abhandlungen gehen selbstverständlich von einem funktionalen Verfassungsbegriff aus.

Spätestens mit der Osmanischen Verfassung von 1876 prägte im Kontext des Osmanischen Reiches ein normativer Verfassungsbegriff die Diskussion. Dokumente wie der Vertrag von 1808 (*sened-i ittifak*), das Edikt von Gülhane 1839 und das Edikt von 1856 werden als Vorstufen bzw. verfassungsähnliche Dokumente in die verfassungsgeschichtlichen Darstellungen einbezogen.[3]

Selbst zentrale Fragen der osmanischen Verfassungsgeschichte im 19. Jahrhundert werden nach wie vor kontrovers diskutiert. Dies zeigt sich deutlich an der Literatur zu einem der wichtigsten Dokumente, dem Edikt von Gülhane des Jahres 1839. Diese ist nach wie vor – teils sehr stark – von ideologisch gefärbten Geschichtsbildern der türkischen Republik geprägt. In Enver Ziya Karal's Aufsatz »Der westliche Einfluss auf das Hatt-ı Hümayun von Gülhane« wird das besagte Edikt von 1839 als ein Wendepunkt gesehen, an dem sich ein »theokratischer« Staat schrittweise weltlichen, d. h.

---

[1] Ich danke Dr. Akşin Somel, Sabancı Üniversitesi, Istanbul, für die sorgfältige Durchsicht des Manuskripts.

[2] Joseph von Hammer-Purgstall, Des Osmanischen Reiches Staatsverfassung und Staatsverwaltung, dargestellt aus den Quellen seiner Grundgesetze, 2 Bde., Wien 1815 (Nachdruck Hildesheim 4. Aufl. 1977). Vgl. außerdem Paul Rycault, The Present State of the Ottoman Empire […], London 1668 (Nachdruck New York 1971); Mouradgea D'Ohsson, Tableau général de l'Empire Ottoman, 7 Bde., Paris 1787–1824. Zum Staatsverständnis in der osmanischen Fürstenspiegelliteratur: Yusuf Oğuzoğlu, Osmanlı Devlet Anlayışı, Istanbul 2. Aufl. 2005.

[3] Vgl. CD-RM-2, Dok.-Nr. 17.4.1 (türk.)/17.4.2 (dt.) (Edikt von Gülhane v. 3.11.1839) und die dortigen bibliografischen Angaben. Das Edikt von 1839 wurde teilweise bereits in der zeitgenössischen europäischen Presse als Verfassung interpretiert; siehe Hans-Jürgen Kornrumpf, Die Türkischen Reformdekrete von 1839 und 1856 und ihre Bewertung in zeitgenössischen Akten und Pressezeugnissen, in: ders., Beiträge zur Osmanischen Geschichte und Territorialverwaltung, Istanbul 2001, S. 201-211 (insbes. S. 202 f. zu einem Briefwechsel zwischen Metternich und dem österreichischen Internuntius in Konstantinopel, in welchem Metternich darauf hinweist, dass »oberflächliche Geister« das Edikt von Gülhane als Konstitution bezeichneten).

säkularen Prinzipien zuwendet.⁴ Eine Definition der Begriffe »Theokratie« oder »Säkularisierung« unterbleibt. Diese polarisierende Darstellung wird auch von Studien neueren Datums übernommen.⁵ Ein ähnlich problematischer Begriff ist der der »Verwestlichung«, welcher suggeriert, dass ein umfassender Ideentransfer von verschiedenen europäischen Staaten ins Osmanische Reich stattgefunden hat. Eine genaue Analyse des Transfers findet – dort wo er tatsächlich nachweisbar ist – nicht statt. Modifikationen und Adaptionen an traditionelle Strukturen werden im Allgemeinen als Fehlentwicklungen interpretiert, welche erst mit der Gründung der türkischen Republik korrigiert wurden.⁶

In neueren Studien findet sich eine kritische Rezeption der »kemalistischen« Forschungsliteratur zum Edikt von Gülhane, welches zunehmend im Kontext der zeitgenössischen politischen Entwicklungen gesehen wird.⁷ Auffällig ist aber, dass nach wie vor keine Quellen vorliegen, welche Aufschluss über die Genese dieses zentralen Dokuments der osmanischen Reformpolitik geben könnten.

Zwei weitere Hinweise zur Quellenlage sind angebracht: 1) Nach wie vor ist in einem Teil der Forschungsliteratur die Tendenz zu erkennen die Reformpolitik im Osmanischen Reich als Initiative des Zentralstaates darzustellen und Opposition als konservativ bzw. reaktionär zu interpretieren. Die Forschung stützt sich auch für das 19. Jahrhundert zum größten Teil auf staatliche Archivalien und Hofgeschichtsschreibung. Die zentralstaatliche Perspektive ist oft auch mehr oder weniger stark in den Studien zur osmanischen Reformgeschichte zu erkennen. Nur selten liegen private Korrespondenzen, Ego-Dokumente oder eine von der Regierungselite unabhängige Geschichtsschreibung vor.⁸ 2) Der Sprachenreichtum des osmanischen Vielvölkerrei-

---

4   Enver Ziya Karal, Gülhane Hatt-ı Hümâyununda Batının Etkisi, in: Belleten 28, 1964, S. 581-601.
5   Zum Begriff Theokratie: Gülnihal Bozkurt, Batı Hukukunun Türkiye'de Benimsemesi. Osmanlı Devleti'nden Türkiye Cumhuriyeti'ne Resepsiyon Süreci (1839–1939), Ankara 1996, S. 39-51; zum Begriff Säkularisierung: Niyazi Berkes, The Development of Secularism in Turkey, Montreal 1964 (New York 2. Aufl. 1998), S. 89-152; eine Studie zum Begriff Säkularisierung bei Berkes: Heidi Wedel, Der Türkische Weg zwischen Laizismus und Islam, Opladen 1991.
6   Zur kemalistische Geschichtsschreibung siehe Büşra Ersanlı, The Ottoman Empire in the Historiography of the Kemalist Era. A Theory of Fatal Decline, in: F. Adanır/S. Faroqhi (Hg.), The Ottomans and the Balkans. A Discussion of Historiography, Leiden 2002, S. 117-154.
7   Butrus Abu-Manneh, The Islamic Roots of the Gülhane Rescript, in: Die Welt des Islams 34 (1994), S. 173-203; Bülent Özdemir, Ottoman Reforms and Social Life. Reflections from Salonica 1830–1850, Istanbul 2003, S. 21-51; Tobias Heinzelmann, Heiliger Kampf oder Landesverteidigung? Die Diskussion um die Einführung der allgemeinen Militärpflicht im Osmanischen Reich, 1826–1856, Frankfurt a. M. 2004, S. 116-142; Maurus Reinkowski, Die Dinge der Ordnung, Eine Vergleichende Untersuchung über die Osmanische Reformpolitik im 19. Jahrhundert, München 2005, S. 14-30; Carter Vaughn Findley, The Tanzimat, in: R. Kasaba (Hg.), The Cambridge History of Turkey, Bd. 4, Cambridge 2008, S. 11-37.
8   Beispiel einer erst kürzlich edierten regierungskritischen Darstellung der Ereignisse 1807–1808: Ubeydullah Kuşmanî/Ebubekir Efendi, Asiler ve Gaziler, Kabakçı Mustafa Risalesi, hg. von Aysel Danacı Yıldız, Istanbul 2007.

ches erschwert Überblicksdarstellungen. Auffällig ist auch, dass ganze Archivgruppen überhaupt nicht von der Forschung erschlossen sind – etwa die Archive der Patriarchate in Istanbul, welche bei der Administration der nicht muslimischen Bevölkerung eine zentrale Rolle spielten. So kann auch im folgenden Beitrag eine Berücksichtigung der verschiedenen nicht muslimischen Bevölkerungsgruppen nur selektiv erfolgen.

1 Das Osmanische Reich 1815–1847

Der bei den deutschsprachigen Zeitgenossen als *Osmanisches Reich* oder *Türkei* bekannte Staat wurde in der türkischen Verwaltungssprache *Devlet-i Aliye* (»die erhabene Dynastie«, »der erhabene Staat«) oder *Saltanat-i Seniye* (»die erhabene Herrschaft«, »das erhabene Reich«) genannt.[9] Hinzu kam *Memalik-i Mahrusa* (»die wohlbehüteten Länder«) zur Bezeichnung des Territoriums. Das Territorium umspannte große Teile Südosteuropas, Anatolien, den Nahen Osten und ebenfalls große Teile Nordafrikas sowie die Mittelmeerinseln Kreta und Zypern. Dieses Gebiet schließt Provinzen mit großer Autonomie und Vasallenstaaten ein, welche im hier behandelten Zeitraum von der Zentralregierung de facto kaum kontrolliert wurden. Gerade zwischen 1815 und 1847 mehrten sich die Konflikte zwischen der Zentralregierung, welche durch ihre Reformpolitik die zentralstaatliche Kontrolle in vielen Provinzen ausweiten oder stabilisieren wollte, und jenen Provinzen bzw. Regionen, welche nach größerer Autonomie oder völliger Unabhängigkeit strebten. Die Genese der Unabhängigkeitsbewegungen und die jeweilige demografische Situation vor Ort waren dabei sehr unterschiedlich. (☞ Abb. 17.1, S. 1300)

Seit 1804 immer wieder ausbrechende Unruhen führten 1817 zu einer weitgehenden Autonomie der Provinz Serbien.[10] Zu einer vollständigen und formellen Unabhängigkeit kam es aber erst nach dem russisch-osmanischen Krieg von 1877/78. Die griechische Unabhängigkeitsbewegung (1821–1830) wurde sowohl von auswärtigen Beobachtern als auch von der osmanischen Zentralregierung ganz anders wahrgenommen.[11] Von der Zentralregierung wurde die griechische Unabhängigkeitsbewegung als ein wesentlich ernsteres Problem gesehen, da man Ende der 1820er-Jahre die Gefahr des Irredentismus bereits erkannt hatte.[12] 1832 wurde der unabhängige Staat Griechenland auf dem Peloponnes anerkannt. (Siehe die Beiträge über Serbien und Griechenland im vorliegenden Handbuchband)

---

9 Zu den Begriffen siehe Reinkowski, Dinge (wie Fn. 7), S. 19 f.; Christoph Neumann, Devletin adı yok – Bir Amblemin Okunması, in: Cogito 19 (1999), S. 269-283.
10 M. S. Anderson, The Eastern Question 1774–1923, London u. a. 1966, S. 48-50; Virginia H. Aksan, Ottoman Wars 1700–1870. An Empire Besieged, Harlow 2007, S. 223 f., 270-285.
11 Klaus Kreiser/Christoph K. Neumann, Kleine Geschichte der Türkei, Stuttgart 2003, S. 299 f.
12 Heinzelmann, Kampf (wie Fn. 7), S. 70-72.

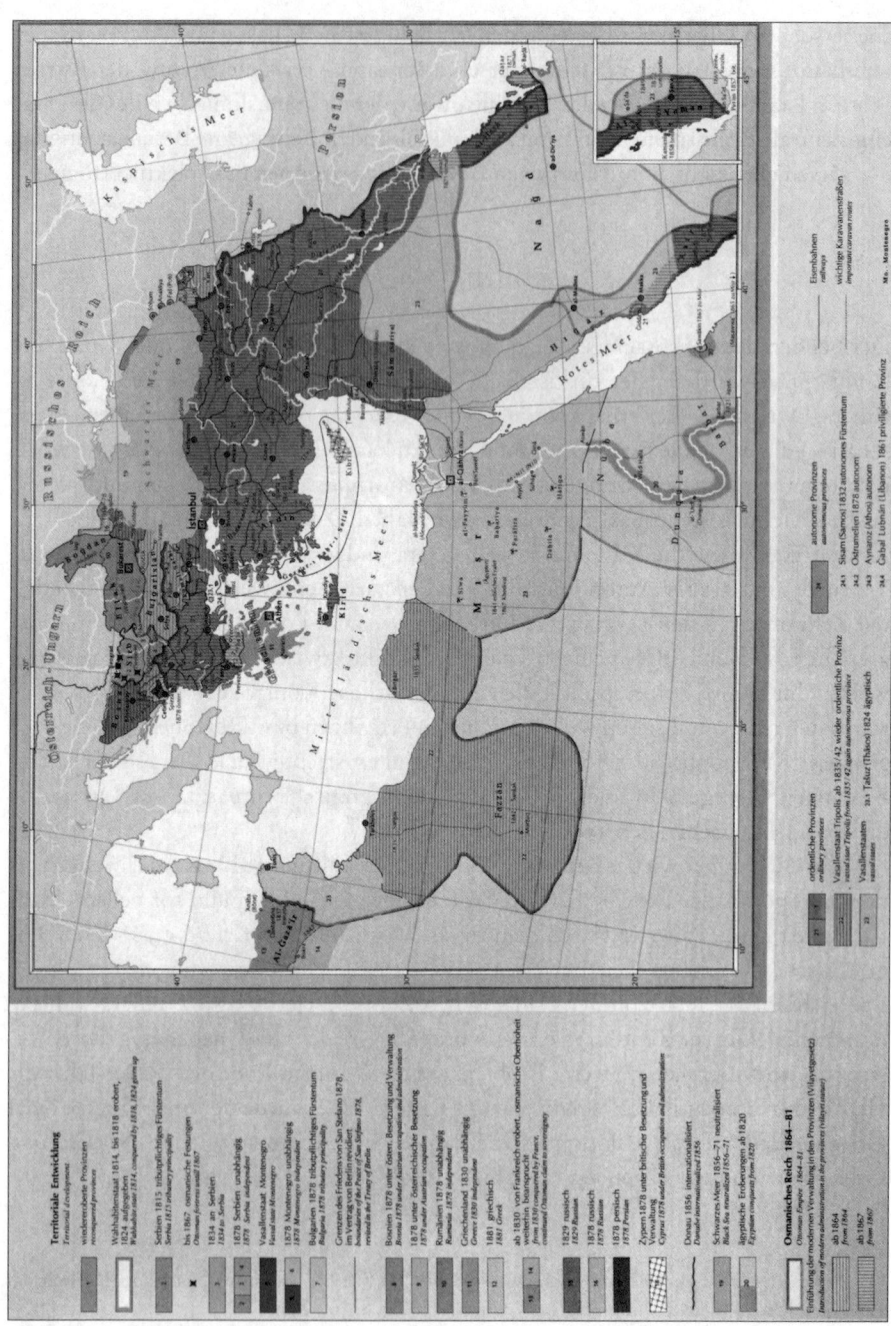

Abb. 17.1 Das Osmanische Reich 1812–1881

Im Gegenzug dazu versuchte die osmanische Zentralregierung die direkte Kontrolle in anderen peripheren Gebieten zu verstärken oder aber überhaupt wiederherzustellen. In diesem Zusammenhang sind die Feldzüge der 1830er- und 40er-Jahre in den kurdischen Gebieten und die Rückeroberung des Jemen 1849 zu sehen. Eine umfassende Zentralisierungsbestrebung wurde von pragmatischen Überlegungen infrage gestellt. Reinkowski geht davon aus, dass die Zentralregierung – spätestens ab den 1840er-Jahren – in Gebieten der »inneren Peripherie« eine Politik der »ethnischen Hegung« verfolgte.[13] Die Zentralregierung gewährte den in den betreffenden Gebieten lebenden Gruppen in den Innenbeziehungen weitgehende Autonomie, strebte aber in den Außenbeziehungen eine strenge Kontrolle an.

Die Politik der osmanischen Zentralregierung wurde in den 1820er- und 30er-Jahren sehr stark vom Konflikt mit dem ägyptischen Gouverneur Mehmed Ali geprägt (Gouverneur in Ägypten 1805–1848). Mehmed Ali stabilisierte nach dem Ende von Bonapartes Feldzug in Ägypten die osmanische Herrschaft. Unter seiner Verwaltung und Herrschaft wurden in Ägypten eine Anzahl tief greifender administrativer, militärischer und wirtschaftlicher Reformen in Angriff genommen – mehr als ein Jahrzehnt bevor die Zentralregierung entsprechende Maßnahmen in Betracht ziehen konnte. Mit seiner reformierten Armee war Mehmed Ali für die Zentralregierung eine wichtige Stütze im griechischen Unabhängigkeitskrieg. In den 1830er-Jahren kam es dann zum Konflikt zwischen Mehmed Ali und Istanbul. Der ägyptische Gouverneur wurde selbst zu einer ernsthaften militärischen Bedrohung für die Zentrale, besetzte Syrien und Palästina und stieß in seinen Feldzügen bis weit nach Anatolien vor. Gleichzeitig waren die ägyptischen Reformen und die dortige Rezeption europäischer Ideen zumindest partiell ein Vorbild für Istanbul.[14] Die Konflikte wurden nach dem Tod von Sultan Mahmud II. (reg. 1808–1839) beigelegt und Ägypten wurde 1840 zu einem Vasallenstaat, in dem die von Mehmed Ali gegründete Dynastie ab 1867 den Titel eines Vizekönigs (Khedive, türk. *Hıdiv*) führte.

Autonomien waren im Osmanischen Reich nicht nur territorial definiert, es gab zahlreiche gruppenspezifische Autonomien. Am bekanntesten ist in diesem Zusammenhang die autonome Administration der nicht muslimischen Bevölkerungsgruppen, die in der wissenschaftlichen Literatur im Allgemeinen als *millet*-System bezeichnet wird.[15] Die Existenz von Autonomien beschränkte sich nicht auf die

---

13 Reinkowski, Dinge (wie Fn. 7), S. 103-114.
14 Zu Mehmed Ali siehe Khaled Fahmy, All the Pasha's Men. Mehmed Ali, his Army and the Making of Modern Egypt, Cambridge 1997; Aksan, Ottoman Wars (wie Fn. 10), S. 325-328, und Avigdor Levy, The Officer Corps in Sultan Mahmud II's New Ottoman Army 1826–39, in: International Journal of Middle East Studies 2 (1971), S. 21-39.
15 Siehe Kapitel 9, Kirche.

Nichtmuslime, sie war auch in tribal geprägten Gesellschaften vorhanden, wie etwa in Albanien sowie in den kurdischen und arabischen Provinzen.[16]

Wie zentral oder wie peripher eine Provinz für die Zentraladministration in Istanbul war, zeigt sich unter anderem auch an den vorhandenen Bevölkerungsdaten. 1831 wurde nach langer Zeit der erste Zensus durchgeführt, der aber nur Anatolien und Teile des Balkans erfasste. Mitte der 1840er-Jahre ist in den Dokumenten der osmanischen Zentraladministration von 28–29 Mio. männlichen Einwohnern die Rede. Der Anteil der durch den Zensus erfassten Daten liegt bei ca. drei Mio., der Rest wurde von der osmanischen Administration grob geschätzt. Karpat geht für die Mitte der 1840er-Jahre von 35,4 Mio. männlichen Einwohnern (bei einer Fläche von drei Mio. Quadratkilometern) aus.[17]

Eine offizielle Verwaltungssprache gab es erst mit der Verfassung von 1876, doch war auch davor de facto der größte Teil der von der Zentralverwaltung ausgehenden Dokumente in türkischer Sprache formuliert.[18] Die dort eingehende Korrespondenz und die Eingaben waren teilweise auch in anderen im Osmanischen Reich gebräuchlichen Schriftsprachen verfasst und wurden von Dolmetschern der Zentraladministration übersetzt.[19]

Zu Beginn des hier behandelten Zeitraums 1815–1847 hatte die osmanische Regierung gerade eine Krise überstanden, welche die Existenz des Herrscherhauses infrage gestellt hatte. Die Ereignisse der Jahre 1807/08 zeigen deutlich, dass der Sultan und die osmanische Zentralregierung innenpolitisch auf Allianzen angewiesen waren. 1807 hatte eine Rebellion der Janitscharen Sultan Selim III. (reg. 1789–1807) gestürzt und so dessen Reformpolitik ein Ende gesetzt.[20] Für kurze Zeit bestieg Sultan Mustafa IV. (reg. 1807/08) den Thron. Einer der Notabeln des Bezirks Rusçuk, Alemdar Mustafa Paşa, der 1806/07 eine steile militärische Karriere im Krieg gegen Russland gemacht hatte, marschierte 1808 mit seinem Heer Richtung Istanbul und forderte die Wiedereinsetzung von Selim III. In den folgenden Kämpfen kamen sowohl Selim III. als auch Mustafa IV ums Leben und Sultan Mahmud II. bestieg als einziger männ-

---

16 Zu den nicht muslimischen *millets* als einer von verschiedenen Varianten von Autonomie, vgl. Reinkowski, Dinge (wie Fn. 7), S. 18-19.

17 Kemal Karpat, Ottoman Population 1830–1914. Demographic and Social Characteristics, Madison 1985, S. 3-35; Heinzelmann, Kampf (wie Fn. 7), S. 88-90, 168-172, 247-260; Donald Quataert, The Age of Reforms, in: H. Inalcik/D. Quataert (Hg.), An Economic and Social History of the Ottoman Empire, Cambridge 1994 (2. Aufl. 2000), Bd. 2, S. 777-784.

18 Friedrich von Kraelitz-Greifenhorst, Die Verfassungsgesetze des Osmanischen Reiches, Osten und Orient, 4. Reihe, 1. Abteilung, 1. Heft, Wien 1919, S. 33, § 18.

19 Zum Übersetzungsbüro (Tercüme Odası) siehe Ali Akyıldız, Tanzimat Dönemi Osmanlı Merkez Teşkilâtında Reform (1836–1856), Istanbul 1993, S. 72-78.

20 Kreiser/Neumann, Geschichte (wie Fn. 11), S. 295-297; Aksan, Ottoman Wars (wie Fn. 10), S. 244-252.

licher Überlebender aus dem Haus Osman den Thron.[21] Mahmud II. setzte Alemdar Mustafa Paşa als Großwesir ein, und es wurde ein Vertrag (*sened-i ittifak*) zwischen dem Sultan und den Provinznotabeln ausgearbeitet, welcher die Einflusssphären gegeneinander abgrenzte. Die Provinznotabeln gelobten außerdem, den Sultan gegen künftige Aufstände zu unterstützen (§ 5). Akyıldız hat gezeigt, wie problematisch es ist, dieses Vertragswerk als Vorläufer einer Verfassung zu bezeichnen oder in ihm sogar »Ansätze einer Demokratisierung« zu sehen.[22] Als Vertrag zwischen Sultan und den Notabeln – und eben nicht Dekret des Sultans – war das Dokument jedoch beispiellos. Das Dokument war weitgehend wirkungslos, denn der Versuch Mahmuds II. die militärischen Reformen Selims III. fortzusetzen scheiterte noch im selben Jahr an einem weiteren Janitscharenaufstand, welcher Großwesir Alemdar Mustafa Paşa das Leben kostete.

Eine tief greifende Reform der staatlichen Institutionen setzte 1826 ein, nachdem Sultan Mahmud II. im »segensreichen Ereignis« (*Vak'a-yı Hayriye*) einen weiteren Aufstand blutig niedergeschlagen, die Janitscharentruppen aufgelöst und somit als politischen Faktor ausgeschaltet hatte. Die weitere Entwicklung wurde durch zwei Ereignisse des Jahres 1839 geprägt: den Tod Sultan Mahmuds II. und den Regierungsantritt von Sultan Abdülmecid (reg. 1839–1861), sowie die Proklamation des Edikts von Gülhane, welches neben einer Garantie von Grundrechten weitere wichtige Reformmaßnahmen ankündigte.

2 Verfassungsstruktur der zentralen staatlichen Ebene

Das Osmanische Reich war eine Monarchie; Herrscher war der Sultan aus dem Haus der Osmanen.[23] Seit dem frühen 17. Jahrhundert bestieg beim Tod des Herrschers das älteste männliche Mitglied des Hauses den Thron. Seit dem 15. Jahrhundert hatte das Herrscherhaus Eheschließungen vermieden. Die Nachkommen entstammten Kon-

---

21 İlber Ortaylı, Osmanlı İmperatorluğunun en uzun yüzyılı, Istanbul 3. Aufl. 1995, S. 30, und Hakan T. Karateke, Padişahım Çok Yaşa. Osmanlı Devletinin Son Yüz Yılında Merasimler, Istanbul 2004, S. 26, weisen darauf hin, dass 1808 Gegner Mahmuds II. sich vor dem Saray versammelten und forderten, dass Esma Sultan (eine Halbschwester Mahmuds II.), der Ordensscheich der Mevlevi in Konya oder ein Sohn des Herrschers der Krimtataren anstelle von Mahmud II. den Thron besteigen solle.
22 Ali Akyıldız, Padişahın Otoritesinin Tartışmaya Açılması: Sened-i İttifak, in: ders., Osmanlı Bürokrasi ve Modernleşme, Istanbul 2. Aufl. 2006, S. 83-102 (darin S. 91-102 eine Edition des Dokuments); Virginia Aksan, The Ottoman Military and State Transformation in a Globalizing World, in: Comparative Studies South Asia, Africa and the Middle East 27/2 (2007), S. 259-272.
23 Zum Begriff Familie bzw. Haushalt im islamischen Kontext und der Familienstruktur der Osmanen siehe Colin Imber, The Ottoman Empire. The Structure of Power, 1300–1650, Basingstoke/Hampshire 2002, S. 87-115; Murat Belge, Osmanlı'da Kurumlar ve Kültür, Bilgi Üniversitesi Yayınları 100, Istanbul 2005, S. 117-141.

kubinatsverhältnissen mit (Elite- bzw. Harems-)Sklavinnen. Diese »Nicht-Heiratspolitik« wurde auch das ganze 19. Jahrhundert hindurch bewusst beibehalten.[24]

Nicht nur in den Familienstrukturen der Herrscherdynastie, sondern auch in der höchsten Staatsadministration spielte das Phänomen der Elitesklaverei (*kulluk*) Anfang des 19. Jahrhunderts nach wie vor eine bedeutende Rolle. Wie Findley zeigt, führte dies zu problematischen Anachronismen.[25] Nach wie vor fanden sich in der höchsten Staatsadministration, bis hin zum Amt des Großwesirs, Sklaven, die eine Palastkarriere durchlaufen hatten. Nachdem die Knabenlese (*devşirme*) Anfang des 18. Jahrhunderts letztmalig praktiziert worden war, handelte es sich ausschließlich um importierte Sklaven – im Allgemeinen aus dem Kaukasusgebiet.[26] Anfang des 19. Jahrhunderts gelangten aber auch zunehmend frei geborene Muslime über eine Kanzleikarriere in höchste Staatsämter, welche in diesen Ämtern ebenfalls einen Status als Sklave (*kul*) des Sultans erhielten. Auch die »Sklaven des Sultans« konnten wiederum Sklaven erwerben, ausbilden und in wichtigen Positionen unterbringen. So entstanden einflussreiche Patronagenetzwerke.[27] (☞ Abb. 17.2)

Theoretisch war die Herrschaft des Sultans uneingeschränkt. De facto unterschied sich die Herrschaftspraxis je nach Herrscher stark. »Despotische Möglichkeiten der Machtausübung« hatte der osmanische Sultan nicht.[28] Von zentraler Bedeutung waren vor allem seine personellen Entscheidungen. Es hing hingegen stark von der Person des Sultans ab, ob er auf Entscheidungen in Sachfragen Einfluss nahm. Die Regierungsgeschäfte lagen zum größten Teil in den Händen der Bürokratie unter der Leitung des Großwesirs (*sadrazam*). Das Osmanische Reich ist deshalb als eine patrimonial-bürokratische Monarchie zu verstehen.[29]

Die Amtsträger in Administration und Jurisdiktion wurden durch den Sultan ernannt. Dazu gehörte auf oberster Ebene der Großwesir (ab 1836 auch die neu gegründeten Ministerien), die Provinzgouverneure, die Heeresrichter (*kazasker*) von

---

24 Zur Ablehnung einer Heirat im 19. Jahrhundert – konkret mit dem Haus des ägyptischen Khediven – siehe Belge, Kurumlar (wie Fn. 23), S. 123. Erst mit Sultan Mehmed V. Reşad (reg. 1909–1918) stand an der Spitze der Dynastie wieder ein verheirateter Herrscher.
25 Carter Vaughn Findley, Bureaucratic Reform in the Ottoman Empire, the Sublime Porte 1789–1922, Princeton 1980, S. 45-46; vgl. auch Hakan Erdem, Slavery in the Ottoman Empire and its Demise 1800–1909, New York 1996, S. 64.
26 Mit Knabenlese (*devşirme*) bezeichnet man die Aushebung von nicht muslimischen Knaben für eine militärische oder administrative Karriere, wobei die Ausgehobenen den Status eines Sklaven des Sultans hatten.
27 Berühmt für sein Patronagenetzwerk war z. B. Hüsrev Mehmed Paşa, ein Sklave abchasischer Herkunft, 1827–1836 Kriegsminister (*serasker*) und 1839–1840 Großwesir; vgl. Erdem, Slavery (wie Fn. 25), S. 64-65.
28 Henning Sievert, Zwischen Arabischer Provinz und Hoher Pforte. Beziehungen, Bildung und Politik des osmanischen Bürokraten Ragıb Mehmed Paşa (st. 1763), Würzburg 2008, S. 69.
29 Findley, Bureaucratic Reform (wie Fn. 25), S. 4-8; Sievert, Provinz (wie Fn. 28), S. 68-76. Von einer absoluten Monarchie (*mutlak monarşi*) spricht jedoch Bülent Tanör, Osmanlı-Türk Anayasal Gelişmeleri (1789–1980), Istanbul 3. Aufl. 1996, S. 15.

2 Verfassungsstruktur der zentralen staatlichen Ebene

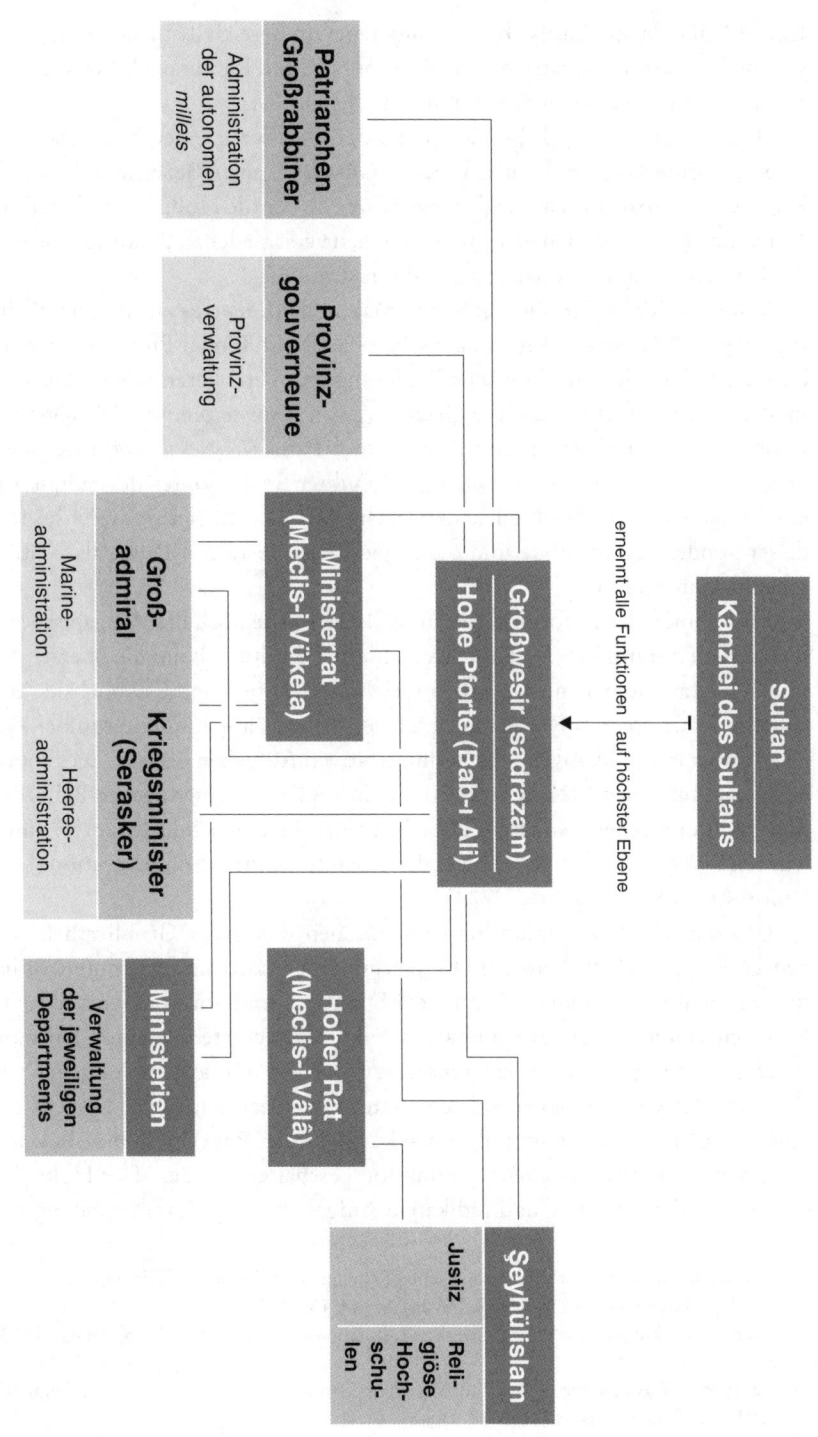

Abb. 17.2 Die Zentralverwaltung des Osmanischen Reiches 1815–1847 (Korrespondenz- und Entscheidungswege)

Rumeli[30] und Anatolien als oberste Amtsträger im Bereich Justiz und religiöses Hochschulwesen, sowie die Patriarchen, Metropoliten und Rabbiner als Vertreter der autonomen Administration der nicht muslimischen *millets*.

Bereits ab dem 17. Jahrhundert stand der Großwesir einer vom Palast unabhängigen Behörde vor, der Hohen Pforte (*Bab-ı Ali*), einer Bezeichnung, welche zum Synonym für »osmanische Regierung« wurde. Über die Hohe Pforte lief die gesamte Korrespondenz zwischen dem Sultan und den verschiedenen Behörden; sie war damit der Knotenpunkt der osmanischen Administration.

Während der Regierungszeit Sultan Mahmuds II. kam es zu einer deutlichen Verlagerung des Machtverhältnisses zwischen Palast und Hoher Pforte. Es gibt Indizien, dass der Sultan eine autokratische Regierungsform etablieren wollte. Durch die administrativen Reformen und die Gründung von Ministerien im Jahr 1836 wurde der Großwesir im Ministerrat zum Primus inter Pares (*başvekil*, »Ministerpräsident«) und verlor seinen Status als »uneingeschränkter Stellvertreter des Sultans« (*vekil-i mutlak*) sowie einen Großteil seiner Macht. Mit dem Regierungswechsel 1839 fand dieser Sonderweg ein Ende und die Hohe Pforte löste den Palast als zentrale Entscheidungsinstanz ab.[31]

Im Rahmen der Reformen des Jahres 1826 wurde auch der Aufgabenbereich des *şeyhülislâm* modifiziert. Es handelt sich hierbei traditionell um die oberste Autorität in der Hierarchie der muslimischen Gelehrten (*ilmiye*) und das höchste Amt einer Gelehrtenkarriere. Als Rechtsgutachter (*müfti*) war er – zumindest in der Theorie – nicht direkt mit judikativen oder administrativen Aufgaben betraut. Dies änderte sich durch die Reformen 1826; er wurde der Leiter einer neu geschaffenen Behörde (*Bab-ı Meşihat*) mit eigenem Amtssitz, dem die beiden Heeresrichter (*kazasker*) unterstellt wurden und der damit an der Spitze der gesamten *ilmiye*-Administration (Justiz und Lehre) stand.[32]

Das zentrale Ratsgremium im Osmanischen Reich, der Großherrliche Rat (*Divan-i Hümayun*), hatte bereits im 18. Jahrhundert an Bedeutung verloren. Es handelte sich um ein Ratsgremium mit beratender Funktion in administrativen und legislativen Belangen und mit judikativer Funktion. Selim III. richtete für seine Reformprojekte stattdessen Ratsgremien (*meclis-i meşveret*) mit fest umrissenen Aufgabenbereichen ein.[33] Mit der Gründung des »Hohen Rates für gerechte Entscheidungen« (*Meclis-i Vâlâ-yı Ahkâm-ı Adliye*, im Folgenden kurz »Hoher Rat«) im Jahr 1838 war wieder ein Gremium mit weitreichender Funktion geschaffen worden. Der Hohe Rat hatte legislative, administrative und judikative Aufgaben. Eine Gewaltenteilung existierte

---

30 Mit Rumeli werden (hier) die europäischen Provinzen des Reiches bezeichnet.
31 Findley, Bureaucratic Reform (wie Fn. 25), S. 147, 151-155.
32 İlhami Yurdakul, Osmanlı İlmiye Merkez Teşkilâtı'nda Reform (1826–1876), Istanbul 2008, S. 27-31.
33 Stanford J. Shaw, Between Old and New. The Ottoman Empire under Sultan Selim III, 1789–1807, Cambridge/Mass. 1971, S. 72-83.

im Osmanischen Reich in der ersten Hälfte des 19. Jahrhunderts nicht und wurde nach derzeitigem Stand der Forschung von den Reformpolitikern vor 1868 auch nicht thematisiert.[34]

3 Wahlrecht und Wahlen

Eines der charakteristischen Merkmale der osmanischen Reformen in der ersten Hälfte des 19. Jahrhunderts und der Umstrukturierung des zentralen Regierungsapparates ist die Schaffung zahlreicher beratender Gremien (*meşveret* oder *şura*), wie des Hohen Rates (*Meclis-i Vâlâ*), des Ministerrats (*Meclis-i Vükela*) oder der Ratskammer der Hohen Pforte (*Dar-i Şura-yı Bab-ı Ali*).[35] (☞ Abb. 17.2, S. 1305) Entsprechende Ratsgremien wurden nach 1839 auch auf Provinzebene in Form eines Provinzrats (*Memleket Meclisi*) geschaffen.[36] Die Wichtigkeit dieser Institutionen wird in den zeitgenössischen Quellen immer wieder betont und es wird auf die Notwendigkeit hingewiesen, für die Reformen einen Konsens (*ittifak-i ara*) zu finden.[37] Eine zentrale Funktion der Gremien war, Reformmaßnahmen zu legitimieren. In der Sekundärliteratur wird die Einrichtung dieser Gremien gelegentlich als Ansatz einer repräsentativen Regierung interpretiert.[38]

Eine Assoziation der besagten Ratsgremien mit repräsentativen bzw. auch demokratischen Elementen in der osmanischen Regierung fand aus der Retrospektive statt – allerdings bereits verhältnismäßig früh. In den 1860er-Jahren hatten Namık Kemal und Ali Suavi – Vertreter der ersten osmanischen Verfassungsbewegung (der sog. »Jungosmanen«) – das islamische bzw. traditionell osmanische Beratungsprinzip (*usul-i meşveret*) mit dem europäischen Parlamentarismus und einer repräsentativen bzw. demokratischen Regierungsform in Verbindung gebracht.[39] Doch Namık Kemal warf den Protagonisten der osmanischen Reformpolitik in der ersten Hälfte des

---

34 Mehmet Seyitdanlıoğlu, Tanzimat Devrinde Meclis-i Vâlâ (1838–1868), Ankara 2. Aufl. 1999, S. 114 f., 117-125.
35 Uriel Heyd, The Ottoman Ulema and Westernization in the Time of Selim III. and Mahmud II., in: Scripta Hierosolymitana IX (1961), S. 63-96; Shaw, Between Old and New (wie Fn. 33), S. 72-75.
36 Stanford J. Shaw, Local Administrations in the Tanzimat, in: H. Dursun Yıldız (Hg.), 150. Yılında Tanzimat, Ankara 1993, S. 33-45; Nachdruck in: Stanford J. Shaw, Studies in Ottoman and Turkish History, Istanbul 2000, S. 269-286.
37 Siehe etwa CD-RM-2, Dok.-Nr. 17.4.1 (türk.)/17.4.2 (dt.) (Edikt von Gülhane v. 3.11.1839).
38 Ahmet Mumcu, Osmanlı Devleti'nde Meşveret Yöntemi Demokratik bir Gelişme Sağlayabilir miydi?, in: H. Ü. Edebiyat Fakültesi Dergisi, I/4, Ankara 1986, S. 3-23.
39 Şerif Mardin, The Genesis of Young Ottoman Thought. A Study in the Modernization of Turkish Political Ideas, Princeton 1962 (2. Aufl. 2000), S. 81, 133 f., 308-313. Die englische Übersetzung von zwei diesbezüglichen Quellentexten finden sich in Charles Kurzman, Modern Islam 1840–1940. A Sourcebook, Oxford 2002, S. 138-143 (Ali Suavi), 144-148 (Namık Kemal).

19. Jahrhunderts vor, sie hätten zu verantworten, dass die Sitze in den Ratsgremien als reine Pfründen verstanden wurden. Zu einer repräsentativen Interessenvertretung konnten sich die Gremien laut Namık Kemal deshalb nicht entwickeln.[40] Tatsächlich muss darauf hingewiesen werden, dass im gesamten, in diesem Band bearbeiteten Zeitraum die Mitglieder der Ratsgremien ohne Ausnahme entweder ex officio entsandt oder ernannt waren.[41] Wahlen spielten bei der Zusammensetzung der Gremien keine Rolle.

Ab den 1840er-Jahren wurden auf Provinzebene Repräsentanten der nicht muslimischen Bevölkerungsgruppen in die Ratsgremien aufgenommen.[42] Gerade in Provinzen, welche von Angehörigen mehrerer unterschiedlicher Konfessionsgruppen bewohnt waren, sollten die Vertretung im Provinzrat zur Entschärfung von Konflikten und Vermeidung von Unruhen dienen. Es handelte sich jedoch nicht um eine proportionale Repräsentation. Selbst in mehrheitlich von christlichen Untertanen bewohnten Gebieten hatten die (sunnitisch-)muslimischen Ratsmitglieder die Mehrheit. In die Ratsversammlungen des zentralen Regierungsapparates wurden Repräsentanten der nicht muslimischen Religionsgruppen erst nach dem Reformedikt von 1856 aufgenommen.

Ratsgremien wurden nach dem Edikt von 1839 auch in der autonomen Administration der verschiedenen *millets* geschaffen. Im armenisch-orthodoxen Patriarchat entstand eine armenische Ratsversammlung nach dem Vorbild des Hohen Rates.[43] Auch hier waren die Mitglieder ex officio entsandt oder vom Patriarchen ernannt. In der zweiten Hälfte des 19. Jahrhunderts bildete sich unter den armenischen Intellektuellen eine Verfassungsbewegung, vergleichbar der der »Jungosmanen«, welche für die armenische *millet* eine Verfassung und eine repräsentative (gewählte) Vertretung in der autonomen Administration forderte. Die armenisch-orthodoxe *millet* scheint im Vergleich zu den anderen christlichen und zur jüdischen *millet* bei der Ausarbeitung einer autonomen Verfassung eine Art Vorreiterrolle gespielt zu haben. Es existiert hierzu jedoch noch keine innerosmanisch komparative Studie.

---

40 Mardin, Genesis (wie Fn. 39), S. 164-166.
41 Stanford J. Shaw, The Origins of Representative Government in the Ottoman Empire. An Introduction to the Provincial Councils, 1839–1876, in: R. Bayly Winder (Hg.), Near Eastern Round Table, 1967–1968, New York 1969, S. 53-142; Reinkowski, Dinge (wie Fn. 7), S. 203; Seyitdanlıoğlu, Meclis-i Vâlâ (wie Fn. 34), S. 77-86.
42 Reinkowski, Dinge (wie Fn. 7), S. 201-204.
43 Vartan Artinian, The Armenian Constitutional System in the Ottoman Empire 1839–1863. A Study of its Historical Development, Istanbul [1988], S. 52; die türkische Übersetzung enthält im Anhang den Text der armenischen Verfassung von 1863: Vartan Artian, Osmanlı Devleti'nde Ermeni Anayasası'nın Doğuşu, Istanbul 2004.

4 Grundrechte

Die Frage der Grundrechte im Osmanischen Reich während der ersten Hälfte des 19. Jahrhunderts wird im Allgemeinen mit dem Edikt von Gülhane (November 1839) in Verbindung gebracht.[44] Das Edikt besagt, dass der Sultan allen Untertanen unabhängig von der Religionszugehörigkeit »entsprechend den Vorschriften des islamischen Rechts (şeriat)« die Sicherheit von Leben, Besitz und Ehre garantiert. Zudem werden eine gerechtere Verteilung der Steuerlast und ein gerechteres Auswahlverfahren bei Rekrutenaushebungen angekündigt. Darüber hinaus wird garantiert, dass es keinen Vollzug der Todesstrafe ohne vorherigen öffentlichen, şeriat-rechtlichen Prozess gibt. Bei der Vollstreckung der Todesstrafe darf das Erbe des Hingerichteten den Hinterbliebenen nicht vorenthalten werden, es sei denn, sie träfe eine Mitschuld. Die beiden letztgenannten Regelungen machen deutlich, dass als treibende Kraft bei der Formulierung des Edikts mit einiger Wahrscheinlichkeit Angehörige der Regierungselite zu sehen sind, welche die Rechtsunsicherheit, die sich aus ihrem Status als Sklaven des Sultans (kul) ergab, beseitigen wollten. In dem entsprechenden Passus des Edikts von Gülhane verzichtet der Sultan auf die Möglichkeit, Angehörigen der Regierung aus Staatsräson hinrichten (siyaseten katl) und deren Vermögen konfiszieren zu lassen (müsadere).[45]

In der Sekundärliteratur wird aus den genannten Regelungen gelegentlich hergeleitet, dass das Edikt von Gülhane eine rechtliche Gleichstellung der Untertanen unterschiedlicher Religion vorsah.[46] Explizit geht diese Gleichstellung über die Garantie von Leben, Besitz und Ehre jedoch nicht hinaus. Die Versuche verschiedener Autoren eine grundsätzliche rechtliche Gleichstellung zu implizieren, sind anhand des Wortlauts schwer nachvollziehbar und machen auch aufgrund der Tatsache, dass eine Gleichstellung unabhängig von der Religionszugehörigkeit bei der konkreten legislativen Umsetzung des Edikts keine Rolle spielte, wenig Sinn.[47]

---

44 CD-ROM-2, Dok.-Nr. 17.4.1/17.4.2 (wie Fn. 3).
45 Abu-Manneh, Roots (wie Fn. 7), S. 180; Mardin, Genesis (wie Fn. 39), S. 158; Heinzelmann, Kampf (wie Fn. 7), S. 121 f.; Ahmet Mumcu, Osmanlı Devleti'nde Siyaseten Katl, Ankara 3. Aufl. 2007, S. 36-45. Fraglich ist, inwieweit die Hinrichtung aus Staatsräson auf den Sklavenstatus zurückzuführen ist. Nach islamischem Recht ist der Herr nicht berechtigt seinen Sklaven zu töten, vgl. Mumcu, Osmanlı Devleti'nde Siyaseten Katl (wie oben), S. 51-56; Leslie Peirce, Morality Tales, Law and Gender in the Ottoman Court of Aintab, Berkley 2003, S. 313-318.
46 Karal, Gülhane Hatt-ı Hümâyununda (wie Fn. 4), S. 599 f.; Gülnihal Bozkurt, Alman – İngiliz Belgelerinin ve Siyasî Gelişmelerin Işığı Altında Gayrimüslim Osmanlı Vatandaşlarının Hukukî Durumu (1839–1914), Ankara 2. Aufl. 1996, S. 41; Tanör, Anayasal Gelişmeleri (wie Fn. 29), S. 61; Knut S. Vikør, Between God and the Sultan. A History of Islamic Law, Oxford 2005, S. 230.
47 Findley, Tanzimat (wie Fn. 7), S. 18. Zur »Gleichheit« im Sinne von Äquidistanz zum Herrscher (und nicht Egalität) siehe Reinkowski, Dinge (wie Fn. 7), S. 261-263, 275. Ab wann das Edikt von Gülhane durch osmanische Autoren mit der Idee von Egalität in Verbindung gebracht wurde, ist noch genauer zu untersuchen, vgl. ebd., S. 46-48.

Gerade die im 19. Jahrhundert immer wieder aufgeworfene Frage, ob die Militärpflicht auf Nichtmuslime ausgeweitet werden sollte, zeigt, wie divergierend die Ansichten verschiedener Angehöriger der osmanischen Regierungselite hinsichtlich einer – zumindest partiellen – Gleichstellung waren. Vorbehalte gegen den Grundsatz »gleiche Rechte – gleiche Pflichten« waren auch bei nicht muslimischen Entscheidungsträgern vorhanden. So setzten sich in dieser Frage die Patriarchate für die Beibehaltung des *Status quo* ein, da dieser die Grundlage für ihre administrativen Autonomien war. Spätestens ab Ende der 1840er- bzw. Anfang der 1850er-Jahre bemühte sich die osmanische Regierung um eine »Rationalisierung« der Ungleichbehandlung der Untertanen verschiedener Religionszugehörigkeit, indem sie etwa die Sondersteuer der Nichtmuslime (*cizye*) in eine Militärersatzsteuer (*iane-i askeriye*) umdeutete.[48]

Die Garantie der Sicherheit von Leben, Eigentum und Ehre wird in der Sekundärliteratur oft ausschließlich im Sinne einer Garantie der Grundrechte interpretiert; sie begründete darüber hinaus aber auch das Gewaltmonopol des Staates, das zu den zentralen Zielen der Reformpolitik gehörte.[49] Nach 1839 bemühte sich die osmanische Zentralregierung z. B. in den stark von Stammesstrukturen geprägten albanischen Provinzen den Vollzug der Blutrache (*dava-yı dem*) mit dem Argument zu unterbinden, dass lediglich nach einem *şeriat*-rechtlichen Prozess und der Bestätigung des Urteils durch den Sultan die Vergeltung (lat.: *talio*, arab. und türk.: *kısas*) vollzogen werden dürfe.[50]

Die Garantien im Edikt von Gülhane beschränken sich auf die Sicherheit von Leben, Besitz und Ehre. Es wird allerdings betont, dass diese Garantien als Bestätigung von Sicherheiten zu verstehen sind, die durch das islamische Recht bereits gegeben sind. Es fragt sich deshalb, in welcher Beziehung diese Garantien und das islamische Recht standen und ob das islamische Recht über diesen schmalen Katalog hinaus Grundrechte garantierte. Die Idee, es könne absolute Grundrechte der Menschen bzw. natürliche Rechte geben, ist dem islamischen Recht fremd – das islamische Recht basiert auf göttlichem Recht.[51] Durch göttliches Recht bedingte Menschenrechte existieren jedoch sehr wohl, da das islamische Recht auf das Wohlergehen des Menschen zielt. Im traditionellen sunnitischen Islam wird der Schutz der »fünf basalen Rechtsgüter« bzw. Grundwerte (*masalih*) – nämlich, in absteigender Hierarchie: 1. Religion, 2. Leben, 3. Vernunft bzw. Verstand, 4. Reinheit der Abstammung und 5. Vermögen – als Ziel des islamischen Rechts angesehen und dient zur rationalen Herleitung konkreter islamischer Rechtsvorschriften.[52] Explizit taucht aber ein Bezug auf die

---

48 Heinzelmann, Kampf (wie Fn. 7), S. 317-325.
49 Vgl. Kapitel 6, Justiz.
50 Reinkowski, Dinge (wie Fn. 7), S. 154-158, 250 f.; Heinzelmann, Kampf (wie Fn. 7), S. 222 f.
51 Zum Verhältnis von göttlichem Recht und natürlichem Recht siehe Mardin, Genesis (wie Fn. 39), S. 86-106.
52 Birgit Krawietz, Hierarchie der Rechtsquellen im Tradierten Sunnitischen Islam, Berlin 2002, S. 230.

»fünf basalen Rechtsgüter« – nach derzeitigem Stand der Forschung – im politischen Diskurs des Osmanischen Reiches in der ersten Hälfte des 19. Jahrhunderts nicht auf.

Die religiöse Definition der sozialen Gruppenzugehörigkeit führte zu einer deutlichen Einschränkung der Religionsfreiheit. Für diplomatische Verstimmungen mit Großbritannien sorgten einige Todesurteile gegen Renegaten (mürted), d. h. zum Christentum konvertierte Muslime, welche vom Sultan ratifiziert worden waren.[53] Dieser diplomatische Konflikt hielt bis zum Edikt von 1856 an. 1844 kam es zwar zu einer diplomatischen Garantie gegenüber den Briten, dass bei religiösen Delikten stillschweigend keine Todesstrafe mehr vollzogen würde. Die eigentliche Gesetzeslage blieb aber unverändert – bis zum Ende des Osmanischen Reiches wurden keine Regelungen des islamischen Rechts explizit außer Kraft gesetzt. Es gibt Hinweise, dass auch nach 1844 noch Hinrichtungen wegen Apostasie oder Blasphemie vollstreckt wurden.[54]

In den 1830er- und 40er-Jahren entwickelte sich bei der Regierungselite ein Bewusstsein für das Phänomen »öffentliche Meinung« und somit auch die Meinungsfreiheit. Teil der rechtlichen Debatte wurde diese Thematik aber nicht.[55]

Eine sehr komplexe Thematik stellt die Sklaverei im Osmanischen Reich dar, muss doch zwischen den bereits mehrfach erwähnten Elitesklaven (kul) und den übrigen Sklaven (köle) unterschieden werden.[56] Die Elitesklaven konnten bis in höchste Staatsämter (d. h. bis zum Großwesir) aufsteigen, doch werden sie in neueren Studien in die Analyse des Phänomens Sklaverei einbezogen – waren die Privilegien der Staatsämter doch nur temporär.[57] Gerade in den Eigentumsrechten waren die Elitesklaven genauso eingeschränkt wie die übrigen Sklaven, wie das Beispiel der Konfiskation (müsadere) oben bereits zeigte. Im Gegensatz zu den übrigen Sklaven waren Elitesklaven jedoch voll geschäfts- und prozessfähig.

Grundsätzlich ist es nach islamischem Recht nicht zulässig, eine Person innerhalb des unter islamischer Herrschaft befindlichen Territoriums (darülislam) – hier konkret innerhalb des Osmanischen Reiches – zu versklaven. Zum größten Teil handelte es sich um 1800 bei den Sklaven im Osmanischen Reich um aus Afrika und dem Kaukasusgebiet importierte Sklaven. Es gab aber, wie Erdem zeigt, verschiede-

---

53 Reşat Kaynar, Mustafa Reşit Paşa ve Tanzimat, 1. Aufl. Ankara 1954 (3. Aufl. 1991), S. 556-569.
54 Z. B. Başbakanlık Osmanlı Arşivi (Türkisches Staatsarchiv, Osmanische Abteilung), Istanbul: İ. MVL 2336, 18 L 1263, Todesurteil wg. Blasphemie in Mossul 1847; Public Record Office, London, FO 424-429, S. 102-107, Hinrichtung wg. Blasphemie in Aleppo 1855.
55 Vgl. Kapitel 8, Verfassungskultur.
56 Zur Sklaverei im Osmanischen Reich des 19. Jahrhunderts sind drei Monografien erschienen: Ehud R. Toledano, The Ottoman Slave Trade and Its Suppression 1840–1890, Princeton 1982; Erdem, Slavery (wie Fn. 25), sowie mit einem stärker komparativen Aspekt Ehud R. Toledano, As if Silent and Absent. Bonds of Enslavement in the Islamic Middle East, New Haven – London 2007.
57 Peirce, Morality Tales (wie Fn. 45), S. 313-318; Toledano, As if Silent and Absent (wie Fn. 56), S. 20 f.

ne Ausnahmen von dieser Regel: Beispielsweise waren die Kinder zweier Eltern mit Sklavenstatus auch Sklaven. Auf Drängen der britischen Diplomatie hin kam es 1846 zur Schließung des Sklavenmarktes in Istanbul und 1857 zum Verbot des Handels mit afrikanischen Sklaven.[58]

5 Verwaltung

Drei Entwicklungen prägen die administrativen Reformen im Osmanischen Reich zwischen 1815 und 1847: 1) Eine klare Trennung zwischen der Palastadministration und der Regierung, 2) die Einrichtung von Ministerien mit klar umgrenztem Zuständigkeitsbereich, 3) die Schaffung von Institutionen, welche eine direktere Kontrolle der Provinzadministration durch die Zentralregierung ermöglichten.

Noch bis zu den Reformen der 1830er-Jahre ist der Umstand klar zu erkennen, dass die osmanische Administration aus dem Herrscherhaushalt hervorgegangen ist.[59] Der lange Prozess der Entflechtung von Palastadministration und Staatsadministration wird besonders deutlich am Beispiel der Stiftungsverwaltung – welche aber im rechtlichen Sinne nicht zur Staatsverwaltung gehörte.[60] In diesem Bereich setzten Reformversuche sehr früh ein; bereits in der Mitte des 18. Jahrhunderts gab es Bestrebungen, die Finanzaufsicht (*nezaret*) über einzelne religiöse Stiftungen (*vakıf*, Pl. *evkaf*) von anderen Ämtern zu entkoppeln und in einer zentralen Behörde zusammenzufassen. So sollten zunächst wichtige Stiftungen der Finanzaufsicht des Obereunuchen (*Darüsaadet Ağası*) entzogen werden und einer neu geschaffenen Behörde, der »Großherrlichen Stiftungsaufsicht« (*Evkaf-ı Hümayun Nezareti*), unterstellt werden. Der Obereunuch konnte sich diesen lukrativen Aufgabenbereich jedoch nach kurzer Zeit wieder sichern. Erst 1813 wurde ihm die Stiftungsaufsicht endgültig entzogen. 1826 wurden die vom Janitscharenkommandanten (Yeniçeri Ağası) verwalteten Stiftungen der zentralen Stiftungsaufsichtsbehörde (*Evkaf Nezareti*, ab den 1830er-Jahren durchaus im Sinne eines Ministeriums) unterstellt. In den 1830er-Jahren wurden immer mehr Stiftungen der Verwaltung des Stiftungsministeriums unterstellt – beispielsweise 1834 die Stiftungen, welche zuvor der Aufsicht des *şeyhülislam* unterstanden.[61]

---

58 Erdem, Slavery (wie Fn. 25), S. 39 f., 95-98 (Schließung des Sklavenmarkts); 107 (afrikanische Sklaven).
59 Findley, Bureaucratic Reform (wie Fn. 25), S. 338.
60 Zur Stiftungsverwaltung: John Robert Barnes, An Introduction to Religious Foundations in the Ottoman Empire, Leiden 1986, S. 68-69; Astrid Meier, Waqf, ii. In the Arab Lands, in: Encyclopaedia of Islam, Bd. 12, S. 823. Zu den Aufgaben der Stiftungen siehe Kapitel 10, Bildungswesen, und Kapitel 12, Wirtschafts- und Sozialgesetzgebung/Öffentliche Wohlfahrt.
61 Yurdakul, İlmiye (wie Fn. 32), S. 51, nennt noch für das Jahr 1843 die Zahl von 20 Aufsichten (nezaret), diese Zahl bezieht sich aber vermutlich nur auf die Hauptstadt Istanbul. Akyıldız, Merkez Teşkilâtında (wie Fn. 19), S. 146-160.

Eine tief greifende Umstrukturierung der Administration setzte 1826, nach dem »segensreichen Ereignis« ein. Wie schon dargelegt[62], wurde der *şeyhülislam* zum Leiter einer eigenen Behörde (*Bab-ı Meşihat*), welche sich innerhalb weniger Jahre zu einer Art *ilmiye*-Ministerium entwickelte, das für Justiz und das muslimische Bildungssystem zuständig war.[63] Dem Oberbefehlshaber (*serasker*) der 1826 neu gegründeten Truppen der *Asakir-i Mansure* wurden nach 1829 in mehreren Schritten alle Landstreitkräfte unterstellt; er war damit de facto zum Generalstabschef und Oberkommandierenden des Heeres geworden.[64] Nachdem ihm auch die 1826 gegründete zivile Superintendanz des Heeres (*Asakir-i Mansure Nezareti*) unterstellt worden war, hatte er praktisch die Stellung eines Kriegsministers inne. Dieser Status wurde 1836 durch seine Mitgliedschaft im Ministerrat bestätigt.[65] (☞ Abb. 17.2, S. 1305)

1836 wurden drei Ämter in Ministerien (Innen- und Außenminister sowie Ministerpräsident, türk.: *başvekil*) umdefiniert. Die oft sehr heterogenen Zuständigkeitsbereiche waren nun klarer zugeschnitten. So wurde beispielsweise das Amt des *Reisülküttab* – d. h. ursprünglich des Kanzleichefs im *Divan-i Hümayun*, der im 18. Jahrhundert immer stärker mit außenpolitischen Angelegenheiten betraut worden war – in ein Außenministerium (*Hariciye Nezareti*) umgewandelt. Die Einrichtung von Ministerien mit klar umgrenztem Zuständigkeitsbereich im Jahr 1836 ging einher mit einer deutlichen Beschneidung der Kompetenzen des Großwesirs, welche bis zum Tod von Mahmud II. 1839 andauerte.[66] In den späten 1830er-Jahren wurde die hierarchische Strukturierung innerhalb der einzelnen Ministerien ausgebaut und weitere Ministerien geschaffen: 1838 das Finanzministerium, 1839 das Handelsministerium. 1846 folgte ein Landwirtschaftsministerium und 1848 ein Infrastruktur- bzw. Entwicklungsministerium (*Nafı'a Nezareti*).

Zeitgleich mit den Ministerien wurden verschiedene Ratsgremien geschaffen. Als zentrale, ressortübergreifende Gremien sind hier vor allem der Ministerrat (*Meclis-i Vükela*) und der Hohe Rat (*Meclis-i Vâlâ*) zu nennen.[67] (☞ Abb. 17.2, S. 1305)

Die Verwaltungsreformen schlossen auch Maßnahmen auf kommunaler Ebene und Provinzebene ein. Bis in die 1830er-Jahren sind bei Reformmaßnahmen in den Provinzen noch autochthone Entwicklungen möglich – zum Teil auch mit vorbildlicher Wirkung für die Zentralregierung. Ab den 1840er-Jahren werden die

---

62 Vgl. Kapitel 2, Verfassungsstruktur der zentralen staatlichen Ebene.
63 Yurdakul, İlmiye (wie Fn. 32), S. 27-31.
64 Ursprünglich bezeichnete der Titel *serasker* (oder *serdar*) den Oberkommandierenden in Kriegszeiten, meist den Großwesir, vgl. Avigdor Levy, The Military Policy of Sultan Mahmud II., 1808–1839, unveröffentl. Diss. Harvard 1968, S. 460.
65 Levy, Military Policy (wie Fn. 64), S. 460-489; Aksan, Ottoman Wars (wie Fn. 10), S. 376-380.
66 Vgl. Kapitel 2, Verfassungsstruktur der zentralen staatlichen Ebene; Akyıldız, Merkez Teşikilâtında (wie Fn. 19); Findley, Bureaucratic Reform (wie Fn. 25).
67 Vgl. Kapitel 2, Verfassungsstruktur der zentralen staatlichen Ebene, und Kapitel 3, Wahlrecht und Wahlen.

Entwicklungen in den Provinzen immer stärker von der Zentrale kontrolliert und koordiniert.[68] Vergleichbar mit den Ratsgremien in der Hauptstadt wurden in den 1840er-Jahren auch in den Provinzhauptstädten Ratsversammlungen (*Meclis-i İdare* oder *Memleket Meclisi*) mit beratender und administrativer Funktion gegründet. Auf kommunaler Ebene wurde 1829 zunächst in der Hauptstadt und in den 1830er-Jahren in den Provinzen das Amt eines Stadtteil- bzw. Dorfvorstehers (*muhtar*) als lokaler Administrationsbeamter eingeführt.[69]

6 Justiz

Im Osmanischen Reich existierten das 19. Jahrhundert hindurch weiterhin verschiedene Rechtssysteme, welche je nach (religiöser, sozialer oder tribaler) Gruppenzugehörigkeit der beteiligten Parteien zur Anwendung kamen. Dazu gehörten unter anderem das islamische Recht (Scharia; türk. *şeriat*), das säkulare Sultansrecht (*kanun*), die Rechtssysteme der nicht muslimischen Bevölkerungsgruppen, die Gerichtsbarkeit der ausländischen Konsuln und – in tribal geprägten Gruppen – auch Stammesrecht.[70] Diese Rechtssysteme standen praktisch in einer hierarchischen Abhängigkeit voneinander mit dem islamischen Recht und dem Sultansrecht an der Spitze. Dabei durfte das Sultansrecht (*kanun*) keine dem islamischen Recht widersprechenden Regelungen beinhalten; beziehungsweise wurde angenommen, dass das *kanun* das islamische Recht einschließt oder in der Praxis konkretisiert.

Das islamische Recht kam automatisch zur Anwendung, wenn ein Muslim sich unter den beteiligten Parteien befand. Darüber hinaus konnte stets eine der Parteien unabhängig von der Religionszugehörigkeit eine Verhandlung nach islamischem Recht fordern.[71] Insgesamt müssen wir davon ausgehen, dass die verschiedenen Rechtssysteme in einem sehr komplexen Verhältnis zueinander standen. Je nach Gruppenzugehörigkeit konnten zwar verschiedene Rechtsbehörden oder Gerichte eingeschaltet werden, doch hatten Entscheidungen des *kadı* (d. h. des muslimischen Richters, der sowohl für *şeriat* als auch für *kanun* zuständig war) oder der Gerichts-

---

68 Michael Ursinus, Regionale Reformen im Osmanischen Reich am Vorabend der Tanzimat. Reformen der Rumelischen Provinzialgouverneure im Gerichtssprengel Manastir (Bitola) zur Zeit der Herrschaft Sultan Mahmuds II. (1808–1839), Berlin 1982; Findley, Tanzimat (wie Fn. 7), S. 25-27; Quataert, Age of Reforms (wie Fn. 17), S. 769.
69 Musa Çadırcı, Türkiye'de Muhtarlık Teşkilâtının Kurulması Üzerine Bir İnceleme, in: Belleten 34 (1970), S. 409-420; Reinkowski, Dinge (wie Fn. 7), S. 206 f.
70 Reinkowski, Dinge (wie Fn. 7), S. 76-78 (zu Gewohnheitsrecht und Stammesrecht).
71 Rechtsgeschäfte und Rechtsstreitigkeiten unter Christen kamen oft vor den muslimischen *kadı*. Die jüdischen Gemeinden scheinen hier zurückhaltender gewesen zu sein; Macit Kenanoğlu, Osmanlı Millet Sistemi, Mit ve Gerçek, Istanbul 2. Aufl. 2007, S. 203-220.

barkeit des Sultans (im Großherrlichen Rat bzw. im Hohen Rat) genauso wie Verträge nach islamischem Recht den Vorteil einer größeren Rechtsverbindlichkeit.

Van den Boogerts Studie zu den Kapitulationen und dem Konsularrecht im 18. Jahrhundert zeigt, wie stark normative Quellen (Kapitulationen bzw. sonstige Sultansurkunden) und Rechtspraxis divergieren konnten.[72] Ein wichtiger Grund war, dass aufgrund der verschiedenen Rechtssysteme die Parteien sehr pragmatisch abwägen konnten, ob der durch die Kapitulationen zugesicherte Rahmen autonomer konsularischer Rechtsprechung voll ausgeschöpft werden sollte oder ob eine Regelung nach islamischem Recht vorteilhafter war. Eine mit van den Boogerts Studie vergleichbare Untersuchung liegt bislang weder für andere Rechtssysteme – etwa die der Patriarchate – noch für das Konsularrecht des 19. Jahrhunderts vor. Doch es gibt Anhaltspunkte, dass die Konsulate ihre Interessen gegenüber der Hohen Pforte und der islamischen Gerichtsbarkeit im 19. Jahrhundert konfrontativer verfolgten; dies zeigte etwa im Jahr 1836 die »Churchill-Affäre«, bei der der britische Gesandte die Freilassung eines britischen Staatsangehörigen erzwang, der auf der Jagd ein muslimisches Kind verletzt hatte und daraufhin inhaftiert worden war. Die Intervention führte schließlich sogar zur Absetzung des Außenministers Akif Paşa.[73] Bei der Bewertung normativer Quellen ist jedenfalls auch für die Zeitspanne 1815–1847 hinsichtlich aller hier erwähnten Rechtssysteme Vorsicht geboten.

Die osmanische Regierung reformierte die Institutionen des Justizwesens mit großer Zurückhaltung. Die wichtigste Neuerung war die Schaffung einer zentralen Behörde (*Bab-ı Meşihat*) im Jahr 1826.[74]

Einen Instanzenweg gab es nicht, ein solcher wurde erst 1860 mit der Einführung der sog. Nizamiye-Gerichte geschaffen.[75] Allerdings gab es traditionell die Möglichkeit Beschwerde beim Großherrlichen Rat (*Divan-ı Hümayun*) einzulegen.[76] Diese Funktion übernahm ab 1838 der Hohe Rat (*Meclis-i Vala*), welcher damit eine Art Rekursinstanz darstellte.[77] (☞ Abb. 17.2, S. 1305)

Die Gesetzgebung der ersten Hälfte des 19. Jahrhunderts betraf ausschließlich das Sultansrecht und hatte damit in der Theorie den Anspruch, die Gültigkeit des islamischen Rechts nicht anzutasten, sondern dieses zu ergänzen. (Einen ersten Re-

---

72 Maurits H. Van den Boogert, The Capitulations and the Ottoman Legal System. Qadis, Consuls and Beratlıs in the 18th Century, Leiden 2005.
73 Mardin, Genesis (wie Fn. 39), S. 159, 257.
74 Vgl. Kapitel 2, Verfassungsstruktur der zentralen staatlichen Ebene.
75 M. Akif Aydın, Mahkeme, in: Türkiye Diyanet Vakfı İslâm Ansiklopedisi, Bd. 27, Ankara 2003, S. 341-344; Findley, Bureaucratic Reform (wie Fn. 25), S. 248 f.; Christoph K. Neumann, Das Indirekte Argument. Ein Plädoyer für die Tanzimat vermittels der Historie. Die Geschichtliche Bedeutung von Ahmed Cevdet Paşas Ta'rih, Münster/Hamburg 1994, S. 46.
76 Zur Rekursmöglichkeit auch am Hof des Gouverneurs von Rumeli, vgl. Michael Ursinus, Grievance Administration (Şikayet) in an Ottoman Province. The Kaymakam of Rumelia's »Record Book of Complaints« of 1781–1783, London 2005.
77 Van den Boogert, Capitulations (wie Fn. 72), S. 47; Yurdakul, İlmiye (wie Fn. 32), S. 117-122.

formschritt, der direkt und explizit den Bereich des islamischen Rechtes betraf, gab es erst in den Jahren 1869–1876 mit der Kodifizierung eines Teils des islamischen Privatrechts – des Vertrags- und Handelsrechts – in der *Mecelle*.[78]) Es ist im Folgenden noch genauer zu analysieren, inwieweit die Gesetzgebung im Laufe der Reformpolitik trotzdem versuchte, die *şeriat* zu modifizieren.

Auch die Gesetzgebung zielte vornehmlich darauf, eine bessere Administration und ein besser funktionierendes Justizwesen zu garantieren. Zwei Gesetzbücher wurden im Jahre 1838 in Kraft gesetzt, es handelte sich um das Strafgesetzbuch für Beamte (*Memurine mahsus Ceza Kanunu*)[79] und – für das Justizwesen von Relevanz – das Strafgesetzbuch für die islamischen Gelehrten im Staatsdienst (*Tarik-i İlmiyeye dair Ceza Kanunname-i Hümayunu*).[80] Der Gesetzestext thematisiert größtenteils Grundlegendes und bleibt im Strafmaß vage. Bestechlichkeit wird unter Strafe gestellt, das Strafmaß jedoch dem Ermessen des *şeyhülislam* überlassen (S. 3). Wurden von den Richtern Stellvertreter eingesetzt, so mussten diese vom *şeyhülislam* registriert werden (S. 4). Der Gesetzestext enthält auch einen Katalog von Kriterien (Sprach- und Literaturkenntnisse), welche für die Einordnung der Richter in Rang- und Soldstufen relevant sind (S. 5-6).

Eine wichtige Frage ist nach wie vor, ob in der osmanischen Gesetzgebung der 1830er- und 40er-Jahre eine Säkularisierung oder die Rezeption »westlicher Ideen« nachweisbar ist.[81] Die Thematik wird in der Sekundärliteratur nach wie vor diskutiert, es liegen jedoch bisher keine Studien vor, welche eine umfassende Analyse der normativen Quellen, wie etwa des Strafgesetzes (*Ceza Kanunnamesi*) von 1840[82], enthalten.

Ein zentrales Thema ist in diesem Zusammenhang die Gleichstellung aller Untertanen vor dem Gesetz – unabhängig von der Religionszugehörigkeit. Bereits das Strafgesetzbuch für die islamischen Gelehrten von 1838 fordert Neutralität und »Gleichbehandlung von Gemeinen und Edlen sowie Muslimen, nicht muslimischen Untertanen und Personen mit dem Status eines *müste'min*, soweit es das islamische Recht erlaubt« (S. 7).[83] Die angeordnete Gleichbehandlung bezieht sich sowohl auf soziale Unterschiede als auch auf unterschiedliche Religionszugehörigkeit. Das islamische Recht kennt allerdings eine klare Differenzierung der Rechte und Pflichten je nach Religionszugehörigkeit. Die Passage »soweit es das islamische Recht erlaubt«

---

78 Neumann, Argument (wie Fn. 75), S. 47-50.
79 Der Text des Strafgesetzbuches für Beamte in: Kaynar, Mustafa Reşit Paşa (wie Fn. 53), S. 295-301.
80 CD-ROM-2, Dok.-Nr. 17.6.1 (Faksimile, arab.)/17.6.2 (Transkription, türk.) (Strafgesetzbuch für islamische Gelehrte im Staatsdienst v. 1838).
81 Bozkurt, Batı Hukukunun (wie Fn. 5). Eine sehr knappe Zusammenfassung auch in Gülnihal Bozkurt, The Reception of Western European Law in Turkey, in: Der Islam 75 (1998), S. 283-295.
82 CD-ROM-2, Dok.-Nr. 17.6.3 (Faksimile, arab.)/17.6.4 (Transkription, türk.) (Strafgesetzbuch v. 1840).
83 CD-ROM-2, Dok.-Nr. 17.6.1/17.6.2 (wie Fn. 80). Den Status des *müste'min* hatten nicht muslimische, ausländische Staatsangehörige oder Untertanen, welche dem Schutz eines Konsulats unterstanden.

kann also nur dahingehend gedeutet werden, dass über die vom islamischen Recht gebotene Ungleichbehandlung hinaus keine weitere Benachteiligung eines Individuums oder einer Rechtspartei stattfinden durfte.[84] Als 1840 ein Strafgesetzbuch mit dem Anspruch universaler Gültigkeit in Kraft trat, fand sich in der Präambel hinsichtlich der Gleichstellung eine vergleichbare Formulierung (S. 2-3).[85]

Einige Textpassagen des Strafgesetzbuches von 1840 deuten darauf hin, dass eine Modifikation des Verhältnisses zwischen şeriat und kanun angestrebt wurde. Fraglich ist m. E. jedoch, ob sich dahinter die Idee der »Säkularisierung« erkennen lässt.[86] Offensichtlicher ist, dass die osmanische Legislative den stark privatrechtlichen Charakter des islamischen Rechts – gerade im Bereich des Strafrechts – durch das Gesetz von 1840 modifizieren wollte.[87] Dies zeigt sich deutlich bei der Gesetzgebung zu Tötungsdelikten, welche nach islamischem Recht Antragsdelikte sind, also nach einer Klage der Geschädigten (d. h. der Hinterbliebenen) in einem privatrechtlichen Verfahren verhandelt werden.[88] Das heißt auch, dass im Falle eines Schuldspruchs wegen vorsätzlicher Tötung der Richter kein Todesurteil aussprach, sondern lediglich die Legitimität der talio (kısas) feststellte. Die Kläger entschieden dann, ob sie das Blutgeld akzeptierten oder auf der Tötung des Schuldigen bestanden.

Die Paragrafen zu Tötungsdelikten werden auch im Gesetz von 1840 als komplementär zum islamischen Recht verstanden (Abschnitt 1, § 1-4). Der Gesetzestext sieht keine Änderung der gesetzlichen Regelungen vor, die Verfahren werden weiterhin nach islamischem Recht durchgeführt. Es gibt jedoch einige Änderungen im Verfahren, welche eine größere Kontrolle durch den Staat zum Ziel haben: Bei Tötungsdelikten darf das Gerichtsverfahren nur durch bestimmte Gerichtsgremien (in Istanbul Bab-ı Meşihat, in den Provinzhauptstädten Memleket Meclisi) durchgeführt werden (Abschnitt 1, § 3). Die talio (kısas) darf nur nach einer Bestätigung des Urteils durch den Sultan vollzogen werden (Abschnitt 1, § 3 und 4).[89] Damit war der Staat stärker in die şeriat-rechtlichen Verfahren involviert, doch waren Tötungsdelikte weiterhin keine Offizialdelikte. Dieser Schritt wurde erst mit dem Strafgesetz von 1858 vollzogen, welches einen anderen Weg zur Durchsetzung einer größeren staatlichen Kontrolle des Justizwesens einschlug. Das Strafgesetz von 1858 regelte das Verfahren bei Tötungsdelikten unabhängig vom islamischen Recht, enthielt aber einen Paragrafen, welcher die Verhandlung nach islamischem Recht vorsah, falls die Hinterbliebenen des Getöteten

---

84 Vgl. Reinkowski, Dinge (wie Fn. 7), S. 261-263, 275, zur »Gleichheit« im Sinne von Äquidistanz.
85 CD-ROM-2, Dok.-Nr. 17.6.3/17.6.4 (wie Fn. 82).
86 Bozkurt, Batı Hukukunun (wie Fn. 5), S. 96-103.
87 Zum privatrechtlichen Charakter siehe Haim Gerber, Islamic Law and Culture, 1600–1840, Leiden 1998, S. 45-46; Imber, Ottoman Empire (wie Fn. 23), S. 223-224.
88 Vikør, Between God (wie Fn. 46), S. 287-290.
89 Eine umfassende Studie zum Thema liegt, wie bereits erwähnt, nicht vor; zumindest in klassischer Zeit war eine solche Bestätigung durch den Sultan nicht erforderlich. Vgl. etwa Colin Imber, The Ottoman Empire (wie Fn. 23), S. 250.

dies beantragten.⁹⁰ Formell war damit der Vorrang des islamischen Rechts weiterhin garantiert, de facto waren Tötungsdelikte zu Offizialdelikten geworden.

Neben den hier etwas detaillierter dargestellten Tötungsdelikten enthält das Strafgesetzbuch von 1840 eine Reihe von Paragrafen, welche von vornherein klar in den Bereich des *kanun* fallen und somit in geringerem Maße in Konflikt mit *şeriat*-rechtlichen Regelungen geraten konnten. Hierzu zählen etwa Delikte wie Hochverrat, Anstiftung zum Hochverrat (Abschnitt 2), üble Nachrede oder Beleidigung (Abschnitt 3), Bestechung (Abschnitt 5). Auch die Sanktionierung von illegalem Waffengebrauch ist hierzu zu rechnen (Abschnitt 10).⁹¹

7 Militär

Die Reform des Militärwesens gehörte für die osmanischen Reformpolitiker unter Sultan Mahmud II. (1808–1839) und Sultan Abdülmecid (1839–1861) zu den zentralen Anliegen. Die Notwendigkeit dieser Reform war aufgrund äußerer militärischer Konflikte, aber auch innerer Konflikte offensichtlich. Im Gegensatz zu den Militärreformen des 18. Jahrhunderts, die lediglich in sehr begrenzen Teilbereichen (etwa der Einrichtung einer schlagkräftigen Artillerie) Erfolge erzielt hatten, gelang es der Zentralregierung nach 1826 das Militärsystem grundlegend umzustrukturieren und zu reformieren. Die wichtigsten Schritte waren hierbei die Abschaffung traditioneller Militärinstitutionen (Janitscharen und *tımarlı*-Kavallerie), die Einrichtung eines stehenden und nach europäischem Vorbild ausgebildeten Heeres (ab 1826) und die Einführung eines zentral kontrollierten Rekrutierungssystems, das auf einer allgemeinen Militärpflicht der muslimischen Untertanen basierte (1846). Diese Entwicklungen gingen einher mit dem Übergang von regimentsspezifischen Rekrutierungsreglements der 1820er- und 30er-Jahre zum Rekrutierungsgesetz von 1846, das – für die muslimische Bevölkerung – universelle Gültigkeit beanspruchte.

Die Voraussetzung für eine umfassende Neuorganisation des Militärs war die Auflösung der Janitscharen (*yeniçeri*) im Jahr 1826. Ende des 18. und Anfang de 19. Jahrhunderts bildeten den Großteil der osmanischen Streitmacht ad hoc ausgehobene Söldnertruppen. Die ehemalige Elitetruppe der Janitscharen spielte spätestens ab der zweiten Hälfte des 18. Jahrhunderts militärisch praktisch keine Rolle mehr, sie stellte jedoch in der Hauptstadt Istanbul einen wichtigen wirtschaftlichen und politischen Faktor dar.⁹²

---

90 Ceza Kanunname-i Hümayunu, Istanbul 1274 h. [1858], S. 40, Abschnitt 2, Kapitel 1, § 172.
91 CD-ROM-2, Dok.-Nr. 17.6.3/17.6.4 (wie Fn. 82).
92 Virginia Aksan, Whatever Happened to the Janissaries? Mobilization for the 1768–1774 Russo-Ottoman War, in: War in History 5 (1998), S. 23-36; Donald Quataert, The Ottoman Empire 1700–1922, Cambridge 2. Aufl. 2005, S. 44-46.

Unmittelbar nach der Auflösung der Janitscharen wurden die ersten Regimenter des stehenden Heeres der *Asakir-i Mansure* (»Siegreichen Soldaten«) ausgehoben. Die Rekrutierungsreglements sahen die Aushebung von freiwilligen Söldnern vor. Voraussetzung für die Rekrutierung war, dass die betreffenden Personen Muslime, ledig und diensttauglich waren sowie bestimme Altersanforderungen erfüllten. In seltenen Fällen kam es in den Texten der Rekrutierungsreglements zu Ausnahmen von diesen Regeln; im November 1826 wurden beispielsweise für ein Kavalleriereglement in der Provinz Silistre einige Hundertschaften christlicher Kosaken ausgehoben. Von dieser Ausnahme abgesehen zog die zentrale Militäradministration nach einer Unterbrechung während des griechischen Unabhängigkeitskriegs erst ab 1835 die Aushebung von Christen wieder in Betracht – allerdings stets für den Dienst ohne Waffe, etwa in der Marine.[93]

Es ist davon auszugehen, dass die Zentraladministration nicht die Mittel hatte, die Aushebungen in den Provinzen zu kontrollieren, und dass die Freiwilligkeit des Militärdienstes lediglich Theorie war. Die Aushebungen hatten zwischen 1830 und 1846 im Allgemeinen den Charakter von Zwangsrekrutierungen.[94] Der große Bedarf an Soldaten führte dazu, dass existierende Militäreinheiten, wie etwa die Lehenskavallerie (*tımarlı süvari*), in die neuen *Asakir-i Mansure* Einheiten eingegliedert werden sollten.[95] Die zentrale Militärverwaltung bewertete diese Strategie bereits nach kurzer Zeit als ineffizient und ging Anfang der 1840er-Jahre dazu über, diese Einheiten ganz aufzulösen.[96] Der erste Schritt zur Einführung einer allgemeinen Militärpflicht der (männlichen) muslimischen Bevölkerung stellte die Gründung der Miliztruppe der *Asakir-i Redife* 1834 dar.[97] Auch hier sollten zunächst Freiwillige ausgehoben werden, doch wurde bei der Gründung eine Militärpflicht der muslimischen Bevölkerung bereits theoretisch vorausgesetzt. Vorbild für die neue militärische Institution war das preußische Landwehrsystem. Der Ideentransfer ist in diesem Zusammenhang relativ gut belegt.[98] Die Legitimation einer allgemeinen Militärpflicht basierte auf der Pflicht zur Teilnahme der männlichen Muslime am heiligen Kampf (*cihad*). Diese Legitimationsstrategie wurde ergänzt durch die Begründung der Militärpflicht als Pflicht des

---

93 Ufuk Gülsoy, Osmanlı Gayrimüslimlerinin Askerlik Serüveni, Istanbul 2000, S. 29-66; Heinzelmann, Kampf (wie Fn. 7), S. 78-81, 269-317.
94 Heinzelmann, Kampf (wie Fn. 7), S. 83-93; zu den Rekrutierungsfeldzügen siehe Veysel Şimşek, Ottoman Military Recruitment and the Recruit, 1826–1853, unveröffentl. Master's Thesis Ankara (Bilkent) 2005, S. 46.
95 Aksan, Ottoman Wars (wie Fn. 10), S. 197, 423 f.; Heinzelmann, Kampf (wie Fn. 7), S. 90 f.
96 In den albanischen Provinzen existierten aber noch Anfang des 20. Jahrhunderts *tımar*-Einheiten; Nathalie Clayer, Note sur la Survivance du Système des Timâr dans la Région de Shkodër au Début du XXe Siècle, in: Turcica 29 (1997), S. 423-431.
97 Mübahat S. Kütükoğlu, Sultan II. Mahmud Devri Yedek Ordusu, Redîf-i Asâkir-i Mansûre, in: İstanbul Üniversitesi Edebiyat Fakültesi Tarih Enstitüsü Dergisi 12 (1981–1982), S. 127-158.
98 Vgl. Kapitel 8, Verfassungskultur.

Untertanen oder Staatsbürgers zur Landesverteidigung.[99] Letztere blieb jedoch lange supplementär. Noch 1865 stellte Ahmed Cevdet fest, dass eine (säkulare) Legitimation der Militärpflicht als Landesverteidigung auf absehbare Zeit in der Bevölkerung nicht die Akzeptanz einer religiösen Legitimation finden werde.[100]

Das im Edikt von Gülhane 1839 angekündigte gerechte Rekrutierungsverfahren wurde mit dem Rekrutierungsgesetz von 1846 eingeführt, welches die Auswahl der Rekruten durch ein Losverfahren (*kur'a*) vorsah.[101] Das Gesetz beanspruchte im Osmanischen Reich für die männliche muslimische Bevölkerung universale Gültigkeit – die de facto Freistellung der Bevölkerung in der Hauptstadt Istanbul, den Provinzen Bosnien, Bagdad, Basra und Jemen, den Vasallenstaaten Ägypten, Tunesien, Algier und den Fürstentümern Moldau und Walachei wurde nicht thematisiert. Es liegen zwar Parallelen zwischen dem osmanischen Rekrutierungsgesetz von 1846 und europäischen Vorbildern wie dem französischen Loi Jourdan von 1798 auf der Hand, doch es existieren bislang keine Studien, welche einen Ideentransfer belegen.[102]

Das Rekrutierungsgesetz von 1846 legitimiert die Militärpflicht der muslimischen Bevölkerung wiederum als Pflicht zur Teilnahme am *cihad* (§ 1). Es regelt Altersgrenzen und gesundheitliche Eignung (§ 2) sowie Verfahrenstechnisches (§§ 3-5: unbedingte Respektierung der Grenzen der Rekrutierungsbezirke; § 6: Zeitpunkt der Aushebungen; § 7-8: Zusammensetzung der Rekrutierungskommissionen aus Vertretern der zentralen Militäradministration und regionalen Vertretern). Es führt die Strafen für Flucht vor dem Losverfahren und für Desertion nach der Aushebung auf (§§ 9-12). Das Gesetz enthält weiterhin eine Maßnahme zur Durchbrechung regionaler Loyalitäten durch ein Verfahren, welches garantiert, dass sich das Heer nicht aus landsmannschaftlich homogenen Einheiten zusammensetzt (§ 13). Genau geregelt ist auch die Freistellung von der Militärpflicht (§§ 14-16).[103] Nicht zu dienen haben laut Gesetzestext Angehörige der Ziviladministration und der religiösen Eliten, aber auch Studenten an den religiösen Hochschulen. Letztere mussten jedoch dem der Aushebungskommission angehörenden Religionsgelehrten die Seriosität ihres Studiums in einer Prüfung belegen (§ 17). Einen sozialpolitischen Aspekt enthält der Gesetzestext, in dem er die »alleinigen Ernährer« (*muin*) einer Familie von der Dienstpflicht freistellt und dadurch zu verhindern sucht, dass Familien aufgrund der Aushebung verarmen (§§ 18-22).[104] Das Rekrutierungsgesetz garantiert außerdem den gezogenen Dienstpflichtigen die Möglichkeit, einen Ersatzmann zum Militär zu schicken, und

---

99 Zum Begriff »Untertan« vgl. Reinkowski, Dinge (wie Fn. 7), S. 257.
100 Heinzelmann, Kampf (wie Fn. 7), S. 297-301.
101 CD-ROM-2, Dok.-Nr. 17.7.1 (Faksimile, arab.)/17.7.2 (Transkription, türk.) (Rekrutierungsgesetz v. 1846).
102 Heinzelmann, Kampf (wie Fn. 7), S. 173.
103 Wie bereits erwähnt ignoriert der Gesetzestext jedoch völlig regional bedingte Freistellungen.
104 Als Ernährer wurden gesunde männliche Familienangehörige im Alter zwischen 15 und 70 Jahren betrachtet.

definiert, ob das Risiko von Desertion, Invalidität oder Tod der Staat oder der Dienstpflichtige zu tragen hat (§§ 28-29).[105] Der zweite Teil des Gesetzestextes regelt Organisatorisches, von einer detaillierten Beschreibung des Losverfahrens bis hin zum Transport der Rekruten zum Stationierungsort (§§ 32-64).

Das Rekrutierungsgesetz kam in den einzelnen Rekrutierungsbezirken schrittweise zur Anwendung, da zuvor detaillierte Zensusdaten vorliegen mussten. Abgesehen vom Rekrutierungsbezirk der Armee von Arabistan, wo das Gesetz 1850 zum ersten Mal zur Anwendung kam und ernsthafte Widerstände hervorrief, scheint das neue Gesetz bei der Bevölkerung auf einige Akzeptanz gestoßen zu sein. Doch beklagte die Militäradministration, dass die Zahl der Rekruten chronisch unter der geforderten Quote lag.[106]

8 Verfassungskultur

Die osmanische Reformpolitik der ersten Hälfte des 19. Jahrhunderts war zentralstaatlich initiiert und gesteuert. Dies spiegelt sich auch im Abschnitt Verfassungskultur wider. Der nachfolgende Überblick gliedert sich in drei Teile: 1) Ikonografie des Herrschers, Orden und Ehrenzeichen, Uniformen und zivile Kleidungsgewohnheiten; 2) Druckmedien und Öffentlichkeit; 3) politische Literatur und Ideentransfer.

Neben den administrativen und legislativen Reformmaßnahmen plante die osmanische Zentralregierung in der Regierungszeit von Sultan Mahmud II., eine neue Ikonografie und eine neue Kleiderordnung zu etablieren. Angesichts der sehr traditionellen und stark religiös geprägten Legitimierung der Reformprojekte fällt auf, wie stark sich der osmanische Hof in diesen Bereichen an den Staaten Europas orientierte. Mit der Gründung des Heeres der *Asakir-i Mansure* im Jahr 1826 wurden neue, an europäischen Vorbildern orientierte Uniformen, kombiniert mit der nordafrikanischen Kopfbedeckung des Fes, eingeführt.[107] Die eng geschnittenen Uniformröcke und Hosen unterschieden sich stark von der traditionellen Kleidung des Militärs. Der Fes und die europäisch geschnittene Kleidung wurden zur Kleidung des Hofes, der Bürokratie und schließlich auch der Zivilbevölkerung. Die neue Kleidung war jedoch ein Politikum, handelte es sich doch um die Adaption der Kleidungsgewohnheiten

---

105 Zu Sklaven als Ersatzmännern siehe Erdem, Slavery (wie Fn. 25), S. 65; Toledano, Slave Trade (wie Fn. 56), S. 175 f.; Heinzelmann, Kampf (wie Fn. 7), S. 200 f.; Şimşek, Ottoman Military Recruitment (wie Fn. 94), S. 45.
106 Heinzelmann, Kampf (wie Fn. 7), S. 254.
107 İsmail Hakkı Uzunçarşılı, Asâkir-i Mansure'ye Fes Giydirilmesi Hakkında Sadr-ı Âzam Takriri ve II. Mahmud'un Hatt-ı Humayunu, in: Belleten 17 (1954), Nr. 70, S. 223-230. Levy, Military Policy (wie Fn. 64), S. 189-190.

von »Ungläubigen«. Wer die neue Kleidung trug, demonstrierte damit seine Loyalität zum Regime in Istanbul.[108]

Neben den Uniformen dienten seit der Regierungszeit von Mahmud II. zunehmend auch Orden und Medaillen zur Hierarchisierung und Sozialdisziplinierung. Dies betraf sowohl das Militär als auch die zivile Bürokratie und die islamischen Gelehrten.[109]

Abb. 17.3 Porträt von Sadık Rif'at Paşa, um 1837–1840

---

108 Aksan, Ottoman Wars (wie Fn. 10), S. 386-387, Bruce Masters, Christians and Jews in the Ottoman Arab World. The Roots of Sectarianism, Cambridge 2001, S. 137.
109 Metin Erüreten, Osmanlı Madalyaları ve Nişanları, Belgelerle Tarihi, Ottoman Medals and Orders. Documented History, Istanbul 2001, S. 154-175; Edhem Eldem, Pride and Privilege. A History of Ottoman Orders, Medals and Decorations, Istanbul 2004, S. 126-135; Levy, Officer Corps (wie Fn. 14), S. 30; Yurdakul, İlmiye (wie Fn. 32), S. 346.

Unter Sultan Mahmud II. wurde das Herrscherbildnis zu einem wichtigen Teil der staatlichen Ikonografie: Europäische Künstler wurden – im Gegensatz zur bisher vorherrschenden Buchmalerei – mit großformatigen Herrscherdarstellungen beauftragt, Porträts von Mahmud II. wurden in Kasernen und Amtsstuben aufgehängt und das Herrscherporträt zierte den von Mahmud II. neu geschaffenen *Tasvir-i Hümayun* Orden (wörtlich: »Orden mit dem Bildnis des Großherrn«).[110] Diese Inszenierung des Herrscherbildnisses stellte angesichts der islamischen Lehrmeinung, welche menschliche Darstellungen, die irgendeiner Art von Verehrung dienen, als Götzenbilder ablehnte, eine (vermutlich bewusste) Provokation dar – insbesondere, wenn die Auszeichnung religiösen Autoritäten wie dem *şeyhülislâm* verliehen wurde. Abbildung 17.3 zeigt Sadık Rif'at Paşa, einen bedeutenden osmanischen Reformpolitiker und politischen Autor in der neuen Kleidung mit dem *Tasvir-i Hümayun* Orden an seiner Brust. Diese Darstellung eines selbstbewussten Politikers mit dem Porträt im Porträt dürfte mit großer Wahrscheinlichkeit während dessen Zeit als Botschafter in Wien, 1837–1840, entstanden sein.[111]

Obwohl der Druck mit beweglichen Lettern bei den nicht muslimischen Bevölkerungsgruppen des Osmanischen Reiches – allen voran den sephardischen Juden – ab dem frühen 16. Jahrhundert zur Vervielfältigung von Texten verwendet wurde, wurde er von Muslimen für Texte in arabischer Schrift erst sehr spät adaptiert. Ein Pionier auf diesem Gebiet war in den Jahren 1726–1746 İbrahim Müteferrika, ein ungarischer Konvertit, der Bücher zu den Themen Geografie, Historiografie, Ingenieurwissenschaften, Militär und Staatstheorie druckte.[112] Nach İbrahim Müteferrikas Tod wurde die Drucktätigkeit nur zögerlich fortgesetzt. Die Druckerei wurde vom Staat aufgekauft und es bestand bis in die 1850er-Jahre ein Staatsmonopol. Die staatlichen Druckereien nahmen zwar Druckaufträge von Buchhändlern an, kontrollierten und regulierten aber den Buchmarkt nicht nur hinsichtlich der gedruckten Inhalte, sondern auch in wirtschaftlicher Hinsicht.[113]

---

110 Eldem, Pride and Privilege (wie Fn. 109), S. 128-129; Funda Berksoy, Heinrich Schlesinger'in II. Mahmud Portreleri, Osmanlı İmparatorluğu'nda Modernleşme ve Hükümdar İmgesi, in: Tarih ve Toplum – Yeni Yaklaşımlar 6 (2007/2008), S. 83-96.
111 Eldem, Pride and Privilege (wie Fn. 109), S. 128-130. Zu Sadık Rif'at Paşa, der später Finanzminister, Außenminister und Präsident des Hohen Rats (Meclis-i Vala-yi Ahkâm-i Adliye) war, siehe Mehmed Süreyya, Sicill-i Osmani, Istanbul 1996, Bd. 5, S. 1396 f.
112 The Beginnings of Printing in the Near and Middle East. Jews, Christians and Muslims, hg. vom Lehrstuhl für Türkische Sprache, Geschichte und Kultur der Universität Bamberg, Wiesbaden 2001; E. Hanebutt-Benz u. a. (Hg.), Middle Eastern Languages and the Print Revolution. A Cross-Cultural Encounter, Westhofen 2002; Orlin Săbev, Părvoto Osmansko Pătešestvie v Sveta na Pečatnata Kniga (1726-1746), Sofia 2004; Orlin Sabev, İbrahim Müteferrika ya da İlk Osmanlı Matbaa Serüveni (1726-1746), Istanbul 2007.
113 Abdullah Saydam, Osmanlı'da Özel Matbaacılık, Yayıncılıkta Tekelin Kaldırılması, in: Toplumsal Tarih 172 (2008), S. 64-71.

Die osmanische Presse begann sich in der ersten Hälfte des 19. Jahrhunderts erst zu entwickeln. In den Jahren 1795 bis 1797 hatte die französische Botschaft in Istanbul französischsprachige Zeitungen unter verschiedenen Titeln herausgegeben, um das Gedankengut der Französischen Revolution vornehmlich unter den in Istanbul lebenden Franzosen zu verbreiten.[114] Während des griechischen Unabhängigkeitskrieges gab in Izmir Alexandre Blaque verschiedene französischsprachige Zeitungen heraus, um den osmanischen Standpunkt einer ausländischen Leserschaft nahe zu bringen.[115] Ab 1831 erschien der osmanische Staatsanzeiger *Takvim-i Vekayi* (»Kalender der Ereignisse«), welcher sich den bereits 1828 gegründeten Staatsanzeiger des ägyptischen Gouverneurs Mehmed Ali *Vekayi-i Mısriye* zum Vorbild nahm.[116] Der Staatsanzeiger wurde als Fortführung der Hofgeschichtsschreibung mit modernen Mitteln angesehen. Noch im selben Jahr 1831 erschien die erste Ausgabe einer französischen Fassung des Staatsanzeigers (herausgegeben vom erwähnten Alexandre Blaque). Auch eine griechische, armenische, arabische und persische Version waren geplant, wurden jedoch nur kurzzeitig oder in sehr unregelmäßigen Zeitabständen publiziert. Ab 1840 gab der britische Staatsbürger William Churchill die halboffizielle Zeitung *Ceride-i Havadis* heraus. In anderen Sprachen des Osmanischen Reiches, wie etwa Bulgarisch oder Judäo-Spanisch, war eine unabhängige Presse in den 1840er- und 50er-Jahren gerade erst im Entstehen.[117]

Innerhalb der Eliten stellte die bereits im Abschnitt Grundrechte besprochene Möglichkeit zur Hinrichtung aus Staatsraison (*siyaseten katl*) eine deutliche Einschränkung der Meinungsfreiheit dar. In diesem Zusammenhang entwickelte sich für die Verfassungsbewegung der »Jungosmanen« in der zweiten Hälfte des 19. Jahrhunderts der Fall Keçecizade Mehmed İzzet Efendi (1785–1829) zu einer *cause célèbre*. Dieser hatte sich 1828 in einer Ratsversammlung (*meşveret*) wegen der innenpolitischen Lage für eine Abtretung der Peloponnes und die Anerkennung eines unabhängigen Griechenlands ausgesprochen, um so einen Krieg mit Russland zu vermeiden,

---

114 Richard Clogg, A Further Note on the French Newspapers of Stamboul during the Revolutionary Period 1795–1797, in: Belleten 39 (1975), S. 484-490; L. Lagarde, Note Sur Les Journaux Français de Constantinople à l'Époque Révolutionaire, in: Journal Asiatique 236 (1948), S. 271-276.
115 Orhan Koloğlu, Osmanlı Basınının Doğuşu be Blak Bey Ailesi, Bir Fransız Ailesinin Bâbıâli Hizmetinde Yüz Yılı, 1821–1922, übers. von Erol Üyepazarcı, Istanbul 1998; ders., Alexandre Blaque, Défenseur de l'Etat Ottoman par Amour des Libertés, in: Hâmit Batu u. a. (Hg.), L'Empire Ottoman, la République de Turquie et la France, Istanbul 1986, S. 179-195; Hıfzı Topuz, 100 Soruda Türk Basın Tarihi, Istanbul 1973, S. 30-33.
116 Siehe CD-ROM-2, Dok.-Nr. 17.8.3 (Transkription, türk.)/17.8.4 (Faksimile, arab.) (Vorwort zur Erstausgabe des Staatsanzeigers auf undatiertem Einzelblatt, wohl August–Oktober 1831). Zur Datierung siehe Nesimi Yazıcı, Takvim-i Vekayi, Belgeler, Ankara 1983, S. 44-46.
117 N. Clayer/A. Popovic/Th. Zarcone (Hg.), Presse Turque et Presse de Turquie, Istanbul 1992.

und war daraufhin von Sultan Mahmud II. zum Tode verurteilt worden.[118] Andererseits gibt es auch Hinweise, dass Sultan Mahmud II. und die höchste Regierungselite Ende der 1830er-Jahre nach Strategien suchten, um die strikten hierarchischen Strukturen zu durchbrechen, welche eine freie Meinungsäußerung in Ratsgremien verhinderten.[119] Im Konflikt zwischen der osmanischen Zentralregierung und dem ägyptischen Gouverneur Mehmed Ali entstand auf beiden Seiten eine Sensibilität für das Thema »öffentliche Meinung«. Beide Seiten begannen eine intensive Propagandatätigkeit.[120] Zumindest für die Seite der Zentralregierung ist belegt, dass sie darüber hinaus versuchte, durch Spitzel in Kaffeehäusern die öffentliche Meinung zu erkunden.[121] Sanktionierungen hatten diese Spitzelberichte nicht zur Folge.

Ein Ideentransfer wurde oben bereits im Zusammenhang mit den Militärreformen thematisiert. Problematisch ist, dass in der Forschungsliteratur oft aus einer knappen Notiz ein Ideentransfer hergeleitet wird, ohne dass eine inhaltliche Analyse der transferierten Inhalte unternommen wird.[122] Hier sind weitere Forschungen überfällig. Im Zusammenhang mit der Einführung des *Redif-* bzw. Milizsystems lässt sich ein Ideentransfer aus Europa – konkret aus Preußen – ins Osmanische Reich deutlich belegen. In der Sekundärliteratur wird dieser Transfer meist an der Person Helmuth von Moltkes und dessen Militärmission (1836–1839) festgemacht.[123] Dass auch hier weitere Forschungen gewinnbringend sein könnten, zeigt beispielsweise die türkische Übersetzung eines Memorandums zur Thematik, welches ein anderes Mitglied der Militärmission – Karl Friedrich Ludwig, Freiherr von Vincke (1800–1869) – 1848/49, Mitglied der Frankfurter Nationalversammlung und ab 1859 des preußischen Abgeordnetenhauses – verfasst hatte und welches sich in der Bibliothek des damaligen Kriegsministers Hüsrev Mehmed Paşa befindet.[124]

---

118 Mardin, Genesis (wie Fn. 39), S. 108, 161 f.; Heinzelmann, Kampf (wie Fn. 7), S. 66-72; İhsan Sungu, Mahmud II. nin İzzet Molla ve Asâkir-i Mansûre hakkında bir Hattı, in: Tarih Vesikaları 3 (1941), S. 162-183. Das Urteil war kurz darauf in eine Verbannung umgewandelt worden, in der İzzet Efendi 1829 starb.
119 Akyıldız, Merkez Teşkilâtında (wie Fn. 19), S. 221.
120 Orhan Koloğlu, İlk Gazete İlk Polemik. Vekayi-i Mısriye'nin Öyküsü ve Takvimi Vekayi Tartışması, Ankara 1989, S. 66-124; Muhammed H. Kutluoğlu, The Egyptian Question (1831–1841), Istanbul 1998, S. 78; Heinzelmann, Kampf (wie Fn. 7), S. 73-76.
121 Cengiz Kırlı, Coffeehouses: Public Opinion in the Nineteenth-Century Ottoman Empire, in: A. Salvatore/D. F. Eickelmann, Public Islam and the Common Good, Leiden/Boston 2004, S. 75-97.
122 Siehe Bozkurt, Batı Hukukunun (wie Fn. 5), S. 100, zur »Übersetzung« des Strafgesetzbuchs von 1858 aus dem Französischen.
123 Ausschlaggebend hierfür ist wohl die frühe Publikation der »Briefe über Zustände und Begebenheiten in der Türkei« durch Moltke. Die Fokussierung auf Moltke wird bereits hinterfragt von Reinold Wagner, Moltke und Mühlebach zusammen unter dem Halbmonde, 1837–1839, Berlin 1893.
124 Süleymaniye Bibliothek, Istanbul: Hüsrev 887, 9 fol., datiert Receb 1254 (Sept. 1838). Zu von Vincke siehe Wagner, Moltke (wie Fn. 123), S. 309 f.

Die Textgattung des Gesandtschaftsberichts (*sefaretname*) kommt per se zur Vermittlung fremder Ideen infrage. Es handelt sich um eine Gattung mit langer Tradition.[125] Neue Entwicklungen sollen hier an zwei Beispielen erläutert werden. Mustafa Sami Efendi reiste im Jahr 1838 als osmanischer Gesandter durch verschiedene europäische Hauptstädte. Sein Gesandtschaftsbericht war 1840 der erste, der in gedruckter Form publiziert wurde.[126] In diesem Text findet sich neues politisches Vokabular. Wenn Mustafa Sami von Belgien als einem »unabhängigen konstitutionellen Staat« (*başlı başına bir devlet-i meşruta*) spricht, so verwendet er einen Terminus, welcher 1876 auch die osmanische Verfassung bezeichnete.[127] Der Gesandtschaftsbericht von Sadık Rif'at ist mit dem von Mustafa Sami vergleichbar, wurde aber im Gegensatz zu diesem erst posthum, in den 1870er-Jahren, gedruckt.[128] Wie Mustafa Sami prägte auch Sadık Rif'at ein eigenes politisches Vokabular, das zu einem großen Teil die Grundlage für den politischen Diskurs der folgenden Jahrzehnte bildete.

Sadık Rif'at ist zwar als Beobachter der politischen Entwicklungen in den verschiedenen europäischen Staaten von großem Interesse, doch ist er mit seinem »Traktat über einige essentielle Grundlagen der Staatsführung« (um 1845) einen bedeutenden Schritt weiter gegangen.[129] In diesem staatstheoretischen Traktat entwickelte Sadık Rif'at eine Synthese aus dem in verschiedenen europäischen Staaten Beobachteten und traditionellen Elementen des osmanischen Staatswesens. Der Text besitzt deutliche Anklänge an klassische Fürstenspiegelliteratur und den Zirkel der Gerechtigkeit (*daire-i adalet*) (S. 43).[130] Demnach beherrscht und finanziert der Herrscher das Heer und die Staatsadministration; diese garantiert den Untertanen Ruhe und Ordnung; die Untertanen zahlen an den Herrscher Steuern, welche wiederum die Grundlage der Staatsfinanzen sind. Für Sadık Rif'at ist der Herrscher sowohl gegenüber Gott als auch dem Volk verantwortlich, und das Volk hat ein Widerstandsrecht, wenn der Herrscher gegen Gesetze der Religion verstößt (S. 50-51). Er geht auch ausführlich

---

125 Faik Reşit Unat, Osmanlı Sefirleri ve Sefaretnameleri, Ankara 1968.
126 Mustafa Sami, Avrupa Risalesi, Istanbul (Druckerei des *Takvim-i Vekayi*) 1256 h. [1840]; M. Fatih Andı (Hg.), Bir Osmanlı Bürokratının Avrupa İzlenimleri. Mustafa Sâmi Efendi ve Avrupa Risalesi, Istanbul 1. Aufl. 1996 (2. Aufl. 2002), S. 2, 10-14.
127 Andı (Hg.), Bir Osmanlı Bürokratının Avrupa İzlenimleri (wie Fn. 126), S. 44 [S. 20]. Andı bringt auf S. 28 eine Liste von neuen Begriffen, politischen Termini.
128 Sadık Rif'at, Rif'at Paşa Merhumun Viyana'da İbtidadaki Sefaretinde Avrupa'nın Ahvalına Dair Yazdığı Risale, in: Sadık Rif'at, Müntahabat-ı Âsâr, [Istanbul 1290/1873–1874], Bd. 2, S. 2-12. Zum Autor siehe Mardin, Genesis (wie Fn. 39), S. 169-195; Heinzelmann, Kampf (wie Fn. 7), S. 124-131.
129 CD-ROM-2, Dok.-Nr. 17.8.1 (Faksimile, arab.)/17.8.2 (Transkription, türk.) (Traktat von Sadık Rif'at über die Grundlagen der Staatsführung um 1845). Das Traktat lässt sich in den Zeitraum 1839–1856 datieren.
130 Zum Zirkel der Gerechtigkeit und dem Edikt von Gülhane siehe Halil İnalcık, Sened-i İttifak ve Gülhane Hatt-ı Hümâyunu, in: Belleten 28 (1964), S. 617; Selçuk Akşın Somel, The Modernization of Public Education in the Ottoman Empire 1839–1908, Leiden u. a. 2001, S. 2 f.; Mardin, Genesis (wie Fn. 39), S. 86-106; Abu-Manneh, Roots (wie Fn. 7), S. 196.

auf die Bedeutung von Beratungsgremien (*meşveret*) ein (S. 55-57). Europäische Vorbilder dürfen wir vermuten, wenn Sadık Rif'at für eine liberale Wirtschaftspolitik plädiert. Er weist darauf hin, dass Eigentum an Grund und Boden frei veräußerlich sein muss, und fordert analog zu Europa einen Patentschutz (S. 57-59). An anderer Stelle betont er, dass ein stabiler Staat die Voraussetzung für Investitionen und die Vermehrung des Kapitals (*sermaye*) ist (S. 44).

Haim Gerber hat darauf hingewiesen, dass die Analyse des religiös-rechtlichen Schrifttums – Autoren wie etwa Ibn Abidin (1784–1836, nach anderen 1784–1843) – zu den Desiderata der ideengeschichtlichen Forschung gehören, da auch hier ein sehr innovativer Umgang mit Tradition zu finden ist. Ibn Abidin erörterte beispielsweise, ob die vom Sultan ernannten Richter, Gouverneure und sonstige Amtsträger nach dessen Absetzung oder Tod automatisch ihr Amt verlieren, und wies dann darauf hin, dass der Sultan als Repräsentant des Volkes handelte und die Amtsträger somit weiterhin im Amt bleiben sollten. Bemerkenswert ist 1) die Selbstverständlichkeit, mit welcher hier – wenn auch nur als theoretische rechtswissenschaftliche Überlegung – von der Absetzung eines Sultans die Rede ist; und 2) der Umstand, dass der Herrscher und die Amtsträger als Repräsentanten des Volkes gesehen werden.[131]

9 Kirche

Im Osmanischen Reich spielten die verschiedenen Religionsgemeinschaften eine bedeutende Rolle in der Administration und Jurisdiktion. Die Gewährung administrativer und judikativer Autonomien an religiös definierte Gruppen durch die osmanische Zentralregierung wird dabei in der Forschungsliteratur als *millet*-System bezeichnet. In der neueren Forschung wird der Begriff *millet*-System zunehmend kritisch hinterfragt. Im Mittelpunkt der Kritik stehen hierbei Vorstellungen vom systematischen Charakter des Phänomens bzw. der Gründungsmythos, welcher besagt, dass Sultan Mehmed II. nach der Eroberung von Konstantinopel die Autonomien dem griechisch-orthodoxen und dem armenisch-orthodoxen Patriarchen sowie dem jüdischen Rabbiner zugesprochen hatte und diese im Folgenden als Konstante der osmanischen Geschichte existierten.[132]

Die Grenzen der Autonomien waren durchaus flexibel und die Flexibilität der Grenzen regional und zeitlich sehr unterschiedlich.[133] So hat Bruce Masters etwa gezeigt, dass die autonome Selbstverwaltung der christlichen Religionsgemeinschaften

---

131 Gerber, Islamic Law (wie Fn. 87), S. 55-56.
132 Der Gründungsmythos findet sich bereits im Edikt von 1856; vgl. Kraelitz-Greifenhorst, Verfassungsgesetze (wie Fn. 18), S. 21.
133 B. Braude/B. Lewis (Hg.), Christians and Jews in the Ottoman Empire, 2 Bde., New York 1982; Michael Ursinus, Zur Diskussion um »millet« im Osmanischen Reich, in: Südost-Forschungen 48 (1989), S. 195-207.

in den arabischen Provinzen das 18. Jahrhundert hindurch zunehmend einen systematischen Charakter annahm und zunehmend zentralstaatlich bestätigt und legitimiert wurde.[134] Zu Beginn des 19. Jahrhunderts stellten die Religionsgemeinschaften damit aber ohne Zweifel einen bedeutenden Faktor in der Administration des Reiches dar. Dies galt jedoch ausschließlich für christliche und jüdische Gemeinschaften, die Muslime wurden als homogene Gruppe betrachtet. Von der sunnitischen Orthodoxie abweichende Gruppen wie die Schiiten, die Drusen oder die Aleviten wurden ignoriert oder als häretisch angesehen.

Die Muslime stellten im Osmanischen Staat die »herrschende Religionsgruppe« (*millet-i hâkime*) dar. Dieser Status wurde von den Reformen der ersten Hälfte des 19. Jahrhunderts nicht infrage gestellt.[135] Dies zeigt sich etwa daran, dass am – theoretischen – Verbot von Kirchenneubauten im osmanischen Gebiet als *şeriat*-rechtlicher Realität festgehalten wurde.[136]

Die muslimischen Religionsgelehrten prägten sowohl das Justiz- als auch das Bildungswesen.[137] Sie waren als Richter oder Rechtsgutachter auch in zentralen Ratsgremien vertreten. Die enge Verbindung zwischen der Regierungselite und den religiösen (muslimischen) Eliten ist eine Konstante der osmanischen Geschichte. Die zentralstaatlich angeordnete Neuorganisation des religiösen Stiftungswesens (verstärkt ab 1813) und die Neudefinition des *şeyhülislam*-Amtes (1826) sind aber als Anzeichen eines zunehmenden Einflusses der Zentralregierung auf die Religionsgelehrten – in administrativen und fiskalischen Angelegenheiten – zu sehen.[138]

Das Bestreben der Zentralregierung nach einer Systematisierung (d. h. im Allgemeinen einer Zentralisierung) der *millet*-Verwaltungen setzte sich im hier behandelten Zeitraum fort. Ein charakteristisches Beispiel ist die Schaffung des Amtes eines Oberrabbiners (*hahambaşı*) im Jahr 1835 entsprechend dem armenisch-orthodoxen und dem griechisch-orthodoxen Patriarchen. (☞ Abb. 17.2, S. 1305) Ob dieses Amt vor 1835 existierte ist nach wie vor umstritten, laut Schroeters Darstellung stieß es bei den jüdischen Gemeinden jedenfalls nicht auf Akzeptanz.[139]

---

134 Bruce Masters, Christians in a changing world, in: Suraiya Faroqhi (Hg.), The Cambridge History of Turkey, Bd. 3, Cambridge 2006, S. 272-279; Masters, Christians and Jews (wie Fn. 108), S. 98-108.

135 Roderic H. Davison, The *Millets* as Agents of Change in the Nineteenth-Century Ottoman Empire, in: Braude/Lewis (Hg.), Christians and Jews (wie Fn. 133), Bd. 1, S. 320.

136 Mit Rechtskniffen war ein Kirchenneubau in bestimmten Fällen auch vor dem 19. Jahrhundert möglich: Kenanoğlu, Osmanlı Millet Sistemi (wie Fn. 71), S. 287-304; zur Diskussion über die Errichtung von Gotteshäusern für christliche Matrosen in der osmanischen Marine in den 1840er-Jahren: Heinzelmann, Kampf (wie Fn. 7), S. 310-315.

137 Vgl. Kapitel 6, Justiz, und Kapitel 10, Bildungswesen.

138 Vgl. Kapitel 5, Verwaltung.

139 Daniel J. Schroeter, The Changing Relationship between the Jews of the Arab Middle East and the Ottoman State in the Nineteenth Century, in: A. Levy (Hg.), Jews, Turks, Ottomans, a shared

10 Bildungswesen

Bereits im 18. Jahrhundert sah die osmanische Regierung die Notwenigkeit, Bildungsinstitutionen für die militärische Elite einzurichten. Die 1773 gegründete »Großherrliche Ingenieurschule« (Mühendishane-i Hümayun) spielte vor allem bei der Ausbildung der Artillerieexperten eine bedeutende Rolle. Die Gründung von Hochschulen mit militärischer oder administrativer Relevanz setzte sich in den 1820er- und 30er-Jahren mit der Medizinischen Hochschule (Tıbhane-i Amire 1826), der Militärakademie (Mekteb-i Ulum-i Harbiye 1834) und zwei Verwaltungshochschulen (Mekteb-i Maarif-i Adliye und Mekteb-i Ulum-i Edebiye 1839) fort.[140]

Ernsthafte Versuche der osmanischen Regierung, die Grundschulausbildung zu reformieren, setzten verhältnismäßig spät ein. Ein Grund dürfte gewesen sein, dass die Gründung und der Unterhalt der muslimischen Bildungsinstitutionen im Osmanischen Reich traditionell privater Initiative überlassen waren.[141] Es handelte sich sowohl bei den elementaren Koranschulen (*mekteb*) als auch bei den Hochschulen (*medrese*) und Bibliotheken um religiöse Stiftungen (*vakıf*, Pl. *evkaf*). Die großen und prestigeträchtigen Hochschulen waren private Stiftungen von Sultanen, Angehörigen des großherrlichen Haushalts oder Angehörigen der obersten Regierungselite.[142] Auch wenn die Bildungsinstitutionen deshalb nicht als staatliche Institutionen betrachtet werden können, so standen sie doch durch die Finanzaufsicht und eine staatliche Bestätigung bei der Ernennung des Lehrpersonals unter einer mittelbaren staatlichen Kontrolle. Erste Reformansätze können auch in der Neuordnung der Finanzaufsicht über die religiösen Stiftungen gesehen werden.[143] Darüber hinaus wurde versucht, durch Gesetzesreformen eine bessere Qualifizierung der religiösen Gelehrten zu erreichen, welche – neben anderen Aufgaben – die Lehrtätigkeit an den Schulen und Hochschulen ausübten.[144]

Der »Erlass zur Ausbildung der Knaben« des Jahres 1824 setzt die Existenz einer Schulpflicht – im Sinne einer religiösen Pflicht – voraus, ermahnt die Eltern zur Erfüllung diese Pflicht und ordnet bei Antritt einer Lehrstelle eine Prüfung des Knaben durch den *kadı* an. Konkrete institutionelle Reformen sah der Erlass nicht vor; mit

---

History. Fifteenth Through the Twentieth Century, New York 2002, S. 88-107, hier S. 93. Siehe auch Kenanoğlu, Millet Sistemi (wie Fn. 71), S. 130-145.
140 Somel, Modernization (wie Fn. 130), S. 20-23; Findley, Bureaucratic Reforms (wie Fn. 25), S. 125, Kemal Beydilli, Türk Bilim ve Matbaacılk Tarihinde Mühendishâne ve Mühendishâne Matbaası ve Kütüphânesi (1776–1826), Istanbul 1995.
141 Somel, Modernization (wie Fn. 130), S. 1 f.
142 Zum Engagement der Sultansfamilie in der zweiten Hälfte des 19. Jahrhunderts siehe den Aufsatz von Nuran Kara Pilehvarian, Bezmiâlem Vâlide Sultan'ın Eğitim Islahatlarındaki Rolü ve Vâlide Mektebi/Dârûlmaarif, in: H. Y. Nuhoğlu, Osmanlı Dünyasında Bilim ve Eğitim, Milletler Arası Tebliğleri, İstanbul, 12-15 Nisan 1999, Istanbul 2001, S. 489-498.
143 Vgl. Kapitel 5, Verwaltung.
144 Vgl. Kapitel 6, Justiz.

der Ausbildung betraut blieben die traditionellen Bildungseinrichtungen – d. h. die Koranschulen.[145] Somel sieht in dem Dokument durchaus mehr als eine politische Erklärung ohne Konsequenzen, da sich schon hier die enge Verbindung zwischen einer Modernisierung des Bildungssystems und der Sozialdisziplinierung zeigt, welche für die folgenden Entwicklungen kennzeichnend ist.[146]

Im Jahr 1839 stellte die Ratskammer für Entwicklungsangelegenheiten (*Meclis-i Umur-i Nafia*) in einem Memorandum fest, dass eine Reform der Grundschulausbildung von großer Dringlichkeit sei, da es Schwierigkeiten gebe, für die Militärakademien ausreichend qualifizierte Studenten zu finden.[147] Die Vorstellungen von einer Grundschulausbildung waren allerdings nach wie vor sehr konservativ, so sollte der Unterricht nach wie vor auf der Grundlage der Koranlektüre erfolgen. Es ging hauptsächlich um die Alphabetisierung als Voraussetzung für eine weitere Ausbildung.[148]

Etwa zeitgleich wurde ein zweistufiges Koranschulsystem eingeführt, bei dem an den Schulen größerer Moscheen (*Mekteb-i Rüşdiye*)[149] weiterführender Unterricht unter anderem in Morphologie und Syntax des Arabischen sowie Kalligrafie angeboten wurde. Die Anzahl dieser weiterführenden Koranschulen war zunächst aber sehr begrenzt. Im Jahr 1846 wurde eine zentrale Kommission für Bildungsangelegenheiten (*Meclis-i Maarif-i Umumiye*) gegründet. Sie kümmerte sich vor allem um weitere Reformen des Lehrplans und des Unterrichtsmaterials für die weiterführenden Koranschulen und die Einführung dieser Reformen an weiteren Schulen.[150] Die Neuregelungen betrafen weiterhin durch Stiftungen finanzierte Schulen. Abgesehen von Palastschulen und Militärakademien gab es erst nach 1848 die ersten Schritte, ein staatliches Schulwesen (im Sinne einer direkten Finanzierung aus dem Staatshaushalt und einer direkten staatlichen Kontrolle) einzurichten.

Privatinitiative zur Gründung von neuen Bildungseinrichtungen gab es auch bei den nicht muslimischen Religionsgemeinschaften. So ist ab 1840 die Gründung jüdischer Schulen durch »philanthrope Banker« belegt.[151] Teilweise traten bei Schulneugründungen Konflikte mit den jeweiligen religiösen Hierarchien auf. So stieß der Versuch eine »Lancasterian School« für Mädchen zu eröffnen auf den Widerstand der griechisch-orthodoxen Synode.[152] Eine Studie liegt zum Thema noch nicht vor.

---

145 CD-ROM-2, Dok.-Nr. 17.10.1 (Faksimile, arab.)/17.10.2 (Transkription, türk.) (Erlass zur Knabenausbildung v. 1824).
146 Somel, Modernization (wie Fn. 130), S. 23-27.
147 CD-ROM-2, Dok.-Nr. 17.10.3 (Faksimile, arab.)/17.10.4 (Transkription, türk.) (Memorandum über Grundschulreform v. 1839).
148 Somel, Modernization (wie Fn. 130), S. 29-37.
149 Nicht zu verwechseln mit den gleichnamigen, aber erst nach 1848 gegründeten staatlichen Mittelschulen.
150 Somel, Modernization (wie Fn. 130), S. 37-42.
151 Nora Şeni, 19. Yüzyıl İstanbul Yahudi Cemaatinde Filantropi ve Eğitim, in: Nuhoğlu, Osmanlı Dünyasında Bilim ve Eğitim (wie Fn. 142), S. 713-727.
152 Berkes, Development (wie Fn. 5), S. 99-106.

11 Finanzen

Die zahlreichen Reformmaßnahmen führten im Osmanischen Reich zu deutlich erhöhten Ausgaben, welche spätestens ab den 1830er-Jahren durch eine übersichtlichere und effizientere Finanzverwaltung gedeckt werden sollten. In der ersten Hälfte des 19. Jahrhunderts prägte – wie schon zuvor – ein starker Fiskalismus (im Sinne einer Maximierung der Staatseinnahmen) die osmanische Finanzpolitik.[153] Allerdings konnten zahlreiche Reformmaßnahmen im Finanzsektor nicht verwirklicht werden und die osmanische Finanzadministration blieb chronisch defizitär.[154]

Teilweise setzten die osmanischen Reformmaßnahmen des 19. Jahrhunderts Entwicklungen des 18. Jahrhunderts fort, teilweise wurden aber auch neue Wege eingeschlagen. Das ganze 18. Jahrhundert hindurch setzte sich die bereits früher beginnende Marginalisierung des *tımar*-Systems – der osmanischen Variante eines präbendalen Systems, bei der Kriegsdienst oder administrative Dienste vom Sultan durch die Steuereinkünfte bestimmter Gebiete vergolten wurden – fort. Nach erfolglosen Versuchen, die *tımar*-Kavallerie in das neue Heer zu integrieren, wurden die *tımare* eingezogen und die Inhaber mit einer Pension entschädigt.[155] Die Kapitalisierung der Finanzverwaltung im 18. Jahrhundert zeigte sich auch in der deutlichen Tendenz, Staatsbedienstete fest zu besolden.

Eine immer größere Rolle bei der Steueradministration spielte im 18. Jahrhundert die Steuerpacht (*iltizam*). Diese entwickelte sich für private Investoren oder Investorengruppen immer mehr zu einer attraktiven Möglichkeit der Kapitalinvestitionen mit hohen Renditen.[156] Eine für Anleger attraktive Innovation waren 1775, als die osmanische Regierung für die Kriegsentschädigung an Russland in kurzer Zeit einen hohen Geldbetrag benötigte, die von der Finanzadministration ausgegebenen Anteilsscheine an Steuerpachten (*esham*), welche praktisch festverzinslichen Staatsanleihen entsprachen.[157] Im Gegensatz zur eigentlichen Steuerpacht trieb bei diesen der Staat die Steuern ein. Es handelte sich hierbei um eine auch im 19. Jahrhundert weiterhin genutzte Möglichkeit des Staates liquide Mittel zu beschaffen. Übersichtliche Steuererhebung war für die osmanische Finanzadministration zunächst gleichbedeutend mit direkter Steuererhebung durch den Staat. Im Edikt von Gülhane wurde 1839 die

---

153 Kreiser/Neumann, Geschichte (wie Fn. 11), S. 304-306.
154 Aksan, Military and State Transformation (wie Fn. 22), S. 259-272; zum Staatsdefizit siehe auch Coşkun Çakır, Tanzimat Dönemi Osmanlı Maliyesi, Istanbul 2001, S. 56-66.
155 Yavuz Cezar, Osmanlı Maliyesinde Bunalım ve Değişim Dönemi, XVIII. yy'dan Tanzimat'a Mali Tarih, o. O. 1986, S. 34-52; Roger Owen, The Middle East in the World Economy 1800–1914, London/New York 1981, S. 60.
156 Murat Çizakça, A Comparative Evolution of Business Partnerships. The Islamic World and Europe with Specific Reference to the Ottoman Archives, Leiden 1996.
157 Cezar, Osmanlı Maliyesinde (wie Fn. 155), S. 128-134; Şevket Pamuk, Osmanlı Devletinde İç Borçlanma Kurumlarının Evrimi 1600–1850, in: M. Genç/E. Özvar (Hg.), Osmanlı Maliyesi. Kurumlar ve Bütçeler, Istanbul 2006, Bd. 1, S. 27-38.

Steuerpacht abgeschafft. Die direkte Erhebung der Steuern durch Staatsbeamte war jedoch lediglich ein kurzes, zweijähriges Experiment. Ab 1841 wurde die Steuerpacht wieder praktiziert.[158] Es ist aber unklar, ob das Experiment ineffizient war oder ob es trotz Effizienz wegen des Widerstandes der bisher von der Steuerpacht profitierenden Eliten eingestellt wurde.[159]

Die Finanzverwaltung reagierte auf die steigenden Staatsausgaben mit einer Erhöhung der Steuern und Abgaben, welche vor allem die in der Agrarwirtschaft tätige Bevölkerung trafen.[160] Unter Sultan Mahmud II. betrieb die osmanische Regierung außerdem eine extreme Münzverschlechterungspolitik.[161] Die Münzreformen der Jahre 1843/44 brachten dem Osmanischen Reich eine stabile Währung mit Edelmetalldeckung.[162]

Gerade zur Regierungszeit von Sultan Mahmud II. bestimmten auch pragmatische Geldbeschaffungsmaßnahmen die osmanische Finanzpolitik. Die enormen zusätzlichen Ausgaben, welche durch die Militärreformen nach 1826 entstanden, wurden zu einem großen Teil durch Konfiskationen gewonnen. So wurde nach dem »segensreichen Ereignis« im Jahr 1826 das Vermögen des Janitscharenkommandanten eingezogen wie auch alle Stiftungen des religiösen Ordens der Bektaşiye, welchem zur Last gelegt wurde, dass er von ihm angehörenden Janitscharen korrumpiert worden war.[163] Hinzu kam das Vermögen von Einzelpersonen, etwa von drei jüdischen Bankiers, welchen ebenfalls Verbindungen zu den Janitscharen vorgeworfen wurden.[164] Darüber hinaus waren die Soldberechtigungsscheine (*esame*) der Janitscharen, welche sich als Geldanlage frei im Handel befanden, praktisch nicht mehr einlösbar.[165]

Wie bereits im Abschnitt Verwaltung erwähnt, war die Zentralregierung bemüht, die Finanzaufsicht über die größten religiösen Stiftungen – also einem Bereich, der nicht den Staatsfinanzen zuzurechnen war – durch Zentralisierung und Entkoppelung von anderen Ämtern effizienter zu machen. Ob die Zentralisierung der Evkaf-Verwaltung (Verwaltung der religiösen Stiftungen) in den 1820er- und 30er-Jahren unter anderem das Ziel hatte, eventuelle Überschüsse der Staatskasse gutzuschreiben, erfordert noch weitere Untersuchungen. Diese Frage ist interessant, da es sich dabei um eine Querfinanzierung gehandelt hätte, welche nach islamischem Recht unzu-

---

158 Owen, Middle East (wie Fn. 155), S. 60; Çakır, Osmanlı Maliyesi (wie Fn. 154), S. 47 f.
159 Sina Akşin, Financial Aspects of the Tanzimat, in: ders., Essays in Ottoman-Turkish Political History, Istanbul 2000, S. 89-91; Erstpublikation in: E. van Donzel (Hg.), Proceedings of the second International Meeting on Modern Ottoman Studies and the Turkish Republic, Leiden 1989.
160 Quataert, Ottoman Empire (wie Fn. 92), S. 71; Owen, Middle East (wie Fn. 155), S. 59-61.
161 Aksan, Ottoman Wars (wie Fn. 10), S. 325 f.
162 Şevket Pamuk, A Monetary History of the Ottoman Empire, Cambridge 3. Aufl. 2004, S. 205-211.
163 Barnes, Introduction (wie Fn. 60), S. 87-101.
164 Der konfiszierte Betrag machte mehr als die Hälfte eines osmanischen Jahreshaushaltes aus; vgl. Aksan, Ottoman Wars (wie Fn. 10), S. 325.
165 Aksan, Ottoman Wars (wie Fn. 10), S. 325.

lässig ist.¹⁶⁶ Allerdings hat diese Problematik einen sehr theoretischen Charakter, da die Stiftungen in den folgenden Jahren ein Defizit erwirtschafteten, das vom Staat ausgeglichen wurde.¹⁶⁷

In der Finanzadministration zeigte sich in der ersten Hälfte des 19. Jahrhunderts ein deutlicher Wandel. Für die Reformprojekte im ausgehenden 18. Jahrhundert und auch noch bei der Einführung des stehenden Heeres 1826 wurde eine eigene, von der traditionellen Finanzverwaltung (*defterdarlık*) unabhängige Behörde zur Finanzadministration eingerichtet – im Jahr 1793 das »Neue Budget« (*İrad-i Cedid Hazinesi*), im Jahr 1826 die Kasse der Mansure-Truppen (*Mansure Hazinesi*).¹⁶⁸ Es ging den Reformpolitikern also vor allem darum, eine direkte, von den traditionellen Strukturen unabhängige Kontrolle der Finanzen der neuen Projekte zu garantieren. Ab 1838 setzte sich die zuvor bereits bei der Finanzaufsicht der religiösen Stiftungen erkennbare Tendenz zur Zentralisierung fort: Parallel zu den anderen Ministerien wurde ein Finanzministerium (*Maliye Nezareti*) als übergeordnete Behörde gegründet, in der die verschiedenen Budgets zusammengefasst wurden.¹⁶⁹ Diese Zentralisierungspolitik erlitt zwar um 1840 einzelne Rückschläge, doch wurde sie in den 1840er-Jahren weiterverfolgt.

12 Wirtschafts- und Sozialgesetzgebung/Öffentliche Wohlfahrt

Im Osmanischen Reich fand nach 1826 und in verstärktem Maße mit dem osmanisch-britischen Freihandelsabkommen von Balta Limanı im Jahr 1838 eine Neuorientierung statt.¹⁷⁰ Die Regierung ging von einem staatlichen Protektionismus zu einer liberalen Wirtschaftspolitik über.¹⁷¹ Diese Entwicklung wurde durch einen innenpolitischen und einen außenpolitischen Faktor wesentlich mitbestimmt: 1) Mit der Auflösung der Janitscharen hatten die Zünfte (*esnaf*) ihre einflussreichsten Protektoren verloren; das Ende der Janitscharenprotektion und die liberale Wirtschaftspolitik der Regierung führten zu sinkenden Preisen für Produkte und immer kleineren Gewinnspannen. 2) Im Konflikt mit dem ägyptischen Gouverneur Mehmed Ali kam es zu einer Allianz Großbritanniens mit der osmanischen Zentralregierung. In der Folge grenzte sich Istanbul deutlich von der Wirtschaftspolitik Mehmed Ali's ab, der eine staatliche Kon-

---

166 Kein Kommentar zur Illegalität dieser Querfinanzierung findet sich etwa bei Owen, Middle East (wie Fn. 155), S. 61.
167 Çakır, Osmanlı Maliyesi (wie Fn. 154), S. 208, am Beispiel des Jahres 1869.
168 Cezar, Osmanlı Maliyesinde (wie Fn. 155), S. 151-207; Owen, Middle East (wie Fn. 155), S. 59; Akyıldız, Merkez Teşikilâtında (wie Fn. 19), S. 93; Çakır, Osmanlı Maliyesi (wie Fn. 154), S. 35.
169 Akyıldız, Merkez Teşikilâtında (wie Fn. 19), S. 97; Cezar, Osmanlı Maliyesinde (wie Fn. 155), S. 235-301; Çakır, Osmanlı Maliyesi (wie Fn. 154), S. 33-41.
170 CD-ROM-2, Dok.-Nr. 17.12.1 (osmanisch-britischer Handelsvertrag v. 16.8.1838).
171 Quataert, Age of Reforms (wie Fn. 17), S. 761-776, 825-827.

trolle von Handel (mit Staatsmonopolen für den Handel mit Grundnahrungsmitteln) und Industrie (mit staatlichen Manufakturen und Fabriken) errichtet hatte. Mehmed Ali war deshalb in der Lage in einem Ausmaß in die Infrastruktur zu investieren, welches für die Zentralregierung noch lange undenkbar blieb.[172] Das Freihandelsabkommen von 1838 ist also auch als strategische Maßnahme gegen die Entwicklung in der Provinz Ägypten zu sehen, wo es nach 1841 Gültigkeit hatte.[173]

Parallel zu dieser Entwicklung sind aber in der osmanischen Wirtschaftspolitik weiterhin protektionistische Züge bzw. konkret der traditionelle osmanische Provisionismus – wonach die Regierung die Versorgung der Hauptstadt und der Truppen mit Grundnahrungsmitteln als zentrale Aufgabe auffasste – zu erkennen.[174] Die hierfür zuständige, 1793 gegründete »Getreideaufsicht« (*Zahire Nezareti*) existierte weiter bis in die zweite Hälfte des 19. Jahrhunderts – ab den 1830er-Jahren durchaus im Sinne eines Versorgungsministeriums.[175] Außerdem kam es gerade auch im Zusammenhang mit der Versorgung des Heeres zur Gründung von staatlichen Fabriken.[176]

Im Rahmen der Gründung von Ministerien wurde 1839 ein Wirtschaftsministerium (*Ticaret Nezareti*) geschaffen.[177] Legislative Schritte im Wirtschaftsbereich setzten in den 1850er-Jahren mit dem Handelsgesetz (*Ticaret Kanunnamesi* von 1850) und dem Bodengesetz (*Arazi Kanunnamesi* von 1858) ein.[178]

Die Aufgabe der »Wohlfahrt« ist in islamischen Gesellschaften und so auch im Osmanischen Reich traditionell wohlhabenden Einzelpersonen und Familien anvertraut. Fürsorge für Arme wird meist durch religiöse Stiftungen wahrgenommen.[179] Der Umstand, dass es sich bei den Stiftern der größten Institutionen um den Sultan, dessen Haushalt oder Angehörige der administrativen Elite handelte, trug aber auch zur Herrschaftslegitimation bei.[180]

Es wird künftig noch genauer zu untersuchen sein, inwieweit durch die Reform der *ilmiye*-Administration, d. h. des Justiz- und muslimischen Bildungsbereichs, der Staat Fürsorgeaufgaben kontrolliert und gegebenenfalls auch übernimmt. Ein Bei-

---

172 Fahmy, Pasha's Men (wie Fn. 14), S. 10 f., 291-295. Mehmed Ali hatte damit erreicht, dass die Staatseinnahmen zwischen 1805 und 1821 um mehr als das Sechsfache stiegen.
173 Ebd., S. 285-305.
174 Mehmet Genç, Osmanlı İmperatorluğu'nda Devlet ve Ekonomi, in: Beşinci Milletlerarası Türkiye Sosyal ve İktisat Tarihi Kongresi Tebliğleri, Ankara 1990, S. 13-25; Kreiser/Neumann, Geschichte (wie Fn. 11), S. 304-306.
175 Çakır, Osmanlı Maliyesi (wie Fn. 154), S. 34, Akyıldız, Merkez Teşikilâtında (wie Fn. 19), S. 127, 136 f.
176 Owen, Middle East (wie Fn. 155), S. 62.
177 Akyıldız, Merkez Teşikilâtında (wie Fn. 19), S. 128-138.
178 Çakır, Osmanlı Maliyesi (wie Fn. 154), S. 25; Quataert, Age of Reforms (wie Fn. 17), S. 856.
179 N. Ergin/C. K. Neumann/A. Singer (Hg.), Feeding People Feeding Power. Imarets in the Ottoman Empire, Istanbul 2007. Zur Reform der Stiftungsverwaltung siehe Kapitel 5, Verwaltung.
180 Für das späte 19. Jahrhundert siehe Nadir Özbek, Imperial Gifts and Sultanic Legitimation during the Late Ottoman Empire, 1876–1909, in: M. Bonner/M. Ener/A. Singer (Hg.), Poverty and Charity in Middle Eastern Contexts, New York 2003, S. 203-220.

spiel ist die Gründung einer Kommission für die Waisenbetreuung (*Meclis-i İdare-i Eytam*) im Jahr 1850.[181] Dabei handelte es sich nicht um eine Fürsorgeeinrichtung im eigentlichen Sinne; es ging um die Koordination und Überwachung eines Aufgabenbereiches, welcher traditionell von den Richtern (*kadı*) wahrgenommen wurde, d. h. die Treuhandverwaltung des Erbes von Waisen bis zu deren Volljährigkeit.

Ansätze eines staatlichen Wohlfahrtssystems liegen mit einiger Wahrscheinlichkeit in dem Bestreben der Regierung, zu verhindern, dass die Angehörigen von Militärdienstpflichtigen bzw. allgemein von Militärangehörigen verarmten. Das Rekrutierungsgesetz von 1846 sah vor, dass »alleinige Ernährer« (*muin*) einer Familie von der Rekrutierung in die Linientruppen ausgenommen waren (§§ 19-22).[182] Während des Krimkriegs wurde offensichtlich, dass trotz dieser Paragrafen die Angehörigen von Soldaten der Miliztruppen (*Asakir-i Redife*) Not litten, da für diese die entsprechende Schutzregelung bei der Aushebung nicht galt. Es gab einen Plan diese Angehörigen mit einer staatlichen Rente zu versorgen. Es ist allerdings nicht untersucht, ob eine solche Regelung in Kraft trat. Ein weiterer Schritt war die Versorgung der Hinterbliebenen im Dienst gefallener oder verstorbener Soldaten. Hier dürfte bis in die zweite Hälfte des 19. Jahrhunderts noch keine einheitliche Regelung gefunden worden zu sein.[183]

---

181 Yurdakul, İlmiye (wie Fn. 32), S. 177-190.
182 CD-ROM-2, Dok.-Nr. 17.7.1/17.7.2 (wie Fn. 101). Vgl. auch Erik Jan Zürcher, The Ottoman Conscription System in Theory and Practice, in: E. J. Zürcher (Hg.), Arming the State. Military Conscription in the Middle East and Central Asia, 1775–1925, London/New York 1999, S. 84-87; Heinzelmann, Kampf (wie Fn. 7), S. 195-199.
183 Eine gesetzliche Regelung gab es offenbar erst Anfang des 20. Jahrhunderts, siehe Nicole A. N. M. van Os, Taking Care of Soldiers' Families, the Ottoman State and the *Muinsiz aile maaşı*, in: Zürcher (Hg.), Arming the State (wie Fn. 182), S. 95-110.

Die Rumänischen Fürstentümer 18

Von Dietmar Müller (Leipzig), Ioan Stanomir (Bukarest)
und Bogdan Murgescu (Bukarest)

0 Einführung

Die rumänische Historiografie zur ersten Hälfte des 19. Jahrhunderts war unter nationalen und nationalkommunistischen Vorzeichen lange von den Ereignissen der Jahre 1821 und 1848 bestimmt, während der konstitutionelle Anfang in Gestalt der Organischen Reglements der 1830er-Jahre vernachlässigt wurde.[1] In den wenigen Überblicksdarstellungen zur rumänischen Verfassungsgeschichte werden die Organischen Reglements nicht als Verfassungen behandelt.[2] Betont wurde insbesondere der sozial- und nationalrevolutionäre Charakter sowohl von 1821 als auch von 1848, ebenso wie der Widerstand liberaler Bojaren gegen die von der russischen Militäradministration abhängigen Fürsten in den 1830er-Jahren. Neuere fundierte Studien zu den meisten Institutionen liegen nicht vor; die rumänischen Standardwerke zu dieser Zeit sind sechs Jahrzehnte alt und älter.[3] Seit etwa Mitte der 1990er-Jahre werden nun, zunächst mit Mitteln der Begriffs- und Ideengeschichte, die Tiefe und die Grenzen des Liberalismus und Konstitutionalismus sowohl der oppositionellen Bojaren als auch der Organischen Reglements erforscht.[4]

---

1 Als Hinweis auf die Vernachlässigung der Organischen Reglements mag dienen, dass die einzige kritische Ausgabe von 1944 datiert: Paul Negulescu/Gh. Alexianu, Regulamentele organice ale Valahiei şi Moldovei, Bd. 1, Bucureşti 1944.
2 Vgl. Eleodor Focşeneanu, Istoria constituţională a României 1859–1991, Bucureşti 2. Aufl. 1992; Angela Banciu, Istoria vieţii constituţionale în România (1866–1991), Bucureşti 1996. Zu einer Dekonstruktion der Mythen in der rumänischen Geschichte vgl. Lucian Boia, Geschichte und Mythos. Über die Gegenwart des Vergangenen in der rumänischen Gesellschaft, Köln/Weimar/Wien 2003.
3 Vgl. Ioan C. Filitti, Domniile romăne sub Regulamentul Organic (1834–1848), Bucureşti 1915; ders., Principatele Romăne de la 1828 la 1834. Ocupaţia rusească şi Regulamentul Organic, Bucureşti 1934.
4 Vgl. Ioan Stanomir, Naşterea constituţiei. Limbaj şi drept în Principate până la 1866, Bucureşti 2004; ders., Libertate, lege şi drept. O istorie a constituţionalismului românesc, Iaşi 2005; Radu Carp/Ioan Stanomir/Laurenţiu Vlad, De la »pravilă« la »constituţie«. O istorie a începuturilor constituţionale româneşti, Bucureşti 2002. Diese begriffsgeschichtlichen Studien knüpfen an Klaus Bochmann, Der politisch-soziale Wortschatz des Rumänischen von 1821 bis 1850, Berlin 1979 an.

Die diesem Band zugrunde liegende Periodisierung sowie der breite Verfassungsbegriff rücken die Organischen Reglements in den Mittelpunkt der Betrachtung. Dadurch entsteht die Chance, die in der bisherigen allgemeinen rumänischen Historiografie und Verfassungsgeschichte ideologisch motivierte Periodisierung aufzubrechen, die einer rigiden Trennung in fremd dominierte und autochthone Phasen folgte.

1 Die Walachei und die Moldau 1815–1847

Die Geschichte der rumänischen Fürstentümer wurde in der ersten Hälfte des 19. Jahrhunderts maßgeblich durch den beschleunigten Machtverfall der osmanischen Oberherrschaft und den parallelen Aufstieg des Russischen Reiches zur Schutzherrin der Balkanchristen bestimmt. Um einen Anteil am osmanischen Erbe bewarben sich aber auch andere europäische Großmächte, sodass in diesen Jahrzehnten eine regelrechte Internationalisierung der »rumänischen Frage« begann. Im Zuge dessen kam es in den Fürstentümern zu Freiheits- und konstitutionellen Bewegungen im Zeichen des Liberalismus, zum Anschluss an den Weltmarkt und zu den ersten Verfassungen in Gestalt der Organischen Reglements.[5]

Die unmittelbare und schnelle Unabhängigkeit der Fürstentümer war mit dem Scheitern des Aufstandes gegen die Pforte 1821 erst einmal in weite Ferne gerückt.[6] Neben dem Ausbleiben der erhofften russischen Militärhilfe für den griechisch-phanariotischen Geheimbund »Philike Hetairia« (Freundliche Gesellschaft) unter der Führung von Alexander Ipsilanti war nicht zuletzt die doppelte Ausrichtung von Tudor Vladimirescu und seiner walachischen Mitkämpfer ein wichtiger Grund für das Scheitern dieses Aufstandes. Sie wollten zu Beginn des Aufstandes nicht nur die Gesetzlosigkeit der Janitscharen beenden und die alten Rechte wiederherstellen, sondern später auch den politischen Einfluss der Phanarioten und die neugriechische kulturelle Dominanz im Lande beseitigen.[7] Der russische Einfluss manifestierte sich

---

5   Als Überblick vgl. Keith Hitchins, The Romanians, 1774–1866, Oxford 1996; Emanuel Turczynski, Von der Aufklärung zum Frühliberalismus. Politische Trägergruppen und deren Forderungskatalog in Rumänien, München 1985; Anastasie Iordache, Principatele române în epoca modernă, Bd. 2: Administraţia regulamentară şi tranziţia la statul de drept (1831–1859), Bucureşti 1998; Damian Hurezeanu, Civilizaţia română modernă. Premise, Bucureşti 2000; Gheorghe Platon, Românii în veacul construcţiei naţionale. Naţiune, frământări, mişcări sociale şi politice, program naţional, Bucureşti 2005.

6   Vgl. Hitchins, Romanians (wie Fn. 5), S. 141-152; Andrei Oţetea, Tudor Vladimirescu şi revoluţia din 1821, Bucureşti 1971; Dan Berindei, Revoluţia română din 1821, Bucureşti 1991.

7   Zu der Programmatik des Aufstandes von 1821 vgl. CD-ROM-2, Dok.-Nr. 18.1.1 (rumän.)/18.1.2 (dt.) (Proklamation Tudor Vladimirescus v. 23.1.1821). Als Phanarioten werden griechische oder hellenisierte Bewohner des Konstantinopeler Stadtviertels Phanar bezeichnet, die in der Wirtschaft, Administration und vornehmlich der Außenpolitik des Osmanischen Reiches bedeutende Stellungen einnahmen.

erst in der Konvention von Akkerman (rumän.: *Cetatea Albă*, ukrainisch: *Bilhorod Dnistrovs'kyj*) vom 7. Oktober/25. September 1826, in der sich das Osmanische Reich verpflichten musste, die Bestimmungen des Bukarester Friedensvertrages von 1812 zu respektieren.[8] Es wurde nun erneut bestimmt, dass der Hospodar (Fürst) nur aus den ältesten Bojarengeschlechtern in einer Generalversammlung des Divans für eine Amtszeit von sieben Jahren gewählt sowie eine Neuordnung der inneren Organisation im Zusammenwirken zwischen Fürst und Divan durchgeführt werden sollte. Im Zuge erneuter Kampfhandlungen im Frühjahr 1828 besetzten russische Truppen nochmals die Fürstentümer, wo sie bis 1834 blieben. Am 14./2. September 1829 wurde der Krieg schließlich mit dem Friedensvertrag von Adrianopel (türk.: *Edirne*) beendet, der Bestimmungen zu den rumänischen Fürstentümern in einem Separatvertrag enthielt und mit diesen Entwicklungen von großer Tragweite in Politik, Wirtschaft und Gesellschaft anstieß bzw. beschleunigte.[9] Die Suzeränitätsrechte der Pforte über die Fürstentümer reduzierten sich auf die Zahlung eines jährlichen Tributes sowie auf das Recht, die Wahl der Fürsten zu bestätigen. Alle militärischen Anlagen der Osmanen an der Donau mussten abgebaut werden, die Donaustädte Brăila, Turnu und Giurgiu wurden ganz der Landesverwaltung unterstellt und keine Muslime durften sich im staatlichen Auftrag nördlich des Flusses aufhalten. Die Fürsten sollten nun auf Lebenszeit gewählt werden und in Beratung mit den Bojarendivanen die inneren Angelegenheiten autonom regeln. Die Grundregeln dafür sollten allerdings unter Anleitung der russischen Militäradministration festgelegt werden. In wirtschaftlicher Hinsicht erhielten die Fürstentümer die vollständige Handelsfreiheit: Die obligatorischen Lieferungen zu Festpreisen insbesondere von Getreide an die Pforte wurden abgeschafft sowie die freie Schiffbarkeit der Donau hergestellt.

Diese Öffnung zum Weltmarkt brachte zum einen verstärkte Absatzmöglichkeiten rumänischen Getreides in Westeuropa, gleichzeitig aber auch eine Verschlechterung der sozialen Lebensbedingungen der Bauern. Die erhöhte Nachfrage nach Getreide konnte nämlich nicht über eine Effizienzsteigerung der landwirtschaftlichen Produktion befriedigt werden, sondern nur durch die Erhöhung der bäuerlichen Frondienste. Die Fürstentümer waren immer noch relativ dünn besiedelte Gebiete mit einer zu 80 Prozent auf dem Land lebenden Bevölkerung von etwa zwei Millionen Personen in der Walachei und 1,3 Millionen in der Moldau. Das langsame aber konstante Bevölkerungswachstum setzte sich auch in der ersten Hälfte des 19. Jahrhunderts fort, wobei einige Binnenentwicklungen in diesem Trend bemerkenswert sind. Zum einen reduzierte sich die Zahl von Kleinstsiedlungen zugunsten von Dörfern mit steigender Bevölkerungszahl, weiterhin vervielfachte sich die absolute Zahl der Stadtbewohner seit den 1830er- bis in die 1850er-Jahre auf etwa 310.000 in der Walachei und 288.000

---

8   Vgl. CD-ROM-2, Dok.-Nr. 18.1.3 (Konvention von Akkerman v. 7.10./25.9.1826).
9   Vgl. CD-ROM-2, Dok.-Nr. 15.1.3 (russ.)/18.1.4 (frz.) (Friedensvertrag von Adrianopel v. 14.9./2.9.1829); Dok.-Nr. 18.1.5 (Separatvertrag von Adrianopel v. 14.9./2.9.1829).

in der Moldau.[10] Dort ging ein Großteil des Wachstums urbaner Bevölkerung auf den starken Zuzug von Juden aus den russischen Ansiedlungsrayons zurück, die sich nun in der Moldau überwiegend in zu Kleinstädten (*shtetl*) aufgewerteten Marktflecken niederließen. Es setzte nun ein verstärkter Import westeuropäischer Waren wie Kleidung, Möbel und anderer Güter des persönlichen Bedarfs ein, der innerhalb einer Generation zu einer weitgehenden Okzidentalisierung des täglichen Lebens in den Städten der Fürstentümer führte. Mit der russischen Besetzung und dem Frieden von Adrianopel beschleunigte sich schließlich ein Prozess intellektuellen Transfers, der seit Anfang des Jahrhunderts begonnen hatte. In steigender Zahl brachen Groß- und Mittelbojaren zu Erkundungsfahrten nach Westeuropa auf und schickten ihre Söhne zum Studium insbesondere nach Frankreich sowie in deutschsprachige Gebiete. Neben professionellem Wissen und Fertigkeiten brachten diese auch Ideen mit, die den einheimischen Nationalismus, Liberalismus und Konstitutionalismus befeuerten.

Die Entstehungs- und Wirkungsgeschichte sowie die Statuten der Organischen Reglements selbst reflektieren die völkerrechtliche Zwitterstellung der Fürstentümer als nur teilweise autonome Staaten. Gleichzeitig sind sie aber auch Spiegelbild der politischen und wirtschaftlichen Kräfteverhältnisse innerhalb der moldauischen und walachischen Gesellschaft. Die Grundlage der Organischen Reglements sind Instruktionen Zar Nikolaus' I., die in Reformausschüssen unter Mitarbeit moldauischer und walachischer Großbojaren und unter Berücksichtigung ihrer seit mehreren Jahrzehnten in Petitionen geäußerten Interessen teilweise noch modifiziert wurden. Die zweifellos wichtigste Person bei der Erarbeitung der Organischen Reglements war Pavel D. Kiselev, der zwischen November 1829 und April 1834 als Befehlshaber der russischen Armee sowie Leiter der Ziviladministration amtierte.[11] Während die weitgehende Beibehaltung des politischen Monopols und der wirtschaftlichen Macht der Großbojaren ihrem Einfluss zu verdanken ist, weist die ambivalente Stellung des Fürsten – eine starke Position innerhalb des politischen Systems bei außenpolitischer Ohnmacht – auf Annexionspläne Russlands, mindestens aber auf dessen Dominanz in den Fürstentümern hin. Aufgrund dieser Einschränkungen können die Organischen Reglements nicht als Verfassungen parlamentarischer Monarchien gewertet werden, gleichwohl aber als Beginn einer modernen Staatlichkeit, gekennzeichnet unter anderem durch Gewaltenteilung, Rechtsstaatlichkeit sowie Rationalisierung, Ausdifferenzierung und signifikante Ausweitung staatlichen Verwaltungshandelns.

---

10 Vgl. Hurezeanu, Civilizaţia (wie Fn. 5), S. 105-117.
11 Zur Rolle des Russischen Reiches vgl. ausführlich Nikolaus Farca, Russland und die Donaufürstentümer 1826–1856, München 1992.

2 Verfassungsstruktur der zentralen staatlichen Ebene

Am 1. Juli 1831 trat das Organische Reglement für die Walachei und am 1. Januar 1832 das für die Moldau in Kraft. Die herausragende Leistung dieser Statuten in der Verfassungsgeschichte Rumäniens war die erstmalige Einführung des Prinzips der Gewaltenteilung, das allerdings weder im Text konsequent verwirklicht, noch in der Realität durchgehend umgesetzt wurde.

Unter Bezugnahme auf den Vertrag von Adrianopel sollte der Fürst durch eine Außerordentliche Landesversammlung (*Obşteasca Adunare Ecstraordinară*) aus einem einheimischen Adelsgeschlecht auf Lebenszeit gewählt werden.[12] Er büßte seine bisherige Monopolstellung im Gesetzgebungsverfahren teilweise zugunsten der Landesversammlung (*Obicinuita Obşteasca Adunare*) ein. Der Fürst behielt aber das alleinige Recht der Gesetzesinitiative und allein seine Sanktion entschied über das Inkrafttreten eines Gesetzes. Die Befugnisse des Parlaments reduzierten sich darauf, über Gesetzesentwürfe zu beraten, sie zu billigen, zu ändern oder zurückzuweisen.[13] Im Falle eines Änderungsvorschlags in Form einer »anafora« (Petition) oder einer Zurückweisung konnte der Fürst das Gesetz erneut einbringen, wurde allerdings keine Einigung erzielt, konnten Fürst und Parlament die Protektionsmacht Russland in Gestalt des Konsuls als Schiedsrichter anrufen. Mit dem Einverständnis des Osmanischen und des Russischen Reiches konnte der Fürst das Parlament jederzeit auflösen. Andererseits konnte die Mehrheit des Parlaments in Übereinkunft mit der Schutz- sowie der Suzeränitätsmacht die Tätigkeit des Fürsten untersuchen und ihn gegebenenfalls absetzen, wie im Falle des walachischen Fürsten Alexandru Ghica 1842 geschehen. In der politischen Realität wirkten diese Eingriffsmöglichkeiten v. a. Russlands wie eine dauernde Begrenzung und Bedrohung des jungen politischen Systems, dessen Glaubwürdigkeit bereits dadurch Schaden genommen hatte, dass mit Alexandru Ghica (1834–1842) und Mihail Sturdza (1834–1849) die ersten Fürsten der Walachei und der Moldau eben nicht nach den Statuten der Organischen Reglements gewählt, sondern von Russland und der Pforte ernannt worden waren.[14] Der einzig gewählte Fürst in dieser Periode war Gheorghe Bibescu (1842–1848) in der Walachei.

---

12 Zur Wahl des Fürsten und der Kompetenzenteilung zwischen Fürst und Parlament vgl. Filitti, Principatele (wie Fn. 3), S. 101-108; Farca, Russland (wie Fn. 11), 137 ff., 142 f. In den Organischen Reglements existiert kein gesondertes Kapitel zu den Kompetenzen der Fürsten, sie werden an mehreren Stellen geregelt. Für die Fürstenwahl vgl. CD-ROM-2, Dok.-Nr. 18.2.2 (Organisches Reglement für die Walachei [im Folgenden: ROV] v. 1831), Art. 26-44; CD-ROM-2, Dok.-Nr. 18.2.3 (Organisches Reglement für die Moldau [im Folgenden: ROM] v. 1832), Art. 26-44.
13 Zu den Kompetenzen des Parlamentes vgl. CD-ROM-2, Dok.-Nr. 18.2.2 (ROV v. 1831), Art. 48-57; Dok.-Nr. 18.2.3 (ROM v. 1832), Art. 51-61.
14 Für die Ernennung statt für die Wahl hatte sich im Juli 1830 der spätere Fürst der Moldau, Michail Sturdza, beim russischen Gesandten eingesetzt. Vgl. CD-ROM-2, Dok.-Nr. 18.3.1 (Memorandum Michail Sturdzas für die Ernennung des Fürsten v. 27.7.1830).

Abb. 18.1 Die Generalversammlung der Notabeln in Bukarest 1837

Weiterhin war der Fürst Inhaber der obersten Exekutivgewalt, Oberbefehlshaber des Heeres, er hatte das Recht der Beamtenernennung und gewährte, mit Zustimmung des Parlamentes, Adelstitel nach dem Verdienstprinzip.[15] Er konnte nach Belieben seine Minister ernennen und entlassen, die wiederum keiner effektiven parlamentarischen Kontrolle unterworfen waren. Die höchste Ebene der Exekutive bestand aus dem Verwaltungsrat (*Sfatul Administrativ*), dem der Innen- und Finanzminister (*Ministrul trebilor din lăuntru* und *Ministrul Finanților*) sowie der Staatssekretär beim Fürsten (*Marele postelnic*) angehörten.[16] In der Walachei wurde zusätzlich ein Ministerrat (*Marele Sfat al Miniștrilor*) ins Leben gerufen, der, zusätzlich zu den genannten Ministern, noch diejenigen für Justiz (*Logofătul dreptății*), kirchliche Angelegenheiten (*Logofăt al credinței*) und für das Heer (*Marele Hatman*) einschloss.[17] Die Aufgaben dieser beiden Gremien beschränkten sich auf die Beratung des Fürsten in seiner Tätigkeit als Gesetzgeber sowie auf die Umsetzung der Gesetze. Die transitorische Stellung dieser Gremien zwischen dem »Herrschaftlichen Divan« (*Divanul domnesc*)

---

15 Vgl. Negulescu/Alexianu, Regulamentele (wie Fn. 1), ROV: Art. 376, S. 11, Art. 350-352, S. 125 f.; ROM: Art. 213, S. 292, Art. 432, S. 341 f., Art. 399-403, S. 335 f.

16 Zum Verwaltungsrat, dem Innen- und Finanzministerium sowie dem Staatssekretär beim Fürsten vgl. CD-ROM-2, Dok.-Nr. 18.2.2 (ROV v. 1831), Art. 147-153; Dok.-Nr. 18.2.3 (ROM v. 1832) Art. 133-147. Zum Zuschnitt und zu den Kompetenzen der Ministerien vgl. auch Filitti, Principatele (wie Fn. 3), S. 109-115; Farca, Russland (wie Fn. 11), S. 153 f. Zu der Bezeichnung der Ämter und deren Einordnung in die Rangtabelle des Adels vgl. D Firoiu/L. P. Marcu (Ltr.), Istoria dreptului românesc, Bd. 2, Tlbd. 1, București 1984, S. 112-128.

17 Vgl. CD-ROM-2, Dok.-Nr. 18.2.2 (ROV v. 1831), Art. 149.

der phanariotischen Zeit und einer dem Parlament verantwortlichen Regierung späterer Zeiten wird auch durch die ambivalente Terminologie charakterisiert. Zwar wurde zum ersten Mal in einem offiziellen Dokument der Begriff Minister verwendet, diese selbst sowie ihre Ministerien im weiteren Verlauf dann teilweise aber mit den genannten alten Begriffen bezeichnet.

Die gewöhnliche noch mehr als die Außerordentliche Landesversammlung in den beiden Fürstentümern waren Parlamente der Großbojaren und des Klerus, sie können nicht annähernd als repräsentative Organe eingeschätzt werden.[18] Dem auf fünf Jahre gewählten Parlament der Walachei gehörten qua Amt und Stellung in der Adelshierarchie drei Bischöfe sowie der Metropolit, 20 Großbojaren sowie 19 Mitglieder des provinziellen Kleinadels an, die in den Kreisen als Deputierte gewählt wurden. In der Moldau waren es analog der Metropolit, zwei Bischöfe sowie je 16 Groß- und Kleinbojaren. Die Landesversammlung trat nur einmal im Jahr, für gewöhnlich etwa Anfang Dezember, für eine zweimonatige Sitzungsperiode zusammen, die bei Bedarf allerdings verlängert werden konnte. In der weitgehend bedeutungslosen Außerordentlichen Landesversammlung, die allein zur Wahl des Fürsten geschaffen worden war, befand sich zusätzlich eine gewisse Zahl von Vertretern der städtischen Handwerkerkorporationen sowie in der Moldau ein Vertreter der Akademikerschaft. Bei allen Einschränkungen der Parlamentsbefugnisse führten die Organischen Reglements gleichwohl mit dem Budgetrecht und dem Mehrheitsprinzip bei Abstimmungen zwei Prinzipien mit Langzeitwirkung für den Aufbau und das Funktionieren einer parlamentarischen Monarchie ein. Das Parlament hatte die Befugnis, über den Haushalt und die Steuern abzustimmen sowie über die Berichte der Minister zu den laufenden Kosten zu befinden. Damit einher ging auch die erstmalige Trennung der fürstlichen Privat- von der öffentlichen Staatskasse. Weder Fürst noch Parlament durften allerdings ohne die Zustimmung Russlands und der Pforte grundsätzliche Änderungen in den Statuten der Organischen Reglements vornehmen, die sich auf die Finanzen und Steuern bezogen. Bezüglich der Abstimmungen im Parlament wurde das Prinzip der einvernehmlichen Einstimmigkeit durch das des Mehrheitsvotums ersetzt, wobei die Rechte der Minderheit noch stärker eingeschränkt waren, durften sie ihr Votum doch unter Strafandrohung des Ausschlusses aus dem Parlament als Unruhestifter nicht schriftlich fassen.

Für die politische Praxis schufen die Organischen Reglements einen äußerst engen Rahmen der Artikulation von Interessen und Meinungen. Deutlich wird dies vornehmlich an der Persistenz von Kritik an den bestehenden Verhältnissen und an der politischen Interessenartikulation in neu entstehenden Geheimgesellschaften außer-

---

18 Zu den Wahlmodalitäten und der Zusammensetzung der Parlamente vgl. CD-ROM-2, Dok.-Nr. 18.2.2 (ROV v. 1831), Art. 1-17, 45-60; Dok.-Nr. 18.2.3 (ROM v. 1832) Art. 1-17, 48-63. Zur Arbeit des Parlamentes vgl. Mircea Iosa/Paraschiva Câncea/Apostol Stan, Istoria parlamentului și a vieții parlamentare din România, până la 1918, București 1983, S. 21-58.

halb des legalen Rahmens, die in Form von Verfassungsentwürfen und Petitionen an die europäischen Mächte und, zunehmend weniger, an die Hohe Pforte zum Ausdruck kam.[19] Gleichwohl zeugen z. B. die von den Großbojaren mit diskreditierender Absicht sog. Carbonari-Verfassung (*Constituția »Cărvunarilor«*), die im September 1822 aus der Feder von Ionică Tăutu hervorging[20], sowie der Verfassungsentwurf von Ion Câmpineanu vom November 1838[21] von einem erheblichen Politisierungsschub innerhalb der rumänischen Eliten. In diesen Texten, die Verfassungsentwürfe blieben und somit keine Rechtskraft entfalteten, besteht der politische Erwartungshorizont zunächst – als Reaktion auf die Französische Revolution und den Aufstand Tudor Vladimirescus von 1821 – noch aus der Inklusion des provinziellen Kleinadels, aber bereits 1838 aus der des ganzen Volkes in den politischen Prozess. Neben dem erweiterten Kreis der politischen Subjekte entsprechen die schwächere Stellung des Monarchen, die weitgehenden Rechte des Parlaments sowie die klarere Gewaltenteilung im Vergleich zu den Organischen Reglements im Verfassungsentwurf Câmpineanus dem Aufbau einer parlamentarischen Monarchie.

3 Wahlrecht und Wahlen

Auf mehreren Ebenen des politischen Systems sahen die Organischen Reglements die Einführung von Elementen der Wahl bei der Rekrutierung des Personals sowie für die Entscheidungsfindung vor. Allerdings wurde das Wahlprinzip auf der obersten Ebene des politischen Systems nur für den geringeren Teil der Parlamentsabgeordneten eingeführt. Auf der kommunalen Ebene wurden die Wahlelemente dagegen erheblich ausgeweitet. Aufgrund des geringen Umfangs des Wahlprinzips, noch mehr aber aufgrund der starken Eingriffsmöglichkeiten des Fürsten und der Exekutive in den Wahlvorgang selbst, kann das politische System der Fürstentümer in dieser Periode nicht als repräsentativ gekennzeichnet werden.[22]

---

19 Zu den Petitionen, Reformvorschlägen und Verfassungsentwürfen vgl. Emanuel Turcczynski, Von der Aufklärung zum Frühliberalismus. Politische Trägergruppen und deren Forderungskatalog in Rumänien, München 1985, S. 70-96; Cornelia Bodea, Lupta românilor pentru unitatea națională, 1834–1849, București 1967; Vlad Georgescu, Mémoires et projets de réforme dans les Principautés Roumaines 1831–1848. Répertoire des textes, Bucarest 1972; Valeriu Șotropa, Proiectele de constituție, programele de reforme și petițiile de drepturi din Țările Române în secolul al XVIII-lea și prima jumătate a secolului al XIX-lea, București 1976.
20 Vgl. CD-ROM-2, Dok.-Nr. 18.2.1 (Verfassung der »Carbonari« v. 13.9.1822).
21 Vgl. Declarația de principii a Partidei Naționale din Țara Românească vom 13./1.11.1838, in: Chr. Ionescu (Hg.), Dezvoltarea constituțională a României. Acte și documente 1741–1991, București 2000, S. 172-174.
22 Vgl. zur Bedeutung der Wahlen und den Anfängen des Parlamentarismus Iosa/Câncea/Stan, Istoria (wie Fn. 18); Tudor Drăganu, Începuturile și dezvoltarea regimului parlamentar în România până în 1916, Cluj 1991.

Aus den 17 Landkreisen der Walachei und den 16 der Moldau waren jeweils 36 und 32 Abgeordnete für die Außerordentliche Landesversammlung vorgesehen, die sich nach der Wahl des Fürsten sofort auflöste. In der Landesversammlung belief sich die Zahl dieser Abgeordneten, die sich aus den Reihen des provinziellen Kleinadels rekrutierten, auf 19 in der Walachei und 16 in der Moldau.[23] In jedem Landkreis wurden von den adeligen Grundbesitzern aus dem eigenen Kreis acht Delegierte gewählt, von denen wiederum je zwei per Los bestimmt wurden, es sei denn, die Wahlversammlung einigte sich auf zwei bestimmte Delegierte.

In die Außerordentliche Landesversammlung schickten die kaufmännischen und gewerblichen Körperschaften in der Walachei 27 und in der Moldau 21 Delegierte. Die jeweiligen Hauptstädte Bukarest und Jassy waren mit acht resp. drei Delegierten[24], Craiova mit drei und die restlichen Städte mit je zwei Delegierten vertreten. Die Vertreter der Städte mussten »geborene Rumänen« sein und durften nicht unter fremder Schutzuntertänigkeit stehen. In der Moldau mussten sie in Jassy zusätzlich über eine Immobilie im Wert von mindestens 5.000 und in den kleineren Städten von 3.000 Lei verfügen. Die Repräsentation der Städte war jedoch auf die Wahlversammlung beschränkt, denn in der Landesversammlung waren keine Vertreter der Städte, mithin des entstehenden Bürgertums vorgesehen. Von größerer Signifikanz für die kommunale Ebene war die Einführung eines Zensuswahlrechts auf Stadtebene. Infolge dieser Bestimmungen wurden in den meisten Städten der Fürstentümer zwischen 1831 und 1832 Stadträte gewählt. Bukarest und Jassy hatten das Recht, fünf Räte zu wählen, während den übrigen Städten der Walachei vier und denen der Moldau drei Räte zugestanden wurden. Der Fürst behielt sich allerdings vor, aus diesem Kreis den Bürgermeister zu bestimmen. Die Stadträte in Bukarest wiederum wurden von Delegierten aus den verschiedenen Stadtvierteln gewählt, die selbst ebenso durch Wahl delegiert waren. Zusammen mit den Bukarester Stadträten wurde auch eine Kommission aus zehn Mitgliedern gewählt, die für die Aufstellung des jährlichen Budgets zuständig war. Um das aktive Wahlrecht auszuüben, mussten die Bukarester Wähler »geborene Rumänen« im Alter von mindestens 25 Jahren sein sowie über städtischen Immobilienbesitz in Höhe von 10.000 Lei verfügen. Das passive Wahlrecht war an das Alter von 30 Jahren und an städtischen oder ländlichen Immobilienbesitz im Wert von 50.000 Lei in Bukarest und 25.000 Lei in Jassy gebunden. Auf die erforderliche Qualität des »geborenen Rumänen« wurde im Falle der bis kurz zuvor in osmanischem Besitz befindlichen und daher insbesondere von vielen Griechen bewohnten

---

23 Zu den von Pavel D. Kiselev vorgeschlagenen und vom Parlament der Moldau angenommenen Modalitäten zur Wahl der Landkreisabgeordneten vgl. CD-ROM-2, Dok.-Nr. 18.3.3 (Wahlinstruktionen Pavel D. Kiselevs für die Landkreisabgeordneten v. 29.4.1836).
24 Zu den Wahlmodalitäten der Hauptstadtabgeordneten der Moldau vgl. CD-ROM-2, Dok.-Nr. 18.3.2 (Wahlinstruktionen Pavel D. Kiselevs für die Hauptstadtabgeordneten v. 29.4.1836).

Städten Brăila, Turnu und Giurgiu abgesehen; hier reichte es aus, eine gewisse Zeit ortsansässig gewesen zu sein.

In den Dörfern bestand das formal allerdings wenig geregelte Recht der Steuerzahler fort, sechs Vertreter in die Ortsführung zu wählen.

4 Grundrechte

Ein gesondertes Kapitel über naturrechtlich begründete Grundrechte in der Tradition der Aufklärung enthalten die Organischen Reglements nicht. Gleichwohl weisen sie einige Bestimmungen aus dem klassischen Grundrechtekatalog auf, deren Wirkung sich allerdings in engen Grenzen hielt. Die Grundrechtspolitik in den Fürstentümern wurde durch den staatszentrierten Reformabsolutismus der russischen Protektoratsmacht sowie durch das kaum geschmälerte politische und wirtschaftliche Machtmonopol der Großbojaren bestimmt. Jeglicher explizite Bezug auf Volkssouveränität, Demokratie und Konstitutionalismus war also inopportun, sodass Fortschritte bei den Grundrechten lediglich als staatliche Gewährleistungen begründet wurden. Gerade auch in der Wahl der Bezeichnung für das Gesetzeswerk – Organisches Reglement statt Verfassung – wird diese autoritäre Tendenz deutlich.

Die in den Organischen Reglements niedergelegten Reformen des Justizbereichs[25] können als Anfänge der Rechtsstaatlichkeit und Rechtssicherheit interpretiert werden, da sie auf den Schutz der Bürger vor staatlicher Willkür zielten. Hervorzuheben ist in diesem Sinne der Grundsatz der Öffentlichkeit der Gerichtsverhandlung und der Urteilsverkündung. Eine weitere Stärkung der Rechtsposition des Individuums brachten die an die englische Habeas-Corpus-Akte angelehnten Bestimmungen über den Schutz der Person und der Wohnung.

Diese Ansätze bürgerlicher Rechtsstrukturen wurden jedoch durch weit wirkungsmächtigere ständische Privilegien der Bojaren sowie durch endemische Kompetenzüberschreitungen – angefangen bei der Verwaltung, über die Justiz bis hin zum Fürsten – überlagert.[26] So galten die persönlichen Freiheitsrechte wie die Unverletzlichkeit der Person und der Wohnung, die Bewegungsfreiheit sowie der Schutz des Eigentums nur in sehr eingeschränktem Maße auch für die Bauern.[27] Die Neurege-

---

25 Siehe Kapitel 6, Justiz.
26 Zu einer Generalkritik der Verfassungsrealität in der Moldau durch Leonte Radu vgl. CD-ROM-2, Dok.-Nr. 18.4.1 (Memorandum Leonte Radus über Gesetzesverletzungen und Missbräuche in der Moldau v. Oktober 1839).
27 Zur Agrarverfassung vgl. Lothar Maier, Rumänien auf dem Weg zur Unabhängigkeitserklärung 1866–1877. Schein und Wirklichkeit liberaler Verfassung und staatlicher Souveränität, München 1989, S. 85-97; Stefan Welzk, Nationalkapitalismus versus Weltmarktintegration? Rumänien 1830–1944. Ein Beitrag zur Theorie eigenständiger Entwicklung, Saarbrücken/Fort Lauderdale 1982.

lung der Agrarverhältnisse brachte für die Bojaren den wichtigen Vorteil, dass ein Drittel ihres Grundbesitzes zu ihrem ausschließlichen Eigentum im Sinne europäischer Rechtsvorstellungen erklärt, während der Landanteil der Fronbauern an den restlichen zwei Dritteln lediglich gewohnheitsrechtlich begründet wurde. Für diesen gesetzlichen Landanteil der Bauern erhielten die Bojaren Zugriff auf deren Arbeitsleistung in Höhe von de facto 56 Tagen in der Walachei und 84 Tagen in der Moldau.[28] In frei ausgehandelten Verträgen wurde die Pacht weiteren Landes zu Bedingungen ausgehandelt, die auf eine erneute und wirksamere Schollenbindung der Bauern hinauslief. So durften innerhalb eines Jahres nur zwei Bauernfamilien einen Ort verlassen, mussten dies sechs Monate vorher ankündigen, den Gegenwert ihrer Fronarbeit für ein Jahr im Voraus an den Bojaren und die Steuern bis zur nächsten Erhebung an den Staat bezahlen sowie Haus und Hof dem Bojaren überlassen.

Die in den 1830er-Jahren einsetzende Agrarkonjunktur brachte für die sozioethnische Gruppe der Zigeuner, deren Zahl sich in der Walachei auf rund 160.000 und in der Moldau auf rund 100.000 belief, sogar eine Verschlechterung ihrer Situation.[29] Der Status der persönlichen Unfreiheit wurde auch in den Organischen Reglements als Teil des sozialen Systems der Fürstentümer bestätigt.[30] Insbesondere die Lebensbedingungen der Bojarenzigeuner nahmen Züge der Sklaverei an, denn mit der beginnenden Leutenot in der extensiven Latifundienwirtschaft nahm die patriarchalisch bestimmte Verantwortung der Bojaren ein Ende und die Zigeuner wurden offen auf den Plätzen der großen Städte verpachtet und verkauft. Der Gesetzgeber zeigte sich in den Organischen Reglements lediglich um die Sesshaftigkeit der Staatszigeuner bemüht, die durch starke Einschränkungen ihrer Bewegungsfreiheit erreicht werden sollte. Im vierten Jahrzehnt begann der Staat verstärkt regulativ einzugreifen: 1840 verpflichtete die Landesversammlung der Walachei die Klosterzigeuner zur Zahlung der allgemeinen Kopfsteuer sowie des Zehnten, 1843 wurden die Staatszigeuner und 1847 die Klosterzigeuner auf der Basis des Freikaufs persönlich frei. In der Moldau erlangten 1844 beide Kategorien ihre persönliche Freiheit.

Ebenso wie im Bereich der persönlichen kann auch bei den politischen Freiheitsrechten nicht von Rechtsgleichheit die Rede sein. Aus dem Kreis der politischen Subjekte waren mit den Bauern und den Stadtbürgern – außer bei Wahlen auf der kommunalen Ebene – etwa 90 Prozent der Bevölkerung ausgeschlossen. Selbst innerhalb dieses Systems dominierte das Geburts- über das Meritokratieprinzip, denn die Bojaren des ersten und zweiten Ranges sowie die hohe Geistlichkeit waren deutlich bevorzugt gegenüber dem niederen Adel und das Zensuskriterium wirkte nur

---

28 Vgl. Kapitel 12, Wirtschafts- und Sozialgesetzgebung/Öffentliche Wohlfahrt.
29 Vgl. Viorel Achim, Țiganii în istoria României, București 1998, S. 76-104; Filitti, Principatele (wie Fn. 3), S. 204 ff.
30 Explizit wurde dies lediglich im Organischen Reglement der Moldau geregelt. Vgl. Negulescu/Alexianu, Regulamentele (wie Fn. 1), ROM: Anecsa Litera G. Reglement pentru statornicirea țiganilor, S. 258-260.

auf kommunaler Ebene. Die Vereinigungs- und Versammlungsfreiheit wurde weder positiv noch negativ geregelt, da die Assoziation mehrerer Personen zum Zwecke der öffentlichen Bekundung oppositioneller Ideen und Interessen gegenüber dem herrschenden Regime offenbar weder von diesem selbst noch von seinen Gegnern in einem anderen Sinne als dem einer Revolte und Revolution gedacht wurde. Anders verhielt es sich mit der individuellen Meinungs- und Pressefreiheit, die von Intellektuellen aus dem Kreis der Kleinbojaren sowie vereinzelt aus dem der Großbojaren und des Bürgertums im Sinne der Aufklärung für die Verbreitung und Förderung von Kultur zur Besserung des Menschen eingefordert wurde.[31] Sobald aber im Verlaufe der 1830er-Jahre das Aufklärungsparadigma politischen Forderungen wich, die sich gegen Text und Verfassungswirklichkeit der Organischen Reglements wandten, wurde eine Zensur eingerichtet. Diese richtete sich sowohl gegen Schriftgut aus dem Ausland – insbesondere gegen französische Publikationen – als auch gegen einheimische Zeitschriften und Bücher. Die Abschottung gegen ausländische Publikationen war allerdings wenig systematisch und erfolgreich, denn zum einen hatte es Pavel D. Kiselev in einer Anweisung vom 21. August 1833 den Buchhändlern überlassen, verbotene Bücher – bei Strafe des Berufsverbots und der Landesverweisung – nicht zu verkaufen. Eine verbindliche Liste verbotener Publikationen wurde allerdings nie erstellt. Zum anderen kursierten in den Städten in großer Zahl ausländische Publikationen, die von adeligen Studenten und Auslandsreisenden relativ ungehindert über die Grenze gebracht werden konnten. Weit effektiver war die Zensur einheimischer Publikationen, die seit den späten 1820er-Jahren verstärkt zu erscheinen begonnen hatten. So wurde bspw. die von Mihail Kogălniceanu herausgegebene Zeitschrift *Alăuta românească* 1838 geschlossen.

5 Verwaltung

Zu den wichtigsten Gravamina der Revolte von 1821 sowie der zahlreichen Denkschriften seit dem letzten Drittel des 18. Jahrhunderts gehörten die Missstände in der Verwaltung, die als intransparent und korrupt charakterisiert wurden.[32] Folglich unternahmen die russischen Behörden sowie die Fürsten erhebliche Anstrengungen in diesem Bereich. Mit der regelmäßigen Entlohnung der Verwaltungsangestellten von der Ebene der Ministerien bis hinab zu den Kreisen[33] verankerten sie in den Orga-

---

31 Vgl. Paul Cornea, Originile romantismului românesc. Spiritul public, mişcarea ideilor şi literatura între 1780–1840, Bucureşti 1972, S. 418 ff.
32 Zu einer Kritik des späteren Fürsten der Moldau, Michail Sturdza, aus dem Jahr 1829 an der Ämtervergabe in der phanariotischen Zeit vgl. CD-ROM-2, Dok.-Nr. 18.5.1 (Memorandum Mihail Sturdzas zur Ämtervergabe und Steuerexemption des Adels v. 1829).
33 Vgl. Negulescu/Alexianu, Regulamentele (wie Fn. 1), ROV: Art. 355, S. 126; ROM: Art. 405, S. 337.

nischen Reglements ein wichtiges Prinzip der Rationalisierung staatlichen Handelns. Damit einher ging ein Schub an territorialer Zentralisierung, der Teil einer generellen Stärkung der Exekutive war.[34]

Die Oltenia, der westliche Teil der Walachei, sowie deren Hauptstadt Craiova verloren ihre zuvor noch weitgehende Autonomie. Das Amt des Bans von Craiova wurde ebenso abgeschafft wie das des Großen Vornic (Provinzstatthalter) des moldauischen Ober- und Unterlandes, womit auch historisch überlieferte Wurzeln eines möglichen Föderalismus beseitigt wurden. Auf Initiative Kiselevs waren in den Fürstentümern Kommissionen zusammengetreten, die für die Moldau eine Reduktion der Landkreise (*ținut*) auf 16 empfohlen hatte, was 1834 umgesetzt wurde. In der Walachei blieb es vorerst bei 17 Landkreisen (*județ*) und die Kommissionsvorschläge zur Rationalisierung der Territorialverfassung wurden erst 1844 umgesetzt. Die kleinste Verwaltungseinheit war der Kreis, der *plasă* in der Walachei und *ocol* in der Moldau hieß.[35] Die Verwaltung der Landkreise und Kreise oblag den *ocîrmuitori* resp. *subocîrmiutori* in der Walachei und den *ispravnici* resp. *privighetori* in der Moldau. Die Vorsteher der Landkreise wurden vom Fürsten aus einer Liste von zwei Kandidaten, die der Verwaltungsrat erstellt hatte, für eine Amtszeit von drei Jahren ernannt. Er konnte ihre Amtszeit verlängern, aber auch jederzeit vorfristig beenden. Die Leiter der kleinsten Verwaltungseinheiten wurden wiederum von den Bojaren des entsprechenden Kreises in Abstimmung mit den Landkreisvorstehern gewählt. Im Zuge der klareren Trennung der Gewalten verloren diese staatlichen Angestellten jegliche Funktion in der Rechtsprechung, ihre Aufgaben bezogen sich auf die Verwaltung im engeren Sinne.

Das Gehaltsprinzip für Tätigkeiten in der Verwaltung mag die gröbsten Auswüchse der Korruption beseitigt haben, aber solange bei der Rekrutierung der Verwaltungsangestellten weder das Prinzip der Meritokratie noch das der institutionalisierten Verantwortung zum Tragen kam, blieb auch die Verwaltung ein Instrument, das sich die oligarchische Adelsherrschaft mit einer um Zentralisierung bemühten Fürstenregierung teilte. Um ein staatliches Amt zu bekleiden, war die Zugehörigkeit zum Adel – sei sie auch erkauft worden – immer noch Voraussetzung. Zudem hatte die der Verwaltung unterworfene bäuerliche Bevölkerung keinerlei Einfluss auf die Wahl der Verwalter, denn deren Legitimitätsquelle lag allein beim Fürsten.

Auf dem Feld der kommunalen Selbstverwaltung ist ein deutliches Stadt-Land-Gefälle zu beobachten. Dörfer – ob sie nun von Frei- oder Fronbauern bewohnt

---

34 Zur Reform der Verwaltung in den Organischen Reglements vgl. Filitti, Principatele (wie Fn. 3), S. 247-266; Farca, Russland (wie Fn. 11), S. 183-195; Firoiu/Marcu (Ltr.), Istoria (wie Fn. 16), S. 148-160. Zu einer Zwischenbilanz Mihail Sturdzas vom Juni 1835, die den Stand der Gesetze und Reformmaßnahmen im Verwaltungsbereich in der Moldau betrifft, vgl. CD-ROM-2, Dok.-Nr. 18.5.2 (Bilanz der Reformen in der Verwaltung durch Michail Sturdza v. 13./1.6.1835).
35 Zu Aufbau und Kompetenzen der Territorialverfassung vgl. Negulescu/Alexianu, Regulamentele (wie Fn. 1), ROV: Art. 352-358, S. 125 f.; ROM: Art. 403-410, S. 336-338.

wurden – firmierten nicht als eigenständige Einheiten staatlichen Handelns, nicht als Gemeinden im juristischen Sinne.³⁶ Lediglich die Freibauerndörfer (*răzeși*) konnten ihre Angelegenheiten weitgehend autonom regeln, während die Fronbauerndörfer von den Bojaren kontrolliert wurden. Auf Dorfebene wurden nun die Vorsteher (*pîrcalab de sat* in der Walachei und *vornicel* in der Moldau) erstmals gewählt, ihre Kompetenzen beschränkten sich allerdings auf das Eintreiben der Steuern unter Aufsicht der staatlich bestimmten Kreisvorsteher.³⁷ In den Städten konnten zwar Räte gewählt werden, in deren Kompetenz zahlreiche Aufgaben in den Bereichen des Schutzes und der Regulierung von Handel und Gewerbe sowie der Modernisierung der städtischen Infrastruktur fielen. Aber auch die Selbstverwaltung der Städte unterlag einer weitgehenden fürstlichen Kontrolle, denn neben der Ernennung des Ratsvorsitzenden konnte der Fürst auch einen Kommissar in die Sitzungen des Stadtrates schicken und dessen Beschlüsse konnten erst umgesetzt werden, nachdem sie das Einverständnis des Innenministers erhalten hatten. Zudem war die Stadtpolizei dem Kreisvorsteher unterstellt und die Kommunikation des Stadtrates mit der Polizei über Fragen der öffentlichen Sicherheit musste über diesen abgewickelt werden.³⁸

6 Justiz

Auf der Basis einer verstärkten Rezeption von Rechtsauffassungen der Aufklärung in den rumänischen Fürstentümern, aber auch aufgrund der Zunahme von eigentumsrelevanten Transaktionen und Delikten, nehmen die Reformen des Justizwesens in den Organischen Reglements einen wichtigen Platz ein. Die Gewaltenteilung – hier insbesondere die Abschirmung der Judikative vor Übergriffen der Exekutive –, die Einführung eines drei- bzw. viergliedrigen Instanzenzuges und eine detaillierte Gerichtsverfahrensordnung sowie erste Bemühungen um eine Professionalisierung des Gerichtspersonals verdeutlichen die Rationalisierungsfortschritte auf diesem Feld. Wie auf allen Gebieten staatlichen Handelns behielt der Fürst auch in der Justiz eine Reihe wichtiger Befugnisse.³⁹

Auf der Ebene der Dörfer sollten Gerichte zur Regelung von kleinen Streitfällen (*judecătorii de împăcuire*) gegründet werden, die aus drei gewählten Dorfmitgliedern

---

36 Vgl. Hitchins, Romanians (wie Fn. 5), S. 164 f.
37 Vgl. CD-ROM-2, Dok.-Nr. 18.2.2 (ROV v. 1831), Art. 97-101. Für die Moldau vgl. Negulescu/Alexianu, Regulamentele (wie Fn. 1), ROM: Anecsa Litera H, Art. XXIX, S. 265.
38 Im Unterschied zur Walachei wurde in der Moldau die Munizipalverfassung von Jassy in das Organische Reglement aufgenommen; vgl. Negulescu/Alexianu, Regulamentele (wie Fn. 1), ROM: Anecsa Litera F, S. 237-253.
39 Zur Reform des Justizwesens vgl. Filitti, Principatele (wie Fn. 3), S. 129-135; Farca, Russland (wie Fn. 11), S. 197-206; Firoiu/Marcu (Ltr.), Istoria (wie Fn. 16), S. 174-181.

unter dem Vorsitz des Pfarrers für ein Jahr amtierten.[40] Zwar kann dies als einziger Fall bäuerlicher Partizipation im Gemeinwesen eingeschätzt werden, gleichwohl ist der Erfolg ambivalent, denn die Dorfgerichte blieben außerhalb des regulären Justizwesens. Denn die erste Instanz für Fälle der Zivil-, Handels- und Strafgerichtsbarkeit bildeten Gerichte in allen Landkreisen, die in der Walachei *judecătorie de judeţ* und in der Moldau *tribunalul pe la ţinuturi de întaia instanţie* hießen (1833 in der Moldau auf zehn reduziert). Die zweite Instanz bestand aus den Richterlichen Divanen (*divanul judecăresc*) in Bukarest, Craiova und Jassy, die in der Walachei als Berufungsgerichte in Zivil- und Strafsachen und in der Moldau lediglich in Zivilsachen Recht sprachen. In Jassy bestand ein eigenes Strafgericht, während in Handelsfällen wiederum in den drei genannten Städten zweitinstanzlich entschieden wurde. Die dritte Instanz bildeten die in den Hauptstädten tagenden Hohen Divane (*Înaltul Divan*), deren Urteile erst rechtskräftig wurden, nachdem der Fürst sie sanktioniert hatte. In beiden Fürstentümern bestanden diese Gerichte aus sechs Richtern und einem Vorsitzenden, die sämtlich von den Fürsten berufen worden waren. Die Parlamente bestätigten diese Berufungen bloß, während der Versammlung in der Moldau noch das Recht zukam, für eine fünfjährige Amtszeit sieben Personen als Ersatz im Krankheitsfall zu benennen. Konnten die Hohen Divane zu keinem einstimmigen Urteil kommen, so trat in Ausnahmefällen der Fürstliche Divan (*divanul domnesc*) unter seinem Vorsitz zusammen.

Der überragende Einfluss des Fürsten in der Justiz wird insbesondere bei der Rekrutierung des Gerichtspersonals deutlich. Mit der Ausnahme weniger Stellen im Gerichtswesen, die von den städtisch-kaufmännischen Körperschaften gewählt wurden, ernannte der Fürst die Richter aller Instanzen für eine dreijährige Amtszeit. Er entschied über eine Verlängerung der Amtszeit sowie über Beförderungen und Entlassungen. Die Berufung der Richter auf Lebenszeit wurde in den Organischen Reglements lediglich als wünschenswert bezeichnet und sollte innerhalb eines Jahrzehnts umgesetzt werden. Sämtliche bedeutende Mitglieder der neu geschaffenen Staatsanwaltschaft wurden gleichfalls vom Fürsten berufen.

Bedeutend für die rationale und gerechte Durchführung von Gerichtsverfahren war die Besoldung aller Personen im staatlichen Teil des Justizbereichs aus dem Haushalt. In diesem Sinne wirkten auch die Prinzipien der Schriftlichkeit sowie der Öffentlichkeit der Gerichtsverfahren sowie der Urteilsverkündung. Festgenommene mussten innerhalb von 24 Stunden die Gründe ihrer Inhaftierung erfahren, sie erhielten einen Pflichtverteidiger – im Sinne der Chancengleichheit für Arme sogar kostenlos – und sie durften während der Vernehmung und des Gerichtsverfahrens nicht mehr gefoltert werden. Von großer Bedeutung für die Rechtsverbindlichkeit war die

---

40 Das Justizwesen beider Fürstentümer wurde in gesonderten Kapiteln geregelt. Vgl. CD-ROM-2, Dok.-Nr. 18.2.2 (ROV v. 1831), Art. 212-348; Negulescu/Alexianu, Regulamentele (wie Fn. 1), ROM: Art. 279-397, S. 314-333.

Bestimmung, dass rechtskräftige Gerichtsentscheidungen nicht aufgehoben werden konnten, um ein neues Verfahren in derselben Streitsache einzuleiten.

Manche dieser Verbesserungen wurden allerdings nur bedingt in Rechtspraxis umgesetzt. Insbesondere der Mangel an ausgebildeten Juristen sowie endemische Eingriffe des Fürsten und der Exekutive bestimmten die Realität des Justizwesens.[41] Der Aufgabenkatalog der Rechtsanwälte in den Organischen Reglements, ergänzt um ihre Pflicht, Rechtskenntnisse bei der Registrierung im Justizministerium nachzuweisen, konnte noch nicht die Rechtspraxis widerspiegeln. Denn erst 1830 begannen an den höheren Bildungsanstalten in Bukarest und Jassy Vorlesungen für künftige Juristen in Verwaltung und Justiz. Auch der Einfluss des Fürsten wurde in der Moldau dadurch noch direkter gestaltet, dass 1836 der Hohe Divan mit dem Fürstendivan zusammengelegt wurde, der in der Folge diesen oft selbst leitete.[42] Wie in der Moldau, wo das neue oberste Gericht aus vier vom Fürsten und drei von der Landesversammlung gewählten Richtern bestand, so musste auch der Fürst der Walachei im 1833 neu gebildeten Obersten Revisionshof seine Kompetenzen mit der Judikative teilen. Neben Vorsitzenden und Richtern verschiedener Gerichte und eines vom Fürsten ernannten Staatsanwaltes bestand dieses Gericht weiterhin aus sechs von der Landesversammlung gewählten Mitgliedern.

Zweifellos führten die Reformen im Justizbereich zu einer wesentlichen Beschleunigung der Rechtsprechung: Wurden in der Walachei z. B. in den sechs Jahren von 1823 bis 1828 noch 8.970 Rechtsfälle entschieden, so waren es in den drei Jahren von 1831 bis 1833 bereits 17.024 Fälle.[43] Die Kehrseite dieser Erfolge war allerdings auch die effektivere Verfolgung der politischen Opposition mit den Mitteln des Rechts. Insbesondere nach der 1838 unter der Führung Ion Câmpineanus erfolgten Verschwörung zum Sturz des walachischen Prinzen wurden in beiden Fürstentümern so viele politische Delikte von der Justiz als Kriminalfälle eingestuft, dass diese in der Walachei zeitweise bis zu 90 Prozent der eröffneten Verfahren ausmachten.[44]

---

41 Für einen entsprechenden Tätigkeitsbericht des Justizministeriums vgl. CD-ROM-2, Dok.-Nr. 18.6.3 (Justizverwaltung in der Walachei v. Mai 1839).

42 Vgl. CD-ROM-2, Dok.-Nr. 18.6.2 (Begründung und Gesetz für die Stärkung des Fürstendivans in der Moldau v. 29.10.1836).

43 Vgl. Filitti, Principatele (wie Fn. 3), S. 275. Vgl. auch CD-ROM-2, Dok.-Nr. 18.6.1 (Lupu Balş, Justizminister der Moldau, über Maßnahmen zur Beschleunigung der Rechtsprechung v. 23.4.1835).

44 Vgl. Iosa/Câncea/Stan, Istoria (wie Fn. 18), S. 42.

7 Militär

Die Grundlage für den Neubeginn eines rumänischen Militärwesens im 19. Jahrhundert stellte die Bestimmung des Separataktes des Friedensvertrags von Adrianopel dar, der vorsah, dass in den beiden Fürstentümern Milizen aufgestellt werden könnten.[45] Ihre Aufgaben waren auf die Aufrechterhaltung der inneren Sicherheit sowie auf den Schutz der Grenzen beschränkt, der sich allerdings nicht auf feindliche Bedrohungen, sondern auf den Handel und Quarantänemaßnahmen bezog. Unter dem Oberbefehl des Fürsten erfüllten die Befehlshaber dieser Milizen – der Große Spätar in der Walachei und der Große Hetman in der Moldova – eher Polizei- und Zollfunktionen als den Dienst einer Territorialarmee.[46] Darauf deutet auch die geringe Mannschaftsstärke von 4.656 Soldaten in der Walachei und von 1.552 Soldaten in der Moldau hin.[47]

Abb. 18.2 Die walachische Infanterie in Bukarest 1837

Während in der Walachei, insbesondere in deren westlichen Teil, auf die Vorläuferorganisation einer Freiwilligenarmee, der Panduren, aufgebaut werden konnte[48], bereitete die Rekrutenaushebung in der Moldau große Probleme. Grundsätzlich sollte es ein Freiwilligendienst von sechs Jahren sein, währenddessen die Angehörigen der Rekruten von Steuern befreit waren. Die moldauischen Bauern befürchteten aber

---

45 Vgl. CD-ROM-2, Dok.-Nr. 18.1.5 (wie Fn. 9).
46 Vgl. Negulescu/Alexianu, Regulamentele (wie Fn. 1), ROV: Art. 379-443, S. 133-144; ROM: Art. 211-278, S. 291-299.
47 Vgl. Farca, Russland (wie Fn. 11), S. 213. Zur Entwicklung der Armee im Allgemeinen vgl. Firoiu/Marcu (Ltr.), Istoria (wie Fn. 16), S. 198-209.
48 Für einen Rechenschaftsbericht der Sicherheitskräfte aus der Walachei vgl. CD-ROM-2, Dok.-Nr. 18.7.1 (Rekrutierung und Sicherheit im ländlichen Raum der Walachei v. Mai 1849).

aus den Agrarbestimmungen des Organischen Reglements große Nachteile und waren 1830 nicht bereit, sich zum Militärdienst ausheben zu lassen. Daher richteten die moldauischen und russischen Behörden 1831 ihr Augenmerk vornehmlich auf die in den Landkreisen Roman und Bacău siedelnden ungarischstämmigen und katholischen Tschangos (*Csángos*). Versuche der Zwangsrekrutierung führten dort allerdings zu einer Erhebung, an der sich zeitweise, auf dem Höhepunkt des Konflikts, 60.00 ungarische und moldauische Bauern beteiligten.[49] 1833 wurde die Zwangsrekrutierung in der Moldau schließlich offiziell eingeführt, während es in der Walachei bei der Freiwilligkeit blieb. Die Besoldung der Soldaten wurde zunächst jährlich, später zur Hälfte beim Antritt ihres Dienstes und zur Hälfte bei seiner Beendigung aus Mitteln ihres Heimatortes bestritten. Die den Bojaren vorbehaltenen höheren Ränge wurden aus Staatsmitteln besoldet.

Aufstellung und Organisierung des Heeres wurden von russischen Instrukteuren durchgeführt, sodass von der Uniform über die Befehlssprache bis hin zu der Bewaffnung alles unter russischem Vorzeichen stand. Bis 1860 benutzten die Milizen das Reglement der russischen Infanterie, das seinerseits aber stark durch die französischen Reglements von 1791 geprägt war.

8 Verfassungskultur

Die Organischen Reglements entfalteten in nur sehr geringem Ausmaß eine konsensstiftende Wirkung innerhalb der politischen Klasse und schufen ebenso wenig Identifikationsmöglichkeiten für die Bevölkerung der rumänischen Fürstentümer.[50] Zu sehr wurden sie vom Kleinadel und der Intelligenz, die sich in den 1830er- und 1840er-Jahren zunehmend öffentlich artikulierten, als Festschreibung einer Oligarchie des Hohen Adels gesehen, die zudem unter russischem Einfluss stand. Sinnbildlich für diese Einschätzung war die demonstrative Verbrennung der Organischen Reglements sowie der Rangtabelle des Adels (*arhondologia*) durch die Revolutionäre von 1848 in Bukarest.[51]

Bereits die Benennung und die Publikationsgeschichte der Organischen Reglements deuten auf ihre engen Wirkungsgrenzen im Sinne einer populären Verfassungskultur hin. Nicht nur wurde in den Paragrafen alles vermieden, was an Volkssouveränität, Demokratie und Konstitutionalismus erinnerte, auch in der Bezeichnung wurde

---

49 Vgl. Farca, Russland (wie Fn. 11), S. 217.
50 Anfangs scheint dem Friedensvertrag von Adrianopel eine größere geschichtspolitische Bedeutung zugemessen worden zu sein. Vgl. CD-ROM-2, Dok.-Nr. 18.8.1 (Denkmalsprojekt für den Friedensvertrag von Adrianopol v. 8.1.1835).
51 Vgl. Gheorghe Platon, Regulamentul Organic: Operă de progres sau instrument de opresiune socială și națională?, in: ders., De la constituirea națiunii la Marea Unire. Studii de istorie modernă, Bd. 3, Iași 2000, S. 39.

der Verfassungscharakter der Organischen Reglements explizit abgelehnt. Sie enthielten neben Paragrafen mit Verfassungscharakter vor allem eine Fülle von Detailregelungen in unterschiedlichen Bereichen staatlichen Handelns und können daher besser als staatliches Entwicklungsreglement von oben charakterisiert werden. Bezeichnend für den bewussten Verzicht auf eine Legitimation durch Repräsentation ist die Tatsache, dass die Organischen Reglements während ihrer gesamten Geltungsdauer bis 1858 in den Fürstentümern offiziell niemals vollständig gedruckt und veröffentlicht wurden, sodass sie einer breiteren Öffentlichkeit nur schwer zugänglich waren.[52]

Es war dann auch die Auseinandersetzung um den genauen Wortlaut der Organischen Reglements, die auf deren geringe Eignung als Gründungsakte einer politischen Gemeinschaft hinwies. Im Juni 1835 machten Mitglieder des walachischen Parlaments auf einen zusätzlichen Artikel des Organischen Reglements aufmerksam, der bis dahin der rumänischen Öffentlichkeit unbekannt geblieben und unter unklaren Umständen in das Dokument aufgenommen worden war. Der Artikel sah vor, dass die Parlamente keine Änderungen an den Organischen Reglements ohne die Zustimmung der Suzeränitäts- sowie der Protektionsmacht vornehmen durften, er stellte also die Souveränität der Fürstentümer unter einen gravierenden Vorbehalt. Während das moldauische Parlament dies ohne öffentlichen Protest zur Kenntnis nahm, zog sich der diesbezügliche Widerstand im walachischen Parlament bis in den Mai 1838 hin. Im Verlaufe dieser Auseinandersetzung kristallisierte sich um Ion Câmpineanu eine Gruppierung namens »Nationale Partei« (*Partida națională*) heraus, die im November 1838 schließlich einen Verfassungsentwurf vorlegte, in dem nicht nur jegliche Einschränkung der Souveränität verschwunden war, sondern auch der Begriff Verfassung im Sinne des französischen Vorbildes verwendet wurde. Solche Bestrebungen, die nicht zuletzt auf die Stärkung des Parlamentes zuungunsten des monarchischen Machtzentrums zielten, wurden von den Fürsten sowie den in politischer, sozialer und wirtschaftlicher Hinsicht konservativ gesinnten Großgrundbesitzern als ein dem »Charakter des rumänischen Volkes fremder Geist der Revolte« abgelehnt. Auch von konservativer Seite wurden die autokratischen Tendenzen des Fürstenamtes zuweilen kritisiert, diese Kritik wurde aber nicht mit dem Text der Organischen Reglements selbst begründet, sondern mündete in direkten Aufforderungen – bspw. seitens des Metropoliten und zugleich Vorsitzenden des walachischen Parlaments, Neofit – an die russische Schutzmacht, die rechtmäßige, alte Ordnung wiederherzustellen. Die Vorstellung, der Garant für die Verfassung sei eine auswärtige Macht, reflektiert die engen Grenzen einer positiven Verfassungskultur in den Fürstentümern vor 1848.

Im Bereich der Staatsinsignien sowie der Herrschaftssymbole kam es allerdings zu Maßnahmen mit Langzeitwirkung. So wurden zusammen mit den Organischen Reglements nationale Flaggen eingeführt, deren walachisches Modell zunächst tradi-

---

52 Zur Publikationsgeschichte der Organischen Reglements vgl. Farca, Russland (wie Fn. 11), S. 10 ff.

tionell blau-gelb war, aber bereits 1834 durch die horizontale Farbkombination von Blau-Gelb-Rot ersetzt wurde. Dies sind in vertikaler Anordnung bis heute die Landesfarben Rumäniens. Die blau-rote Flagge der Moldau galt bis 1859.[53]

9 Kirche

Das Verhältnis der orthodoxen Kirche zum Staat war in der ersten Hälfte des 19. Jahrhunderts in den rumänischen Fürstentümern von außen- und kirchenpolitischen Interessen sowie von kirchenrechtlichen, ökonomischen und sozialfürsorglichen Überlegungen geprägt. Mit der Niederschlagung des Aufstandes von 1821 endete nicht nur der griechisch-phanariotische Einfluss in den Fürstentümern in politischer Hinsicht, sondern es intensivierte sich auch die Zurückdrängung der neogriechischen Kultur, vornehmlich von deren kirchlichen Ausdrucksformen. Noch im selben Jahr verkündete die Hohe Pforte die Entlassung aller griechischen Geistlichen aus ihren Ämtern in den Fürstentümern. Weiterhin wurden die zum Unterhalt der Klöster der heiligen Stätten des Orients gestifteten Güter in der Moldau und Walachei, die etwa 25 Prozent des landwirtschaftlich nutzbaren Bodens ausmachten, der Landesverwaltung unterstellt. Letztere Bestimmung wurde allerdings unter russischer Ägide zunächst wieder rückgängig gemacht, da der orthodoxe, griechische Klerus ein wichtiger Bündnispartner in der Balkanpolitik Sankt Petersburgs war.[54] Bezüglich der Stellung der orthodoxen Kirche in den Fürstentümern kommt den Organischen Reglements gleichwohl die Bedeutung eines Marksteins der Säkularisierung zu.[55]

Mit der Abschaffung des Fürstlichen Divans verlor der hohe Klerus sämtliche gerichtlichen und administrativen Funktionen in weltlicher Hinsicht und behielt lediglich die eher zeremonielle Funktion des Vorsitzes der Landesversammlungen.[56] Weiterhin verfügten die Organischen Reglements, dass der Metropolit und die Bischöfe ausschließlich aus den Reihen einheimischer Geistlicher von der Landesversammlung sowie von den übrigen Bojaren des ersten Ranges gewählt werden sollten.[57] Die Wahl musste vom Fürsten sanktioniert und vom Patriarchen in Konstantinopel

---

53 Ebd., S. 405.
54 Auch der Klerus der Fürstentümer versuchte seine innenpolitische Stellung mittels Zusammenarbeit mit Russland zu stärken. Vgl. CD-ROM-2, Dok.-Nr. 18.9.1 (Geheimmemorandum Neofits, Metropolit der Walachei, an Russland v. 31.12.1840).
55 Zu den Reformen im kirchlichen Bereich vgl. Filitti, Principatele (wie Fn. 3), S. 162-167, 267-283; Farca, Russland (wie Fn. 11), S. 296-318, 437-461; Firoiu/Marcu (Ltr.), Istoria (wie Fn. 16), S. 210-220.
56 Vgl. Negulescu/Alexianu, Regulamentele (wie Fn. 1), ROV: Art. 359-363, S. 127 f.; ROM: Anecsa Litera A. Pentru aşezământul tagmei bisericeşti din toată ţara, S. 207 f.
57 Für einen Überblick zu der Gesetzgebung und Finanzierung bzgl. des Hohen Klerus der Walachei vgl. Dok.-Nr. 18.9.2 (Gesetzgebung zum Metropoliten und den Bischöfen in der Walachei v. 1847).

bestätigt werden. Selbst Priester- und Diakonenweihungen bedurften der fürstlichen Bestätigung. In der Walachei oblag es dem Minister für kirchliche Angelegenheiten (*Logofăt bisericesc*), die Eignung der Priesterkandidaten für das Amt, nämlich eine abgeschlossene geistliche Ausbildung, festzustellen.

Dem Klerus auf der mittleren und niedrigen Ebene staatlicher Tätigkeit wurden einige alte Befugnisse bestätigt, aber noch mehr neue Aufgaben zugewiesen. Er präsidierte die Wahl der Kreisdeputierten sowie die Abhaltung der Volkszählungen auf Dorf- und Kreisebene, war an der Verwaltung der Dorfkassen beteiligt, sollte karitative Institutionen einrichten und schließlich unter staatlicher Aufsicht Matrikel über Geburten, Eheschließungen und Todesfälle einrichten und führen. Insbesondere die letzte Aufgabe konnte die Kirche nur sehr ungenügend ausfüllen, da die meisten Priester zu alten Bedingungen geweiht worden waren, d. h. oft nicht lesen und schreiben konnten. So drängten die Behörden auf die Einrichtung bzw. Reorganisation geistlicher Lehranstalten, wovon in der Moldau seit 1803 eine Einrichtung in Socola existierte und in der Walachei 1836 in Bukarest, Buzău und Argeş sowie 1837 in Râmnic entsprechende Anstalten gegründet wurden. Diese sollten staatlich finanziert sein. Die materielle Lage des niederen Klerus wurde insofern verbessert, als er einerseits Steuerfreiheit genoss und andererseits ein kleines staatliches Gehalt bezog. Den größeren Teil seines Unterhaltes bestritt er gleichwohl aus den von den Bojaren gewährten landwirtschaftlichen Böden sowie aus den Gebühren der Gläubigen für kirchliche Handlungen. In der Moldau musste die Kirche pro Geistlichen einen gewissen Steuersatz abführen.

Stark umstritten und politisch brisant war der Umgang mit dem großen Vermögen der Klöster. In den Organischen Reglements wurde die Summe, die sie jährlich an den Staat entrichten mussten, auf 400.000 Lei in der Walachei und 450.000 Lei in der Moldau festgelegt. Zusätzlich verpflichteten sich die moldauischen Bistümer Huşi und Roman, jährlich 60.000 Lei für karitative Zwecke an die Staatskasse zu entrichten. Angesichts der 72 dem Erhalt der heiligen Stätten gewidmeten Klöster in den Fürstentümern, die noch in den 1850er-Jahren etwa 600 Güter mit über 60.000 bäuerlichen Familien besaßen, können die im Staatshaushalt vorgesehenen Summen als sehr gering eingeschätzt werden. Dieses Privileg stand bis 1843 unter dem Schutz eines zwischen dem Russischen und Osmanischen Reich ausgehandelten Kompromisses.

Für die v. a. in der Moldau seit den 1830er-Jahren stark zunehmende Zahl der Juden brachte der Schub an Rationalisierung und Verrechtlichung durch die Organischen Reglements eine markante Verschlechterung mit sich.[58] Ihre bisherige Binnendifferenzierung in die drei Kategorien derjenigen, die im Land geboren (*evrei pământeni*), die eingewandert waren und die unter ausländischem Konsulatsschutz

---

58 Vgl. Dietmar Müller, Staatsbürger auf Widerruf. Juden und Muslime als Alteritätspartner im rumänischen und serbischen Nationscode. Ethnonationale Staatsbürgerschaftskonzepte 1878–1941, Wiesbaden 2005, S. 30 ff.

(*sudiți*) standen, wurde nun aufgegeben. Die Juden wurden in der Moldau zunächst zu einer Nation (*nația jidovască*) homogenisiert, um dann von der christlich-rumänischen Gemeinschaft insofern differenziert zu werden, als dass sie als Fremde ohne zivile und politische Rechte galten.[59] Ob die Staatsangehörigkeit explizit auf Christen beschränkt wurde, wie dies im Organischen Reglement der Walachei der Fall war[60], oder in der Moldau implizit von demselben Vorbehalt ausgegangen wurde – in jedem Fall blieb für die Juden beider Fürstentümer die legale Einbürgerung bis 1878 versperrt.

10 Bildungswesen

Auf dem Gebiet des Bildungswesens betonten die Organischen Reglements mit besonderer Intensität seinen nationalen und einheitlichen Charakter. Diesem Anspruch standen freilich die riesigen personellen und finanziellen Probleme gegenüber, mit dem sich ein solch ehrgeiziger Neuaufbau eines staatlichen Schulwesens konfrontiert sah.[61]

Bis dahin war das Schulwesen auf wenige, meist französischsprachige Internate in den großen Städten begrenzt gewesen.[62] Die Organischen Reglements sahen nun die Gründung eines Netzes von Schulen vor, das aus je einer nach Geschlechtern getrennten Schule im Hauptort der Landkreise sowie aus je zwei Schulen in Jassy und Bukarest (je 100 Plätze für Knaben und 50 Plätze für Mädchen) bestand.[63] Auf diesen Grundschulen aufbauend sollten weitere drei fortbildende Schultypen folgen, die alle staatlich finanziert waren. Die Unterrichtssprache war das Rumänische und, angesichts des Lehrermangels, kam die Lancasterlehrmethode zur Anwendung. Von 1832 bis 1848 existierten 39 Grundschulen, während die weiterführenden Schulen erst langsam ausgebaut wurden.

Die Grenzen eines nationalen Bildungswesens offenbarten sich zunächst in der nach wie vor großen Konkurrenz der Privatlehrer und Internate, deren Schülerzahl als mindestens ebenso groß wie die der staatlichen Schüler eingeschätzt werden kann. Zudem wurde das Schulsystem aus Mangel an geschultem Personal nur teilweise von

---

59 Vgl. Negulescu/Alexianu, Regulamentele (wie Fn. 1), ROM, Art. XLIV-XLVIII, S. 266.
60 Ebd, ROV: Art. 379, S. 131.
61 Vgl. Mirela-Luminița Murgescu, Între »bunul creștin« și »bravul român«. Rolul școlii primare în construcția identității naționale românești (1831–1878), București 1999; Istoria învățământului din România, Bd. 2 (1821–1918), București 1993.
62 Auf Initiative des siebenbürgisch-rumänischen Schulmannes Gheorghe Lazăr waren einige rumänischsprachige Schulen in der Walachei bereits seit den 1810er-Jahren gegründet worden. Vgl. Dok.-Nr. 18.10.1 (Bildungsaufruf Gheorghe Lazărs v. 1818).
63 Vgl. Negulescu/Alexianu, Regulamentele (wie Fn. 1), ROV: Art. 364-370; CD-ROM-2, Dok.-Nr. 18.2.2 (ROV v. 1831), Art. LXXXV-XCI.

der orthodoxen Kirche getrennt und unter staatliche Obhut genommen. Die mit der Organisation des Schulsystems betrauten Institutionen – die *Eforia Şcolilor* in der Walachei und die *Epitropia Învăţăturilor Publice* in der Moldau – wurden nach wie vor von den Metropoliten präsidiert. Der große kirchliche Einfluss einerseits und die staatliche Unterfinanzierung des Schulsystems andererseits offenbarten sich aber insbesondere in den Dörfern. Die Organischen Reglements machten keine Aussagen zu dörflichen Schulen, sodass die staatlichen Behörden erst im Laufe der 1830er-Jahre die Dorfpriester anhielten, den Kindern das Lesen, Schreiben und die vier Grundrechenarten beizubringen. 1838 in der Walachei und 1841 in der Moldau versuchten die jeweiligen Innenministerien die Dorfpfarreien zur Anstellung jeweils eines Kantors (*cântăreţi*) zu verpflichten, der die Kinder in den Wintermonaten November bis März in den Grundfächern unterrichten sollte. Der Aufbau dieser Dorfschulen kam bis 1847 kaum voran, da die Kosten von Bauern getragen werden sollten und sowohl Bauern als auch Bojaren auf die frühe Arbeitskraft der Kinder angewiesen zu sein glaubten.[64]

Das höhere Schulwesen nahm in der Walachei seinen Anfang 1818 mit der Umgestaltung der Fürstlichen Akademie in Bukarest, wo nun Rumänisch erstmals Unterrichtssprache wurde, rumänische Geschichte und Kultur allmählich auf den Lehrplan kamen und selbst die Anfänge geodätischer Ausbildung gelegt wurden. Die jetzt *Sf. Sava* genannte Einrichtung erneuerte sich inhaltlich durch das Wirken des aus Siebenbürgen stammenden Gheorghe Lazăr sowie seines Schülers Ion Heliade Rădulescu dahingehend, dass der Lehrstoff sich zunehmend an westliche Modelle anpasste. Diese Tendenz verstärkte sich durch die Berufung mehrerer mittel- und westeuropäischer Lehrkräfte in den 1830er-Jahre. In der Moldau ist die Entwicklung des höheren Schulwesens mit der Tätigkeit des in Pisa ausgebildeten Gheorghe Asachi verbunden. Nachdem er in Jassy zunächst ein Gymnasium gegründet hatte, bewegte Asachi den moldauischen Fürsten Mihail Sturdza zur Gründung der *Academia Mihăileană* (1835). Diese bestand aus den drei Fakultäten Recht, Philosophie und Theologie sowie zwei gesonderten Lehrgängen in praktischer Geometrie und Agrarwirtschaft.[65] Hier wirkten Lehrkräfte sowohl aus der Moldau als auch aus der Walachei und Siebenbürgen, wie z. B. die Juristen Christian Flechtenmacher und Simion Bărnuţiu sowie der Wirtschaftswissenschaftler Ion Ghica. Der mit einem Zertifikat bestätigte Studienabschluss berechtigte die Absolventen zur Aufnahme in den Staatsdienst.

---

64 Für einen Rückblick auf die Entwicklung des Schulwesens, den der nachfolgend noch näher vorgestellte Gheorghe Asachi 1865 formulierte, vgl. Dok.-Nr. 18.10.2 (Die Entwicklung des öffentlichen Schulwesens in der Moldau v. Februar 1865).
65 Vgl. Gabriel Bădărău, Academia Mihăileană, (1835–1848). Menirea patriotică a unei instituţii de învăţământ, Iaşi 1987. Zum technisch-agrarischen Bildungs- und Vereinssektor siehe auch Kapitel 12, Wirtschafts- und Sozialgesetzgebung/Öffentliche Wohlfahrt.

11 Finanzen

Der Vertrag von Adrianopel (1829) sowie die Organischen Reglements (1831/32) brachten im Bereich der Finanzen eine weitgehende Rationalisierung sowohl bezüglich der Verpflichtungen gegenüber der Hohen Pforte als auch in der internen Finanzverwaltung.[66] Bis 1829 war das Finanzwesen der rumänischen Fürstentümer einerseits durch eine Vielzahl von Steuern und Abgaben charakterisiert, die andererseits zum Großteil für die Bezahlung des offiziellen Tributs an die Hohe Pforte, für protokollarische Geschenke und für den Kauf des Fürstenamtes bezahlt werden mussten. Obwohl die Zahl der Steuergattungen sowie ihr Nominalwert im 18. und zu Beginn des 19. Jahrhunderts gestiegen waren, blieb die reale Steuerlast dank der Devaluation der osmanischen Währung stabil. Die verstärkten Interventionen des Russischen Reiches in Konstantinopel zugunsten der Fürstentümer seit 1774 trugen das ihre dazu bei, dass sich die realen Zahlungen an das Osmanische Reich sogar verminderten. Die soziale Relevanz der Steuerlast wurde insgesamt indes durch die Unvorhersehbarkeit ihrer Erhebung in zeitlicher sowie quantitativer Hinsicht bestimmt. Dazu kommt die extrem ungleiche Verteilung der Last, waren die Bojaren sowie viele ihrer Hintersassen von Steuerzahlungen doch ausgenommen.[67]

Im Friedensvertrag von Adrianopel wurden die Zahlungen an das Osmanische Reich auf den jährlichen Tribut beschränkt; weitere offizielle und inoffizielle Zahlungen, insbesondere der Kauf des Fürstenamtes entfielen.[68] In der Folge reduzierten sich die Finanztransfers an die Hohe Pforte nominell wie real; sie beliefen sich für den Zeitraum 1835–1847 seitens der Walachei auf sieben bis zehn Prozent und seitens der Moldau auf sechs bis zehn Prozent ihrer Ausgaben.[69] Die Erleichterung der finanziellen Außenverpflichtungen ermöglichte nun eine Restrukturierung des Steuersystems mit dem Ziel einer Verringerung der vom Staat erhobenen Steuern. Angesichts des Kontextes, in dem der Umbau stattfand – die politische Macht und die wirtschaftliche Dominanz der Großbojaren wurde auch vom Russischen Reich nicht angetastet –, hielt sich die effektive Verringerung der Steuerlast für die Mehrheit der bäuerlichen Bevölkerung freilich in engen Grenzen. So hatten sich die Großbojaren in den Kommissionen zur Erarbeitung der Organischen Reglements erfolgreich dem Ansinnen

---

66 Für die Übergangszeit vgl. einen Finanzbericht des letzten Fürsten der Moldau vor Inkrafttreten der Organischen Reglements, Nicolae Suțu, über das Finanzjahr 1832/33: CD-ROM-2, Dok.-Nr. 18.11.1 (Jahresbericht 1832/33 Nicolae Suțus zur finanziellen Lage der Moldau v. Frühjahr 1834).
67 Der bei Weitem umfangreichste Teil beider Organischen Reglements war jeweils mit Kapitel III in je sieben Sektionen der internen Finanzverwaltung gewidmet. Vgl. CD-ROM-2, Dok.-Nr. 18.2.2 (ROV v. 1831), Art. 61-146; Dok.-Nr. 18.2.3 (ROM v. 1832) Art. 64-132.
68 Vgl. CD-ROM-2, Dok.-Nr. 15.1.3 (russ.)/18.1.4 (frz.) (Friedensvertrag von Adrianopel v. 14.9./2.9.1829).
69 Vgl. Th. C. Aslan, Finanțele României de la Regulamentele Organice până azi, 1831–1905, București 1905, S. 63-71.

der russischen Seite widersetzt, eine Bodensteuer einzuführen; statt einer Eigentumssteuer wurde also eine Kopfsteuer eingeführt.[70] Die Vielzahl und Vielgestaltigkeit der Steuern wurde durch die Organischen Reglements durch zwei direkte und einige indirekte Steuern ersetzt. Die Kopfsteuer (*capitație*) wurde gegenüber allen bäuerlichen und städtischen Familienvorständen, gegenüber in der Regel verbäuerlichten Bojaren ohne Amt (*mazili*) und gegenüber Zigeunern erhoben, während Handwerker und Händler eine Gewerbesteuer (*patenta*) zahlen mussten. Die Bojaren mit Anstellung wurden sogar von der Kopfsteuer ausgenommen, ebenso wie der Klerus, für den ein Sonderregime galt, indem der Staat das kirchliche Eigentum besteuerte.[71] Auch die indirekten Steuern wurden zahlenmäßig reduziert, wobei der nur noch an den Landesgrenzen erhobene Zoll für Ein- und Ausfuhren, insbesondere die Abgaben für den Export von Lebendvieh und Getreide, den bedeutendsten Anteil ausmachte. Die wichtigsten Posten der Staatseinnahmen des Jahres 1831 waren demnach die Kopfsteuer (41,9 Prozent in der Walachei und 55,65 Prozent in der Moldau), Einnahmen aus der Verpachtung der Salinen (31,8 Prozent resp. 12,8 Prozent), gefolgt von der Gewerbesteuer und dem Zoll.[72]

Die Organischen Reglements brachten auch wichtige Änderungen bei der Verwaltung der Staatseinnahmen mit sich. Erstmals erhielten die Landesversammlungen in Gestalt des Budgetrechts eine effektive Kontrolle über die staatlichen Einnahmen und Ausgaben.[73] Auch wurde die bis dahin gepflegte Praxis der Einheit zwischen fürstlicher Schatulle und Staatsschatz nun durch die Fixierung der fürstlichen Einnahmen in Form einer Zivilliste im allgemeinen Budget ersetzt. Zur Überwachung des ordnungsgemäßen Umgangs mit Budgetmitteln wurde in der Walachei mit der »Öffentlichen Kontrolle« (*Obștescul Control*) eine eigene Institution gegründet, die ihre Berichte zunächst dem Fürsten und dann der Landesversammlung vorlegte. In der Moldau war mit dieser Aufgabe ein Angestellter beim Innenminister betraut.[74]

In den Organischen Reglements wurde schließlich auch eine Reform des Geldwesens vorgenommen, die trotz beträchtlicher Schwierigkeiten ein wichtiger Stabilitätsfaktor für die Wirtschaft der Fürstentümer darstellte. Seit geraumer Zeit hatten weder die Walachei noch die Moldau eigene Münzen mehr emittiert, sondern ihren Geldbedarf mit fremden Währungen gedeckt.[75] Der Leu wurde lediglich als Rechnungsein-

---

70 Ebd., S. 21 f.
71 Vgl. Filitti, Principatele (wie Fn. 3), S. 141 ff.
72 Vgl. Aslan, Finanțele (wie Fn. 69), S. 30, 38.
73 Vgl. den Finanzbericht des moldauischen Parlaments aus dem Jahr 1835, der eine Petition (*anafora*) zur Übernahme von Staatsbediensteten aus dem Budget der Dörfer in das allgemeine Landesbudget enthält: CD-ROM-2, Dok.-Nr. 18.11.2 (Finanzbericht des moldauischen Parlaments v. 23.1.1835); siehe auch die Befürwortung dieser Petition seitens des Fürsten Michail Sturdza: Dok.-Nr. 18.11.3 (Bericht Mihail Sturdzas v. 27.1.1835).
74 Vgl. B. Murgescu (Ltr.), History of the Romanian Court of Accounts (1864–2004), Bucharest 2005, S. 19 ff. (Kapitel von Mirela-Luminița Murgescu).
75 Vgl. Gheorghe Zane, Economia de schimb în Principatele Române, București 1930, S. 106 ff.

heit genutzt und er war nach folgender Formel an die osmanische Währung gebunden: Ein Leu = ein osmanischer Piaster (*Kuruş*) = 40 Para = 120 Aspren. Aufgrund der erwähnten Inflation der osmanischen Währung waren auch die Fürstentümer von dem damit einhergehenden Wertverlust der Steuereinnahmen sowie der abnehmenden finanziellen Planungssicherheit betroffen. Daher entschieden die rumänischen und russischen Politiker die Entkopplung der Währung der Fürstentümer vom osmanischen Piaster und ihre Bindung an festere Währungen. Man wählte eine doppelte Bindung zum einen an den holländischen Golddukaten (ein Dukaten = 31,5 Lei) und zum anderen an den österreichischen Silberkreuzer (ein Zwanziger = 2,25 Lei). Das Finanzministerium legte danach für die Vielzahl der realen kursierenden Währungen einen offiziellen Umtauschkurs fest.[76] Da aber die Relation zwischen Gold und Silber sowie zwischen den anderen zirkulierenden Währungen auf dem Markt erheblichen Schwankungen unterlag, war dieses relativ rigide System anfällig für Spekulationen. Auch die Versuche, schwache Währungen vom Markt zu drängen, zeitigten geringen Erfolg.

Infolge der genannten fiskalischen und monetären Reformen konnten die meisten Jahre des Untersuchungszeitraumes mit einem positiven Budget abgeschlossen werden, sodass nur in geringem Ausmaß Kredite aufgenommen werden mussten. In diesen Fällen konnte auf die Ressourcen von Händlern, Geldverleihern, Bojaren sowie auf die Zentralkasse der Klöster (*Casa Centrală a Mănăstirilor*) zurückgegriffen werden.[77]

12 Wirtschafts- und Sozialgesetzgebung/Öffentliche Wohlfahrt

Die Wirtschaft der Fürstentümer blieb auch in der ersten Hälfte des 19. Jahrhunderts überwiegend von der Landwirtschaft geprägt.[78] Damit einher gingen eine geringe Bevölkerungsdichte und unklare Eigentumsverhältnisse hinsichtlich Grund und Bodens, wobei die sich überlappenden Eigentumsansprüche der Bojaren und der Bauern sowie die Konkurrenz zwischen Bojaren und Zentralregierung um den Zugriff auf das bäuerliche Surplus von großer Bedeutung waren. Das seit etwa den 1770er-Jahren verstärkt eingesetzte Bevölkerungswachstum begann nun dieses ohnehin prekäre Gleichgewicht zu bedrohen.

---

76 Vgl. Costin C. Kirițescu, Sistemul bănesc al leului şi precursorii lui, Bd. 1, Bucureşti 2. Aufl. 1997, S. 116-119.
77 Vgl. Gheorghe Dobrovici, Istoricul desvoltării economice şi financiare a României şi împrumuturile contractate 1823–1933, Bucureşti 1934, S. 32-35.
78 Für die Etablierung (proto-)industrieller Einrichtungen musste z. B. durch den walachischen Bojaren Dinicu Golescu in den 1820er-Jahren noch ausdrücklich geworben werden. Vgl. Dok.-Nr. 18.12.1 (Reiseaufzeichnungen Dinicu Golescus v. 1824–1826).

In den Organischen Reglements finden sich Bestimmungen, die diesen konkurrierenden Interessen gerecht zu werden versuchten.[79] Dort wurde festgelegt, dass die Güter Eigentum der Bojaren waren, gleichzeitig aber auch ihre Verpflichtung zum Ausdruck gebracht, zwei Drittel ihres Bodens den Bauern zur Bewirtschaftung zu überlassen. Das restliche Drittel des Landes ging in das Volleigentum der Bojaren über. Die Größe des bäuerlichen Landstücks war abhängig von der wirtschaftlichen Kapazität der Bauern, die wiederum anhand der Zahl ihres Viehs bemessen wurde. Das neue Agrarregime hielt am Prinzip der Fron fest, ja es hatte sogar eine effektive Steigerung der von den Bauern zu erbringenden Arbeitsleistungen zur Folge. Denn nominell wurde an den zwölf Tagen Fron festgehalten, so wie es im 18. Jahrhundert üblich war, aber die an einem Tag zu erbringende Arbeit wurde mit einer Norm (*nart*) versehen, die so hoch war, dass in der Walachei dafür bis zu 56 und in der Moldau bis zu 84 Tage gearbeitet werden musste.[80] Diese Regelung zeugte von der politischen Dominanz der Bojaren, die ihnen die Durchsetzung ihrer wirtschaftlichen Interessen gegen die der Bauern und des Staates ermöglichte. Und dies in Zeiten mit durchaus unterschiedlichen Tendenzen, denn während sich zwar das Verhältnis zwischen verfügbarem Land und Bevölkerung hin zu einer größeren Bevölkerungsdichte zu entwickeln begann, verminderte sich aber gleichzeitig der demografische Druck etwas durch die Kolonisierung der Ebenen im Donauvorland.

Vor dem Hintergrund der Notwendigkeit, die russischen Besatzungstruppen mit Lebensmitteln zu versorgen, v. a. aber aufgrund steigender Exportmöglichkeiten von Getreide, waren sowohl die russischen Autoritäten als auch die Fürsten an einer Steigerung der Agrarproduktion interessiert. Zur Verbreitung agronomischer Kenntnisse wurden daher in der Walachei eine Landwirtschaftsgesellschaft (*Societate de Agricultură*) und eine Landwirtschaftsschule in Pantelimon gegründet. Auch in das Curriculum der Hochschulen von Sf. Sava und der Academia Mihăileană wurden agronomische Inhalte aufgenommen. In der Moldau wurden eine Zentrale Kommission für Agronomie und ländliche Ökonomie (*Comisie Centrală de Agronomie și Economie Rurală*) sowie drei Manufakturen für landwirtschaftliches Gerät gegründet. Die großen Grundbesitzer begannen nun Landvermesser, Agronomen und Veterinäre zu beschäftigen. Erfolge zeitigten diese Maßnahmen insbesondere bei der Verbreitung

---

79 Das für die Gesamtwirtschaft der Fürstentümer entscheidende Agrarregime wurde in beiden Organischen Reglements in Sektion VII des Finanzkapitels geregelt. Vgl. CD-ROM-2, Dok.-Nr. 18.2.2 (ROV v. 1831), Art. 138-146; Dok.-Nr. 18.2.3 (ROM v. 1832) Art. 118-132. Siehe auch Ilie Corfus, Agricultura Țării Românești în prima jumătate a secolului al XIX-lea, București 1969, S. 77-83.
80 Zeitgenössische Schätzungen gehen für die Moldau sogar von bis zu 120 Frontagen aus. Vgl. Nicolae Bălcescu, Opere, Bd. 2: Scrieri istorice, politice și economice 1848–1852, București 1982, S. 61 f. Siehe auch die Beschreibung der Beziehungen der Bojaren zu den Bauern, die der Wirtschaftsexperte Ion Ghica für die Situation um 1848 bietet: CD-ROM-2, Dok.-Nr. 18.12.3 (Ion Ghicas Bilanz über die russische Besetzung der Rumänischen Fürstentümer v. 1853).

des Wintergetreides in den Gebieten der Donauebenen. Obwohl die Produktion in beiden Fürstentümern stieg, blieb sie doch weit hinter den Bedürfnissen des Binnen- und Außenmarktes zurück.[81]

Einer der wichtigsten Anreize, die Getreideproduktion zu steigern, war die Außennachfrage, die in der Historiografie traditionell mit dem Friedensvertrag von Adrianopel (1829) in Verbindung gebracht wird, dessen Art. 5 die Freiheit des Außenhandels stipulierte.[82] Doch in den ersten Jahren nach dem Vertrag stieg der Getreideexport nur langsam an, wobei Konstantinopel der wichtigste Zielort blieb, während Westeuropa bis 1847 einen bescheidenen Platz einnahm. Erst die Öffnung auch des osmanischen Marktes durch den osmanisch-britischen Handelsvertrag von 1838, die Liberalisierung von Getreideimporten in Großbritannien 1846, aber insbesondere die Steigerung der Getreideproduktion in den Fürstentümern sollten in der zweiten Hälfte des 19. Jahrhunderts zu einer markanten Zunahme des Getreideexportes führen.[83]

Auch wenn Adrianopel die Fürstentümer also nicht sofort in Getreideexportwirtschaften verwandelte, unternahmen die russische Verwaltung und die rumänischen Fürsten Anstrengungen zur Förderung des Exportes. So wurden die Donauhäfen instand gesetzt und erweitert und die Häfen von Galați und Brăila 1837 zu Freihandelshäfen erklärt. Das steigende Handelsaufkommen ist belegt durch die Ernennung von britischen Vizekonsuln in Galați (1836) und Brăila (1837)[84] sowie durch die Ansiedlung zahlreicher süd- wie westeuropäischer Händler an der Donau. Obwohl die Händler in der Hauptsache mit dem Vertrieb von Importwaren in den Fürstentümern beschäftigt waren, trugen sie auch zur Entwicklung einer kommerziellen und urbanen Struktur in den Donauhäfen bei und somit zum Anschluss der Fürstentümer an den Weltmarkt. Dies schlug sich 1839 in der Publikation des »Mercur journal comerțial al portului Brăilei« nieder, einer auf die Verbreitung vom Handelsnachrichten spezialisierten Zeitung.[85] Zur Regelung der Tätigkeiten der ausländischen und zahlreicher inländischer Händler, die sich der Schutzuntertänigkeit europäischer Großmächte

---

81 Vgl. Corfus, Agricultura (wie Fn. 79), S. 193-254. Einer Analyse des ehemaligen Fürsten der Moldau und Wirtschaftsexperten Nicolae Suțu aus dem Jahr 1849 zufolge war das Wachstum der agrarischen Produktion in den vorangegangenen Jahrzehnten lediglich der Ausweitung der Anbauflächen zu verdanken; vgl. CD-ROM-2, Dok.-Nr. 18.12.2 (Nicolae Suțus Notizen über die Wirtschaft der Moldau v. 1849).

82 Vgl. CD-ROM-2, Dok.-Nr. 15.1.3 (russ.)/18.1.4 (frz.) (Friedensvertrag von Adrianopel v. 14.9./2.9.1829); Ion Ionașcu/Petre Bărbulescu/Gheorghe Gheorghe, Tratatele internaționale ale României 1354–1920, București 1975, S. 146 f.

83 Vgl. Bogdan Murgescu, Romanian Grain Exports and the Treaty of Adrianople (1829), in: U. Brunnbauer u. a. (Hg.), Schnittstellen. Gesellschaft, Nation, Konflikt und Erinnerung in Südosteuropa. Festschrift für Holm Sundhaussen zum 65. Geburtstag, München 2007, S. 57-64.

84 Vgl. Paul Cernovodeanu, Relațiile comerciale româno-engleze în contextul politicii orientale a Marii Britanii (1803–1878), Cluj/Napoca 1986, S. 82-88.

85 Vgl. Constantin C. Giurescu, Istoricul orașului Brăila din cele mai vechi timpuri pînă astăzi, București 1968, S. 179 f.

erfreuten, wurde die Adaption der Handelsgesetzgebung nötig. In der Moldau wurde der erste 1819 in Kraft gesetzte *Codul Callimach* zwar beibehalten, aber 1836 willigte das Justizministerium ein, bei Bedarf auf die Bestimmungen des französischen Handelsgesetzbuchs zurückzugreifen. In der Walachei trat 1840 das rumänische Handelsgesetzbuch (*Codul comercial român*) in Kraft, das in weiten Teilen auf das französische rekurrierte.[86] Die russische Verwaltung versuchte auch eine Vereinheitlichung der in den Fürstentümern verwendeten Maßeinheiten. Diese konnten sich insbesondere auf dem flachen Land nur schwer behaupten, was daran deutlich wird, dass aus den Hauptstädten Bukarest und Jassy bis in die 1850er-Jahre hinein immer wieder offizielle Eichmaße geschickt werden mussten.[87] Die Vielfalt der verwendeten Maßeinheiten blieb bis zur offiziellen Einführung des metrischen Maßes 1864 erhalten.

Bis in die 1840er-Jahre des 19. Jahrhunderts konnten die Fürstentümer nur in geringem Maße eine autonome Zollpolitik etablieren.[88] Der britisch-osmanische Handelsvertrag von 1838 hatte die Steigerung des Importzollsatzes von bisher drei Prozent auf fünf Prozent ebenso wie den Wegfall von Binnenzöllen im Osmanischen Reich vorgesehen. Diese Verordnungen bezogen sich auch auf die Moldau und die Walachei und sollten auch für andere als Importeure auftretende Länder gelten. Österreich aber war mit der Zollerhöhung nicht einverstanden und konnte durchsetzen, dass für seine Güter – auf Kosten sinkender Einnahmen der Fürstentümer – der Zolltarif von drei Prozent weiter galt. Die Binnenzölle innerhalb der Fürstentümer waren bereits durch die Organischen Reglements abgeschafft worden. Ein weiterer Schritt zur Errichtung eines gemeinsamen rumänischen Wirtschaftsraumes war die 1846 beschlossene und zum 1. Januar 1848 in Kraft tretende Abschaffung der Zölle zwischen der Walachei und der Moldau. Nach diesem Abkommen wurden die verbliebenen Zolleinnahmen beider Fürstentümer sogar gemeinsam verpachtet.[89]

Obwohl eine spezifische Sozialgesetzgebung in den rumänischen Fürstentümern erst im letzten Drittel des 19. Jahrhunderts einsetzte, kann die Zeit von 1815 bis 1847 als Beginn einer staatlichen Sozialfürsorge gedeutet werden.[90] Wichtige Impulse, die Gesundheits- und Sozialfürsorge als notwendigen Bereich staatlichen Handelns zu erkennen, resultierten aus der Bekämpfung von Seuchen, insbesondere der Cholera, durch die russische Militäradministration. Während die maßgeblich von Kiselev vorangetriebene Errichtung von Quarantänen an den jeweiligen Landesgrenzen Erfolge

---

86 Vgl. Firoiu/Marcu (Ltr.), Istoria (wie Fn. 16), S. 301 f. (Kapitel von Ovid Sachelarie).
87 Vgl. Nicolae Stoicescu, Cum măsurau strămoșii. Metrologia medievală pe teritoriul României, București 1971, S. 27-34.
88 Vgl. Anastasie Iordache/Apostol Stan, Apărarea autonomiei Principatelor Române 1821–1859, București 1987, S. 82-85.
89 Vgl. Adrian Macovei, Moldova și Țara Românească de la unificarea economică la unirea politică din 1859, Iași 1989, S. 37-59, 115-119.
90 Vgl. Ligia Livadă-Cadeschi, De la milă la filantropie. Instituții de asistare a săracilor din Țara Românească și Moldova în secolul al XVIII-lea, București 2001, S. 236 ff.

zeitigte, konnte das Gesundheitswesen wiederum nur in den Städten und in Teilen des flachen Landes ausgebaut werden.[91] Die oft aus geistlichen Stiftungen entstandenen Einrichtungen, wie die Armen-, Witwen- und Waisenfürsorge, die Krankenhäuser und Obdachlosenasyle sowie die öffentlichen Schulen, wurden in der Moldau einem zentralen Gremium unterstellt.[92] Die Budgets der einzelnen Einrichtungen wurden geprüft und mussten von der Landesversammlung gebilligt werden, setzten sich dafür aber zum Teil aus staatlichen und im Landeshaushalt verankerten Zuschüssen sowie aus dem Stiftungskapital zusammen. In der Walachei wurden diese Einrichtungen durch die Organischen Reglements im Innenministerium ressortiert, aber bereits 1832 formal einer neu gegründeten Institution (*Eforia Spitalelor*) unterstellt, die dem Ministerium für kirchliche Angelegenheiten untergeordnet war. Noch bis 1847 konnten sich die drei Bukarester Krankenhäuser selbst verwalten, bevor sie mit allen anderen Krankenhäusern der Walachei der Zentralverwaltung der *Ephorie* unterstellt wurden.

---

91 Vgl. Farca, Russland (wie Fn. 11), S. 324 ff.
92 Vgl. CD-ROM-2, Dok.-Nr. 18.2.3 (ROM): Anecsa Litera D. Despre casele obștești.

Serbien 19

Von Holm Sundhaussen (Berlin) und Nenad Stefanov (Berlin)

0 Einführung

Mit den beiden serbischen Aufständen gegen die osmanische Herrschaft 1804–1813 und 1815 beginnt die serbische Staatsbildung. 1815 wird der Führer des zweiten Aufstands, Miloš Obrenović, inoffiziell als »oberster Fürst« der Serben anerkannt. Die serbische Bevölkerung in den Grenzen des Pašaluks Belgrad erhält weitreichende Autonomie unter osmanischer Oberhoheit und 1838 eine eigene (»türkische«) Verfassung. Dem autokratischen Regime des Fürsten Miloš folgte nach einer Übergangszeit die oligarchische Herrschaft der »Verfassungsverteidiger« (1842–1858). Da die wichtigsten Neuerungen der »Verfassungsverteidiger« in den ersten Jahren ihres Regimes durchgesetzt wurden, konzentriert sich die folgende Darstellung auf die Zeit bis zur Jahrhundertmitte (mit gelegentlichen Ausblicken auf die weitere Entwicklung). Die 1848er Revolution spielte in Serbien keine Rolle.

Die Rechts- und Verfassungsgeschichte Serbiens seit den Aufständen von 1804 und 1815 ist gut dokumentiert und von der einheimischen Forschung umfassend aufgearbeitet worden. In den Darstellungen, die während der sozialistischen Periode (1945–1990/91) erschienen sind, nimmt die Kritik an der Verfassungswirklichkeit (aus marxistischer Sicht) relativ breiten Raum ein, während in der Zeit davor und danach der Rechtspositivismus dominiert.

1 Serbien 1815–1847

Das Fürstentum Serbien (*Knjažestvo S[e]rbija*) im einst dicht bewaldeten Bergland südlich von Belgrad entstand als Ergebnis zweier serbischer Aufstände gegen die osmanische Herrschaft (1804–13 und 1815) sowie dank diplomatischer Unterstützung durch Russland.[1] Im russisch-osmanischen Friedensvertrag von Bukarest vom 16./28. Mai 1812 wurde eine begrenzte Autonomie für Serbien unter osmanischer Oberhoheit, die Wiederherstellung der osmanischen Garnisonen in den Städ-

---

1 Hierzu und zum Folgenden vgl. u. a. Holm Sundhaussen, Geschichte Serbiens. 19.–21. Jahrhundert, Wien u. a. 2007, S. 65 ff.; Stevan K. Pavlowitch, Serbia. The History behind the Name, London 2002, S. 26 ff.

ten Serbiens und eine Amnestie für die Aufständischen vereinbart (Art. VIII).[2] Dem Führer des Aufstands, Djordje Petrović, genannt »Karadjordje« (Schwarzer Georg), gingen die Zugeständnisse der Hohen Pforte allerdings nicht weit genug, sodass er den Kampf fortsetzte, ohne sich jedoch gegen die an der äußeren Front entlasteten Osmanen auf Dauer durchsetzen zu können. Im Sommer 1813 besetzten osmanische Truppen die befreiten Gebiete und restituierten die osmanische Herrschaft, ohne die Verpflichtungen aus dem Bukarester Friedensvertrag einzulösen. Daraufhin brach im April 1815 der zweite serbische Aufstand unter Führung von Miloš Obrenović aus. Abermals gelang es den Aufständischen, große Teile des osmanischen Verwaltungsdistrikts (*Pašaluk*) Belgrad zu erobern (ohne die Städte). Da sowohl Miloš Obrenović wie Sultan Mahmut II. mit Rücksicht auf die internationale Lage (Ende der napoleonischen Kriege) und Russlands Drängen auf Einlösung der Bukarester Vereinbarungen an einem Kompromiss interessiert waren, kam es im November 1815 zu einer mündlichen Vereinbarung zwischen dem Wesir (Gouverneur) des Pašaluks, Marašli Ali Paša, und Miloš, in der Letzterer als »oberster knez« (*vrhovni knez*) der Serben auf dem Territorium des Pašaluks inoffiziell anerkannt wurde und das Land weitgehende Autonomierechte (bei der Steuereintreibung, der Gerichtsbarkeit und der Einrichtung einer »Volkskanzlei«) erhielt. Die Vereinbarungen bezogen sich auf ein Gebiet von knapp 24.000 Quadratkilometern. Ausgeklammert blieben sechs Distrikte (*nahije*) außerhalb des Pašaluks, die während des ersten serbischen Aufstands bereits einmal befreit worden waren.

In der russisch-osmanischen Konvention von Akkerman vom 7. Oktober/25. September 1826 (Art. V und »Separatakte betreffend Serbien«) sowie im Friedensvertrag beider Mächte von Adrianopel (türk.: *Edirne*) vom 14. September/2. September 1829 (Art. VI) drängte das Zarenreich auf die formale Einlösung des Artikels VIII von 1812.[3] In einer Urkunde (*Hatišerif*) vom September 1829 versprach der Sultan, die gegenüber Russland eingegangenen Verpflichtungen betreffend Serbien umzusetzen.[4] Dies geschah in Form eines neuen Hatišerifs vom 3. August 1830.[5] Damit wurde Serbien offiziell ein autonomes Fürstentum unter der Oberhoheit des Sultans (und mit Russland als Garantiemacht). Im Austausch gegen die Autonomierechte verpflichtete sich Serbien zur Zahlung eines feststehenden jährlichen Tributs an die Hohe Pforte, mit dem alle bisherigen Zahlungen an den osmanischen Staat und dessen Vertreter in Serbien abgeglichen wurden. Außerdem behielt sich die Hohe Pforte

---

2 Die für die Entstehung des Fürstentums Serbien relevanten Vertragstexte sind abgedruckt bei Grgur Jakšić, Evropa i vaskrs Srbije (1804–1834), Beograd 4. Aufl. 1933.
3 CD-ROM-2, Dok.-Nr. 18.1.3 (Konvention von Akkerman v. 7.10./25.9.1826); Dok.-Nr. 18.1.4 (frz.)/15.1.3 (russ.) (Friedensvertrag von Adrianopel v. 14.9./2.9.1829).
4 CD-ROM-2, Dok.-Nr. 19.2.1 (Hatischerif mit Autonomieversprechen aus der ersten Hälfte des Monats Rebiul-Achir 1245 [18./30.9.1829]).
5 CD-ROM-2, Dok.-Nr. 19.2.2 (Hatischerif über Autonomiegewährung v. 7. Rebiul-Ewwel 1246 [3.8.1830]).

das Recht auf Stationierung osmanischer Truppen in den Garnisonsstädten Serbiens vor, während alle übrigen »Türken« (Muslime) das Land in einer vorgegebenen Frist verlassen mussten. Ein Hatišerif vom 26. Oktober/7. November 1833 bestätigte und präzisierte die Bestimmungen von 1830 und verfügte den von serbischer und russischer Seite immer wieder geforderten Anschluss der sechs Distrikte außerhalb des Pašaluks Belgrad an das Fürstentum.[6] Dadurch vergrößerte sich dessen Territorium auf annähernd 38.000 Quadratkilometer (bis 1878). Es reichte von der Drina im Westen bis zum Timok im Osten, von Belgrad im Norden bis zu den Gebirgszügen »Stari Vlah« und »Jastrebac« im Süden. Nach den Angaben der ersten Volkszählung von 1834 zählte das vergleichsweise dünn besiedelte Fürstentum 678.000 Einwohner (mit durchschnittlich 17,9 Personen pro Quadratkilometer), die zu fast 94 Prozent auf dem Lande lebten (in zumeist weiträumigen Streusiedlungen).[7]

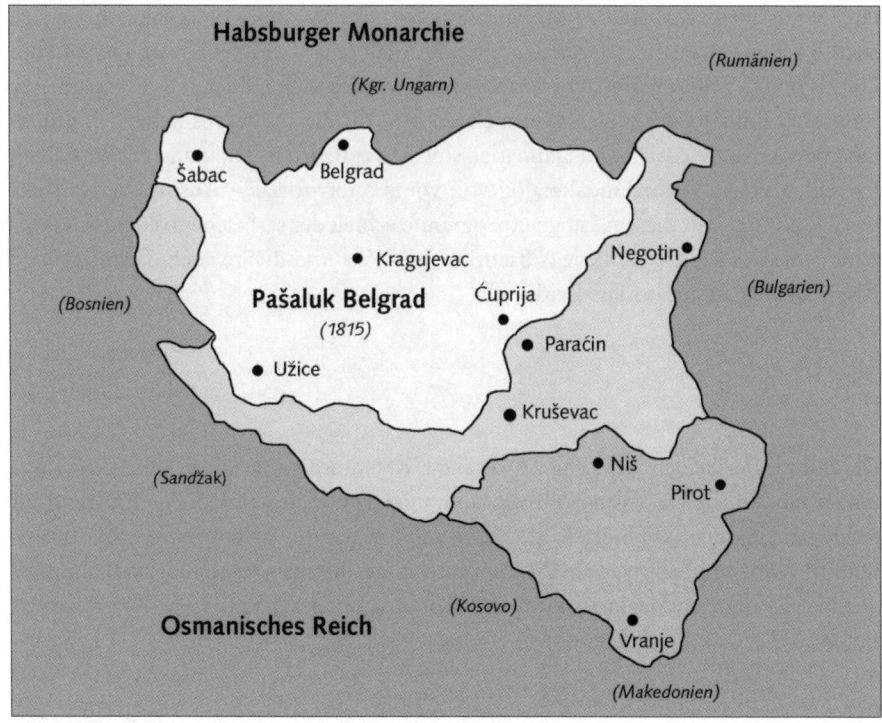

Abb. 19.1 Die territoriale Entwicklung Serbiens 1815–1878
▨ 1833 angeschlossene Distrikte ▪ 1878 an Serbien

---

6 Vgl. CD-ROM-2, Dok.-Nr. 19.1.1 (Hatischerif über territoriale Erweiterung v. Anfange des Monats Redschep 1249 [Nov. 1833]).
7 Einzelheiten bei Holm Sundhaussen, Historische Statistik Serbiens 1834–1914. Mit europäischen Vergleichsdaten, München 1989, S. 53 ff.

Das souveräne Königreich Griechenland und das autonome Fürstentum Serbien waren die beiden ersten postosmanischen Staaten im Balkanraum. Völkerrechtlich stand Serbien aber noch bis zum Berliner Kongress 1878 unter osmanischer Oberhoheit. Im Pariser Frieden zum Abschluss des Krimkrieges vom 18./30. März 1856 übernahmen die Signatarmächte die Garantie des autonomen Fürstentums Serbien (Art. XXVIII) und bestimmten in Art. XXIX, dass in Serbien keine bewaffnete Intervention ohne vorausgegangene Verständigung der paktierenden Mächte erfolgen dürfe.[8]

Das serbische Fürstentum in den Grenzen von 1833 umfasste allerdings nur einen Teil des serbischen Siedlungsgebietes bzw. der von serbischen Politikern (unter Rekurs auf die jeweilige Bevölkerungsmehrheit oder auf »historische Rechte«) geforderten »nationalen« Territorien. 1844 skizzierte Innenminister Ilija Garašanin in einem geheimen Memorandum für Fürst Alexander Karadjordjević die Umrisse eines künftigen serbischen Staates, mit dem das mittelalterliche Kaiserreich des Zaren Stefan Dušan aus der Mitte des 14. Jahrhunderts, zu dem außer dem engeren Serbien auch Kosovo, Montenegro, Makedonien, Nordalbanien und Teile Bosniens und der Herzegowina gehört hatten, wiederhergestellt werden sollte. Zu den Einflussgebieten serbischer Politik zählte Garašanin auch Gebiete, die nie zu Dušans Reich gehört hatten (Slawonien, Kroatien und Dalmatien sowie Syrmien, das Banat und die Batschka). Er schlug einen Maßnahmenkatalog vor, wie die territorialen Ansprüche realisiert werden sollten. Mit diesem Langzeitprogramm erhielt der serbische Irredentismus bis zum Ende des Ersten Weltkriegs Richtung und Ziel und diente auch nachfolgenden Nationalisten als territoriale Leitidee.[9]

2   Verfassungsstruktur der zentralen staatlichen Ebene

Die Führer der beiden serbischen Aufstände, Karadjordje und Miloš Obrenović, waren jeweils auf traditionellen Volksversammlungen gewählt worden. Die Einigung auf einen gemeinsamen »Führer« (*vožd*) im Kampf gegen die Willkürherrschaft osmanischer Provinznotabeln war ein Novum und stand in einem Spannungsverhältnis zu den überkommenen Machtstrukturen, in denen es keinen Platz für eine Zentralgewalt

---

8   Serbische Übersetzung in: Zbornik zakona i uredaba u Knjažestvu (Kraljevini) Srbiji (künftig zit. als: Zbornik zakona), Bd. 10, Beograd 1857, S. 94-96.
9   CD-ROM-2, Dok.-Nr. 19.1.2 (serb.)/19.1.3 (dt.) (Memorandum Garašanins/Garašaninovo Načertanije v. 1844). Zu den Kontroversen über das Načertanije vgl. u. a. Radoš Ljušić, Knjiga o Nacertaniju, Beograd 1993, S. 18 ff.; Wolf D. Behschnitt, Nationalismus bei Serben und Kroaten 1830–1914. Analyse und Typologie der nationalen Ideologie, München 1980, S. 54 ff.; Charles Jelavich, Garašanins Načertanije und das großserbische Programm, in: Südost-Forschungen 27 (1968), S. 131-147.

gab. Auf den unteren Ebenen des osmanischen Überschichtungsstaats[10] hatte sich die akephale serbische Bevölkerung über Jahrhunderte hinweg nach den Grundsätzen des Gewohnheitsrechts organisiert. Das »Dorf« (*selo*)[11] mit seiner Selbstverwaltung galt als »heilige« Institution (wie andernorts – etwa in Montenegro, in der östlichen Herzegowina und Nordalbanien – der Stamm). Hauptgegner war der Staat, sobald er sich in die Angelegenheiten des »Dorfes« einmischte, wobei es ziemlich belanglos war, ob es sich um einen »National«- oder einen »fremden« Staat handelte. Als wichtigstes Organ der Kleingruppe fungierte die Dorfversammlung (*seoski zbor*), das Beratungs- und Beschlussgremium aller erwachsenen Männer. Diese wählten aus ihrer Mitte einen Dorfvorsteher (*seoski kmet* oder *seoski knez*), der als »primus inter pares« an die Beschlüsse des »Dorfes« gebunden war und es nach außen, gegenüber anderen Dorfgemeinschaften und gegenüber den Repräsentanten der osmanischen Macht, vertrat. Das »Dorf« war sowohl Verwaltungs- und Gerichtseinheit wie Solidar- und Verteidigungsgemeinschaft. Es entschied nach Herkommen und Brauch und besaß weitreichende jurisdiktionelle und polizeiliche Funktionen. Die Abgaben an den osmanischen Staat und seine Repräsentanten vor Ort (in der nächstgelegenen Stadt) wurden gemeinschaftlich entrichtet. Für Straftaten, die auf dem Territorium des Dorfes begangen wurden, haftete die Dorfgemeinschaft insgesamt. Zwischen den Dörfern bestanden auf regionaler Ebene (in den osmanischen Verwaltungsbezirken: *nahije*) mehr oder minder lockere Verbindungen, die vornehmlich in Zeiten gemeinsamer Bedrohung festere, zumeist aber nur vorübergehende Gestalt annahmen. Auch diese Distriktgemeinschaften (*knežine*) basierten auf dem Prinzip von Egalität und Wahl. An ihrer Spitze stand der »nahijski knez«. Einen serbischen Adel gab es unter osmanischer Herrschaft nicht. Aber die »Knezen« und »Ältesten« mit ihren »Familien« bildeten eine inoffizielle Honoratiorenschicht, eine Art Adelssubstitut in einer ansonsten weitgehend egalitären (akephalen) und segmentären Gesellschaft.[12] Der Einfluss der Honoratioren-»Familien« bemaß sich weniger an ihrem Besitz als am patriarchalen Wertesystem: an Autorität, Klugheit, Beredsamkeit des Haushaltsvorstands sowie an Tapferkeit, Ehrenhaftigkeit und Sittenstrenge der »Fa-

---

10 Das Herrschaftskonzept des Osmanischen Reiches zielte bis ins 19. Jahrhundert hinein nicht auf die Integration der verschiedenen Bevölkerungsgruppen und die Durchsetzung staatlicher Macht bis zur untersten Ebene ab, sondern ließ vorgefundene lokale und regionale Ordnungen bestehen, sofern sich die Bevölkerung loyal verhielt und die geforderten Abgaben leistete.

11 Zum »Dorf« als gesellschaftlich-politische Institution vgl. Stojan Novaković, Selo, Beograd 2. Aufl. 1943; Tihomir Djordjević, Selo kao društvena zajednica za vreme prve vlade kneza Miloša, in: Prilozi za književnost, jezik, istoriju i folklor 2 (1922), S. 129-138; ders., Selo kao sud u našem narodnom običajnom pravu, in: Zbornik Filozofskog fakulteta 1 (1948), S. 267-287.

12 »Akephal« bezieht sich hier auf die inneren Machtverhältnisse in den serbischen Gesellschaftssegmenten, in denen es zwar Unterschiede hinsichtlich des »Ansehens« der Mitglieder, aber keine fest gefügte Führerschaft oder sozioökonomische Schichtung gab. Der Begriff »segmentäre Gesellschaft« stammt von Émile Durkheim, De la division du travail socia, Paris 1893. Vgl. dazu Christian Sigrist, Regulierte Anarchie. Untersuchungen zum Fehlen und Entstehen politischer Herrschaft in segmentären Gesellschaften, Olten/Freiburg 1967.

milien«- bzw. Haushaltsmitglieder. Der osmanische Verwaltungs- und Militärapparat hatte sich lange Zeit aus den inneren Angelegenheiten des »Dorfes« herausgehalten. Erst in der Verfallszeit des Reiches kam es zu dramatischen Veränderungen, die die serbischen Aufstände von 1804 und 1815 auslösten.

Dass der Kampf gegen die osmanische Herrschaft eines gemeinsamen Führers bedurfte, war im Prinzip unstrittig. Doch wie weit die Kompetenzen des Führers über den militärischen Bereich hinaus gehen und wie sich das Kräfteverhältnis zwischen ihm und den traditionellen Honoratioren sowie besonders verdienten Freiheitskämpfern gestalten sollte, war von Anfang an Gegenstand heftigster Kontroversen. Sie bilden den Ausgangspunkt der Verfassungskämpfe in Serbien, die in unterschiedlicher Intensität bis 1903 anhalten sollten.[13] Der autokratische Führungsstil Karadjordjes und Miloš Obrenovićs stieß auf die nachhaltige Opposition der Honoratioren, sofern es den Führern nicht gelang, diese für ihren persönlichen Stab zu kooptieren. Schon Karadjordje hatte sich auch als Gesetzgeber verstanden. 1807 (oder 1810; das Jahr ist bis heute umstritten) stellte er ein eigenes Gesetzbuch (*Karadjordjev zakon*) zusammen, das mit seinen 38 Artikeln eine Mischung aus staatsrechtlichen, zivilrechtlichen und strafrechtlichen Bestimmungen enthielt. Bis heute ist unklar, ob es je in Kraft getreten ist.[14] Erst nach Erlangung der Autonomie konnte Karadjordjes Nachfolger Miloš die serbische Gesetzgebung wieder aufnehmen, wobei er immer wieder in Konflikt mit den traditionellen Honoratioren geriet.[15] Die 1815 auf Druck »angesehener« Serben in Übereinstimmung mit dem Belgrader Wesir eingerichtete Volkskanzlei (*narodna kancelarija*) musste schon bald dem dominierenden Einfluss des Fürsten und seiner persönlichen Kanzlei, in der die gesamte Staatsverwaltung konzentriert wurde, weichen. Zwar wurde Miloš auf einer Volksversammlung (*skupština*) im November 1817 (nach Ermordung Karadjordjes) zum erblichen Fürsten gewählt, doch die Frage der Gewaltenteilung blieb ungelöst. Im Hatišerif von 1830 wurde er als Fürst des serbischen Volkes vom Sultan offiziell anerkannt, »und diese Würde wird seiner Familie eigenthümlich sein«. »Er [der Fürst] wird von Seiten meiner hohen Pforte die Verwaltung der innern Angelegenheiten des Landes haben, deren Einrichtung er im Einvernehmen mit den aus den Häuptern des Landes zusammengesetzten Rathe durchführen wird.«[16]

---

13 Einen Überblick gibt Jaša M. Prodanović, Ustavni razvitak i ustavne borbe u Srbiji, Beograd o. J. (ca. 1936). Zur Verfassungsfrage und zur Rechtsgeschichte des ersten serbischen Aufstands vgl. Stojan Novaković, Ustavno pitanje i zakoni Karadjordjeva vremena. Studija o postanju i razviću vrhovne i središne vlasti u Srbiji 1805–1811, Beograd 1907.
14 Vgl. Aleksandar Solovjev, O Karadjordjevom zakoniku, in: Arhiv za pravne i društvene nauke, 25.5.1932, S. 373-382; Dragoslav Janković, Karajordjev zakon, in: Istorijski glasnik Nr. 2 (1948), S. 10-20.
15 Zum Regime von Miloš vgl. u. a. Vladimir Stojančević, Miloš Obrenović i njegovo doba., Beograd 2. Aufl. 1990.
16 CD-ROM-2, Dok.-Nr. 19.2.1 (Hatischerif mit Autonomieversprechen aus der ersten Hälfte des Monats Rebiul-Achir 1245 [18./30.9.1829]).

Abb. 19.2 Fürst Miloš Obrenović mit türkischem Fez

Doch ungeachtet der allgegenwärtigen Unzufriedenheit und wiederholter lokaler Rebellionen zögerte Miloš auch nach Erlass der beiden Sultansurkunden von 1830 und 1833 die Ausarbeitung einer Verfassung und die Regelung der Gewaltenteilung zwischen Fürst, Volksversammlung und Staatsrat hinaus. Der international renommierte Gelehrte Vuk Karadžić, Begründer der serbischen Schriftsprache, wandte sich 1832 mit einem Brief an Miloš. Darin beklagte er, dass es in Serbien keine Regierung im wahren Sinne des Wortes gebe, sondern Miloš die ganze Regierung sei. Wo er sei, sei auch die Regierung. Es gebe kein Gesetz, obwohl Miloš auf Versammlungen wiederholt die Ausarbeitung von Gesetzen versprochen habe. Alle Macht habe er in seine Hände genommen; er mische sich in alle Geschäfte ein, selbst in die privaten und häuslichen Angelegenheiten aller Leute. Allen Handel halte er in seinen Händen; das Volk habe er mit Frondiensten belastet. Deshalb seien alle unzufrieden mit seiner Herrschaft. Karadžić forderte Miloš auf, dem Volk »seine Rechte (*pravica*) oder – wie man heute in Europa gewöhnlich sage – eine Konstitution zu geben«.[17] Aber erst nach einem erneuten Aufstand gegen seine despotische Herrschaft im Januar 1835 lenkte Miloš ein und beauftragte den Sekretär seiner Kanzlei, den habsburgischen Serben Dimitrije Davidović, mit der Ausarbeitung einer Konstitution, die auf einer großen Volksversammlung (mit rund 2400 Dorfvertretern und etwa 10.000 Neugierigen) am 2./14. Februar 1835 verabschiedet wurde (*Sretenjski ustav*).[18] Darin wurden die Rechte und Pflichten des »Staatsrats« (einer aus sechs »Ministern« und einer unbestimmten Zahl von Staatsräten bestehenden Regierung) und der Volksversammlung (*narodna skupština*) mit dem Recht der Steuergesetzgebung geregelt sowie den Bürgern eine Reihe von Grundrechten garantiert. Der Text lehnte sich an die französischen Verfassungen von 1814 und 1830 und die belgische Verfassung von 1831 an. »Merkwürdig«, schreibt Leopold Ranke, »welche Ideen aus der constitutionellen Bewegung Europas in dieses noch halb orientalische Wesen einzudringen suchen: – Menschenrechte, die hier hauptsächlich Sicherheit der Person und des Eigenthums begreifen, – Verantwortlichkeit der Minister – endlich daß der Fürst unter dem Gesetz stehe [...]. Damit sollte aber zugleich ein selbständiger Antheil der bisher Untergeordneten an der Ausübung der öffentlichen Gewalt verbunden seyn. Alle die Knesen, Gerichtsräthe und übrigen Beamten, die als Diener, ja als Knechte behandelt worden, sollten dem bisher unumschränkten Herrn als Theilhaber der Macht zur Seite treten.«[19]

Doch die im Februar erlassene Verfassung wurde von Miloš schon einen Monat später suspendiert. Der Fürst begründete seinen Schritt mit dem Protest der Großmächte (Österreich, Russland und Osmanisches Reich), die die serbische Verfassung als »republikanisch«, »revolutionär« und »ansteckend« verworfen und kritisiert hatten, dass sie nicht vorher um Genehmigung gefragt worden waren. Dem Fürsten kam der Einspruch der Mächte sehr gelegen. Doch die Verfassungsfrage konnte er nicht mehr aus der Welt schaffen; und der Druck auf den Fürsten hielt an. In Verhandlungen mit den Vertretern der Großmächte wurde ein neuer Text ausgearbeitet, den der Sultan in Form eines Hatišerifs am 22. Dezember 1838 für die »Provinz Serbien« in Kraft setzte (»türkische Verfassung«).[20] Die wichtigste Veränderung betraf die Gewaltenteilung. Die Staatsverwaltung wurde nun von der Gesetzgebung getrennt. Es entstand eine Zentralregierung, die sich in drei (später fünf) Departments/Ministerien

---

17 Nach Miroslav Djordjević, Srpska nacija u gradjanskom društvu. (Od kraja XVIII do početka XX veka), Beograd 1979, S. 47 f. (dt. Übers. d. Verf.).
18 CD-ROM-2, Dok.-Nr. 19.2.3 (Konstitution Serbiens/Ustav Knjažestva Serbije v. 4.2.1835).
19 Leopold Ranke, Die serbische Revolution. Aus serbischen Papieren und Mittheilungen, Berlin 1829 (2. Aufl. 1844), S. 349.
20 CD-ROM-2, Dok.-Nr. 19.2.4 (serb.)/19.2.5 (dt.) (»Türkische Verfassung« Serbiens/Ustav Knjažestva Serbije, t.j. Sultanski hatišerif, v. 22.12.1838).

(*popečiteljstva*) gliederte: in die fürstliche Kanzlei, die zugleich als Außenministerium fungierte, in das Innen-, das Finanz-, das Justiz und das Ministerium für Kultus und Volksaufklärung. Die Minister wurden vom Fürsten ausgewählt und ernannt, dem sie auch rechenschaftspflichtig waren (Gesetz über die Organisation der Zentralregierung vom 29. Mai 1839, §§ 21,24).[21] Der Staatsrat (*sovjet*), eine Art Senat, der sich aus 17 Mitgliedern der Distrikte zusammensetzte, teilte sich fortan die gesetzgebende Gewalt mit dem Fürsten.

> »Der Präsident des Senats sowie dessen Mitglieder werden durch Dich [Fürst Miloš] ernannt, mit der Bedingung, dass sie unter ihren Mitbürgern durch ihre Fähigkeiten und durch ihre Redlichkeit vollkommen bekannt sind und dass sie Verdienste ums Vaterland sich erworben und allgemeine Anerkennung verdient haben« (Verfassung von 1838, § 9) .

Die Senatsmitglieder konnten nur für den Fall erwiesener Gesetzesübertretung aus ihrem Amt entfernt werden. Da sie nicht mehr absetzbar waren, wuchs ihnen eine Machtfülle zu, die mit der fürstlichen Gewalt erfolgreich konkurrieren konnte. Nach den Landesgesetzen über die Organisation des Sovjets und der Zentralverwaltung sollte der Fürst auch die Minister aus dem Kreis der Ratsmitglieder auswählen, wodurch deren Machtfülle weiter gestärkt und die Gewaltenteilung partiell unterlaufen wurde. Dagegen wurde die Volksversammlung (*skupština*), das traditionell wichtigste Entscheidungsgremium der Serben, auf Drängen Russlands und der Pforte sowie zum Wohlgefallen vieler mächtiger Honoratioren in Serbien in der »türkischen Verfassung« nicht einmal erwähnt (weder als gesetzgebendes noch als beratendes Organ). Andererseits war ihre Einberufung auch nicht verboten. Als beratendes Organ wurde sie in unregelmäßigen Abständen entsprechend dem Gewohnheitsrecht einberufen (wobei sich die Delegierten in zunehmendem Maße aus Staatsdienern zusammensetzten), besaß aber keinerlei legislative Gewalt. In Krisensituationen (Abdankung des Fürsten Miloš 1839, Konflikte zwischen Mihailo Obrenović und dem Staatsrat, Entthronung des Fürsten Mihailo und Wahl Alexander Kradjordjevićs 1842) spielten die jeweils für wenige Tage einberufenen Volksversammlungen zwar nach wie vor eine Rolle, auch stand ihnen ein Petitionsrecht zu, aber in »Normalzeiten« waren sie zur Bedeutungslosigkeit verurteilt. Zwischen 1843 und 1858 fand lediglich eine Volksversammlung statt (am 29. Juni 1848).

Miloš musste sich seit Ende 1838 die Macht mit den Oligarchen im Senat teilen. Gegenüber seinem Sekretär erklärte er, er könne auf der Grundlage dieser Verfassung nicht regieren. Es sei ihm unmöglich, in Absprache mit 17 Leuten und ohne das Gegengewicht einer Volksversammlung die Staatsgeschäfte zu führen. Da die Senats-

---

21 Ustav i Ustroenije Centralnog Pravlenija Knjažestva srbskog, in: Zbornik zakona (wie Fn. 8), Bd. 1, Beograd 1840, S. 38-57.

mitglieder, die sich zur »Partei« der »Verfassungsverteidiger« (*ustavobranitelji*) zusammengeschlossen hatten, ihre Kompetenzen durch Erlass einer Staatsratsordnung, Umgestaltung der fürstlichen Kanzlei und eine neue Verwaltungsordnung weiter ausbauten, startete Miloš mit Unterstützung eines Teils der Truppen einen Putschversuch. Nach dessen Scheitern dankte er am 13. Juni 1839 zugunsten seines ältesten Sohnes Milan ab, der kurz darauf verstarb und durch seinen jüngeren Bruder Mihailo ersetzt wurde. Mihailo versuchte zwar als Fürst, den Einfluss der Oligarchen wieder zurückzudrängen, löste damit aber im August 1842 eine neue Rebellion aus, durch die er zum Verlassen des Landes genötigt wurde.

Damit endete erstmalig auch die Herrschaft des Obrenović-Clans. Eine Volksversammlung, zu der aus jedem Dorf sechs bis sieben Vertreter eingeladen wurden, rief den Sohn des bereits zur Legende gewordenen Karadjordje, Alexander Karadjordjević, zum neuen Fürsten aus, unter dessen Herrschaft (1842–1858) das Regime der »Verfassungsverteidiger« seinen Höhepunkt erreichte.[22] Die »Konstitutionalisten« rekrutierten sich aus den Reihen der wohlhabenden Kaufleute, der höheren Beamten und der Offiziere. Unter ihrem Regime setzte erstmals eine an »europäischen« Vorbildern orientierte Reorganisation der noch rudimentären staatlichen Organisationsstrukturen und damit der Übergang zu einer modernen bürokratischen Herrschaft ein. Während dieser Zeit erlebte das Land den systematischen Aufbau gesetzlich normierter Staatsbehörden mit verbindlich kodifizierten Aufgaben. An die Stelle der streng persönlichen, durch Gnade und Willkür bestimmten Gefolgschaftsbeziehungen trat ein dem Anspruch nach versachlichtes, nach normierten Prinzipien geregeltes System von Über- und Unterordnungen, das zur Grundlage der neuen bürokratischen Herrschaft wurde.[23] Die »Verfassungsverteidiger« waren allerdings keine Vorkämpfer des Konstitutionalismus (auch wenn sie in der Literatur oft als »Konstitutionalisten« etikettiert werden), sondern verteidigten ihre Oligarchie, die in der Verfassung von 1838 verankert worden war. Bis zur Verabschiedung einer neuen Verfassung (1869) änderte sich die Verfassungsstruktur auf der zentralen Ebene nicht grundlegend.

---

22 Zum Regime der »Verfassungsverteidiger« vgl. Slobodan Jovanović, Ustavobranitelji i njihova vlada, Beograd 1990 (Erstausgabe 1912); Dragoslav Stranjaković, Vlada ustavobranitelja 1842–1858, Beograd 1932.

23 Vgl. Hans-Michael Boestfleisch, Der systematische Behördenaufbau zur Regierungszeit der Ratsoligarchie (1839–1858), in: ders., Modernisierungsprobleme und Entwicklungskrisen: Die Auseinandersetzungen um die Bürokratie in Serbien 1839–1858, Frankfurt a. M. 1987, S. 35–104.

3 Wahlrecht und Wahlen

Ein formalisiertes Wahlrecht gab es in Serbien bis 1858 nicht. An den traditionellen Dorfversammlungen konnten alle Männer bzw. Haushaltsvorstände teilnehmen. Dies galt grundsätzlich auch für die Volksversammlungen. Doch angesichts der wachsenden Bevölkerungszahl wurde die Teilnahme an den Volks- bzw. Nationalversammlungen auf Personen beschränkt, die von den Dorf- oder Distriktsversammlungen per Akklamation bestimmt worden waren.

4 Grundrechte

»Es ist Mein ausdrücklicher Wille«, heißt es im Hatišerif des Sultans von 1838 (§ 27), »dass die Serben, Unterthanen meiner hohen Pforte, in ihren Gütern und in ihren Würden beschützt werden [...].« Niemand dürfe ohne Gerichtsurteil in seinen Rechten und Freiheiten beschränkt oder bestraft werden; die Konfiszierung des Vermögens war in jedem Fall ausgeschlossen (§§ 27, 28). Die bisher noch übliche Gemeinschaftshaftung der »Familie« für Kinder und Verwandte wurde aufgehoben (§ 29). Alle Serben genossen Handelsfreiheit. »Selbst die geringste Beschränkung dieser Freiheit wird nie gestattet, es sei denn, dass der Fürst mit Zustimmung des Senats [eine] zeitliche Beschränkung eines Handelszweiges unumgänglich nötig findet« (§ 45). In § 46 wurde die Unverletzlichkeit des Eigentums garantiert. Die bisher noch üblichen Frondienste wurden aufgehoben (§ 49).

> »Da die Serben, tributäre Unterthanen Meiner hohen Pforte, Christen des griechischen Ritus oder der sog. morgenländischen Kirche zugethan sind, so habe Ich der serbischen Nation volle Freiheit verliehen, ihre religiösen Ceremonien auszuüben, und unter sich, unter Deiner Aufsicht und Mitwirkung, ihre Erzbischöfe und Bischöfe mit dem Vorbehalt wählen zu können, dass letztere, nach den Kirchensatzungen, der geistlichen Gewalt des in Konstantinopel residierenden Patriarchen [...] untergeordnet werden.« (§ 57)

»Jeder Serbe, groß oder klein«, hieß es in § 60, »ist steuer- und abgabepflichtig. Die in Serbien angestellten Beamten werde ihre Steuerquote nach dem Masse ihrer Grundstücke und Güter entrichten. Nur die Geistlichkeit ist von der Steuerzahlung befreit.« In § 66 wurde schließlich noch einmal unterstrichen, dass kein Serbe ohne Gerichtsurteil verfolgt werden durfte.[24] Mit diesen Bestimmungen erfüllte Sultan Mahmut II. viele Forderungen, die die Gegner von Milošs autokratischem Regime seit mehreren

---

24 CD-ROM-2, Dok.-Nr. 19.2.4 (serb.)/19.2.5 (dt.) (»Türkische Verfassung« Serbiens/Ustav Knjažestva Serbije, t.j. Sultanski hatišerif, v. 22.12.1838).

Jahren immer wieder erhoben hatten (Freiheit des Handels, Aufhebung der Fronarbeit, uneingeschränktes Verfügungsrecht über individuelles Eigentum, sowie Vorschriften zur Stellung der Staatsbeamten und zur Ausgestaltung des Gerichtswesens). Für die überwältigende Mehrheit der Bevölkerung, die sich aus lese- und schreibunkundigen Bauern zusammensetzte, änderte sich in der Praxis durch den Hatišerif zunächst wenig, sofern man von der Aufhebung der Frondienste absieht. Aber für die kleine Schicht sozialer Aufsteiger markierte die 38er Verfassung einen Durchbruch zu mehr Freiheit und Rechtssicherheit.

Die Grundrechte (Freiheit und Unverletzlichkeit der Person und des Eigentums, Gleichheit aller Serben vor dem Gesetz, freie Wohnorts- und Berufswahl, Religionsfreiheit, Meinungs- und Pressefreiheit – Letztere eingeschränkt durch ein Zensurgesetz von 1841) wurden während der Modernisierungsdiktatur der »Verfassungsverteidiger« über die unsystematischen Bestimmungen der »türkischen Verfassung« hinaus durch weitere Landesgesetze präzisiert und geordnet.[25] Von herausragender Bedeutung war das am 25. März 1844 nach langen Vorbereitungen und Auseinandersetzungen in Kraft getretene Bürgerliche Gesetzbuch (*gradjanski zakonik*), mit dem das Römische Recht Einzug in Serbien hielt und das mit vielen seiner Bestimmungen bis zum Ende des Zweiten Weltkriegs Gültigkeit behielt.[26] Das Gesetzbuch stellte zu wesentlichen Teilen eine – um circa ein Drittel gekürzte – Übersetzung des Österreichischen Allgemeinen Bürgerlichen Gesetzbuchs von 1811 dar. Sein Autor, der hochgebildete Habsburger Serbe Jovan Hadžić, Stadtsenator von Neusatz/Novi Sad, war der wichtigste Gesetzesschreiber der »Verfassungsverteidiger«. Nach § 44 des serbischen BGB standen die Grundrechte allen serbischen Staatsbürgern zu, – ohne Unterschied des Standes, da es keine Stände gab. Genuss und Ausübung des Staatsbürgerrechts war durch das Landesindigenat bedingt und wurde durch Geburt oder Naturalisation erworben.[27] Ausgeschlossen vom Staatsbürgerschaftsrecht wurden die im Fürstentum lebenden »Türken« (als Oberbegriff für alle Muslime), die gemäß Hatišerif von 1830 (§ 11) das Land binnen eines Jahres verlassen mussten (1833 wurde die Frist auf drei Jahre verlängert), sofern sie nicht zu den Garnisonen in den Festungsstädten gehörten.

---

25 Zu Einzelheiten vgl. Imbro Tkalac-Ignjatijević, Das Staatsrecht des Fürstenthums Serbien, Leipzig 1858, S. 44-51.
26 CD-ROM-2, Dok.-Nr. 19.4.1 (Bürgerliches Gesetzbuch/Gradjanski zakonik v. 25.3.1844, Auszug); Gradjanski zakonik, Beograd 1921.
27 Deutsche Übersetzung bei F. von Keller/P. Trautmann, Kommentar zum Reichs- und Staatsangehörigkeitsgesetz vom 22. Juli 1913, München 1914, S. 721. Zur Geschichte des serbischen Staatsbürgerschaftsrechts und seiner Problematik vgl. Holm Sundhaussen, Unerwünschte Staatsbürger. Grundzüge des Staatsangehörigkeitsrechts in den Balkanländern und Rumänien, in: C. Conrad/J. Kocka (Hg.), Staatsbürgerschaft in Europa. Historische Erfahrungen und aktuelle Debatten, Hamburg 2001, S. 193-215.

Mit vielen seiner Regelungen, insbesondere zur Stärkung der Individualrechte und des Privateigentums, eilte das Bürgerliche Gesetzbuch den gesellschaftlichen und wirtschaftlichen Gegebenheiten in Serbien voraus, sodass Jovan Hadžić – entgegen seiner Überzeugung – im Familien- und Erbrecht Veränderungen im Sinne des serbischen Gewohnheitsrechts vorgenommen hatte. Er war dabei aber nicht konsequent vorgegangen (was wohl auch unmöglich gewesen wäre), sodass die Systematik des Gesetzbuches Schaden nahm. Der traditionelle Kollektivismus, die Vormachtstellung der Gemeinschaft vor dem Individuum und die rechtliche Benachteiligung der Frauen auf der einen, die juristische Entdeckung des Ich sowie das Konzept der menschlichen Persönlichkeit auf der anderen Seite ließen sich schwer auf einen gemeinsamen Nenner bringen. Vergeblich hatte sich Hadžić bereits Jahre vor Erlass des BGB bei Fürst Miloš dafür eingesetzt, den Ausschluss von Frauen und Töchtern aus der Erbfolge aufzuheben. Miloš hatte ihm entgegnet, dass es sich hierbei um eine alte Volksgewohnheit handle, die nicht außer Kraft gesetzt werden dürfe. Er hatte sogar eine entsprechende Umfrage in der Bevölkerung gestartet. Aber auch die »Verfassungsverteidiger« waren Jahre später nicht bereit, sich über das Gewohnheitsrecht hinwegzusetzen, sodass es bei der Benachteiligung der Frauen und Töchter in der Erbfolge blieb (§§ 296, 297).[28]

Das BGB unterschied zwischen Kernfamilie (*inokosna porodica*) und komplexem Haushalt (Hauskommunion: *zadruga*) und stellte Letzteren – als juristische Person – unter den besonderen Schutz des Gesetzes (§§ 57-58 und 42).[29] Die Zadruga, die sich gewöhnlich aus einem Vater mit seinen verheirateten Söhnen und deren Nachkommenschaft oder aus mindestens zwei verheirateten Brüdern mit ihren Kindern zusammensetzte, stellte eine besondere Form der bei den Südslawen verbreiteten Großfamilie dar, die an einem Ort zusammensiedelte und von einem gemeinschaftlichen Oberhaupt geleitet wurde. Dieses Oberhaupt (*starešina* oder *domaćin*) lenkte das gesamte Hauswesen und vertrat die Zadruga nach außen. Neben ihm war es die Hausmutter (*domaćica*), welche die Frauenarbeit kontrollierte und dem Hausvater untergeordnet war. Dann folgten die vollberechtigten Mitglieder männlichen Geschlechts, zu denen auch nicht blutsverwandte Personen gehören konnten, die alle gleiches Stimmrecht im Hausrat besaßen, und schließlich die nicht vollberechtigten Mitglieder: Frauen, Jugendliche und Kinder. Die Machtverhältnisse innerhalb des Hauses orientierten sich an Geschlecht und Alter: Männer vor Frauen, Ältere vor Jüngeren. Die Hauskommunion war eine patriarchale Institution mit Virilokalität, Patrilokalität und Patri-

---

28 Vgl. Marija Draškić, Olga Popović-Obradović, Pravni položaj žene prema sprskom gradjanskom zakoniku (1844–1946), in: L. Perović (Hg.), Srbija u modernizacijskim procesima, Bd. 2, Beograd 1998, S. 11-25.
29 Einzelheiten bei Aleksa Jovanović, Zadruga po popisima našeg gradjanskog zakonika, in: Glasnik Društva srpske slovesnosti 36 (1872), S. 220-274.

linearität. Verwandtschaftliche Beziehungen zählten somit nur in männlicher Linie.[30] Frauen besaßen kein Eigentums-, sondern nur ein Nutzungsrecht und waren – wie erwähnt – von der Erbfolge ausgeschlossen. (Genau genommen gab es in der Zadruga, im Unterschied zur Kernfamilie, nichts zu vererben – von persönlichen Dingen abgesehen –, solange die Zadruga nicht ausstarb oder sich teilte.) Zu den Merkmalen der südslawischen Hauskommunion gehörten das Gemeinschaftseigentum (vor allem an Grund und Boden, an Gebäuden, Vieh und Gerätschaften), die gemeinschaftliche Wirtschaftsweise sowie die volle Rechtsgemeinschaft der Hausgenossen, d. h. Gemeinschaft des Vermögens, des Lebens, der Arbeit und des Erwerbs.[31] Im serbischen BGB von 1844 heißt es über die Zadruga:

> »§ 507. Eine Hauskommunion besteht dort, wo die Gemeinschaft des Lebens und des Vermögens durch Verwandtschaftsbande oder durch Aufnahme in die Kommunion natürlich begründet und befestigt worden ist.
>
> § 508. Alles in der Hauskommunion befindliche Vermögen und alle Habe gehört nicht einem Einzelnen, sondern allen insgesamt, und alles das, was jemand in der Zadruga erwirbt, hat er nicht für sich allein, sondern für alle erworben.
>
> § 509. Einige zum ausschließlichen Gebrauch und zur ausschließlichen Nutzung des Einzelnen bestimmte Sachen sind sein ausschließliches Eigentum. Als solche gelten das Gewand, der Frauenschmuck, besondere Einrichtungsgegenstände, die Kleidung und Wäsche.
>
> § 510. Ohne Zustimmung aller volljährigen und verheirateten Männer ist das eine oder andere Mitglied nicht berechtigt, über das Gemeinschaftsvermögen zu verfügen, dieses zu verkaufen oder zu beleihen. Nur der Hausvater allein hat die Hausgenossen zu leiten und die Anordnungen über die Arbeit und die Nutzung des Vermögens zu treffen, aber eigenmächtig darf er weder etwas veräußern noch beleihen [...].«[32]

Die Zadruga war sowohl eine Solidargemeinschaft, die ihren Mitgliedern Schutz und Fürsorge in Notsituationen bot, als auch eine Zwangsgemeinschaft, die die Entscheidungsfreiheit des Einzelnen (insbesondere die der Frauen) drastisch beschnitt oder

---

30 Vgl. dazu allg. Karl Kaser, Familie und Verwandtschaft auf dem Balkan. Analyse einer untergehenden Kultur. Wien u. a. 1995; ders., Ahnenkult und Patriarchalismus auf dem Balkan, in: Historische Anthropologie 1 (1993), S. 93-122.
31 Vgl. u. a. Robert F. Byrnes (Hg.), Communal Families in the Balkans: The zadruga. Essays bei Philip E. Mosely and essays in his honor, Notre Dame 1976; Milovan Gavazzi, The Extended Family in Southeastern Europe, in: Journal of Family History 7 (1982), S. 89-102. Zur Zadruga existiert eine sehr umfangreiche Literatur, siehe dazu Ljubomir Andrejić, Bibliografija o porodičnoj zadruzi kod naših naroda, in: Glasnik Etnografskog muzeja 36 (1973), S. 191-290.
32 CD-ROM-2, Dok.-Nr. 19.4.1 (Bürgerliches Gesetzbuch/Gradjanski zakonik v. 25.3.1844, Auszug); obige dt. Übers. d. Verf.

aufhob. Im Verlauf des 19. Jahrhunderts – mit Ausbreitung der Geldwirtschaft und zunehmender Ausdifferenzierung der Gesellschaft – nahm die Neigung zur Auflösung der Zadruga zu. Mit einer Verordnung vom November 1836 hatte Fürst Miloš versucht, die Teilung und Auflösung der Hausgemeinschaften aus Sorge vor Zersplitterung des Bodenbesitzes und Pauperisierung der Bauernschaft zu verbieten oder zumindest deutlich zu erschweren[33], doch scheint der Trend zur Auflösung dadurch nicht oder allenfalls vorübergehend gebremst worden zu sein. Im Abschnitt »Wirtschafts- und Sozialgesetzgebung« wird darauf noch einmal zurückzukommen sein.

Grundsätzlich stand die Familie unter der Obhut von Staat und Kirche. Eheschließungen (und Scheidungen) lagen ausschließlich in der Zuständigkeit der kirchlichen Organe und erfolgten nach kanonischem Recht.[34] Eheschließungen zwischen Christen und Nichtchristen waren verboten.[35] Die Auflösung einer Ehe war nahezu unmöglich, sodass die Zahl der Scheidungen extrem gering blieb. Mit einer Vielzahl von Gesetzen und Verordnungen versuchte der Staat, überkommene Übel wie Brautraub, Zwangsehen, Vernachlässigung der Kinder, Kindestötung usw. zu bekämpfen und die »Moral« der Bevölkerung zu stärken. Wie erfolgreich er dabei war, lässt sich nur schwer ermessen, da viele Missbräuche (z. B. Gewalt in der Ehe) in der durch und durch patriarchalisch orientierten Gesellschaft unter den Tisch gekehrt wurden.

5 Verwaltung

Die Verwaltungsgliederung des Fürstentums Serbien unterlag nach 1830 wiederholten Veränderungen, in denen sich deutlich das zentrale Thema der serbischen Innenpolitik im 19. Jahrhundert widerspiegelte: der permanente Konflikt zwischen dem Penetrationsanspruch der Zentralgewalt auf der einen und dem Selbstverwaltungsbegehren der Landbevölkerung und ihrer Vertreter auf der anderen Seite.[36] Der patrimonial regierende Fürst Miloš setzte 1834 die Einrichtung von fünf größeren Verwaltungs- bzw. Kommandobereichen (*serdarstva*) anstelle der 18 Distrikte (*nahije*) durch, weil er auf diese Weise die politische Bedeutung der Letzteren zu schwächen hoffte. Mit der kurzweiligen Verfassung von 1835 erzwangen die Gegner des Fürsten zwar die Zurücknahme dieser Verwaltungsgliederung, doch kehrte Miloš nach Suspendierung der Verfassung zu seiner früheren Absicht zurück und schuf vier neue »Befehlsbe-

---

33 Zbornik zakona (wie Fn. 8), Bd. 30, S. 221.
34 Anlässlich der Eröffnung einer Theologischen Schule machte Fürst Miloš 1836 die Führung kirchlicher Matrikelbücher auf dem gesamten Territorium Serbiens zur Pflicht.
35 § 69, Abs. 1 BGB; vgl. auch § 79.
36 Hierzu und zum Folgenden vgl. Miroslav Djordjević, Pitanje samouprave Srbije 1791–1830. Prilog izučavanju stvaranja srpske buržoaske države, Beograd 1972; Fedor Nikić, Lokalna uprava u Srbiji u XIX i XX veku. Oblast – okrug – srez, Beograd 1927; Ružica Guzina, Opština u Kneževini i Kraljevini Srbiji, [Bd. 1:] 1804–1839, Beograd 1966.

reiche« (*zapovedništva*), wodurch die Verwaltung ein stark militärisches Gepräge erhielt. »Das gesamte gesellschaftliche Leben des damaligen Serbien war militärischer Kontrolle unterworfen [...].«[37] Infolge des abermals heftigen Widerstands der Bevölkerung bereitete der Sultan mit dem Hatišerif von 1838 der Militärdiktatur des Fürsten ein Ende, was sich in einer erneuten Umgestaltung der oberen Verwaltungseinheiten niederschlug. Die jetzige (zivile) Kreiseinteilung (17 Kreise mit insgesamt 54 Bezirken und 1.170 Gemeinden) blieb bis zur territorialen Erweiterung Serbiens durch den Berliner Kongress im Prinzip unverändert. Auch an der Dreigliederung der Verwaltung in Kreise, Bezirke und Gemeinden bzw. Dörfer änderte sich grundsätzlich nichts mehr. Verwaltung und Polizei waren zunächst nicht voneinander getrennt. D. h. die Gemeinde-, Kreis- und Bezirksvorsteher nahmen auch polizeiliche Aufgaben wahr. (Für die Niederschlagung größerer Unruhen war das Militär zuständig.) Tkalac bemerkt dazu 1858:

> »Eine positive Massregelung der gesammten Volksthätigkeit, wie sie in den meisten europäischen Staaten noch immer beliebt ist, wäre bei dem an freie Bewegung gewohnten ungebundenen Volkscharakter der Serben ganz unmöglich gewesen und würde die Existenz der Regierung, welche sie versuchen wollte, aufs Spiel gesetzt haben. Daher ist die polizeiliche Gesetzgebung Serbiens bis zu den letzten Jahren wenig entwickelt gewesen, und hat erst in jüngster Zeit eine grössere Ausbildung erhalten [...].«[38]

Der Kampf um die Kompetenzen (und Gliederung) der Gemeinden (*opštine*) dauerte auch nach dem Oktroi der Verfassung von 1838 unvermindert an.[39] Die Gemeinde als weitgehend autarke Selbstverwaltungseinheit erfreute sich traditionell in der serbischen Bevölkerung höchster Wertschätzung. Die wichtigste Veränderung nach 1838 war die Eingliederung der Gemeinden/Dörfer in ein hierarchisches Verwaltungssystem, wodurch die Autonomie der Dörfer spürbar eingeschränkt wurde. »Die Zentralgewalten in Belgrad (die ›popečiteljstva‹) übermittelten ihre Weisungen direkt an die Kreisvorsitzenden, diese leiteten die ministeriellen Anordnungen wie auch ihre eigenen Befehle an die Bezirksvorsteher, deren Vorgesetzte sie waren, weiter, während jene wiederum die entsprechenden Verfügungen samt eigenen Erlassen den Vorsitzenden der Gemeinden zustellten.«[40] Zwar verwalteten sich die Dörfer im Rahmen der Gesetze auch weiterhin selbst durch gewählte Vorstände und übten auf ihrem Territorium die polizeiliche und richterliche Gewalt über die Gemeindemit-

---

37 Zit. nach Boestfleisch, Modernisierungsprobleme (wie Fn. 23), S. 27.
38 Tkalac-Ignjatijević, Staatsrecht (wie Fn. 25), S. 144.
39 Vgl. Ružica Guzina, Opština u Srbiji, [Bd. 2:] 1839–1918. Pravno-politička i sociološka studija, Beograd 1976.
40 Boestfleisch, Modernisierungsprobleme (wie Fn. 23), S. 52.

glieder aus. Sie verteilten die vom Staat der Gemeinde auferlegte Steuerlast auf die Gemeindemitglieder und stellten ihren eigenen Haushalt auf. Doch die Staatsgewalt übte nun verfassungsgemäß das Oberaufsichtsrecht über die Gemeinden durch die Kreis- und Bezirksvorstände aus. Die in den Dörfern gewählten Vorsteher (*kmeten*) konnten bei Unzufriedenheit der Bevölkerung nicht mehr ohne Zustimmung der übergeordneten Behörden abgesetzt werden. Wiederholt wurden Kmeten wegen tatsächlichen oder vermeintlichen Missbrauchs von der Bevölkerung aus dem Amt gejagt und anschließend auf Befehl des Innenministers – teilweise unter Einsatz militärischer Gewalt – wieder eingesetzt. »Hier standen sich zwei diametral entgegengesetzte Denkweisen und Interessen, hinter denen sich grundverschiedene soziale und politische Ordnungsvorstellungen verbargen, im offenen Konflikt gegenüber: Auf der einen Seite der Staat mit der ihm eigenen Tendenz zur modernisierenden, zentralistischen Erfassung und Normierung fast aller Obliegenheiten selbst der kleinsten ländlichen Verwaltungskörperschaften, auf der anderen die traditionale Landgemeinde mit ihrem Selbstverwaltungsverständnis eines gegen den Staat abgesetzten, auf dem Prinzip der Selbstverwaltung beruhenden Systems dörflicher Gemeinwesen.«[41] Im weiteren Verlauf des 19. Jahrhunderts büßten die Dörfer ihre vormalige Autonomie mehr und mehr ein und wurden Teil des neuen bürokratischen Apparats.

Nach § 52 der Verfassung von 1838 waren die Beamten nicht mehr auf die Gnade des Fürsten angewiesen, sondern erhielten eine feste Besoldung, die der Fürst in Übereinstimmung mit dem Senat festlegte. Ein am 17. März 1842 verabschiedetes Beamtengesetz[42] regelte die Stellung der Staatsdiener und versetzte sie – sowie im Falle ihres Todes die Familienangehörigen – in eine vergleichsweise privilegierte Situation. Voraussetzung für die Aufnahme in den Staatsdienst waren die zur Ausübung des Amtes erforderlichen Kenntnisse und ein einwandfreier Lebenswandel, der durch glaubwürdige und von berufener Stelle ausgefertigte Zeugnisse belegt werden musste. Fremde durften (unter der Bedingung nachträglicher Naturalisation) nur zu jenen Stellen zugelassen werden, die eine höhere wissenschaftliche oder technische Ausbildung erforderten, die in Serbien noch nicht erworben werden konnte. Der Staat garantierte seinen Dienern bei ordnungsgemäßer Amtsführung lebenslange Beschäftigung, festes Gehalt, einen Titel, das Recht zur Tragung einer Staatsuniform und schützte sie vor Beleidigung, Widersetzlichkeit und Rache. Selbst in Fällen schweren Amtsmissbrauchs gegenüber der örtlichen Bevölkerung ließ das Gesetz Milde walten. Ein Verlust des Amtes drohte nur dann, wenn der Beamte seine Dienststelle bzw. den Staat schädigte (durch Verrat von Amtsgeheimnissen, Veruntreuung von Steuergeldern oder Bestechlichkeit). Von der in der Bevölkerung besonders verhassten Prügelstrafe (*batina*) wurden die Staatsdiener freigestellt. Für die Bürger war es äußerst

---

41 Boestfleisch, Modernisierungsprobleme (wie Fn. 23), S. 203.
42 CD-ROM-2, Dok.-Nr. 19.5.1 (Beamtengesetz/Uredba o činovnicima v. 17.3.1842).

schwierig, einen Beamten wegen Amtsmissbrauchs vor Gericht zu bringen, denn »das Beamtentum war alles«, schreibt ein ehemaliger Beamter in seinen Erinnerungen.[43]

Wenn das Serbien dieser Jahre als »Beamtenland« (činovnička zemlja) kritisiert wurde, so lag dies weniger an der großen Zahl von Staatsdienern (sie belief sich 1840 auf insgesamt 891 Personen), als vielmehr an der Fremdartigkeit des ganzen Systems in einem traditionsverhafteten bäuerlichen Milieu und den daraus resultierenden Konflikten. Vor diesem Hintergrund sind die vehementen Angriffe des Frühsozialisten Svetozar Marković gegen die serbische Bürokratie in den 1860er-Jahren und die seinen Schriften folgende Ausbreitung populistischen Gedankenguts zu verstehen. Der Konflikt zwischen Bevölkerung und Staatsdienern hatte vor allem drei Ursachen:

1. Viele Beamten in den ersten Jahrzehnten nach Beendigung des zweiten Aufstands waren auf die Ausübung ihres Amts schlecht oder gar nicht vorbereitet, sodass Missbräuche aus Unwissenheit keine Seltenheit waren. Erst gegen Mitte des 19. Jahrhunderts setzte die Professionalisierung der Staatsdiener ein, die am Belgrader Lyzeum oder an ausländischen Universitäten ausgebildet worden waren.
2. Die fast unangreifbare Stellung der Beamten leistete ihrer Willkür Vorschub. Auch Wucherei[44], (illegale) Betätigung im Handel, Erwerb von Immobilien zu Bagatellpreisen (von den vormaligen osmanischen Eigentümern) und Korruption blühten, sodass das Innenministerium am 28. Dezember 1848 ein dringliches Mahnschreiben an alle Kreisvorstände zur Bekämpfung der Bestechlichkeit versandte.[45]
3. Auch wenn die Beamten korrekt handelten, stießen sie auf Ablehnung und Missverständnis in der Bevölkerung. Die zahlreichen Verordnungen und Gesetze, die komplizierten Instanzenwege und die Entpersonifizierung bzw. Bürokratisierung der Sozialbeziehungen entfremdeten die Bevölkerung vom Staat und seinen Dienern, insbesondere wenn es sich bei den Beamten um Serben aus der Habsburger Monarchie oder um Fremde handelte. Schon die vielen und oft völlig überflüssig erscheinenden Formulare waren für die zu 90 Prozent schreib- und leseunkundige Bauernbevölkerung eine Herausforderung und ein Ärgernis erster Ordnung.

6 Justiz

In den ersten Jahren nach Beendigung der serbischen Aufstände lag die Rechtsprechung gemäß der Vereinbarung zwischen Fürst Miloš und dem Belgrader Wesir – je nach Schwere des Falls und Religionszugehörigkeit der Beteiligten – in den Händen der osmanischen Richter (kadije) sowie der serbischen Verwaltungsorgane: der Dis-

---

43 Uspomene i doživljaji Dimitrija Marinkovića 1846–1869, Beograd 1939, S. 16.
44 Vgl. Dragoslav Janković, O političkim strankama u Srbiji XIX veka, Beograd 1951, S. 94.
45 CD-ROM-2, Dok.-Nr. 19.5.2 (Mahnschreiben des Innenministeriums gegen Beamtenbestechlichkeit v. 28.12.1848).

trikt-, Kreis- und Gemeindevorsteher. Die Ersteren entschieden nach dem Scheriatsrecht, für die Letzteren war das lokale Gewohnheitsrecht verbindlich. In der Praxis ging die Regelung von Streitfällen zwischen Serben ab 1820 ganz in die Zuständigkeit der serbischen Organe über, wobei der Fürst die oberste richterliche Entscheidungsgewalt (namentlich das Recht über Leben und Tod) für sich bzw. die von ihm kontrollierte Volkskanzlei mit Sitz in Kragujevac beanspruchte. 1823 erhob Miloš die Kanzlei, die in den Quellen auch als »Magistrat« oder »Gericht« von Kragujevac mit wechselnden Kompetenzen aufscheint, in den Rang eines obersten »allgemeinen serbischen Volksgerichts« (*sud obštenarodni serbski*). Unterhalb dieses Gerichts standen die während der 1820er-Jahre in den Distrikthauptstädten begründeten »Magistrate«, während auf unterster Ebene nach wie vor die Gemeindevorsteher (*kmeten*) und die Mitglieder der Dorfversammlung Recht sprachen.[46]

»Es kam zu jener Zeit nur eine geringe Zahl von Straffällen vor die Gerichte, auch herrschte zwischen eigentlichen Verbrechen und Uebertretungen keine strenge Trennung. Das Gerichtsverfahren war summarisch und ohne Beistand eines Rechtsanwaltes; denn Advokaten waren zu jener Zeit im Lande nicht geduldet. Der Geschäftsgang wurde nach Kräften beschleunigt. Selten dauerte die Entscheidung eines Rechtsstreits oder die Fällung eines Strafurtheils länger als zwei Monate. Der Sträfling musste selbst für seinen Lebensunterhalt sorgen, da weder der Staat, noch der Kläger oder Beschuldigte hierzu verpflichtet war.«[47]

Bis zur Verfassung von 1838 (und z. T. noch darüber hinaus) kam eine klare Gewaltenteilung zwischen Judikative und Exekutive nicht auf, da einerseits die richterlichen Organe auch für Verwaltungsaufgaben (z. B. die Steuereinziehung) zuständig waren und andererseits die Verwaltungsorgane bzw. Polizeibehörden mit weitreichenden Strafvollmachten (ohne Einschaltung der Richter) ausgestattet wurden. Die Regelung der obersten Gerichtsbarkeit unterlag während dieser Zeit wiederholten Veränderungen.

Die Konstitution von 1838 (§ 30) unterschied drei Gerichtstypen: 1. die »Friedensgerichte« (*primiritelni sudovi*) – später auch als »Gemeindegerichte« bezeichnet –, deren drei Mitglieder von den Dorfgenossen unmittelbar gewählt wurden und für alle Zivilstreitigkeiten bis zu einem Wert von 100 Piastern und für Strafen bis zu dreitägigem Arrest und zehn Stockschlägen zuständig waren (§ 31). Diese Gerichte fällten ihre Urteile mündlich nach »gesundem Menschenverstand«, nach »Billigkeit« und Volkssitte. 2. Die ordentlichen Kreisgerichte (*okružni sudovi*) – die früheren »Magistrate« –, bestehend aus einem Präsidenten, drei Mitgliedern und einer hinläng-

---

46 Vgl. Mihailo Gavrilović, Miloš Obrenović, Bd. 2, Beograd 1909, S. 309.
47 Felix Kanitz, Serbien. Historisch-ethnographische Reisestudien aus den Jahren 1859–1868, Leipzig 1868, S. 634.

lichen Anzahl von Schreibern, die als erstinstanzliche Gerichte für alle Angelegenheiten zivil- und strafrechtlicher Natur zuständig waren, die über die Kompetenz der Friedensgerichte hinausgingen, und gegenüber den Entscheidungen der Letzteren ein Kassationsrecht erhielten (§§ 32,33). Der Strafkatalog der Kreisgerichte reichte von Ehren- und Geldstrafen über die Prügelstrafe, Verurteilungen zu Kerker, Zwangsarbeit und Verbannung bis hin zum Todesurteil. 3. Das fünfköpfige Appellationsgericht (*apelacioni sud*), das seinerseits gegen die Entscheidungen der Kreisgerichte angerufen werden konnte (§§ 36,37). Die Mitglieder der Kreisgerichte und des Appellationshofes setzten sich aus den »physisch und im Dienste Aeltesten unter den Gesetzkundigen, die bei Gerichten schon fungiert haben« zusammen (§ 44). Sie konnten ohne rechtlich erwiesene Straffälligkeit nicht aus ihrem Amt entfernt werden (§ 42) . »Kein höherer oder niederer Civil- oder Militär-Beamte des Fürstenthums darf sich in die Funktionen der vorbenannten drei Gerichte mischen.« (§ 44)[48] Darüber hinaus gab es noch eine verfassungsmäßig nicht verankerte oberste richterliche Gewalt: den Fürsten mit seinem Kassationsrecht. Wer immer mit dem Urteil des Appellationshofes nicht zufrieden war, konnte sich direkt an den Monarchen wenden, dem im Übrigen auch das Begnadigungsrecht zustand. Das 1846 ins Leben gerufene »oberste Gericht« (*vrhovni sud*) wirkte zunächst als dritte Instanz und erhielt erst 1855 die ausschließliche Kassationsgerichtsbarkeit.[49] Damit war die hierarchische Gliederung des Gerichtswesens in den Grundzügen abgeschlossen. Zu erwähnen sind noch das 1841 in Belgrad gegründete Stadtgericht, das den übrigen Kreisgerichten gleichgestellt war, sowie das 1859 ebenfalls in Belgrad eröffnete Handelsgericht (*trgovački sud*).

Eine erste systematische Zivilprozessordnung, die eine Vielzahl von Einzelbestimmungen ersetzte, trat am 21. Oktober 1853 in Kraft.[50] 1855 schlug Fürst Alexander Karadjordjević dem Staatsrat auch eine Systematisierung der zahlreichen strafrechtlichen Detailgesetze vor. Der hohe Rat lehnte dieses Ansinnen mit den Worten ab: »Unser Volk lebt noch in einem patriarchalen Zustand [...]. Ein guter Mensch braucht keine Gesetze. Das Gesetz ist ein Produkt des Zwangs zur Verhinderung des Bösen und es wird für diejenigen geschrieben, die böse sind. [...] Unser Volk ist in seinen Auffassungen so gut und so gesund wie vielleicht kein anderes in Europa. Also benötigt es auch keine Heilmittel [...], vielmehr sollte man es vor allzu vielen Gesetzen schützen, aus denen es erst eine Vielzahl von Verbrechen erlernen könnte.«[51]

---

48 CD-ROM-2, Dok.-Nr. 19.2.4 (serb.)/19.2.5 (dt.) (»Türkische Verfassung« Serbiens/Ustav Knjažestva Serbije, t.j. Sultanski hatišerif v. 22.12.1838).
49 Zu den Kreisgerichten und zum Obersten Gericht vgl. CD-ROM-2, Dok.-Nr. 19.6.1 (Verordnung zur Einrichtung der Kreisgerichte/Ustroenie sudova okružni v. 26.1.1840); Dok.-Nr. 19.6.2 (Verordnung zur Einrichtung des obersten Gerichts/Ustroenie Vrhovnog suda v. 9.9.1846).
50 Zakonik o sudenskom postupku u parnicama gradjanskim za Knjažestvo Srbiju, Beograd 1853.
51 Zit. nach Dragoslav Janković, Istorija države i prava Srbije XIX veka., Beograd 3. Aufl. 1960, S. 78 und 112 f. (dt. Übers. d. Verf.).

Mit der Ausdifferenzierung des Gerichtswesens erhöhte sich auch die Zahl der »Advokaten« sprunghaft. Als »Advokaten« betätigten sich Leute, die irgendwie lesen und schreiben konnten, darunter viele Beamte. Die Folge war, dass die vor Gericht unterlegene Partei den Erfolg der Gegenpartei nicht auf die Rechtslage, sondern auf den Einfluss der Staatsdiener zurückführte. Mit einer Verordnung vom 21. Oktober 1843 wurde daher allen Beamten ohne Unterschied verboten, eine Partei vor Gericht zu vertreten, Klageschriften oder Entgegnungen aufzusetzen.[52] Auf diese Weise sollte das Anwaltswesen vom Beamtentum getrennt werden, aber nach wie vor fehlte es an ausgebildeten Juristen. Bankrottgegangene Kaufleute, aus dem Dienst wegen Straffälligkeit entlassene Beamte, Handwerker und obskure Personen unterschiedlichster Art fungierten auch weiterhin als Rechtsvertreter.

7 Militär

Im Hatišerif von 1830 (§ 8) hieß es: »Damit Ruhestörungen, welche sich in Serbien ereignen könnten, vorgebeugt und die Verbrecher bestraft werden können, wird Fürst Milosch in seinem Dienste die nothwendige Anzahl von Kriegstruppen halten.«[53] Acht Jahre später bestätigte der Sultan in der »türkischen Verfassung« das Recht zur Aufstellung eines Heeres und übertrug dem Fürsten den Oberbefehl »über die zur Handhabung der Ruhe und guten Ordnung im Lande und gegen jeden Angriff und Störung nöthigen Garnisonstruppen« (§ 3, lit. c).[54] Da im Fall eines Angriffs auf das Land jeder Serbe (auch ohne spezielle militärische Ausbildung) zu Kriegsdienst verpflichtet war, begnügte man sich in Friedenszeit mit einem kleinen stehenden Heer von 2.529 Mann.[55] Jedes »Haus« mit einem diensttauglichen Mann im Alter zwischen 18 und 30 Jahren war verpflichtet, diesen zum Militärdienst abzustellen (ausgenommen waren Studenten, Künstler und zünftige Kaufleute). Die Dienstzeit betrug vier Jahre, die sich jedoch unter Abrechnung der Beurlaubungszeiten faktisch auf die Hälfte reduzierten.

---

52 Tkalac-Ignjatijević, Staatsrecht (wie Fn. 25), S. 219.
53 CD-ROM-2, Dok.-Nr. 19.2.2 (Hatischerif über Autonomiegewährung v. 7. Rebiul-Ewwel 1246 [3.8.1830]).
54 CD-ROM-2, Dok.-Nr. 19.2.4 (serb.)/19.2.5 (dt.) (»Türkische Verfassung« Serbiens/Ustav Knjažestva Serbije, t.j. Sultanski hatišerif v. 22.12.1938).
55 CD-ROM-2, Dok.-Nr. 19.7.1 (Armeegesetz/Ustroenie garnizonnog voinstva od v. 10.1.1845); vgl. Tkalac-Ignjatijević, Staatsrecht (wie Fn. 25), S. 219 ff.

8 Verfassungskultur

Die Vorstellungen über die Grundordnung des Fürstentums, insbesondere über Organisation und Funktionsweise der Staatsgewalt sowie über die Rechtstellung des Einzelnen, wurden maßgeblich durch drei Faktoren geprägt: 1. durch den Machtanspruch des Fürsten und der mit ihm teils kooperierenden, teils konkurrierenden Honoratioren, die ihren Führungsanspruch mit Verdiensten im ersten und zweiten serbischen Aufstand begründeten; 2. durch ausländische Vorbilder, vor allem beim Aufbau staatlicher Institutionen und bei der Umgestaltung des Rechtssystems, vermittelt durch eine kleine Schicht modernisierungswilliger Eliten; und 3. durch das Gewohnheitsrecht sowie die überlieferten Vorstellungen von Gerechtigkeit in der bäuerlichen Bevölkerungsmehrheit. Das Ideal der Bauerndemokratie mit lokaler Selbstverwaltung war weder mit dem autokratischen Führungsstil des Fürsten Miloš noch mit den Ordnungsvorstellungen der Modernisierer vereinbar, die sich am Leitbild eines starken, zentralisierten und regulierten Staates orientierten. Der Konflikt zwischen Selbstverwaltung und Zentralismus, der sich über das ganze 19. Jahrhundert erstreckte, wurde überlagert vom Gegensatz zwischen Autokratie und Konstitutionalismus. Mit der Verfassung von 1838 wurde ein Mittelweg zwischen beiden Polen gefunden, der weder Fürst Miloš noch die Bevölkerung zufriedenstellte, aber der oligarchischen Herrschaft der »Verfassungsverteidiger« breiten Spielraum zur institutionellen und rechtlichen Ausgestaltung des Gemeinwesens bescherte. Unter ihrem Regime wurde Macht in Herrschaft transformiert.

Allerdings bildeten die »Verfassungsverteidiger« keineswegs eine homogene politische und gesellschaftliche Gruppierung. Die Heterogenität zeigte sich insbesondere in den politischen Krisen der 40er-Jahre des 19. Jahrhunderts. So wurde zwar immer wieder an die Einhaltung der (neuen) rechtlich eingefassten politischen Prozeduren appelliert, doch dessen ungeachtet griff insbesondere die ältere Generation der »Verfassungsverteidiger« wiederholt auf Gewalt zur Handhabung von politischen Konflikten zurück. Die Protagonisten dieser Richtung (wie Toma Vučić-Perišić) standen in ihrem Verständnis von gesellschaftlicher Ordnung und Machtausübung dem exilierten Fürsten Miloš Obrenović wesentlich näher als die junge Generation der »Verfassungsverteidiger«, die die Einhaltung der neuen Prozeduren favorisierte. Daraus entwickelte sich ein Gegensatz zwischen »alten« und »jungen« Bürokraten, der zunehmend auch von der unterschiedlichen politischen Sozialisation (Orientierung am Gewohnheitsrecht auf der einen und fachliche Ausbildung an europäischen Universitäten auf der anderen Seite) geprägt war: »Es kommt vor, dass der Minister höchstens die Grundschule besucht hat, während sein Sekretär über ein Doktorat in Jura verfügt«.[56]

---

56 Jovanovic, Ustavobranitelji (wie Fn. 22), S. 75.

Zwar wurde das Gewohnheitsrecht Schritt für Schritt durch das Römische Rechtssystem verdrängt. Doch die rechtliche Aufwertung des Individuums und das System der Grundrechte blieben noch lange Zeit ein Fremdkörper im Wertesystem der weitgehend segmentären Gesellschaft, in der der Einzelne nicht als Individuum, sondern nur als Teil des Ganzen zählte. Dennoch schritt die funktionale und sozioökonomische Ausdifferenzierung der Gesellschaft voran und führte zu einer wachsenden Entfremdung zwischen städtischen Eliten und Landbevölkerung bzw. zwischen den Repräsentanten der bürokratisierten Zentralgewalt, einer im Ausland geschulten Intelligenzschicht und dem sich formierenden Bürgertum auf der einen und der widerspenstigen, analphabetischen Bauernschaft auf der anderen Seite. Und es dauerte mehrere Jahrzehnte, bis diese Kluft mittels der Nationsbildung und neuer Formen politischer Partizipation geschlossen werden konnte.

9   Kirche

Die einheimische Bevölkerung des Fürstentums Serbien bekannte sich nahezu ausnahmslos (zu rd. 99,1 Prozent) zur griechisch-orthodoxen Kirche mit dem Ökumenischen Patriarchen von Konstantinopel als geistigem Oberhaupt. De facto wurde die Orthodoxie zur Staatsreligion in Serbien. Da sich die Ostkirchen als Territorial- (und im weiteren Verlauf des 19. Jahrhunderts in zunehmendem Maße als National-)Kirchen verstanden, zog die Anerkennung Serbiens als autonomes Fürstentum auch eine Umorganisation der kirchlichen Zuständigkeiten nach sich. Allerdings konnte die serbische Kirche formal keinen autokephalen, sondern nur einen autonomen Status erlangen, solange Serbien nicht völkerrechtlich souverän war. Die Einzelheiten wurden in einem 1832 zwischen dem Fürstentum und dem Patriarchat von Konstantinopel vereinbarten Konkordat geregelt[57] und in der Verfassung von 1838 vom Sultan bestätigt (§ 57). Oberhaupt der serbisch-orthodoxen Kirche war der Erzbischof von Belgrad, der nun den Titel eines »Metropoliten von ganz Serbien« führte. Ihm untergeordnet waren drei Suffraganbischöfe, die mit ihm die Synode (*sabor arhijerejski*) bildeten. Der Metropolit wurde von der Synode aus den Reihen der einheimischen Mönche gewählt und dem Fürsten zur Bestätigung präsentiert. Nachdem der Fürst die Bestätigung erteilt hatte, musste die Wahl des Metropoliten dem Patriarchen von Konstantinopel zur Erteilung der Investitur angezeigt werden. Der Patriarch hatte kein Einspruchrecht gegen die Wahl und musste dem Gewählten den apostolischen Segen erteilen. Die Amtseinführung des Metropoliten erfolgte im Fürstentum durch den ältesten Landesbischof. In Anerkennung der Patriarchalgewalt hatte Serbien bei jeder Neuwahl dem Patriarchen als Ehrengeschenk für die Genehmigung der Wahl

---

57 CD-ROM-2, Dok.-Nr. 19.9.1 (Konkordat Serbiens mit dem Patriarchat zu Konstantinopel v. 1832).

einen Betrag von 300 österreichischen Dukaten zu entrichten, und der Metropolit musste beim Gottesdienst den Namen des Patriarchen von Konstantinopel als Oberhaupt der morgenländischen Gesamtkirche im Gebet erwähnen. Das Oberaufsichtsrecht über Verfassung und Verwaltung der Kirche übte die Staatsgewalt durch die Bestätigung des Metropoliten und der Bischöfe, durch Einteilung des Landes in Kirchsprengel und durch die Unterordnung des gesamten Klerus unter die Zivil-, Polizei- und Strafgerichtsbarkeit des Staates aus. Der Staat und die Gemeinden kamen für den Unterhalt des Klerus und die Finanzierung der Kirche auf, sofern der Bedarf nicht aus dem Eigentum der Kirche, aus Taxen und Opfergaben bestritten werden konnte. Aller Grundbesitz der Moscheen und der islamischen Stiftungen wurde der orthodoxen Kirche übertragen, die auch einen wichtigen Beitrag zum Unterrichtswesen leisten sollte.

10 Bildungswesen

Zu Beginn des 19. Jahrhunderts setzte sich die Bevölkerung Serbiens fast ausnahmslos aus Analphabeten zusammen. Unter den Führern des ersten serbischen Aufstands fand sich kaum jemand, der lesen und schreiben konnte.

> »Die neue Aera Serbiens fand Volk und Mönche auf gleich niederer Bildungsstufe. Abgeschlossen von aller Welt, ohne höheren gemeinschaftlichen Mittelpunkt lebten die Mönche Serbiens, gleich jenen Griechenlands und der ganzen Türkei, in der grössten Unwissenheit. Wenig unterschieden von den, womöglich noch ignoranteren Popen (Weltgeistlichen), die kaum nothdürftig zu lesen verstehen, konnten die Mönche keinen bildenden Einfluss auf das Volk nehmen. Sie stand gleich diesem unter der Macht überkommener Vorurtheile.«[58]

Zwar förderte Karadjordje während des ersten Aufstands die Errichtung zahlreicher Schulen und fand in dem aus Südungarn stammenden Aufklärer Dositej Obradović einen ebenso gelehrten wie engagierten Unterrichtsminister, doch fast alles, was während dieser Zeit erreicht wurde, ging 1813 wieder zugrunde. Fürst Miloš, selber Analphabet, zeigte wenig Neigung, dem Mangel an Lehrern, Schulen und Unterrichtsmaterial durch Bereitstellung öffentlicher Gelder abzuhelfen. Dank der Einwanderung von Serben aus der Habsburgermonarchie bzw. dem Königreich Ungarn konnte zwar der Grundstein für ein allgemeinbildendes Schulsystem gelegt werden, doch waren die habsburgischen Serben, die »Verdeutscher«, bei der einheimischen Bevölkerung höchst unbeliebt. In einem berühmt gewordenen Brief vom April 1832 schrieb der serbische Sprachreformer Vuk Karadžić an Fürst Miloš:

---

58 Kanitz, Serbien (wie Fn. 47), S. 190.

»Was Serbien meiner Auffassung nach am dringendsten benötigt, sind fähige Leute für den öffentlichen Dienst. [...] Mit den außerhalb Serbiens [in den habsburgischen Ländern] geborenen und erzogenen Serben lässt sich dieser Mangel nicht beheben [...], erstens weil (diese Leute) im Volk kein richtiges Vertrauen genießen und zweitens weil sie nicht das gelernt haben, was Serbien in seiner derzeitigen Situation braucht.«[59]

Doch trotz eindringlicher Appelle Vuks und anderer Bildungsenthusiasten schritten sowohl die Ausbildung von Fachkräften als auch der Aufbau eines Grundschulsystems nur quälend langsam voran. Erst nachdem Ende März 1834 ein Ministerium für Justiz und Bildungswesen entstanden war, nahm sich der Staat verstärkt des Schulwesens an. 1835/36 gab es in Serbien insgesamt 62 Grundschulen mit 72 vom Staat und den Gemeinden mehr schlecht als recht besoldeten Lehrern und 2.511 Schülern.[60]

Die »Verfassungsverteidiger« trieben den Ausbau des Volksschulwesens dann in den ersten Jahren ihres Regimes energisch voran. Am Ende ihrer Herrschaft (1858) gab es bereits 340 Schulen mit über 17.000 Schülern (darunter auch mehr als 2.000 Mädchen). Das Studiengesetz vom 23. September 1844[61] bestimmte als gesetzlichen Zweck der Volksschule, die Jugend beider Geschlechter wenigstens insoweit zu erziehen und zu bilden, dass sie gute Christen, redliche Menschen und nützliche Staatsbürger werden. Zu diesem Zweck sollte jede Gemeinde eine Volksschule errichten und dem Volk die Notwendigkeit wie den Nutzen eines Schulbesuchs vermitteln. Während der Staat für die Lehrergehälter aufkam und sich dabei eines 1841 gegründeten, aus Spenden und Zinseinnahmen finanzierten nationalen Schulfonds bediente, fiel die Errichtung und Instandhaltung der Schulgebäude sowie die Bereitstellung des Unterrichtsmaterials in die Zuständigkeit der Gemeinden, die damit in der Regel überfordert waren. Der Unterricht war unentgeltlich, doch bestand keine allgemeine Schulpflicht. Diese wäre auch gar nicht realisierbar gewesen, da die Bildungsoffensive des Staates bereits in der zweiten Hälfte der 1840er-Jahre wieder nachgelassen hatte. Die Schulgebäude befanden sich zumeist in einem desolaten (gesundheitsschädlichen) Zustand, die Lehrer waren schlecht ausgebildet und der Unterricht wurde rein mechanisch getrieben, sodass ein vierjähriger Volksschulbesuch oft nicht zur nachhaltigen Alphabetisierung der Schüler führte.

Um dem Mangel an Fachkräften in allen Bereichen des öffentlichen Lebens abzuhelfen und ein Gegengewicht zum bisherigen intellektuellen Einfluss der Habsburger Serben zu schaffen, erhielten im Herbst 1839 nach einem Plan des damaligen Bildungsministers Stefan Stefanović (Tenka) erstmals elf junge Serben aus Serbien ein

---

59 CD-ROM-2, Dok.-Nr. 19.10.1 (Briefwechsel zwischen Vuk Karadžić und Milošu Obrenoviću über mangelnde Beamtenqualifikation v. 24.4.1832); obige dt. Übers. d. Verf.
60 Vgl. Sundhaussen, Historische Statistik (wie Fn. 7), S. 525 ff.
61 Zbornik zakona (wie Fn. 8), Bd. 2, S. 315.

vom Staat finanziertes Auslandsstipendium: vier zum Studium an der Bergbauakademie in Schemnitz (*Banská Štiavnica*, heutige Slowakei) und sieben zum Erlernen der deutschen Sprache und zur Vorbereitung des Studiums in Wien und Paris. Seither war es üblich, dass die Ministerien und andere staatliche Einrichtungen ihren Bedarf an akademisch qualifiziertem Personal anmeldeten, entsprechende Stipendien ausschrieben und die ausgewählten Kandidaten – mit strengen Auflagen versehen – an die fachlich einschlägigen ausländischen Universitäten oder Hochschulen entsandten. Nach dem Studium waren die ehemaligen Stipendiaten verpflichtet, in den Staatsdienst einzutreten. Bevorzugte Studienorte waren die Universitäten im deutschsprachigen Raum (in den Ländern des Deutschen Bundes, in Österreich und in der Schweiz), in Frankreich und – mit deutlichem Abstand – in Russland. Aus diesen Stipendiaten rekrutierte sich ab Mitte des 19. Jahrhunderts die neue Elite Serbiens.[62]

11 Finanzen

Der Aufbau einer serbischen Verwaltung erzwang eine Regelung der öffentlichen Finanzen.[63] Der erste Beschluss über öffentliche Einnahmen und Ausgaben wurde im Dezember 1815 von einer Volksversammlung gefasst. Im Hatišerif von 1833 (§ 19) verfügte der Sultan: »Die Serben werden das gesammte Einkommen ihre Vaterlandes selbst verwalten und die Erzeugnisse ihres Bodens geniessen.« Bis zur Verfassung von 1838 verblieb das Haushaltsrecht bei der Volksvertretung und dem Fürsten und wurde anschließend zwischen dem Staatsrat (Senat) und dem Fürsten geteilt. Die Ausarbeitung des Staatsbudgets aufgrund der Vorschläge des Staatsrats und der einzelnen Ressortchefs fiel von 1835 bis 1842 in die Zuständigkeit des neuen Finanzministeriums. Danach bis zur Verabschiedung des ersten Haushaltsgesetzes 1858 zog der Staatsrat diese Aufgabe an sich. 1845 beantragte das Finanzministerium beim Senat die Drucklegung und Veröffentlichung des Staatshaushalts als eine Forderung des Zeitgeistes und des konstitutionellen Regierungssystems, konnte aber diesen Wunsch nicht durchsetzen.[64] Jeder Minister war für die Einhaltung seines Etats verantwortlich und musste dem Senat darüber Rechenschaft ablegen. Jede eigenmächtige Überschreitung des Finanzgesetzes seitens der Minister wurde als Amtsmissbrauch unter Strafe gestellt. 1835 beliefen sich die öffentlichen Einnahmen auf 4,2 Mio. Dinar (das waren pro Kopf der Bevölkerung 6,0 Dinar) und die Ausgaben auf 3,0 Mio. Dinar (4,3 Dinar pro Einwohner).[65]

---

62 Zu dieser »geplanten« Elite vgl. Ljubinka Trgovčević, Planirana elita. O studentima iz Srbije na evropskim univerzitetima u 19. veku, Beograd 2003.
63 Zu Einzelheiten vgl. Sundhaussen, Historische Statistik (wie Fn. 7), S. 460 ff.
64 Tkalac-Ignjatijević, Staatsrecht (wie Fn. 25), S. 226.
65 Sundhaussen, Historische Statistik (wie Fn. 7), S. 448 f., 467.

Wichtigste Einnahmequellen waren direkte Steuern, Zölle und Taxen. Das von den Osmanen ererbte Besteuerungssystem blieb mit einigen Ergänzungen noch volle 20 Jahre nach Ende des zweiten Aufstandes in Kraft – sehr zum Ärger der Bevölkerung, die die Befreiung von osmanischer Herrschaft nicht zuletzt mit einer Befreiung von der bisherigen Abgabenlast gleichsetzte. Die damaligen Verpflichtungen (teils in Naturalien und Arbeit, teils in Geld) lassen sich in drei Gruppen einteilen: 1. Abgaben an den osmanischen Staat bzw. den Sultan (allg. Kopfsteuer, Kopfsteuer der auf den Sultansdomänen lebenden Personen und Steuer auf Schafe und Ziegen), 2. Abgaben an die osmanischen Lehensinhaber (*spahije*) (insgesamt 17 verschiedene Posten) und 3. Abgaben an den serbischen Staat wie Personalsteuer, Steuer zugunsten der Priester, bischöfliche Rauchfangsteuer, Zuschlag zur allgemeinen Steuer sowie der »kuluk« (Hand- und Gespanndienste beim Straßen-, Bücken- und Gebäudebau, bis 1835 auch zur Unterstützung der Staatsbeamten). Die Abgaben aus der dritten Gruppe betrugen 1835 35 Groschen Personalsteuer (zu zahlen von allen verheirateten Männern), 1,4 Groschen für die Rauchfangsteuer und 1,2 Groschen zugunsten der Geistlichen. Hinzu kamen die Abgaben aus den beiden ersten Gruppen in einer Gesamthöhe von rd. 2,8 Mio. Groschen, die durch den Hatišerif von 1833 in eine vom serbischen Staat alljährlich an die Pforte zu zahlenden Pauschalbetrag (Tribut) in Höhe von 2,3 Mio. umgewandelt wurden.[66] Mit der Steuerreform von 1835[67] trat an die Stelle der bisherigen Abgabenvielfalt eine einzige Geldsteuer in Höhe von durchschnittlich sechs Talern (resp. 2,5 Golddukaten oder 60 Groschen) pro steuerpflichtigen verheirateten Mann (was in etwa der bisherigen Belastung entsprach), die halbjährlich in zwei Raten zu entrichten war. Arme, erwerbsunfähige Personen, Geistliche, Beamten und Väter von mehreren steuerpflichtigen Söhnen genossen Steuerbefreiung oder -erleichterungen. Als Hauptsteuereinheit galt nach wie vor nicht das Individuum, sondern die Gemeinde, die das ihr auferlegte Abgabenkontingent auf die Steuerpflichtigen umzuverteilen hatte, wobei die wirtschaftliche Lage der Betroffenen berücksichtigt werden musste (was Anlass zu zahlreichen Streitigkeiten gab).

---

66 CD-ROM-2, Dok.-Nr. 19.1.1 (Hatischerif über territoriale Erweiterung vom Anfange des Monats Redschep 1249 [Nov. 1833]); siehe auch Radoš Ljušić, Kneževina Srbija (1830–1839), Beograd 1986, S. 66 ff.
67 Dazu ausführlich Mita Petrović, Finansije i ustanove obnovljene Srbije do 1842., Beograd 2. Aufl. 1901, Bd. 1, S. 344 ff.

12 Wirtschafts- und Sozialgesetzgebung/Öffentliche Wohlfahrt

Fast die gesamte Bevölkerung Serbiens – mit Ausnahme der Fremden – befasste sich gegen Ende des zweiten serbischen Aufstands mit Viehzucht oder Ackerbau. Geld- und Marktwirtschaft spielten eine völlig unscheinbare Rolle, und die gesellschaftliche Arbeitsteilung war über bescheidene Ansätze nicht hinausgelangt. Die Hauskommunionen versorgten sich weitgehend selbst, und die Städte mit ihrer anfangs vorwiegend nicht serbischen Bevölkerung führten ihr eigenes wirtschaftliches Leben.

Die osmanische Agrarverfassung wird in der Literatur zumeist als »Feudalsystem« bezeichnet, obwohl ihm wichtige Elemente des westeuropäischen Feudalismus (z. B. das wechselseitige Treueverhältnis zwischen Herren und Vasallen) fehlten. Faktisch handelte es sich um ein Pfründensystem, mit dem den Repräsentanten des osmanischen Militär- und Verwaltungsapparats das Nutznießrecht an einem Teil der landwirtschaftlichen Produktion vom Sultan übertragen wurde. Die Eigentumsrechte verblieben beim Staat (oder bei frommen Stiftungen). Erst in der Verfallszeit der osmanischen Herrschaft war es zu widerrechtlichen, erst nachträglich sanktionierten Privatisierungen des Bodeneigentums durch die Pfründeninhaber gekommen. Doch mit dem Hatišerif von 1833 wurde die osmanische Agrarverfassung in Gänze aufgehoben und die bisherigen Abgaben der Bauern durch die Tributzahlung des Fürstentums abgelöst.[68] Das von den Bauern bearbeitete Land ging damit in ihr Eigentum über. Die Unverletzlichkeit des Bodeneigentums und das grundsätzlich uneingeschränkte Verfügungsrecht darüber wurden durch die Verfassung von 1838 (§ 46 und 47) sowie durch ein Gesetz über die Rückgabe des Landes vom 28. Juli 1839 bestätigt.[69]

Das städtische Handwerk unterlag seit Jahrhunderten den osmanischen Zunftbestimmungen und wurde in der Regel nur von Fremden ausgeübt. Erst die Befreiungskriege eröffneten den Serben Zugang zum städtischen Handwerk. Der Handel, allen voran der Export von Lebendvieh (Schweinen) in die Habsburgermonarchie befand sich noch auf einem vorkapitalistischen Niveau. Fürst Miloš sicherte sich nach dem zweiten Aufstand eine Art Außenhandelsmonopol, mit dem er sich hemmungslos bereicherte. 1820/21 soll es in Serbien nur 56 Ex- und Importkaufleute gegeben haben. Erst die in der Verfassung von 1838 (§ 45) garantierte allgemeine Handelsfreiheit ermöglichte den lang verzögerten Aufschwung. Die Ausübung der Handelsfreiheit war jedoch an verschiedene Vorbedingungen geknüpft. Zwar war der Handel mit Vieh und allen Naturprodukten des Landes frei und konnte von jedem Serben als Mitglied seiner Gemeinde nach vorheriger Anmeldung bei der Polizeibehörde in jedem beliebigen Umfang und an jedem Ort des Landes betrieben werden. Der Handel

---

68 Vgl. u. a. Ljušić, Kneževina Srbija (wie Fn. 66), S. 45 ff.; Olga Srdanović-Barać, Srpska agrarna revolucija i poljoprivreda od Kočine krajine do kraja prve vladavine kneza Miloša (1788–1839), Beograd 1980.
69 Zbornik zakona (wie Fn. 8), Bd. 1, S. 90.

mit Manufakturen, Kolonial- und Töpferwaren konnte dagegen nur von geschlossenen Innungen praktiziert werden. Fremden Kaufleuten war der Handel in Serbien innerhalb der durch die Staatsverträge der Hohen Pforte mit auswärtigen Mächten vorgezeichneten Grenzen gestattet. Obwohl das serbische Finanzministerium, das die Oberaufsicht über den Handel führte, dem Senat 1848 die Notwendigkeit eines Handelsgesetzbuches eindringlich darlegte, wurde die Angelegenheit um fast zehn Jahre verschoben.

Mangels näherer Bestimmungen wurde die allgemeine Handelsfreiheit von Reformern und Aufsteigern auch als allgemeine Gewerbefreiheit interpretiert. Dieser Interpretation setzten die einheimischen Gewerbetreibenden massiven Widerstand entgegen. Den inländischen Handwerkern fiel es schwer, sich von den Fesseln der osmanischen Zunftordnung zu befreien. Vom Ende des zweiten serbischen Aufstands bis zum Erlass der ersten serbischen Gewerbeordnung 1847 entstanden 79 von den Behörden anerkannte Zünfte. Die Handwerksvereinigungen dieser frühen Periode »waren Privatkorporationen, gegründet durch die Vereinbarung aller Handwerker einer Stadt. Jede Zunft hatte ihr Statut, welches den Charakter eines gegenseitigen Vertrags trug. Dieser Vertrag musste zur Genehmigung der zuständigen Behörde vorgelegt werden und war für alle Zunftmitglieder bindend. Streitigkeiten zwischen den einzelnen Zünften in Bezug auf die Ausübung eines gewissen Gewerbes hatte, nach Vereinbarung mit der Polizeibehörde, der Magistrat zu schlichten, wobei er an die Vorschriften gebunden war, welche in dem betreffenden Orte durch Brauch und Gewohnheit anerkannt waren.«[70]

Ziel der Zünfte, für die sich das von den Osmanen übernommene arabische Wort »esnaf« behauptete, war das Streben der städtischen Handwerker nach einem gewerblichen Monopol, das sie vor der Konkurrenz ausländischer und ländlicher Handwerker und vor den Kaufleuten als Vertreibern nicht zünftiger Produkte schützen sollte. Da die fremden Handwerker, die sich in Serbien niederließen, ebenso wie die einheimischen Handwerker auf dem Lande sowie die Kaufleute die bestehenden Zunftordnungen unter Berufung auf die Verfassung ignorierten und auch innerhalb der Zünfte die Konflikte zwischen Meistern und Gesellen zunahmen, sah sich die Regierung zur Ausarbeitung eines verbindlichen Zunft- und Gewerbegesetzes genötigt, das am 14. August 1847 in Kraft trat.[71] Dieses Gesetz mit nachträglichen Ergänzungen vom 29. Januar 1849 und 30. April 1853 blieb über ein halbes Jahrhundert in Kraft und wurde erst Anfang Juli 1911 durch eine neue Gewerbeordnung abgelöst.[72]

---

70 Jovan Krikner, Industrie und Industriepolitik Serbiens, Halle 1913, S. 115.
71 CD-ROM-2, Dok.-Nr. 19.12.1 (Zunft- und Gewerbeordnung/Uredba o esnafima v. 14.8.1847).
72 Zu Einzelheiten vgl. Nikola Vučo, Raspadanje esnafa u Srbiji, 2 Bde., Beograd 1954–1958; Marie-Janine Calic, Sozialgeschichte Serbiens 1815–1941. Der aufhaltsame Fortschritt während der Industrialisierung, München 1994, S. 52 ff.

Das Gesetz von 1847 bestimmte, dass jeder eingeborene oder naturalisierte Serbe das Recht habe, jedes ihm beliebige Gewerbe zu erlernen und nach Erfüllung der gesetzlichen Bedingungen frei zu betreiben (I. Kapitel, §§ 2 und 3). Allerdings unterschied das Gesetz zwischen zünftigen und nicht zünftigen Gewerben. Erstere konnten nur von geschlossenen Korporationen betrieben werden, Letztere waren für jeden Serben frei. Die Zahl der namentlichen aufgeführten zünftigen Gewerbe betrug zunächst 25, wurde aber später erhöht. Gemäß den zwischen der Hohen Pforte und den fremden Mächten bestehenden Verträgen, welche auch für Serbien bis zum Berliner Kongress Gültigkeit hatten, waren auch Ausländer zur Ausübung von Gewerben berechtigt. In diesem Fall genügte die Erlaubnis der polizeilichen Ortsbehörde, welche durch Nachweis des in der Heimat erlangten Meisterbriefs erworben wurde. Die in die Zunftordnung gesetzten Erwartungen hinsichtlich der Förderung des serbischen Gewerbes erfüllten sich allerdings nicht. Die stets strittige Frage, welche Gewerbe zünftig und welche nicht zünftig sein sollten, der unzureichende Schutz der einheimischen Produktion gegen ausländische Erzeugnisse und die Konkurrenz der dem Zunftgesetz nicht unterliegenden Heim- und Lohnwerker auf dem Lande verhinderten die vom Gesetz angestrebte Arbeitsteilung zwischen Stadt und Land und die Konsolidierung der städtischen Gewerbe. Als besonders entwicklungshemmend erwiesen sich die Innovationsfeindlichkeit der Zünfte, die missbräuchliche Einschränkung der Wettbewerbsfreiheit und die unzureichende Berufsausbildung der serbischen Handwerker.

Auch die Freiheit auf dem Immobilien- und Finanzmarkt wurde durch eine Verordnung des Fürsten Miloš vom 29. Mai 1836 empfindlich beschnitten.[73] Darin wurden die Beleihung des landwirtschaftlichen Existenzminimums (ein Haus mit Garten, zwei Ochsen und eine Kuh) sowie die gerichtliche Anerkennung derartiger Hypotheken verboten, um einer Pauperisierung der mit der Geldwirtschaft nicht vertrauten, häufig bereits verschuldeten Landbevölkerung zuvorzukommen. Trotz scharfer Kritik seitens römisch-rechtlich geschulter Juristen wurde der Schutz der Heimstätte (*okućje*) durch ein Gesetz von 1873 bestätigt und blieb mit einigen Modifizierungen bis ins 20. Jahrhundert hinein bestehen.[74] Mit einer Verordnung vom März 1837 versuchte Miloš ferner – offenbar ohne nachhaltigen Erfolg – den weit verbreiteten Wucher einzudämmen, indem er den Zinssatz auf maximal zwölf Prozent begrenzte.[75] Schon vorher, im Juli 1826, hatte er die Betreibung von Kaufmannsläden in den Dörfern unter Androhung »schwerer Strafe« verboten, da er der Auffassung war, dass

---

73 Zbornik zakona (wie Fn. 8), Bd. 30, S. 119.
74 Zur umstrittenen Entwicklung des Heimstättenschutzes vgl. Kosta Jowanowitsch, Die Heimstätte oder die Unangreifbarkeit des ländlichen Grundbesitzes. Tübingen 1908; Alexandre Milenovitch, L'évolution historique de la propriété foncière en Serbie, Paris 1929; Jelenko Petrović, Okućje ili zaštita zemljoradničkog minimuma, Beograd 1930.
75 Zbornik zakona (wie Fn. 8), Bd. 30, S. 179.

sich viele Bauern bei den Händlern verschuldeten, um Dinge zu kaufen, die sie nicht benötigten.[76]

Der wirtschaftlich-soziale Wandel, die Zurückdrängung des Gewohnheitsrechts und die Einführung eines kodifizierten Rechtssystems auf der Basis des römischen Rechts stießen bei vielen Zeitgenossen auf massive Vorbehalte. Das betraf insbesondere das Familien- und Erbrecht und seine gesellschaftlichen wie wirtschaftlichen Implikationen. Selbst ein so scharfer und nüchterner Beobachter wie Felix Kanitz blieb davon nicht unberührt:

»Dort wo zersetzende Paragraphe unpraktischer Gesetzgeber die geheiligten Traditionen der Hauskommunion noch nicht gelockert haben, bietet sich der das Recht der freien Selbstbestimmung gern einengenden Bureaukratie nur selten Gelegenheit zur Einmischung, und sie verurtheilt schon deshalb das altslavische Familienrecht. Theoretiker, deren ganze Gelehrsamkeit in römisch-germanischen Rechtsanschauungen wurzelt, erklären die ›Hauskommunion‹ kurzweg für einen Barbarismus. Moderne Industrialpolitiker, welche die social-politischen Verhältnisse der Staaten nur nach der Zahl der industriellen Unternehmungen beurtheilen, und die am liebsten jedes Land [...] mit einer Unzahl raucher Fabrikschlote bedeckt sehen möchten, verschreien das System der ›Hauskommunion‹ als civilisationsfeindlich und jedem industriellen Fortschritte widerstrebend, also als höchst verwerflich. Ueber allem Parteiwesen stehende Nationalökonomen und Socialpolitiker, die in der Zerstückelung des Grundbesitzes, in der Auflösung der Familienbande und in dem Principe des Individualismus die Wurzeln unserer vielfach angefressenen, westeuropäischen socialen Verhältnisse erkennen, werden mit objektiverem Urtheile in der Agrar- und Familienverfassung der Südslaven, in dem Systeme geschlossener Bauernwirthschaften und der kräftigen Durchbildung der Familienidee, die Grundpfeiler eines staatenerhaltenden Organismus erblicken. Und doch strebt ein Theil der jüngeren serbischen Staatsmänner aus der französischen Schule deren zerstörende Theorien: der Ackerbau ist ein freies Gewerbe, aller Grund und Boden muss theilbar, muss eine Waare sein, er muss wie Scheidemünze von Hand zu Hand gehen, – in ihr Vaterland einzuschmuggeln, den festen Boden ihrer Agrar- und Familienverfassung mit zersetzenden Paragraphen zu durchsickern. Glücklicherweise stehen die letzteren nur auf dem Papiere.«[77]

---

76 Vgl. M. Miljković, Kratak pregled na istoriski razvitak krivičnog prava u nas za poslednjih sto godina, in: Branič 9 (1905), S. 167.
77 Kanitz, Serbien (wie Fn. 47), S. 83 f.

Doch ungeachtet der Diskrepanz zwischen Rechtsetzung und Rechtspraxis schritten die Transformation der postosmanischen serbischen Gesellschaft, ihre wirtschaftliche und soziale Ausdifferenzierung, der Siegeszug der Geldwirtschaft sowie die gesellschaftliche Arbeitsteilung weiter voran.

Griechenland 20

Von Ioannis Zelepos (Wien)

0 Einführung

Die Anfänge einer systematischen Beschäftigung mit neugriechischer Verfassungsgeschichte gehen bereits auf das erste Jahrzehnt der staatlichen Unabhängigkeit Griechenlands zurück, als Andreas Mamoukas eine systematische Edition von Verfassungstexten, Gesetzen und anderen offiziellen Dokumenten aus dem Zeitraum von 1821–1832 unternahm, die 1839–1852 in elf Bänden unter dem Titel »Das während der Wiedergeburt Griechenlands [verfaßte]« erschien.[1] Bereits in diesem Titel kommt eine enge Koppelung verfassungsgeschichtlicher Entwicklungen mit dem Prozess nationaler Emanzipation zum Ausdruck, die für die diesbezügliche griechische Forschung bis heute charakteristisch ist und zugleich erklären kann, warum die zeitlich deutlich vor 1821 einsetzende Konstitutionalisierung auf den Ionischen Inseln demgegenüber vergleichsweise wenig Beachtung gefunden hat.[2] Die 1800 gegründete »Republik der Sieben Inseln« (bzw. seit 1815 »Vereinigte Staaten der Ionischen Inseln«) bildete zwar in formaler Hinsicht den ersten griechischen Staat der Neuzeit, stand aber in der ersten Hälfte des 19. Jahrhunderts unter russischem (1800–1807), französischem (1807–1814) sowie britischem Protektorat (1815–1864) und fungierte daher kaum als Referenzgröße für das wahrnehmungsprägende Motiv der »nationalen Wiedergeburt«.

---

1 Andreas Mamoukas, Τα κατά την αναγέννησιν της Ελλάδος. Ήτοι συλλογή των περί την αναγεννωμένην Ελλάδα συνταχθέντων πολιτευμάτων, νόμων και άλλων επισήμων πράξεων, από του 1821 μέχρι τέλους 1832 [Das während der Wiedergeburt Griechenlands [verfaßte], nämlich Sammlung der über das wiedergeborene Griechenland verfaßten Konstitutionen, Gesetze und anderer offizieller Akten von 1821 bis Ende 1832], Athen/Piräus 1839–52; siehe ferner ders., To πολιτικόν σύνταγμα της Ελλάδος κατά την Ε΄ Εθνικήν Συνέλευσιν [Die Staatsverfassung Griechenlands nach der Fünften Nationalversammlung], Athen 1843, mit Edition der sog. »Fürstenverfassung« (»Ηγεμονικόν Σύνταγμα«) von 1832.
2 Auf den Ionischen Inseln wurden nach Beendigung der venezianischen Herrschaft durch das revolutionäre Frankreich (1797) insgesamt drei Verfassungen erlassen: 1800, 1803 und 1817. Siehe Alexandros Svolos, Συνταγματική ιστορία της Ελλάδος [Verfassungsgeschichte Griechenlands], Athen 3. Aufl. 1998, S. 60 f., und Nikos Alivizatos, Εισαγωγή στην ελληνική συνταγματική ιστορία. Τεύχος Α' 1821–1941 [Einführung in die griechische Verfassungsgeschichte. Bd. 1 1821–1941], Athen 1981, S. 23–26. Vgl. auch P. Brandt u. a. (Hg.), Handbuch der europäischen Verfassungsgeschichte im 19. Jahrhundert, Bd. 1: Um 1800, Bonn 2006, S. 48, 356 Anm. 65, 372; CD-ROM-1, Dok.-Nr. 16.2.1 (Verfassung der Republik der Ionischen Inseln v. 23.11.1803); CD-ROM-2, Dok.-Nr. 20.2.1 (griech.)/20.2.2 (engl.) (Verfassung des Vereinigten Staates der Ionischen Inseln v. 2.5.1817). Mamoukas widmete ihnen bezeichnenderweise keine Zeile.

Auch bei weitgehender Beschränkung auf die Verfassungsgeschichte des griechischen Nationalstaates stößt allerdings der Versuch, aus ihr ein kohärentes Gesamtbild zu erstellen, auf Schwierigkeiten: Zwar setzte in den Gebieten, die nachmals den griechischen Staat bildeten, bereits in den ersten Monaten des Unabhängigkeitskrieges von 1821 ein intensiver Konstitutionalisierungsprozess ein, jedoch vollzog sich dieser zunächst auf lokaler bzw. regionaler Ebene und war dementsprechend heterogen. Erst 1822–1827 erfolgte in dieser Hinsicht eine schrittweise Vereinheitlichung und Zentralisierung im Rahmen von Verfassungen, deren Gültigkeitsanspruch sich auf das gesamte Aufstandsgebiet erstreckte und deren Legitimität aus dem Votum von Nationalversammlungen abgeleitet wurde, die zu ihrer Verabschiedung zusammengetreten waren. Diese Entwicklung erlebte jedoch bereits 1828 einen deutlichen Rückschlag, als Ioannis Kapodistrias in seiner Eigenschaft als Regent des aufständischen Griechenlands die Verfassungsordnung zugunsten einer persönlichen Alleinherrschaft außer Kraft setzte, die bis zu seiner Ermordung im Jahre 1831 dauerte. Zu einem völligen Abbruch kam es schließlich, als mit der von den europäischen Großmächten beschlossenen Einsetzung Ottos von Wittelsbach zum König von Griechenland 1833 eine absolutistische Monarchie installiert wurde, deren Leitung bis zu dessen Volljährigkeit (1835) eine dreiköpfige bayrische Regentschaft innehatte. Erst 1843 zwang eine Revolte Otto zur Gewährung einer Konstitution, die im Folgejahr verabschiedet wurde, jedoch nicht an ihre Vorläufer aus der Revolutionsperiode anknüpfte und somit einen verfassungsgeschichtlichen Neuanfang markiert. Mit der 1844 verabschiedeten Verfassung, die im Unterschied zu den Revolutionsverfassungen ihren Legitimitätsanspruch nicht mehr aus dem Prinzip der Volkssouveränität ableitete, sondern ihrem rechtlichen Charakter nach einen Vertrag zwischen König und Nationalversammlung darstellte, wurde Griechenland formal zu einer konstitutionellen Monarchie. Sie basierte auf dem Konzept einer Kräftebalance zwischen König und Repräsentativorganen, das in der Praxis von Ersterem jedoch wirksam ausgehebelt wurde – de facto setzte Otto seine Alleinherrschaft bis zu seinem Sturz im Jahre 1862 weitgehend uneingeschränkt fort.[3]

Aus den hier skizzierten Rahmenbedingungen ergeben sich Diskontinuitäten, denen eine Darstellung zur griechischen Verfassungsgeschichte in der ersten Hälfte des 19. Jahrhunderts Rechnung tragen muss. Im Zentrum steht dabei aus nahe liegenden inhaltlichen Gründen der Zeitraum vom Beginn des griechischen Unabhängigkeitskrieges 1821 bis zum Vorabend der Verfassungsbewegung von 1843/44. In den Einzelabschnitten wird jeweils zwischen revolutionärer und absolutistischer Periode differenziert, wobei das Schwergewicht auf Ersterer liegt. Diese Fokussierung auf den im Unabhängigkeitskrieg eingeleiteten Konstitutionalisierungsprozess ist sinnvoll, denn auch wenn er keine Langzeitwirkung entfaltete, hatte er nicht nur große

---

[3] Siehe zur nachfolgenden verfassungsgeschichtlichen Periode der konstitutionellen Monarchie Band 3 des vorliegenden Handbuchs.

Bedeutung für die politische Formierung der griechischen Gesellschaft, sondern ist unter dem Aspekt von Ideentransfer und seinen spezifischen Implikationen auch im übergeordneten Kontext europäischer Verfassungsgeschichte von Interesse.

1 Griechenland 1815–1847

Das Bild der griechischen Gesellschaft im zweiten Jahrzehnt des 19. Jahrhunderts ist von erheblichen Disparitäten geprägt, die sowohl geografisch als auch soziokulturell bedingt waren. Hier ist etwa auf die z. T. beachtlichen regionalen Unterschiede sozioökonomischer Rahmenbedingungen in den Räumen mit vorwiegend griechischer Besiedlung hinzuweisen, ferner auf die Existenz einer urbanen Elite, die eng mit dem osmanischen Staat verflochten und dementsprechend stark auf dessen Hauptstadt orientiert war – die sog. »Fanarioten«, eine Handelsaristokratie, die faktisch auch das Patriarchat von Konstantinopel und damit die orthodoxe Amtskirche des Osmanischen Reiches kontrollierte –, nicht zuletzt aber auf die Bedeutung transterritorialer Diasporagemeinden in Mittel- und Osteuropa, von denen wesentliche Impulse zur Formierung der griechischen Nationalbewegung ausgingen. Der Umstand, dass die berühmte »Filiki Etaireia« (»Gesellschaft der Freunde«), die eine wichtige Rolle bei der Vorbereitung des Unabhängigkeitskrieges spielte, 1814 in Odessa gegründet wurde und ihre stärkste Mitgliederbasis in Russland sowie in den Donauhegemonien Moldau und Walachei hatte[4], ist dafür ebenso bezeichnend wie die Tatsache, dass dieser Krieg selbst 1821 seinen Anfang auf dem Territorium des heutigen Rumänien nahm.[5] Die Gebiete, aus denen fast ein Jahrzehnt später der unabhängige griechische Staat gebildet wurde[6], wiesen ebenfalls ein heterogenes kulturgeografisches Profil auf, wobei die Peloponnes, das mittelgriechische Festland bzw. »Roumeli« sowie die Ägäisinseln drei historische Regionen mit jeweils recht unterschiedlichen Sozial- und Klientelstrukturen bildeten.[7]

---

4   Zur »Filiki Etaireia« siehe nach wie vor einschlägig George Frangos, The Philike Etaireia, 1814–1821: A Social and Historical Analysis, PhD Columbia University 1971, mit ausführlicher Mitgliederstatistik im Anhang (S. 298-539).
5   Im Februar 1821 überschritt Alexandros Ypsilantis (1792–1828), ein in russischen Diensten stehender Offizier fanariotischer Herkunft, mit etwa 500 Freischärlern den Pruth, zog über Iași nach Bukarest und wurde schließlich im Juni des Jahres von überlegenen osmanischen Kräften bei Drăgășani in Oltenien geschlagen.
6   Siehe CD-ROM-2, Dok.-Nr. 20.1.1 (Londoner Protokoll v. 3.2.1830), Art. 2; vgl. auch die nachfolgende Grenzvereinbarung im Vertrag von Konstantinopel v. 9.7.1832, ebd., Dok.-Nr. 20.1.2., Art. 1/2.
7   Siehe Gunnar Hering, Die politischen Parteien in Griechenland 1821–1936, München 1992, S. 55-59 (mit einer einführenden Skizze); John Petropoulos, Politics and Statecraft in the Kingdom of Greece 1833–1843, Princeton 1968, S. 19-36, 53-71 (zu Akteursgruppen und Klientelstrukturen).

Dies bedingte eine weitgehende Autonomie partikularer Kräfte, die den gesamten Verlauf des Unabhängigkeitskrieges prägte und eine frühe politische Manifestation in den verschiedenen Lokalverfassungen fand, die noch im ersten Aufstandsjahr entstanden, namentlich der am 9. November 1821 in Messolongi verabschiedete »Organismus des Senats von Westgriechenland« (»Οργανισμός της Γερουσίας της Δυτικής Ελλάδος«), die am 15. November 1821 in Amfissa vom »Senat« bzw. »Areopag« Ostgriechenlands verabschiedete »Rechtliche Verordnung des Östlichen Festländischen Griechenlands« (»Νομική Διάταξις της Ανατολικής Χέρσου Ελλάδος«) sowie der am 27. Dezember 1821 in Epidavros verabschiedete »Organismus des Peloponnesischen Senats« (»Οργανισμός της Πελοποννησιακής Γερουσίας«).[8]

Diese Verfassungen blieben ebenso wie die Lokalregierungen, die sie geschaffen hatten, bezeichnenderweise in Kraft, nachdem die Erste Nationalversammlung von Epidavros mit der »Vorläufigen Verfassung« (»Προσωρινόν Σύνταγμα«) vom 1. Januar 1822 die erste Konstitution mit explizit gesamtgriechischem Anspruch verabschiedet hatte; sie wurden erst durch die Zweite Nationalversammlung von Astros am 30. März 1823 formal außer Kraft gesetzt.[9] Die damit bezweckte Zentralisierung stieß in der Praxis jedoch auf Grenzen, denn faktisch bestand etwa der »Peloponnesische Senat« davon gänzlich unbeeindruckt noch jahrelang fort.

Die Zweite Nationalversammlung war am 29. März 1823 in Astros zusammengetreten, um die Verfassung von Epidavros funktional zu verbessern, jedoch wurde die Arbeit dieses Gremiums bereits in hohem Maße vom Interessengegensatz politischer Koalitionen bestimmt, die sich in den beiden vorangegangenen Kriegsjahren formiert hatten. Die zentrale Konfliktlinie verlief dabei zwischen den »Archonten«, einer Gruppe, in der Angehörige der zivilen Grundbesitzerelite eine wichtige Rolle spielten, und den »Militärs«, zu deren Protagonisten vormals eher unbedeutende Personen zählten, die sich erst während des Aufstands als Freischärlerkommandeure profiliert hatten und nun als Garanten für dessen zukünftigen Erfolg wahrgenommen wurden, zugleich aber auch als Interessenvertreter der landlosen christlichen Bevölkerung auftraten – ein herausragendes Beispiel ist Theodoros Kolokotronis (1770–1843), der

---

8   Für einen kurzen Überblick siehe Alivizatos, [Einführung] (wie Fn. 2), S. 27 f., sowie einschlägig Apostolos Daskalakis, Οι τοπικοί οργανισμοί της Επαναστάσεως του 1821 και το Πολίτευμα της Επιδαύρου. Εν παραρτήματι τα κείμενα [Die Lokalverfassungen des Unabhängigkeitskrieges von 1821 und die Verfassung von Epidavros. Im Anhang die Texte], Athen 1980, S. 225-295 (ausführliche Quellenedition im Anhang); vgl. Mamoukas, [Wiedergeburt] (wie Fn. 1), Bd. 1, S. 19-80. Lokale Verfassungen sind auch für Samos (Anfang Mai 1821) – siehe Daskalakis, [Lokalverfassungen] (wie oben), S. 276-282 – und Kreta (20.5.1822) – Daskalakis, [Lokalverfassungen] (wie oben), S. 269-275 – dokumentiert. Zu Letzterem vgl. Mamoukas, [Wiedergeburt] (wie Fn. 1), Bd. 3, S. 98-147; Bd. 4, S. 5-32.
9   Siehe Mamoukas, [Wiedergeburt] (wie Fn. 1), Bd. 2, S. 98-102. Hinweis: Alle Datumsangaben beziehen sich, soweit es sich nicht um Ereignisse der internationalen Politik handelt, auf den julianischen Kalender, der in Griechenland bis 1924 gültig war und gegenüber dem gregorianischen um dreizehn Tage nach vorn abweicht.

nach der Schlacht am Dervenakia-Pass bei Korinth im Juli 1822 zur militärischen Leitfigur des Aufstands avancierte.[10]

Der Einfluss der Militärs wurde mit der Verfassung von Astros zurückgedrängt, was zwar einen kurzfristigen Erfolg des Lagers der »Archonten« bedeutete, jedoch zugleich die Frontstellung des ersten Bürgerkrieges vorzeichnete, der im November 1823 ausbrach und bis Juni 1824 dauerte. Der Anlass dazu wurde geliefert, als die Militärs das Parlament gewaltsam aus seinem Tagungsort in Argos vertrieben, woraufhin dieses sich in das gegenüber der Insel Hydra gelegenen Küstendorf Kranidi begab und am 18. Dezember 1823 eine eigene Regierung bildete.[11] Die Militärs verlegten daraufhin ihren Sitz in das arkadische Tripolitsa, wo sie im Gegenzug Anfang 1824 ein neues Parlament bildeten und auf diese Weise eine zweite Aufstandsregierung schufen, die weitgehend von den Peloponnesiern kontrolliert wurde. Die Regierung von Kranidi, die demgegenüber unter starkem Einfluss der Inseln sowie des roumeliotischen Freischärlerkommandeurs Ioannis Kolettis (1774–1847) stand, konnte allerdings unter Berufung auf die Verfassung von Astros größere Legitimität für sich beanspruchen und verstand es auch, diesen Anspruch im europäischen Ausland geltend zu machen, wo die Entwicklungen an der Südspitze der Balkanhalbinsel von einer philhellenisch gesinnten Öffentlichkeit nicht nur mit großer Aufmerksamkeit, sondern auch mit Anteilnahme verfolgt wurden. Dies sicherte ihr den Zugriff auf eine Geldanleihe, die 1824 in London für die Sache der griechischen Freiheit bereitgestellt wurde und die es ihr ermöglichte, den Sold der Truppen zu bezahlen, was den Schlüssel für ihren militärischen Sieg über die Gegenregierung in Tripolitsa lieferte. Die sich schon während dieses ersten Bürgerkrieges abzeichnende Verschiebung der Konfliktlinien in landsmannschaftlich-regionale Richtung gelangte zur vollen Ausprägung während des zweiten Bürgerkrieges vom November/Dezember 1824, der sich vor allem als Auseinandersetzung zwischen den von den Insulanern unterstützten Roumelioten und den Peloponnesiern darstellt.[12] Auch aus diesem Krieg ging das Regierungslager

---

10 Die Bezeichnung »Archonten« folgt der Terminologie von Hering, Parteien (wie Fn. 7). Anderswo ist auch von »Politikern« oder »Bürgerlichen« bzw. »Zivilisten« die Rede; vgl. etwa Petropoulos, Politics (wie Fn. 7), S. 82 f., der in diesem Zusammenhang von »the military and civilian «parties»« spricht. Zur sozialen Dimension des Konflikts siehe erneut Hering, Parteien (wie Fn. 7), S. 61 f., der jedoch gegen allzu statische Zuordnungen der beiden Lager eintritt und ein differenziertes Bild der Entwicklung ihrer Akteurs- und Klientelprofile in den ersten Kriegsjahren zeichnet (S. 70-90). Bereits damals zeichnete sich in ersten Ansätzen auch schon der noch weit in die Periode der staatlichen Unabhängigkeit reichende Konflikt zwischen »Autochthonen«, d. h. Alteingesessenen, und »Heterochthonen«, d. h. aus Gebieten jenseits des Aufstandsgebietes stammenden und dorthin Zugewanderten, ab. Zu letzterer Gruppe, die sich aus Angehörigen des fanariotischen Milieus sowie der europäischen Diasporagemeinden zusammensetzte, vgl. Petropoulos, Politics (wie Fn. 7), S. 76-82.
11 Siehe Petropoulos, Politics (wie Fn. 7), S. 85-87; Hering, Parteien (wie Fn. 7), S. 80 f.
12 Siehe Petropoulos, Politics (wie Fn. 7), S. 87 f.; Hering, Parteien (wie Fn. 7), S. 81-85. Den Hintergrund dazu bildete der Umstand, dass die Peloponnesier nach Ende des ersten Bürgerkrieges weitgehend aus der Regierung gedrängt wurden und sich daraufhin zu einem Bündnis zusammen-

als Sieger hervor – die unterlegenen Peloponnesier wurden entweder zur Flucht gezwungen oder, wie etwa Theodoros Kolokotronis, unter Arrest gestellt. Dies führte jedoch nicht zu einer nachhaltigen politischen Stabilisierung, denn nur wenige Wochen später kam es zu einer dramatischen Verschlechterung der militärischen Lage.

Am 24. Februar 1825 landete im Südwesten der Peloponnes ein 17.000 Mann starkes ägyptisches Expeditionskorps, das nach europäischem Standard ausgebildet und bewaffnet war und unter der Leitung von Ibrahim Pascha (1789–1848), dem Sohn des osmanischen Vizekönigs von Ägypten, stand. Ibrahims Landung war ein Fanal für die aufständischen Griechen, die in der Folgezeit eine Reihe schwerwiegender Niederlagen hinnehmen mussten und in eine zunehmend aussichtslose Position gerieten. Im April 1826 wurde die Stadt Messolongi nach langjähriger Belagerung von den Osmanen erobert, die bald ganz Mittelgriechenland sowie den Großteil der Peloponnes unter ihre Kontrolle brachten, womit sich die Niederlage unmittelbar abzeichnete.

Trotz dieser massiven äußeren Bedrohung ließen sich die inneren Konflikte unter den Aufständischen kaum überbrücken. Im September 1825 waren Wahlen zur Bildung einer Dritten Nationalversammlung ausgerufen worden, die am 6. April 1826 in Piada (Nea Epidavros) zusammentrat, ihre Arbeit jedoch wegen der Differenzen zwischen dem von Kolettis geführten »englischen« und dem von Kolokotronis geführten »russischen« Lager bereits nach kurzer Zeit wieder abbrach und im August des Jahres in zwei Gruppen zerfiel, die sich an jeweils eigene Tagungsorte begaben – Erstere auf die Insel Ägina, Letztere in das nahe bei Kranidi gelegene Ermioni.[13] Erst nach langwieriger Vermittlung von britischer Seite, während der es wiederholt zu bewaffneten Zusammenstößen zwischen beiden Lagern kam, gelang es, die bestehenden Spannungen zumindest zeitweilig so weit zu überbrücken, dass die Abgeordneten am 19. März 1827 zu einer gemeinsamen Versammlung in Troizina zusammentraten, wo am 5. Mai 1827 schließlich die dritte griechische Revolutionsverfassung verabschiedet wurde.[14]

Die Intervention der britischen Philhellenen – neben dem damaligen Botschafter bei der Pforte, Sir Stratford Canning, sind hier die Offiziere Alexander Cochra-

---

schlossen, dass die Zentral- und Westpeloponnes de facto kontrollierte und die Regierung von den Steuereinnahmen aus diesem Gebiet abschnitt. Diese konnte jedoch über die mittlerweile eingetroffene Londoner Anleihe verfügen und entsandte im Gegenzug Truppen, die aus einer von Kolettis geschmiedeten Koalition roumeliotischer Warlords bestanden und die Gegend in einem regelrechten Plünderungsfeldzug verheerten.

13 In diesen Formationen sind die Anfänge der nachmaligen »Auslandsparteien« (der »englischen«, »russischen« sowie – später – »französischen«) zu lokalisieren, die bis in die 1850er-Jahre hinein bestanden. Vgl. Petropoulos, Politics (wie Fn. 7), S. 96-106; Hering, Parteien (wie Fn. 7), S. 91-95, 150-155.

14 CD-ROM-2, Dok.-Nr. 20.2.7 (griech.)/20.2.8 (dt.). Hinweis: Die Datierung der griechischen Dokumente in der CD-ROM-Edition folgt zum Teil unzuverlässigen Vorlagen, ebenso sind die deutschen Übersetzungen grundsätzlich nicht zitierfähig und nur mit Vorbehalt heranzuziehen, da sie abgesehen von ihrer sprachlichen Ungenauigkeit auch zahlreiche Fehlnummerierungen von Verfassungsartikeln enthalten.

ne, Richard Church und Rowan Hamilton zu nennen – illustriert eindrücklich den gewachsenen Einfluss der Europäer auf den Verlauf des Aufstands, in welchem sie schließlich auch militärisch das Ruder herumrissen, als am 20. Oktober 1827 ein britisch-französisch-russisches Geschwader die Invasionsflotte Ibrahims bei Navarino vernichtete, womit eine wichtige Vorentscheidung für die zukünftige Unabhängigkeit Griechenlands gefallen war, die von den europäischen Großmächten im Londoner Protokoll von 1830 beschlossen wurde[15], nachdem Russland das Osmanische Reich im Krieg von 1828/29 besiegt hatte.

Bereits vor Verabschiedung der Verfassung von Troizina, die als Kulminationspunkt des griechischen Konstitutionalisierungsprozesses in der Revolutionsphase gilt[16], hatte die Dritte Nationalversammlung am 3. April 1827 einstimmig den von den Ionischen Inseln stammenden Ioannis Kapodistrias (1776–1831), der vor dem Unabhängigkeitskrieg als Staatssekretär im russischen Außenministerium Karriere gemacht hatte, zum Regenten (»Κυβερνήτης«) Griechenlands mit siebenjähriger Amtszeit gewählt. Dieser setzte nach seiner Ankunft in Griechenland Anfang 1828 die Verfassungsordnung außer Kraft und errichtete eine De-facto-Alleinherrschaft. Zugleich leitete er ein ehrgeiziges Zentralisierungs- und Staatsbildungsprogramm ein, das jedoch entsprechende Unzufriedenheit hervorrief. Die stetig wachsende einheimische Opposition gegen sein autokratisches Regime erhielt nach der französischen Julirevolution von 1830 noch zusätzlichen Auftrieb, und schließlich fiel Kapodistrias am 27. September 1831 einem Attentat zum Opfer, das von Angehörigen des einflussreichen Mavromichalis-Clans begangen wurde.[17]

Nach der Ermordung von Kapodistrias übertrug der Senat die Regierungsgewalt einer dreiköpfigen Kommission, die aus dessen Bruder Avgoustinos Kapodistrias, Kolokotronis sowie Kolettis bestand. Sie berief am 5. Dezember 1831 eine Fünfte Nationalversammlung in Argos ein, welche Avgoustinos Kapodistrias drei Tage später

---

15 CD-ROM-2, Dok.-Nr. 20.1.1 (Londoner Protokoll v. 3.2.1830).
16 Siehe etwa Svolos, [Verfassungsgeschichte] (wie Fn. 2), S. 68, und Dimitris Kaltsonis, Ελληνική Συνταγματική Ιστορία. Τόμος Ι: 1821–1940 [Griechische Verfassungsgeschichte. Bd. 1: 1821–1940], Athen 2009, S. 33-37.
17 Dieser Clan hatte zuvor in der von ihm kontrollierten Mani eine Revolte in Gang gebracht, die Kapodistrias mit russischer Hilfe niederschlug. Die Attentäter (es handelte sich um den Bruder und den Sohn des dabei inhaftierten Clanchefs Petrobey Mavromichalis) konnten auf das Wohlwollen der diplomatischen Vertreter Frankreichs und Großbritanniens zählen, die sich von der Beseitigung Kapodistrias' eine Eindämmung des russischen Einflusses in Griechenland versprachen – vgl. Petropoulos, Politics (wie Fn. 7), S. 124 – und möglicherweise sogar die Drahtzieher des Anschlags waren – siehe Tasos Vournas, Ιστορία της νεώτερης Ελλάδας. Από την Επανάσταση του 1821 ως τι κίνημα του Γουδί (1909) [Geschichte des neueren Griechenlands. Vom Unabhängigkeitskrieg von 1821 bis zur Bewegung von Goudi (1909)], Athen o. J. [1974], S. 229 f. Auch die Stationierung einer 14.000 Mann starken französischen Truppe unter General Nicolas-Joseph Maison im August 1828 auf der Peloponnes (vordergründig mit dem Auftrag, das ägyptische Expeditionskorps zu entwaffnen), war bereits mit diesem Hintergedanken erfolgt, zumal Russland inzwischen dem Osmanischen Reich den Krieg erklärt hatte und auf Konstantinopel vorrückte.

zum Präsidenten ernannte. Dieser machte sich umgehend daran, seine Konkurrenten kaltzustellen, was zu einer erneuten Spaltung führte: Kolettis sprach der Fünften Nationalversammlung ihre Legitimität ab, begab sich mit seinen Anhängern von Argos nach Perachora in der Nähe von Korinth und berief die Vierte Nationalversammlung wieder ein, welche daraufhin eine eigene Regierungskommission ernannte. Erneut standen sich damit zwei verfeindete Aufstandsregierungen gegenüber, die sich diesmal aus dem Lager der »Regierungsanhänger« (»Κυβερνητικοί«) um Avgoustinos Kapodistrias auf der einen und dem Lager der »Konstitutionalisten« (»Συνταγματικοί«) um Kolettis auf der anderen Seite zusammensetzten. Letztere konnten den darauf folgenden Bürgerkrieg in der Schlacht am Isthmus im März 1832 für sich entscheiden, kurz zuvor (15. März) hatte jedoch die Fünfte Nationalversammlung in Argos noch eine Konstitution verabschiedet, die später als »Fürstenverfassung« (»Ηγεμονικόν Σύνταγμα«) bekannt wurde, weil sie die Einrichtung einer Erbmonarchie vorsah.[18]

Die siegreichen »Konstitutionalisten« schritten am 11. Juni 1832 in Argos zur erneuten (Wieder-)Einberufung der Vierten Nationalversammlung, die aufgrund der allgemein anarchischen Verhältnisse im Aufstandsgebiet bald gezwungen war, ihren Tagungsort zunächst nach Nafplion und von dort nach Pronoia zu verlegen. Sie annullierte die Beschlüsse der Fünften Nationalversammlung und bestätigte am 27. Juli 1832 einstimmig die zuvor von Großbritannien, Frankreich und Russland als Schutzmächten beschlossene Einsetzung Ottos von Wittelsbach als König von Griechenland.[19] Ihre zwei Tage später (29. Juli 1832) erfolgte Ankündigung zur Ausarbeitung einer neuen Verfassung stieß jedoch auf dezidierte Ablehnung seitens der Schutzmächte, deren Botschafter der Nationalversammlung eine verfassungsgebende Kompetenz ohne Beteiligung des Monarchen nunmehr grundsätzlich absprachen und, als diese dennoch eine entsprechende Arbeitskommission einrichtete, für ihre gewaltsame Auflösung am 10. August 1832 sorgten.

Dies markiert den endgültigen Abbruch eines Konstitutionalisierungsprozesses, der praktisch mit dem Ausbruch des griechischen Unabhängigkeitskriegs eingesetzt

---

18 Diese Idee war damals durchaus nicht neu, denn bereits die am 15.11.1821 in Amfissa verabschiedete Lokalverfassung von Ostgriechenland hatte in Kapitel 3/1 die zukünftige Einsetzung »eines Königs, den Griechenland aus dem christlichen Europa anfordern« würde (»[...] Βασιλέως, τον οποίον η Ελλάς έχει να ζητήση από την Χριστιανικήν Ευρώπην«), vorgesehen. Siehe Mamoukas, [Wiedergeburt] (wie Fn. 1), Bd. 1, S. 49. Anders als hier indirekt artikuliert verankerte die »Fürstenverfassung« von 1832 jedoch nicht das Prinzip der Volkssouveränität. Sie sah ein Zweikammersystem aus einem nach indirektem Zensuswahlrecht zu wählenden »Senat« sowie einem »Repräsentantenhaus« vor, das jederzeit vom Monarchen aufgelöst werden konnte. Zur »Fürstenverfassung« siehe Svolos, [Verfassungsgeschichte] (wie Fn. 2), S. 72-74. Vgl. auch Alivizatos, [Einführung] (wie Fn. 2), S. 41 f., der ihr trotz ihres undemokratischen Grundzuges einen liberalen Charakter im Bereich der Grundrechte attestiert; siehe Kapitel 4, Grundrechte.
19 Dies wurde im Londoner Vertrag vom 7.5.1832 vereinbart, das Dokument ist ediert bei Tryfon Evangelidis, Ιστορία του Όθωνος Βασιλέως της Ελλάδος 1832–1862 [Geschichte König Ottos von Griechenland 1832–1862], Athen 1893, S. 7-13.

und dessen Verlauf in hohem Maße mitprägt hatte, denn er lieferte die zentralen Konfliktlinien, entlang derer die zahlreichen Fraktionskämpfe unter den Aufständischen ausgetragen wurden. Dabei ist es charakteristisch, dass die Postulierung verfassungsmäßiger Legitimität von praktisch allen beteiligten Akteuren offenbar als wichtige Voraussetzung für die Begründung eigener Machtansprüche angesehen und insofern die normative Funktion der Verfassungsordnung prinzipiell als verbindlich akzeptiert wurde – ganz unabhängig davon, wie zweifelhaft die rechtliche Basis dieser Ansprüche im Einzelfall tatsächlich gewesen sein mochte.[20] Angesichts dessen ist es kaum verwunderlich, dass die historische Erfahrung dieses Konstitutionalisierungsprozesses auch in der nachfolgenden Periode eine nicht zu unterschätzende paradigmatische Wirkung auf die einheimischen politischen Kräfte in Griechenland ausübte. Dabei ist zu berücksichtigen, dass die Bestimmung Ottos zum König mit keiner eindeutigen Regelung der Verfassungsfrage einhergegangen war und diese somit als offen betrachtet wurde, was nicht zuletzt aufgrund entsprechender Empfehlungen der Schutzmächte auch durchaus nahe lag, obwohl diese nur unverbindlichen Charakter hatten.[21]

Die Ankunft Ottos in Griechenland am 6. Februar 1833 markiert den Beginn einer absolutistischen Herrschaft, die bis zu dessen Volljährigkeit am 1. Juni 1835

---

20 Dabei ist anzumerken, dass die Legitimität der während des Unabhängigkeitskrieges zusammengetretenen Nationalversammlungen und somit auch der von ihnen verabschiedeten Verfassungen grundsätzlich prekär war, was angesichts der spezifischen Rahmenbedingungen nur natürlich ist. In der Literatur gelten üblicherweise die ersten drei Nationalversammlungen (resp. Verfassungen) von Epidavros (1822), Astros (1823) und Troizina (1827) als legitim, die Vierte (Argos 1829 sowie Argos/Nafplion/Pronoia 1832) und Fünfte (Argos 1832) jedoch nicht. Dies beruht freilich eher auf Konvention als auf zwingenden inhaltlichen Gründen. So fragt sich etwa, inwiefern die 60 Abgeordneten, die am 20.12.1821 unter Vorsitz von Alexandros Mavrokordatos (1791–1865) die Erste Nationalversammlung von Epidavros bildeten, über ein legitimes Mandat verfügten, zumal es damals weder ein entsprechendes Wahlgesetz noch eine territoriale Gliederung von Wahlkreisen gab – tatsächlich handelte es sich bei den meisten um zivile Notabeln, die mehrheitlich aus Mittelgriechenland stammten: 35 gegenüber zehn Peloponnesiern, 14 Insulanern und einem verbündeten Albaner. Siehe Alivizatos, [Einführung] (wie Fn. 2), S. 29; vgl. Kaltsonis, [Verfassungsgeschichte] (wie Fn. 16), S. 22-24; vgl. CD-ROM-2, Dok.-Nr. 20.2.9 (Geschäftsordnung der Ersten Nationalversammlung v. 1821). Demgegenüber wurde das demokratische Repräsentationsprinzip zumindest theoretisch am weitesten in der nicht legitimen Vierten Nationalversammlung von 1829 entwickelt; siehe Kapitel 3, Wahlrecht und Wahlen.
21 So hatte etwa die Londoner Konferenz bereits am 18.8.1832 einen Appell an »die Griechen« gerichtet, dem König bei seiner Aufgabe, dem Staat eine endgültige Verfassung zu geben, beizustehen. Schon einen Monat zuvor, am 19.7.1832 hatte der bayrische Außenminister Friedrich August von Gise geäußert, dass eine prioritäre Aufgabe der zukünftigen Regentschaft darin bestehen werde, eine Nationalversammlung einzuberufen, welche an der Erarbeitung einer endgültigen Verfassung mitwirken würde; siehe Alivizatos, [Einführung] (wie Fn. 2), S. 50. Alivizatos weist dort übrigens darauf hin, dass die Vierte (fortgesetzte) Nationalversammlung mit ihrem Beschluss vom 27.7.1832 lediglich die Einsetzung Ottos zum König, nicht aber das Londoner Protokoll in toto akzeptiert hatte.

von einer dreiköpfigen Regentschaft ausgeübt wurde.[22] Diese hatte Ottos Vater, Ludwig I. von Bayern, am 5. Oktober 1832 ernannt und mit einem 3.500 Mann starken Militärkontingent ausgestattet.[23] Bei der Umsetzung ihres ehrgeizigen Regierungsprogramms stieß die bayrische Regentschaft von Beginn an auf massive Probleme im Inneren, was bald seinen Niederschlag in einer durchaus restriktiven Gesetzgebung fand. Damit wurden die Weichen für eine absolutistische Herrschaftspraxis gestellt, die nach der Übernahme der Regierungsverantwortung durch den 1835 volljährig gewordenen Otto eine ungebrochene Kontinuität fand.[24] Dies führte jedoch mittelfristig zur nachhaltigen Verstärkung der Opposition seitens der einheimischen politischen Kräfte, namentlich der drei sog. »Auslandsparteien«, die sich während des Unabhängigkeitskrieges formiert und inzwischen deutlich an Kontur gewonnen hatten. Für sie fungierte seit Anfang der 1840er-Jahre die Forderung nach einer Verfassung als ein gemeinsamer Nenner, mit dem ansonsten durchaus divergierende Interessenlagen überbrückt und in eine gemeinsame politische Richtung kanalisiert werden konnten, was schließlich in die Verfassungsrevolution vom 3. September 1843 mündete, in deren Folge Griechenland eine konstitutionellen Monarchie wurde.[25]

2 Verfassungsstruktur der zentralen staatlichen Ebene

In der am 1. Januar 1822 verabschiedeten »Vorläufigen Verfassung« von Epidavros[26], einem formal wie inhaltlich stark an das Vorbild der französischen Revolutionsverfassungen angelehnten Dokument, wurde das Prinzip der Gewaltenteilung in radikaler Form umgesetzt. Die Staatsgewalt ging demnach von zwei einander gleichgestellten Körperschaften aus (§ 9), dem Parlament (»Βουλευτικόν«) und der »Exekutive«

---

22 Vgl. CD-ROM-2, Dok.-Nr. 20.8.1 (Proklamation des Regentschaftsrates v. 4.2.1833). Die Regentschaft bestand anfangs aus dem vormaligen bayrischen Finanz- und Außenminister Joseph Ludwig von Armansperg (1787–1853), der als Präsident fungierte und für Wirtschaftsfragen zuständig war, dem Professor für Rechtsgeschichte Georg Ludwig von Maurer (1790–1872), zuständig für Justiz, Bildung und Religion, sowie dem Oberstleutnant Carl Wilhelm von Heideck (1788–1861), zuständig für Heer und Marine. Zum Regentschaftssekretär mit Kompetenzen in den Bereichen Verwaltung und Außenbeziehungen wurde der Ministerialrat Karl von Abel (1788–1859) ernannt. Abel und Maurer überwarfen sich bereits nach kurzer Zeit mit Armansperg und wurden 1834 wieder nach Bayern zurückberufen. Siehe Petropoulos, Politics (wie Fn. 7), S. 157.
23 Vgl. Kapitel 7, Militär.
24 Bezeichnenderweise enthielt seine zu diesem Anlass verfasste Proklamation an das griechische Volk vom 2.5.1835, in: CD-ROM-2, Dok.-Nr. 20.8.2, zwar eine Selbstverpflichtung zur Einhaltung der Gesetze sowie zum Schutz der Rechte und Freiheiten seiner Untertanen, jedoch keinerlei Hinweis auf eine Verfassung.
25 Siehe Hering, Parteien (wie Fn. 7), S. 174–224; vgl. CD-ROM-2, Dok.-Nr. 20.8.4 (das an den König gerichtete Pronunciamiento der Mitglieder des Staatsrats v. 3.9.1843).
26 CD-ROM-2, Dok.-Nr. 20.2.3 (griech.)/20.2.4 (dt.).

(»Εκτελεστικόν«) mit jeweils einjähriger Amtsperiode (§ 19, 21). Das Parlament setzte sich aus gewählten Abgeordneten zusammen, deren Anzahl in einem zukünftig zu verabschiedenden Wahlgesetz noch zu bestimmen war. Die »Exekutive« bestand in Anlehnung an das französische Direktorium aus fünf Mitgliedern, die in gesonderter Abstimmung des Parlaments aus dessen Abgeordneten zu wählen waren (§ 20). Diese wählten wiederum ein aus acht Ministern (für Äußeres, Inneres, Finanzen, Justiz, Kriegswesen, Marine, Religion sowie Polizei) bestehendes Kabinett und ernannten ferner Staatssekretäre.

Zu den zentralen Kompetenzen des Parlaments gehörte die Verabschiedung von Gesetzesvorlagen, die allerdings der Zustimmung der »Exekutive« bedurften, um Gültigkeit zu erlangen, die Bildung von Arbeitsausschüssen in Analogie zu den acht Kabinettsressorts und schließlich die Ausübung des Budgetrechts in Zusammenarbeit mit der »Exekutive«. Zu den Kompetenzen der »Exekutive« zählte demgegenüber – abgesehen von der Kabinettsbildung – die Vorlage von Gesetzesentwürfen beim Parlament, das sie bei Bedarf zu außerordentlichen Sitzungen einberufen konnte, ferner die Sorge um die öffentliche Sicherheit, die Gestaltung der äußeren Beziehungen sowie der militärische Oberbefehl, wobei zentrale Entscheidungen allerdings von der Zustimmung des Parlaments abhängig waren.[27] Charakteristisch war dabei die strikte Anwendung des Mehrheitsprinzips in der »Exekutive«, die ebenfalls eine Anleihe bei der französischen Direktorialverfassung von 1795 darstellte.

Dieses Staatskonzept war vom Gedanken einer möglichst sorgfältigen Ausbalancierung der Macht inspiriert und in seiner Art sicherlich geeignet, beim demokratisch gesinnten Teil der europäischen Öffentlichkeit Sympathien zu erwecken.[28] In der Realität des griechischen Unabhängigkeitskrieges erwies es sich jedoch schnell als völlig unpraktikabel, was zu einem entsprechenden Regulierungsversuch durch die Zweite Nationalversammlung von Astros im folgenden Jahr führte. Wie schon der Titel der von ihr verabschiedeten Verfassung betonte (»Gesetz von Epidavros«), war diese als Ergänzung der »Vorläufigen Verfassung« konzipiert, was sich auch in ihrer Struktur niederschlägt, die der des Vorgängermodells entsprach, dessen Text sie z. T. wörtlich übernahm. Abgesehen von Bestimmungen, die vom Versuch einer Zentralisierung

---

27 Dazu gehörte die Aufnahme von Auslandskrediten sowie die hypothekarische Belastung und der Verkauf von Staatsland, ferner außerordentliche militärische Beförderungen und nicht zuletzt das Recht der Kriegserklärung und des Friedensschlusses – Letzteres entsprach dem expliziten Kapitulationsverbot, das in § 45 der Verfassung von Epidavros verankert war.
28 Vgl. Alivizatos, [Einführung] (wie Fn. 2), S. 32. Tatsächlich dürfte der wichtigste geistige Urheber der Verfassung von Epidavros neben Alexandros Mavrokordatos und Theodoros Negris (1790–1824) der italienische Carbonaro und Philhellene Vincenzo Gallina (1795–1842) gewesen sein, der 1821 mit europäischen Verfassungstexten im Gepäck nach Griechenland kam. Zum Thema des Verfassungstransfers siehe Hering, Parteien (wie Fn. 7), S. 115-123, der allerdings vor allzu schlichten Rezeptionsmodellen warnt und die Bedeutung indigener Faktoren betont. Dazu gehört etwa die einjährige Amtsperiode von Parlament und »Exekutive«, die er aus der Tradition kommunaler Selbstverwaltung in osmanischer Zeit ableitet.

zeugen – z. B. die Aussetzung der Lokalverfassungen (s. o. Kapitel 1) – und durch die klarere Definition des Staatsbürgerbegriffs sowie der Grundrechte ein höheres Maß an Professionalität dokumentieren, lag der zentrale Unterschied zu ihrer Vorgängerin jedoch in der Stärkung des Parlaments gegenüber der »Exekutive«, deren ursprünglich absolutes Vetorecht bei Gesetzesvorlagen zu einem lediglich suspensiven abgeschwächt wurde (§ 17), was faktisch der Monopolisierung der Legislativgewalt durch das Parlament gleichkam.[29] Dieser Versuch, die Staatsmacht in einer einzigen Körperschaft zu konzentrieren, schlug eklatant fehl, denn wie gesehen führte er geradewegs in die Bürgerkriege der Jahre 1823/24.

In der am 5. Mai 1827 verabschiedeten dritten Revolutionsverfassung von Troizina, die anders als ihre beiden Vorgängerinnen nicht mehr das Attribut »vorläufig« trug, wurde das Prinzip der Machtbalance aufgegeben zugunsten einer massiven Stärkung der Exekutivgewalt (Art. 102-125), die in der Hand eines Regenten (»Κυβερνήτης«) mit siebenjähriger Amtszeit (Art. 121) konzentriert wurde.[30] Dies mag bis zu einem gewissen Grade als Reaktion auf die Erfahrung der vorangegangenen Bürgerkriege zu interpretieren sein, hatte jedoch auch einen sehr konkreten Anlass, denn bereits vorher war in Person von Ioannis Kapodistrias ein Regent von europäischem Format gewählt worden, der entsprechende Autorität genoss und dessen Ankunft im Aufstandsgebiet direkt bevorstand. Vor diesem Hintergrund erweist sich das Verfassungswerk von Troizina in erster Linie als ein Versuch, die weitreichenden Machtkompetenzen, über die Kapodistrias ohnehin verfügen würde, zu begrenzen, vor allem aber, sie in ein demokratisches Institutionsgefüge einzubinden, wobei als konkretes Vorbild die US-amerikanische Verfassung von 1787 diente.[31] So wurde hier erstmals explizit das Prinzip der Volkssouveränität verankert (Art. 5) und die Legislativgewalt einem Parlament übertragen (Art. 43-101), das in Dreijahreszyklus zu wählen war und dessen Abgeordnete nach einem Rotationsprinzip jährlich wechselten.[32]

---

29 CD-ROM-2, Dok.-Nr. 20.2.5 (griech.)/20.2.6 (dt.). Auch in den Bestimmungen zu Aufnahme von Krediten und Belastung bzw. Verkauf von Staatsland (§ 35) zeigte sich eine relative Schwächung der »Exekutive« gegenüber vorher. Hering, Parteien (wie Fn. 7), verwendet für das Parlament (»Βουλευτικόν«) den Begriff »Legislative«, was jedoch potenziell irreführend ist, da nach der Verfassung von Epidavros Parlament und »Exekutive« (»Βουλευτικόν« und »Εκτελεστικόν«) gemeinsam die Legislative bildeten.
30 CD-ROM-2, Dok.-Nr. 20.2.7 (griech.)/20.2.8 (dt.).
31 Vgl. Alivizatos, [Einführung] (wie Fn. 2), S. 36 f.
32 CD-ROM-2, Dok.-Nr. 20.2.7 (griech.)/20.2.8 (dt.). Gegen Gesetzesvorlagen des Parlaments hatte der Regent lediglich ein suspensives Vetorecht (Art. 73). Zum Rotationsprinzip siehe Art. 57 und 58 (jährlicher Austausch eines Drittels aller Abgeordneten nach Losverfahren und Verbot von Kettenmandaten). Eine zusätzliche Stärkung der demokratischen Institution lag ferner in der direkten Rechenschaftspflicht des vom Regenten zu bildenden Kabinetts (bestehend aus sechs Ministern bzw. »Sekretären«, vgl. Art. 110 und 126) gegenüber dem Parlament (vgl. Art. 128 und 131).

Diese Bestimmungen kamen niemals zur Anwendung, da Kapodistrias, der zu Jahresbeginn 1828 in Griechenland eintraf, wenig später (am 18. Januar) unter Berufung auf den bestehenden Ausnahmezustand und mit Zustimmung des Parlaments, das sich bei dieser Gelegenheit selbst auflöste, die Verfassung von Troizina außer Kraft setzte und daraufhin sämtliche staatliche Kompetenzen auf seine Person vereinigte. Dabei kündigte er jedoch die Einsetzung eines beratenden Gremiums – eines »Panellinion« (»Πανελλήνιον«), das aus 27 vom Regenten ernannten Mitgliedern bestehen sollte – sowie die Einberufung einer Vierten Nationalversammlung für den April des Jahres an. Diese trat mit großer zeitlicher Verzögerung am 11. Juli 1829 in Argos zusammen und legitimierte am 22. Juli nachträglich die Aussetzung der Verfassung von Troizina, was jedoch auf zweifelhafter rechtlicher Grundlage stand, da in dieser keinerlei diesbezügliche Bestimmungen enthalten waren.[33] Die Regelung der Verfassungsfrage wurde dabei bis zur endgültigen Erlangung der Unabhängigkeit aufgeschoben, während Kapodistrias das von ihm gebildete »Panellinion« durch einen Senat (»Γερουσία«) ersetzte, der zwar ebenfalls rein beratende Funktion hatte, aber zumindest einen Hauch von politischer Partizipation ermöglichte.[34]

Die vom Prinzip her somit bereits von Kapodistrias eingeführte autokratische Regierungspraxis wurde nach der Unabhängigkeit von der absolutistischen bayrischen Regentschaft fortgeführt. Gestützt auf einen siebenköpfigen Ministerrat, der mit Beschluss vom 10. April 1833 als ausführendes Organ gebildet wurde[35], leitete diese in kurzer Zeit ein umfangreiches Regierungsprogramm ein, das zahlreiche Maßnahmen, die Kapodistrias zwar vorher schon in Angriff genommen, jedoch nicht zu Ende gebracht hatte, in die Tat umsetzte und in vieler Hinsicht die Fundamente des neugriechischen Staates schuf.[36] Das betraf etwa die territoriale Verwaltungsgliederung des Landes[37], die Zivil- und Strafjustiz[38], die Gründung einer autokephalen grie-

---

33 Dasselbe gilt zwar auch für die beiden vorangegangenen Verfassungen von Epidavros (1822) und Astros (1823), allerdings waren diese anders als die Verfassung von Troizina formalrechtlich als Provisorien konzipiert; vgl. Alivizatos, [Einführung] (wie Fn. 2), S. 38. Siehe auch Evangelos Venizelos, Η συναινετική και επιβεβαιωτική αναθεώρηση του Ελληνικού Συντάγματος [Die konsensuale und bestätigende Veränderung der griechischen Verfassung], in: Svolos, [Verfassungsgeschichte] (wie Fn. 2), S. 19-36, hier S. 21-27, der die notorisch schwache Verankerung von Revisionsbestimmungen als ein generelles Charakteristikum griechischer Verfassungen ansieht.
34 Der Senat bestand wie das »Panellinion« aus 27 Mitgliedern, von denen jedoch nur noch sechs vom Regenten direkt nominiert wurden, während er die übrigen 21 aus einer 63 Personen umfassenden Liste auszuwählen hatte, die ihm von der Nationalversammlung vorgelegt wurde. Die Gründung des Senats wurde ebenfalls am 22.7.1829 beschlossen. Vgl. Alivizatos, [Einführung] (wie Fn. 2), S. 40.
35 Siehe CD-ROM-2, Dok.-Nr. 20.5.1 (Verordnung zur Gründung der Ministerien v. 10.4.1833).
36 Die beste Gesamtdarstellung liefert Petropoulos, Politics (wie Fn. 7), S. 153-217.
37 Vgl. Kapitel 5, Verwaltung.
38 Vgl. Kapitel 6, Justiz. Siehe auch Charikleia Dimakopoulou, Η πορεία προς σύνταξιν Ελληνικού Αστικού Κώδικος. Η περίοδος των αναζητήσεων: 1822–1891. Συμβολή εις την Ιστορίαν του Νεοελληνικού Δικαίου [Der Weg zur Abfassung des griechischen Bürgerlichen Gesetzbuches.

chisch-orthodoxen Nationalkirche[39] sowie die Schaffung eines säkularen staatlichen Bildungswesens.[40] Neben den Ministerrat, dessen Leitung als »Generalstaatssekretär« (»Αρχιγραμματεύς της Επικρατείας«) ohne eigene Richtlinienkompetenz er dem vormaligen Regentschaftschef Armansperg übergab, stellte Otto am 18. September 1835 einen aus 20 von ihm selbst ernannten Personen bestehenden »Staatsrat« (»Συμβούλιον της Επικρατείας«), der ebenfalls als rein beratendes Gremium eingerichtet wurde und zugleich Funktionen eines Rechnungshofes sowie Verwaltungsgerichts erfüllte.[41] Ottos ausgeprägte Neigung zur Konzentration sämtlicher Machtkompetenzen auf seine eigene Person führte dazu, dass er die Regierungsverantwortung seit 1838 praktisch alleinverantwortlich ausübte.[42]

3 Wahlrecht und Wahlen

Das Prinzip demokratischer Repräsentation war bereits im vorrevolutionären Griechenland auf Gemeindeebene traditionell etabliert und bildete einen festen institutionellen Bestandteil der kommunalen Selbstverwaltung im Osmanischen Reich. In der Verfassung von Epidavros wurde es auch auf überregionaler Ebene verankert, allerdings enthielt diese abgesehen von allgemeinen Bestimmungen zum passiven Wahlrecht der Nationalversammlungsabgeordneten nur Verweise auf ein in Zukunft festzulegendes Wahlgesetz.[43] Dieses wurde in Gestalt des Gesetzes Nr. 17 vom 9. November 1822 verabschiedet, das bei der Bildung der Zweiten Nationalversammlung von Astros zur Anwendung kam und ein allgemeines indirektes (Männer-)Wahlrecht

---

Die Periode der Suche: 1822–1891. Beitrag zur neugriechischen Rechtsgeschichte], Athen 2008, S. 131-233.
39 Vgl. Kapitel 9, Kirche.
40 Vgl. Kapitel 10, Bildungswesen.
41 CD-ROM-2, Dok.-Nr. 20.6.1 (Gesetz zur Gründung des Staatsrates v. 18.9.1835).
42 Armansperg wurde am 14.2.1837 durch den bayrischen Rechtswissenschaftler Ignaz von Rudhart (1790–1838) ersetzt, der jedoch bereits am 20.12. desselben Jahres wieder zurücktrat. Dass Otto im Februar 1841 Alexandros Mavrokordatos auf diesen Posten berief, lässt sich als halbherziges Zugeständnis gegenüber dem wachsenden einheimischen Partizipationsdruck interpretieren, das jedoch wirkungslos blieb, da Mavrokordatos seine Ernennung von der Erweiterung seiner Kompetenzen und einer Reihe weiterer Forderungen abhängig machte, die Otto nicht zu erfüllen bereit war. Siehe dazu ausführlich Petropoulos, Politics (wie Fn. 7), S. 344-407; vgl. CD-ROM-2, Dok.-Nr. 20.8.3 (Auszug aus dem Protokoll des Ministerrats v. 27.7.1841 aus dem privaten Nachlass von Mavrokordatos).
43 CD-ROM-2, Dok.-Nr. 20.2.3 (griech.)/20.2.4 (dt.), § 11-16. Wählbar waren Griechen, die das 30. Lebensjahr vollendet hatten. Als Grieche galt, wer das griechische Staatsgebiet bewohnte und christlichen Glaubens war (§ 2) bzw. sich nach einem in Zukunft noch zu verabschiedenden Gesetz einbürgern ließ (§ 5). Erst in den späteren Revolutionsverfassungen erfolgte eine genauere Bestimmung der griechischen Staatsbürgerschaft; siehe Kapitel 4, Grundrechte.

vorsah.⁴⁴ Danach stellte jede Provinz bzw. »Eparchie« einen Abgeordneten für die Nationalversammlung, abgesehen von einigen Gebieten, die wegen ihrer Rolle im Aufstand mit der Entsendung mehrerer Abgeordneter privilegiert wurden.⁴⁵ Für die Wählbarkeit zum Abgeordneten wurden die Herkunft des Kandidaten aus der vertretenen Eparchie oder aber sein ständiger Wohnsitz vor Ort, ferner die Vollendung des 30. Lebensjahres sowie entsprechende öffentliche Reputation zur Voraussetzung gemacht. Die Abgeordneten wurden von Wahlmännern (»εκλεκταί«) gewählt, die wiederum nach Stimmbezirken gewählt wurden, welche annäherungsweise mit den Einwohnerzahlen korrelierten (ein Wahlmann pro 50 Familien, neun Wahlmänner pro Eparchiehauptstadt).

Dieses Wahlgesetz – es handelt sich um das erste in der neugriechischen Geschichte – wurde ein formeller Bestandteil der Verfassung von Astros⁴⁶ und bildete mit geringen Modifikationen auch die Grundlage für die im September 1825 abgehaltenen Wahlen zur Dritten Nationalversammlung, die nach längeren Unterbrechungen schließlich 1827 die Verfassung von Troizina verabschiedete. Darüber hinaus war es das direkte Vorbild für das Wahlgesetz, das Kapodistrias am 4. März 1829 im Vorfeld der Vierten Nationalversammlung erließ, denn auch dieses sah ein allgemeines indirektes Wahlrecht nach Territorialprinzip vor, wobei auch Wahlkreise in Gebieten eingerichtet wurden, die faktisch gar nicht unter der Kontrolle der Aufständischen standen, sodass nunmehr auch die »Heterochthonen« formal vertreten waren.⁴⁷ Das Repräsentationsprinzip war damit zwar theoretisch konsequenter umgesetzt als bei den vorangegangenen Wahlen, praktisch wurde es jedoch dadurch weitgehend ausgehebelt, dass Kapodistrias zu einer ganzen Reihe legaler wie illegaler Mittel griff, um das Wahlergebnis in seinem Sinne zu beeinflussen.⁴⁸ Dieses Vorgehen erlebte im Vorfeld der Fünften Nationalversammlung von 1831 sowie in der anschließenden

---

44 Siehe Mamoukas, [Wiedergeburt] (wie Fn. 1), Bd. 3, S. 69-72.
45 So stellten die Mani und Euböa zwei Abgeordnete, Kreta vier und die Inseln Hydra, Spetses und Psara (sie trugen die Hauptlast des Seekrieges) insgesamt 13 – ebenso viele, wie sie in Epidavros gestellt hatten. Vgl. Hering, Parteien (wie Fn. 7), S. 74, Anm. 103.
46 CD-ROM-2, Dok.-Nr. 20.2.5 (griech.)/20.2.6 (dt.), § 97, 13, 18, 19. Letzterer besagte, dass »*alle* Repräsentanten der freien Provinzen Griechenlands bevollmächtigte Mitglieder des Parlaments« seien, was im Widerspruch zu § 18 stand, nach dem sich das Parlament aus Repräsentanten der freien Provinzen zusammensetzte, die nach geltendem Wahlgesetz *gewählt* worden waren. Der Grund für seine Aufnahme dürfte darin liegen, dass viele Abgeordnete der vorangegangenen Nationalversammlung von Epidavros auch an der von Astros teilnahmen, ohne über ein demokratisch legitimiertes Mandat im Sinne von § 18 zu verfügen. Vgl. Alivizatos, [Einführung] (wie Fn. 2), S. 32 f.
47 CD-ROM-2, Dok.-Nr. 20.3.1 (Wahlverordnung v. 4.3.1829); siehe auch Alivizatos, [Einführung (wie Fn. 2), S. 39. Von den insgesamt 236 Abgeordneten, die im Juli 1829 in Argos zusammentraten, stammten 81 von der Peloponnes, 60 aus Mittelgriechenland (inkl. Euböa), 41 von den aufständischen Inseln, 38 aus Samos, Chios und Kreta sowie 16 aus Nordgriechenland. Zum Begriff der »Heterochthonen« vgl. Fn. 10.
48 Siehe Hering, Parteien (wie Fn. 7), S. 98 f. zu den Einzelheiten.

Phase der Anarchie Neuauflagen, welche die Institution demokratischer Wahlen zur Farce werden ließen.

Die auf diese Weise bereits in eine schwere Krise geratenen parlamentarischen Entwicklungsansätze der Revolutionsperiode brachen mit Beginn der absolutistischen bayrischen Herrschaft zunächst völlig ab. Diese ließ jedoch zumindest auf lokaler Ebene Spielräume für demokratische Partizipation, womit sie in gewissem Sinne, wenn auch unter gründlich veränderten Vorzeichen, an die Situation vor Beginn des Unabhängigkeitskrieges anknüpfte: Im Rahmen des am 27. Dezember 1833 von der Regentschaft erlassenen Gesetzes zur Gründung der Gemeinden wurde ein kommunales Zensuswahlrecht eingeführt und mit ausführlichen Bestimmungen zu seiner praktischen Anwendung versehen.[49] Obwohl dieses Gesetz den Möglichkeiten zur Mitbestimmung selbst auf kommunaler Ebene denkbar enge Grenzen setzte – bezeichnenderweise behielt es etwa dem König das Recht vor, Gemeinderäte jederzeit aufzulösen (Art. 59) –, hatte es mittelfristig durchaus eine große Bedeutung für den Demokratisierungsprozess, da es den in der Revolutionszeit entstandenen Parteien, die im unabhängigen Staat ansonsten keinerlei institutionelle Verankerung hatten, die Möglichkeit zu politischer Artikulation und Profilbildung gab.

4 Grundrechte

Im Rahmen des Konstitutionalisierungsprozesses, der während des Unabhängigkeitskrieges eingeleitet wurde, kam es zur Erstellung eines Grundrechtekatalogs, der in den aufeinander folgenden Revolutionsverfassungen von 1822 bis 1827 schrittweise ausgeweitet wurde und mit einer zunehmend genaueren Definition des griechischen Staatsbürgerbegriffs einherging. So bezeichnete die Verfassung von Epidavros noch ausschließlich diejenigen Personen als Griechen, die »autochthone« Einwohner des (dort allerdings in territorialer Hinsicht nicht definierten) »griechischen Staatsgebiets« waren und dem christlichen Glauben anhingen (§ 2). Hinsichtlich der Grundrechte legte sie lediglich die Gleichheit aller (d. h. der Griechen sowie der von außerhalb zugezogenen Ausländer, § 3-4) vor dem Gesetz fest, stellte Eigentum, Ehre und Sicherheit jedes Griechen unter Schutz (§ 7) und verbot die Folter (§ 99) sowie will-

---

49 Vgl. CD-ROM-2, Dok.-Nr. 20.5.2 (Gesetz zur Gründung der Gemeinden v. 27.12.1833). Aktiv wie passiv wahlberechtigt waren in der Gemeinde ansässige männliche Staatsbürger, die das 25. Lebensjahr vollendet hatten, »wirtschaftlich unabhängig« waren und keiner Strafverfolgung unterlagen (Art. 13) – das Wahlrecht war übrigens zugleich Wahlpflicht (Art. 14). Gewählt wurden sowohl die Gemeindevorsteher und Beisitzer als auch Gemeinderäte (vgl. Art. 39 zur Zusammensetzung der Gemeinden), Erstere mit dreijähriger (Art. 43), Letztere mit neunjähriger Amtszeit (Art. 58). Ein großer Teil des Gesetzestextes besteht aus detaillierten Vorschriften zu den Wahlmodalitäten (Art. 61-90). Zur Gründung der neuen Gemeinden siehe Kapitel 5, Verwaltung.

kürliche Verhaftungen (§ 100).⁵⁰ Bereits in der im Jahr darauf verabschiedeten Verfassung von Astros erfuhren diese Bestimmungen jedoch signifikante Erweiterungen. Zunächst weitete die Verfassung von 1823 die griechische Staatsbürgerschaft auf die zugewanderten »Heterochthonen« aus, wobei erstmals explizit das Kriterium der Sprache aufgenommen, abgesehen davon aber auch die Einschreibung in ein griechisches Gemeinderegister zur Voraussetzung gemacht wurde (§ 2) – Letzteres bildet bis heute die Rechtsgrundlage der griechischen Staatsbürgerschaft.⁵¹ Die Unantastbarkeit von Eigentum, Ehre und Sicherheit wurde als Grundrecht auf alle Einwohner des Staatsgebiets ausgedehnt (§ 6); darüber hinaus enthielt die Verfassung von Astros eine Garantie der Meinungs- und Pressefreiheit (§ 8, 11), das Verbot der Sklaverei (§ 9) sowie die Einhaltung rechtsstaatlicher Prinzipien bei Strafverfolgung (§ 10, 81-83).⁵²

Am weitesten war die Verankerung von Grundrechten in der Verfassung von Troizina entwickelt, die nicht zuletzt aus diesem Grund einen Höhepunkt des griechischen Konstitutionalisierungsprozesses in der Revolutionsperiode markiert. Sie legte die Einheit und Unteilbarkeit des griechischen Staatsgebiets fest (Art. 2) und enthielt erstmals zumindest einen Ansatz zu dessen territorialer Definition (Art. 4).⁵³ Neben der bereits erwähnten expliziten Verankerung der Volkssouveränität (Art. 5) enthielt sie die bis dahin genaueste Bestimmung der griechischen Staatsbürgerschaft (Art. 6) sowie der Voraussetzungen für ihren Erwerb durch Einbürgerung (Art. 30-35), darüber hinaus aber auch den mit Abstand ausführlichsten Katalog grundlegender Bürgerrechte. Dieser bestand aus den bereits vorhandenen Bestimmungen, die z. T. etwas ausführlicher erläutert bzw. stärker akzentuiert wurden⁵⁴, ergänzte diese jedoch um einige Neuerungen, die über die Gesetzgebung von Astros hinausgingen. Dazu gehörten der unbeschränkte Zugang jedes Staatsbürgers zu öffentlichen Ämtern (Art. 8), die gleichmäßige Verteilung der Steuerlasten (Art. 10), die uneingeschränkte Gewerbe- und Bildungsfreiheit (Art. 20), der Ausschluss des Klerus von öffentlichen Ämtern (Art. 24) sowie das Verbot von Adelstiteln (Art. 27-28).⁵⁵ Obwohl die Ver-

---

50 CD-ROM-2, Dok.-Nr. 20.2.3 (griech.)/20.2.4 (dt.).
51 CD-ROM-2, Dok.-Nr. 20.2.5 (griech.)/20.2.6 (dt.). Zu den »Heterochthonen« vgl. Fn. 10.
52 Ebd. Die Pressefreiheit unterlag folgenden Einschränkungen: Angriffe auf die christliche Religion, Verletzung der öffentlichen Moral sowie persönliche Beleidigungen (§ 8, Absätze 1-3).
53 CD-ROM-2, Dok.-Nr. 20.2.7 (griech.)/20.2.8 (dt.). Von einer eindeutigen Festlegung war dies allerdings noch immer weit entfernt, denn als Provinzen bzw. »Eparchien« Griechenlands wurden allgemein diejenigen Gebiete bezeichnet, »die gegen die Herrschaft der Osmanen die Waffen erhoben haben und noch erheben *werden.*«
54 Ebd. Das betraf etwa die Bestimmungen zur Pressefreiheit, siehe Art. 26 (explizites Verbot präventiver Zensur), sowie zum Schutz der Personenrechte bei Strafverfolgung, siehe Art. 11-16, 23 (u. a. Verbot von Festnahmen ohne Haftbefehl und ohne hinreichende Verdachtsmomente, Anspruch auf Rechtsbeistand, Unschuldsannahme bis zur rechtsgültigen Verurteilung, zeitliche Begrenzung der Untersuchungshaft) und 138 (Verbot von Standgerichten).
55 Ebd. Art. 20 bezeichnete konkret das Recht zur Gründung von Schulen und freien Auswahl des Lehrpersonals.

fassung von Troizina bereits kurz nach der Machtübernahme von Kapodistrias wieder außer Kraft gesetzt wurde und insofern keine praktische Anwendung fand, entfaltete der in ihr enthaltene Grundrechtekatalog durchaus eine paradigmatische Wirkung, wie sich an der sog. »Fürstenverfassung« von 1832 erkennen lässt. Dieses (in praktischer Hinsicht freilich ebenfalls folgenlos gebliebene) Dokument revidierte zwar die demokratischen Grundprinzipien der vorangegangenen Revolutionsverfassungen, indem es das Prinzip der Volkssouveränität wieder beseitigte und eine Erbmonarchie mit praktisch uneingeschränkten Machtbefugnissen vorsah, übernahm jedoch die in Troizina verankerten Grundrechtsartikel nahezu wörtlich und ergänzte sie sogar um den nun erstmals explizit formulierten Schutz der persönlichen Privatsphäre (Art. 46).[56]

Die während des Unabhängigkeitskrieges zu beobachtende Festlegung und Ausweitung der Grundrechte erlebte 1833 mit Beginn der bayrischen Regentschaft einen deutlichen Rückschlag. Denn diese ließ sich, ebenso wie König Otto nach Erreichen seiner Volljährigkeit 1835, lediglich auf allgemeine Garantien bezüglich der Einhaltung der Rechtsordnung sowie des Schutzes der Freiheit der Untertanen ein.[57] Darüber hinaus verfolgte sie aber eine Politik der restriktiven Gesetzgebung, die in der Praxis zu empfindlichen Einschränkungen grundlegender bürgerlicher Freiheiten führte. Einschlägige Beispiele dafür sind das Gesetz zur Einberufung außerordentlicher Militärgerichte vom 7. September 1833, welches die Regierung zur Ausrufung des Ausnahmezustands ermächtigte und Schnellverfahren mit Verhängung der Todesstrafe ermöglichte[58], sowie ein ganzes Maßnahmenbündel zur Beschneidung der Pressefreiheit.[59] Diese Restriktionspolitik lieferte einen weiteren Grund für die wachsende Opposition, die in der Verfassungsbewegung der 1840er-Jahre mündete.

---

56 Siehe Mamoukas, [Staatsverfassung] (wie Fn. 1). Die »Fürstenverfassung« enthielt übrigens eine gegenüber den früheren Verfassungen signifikante Erweiterung des Staatsbürgerbegriffs. Als Griechen galten demnach (abgesehen von Eingebürgerten, vgl. § 3, Art. 16-26) auch nicht griechischsprachige orthodoxe Christen, die sich zumindest drei Jahre aktiv am Unabhängigkeitskrieg beteiligt hatten und im Staatsgebiet lebten und arbeiteten, sofern sie ihre frühere Staatsbürgerschaft ablegten (§ 2, Art. 13, Abs. 3-5). Umgekehrt wurden hier jedoch ausführlichere Bestimmungen zum Verlust der griechischen Staatsbürgerschaft eingefügt (§ 2, Art. 15), darunter neben Rebellion explizit auch der Kauf und Verkauf von Wählerstimmen (Abs. 4), was die aktuellen Erfahrungen der Zeit reflektieren dürfte. Eine dauerhafte Regelung der Staatsbürgerschaft erfolgte schließlich im diesbezüglichen Gesetz der bayrischen Regentschaft vom 15.5.1835: CD-ROM-2, Dok.-Nr. 20.4.1.
57 Siehe die Proklamationen des Regentschaftsrats vom 25.1.1833 und des Königs vom 20.5.1835, in: CD-ROM-2, Dok.-Nr. 20.8.1 und 20.8.2.
58 Vgl. CD-ROM-2, Dok.-Nr. 20.7.1 (Gesetz für die außerordentlichen Militärgerichte v. 7.9.1833). Dieses Gesetz kam nach seiner Verabschiedung umgehend zur Anwendung bei der Niederschlagung verschiedener lokaler Revolten, u. a. im Sommer 1834 auf der Mani.
59 Dazu gehörte das am 6.9.1833 erlassene Gesetz gegen Pressemissbrauch, zwei am 11.9.1833 erlassene Dekrete zur Überwachung der Presse sowie das am 23.11.1837 erlassene »Gesetz über

5 Verwaltung

In der osmanischen Periode fungierten als Kerneinheiten der zivilen Verwaltung traditionell Gemeinden, die über ein hohes Maß an kommunaler Selbstverwaltung verfügten, welches in Gebieten wie der Mani oder auf einigen Inseln sogar einer De-facto-Autonomie gleichkam. Diese Ausgangsbedingung mag ein Grund dafür sein, dass in den ersten griechischen Revolutionsverfassungen von 1822/23 offenbar noch kein sonderlicher Bedarf an formalen Regelungen zur verwaltungstechnischen Gliederung des Aufstandsgebietes bestand. Besonders augenfällig wird dies in der Verfassung von Epidavros, deren Bestimmungen zur Rechtsprechung die Existenz von Gemeinden sowie Provinzen bzw. »Eparchien« wie selbstverständlich voraussetzen, ohne diese konkret zu definieren.[60] Letztere wurden erst nach Verabschiedung der Verfassung von Astros formal eingerichtet[61], was später auch in die Verfassung von Troizina einfloss, die erstmals explizit festlegte, dass das griechische Staatsgebiet sich aus Provinzen zusammensetzte.[62] Mit Gesetz vom 13. April 1828 wurden die von den Aufständischen kontrollierten Provinzen im Sinne der von Kapodistrias betriebenen Zentralisierung zu größeren Verwaltungseinheiten zusammengefasst, den sog. Distrikten bzw. Departements (»Τμήματα«), von denen sieben auf der Peloponnes und sechs auf den Inseln lagen – Mittelgriechenland war damals wieder in osmanischer Hand.[63]

Das damit etablierte zentralistische Verwaltungsmuster nach französischem Vorbild wurde von der bayrischen Regentschaft aufgegriffen, zu deren ersten Maßnahmen das am 3. April 1833 erlassene Gesetz zur Verwaltungsgliederung des Königreichs Griechenland gehörte. Dieses sah die Einteilung des Staatsgebiets in zehn Departements (»Νομαρχίες« bzw. »Νομοί«) vor, die sich aus insgesamt 47 Provinzen

---

Beleidigungen im Allgemeinen und über die Presse«, in: CD-ROM-2, Dok.-Nr. 20.4.2. Vgl. Alivizatos, [Einführung] (wie Fn. 2), S. 54.
60 CD-ROM-2, Dok.-Nr. 20.2.3 (griech.)/20.2.4 (dt.), § 95: Einsetzung von Friedensrichtern in jeder Gemeinde (»κοινότητα«) oder Ortschaft (»χωρίον«); § 94: Gerichtsbarkeit in den Provinzhauptstädten. Vgl. hierzu auch Kapitel 6, Justiz.
61 Das Aufstandsgebiet wurde damals in 60 »Eparchien« gegliedert (Peloponnes 25, Mittelgriechenland 17, Inseln 15, Euböa 2 und Thessalien 1) – Hydra, Spetses und Psara verweigerten sich und behielten ihren alten Verwaltungsstatus bei. Siehe einführend Stefanos Papageorgiou, Το Ελληνικό Κράτος (1821–1909). Οδηγός αρχειακών πηγών της νεοελληνικής ιστορίας [Der griechische Staat (1821–1909). Leitfaden zu Archivquellen der neugriechischen Geschichte], Athen 1988, S. 44-47. Einschlägig ist Georgios Dimakopoulos, Η διοικητική οργάνωσις κατά την ελληνικήν επανάστασιν 1821–1827 [Die Verwaltungsorganisation während des griechischen Unabhängigkeitskrieges 1821–1827], Athen 1966; ders., Η διοικητική οργάνωσις της Ελληνικής Πολιτείας 1827–1833 [Die Verwaltungsorganisation des griechischen Staatswesens 1827–1833], Athen 1970.
62 CD-ROM-2, Dok.-Nr. 20.2.7 (griech.)/20.2.8 (dt.), Art. 3.
63 Siehe Papageorgiou, [Staat] (wie Fn. 61), S. 75-77 mit einer Übersichtstabelle der damaligen Provinzen und Departements.

(»Επαρχίες«) zusammensetzten.⁶⁴ An ihrer Spitze stand jeweils ein Departements- bzw. Provinzvorsteher (»Νομάρχης« bzw. ῎Επαρχος«), der von der Zentralregierung ernannt wurde und der sich bei der Ausübung seiner strikt auf Verwaltungsaufgaben beschränkten Kompetenzen auf Departements- bzw. Provinzräte mit beratender Funktion stützen konnte. Die unterste staatliche Verwaltungsebene bildeten schließlich die insgesamt 280 Gemeinden, die mit Gesetz vom 27. Dezember 1833 gegründet wurden.⁶⁵ Diese in Anlehnung an die antike griechische Terminologie als »Demos« (»Δῆμος«) bezeichneten Gemeinden waren als grundsätzlich umstrukturierbare Verwaltungseinheiten konzipiert, die auf Grundlage aktueller Einwohnerzahlen gebildet und nach diesem Kriterium in drei unterschiedliche Klassen gegliedert wurden.⁶⁶ Damit wurde terminologisch wie formal ein klarer Bruch mit der historischen Gemeindeordnung aus osmanischer Zeit vollzogen, der sich vor allem in der Aufhebung der traditionell verankerten kommunalen Selbstverwaltung zugunsten des Zentralismus niederschlug. Die 1833 geschaffene Verwaltungsstruktur gehört zweifellos zu den dauerhaftesten politischen Maßnahmen der bayrischen Regentschaft, denn sie bildet abgesehen von unwesentlichen Veränderungen bis heute die organisatorische Grundlage des griechischen Staates.

6 Justiz

Die Unabhängigkeit der Judikative als dritter Staatsgewalt neben Legislative und Exekutive wurde in allen Revolutionsverfassungen explizit verankert.⁶⁷ Die Verfassung von Epidavros sah die Ausübung der obersten Justizgewalt durch ein elfköpfiges Gremium vor, das von den beiden Legislativorganen zu wählen war (§ 88), und legte darüber hinaus die Einrichtung von drei hierarchisch gegliederten Gerichtsinstanzen fest. Die unterste wurde von Friedensrichtern gebildet, die in jeder Gemeinde einzustellen waren und Zivilprozesse bis zu einem begrenzten Streitwert entscheiden konnten (§ 95).⁶⁸ Ihnen waren Provinzialgerichte mit ebenfalls rein zivilrechtlicher Kompetenz übergeordnet (§ 94). Als höchste Instanz fungierte ein Oberster Gerichtshof, der an dem Ort zu tagen hatte, der auch Sitz der Zentralregierung war (§ 92). Es ist bezeichnend für die Lage in der Anfangszeit des Unabhängigkeitskrieges, dass darüber hinaus

---

64 Ebd., S. 122 f. mit Übersichtstabelle.
65 Vgl. CD-ROM-2, Dok.-Nr. 20.5.2 (Gesetz zur Gründung der Gemeinden v. 10.1.1834).
66 Ebd., Art. 4-7. Zur Gründung eines eigenen Demos waren Siedlungen bzw. Siedlungszusammenschlüsse von mindestens 300 Einwohnern berechtigt, für kleinere Siedlungseinheiten war dies nur mit Ausnahmegenehmigung möglich. Die drei Klassen betrafen Gemeinden mit über 10.000 (a), über 2.000 (b) sowie unter 2.000 Einwohnern (c).
67 CD-ROM-2, Dok.-Nr. 20.2.3 (griech.)/20.2.4 (dt.), § 87; nahezu gleichlautend: Dok.-Nr. 20.2.5 (griech.)/20.2.6 (dt.), § 71, sowie Dok.-Nr. 20.2.7 (griech.)/20.2.8 (dt.), Art. 36, 133.
68 Vgl. auch Fn. 60.

die Einrichtung von Gerichten an den Sitzungsorten der Lokalregierungen wie dem »Areopag« etc. vorgesehen war (§ 93), die auf diese Weise eine formelle Anerkennung erfuhren. Dies erhielt noch dadurch eine Unterstreichung, dass diese Gerichte ihrem Status nach als dem obersten Gerichtshof »ähnlich« charakterisiert wurden, d. h. als eine diesem direkt zuarbeitende Instanz über den Provinzialgerichten sowohl Zivil- als auch Strafprozesse entscheiden konnten. Die Gerichte der Lokalregierungen wurden jedoch durch die im Jahr darauf verabschiedete Verfassung von Astros abgeschafft, in der darüber hinaus genauere Bestimmungen zur Prozessordnung enthalten waren.[69] Der sich darin abzeichnende Professionalisierungsprozess fand eine Fortsetzung in der Verfassung von Troizina, die auch den bis dahin ausführlichsten Grundrechtskatalog enthielt.[70] Dies zeigt sich nicht zuletzt an der dort verwendeten Terminologie bezüglich der Rechtstexte, die bis zur Kodifizierung einer neuen Gesetzgebung[71] als Referenzwerke für die angewandte Justiz dienen sollten. In der Praxis handelte es sich dabei – abgesehen vom Handelsrecht, zu dessen Grundlage bereits in Epidavros der französische Code de Commerce von 1807 erklärt wurde – weitgehend um die als »Hexabiblos« bekannte byzantinische Rechtssammlung, die 1345 von Konstantinos Armenopoulos auf Grundlage der »Basilika« Kaiser Leons VI. (866–912) zusammengestellt worden war und sich nach ihrer Überarbeitung durch Alexios Spanos im Jahre 1744 zu einem der einflussreichsten Rechtstexte im osmanischen Südosteuropa entwickelte.[72] Während diese Bezugnahme im Verfassungstext von Epidavros noch als Hinweis auf die Gesetze »unserer Christlichen Kaiser seligen Angedenkens« (§ 98) bzw. in Astros »unserer Christlichen Kaiser von Konstantinopel […]« (§ 80) formuliert wurde, erfolgte sie in Troizina nur noch durch die vergleichsweise nüchterne Erwähnung der »Byzantinischen Gesetze« (Art. 142).

Anders als es der explizit provisorische Charakter, der ihnen in den Revolutionsverfassungen von 1822–1827 zugeschrieben wurde, nahe legt, erwiesen sich diese »Byzantinischen Gesetze« in Wahrheit als überaus langlebig, denn die »Hexabiblos« von Armenopoulos sollte bis in die Zwischenkriegszeit des 20. Jahrhunderts und bis zur Verabschiedung des griechischen Bürgerlichen Gesetzbuches in den 1940er-Jahren eine wichtige juristische Referenzgröße bleiben. Tatsächlich wurden während des Unabhängigkeitskrieges und in den ersten Jahren nach der Staatsgründung Griechenlands Initiativen zur Rechtskodifizierung zwar eingeleitet, aber nicht zu Ende ge-

---

69 CD-ROM-2, Dok.-Nr. 20.2.5 (griech.)/20.2.6 (dt.), § 75-79.
70 Vgl. Fn. 54.
71 Vgl. bereits die Ankündigung in CD-ROM-2, Dok.-Nr. 20.2.3 (griech.)/20.2.4 (dt.), § 97.
72 Siehe zum Text K. Pitsakis (H.), Κωνσταντίνου Αρμενοπούλου Πρόχειρον Νόμων ἡ Εξάβιβλος [»Procheiron Nomon« bzw. »Hexabiblos« von Konstantinos Armenopoulos], Athen 1971, S. 30-53. Zur Wirkungsgeschichte vgl. Nikolaos Pantazopoulos, Church and Law in the Balkan peninsula during the Ottoman rule, Thessaloniki 1967, S. 47-52. Als einführenden Überblick über die Gesetzessammlungen in der osmanischen Periode vgl. Dimakopoulou, [Weg] (wie Fn. 38), S. 1-29.

führt. Bereits Kapodistrias hatte zu Beginn seiner Regentschaft eine entsprechende Kommission eingesetzt, die jedoch nicht in der Lage war, ihren ehrgeizigen Auftrag auszuführen.[73] Die bayrische Regentschaft stützte sich zur Ausübung der Justizgewalt aus pragmatischen Gründen zunächst auf vorhandene Gesetze, darunter auch Gewohnheitsrecht, sowie eine 1833 erlassene Provisorische Prozessordnung, auf deren Grundlage sie auch drei provisorische Gerichte bildete.[74] Erst zwei Jahre später setzte sie eine Kommission zur Erstellung eines Bürgerlichen Gesetzbuches ein, deren »nächste Aufgabe« nach dem Wortlaut des am 1. Januar 1835 erlassenen Dekrets darin bestehen sollte, » […] das französische Civilgesetzbuch den Verhältnissen Griechenlands anzupassen.«[75]

In diesem erklärten Rückgriff auf den Code civil manifestierte sich ohne Zweifel ein klarer Modernisierungsversuch, der jedoch auf dem Papier blieb, da die 1835 eingesetzte Kommission ihre Arbeit niemals abschloss. Weit längere Dauer war dagegen dem kurz nach ihrer Einsetzung erlassenen Dekret vom 23. Mai 1835 beschieden, in dem die Rechtssammlung von Armenopoulos (lediglich ergänzt um eine Bestimmung zum Gewohnheitsrecht) erstmals explizit und offiziell zur Grundlage der griechischen Zivilgesetzgebung erklärt wurde.[76] Dieses Dekret war zwar als Übergangslösung konzipiert worden, markiert aber, wenn auch gegen die Intention seiner Urheber, insofern eine Weichenstellung in der neugriechischen Rechtsgeschichte, als es erst mehr als einhundert Jahre später formal außer Kraft gesetzt werden sollte.

7   Militär

Der griechische Unabhängigkeitskrieg von 1821 wurde von Freischärlerverbänden getragen, die keiner zentralen Leitung unterstanden. Ihr Zusammenhalt beruhte einzig und allein auf der (zuweilen wechselhaften) persönlichen Loyalität der selten mehr als einige Hundert zählenden Mannschaften gegenüber ihren Anführern bzw. »Ka-

---

73 Die Einsetzung erfolgte mit Regierungsdekret Nr. 1325 vom 29.3.1828. Siehe Dimakopoulou, [Weg] (wie Fn. 38), S. 87-129 mit ausführlicher Gesamtdarstellung und Würdigung der diesbezüglichen Bemühungen im Zeitraum 1828–1832 (der Text des Dekrets ist auf S. 91 f. ediert).
74 Ebd., S. 162-170.
75 Ebd., S. 499 f. mit Edition des Textes.
76 Ebd., S. 214 f.: »Die bürgerlichen Gesetze der byzantinischen Kaiser, welche in der Hexabiblos des Armenopoulos enthalten sind, sollen gelten, bis das bürgerliche Gesetzbuch, dessen Abfassung wir bereits angeordnet haben, publicirt wird. Jedoch haben die Gewohnheitsrechte, welche langjähriger und ununterbrochener Gebrauch oder richterliche Entschließungen geheiligt haben, da wo sie vorkommen, den Vorzug.« Es sei angemerkt, dass die relativ hohe Bewertung des Gewohnheitsrechts, die hier zum Ausdruck kommt, wahrscheinlich nicht allein Ausdruck von Pragmatismus war, sondern auch eine potenziell ideologische Dimension hatte, da man es als Manifestation von vermeintlich »authentischerem« griechischem Rechtsdenken interpretieren und bei Fehlen von Schriftbelegen ggf. sogar auf die Antike zurückprojizieren konnte.

petanen«, die weitgehend autonom agierten und deren Loyalität gegenüber der Sache des Aufstands zuweilen ebenfalls wechselhaft war.[77] Diese strukturelle Rahmenbedingung, die übrigens einen wichtigen Aspekt zum Verständnis der internen Konflikte in den Jahren 1823/24 liefert, erwies sich spätestens seit 1825 als ein schwerwiegender Nachteil, der den Gesamterfolg des Aufstandes ernsthaft infrage stellte.

Kapodistrias betrachtete es daher zu Beginn seiner Regentschaft als vordringliche Aufgabe, einen disziplinierten und effizienten Militärapparat zu schaffen, der zur Fortsetzung des Krieges gegen die Osmanen in der Lage sein, zugleich aber auch die Umsetzung seines Zentralisierungsprogramms gewährleisten sollte. Da an eine radikale Auflösung der irregulären Verbände aus pragmatischen Gründen zu diesem Zeitpunkt nicht zu denken war, schlug er eine Politik ein, die auf eine schrittweise Umstrukturierung und Eingliederung abzielte. Dazu gehörte zunächst die Reduzierung der Irregulären von damals (1828) rund 25.000 auf lediglich 8.000 Mann, vor allem aber die Einführung eines zentralen Besoldungssystems als wichtigstem Hebel zur Brechung der Macht der Kapetane. In einem weiteren Schritt folgte die Überführung der Freischärler in neu geschaffene Militärformationen, zunächst in sog. »Tausenderschaften« (»Χιλιαρχίες«) sowie etwas später in sog. »Leichte Bataillone« (»Ελαφρά Τάγματα«), die ihrer Organisationsstruktur nach halbreguläre Verbände waren.[78] Diese Maßnahmen zeigten zumindest hinsichtlich der Unterordnung des Militärs unter die Zentralregierung durchaus Anzeichen von Erfolg, die jedoch mit der Ermordung von Kapodistrias zunichtegemacht wurden, da, wie sich schnell zeigte, die Loyalität der Truppe vor allem seiner Person gegolten hatte.

Die anschließende Phase der Anarchie führte zur völligen Auflösung regulärer Militärstrukturen, sodass die bayrische Regentschaft bei ihrer Ankunft in Griechenland wiederum mit autonomen Freischärlerverbänden konfrontiert war, von denen

---

77 Insbesondere in Mittelgriechenland, wo das Armatolenwesen – zu dieser in vielen Bergregionen des osmanischen Südosteuropa etablierten Institution siehe das Lemma »Armatolen« in: E. Hösch u. a. (Hg.), Lexikon zur Geschichte Südosteuropas, Wien 2004 – traditionell tief verwurzelt war, kam es zu lokalen Verständigungen aufständischer Kapetane mit den Osmanen und sogar zu Seitenwechseln. Siehe dazu Kostis Papageorgis, Τα καπάκια. Βαρνακιώτης, Καραϊσκάκης, Ανδρούτσος [Die »Kapakia« – Varnakiotis, Karaiskakis, Androutsos], Athen 2003. Zu den griechischen Streitkräften des Unabhängigkeitskrieges allgemein siehe Apostolos Vakalopoulos, Τα ελληνικά στρατεύματα του 1821 – οργάνωση, ηγεσία, τακτική, ήθη, ψυχολογία [Die griechischen Streitkräfte von 1821 – Organisation, Führung, Taktik, Sitten und Gebräuche, Psychologie], Thessaloniki 1970.
78 Siehe Papageorgiou, [Staat] (wie Fn. 61), S. 82-90 mit einem Überblick über die Militärpolitik von Kapodistrias, zu der auch die Gründung einer Militärakademie gehörte. Die Überführung in »Tausenderschaften« und später »Leichte Bataillone« stieß bei vielen irregulären Kapetanen auf Widerstand, da sie die ihnen dort zustehenden Ränge des »Tausendschaftsführers« bzw. Majors als Abwertung gegenüber den Generalsrängen ansahen, die ihnen in den ersten Jahren des Unabhängigkeitskrieges inflationär verliehen worden waren. Der Regierung wiederum lieferte dies eine Handhabe, sich etablierter autochthoner Kapetane zu entledigen und sie durch zuverlässigere Offiziere aus dem »zweiten Glied« zu ersetzen.

ein akutes Sicherheitsrisiko ausging und deren Entwaffnung dementsprechend als dringendes Gebot der Stunde angesehen wurde. Anders als Kapodistrias konnte sich die Regentschaft dabei auf ein mitgebrachtes Militärkontingent stützen, dessen Stärke per Abkommen vom 20. Oktober 1832 auf 3.500 Mann regulärer Truppen festgesetzt worden war. Sie bildeten den Kern des stehenden Heeres, das nach formaler Auflösung sämtlicher irregulärer Einheiten aus der Revolutionszeit (Dekrete vom 25. Februar und 2. März 1833) umgehend aufgebaut wurde. Dazu gehörte auch die Schaffung von zehn Bataillonen leichter Infanterie (Dekret vom 2. März 1833), die im Hinblick auf Organisation, Bewaffnung sowie Kleidung an die halbregulären Formationen von Kapodistrias anknüpften und rund 2.000 Mann einheimischer Freischärler aufnahmen. Diese Maßnahme war nicht allein durch militärische Überlegungen motiviert, sondern verfolgte zugleich den Zweck, zumindest einen Teil der beschäftigungslosen Revolutionsveteranen beruflich zu versorgen und auf diese Weise soziale Unruhepotenziale, die von dieser Gruppe naturgemäß ausgingen, zu absorbieren. Aufgrund der geringen Zahl von Stellen – wenig später wurde noch eine Gendarmerie geschaffen (Dekret vom 20. Mai 1833), die weitere 1.200 einheimische Veteranen aufnahm[79] – gelang dies freilich nur in sehr begrenztem Maße, was sich u. a. in einem massiven Anstieg des Räuberunwesens niederschlug, dem der Staat in den ersten Jahren der Unabhängigkeit kaum Herr werden konnte, und dessen Bekämpfung durch das gesamte 19. Jahrhundert hindurch das Hauptbetätigungsfeld der griechischen Streitkräfte bleiben sollte, die sich ansonsten durch weitgehende militärische Ineffizienz auszeichneten.[80]

8 Verfassungskultur

Angesichts der heftigen internen Konflikte, die den griechischen Unabhängigkeitskrieg von Beginn an prägten, kann von einer konsensstiftenden oder gar systemstabilisierenden Funktion der Revolutionsverfassungen nur sehr bedingt die Rede sein, wenn man von der paradigmatischen Wirkung absieht, die sie nach der Staatsgründung bei der Formierung der Opposition gegen das absolutistische Regime König Ottos entfalteten. Allerdings stellten sie in der Zeit des Krieges einen wichtigen Identifikationsfaktor dar, der angesichts von Lagerbildung und innerem Zwist letztlich die Kohärenz der aufständischen Griechen dokumentierte, abgesehen davon aber auch ihre europäische Zugehörigkeit unterstrich, was im Rahmen der nationalen Ideologie

---

79 Ebd., S. 124 f.
80 Zum Räuberphänomen in seiner sozialen, politischen wie kulturgeschichtlichen Dimension siehe John Koliopoulos, Brigands with a cause: Brigandage and Irredentism in Modern Greece 1821–1912, Oxford 1987, der die Rolle und die Einsatzmöglichkeiten der griechischen Armee im 19. Jahrhundert in den Funktionen einer »peace keeping force« im Inneren lokalisiert (ebd., S. 325).

von außerordentlicher Bedeutung war. Dies fand seine äußere Manifestation in der Staatssymbolik, die in der Periode des Krieges unter gezieltem Rückgriff auf Motive aus der griechischen Antike entwickelt wurde. Diese konnten in dieser Eigenschaft zugleich als Teil des abendländischen Kulturerbes gelten – das betrifft übrigens bereits den Begriff »Hellene« selbst, der in den Revolutionsverfassungen formal als Selbstbezeichnung der Aufständischen festgelegt wurde und sich in der Folgezeit gegen bis dahin gebräuchlichere terminologische Alternativen durchsetzte.[81]

Dementsprechend bestimmte etwa die Verfassung von Epidavros (§ 103) – später bestätigt durch Astros (§ 93) und Troizina (Art. 150) – als Motiv für das Regierungssiegel die mit Speer und Schild bewaffnete Athene, die antike Göttin der Weisheit.[82] Besonderer Symbolwert kam in diesem Zusammenhang auch der antiken Mythenfigur des seiner eigenen Asche entsteigenden Vogels Phönix zu, der als Allegorie der nationalen »Wiedergeburt« nach zweitausendjähriger »Knechtschaft« diente.[83] Wie sich insbesondere nach der Staatsgründung zeigen sollte, spielte dabei auch die stark vom europäischen Philhellenismus geprägte Vorstellung eine Rolle, dass mit der politischen Unabhängigkeit auch eine kulturelle Wiedergeburt im Sinne eines Anknüpfens an die griechische Antike zu erwarten sei und dass Griechenland als einem »Musterkönigreich« im Orient eine entsprechende zivilisatorische Mission in diesem Raum zufalle. Als augenfällige Manifestationen dieses ideologischen Kontextes sind etwa die 1834 beschlossene Verlegung der Hauptstadt Griechenlands aus dem peloponnesischen Nafplion in das symbolträchtige, wenn auch damals kaum besiedelte Athen sowie die 1837 dort erfolgte Gründung einer Universität als erster Bildungsanstalt

---

81 Im traditionellen kirchlichen Sprachgebrauch war der Begriff »Hellene« (»Ἕλλην«) ein Synonym für »Heide« bzw. »Nichtchrist« und fungierte abgesehen davon als Projektionsfläche für volkstümliche Legendenbildungen. Vgl. Johannes Kakridis, Alte Hellenen und Hellenen der Befreiungskriege, in: Gymnasium 68 (1961), S. 315-328. Erst seit dem 18. Jahrhundert lässt sich seine schrittweise Umdeutung im nationalen Sinne beobachten. Als Alternativbezeichnungen standen in der Zeit des Unabhängigkeitskrieges »Graikos« (»Γραικός«) – dies präferierte etwa der Aufklärer Adamantios Korais (1748–1833) – sowie »Romios« (»Ρωμιός«) zur Verfügung, das auf die Selbstbezeichnung der Byzantiner als »Rhomäer« zurückgeht und in Griechenland noch bis weit ins 20. Jahrhundert hinein in volkssprachlichem Gebrauch war.
82 CD-ROM-2, Dok.-Nr. 20.2.3 (griech.)/20.2.4 (dt.), § 103; Dok.-Nr. 20.2.5 (griech.)/20.2.6 (dt.), § 93; Dok.-Nr. 20.2.7 (griech.)/20.2.8 (dt.), Art. 150.
83 Der aus Flammen emporsteigende Phönix wurde bereits 1821 auf Amtssiegeln der Aufständischen verwendet. Siehe Ioannis Mazarakis-Ainian, Σφραγίδες της Ελευθερίας 1821–1832. Σφραγίδες Κοινοτήτων – Μοναστηρίων, Προσωρινής Διοικήσεως της Ελλάδος, Ελληνικής Πολιτείας, Προσωπικές [Siegel der Freiheit 1821–1832. Siegel von Gemeinden – Klöstern, der vorläufigen Regierung Griechenlands, des Griechischen Staatswesens, Privatleuten], Athen 1983, S. 128-134. Kapodistrias führte später als offizielle Geldwährung des aufständischen Griechenlands den »Phönix« ein. Bis in die Gegenwart hinein erlebte das Motiv unterschiedliche staatssymbolische Verwendungen z. B. im Militär und im akademischen Betrieb sowie wiederholt auch als Staatswappen Griechenlands (zuletzt 1973 nach Abschaffung der Monarchie durch die Militärdiktatur von 1967–1974).

dieser Art in Südosteuropa zu erwähnen.[84] Der mit diesen Maßnahmen verbundene Prestigeanspruch weist auf Kernmotive des griechischen Nationalismus hin, die sich jedoch zugleich als schwerwiegende ideologische Hypotheken für das gesamte griechische Staats- und Nationsbildungsprojekt erwiesen, da zwischen hohem Anspruch und prosaischer Wirklichkeit oftmals eine gewaltige Kluft bestand.[85] (☛ Abb. 20.1)

Die Verfassung von Epidavros enthielt ferner neben Bestimmungen zur Gestaltung von Orden und Rangabzeichen[86] auch schon die bis heute gültige Festlegung der Farben Blau und Weiß für Staatswappen und -flagge[87], für deren Formgestaltung wenig später das Kreuz zugrunde gelegt wurde (weißes Kreuz auf blauem Grund).[88] Letzteres hatte insofern einen hohen Symbolwert, als es der religiösen Dimension des Aufstands Rechnung trug, der von vielen Akteuren durchaus in Kategorien eines Glaubenskampfes zwischen Christen und Muslimen wahrgenommen wurde.[89] Dieser religiöse Aspekt fand auch in der Eidesformel einen Niederschlag, zu deren Ablegung die Verfassung von Astros alle Träger öffentlicher Ämter verpflichtete und die folgendermaßen begann: »Ich schwöre im Namen der Heiligen Dreifaltigkeit und auf das süßeste Vaterland, erstens, dass entweder die hellenische Nation befreit wird, oder ich mit den Waffen in der Hand als freier Christ sterbe [...].«[90] Die sich darin abzeichnende hellenisch-christliche Begriffskoppelung erwies sich als folgenreich, denn sie

---

84 CD-ROM-2, Dok.-Nr. 20.10.1 (Verordnung zur Gründung der Universität Athen v. 31.12.1836).
85 Siehe dazu die Arbeiten von Elli Skopetea, Το »πρότυπο Βασίλειο« και η Μεγάλη Ιδέα. Όψεις του εθνικού προβλήματος στην Ελλάδα (1830–1880) [Das »Musterkönigreich« und die »Megali Idea«. Aspekte des nationalen Problems in Griechenland (1830–1880)], Athen 1988, und Alexis Politis, Ρομαντικά χρόνια. Ιδεολογίες και Νοοτροπίες στην Ελλάδα του 1830–1880 [Romantische Jahre. Ideologien und Mentalitäten im Griechenland der Zeit von 1830–1880], Athen 1993.
86 CD-ROM-2, Dok.-Nr. 20.2.3 (griech.)/20.2.4 (dt.), § 106; dann aufgegriffen ebd., Dok.-Nr. 20.2.5 (griech.)/20.2.6 (dt.), § 92.
87 CD-ROM-2, Dok.-Nr. 20.2.3 (griech.)/20.2.4 (dt.), § 104; dann aufgegriffen ebd., Dok.-Nr. 20.2.5 (griech.)/20.2.6 (dt.), § 93, und Dok.-Nr. 20.2.7 (griech.)/20.2.8 (dt.), Art. 149.
88 Mit Erlass Nr. 540 vom 15.3.1822, in dem auch die Gestaltung der Flaggen von Handels- und Kriegsmarine bestimmt wurde (Letztere ist seit 1975 alleinige Staatsflagge Griechenlands). Vgl. Ioannis Mazarakis-Ainian, Η ελληνική σημαία [Die griechische Fahne], in: Επτά Ημέρες/ Καθημερινή, 25.3.2001, S. 13-17. Dieser Erlass führte in der Praxis zunächst kaum zu einer Vereinheitlichung, weswegen in den späteren Revolutionsverfassungen die Verwendung anderer Flaggen und Feldzeichen ausdrücklich untersagt wurde – CD-ROM-2, Dok.-Nr. 20.2.5 (griech.)/20.2.6 (dt.), § 94; Dok.-Nr. 20.2.7 (griech.)/20.2.8 (dt.), Art. 149 –, was belegt, dass solche nach wie vor in Gebrauch waren. So führten etwa die Inseln Hydra, Spetses und Psara jede ihre eigene Flagge.
89 Vgl. dazu einführend Dimitris Skiotis, The nature of the modern Greek Nation: the Romaic Strand, in: S. Vryonis (Hg.), The Past in Medieval and Modern Greek Culture, Malibu 1978, S. 155-162. In diesem Kontext sei erwähnt, dass im griechischen Sprachgebrauch der Zeit das Wort »Türke« bezeichnenderweise als Synonym für »Muslim« verwendet wurde.
90 CD-ROM-2, Dok.-Nr. 20.2.5 (griech.)/20.2.6 (dt.), § 99. Die Verfassung von Troizina enthielt in ihrem Anhang drei verschiedene Eidesformeln, die von eingebürgerten Staatsbürgern (»Όρκος Ελληνικός«), Mitgliedern der Legislative (»Όρκος Βουλευτικός«) sowie vom Regenten selbst (»Όρκος Κυβερνητικός«) abzulegen waren. Anders als in Astros ist dort nicht von der Heiligen Dreifaltigkeit, sondern vom »Allerhöchsten« die Rede, was eine relative Säkularisierung der Be-

8 Verfassungskultur

Abb. 20.1 König Otto I. in traditioneller griechischer Tracht 1839

wurde später von der griechischen Nationalhistoriografie gezielt konzeptionalisiert und bildete bis weit ins 20. Jahrhundert hinein ein weiteres Kernstück nationaler Systemideologie.[91]

---

grifflichkeit dokumentiert. Auch die pathetische Kontrastierung von »Freiheit oder Tod« fehlt in den Eidesformeln von Troizina.
91 Dies ging maßgeblich auf Spyridon Zambelios (1815–1881) und Konstantinos Paparrigopoulos (1815–1891) zurück. Vgl. Ioannis Koubourlis, La formation de l'histoire nationale grecque. L'apport de Spyridon Zambélios (1815–1881), Athen 2005; Ioannis Zelepos, »Phoenix ohne Asche«. Konstantinos Paparrigopoulos und die Entstehung einer griechischen Nationalhistoriographie

1425

In Gesamtbetrachtung zeigt sich somit, dass nicht nur der Bildkanon, aus dem die Herrschaftssymbolik des griechischen Staates seit seiner Unabhängigkeit schöpft – die bayrische Regentschaft beschränkte sich in dieser Hinsicht weitgehend auf die Übernahme bereits etablierter Muster –, sondern auch die ideologischen Grunddeterminanten seiner Existenz im Wesentlichen auf den Konstitutionalisierungsprozess der Revolutionsperiode zurückgehen, der in diesem Bereich seine vielleicht stärkste Langzeitwirkung entfaltete.

9 Kirche

Eine privilegierte Sonderstellung der orthodoxen Kirche wurde bereits in der Verfassung von Epidavros explizit und sogar an denkbar prominenter Stelle, nämlich zu Beginn des Textes im § 1, verankert, wo diese zur »herrschenden Religion im griechischen Staat« erklärt wurde, der gegenüber andere Bekenntnisse lediglich Duldungsstatus erhielten. Diese Bestimmung, die in der Verfassung von Astros (§ 1) wörtlich übernommen[92] und in der von Troizina (Art. 1) nur leicht abgeschwächt wurde[93], spiegelt die große Bedeutung wider, die der Orthodoxie als traditionellem Identitätsfaktor zukam. In der vorrevolutionären Periode hatte dies neben kulturellen auch handgreifliche formaljuristische Implikationen, denn nach dem osmanischen *millet*-System, das kollektive Zugehörigkeit grundsätzlich nach dem Kriterium der Religion definierte, waren die griechischen Untertanen des Sultans ein Teil des *rum millet* der orthodoxen Christen, an dessen Spitze in geistlicher wie weltlicher Hinsicht der Patriarch von Konstantinopel stand.

Mit dem Ausbruch des Unabhängigkeitskrieges war eine Situation entstanden, die unter kirchlichem Aspekt als Grauzone bezeichnet werden kann, denn der damals amtierende Patriarch Gregor V. hatte die Aufständischen gemäß seiner Loyalitätspflicht gegenüber dem osmanischen Staat exkommuniziert (was ihn allerdings nicht davor bewahrte, wenig später vom hauptstädtischen Mob gelyncht zu werden und auf diese Weise – wenn auch recht unfreiwillig – zum Märtyrer der griechischen Freiheit zu werden). Die Exkommunikation umfasste selbstverständlich auch die Priester und Mönche, die sich vor Ort in beachtlicher Zahl aktiv an der Erhebung beteiligt hatten, was bedeutete, dass der klerikalen Hierarchie im Aufstandsgebiet ihre amtskirchliche

---

im 19. Jahrhundert, in: M. Krzoska/H. - C. Maner (Hg.), Beruf und Berufung. Geschichtswissenschaft und Nationsbildung in Ostmittel- und Südosteuropa im 19. und 20. Jahrhundert, Münster 2005, S. 190-215.
92 CD-ROM-2, Dok.-Nr. 20.2.3 (griech.)/20.2.4 (dt.), § 1; Dok.-Nr. 20.2.5 (griech.)/20.2.6 (dt.), § 1.
93 Dort steht das Recht auf freie Religionsausübung an erster Stelle und wird stärker betont (Gleichbehandlung aller Bekenntnisse), während die Orthodoxie anders als in den Verfassungen von Epidavros und Astros nicht als »herrschende Religion im Staat« sondern lediglich als »Religion des Staates« figuriert. CD-ROM-2, Dok.-Nr. 20.2.7 (griech.)/20.2.8 (dt.), Art. 1.

Legitimationsbasis entzogen war. Die sich daraus ergebende kirchenrechtliche Problematik blieb nicht nur im weiteren Verlauf des Krieges ungelöst, sondern wirkte auch nach der Unabhängigkeit Griechenlands lange Zeit fort, denn eine endgültige Klärung erfolgte erst Mitte des 19. Jahrhunderts.[94] Dies mag ein Grund dafür sein, dass in die Revolutionsverfassungen abgesehen von der eingangs zitierten Verankerung der Orthodoxie als Staatsreligion keinerlei konkrete Bestimmungen zur kirchlichen Organisation einflossen und das gesamte Thema überhaupt weitgehend ausgeblendet wurde. Eine markante Ausnahme bildet jedoch die »Fürstenverfassung« von 1832, da sie Bestimmungen enthielt, in denen sich bereits Ansätze zur Schaffung einer Staatskirche abzeichneten, die etwas später in die Realität umgesetzt wurde.[95]

Den zentralen Wendepunkt markiert dabei die Ausrufung der Autokephalie der Griechischen Kirche mit Regierungsdekret vom 23. Juli 1833.[96] Die bayrische Regentschaft schuf damit eine von Konstantinopel unabhängige Kirche, die als Staatsorgan fungierte und an deren Spitze dementsprechend der König stand (Art. 1).[97] Es handelte sich dabei um einen gezielten Schritt im Sinne der Nationalstaatsbildung nach säkularen Mustern, der von einer Reihe gesetzgeberischer Maßnahmen begleitet wurde, die u. a. die Schließung von Klöstern (Dekrete vom 7. Oktober 1833 und 9. März 1834) sowie die Enteignung von klösterlichem Grundbesitz (Dekret vom 8. Mai 1834) betrafen.[98] Damit wurde ein radikaler Bruch mit der traditionellen Ordnung vollzogen, der allerdings zu erheblichen Friktionen führte, denn die griechische Autokephalie wurde nicht nur vom Patriarchat von Konstantinopel nicht anerkannt, sondern stieß auch im Inneren auf den heftigen Widerstand konservativer Kreise, die damals in der »russischen Partei« ihre politische Heimat hatten. Die Kirchenfrage lieferte in den ersten beiden Jahrzehnten nach Staatsgründung wiederholt ideologi-

---

94 Siehe dazu einschlägig Charles Frazee, The Orthodox Church and Independent Greece 1821–1852, Cambridge 1969.
95 Siehe Mamoukas, [Staatsverfassung] (wie Fn. 1) Art. 7-8, wo die Leitung der kirchlichen Angelegenheiten einem fünfköpfigen Gremium einheimischer Metropoliten übertragen wurde, die nach ihrer Wahl durch die Legislative von der Regierung einzusetzen waren. In Troizina war zuvor der Ausschluss des Klerus von öffentlichen Ämtern sowie das Wahlrecht für Weltpriester festgeschrieben worden, was jedoch eher Ausdruck des säkularen Grundzuges dieser Verfassung war, als dass es praktische Relevanz gehabt hätte: CD-ROM-2, Dok.-Nr. 20.2.7 (griech.)/20.2.8 (dt.), Art. 24.
96 CD-ROM-2, Dok.-Nr. 20.9.1 (Proklamation der Autokephalie der Griechischen Kirche v. 4.8.1833, Datierung nach gregorianischem Kalender).
97 Zum spezifischen Charakter des Rechtsverhältnisses von Kirche und Staat in Griechenland siehe Antonis Manitakis, Οι σχέσεις της Εκκλησίας με το Κράτος-έθνος. Στη σκιά των ταυτοτήτων [Das Verhältnis der Kirche zum Nationalstaat. Im Schatten der Ausweise], Athen 2000, S. 23-56.
98 Siehe Papageorgiou, [Staat] (wie Fn. 61), S. 127-129. Von der Schließung waren Frauenklöster (mit Ausnahme von dreien) sowie solche Klöster betroffen, in denen weniger als sechs Mönche lebten. Von vormals 524 Klöstern blieben danach 146 bestehen, davon allein 83 auf der Mani, wo die Regierung wegen der allgemein angespannten Sicherheitslage auf die Durchsetzung ihrer Verordnung verzichtete.

schen Zündstoff für lokale Revolten sowie für eine bis in Regierungskreise hinein reichende »Philorthodoxe« Verschwörung, die 1839 einen gegen die Person des Königs gerichteten Staatsstreich plante.[99] Eine nachhaltige Stabilisierung setzte erst ein, als Konstantinopel die Autokephalie der Griechischen Kirche formal anerkannte und reguläre Beziehungen mit ihr aufnahm (1850/52), und es ferner der Regierung etwa zur gleichen Zeit gelang, die »Philorthodoxe« Bewegung auf der Peloponnes, wo damals ihre Operationsbasis lag, gewaltsam zu zerschlagen.

10 Bildungswesen

Das Bildungswesen, das in osmanischer Zeit traditionell einer der zentralen Kompetenzbereiche der Kirche gewesen war, wurde erstmals in der Verfassung von Astros zur staatlichen Domäne erklärt, die die öffentliche Bildung dem Schutz des Parlaments unterstellte (§ 37) und einen expliziten staatlichen Bildungsauftrag bezüglich der Jugend verankerte, den konkrete Vorgaben zu dessen systematischer Umsetzung begleiteten (§ 87).[100] Die Aufsichtspflicht des Parlaments über die öffentliche Bildung fand auch in die Verfassung von Troizina Eingang (Art. 85), die ansonsten jedoch lediglich eine Bestimmung zur Gründung privater Schulen und freien Wahl von Lehrern enthielt (Art. 20), die als bürgerliches Grundrecht im Rahmen der Gewerbefreiheit verankert wurden.[101] Diese Artikel wurden in der »Fürstenverfassung« nahezu gleichlautend übernommen (Art. 28 und 99), die ferner den Staat ermächtigte, zur Bestreitung von Bildungsausgaben auf Kirchengelder zurückzugreifen (Art. 9)[102], was später von der bayrischen Regentschaft in die Praxis umgesetzt wurde. Wie in vielen anderen Bereichen setzte diese auch im Bildungswesen entscheidende Impulse, nachdem frühere Ansätze aus der Zeit von Kapodistrias nach dessen Ermordung zusammengebrochen waren.[103]

Mit Regierungsdekret vom 6. Februar 1834 erließ die Regentschaft ein Schulgesetz, das eng an das französische Vorbild angelehnt war und in seinen Grundzügen bis 1917 in Kraft bleiben sollte. Es führte eine siebenjährige allgemeine Schulpflicht ein

---

99 Zur sog. »Philorthodoxen Verschwörung« siehe Petropoulos, Politics (wie Fn. 7), S. 329-343, sowie Barbara Jelavich, The Philorthodox Conspiracy of 1839, in: Balkan Studies 7 (1966), H. 1, S. 89-102. Zu den Verbindungen der damaligen »Philorthodoxen« mit der »russischen Partei« siehe Hering, Parteien (wie Fn. 7), S. 195-216.
100 CD-ROM-2, Dok.-Nr. 20.2.5 (griech.)/20.2.6 (dt.), § 37, 87.
101 CD-ROM-2, Dok.-Nr. 20.2.7 (griech.)/20.2.8 (dt.), Art. 85, 20.
102 Siehe Mamoukas, [Staatsverfassung] (wie Fn. 1), Art. 28, 99, 9.
103 Kapodistrias leitete während seiner Regentschaft eine systematische Bildungspolitik ein, die zur Gründung einer Reihe praxisorientierter Bildungseinrichtungen führte, darunter eine landwirtschaftliche Schule in Tiryns und eine Militärakademie in Nafplion (zu Letzterer siehe Fn. 78); vgl. Dimitrios Diamantis, Η εκπαίδευση κατά τον Καποδίστρια [Die Bildung unter Kapodistrias], in: Επιστημονικό Βήμα 6 (2006), S. 24-31 mit weiterführender Literatur.

und verpflichtete zu diesem Zweck jede Gemeinde zur Gründung und Unterhaltung von Elementarschulen, eine Maßnahme, die angesichts der sozialen und wirtschaftlichen Realitäten im Lande anfangs jedoch weitgehend auf dem Papier blieb – immerhin gab es 1840 rund 250 Elementarschulen, was mehr als dreimal so viel war als zehn Jahre zuvor.[104]

Als weiterführende Bildungsanstalten waren die sog. »hellenische« Schule mit dreijährigem sowie darauf aufbauend das Gymnasium mit vierjährigem Curriculum vorgesehen, wobei Erstere in jeder Provinz- und Letztere in jeder Departementshauptstadt eingerichtet wurden. Insgesamt war das griechische Schulsystem aus Gründen, die teils auf vorrevolutionären Lehrtraditionen beruhten, teils aber auch nationalideologischer Natur waren, durch die starke Betonung eines klassischen, vor allem auf die Vermittlung der altgriechischen Sprache orientierten Bildungskanons gekennzeichnet, womit eine entsprechende Unterrepräsentierung von praxisorientierten Fächern einherging. Die oberste Stufe des öffentlichen Bildungssystems bildete die 1837 gegründete Universität Athen, die über eine philosophische, eine juristische, eine theologische sowie eine medizinische Fakultät verfügte.[105]

Neben dem staatlichen Schulsystem ist ferner auf die Bedeutung von privat getragenen Bildungsinstitutionen hinzuweisen, die im ersten Jahrzehnt der Unabhängigkeit entstanden und das griechische Bildungswesen mitprägten. Beispiele sind die von den Amerikanern John Hill und Fanny Mulligan bereits 1831 in Athen eröffnete Mädchenschule »Parthenagogeion«, die 1836 gegründete »Bildungsfreundliche Gesellschaft« (»Φιλεκπαιδευτική Εταιρεία«), die mit dem »Arsakeion« eine ebenfalls renommierte Mädchenschule eröffnete, sowie die 1837 gegründete »Archäologische Gesellschaft« (»Αρχαιολογική Εταιρεία«), die heute zu den renommiertesten altertumskundlichen Institutionen im Lande zählt.

11 Finanzen

Die finanzielle Abhängigkeit von ausländischem Kapital stellte eine Grundbedingung des griechischen Staatswerdungsprozesses dar, die schon im Unabhängigkeitskrieg zum Tragen kam. So ist es bezeichnend, dass bereits die Väter der Verfassung von Epidavros es für notwendig erachteten, die Aufnahme von Auslandskrediten (sowie die Verpfändung bzw. der Verkauf von Staatsland zu diesem Zweck) dort explizit als Hoheitsrecht der Regierung zu verankern (§ 63/64, vgl. nahezu gleichlautend Astros,

---

104 Siehe Papageorgiou, [Staat] (wie Fn. 61), S. 126. Diese Zahl sagt allerdings nichts über die Effizienz dieser Schulen aus, die den zeitgenössischen Quellen zufolge notorisch gering war. Insbesondere die siebenjährige Schulpflicht dürfte ins Reich der Utopie gehören, denn tatsächlich waren noch bis weit ins 20. Jahrhundert hinein vier- bzw. sechs Jahre die Grundlage. Die neunjährige Schulpflicht wurde sogar erst nach dem Sturz der Militärdiktatur 1974 dauerhaft eingeführt.
105 CD-ROM-2, Dok.-Nr. 20.10.1 (Verordnung zur Gründung der Universität Athen v. 31.12.1836).

§ 35).¹⁰⁶ Tatsächlich war es später eine Londoner Geldanleihe, die im Bürgerkrieg von 1823/24 die Entscheidung über Sieg und Niederlage der Konfliktparteien herbeiführte. Ebenso hingen die Anfangserfolge des von Kapodistrias eingeleiteten Regierungsprogramms maßgeblich davon ab, dass er seit Juni 1828 zumindest über Teilbeträge eines Auslandsdarlehens verfügen konnte, das ihm zuvor als Vorbedingung für die Annahme der Regentschaft versprochen worden war. Sein Versuch, mittels einer bereits im Februar 1828 gegründeten öffentlichen Geschäftsbank, der »Εθνική Χρηματιστική Τράπεζα«, auch einheimische sowie auslandsgriechische Kapitalreserven zu mobilisieren, scheiterte dagegen an der angesichts der instabilen Verhältnisse durchaus berechtigten Zurückhaltung potenzieller Investoren. Die weitgehende Abhängigkeit Griechenlands von europäischem Finanzkapital erfuhr eine formale Festschreibung im Rahmen seiner von den Großmächten beschlossenen staatlichen Souveränität, denn in Artikel 12 des Londoner Vertrags vom 7. Mai 1832 traten diese als Bürgen für die Aufnahme von Auslandsanleihen in einer Gesamthöhe von 60 Mio. Francs auf, welche als Grundlage für den Wiederaufbau des durch gut zehn Jahre Krieg verwüsteten Landes dienen sollten.¹⁰⁷

Die hier skizzierte Situation schuf denkbar enge Spielräume für eine staatliche Finanzpolitik, die als solche eigentlich erst mit der bayrischen Herrschaft einsetzte, wenn man von den oben genannten Ansätzen aus der Revolutionsperiode absieht.¹⁰⁸ Zu den wichtigsten Maßnahmen in den ersten Jahren der Unabhängigkeit gehörte die Einführung der Drachme am 8. Februar 1833, nachdem der von Kapodistrias 1828 in Umlauf gebrachte »Phönix«¹⁰⁹ nach dessen Ermordung als Landeswährung zusammengebrochen war, ferner die Gründung eines Rechnungshofes mit Regierungsdekret vom 27. September 1833¹¹⁰, und schließlich die Gründung einer Nationalbank, der »Εθνική της Ελλάδος Τράπεζα«, die allerdings erst mit Gesetz vom 30. März 1841 realisiert werden konnte und der maßgeblichen Mitwirkung des Schweizer Bankiers und Philhellenen Jean-Gabriel Eynard (1775–1863) zu verdanken war. Mit einem Aktienkapital von 5.000.000 Drachmen ausgestattet nahm sie am 22. Januar 1842 ihren Betrieb sowohl als Noten- als auch als Geschäftsbank auf (erst Ende der 1920er-Jahre

---

106 CD-ROM-2, Dok.-Nr. 20.2.3 (griech.)/20.2.4 (dt.), § 63-64; dann mit nahezu gleichlautender, allerdings nun auf das Parlament übertragener Kompetenz: Dok.-Nr. 20.2.5 (griech.)/20.2.6 (dt.), § 35.
107 Londoner Vertrag vom 7.5.1832, Art. 12, in: Tryfon Evangelidis, [Geschichte] (wie Fn. 19), S. 10.
108 Siehe auch die Bestimmungen zu Vorlage und Verabschiedung des Staatshaushalts in den Verfassungen von Epidavros, Astros und Troizina, in: CD-ROM-2, Dok.-Nr. 20.2.3 (griech.)/20.2.4 (dt.), § 78; Dok.-Nr. 20.2.5 (griech.)/20.2.6 (dt.), § 39; Dok.-Nr. 20.2.7 (griech.)/20.2.8 (dt.), Art. 76-82. Letztere erwähnte erstmals auch die Festsetzung von Steuern und Zöllen (Art. 79) sowie die Abwicklung des Schuldendienstes, respektive Art. 79 und 78.
109 Vgl. Fn. 83.
110 CD-ROM-2, Dok.-Nr. 20.11.1 (Verordnung zur Gründung des Rechnungshofs v. 7.10.1833). Otto übertrug später Kompetenzen des Rechnungshofes auf den 1835 gegründeten Staatsrat; ebd., Dok.-Nr. 20.6.1 (Gesetz zur Gründung des Staatsrats v. 18.9.1835).

kam es zur Gründung einer reinen Notenbank) und war somit das erste und damals einzige Kreditinstitut Griechenlands.[111]

12 Wirtschafts- und Sozialgesetzgebung/Öffentliche Wohlfahrt

In den Revolutionsverfassungen wurden bereits erste Ansätze einer staatlichen Wirtschafts- und Sozialgesetzgebung verankert, die jedoch auf die Zeit nach dem Unabhängigkeitskrieg verwiesen und keine messbare praktische Wirkung entfalteten. So erklärte die Verfassung von Astros die intensive Förderung von Landwirtschaft, Handel und Gewerbe zur Staatsaufgabe und schrieb für diesen Zweck die Gründung von Agrargenossenschaften, Handelsgesellschaften sowie die Einrichtung einer Handelskammer vor.[112] Die Verfassung von Troizina weitete dies noch auf die Künste, Wissenschaften sowie die Industrie aus und enthielt darüber hinaus Bestimmungen zum Schutz von Erfindungen und geistigem Eigentum.[113] Ebenfalls zukunftsweisend, aber mit direkterem Bezug zur aktuellen Lage, war das dort (Art. 17) verankerte Recht des Staates, im öffentlichen Interesse Privatgrund zu enteignen. Tatsächlich war nämlich mit Beginn des Unabhängigkeitskrieges sämtlicher osmanische Grundbesitz verstaatlicht worden, wodurch fast 75 Prozent des kultivierbaren Landes im Aufstandsgebiet zu sog. »Nationalländereien« wurden. Die Frage ihrer zukünftigen Verteilung bildete einen zentralen Aspekt der damaligen Sozialen Frage, deren Lösung von Kapodistrias sowie nach ihm von der bayrischen Regentschaft in Angriff genommen wurde, jedoch in beiden Fällen an der machtvollen Interessenkoalition der einheimischen Grundbesitzereliten scheiterte.

Direkten praktischen Bezug hatte ferner die erstmals in Epidavros (§ 107 und 109, vgl. Astros, § 86 und 90 sowie Troizina, Art. 147/148) verankerte Fürsorgepflicht des Staates gegenüber Witwen und Waisen der im Krieg Gefallenen sowie (allerdings erst nach Ende des Krieges) von Personen, die durch ihr Engagement für den Aufstand in wirtschaftliche Not geraten waren.[114] Es versteht sich, dass diese Bestimmungen angesichts der Realität des Krieges ebenfalls auf dem Papier blieben, wenn man von der Gründung eines Waisenhauses unter der Regentschaft von Kapodistrias absieht – eine systematische staatliche Wohlfahrtspolitik gab es auch nach der Unabhängigkeit nicht.

---

111 Siehe Papageorgiou, [Staat] (wie Fn. 61), S. 133-134. Als die Nationalbank 1847 unter Druck britischer Kreditgeber geriet, war es wiederum Eynard, der sie durch die Bereitstellung von 500.000 Goldfranken aus seinem Privatvermögen vor dem Zusammenbruch rettete.
112 CD-ROM-2, Dok.-Nr. 20.2.5 (griech.)/20.2.6 (dt.), § 88.
113 CD-ROM-2, Dok.-Nr. 20.2.7 (griech.)/20.2.8 (dt.), Art. 85.
114 CD-ROM-2, Dok.-Nr. 20.2.3 (griech.)/20.2.4 (dt.), § 107, 109; dann aufgegriffen in Dok.-Nr. 20.2.5 (griech.)/20.2.6 (dt.), § 86, 90, und Dok.-Nr. 20.2.7 (griech.)/20.2.8 (dt.), Art. 147-148.

Kapodistrias war bei seinem Amtsantritt 1828 mit einer desolaten wirtschaftlichen Lage vor Ort sowie mit akutem Geldmangel konfrontiert, was die Möglichkeiten seiner Aufbaupolitik massiv einschränkte. Diese zielte einerseits auf technologische Innovation im traditionell weitgehend auf Subsistenzwirtschaft beruhenden Agrarsektor, in dem der Großteil der Bevölkerung tätig war. Dies schlug sich konkret in der Anschaffung von zeitgemäßem Arbeitsgerät, der Einführung neuer Anbaukulturen (z. B. der Kartoffel) sowie der Gründung einer landwirtschaftlichen Schule, dem »Πρότυπον Αγροκήπιον«, nieder. Einen zweiten Fokus seiner Bemühungen bildete die Wiederbelebung des vormals blühenden, mit dem Krieg jedoch weitgehend zum Erliegen gekommenen Seehandels, was durch entsprechende gesetzgeberische Maßnahmen sowie eine gezielte Bekämpfung der Piraterie vorangetrieben wurde und ab 1830 auch sichtbare Erfolge zeitigte.[115] Der Seehandel nahm von da an einen kontinuierlichen Aufschwung und bildete in den folgenden Jahren den einzigen Entwicklungssektor in der von erheblichen Strukturproblemen gekennzeichneten griechischen Volkswirtschaft. Zu deren Förderung ergriff die bayrische Herrschaft im ersten Jahrzehnt der Unabhängigkeit eine Reihe gesetzgeberischer Maßnahmen, die von einem umfassenden volkswirtschaftlichen Entwicklungsprogramm inspiriert waren, das der deutsche Gelehrte Friedrich Thiersch (1784–1860) in einer Denkschrift mit dem Titel »De l'État actuel de la Grèce« (2 Bde., Leipzig 1833) ausgearbeitet hatte, dessen praktische Umsetzung jedoch insbesondere im Hinblick auf die Modernisierung der Landwirtschaft sowie den Ausbau der Infrastruktur damals über erste Anfänge nicht hinauskam.[116]

---

115 Siehe Papageorgiou, [Staat] (wie Fn. 61), S. 81. Zur landwirtschaftlichen Schule vgl. auch Fn. 103.
116 Vor allem das Problem der Landverteilung blieb ungelöst, so erbrachte etwa ein am 26.5.1835 erlassenes Gesetz zur Kreditvergabe an landlose Bauern kein Ergebnis und auch das aus osmanischer Zeit stammende System der Steuerpacht wurde beibehalten. Auf dem Papier blieb ferner das bereits am 16.8.1833 erlassene Dekret zum Ausbau der Infrastruktur, die eine entscheidende Voraussetzung für die Entwicklung des Agrarsektors mittels seiner Umstellung von Subsistenz- zu Marktwirtschaft darstellte. Erfolgreicher war die Regierungspolitik dagegen im Bereich des Handels, was sich etwa in der Schaffung von Handelskammern (Erlass vom 22.5.1836) sowie dem Aufbau eines Netzes konsularischer Vertretungen im europäischen Ausland niederschlug. Für ein Gesamtbild siehe John Petropoulos, The Greek Economy during the First Decade of Othonian Rule, in: Δελτίον της Ιστορικής και Εθνολογικής Εταιρείας της Ελλάδος 24 (1981), S. 142-228.

Portugal

Von António Manuel Hespanha (Lissabon)[1]

0 Einführung

Die Kürze dieser knappen Einführung[2] soll nicht das vorhandene Aufgebot an Interpretationsfragen verbergen. Die erste Frage betrifft das Gewicht traditioneller Elemente im *vintismo* (1820–1823), der bis heute meist als radikale Periode charakterisiert wurde, während ein neuerer Befund dazu tendiert den Weg zu betonen, auf dem alte Denkmuster, alte institutionelle Apparate und Praktiken, alte Rechtsbegriffe und Rechtsinhalte die oft scharfe Sprache der Reform abschwächten. Dabei handelt es sich im Übrigen um eine Art der Beurteilung, die auch die jüngste Interpretation des Cádizer Konstitutionalismus kennzeichnet.[3] Der zweite Problemkreis bezieht sich auf den Transfer der Verfassungsreform zu den Kolonien, obwohl eine Restriktion hinsichtlich der vollständigen Umsetzung der neuen Ordnung in allen Verfassungstexten (von 1822 bis 1838) fehlte, und er betrifft entweder die Organisation und Teilung der Gewalten oder den bürgerlichen und politischen Status der Einwohner. Jüngste Studien zeigen allerdings, dass der Universalismus von Verfassungstexten[4] weder der tatsächlichen politischen Praxis noch dem Inhalt der Rechtsnormen unterhalb der Verfassungsebene entsprach, die beide mit Einschränkungen der politischen Rechte der Kolonisatoren (namentlich bezüglich des Gewichts der Kolonien bei Wahlen), der Gouvernementalisierung kolonialer Herrschaft und der rassischen Diskriminierung indigener Bevölkerungen sowie der Missachtung ihrer verfassungsmäßigen Rechte verbunden waren.[5] Der dritte innovative Ansatz beruht darauf, die

---

1 Übersetzung ins Deutsche von Werner Daum.
2 Für einen Überblick zur politischen Geschichte Portugals im 19. Jahrhundert siehe L. R. Torgal/J. L. Roque (Hg.), O liberalismo (= J. Mattoso, História de Portugal, 5), Lisboa 1998; Mª F. Bonifácio, O século XIX português, Lisboa 2002. Zum konstitutionellen Moment siehe Marcello Caetano, História breve das constituições portuguesas, Lisboa 1968; José J. Gomes Canotilho, Direito constitucional e teoria da Constituição, Coimbra 7. Aufl. 2003, S. 127-169; António Manuel Hespanha, Guiando a mão invisível. Direito, Estado e lei no Constitucionalismo Monárquico português, Coimbra 2004. Zum politischen Denken der Epoche siehe António Pedro Mesquita, O Pensamento Político Português no Século XIX, Lisboa 2006.
3 Vgl. als grundlegend Carlos Garriga/Marta Lorente, Cádiz 1812. La Constitución Jurisdiccional, Madrid 2007.
4 Für die Konstitution von 1838 gelten die Ausführungen nur abgeschwächt.
5 Vgl. als grundlegend zu diesem Thema Cristina Nogueira da Silva, Constitucionalismo e Imperio: a cidadania no Ultramar português, Coimbra, Almedina, 2009.

prinzipielle Formbarkeit der konstitutionellen Gestalt der *Carta Constitucional* von 1826 anzuerkennen. Obwohl sie den französischen Royalismus umsetzte, konnte sie fast ohne formale Änderungen als Grundlage für ein etwas atypisches parlamentarisches System (1851–1900) dienen wie auch ein cäsaristisches Regime erlauben, wie es im letzten Jahrzehnt der Monarchie (1900–1910) versucht wurde.[6]

Ferner neigt die Beurteilung des portugiesischen Parlamentarismus zu einer Betonung der vorherrschenden Rolle der Regierung auf der politischen und parlamentarischen Bühne sowie bei den Wahlen, wodurch sich die kanonische Beziehung zwischen den Kammern und dem Kabinett umkehrt. In Portugal – wie auch in anderen lateineuropäischen Staaten oder im Brasilianischen Reich (1822–1889) – beherrschte das Kabinett die *agendae* und Abläufe der Wahlen und Parlamentsverhandlungen, vor allem nach der praktischen Entmachtung des *poder moderador* unter Luis I. (Herrschaft 1861–1889) und während eines Teils der Herrschaft Carlos' I. (Herrschaft 1889–1908). Tatsächlich unterstellte dieser praktische Verlust der monarchischen Prärogative auch den König der Kontrolle der Regierung, die sich der monarchischen Prärogative zur Auflösung des Parlaments und zur Nominierung der Lords in das Oberhaus bediente, um parlamentarische Mehrheiten zu erhalten und den Kalender der politischen Abläufe und Wahlen zu kontrollieren.[7]

Diese Überlegenheit der Regierung erklärt auch die Vorbehalte der jüngsten Geschichtsschreibung gegenüber einer »liberalen« Deutung des politischen Systems Portugals unter der Monarchie. In Anknüpfung an eine Tradition, die vom aufgeklärten Despotismus, vom administrativen Staat napoleonischer Prägung und von der deutschen Staatstheorie herrührte, herrschte die Regierung auf wirksame Weise, wobei sie auch von einem traditionellen kulturellen Habitus des Staatsvertrauens profitierte. Öffentliche Infrastrukturmaßnahmen (Straßen, Brücken, Häfen und später Eisenbahnen, Postdienst und Telegrafie), der Aufbau von Industrien, die Gründung von Banken, Versicherungsgesellschaften und verschiedener Monopole waren größtenteils Gegenstand staatlicher Entscheidung. Die Verwaltungsmacht kannte nur wenige Einschränkungen, während die Bürger durch keine Garantien vor staatlichem Handeln geschützt waren. Die Beamten bildeten eine umfangreiche Regierungsklientel, die zur Kontrolle der Wahlen und zur Unterstützung der Regierungspolitik eingesetzt wurde.[8] Feste Kontakte zwischen den politischen Zirkeln und wirtschaftlichen Gruppen garantierten beiden Seiten, dass die Regierung unternehmerische Geschäfte absicherte und die Plutokratie die Regierungstätigkeit stützte, namentlich in Zeiten von Finanzkrisen.

Die Anerkennung des politischen Gewichts staatlichen Handelns führt zu einer Neubewertung der Bedeutung des »republikanischen« Denkens seit Mitte des 19. Jahrhunderts im Sinne der ideologischen Inanspruchnahme öffentlicher Werte

---

6 Hespanha, Guiando a mão (wie Fn. 2).
7 Ebd., S. 365 ff.
8 Vgl. ebd.

und öffentlicher Interessen, die vom Staat gefördert und garantiert werden. Hierbei wird der Staat als rationaler Pol der von Interessengruppen fragmentierten Gesellschaft und als politischer Ausdruck eines staatlich gesteuerten Sets öffentlicher Interventionen verstanden, die durch den Bedarf nach wirtschaftlicher und sozialer Modernisierung eingefordert wurden.[9]

1 Portugal 1815–1847

Das Mutterland der Kolonialmacht Portugal besaß im 19. Jahrhundert ein in Europa einzigartiges Kennzeichen: Seine territoriale Einheit war – mit der zeitgenössischen räumlichen Struktur[10] – ebenso wie auch seine sprachliche Einheit bereits im 13. Jahrhundert verwirklicht worden. Infolge sowohl der Zwangskonversion von Juden und Muslimen zu Beginn des 16. Jahrhunderts als auch der unnachgiebigen Politik der Krone gegenüber der Reformation waren religiöse oder tiefere kulturelle Konflikte unbekannt. Dennoch wäre es eine irreführende historiografische Auffassung, die Entstehung eines »nationalen Bewusstseins« ins Mittelalter oder in die Frühe Neuzeit vorzuverlagern[11]; denn die Bildung sowohl der Nation als auch eines zugehörigen Staats wie auch die Ausbildung einer nationalen Identität – im Sinne, den dieser Ausdruck in der Spätmoderne annahm – wird eine durch den Verfassungsstaat zu erfüllende Aufgabe sein, vor allem was die territoriale Integration durch die Aufhebung innerer fiskalischer Schranken[12] und durch den Aufbau eines Straßennetzes, eines regulären Transportsystems und eines Nachrichtenwesens[13] sowie durch die Entfaltung einer regionalen und sozialen Assimilation infolge gemeinsamen staatsbürgerlichen Empfindens betrifft.

---

9 Siehe vor allem Rui Ramos, A Segunda Fundação (1890–1926) (= J. Mattoso, História de Portugal, 6), Lisboa 1994.
10 Allerdings wurde eine endgültige geodätische Abgrenzung erst durch den *Tratado dos limites* von 1864 festgelegt (was nochmals die Nationalität einiger kleiner Gemeinden entlang der Grenzen änderte).
11 Dies schlug Martim de Albuquerque, A consciência Nacional Portuguesa. Ensaio de História das Ideias Políticas, Lisboa 1972 vor. Zur Betonung der Defizite einer »nationalen« Identität und der miteinander verschränkten Konzepte von eigener Identität und Fremdheit in der ständisch strukturierten Monarchie (d. h. wenigstens bis zur Mitte des 18. Jahrhunderts) siehe António Manuel Hespanha/Ana Cristina Nogueira da Silva, A identidade portuguesa, in: A. M. Hespanha (Hg.), O Antigo Regime (1620–1807) (= J. Mattoso, História de Portugal, 4), Lisboa 1998, S. 18-37.
12 Dies meint die Aufhebung der feudalen Steuerhoheit (»direitos banais«, 1822, und »forais«, 1832) und, in weit geringerem Ausmaß, der Gemeindesteuern (nach 1836). Vgl. zum Ende der feudalen Steuererhebung Nuno Gonçalo Monteiro, Forais e regime senhorial: os contrastes regionais segundo o inquérito de 1824, Lisboa 1986; António Manuel Hespanha, O jurista e o legislador na construção da propriedade burguesa liberal em Portugal, in: Análise Social XVI, 61-62 (1980) (1° 2°), S. 211-236.; zu den Veränderungen im Finanzwesen der Gemeinden siehe António Pedro Manique, Mouzinho da Silveira – Liberalismo e Administração Pública, Lisboa 1989.
13 Vor allem nach 1850.

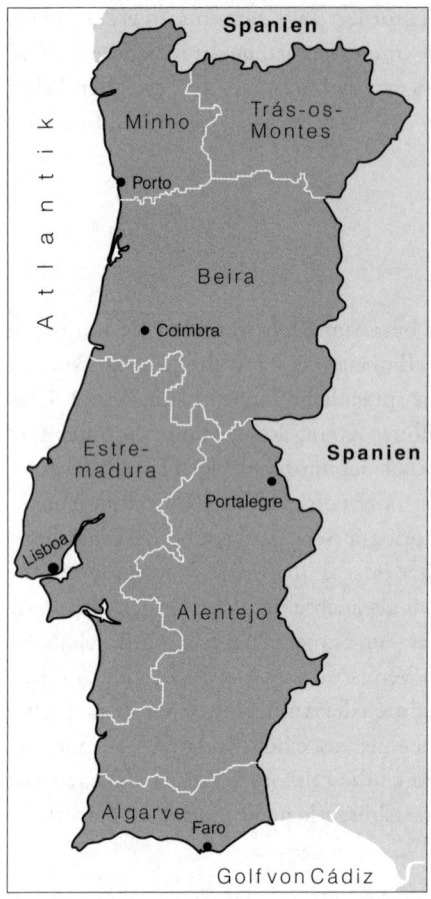

Abb. 21.1 Provinzialgliederung Portugals um 1826

Die territorialen Angelegenheiten Portugals stellen sich aber als viel komplizierter dar, wenn wir den außereuropäischen Raum berücksichtigen, vor allem was einen einheitlichen Umgang mit der Staatsbürgerschaft betrifft, wie später noch zu sehen sein wird (Kap. 4). Und dasselbe kann über eine homogene Anwendung der politischen Repräsentation oder Gewaltenteilung gesagt werden.

Wie es häufig in der vergleichenden Geschichtsschreibung geschieht, entspricht die chronologische Begrenzung des vorliegenden Handbuchbandes nicht der Zeitleiste der portugiesischen Verfassungsentwicklung. In der Tat tauchte der erste Verfassungstext erst 1822 auf, zwei Jahre nach der Verfassungsrevolution von 1820. Seit diesem Moment lebte das Land – trotz der heftigen Echos der Verfassungsrevolutionen in Frankreich, Spanien, den USA und in mehreren ehemaligen Kolonien des spanischen Südamerika, die durch die napoleonische Besatzung (1807/08)[14] wie auch den antinapoleonischen Befreiungskampf[15] noch verstärkt worden waren – in einer unklaren politischen Situation, da es theoretisch durch den weit entfernten königlichen Hof in Rio de Janeiro regiert, praktisch aber durch die Bürokratie der britischen Armee mittels einer angloportugiesischen *Junta do Governo* beherrscht wurde, die vom abwesenden König nominiert wor-

---

14 Die Besatzung stimulierte eine liberale, an Frankreich orientierte Gruppe, die den Kaiser um eine der Konstitution des Großherzogtums Warschau ähnelnde Verfassung wie auch um die Durchsetzung des französischen *Code civil* bat; im Falle seiner Umsetzung wäre dieser letztgenannte Anspruch noch bedeutender gewesen als der Import der polnischen Verfassung, da er eine tief gehende Reform des Zivilrechts – in so kritischen Bereichen wie dem Eigentums- und Familienrecht – mit sich gebracht hätte. Zu der Episode siehe Nuno J. Espinosa Gomes da Silva, História do direito português, Lisboa 2000, S. 407.

15 Der Befreiungskampf war in Spanien einer der bedeutendsten Faktoren der Cádizer Verfassungsrevolution gewesen.

den war und zwischen gegensätzlichen ideologischen Flügeln zerrissen wurde; diese reichten von traditionalistischen, antirevolutionären (antifranzösischen) Gruppen bis zu aufgeklärten Reformisten, protoliberalen und freimaurerischen Kräften sowie *afrancesados*.

Die Verfassung von 1822 eröffnete eine kurze Periode (1822/23) eines zweideutigen Konstitutionalismus. Sowohl der Verfassungstext als auch die politische Praxis verbanden traditionelle literarische und institutionelle Rezepte und Praktiken mit ziemlich schrillen Beschwörungen der Volkssouveränität und mit konstitutionellen Merkmalen, die oft an die legendären (und gefürchteten) Jahre des französischen *gouvernement d'assemblée* erinnerten. Diese erste Konstitutionalisierungswelle wurde durch eine unnachsichtige Rückkehr zum Absolutismus (1823–1834) hinweggeschwemmt, bis ein gemäßigter Konstitutionalismus definitiv siegte (1834), und zwar nach dem militärischen Sieg Pedros IV., der sich aus seinem neugeborenen Brasilianischen Reich aufgemacht hatte (1832), um sowohl seinen Thron aus den Händen seines absolutistischen Bruders Miguel wiederzuerlangen als auch die Verfassungscharta wieder in Kraft zu setzen, die er unmittelbar nach dem Tod seines Vaters João VI. (1826) gewährt hatte.

Die Wiederinkraftsetzung der *Carta Constitucional* von 1826 markierte deshalb 1834 eine neue Konstitutionalisierungswelle in Portugal, bei der die Verfassungsordnung, die eng an den monarchischen Konstitutionalismus der französischen *Charte* von 1814 angelehnt und eine Zwillingsschwester des ab 1824 verwirklichten brasilianischen Konstitutionalismus war, mit anspruchsvollen Verwaltungs- und Sozialreformen einherging, die von Politikern wie Mouzinho da Silveira (1780–1849) und Joaquim António de Aguiar (1792–1884) geleitet wurden, deren Ziel die endgültige Auflösung des Ancien Régime in der Verwaltung und Justiz, in der Eigentumsordnung und im Verhältnis zwischen Staat und Kirche war.

Eigentlich handelte es sich um eine ziemlich verspätete politische Ära, da sie Veränderungen reflektierte, die die meisten westeuropäischen Länder in den späten 1810er oder den frühen 1820er-Jahren erfasst hatten. Diese zweite Welle einer Verfassungsordnung war stark mit dem monarchischen Prinzip belastet – da sie formal von der sehr verfassungsmäßigen Gewaltenteilung durch Einführung einer vierten Gewalt gekennzeichnet wurde, nämlich des *poder moderador*, der einige Jahre zuvor von Benjamin Constant erfunden und in der *Carta Constitucional* als Eckpfeiler der politischen Ordnung beschrieben worden war. Obwohl 1838 eine neue Konstitution angenommen wurde, führte man 1842 die *Carta* auf revolutionärem Wege wieder ein. Das konservative Regime überlebte den demokratischen Aufruhr Mitte der 1830er-Jahre, erreichte die Anbindung an einen romantischen und doktrinären Konservativismus in den frühen 1840er-Jahren und widerstand auch noch dem Ausbruch breiter Volksunruhen, die die bäuerliche Reaktion auf die liberalen Verwaltungs-, Justiz- und Kirchenreformen mit städtisch-demokratischem Protest gegen den royalistischen und elitären Charakter der politisch-konstitutionellen Charta-Ordnung verbanden (die als *Maria da Fonte* und *Patuleia* bekannten Erhebungen von 1846/47). Zur nächsten Welle einer Verfassungsreform im Sinne einer Parlamentarisierung kam es schließlich mit der Revision der *Carta Constitucional* im Jahr 1851 (*Acto adicional*), die ein parlamentarisches und parteiengestütztes System einführte, das sich zum bedeutendsten politischen Merkmal der letzten Dekaden der Monarchie entwickelte, trotz des nominellen Fortbestands des *poder moderador* und der (am Ende des Jahrhunderts entwickelten) Vorschläge zu dessen Erneuerung im Sinne eines am preußischen Modell orientierten Cäsarismus.

2 Verfassungsstruktur der zentralen staatlichen Ebene

Wie im vorausgegangenen Handbuchbeitrag über die Verfassungsgeschichte Portugals um 1800 beschrieben war das Land zu Beginn des 19. Jahrhunderts eine »reine Monarchie«, deren *leges fundamentals* neben der Regelung der Sukzession und einigen Vorschriften über die Betreuung der königlichen Prinzen die unbegrenzte Macht des Königs und als einziges Vasallenrecht das *ius supplicationis* und das *ius indigenatus* verkündeten. Die Rechtslehre räumte sogar ein, dass die Könige das *ius divinum*, das *ius naturale* wie auch die Grundsätze der *recta ratio* befolgen sollten, um den Titel eines aufgeklärten, höflichen und christlichen Souveräns zu verdienen, der sich von den »türkischen Despoten« unterschied. Die Rechtsquellen wurden durch die sog. *Lei da Boa Razão* (1769) definiert, die neben portugiesischem Recht (namentlich die *Ordenações do Reino* von 1603) das Römische Recht nach seinem modernen Gebrauch (*usus modernus pandectarum*) und durch eine Auswahl von für die Modernisierung des Landes entscheidenden Bereichen das Gesetz der »höflichen, kultivierten und christlichen europäischen Nationen« anerkannte. Inspiriert von dieser Offenheit begannen die Juristen die Rechtslehre und Gesetzbücher zu übernehmen, die in Preußen, Österreich, der Toskana, Frankreich und England gültig waren, um damit der Aneignung einer Politik den Weg zu ebnen, die der Linie der Kameralwissenschaften entsprach.

Nachdem das Königreich 1807 durch die napoleonische Armee unter dem Kommando Junots besetzt und seiner königlichen Familie beraubt worden war, die im Vereinigten Königreich Brasilien eine sichere und ziemlich bequeme Zuflucht vor den Franzosen fand, war es einer herben Ausplünderung, aber auch dem starken Einfluss der postrevolutionären Ideen ausgesetzt. Ein bedeutender Teil der portugiesischen Intelligenz – die zum Teil bereits in die Freimaurerei eingebunden war – sah in der französischen Führung einen Weg zur Modernisierung des Landes und zur Errichtung einer Verfassungsordnung, die sich auf ein Grundgesetz napoleonischen Musters und die Durchsetzung der französischen Gesetzbücher, namentlich des *Code civil*, stützen sollte. Der Kodex wurde anscheinend sogar ins Portugiesische übersetzt, während sich eine portugiesische Deputation auf den Weg nach

Frankreich begab, um vom Kaiser die Gewährung einer Verfassung zu erbitten, die der des Herzogtums Warschau ähneln, jedoch den alten Rechtsgewohnheiten Portugals angepasst werden sollte, vor allem was die Wahl der Nationalversammlung durch die Gemeindeführungen betraf. Der Rückzug der französischen Truppen beendete die Initiative, die in jedem Fall einige konstitutionelle Charakterzüge – wie die Trennung von Staat und Kirche – hervorgebracht hätte, die in Portugal bis zum Ende der Monarchie im Jahr 1910 unbekannt blieben. Des Weiteren hätte die Bürgergesellschaft eine tiefe Erschütterung erfahren, zumal wenn die Umsetzung der Verfassung mit der Einführung der napoleonischen Gesetzbücher kombiniert worden wäre. Die traditionellen Ordnungen wären aufgehoben und bürgerliche Gleichheit wäre hergestellt worden. Ein Repräsentativsystem – wenngleich napoleonischen Zuschnitts – hätte den Absolutismus mit der Einführung zweier Parlamentskammern, eines Staatsrats, eines Kassationshofs und einer verantwortlichen Regierung ersetzt. Die Feudalrechte (*direitos de foral, direitos banais*), der unveräußerliche Grundbesitz (*morgadios*) und die Zuteilung von Krongütern (*donatarias*) oder Renten der Militärorden (*comendas*) wären aufgehoben worden, um Grund und Boden dem freien Markt zu öffnen. Korporative Organisationen wären durch die Freiheit von Industrie und Handel ersetzt worden.

All dies erklärt, warum die herrschende Schicht, sobald sie von den Franzosen befreit war, das Verfassungsprojekt hastig wieder vergaß. Trotzdem bestand – in akademischen und intellektuellen Kreisen, vor allem unter Juristen – ein großer Teil dieses ideologischen Erbes fort, um all die Projekte zur Wiedererlangung einer vollwertigen nationalen Unabhängigkeit zu nähren, die frei von der neuen Vormundschaft durch die militärische (und politische) Führung Englands sein und die früheren Lehrmeinungen gegen die feudale Agrarverfassung stärken sollte. In der Tat kritisierten akademische Juristen seit dem späten 18. Jahrhundert die feudalen Pflichten und Bindungen, die auf dem Land lasteten. Auf der anderen Seite versprach die Krone anlässlich des Abschlusses eines Handelsvertrages mit England, der die brasilianischen Häfen dem englischen Handel öffnete (1810), was angeblich den Bauern im Mutterland Verluste bescherte, eine Reduktion oder Aufhebung der feudalen Agrarlasten (*direitos de foral*). Die Maßnahme wurde von einem Klosteranwalt kritisiert[16] und die Polemik lebte wieder auf. 1814 veröffentlichte ein bedeutender Jurist, Manuel Fernandes Tomás, Richter (*desembargador*) am Obersten Gerichtshof von Oporto (*Relação do Porto*), ein handfestes Pamphlet[17], mit dem er die rechtliche Verteidigung feudaler

---

16 Manuel de Almeida e Sousa Lobão, Discurso sobre a reforma dos foraes, em virtude da carta regia, datada no Rio de Janeiro, em 7 de Março de 1810 ao clero, nobreza, e povo de Portugal, Lisboa 1813.

17 Manuel Fernandes Tomás, Observações sobre o discurso que escreveu Manuel de Almeida e Sousa em favor dos direitos dominiais da Coroa, donatários e particulares, Coimbra 1814.

Pflichten durch Almeida e Sousa kritisierte.[18] Die Umsetzung des Versprechens der Krone verzögerte sich jedoch sukzessive bis zur Revolution von 1820.[19]

Genau diese Revolution löste die Bewegung aus, die letztendlich zur Bewilligung der ersten modernen Verfassung Portugals führte. Die Bewegung vom 24. August 1820 – ein Umsturz, angeführt von einer bürgerlichen Gruppe, die sich größtenteils aus Juristen, Kaufleuten und Militärangehörigen zusammensetzte, welche aus der Handelsstadt Oporto stammten und häufig Freimaurerlogen angehörten – gab sich selbst das sprechende Beiwort »Regeneration«. Ihre Hauptforderungen entsprachen einer vielseitigen Rückkehr zu einem früheren Stand der politischen Angelegenheiten: (i) die Rückführung des königlichen Hofes in die Hauptstadt des Mutterlands; (ii) die Wiederinkraftsetzung der alten Konstitution des Königreichs, die auf der regelmäßigen Zusammenkunft eines repräsentativen Parlaments (*cortes*) gründete; und auf einer unmittelbareren Ebene (iii) die Wiedererrichtung des Handelsmonopols mit den Kolonien und (iv) die Rückgewinnung einer militärischen Autonomie gegenüber der britischen Verwaltung. Die Hauptforderung – diejenige nach Errichtung einer konstitutionellen Monarchie – stellte jedoch alles andere als eine »Regeneration« dar, weil das, was öffentlich als Repräsentation der »Nation« eingefordert wurde, nichts mit den alten *cortes* zu tun hatte, die symbolisch das Reich verkörperten.

Es war ein glänzender Erfolg. Die durch William Beresford angeführte *Junta do Governo do Reino* wurde entlassen und durch einen Provisorischen Ausschuss ersetzt, dessen sofortiger Auftrag darin bestand, allgemeine Wahlen zu einer verfassunggebenden Nationalversammlung (deren Bezeichnung noch den traditionellen Parlamenten entlehnt war) – den *Cortes Gerais Extraordinárias e Constituintes da Nação Portuguesa* – zu organisieren, der wiederum die Aufgabe zufiel, eine neue Verfassung anzunehmen.[20] Der Einschnitt gegenüber der Tradition erfolgte jedoch genau hier, im Wahlverfahren zur Bildung der neuen Cortes. Nach einer lebhaften – und dennoch hastigen – Debatte über die Prozedur, mit der die Nationalversammlung gewählt werden sollte, wurden das alte Wahlsystem wie auch die alte Struktur der *cortes* durch ein

---

18 Dieser beharrte seinerseits auf der Verteidigung seines Klienten: Manuel de Almeida e Sousa Lobão, Discurso juridico, historico e critico sobre os direitos dominicaes e provas d'elle n'este reino em favor da coroa, seus donatarios e outros senhorios particulares juntamente convicção fundamental das theses de um papel sedicioso que grassa manuscripto com o titulo de advertencias de um curioso em favor dos lavradores que forem vexados e oprimidos com titulos falsos e tombos nullos ou com pretensões alem dos titulos legitimos, Lisboa 1813.
19 Dies geschah, obwohl das Vorhaben Anhänger innerhalb der portugiesischen *Junta do Governo* fand.
20 Die kanonische Geschichtsschreibung über die Revolution von 1820 stammt von Simão José da Luz Soriano, Historia da Guerra Civil e do Estabelecimento do Governo Parlamentar em Portugal: Comprrehendendo a história diplomatica, militar e política d'este reino desde 1777 até 1834, 7 Bde., Lisboa 1866–1893; siehe auch mit einer umfangreichen Dokumentensammlung: Clemente José dos Santos, Documentos para a história das Cortes Geraes da Nação portugueza: [1820–1828], 8 Bde., Lisboa 1883–1891.

gänzlich neues System ersetzt, nämlich das der spanischen Verfassung von Cádiz – die direkte Wahl eines Einkammerparlaments nach dem Cádizer Wahlmodell.[21] Das Ergebnis bestand in einer politisch eigentlich ziemlich ausgeglichenen Versammlung, wenngleich der demokratische Flügel eine offensivere und entscheidendere Rolle in den Schlüsselfragen spielte. Wegen der bevorstehenden Ankunft des Königs und seines Hofs wurde ein Verfassungsentwurf ausgearbeitet, um ihn feierlich von den Neuankömmlingen beschwören zu lassen, solange sie sich noch an Bord befanden[22]: Während die Cortes den endgültigen Verfassungstext vorbereiteten – hieß es in dem Entwurf –, »bestätigten und erließen« sie ein Set von Verfassungsgrundsätzen, das »am besten dafür geeignet« war, »die individuellen Rechte der Bürger zu garantieren und die Organisation und die Beschränkungen der öffentlichen Gewalten des Staats festzulegen« (Präambel).

Der Wortlaut dieser Präambel war bereits ein deutliches Symptom für die Differenz oder den Kompromiss zwischen zwei gegensätzlichen politischen Diskursen – dem über die konstitutionelle Kontinuität und Regeneration und dem über die Erfindung einer völlig neuen Verfassungsstaatlichkeit, die auf dem zu diesem Zeitpunkt gegebenen Nationalwillen beruhte. Diese unwahrscheinliche Übereinstimmung wird gerade im endgültigen Verfassungstext noch offenkundiger, in dessen zusammengeführten »Präambel« es ebenfalls heißt: »Die allgemeinen, außerordentlichen und constituirenden Cortes der portugiesischen Nation, in der lebendigen Ueberzeugung, daß die öffentlichen Uebel, welche sie unterdrückt haben und noch unterdrücken, ihre Quelle in der Verachtung der Rechte des Bürgers und in der Vergessenheit der Grundgesetze der Monarchie haben, und in Erwägung, daß die Wiederherstellung dieser ausgebreiteten und umgestalteten Gesetze einzig und allein das Glück der Nation sichern, und verhindern kann, daß sie nicht in den Abgrund versinke, aus welchem sie die Heldentugend ihrer Söhne gerettet hat, decretiren folgende bürgerliche Verfassung, um die Rechte jedes Einzelnen und das allgemeine Wohl aller Portugiesen zu befestigen.«[23] Wenn man hinzufügt, dass dieses in sich widersprüchliche »Dekret« »im Namen der heiligen und untheilbaren Dreifaltigkeit« verkündet wurde, wird die unauflösbare Ambiguität der Verfassung offensichtlich. Ebenso deutlich ist der Widerspruch zwischen der Meinungsfreiheit (Art. 7) oder der Gleichheit vor dem Gesetz (Art. 9) und der Existenz einer Staatsreligion mit entsprechender Restriktion für die öffentliche Ausübung nicht katholischer Religionen (Art. 25). Wie auch zwischen der formalen Bestimmung von König und Dynastie durch die Verfassung (Art. 31) oder der feierlichen Feststellung, dass »die Autorität des Königs von der Nation aus-

---

21 Es handelte sich um eine ziemlich komplexe Kombination von Männer- und elitärem Wahlrecht auf Gemeindeebene sowie Losverfahren und Kooptationen durch die bestehenden Regierungsbehörden. Die Wahlen fanden im Dezember statt.
22 CD-ROM-2, Dok.-Nr. 21.2.1 (Grundlagen der Verfassung Portugals v. 3.3.1821).
23 CD-ROM-2, Dok.-Nr. 21.2.3 (Verfassung Portugals v. 23.9.1822). Zur portugiesischen Version siehe Dok.-Nr. 21.2.2.

[geht] und [...] untheilbar und unveräußerlich« ist (Art. 121)[24], und dem vom König gebrauchten zeremoniellen Titel »D. João, durch Gottes Gnaden und die Verfassung der Monarchie, etc.«.

Differenz oder Kompromiss? Aus traditioneller Sicht stellte die Ambiguität des Verfassungstexts einen Reflex auf die Unlösbarkeit des überaus politischen Umstands dar, dass gegensätzliche ideologische Flügel in einem unstabilen Gleichgewicht miteinander verhandeln mussten. Es ist jedoch wahrscheinlicher, dass diese tatsächliche politische Blockade durch ein radikales epistemologisches Problem noch verstärkt wurde: die Vereinigung gegensätzlicher Ideen in einem gemeinsamen Wortlaut (die Verfassung als natürlich-traditionale, gesellschaftlich-korporativ verfasste Einrichtung oder als eine Ordnung, die durch den Gemeinwillen begründet wird), der Fortbestand alter ideologischer Kategorien (wie des politischen Naturalismus) in einem neuen ideologischen Kontext (wie dem der gesellschaftsbezogenen voluntaristischen Vorstellungen), die Erinnerungen an tief verwurzelte rhetorische oder imaginäre Formeln (wie *potestas a Deo per populum*), traditionelle Welten- oder Ordnungshierarchien (religiöse Ordnung, natürliche Ordnung, bürgerliche Ordnung).

Untersucht man die konstitutionelle und politische Praxis im Einzelnen, treten weitere unerwartete Widersprüche hervor: der Transfer traditioneller monarchischer Prärogative auf den »souveränen Kongress« (wie die Gewährung von Begnadigungen, die Übernahme oder Revision gerichtlicher Entscheidungen, Regierungshandlungen); seitens der Juristen und Richter die Aufrechterhaltung einer substanziellen Macht zur Fest- und Auslegung der Gesetze (sogar über die Grenzen der Verfassung hinaus)[25]; das Fehlen jeglichen organisierten Verfahrens, das die höchste Bedeutung der Verfassung garantieren würde, deren Vorrang auf der moralischen Pflicht der Beamten beruhte, den formalen Treueeid auf die Verfassung zu befolgen[26]; die Unterordnung der Bürgerrechte unter das gesetzliche Rahmenwerk, als ob das Naturrecht, das die individuellen Rechte vorschrieb, durch das positive Recht ausgelöscht wurde, sobald sich die Menschen zu einer *polis* versammelten und den neuen Status eines den bestehenden Gesetzen unterworfenen Bürgers annahmen.[27]

Der Einfluss der Verfassung von Cádiz auf die portugiesische Konstitution von 1822 ist noch nicht vollständig erfasst. Anhand der Parlamentsdebatten kann man

---

24 Durch irrtümliche Zählung erscheint Art. 121 in der deutschen Fassung als Art. 118: CD-ROM-2, Dok.-Nr. 21.2.3 (wie Fn. 23).
25 Tatsächlich findet sich in der Verfassung keinerlei Erwähnung der richterlichen Pflicht zur Befolgung des kodifizierten Rechts oder der Verfassung selbst (mit der für den letzten Fall geltenden Ausnahme der allgemeinen Verpflichtung jedes Beamten zur Ableistung des Verfassungseids).
26 Zu dieser konstitutionellen *aporiai*, die auch die Cádizer Konstitution aufweist, siehe Garriga/ Lorente, Cadiz 1812 (wie Fn. 3); Hespanha, Guiando a mão (wie Fn. 2).
27 Dies war in der Tat ein gemeinsames Thema sowohl der vor- als auch der postrevolutionären Rechtslehre: die Festigkeit des bürgerlichen Rechts, die die Unklarheit des Naturrechts ersetzt. Vgl. Hespanha, Guiando a mão (wie Fn. 2).

sehen, dass das spanische Beispiel sowohl als zu vermeidender radikaler Trend als auch als zu übernehmendes Modell kontinuierlich präsent war.[28] Das Modell wirkte in einem Moment verführerisch, in dem die dringende Notwendigkeit bestand, innerhalb der revolutionären Bewegung das demokratische Empfinden mit traditionalistischen Strömungen in Einklang zu bringen, die sich einem gewissen Grad der Modernisierung und Erneuerung der politischen Ordnung geöffnet hatten. Trotz des fortschrittlichen demokratischen Modells, das sie verkörperte, erhob die Verfassung von Cádiz tatsächlich nur den Anspruch, die Vollendung einer Verfassungsentwicklung zu bilden, deren Anfänge bereits bis in die älteste politische Tradition des Königreichs zurückzuverfolgen waren. Diese Ideen wie auch die Vorstellung über den Vorrang des Gesetzes gegenüber spontanen Naturrechtsbestimmungen[29] waren beiden Verfassungstexten gemeinsam, die auch weitgehende Ähnlichkeit im Organisationsmodell für die politischen Gewalten und im Wortlaut der Texte selbst aufwiesen. Eine detaillierte Bilanz der Überschneidungen beider Verfassungstexte ist erst noch zu erstellen. Auf jeden Fall sind die Ähnlichkeiten aber auffällig, auch wenn Unterschiede bestehen, die nicht von der Hand zu weisen sind.[30]

Angesichts der gebotenen Kürze dieses Beitrags erscheint es hier weniger bedeutend, die organischen Merkmale des neuen Verfassungssystems in Erinnerung zu rufen: patriarchalisches Wahlrecht ohne Zensus, aber mit schichtenspezifischer Exklusion (Diener, Mönche und Nonnen, Beamte); nur eine Parlamentskammer; rein suspensives Vetorecht des Königs; freie Ernennung und Abberufung der Mi-

---

28 Wie bereits erwähnt wurde das Cádizer Wahlsystem für die Wahl der portugiesischen Cortes übernommen; und um die portugiesischen Parlamentsdebatten zu beeinflussen, wurde die spanische Verfassung ins Portugiesische übersetzt und in Lissabon veröffentlicht (*Constituição politica da Monarquia Hespanhola promulgada em Cadiz em 19 de Março de 1812*, trad. em portuguez por A. M. F. Coimbra, na Real Impr. da Universidade, 1820), zusammen mit dem *Discurso preliminar* und einem Aufsatz über ihre Anpassung an das Königreich beider Sizilien (Lanjuinais, Conde, *Considerações politicas sobre as mudanças que conviria fazer na Constituição Hespanhola, a fim de a consolidar em o Reino das duas Sicilias*, Lisboa, na Typ. Rollandiana, 1821). Ein formaler Entwurf für eine der Cádizer Konstitution angeglichenen portugiesischen Verfassung wurde ebenfalls veröffentlicht und den Cortes angeboten (*Projecto de constituição portugueza accommodada à hespanhola para ser offerecido às nossas Cortes* Lisboa, Na Typ. Rollandiana, 1821).
29 Dies richtete sich gegen die radikale naturrechtliche Formel von Titel I der französischen Verfassung von 1791, gegen die beide Verfassungstexte der Iberischen Halbinsel durch die ausdrückliche Erklärung der Stichhaltigkeit des positiven Rechts (in der spanischen Version deutlicher als Rechtstradition benannt) verstießen. Vgl. CD-ROM-1, Dok.-Nr. 3.2.5 (frz.)/3.2.6 (dt.) (Französische Verfassung v. 3.9.1791); Dok.-Nr. 8.2.5 (span.)/8.2.6 (dt.) (Verfassung von Cádiz v. 19.3.1812). Siehe auch Clara Álvarez Alonso, Un rey, una ley, una religión (goticismo y constitución histórica en el debate constitucional gaditano), in: Historia constitucional. Revista electrónica 1 (2000), in: < http://www.historiaconstitucional.com/> [10.11.2010].
30 Siehe für einen ersten Zugang António Pedro Barbas Homem, Algumas notas sobre a introdução do Código Civil de Napoleão em Portugal, em 1808, in: Revista jurídica 2/3 (1985), S. 102 ff.; Paulo Ferreira da Cunha, Para uma história constitucional do direito português, Coimbra 1995 (bes. S. 326 ff., wo die Anfänge eines Vergleichs kurz skizziert werden).

nister durch den König; Unverantwortlichkeit des Königs; Ministerverantwortlichkeit (wenn auch nie formalgesetzlich konkretisiert); dreistufiges Gerichtssystem mit einem an das Kassationssystem erinnernden Berufungsverfahren.[31]

Die Einmütigkeit über die politisch-konstitutionelle Reform war nur fiktional. Meinungsverschiedenheiten inmitten der königlichen Familie (die sich in der Verweigerung des Verfassungseids durch die Königin offenbarten) spiegelten die dramatischen Spannungen wider, die innerhalb der herrschenden Gruppen und der Bevölkerung im Allgemeinen bestanden. Die politischen Implikationen der Cortes-Debatten wie auch die sozialen und institutionellen Folgen der umgesetzten Verfassungsvorgaben (wie die Ablehnung des monarchischen Vetos, das Nichtvorhandensein einer gesonderten Kammer für die zuvor privilegierten Stände oder die Gewährung von Religionsfreiheit) und Gesetzesreformen (wie die Abschaffung feudaler *corvées*, die Aufhebung feudaler Gerichtsbarkeiten[32], der Heimfall der Krongüter und der *comendas* der Militärorden an die Staatskasse[33], die Beseitigung des Heiligen Gerichts der Inquisition, die strenge Beaufsichtigung religiöser Orden, Klöster und Konvente sowie die Abneigung gegen die feudale Besteuerung, *forais* genannt)[34] – all dies berührte handfeste Interessen und gesellschaftliche Vorstellungen, die auch durch den häufig radikalen Diskurs der Reformer infrage gestellt wurden. Auch die Unabhängigkeit Brasiliens – die durch die Intransigenz eines radikalen Flügels der Cortes veranlasst wurde, in denen das große amerikanische Vereinigte Königreich wie die anderen Kolonien auf ziemlich dürftigem Niveau vertreten war – schadete bedeutenden Handelsinteressen und verletzte den portugiesischen Nationalstolz.[35]

Der Ausbruch der Reaktion erfolgte 1823 durch einen Militärputsch unter Führung Miguels, der König João VI. zur Aufhebung der Verfassung zwang, auch wenn Letzterer deren Anpassung an die traditionelle politische Gemütslage des Königreichs

---

31 Eigentlich handelte es sich um den Fortbestand eines alten Systems, das die außerordentliche Revision gegen Entscheidungen vorgesehen hatte, die gegen das Gesetz (»contra direito«) gefällt worden waren, und dessen systemische Bedeutung in Wirklichkeit im genauen Gegenteil dessen begründet lag, was das Ziel des französischen Kassationssystems darstellte (Gehorsam gegenüber dem etablierten doktrinären und judiziellen Gesetz vs. Garantie des parlamentarischen Gesetzes gegen die Judikative).
32 CD-ROM-2, Dok.-Nr. 21.4.1 (Dekret zur Aufhebung von Feudalrechten und Leibeigenschaft v. 5.4.1821).
33 CD-ROM-2, Dok.-Nr. 21.4.2 (Dekret zur Aufhebung von feudalen Rechten, Regalien und königlichen Schenkungen v. 13.8.1832).
34 Vgl. Hespanha, Guiando a mão (wie Fn. 2), S. 475 ff.
35 Die weise und anscheinend durch den portugiesischen König nahe gelegte Lösung, die Unabhängigkeitsrevolte durch den portugiesischen Kronprinzen Pedro I. anführen zu lassen, erschütterte überdies einen Teil der öffentlichen Meinung und spaltete die königliche Familie, was der Legitimität des zweitgeborenen königlichen Infanten Miguel als Kronerben Argumente verschaffte, der von seiner reuelosen Mutter als Führer der monarchischen Partei unterstützt wurde.

versprach.³⁶ Kurz danach (1826) verstarb der König. Sein erstgeborener Sohn Pedro übernahm die Krone als Pedro IV., gewährte eine Verfassung (*Carta Constitucional de 1826*), vereinbarte die Eheschließung seiner Tochter mit ihrem Onkel Miguel, um die beiden politischen Zweige der Familie wieder miteinander zu vereinen, und verzichtete zugunsten des jungen Mädchens auf den Thron, die ihn noch 1826 als Königin Maria II. (1819–1853) bestieg. Diese Lösung besänftigte jedoch nicht Miguel, der erneut den militärischen Weg beschritt, um als absolutistischer König die Krone an sich zu reißen (Akklamation durch die traditionellen Cortes, 11. Juli 1828)³⁷, wodurch er einen sechsjährigen Bürgerkrieg (*guerras liberais*) mit seinem Bruder Pedro, den Kaiser von Brasilien, eröffnete. Pedro nahm in Reaktion darauf wieder die portugiesische Krone an sich, bildete eine Armee aus liberalen Emigranten, fiel in das Mutterland ein, wobei er Oporto unter Belagerung setzte, und nach einer glänzenden Landung in Südportugal besiegte er die royalistische Armee, wodurch er seinen Bruder zur Kapitulation (Konvention von Évora Monte, 1834) und ins definitive Exil nach Österreich zwang. Die Verwaltung wurde durch massive Entlassungen absolutistisch gesinnter Beamter und durch die Auslöschung alter politisch-administrativer Körperschaften gesäubert.³⁸ Schließlich wurde Maria, immer noch beinahe ein Kind, wieder in den Thron eingesetzt.³⁹ (☛ Abb. 21.2, S. 1446)

Dieser lange und grausame Bürgerkrieg hatte einen nachhaltigen Einfluss auf den künftigen Verlauf des politischen Geschehens. Zunächst einmal verursachte er eine tiefe und existenzielle Spaltung der portugiesischen Bevölkerung, die für Jahrzehnte andauerte. Zweitens entmachtete er den höheren Adel, der infolge seiner Parteinahme für die absolutistische Seite exiliert oder vom liberalen Hof und politischen Leben ausgeschlossen wurde, wodurch er auch die königliche Gunst (königliche Zuwendungen, Ämter) einbüßte. Drittens schwächte er ernsthaft das Ansehen des Königshauses, das durch einen Bruderzwist gespalten wurde, bei dem beide Seiten von ihren Feinden

---

36 CD-ROM-2, Dok.-Nr. 21.2.4 (Proklamation zur Aufhebung der Verfassung Portugals v. 31.05.1823); Dok.-Nr. 21.2.5 (Dekret zur Nominierung einer Verfassungskommission für Portugal v. 18.6.1823); Dok.-Nr. 21.2.6 (Gesetz Joãos VI. zur Inkraftsetzung der alten Verfassung Portugals v. 4.6.1824).
37 CD-ROM-2, Dok.-Nr. 21.2.9 (Dekret zur Einberufung der Drei Stände des Königreichs Portugal v. 3.5.1828); Dok.-Nr. 21.2.10 (Akklamation Miguels durch die Drei Stände Portugals v. 11.7.1828).
38 In der Tat wurden zwischen 1832 und 1833 die bedeutendsten hohen Behörden und Ämter ausgelöscht: Conselho da Fazenda (1832), Casa da Suplicação, Desembargo do Paço; Mesa de Consciência e Ordens; Chancelaria Mor do Reino; Erário Régio, Intendência Geral da Polícia, Conselho Ultramarino and Conselho da Guerra (1833 und 1834).
39 Die vollständigen historischen Einzelheiten finden sich bei Da Luz Soriano, Historia (wie Fn. 20). Jüngste Neubewertungen der politischen Geschichte dieser Periode finden sich in den betreffenden Bänden einer Biografienreihe zu den portugiesischen Königen (Lisboa, 2005–2007): Luis de Oliveira Ramos, D. Maria I; Jorge Pedreira/Fernando Dores Costa, D. João VI; Eugénio dos Santos, D. Pedro IV; Mª. Alexandre Lousada/Mª de Fátima de S. e M. Ferreira, D. Miguel; Mª de Fátima Bonifácio, D. Maria II.

Abb. 21.2 Die Wiederinkraftsetzung der Charta von 1826 durch Pedro IV. (1834)

gehasst und von ihrer geachtetsten Kohorte aus Adligen alter Herkunft abgeschnitten wurden, verarmten und ihr Ansehen mit Kriegsherren und Politikern teilen mussten. Viertens schuf er eine neue gesellschaftliche und wirtschaftliche Elite, die aus denjenigen bestand, die das vormalige Kronland (*bens nacionais*) mit den Assignaten aufkauften, die sie als Belohnung für ihre militärische oder politische Unterstützung der siegreichen Partei erhielten. Schließlich eröffnete er eine Periode der sozialen Unruhen, der durchdringenden Politisierung des Militärs, der auf *caudillismo* beruhenden Guerilla und des Banditentums, was den Zusammenbruch der öffentlichen Finanzen verursachte, den sozialen Frieden beeinträchtigte und die wirtschaftliche Entwicklung behinderte.

Im Gegensatz dazu führte der Bürgerkrieg aber auch eine neue Verfassung ein, die trotz ihrer vorübergehenden Aufhebung bzw. Ersetzung durch die Konstitution von 1838 die politische Ordnung bis zum Ende der Monarchie (1910) festlegte – die *Carta Constitucional* von 1826.[40]

Diese *Carta* war nach dem Modell der französischen *Charte* von 1814 eine von oben gewährte Verfassung. Sie sah die Repräsentation der Nation sowohl durch den König als auch durch die Cortes vor (Art. 12); sie führte eine vierte Gewalt ein, den *poder moderador*, der sich aus Benjamin Constants *pouvoir royal*[41] inspirierte und definiert wurde als »Schlußstein der ganzen politischen Organisation«, der »ursprünglich dem Könige als höchstem Oberhaupte der Nation [gehört], damit er beständig über die Handhabung und Erhaltung der Unabhängigkeit, des Gleichgewichts und der Harmonie der andern politischen Gewalten wache« (Art. 71); das Zweikammersystem sah vor, dass das Oberhaus (*Câmara dos Pares*) aus erblichen, lebenslangen oder nominierbaren Pairs bestand, die dem Hochadel und Klerus entstammten, und das Unterhaus (*Câmara dos Deputados*) durch indirekte Wahl auf gemäßigter Zensusgrundlage gewählt wurde. Die Gesetzesinitiative stand beiden Kammern zu, wobei einige Gegenstände (wie die Einführung neuer Steuern) ausschließlich dem Unterhaus vorbehalten waren. Jedes beliebige Regierungsmitglied konnte jedoch ein Gesetz vorschlagen, das durch die *Câmara dos Deputados* anzunehmen war (Titel IV). Der König besaß – als Keim des *poder moderador* – weitgehende Machtbefugnisse bezüglich der Legislative (Vertagung oder Auflösung des Parlaments, Ernennung der Pairs, absolutes Veto gegenüber Gesetzesbeschlüssen) wie auch andere allgemeine Prärogative wie den Oberbefehl über die Streitkräfte, die Suspendierung von Richtern und die Gewährung von Gnadenakten (Straferlass, Amnestie) (Titel V, Abs. I). Als Oberhaupt der Exekutive nominierte und entließ er nach freien Stücken die Minister und beaufsichtigte alle politischen und administrativen Handlungen (Titel V, Abs. II).[42]

Wie es für den monarchischen Konstitutionalismus in Europa um die Mitte des 19. Jahrhunderts typisch war[43], erwies sich die *Carta* auch gegenüber mehreren poli-

---

40 CD-ROM-2, Dok.-Nr. 21.2.7 (portug.)/21.2.8 (dt.) (Verfassung Portugals v. 29.4.1826).
41 Siehe den Beitrag über Verfassungsdenken im vorliegenden Handbuchband; zur neutralen Figur des Königs siehe auch den Auszug in CD-ROM-2, Dok.-Nr. 1.2.44 (Benjamin Constant, Cours de politique constitutionnelle, Bruxelles 3. Aufl. 1837).
42 Detaillierte Beschreibung bei Hespanha, Guiando a mão (wie Fn. 2), S. 161-350.
43 Und daher in Ähnlichkeit zu den zeitgenössischen Konstitutionen Italiens, Spaniens, Belgiens etc., wo das Fehlen der vierten Gewalt den König nicht seiner höchsten Vorrechte beraubte. Eine Zwillingsschwester stellte die brasilianische Verfassung von 1824 dar, die ebenfalls von Pedro, als Kaiser von Brasilien, gewährt wurde.

tischen Szenarien und konstitutionellen Praktiken als anpassungsfähig.[44] Sie erlaubte nicht nur Mitte der 1830er-Jahre die Entwicklung der ersten Konturen eines parlamentarischen Systems, mit der praktischen Erschaffung der Figur des Premierministers (*Presidente do Conselho*) als Chef eines Kabinetts, wodurch die monarchische Möglichkeit zur Auswahl oder Entlassung einzelner Minister beschränkt wurde. Noch in den 1830er-Jahren führte man außerdem die Praxis ein, die Regierung von einer Mehrheit in den Kammern abhängig zu machen. Dieses extrakonstitutionelle Ergebnis wurde eigentlich durch eine Art politische Erpressung erzielt: Indem das Parlament die Minderheitsregierung mit einer parlamentarischen Strafanklage bedrohte (*impeachment*), die sich auf Regierungsmaßnahmen bezog, welche von den Kammern beanstandet worden waren, zwang es den Premierminister zwecks Verhinderung der Strafverfolgung zum Rücktritt. Gleichwohl führte man auch die Praxis ein, die Mehrheit durch Ernennung der nötigen Anzahl von Pairs und durch Auflösung der *Câmara dos Deputados* künstlich herzustellen, wodurch man Neuwahlen provozierte, die durch die vorangegangene Regierung in geeigneter Weise »organisiert« wurden, sofern diese die Unterstützung des Königs genoss (*poder moderador*). Auch wurde die Notwendigkeit eines dynamischeren Gesetzgebungssystems auf dem ordentlichen Nebenweg der Regierungsgesetzgebung während der Unterbrechungen der Parlamentstätigkeit (d. h. in den technisch als *ditadura* bezeichneten Phasen) umgangen; alles, was zur Legitimierung der Situation getan werden musste, war nach Wiedereröffnung der Kammern[45] ein Indemnitätsgesetz zu beantragen, das fast ausnahmslos gewährt wurde. Als schließlich angesichts der Beispiele der preußisch-deutschen politischen und konstitutionellen Praxis der Cäsarismus Aufwind bekam, versuchte die Rechtslehre das Modell zu legitimieren, indem sie sich auf den Vorrang und die Prärogative des *poder moderador* berief, der nun konzeptionell in eine Regierungsgewalt konvertiert wurde. Die *ditaduras* der letzten Phase der Monarchie fanden in dieser neuen Deutung der monarchischen Rolle ihren Rückhalt. Es war jedoch die monarchische Institution, die den höchsten Preis für diese Plastizität bezahlte. Indem er faktisch zum parlamentarischen Monarchen wurde, genoss der König gleichwohl die verfassungsmäßigen Vorrechte eines rein konstitutionellen Monarchen: Auch wenn er nichts gegen den parlamentarischen Willen unternahm (der eigentlich dem Willen der Regierung entsprach), konnte er ihm jedoch theoretisch widerstehen und entgegenwirken. Deshalb wurde der König sowohl für seine Unterlassungen als auch für seine Handlungen, wenn er die Zügel der Regierung übernahm, kritisiert. Kurz zusammengefasst: Er befand sich immer auf der schlechteren Seite.

---

44 Dies gilt sogar dann, wenn man die formalen Revisionen (*Actos adicionais*), die sie 1852, 1885 und 1896 erfuhr, unberücksichtigt lässt. Siehe zu diesen Hespanha, Guiando a mão (wie Fn. 2), S. 403-432.
45 Oder – im Falle von Neuwahlen – nach der Einsetzung des neuen Parlaments.

Den Abschluss dieses Kapitels bildet die knappe Erwähnung einer Übergangsverfassung – der Konstitution von 1838. Die *Constituição de 1838*[46] wurde von den »demokratischen« Revolutionären der *Revolução de Setembro* (1836: Passos Manuel)[47] als Kompromiss zwischen der »demokratischen« *Consituição de 1822* und der monarchischen *Carta Constitucional* entworfen[48] und von einer bereits konservativen verfassunggebenden Versammlung verabschiedet; sie stellte eine reine Abmilderung der *Carta* dar, bevor diese 1842 endgültig wieder in Kraft gesetzt wurde. Das Zweikammersystem wurde beibehalten, auch wenn die Wahlen nun in direktem Verfahren abzuhalten waren[49] und das Oberhaus (*Câmara dos Senadores*) wählbar und in einem festen Verhältnis zu den *Deputados* aus Senatoren gebildet wurde[50]; beibehalten wurde auch das absolute Veto des Monarchen, trotz der Rückkehr zur klassischen Dreiteilung der Gewalten. Als ein Verfassungstext, der unter dem Einfluss des konservativ-romantischen politischen Denkens namentlich der französischen *doctrinaires* ausgearbeitet worden war, bildete die Konstitution von 1838 lediglich den Übergang zur vollständigen Restauration der *Carta*, die tatsächlich nach kurzer Zeit erfolgte (1842: Staatsstreich durch Costa Cabral).[51]

3 Wahlrecht und Wahlen

Das Wahlsystem bildet einen der Bereiche, in denen der Übergang von alten zu neuen Repräsentationsvorstellungen am sichtbarsten wird. Tatsächlich überwog noch im ersten Wahlsystem – das zur Wahl der *Cortes Constituintes* von 1820 angewandt und dann in der Verfassung von 1822 festgelegt wurde – eine korporative Idee der Nation und ihrer Repräsentation. Gemäß Wahlinstruktionen vom 31. Oktober 1820[52]

---

46 CD-ROM-2, Dok.-Nr. 21.2.11 (portug.)/21.2.12 (dt.) (Verfassung Portugals v. 20.3.1838).
47 Vgl. zu dieser Septemberrevolution: Miriam Halpern Pereira, Revolução, finanças, dependência externa: de 1820 à convenção de Gramido, introdução, compilação e anotação, Lisboa 1979; Sacuntala de Miranda, Revolução de Setembro. Geografia Eleitoral, Lisboa 1982; Mª de Fátima Bonifácio, Seis estudos sobre o liberalismo português, Lisboa 1991; Estudos de História Contemporânea de Portugal, Lisboa 2007.
48 Dies entsprach genau dem Geist, der auch die spanische Verfassung von 1837 beherrschte.
49 Nach der Restauration der *Carta Constitution* kehrte man zum indirekten Wahlverfahren zurück; schließlich wurde mit der Verfassungsrevision von 1852 das direkte Wahlrecht wiederhergestellt.
50 Die diesbezügliche Inspirationsquelle scheint die belgische Verfassung von 1831 gewesen zu sein; vgl. CD-ROM-2, Dok.-Nr. 6.2.2 (frz.)/6.2.3 (dt.) (Verfassung Belgiens v. 7.2.1831), Tit. III, Chap. I, Sect. II, Art. 53-59.
51 CD-ROM-2, Dok.-Nr. 21.2.13 (Öffentliche und feierliche Erklärung v. 27.1.1842); Dok.-Nr. 21.2.14 (Dekret zur Wiederinkraftsetzung der Verfassung v. 10.2.1842).
52 Diese wurden durch Volkserhebungen (*Martinhada*) verworfen und dann ersetzt durch die *Instruções da Junta Provisional do Governo Supremo do Reino para as Eleições dos Deputados das Cortes, segundo o Método Estabelecido na Constituicão Espanhola e Adaptado para o Reino de Portugal* (22.11.1820).

wurde die Wählerschaft auf die durch ihr Oberhaupt vertretenen Familien begrenzt und in Übereinstimmung mit der organischen Struktur des Königreichs (*freguesias, comarcas* und *provincias*) organisiert. Obwohl das neue System, das dem Wahlsystem der Verfassung von Cádiz nachgebildet war, den »Bürger« – und nicht den Paterfamilias – als Wähler betrachtete, fiel der organischen Einheit der *paróquia* eine entscheidende Rolle zu. In der Tat nominierte jeder Parochialausschuss (*Junta do freguesia*) die Bevollmächtigten der Pfarrei, die wiederum die Wahlmänner der Pfarrei in die Wahlversammlung der *comarca* wählten, welche ihrerseits nach einem nivellierten Wahlsystem die Vertreter für die Wahlversammlung der Provinz kürte[53], durch die schließlich die Cortes-Mitglieder gewählt wurden.[54] Magistrate und Klerus spielten eine entscheidende Rolle, da sie die Wählerlisten ausarbeiteten und die Wahlversammlungen leiteten.

Reminiszenzen an eine korporative Konzeption der Nation als politischer Körper, der auf Familien und Pfarrgemeinschaften beruht, sind auch im nachfolgenden Gesetz (11. Juli 1821)[55] wahrnehmbar, das ebenfalls ein patriarchalisches Wahlsystem errichtete, indem es Frauen, Minderjährige oder auch in Lebensgemeinschaft mit ihren Eltern stehende Nachkommen (*filii familias*), Hausdiener und Klostergeistliche ausschloss und mit weiterer Exklusion verbunden war, die die unterste soziale Gruppe betraf (Vaganten, Analphabeten). Wie die Nation waren auch die Wahlen auf traditionelle Weise katholisch, da das gesamte Wahlverfahren in eine religiöse Atmosphäre eingehüllt war, indem dafür von Pfarrern bereitgestellte Kirchen benutzt wurden und ein feierliches *Te Deum* (siehe Verfassung von 1822, Art. 43, 46, 48, 49, 53, 58, 70) mit einbezogen wurde. Und sie waren schließlich mit jener Art der Verachtung für die

---

53 Dies geschah durch öffentlich gegenüber dem Leiter der Wahlversammlung erfolgte Angabe der Vertreter.
54 Obwohl es keinen festgelegten Zensus gab, lief das offizielle Vorverständnis darauf hinaus, dass die Würde, die Nation zu repräsentieren, »allen Zweigen, die die Gesellschaft illustrieren« zu gewähren sei (*Diário do Governo*, 16.12.1820); dementsprechend war es für die Verfassung von 1822 zwingend, dass die Wahlmänner über »zur Subsistenz ausreichende Einkünfte entweder von Grundstücken, oder vom Handel, oder einem Gewerbe oder Amte« verfügten: CD-ROM-2, Dok.-Nr. 21.2.3 (wie Fn. 23), Art. 34, Abs. II bzw. Art. 33, Abs. 2). Die statusbezogene Einschränkung wurde durch den Ausschluss gescheiterter Händler (»falidos«), möglicherweise auch wegen ihres Mangels an Verantwortlichkeit, verstärkt. Auch befreite Sklaven (*libertos*) waren ausgeschlossen; paradoxerweise wurden die Sklaven, die es noch in Übersee gab, überhaupt nicht erwähnt: Dies geschah entweder aus dem Umstand, dass sie ohnehin nicht über die Bürgerrechte verfügten, oder weil sich ihr Ausschluss einfach von selbst verstand, wie im Fall der Frauen, über die ebenfalls nichts gesagt wird. Ganz anders stellte sich das Motiv dar, aufgrund dessen einige (geistliche, zivile und militärische) Autoritäten nicht wählbar waren: Es handelte sich um eine Frage der Garantie der Wahlfreiheit.
55 Dieses Gesetz setzte im Wesentlichen die Wahlrechtsbestimmungen der Verfassung von 1822 um: Dok.-Nr. 21.2.2/21.2.3 (wie Fn. 23), Tit. III, Abs. I.

Unterschichten verbunden, die im Ancien Régime den Boden der Gesellschaft vom politischen Leben ausgeschlossen hatte.[56]

Die absolutistische Reaktion widerrief diese Wahlgesetzgebung.[57] Nach der Gewährung der *Carta Constitucional* 1826 begann ein neues Wahlzeitalter, das bereits durch ein neues, typisch bourgeoises elitäres Ideal gekennzeichnet war, dessen zentrales Selektionskriterium das – wenn auch vergleichsweise moderate – Wahlrecht darstellte.[58] Die Idee bestand darin, das Stimmrecht auf diejenigen zu beschränken, die genug Verdienste besaßen, um über öffentliche Angelegenheiten zu entscheiden; überdies wurde diese elitäre Gruppe auch durch diejenigen gebildet, die als Einzige, nämlich als Eigentümer, mit einer politischen Wahl tatsächlich Risiken eingingen und außerdem als Steuerzahler die Staatshandlungen unterstützten. Sukzessive Abänderungen der Wahlgesetzgebung[59] führten ergänzende Kriterien ein, um das Verdienst der Bürger in einem weiteren Sinne, nicht ausschließlich in Abhängigkeit zum Einkommen zu bewerten. Aber das Zensussystem behielt bis zum Ende der Monarchie die Oberhand.[60]

Nach jüngsten Berechnungen belief sich die Wählerschaft 1861 auf nur 8,2 Prozent der Gesamtbevölkerung (3.693.362 in Kontinentaleuropa) und die tatsächlichen Wähler betrugen nur fünf Prozent desselben Kollektivs.[61] Trotz des Mangels an Re-

---

56 Das Gesetz, d. h. die Verfassung von 1822, schloss vom Genuss der Bürgerrechte aus, wer zu einer Gefängnisstrafe oder zum Exil verurteilt worden war und wer unter physischer oder moralischer Unfähigkeit litt: CD-ROM-2, Dok.-Nr. 21.2.2 (portug.)/21.2.3 (dt.) (Verfassung Portugals v. 23.9.1822), Art. 24 (portug. Fassung) bzw. Art. 23 (dt. Fassung). In Berücksichtigung der Ermessensfreiheit des Pfarrers und der Gemeinderäte bei der Zusammenstellung der Wählerlisten konnten überdies so vage Verfügungen wie die letztgenannte Bestimmung (vor allem hinsichtlich der »moralischen Unfähigkeit«) einen entscheidenden Weg für den willkürlichen Ausschluss gesellschaftlich unerwünschter Wähler eröffnen.
57 Siehe Proklamation zur Aufhebung der Verfassung Portugals vom 31.05.1823, in: CD-ROM-2, Dok.-Nr. 21.2.4. Die Wahlgesetzgebung von 1821/22 lebte gleichwohl in den Wahlvorschriften wieder auf, die nach der demokratischen Septemberrevolution von 1836 erlassen wurden (Dekret vom 8.10.1836).
58 CD-ROM-2, Dok.-Nr. 21.2.7/21.2.8 (wie Fn. 40), Tit. IV, Abs. 5.
59 Zu Wahlen und Wahlrecht während der Geltung der *Carta* siehe Hespanha, Guiando a mão (wie Fn. 2), S. 261 f., 353 ff., 371 ff.
60 Fernando Pitera Santos, Geografia e Economia da Revolução de 1820, Lisboa 1962; Luís F. Colaço Antunes, Direito eleitoral e pensamento político no século XIX, in: Economia e Sociologia Nr. 31 (1981), S. 69-102; Pedro Tavares de Almeida, Eleições e caciquismo no Portugal oitocentista (1868–1890), Lisboa 1991; ders., Introdução, in: Legislação eleitoral portuguesa, 1820–1926, Lisboa 1998, S. VII-XXXV; ders., Portugal, in: D. Nohlen (eds.), Elections in Europe: A data handbook, Baden-Baden 2010; ders., Reformas electorales y dinámica política en el Portugal liberal (1851–1910), in: S. Forner (Ltr.), Democracia, elecciones y modernización en Europa, siglos XIX y XX, Madrid 1997, S. 97-108. Materialien zur portugiesischen Wahlgeschichte 1820–1926 (Gesetzgebung, Ergebnisse, bibliografische Angaben etc.) finden sich auch in: <http://purl.pt/5854/1/index.html> [10.11.2010].
61 Vgl. <http://purl.pt/5854/1/documentos/MONARQUIA%20-%20Eleitores%20e%20Votantes.pdf> [10.11.2010]. In England ließ einige Jahre später (*Second Reform Act* von 1867) das all-

präsentativität stimmte das portugiesische Panorama offensichtlich mit der Situation in zeitgenössischen europäischen Ländern überein.[62]

4 Grundrechte

Jede portugiesische Verfassung dieses Zeitraums schließt eine Liste garantierter Bürgerrechte mit ein. Der bedeutendste Unterschied liegt darin, dass mit einer solchen Garantie die Verfassungstexte von 1822 und 1838 eröffnet werden, die *Carta* von 1826 das Thema aber in ihren letzten Artikel unter einen Titel mit der Überschrift »Allgemeine Verfügungen und Gewährleistung der bürgerlichen und politischen Rechte der portugiesischen Bürger« einordnet.[63] Die Bürgerrechtskataloge weisen den gebräuchlichen Gehalt des zeitgenössischen Verfassungsrechts auf. Sogar die Religionsfreiheit ist inbegriffen, trotz der Existenz einer Staatsreligion. Allerdings wird bei jedem Eintrag der Erklärung eine Formel wiederholt, die die Gesamtkonzeption der Bürgerrechte und ihrer Garantie durch den Staat charakterisiert: »pela maneira que a lei declarer« (»gemäß dem Gesetz«) oder eine ähnliche Formulierung. Dies bedeutet: Die Rechte wurden nur zu den Bedingungen garantiert, unter denen sie das dem Verfassungsrecht untergeordnete positive Recht ausgestaltete. Die Idee, die die Konzeption individueller Rechte des sog. Rechtsstaats kennzeichnete, besagte, dass die natürlichen Persönlichkeitsrechte durch politische Vergesellschaftung abgestorben wären, sodass das Staatsrecht den individuellen Rechten vorausginge und sie bestimmte; und nicht, wie eine radikale liberale Konzeption die Frage angehen würde, dass die individuellen Rechte über dem Staatsrecht stünden und dieses bestimmten. Seltsamerweise befand sich diese gesetzliche Konzeption der Bürgerrechte in Kontrast zu den vorherrschenden doktrinären Vorstellungen über Naturrecht, individuelle Rechte, liberalen Staat, liberale Verfassung und positives Recht. In der Tat florierte in der Rechtslehre ein ziemlich eklektischer Diskurs mit literarischen und philosophischen Bezügen, nach dem in einem liberalen Staat und Verfassungssystem die Freiheit und Bürgerrechte – namentlich die Freiheit, persönliche Sicherheit und das Eigentum[64] – über allem positiven Recht, allen Staatsgewalten und Institutionen stünden. Im Gegensatz dazu

---

gemeine Wahlrecht für Paterfamilias den Prozentsatz der Wähler an der männlichen Bevölkerung auf 32 Prozent steigen. Demnach war das Panorama nicht so unterschiedlich.

62 Verstreute Daten lassen sich auch finden bei R. Romanelli (Hg.), How did they become voters? The history of franchise in modern European representation, The Hague 1998, respektive S. 153, 198: für Spanien um 1865 eine Wählerschaft von 2,6 Prozent; für Brasilien um 1872 eine Wählerschaft von 10,3 Prozent; und für Schweden um 1866 eine Wählerschaft zwischen 5,5 und 8,5 Prozent (jeweils bezogen auf städtische und ländliche Gebiete).

63 CD-ROM-2, Dok.-Nr. 21.2.2/21.2.3 (wie Fn. 23), Art. 1-19; Dok.-Nr. 21.2.7/21.2.8 (wie Fn. 40), Tit. VIII, Art. 145; Dok.-Nr. 21.2.11/21.2.12 (wie Fn. 46), Tit. III, Art. 9-32.

64 Wie die *Carta Constitucional* selbst erklärte: »Die Unverletzlichkeit der bürgerlichen und politischen Rechte der portugiesischen Bürger, welche die Freiheit, die persönliche Sicherheit und

wurde der freie Wille sogar der parlamentarischen Gesetzgeber durch die vorrangige Gültigkeit solcher dem positiven Recht übergeordneter Werte und Rechte strengstens beschnitten und eingeschränkt.[65] Der Widerspruch lässt sich mit historischen, wenn auch nicht strikt logischen Argumenten erklären. Der legalistische Impuls folgte dem Trend, die rechtsrationalistischen theoretischen Erklärungen zu konkretisieren und ihrer Verschwommenheit Grenzen zu setzen; und zugleich folgte er der Locke'schen Prävention gegenüber den Gefahren einer direkten Durchsetzung individueller Rechte ohne jegliche Anleitung durch das positive Recht. Überdies genügte die Würdigung der positiven Gesetzgebung dem politischen Ansehen der neugeborenen demokratischen und repräsentativen Institutionen wie auch der Rousseau'schen Definition des Gesetzes als *volonté générale*.

Im Gegensatz dazu entsprang die Lobpreisung von überpositiven Rechtsbestimmungen, Freiheitsrechten und Werten auf der einen Seite der Furcht, die von der »Diktatur der Mehrheiten« (oder dem »gesetzlichen Absolutismus«) der Periode des französischen Konvents und Terrors herrührte, und dem Wunsch, dem Mehrheitswillen (dem »Gesetz der Zahl«, dem Prinzip des Alleingewinners) Grenzen zu setzen; auf der anderen Seite entsprach der Appell an ein von oben (von der Vernunft, von der Tradition, von der Volksseele oder dem Geist der Nation, von der gelehrten Meinung) herrührendes Gesetz einem jahrhundertelangen doktrinärem Selbstbewusstsein der Juristen, dem Glauben an ein Gesetz, das nicht auf dem *imperium* des Staats, sondern auf der *auctoritas* der Rechtsgelehrten beruhte, was einer Idee gleichkam, die sinnbildlich durch Jean-Étienne-Marie Portalis im *titre préliminaire* des französischen *Code civil* zum Ausdruck gebracht worden war und unerbittlich durch Rechtsprofessoren in ihrem symbolischen Kampf gegen die neu aufsteigenden Gesetzgeber und Politiker glossiert wurde.[66]

Die Liste der Bürgerrechte entsprach ganz gewiss einem liberalen politischen Konzept, obwohl noch altmodische Garantien (z. B. das Recht auf öffentliche Gunst [*mercês*] in der Verfassung von 1822, Art. 15; oder die Garantie des Erbadels[67] in der *Carta* von 1826, Art. 145, § 31) wie auch beispielsweise an befristete Laufzeiten von Staatsanleihen gebundene wirtschaftliche Rechte (z. B. die Bezahlung der Staatsschuld in der Verfassung von 1822, Art. 236; in der *Carta* von 1826, Art. 145, § 26; und

---

das Eigenthum zur Grundlage haben, ist durch die Verfassung des Königreiches auf folgende Art gesichert: [...]«; CD-ROM-2, Dok.-Nr. 21.2.8 (wie Fn. 40), Tit. VIII, Art. 145.
65   Vgl. ausführlich zu diesem Gegenstand: Hespanha, Guiando a mão (wie Fn. 2), S. 3-97, 28-239.
66   Vgl. zu diesem durch Bordieus Konzept der »luttes symboliques« inspirierten Thema: António Manuel Hespanha, Um poder um pouco mais que simbólico. Juristas e legisladores em luta pelo poder de dizer o direito, in: História do direito em perspectiva: do Antigo regime à modernidade, Curitiba 2008, S. 149-202; ders., Constitution as a paramount doctrinal standard in the Portuguese legal thought of early-mid 19th century, in: M. Prutsch (Hg.), Perspectives of a New Constitutional History, Florenz 2010 [in Vorbereitung]. Zu Portalis siehe auch Kapitel 6, Justiz.
67   Diese Garantie widersprach dem Recht auf Gleichheit vor dem Gesetz.

in der Verfassung von 1838, Art. 31) präsent waren.[68] Andererseits erklärt die um die Bürgerrechte entstandene Verfassungskultur die doktrinären Reaktionen, die durch die Bezugnahme des Bürgerrechtsverzeichnisses in der *Carta Constitucional* von 1826 und der Verfassung von 1838 auf das Recht auf »öffentliche Hilfe« (»socorros públicos« in der *Carta*, Art. 145, § 29; in der Verfassung von 1838, Art. 28) ausgelöst wurden.[69] Diese Eruption protosozialer Rechte, bei denen es sich eigentlich um die epigonalen Kennzeichen eines kameralistischen Fürsorgestaats handelte, erklärt auch die Erwähnung der Garantie einer freien Grundschulausbildung und einer staatlichen Protektion der wissenschaftlichen, künstlerischen und literarischen Ausbildung (in der *Carta* von 1826, Art. 145, § 30, 32; in der Verfassung von 1838, Art. 28 f.).

Die Staatsbürgerschaft in überseeischen Territorien ließ jedoch einige praktische Probleme entstehen, obwohl sie auf der Ebene des Verfassungswortlauts fast unbemerkt blieben. Und dies ungeachtet der formalen Definition der portugiesischen Nation als »Vereinigung aller Portugiesen beider Hemisphären« in der Verfassung von 1822, wo auch eine vollständige Liste der verstreuten portugiesischen Überseekolonien angegeben wird (Art. 20); es werden die Reiche von Portugal und Brasilien mit den jeweiligen Provinzen[70], mehrere nicht klassifizierte Territorien (Bissau, Cacheu, Angola, Benguela, Cabo Verde, S. Tomé, Moçambique, Rio de Sena, Salsete, Bardez, Goa, Diu etc.), Kolonien (»dependências«: Cabinda, Molembo) und Niederlassungen (»establecimentos«: Macau, Solor e Timor) unterschieden. Dieser deutlich empfundene Mangel an territorialer Homogenität wird noch durch das Versprechen bestätigt, dass eine solche territoriale Anhäufung auf geeignetere Weise eingeteilt werden sollte. Dennoch gewährte die Verfassung allen Portugiesen die Staatsbürgerschaft, ob sie im Vereinigten Königreich (von Portugal und Brasilien) geboren oder darin nur dauerhaft ansässig waren[71], vorausgesetzt, dass sie von einem portugiesischen Vater abstammten (Art. 21). Die *Carta Constitucional* von 1826 ging noch weiter, da sie jedem die Staatsbürgerschaft gewährte, der »in Portugal oder den davon abhängenden Gebieten« geboren war, unabhängig von der Nationalität des Vaters (Art. 7); d. h.,

---

68 Die Verfassung von 1822 war die einzige, die in den Rechtekatalog, der den Text eröffnet (Art. 1-18), am Ende eine Pflicht mit aufnahm: die Pflicht gerecht zu sein, die Religion zu achten, das Vaterland zu lieben, die Verfassung und die Gesetze zu befolgen sowie die öffentlichen Behörden zu achten (Art. 19). Siehe CD-ROM-2, Dok.-Nr. 21.2.2/21.2.3 (wie Fn. 23).
69 Vgl. Hespanha, Guiando a mão (wie Fn. 2), S. 188.
70 Algarve erscheint sowohl als Reich als auch als Provinz.
71 Diejenigen, die von einem portugiesischen Vater außerhalb des Vereinigten Königreichs (d. h. im Ausland [»no estrangeiro«]) geboren wurden, mussten einen festen Wohnsitz im Vereinigten Königreich erlangen, um portugiesische Staatsbürger zu werden. Offenbar wurden die portugiesischen Territorien in Afrika und Asien nicht in das Vereinigte Königreich einbezogen, da daraus die automatische Erlangung der portugiesischen Staatsbürgerschaft gefolgt wäre. Die *Carta Constitucional* (1826) geht deutlich darüber hinaus, indem sie u. a. jeden Sohn eines portugiesischen Vaters, der auf portugiesischem Territorium oder im Ausland geboren wurde, als portugiesischen Staatsbürger betrachtete (Art. 6).

indem sie sich offenbar eine politische Integration des Territoriums zu eigen machte, wandte sie ein nahezu striktes *ius soli* an.

Die Ambiguität hinsichtlich des *status civitatis* reichte jedoch tiefer, wenn man berücksichtigt, dass (i) die Sklaverei noch in Übersee existierte; dass (ii) die Staatsbürgerschaft durch die *Carta Constitucional* nur befreiten Sklaven (*liberto*) gewährt wurde; und dass schließlich (iii) der politische Status der die Kolonien bewohnenden Ureinwohner gänzlich unsicher war, sodass die allgemeine Regel aufgestellt werden kann, dass mit Ausnahme der assimilierten städtischen Eliten die indigene Bevölkerung im Allgemeinen keine politischen Rechte besaß und ihren heimischen Autoritäten und Gesetzen unterworfen war. Indigene Stammesfürstentümer, die in Zonen bestanden, welche (ungenauem) portugiesischen Einfluss ausgesetzt waren, wurden oft eher durch »Verträge« als durch eine ordentliche Souveränitätsbindung verpflichtet.[72] Noch 1867 fand das Zivilgesetzbuch keine formale Anwendung auf mehrere afrikanische und asiatische indigene Gruppen; in praktischer Hinsicht war daher seine lokale Wirkung sicherlich minimal.[73]

5 Verwaltung

Wichtiger als eine Beschreibung der Verwaltungsmodelle, die in Portugal nach der sog. »liberalen Revolution« angenommen wurden, erscheint in unserem Zusammenhang die Identifizierung der Vorstellungen über die Rolle von Staat und Verwaltung im neuen politischen Zeitalter. Daher wird nach einer einleitenden Kurzbeschreibung des durch den »Liberalismus« herbeigeführten Wandels der Verwaltungsstruktur eine Bemerkung über das untergründige Verständnis von den Funktionen des neuen Staats den Kern dieses Kapitels bilden.

Den Verwaltungsapparat zu verändern war ein ziemlich langatmiger und nicht zielgerichtet verlaufender Prozess. In rein institutioneller Hinsicht bedeutete dies, den alten Apparat sowohl von der korporativ organisierten Monarchie als auch vom kameralistischen Aufklärungsstaat zu lösen und ihn durch eine Administration zu ersetzen, die mit den Prinzipien eines (womöglich repräsentativen, effizienten und liberalen) Verfassungsstaats harmonierte. Die zentralen Organe mussten im repräsentativen Sinne reformiert, verantwortlich gegenüber den Repräsentativorganen gemacht und – in ihrer Form und Funktionsweise – den konstitutionellen Prinzipien angepasst

---

72 Zu dieser äußerst konfusen Situation – die bis zum Ende des 19. Jahrhunderts oder gar bis zum *Estatuto do Indigenato* von 1926 (vgl. Elizabeth Ceita Vera Cruz, O estatuto do indigenato e a legalização da descriminação na colonização portuguesa: o caso Angola, Lisboa 2006) nicht geklärt wurde – siehe die grundlegende Arbeit von Silva, Constitucionalismo (wie Fn. 5).
73 Dies gilt trotz einer angeblichen kolonialen Assimilationspolitik, deren Aufrichtigkeit und Wirksamkeit von der jüngsten Geschichtsschreibung ernsthaft in Zweifel gezogen wird; siehe Silva, Constitucionalismo (wie Fn. 5).

werden. Eine hierarchische und unipolare Administration sollte den polysynodalen, d. h. aus mehreren königlichen Ratsversammlungen mit eigener garantierter Jurisdiktion bestehenden und in sich selbst verschränkten protobürokratischen Apparat des späten Ancien Régime ersetzen. Die Lokalverwaltung sollte von der Konstellation durchaus autonomer interner Republiken zu einem untergeordneten Netzwerk territorialer Distrikte degradiert werden. Die Ämter sollten ihren allgemeinen Patrimonialcharakter verlieren und zur bloßen *longa manus* der Repräsentativgewalten werden, indem sie streng auf die Verfassung und Gesetze zu verpflichten waren. Die Bürger sollten vor Missbräuchen und Unregelmäßigkeiten der Verwaltungsorgane gesichert sein. Dieser komplexe Wandel war nicht allen klar. Sodass selbst nach der Errichtung der neuen Ordnung viele sich weiterhin auf dieselbe Weise an die neuen Organe wandten, wie deren Vorgängerinstitutionen angesprochen worden waren, und dabei dieselben Antragszeiten und Formeln beachteten. Wie bereits aufgezeigt, ersetzten die repräsentativen Cortes den absolutistischen König als Ziel von Supplikationen, Protesten, Verlangen nach Gerechtigkeit, Gnade oder Stellen. Andere hatten jedoch durchaus eine Vorstellung von der Tiefe der auszuführenden Reformen und – paradoxerweise für jemanden, der den *liberalen* Charakter des »liberalen Staats« als gegeben ansah[74] – von der zentralen Bedeutung, die der Staat und die Verwaltung im neuen politischen System annehmen sollten.

Die Reden der führenden Cortes-Mitglieder von 1820 zeigen, dass man von der Regierungstätigkeit (Verteidigung, Polizei, zivile und wirtschaftliche Verwaltung) sehr viel erwartete, obwohl der repräsentative und verantwortliche Charakter der zugehörigen Ämter auch ein Anliegen war.[75] Im Gegensatz dazu wurde wirtschaftlicher Liberalismus im Sinne eines Rückbaus des Staats weniger systematisch eingefordert, trotz seiner vereinzelten Erwähnung in den Cortes.[76] Wie es einer der einflussreichsten Abgeordneten formulierte, überstiegen in der Tat die Kosten einiger der elementarsten Erfordernisse der Wirtschaft den Profit, den private Unternehmer aus ihnen erzielten konnten, sodass nur der Staat ihre Einrichtung unterstützen konnte.[77]

---

[74] Der Begriff »liberal« meint im portugiesischen politischen Vokabular der Epoche tendenziell eine Verfassungsordnung, die persönliche Freiheiten und eine gewisse politische Partizipation garantierte; vgl. bspw. Diario da Cortes Gerais Extraordinárias e Constituintes da Nação Portugueza (im Folgenden: DCGECNP), 1821, S. 86, 93, 103, 133, 140, 144, 155, 168, 178, 224, 339, 761, 2030.

[75] Vgl. exemplarisch die Ausführungen gegen privilegierte Unternehmen und zugunsten der Handels- und Wirtschaftsfreiheit, in: DCGECNP (wie Fn. 74), Nr. 11, 09.02.1821, S. 68; oder den *parecer* der Comissão de Comércio über die Vorteile freien Handels und Wettbewerbs als wirkungsvollste Hebel zur Erzielung wirtschaftlichen Fortschritts, ebd., Nr. 106, 18.06.1821, S. 1242.

[76] Grundlegend für die ursprünglichen Vorstellungen über die Verwaltungsreformen ist der durch Manuel Fernandes Tomás den Cortes vorgelegte *relatório* (Bericht), in: DCGECNP (wie Fn. 74), Nr. 7, 25.02.1821, S. 1002.

[77] »Vós não ignorais, Senhores, que sem estradas os frutos, e objectos de industria são quase perdidos na massa geral dos interesses sociais, porque o transporte excede muitas vezes o valor das mercadorias.« Manuel Fernandes Thomas, in: DCGECNP (wie Fn. 74), Nr. 7, 05.02.1821, S. 33.

Obwohl gemäß Wortlaut der Verfassung der *executivo* theoretisch nur Restkompetenzen erhielt (Verfassung von 1822, Art. 122)[78], offenbart eine weniger formale und oberflächliche Lesart die praktische Zentralität der Regierung.[79] Von ihr erwartete man wirklich viel. In seiner Erörterung der Beziehung zwischen *legislativo* und *executivo* brachte ein Cortes-Mitglied (der Abgeordnete Rebelo) die richtige Strategie der Kammer wie folgt zum Ausdruck: »freie Hand der Regierung, der jedes Mittel zu gewähren ist, um ihr die Erfüllung ihrer Mission zu ermöglichen«.[80]

Die Tendenz, mehr und mehr von der Staatsregierung und Verwaltung einzufordern, verknüpfte sich sukzessive mit mehreren Faktoren. Der erste Einflussfaktor war sicherlich die Notwendigkeit tiefer und schneller Umgestaltungen auf politischer, gesellschaftlicher und wirtschaftlicher Ebene. Dieses Modell der Gesellschaftsreform entsprach jedoch auch dem staatsorientierten Reformismus des aufgeklärten Despotismus, der seit Pombal in der portugiesischen Politik verwurzelt war. Das Beispiel der umfassenden postrevolutionären und napoleonischen Umgestaltung der französischen Gesellschaft bildete eine zweite und beständige Inspirationsquelle. Weitere Einflüsse kamen auch aus England, wo William Blackstone den Gebrauch der Prärogative des Königs zum Zwecke der Modernisierung der Gesellschaft unterstrich, ein Thema, das durch seine amerikanischen Kommentatoren noch bekräftigt wurde.[81] Staatsinterventionismus wurde auch zur gemeinsamen Auffassung der romantischen Lehre des Öffentlichen Rechts[82] sowohl in Frankreich als auch in den deutschsprachigen Ländern, noch bevor das Aufkommen der hegelianischen Rechtsstaatslehre das Rechts-

---

78 Durch irrtümliche Zählung erscheint Art. 122 in der deutschen Fassung als Art. 119: CD-ROM-2, Dok.-Nr. 21.2.3 (Verfassung Portugals v. 23.9.1822).
79 Entgegen der Anordnung der Regierungskompetenzen in Art. 75 der Carta von 1826 bestand der Kern der Tätigkeiten des *executivo* in der »Regierung« und innerhalb dieser in der »Administration« (§ 3 und 4: Nominierung von Richtern und Zivilbeamten; § 12: Ausarbeitung der »Decrete, Instructionen und Reglemente, welche nöthig und für die gute Vollziehung der Gesetze tauglich sind«; § 13: »für Alles, was die innerliche Ruhe des Staats betrifft, in den durch die Verfassung vorgeschriebenen Formen zu sorgen«). In der Verfassung von 1838 war die Aufzählung des *executivo* noch trügerischer, da sie die Handlungen des »governo« und »administração« völlig ausschloss (siehe Art. 81).
80 DCGECNP (wie Fn. 74), Nr. 6, 03.02.1821, S. 27; Nr. 7, 05.02.1821, S. 39.
81 Vgl. William Blackstone, An analysis of the laws of England (1756), Oxford 1771, Kap. 7, S. 16 f.; oder ders., Commentaries on the laws of England, 4 Bde., Oxford 1765, in: CD-ROM-1, Dok.-Nr. 1.2.6 (Auszug), hier jedoch die kommentierte amerikanische Ausgabe von Philadelphia 1869, Bd. 1, Kap. 7, S. 236 ff., 298 ff.
82 Gian Domenico Romagnosi, Introduzione allo studio del diritto pubblico universale, Parma 1805; Louis-Marie de la Haye, Vicomte de Cormenin, Questions de droit administratif, Paris 1822 (wichtige Neuausgabe 1840); Louis-Antoine Macarel, Éléments de droit politique, Paris 1833; ders., Cours de Droit Administratif, Paris 1843–1846; Alexandre-François Vivien, Études administratives, Paris 1859; Johann Kaspar Bluntschli, Allgemeines Staatsrecht geschichtlich begründet, München 1851–1852.

milieu Südwesteuropas namentlich durch Johann Kaspar Bluntschli[83] hervorbrachte, der den Staat »als einen sittlich-geistigen Organismus« betrachtete, »als einen großen Körper, der fähig ist die Gefühle und Gedanken der Völker in sich aufzunehmen und als Gesetz auszusprechen, als That zu verwirklichen.«[84] In Portugal ist diese Idee eines weitreichenden und komplexen Staatsauftrags zur Befriedigung gesellschaftlicher Bedürfnisse bereits in der Rechtslehre der 1840er-Jahre sehr gängig.[85] Diese Entwicklung hatte institutionelle Konsequenzen.

Eine Folge davon war die politische Herabstufung der Gemeinden[86], deren Zahl, Autonomie und politische Macht durch Mouzinho da Silveiras *Reforma administrativa* (Dekret Nr. 23 vom 16. Mai 1832)[87], die nach dem französischen Modell territorialer Zentralisierung konzipiert war, ernstlich reduziert wurde.[88] Das Reich wurde in Provinzen, *comarcas* (Gerichtsbezirke auf mittlerer Ebene) und *concelhos*[89] eingeteilt, die alle von Verwaltungsleuten geleitet wurden, die von der Krone nominiert waren und nur durch wählbare Versammlungen unterstützt wurden[90] – ein zentralisiertes Modell, das bis zum Ende der Monarchie überwog, trotz des dezentralisierten Verwaltungsmodells des ephemeren Verwaltungsgesetzes von 1836. Eine weitere Konsequenz bestand in der aufsteigenden und streng hierarchischen Organisation des Staatsapparats.[91] Gemäß einer akkuraten jüngeren Studie[92] erfuhr die Beamtenschaft der Zentraladministration (*Secretarias de Estado*) im Zeitraum 1805–1851 einen zahlenmäßigen Anstieg von 103 auf 339 Funktionäre (um ca. 230 Prozent), wobei die Jahre 1823–1826 (nach der ersten Stabilisierung der Verfassungsordnung und der Errichtung des zugehörigen institutionellen Rahmens mit einem Anstieg von ca. 37 Pro-

---

83 Der Schweizer Jurist Johann Kaspar Bluntschli (1808–1881), Professor in Heidelberg, war sehr einflussreich im akademischen Leben Portugals, da sein »Allgemeines Staatsrecht« (wie Fn. 82) in der französischen Übersetzung von A. de Riedmatten als Handbuch in der Rechtsschule Coimbras im Gebrauch war.
84 Bluntschli, Staatsrecht (wie Fn. 82), hier zit. nach der 3. Aufl.: München 1863, Bd. 1, S. 39.
85 Vgl. José Silvestre Ribeiro, Resoluções do Conselho de Estado, Lisboa 1854–1868, hier Bd. 1, Lisboa 1854, S. 177 f.; Basílio Alberto de Sousa Pinto, Análise da Constituição de 1838 (S. 161), in: A. M. Hespanha/C. Nogueira da Silva (Hg.), Fontes para a história constitucional portuguesa (c. 1800–1910), Lissabon 2004 (DVD).
86 Vgl. Hespanha, Guiando a mão (wie Fn. 2), S. 339-343.
87 CD-ROM-2, Dok.-Nr. 21.5.1.
88 Verfassung Frankreichs von 1791, in: CD-ROM-1, Dok.-Nr. 3.2.5 (frz.)/3.2.6 (dt.) (Verfassung Frankreichs v. 3.9.1791) auch in: <http://www.conseil-constitutionnel.fr/conseil-constitutionnel/francais/la-constitution/les-constitutions-de-la-france/les-constitutions-de-la-france.5080.html> [10.11.2010].
89 Deren Zahl von ca. 800 auf ca. 350 im Jahr 1836 reduziert wurde, während ihre Einkunftsquellen fast versiegt waren. Vgl. Manique, Mouzinho da Silveira (wie Fn. 12).
90 CD-ROM-2, Dok.-Nr. 21.5.2 (Dekret zur Provinzialgliederung v. 28.6.1833).
91 Vgl. Hespanha, Guiando a mão (wie Fn. 2), S. 299-310.
92 Joana E. Almeida, Os »mangas de alpaca«. A Cultura Burocrática Ministerial. Repartições, empregados e quotidiano das Secretarias de Estado na primeira metade do século XIX, Diss. phil. Instituto de Ciências Sociais Lisboa 2008.

zent), 1836–1839 (gerade nach dem liberalen Sieg und der Errichtung der neuen Regierung: 34 Prozent) und 1843–1851 (im Zuge einer politischen Wende zur Verbesserung der Verwaltung und zum wirtschaftlichen Fortschritt des Landes: 22 Prozent) die Wendepunkte darstellten. Dennoch lässt sich diese umfassende Vermehrung hauptsächlich durch das Wachstum zweier Ministerien erklären: Krieg und Finanzen. Wenn wir diese beiden Sektoren weglassen, sinkt der Anstieg in demselben Zeitraum auf geringere Raten (von 103 auf 191, also um ca. 85 Prozent). Die Phase 1823–1826 behält ihre Einzigartigkeit; danach verläuft der Anstieg jedoch langsam und progressiv (um zwölf Prozent insgesamt).[93] In einer vorangegangenen Studie – auch wenn diese eine weitere Periode (die zweite Hälfte des Jahrhunderts) mit abdeckte – veranschlagte Luís E. da Silveira eine konstante, wenn auch sektoriell asymmetrische Vermehrung der Beamten (um ca. 14 Prozent für den gesamten Zeitraum)[94]; klammert man jedoch das Militär aus, das einen starken, aber zugleich stabilen Anteil am Ganzen darstellte, erreichte der restliche Anstieg ca. 35 Prozent.

Die dritte Konsequenz war die Schwäche wirklicher Garantien der Bürger gegenüber den Verwaltungshandlungen, was auch Fragen wie die der Anfechtung von Verwaltungsakten (*contencioso administrativo*)[95] und die der Verantwortlichkeit der Beamten betraf. In Portugal bestand das einzige Recht, das die Bürger gegenüber der Verwaltung hatten, im gesetzlichen Schutz konsolidierter Rechte, die von ihrem Zivilstand, Eigentum oder den mit der Verwaltung geschlossenen formalen Verträgen herrührten. Trotz der Verfassungsbestimmung, dass die Verwaltung durch ihre generelle Gesetzestreue gebunden sei, trat die rechtliche Kontrolle der Gesetzmäßigkeit des Verwaltungshandelns erst 1845 (Statut vom 3. Mai) auf, als die »Secção administrativa« im *Conselho de Estado* mit der Befugnis geschaffen wurde, die Gesetzmäßigkeit der hohen Staatsverwaltung zu beurteilen. Die Entscheidungen dieser Sektion sollten jedoch durch ein Regierungsdekret ratifiziert werden, was auch noch galt, als 1870 der *Supremo Tribunal Administrativo* geschaffen wurde. Was die (straf- und zivilrechtliche) Verantwortlichkeit des Staats, der Verwaltung und Beamten betraf, so wurde diese Frage in jeder Verfassung angesprochen; allerdings entwickelte man zumindest bis zum Ende der Monarchie (1910) nie die dafür notwendige ergänzende Gesetzgebung.

---

93 Umfassende Daten zur gesamten Staatsverwaltung – und nicht nur zu deren Herzstück in Lissabon – für die erste Jahrhunderthälfte sind weitaus unzuverlässiger; allerdings soll nach José Subtil der erste liberale Staat über ca. 3.000 Beamte verfügt haben, was bedeutet, dass sich zwischen 1827 und 1854 ihre Zahl fast um das Vierfache erhöhte. Vgl. José Subtil, Governo e administração, in: Hespanha (Hg.), Regime (wie Fn. 11), S. 141-205, hier S. 192; siehe die Bewertung bei Hespanha, Guiando a mão (wie Fn. 2), S. 289-310.
94 Luís E. da Silveira, A administração do Estado em Portugal no século XIX, in: Los 98 Ibericos y el mar, Bd. 3, Madrid 1998, S. 317-333, *maxime* S. 324.
95 Vgl. Mª da G. Garcia, Da justiça administrativa em Portugal. Sua origem e evolução, Lisboa 1994; Hespanha, Guiando a mão (wie Fn. 2), S. 279-283.

6 Justiz

Wenn wir unter Justiz all das verstehen, was sich auf den Zustand der Rechtsordnung einschließlich ihrer verfassungsmäßigen Struktur bezieht, werden wir für den Untersuchungszeitraum zu einem Überblick gelangen, der sich von der Darstellung der gebräuchlichsten Literatur ziemlich unterscheidet. In der Tat herrschte über den durch das Aufkommen eines formalen Konstitutionalismus ausgelösten Verfassungsbruch hinaus eine grundlegende Kontinuität hinsichtlich der Rechtssubstanz. Trotz durchdringender Vorschläge zugunsten eines neuen Primats der Gesetzgebung – mit der folgerichtigen Unterordnung der Rechtslehre und des judiziellen Rechts – blieb in Wirklichkeit die Rechtslage in grundsätzlicher Hinsicht dieselbe, wie sie aus der Reform der Rechtsquellen durch die *Lei da Boa Razão* (1769) hervorgegangen war. In einem Satz zusammengefasst: Das Recht blieb im Wesentlichen jurisprudenziell, es wurde eher durch Juristen als durch Gesetzgeber definiert; die Richter behielten ihr elementares Vorrecht zur Bestimmung des gültigen Gesetzes ohne substanzielle Treue gegenüber den nachfolgenden Verfassungen.

Die portugiesische Reform der Rechtsschule von Coimbra (1772) hatte auf der Legitimierung der gelehrten Träger der rechtlichen Vernunft (*recta ratio iuris*) zur Festsetzung der Rechtsgrundlagen, demzufolge des eigentlichen Verfassungsrechts, fokussiert. Der revolutionäre Demokratismus brachte jedoch eine andere Konzeption hinsichtlich der Art und Weise der Rechtsbildung hervor. Nicht zufällig reagierte diese neue Idee der Konstituante ziemlich heftig auf die Ermächtigung ausgebildeter Juristen, den Volkswillen zu vertreten. Wenn das Parlamentsrecht mit vorrangiger Durchsetzung gewährt werden sollte, gab es keinen Platz für eine richtungsweisende Rechtslehre oder ein leitendes judizielles Recht, das der klassischerweise als unzuverlässig geltenden Juristenklasse anvertraut war. Dieser Vorrang des Parlamentsrechts hatte ein Aufgebot institutioneller Waffen zur Folge, die sich gegen die Entscheidungsansprüche der Juristen richteten, ob es sich um Richter oder Rechtsprofessoren handelte. Die radikalste (wenngleich auch die naivste) Waffe war das Verbot der doktrinären Auslegung (*référé legislatif*). Unter den übrigen Waffen befanden sich der *recours de cassation*; die Herabstufung der Rechtslehre auf die bloße Aufgabe, das Gesetz zu erklären und zu kommentieren (*École de l'Éxégèse, annotative jurisprudence*); die Annullierung aller Rechtsquellen außer der Gesetzgebung; oder – wie es in Portugal der Fall war – wenigstens die Neigung, Gesetzesmängel durch den Import ausländischer Gesetzgebung zu beheben, vor allem wenn diese in maßgeblichen Quellen wie den neuen Gesetzbüchern zivilisierter (d. h. *policées*) und modernisierter Nationen (Toskana, Preußen, Frankreich, Österreich, Sardinien) verankert waren.[96]

---

[96] Dies war sogar durch die Statuten der Rechtsschule von Coimbra (1772) formal erlaubt, die die Gesetze der modernen und kultivierten Nationen als bestes Zeugnis der richtigen Vernunft betrachteten.

Die ersten portugiesischen Cortes wiederholten die Schmähungen gegen ausgebildete Juristen und Richter, die auch durch den außerordentlichen Einfluss von Jeremy Benthams (kritischen) Vorstellungen über das Justizmilieu genährt wurden. In politischer Hinsicht wurde jeder von juristischen Kreisen ausgehende Versuch, das Recht und vor allem politisches oder Verfassungsrecht zu formen, häufig als Verstoß gegen die Volkssouveränität wahrgenommen. Daher war in den ersten Jahrzehnten des portugiesischen Liberalismus die Rechtslehre noch nicht so redselig, wie sie es später hinsichtlich der natürlicherweise den Juristen bei der Rechtschöpfung zugedachten Rolle werden sollte. Die erste liberale Generation von Rechtsprofessoren in Portugal gestand ängstlich ein, dass selbst wenn sie neues Recht schuf oder unter widersprüchlichen rechtlichen Richtungen durch offene Äußerung ihrer Meinung auswählte, sie dazu einzig wegen des absoluten Mangels an parlamentarischen Rechtsstandards gezwungen wäre.

Allerdings räumten die elitären Konzeptionen der liberalen Hauptrichtungen[97], die durch die Ängste vor einer Herrschaft der parlamentarischen Mehrheiten, wie sie das erste französische Verfassungsexperiment geschürt hatte, noch bekräftigt wurden, den Juristen eine neue Gelegenheit zur Wiedereröffnung der Debatte über die Notwendigkeit eines aristokratischen Elements bei der Definition der Rechtsgrundlagen ein, vor allem was die Ausformulierung der Verfassung und der Gesetzbücher betraf, die auch als Eckpfeiler der Rechtsordnung betrachtet wurden; was gewiss durch den von Jean-Étienne-Marie Portalis verfassten *Discours préliminaire sur le Projet du Code civil* inspiriert war.[98] Dieser Vorrang des doktrinären Rechts gegenüber der Gesetzgebung und sogar gegenüber der formalen Verfassung erklärt den Umstand, dass unter den konstitutionellen Aufgaben der Richter (Verfassung von 1822, Tit. V; *Carta* von 1826, Tit. VI; Verfassung von 1838, Tit. VI) ihre eigentlich zu erwartende Treueverpflichtung gegenüber der Verfassung oder gegenüber dem Gesetz niemals genannt wurde, was ihnen solch eine – zumindest theoretische – Autonomie bescherte, dass einige Publizisten von einer Erneuerung der alten Herrschaft der Richter (»desembargocracia«) sprachen. Dies war gewiss eine extreme Auffassung; allerdings war sie nur deshalb extrem, weil das klägliche gesellschaftliche Ansehen der Justiz, ihr Mangel an korporativem Selbstbewusstsein und ihre politische Abhängigkeit von der Regierung sie daran hinderte, eine deutliche politische Rolle zu spielen.

Von der politischen Seite her betrachtet unterstrich diese Entwicklung die Dringlichkeit, der Justizgewalt wenigstens auf organisatorischer und verfahrensrechtlicher Ebene einen neuen Rahmen aufzuerlegen. Dies war das Ziel der nachfolgenden ins-

---

97 Siehe Pierre Rosanvalon, Le moment Guizot, Paris 1985; Gertrude Himmelfarb, On liberty and liberalism: the case of John Stuart Mill, San Francisco 1990.
98 Jean-Étienne-Marie Portalis, Discours préliminaire sur le Projet du Code Civil (1801), in: F. Portalis (Hg.), Discours, rapports et travaux inédits sur le Code civil, Paris 1844 (Neuausg.: Discours et rapports sur le Code Civil, précédés de l'Essai sur l'utilité de la codification de Frédéric Portalis, Paris 1989).

titutionellen Reformen des Justizapparats. Die strategischen Richtlinien der Justizreform bestanden im Abbau der korporativen Macht der Richter nebst der Stärkung der Laienintervention im Justizapparat und im Gerichtsverfahren. Natürlich verlief die Entwicklung nicht geradlinig, sondern hing vom Verlauf der Politik ab, da progressive und konservative Richtungen unterschiedliche Vorstellungen über das Verhältnis von Justiz, Richtern und dem populären Element hatten. Immerhin bildete sich aber ein breiter Konsens im Sinne eines »natürlichen« und vereinfachten Verfahrens, einer Begrenzung der richterlichen Ermessensfreiheit und eines Fortschritts in Richtung einer humaneren und verbrieften Strafjustiz heraus.

Übereinstimmung und Dissens trafen in drei paradigmatischen Fragen aufeinander: der Zulassung des Schwurgerichtsverfahrens, dem Rang nicht judizieller Schlichtungsinstitutionen und dem Raum für wählbare Richter. Die Geschworenen wurden als Eckpfeiler einer liberalen Justiz betrachtet und daher – sowohl in Zivilrechts- als auch in Strafrechtsfällen, auch wenn dabei ihre Kompetenzen auf die Beurteilung der Sachfrage beschränkt waren – durch einige Verfassungen zugelassen (Verfassung von 1822, Art. 177, 178[99]; Verfassung von 1826, Art. 118, 119)[100] und als zwingend erforderliche Einrichtung durch die erste umfassende Justizreform (Mouzinho da Silveiras Dekret Nr. 24 vom 16. Mai 1832)[101] reguliert. Infolge der »Nova Reforma Judiciária« (1836) begann der Verfall des Instituts der Geschworenen, da man ihm vor allem ein großes Aufgebot ziviler Rechtsstreitigkeiten – die angeblich am formalsten und weniger entscheidend für die Freiheit und Sicherheit waren – zumutete. Die »Novíssirna Reforma Judiciaria« (21. Mai 1841) machte die Intervention der Geschworenen dann von der Zustimmung beider Seiten abhängig (Art. 304), was auch die durch den »Código de Processo Civil« von 1876 (*Carta de Lei* vom 8. November 1876) übernommene Lösung darstellte. In Strafsachen war die Beharrungskraft der Geschworenen größer.[102] Noch größer war sie – entsprechend der Natur der Gegenstände – in Handelsrechtsverfahren, wo sie bis 1890 vollständig aufrechterhalten wurden.[103]

Radikaler war die Einrichtung nicht judizieller Streitschlichtungsinstitutionen. Sie wurden durch die Verfassung von 1822 (in der Gestalt ehrenamtlicher Friedensrichter, Art. 194-195)[104] vorgesehen, während die Charta von 1826 vorschrieb, dass jedem formalen Rechtsstreit ein Versuch zur Schlichtung vorausgehen musste (Art. 128, vgl.

---

99 CD-ROM-2, Dok.-Nr. 21.2.2 (wie Fn. 23). Durch irrtümliche Zählung erscheinen Art. 177-178 in der deutschen Fassung als Art. 168-169: Dok.-Nr. 21.2.3 (wie Fn. 23).
100 Für die zeitgenössische Verwirrung über das Thema war es signifikant, dass die Verfassung von 1838 ein deutliches Stillschweigen über das Institut der Geschworenen wahrte.
101 CD-ROM-2, Dok.-Nr. 21.6.2 (Justizreform v. 16.5.1832). Siehe auch den zugehörigen Bericht Mouzinho da Silveiras ebd., Dok.-Nr. 21.6.1 (Bericht über die Reformen des Finanz-, Verwaltungs- und Justizwesens v. 16.5.1832).
102 Es kam hier später zu einigen Beschränkungen (Dekret Nr. 2 vom 29.03.1890).
103 Mit der Möglichkeit des Verzichts (Dekret Nr. 2 vom 29.03.1890).
104 CD-ROM-2, Dok.-Nr. 21.2.2 (wie Fn. 23). Durch irrtümliche Zählung erscheinen Art. 194-195 in der deutschen Fassung als Art. 184-185: Dok.-Nr. 21.2.3 (wie Fn. 23).

6 Justiz

auch Art. 127, 129).[105] Schließlich wurden die wählbaren Richter, die das Herzstück der Richterschaft im Ancien Régime gebildet hatten[106], in den ersten Verfassungen beibehalten, hauptsächlich weil es unmöglich war, gelehrte Richter für ca. 700 Bezirke bereitzustellen. Auf der anderen Seite verlangte der Abbau der alten Vermischung zwischen Lokalregierung und Justizverwaltung eine Reform des Systems, obwohl der wählbare Charakter der alten Richter scheinbar dem Prinzip einer demokratischen Justiz genügte. Aber nur scheinbar, denn das alte System repräsentierte eigentlich die Hegemonie traditioneller lokaler Eliten, innerhalb derer die lokalen Richter nämlich gewählt wurden. Aus diesem Grund beschritt die Verfassung von 1822 einen anderen Weg zur Demokratisierung der Justiz – den des Geschworenengerichts –, wenngleich sie die Gemeinderichter beibehielt (Art. 180-181)[107], dem auch die Charta von 1826 folgte (vgl. jedoch Art. 75, Abs. 3). Fortbestand und Bedeutung der wählbaren Richter sollten jedoch von kurzer Dauer sein: Beide Verfassungen ebenso wie die Justizreform von 1832 beschnitten auf drastische Weise ihre Befugnisse, indem sie sie gelehrten Richtern benachbarter größerer Distrikte unterwarfen. Und nach dem liberalen Sieg wurden sie schließlich beseitigt, da man sie als Säule des Absolutismus betrachtete (Statutgesetz vom 30. April 1835).[108]

Sobald diese strategischen Fragen gelöst waren, übernahm man das allgemeine Modell einer dreistufigen Justizorganisation – *Tribunais de Comarca, Relações, Supremo Tribunal de Justiça* –, auch als ein Modell, das größtenteils die Justizstruktur des Ancien Régime bewahrte.[109] Dieselbe Einmütigkeit betraf klassische Streitfragen wie die Unabhängigkeit und Unabsetzbarkeit der Richter.

---

105 CD-ROM-2, Dok.-Nr. 21.2.7/21.2.8 (wie Fn. 40). Eine analoge Bestimmung findet sich in der Justizreform vom 16.5.1832, in: CD-ROM-2, Dok.-Nr. 21.6.2, Art. 7. Die »Nova Reforma« (1837) vervielfachte die Ausnahmen, weshalb sie das Gewicht von Laienhelfern an den Gerichten unter generellem Beifall des gelehrten Milieus reduzierte. Fast dasselbe Profil lässt sich in der Entwicklung des Schlichtungsverfahrens nachweisen, das 1832 und 1837 weithin zugelassen wurde, aber danach zumindest in den ordentlichen Gerichten und im ordentlichen Verfahren an Bedeutung verlor (siehe den »Codigo de Processo Civil« von 1876, Art. 357, 362). Siehe die Bewertung bei Hespanha, Guiando a mão (wie Fn. 2), S. 346-350.
106 Dies gilt namentlich für mittlere und kleine Bezirke (ca. 80 Prozent der Gesamtheit).
107 CD-ROM-2, Dok.-Nr. 21.2.2 (wie Fn. 23). Durch irrtümliche Zählung erscheinen Art. 180-181 in der deutschen Fassung als Art. 170-171: Dok.-Nr. 21.2.3 (wie Fn. 23).
108 Wenngleich ihre Geschichte damit noch nicht beendet war, da sie letztendlich und definitiv erst 1874 beseitigt wurden (Statutgesetz v. 16.04.1874; Dekret v. 29.06.1869). Vgl. zur gesamten Geschichte Alberto dos Reis, Organização judiciária, Coimbra 1909, S. 80 ff.; José Joaquim Lopes Praça, Estudos sobre a Carta Constitucional, Lisboa 1878–1880, hier Bd. 1, Lisboa 1878, S. 329 ff.
109 Bei dieser hatte es sich eigentlich um ein zweistufiges System gehandelt, da der »Desembargo do Paço« (Oberster Gerichtshof) eine außerordentliche und auf die königliche Gnade orientierte Instanz bildete. Noch im frühen Konstitutionalismus, d. h. bis 1838, war der Oberste Gerichtshof noch kein ordentliches Berufungsgericht.

7 Militär

Die Verfassung von 1822 (Tit. IV, Kap. VIII)[110] hielt die Grundstruktur des Militärs – der regulären Armee und der lokalen Milizkorps, die überall auf dem Reichsterritorium bestanden – unverändert aufrecht. Der Wille zur Vermeidung einer angloportugiesischen Militärvormacht, wie sie während der vorangegangenen 15 Jahre bestanden hatte, veranlasste die Konstituante zu der ausdrücklichen Erklärung, dass der Charakter der Streitkräfte »national« (nicht königlich[111] oder noch weniger ausländisch) und ihre Stärke durch die Cortes festzulegen war, wobei ihr Ziel in der inneren und äußeren Landesverteidigung bestand. Um ein Phänomen zu verhindern, das sich dann dennoch für fast 30 Jahre überall verbreiten sollte, legte die Verfassung fest: »Die bewaffnete Macht ist wesentlich gehorchend; sie darf sich nie versammeln, um zu berathschlagen oder Entschließungen zu fassen.«[112]

Die erste Zielsetzung, die bewaffneten Kräfte aus dem politischen Kampf herauszuhalten, scheiterte vollständig. Seit der »Revolution« von 1820 bis zur letztendlichen Stabilisierung der konstitutionellen Monarchie (um 1850) spielten die Truppen eine entscheidende Rolle. Dies geschah nicht aufgrund der Idee einer besonderen Mission oder Legitimität des Militärs zur Repräsentation der Nation, sondern hauptsächlich aus Loyalität gegenüber den legitimen Gewalten in einem Zeitalter, in dem sich mehrere Gruppen die politische Legitimität teilten.[113] Der andere Grund für die Unruhe des Militärs war die Umgestaltung der traditionellen regionalen Milizkorps (*ordenanças*) in eine *Guarda Nacional*, die gemäß den aus der Schweiz, den Niederlanden, Belgien und Spanien herrührenden Modellen »das Volk in Waffen« repräsentierte,

---

110 CD-ROM-2, Dok.-Nr. 21.2.2 (wie Fn. 23). Durch irrtümliche Zählung wird das Militär in der deutschen Fassung in Tit. IV., Kap. 7 abgehandelt: Dok.-Nr. 21.2.3 (wie Fn. 23).
111 Der König war nach den drei Verfassungen persönlich nicht der Oberbefehlshaber der bewaffneten Kräfte. Vgl. CD-ROM-2, Dok.-Nr. 21.2.2/21.2.3 (wie Fn. 23), resp. Art. 123 u. 120; Dok.-Nr. 21.2.7/21.2.8 (wie Fn. 40), Art. 75; Dok.-Nr. 21.2.11/21.2.12 (wie Fn. 46), Art. 82.
112 CD-ROM-2, Dok.-Nr. 21.2.2 (wie Fn. 23), Art. 172. Durch irrtümliche Zählung erscheint Art. 172 in der deutschen Fassung als Art. 164: Dok.-Nr. 21.2.3 (wie Fn. 23). Siehe zum Militär im Untersuchungszeitraum: Vasco Pulido Valente, Os militares e a política (1820–1856), Lisboa 1997; Fernando Pereira Marques, Exército e Sociedade em Portugal: no Declinio do Antigo Regime e Advento do Liberalismo, Lisboa 1981; ders., L'armée et la société au Portugal. L'institution militaire et la militarisation des conflits dans le processus de modernisation du Portugal pendant la première moitié du XIXème siècle, Diss phil. Amiens 1990. Zur Nationalgarde siehe: Arnaldo da Silva Marques Pata, Revolução e Cidadania. Organização, Funcionamento e Ideologia da Guarda Nacional (1820–1839), Lisboa 2004; rez. in: Análise Social Nr. 180 (2006), S. 886-890. Klassische allgemeine Arbeiten zur portugiesischen Militärgeschichte stammen von Cristóvão Aires de Magalhães Sepúlveda, A Evolução Orgânica do Exército, Lisboa 1894; ders., História orgánica e política do exército português, 17 Bde., Lisboa 1896–1908; Carlos Selvagem, Portugal Militar, Lisboa 1931 (2. Aufl. 1994); M. Th. Barata/N. S. Teixeira (Hg.), Nona história militar de Portugal, Lisboa 2003–2004, Bd. 2 (hg. v. A. M. Hespanha) und Bd. 3 (hg. v. M. Th. Barata).
113 Vgl. eine der zentralen Thesen von Valente, Militares (wie Fn. 112).

wobei sie einer internen demokratischen Organisation gehorchte und nach der Verteidigung der Verfassungsordnung strebte.[114] Nach verbreiteter Ansicht wurde die *Guarda Nacional* – gebildet 1834 und bis etwa 1848, wenn auch ab 1838 in sehr geschwächtem Zustand fortbestehend[115] – kontinuierlich von radikalen politischen Sektoren benutzt, um sich den Befürwortern des politisch-konstitutionellen Konservativismus (den Charta-Anhängern) zu widersetzen. Tatsächlich haben aber jüngste und politisch weniger befangene Forschungen gezeigt, dass die Teilnahme von Elementen oder Korps der *Guarda Nacional* an radikalen politischen Bewegungen statistisch weniger stark war als man traditionellerweise veranschlagt hat; dass es auch gemäßigte und konservative Regimenter in der *Guarda* gab; und schließlich dass das Ansehen radikaler Führer in ihren Bataillonen eine bloße Folge der populären Hochschätzung für engagiertere Bürger sein konnte, zumal innerhalb eines Kollektivs von Milizionären, das hauptsächlich von denjenigen gebildet wurde, die aufgrund ihrer Berufung, ihrer Hingabe für den öffentlichen Dienst – oder einfach aus Mangel an Mitteln – in der *Guarda* zu dienen hatten, während die Wohlhabenden immer einen Weg fanden, dieser und anderen republikanischen Pflichten zu entrinnen.[116]

Obwohl fast alle Verfassungen den Militärdienst als allgemeine Pflicht aller Portugiesen definierten (Charta von 1826, Art. 113; Verfassung von 1838, Art. 119)[117], war die Militärrekrutierung eigentlich eine Quelle der Ungleichheit. Auf der einen Seite trat innerhalb des Kollektivs der Wehrpflichtigen nur ein Teil in den Armeedienst ein. Sobald das globale Kontingent von den Cortes festgelegt worden war, wurde es auf die territorialen Gliederungen entsprechend deren Bevölkerungszahl aufgeteilt. Die Erfassung begann bei den Freiwilligen und erfolgte dann nach einem Losverfahren (*sortes, ir às sortes*), dessen Unredlichkeit und Klassencharakter in aller Munde war. Auf der anderen Seite war bis 1873 (Statutgesetz vom 17. April) der Erlass des »Blutzolls« gegen eine prosaische Geldabgabe möglich.

---

114 Vgl. zur Nationalgarde, mit innovativen Einsichten, Da S. Marques Pata, Revolução e Cidadania (wie Fn. 112).
115 Die Bildung und Organisation der Nationalgarde erfolgte durch die *C(arta) (de) L(ei)* vom 23.03.1823; ihre Auflösung durch CL vom 13.06.1823; ihre Wiedererrichtung durch Dekret vom 29.03.1834 (wobei sie vom regulären Armeekommando ausgenommen wurde), das durch Dekret vom 23.09.1836, in: CD-ROM-2, Dok.-Nr. 21.7.1, ausgeführt wurde; ihre Reorganisation durch Dekret vom 01.12.1836; die Auflösung der Lissaboner Bataillone durch Dekrete vom 14.3.1838 und 15.06.1838; ihre Reorganisation durch Dekrete vom 11.03.1842 und 31.05.1846; ihre abermalige Auflösung durch Dekret vom 07.10.1846.
116 Solche Pflichten waren etwa die Steuer- oder die Wehrpflicht in der regulären Armee. Siehe zum gesamten Zeitraum Mesquita, Pensamento (wie Fn. 2).
117 Paradoxerweise fehlt die Erwähnung in der Verfassung von 1822; aber die militärischen Bestimmungen von William Beresford (1816) legten eine allgemeine Aushebung für alle Männer zwischen 17 und 30 Jahren fest. Siehe außerdem das Gesetz vom 10.07.1824, die Dekrete vom 15.09.1836, vom 6.11. und 25.11.1836 sowie vom 9.06.1842. Vgl. Comissão Portuguesa de História Militar (Hg.), O recrutamento militar em Portugal: actas, Lisboa 1996.

8 Verfassungskultur

Die frühe Verfassungskultur Portugals war weitgehend von der westeuropäischen politischen Kultur, namentlich von Montesquieu, Bentham, Condorcet und Rousseau, beeinflusst, die durch eine lebhafte Untergrundliteratur, über die Freimaurerei[118] und später durch die Präsenz der französischen und britischen Armeen während der napoleonischen Invasionen und ihren Nachwirkungen in das Land geschleust wurde.[119] Dies war die Atmosphäre, die 1820 den ersten revolutionären Ausbruch begleitete, auf den eine intensive Anstrengung der Indoktrination folgte.[120] Im Widerspruch zu den neuen politischen Ideen war das traditionelle, sowohl korporativistische als auch absolutistische politische Denken, das vom traditionellen politischen Scholastizismus (dem iberischen Zweiten Scholastizismus) wie auch von den entgegengesetzten politischen Theorien des aufgeklärten Absolutismus (Samuel Puffendorf, Johann Christian Gottlieb Heineccius, Emer de Vattel) angeheizt wurde, in den letzten Jahrzehnten des Ancien Régime an der Universität von Coimbra vorherrschend. Dies war das doktrinäre Erbe der gegenrevolutionären Gruppen. Die spätere Charta-Ideologie wurde dann hauptsächlich vom postnapoleonischen Verfassungsdenken im Frankreich nach der Restauration, namentlich von Benjamin Constant, inspiriert[121], was auch in der Verfassungsgebung von 1826 bzw. 1834 zum Ausdruck kam. (☞ Abb. 21.3)

Dennoch sollte die auf der Ebene der öffentlichen Meinung und politischen Publizistik geführte Untersuchung mit dem kulturellen Hintergrund der politischen Eliten und vor allem der Juristen abgeglichen werden, die in den Kammern und Rechtsschulen die Öffentlichkeit sehr wirksam gestalteten, insofern sie landläufig immer noch als Inhaber des gesellschaftlichen Wissenskanons anerkannt waren.[122] Einige Autoren, die – wie der Rektor der Universität Coimbra und angesehene Rechtsprofessor Basílio Alberto de Sousa Pinto – der romantischen und doktrinären Empfindsamkeit am nächsten standen, erklärten offen den Vorrang der Vernunft, Natur und Volksseele über Entscheidungen, die von im Parlament geschmiedeten ephemeren und zufälligen Konstellationen herrührten. Einige andere forderten, obwohl sie – wie Vicente Ferrer Neto Paiva, ein berühmter liberaler Professor an der Rechtsschule von

---

118 Vgl. für ein diesbezügliches detailliertes Panorama: Graça S. Dias/José S. Silva Dias, Os primórdios da maçonaria em Portugal, 2 Bde., Lisboa 1980.
119 Vgl. auch die Ausführungen in den einzelnen Unterkapiteln dieses Beitrags.
120 Siehe dazu Isabel N. Vargues, A aprendizagem da cidadania em Portugal, 1820–1823, Coimbra 1997.
121 Siehe zu diesem Einfluss in Portugal und Brasilien die Zeitschrift »Benjamin Constant« des »Instituto Benjamin Constant« in Rio de Janeiro: <http://www.ibc.gov.br/?catid=4&blogid=2&itemid=408> [10.11.2010] sowie den Beitrag über Verfassungsdenken im vorliegenden Handbuchband (insbes. dortige Fn. 37). Vgl. auch José Eduardo Horta Correia, Tradicionalismo e contrarevolução. O pensamento e a acção de José da Gama e Castro, Coimbra 1974.
122 Zur nachfolgend beschriebenen Rolle der Juristen siehe auch die zeitgenössische Veranschaulichung einer Justizallegorie um 1836, in: CD-ROM-2, Dok.-Nr. 21.8.2.

Abb. 21.3 Die Wiederinkraftsetzung der Charta als »Sieg der Legitimiät« (1834)

Coimbra – demokratischer orientiert waren, also vom parlamentarischen Ursprung des Rechts ausgingen, die »Rechte der Philosophie« bei der Erfindung des Rechts ein. Schließlich beriefen sich diejenigen, die sich mehr »technisch« als »ideologisch« orientiert gaben, auf die Autorität der Rechtstradition von den *praxistas* des Ancien Régime oder den Anhängern des *usus modernus* bis zur postliberalen portugiesischen Rechtslehre, wodurch sie ein festes Bollwerk gegen gesetzgeberische Eingriffe errichteten. Aus diesem Grund entschied man sich, wenn ein größeres Kodifikationswerk auf dem Spiel stand, zumindest nach der definitiven Errichtung der konstitutionellen Monarchie (1834) für die Bildung von Kommissionen aus angesehenen Juristen, die einen Entwurf vorbereiteten, der in den Cortes leicht zu erörtern und spielend zu bewilligen war[123], anstatt die parlamentarischen Gesetzgeber zur vollständigen Ausarbeitung einer umfassenden Gesetzesreform zu verpflichten. Es wurden daher alle Anstrengungen unternommen, um die parlamentarische Ratifikation auf eine fachlich oder politisch gehaltlose zeremonielle Leerstelle zu verkürzen.[124]

Für die Juristen bildete der Umstand, ob die Verfassung von einem Parlament oder Monarchen gewährt worden war, eigentlich ein Randproblem.[125] In dem einen wie dem anderen Fall riss das *imperium* die Legitimität der *auctoritas* an sich; wobei (gekrönte oder plebejische) Politiker eine Macht usurpierten, die sowohl die Vernunft als auch die Natur den Juristen verliehen hatte.[126] Und dies war eben die zentrale Frage: Wer war berechtigt, Recht zu schaffen und vor allem die Grundlage der Rechtsordnung einer Gemeinschaft zu gestalten? Oder kontrastreicher und provokativer formuliert: Wem sollte die Macht verliehen werden, die Verfassung auszulegen und zu bewahren? Vielen wurde klar, dass falls die Grundlagen der Rechtsordnung der Natur und Vernunft entsprangen[127], es dann (i) eine fundamentale Verfassung (eine materielle Verfassung nach heutigem Sprachgebrauch), die der bewilligten Verfassung (der formalen Verfassung) übergeordnet war, und (ii) eine maßgebliche Gruppe – die Juristen – gab, die berechtigt war, Erstere zu verkünden und die Legitimität Letzterer zu prüfen. Trotz der Blüte ausgehandelter oder oktroyierter Verfassungen in ganz Europa während der ersten Hälfte des 19. Jahrhunderts war die Idee vom Vorrang einer doktrinären Hauptverfassung in der gemeinsamen Wahrnehmung gelehrter Ju-

---

123 Eine diktatorische Gesetzgebung – die die Phasen ausnutzte, in denen die Kammern geschlossen waren – stellte ebenfalls ein gebräuchliches Mittel zur Einführung wichtiger Gesetze dar.
124 Das Beispiel des portugiesischen Zivilgesetzbuchs von 1867 ist in dieser Hinsicht bedeutsam: Mehr als 20 Jahren an Diskussionen innerhalb der Juristenkommissionen stand eine zweitägige Parlamentsdebatte gegenüber.
125 Vgl. hierzu die zeitgenössische bildhafte Veranschaulichung im Vorfeld der Verfassungsgebung von 1822, in: CD-ROM-2, Dok.-Nr. 21.8.1 (Triumph Lusitaniens v. 1821).
126 Schwieriger war die Rechtschöpfung im Bereich des Strafrechts wegen des Grundsatzes *nullum crimen, nulla poena, sine lege*. Dennoch gab es viele kreative doktrinäre Eingriffsmöglichkeiten in dogmatischen Bereichen wie etwa hinsichtlich der Theorie über die strafrechtliche Verantwortlichkeit, der Theorie über die Straftat (*dolus*, Vorsatz; *culpa*; Fahrlässigkeit), der Theorie über die rechtliche Rechtfertigung oder Entlastung, wobei bedeutende Ergebnisse erzielt wurden, die die Unmöglichkeit, Straftaten oder Strafmaße direkt festzusetzen, kompensierte.
127 Diese stellten daher die einzigen Größen dar, deren Macht den Mehrheitswillen binden konnte.

risten fest verankert, sodass sie zum gebräuchlichen Gegenstand des Rechtsdiskurses sogar unter Konstitutionalisten wurde.

Einige der angesehensten Verfassungsrechtler Portugals – wie Silvestre Pinheiro Ferreira[128] oder Basílio Alberto de Sousa Pinto, denen die öffentliche Meinung in generalisierter, aber weniger scharfer Form folgte – verteidigten die Vorstellung, dass über der formalen Verfassung noch eine andere existierte, die unabhängig von Parlamenten und Monarchen war, aber von der Macht der Geschichte, der Lehrtradition, der Vernunft und der Volksseele getragen wurde.[129] Ihre Erläuterung blieb den Experten für Politik, Verfassungsrecht und Rechtsphilosophie vorbehalten, um nicht von dem komplexen und eklektischen Wissensverbund zu sprechen[130], der den Zeitgenossen als »Politik- und Moralwissenschaften« (»ciências políticas e morais«) bekannt war.[131]

Nach Auffassung der einflussreichsten portugiesischen Juristen gründete eine solche Metaverfassung auf:

i) den historischen Grundgesetzen des Reichs, namentlich den *leges fundamentales* oder dem traditionellen Grundsatz der Unangreifbarkeit der *iura quaesita* der Bürger;

ii) den Grundsätzen des Universalen Öffentlichen Rechts (*Direito Público Universal*), das Gegenstand einer reichhaltigen theoretischen Ausarbeitung während des späten 18. Jahrhunderts war, aber später nach der Theorie der liberalen Regierung umgestaltet wurde[132];

iii) den Wissenschaften des Zivil- oder Öffentlichen Rechts, die so »konstitutionell« waren wie die im Parlament verabschiedete Verfassung.

---

128 Er war Minister und königlicher Berater an den Höfen von Rio und Lissabon und konnte ein umfangreiches Verzeichnis an Schriften über Rechtsfragen vorweisen, die er hauptsächlich im Ausland veröffentlicht hatte.

129 Siehe zu diesem Thema Hespanha, Guiando a mão (wie Fn. 2), Kap. 8.6.3.

130 Dieser schloss die Geschichte mit ein, aus der François Guizot – in seiner monumentalen »L'histoire de la France depuis les temps les plus reculés jusqu'en 1789« (Paris 1870–1875) – das Prinzip einer eigenen französischen Konstitution entwickelte. Vgl. auch die Auszüge aus dem Nachfolgewerk desselben Historikers, das die Zeit bis 1848 behandelt, in: CD-ROM-2, Dok.-Nr. 1.2.3 (François Guizots Geschichte Frankreichs v. 1814–1842). Ähnlich waren in Portugal die Projekte führender Historiker wie Viscount de Santarém, Alexandre Herculano und Oliveira Martins konzipiert, wenngleich sie sich aus unterschiedlichen Quellen inspirierten und auch unterschiedliche politische Ziele verfolgten.

131 Deren institutionelle Verkörperung schlechthin war die Pariser *Académie des Sciences Politiques et Morales*, die 1795 gegründet, von Napoleon aufgelöst, aber 1832 durch Louis Philippe wieder eingerichtet worden war; in ihr wurden Philosophie, Moral, Recht, Politische Ökonomie und Geschichtsphilosophie gepflegt. Die *Académie* diente ähnlichen Institutionen in ganz Südeuropa und Lateinamerika als Modell.

132 In Portugal war man der Auffassung, dass ein solches Universales Öffentliches Recht gemäß der *Lei da Boa Razão* (1769) und den *Estatutos da Universidade* (1772) in Geltung war. Sich darauf beziehende doktrinäre Berufungen waren während der Periode der konstitutionellen Monarchie, hauptsächlich bis zur Mitte des 19. Jahrhunderts, weit verbreitet.

Dies erklärt eine unter den führenden portugiesischen Verfassungsrechtlern verbreitete Meinung. Silvestre Pinheiro Ferreira brachte bei der Kommentierung der portugiesischen Verfassungen die Vorstellung zum Ausdruck, dass deren konstitutionelle Legitimität leicht aus einem Vergleich mit einigen höchsten Lehrprinzipien des liberalen Konstitutionalismus bezogen werden könne. Diese Prinzipien nannte er ganz am Anfang seines Werks: »Mithilfe dieses Prüfsteins [Unabhängigkeit und nationale Wahlen für alle Gewalten; Öffentlichkeit und Verantwortlichkeit für alle politischen Handlungen] wird es für jeden leicht sein zu erkennen, ob irgendein Verfassungsartikel den Grundprinzipien einer repräsentativen Regierung genügt oder nicht.«[133] Indem er die Aufnahme von Lehrprinzipien in die formale Verfassung kritisierte, griff er auf seine Grundidee von der sekundären Rolle der formalen Verfassung zurück: »Es gehört nicht zu den Aufgaben der Verfassung, die Prinzipien darzulegen, die von der Wissenschaft zu lehren sind, sondern ihre Anwendung zu regeln und die Art und Weise ihres Schutzes zu bestimmen.«[134] In denselben Jahren bestand ein Cortes-Mitglied, Almeida Garrett – ein angesehener, im Recht ausgebildeter Publizist – auf der Idee, dass sogar die Verfassung, die im Parlament von ihm selbst verabschiedet wurde, weit davon entfernt war, frei aus sich heraus zu bestehen, und überpositives Recht befolgen sollte. Deshalb war sie einer kontinuierlichen Kontrolle hinsichtlich ihrer Legitimität unterworfen: »[...] ungeachtet des Umstands, dass eine Verfassung

---

133 Silvestre Pinheiro Ferreira, Breves observações sobre a Constituição Política da Monarquia portuguesa, decretada pelas Côrtes Constituintes reunidas em 1821, Paris 1837, S. IX (hier v. Verf. übers.). Auf der nächsten Seite wird seine Lehre von der konstitutionellen Rechenschaftspflicht der formalen Verfassung noch klarer: »Falls unsere Leser jeden Artikel der Verfassung von 1822, der Charta von 1826 oder der [nach der Revolution von 1836 für beide] geplanten Reform mit der einfachen und konzisen Formel vergleichen, die wir gerade wiedergegeben haben [S. VIII-X], und falls einer dieser Artikel nicht allen Bedingungen einer repräsentativen Regierung und jeder einzelnen von ihnen genügt, sollen sie nicht zögern, ihn zum verfassungswidrigen Artikel zu erklären; und sie sollen sich bewusst sein, dass ein einziger dieser falschen Artikel, den wir in der [Verfassungs-]Reform fortbestehen lassen, genügen wird, sie zu einem fehlerhaften Gesetz zu machen und sie in einem noch kürzeren Zeitraum dem verhängnisvollen Schicksal der anderen [Verfassungen] auszusetzen.« Vgl. den Originalwortlaut, ebd., S. X: »[...] Comparem os nossos leitores cada artigo da constituição de 1822, da carta de 1826, ou da projectada reforma com a simples e concisa fórmula que acabamos de offerecer, e se elle não satisfizer a todas, e a cada urna das mencionadas condições do governo representativo, não hesitem em declarar que he inconstitucional; e persuadam-se que um so desses artigos erroneos, que se deixe subsistir na lei da reforma, bastará para a tornar viciosa, e para a expor a experimentar antes de muito tempo a desgraçada sorte das precedentes tentativas.«
134 Ebd., S. 5 (hier v. Verf. übers.). Der formalen Verfassung oblag es lediglich, die materielle Verfassung einwandfrei festzustellen. Deshalb führte Pinheiro zur Präzisierung des Themas weiter aus: »Eines der von der Wissenschaft [des Öffentlichen Rechts] gelehrten Prinzipien besagt, dass den Bürgern ein Petitionsrecht zusteht; was die Verfassung jedoch tun sollte und nicht tat, war die Art und Weise festzustellen, in der dieses Recht zweckmäßig auszuüben war.« Vgl. den Originalwortlaut, ebd.: »Não pertence à constituição indicar os principios que a sciencia deve ter ensinado, mas sirn regular a sua applicação, e determinar o modo como ham de ser protegidos [...]«.

auf Papier niedergeschrieben wird und dass die weitreichendsten Freiheiten auf dieses Papier gesetzt werden können, würde die Verfassung nur auf dem Papier bestehen, wenn sie nicht den Gebräuchen und Traditionen des Volks angeglichen werden könnte.«[135] Dies war somit der breite Raum, der dem doktrinären Recht offen stand, um die parlamentarische Gesetzgebung sogar in so kritischen Bereichen wie dem Verfassungsrecht zu ersetzen.

Wenn unsere Argumentation richtig begründet ist, müssen wichtige Aspekte des Konstitutionalismus des 19. Jahrhunderts von der Ebene der formalen Nationalverfassungen auf die Ebene der Verfassungstheorie eines internationalen Netzwerks elitärer Juristen verlagert werden, die fortfuhren sich selbst als Priester des Rechts, Träger der Rechtsvernunft und Haruspizes der verborgenen Natur wie auch als Genius des Volks zu betrachten. In der Tat folgten sie dabei einer Selbstwahrnehmung, die die traditionellen Modelle erneuerte, nach denen Juristen ihre Stellung in der Gesellschaft, wenn nicht gar im Universum zu bewerten pflegten.[136] Eine solche Verlagerung des *locus* der Verfassung verhilft uns wohl zu einem besseren Verständnis der im frühen 19. Jahrhundert und um die Jahrhundertmitte vorherrschenden Positionen bezüglich des Vorrangs der Verfassung vor dem Gesetz.[137] Während in der Tat die juristische Überlegenheit der formalen Verfassung über die Gesetzgebung (d. h. die judizielle Bewertung) auf allgemeine Ablehnung stieß, hatten Juristen und höchstwahrscheinlich auch Gerichte kaum Bedenken, entweder das Gesetz oder die formale Verfassung – nicht nur *de lege ferenda*, sondern auch *de lege condita* – als verfassungswidrig oder illegitim zu erklären. Indem sie sich auf eine Quelle stützten, die über den Gewalten (wie der Heilige Geist über den Gewässern) wandelte, entgingen die Richter und Juristen der quälenden Frage nach der Gewaltenteilung oder der exklusiven Gesetzgebungskompetenz des Parlaments. Wie der König – der sein willkürliches Veto gegenüber den Gesetzgebern einsetzte – spielten sie die halbsakrale Rolle von Wächtern der wahren Verfassung, namentlich gegen die modernen Versuche, die Hierarchie zwischen Vernunft und Wille, zwischen Wahrheit und Mehrheitsentscheidung zu untergraben.

Paradoxerweise war es ebenfalls eine doktrinäre Bewegung – das Aufkommen des Rechtsstaatskonzepts –, die durch ihr Beharren auf der Überlegenheit des Staats[138]

---

135 Almeida Garrett, Diário das Cortes Gerais e Constituintes, Lisboa 1837–1838, hier Bd. 2, S. 13: »[...] embora uma Constituição se escreva num papel, e embora as maiores somas de liberdade se ponham nesse papel, se a Constituição escrita não for acomodada na prática aos usos e costumes dos povos, a Constituição há-de ficar no papel.«
136 Dieser Sicht liegt eine allgemeinere These über die entscheidende Rolle der Rechtslehre in Kontinentaleuropa während des 19. und 20. Jahrhunderts zugrunde; die These impliziert eine kritische Beurteilung des sog. »juristischen Absolutismus« (Paolo Grossi) als charakteristisches Merkmal der Epoche.
137 Siehe António Manuel Hespanha, Direitos, constituição e lei no constitucionalismo monárquico português, in: Themis. Revista da Faculdade de Direito de Lisboa da UNL VI.10 (2005), S. 7–40.
138 Vgl. Kapitel 5, Verwaltung.

die poietischen Ansprüche der Juristen schwächte und dabei die rechtliche Wirkung des positiven Rechts als Manifestation der Staatsgewalt überhöhte. Ab dem späten 19. Jahrhundert erlangten der Staat, die Verfassung und das Gesetz wieder – wenngleich in einem ziemlich anderen politischen Umfeld – die Überlegenheit und die zentrale Bedeutung, die das jakobinische politische Projekt gekennzeichnet hatten. Und dies trotz des Gewichts, das Juristen im Entscheidungsprozess über Rechtsfragen wie auch im allgemeinen politischen Apparat während des gesamten Zeitraums besaßen.

Eine erneute Verlagerung der Kräfte im Rechtsbereich sollte um die Mitte des 20. Jahrhunderts stattfinden, als man den Juristen das letzte Wort hinsichtlich der höchsten Rechtsstandards zurückgab und mit großzügigen Vergünstigungen ihr Erwachen gegenüber den überpositiven Rechtswerten honorierte, sobald der legalistische Unterschlupf abgebaut worden war, in dem sie durchaus besänftigt bis zum Ende des Zweiten Weltkriegs überlebt hatten.

9 Kirche

Infolge des Konflikts zwischen Staat und Kirche in der Zeit nach der Französischen Revolution, des deistischen oder gar atheistischen Tonfalls des protokonstitutionellen (vor allem freimaurerischen) Denkens und der privilegierten Stellung der Kirche in katholischen Ländern bildete der Konstitutionalismus für die portugiesische Staatskirche und ihre Gläubigen kein geringfügiges Problem. Die portugiesischen Könige führten den Titel eines *Fidelíssimo* und ein verhältnismäßig neues Konkordat (1778) besiegelte die engen Beziehungen zwischen Staat und Kirche, deren (für die neuen Ideen problematischen) Eckpfeiler in der Inquisition, der Zensur bezüglich religiöser Themen und den königlichen Prärogativen in religiösen Fragen (wie zum Beispiel das königliche Patronat und das königliche Beneplacet bzw. Exequatur) bestanden – eine komplexe Konstellation wechselseitiger Rechte und Pflichten, die oft als Allianz zwischen Thron und Altar gekennzeichnet wurde.

Die Verfassung von 1822 gebrauchte in religiösen und kirchlichen Fragen eine sehr gemäßigte Ausdrucksweise. Ihre Präambel rief die Heilige Dreifaltigkeit als Inspirationsquelle der Cortes an, der römische Katholizismus wurde zur Staatsreligion erklärt (Art. 25), der König galt auch per Gottes Gnaden als solcher (Präambel), Religionsfreiheit blieb auf Ausländer und auf die private Ausübung beschränkt (Art. 25), Pressefreiheit war in dogmatischen und moralischen Fragen inexistent (Art. 8). Demgegenüber behielt man das traditionelle königliche Beneplacet (Exequatur) bei (Art. 123, Abs. XII).[139] Gleichwohl wurde die Inquisition als anachronistische Insti-

---

139 CD-ROM-2, Dok.-Nr. 21.2.2 (wie Fn. 23), Art. 25; 123, Abs. XII. Durch irrtümliche Zählung erscheinen Art. 25 und 123 in der deutschen Fassung als Art. 24 und 120: Dok.-Nr. 21.2.3 (wie Fn. 23).

tution von den Cortes beseitigt (31. März 1821; Dekret vom 5. April 1821); der Kardinalpatriarch von Lissabon wurde ausgewiesen, da er den Eid auf zwei Verfassungsartikel verweigerte; eine Parlamentskommission zur Vorbereitung von Kirchenreformen wurde eingerichtet (Sitzung vom 7. Februar 1822); ein Parlamentsgesetz schloss die Klöster und verbot die Zulassung neuer Kandidaten zu religiösen Gelübden.

Die Restauration des Absolutismus (1823–1834) war auch eine Periode religiöser Selbstbehauptung und Revanche. Die Rückkehr des Konstitutionalismus unter der durch Pedro IV. 1826 gewährten Charta erneuerte das antikatholische Ethos der konstitutionellen Eliten, die meist den Freimaurerlogen angehörten, obwohl gegenüber der traditionellen Religion des Landes ein formaler Respekt aufrechterhalten wurde.[140] Alle »kirchlichen Angestellten« mussten sich formal nach der neuen Ordnung richten (Dekret vom 16. Juli 1832). Man richtete sogar eine »Secretaria de Estado da Justiça e Assuntos Eclesiásticos« ein, die die Geistlichen als bezahlte Staatsangestellte verwaltete. Der Monarch wurde durch die Charta von 1826 ermächtigt, »die Bischöffe und zu den geistlichen Pfründen zu ernennen« (Art. 75, § 2), das Beneplacet (Exequatur) über alle von den kirchlichen Würdenträgern ausgehende Dokumente auszuüben (Art. 75, § 14) und die Pfarrbenefizien darzureichen (Dekret vom 30. Juli 1832). Die Staatsreligion war immer noch die römisch-katholische Glaubensrichtung, der König musste deren Aufrechterhaltung und Verteidigung beschwören (Art. 76; Art. 145, § 4), die Religionsfreiheit war auf dieselbe Weise wie in der vorangegangen Verfassung beschränkt (Art. 6) und den kirchlichen Würdenträgern wurde ein Sitz in der *Câmara dos Pares* garantiert. Demgegenüber geriet die Politik gegenüber dem Papsttum ins Stocken. In Erwiderung auf die päpstliche Anerkennung der durch Infant Miguel vorgeschlagenen Bischöfe erklärte Pedro IV. alle von seinem Rivalen besetzten Diözesen als vakant (Dekret vom 5. August 1833). Noch bevor sie in Lissabon ankamen, ersetzten die Konstitutionalisten die weltlichen Befugnisse der Pfarrer durch Parochialausschüsse (Dekrete vom 26. November 1830 und 19. Februar 1832), übernahmen sie die Vormundschaft über die geistliche Ausbildung in den Klöstern (Dekret vom 6. Juni 1832), hoben sie den Kirchenzehnt auf (Dekrete vom 16. März 1832 und 30. Juli 1832)[141], wenngleich sie ein »kongruentes Gehalt« für die kirchlichen Benefizien festlegten. Eine weitere Maßnahme, die die Kirchenfinanzen beeinträchtigte, war die Beseitigung der *forais* (feudale Rechte) und die Aufhebung der Schenkung von Krongütern (Dekret vom 13. August 1832).[142] Auch die Politik gegenüber religiösen Orden nahm raue Töne an. Kirchliche Patronate wurden ausgelöscht (Dekret vom

---

140 Dies war auch der elementare konstitutionelle Inhalt der Verfassung von 1838, die gleichwohl in dem den »Rechten und Garantien der Portugiesen« gewidmeten Kapitel festlegte, dass »der […] Verkauf der Nationalgüter […] unwiderruflich« sei, wobei es sich bei diesen *Bens Nacionais* hauptsächlich um ehemalige Kirchengüter handelte. Vgl. CD-ROM-2, Dok.-Nr. 21.2.11/21.2.12 (wie Fn. 46), Art. 23, § 2.
141 Vgl. CD-ROM-2, Dok.-Nr. 21.9.1 (Dekret zur Aufhebung des Zehnten v. 30.07.1832).
142 CD-ROM-2, Dok.-Nr. 21.4.2 (wie Fn. 33).

5. August 1835), ein altes Handelsverbot für Geistliche wurde durch das Handelsgesetzbuch von 1833 (Art. 18) erneuert, neue kirchliche Gelübde wurden verboten (Dekret vom 17. Mai 1832) und – nach der Einrichtung einer »Kommission für die Allgemeine Kirchenreform« (Dekret vom 31. Juli 1833), dann »Ausschuss zur Überprüfung der aktuellen Lage und weltlichen Verbesserung religiöser Orden« – wurde schließlich die Beseitigung der Klöster (Dekrete vom 15. Mai 1833 und 5. August 1833 sowie zuletzt Dekret vom 30. Mai 1834) wie auch die Eingliederung ihres Besitzes in die *bens nacionais* in Gang gesetzt. Eine erwartete diplomatische Konsequenz war die erneute Ausweisung der Jesuiten (1834) sowie letztendlich die Ausweisung des Apostolischen Nuntius und die Einstellung der Beziehungen zum Heiligen Stuhl (1833), was – auch aufgrund der vorherrschenden römischen Politik gegenüber liberalen Herrschaftssystemen – für anderthalb Jahrzehnte andauern sollte.[143] Dennoch wurde im Innern ein katholisch-konstantinisches System in der neuen Gestalt der Allianz zwischen Thron und Altar errichtet, das Akte der Ehrerbietung gegenüber der Kirche, der katholischen Mission und den religiösen Werten mit einschloss.[144]

10 Bildungswesen

Ein gemeinsamer Wesenszug sowohl der Aufklärer als auch der Liberalen war das Interesse für Bildung. Dies gilt auch für Portugal. Pombal reformierte die Universität in Coimbra (1772) und schuf das erste Netz öffentlicher Grundschulen (1772).[145] Ein Sekundarschulsystem fehlte jedoch, während sich die zerstreut bestehenden Sekundarschulen ausschließlich mit der Ausbildung in lateinischer Philologie befassten. Mit dem Liberalismus geriet die Bildungspolitik in direkte Berührung zur Verfassungsebene, indem eine grundlegende Bildung zur Hauptbedingung für die Ausübung der vollen Bürgerrechte (Wahlrecht; Tätigkeit als Geschworener; Teilnahme an der Öffentlichkeit von Zeitungen, Parlamentsanzeigern und Flugschriften, in der zentrale Fragen debattiert wurden) erhoben wurde, während die Fachausbildung eine notwendige Bedingung für die Verbesserung der Leistungsfähigkeit des neuen Staats und der neuen Verwaltung darstellte. Aus diesem Grund bekannte sich jede Verfassung

---

143 Bis zur Konkordatsvereinbarung von 1848 zwischen Pius IX. und Maria I.
144 Als Literatur vgl. insgesamt: António do Carmo Reis, O liberalismo em Portugal e a Igreja Católica, Lisboa 1974; Vitor Neto, O Estado, a Igreja e a Sociedade em Portugal (1832–1911), Lisboa 1998; Rez. v. Mª F. Bofiácio in: Análise social 33.148 (1998); Luís Dória, Do cisma ao convénio: Estado e Igreja de 1831 a 1848, Lisboa 2001. Als Quellensammlung siehe: Bernardino J. Silva Carneiro, Elementos de direito ecclesiastico português, Coimbra 1896; elektronische Version in: <http://www.fd.unl.pt/default.asp> (Biblioteca Digital/Direito ecclesiastico) [10.11.2010].
145 Die Reform wurde mit Nachdruck durchgesetzt: Man richtete zunächst 479 Grundschulen ein (440 in Kontinentaleuropa, 15 auf den atlantischen Inseln, 24 in Übersee); ein Jahr später stieg ihre Gesamtzahl auf 526.

zur Förderung der Bildung als eine der Grundaufgaben des Staats (Verfassung von 1822, Art. 223, Abs. IV; Charta von 1826, Art. 145, § 30; Verfassung von 1838, Art. 28, Abs. 1-2).[146] Auf der anderen Seite wurde die Förderung der Grundausbildung auch durch die Auflösung religiöser Orden behindert, deren Einfluss auf das Bildungswesen radikale (namentlich der Freimaurerei angehörende) Liberale missbilligten. Demgegenüber widerlegte die Kirche im Grundschulbereich die zunehmende Staatsintervention. Insgesamt verschob sich das Gleichgewicht zumindest seit dem Ende der Monarchie (1910) erneut zugunsten der Kirche.

Die *Cortes Constituintes* von 1822 schufen zur Beendigung der chaotischen Situation im Bildungswesen eine Kommission des Öffentlichen Unterrichts, die »eine allgemeine und gut ausgearbeitete Reform« vor allem der Sekundarausbildung in Aussicht stellte[147], die später von einem der Cortes-Mitglieder, Luís da Silva Mouzinho de Albuquerque, lückenlos umrissen wurde.[148] Wie in vielen Bereichen verzögerten die darauf folgenden politischen und militärischen Unruhen die Einleitung wirksame Maßnahmen auf diesem Feld bis 1832, als die liberale Regierung (noch von den Azoren aus) eine neue Kommission einsetzte. Albuquerques Idee einer umfassenden Reform der Sekundarausbildung wurde durch Guilherme Dias Pegado aufgegriffen, bei dem es sich um einen Professor an der Universität Coimbra handelte, der 1835 einen Plan zur Bildung eines zweigliedrigen Sekundarschulsystems mit *Liceus* in den Provinzen vorlegte, die auf ein mittleres Ausbildungsniveau vorbereiten und nur dieses bescheinigen sollten, obwohl sie ein breiteres Angebot an Fächern inklusive der naturwissenschaftlichen Ausbildung mit einschlossen (*Projecto de Lei para a Organizacao da Universidade de Portugal*, 1835). Schließlich veröffentlichte Passos Manuel in Anlehnung an andere Projekte und Berichte (Almeida Garrett und José Alexandre de Campos) ein kurzes diktatorisches Dekret, das den Ursprung des liberalen Bildungssystems markierte, indem es die »sterile Gelehrsamkeit« verwarf und die »Pflege der Wissenschaften« förderte (Dekret vom 17. November 1836).[149] *Liceus* wurden in jeder Provinz (5) und in Lissabon (2) eingerichtet, wobei der Lehre der Geisteswissenschaften der Sprachunterricht (Französisch, Englisch und Deutsch) und die theoretische und praktische Ausbildung in Mathematik und Naturwissenschaften (Chemie, Physik, Algebra, Geometrie etc.) beiseitegestellt wurden. Die Bildungspolitik Passos Manuels ging aber eigentlich noch weiter: Er reformierte auch die Grundschulausbildung, die obligatorisch wurde, führte die Leibesübungen als Teil der Erziehungsauf-

---

146 CD-ROM-2, Dok.-Nr. 21.2.2 (wie Fn. 23), Art. 223, Abs. IV; durch irrtümliche Zählung erscheint Art. 223 in der deutschen Fassung als Art. 213: Dok.-Nr. 21.2.3 (wie Fn. 23); Dok.-Nr. 21.2.7/21.2.8 (wie Fn. 40), Art. 145, § 30; Dok.-Nr. 21.2.11/21.2.12 (wie Fn. 46), Art. 28, Abs. 1-2.
147 DCGECNP (wie Fn. 74), Bd. 1, S. 435.
148 Luís da Silva Mouzinho de Albuquerque, Ideias sobre o Estabelecimento da Instrucão Pública, Lisboa 1823.
149 CD-ROM-2, Dok.-Nr. 21.10.1 (Dekret zur Einrichtung von Gymnasien v. 17.11.1836).

gaben ein und zwang die hartnäckig selbstgenügsam auftretenden Universitäten, sich den höheren Bildungsbereich mit anderen Zentren – *Escolas Politécnicas* (in Lissabon und Porto), *Escolas Médicas* (ebendort, später auch in Goa) – zu teilen.[150]

Trotz ihrer Bedeutung und ihres revolutionären Charakters wurde Passos Manuels Reform durch eine neue Reform (Costa Cabral, 20. September 1844) weitgehend zugrunde gerichtet, durch die der Sprachunterricht auf die *Liceus* beschränkt und die Ausbildung in naturwissenschaftlichen Fächern völlig abgeschafft wurde, da man Mathematik mit Vernunft- und Moralphilosophie vereinte.[151] Zugleich stießen die Projekte zur Verbesserung der Volksbildung – wie auch zur Ausbildung der Frauen – auf die Indifferenz der politischen Eliten und die offene Opposition patriarchalischer, religiöser und lokal-oligarchischer Interessen. Dies erklärt, warum erst 1859 ein *Direcção-Geral de Instrução* innerhalb des *Ministério do Reino* gebildet wurde; und ein unabhängiger *Ministério da Instrução* erst 1913 eingerichtet wurde.[152] Dennoch stieg die Zahl der Grundschulen kontinuierlich[153], während das Prinzip des obligatorischen Charakters der Schulausbildung durch die Reformen von 1836 und 1844 vorgeschrieben wurde.

Schließlich sei noch eine zentrale kulturelle Institution erwähnt, die die politische und allgemeine Kultur Portugals wie auch die Geometrie der politisch-kulturellen (und vor allem juristischen) Elite formte – die Universität von Coimbra. Dank ihres Ansehens und ihrer gewichtigen politischen und doktrinären Präsenz kennzeichnete die Universität auf entscheidende Weise nicht nur den portugiesischen Liberalismus, sondern die gesamte portugiesische Kultur. Sie tat dies in den ersten Jahrzehnten in einer progressiven Richtung, indem sie die Elite der Politiker, Juristen und Publizisten formte. Ihre überragende Macht bildete jedoch auch ein enormes Hindernis für die

---

150 Siehe als klassische und ausführliche Darstellungen: José Silvestre Ribeiro, História dos Estabelecimentos Scientificos, Literários and Artisticos de Portugal, Lisboa 1811–1893; Luis de Albuquerque, Nota para a Historia do Ensino em Portugal, Bd. 1, Coimbra 1960; Rogério Fernandes, O Pensamento Pedagógico em Portugal, Lisboa 1978; António Nóvoa, Le Temps des Professeurs – Analyse socio-historique de la profession enseignante au Portugal (XVIIe–XXe siècle), Lisboa 1987; António Gedeão, A História do Ensino em Portugal, Lisboa 1986; Joaquim Ferreira Gomes História da Educação em Portugal, Lisboa 1988; Fernando Machado, A. Almeida Garret e a Introdução do Pensamento Educacional de Roussesu em Portugal, Porto 1993; Rogério Fernandes, Os Caminhos do ABC. Sociedade Portuguesa e o Ensino das Primeiras Letras, Porto 1994; Fátima Moura Ferreira, Entre a corporaçao e a ordem estatal: a instituiçao do organismo director da instruçao pública (1835–1859), in: Cadernos do noroeste 19 (2002), Nr. 1-2, S. 129-150.
151 Mathematik wurde erst 1860 (Dekret vom 10.04.1860, durchgesetzt 1863) als eigenständiges Fach wiederhergestellt.
152 Abgesehen von seinem kurzfristigen Bestehen 1870 und 1890.
153 1779 gab es 720 Grundschulen. In den darauf folgenden Jahren wurden mit dem Sturz der reformistischen Partei viele von ihnen wieder geschlossen. 1835 bestanden ca. 1.000 Grundschulen, worauf die Zahl zwischen 1860 und 1865 auf 2.000 stieg. Dies bedeutete eine Schule auf 120 Quadratkilometer um 1820; eine Schule auf 40 Quadratkilometer um 1870; oder respektive 2,5 und 6 öffentliche Schulen auf 10.000 Einwohner (approximative Werte).

Verbreitung höherer Bildung, da sie sich stets einer Aufteilung ihres Monopols widersetzte. Letztendlich musste sie nachgeben, wobei sie 1911 aber nur ihre Kontrolle über die zentrale Fakultät, die Rechtsfakultät, zu lockern hatte.[154]

11 Finanzen

Im Finanzbereich erbte der liberale Staat Portugals von den militärischen und politischen Unruhen des späten 18. und frühen 19. Jahrhunderts[155] ein chronisches Haushaltsdefizit[156], woraus eine erhebliche permanente Staatsverschuldung nebst einer für das Ancien Régime typischen Haushaltsstruktur hervorging: eine geringe Bedeutung nicht fiskalischer Einkünfte und größtenteils eine Steuerstruktur, die weitgehend von traditionellen indirekten Steuern beherrscht wurde. (☛ Abb. 21.4, S. 1478)

Der erste Charakterzug erklärt das hohe Interesse, das Finanzthemen in den politischen Zirkeln des frühen Konstitutionalismus hervorriefen, mit direktem Reflex auf die Verfassungstexte und die politischen Maßnahmen.[157] In der Tat erlangten Finanz- und Steueraspekte einen ziemlich bedeutenden Raum in den Verfassungen. In der Verfassung von 1822 wurde dem Nationalen Schatzamt (*Fazenda Nacional*) – wie dem regionalen und munizipalen Verwaltungs- und Bildungswesen – ein ganzes Kapitel eingeräumt[158], wobei die Festsetzung von Steuern wie auch die Prüfung der Haushaltsbilanz und der öffentlichen Rechnungsführung den Cortes vorbehalten (Tit. III, Kap. IV, Art. 102, Abs. IX; Tit. VI, Kap. III, Art. 226 und 228) und die öffentliche Verschuldung

---

154 Maria de Fátima da Cunha de Moura Ferreira, A institucionalização do saber jurídico na Monarquia Constitucional – a Faculdade de Direito de Coimbra, Diss. phil. Minho 2004.
155 Zur Finanzgeschichte siehe Magda Pinheiro, Reflexões sobre a história das finanças públicas portuguesas no séc. XIX, in: Ler história 1(1983), S. 47-67; dies., Os portugueses e as finanças no dealbar do liberalismo. Estudos e documentos, Lisboa 1992, bes. S. 14-60; M.ª Eugénia Mata/ Nuño Valério, História económica de Portugal. Uma perspectiva global, Lisboa 1993; M.ª Eugénia Mata, As crises financeiras no Portugal contemporâneo, in: S. Campos de Matos (Hg.), Crises em Portugal nos sécs. XIX e XX, Lisboa 2002, S. 33-55; Hespanha, Guiando a mão (wie Fn. 2), S. 310 ff.; Rui Pedro Esteves, Finanças publicas, in: P. Lains/A. F. Silva (Hg.), Historia económica de Portugal. 1700–2000, Bd. 2: O século XIX, Lisboa 2005, S. 305-335.
156 Die Defizitbeträge waren folgende: 1821: – 812 *contos*; 1835: – 2.774 *contos*; 1840: – 2.139 *contos*; 1846: – 36 *contos*. Vgl. Hespanha, Guiando a mão (wie Fn. 2), S. 312. Geldbeträge werden nach dem historischen Gebrauch in *contos* angegeben, wobei dies 1.000 *Milréis* oder 1.000.000 *réis* (oder *reais*) entsprach; ein *real* entsprach sukzessive 2,054 (1807), 1,753(1822) und 1,626 (1854) Milligramm Gold. Um 1834 entsprach ein englischer *sovereign* (£ 1 Grundeinheit waren 20 Shilling) 4.120 *reais*.
157 Auch wenn die Auflösung militärischer und religiöser Orden rein ideologischen Stimuli gehorchte, zielte in Wirklichkeit der nachfolgende Verkauf ihres Besitzes zum Teil auf die Vermehrung der Staatseinkünfte.
158 CD-ROM-2, Dok.-Nr. 21.2.2 (wie Fn. 23), Tit. VI, Kap. III; in der deutschen Fassung fehlt das betreffende Kapitel über das Schatzamt, da an dieser Stelle das Kap. IV der Originalversion irrtümlicherweise als Kap. III wiedergegeben wird: Dok.-Nr. 21.2.3 (wie Fn. 23), Tit. VI, Kap. III.

Zeitraum	Gesamt-staats-einkünfte	Verteilung der Staatseinkünfte (jährliche Durchschnittswerte)		
		direkte Steuern	indirekte Steuern und Zölle	nicht fiskalische Einkünfte (inkl. Verkauf von Nationalgütern)
1812–1817	9.279	2.555	5.260	1.464
1821–1827	6.710	1.535	4.327	848
1833–1839	7.258	776	5.022	1.460
1840–1845	8.390	1.265	5.925	1.200

Abb. 21.4 Die Struktur der portugiesischen Staatseinkünfte 1812–1845 (in *contos*, bereinigt)[159]

formal anerkannt und garantiert wurde. Die Verfassung ließ der Exekutive aber eigentlich freie Hand in der Festlegung des Finanzbedarfs.[160]

Die *Carta* von 1826 erweiterte die Finanzbefugnisse des Königs und des Ministeriums. Obwohl die Steuern von den Cortes beschlossen werden mussten (Charta von 1826, Tit. IV, Kap. I, Art. 15, § 8; Tit. VII, Kap. III, Art. 137), verschwand das vormals ausdrücklich für den König geltende Verbot, selbst Steuern zu erheben[161], wobei der Regierung nun erlaubt wurde, die öffentlichen Einkünfte zu verwalten.[162] Zugleich gab es von 1837 bis 1884 21 Jahresbudgets ohne parlamentarische Zustimmung.[163] Auch dieser Mangel an Rechenschaftspflicht förderte das chronische Defizit.

Die Unruhe der ersten Jahre der Verfassungsordnung erlaubte keine großen Veränderungen. Noch während des Bürgerkriegs zielte Mouzinho da Silveira (Minister 1832/33) auf eine finanzielle Erholung, die sich wesentlich auf den Verkauf der *bens nacionais* stützen sollte, welche durch die Integration kirchlichen und feudalen

---

159 Quelle: Esteves, Finanças publicas (wie Fn. 155), S. 309. Zur Geldeinheit *contos* siehe die vorangegangene Fn.
160 Vgl. Hespanha, Guiando a mão (wie Fn. 2).
161 Ein solches ausdrückliches Verbot hatte noch die Verfassung von 1822 vorgesehen, in: CD-ROM-2, Dok.-Nr. 21.2.2 (wie Fn. 23), Tit. IV, Kap. I, Art. 124, Abs. II; durch irrtümliche Zählung erscheint Art. 124 in der deutschen Fassung als Art. 121: Dok.-Nr. 21.2.3 (wie Fn. 23). Das Verbot wurde auch in der Verfassung von 1838 nicht wieder aufgegriffen: Dok.-Nr. 21.2.11/21.2.12 (wie Fn. 46), Tit. VI, Kap. I.
162 CD-ROM-2, Dok.-Nr. 21.2.7/21.2.8 (wie Fn. 40), Tit. V, Kap. II, Art. 75, § 13. Siehe auch die durch Minister Mouzinho da Silveira realisierte Reform der Finanzverwaltung vom 16.05.1832, auszugsweise ebd., Dok.-Nr. 21.11.1. Erst in der 1852 verabschiedeten Revision der *Carta* (Art. 12 und 13) wurde die Regierung verfassungsmäßig dazu verpflichtet, die Bewilligung des Budgets seitens der Cortes einzuholen.
163 Eine ausführlichere Analyse findet sich bei Hespanha, Guiando a mão (wie Fn. 2), S. 316-330.

Besitzes in die *bens próprios da coroa* angehäuft werden sollten. Die durch die Radikalität der Maßnahme verursachte soziale Spannung zwang zusammen mit dem Umstand, dass der massive Landverkauf den Preis und die entsprechenden Staatseinkünfte minderte[164], zu einer klassischeren Finanzpolitik (José da Silva Carvalho, 1782–1856; Minister: 1834–1836), die sich auf externe öffentliche Anleihen stützte, was schließlich zum Staatsbankrott führte (1837). Mit Costa Cabral (1840–1846) eröffnete man eine neue Strategie, die für die wirtschaftliche Entwicklung als Weg zur Bildung einer Grundlage für die Besteuerung warb. Die Bedingung für eine solche Entwicklung war die Bildung eines Binnenmarkts, indem man die Integration des nationalen Raums durch die Verbesserung des Verkehrswesens (*política de fomento*) förderte. Steuererhöhungen und eine unbeliebte (und oft skandalöse) konnubiale Beziehung zwischen der politischen Welt und der Wirtschaft verdarben die wirtschaftliche Erholung. Mit dem neuen Zeitalter der *Regeneração* – wie man die 1851 begonnene politische Bewegung nannte, die auf eine Regeneration des Verfassungssystems und des Landes durch die Herbeiführung materiellen Fortschritts und politischer Reformen zielte – wurde diese Entwicklungspolitik dennoch fortgesetzt, sodass sie sowohl die Politik als auch das Finanzwesen in der zweiten Hälfte des Jahrhunderts kennzeichnete.

12 Wirtschafts- und Sozialgesetzgebung/Öffentliche Wohlfahrt

Der portugiesische Verfassungsstaat wurde als liberaler Staat bezeichnet. Die Bedeutung dieser Kennzeichnung ist allerdings näher zu erörtern. Es wurde schon darauf hingewiesen, dass die Konstitutionalisten der ersten Jahrzehnte definitiv keine Enthaltsamkeit oder Untätigkeit vom Staat erwarteten. Im Gegenteil sollte er aktiv zur Zerstörung der alten sozioökonomischen Strukturen und zur Einführung der Reformen beitragen, die für die Funktionsweise einer liberalen, auf Wirtschaftsfreiheit gegründeten Gesellschaft notwendig waren. Mit einem Wort: Der Staat sollte alles andere als passiv und untätig sein. Dies ist genau das Profil, das wir aus der Tätigkeit sowohl der Cortes im *trienio liberal* (1820–1823) als auch der liberalen Regierungen ab 1832 gewinnen können. Die Aktivität der Cortes war – noch mehr als die der Regierung – ekstatisch. Dasselbe kann über die kreativsten Perioden »liberaler« Regierungen gesagt werden: nämlich über die – vor dem endgültigen militärischen Sieg unter der *Carta* und dem gemeinsamen Konsulat von Pedro IV. und Mouzinho da Silveira – auf den Azoren installierte *Regência* und über die Regierung in den ersten

---

164 Außerdem wurde ein wesentlicher Teil der Zahlungen mit Papiergeld (16 Prozent) und den Schatzobligationen (58 Prozent) getätigt, die als Kompensation für den Militärdienst in der Armee der Konstitutionalisten ausgegeben worden waren, weshalb dieser Anteil keine »aktiven« Einkünfte bewirkte.

Jahren nach der letztendlichen Durchsetzung des Konstitutionalismus in Lissabon (1834–1837).

Wenn somit das politische Ancien Régime abgebaut wurde, galt dies auch für die feudale Wirtschaftsverfassung: *Corvées* und persönliche Feudalbindungen wurden aufgehoben (Dekret vom 5. April 1821)[165], ebenso Feudalabgaben (CL vom 10. Juni 1822, *Carta* von 1826); Ländereien und Besitztümer der Krone oder der Militärorden wurden zum Verkauf bestimmt (CL vom 24. Februar 1823; Dekrete vom 22. September 1830 und 13. August 1832)[166], wodurch man eine Entwicklung abschloss, die noch aus der letzten Phase des Ancien Régime herrührte; der Zehnt und andere von den Bauern zu zahlende Abgaben wurden beseitigt oder für ablösbar erklärt[167]; die Handwerkerkorporationen wurden aufgelöst (Dekret vom 7. Mai 1833)[168]; der Besitz religiöser Orden wurde eingezogen und zur Auktion gebracht (Dekret vom 28. Mai 1834; CL vom 30. April 1835). Der allgemeine Zweck dieser Maßnahmen bestand darin, den Grund und Boden für einen freien und vergrößerten Grundstücksmarkt zu liberalisieren, was auch eine weitverbreitete Kritik gegen jede Form eines geteilten oder gemeinschaftlichen Eigentumsrechts am Boden[169] und die – wenngleich langwierige – Aufhebung der Majorate (Gesetz vom 19. Mai 1863) mit sich brachte.[170] Als Erfüllung einer weiteren Bedingung des freien Markts begründeten zugleich die Verfassungen und die Rechtslehre die konstitutiven Prinzipien eines freien Markts, die auf dem Vorrang des Vertragsschlusses zwischen Subjekten mit freiem Willen[171] den Regeln fairen Wettbewerbs und dem Schutz des Geschäftsgrundsatzes von Treu und Glauben beruhten.[172]

Schließlich übernahm der Staat die Aufgabe, die materiellen Bedingungen der Wirtschaftsentwicklung zu fördern, indem er eine Politik der »Belebung« (»fomento«) von Handel und Industrie betrieb: durch den Bau von Straßen, Brücken, Häfen und Eisenbahnen; durch die Verleihung von Privilegien an Unternehmer; durch die Unterstützung von Banken und Versicherungsgesellschaften; und auch dadurch, dass der Staat seinen Apparat, sein Personal und seine Tätigkeit – häufig in undurchsichtiger und selbstausbeuterischer Weise – in den Dienst privater Interessen stellte.

---

165 CD-ROM-2, Dok.-Nr. 21.4.1 (wie Fn. 32).
166 Das Dekret vom 13.08.1832, in: CD-ROM-2, Dok.-Nr. 21.4.2 (wie Fn. 33).
167 Für eine entsprechende Auflistung der Gesetzgebung vor und nach der Revolution wie auch für die Abschrift doktrinärer Texte (vor allem Gesetzespräambeln) siehe Hespanha, Guiando a mão (wie Fn. 2), S. 475 ff.
168 CD-ROM-2, Dok.-Nr. 21.12.1.
169 Siehe Hespanha, Guiando a mão (wie Fn. 2), S. 478 ff.
170 Zu weiteren Gesetzesmaßnahmen, die auf die Errichtung eines freien Marktes frei verfügbarer Waren zielten, siehe ebd., S. 483 ff.
171 Siehe ebd., S. 453-462.
172 Siehe ebd., S. 437-452.

Anhang

Abbildungsnachweis

Wir danken den genannten Verlagen, Herausgebern und Institutionen für die Erteilung der Abdruckgenehmigung. Nicht in allen Fällen ist es trotz intensiver Bemühungen gelungen, die Rechte-Inhaber bzw. deren Nachfolger zu ermitteln. Diese werden deshalb gebeten, sich mit dem Verlag J.H.W. Dietz Nachf., Bonn in Verbindung zu setzen.

Abb. 1.1	Europa um 1839 (Kartenserver IEG Mainz, Nr. 163); S. 55.
Abb. 1.2	Formen der politischen Machtausübung in Europa 1815–1847 im Vergleich, Konzeption: Werner Daum, Gestaltung: Gerd Kempken; S. 79.
Abb. 2.1	England and Wales. County and Borough Representation before the Reform Act, in: Edward Porritt, The unreformed House of Commons. Parliamentary Representation before 1832, Bd. 1: England and Wales, Cambridge 1903 (Frontispiz); S. 221.
Abb. 2.2	Memento of the great public question of reform, 1832 (Aquatinta, unbek. Künstler), in: National Portrait Gallery, London, NPG D 10854; S. 248.
Abb. 3.1	Die Charte constitutionnelle von 1814, Konzeption: Martin Kirsch, Gestaltung: Gerd Kempken; S. 277.
Abb. 3.2	Die Häuser Bourbon und Orléans 1610–1910, nach: Michael Erbe, Geschichte Frankreichs von der Großen Revolution bis zur Dritten Republik 1789–1884, Stuttgart u.a. 1982, S. 272; S. 282.
Abb. 3.3	Die Charte constitutionnelle von 1830, Konzeption: Martin Kirsch, Gestaltung: Gerd Kempken; S. 286.
Abb. 3.4	Verteilung der Wählerschaft nach dem Zensuswahlrecht um 1846, in: Atlas de l'histoire de France, présentation de René Rémond, Paris, Éditions Perrin, 1996, S. 173; S. 294.
Abb. 3.5	Eugène Delacroix, La liberté guidant le peuple, um 1830 (Öl/Leinwand, 260 x 325cm), in: Bildarchiv Preußischer Kulturbesitz, bpk/RMN/Hervé Lewandowski (Nr. 00053078); S. 319.
Abb. 3.6	Honoré Daumier, Principal acteur d'un Imbroglio-tragi-comique (Lithographie), in: Le Charivari, 29.03.1835 (Universitätsbibliothek Johann Christian Senckenberg, Frankfurt a.M., Sf 25/67); S. 322.
Abb. 4.1	Italien um 1815 (Kartenserver IEG Mainz, Nr. 512); S. 349.
Abb. 4.1.1	Die fachliche Aufgliederung der Zentral- und Peripherverwaltung des Königreichs Sardinien 1815–1831, Konzeption: Werner Daum, Gestaltung: Gerd Kempken; S. 355.
Abb. 4.1.2	Anteil der Militärausgaben am Staatshaushalt im Königreich Sardinien 1832û1846, nach: Giuseppe Felloni, Le spese effettive e il bilancio degli Stati sabaudi dal 1825 al 1860, in: Archivio economico dell'unificazione italiana 9 (1959), H. 5, S. 1-78, hier S. 32 u. Anhang Tabelle 1; Narciso Nada, Il Piemonte sabaudo dal 1814 al 1861, in: ders./Paola Notario, Il Piemonte sabaudo. Dal periodo napoleonico al Risorgimento, Torino 1993, S. 93-476, hier S. 247 f; S. 378.
Abb. 4.1.3	Das Siegel des Nationalparlaments zu Neapel 1820/21, in: L'Amico della Costituzione (Napoli), Tageszeitung Serie II, Nr. 1 (6.3.1821), S. 1; S. 380.
Abb. 4.1.4	Einnahmen- und Ausgabenstruktur im Königreich Sardinien 1815–1831, nach: Narciso Nada, Il Piemonte sabaudo dal 1814 al 1861, in: ders./Paola Notario, Il Piemonte sabaudo. Dal periodo napoleonico al Risorgimento, Torino 1993, S. 93-476, hier S. 172 f; S. 388.
Abb. 4.1.5	Entwicklung des Staatshaushaltes im Königreich Sardinien 1815–1843, nach: Giuseppe Felloni, Le spese effettive e il bilancio degli Stati sabaudi dal 1825 al 1860, in: Archivio economico dell'unificazione italiana 9 (1959), H. 5, S. 1-78, hier Anhang Tabellen IV-V; Narciso Nada, Il Piemonte sabaudo dal 1814 al 1861, in: ders./Paola Notario, Il Piemonte sabaudo. Dal periodo napoleonico al Risorgimento, Torino 1993, S. 93-476, hier S. 172 f., 242, 280; S. 389.
Abb. 4.2.1	Verwaltungsorganisation im Kirchenstaat gemäß Motuproprio von 1816, Konzeption: Francesca Sofia, Gestaltung: Gerd Kempken; S. 413.
Abb. 4.2.2	Wappen der Vereinigten Provinzen, 1831, in: Museo del Risorgimento di Bologna; S. 421.
Abb. 5.1	Das Königreich der (Vereinigten) Niederlande 1815–1847, Gestaltung: Kerstin Mummert/Gerd Kempken; S. 438.

Anhang

Abb. 5.2   Das Verfassungssystem der Niederlande von 1815, Konzeption: Jeroen van Zanten, Gestaltung: Gerd Kempken; **S. 443**.

Abb. 5.3   Die Eröffnung der ersten Generalstaaten und die Ablegung des Königs- und Verfassungseids durch Wilhelm I. am 21. September 1815 in Brüssel (Aquatinta, koloriert), in: Atlas Van Stolk, Museum Het Schielandshuis, Rotterdam (<http://www.hmr.rotterdam.nl/nl>, Inventory-Numer: 44329); **S. 465**.

Abb. 6.1   La Belgique d'après les traités du 15 Novembre 1831 et du 19 Avril 1939, in: L. van der Essen (Ltr.), Atlas de géographie historique de la Belgique, Bd. 13 : La Belgique de 1830 à 1839, Brüssel 1920, Karte Nr. XIII; **S. 490**.

Abb. 6.2   Die belgische Verfassung von 1831, Konzeption: Johannes Koll, Gestaltung: Gerd Kempken; **S. 495**.

Abb. 6.3   Inauguration du monument de la Place des Martyrs le 24 septembre 1838 (Fac-simile d'une lithographie de Simonau, comuniquée par M. Charles De Heyn), in: Louis Hymans/Henri Hymans/Paul Hymans, Bruxelles à travers les âges, 3 Bde., Brüssel 1883–1889, hier: Bd. 3, Brüssel 1887, S. 52 f; **S. 523**.

Abb. 7.1   Les trois partages de l'ancien Luxembourg, in: G. Trausch (Ltr.), Histoire Du Luxembourg. Le destin européen d'un „petit pays", Toulouse, Èditions Privat, 2003, S. 308; **S. 548**.

Abb. 8.1   Die Schweiz vor 1848, in: Westermann Großer Atlas zur Weltgeschichte, Braunschweig, Georg Westermann Verlag, 1956, S. 130 (Karte II); **S. 583**.

Abb. 8.2   Letzte Sitzung der vereinigten schweizerischen Tagsatzung am 20. Oktober 1847, in: Zentralbibliothek Zürich, Graphische Sammlung; **S. 596**.

Abb. 8.3   Siegel der Schweizer Eidgenossenschaft 1837 (Le grand sceau de la Confederation Suisse), in: Bernisches Historisches Museum, Bern (Inv. 55016); **S. 647**.

Abb. 9.1   Polen nach dem Wiener Kongress 1815, Gestaltung: Kerstin Mummert/Gerd Kempken (nach: Jörg K. Hoensch, Geschichte Polens, Stuttgart, Verlag Eugen Ulmer KG, 2. Aufl. 1990, S. 196 f.); **S. 669**.

Abb. 9.2   Die Verfassung des Königreichs Polen 1815, Konzeption: Martina Thomsen, Gestaltung: Gerd Kempken; **S. 675**.

Abb. 9.3   Die Verfassung der Freien Stadt Krakau 1815/1818, Konzeption: Martina Thomsen, Gestaltung: Gerd Kempken; **S. 679**.

Abb. 9.4   Das Wappen des Königreichs Polen 1815–1864, in: Muzeum Narodowe w Warszawie (The National Museum in Warsaw); **S. 699**.

Abb. 10.1   Die spanischen Kolonien in Amerika, Gestaltung: Kerstin Mummert/Gerd Kempken; **S. 723**.

Abb. 10.2   Das Estatuto Real von 1834, Konzeption: Jens Späth, Gestaltung: Gerd Kempken; **S. 730**.

Abb. 10.3   Die spanische Verfassung von 1837, Konzeption: Jens Späth, Gestaltung: Gerd Kempken; **S. 735**.

Abb. 10.4   Die Provinzialgliederung Spaniens um 1833, Gestaltung: Kerstin Mummert/Gerd Kempken (nach: Enciclopedia de Historia de España, Bd. 2: Instituciones políticas. Imperio, hg. v. M. Artola, Madrid, Alianza Editorial S.A., 1988); **S. 745**.

Abb. 10.5   Ferdinand VII. leistet erneut den Eid auf die Verfassung von 1812 anlässlich der feierlichen Eröffnung der Cortes im Palast von Doña Maria de Aragón am 9. Juli 1820 (nach: Historia general de España y América, Bd. 12: Del antiguo al nuevo régimen. Hasta la muerte de Fernando VII, Madrid, Ediciones Rialp S.A., 1981, S. 423); **S. 758**.

Abb. 11.1.1 Die Außengrenzen des Deutschen Bundes um 1820 (Kartenserver IEG Mainz, Nr. 043); **S. 787**.

Abb. 11.1.2 Die administrative Binnengliederung der Deutschen Bundesstaaten um 1818 (Kartenserver IEG Mainz, Nr. 288); **S. 789**.

Abb. 11.1.3 Die Organe des Deutschen Bundes, Gestaltung: Gerd Kempken (nach: Der Große Ploetz. Die Daten-Enzyklopädie der Weltgeschichte. Daten, Fakten, Zusammenhänge, Freiburg 32. Aufl. 1998, S. 841); **S. 794**.

Abb. 11.1.4 Thurn und Taxis Palais, Frankfurt am Main, um 1820, in: Institut für Stadtgeschichte Frankfurt a. M. (S7A1998/9749); **S. 814**.

Abb. 11.2.1 Die württembergische Verfassung von 1819, in: Werkstatt Demokratie: 140 Jahre Paulskirchenverfassung (Katalog zur Ausstellung im Historischen Museum Frankfurt am Main 1989), Einl. v. H. Brandt, Frankfurt a. M., Verlag Heinz Kunz (Kelkheim i. Ts.), 1989, S. 24; **S. 831**.

Abb. 11.2.2 Blick in den Halbmondsaal des Stuttgarter Landtags um 1833 (kolorierte Lithographie), in: Städtisches Museum Ludwigsburg, Inv.-Nr. 1835; **S. 859**.

Abb. 11.3.1 Die Verfassung Kurhessens von 1831, Konzeption: Ewald Grothe, Gestaltung: Gerd Kempken (nach: Chr. Vanja [Bearb.], 150 Jahre Ständehaus. Parlamentarische Tradition in Hessen.

Abbildungsnachweis

	Selbstverwaltung im Kommunalverband. Eine Ausstellung des Landeswohlfahrtsverbandes Hessen, Kassel 1986, S. 6); **S. 893.**
Abb. 11.3.2	Der Verfassungsfreund, Nr. 58 vom 21. Juli 1832 (Titelblatt), in: Universitätsbibliothek Kassel. Landesbibliothek und Murhardsche Bibliothek der Stadt Kassel (Signatur 38 ZA 2355); **S. 903.**
Abb. 11.3.3	Plakat zur Feier der Konstitution Kurhessens, 1832, in: digitales Archiv, Staatsarchiv Marburg (<http://www.digam.net/?dok=1430>) [aus unbek. Privatbesitz]; **S. 914.**
Abb. 11.4.1	Das Wappen Sachsen-Coburg-Gothas, in: <http://de.wikipedia.org/w/index.php?title=Datei:Wappen_Sachsen_Coburg_Gotha.png&filetimestamp=20070321195316>; **S. 948.**
Abb. 11.5.1	Provinzialgliederung Preußens um 1818 (Kartenserver IEG Mainz, Nr. 084); **S. 974.**
Abb. 11.5.2	Franz Krüger, Die Huldigung der preußischen Stände vor Friedrich Wilhelm IV. in Berlin am 15. Oktober 1840 (Öl auf Lwd., 1840–1843), in: Stiftung Preußische Schlösser und Gärten Berlin-Brandenburg, GK I 890, Fotoinventar-Nr. F0017106; **S. 981.**
Abb. 11.6.1	Das Kaisertum Österreich und der Deutsche Bund 1815–1866, in: Helmut Rumpler, Eine Chance für Mitteleuropa. Bürgerliche Emanzipation und Staatsverfall in der Habsburgermonarchie (= Österreichische Geschichte 1804–1914), Wien 1997, S. 139 (Abdruck mit freundlicher Genehmigung von Helmut Rumpler); **S. 995.**
Abb. 11.6.2	Segnung und Krönung Ferdinands zum ungarischen König am 28. September 1830 in Preßburg (Lithografie von Franz Wolf, 1835, nach: Johann Nepomuk Hoechle, Hauptmomente aus dem Leben Sr. Majestaet Franz I. Kaisers von Oesterreich, apostol. Königs), in: Österreichische Nationalbibliothek, Bildarchiv Austria, Pk 187, 18a; **S. 1021.**
Abb. 11.7.1	Die Untere Tafel 1836 (unbek. engl. Künstler, kolorierter Farbstich, 10,3 x 13,9 cm, Mitte d. 19. Jhs.), in: Magyar Nemzeti Múseum/Hungarian National Museum, Historical Gallery (<http://www.kepido.oszk.hu/>); **S. 1049.**
Abb. 11.8.1	Politische Gemeinden des Fürstentums Liechtenstein seit 1808 (Tiefbauamt Liechtenstein); **S. 1080.**
Abb. 11.8.2	Die landständische Verfassung Liechtensteins 1818, Konzeption: Paul Vogt, Gestaltung: Gerd Kempken (nach: Paul Vogt, Brücken zur Vergangenheit. Ein Text- und Arbeitsbuch zur liechtensteinischen Geschichte - 17. bis 19. Jahrhundert, Vaduz 1990, S. 128); **S. 1083.**
Abb. 11.8.3	Liechtensteinischer Reisepass von 1846 zur Ausreise in die Schweiz, in: Landesarchiv Liechtenstein, LI LA B 95/110; **S. 1089.**
Abb. 12.1	Skandinavien um 1815, Konzeption und Gestaltung: Otfried Czaika/Peter Brandt/Bernd Paulitschke), in: P. Brandt u.a. (Hg.), Handbuch der europäischen Verfassungsgeschichte im 19. Jahrhundert, Bd. 1, Bonn 2006, S. 980 (Abb. 10.1); **S. 1115.**
Abb. 12.2	Die religiös begründete Nationswerdung Schwedens 830–1830 (Zeichnung von Johan Holmbergsson, 1830), in: Kungliga biblioteket Stockholm, KOB/ Konstn./ Sv.Konstn./ (Holmbergsson_ Johan_ Sinnebilder.tif); Reproduktion: Andrea Davis Kronlund; **S. 1134.**
Abb. 13.1	Russell Junior, Denmark 1814, in: Ostell's New General Atlas containing Distinct Maps of all the Principal States and Kingdoms throughout the World, from the Latest and Best Authorities, including maps of ancient Greece and the Roman Empire, London 1814 (nach: <http://www.columbia.edu/itc/mealac/pritchett/00maplinks/colonial/ostell1814/denmark1814.jpg>); **S. 1148.**
Abb. 14.1	Die Verfassung Norwegens von 1814, Konzeption: Peter Brandt, Gestaltung: Gerd Kempken; **S. 1186.**
Abb. 14.2	Ankunft des Dampfschiffes „Die Konstitution" (beflaggt mit der schwedisch-norwegischen Unionsfahne) am Verfassungstag (17. Mai 1829) in der Hauptstadt Christiania (Gemälde von Mathias Dalager, 1829), in: Oslo Bymuseum, Oslo; **S. 1208.**
Abb. 15.1	Das Russische Reich um 1820 (nach: University of Texas Libraries, The University of Texas at Austin, <http://www.lib.utexas.edu/maps/historical/russian_empire_1820.jpg>); **S. 1224.**
Abb. 15.2	Die obersten und zentralen Staatsorgane Russlands (1802 bis 1860er-Jahre), Konzeption: Dietmar Wulff/Christian Möller, Gestaltung: Gerd Kempken; **S. 1228.**
Abb. 15.3	Ehrung M. M. Speranskijs für seine Kodifikationsleistung, in: Gosudarstvennyj Sovet 1801–1901, St. Petersburg 1901, S. 58 f; **S. 1241.**
Abb. 16.1	Finnland in der ersten Hälfte des 19. Jahrhunderts, Konzeption: Frank Nesemann, Gestaltung: Kerstin Mummert/Gerd Kempken; **S. 1265.**
Abb. 16.2	Das Regierungs- und Verwaltungssystem im Großfürstentum Finnland, Konzeption: Frank Nesemann, Gestaltung: Gerd Kempken; **S. 1273.**
Abb. 16.3	Auf dem Landtag von Porvoo/Borgå bereitet sich der Adel auf den Treueschwur gegenüber Alexander I. vor, 29. März 1809 (Ölgemälde von Emanuel Thelning 1812, im Domkapitel von

	Porvoo), in: The National Board of Antiquities/The National Museum of Finland, Helsinki (Dia 13891, Foto von Markku Haverinen 2005); **S. 1284**.
Abb. 17.1	Das Osmanische Reich 1812–1881, in: Tübinger Atlas des Vorderen Orients, Teil B, Wiesbaden, Dr. Ludwig Reichert Verlag, 2000, Karte B IX 11; **S. 1300**.
Abb. 17.2	Die Zentralverwaltung des Osmanischen Reiches 1815–1847 (Korrespondenz- und Entscheidungswege), Konzeption: Tobias Heinzelmann, Gestaltung: Gerd Kempken; **S. 1305**.
Abb. 17.3	Porträt von Sadık Rif'at Paşa, um 1837–1840 (Privatbesitz der Nachkommen von Sadık Rif'at Paşa), Nachdruck mit freundlicher Genehmigung von Selcuk Esenbel, Bogazici University/ Department of History (Bebek, Istanbul, Türkei); **S. 1322**.
Abb. 18.1	Die Generalversammlung der Notabeln in Bukarest 1837, in: Bucureştii vechi documente iconografice. Vederi, scene pitoreşti, tipuri şi costume, scene istorice (sec. XVII, XVIII, XIX), Bucureşti 1936, S. XLIII; **S. 1342**.
Abb. 18.2	Die walachische Infanterie in Bukarest 1837, in: Bucureştii vechi documente iconografice. Vederi, scene pitoreşti, tipuri şi costume, scene istorice (sec. XVII, XVIII, XIX), Bucureşti 1936, S. XLIV; **S. 1353**.
Abb. 19.1	Die territoriale Entwicklung Serbiens 1815–1878, Konzeption: Holm Sundhaussen, Gestaltung: Kerstin Mummert/Gerd Kempken; **S. 1369**.
Abb. 19.2	Fürst Miloš Obrenović mit türkischem Fez (Gemälde von Pavel Djurković), in: Nationalmuseum Belgrad; **S. 1373**.
Abb. 20.1	König Otto I. in traditioneller griechischer Tracht 1839, in: Das Pfennig-Magazin der Gesellschaft zur Verbreitung gemeinnütziger Kenntnisse 7 (1839), Nr. 303 (19. Januar 1839), S. 17 (Titelblatt); **S. 1425**.
Abb. 21.1	Provinzialgliederung Portugals um 1826, Gestaltung: Gerd Kempken; **S. 1436**.
Abb. 21.2	Die Wiederinkraftsetzung der Charta von 1826 durch Pedro IV. (1834), Lithografie von Nicolas-Eustache Maurin (1799–1850), S. M. I. o Senhor D. Pedro restituindo sua Augusta Filha a Senhora D. Maria Segunda e a Carta Constitucional aos Portugueses, vermutl. Paris 1834, in: Biblioteca Nacional Digital, Lisboa: PURL 6951/1 (<http://purl.pt/6951>); **S. 1446**.
Abb. 21.3	Die Wiederinkraftsetzung der Charta als »Sieg der Legitimiät« (1834),Lithografie von Maurício José do Carmo Sendim (1786–1870), Victoria da Legitimidade, vermutl. Lisboa 1834, in: Biblioteca Nacional Digital, Lisboa: PURL 7379/1 (<http://purl.pt/7379>); **S. 1467**.
Abb. 21.4	Die Struktur der portugiesischen Staatseinkünfte 1812–1845 (in contos, bereinigt), nach: Rui Pedro Esteves, Finanças publicas, in: P. Lains/A. F. Silva (Hg.), Historia económica de Portugal. 1700–2000, Bd. 2: O século XIX, Lisboa 2005, S. 305-335, hier S. 309; **S. 1478**.

Auswahlbibliographie zu Band 2

Quellensammlungen zur europäischen Verfassungsgeschichte

Brandt, P. u. a. (Hg.), Quellen zur europäischen Verfassungsgeschichte im 19. Jahrhundert. Institutionen und Rechtspraxis im gesellschaftlichen Wandel, bisher Tle. 1-2, Bonn 2004–2010 (CD-ROM).
Dippel, H. (Hg.), Verfassungen der Welt vom späten 18. Jahrhundert bis zur Mitte des 19. Jahrhunderts. Quellen zur Herausbildung des modernen Konstitutionalismus/Constitutions of the World from the late 18th Century to the Middle of the 19th Century. Sources on the Rise of Modern Constitutionalism, Reihe Europa: bisher Bde. 1-13, München 2005–2010.
Gosewinkel, D./Masing, J. (Hg.), Die Verfassungen in Europa 1789–1949. Wissenschaftliche Textedition unter Einschluß sämtlicher Änderungen und Ergänzungen sowie mit Dokumenten aus der englischen und amerikanischen Verfassungsgeschichte, München 2006.
Pölitz, K. H. L. (Hg.), Die europäischen Verfassungen seit dem Jahre 1789 bis auf die neueste Zeit, Bde. 1-3, Leipzig 2. Aufl. 1832/33 (Ndr. Hildesheim 1999).
Willoweit, D./Seif, U. (Hg.), Europäische Verfassungsgeschichte, München 2003.

Literatur zur europäischen Verfassungsgeschichte

Becker, H.-J. (Hg.), Interdependenzen zwischen Verfassung und Kultur. Tagung der Vereinigung für Verfassungsgeschichte in Hofgeismar vom 22.3.–24.3.1999, Berlin 2003.
Bellabarba, M. u. a. (Hg.), Gli imperi dopo l'Impero nell'Europa del XIX secolo, Bologna 2008.
Blockmans, W. u. a. (Hg.), Empowering Interactions. Political Cultures and the Emergence of the State in Europe, 1300–1900, Aldershot 2009.
Bogdandy, A. von u. a. (Hg.), Handbuch Ius Publicum Europaeum, Bde. 3-4, Heidelberg 2010–2011.
Brandt, P. (Hg.), ›Verfassungskultur‹ in Europas Geschichte und Gegenwart. Erträge des Symposions des Instituts für Europäische Verfassungswissenschaften an der FernUniversität in Hagen am 27. Mai 2005, Berlin 2011.
Büschel, Hubertus, Untertanenliebe. Der Kult um deutsche Monarchen 1770–1830, Göttingen 2008.
Daum, W. u. a. (Hg.), Kommunikation und Konfliktaustragung. Verfassungskultur als Faktor politischer und gesellschaftlicher Machtverhältnisse, Berlin 2010.
Dogo, M. (Hg.), Schegge d'impero, pezzi d'Europa. Balcani e Turchia fra continuità e mutamento 1804–1823, Gorizia 2006.
Fassbender, Bardo, Der offene Bundesstaat. Studien zur auswärtigen Gewalt und zur Völkerrechtssubjektivität bundesstaatlicher Teilstaaten in Europa, Tübingen 2007.
Fenske, Hans, Der moderne Verfassungsstaat. Eine vergleichende Geschichte von der Entstehung bis zum 20. Jahrhundert, Paderborn u. a. 2001.
Flüchter, A./Richter, S. (Hg.), Structures on the Move. Technologies of Governance in Transcultural Encounters between Asia and Europe (16th–20th century), Berlin 2012.
Gehrke, R. (Hg.), Aufbrüche in die Moderne. Frühparlamentarismus zwischen altständischer Ordnung und monarchischem Konstitutionalismus 1750–1850. Schlesien – Deutschland – Mitteleuropa, Köln u. a. 2005.
Grossi, Paolo, Das Recht in der europäischen Geschichte, übers. v. G. Kuck, München 2010.
Guazzaloca, G. (Hg.), Sovrani a metà. Monarchia e legittimazione in Europa tra Otto e Novecento, Soveria Mannelli 2009.
Hattenhauer, Hans, Europäische Rechtsgeschichte, Heidelberg 4. Aufl. 2004.
Hroch, Miroslav, Das Europa der Nationen. Die moderne Nationsbildung im europäischen Vergleich, Göttingen 2005.
Jussen, B. (Hg.), Die Macht des Königs: Herrschaft in Europa vom Frühmittelalter bis in die Neuzeit, München 2005.
Kirsch, Martin, Monarch und Parlament im 19. Jahrhundert. Der monarchische Konstitutionalismus als europäischer Verfassungstyp – Frankreich im Vergleich, Göttingen 1999.
Kirsch, M./Schiera, P. (Hg.), Denken und Umsetzung des Konstitutionalismus in Deutschland und anderen europäischen Ländern in der ersten Hälfte des 19. Jahrhunderts, Berlin 1999.
Laven, D./Riall, L. (Hg.), Napoleon's Legacy. Problems of Government in Restoration Europe, Oxford/New York 2000.

Anhang

Leonhard, Jörn/Hirschhausen, Ulrike von, Empires und Nationalstaaten im 19. Jahrhundert, Göttingen 2. Aufl. 2011.
Leonhard, J./Hirschhausen, U. von (Hg.), Comparing Empires. Encounters and Transfers in the Long Nineteenth Century, Göttingen 2011.
Marquardt, Bernd, Universalgeschichte des Staates. Von der vorstaatlichen Gesellschaft zum Staat der Industriegesellschaft, Wien u. a. 2009.
Mazzanti Pepe, F. (Hg.), Culture costituzionali a confronto. Europa e Stati Uniti dall'età delle rivoluzioni all'età contemporanea. Atti del convegno internazionale (Genova, 29–30 aprile 2004), Genova 2005.
Mühlemann, Guido, Chinas Experimente mit westlichen Staatsideen. Eine rechtshistorische und zeitgeschichtliche Untersuchung zur chinesischen Rezeption europäischer Staatsideen, Zürich u. a. 2006 (zugl. Diss. iur. Zürich).
Padoa Schioppa, Antonio, Storia del diritto in Europa dal Medioevo all'età contemporanea, Bologna 2007.
Paulmann, Johannes, Pomp und Politik. Monarchenbegegnungen in Europa zwischen Ancien Régime und Erstem Weltkrieg, Paderborn 2000.
Raphael, Lutz, Recht und Ordnung, Herrschaft durch Verwaltung im 19. Jahrhundert, Frankfurt a. M. 2000.
Reinhard, Wolfgang, Geschichte der Staatsgewalt. Eine vergleichende Verfassungsgeschichte Europas von den Anfängen bis zur Gegenwart, München 1999.
Schulze, Hagen, Staat und Nation in der europäischen Geschichte, München 1994.
Sellin, Volker, Gewalt und Legitimität. Die europäische Monarchie im Zeitalter der Revolutionen, München 2011.
Späth, Jens, Revolution in Europa 1820–23. Verfassung und Verfassungskultur in den Königreichen Spanien, beider Sizilien und Sardinien-Piemont, Köln 2012.
Wesel, Uwe, Geschichte des Rechts in Europa. Von den Griechen bis zum Vertrag von Lissabon, München 2010.

Großbritannien

Bogdanor, Vernon, The Monarchy and the Constitution, Oxford 1995.
Brockliss, L./Eastwood, D. (Hg.), A Union of Multiple Identities. The British Isles, c. 1750 – c. 1850, Manchester u. a. 1997.
Chester, Norman, The English Administrative System 1780–1870, Oxford 1981.
Gash, Norman, Aristocracy and People. Britain 1815–1860, London 1981.
Hanham, Harold John, The Nineteenth-Century Constitution. Documents and Commentary, Cambridge 1969.
Harling, Philip, The Modern British State. An Historical Introduction, Cambridge 2001.
Hilton, Boyd, A Mad, Bad and Dangerous People? England 1783–1846, Oxford 2006.
Keir, David Lindsay, The Constitutional History of Modern Britain since 1485, London – New York 9. Aufl. 1969.
MacDonagh, Oliver, Early Victorian Government 1830–1870, London 1977.
Woodward, Ernest Llewellyn, The Age of Reform 1815–1870, Oxford 6. Aufl. 1985.

Frankreich

Antonetti, Guy, La monarchie constitutionnelle, Paris 1998.
Chagnollaud, Dominique, Histoire constitutionnelle et politique de la France (1789–1958), Paris 2002.
Garrigues, J. (Hg.), Histoire du Parlement. De 1789 à nos jours, Paris 2007.
Jardin, André/Tudesq, André-Jean, La France des notables, Bd. 1: L'évolution générales 1815–1848, Paris 1973.
Kirsch, Martin, Monarch und Parlament im 19. Jahrhundert. Der monarchische Konstitutionalismus als europäischer Verfassungstyp – Frankreich im Vergleich, Göttingen 1999.
Pilbeam, Pamela, The Constitutional Monarchy in France, 1814–48, London 2000.
Ponteil, Félix, Les Institutions de la France de 1814 à 1870, Paris 1966.
Rosanvallon, Pierre, La monarchie impossible. Les Chartes de 1814 et de 1830, Paris 1994.
Rosanvallon, Pierre, Der Staat in Frankreich von 1789 bis zur Gegenwart, Münster 2000.
Sellin, Volker, Die geraubte Revolution. Der Sturz Napoleons und die Restauration in Europa, Göttingen 2001.

Italien

Allegretti, Umberto, Profilo di storia costituzionale italiana. Individualismo e assolutismo nello Stato liberale, Bologna 1989.
Broers, Michael, Napoleonic Imperialism and the Savoyard Monarchy, 1773–1821. State-Building in Piedmont, Lewiston/Queenston 1997.
Chiavistelli, Antonio, Dallo Stato alla nazione. Costituzione e sfera pubblica in Toscana dal 1814 al 1848, Roma 2006.
Davis, John A., Naples and Napoleon. Southern Italy and the European Revolutions 1780–1860, Oxford/New York 2006.
De Francesco, Antonino, Rivoluzione e costituzioni. Saggi sul democratismo politico nell'Italia napoleonica 1796–1821, Napoli 1996.
Ferrari Zumbini, Romano, Tra idealità e ideologia. Il Rinnovamento costituzionale nel Regno di Sardegna fra la primavera 1847 e l'inverno 1848, Torino 2008.
Ghisalberti, Carlo, Contributi alla storia delle amministrazioni preunitarie, Milano 1963.
Ghisalberti, Carlo, Dall'antico regime al 1848. Le origini costituzionali dell'Italia moderna, Roma/Bari 7. Aufl. 2001 (Erstausg. 1974).
Kroll, Thomas, Die Revolte des Patriziats. Der toskanische Adelsliberalismus im Risorgimento, Tübingen 1999 (ital.: La rivolta del patriziato. Il liberalismo della nobiltà nella Toscana del Risorgimento, Firenze 2005).
Mannori, Luca, L'amministrazione del territorio nella Toscana granducale. Teoria e prassi di governo fra antico regime e riforme, Firenze 1988.
Mannori, L. (Hg.), Stato e amministrazione nel Granducato preunitario (Themenheft), in: Rassegna storica toscana 49 (2003).
Meriggi, Marco, Gli stati italiani prima dell'Unità. Una storia istituzionale, Bologna 2. Aufl. 2011 (Erstaufl. 2002).
Romano, A. (Hg.), Il modello costituzionale inglese e la sua recezione nell'area mediterranea tra la fine del 700 e la prima metà dell'800, Milano 1998.
Singer, Kerstin, Konstitutionalismus auf Italienisch. Italiens politische und soziale Führungsschichten und die oktroyierten Verfassungen von 1848, Tübingen 2008.
Sordi, Bernardo, Recent Studies of Public Law History in Italy (1992–2005), in: Zeitschrift für Neue Rechtsgeschichte 29 (2007), H. 3-4, S. 260-276.
Späth, Jens, Revolution in Europa 1820–23. Verfassung und Verfassungskultur in den Königreichen Spanien, beider Sizilien und Sardinien-Piemont, Köln 2012.

Niederlande

Aerts, Remieg/Liagre Böhl, Herman de/Rooy, Piet de/Velde, Henk te, Land van kleine gebaren. Een politieke geschiedenis van Nederland 1780–1990, Nijmegen 1999.
Blok, Lodewijk, Stemmen en Kiezen. Het Kiesstelsel in Nederland 1814–1850, Groningen 1987.
Colenbrander, Hermann Theodoor, Ontstaan der Grondwet, Teil I und II, Den Haag 1908–1909.
Lok, Matthijs, Windvanen. Napoleontische bestuurders in de Nederlandse en Franse Restauratie (1813–1820), Amsterdam 2009.
Sas, Nicolaas C. F. van, De Metamorfose van Nederland. Van oude orde naar moderniteit 1750–1900, Amsterdam 2004.
Sas, N. C. F. van/Velde, H. te (Hg.), De eeuw van de grondwet. Grondwet en politiek in Nederland 1798–1917, Deventer 1998.
Talsma, Jaap, Het recht van petitie, verzoekschriften aan de Tweede Kamer en het ombudsmanvraagstuk; Nederland 1795–1983, Arnhem 1989.
Tamse, C. A./Witte, E. (Hg.), Staats- en natievorming in Willem I's Koninkrijk (1815–1830), Brüssel 1992.
Velzen, Peter van, De ongekende ministeriële verantwoordelijkheid. Theorie en praktijk 1813–1840, Nijmegen 2005.
Zanten, Jeroen van, Schielijk, Winzucht, Zwaarhoofd en Bedaard. Politieke discussie en oppositievorming 1813–1840, Amsterdam 2004.

Belgien

Dumoulin, Michel u. a. (Hg.), Nouvelle Histoire de Belgique, Bd. 1: 1830–1905, Brüssel 2005.
Gilissen, John, Le régime représentatif en Belgique depuis 1790, Brüssel 1958.
Gilissen, John, Die belgische Verfassung von 1831 – ihr Ursprung und ihr Einfluß, in: Conze, W. (Hg.), Beiträge zur deutschen und belgischen Verfassungsgeschichte im 19. Jahrhundert, Stuttgart 1967, S. 38-69.
Lefebvre, Edwige, The Belgian Constitution of 1831: The Citizen Burgher, o. O./o. J. (Bremen 1997).
Sas, Nicolaas C. F. van, De Metamorfose van Nederland. Van oude orde naar moderniteit, 1750–1900, Amsterdam 2004.
Tamse, C. A./Witte, E. (Hg.), Staats- en natievorming in Willem I's Koninkrijk (1815–1830), Brüssel 1992.
Wijngaert, Mark van den/Beullens, Lieve/Brants, Dana, Pouvoir et monarchie. La Belgique et ses rois, Brüssel 2002.

Luxemburg

Bauler, André, Les fruits de la souveraineté nationale. Essai sur le développement de l'économie luxembourgeoise de 1815 à 1999, Luxembourg 2001.
Erbe, Michael, Belgien, Niederlande, Luxemburg. Geschichte des niederländischen Raumes, Stuttgart u. a. 1993.
Dörner, R./Franz, N./Mayr, C. (Hg.), Lokale Gesellschaften im historischen Vergleich. Europäische Erfahrungen im 19. Jahrhundert, Trier 2001.
Dörner, Ruth, Wahrnehmung und Inszenierung von Staat und Nation im Dorf. Erfahrungen im 19. Jahrhundert: Frankreich, Luxemburg, Deutschland, München 2006 (zugl. Diss. phil. Univ. Trier 2002).
Franz, Norbert, Durchstaatlichung und Ausweitung der Kommunalaufgaben im 19. Jahrhundert. Tätigkeitsfelder und Handlungsspielräume ausgewählter französischer und luxemburgischer Landgemeinden im mikrohistorischen Vergleich (1805–1890), Trier 2006 (zugl. Habil. Univ. Trier 2005).
Lorig, W. H./Hirsch, M. (Hg.), Das politische System Luxemburgs. Eine Einführung, Wiesbaden 2008.
Majerus, Pierre/Majerus, Marcel, L'état luxembourgeois. Manuel de droit constitutionnel et de Droit administratif, Esch-sur-Alzette 6. Aufl. 1990.
Mannes, Gast/Weber, Josiane, Zensur im Vormärz (1815–1848). Literatur und Presse in Luxemburg unter der Vormundschaft des Deutschen Bundes. Begleitbuch zur Ausstellung »Zensur im Vormärz in Luxemburg (1815–1848)« in der Nationalbibliothek Luxemburg, Luxemburg 1998.
Mayr, Christine, Zwischen Dorf und Staat: Amtspraxis und Amtsstil französischer, luxemburgischer und deutscher Landgemeindebürgermeister im 19. Jahrhundert (1815–1890). Ein mikrohistorischer Vergleich, Frankfurt a. M. u. a. 2005 (zugl. Diss. phil. Univ. Trier 2003).
Trausch, Gilbert, Du Particularisme à la nation. Essais sur l'histoire du Luxembourg de la fin de l'Ancien Régime à la Seconde Guerre mondiale, Luxembourg 1989.

Schweiz

Andrey, Georges, Auf der Suche nach dem neuen Staat (1798–1848), in: Mesmer, B. (Red.), Geschichte der Schweiz und der Schweizer, Basel 4. Aufl. 2006.
Aubert, Jean-François, Geschichtliche Einführung, in: ders. u. a. (Hg.), Kommentar zur Bundesverfassung der Schweizerischen Eidgenossenschaft vom 29. Mai 1874, 6 Lieferungen, Basel u. a. 1987–1996, hier: Lieferung 1.
Biaudet, Jean-Charles, Der modernen Schweiz entgegen, in: Ulrich im Hof u.a, Handbuch der Schweizer Geschichte, Bd. 2, Zürich 2. Aufl. 1980, S. 918-970.
De Mortagnes, René Pahud, Schweizerische Rechtsgeschichte. Ein Grundriss, Zürich – St. Gallen 2007.
Henke, Eduard, Oeffentliches Recht der Schweizerischen Eidgenossenschaft und der Kantone der Schweiz. Nebst Grundzügen der allgemeinen Staatsrechts, Aarau 1824.
Heusler, Andreas, Schweizerische Verfassungsgeschichte, Nachdruck Aalen 1968 (Erstausgabe: Basel 1920).
His, Eduard, Geschichte des neueren Schweizerischen Staatsrechts, Bd. 2: Die Zeit der Restauration und der Regeneration 1814 bis 1848, Basel 1929.
Kaiser, Simon/Stricker, Johann, Geschichte und Texte der Bundesverfassungen der Schweizerischen Eidgenossenschaft von der helvetischen Staatsumwälzung bis zur Gegenwart, Bern 1901.
Kley, Andreas, Verfassungsgeschichte der Neuzeit. Großbritannien, die USA, Frankreich, Deutschland und die Schweiz, Bern 2. Aufl. 2008.

Kölz, Alfred, Neuere Schweizerische Verfassungsgeschichte. Ihre Grundlinien vom Ende der Alten Eidgenossenschaft bis 1848, Bern 1992.
Stiftung Historisches Lexikon der Schweiz (Hg.), Historisches Lexikon der Schweiz. Gesamtwerk in 13 Bänden, bisher erschienen Bde. 1-9, Basel 2002–2010 (Buchausgabe); <http://www.hls-dhs-dss.ch/index.php> (elektronische Ausgabe).

Polen

Ajnenkiel, Andrzej, Konstytucje Polski w rozwoju dziejowym 1791–1997, Warszawa 2001.
Bardach, Juliusz/Leśnodorski, Bogusław/Pietrzak, Michał, Historia ustroju i prawa polskiego, Warszawa 5. Aufl. 2001.
Chwalba, Andrzej, Historia Polski 1795–1918, Kraków 2000.
Jaworski, Rudolf/Lübke, Christian/Müller, Michael G., Eine kleine Geschichte Polens, Frankfurt a. M. 2000.
Kallas, Marian, Historia ustroju Polski, Warszawa 2006.
Kieniewicz, Stefan, Historia Polski 1795–1918, Warszawa 10. Aufl. 1998.
Makiłła, Dariusz, Historia prawa w Polsce, Warszawa 2008.
Wandycz, Piotr S., The Lands of Partitioned Poland, 1795–1918, Washington 4. Aufl. 1996.
Witkowski, Wojciech, Historia administracji w Polsce, 1764–1989, Warszawa 2007.

Spanien

Clavero, Bartolomé, Manual de historia constitucional de España, Madrid 1990.
Colomer Viadel, Antonio, Los liberales y el origen de la monarquía parlamentaria en España, Madrid 1988.
De Arcenegui, Jesús J., Síntesis histórica del constitucionalismo español, Madrid 1991.
Fernández Segado, Francisco, Las constituciones históricas españolas (Un análisis historico-jurídico), Madrid 1986.
Fontana, Josep, La época del liberalismo (Historia de España 6), Barcelona/Madrid 2007.
Saiz Pastor, Candelaria/Vidal Olivares, Javier, El fin del Antiguo Régimen (1808–1868), Madrid 2001.
Sevilla Andrés, D. (Hg.), Constituciones y otras leyes y proyectos de España, 2 Bde., Madrid 2. Aufl. 1974.
Solé Tura, Jordi/Aja, Eliseo, Constituciones y períodos constituyentes en España (1808–1936), Madrid 20. Aufl. 2005.
Tierno Galván, E. (Hg.), Leyes políticas españolas fundamentales (1808–1936), Madrid 1972.
Varela Suanzes-Carpegna, Joaquín, Política y Constitución en España (1808–1978), Madrid 2007.

Deutschland und das Habsburgerreich

Deutscher Bund

Angelow, Jürgen, Der Deutsche Bund, Darmstadt 2003.
Faber, Karl-Georg, Deutsche Geschichte im 19. Jahrhundert. Restauration und Revolution. Von 1815 bis 1851, Wiesbaden 1979.
Huber, Ernst Rudolf, Deutsche Verfassungsgeschichte seit 1789, Bd. 1: Reform und Restauration 1789 bis 1830, Nachdr. der 2., verb. Aufl. Stuttgart u. a. 1975.
Huber, Ernst Rudolf, Deutsche Verfassungsgeschichte seit 1789, Bd. 2: Der Kampf um Einheit und Freiheit 1830 bis 1850, Nachdr. der 2., verb. Aufl. Stuttgart u. a. 1975.
Lutz, Heinrich, Zwischen Habsburg und Preußen. Deutschland 1815–1866, Berlin 1998.
Müller, Jürgen, Der Deutsche Bund 1815–1866, München 2006.
Rumpler, Helmut, Deutscher Bund und deutsche Frage 1815–1866. Europäische Ordnung, deutsche Politik und gesellschaftlicher Wandel im Zeitalter der bürgerlich-nationalen Emanzipation, Wien/München 1990.
Treichel, E. (Bearb.), Die Entstehung des Deutschen Bundes 1813–1815, München 2000.
Siemann, Wolfram, Vom Staatenbund zum Bundesstaat. Deutschland 1806–1871, München 1995.
Stolleis, Michael, Geschichte des öffentlichen Rechts in Deutschland, Bd. 2: Staatsrechtslehre und Verwaltungswissenschaft 1800–1914, München 1992.
Zerback, R. (Bearb.), Reformpläne und Repressionspolitik 1830–1834, München 2003.

Deutsche Staaten der ersten Konstitutionalisierungswelle

Brandt, Hartwig, Parlamentarismus in Württemberg. 1819–1870. Anatomie eines deutschen Landtags, Düssseldorf 1987.
Ehrle, Peter Michael, Volksvertretung im Vormärz. Studien zur Zusammensetzung, Wahl und Funktion der deutschen Landtage im Spannungsfeld zwischen monarchischem Prinzip und ständischer Repräsentation, 2 Bde., Frankfurt a. M. u. a. 1979.
Eibach, Joachim, Der Staat vor Ort. Amtmänner und Bürger im 19. Jahrhundert am Beispiel Badens, Frankfurt a. M. 1994.
Fehrenbach, Elisabeth, Verfassungsstaat und Nationsbildung 1815–1871, München 1992.
Götschmann, Dirk, Bayerischer Parlamentarismus im Vormärz. Die Ständeversammlung des Königreichs Bayern 1819–1848, Düsseldorf 2002.
Hettling, M. u. a. (Hg.), Bürgerliche Feste. Symbolische Formen politischen Handelns im 19. Jahrhundert, Göttingen 1993.
Huber, Ernst Rudolf, Deutsche Verfassungsgeschichte seit 1789, Bd. l: Reform und Restauration 1789 bis 1830, Stuttgart 2. Aufl. 1960; Bd. 2: Der Kampf um Einheit und Freiheit 1830 bis 1850, Stuttgart 2. Aufl. 1960.
Raphael, Lutz, Recht und Ordnung, Herrschaft durch Verwaltung im 19. Jahrhundert, Frankfurt a. M. 2000.
Schwarzmaier, H. u. a. (Hg.), Handbuch der baden-württembergischen Geschichte, Bd. 3: Vom Ende des Alten Reiches bis zum Ende der Monarchien, Stuttgart 1992.
Spindler, M. (Hg.), Handbuch der bayerischen Geschichte, Bd. 4: Das neue Bayern 1800–1970, München 1975.
Wunder, Bernd, Die Entstehung des Berufsbeamtentums in Bayern und Württemberg (1780–1825), München 1978.

Deutsche Staaten der zweiten Konstitutionalisierungswelle

Brakensiek, Stefan, Fürstendiener – Staatsbeamte – Bürger. Amtsführung und Lebenswelt der Ortsbeamten in niederhessischen Kleinstädten (1750–1830), Göttingen 1999.
Grothe, Ewald, Verfassungsgebung und Verfassungskonflikt. Das Kurfürstentum Hessen in der ersten Ära Hassenpflug 1830–1837, Berlin 1996.
Hahn, Hans-Werner, Wirtschaftliche Integration im 19. Jahrhundert. Die hessischen Staaten und der Deutsche Zollverein, Göttingen 1982.
Hayungs, Carsten, Die Geschäftsordnung des hannoverschen Landtages (1833–1866). Ein Beispiel englischen Parlamentsrechts auf deutschem Boden?, Baden-Baden 1999.
Kolb, Karlheinz/Jürgen Teiwes, Beiträge zur politischen Sozial- und Rechtsgeschichte der Hannoverschen Ständeversammlung von 1814–1833 und 1837–1849, Hildesheim 1977.
Matzerath, Josef, Aspekte sächsischer Landtagsgeschichte, 5 Bde., Dresden 2001–2009.
Oberschelp, Reinhard, Politische Geschichte Niedersachsens 1803–1866, Hildesheim 1988.
Pröve, Ralf, Stadtgemeindlicher Republikanismus und die »Macht des Volkes«. Civile Ordnungsformationen und kommunale Leitbilder politischer Partizipation in den deutschen Staaten vom Ende des 18. bis zur Mitte des 19. Jahrhunderts, Göttingen 2000.
Schmidt, Gerhard, Die Staatsreform in Sachsen in der ersten Hälfte des 19. Jahrhunderts. Eine Parallele zu den Steinschen Reformen in Preußen, Weimar 1966.
Speitkamp, Winfried, Restauration als Transformation. Untersuchungen zur kurhessischen Verfassungsgeschichte 1813–1830, Darmstadt/Marburg 1986.

Deutsche Staaten zwischen ständisch-vormoderner und moderner Konstitution

Dressel, Carl-Christian, Die Entwicklung von Verfassung und Verwaltung in Sachsen-Coburg 1800–1826 im Vergleich, Berlin 2007.
Hartung, Fritz, Das Großherzogtum Sachsen unter der Regierung Carl Augusts 175–1828, Weimar 1923.
Jonscher, Reinhard, Thüringische Verfassungsgeschichte im 19. Jahrhundert – Ein Abriss, in: Thüringische Verfassungsgeschichte im 19. und 20. Jahrhundert, Jena 1993, S. 7-48.
Lucht, Friedrich-Wilhelm, Die Strafrechtspflege in Sachsen-Weimar-Eisenach unter Carl August, Berlin/Leipzig 1929.

Mutzbauer, Otto, Die Behördenorganisation des Herzogtums Coburg im 19. Jahrhundert, in: Jahrbuch der Coburger Landesstiftung 1958, S. 13-58.
Sandern, Detlev, Parlamentarismus in Sachsen-Coburg-Gotha 1821/26–1849/52, in: Schriften zur Geschichte des Parlamentarismus in Thüringen 7 (1996), S. 9-177.
Scheeben, Elisabeth, Ernst II., Herzog von Sachsen-Coburg und Gotha. Studien zu Biographie und Weltbild eines liberalen deutschen Bundesfürsten in der Reichsgründungszeit, Frankfurt a. M. 1987.
Schneider, Wilhelm, Die geschichtliche Entwicklung des Landtagswahlrechtes in Sachsen-Meiningen, Diss. iur. Jena 1923.
Schmidt-Funke, Julia A., Auf dem Weg in die Bürgergesellschaft. Die politische Publizistik des Weimarer Verlegers Friedrich Justin Bertuch, Köln 2005.

Preußen

Barclay, David, Anarchie und guter Wille. Friedrich Wilhelm IV. und die preußische Monarchie, Berlin 1995.
Clark, Christopher, Preußen. Aufstieg und Niedergang 1600–1947, München 2007.
Duchhardt, Heinz, Stein. Eine Biographie, Münster 2007.
Koselleck, Reinhart, Preußen zwischen Reform und Revolution, Allgemeines Landrecht, Verwaltung und soziale Bewegung von 1791 bis 1848, Stuttgart 1967.
Neugebauer, Wolfgang, Politischer Wandel im Osten. Ost- und Westpreußen von den alten Ständen zum Konstitutionalismus, Stuttgart 1992.

Österreich

Beidtel, Ignaz, Geschichte der österreichischen Staatsverwaltung 1740–1848, Bde. 1-2, Innsbruck 1896–1898.
Brauneder, Wilhelm, Österreichische Verfassungsgeschichte, Wien 10. Auflage 2005.
Heindl, Waltraud, Gehorsame Rebellen. Bürokratie und Beamte in Österreich 1780 bis 1848, Wien u. a. 1990.
Hoke, Rudolf, Österreich, in: Jeserich, K. G. A. u. a. (Hg.), Deutsche Verwaltungsgeschichte, Bd. 2: Vom Reichsdeputationshauptschluß bis zur Auflösung des Deutschen Bundes, Stuttgart 1983, S. 345-397.
Hoke, Rudolf, Österreichische und Deutsche Rechtsgeschichte, Wien u. a. 2. Auflage 1996.
Maaß, Ferdinand, Der Josephinismus. Quellen zu seiner Geschichte in Österreich 1760–1850, Wien 1951–1961.
Rumpler, Helmut, Eine Chance für Mitteleuropa. Bürgerliche Emanzipation und Staatsverfall in der Habsburgermonarchie. Österreichische Geschichte 1804–1914, Wien 1997.
Schlegelmilch, Arthur, Die Alternative des monarchischen Konstitutionalismus. Eine Neuinterpretation der deutschen und österreichischen Verfassungsgeschichte des 19. Jahrhunderts, Bonn 2010.
Walter, Friedrich, Die Geschichte der österreichischen Zentralverwaltung 1780–1848, II. Abt., Bd. 1, 2. Hlbbd., Tl. 2: Die Zeit Franz' II. (I.) und Ferdinands I. (1792–1848), Wien 1956.
Walter, Friedrich, Österreichische Verfassungs- und Verwaltungsgeschichte von 1500–1955. Aus dem Nachlaß herausgegeben von Adam Wandruszka, Wien u. a. 1972.
Winter, Eduard, Der Josefinismus. Die Geschichte des österreichischen Reformkatholizismus 1740–1848, Berlin (Ost) 1962.

Ungarn

Buchleitner, N./Seidler, A. (Hg.), Zur Mediatisierung gesellschaftlicher Kommunikation in Österreich und Ungarn: Studien zur Presse im 18. und im 19. Jahrhundert, Wien 2007.
Dénes, Iván Zoltán, Conservativ Ideology in the Making, Budapest/New York 2009.
Gergely, András, Reform and Revolution [in Hungary] 1825–1848, New York 2009.
Gönczi, Katalin, Die europäischen Fundamente der ungarischen Rechtskultur: Juristische Wissenschaftsmuster und nationale Rechtswissenschaft in Ungarn zur Zeit der Aufklärung und im Vormärz, Frankfurt a. M. 2008.
Kecskeméti, Károly, La Hongrie et le reformisme liberal. Problèmes politiques et sociaux (1790–1848), Roma 1989.

Kessler, Wolfgang, Politik, Kultur und Gesellschaft in Kroatien und Slawonien in der ersten Hälfte des XIX. Jahrhunderts. Historiographie und Grundlagen, München 1981.
Kvaternik, Eugen, Das historisch-diplomatische Verhältnis des Königreichs Kroatien zu der Ungarischen Stephanskrone, Agram 1860.
Szász, Z./Köpeczi, B. (Hg.), A History of Transylvania from the Beginning to 1919, Bd. 3, New York 2002.
Timon, Ákos, Ungarische Verfassungs- und Rechtsgeschichte mit Bezug auf die Rechtsentwicklung der westlichen Staaten, Berlin 1904.
Varga, János, A Hungarian Quo Vadis. Political Ideas and Conceptions in the early 1840s, Budapest 1993.

Liechtenstein

Geiger, Peter, Geschichte des Fürstentums Liechtenstein von 1848 bis 1866, in: Jahrbuch des Historischen Vereins für das Fürstentum Liechtenstein (im Folgenden: JBL) 70 (1970), S. 5-420.
Malin, Georg, Die politische Geschichte des Fürstentums Liechtenstein in den Jahren 1800–1815, in: JBL 53 (1953), S. 5-178.
Ospelt, Alois, Wirtschaftsgeschichte des Fürstentums Liechtenstein im 19. Jahrhundert, in: JBL 72 (1972), S. 5-423.
Press, Volker, Das Fürstentum Liechtenstein im Rheinbund und im Deutschen Bund (1806–1866), in: Liechtenstein Politische Schriften 10 (1984), S. 45-106.
Quaderer, Rupert, Politische Geschichte des Fürstentums Liechtenstein von 1815 bis 1848, in: JBL 69 (1969), S. 5-241.
Vogt, Paul, Verwaltungsstruktur und Verwaltungsreformen im Fürstentum Liechtenstein in der ersten Hälfte des 19. Jahrhunderts, in: JBL 92 (1994), S. 37-137.
Wille, Herbert, Staat und Kirche im Fürstentum Liechtenstein, Freiburg/Schweiz 1972.

Schweden

Andersson, Ingvar, Sveriges historia, Stockholm 7. Aufl. 1982.
Asker, Björn, Hur riket styrdes. Förvaltning, politik och arkiv 1520–1920, Stockholm 2007.
Björklund, S. (Hg.), Kring 1809. Om regeringsformens tillkomst, Stockholm 1965.
Carlsson, Sten, Svensk historia, Bd. 2, hg. v. S. Carlsson u. J. Rosén, Stockholm 2. Aufl. 1961.
Cornell, J. u. a. (Hg.), Den svenska historien, Bde. 9-12, Stockholm 1978–1980.
Ericson, Lars, Svensk militärmakt. Strategi och operationer i svensk militärhistoria under 1500 år, Stockholm 2003.
Fahlbeck, Erik, Ståndsriksdagens sista skede 1809–1866, in: Sveriges Riksdag. Historisk och statsvetenskaplig framställing, Bd. 8, Stockholm 1934.
Frängsmyr, Tore, Svensk idéhistoria. Bildning och vetenskap under tusen år, Del 2: 1809–2000, Stockholm 2002.
Hadenius, Stig, Riksdagen. En svensk historia, Stockholm 1994.
Hasselberg, Gösta, Kompendium i svensk rättshistoria. Samhällsutveckling och rätskällor från medeltid till nutid, Stockholm 1989.
Heckscher, Eli F., Svenskt arbete och liv – Från medeltiden till nutid. Med kompletterande tillägg av professor Arthur Montgomery och fil. Lic. Bengt Svensson, Stockholm 1957.
Henrikson, Alf, Svensk historia, Bd. 4: 1810 till våra dagar, Stockholm 1972.
Hildebrand, Emil, Svenska statsförfattningens historiska utveckling från äldsta tid till våra dagar, Stockholm 1896.
Inger, Göran, Svensk rättshistoria, Malmö 4. Aufl. 1997.
Jarlert, Anders, Sveriges kyrkohistoria. Bd. 6: Romantikens och liberalismens tid, Stockholm 2001.
Schück, H./Rystad, G./Metcalf, M. F. u. a. (Hg.), Riksdagen genom tiderna, Stockholm 2. Aufl. 1992.
Statistiska Centralbyrån, Historisk statistik för Sverige, Del 1: Befolkning 1720–1967, Stockholm 2. Aufl. 1969.
Tveit, Knut, Schulische Erziehung in Nordeuropa 1750–1825 – Dänemark, Finnland, Island, Norwegen und Schweden, in: Schmale, W./Dodde, N. L. (Hg.), Revolution des Wissens? Europa und seine Schulen im Zeitalter der Aufklärung – Ein Handbuch zur europäischen Schulgeschichte, Bochum 1991, S. 49-95.

Dänemark

Himmelstrup, Jens/Møller, Jens, Danske Forfatningslove 1665–1953, Kopenhagen 2. Aufl. 1970.
Johansen, Hans Christian, En samfundsorganisation i opbrud 1700–1870, Dansk social historie 4, Kopenhagen 2. Aufl. 1979.
Jørgensen, Harald, Trykkefrihedsspørgsmålet i Danmark 1799–1848. Et bidrag til en karakteristik af den danske enevælde i Frederik VI‹s og Christian VIII‹s tid, Kopenhagen 1944.
Knudsen, T. u. a. (Hg.), Dansk Forvaltningshistorie. Stat, Forvaltning og Samfund, Bd. 1: Fra Middelalderen til 1901, Kopenhagen 2000.
Knudsen, Tim, Niedergang des Absolutismus und Aufstieg des Ministerialsystems in Dänemark 1814–1949, in: Jahrbuch für europäische Verwaltungsgeschichte 16 (2004), S. 53-70.
Lagerroth, Fredrik, Tyskt och nordiskt i Danmarks författningsutveckling 1660–1849. Till 100-årsminnet av Junigrundlovens tillkomst, Lund 1949.
Møller, Anders Monrad, Fra skat paa hartkorn til indkomstskat 1818–1903 (= Dansk Skattehistorie 5), Kopenhagen 2009.
Skovgaard-Petersen, Vagn, Tiden 1814–1864, in: Clausen, H. P./Mørch, S. (Hg.), Gyldendals Danmarkshistorie, Bd. 5, Kopenhagen 1980.
Skovmand, Roar/Dybdahl, Vagn/Rasmussen, Erik, Geschichte Dänemarks 1830–1939. Die Auseinandersetzungen um nationale Einheit, demokratische Freiheit und soziale Gleichheit, übers. v. Olaf Klose, Neumünster 1973.

Norwegen

Højer, Nils, Norska Grundlagen og dess Källor, Stockholm 1882.
Kaartvedt, Alf, Det Norske Storting gjennom 150 år, Bd. 1: Fra Riksformsamlingen til 1869, Oslo 1964.
Maurseth, Per, Sentraladministrasjonens historie, Bd. 1: 1814–1844, Oslo 1979.
Michalsen, D. (Hg.), Forfatningsteori møter 1814, Oslo 2008.
Pryser, Tore, Norsk historie 1814–1860. Frå standssamfunn mot klassesamfunn, Oslo 1999.
Seip, Jens Arup, Utsikt over Norges historie, Bd. 1, Oslo 1974.
Sørensen, Øystein, Kampen om Norges sjel, Oslo 2001.
Steen, Sverre, Det frie Norge, 5 Bde., Oslo 1951–1962.
Stråth, Bo, Union och demokrati: de førenade rikena Sverige-Norge 1814–1905, Nora 2005.
Supphellen, Steinar, Studier i norsk historie omkring 1814: ein nasjon stig fram, Oslo 1983.

Russland

Konstitucionnye proekty v Rossii XVIII – načalo XX v., Moskau 2000.
LeDonne, John P., The Russian Empire and the World, 1700–1917. The Geopolitics of Expansion and Containment, New York u. a. 1997.
Liessem, Peter, Verwaltungsgerichtsbarkeit im späten Zarenreich. Der Dirigierende Senat und seine Entscheidungen zur russischen Selbstverwaltung (1864–1917), Frankfurt a. M. 1996.
Meduševskij, A. N., Demokratija i avtoritarizm: Rossijskij konstitucionalizm v sravnitel'noj perspektive, Moskau 1997.
Ministerskaja sistema v Rossijskoj imperii: K 200-letiju ministerstv v Rossii, Moskau 2007.
Mironov, Boris N., Local Government in Russia in the First Half of the Nineteenth Century: Provincial Government and Estate Self-Government, in: Jahrbücher für Geschichte Osteuropas 42 (1994), S. 161-201.
Starr, Frederick, Decentralization and Self-Government in Russia, 1830–1870, Princeton 1972.
Torke, Hans-Joachim, Das russische Beamtentum in der ersten Hälfte des 19. Jahrhunderts, Berlin 1967.
Wortman, Richard S., The Development of a Russian Legal Consciousness, Chicago u. a. 1976.
Yaney, George L., The Systematization of Russian Government. Social Evolution in the Domestic Administration of Imperial Russia, 1711–1905, Urbana u. a. 1973.
Zernack, K. (Hg.), Handbuch der Geschichte Rußlands, Bd. 2: 1613–1856. Vom Randstaat zur Hegemonialmacht, Stuttgart 2001.

Finnland

Branch, M./Hartley, J. M./Mączak, A. (Hg.), Finland and Poland in the Russian Empire. A Comparative Study, London 1995.
Jussila, Osmo, Suomen perustuslait venäläisten ja suomalaisten tulkintojen mukaan [Finnlands Grundgesetze in russischen und finnischen Deutungen] 1808–1863, Helsinki 1969.
Jussila, Osmo, Kenraalikuvernööri, ministerivaltiosihteeri ja senaatti [Generalgouverneur, Ministerstaatssekretär und Senat], in: Suomen keskushallinnon historia 1809–1996, Helsinki 1996, S. 47-293.
Jussila, Osmo, Suomen suuriruhtinaskunta [Das Großfürstentum Finnland] 1809–1917, Helsinki 2004.
Jussila, Osmo/Hentilä, Seppo/Nevakivi, Jukka, Suomen poliittinen historia 1809–2006, Helsinki 5. Aufl. 2006 (dt.: Politische Geschichte Finnlands seit 1809. Vom Großfürstentum zur Europäischen Union, Berlin 1999).
Kalleinen, Kristiina, Suomen kenraalikuvernementti. Kenraalikuvernöörin asema ja merkitys Suomen asioiden esittelyssä [Das Generalgouvernement Finnland. Die Stellung und Bedeutung des Generalgouverneurs beim Vortrag der finnischen Angelegenheiten] 1823–1861, Helsinki 1994.
Kirby, David, A Concise History of Finland, Cambridge 3. Aufl. 2008.
Korhonen, Keijo, Suomen asiain komitea. Suomen korkeimman hallinnon järjestelyt ja toteuttaminen vuosina [Das Komitee für finnische Angelegenheiten. Die Regelungen und die Verwirklichung von Finnlands oberster Verwaltung in den Jahren] 1811–1826, Helsinki 1963.
Nesemann, Frank, Ein Staat, kein Gouvernement. Die Entstehung und Entwicklung der Autonomie Finnlands im russischen Zarenreich, 1808–1826, Frankfurt a. M. u. a. 2003.
Tommila, Päiviö, Suomen autonomian synty [Die Entstehung der Autonomie Finnlands] 1808–1819, Helsinki 1984.

Osmanisches Reich

Abu-Manneh, Butrus, The Islamic Roots of the Gülhane Rescript, in: Die Welt des Islams 34 (1994), S. 173-203.
Akyıldız, Ali, Tanzimat Dönemi Osmanlı Merkez Teşkilâtında Reform (1836–1856), Istanbul 1993.
Artinian, Vartan, The Armenian Constitutional System in the Ottoman Empire 1839–1863. A Study of its Historical Development, Istanbul [1988] (türk., mit Text der armenischen Verfassung von 1863: Osmanlı Devleti'nde Ermeni Anayasası'nın Doğuşu, Istanbul 2004).
Findley, Carter Vaughn, Bureaucratic Reform in the Ottoman Empire, the Sublime Porte 1789–1922, Princeton 1980.
Reinkowski, Maurus, Die Dinge der Ordnung, Eine Vergleichende Untersuchung über die Osmanische Reformpolitik im 19. Jahrhundert, München 2005.
Somel, Selçuk Akşın, The Modernization of Public Education in the Ottoman Empire 1839–1908, Leiden u. a. 2001.

Rumänische Fürstentümer

Bochmann, Klaus, Der politisch-soziale Wortschatz des Rumänischen von 1821 bis 1850, Berlin 1979.
Cornea, Paul, Originile romantismului românesc. Spiritul public, mișcarea ideilor și literatura între 1780–1840, București 1972.
Farca, Nikolaus, Russland und die Donaufürstentümer 1826–1856, München 1992.
Filitti, Ioan C., Domniile române sub Regulamentul Organic (1834–1848), București 1915.
Firoiu, D./Marcu, L. P. (Ltr.), Istoria dreptului românesc, Bd. 2, Tlbd. 1, București 1984.
Macovei, Adrian, Moldova și Țara Românească de la unificarea economică la unirea politică din 1859, Iași 1989.
Șotropa, Valeriu, Proiectele de constituție, programele de reforme și petițiile de drepturi din Țările Române în secolul al XVIII-lea și prima jumătate a secolului al XIX-lea, București 1976.
Stanomir, Ioan, Nașterea constituției. Limbaj și drept în Principate până la 1866, București 2004.
Turczynski, Emanuel, Von der Aufklärung zum Frühliberalismus. Politische Trägergruppen und deren Forderungskatalog in Rumänien, München 1985.
Welzk, Stefan, Nationalkapitalismus versus Weltmarktintegration? Rumänien 1830–1944. Ein Beitrag zur Theorie eigenständiger Entwicklung, Saarbrücken/Fort Lauderdale 1982.

Auswahlbibliographie zu Band 2

Serbien

Boestfleisch, Hans-Michael, Modernisierungsprobleme und Entwicklungskrisen: Die Auseinandersetzungen um die Bürokratie in Serbien 1839–1858, Frankfurt a. M. 1987.
Janković, Dragoslav, Istorija države i prava Srbije XIX veka, Beograd 1960.
Janković, Dragoslav/Ružica Guzina, Srbija u XIX i početkom XX veka, in: Istorija država i prava jugoslavenskih naroda. (Do 1918. god.), hg. v. G. Nikolić, Beograd 1964, S. 180-301.
Jevtić, Dragoš/Dragoljub Popović, Pravna istorija jugoslovenskih naroda, Beograd 3. Aufl. 1993.
Jovičić, M. (Hg.), Ustavni razvitak Srbije u XIX i početkom XX veka, Beograd 1990.
Jovičić, Miodrag, Leksikon srpske ustavnosti 1804–1918, Beograd 1999.
Krkljuš, Ljubomirka, Pravna istorija srpskog naroda, Novi Sad 2002.
Novaković, Stojan, Ustavno pitanje i zakoni Karadjordjevog vremena, Beograd 1907.
Pavlowitch, Stevan K., The Constitutional Development of Serbia in the Nineteenth Century, in: East European Quarterly 5 (1972), S. 456-467.
Prodanović, Jaša M., Zakon o činovnicima, in: Srpski književni glasnik, 10 (1923), S. 196-207, 284-298, 481-485.
Prodanović, Jaša M., Ustavni razvitak i ustavne borbe u Srbiji, Beograd 1936.
Tkalac-Ignjatijevic, Imbro, Das Staatsrecht des Fürstenthums Serbien, Leipzig 1858.

Griechenland

Anastasiadis, Giorgos, Πολιτική και συνταγματική ιστορία της Ελλάδος (1821–1941), Athen 2001.
Argyriadis, Charoula, Staatsbilder und Rechtspraktiken. Das juristisch-politische Profil der Entstehung des neugriechischen Staates (1821–1827), Frankfurt a. M. 1994.
Daskalakis, Apostolos, Οι τοπικοί οργανισμοί της Επαναστάσεως του 1821 και το Πολίτευμα της Επιδαύρου. Εν παραρτήματι τα κείμενα, Athen 1980.
Dimakopoulou, Charikleia, Η πορεία προς σύνταξιν Ελληνικού Αστικού Κώδικος. Η περίοδος των αναζητήσεων: 1822–1891. Συμβολή εις την Ιστορίαν του Νεοελληνικού Δικαίου, Athen 2008.
Hering, Gunnar, Die politischen Parteien in Griechenland 1821–1936, 2 Bde., München 1992.
Kaltsonis, Dimitris, Ελληνική Συνταγματική Ιστορία, 2 Bde., Athen 2009.
Kassimatis, G. (Hg.), Verfassungsgeschichte und Staatsrechtslehre: griechisch-deutsche Wechselwirkungen, Frankfurt a. M. 2001.
Mamoukas, Andreas, Τα κατά την αναγέννησιν της Ελλάδος. Ήτοι συλλογή των περί την αναγεννωμένην Ελλάδα συνταχθέντων πολιτευμάτων, νόμων και άλλων επισήμων πράξεων, από του 1821 μέχρι τέλους 1832, Athen/Piräus 1839–1852.
Petropoulos, John, Politics and Statecraft in the Kingdom of Greece 1833–1843, Princeton 1968.
Svolos, Alexandros, Συνταγματική ιστορία της Ελλάδος, Athen 3. Aufl. 1998.
Voukalis, Dimitris, Συνοπτική πολιτική και συνταγματική ιστορία της Ελλάδος, Thessaloniki 1995.

Portugal

Almeida, P. T. de (Hg.), Materiais para a História Eleitoral e Parlamentar Portuguesa, 1820–1926, in: <http://purl.pt/5854/2/roteiro_eleicoes_republica.htm>.
Brancato, Braz Augusto Aquino, A Carta Constitucional Portuguesa de 1826 na Europa: um exame partir de documentos espanhóis, in: Revista de história das ideias 10 (1988), S. 457-473.
Canotilho, Joaquim Gomes, Direito Constitucional e Teoria da Constituição, Coimbra 7. Aufl. 2011.
Castro, Zília Maria Osório de, The Portuguese Constitution of 1822. Power, Conflicts and Social Tensions, in: Parliaments, Estates & Representation. Parlements, États & Représentation 12 (1992), S. 155-164.
Castro, Z. M. O. de (Hg.), Dicionário do Vintismo e do primeiro Cartismo (1821–1823 e 1826–1828), Porto 2001.
Garcia, Maria da Glória Ferreira Pinto Dias, Da Justiça Administrativa em Portugal: sua origem e evolução, Lisboa 1994.
Hespanha, António M., Introduction to Constitutional and State history in Portugal in the 19th Century, in: E-Journal of Portuguese History 2 (2004), H. 2 <http://www.doaj.org/doaj?func=abstract&id=169388&recNo=4&toc=1>.
Hespanha, António Manuel, Guiando a mão invisível. Direitos, Estado e Lei no liberalismo monárquico português, Coimbra 2004.

1495

Hespanha, António M., Sob o signo de Napoleão. A Súplica constitucional de 1808, in: e-Legal History Review 7 (Jan. 2009) <http://www.iustel.com/v2/revistas/detalle_revista.asp?id=15>.
Hespanha, António M., The discrete empowerment of judiciary. The Portuguese Judiciary in Portuguese Liberal Constitutionalism, in: Quaderni Fiorentini per la Storia del Pensiero Giuridico Moderno 40 (2011).
Hespanha, A. M. (Ltr.)/Silva, Cristina Nogueira da, Fontes para a história constitucional portuguesa, Lisboa 2004 <http://www.fd.unl.pt> (»Investigação/Biblioteca digital«).
Homem, António Pedro Barbas, A Lei da Liberdade. Introdução Histórica ao Pensamento Jurídico, Estoril 2001.
Manique, António Pedro, Mouzinho da Silveira liberalismo e administração pública, Lisboa 1989.
Marques, Mário Reis, Codificação e paradigmas da modernidade, Coimbra 2003.
Mesquita, António Pedro, O Pensamento Político Português no Século XIX. Uma Síntese Histórico-Crítica, Lisboa 2006.
Pedrosa, A. L. Guimarães, Curso de ciência da administração e direito administrativo: prelecções feitas na Universidade de Coimbra, Coimbra 1908 (jetzt in: <http://www.fd.unl.pt>, »Investigação/Biblioteca Digital«).
Praça, José Joaquim Lopes, Estudos sobre a Carta Constitucional de 1826 e Acto Adicional de 1852, 3 Bde., Coimbra 1878–1880 (jetzt in: <http://www.fd.unl.pt>, »Investigação/Biblioteca Digital«).
Reis, José Alberto dos, Organização judicial: lições feitas ao curso do 4 ano jurídico de 1908 a 1909, Coimbra 1909.
Silva, Cristina Nogueira da, A cidadania nos trópicos. As colónias no constitucionalismo monárquico português (1820–c. 1880), Coimbra 2006.
Sousa, José Fereira Marnoco e, Direito político. Poderes do Estado. Sua organização segundo a sciencia politica e o direito constitucional português, Coimbra 1910 (jetzt in: <http://www.fd.unl.pt>, »Investigação/Biblioteca Digital«).
Vargues, Isabel Nobre, Insurreições e revoltas em Portugal (1801–1851). Subsídios para uma cronologia e bibliografia, in: Revoltas e revoluções (= Rev. Hist. Ideias), Coimbra 1984, S. 501-572.
Vargues, Isabel Nobre, A aprendizagem da cidadania: contributo para a definição da cultura política vintista, Coimbra 1993.

Sachregister

Das Sachregister erschließt den Band auf drei Ebenen:
1. Generelle Schlagwörter bilden ein allgemeines, alphabetisches Sachregister;
2. eine Auswahl verfassungsgeschichtlicher Begriffe dient zur Dokumentation der zentralen staatlichen Verfassungsstruktur (in systematischer Reihenfolge: Staatsoberhaupt – Parlament – Regierung – respektive Kompetenzen);
3. ein abschließendes länderbezogenes Verfassungsregister weist die im Band besprochenen Verfassungen bzw. verfassungsadäquaten Texte nach (in der Reihenfolge der Länderkapitel und innerhalb der Länder in chronologischer Abfolge).

Neben der zentralen staatlichen Verfassungsebene sind die übrigen Verfassungsbereiche und Verfassungsebenen über die allen Länderkapiteln gemeinsame Sachgliederung bereits in komparatistischer Perspektive zugänglich, weshalb auf ihren zusätzlichen Nachweis im Register verzichtet wurde. Für die Verfassungstexte ist ergänzend die zugehörige CD-ROM-Edition heranzuziehen, die eine erweiterte Textauswahl und optimierte elektronische Suchmöglichkeiten auf der Grundlage eines detaillierten Schlagwortkatalogs bietet.

1 Allgemeines Sachregister (alphabetisch)

Adel 34, 35, 42, 43, 44, 45, 48, 49, 52, 75, 81, 82, 85, 98, 99, 105, 106, 107, 115, 116, 117, 118, 130, 132, 151, 152, 156, 159, 161, 183, 194, 198, 222, 228, 230, 235, 237, 249, 251, 252, 274, 276, 279, 281, 282, 283, 291, 293, 294, 295, 298, 312, 313, 316, 335, 336, 350, 362, 367, 375, 378, 403, 414, 431, 435, 442, 447, 448, 449, 450, 464, 497, 501, 505, 508, 520, 550, 553, 605, 606, 607, 612, 628, 636, 666, 667, 668, 670, 680, 681, 685, 686, 689, 696, 697, 706, 709, 710, 714, 715, 729, 730, 736, 741, 747, 750, 758, 764, 772, 778, 827, 828, 833, 834, 836, 838, 840, 842, 884, 894, 897, 898, 901, 908, 911, 918, 937, 938, 960, 964, 966, 968, 973, 977, 980, 982, 988, 1002, 1011, 1018, 1019, 1020, 1024, 1025, 1037, 1042, 1047, 1048, 1051, 1052, 1053, 1055, 1060, 1062, 1064, 1066, 1068, 1071, 1072, 1075, 1084, 1116, 1117, 1119, 1120, 1122, 1127, 1130, 1151, 1152, 1178, 1189, 1193, 1225, 1231, 1232, 1233, 1234, 1237, 1243, 1252, 1253, 1258, 1259, 1266, 1269, 1272, 1274, 1279, 1282, 1293, 1341, 1342, 1343, 1345, 1346, 1347, 1349, 1354, 1356, 1360, 1361, 1362, 1363, 1371, 1401, 1415, 1445, 1446, 1447

Afrika 63, 70, 73, 101, 114, 210, 270, 271, 272, 283, 303, 306, 307, 308, 310, 332, 340, 437, 1147, 1156, 1297, 1299, 1301, 1304, 1311, 1320, 1321, 1328, 1333, 1433, 1436, 1454, 1455, 1474

Amerika. [Siehe Nordamerika/Lateinamerika]

Arbeiter 19, 22, 32, 38, 39, 40, 41, 52, 108, 110, 111, 162, 163, 164, 176, 198, 207, 228, 233, 237, 259, 260, 263, 276, 277, 288, 315, 336, 338, 365, 431, 481, 502, 517, 532, 540, 541, 542, 581, 625, 714, 716, 754, 755, 778, 876, 972, 988, 991, 1039, 1040, 1117, 1172, 1179, 1219, 1226, 1259, 1260

Asien 36, 67, 69, 70, 93, 161, 210, 211, 243, 270, 435, 437, 438, 480, 481, 487, 537, 719, 721, 725, 743, 748, 749, 750, 775, 776, 1147, 1156, 1223, 1224, 1297, 1299, 1301, 1311, 1320, 1328, 1433, 1436, 1454, 1455, 1474

Bauern/ländliche Bevölkerung 18, 23, 34, 35, 38, 40, 85, 104, 105, 107, 116, 117, 118, 133, 139, 161, 277, 290, 393, 418, 449, 502, 532, 541, 554, 577, 579, 606, 612, 613, 618, 619, 667, 685, 696, 704, 714, 715, 716, 727, 750, 751, 755, 774, 778, 836, 840, 863, 874, 888, 894, 897, 898, 899, 913, 923, 930, 937, 938, 963, 964, 975, 977, 978, 988, 989, 1007, 1018, 1034, 1037, 1045, 1047, 1051, 1053, 1055, 1060, 1062, 1071, 1073, 1074, 1076, 1077, 1081, 1103, 1108, 1109, 1116, 1121, 1122, 1130, 1135, 1142, 1143, 1149, 1152, 1153, 1154, 1160, 1163, 1164, 1166, 1170, 1171, 1177, 1179, 1183, 1191, 1192, 1194, 1199, 1200, 1204, 1205, 1212, 1218, 1219, 1226, 1231, 1232, 1233, 1236, 1237, 1243, 1245, 1247, 1253, 1258, 1259, 1266, 1267, 1275, 1289, 1293, 1332, 1339, 1346, 1347, 1349, 1351, 1353, 1357, 1359, 1360, 1361, 1362, 1363, 1378, 1381, 1384, 1388, 1389, 1394, 1396, 1397, 1432, 1437, 1439, 1480

Beamte 21, 43, 44, 45, 98, 106, 107, 116, 118, 119, 120, 125, 132, 133, 145, 147, 163, 236, 238, 279, 293, 294, 295, 303, 305, 314, 326, 332, 368, 370, 401, 405, 457, 458, 487, 504, 508, 510, 515, 516, 535, 541, 546, 547, 551, 556, 564, 566, 570, 634, 635, 637, 638, 641, 643, 651, 659, 666, 674, 687, 689, 690, 692, 696, 700, 705, 709, 733, 743, 748, 832, 834, 837, 838, 839, 840, 841, 842, 847, 850, 851, 858, 869, 876, 899, 900, 901, 905, 907, 908, 926, 930, 943, 944, 947, 949, 962, 965, 968, 970, 974, 976, 979, 982, 984, 986, 987, 1002, 1006, 1009, 1011, 1012, 1013, 1018, 1020, 1031, 1053, 1091, 1097, 1098, 1105, 1116, 1121, 1122, 1125, 1126, 1127, 1128, 1130, 1131, 1137, 1143, 1144, 1149, 1153, 1156, 1157, 1172, 1174, 1177, 1178, 1179, 1180, 1183, 1191, 1192, 1195, 1196, 1199, 1204, 1205, 1210, 1212, 1214, 1219, 1221, 1230, 1233, 1234, 1241, 1242, 1243, 1244, 1249, 1251, 1252, 1253, 1258, 1266, 1269, 1277, 1288, 1290, 1292, 1304, 1309, 1311, 1316, 1321, 1331, 1349, 1359, 1361, 1375, 1376, 1377, 1383, 1384, 1387, 1392, 1393, 1434, 1442, 1443, 1445, 1456, 1458, 1459, 1473, 1480

Bevölkerung 17, 19, 20, 25, 27, 31, 32, 33, 98, 159, 211, 213, 229, 237, 253, 272, 276, 295, 336, 344, 346, 347, 348, 386, 393, 435, 437, 441, 445, 466, 492, 501, 506, 508, 509, 562, 563, 578, 579, 581, 665, 666, 667, 668, 701, 703, 707, 713, 714, 715, 721, 722, 731, 736, 738,

1497

740, 773, 779, 836, 837, 838, 876, 884, 885, 886, 899, 916, 962, 963, 964, 969, 978, 982, 990, 996, 1005, 1036, 1039, 1047, 1054, 1058, 1077, 1079, 1099, 1115, 1122, 1177, 1178, 1179, 1219, 1224, 1225, 1253, 1265, 1266, 1286, 1299, 1301, 1302, 1339, 1347, 1363, 1371, 1403, 1433, 1445, 1455

Bündnisse/Verträge, diplomatische/völkerrechtliche 53, 172, 189, 202, 268, 269, 270, 273, 307, 331, 332, 348, 362, 383, 435, 436, 469, 486, 488, 489, 490, 519, 525, 536, 547, 561, 565, 598, 602, 610, 618, 702, 863, 883, 885, 915, 929, 995, 1044, 1094, 1095, 1173, 1181, 1222, 1264, 1293, 1405, 1406, 1430, 1472, 1474

Bürgertum 27, 35, 39, 41, 42, 43, 45, 46, 47, 48, 49, 51, 52, 75, 85, 99, 106, 139, 161, 176, 177, 178, 179, 186, 193, 194, 198, 206, 207, 228, 230, 249, 253, 279, 281, 283, 291, 293, 294, 295, 296, 298, 305, 314, 324, 336, 362, 363, 366, 367, 368, 375, 390, 403, 414, 431, 450, 467, 474, 505, 508, 520, 608, 611, 612, 682, 696, 722, 728, 729, 730, 731, 732, 733, 738, 739, 750, 751, 753, 754, 755, 756, 765, 767, 769, 772, 827, 828, 837, 838, 852, 858, 862, 876, 881, 892, 894, 899, 911, 912, 913, 930, 938, 960, 968, 975, 978, 979, 980, 982, 986, 988, 1002, 1007, 1011, 1016, 1019, 1023, 1025, 1026, 1053, 1075, 1116, 1117, 1120, 1122, 1126, 1135, 1153, 1178, 1179, 1183, 1192, 1204, 1212, 1219, 1231, 1243, 1266, 1275, 1389, 1440, 1451

Frau(en) 21, 41, 44, 46, 105, 107, 108, 111, 117, 152, 163, 252, 260, 279, 289, 291, 293, 296, 311, 325, 330, 331, 363, 371, 372, 380, 403, 404, 405, 406, 407, 501, 502, 504, 505, 530, 540, 555, 556, 561, 567, 620, 625, 681, 706, 707, 739, 741, 771, 835, 861, 899, 968, 969, 971, 972, 1006, 1056, 1076, 1085, 1125, 1137, 1138, 1141, 1150, 1159, 1191, 1193, 1330, 1358, 1377, 1379, 1380, 1391, 1412, 1429, 1450, 1476

Gesellschaft 18, 19, 22, 23, 28, 34, 35, 36, 38, 40, 41, 43, 169, 170, 176, 180, 181, 185, 188, 194, 195, 205, 206, 235, 236, 249, 253, 259, 283, 290, 303, 311, 336, 348, 364, 403, 405, 420, 421, 426, 482, 526, 579, 581, 686, 721, 778, 835, 841, 873, 876, 901, 969, 975, 990, 1016, 1026, 1030, 1034, 1039, 1040, 1047, 1069, 1070, 1076, 1081, 1084, 1108, 1116, 1178, 1179, 1225, 1258, 1347, 1371, 1379, 1381, 1389, 1401, 1451

Gewaltenteilung, -verschränkung 21, 59, 74, 85, 86, 119, 122, 124, 125, 178, 181, 182, 186, 199, 230, 245, 275, 396, 414, 415, 416, 442, 447, 457, 460, 461, 493, 500, 514, 515, 560, 577, 609, 614, 635, 641, 642, 729, 731, 736, 747, 748, 824, 895, 905, 908, 910, 943, 944, 976, 999, 1014, 1016, 1082, 1092, 1093, 1118, 1183, 1227, 1239, 1246, 1247, 1248, 1276, 1279, 1304, 1306, 1340, 1341, 1344, 1349, 1350, 1372, 1373, 1374, 1375, 1385, 1408, 1418, 1433, 1437, 1447, 1463, 1471

Islam 70, 101, 106, 114, 123, 124, 128, 133, 140, 141, 143, 147, 152, 272, 307, 308, 310, 1223, 1225, 1238, 1251, 1297, 1303, 1304, 1306, 1307, 1309, 1310, 1311, 1314, 1315, 1316, 1317, 1319, 1320, 1323, 1328, 1330, 1332, 1339, 1369, 1378, 1385, 1390, 1424, 1435

Judentum 105, 106, 107, 111, 117, 146, 147, 148, 310, 323, 326, 363, 364, 383, 407, 408, 409, 468, 469, 506, 526, 532, 649, 665, 666, 667, 686, 687, 688, 690, 704,

846, 901, 951, 968, 970, 971, 982, 1029, 1047, 1054, 1055, 1056, 1068, 1069, 1075, 1117, 1123, 1124, 1141, 1152, 1154, 1165, 1194, 1251, 1252, 1308, 1314, 1323, 1327, 1328, 1330, 1340, 1357, 1358, 1435

Konfessionen, christliche 22, 34, 44, 71, 73, 105, 106, 107, 128, 138, 140, 144, 145, 146, 147, 150, 151, 159, 160, 162, 212, 214, 249, 250, 251, 252, 253, 254, 291, 312, 323, 324, 325, 327, 328, 329, 330, 331, 356, 363, 373, 379, 382, 383, 385, 386, 409, 437, 439, 440, 441, 445, 455, 464, 467, 468, 469, 470, 472, 474, 482, 487, 492, 506, 524, 525, 526, 527, 528, 531, 532, 556, 566, 568, 570, 579, 582, 603, 607, 609, 616, 623, 625, 626, 628, 629, 634, 643, 649, 651, 653, 654, 655, 666, 677, 683, 684, 685, 686, 687, 701, 702, 703, 704, 730, 743, 757, 762, 766, 835, 836, 838, 843, 846, 863, 864, 865, 867, 868, 885, 901, 915, 916, 917, 926, 937, 938, 950, 952, 962, 964, 968, 982, 983, 984, 985, 986, 1028, 1029, 1044, 1047, 1048, 1054, 1068, 1069, 1070, 1076, 1084, 1088, 1090, 1099, 1103, 1120, 1123, 1124, 1127, 1128, 1129, 1132, 1133, 1136, 1137, 1144, 1146, 1153, 1156, 1157, 1164, 1165, 1166, 1172, 1182, 1194, 1210, 1212, 1224, 1235, 1247, 1249, 1250, 1266, 1275, 1276, 1281, 1286, 1287, 1289, 1308, 1311, 1314, 1319, 1327, 1328, 1354, 1377, 1381, 1389, 1402, 1412, 1414, 1424, 1426, 1452, 1472, 1473

Lateinamerika 24, 25, 27, 28, 29, 30, 87, 92, 105, 108, 136, 161, 166, 196, 487, 537, 540, 719, 721, 722, 723, 725, 760, 762, 772, 773, 775, 776, 777, 1115, 1125, 1147, 1156, 1433, 1434, 1436, 1437, 1438, 1444, 1447, 1450, 1454, 1455, 1469, 1474

Legalität 29, 169, 170, 173, 175, 182, 273, 279, 299, 300, 309, 507, 513, 555, 624, 676, 678, 680, 684, 687, 692, 693, 724, 727, 734, 743, 747, 827, 841, 842, 843, 939, 944, 953, 969, 976, 987, 1007, 1012, 1016, 1027, 1042, 1055, 1087, 1098, 1100, 1110, 1129, 1130, 1158, 1193, 1195, 1228, 1237, 1238, 1239, 1241, 1242, 1261, 1271, 1277, 1309, 1311, 1332, 1346, 1347, 1351, 1377, 1408, 1413, 1414, 1415, 1452, 1453, 1459

Legitimität 26, 63, 72, 83, 88, 89, 90, 93, 136, 168, 169, 170, 171, 172, 173, 175, 180, 182, 183, 186, 187, 200, 207, 218, 269, 274, 278, 285, 290, 350, 395, 398, 403, 422, 440, 448, 467, 492, 495, 604, 607, 612, 666, 672, 680, 733, 757, 762, 829, 846, 935, 961, 963, 965, 967, 981, 999, 1001, 1002, 1006, 1023, 1024, 1081, 1145, 1149, 1150, 1181, 1237, 1246, 1268, 1277, 1285, 1303, 1334, 1347, 1355, 1374, 1400, 1405, 1407, 1444, 1468, 1469, 1472

Monarchie 11, 30, 57, 58, 63, 65, 68, 71, 72, 74, 75, 83, 87, 89, 135, 136, 140, 141, 155, 171, 177, 180, 181, 183, 185, 188, 194, 200, 216, 219, 266, 273, 276, 284, 288, 298, 315, 316, 317, 318, 320, 321, 351, 356, 358, 360, 361, 381, 384, 461, 487, 493, 495, 496, 500, 522, 524, 562, 603, 614, 672, 699, 719, 727, 728, 731, 732, 752, 761, 823, 830, 831, 841, 846, 856, 862, 871, 884, 892, 896, 911, 934, 936, 949, 954, 956, 965, 981, 982, 983, 1001, 1005, 1006, 1023, 1024, 1081, 1082, 1086, 1092, 1098, 1101, 1106, 1145, 1149, 1150, 1158, 1182, 1209, 1233, 1247, 1249, 1269, 1270, 1285, 1301, 1303, 1304, 1355, 1400, 1406, 1407, 1408, 1416, 1437, 1438, 1448

Sachregister

Nation 27, 28, 49, 50, 51, 63, 69, 70, 72, 73, 81, 89, 93, 95, 97, 100, 114, 127, 128, 129, 130, 133, 136, 137, 138, 139, 140, 141, 143, 144, 146, 150, 151, 157, 158, 184, 188, 202, 203, 204, 267, 268, 272, 316, 317, 318, 320, 328, 378, 379, 381, 400, 420, 422, 433, 435, 439, 440, 446, 447, 453, 458, 459, 461, 462, 463, 464, 465, 466, 468, 469, 470, 473, 474, 485, 487, 488, 493, 508, 520, 521, 522, 523, 530, 535, 536, 543, 544, 563, 646, 648, 663, 666, 667, 670, 672, 676, 684, 685, 686, 698, 699, 703, 706, 719, 724, 733, 736, 738, 747, 752, 755, 757, 759, 760, 761, 762, 774, 837, 876, 946, 962, 963, 964, 971, 979, 992, 1000, 1002, 1005, 1019, 1024, 1025, 1026, 1045, 1047, 1051, 1057, 1058, 1061, 1065, 1066, 1068, 1069, 1070, 1117, 1121, 1132, 1133, 1135, 1146, 1147, 1151, 1163, 1175, 1176, 1194, 1203, 1204, 1205, 1206, 1207, 1208, 1214, 1248, 1289, 1299, 1324, 1337, 1338, 1340, 1358, 1367, 1368, 1370, 1378, 1389, 1399, 1401, 1405, 1412, 1414, 1415, 1416, 1422, 1423, 1424, 1425, 1427, 1435, 1444, 1447, 1449, 1450, 1454

Nordamerika (USA) 11, 12, 13, 14, 15, 16, 18, 19, 21, 23, 25, 27, 34, 36, 56, 87, 90, 101, 166, 171, 176, 188, 194, 195, 196, 199, 200, 210, 270, 500, 515, 540, 541, 579, 648, 719, 721, 722, 723, 725, 760, 841, 925, 983, 1067, 1115, 1116, 1125, 1135, 1147, 1156, 1184, 1207, 1232, 1248, 1410, 1457

Notabeln 43, 52, 74, 75, 94, 125, 291, 293, 295, 305, 336, 350, 353, 366, 368, 412, 418, 426, 435, 447, 491, 492, 546, 547, 1054, 1173, 1302, 1303, 1340, 1342, 1371, 1372, 1388, 1407

Öffentlichkeit 11, 22, 27, 46, 47, 48, 79, 84, 88, 91, 101, 108, 109, 110, 111, 112, 125, 135, 136, 137, 138, 141, 172, 176, 178, 184, 197, 207, 212, 216, 219, 222, 226, 227, 231, 232, 233, 238, 247, 253, 254, 272, 276, 281, 282, 283, 288, 296, 297, 299, 300, 301, 302, 309, 320, 365, 379, 380, 382, 407, 408, 415, 417, 419, 421, 432, 433, 441, 450, 455, 456, 461, 467, 470, 476, 478, 487, 497, 506, 507, 508, 511, 512, 513, 514, 526, 527, 552, 555, 563, 564, 595, 614, 629, 630, 638, 642, 678, 680, 683, 684, 692, 720, 725, 729, 732, 737, 740, 742, 743, 748, 749, 757, 758, 761, 762, 824, 827, 834, 837, 838, 839, 840, 843, 844, 845, 854, 855, 857, 859, 861, 870, 882, 888, 894, 896, 899, 902, 903, 904, 913, 915, 918, 919, 921, 930, 934, 939, 947, 948, 949, 956, 960, 966, 969, 970, 971, 976, 978, 979, 980, 982, 990, 1006, 1008, 1009, 1011, 1019, 1022, 1023, 1024, 1032, 1048, 1051, 1056, 1057, 1061, 1063, 1067, 1099, 1124, 1134, 1135, 1138, 1150, 1154, 1155, 1160, 1161, 1162, 1163, 1195, 1200, 1204, 1207, 1234, 1237, 1311, 1323, 1324, 1325, 1343, 1346, 1348, 1351, 1355, 1364, 1378, 1392, 1403, 1409, 1415, 1416, 1444, 1466, 1470, 1472, 1474

Papst 138, 144, 145, 323, 324, 326, 382, 383, 384, 396, 402, 403, 415, 418, 420, 423, 425, 469, 525, 527, 528, 565, 650, 653, 701, 702, 703, 763, 764, 765, 863, 916, 984, 1027, 1028, 1473, 1474

Partei/en 15, 16, 20, 21, 22, 23, 48, 50, 51, 52, 86, 99, 108, 109, 136, 138, 139, 141, 144, 146, 162, 176, 197, 201, 212, 219, 220, 223, 225, 226, 229, 230, 233, 235, 246, 247, 259, 263, 266, 279, 280, 281, 283, 285, 287, 288, 291, 292, 296, 302, 325, 334, 356, 365, 380, 420, 421, 422, 434, 442, 445, 447, 451, 461, 467, 468, 470, 474, 476, 478, 487, 492, 498, 503, 505, 507, 522, 525, 526, 527, 528, 529, 532, 566, 578, 617, 618, 630, 646, 680, 684, 703, 720, 722, 725, 726, 727, 728, 731, 732, 733, 734, 736, 737, 742, 746, 752, 753, 754, 755, 756, 761, 763, 824, 834, 837, 838, 839, 840, 843, 844, 858, 888, 894, 902, 943, 960, 970, 982, 985, 987, 1009, 1013, 1021, 1023, 1025, 1028, 1046, 1048, 1051, 1052, 1056, 1057, 1067, 1072, 1117, 1135, 1153, 1155, 1156, 1163, 1192, 1197, 1204, 1205, 1206, 1246, 1248, 1308, 1324, 1338, 1343, 1348, 1352, 1355, 1376, 1401, 1402, 1403, 1404, 1406, 1408, 1414, 1416, 1427, 1437, 1465, 1476

Republik 11, 13, 14, 15, 23, 30, 64, 73, 74, 81, 86, 87, 88, 90, 93, 96, 103, 138, 140, 171, 183, 200, 201, 267, 283, 284, 287, 296, 298, 318, 347, 350, 352, 370, 379, 435, 436, 439, 448, 464, 465, 493, 509, 524, 535, 603, 614, 663, 665, 677, 681, 684, 688, 692, 720, 823, 1097, 1183, 1399, 1456

Revolution 15, 16, 25, 26, 68, 69, 75, 91, 92, 93, 130, 133, 140, 157, 159, 160, 168, 169, 173, 174, 176, 179, 181, 187, 188, 189, 194, 200, 213, 215, 216, 226, 230, 245, 265, 266, 272, 273, 283, 284, 285, 288, 296, 297, 301, 314, 315, 318, 336, 351, 356, 358, 360, 365, 374, 376, 379, 380, 386, 397, 399, 402, 409, 420, 424, 435, 437, 439, 447, 448, 451, 452, 454, 461, 464, 471, 472, 478, 486, 488, 490, 498, 499, 500, 505, 506, 510, 513, 516, 517, 520, 521, 522, 523, 524, 525, 527, 531, 535, 547, 550, 558, 561, 563, 565, 577, 586, 613, 614, 615, 618, 668, 672, 685, 699, 708, 711, 713, 714, 715, 719, 720, 721, 725, 726, 729, 731, 732, 733, 736, 737, 750, 751, 752, 753, 754, 756, 757, 765, 823, 835, 838, 839, 841, 845, 852, 863, 874, 881, 886, 887, 891, 896, 908, 930, 931, 944, 947, 960, 965, 967, 976, 991, 1001, 1023, 1032, 1034, 1037, 1043, 1052, 1113, 1117, 1135, 1145, 1149, 1176, 1203, 1222, 1228, 1232, 1234, 1250, 1252, 1254, 1255, 1302, 1303, 1337, 1338, 1344, 1348, 1354, 1356, 1367, 1368, 1372, 1400, 1401, 1407, 1408, 1420, 1436, 1438, 1440, 1444, 1449, 1451, 1464

Souveränität, völkerrechtliche 65, 87, 92, 146, 211, 267, 269, 270, 272, 273, 344, 346, 347, 402, 429, 435, 437, 486, 487, 488, 489, 493, 545, 546, 560, 561, 562, 576, 584, 586, 588, 590, 593, 594, 663, 664, 666, 667, 668, 672, 676, 678, 680, 697, 710, 761, 857, 884, 931, 935, 948, 996, 1002, 1041, 1044, 1046, 1050, 1059, 1078, 1079, 1115, 1145, 1173, 1181, 1182, 1272, 1279, 1284, 1291, 1299, 1301, 1337, 1339, 1340, 1341, 1343, 1355, 1365, 1367, 1368, 1370, 1374, 1389, 1399, 1405, 1406, 1430, 1436, 1444, 1464

Staat/Staatsgewalt, allgemein 40, 41, 67, 143, 144, 145, 151, 170, 190, 192, 206, 327, 328, 444, 528, 531, 540, 544, 567, 568, 571, 681, 727, 731, 732, 750, 753, 769, 773, 778, 831, 841, 916, 918, 933, 977, 981, 983, 985, 1005, 1010, 1027, 1086, 1087, 1098, 1106, 1143, 1211, 1226, 1289, 1297, 1310, 1340, 1370, 1371, 1375, 1381, 1383, 1388, 1399, 1411, 1435, 1457, 1472, 1479, 1480

Staatsgebiet 16, 20, 89, 90, 107, 210, 267, 268, 269, 270, 272, 273, 289, 294, 307, 347, 352, 391, 396, 398, 410, 411, 436, 437, 439, 486, 489, 490, 546, 548, 576, 582,

1499

583, 584, 585, 663, 665, 666, 667, 668, 688, 689, 690, 722, 744, 824, 825, 826, 883, 884, 885, 915, 929, 931, 961, 962, 973, 994, 995, 996, 1009, 1044, 1045, 1046, 1079, 1113, 1115, 1126, 1145, 1147, 1177, 1222, 1223, 1224, 1235, 1238, 1264, 1293, 1299, 1349, 1368, 1369, 1401, 1413, 1414, 1415, 1417, 1435, 1454, 1456
Staatsstreich/Pronunciamiento 26, 84, 88, 91, 132, 276, 606, 617, 618, 725, 726, 733, 737, 750, 751, 752, 754, 756, 757, 841, 1188, 1269, 1270, 1376, 1400, 1405, 1428, 1444, 1445, 1449
Stand/Stände 15, 65, 74, 79, 80, 85, 93, 96, 97, 99, 102, 103, 106, 116, 118, 130, 133, 139, 154, 177, 180, 183, 188, 351, 362, 397, 402, 501, 507, 545, 550, 553, 667, 681, 682, 683, 684, 694, 704, 724, 827, 830, 835, 836, 838, 839, 841, 849, 852, 854, 857, 874, 888, 897, 898, 908, 930, 932, 935, 937, 938, 953, 965, 966, 969, 974, 980, 988, 998, 999, 1001, 1005, 1006, 1022, 1023, 1041, 1043, 1044, 1053, 1062, 1064, 1067, 1073, 1084, 1096, 1099, 1104, 1108, 1118, 1120, 1146, 1149, 1150, 1180, 1226, 1231, 1234, 1242, 1245, 1258, 1266, 1269, 1270, 1346, 1444
Volk 11, 15, 21, 26, 49, 50, 176, 179, 191, 196, 198, 205, 207, 245, 259, 263, 266, 275, 284, 314, 321, 421, 431, 447, 464, 466, 469, 493, 610, 612, 617, 646, 672, 727, 751, 754, 761, 763, 766, 837, 930, 947, 963, 981, 985, 1001, 1026, 1070, 1107, 1132, 1249, 1344, 1451

2 Verfassungsstruktur der zentralen staatlichen Ebene (systematisch)

Staatsoberhaupt, allgemein 57, 58, 59, 60, 61, 63, 74, 83, 85, 86, 88, 131, 179, 187, 202, 205, 215, 216, 244, 274, 275, 278, 281, 284, 285, 287, 290, 301, 320, 384, 399, 405, 435, 440, 441, 442, 444, 445, 458, 463, 470, 475, 489, 491, 493, 494, 495, 498, 499, 501, 509, 511, 512, 515, 529, 545, 550, 561, 635, 665, 670, 673, 674, 677, 699, 700, 727, 728, 731, 733, 734, 748, 750, 757, 829, 830, 831, 839, 888, 911, 933, 935, 960, 963, 964, 980, 981, 999, 1010, 1016, 1017, 1024, 1079, 1117, 1118, 1119, 1128, 1136, 1140, 1155, 1158, 1159, 1163, 1174, 1175, 1183, 1185, 1202, 1210, 1211, 1227, 1228, 1230, 1269, 1283, 1287, 1304, 1312, 1323, 1340, 1341, 1342, 1344, 1345, 1350, 1351, 1352, 1353, 1356, 1372, 1373, 1375, 1385, 1386, 1387, 1388, 1389, 1400, 1405, 1406, 1407, 1410, 1412, 1427, 1434, 1438, 1444, 1447, 1448, 1464, 1472, 1473
Staatsoberhaupt, Sukzession 183, 268, 275, 345, 350, 395, 440, 672, 728, 825, 828, 886, 889, 929, 941, 960, 980, 1001, 1050, 1067, 1114, 1149, 1150, 1176, 1181, 1248, 1302, 1303, 1339, 1372
Staatsoberhaupt, Vermögensregelung 154, 217, 257, 411, 429, 430, 552, 569, 570, 774, 830, 870, 894, 922, 954, 955, 1106, 1107, 1312, 1343, 1361
Parlament, allgemein 88, 196, 220, 229, 243, 274, 279, 285, 356, 361, 399, 433, 434, 441, 496, 499, 552, 595, 620, 637, 641, 642, 651, 676, 726, 729, 731, 732, 734, 770, 841, 858, 859, 860, 861, 887, 913, 1000, 1005, 1022, 1023, 1047, 1048, 1049, 1082, 1117, 1118, 1121, 1122, 1183, 1184, 1189, 1209, 1269, 1273, 1343, 1374, 1375, 1377, 1403, 1447, 1460
Parlament, Abgeordneter 30, 86, 280, 288, 291, 448, 449, 450, 461, 496, 497, 500, 502, 552, 553, 554, 673, 677, 681, 682, 729, 739, 833, 834, 836, 839, 860, 861, 898, 947, 1084, 1085, 1099, 1120, 1137, 1191, 1407, 1409, 1410, 1413, 1473
Parlament, Ausschuss 222, 834, 894, 1061, 1062, 1119, 1121, 1128, 1409
Parlament, Gruppen 280, 285, 287, 288, 477, 478, 727, 732, 834, 894, 948
Parlament, Kammersystem 29, 44, 70, 81, 84, 85, 86, 91, 97, 177, 191, 222, 223, 230, 275, 356, 440, 441, 447, 491, 496, 497, 500, 553, 554, 648, 673, 677, 730, 731, 734, 736, 741, 824, 829, 833, 835, 837, 840, 888, 894, 898, 1048, 1084, 1122, 1151, 1183, 1184, 1248, 1406, 1441, 1443, 1447, 1449
Parlament, Mandat 80, 81, 83, 86, 87, 361, 497, 501, 595, 834, 835, 837, 838, 840, 894, 898, 917, 934, 935, 1053, 1085, 1407, 1410, 1413
Regierung, allgemein 84, 86, 87, 115, 206, 219, 230, 281, 285, 353, 397, 398, 399, 440, 441, 458, 494, 545, 551, 552, 561, 595, 634, 636, 637, 651, 673, 676, 677, 724, 725, 731, 750, 770, 846, 848, 892, 941, 942, 964, 972, 1002, 1010, 1035, 1059, 1061, 1091, 1119, 1156, 1167, 1182, 1183, 1185, 1187, 1196, 1248, 1271, 1278, 1301, 1306, 1312, 1328, 1342, 1372, 1374, 1382, 1408, 1409, 1410, 1411, 1418, 1434, 1448
Regierung, Kanzler 59, 85, 88, 218, 223, 498, 513, 551, 560, 637, 832, 888, 889, 906, 1002, 1003, 1004, 1091, 1120, 1185, 1187, 1228, 1303, 1304, 1306, 1412, 1448
Regierung, Minister 59, 62, 84, 114, 119, 132, 154, 224, 243, 257, 261, 278, 279, 284, 307, 313, 314, 324, 325, 327, 329, 330, 333, 334, 339, 353, 359, 360, 367, 368, 369, 376, 383, 384, 385, 387, 388, 391, 392, 444, 445, 446, 447, 456, 469, 487, 491, 494, 498, 499, 517, 518, 535, 560, 673, 676, 699, 705, 709, 724, 734, 743, 756, 757, 763, 774, 831, 832, 846, 848, 849, 864, 866, 867, 870, 871, 888, 891, 892, 905, 906, 911, 919, 941, 942, 964, 965, 977, 978, 987, 1004, 1017, 1120, 1122, 1128, 1137, 1139, 1146, 1149, 1151, 1158, 1169, 1176, 1183, 1184, 1186, 1196, 1202, 1215, 1216, 1217, 1227, 1230, 1235, 1244, 1245, 1249, 1254, 1255, 1256, 1271, 1272, 1304, 1306, 1312, 1313, 1333, 1334, 1342, 1357, 1359, 1362, 1366, 1375, 1383, 1390, 1391, 1392, 1395, 1409, 1410, 1444, 1447, 1448, 1459
Regierung, Staatsrat 59, 60, 75, 79, 80, 82, 114, 119, 132, 304, 310, 351, 353, 357, 358, 359, 360, 387, 397, 398, 411, 416, 442, 597, 629, 634, 636, 666, 673, 676, 743, 748, 848, 850, 906, 965, 1003, 1004, 1011, 1117, 1119, 1120, 1130, 1149, 1151, 1152, 1230, 1306, 1307, 1375, 1411, 1412, 1430, 1459
Kompetenzen, Auflösung des Parlaments/der Kammern 84, 85, 87, 276, 279, 282, 284, 292, 491, 496, 552, 730, 731, 732, 733, 736, 831, 834, 838, 881, 933, 935, 955, 1189, 1341, 1406, 1434, 1447, 1448
Kompetenzen, Einberufung des Parlaments/der Kammern 75, 81, 84, 87, 494, 496, 552, 673, 674,

680, 730, 734, 831, 834, 892, 933, 1048, 1050, 1119, 1133, 1274, 1409
Kompetenzen, Bestellung (= Ernennung und Abberufung Diplomatencorps, Legislativbereich [ohne allgem. Wahlen], Regierung) 60, 87, 89, 97, 217, 218, 220, 224, 227, 230, 236, 275, 276, 278, 279, 283, 284, 285, 295, 353, 399, 441, 442, 447, 450, 451, 461, 494, 497, 500, 595, 619, 635, 636, 673, 677, 678, 680, 681, 682, 683, 727, 730, 732, 735, 741, 831, 833, 892, 948, 955, 1006, 1011, 1085, 1118, 1152, 1183, 1189, 1228, 1304, 1308, 1341, 1342, 1372, 1375, 1376, 1403, 1409, 1411, 1434, 1444, 1447, 1448
Kompetenzen, Budget 60, 64, 75, 81, 82, 84, 85, 86, 87, 131, 132, 154, 155, 257, 332, 333, 334, 359, 410, 412, 440, 464, 467, 475, 477, 478, 480, 481, 491, 496, 534, 552, 674, 676, 678, 730, 743, 774, 834, 846, 871, 872, 873, 894, 921, 922, 948, 954, 955, 956, 987, 1061, 1072, 1082, 1106, 1119, 1176, 1183, 1185, 1190, 1202, 1216, 1269, 1279, 1291, 1343, 1361, 1366, 1392, 1409, 1430, 1478
Kompetenzen, Erklärung von Krieg und Frieden 58, 60, 63, 64, 65, 275, 464, 518, 593, 595, 676, 735, 892, 911, 1063, 1082, 1183, 1269, 1409
Kompetenzen, Gesetzesinitiative/Gesetzgebungsverfahren 81, 83, 84, 85, 86, 87, 88, 177, 186, 189, 193, 194, 196, 205, 211, 217, 222, 223, 276, 278, 284, 359, 440, 457, 491, 493, 494, 550, 551, 620, 621, 622, 623, 636, 637, 639, 672, 673, 674, 676, 677, 681, 729, 730, 731, 734, 823, 830, 831, 832, 834, 850, 894, 896, 920, 934, 936, 956, 966, 999, 1005, 1048, 1062, 1065, 1082, 1097, 1119, 1150, 1183, 1190, 1227, 1228, 1244, 1248, 1269, 1270, 1273, 1274, 1276, 1277, 1288, 1291, 1341, 1372, 1375, 1409, 1410, 1447, 1448, 1460, 1461, 1468, 1471
Kompetenzen, Gesetzgebungskompetenz im föderativen Staat 24, 64, 71, 115, 155, 592, 593, 596, 602, 608, 620, 621, 623, 747, 1000, 1002
Kompetenzen, Kompatibilität zwischen den Funktionen innerhalb der Verfassung 86, 244, 361, 494, 498, 552, 838, 1130, 1183, 1184
Kompetenzen, Notverordnungsrecht 892, 936, 1416
Kompetenzen, Steuer/-bewilligung 74, 75, 82, 83, 84, 85, 131, 132, 154, 155, 256, 276, 351, 356, 370, 395, 475, 476, 534, 552, 569, 657, 659, 668, 674, 709, 747, 764, 774, 823, 827, 829, 834, 871, 872, 894, 921, 934, 935, 953, 955, 963, 965, 973, 999, 1000, 1060, 1063, 1064, 1071, 1072, 1082, 1104, 1105, 1106, 1119, 1125, 1127, 1128, 1143, 1150, 1168, 1183, 1190, 1198, 1257, 1276, 1343, 1368, 1374, 1393, 1430, 1447, 1477, 1478
Kompetenzen, Verfassungsrevision 85, 94, 274, 283, 491, 552, 594, 599, 609, 612, 616, 617, 623, 674, 676, 737, 741, 742, 888, 896, 1082, 1119, 1128, 1141, 1175, 1181, 1185, 1188, 1189, 1343, 1355, 1406, 1411, 1471
Kompetenzen, Verfassungsgerichtsbarkeit (inkl. Ministeranklage) 84, 85, 86, 122, 126, 275, 278, 284, 356, 444, 445, 446, 447, 478, 487, 491, 494, 497, 514, 591, 592, 594, 610, 640, 673, 691, 692, 729, 748, 749, 832, 846, 895, 896, 906, 908, 909, 911, 945, 1063, 1119, 1183, 1184, 1189, 1201, 1248, 1341, 1448

Kompetenzen, Verordnungsrecht 29, 84, 85, 273, 275, 283, 284, 292, 368, 370, 456, 457, 491, 509, 674, 1060, 1190, 1270, 1274, 1291, 1448
Kompetenzen, völkerrechtliche Verträge 58, 60, 62, 63, 64, 65, 217, 275, 518, 552, 1004, 1082, 1182, 1409
Kompetenzen, Veto 84, 85, 86, 87, 91, 217, 275, 276, 284, 285, 356, 496, 499, 618, 621, 622, 674, 731, 734, 735, 736, 831, 1061, 1084, 1141, 1183, 1184, 1185, 1189, 1190, 1194, 1269, 1341, 1409, 1410, 1443, 1447, 1449, 1471

3 Nachweis der zentralen Verfassungstexte (geographisch-chronologisch)

Internationale Beziehungen

Frieden von Kiel (1814) 1115, 1145
Premier traité de paix de Paris (Mai 1814, Erster Pariser Frieden) 53, 436, 826, 995, 996
Acte final du Congrès de Vienne (1815, Wiener Kongressakte) 53, 102, 108, 160, 398, 546, 551, 569, 663, 671, 826, 883, 962, 995, 1221
Sainte Alliance (1815, Heilige Allianz) 59, 586, 965, 997, 1115, 1221, 1254
Second traité de paix de Paris (November 1815, Zweiter Pariser Frieden) 996
Traité d'alliance entre les Cours d'Autriche, de la Grande-Bretagne, de la Prusse et de la Russie (November 1815, Quadrupel-Allianz) 54
Konvention von Akkerman (1826) 1339, 1368
Frieden von Adrianopel (1829) 1223, 1339, 1340, 1341, 1353, 1354, 1360, 1364, 1368
Traité conclu à Londres (1831, Londoner Vertrag oder »24 Artikel«) 61
Traité de Londres (1839, Londoner Vertrag oder »Endvertrag«) 61, 437, 439, 548

Großbritannien

Reform Bill (1832) 63, 88, 93, 197, 198, 209, 213, 215, 218, 220, 223, 227, 228, 229, 230, 235, 246, 288, 451
Parliamentary Papers Publication Act (1840) 222

Frankreich

Charte constitutionnelle (1814) 13, 58, 61, 84, 90, 92, 94, 102, 104, 109, 187, 189, 265, 266, 273, 274, 275, 277, 278, 281, 289, 290, 291, 297, 299, 300, 302, 309, 311, 316, 318, 321, 331, 334, 447, 496, 500, 823, 888, 892, 965, 999, 1374, 1437, 1447
Acte additionnel (1815) 83, 90, 273, 274, 278, 297, 300
Charte constitutionnelle (1830) 58, 86, 91, 92, 94, 102, 104, 109, 178, 179, 265, 266, 273, 284, 286, 293, 297, 300, 301, 302, 304, 314, 320, 321, 330, 335, 493, 729, 1374

Italien

Editto di Vittorio Emanuele I sulla restaurazione della legislazione antica (1814, Restaurationsedikt Viktor Emanuels I.) 352, 367, 388

Decreto per la Nomina dei ministri nel ducato di Modena (1814, Erlass zur Ernennung der Minister in Modena) 396

Editto sul Governo e codificazione penale e civile in Massa e Carrara (1815, Edikt über Regierung, Straf- und Zivilgesetzgebung in Massa-Carrara) 395

Moto proprio sull'organizzazione dell'amministrazione pubblica nello Stato della Chiesa (1816, Motuproprio über die öffentliche Verwaltung im Kirchenstaat) 396, 401, 405, 412, 414

Legge fondamentale del regno delle Due Sicilie (1816, Grundgesetz des Königreichs beider Sizilien) 346, 356, 375

Costituzione del Regno delle Due Sicilie (1821, Verfassung des Königreichs beider Sizilien) 91, 92, 97, 104, 107, 131, 146, 155, 156, 163, 356, 361, 379

Decreto sul riordinamento politico delle Due Sicilie (1821, Dekret über die politische Neuordnung beider Sizilien) 357

Costituzione delle Provincie Unite Italiane (1831, Verfassung der Vereinigten Italienischen Provinzen) 399, 400

Istituzione del Consiglio di Stato in Piemonte-Sardegna (1831, Einrichtung des Staatsrats in Piemont-Sardinien) 358, 359

Niederlande

Loi fondamentale des Provinces Unies (1814, Grundgesetz der Vereinigten Provinzen) 60, 85, 93, 94, 102, 104, 156, 437, 439, 440, 452, 454, 458, 459, 463, 464, 466, 471, 473, 475, 476, 477, 481, 482, 487, 491, 506, 547, 550, 553, 555

Grundgesetz des Königreiches der Niederlande (1815) 60, 85, 94, 102, 104, 109, 110, 141, 147, 156, 163, 439, 441, 442, 444, 448, 450, 451, 453, 454, 455, 458, 459, 463, 464, 465, 466, 467, 468, 471, 473, 476, 477, 481, 487, 491, 496, 500, 501, 506, 509, 524, 534, 545, 547, 550, 553, 555, 556

Grondwet voor het Koningrijk der Nederlanden (1840, Verfassung der Niederlande) 446, 451, 480

Belgien

Constitution de la Belgique (1831, Verfassung Belgiens) 61, 62, 63, 86, 91, 92, 94, 97, 102, 103, 104, 105, 108, 110, 111, 124, 147, 156, 203, 285, 467, 485, 486, 492, 493, 495, 496, 498, 499, 500, 502, 503, 507, 510, 512, 513, 514, 515, 516, 518, 521, 523, 524, 525, 526, 528, 534, 535, 541, 550, 553, 555, 563, 742, 1374, 1449

Luxemburg

Verfassung Luxemburgs (1841) 85, 97, 104, 110, 147, 545, 549, 551, 553, 555, 556, 569

Schweiz

Mediationsakte (1803) 576, 587, 602, 604

Verfassung Basels (1814) 607
Verfassung Luzerns (1814) 606, 626
Verfassung Freiburgs (1814) 606, 636
Verfassung Zürichs (1814) 607
Verfassung Schaffhausens (1814) 607
Charte Constitutionnelle Neuenburgs/Neuchâtels (1814) 82, 607, 624, 627
Verfassung Aargaus (1814) 609, 626
Verfassung Thurgaus (1814) 609, 626
Verfassung der Waadt (1814) 609
Verfassung Solothurns (1814) 606
Verfassung St. Gallens (1814) 608, 626, 1097
Verfassung Genfs (1814) 109, 607, 629, 636
Verfassung des Tessin (1814) 592, 609, 626, 636
Verfassung Obwaldens (1814/16) 604, 626
Verfassung Graubündens (1814/20) 110, 592, 608, 1097
Schweizer Bundesvertrag (1815) 64, 65, 71, 102, 160, 201, 575, 577, 587, 591, 595, 597, 601, 602, 605, 618, 623, 624, 625, 630, 633, 634, 639, 640, 644, 646, 648, 650, 653, 657, 658
Verfassung des Wallis (1815) 608, 623, 626
Anerkennung der ewigen Neutralität der Schweiz (1815) 586
Verfassung Luzerns (1829) 609
Verfassung des Tessin (1830) 88, 102, 610, 613
Verfassung Solothurns (1831) 88, 612
Verfassung Freiburgs (1831) 88, 612, 617
Verfassung Luzerns (1831) 88, 612
Verfassung Zürichs (1831) 88, 102, 611, 637
Verfassung St. Gallens (1831) 88, 613, 621
Verfassung Thurgaus (1831) 88, 613
Verfassung Aargaus (1831) 88, 613
Verfassung Berns (1831) 88, 612
Verfassung der Waadt (1831) 88, 614
Verfassung Schaffhausens (1831/34) 88, 613
Verfassung von Schwyz äußeres Land (1832) 614
Verfassung von Basel-Landschaft (1832) 88, 616, 621
Verfassung von Schwyz (1833) 88, 614
Verfassung von Basel-Stadt (1833) 88, 616
Verfassung von Glarus (1836) 88, 616, 654
Verfassung Luzerns (1841) 617, 622
Verfassung Solothurns (1841) 617
Verfassung Genfs (1842) 613, 618
Verfassung von Glarus (1842) 616
Verfassung des Wallis (1844) 617, 621, 622
Verfassung der Waadt (1845) 618, 622, 623
Verfassung Berns (1846) 107, 618, 622, 627
Verfassung Genfs (1847) 107, 618, 622, 627
Verfassung von Basel-Stadt (1847) 618

Polen

Ustawa Konstytucyjna Królestwa Polskiego (1815, Verfassung des Königreiches Polen) 59, 85, 102, 104, 110, 124, 141, 147, 496, 664, 665, 669, 671, 672, 674, 681, 684, 688, 691, 695, 698, 701, 1247, 1285

Konstytucja Wolnego Miasta Krakowa (1815/18, Verfassung der Freien Stadt Krakau) 86, 93, 102, 137, 141, 671, 677, 682, 685, 690, 692, 694, 697, 698, 704, 996

Statut Organiczny Królestwa Polskiego (1832, Organisches Statut für das Königreich Polen) 102, 104, 669, 672, 676, 684, 689, 691, 696, 698, 700, 702

Konstytucja Wolnego Miasta Krakowa (1833, Verfassung der Freien Stadt Krakau) 87, 103, 670, 672, 678, 680, 685, 698, 700, 704, 710

Spanien

Constitución política de la Monarquía Española promulgada en Cádiz (1812, Verfassung von Cádiz) 29, 30, 91, 92, 97, 102, 104, 105, 107, 123, 124, 131, 136, 146, 152, 155, 156, 163, 204, 356, 358, 361, 379, 500, 721, 722, 724, 725, 726, 729, 731, 733, 738, 739, 742, 743, 748, 751, 754, 757, 760, 761, 762, 766, 769, 770, 773, 776, 1184, 1333, 1441, 1442, 1443, 1450

Estatuto Real (1834, Königliches Statut) 84, 92, 97, 103, 163, 500, 721, 724, 728, 729, 731, 736, 738, 741, 743, 748, 762, 765, 769, 774, 776

Constitución de España (1837, Verfassung Spaniens) 60, 62, 84, 92, 97, 102, 104, 110, 124, 155, 500, 721, 724, 734, 736, 737, 738, 739, 741, 742, 743, 748, 750, 757, 758, 762, 766, 769, 774, 776, 1449

Deutscher Bund

Deutsche Bundesakte (1815) 53, 64, 65, 71, 72, 84, 102, 103, 116, 147, 175, 202, 203, 828, 842, 856, 863, 874, 902, 924, 930, 938, 945, 998, 1005, 1029, 1082, 1086, 1087, 1088, 1093, 1096

Karlsbader Beschlüsse (1819) 102, 172, 184, 189, 202, 456, 563, 684, 843, 844, 845, 869, 902, 970, 987, 998, 1088

Wiener Schlussakte (1820) 58, 65, 189, 202, 856, 930, 938, 945, 998, 1087

Bundesexekutionsordnung (1820) 795, 801, 998

Maßregeln-Gesetz (1824) 102

Maßregeln-Gesetz (1830) 102

Die Sechs Artikel (1832) 102, 902, 998

Die Zehn Artikel (1832) 102, 563, 843, 844, 902

Die Sechzig Artikel (1834) 102, 998

Deutsche Staaten der ersten Konstitutionalisierungswelle

Verfassung Bayerns (1818) 61, 84, 156, 189, 828, 844, 851, 864, 872, 874, 1087

Verfassung Badens (1818) 61, 84, 156, 829, 836, 843, 849, 851, 862, 871, 872, 1087

Verfassung Württembergs (1819) 61, 62, 63, 84, 94, 155, 500, 829, 838, 839, 843, 849, 851, 865, 873, 1087

Verfassung Hessen-Darmstadts (1820) 61, 84, 94, 830, 840, 851, 872, 875

Deutsche Staaten der zweiten Konstitutionalisierungswelle

Verfassungspatent des Königreichs Hannover (1819) 81, 887, 888, 896, 1087

Erneuerte Landschaftsordnung für das Herzogtum Braunschweig (1820) 81, 887, 888

Verfassung des Kurfürstentums Hessen (1831) 61, 62, 84, 94, 97, 889, 892, 894, 895, 898, 900, 901, 908, 916, 922

Verfassung des Königreichs Sachsen (1831) 61, 62, 84, 889, 892, 894, 898, 900, 901, 916, 917

Neue Landschaftsordnung für das Herzogtum Braunschweig (1832) 81, 84, 890

Verfassung des Königreichs Hannover (1833) 62, 81, 84, 191, 890, 892, 894, 896, 898, 900, 901, 916, 917

Verfassung des Fürstentums Hohenzollern-Sigmaringen (1833) 84, 890

Verfassung des Fürstentums Lippe (1836) 84, 891

Verfassung des Königreichs Hannover (1840) 81, 84, 896, 917

Deutsche Staaten zwischen ständisch-vormoderner und moderner Konstitution

Verfassung des Herzogtums Nassau (1814) 933, 934, 1087

Verfassung Sachsen-Weimar-Eisenachs (1816) 81, 156, 933, 934, 938, 943

Verfassung Sachsen-Hildburghausens (1818) 81, 96, 933, 934, 937

Verfassung des Herzogtums Sachsen-Coburg-Saalfeld (1821) 102, 104, 124, 933, 934, 936, 937, 939, 944, 946, 947, 948, 949, 952

Verfassung Sachsen-Altenburgs (1831) 110, 124, 933, 939, 944, 946, 950

Verfassung des Fürstentums Schwarzburg-Sondershausen (1841) 110, 933, 934, 940, 951, 952

Preußen

Allgemeines Landrecht für die Preußischen Staaten (1794) 103, 104, 106, 122, 123, 147, 177, 960, 969, 971, 976

Verordnung über die zu bildende Repräsentation des Volkes (1815) 965

Anordnung der Provinzialstände für Preußen (1823) 96, 935, 966, 999

Ankündigung des Vereinigten Landtags (1847) 967

Österreich

Allgemeines Bürgerliches Gesetzbuch (1811, ABGB) 103, 104, 107, 111, 122, 123, 145

Einverleibung Lombardo-Venetiens (1815) 351, 402, 1002

Wiederherstellung der Verfassung von Tirol (1816) 999, 1000, 1006, 1096

Wiederherstellung der Verfassung in Vorarlberg (1816) 998

Ständische Verfassung für das Königreich Galizien und Lodomerien (1817) 999

Verfassung Krains (1818) 999, 1096

Organisation der Staatskonferenz (1836) 115, 1002

Ungarn
Széchenyi István tizenkét törvénytervezete (1833, Zwölf Gesetzesinitiativen des Grafen István Széchenyi) 1051, 1055
A Szatmár megyei tizenkét pont (1841, Zwölf Punktationen des Komitats Szatmár) 1051

Liechtenstein
Landständische Verfassung Liechtensteins (1818) 96, 155, 933, 1078, 1081, 1096, 1105, 1106

Schweden
Regierungsform (1809) 84, 92, 93, 102, 147, 155, 156, 1113, 1114, 1118, 1119, 1120, 1121, 1122, 1123, 1128, 1129, 1132, 1135, 1136, 1138, 1140, 1141, 1144, 1184, 1269
Departementalreform (1835) 1119, 1120, 1130, 1137, 1141

Dänemark
Verordnung über die Einführung von Provinzialständen in Dänemark (1831/34) 96, 933, 935

Norwegen
Eidsvold-Verfassung (1814) 91, 92, 93, 94, 97, 102, 148, 155, 1145, 1174, 1195
Grundgesetz Norwegens (1814) 85, 86, 91, 92, 93, 94, 97, 102, 148, 155, 1175, 1176, 1182, 1184, 1185, 1191, 1193, 1194, 1195, 1197, 1199, 1201, 1202, 1207, 1209, 1210, 1211, 1216, 1217, 1218

Russland
Erlass zur Besonderen Kanzlei (1826) 1230, 1235

Finnland
Alexander den Förstes försäkring beträffande Finlands rättigheter i det ryska riket (1809, Erklärung Alexanders I. über die Rechte Finnlands im Russischen Imperium) 1267, 1275
Des principes de la constitution de la Finlande (1811, Über die Prinzipien der Konstitution Finnlands) 1269, 1283
Mémoire du Comité des affaires de Finlande (1819, Denkschrift des Komitees für finnische Angelegenheiten) 1270, 1276, 1277, 1282, 1295

Osmanisches Reich
Gülhane Hatt-ı Hümayunu (1839, Edikt von Gülhane) 106, 1297, 1298, 1303, 1309, 1310, 1320, 1331

Rumänische Fürstentümer
Constituția Cărvunarilor (1822, Die Verfassung der Carbonari) 1344
Regulamentul Organic al Valahiei (1831, Organisches Reglement für die Walachei) 81, 103, 123, 125, 141, 1337, 1338, 1340, 1341, 1343, 1344, 1346, 1347, 1350, 1351, 1352, 1354, 1355, 1356, 1357, 1358, 1360, 1361, 1363, 1365
Regulamentul Organic al Moldovei (1832, Organisches Reglement für die Moldova) 81, 103, 123, 125, 141, 1337, 1338, 1340, 1341, 1343, 1344, 1346, 1347, 1350, 1351, 1352, 1354, 1355, 1356, 1357, 1358, 1360, 1361, 1363, 1365

Serbien
Ustav Knjaževstva Srbije [Sretenjski ustav] (1835, Konstitution Serbiens) 92, 500, 1374, 1381
Ustav Knjaževstva Srbije, t.j. Sultanski hatišerif (1838, »Türkische Verfassung« Serbiens) 74, 82, 90, 103, 104, 107, 111, 123, 1367, 1374, 1375, 1376, 1377, 1378, 1382, 1383, 1385, 1386, 1387, 1388, 1389, 1392, 1394, 1395

Griechenland
Verfassung der Ionischen Inseln (1817) 86, 87, 93, 1399
Verfassung Griechenlands (1822) 73, 87, 88, 93, 107, 124, 140, 155, 163, 1402, 1407, 1408, 1409, 1411, 1412, 1414, 1417, 1418, 1419, 1423, 1424, 1426, 1429, 1430, 1431
Verfassung Griechenlands (1823, Gesetz von Epidavros) 73, 87, 88, 93, 107, 108, 124, 140, 151, 155, 163, 1403, 1407, 1409, 1411, 1413, 1415, 1417, 1419, 1423, 1424, 1426, 1428, 1429, 1430, 1431
Verfassung Griechenlands (1827) 73, 87, 93, 97, 102, 107, 111, 124, 140, 151, 155, 163, 500, 1404, 1405, 1407, 1410, 1411, 1413, 1415, 1417, 1419, 1423, 1424, 1426, 1427, 1428, 1430, 1431

Portugal
Verfassung Portugals (1822) 102, 104, 105, 107, 131, 146, 155, 156, 163, 1436, 1437, 1442, 1443, 1450, 1451, 1452, 1453, 1454, 1457, 1461, 1462, 1463, 1464, 1465, 1472, 1473, 1475, 1477, 1478
Carta Constitucional (1826, Verfassungscharta) 85, 92, 97, 102, 105, 111, 137, 1434, 1437, 1445, 1447, 1449, 1451, 1452, 1453, 1454, 1457, 1461, 1462, 1463, 1465, 1466, 1473, 1475, 1478, 1480
Verfassung Portugals (1838) 85, 92, 97, 102, 111, 1433, 1437, 1447, 1449, 1452, 1454, 1457, 1461, 1462, 1465, 1473, 1475, 1478